洋
巴芬湾
西伯利亚海
波弗特海
戴维斯海峡
白令海峡
美国
哈得孙湾
加拿大
北美洲
白令海
阿留申群岛（美）
阿拉斯加湾
渥太华
美国
华盛顿
百慕大群岛（英）
大西洋
中途岛
夏威夷群岛（美）
波利尼西亚
莱恩群岛
太平洋
大洋洲
马绍尔群岛
基里巴斯
瑙鲁
图瓦卢
所罗门群岛
瓦努阿图
斐济
西萨摩亚
汤加
纽埃（新）
新喀里多尼亚（法）
土阿莫土群岛（法）
土布艾群岛（法）
新西兰
奥克兰群岛（新）
墨西哥
墨西哥湾
巴哈马
古巴
伯利兹
牙买加
海地
多米尼加共和国
安提瓜和巴布达
洪都拉斯
危地马拉
萨尔瓦多
尼加拉瓜
哥斯达黎加
巴拿马
加勒比海
㉙
㉚
㉛
巴巴多斯
格林纳达
特立尼达和多巴哥
委内瑞拉
圭亚那
苏里南
法属圭亚那
哥伦比亚
厄瓜多尔
秘鲁
利马
巴西
巴西利亚
南美洲
玻利维亚
巴拉圭
智利
阿根廷
乌拉圭
布宜诺斯艾利斯
马尔维纳斯群岛
（福克兰群岛）
（阿、英争议）
麦哲伦海峡
德雷克海峡
罗斯海
别林斯高晋海
威德尔海

世界军事年鉴2005
WORLD MILITARY YEARBOOK

军事科学院《世界军事年鉴》编辑部

解 放 军 出 版 社

图书在版编目（CIP）数据

世界军事年鉴. 2005年/《世界军事年鉴》编委会编.
北京：解放军出版社，2005
ISBN 7-5065-5037-7

Ⅰ.世...　Ⅱ.世...　Ⅲ.军事-世界-2005-年鉴
Ⅳ.E1-54

中国版本图书馆CIP数据核字（2005）第125291号

版式设计　杜超英
封面设计　张禹宾

世界军事年鉴
2005
军事科学院《世界军事年鉴》编辑部

解放军出版社出版发行
（北京地安门西大街40号）
（邮政编码100035）
新华书店经销
一二〇一工厂印刷

787×1092毫米　1/16　45.375印张　4插页　1483千字
2005年12月第1版　2005年12月（北京）第1次印刷
ISBN 7-5065-5037-7/E·2188
定　价：150元

《世界军事年鉴2005》主要撰稿人名单

（以姓氏笔划为序）

于庭	万丁	万方	万伟	马红晨	王晗	王凤才	王世华
王京国	王明志	王宜胜	王保存	王春生	王通信	王殿强	王静洁
木工	毛子成	方宁	方琳	方涵江	石慧	叶兴	史君健
丛彦	乐凯华	宁青	任文	任平	任杰	全寿文	刘万军
刘少文	刘世刚	刘国祥	刘宝来	刘建宇	刘映国	刘效兰	刘锋贤
刘温国	闫晓萍	米洋	孙小叶	孙燕侠	来斌	苏程	苏强
李杰	李锐	李水生	李先喜	李鸣捷	李强洲	杨全民	杨学青
杨雪梅	肖石忠	肖建军	吴玉	吴刚	吴炯	吴鹏	吴志豪
吴良全	吴新安	吴德斌	何在涛	邱实	邱剑敏	冷秉坤	张冬
张宁	张南	张奕	张卫东	张玉海	张世斌	张连国	张宏光
张建设	张洲军	张晓蕾	张家丽	张景恩	陈有荣	陈桂香	陈培军
陈聪颖	陈燕雯	武建伟	林海霞	果立	罗学兵	金涛	金鑫鑫
周亦冰	房一丁	孟华	孟丽	荒林	郝一芳	赵静	赵可丹
赵彦华	赵景芳	赵富春	钟学良	钟海林	侯君明	姜薇	姜文华
姜永伟	姜桂颖	洪锦珠	桐生	耿直	耿文正	袁右军	贾博宇
夏娟	夏礼伯	原颖	柴训天	晓军	徐敏	徐亚磊	郭庆保
高峰	高代伟	继先	黄学爵	曹剑	麻光武	清风	梁洁
续晨	隋源	韩长生	韩生民	彭元知	彭训厚	董长军	董鸿宾
鄂新	程虹	焦培忠	湘溪	谢钢	靳柯	虞越	窦晓兵
蔡香敏	管元璋	谭汝坤	熊万奎	滕建群	潘新毛	薛丰	薛军
薛武学	鞠涛	魏守正					

2004年中国军事要事剪影

①9月19日，中共十六届四中全会同意江泽民辞去中共中央军委主席的职务，决定由胡锦涛继任。在次日召开的中央军委扩大会议上，江泽民和胡锦涛亲切握手。

②江泽民在军委扩大会议上发表重要讲话。

③中央军委主席胡锦涛在军委扩大会议上发表重要讲话。

④江泽民、胡锦涛与出席中央军委扩大会议的军委领导成员合影。

⑤全军士兵从2004年冬季起换发新式服装。图为陆海空三军女兵着新式冬常服。

⑥在 8月1日香港驻军举行的阅兵仪式上，仪仗队正在接受检阅。

⑦直升机编队飞过主席台接受检阅。

①4月30日，由“深圳”号、“哈尔滨”号导弹驱逐舰等9艘舰艇组成的海军舰艇编队停靠香港，受到香港市民热烈欢迎。

②6月 20日，中国海军“哈尔滨”号导弹驱逐舰（前）和来华访问的英国海军“埃克塞尔”号导弹驱逐舰在黄海海域举行联合演习。

③8月6日，中国和巴基斯坦的军队在两国边境帕米尔高原地区举行代号为“友谊-2004”的联合反恐军事演习。

④2月19日，56国驻华武官在南海舰队陆战队大型训练场观看了陆战队的军事演练，并对演练取得成功表示祝贺。

⑤演练中，陆战队员正在抢滩登陆。

⑥2月20日，56国驻华武官在南海舰队某军港对该舰队导弹驱逐舰和导弹护卫舰进行参观。

⑦9月2日，法、德、英、墨等国军事观察员和国防大学的中外学员，在我军首次对外开放的汕尾两栖作战训练基地全程观看了南海舰队举行的“蛟龙-2004”登陆演习。

⑧“蛟龙-2004”演习中，军舰为登陆部队提供火力支援。

⑨2004年，中国先后派出多批军警部队赴刚果（金）、利比里亚、海地等国执行维和任务。图为第二批赴刚果（金）维和部队在布卡武机场执行任务。

2004年世界军事要事剪影

①6月23-26日，中、朝、美、韩、日、俄六方在北京举行朝核问题第三轮会谈。图为六方代表在会谈前合影。

②1月15日，上海合作组织秘书处在北京正式成立。图为站在秘书处会议厅内的首任秘书长张德广（中国外交部原副部长）。

③9月2日，韩国科学部公开承认韩国原子能研究所在2000年1-2月曾进行过铀浓缩实验，从而使朝核问题的解决变得更加复杂。图为韩国灵光轻水反应堆。

④⑤11月11日，巴勒斯坦民族权力机构主席阿拉法特去世，使巴以和平进程再次成为世界关注的焦点。图为为阿拉法特送葬的巴勒斯坦民众和阿拉伯各国领导人。

⑥3月22日，巴勒斯坦“哈马斯”精神领袖亚辛被以色列军队杀害，这进一步加剧了巴以间的以暴易暴。图为亚辛和阿拉法特在一起。

⑦亚辛遇害后，就任加沙地带“哈马斯”运动领导人的兰提西又被以色列军队于4月17日杀害。

⑧在叙利亚的“哈马斯”运动新领导人马沙尔（右），在亚辛、兰提西被害后发誓要以牙还牙。

⑨1月19日，日本自卫队装甲车队驶入伊拉克，开创了二战后自卫队进入战争状态下外国领土的先例。

①

②

③

④

⑦

⑤

⑥

⑧

⑨

①3月29日，美国总统布什在白宫南草坪举行仪式，欢迎保加利亚、爱沙尼亚、拉脱维亚、立陶宛、罗马尼亚、斯洛伐克和斯洛文尼亚7国正式加入北约。

②为回应北约的大规模东扩，年内俄罗斯频繁举行军事演习。2月中旬，普京观看了代号“安全-2004”的大规模联合军事演习。

③6-8月，美军在全球5个战区举行代号“夏季脉动-2004”的大规模军事演习。

④8月15日，布什签署了总额为4175亿美元的2005财年国防预算法案。图为美国防部审计长在介绍预算再创历史新高的详情。

⑤2004年，朝鲜更加强调“先军政治”的基本路线，以此进一步加强国防建设和国家实力。图为金正日和军队高级将领合影。

⑥5月22日，日本首相小泉（右）访问朝鲜，并与朝鲜领导人金正日（左）举行会谈。

⑦11月14日，伊朗首席核谈判代表鲁哈尼宣布，伊朗同意中止几乎全部与铀浓缩有关的活动，从而使一波三折的伊朗核问题暂告平息。

⑧1月5日，印度和巴基斯坦两国领导人举行会晤，宣布将通过和平对话解决两国间所有问题。

⑨3月下旬，日本非法扣留7名登上中国领土钓鱼岛的中国民间保钓人士，引起世人瞩目。图为距台湾东北70海里的钓鱼岛。

①1-3月，利比亚接受国际原子能机构和禁止化学武器组织的检查，并销毁了核设施。

②3月11日，西班牙发生举世震惊的马德里火车连环爆炸事件，造成200人死亡，1400多人受伤。事件导致首相阿斯纳尔下台和西班牙从伊拉克撤军。图为马德里市民在悼念事件中的遇难者。

③伊拉克接连发生的人质绑架事件导致一些国家驻伊军队被迫撤离。为换取人质获释，7月20日菲律宾从伊拉克撤军。

④10月7日夜，住有大量外国游客的埃及旅游城塔巴发生连环爆炸，造成30多人死亡、200多人受伤。

⑤10月2日，印度东北部阿萨姆邦和那加兰邦发生连环爆炸事件，造成44人死亡，上百人受伤。

⑥年内，尼泊尔反政府武装在许多地区发起攻击。图为3月21日在米亚格迪的战斗中政府军士兵正抬着伤员撤离战场。

⑦4月28日，泰国南部宋卡、也拉、北大年3个府11处军队和警察驻所遭到恐怖分子袭击。图为军警在检查遇袭现场。

⑧6月11日，中国援建阿富汗的盖劳盖尔工地遭恐怖袭击，造成11人死亡、4人受伤。图为阿副总统前往中国驻阿使馆吊唁遇难工人。

⑨6月28日美军向伊拉克临时政府交权后，伊临时政府大力开展外交活动以扩大其国际影响。图为伊外交部长兹巴里在美国国会游说。

①5月26日，苏丹副总统塔哈（左）与南方反政府武装“苏丹人民解放运动”领导人加朗签署全面和平协议。

②10月初，非洲联盟停火监督人员抵达苏丹西部达尔富尔地区，监督该地区停火事宜。

③2月29日，在各路反政府武装的联合攻击下，海地首位民选总统阿里斯蒂德被迫辞职。

④3月初，海地各派反政府武装组成临时政府，海地内乱逐步平息。

⑤6月上旬，科特迪瓦政府军与反政府武装在科中部非军事区南侧发生激烈交火。图为政府军在阿比让市区进行巡逻。

⑥11月6日，科特迪瓦空军对驻扎在反政府武装控制地区内的法国维和部队进行轰炸，造成法军数十人伤亡。法军随即出动战机进行报复，并开始撤离居住在科特迪瓦的法国人。

⑦4月30日至5月2日，为制止格鲁吉亚的阿扎尔自治共和国的分裂活动，格政府军在阿扎尔行政边界地区举行威慑性军事演习。

⑧7月29日至8月19日，格鲁吉亚政府军与南奥塞梯地方武装发生多次交火。后事态在俄罗斯斡旋下得以平息。图为在冲突地区巡逻的格政府军。

⑨3月27日，美国X-43A高超音速验证机首次实现速度7马赫的飞行，成为世界上飞行速度最快的飞行器。

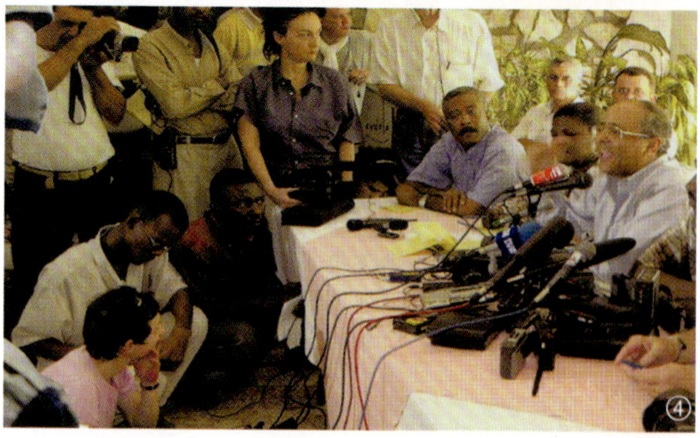

伊拉克战乱难平

①2004年，反美武装袭击美军的事件不断增多。图为10月23日美军一辆装甲车在巴格达机场附近被路边炸弹炸毁。

②5月初美国媒体爆出驻伊美军虐待伊拉克战俘的丑闻，进一步激化了伊民众的反美情绪。

③5月21日，伊拉克什叶派领袖萨德尔在库费发表演讲，谴责美军虐待伊拉克战俘。

④2月12日美军发出通缉令，通缉在伊拉克制造多起袭击和绑架事件的“基地”领导人扎卡维，并悬赏奖金1000万美元，5月又将奖金提升为2500万美元。

⑤4月8日，面对美军对圣城纳杰夫发动的攻击，萨德尔领导的“迈赫迪军”奋起抗击。

⑥4月4日，美军对号称“抵抗之都”的费卢杰发起代号“警惕决心”的第一次围剿行动。在遭遇激烈抵抗后，被迫于4月底撤出部队。

⑦11月8日，美军发起代号“幻影愤怒”的第二次围剿费卢杰的军事行动，在付出54人阵亡、425人受伤的惨重代价后，于15日占领该城。

⑧为减少急剧攀升的伤亡率，美军在围剿费卢杰的军事行动中使用了新式排雷机器人。

⑨年内，美国内多次爆发反战游行，示威者抬着覆盖国旗的模拟棺材悼念在伊战中阵亡的军人。

⑩为实现以伊治伊的策略，在美国多方敦促下，北约于7月1日开始为伊拉克训练安全部队。

①

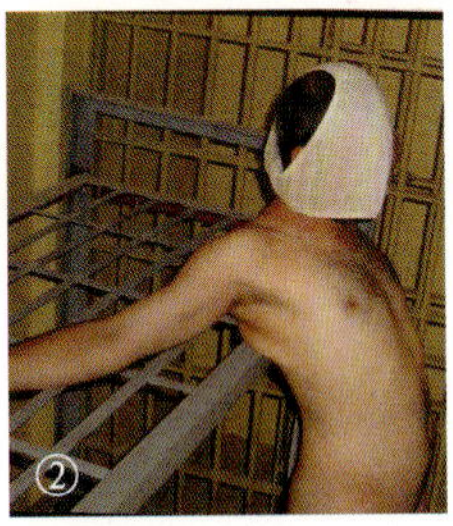
②

③

④

⑤

⑦

⑧

⑨

⑥

⑩

俄罗斯反恐任重道远

①②2004年俄罗斯反恐形势依然严峻，车臣非法武装头目巴萨耶夫（上）、马斯哈多夫（下）策划了一系列恐怖袭击事件，造成大量人员伤亡。

③2月6日，莫斯科地铁遭到自杀式炸弹袭击，造成50人死亡，100多人受伤。图为警察在检查爆炸现场。

④5月9日，俄罗斯车臣共和国总统卡德罗夫在车臣首府格罗兹尼狄纳莫体育场参加反法西斯胜利纪念日活动时遭炸弹袭击身亡。

⑤图为车臣内务部队在格罗兹尼爆炸现场营救伤员。事件中另有23人丧生。

⑥8月24日晚，从莫斯科、契索起飞的两架民航客机遭恐怖袭击坠毁。图为救援人员在一架坠毁的图-154客机现场。

⑦9月1日，车臣非法武装在俄罗斯北奥塞梯共和国别斯兰市制造重大劫持人质事件，造成近千人伤亡。图为俄特种部队与劫匪对峙的情形。

⑧别斯兰事件后，俄罗斯举国上下痛悼死难者。图为普京在参加悼念活动。

⑨面对车臣非法武装制造的一系列恐怖袭击，俄罗斯特种部队严阵以待，随时准备出击。

⑩2月13日，车臣非法武装头目扬达尔比耶夫在卡塔尔遇袭身亡。

编辑说明

（一）《世界军事年鉴》是一部逐年编纂出版、以记述每年度内世界各国军事新情况、新进展为主要内容的信息密集型学术性、资料性工具书。其任务是，以马列主义、毛泽东思想、邓小平理论和“三个代表”重要思想为指导，坚持四项基本原则，面向现代化、面向世界、面向未来，较全面、较系统地介绍年度内世界各国的军事基本情况和动态。主要服务对象是军队各级机关、军事科研单位、院校和部队的官兵，同时也顾及对世界军事发展变化感兴趣的军外广大读者。

（二）本卷《年鉴》设9个栏目：军事要事；各国军事概况；军事理论研究；军事技术；军事建设；国际条约；世界军事大事记；特辑；彩色图片。

（三）本卷《年鉴》所收资料的时限是：一般从2004年1月至12月；少数截至2005年上半年；某些专题资料和某些首次设立的类（项、条）目，为了给读者以较系统、较全面的信息，收载了2004年以前的少量背景资料。

（四）“各国军事概况”栏共收入了170多个有军队或军事组织的国家和地区。各个国家和地区分洲排列，次序是亚洲、非洲、欧洲、美洲、大洋州；洲内各个国家和地区一般按其名称的汉语拼音字母顺序排列。本栏选用的资料和数据，主要是作者对该国情况进行研究的成果，有些引自各国官方公布的2004年度的材料，其中主要参考了下述资料：中国《世界知识年鉴2004/2005》，英国伦敦国际战略研究所《军事力量对比2004~2005》，美国《不列颠年鉴2005》等。

（五）本卷《年鉴》所用资料来源不尽相同，一些专业术语也因国家不同而异，某些译名亦不尽统一，在编辑过程中虽注意订正和统一，但前后不一致之处尚未能完全避免。为便于读者进行对比研究，有个别条目特地收录了不同来源的资料。为增强条目内容的可信度，并便于读者进一步检索查考，编纂者尽量注明资料来源；“综述”条目的“主要资料来源”附在文后，而信息条目的资料出处则见于文内。

（六）本卷《年鉴》在编辑过程中，曾得到总参谋部、总政治部、总后勤部、总装备部有关单位和各军区、各军兵种、军事院校以及地方有关科研单位的支持和帮助；全书完稿后还约请朱也璇教授、汪庆荣研究员、姜廷玉研究员、钟学良副研究员、高洪山副研究员等专家学者审阅了本书。在此谨表谢意。

（七）本《年鉴》涉及各国军事的方方面面：由于我们掌握的资料有限，编纂水平有限，缺点、疏漏和失误难免存在，欢迎广大读者批评指正。

军事科学院世界军事研究部

《世界军事年鉴》编辑部

2005年9月

《世界军事年鉴2005》目录

军　事　要　事

世界军事形势综述

亚洲军事要事

非洲军事要事

欧洲军事要事

美洲和大洋洲军事要事

各国军事概况

亚洲国家军事概况

非洲国家军事概况

欧洲国家军事概况

美洲和大洋洲国家军事概况

军事理论研究

军事思想和军事论著研究

战争和战略问题研究

局部战争研究

作战问题研究

军队建设问题研究

军事历史研究

其他军事学科问题研究

简　讯

军事技术

轻武器

装甲兵武器装备

炮兵武器装备

工程兵技术装备

海军武器装备

航空武器装备

战略导弹

弹道导弹防御武器系统

军用航天技术

核　武　器

核、生、化装备

指挥控制通信计算机和情报系统

电子战装备

后 勤 装 备

其他军事技术问题

军 事 建 设

建军计划与措施

军队体制编制

军事训练

军 事 后 勤

军事法制

其他军事建设问题

国 际 条 约

2004年世界军事大事记

特　辑

专题综述

军控与裁军

中外军事交往

2004~2005 年
部分新上任军界要人简介

其 他 信 息

附 表

世界军事形势综述

2004年世界军事形势综述 2004年，世界军事形势总体保持缓和，但局部地区仍然剧烈动荡。主要情况如下：

一、伊拉克局势持续动荡

2004年，伊拉克境内反美抵抗活动和恐怖袭击此起彼伏，美军疲于应对。反美武装和美军之间的军事冲突大致经历了三个阶段。

第一阶段从年初到6月28日政权移交。伊各地爆发大规模反美武装抵抗活动，美军采取军事打压手段，南北两线同时作战。4月5日，美军对费卢杰发动代号为“警惕决心”的大规模清剿行动。4月8日，美军向南部圣城纳杰夫发动了代号为“决心之剑”的军事行动，镇压什叶派领袖萨德尔的武装力量。4月底，为了减少伤亡和避免多线作战，美军从费卢杰撤出战斗，集中精力对付南线纳杰夫的反美武装。双方打打谈谈，僵持不下。面对伊拉克的混乱局势和联军伤亡的不断增加，美英加紧帮助伊拉克建立军队、警察等安全部队，加快向伊拉克过渡政府移交权力。6月28日，驻伊联军当局向伊临时政府移交权力。

第二阶段从6月28日到8月27日纳杰夫停火。在移交政权后，伊拉克反美武装的抵抗活动不断增多。7月，美军在拉马迪、巴格达和希拉等城市连续遭到袭击，遂对这些地区的军事目标实施空中打击，并展开激烈的地面作战。8月，美军开始重点进攻萨德尔占据的纳杰夫。27日，在什叶派领袖西斯塔尼的出面调解下，纳杰夫冲突最终得到解决，萨德尔及其“迈赫迪军”撤出了占据多月的纳杰夫。然而，伊抵抗组织与美军和伊军警的战斗并未停止，绑架人质与袭击事件不断。

第三阶段从8月底到年底反美武装转入地下。从8月底开始，美军为捉拿在伊拉克的“基地”组织头目扎卡维，彻底消灭反美武装，频频对费卢杰城实施空中打击；同时调集海军陆战队第1陆战师和陆军第1步兵师，在伊拉克2个旅的协同下逐步包围了费卢杰城。11月8日凌晨，美军对费卢杰发起自伊战结束以来最大规模的代号为“幻影愤怒”的军事行动，并于15日宣布完全占领费卢杰。但是美军对费卢杰等地的进攻，激起了包括逊尼派和什叶派穆斯林反美武装组织更加强烈的反抗，摩苏尔、拉马迪、巴格达、纳杰夫等许多地区随即又掀起了新的抵抗浪潮，美军伤亡不断攀升。面对这种局面，美军在加强军事打击伊各派反美武装同时，加快了伊拉克国家重建的步伐，伊各派武装力量抵抗活动逐渐转入地下。

据统计，从伊拉克战争爆发至2004年底，美国在伊拉克花费的军费约2300亿美元，美军阵亡人数达1331名，伤9981人。

二、恐怖主义活动肆虐

2004年，以“基地”组织为骨干的国际恐怖主义势力在中东、东南亚、外高加索和非洲等地区展开了新一轮的更加疯狂的恐怖主义活动。新一轮国际恐怖主义活动的主要特点是：中东地区仍然是恐怖主义活动的重灾区；欧洲首次成为大规模恐怖袭击的目标；俄罗斯成为新一轮恐怖袭击的主要舞台之一；外高加索、中亚、南亚、东南亚地区形成了恐怖主义高发的不稳定弧形地带；菲律宾、印尼、泰国等国的恐怖袭击趋于活跃；“基地”组织逐渐被意识形态化，恐怖组织散而不破、相互勾连，已形成更易于隐蔽的恐怖主义网络。

针对新一轮国际恐怖主义活动，各国纷纷采取措施，加强反恐合作。第一，加大反恐资金投入。2005财年美国国土安全部的预算是320亿美元，比上一年增加了28亿美元。俄罗斯宣布给国内各安全机构增加拨款54亿卢布，把2005年反恐预算追加到201亿卢布。日本2004财政年度反恐预算为260亿日元，2005财政年度为381亿日元。第二，完善国内反恐机制和法规。4月，美国国土安全部组成了一个跨部门的联合反恐工作组，以共同防范可能的恐怖袭击。7月，俄罗斯总统普京签署命令，将联邦安全局、对外情报局和联邦保卫局合并，成立国家安全部；9月，又签署了一系列旨在提高反恐怖主义斗争效果的紧急措施和法令。

第三，国际社会加强多边合作和反恐的力度。联合国、上海合作组织、欧盟、北约等国际组织纷纷推出合作反恐新举措。

由于加强了反恐措施，国际反恐斗争取得一些成绩，但远未达到预期的效果。个别国家采取以暴易暴、单边主义和片面军事打击的反恐方式，奉行反恐双重标准，忽视恐怖主义产生的深刻根源，不仅造成了“越反越恐”的形势，也成为当前国际反恐事业面临的重要挑战。

三、地区安全形势有喜有忧

2004年，地区安全形势发生了一系列重大变化，中东、西亚等地区的紧张与对抗有所升温，而南亚地区的印巴冲突趋于缓和。整体看来，地区安全形势有喜有忧，热点问题依然持续高温。

巴以冲突愈演愈烈。首先，以军的“定点清除”行动激起了巴以之间新一轮的大规模冲突。3月22日，哈马斯精神领袖亚辛在以色列“定点清除”行动中被袭身亡。4月17日，哈马斯领导人兰提西又被以军“定点清除”。5月30日，以军又清除了哈马斯高级成员瓦埃勒·纳萨尔。以色列的“定点清除”引发巴以冲突不断升级，巴武装组织采取了一系列报复行动。其次，以色列实施单边行动计划引起巴方强烈不满。4月14日，以色列总理沙龙提出了单方面与巴勒斯坦脱离接触计划，10月26日，该单边行动计划被以色列议会通过。围绕以色列单方面划定的以巴边界线，巴武装组织与以相互采取了一系列军事对抗行动。第三，巴以和谈陷入僵局，“和平路线图”名存实亡。

朝鲜核危机得到控制。2月25日至28日，第二轮朝核问题六方会谈在北京举行，发表了启动会谈以来的首份文件，确定了第三轮会谈的时间和地点，同意建立工作组推进会谈的机制化。但是由于美朝严重缺乏信任，美朝双方在弃核定义范围、核冻结范围、核查等问题上存在深刻分歧。6月23日至26日，第三轮六方会谈在北京如期举行。各方都认同实施核冻结，同意采取循序渐进的方式，寻求核问题的和平解决；通过了关于六方会谈工作组的概念文件，规定了工作组的职责运作方式，并发表了主席声明。但在弃核的范围和方式、冻结的范围和相应措施等方面仍存在严重分歧。

伊朗核危机一波三折。自2003年12月伊签署《不扩散核武器条约》附加议定书后，伊朗核危机一度得到缓解，但伊朗议会一直未批准该附加议定书。6月18日，国际原子能机构理事会又通过关于伊朗核问题的决议，指责伊朗未进行“充分的、及时的和主动的合作”。对此，伊朗表示强烈不满，并于6月27日宣布恢复提炼浓缩铀计划。伊朗核危机由此再度引爆。法德英三国与伊朗于10月21日、27日和11月5日至6日，就伊朗停止铀浓缩活动举行了三轮谈判，最终达成了一项临时协议。11月14日，伊朗向国际原子能机构提交了书面声明，承诺将停止几乎全部与铀浓缩有关并引起争议的核活动。29日，国际原子能机构理事会审议伊朗核问题，以未经表决的方式通过一项决议，要求伊朗全面履行与欧盟三国所达成的协议，并决定不将伊朗核问题提交联合国安理会。至此，伊朗核危机暂告一段落。

印巴关系加速缓和。从2003年底开始，印巴关系缓和迹象明显加强，南亚和平呈现良好发展态势。1月，两国恢复了民航联系和中断两年的边境事务会谈，实现了首脑会晤，决定重启巴印全面对话进程。2月16日，印度和巴基斯坦高级官员就克什米尔以及安全与和平等问题进行谈判，并确定了今后和谈的框架。5月至6月，双方就包括建立信任机制和克什米尔问题在内的和平和安全问题进行了会谈；6月19日至20日，进行了核安全会谈。8月9日，在边境举行了交换战俘仪式。9月，印巴双方结束有关克什米尔问题第一轮和谈，11月底开始第二轮和谈。

四、各主要国家积极调整国家军事战略

美国出台新的国家军事战略。2004年初，美国国防部和参联会先后推出自布什政府上台以来的第一份《国防战略》和《国家军事战略》。《国防战略》提出了四大目标：使美国免于遭受直接攻击，保护战略通道和维持全球的自由行动权，建立有利于维持世界秩序的安全环境，以及加强联盟与伙伴关系以应对共同挑战。《国家军事战略》提出，当前和未来美军至少面临三大挑战：一是分布范围更为广泛的敌人；二是更为复杂和分散的战场空间；三是关键军事技术的扩散及其易获取性。强调“传统性挑战”是美国的第一位威胁，“无赖国家”和恐怖分子等非国家行为体构成对美国的现实威胁，关键技术的扩散是对美国安全的重大威胁，从西半球经非洲、中东到东南亚、东北亚的“不稳定弧”是重点关注的地区。

俄罗斯扩大“先发制人”的打击范围。针对日趋严峻的反恐形势，特别是在别斯兰市人质事件后，俄总统、外长和总参谋长等人多次提出，俄军将对世界任何地区的恐怖分子基地实施“先发制人”的军事打击，将打击的范围由以往存在直接外部威胁的边境地区扩大到全球各地。

日本军事战略加速从“专守防卫”转向“主动先

制”。其主要表现：一是进一步突破“专守防卫”的法律限制，加大“紧急事态”下对美国的海外军事支援。二是明确提出“积极海外干预”的防卫政策方针。三是先发制人。采取措施获取“先发制人”军事打击的能力；行使武力的时间从“遭敌人入侵后”提前到“受敌人威胁时”；使自卫队不仅具有导弹防御能力，而且具有“袭击敌国基地能力”。

欧盟大力推进一体化防务，出台新的统一安全战略。9月15日，欧盟出台新安全战略理念，提倡实行多边的和人道主义的干预，积极推进欧盟一体化独立防务建设，增强在危机突发地区的人道主义干预能力，建立到2007年拥有19.5万人的快速反应部队和1.5万人的人道主义干预部队，用以在欧洲和其他地区执行人道救援任务，参与地区冲突的预防、干预和事后处理。

五、各国高度重视武装力量建设

随着国际军事安全领域中不稳定因素的增加和世界新军事革命浪潮的深化，世界上各主要国家更加重视武装力量建设。

（一）保持高额军费投入。2004年，美国国防预算额为4013亿美元，加上伊拉克战争和阿富汗战争的追加拨款870亿美元，总额高达4883亿美元；俄罗斯国防预算为4114亿卢布（约合141.86亿美元）；日本国防预算为4.96万亿日元（约合422亿美元）；印度国防预算增加至7700亿卢比（约合168亿美元）；德国国防预算为244亿欧元（约合300亿美元）。

（二）调整军队建设方针。美军明确提出要建立一支有效应对充满不确定性的安全环境的全能型联合部队，并确立以能力为基础的“1-4-2-1”型军队建设指标，即：保护美国本土；在欧洲、东北亚、东亚沿海区和中东/西南亚等四个地区威慑敌对行动；在同时发生的两场战争中迅速击败敌人；并至少在其中一场中取得决定性胜利。要求按照“1-4-2-1”型指标来确定部队的结构与规模。俄军领导人重申，俄罗斯武装力量的激进改革业已完成，现在必须转入真正的军事建设，目标是要建设一支能有效维持俄罗斯大国地位和为其经济发展创造有利条件且做好战斗准备的武装力量。日本自卫队要建设成为一支“多功能、灵活有效的防卫力量”。英国提出建设一支灵活、快速反应和多用途的，并能够重新组合的部队。

（三）加快军队转型的步伐。1月21日，美军联合部队司令部向国防部提交的《联合转型路线图》提出加快美军转型的以下要求：加强联合作战能力，优化情报能力，慑止并应对大规模杀伤性武器扩散，保护本土安全，提高把握战前机会和履行战后责任的能力。10月11日，俄罗斯总统下令在年底前削减10万军队同时，俄继续推进合同兵役制改革。日本改革自卫队的组织结构，减少自卫队的人员和装备数量，使自卫队具备应对恐怖主义和大规模杀伤性武器扩散的能力。英国国防部提出，实行部队“轻装化”改革，建立新的空降“突击步兵”营，使其能在10天内到达世界任何地方的作战区。

（四）大力研发和采购新型武器装备。2004年，美国国防预算中研发费为700亿美元，采购费为780亿美元。主要用于建造3艘导弹驱逐舰和1艘“弗吉尼亚”级攻击潜艇，购买总价值约114.8亿美元的42架F/A-18战斗机、15架KC-130J运输机、27架“黑鹰”直升机、24架F/A-22“猛禽”战斗机等武器装备。俄军计划2005年采购的武器装备包括7枚战略导弹、9个航天器、91辆T-90型坦克、2艘水面舰只、2架图-160战略轰炸机、7架改进型苏-27CM歼击机以及高精度空地导弹等。日本的武器装备正继续向大型化、远程化、高技术化方向发展。印度武器采购费在总军费中的比例增至43%，增幅高达60%。

六、军控与裁军进程举步维艰

2004年，国际军控与裁军部分领域取得了一些成果，但整体上进展缓慢，世界军备竞赛日趋明显。

（一）国际裁军与军控领域取得一些进展，但整体上推进缓慢。4月28日，联合国安理会通过防止大规模杀伤性武器扩散决议（第1540号），要求禁止非国家行为体，特别是恐怖分子制造、获取、拥有、开发、运输、转让和使用核、生物、化学等大规模杀伤性武器及其运载工具。9月24日，国际原子能机构通过了有关防止核恐怖主义、加强核安全、改进核保障监督系统等一系列重要决议。6月9日，八国集团在峰会上通过了加强全球防核扩散机制的行动计划。7月19日，俄罗斯总统普京签署了《欧洲常规力量条约》法案。10月11日，美国与马其顿签署了防止大规模杀伤性武器扩散的协议。但是，个别领域的成果无法掩盖国际裁军与军控整体推进缓慢、步履维艰的状况。

（二）美国等西方国家加快研制和部署导弹防御系统。2004年美国为建设导弹防御系统拨款87亿美元，并决定2005年度再拨款100亿美元。下半年，美军开始部署国家导弹防御系统，同时加紧谋求全球范围内的导弹防御能力。5月，英国首相布莱尔原则上同意美国在英国部署拦截导弹。德国将在未来8年内耗资12.5亿美元，与美国和意大利一起开发导弹防御系统。7月7日，澳大利亚签署了加入美国导弹防御计划的备忘录，日本 2004 年度为导弹防御系统支出高达 1068 亿日元，2005 年度再拨款 1442 亿日元。

（三）美俄等国加紧研制新型核武器。美国提出了研发“坚实型核钻地弹”和“先进概念倡议”等核武器项目。俄罗斯总统普京在国防部高级军官会议上宣布，俄罗斯正在研发新型核导弹。

（四）核扩散形势依然严峻。年初以来，巴基斯坦、印度科学家泄漏核技术的事件曝光。3 月份以来，朝鲜通过各种渠道不断对外声称，已经从核燃料棒中提炼了钚原素并制成了核武器。9 月，韩国曾经提炼钚和制造浓缩铀的活动被暴光。目前，130 多个国家仍未签署或批准遵守防扩散的附加议定书，美国、印度等 12 个国家仍然拒绝批准 1996 年生效的《全面禁止核试验条约》。国际原子能机构估计，世界上有 40 个或更多的国家已经掌握了生产核武器的技术。而且，恐怖组织也试图获取核武器，核恐怖主义的威胁正在逼近人类。

（五）太空军事化日益明显。3 月，美国公布其空间武器计划。3 月 24 日，俄国防部长伊万诺夫宣布，俄将建立“国家空天防御系统”。11 月 29 日，欧盟提出将于 2005 年底前推出欧盟空间科技发展规划。此外，印度等国也积极谋求空间技术的开发。

（赵景芳）

2004 年全球局部战争和武装冲突综述

2004 年，全球局部战争和武装冲突总数为 36 起，与 2003 年数量持平，新发生冲突数量为 15 起，比 2003 年的 11 起增加 4 起，仍保持在较高水平。总的看，全球局部战争和武装冲突仍呈现“时起时伏、时强时弱、时高时低”的基本态势。

一、主要特点

一是冲突加剧与和解势头并存。从冲突地域上看，非洲、中东和南亚仍是冲突数量最多、安全形势最不稳定的地区，其中非洲 10 起，中东 8 起，南亚 7 起；前苏东地区冲突数量增幅较大，由 2003 年的 1 起猛增至 5 起。从冲突烈度上看，延续多年的印巴克什米尔冲突、斯里兰卡内战、哥伦比亚内战等均出现比较明显的缓和迹象，冲突强度大为降低；但苏丹内战、南奥塞梯武装冲突、科特迪瓦武装冲突，特别是美军在伊拉克境内与反美武装的冲突、在阿富汗境内与塔利班及“基地”组织的冲突，以及巴基斯坦军队在其境内围剿恐怖组织的战斗等，均在不同程度上呈现出升级势头。

二是民族、宗教矛盾和边界、领土争端仍是导致战争和冲突的重要根源。2004 年全球发生的 36 起战争和冲突中绝大多数都与民族、宗教矛盾和边界、领土争端有关，如巴以冲突、黎以冲突、印巴冲突、斯里兰卡内战，俄罗斯车臣战争、格鲁吉亚南奥塞梯武装冲突，以及非洲大部分战争和冲突。

三是局部战争和武装冲突的信息化特征日益明显。美军在伊拉克和阿富汗战场、以军对巴勒斯坦武装组织的军事行动等战争和冲突中大量采用了信息化程度较高的武器装备。其中美军在伊境内费卢杰等地的作战是自越战结束以来规模最大、强度最高的城市作战。这是对美军近年来提出的信息化条件下城市作战新战法的实地检验。

二、具体情况（加“★”号者为新发生冲突）

伊拉克战争。尽管美国总统布什于 2003 年 5 月 1 日已经宣布美军在伊境内的大规模战争行动结束，但美军及其盟军与当地各派武装之间仍频繁发生交战，造成大量伤亡，表明这场战争并未完全终结。2004 年 8 月至 10 月，美军与萨德尔领导的什叶派反美武装在萨德尔城、纳杰夫等地展开激战。11 月，美军连续对费卢杰、摩苏尔和伊拉克南部发动了“幻影愤怒”等三次大规模军事打击行动，与“基地”组织首脑人物扎卡维领导的反美武装和“安萨尔逊尼军”等各派武装展开激战。但针对美军和伊安全部队及政府人员的袭击并未终止，自伊战爆发至 2004 年底，美军在伊死亡人数超过 1300 人。

海地国内武装冲突★。2 月 5 日，海地反政府武装发动进攻并于 2 月 22 日占领国内第二大城市海地角。经国际社会斡旋并增派大批维和部队后，海地局势逐步恢复稳定。

巴基斯坦军队反恐作战。3 月以来，巴基斯坦军队对盘踞在巴西北边境部落地区的“基地”组织和塔利班残余分子进行了多次大规模围剿。年底，巴军方宣布已彻底摧毁“基地”组织和塔利班残余分子在巴部落地区的指挥和后勤系统，当地恐怖分子数量已由年初的 500 至 600 人减少到 100 人左右。

科索沃武装冲突。3 月中旬，科索沃地区再次发生阿族与塞族之间的武装冲突。阿族非法武装在科全境袭击塞族平民和北约维和部队，双方发生交火。北约紧急增派维和部队以阻止阿族非法武装的袭击行动，当地局势逐步缓和。

刚果（金）未遂政变★。3 月 28 日晨，一伙武装分子向刚果（金）首都金沙萨的几处政府军营地及政府机构发起攻击。刚军警迅速反击，至中午反叛被平息。

阿富汗国内派别武装冲突。年内，阿富汗忠于卡尔扎伊政府的部队与其他派别领导人的部队之间多次发生武装冲突。4月6日，忠于国防部副部长杜斯塔姆的部队与忠于卡尔扎伊的部队在北部法利亚布省发生冲突。8月14日在阿西部赫拉特省，忠于塔吉克族的前省长伊斯梅尔·汗的部队与普什图族武装派别之间发生冲突。

斯里兰卡猛虎组织内部派别武装冲突★。4月9日，斯里兰卡反政府武装泰米尔伊拉姆猛虎解放组织内部两大派别发生武装冲突。

苏丹－乍得武装冲突★。4月27日，苏丹与乍得军队在两国边境地带发生冲突。5月，乍得政府再度指责苏丹武装分子越界袭击，并宣称其政府军击毙了数十名苏丹武装分子。

泰国南部武装冲突★。4月28日清早5时左右，泰国南部宋卡、也拉和北大年3个府内11处军方据点和警察岗亭同时遭到武装分子袭击。泰军警予以还击，至当天下午2时左右，冲突得以平息。年内泰南部仍不断发生分离主义分子制造的暴力事件。

美军在阿富汗的作战行动。年内，美军继续对塔利班武装和“基地”组织残余力量进行大规模清剿行动。塔利班和“基地”武装也继续发动针对美军的袭击。

苏丹内战。年内，苏丹西部达尔富尔地区局势引起国际社会关注。由达尔富尔少数黑人居民组成的“苏丹解放军”和“正义与公平运动”两支武装和苏丹政府于2004年4月8日在乍得首都恩贾梅纳达成停火协议，但达尔富尔地区阿拉伯民兵组织与反政府武装之间仍时有冲突。

俄罗斯车臣武装冲突。年内，俄罗斯军队和安全部队继续在俄车臣境内遂行反恐作战，多次与车臣非法武装发生冲突。5月9日，车臣恐怖分子在车臣首府格罗兹尼制造爆炸事件，车臣总统卡德罗夫等人身亡。7月13日，车臣代总统阿布拉莫夫的车队遭袭。据俄军方宣布，截止11月底，俄军在车臣共消灭约100名非法武装分子，捣毁约400个基地和营地。

索马里国内武装派别冲突★。5月9日，索首都摩加迪沙爆发武装派别冲突，数百人伤亡。12月2日，索中部地区两大对立武装派别之间再度爆发大规模冲突。

沙特安全部队与武装分子冲突★。5月29日，一伙武装分子袭击了沙特东部城市胡拜尔市并挟持人质。沙特安全部队与武装分子发生激烈交战，将其击溃。

刚果（金）内战。6月2日，一支原隶属刚果（金）反对派别刚果民主联盟的武装对刚东部重镇布卡武发起进攻。经各方斡旋，该武装撤出布卡武。12月中旬，刚果（金）政府军与反政府武装在东部的北基伍省再度发生激烈战斗，导致约10万平民逃离家园。

刚果（金）再次发生未遂政变★。6月11日，刚果（金）首都金沙萨部分政府军士兵哗变，与忠于政府的军警部队发生激烈交火，试图占领首都，后被平息。

科特迪瓦国内武装冲突。年内，科特迪瓦政府军与反政府武装之间继续发生冲突。6月上旬，科政府军与反政府武装在科中部非军事信任区南侧发生激烈交火。6月下旬，反政府武装内部两派组织内讧，双方在该国北部和中部地区进行激烈交战。

也门国内武装冲突★。6月18日，也门政府军与反政府武装在也北部萨达省爆发激烈的武装冲突，至9月上旬，也军基本平息反叛。

俄罗斯印古什武装冲突★。6月21日23时许，俄印古什共和国纳兹兰市等15处政府机关、军用和民用设施同时遭到包括车臣人、印古什人和外国雇佣军在内的武装分子袭击。6月22日凌晨2时许，俄军警击退武装分子进攻。

格鲁吉亚南奥塞梯武装冲突★。7月29日深夜至30日凌晨，格鲁吉亚政府军与格南奥塞梯地方武装之间发生激烈交火。经俄罗斯斡旋，有关各方于8月15日签署停火议定书。但当夜格奥之间再次爆发激烈战斗。8月19日，格政府军在炮火掩护下，攻占了南奥首府茨瓦利欣附近的几处制高点。此后格政府宣布为避免爆发全面战争，将格军从这些战略高地撤出。当地局势逐步趋于缓和。

尼泊尔国内武装冲突。年内，尼泊尔国内安全局势趋于恶化。尼反政府武装自2004年8月起，多次威胁封锁首都加德满都。尼军方也多次对反政府武装展开攻击。

俄罗斯北奥塞梯别斯兰武装冲突★。9月3日，俄罗斯军警部队为解救在俄北奥塞梯共和国首府别斯兰市学校里被数十名恐怖分子劫持的上千名人质，与恐怖分子发生激烈交火。此次冲突造成334名人质死亡，700多人受伤，其中有大批学生。

巴以冲突。年内，巴勒斯坦内部的哈马斯、阿克萨烈士旅等派别继续与以色列军队发生冲突，针对以目标的袭击事件时有发生。以军采取“定点清除”政策，先后炸死哈马斯精神领袖亚辛等反以武装派别领导人。9月下旬至10月，以军发动代号“赎罪日”的大规模军事行动，造成大批巴平民和巴武装人员伤亡。

几内亚比绍军人哗变★。10月6日早晨，几内亚比绍部分军人在首都比绍发动哗变，与忠于政府的军队发生武装冲突。当天下午，几内亚比绍政府和联合国驻几比代表同哗变军人谈判后，哗变军人陆续返回军营。

驻科特迪瓦法军与科政府军武装冲突★。11月6日下午，科特迪瓦政府军轰炸了驻扎在科中部反政府武装控制区的法国维和部队阵地，造成法军数十人伤亡。法军对科政府军采取报复性打击，击毁或破坏科政府军数架战机。联合国安理会对袭击法军事件予以谴责，要求科各派停止一切军事行动。

沙特吉达武装冲突★。12月6日上午11时许，数名武装分子袭击了美国驻沙特吉达领事馆并扣留多名人质。沙特安全部队与武装分子发生激烈交火，打死3名武装分子并逮捕2人。

菲律宾国内武装冲突。年内，菲律宾反政府武装摩洛伊斯兰解放阵线、新人民军与菲政府军仍有武装冲突发生。

缅甸国内武装冲突。年内，缅甸反政府武装与缅政府军之间仍有武装冲突发生。

印控克什米尔武装冲突。年内，印度控制的克什米尔地区仍有小规模交火和袭击事件。随着印度与巴基斯坦关系从年初起逐渐改善，当地冲突明显减少。

印度东北部武装冲突。年内，印度东北部反政府武装“那加兰社会主义委员会”与印政府军之间及该组织内部敌对派别之间仍有冲突发生。

黎巴嫩-以色列武装冲突。年内，以色列军队与黎巴嫩真主党游击队之间仍有武装冲突发生。以军时常对黎境内目标实施空袭。真主党游击队也继续对以色列目标发起攻击。

土耳其国内武装冲突。年内，土耳其军警部队与库尔德工人党反政府武装仍不断发生武装冲突。

秘鲁国内武装冲突。年内，秘鲁反政府武装“光辉道路”与秘鲁军警之间仍有武装冲突发生。

哥伦比亚国内武装冲突。年内，哥伦比亚政府军与各派反政府武装之间仍有武装冲突发生。

阿尔及利亚国内武装冲突。年内，阿尔及利亚军警部队与反政府武装仍不断发生武装冲突。

乌干达国内武装冲突。年内，乌干达反政府武装“圣灵抵抗军”与乌政府军之间仍有武装冲突发生。

（金　涛）

2004年全球重大恐怖袭击事件综述　2004年，尽管国际社会加大了反恐力度，但恐怖袭击仍然是笼罩在各国人民心头的挥之不去的阴影，恐怖活动不断在全球范围内持续蔓延，恐怖事件不断增多。据美国媒体报道，“9·11”事件至2004年9月11日，全球总共发生了2929起与恐怖主义相关的伤亡事件。其中2004年1月1日至9月11日发生的恐怖袭击事件就有1709件。此后至2004年底，恐怖事件仍然有增无减。更严重的是，恐怖袭击的范围越来越广，死伤人数也越来越多。“美国领导的反恐”大有“越反越恐”之势。恐怖主义这个名词几乎成为国际政治生活中使用频率最高的词汇，它不仅已经深刻地影响了国际关系，可能还会影响整个世界格局的走向。国际恐怖活动造成重大人员和财产损失，中国也是国际恐怖主义活动的受害者。2004年发生的一些重大恐怖事件简要情况如下：

巴格达联军总部外遭汽车炸弹爆炸袭击

1月18日早晨，巴格达联军总部外遭汽车炸弹袭击，造成22人死亡，131人受伤。美国负责伊拉克战后重建事务的最高行政长官布雷默18日发表声明，对自杀性汽车炸弹袭击事件表示谴责，称这是恐怖分子对伊拉克人民犯下的又一罪行。美国领导的联军表示，如此严重的攻击事件提醒了人们，目前伊拉克的治安形势依然非常严峻。

伊拉克两个库尔德人政党的办公室遭自杀式炸弹袭击

2月1日，两名身份不明的袭击者分别闯入埃尔比勒分别属于库尔德爱国联盟和库尔德民主党的办公室，并引爆了绑在身上的炸弹。遭袭的两个办公室相距约10公里，当时两党各有数百名支持者正在集会，庆祝穆斯林传统节日宰牲节。爆炸造成101人死亡，133人受伤。库尔德官员3日称，爆炸现场录像显示，1名混入库尔德爱国联盟支持者的青年男子在与该党官员握手时引爆了炸弹。

莫斯科地铁爆炸事件

2月6日上午8时40分左右，俄罗斯首都莫斯科一辆地铁列车驶出车站不远，第二节车厢突然发生爆炸，列车随后燃起大火，造成大约50人死亡，130多人受伤。爆炸发生后，俄罗斯政府宣布，这是一起车臣非法武装制造的自杀性爆炸事件。时隔半年，8月31日晚8时15分左右，1名女性自杀爆炸袭击者在莫斯科里加地铁站附近引爆了身上的炸弹，导致至少10人死亡，51人受伤。

伊拉克清真寺连环爆炸

3月2日是伊斯兰教什叶派最重要的节日之一阿舒拉节，上百万来自伊拉克、伊朗及世界各地的什叶派穆斯林云集卡尔巴拉和巴格达，举行庆祝活动。然而，就在庆祝活动进入高潮时，惨剧发生了。上午10时许，几乎在卡尔巴拉和巴格达两地同时发生了针对什叶派穆斯林的13起自杀性爆炸袭击，共造成271人丧生，600多人受伤。这是伊拉克战争后针对平民的最血腥、最残暴的恐怖事件。爆炸发生后仅1天，驻伊拉克的美军就把爆炸事件的幕后指使锁定在“基地”组织三号头目扎卡维身上。

马德里火车连环爆炸案

3月11日上午7时45分，正值上班的高峰时刻。一列短途旅客列车驶进西班牙首都马德里阿托查火车站时，突然响起两声巨响。几乎与此同时，位于马德里附近的蒂奥雷蒙多火车站和圣欧亨尼娅火车站也相继发生爆炸。几处爆炸现场顿时躺满了遇难乘客的尸体，数节列车车厢被炸得体无完肤。这些列车连环爆炸事件共造成至少191人死亡，1800余人受伤，是西班牙历史上最严重的恐怖袭击事件，其规模和在全球范围内造成的影响仅次于2001年的“9·11”事件。

巴勒斯坦伊斯兰抵抗运动（哈马斯）精神领袖亚辛遭以色列“定点清除”

3月22日，巴勒斯坦伊斯兰抵抗运动（哈马斯）精神领袖亚辛在加沙遭到以色列武装直升机的轰炸，亚辛本人和两名保镖身亡。以色列直升机向亚辛发射了3枚火箭弹。亚辛死后，加沙地带及约旦河西岸巴城市爆发大规模示威游行，哈马斯称将采取自杀式爆炸报复以色列。

中国7名公民在伊拉克被绑架

4月11日，7名中国公民从约旦过关进入伊拉克，他们在伊拉克中部城市费卢杰至北部城市摩苏尔的公路上被不明身份的武装分子绑架。7名中国公民均为男性，来自中国福建省。12日晚，7名中国人质安全获释，并被转交给中国驻伊拉克大使馆复馆小组。7人中有2人因车祸受伤，其余5人身体状况良好。

以色列“定点清除”巴勒斯坦哈马斯领导人兰提西

4月17日，以色列空军出动武装直升机向巴勒斯坦伊斯兰抵抗运动（哈马斯）加沙地带领导人兰提西乘坐的汽车发射1枚导弹，兰提西及车内2名保镖身亡。在亚辛3月22日遭到以军暗杀之后，兰提西接手了亚辛在加沙地带的工作。兰提西是哈马斯强硬派代表人物，主张通过暴力解放巴被占领土。

俄罗期车臣首府爆炸事件

5月9日是俄罗斯反法西斯胜利纪念日。然而，就在这一天，车臣非法武装分子制造了一起新的罪恶事件。俄罗斯车臣首府格罗兹尼的狄纳莫体育场当天在举行盛大的庆祝活动时，贵宾席上突然发出巨大的爆炸声，车臣共和国总统卡德罗夫不幸丧生，此外还有6人死亡，100多人受伤。卡德罗夫是俄罗斯联邦和车臣政府与地方分离主义力量进行斗争中遇害的最高级别领导人。

沙特胡拜尔人质事件

5月29日，沙特阿拉伯东部城市胡拜尔的外国石油公司和居民区遭到武装分子袭击，有包括不少西方人在内的约50名人质被劫持。在袭击和劫持人质过程中共有22人丧生，25人受伤。沙特安全部队30日凌晨采取突袭行动，包围了发生袭击和劫持事件的外国石油公司和居民区，并与武装分子发生交火，最终成功解救出大部分人质，1名被认为是劫持人质的武装分子头目及其他6名武装分子被逮捕。沙特方面事后宣布，发动袭击并劫持人质的武装分子是“基地”组织成员。值得注意的是，恐怖分子在这起事件中玩起了“人质种族歧视”游戏，只对非阿拉伯血统的西方人感兴趣，而对其他人则放了一条生路。

中国援建阿富汗的工地遭恐怖袭击。

6月10日凌晨，中国中铁十四局集团公司援建阿富汗的公路建设项目盖劳盖尔工地遭到一伙武装分子的恐怖袭击，造成11名中国工人死亡，另有4名工人受伤。袭击事件发生在距阿富汗北部省份昆都士以南36公里处的盖劳盖尔地区。当地时间凌晨1时左右，20多名持枪歹徒闯人工地。突如其来的枪声惊醒了睡在那里的123名中国工人。在与毫无防备的工地保安人员发生短暂枪战后，武装分子依仗人多势众，在工地里恣意行凶，向工地里的中国工人开枪射击。这场袭击事件造成10名中国工人当场身亡，另有5人受伤，其中1人因伤势严重，7小时后不治身亡。

俄罗斯印古什袭击事件

6月21日晚到22日凌晨，约200名车臣非法武装分子袭击了俄罗斯印古什共和国15处政府机关、军用和民用设施，共造成92人死亡，120多人受伤。印古什内务部代部长科斯托耶夫和内务部副部长哈季耶夫等高级官员在袭击中遇害。据估计，袭击给印古什造成了6亿卢布（1美元约合29卢布）的经济损失。印古什共和国安全局副局长科宁事后说，非法武装分子发动袭击前半小时，印古什情报机关得到了有关情报，并通知了护法机关。因此，没有一处设施被非法武装分子占领。事件发生后，俄罗斯联邦护法机关23日凌晨采取特别行动，在车臣沙林地区歼灭了约20名非法武装分子。

俄罗斯两民航客机坠毁事件

8月24日晚，从莫斯科多莫杰多沃机场起飞的图-134和图-154民航客机几乎同时坠毁在图拉州和罗斯托夫州，共造成89人丧生。除了2名以色列人和1名乌克兰人外，其他遇难者都为俄罗斯人。一周后，俄罗斯安全部门公布了调查结果，查明两起坠机事件系车臣恐怖分子所为。据报道，两名来自高加索地区的妇女在客机起飞前一小时购买了这两个航班的机票。两架飞机出事后，调查人员发现有两个用假名或登记姓名不全的女性的尸体，没有亲属前来认领，其身份十分可疑。

俄罗斯别斯兰人质事件

9月1日上午，30多名非法武装分子占领了俄罗斯南部北奥塞梯共和国别斯兰市第一中学，把约1200名参加开学典礼的学生、家长和教师劫持为人质。俄军警很快包围了学校。但出于人质安全方面的考虑，俄军警一直保持克制，没有主动采取进攻行动。3日下午，在学校发生爆炸和恐怖分子向逃跑的人质开枪后，俄特种部队冲进学校，展开抢救人质行动，并最终解救出大部分人质，但还是有334名人质丧生，其中近一半是儿童，另有700余人受伤。占领学校的2名恐怖分子被生擒，其余的30人被打死。

印度连环爆炸案

10月2日是印度国父圣雄甘地诞辰135周年纪念日。正当10亿印度人欢庆这个全国性节日之际，爆炸惨剧突然降临。印度东北部那加兰邦和阿萨姆邦相继发生5起以爆炸和枪击为主要手段的恐怖骚乱事件。共造成81人死亡，211人受伤。这是印度东北部最近7年来发生的最为血腥的暴力事件。长期以来，由于历史、地理等多方面原因，印度东北部地区一直被称为印度经济发展的“盲区”。此外，由于该地区宗教信仰、文化传统和生活习惯与印度其他地区截然不同，宗教和民族矛盾相当尖锐，使该地区成为各种暴力、恐怖、流血活动的“重灾区”。自1947年印度独立以来，该地区已先后有5万多人在各种大小冲突中丧生。

埃及西奈半岛爆炸案

10月7日晚10时，埃及红海旅游胜地西奈半岛接连发生3起爆炸，至少造成35名以色列游客死亡，160多人受伤。这是巴以冲突4年来，埃及境内首次发生针对以色列平民的袭击事件。距埃以塔巴边界检查站仅200米远的埃及塔巴希尔顿饭店首先发生剧烈爆炸，另外两起爆炸分别发生在塔巴南部的希塔尼角和苏尔坦角两个旅游度假村。爆炸发生的当天是犹太人“住棚节”的最后一天，许多以色列人当时都在西奈半岛度假。埃及安全部门10月25日宣布，1名对巴以冲突不满的巴勒斯坦人是塔巴希尔顿饭店爆炸事件的主谋。这个名叫伊亚德·赛义德·萨拉赫的巴勒斯坦人与另1个名叫苏莱曼·艾哈迈德·萨利赫的埃及人实施了爆炸。由于汽车炸弹提前爆炸，两人均在爆炸中丧生。

伊拉克萨迈拉发生连环爆炸事件

11月6日，伊拉克巴格达以北的萨迈拉市接连发生4起汽车炸弹爆炸事件，共造成至少37人死亡，62人受伤。伊拉克资深政治观察家穆赫辛说，萨迈拉发生连环爆炸与美军准备大举进攻费卢杰有关。他认为，反美武装试图通过在萨迈拉发动袭击挑战美伊军队，继续与美军和伊临时政府玩“猫捉老鼠”的游戏。

（邱　实）

亚洲军事要事

中共十六届四中全会决定调整充实中共中央军事委员会组成人员　2004年9月19日，中共十六届四中全会审议通过了《中国共产党第十六届中央委员会第四次全体会议关于同意江泽民同志辞去中共中央军事委员会主席职务的决定》和《中国共产党第十六届中央委员会第四次全体会议关于调整充实中共中央军事委员会组成人员的决定》。主要内容如下：

全会高度评价江泽民同志为党、为国家、为人民做出的杰出贡献。江泽民同志是中国共产党第三代中央领导集体的核心。从党的十三届四中全会到党的十六大的13年中，在国际国内十分复杂的形势下，以江泽民同志为核心的党的第三代中央领导集体，高举邓小平理论伟大旗帜，坚持党的基本路线不动摇，团结带领全党全国各族人民，抓住机遇、深化改革、扩大开放、促进发展、保持稳定，推动中国特色社会主义事业取得了举世瞩目的新进展。江泽民同志担任中央军委主席以来，深刻洞察和把握世界新军事变革的发展趋势，对加强国防和军队现代化建设提出了一系列新论断、新举措，丰富和发展了毛泽东军事思想和邓小平新时期军队建设思想，创立了江泽民国防和军队建设思想，领导国防和军队现代化建设取得了巨大成就。江泽民同志坚持马克思主义的思想路线，尊重实践，尊重群众，集中全党智慧创立"三个代表"重要思想，实现了我们党在指导思想上的又一次与时俱进。"三个代表"重要思想是马克思主义中国化的最新成果，是实现全面建设小康社会宏伟目标的根本指针，必须贯彻到社会主义现代化建设的各个领域，体现在党的建设的各个方面。

全会决定，胡锦涛任中共中央军事委员会主席。全会一致认为，这有利于坚持党对军队绝对领导的根本原则和制度，有利于加强军队的革命化、现代化、正规化建设。

全会决定，徐才厚任中共中央军事委员会副主席，增补陈炳德、乔清晨、张定发、靖志远为中共中央军事委员会委员。

调整充实后的中共中央军事委员会组成人员：

主　席：胡锦涛

副主席：郭伯雄　曹刚川　徐才厚

委　员：梁光烈　李继耐　廖锡龙　陈炳德
乔清晨　张定发　靖志远

《邓小平军事文集》出版发行　经中共中央和中央军委批准，由中共中央文献研究室和军事科学院编辑出版的《邓小平军事文集》，于 2004 年 7 月 31 日开始在全国陆续发行。中央军委主席江泽民为文集题写了书名。

这部文集分为三卷，收入邓小平同志军事方面的文章、报告、谈话、电报、命令、批示、信函、题词等文稿 232 篇，共约 80 万字，大多数是首次公开发表。第一卷收入 1931 年 4 月至 1944 年 12 月的文稿 47 篇，反映了邓小平同志领导广西武装起义和他在抗日战争时期把党的建设、根据地建设和武装斗争相结合，为创建晋冀鲁豫根据地，发展壮大抗日武装，提出的一整套对敌斗争的战略策略思想。第二卷收入 1945 年 9 月至 1974 年 11 月的文稿 85 篇，反映了解放战争时期刘邓大军从内线作战转向外线作战，千里跃进大别山的艰苦斗争；反映了邓小平同志作为总前委书记，在领导淮海战役、渡江战役、进军西南等重大军事斗争中驾驭全局的韬略；反映了邓小平同志建国后为西藏和平解放，为维护祖国的统一和安全，为加强国防建设做出的贡献。第三卷收入 1975 年 1 月至 1990 年 9 月的文稿 100 篇，反映了邓小平同志主抓军队整顿，特别是他作为中国共产党第二代中央领导集体的核心，在领导军队精简整编、推动国防工业体制改革，确定新时期军队建设指导思想和军事战略方针等重大问题上所发挥的决策作用；反映了他关于军队要在大局下行动，军队要把维护国家主权和安全放在第一位，军队要保持老红军的政治本色，军队建设要以现代化为中心和要把教育训练提高到战略位置，军队要注重质量建设、走有中国特色的精兵之路等一系列重要思想。

这部文集全面展示了邓小平同志作为伟大的无产阶级军事家在各个历史时期的卓越军事贡献和丰富军事思想，反映了他对毛泽东军事思想的继承和创造性发展。

这部文集的出版，对于系统学习和掌握毛泽东、邓小平、江泽民同志的军事思想，弘扬人民军队的优良传统，科学总结军队建设的历史和现实经验，积极推进中国特色军事变革，把中国人民解放军建设成为强大的现代化正规化的革命军队，具有重要而深远的意义。

国务院新闻办公室发表《2004 年中国的国防》白皮书　2004 年 12 月 27 日，中国国务院新闻办公室发表《2004 年中国的国防》白皮书。白皮书全文如下：

前　言

放眼当今世界，实现和平发展的机遇与挑战同在，影响安全稳定的积极与消极因素共存。各种文明、社会制度和发展模式，只有和谐相处才能共享机遇，只有互信合作才能战胜挑战。求和平、谋发展、促合作已成为不可阻挡的历史潮流。

中国在本世纪头二十年的发展目标，就是集中力量全面建设小康社会。作为发展中的大国，中国实现现代化任重道远，需要长期坚持不懈的艰苦奋斗。中国发展的基点主要放在依靠自己的力量上，不会妨碍和威胁任何人。中国需要一个和平的国际环境来发展自己，又努力以自身的发展促进世界的和平与发展。中国坚持高举和平、发展、合作的旗帜，坚持独立自主的和平外交政策，坚持防御性的国防政策，永远不搞扩张，永远不称霸。

坚持国防建设与经济建设协调发展，建设一支现代化、正规化的革命军队，确保国防安全，是中国共产党执政的一项重大战略任务。2004 年 9 月召开的中国共产党第十六届中央委员会第四次全体会议和中国共产党中央军事委员会扩大会议，高度评价江泽民为国防和军队现代化建设作出的杰出贡献，决定胡锦涛任中共中央军委主席，调整充实了中共中央军委组成人员，进一步指明了国防和军队现代化的发展方向。新世纪新阶段，中国国防和军队建设坚持以邓小平理论和“三个代表”重要思想为指导，全面贯彻江泽民国防和军队建设思想，坚持党对军队绝对领导的根本原则和制度，坚持以新时期军事战略方针为统揽，积极推进国防和军队现代化进程。

为反映中国的国防政策以及近两年国防和军队建设的发展，现发表《2004 年中国的国防》白皮书。

第一章　安全形势

当前，国际形势继续发生深刻而复杂的变化。和平与发展依然是当今时代的主题，国际形势发展的基本态势保持总体稳定，但不确定、不稳定、不安全因素有所增加。

世界多极化、经济全球化趋势在曲折中深入发展。国际力量对比正在发生新的变化，主要力量重新分化组合和利益重新分配的进程加快。大国关系出现新的深刻调整，既相互借重、合作又相互制约、竞争的局面不断发展。广大发展中国家总体实力继续发展，成为推动世界多极化和国际关系民主化的重要力量。联合国在国际事务中发挥着不可替代的作用。经济全球化和科技进步带来新的发展机遇，全球产业结构调整步伐加快，区域经济合作持续发展，世界经济出现新的增长，各国相互依存加深，共同利益增加。但是，公正、合理的国际政治经济新秩序尚未建立。霸权主义和单边主义倾向有新的发展，围绕战略要地、战略资源和战略主导权的斗争此起彼伏，伊拉克战争对国际和地区安全形势产生深远影响。世界经济发展不平衡加剧，南北差距拉大，经济安全面临新的问题。

军事因素对国际格局和国家安全的影响上升。世界新军事变革加速发展，战争形态正由机械化向信息化转变，信息化成为提高军队战斗力的关键因素，体系对抗成为战场对抗的主要特征，非对称、非接触、非线性作战成为重要作战方式。世界主要国家调整安全战略和军事战略，发展高新技术武器装备，创新军事理论，加快军队转型。以信息化对机械化半机械化的军事技术时代差仍在拉大，世界军事力量对比进一步失衡。军事力量对保障国家安全的作用进一步凸显。

传统和非传统安全问题交织，非传统安全威胁日益严重。一些地区热点趋于缓和，区域安全合作逐步深入，国际反恐斗争取得进展，信息、能源、金融、环境安全领域的国际合作增强，打击跨国犯罪、防止严重传染性疾病蔓延和进行减灾救灾的国际努力不断强化。但天下仍不太平，地缘、民族和宗教等冲突同政治经济矛盾相互作用，局部战争和武装冲突时有发生，国际恐怖势力活动频繁。产生恐怖主义的根源难以从根本上消除，反对恐怖主义将是国际社会的一项长期艰巨的任务。

亚太地区安全形势基本稳定。亚太依然是全球最具经济活力的地区，绝大多数国家以发展为主要政策取向，大国关系保持改善和发展势头，和平协商成为解决争端的基本途径，不同形式的安全对话与合作日趋活跃。亚太经济合作组织在促进共同发展方面发挥重要作用。上海合作组织的机制化建设基本完成，并不断扩大和深化政治、安全、经济、人文等领域的合作，在促进地区和平、稳定、发展方面的作用进一步显现。中国与东盟国家建立致力于和平与繁荣的战略伙伴关系，双方合作全面、快速发展。以东盟与中、日、韩为主的东亚合作不断扩展，促进了区域经济发展和政治、安全互信。东盟地区论坛作为亚太地区最重要的官方多边安全对话渠道，对促进地区安全合作发挥了积极作用。朝鲜半岛核问题已纳入通过对话和平解决的轨道，六方会谈进程在讨论实质问题和推进机制化等方面取得进展。印巴紧张局势缓解，两国保持了和平对话势头。

亚太地区安全形势中的复杂因素也在增加。美国重组和加强在亚太地区的军事存在，强化军事同盟关系，加速部署导弹防御系统。日本加紧推动修宪进程，调整军事安全政策，发展并决定部署导弹防御系统，对外军事活动明显增加。六方会谈基础尚不牢固，解决朝鲜半岛核问题仍存在不确定因素。恐怖主义、分裂主义、极端主义威胁依然严峻，走私、海盗、贩毒、洗钱等跨国犯罪活动猖獗。许多国家面临消除贫困、实现可持续发展、加强公共卫生安全等方面的艰巨任务。

台湾海峡两岸关系形势严峻。陈水扁当局肆意挑衅两岸同属一个中国的现状，图谋分裂中国的“台独”活动明显升级。它不断鼓吹两岸“一边一国”的分裂主张，利用公投进行“台独”分裂活动，煽动岛内民众仇视大陆，大规模购买进攻性武器装备。它并未放弃通过制定所谓“台湾新宪法”走向“台独”的企图，仍然伺机利用所谓“宪政改造”制造重大“台独”事变。“台独”分裂活动日益成为破坏中国主权和领土完整，危害台海两岸及亚太地区和平与稳定的最大现实威胁。美国多次重申坚持一个中国政策、遵守三个联合公报、反对“台独”的立场。但是，美国继续提升售台武器的数量和质量，向台湾当局发出错误信号，不利于台海局势的稳定。

在一个多元多样又相互依存的世界中，中国国家安全环境总体得到改善，但也面临新的挑战。恶性发展的“台独”势力、新军事变革引起的军事技术差距、经济全球化趋势发展带来的风险和挑战、长期存在的单极和多极矛盾，对中国的安全具有重大影响。无论国际风云如何变幻，无论遇到什么艰难险阻，中国都将坚决维护国家主权和安全，同世界各国人民一道，共同推进人类和平与发展的崇高事业。

第二章　国防政策

中国坚持走和平发展的道路，坚定不移地奉行防御性的国防政策。中国的国防是国家生存与发展的安全保障。加强国防和军队现代化建设，维护国家安全统一，确保全面建设小康社会的顺利进行，是中国国防的主要任务。

中国的国防政策以国家的根本利益为出发点，服从和服务于国家的发展战略和安全战略。中国紧紧抓住并充分利用本世纪头二十年的重要战略机遇期，坚持发展与安全的统一，努力提高国家战略能力，运用多元化的安全手段，应对传统和非传统安全威胁，谋求国家政治、经济、军事和社会的综合安全。

中国维护国家安全的基本目标和任务是：制止分裂，促进统一，防备和抵抗侵略，捍卫国家主权、领土完整和海洋权益；维护国家发展利益，促进经济社会全面、协调、可持续发展，不断增强综合国力；坚持国防建设与经济建设协调发展的方针，建立符合中国国情和适应世界军事发展趋势的现代化国防，提高信息化条件下的防卫作战能力；保障人民群众的政治、经济、文化权益，严厉打击各种犯罪活动，保持正常社会秩序和社会稳定；奉行独立自主的和平外交政策，坚持互信、互利、平等、协作的新安全观，争取较长时期的良好国际环境和周边环境。

制止“台独”势力分裂国家，是中国武装力量的神圣职责。中国政府继续坚持“和平统一、一国两制”的基本方针和现阶段发展两岸关系、推进祖国和平统一进程的八项主张。只要台湾当局接受一个中国原则、停止“台独”分裂活动，两岸双方随时可以就正式结束敌对状态，包括建立军事互信机制进行谈判。中国人民坚决反对任何形式的“台独”分裂活动，坚决反对任何形式的外来干涉，坚决反对任何国家向台湾出售武器或与台湾进行任何形式的军事结盟，决不允许任何人以任何方式把台湾从中国分割出去。如果台湾当局铤而走险，胆敢制造重大“台独”事变，中国人民和武装力量将不惜一切代价，坚决彻底地粉碎“台独”分裂图谋。

为适应国际战略形势和国家安全环境的变化，迎接世界新军事变革的挑战，中国坚持积极防御的军事战略方针，加速推进中国特色军事变革。

——走复合式、跨越式发展道路。人民解放军适应世界军事发展的趋势，把信息化作为现代化建设的发展方向，逐步实现由机械化半机械化向信息化的转型。立足国情和军情，坚持以机械化为基础，以信息化为主导，以信息化带动机械化，以机械化促进信息化。推动火力、机动力和信息能力的协调发展，加强以海军、空军和第二炮兵为重点的作战力量建设，全面提高军队的威慑和实战能力。

——实施科技强军。人民解放军依靠科技进步提高战斗力，实现由数量规模型向质量效能型、由人力密集型向科技密集型的转变。实施人才战略工程，培养高素质新型军事人才。加强高新技术武器装备发展，改造现役武器装备，形成系统配套的武器装备体系。创新和改进训练体制、方式和手段，推动军事训练向更高层次发展。依靠国家经济科技发展，提高科学管理水平和军费使用的整体效益，走投入较少、效益较高的军队现代化建设道路。

——深化军队改革。人民解放军根据现代战争形态的变化和社会主义市场经济发展的要求，坚持在改革创新中谋发展、求突破。创新发展军事理论，探索信息化条件下建军和作战的规律。按照精兵、合成、高效的原则，以组织结构调整和指挥体制改革为重点，建立和完善规模适度、结构合理、机构精干、指挥灵便的军队体制编制。进一步调整和规范军人与国家、军人与社会以及军队内部的关系，形成有利于调动官兵积极性的政策制度。

——加紧军事斗争准备。人民解放军立足打赢信息化条件下的局部战争，突出加强武器装备建设、联合作战能力建设和战场建设。坚持人民战争思想，发展人民战争的战略战术。适应一体化联合作战的要求，建立能够充分发挥武装力量整体效能和国家战争潜力的现代作战体系。加强针对性演练，提高应对危机和处置各种突发事件的能力。

——开展军事交流与合作。人民解放军贯彻国家对外政策，发展不结盟、不对抗、不针对第三方的军事合作关系。参与联合国维和行动和国际反恐合作，开展多种形式的军事交流，建立军事安全对话机制，营造互信互利的军事安全环境。参加非传统安全领域的双边或多边联合军事演习，提高共同应对非传统安全威胁的能力。学习和借鉴外军有益经验，有选择地引进先进的技术装备和管理方法，促进军队现代化建设。

第三章　中国特色军事变革

人民解放军按照建设信息化军队、打赢信息化战争的目标，深化改革，锐意创新，加强质量建设，积极推进以信息化为核心的中国特色军事变革。

裁减军队员额 20 万

坚定不移地走中国特色的精兵之路，是军队建设的既定方针。二十世纪八十年代中期以来，中国已经完成两次大规模裁军，共裁减军队员额 150 万。2003 年 9 月，中国政府决定，2005 年前再裁减军队员额 20 万，军队总规模将保持 230 万人。这次裁军在压缩规模的同时，着重优化结构、理顺关系、提高质量。

改善官兵编配比例。通过精简机构，减少副职领导干部、部分干部岗位改由士官担任或实行聘用制等，大幅减少干部数量，使全军官兵的编配比例得到优化。

完善领导指挥体制。重点精简军以上机关和直属单位，减少指挥层次，健全作战指挥体系，强化指挥功能。调整机关职能，撤并部门，减少内设机构和人员，机关机构和人员均减少 15%左右。

优化军兵种结构。精简陆军，减少装备技术落后的一般部队，加强海军、空军和第二炮兵建设。优化部队内部编成和军兵种规模结构，提高各军兵种高新技术部队的比例。

深化联勤保障体制改革。继续实行以军区为基础的联勤保障体制，扩大联勤保障范围，精简后勤机构和人员，将军兵种领导管理的后方医院、疗养院和通用物资仓库划归联勤系统统一整编。逐步实现三军一体化的联勤保障体制，提高综合保障效益。

调整院校体制编制。健全军地并举培养军事人才的体制和制度，加快建立和完善以任职教育为主体、军事高等学历教育和任职教育相对分离的新型院校体系。按照规模化、集约化办学的要求，优化院校体系结构，精简部分军地通用或同类数量偏多的院校，合并同驻一地或任务相近的院校。

加强海军、空军和第二炮兵建设

人民解放军在继续重视陆军建设的同时，加强海军、空军和第二炮兵建设，谋求作战力量结构协调发展，提高夺取制海权、制空权以及战略反击能力。

海军担负着保卫国家海上方向安全、维护领海主权和海洋权益的任务。海军扩大近海防御作战空间和防御纵深，加强、完善海战场建设，增强在近海遂行海上战役的综合作战能力和核反击能力。按照精干、顶用的原则，减少领导指挥层次，对各种作战力量进行科学编成，突出海上作战兵力特别是两栖作战兵力建设。加快更新海军武器装备，重点发展新型作战舰艇，以及多种专用飞机和配套装备，提高武器装备的信息化水平和远程精确打击能力。参加诸军兵种联合演练，提高联合作战能力和海上综合保障能力。

空军担负着保卫国家领空安全、保持全国空防稳定的任务。空军适应信息化空中作战要求，逐步实现由国土防空型向攻防兼备型转变。重点发展新型战斗机、防空反导武器、信息作战手段和空军指挥自动化系统，培养适应信息化空中作战的复合型人才，加强多兵种、多机种合同作战训练，提高空中打击、防空作战、信息对抗、预警侦察、战略机动和综合保障能力，努力建设一支总体规模适度、编成结构合理、武器装备先进、系统配套集成、信息支援和作战手段完备的空中防卫作战力量。

第二炮兵是保卫国家安全的重要战略力量，主要担负遏制敌人对中国使用核武器、遂行核反击和常规导弹精确打击任务。第二炮兵通过加强导弹武器的改进和研发，提高导弹武器和指挥、通信、侦察等配套装备的信息化水平，初步形成核常兼备、射程衔接、威力和效能明显增强的武器装备体系。建立了以工程院院士和导弹专家为骨干的人才队伍，超过 70%的军官具有大学本科以上学历。运用高科技手段进行训练改革，缩短新型武器装备形成战斗力的周期。紧贴作战实际，开展导弹发射训练和近似实战条件下的战备演练，部队的快速反应和精确打击能力不断提高。

推进信息化建设

人民解放军把信息化作为现代化建设的发展方向和战略重点，坚持应用主导、创新求实、人才为本、跨越发展的总体思路，积极开展信息化建设的研究和实践。

二十多年来，人民解放军以指挥自动化建设为重点，着力提高军队作战领域的信息化水平。组织实施了一批军事信息系统重点工程，信息基础设施建设取得长足进步，各级指挥机关和作战部队指挥手段明显改善，计算机等信息技术设备在军队日常业务工作中日益普及，作战信息保障能力有了很大提高，主战武器系统信息技术含量不断增加。中央军委先后批准颁布《中国人民解放军指挥自动化建设纲要》、《中国人民解放军指挥自动化条例》，明确了指挥自动化建设目标和有关政策法规。

新世纪新阶段，人民解放军致力于全面推进以军事信息系统和信息化主战武器系统建设为主体、以信息化基础设施建设为支撑和保障的军队信息化建设。

在信息化建设中，坚持战斗力标准，坚持一体化发展方向，加强集中领导和统筹规划，创新军事理论和作战思想，优化管理体制和部队编制，完善法规和标准体系，重视培养信息化人才。加强军事信息系统建设，加快主战武器装备的信息化改造，充分开发利用各类信息资源，注重提高系统互联互通和信息共享能力。利用国家和社会信息化发展的有利条件，建立军民结合的科研生产体制和信息动员机制，实现军队信息化建设与国家信息化建设的相互促进。

加快武器装备现代化

人民解放军把武器装备作为加速推进中国特色军事变革的重要物质技术基础，依托国家经济发展和科技进步，适应国家安全需要，不断加快武器装备现代化进程。

为增强打赢信息化条件下局部战争的能力，人民解放军武器装备建设注重顶层设计，坚持走以信息化为主导、机械化信息化复合发展的道路，努力建设规模适度、结构合理、精干高效、整体优化的现代化武器装备体系。

优先发展高新技术武器装备。加大科研攻关力度，增强自主创新能力。研发新型信息化作战平台和精确制导弹药，研制新型电子对抗装备，着力增强精确打击能力和信息作战能力。

加快改造老旧装备。一批技术落后、性能下降、使用维修成本高的老旧装备正在逐步退出现役。有选择、有重点、有步骤地改造部分现役主战装备，通过“嵌入”先进技术，研制新型弹药，整合指挥控制系统，恢复或提高了现役武器装备的战术技术性能。

不断提高装备综合保障水平。坚持立足现有装备，把武器装备成建制、成系统形成作战能力和保障能力建设摆在重要位置。适应主战装备发展，配套研制新型通用和专用保障装备，加强以新装备为重点的维修和技术支援力量建设，重点加快培养新装备的使用、维修和管理人员，使部队装备的综合保障水平有了新的提高，保证了军事斗争准备的需要。

实施人才战略工程

2003 年 8 月，中央军委制定实施军队人才战略工程规划，提出力争经过一二十年的努力，拥有一支懂得信息化战争指挥和信息化军队建设的指挥军官队伍，一支善于对军队建设和作战问题出谋划策的参谋队伍，一支能够组织谋划武器装备创新发展和关键技术攻关的科学家队伍，一支精通高新武器装备性能的技术专家队伍，一支能够熟练掌握手中武器装备的士官队伍。人才战略工程分两个阶段实施：2010 年前使全军人才状况明显改观，作战部队人才建设大幅跃升；2011 年到 2020 年，实现人才建设大的跨越。

近年来，人民解放军发挥军队院校培养人才的主渠道作用，生长干部培养已基本实现本科化，军队院校职能正在由以学历教育为主向任职教育为主转变。逐步实现军地通用人才主要依靠普通高等学校培养，已有 90 余所普通高等学校承担为军队培养干部的任务。实施“高层次人才强军计划”，近 30 所重点普通高校为部队培养了一大批紧缺专业硕士。在军事院校开办中青年干部培训班、大军区职和军职领导干部高科技知识培训班、军兵种知识交叉培训班等班次，选送数百名军队干部入中央和省级党校学习。有计划地组织作战部队师旅主官出国考察，增加军事指挥军官出国留学数量。

加强联合训练

人民解放军适应现代战争的主要特点和样式，加强各个层次的诸军兵种联合训练，提高联合作战能力。

深化联合战役训练。全军以作战任务为牵引，突出针对性训练、联合作战训练和高级领率机关训练，成功组织了一系列重大联合战役训练活动。强化作战问题的研究演练，加强作战理论、训练法规和网络系统等基本建设，探索联合战役的作战指导、作战指挥和训练方法，提高了各级指挥员组织指挥联合作战的能力。

开展联合战术训练。为适应战术层次联合作战的需要，全军通过区域协作的形式，使驻地相邻的诸军兵种部队打破军种界线，加强联系与合作，开展联合战术训练。2003 年 9 月，总参谋部在大连地区组织全军军事训练区域协作观摩交流活动，总结开展军事训练区域协作经验，探索联合战术训练新途径。

改进联合训练手段。经过多年的发展，基地化训练、模拟化训练、网络化训练取得明显进展。全军各种类型师、旅、团级作战部队的合同战术训练初步实现基地化，初步建成各军兵种战役、战术指挥训练模拟系统和“全军院校作战（联合）实验室训练模拟系统”，建成各军区、军兵种和各级指挥院校局域网互联互通的军事训练网络系统。

培养联合作战指挥人才。院校加强联合作战教育，初级指挥院校进行联合作战基础知识教学，中级指挥院校进行各军种战役、军种合同作战教学，高级指挥院校进行战略研究和联合战役教学。部队通过开展岗位练兵和区域协作训练，采取集训、相互观摩、学术研讨和联合演习等方式，进行军兵种知识和联合作战知识学习，促进联合作战指挥人才的成长。

深化后勤改革

人民解放军继续推进后勤改革的深化、拓展、配套，努力提高快速、高效、综合的保障能力。

推进三军一体化保障进程。从2004年7月开始，在济南战区进行大联勤改革试点。实行联勤机关三军一体。将目前的军区联勤部改称军区（战区）联勤部，作为战区三军部队联勤工作的领导机关，联勤部机关的军兵种干部比例由原来的12%增至45%。实行保障力量三军一体。将战区内军兵种领导管理的后方仓库、医院、疗养院和物资、工程等后勤保障机构，全部划归联勤系统，进行统一整合、统一建设、统管共用。实行保障内容三军一体。战区内三军部队的后勤保障，不再划分通用保障和专用保障，统一由联勤系统组织实施。实行保障渠道三军一体。将目前对军兵种部队保障的多个渠道，调整合并为联勤系统一个渠道，减少供应保障环节，提高效率，形成有效的监督管理机制。

开展后勤装备科研。两年来，共完成92项新型后勤装备的试验定型，后勤装备体制项目定型率达到93%，基本形成专业门类齐全的新一代后勤装备体系，部分装备达到国际先进水平。2004年4月，举办第四届北京国际军事后勤装备技术展览会。26个国家和地区340多个厂商参加展览，16个国家军事后勤代表团应邀出席展览活动，并参加国际军事后勤装备技术发展战略研讨。

深化医疗保障制度和社会化保障改革。2004年5月，全军在先期试点和扩大试点的基础上，全面推行以分类保障、合理医疗、统定管理、持卡就医为主要内容的医疗保障制度改革。建立了军人免费医疗、随军家属优惠医疗、军队职工保险医疗相结合的新型医疗保障制度，提高了医疗服务质量和保障水平。出台军队职工工资总额包干管理办法和分流安置经费补助等政策，重点解决军队职工分流和转制问题。全面推行住房分配货币化、供应市场化、管理社会化，加大住房补贴兑现力度，提高军人购房能力。

创新政治工作

人民解放军坚持以马克思列宁主义、毛泽东思想、邓小平理论和“三个代表”重要思想为指导，坚持党对军队绝对领导的根本原则和制度，把思想政治建设摆在首位，创新政治工作的内容、方法、手段和机制，充分发挥政治工作的服务保证作用和作战功能。

2003年12月重新修订颁布的《中国人民解放军政治工作条例》，坚持把政治工作作为实现党对军队绝对领导和军队履行职能的根本保证，明确提出政治工作是构成军队战斗力的重要因素，强调发挥政治工作的作战功能。全军广泛开展中国特色军事变革主题教育，深入进行战时政治工作的研究演练，加强各军兵种和执行特殊任务部队的政治工作，强化军队职能教育，增强忧患意识，激发练兵热情，培育部队的战斗精神和优良作风。

人民解放军坚持依靠法规制度推动政治工作创新发展。2004年4月，中央军委颁布《中国共产党军队委员会工作条例（试行）》，进一步明确了全委会、常委会、书记和委员的职责，完善了党委议事决策的程序和原则。2004年2月，中央军委颁布《关于加强军队高中级干部教育管理的若干规定》，制定和完善了团级以上干部个人学习检查考核、专项教育、诫勉谈话、思想政治素质考查、述职述廉、重要工作履职报告等制度。

人民解放军重视思想文化建设。2001年至2002年，中央军委共拨款1.4亿元用于军队基层文化建设。近两年，总政治部、总后勤部相继联合印发《中国人民解放军文化装备管理暂行规定》和《军队基层文化建设暂行规定》。从2003年起，全军基层文化器材列入标准经费供应，实行列装管理。2004年5月，召开全军文艺创作座谈会，制定全军文艺创作五年规划。军队每年出版2800多种图书和音像制品。各部队开展丰富多彩的军营文化活动，促进了全面建设和战斗力的提高。

依法从严治军

人民解放军贯彻依法治军、从严治军方针，加强军事法制建设，提高正规化水平，增强部队战斗力。

注重把治军的优良传统和中国特色军事变革的要求用法规的形式确定下来，规范军队建设的各个方面。在新的历史时期，军队先后颁布和修订了《中国人民解放军内务条令》、《中国人民解放军纪律条令》、《中国人民解放军队列条令》、《中国人民解放军司令部条例》、《中国人民解放军政治工作条例》、《中国人民解放军后勤条例》、《中国人民解放军装备条例》、《中国人民解放军军事训练条例》、《中国人民解放军警备条令》以及新一代作战条令等一大批军事法规，已基本形成以条令条例为主体的军事法规体系。2003年4月，中央军委颁布《军事法规军事规章条例》，规范了军事立法工作。2004年1月，根据中央军委的指示，全军和武警部队对现行军事法规、军事规章进行全面清理，统一组织编印军事法规和军事规章汇编，为从严治军提供法规依据。全军深入开展法制教育和条令条例学习，举办不同层次的条令集训，引导官兵依法履行职责。

维护条令条例和规章制度的权威性、严肃性，严格按照条令条例管理部队。把作风纪律建设贯穿于经常性教育和管理，使官兵自觉遵守条令条例和规章制度。通过严格的训练，培养部队严整的军容、严明的纪律和雷厉风行的作风。2003 年 8 月，中央军委修订颁布《军队基层建设纲要》，推动了基层战备、训练、工作和生活秩序的正规化。总参谋部、总政治部、总后勤部、总装备部两次组成联合工作组，对全军从严治军情况进行全面检查。全军和武警部队按照中央军委的要求，开展整顿治理工作，促进了依法治军、从严治军方针的落实。

第四章　国防经费和国防资产

中国根据国防建设的需要和社会主义市场经济的要求，依法管理和使用国防经费，保障军事装备、物资的采购供应，保护国防资产。

国防经费

中国政府依据国防法，贯彻国防建设与经济建设协调发展的方针，适应国防需求的变化，在国家经济发展和财政收入增长的基础上，继续适度增加国防费。2002 年、2003 年中国国内生产总值（GDP）分别为 105172.34、117251.94 亿元人民币。2002 年、2003 年中国年度国防费分别为 1707.78、1907.87 亿元人民币，2004 年中国年度国防费预算为 2117.01 亿元人民币。

中国增加的国防费，主要用于：（一）提高军队人员工资待遇。在国家社会经济发展和城乡居民人均收入提高的同时，保证军队人员工资水平能够同步提高。比照国家机关工作人员统一的调资政策，提高军官、文职干部、士官工资标准和义务兵、供给制学员津贴标准，以及增加离退休人员离退休费。（二）进一步完善军人社会保险制度。2003 年 12 月制定《中国人民解放军军人配偶随军未就业期间社会保险暂行办法》，解决了军人配偶随军未就业期间的基本生活保障和社会保险补贴待遇问题。（三）保障军队体制编制调整改革。中国再次裁减军队员额 20 万，相应增加编余人员退役安置等经费开支。（四）加大军队人才建设投入。建立完善人才激励机制，改善军队院校条件，委托地方院校培养人才，确保军队人才战略工程的实施。（五）适度增加装备经费。为推动武器装备跨越式发展和加强军事斗争准备，增加部分装备建设经费。

近两年来，中国年度国防费占同期国内生产总值和国家财政支出的比例基本持平。二十世纪九十年代以来的绝大多数年份，中国国防费的增长率低于国家财政支出的增长率。

中国国防费的绝对额长期低于一些西方大国，占国内生产总值和国家财政支出的比重也相对较低。2003 年，中国国防费仅相当于美国的 5.69%、日本的 56.78%、英国的 37.03%、法国的 75.94%。

中国国防费的管理更加公开、规范，使用效益稳步提高。国防经费预算编制改革进一步深化，建立了新的国防费预算体系，推行零基预算方法和综合预算制度。增强预算调控功能，优化国防费投向投量。完善国防物资、工程、服务的招投标采购制度，扩大资金集中支付的范围。

军事订货与采购

中国实行国家军事订货制度，保障武器装备和其他军事物资的采购供应。军队武器装备采购由总装备部负责，军队物资采购由总后勤部负责。

2002 年 10 月，中央军委颁布《中国人民解放军装备采购条例》。2003 年 12 月，总装备部下发《装备采购计划管理规定》、《装备采购合同管理规定》、《装备采购方式与程序管理规定》、《装备承制单位资格审查管理规定》和《同类型装备集中采购管理规定》等配套规章，构成了装备采购新的法规体系。近年来，装备采购工作遵循政府采购制度的基本原则，逐步打破军品行业部门界限，引入竞争机制，支持非军工国有企业和高技术民营企业进入军品市场，采购方式由过去的定点采购加速向公开招标、邀请招标、竞争性谈判和询价采购等多种方式转变，提高了装备采购的整体效益，确保部队以合理的价格采购到性能先进、质量优良、配套齐全的武器装备。军用计算机和网络设备、车辆底盘、发电机组、方舱等通用性较强的装备，已由各部门单独采购向全军集中采购转变。

2002 年 2 月以来，总后勤部根据中央军委批转的《深化军队物资、工程、服务采购改革总体方案》，相继颁布《军队物资采购管理规定》、《军队物资招标管理规定》、《军队物资采购合同管理规定》、《军队物资采购机构审价工作管理规定》、《军队物资、工程、服务集中采购资金支付暂行办法》和《军队物资、工程、服务采购审计规定》。军队物资采购遵循政府采购的基本原则，结合军队建设管理实际，全面实行分级管理体制和集中采购为主的模式，完善经费、计划、采购的分工协作、相互制约运行机制，提高了物资采购的规范化、专业化、信息化水平和规模效益。部队建设、训练、科研、生活等所需 24 类 1000 多种物资，已纳入集中采购范围。纳入年度预算、采购金额达到限额标准以上的采购项目实施招标采购，总部物资招标限额标准为50万元。

国防资产保护

国防资产是国家为武装力量建设、国防科研生产和其他国防建设直接投入的资金、划拨使用的土地等资源，以及由此形成的用于国防目的的武器装备和设备设施、物资器材、技术成果等。由军队依法占有、使用、管理的国防资产属于军队国有资产。国家颁布《中华人民共和国国防法》、《中华人民共和国军事设施保护法》和《中华人民共和国军事设施保护法实施办法》，军队制定《军队国有资产管理规定》等30多个军队国有资产管理规章制度，使国防资产的保护工作走上法制化轨道。

各级人民政府和军事机关共同保护军事设施，维护国防利益。总参谋部在国务院和中央军委的领导下，主管全国的军事设施保护工作。军区司令机关主管辖区内的军事设施保护工作。设有军事设施的地方，县级以上地方人民政府和驻地有关军事机关共同成立军事设施保护委员会，其办事机构设在省军区（卫戍区、警备区）、军分区（警备区）和县、自治县、市、市辖区的人民武装部。国家按照分类保护、确保重点的方针，通过划定军事禁区、军事管理区对军事设施实施保护，对没有划入军事禁区、军事管理区的军事设施也采取适当保护措施。对作战工程、军用机场净空、军用通信、输电线路和军用输油输水管道、军用无线电固定设施电磁环境、边防设施、军用测量标志依法进行保护。

总后勤部设有军队国有资产管理局，主管全军国有资产管理工作。军队国有资产实行统一领导、分级负责的管理体制，各级后勤机关主管本级国有资产管理工作。近年来，全军开展财产清查登记和实物资产计价核算管理，实施产权登记、资产评估、资产报告制度，有效规范国有资产管理行为，确保军队国有资产安全完整、合理配置和有效使用。

第五章 兵役制度

中国实行义务兵与志愿兵相结合、民兵与预备役相结合的兵役制度。依照法律服兵役和参加民兵组织是中国公民的光荣义务。

兵役工作管理体制

中国兵役工作实行统一领导和分级负责的管理体制。全国的兵役工作，在国务院、中央军委领导下，由国防部负责；各军区按照国防部赋予的任务，负责办理本区域的兵役工作；省军区（卫戍区、警备区）、军分区（警备区）和县、自治县、市、市辖区的人民武装部，兼各该级人民政府的兵役机关，在上级军事机关和同级人民政府领导下，负责办理本区域的兵役工作；机关、团体、企业事业单位和乡、民族乡、镇的人民政府，依照兵役法规定完成兵役工作任务。兵役工作业务，在设有人民武装部的单位，由人民武装部办理；不设人民武装部的单位，确定一个部门办理。

现　役

现役是公民履行兵役义务的主要形式。在人民解放军服现役的公民是现役军人，包括现役军官、文职干部和现役士兵。

现役军官是被任命为排级以上职务或者初级以上专业技术职务，并被授予相应军衔的现役军人，分为军事、政治、后勤、装备和专业技术军官。《中华人民共和国现役军官法》规定，现役军官的主要来源是：选拔优秀士兵和普通中学毕业生入军队院校学习毕业；接收普通高等学校毕业生；由文职干部改任；招收军队以外的专业技术人员和其他人员。战时根据需要，可以从士兵、征召的预备役军官和非军事部门的人员中直接任命现役军官。

人民解放军实行军官职务等级编制军衔。现役军官军衔设三等十级，将官设上将、中将、少将，校官设大校、上校、中校、少校，尉官设上尉、中尉、少尉。大军区级以下的职务等级，分为大军区、军、师、团、营、连、排级。专业技术军官最高军衔为中将，等级分为高、中、初级专业技术职务。

现役士兵包括义务兵役制士兵（称义务兵）和志愿兵役制士兵（称士官）。士官从服现役期满的义务兵中选取，根据军队需要也可从非军事部门具有专业技能的公民中招收。义务兵服现役的期限为二年。士官实行分期服现役制度，第一、二期各三年，第三、四期各四年，第五期五年，第六期九年以上。士官分为专业技术士官和非专业技术士官。专业技术士官服现役的期限为第一至第六期，非专业技术士官和女士官服现役的期限原则上为第一期。

现役士兵的最低军衔为列兵，最高军衔为六级士官。服现役第一年的义务兵为列兵，第二年晋升为上等兵。士官军衔分为三等六级，一级、二级士官为初级士官，三级、四级士官为中级士官，五级、六级士官为高级士官。

预备役

预备役分为军官预备役和士兵预备役，经过登记服预备役的公民称预备役人员。

预备役军官从退出现役的军官和文职干部、退出现役的士兵、人民武装干部和民兵干部、非军事的高等学校毕业学生、符合预备役军官条件的其他公民中选拔。在预备役部队任职和预编到现役部队的预备役军官为第一类军官预备役，其他预备役军官为第二类军官预备役。预备役军官分为军事、政治、后勤、装备和专业技术军官，职务等级分为师、团、营、连、排级和高、中、初级专业技术职务。预备役军官军衔设三等八级：预备役少将，预备役大校、上校、中校、少校，预备役上尉、中尉、少尉。士兵预备役的年龄为18岁至35岁。根据年龄和军事素质，士兵预备役分为第一类士兵预备役和第二类士兵预备役。

平时征集

中国每年征集服现役的人数、要求和时间，由国务院和中央军委的命令规定。各省、自治区、直辖市根据国务院和中央军委的征兵命令，部署本区域的征兵工作。平时征集工作一般每年一次。

根据兵役法，每年12月31日以前年满18岁的男性公民应当被征集服现役。当年未被征集的，在22岁之前仍可以被征集。根据需要可以征集女性公民。每年12月31日以前年满18岁的男性公民，应在当年9月30日以前进行兵役登记。符合服现役条件的应征公民，经县、自治县、市、市辖区的兵役机关批准，被征集服现役。应征公民是维持家庭生活的唯一劳动力或者是正在全日制学校就学的学生，可以缓征；被羁押正在受侦查、起诉、审判或者被判处徒刑、拘役、管制正在服刑的公民，不征集。

退役和安置

现役军官达到平时服现役最高年龄的，应当退出现役。未达到平时服现役最高年龄或未达到平时服现役最低年限，因特殊情况需要，经批准可以退出现役。士兵服现役期满，应当退出现役。

国家妥善安置退出现役的军队干部。安置方式主要有转业、复员、离休、退休。转业地方工作是安置退出现役军队干部的主要方式。国家、省（自治区、直辖市）设立军队转业和离休、退休干部安置管理工作机构，市（地）视情设立相应机构。总政治部统一管理全军干部转业和离休、退休工作。

2001年以来，中共中央、国务院和中央军委颁布实施《军队转业干部安置暂行办法》及有关政策法规，规定对军队转业干部实行计划分配与自主择业相结合的方式安置。师、团级职务和军龄满十八年的营级职务转业干部（含相应职级文职干部和享受相应待遇的专业技术干部），可以选择计划分配或自主择业的方式安置，军龄不满十八年的营级以下职务转业干部，采取计划分配的方式安置。计划分配的转业干部由党委、政府负责安排工作和职务。自主择业的转业干部由政府协助就业，逐月发给退役金，享受终身，免征个人所得税。转业干部可以回原籍或入伍地安置，也可到配偶随军前或结婚时所在地安置，具备相应条件的，还可以到父母或者配偶父母、配偶、本人子女常住户口所在地、部队驻地安置。

义务兵退出现役后，由原征集地的县级人民政府接收安置。根据家居农村或城镇以及服现役期间立功受奖的情况，对退出现役的义务兵做出妥善安排。根据服役年限不同，士官退出现役后分别作转业、复员、退休安置。

第六章 国防动员和后备力量建设

中国坚持全民办国防，着眼于发挥现代人民战争整体优势，加强以综合国力为基础的国防动员和后备力量建设。

国民经济动员

中国的国民经济动员贯彻兵民是胜利之本和人民战争的战略思想，是国防建设和经济建设的重要组成部分。

国民经济动员是为保卫国家安全，有计划、有组织地提高国民经济应变能力的活动。平时，它是加强国防经济潜力建设和应付突发事件的重要措施，是调节国防经济常备力量与国民经济比例关系的手段，是遏制战争的强大威慑力量。战时，它是快速、有序地将国民经济体制由平时状态转入战时状态，将国防经济潜力转化为国防实力，赢得战争胜利的重要保证。国民经济动员包括工业、农业、交通运输、邮电通信、科技、医疗卫生、城市建设、商业贸易、财政金融等领域的动员。国民经济动员能力是国防现代化水平和综合国力的重要体现。

国民经济动员工作在国务院、中央军委的领导下，由国家发展和改革委员会承担。办事机构为国家经济动员办公室，其主要职责是：组织实施全国国民经济动员工作，协调国民经济动员工作中军事与经济、政府部门与军队系统、中央与地方的关系，搞好国民经济的平战结合、军民兼容，完善国民经济动员机制，增强平战转换能力。国务院有关部委，各省（自治区、直辖市），军队各军兵种、各军区设有相应的经济动员机构。

新中国成立后，国家初步建立起国民经济动员体系。二十世纪六十、七十年代，开展以备战为首要任务的国民经济动员建设。二十世纪八十年代，国民经济动员开始实现四个转变：由单纯为战争需求服务向为国防和经济建设服务转变，注重军事效益和经济效益的结合；由计划经济体制下单一的行政管理向社会主义市场经济体制下的综合调控转变，逐步形成运用法律、经济、行政等多种手段的管理机制；由临战状态下的军品生产能力建设向和平时期增强平战转换能力转变，注重国防经济潜力建设；由全面动员准备向局部动员准备转变，突出抓好主要方向和重点地区突发事件的快速动员。

在新的历史时期，国民经济动员贯彻平战结合、军民兼容、寓军于民的方针，遵循统一领导、分级负责、统筹规划、重点建设、长期准备、逐步发展的原则，国民经济动员建设取得长足发展，国民经济动员能力稳步提高。国家、省（自治区、直辖市）和地（市）三级经济动员管理体系初步形成，注意与处置重大突发事件和紧急情况接轨，为提高国民经济平战转换速度创造了制度条件。充分运用信息技术，初步形成国民经济动员数字化信息平台，提高了平战转换的速度和效率。2003 年国民经济平战转换能力比上年提高 12.44%，科学技术对国民经济动员的贡献率比上年提高 3.53 个百分点。

人民防空

中国人民防空是国防的重要组成部分，是国民经济和社会发展的重要方面，是动员和组织人民群众防备敌人空中袭击和重大灾害事故、消除空袭后果和灾害事故危害所采取的措施和行动。它通过运用伪装、掩蔽、疏散等防护手段和采取抢救、抢修等措施，达到保护人民群众生命财产安全，减少国民经济损失，保存战争潜力的目的。人民防空严格实施《中华人民共和国人民防空法》，坚持依法建设、依法管理。人民防空实行人民政府和军事机关共同领导体制，县级以上地方各级人民政府和军事机关领导本行政区域的人民防空工作。人民防空的基本任务是，平时组织人民防空建设，战时组织指挥人民群众防空袭斗争。

人民防空坚持长期准备、重点建设、平战结合的方针，立足于做好信息化条件下防空袭斗争准备。近年来，全国主要城市建立联合、精干、高效的人防指挥体制，制定城市防空袭方案，健全城市防空预警报知网络，加快工程防护设施的配套，加强重要经济目标的防护和疏散地域建设，充实群众防空专业队伍。一些省、市人民政府多次组织人民防空袭演习，进行防空警报试鸣，开展防护常识教育和防护技能训练。人民群众的防空意识普遍增强，城市整体防空袭能力明显提高。

人民防空从国家综合安全的需要出发，积极维护社会公共安全。不断完善领导机构，构建应急救援体系，建立统一、协调、高效的联动机制，制定详细配套的应急方案，利用人民防空通信警报和指挥设施为抢险救灾提供服务，组织防空专业队伍承担人民政府赋予的抢险救灾综合协调、指挥保障和专业救援等任务，努力建立防空防灾一体化的平战结合民防体制。许多厂矿、企业和社区组建了民防志愿者队伍。

国防交通动员

中国政府高度重视国防交通动员建设。在国务院、中央军委领导下，国家国防交通主管机构负责全国国防交通动员，军区国防交通主管机构负责本区域有关的国防交通动员，县级以上人民政府国防交通主管机构负责本行政区域国防交通动员，国务院交通管理部门分别负责本行业的国防交通动员。

近年来，随着国家交通、通信事业的快速发展和交通运输信息化程度的不断提高，国防交通体系更加完善，国防交通动员能力大幅提升。国家和地方交通运输、邮电通信基础设施建设贯彻平战结合原则，充分考虑国防和军事需求。一些具有重要国防意义的铁路、公路和港口码头列入国家重点建设项目。交通、通信保障队伍和保障方案在平时抢险救灾等应急保障中发挥了重要作用。2003 年，铁路营运里程达到 7.3 万公里，公路达到 180.98 万公里，其中高速公路 2.97 万公里，沿海主要港口吞吐量达到 20.1 亿吨。铁路运输实现了在运货物的信息化管理和调度指挥的计算机控制，水路运输实现了远洋货轮的定位跟踪和调度指挥，公路运输实现了部分大型货车的定位跟踪和调度指挥，航空运输实现了订票、离港、航线、货运及安全监控的实时信息处理。全国主要车站、港口、机场、航空公司、运输公司等的基础信息和交通动员信息，初步实现了数据库管理。

继《国防交通条例》之后，2003 年 9 月，国务院、中央军委颁布《民用运力国防动员条例》，民用运力国防动员开始走上法制化轨道。民用运力动员，平时按照突出重点、注重实效的原则进行准备，包括拟定新建民用运载工具及相关设备贯彻国防要求的总体规划、掌握民用运力国防动员潜力、编制国防动员预案等；战时依据国家主席发布的动员令实施，平时特殊情况下依据国务院、中央军委发布的民用运力国防动员决定实施。一切拥有或者管理民用运力的单位和个人，都有依法履行民用运力国防动员的义务和责任。

民兵建设

民兵是不脱离生产的群众武装组织，是中国武装力量的重要组成部分，是人民解放军的助手和后备力量。民兵组织分为普通民兵组织和基干民兵组织。基干民兵组织中建有民兵应急分队、步兵分队、专业技术分队和对口专业分队。目前，全国共有基干民兵1000万。

近年来，民兵工作贯彻控制数量、提高质量、抓好重点、打好基础的方针，在保持民兵群众性和普遍性的基础上，突出质量建设。压缩步兵分队规模，扩大专业技术分队比例，重点加强高炮（机）、导弹、地炮、通信、防化、工兵、侦察、信息等专业技术分队建设。在与军事专业对口的企业事业单位，组建了具有较高技术含量的民兵对口专业分队，还新组建了担负军兵种战斗、勤务保障任务的军兵种民兵对口专业分队以及物资油料民兵保障分队。民兵组织结构得到优化，布局趋于合理，民兵队伍科技素质不断提高，快速动员和遂行任务的能力明显增强。

基干民兵在18岁至22岁期间，参加30天至40天的军事训练，其中专业技术兵的训练时间，按照实际需要适当延长。全国民兵的军事训练任务，经中央军委批准后，由总参谋部下达。民兵军事训练主要在县级行政区内的民兵军事训练基地集中进行，部分省、市建有专业技术兵训练中心和人民武装学校。

全国的民兵工作，由国务院、中央军委统一领导。省军区（卫戍区、警备区）、军分区（警备区）和县、自治县、市、市辖区的人民武装部负责本区域的民兵工作。乡、民族乡、镇、街道人民武装部负责本区域的民兵工作。企业事业单位根据国家有关规定设立的人民武装部，负责本单位的民兵工作；未设立人民武装部的企业事业单位，确定一个部门或者专门人员负责办理民兵工作。

2002年8月，中共中央、国务院、中央军委印发《关于加强和改进城市民兵工作的意见》，明确了城市民兵的战略地位和作用，要求切实加强和改进城市民兵工作，做好打赢以城市为重要依托的高技术条件下人民战争准备。各地结合当地实际，着眼民兵战时担负的任务，正在稳步实施城市民兵工作调整改革。

预备役部队建设

预备役部队是人民解放军的重要组成部分，是国防后备力量建设的重点。预备役部队以现役军人为骨干，以预备役官兵为基础，按照军队统一的编制进行编组。

经过二十多年的建设，预备役部队已由单一的陆军发展成为由陆军、海军、空军和第二炮兵预备役部（分）队组成的重要后备力量。预备役部队实行军队与地方党委、政府的双重领导制度。陆军预备役部队平时归省军区（卫戍区、警备区）建制领导，海军、空军、第二炮兵预备役部队平时由省军区（卫戍区、警备区）和军兵种现役部队共同领导管理。预备役部队战时动员后归指定的现役部队指挥。

在新的历史条件下，预备役部队建设坚持与现役部队建设相结合，全面加强质量建设，大力提高快速动员和遂行作战任务的能力，努力实现建立一支规模适度、结构合理、编成科学、可靠管用的预备役部队的目标。近年来，预备役部队建设的重点更加突出，战备工作得到加强，训练水平逐步提高。按照战时隶属关系，建立与现役部队的挂钩训练制度，普遍开展基地化、模拟化、网络化训练。

国防教育

中国各级政府和有关部门依照国防教育法，开展多种形式的国防教育，提高全民国防观念。国防教育工作已初步形成政府重视、社会支持、全民参与的良好局面。

国家设立国防教育办公室，各省、自治区、直辖市和大部分市、县成立国防教育领导机构和办公室。26个省、自治区、直辖市制定或修订了国防教育条例，国家国防教育办公室组织起草国防教育大纲。

国家以公务人员、青少年学生、民兵预备役人员为重点开展全民国防教育。将国防教育纳入公务员理论学习计划和中共党校教学体系，在全国2500多所党校开设国防教育课程，并通过专题讲座、到军营过"军事日"和短期训练等形式，强化公务人员履行国防职责的意识。将国防教育内容纳入各级各类学校教学课程，对青少年学生进行国防知识和爱国主义教育。一些中小学校开展了以国防教育为主题的少年军校活动。对民兵预备役人员的国防教育，主要结合政治教育、组织整顿、军事训练进行。

按照兵役法和国防教育法，高等学校、高级中学和相当于高级中学的学校的国防教育，应当将课堂教学与军事训练相结合；高等学校学生在就学期间，必须接受基本军事训练。为加强对全国学生军训工作的指导，全军学生军训工作办公室会同教育部制定了全国学生军训工作规划。2003年，全国1100所高等学校和11500所高级中学按照要求开展学生军训，800多万学生接受训练。

全国各地利用重大节日、纪念日和征兵等时机，举办展览、演讲、文艺演出、知识竞赛、军事夏令营等国防教育活动。报刊、电台、电视、网络等媒体普遍开设国防教育专栏或专题节目。已有9个省市创办国防教育报刊，30多个地区开办国防教育网站。各地利用烈士陵园、革命遗址和具有国防教育功能的博物馆、纪念馆等场所开展国防教育，每年受教育人数近2亿。

第七章 国防科技工业

中国适应武器装备建设和社会主义市场经济发展要求，加快国防科技工业发展，努力建立结构优化、组织高效、技术先进、布局合理的国防科技工业新体系。

国防科技工业主要任务

中国国防科技工业的主要职责是保障军事装备的生产供应，满足国防需要。同时，还承担推动国民经济发展和提升综合国力的重要任务。

按照中国特色军事变革的要求，国防科技工业努力提高武器装备科研生产能力，加快研制生产高新技术武器装备。调整武器装备科研生产能力结构，重点支持高新技术武器装备科研生产能力建设，促进军工产业结构优化升级。加强和改进技术基础、国防基础科研工作，开展前沿技术探索和前瞻性研究，增加技术储备。用高新技术改造军工企业，实现武器装备生产能力由刚性结构向柔性结构转变。加强军用标准建设，建立适应武器装备新发展的通用技术标准体系。对武器装备科研生产实施动态调整，缩短研制周期，降低产品成本。

国防科技工业在确保完成军事订货任务的同时，大力发展军民两用技术，积极参与国民经济建设。促进核能及核应用技术、民用航天、民用航空、民用船舶、民用爆破等军工主导民品的发展与技术进步。支持西部大开发、东北老工业基地改造，承担国家重点工程建设项目、重大设备研制和技术攻关任务，促进国民经济产业升级和技术进步。

二十一世纪头二十年，是国防科技工业改革调整的关键阶段。国防科技工业坚持军民结合、寓军于民、大力协同、自主创新的战略方针，坚持走新型工业化发展道路，建立健全竞争、评价、监督和激励机制，推进资源优化重组和产业结构升级，加强国防科技工业基础能力建设，全面提高国防科技工业整体素质和可持续发展能力。

国防科技工业改革调整

国防科技工业继续深化改革，优化产业结构和资源配置，加快体制机制创新，建立精干、高效的科研生产体系。

优化产业结构。形成以军工高技术产业为先导，以军民两用主导产业为主体，以军工制造业为基础的产业格局。优先发展军民两用高技术产业，吸纳各行业的先进民用技术为国防建设服务，推动军用和民用高技术双向转移。支持企业发展科技含量高、经济效益好、资源消耗低、环境污染少、人力资源优势得到充分发挥的项目。发展信息技术、新材料、节能与环保、生命科学、海洋工程等高技术为先导的新兴产业，培育新的经济增长点。

加快军工企业改革调整。优化军工企业组织结构，鼓励优势企业根据市场需求和自身优势，按照专业化分工和规模经济原则，以产品和资产为纽带实施战略性重组。推进军工企业建立现代企业制度，加快改制步伐，建立规范的母子公司体制和法人治理结构，转换企业经营机制。发挥国家投入的导向性作用，引导和带动社会资金参与国防科技工业建设，推进投资主体多元化。通过改革调整，浓缩精干军工主体，建立小核心、大协作、寓军于民的国防科技工业新体系。

完善科研创新体系。从事基础研究、战略高技术研究、重要公益研究领域创新活动的科研机构，按照职责明确、评价科学、开放有序、管理规范的原则，加快建立现代科研院所制度。面向市场的应用技术研究开发机构，加快向企业化转制。形成以国防科研院所、高等院校和骨干企业为主体的国防科研体系，增强国防科技工业自主发展能力。

推进人才工作创新。尽快建立培养、吸引、使用、留住人才和加快人才成长的新机制，建设一支专业配套、结构合理、素质优良的人才队伍。推进国防科技工业高等教育事业改革、发展，加速培养国防科技工业急需的高级专门人才。制定优惠政策，鼓励高校毕业生、优秀留学回国人员及社会其他科技、管理人才参与国防科技工业建设。改革用人机制和分配制度，提高承担武器装备科研生产任务人员的待遇。

国防科技工业民用产业发展

两年来，中国政府积极推进和平利用军工技术发展民用产业，并取得显著成效。2003年民品产值比上年增长20%，占国防科技工业总产值的65%以上。

核电向产业化方向发展。中国大陆目前共有9台核电机组运行，总装机容量为701万千瓦，另有2台106万千瓦机组正在建设中。2003年核发电量为433亿千瓦时，占全国总发电量的2.3%。核能配套工程建设稳步推进，基本形成了与核电相配套的核燃料生产体系，核燃料生产实现技术升级。高度重视核设施退役和放射性废物治理工作，强化环境保护意识，确保各种放射性废物的安全处置。核事故应急响应体系逐步完善，响应能力得到提高。

民用航天取得重大突破。1996年10月以来，41次航天发射均获成功。2003年10月成功发射神舟五号载人飞船，将中国首名航天员送入太空。完成了新一代运载火箭关键技术攻关工作。成功发射了极轨和静止轨道气象卫星、海洋一号卫星、资源卫星等应用卫星。环境与灾害监测预报小卫星星座、大型静止轨道卫星公用平台、新一代极轨气象卫星等卫星研制工作顺利推进。2004 年 1 月正式启动月球探测工程，计划 2007 年底前实施绕月探测。

民用航空工业在研制支线飞机、通用飞机等方面取得重要进展。自行开发的 70 座级 ARJ21 新型喷气支线客机研制工作全面展开，计划 2008 年交付使用。运 12E 高温高原型通用飞机、直 11、直 9 直升机相继取得适航证，进入民用市场。新研制的小鹰 500 通用飞机 2003 年实现首飞。中国和巴西合资生产的 ERJ145 喷气支线客机已交付使用。中国、法国和新加坡共同研制的 EC120 直升机在中国建设总装线协议正式签订。国外航空零部件转包生产业务稳步发展，开始融入国际航空工业大循环。

民用船舶工业继续快速发展，造船产量连续多年位居世界第三位。2003 年造船完工量达 641 万载重吨，承接新船订单 1895 万载重吨，手持船舶订单 2623 万载重吨，分别占世界市场份额的 11.8%、18.9%和 17.7%。民用船舶产品已出口到 90 多个国家和地区。民用船舶工业研发和设计能力有较大提高，已具备造修大型船舶的能力，并在高技术船舶的承造方面取得新突破。

国防科技工业对外合作

中国国防科技工业积极参与国际交流与合作，提高对外开放水平。在军工民用产业领域，鼓励和支持军工企业事业单位开发国内国外两个市场，利用国内国外两种资源，参与国际分工，优化出口产品结构，提高产品国际竞争力。引进国外先进技术和管理经验，提高利用外资质量和水平，拓展与大型跨国公司的战略合作，提升国防科技工业的技术水平。中国高度重视发展与友好国家的防务技术合作关系，促进工业界的防务技术交流与合作。

中国国防科技工业以审慎态度对待军品及相关技术的出口，严格执行国家的防扩散政策及法律。在导弹及其他军品出口方面，认真执行《中华人民共和国导弹及相关物项和技术出口管制条例》、《中华人民共和国军品出口管理条例》及相应的清单。中国的军品出口始终坚持三项原则：有利于接受国的正当自卫能力，不损害有关地区和世界的和平、安全与稳定，不干涉接受国的内政。

第八章　军队与人民

中国的国防是人民的国防，中国武装力量属于人民。参加国家建设事业，努力为人民服务，是中国武装力量的重要职责。加强军政军民团结，是依靠人民建设国防和军队的重要政治基础。

拥军优属和拥政爱民

军民一致、军政一致，拥军优属、拥政爱民，是国防和军队建设一贯坚持的基本原则。拥军优属是地方各级人民政府、社会团体和人民群众开展的拥护军队、优待现役军人亲属及革命烈士亲属的活动。拥政爱民是人民军队开展的以拥护政府、热爱人民为主要内容的群众工作。革命战争年代形成的拥军优属、拥政爱民光荣传统，在中国人民的解放事业中显示了巨大力量。

新中国成立后，拥军优属工作逐步法制化、规范化。国务院相继颁布《革命烈士褒扬条例》、《军人抚恤优待条例》、《退伍义务兵安置条例》等，制定出台有关转业军官安置、军官配偶随军就业、维护军人及其亲属合法权益的政策制度。国家民政部和解放军总政治部在每年元旦、春节和“八一”建军节期间都联合发出通知，对拥军优属、拥政爱民工作进行部署。十多年来，有 60 多万转业军官、700 多万退役士兵、5 万多伤残士兵、90 多万军官配偶得到妥善安置，10 多万军队离退休干部和无军籍职工的政治、生活待遇得到落实，军人子女入学入托享受优惠政策。2004 年 8 月，国务院、中央军委颁布新修订的《军人抚恤优待条例》，大幅度提高优抚对象的抚恤补助标准，拓展优抚对象的社会优待范围和内容，完善了适合中国国情的军人抚恤优待制度。

各级人民政府把拥军优属工作纳入经济社会发展规划，积极支持国防和军队建设。主动配合部队完成教育训练、战备执勤、科研试验和军事工程建设等任务，做好场地征用、道路保障、物资供应等工作。动员大专院校、科研单位开展科技拥军、智力拥军活动，建立科技拥军基地，帮助部队培养各类人才。组织社会力量帮助基层部队改善生活条件，优先保证部队粮油水电供应，帮助修建营区和生活区，建立副食品生产基地和文化活动场所，帮助近百万军烈属家庭解决生活、住房、医疗方面的困难。地方各级政府建立维护军人及其家属合法权益的工作机制，各基层法院成立涉军案件合议庭，各地司法行政机关建立军人军属法律援助中心，依法解决和调解部队官兵涉法问题。近两年来，先后有 300 多个市（县）、2000 多个单位和 1000 多名个人在拥军优属工作中作出突出成绩，受到国家和有关部门的命名表彰。

人民解放军发扬优良传统，坚持把拥政爱民作为政治工作的重要内容，纳入部队建设的总体规划。各级政治机关均设有专门组织机构，组织开展拥政爱民活动，建立军地关系协调机制。军队自觉尊重地方各级人民政府，支持和配合地方工作。严格执行国家政策法规，热爱和尊重人民群众，帮助人民群众排忧解难。十多年来，先后建立扶贫联系点近4万个，扶持370多万贫困人口走上富裕道路，援建贫困地区中小学2800多所，资助50多万失学少年儿童重返校园。

在地方人民政府的统一领导下，军队和武警部队基层单位同驻地基层单位或组织共同开展群众性精神文明创建活动，全国先后建立3万多个共建点。各基层部队积极参加驻地创建文明城市、文明村镇、文明社区、文明行业活动，义务向社会开放军史陈列馆、英雄连队荣誉室和英模人物纪念馆，帮助少数民族地区发展民族教育、文化、卫生事业。地方支持部队培养军地两用人才，帮助基层单位改善和丰富军营文化生活。

参加和支援国家建设

人民解放军和武装警察部队，在完成教育训练任务的同时，积极参加和支援国家的各项建设事业。参加国家和地方的基础设施工程建设，支援农业和扶贫开发工作，转让科学技术成果、协助技术攻关、帮助培训人才，支持城乡社会公益事业发展，腾让部分军事用地和营房设施，开放部分军用机场、港口码头、通信线路。

总参谋部、总政治部规定，全军部队每人每年义务参加国家建设的时间平均不得少于八天。在保证军事需要的前提下，可抽调部分车辆、机械、舰船、飞机等装备支援地方经济建设。工程兵部队可成建制参加国家和地方的工程建设。武警黄金、森林、水电、交通部队，直接参加国家经济建设。

两年来，军队援建省级以上重点工程490多项，向地方转让科技成果500多项，100多所军队医院对口支援边远贫困地区地方医院，测绘、气象、给水等技术部队为地方提供大地勘测、气象预报、水源勘探等服务，军队院校和科研院所为地方建设培养急需人才10多万名。武警部队参与100多项国家和省级重点工程项目建设，在三峡工程、“西电东送”、“西气东输”、青藏铁路等重点工程建设和地质勘探、森林防火、公路建设中作出了重要贡献。

新中国成立以来，先后有350多万军队干部转业到地方工作，活跃于国家建设的各个领域。在改革开放以来安置的150多万名军队转业干部中，54万多人被评为各级劳动模范和先进工作者，1万多人被评为优秀企业家，33万多人担任县（处）级以上领导职务，不少人走上省（部）级领导岗位。

参加抢险救灾

参加抢险救灾，是国家和人民赋予军队和武警部队的重要使命。在抢险救灾中，军队和武警部队主要担负解救、转移和疏散受困群众，排除或控制重大险情、灾情，保护重要目标安全，紧急抢救和运送重要物资，抢修道路、桥梁，进行潜水作业、核生化救援、重大疫情控制和医疗救护，协助地方人民政府开展赈灾和灾后重建等任务。平时注意了解掌握有关灾情、险情信息，同地方人民政府建立信息通报制度，制定抢险救灾预案，开展抢险救灾训练，并在军队指挥院校开设抢险救灾专业课程。在抢险救灾中，军队和武警部队接受军地联合指挥部的指挥和调动。

两年来，军队和武警部队参加抗击洪涝、台风、地震、林火和疫情等重大自然灾害120多次，减少经济损失上百亿元。仅武警部队就出动兵力24万多人次，抢救和转移遇险群众23万多人，抢运物资260多万吨。2003年，军队和武警部队全力支援地方抗击“非典”斗争，出动3.7万名官兵协助驻地控制疫情，组织防疫力量对重点部位、重点场所和疫情多发地区进行大面积消毒，18所军队医院精心救治“非典”病人420多名。军事医学科学院率先在国内分离出非典型传染性肺炎的病原体，研制出快速诊断试剂。来自各部队的1383名医护人员，在北京小汤山医院连续奋战50多天，精心救治“非典”患者680名。

执行群众纪律

人民解放军的群众纪律，是全体官兵同人民群众交往必须遵守的行为规范。严格执行群众纪律，是军队赢得人民拥护和支持的保证。

人民解放军在建军初期就制定了“三大纪律八项注意”，明确提出“不拿群众一针一线”、“说话和气”、“买卖公平”、“借东西要还”、“损坏东西要赔”、“不打人骂人”、“不损坏庄稼”等群众纪律。新颁布的《中国人民解放军内务条令》、《中国人民解放军纪律条令》和军委、总部制定的一系列新规定，要求军人着军装外出必须军容严整、不得经商和从事本职以外的有偿服务活动、不得以军人名义和肖像做商业广告等，丰富和完善了群众纪律的内容。

各部队把严明群众纪律作为一项经常性的重要任务，开展群众纪律教育，检查监督群众纪律执行情况，严格约束官兵的社会活动行为。驻城市部队警备司令部经常派出纠察队，部队在重大节日和外出执行任务时派出群众纪律检查组。定期走访驻地有关单位，及时查处违犯群众纪律的行为。驻少数民族地区部队严格执行国家的民族宗教政策，自觉尊重少数民族宗教信仰和风俗习惯。

第九章 国际安全合作

中国坚持根据《联合国宪章》的宗旨和原则，在和平共处五项原则的基础上与世界各国发展友好合作关系，致力于推动各种形式的国际安全对话与合作。

战略磋商和对话

近年来，中国加强同有关国家在安全与防务领域的双边及多边战略磋商和对话，促进了相互信任、交流与协作。

随着中俄两国战略协作伙伴关系深入发展，两国建立了高层会晤机制，就重大问题交换意见。两国相关部门也就重要战略问题进行磋商。2003 年，两国就朝鲜半岛核问题、伊拉克、中东及其他共同关心的国际、地区形势和双边关系问题，进行了多次副外长级磋商。2004 年，两国举行了副外长级反恐工作组会议和战略稳定磋商。中俄两军于 1997 年建立磋商机制，2003 年、2004 年两国总参谋部举行了第七、第八轮战略磋商。

中美两国在防扩散、反恐和双边军事安全合作等领域保持磋商。两年来，中美举行了三轮副外长级战略安全、多边军控和防扩散磋商，第六次国防部副部长级防务磋商，第三、第四次反恐磋商和第二次金融反恐磋商。中美海上军事安全磋商机制框架下的海空军事安全工作小组，分别在夏威夷和上海举行第三、第四次会议。

中国广泛开展与其他国家的战略磋商和对话。1997 年中法两军建立战略对话关系，迄今已进行七轮磋商。2003 年 10 月和 2004 年 3 月，中英两国进行了两轮战略安全对话，并确立中英战略安全对话机制。中国在 2003 年 4 月与南非签署两国国防部关于建立防务委员会的协议，10 月与澳大利亚举行第七次战略防务磋商。2004 年 7 月，中德两军举行第二轮战略磋商。中国还与加拿大、墨西哥、意大利、波兰、新西兰等国开展了卓有成效的安全磋商和对话。

中国重视与周边国家的安全磋商。2003 年 7 月，中国与巴基斯坦举行第二次防务与安全磋商。9 月，中泰两国国防部举行第二次安全磋商。2004 年 1 月、10 月，中日举行第四、第五次防务部门安全磋商。4 月，中蒙举行首次防务安全磋商。9 月，中吉、中哈两国国防部先后举行第二次战略磋商。10 月，中澳举行第八次战略防务磋商，中泰举行第三次国防部安全磋商。

地区安全合作

中国坚持与邻为善、以邻为伴，奉行睦邻、安邻、富邻的周边外交政策，积极推动亚太地区安全对话合作机制的建设。

上海合作组织成立三年多来，已建立起较完善的机构体系和法律基础，顺利启动安全、经济等领域的合作，正发展成为促进地区安全、稳定和发展的重要机制。2003 年，《打击恐怖主义、分裂主义和极端主义上海公约》和《关于地区反恐怖机构的协定》正式生效，举行了总检察长、国防部长会议和联合反恐军事演习。2004 年 1 月，上海合作组织秘书处和地区反恐机构分别在北京和塔什干正式启动。6 月，上海合作组织塔什干峰会签署《塔什干宣言》和《上海合作组织成员国关于合作打击非法贩运麻醉药品、精神药物及其前体的协议》。上海合作组织还建立了成员国安全会议秘书定期会晤机制，加强安全合作。

中国高度重视东盟地区论坛（ARF）的作用，致力于论坛的健康发展。在 2004 年举行的第十一届论坛外长会议上，中方提出东盟地区论坛今后发展应注意以下几点：继续坚持论坛性质，坚持协商一致、循序渐进、照顾各方舒适度等基本原则，充分调动全体成员的主动性和积极性；继续巩固和加强建立信任措施活动，同时积极探讨预防性外交问题，逐步探索出适合本地区特点和现实需要的预防性外交合作方式与途径；逐步扩大国防官员的参与，促进各国军方交流与合作，发挥各国军方在增进相互信任方面的重要作用；重点在反恐和打击跨国犯罪等非传统安全领域加强合作。中国和缅甸作为两主席，分别在北京和仰光举办了 2003-2004 年度论坛建立信任措施会间会。2004 年 9 月，中方在云南省昆明市承办了“ARF 毒品替代发展研讨会”。2004 年 11 月，中方成功承办了“东盟地区论坛安全政策会议”首次会议。

2003 年 10 月，中国、日本和韩国领导人举行第五次会晤，发表《中日韩三方推进合作联合宣言》，决定三国在东亚地区加强包括安全对话，促进国防或军事人员之间广泛交流，裁军、防扩散和实现朝鲜半岛无核化等领域的合作。

非传统安全领域的合作

中国高度重视与各国在非传统安全领域的合作，主张采取综合措施，标本兼治，共同应对非传统安全威胁。

近年来，东盟与中国（10+1）、东盟与中日韩（10+3）框架下的非传统安全领域合作逐步展开。2002 年 11 月，中国与东盟领导人签署《中国与东盟关于非传统安全领域合作联合宣言》。2003 年 4 月，中国-东盟领导人在泰国曼谷举行关于非典型传染性肺炎问题的特别会议，并发表联合宣言。2004 年 1 月，双方签署《中国与东盟关于非传统安全领域合作谅解备忘录》。中国倡议并参加了 2004 年 1 月在曼谷举行的首届东盟与中日韩打击跨国犯罪部长级会议，并提交了概念文件。会议同意建立东盟与中日韩打击跨国犯罪合作机制，并通过了《首次东盟与中日韩打击跨国犯罪部长级会议联合公报》。

中国继续加大参与国际反恐合作力度。支持联合国特别是安理会发挥主导作用，认真执行安理会有关反恐问题决议，数次向安理会提交执行第 1373 号决议情况的报告。支持和参与制订《关于国际恐怖主义的全面公约》和《关于制止核恐怖主义行为的国际公约》的工作。2003 年 1 月，中国在安理会反恐问题外长会议上提出深化国际反恐合作四项主张。中国还与俄罗斯、美国、巴基斯坦、印度、英国、法国、德国等开展了反恐交流与合作。

人民解放军积极参与联合反恐、海上搜救、打击海盗、打击制贩毒品等非传统安全领域的合作。2003 年 5 月，中国、哈萨克斯坦、吉尔吉斯斯坦、俄罗斯、塔吉克斯坦国防部长在莫斯科签署《上海合作组织成员国国防部关于举行“联合-2003”反恐演习的备忘录》。2003 年 8 月，中、哈、吉、俄、塔五国军队在哈萨克斯坦乌恰拉尔市和中国新疆伊宁市附近地区，成功举行了上海合作组织框架内首次多边联合反恐演习。2004 年 8 月，中国和巴基斯坦两国军队在中巴边境地区举行代号为“友谊-2004”的联合反恐军事演习。2003 年 10 月、11 月，中国海军舰艇编队分别与来访的巴基斯坦、印度海军舰艇编队，在中国沿海举行了海上联合搜救演习。2004 年 3 月、6 月、10 月，中国海军舰艇编队分别与法国、英国和澳大利亚海军舰艇编队在黄海海域举行了海上联合搜救演习。

参与联合国维和行动

中国一贯支持并积极参与符合《联合国宪章》精神的维和行动，主张联合国维和行动应切实遵守《联合国宪章》的宗旨和原则及公认的维和行动原则。中国继续支持联合国维和行动改革，希望进一步加强联合国的维和能力。

中国自 1990 年首次向联合国维和行动派遣军事观察员以来，已先后向 13 项联合国维和行动派出维和军事人员 3362 人次。包括军事观察员 785 人次，向柬埔寨维和行动派出工兵部队两批共 800 人，向刚果（金）维和行动派出工兵和医疗分队三批共 654 人，向利比里亚维和行动派出运输、工兵和医疗分队两批共 1116 人，向联合国维和部派出 7 名参谋军官。自 2000 年 1 月起，中国已向东帝汶等 6 个任务区派遣维和警察 404 人次。2004 年，中国共向东帝汶、利比里亚、阿富汗、塞黑科索沃地区和海地派遣 59 名维和警察，并应联合国请求，向联合国海地稳定特派团派遣首支 125 人的成建制维和警察分队。在过去十四年中，中国先后有 6 名维和军事人员在执行任务中牺牲，数十人负伤。

目前，中国有 845 名维和军事人员在联合国 8 个任务区执行维和任务。其中，军事观察员 66 人，赴刚果（金）工兵分队 175 人、医疗分队 43 人，赴利比里亚工兵分队 275 人、运输分队 240 人、医疗分队 43 人，联合国维和部参谋军官 3 名。

军事交流

人民解放军积极开展对外军事交流与合作，形成了全方位、宽领域、多层次的军事外交局面。

中国已与 150 多个国家建立军事关系，在 100 多个驻外使馆设立武官处，有 85 个国家在中国设立武官处。两年来，人民解放军高级军事代表团出访 60 多个国家，有 70 多个国家 130 余批军队领导人来访。中俄军事关系继续保持良好势头。2003 年 10 月，中国国防部长在时隔七年后首次访美。2003 年 5 月，日本防卫厅长官五年后再次访华。2003 年 4 月和 2004 年 3 月，印度、中国国防部长实现多年后的首次互访。中国与欧洲国家的军事交流向纵深发展。中国深化与周边国家的军事关系，加强与广大发展中国家的军事交流，继续向一些国家的军队提供人员培训、装备器材、后勤物资、医疗卫生等方面的援助。

2003 年 10 月，人民解放军首次邀请 15 国军事观察员观摩由北京军区组织的“北剑-0308U”联合演习。2004 年 9 月，邀请外军观察员观摩海军组织的“蛟龙-2004”演习。同月，邀请周边 16 国军队领导人或军事观察员及其驻华武官观摩济南军区组织的“铁拳-2004”演习。2004 年 6 月，邀请 15 国驻华海军武官观摩中、英海上联合搜救演习。人民解放军也分别派团观摩了俄罗斯、日本的军事演习，以及美、泰、新加坡三国联合军事演习。2003 年 10 月至 11 月，中国海军舰艇编队对美国关岛、文莱和新加坡进行友好访问。英国、俄罗斯、美国、巴基斯坦、印度、法国、印度尼西亚等国海军舰艇编队相继访华。人民解放军对外军事学术交流日益活跃，军事科学院等科研机构与国外军事科研机构进行了广泛的学术交流活动。人民解放军扩大派出和接受军事留学生的规模，近年来向 20 多个国家派出军事留学生 1000 余名。19 所军事院校分别与美国、俄罗斯等25个国家的相应院校建立校际对口交流关系。两年来，91个国家的1245名军事人员到中国军事院校学习，其中有44国的军官参加了国防大学第五、第六期国际问题研讨班。

第十章　军控、裁军与防扩散

近年来，国际军控、裁军与防扩散领域取得一些积极进展，但大规模杀伤性武器及其运载工具的扩散等问题日益成为影响国际安全局势的重要因素。中国政府主张，国际社会应维护国际军控、裁军与防扩散条约体系，促进其普遍性，加强其有效性和权威性；坚持多边主义，发挥多边军控、裁军和防扩散条约机构的作用和影响；在现有国际法基础上，努力通过政治、外交手段应对大规模杀伤性武器扩散带来的挑战；采取标本兼治，综合治理的方法，既要关注大规模杀伤性武器扩散等安全威胁，又不忽视产生这些问题的社会和经济根源。

致力于防扩散努力

大规模杀伤性武器及其运载工具的扩散不利于世界的和平与安全，也不利于中国自身的安全。防扩散符合包括中国在内的所有国家的共同利益，并已成为国际共识。

中国重视防扩散问题，奉行不支持、不鼓励、不帮助别国发展大规模杀伤性武器的政策，坚决反对大规模杀伤性武器的扩散，积极参与国际社会解决有关防扩散问题的外交努力。2003年12月，中国政府发表了《中国的防扩散政策和措施》白皮书。

中国已建立起一整套涵盖核、生、化和导弹等各类敏感物项和技术的出口控制法规体系，采用了出口经营登记管理制度、最终用户和最终用途保证制度、许可证管理制度、清单控制方法、全面控制原则等国际通行的出口管制措施，明确了有关违法、违规行为处罚措施（条款）。中国的防扩散出口控制与国际通行做法基本一致。

中国有关部门已经并将继续采取有力措施，确保相关法规的贯彻落实。中国建立了出口管制跨部门审批协调机制；组建了国家出口管制专家支持体系；颁布实施了《敏感物项和技术出口许可证管理目录》；正在修订有关出口管制条例及其控制清单；为迅速、有效地处理突发性扩散个案，建立了应急协调机制；依法对违反出口管制法规的行为进行处罚。

中国积极发展与有关多边出口控制机制的关系，已正式加入“核供应国集团”，并提出加入“导弹及其技术控制制度”的申请。中国与“瓦森纳安排”建立了对话机制，与“澳大利亚集团”也保持着接触。中国还加强了与有关国家的防扩散出口控制情报交流和执法合作。

中国支持联合国在防扩散领域发挥应有的作用，希望安理会通过的1540号防扩散决议得到有效执行。中国已于2004年10月向安理会防扩散委员会递交报告，全面介绍中国政府执行决议的情况。中国对所有有助于维护和加强国际防扩散机制的建议持开放态度，愿与各方进行深入探讨。

推动国际军控与裁军进程

当前推动国际军控与裁军进程的关键，是打破日内瓦裁军谈判会议的僵局。中国于2003年8月宣布接受“五国大使方案”关于外空特委会职权的修改建议，并准备参加对五国大使工作计划方案的协商一致，希望其他有关方面也能作出积极回应。

中国支持裁谈会尽快就核裁军、“禁止生产核武器用裂变材料条约”谈判、无核武器国家安全保证、防止外空军备竞赛四大议题开展实质性工作。

中国一贯主张全面禁止和彻底销毁核武器。中国始终奉行不首先使用核武器的政策，承诺无条件地不对无核武器国家和无核武器区使用或威胁使用核武器。中国过去没有、将来也不会与任何国家进行核军备竞赛。中国支持国际社会就核裁军问题展开实质性讨论。

“禁止生产核武器用裂变材料条约”对防止核扩散、促进核裁军进程具有重要意义。中国支持尽快谈判缔结该条约。

当前形势下，对无核武器国家提供安全保证问题的重要性和紧迫性更趋突出，中国支持就该问题谈判缔结一项国际法律文书。中国是五个核武器国家中唯一承诺无条件地不对无核武器国家或无核武器区使用或威胁使用核武器的国家。中国呼吁其他四个核武器国家做出同样保证。

外空是全人类的共同财产。中国希望国际社会尽快采取行动，谈判缔结一项防止外空武器化和军备竞赛的国际法律文书，确保外空的和平利用。

中国赞成在多边军控机制内讨论和处理“恐怖主义与大规模杀伤性武器”、“放射性武器”以及“遵守国际裁军、军控与防扩散条约”等问题。

在其他国际多边军控进程中，中国继续发挥建设性作用。中国积极参与加强《禁止生物武器公约》有效性的多边努力，为维持并推动生物领域的多边军控进程发挥了积极作用。中国支持东盟、中亚等周边国家建立无核武器区的努力，与东盟就《东南亚无核武器区条约》议定书达成了原则一致，参加了五核国与中亚有关中亚无核武器区条约及议定书的磋商。中国还参加了联合国大会第一委员会会议、联合国裁军审议委员会会议、《不扩散核武器条约》2005 年审议大会筹备会议、《禁止化学武器公约》第一次审议大会和缔约国大会等会议。

履行国际军控与裁军义务

中国认真履行《不扩散核武器条约》，一贯主张维护条约的权威性，努力促进条约的普遍性。

中国支持和参与国际原子能机构的保障监督活动。中国是五个核武器国家中第一个完成保障监督协定附加议定书生效所需国内法律程序的国家。

中国政府坚定支持《全面禁止核试验条约》，支持条约尽快生效。在条约生效之前，中国继续恪守"暂停试"承诺。中国重视《全面禁止核试验条约》组织筹委会工作，支持和参加筹委会工作。

中国继续认真履行《禁止化学武器公约》各项义务，在 2003 年顺利接待禁化武组织 11 次视察。中国政府根据公约承担的各项义务已在香港特别行政区履行，在澳门特别行政区履行相关义务的筹备工作也在加紧进行。2003 年，中国继续按时向联合国提交《禁止生物武器公约》建立信任措施情况的报告。

中国领土上至今还有日本遗弃的大量化学武器，严重威胁中国人民生命财产安全和生态环境。中方敦促日方切实履行《禁止化学武器公约》义务，按照中日两国政府签署的《关于销毁中国境内日本遗弃化学武器的备忘录》，尽早开展实质性销毁工作。

参与军控领域的人道主义努力

中国支持联合国在打击小武器非法贸易方面发挥主导作用，重视并认真落实联合国小武器大会通过的《行动纲领》，支持谈判缔结一项"识别和追查非法小武器"的国际文书，并以建设性态度参与谈判工作。中国已于 2002 年签署《枪支议定书》，目前正在为批准议定书做准备。

中国政府继续支持并参与《特定常规武器公约》专家组工作，推动有关工作取得进展。继批准公约第一条的修正案之后，中国正准备批准《战争遗留爆炸物议定书》。

中国一贯重视解决地雷引发的人道主义问题。在严格履行经修订的《地雷议定书》的同时，加强与《渥太华禁雷公约》缔约国的沟通与交流。中国继续开展国际扫雷援助活动，继 2002 年向厄立特里亚提供扫雷援助后，2003 年再次派专家组赴该国指导扫雷，共为厄方培训 120 名扫雷专业人员，并向厄方捐赠一批扫雷装备。2003 年，中国加入总部设在纽约的"地雷行动支助小组"。2004 年 4 月，中国与"国际禁雷运动"澳大利亚分会在云南省昆明市联合举办"人道主义扫雷技术与合作国际研讨会"。

中央军委颁发关于加强军队高中级干部教育管理的若干规定 据新华社 3 月 22 日报道，为适应加速推进中国特色军事变革、实现我军现代化跨越式发展新形势新任务的需要，进一步加强军队高中级干部教育管理，中央军委于最近颁发了《关于加强军队高中级干部教育管理的若干规定》（以下简称《若干规定》）。总政治部同时发出通知，要求全军团以上党委认真抓好贯彻落实。

军委颁发的《若干规定》，是根据党中央、中央军委的有关规定要求，结合当前高中级干部教育管理的实际，总结吸收近年来部队这方面的成功经验和做法而制定的。《若干规定》共十七条，具体明确了加强军队高中级干部教育管理工作的指导思想、原则和工作目标，规定了加强军队高中级干部教育管理的主要工作，对教育管理各责任主体的职责作出了明确区分和规范。在《若干规定》中，设立和规范了个人学习检查考核、专项教育、诫勉谈话、思想政治素质考查、重要工作履职报告、述职述廉等六项新的制度，体现了新形势下加强军队高中级干部教育管理的特点规律，具有很强的指导性、针对性和可操作性，是当前和今后一个时期军队高中级干部教育管理的重要法规。

《若干规定》强调，军队高中级干部教育管理工作，必须坚持以邓小平理论和"三个代表"重要思想为指导，认真贯彻江泽民国防和军队建设思想，坚持对高中级干部严格要求、严格教育、严格管理、严格监督，把握特点、讲究方法，以坚定高中级干部理想信念为根本，以规范权力运行为核心，以管好主官为重点，以制度管理为主要手段，实行党委统一领导，各级领导和机关各负其责，一级抓一级，不断促进高中级干部队伍建设。

总政治部的通知要求全军团以上单位认真学习贯彻《若干规定》。要把学习文件与学习江主席关于加强高中级干部教育管理的重要思想、《中国共产党党内监督条例（试行）》、《中国共产党纪律处分条例》和《中国人民解放军政治工作条例》等重要法规结合起来，真正学深学透，进一步增强抓好高中级干部教育管理工作的紧迫感和自觉性。各级要切实把学习贯彻的重点放在抓好制度规定落实上，运用实践中创造的新鲜经验，不断完善高中级干部教育管理制度。要以求真务实精神抓贯彻落实，对照《若干规定》，认真检查本单位领导干部中存在的问题，切实在解决突出问题上下功夫。各级党委要加强对《若干规定》贯彻执行的组织领导和指导，各级政治机关和纪委要在抓好自身学习贯彻的同时，切实加强对《若干规定》贯彻执行情况的督促检查。及时发现和纠正存在的问题。对学习抓得不紧、贯彻不力，导致高中级干部发生严重问题的单位，要严肃追究有关领导的责任。

中央军委下发关于加强军队党组织能力建设的意见 据新华社 12 月 12 日报道，经胡锦涛主席批准，中央军委于近日下发了《中央军委关于加强军队党组织能力建设的意见》。这是贯彻《中共中央关于加强党的执政能力建设的决定》精神，加强军队党组织能力建设的重大举措。

《意见》充分贯彻党的十六届四中全会、军委扩大会议和江泽民主席、胡锦涛主席一系列重要讲话精神，认真分析部队建设发展面临的新情况新问题，高度概括实践中创造的成功经验和做法，明确提出加强军队党组织能力建设的指导思想、主要任务和基本内容，明确了各级党组织加强能力建设的思路和对策，对部队普遍关注和亟待解决的问题提出了举措和办法，是加强军队党组织能力建设的重要指导性文件。

《意见》指出，党的十六届四中全会，是在我国改革发展关键时期召开的一次极其重要的会议。全会通过的《中共中央关于加强党的执政能力建设的决定》，标志着我们党对执政规律的认识达到了新的高度，是加强党的执政能力建设的纲领性文件。全军各级党组织和党员干部一定要认真学习领会中央《决定》，充分认识加强军队党组织能力建设是加强党的执政能力建设的必然要求，事关巩固党的执政地位和国家的长治久安，事关永葆我军性质、本色和作风，事关实现建设信息化军队、打赢信息化战争的战略目标。

《意见》要求，加强军队党组织能力建设，要以马克思列宁主义、毛泽东思想、邓小平理论和“三个代表”重要思想为指导，全面贯彻江泽民国防和军队建设思想，贯彻新时期军事战略方针，紧紧围绕提高部队战斗力，推进中国特色军事变革和做好军事斗争准备，以确保打得赢、不变质为根本目的，以建设高素质干部队伍为关键环节，以加强党的基层组织和党员队伍建设为工作基础，以完善领导制度、工作机制和改进作风为重要保证，把各级党组织建设成全面贯彻“三个代表”重要思想、领导部队现代化建设的坚强集体，把广大党员培养成忠实践行“三个代表”重要思想、积极投身中国特色军事变革的先锋模范。

《意见》提出，加强军队党组织能力建设的主要任务是，按照全面推进军队革命化、现代化、正规化建设的要求，紧紧围绕实现建设信息化军队、打赢信息化战争的战略目标，不断提高加强部队思想政治建设、把握部队建设正确方向的本领，领导军事斗争准备、带领部队完成信息化条件下作战任务的本领，推进中国特色军事变革、推进部队机械化信息化建设的本领，依法从严治军、加强部队正规化建设的本领。

《意见》强调，要用邓小平理论和“三个代表”重要思想武装全军，毫不动摇地坚持党对军队绝对领导的根本原则和制度，从思想上政治上组织上牢牢掌握部队，使广大官兵坚决听从党中央、中央军委和胡锦涛主席指挥；要加强对信息化战争特点规律的研究，在解决制约作战能力的瓶颈上求突破，领导部队扎实做好军事斗争准备；要加强信息化建设的统一领导，发挥科技进步的推动作用，坚持把教育训练摆在战略位置，加快实施人才战略工程，努力完成我军机械化和信息化建设的双重历史任务；要把依照法规指导和开展工作作为基本的领导方式和领导方法，建立健全信息化条件下建设和作战急需的法律法规，坚持严格要求与科学管理相结合，坚持治军先治官，影响和带动部队的正规化建设。

《意见》指出，求真务实是党的思想路线的核心内容，是加强军队党组织能力建设、增强“四个本领”的内在要求和重要保证。各级领导干部要坚持科学发展观和正确政绩观，努力提高政治素质、战略素质和科学文化素质，改进领导方式方法。提高科学决策民主决策水平。把心系基层、情系官兵体现到领导实践中，始终坚持“两个务必”。保持共产党人的政治本色。

《意见》对加强党组织自身建设提出了要求，强调各级领导干部特别是高级干部要带头不断加强学习，带头发扬优良传统，带头开展对重大现实问题的研究，带头弘扬求真务实作风，带头加强团结，不断提高综合素质和领导水平，与时俱进，扎实工作，为建设强大的现代化、正规化革命军队而奋斗。

《中国共产党军队委员会工作条例（试行）》颁发 据新华社 5 月 9 日报道，经江泽民主席批准，中央军委于最近颁发了《中国共产党军队委员会工作条例（试行）》（简称《党委工作条例》）。这是新中国成立后我军第一部专门规范党委工作的法规，是军队各级党委开展工作的基本依据。这一条例的颁发实施，必将进一步提高各级党委的科学民主决策水平和工作效率。

该条例是根据《中国共产党章程》和《中国人民解放军政治工作条例》制定的，充分体现了“三个代表”重要思想，体现了十六大报告和党章中的新思想、新要求、新规范，体现了江主席领导军队党的建设的实践和理论成果，是贯彻依法治军、从严治军方针。推进党委工作科学化制度化规范化的实际步骤。是加强和改进军队党的建设的重要举措。

条例把确保党对军队绝对领导作为根本目的，具体体现到党委工作的指导思想、原则、职责、程序和制度等方面。以贯彻民主集中制和“十六字”原则为重点，形成了相互衔接、完善配套、操作性强的工作机制。坚持继承和创新相统一，在总结概括我军党委工作优良传统和历史经验的基础上，充分吸收近年来全军党的建设的新鲜经验，具有鲜明的时代特点。

条例明确规定，各级党委必须以马克思列宁主义、毛泽东思想、邓小平理论和“三个代表”重要思想为指导，认真贯彻江泽民国防和军队建设思想，贯彻中央军委新时期军事战略方针，紧紧围绕军队现代化建设这个中心和打得赢、不变质两个历史性课题开展工作，确保部队坚决听从党中央和中央军委指挥，确保部队建设的正确方向，确保部队的高度稳定和集中统一，确保部队战斗力的提高和各项任务的完成。

条例对党委及其成员应具备的能力做出了具体规范。要求具备科学判断形势、从思想上政治上掌握部队的能力，领导部队现代化建设、指挥打赢高技术战争的能力，依法治军、严格管理部队的能力，求真务实、创造性开展工作的能力，从严治党、加强自身建设的能力。

条例严格区分了全委会、常委会、书记和委员的职责，强调发挥全委会作用。按照十六大关于进一步发挥全委会作用的要求，条例把讨论决定干部队伍建设的重要问题，对常委会和党的纪律检查委员会及其成员履行职责、执行廉政规定的情况进行监督，讨论审定年度重大经费预算、决算和重大工程建设立项等，作为全委会职责的重要内容。

条例完善了党委议事决策的程序和原则，明确了决定重要问题的表决方式。按照“十六字”原则和部队实践经验，对议事和决策程序进行细化，规范了确定议题、准备预案、提前通知、充分酝酿、民主讨论、会议表决、形成决议、决策实施等8个步骤，从程序上保证党委决策的科学性正确性。条例还依据中央有关规定。对党委讨论决定问题的不同表决方式作了明确规定，以充分体现党委成员的意愿。

条例规范了党委的学习、工作和生活制度。

条例专门设置“监督与责任追究”一章，明确对党委及其成员执行本条例的情况，应当受到监督，并对全委会、常委会及其成员特别是书记、副书记违反本条例行为的追究和处理，做出了具体规定。

条例共设置7章33条，结构严谨，条理清晰，文字凝练，具有很强的思想性、规范性和操作性。

中央军委下发《关于加强军队专业技术人才队伍建设的意见》 据新华社7月5日报道，中央军委日前下发了《关于加强军队专业技术人才队伍建设的意见》（以下简称《意见》)，要求各级党委认真贯彻落实《中共中央国务院关于进一步加强人才工作的决定》和军队人才战略工程规划，切实把专业技术人才队伍建设抓紧抓好，努力建设一支规模适度、结构合理、素质优良、充满活力的专业技术人才队伍，为履行我军的职能和使命提供强有力的技术人才保证和智力支持。

《意见》以“三个代表”重要思想和江泽民国防和军队建设思想为指导，适应推进中国特色军事变革和军事斗争准备的需要，对如何抓好我军新时期专业技术人才队伍建设做出了全面部署，提出了一系列政策措施。

关于专业技术人才队伍建设的重点，《意见》明确提出：突出人才培养，全面提高以科学家和技术专家为重点的人才队伍整体素质。实施军队科技创新人才培养工程、加强以博士后流动（工作）站为重点的高层次人才培养基地建设、设立军队重点建设学科和主干专业首席专家或特聘专家岗位、实行项目负责人制、完善专家联系制度等具体措施。着重解决当前我军专业技术人才队伍建设上存在的高层次人才规模数量不够、创新能力不强、使用效益不高等突出问题。

关于拓宽引才渠道，《意见》提出积极特招地方专业技术人才。对于急需的高层次人才，要加大引进招收力度，在定职定级上实行优惠政策，在工作生活条件上给予优先保障。对作战部队和艰苦边远部队急需的优秀人才，要打破常规及时引进，并可视情将生活基础安排在驻地附近的中心城市；在军地通用性强、社会人才资源丰富的专业，设置文职人员岗位，聘用地方优秀专业技术人才。按照平等自愿、协商一致的原则，聘请地方专业技术人才到军队参与教学、科研和技术保障等工作，进行技术支援。

关于改革和完善专业技术人才队伍政策机制，《意见》提出建立健全和完善专业技术岗位动态管理机制、统一有序的人才调控和进出灵活的人才流动机制、训用一致的继续教育机制、科学合理的人才评价机制、符合专业技术人才特点的激励机制。同时还提出，健全和完善专业技术人才代职任职制度，完善专业技术职务任期制，在专业技术人才的考核评审、选拔任用、表彰奖励等关键环节实行公示制，建立军队特殊人才安全保护机制等。

为加强组织领导，确保专业技术人才队伍建设各项工作的落实，《意见》提出加强专业技术人才队伍建设的统筹协调，推行机关联席会议制度和工作检查制度；建立全军专业技术人才交流服务中心，抓好人才管理信息化工作，提供人才需求信息和交流平台；加强人才信息资源的开发和利用；加强专业技术人才队伍建设研究，加大专业技术人才队伍建设经费投入，坚持正确的用人导向，牢固树立为专业技术人才服务的意识，切实解决他们工作、学习和生活中的实际困难，努力营造有利于专业技术人才施展才华的良好环境。

全军司令部建设会议在北京召开 经中央军委批准，全军司令部建设会议2004年9月27日至29日在北京召开。9月29日，中共中央总书记、国家主席、中央军委主席胡锦涛观摩指挥信息系统演示并会见了全军司令部建设会议代表。中央军委副主席郭伯雄、曹刚川、徐才厚，中央军委委员梁光烈、李继耐、廖锡龙、陈炳德、乔清晨、张定发、靖志远以及四总部有关领导陪同观摩和会见。

胡锦涛代表中央军委向与会的全体代表和参演部队致以亲切的问候。他说，国庆55周年就要到了，在这里，我向大家，并向全军和武警部队官兵、民兵预备役人员、离退休老干部、转业退伍军人、革命伤残军人和军烈属，致以节日的祝贺。他指出，当前，我国改革发展进入了一个关键时期，国防和军队建设也面临新的形势和任务。全军要深入学习贯彻党的十六届四中全会和军委扩大会议精神，坚持以邓小平理论和“三个代表”重要思想为指导，认真贯彻江泽民国防和军队建设思想，团结一心、步调一致地全面推进军队革命化、现代化、正规化建设，抓紧搞好军事斗争准备，扎扎实实地做好军队的各项工作，更好地肩负起党和人民赋予的光荣使命。

胡锦涛强调，司令机关建设在军队建设中具有十分重要的地位和作用，要高度重视，摆在战略位置来抓。要紧紧围绕建设信息化军队、打赢信息化战争的目标，推进新形势下司令机关建设，发展信息化指挥手段，努力建设高素质、高效能的军事领率机关，为推进中国特色军事变革做出新的贡献。

这次会议紧紧围绕贯彻党的十六届四中全会和军委扩大会议精神，以加强信息化条件下司令机关素质能力建设为主题，总结交流了近年来各级司令部按照军委、总部颁发的《司令部建设纲要》和《关于加强参谋人才培养的意见》等一系列重要法规和文件、大力加强自身建设的新经验，修改完善了新一代《中国人民解放军司令部条例》，观摩了指挥信息系统建设成果，筹划部署了今后一个时期司令机关建设任务。

会议结束时，中央军委委员、总参谋长梁光烈强调指出，当前和今后一个时期，司令机关建设的总体思路和目标是：坚持以邓小平理论和“三个代表”重要思想为指导，深入贯彻江泽民国防和军队建设思想，以新时期军事战略方针为统揽，以军事斗争准备为牵引，以信息化为发展方向，以能力建设为重点，努力把司令机关建设成为政治坚强、业务精通、作风过硬、反应灵敏、指挥高效的具有头脑作用的军事领率机关。会议还对全军和武警部队的百个先进司令部和百名优秀参谋进行了表彰。

中国举行迄今规模最大的对外展示军事演习 2004年9月25日上午10时20分，随着3发红色信号弹的升空，迄今为止我军规模最大的对外展示军事演习——“铁拳-2004”实兵实弹演习，在豫南桐柏山区正式拉开战幕。

在我军首次对外军开放的济南军区某合同战术训练基地，文莱武装部队司令、菲律宾武装部队总参谋长、塔吉克斯坦国防部副部长兼武装力量总参谋长、孟加拉国陆军参谋长，以及柬埔寨、印度、印度尼西亚、哈萨克斯坦、老挝、马来西亚、缅甸、巴基斯坦、俄罗斯、泰国、乌兹别克斯坦、越南等16国共60余名军队领导和军方人员兴致勃勃地观摩了此次军事演习。

担任此次演习任务的是具有光荣革命传统、素有“铁军”之称的济南军区某机械化步兵师和空军某部。在方圆450平方公里的演练场，铁甲奔驰，战鹰呼啸，信息奔涌，一场信息化战争条件下的机械化步兵师联合山地攻防战斗全方位展现在外宾面前；我军首次对外公开亮相的一批新型武器装备也成为来宾关注的焦点。

演习结束后，部分参演部队指战员与外宾进行了面对面的交流，并简要回答了一些外宾感兴趣的问题。据国防部外事办公室负责人介绍，作为我军对外展示规模最大、来宾层次最高、人数最多的一次军事演习，“铁拳-2004”充分表达了我军同周边国家军队发展友好合作关系的真诚愿望，对加强我国与周边国家军队的务实性军事合作、增进彼此的了解与信任以及推进地区安全合作进程具有积极意义。

中国两栖作战训练基地首次对外军开放

2004 年 9 月 2 日，来自法国、德国、英国、墨西哥等 4 个国家的 7 名军事观察员和 52 名国防大学防务学院国际问题研讨班的中外学员，在位于广东汕尾的我军两栖作战训练基地全程观摩了南海舰队举行的“蛟龙-2004”实兵登陆演习。这是我军两栖作战训练基地首次对外军开放。

9 时许，一场真枪真炮的演习拉开了战幕。舰艇发射的炮弹在平静的海面上激起巨大的浪花；直升机像苍鹰般穿过蓝天；冲锋舟似飞鱼在海面上疾驰；两栖坦克如蛟龙出水，咆哮着直奔岸边……

演习分火力准备、扫雷破障、突击上陆、陆上战斗几个阶段进行。在完成火力准备和破障任务后，“红军”两栖装甲部队涉水突击上陆，像一把钢刀插向“蓝军”防御阵地，为后续部队登陆创造了条件。

炮声隆隆，硝烟弥漫。精彩激烈的“战斗”深深吸引着各国军人。他们或是拿着望远镜审视着瞬息变幻的战场；或是端着摄像机，抓拍着战场跳动的脉搏；或是跑来跑去，搜寻着各种新奇；或是各抒己见，评点着战场动态……

这次演习是海军某陆战旅年度例行训练，目的是检验和考核海军陆战部队年度训练情况。演习结束后，外国军事人员和中国军官一起就共同关心的问题进行了研讨交流。

中国和巴基斯坦举行首次联合反恐军事演习　2004 年 8 月 6 日，中国人民解放军与巴基斯坦武装部队在新疆帕米尔高原中巴边境地区成功举行了代号为“友谊-2004”的联合反恐军事演习。这次演习是两国军人首次联合反恐军事演习，对于遏制和打击恐怖势力、分裂势力和极端势力，维护地区安全与稳定，扩大两国在非传统安全领域的交流与合作，提高两军联合反恐作战能力具有积极意义。

上午 11 时许，演习拉开帷幕。中国人民解放军新疆军区驻塔什库尔干县边防部队和巴基斯坦边防部队官兵约 200 多人参加演习。

这次演习主要演练中巴两军统一指挥、密切协同、快速反应、准确打击等课目，两军参加演习的部队展开了“高寒山地联合搜捕战斗”的实兵实弹演练。指挥所内，中巴军事指挥员调兵遣将，运筹帷幄；演习场上，炮声震天，烟火弥漫，两军官兵勇猛顽强，对流窜至这个地区的跨国恐怖分子实施了快速机动、环形包围、多向侦察、制敌突围等联合反恐行动。

两国军队本着互信、互利、平等、协商的原则，密切协同.相互配合，使演习取得了圆满成功。

中国海军先后同法国、英国、澳大利亚海军举行海上联合军事演习　中国海军于 2004 年 3 月、6 月和 10 月先后与到访的法国、英国和澳大利亚海军举行了非传统安全领域的联合军演。非传统安全领域的演习涉及内容广泛，主要是进行联合反恐、海上搜救、打击海盗、打击制贩毒品等。非传统安全领域的联合军演是中国一贯倡导的互信、互利、平等、协作新安全观的具体实践。

一、中法海军联合演习

2006 年 3 月 16 日，中国海军同 3 月 12 日到访青岛的法国海军在中国黄海以外的公海海域，上演了一场惊心动魄的多幕演习。

在中国人民解放军海军北海舰队参谋长张盘洪和来访的法国太平洋海区司令路易·德贡坦松的联合指挥下，700 名中法官兵参加演习。这是中国海军迄今为止与外国海军联合举行的内容最为丰富、规模最大的一次海上军事演习。

参演舰只军容严整。中国海军“哈尔滨”号导弹驱逐舰曾横渡太平洋出访 8 国 9 港。“洪泽湖”号综合补给舰曾全程参与“舰艇编队环球航行访问”活动。法国海军“拉图什特威尔”号是 1 艘反潜驱逐舰，排水量 4600 吨，续航力可以达到 8500 海里。法方另一艘参演舰艇“比罗司令”号属于轻型护卫舰。

演练共分 5 个阶段，包括舰艇和舰载机机动、海上补给演练、视觉通信和海上搜救演练等内容。

上午 8 时许，中国“哈尔滨”号鸣笛引导法国舰艇编队离开青岛港向外海航行，拉开了中法海军联合军事演习的序幕。中法军舰首先开始用灯光和旗语进行通信演练。演习第二阶段为编队运动，双方军舰队形由单纵队瞬间变为方位队、单横队，再变为单纵队、方位队、单横队，每个队形变换完毕后，要按规定速度保持航向航行 5 分钟。

下午 13 时 20 分左右，随着法国海军“山猫”直升机成功降落在“哈尔滨”号甲板上，两国海军成功完成了两军首次海上直升机互降。此前，中国海军“海豚”舰载直升机已经成功降落在“拉图什特威尔”号上。互降前，两架直升机还分别做了变换高度、交换航拍等动作。

补给演练开始后，“哈尔滨”号、“拉图什特威尔”和“比罗司令”号呈倒“品”字形围绕“洪泽湖”号航行，先后进行了三舰同时补给和单舰补给模拟演练。海上补给演练属于延长海上战斗力的训练科目，它标志着中国海军与外国海军的联合演练从近海发展到中远海。

正在航行间，突然，“比罗司令”号“遇险失火”。收到求救信号后，“哈尔滨”号迅速赶赴浓烟滚滚的“出事现场”.两架舰载直升机在上空盘旋，配合营救“伤员”。“哈尔滨”号放下救生筏，8名中国海军士兵迎着风浪向法舰驶去，参加“救火”和营救“伤员”。双方以成功的搜救演练为全天8小时的演习划上圆满句号。

二、中英海军联合演习

2004年6月20日，由中国海军“哈尔滨”号导弹驱逐舰、“洪泽湖”号远洋补给舰与6月17日来访的英国皇家海军“埃克塞特”号导弹驱逐舰共同组成的舰艇编队，在黄海某海域进行了一场海上联合搜救演习。

在此次中英联合军事演习期间，来自美国、俄罗斯、法国、德国、意大利、巴西、墨西哥、澳大利亚、阿尔及利亚、坦桑尼亚、巴基斯坦、日本、韩国、新西兰和孟加拉国15个国家的驻华海军武官应邀乘坐中方指挥舰观摩了演习全过程。

演习共分3个阶段进行，主要包括舰艇编队通信演练、舰艇编队机动演练和海上联合搜救演练。演习由北海舰队参谋长张盘洪少将和英国海军舰队司令部参谋长大卫·斯内尔森少将共同指挥。

随着编队指挥员一声令下，两国军舰迅即转入编队运动状态。两艘军舰在海上劈波斩浪，相互改变阵位，时而呈单横队，时而呈方位队，时而又呈单纵队。海面上留下一道道美丽的航迹，蔚为壮观。

中午12时整，演习进入“海上联合搜救演习”阶段。担任海上指挥舰的“哈尔滨”号驱逐舰突然接到求救信号：某海域，一条商船遇险，有人员伤亡，请求救援!

双方舰艇迅速展开搜索行动。中方的直-9直升机和英舰的“山猫”直升机也同时加入了救援行列。在舰载直升机的帮助下，“遇险伤员”很快被安全地运送到安全地带并得到及时“救治”。

下午2点左右，3个阶段的演习任务顺利完成。中英海军首次海上联合搜救演习取得圆满成功。

演习中，中英两国海军官兵的精彩表现让各国驻华海军武官兴奋不已，尤其是中国水兵娴熟的专业技能给他们留下了深刻的印象

三、中澳海军联合演习

2004年10月14日，中国海军和10月10日来访的澳大利亚海军在青岛附近的黄海海域举行了联合搜救演习。这是两国海军首次进行的非传统安全领域的联合演习。

中国人民解放军海军北海舰队副参谋长张学增和澳大利亚海上司令部司令罗文·莫菲特共同指挥此次搜救演习。北海舰队的“哈尔滨”号导弹驱逐舰、“洪泽湖”号综合补给舰、“直九”舰载直升机和澳大利亚海军的“安扎克”号导弹护卫舰、“海鹰”舰直升机参加了演习。

演习持续约5个小时，共有中澳海军官兵400余人参加。

演习分三个阶段进行：舰艇编队通信演练，舰艇编队运动和海上联合搜救演练。具体演了灯光通信、旗号通信、手旗通信、队形变换、海上搜索、直升机互降、转运伤员等课目。

上午8时许，演习拉开序幕。在中方指挥下，中澳军舰在行进中用灯光、手旗和旗号进行通信演练。11时，演习进入编队运动演练。12时，大海深处突然传来国际救援信号，“洪泽湖”号补给舰“遇险”。联合指挥所当机立断，命令中方任联合搜救行动指挥，立即组织营救。

“哈尔滨”号迅速制定营救方案，同时向“安扎克”号通报险情。来自不同国度的两艘军舰劈波斩浪，同时从两翼接近“遇险”的“洪泽湖”号，救援准备就绪。

此时，“洪泽湖”号传来消息：两名水手在险情中“身负重伤”，需要立刻进行手术治疗，请求舰队予以支援。“直九”舰载直升机迅速从“哈尔滨”号腾空而去，稳稳悬在“洪泽湖”号飞行甲板上方，“伤员”被安全送上直升机，运回军舰进行抢救。

不久，“哈尔滨”号上的“伤员”又出现不良反应，需“安扎克”号紧急支援麻醉药物。“直九”舰载机飞行员凭借着高超的驾驶技术，往返于随大浪起伏的“安扎克”号和“哈尔滨”号之间，及时取回药物。

演习结束后，澳方指挥员罗恩·莫菲特少将特意乘小艇至中方军舰，向中国同行的出色表现表示敬意。

新修订的《军人抚恤优待条例》公布

2004年8月1日，国务院总理温家宝、中央军委主席江泽民签署中华人民共和国国务院、中华人民共和国中央军事委员会第413号命令，批准公布新修订的《军人抚恤优待条例》。重新修订的《军人抚恤优待条例》的公布，是军人抚恤优待工作发展史上的重要里程碑，标志着中国社会主义市场经济条件下优抚保障体系框架的基本建立。

中国现行《军人抚恤优待条例》是1988年国务院公布施行的。随着国家改革的深入和人民群众生活水平的普遍提高，现行条例越来越不适应社会主义市场

经济发展的要求，主要表现在，优抚对象的抚恤补助标准长期落后于人民群众生活水平，医疗难问题日趋突出，有的合法权益得不到有效保障等。1996 年，民政部和总政治部针对这些突出问题开始对原《军人抚恤优待条例》进行修订。

新修订《军人抚恤优待条例》的公布实施，将对确立军人抚恤优待在国家政治、社会生活中的地位，进一步理顺军人抚恤优待与国民经济发展的关系，建立和完善适合我国国情的军人抚恤优待制度具有十分重要的意义。

新修订的《军人抚恤优待条例》全文如下：

第一章　总　则

第一条 为了保障国家对军人的抚恤优待，激励军人保卫祖国、建设祖国的献身精神，加强国防和军队建设，根据《中华人民共和国国防法》、《中华人民共和国兵役法》等有关法律，制定本条例。

第二条 中国人民解放军现役军人（以下简称现役军人）、服现役或者退出现役的残疾军人以及复员军人、退伍军人、烈士遗属、因公牺牲军人遗属、病故军人遗属、现役军人家属，是本条例规定的抚恤优待对象，依照本条例的规定享受抚恤优待。

第三条 军人的抚恤优待，实行国家和社会相结合的方针，保障军人的抚恤优待与国民经济和社会发展相适应，保障抚恤优待对象的生活不低于当地的平均生活水平。全社会应当关怀、尊重抚恤优待对象，开展各种形式的拥军优属活动。国家鼓励社会组织和个人对军人抚恤优待事业提供捐助。

第四条 国家和社会应当重视和加强军人抚恤优待工作。军人抚恤优待所需经费由国务院和地方各级人民政府分级负担。中央和地方财政安排的军人抚恤优待经费，专款专用，并接受财政、审计部门的监督。

第五条 国务院民政部门主管全国的军人抚恤优待工作；县级以上地方人民政府民政部门主管本行政区域内的军人抚恤优待工作。国家机关、社会团体、企业事业单位应当依法履行各自的军人抚恤优待责任和义务。

第六条 各级人民政府对在军人抚恤优待工作中作出显著成绩的单位和个人，给予表彰和奖励。

第二章　死亡抚恤

第七条 现役军人死亡被批准为烈士、被确认为因公牺牲或者病故的，其遗属依照本条例的规定享受抚恤。

第八条 现役军人死亡，符合下列情形之一的，批准为烈士：

（一）对敌作战死亡，或者对敌作战负伤在医疗终结前因伤死亡的；

（二）因执行任务遭敌人或者犯罪分子杀害，或者被俘、被捕后不屈遭敌人杀害或者被折磨致死的；

（三）为抢救和保护国家财产、人民生命财产或者参加处置突发事件死亡的；

（四）因执行军事演习、战备航行飞行、空降和导弹发射训练、试航试飞任务以及参加武器装备科研实验死亡的；

（五）其他死难情节特别突出，堪为后人楷模的。

现役军人在执行对敌作战、边海防执勤或者抢险救灾任务中失踪，经法定程序宣告死亡的，按照烈士对待。

批准烈士，属于因战死亡的，由军队团级以上单位政治机关批准；属于非因战死亡的，由军队军级以上单位政治机关批准；属于本条第一款第（五）项规定情形的，由中国人民解放军总政治部批准。

第九条 现役军人死亡，符合下列情形之一的，确认为因公牺牲：

（一）在执行任务中或者在上下班途中，由于意外事件死亡的；

（二）被认定为因战、因公致残后因旧伤复发死亡的；

（三）因患职业病死亡的；

（四）在执行任务中或者在工作岗位上因病猝然死亡，或者因医疗事故死亡的；

（五）其他因公死亡的。现役军人在执行对敌作战、边海防执勤或者抢险救灾以外的其他任务中失踪，经法定程序宣告死亡的，按照因公牺牲对待。

现役军人因公牺牲，由军队团级以上单位政治机关确认；属于本条第一款第（五）项规定情形的，由军队军级以上单位政治机关确认。

第十条 现役军人除第九条第一款第（三）项、第（四）项规定情形以外，因其他疾病死亡的，确认为病故。

现役军人非执行任务死亡或者失踪，经法定程序宣告死亡的，按照病故对待。

现役军人病故，由军队团级以上单位政治机关确认。

第十一条 对烈士遗属、因公牺牲军人遗属、病故军人遗属，由县级人民政府民政部门分别发给《中华人民共和国烈士证明书》、《中华人民共和国军人因公牺牲证明书》、《中华人民共和国军人病故证明书》。

第十二条 现役军人死亡，根据其死亡性质和死亡时的月工资标准，由县级人民政府民政部门发给其遗属一次性抚恤金，标准是：烈士，80个月工资；因公牺牲，40个月工资；病故，20个月工资。月工资或者津贴低于排职少尉军官工资标准的，按照排职少尉军官工资标准发给其遗属一次性抚恤金。

获得荣誉称号或者立功的烈士、因公牺牲军人、病故军人，其遗属在应当享受的一次性抚恤金的基础上，由县级人民政府民政部门按照下列比例增发一次性抚恤金：

（一）获得中央军事委员会授予荣誉称号的，增发35%；

（二）获得军队军区级单位授予荣誉称号的，增发30%；

（三）立一等功的，增发25%；

（四）立二等功的，增发15%；

（五）立三等功的，增发5%。

多次获得荣誉称号或者立功的烈士、因公牺牲军人、病故军人，其遗属由县级人民政府民政部门按照其中最高等级奖励的增发比例，增发一次性抚恤金。

第十三条 对生前作出特殊贡献的烈士、因公牺牲军人、病故军人，除按照本条例规定发给其遗属一次性抚恤金外，军队可以按照有关规定发给其遗属一次性特别抚恤金。

第十四条 一次性抚恤金发给烈士、因公牺牲军人、病故军人的父母（抚养人）、配偶、子女；没有父母（抚养人）、配偶、子女的，发给未满18周岁的兄弟姐妹和已满18周岁但无生活费来源且由该军人生前供养的兄弟姐妹。

第十五条 对符合下列条件之一的烈士遗属、因公牺牲军人遗属、病故军人遗属，发给定期抚恤金：

（一）父母（抚养人）、配偶无劳动能力、无生活费来源，或者收入水平低于当地居民平均生活水平的；

（二）子女未满18周岁或者已满18周岁但因上学或者残疾无生活费来源的；

（三）兄弟姐妹未满18周岁或者已满18周岁但因上学无生活费来源且由该军人生前供养的。对符合享受定期抚恤金条件的遗属，由县级人民政府民政部门发给《定期抚恤金领取证》。

第十六条 定期抚恤金标准应当参照全国城乡居民家庭人均收入水平确定。定期抚恤金的标准及其调整办法，由国务院民政部门会同国务院财政部门规定。

第十七条 县级以上地方人民政府对依靠定期抚恤金生活仍有困难的烈士遗属、因公牺牲军人遗属、病故军人遗属，可以增发抚恤金或者采取其他方式予以补助，保障其生活不低于当地的平均生活水平。

第十八条 享受定期抚恤金的烈士遗属、因公牺牲军人遗属、病故军人遗属死亡的，增发6个月其原享受的定期抚恤金，作为丧葬补助费，同时注销其领取定期抚恤金的证件。

第十九条 现役军人失踪，经法定程序宣告死亡的，在其被批准为烈士、确认为因公牺牲或者病故后，又经法定程序撤销对其死亡宣告的，由原批准或者确认机关取消其烈士、因公牺牲军人或者病故军人资格，并由发证机关收回有关证件，终止其家属原享受的抚恤待遇。

第三章 残疾抚恤

第二十条 现役军人残疾被认定为因战致残、因公致残或者因病致残的，依照本条例的规定享受抚恤。

因第八条第一款规定的情形之一导致残疾的，认定为因战致残；因第九条第一款规定的情形之一导致残疾的，认定为因公致残；义务兵和初级士官因第九条第一款第（三）项、第（四）项规定情形以外的疾病导致残疾的，认定为因病致残。

第二十一条 残疾的等级，根据劳动功能障碍程度和生活自理障碍程度确定，由重到轻分为一级至十级。

残疾等级的具体评定标准由国务院民政部门、劳动保障部门、卫生部门会同军队有关部门规定。

第二十二条 现役军人因战、因公致残，医疗终结后符合评定残疾等级条件的，应当评定残疾等级。义务兵和初级士官因病致残符合评定残疾等级条件，本人（精神病患者由其利害关系人）提出申请的，也应当评定残疾等级。

因战、因公致残，残疾等级被评定为一级至十级的，享受抚恤；因病致残，残疾等级被评定为一级至六级的，享受抚恤。

第二十三条 因战、因公、因病致残性质的认定和残疾等级的评定权限是：

（一）义务兵和初级士官的残疾，由军队军级以上单位卫生部门认定和评定；

（二）现役军官、文职干部和中级以上士官的残疾，由军队军区级以上单位卫生部门认定和评定；

（三）退出现役的军人和移交政府安置的军队离休、退休干部需要认定残疾性质和评定残疾等级的，由省级人民政府民政部门认定和评定。

评定残疾等级，应当依据医疗卫生专家小组出具的残疾等级医学鉴定意见。

残疾军人由认定残疾性质和评定残疾等级的机关发给《中华人民共和国残疾军人证》。

第二十四条　现役军人因战、因公致残，未及时评定残疾等级，退出现役后或者医疗终结满 3 年后，本人（精神病患者由其利害关系人）申请补办评定残疾等级，有档案记载或者有原始医疗证明的，可以评定残疾等级。

现役军人被评定残疾等级后，在服现役期间或者退出现役后残疾情况发生严重恶化，原定残疾等级与残疾情况明显不符，本人（精神病患者由其利害关系人）申请调整残疾等级的，可以重新评定残疾等级。

第二十五条　退出现役的残疾军人，按照残疾等级享受残疾抚恤金。残疾抚恤金由县级人民政府民政部门发给。

因工作需要继续服现役的残疾军人，经军队军级以上单位批准，由所在部队按照规定发给残疾抚恤金。

第二十六条　残疾军人的抚恤金标准应当参照全国职工平均工资水平确定。残疾抚恤金的标准以及一级至十级残疾军人享受残疾抚恤金的具体办法，由国务院民政部门会同国务院财政部门规定。

县级以上地方人民政府对依靠残疾抚恤金生活仍有困难的残疾军人，可以增发残疾抚恤金或者采取其他方式予以补助，保障其生活不低于当地的平均生活水平。

第二十七条　退出现役的因战、因公致残的残疾军人因旧伤复发死亡的，由县级人民政府民政部门按照因公牺牲军人的抚恤金标准发给其遗属一次性抚恤金，其遗属享受因公牺牲军人遗属抚恤待遇。

退出现役的因战、因公、因病致残的残疾军人因病死亡的，对其遗属增发 12 个月的残疾抚恤金，作为丧葬补助费；其中，因战、因公致残的一级至四级残疾军人因病死亡的，其遗属享受病故军人遗属抚恤待遇。

第二十八条　退出现役的一级至四级残疾军人，由国家供养终身；其中，对需要长年医疗或者独身一人不便分散安置的，经省级人民政府民政部门批准，可以集中供养。

第二十九条　对分散安置的一级至四级残疾军人发给护理费，护理费的标准为：

（一）因战、因公一级和二级残疾的，为当地职工月平均工资的 50%；

（二）因战、因公三级和四级残疾的，为当地职工月平均工资的 40%；

（三）因病一级至四级残疾的，为当地职工月平均工资的 30%。

退出现役的残疾军人的护理费，由县级以上地方人民政府民政部门发给；未退出现役的残疾军人的护理费，经军队军级以上单位批准，由所在部队发给。

第三十条　残疾军人需要配制假肢、代步三轮车等辅助器械，正在服现役的，由军队军级以上单位负责解决；退出现役的，由省级人民政府民政部门负责解决。

第四章　优　待

第三十一条　义务兵服现役期间，其家庭由当地人民政府发给优待金或者给予其他优待，优待标准不低于当地平均生活水平。

义务兵和初级士官人伍前是国家机关、社会团体、企业事业单位职工（含合同制人员）的，退出现役后，允许复工复职，并享受不低于本单位同岗位（工种）、同工龄职工的各项待遇；服现役期间，其家属继续享受该单位职工家属的有关福利待遇。

义务兵和初级士官人伍前的承包地（山、林）等，应当保留；服现役期间，除依照国家有关规定和承包合同的约定缴纳有关税费外，免除其他负担。

义务兵从部队发出的平信，免费邮递。

第三十二条　国家对一级至六级残疾军人的医疗费用按照规定予以保障，由所在医疗保险统筹地区社会保险经办机构单独列账管理。具体办法由国务院民政部门会同国务院劳动保障部门、财政部门规定。

七级至十级残疾军人旧伤复发的医疗费用，已经参加工伤保险的，由工伤保险基金支付，未参加工伤保险，有工作的由工作单位解决，没有工作的由当地县级以上地方人民政府负责解决；七级至十级残疾军人旧伤复发以外的医疗费用，未参加医疗保险且本人支付有困难的，由当地县级以上地方人民政府酌情给予补助。

残疾军人、复员军人、带病回乡退伍军人以及烈士遗属、因公牺牲军人遗属、病故军人遗属享受医疗优惠待遇。具体办法由省、自治区、直辖市人民政府规定。

中央财政对抚恤优待对象人数较多的困难地区给予适当补助，用于帮助解决抚恤优待对象的医疗费用困难问题。

第三十三条　在国家机关、社会团体、企业事业单位工作的残疾军人，享受与所在单位工伤人员同等的生活福利和医疗待遇。所在单位不得因其残疾将其辞退、解聘或者解除劳动关系。

第三十四条 现役军人凭有效证件、残疾军人凭《中华人民共和国残疾军人证》优先购票乘坐境内运行的火车、轮船、长途公共汽车以及民航班机；残疾军人享受减收正常票价 50%的优待。

现役军人凭有效证件乘坐市内公共汽车、电车和轨道交通工具享受优待，具体办法由有关城市人民政府规定。残疾军人凭《中华人民共和国残疾军人证》免费乘坐市内公共汽车、电车和轨道交通工具。

第三十五条 现役军人、残疾军人凭有效证件参观游览公园、博物馆、名胜古迹享受优待，具体办法由公园、博物馆、名胜古迹管理单位所在地的县级以上地方人民政府规定。

第三十六条 烈士、因公牺牲军人、病故军人的子女、兄弟姐妹，本人自愿应征并且符合征兵条件的，优先批准服现役。

第三十七条 义务兵和初级士官退出现役后，报考国家公务员、高等学校和中等职业学校，在与其他考生同等条件下优先录取。残疾军人、烈士子女、因公牺牲军人子女、一级至四级残疾军人的子女，驻边疆国境的县（市）、沙漠区、国家确定的边远地区中的三类地区和军队确定的特、一、二类岛屿部队现役军人的子女报考普通高中、中等职业学校、高等学校，在与其他考生同等条件下优先录取；接受学历教育的，在同等条件下优先享受国家规定的各项助学政策。现役军人子女的入学、入托，在同等条件下优先接收。具体办法由国务院民政部门会同国务院教育部门规定。

第三十八条 残疾军人、复员军人、带病回乡退伍军人、烈士遗属、因公牺牲军人遗属、病故军人遗属承租、购买住房依照有关规定享受优先、优惠待遇。居住农村的抚恤优待对象住房困难的，由地方人民政府帮助解决。具体办法由省、自治区、直辖市人民政府规定。

第三十九条 经军队师（旅）级以上单位政治机关批准随军的现役军官家属、文职干部家属、士官家属，由驻军所在地的公安机关办理落户手续。随军前是国家机关、社会团体、企业事业单位职工的，驻军所在地人民政府劳动保障部门、人事部门应当接收和妥善安置；随军前没有工作单位的，驻军所在地人民政府应当根据本人的实际情况作出相应安置；对自谋职业的，按照国家有关规定减免有关费用。

第四十条 驻边疆国境的县（市）、沙漠区、国家确定的边远地区中的三类地区和军队确定的特、一、二类岛屿部队的现役军官、文职干部、士官，其符合随军条件无法随军的家属，所在地人民政府应当妥善安置，保障其生活不低于当地的平均生活水平。

第四十一条 随军的烈士遗属、因公牺牲军人遗属和病故军人遗属移交地方人民政府安置的，享受本条例和当地人民政府规定的抚恤优待。

第四十二条 复员军人生活困难的，按照规定的条件，由当地人民政府民政部门给予定期定量补助，逐步改善其生活条件。

第四十三条 国家兴办优抚医院、光荣院，治疗或者集中供养孤老和生活不能自理的抚恤优待对象。各类社会福利机构应当优先接收抚恤优待对象。

第五章　法律责任

第四十四条 军人抚恤优待管理单位及其工作人员挪用、截留、私分军人抚恤优待经费，构成犯罪的，依法追究相关责任人员的刑事责任；尚不构成犯罪的，对相关责任人员依法给予行政处分或者纪律处分。被挪用、截留、私分的军人抚恤优待经费，由上一级人民政府民政部门、军队有关部门责令追回。

第四十五条 军人抚恤优待管理单位及其工作人员、参与军人抚恤优待工作的单位及工作人员有下列行为之一的，由其上级主管部门责令改正；情节严重，构成犯罪的，依法追究相关责任人员的刑事责任；尚不构成犯罪的，对相关责任人员依法给予行政处分或者纪律处分：

（一）违反规定审批军人抚恤待遇的；

（二）在审批军人抚恤待遇工作中出具虚假诊断、鉴定、证明的；

（三）不按规定的标准、数额、对象审批或者发放抚恤金、补助金、优待金的；

（四）在军人抚恤优待工作中利用职权谋取私利的。

第四十六条 负有军人优待义务的单位不履行优待义务的，由县级人民政府民政部门责令限期履行义务；逾期仍未履行的，处以 2000 元以上 1 万元以下罚款。对直接负责的主管人员和其他直接责任人员依法给予行政处分、纪律处分。因不履行优待义务使抚恤优待对象受到损失的，应当依法承担赔偿责任。

第四十七条 抚恤优待对象有下列行为之一的，由县级人民政府民政部门给予警告，限期退回非法所得；情节严重的，停止其享受的抚恤、优待；构成犯罪的，依法追究刑事责任：

（一）冒领抚恤金、优待金、补助金的；

（二）虚报病情骗取医药费的；

（三）出具假证明，伪造证件、印章骗取抚恤金、优待金、补助金的。

第四十八条 抚恤优待对象被判处有期徒刑、剥夺政治权利或者被通缉期间，中止其抚恤优待；被判处死刑、无期徒刑的，取消其抚恤优待资格。

第六章　附　则

第四十九条 本条例适用于中国人民武装警察部队。

第五十条 军队离休、退休干部的抚恤优待，按照本条例有关现役军人抚恤优待的规定执行。因参战伤亡的民兵、民工的抚恤，因参加军事演习、军事训练和执行军事勤务伤亡的预备役人员、民兵、民工以及其他人员的抚恤，参照本条例的有关规定办理。

第五十一条 本条例所称的复员军人，是指在 1954 年 10 月 31 日之前入伍、后经批准从部队复员的人员；带病回乡退伍军人，是指在服现役期间患病，尚未达到评定残疾等级条件并有军队医院证明，从部队退伍的人员。

第五十二条 本条例自 2004 年 10 月 1 日起施行。1988 年 7 月 18 日国务院发布的《军人抚恤优待条例》同时废止。

《国防专利条例》公布　2004 年 9 月 17 日，中华人民共和国国务院总理温家宝、中华人民共和国中央军事委员会主席江泽民签署第 418 号命令，公布新制定的《国防专利条例》。这一《条例》的实施，标志着中国国防专利工作进入了一个新的阶段，对中国国防专利事业的发展具有重要意义。

新制定的《国防专利条例》与 1990 年 7 月 30 日国务院、中央军事委员会批准公布施行的《国防专利条例》相比，增加了必须由指定的专利代理机构办理国防专利事务的条款，重点修改了国防专利管理体制、国防专利指定实施、国防专利实施费用、国防专利补偿费的设立与发放、国防专利纠纷调处、查阅国防专利说明书等方面的内容。它的公布施行，必将进一步加强国防领域知识产权保护，维护国家安全利益。促进我国国防科技进步和武器装备建设。

《国防专利条例》全文如下：

第一章　总　则

第一条　为了保护有关国防的发明专利权，确保国家秘密，便利发明创造的推广应用，促进国防科学技术的发展，适应国防现代化建设的需要，根据《中华人民共和国专利法》，制定本条例。

第二条　国防专利是指涉及国防利益以及对国防建设具有潜在作用需要保密的发明专利。

第三条　国家国防专利机构（以下简称国防专利机构）负责受理和审查国防专利申请。经国防专利机构审查认为符合本条例规定的，由国务院专利行政部门授予国防专利权。

国务院国防科学技术工业主管部门和中国人民解放军总装备部（以下简称总装备部）分别负责地方系统和军队系统的国防专利管理工作。

第四条　涉及国防利益或者对国防建设具有潜在作用被确定为绝密级国家秘密的发明不得申请国防专利。

国防专利申请以及国防专利的保密工作，在解密前依照《中华人民共和国保守国家秘密法》和国家有关规定进行管理。

第五条　国防专利权的保护期限为 20 年，自申请日起计算。

第六条 国防专利在保护期内，因情况变化需要变更密级、解密或者国防专利权终止后需要延长保密期限的，国防专利机构可以作出变更密级、解密或者延长保密期限的决定；但是对在申请国防专利前已被确定为国家秘密的，应当征得原确定密级和保密期限的机关、单位或者其上级机关的同意。

被授予国防专利权的单位或者个人（以下统称国防专利权人）可以向国防专利机构提出变更密级、解密或者延长保密期限的书面申请；属于国有企业事业单位或者军队单位的，应当附送原确定密级和保密期限的机关、单位或者其上级机关的意见。

国防专利机构应当将变更密级、解密或者延长保密期限的决定，在该机构出版的《国防专利内部通报》上刊登，并通知国防专利权人，同时将解密的国防专利报送国务院专利行政部门转为普通专利。国务院专利行政部门应当及时将解密的国防专利向社会公告。

第七条　国防专利申请权和国防专利权经批准可以向国内的中国单位和个人转让。

转让国防专利申请权或者国防专利权，应当确保国家秘密不被泄露，保证国防和军队建设不受影响，并向国防专利机构提出书面申请，由国防专利机构进行初步审查后依照本条例第三条第二款规定的职责分工，及时报送国务院国防科学技术工业主管部门、总装备部审批。

国务院国防科学技术工业主管部门、总装备部应当自国防专利机构受理申请之日起 30 日内作出批准或者不批准的决定；作出不批准决定的，应当书面通知申请人并说明理由。

经批准转让国防专利申请权或者国防专利权的，当事人应当订立书面合同，并向国防专利机构登记，由国防专利机构在《国防专利内部通报》上刊登。国防专利申请权或者国防专利权的转让自登记之日起生效。

第八条　禁止向国外的单位和个人以及在国内的外国人和外国机构转让国防专利申请权和国防专利权。

第九条　需要委托专利代理机构申请国防专利和办理其他国防专利事务的，应当委托国防专利机构指定的专利代理机构办理。专利代理机构及其工作人员对在办理国防专利申请和其他国防专利事务过程中知悉的国家秘密，负有保密义务。

第二章　国防专利的申请、审查和授权

第十条　申请国防专利的，应当向国防专利机构提交请求书、说明书及其摘要和权利要求书等文件。

国防专利申请人应当按照国防专利机构规定的要求和统一格式撰写申请文件，并亲自送交或者经过机要通信以及其他保密方式传交国防专利机构，不得按普通函件邮寄。

国防专利机构收到国防专利申请文件之日为申请日；申请文件通过机要通信邮寄的，以寄出的邮戳日为申请日。

第十一条　国防专利机构定期派人到国务院专利行政部门查看普通专利申请，发现其中有涉及国防利益或者对国防建设具有潜在作用需要保密的，经国务院专利行政部门同意后转为国防专利申请，并通知申请人。

普通专利申请转为国防专利申请后，国防专利机构依照本条例的有关规定对该国防专利申请进行审查。

第十二条　授予国防专利权的发明，应当具备新颖性、创造性和实用性。

新颖性，是指在申请日之前没有同样的发明在国外出版物上公开发表过、在国内出版物上发表过、在国内使用过或者以其他方式为公众所知，也没有同样的发明由他人提出过申请并在申请日以后获得国防专利权。

创造性，是指同申请日之前已有的技术相比，该发明有突出的实质性特点和显著的进步。

实用性，是指该发明能够制造或者使用，并且能够产生积极效果。

第十三条　申请国防专利的发明在申请日之前6个月内，有下列情形之一的，不丧失新颖性：

（一）在国务院有关主管部门、中国人民解放军有关主管部门举办的内部展览会上首次展出的；

（二）在国务院有关主管部门、中国人民解放军有关主管部门召开的内部学术会议或者技术会议上首次发表的；

（三）他人未经国防专利申请人同意而泄露其内容的。

有前款所列情形的，国防专利申请人应当在申请时声明，并自申请日起2个月内提供有关证明文件。

第十四条　国防专利机构对国防专利申请进行审查后，认为不符合本条例规定的，应当通知国防专利申请人在指定的期限内陈述意见或者对其国防专利申请进行修改、补正；无正当理由逾期不答复的，该国防专利申请即被视为撤回。

国防专利申请人在自申请日起6个月内或者在对第一次审查意见通知书进行答复时，可以对其国防专利申请主动提出修改。

申请人对其国防专利申请文件进行修改不得超出原说明书和权利要求书记载的范围。

第十五条　国防专利申请人陈述意见或者对国防专利申请进行修改、补正后，国防专利机构认为仍然不符合本条例规定的，应当予以驳回。

第十六条　国防专利机构设立国防专利复审委员会，负责国防专利的复审和无效宣告工作。

国防专利复审委员会由技术专家和法律专家组成，其主任委员由国防专利机构负责人兼任。

第十七条　国防专利申请人对国防专利机构驳回申请的决定不服的，可以自收到通知之日起3个月内，向国防专利复审委员会请求复审。国防专利复审委员会复审并作出决定后，通知国防专利申请人。

第十八条　国防专利申请经审查认为没有驳回理由或者驳回后经过复审认为不应当驳回的，由国务院专利行政部门作出授予国防专利权的决定，并委托国防专利机构颁发国防专利证书，同时在国务院专利行政部门出版的专利公报上公告该国防专利的申请日、授权日和专利号。国防专利机构应当将该国防专利的有关事项予以登记，并在《国防专利内部通报》上刊登。

第十九条　任何单位或者个人认为国防专利权的授予不符合本条例规定的，可以向国防专利复审委员会提出宣告该国防专利权无效的请求。

第二十条　国防专利复审委员会对宣告国防专利权无效的请求进行审查并作出决定后，通知请求人和国防专利权人。宣告国防专利权无效的决定，国防专

利机构应当予以登记并在《国防专利内部通报》上刊登，国务院专利行政部门应当在专利公报上公布。

第三章　国防专利的实施

第二十一条　国防专利机构应当自授予国防专利权之日起 3 个月内，将该国防专利有关文件副本送交国务院有关主管部门或者中国人民解放军有关主管部门。收到文件副本的部门，应当在 4 个月内就该国防专利的实施提出书面意见，并通知国防专利机构。

第二十二条　国务院有关主管部门、中国人民解放军有关主管部门，可以允许其指定的单位实施本系统或者本部门内的国防专利；需要指定实施本系统或者本部门以外的国防专利的，应当向国防专利机构提出书面申请，由国防专利机构依照本条例第三条第二款规定的职责分工报国务院国防科学技术工业主管部门、总装备部批准后实施。

国防专利机构对国防专利的指定实施予以登记，并在《国防专利内部通报》上刊登。

第二十三条　实施他人国防专利的单位应当与国防专利权人订立书面实施合同，依照本条例第二十五条的规定向国防专利权人支付费用，并报国防专利机构备案。实施单位不得允许合同规定以外的单位实施该国防专利。

第二十四条　国防专利权人许可国外的单位或者个人实施其国防专利的，应当确保国家秘密不被泄露，保证国防和军队建设不受影响，并向国防专利机构提出书面申请，由国防专利机构进行初步审查后依照本条例第三条第二款规定的职责分工，及时报送国务院国防科学技术工业主管部门、总装备部审批。

国务院国防科学技术工业主管部门、总装备部应当自国防专利机构受理申请之日起 30 日内作出批准或者不批准的决定；作出不批准决定的，应当书面通知申请人并说明理由。

第二十五条　实施他人国防专利的，应当向国防专利权人支付国防专利使用费。实施使用国家直接投入的国防科研经费或者其他国防经费进行科研活动所产生的国防专利，符合产生该国防专利的经费使用目的的，可以只支付必要的国防专利实施费；但是，科研合同另有约定或者科研任务书另有规定的除外。

前款所称国防专利实施费，是指国防专利实施中发生的为提供技术资料、培训人员以及进一步开发技术等所需的费用。

第二十六条　国防专利指定实施的实施费或者使用费的数额，由国防专利权人与实施单位协商确定；不能达成协议的，由国防专利机构裁决。

第二十七条　国家对国防专利权人给予补偿。国防专利机构在颁发国防专利证书后，向国防专利权人支付国防专利补偿费，具体数额由国防专利机构确定。属于职务发明的，国防专利权人应当将不少于 50% 的补偿费发给发明人。

第四章　国防专利的管理和保护

第二十八条　国防专利机构出版的《国防专利内部通报》属于国家秘密文件，其知悉范围由国防专利机构确定。

《国防专利内部通报》刊登下列内容：

（一）国防专利申请中记载的著录事项；

（二）国防专利的权利要求书；

（三）发明说明书的摘要；

（四）国防专利权的授予；

（五）国防专利权的终止；

（六）国防专利权的无效宣告；

（七）国防专利申请权、国防专利权的转移；

（八）国防专利的指定实施；

（九）国防专利实施许可合同的备案；

（十）国防专利的变更密级、解密；

（十一）国防专利保密期限的延长；

（十二）国防专利权人的姓名或者名称、地址的变更；

（十三）其他有关事项。

第二十九条　国防专利权被授予后，有下列情形之一的，经国防专利机构同意，可以查阅国防专利说明书：

（一）提出宣告国防专利权无效请求的；

（二）需要实施国防专利的；

（三）发生国防专利纠纷的；

（四）因国防科研需要的。

查阅者对其在查阅过程中知悉的国家秘密负有保密义务。

第三十条　国务院有关主管部门、中国人民解放军有关主管部门和各省、自治区、直辖市的国防科学技术工业管理部门应当指定一个机构管理国防专利工作，并通知国防专利机构。该管理国防专利工作的机构在业务上受国防专利机构指导。

承担国防科研、生产任务以及参与军事订货的军队单位、国务院履行出资人职责的企业和国务院直属事业单位，应当指定相应的机构管理本单位的国防专利工作。

第三十一条　国防专利机构应当事人请求，可以对下列国防专利纠纷进行调解：

（一）国防专利申请权和国防专利权归属纠纷；

（二）国防专利发明人资格纠纷；

（三）职务发明的发明人的奖励和报酬纠纷；

（四）国防专利使用费和实施费纠纷。

第三十二条　除《中华人民共和国专利法》和本条例另有规定的以外，未经国防专利权人许可实施其国防专利，即侵犯其国防专利权，引起纠纷的，由当事人协商解决；不愿协商或者协商不成的，国防专利权人或者利害关系人可以向人民法院起诉，也可以请求国防专利机构处理。

第三十三条　违反本条例规定，泄露国家秘密的，依照《中华人民共和国保守国家秘密法》和国家有关规定处理。

第五章　附　则

第三十四条　向国防专利机构申请国防专利和办理其他手续，应当按照规定缴纳费用。

第三十五条　《中华人民共和国专利法》和《中华人民共和国专利法实施细则》的有关规定适用于国防专利，但本条例有专门规定的依照本条例的规定执行。

第三十六条　本条例自 2004 年 11 月 1 日起施行。1990 年 7 月 30 日国务院、中央军事委员会批准的《国防专利条例》同时废止。

总参谋部总政治部通报表彰参加抢险救灾部队　据新华社 2004 年 6 月 26 日报道，解放军总参谋部、总政治部日前发出通报，表彰参加抢险救灾部队。

通报说，入夏以来，我国部分地区相继发生洪涝灾害和森林火灾。驻灾区部队、武警官兵和民兵预备役人员，坚决贯彻执行党中央、国务院、中央军委的指示，全力投入抢险救灾。广东、广西部分地区遭受洪灾后，驻当地的陆、海、空军和武警部队迅速出动 9300 余名官兵，省军区组织民兵预备役人员 10 余万人，投入抗洪抢险，解救受困群众，加高加固堤坝，排除险情。四川、云南等地接连发生 6 起森林火灾，成都军区出动官兵和民兵预备役人员 6000 余人，配合当地政府和人民群众，与烈火展开殊死搏斗，使火灾得到有效控制。黑龙江省宁安市沙兰河上游突降暴雨引发山洪，驻军部队、武警官兵和民兵预备役人员 3200 余人，协助当地政府搜救遇难人员，清理河道淤泥，为灾区提供医疗保障。据统计，截至目前，各部队共出动官兵 2.4 万余人、民兵预备役人员 12 万余人，动用车辆机械 3800 余台次，出动飞机 12 架，转移疏散群众 50 余万人，为保卫国家财产和人民生命安全做出了重要贡献。

通报指出，最近，军委主席胡锦涛对做好防汛抗洪工作做出重要批示，要求以对人民高度负责的精神，真正把各项防汛抗洪措施落到实处，确保大江大河、大中型水库、重要交通干线和大中城市安全。军委总部对全军部队抗洪抢险工作进行了再部署。当前，我国从南到北陆续进入主汛期，部分流域发生了大洪水。全军和武警部队要认真贯彻胡主席重要批示精神和军委、总部指示要求，把参加抢险救灾作为当前一项重要工作来抓，牢记全心全意为人民服务宗旨，按照党中央、国务院、中央军委的要求，密切关注汛情、灾情的发展变化，立足于防大汛、抢大险、救大灾，完善抢险救灾预案，从思想、组织、装备、器材上充分做好准备，积极主动投入抢险救灾。

济南军区进行大联勤改革试点　据新华社 2004 年 6 月 25 日报道，为加速实现三军一体化保障，提高综合保障效益，中央军委决定，从 7 月 1 日起，在济南战区启动大联勤改革试点。这是我军后勤保障体制的一次历史性跨越。

突破现行联勤保障模式，建立联勤机构三军合编、保障实体统管公用、保障统一组织的大联勤体制，优化结构整合资源，提高保障效率和效益，是这次大联勤改革试点的基本要求，主要体现在以下方面：

联勤机关三军一体。在联勤机关的名称上，将军区联勤部改称军区（战区）联勤部，明确了联勤部的定位和性质，使其真正成为战区三军联勤工作的领导机关；在联勤机关的编成上，不仅增设了对军兵种保障的职能部门，而且按规定增加了军兵种干部数量；军兵种干部进入决策层；联勤分部的编成方式与联勤部相同，使联勤机关真正成为属于三军、服务三军的合成型机关，切实履行大联勤职能。

保障内容三军一体。对战区内诸军兵种的后勤保障，不再划分通用保障和专用保障，统一由联勤系统组织实施，简化保障关系，提高保障效益。

保障力量三军一体。将战区内所有后方仓库、医院、疗养院、物资机构、工程保障机构等后勤保障实体，全部划归联勤系统，统一管理、统一建设、集约使用，使战区后勤资源形成整体力量，对三军部队实施有力保障。

保障渠道三军一体。在后勤保障的计划和供应上，由过去的多系统分头组织实施，改由联勤系统一家组织实施；在后勤保障关系上，由过去按建制系统垂直保障、封闭运行，改由联勤系统组织横向保障，实现建制关系与保障关系的相对分离，形成有效监督机制。

据悉，为保证新体制按时启动，总部及有关大单位完成了大量准备工作，其中，总部制定颁发了一系列配套法规，初步形成了大联勤法规体系，为依法联勤奠定了基础。

（方　侠）

中国台湾当局推行冒险主义军事政策

2004 年，台湾当局在陈水扁“台独”路线指导下，极力推行冒险主义军事政策，企图通过大肆鼓吹“大陆威胁”、加强整军备战和加紧与美日“结盟”，达到“以武拒统”的目的。

一、鼓吹“大陆威胁”，为推行冒险军事政策寻找借口

2004 年，台湾当局先后出台“中共军力报告书”和“国防报告书”，并在这些报告中大肆鼓吹“大陆威胁”。

（一）诬我对台政策是“文统武压”。“中共军力报告书”中称，未来大陆对台政策重点将持续以“文统武压”为主轴。在“文统”方面，主要通过扩大统战对象来改善台湾民众对大陆的观感。在“武压”方面，预计台方政策若抵触或越过大陆的“红线”，则大陆可能立即诉诸武力。大陆“红线”的内涵包括“台独”或台以任何方式从中国分裂出去、外国势力介入、台湾长期拒谈、台内部发生动乱、台湾发展核武、台方“制宪”涉及“统独”问题等。而大陆武力解决台湾问题的时机是在“国际形势不利、主战声势升高、军力对比失衡和双方政情激变时”。报告书认为，大陆在 2008 年以前对台采取威慑战的可能性较大，以后如果台军未能转型，军力对比失衡，则有利于大陆采取瘫痪战和攻略战。报告书还称，大陆为达成“平时阻独、长期统一”的目的，近在积极建构以对台非武力的“三战”（即舆论战、心理战和法律战）为核心的政战体系。

（二）对我军事实力妄加评估。台湾当局在“国防报告书”中声称，大陆正在加紧全面提升对台作战能力。在空中作战方面，着力提高空中打击、空降作战和防空作战能力，特别是针对台军“分区固守、决战滩头、纵深抗敌”的作战指导思想，强化空降兵的机动力与突击力。在海上作战方面，着力提高水面和水下打击能力，水面打击以东海舰队为主，北、南海舰队为辅；水下打击主要包括潜艇航运破坏。在登陆作战方面，其现有运力可运载多个建制步兵师，目前正在强化三军联合作战能力，积累两栖登陆作战指挥与作战经验。在非对称作战能力方面，大陆在未来对台作战中，将利用其具备的太空作战能力通过突击作战和瘫痪战直取台军指挥中心，打击台军指、管、通、情节点；利用其已部署的战术弹道导弹和正在筹建的中程弹道导弹对台发动高低层次、多方向非线性饱和攻击；利用无人攻击机破坏台防空系统，为夺取制空权创造条件；利用正在加速发展的特种部队迅速瘫痪台军指、管、通、情系统，掌握战争主动权。此外，大陆还在加紧组建信息战部队，以便在台海爆发危机时夺取制电磁权。

（三）对我对台作战妄加揣测。“国防报告书”对我对台作战的时机、行动方案和作战模式进行了揣测。关于攻台时机，报告书称，大陆考虑自己的经济增长与政治稳定，短期内如没有突发因素，主动挑起台海战事的可能性不大。现阶段仍将以观察台湾内部发展为关注焦点。由于大陆战力不断呈现跨越式提升态势，到 2006 年，制海优势将逐渐向大陆倾斜，台军在太空、导弹及潜艇方面居于绝对劣势。若情况持续恶化，2008 年后两岸军力将失衡。关于行动方案，报告书称，大陆未来对台作战会采取奇袭的方式，作战行动坚持“损小、效高、快打、速决”的原则，可能的选项包括军事威慑、非接触作战、封锁作战和高强度打击。关于作战模式，报告书称，大陆未来对台作战可能采用威慑战（着眼政治、经济、心理打击）、瘫痪战（着眼于节点打击）和攻略战三种模式。

二、加强整军备战，大力提高“反制作战”能力

台军声称，将在未来几年中全力建设一支“质精、量适、战力强”的高科技武力。为此，台军 2004 年采取一系列措施，加强整军备战，提高“反制作战”能力：

（一）加速实施“精进案”。台军决定整个“精进案”分两个阶段实施。第一阶段（2004 至 2007 年），以“精进组织、强化联战战力”为主轴，精简员额 4.5 万余人，使得台军总兵力减至 34 万人，其中编制员额为 30 万人，维持员额 4 万人。第二阶段（2008 至 2012 年）以“军事转型、提升吓阻能力”为目标，再精简员额 4 万人，使得总兵力裁至 30 万人，其中编制员额 27 万人，维持员额 3 万人。此次裁并陆军是重中之重，占总精简人数的 75%，最终目标是陆军由现在的 19 万减至 16 万人，海、空军分别降至 5.5 万余人和 5 万人。通过此次裁并，台军将重新进行编组，着眼于提高联合指挥、信息作战、联合截击和本岛防卫四个方面的能力。2004 年是“精进案”实施的第一年，台“国防部”、参谋本部和各军种都已行动起来。

（二）大量采购高新武器装备。台“国防部”9 月

22 日出台的“五年兵力整建及实施计划报告”提出，台军 2005 至 2009 年的军费预算总需求为 22108 亿元新台币,其中 6108 亿元新台币为特别军购预算,用于向美国采购 388 枚“爱国者”导弹、8 艘潜艇和 12 架反潜飞机等军备。据台军高层人士向媒体透露，经过 5 年的努力，美国终于同意售台“哈姆”高速反辐射导弹 AGM—88，并称这是美方“首度”向台湾出售先进进攻性武器。AGM—88 导弹主要用于压制、摧毁地面和舰上防空导弹系统的雷达和高炮雷达。该导弹具有频率覆盖宽、反应快、射程远、精度高、威力大、抗干扰等特点。美军在伊拉克战争中曾大量使用这种导弹，对伊军重点目标和防空雷达部队实施精确打击。台军计划采购 88 枚 AGM—88 导弹。

（三）频繁举行军事演习。为了积累军事对抗大陆的经验，为“台独”壮胆，同时也为向民众展示武力，台军 2004 年加大了军事演习力度，演习次数多达 42 次，比上年多 12 次。演习科目包罗万象，包括远程攻击、信息作战、反封锁作战、两栖抢滩登陆、海上截击和滩头轰炸、高速公路战机起降、火炮实弹射击等等。其中最引人注目的是“汉光 20”演习。演习以 2006 年大陆兵力部署为想定，以检验台军联合作战指挥机制为目的，主要演练了“联合作战计划制定”、“联合作战计算机兵棋推演”和“联合作战能力评估”，时间从 4 月持续到 11 月。演习动用了大批最新式武器装备，包括“爱国者”防空导弹、E-2T 预警机、EC-130HE 电子战飞机、“天剑-2A”反辐射导弹等。

三、挟洋自重，加紧与美、日发展“同盟”关系

“以台制华”是美国和日本的如意打算，“以武拒统”、挟洋自重则是台湾当局的惯用伎俩，与美、日相互呼应、互相利用便成了台推行冒险主义军事政策的重要支撑。

（一）台美“军事同盟”关系加深。陈水扁连任后，在台湾当局的多方活动下，台美军事与安全合作进一步加强，“同盟”关系进一步加深。台湾当局的如意算盘是，把未来的台海安全与美国在亚太地区的战略利益挂钩，即在美国支持下，自己既能放心大胆搞“台独”、与大陆无休止地对抗下去，又不至于遭灭顶之灾，以最小代价实现“和平台独”。同时争取把与大陆对抗的全部希望寄托在中美敌对甚至由美国主导台海军事对抗上。在台湾当局的诱惑下，台美“军事同盟”确实在向纵深发展。美国依据所谓《与台湾关系法》，对台军事介入越来越深，除军售方面的表现外，还表现在军事演习方面。在台军年度性“汉光 20”演习中，美国派出了包括太平洋司令部人员在内的 60 名军官参与，并提供了美军太平洋舰队的兵棋推演软件及所有后勤参数。美军还把此次演习的数据带回作参考，以便确定在解放军攻台时美国介入的最佳时机与方式。有媒体称，台军此次演习的总指挥名义上是台军参谋总长李天羽，但实际上却是美方军事小组。在台军 6 月份举行的“神箭 45”演习中,美军派出技术小组全程观察了“爱国者”和“天弓”导弹的试射过程，并评估了台陆军导弹部队战力。

（二）台日“安全同盟”关系提升。台日交流的范围正在从经济、文化领域扩展到政治、军事、安保等领域，交流层次正在从民间技术交流提升到高层政治对话，交流的议题覆盖面越来越广。台日关系中最令人担忧的是军事层面正在酝酿构建的“台日安全保障机制”。台当局一再强化“美日安保条约”中“保卫台湾的精神”，不断提醒日方“也有维护台湾安全的责任”。2004 年 3 月，台湾“国安会”向日本政府提出，日本与台湾应实施包括“海上救难共同训练、军事演习、军事教育机关交流、反恐怖活动共同协议”等 4 项内容在内的“安全保障对话”。在台湾当局和日本右翼势力的推动下，日本政府也在积极考虑加强与台湾的安全合作问题，特别是将台海局势纳入其“周边事态”范围。

（张　宁）

六方会谈在曲折中走向深入　2004 年，中、朝、美、日、韩、俄等六方就朝核问题在北京共举行了两轮（第二、第三轮）会谈和 3 次工作组会议。从总体上看，通过这些活动，六方会谈在曲折中走向深入。

一、六方会谈取得了重要进展

2004 年，中、朝、美、日、韩、俄等六方通过两轮会谈和 3 次工作组会议，启动了实质问题的讨论，进一步明确了朝鲜半岛无核化目标，明确了通过对话和平解决朝核问题的方向，确定了采取协调一致步骤，按照“口头对口头”、“行动对行动”解决核问题及其他关切的原则。各方还提出了解决问题的方案和设想，并就尽早采取实现朝鲜半岛无核化目标的第一阶段措施达成原则共识。其中，6 月份在北京举行的第三轮六方会谈取得了五方面的成果：第一，各方都提出了解决问题的方案和设想。这些方案和设想的提出，是会谈启动一年多来各方努力积累的结果，也显示了各方推进和谈进程的积极政治意愿。朝方提出了“冻核换补偿”的具体方案；美国表示不反对在朝鲜“冻核”后其它各方给予朝鲜援助。这是朝核问题主要争议当

事方美国和朝鲜首次提出各自的比较具体的方案。中、俄、韩等国家也表示愿意在“冻核”之后给予朝鲜能源援助。第二，各方就弃核第一阶段达成共识。各方均认同实施核冻结并为此采取相应措施是弃核第一阶段。各方还同意授权工作组尽快召集会议，就核冻结的范围、期限、核查以及采取相应措施解决朝方关切等问题进行更具体的讨论。这将有助于今后深化实质性讨论，有利于切实推进无核化进程。第三，各方同意以循序渐进的方式，按照“口头对口头、行动对行动”的原则，寻求核问题的和平解决。这一共识进一步明确和完善了解决问题的途径和需要遵循的原则。第四，各方审议通过了工作组概念文件，确定了工作组的职责和运作方式。这有利于工作组今后更加有效、规范和务实地开展工作。第五，各方原则确定了第四轮六方会谈会期，发表了第二份《主席声明》，这标志着六方会谈进程将继续下去。上述成果，是有关各方共同努力的结果，让国际社会看到了解决半岛核危机的希望和曙光。

二、第四轮会谈未能按期举行

第三轮会谈虽然取得重要成果，但是，原定9月举行的第四轮会谈未能如期举行，六方会谈出现停滞状态。第四轮会谈未能如期举行，有政治方面的原因，也有客观方面的原因。从政治方面看，主要是作为朝核问题主要当事方的美国和朝鲜由于长期对峙，彼此之间缺乏信任，在朝核问题上的主张相距甚远，立场严重对立。这种对立在第三轮会谈中并没有消除，特别是美国的态度仍然十分强硬。第三轮会谈结束后，美国拒绝了朝鲜提出的“冻结换补偿”计划，继续要求朝鲜必须以“彻底的、可核查的和不可逆转的方式”弃核，并称在朝鲜放弃所有核计划之前，不会给予朝方任何补偿。同时，美国还提出了朝鲜必须公开其浓缩铀计划等方面的要求。朝方认为，美国的要求，违背了第三轮六方会谈中与会各方达成的“口头对口头”、“行动对行动”的原则，破坏了六方会谈的基础，因此予以拒绝。美国还提出以“利比亚模式”解决半岛核问题。朝鲜则重申美国必须放弃其对朝敌对政策。从客观方面看，8月初，韩国媒体报道了韩国少数科学家曾进行过秘密的铀浓缩活动。9月2日韩国科学技术部在紧急召开的记者招待会上承认：“韩国原子能研究所的科学家在2000年1月至2月间曾进行过铀浓缩实验，并提炼出0.2克浓缩铀。”韩国曾进行过秘密铀浓缩活动被暴光，使错综复杂的朝核问题增添变数。9月8日朝鲜警告说，韩国进行铀浓缩试验将会“加剧东北亚地区的核军备竞赛”，朝鲜还批评美国在核问题上对朝鲜和韩国实行“双重标准”。10月6日朝鲜外务省发言人表示，接连曝光的韩国秘密核试验问题使朝鲜半岛核问题变得更为复杂，今后旨在实现朝鲜半岛无核化的多边协商应从韩国的核问题开始讨论。美国分析人士认为，朝鲜希望以此为由，将六方会谈推迟到美国总统大选结束后召开，因为朝方认为如果民主党候选人克里当选，会使谈判变得相对容易。上述政治方面和客观方面的原因，导致原定9月举行的第四轮会谈未能如期举行，使六方会谈陷入停滞状态。

三、继续六方会谈的基础和条件依然存在

虽然六方会谈陷入停滞状态，但从总体上看，有关各方都表示坚持六方会谈的立场，继续六方会谈的基础和条件依然存在。12月2日，韩国总统卢武铉表示，国际社会应努力推动就朝鲜半岛核问题举行新一轮六方会谈，以通过和平的方式早日解决朝核问题。12月10日，朝鲜方面表示原则上同意继续参加六方会谈。12月21日，俄罗斯外交部副部长阿列克谢耶夫与美国驻俄大使弗什博表示，俄罗斯和美国都希望尽快恢复朝核问题六方会谈。12月27日，美国国务院说，美国希望尽早恢复举行有关朝鲜半岛核问题的六方会谈。在表示坚持六方会谈的同时，有关各方还为恢复六方会谈进行了双边和多边的沟通与磋商。从各方对于六方会谈的态度和做法看，恢复六方会谈仍然是可能的。但是，朝鲜半岛核问题的解决，依然道路漫漫，短时间内难以取得突破性进展。原因是：美朝积怨太深，立场对立，短时间难以化解；布什新内阁中的鹰派保守势力强化，美国对朝鲜的强硬政策将不会有实质性的改变；美国企图以“利比亚模式”解决朝核问题，朝鲜难以接受；美国在新的一年里将继续以主要精力进行全球反恐战争，解决伊拉克和巴以冲突问题，难以拿出更多精力处理朝核问题。至于新一轮六方会谈何时能举行，需要各方继续显示耐心、诚意和灵活。中方将继续为推动六方会谈进程做出不懈努力。

（邱　实）

韩国承认曾进行过浓缩铀试验　2004年9月2日，韩国政府公开承认，韩国科学家4年前曾在核能试验中分离出少量浓缩铀。这一出人意料的消息引起各方高度关注。

一、韩国核问题的由来

韩国政府2004年9月2日公布的消息称，2000年1月和2月，韩国原子能研究所采用激光浓缩法进行了核电燃料的国产化试验，试图提炼用于降低核能反应速度的物质，以提高核电站的运行质量。在试验过程中，研究人员在“好奇心”的驱使下，进行了浓缩铀试验，分离出了200毫克浓缩铀。韩国政府强调，韩国科学家提炼少量浓缩铀是“出于好奇”，并非有意所为。这并不能说明韩国当局有进行浓缩铀计划或者有核武器计划，而且韩国政府当时对此一无所知。此后，提炼浓缩铀的试验很快受到制止，所有和试验相关的设备都已拆除，再也没有进行过类似试验。

据悉，国际原子能机构早在1998年和2003年通过环境试样分析等就发现了韩国进行核物质试验的征兆，并先后两次向韩国政府作了通报。韩国政府于2004年2月批准了同国际原子能机构签署的“核安全措施附加议定书”。根据这项议定书，国际原子能机构的成员国即使分离少量浓缩铀也必须申报。因此，韩国政府于2004年8月17日向国际原子能机构书面申报了韩国科学家分离出少量浓缩铀的事实。国际原子能机构收到韩国的书面申报后，迅速向韩国派遣核查组，以确认其核物质试验的情况。在核查期间，韩国政府于9月2日正式公布韩国科学家分离浓缩铀的事实。2004年9月10日，韩国政府又承认了其科学家进行过提取钚的试验。韩国通讯社9月3日援引韩国官员的话说，韩国政府之所以事隔4年之后才向国际原子能机构通报这一情况，是因为政府也是最近才知道这个消息。

但是，韩国政府的解释并未消除人们的疑虑，一直以来，国际社会在推动朝鲜半岛的无核化过程中，只注意到朝鲜核问题，却没有料到韩国也在秘密进行核活动。据报道，韩国科学家早在1982年就提取了钚，2000年又分离出浓缩铀。韩国政府因“不知情”而未向国际原子能机构申报。但是，不论韩国提取的钚和浓缩铀有多少，其用途如何，不申报就意味着其核活动透明性存在问题。因此，在韩国政府承认其科学家进行过浓缩铀和提取钚的试验后，国际社会纷纷指责韩国政府在金属铀、钚原料、核物质数量和储存等方面存在申报不作为的问题，并对韩国进行核活动的企图提出质疑。国际原子能机构总干事巴拉迪也在国际原子能机构理事会会议上对韩国核问题表示“严重关切”。

面对国际社会的一片质疑声，韩国政府于2004年9月18日召开国家安全会议，专门讨论了国际原子能机构对韩国核物质试验进行核查问题和韩国政府的立场。在会议发表的“和平利用核能四项原则”中，韩国政府强调：“第一，韩国政府绝无开发或拥有核武器的计划，这一政策今后也不会有丝毫变化；第二，韩国政府将坚持核透明原则，继续加强国际合作，将诚实地遵守并履行包括国际原子能机构“安全保障协定”、“附加议定书”在内的有关核问题的国际协议，并将严格遵守韩国政府在双边协议中有关核问题的承诺；第三，韩国政府将严格遵守《不扩散核武器条约》、《朝鲜半岛无核化宣言》等核不扩散规定，采取旨在加强核控制的内部措施，并积极主动参与国际社会在防扩散方面的努力；第四，韩国政府将以本次事件为契机，在争取获得国际社会更多信任和提高透明性的同时，确保核能的稳定性，扩大对核能的和平利用。会后，韩国统一部长官郑东泳、外交通商部长官潘基文和科学技术部长官吴明在政府大厦举行联合记者招待会，郑东泳在记者招待会上表示，韩国政府将对国际原子能机构的核查提供积极合作，同时希望国际原子能机构和国际社会就此进行公正的处理。潘基文重申韩国没有核武计划，表示并将继续遵守有关核不扩散的国际规范，重新赢得国际社会的信赖。吴明称，韩国认为其浓缩铀的浓度只有10%左右，没有达到国际原子能机构所说的70%至80%。与此同时，韩国政府还决定制定《原子能控制法》，从法律上禁止政府机构、所有团体和个人从事开发核武器的活动及支持开发核武器的行为。

二、国际原子能机构的核查结论

韩国核问题发生后，立即引起国际社会的高度关注。国际原子能机构先后派出3个核查小组对韩国的核设施及活动情况进行核查，并以这三次核查的情况为基础，于2004年11月12日草拟了“韩国核问题报告”。这份报告指出，韩国过去先后进行过3次核物质试验，即2000年的激光铀浓缩试验、1982年提取钚的试验、1979年至1981年的核物质化学浓缩试验，全都没有向国际原子能机构申报。另外，国际原子能机构认为，韩国过去还“漏报”4项内容：2000年进行激光同位素分离铀浓缩试验时使用的核物质及其产物；1980年进行铀转化试验时生产、储藏、使用的天然金属铀；1982年进行钚分离试验时的核燃料棒及溶解核燃料棒所用的溶液、试验废弃物的产生与转移；1979年进行化学浓缩试验时用于试验的天然铀等。国际原子能机构在报告中还披露，韩国在1982年分离出的钚239浓度高达98%，达到武器级水准；2000年得到的浓缩铀虽然平均浓度只有10.2%，但是其中一小部分浓度也非常接近武器级标准。

2004年11月25日召开国际原子能机构理事会，对“韩国核问题报告”进行了审议。审议结束后，国际原子能机构理事会决定不将韩国核问题提交联合国安理会讨论，并发表了主席声明。主席声明称，国际原子能机构理事会与国际原子能机构总干事巴拉迪同“韩国核问题报告”中所阐述的韩国核活动性质的看法一致，韩国未按照其与国际原子能机构达成的“安全保障协定”规定的义务，及时向该机构做出申报，属于“严重关切的事项”。但是在韩国核活动中所涉及的核材料数量不大，至今没有迹象表明未申报的核物质实验仍在继续。主席声明还说，国际原子能机构理事会欢迎韩国采取的纠正行动，并鼓励韩国政府积极同国际原子能机构进行合作，严格履行国际原子能机构的“安全保障协定”及其“附加议定书”。

三、几点分析

尽管国际原子能机构通过核查后认为，韩国核活动涉及的数量非常有限，而且其采用的“激光浓缩”技术也不具备进行大规模浓缩铀活动的能力，但是，从此次发生的韩国核问题之中，我们还是可以得出以下几点结论。

（一）韩国具备了制造军用核材料的能力。韩国是核能较为发达的国家，已建成的核电站有29座，有一大批核专家和先进的核技术积累。20世纪70年代，韩国政府就曾制定过核武器研发的秘密计划，完成了核炸弹基本结构设计，并着手从国外引进后处理技术，试图从核废料中提取钚。后因核计划泄露并受到国际社会的强大压力而作罢。此次国际原子能机构对韩国核活动的核查证实，韩国曾进行了钚提取试验和激光同位素分离试验，并获得了少量的钚和高浓缩铀。根据韩国目前的核能力，假以时日是可以生产出武器级核材料的，可以说韩国从技术上已具备了制造军用核材料的能力。

（二）韩国核问题再次暴露出了国际防扩散体制存在的漏洞。回顾近几年来不断暴露出的朝鲜核问题、伊朗核问题、利比亚的大规模杀伤性武器等问题，可以说韩国核问题的发生再次显露出当前国际防扩散体制在防止无核武器国家获取核材料和进行核研发方面确实存在着漏洞。如何在尊重和保障无核武器国家和平利用核能的权利的同时，防止一些国家在和平利用核能的幌子下秘密进行非法核活动将是未来国际防扩散体制需要重点解决的问题之一。

（三）美国的防扩散政策存在“双重标准”。韩国核问题被披露后，美国表示支持韩国政府的说法，称韩国核物质试验是核能研究试验，是部分科学家的行为。而且美国在国际原子能机构理事会召开前决定反对将韩国核问题提交联合国安理会。这种态度与其对伊朗核问题的态度大相径庭。从伊朗核问题暴露以来，美国就一直坚称伊朗有秘密的核武器计划，要将伊朗核问题提交联合国安理会，甚至威胁要对伊朗采取军事行动。美国在防扩散政策上的“双重标准”，源自于其对自身利益的判断而非事实本身。美国认为伊朗是“无赖国家”，威胁美国的国家安全和利益，而韩国则是美国的盟国，不会对美国的国家安全构成威胁。因此，美国的“双重标准”必将给现有的国际防扩散机制带来严重隐患。

（王宜胜）

日本制定新的《防卫计划大纲》 2004年12月10日，日本政府通过了确定未来十年日本安全保障和国防建设走向的新《防卫计划大纲》及2005至2009年度《中期防卫力量整备计划》。与以前20年修改一次“大纲”相比，此次不仅修改间隔缩短一倍，而且修改力度远远超过以往。“新大纲”提出日本安全战略两大目标，重新明确防范对象，改变自卫队建设方向，进一步加强日美同盟，把“国际和平合作”作为自卫队的基本任务。这表明，日本防卫政策将再次出现重大调整，军事战略正加紧由“本土防御”型向“海外干预”型转变。

一、彻底突破“专守防卫”原则，军事战略正由“被动的本土防御”型向“主动先制和海外干预”型转变

“新大纲”提出了日本安全战略的两大目标：“防止威胁直接波及日本”和“改善国际安全环境，以防威胁波及日本”，即除了确保日本本土安全外，还要通过参与国际安全合作，遏制潜在威胁，创造有利于日本的外部安全环境。提出实现这两大目标的三种途径：日本自身的努力、与盟国的合作以及与国际社会的合作，即通过日本自身的努力、与美国及与国际社会的合作，努力降低在世界各地区的威胁发生率，使日本及在海外的日本人和日本企业不遭受威胁。“新大纲”提出的安全战略目标，将日本安全战略的内涵由国内安全拓展到国际安全，日本的安全利益已经不仅仅满足于确保本土的安全，而且还要通过日本军事力量积极参与国际安全事务，努力预防或消除威胁，把威胁的苗头扼杀在萌芽之中，从而建立有利于日本的外部安全环境。这明显突破了只限于本土防卫的“专守防卫”原则，从根本上改变了“专守防卫”的“被动防御性质”，而转向具有预先遏制性质的“主动先制和海外干预”战略。

日本二战后制定的和平宪法第九条明文规定，日本“永远放弃作为国家主权发动的战争、武力威胁或使用武力作为解决国际争端的手段。为达到前项目的，不保持陆海空军及其他战争力量，不承认国家的交战

权。”冷战结束后，日本将制定和修改法律与调整军事战略交织在一起，不断蚕食和平宪法。经过10余年的不懈努力，日本已经为其军事发展构建起比较完善的法律保障体系。2004年4月，自民党宪法调查会又确定了宪法第九条的修改案，明文规定日本可行使集体自卫权。继3月日本政府通过“有事法制”相关七法案后，5月和6月日本国会众参议两院又分别予以通过。根据这些法案，日本政府在紧急状况下有权直接向国内部署自卫队，采取必要的军事行动。这七项法案是日本为完善2003年6月制定的“有事法制”相关三法案的重要补充。这些法律成立后，意味着日本的战争立法已经完备，为日本调整“专守防卫”战略进一步奠定了法律基础。

二、强调“新型威胁”，把矛头指向中朝

“新大纲”在“日本周边安全保障环境”一章中称，冷战后，远东俄罗斯的军事威胁大幅减小，日本的安全环境面临着大规模杀伤性武器和弹道导弹扩散及国际恐怖组织活动等“新型威胁和多种事态”，强调日本周边安全中存在着朝鲜半岛和台湾海峡等不确定要素，把中朝视为其周边最大的潜在威胁。与前两次大纲强调“北方威胁”和“多元威胁”相比，显得锋芒毕露，咄咄逼人。值得注意的是，“新大纲”除提到朝鲜的大规模杀伤性武器和弹道导弹等威胁外，特别指出应“关注”中国的核武器、导弹、海空军现代化建设及海洋活动扩大等军事动向，声称“将对潜入日本领海的外国潜艇采取适当措施”，妄指中国有意扩大在海上的活动范围。日本在《防卫计划大纲》中明确指出中国军事力量威胁、变相提出“中国威胁论”尚属首次。

日本是“中国威胁论”的始作俑者。近年来，随着我综合国力的增强，日本对我防范和戒备加重，积极追随美国加紧对我国实施遏制。日本不仅从政治上阻挠我台湾问题的解决，而且与美国一起企图将台湾拉入准军事同盟，使我台湾问题的解决面临更大的困难。日本防卫厅还根据首相的指示就台海危机研究了对策，并得出如下结论：中美在台湾近海发生冲突时，日自卫队将对美军提供后勤支援。日本共同社还披露了防卫厅内部关于“西南诸岛有事”的对策方针。该方针以阻击他国对“西南诸岛”的“入侵”为假定，并把我钓鱼岛纳入其防御作战计划。这是日本自卫队自建立以来，在其西南部最大规模的兵力部署、运用计划。日本在新《防卫计划大纲》中首次“点名”关注中国，明确强化西南方向的兵力部署，是确保对华“抑制力”的重大步骤。

三、调整自卫队建设方针，提高快速反应能力

“新大纲”强调将继承“基础防卫力量构想”的有效部分，建设一支“多机能而灵活有效”的防卫力量。“中期计划”则按照“新大纲”精神提出了自卫队今后建设的基本方针：为有效应对“新型威胁和多种事态”，同时积极主动地参与旨在改善国际安全环境的国际和平合作活动，将在确保用以防备正规侵略的基础力量的同时，有效发展快速、机动、灵活和多目的且以高技术力量和情报为支柱的“多机能而灵活有效”的防卫力量。可见，根据威胁判断和扩展了的安全战略目标，日本将对自卫队的建设方针和发展方向进行调整。

20世纪90年代中期，日本提出的军队建设目标是“合理、高效、精干”。为此，日本每年投入世界第二的高额军费，大量采购高精尖武器装备，重点加强海上和航空自卫队的建设。通过近十年的努力，日本将自卫队打造成了世界一流的军队，军事力量实现了“跨越式”的发展。在此基础上，“新大纲”确定了今后自卫队的建设重点：一是加强自卫队的联合运用。在组织体制、教育训练和情报通信等各领域建立联合运用基础，如将成立联合参谋机构，情报本部由防卫厅长官直接领导，成立“中央快速反应集团”，对快速反应机动部队实施一体化管理等。为提高自卫队的快速反应能力，日本将于2006年底组建完成4800人规模的“中央快速反应集团”。该“集团”由防卫厅长官直接领导。陆上自卫队即将成立的由1100人组成的快速反应部队也归属于该集团。二是提高情报搜集、分析、评估和共享能力。日本将加强情报搜集活动，通过培养情报人才，进一步提高情报本部的战略情报分析能力。同时，建立可防范电脑战攻击、有高度安全系统保护的大容量、高速、宽带的情报通信网络，使有关部队能及时共享情报。“新大纲”还再次强调质量建军思想，指出防卫力量的发展不是依靠扩大规模，而重在提高人员、装备及运用的效率和合理性。“新大纲”在附表中规定，陆上自卫队员额将由原大纲规定的16万人减少到15.5万人，但实际上现役员额反而增加了3000人，由14.5万人增加到14.8万人，而快速反应预备役减少了8000人，由1.5万人减为7000人。增加现役员额减少预备役的目的，是为了增强紧急情况下自卫队的快速反应能力。坦克由900辆减少到600辆，作战飞机减少70架，驱逐舰减少7艘，但主要是淘汰如74式坦克、F-1战斗机等老式装备，而

发展新式战斗机、空中加油机，预警机、“宙斯盾”驱逐舰等远程、大型和高性能武器装备。值得注意的是，在三军中信息化程度最高的海上自卫队的裁减幅度是最小的，而弹道导弹防御系统以及防卫厅新组建的信息化部队不仅不在裁减之列，还是未来重点发展的对象。可见，所谓大规模裁减军备，实际是防卫厅通过“削枝强干”，进一步推动自卫队新军事变革、加快信息化步伐的重要举措。

四、发展导弹防御系统，突破武器出口三原则

“新大纲”明确指出，对于弹道导弹威胁，将通过发展弹道导弹防御系统来应对，并以此辅助美国的核遏制力量应对核武器的威胁。“新大纲”在附表中新设了弹道导弹防御系统相关装备和部队的项目，确定在日本海上自卫队 4 艘“宙斯盾”驱逐舰上部署“海基高层弹道导弹防御系统”，在防空导弹的 3 个高射群部署以“爱国者”PAC-3 型为主体的“陆基低层弹道导弹防御系统”。日本执意发展导弹防御系统，目的是在“无核三原则”的条件下提高日本军事力量的威慑能力，同时作为弥补美国核威慑力的一种手段，明在针对朝鲜的弹道导弹，暗在与中国的导弹抗衡。

日本政府 2003 年 12 月决定引进美国的导弹防御系统，并将于 2007 年初步建成。据报道，日本下一个五年防卫力量发展计划总投入 242400 亿日元中的 5700 亿日元将用于部署导弹防御系统。据称，日本部署导弹防御系统将共耗资 1 万亿日元。虽然“新大纲”没有明文写入要修改武器出口三原则，但官房长官明确表示，美日就导弹防御系统共同开发和生产的武器装备将不受武器出口三原则的限制。除此以外，由美日共同开发和生产的武器装备以及与支持反恐和打击海盗等国际合作有关的武器出口，将“按个别情况进行个别研究而决定”。这表明，实行了 38 年的日本武器出口三原则已经出现松动。

五、加强日美军事同盟，打造联合干预国际安全事务平台

日本曾在 1976 年和 1995 年两次出台过《防卫计划大纲》。其中，“76 年大纲”是在美苏对立背景下制定的，主要是如何防止苏联侵略日本；“95 年大纲”是在冷战后背景下制定的，主要体现日本加强日美同盟，标志着冷战后日美同盟开始进行第一次调整；“新大纲”是根据“9·11”事件后国际和周边安全环境制定的，标志着冷战后日美同盟开始进行第二次调整。“新大纲”明确指出，日美安保体制是确保日安全不可或缺的因素，美国的军事存在是维护亚太地区和平与稳定不可或缺的因素。强调将把加强日美军事同盟视为日本军事发展的最佳途径，把与美国联手作为“保卫日本”和“开展国际和平合作”两大安全战略目标的主要手段。为此，要进一步提高日美两国对新安全形势下战略目标的共识，加强情报交流，加强日美在周边事态中的合作以及在弹道导弹防御系统中的合作，强化日美体制。可见，日美同盟关系已经由以日本基地换取美国保护的模式，转变为日美联合干预亚太安全事务的工具和平台。

值得注意的是，此次日本防卫政策的重大调整与美国推行的全球战略取向是一致的。“新大纲”无论是在威胁判断还是建军思路上，均体现出日本追随和配合美国全球战略调整的意图。在新防卫大纲中明确地写道：日本要致力于“从中东至东亚地区”的稳定。而这一地区范围恰恰与美国提出的“不稳定弧形地带”相吻合。

六、突出所谓“国际和平合作”，海外派兵将经常化、制度化

“新大纲”赋予日本自卫队三重任务：有效应对新型威胁及多种事态，包括弹道导弹攻击、游击队及特种部队的攻击、军事入侵岛屿、侵犯领空及领海、大规模灾害等；防止侵略日本；积极开展国际和平合作活动。与 1995 年的《防卫计划大纲》相比，一是增加了第一项“应对新型威胁及多种事态”的任务，且置于优先于“防止侵略日本”的首位；二是把“国际和平合作”由原来的置于“抗震救灾”之后的附属任务，提升为自卫队的基本任务，且由原来的“为国际和平做贡献”改为“国际和平合作”。“新大纲”强调，仅仅为“国际和平做贡献”还远远不够，日本自卫队要主动、积极开展“国际和平合作”活动，也就是说，在正规入侵日本的可能性很小的当今形势下，日本自卫队的主要任务是，应对“新型威胁”和全面参与国际和平合作。日本今后向海外派兵无需再经国会审议，防卫厅长官有权直接下达派遣命令，海外派兵将作为自卫队的基本任务而经常化、制度化，同时也为日本今后制定永久派兵法铺平了道路。日本 2004 年《防卫白皮书》也强调，日本的防卫政策重点正在发生转移，要从“存在”转向国际上积极发挥“作用”，并主张将参与“国际活动”作为自卫队的基本任务。

在冷战时期，日本军事战略的基点是“本土防御”，而 1992 年通过的“海外派兵法”成为军事战略调整的一个分水岭。1991 年，日本自卫队打着帮助联合国维和的旗号，将其扫雷艇开进海湾，首次走出国

门。其后，日本以同样名义，将部队多次派往世界各地。2003 年 12 月，日本政府正式批准了向伊拉克派遣自卫队的基本计划。2004 年 2 月 3 日，日本向伊拉克派遣的陆上自卫队本队第一批 90 名队员从千岁基地出发，前往科威特，然后进入伊拉克。从 2 月下旬起，其余约 440 名自卫队队员分批出发，日本向伊拉克派兵正式进入实施阶段。这是日本自卫队首次开赴战争地区，标志着日本安全观的重大转变。6 月，日本内阁会议通过了派遣自卫队参加根据联合国第 1546 号决议成立的伊拉克多国部队的计划。随着日本安全战略的重大调整，日本自卫队今后将更加积极地走出国门开往海外，自卫队的职能也将随之发生实质性的变化。

日本的安全政策出现了重大调整，其宗旨是为了提高军事力量的战斗力，调整日本的防卫态势，同时提升军事力量在日本安全战略中的地位和作用，扩大日本在国际安全事务中的发言权，为实现其"普通大国"、"政治大国"的目标增添筹码。

（薛　丰）

菲律宾政府继续清剿反政府武装 2004 年，菲律宾政府在美国帮助下，继续清剿国内三支较大规模的反政府武装（阿布沙耶夫、新人民军和摩洛伊斯兰解放阵线），取得了较大战果。同时，积极与反政府武装举行和谈，并达成了一些协议。

一、加大对反政府武装清剿力度

针对反政府武装不断实施袭扰和爆炸等恐怖活动，菲政府加大清剿力度，取得较大战果。

（一）清剿新人民军。菲律宾新人民军成立于 1969 年 3 月，一直试图推翻菲律宾政府，拥有兵力近 9000 人。"9·11"事件后，新人民军被美国和欧盟等列为恐怖组织。多年来，菲政府与新人民军的武装冲突不止。2004 年，新人民军多次袭击菲政府军警。2 月 14 日和 15 日，新人民军分别在菲南部和中部地区袭击了政府军警部队，造成 5 名军警伤亡，新人民军也有 2 人死亡；2 月 16 日，新人民军在北部马斯巴特省米拉格罗斯镇袭击了菲政府一支警察部队，造成 9 名警察死亡、3 名警察受伤，新人民军也有 1 人被打死；6 月 19 日，约 20 名新人民军扮成政府军士兵，对南部南阿古桑省巴尤甘镇警察局发动突袭，打死、打伤各 2 人，抢走 6 件武器，新人民军也有 2 人死亡。

针对上述情况，菲政府军也加强了对新人民军的清剿。2 月 24 日，菲政府军分别在北部奎松省和中部卡皮斯省袭击了新人民军，共造成 5 人死亡，其中包括 1 名政府军士兵和 4 名新人民军；8 月 5 日，菲陆军部队在南部南阿古桑省一个村镇对新人民军一个营地发动攻击，12 名新人民军成员和 5 名政府军士兵死亡，另有 13 人受伤；8 月 16 日，菲政府军在北部新怡诗夏省加巴尔顿和圣罗萨镇采取行动，逮捕了新人民军 4 名高级领导人；9 月 22 日，菲政府军在南部棉兰老岛孔波斯特拉山谷对新人民军发动攻击，击毙至少 9 人。据菲政府军统计，由于遭到政府军的打击，到 2004 年底新人民军兵力已由 8892 人减为 8240 人。

此外，为使新人民军释放 3 月初在北部比科尔地区南甘马省俘虏的 2 名政府军士兵，菲政府被迫同意新人民军的要求，于 8 月 12 日命令军队停止在该地区的军事行动，并于 15 日撤出了该地区两个省份的驻军。新人民军于 18 日释放了这 2 名士兵。12 月底，菲政府提出在圣诞节和新年期间停火的建议，新人民军表示接受。

（二）清剿阿布沙耶夫武装。阿布沙耶夫武装主要盘踞在菲南部的巴西兰岛和霍洛岛。美国和菲律宾政府认定该组织与本·拉登领导的"基地"组织有联系，涉嫌制造多起爆炸和绑架事件，将其列入恐怖组织名单。截至 2003 年底，在菲政府军连续打击下，该组织的实力已由 1000 余人减至近 500 人。2004 年，阿布沙耶夫武装仍不断进行恐怖破坏活动，特别是 2 月 27 日在马尼拉湾科雷希多岛附近海域制造了"超级客轮 14"爆炸案，导致 100 多人死亡。对此，菲政府军警先后 6 次对阿布沙耶夫武装采取军事行动。

第一次：2 月底至 3 月初，菲政府军警经调查发现制造客轮爆炸事件的有 6 名阿布沙耶夫组织成员，并迅速采取抓捕行动，但只抓住其中 2 人，他们涉嫌在爆炸事件中放置炸弹；另外 4 人仍然在逃，其中包括爆炸事件幕后主使、阿布沙耶夫头目哈达菲·詹贾拉尼及阿布·索利曼。菲总统阿罗约说，这 6 人还涉嫌参与了 2001 年 5 月在菲西部巴拉望省绑架美国传教士伯纳姆夫妇及另外 1 名美国人质索韦罗，其中 1 人还涉嫌处死索韦罗。

第二次：3 月 30 日和 31 日，菲警方先后在马尼拉抓捕 6 名阿布沙耶夫成员，缴获 36 公斤炸药，其中 1 人身上带有枪支，被怀疑与 2000 年马来西亚西巴丹岛发生的劫持 20 多名人质案有关。据报道，阿布沙耶夫武装加强在首都地区的行动，准备在马尼拉的轻轨列车、公共汽车站和商场等人员集中的地方制造爆炸事件。对此，菲总统阿罗约和国防部长埃尔米塔认为马尼拉有可能成为阿布沙耶夫武装的新集结地，命令军警加强对马尼拉的安全警戒，全力阻止阿布沙耶夫将其活动从南部棉兰老岛转移到马尼拉。同时，加大反恐宣传力度，使公众更多地了解政府的反恐行动，共同面对恐怖威胁。埃尔米塔称，只要阿布沙耶夫头目哈达菲·詹贾拉尼未被抓获，菲政府就必须对恐怖袭击保持高度警惕。

第三次：4月8日，菲政府军在南部巴西兰省省会伊莎贝拉对阿布沙耶夫武装实施清剿作战，击毙6人，其中包括阿布沙耶夫武装的重要头目阿姆什拉吉·萨里，政府军也有4人受伤。据悉，萨里是美国政府悬赏500万美元缉拿的5名阿布沙耶夫头目之一，这些阿布沙耶夫头目都涉嫌2001年在菲西部巴拉望省度假胜地绑架20名人质，其中包括3名美国人质。

第四次：4月28日至5月1日，菲政府军警在马尼拉抓捕了5名阿布沙耶夫武装成员，缴获了一些枪支、弹药和炸药原料，其中包括1枚用80毫米迫击炮弹改制的炸弹以及1部改装成引爆器的手机。

第五次：5月3日，菲政府军在南部城市三宝颜抓捕1名涉嫌为阿布沙耶夫筹集经费的男子。据称他专门负责从“基地”组织筹措资金，用于在菲国内制造恐怖爆炸事件。此人名叫蒙杜斯，现年40岁，是菲律宾人，被捕前因涉嫌参与菲南部基达帕万市和桑托斯将军城的两起爆炸案而遭通缉。他曾在沙特阿拉伯学习阿拉伯语，长期为阿布沙耶夫创始人阿卜杜拉贾克·詹贾拉尼工作，先后将从“基地”组织筹集到的8.9万美元转交给阿布沙耶夫头目哈达菲·詹贾拉尼。

第六次：5月19日，菲政府军在三宝颜展开突袭行动，抓获被怀疑是阿布沙耶夫武装头目的利哈尔及其保镖，并从他们藏匿地点缴获了一些武器。菲政府军发言人卢塞罗中校说，利哈尔负责向巴西兰岛的阿布沙耶夫武装分子提供枪支、弹药和食品，他可能与多起绑架外国人质案有关，涉嫌在2001年从菲西部巴拉望岛附近绑架一些菲律宾人和3名外国人，并因涉嫌在20世纪90年代在三宝颜附近劫持2名比利时游客及1名英国女孩而遭到长期通缉。

据菲总统府公布的报告称，在菲政府军打击下，阿布沙耶夫武装的人数已由2003年底的479人减为2004年底的425人；武器数量也由398件减为378件。

（三）清剿摩洛伊斯兰解放阵线（简称“摩伊”）。“摩伊”成立于1978年，拥有成员约1.21万人，是菲国内最大的反政府武装，其宗旨是在菲南部建立一个独立的伊斯兰政权。2004年，菲政府军多次对“摩伊”实施清剿，使其人数减至1.11万人，武器数量也由8757件减为8166件。10月初，菲政府军还在马尼拉逮捕了2名“摩伊”成员及1名女同伙，他们涉嫌在9月23日策划使用手机引爆爆炸装置炸掉美国驻菲使馆，并涉嫌制造了2003年3月菲南部城市达沃的爆炸案。经审讯，首犯阿布杜尔·门当承认对达沃国际机场和塔古姆市政厅爆炸案负责。门当供称，这些爆炸案是东南亚恐怖组织“伊斯兰团”下令制造的，他于1995年在菲南部南拉瑙省“摩伊”的一个营地接受了“伊斯兰团”的爆炸培训，是首批接受培训的“摩伊”成员之一，也是“伊斯兰团”在菲的联系人和达沃恐怖组织的头目。

此外，针对新人民军和阿布沙耶夫武装有可能于5月10日菲全国大选前后在马尼拉等地制造爆炸事件，菲政府军警加强了大选安全警戒：一是加强选举期间携枪禁令实施的监督力度，没收了1000多件枪械，逮捕了1306名违反携枪禁令的人员；二是将全国500多个市镇列为重点警戒地区，特别增派了3000名军警加强首都马尼拉的防范；三是向全国各选区派遣了7500名预备役人员、约8万名警察为大选提供安全保障。据菲政府军情报部门2005年1月17日发布的报告称，截至2004年底，经过菲政府军警的清剿，三支反政府武装的总兵力由21471人减为19765人，减少了1706人，对政府的威胁明显减弱。

二、积极与反政府武装举行和谈

菲政府在实施清剿作战的同时，还积极与反政府武装举行和谈，并取得了一定的进展。

（一）与新人民军举行和谈。2001年6月，菲政府因2名国会议员遭新人民军暗杀，中断了与新人民军的政治组织全国民主阵线持续多年的和谈。2003年底，菲总统阿罗约表示，政府愿与全国民主阵线恢复和谈。2004年，在挪威政府斡旋下，双方举行了三轮和谈。

第一轮和谈于2月10日至14日在挪威首都奥斯陆举行，这是双方和谈中断两年后的首次谈判，并在一些问题上达成一致：要求挪威政府采取行动，促使美国和欧盟将新人民军以及菲律宾共产党从恐怖组织名单上除名；加紧成立一个联合委员会，以便尽快制定出在菲进行政治和经济改革的计划；为实施政治和经济改革计划需对菲宪法进行修改。菲政府谈判代表西尔韦斯特雷·贝洛说，谈判取得了“明显的进展”。全国民主阵线谈判代表路易斯·贾兰多尼也称，双方在谈判中涉及了几乎所有的关键性问题，并同意加快谈判进程。

第二轮和谈于3月30日至4月2日在奥斯陆举行，主要目的是寻求实现持久和解的途径。据双方参加和谈的代表向当地媒体透露，此次和谈有两个议题：一是如何促使美国将菲律宾共产党以及新人民军从恐怖组织名单上除名。第一轮和谈就此问题达成协议以后，双方在这个问题上再次发生分歧。菲政府方面表示，将菲共及新人民军列为恐怖组织是美国等西方国家作出的决定，菲政府并没有参与此事。菲政府谈判代表西尔维斯特雷·贝洛称，由于双方表现出了相互尊重和继续举行对话的意愿，这一问题没有成为和平进程的障碍。全国民主阵线代表路易斯·贾兰多尼指责美国是菲实现公正和持久和平的最大障碍。他说，如果美国不把菲共及新人民军列为恐怖组织，菲和平进程成功的可能性要大得多。二是如何实施菲政府提出的社会和经济改革计划。贝洛希望此次和谈能在这个问题上有较大的进展，以便使双方在下一轮和谈中能就此达成一致。他还希望双方能在半年内达成一项和解协议。谈判结束时，双方宣布就释放32名被政府关押的政治犯问题达成协议，从而为继续进行和谈铺平了道路。根据协议，菲政府于4月5日释放了在押的32名政治犯。政府方面还同意考虑释放另外300名政治犯的可能性。全国民主阵线谈判代表路易斯·贾兰多尼称，只有释放了政治犯，双方和谈才能得以继续举行。

第三轮和谈于6月23日至25日在奥斯陆举行。菲政府谈判代表西尔韦斯特雷·贝洛和全国民主阵线代表路易斯·贾兰多尼在会谈结束后举行的联合记者招待会上说，此次谈判议题主要集中在争取让美国和欧盟不把菲共及新人民军列为恐怖组织、释放政治犯以及对前总统马科斯统治时期的受害者提供赔偿等问题上，但未能达成一致。双方商定8月24日至30日在奥斯陆举行第四轮和谈。

然而，全国民主阵线首席谈判代表路易斯·贾兰多尼8月11日要求推迟第四轮和谈，并要求菲政府在新一轮和谈之前就敦促美国等西方国家将菲共和新人民军从恐怖组织名单上除名问题明确表态，因为美国仍称新人民军等是恐怖组织。对此，菲政府谈判代表贝洛表示，“全国民主阵线把美国和欧盟将新人民军等列为恐怖组织一事当成与政府和谈的障碍，令人遗憾。菲政府不能干涉其他国家的外交政策，即使这种外交政策涉及到本国派别。”贝洛还提醒全国民主阵线，只有参加和谈，才能向全世界表明其寻求和平而不是恐怖主义的诚意。8月20日，菲总统阿罗约发表声明说，菲政府将全力推动与新人民军实现和平的努力，以结束新人民军长达35年的武装行动。阿罗约强调，菲律宾人民期盼和平，菲政府准备采取进一步行动与反政府武装达成和平协议。谈判各方最重要的是听取人民的呼声，不要受外界因素的干扰，并在法治前提下实现长期、公正和全面的和平。菲政府正在努力改善国内经济状况，建立未来新的政治环境，此时菲律宾人民最需要的是和平。只要各方通过有原则性的政治活动而非武装冲突来参与政治，不同信仰和意识形态的派别在菲律宾这个民主社会都会有一席之地。2005年1月2日，菲政府负责与新人民军等反政府武装谈判的首席代表贝洛表示，2005年政府有望与新人民军实现和平。贝洛称，2005年上半年政府将与新人民军恢复和平谈判，菲政府愿意在菲律宾共和国宪法允许的框架内与新人民军实现和平，并愿意寻找双方可以接受的“中间地带”作为实现和平的条件。他认为，双方有望首先实现永久停火。

（二）与“摩伊”举行和谈

2004年2月，经马来西亚斡旋，菲政府与“摩伊”在马首都吉隆坡举行了“试探性和谈”。马总理巴达维称，促进菲律宾和平进程是马来西亚的愿望，马一直在推动菲政府与“摩伊”之间的和谈。但随后，“摩伊”提出了与政府举行正式和谈的两个条件：一是政府军撤出2003年初攻占的南部北哥打巴托省“摩伊”的一个主要营地；二是菲政府撤销对“摩伊”成员的指控。对此，菲政府均予以答应。2004年7月，菲政府军从攻占的北哥打巴托省“摩伊”营地撤离。8月26日，菲政府撤销了对“摩伊”涉嫌制造2003年达沃市两起爆炸案的指控。菲政府军发言人卢塞罗当天发表声明说，由于缺乏证据以及考虑到政府与“摩伊”和谈的首要性，菲司法部撤销了对涉嫌制造这两起爆炸案的“摩伊”成员的指控，其中包括“摩伊”前主席萨拉马特、现任主席穆拉德、“摩伊”与政府和谈首席代表米德蒂姆邦及发言人卡巴卢等。针对2005年1月8日至10日菲政府军与“摩伊”在马京达瑙省发生严重冲突，菲政府与“摩伊”都认为不会影响和谈进程，表示双方愿意继续进行和谈。菲媒体认为，菲政府与“摩伊”的正式和谈有望于2005年2月在马来西亚举行。

三、寻求美国的帮助

为提高打击反政府武装的能力，菲政府积极寻求美国的帮助。除根据菲美协议，美继续在菲部署部队并帮助菲政府军训练外，菲政府还在以下两个方面寻求美国的帮助：

（一）争取美提供更多的军事援助。菲总统阿罗约3月5日说，美对菲的军事援助已达4亿美元，用于帮助提高菲政府军的作战能力和实现军队现代化，目前菲已成为东南亚获得美国军援最多的国家和世界第四大美国军援受益国；10月20日又称，今后6年内，菲还将从美国得到7143万美元的援助，主要用于国防改革和军队建设。菲国防部长埃尔米塔7月7日说，非将在今后 18 个月内从美国购买 50 架军用直升机和零部件，以加强打击叛乱分子和恐怖组织的能力，其中 30 架将在 2005 年 4 月前交货。非外交部 12 月 27 日公布报告称，2004 年，非从美得到了 916.8 万美元的军事援助，是亚洲国家中获得美国军事援助最多的国家。2005 年，美除将继续向非提供常项军事援助外，还将为非军队提供部分武器装备。美国国会已经批准 2005 年向非提供 350 万美元的额外反恐军事和安全援助资金。

（二）与美举行联合演习，提高非军反恐作战能力。2004 年，非先后与美举行了 3 次以反恐作战为背景的联合演习。第一次演习：2 月 23 日至 3 月 7 日，非与美在非北部吕宋岛、巴坦岛和西部巴拉望岛等地举行了“肩并肩 2004”联合军事演习，约 2600 名美军和 2300 名非军参演。演习分三个阶段进行，内容包括战地指挥所演习、交叉训练、战场演练、人道主义救援和民事救援。非总统阿罗约和武装部队总参谋长纳西索·阿瓦亚等出席了在非西部军区司令部举行的演习开幕式。纳西索称，“这次演习主要是为了提高非美两国部队的协同作战能力，以应对两国共同面临的挑战。在亚太地区，只有进行国际合作才能有效应对恐怖主义活动的威胁。”第二次演习：7 月 26 日至 8 月 15 日，非美在非南部棉兰老岛举行了联合反恐演练，有 20 多名美军和约 200 名非陆军及海军陆战队参加。第三次演习：7 月 27 日至 8 月 2 日，非美海军在非北部苏比克港举行了代号为“2004 海上作战”演练，着重提高协同作战能力。参加演练的有美海军 1400 人和 5 艘战舰（包括导弹驱逐舰、登陆舰、救援与海上打捞舰等），非海军 1100 人和 5 艘船只。

此外，非政府还多次表示继续加强与美国的反恐合作。为营救在伊拉克被绑架的菲律宾人质，非政府被迫于 7 月从伊撤军，引起美国强烈不满。为此，非政府 8 月 24 日表示，尽管非美在从伊拉克撤军问题上存在分歧，但非仍将寻求加强与美国的反恐合作。非新任外交部长罗慕洛也称，非与美在全球反恐行动中的战略同盟关系对非国家安全极为重要。“9·11”恐怖袭击事件以后，非总统阿罗约表示支持美国的全球反恐行动，这更加巩固了非美之间的关系。非现在仍继续履行其反恐承诺。罗慕洛重申，美国、中国和日本对东亚地区安全形势和经济发展具有决定性的作用，这是非制定外交政策必须考虑的。10 月中旬，非总统阿罗约表示，伊拉克人质事件导致非人道主义救援队提前撤离伊拉克，使得非与美的关系出现磨擦，但这一事件引起的争议逐渐平息，非美战略伙伴关系更加成熟。非与美进行安全合作，提高了非打击阿布沙耶夫等反政府武装的能力。今后，非将继续加强与美的军事和反恐合作。

（钟学良）

印尼政府继续清剿“自由亚齐运动”武装　2004 年初以来，针对“自由亚齐运动”分离组织武装不断开展袭扰活动并先后绑架 23 名人质，印尼政府继续在亚齐实行了近半年的军事戒严，并多次对该组织实施清剿作战，取得了较大战果。鉴于印尼政府与“自由亚齐运动”的军事冲突持续不断，芬兰前总统阿赫蒂萨里出面进行斡旋，促成双方在芬兰举行了停火谈判，但未取得成果。

一、继续实行军事戒严

2003 年 5 月 18 日深夜，印尼总统梅加瓦蒂颁布总统令，宣布从 19 日零点开始对亚齐实行为期 6 个月的军事戒严，并增派海陆空三军 4 万余人和警察部队 1.4 万人围剿“自由亚齐运动”武装。在 6 个月军事戒严期间，印尼政府军频繁对该组织实施军事打击，先后歼灭近 1000 名叛乱分子，俘虏 1800 多人。但是，由于对亚齐分离武装的打击难以速战速决，未能达到预期目标，印尼政府于同年 11 月 18 日宣布把亚齐的军事戒严状态延长 6 个月，即到 2004 年 5 月 19 日，军队除继续对“自由亚齐运动”武装实施围剿外，还有权控制交通运输、邮局、电讯、电话、电报和电台广播等业务，并有限制地控制印刷、出版、公告以及出版刊物、作品、绘画等的销售、发行和张贴。鉴于在延长的军事戒严期间“自由亚齐运动”武装受到了较大打击，印尼政府于 2004 年 5 月 18 日召开了内阁与安全会议，决定从 19 日零点起把在亚齐省实行了一年的军事戒严状态降级为民事管制状态。针对分离组织残余分子仍有可能对亚齐地区的稳定构成危害，为维护亚齐的稳定与安全，加强中央政府对亚齐的行政管理，印尼政府决定采取以下措施：政府军仍留驻亚齐，并继续在亚齐推行包括军事行动、加强政府职能、强化和健全法制、人道主义援助和经济复兴在内的“一揽子”计划，以彻底根除分离主义活动；任命阿卜杜拉·普特赫为民事管制状态最高行政长官，发布一份正式文件指导对亚齐的管理，并委派一个专门工作组协助和监督省长的工作，落实已经获得批准的亚齐自治制度。印尼内政部长兼政治与安全事务统筹部长哈里·萨巴尔诺称，取消军事戒严后，印尼政府还将重点加强对马六甲海峡一线的巡逻警戒，以防止亚齐分离主义分子从海上走私军火和后勤供给。

二、实施军事打击

在 2003 年 11 月 19 日至 2004 年 5 月 18 日实行军事戒严的半年中，印尼陆军在警察、情报部门和地方安全部队配合下，频繁出击亚齐分离主义组织，歼灭 800 余人（其中包括 2004 年 1 月 16 日击毙的 1 名名叫赛义德·阿德南的“自由亚齐运动”领导人，他是该组织在北亚齐帕斯地区的高级领导人，同时也是印尼政府最想抓获的叛乱分子之一），逮捕 300 人，另有 1276 人向政府军缴械投诚，收复了被分离主义组织在亚齐地区控制的 200 多个乡村基层政权。取消军事戒严后，印尼政府军仍继续清剿“自由亚齐运动”武装。2004 年 7 月 15 日，印尼政府军两次袭击“自由亚齐运动”武装分子，击毙 4 人，另有 2 人投降；为进行报复，“自由亚齐运动”武装人员 16 日袭击了亚齐一家超市，打死 2 名警察，打伤 3 名市民。2004 年 12 月 26 日印度洋发生地震海啸，造成亚齐省 11 万人死亡、70 万人无家可归。随后，印尼冲突双方实现了短暂停火。但随着救灾活动的深入，印尼政府军大量进入亚齐，美国、澳大利亚、新加坡、德国、法国等国的军队也进入了班达亚齐等重灾区，美国航空母舰和新加坡军舰停靠在亚齐港口。针对这些情况，“自由亚齐运动”分离组织又展开新一轮袭扰活动，先后袭击了亚齐省警察局、法国救援队，并试图袭击在亚齐的美国和其它西方国家目标、抢劫救援物资。对此，印尼政府军将驻亚齐地区的总兵力由 3 万人增至 5 万人，并加强对“自由亚齐运动”分离武装的围剿，截至 2005 年 1 月 20 日共打死 200 多名分离主义分子；同时加强对机场、市区、难民营、国际救援组织营地的警戒和巡逻力度，强化对外国救援机构和人员行动限制，要求所有到班达亚齐市以外地区开展活动的人员必须得到印尼军方的许可和武装保护，以防遭到“自由亚齐运动”武装分子的袭击。停火谈判失败后，印尼政府军又于 2005 年 2 月 6 日在距亚齐省首府班达亚齐以东约 160 公里处围剿了一伙分离主义分子，打死 7 人，俘获 1 人，并缴获部分武器弹药。

三、举行停火谈判

经过芬兰前总统阿赫蒂萨里的积极斡旋，印尼政府代表团和以“自由亚齐运动”领导人马利克·马哈茂德为首的谈判小组，于 2005 年 1 月 27 日至 29 日在芬兰首都赫尔辛基举行了停火谈判，谈判由阿赫蒂萨里主持。印尼政府代表团包括 10 名成员，由印尼政治安全统筹部长维多多·阿迪·苏吉普托率领，其他成员还包括外交部长、司法部长和 1 名亚齐军队前负责人，这是印尼政府迄今派出的级别最高的谈判代表团。谈判结束后，阿赫蒂萨里在记者招待会上宣布，谈判无果而终，但为印尼政府和“自由亚齐运动”重新进行对话、双方之间建立相互信任关系及今后继续进行谈判奠定了基础。他已邀请谈判双方在近期内重返赫尔辛基继续举行新一轮谈判。据参加谈判的印尼政府代表团透露，双方将在下次谈判中开始就“广泛的和平协议”进行磋商。印尼副总统优素福·卡拉表示，印尼政府希望与“自由亚齐运动”达成永久性停火协议；“自由亚齐运动”领导人马利克·马哈茂德也表示，该组织愿意继续讨论政治解决亚齐问题，与政府军实现永久停火。

亚齐是印尼最西部的一个省份，人口 410 万。“自由亚齐运动”成立于 1976 年 12 月，在当地有一定社会基础，其主要领导人侨居国外进行遥控。为在亚齐成立一个独立的国家，该组织自成立以来就一直以资源分配不均和文化差异为由同印尼中央政府对抗，并不断制造袭击事件。在近 30 年中，印尼政府军同“自由亚齐运动”分离武装在亚齐地区持续不断的流血冲突已造成约 1.2 万人丧生，其中大多数是平民，数十万人流离失所。瓦希德总统 1999 年执政后，大力倡导民族和解，同意让亚齐享有广泛自治，地方政府可管理 75%的财政来源，但坚决反对亚齐独立。为了缓解双方的矛盾，印尼国会还成立了亚齐问题特别委员会，专门处理亚齐问题。印尼政府也开始与该组织领导人谈判。2000 年 5 月，印尼政府同该组织签署了为期 3 个月的停火协议。同年 9 月，该停火协议再次延长至当年 12 月 15 日。但因协议没有得到很好的执行，双方冲突仍不时发生。2001 年 3 月，瓦希德政府宣布该组织为分离主义组织，并对其采取打击行动。2002 年 5 月，在国际社会的调解下，印尼政府和“自由亚齐运动”在日内瓦达成协议，后者同意与政府签署和平协议后交出手中的武器。同年 12 月，双方在日内瓦签署和平协议。2003 年 1 月 9 日，当印尼政府开始解除该组织武装时，双方的对峙和不信任再度显现，并导致流血冲突频繁发生。原定于 4 月 25 日在东京举行的联合委员会会议被迫宣告流产。为了挽救印尼的和平，日本、欧盟、美国和世界银行 5 月 9 日发表声明，表示支持印尼的领土完整和统一，并要求“自由亚齐运动”接受政府的 3 项先决条件（不再坚持独立、在亚齐实行特别自治、解除武装）。在上述各方的斡旋下，印尼政府于 5 月 18 日同“自由亚齐运动”在东京举行了谈判，但未达成一致，印尼政府军 19 日开始在亚齐省实行军事戒严，对该组织进行打击。印尼媒体认为，虽然印尼政府军近两年针对“自由亚齐运动”的军事行动取得了较大战果，但该组织并未受到致命打击，仍拥有较强实力，要彻底根除亚齐分裂势力并非一朝一夕的易事；虽然亚齐拥有十分丰富的石油和天然气资源，但亚齐要真正实现和平，经济出现腾飞，不仅需要时间，更需要各方不懈的共同努力。

（钟学良）

东盟举行首届东盟地区论坛安全政策会议 2004年11月4日至6日，首届东盟地区论坛安全政策会议在北京召开。会议由印度尼西亚担任主席，中国主办。东盟地区论坛24个成员，包括东盟10个成员国（文莱、柬埔寨、印度尼西亚、老挝、马来西亚、缅甸、菲律宾、新加坡、泰国和越南）、10个东盟对话伙伴（澳大利亚、加拿大、中国、欧盟、印度、日本、新西兰、俄罗斯、韩国和美国）、1个东盟观察员（巴布亚新几内亚），以及蒙古、朝鲜和巴基斯坦，共派出100多名防务和安全部门副部长级官员出席本次会议。召开东盟地区论坛安全政策会议，旨在增强国防官员对东盟地区论坛的参与力度，加强安全对话，进一步增进互信和了解，完善和充实东盟地区论坛进程，促进地区稳定。

会议达成了广泛共识，取得了显著成果

会议期间，与会代表围绕当前国际和地区安全形势及各国安全政策、军队在应对非传统安全领域威胁方面的作用等各方普遍关心的议题阐述了各自的观点，并进行了深入探讨和交流，取得了广泛共识。关于地区安全形势。代表们一致认为，亚太地区是当今世界上最具经济活力与发展潜力的地区，保持亚太地区的稳定直接关系到世界的稳定与和平。正因如此，亚太地区安全问题从来没有像今天这样受到世界的瞩目。许多代表强调，当前亚太地区安全形势总体保持稳定，随着全球化的不断深入，各国共同安全利益增多。但本地区原有热点问题仍旧存在，恐怖主义对地区安全的威胁上升，已成为国际公害，对人类和平与发展构成了严重威胁；毒品交易、小武器扩散、洗钱等犯罪活动猖獗，传统与非传统领域安全问题相互交织，使得本地区面临的挑战更加错综复杂。关于加强地区安全对话与合作。与会代表一致认为，在亚太地区安全形势呈现出上述新特点、新变化的背景下，各国加强对话交流、参与地区安全合作，比以往任何时候都更加紧迫和必要，而且是十分有益的。印尼代表团团长、国防部副部长苏德拉查特认为，会议为各国建立了一个讨论非传统安全问题的平台，这将有利于各国在反恐等非传统安全领域加强沟通、交流与合作。一些代表团在发言中还提出了希望加强各国在反恐情报交流、人员培训等领域合作的建议。印度代表团成员、国防武官纳拉西姆汗上校表示，各国加强合作，共同维护地区安全，符合本地区各国的共同利益。印度希望通过会议交流，达到增强各国之间的相互了解与信任、促进亚太地区安全的目的。今后，印度将在本地区安全合作中发挥更加重要的作用。美国代表团团长、助理国防部长彼德·罗德曼称，美国支持东盟地区论坛安全政策会议这样的多边合作形式，各国展开讨论有助于加强在反恐、防扩散等问题上的合作。关于军队在非传统安全领域的作用。与会代表纷纷表示，为有效防范和打击恐怖主义等非传统安全威胁，各国军队应发挥积极、建设性的作用，但应遵守国际法的基本准则，处理好军队与政府执法部门间的关系，重视加强国际协调与配合。代表们普遍认为，东盟地区论坛安全政策会议的召开为军方参与论坛的对话与合作开辟了更高层次的渠道，将进一步增进各国军队之间的相互理解与信任，充实论坛的合作内容，有利于推动论坛在地区安全合作中发挥更大的作用。

中国代表团团长在会上介绍了中国开展对外军事交往和安全合作情况，并阐述了中国的安全政策

中国代表团团长、中国人民解放军副总参谋长熊光楷上将在发言中指出，目前中国军队的对外交往已经形成了全方位、宽领域、多层次的新局面。高层交往日益频繁，联合军事演习稳步推进，防务领域的交流广泛深入，安全合作务实有效，与周边国家的军事关系有新的发展。熊光楷说，中国军队在保持和发展与有关国家在传统安全领域合作的同时，还加强了与外国同行在非传统安全领域的合作。近几年，中国参与了在上海合作组织框架下举行的联合反恐演习，与巴基斯坦、印度、英国、法国等国家分别举行了海上联合搜救演习，与巴基斯坦在高海拔地区举行了联合反恐演习，表明了中国加强与周边国家相互信任的诚意，也显示了中国维护地区和世界安全的负责任的形象。今后，中国军队将继续致力于对外防务合作。熊光楷还阐述了中国的安全政策，他强调：中国致力于营造和平稳定的地区安全环境，奉行“与邻为善，以邻为伴”的周边外交方针，积极参与区域安全合作，愿与各方一道，共同推动东盟地区论坛在协商一致、不干涉内政原则基础上不断向前发展，为促进本地区的和平与稳定做出新的贡献。

中国为召开首届东盟地区论坛政策会议做出了积极努力

中国首先提出了召开东盟地区论坛安全政策会议的倡议。东盟地区论坛成立于1994年，是亚太地区最主要的官方多边安全对话场所。东盟地区论坛成立初期，国防官员只参加论坛的部分活动。为适应地区安全形势的发展，加强国防官员参与论坛的进程，1999年起单独设立国防官员午餐会。2002年，在新加坡和新西兰的倡议下，论坛在国防官员午餐会的基础上建立了由中级国防官员参加的国防官员对话会机制；同年举行的第9届东盟地区论坛外长会议通过了“东盟地区论坛进程设想和建议”，该文件明确提出论坛应扩大军人的参与，增进各方互信和了解。为进一步巩固和加强论坛在亚太安全对话中的主渠道作用，推动各国国防官员进一步参与对话，促进在论坛框架内建立军事领域的信任合作，中国在2003年6月的第10届东盟地区论坛外长会议上首次提议召开由各国高级国防官员参加的东盟地区论坛安全政策会议；同年10月，中国向各方散发了东盟地区论坛安全政策会议概念文件初稿。2004年7月2日，在印度尼西亚召开的第11届东盟地区论坛外长会议批准了中国提交的概念文件，决定东盟地区论坛安全政策会议以后每年举行一次，由东盟国家担任主席，与会人员为国防部副部长或相应级别的防务和安全官员，主要讨论各方共同关心的军事和安全领域问题，原有的论坛国防官员对话会机制保持不变。会议还决定，作为例外，首次会议2004年在中国举行。首届东盟地区论坛安全政策会议的成功召开，使本地区国防官员级别最高的安全政策对话得以实现机制化。中国对承办此次会议极为重视，不仅为会议的召开进行了充分准备和精心安排，而且派出以副总参谋长熊光楷为团长的代表团参加会议，中国政府、军队及有关部门领导人先后会见了与会代表。11月4日，中国外交部长李肇星在钓鱼台国宾馆会见了出席会议的24个代表团团长。李肇星指出，国防官员是东盟地区论坛的重要参与者。中方倡议召开安全政策会议，旨在进一步扩大国防官员对论坛的参与，促进各方相互理解和信任，共同维护地区和平与发展。相信通过此次会议，各方能进一步增进了解，扩大共识，推动东盟地区论坛不断向前发展。李肇星强调，中国致力于创造睦邻友好的周边环境，奉行“与邻为善、以邻为伴”周边外交方针，愿加强与邻国互利合作，深化区域和次区域合作，走和平、合作、发展的道路，与本地区国家共同维护亚太和平与稳定。5日，中国国务院总理温家宝、中央军委副主席徐才厚分别会见了与会各方代表团团长。

各方高度赞赏中国倡仪并承办东盟地区论坛安全政策会议

会议主席、印尼国防部副部长苏德拉查特表示，与会各方都希望中国在维护亚太地区和平与稳定中发挥重要作用，高度赞赏中方倡议并承办首届东盟地区论坛安全政策会议，会议的召开将给地区安全合作注入新的活力，有利于论坛扩大影响，发挥更大的作用。一些代表还指出，中国作为本地区负责任的大国，奉行“与邻为善、以邻为伴”的和平外交方针，成为保障本地区安全稳定的重要因素。在以互信、互利、平等、协作为核心的新安全观指导下，中国积极参与地区安全事务对话，不仅有利于进一步增加各国间的相互信任，而且也是对亚太地区和平做出的直接贡献。各方代表还对中国周到的安排表示感谢，并对中国军方积极参与区域安全对话与合作表示欢迎。

（钟学良）

马六甲海峡海盗活动日益猖獗 2004年，马六甲海峡频繁发生海盗活动，航运安全面临严重威胁，引起国际社会广泛关注。

一、马六甲海峡海盗活动情况

据国际海事组织发布的报告称，2004年发生在马六甲海峡的海盗事件，占全球海盗袭击事件的三分之一，造成的经济损失达250亿美元。其中，1至3月马六甲海域发生21起海盗抢劫案件，为近几年来单季度最多。海盗在抢劫财物的同时，还疯狂绑架人质以索要赎金。上半年，有23名马来西亚渔民在马六甲海峡一带海域遭海盗绑架，比2003年全年被绑架的22人还多1人，索取赎金5万美元。马六甲海峡海盗活动猖獗的主要原因是地理环境对海盗有利。马六甲海峡外围的许多小岛是海盗的天然基地和避难所，特别是印尼群岛一带水域，海盗几乎通行无阻，抢劫活动最为猖獗。新加坡附近的海峡最狭窄处，宽度仅为3.7海里，海盗在这里袭击过往船只也极易得手。

新加坡副总理兼安全与防务统筹部长陈庆炎认为，发生在马六甲海峡的海盗袭击事件可能与“基地”组织和其它伊斯兰恐怖组织有关，主要依据是：海盗采取新的方式开展袭击活动。在2004年的一些袭击活动中，海盗使用了“浮动炸弹”等非常精良的武器，他们显然受过良好训练，也有周密计划，因此，有理由怀疑他们的袭击活动很可能与恐怖组织有关。基于上述判断，新加坡多次发出安全警告，指出恐怖分子可能会在马六甲海峡劫持大型油轮，并对过往船只或沿岸港口进行恐怖袭击。新加坡国防部长张志贤还强调，“如果恐怖分子袭击马六甲海峡，对地区和世界贸易造成的影响将是破坏性的。来往于马六甲海峡的船只将不得不改道，货运费和保险费将激增，全球一体化供应链将陷于混乱。”

二、马六甲海峡沿岸国家对海盗活动采取的措施

马六甲海峡沿岸国家对马六甲海峡海盗活动日趋猖獗极为重视，积极采取了以下措施：

（一）开展海上联合巡逻。7月20日，马来西亚、印尼和新加坡在印尼廖内签署了马六甲海峡巡逻合作协议，决定从即日起终年昼夜不停地在马六甲海峡和新加坡海峡实施联合巡逻，以共同维护马六甲海峡的安全，保护来往商船免遭海盗和恐怖分子袭击。根据协议，三国建立了联合巡逻特遣部队，由来自三国海军的17艘（印尼7艘、马来西亚和新加坡各5艘）军舰组成，拥有2000多名海军人员。该部队的任务是全天候在马六甲海峡实施巡逻。三国海军还设立了一个24小时通讯系统，以加强通讯联系和情报交换。这是三国海军首次联手合作巡逻，而且改变了以往每年只进行4次巡逻的做法。马来西亚武装部队司令穆赫德·扎赫迪·扎因丁认为，“三国全年每日24小时在马六甲海峡实施的巡逻合作，既可遏制海盗和其它犯罪活动，又可阻止美国或其它外来力量借机插手干预马六甲海峡安全事务。”

（二）举行反海盗和反恐军事演习。4月26日至5月9日,印尼、马来西亚、新加坡与澳大利亚、文莱、柬埔寨、中国、法国、日本、新西兰、巴布亚新几内亚、菲律宾、俄罗斯、韩国、泰国、汤加、美国和越南等18个国家的20艘军舰和1600人在新加坡举行了大型海军演习。演习由新加坡和印尼主办，重点在两国海域进行了清除水雷等科目演练，旨在提高应对马六甲海峡和新加坡海峡面临威胁的能力。新加坡国防部长张志贤认为，这次演习对推动多国通过加强安全措施来保护世界海上航道不受恐怖袭击具有重大意义。7月10日至14日，马来西亚海军和陆军在马沿海地区举行了以打击马六甲海峡恐怖活动为背景的联合军事演习，参加演习的有海军巡逻舰、护卫舰、多用途支援舰各1艘以及300多名海军官兵和180多名陆军空降兵，主要演练了反恐模拟作战。指挥这次演习的马海军特遣舰队总指挥官黎萨称，演习显示了马军队有能力随时随地在马六甲海峡投入反恐作战，打击恐怖分子和海盗，确保海峡航道的安全。

（三）举行建立“全面安全环境”国际研讨会。10月11日至13日，马来西亚举办了“马六甲海峡：建立全面安全环境”国际研讨会。来自马来西亚、印尼、新加坡、中国、韩国、美国和欧盟的100多名专家与会，主要探讨了马六甲海峡的安全和环境、资源管理等问题。马来西亚副总理兼国防部长纳吉布·拉扎克在会上称，确保马六甲海峡的安全和各国货船的自由通航，对马来西亚、印尼、新加坡这三个沿岸国家和其它有关国家都十分重要。马、印（尼）、新三个沿岸国家今后将进一步加强针对马六甲海峡的海军巡逻、情报交换和海事合作，全力维护海峡航道的安全。

三、美日极力插手马六甲海峡事务

美军太平洋总部司令托马斯·法戈上将4月3日在美国国会就国防部2005年预算作证时披露了美军方名为《区域海事安全计划》的反恐新方案。根据这项正在制订中的计划，美国拟向马六甲海峡派驻海军陆战队和特种部队，以防止恐怖主义袭击，打击武器扩散、毒品走私和海盗等犯罪活动。6月初，美国防部长拉姆斯菲尔德又表示，美希望尽快参与在马六甲海峡打击恐怖主义和海盗的行动。对此，马来西亚和印尼表示坚决反对。马来西亚副总理兼国防部长纳吉布·拉扎克先后4次表示，“维护马六甲海峡安全是海峡沿岸国家的责任，马反对美国等其它国家以反恐名义插手海峡安全事务。马愿意同美国在诸如情报分享、掐断恐怖分子财政及后勤网络联系等方面加强合作，但不同意美在海峡部署军队。马来西亚认为，由马六甲海峡沿岸国家以外的第三方来控制海峡安全将不会带来任何好处，反而会使沿岸国家主权受到威胁。马、新、印尼三国有能力捍卫马六甲海峡的安全。美国必须尊重马六甲海峡周边国家的主权，这是极其重要的。”马外长赛义德·哈米德也强调，马不需要美国派海军赴马六甲海峡维护安全，美不应该在反恐名义下干预别国事务。印尼外长维拉尤达表示，印尼政府反对美国在马六甲海峡派驻军队的计划，认为确保海峡安全是海峡沿岸国家自己的事。印尼国民军总司令苏塔尔托多次重申，印尼政府不同意美国参加维护马六甲海峡安全的巡逻。印尼海军司令贝尔纳德也强调，“马六甲海峡的主权属于印尼和马来西亚，不允许外来势力在有关沿岸国家没有提出要求的情况下派驻军队。在马六甲海峡发生的海上抢劫案件，主要是印尼分离主义势力‘自由亚齐运动’在逃亡时进行的抢劫活动，不应成为美国派驻军队的口实。印尼海军有能力确保海峡地区的安全，并已做好了遏制美国对印尼海域入侵的准备。”新加坡国防部长张志贤也表示，维护马六甲海峡的安全虽然需要诸如国际海事组织等的国际合作，但主要应该由沿岸国家负责。鉴于马、印尼、新的上述态度，美军太平洋总部司令托马斯·法戈6月23日访问马来西亚时宣称，“美无意在马六甲海峡驻军，只希望与海峡沿岸国家合作，维护这条繁忙水道的安全。美尊重马来西亚、新加坡和印尼的主权，希望通

过交换安全情报、帮助训练军队和协调三国合作的方式，协助沿岸国家保卫马六甲海峡的安全。”

日本以其1艘运载价值13亿日元铝块的货船1999年在马六甲海峡被劫持为借口，多次要求派武装舰只赴马六甲海峡打击海盗。2000年和2004年，日本先后派出海岸警备队和海上自卫队参加了在靠近马六甲海峡海域举行的反海盗及反恐多国联合演习。同时，日本开发了一种先进的“海上劫持警报与船舶追踪系统”，它每天6次发送信号，报告船只所处位置等情况；若船只被劫，海盗开始干扰或破坏这套系统，它会通过电子邮件和移动电话及时发出警示。这种对付海盗的技术，引起了东南亚国家的兴趣。2004年12月9日，印尼总统苏西洛会见来访的新加坡国防部长张志贤时，双方在马六甲海峡安全问题上达成新意向：欢迎日本等国家提供援助。苏西洛表示，日本“非常关心”马六甲海峡的安全，可以在技术和人员培训等方面向印尼、新加坡、马来西亚等国提供帮助。张志贤也称，虽然日本具体参与海峡安全维护的时间未定，但日已与新加坡、马来西亚和印尼三国实现了信息共享。印尼舆论认为，这是新、马、印尼三国在马六甲海峡实施联合巡逻以来，首次明确表示要接受某一国的援助。

美日的战略意图是控制战略地位极为重要的马六甲海峡。马六甲海峡位于亚洲东南部的马来半岛和苏门答腊岛之间，全长600余海里，西北口宽阔，约270海里，东南口狭窄，约9.5海里。主航道靠近马来半岛一侧，宽1.5至2海里，水深25至113米，由西北向东南递减。海峡两岸地势平坦，森林密布，岸边岬角众多，是天然航标。马六甲海峡是欧洲、非洲、中东和印度次大陆到东亚的一条主要海运通道，是连接大西洋、印度洋和太平洋的交通枢纽，是世界上最繁忙的三大海峡之一，承担着全球二分之一石油和四分之一以上贸易的货运量，每年通过的船只达8万余艘，日均通行约220艘，并仍以每年8%的幅度增加。因此，马六甲海峡的战略地位非常重要。然而，马六甲海峡海盗活动日趋猖獗，有关国家对海盗的打击力量有限。新加坡国防部长张志贤称，没有哪一个马六甲海峡沿岸国家可以单枪匹马有效应付海峡面临的威胁。一些外国分析人士也认为，目前，马来西亚、印尼、新加坡三国在装备数量、技术方面仍显不足，信息共享、危机反应能力尚待提高，协调行动则更为困难。所以，三国联合巡逻也不可能保卫马六甲海峡的安全。这就为美日插手马六甲海峡事务提供了契机。美日以反海盗和反恐为借口，极力插手马六甲海峡事务，是另有所图。美国对马六甲海峡觊觎已久，虽然由于马、印（尼）等国的反对，美驻军马六甲海峡的计划暂时难以得逞，但它不会就此罢休。美专家已建议政府采取“各个击破、经贸诱惑”的策略，以实现美在马六甲海峡驻军和控制海峡的目的。日本90%的原油运输要从马六甲海峡经过，海峡航道堪称其“石油运输命脉”。2004年日本通过的“有事法制”七法案，假设了“周边地区出现的紧急事态”，这个“周边”不仅包括台湾海峡，也包括马六甲海峡。从这些情况分析，日本积极谋求参与马六甲海峡反海盗事务，企图达到两个目的：一是控制马六甲海峡，保护日本的石油运输线路。二是欲借防海盗之名发展自卫队，并把军事打击力量覆盖到马六甲海峡，推动军事扩张。香港《信报》发表题为《警惕日本军国主义借海盗之尸还魂》的文章指出，日本借打击海盗，扩充军力、复活军国主义等，不是一种偶然行为，它是日本对外扩张战略的一部分。

（钟学良）

印巴和解成果明显 2004年，印度和巴基斯坦改善双边关系的进程进一步加快，并取得了明显成果，主要表现在两个方面：

一、两国高层领导就改善两国关系达成共识

1月5日，印度总理瓦杰帕伊在伊斯兰堡出席第12届南亚区域合作联盟峰会期间，同巴基斯坦总统穆沙拉夫举行了非正式会晤，双方一致认为，开展建设性对话是实现两国和平、安全和经济发展的必要手段，并宣布将着手就双边关系中的所有重大问题举行全面对话。4月2日，印度总理瓦杰帕伊在新德里发表声明，表示愿意通过和平途径解决印巴间所有突出问题，在印巴两国都拥有核武器的条件下，只有和平对话这一途径可以解决两国间存在的问题。4月27日，瓦杰帕伊再次重申，印度与巴基斯坦多年来处于对抗状态，其实谁也没有从中得到好处。两国不得不花费巨款来购买武器，这对两国来说都有害无益。印度希望与巴基斯坦实现永久的和平。巴基斯坦政府立即对此做出反应，表示欢迎瓦杰帕伊的上述声明，称其在声明中传递出的信息是积极和建设性的。印度国大党执政后，两国总统、总理和外长先后举行4次电话会谈，一致同意将继续推进对话进程。印总理辛格表示：“谁都未曾料到柏林墙会消失。这些原本以为不可能的事都可能发生，那么为什么不可能发生在印巴之间呢？”在不牺牲国家安全的前提下，印度新政府将致力于推进印巴关系的发展。巴基斯坦总统穆沙拉夫表示，希望巴印能够继续推进已经启动的对话进程，巴愿意与印度建立持久和平。

二、两国关系取得全方位发展

在两国首脑的推动下，印巴双方于2月16日至18日在伊斯兰堡举行了中断3年之久的外交秘书级会谈，确定了两国对话日程和模式，建立了进行可持续对话的机制。从5月份开始，两国共举行11次官方会晤，使两国关系取得了全方位发展。在克什米尔问题上，双方均为解决该问题做出了姿态。印度方面做出的姿态包括：（一）承认克什米尔是有争议的领土，同意与巴基斯坦讨论该问题。（二）宣布将减少在克什米尔地区的驻军，并撤出了1000名伞兵部队。（三）愿意同“任何人”就克什米尔的和平问题进行无条件的谈判。巴基斯坦做出的主要姿态包括：（一）重申决不允许任何势力利用巴基斯坦领土对印度进行恐怖活动。（二）就解决克什米尔问题提出新倡议，主要内容是将印度和巴基斯坦分别控制的克什米尔地区划分成七个地区，有的可以独立，有的可以两国联合控制，有的可以置于联合国的监管之下。在核安全问题上，两国专家级代表于6月19日至20日在新德里就核安全问题举行了自双方1998年相继进行核试验以来的首次谈判。在会谈结束后发表的联合声明中，两国都认识到建立两国之间和平、安全和稳定环境的重要性；同意将现有的军方热线联系升级为外交秘书级“专用和安全的”热线联系；重申除非发生危及国家主权以及国家最高利益的情况，两国将停止进行新的核试验；决定双方在进行导弹试验时提前通知对方并就相关技术指标达成协议；强调将继续通过谈判就安全以及核不扩散等问题举行双边磋商；呼吁所有有核国家定期举行工作会议，以讨论共同关心的问题。声明称，印巴两国各自的核打击能力是根据国家安全需要建立的，是维护安全稳定的因素。双方将采取措施减少因意外因素或在未经授权情况下使用核武器的风险，并采取相互通报措施和机制以防止出现误解。12月15日，两国专家级代表就建立核互信措施问题在伊斯兰堡举行会谈，双方讨论了避免两国发生核冲突的方式，强调将继续在已达成的框架内努力建立和执行核互信措施，同意未来举行定期的专家级会谈，讨论并监督有关核互信措施的落实情况。在冰川问题上，两国国防部官员于8月5日至6日在新德里举行会谈，双方代表在会谈后发表的联合公报说，印巴同意就锡亚琴冰川地区部队脱离接触和重新部署军队继续举行会谈，以期通过和平的方式最终解决该问题。在打击恐怖主义和毒品走私问题上，两国内政部官员于8月10日至11日在伊斯兰堡举行会谈，双方表示将联手打击恐怖主义，并采取具体措施遏制跨国毒品走私活动。巴基斯坦外交部在会谈结束后发表声明说，双方决心共同努力根除恐怖主义。双方认为两国在反毒品走私领域加强合作和分享情报是“积极的”，同意为使这种合作制度化而努力寻求达成一项协议，并将向各自驻对方外交机构派驻专门的禁毒联络官员。在海上疆界划分问题上，两国政府官员12月15日在伊斯兰堡就锡尔克里克港湾地区边界线划分举行谈判，双方同意将从2005年1月3日开始联合调查两国在锡尔克里克港湾地区的边界线，随后将一份联合报告分别递交给各自政府。在经济贸易合作问题上，印巴两国除同南盟其他国家共同签署了《南亚自由贸易协定框架条约》外，双方还于2月中旬签署了旨在加强两国贸易、科技和工业合作的谅解备忘录。8月11日至12日，双方在伊斯兰堡举行了贸易谈判，就最惠国待遇、关税、消除非关税壁垒、相互提供交通便利等问题进行了友好磋商。在文化、体育方面，印巴两国文化部副部长于8月3日至4日在新德里举行会谈。两国官员在会谈后发表的联合公报中表示，他们同意扩大双方在艺术、文化、教育、体育、新闻和旅游等方面的交流与合作。双方还探讨了放宽签证发放以及善待被关押的对方俘虏等人道主义问题。

三、两国在根本性问题上的立场仍未改变

尽管2004年印巴和解取得显著成果，但两国之间在两个根本性问题上的立场仍未改变。一是克什米尔争端。尽管印巴双方同意进一步推动两国对话，并将最终在包括查谟-克什米尔问题在内的所有双边问题上达成和平解决的方案，但由于克什米尔问题涉及印巴国家利益和民族感情，长期以来两国在此问题上积怨甚深，因而双方并未作出实质性让步。加之克什米尔地区恐怖主义和宗教极端势力公开表示抵制印巴对话，扬言将继续以武力方式争取独立，并制造了多起针对印军政要员的恐怖袭击事件，亦给该问题的和平解决增加了难度。二是军备竞赛。2004年，印巴在缓和关系的同时，军备竞赛仍未停止。在国防预算方面，印度新政府在2004年至2005年度提高至7700亿卢比（约合168亿美元），比上年度实际军费开支（6030亿卢比）增长27.69%，增幅为历年之最。巴基斯坦在经济较为困难的情况下，也决定将2004至2005财年国防预算增至1940亿巴基斯坦卢比（约合34亿美元），较上年度增加7%。在核武器建设方面，印先后对“大地”、“烈火-1”、“蓝天”等型导弹进

行了多次试射，并计划2005年底前正式装备“布拉莫斯”超音速巡航导弹。巴基斯坦为提高与印对抗能力，亦加快了该国核运载工具的研发步伐，相继成功试射了“沙欣-2”和“哈塔夫-5”型中程弹道导弹，并正式将可携带核弹头的“哈塔夫-3”型短程导弹装备部队。巴领导人还多次表示，巴不会牺牲国家根本利益，不会停止核导武器研究与发展。

（刘温国）

印度颁发新的战争条令　10月底，印度陆军在新德里召开年度司令官会议，研究并正式确立了印度陆军在新时期的战争原则。会后，印国防部将其作为战争条令颁发。主要情况如下：

一、条令的主要内容

（一）确立“先发制人”的作战思想。印陆军新的作战原则将主要着眼未来低强度作战、快速反应、精确打击甚至可能爆发的核战争，以“先发制人”为指导思想，对敌实施“先发制人”打击，即在印度面临敌国威胁时，印军在未引起国际社会关注的情况下，快速深入敌境内对敌实施致命打击。条令强调此类军事打击应是“有限”和“有效”的，从而确保核武器在各种情况下均不会投入使用，避免引发核战争；同时又是迅速的，实施作战行动后不能给国际社会任何干预的机会。

（二）实行三军联合作战。新战争条令提出，印陆军作战指导思想应尽快从以往奉行的“大规模缓慢集结”向“联合作战集群”方向转变，只有这样才能突出诸军兵种的联合与协同作战能力，确保印军赢得未来战争的胜利。为此，印陆军将在削减数量、提高质量的基础上，放弃以往“一线”和“二线”作战部队的划分，组建8支包括陆、海、空三军部队在内的可遂行快速反应和部署的一体化的“联合作战集群”，取代现以陆军为主的打击部队。新战争条令还要求，印陆军与海、空军在两栖登陆作战和空降作战等方面建立更为密切的联系，三军早日实现在情报、训练、通信和后勤保障领域的协同。今后，印军作战将由三军参谋长委员会主席负责制定联合作战训练计划，并委派三军参谋长中的一人负责总体指挥。印度总理曼莫汗·辛格在三军指挥官联合会议上发表讲话时指出，印武装部队的改革意味着这样一个事实，即印陆、海、空三军今后在统一的指挥系统和作战计划下将不再单独发挥功能。

（三）强调摧毁而非占领敌领土。新战争条令认为，在恐怖主义和核战背景下，未来的战争将是短暂而剧烈的，需要“打击、扰乱和压制敌人的所有可用资源，实现无缝运用”。因此，印陆军在未来战争中的作战原则核心应注重摧毁而非占领敌领土。“联合作战集群”在坦克部队、炮兵部队、导弹部队和空军的协同支援下，可直接在敌境内对敌进行有限但致命的打击。海军舰载机在支援“联合作战集群”方面也将发挥关键作用，海军舰船可采取发射诸如俄制先进导弹等对敌实施远程打击。

（四）重视核威慑的作用。印度核政策的核心是保持最低限度的核威慑和不首先使用原则，印度陆军参谋长维吉表示：“核武器不是一种战争工具，我们并不认为使用核武器是必要的，我确信没有一个正常人会这样做。我们的政策在核学说中已阐述得非常明确，是不具有野心的。”他同时强调，印度发展核武器是用于反击和迎合基本安全局势的需要。

二、对条令的评述

印军颁发新战争条令是印度国大党重新掌权以来在战争理论和军事建设上的一项重大举措。过去，印度一直把战争（冲突）分为低、中、高三种强度。新条令则细化了和平、冲突和战争之间的15种情况，包括核战争、常规战争、全球战争、全面战争、地区战争、有限战争、非战争作战行动、亚常规战争、内战/革命战争、低烈度/代理人战争、非战争非和平、非作战行动。印军认为，像小规模边境渗透引发的低烈度冲突，就是印军要应付的主要作战样式之一。低烈度作战的政治目标是“冲突管理”而不是“冲突解决”，因此，必须有控制冲突进程的能力。

新战争条令吸收了陆军近期提出的“冷启动”作战理论等最新成果。印军认识到，2002年上半年印在印巴边境进行的大规模兵力调动有可能造成战争失控，甚至引发核危机。因此，今后印度在出现战争危机时，在动武的规模和手段上都要求可以有效控制。“冷启动”是指军队像计算机冷启动一样，在短时间内，迅速完成部队的动员、集结和部署，并对敌发动先发制人的打击，整个过程中的任何环节都可有效控制。这一战略抛弃了传统的在敌对国边境地区大量陈兵的做法，提出利用核威慑来遏制对手在边境发动大规模军事行动，提出调整和控制战争进程，使其向有利于己方向发展。

新战争条令将使陆军体制得到重组。正如印度陆军参谋长维吉在条令的前言中所称：“建立一支装备精良、结构优化的陆军，它能够对各种局势做出有效的反应，同时也能继续控制事态的发展和变化。”印度陆军将改变传统的打击军和防御军之间作战任务的界定，组建和部署8个“一体化作战群”。每支作战群都是包括装甲兵、炮兵、机械化步兵和空中支援力量等在内的完全一体的师级规模部队。同时新型的具备快速机动和打击能力的特种部队将担负更多的任务。

（刘温国）

巴基斯坦严查核泄密事件 2004年，巴基斯坦政府严查核泄密事件，解除了因主持研制巴基斯坦首枚核武器而被尊称为"核弹之父"的科学家卡迪尔·汗的政府顾问职务，并对其余涉嫌泄密人员做出了相应处理，从而将由核泄密引发的国际影响降至最低。

一、巴基斯坦严查核泄密事件

2003年11月初，伊朗向国际原子能机构递交了有关本国发展核技术的文件，文件透露，伊朗在过去17年里从巴基斯坦的一些个人和企业手中获得了大量重要的设计图、技术指导和浓缩铀设备的零件。巴政府自此开始对包括卡迪尔·汗在内的15位科学家、工程师和有关官员进行调查，有6名科学家受到了当局的"保护性监禁"。1月26日，巴基斯坦总统穆沙拉夫召集高层会议，专门讨论如何处理核泄密问题，会议决定一旦发现某些人确实有罪，将对他们进行严厉制裁。巴新闻和广播部长拉希德强调，核技术是巴国防的宝贵财富，巴决不允许任何个人向外国提供属于国家机密的核技术。1月31日，掌控核按钮的巴基斯坦国家指挥局决定，解除卡迪尔·汗所担任的国家科学顾问职务，以使对核泄密事件的调查能以"自由和客观的方式"进行。紧接着卡迪尔·汗向巴政府承认曾向伊朗、利比亚和朝鲜泄露了核秘密，并在一份长达12页的调查报告上签上了自己的名字。此外，调查人员通过对数名在"卡迪尔·汗实验室"工作的核科学家和主管官员的调查也已获取了卡迪尔·汗泄露核秘密的充分证据。2月4日，卡迪尔·汗会晤了巴总统穆沙拉夫，表示愿对核泄密事件负全部责任，并请求总统宽恕。当天下午，卡迪尔·汗在巴国家电视台向全国发表电视讲话，表示核泄密活动确实存在，他本人对此事件负全部责任，并就此向全体巴基斯坦人民道歉，请求巴人民的原谅。卡迪尔·汗同时强调，泄密行为没有得到过任何形式的政府授权。2月5日，巴内阁在召开全体会议后，向穆沙拉夫建议宽恕卡迪尔·汗。当天晚上，穆沙拉夫宣布，他决定宽恕卡迪尔·汗，并称卡迪尔·汗是国家英雄，为巴基斯坦付出了很大牺牲。2月7日，巴外交部新闻发言人马苏德·汗表示，尽管穆沙拉夫总统已宣布宽恕卡迪尔·汗，但这并不意味着政府有关部门停止对核泄密事件的调查，相反调查工作将继续进行。4月10日，巴基斯坦释放因涉嫌参与核技术泄密而被拘押的3名嫌疑人，但对其余在押人员的调查仍在继续，而且对这3个人的指控并未撤消。4月21日，穆沙拉夫在视察"卡迪尔·汗实验室"时重申了巴政府关于不扩散核武器的承诺。他指出，巴基斯坦处在国际反恐战争和反对核扩散斗争的最前线，目前巴政府正在不遗余力地铲除核扩散网络的根基。7月23日，巴安全部门又释放了3名涉嫌卷入核泄密事件的科学家和官员。巴安全部门还表示，有关核泄密事件的调查仍在继续，如果需要，这些被释放的人将会随时被召回接受调查。9月14日，巴国民议会通过一项核出口控制法案。该法案规定，任何巴公民、为巴机构工作的外国公民和身处巴境内的外国公民，都不得利用在巴登记的任何海陆空交通工具出口与核相关的产品、技术、设备和材料。

二、巴政府表示将继续保持有限的核威慑能力

在调查核泄密事件的同时，巴政府不断强调，巴是一个负责任的核国家，将继续发展核技术。2月5日，穆沙拉夫在宣布宽恕卡迪尔·汗时表示，巴将继续保持有限的核威慑能力，以维护国家的安全和主权。他强调，他不会向国际原子能机构提交任何相关文件，也不会允许任何机构对此进行独立调查，更不会允许联合国监督巴基斯坦的核项目。4月下旬，穆沙拉夫表示，巴已经是一个核国家，应该继续发展成为一个拥有成熟、自主核能力的负责任的核国家。巴基斯坦的核项目发展只有一个方向，那就是继续向前发展。他还重申了巴基斯坦进一步加强最低限度核威慑能力的决心，表示巴目前在发展核武器项目上没有面临外部压力，巴政府也不会接受任何可能的压力。5月29日，巴基斯坦成功试射了一枚可携带核弹头的"哈特夫-5"型地对地中程弹道导弹。该型导弹最远射程可达1500公里，可携带核弹头和常规弹头。8月5日，穆沙拉夫在巴原子能委员会的一次会议上赞扬了巴基斯坦核科学家对核项目做出的贡献，称正是他们不知疲倦的努力才使巴成为一个核国家，并使国家的核力量一步步走向强大，巴政府将一如既往地支持他们的工作。他还表示，巴基斯坦将采取必要的措施进一步提高该国核项目的水平。10月12日，巴基斯坦再次试射了一枚"哈塔夫-5"型地对地中程弹道导弹。11月27日，巴总理阿齐兹重申，国家安全是本届政府最优先的目标，巴将把保持最低限度的核威慑作为国家安全战略的基石，并将继续在防止核扩散的国际合作中充当积极角色。11月29日，巴军方成功试射了一枚"哈特夫-3"地对地近程弹道导弹。该型导弹可携带核弹头，射程为290公里。12月8日，巴军方成功试射一枚"哈特

夫-4”型地对地中程弹道导弹。该型导弹射程为700公里，可携带常规弹头和核弹头。巴军方称，这次导弹试射的目的是检验和证实导弹的有关技术参数，并以此表明巴政府巩固和提高其核威慑能力的决心。

三、美国和法国对巴处理核泄密事件的反应

（一）美国。2月5日，美国白宫发言人麦克莱伦表示，巴政府没有卷入任何武器扩散活动，美国对巴政府在核不扩散问题上采取的行动表示满意。美国珍视穆沙拉夫在核不扩散问题上所做出的承诺和采取的行动，穆沙拉夫的承诺和他下令调查有关核泄密事件表明他是致力于解决武器扩散问题的。美国务院发言人鲍彻表示，美国对穆沙拉夫宽恕卡迪尔·汗的决定不持任何保留意见。美国认为，巴在结束核扩散问题上采取了认真的行动，采取必要措施防止今后再次发生类似武器扩散活动完全取决于巴政府，是巴内部事务。2月9日，美国国务卿鲍威尔赞扬巴政府在处理核泄密事件上做出了应有的努力，同时要求巴政府彻底铲除由卡迪尔·汗领导的走私核技术的网络，以确保不留任何隐患。

（二）法国。2月2日，法国外交部发言人拉德苏表示，法国准备向巴基斯坦提供有关核安全方面的技术帮助。拉德苏肯定了巴政府为保障核安全所采取的措施，并强调，法国希望巴基斯坦能加强对敏感材料、有关核设备和核技术的控制，尤其要严格控制出口渠道，杜绝核材料和技术外泄。

（侯君明）

尼泊尔局势依然动荡　2004年，尼泊尔反政府武装继续进行武装斗争，尼政府军虽加大了打击力度，但收效并不明显，尼泊尔局势依然动荡。

一、尼反政府武装继续开展武装斗争

2003年8月，尼反政府武装单方面宣布终止与政府在年初达成的停火协议，以西部山区为依托，不断扩大活动区域，在全国半数以上的县建立了与政府平行的政权，不断对政府部门、军营、警察哨所及政府官员的私宅等进行袭击。尼政府则下令武装部队在全国范围内对反政府武装展开搜剿行动。此后，尼政府军与反政府武装之间的作战活动不断。2004年2月15日，尼政府军获悉1000多名反政府武装正在尼西部的加利果德地区召开会议后，立即派出部队前往该地区进行围剿。双方激战两天两夜，尼政府军还出动了两架带有夜视设备的武装直升机前往战场增援，并动用了3架运输直升机从附近地区向战斗地点运送兵力。反政府武装死亡人数达35人，政府军方面有1名军官死亡，3名士兵受伤。3月2日，数百名反政府武装分子向尼中部波泽布尔地区的一个政府军哨所发动突然袭击，双方随即激烈交火6个小时，至少有21名政府军士兵死亡，另有几人失踪，反政府武装方面也遭受了重大伤亡。3月20日夜，上千名反政府武装分子突然向加德满都以西300多公里的米亚格迪县政府所在地发动袭击，并攻打当地的警察局、兵营、监狱等地，与当地军警发生激烈交火，战斗持续到次日上午才结束。反政府武装500余人丧生，200余人受伤，政府军方面有18人在战斗中丧生。4月4日，反政府武装人员乘夜暗袭击尼东部地区一个警察局，打死9名警察。5月9日，反政府武装在尼中部的多拉喀地区袭击了一辆公共汽车，造成7名军警和6名平民死亡，20多人受伤。7月5日凌晨，尼警方一支巡逻队在加德满都以南200公里的比尔甘杰镇附近一个村庄巡逻时，突然遭到反政府武装人员的伏击。在激烈的交火中，至少有12名警察阵亡，当地1名平民也被误击身亡。8月中旬，反政府武装向包括加德满都市最豪华的索阿尔提饭店在内的17家大企业发出恐怖威胁，要求这些企业从17日开始停止营业。8月16日，反政府武装对索阿尔提饭店发动了炸弹袭击。索阿尔提饭店管理层随即宣布，出于安全考虑，该饭店从17日起暂时停业。尼泊尔最大的一家烟草公司也宣布停业。11月17日，反政府武装炸毁了尼中西部地区班凯县的一座桥梁，随后与政府军发生激战，交火持续了两个半小时，至少有上百名反政府武装人员死亡，政府军方面有8人死亡，10多人受伤，21人失踪。12月23日，反政府武装在尼西部地区分别袭击了两支政府军巡逻队，共造成34人死亡，其中包括5名平民。此外，反政府武装还不断对政府官员发出威胁，要求他们立即辞职，否则严惩不贷。7月2日，尼西部著名旅游城市博克拉市市长古隆在乘车上班途中遭反政府武装分子刺杀身亡，他的司机和1名保镖身受重伤。由于受到反政府武装的威胁，达努萨县的95名地方官员集体辞职。

尽管尼政府军加大了对反政府武装的打击力度，但由于反政府武装以山地为依托，战术灵活，而尼政府军实力有限，作战能力不足，情报保障不够完善，又未制订出合理的军事方案，因此难以发动对反政府武装的毁灭性打击。

二、有关国家和国际组织对尼泊尔局势的态度

（一）印度。印度密切关注尼国内局势，支持尼政府努力争取和平，同时认为不应放弃武力打击手段。印度还积极帮助尼政府军进行现代化建设，为其提供

军事援助。印度警方同尼泊尔警方加强了边境地区的防务合作，提升了防务合作和情报交流的级别，并在薄弱地区设立了检查哨，防范尼反政府武装的越境渗透。

（二）美国。美国政府支持尼政府对反政府武装进行军事打击，在2004财年预算中决定向尼泊尔提供3800万美元的经济援助，并提供1700万美元军事援助用以购买武器装备。美军还同尼政府军举行了联合军事演习。在索阿尔提饭店遭受炸弹袭击以后，8月18日，美国国务院副发言人埃雷利发表声明，强烈谴责尼反政府武装制造的一系列袭击事件，声称美国将与尼政府共同打击尼反政府武装。

（三）欧盟。欧盟认为，尼泊尔国内实现持久和平的唯一出路是开展积极的对话，用武力消灭尼反政府武装是徒劳无功的。欧盟还制定了一项资金援助计划，帮助缓解尼国内的紧张局势，改善尼泊尔人民的生活水平。

（四）联合国。3月23日，联合国秘书长安南发表声明，对尼泊尔政府军与反政府武装发生的激烈冲突表示关注，呼吁双方停止冲突、恢复和谈。安南对冲突使该国人民的生活受到严重影响表示担忧，并称，冲突中平民伤亡以及严重侵犯人权的现象经常发生，国家的社会和经济发展受到了严重阻碍。12月23日，安南通过其发言人发表声明，对尼泊尔政府军和反政府武装当天爆发的冲突深表关注，并敦促双方立即停止敌对行动。安南在声明中说，他对尼泊尔境内冲突升级及持续发生严重违反人权的事件感到非常不安，呼吁尼泊尔冲突双方立即停火，尽快启动尼泊尔所有政治力量都参与的全国对话进程，并称联合国将对这一进程提供最大支持。

（侯君明）

斯里兰卡继续遭受内战煎熬　2004年，斯里兰卡反政府武装泰米尔伊拉姆猛虎组织（简称猛虎组织）继续进行反政府活动，组织实施多起暴力袭击，该组织内部也发生了冲突，挪威政府特使多次赴斯里兰卡斡旋促和，但由于双方分歧太大，和谈未能恢复。

一、斯里兰卡内战不断

（一）猛虎组织继续进行反政府活动。自2002年2月斯政府与猛虎组织实施停火以来，双方的武装冲突急剧减少，但暴力事件仍时有发生。2004年7月7日，一名猛虎组织成员在首都科伦坡一个警察局内引爆藏在身上的炸弹，造成5人死亡，13人受伤。11月19日，曾参与审判猛虎组织最高领导人普拉巴卡兰的著名法官埃姆贝蒂亚在科伦坡被猛虎组织枪杀。11月下旬，猛虎组织在斯东部和北部地区发起纪念泰米尔“英雄周”活动，泰米尔人在聚居区内到处张贴海报，试图升起泰米尔旗帜，并和斯政府支持者发生多起暴力冲突，造成10余人受伤。11月26日，斯警方决定在斯东部重要港口城市亭可马里实施宵禁，并向东部和北部地区增派了军警。11月29日，猛虎组织在亭可马里举行抗议活动，该城市公共交通陷入瘫痪，两名猛虎组织成员向1辆公共汽车投掷手榴弹，造成1死4伤。斯警方随即宣布，亭可马里从当日起实施无限期宵禁，并关闭通往斯北部猛虎组织控制区的公路。

（二）猛虎组织发生内讧。3月3日，猛虎解放组织负责东部地区事务的高级指挥官卡鲁纳上校因该组织“试图撕毁已经执行了两年的停火协议”，突然宣布脱离猛虎组织，并率约6000名成员出走。4月8日，猛虎组织主流派与卡鲁纳的军队在斯东部地区发生激战，造成22人死亡，数千平民被迫逃离家园。6月份，猛虎组织主流派与卡鲁纳的军队再次发生激战。9月下旬，双方在斯里兰卡东部城市拜蒂克洛发生冲突，导致7人死亡，其中包括卡鲁纳的兄弟。11月22日，斯东部猛虎组织控制区发生地雷爆炸事件，造成至少10人死亡，12人受伤，其中包括多名猛虎组织成员。

二、挪威多次促和未果

2003年11月，斯总统库马拉通加夫人突然解除国防部长马拉波纳等3名部长的职务，指责他们在与猛虎组织谈判过程中让步太多。此举使斯政府出现政治危机，并导致充当和谈调解人的挪威政府宣布暂停和平斡旋活动。2004年1月，库马拉通加夫人发表声明，称不再反对由总理领导的和谈进程。4月22日，库马拉通加夫人致电挪威首相邦德维克，希望挪威能继续在斯政府和猛虎组织之间担当调停者。5月1日，挪威副外交大臣赫尔格森和特使索尔海姆抵达科伦坡，开始为重启斯里兰卡和谈进程进行斡旋。5月3日，猛虎组织表示，他们愿意恢复与政府的和谈，但和谈必须在2003年10月底猛虎组织向斯前政府提交的有关在斯北部和东部地区建立临时自治权力机构的基础上进行，而且不能附加任何条件。在挪威的调解下，斯政府被迫承认猛虎组织为该国泰米人唯一的合法代表，为和平谈判奠定了较好基础。2004年6月12日，库马拉通加夫人表示，斯政府准备与猛虎组织恢复和谈，但和谈内容必须包括讨论最终解决斯长达20多年的民族冲突的问题，而不仅仅是猛虎组织提出的自治建议。次日，猛虎组织发表声明指责库马拉通加夫人对恢复和谈缺乏诚意，提出将最终解决民族冲突这一核心问题与猛虎组织提出的自治建议同时讨论是“政治欺骗”，并警告称斯里兰卡有可能重新爆发内战。7月25日，挪威副外交大臣赫尔格森抵斯里兰卡进行和平斡旋。7月27日，斯总统库马拉通加夫人表示，斯政府愿意就猛虎组织的自治建议恢复和谈，政府愿意并期待着在一个统一国家的框架内就临时自治权力机构问题与猛虎组织开始谈判并找到持久解决民族冲突的办法。9月3日，库马拉通加夫人进一步表示，如果猛虎组织同意就成立临时自治政府的建议和永久解决民族冲突问题同时进行讨论，政府将允许首先成立临时自治权力机构。9月13日，挪威特使索尔海姆抵科伦坡进行和平斡旋活动。9月16日，索尔海姆在斯北部基利诺奇镇与猛虎组织政治领导人泰米尔切尔万举行了会谈，但未能打破双方在恢复和谈问题上的僵局。11月9日，挪威特使索尔海姆抵达科伦坡，随后挪威外交大臣彼得森也于次日抵达科伦坡。挪威代表团分别与库马拉通加夫人和猛虎组织最高领导人普拉巴卡兰举行了会谈。斯政府和猛虎组织方面均承诺继续维持停火，但双方在恢复和谈的条件方面分歧依旧。11月27日，猛虎组织最高领导人普拉巴卡兰发表讲话称，如果政府不能在该组织自治建议的基础上尽快开始谈判，他们将恢复武装斗争。斯政府随后表示，普拉巴卡兰“用威胁性的语言要求无条件恢复和谈，同时又单方面要求以其自己的建议为恢复和谈的条件”，这无助于恢复谈判。12月13日，挪威特使索尔海姆再次抵科伦坡进行和平斡旋活动，但仍未能打破双方在恢复和谈问题上的僵局。12月23日，猛虎组织否决了政府提出的重开和谈提案，其理由是政府的最新提案没有涉及猛虎组织所关注的问题，政府提议通过临时安排的方式来处理东北部地区问题，而不是猛虎组织要求的成立临时自治政府。斯政府与猛虎组织的谈判之所以不能恢复，除了双方在谈判的条件上存在较大分歧之外，还有两个原因：一是猛虎组织内部发生冲突，该组织指责斯政府支持卡鲁纳分离派，并多次威胁重开内战。二是斯政府内部在和谈问题上也出现了较大的不协调。斯总统库马拉通加夫人表示，斯政府愿意就泰米尔问题的最终解决方案和在泰米尔人聚居区成立临时自治权力机构的问题进行谈判。但斯执政联盟内部的人民解放阵线却强烈反对在猛虎组织自治建议的基础上恢复和谈，认为这将导致国家分裂。此外，人民解放阵线还对挪威是否适合继续充当斯和平进程的斡旋者提出了质疑。

三、联合国和美国敦促斯政府与猛虎组织尽快进行谈判

（一）联合国。1月26日，联合国秘书长安南通过其发言人发表声明称，他对斯里兰卡国内政局最近面临的困难形势表示关注，并希望斯政府和猛虎组织的和谈能在近期恢复。安南对挪威政府为推动斯里兰卡和谈所做的积极贡献表示赞赏，并希望它能继续努力帮助斯政府和猛虎组织回到谈判桌上来。

（二）美国。11月19日，美国国务院发表声明称，美国将继续支持斯里兰卡和平进程并敦促所有党派重新开始和平谈判，并高度评价了库马拉通加夫人在解决争端问题上的立场，强烈谴责猛虎组织实施的一系列恐怖活动，认为这些活动破坏了其他所有斯里兰卡人和国际社会为和平谈判所付出的努力。

（侯君明）

格鲁吉亚三个自治共和国局势动荡 格鲁吉亚前总统谢瓦尔德纳泽因“议会选举舞弊事件”被迫辞职后，反对派领袖萨卡什维利在2004年1月4日举行的总统选举中当选新一届总统。萨卡什维利上台后，把恢复国家统一作为第一要务，决心彻底解决三个亲俄自治共和国阿扎尔、南奥塞梯和阿布哈兹的长期分裂问题，导致三共和国与中央政府的关系恶化，局势动荡。

一、阿扎尔共和国

由于阿扎尔领导人阿巴希泽拒绝承认格新政权，并于2月18日起在阿全境实施紧急状态和宵禁，格阿关系渐趋紧张。3月14日，萨卡什维利在前往阿扎尔会见当地选民时，其车队在阿行政边界附近遭当地武装人员和装甲车拦截，被迫返回。萨卡什维利当晚发表电视讲话，要求阿巴希泽承认并服从中央政府的领导，解除地方武装，同时下令格军队进入战备状态，封锁阿领空。在遭到阿巴希泽拒绝后，又于次日下令限制阿使用其境内港口、机场和海关边境站，冻结其在中央银行的帐户，吊销其境内所有银行的运营许可证等，以切断其财政来源。阿巴希泽则再次宣布在阿全境实施紧急状态和宵禁。同时，约3000名格军和5000名阿地方武装也开始在阿行政边界附近集结，形成紧张对峙态势，局势迅速恶化。在此情况下，与阿关系密切的俄罗斯多次发表声明，警告格当局“如果使用武力，将导致最严重和最无法预料的后果”，呼吁通过直接对话和平解决冲突，同时派出莫斯科市长卢日科夫赴阿参与冲突的调解工作。在卢日科夫的调解下，3月17日至18日，格议长布尔贾纳泽与总统萨卡什维利分别与阿巴希泽举行了长时间的会谈，就如期举行议会选举、解除阿地方武装等问题达成协议。19日，格政府宣布取消对阿实施的经济制裁，阿巴希泽下令取消在其全境实行的紧急状态和宵禁，格阿紧张关系暂时得以缓解。

3月28日，格议会选举在阿扎尔如期举行，阿巴

希泽领导的全格复兴党得票率仅为6.2%。4月9日，萨卡什维利再次敦促阿巴希泽解除地方武装，否则将依法解散阿议会，重新举行阿议会选举。13日，格总理日瓦尼亚与阿巴希泽就解除阿地方武装问题进行谈判，未取得任何进展。23日，格新一届议会首次会议通过决议，要求格国家安全部制定和实施解除阿地方武装和收缴非法武器的计划，国防部和其他权力部门要对拒不执行总统命令的行为做出反应。30日，格军又开始在距阿行政边界仅30公里的波季举行历史上最大规模的军事演习，进一步向阿施压。对此，阿除宣布自4月24日起第三次在全境实施紧急状态和宵禁外，阿军事人员还炸毁了连接阿与格的三座公路桥，以防止参演格军对阿采取军事行动，双方紧张关系再次升级。5月2日，萨卡什维利向阿巴希泽发出最后通牒，限其在10天之内解除地方武装、恢复境内正常秩序等，否则将考虑解散阿地方权力机构，重新举行阿议会选举。阿境内的反对派也于5月4日组织数百名学生在巴统大学举行反对阿巴希泽的集会，要求阿巴希泽辞职并解散地方武装，被地方武装人员驱散。当晚又有数千人在巴统大学集会，次日，大批当地机关工作人员、医生和记者也加入集会队伍，使集会人数增至1.5万左右。在这种情况下，萨卡什维利一方面召开国家安全委员会紧急会议，谴责阿巴希泽企图分裂国家，呼吁阿武装力量和护法人员拒绝执行阿巴希泽的命令，督促阿巴希泽辞职，另一方面与普京总统通话，协商危机的解决办法，并邀请俄安全会议秘书伊万诺夫出面调解冲突。在格中央政府及阿反对派的巨大压力下，5月6日，阿巴希泽被迫辞职并飞往莫斯科。萨卡什维利随即飞抵巴统，对阿临时实行总统直接管理，格内务部队也于同日进驻阿扎尔维持社会治安，格政府“完全控制了阿扎尔局势”，紧张局势得以缓解。

二、南奥塞梯共和国

解决阿扎尔问题后，萨卡什维利开始关注南奥问题，呼吁其立即与中央政府举行谈判，和平解决地区分裂问题。5月21日，格借打击走私名义，在南奥首府茨欣瓦利附近设立了4个警察检查站，引起南奥当局和驻冲突地区维和部队的不满。31日晨，格以保护检查站为由，向冲突地区派兵，导致冲突地区局势骤然紧张。6月11日，格又以俄向冲突地区增派军队及武器装备为由，进一步对俄及南奥当局施压，同时试图派兵进入南奥，并坚持称“南奥是格国家的一部分，格政府在该地区的行动完全符合冲突各方达成的协议”。对此，南奥领导人科科伊基则指责格当局在美国和欧安组织的支持下，破坏南奥局势，要求把南奥归入俄版图，局势有再度激化的危险。为防止事态进一步恶化，俄外交部紧急召见美驻俄大使弗什博，对格政府近日派遣由美帮助培训的军人参与针对南奥的“挑衅行动”表示忧虑，萨卡什维利也于次日表示将尽力以和平方式解决冲突。格奥双方进入对峙状态。

为防止“俄武器装备进入南奥地区”，7月6日夜至次日凌晨，格200名军警在南奥地区拦截了俄为维和部队运送军用物资的车队，并扣留了两辆载有160枚火箭弹的卡车；8日凌晨，南奥约200名武装人员进入距茨欣瓦利20公里的瓦纳季村，解除了驻扎在该村约50名格军人的武装，并将其押送至茨欣瓦利；13日，格方再次扣押了俄紧急情况部为南奥地区运送人道救援物资的车队。双方上述一系列举动导致南奥地区局势再度紧张，随时有爆发武装冲突的危险。为防止局势恶化，俄外交部呼吁四方混合监督委员会立即在莫斯科举行会晤，商讨和平解决冲突的办法。15日，四方混合监督委员会代表在莫斯科签署议定书，同意促进消除南奥冲突地区的紧张局势，将除维和部队以外的所有武装力量和装备撤出冲突地区，同时呼吁格奥双方避免使用武力，以和平方式解决冲突。但局势并未得到真正的缓和。29日晚和8月1日凌晨，南奥首府茨欣瓦利南部地区3次遭格方炮击；2日，俄国家杜马独联体事务委员会主席科科申在前往南奥访问时遭袭，所幸未造成人员伤亡。11日，正在莫斯科访问的格国防部长巴拉米泽与俄就从南奥冲突地区撤出除维和部队以外的所有武装力量问题达成协议。15日，四方混合监督委员会代表在茨欣瓦利签署《停火议定书》，宣布格奥之间自当日起实现停火，并在两周内将非法武装撤出冲突地区。尽管如此，冲突地区的紧张局势仍在继续，四天之后，冲突双方为争夺茨欣瓦利附近的制高点而再次开战。为避免爆发全面战争，萨卡什维利随即宣布从冲突地区撤军。俄北高加索军区第58集团军则自8月23日起在北奥塞梯举行军事演习，向格方施压，此后未再发生交火事件。11月5日，格总理日瓦尼亚和南奥领导人科科伊基就实现冲突地区非军事化和公民自由往来达成协议，紧张局势得以缓和。

三、阿布哈兹共和国

7月31日凌晨，格海岸警卫队向1艘驶向阿布哈兹首府苏呼米的土耳其货船开火，引起阿当局不满。阿随即宣布退出正在与格当局进行的谈判，并宣布将击沉格方擅自进入阿水域的军用舰只。此举被格当局视为“挑衅行为”。8月3日，萨卡什维利下令击沉所有未经格当局批准而擅自进入苏呼米港的船只，同时表示在冲突彻底解决之前不欢迎俄罗斯人到该地区旅游。对此，阿当局宣布，阿海军将全力保证进入阿船只的安全，并指责格政府对平民进行威胁是执行国家恐怖政策。俄外交部也于 8 月 4 日警告格不要对俄采取敌对行动，强调任何企图损害和侵犯俄公民生命安全的行为都将遭到俄方应有的回击。格与阿及俄的关系出现紧张趋势。9 月 28 日，格负责解决冲突问题的国务部长海因德拉瓦表示，格政府准备恢复与阿方的谈判，称“只有通过谈判，并在格国家版图内解决阿政治地位，才能进一步推动和平进程”。

在紧张局势尚未缓解的情况下，阿又因总统选举问题陷入局势动荡。在 10 月 3 日举行的阿总统选举中，巴加普什和哈吉姆巴得票率比较接近。阿最高法院在当月 28 日晚宣布承认巴加普什获胜仅一天后，又于 29 日凌晨改变决定，宣布 3 日举行的总统选举无效，并要求在两个月内举行第二次总统选举。两位候选人互不服输，纷纷号召其支持者举行抗议示威，并冲击政府机关，导致阿政局陷入危机。对此，格国务部长海因德拉瓦 10 月 29 日表示，阿举行的任何选举都是不合法的，格政府准备通过外交途径防止阿局势恶化。俄外长拉夫罗夫也于当天表示，尽快平息与选举有关的政治危机有助于尽早全面恢复格阿谈判。11 月 21 日，格国防部进一步驳斥了阿当局有关格向阿行政边界派兵举行大规模军事演习的说法。萨卡什维利表示，格不准备通过战争解决与阿冲突。12 月 5 日，巴加普什和哈吉姆巴达成协议，联合组成竞选班子参加将于 2005 年 1 月 12 日重新举行的总统选举，前者竞选总统，后者竞选副总统，如果获胜，总统和副总统的权限将不会有很大差别。二人同时就解散各自支持者的武装达成一致，危机局势出现转机。次日，巴加普什和哈吉姆巴签署阿布哈兹民族和解协定，双方的武装支持者开始撤离苏呼米，局势趋于平静。

（果　立）

伊拉克未能走出战乱　2004 年，伊拉克反美武装继续以各种方式开展针对驻伊美军和伊临时政府及其支持者的袭击活动，驻伊美军和伊军也不断加强对反美武装的清剿，伊拉克仍未能走出战乱。

一、伊拉克继续陷入战乱

（一）伊反美武装及其活动情况。2004 年，伊拉克反美武装不断壮大。据不完全统计，伊反美武装组织已发展到近百个，其中关键的武装有三支：第一支是萨达姆残余势力。伊拉克战争后，萨达姆残余势力成了反美武装的主力。其成员主要包括前政权军警特人员、前执政党阿拉伯复兴社会党成员和萨达姆家族成员。美国占领伊拉克后，300 万复兴社会党成员和 70 万军警特人员消失在伊拉克人海中，遍布在伊全国各地。据反映，萨达姆残余势力核心成员有 4000 至 5000 人,组成萨达姆敢死队、耶路撒冷旅和 M14（伊前政权情报部门反恐和特别行动处代号）三股武装。萨达姆残余武装曾以复兴社会党名义发表声明称，它将带领伊拉克人民将反美武装抵抗运动进行到底，直至从外国军队的占领下解放伊拉克。第二支是什叶派领袖萨德尔领导的“迈赫迪军”。伊战刚结束不久，萨德尔领导的“迈赫迪军”就控制了很多什叶派地区，其中包括巴格达的萨达姆城（后改为萨德尔城）。萨德尔在接管区进行全面整治和管理，为此吸引了大量支持者，特别是穷人和年轻人。萨德尔公开号召信徒抵抗美军，蔑视和抗拒伊临管会和临时政府有关禁建私人武装的禁令。萨德尔领导的“迈赫迪军”约有 1 万人，其中积极分子有 5000 至 6000 人，核心成员有约 1000 人。萨德尔领导的“迈赫迪军”与驻伊美军及伊安全部队进行武装对抗，曾一度给驻伊美军及伊安全部队沉重打击。第三支是“基地老三”扎卡维领导的“统一圣战组织”。这支武装已发展成为伊反美武装中最为活跃的一支。扎卡维领导的“统一圣战组织”的秘密据点遍及伊拉克全国各地，主要进行汽车炸弹和自杀式袭击，5 月 15 日曾在戒备森严的巴格达驻伊联军总部附近炸死伊临管会轮值主席萨利姆。驻伊美军和伊临时政府已将扎卡维定为头号敌人，将对其悬赏的奖金由 1000 万美元提高到 2500 万美元。

随着伊反美武装不断壮大，其袭击活动范围已由主要在提克里特、巴格达和费卢杰之间的“逊尼三角地带”扩展到伊全境。袭击目标由原来的主要以驻伊美军为主发展到伊境内所有被认为与驻伊美军和伊临时政府有关的人员和设施，无辜平民也经常成为袭击的对象。袭击活动规模也相应扩大，造成巨大震撼力的袭击增多。2 月 1 日埃尔比勒两库尔德人政党办公室遭袭造成 234 人伤亡。3 月 2 日巴格达和卡尔巴拉发生的系列爆炸袭击造成 870 多人伤亡。4 月 21 日巴士拉警察局及警察学校遭袭造成约 300 人伤亡。从 6 月份开始，造成上百人伤亡的袭击事件更是经常发生。伊反美武装袭击的主要手段在原来武装袭击、恐怖爆炸的基础上加强了绑架和杀害活动，绑架和杀害人质事件之多、手段之残忍和造成的后果之严重举世震惊。据不完全统计，3 月至 9 月发生绑架和杀害人质事件达 50 多起，绑架和杀害人质达 130 多人，涉及的国家 20 多个。被绑架和杀害人质不仅有美国、英国人，也有来自意大利、日本、韩国等出兵支持美国的盟国公民，还有如中国、俄罗斯、德国、印度、巴基斯坦、土耳其等反对美国发动伊拉克战争或与伊战毫无瓜葛的国家的公民。伊反美武装不分国别、不分是非地绑架和杀害人质，是想借此引起国际社会高度关注，迫使美国及其盟国从伊拉克撤军。菲律宾等国政府为救人质被迫从伊拉克撤军，导致伊拉克战争“志愿联盟”面临分裂。

（二）美国采取的对策。面对伊反美武装不断袭击和伊拉克局势持续动荡，美国从两个方面采取了应对之策：一是一改过去的傲慢立场，积极向国际社会求援。美国向联合国提交的伊拉克问题提案认真采纳中、俄等国意见，终于使解决伊问题的联合国安理会第 1546 号决议获得一致通过。美国根据决议于 6 月 28 日（提前两天）向伊拉克临时政府交权。二是加大对伊反美武装的清剿力度。为报复 3 月 31 日发生的“辱尸事件”，驻伊美军 4 月 4 日发动代号为“警惕决心”清剿行动，围攻费卢杰，企图捉拿什叶派武装头领萨德尔，结果造成上千伊拉克无辜平民伤亡。此后驻伊美军和伊安全部队不断在费卢杰、纳杰夫、卡尔巴拉、纳西里耶和基尔库克等地对伊反美武装进行清剿。

二、伊拉克未能走出战乱的主要原因

（一）美国的继续占领和控制是伊拉克不能走出战乱的根本原因。按理说，美国向伊拉克移交权力在法律和形式上意味着美国对伊拉克军事占领的结束，这是实现伊拉克人民和国际社会普遍希望的“伊人治伊”目标迈出的重要一步。从此，伊拉克政府就可按照联合国通过的第 1546 号决议和伊拉克临时宪法的规定行使权力和职责。但实际情况并非如此，美国向伊拉克移交权力是名交实不交，伊拉克真正的权柄仍控制在美国人手中，美国“交权”后仍在从政治、军事和经济上对伊全面加以控制。从政治上看，伊拉克政权仍完全受美国控制。伊拉克临时政府是美国一手扶植的政权，其成员大多是从流亡国外的亲美势力中产生，而且临时政府各部门中还配有美国“技术顾问”，因此实际权力极为有限，无权自主行政和制定长期政策。美帮助制定的伊临时宪法规定：“作为一个临时政府，这个政府应当避免采取任何可能在有限的过渡时期结束后对伊拉克命运造成影响的行动。由伊拉克民众民主选举出的未来政府才能够采取此类行动。”伊新组建的军队也“接受多国部队统一指挥”。伊拉克权力移交之后惟一的变化就是：“美军从台前搬到了幕后，从一手遮天变为了暗中操纵。”权力移交后，联军临时管理当局宣布解散，但几乎所有美国官员将以外交官身份继续留在伊拉克，影响伊拉克的政治决策。由于自身能力的虚弱，伊新政府不得不在改善安全环境和重振伊拉克经济等许多方面依赖美国的帮助和支持。从军事上看，伊拉克战争结束已一年多，但美国在伊的 13.8 万占领军毫无撤走之意，而且大有长期驻留之势。美国总统布什曾警告，伊拉克形势可能恶化，美军将视需要“尽可能长”地留驻伊拉克。美国防务信息研究中心的专家认为，美军会在伊拉克“停留很久”，越战和阿富汗的例子就是明证。相比之下，伊拉克的军事、经济重要性对美国来说比阿富汗要大，所以，美军在伊拉克可能留守更长时间。在完成维护伊拉克安全的任务后，美国驻军会在伊建立军事基地，其目的除控制伊拉克外，还将威慑周边的伊朗等国，保护美国在中东地区的战略利益。不仅如此，美国军政要员还信誓旦旦地表示，随时可以在伊拉克动用武力。美国防部副部长沃尔福威茨称，驻伊美军在向伊方移交政权后仍有权在伊境内不受限制地采取行动。从经济上看，美国通过“抢项目”和“输血”控制伊经济重建。美英联军占领伊拉克后，美国各大公司几乎抢占了伊所有重大经济重建项目，在移交权力后也没有与他人分享的意思，而且还企图通过“输血”来牢牢控制伊拉克经济重建。此外，美国为了继续在伊临时政府中保持强大影响，在交权之前专门组建特别委员会负责规范伊拉克广播、通信等舆论工具，制定“选举法”组成专门委员会审核各政党和个人参与选举的权利，同时还制定了近百项“为伊拉克今后发展道路指明前进方向”的条令。美国继续占领和全面控制伊拉克是出于其全球和长远战略利益的需要，也是推动其全球战略的重要步骤。美国希望通过占领和控制伊拉克一方面在伊建立亲美“民主”政权，使伊成为中东地区其他国家的效仿榜样，进而推进“大中东民主计划”，巩固美国在该地区的主导地位并控制该地区的战略资源；另一方面对其他国家进行震慑，阻止其他国家发展大规模杀伤性武器以确保美国及其盟友的安全。

（二）驻伊美军和伊临时政府实力不足是其重要原因。十几万驻伊美军和数量有限的伊拉克安全部队无法对伊全境进行有效控制。伊拉克临时政府估计，隐蔽在全国各地的伊反美武装总数在 20 万人以上。伊反美武装行动诡密，战术灵活，出其不意，攻其不备，让分布在漫长战线上的驻伊美军和数量有限的伊拉克安全部队防不胜防。双方虽然装备悬殊，但伊反美武装占有天时地利，行动自如，而且得到广大老百姓的支持和掩护。相反，驻伊美军人地生疏，战线过长，兵力不足，尤其是得不到伊安全部队的有力配合。伊安全部队战斗力极差。驻伊美军和伊临时政府募兵时规定，旧政权军队中校级以上军官、阿拉伯复兴社会党中高级成员和共和国卫队官兵一律不招，因此所招人员大多是初次当兵，而且只训练6至9周就上战场，毫无作战经验，指挥人才更是奇缺。被召人员绝大多数应召目的都是为了每月领60美元津贴养家糊口，因此毫无士气可言。

（三）国际恐怖势力介入加剧了伊拉克战乱。美国在2001年发动阿富汗战争打掉“基地”组织的老巢后，“基地”组织成员失去了藏身之地，只得向世界各地转移。经过一段时间的蛰伏之后，“基地”组织所领导的国际恐怖势力进行重新整合，在世界60多个国家建立了分支机构，年轻一代“基地”成员成了恐怖势力的中坚力量。“基地”组织第三号人物扎卡维就是其中的典型代表。由于国际安全形势的总体稳定和绝大多数国家安保工作的严密，国际恐怖活动大受限制，很难进行大规模和有震撼力的活动。美国再次发动伊拉克战争给国际恐怖势力的发展提供了千载难逢的契机。伊战期间和战后，大批恐怖分子纷纷拥入伊境内，借支援伊拉克抗击美军占领为名扎下根来，大肆制造恶性恐怖事件。2004年在伊拉克境内发生的恶性恐怖事件居世界各国之首。伊拉克逐步演变成为国际恐怖势力的大本营，扎卡维领导的“统一圣战组织”则成了国际恐怖势力的支柱和榜样。国际恐怖势力的介入壮大了伊拉克反美武装力量，起到了加剧伊拉克战乱的作用。

三、国际社会对伊拉克持续战乱的反应

（一）美国的盟国采取“功利”政策。鉴于伊拉克安全局势持续恶化，美国拼凑的伊战“志愿联盟”面临严峻考验，出现严重裂痕。在派兵参加“驻伊联军”的国家中，除英国、日本等少数铁杆盟友外，西班牙、菲律宾和乌克兰等国出于安全和自身利益考虑，已纷纷将派往伊拉克的部队撤回。其他一些盟国也表示出了撤军的意向。这些国家的对伊政策自始至终是一种摇摆不定的“功利和务实”政策，他们既不愿为伊拉克战争付出太大代价，却又试图从伊拉克战后重建中获取最大利益。当伊拉克重建无利可图、伊拉克战乱遥遥无期的时候，这些国家的政府就掂量着把自己国家引出伊战乱的漩涡，以减轻国内外反战舆论的压力。

（二）俄、法、德等反战国家采取观望态度。这些国家的策略是，既然在军事上无法抗衡美国，也只能对伊拉克形势的进展静观其变，在政治、道义上给予伊拉克支持和对美国予以舆论上的谴责，要求美国将伊拉克重建主导权交给联合国，将伊拉克主权真正交给伊拉克人民，尽快扭转伊拉克乱局。出于国际战略安全和国家战略利益，俄、法、德等反战国家决定不轻易介入伊拉克国内事务，不为深陷伊拉克战乱泥潭的美国解套。

（三）伊拉克周边国家积极采取应对之策。伊拉克周边国家对伊拉克战乱处于两难境地，一方面慑于美国咄咄逼人的军事压力和“政治劝告”只能听由美国“任行其是”，另一方面伊拉克战乱事关自身切身利益又不能不完全坐视不管。这就决定了这些国家只能巧妙周旋，妥善应对。伊朗、叙利亚担心成为美国下一个军事打击目标，加紧发展军事实力，提高与美抗衡的能力。土耳其、沙特、约旦等国则担心伊拉克战乱危及自身稳定，希望并积极劝说美国尽快恢复伊拉克主权和稳定。实际上，伊拉克所有周边国家都在暗中插手伊拉克内部派系斗争，企图引导伊拉克政局朝着有利于自己的方向发展。

（张　宁）

驻伊美军爆出虐俘丑闻　2004年4月28日，美国哥伦比亚广播公司首次公开播出驻伊美军虐待伊拉克俘虏的照片后，美军虐俘内幕被逐渐揭开。这种有悖人类基本尊严的虐俘丑闻在国际社会引起强烈反响，遭到全世界的同声谴责。美国所谓的人权、自由、民主神话受到严重质疑。

一、美军虐俘丑闻

根据媒体披露和有关调查显示，驻伊美军虐待伊拉克俘虏的手段极其残暴血腥，包括严刑拷打、脱光衣服、剥夺睡眠、性虐待等，视之令人不寒而栗。据美国媒体报道，美军在伊拉克虐待战俘的事件并非是个别和偶然现象，其范围远不止于伊拉克阿布格莱布监狱，也不仅限于伊境内，在阿富汗和古巴关塔那摩等地也有此类现象。虐俘丑闻曝光后，美国总统布什和国防部长拉姆斯菲尔德迫于舆论压力，不得不出面表态。布什在白宫接受电视采访时谴责了虐俘事件，并向伊拉克人民表示道歉。拉姆斯菲尔德在国会举行的听证会上也做出了道歉表示，并称将给予受害者补偿，同时下令成立一个特别调查委员会彻查此事。布什和拉姆斯菲尔德同时又狡辩称，虐俘事件只是个别现象，是个别官兵的违纪行为所致。

但事实证明，实际情况并非如布什和拉姆斯菲尔德所言。虐俘事件完全是由美军方和情报部门一手制造的。美情报部门为了获取情报信息，不惜采取各种残酷刑讯手段来摧毁战俘的心理防线以获取口供。据反映，美国情报部门在阿布格莱布监狱设有联合审讯情报中心，由第205军事情报旅下属两个营负责组建。

该中心作为联合司令部情报处的下属机构，专门负责战俘和其他被捕人员的审讯工作，从中获取有价值的情报。美国陷入伊拉克战争泥潭后，为了准确摸清伊反美武装底细，驻伊美军前总指挥桑切斯中将曾把负责古巴关塔那摩美军监狱的米勒少将召到伊拉克，要求他对美军监狱管理系统进行审查，制定能够快速摧垮俘虏意志而获得情报的方法。依据关塔那摩的经验，美情报部门认定，要逼俘虏们“合作”，最有效的办法就是通过精神和肉体的折磨，使他们感到恐惧，也使那些尚未受到酷刑的俘虏在看到虐俘照片后心理受到强烈冲击，为避免遭到类似厄运而开口交代问题。

有关专家还认为，应该对虐俘事件负责的不仅仅是美军方和情报部门，还有美政府。因为美总统和实际负责情报工作的国防部长直接领导军队和情报部门，并对军方和情报部门的工作清清楚楚。据美国《纽约人》杂志报道，拉姆斯菲尔德在阿富汗战争时曾批准“特殊获取（情报）计划”，布什本人也知道此事。伊拉克战争后拉姆斯菲尔德又亲自批准将该计划应用于伊拉克阿布格莱布监狱。该计划的基本精神就是要“没有规则约束地让俘虏尽快说话”。据美国防部最新解密文件显示，该部曾于 2003 年 4 月批准多达 20 种残酷拷问手段，用来逼迫囚禁在古巴关塔那摩监狱的囚犯开口。这些凶残手段还得到了司法部的支持。

二、国际社会及美国内对美军虐俘丑闻的反应

美军虐俘丑闻披露后，受到了国际社会的一致谴责。联合国秘书长安南通过其发言人和伊拉克问题特使发表谈话，对美军看守虐待、羞辱伊战俘的报道深表不安，要求美军遵守国际人权法，惩罚虐俘相关人员。阿拉伯国家联盟发表声明，强烈谴责美军虐俘行为，认为美军虐俘行为侵犯了国际法赋予战俘的最基本权利，让人更加深恶痛绝的是虐待、羞辱伊战俘的人就是那些声称捍卫自由和人类尊严的人。俄罗斯、法国、德国等许多国家政府也都纷纷发表声明谴责美军的虐俘行为，并要求对制造虐俘事件的人绳之以法。特别令人关注的是，美国在伊拉克战争中的亲密盟友英国也对美国提出了批评。英国外长斯特劳向议会作证时称，美军虐俘是“对人权骇人听闻、令人恶心的侵犯”。

美军虐俘行为在美国内也遭到了严厉指责。民主党总统候选人克里、北约前最高司令克拉克等社会名流在谴责美军虐俘行为时都把矛盾指向布什政府，认为白宫和五角大楼应对整个事件负责，并要求拉姆斯菲尔德辞职。克里还专门组织了要求拉姆斯菲尔德辞职的签名活动。国会参、众两院议员也对虐俘行为提出了尖锐批评。众院民主党议员霍尔弗指出，拉姆斯菲尔德与中央情报局局长特尼特所犯的错误严重损害了美国的世界地位和全球反恐战争。参院外委会资深议员拜登指出，虐俘行为对美国在中东地区的形象造成了相当严重的损害。

三、虐俘丑闻对美国的影响

长期以来，美国以人权卫道士自居，动辄对别国横加指责。美国每年都要向联合国人权大会提交发展中国家人权报告和公开发表国别人权报告，对别国人权状况妄加评判。美国还经常借口捍卫自由、民主、人权干涉别国内政，甚至公然出兵剥夺别国主权。虐俘丑闻曝光后，美国的国际形象一落千丈，用以称霸全球的“软势力”严重受损。许多媒体都载文指出，美军的虐俘行为已“使美国丧失了作为一个激励全球的道德权威”，从此以后美国再也没有脸对人权记录欠佳的国家说三道四。虐俘丑闻对美国影响最严重的当数其极力推行的“大中东民主计划”。美国发动伊拉克战争的主要目的就是为了在伊建立民主政权并将伊建成美式民主国家，从而以此为样板推行“大中东民主计划”，对 22 个阿盟成员国及土耳其、阿富汗等进行民主改造，达到彻底控制整个阿拉伯伊斯兰世界的目的。虐俘丑闻的曝光使美国在中东地区信誉扫地，中东国家人民不再信任美国会给他们带来真正的民主自由，因而“大中东民主计划”能否顺利推行值得怀疑。伊斯兰教科文组织就发表声明呼吁联合国和世界各国共同采取措施，立即把伊拉克从外国占领下解放出来，让伊拉克人民自主选择自己的政权和管理自己国家的事务。

（张　宁）

伊朗核危机暂趋缓和　2004 年 11 月 29 日，国际原子能机构理事会在对伊朗核问题审议后通过决议，要求伊朗全面履行与代表欧盟的英法德三国此前达成的协议，并决定不将伊朗核问题提交联合国安理会讨论。至此，一波三折的伊朗核危机暂趋缓和。

一、伊朗核危机由波澜再起到暂趋缓和

2003 年 12 月 18 日，伊朗与国际原子能机构签署了《不扩散核武器条约》附加议定书，2004 年 4 月，伊朗宣布暂停浓缩铀离心机的组装，美国和伊朗之间围绕伊核问题的斗争得到缓和。然而，6 月 1 日，国际原子能机构向理事会成员国提交了一份秘密报告，认为伊朗在 4 月前没有向该机构申报进口了用于先进的第二代浓缩铀离心机的零件。6 月 18 日，国际原子能

机构理事会通过决议，敦促伊朗对此予以澄清，以便尽快完成对伊核查。6月底，伊朗在未能说服国际原子能机构结束对其核设施核查的情况下，宣布暂停提炼浓缩铀活动，但恢复浓缩铀离心机的组装。9月13日，国际原子能机构理事会再次举行会议，并于18日通过决议，要求伊朗在理事会11月25日举行会议之前暂停与铀浓缩有关的一切活动。然而，伊朗的态度趋于强硬，明确表示不会终止铀浓缩活动。9月21日，伊朗宣布已开始将37吨铀黄饼（铀矿料）的一部分用于铀转化试验。伊朗核危机再次成为国际社会瞩目的焦点问题。

为尽快促成伊朗与国际原子能机构合作，此前在推动解决伊核危机过程中功不可没的英法德三国再次积极斡旋，与伊朗举行了多轮艰苦的谈判。英法德三国提出，由欧盟提供技术、核原料来换取伊朗放弃铀浓缩活动的建议，并最终促成伊朗做出妥协。11月14日，伊朗最高国家安全委员会秘书、首席核谈判代表鲁哈尼宣布，伊朗同意中止几乎全部与铀浓缩有关的活动。在经过了艰难谈判之后，伊朗终于在核问题进入最为关键的时刻迈出了关键性一步，避免了将伊朗核问题提交安理会讨论并可能对伊实施制裁的局面。

二、伊朗核问题和平解决尚需时日

目前，伊朗核问题只是暂时得以缓和，距离完全、彻底解决仍有很长的路要走。首先，伊朗的妥协并不意味着从根本上放弃了自主开发核反应堆的权利。伊朗始终坚持维护和平利用核能的权利，在宣布中止铀浓缩活动的同时称，这完全是其自愿选择，并不代表任何义务。伊朗此前多次表示，“自愿”中止的行为可以在任何时候恢复，这也为将来可能出现的反复埋下了伏笔。其次，自从伊朗核问题引起关注以来，伊朗屡屡在关键时刻摆出高姿态，但转危为安后不久就会提出新要求，而且老问题也会以不同的形式显现出来。第三，伊朗议会10月底通过了旨在敦促政府重启铀浓缩活动的法案。伊朗政府如何应对该法案、伊朗国内主张在核问题上持强硬立场的保守派势力是否会采取新举措，以及上述情况是否会对伊朗政府履行诺言产生影响都值得关注。第四，美国不会因为伊朗做出的让步软化其强硬立场。只要伊朗在核问题上出现任何风吹草动，都会授美国以口实，并可能恶化美伊关系，致使伊朗核问题更趋复杂。

（林海霞）

阿富汗重建迎来新开端 2004年，阿富汗战后重建工作取得重大进展，不仅成功举行了自塔利班政权被推翻以来的首次总统直接选举，而且顺利组建了新政府，从而在民主发展进程中迈出了关键一步。但是，由于阿国内安全形势仍然继续恶化，恐怖暴力事件频发，阿新政府在未来的工作中仍然任重而道远。

一、成功举行历史上首次总统直接选举

根据《波恩协定》，阿富汗总统和议会选举应在第一次紧急大支尔格会议召开后的两年内，即不晚于2004年6月中旬举行。但因种种原因，大选日期两度被推迟，最终确定于2004年10月9日举行，议会选举则被推迟到2005年的4月份。

由于此次总统选举是阿自塔利班政权被推翻以来举行的首次总统直接选举，对阿未来民主发展进程具有决定性影响，因此引起了阿国内各派及国际社会的高度关注。在国内，由于阿党派众多、彼此间分歧严重，且对过渡政府严重不信任，导致选举形势异常复杂且竞争激烈。为了在大选中胜出，及在阿未来权力分配过程中占据主动，各派之间明争暗斗、分化组合，导致选前形势存在诸多变数。同时，由于阿国内安全形势继续恶化，美国等西方国家积极插手阿大选进程，国际社会对此次选举是否能够顺利举行，也始终存有疑虑。8月10日，联合选举委员会正式公布了候选人名单，其中包括实力最强的阿过渡政府总统卡尔扎伊、教育部长卡努尼、前北方联盟领导人杜斯塔姆、女候选人贾拉尔等18名候选人。但竞争主要在卡尔扎伊和卡努尼之间展开。卡尔扎伊得到国际社会，特别是美国的普遍支持，并可利用强大的执政资源为自己的竞选进行宣传，具有很强的竞争实力。卡努尼也具有一定实力，并得到阿过渡政府第一副总统兼国防部长、实力派人物法希姆的明确支持。此外，杜斯塔姆也可能对卡尔扎伊构成某种挑战。

9月7日，阿总统竞选活动正式拉开帷幕，各候选人通过各种方式争取选民的支持。除卡尔扎伊之外的其他17位候选人还联合指责卡尔扎伊滥用竞选资金、过渡政府操纵选举进程等，并联名要求卡尔扎伊辞职。对此，卡尔扎伊称，他将一直履行职责到任期结束。在联合国和国际社会的帮助下，10月9日，酝酿已久的阿首次总统直接选举如期举行，16名候选人参加了最后的角逐，1050万登记选民中约750万人在全国2.2万个投票中心投了票，5500名阿富汗观察员和500名国际观察员对选举进行了全程监督。但是，由于包括喀布尔在内的许多省份的投票站出现严重技术性失误，用来标记已投票选民的不可清洗的墨水可被洗掉，14名候选人对选举的合法性提出质疑，并联合签署协议抵制大选，导致计票工作暂停，5天后才得以恢复。最后的统计结果表明，卡尔扎伊在阿南部、东南部以及

西部省份获得了绝大部分选民的支持，并以 55.4%的支持率，领先第二名近 40 个百分点的绝对优势正式当选阿历史上首位直选总统，任期为 5 年。其竞选搭档、塔吉克族的艾哈迈德齐亚·马苏德和哈扎拉族的卡里姆·哈利利当选为副总统。

对于卡尔扎伊的顺利当选，国际社会给予高度评价。普遍认为，选举体现了阿富汗人民渴望生活安定、期盼国家统一的强烈愿望，是这个饱受战乱之苦的国家迈向繁荣稳定的重要一步，必将载入国家复兴的史册。联合国秘书长安南称，此次选举为阿富汗人提供了一个建设稳定、民主的阿富汗的历史性机会。选举期间未发生任何重大安全事件体现了全体阿富汗人寻求和平的决心。安南同时呼吁所有阿富汗人在国际社会的支持下，齐心协力确保阿朝着和平与民主国家的顺利过渡。

12 月 7 日，阿历史上第一位民选总统卡尔扎伊在首都喀布尔宣誓就职。12 月 23 日晚，卡尔扎伊签署总统令，任命了由 27 名部长组成的新内阁，正式成立了他所领导的新政府。其中，过渡政府外交部长阿卜杜拉与内政部长阿里继续留任。国防部长由阿卜杜勒·拉希姆·瓦尔达克担任，财政部长由中央银行行长安瓦尔·哈克·阿哈迪担任。次日，在总统府举行了新政府 27 名部长的就职仪式。在就职仪式上，卡尔扎伊表示，阿新政府将积极开展战后重建，服务于全体阿富汗人民。他说："阿富汗需要和平、安全和重建。我们会努力为人民提供电力、教育、面包和过得去的生活。"同时，卡尔扎伊还表示支持在议会中建立一个全国性的反对党，以便对新政府的表现进行评论和监督，但排除了他本人组建政党的可能。他说："我不会组建政党，因为我是全阿富汗的总统，属于每一个阿富汗人。"

二、阿新政府在未来 5 年里任重道远

此次大选虽然标志着阿重建进程取得了一个良好的开端，但并不能从根本上立即改变阿国内的政治、经济和安全形势，阿新政府在未来 5 年的任期里，将面临更为严峻的挑战，如打击恐怖活动和军阀武装、恢复经济、打击毒品犯罪等，所有这些无不考验着阿政府及其领导人的执政能力。

安全形势仍不容乐观。2004 年，阿国内安全形势不仅未出现根本好转，而且由于即将举行的总统选举而不断恶化。与"基地"组织有密切联系的塔利班残余势力加紧活动，在阿全国各地，包括原来局势比较平稳的北方地区频繁制造恐怖袭击事件，袭击阿过渡政府领导人、国际社会的援助人员以及普通民众，造成上千人死亡，数千人受伤的惨剧。其中，仅 6 月份就发生了数起袭击事件。6 月 1 日，阿东部重镇贾拉拉巴德市警察局长哈吉·阿贾卜·沙阿被暗藏在办公椅下的炸弹炸死；次日，人道救援组织车辆在阿西北部巴德吉尔省遭伏击，5 人丧生；15 日，阿总统府和国际安全部队总部附近遭两枚火箭袭击，造成 1 名阿士兵受伤；16 日，阿国际安全援助部队的 1 辆军车在阿北部昆都士省首府遭遇遥控地雷袭击，造成 4 人死亡等。

大选前夕，塔利班多次发出恐怖袭击威胁，声称要采取一切手段破坏此次大选，并开始频繁制造恐怖暴力活动，以干扰选民登记工作的正常进行，破坏选举进程。至 8 月，塔利班等武装分子已经制造了多起针对驻阿美军、国际援助组织、政府官员以及大选工作人员的袭击事件，导致 1000 余人丧生。8 月 15 日，塔利班武装人员在阿南部的坎大哈省袭击了阿政府军的一个军事哨所，6 名政府军被打死。9 月 16 日，卡尔扎伊在乘坐直升机前往东部的加德兹省进行竞选活动时，一枚火箭弹降落的飞机附近爆炸，迫使卡尔扎伊取消了行程。9 月 20 日下午，阿过渡政府副总统沙拉尼在东北部的巴达赫尚省出席某公路开工仪式时，遭遥控地雷袭击。10 月 6 日早晨，卡尔扎伊的竞选搭档、副总统候选人艾哈迈德·齐亚·马苏德在前往巴达赫尚省开展竞选活动的途中，车队遭炸弹袭击。10 月 8 日，即大选的前一天，喀布尔使馆区又遭火箭弹袭击，所幸没有造成人员伤亡。11 日晚，喀布尔再遭火箭弹袭击，15 日阿东部地区发生路边炸弹爆炸。据统计，仅在大选前一个月，就有 34 名政府军士兵和平民死于暴力事件，另外还有数千名恐怖分子潜入阿境内，准备制造更大规模的恐怖事件。

裁减地方军阀武装进程缓慢。尽管阿过渡政府自 2003 年开始决心裁减地方军阀武装，但进展十分缓慢。其中，塔吉克族军阀法希姆和伊斯梅尔·汗、乌兹别克族军阀杜斯塔姆等仍然拥有 1 万人以上的兵力，并实际控制着除首都喀布尔以外的大部分地区。各军阀不仅继续与中央政府严重对峙，而且相互间还经常爆发冲突，导致当地局势紧张。8 月初，位于阿西部赫拉特省的信丹德地区接连发生武装冲突，忠于赫拉特省省长、大军阀伊斯梅尔·汗的部队和当地反对派武装在一个废弃的空军基地展开激战，至少造成 21 人死亡。9 月 13 日，赫拉特省首府赫拉特市又爆发大规模示威抗议活动，约 400 名伊斯梅尔·汗的支持者先后冲入阿国民军在当地的一座兵营、联合国驻阿援助使团以及联合国儿童基金会驻当地的办事处，一边呼喊着反对美国和卡尔扎伊的口号，一边大肆抢掠物品，并将兵营

和联合国机构放火焚烧，以抗议卡尔扎伊前一天解除与卡努尼关系密切的大军阀伊斯梅尔·汗的省长职务，并将其调到中央政府任职，引起当地形势骤然紧张。直到阿过渡政府请求驻阿美军出动直升机，将阿国民军空运到赫拉特省增援后，形势才有所缓和。

（果　立）

巴以和平进程面临新的机遇和挑战 2004年，巴以和平进程出现严重倒退，中东和平“路线图”计划面临崩溃的边缘。11月11日，巴勒斯坦民族权力机构主席阿拉法特去世，美国和国际社会加快推进重启巴以和谈的步伐，巴以和平进程面临新的机遇和挑战。

一、巴以和平进程严重受阻，中东和平“路线图”计划名存实亡

（一）以色列接连暗杀巴武装派别领导人，巴以和平进程出现严重倒退。2004年，巴以暴力冲突不仅没有缓和，反而呈现加剧的趋势。巴勒斯坦激进派别制造了多起针对以色列军事目标和平民的自杀性袭击事件，沙龙政府则继续采取了“定点清除”政策，接连暗杀巴武装派别领导人。3月22日，巴勒斯坦伊斯兰抵抗运动（哈马斯）精神领袖亚辛在加沙遭以色列武装直升机轰炸身亡。哈马斯在以色列眼中早已成为“恐怖主义”的代名词。沙龙一直视亚辛为巴最危险的“恐怖领导人”之一，早已将其列入“死亡名单”。沙龙试图通过暗杀亚辛瓦解哈马斯组织，摧毁其精神支柱，摆平国内左右翼政治势力，并表明以色列撤离加沙不是被巴勒斯坦人打跑的。亚辛遇袭激起巴民众的极度愤慨，巴以仇视情绪进一步加剧。亚辛的接任者兰提西警告以色列从此再无宁日，威胁要以牙还牙。在叙利亚的哈马斯新领导人马沙尔也表示，以色列总理沙龙、国防部长莫法兹都是报复的目标，哈马斯军事组织“有能力”完成任务。哈马斯军事派别、阿克萨烈士旅、杰哈德等巴勒斯坦各派别也公开宣称要向以色列进行复仇，要为亚辛报仇。面对巴勒斯坦的报复，以色列又开出了准备清除的“10人名单”，其中包括哈马斯新领导人兰提西。4月17日，兰提西遭到以色列的“定点清除”身受重伤，不治身亡。以色列在不到一个月的时间内杀害两名哈马斯高官，巴以矛盾进一步激化，巴以局势急剧恶化。

（二）沙龙坚持“单边行动”计划，中东和平“路线图”计划面临崩溃边缘。以色列在对巴反抗力量大打出手的同时，还以没有“合适的谈判对手”为由，推出旨在强化以色列占领的“单边行动”计划，并不顾国际社会的强烈反对一步一步推进计划的实施。4月14日，以色列总理沙龙访问美国，获得了美国对该计划的强烈支持。布什对沙龙作出了三点主要让步。一是公开支持沙龙的单边行动计划，称之为“历史性和富有勇气的行动”，并呼吁巴勒斯坦方面给予积极回应。二是明确提出未来的以巴边界不可能完全恢复到1949年的停火线（即1967年中东战争前的“绿线”），主张未来的解决方案应当反映中东地区的“新现实”，从而等于默认以色列对约旦河西岸相当一部分巴勒斯坦被占领土的吞并。三是认为巴勒斯坦难民不应当返回他们当初在以色列的家园，而应最终被安置在未来成立的巴勒斯坦国内。布什政府的这些表态意义非同寻常。因为对于巴以冲突而言，未来边界和巴勒斯坦难民问题历来属于最为敏感的最终地位问题，原本应与耶路撒冷地位等问题一起留到和平进程的最后阶段由巴以双方通过谈判加以解决。然而，美国通过与沙龙达成交易，预先判定了未来最终解决方案的关键条款，使之对以色列有利。这不仅使美国面临国际舆论的压力，也引起巴勒斯坦方面的强烈不满。中东局势急转直下，中东和平进程“变轨”，“路线图”计划面临着变质甚至名存实亡的危险。

二、阿拉法特去世，重启巴以和平进程面临新机遇

（一）巴勒斯坦实现权力平稳过渡。11月11日，阿拉法特去世。当天，巴勒斯坦根据相关法律和各组织章程实现了权力的过渡。所有过程进行得井然有序，没有出现争议，更没有发生此前人们所担心的权力真空和争权夺利现象。阿拉法特病逝后，根据巴勒斯坦相关法律和规程，巴相关机构分别决定由巴解组织执委会总书记阿巴斯接任巴解组织执委会主席、由巴解组织政治部主任卡杜米接任法塔赫中央委员会主席、由巴立法委员会主席法图临时接任巴民族权力机构主席。巴勒斯坦民众在极度悲痛中表现出了应有的理性，在民族艰难的时刻表现出精诚团结、民族利益至上和法制精神，这为巴勒斯坦新领导层创造了一个良好的开端。根据法律规定，临时接任民族权力机构主席的法图只有60天任期，巴方决定2005年1月9日举行巴民族权力机构主席选举。为保证大选的顺利进行，巴解组织执委会主席阿巴斯与哈马斯、杰哈德进行了谈判，敦促其停止针对以色列的袭击。

（二）以色列采取积极姿态缓和紧张局势。以色列认为，阿拉法特的去世可能会成为中东地区的“历史性转折点”。为缓和紧张局势，以色列方面采取了一些措施。首先，积极配合巴勒斯坦大选。以色列认为，巴大选是巴勒斯坦的一件大事，对于保证巴民族权力

机构内部以及整个地区的稳定意义重大。鉴此，以色列为巴大选提供便利，保证选民能够自由去选票站投票，允许东耶路撒冷巴人参加选举投票，并放宽对巴勒斯坦人在约旦河西岸和加沙地带的行动限制。以色列国防部长莫法兹还表示，将在投票期间从巴控区城镇撤出，72 小时内不再进入。并称，如果巴勒斯坦证明自己有能力控制局势，以色列将考虑在实施单边行动计划前将加沙地带以及约旦河西岸部分地区的安全事务交给巴民族权力机构。此外，巴以还就巴大选模式达成协议，同意此次大选投票依照上届大选方式举行。其次，释放在押巴勒斯坦人。12 月 27 日，以色列释放了 159 名在押的巴勒斯坦人。这些人中有 113 名以破坏以色列安全为由被关押，另有 46 人因非法入境而被捕。据以监狱管理局资料显示，这些获释的在押巴勒斯坦人大都已接近服刑期满。第三，以巴外长举行 8 个月以来的首次会晤。11 月 29 日，以色列外长沙洛姆和巴勒斯坦外长沙阿斯举行会晤。沙洛姆在会晤后乐观地表示："我们看到的不仅仅是中东和平的一眼小窗，而是一扇正在开启的机会之门。"

（三）国际社会借机积极推动重启巴以和平进程。

美国。阿拉法特去世后，布什发表声明称这是巴勒斯坦寻求建立和平与独立国家的"重要时刻"，希望在第二个任期内看到巴勒斯坦建国。布什还表示，美国将与以巴领导人合作，完成以色列从加沙地带和约旦河西岸部分地区撤军的计划，同时将动员国际社会帮助巴勒斯坦恢复经济，建立安全体系遏制恐怖活动。11 月 22 日至 23 日，美国国务卿鲍威尔出访中东，分别与以色列和巴勒斯坦领导人举行了会晤。这是鲍威尔 18 个月来首次访问中东，也是阿拉法特去世后美高官首次中东之行。鲍威尔此次中东之行，最重要的目的就是设法促成巴民族权力机构主席选举的顺利进行。鲍威尔此次访问是布什政府竞选连任后为推动巴以谈判采取的第一个积极步骤，预示着美国将加大对中东问题的干预力度，为重启中东和平进程带来了一线转机。

欧盟。11 月 29 日至 30 日，欧盟 25 国以及以色列、巴勒斯坦、叙利亚等 10 个地中海周边国家外长会议在荷兰海牙举行。会议重点讨论了选举巴勒斯坦接班人以及中东和平进程，并促成巴以外长举行 8 个月来的首次会晤。在推动巴勒斯坦建国问题上，欧盟的态度十分积极。11 月 12 日，英国首相布莱尔在美国与布什举行了会晤，力促布什推动巴建国。法国外长巴尼耶 13 日表示，巴建国步伐应该加快，哪怕是以"临时边境"为基础。欧盟负责外交和安全政策的高级代表索拉纳表示，他与库赖探讨了进行巴勒斯坦选举和建立巴勒斯坦国事宜，双方就一些合作设想达成了一致。需要指出的是，英国推动重启巴以和谈的作用引人注目。12 月 21 日，英国首相布莱尔开始对以色列和巴勒斯坦进行工作访问，成为阿拉法特辞世后踏访以巴的首位西方国家领导人。布莱尔此举表明英政府正在逐步加大对中东和平进程的"促和"力度，彰显其急于推动重启以巴和平进程的强烈愿意。

埃及。为改善与以色列的关系，推动巴恢复和谈，埃及于 12 月 5 日提前释放了被判危害国家安全罪的以色列商人阿扎姆。埃以双方还达成了几项协议，其中包括埃及总统穆巴拉克在巴勒斯坦大选后访问以色列，埃及在约旦河西岸地区开设办事处以及在单边行动计划实施后埃及负责训练西岸地区部分巴勒斯坦安全部队等。阿扎姆获释、埃以关系趋缓是两国加紧发展双边关系的结果，同时成功推动了双边关系向健康方向发展。在与以色列改善关系的同时，埃及还与巴勒斯坦高官就当前巴勒斯坦局势以及巴大选等问题进行磋商，敦促其保持内部团结，确保大选顺利进行。

三、巴以双方面临严峻挑战，重启和平进程步履艰难

（一）巴以矛盾根深蒂固，双方政府在和谈问题上面临严峻挑战。巴以最终地位谈判涉及耶路撒冷地位、边界划分、犹太人定居点、巴难民回归以及水资源分配等诸多棘手问题，由于涉及国家生存及利益，双方都难以做出实质性让步。特别是自 2000 年发生大规模流血冲突以来，巴以双方的互信几乎丧失殆尽。虽然阿拉法特去世出现了重启和平进程的契机，但巴以双方都面临严峻挑战。在巴勒斯坦方面，巴新领导层必须团结巴勒斯坦各势力和派别，避免因政治分歧而引发内乱。如何在维持稳定的情况下顺利完成向集体领导的过渡，并逐步赢得民众的信任至关重要。与此同时，鉴于巴以和谈是巴勒斯坦未来前途的关键，新领导层还需要面对美国和以色列要求巴方采取"反恐"措施打击激进组织的强大压力，以及巴勒斯坦内部强烈的反美、反以情绪的压力。在以色列方面，沙龙上台以来多次承诺愿意为实现和平做出"痛苦"让步，阿拉法特去世使沙龙失去了拒绝与巴勒斯坦和谈的借口。沙龙能够采取多少具体的措施，做出多大的让步，将是对其能否兑现其承诺的考验。与此同时，对于沙龙政府来说，如何在新形势下认定和处理好"路线图"计划和单边行动计划的关系，将是一个棘手的问题。此外，以色列内部右翼反和势力强大，试图阻挠中东和平进程，如何平衡国内政治势力也是沙龙

政府面临的一个难题。

（二）国际社会促和力度有限，重启巴以和平进程步履艰难。虽然美国、欧盟以及埃及等各方借阿拉法特去世之机大力推动巴以和平，但各方都有自己的考虑。美国虽然一直扮演着巴以争端调解人的角色，但由于采取偏袒以色列的政策，不仅未能将巴以两国人民从流血冲突中解救出来，过去几年中的冲突反而愈演愈烈。与此同时，美国在全面恢复巴以和谈方面观望大于行动。布什第二任期可能调整其中东政策，但也只是“有限的调整”。美国可能对巴勒斯坦施加更大的压力，而不会改变其偏袒以色列的基本立场。美国发挥着主导中东事务的作用，但不能主宰中东事务。欧盟的中东政策建立在自身利益基础之上。不断改善和发展与中东地区的关系符合欧盟的政治、经济和安全利益。推动中东和平进程是欧盟提升国际地位的重要手段，也是欧盟实现新一轮扩大后发展新睦邻关系的重要保证。发展与中东地区关系不仅可以增强欧盟的经济实力，也为欧盟今后经济和社会稳定提供保障。正是基于这一战略利益考虑，欧盟在阿拉法特去世后将继续努力推动中东和平进程。但由于欧盟内部不团结且实力有限，难以发挥实质性作用。埃及作为阿拉伯国家的领头人，一直在中东和平进程中发挥着重要作用。阿拉法特去世后，埃及加大斡旋巴以和谈的力度，主动改善与以色列关系。这是埃及在国际、地区形势变化后采取的明智之举，因为埃及方面深刻认识到，若想深层次介入巴以问题、在中东和平进程中发挥重要作用，就必须发展同以色列的友好关系，并赢得美国支持。

阿拉法特去世后，巴以和谈的一扇大门已经悄然开启。和平进程的发展方向不仅取决于巴勒斯坦能否实现民族团结，更取决于作为中东问题调停者的美国在推动和平进程问题上能表现出多大的诚意，还取决于作为巴以冲突主要一方的以色列能为实现巴以和解采取多少实际措施，做出多少真诚让步。尽管巴以和平进程仍将经历漫长曲折的过程，但实现中东和平进程毕竟是人心所向。在国际社会的推动下，中东和平进程将继续艰难前行。

（林海霞）

驻黎叙军重新部署　2004年9月21日，驻黎巴嫩的叙利亚军队开始将驻黎首都贝鲁特周围地区的3000名叙军撤往位于黎叙边境的贝卡谷地。12月18日，驻黎叙军进行年内第二次重新部署，叙利亚部队撤出贝鲁特国际机场、贝鲁特市南郊以及黎北部的巴特仑等地。这是驻黎叙军首次在一年内进行两次大规模重新部署，也是叙政府在地区形势变化和国际重压之下采取的无奈之举。

一、叙利亚重新部署驻黎叙军的主要原因

（一）地区形势变化是导致驻黎叙军重新部署的根本原因。1975年，黎巴嫩内战爆发。1976年，叙利亚以“阿拉伯威慑部队”名义向黎巴嫩派驻3.5万部队。1989年，黎巴嫩各武装派别在沙特的塔伊夫签署《塔伊夫协议》，结束了长达15年的内战。但叙利亚以保护黎巴嫩安全为由一直在黎巴嫩驻军。鉴于地区形势变化的需要，叙利亚此前曾做出过4次重新部署，但仍在黎保留1.6万部队。随着黎国内安全形势的日趋好转和黎国内要求叙撤军的呼声日益高涨，叙政府不得不继续重新部署驻黎部队，把大量兵力集中于叙黎边境地区的贝卡谷地。9月21日，叙国防部长图尔克尼尼中将与黎国防部长哈穆德在贝鲁特举行“叙黎联合军事委员会”会议，决定对驻黎叙军进行重新部署。根据叙黎军方发表的公报，叙军此次从原驻扎在贝鲁特东郊黎巴嫩山上以及贝鲁特至南部沿海公路附近的多个阵地撤出3000名士兵，重新部署到30公里以外的东贝卡地区或撤回叙境内。黎巴嫩总统拉胡德在会见叙黎两国国防部长时表示，叙利亚重新部署驻黎叙军旨在巩固黎巴嫩的安全与稳定。两国国防部长发表联合声明称，叙利亚是根据《塔伊夫协定》和叙黎签署的友好合作条约作出重新部署军队决定的，而黎巴嫩国内安全形势的改善使叙利亚得以重新部署军队。叙利亚新闻部长助理阿里则表示，重新部署军队符合叙黎两国人民的政治意愿。

（二）联合国安理会第1559号决议发挥了重要的推动作用。2004年9月2日，联合国安理会不顾叙利亚和黎巴嫩的强烈反对，通过了第1559号决议，呼吁尊重黎巴嫩的主权和政治独立，要求包括叙利亚在内的所有外国军队从黎巴嫩撤出。联合国秘书长安南宣布，将在10月3日之前就第1559号决议的执行情况向安理会提交报告。尽管叙黎双方都强烈反对美国推动安理会讨论黎巴嫩内政，但叙利亚仍在10月3日之前采取了积极措施，表明其不愿与国际社会对抗。据消息灵通人士透露，叙黎两国总统数月前就曾对叙军再次重新部署问题达成协议，只因形势多变而未能落实。由此可见，尽管叙利亚坚决否认在国际社会压力之下做出重新部署决定，但安理会第1559号决议确实发挥了“催化和推动”作用。叙利亚总统巴沙尔在9月20日举行的“全国进步阵线中央委员会”会议上称，叙不寻求与美结盟，也不会满足美国的要求，但与美为敌对叙毫无益处。叙军在黎重新部署受到了美法等国的欢迎。美国国务卿鲍威尔9月22日在联大会晤叙外长沙雷后对记者表示，叙军在黎的重新部署是一个"积极的步骤"。他还透露，伯恩斯将再次访叙，就黎巴嫩、伊拉克、巴勒斯坦等问题与叙领导人举行会谈，叙美关系也将因双方"建设性的对话"而"雨转多云"。

二、黎巴嫩内政和黎叙关系问题是美叙斗争的焦点之一

从表面上看，促使美国突然"关心"叙黎关系和黎"政治独立"的是黎总统拉胡德延长任期一事，美法指责这是叙利亚施压的结果。事实上，美国对黎内政和叙黎关系的"关心"另有所图。美叙关系近年来一直紧张，美国多次指责叙利亚支持"恐怖组织"和涉嫌发展大规模杀伤性武器。叙利亚早就是美国指称的"无赖国家"之一，并在美公布的"支持恐怖主义国家"和"暴政前哨国家"名单上"榜上有名"。伊拉克战争爆发后，叙利亚公开支持伊拉克引起美国强烈不满，美指责叙利亚把守叙伊（拉克）边界不力、支持恐怖主义、干涉黎内政并试图开发大规模杀伤性武器等，并于2004年5月对叙实施制裁，美叙关系急剧恶化。美国对黎巴嫩内政和黎叙关系的关注只不过是美叙斗争的一个舞台，美试图借安理会决议逼迫叙利亚撤军，离间叙黎之间的特殊关系，以削弱叙利亚在中东地区的影响力。

美国对叙利亚如此重视，主要是由于叙在美国的战略"天平"上具有相当重的分量。首先，叙利亚战略地位极其重要。叙扼地中海与亚洲的交通通道，与土耳其和以色列接壤。伊拉克战争后，美国有意在中东地区实现连接土以、东西贯通叙伊（朗）的所谓"十字架"战略，以全面控制中东地区，叙利亚在这一规划中位置突出。其次，与叙利亚相关的热点问题多。叙利亚与伊朗关系密切，与伊拉克有着密不可分的关系，而且是中东和平进程中不可或缺的一方。叙利亚还与黎南部"真主党"武装和巴勒斯坦的"哈马斯"等组织长期存在着默契关系，这两个组织与其他反以派别都在叙利亚设有分支机构。叙利亚复兴党政权一直被美视为独裁政权，因此，改变叙政权的性质是美推行"大中东民主计划"的重要内容之一。第三，叙利亚是美国实施"全球遏制"战略的重要对象。为此，美国要防止大规模杀伤性武器扩散，更要防止战略对手的扩张。叙利亚被美指责试图拥有核武器和生化武器，因而肯定会受到遏制。此外，叙与俄罗斯、伊朗的传统关系非常好，三方接近的趋势令美国深感不安。

总之，叙利亚年内两次重新部署驻黎部队是其与以美国为首的国际社会斗争、妥协的结果。出于国家利益的考虑，美国仍会在黎叙关系、打击恐怖主义、民主等问题上向叙利亚政府施加压力，而叙利亚政府则仍将继续与美进行周旋，美叙之间的斗争仍将继续。

（林海霞）

也门政府军迅速平息武装叛乱 2004年6月至8月，宗教极端分子侯赛因·胡塞领导的反政府武装发动叛乱，也门政府迅速采取措施，平息叛乱，稳定了政局。

一、冲突经过

6月18日，由宗教极端分子侯赛因·胡塞及其3000多名支持者在首都萨那北部240公里的萨达省举行反美示威活动并发动武装叛乱，攻击检查站，切断交通线，最后占领了距萨达省省会约50公里的哈伊达尼镇。突如其来的武装叛乱引起了也门政府的高度重视。也门总统萨利赫呼吁武装叛乱分子立即投降，否则就予以镇压，在未能得到回应的情况下，便于20日下令派兵进行清剿。部分武装叛乱分子逃往毗邻沙特阿拉伯的山区。经过两个多月的围剿，武装叛乱基本平息。也门内政部长拉希德·阿利米8月底宣布，政府军已歼灭叛乱武装主力，夺回叛乱分子占据的大部分地盘，包括胡塞的家乡哈密买村，逼近胡塞盘踞的最后一个据点，胡塞及其所领导的武装叛乱分子残余已陷入严密包围之中，平定武装叛乱的战斗即将取得彻底胜利。由于平叛地处山区，加之叛乱武装地形熟悉，政府军在战斗中也付出了严重伤亡。

二、冲突背景

这次冲突既有宗教也有民族矛盾的背景。从宗教矛盾看，宗教极端分子胡塞属伊斯兰教什叶派中的扎伊迪派，在也门北部拥有众多信徒，主张以伊斯兰教法为国家宪法，对美国和以色列开展圣战。扎伊迪派虽然在也门西北部人口中占绝对多数，但在逊尼派占多数的也门仍是少数派，处于弱势地位和受压制状态。舆论认为，从一定程度上可以说这次叛乱是扎伊迪派长期受排挤的结果。也门政府严厉镇压叛乱武装也有向国际社会表明反恐决心之意。2000年，美军"科尔"号驱逐舰在也门亚丁港遭到袭击，猛烈的爆炸将舰身炸开一个大洞，并造成舰上17名美军士兵身亡。此后，也门一直被美国及西方描绘为恐怖分子活动和藏匿的"天堂"，并指称"9·11"事件头号嫌犯本·拉登的祖籍也是也门。为了摆脱这种恶名，也门在反恐方面与美国密切合作。逮捕了成百上千名与"基地"组织有关的嫌疑人。特别是极端宗教组织"阿布·哈夫

斯·马斯里旅”发表声明宣称要在也门开辟“第三战场”把美国拖入第三个泥沼更让也门异常紧张。也门政府这次果断平叛也是为了洗清“也门是恐怖分子活动天堂”的名声。

(张　宁)

非洲军事要事

布隆迪和平进程艰难曲折　2004年8月6日，在南非等国斡旋下，布隆迪20个主要政党就新政府权力分配方案达成协议，并确定大选初步日程。但部分图西族政党仍以“安全得不到保障”为由拒签协议。胡图族武装“民族解放阵线”则拒不参与和平进程，并不断对首都进行袭扰。全国大选未能如期举行。布隆迪和平进程依然艰难曲折。

一、各主要党派就新政府权力分配达成协议，并确定大选初步日程

2003年，在南非等国的调停下，布隆迪过渡政府与主要反政府武装“保卫民主力量”经过3轮和谈，于10月8日和11月2日先后签署两份和平协议，宣布停战。但布国内胡图、图西两大部族20多个党派对2004年10月过渡期结束后新政府的产生及其权力分配问题仍存在很大矛盾。同时，布过渡政府提议将过渡期和大选时间延长1年，遭到反政府武装强烈反对。

2004年年初以来，南非、坦桑尼亚等国加大了对布国内各党派的调解与斡旋力度。在南非政府的调解下，各党派就过渡期后的政权安排问题进行过多次谈判，但始终未能在如何分配权力的问题上达成一致。6月，南非、刚果（金）、乌干达、坦桑尼亚等非洲国家领导人举行“布隆迪和平进程首脑会议”，再次敦促布各党派弥和分歧，参加到和平进程中来。

7月18日，在南非副总统祖马的邀请下，布隆迪过渡政府代表及胡图、图西族反政府武装的领导人在南非比勒陀利亚举行和平谈判。祖马本人参加了这次谈判。经过4天艰苦谈判，与会各方于21日达成一项新政府权力分享的初步协议。协议规定：1、胡图与图西两部族在布隆迪参议院中各占一半议席，特瓦部族拥有3个席位。在国民议会中，胡图族占60%议席，图西族占40%议席，特瓦部族拥有3个席位。妇女代表在参议院和国民议会中分别拥有30%的席位。2、布隆迪第一位总统由国民议会和参议院选举产生，当选总统需获得三分之二以上的选票。当选总统可指定两名来自不同党派和不同种族的副总统。3、布隆迪政府将由部长会议组成，政府成员60%来自胡图族，40%来自图西族。

尽管谈判取得了实质性进展，但部分图西族政党仍反对按照谈判的结果签署最终协议。在此情况下，南非副总统祖马继续加大对各党派的调解力度。在他的努力下，8月5日，以恩达伊泽耶总统为首的布隆迪过渡政府代表团与反政府武装及各党派代表就过渡期后权力分配方案在比勒陀利亚举行第2轮谈判。6日，参与谈判的29个政党中的20个签署了最终协议。在最终协议中，各党派除重申初步协议的各点内容外，还承诺致力于建立一个民主、公正、代表各部族利益的政府，使全体布隆迪人的安全得到保障。

8月18日，南非、刚果（金）、坦桑尼亚等10个非洲国家的领导人在达累斯萨拉姆举行第2次“布隆迪和平进程首脑会议”。会议对布20个党派签署的最终协议表示支持，同时确定布隆迪应在10月31日结束过渡期，并于11月举行全国大选。会议还敦促布隆迪在8月29日前成立独立的选举委员会，并在此后3周内就宪法草案达成一致。

二、全国大选未能如期举行，布和平进程仍面临曲折

尽管布隆迪大多数政党签署最终分权协议标志着和平进程向前迈进了一大步，但多年来阻碍和平进程推进的基本因素并没有被完全消除。首先，由于布隆迪过渡政府坚持延长过渡期，导致全国大选未能在11月如期举行。在过渡政府的坚持下，10月15日在肯尼亚首都内罗毕举行的第3次“布隆迪和平进程首脑会议”宣布，将布隆迪过渡政府的任期延长半年，全国大选推迟到2005年4月举行。这一变故为布隆迪和平进程伏下了新的变数。特别是，由于过渡政府总统恩达伊泽耶打算突破“过渡政府总统不得在过渡期结束后的第一届政府担任总统”的规定，准备参加总统大选，激化了过渡政府与胡图族党派的矛盾。12月23日，胡图族最大政党“布隆迪民主阵线”主席米纳尼和反政府武装“保卫民主力量”领导人恩库伦齐扎在

与南非副总统祖马会谈时，明确表示反对恩达伊泽耶参加大选。

其次，图西族党派对新政府权力分配方案仍心存疑虑。参加第2轮谈判的29个政党中还有9个没有签署最终协议，它们中大多是图西族的政党，包括地位重要的“全国进步联盟”。该党主席蒙旺加里认为，最终协议“没有考虑图西人所担心的任何一个问题”。多数图西族政党认为，如按权力分配方案确定的比例来分配议席，图西族在任何选举和公投中都不可能获胜，因此要求对图西族实行额外的“保障”，即：如总统是胡图族人，副总统就应是图西族人，且应拥有与总统同等的权力。11月9日，过渡政府副总统、图西族政党领导人加德盖发表讲话，对布隆迪新宪法草案将过多权力分配给胡图族人表示不满。11月10日，恩达伊泽耶总统解除了加德盖的职务，此举更增加了图西族人的疑虑。

再次，胡图族第二大反政府武装“民族解放阵线”一直拒绝参与和谈，并不断发动军事袭击。8月13日，联合国设在布隆迪加通巴的刚果（金）难民营突然遭到袭击，共有165人被杀，100多人受伤。袭击发生当天，“民族解放阵线”就声称对事件负责，并称这是对几天前他们的部队遭政府军打击后的报复。8月18日，“布隆迪和平进程首脑会议”宣布，鉴于“民族解放阵线”拒绝加入和平进程并制造了加通巴大屠杀，与会各方一致同意将其列为恐怖组织。此后，“民族解放阵线”一直对首都布琼布拉周边地区持续发动军事袭击。

（桐　生）

刚果（金）局势持续动荡　2004年，刚果（金）东部地区不断爆发武装冲突与部族仇杀，民族团结政府内部矛盾分歧逐步扩大并公开化，首都金沙萨及周边地区不时发生骚乱和未遂政变，卢旺达也继续介入刚果（金）国内冲突。刚果（金）局势持续动荡，和平进程面临严峻考验。

一、东部地区持续发生冲突与叛乱

2003年6月30日，刚果（金）冲突各方正式成立民族团结政府，刚果（金）局势表面虽然平静，但参加政府的刚民盟、刚解运等各派都拖延执行解除武装的命令，继续在暗中调兵遣将，相互间小摩擦不断。作为前反政府武装根据地的刚果（金）东部更是战乱不休，政府无法有效控制该地区。东方省、南北基伍省一带仍有部分反政府武装争夺地盘，当地各部族民兵武装也冲突不断，反政府武装和部族民兵武装还经常袭击联合国维和人员。2004年1月28日，东方省伊图里县高布村的伦杜和赫马两个部族发生种族大屠杀。2月12日，伊图里县部族武装分子袭击联合国驻刚果（金）观察团的车队，打死1名联合国军事观察员。事后刚果（金）政府宣布将在伊图里县加快解除一切武装集团的武装。但5月7日，部族武装“统一民族主义阵线”又在伊图里县首府布尼亚附近伏击联合国维和部队，打伤两名维和士兵。维和部队随即进行反击，打死10名“统一民族主义阵线”民兵，摧毁该组织两个营地。

5月10日起，刚果（金）政府代表与伊图里县20个武装集团的代表举行磋商。经过5天艰苦谈判，政府与7个武装集团于14日签署了《承诺宣言》。各武装集团承诺不再从事任何阻碍实现和平的活动，政府承诺允许地方武装集团的部分成员加入国家军队和警察，并将地方武装集团改造成政党。5月16日，刚果（金）总统卡比拉又任命了各省省长与副省长，试图加强对各省的控制。

然而，从5月26日起，由于东部第十军区新任司令、忠于卡比拉总统的马贝与原军区副司令、出身刚民盟的穆特布奇发生矛盾，驻南基伍省省会布卡武的政府军与加入政府军的刚民盟穆特布奇部发生了自民族团结政府成立以来的第一次武装冲突，至少有30人在冲突中丧生。穆特布奇部队还攻击了前往布卡武的联合国维和部队，打死1名军事观察员。5月31日凌晨，驻北基伍省米诺瓦的刚民盟另一名将领孔达率所部数千人南下增援穆特布奇。两支部队一起向布卡武及周边地区发起大规模袭击，并于6月1日夺取了布卡武北郊的卡乌姆机场。同日，刚果（金）外交部长贡达抵达布卡武，对交战双方进行调解。但反政府军不予理睬，并于6月2日攻陷布卡武。在联合国驻刚果（金）特派团的压力下，6月8日，反政府军撤离布卡武。9日，政府军重返该市。6月10日，刚果（金）总参谋部承诺收编参与5月26日至6月8日布卡武危机的反政府军人。6月19日，政府军转入反攻，于22日攻占被反政府军占据的卡马尼奥拉市，穆特布奇反政府军被迫撤退到邻国卢旺达寻求避难。孔达则退回米诺瓦，继续招募士兵、私征税收，并另立政府，准备重新攻占布卡武。7月10日，孔达反政府军又与政府军第十军区部队发生激烈交火。

尽管刚果（金）政府在东部地区启动了“解除武装、回归社会”计划，希望在该地区重建政权、解除7个武装集团的武装，但效果并不显著，地方武装间的冲突仍在继续。7月7日至14日，伊图里县“民族主义者和统一主义者阵线”及“刚果人民武装力量”两个武装派别围绕当地一个金矿的控制权，爆发大规模流血冲突，造成40多人死亡。9月20日，布尼亚郊区兰卡波村的比拉部族遭到了附近基提斯部族的攻击与屠杀，共有14人丧生。

二、刚民盟与民族团结政府矛盾逐步扩大并公开化

刚果（金）民族团结政府成立后，各个重要职务都由原卡比拉政府及刚民盟、刚解运等派别瓜分，没有得到很好的整合。自民族团结政府成立到2004年底的1年多时间里，刚果（金）只有5%的军队实现了重组整编，各派别仍控制着强大的武装力量，拥有与中央政府讨价还价的实力。

穆特布奇和孔达领导的刚民盟武装发动叛乱后，尽管刚果（金）政府没有中止与刚民盟的合作，刚民盟领导人鲁贝鲁瓦继续担任副总统，并掌握国防与安全方面的大权，但双方的矛盾分歧逐步扩大。8月13日布隆迪加通巴发生刚果（金）图西族难民遭屠杀的惨案后，刚果（金）政府与刚民盟的矛盾加剧并趋于公开化。8月14日，图西族出身的副总统、刚民盟领导人鲁贝鲁瓦发表广播讲话称，加通巴惨案是部分刚果（金）政府军军人伙同布隆迪和卢旺达胡图族极端分子制造的种族大屠杀。8月16日，鲁贝鲁瓦在结束对卢旺达和布隆迪的访问后没有返回首都金沙萨，而在刚民盟的大本营戈马停留了一星期。23日，刚民盟突然宣布，在军队整编、全国范围内建立国家政权、民族和解等问题没有解决前，该组织暂停参加民族团结政府。8月25日，鲁贝鲁瓦又在戈马表示，他愿意返回首都金沙萨，但先决条件是民族团结政府同意重新举行政治进程谈判。这一要求遭到卡比拉总统的断然拒绝。

8月30日至31日，南非总统姆贝基访问刚果（金），在刚果（金）政府和刚民盟之间进行斡旋。在联合国及欧盟的压力下，9月1日，刚民盟高层领导召开特别会议，被迫宣布恢复参加民族团结政府。

三、首都金沙萨等地发生骚乱与未遂政变

在刚果（金）东部地区持续发生冲突与叛乱的同时，首都金沙萨及其周边所在的西部地区虽在民族团结政府的有效控制下，但依然不时发生骚乱与未遂政变，局势并不稳定。3月28日，首都金沙萨发生骚乱，一些不明身份的武装分子对金沙萨周边陆军后勤基地、空军机场和海军基地发动袭击，但政府军很快控制了局势。同日，在金沙萨以西地区，一些武装分子在金沙萨通往马塔迪的公路上骚扰、抢劫过往路人。6月2日东部叛军攻占布卡武后，金沙萨和其他一些主要城市3日发生了几万人的大规模示威游行，并引发骚乱。金沙萨街头商店橱窗被砸碎，国家机关和政党办公地点遭破坏，联合国人员的驻地和车辆也受到袭击。共有13人在骚乱中被打死，数十人受伤。6月4日，金沙萨局势开始好转，但政府部门和商店仍然关门，零星抢劫不时发生。6月11日凌晨，刚果（金）发生一起未遂政变。总统卫队内以埃里克·伦格少校为首的一些军人控制了国家电台。两个半小时之后，电台重新被忠于总统的士兵夺回，政变阴谋被粉碎。

（桐 生）

几内亚比绍发生军人哗变 2004年10月6日，数百名几内亚比绍（简称几比）士兵在首都比绍发动哗变，并打死武装部队总参谋长塞亚布拉。经联合国、非洲联盟、西非国家经济共同体等国际组织调解，10月10日，几比政府、军队高层与哗变军人就结束哗变事件引起的危机达成和解协议。

几内亚比绍位于西非，自1973年摆脱葡萄牙殖民统治而独立以来，政局一直不稳定。2003年9月14日，几比武装部队总参谋长塞亚布拉发动不流血政变，将总统昆巴·雅拉赶下台。政变后，参与政变军人同几比各政党达成协议，决定设立全国过渡委员会，行使议会职能，并任命临时总统和过渡政府。2004年3月，几比选举产生新议会，5月12日组成了新政府。

10月6日早晨，几比曾参加联合国在利比里亚维和行动的部分军人以索要维和津贴为由，在首都比绍发动哗变。哗变军人扣押了几比武装部队多名高级军官，并杀害了武装部队总参谋长塞亚布拉和情报部长官巴罗斯。6日下午，几比外长桑布和联合国驻几比的代表开始同哗变军人谈判，一些哗变军人陆续返回军营。但直到6日晚，比绍城内还有零星枪声。

哗变发生当天，几比总理戈麦斯发表讲话，呼吁哗变军人保持克制，通过对话解决争端。几比前殖民宗主国葡萄牙外交部也发表公报称，葡政府正密切关注几比局势发展，呼吁几比所有领导人采取谨慎态度，尊重法制，寻求尽快以和平方式解决问题。西非国家经济共同体执行秘书钱巴斯、塞内加尔国务部长萨瓦内和总参谋长法尔则前往几比参与调解。

10月7日，几比哗变军人发表声明，向政府提出3项要求：1、向参加利比里亚维和行动的士兵发放拖欠的维和津贴；2、向在维和行动中死亡的士兵家属发放抚恤金；3、改善部队兵营的生活条件。同日晚，几比临时总统罗萨在记者招待会上首次就军人哗变事件公开表态，称军人发动哗变的动机是为了要求政府解

决问题，而不是政变。哗变士兵的要求是合理的，政府已经承诺予以满足，同时，将尽全力使局势恢复到哗变之前的状态。

10月10日，在联合国、非洲联盟、西非国家经济共同体、葡萄牙语国家共同体等国际组织的共同调解下，几比政府、军队高层和哗变军人就结束因哗变事件引起的危机举行谈判。当天深夜，3方达成和解协议，并签署了一份备忘录。备忘录强调，10月6日发生的事件不是政变，军人哗变是因拖欠津贴、军队高层腐败、晋升制度不合理等一系列因素引起的。几比政府和军队高层表示，军队将进行改革，以建立相互信任和加强军队内部财政管理。政府将推动议会批准对参与这次哗变的军人给予赦免，并承诺发放拖欠军人的津贴。哗变军人则承诺遵守宪法，返回军营，并保证高层军官的生命安全。至此，几比军人哗变事件宣告结束。

（桐　生）

科特迪瓦局势一波三折　2004年，科特迪瓦政府与反对派"新生力量派"间南北对峙依旧。双方围绕"反对派先解除武装还是政府先进行改革"这一核心问题边打边谈，反复较量。科局势也时缓时紧，一波三折。

2004年科特迪瓦局势大致经历了五个阶段：

第一阶段（年初至3月4日）："新生力量派"重返民族和解政府并与总统派就解除武装问题达成协议，科局势出现缓和。

2003年，科政府与反政府武装（即"新生力量派"）签署《马库西协议》，宣布结束内战，并于随后组建民族和解政府。但双方都没有严格遵守协议，反政府武装仍控制科北部地区，与政府军形成南北对峙。法国与西共体维和部队在科中部建立一条非军事隔离带，将双方隔离。围绕着解除交战人员武装问题，新生力量派与总统派反复较量。9月22日，新生力量派以巴博总统不给总理权力为借口，退出民族和解政府，和平进程陷入僵局。

在联合国、法国、西共体和国内舆论的压力下，12月30日，科政府军与新生力量派武装就在科北部部署中立部队达成共识。2004年初，在法国和西共体维和部队的监督下，冲突双方集中存放了所有重武器，并拆除了80%的路障。1月1日，新生力量派领导人在新年致辞中公开向全国人民表示道歉。1月5日，在新生力量派的同意下，法国和西共体的维和部队自科内战以来首次进驻科霍戈等北部地区重镇。1月6日，科新生力量派的大多数部长们返回民族和解政府。随后，政府军和新生力量派又在亚穆苏克罗就解除武装的具体做法和时间表达成了协议。2月20日，科民族和解政府总理迪亚拉亲抵布瓦凯，宣布将于3月8日开始解除交战人员武装的进程。科交战双方也商定，将在17个部队集结营地遣散2002年9月19日后征召的约4万名武装人员，政府还为实施解除武装计划做了资金方面的安排。种种迹象表明，科国家和平与统一的前景出现新的希望，局势出现缓和。

第二阶段（3月4日至6月28日）：新生力量派拒绝解除武装，并再次退出民族和解政府，科局势第二次陷入危机漩涡。

然而，总统派与新生力量派之间在如何解除武装问题上的根本矛盾并没有消除。随着3月8日解除武装日期的临近，双方被掩盖的矛盾开始显露并逐步激化。2月26日，新生力量派中的"爱国运动"总书记索罗公开表示，只有在科国民议会通过《马库西协议》中的有关各项法律草案，科举行"民主、透明、可信"的总统大选后，他们才会交出武器。对此总统派寸步不让。科总理迪亚拉同天针对索罗的讲话表示，科将如期于3月8日正式开始执行解除武装计划。但新生力量派继续发难。3月1日，该派发言人科纳特表示，解除武装计划应与《马库西协议》预定的政治和军事改革联系在一起，要求政府尽快公布有关改革方案和具体日程。3月4日，新生力量派中的民主党发表声明，称由于该党在参加政府时被架空了权力，因此中止参加科民族和解政府工作。同天，包括科外交部长在内的民主党所属7名部长拒绝出席政府内阁会议。民主党的举动得到新生力量派其他政党的支持。3月17日，民主党、共和人士联盟等签署《马库西协议》10党派中的7个党派发表联合声明，要求政府全面执行《马库西协议》，否则将退出民族和解政府。7党派还决定于3月25日在阿比让组织大规模"和平示威"。

面对新生力量派的挑战，总统派采取了一系列强硬回应措施。3月11日，巴博总统在内阁会议上决定：立即采取安全防范措施，加强政府军在中部和西部的军事部署；暂时禁止在公共场合举行任何游行示威；重新在阿比让地区周围设立昼夜检查哨卡，并为治安部队提供必要的机动交通工具和通讯手段。3月22日，巴博总统下令武装部队总动员以协助维持公共秩序，同时加强阿比让的军事部署，总统府周围进入高度戒备状态。

双方互不让步造成科局势再度紧张。3月25日，新生力量派不顾政府禁令举行游行示威，示威者与科治安部队在阿比让一些区镇发生冲突，造成包括两名警察在内的 37 人死亡，多人受伤。冲突发生后，新生力量派正式宣布中止参加民族和解政府工作，科政府陷入半瘫痪状态，民族和解进程再度受挫。

4 月 4 日起，随着联合国维和部队的陆续进驻，科局势有所稳定，但冲突双方依然僵持不下。4 月 24 日，中止参加政府工作的 7 党派发起了悼念“3·25”事件死难者的万人“宗教仪式”，向政府施压。4 月 25 日，支持总统派的 3 万多人在阿比让集会，要求解除反对派武装，实现国家统一。5 月 18 日，巴博总统又宣布对中止参加政府工作的内阁部长采取惩罚性措施，停止支付他们的工资，收回政府向他们提供的车辆，要求他们从目前在阿比让下榻的旅馆搬出。

第三阶段（6 月 29 日至 10 月 15 日）：冲突双方在国际斡旋下就解除武装日程达成协议，新生力量派重返政府，科局势再次缓和。

科总统派与新生力量派发生冲突后，联合国、西共体和法国多次呼吁双方恢复对话。4 月 15 日，尼日尔总统坦贾抵达科特迪瓦，分别会见科总统及主要党派领导人，为重新推动和平进程进行斡旋。在国际及国内双重压力下，科政府与 7 党派代表自 4 月 15 日起举行谈判，并于 17 日签署有关恢复政治对话条件的“共同纲领”。总统派承诺将对科防务和安全部队进行改组，采取措施保证各党派人士的安全，并尊重游行示威的权利。7 党派代表保证在政府履行承诺后恢复政治对话。

6 月 29 日至 30 日，巴博总统与 7 党派中的民主党、共和人士联盟等 4 个党在阿比让举行了两轮政治对话。双方承诺继续努力，力争在 8 月底国民议会休会前完成审议和通过《马库西协议》的所有工作。尽管对话未能就恢复民族和解政府运作问题达成协议，但双方同意继续通过对话解决分歧，并同意恢复国家安全委员会的运作，实施联合巡逻以保证人员和财产安全。

7 月 29 日，在联合国秘书长安南和西共体现任执行主席库福尔的共同主持下，科特迪瓦危机地区峰会在加纳首都阿克拉召开。包括巴博总统在内的 13 个非洲国家元首和科各派领导人出席峰会。经过两天艰苦谈判，科各派于 30 日最终达成《阿克拉协议》，同意开始实施解除武装计划。根据协议，科国民议会将于 8 月底通过《马库西协议》规定的所有法律草案，新生力量派武装最迟从 10 月 15 日开始实施解除武装计划，科国防和治安部队将进行改组。科总统巴博将充分行使宪法赋予的权力，敦促修改宪法有关条款，以保证科所有政治领导人获得参加 2005 年总统大选的资格。协议还规定，科各派尽快恢复民族和解政府的运作，以保证《马库西协议》得以实施。科特迪瓦、联合国、非盟和西共体组成 4 方小组，负责监督协议的实施情况。

《阿克拉协议》签署后，一度抵制政府工作的 7 党派参政代表 8 月 9 日全部返回民族和解政府，参加了内阁会议，科民族和解进程重现转机。同天，巴博总统签署政令，恢复因抵制政府工作被解职的 3 名部长的职务，同时授权总理根据已达成的协议制定民族和解政策和行动准则，保证解除武装计划的实施。9 月 15 日，科政府军、新生力量派武装、联合国及法国驻科维和部队在亚穆苏克罗举行四方联席会议。根据会议决定，9 月 17 日，科政府军和新生力量派武装从各自的前沿阵地撤走了重型武器，以表明结束战争、促进民族和解的愿望。10 月 7 日，科政府军与新生力量派武装又举行特别会议，双方再次确认 10 月 15 日为启动解除武装进程的时间，并确定，双方首先将战斗人员集中并核实身份，尔后再着手进行解除武装和使这些人重返社会的工作。

第四阶段（10 月 15 日至 12 月初）：解除武装进程受挫，科政府军空袭反政府武装并与法国维和部队发生冲突，局势进一步复杂化。

随着 10 月 15 日解除武装期限的临近，科国内气氛又趋紧张。科政府未能在 8 月底之前完成《阿克拉协议》规定的立法改革，新生力量派极为不满。10 月 7 日，新生力量派武装控制的布瓦凯约 2000 人在联合国维和部队驻地前示威，声称在预定的立法改革完成前，决不解除武装。一些示威者还闯入联合国军事观察员驻地纵火，并打碎门窗玻璃，观察员办事处一间库房被焚毁。在政府军控制区也接连发生示威，示威者要求开始解除武装进程的呼声日趋强烈。

10 月 15 日，新生力量派违背承诺拒不解除武装。他们在网站上发布消息，宣称“在科特迪瓦完成政治改革前决不会解除武装”，同时宣布其控制的北方重镇科霍戈进入高度戒备状态。10 月 20 日，新生力量派 7 党派发表联合声明称，《马库西协议》规定的解除武装计划与各项立法政治改革是捆绑在一起的，应同时实行。该派还将目前的僵局归咎于“总统派未遵守《阿克拉协议》中的承诺”，要求巴博总统促使有关立法改革在本届国民议会例会期间获得通过。

解除武装进程再次受挫使科民族和解进程又一次面临僵局。从 10 月下旬起，新生力量派参政代表不再出席内阁会议，政府军与新生力量派武装都加紧了战争准备。11 月 4 日，政府军对新生力量派武装展开了大规模的军事进攻。当日出动两架飞机攻击了布瓦凯新生力量派武装部队营地及布瓦凯通往北方的 1 个哨卡。同天，阿比让数千名青年围攻了该市 3 家被视为“亲反对派武装”的报社，并烧毁了其中 1 家报社。5 日，政府军继续对科霍戈、瓦武阿、马恩等地发动数轮空袭，双方的冲突愈演愈烈。

11 月 6 日，驻扎在科中部法国维和部队的一个阵地突遭科政府军飞机轰炸，9 名法国士兵和 1 名美国人死亡，另有 23 名法军士兵受伤。法军根据希拉克总统的命令，于 7 日对科空军力量进行了毁灭性打击。此后，阿比让等地发生了大规模的反法示威游行。法军出动多架武装直升机，并发射警告弹对示威者进行阻截。11 月 10 日，在法国推动下，安理会就制裁科特迪瓦决议案的最后文本达成一致。科政府与法国间的直接冲突与危机使局势进一步复杂化。

第五阶段（12 月初至年底）：科法危机渐趋缓和，科各派对实施和平协议取得共识，科局势又一次向缓和方向发展。

科法冲突发生后，两国政府都表现得较为克制。11 月 7 日深夜，巴博总统发表电视讲话，要求反法示威者返回家中。8 日，科特迪瓦、法国和联合国三方代表举行紧急磋商，使一度达到爆炸边缘的科局势得到缓和。12 月 10 日，巴博总统又签署命令，禁止在阿比让举行反法游行示威。12 月 24 日，法三军参谋长邦泰雅在访问科特迪瓦后表示：法国愿与科政府重修旧好，治愈因武装冲突给两国关系造成的创伤。

在科法危机渐趋缓和的同时，在国际社会的斡旋下，科政府与新生力量派间的矛盾也得到缓解。11 月 9 日，南非总统姆贝基受非盟委托访科，在各派间进行调解，并邀请他们到南非举行和谈。在此情况下，科政府主动做出让步。12 月 4 日，巴博总统向国民议会提交了涉及总统候选人的被选资格问题的宪法第 35 条修订案。12 月 17 日，科国民议会通过了包括宪法第 35 条修订案在内的 3 项立法改革议案，部分满足了反对派的要求。

新生力量派也作了一些回应。12 月 8 日，在南非总统姆贝基的调解下，科各派就南非提出的实施和平协议的 4 点建议取得共识。建议内容包括：完成《马库西协议》有关立法程序，重启解除交战人员武装进程，所有政府部长返回岗位履行职责，恢复科国内安全。同日，科新生力量派宣布，将对和平进程进行总体评估，并商讨解除武装问题。12 月 17 日，新生力量派公开表示，同意在一个月内解除武装，所有政府部长返回岗位履行职责。至此，科局势再次得到缓和。

（桐　生）

利比里亚正在摆脱战乱　2004 年，内战多年的利比里亚和平进程进展顺利。过渡政府成立后解除前战斗人员武装的工作基本完成，国家重建逐步走上正轨。

一、解除武装及复员遣返工作基本完成

2003 年 8 月 18 日利比里亚各派签署和平协议后，两大反政府武装利民联和利民运依然拥有各自武装，占据原有地盘。在联合国的帮助下，利过渡政府制定了“解除武装、复员、遣返和重返社会”计划。为了保证该计划顺利实施，联合国向利比里亚派出了近 1.5 万人的维和部队。同年 12 月，联合国维和部队开始在利比里亚收缴各派武装持有的武器。

2004 年 2 月 2 日，利前反政府武装利民联领导人康奈前往该武装占领区，首次公开要求利民联武装交出武器，彻底结束内战。4 月，利政府与利民联、利民运共同承诺全面实施解除武装进程，同时规定每位交出武器的前战斗人员可领取 300 美元的解甲返乡费，以及个人便装、食品等生活必需品。

8 月 17 日，200 多名利比里亚前政府军人员在东部宁巴州向联合国驻利比里亚特派团交出了武器。由于宁巴州是利内战始发地，也是利比里亚与科特迪瓦之间武器贩运的要道，该州解除武装工作具有决定性意义。此后解除武装工作由利东部逐步向北部和东南部推进，进展顺利。

11 月 1 日，利过渡政府主席布赖恩特宣布，解除前战斗人员武装的工作已于 10 月 31 日顺利结束，即日起《禁止非法持有武器法》立即生效，任何非法持有武器的人都将面临法律制裁。同天，联合国驻利维和部队开始在利比里亚展开搜缴武器行动。

11 月 3 日，利前政府军和两大反政府武装利民联和利民运在首都蒙罗维亚举行解除武装进程结束仪式。三方发表联合声明宣布，同意解散各自的武装，并承诺今后将不再诉诸武力。同一天，联合国驻利比里亚特派团也发表公报宣布，自 2003 年 12 月开始的解除利前战斗人员武装的进程已于 2004 年 10 月 31 日正式结束。在此过程中，利比里亚有 9.5 万多名前战斗人员解除了武装。其中，有 5800 多名儿童兵被解除武装，85%已经复员并重返社会。特派团还收缴了 2.7 万支枪、684 万发子弹和包括迫击炮、火箭筒等在内的 2.9 万余件重武器。

二、战后国家重建顺利进行

随着解除前战斗人员武装工作的顺利进行，利局势逐渐稳定，国家重建逐步推进。

首先是政府与军队建设稳步推进。过渡政府的权威逐步得到恢复。美国也着手采取行动帮助利比里亚军队实行改组，把很大一部分双边援助用于利军事与安全部门改革。6月11日，美派遣一个30人的小组前往利比里亚，评估局势，制定有关改组利军队的具体方案。

其次是重建所需援助资金逐步落实。2004年初，联合国开发计划署、世界银行和利过渡政府对利战后重建各项急需的援助进行了评估，认为2004年和2005年，利在战斗人员复员、基础设施重建、艾滋病防治、举行大选等方面需要约4.88亿美元的援助。2月5日至6日，联合国和美国共同发起召开了利比里亚重建国际会议。96个国家和国际组织的代表在会议上承诺，将为利比里亚重建提供总额5.2亿美元的援助。这些援助将用于利比里亚国内非正规武装人员遣散、基础设施重建、艾滋病防治、举行大选及人道援助等工作。8月26日，联合国儿童基金会执行主任贝拉米表示，鉴于利比里亚大批儿童开始上学，小学校的压力很大，联合国儿童基金会准备帮助该国逐步恢复小学教育，将原来小学6年教育期缩短为3年，以便使更多的儿童入学读书。

再次是难民陆续回归。持续14年的利比里亚内战造成约35万名利难民逃往西非邻国。到2004年8月底，已有5万至8万名难民陆续从科特迪瓦等邻国返回。9月2日，联合国难民署驻利比里亚代表莫西·奥凯洛在利首都蒙罗维亚宣布，联合国难民署计划年底前从科特迪瓦、几内亚等国再遣返5万名利比里亚难民。10月1日，联合国难民署正式启动遣返利难民的计划。

（桐　生）

利比亚销毁大规模杀伤性武器　2004年，利比亚继宣布放弃包括核武器在内的大规模杀伤性武器研制计划后，继续与国际原子能机构等国际组织合作，加入《全面禁止核试验条约》等国际防扩散机制，接受核查并销毁了大规模杀伤性武器。

一、正式加入《全面禁止核试验条约》和《禁止化学武器公约》

2003年12月22日，利比亚致函联合国安理会，表示愿意接受《不扩散核武器条约》、《全面禁止核试验条约》及其它国际裁军条约的约束。2004年1月6日，利比亚正式批准其于2001年11月13日签署的《全面禁止核试验条约》，成为该条约签约国中第109个批准该条约的国家。同天，利比亚又正式申请加入《禁止化学武器公约》。按照该公约规定，在申请加入30天后，即2月5日，利比亚正式成为《禁止化学武器公约》第159个缔约国。1月12日，联合国秘书长安南就利比亚自愿放弃大规模杀伤性武器等问题与利比亚常驻联合国代表阿布萨拉姆·特勒基举行了会谈。会谈结束后，安南通过其发言人发表声明称，利比亚批准《全面禁止核试验条约》并加入《禁止化学武器公约》是“积极的步骤”，有助于加强全球防止大规模杀伤性武器扩散的努力，联合国对此表示欢迎。1月14日，全面禁止核试验条约组织筹备委员会发表声明称，利比亚同意在北部米斯拉塔地区设立一个核试验监测站，该监测站将与全面禁止核试验条约组织设在世界其它地区的336个监测站共同构成完整的国际核试验监测体系，所获得的监测数据将及时传送至该组织设在维也纳的数据中心。此外，5月13日，利比亚对外联络和国际合作秘书处（外交部）又发表声明宣布，为了促进世界和平与稳定，利比亚决定不与任何没有加入“导弹及其技术控制制度”的国家进行有关军事商品和服务方面的贸易。

二、接受国际原子能机构的核查并销毁核设施

2003年12月28日至2004年1月1日，国际原子能机构总干事巴拉迪率领国际原子能机构专家核查组，对利比亚的核设施实施了首次核查。核查组在利比亚共视察了与军事有关的10处核设施中的9处，并将另一处铀存储设施列入第二次核查计划。核查结束后，国际原子能机构对利比亚有关当局在核查中提供的合作表示满意，认为利比亚的核计划仍处于“低水平、小规模”的铀浓缩试验阶段。

1月19日，国际原子能机构总干事巴拉迪在维也纳与美英代表举行会晤，消除了双方在利比亚核查主导权上的分歧，并就分工实施第二次核查达成了协议。根据协议，国际原子能机构负责核查利比亚的核设施、提取有关样本并对获得的数据进行评估。美英两国专家负责核查的后勤工作，并在国际原子能机构完成核查工作后负责把违禁设备和材料运出利比亚。

1月20日，国际原子能机构派出的部分核查人员抵达利比亚并建立工作站，开始对利比亚的核设施进行第二次核查。23日，利比亚将研发核武器的图纸交给了国际原子能机构的核查人员，并由美国专家在国际原子能机构人员在场的情况下启封、核查。1月26日，国际原子能机构核查人员用1架运输机，将首批重约25吨的利比亚核武器和导弹开发资料及用于浓缩

铀的离心分离机和导弹的制导部件等核设施运往美国，这些资料和设备随后被销毁。

2月23日，国际原子能机构总干事巴拉迪访问利比亚并会晤了利总人民委员会总秘书助理（副总理）。双方一致同意，尽一切努力在6月份前销毁利比亚的大规模杀伤性武器。利比亚方面愿意在打击国际核黑市交易方面提供帮助，国际原子能机构则支持利比亚在销毁大规模杀伤性武器后，保留一些用于民用研究的核反应堆。

3月6日，利比亚政府用轮船把总重量达500吨的最后一批违禁武器设施运往美国。这些违禁武器设施包括利比亚所有已知的用于浓缩铀的离心机部件以及全部铀转化设施，此外还有包括5枚“飞毛腿”导弹在内的利比亚所有的导弹及配套设施。3月8日，利比亚又将苏联于1980至1984年期间向其提供的一批未辐照高浓缩核燃料运回俄罗斯乌里扬诺夫斯克州核反应堆科研所。

8月30日，国际原子能机构公布报告称，利比亚自宣布放弃大规模杀伤性武器计划以来与原子能机构“进行了良好的合作”，其有关核活动的报告与该机构所掌握的情况相符。鉴此，利比亚将无需接受特别调查，但原子能机构仍将进一步澄清利比亚核计划中的疑点，包括核弹头图纸问题，从而确定利比亚是否完全、切实地遵守了自己的诺言。

三、接受禁止化学武器组织的核查并销毁化学武器

2月5日，应利比亚政府要求，由禁止化学武器组织总干事罗赫略·普菲尔特率领的专家组赶赴的黎波里，现场检查利比亚实施《禁止化学武器公约》的情况，并与利方举行了第一轮初步技术磋商。磋商中，专家组与利比亚政府有关化学武器部门的官员对利比亚库存的化学武器进行了初步评估。利比亚政府表示，利已按照《禁止化学武器公约》的规定，成立一个国家委员会来负责联络与协调化武核查工作，并提交一份有关其拥有的化学武器和化武生产能力的初步报告，以配合核查工作。

2月20日，利比亚政府向禁止化学武器组织提供了一份关于其化学武器库的部分清单。此后，禁止化学武器组织制定了销毁利比亚所有剩余化学武器及其设施的计划。按照这份计划，2月27日至3月3日，利比亚第一批销毁了3300多枚用于承载化学武器的未填充炸弹。禁止化学武器组织的专家在整个销毁过程都在现场核查确认。

3月5日，利比亚高级政府代表团又向禁止化学武器组织提交了一份该国拥有的化学武器的完整清单。清单显示，利比亚拥有大约23吨芥子气、一个不再运行的化学武器工厂和两个化学武器储存库。利政府还向禁止化学武器组织提供了一份销毁上述芥子气、化武工厂和储存库的计划，供该组织的决策机构执行理事会审查。禁止化学武器组织总干事罗赫略·普菲尔特在收到这份清单后举行的新闻发布会上说，利比亚自愿提交其化武清单，表明其履行了加入《禁止化学武器公约》后最重要的义务之一。

此后，禁止化学武器组织专家们对利政府提交的完整清单中的化学武器和设施进行了现场核查，对上述化武进行造册登记，并确认化学武器工厂确实不再运行，武器和设备也都处于安全的保管之中。在此情况下，3月22日，禁止化学武器组织宣布，该组织已完成对利比亚化学武器的初步核查。

（桐　生）

尼日利亚部族冲突持续不断　2004年，尼日利亚高原州不断积聚的种族、宗教矛盾在全国范围先后引发了5轮大规模部族冲突。这些冲突不仅造成大量人员伤亡和财产损失，也使尼日利亚局势动荡不安。

高原州位于尼日利亚中部，处于尼北部信奉伊斯兰教地区与南部信奉基督教地区的接壤地带。近年来，越来越多来自南部以务农为生的基督教徒在高原州定居，他们与当地以游牧为生的富拉尼族穆斯林的族群关系日益紧张。双方为争夺土地控制权经常发生冲突与殴斗。2001年9月，高原州首府乔斯发生严重骚乱，5天内造成1000多人死亡。此后，基督徒与穆斯林之间开始了一轮又一轮的报复仇杀，事态逐渐扩大。2004年，该州不断积聚的部族矛盾最终在全国范围内引发了多轮大规模部族冲突。

第1轮冲突（3月26日）：高原州瓦塞镇的富拉尼族穆斯林与基督徒发生冲突，至少造成包括2名士兵在内的28人死亡。

第2轮冲突（5月2日至4日）：5月2日，高原州耶卢瓦镇的豪萨—富拉尼族穆斯林突然遭到大批塔鲁克族基督教徒的袭击。塔鲁克族人开着2辆装有机关枪的吉普车冲进耶卢瓦镇进行扫射，大批武装人员手持枪支和砍刀屠杀该镇的豪萨—富拉尼族穆斯林，并抢劫该镇的车辆等财物。这次冲突共持续3天，造成至少630人死亡，其中多数是穆斯林妇女和儿童。冲突使得大批豪萨—富拉尼族人逃离高原州，躲到附近几个州的学校与政府机关大楼。5月4日，数千名穆斯林聚集于耶卢瓦镇街头，高呼着口号发誓要报仇。

与此同时，尼全国各地的穆斯林也纷纷举行游行示威，高原州和其他一些地区开始出现骚乱。面对不断恶化的局面，5月4日，尼日利亚北方穆斯林占多数的19个州的州长召开紧急会议商讨对策，尼总统奥巴桑乔也在4日晚发表一份声明，对高原州不断升级的危机表示担忧，并决定向冲突地区增派600名警察以维持秩序。高原州警方还逮捕了25名制造骚乱的嫌疑人，拆毁当地所有由暴徒设置的非法路障。州政府决定在耶卢瓦镇实行宵禁。

第3轮冲突（5月11日至12日）：5月11日，数千名穆斯林在北部卡诺州首府卡诺的州政府前举行集会，要求尼日利亚政府采取措施立即结束发生在耶卢瓦镇的屠杀事件，并在7天之内将制造屠杀的基督教徒绳之以法。但集会刚一结束，一些愤怒的穆斯林便开始袭击信仰基督教的行人，并放火焚烧汽车、店铺和教堂。为防止局势进一步恶化，卡诺州政府迅速派遣军队协助警察维持秩序，并颁布了从5月11日晚上7时到12日早晨6时的宵禁令。尼总统奥巴桑乔当天紧急召开穆斯林长老会议，呼吁穆斯林兄弟保持克制、维护和平。但一些穆斯林与基督教徒仍不顾军警的阻拦，设置路障，并用刀、棍和枪在卡诺市街头相互攻击。冲突中，一些清真寺和教堂被烧毁。冲突共持续了两天，造成大约30人死亡。5月12日，尼日利亚军队和警察逮捕了45人后，局势才得到控制。

第4轮冲突（5月20日）：为防止冲突再度发生，5月18日，尼日利亚总统奥巴桑乔罢免了高原州州长的职务，并宣布对该州实行“紧急状态法”。但未能扭转局势。5月20日高原州再度爆发宗教冲突，一伙富拉尼族穆斯林冲进该州夸安攀地区基督教徒居住的几个村庄，造成至少30人丧生。

第5轮冲突（6月8日至9日）：尼日利亚东部阿达马瓦州努曼镇发生部族间宗教冲突，至少造成50人死亡。冲突由该镇穆斯林修建的一座清真寺尖塔引起，一个信仰基督教的部族长老声称尖塔建得太高，可以把他家的院子看得一清二楚。结果，基督教徒拆除了该清真寺的尖塔，另有3座清真寺也被烧毁。为阻止冲突进一步升级，阿达马瓦州州长哈鲁纳6月9日下午宣布立即在努曼镇实行宵禁，并命令警方对所有肇事者就地正法，局势逐步得到控制。

（桐　生）

苏丹和平进程喜忧参半　2004年，苏丹政府与南方反政府武装“苏丹人民解放运动”(简称“加朗集团”)最终签署全面和平协议，标志着非洲大陆持续时间最长的内战正式结束，和平曙光乍现。但苏丹政府与西部反政府武装在达尔富尔地区的冲突却始终无法平息，双方先后进行多轮谈判，但均无果而终，苏丹距离实现全国和平的目标依然遥远。

一、苏丹政府与加朗集团间的和平谈判进展顺利，最终签署全面和平协议，南北内战正式结束

自1983年5月起，苏丹政府和以加朗集团为代表的、谋求南方独立的反政府武装一直内战不休。在美国和东非政府间发展组织(简称“伊加特”组织)的斡旋下，2002年7月20日，双方经过3轮和谈后签署《和平意向协议》，同意在6年和平过渡期内保持国家统一，过渡期结束后通过公民投票决定南方的最终地位。但双方对于过渡期军事安排、过渡政府权力分配、石油资源分配以及努巴山区等3个地区归属这4个关键问题分歧严重。2003年，双方边打边谈，先后进行4轮和谈，但仅就过渡期军事安排这一关键问题达成原则协议。

2004年1月5日，苏丹政府与加朗集团举行的第8轮谈判取得突破。双方就石油资源分配问题达成一致，并于1月7日签署关于石油收入分配问题的协议，从而向签署最终和平协议迈出了重要一步。

至此，阻碍最终和平协议签署的4大关键问题仅剩下2个。此后双方开始在肯尼亚奈瓦沙举行第9轮和谈，谈判重点围绕过渡政府权力分配及努巴山区等地区归属两大问题进行。5月26日，第9轮和谈再次取得重大突破。苏丹第一副总统塔哈和反政府武装领导人加朗交换了有关国家权力分配和确定努巴山等地区地位的框架协议。协议确定了各方在未来政府中的权力分配比例：苏丹政府占52%，加朗集团占28%，国内其他政治派别占20%。舆论普遍认为，该协议的签署表明双方解决了分歧最大、最为棘手的政府权力分配问题，为结束内战、实现国内和平扫清了障碍。

6月5日，苏丹第一副总统塔哈与反政府武装领导人加朗又在肯尼亚签署了《苏丹和平内罗毕宣言》，宣布苏丹和谈的最后阶段正式开始。宣言规定，和谈最后阶段将主要解决遗留的少数问题并最终敲定全面和平协议的文本。塔哈在签字仪式上发表讲话称，“苏丹政府将继续推进和谈进程，并彻底执行有关协议”。加朗也指出，“已签署的宣言表明苏丹全面和平就要到来”。

内罗毕宣言签署后，苏丹政府又与包括加朗集团在内的反对党组织联盟——全国民主联盟举行了政治对话。8月1日，双方在埃及开罗举行第1轮对话，商定了第2轮对话时讨论的宪法、法律、经济和政治13项议题。10月21日至11月1日，双方在开罗举行第2轮对话。双方成立了4个独立的谈判委员会，就13项议题进

行讨论。据苏丹政府代表团团长纳菲称，双方已就全部议题中至少 70%的问题达成了协议。

在此背景下，11 月 19 日，苏丹政府与加朗集团在内罗毕签署停止内战的保证书，承诺在年底前签署有关停止内战的正式协议。12 月 31 日，苏丹政府和加朗集团在肯尼亚奈瓦沙签署了永久性停火协议和全面和平协议的执行步骤协议，从而为双方最终签署全面和平协议铺平了道路。2005 年 1 月 9 日，双方最终签署了全面和平协议，标志着非洲大陆持续时间最长的苏丹南北内战正式宣告结束。

二、苏丹政府与西部反政府武装在达尔富尔地区的冲突无法平息，双方进行多轮谈判但均无果而终

达尔富尔地区位于苏丹西部，混居着阿拉伯人和黑人，历史上的殖民统治使双方长期不睦。从 2003 年 2 月起，由该地区黑人组成的"苏丹解放运动"和"正义与公平运动"两支反政府武装借口苏丹政府未能保护他们免遭阿拉伯民兵的袭击，不断向政府军发动武装袭击，并要求地区自治。12 月 15 日，苏丹政府与两支反政府武装在乍得恩贾梅纳进行第一轮谈判，谋求签署一项政治解决达尔富尔问题的"全面和平协议"。但由于双方分歧过大，谈判破裂。

从 2003 年底到 2004 年初，苏丹政府与西部反政府武装冲突升级，造成约 1 万人死亡。亲政府的阿拉伯民兵在该地区实行焦土政策，破坏学校、水井等基础设施，致使 100 多万黑人逃离家园，沦为难民。

2004 年 3 月 30 日起，在乍得总统代比的调解下，苏丹政府与西部反政府武装在恩贾梅纳举行第二轮谈判。4 月 8 日，双方签署停火协议。根据这一协议，达尔富尔交战各方将在 72 小时内停止一切敌对行为，并在今后 45 天内保证全面停火，确保人道主义救援工作和释放战俘工作的顺利进行。5 月 28 日，双方又在埃塞俄比亚首都亚的斯亚贝巴签署协议，决定成立由非盟、欧盟、苏丹政府和反政府武装代表组成的停火委员会，并向达尔富尔地区派驻军事观察员，负责监督停火协议落实情况。

但由于苏丹政府与反政府武装在解除阿拉伯民兵组织武装及西部自治两大问题上分歧严重，双方并未认真执行停火协议，冲突依然不断发生。从 6 月下旬起，达尔富尔危机逐步引起国际社会关注。6 月 29 日，美国务卿鲍威尔访问苏丹，要求苏丹政府控制阿拉伯民兵，向人道主义组织开放援助通道，并与反政府武装进行政治对话。7 月 3 日，联合国秘书长安南访问苏丹并与苏丹政府达成协议，要求在 90 天内解除达尔富尔地区非法组织的武装。7 月 6 日至 8 日，非盟首脑会议也重点讨论了达尔富尔问题。

在国际压力下，冲突双方进入了边打边谈的僵持阶段。7 月 4 日，苏丹政府公布了解决达尔富尔危机的五点计划，但表示在阿拉伯人和黑人部族都有民兵武装的情况下，不会单方面解除阿拉伯民兵武装。7 月 15 日至 17 日，苏丹政府与西部反政府武装在亚的斯亚贝巴举行第三轮谈判，但仍因解除武装问题而搁浅。在西方国家的支持下，反政府武装态度日趋强硬。7 月 24 日，"正义与公平运动"领导人易卜拉欣宣称，如果政府不解除阿拉伯民兵的武装，该组织就不会与政府谈判。7 月 30 日，联合国安理会通过了第 1556 号决议，要求苏丹政府在 30 天内解除达尔富尔阿拉伯民兵组织的武装，否则将对其采取包括制裁在内的进一步行动。

安理会决议通过后，苏丹政府调整了立场，决定接受该决议，但要求联合国延长落实这项决议的期限。8 月 4 日，苏丹外长伊斯梅尔和联合国苏丹问题特使普龙克达成了"达尔富尔行动计划"。该计划接受苏丹政府的全部要求，不再要求苏丹政府在 30 天内解除阿拉伯民兵组织武装，但要求苏丹政府采取具体步骤逐步恢复达尔富尔地区的稳定。15 日，苏丹开始落实该计划。

在非盟主席、尼日利亚总统奥巴桑乔的斡旋下，8 月 23 日起，苏丹政府与西部反政府武装在尼首都阿布贾举行第 4 轮谈判。双方围绕达尔富尔地区的人道主义、安全、政治和经济 4 大议题反复磋商未果。

10 月 25 日，双方在阿布贾举行第 5 轮谈判。经过近两周艰难谈判，11 月 9 日，苏丹政府和反政府武装签署了有关达尔富尔地区安全和人道主义危机的两项协议。根据协议，整个达尔富尔为禁飞区，双方停止所有敌对行动，并为该地区的数百万难民提供援助和保护。

12 月 11 日，双方在阿布贾举行第 6 轮谈判，讨论剩下的政治和经济问题。然而在第 5 轮谈判期间及前后，反政府武装继续违反停火协议，袭击难民营等目标，给第 6 轮谈判蒙上了阴影。谈判当天双方就不断公开指责对方违反停火协议。12 月 13 日，反政府武装以"政府军继续空袭"为由，宣布暂停谈判。12 月 21 日，谈判无果而终。12 月 28 日，苏丹政府军与反政府武装再次发生冲突，造成 30 多人死亡。

（桐　生）

索马里和平进程取得突破性进展 2004 年 1 月 29 日，索马里各派经过谈判签署和平协议，随后相继成立过渡全国议会、选举产生过渡政府总统和总理。多年停滞不前的索马里和平进程取得了突破性进展。

一、索各派达成和平协议，并组建过

渡议会与政府

1991 年以来，索马里一直处于军阀混战状态。2000 年 8 月，索马里举行全国和会，通过过渡宪章并选举产生过渡政府。但过渡政府遭到各派军阀联合抵制，无法有效开展工作，国家仍处于割据状态。2002 年 10 月，在东非政府间发展组织（简称“伊加特”组织）的调停下，索各政治派别在肯尼亚举行和谈并签署了《埃尔多雷特宣言》，宣布实现全面停火并制定新的宪法。但这个宣言实际上没有起多少作用，各派在过渡政府组成及权力分配问题上分歧较大。2003 年，各派边谈边打，和谈进入僵持阶段。

2004 年 1 月 9 日，为进一步推动和平进程，伊加特组织召集索马里各武装和政治派别的 21 名代表在肯尼亚内罗毕举行新一轮和谈。伊加特组织索马里和谈促进委员会主席、肯尼亚总统齐贝吉在会上表示，索马里各方应抓住这次历史机遇，把和谈变成一个有历史意义的里程碑，实现真正持久的和平。经过 20 天艰难谈判，1 月 29 日，和谈取得突破，索各派就成立过渡议会、选举总统签署和平协议。按照协议，过渡议会将由 275 名经各部族选出的人士组成。全国的 4 大部族各选出 61 人，其它小部族联合推选出 31 人。过渡议会将负责选举出过渡政府总统。

从 2 月初开始，索各派继续就过渡议会议员产生的具体办法举行谈判，并取得了进展。2 月 25 日，联合国安理会发表主席声明，对索马里冲突各方签署和平协议表示欢迎，呼吁索马里各方继续努力就安全问题达成全面协议。

8 月 22 日，索马里过渡全国议会在肯尼亚内罗毕的联合国办公室正式宣誓就职，从而为索马里选出各方公认的过渡政府铺平了道路。9 月 2 日，索过渡议会在内罗毕召开第一次会议。9 月 15 日，索过渡议会选举谢里夫·哈桑·舍克·阿丹为议长。10 月 10 日，在谢里夫议长的主持下，过渡议会到任的 270 名议员经 3 轮投票，以 189 票选举达罗德族的阿布杜拉希·尤素福·艾哈迈德为索马里过渡政府总统，任期 5 年。这是索马里自 1991 年陷入内战以来各派别首次选出各方公认的总统，从而为结束该国长期的军阀割据状态带来希望和曙光。

10 月 14 日，尤素福总统在内罗毕宣誓就职，标志着索马里和平进程向前迈出了重要和实质性的一步。尤素福在就职典礼上说，索马里将在全国人民以及国际社会的帮助下，早日制订出能反映出各方意愿的国家重建计划，以使国家和人民享受持久和平。11 月 3 日，尤素福总统任命哈维耶族的阿里·穆罕默德·格迪为政府总理。但索议会在 12 月 11 日通过一项动议，指责总统对格迪的任命未经议会批准，在程序上违反了索临时宪法，因此拒绝承认格迪及其领导的内阁。此后，尤素福总统于 12 月 13 日再次对格迪进行任命并提交议会审议。12 月 23 日，索马里过渡全国议会举行特别会议，以压倒性多数批准对格迪的总理任命。格迪当即宣誓就职，承诺尽快组建新内阁并提交议会批准。至此，索马里正式结束了 14 年来的无政府状态，和平进程取得突破性进展。

二、索各派的冲突并未完全结束，安全局势依然严峻

尽管索马里和平进程迈出重大步伐，但由于多年的战争与冲突，索各派间矛盾异常复杂，争端并未完全了结，少数派别在参加和平进程的同时仍在通过武力扩大地盘。2004 年 1 月初，索马里北部武装割据的“索马里兰”和“邦特兰”两派武装因争夺拉斯拉诺德地区的控制权又发生冲突，造成至少 2 人死亡。12 月 2 日，索马里中部地区哈维耶族哈布雷吉迪尔部落的两派武装爆发又严重的部落冲突。双方都使用重机枪、反坦克导弹、火炮等轻重型武器相互对射，造成至少 30 人死亡，百余人受伤，许多建筑物在炮火中被毁。与此同时，由于索马里长期以来一直处于无政府、军阀割据状态，数以百万的中、小型武器流入民间，加上内战期间冲突各方从国外购买的武器，索马里全国的武器数量大大超过战乱之前，给社会稳定带来极大威胁。由于国内安全局势依然严峻，首都摩加迪沙被认为极度危险，索马里过渡议会及政府所有办事机构都暂设在肯尼亚内罗毕，无法回国办公。尤素福总统多次表示，解除索各派别武装的武器是索国内和平得以恢复的前提，势在必行。过渡政府已请求联合国和非洲联盟向索马里派遣维和部队，以帮助他们完成这一重大任务，同时组成新的国家武装力量。此外，连年内战几乎彻底摧毁了索马里的国民经济，全国的基础设施被破坏或严重失修，通往首都的条条道路难以通行，大小建筑几乎无一完好。面对一个满目疮痍、百废待兴的国家，可以说，过渡政府面临的形势十分严峻。

（桐　生）

乌干达政府继续清剿反政府武装　2004 年，乌干达反政府武装“圣灵抵抗军”仍不断骚扰乌北部地区，袭击政府军并屠杀平民。乌政府军两次进入苏丹南部叛军老巢进行清剿，使“圣灵抵抗军”力量不断削弱，被迫求和。

从 1987 年以来，乌干达反政府武装“圣灵抵抗

军”一直以苏丹南部地区为基地，经常出没于苏丹与乌干达边界，并在乌北部地区进行武装骚扰活动。多年来共绑架了近2万名儿童，造成80万名乌平民流离失所，部分人被迫长年生活在有政府军保护的安置营内。2002年，乌干达人民国防军进入苏丹南部对“圣灵抵抗军”进行大规模军事围剿，给予其沉重打击。2003年初，乌干达政府改变策略，向“圣灵抵抗军”提出停火和对话的建议，双方从3月10日起宣布停火并开始和平谈判。但由于“圣灵抵抗军”坚持不肯放弃武装，谈判无果而终。“圣灵抵抗军”仍不时骚扰、屠杀平民，与政府军作对。

2004年2月21日，“圣灵抵抗军”袭击了乌干达北部小镇利拉以北约26公里的一座居住着5000多人的难民营。他们焚烧难民营内的房屋，并向逃散的人群开枪射击，造成约192名难民丧生，数十人受伤。23日，联合国秘书长安南通过发言人发表声明，强烈谴责“圣灵抵抗军”残杀平民的罪恶行径，呼吁乌干达政府和国际社会将“犯下滔天罪行的”肇事者绳之以法。25日，利拉市举行万人示威，抗议反政府武装制造这起血腥屠杀事件。同日，乌干达议会通过一项动议，宣布乌北部战乱区为人道主义灾难地区。

4月14日，乌总统穆塞维尼表示，乌政府愿意直接或通过中间人与“圣灵抵抗军”谈判，以期达成和平协议，结束长期的流血冲突。但4月15日，“圣灵抵抗军”约20名成员在乌北部古卢和阿竹曼交界的1座桥梁伏击一支民用车队，他们向车队发射枪榴弹，1辆车被击中起火后与前面的1辆公共汽车相撞，公共汽车当即起火并失控翻车，司机和13名乘客死亡，8名乘客受伤。护送车队的政府军击退了伏击者，但有1名政府军士兵在混乱中丧身，另有3名士兵受伤。

5月17日，“圣灵抵抗军”在乌干达北部基特古姆地区发动了3次袭击，杀死9名平民。同日晚，经苏丹政府允许，乌政府军进入苏丹南部展开军事清剿行动，政府军出动直升机，向100多名正在苏丹南部行进的“圣灵抵抗军”反政府武装发射了炮弹，打死了其中的54人。

6月3日，“圣灵抵抗军”袭击了乌北部基特古姆一处专门安置难民的营地，残酷杀害了35名无辜平民，另有10人受伤。有消息说，许多受害者是被砍死的，还有人被烧死在草屋内。

7月28日，乌干达政府军在得到苏丹政府允许后再次进入苏丹南部地区的迪林扬，与“圣灵抵抗军”激烈交战。战斗中，乌干达军队缴获了“圣灵抵抗军”头目约瑟夫·科尼的军装，并俘虏了他的妻子和孩子。此外，政府军还击毙38名反政府武装分子，俘虏25名，并缴获一批武器装备。

在乌干达政府军的重兵围剿下，“圣灵抵抗军”力量已被大大削弱，已由原来的几千人减少到数百人。11月初，“圣灵抵抗军”头目约瑟夫·科尼表示要同政府和谈，以解决北部地区持续多年的冲突。乌干达政府立即做出积极反应。11月14日，乌总统府发表声明宣布，穆塞韦尼总统同意从15日起在北部地区规定的区域内停火7天，以便让“圣灵抵抗军”领导人同政府方面谈判。停火期从东非时间15日18时起，至23日7时截止。声明向反政府武装明确了停火的区域，强调政府军在停火区域以外的地方将继续打击科尼的残余分子，直到政府方面得到反政府武装“停止对人民的暴力和永远结束恐怖行径”的明确承诺。

（桐　生）

欧洲军事要事

俄军进入“现代化建设发展阶段”

2004年，俄罗斯“武装力量的根本重建和改革阶段已经完成，正转向正规化军事建设”（俄国防部长伊万诺夫语）。普京总统在年度“国情咨文”中提出，“军队现代化是当前最重要的任务”，只有实现了军队现代化才能使“国家免受任何形式的军事、政治压力和潜在的外来侵略”。为此，年内俄罗斯继续调整国家安全构想和军事战略，调整指挥关系，精简部队员额，加强部队训练和装备建设，朝着军队全面现代化的方向迈进。

一、制定新的国家安全构想，调整军事战略方针

2004年，俄境内恐怖主义活动猖獗，成为俄国家安全的最大威胁和头号敌人。为适应新的安全形势，俄正在制定新的国家安全构想。该构想计划2005年出台。据报道，构想将明确今后10至15年

内俄在保障国家安全方面的方针和战略目标、俄面临的现实威胁，及保障国家安全的各项机制。为适应国际战略形势的变化和俄常规力量不足的状况，俄军事战略方针由“现实遏制战略”向“以核遏制为依托的机动战略”转变。其基本思想是：在平时，以核武器为重要遏制手段，防止出现针对俄或其盟友的任何武力威胁和侵略；在战时，通过威胁使用或使用核或常规杀伤兵器，迫使敌人停止军事行动，防止侵略升级；在突出核武器的遏制作用的同时，注重提高诸军兵种战略战役机动能力，以夺取战略主动权。在新的战略方针指导下，俄更加强调核武器的威慑作用。3月，俄国防部长重申，如果北约继续东扩并对俄持不友好的态度，那么他可能会下令扩大俄核武库。10月，在国防部研讨会上散发的文件说，如果北约保持其进攻性战略思想的话，那么俄罗斯就有可能重新评估其核战略。

二、调整指挥体系，裁减部队员额

年内，俄军在近年基本完成各军兵种指挥系统和编制序列调整的基础上，开始对国防部和总参谋部进行改革整合。6月，俄国家杜马通过《国防法》修正案，重新明确国防部长对军队的指挥地位，规定总参谋部主要负责谋划军事斗争准备，不再承担行政管理职能。7月，普京解除任职长达7年之久的总参谋长克瓦什宁的职务，任命原第一副总参谋长巴卢耶夫斯基为总参谋长，从人事安排上消除了国防部对总参实施指挥的障碍。8月，俄颁布新的《国防部条例》，详述了国防部的新职能，明确规定“武装力量直接隶属于国防部长”；从而结束了长期以来“军队双重指挥”的混乱局面，实现了集中统一指挥。8月，俄国防部启动内部机构改革，将副部长职位由9个减至4个，只保留2个第一副部长、1个后勤副部长和1个装备副部长；新建国防部长办公厅，以及干部和教育工作局、经济和财政局、营房和设备局、战斗训练和部队勤务总局等4个直属局，撤消陆军总司令部战斗训练总局和总参谋部所属部队勤务和军事勤务安全管理局。在前几年部队大规模精简整编的基础上，俄军又于10月出台了新的裁军计划，计划年底前再裁减10万人，军队总人数由120万人裁减至110万人。

三、举行大规模军事演习，提高部队战斗能力

年内，俄军着力加强军事训练，提高部队战斗力，演习规模与强度明显增大。

（一）突出战略核力量的威慑能力。俄军战略核力量全年共进行13次弹道导弹试射。2月中旬，俄军举行了近22年来最大规模的“安全-2004”战略核演习。俄军6大军区、3军种、3兵种全部参演，演习中首次使用“三位一体”战略核力量对假想敌实施核打击，显示俄军强大的战略威慑能力。

（二）注重提高战略机动能力。俄军将提高诸军兵种机动能力作为军事训练的重点。在6月举行的“机动-2004”演习中，俄陆军常备部队、空降兵、海军陆战队和机动预备队实施远距离兵力机动，是俄军历史上远程调动部队规模最大和兵种最多的一次演习。

（三）将反恐科目作为演习训练的重要内容。俄军“安全-2004”和“机动-2004”两次战略演习均以国际恐怖分子渗入俄境并准备对俄发起大规模进攻为背景，重点演练搜索、围剿、解救人质、精确火力打击等反恐作战科目，并尝试运用新编组、新样式、新方法和新武器实施反恐作战。

四、增加军费，加速武器装备升级换装

2004年，俄军加快了现役武器装备的升级与换装速度，并加紧研发新型高技术武器。2004年度俄军费开支总额为4115亿卢布（约合137亿美元），比上年增长19%，国防采购费为3412亿卢布，采购项目达1700个。8月，俄政府提出的2005年军费预算为5280亿卢布。9月“别斯兰人质事件”发生后，又决定追加1070亿卢布。这样，2005年俄军费开支将达到6350亿卢布（约合218亿美元），比2004年增长54.3%，创俄建军以来的最高记录。年内，俄军共接收了250种新型武器，并对300种新型武器进行了试验。陆军重点发展机动与防空装备，继续发展自动化火控系统和高精度武器系统，年内先后接收了14辆T-90型坦克、24辆BTP-80型装甲运兵车，以及“通古斯卡”M-1型防空系统，并完成了对“伊斯坎德尔”型战役战术导弹的试验并即将列装。海军继续对现有舰艇进行现代化改造，部署第三代多用途核潜艇，并加紧研制第四代多用途核潜艇。年内对“库兹涅佐夫”号航空母舰动力系统进行了升级改造，接收了1艘“拉达”级常规动力潜艇“圣彼得堡”号，第四代新型战略核潜艇“北风”级首艇“尤里·多尔戈鲁基”号将于2005年列装，该级第2艘“亚历山大·涅夫斯基”号也于3月开始动工。空军对现役苏-25、苏-27、米格-29、图-160等型飞机进行升级改造，接收了米-24型和卡-52型武装直升机，完成了“米-28H”型武装直升机的首次试飞，并完成C-400新型防空系统的试射工作，开始列装。战略火箭兵使用战略突防新技术对现役洲际弹道导弹进行改造，并

继续研发新型导弹系统。俄多次宣布，已成功试验当今世界上最先进的战略导弹，大大提高了战略突防能力，无人可挡。2月举行的“安全-2004”战略演习中，成功进行了导弹末段点火的超燃冲压发动机试验。12月，机动式“白杨-M”导弹试射成功，并将于2005年开始列装部队。年内，第4个井式发射“白杨-M”战略导弹团开始担负战斗值勤任务。航天兵设在塔吉克斯坦努列克的“窗口”光电综合系统进入战备值班，新建的阿尔马维尔指挥测量系统以及莫斯科和纳霍德卡宇宙跟踪站开始运转，并完善了格罗纳斯全球导航定位系统。

五、积极推进军队职业化进程，制订军队长期发展规划

2004年是俄军正式开始实施合同兵役制转轨的第一年。根据《2004年至2007年俄武装力量及其它部队向合同兵役制过渡的专项计划》，俄军以陆军常备部队、空降兵和海军陆战队为重点，分阶段在全军推行合同兵役制。俄政府拨款96亿卢布，专项保障合同制转轨工作。年内，俄军共有1.57万士兵和军士转为合同制，全军合同制士兵和军士总数已达13万人，驻北高加索军区的部队将于2005年底前全部转为合同制。为使军队走向全面现代化，俄国防部开始进行制定军队建设长期规划，包括“2015年前武器装备国家规划”、“2016年前武装力量建设和发展构想”、“2021年前武装力量建设构想”、“2025年前俄联邦防御作战装备目标规划”等。这些文件规定了国防领域及军队建设方面要解决和完成的一系列根本任务。计划到2010年，俄战略火箭兵将编有2个导弹集团军和10-12个导弹师，全部装备机动和井式“白杨-M”等导弹综合系统。2016年前，带有10个弹头的重型导弹“15A18”将参加战斗值班。海军将装备13艘带有208枚弹道导弹的战略核潜艇，空军将装备75架图-160、图-95MC战略轰炸机。俄军将建成一支具有强大核威慑能力和战略机动能力的现代化军队。

（刘效兰　贾博宇）

俄军举行大规模核战演习　2004年2月10日至2月26日，俄军在全境内举行了一次代号为“安全-2004”的大规模首长司令部战略核战演习。演习由俄军总参谋长克瓦什宁大将亲自指挥，国防部长伊万诺夫对演习实施督导，总统普京亲临演习现场。

一、演习想定背景与参演兵力

这次演习设想“假想敌”对俄罗斯采取军事行动，企图彻底摧毁俄军事潜力，破坏俄军指挥系统并控制空天权。为反击侵略，俄军在陆、海、空、天四维战场同“假想敌”展开了激烈的战斗。

这次演习参演单位主要包括：俄莫斯科军区、北高加索军区、列宁格勒军区、西伯利亚军区、伏尔加河沿岸-乌拉尔军区和远东军区等6大军区，海军北方舰队，空军远程航空兵和军事运输航空兵部队，以及战略火箭兵、航天兵和空降兵等兵种部队，总兵力约9000人，动用了6艘核潜艇、10艘水面战斗舰艇和保障舰艇，以及图-160型战略轰炸机、图-95型战略轰炸机、伊尔-78型加油机等各型作战飞机。演习的目的是检验近年提出的“以核遏制为依托的机动战略”，提高俄“三位一体”战略核力量和常规力量的联合作战能力，试验新式武器装备，特别是战略导弹突防技术。

二、演练情况

陆战场。主要演练了陆军常备兵团和部队的加强分队远距离机动，并在随后的武装冲突中遂行作战任务。演习中，针对“假想敌”准备从俄西部向俄发动大规模军事进攻，俄军总参谋部向担任战略预备队的伏尔加河沿岸-乌拉尔军区和西伯利亚军区紧急下达了驰援莫斯科军区作战的命令。2月10日至13日，主要进行常备兵团和部队的跨战区远距离机动演练。10日，根据导演部的命令，伏尔加河沿岸-乌拉尔军区所属参演部队紧急从常驻地出发，向附近火车站集结。在交通部门协助下，迅速将人员与武器装备装上军列，通过铁路机动方式向欧洲地区实施机动。11日，西伯利亚军区司令部和伏尔加河沿岸-乌拉尔军区司令部演练在军队远距离机动中的军事指挥机关与铁路交通部门的协同行动。伏尔加河沿岸-乌拉尔军区所属摩步分队向北高加索军区实施机动。12日，西伯利亚军区常备部队的数支摩步分队在规定期限内前出至装载地域并进行铁路装载，开始实施长距离机动。14日，上述部队乘火车开进，从遥远的乌拉尔地区抵达莫斯科市附近的阿拉比诺靶场，17日开始在完全陌生的野外条件下进行实兵战术演练。24日至25日，西伯利亚军区另一支部队从亚洲地区向欧洲方向实施机动，并在阿拉比诺靶场进行实弹射击演练。这支部队顺利完成“大转移”任务后，立即着手在新的环境下进行防御性战术演习。

海战场。2月17日，俄北方舰队海上作战编队在巴伦支海与“假想敌”展开了战斗。战斗中，“彼得大帝”号导弹巡洋舰进行了拦截弹道导弹的实弹演练，使用“堡垒-FM”型防空导弹系统击落了“假想敌”的潜射弹道导弹。同时，“新莫斯科斯克”号战略核潜艇从水下向位于远东地区堪察加半岛库拉演习场发

射2枚“SS-N-23”型洲际弹道导弹，均告失败，“卡利累阿”号战略导弹核潜艇也于次日发射同类型导弹，导弹飞行98秒时偏离预定轨道，并在空中自行引爆。“恰巴年科海军上将”号和“列夫琴科海军上将”号大型反潜舰在伊尔-38型反潜巡逻机和卡-27型舰载机配合下，搜索“假想敌”核潜艇并对其实施火力突击。这是俄海军首次在演习中将海基防空和导弹防御结合起来进行演练，成功实现了对弹道导弹的拦截。

空战场。2月10日至13日，俄空军出动远程航空兵、军事运输航空兵、前线航空兵、歼击航空兵与防空兵实施各种科目的演练。前线航空兵和歼击航空兵主要演练拦截空中目标和对地轰炸科目，重点检验空军与其他军兵种的协同作战能力。远程航空兵主要进行了远程奔袭演练，整个演习过程中共出动图-160和图-95M战略轰炸机20余架次，进行了6次空基巡航导弹战术发射和2次实弹发射。其中，2月17日，俄空军远程航空兵部队从萨拉托夫州的恩格斯空军基地出动了3架图-95MS型战略轰炸机实施远程奔袭演练，飞抵北极地区卡宁诺斯角空域时向预定靶场发射了空基巡航导弹，导弹准确击中地面目标，并折向西飞往北方舰队的演习区域，再次发射空基巡航导弹，扮演“彼得大帝号”巡洋舰和米格-31截击机进行防空和反导演练的靶标。经过8小时约8000公里的长途奔袭后，图-95MS型战略轰炸机于当晚安全返回恩格斯空军基地。

太空战场。针对“假想敌”动用太空武器摧毁俄空间卫星，2月18日，俄航天兵在普列谢茨克航天发射场发射了“闪电-M”运载火箭，将“宇宙-2405”军事通信卫星送上了太空预定轨道，及时弥补侦察预警空白。为防止“假想敌”对俄实施核报复，俄莫斯科A-135反导防御系统一直处于高度戒备状态，及时接受预警信息，随时准备摧毁来袭的“假想敌”的核弹头。俄战略火箭兵在拜克努尔航天发射场从井下发射装置发射了1枚“SS-19”型洲际弹道导弹，在普列谢茨克航天发射场发射了1枚“SS-25”型洲际弹道导弹，2枚导弹均准确击中远东地区堪察加半岛库拉靶场上的预定目标。此外，俄军还于当日发射了一种能突破现有和未来的导弹防御系统的高超音速飞行器。

三、演习特点

此次演习是俄军20多年来规模最大的战略核战演习。演习具有以下特点：

（一）演习检验了俄新军事战略的主要内容。演习检验了战略核力量的遏制能力和常备力量的远距离机动作战能力，标志俄军完成军事战略转变：即从叶利钦时代的现实遏制战略转变为普京时代的以核遏制为依托的机动战略。机动战略的基本内容是：保持可靠的、最低限度的战略核遏制能力；常备力量要求具备远距离机动作战的能力，能够同时打赢两场任何类型的局部战争。

（二）演习表明俄军的战备工作已逐步落实到位。2003年10月，俄军宣布自1992年启动的大规模的激进的军事改革已基本结束，将以政治需求和防御够用原则为出发点，转向质量建军阶段，全面提高军队战役战斗水平和战备水平。此次军事演习说明，俄军战备工作迈上了新台阶。

（三）演习是对美国和北约战略压力的直接回应。冷战后，美国一直奉行弱俄遏俄政策，并利用一切机会向独联体国家进行政治、经济和军事渗透。俄通过演习向美国和北约发出警告信号，显示出俄对北约直接逼近俄边境及美国破坏全球战略稳定的严重担忧。针对趋于严峻的外部安全环境，俄军高层声称，俄保留根据国际形势的变化以及北约东扩进程而改变军事计划，包括改变俄罗斯核战略的权利。

（四）检验武器装备现状并试验新武器。此演习中，陆基空基战略导弹全部发射全部成功，海基导弹发射均告失败，暴露出俄核武器存在老化和战备水平下降的问题。与其他军兵种相比，俄陆基核力量陆续部署了新型“白杨-M”导弹，而海基战略核力量则呈下降趋势。同时，俄军通过演习试验了“使用特殊弹道和机动弹头”的战略导弹新型突防技术，完成了预定战略任务。2月10日，俄军第一副总参谋长巴卢耶夫斯基上将公开表示，此次演习的主要任务是“检验军事科学的某些结论，并针对国家安全的新威胁，掌握使用战略核武器及常规部队的新样式与新方法”。

（贾博宇）

俄军举行历史上规模最大的战略机动演习 2004年6月9日至30日，俄军举行了历史上规模最大的首长司令部战略机动演习。演习由俄军总参谋长克瓦什宁大将指挥，俄总统普京和国防部长伊万诺夫在远东滨海边疆区演习场观摩了实弹射击科目。演习代号为“机动-2004”。

一、演习想定背景

这次演习设想2004年初，俄远东地区局势出现危机，其中滨海边疆区的局势最为复杂。某政治组织异常活跃，提出在滨海边疆区建立自治的“北方共和国”的口号。他们在资金和武器上得到了国外的支援，建立了统一的武装组织，以武力逼迫滨海边疆区机关承认其政治地位，并准备在所建立的“北方共和国”的领土上建立通往日本海的出海口。当其政治要求遭拒绝后，该组织在俄远东阿穆尔地区突然发动袭击，破坏交通运输干线，炸毁水库堤坝，并使用飞机轰炸生产储存危险品的化工厂。破坏行动造成水库堤坝决口，大量民房被水冲毁，许多居民被迫逃离；同时危险品的扩散引发了严重的化学污染，整个远东地区处于非常危急状态，俄国家安全面临严重威胁。面对突如其来的恐怖袭击，滨海边疆区政府一方面出动当地驻军清剿恐怖分子，组织实施救援行动；另一方面向莫斯科当局紧急求援。针对远东地区的危急局势，俄最高当局立即决定，从俄的欧洲部分和亚洲部分的西部地区向远东地区紧急调动部队，迅速投入搜索与清剿作战，并将恐怖分子全歼。

二、参加演习的兵力

除战略火箭兵外，俄军所有军兵种均派部队参加了演习，参演总兵力共5500人。主要包括：俄陆军伏尔加河沿岸－乌拉尔军区第34摩步师所属分队、远东军区第5集团军所属分队、海军北方舰队第61独立海军陆战旅所属1个登陆突击连、海军太平洋舰队所属兵力、俄空军第61空军集团军所属部队、俄空降兵76近卫空降兵师所属1个伞兵连，以及俄联邦安全局所属远东和太平洋地区边防局、滨海边疆区民防和消除自然灾害总局、滨海边疆区内务局和安全局、驻远东地区的铁道兵和内卫部队等强力部门部队。这次演习动用了包括伊尔－76、安－22、安－124、安－12、伊尔－86及伊尔－62等在内的军用和民用运输机53架，出动坦克和装甲战车100多辆，并使用“安泰”防空系统对空运部队实施了空中掩护。

三、演习经过

（一）准备阶段。6月7日至8日，各参演兵力进入演习准备状态。从7日开始，俄驻欧洲地区的参演兵力陆续向预定机场开进。其中，俄海军北方舰队第61独立海军陆战旅所属1个登陆强击连经过急行军穿越科拉半岛，抵达预定机场，准备登机并装载武器装备。同时，俄远东阿穆尔州开始举行近20年来首次大规模的民防演习，主要演练了疏散并救援受困于洪水的当地居民、对遭敌机轰炸的化工厂产生的化学污染进行洗消并从倒塌的大楼废墟中寻找生还者等科目。

（二）战役机动演练。6月9日至18日，主要演练了俄驻欧洲地区的常备部队通过空中机动向远东战略方向实施机动。根据俄军总参谋长克瓦什宁大将的命令，俄空军总司令米哈伊洛夫大将坐镇莫斯科空军总司令部，直接负责指挥部队的空中运输行动。6月9日，米哈伊洛夫大将正式下达了代号为“空中桥梁”的空中运输命令。俄陆军伏尔加河沿岸－乌拉尔军区接到命令后，立即开始兵力集结和装载行动。一辆辆满载全副武装士兵的重型卡马斯汽车，在装甲输送车的掩护下驶出军营，直奔叶卡捷林堡的科尔佐沃军用机场。6月10日，俄第61空军集团军出动了伊尔－76型、安－24型和安－22型等军事运输机约50架，将这些携带装备的人员空运至远东地区的滨海边疆区，航程达数千公里。为弥补运输能力的不足，俄军总参谋部还征用了民航公司的2架伊尔－86型和1架伊尔－62型运输机。6月15日，俄海军北方舰队所属1个登陆突击连共约150人，从驻地乘车行驶240公里抵达鹿山军用机场，搭乘俄国有航空公司1架伊尔—62型客机，于次日清晨直抵俄远东地区太平洋舰队的克涅维奇机场。该连抵达远东地区后，未做任何调整即继续进行长距离快速行军直奔演习地域。6月18日至19日，驻普斯科夫的俄空降兵第76师所属1个伞降连开始集结并登机东运。至20日，俄从西部地区向远东地区大规模空中投送兵力行动基本结束。

（三）战役作战演练。6月21日至24日，主要进行远东军区首长司令部带实兵战役演练。这一阶段演练由远东军区司令直接组织实施，共有2个营和3个连担任演示部队，主要演练了特种作战、登陆突击、海岸防御、地区防御和民防、保卫重要交通线等科目。北方舰队第61独立海军陆战旅所属1个登陆强击连在太平洋舰队的科列尔卡角登陆训练场实施登陆战术射击演练，研究登陆和海岸防御问题。该连作为海军陆战队的先遣分队，乘2艘登陆舰实施登陆，在陆军分队协同下共同歼灭“假想敌”，尔后转入防御，保障主力部队投入战斗。在实施登陆作战过程中，太平洋舰队驻守在滨海边疆区的几乎所有兵力均参加了演习。在组建登陆编队和向登陆地点行进时，舰队大型反潜舰实施了远程反潜警戒，对海军陆战队员实施火力支援。舰队的导弹快艇负责反快艇防御，登陆编队靠近海岸时，小型反潜舰执行近程反潜警戒任务。第34摩步师的1个营作为第5集团军首长司令部演习的演示部队，在乌苏里斯克郊外的谢尔盖耶夫卡靶场进行了战斗射击演习。第5集团军第127机炮师所属1个营战术群在远东军区司令部的指挥下，在谢尔盖耶夫卡靶场举行了战术演练，主要演练了地区防御和民防科目。第76空降师所属1个加强伞降连和远东军区第83独立空降旅1个连，在空降兵司令部的指挥下进行了在陌生地形条件下的空降突击演练。

三、演习特点

此次演习是俄军历史上规模最大的一次机动演习，

俄国防部长伊万诺夫称“这次演习在俄罗斯历史上是绝无仅有的”。演习具有以下四个突出的特点：

（一）首次以快速空中运输方式实施跨战区兵力调动。为支援在远东地区的军事行动，俄军首次从遥远的欧洲战区向东部地区实施兵力大调动。俄陆军部队一般采取铁路运输的方式，而演习中采用的是空中机动方式。作战地域横跨几大战区，从西部的波罗的海一直延伸到远东滨海地区，几乎覆盖了俄罗斯全境。俄军在2002年8月正式出台的“以核遏制为依托的机动战略”，要求保持可靠的、最低限度核遏制能力，同时要求常备力量具备战区远距离机动作战能力，能够同时打赢两场任何类型的武装冲突和局部战争。演习表明“以核遏制为依托的机动战略”正在成为俄军战备、训练和作战的指导方针，常备兵团和部队跨战区机动作战将成为俄军在未来武装冲突和局部战争中的主要行动样式，俄军将以该方针为指导加强机动作战训练。

（二）全面检验了部队在完全陌生的地形和气候条件下的实战能力。俄北方舰队海军陆战队主要在北部极地进行训练，而伏尔加河沿岸–乌拉尔军区陆军在中部平原地区作战。远东滨海地区对于他们来说是非常遥远的和陌生的地方。此次作战地形和作战任务事先没有明确，部队临时受领上级下达的任务。这种全新的作战环境对于俄军部队是一种真正的考验。演习中，俄军还重点实施了营、连战术群战略机动并在陌生的地理和天候条件下进行战斗行动的科目，表明俄军在强调诸军兵种联合作战的同时，仍然十分重视分队的作战能力；将营作为局部战争和边境武装冲突中及维和行动中基本的战术单位，并将营战术群训练作为日常战斗训练的重点之一。

（三）演习表明俄军的战备工作正逐步恢复，但仍面临资金不足等诸多问题。随着俄经济状况好转，俄军训练经费不断增长。从2002年起，俄军开始加大训练投入，2004年训练经费占军费总额的16%。此次演习俄军花费数亿卢布，表明俄军开始贯彻“军队训练新构想”，战备和训练正在逐步走上正规。演习也暴露出了俄军落实新军事战略所面临的问题。俄国土幅员辽阔，具有实施战略机动的充足空间，但以军事运输航空兵目前的实力、部署和物资保障能力，不足以保证俄军的战略机动。俄国防部长伊万诺夫称，“俄军的战斗训练还未达到应有的水平”。

（四）演习中俄武装力量首次动用了民用运输机。为配合军事演习，俄罗斯联邦运输部征调了3架运输机。其中，从俄罗斯航空有限公司征用2架伊尔–96型运输机，从俄罗斯国营航空运输公司征用1架伊尔–62型运输机。

（贾博宇）

俄军继续清剿车臣非法武装　2004年，车臣非法武装在无力与俄军警展开正面对抗的情况下，将活动转入地下，主要致力于在俄全国各地发动恐怖袭击，相继在北高加索及莫斯科等地制造了多起恶性恐怖事件，以破坏社会稳定，制造社会恐慌。其中几起重大恐怖事件不仅沉重打击了俄政府极力推行的车臣政治进程，而且给俄民众造成了人员和财产上的巨大损失。对此，俄联邦当局态度明确，即坚决拒绝与车臣非法武装头目进行谈判，同时多次对其展开专项清剿行动，取得一定成果。

一、车臣非法武装不断发动大规模恐怖袭击

为破坏俄政府推行的车臣政治进程，车臣非法武装在车臣所在的北高加索地区和莫斯科等地相继制造了多起恐怖事件，袭击对象包括俄军、平民、政府官员乃至联合国工作人员。其中几起恶性恐怖事件震惊了世界，遭到了各国政府及人民的强烈谴责。非法武装头目巴萨耶夫更威胁称“已做好同俄政府斗争10年的准备，袭击对象仍锁定为平民”。

莫斯科地铁爆炸案。2月6日早8时40分左右，莫斯科一地铁列车在驶出汽车厂站约300米时，第二节车厢突然发生爆炸，导致列车起火，造成50人死亡，130多人受伤。据调查，此次地铁爆炸事件属自杀式恐怖袭击，恐怖分子至少使用了当量为4至5公斤的梯恩梯炸药。

格罗兹尼体育场爆炸事件。5月9日，车臣首府格罗兹尼正在举行苏联卫国战争胜利日庆祝活动的狄纳莫体育场突然发生爆炸，造成包括车臣前总统卡德罗夫和车臣内务委员会主席伊萨耶夫等高级官员在内的7人死亡，高加索联合集群司令巴拉罗夫在内的50多人受伤。爆炸事件发生后，俄罗斯和国际社会反应强烈，纷纷谴责。

印古什袭击事件。6月21日夜和22日凌晨，约200名车臣非法武装分子突然袭击了印古什共和国纳兹兰市、卡拉布拉克市和奥尔忠尼启则夫斯卡亚镇共15处政府机关、军用和民用设施，并从印古什内务部的武器库中抢走大批武器弹药。袭击共造成包括印古什内务部代理部长科斯托耶夫、内务部副部长哈季耶夫、纳兹兰市检察长布祖尔塔诺夫以及1名联合国工作人员在内的92人死亡，120多人受伤，经济损失约6亿卢布。据印古什共和国安全局称，在非法武装分子发动袭击前半小时，情报机关已得到了相关情报，并通知护法机关及时采取了一系列预防措施，但对恐怖分子发动袭击的规模仍然估计不足，导致虽无一处设施被恐怖分子夺取，但损失巨大。

别斯兰人质事件。9月1日，32名车臣恐怖分子闯入俄南部北奥塞梯共和国别斯兰市第一中学，将出席开学典礼的1200多名学生、教师和家长扣为人质。尽管俄特种部队于3日下午展开特别行动，解救出了大部分人质，但仍酿成334人死亡，700多人受伤的惨剧。参与制造人质事件的32名恐怖分子中，30人被歼，2人被俘，其中大部分参与了6月份对印古什军警设施的袭击活动。经查证，此次劫持人质事件是由车臣非法武装重要头目马斯哈多夫和巴萨耶夫下达命令，巴萨耶夫的副手、一名绰号为“上校”的恐怖分子进行策划及指挥的。此次人质事件是一周内俄境内发生的第4起恶性恐怖事件。此前，8月24日，莫斯科一公共汽车站发生爆炸，造成4人受伤；当天深夜，俄两架民航客机几乎同时坠毁，机上89名乘客全部丧生；8月31日晚，车臣“黑寡妇”在莫斯科一个地铁站附近引爆炸药，造成60多人死伤。

二、俄军继续开展各种规模的清剿行动

2004年，俄军警在严加防范非法武装发动恐怖袭击的同时，不断加大对非法武装的打击力度。特别是在非法武装每次制造大规模恐怖袭击事件以后，俄军警都展开了有针对性的清剿行动，并取得一定成果。

1月15日，俄军在达吉斯坦的战斗中取得开门红，击毙了非法武装头目扎希尔·阿卡耶夫等6名匪徒，俘虏了4名匪徒。4月，俄国防部驻车臣空降部队出动2000兵力，在当地居民配合下开展了对非法武装首领马斯哈托夫的大规模搜捕行动。

5月9日格罗兹尼体育场爆炸案发生后，俄军警再次展开特别打击行动，于5月24日至26日击毙了36名非法武装分子，其中包括涉嫌策划此次爆炸案的两名非法武装头目埃利哈诺夫和乌达耶夫。针对印古什袭击事件，俄增派内卫部队在高加索地区成立紧急情况预备队，加强了对印古什政府机构、机场、电视台等重要设施的警卫，封锁印古什与车臣的行政边界，在林区进行地毯式搜索，在农村地区加强了验证制度。

7月12日，车臣内务部特警在格罗兹尼沙利区与非法武装分子发生激战，击毙24名武装分子。28日，俄军又在格罗兹尼以东5公里的阿尔贡市展开特别行动，歼灭6名非法武装分子，并完全控制了阿尔贡局势。

为粉碎非法武装破坏8月29日举行的车臣总统选举的图谋，俄军警在加强打击的同时，又加强了对车臣境内重要目标及人员聚集区的保护，并于8月21日晚在格罗兹尼击毙非法武装分子约50名，活捉12名，次日又在搜捕行动中抓获7名非法武装分子。

鉴于别斯兰人质事件造成的灾难性后果，俄军警进一步加强了对非法武装在北高加索地区发动恐怖袭击的防范力度，并加强了对俄格（鲁吉亚）和俄阿（塞拜疆）边境的控制，加紧打击车臣非法武装。据俄边防局官员透露，人质事件发生后数日内，合法通过俄格、俄阿边境的总人数不超过270人。俄阿边境“卡拉赫”检查站只允许在对方国家上学和工作的人通过，其他检查站只允许俄阿公民返回本国。在检察机关认定马斯哈多夫和巴萨耶夫策划实施了人质事件后，俄联邦安全局立即悬赏3亿卢布（约合1000万美元）捉拿两人。

9月19日，俄联邦安全局、内务部和国防部部队，与车臣副总理卡德罗夫组建的一支机动警察部队一道进入车臣南部山区，对2名非法武装进行“拉网式搜捕”，同时严密封锁从车臣山区通往格鲁吉亚的潘基西峡谷和通往俄罗斯达吉斯坦方向的两条恐怖通道，防止其外逃。

9月中旬至10月初，俄军警再次展开新一轮打击行动，歼灭数十名非法武装分子，并迫使马斯哈多夫有意向联邦政府投降。

11月23日，印古什共和国安全人员和警察又成功粉碎了马斯哈多夫和巴萨耶夫等人计划用重武器攻击该共和国行政机关大楼和居民住宅楼的一起重大恐怖袭击行动，从而粉碎了非法武装继续发动恐怖袭击的野心。

据统计，2004年，联邦安全局成功防止了200多起恐怖活动，先后击毙了包括非法武装重要头目吉拉耶夫、塔扎巴耶夫、阿斯塔米罗夫、格拉耶夫等人在内的200多名非法武装分子，拘捕了900多名涉嫌参与恐怖活动的非法武装分子，阻止了238名涉嫌与恐怖分子有联系的外国人进入俄境等。

在加强清剿活动的同时，俄还注重对内加强反恐立法，对外开展“反恐外交”，争取国际社会对俄打击车臣非法武装的支持和配合。国内方面，9月22日，俄国家杜马以压倒性多数通过决议，决定杜马将在未来几个月内研究、讨论、制定并最终批准新的“反恐法”。新“反恐法”将允许俄政府自行宣布进入战争状态，在某些地区发放特别护照、签证和实行登记制度，严格控制流入俄的现金以及加强地铁、火车和飞机的

保安。外交方面，俄不仅成功使联合国第60届人权会议否决了欧盟国家提出的有关车臣问题的提案、向联合国安理会提交了恐怖分子“黑名单”、建议联合国“拒绝向恐怖分子及其同谋提供政治庇护”，而且采取措施力争改变美国等西方国家对车臣问题的态度、争取格鲁吉亚等邻国对俄打击非法武装的配合等。

12月20日，车臣共和国安全会议秘书杜达耶夫称，俄军警在车臣的反恐任务已基本完成，不仅粉碎了非法武装团伙，消灭或活捉了数十名战地指挥官，还摧毁了非法武装的策划和指挥体系，使马斯哈多夫及其随从在车臣进行复辟的计划及其武装团伙在车臣境外搞报复的图谋均未能得逞，车臣局势开始向积极的方向发展。

（果　立）

俄罗斯与北约在争执中寻求合作　2004年，北约坚持进行新一轮东扩导致俄与北约关系紧张，但俄对北约东扩总体上保持克制，双方在争执的同时继续在“20国”框架内寻求合作。

一、北约坚持进行新一轮东扩，再度引发与俄罗斯关系紧张

（一）北约坚持进行新一轮东扩，进一步挤压了俄战略空间。北约与华约同是冷战的产物，在苏联和华约解体之后，北约已失去敌手和存在的理由，本应走向消亡。但北约并未把苏联解体看成是威胁的消失，对俄罗斯东山再起的戒心从未解除，“集体防御”仍是该组织的重要职能。与此同时，原属苏联阵营的东欧及独联体国家对俄罗斯的“威胁”仍余悸在心，迫切要求加入北约。在此背景下，北约于1999年进行冷战后第一轮东扩，将波兰、捷克、匈牙利3国纳为新成员，使北约的防线向俄边界推进了800多公里。2004年，北约又进行了自成立以来规模最大的新一轮东扩。3月29日，爱沙尼亚、拉脱维亚、立陶宛、罗马尼亚、保加利亚、斯洛文尼亚和斯洛伐克等7个中东欧及波罗的海国家在华盛顿向美国提交了加入北约的法律文件，从而成为北约的正式成员，北约由19国扩大为26国。4月2日，北约在布鲁塞尔总部举行升旗仪式，北大西洋理事会举行包括7个新成员在内的26国部长级会议，欢迎7国加入。北约这轮东扩不仅将几乎所有前华约成员国收入麾下，还将原苏联3个共和国立陶宛、爱沙尼亚和拉脱维亚纳入该组织，意图十分明显。美国总统布什在欢迎7国加入北约的仪式上说：“北约的核心任务没有改变，即保卫其成员国抵御任何侵略。”新一轮东扩也对欧洲地缘安全格局以及俄安全利益产生不可低估的影响：首先，北约极大地拓展了战略空间，形成了一道从波罗的海到黑海的不间断战略防线。7国入盟当天，北约的战斗机就在波罗的海3国上空执行巡逻任务，这些战机可以在3分钟内飞至圣彼得堡上空；北约4架F-16战斗机及军事人员、军用设备随后也部署到原苏联军事基地佐克尼亚伊机场，该机场有可能成为北约在波罗的海地区的第一个军事基地。最让俄方不安的是，波罗的海3国和斯洛文尼亚不是《欧洲常规武装力量条约》成员国，北约可在这些国家领土上任意部署军队，这将使欧洲出现武器数量不受控制的“灰色地带”。其次，东欧地缘政治形势发生重大变化，俄罗斯的战略空间受到前所未有的挤压。在北部，波罗的海一带这条被俄称为“不能逾越的红线”被突破，俄西北部边界直接暴露在北约军事力量面前；在南部，罗马尼亚、保加利亚和土耳其形成了对俄黑海沿岸的军事、政治包围圈。第三，独联体的政治军事形势变得更加严峻，俄在该地区的传统利益有被进一步削弱的危险。新一轮东扩不仅加强了北约的实力，也为北约向独联体扩张提供了有利条件，独联体的离心倾向有上升趋势。

（二）俄罗斯对北约东扩做出强烈反应，双方深层矛盾再次浮出水面。北约新一轮东扩引起俄罗斯政府的强烈反应。一是多次表示对北约东扩的不安与强烈不满。3月29日，俄外交部发表声明指出，北约扩大牵涉俄罗斯政治和军事利益，并在某种程度上关乎俄经济利益。北约决定在保加利亚和罗马尼亚加强军事基础设施的计划不符合俄罗斯-北约的伙伴合作精神。因此俄罗斯不得不对这一事件持最严正的立场。3月30日，俄外交部发言人发表谈话，要求波罗的海3国和斯洛文尼亚首先在事实上遵守《欧洲常规武装力量条约》的义务，然后在法律上正式加入这一条约。4月7日，俄国防部长伊万诺夫在美国《纽约时报》发表文章称，俄政界和军方领导人有充分理由对波罗的海3国加入北约感到担忧，“对北约军事基地更加接近俄罗斯欧洲部分的城市和国防设施，我们不能视而不见”，北约不能无视俄罗斯的国家利益。二是在安全政策与军事领域对北约东扩做出反应。3月25日，俄国防部长伊万诺夫在《全球政治中的俄罗斯》杂志上发表文章称，俄正在密切关注北约的演变进程，希望北约成员国从其军事计划和政治宣言中彻底删除直接或间接的反俄方针。如果北约继续奉行进攻性军事理论，俄军事计划和包括核力量在内的武装力量建设原则都将做出相应调整，不排除采取“先发制人”手段的可能性。3月30日，俄波罗的海舰队加强了战备值勤，以应对北约东扩。4月2日，俄总统普京公开指

出，俄将对本国军事政策进行相应修订，以应对北约向俄边界靠近的事实。俄副外长齐若夫也宣布，如果北约在波罗的海3国部署武装力量，对俄罗斯安全构成威胁，俄将采取包括重新部署侧翼武装力量在内的回应措施。三是加强与独联体国家的安全合作以巩固俄战略空间。4月28日，俄国防部长伊万诺夫在明斯克举行的俄罗斯和白俄罗斯国防部联席会议上表示，北约东扩后的欧洲局势迫使俄罗斯和白俄罗斯两国在军事领域进行更加密切的合作，并使两国的军事合作进入"保障俄白联盟国家安全"的实质性阶段。5月2日，俄国家杜马国防委员会主席扎瓦尔津指出，波罗的海3国加入北约和乌克兰通过立法准许北约军队进入乌领土等事态发展表明，俄在独联体地区驻军十分必要，为维护国家安全利益，俄必须在独联体各地区保持军事存在，首先是在格鲁吉亚和摩尔多瓦。

二、俄罗斯在反对北约东扩的同时保持克制，继续加强与北约在各方面的合作

（一）双方领导人继续重申加强俄与北约关系的愿望。1月5日，俄罗斯外交部发表声明，对北约新任秘书长夏侯雅伯上任表示祝贺，并表示北约同俄罗斯的合作有利于增强欧洲和大西洋地区的稳定和安全，符合双方的共同利益。俄方希望俄与北约间的关系发展能够成为新秘书长优先考虑的事。声明呼吁夏侯雅伯能够继续执行北约前任秘书长罗伯逊的政策，不断增进俄罗斯-北约理事会成员国之间的对话与合作。北约实现新一轮东扩后，北约秘书长夏侯雅伯3月29日致信俄外长，表示北约新成员国将履行该集团对俄承担的一切责任，不发展核武器，不建造保存核武器的基础设施，也不在自己的领土上部署强大的军事力量，同时将签署《欧洲常规裁军条约》。4月2日，俄总统普京发表讲话，在对北约东扩表示不满的同时也指出，俄对北约扩大并没有过分忧虑，目前俄与北约总体关系发展积极，出现的各种问题将在俄罗斯-北约理事会范围内得到解决。4月8日，北约秘书长夏侯雅伯在北约新一轮扩大后首次访俄。舆论普遍认为，安抚俄罗斯是夏侯雅伯此行的主要目的。访问中，夏侯雅伯在同俄外长拉夫罗夫以及国家杜马议员会晤时再三表示，北约空军在波罗的海3国领空巡逻不会对俄安全构成任何威胁。对此俄总统普京在会见夏侯雅伯时指出，俄罗斯从战略角度出发希望同北约建立具有长远前景的伙伴关系。俄罗斯和北约应相互尊重对方的利益，努力建立信任机制，使双方关系具有可预测性和透明性。

（二）在"20国"框架内加强机制化的沟通与协调。12月9日，北约-俄罗斯理事会在布鲁塞尔举行会议，就乌克兰、阿富汗、伊拉克以及巴尔干地区局势交换意见。会议发表声明表示，北约和俄罗斯将加强合作，采取具体步骤，以应对全球日益增加的挑战和威胁。理事会认为，北约和俄罗斯在防止和应对大规模杀伤性武器扩散和威胁方面的努力取得了进展，双方表示将继续在这一领域加强合作。关于乌克兰局势，理事会呼吁各方继续采取措施，避免暴力活动和防止恐吓选民，使乌克兰人民能够在自由、公正的情况下再次举行大选。在阿富汗问题上，理事会重申，北约和俄罗斯将共同努力促进阿富汗境内和阿富汗周边地区的安全与稳定，并欢迎俄罗斯向北约领导的驻阿富汗国际安全部队提供具体帮助的承诺。

（三）继续强化反恐安全合作。一是共同拟定应对恐怖主义袭击的行动计划。12月8日，北约秘书长夏侯雅伯与俄罗斯驻北约大使交换了有关俄支援北约在地中海地区反恐行动的文本。12月9日，北约-俄罗斯理事会会议发表了一项应对恐怖主义的行动计划，表示北约和俄罗斯将根据联合国宪章以及有关人权和人道主义的国际法律，采取一切可能的措施打击恐怖主义。这项行动计划指出，北约和俄罗斯能够并应该向全球的反恐行动提供更加直接和实际的帮助。二是频繁举行联合反恐演习。2004年，俄与北约在"北约—俄罗斯理事会"框架内举行了约20次联合演习，完成了40多个共同科目，合作规模和质量明显好于往年。

此外，俄罗斯与北约还积极促进敏感防务领域的互信措施。3月，双方首次联合举行反导首长司令部演习。8月，俄又邀请北约专家参观了俄北部科拉半岛的奥列涅格尔斯克核武库。为增加双方军事协作能力，俄与北约制订了"增强军事协作能力计划"，俄军总参谋部还在北约盟军作战司令部内正式设立了联络处。

（吴　炯）

欧盟接替北约在波黑的维和任务　2004年12月2日，欧盟与北约在波黑萨拉热窝市举行波黑维和任务交接仪式，欧盟驻波黑多国稳定部队正式接替北约在波黑的维和任务。这是欧盟承担的规模最大的维和行动。

一、主要背景

北约在波黑的维和行动开始于1995年底，1996年底起由多国稳定部队执行维和使命。近年来，随着波黑安全形势逐渐好转，多国稳定部队人数由行动之初的3.1万逐步减少到2004年的7000人。北约军事战略

的调整也要求将部分欧洲地区的维和任务交给欧盟。巴尔干地区曾是两次世界大战的策源地，被称为欧洲的“火药桶”，该地区重要的地理位置以及与欧盟的邻近程度，被称为欧盟的“后院”。积极谋求独立防务和“独立一极”地位的欧盟对于波黑乃至巴尔干地区的稳定越来越重视。在欧盟看来，一旦巴尔干“城门失火”，自然会殃及作为“池鱼”的欧盟一体化建设成果，甚至使欧盟多年的建设成果前功尽弃。所以，对波黑战争和科索沃危机仍记忆犹新的欧盟，在积极推动一体化建设的同时，不仅密切关注巴尔干地区的发展，而且加大向巴尔干的安全投入，精心打造这个“后院”的安全。

2003 年 1 月 1 日，应波黑政府邀请，经联合国安理会第 1396 号决议授权，由 500 名警察组成的欧盟警察部队进驻波黑，取代原驻该地区的联合国警察部队，执行为期 3 年的民事维和任务。同年 3 月 31 日，经马其顿政府邀请和安理会第 1371 号决议授权，欧盟一支 380 人的维和部队正式接替北约部队，在马其顿实施行代号为“协调行动”的为期 6 个月的维和行动，其使命是继续发挥北约两年前部署的维持稳定部队的作用。

二、主要经过

2004 年 6 月 28 日，北约伊斯坦布尔首脑会议通过声明决定，鉴于波黑局势趋于稳定，北约将在年底前结束其领导的多国稳定部队在波黑的行动，他们对欧盟准备在联合国授权下向波黑派遣维和力量感到非常满意，并希望与欧盟保持密切合作。

7 月 9 日，联合国安理会通过了第 1551 号决议，对欧盟接替北约开始在波黑维和表示欢迎。

9 月 13 日，欧盟外长会议批准欧盟在波黑开展名为“木槿花”的维和行动计划，以接替由北约领导的多国稳定部队。会议结论指出：“木槿花”行动的长远目标是致力于建设一个稳定的、可持续发展的、和平的、各民族和睦相处的波黑，并使波黑与其邻国一道最终加入欧盟大家庭，欧盟各国外长对“木槿花”行动计划和相关的准备工作非常满意。

9 月 17 日，欧盟召开国防部长非正式会议，就“木槿花”行动的具体细节进行了磋商。会议承诺要使欧盟在波黑执行维和使命的“木槿花”行动获得成功，并决定组建由 7000 人组成的欧盟维和部队。根据欧盟与北约签署的合作协议，欧盟在波黑的维和人员将使用北约在那里的军事装备。

10 月 7 日，欧盟负责外交和安全政策的高级代表索拉纳的发言人宣布，欧盟计划在 12 月 2 日正式接替北约领导的多国稳定部队在波黑的维和任务。

12 月 2 日，欧盟与北约在波黑萨拉热窝举行波黑维和任务交接仪式，这标志着欧盟驻波黑多国稳定部队正式取代了北约驻波黑多国稳定部队在波黑的军事使命。波黑主席团轮值主席帕拉瓦茨在仪式上发表讲话，高度赞扬北约驻波黑多国稳定部队 9 年来在稳定波黑局势、帮助波黑走上同欧洲一体化道路方面做出的重大贡献，并对欧盟驻波黑多国稳定部队表示欢迎。北约秘书长夏侯雅伯说，欧盟与北约交接波黑维和使命是重要的历史事件。他强调，北约在稳定波黑局势方面发挥了重大作用。欧盟负责外交与安全政策的高级代表索拉纳也指出，欧盟与北约交接波黑维和军事使命是波黑走向同欧洲一体化的必经之路，欧盟将继续为此而努力。

交接仪式后，欧盟驻波黑多国稳定部队正式成立。该部队由来自 33 个国家的 7000 名军人组成，首任司令由英国将军戴维·利克担任。

（吴　炯）

北爱和谈临门搁浅　2004 年 9 月 16 日，北爱尔兰各主要政治派别在和平进程陷入僵局两年后重启新一轮和谈。经过两个多月紧张激烈的较量，谈判取得重大进展。然而，就在英爱两国精心设计的联合声明临近正式出台的最后时刻，谈判又因双方在一个具体问题上的分歧而临门搁浅。

一、主要背景

北爱和平进程一直是一波三折，进展十分不易。1998 年 4 月，英国、爱尔兰政府及北爱冲突各方签署了历史性的《复活节协议》，并于 1999 年 11 月成立了由多党分享权力的北爱自治政府。此后，英政府逐渐向北爱移交地方事务管理权，但由于根深蒂固的宗教、民族和历史恩怨，至 2002 年 10 月英政府第四次中止了北爱政府的运作。矛盾的核心是爱尔兰共和军解除武装的问题始终没能根本解决。2003 年 11 月，在北爱和平进程处于僵局的背景下，举行了北爱自治政府成立以后的第一次地方大选。选举过程平静，但其结果使政治格局发生了逆转：新芬党和民主统一党这两个激进的宗教政党取代了原温和派政党的地位，成为主要政党。其中，天主教派的新芬党一直被认为是阻碍解除爱尔兰共和军武装的焦点，而新教派的民主统一党则一直表示不接受《复活节协议》、绝不与新芬党对话，宣称在爱尔兰共和军全面解除武装以前根本不考虑多党政府的运作。因此，重新启动北爱和平进程的难度进一步增大。

二、主要经过

2004 年，英、爱两国政府继续对北爱各派进行斡旋。5月2日，英国首相布莱尔和爱尔兰总理埃亨在爱尔兰首都都柏林就重启北爱和平进程举行会谈。两位领导人表示，他们已经找到了重启北爱和平进程的“路线图”，两国政府决心在未来几个月内加强努力，为尽快恢复北爱地方自治政府运作奠定基础。

在英、爱两国政府的多方斡旋下，9月16日至18日，北爱尔兰新教派民主统一党和天主教派新芬党领导人在英格兰东南部肯特郡的利兹城堡就重启陷入僵局达两年之久的北爱和平进程举行为期3天的第一阶段谈判。谈判由英国首相布莱尔和爱尔兰总理埃亨共同主持，重点讨论停止准军事活动、爱尔兰共和军缴械、北爱警察机构改革、恢复北爱自治议会及权力分享的自治政府运作4大问题。谈判中，民主统一党提出“修改1998年签署的《复活节协议》”的要求，并表示除非爱尔兰共和军全面缴械，否则不和爱尔兰共和军的政治代表新芬党共同建立权力分享的自治政府。为此，英、爱两国政府9月18日向北爱各党派提交一份文件，对民主统一党的要求做出了“可接受的让步”。北爱各方还就爱尔兰共和军全面缴械原则上达成了一致意见。9月18日，第一阶段的谈判结束，尽管没有达成任何协议，但在爱尔兰共和军缴械等问题上有所进展，而且创造了一个良好的谈判开端。

9月20日，谈判各方向各自党内通报了会谈情况。21日起，在北爱的斯托蒙特继续第二阶段谈判，由英国政府的北爱事务大臣墨菲和爱尔兰外交部长考恩主持。经过两个月紧张激烈的较量，谈判取得重大进展。各党派陆续在4个实质性问题上达成了一致：第一，爱尔兰共和军承诺，确实结束准军事行动；第二，爱尔兰共和军同意在2004年圣诞节以前完全销毁武器；第三，各党同意，在销毁武器后，权力共享政府恢复运作前有3个月的过渡期；第四，各党派与新芬党达成协议，接受在权力共享政府协调下的北爱警察治安管理。

12月初，英国首相布莱尔分别邀请北爱各党派领袖到首相官邸进行会谈。12月7日，尖锐对立的两大政党之一的新芬党公开表态，愿意接受权力共享的决议。按照计划，12月8日是新一轮谈判的最后截止期限，英爱两国总理将在当天到北爱首府宣布一个由各方签字的联合声明。2005年3月，停止运行两年多的北爱政府将恢复运行。

然而，新一轮北爱尔兰和平谈判在最后关头再度陷入僵局。北爱新教最大党派民主统一党要求得到爱尔兰共和军销毁武器的照片作为“凭证”；但爱尔兰共和军的政治代表、北爱天主教最大党派新芬党却拒绝这一要求，声称爱尔兰共和军愿意全面缴械，但不能提供照片，不能“被以这种方式羞辱”。爱尔兰共和军也发表声明称，它保持对北爱和平进程的承诺，但“永远不可能”同意向北爱新教派政党提供销毁武器的照片。由于双方在这个细节问题上各持已见，互不相让，和谈最终临门搁浅、无果而终。

12月8日，英国首相布莱尔和爱尔兰总理埃亨在北爱首府贝尔法斯特就此举行联合记者招待会，对未能取得突破性进展的北爱和谈前景继续表示乐观。布莱尔说，关于重建权力分享的北爱自治政府的谈判已经“取得了显著进展”，北爱和平进程不会倒退。他同时承认，谈判虽然已经到了最后阶段，但没有取得最后成功，“在完成和谈旅程之前还需要额外努力”。

（吴　炯）

北约再次东扩　2004年3月29日，保加利亚、爱沙尼亚、拉脱维亚、立陶宛、罗马尼亚、斯洛文尼亚和斯洛伐克7国，在美国首都华盛顿白宫南草坪举行的欢迎式上，向美国正式递交加入北大西洋公约组织的法律文件，成为北约新成员。这是北约自1949年成立以来规模最大的一次东扩，成员由19国扩大至26国。

一、北约再次东扩的背景及进程

冷战结束后，北约进入新的发展阶段。一些原华约成员国纷纷要求加入北约，如何处理东西方关系提上北约的议事日程。1994年1月10日，北约第13次首脑会议在布鲁塞尔举行。会议通过了美国提出的关于同原华约成员国和其他欧洲国家建立“和平伙伴关系”的计划，这是北约东扩的一个重要战略步骤。随后，北约东扩计划开始分阶段进行。1997年7月8日，北约第14次首脑会议在马德里举行。会议决定正式启动北约东扩计划，首批接纳波兰、匈牙利和捷克3国加入北约。2002年11月22日，北约第16次首脑会议在捷克首都布拉格举行。会议决定邀请保加利亚、爱沙尼亚、拉脱维亚、立陶宛、罗马尼亚、斯洛文尼亚和斯洛伐克7国加入北约。

2004年3月29日，美国总统布什在美国首都华盛顿白宫南草坪举行仪式，接受保加利亚、爱沙尼亚、拉脱维亚、立陶宛、罗马尼亚、斯洛文尼亚和斯洛伐克7国递交的法律文件，正式接纳上述7国加入北约。4月2日，北约在布鲁塞尔总部举行接纳上述7国的正式入盟仪式。北约东扩后的走向和影响，引起世人格外关注。

二、国际社会对北约再次东扩的反应

对于北约再次东扩，国际社会反应不一。

（一）以美国为首的北约高度重视。3 月 29 日，美国总统布什在美国首都华盛顿白宫南草坪举行了欢迎 7 名新成员加入北约的仪式。美国国务卿鲍威尔主持该仪式，并发表欢迎讲话称，新成员的加入将为北约注入新的能量。此次北约接纳新成员的仪式规格非常高，不仅展示美国一直致力于推动北约东扩的“成就”，也表明美国对“新欧洲”的重视程度。美国希望在与“老欧洲”裂痕加大的情况下，争取“新欧洲”对其在伊拉克军事行动的支持。在美国财政部举行的另一场欢迎北约新成员的仪式上，鲍威尔发表讲话称，北约再次东扩是北约 55 年历史上“最大”和“最成功”的联盟。

但为避免过分“刺激”俄罗斯，美国驻北约大使伯恩斯发表讲话称：“北约并没有向新成员国派遣大量军队的意图，而集体防空是北约成立以来的一部分作用。”4 月 7 日至 8 日，夏侯雅伯以北约新任秘书长身份首次访问俄罗斯，也是北约再次东扩后北约最高官员首次访俄，访问表明俄与北约的关系将朝着求同存异、在争执中寻求合作的方向发展。

（二）俄罗斯强硬中带有妥协。在北约再次启动东扩进程前后，俄罗斯在外交和军事上采取了一系列外交行动，抗议北约的再次东扩。

在外交方面，3 月 29 日，俄罗斯外交部发言人雅科文科表示，北约东扩“涉及俄的政治、军事和经济利益，这使得我们不得不极为严肃地看待这一问题”。3 月 30 日，俄罗斯外交部宣布 3 名立陶宛外交官为“不受欢迎的人”，并要求他们在 48 小时内离开俄罗斯。3 月 31 日，俄罗斯国家杜马发表声明称：“如果北约在扩大过程中对俄罗斯的忧虑不予考虑，俄将重新审议有关常规武器的国际条约并加强本国核力量。”4 月 2 日，俄罗斯总统普京在与来访的德国总理施罗德联合举行的记者招待会上表示，考虑到北约向俄边境推进，俄罗斯将对其军事政策进行相应修订。5 月 25 日，俄罗斯国防部长伊万诺夫在圣彼得堡会晤北欧国家国防部长时表示，北约东扩和外国军队逼近俄边境令俄感到担忧，要求北约新成员国签署《欧洲常规武装力量条约》并切实执行该条约。俄罗斯还进一步强化包括俄罗斯、白俄罗斯、哈萨克斯坦、吉尔吉斯斯坦、塔吉克斯坦和亚美尼亚 6 国在内的“独联体集体安全条约组织”，抗衡北约对俄的战略挤压。

在军事方面，3 月 24 日，俄罗斯国防部长伊万诺夫在检查俄防空军战备情况时表示：“一旦北约在波罗的海国家部署军事基础设施对俄构成威胁，俄罗斯将采取对应措施。”伊万诺夫还称，俄罗斯还将建立新的空间防护体系以应对北约东扩。3 月 25 日，俄罗斯在其南部、中部和西部以及有俄军驻扎的国家举行了军事演习，参加演习的部队包括空军、防空兵、海军以及“独联体集体安全条约组织”缔约国的部队，人数近 2 万人。在 3 月 29 日北约接纳 7 个新成员的当天，比利时空军 4 架 F-16 飞机飞抵立陶宛北部的佐克尼艾空军基础，开始执行北约保卫爱沙尼亚、拉脱维亚和立陶宛 3 个波罗的海国家领空的巡逻任务。俄罗斯立即对此做出反应：3 月 30 日，俄罗斯波罗的海舰队司令瓦卢耶夫表示，北约飞机飞抵立陶宛，北约将可能随后在波罗的海地区部署军事力量。在上述地区军事潜力加强的情况下，波罗的海舰队将加速现代化进程，并加强战略值勤以应对北约东扩。此外，针对北约再次东扩，俄罗斯加强了防空系统的作战训练：俄罗斯 A-50 远程预警机频繁在波罗的海上空进行演练；俄军还在黑海地区举行反导防空演习。

但出于自身实力的限制及维护国家利益的考虑，俄罗斯对北约东扩的态度也在一定程度上出现软化：3 月 31 日，俄罗斯国防部长伊万诺夫表示，俄罗斯不准备加入北约，但将通过“20 国机制”（俄罗斯-北约理事会）扩大双方间的联系，发展相互合作。4 月 4 日，俄罗斯外交部发言人雅科文科在 3 月 29 日发表措辞强硬的声明后，转而称“目前状态下的北约暂时没有对俄构成威胁，双方在应对世界面临的新威胁和新挑战方面互有需要”。

（三）中东欧国家积极向以美国为首的北约靠拢。北约此次东扩接纳的 7 个新成员均将“入约”视为“历史新篇章”，不仅在安全上可获得世界上最大军事组织的保护，也意味着成为“西方文明”的一部分。在立陶宛正式加入北约后，立陶宛北约事务主席就表示：“立陶宛多年来处于东西方交汇处，今天我们是西方的一部分，北约给了我们所有人稳定感，使我们对未来更有信心。”作为“新欧洲”的主力，被接纳的新成员也积极配合北约的军事行动：除积极参加北约在科索沃、波黑和阿富汗的维和行动外，7 个北约新成员中有 6 个国家还参与了在伊拉克的军事行动。目前，包括阿尔巴尼亚、克罗地亚、马其顿、乌克兰和格鲁吉亚在内的一些尚未加入北约的中东欧国家，已明确要求加入北约，希望在下一轮北约东扩中成为新成员。乌克兰甚至表示，必要时将允许北约军队进入乌克兰。此外，一些中亚国家也纷纷向北约靠拢。美国国防部长拉姆斯菲尔德 2 月访问乌兹别克斯坦，双方就美机动部队临时进驻乌达成协议。

三、北约再次东扩的影响

北约此次东扩标志着北约从地区性政治军事联盟向全球性政治军事组织迈出了新的一步，不仅改变了欧洲安全版图，而且对确保美国及北约的战略利益、建立以北约为主导的欧洲安全结构乃至世界安全结构都有重大影响。

（一）北约东扩有利于北约战略利益的实现。首先，此次东扩使北约成员数量增加为 26 个，实力增强，影响范围扩大。其次，东扩使北约的战略空间向东拓展，建立起一道从波罗的海至黑海的战略防线，进一步实现了北约战略重心的东移，北约的战略部署也将会做出相应调整。第三，东扩使美国在欧洲的影响和地位得到加强。美国一直将北约视为实现其全球安全战略的工具，北约对外战略的实现是美国全球战略在欧洲的体现。

但北约再次东扩后也将面临如何有效协调新旧成员间行动的问题。随着成员数量增加，北约有关一致通过的决策机制面临考验。如何使 26 个成员国在决策中既做到协调一致，又不影响运行效率，是北约将面临的一个难题。欧美在军事技术和国防投入上差距悬殊，造成了彼此间在军事行动上的不协调性，从而影响了北约整体协同作战能力。此次东扩后新加入的成员与美国及欧洲其他成员国的差距和矛盾将更加突出，这也是北约需要解决的难题之一。此外，目前北约正在进行战略调整和军事改革，试图将触角伸向传统防区外，而东扩后的北约如何应对来自传统防区外的安全挑战也是北约需要面对的问题之一。

（二）北约东扩使美欧关系和美俄关系受到考验。近一段时期来，欧美关系裂痕加深。主要表现在美国推行单边主义和“先发制人”战略，与欧洲的传统安全观发生碰撞；在对伊拉克战争问题上，美欧间的矛盾进一步凸显；随着实力的不断增强，欧盟加快组建快速反应部队，扩大防务支出，在安全上力图摆脱美国控制的倾向加大；北约此次东扩使北约与欧盟的安全战略出现重叠，美欧间的摩擦有可能增加，矛盾加剧。北约作战司令部司令琼斯将军表示，欧盟的快速反应部队已对北约造成影响。在美国将是否支持其对伊拉克战争来划分新旧欧洲的情况下，美与以法、德为代表的“老欧洲”间的矛盾将更为加剧。

北约再次东扩也触及了俄罗斯的安全利益。一是使东欧地缘政治形势出现重大变化，对俄安全利益构成威胁。波罗的海 3 国加入北约使俄西北部边界完全暴露在北约面前，而由于波罗的海 3 国不是《欧洲常规武器条约》成员国，北约在上述国家部署军队不受限制，从而形成一个“灰色区域”；在南部，罗马尼亚、保加利亚和土耳其形成对俄黑海沿岸的军事和政治包围圈。二是北约东扩是美国实施控制欧亚大陆战略的重要步骤，将使俄美及俄欧关系更趋复杂化，给俄美关系蒙上新的阴影。三是独联体的政治军事形势变得更加严峻，俄在该地区的传统利益有被进一步削弱的危险。

（赵富春）

欧盟加强独立防务建设　2004 年，欧盟独立防务建设依然呈“机构、能力、行动”三位一体共同发展的态势。欧盟继续致力于提高其独立防务和危机处理能力与实践，防务一体化建设在许多领域都取得了明显进展。

一、确立欧盟新的安全理念

受欧盟负责外交和安全事务的高级代表索拉纳的委托，9 月 15 日，由欧盟各成员国高官和学者组成的“欧洲安全能力研究小组”向欧盟理事会提交了《欧洲人类安全理念》报告。与美国以其国土安全为重，“先发制人”和用战争消除安全威胁不同，欧盟新的安全理念强调以人类安全为重，反对战争。新的安全理念赋予军队新的使命，增加了维和任务，并提出建立 1.5 万人的混合干预部队——“人类安全志愿者服务队”，由军人、警察和司法人员组成，在欧洲和其他地区执行人道救援任务，其重型和高科技装备所需经费由各国分摊，主要负责地区冲突的预防、干预和事后处理，并为各成员国和欧盟协调共同外交政策提供依据。

二、继续推进独立防务能力建设

5 月，欧盟正式确定了“2010 年军事能力建设总目标”。在此总目标的指导下，欧盟在独立防务能力建设方面主要取得了两大进展：一是筹建快速反应战斗小分队。为更好应对“全球性威胁和挑战”，欧盟在组建 6 万人的快速反应部队的基础上，又酝酿组建快速反应战斗小分队。4 月 5 日，欧盟国防部长非正式会议提议，在 2007 年前组建 6 至 7 个“快速反应战斗小分队”，以应对在欧盟以外地区发生的各种危机。5 月 17 日，欧盟国防部长会议初步同意上述提议，决定组建欧盟快速反应战斗小分队。11 月 22 日，欧盟国防部长会议正式决定，将于 2007 年前组建 13 个“能部署到世界任何热点地区”的快速反应战斗小分队。按计划，这 13 个小分队总兵力为 1500 人左右，能部署到距欧洲 6000 公里远的地方，并有能力在欧盟成员国一致作出决定后 10 天内完成部署。首批战斗小分队将于 2005 至 2006 年组建完毕，其中 2 个小分队从 2007 年起随时准备奔赴危机地区。法国、意大利、西班牙和英国将分别单独组建自己的快速反应战斗小分队，其余9个战斗小分队由一些成员国联合组建。战斗小分队既可以参与联合国授权的行动，也可承担无需联合国授权的小规模的战斗任务。国防部长会议结束后，欧盟各成员国国防部长发表声明，称组建快速反应战斗小分队将使欧盟进入“提高军事力量的新阶段”。二是决定组建宪兵部队。9月17日，在欧盟国防部长会议期间，法国、意大利、西班牙、葡萄牙和荷兰国防部长签署了组建欧盟宪兵部队的意向声明，这标志着欧盟在独立防务建设及预防和处理地区危机方面取得了新突破。根据设计，欧盟将立即组建宪兵部队，主要负责维护地区治安以及预防和处理地区危机。该部队将由900人组成，总部设在意大利，兵源由上述5国提供，计划于2005年具备行动能力。该部队的主要特点是具备高度的快速反应能力，能够在30天之内部署到指定地点执行“危机处理”任务。

三、不断强化独立防务机构建设

继建立政治与安全委员会、军事委员会、军事参谋部等主要军事机构后，2004年欧盟将一体化防务机构建设的重点放在了组建欧盟军备局上，目的是尽快改善欧盟成员国军备组织各自为政、互不统属的分散状况。1月，欧盟理事会决定成立由12人组成的欧盟军事装备局筹备组，并任命英国国防部国际安全政策司司长尼克·威特尼为组长。7月12日，欧盟外长会议决定正式开始建立欧盟军事装备局，并决定由索拉纳出任欧盟军备局首任局长。欧盟军备局的主要任务是：推动欧盟实施安全与防务政策，增强欧盟危机处理能力，协调欧盟的军备开支；帮助成员国提高防务能力，包括危机处理、军备合作、军事技术研发以及开发具有竞争力的欧洲军事设备市场；预测未来行动所需力量和军备，促进和协调欧盟军备发展，提高欧盟整体防务能力。欧盟军备局的决策机构由参与国的国防部长组成，直接对欧盟理事会负责，同时向欧盟政治与安全委员会提交工作报告并接受该委员会指导。9月17日，欧盟国防部长非正式会议举行了欧盟军备局指导委员会首次会议，确定了迅速发展欧盟军备局的计划目标。欧盟轮值主席国荷兰国防大臣亨克·坎普表示，欧盟军备局的成立不但有利于加强欧盟成员国之间的军事合作，而且有利于提高欧盟的整体军事实力。

四、加强在反恐领域的协调与合作

2004年欧盟面临的安全形势较为严峻，西班牙“3·11”恐怖袭击事件造成了重大人员伤亡，意大利、英国、捷克和波兰等支持美国发动伊拉克战争的国家均受到了恐怖威胁。对此，欧盟采取了一系列反恐安全措施：一是加强了司法内政合作与反恐协调。7月19日，欧盟内政与司法部长在布鲁塞尔召开会议，决定进一步加强成员国在内政司法领域的双边和多边合作，并决定在11月上旬召开欧盟特别首脑会议。10月中旬，欧盟外长会议敦促各成员国采取进一步行动落实“欧洲通缉令”以及成立“联合调查小组”等反恐措施。二是实施联合国相关反恐国际公约，严密监控恐怖组织的资金流向并冻结其资产，切断恐怖组织的资金来源。三是加强对航班等运输工具的防卫，严密防范生物恐怖主义等袭击。四是加强情报交流，清除影响情报交流的所有障碍，加强欧洲警察组织的作用。

五、独立军事行动迈出实质性步伐

2004年，欧盟进一步加大了在阿富汗维和的力度。由德国、法国、西班牙、卢森堡和比利时等国军队组成的欧洲军团向喀布尔派出了1800名士兵，成为驻阿富汗国际安全援助部队的主体力量，主要职责是保障喀布尔及周边地区安全，为阿富汗政府提供支持，并为阿富汗重建创造安全与稳定的环境。8月9日起，欧洲军团开始负责驻阿富汗国际安全援助部队6个月的指挥工作，欧洲军团司令、法国将军让-路易·皮接任驻阿富汗国际安全援助部队总指挥，保证了10月份阿富汗总统选举的顺利进行。这是欧洲军团司令第一次在欧洲以外地区执行军事指挥任务。同时，欧盟外长会议也正式批准欧盟在波黑开展名为“木槿花”的维和行动计划，欧盟领导的维和部队于12月2日正式接替由北约领导的驻波黑多国稳定部队。

（吴　炯）

美洲和大洋洲军事要事

美国参谋长联席会议制定新的《国家军事战略》 2004年5月，美国参谋长联席会议提出了新的《国家军事战略》报告。该文件以美国的《国家安全战略》和《国家国防战略》为指导，阐述了美国新军事战略的原则、军事目标、联合部队的特征和能力以及未来联合设想等问题。新军事战略要求美军在近期打赢反恐战争，在未来具备全面优势，长久保证美军的绝对优势。报告的主要内容如下：

一、新的国家军事战略以美国国家安全战略和国防战略提出的政治和国防战略目标为指导

新的《国家军事战略》报告称，2002年9月20日，布什政府向国会提交的《国家安全战略》报告提出了“不仅使世界更安全，而且更美好”的政治目标。2004年的《国防战略》制定了四个国防战略目标：使美国免遭直接攻击；保护战略通道和维持全球的自由行动权；建立有利于维持世界秩序的安全环境；加强联盟与伙伴关系以应对共同挑战。新的国家军事战略将以这些目标为指导，并确保这些目标的实现。

二、提出灵活、果断和一体化等3项军事战略原则

新的《国家军事战略》报告提出了灵活、果断和一体化等3项军事战略原则。该报告称，灵活是快速部署、运用、维持和重新部署部队的能力。灵活可使作战指挥员在保持对突发危机的反应能力的同时能够指挥同时进行的多个任务。灵活对于在战场上快速获取主动权以及确保武装部队快速果断地保护美国利益非常重要。果断能使作战指挥人员取得对敌作战优势和决定性的成果。实现果断需要具备适当的联合能力。果断的实现需要的不是大规模的兵力部署，而是以创新的方式部署部队的能力。在保持大规模部队能力的同时，转变军队的功能对实现果断十分关键。把重点放在果断性上，作战指挥人员就能更准确地确定所需的结果和能力。一体化可以确保最大限度地发挥合作伙伴的作用，能增强防止冲突和侵略行为的能力。美军将确保运用国家力量和国际力量有效地实现军事一体化。一体化的重点是综合、协同各军种、政府其他部门、商业部门、非政府机构和海外合作伙伴的军事行动。

新的《国家军事战略》报告称，灵活、果断和一体化这3个原则将指导联合作战概念的发展、确定联合部队所需的能力。

三、确定保卫美国、阻止冲突和突然袭击、战胜对手等3个近期军事战略目标

新的《国家军事战略》报告称，在对国家安全战略、国防战略和安全环境进行分析和研究的基础之上，国家军事战略提出了美军军事战略的目标、任务和能力需求。

该报告称，新的国家军事战略确定了3项军事战略目标:保卫美国，抵御外来攻击和侵略；防止冲突和突然袭击；战胜敌人。

该报告称，“保卫美国”是美军的首要任务。达成这一目标需要美军接近海外威胁的源头，保障战略通道的安全，在国内抵抗直接攻击。为了在源头抵抗威胁，美国的主要防线将靠前设置，将与国际伙伴合作，与敌人（包括恐怖组织和为恐怖主义提供庇护的政府）展开战斗。要求确保空、海、陆、天战略通道的安全，以保护美国不会受到直接攻击。美军将联合多国及其他美国政府机构在美国内部及周边形成空、海、天、陆各通道的一体化防御。美军必须能够在敌人突破美国的外部防线后仍能保卫美国。在国内，美军必须保护美国免遭空中或导弹袭击、恐怖主义及其他直接攻击。在特殊时期，美军接到指令时将支持执法机构，当政府瘫痪时，美军还需要对国家权力机构提供支持。美军将致力于创建一个全球反恐环境，以建立一个有利的安全环境，减少对美国、盟友利益的威胁。

该报告称，“防止冲突和突然袭击”，必须吓阻侵略与强权政治。吓阻侵略与强权政治依赖完整的境外军事存在。美军将调整并提高境外军事存在态势，确保进入对美国安全至关重要的关键地区。军事力量积极参与安全合作行动可以建立美国与多国伙伴间的信任，有助于对危机进行快速反应，遏制潜在敌人。美军将吓阻侵略及强权政治，阻止对手利用生物、化学或者核武器对美国袭击而导致灾难性后果。美国将实施战略信息计划，传达美国以武力保卫其利益的意图

与目标，这有助于避免冲突。阻止更大范围敌人的侵略需要将美国现有的战略核力量改变为新的“三位一体”的威慑力量，以形成更有效的威慑力。美军还将阻止对手进行一次性的突然袭击，在威胁实施前消除威胁。

该报告称，“战胜敌人”要求美军必须具备在必要时打败对手的能力。恐怖袭击表明，战争不受地理疆界的限制，要彻底铲除恐怖主义，需要动用整个国家的力量。美军要迅速击败对手，以迅速抓住战场主动权，或取得决定性胜利。

四、要求联合部队必须具备 7 种特征和 4 种能力

新的《国家军事战略》报告称，保持并扩大美国现有的军事优势需要转型，其目标是获得全谱优势。联合部队必须具备未来部队的基本特征和能力，以实现和支持美军获得全谱优势的目标。为此，联合部队必须达到以下要求：

联合部队必须具备 7 种特征。新的《国家军事战略》报告称，美国要想在未来保持优势，就需要在技术、情报和文化等各个领域进行转型。实现了转型的联合部队必须具备 7 种特征：全面一体化、有远征能力、网络化、分散、适应性强、决策优势、杀伤力。

该报告称，“全面一体化”将使联合部队的职责和能力聚焦于一个统一的目的；“远征能力”可使联合部队在全球战场空间快速部署、运用和维持；“网络化”使联合部队彼此连接并在时间和目的上同步；“分散”使联合部队在较低的层级以联合方式实现综合的能力；“适应性强”要求联合部队积极准备，对情况快速做出响应；“决策优势”使联合部队有更好更快的信息来支持决策，从而比对手更快地做出反应；“杀伤力”要求联合部队在任何情况下都可以毁坏对手及其系统。

联合部队要具备 4 种能力。新的《国家军事战略》报告称，联合部队要具备兵力运用、兵力部署和维持、保护作战空间、获取决策优势四种能力。

该报告称，“兵力运用”是联合部队实现《国家军事战略》报告提出的各项目标的首要任务，要求具有力量投送装备，快速移动能力和利用能力。在对手采取反接近和阻止力量投送行动时，也能够保持这些能力。

该报告称，联合部队需要具备更强的“兵力部署和维持”能力。维持能力包括“集中后勤”、部队生成和部队管理。部队生成包括征募新兵、教育训练、在现役和预备役部队中保留高度胜任的人员。

该报告称，联合部队需要具备“保护作战空间”的能力。必须在陆、海、空、天以及网络等各种作战空间进行作战，必须在这些领域保护美国、美军及美国的全球利益。非线性的安全环境要求美军采取多层次的主动与被动的措施来克服数量和种类众多的传统与非对称威胁。这些威胁包括常规武器、弹道及巡航导弹以及大规模毁灭性/杀伤性武器，还包括网络空间中对美国关键的网络和数据的威胁。

该报告称，联合部队需要获取“决策优势”。决策优势是比对手更好更快地做出决策的过程，它基于速度和机动性的要求。决策优势要求创新和发展指挥、控制、通信、计算机体系结构、以及情报、侦察与监视资源，以提供对手的情况。决策优势还要求掌握有关敌友部署、能力和行动的信息。联合部队要具有实施信息作战的能力，包括电子战、计算机网络战、军事欺诈、心理战和保障信息优势的作战安全。（根据 2004 年《外国军事学术》第 8、第 9 期等文献整编）

（邱　实）

美国防部提出《国防战略》报告　美国防部于 2004 年提出了《国防战略》报告。有关情况如下：

一、该报告的一些重要内容

从媒体透露的关于美国《国防战略》报告的情况看，该报告有以下值得重视的内容：

（一）美国国防面临的四个挑战。《国防战略》报告提出，美国国防面临的四个挑战是传统性挑战、非常规性挑战、灾难性挑战和未来破坏性挑战。

（二）美国国防战略的四个目标。《国防战略》报告称，国防战略的四大目标是：使美国免于遭受直接攻击；保护战略通道和维持全球的自由行动权；建立有利于维持世界秩序的安全环境；加强联盟与伙伴关系以应对共同挑战。

（三）实施国防战略的四条指导原则。《国防战略》报告称，实施国防战略的四条指导原则是积极的纵深防御、持续的转型、基于能力的建军方法和风险管理。

（四）按照“1-4-2-1”的指标建军。《国防战略》报告称，美军将按照“1-4-2-1”的指标来确定部队的结构与规模，建设以能力为基础的军队。“1”是指保护美国本土；“4”是指在海外四个地区（欧洲、东北亚、东亚沿海区和中东/西南亚）威慑敌对行动；“2”是指在同时发生的两场战争中迅速击败敌人；“1”是指至少在其中一场战争中取得决定性胜利。按

照“1-4-2-1”指标建军，明显高于克林顿时期的“打赢两场同时发生的大规模战区战争”的指标。为达成这一高指标，美军不是通过扩军来增强实力，而是通过军事转型来实现部队战斗力的大幅提高。

（五）从8个方面提高美军的能力。《国防战略》报告强调，从8个方面提高美军新的能力。这8个方面是：加强情报工作；保护关键的作战基地；从太空、国际水域与空域和网络等公共国际领域发动进攻；在遥远的拒止环境中投送与维持部队；剥夺敌之藏身处；实施网络中心战；精通非正规战；与国内外伙伴共同应对复杂问题的能力。

（六）重申2001年《四年防务评估》提出的4个概念。《国防战略》报告重申了构成2001年《四年防务审查报告》提出的4个概念：向盟国和朋友做出保证，劝阻潜在对手，威慑侵略和反对胁迫，以及打败对手。

（七）提出了3个主要观点。《国防战略》报告提出了3个主要观点：采取预先措施，防止问题演变成危机，危机演变成战争，对“灾难性威胁”采取先发制人的军事行动；在处理安全问题上建立伙伴关系的能力是重要的；使美国在处理战略不确定因素方面处于更为有利的位置。

二、对《国防战略》报告的评述

（一）美军方提出《国防战略》报告尚属首次。美国以往的战略层次，从上至下，一般分为国家安全战略、国家军事战略和战区战略三个层次。国家安全战略相当于大战略或国家战略，战区战略实际上是方向战略或局部战略，而军事战略起着承上启下的作用，对上服务于国家安全战略，对下指导各战区和各军种。除上述三个战略层次外，在美军的一些出版物中虽然有时也出现“防务战略”或“国防战略”等词语，但从没有公布过《防务战略》或《国防战略》报告这样的文献，有关内容零星地散布于《四年防务审查报告》、《国防报告》等文件中，且常与国家军事战略相重叠。美国防部2004年提出的《国防战略》报告，在美军历史上尚属首次。《国防战略》报告的提出，使美国的战略层次由三级，增加到四级，即：国家安全战略、国防战略、国家军事战略、战区战略。“国防战略”正式作为一个独立的战略层次，在美国的战略领域将发挥重要作用。

（二）《国防战略》报告的提出，反映出布什政府在战略和策略上的一些变化。“9·11”事件后，美国防部总结伊拉克、阿富汗以及其他军事行动中的教训，“更新了战略思维”。《国防战略》报告的提出，不仅仅是战略层次的增加，而且反映了布什政府在国防问题上的一些战略策略思想和具体做法上的变化。

第一，重视军事部门和其他政府机构联系。随着全球化的发展和非传统威胁的增大，仅仅靠军事部门难以确保本土安全和达成国家安全战略目标，必须把军事部门的活动与其他政府机构的国家安全活动紧密结合起来，才能有效维护国家安全。“反恐”战争表明，在美国今后的军事活动中，跨机构的活动会越来越多，如对敌实施心理战、情报战、稳定行动、保护本土等，都需要非军事部门的积极介人和参与。《国防战略》报告提出的一些目标、原则、要求和措施，有利于加强军事部门和其他政府机构联系与协调。

第二，重视与盟国和友邦的协调。布什执政后，崇尚武力，推行单边主义和先发制人战略思想，在伊拉克战争等问题上与盟国的关系严重对立。《国防战略》报告提出的“加强联盟与伙伴关系以应对共同挑战”，“提高国内外伙伴的能力”等方面的要求，反映美国为了改变伊拉克战争后在国际上的困难处境，需要改善与盟国关系，加强与盟国及友邦的战略协调的思想。在《国防战略》报告制定的过程中，美国首次邀请盟国参与了“绝密”军事评估行动，以便让美国与盟国对所面临的威胁以及应对威胁的军事能力达成共识。

第三，特别强调“防范于未然”。“9·11”事件后，美国防部认识到必须在某些问题演变成危机之前采取预防性措施，对“灾难性威胁”采取先发制人的军事行动。这种“防范于未然”的思想在《国防战略》报告中得到了特别强调。

第四，让军事部门更加专注于战争的准备与实施。明确区分国防战略与军事战略，可以使军事战略更加专注于战争的准备与实施、军事战略目标的制定与联合作战行动概念的开发、军事力量的建设与使用等军事问题，加强针对性，从而更好地为国家安全战略与国防战略服务。在《国防战略》报告指导下制定的美国《国家军事战略》报告称：“国家军事战略的作用，就是要通过确定一系列相互关联的军事目标和联合作战行动概念，为军事活动提供聚焦点。”（根据2004年《外国军事学术》第8期、第9期等文献整编）

（邱　实）

美国防部国防科学委员会公布《未来的战略攻击力》报告　2004年3月26日，美国国防部国防科学委员会公布了一份名为《未来的战略攻击力》的报告，这份报告的核心内容主要有两点。第一，虽然报告表示“将继续最大限度地探索不使用核武器作为打击手段”，但是报告强调，加强钻地核炸弹、多弹头战略核武器及使用电磁波和中子的新型武器的开发。第二，报告把“无赖国家”和恐怖组织的攻击作为“迫在眉睫的威胁”，建议美国政府使用小型核武器，对其领导人进行有效的核打击。美国媒体和分析人士根据报告的上述内容和有关情况，对这一报告提出了以下看法：

一、报告将促进美国核战能力发生质变

在《未来的战略攻击力》报告出台的同时，美国《防务新闻》周刊网站报道说，美国政府在其2005年预算草案中要求国会拨款2760万美元用于研究可以有效打击敌方地下设施的新型核炸弹，比2004年增加2000万美元。到2009年，美国钻地核炸弹的研究总开支将达到4.85亿美元。美国能源部副部长兼国家核安全局局长布鲁克斯在美国参议院作证时说，虽然布什政府目前没有恢复制造核武器的计划，但保持生产和科研基础很重要。布鲁克斯还说，美国新型核武器研究的内容包括：改造现有的核弹，使其能装到巡航导弹上；改进核弹设计，使其在不经核试验的情况下增加可靠性；研究是否可以利用核武器有效地销毁敌方储存的武器级生化武器制剂。另据报道，美国钻地核炸弹科学家目前正在研究如何加固这种核炸弹的外壳，使其在爆炸之前能够穿透多层岩石和钢筋混凝土。基于《未来的战略攻击力》报告的内容和上述报道，美国分析人士认为，《未来的战略攻击力》报告旨在促使美国的核作战能力发生质的变革，因此，《未来的战略攻击力》报告将对布什政府的核战略带来重大影响。

二、美国不会把核武器的数量削减到美俄《莫斯科条约》规定的数量

美国总统布什与俄罗斯总统普京在2002年5月签署了《莫斯科条约》，该条约规定两国在2012年前将各自的战略核弹头削减至1700枚至2200枚。但是，美国的一些媒体认为，由于《未来的战略攻击力》报告再次强调核武器的重要性和在特定情况下使用核武器设想，因此，美国将不会把核武器削减至美俄《莫斯科条约》中所规定的数量。这一看法，已从布鲁克斯在美国参议院作证的证词得到印证。他说，尽管美国储存的核弹头数量到2012年将比现在大幅度减少，但是核弹头总量将不会减少到协议所规定的1700枚至2200枚。同时，美媒体指出，《莫斯科条约》所指的战略核弹头只是那些“用于作战部署”的核弹头，这就使两国政府可以将减少的“用于作战部署”的核弹头存储起来，从而使双方的核弹头数量仍然保持在很高的水平上。布鲁克斯说，存储的核弹头主要用途是：用于对核武器库的维修和替换那些受损的核弹；“满足对盟国做出的承诺”；应对未来可能产生的威胁。他还说：“如果世界局势需要保持一个强有力的威慑态势，那么数量充足的核弹头将加强核作战部署部队的气势。”

（邱　实）

美军联合部队司令部提出美军《联合转型路线图》　美军联合部队司令部于2004年1月21日向美国防部部队转型办公室提交了《联合转型路线图》。该文件贯彻美国防部颁发的《联合作战概念》提出的“为减轻未来的风险和不确定性，国防部将从基于威胁、需求推动的部队发展方法转向基于能力、概念推动的部队计划方法”的要求，提出了开发和提升美军联合作战能力的措施，用于指导和协调联合部队与军种部队的转型活动。《联合转型路线图》主要阐述了与联合转型有关的基本概念，全球信息栅格转型，联合指挥与控制转型，联合情报、监视和侦察转型，联合训练与教育转型问题。

一、与联合转型有关的基本概念

《联合转型路线图》阐述了与联合转型有关的基本概念，包括联合作战概念及其下属的联合行动概念、联合职能概念和联合赋能概念。

联合作战概念。《联合转型路线图》称，联合作战概念着眼于战略和战役层次的联合军事行动，但覆盖未来军事行动的各个方面。它把战略指导同一体化地运用联合部队能力连接起来，为美国武装部队的转型提供操作环境。它描述联合部队在未来15至20年中将如何作战，为开发下属联合行动概念、联合职能概念和联合赋能概念提供基础和框架。

联合行动概念。《联合转型路线图》称，联合行动概念包括重大战斗行动、稳定行动、国土安全、战略威慑等4个联合行动，主要描述未来联合部队在特定阶段的军事行动中将如何行动，确定未来联合部队指挥官将如何计划、准备、部署、运用和维持联合部队去应对面临的突发事件。开发联合行动概念的目的，是为联合作战试验和高级决策人员提供指导，同时也为制定转型措施提供基础。联合行动概念与联合职能概念相结合，将有助于确定未来特定军事行动所需要的作战能力，从而为联合作战能力开发和兵力计划提供指导。

联合职能概念。《联合转型路线图》称，联合职能概念包括保护、兵力运用、联合指挥与控制、联合作战空间感知、聚焦式后勤等5项内容，与联合行动

概念互为补充，主要指导联合部队与军种能力的开发。每个联合行动概念都着眼于未来某种特定的作战行动，而联合职能概念则描述为所有军事行动提供某种特定作战能力的一般方法。与联合作战和联合行动概念一样，联合职能概念还处于开发之中，将根据各种实验的情况进行修改和完善。

联合赋能概念。《联合转型路线图》称，联合赋能概念横切联合行动概念和联合职能概念，描述在联合行动概念或联合职能概念领域中，如何完成某种特定的任务。为了提供更明确的特征和技术细节，联合行动概念和联合职能概念常常被分解为更为集中的赋能概念，以便把作战能力同军事任务直接联系起来。

《联合转型路线图》称，联合作战概念为开发联合行动概念和联合职能概念提供基础，联合行动概念和联合职能概念又通过改变作战理论、编制装备、军事训练、领导能力培养、教育、设施等，推动新军事能力的发展。

二、全球信息栅格转型

《联合转型路线图》称，决策优势是以快于敌人反应的速度做出和执行更好的决定的过程。决策优势把作战空间感知和指挥控制结合在一起，使部队指挥官能够快速制定选择性行动方案，快速将决策下达给部属，快速产生所需要的效果，快速评估行动结果和采取适当的后续行动。其结果是运用特编的部队实施有效的联合与联军作战。

《联合转型路线图》称，决策优势以信息优势为基础。信息优势是己方和友军为自己的目的使用信息并拒绝或剥夺敌人使用信息的能力。

《联合转型路线图》称，决策优势和信息优势为所有创新性联合作战概念和转型能力提供基础，但它们都奠基于全球信息栅格（见本文附件）。

《联合转型路线图》称，全球信息栅格是信息优势和决策优势的重要赋能器。因此，美军准备通过全球信息栅格转型提高决策优势和信息优势，全球信息栅格转型的措施包括：(1) 扩大全球信息栅格的带宽；(2) 构建转型性通信卫星；(3) 实施远距传输计划；(4) 研制联合战术无线电系统；(5) 采用第6版因特网协议；(6) 实行横向融合倡议；(7) 提供全球信息栅格企业服务；(8) 实施国防“网络中心数据”战略；(9) 加强互通性；(10) 实施信息作战；(11) 实行信息担保。

三、联合指挥与控制转型

《联合转型路线图》称，联合部队指挥官在计划、指挥、协调、控制部队和作战行动中，通过安排和使用人员、装备、通信、设施和程序，实现联合指挥与控制功能。联合指挥与控制是5个联合职能概念之一，指导和协调其他联合职能，是联合作战转型的关键职能概念，因此，要推进联合指挥与控制转型。转型后的联合指挥与控制将是以网络为中心的，一体化的，具有连贯并跨越所有指挥层次（国家级、战略级、战役级和战术级）能力的，适合于每个指挥层次和联合部队作战任务需要的系统。实现联合指挥与控制转型将改善和加快决策周期的每一个环节，使指挥官和参谋人员能够更快更好地了解作战环境，更快更好地做出决策，更快更好地了解其决策将如何影响正在进行的战役。联合指挥与控制转型包括以下方面：(1) 建立常设联合部队司令部；(2) 开发通用作战图像；(3) 开发适应性强的任务计划制定与演练系统；(4) 创造协作的信息环境；(5) 落实联合火力指挥与控制计划；(6) 提高联合指挥与控制的防护能力；(7) 落实职能交叉的联合指挥与控制计划和倡议；(8) 同步实施军种指挥与控制计划。

《联合转型路线图》称，通过转型能力建设，联合指挥与控制将具有共享的态势感知能力和决策优势，能够支援分散实施的作战行动，能够以较低的风险实施更分散、更灵活、更致命的联合作战。

四、联合情报、监视和侦察转型

《联合转型路线图》称，联合情报、监视和侦察是夺取决策优势和实现高质量作战空间感知的赋能器，有助于实现4个联合行动概念。因此，联合情报、监视和侦察的转型对于联合作战能力转型十分重要。联合情报、监视和侦察的转型，将采用以网络为中心的方式管理情报、监视和侦察能力，通过把传感器和信息处理能力凝聚为一个密不可分的整体，为所有层次的用户提供近实时的、一体化的、相互关联的和快速反应的情报，从而极大地提高美军联合部队和军种部队利用美国情报优势的能力。美军联合情报转型将主要开发以下系统：(1) 分布式地面/水面通用系统；(2) 动态联合情报、监视和侦察管理系统；(3) 蓝军情报、监视和侦察部队数据库；(4) 作战净评估系统；(5) 横向融合企业服务系统；(6) 深埋坚固目标情报可视系统；(7) 人力情报转型计划；(8) 国家地球空间情报局向全数字化环境转移计划；(9) 分布式通用地面/水面通信情报支援活动计划。

《联合转型路线图》称，通过以上转型活动，未来联合情报将具备下列能力：对即将发生的危机提供及时准确的预警并继续监控敌人的意图；识别、定位和监控关键的目标；持续收集和评估所有领域和全球作战空间的信息；向全球信息栅格、各种共享的感知系统和实现转型的指挥控制系统提供横向一体化情报信息；创建使作战和情报功能紧密结合的新型组织结构。总之，联合情报、监视和侦察转型的最终目标是，以易懂易用的形式，向作战人员和其他情报用户提供及时、准确、可靠、可用的情报。

五、联合训练与教育转型

《联合转型路线图》称，联合训练与联合军事职业教育互为补充，但它们在发展联合作战能力中分别发挥独特的作用。教育传授普通知识，培养适应各种不同需求的心理习惯，如宽广的眼界、不同的观点、批判性分析、抽象的推理、创新性思想等，有助于解决模糊而不确定的问题，特别是那些复杂的、非线式问题。训练教授执行某一任务或工作所必需的、不连续但非常确定的知识和技巧。训练强调为已知的做好准备，教育强调为未知的做好准备。为了确保官兵能够充分利用新技术、新概念和新编制提供的巨大潜力，美军必须进行联合训练与联合军事职业教育转型。

《联合转型路线图》称，美军在联合训练领域将主要开发三种能力：联合知识开发与散布能力、联合国家训练能力、联合评估与赋能能力。联合知识开发与散布能力计划的训练对象是单个人员，主要包括联合单个人员发展倡议、联合分布式学习倡议、联合管理办公室和顾问组、联合军事职业教育与联合作战训练项目。联合国家训练能力计划的训练对象是部队与参谋人员，主要包括实兵、虚拟、推定模拟体系结构倡议、训练场地现代化倡议、训练场地维持倡议、大宗国防采办项目嵌入训练倡议、联合部队训练机构和联合训练能力联合管理办公室。联合评估与赋能能力计划的训练对象是领导者，主要包括联合强化训练系统、训练成果评估体系结构、联合训练成果标准等。

《联合转型路线图》称，在联合军事职业教育领域，美军转型活动包括三个方面:进行高级联合军事职业教育、更新中级联合军事职业教育课程、开设新的初级联合军事职业教育课程。高级联合军事职业教育的对象是少将级军官、相同级别的文职人员和联合参谋部的高级士官，主要开设联合作战课程、将军级联合军官作战课程、高级联合军事职业课程等。中级联合军事职业教育的对象是中级军官，主要是更新联合军官管理“战略方法”研究、联合特种作战概念、联合军事职业教育Ⅱ、联合军事职业教育Ⅰ等课程，并把联合军事职业教育扩大到预备役部队和高级士兵领导者。初级联合军事职业教育的对象是初级军官、预备役军官、军士和在联合机构工作的文职人员，主要是新开设“联合军事职业教育Ⅲ”课程。

附：全球信息栅格

全球信息栅格是将美军在全球范围内的计算机网、传感器网和武器平台网联为一体的网络系统，是美国防部国防信息系统局1999年9月29日提出的一个新概念。它为美军提供全球互联的、端对端的一整套信息能力和程序，及收集、处理、储存、分发、管理信息的人员。全球信息栅格系统能根据每个用户的需求，向其“推荐”信息和作战知识。美军倡导和建立全球信息栅格的最终目的是为了摒弃“平台中心战”，实现“网络中心战”构想，使指挥控制能力跃上一个新的台阶。全球信息栅格是未来战争能否从以武器平台为中心转向以网络为中心的关键，堪称“网络中心战”的“大脑”。有了全球信息栅格，有关信息可以从传感器直达狙击手，从而实现从“探测”到“行动”一步完成，“发现”即意味着“摧毁”。（根据《外国军事学术》2004年第7、第8期等文献整编）

（邱　实）

美国“9·11”调查委员会公布最终调查报告 2004年7月22日，美国“9·11” 恐怖袭击事件独立调查委员会公布了“9·11”事件的最终调查报告。主要情况如下：

一、报告出台的过程

美国“9·11” 恐怖袭击事件独立调查委员会于2002年底成立，由共和、民主两党共10名成员组成，在得到高达200多万件文件并询问了1000多位证人的基础上，对“9·11”事件前后美国的外交、情报、移民、商业飞行以及恐怖组织的资金流动等方面的情况进行了广泛的调查。在调查过程中，美国总统布什、副总统切尼、总统国家安全事务助理赖斯等美国政府高级官员都前往调查委员会作过证，介绍他们所了解的情况。在历经长达20个月的调查之后，美国“9·11”恐怖袭击事件独立调查委员会7月22日公布了一份近600页的“9·11”事件最终调查报告。该报告的主要作用是向美国总统、国会及美国人民汇报"9·11"事件发生的前因后果，并向美国政府提出改善美国国家安全的具体建议。

二、报告的主要内容

“9·11”独立调查委员会的最终报告的主要内容有两个方面：

（一）美国政府有关方面在政策、能力和管理方面存在失误。报告指出，美国政府在政策、能力和管理方面存在失误，联邦调查局和中央情报局在“9·11”之前在情报分享和分析方面的失误是导致劫机者阴谋得逞、袭击事件最终发生的重要原因之一。美国政府原本有10次机会阻止“9·11”恐怖袭击的发生，但是所有机会都被一一错过。其中4个出现在克林顿执政期间，另外6个机会出现在布什执政期间。比如，劫机者提供的护照中有明显的伪造和改动之处，但是并未引起美国移民和入境部门的重视；恐怖分子在申请签证时提供的一些声明和证明文件是假的，如果当时就进行深入调查，完全可以把他们挡在国门之外；由于美国的电脑系统之间缺乏交流和共享，导致一些被列入嫌疑犯的恐怖分子竟然轻松进入美国等等。

报告公布了1998年12月4日的一份《总统每日简报》，证明克林顿政府曾经接到过“基地”组织可能劫机的警告。在这份总统简报中，美国情报部门警告说，本·拉登计划劫持美国飞机，以此逼迫美国释放在押的恐怖分子。但是对于这个警告，克林顿政府并没有采取切实的应对措施。和克林顿政府相比，布什政府在策划打击“基地”组织方面显得比较积极，但仍纯属“纸上谈兵”。调查报告指出，大量文件表明，美国总统国家安全事务助理康多莉扎·赖斯出席2004年春天的听证会时并没有撒谎，布什政府的确在2001年初起草了彻底铲除“基地”组织的政策。但是布什政府在实际行动中仍然仿效了克林顿政府的做法。尽管“基地”组织的威胁越来越大，白宫仍然希望通过和塔利班进行谈判来达到消除“基地”组织隐患的目的。曾经担任白宫反恐顾问的理查德·克拉克在其新书中披露说，他曾在2001年屡次警告美国政府高官，要他们防范大规模恐怖袭击，但是并未引起重视。而美国情报和执法部门在“9·11”事件前的一系列失误使得19名劫机者进入美国而未被发现，让他们得以在2001年9月11日劫持飞机对美国发动袭击，导致近3000人丧生的惨剧发生。

报告指出：“最大的失误是某种基于推测的想象。我们认为领导人不理解威胁的严重性。本·拉登和‘基地’组织的恐怖威胁不是公众、媒体乃至国会中政策辩论的主要议题。该议题只在2000年美国大选期间出现过。”独立调查委员会主席汤姆·基恩表示，“9·11”袭击“令人震惊，但不应该对此吃惊”。报告指出：“2001年9月之前，美国行政部门、国会、媒体以及美国公众已经收到伊斯兰恐怖分子阴谋大规模杀害美国人的明确警告了。”

报告列举了美国政府存在的五大失误，包括：

1、中央情报局忽视了那些“指示信号”的重要性，这些信号勾画出了未来恐怖袭击可以看得清的图像，造成这种结果的部分原因是情报分析家提供的材料是零碎的。在2001年7月联邦调查局报告恐怖主义者在亚利桑那州进行飞行训练和同年8月逮捕恐怖主义嫌疑者扎卡里亚斯·穆萨以后，这些记录本应引起人们的警觉。穆萨被捕是因为他在明尼苏达州的一家飞行学校行为可疑。

2、在19个飞机劫持者中，有一些人在入境文件不完备的情况下能够进入美国。在袭击的当天，一些人因为行动可疑而被挡住后，最后还是通过了安全检查，登上了飞机，其中2名劫持者已经列在政府恐怖主义者监视的名单上，但因为联邦航空管理局和航空公司并不知情，所以他们准许上了飞机。

3、前克林顿政府和现在的布什政府总体上讲是通过外交手段而非通过军事打击来对付日益增长的“基地”组织威胁。美国在90年代末错过了几次杀死本·拉登的机会，原因是中央情报局说，它没有接到这样做的明确指示。

4、在发生袭击的当天，联邦航空管理局和军事官员出现了混乱。联邦航空管理局的任务是应对通常的飞机劫持，而不是自杀性的袭击，因此他们没有及时向军事官员发出警报，而一些战斗机驾驶员不知道他们为什么要驾机升空。

5、纽约市紧急启动的“911”电话系统出现了根本性的错误，这种错误没有向世贸大楼中的工作人员通报可能救生的消息。接线员和调度员并不知道，消防人员正从大楼中撤离人员。由于大楼中的公共地址系统出了毛病，因此大楼工作人员向“911”发出呼救，但得到的回答是不要撤离，坐失了逃生的机会。

（二）提出的改进意见。美国“9·11”独立调查委员会在最终调查报告中，建议设立一个统领全美15个情报机构的新的情报收集中心，监督该中心运作的将是经参议院批准的仅次于内阁级别的“情报总监”。“情报总监”直接向美国总统报告，“将能影响到中央情报局、联邦调查局、国土安全部和国防部的预算和领导层”。报告还建议改革国会监督情报机构的机制，改组负责收集国内情报的联邦调查局等。

三、对报告的几点看法

（一）如何预防类似事件发生是报告的重点内容。独立调查委员会最终调查报告的重点是强调今后应如何预防类似事件。报告认为，现在“基地”组织和其他恐怖分子“比过去更加分散和难以监测”，为此，报告首先建议要对情报部门的机制进行改革，并建立一个内阁成员级别的全国反恐情报中心。中心主任将有特权统领中情局和联调局及其他情报组织，同时要加强国会对这些机构的监督。重点是防止恐怖组织今后可能采取化武和核武等方式对美国进行袭击。

(二)报告总结的美国政府的主要失误是政府不敏感、情报有漏洞、安检出问题。独立调查委员会在最终调查报告中对有关方面的失误作了大量分析，概括起来，报告对有关方面失误的基本结论可以概括为：政府不敏感、情报有漏洞、安检出问题。关于政府不敏感。报告指出，美国政府领导人“没有意识到这种威胁的严重性”。在打击“基地”组织、避免“9·11”事件发生方面，美国错过了10次重要机会。关于情报有漏洞。报告称，中央情报局和联邦调查局等情报部门的工作失误，尤其是在收集、分享和分析情报方面存在严重问题，导致未能防止这一事件的发生。关于安检出问题。报告说，劫机犯多年来一直在寻找机会制造袭击事件，他们充分利用了航空公司以及边境安检的漏洞，甚至通过试验来掌握飞机驾驶员座舱的门打开的时间。

(三)报告对克林顿政府和布什政府各打50大板。谁该对“9·11”事件负主要责任，是美国民众普遍关心的问题。对于这一问题，调查委员会采取了“矛头向下”的做法，把导致这一事件发生的最直接原因首先归咎于情报机构。调查委员会的最终报告中说，中央情报局和联邦调查局等情报部门工作失误，尤其在收集、分享和分析情报方面存在严重问题。报告还认为，航空公司和入境安检方面也存在“漏洞”。而对另一个民众普遍关心的问题，即究竟是布什政府还是克林顿政府应该为“9·11”事件的发生承担责任问题，报告来了个“各打50大板”，认为布什政府和克林顿政府均存在“深层体制缺陷”，而且错过了诸多机会。报告称，美国布什政府和克林顿政府曾经有10次机会可以破解劫机阴谋。布什政府有6次机会，而前总统克林顿任内则有4次机会。分析人士认为，调查报告说谁都有错，也就等于说谁都没有错，因此，调查报告毫无政治杀伤力。对报告的这种结论，布什总统很高兴。他在报告发表当天会见“9·11”事件独立调查委员会主席基恩时，满面笑容地对他说：“你干得很棒!”

(郊　实)

美国国务院发布全球恐怖主义年度形势报告　美国国务院于2004年4月29日发布名为《2003年全球恐怖主义形势》的年度报告。该报告为了达到有利于布什竞选连任总统的目的，违背事实，夸大反恐成绩，称2003年是过去34年来全球恐怖主义事件发生最少的一年。这一粉饰太平的虚假报告，弄巧成拙，刚一出台，便遭到广泛强烈的批评。致使美国国务卿鲍威尔不得不公开承认错误，美国国务院被迫于6月22日发表《2003年度全球恐怖主义形势》报告修正版。

一、报告原版的主要内容

(一)报告夸大反恐成效。报告夸大反恐成效主要表现在三个方面。第一，压低全球恐怖事件和伤亡人数的统计数字。报告称，全球恐怖事件和伤亡人数骤减。2003年全年共发生了190起国际恐怖主义事件，比2002年少8起，比2001年少45%，是1969年以来恐怖袭击事件发生最少的一年。2003年共有307人死于恐怖袭击，1593人受伤。与2002年相比，死亡人数下降了58%，受伤人数下降了21%。这一统计数字，与2003年实际发生的恐怖事件相差甚远。报告称，美国人在2003年遭遇82次国际恐怖袭击，比2002年的77起有所增加。2003年共有35名美国公民在15起国际恐怖主义袭击中丧生。

第二，极力缩小“基地”组织的威胁。报告称，“基地”组织已经今非昔比，其绝大部分高层领导人都已经死亡或被抓获，现有成员四处逃亡，战斗能力大打折扣。

第三，恐怖事件的统计次数不包括伊拉克的袭击事件。尽管美国政府官员在提到伊拉克反美武装时，总是口口声声地斥之为“恐怖分子”，但这份年度报告为了压低全球恐怖事件和伤亡人数的统计数字，却说这些人的袭击目标大多是军人，因此他们发动的袭击事件不能算恐怖活动。

(二)报告重点关注中东地区的恐怖活动。报告称，从地区来看，亚洲2003年发生的恐怖袭击事件最多，共有70起。造成的死伤人数也居首位，共有159人死亡和951人受伤。报告还把中东，尤其是伊拉克和伊朗列为重点关注地区。

报告称，2003年在南美洲恐怖主义的威胁与其他地区相比并不严重，但不能排除武装团体在该地区寻求庇护和资金，或通过贩毒分子走私的路线进入美国等情况发生。报告认为，南美洲地区的问题是“委内瑞拉不能或不想系统地控制它与哥伦比亚的边界”，并称“问题出在查韦斯总统在意识形态上接近哥伦比亚的游击队”。

(三)报告中所列“支持恐怖主义国家”的黑名单与往年一样。报告继续延续往年的惯例，列出了所谓“支持恐怖主义国家”黑名单。上这个名单的国家还是利比亚、伊朗、伊拉克、叙利亚、古巴、朝鲜和苏丹等7个国家。报告称，“利比亚虽然减少了对国际恐怖主义支持，但仍与一些恐怖分子保持联系”。报告指责伊朗对中东恐怖事件提供支持，是“最活跃的支持恐怖主义国家”。报告说，只有在伊拉克组建完新政府，并正式对恐怖主义进行谴责后，它才能从“支持恐怖主义国家”黑名单中去掉。

（四）报告将10个组织列入被禁恐怖主义组织名单。这10个组织是：恐怖巴巴尔·哈尔萨国际、尼泊尔共产党、萨拉菲斯特宣教保卫者组织、东突厥斯坦伊斯兰运动（又名东突厥斯坦伊斯兰党）、国际锡克教青年联盟、摩洛哥伊斯兰战斗团、伊斯兰国际旅、里亚杜斯-萨利欣车臣烈士侦察破坏营、特别使命伊斯兰军团、突尼斯战斗团。

二、报告原版遭到广泛而强烈的批评

报告极力缩小2003年恐怖袭击事件的次数和伤亡人数，夸大美国反恐成绩的做法，遭到了广泛而强烈的批评。

报告出台后不久，就受到美国众多报纸、电台和电视台的批评。这些媒体指出，这份报告和人们的直觉相去甚远。众所周知，2003年是多灾多难的一年，却被布什政府描绘成天下太平的一年。报告无视2003年全球恐怖袭击事件的数量、严重程度和重大恐怖袭击的发生地等方面都大量增加的事实，夸大反恐成绩，其目的是为了收买民心，赢得大选。

许多学者、议员和其他人士嘲笑说，这是布什政府粉饰太平的报告。一些民主党议员指责政府这种报告有“政治图谋”，目的是为了说明布什政府的反恐政策取得成功，从而为布什参加总统竞选造势。美中央情报局前分析员、国务院反恐办公室前副主任拉里·约翰逊说，2003年的恐怖袭击数量并未减少，而是比之前一年有所增加。约翰逊还说，不知为何，报告也没有计算俄罗斯车臣非法武装2003年制造的造成244人死亡的13起恐怖袭击。他讥讽说，连三流的统计者都能发现这些错误。因此，他强烈呼吁对报告进行全面修改。普林斯顿大学以及斯坦福大学的多名学者都说，原报告数据没有计算去年11月11日以后发生的恐怖袭击，而土耳其伊斯坦布尔当月发生的针对犹太教堂和英国目标的4起汽车炸弹袭击就在漏计之列，这些事件共造成61人死亡、600多人受伤。众议院政府改革委员会民主党成员亨利·韦克斯曼5月17日在写给国务卿鲍威尔的信中说，2003年，当重大恐怖主义活动达到20年来最高峰的时候，报告却说恐怖袭击正在减少，这令人感到十分可悲。美国国会研究服务局在6月1日发表的一份报告中也引述了针对《全球恐怖主义形势》报告的众多批评意见，并呼吁重新审查这份报告的结构和内容。

民主党总统候选人克里说，布什政府玩弄反恐数字，布什在反恐问题上缺乏可信度。

三、报告修正版的主要变化

由于4月29日发布的报告受到各方强烈批评，致使美国国务卿鲍威尔不得不公开承认错误，他6月13日说，国务院公布的关于2003年世界恐怖活动下降的报告不准确，是个“大错”，这“非常令人尴尬，我们错了”。鲍威尔还说，他正和中央情报局一起查找原因，以确定错误为何出现在报告中。他承诺尽快公布改正后的报告。

在这种情况下，美国国务院被迫于6月22日发表《2003年度全球恐怖主义形势》报告修正版。新报告称，2003年全球共发生175起“重大恐怖袭击”，是21年来的最多的一年。新报告还称，因恐怖事件导致的伤亡人数也急剧增加。2003年全球恐怖袭击死伤人数分别是625人和3646人。

附：美国国务院已确定的外国恐怖主义组织

1、阿布·尼达尔组织
2、阿布沙耶夫组织
3、阿克萨烈士旅
4、伊斯兰辅助者组织
5、伊斯兰武装组织
6、安萨尔联盟
7、奥姆真理教
8、巴斯克民族和自由组织
9、菲律宾新人民军
10、伊斯兰组织哈马斯（又名伊斯兰抵抗运动）
11、圣战者运动
12、真主党
13、乌兹别克斯坦伊斯兰运动
14、穆罕默德军
15、伊斯兰祈祷团
16、埃及伊斯兰圣战组织
17、保卫犹太人联盟
18、库尔德工人党
19、拉什卡-塔伊巴组织
20、拉什卡-简戈维组织
21、泰米尔独立猛虎解放组织
22、人民圣战者组织
23、哥伦比亚民族解放军
24、巴勒斯坦伊斯兰圣战组织
25、巴勒斯坦解放阵线
26、解放巴勒斯坦人民阵线
27、解放巴勒斯坦人民阵线总指挥部

28、“基地”组织
29、真爱尔兰共和军 (Real IRA,RIRA)
30、哥伦比亚革命武装力量
31、革命核心
32、11月17日革命组织
33、革命人民解放党/阵线
34、萨拉菲斯特呼声与战斗组织
35、光辉道路
36、哥伦比亚联合自卫力量
37、巴德尔圣战者组织
38、伊斯兰团结组织
39、亚历克斯·邦卡尧旅
40、卢旺达解放军
41、反帝国主义本土核心
42、柬埔寨自由斗士
43、尼泊尔共产党/联合人民阵线
44、持久爱尔兰共和军
45、东突厥斯坦伊斯兰运动
46、10月1日反法西斯抵抗组织
47、大东方伊斯兰突击队战线
48、伊斯兰圣战运动
49、孟加拉伊斯兰圣战运动
50、古勒卜丁伊斯兰党
51、圣战者党
52、爱尔兰国民解放军
53、爱尔兰共和军
54、亚丁伊斯兰军
55、伊斯兰国际维和旅
56、圣战者组织
57、日本赤军
58、大马圣战组织
59、利比亚伊斯兰战斗组织
60、圣主抵抗军
61、忠英志愿军
62、印度共产主义中心摩洛哥伊斯兰战斗团
63、人民反强盗和毒品组织
64、人民战争
65、红手保卫者
66、革命无产者行动核心
67、里亚杜斯-萨利欣车臣烈士侦察破坏营
68、西帕-萨哈巴组织/巴基斯坦
69、伊斯兰特别军团
70、突尼斯战斗团
71、图帕克·阿马鲁革命运动组织
72、土耳其真主党
73、阿尔斯特防卫协会/阿尔斯特自由斗士
74、阿尔斯特防卫军

（高　峰）

美国防部编写伊拉克战争的作战总结报告　据美国媒体3月份报道，美国防部的34名军官和23名文职人员，编写了一份长达128页伊拉克战争的“作战总结报告”。这一报告对军事行动的各个方面进行了高度技术性的评估，涉及战前计划的制定、情报和后勤等各个方面。

报告称，美军发动闪击战攻入巴格达是一项惊人的军事成就，但是战争计划未能有效地解决控制伊拉克可疑武器设施、政府档案和恐怖分子可能藏身地的问题。在伊战开始后的数个星期里，美国没有足够多的受过适当训练的部队来接管那些被怀疑隐藏有大规模杀伤性武器的地点，尽管战争计划预言伊拉克可能会使用非常规武器进行报复。

报告称，美国在伊拉克战争的成功证明了一支规模更小、部署更为快速的高技术作战部队的有效性，大规模的部队已不再对战争的胜利起决定性作用。

报告赞扬将媒体“嵌入”美军作战部队的做法。“公众通过媒体来了解战场的情况被证实是一具有重大意义，而且整体上来说是积极的部分。”

报告还突出强调了一系列不足之处：美军和盟军在战场上未能防止出现误伤情况；对快速机动的部队提供补给所出现的问题；在伊军分散配置后只能对其实施有限的监视；战前国民警卫队和其它后备部队的装备工作准备不足；有关对伊拉克大规模杀伤性武器设施和地点进行搜查的准备工作不充分。

报告的其它要点包括：激烈的城市肉博战并没有出现，因此“进行这方面战斗的能力还有待证实”；一些伊拉克部队利用恶劣的天气逃过了美军的侦察，这些部队分散后就不知去向了；自海湾战争后，军方在防止友方火力杀伤方面未采取足够的有效措施。例如，地面部队使用了七种不同的敌我识别系统，但却无法证实对方的身份；一枚爱国者导弹击落了1架英国战斗机，使飞行员丧生。

（梁　洁）

美国结束在伊拉克搜寻大规模杀伤性武器的工作　由于伊拉克暴力冲突不断以及缺乏新的情报，负责搜寻伊拉克大规模杀伤性武器的核查小组于2004年圣诞节前停止了在伊搜寻生化武器和核武器的行动。核查小组的成员大部分回国，小部分留在伊拉克执行其它任务。据报道，目前依然有数百名美军

雇佣的翻译和专家在阅读从伊拉克缴获的大量文件和计算机数据资料，但他们的主要目标并非查找违禁武器下落，而是为审判伊拉克前政府要人搜集罪名，同时，搜索并确认当年在海湾战争期间失踪的美军飞行员的确切下落。

搜寻大规模杀伤性武器的工作结束前，核查小组的组长、美国首席武器检查官迪尔费尔于10月6日向国会提交了1000多页的搜寻伊拉克大规模杀伤性武器的核查报告。该报告的基本结论有两点。第一，伊拉克境内没有大规模杀伤性武器。报告称，在第一次海湾战争后，伊拉克前总统萨达姆就开始逐步取消违禁武器开发项目，以争取联合国取消对伊拉克的制裁。美军在这次伊拉克战争中发现的一些化学武器都是第一次海湾战争前的遗留物，报告相信伊拉克境内现在没有具有军事意义的大规模杀伤性武器。第二，伊拉克没有生产核武器的能力。报告说，在美国2003年发动伊拉克战争的时候，伊拉克具备在一年内生产芥子气和神经毒气的能力，但生产核武器则仍是遥不可及的事情。伊拉克的核武器项目在第一次海湾战争后就逐渐消失。但报告认为，萨达姆有意在联合国取消制裁后恢复核武器的开发。

在2003年伊拉克战争爆发前，美国总统布什、副总统切尼和其他美国高级官员在不同场合多次公开宣称，伊拉克拥有“大规模杀伤性武器”，并拒绝按照联合国安理会的要求进行销毁，因此必须使用武力将萨达姆政权推翻，以防止大规模杀伤性武器转移到恐怖分子手中，并用来袭击美国。核查报告否定了美国发动伊拉克战争的上述理由。专程奉命前往伊拉克境内搜索生物、化学以及核武器的美国核查小组也因“证据不足”和“工作条件太危险”而收兵回国。据美国媒体透露，布什和白宫官员对此“感到失望”，并对核查报告提出质疑。白宫官员表示，萨达姆仍可能在战前把此类装备隐藏在“一个很秘密的地点”，或者干脆就转移到国外去了。不过，美情报官员表示，白宫提出的观点很可能是“一厢情愿”的臆断。

（梁　洁）

美军举行“夏季脉动-04”演习　2004年6至8月,美军在四大洲和三大洋举行代号为“夏季脉动-04”的大规模军事演习。这是冷战后美军举行的最大规模的全球性军演，引起了世界各国的广泛关注。

一、演习的主要特点

美军“夏季脉动-04”演习的特点甚多，与年内美其他演习和其他大国的演习相比，其主要表现在三个方面：

第一，演习时间长、地域广。演习从6月5日开始到8月上旬结束，持续时间长达两个多月。演习地域更是空前广阔。演习在美洲、欧洲、亚洲和非洲四大洲五大战区同时展开，范围波及美海军第2、3、5、6、7舰队所负责的大西洋、太平洋、印度洋、波斯湾、红海和地中海广大水域。美军还同各盟国的海军舰队进行了联合操练，以检验美海军的全球部署和全球作战能力。

第二，参演兵力多。演习共出动陆海空军及海军陆战队兵力15万、战舰50多艘、战机600多架。尤其引人注目的是美海军12个航母战斗群中的7个（华盛顿号、杜鲁门号、肯尼迪号、里根号、企业号、斯坦尼斯号和小鹰号）同时参加演习。

第三，操演科目多。此次演习内容包罗万象，主要有：航母战斗群部署、水面联合作战、反潜战与潜艇战、海空联合作战、海陆空立体作战、多国协同作战、电子战、反导弹、防空、官兵高级训练和港口访问、两栖抢滩登陆、特种部队行动、快艇快速攻击、多国伞兵空降、拦截贩毒和恐怖分子船只等。

二、演习的主要目的

美国防部称，美军举行“夏季脉动-04”演习旨在演练大规模水面作战时后勤和岸上基础设施的支援能力，提高美国海军与盟国海上力量的协同作战能力。此说有一定道理，但演习真实意图绝非止于此。从演习的规模、内容等情况看，主要目的有三：

（一）炫耀武力威慑对手。冷战结束后，虽然美国通过发动几场局部战争并均取得“快速决定性胜利”，显示了强大的军事实力，但并未能完全慑服现实和潜在对手。伊朗、朝鲜等被美国称为“邪恶轴心”的国家仍在千方百计与美周旋，明里暗里与美较量。一些“潜在战略对手”正在加速发展军事实力，提高与美抗衡的能力。美国深陷伊拉克战争泥潭更让人们对其实际能力的看法大打折扣。美此次举行声势浩大的全球性大军演，就是要向世界表明，美国及其盟国有能力向全球五大战区同时投送可靠战力并最终取胜，特别是在西太地区，一旦朝鲜半岛和台海发生危机，美完全有能力在最短时间内部署多艘航母至西太平洋海域。

（二）检验军事变革成果。随着军事变革和军队转型的加速推进，美国防部提出“1-4-2-1”新作战理念和“10-30-30”建军要求，即：加强本土防卫，遏制欧洲、东北亚、西南亚和东亚沿海4个地区冲突，同时打两场战争并在其中一场战争中取得决定性胜利；10天内将部队部署到全球任何地点，30天内结束战斗，再用30天投入另一战场。为此，美军事变革和军队转型着力提高远程作战、快速反应和强行进入能力，加紧部队全面改组，建设信息化、模块化和远征打击部队，全力打造能有效应对各种威胁的全能军队。美军此次全球大军演就是为了实际检验这些成果，特别是检验海军转型的成果。美海军根据转型成果制定的《21世纪海军战略：舰队反应计划》明确要求，美海军必须具备同时向全球一个或多个危机地区部署航母战斗群的能力，应当在接到命令30天内向全球任何一个热点地区同时部署6个航母战斗群，并且在90天内有另外2个航母战斗群可以随时准备增援或者轮换；同时仍可在全球其他地区保持军事存在，或在其他危机地区支援军事作战行动。

（三）提高“先发制人”打击能力。布什政府执政以来，美国借反恐之名，在单边主义和霸权主义的道路上越走越远，尤其是不顾国际社会和众多盟国的强烈反对，一意孤行发动伊拉克战争，导致了与盟国的裂痕加深。因此，在伊拉克战争中，由于一些盟国的阻挠和拒绝参与，导致了战局的延误。战争进程的拖延严重打乱了美军的作战计划，使作战部队特别是航母战斗群的部署迟迟不能到位。为此，美军不得不重新考虑部队和航母部署战略，加快部队和航母战斗群由前沿部署向应急机动部署转型，提高美军的独立作战能力。美军这次全球大军演就是为了提高部队和航母的远程机动、快速反应和全球打击能力。当然，美国也清醒地认识到，光靠单打独斗无法完全实现称霸全球的战略目标。因此在这次全球大军演中，美军在大力提高独立作战能力同时，还与演习区域的一些盟国举行了一系列联合演练，借以弥合与与盟国的裂痕，提高与盟国的联合作战能力。

（四）为布什谋求连任造势。2004年是美国大选年，与历届谋求连任的总统一样，布什为此费尽了心机，用尽了招数，举行“夏季脉动-04”演习就是其使出的重要一招。布什上台之初以弱势总统闻名，在内政外交方面并无多大作为，是反恐和反恐战争为他帮了忙。布什借反恐之名先后发动并打赢了两场影响战略全局的局部战争，赢得了“战争总统”的“美誉”，在对外政策和安全方面成了大赢家，在国内的支持率大幅提升。但好景不长，美国在伊拉克战争中虽然迅速取得了战场上的胜利，却未能控制住伊拉克局势而反陷泥潭不能自拔。伊拉克境内反美斗争愈演愈烈，针对美军的武装袭击接连不断，驻伊美军伤亡人数不断增加，美国为此所受到的恐怖威胁也越来越多，布什政府维护国家安全和美国全球利益的能力越来越受到质疑。民主党总统候选人克里借此大做文章，布什支持率一度急剧下降，降到与克里不相上下的地步。为扭转被动局面和转移人们对伊拉克局势关注，避免重蹈其父“赢了战争丢了总统宝座”的覆辙，布什选择全球大军演展示美军实力与建设成就和自己的统帅才能。

三、演习的影响

美军“夏季脉动-04”演习虽说是全球性军演，但其关注点是亚太地区，演习主要科目在该地区实施就充分说明了这一点。因此，演习所产生的影响也主要表现在亚太地区。美军“夏季脉动-04”演习是在美国战略调整的背景下举行的，对亚太地区安全具有深刻影响。当前，国际恐怖主义、大规模杀伤性武器扩散和跨国犯罪等非传统安全因素的危险在上升，给各国造成的危害越来越大。在应对非传统安全威胁问题上，美国与亚太国家有利益一致的一面，美军“夏季脉动-04”演习对于抑制、打击各种非传统安全因素有一定的积极作用。但是，美国战略关注重心东移将不可避免地对亚太地区安全产生负面影响。美军通过“夏季脉动-04”演习加强在亚太地区的军事存在，表现出干预亚太地区事务的决心，是维持单边优势和霸权体系的举措，不利于亚太地区的和平与稳定。

美军“夏季脉动-04”演习对亚太地区安全产生的负面影响主要体现在以下几个方面：首先，美军通过演习显示超强实力和霸权态势，对亚太地区安全与稳定构成潜在威胁。此次军演表明，美国不仅在逐步加强驻亚太地区军事力量，同时有意把分散在世界各地的军事力量快速集中起来使用。这将导致亚太地区军事力量进一步严重失衡，使美国始终处于“绝对优势”地位，这种一超独霸的局面将不利于亚太地区的安全与稳定。其次，美军“夏季脉动-04”演习以检验“先发制人”战略和提高“先发制人”能力为目的，“先发制人”的泛滥将破坏亚太地区国家间关系的正常发展。一些亚太地区国家对美“先发制人”战略颇感兴趣，争相效仿。日本、印度、俄罗斯都曾表示要对现实和潜在的敌人实施“先发制人”打击。美军举行“夏季脉动-04”演习提高“先发制人”战力更进一步刺激了这些国家推行“先发制人”战略的决心，这不利于亚太各国间的互信和发展。第三，美军“夏季脉动-04”演习炫耀武力将使亚太地区热点问题进一复杂化。亚太地区热点问题较多，如台湾问题、南中国海问题和朝鲜核问题等。美国对这些问题一直都多有干预，使这些问题长期得不到有效解决。这次美军举行“夏季脉动-04”演习更为这些问题的解决增添了新的变数。

（张　宁）

美开始部署导弹防御系统　2004年7月，随着美军一枚三级导弹拦截火箭安装到阿拉斯加州格林堡军事基地的发射井中，美国研发多年的导弹防御系统终于开始正式部署。美计划2004年在阿拉斯加和加利福尼亚范登堡空军基地部署10个发射井式导弹拦截器，2005年增至20个，此后陆续增加到100个。

一、美发展导弹防御系统简况

随着国际形势的变化和政府的更迭，美导弹防御系统发展曾几经沉浮。冷战时期，里根政府曾提出建立美国战略导弹防御系统，即所谓"星球大战计划"。1993年克林顿政府上台后，宣布废除里根政府的"星球大战计划"，代之以国家导弹防御系统和战区导弹防御系统。国家导弹防御系统主要用于防御远程战略导弹，以威慑中、俄，消除朝鲜等"无赖国家"对美本土的核威胁。在亚太地区建立战区导弹防御系统则主要是对付中、朝对驻亚太美军及其"盟友"的常规导弹威胁。但由于技术不成熟和国际社会的强烈反对，克林顿政府不得不于2000年9月宣布暂不部署"国家导弹防御系统"。布什政府上台后，将导弹防御系统作为美国防建设的重中之重，大力加快研发步伐，并明确提出不再区分国家导弹防御系统和战区导弹防御系统，建立空天一体、多重保护的导弹防御系统。

二、美发展和正式部署导弹防御系统的目的

布什政府在技术条件尚不成熟的情况下和国际社会的强烈反对声中坚持发展和急于部署导弹防御系统的目的在于：

（一）追求战略上的绝对优势。冷战结束后，美国成为世界上唯一超级大国，它倚仗其雄厚的经济、军事实力，极力推行全球霸权战略，谋求建立美国主导的世界新秩序。美国坚持发展和急于部署导弹防御系统，根本目的就是想建立攻防兼备的战略优势，维护美国的一超独霸地位。近年来，世界多极化的加速发展对美国独霸全球的单极世界梦想构成挑战，对美全球利益形成威胁。因此，布什政府认为，只有加速发展和部署导弹防御系统，保持攻防兼备的战略优势，才能确保美国"绝对安全"和巩固美国的"全球领导地位"。而且认为，现在正值"战略间歇期"，短期内还没有任何国家能挑战美国的地位，美必须充分利用这个难得的机遇抢占21世纪战略制高点。否则，在2015年后，中国、俄罗斯等国就有可能会对美国构成全球性和地区性挑战。特别是俄罗斯，作为苏联的继承国，它尽管国力暂时不振，但其拥有强大的军事力量和可怕的核武库，仍是美安全的最大威胁。美国执意发展导弹防御系统，说穿了矛头就是指向中、俄。

（二）推动军事变革发展。美国发展导弹防御系统是其军事变革和军队转型、打造信息化新型军队的重要组成部分。导弹防御系统的研发涉及到信息、航空航天、火箭、制导等高技术领域的方方面面，美可通过发展导弹防御系统大大加快在许多关键技术领域的突破，始终保持军事高科技方面的优势地位。导弹防御系统是一个包括陆海空天的多种武器系统，它的研制成功将大大提高美军武器装备的信息化程度，增强其战略预警、指挥控制、快速反应、精确打击和全维防护能力，扩大与其他国家在武器装备方面的"代差"。

（三）摆脱政治上的被动局面。2004年美国总统换届选举，能否谋求连任是布什总统面临的最大难题。布什执政3年多在内政和经济方面并无多大作为，只是在反恐和安全方面得了不少分，阿富汗战争和伊拉克战争曾一度使其在国内的支持率大幅提升。但好景不长，美国在伊拉克深陷战争泥潭使布什得到的分很快丢失，竞选对手借此大做文章，布什支持率一度急剧下降。为扭转被动局面和转移人们对伊拉克局势关注，避免重道其老父"赢了战争丢了总统宝座"的覆辙，布什在用尽各种招数之后便想到部署导弹防御系统。

三、美发展和部署导弹防御系统的影响

美国发展和部署导弹防御系统的影响主要表现在以下三个方面：

（一）破坏国际战略稳定。冷战期间，美苏双方为争夺战略优势拼命发展核武器，并最终达成核均势。此后双方在保持核均势的基础上确定了"相互确保摧毁"的核安全理论。实际上，"相互确保摧毁"的结果是"相互确保生存"，客观上在核阴影下保持了世界的总体和平与稳定。冷战结束后，世界战略格局发生巨变，美国成为唯一超级大国，但战略形势还保持着基本稳定，其重要原因就是美俄间的战略核力量还保持着相对均势。美国企图通过发展和部署导弹防御系统，打破业已存在的国际战略平衡。美国将仗着其攻防兼备的绝对优势，在世界范围内毫无顾忌地推行美国式"民主"，野蛮干涉别国内政，在国际事务中蛮横推行其强权政治和霸权主义。目前业已存在的国际协作机制将受到严重威胁，世界大多数国家所主张和倡导的多极世界格局也将面临严峻挑战。

（二）引发新的军备竞赛。美国执意发展和部署导弹防御系统，将破坏现有的国际核安全机制，引发新一轮军备竞赛。《全面禁止核试验条约》、《不扩散核武器条约》等的落实将会大打折扣。其他有核国家将会加紧发展新型核武器及其运载工具，甚至仿效美国发展导弹防御系统。俄罗斯就已在大力发展多弹头弹道导弹，同时抓紧研发反导和太空技术，以提高与美抗衡的能力。无核国家则会想方设法发展和获取核武器。目前世界上除了5个核国家及印度、巴基斯坦外，有核能力的国家多达40多个，其中一些国家正在暗中为研发核武器做努力。美国发展和部署导弹防御系统大大增加了国际核扩散的危险性，世界将再次面临核恐怖的严重威胁。美国发展和部署导弹防御系统还将严重动摇国际社会对军备控制的信心，各国将会更多用实力说话，而不是依赖国际条约和国际规范来防范对其安全的威胁。

（三）危害我国家安全。在亚太地区，美国积极帮助台湾和日本等发展导弹防御系统，将严重破坏该地区稳定和我国家安全。美国将台湾纳入导弹御系统不仅对我国家主权构成严重侵犯，而且促使受美国庇护的“台独”势力更加有恃无恐，在分裂的道路上越走越远，增加了我解决台湾问题的难度。美国将日本纳入导弹防御系统，必将使日本加速走向军事大国，导致军国主义愈发膨胀，从而威胁我国家安全。

（张 宁）

美军调整太平洋地区军事部署 美国总统布什2004年8月16日宣布，将对美全球军事部署进行全面调整。美军调整太平洋地区军事部署是全球军事部署调整的重要组成部分，主要情况如下：

一、部署调整的基本构想

美军太平洋地区军事部署调整的基本构想是：压缩规模，固北扩南，增加指挥机构，重塑基地体系，加强要害地区军事存在，提高美军的机动和快速反应能力，“应对包括恐怖主义威胁在内的多元挑战”，遏制潜在战略对手。调整完成后，驻西太平洋地区美军兵力为7万，规模首次超过驻欧美军，部署重心南移，强化关岛的战略地位，重返东南亚，西太平洋地区的基地网络进一步完善，战斗力提升。

（一）重组驻东北亚美军。驻韩美军现有兵力3.7万人，主要部队有陆军1个集团军司令部、1个步兵师，空军1个航空队司令部、2个战斗机联队。依据调整计划，2008年底前，驻韩美陆军1.25万人将撤回本土，作战部队减至1个旅；将驻汉城的大部分美军和部署在军事分界线附近的部队后撤至汉江以南，在乌山-平泽、大邱-釜山重新部署，形成两个新的基地群。在削减兵员的同时，通过保留关键部队、增派新部队、预置作战物资和改进武器装备等措施提高战斗力，确保对朝威慑力。驻日美军现有兵力约4.8万人，主要部队有1个航空队、1个陆战队远征部队和1个作战舰队。根据调整计划，美陆军将把第1军司令部从华盛顿州刘易斯堡迁往日本座间兵营，组建1个新的中将级的战役运用司令部；空军将驻日本横田的第5航空队与驻关岛的第13航空队合并；陆战队将从冲绳撤出4790人，2600人调往日本本州富士和座间兵营以及北海道矢臼别演习场等地，1000人调往韩国，1190人调往菲律宾。美还考虑在日本座间兵营成立东北亚司令部，隶属美太平洋总部。

（二）加强在关岛的军事实力。驻关岛美军现有约4000人，部署着2艘洛杉矶级核潜艇、1艘潜艇供应舰、1艘战斗补给舰、6架B-52型轰炸机和64枚AGM-86型空射巡航导弹。美军计划在关岛配备5艘核动力攻击潜艇（现已进驻2艘）、12架B-52型轰炸机、48架F/A-22型隐形战斗机、12架KC-135型加油机以及“全球鹰”无人侦察机、C-17运输机、两栖攻击舰。美军还计划在关岛或夏威夷部署1艘航母。

（三）加强在东南亚地区的军事存在。美军已正式将新加坡樟宜海军基地作为继马来西亚巴生港后其航母在南海周边地区的第二个补给基地，并已与新加坡、马来西亚、印尼、文莱、泰国和菲律宾等国签署了有关基地使用和军事准入权的新协议。美还计划在澳大利亚北部建立空军基地，企图在马六甲海峡保持长期军事存在，图谋重返越南金兰湾。

二、部署调整的目的

美调整太平洋地区军事部署是经过长时间精心谋划、论证与准备的，旨在遏制主要威胁，塑造对美有利的安全环境，确保称霸全球战略目标的实现。

（一）美太平洋地区军事部署调整是美实现称霸全球战略目标的重大举措。布什政府认为，在亚太尤其是“东亚濒海地区”，美国及盟友的安全受到“正在崛起的地区大国”和一些寻求获得核生化武器国家的威胁，美全球霸主地位正在受到挑战。美现有军事部署已不适应变化了的国际安全环境，无法应对威胁和挑战，必须加以调整。

（二）美太平洋地区军事部署调整是“先发制人”战略思想的具体体现。布什政府为适应新世纪国际安全形势的变化，对美军事战略进行重大调整，提出“先发制人”战略指导思想。而目前海外军事部署过于集中，不适应实施“先发制人”战略要求，必须将其调整为能“应对任何地区任何挑战”的部署态势。

（三）美太平洋地区军事部署调整是美军全面转型的需要。布什政府执政后，对军队实施全面转型，目的是建设一支能有效应对各种威胁的全能军队，突出强调全球作战和快速反应。2004年4月，美国防部长拉姆斯菲尔德提出了“10-30-30”的部队建设要求，即美军必须能在10天内部署到全球任何地点，30天内打赢一场战争，再用30天完成重组投入另一战场。为达此目标，美军着力提高部队远程作战、快速反应和强行进入能力。能力的全面提升将使美军不必再像冷战时期那样在西太保持大量驻军和过多的大型基地。

（四）美太平洋地区军事部署调整是构建美与盟国新型关系的手段。冷战结束后，美与一些传统盟国关系出现微妙变化，加之美海外驻军经常惹事生非，激起驻在国人民强烈的反美情绪。在日本、韩国都发生过针对美驻军的大规模示威游行和抗议活动，要求美军撤出。美希望通过对驻日、韩美军的调整平息两国民众的不满，从而与两国构建新型同盟关系。

三、部署调整的影响

（一）对亚太地区安全形势的影响。美此次军事部署调整对亚太地区安全形势的影响主要表现在两个方面：一是增强美对亚太地区的战略控制力。美国调整太平洋地区军事部署，打造关岛战略中枢，使其控制朝鲜半岛、台湾海峡、南海等“潜在纷争区”及东南亚的能力大为提升。二是助长美军事冒险性。美加强在西太地区的军事存在，塑造对其有利的战略环境，提高了其军事介入能力。一旦需要，美军就可把作战反应时间从以往的几个月缩短到几天甚至几小时，这将降低其利用军事手段处理国际和地区事务的“门槛”。

（二）对我安全的影响。美兵力部署调整完成后，在军事上将加大对我的压力，增大我解决台湾问题的困难。

（张　宁）

美国加强与中国台湾的军事关系　2004年美国继续加强与中国台湾的军事关系，推动对台军售，密切与台军事合作。具体情况如下：

一、美高层积极推动对台军售

针对台湾提出购买武器的要求，一些美政府官员及国会予以积极支持，并采取相关行动，积极推动对台军售。

（一）为台湾扩大对美军购力度提供便利。6月2日，台湾“行政院”通过“重大军事采购条例”及“重大军事采购特别预算案”，用于采购美国武器装备，总额为6108亿新台币。拟采购的武器主要包括被认为“在反潜和导弹防御系统中能起关键作用”的神盾驱逐舰、6套“爱国者3”型导弹系统及约400枚导弹、12架P-3C反潜机、8艘柴油动力潜艇等。为进一步了解拟购武器的性能，6月17日，台湾“立法院长”王金平率军购考察团访美。考察团访美期间，美军方给予了积极接待。20日，考查团前往夏威夷美军太平洋总部，会见美军太平洋总部司令法戈，听取美方关于“亚太安全情势”简报，参观停靠在珍珠港的神盾驱逐舰。21日，前往美五角大楼，会晤美国国防部副部长沃尔福威茨，听取关于美“爱国者3”型导弹防御系统等武器的介绍。22日，在沃尔福威茨陪同下，参观美潜艇和反潜机。美方接待规格之高，自1979年以来实属罕见。此外，台湾“国防部”还制定了“国军10年建军计划”，计划今后逐步加大军购力度，所采购项目包括用于“资电先导、制空、制海、地面防卫”的武器装备，总价值将超过1万亿新台币。

（二）为扩大对台军售制造舆论。5月28日，美国国防部发表《2004年度中国军事力量年度报告》，称“中国近年在有计划地扩张‘侵略性军备’，军队正在发展新武器”。5月底，美国会参议院举行“中国军事现代化”听证会。出席听证会的美国防部官员称，近年中国大力发展具有远程作战能力的军事力量以及用于军事侦察和空间作战的航天技术，显示中国决心要在各个领域与美国“抗衡”，散布“中国威胁论”。6月21日，美国防部副部长沃尔福威茨在会见台湾军购考察团时称，为应对中国大陆的威胁，台湾需要购买武器装备。为进一步推动美扩大对台军售，沃尔福威茨还反对台湾“潜艇自造”政策，指责上述想法是“错误的”。7月15日，美国国会众议院通过所谓“重申《与台湾关系法》的承诺”的两院共同决议案，继续以《与台湾关系法》作为美对台政策的依据。由于台湾“行政院”提出军购案在“立法院”没有获得通过，10月5日，美国防部负责亚太安全事务的副部长助理查德·劳利斯发表讲话称，如果2004年年底军购案不能获得批准，将会给美国和台湾带来“严重后果”。10月8日，美国会参众两院通过了《2005财政年度国防授权法案》，法案中提出要大幅提升美台军事交流级别，允许美访台军事人员的级别可提升至将军级、文职人员可提升到副助理国防部长以上。法案还要求继续禁止美国公司向中国大陆出售军民两用的敏感技术和装备。此外，10月，在美国亚利桑那州举行的“美台防务工业会议”上，劳利斯敦促台湾早日通过对美军购特别预算案。

（三）继续对台出售武器。3月31日，美国国防部向国会提交报告，计划向台湾出售2套可用于弹道导弹防御的超高频预警雷达，包括通讯设施、雷达和导弹预警中心的设施，以及相关训练、零部件等，总价值为17.76亿美元。上述武器装备装备台军后，将大大提升台军的预警、情报和监视能力。此外，根据美台所达成的有关协议，美继续对台出售包括导弹、舰艇、陆军两栖战车以及飞机在内的先进武器。

二、美继续加强与台湾的军事合作

除积极推动对台军售外，美国还进一步加强与台湾的军事合作。

（一）加强对台军事交流与合作。3月初，美台军方在台北会晤，决定在2006年举行联合军事演习，这将是1979年以来美台首次举行联合军事演习。6月14日，美国举行“夏季脉动”军事演习。台军方派出部分“驻外武官”、校级军官以及在美受训的军官“观摩演习”，并根据不同级别分配至演习的不同岗位，参与作战情报处理、后勤保障、协同指挥和通讯联系等。台湾举行的“汉光20”军事演习首次使用美军的联合战区电脑模拟系统。美军太平洋总部前司令布莱尔率60多名军事专家赴台观摩“汉光20”演习，不仅对演习想定部分进行了详细了解，还对台军的作战计划、战法战术、指挥控制等核心内容提出“建设性意见”。6月17日，台湾“立法院长”王金平率军购考察团赴美，除考察重大军事采购项目外，还频繁与美军方、政府高层官员进行接触。7月，美国国防部长办公室亚太事务主管约翰·艾伦准将赴台访问。此外，美台还在军事情报信息方面加强了合作。

（二）对台提供军事技术支持。5月21日，台湾“中华卫星二号”在美国加利福尼亚范登堡空军基地发射升空。这是台湾第一颗自主遥测卫星，具有倾斜摄像能力，每天飞临中国大陆和台海地区上空2次，拍摄范围100公里，最低距地280公里，可拍摄直径2公尺的地面物体，可有效监控中国大陆的军事基地、地面部队以及重要民用设施，这也是美国针对中国大陆的军事卫星网路中的新的一环。

（三）允许台参与美军高新技术的研发。在提供7500万美元的资金后，台湾被允许参与美国的JSF（联合打击战斗机）项目研发。JSF是美军为满足21世纪作战环境而设计的一种多用途作战飞机，台湾军方认为，未来一旦台湾的机场被摧毁，台军飞机必须在高速公路上升落，因此具有隐形能力的新一代JSF战机是台湾空军的最佳选择。

对于美提升美台关系、继续对台军售的做法，中国表明了坚决反对的态度。7月17日，中国外交部发言人章启月在答记者问时表示，中国坚决反对美国会通过的重申《与台湾关系法》的决议案，并已就此向美方提出严正交涉。该议案颠倒黑白，无中生有地捏造所谓中国军事威胁，鼓吹增加对台军售和提升美台军事关系，不仅将危害台海地区和平稳定，破坏中美关系，最终也将损害美国自身利益。10月9日，中国外交部发言人孔泉在答记者问时表示，中方对美台举行所谓“美台防务工业会议”表示强烈愤慨，并已向美提出严正交涉。孔泉表示，美台举行上述会议以及有关人员的言论严重违反美国政府及其领导人多次重申的坚持一个中国政策、遵守中美三个联合公报、反对“台独”的承诺，助长“台独”势力的冒险活动，对台海地区的和平稳定极其有害。10月8日，美国会参众两院通过涉台问题的《2005财政年度国防授权法案》后，中国驻美大使杨洁篪致函美国会表示抗议。

（赵富春）

美俄在军事领域不断交锋　2004年，美国和俄罗斯军事关系仍处于“非敌非友”和转型定位过程中。尽管美俄合作与协调的一面依然存在，但由于双方的战略性与结构性矛盾难以弥合，因而在军事领域不断交锋。

一、在战略力量及核领域的竞争不断强化

冷战结束后，俄罗斯总体军事力量已不足以和美国相抗衡，但仍掌握着令美无法轻视的军事力量，尤其是俄核力量被美视为心腹大患。为防俄再次崛起挑战美霸权，美一直采取种种手段削弱俄战略力量。2004年，美继续加紧研究和部署导弹防御系统，将俄列入战略核打击的黑名单，同时酝酿恢复核试验、以“防扩散”为名力图阻挠其他国家的核开发，控制全球核原料生产与流通，以全面巩固并进一步强化对俄核优势。8月6日，美与丹麦及其所属的格陵兰签署一项协议，决定更新改造美国驻格陵兰军事基地的雷达设备，为美国正式启动导弹防御计划提供必要支持。同时，美还与新加入北约的罗马尼亚、保加利亚等国进行谈判，考虑在距离俄边境不远的东欧地区部署导弹防御系统。

美国的上述做法让俄罗斯十分不满，俄罗斯采取了一系列针锋相对的回应措施：一是对美扩展导弹防御系统的部署范围表示反对。8月9日，俄外交部发表声明称：美国和丹麦签署的协议实际上为美国对格陵

兰岛雷达站进行现代化改造，以便将该雷达站用于美国导弹防御系统开辟了道路。这在客观上已损害俄罗斯的潜在安全，俄将密切关注事态发展，并保留采取一切必要措施维护本国安全的权利。二是继续发展本国核力量以维护美俄战略均衡。俄罗斯总统普京5月发表国情咨文时说，实现俄军队现代化是他第二任期首要任务之一，俄要确保本国不受任何形式的外来军事、政治压力，不受潜在的外部侵略威胁，必须实现武装力量现代化，包括用最先进的武器装备战略核部队。11月17日，普京在俄武装力量领导人会议上强调，俄今后将坚定不移地进行武装力量与核力量建设，俄武装力量今后几年将装备其他核大国所没有的新型核导弹系统。10月1日，俄国防部长伊万诺夫宣布，俄国防部将于2005年为战略导弹部队采购4枚洲际弹道导弹，以便与美国保持核均衡。三是举行威慑性战略力量演习和导弹发射试验。2月10日起，俄军举行了自1982年以来规模最大的战略核力量和常规部队联合军事演习，演习的主要目的是演练战略核力量和常规力量的指挥能力，以应对俄国家安全面临的军事威胁和挑战。12月22日，俄战略导弹部队自1991年以来第一次从常驻地试射了1枚RS-20B型（美国称为SS-18型）洲际弹道导弹，准确击中预定目标。此次试射的目的是为了检验其飞行技术性能。12月24日，俄罗斯战略导弹部队从普列谢茨克航天发射场成功试射1枚具有很强突防能力的机动式“白杨-M”型洲际弹道导弹，准确命中位于俄远东勘察加半岛库拉试验场上的预定目标。俄国防部长伊万诺夫同日宣布，这种机动式“白杨-M”型导弹的试射工作已经完成，将于2005年开始装备俄战略导弹部队。

二、对独联体及东欧地区控制权的争夺趋于激烈

美为继续压缩俄战略安全空间，达到抑俄、弱俄目的，不断发展与独联体及东欧国家的军事关系，试图将其纳入美国势力范围。针对美国的战略挤压，俄采取对应措施以巩固自己“后院”。

在波罗的海三国及东欧地区。2004年4月和5月，北约和欧盟分别东扩，前苏联集团内的东欧和波罗的海国家纷纷加入北约和欧盟，使俄地缘战略空间急剧缩小。特别是，美国以调整军事部署为名，计划将驻德美军转移到波兰和罗马尼亚等国，北约也陆续在波罗的海和东欧国家建立军事基地，遭到俄方强烈反对。俄国防部长伊万诺夫公开表示，俄对美可能在东欧国家建立军事基地的计划表示不安。北约任何军事设施向俄边界的移动都不能不引起俄方的反应和不安。

在乌克兰。美俄的争夺趋于白热化。作为中东欧地区的大国，乌克兰被视为北约东扩的下一个重要目标，其政策取向对美俄之间的力量对比具有不可忽视的影响。4月，在美国的支持下，乌总统和议会签署文件，规定在“实现北约共同政策”的情况下，允许北约部队进入乌领土。11月，乌克兰举行总统选举，为保住在乌的战略利益和传统影响，俄大力支持亲俄的乌总理亚努科维奇出任总统。但美与欧盟联手，在背后扶持主张疏俄亲西方的乌反对派领导人尤先科通过“橙色革命”上台执政。尤先科执政后，使俄在战略上十分被动。

在外高加索地区。美继续加强与格鲁吉亚、阿塞拜疆和亚美尼亚在安全和军事方面的合作，企图进一步清除俄在该地区的军事力量和影响。1月初，俄罗斯和格鲁吉亚围绕撤除俄驻格军事基地问题发生激烈争执。格新当选总统萨卡什维利指出，美国是格鲁吉亚“安全的基本保障”，全面解决与俄关系中的撤除军事基地问题，是格发展和加强与美国及西方国家关系的重要前提条件。而美借机向格鲁吉亚派出军事顾问团，在撤除俄驻格军事基地问题上积极支持格方，并许诺为俄军事基地的撤除提供资助。4月，北约又与格鲁吉亚讨论了格加入北约问题。同时，美继续酝酿在阿塞拜疆建立军事基地事宜。

在中亚地区。美俄竞争与争夺也更加激烈。美向哈萨克提供了多方面军事援助，帮助哈组建了里海舰队，并投巨资支持哈的防空系统现代化建设。哈则为美反恐开放了两个机场。在吉尔吉斯，美俄先后在马纳斯国际机场和坎特机场设立了空军基地，双方相互监视。乌兹别克拒绝参加独联体的任何多边安全机构和军事活动，但却十分重视同美国的军事合作，将本国的两个机场提供给美军使用，驻乌美军一直不肯撤走。但俄巩固了在塔吉克的军事存在，在守卫塔阿边境的俄第201师基础上建立了俄驻塔永久性基地。

三、在车臣反恐问题上摩擦不断

长期以来，西方国家一直指责俄在车臣的军事行动违反人权。“9·11”事件后，俄积极支持美对阿富汗塔利班实施军事打击，并希望美国等西方国家改变在车臣问题上的立场。但西方国家仍对俄罗斯的车臣政策持保留态度，并一再要求俄政府通过“政治对话”解决车臣问题。俄罗斯认为，西方国家在反恐问题上的双重标准在客观上助长了车臣恐怖分子的嚣张气焰。2004年8月，美国波士顿移民法院为“车臣前外长”阿赫马多夫提供政治避难的决定生效，由美国国会资助的国家民主基金也授予阿赫马多夫“国家民主基金

奖”。对此，俄外交部8月6日称，俄方多次要求美方引渡阿赫马多夫这名被俄护法机关通缉的国际恐怖分子，但遗憾的是美国最终无视俄方的要求。美国为阿赫马多夫提供政治避难，表明其在反恐问题上明显实行双重标准，完全不符合俄美伙伴关系的精神，与俄美两国共同反对国际恐怖主义的任务不相称。9月1日，车臣分离主义分子发动震惊世界的“别斯兰惨案”后，美国务院发言人鲍彻又发表声明，表示不排除美与同俄政府持不同立场的一些车臣政治人士进行接触。俄外交部发言人9月8日发表讲话，谴责美国打算继续与车臣恐怖分子进行接触，称俄不能不对美国的这种态度表示关注。俄外交部长拉夫罗夫也表示，鲍彻的讲话是不合时宜的，美国这样的态度无助于俄美关系的发展和反恐联盟的团结。

四、继续在伊拉克及伊朗核问题上较量

在伊拉克问题上。俄不断重申不会向伊拉克派兵，并对美向伊临时政府移交“有限主权”表示不解，主张让联合国安理会和伊拉克邻国参与伊新政府的组建进程。同时，俄主张美国应该彻底澄清伊拉克有否拥有大规模杀伤性武器问题。10月10日，伊拉克临时政府向国际原子能机构通报，存放在巴格达南部一个军事设施内的约380吨高爆炸药丢失。此后，美国防部副部长助理约翰·肖在接受《华盛顿时报》采访时说，在美国对伊发动战争的前几周，俄军人从伊拉克运走了数百吨炸药。美一些媒体也认为俄罗斯军事专家涉嫌伊拉克军火库几百吨炸药丢失事件。10月29日，俄国防部官员召见美国驻俄罗斯大使馆武官，向美方提出强烈抗议，并驳斥了美媒体的有关报道。

在伊朗核问题上。美国一直指责俄罗斯与伊朗在布什尔核电站项目上的核能合作。但俄方表示，核电站建造是为了民用并受到国际监督，不会造成核扩散。12月17日，俄伊政府间经贸合作常设委员会举行会议，决定俄伊双方将研究在俄专家帮助下建设布什尔核电站第2台机组的问题。会议还决定，俄伊双方将探讨让俄罗斯与一些欧洲国家共同参与伊朗另外6个至7个核电机组建设的问题。俄原子能署署长鲁缅采夫表示，除了伊朗布什尔核电站第1台机组建设之外，俄可能将参与伊朗更多的核电机组建设。有关布什尔核电站第1台机组核废料返还俄罗斯的附加议定书已拟好。根据俄伊政府间协议，俄方为布什尔核电站第一台机组提供的核燃料也已准备好，并将运往伊朗。

（吴　炯）

秘鲁与智利发生海疆纠纷　2004年7月，秘鲁向智利提出重新划分海疆问题，遭智利拒绝。8月初，两国相继举行针对对方的军事演习，双方关系日趋紧张。此后，两国虽同意通过外交途径解决海疆划分争端，但智利仍不同意就海疆划界问题重开谈判，而秘鲁表示将把该问题提交海牙国际法庭裁决。

秘鲁与智利一直在两国交界处约3万平方公里海域的海疆划分问题上存在矛盾。秘鲁政府主张两国通过外交谈判来解决海疆重新划界问题。智利政府则坚持认为“两国海疆线早已确定”，主张维持现状，不愿重启谈判。双方互不相让。2004年7月，秘鲁利用玻利维亚向智利提出出海口主权要求的时机，再次向智利提出重新划分两国海疆问题。这一提议立即遭到智利政府的拒绝。两国矛盾逐渐升温，关系日渐紧张。

8月5日，智利在其北部靠近秘鲁边境的伊基克沙漠地区举行代号为“战争游戏”的大规模军事演习。演习以秘鲁支持玻利维亚为争夺出海口而入侵智利北部为假想前提，动用了包括最先进的“豹”式坦克在内的大批进攻性武器装备。

智利举行军事演习立即引起秘鲁政府的强烈不满。8月5日智利军演开始后，秘鲁国防部当天就对这次军事演习表示“密切关注”，指责演习是针对秘鲁的“军事挑衅”。秘鲁外交部也在同天发表声明称，智利举行此次“不合时宜的”军事演习令秘鲁“感到不可理解和不安”。

8月6日，智利总统拉戈斯对秘方表态做出反应。他向智利媒体发表讲话称：秘鲁不应把智利军队的演习视为军事挑衅。将智利陆军的演习说成是针对秘鲁提出的重新划分海疆的要求是失实的。因为此次军事演习是2004年年初就确定下来的，不是针对秘鲁的军事挑衅行为。秘鲁向智利提出重新划定领海的要求是为将国内民众对秘政府的不满情绪转移到反智利的民族情绪上，其目的是为了分散民众和舆论注意力。

8月6日，就在智利陆军的演习结束24小时后，秘鲁空军的两架“幻影”战斗机在边境城市塔克纳地区进行了超低空飞行演练，给当地居民带来恐慌，误以为秘鲁和智利两国开战。智利则将秘鲁空军的这一举动视为对智利军事演习的回应。

在秘鲁、智利两国为军事演习互相指责之时，8月上旬，智利一名议员又向媒体公布了秘鲁南部阿雷基帕省境内拉洛亚空军基地的卫星照片。照片显示该空军基地近期加建了跑道，并新增了数架战机，似乎有备战的迹象。智利政府要求秘鲁政府对此作出解释，而秘鲁政府则指责智利对其军事目标进行间谍侦察活动。

在秘鲁和智利两国关系日趋紧张之时，8月8日，秘鲁外交部长罗德里格斯与智利外长索莱达互通电话，双方表示两国应为推动发展稳定的双边关系和建立对话机制而共同努力。两国外长初步商定将尽快举行会晤，以缓解两国的紧张关系。罗德里格斯表示，两国的领海纠纷属于国与国之间的问题，应通过外交途径加以解决。他呼吁两国的政界人士和媒体保持冷静，不要在秘智关系问题上火上浇油。8月9日，秘鲁总理费雷罗发表讲话指出，对秘鲁来说，真正的战争是对贫穷和腐败的斗争，与所有邻国和睦相处、实现共同发展是秘鲁政府对外关系中的一贯政策。秘鲁与智利的海疆之争应该通过对话或国际法庭仲裁加以解决。

9月8日，秘鲁外长罗德里格斯向智利发出最后通牒，限定智利在60天内通过外交途径来解决两国海疆划分问题，否则就将此案提交国际法庭裁决。罗德里格斯称，秘鲁与智利的海疆之争应该通过对话或国际法庭仲裁尽快加以解决，否则就会出现更大的问题。不过，尽管秘鲁与智利之间存在领海纠纷问题，目前两国关系仍处在良好时期，希望不要因此而受到影响。对于秘鲁的最后通牒，智利政府依然表示：两国的海疆早在半个世纪前就已经划定，智利不可能同意就已经解决了的问题重开谈判。在此情况下，9月12日，秘鲁外交部发表新闻公报称，鉴于智利已拒绝秘鲁提出的有关通过谈判来解决两国海疆划分问题的要求，通过直接谈判解决两国海疆划分问题的可能性已不复存在。因此，秘鲁将根据国际法准则，把此案提交国际法庭裁决，除非智利改变目前所持的立场。

9月23日，正在纽约参加第59届联大的秘鲁总统托莱多与智利总统拉戈斯举行会晤。托莱多在会晤中提出通过外交途径解决两国海疆争端的建议，拉戈斯接受了这一建议。这是双方做出某些让步的结果。但此后秘鲁所期待的重划海疆谈判并未举行。10月26日，秘鲁外交部长罗德里格斯又向新闻媒体表示，秘鲁现已做好了司法准备，将秘鲁与智利的海疆划分问题提交海牙国际法庭裁决。罗德里格斯称，秘鲁与智利的海疆之争本应该通过直接的外交谈判来解决，但秘鲁在这方面已经尽了最大努力。除非出现重大转机，秘鲁不得不将这一纠纷提交国际法庭解决。

（吴 炯）

哥伦比亚政府与反政府武装冲突不断

2004年，以“哥伦比亚革命武装力量”（简称“革命武装力量”）为代表的反政府武装与哥伦比亚政府间的冲突依然激烈。由于双方力量大体相当，哥政府难以彻底剿灭反政府武装，哥国内和平进程任重而道远。

一、反政府武装不断挑起事端

（一）以南部热带丛林地带为据点不断袭击哥政府军和警察。3月28日，“革命武装力量”出动6个支队数百名游击队员突袭政府军陆军第4师，并企图攻占南部梅塔省的3个城镇。双方在热带丛林地区发生激战。战斗中，政府粉碎了游击队的多次攻势，并击沉游击队3艘快艇、击毁2辆运兵车。9名反政府游击队员和两名政府军士兵在战斗中丧生。战斗结束后反政府武装分子逃往附近热带丛林。7月22日，“革命武装力量”发动第二次大规模反政府武装行动，在西南部普图马约省袭击政府军，打死13人，打伤10人。8月2日夜，“革命武装力量”又在考卡山谷省里奥弗里奥一个农庄突袭6名警察，并在途中阻击前来增援的60名警察，造成9名警察死亡，6人受伤，3人失踪。8月7日，“革命武装力量”游击队在阿劳卡省萨拉维纳镇附近公路上伏击政府军巡逻队，打死5名政府军士兵，打伤10人。

（二）3次实施谋杀乌里韦总统的行动。由于乌里韦总统自2002年8月执政以来一贯主张以强硬军事手段对付反政府武装，反政府武装多次实施对乌里韦的谋杀行动。2月28日，“革命武装力量”利用乌里韦总统乘专机前往北部城市巴耶杜帕尔视察之机，在巴耶杜帕尔机场跑道旁边埋设了遥控爆炸装置，企图在总统专机降落时引爆，但被哥国家安全部门及时查获。12月16日，3名“革命武装力量”城市突击队员又在波哥大国际机场附近停车场放置了装有7公斤烈性炸药的小汽车，准备用这辆小汽车袭击乌里韦总统，又被哥国家安全人员及时发现。12月19日，哥警方又在北部加勒比海滨城市卡塔赫纳国际机场旁边的一座小屋内查获了150公斤烈性炸药、遥控引爆装置以及通讯联络器材，并抓获两名“革命武装力量”成员。据被捕者供认，他们准备在乌里韦总统前来卡塔赫纳视察时用遥控爆炸装置袭击总统专机。这几起反政府武装行刺乌里韦总统的图谋被发现后，哥国家安全部门加强了对乌里韦总统的安全警卫措施，并公开悬赏捉拿企图行刺总统的反政府武装分子。

（三）频繁制造恐怖爆炸事件以胁迫政府就范。5月下旬，“革命武装力量”为庆祝成立40周年，在哥国内一些城市频频制造炸弹袭击事件并向政府军和警察发起进攻，造成至少12人死亡、150余人受伤。5月20日上午，哥伦比亚第3大城市卡利街头连续发生3起炸弹爆炸事件。当日晚8时，哥伦比亚第二大城市麦德林市希拉多特体育场外有1枚遥控炸弹发生爆炸，造成2人当场死亡，8人受伤。几分钟后，麦德林国立大学附近又有1枚炸弹发生爆炸，造成2人丧生，10人受伤。哥军方专家根据调查判断，这些爆炸案都是“革命武装力量”所为。5月23日凌晨1时，“革命武装力量”在安迪奥基亚省阿帕尔塔多市一个迪斯科舞厅引爆定时炸弹，造成舞厅和部分相邻商店倒塌，至少5人死亡，90余人受伤。同一天，“革命武装力量”还用炸弹袭击了北部苏克雷省一条重要的输油管，泄漏的原油燃起大火，严重污染了当地生态环境。6月5日晚，哥第3大城市卡利市中心的一所警察局门前发生了一起汽车炸弹爆炸事件，造成5名平民受伤。7日，“革命武装力量”在麦德林市区一座教堂旁突然引爆一辆装有大量烈性炸药的小汽车，至少造成14人受伤。8月8日，成千上万名市民涌到麦德林市中心大道两旁观赏哥伦比亚第47届全国鲜花节的歌舞表演和花车游行。当花车游行队伍通过一座大桥时，一枚事先放置在桥上的炸弹突然爆炸，造成21人受伤。8月26日晚，恐怖分子在首都波哥大西北区引爆了1枚炸弹，在警方人员赶到爆炸现场后，恐怖分子随即引爆了第2枚装有30公斤炸药的炸弹，造成2名警官死亡，7人受伤。12月27日，“革命武装力量”在波哥大南部“千年捷运”公共汽车公司总站引爆炸弹，造成2人死亡，5名乘客受伤。

二、哥政府采取不同策略分化、瓦解、打击反政府武装

（一）分步骤和平遣散“哥伦比亚联合自卫军”。哥右翼反政府武装“哥伦比亚联合自卫军”是仅次于左翼游击队“革命武装力量”的第2大非法武装。该组织专与左翼游击队为敌，但也从事破坏、暗杀、绑架、贩毒等恐怖活动，与政府军和左翼游击队呈三足鼎立之势。乌里韦政府利用两支反政府武装间的矛盾，于2003年7月与“哥伦比亚联合自卫军”达成遣散协议。2004年，哥政府继续与该组织就落实遣散协议事宜进行谈判，取得了明显成效。6月15日，双方协商决定，为推动和谈和帮助右翼反政府武装成员重返社会，政府自7月1日起在科尔多瓦省铁拉尔塔市建立为期6个月的遣返集中区。在此期间，愿意放下武器接受遣返安排的右翼准军事武装成员，将得到政府军的安全保护，并暂时免受司法审判。哥内政部还暂时取消对参加和谈的“哥伦比亚联合自卫军”14个主要头目的通缉令。7月1日，哥政府与“哥伦比亚联合自卫军”开始举行遣返该组织成员的和平谈判。“哥伦比亚联合自卫军”总参谋长曼库索表示，该组织成员将按照与政府达成的遣返协议，放下武器重返社会，并将以合法政党身份继续存在。10月19日，双方举行新一轮谈判后正式公布了遣散时间表。11月3日，首批1462名反政府武装人员接受和平遣散。5日，第二批200人自愿放下武器。11月25日，第3批452名反政府武装成员在安蒂奥基亚省图尔沃市郊区向政府代表缴械投诚。12月10日，第4批1425名武装分子在总参谋长曼库索的率领下向政府代表缴械投诚。根据时间表，“哥伦比亚联合自卫军”将在2005年底之前全部被和平遣散。

（二）暂停清剿“哥伦比亚民族解放军”并与之进行和谈。哥左翼游击队中第二大力量“哥伦比亚民族解放军”（简称“民族解放军”）成立于1964年，拥有成员4000余人。2004年5月30日，墨西哥总统福克斯提出愿为哥政府与“民族解放军”恢复和谈进行斡旋，得到哥政府和民族解放军的积极响应。随后墨政府代表巴伦西亚分别会晤了哥政府官员和民族解放军代表，讨论双方恢复和谈的先决条件。7月8日，哥政府发表公报表示，为推动与民族解放军的和平谈判，政府愿意暂时停止对其的军事清剿行动，前提是民族解放军真正实行停火和停止袭击无辜平民。随后，哥政府高级和平官员雷斯特雷波已将双方实现停火、停止敌对的建议通报给正在调解哥武装冲突的墨西哥政府代表巴伦西亚。

（三）集中力量清剿最大反政府武装“革命武装力量”。一是追捕该组织人员。1月3日，哥伦比亚和厄瓜多尔军队在两国边境地区展开的清剿行动中抓获了该组织创始人及核心领导人帕尔梅拉·皮内达。这是近40年来被捕的哥叛军组织最高级别官员。3月28日，哥警方和国家安全人员在西南部乌伊拉省5个城市同时展开搜捕反政府武装分子行动，逮捕了50余名“革命武装力量”游击队成员及其支持者，缴获了一批武器弹药、通讯工具和宣传品。二是继续在战场上重创“革命武装力量”。2004年，哥政府军继续在南部5个省的丛林地区发动代号为“爱国者计划”的攻势，全力清剿活跃在该地区的“革命武装力量”主力部队。6月下旬，政府军在卡克塔、梅塔、瓜维亚雷三省交界丛林地带展开清剿行动，摧毁“革命武装力量”一座可容纳1500名反政府武装的大型秘密营地，缴获了40万发子弹以及大量手榴弹、迫击炮弹等。8月7日，政府军第9旅在乌伊拉省巴拉亚山区展开清剿行动，捣毁“革命武装力量”第25支队秘密营地，打死7名反政府游击队员，打伤7人，缴获一批武器弹药、粮食和通讯工具。9月初，哥军方宣布“爱国者计划”第一阶段结束。10月4日，哥军方在南部亚马孙省开始实

施“爱国者计划”第二阶段行动，继续清剿躲藏在丛林中的"革命武装力量"游击队员，并封锁所有的重要出口。据统计，哥政府军在2004年两个阶段的“爱国者计划”攻势中共击毙“革命武装力量”游击队员640名（包括7名重要头目），俘虏1380人。三是加紧清剿反政府武装城市突击队并追缴爆炸物。针对反政府武装频繁在城市制造恐怖爆炸事件，哥政府加紧清剿其“城市突击队”。6月18日，政府军在麦德林市及周边城镇展开清剿行动，逮捕了26名反政府武装“民族解放军”的城市突击队员，并缴获一批武器装备。7月29日，哥警方在波哥大展开清剿行动，抓获5名“革命武装力量”城市突击员。为从源头上消除恐怖爆炸，政府军还展开多次军事行动追缴反政府武装持有的爆炸物。5月21日，政府军在波哥大至比利亚维森西奥高速公路旁查获了“革命武装力量”城市突击队藏匿的200个炸药包和600米导火索。26日，政府军又在北部博亚卡省山区展开清剿行动中，捣毁“革命武装力量”地下军火库，缴获1013公斤烈性炸药和一些弹药。7月13日至14日，政府军第13旅在波哥大南郊展开清剿行动，查获“革命武装力量”222公斤烈性炸药，有迹象表明，反政府武装企图在7月20日哥独立日前夕用这些炸药实施一系列爆炸袭击活动。7月29日，哥警方在波哥大缴获“革命武装力量”750公斤烈性炸药和1000米导火索。哥军方统计资料显示，在上半年的清剿行动中，政府军查获反政府武装18吨炸药及大量枪支辎重。

（四）利用谈判争取人质获释。绑架人质是哥反政府武装胁迫、对抗政府的重要手段，他们仅在2003年就绑架了2000多名人质，其中包括22名外国人。2004年年初以来，“革命武装力量”多次向政府提出以被其绑架的20多名政府官员、议员，40多名军官以及3名美国承包商交换400多名正在狱中服刑的游击队员，但被哥政府拒绝。8月18日，哥政府发表公报，表示愿意释放50名被囚“革命武装力量”游击队员以换取被绑架的官员、议员和军官等人质。但遭到“革命武装力量”拒绝。此后，在国际红十字会组织和天主教会的斡旋下，哥政府和“革命武装力量”代表进行了非正式接触，同意就释放人质问题举行谈判。但双方在谈判地点、方式和人质交换条件等问题上存在严重分歧。“革命武装力量”要求将南部卡克塔省两个城市划为非军事区，作为谈判地点。而哥政府坚持在波哥大某个外国使馆或者哥天主教会所在地举行谈判，同时要求被释放的游击队员必须承诺放下武器。谈判陷入僵局。为展示诚意推进谈判，哥政府在10月5日先行释放50名被囚“革命武装力量”游击队员。但“革命武装力量”对此反应冷淡，坚持要求释放全部被关押的约400名游击队员。在此情况下，11月8日哥政府发表公报，明确拒绝“革命武装力量”在南部建立非军事区的要求，但表示“政府有关人质交换谈判的大门一直敞开着”。

三、哥伦比亚内战短期内难以结束

哥伦比亚内战已持续近40年，给国家带来深重灾难。每年有4000人死于战火，国家经济也遭受了数百亿美元的损失。据联合国难民事务高级专员公署统计，目前哥国内难民人数已达近300万，仅次于非洲的苏丹和刚果（金）。尽管乌里韦政府分化瓦解反政府武装的政策收到了一定效果，对“革命武装力量”的清剿也取得一些战果，但总体来说政府的力量并不足以压倒反政府武装，“革命武装力量”仍控制着南部40%的国土并不时发动袭击，哥国内和平进程任重而道远。

（吴　炯）

海地暴发全国动乱　2004年2月5日，海地反对派武装袭击并控制了戈纳伊夫城。此后，迅速攻占包括第2大城市海地角在内的全国多数城市和北部地区，并兵临首都太子港城下。2月29日，海地总统阿里斯蒂得被迫辞职流亡，反对派武装进入首都。3月9日，海地名人委员会任命拉托尔蒂为新总理，并组成内阁，国际维和部队也进驻海地，局势逐步稳定。

一、主要背景

海地全国动乱的暴发是该国种种矛盾长期积累的结果。1986年杜瓦利埃家族独裁统治被推翻后，海地局势一直动荡，军事政变不断发生。1990年12月，阿里斯蒂德当选为海地历史上第一位民选总统，但执政8个月后就在军事政变中被推翻。2000年底，阿里斯蒂德再次当选总统，但海地国内矛盾依旧。首先，反对派一直指控阿里斯蒂德在选举中舞弊，要求他下台。支持和反对阿里斯蒂德的两派冲突不断，无休止的党派之争使国内局势动荡不已，暴力活动频繁发生，各种犯罪活动猖獗。其次，经济停滞不前，人民生活贫困，引起民众不满。作为拉丁美洲最贫穷的国家，海地全国有80%人口生活在贫困中。阿里斯蒂德政府未能提出发展经济的有效措施，竞选时提出的关于改善人民生活的承诺也迟迟未能兑现，使民众感到失望。政府采纳国际金融组织的建议而推行的新自由主义经济模式并不适合海地国情，因而未见成效。其三，某些政策失误造成无穷后患。阿里斯蒂德第二次当选后认为军队是海地频繁发生政变的根源，因此于1995年下令解散军队，只保留了一支不足5000人的警察部队，造成严重的后遗症。这支装备落后、训练不足的警察部队无力同主要由前政府军组成的反政府武装抗衡。

二、主要经过

2004年初，由海地反对派、宗教人士、学生和商人组成的“民主论坛”联盟不断发起针对阿里斯蒂德政府的示威游行，并与海地警察部队发生冲突，有约50人在示威游行时发生的冲突中丧生。反对派步步紧逼导致海地局势持续紧张。

2月5日，反对派武装“阿蒂博尼塔革命抵抗阵线”袭击了第4大城市戈纳伊夫的警察局，并于次日攻占该市。6日，戈纳伊夫数千示威者上街要求总统阿里斯蒂德辞职，太子港也发生了反政府示威游行，示威者躲在大学校园内向警察投掷石块，并用燃烧的汽车轮胎等设置路障。此后，“阿蒂博尼塔革命抵抗阵线”很快攻占了第2大城市海地角。2月7日，另一支反对派武装“拉米克斯”又占领了圣马克市。海地政府调动警察部队企图夺回戈纳伊夫，但没有成功，“阿蒂博尼塔革命抵抗阵线”宣布在冲突中打死了14名警察，其领导人埃蒂安还宣布戈纳伊夫为“独立区”。

2月9日起，海地政府警察部队开始反攻，并于当天重新控制了圣马克市。10日，海地警察部队又收复了海地角及附近的东栋镇。但海地国内的混乱局面仍在蔓延，并逐步波及西部和北部十几个城镇，冲突造成至少42人死亡。在反对派武装与政府冲突日益升级的同时，海地反对党派联盟“民主论坛”9日在太子港举行会议，决定反对暴力和冲突，希望通过和平方式寻求民主。

2月16日，结束流亡回国的反对派领导人路易斯-若代尔·尚布兰率领“海地进步与发展阵线”约50多名武装分子占领了位于太子港西北的安什市，杀死该市警察局长、驱散警察并释放了被关押的犯人。至此，成员大部分由前海地军队人员组成的“海地进步与发展阵线”与“阿蒂博尼塔抵抗阵线”形成了海地反政府武装的两股主要势力，控制了海地北部、中部和东部的大部分地区。同时，暴力冲突升级以来，海地多个城市出现食品、能源短缺现象，并发生多起民众哄抢物品事件。海地局势面临失控。

2月16日晚，总统阿里斯蒂德宣布，警察部队已难以控制当前动乱的局面，海地政府已向美洲国家组织请求“技术性援助”。17日，阿里斯蒂德表示愿意接受美洲国家组织的警力援助，但要求该组织事先必须与海地政府签署有关确定派驻警察部队职能的协议。

2月19日，占领戈纳伊夫的“阿蒂博尼塔抵抗阵线”宣布建立名为“阿蒂博尼特”的“主权国家”，并成立“政府”，该组织领导人比特尔·梅塔耶就任“国家总统”。同天，海地总统阿里斯蒂德表示，他目前不打算辞职，并为保卫国家做好了牺牲的准备。

2月21日，以美国主管美洲事务的外交官罗杰·诺里格为首的国际代表团抵达太子港进行斡旋，并提出“和平计划”。根据该计划，阿里斯蒂德的代表、反对派代表和国际组织代表将组成一个3人委员会，由该委员会投票产生一个理事会负责任命新总理，并组建让海地各派都满意的新政府，阿里斯蒂德总统的权力被削弱，但仍将在2006年任期结束前担任总统。阿里斯蒂德在会见该代表团后宣布接受“和平计划”，以尽快结束国内政治危机。但反对派拒绝接受“和平计划”，表示该计划有很多缺陷，坚持要求阿里斯蒂德立即下台。

2月22日，反对派武装第二次攻占了第2大城市海地角，从而控制了海地整个北部地区。23日，反对派再次表示不接受“和平计划”，同时提出了自己的详细计划，坚持让阿里斯蒂德总统下台，并表示要进攻太子港。至此，海地已陷入无政府状态，局势十分混乱。

2月24日，阿里斯蒂德再次向国际社会求援，称如果不阻止反政府武装进攻太子港，将会造成上千人丧生，有大量难民涌向周边国家，造成人道主义灾难。同天阿里斯蒂德的支持者将废旧汽车等放置在海地角通往太子港的途中，并点燃多个轮胎，借此设立多条路障。但反对派武装继续发动进攻。26日反对派控制了海地第3大城市莱凯，27日又攻占了太子港东北57公里的重镇米勒巴莱，从多个方向逼近太子港，完成了对太子港的包围。28日，反对派武装宣布，应美国的要求，他们决定将进攻太子港的时间推迟一至两天。如果阿里斯蒂德总统现在辞职，反对派武装将放下武器，不再进攻。2月29日晨，海地总统阿里斯蒂德在国内反对派和一些国家的压力下，被迫签署辞职书，辞去总统职务，并前往多米尼加共和国避难。

阿里斯蒂德离开海地后，海地最高法院院长博尼费斯·亚历山大向媒体宣布，根据宪法规定，他已开始任临时总统。2月29日晚，联合国安理会举行紧急公开会议，一致通过了第1529号决议，授权立即在海地部署一支由美国领导的临时多国部队，帮助恢复海地的和平与稳定。海地反对派武装领导人菲利普也于当天宣布将停止战斗，并将进入太子港。他表示将尊重博亚历山大按照宪法规定接任临时总统。

然而阿里斯蒂德的支持者听到总统辞职的消息后感到非常愤怒，一些人纵火焚烧了太子港中心的多间房屋和一座加油站，太子港局势出现混乱，抢劫和暴力事件不断，海地局势继续恶化。临时总统亚历山大呼吁民众结束暴力活动，警告他们不要藐视法律，而应该为海地重建工作。

3月1日上午，由“解放海地全国抵抗阵线”领导人菲利普率领的70多名反对派武装士兵在没有任何抵抗的情况下抵达太子港市中心总统府前广场，并占领附近警察局。数千名太子港市民涌向广场，高呼“自由”、“阿里斯蒂德下台了”等口号，对反对派武装表示欢迎。

3月2日，反对派武装领导人菲利普宣布担任海地军事领袖，并表示将与临时总统亚历山大磋商解除武装的问题。但太子港局势仍十分混乱。3日，阿里斯蒂德的支持者和反对派在太子港发生激烈冲突，至少造成10人死亡。同天，海地总理内普蒂纳宣布在全国实行紧急状态，美国海军陆战队士兵也开始在太子港街头巡逻。

3月3日晚，菲利普宣布，反对派让阿里斯蒂德下台的目的已经达到，在国际社会保证海地安全并开始解除阿里斯蒂德支持者的武装后，反对派武装将放下武器，并停止在太子港街头巡逻。同日，海地临时总统亚历山大任命莱昂斯·夏尔为警察总监。由海地前议员保罗·德尼、联合国开发计划署驻海地负责人阿达马·金多和海地原侨务部长莱斯利·伏尔泰组成的海地三人委员会也正式成立。3月5日，三人委员会选举产生了由7人组成的“名人委员会”，其成员来自海地各界的知名人士。8日，亚历山大正式宣誓就任海地临时总统，他在就职仪式上呼吁民众保持克制，使海地社会恢复平静。9日，名人委员会任命拉托尔蒂为海地新总理，并得到了临时总统亚历山大的批准。3月11日，驻海地国际维和部队开始了收缴海地民间武器的行动，以恢复社会治安。16日，总理拉托尔蒂与临时总统亚历山大进行协商后，确定了13名海地新内阁成员名单。至此，海地全国动乱基本平息。

（吴　炯）

委内瑞拉局势走向稳定　2004年，委内瑞拉政府与反对派就是否举行决定总统查韦斯去留的全民公决问题进行反复较量，国内局势动荡不安。8月15日，委举行全民公决，查韦斯获胜，继续担任总统至任期结束，委局势逐步走向稳定。

查韦斯于1998年当选委内瑞拉总统，2000年委修宪后再度当选，任期5年。自执政以来，查韦斯积极改革旧的社会经济模式，赢得国内广大贫苦民众的支持和拥护，但也因此触犯了大资本家和大财团的利益，引起他们的强烈不满。各反对派政党、企业家组织、工会组织及部分持不同政见的军人联合起来组成了强大的反政府联盟，并于2002年发动扣押查韦斯的军事政变，但遭到了挫败。

按照2000年修订后的委内瑞拉宪法规定，在2003年8月查韦斯任期过半后的1年内，在获得足够的选民签名后，可举行决定总统去留的全民公决。因此，从2003年11月开始，反对派发起了全国征集签名活动。到2004年2月，反对派宣称共征集到340多万个签名，超过宪法规定的240万个签名。但政府指责反对派在签名活动中有舞弊行为，并要求全国选举委员会核对和清点有效签名，做出最后裁决。对此，反对派于2月27日至3月2日在首都加拉加斯连续组织抗议游行。示威群众与维持治安的警察和军队发生严重冲突，共造成10人死亡，1000多人受伤。

3月2日，委全国选举委员会正式做出裁决，认定在全部已清点的308万个签名中，有效签名仅为183万个。对此反对派极为不满，指责全国选举委员会不公正，并宣布不承认裁决结果。6日，反对派在首都再次组织有数十万人参加的反政府示威游行，要求政府立即举行全民公决，并要求委最高法院选举法庭就全国选举委员会的裁决进行判决。

在反对派及一些国外势力的压力下，委内瑞拉最高法院选举法庭3月15日通过决议，否定了全国选举委员会的裁决，支持反对派提出的举行全民公决的要求。委国内两派对选举法庭的判决反应截然不同。执政党“第五共和国运动”指出，维护国家宪法原则的最高责任机构是宪法法庭，选举法庭做出判决属于越权干预，因此宣布该判决为“非法”。反对派则对选举法庭的决定感到满意，当晚就在首都市中心举行集会进行庆祝。此后，双方继续围绕有效签名是否超过宪法规定的最低限度问题继续反复较量，委政局持续动荡。与此同时，反对派继续在全国范围征集签名。

6月3日，委内瑞拉全国选举委员会负责人豪尔赫·罗德里格斯宣布，反对派征集的公民联署签名经核查已增加到245.1万份，超过宪法规定的最低数。全国选举委员会将接受反对派的申请，于8月8日举行决定查韦斯总统去留的全民公决。消息传出后，反对派领导人、米兰达州州长恩里克·门多萨表示，委内瑞拉人民将因“不发一枪”取得胜利而被载入史册。委政府新闻部长查孔则呼吁人们保持镇静，因为反对派获得的签名比法律规定的最低门槛仅仅多出1.5万份。6

月 8 日，委全国选举委员会主席卡拉斯克罗又宣布将全民公决的时间由 8 月 8 日改为 8 月 15 日，对此委内瑞拉政府和反对派领导人都未表示异议。

此后，双方斗争的重点转向争取参加全民公决选民的支持。随着公决日益临近，委政府和反对派都进一步加强宣传攻势，旨在争取尚未决定投票意向的选民。两种政治倾向的宣传画和传单在大街小巷随处可见。双方相继在首都中心广场和主要街道组织大规模示威游行，同时也展开了声势浩大的拉票活动。8 月 8 日，数万名查韦斯的支持者走上首都街头，打出各种支持查韦斯、反对罢免其总统职务的标语，对查韦斯表示声援。查韦斯也于当天傍晚来到现场，向支持者发表讲话。

8 月 15 日，委内瑞拉如期举行了全民公决，全国 1000 多万名选民参加了投票。查韦斯总统在参加投票后发表讲话，要求委内瑞拉公民接受任何公决结果。他说，这样将有利于国家的和平与民主。

8 月 16 日凌晨，委内瑞拉全国选举委员会宣布，总统查韦斯在 15 日举行的全民公决中获胜，将继续执政至 2007 年 1 月任期结束。据宣布，在已统计的 94.49%的选票中，查韦斯获得了 499 万多张支持票，占已统计选票的 58.25%，从而战胜了反对派。当天，支持查韦斯总统的群众涌上街头，挥舞国旗，载歌载舞，燃放鞭炮，举行庆祝活动。查韦斯总统也发表讲话，感谢委内瑞拉人民的支持。

委内瑞拉全民公决的有效性也得到了国际社会的承认。8 月 17 日，联合国秘书长安南发表声明，称参加全民公决的委内瑞拉选民人数达到了前所未有的水平，充分显示了委内瑞拉人民强烈的责任感以及对民主价值的尊重。巴西、智利等拉美国家也对委内瑞拉顺利完成全民公决表示非常满意，希望委反对派尊重全民公决的结果。此后，查韦斯政府与反对派持续大半年的激烈角逐暂告一段落，委局势逐步走向稳定。

（吴　炯）

澳大利亚加强军队建设　2004 年，澳大利亚继续实施十年（2000 至 2010 年）武装力量建设计划，大力加强军队建设。

一、大幅增加军费开支

2 月初，澳政府公布了在未来 10 年把军费开支增加到 395 亿美元的计划。2006 年是计划中开支最多的年份，届时军费开支达到 150 亿美元，比 2004 年的 75 亿美元高出一倍。新增军费中的 167.5 亿美元将用于改善武器装备。澳国防部长罗伯特·希尔称这一计划是澳国防力量的“大飞跃”。英国《卫报》认为，该计划列出的开支没有包含澳参与美导弹防御系统的费用，如果加上这项费用，澳军费开支到 2014 年可能增加到 489 亿美元。

二、大力扩充兵力

近年来，澳陆军组建了包括步兵、炮兵、装甲兵和工程兵在内的旅级特混部队；将部分步兵营改编为突击营，以“应付来自北方的威胁”。2004 年 12 月 8 日，英国《简氏防务周刊》透露，澳陆军第 1 旅（驻澳北部地区达尔文市）将组建第 2 个机械化步兵营；同时，澳将把 4 个轻步兵营改组为轻型机械化部队。到 2010 年，澳陆军总兵力将由 2004 年的 5.15 万人扩充至 5.4 万人，其中快速机动部队由 4 个营增至 6 个营，共 6000 人，新建的 2 个营将分别部署在悉尼和布里斯班。澳空军将在 2010 年前组建一支由 1000 人组成的防空中队，以保障从空中对陆军进行战斗支援，届时空军总兵力将达到 1.5 万人。

三、积极改善武器装备

澳通过购买、改造等途径改善武器装备。一是大力采购先进武器装备。澳陆军从外国购买了大批步兵战车、武装直升机等。澳海军购买了大批新式反潜鱼雷、反舰导弹和舰载直升机；计划从美国购买 3 艘装备有 SM-3 导弹的防空驱逐舰，这种导弹能够在大气层以外击中以每秒 3.7 公里速度飞行的洲际弹道导弹；还拟采购 6 艘护卫舰和数艘潜艇。澳空军购买了一批战斗机、空中加油机和军用运输机；将在 2007 年至 2009 年斥资 3.2 亿美元从美国或欧洲购买射程 400 公里的远程巡航导弹，并安装在 F/A-18 大黄蜂战斗攻击机和 AP-3C 海上攻击巡逻机上，使其成为本地区拥有“最致命的空中打击力量”；还将在 2014 年前花费 160 亿美元购买战斗机、海上巡逻机和无人侦察机。二是改进现有武器装备。澳陆军对所有 M113 型装甲运兵车进行了改装，改善其作战性能；将在未来 10 年耗资 7.5 亿美元更新电子监控设备。澳海军 7 月 15 日宣布，将花费 3.85 亿美元改进护卫舰上的防空导弹系统，现有 4 艘“阿德莱德”级护卫舰上的 SM-1 型导弹在 2009 年前都将更换成新型的 SM-2 型导弹；防空驱逐舰未来也要装载 SM-2 型导弹。经过改造，澳海军将“极大地提高空战能力”。澳空军 4 月 1 日宣布，将花费约 2.2 亿美元改进 F/A-18 大黄蜂战斗机性能，重点是更新雷达警报接收装置，增强其防范先进导弹袭击的能力，整个改造工作将在 2009 年完成。此外，澳陆军 2004 年配备了新式 ASLAV 轻型装甲车，这种装甲车带有激光测距机、先进的火控系统及新型热成像仪，从而大大缩短了遭到攻击后还击的反应时间，增强了装甲车的夜战能力。新型装甲车还安装了GPS导航系统，能帮助澳军在沙尘暴等恶劣天气下顺利执行作战任务。这种装甲车的最大特点是使用了澳大利亚独有的“临时任务调节系统”，其车体和车载装备可以很方便地拆卸下来，然后根据不同需要进行不同的装配，能随时“改变型号”，衍生出多种型号车辆，例如用于侦察的ASLAV-25型、用于战场指挥的ASLAV-C型以及用于战场救护的ASLAV-A型等。

四、频繁举行演习

年内，澳军不断举行各类演习，并积极参加双边和多边联合演习，着重提高联合反恐、反海盗和阻止大规模武器扩散等方面的能力。3月22日至26日，澳大利亚在全国举行有史以来规模最大的代号为“水星-04”的反恐演习，参加演习的有澳全国各地的几千名警察、军队和应急部门的人员，主要目的是检验各部门在遭受恐怖袭击时的反应能力和自我保护水平。4月26日至5月9日，澳大利亚与文莱、柬埔寨、中国、法国、印度尼西亚、日本、马来西亚、新西兰、巴布亚新几内亚、菲律宾、俄罗斯、新加坡、韩国、泰国、汤加、美国和越南等18个国家的20艘军舰和1600人在新加坡举行大型海军演习，重点演练如何应对马六甲海峡和新加坡海峡航道面临的威胁。9月10日至14日，澳大利亚与新加坡、马来西亚、新西兰和英国5个联防组织成员国在南中国海举行大规模军事演习，旨在检验5国在面对多种威胁时进行联合行动的能力。共有31艘军舰、60架飞机、2艘潜艇和3500名军人参加演习，联合演习指挥与控制中心设在新加坡巴耶利巴空军基地。10月26日至27日,澳大利亚与日本、美国和法国在日本相模湾海域举行联合海上演习，设想日本海上自卫队P-3C侦察机发现2艘船正在交接疑为沙林的毒气，4国紧急出动舰艇对可疑船进行追踪、拦截并登船搜查，搜获了沙林，并扣押了可疑船。俄罗斯等15个国家以观察员身份观看了演习。美副国务卿约翰·博尔顿说：“此次演习是对朝鲜及其他涉嫌扩散武器国家发出的信号，我们绝不容许这种行为。”

五、加强与外国的军事合作和交流

除参与双边和多边联合军演外，还加强与美国、新西兰和五国联防组织其它成员国等的军事合作和交流。

（一）加入美国导弹防御计划。2003年12月4日，澳国防部长希尔宣布，澳将加入美国导弹防御计划，以更好地应对来自境外远程导弹的威胁。2004年1月中旬，澳美两国官员在悉尼讨论澳加入美导弹防御计划的具体项目。7月7日，澳美在华盛顿签署了澳加入美导弹防御计划备忘录。从这项为期25年的协议来看，最重要的内容是澳同美共同研发先进雷达，获得尽早探知弹道导弹发射的能力，为组织尽早拦截导弹提供技术支持。其中重点合作项目是澳正在研究的“超越地平线”雷达技术，这项技术在弹道导弹发射的早期就能探知，优于目前的卫星红外侦测技术。美则答应把澳纳入其导弹防御体系保护伞之下。

（二）加强与新西兰的防务关系。7月23日，澳大利亚国防部长罗伯特·希尔和新西兰国防部长马克·伯顿在新西兰北岛的陶波就进一步加强两国防务关系举行会晤，重点讨论了共同关心的地区和全球安全以及加强两国防务合作等问题，一致认为应鼓励地区合作，共同打击恐怖活动，防止大规模杀伤性武器在本地区的扩散。双方还讨论了南太平洋地区所面临的新的安全挑战，强调澳新武装部队应该对这种挑战作出及时、协调和有效的反应。

（三）扩大与五国联防组织成员国的军事合作。9月10日，由澳大利亚、新加坡、马来西亚、新西兰和英国组成的五国联防组织第9届军队领导人会议在新加坡举行，主要讨论了如何落实5国国防部长在6月份非正式会议上提出的加强对付诸如海事恐怖活动等非常规安全威胁问题。会后发表联合声明称，会议制定了在5国联合军事演习和有关军事活动中落实国防部长会议精神的指导原则，将有助于加强各成员国之间的相互理解和进一步扩大合作。

六、澳加强军队建设主要有三个方面的原因

一是适应周边环境变化的需要。澳具有优越的地理位置，四面环海，孤悬在大洋之中，没有边界领土纠纷，因此也没有天然的敌人。然而，澳认为，虽然澳目前尚未面临任何敌人入侵的威胁，但所处的战略环境发生了变化：东亚各国因经济增长而增加了国防投入，加快了军队现代化建设步伐，澳也必须相应扩充军备；同时，澳周边国家局势颇不宁静，特别是印尼一直动荡不安，澳不得不保持高度警惕，加强战备。

二是配合美军行动的需要。澳虽然国土面积较大，但人口少，军事实力不强，长期依靠美国来确保国防安全。自澳美结成军事联盟以来，澳先后参加了美发动的历次战争，频繁邀请美军方要员和舰艇访澳，不断与美军举行联合演习，积极支持并参与美发展导弹防御系统，同意美在澳建立可用作亚太地区导弹发射场的联合训练基地。澳国防部长希尔等强调，与美国结盟对澳和本地区安全十分重要，并明确表示：“在未来亚太地区多数军事行动中，美都将是联合军事行

动的领导者。只要亚太地区动荡，澳就必须同美合作。澳国防军密切配合美军行动，有助于提高澳作为美盟友的价值，特别是能够换取美的安全保护。”军事分析家认为，美军装备先进、实力强，澳军比之相差甚远，要与其配合行动就必须加快建设步伐。美军领导人多次敦促澳军进行结构性改革，并要求“澳军在指挥、控制和通信等方面与美军取得密切的协调一致，以便能够配合美军行动”。

三是争当地区大国的需要。近年来，澳经济增长强劲，其生产总值在亚太地区居前10位。经济实力的增强，为澳加强军队建设、争当地区军事大国提供了有力的保障。英国媒体认为，澳大幅增加军费，扩充兵力，采购先进武器装备，积极参加联合国维和行动，配合美军作战，加入美导弹防御系统等，这些都是除日本之外的东亚各国所不能相比的，表明澳正在逐步向地区军事大国迈进。澳国防部长罗伯特·希尔也称：“澳加强军队建设，不是一个简单的增强防务问题，而是关系到提高国际地位和国家形象的重大问题。”

（钟学良）

（本栏责任编辑　丁　平）

各国军事概况

亚洲国家军事概况

中　国

国　　名　中华人民共和国。

主要统计　陆地面积约960万平方公里。人口13亿（2005年1月6日是中国“十三亿人口日”）。国内生产总值136515亿元（16507.3亿美元按8.27换算）(2004年)。国防费2446.56亿元（295.8亿美元）（2005年国防预算），2117.01亿元（255.99亿美元）（2004年国防预算）。钢2.97亿吨（2004年）。原煤19.56亿吨（2004年）。原油1.75亿吨（2004年）。发电量21870亿千瓦时（2004年）。粮食4.6947亿吨（2004年）。货物运输周转量66698亿吨公里（其中，铁路19289亿吨公里、公路7596亿吨公里、水运38973亿吨公里、民航72亿吨公里）(2004年)。旅客运输周转量16324亿人公里（其中，铁路5712亿人公里、公路8765亿人公里、水运65亿人公里、民航1782亿人公里）(2004年)。固定及移动电话用户总数达64727万户(2004年)。

国防政策　中华人民共和国是发展中的社会主义国家。中国始终不渝地奉行独立自主的和平外交政策，主张在和平共处五项原则和其他公认的国际关系准则的基础上，同所有国家建立和发展友好合作关系，为维护世界和平促进人类进步事业而努力。中国坚定不移地奉行防御性的国防政策，坚持永远不称霸、不做超级大国、不侵略别国。中国国防政策的基础是中国政府积极倡导的新安全观，其核心是各国在国际关系上应坚持互信、互利、平等、协作的原则。互信，是指超越意识形态和社会制度异同，摒弃冷战思维和强权政治心态，互不猜疑，互不敌视。互利，是指顺应全球化时代社会发展的客观要求，互相尊重对方的安全利益，在实现自身安全利益的同时，为对方安全创造条件，实现共同安全。平等，是指国家无论大小强弱，都是国际社会的一员，应相互尊重，平等相待，不干涉别国内政，推动国际关系的民主化。协作，是指以和平谈判的方式解决争端，并就共同关心的安全问题进行广泛深入的合作，消除隐患，防止战争和冲突的发生。中国的国防政策，主要包括以下内容：巩固国防，抵御侵略，制止武装颠覆，捍卫国家的领土、领空、领海主权和海洋权益，维护国家的统一和安全；国防建设服从和服务于国家经济建设，实现国防建设与经济建设的协调发展，不断提高军队的防卫作战能力；在战略上实行防御、自卫和后发制人的原则，坚持“人不犯我，我不犯人，人若犯我，我必犯人”；依靠科技强军，加强质量建设，实现军队由数量规模型向质量效能型、由人力密集型向科技密集型的转变，走有中国特色的精兵之路；坚持平战结合、军民结合的方针,在独立自主、自力更生的原则下,有重点有选择地引进国外一些先进技术，大力发展国防科学技术，加强军队现代化建设，加强后备力量建设，逐步增强国防实力和潜力；反对任何形式的恐怖主义，积极参加国际反恐合作，共同防范和打击国际恐怖活动；努力发展与各国军队的友好关系，积极开展军事交流与合作，反对军备竞赛，主张通过公正、合理、全面、均衡的原则，实行有效的军备控制和裁军，防止大规模杀伤性武器的扩散，维护世界和平。

军事战略　中华人民共和国为抵御外敌侵略，保卫国家独立和安全，维护世界和平，始终奉行积极防御的战略。其基本点是坚持自卫立场，坚持后发制人，坚持人民战争。为适应世界军事领域的深刻变革和国家发展战略的要求，中国制定了新时期积极防御的军事战略方针。这一方针立足于打赢现代技术特别是高技术条件下的局部战争，注重遏制战争爆发，坚持和发展人民战争思想。中国人民解放军实施科技强军战略，积极推进中国特色军事变革，加快国防科研和武器装备发展，培养高素质新型军事人才，建立科学的体制编制，发展具有中国特色的军事理论，推进以机械化为基础、信息化为主导的军队现代化建设，加强以海军、空军和第二炮兵为重点的作战力量建设，全面提高信息化条件下的整体防卫作战能力。

核政策 中国作为核武器国家，积极支持和参与防止核扩散的国际努力，推动核裁军进程，致力于在全球范围内最终实现全面禁止和彻底销毁核武器的目标。中国是《不扩散核武器条约》缔约国，一向恪守条约义务，奉行不支持、不鼓励、不帮助别国发展核武器的政策，反对大规模杀伤性武器的扩散。中国正式加入了“核供应国集团”，建立起了一整套涵盖核、生、化和导弹等各类敏感物资和技术在内的与国际通行做法一致的出口控制法规体系。2003 年 12 月，中国政府发表了《中国的防扩散政策和措施》白皮书，全面阐述了中国在反扩散方面的政策。中国组建战略核部队，完全是出于防御目的，是为了反对核讹诈，遏制核战争。核反击是被迫的，最终目的是消灭核武器和核战争，维护中国的独立和安全。中国政府一再郑重声明，中国在任何时候、任何情况下，都不会首先使用核武器，不对无核武器国家和无核武器地区使用核武器。但是，如果遭到核袭击，将毫不犹豫地实施核反击，进行有限而有效的核报复。

国防体制 领导机关 中央军事委员会是中国共产党中央委员会的军事机关，又是中华人民共和国国家机构的组成部分。

中国共产党中央军事委员会 是中国武装力量的最高统率机构，负责党和国家的最高军事决策和军事指挥，根据党的路线、方针、政策和国家的安全与发展的需要，确定军事战略，领导军事建设。《中国共产党章程》规定，党的中央军事委员会组成人员由中央委员会决定。2004 年 9 月召开的中国共产党第 16 届中央委员会第 4 次全体会议决定，中共中央军事委员会组成如下：中共中央军事委员会主席胡锦涛，中共中央军事委员会副主席郭伯雄上将、曹刚川上将、徐才厚上将，中共中央军事委员会委员梁光烈上将、李继耐上将、廖锡龙上将、陈炳德上将、乔清晨空军上将、张定发海军上将、靖志远二炮上将。

中华人民共和国中央军事委员会 中华人民共和国中央军事委员会领导全国武装力量。其职权是：统一指挥全国武装力量；决定军事战略和武装力量的作战方针；领导和管理中国人民解放军的建设，制定规划、计划并组织实施；向全国人民代表大会或者全国人民代表大会常务委员会提出议案；根据宪法和法律，制定军事法规，发布决定和命令；决定中国人民解放军的体制和编制，规定总部以及军区、军兵种和其他军区级单位的任务和职责；依照法律、军事法规的规定，任免、培训、考核和奖惩武装力量成员；批准武装力量的武器装备体制和武器装备发展规划、计划，协同国务院领导管理国防科研生产；会同国务院管理国防经费和国防资产。《中华人民共和国宪法》规定，中央军事委员会由主席、副主席若干人、委员若干人组成，实行主席负责制。主席由全国人民代表大会选举产生，对全国人民代表大会及其常务委员会负责。其他组成人员由全国人民代表大会或其常务委员会根据中央军委主席的提名决定。任期与每届全国人民代表大会任期相同。现任中华人民共和国中央军事委员会的主席胡锦涛，由 2005 年 3 月 13 日召开的第 10 届全国人民代表大会三次会议第四次全体会议上选举产生。经胡锦涛主席提议，第 10 届全国人民代表大会三次会议于 2005 年 3 月 14 日决定补充任命：徐才厚为中华人民共和国中央军事委员会副主席；陈炳德、乔清晨、张定发、靖志远为中华人民共和国中央军事委员会委员。增补后的中华人民共和国中央军事委员会与中共中央军事委员会的组成相同。

人民武装委员会 从中央到县各级建立的群众武装建设的专门机构。主要任务是：研究贯彻党中央、国务院、中央军委有关民兵建设的各项方针、政策和指示；根据上级地方党委和军事机关的有关指示，结合本地区情况，研究解决民兵工作中的重大问题；研究贯彻有关兵员动员和转业、复员、退伍战士安置工作的方针、政策。中央军委人民武装委员会由中央军委、国家机关有关部门、人民解放军各总部和有关人民团体的负责人组成。办事机构设在中国人民解放军总参谋部动员部。省 (直辖市、自治区)、地、县 (市) 党委人民武装委员会，由各级党委吸收有关部门的负责同志组成，主任由同级党委指定一名书记担任。办事机关分别为省军区、军分区、县 (市) 人民武装部。

中华人民共和国国防部 中华人民共和国国务院的军事部门。根据中华人民共和国宪法规定，国务院领导和管理国防建设事业。国务院设立国防部，一切需要由政府负责的军事工作，则经国务院作出相应决定，通过国防部或以国防部的名义组织实施。国防部在接受国务院领导的同时也接受中央军事委员会的领导。需要国防部办理的事宜，由总参谋部、总政治部、总后勤部、总装备部分别办理。现任国防部长曹刚川上将于 2003 年 3 月上任，任期五年。

中国人民解放军总参谋部 中央军委领导下负责

组织武装力量建设和作战指挥的军事领导机关。设有办公厅和作战、情报、通信、训练、兵种、军务、动员、电子对抗、陆航、政治、外事、管理等部门。现任总参谋长梁光烈上将（2002年11月上任），副总参谋长葛振峰上将（2002年11月上任）、熊光楷上将（1996年1月上任）、张黎上将（2000年6月上任）、吴胜利中将（2004年7月上任）、许其亮中将（2004年7月上任）。总参谋长助理李玉中将（2000年12月上任）、章沁生少将（2004年12月上任）。

中国人民解放军总政治部 中央军委领导下负责全军政治工作的领导机关。设有办公厅和组织、干部、宣传、保卫、纪律检查、联络等部门。现任总政治部主任李继耐上将（2004年9月上任），副主任唐天标上将（1995年7月上任）、刘永治中将（2004年12月上任）、孙忠同中将（2004年7月上任）。总政治部主任助理刘振起空军中将（2004年7月上任）、姜吉初少将（2003年12月上任）。

中国人民解放军总后勤部 中央军委领导下负责全军后勤工作的领导机关。设有司令部、政治部和财务、军需、卫生、军事交通、油料物资、基建营房、审计等部门。现任总后勤部部长廖锡龙上将（2002年11月上任），政治委员张文台上将（2002年11月上任），副部长孙志强中将（1999年12月上任）、苏书岩中将（1999年12月上任）、王谦中将（2002年1月上任），副政治委员刘源中将（2003年7月上任）。

中国人民解放军总装备部 中央军委领导下负责全军武器装备工作的领导机关。1998年4月3日组建，设有司令部、政治部和综合计划、军兵种、陆军装备科研订购、通用装备保障、电子信息等部门。现任总装备部部长陈炳德上将（2004年9月上任）、政治委员迟万春中将（2002年11月上任），副部长李安东中将（2000年8月上任）、楚鸿彦中将（2001年10月上任）、张诗明中将（2001年10月上任）、朱发忠中将（2001年10月上任）、张建启少将（2004年6月上任），副政治委员李栋衡中将（2003年12月上任）。

中国人民解放军军区领导机关 是根据国家的行政区域、地理位置和战略战役方向、作战任务等设置的一级军队组织，是战略区域内合成部队的军事领导指挥机关；直属中央军委领导。其主要任务是贯彻执行中共中央、国务院和中央军委确定的建军原则、作战方针，领导辖区部队的革命化、正规化、现代化建设，负责辖区内诸军兵种部队合同作战的统一指挥，领导管理辖区内的民兵预备役、动员工作和战场建设。军区机关设有司令部、政治部、联勤部、装备部等机构。现有7个军区。

沈阳军区 司令员常万全中将（2004年12月上任），政治委员姜福堂上将（1995年9月上任）。

北京军区 司令员朱启上将（2001年11月上任），政治委员符廷贵中将（2003年12月上任）。

兰州军区 司令员李乾元上将（1999年9月上任），政治委员喻林祥中将（2004年12月上任）。

济南军区 司令员范长龙中将（2004年8月上任），政治委员刘冬冬上将（2002年11月上任）。

南京军区 司令员朱文泉中将（2002年11月上任），政治委员雷鸣球上将（2001年11月上任）。

广州军区 司令员刘镇武上将（2001年11月上任），政治委员杨德清上将（2003年12月上任）。

成都军区 司令员王建民中将（2002年11月上任），政治委员刘书田上将（2003年12月上任）。

中国人民解放军海军领导机关 设有司令部、政治部、后勤部、装备部。现任海军司令员张定发海军上将（2003年8月上任），政治委员胡彦林海军上将（2003年8月上任）。

中国人民解放军空军领导机关 设有司令部、政治部、后勤部、装备部。现任空军司令员乔清晨空军上将（2002年11月上任），政治委员邓昌友空军中将（2002年11月上任）。

中国人民解放军第二炮兵领导机关 设有司令部、政治部、后勤部、装备部。现任第二炮兵司令员靖志远上将（2002年11月上任），政治委员彭小枫中将（2003年12月上任）。

中国人民武装警察部队领导机关 设有司令部、政治部、后勤部、装备部。现任武警部队司令员吴双战武警上将（1999年12月上任），政治委员隋明太武警上将（2003年12月上任）。

最高军事学术研究机关和学府

中国人民解放军军事科学院 中央军委领导下的军事学术研究机关，是全军军事科学的研究中心，是中央军委和总部从军事理论高度指导军队建设的助手。基本任务是进行军事基础理论和国防建设、军队建设重大问题的研究；为军委和总部决策提供战略性建议和咨询，提供军事学术研究方面的信息；组织协调全军的军事学术研究工作等。设有战略和战争理论、作战理论和条令、军制、世界军事、军事运筹分析等研究部门。拥有一支具有相应水平和实践经验的研究队伍。编写出版了大量军事研究论著和各种条令、条例、教范，译注了大量中外军事名著、军事工具书，并编辑出版《中国军事科学》、《军事学术》、《外国军事学术》等多种学术刊物。军事科学院被国务院学位委员会批准在军事学领域开展硕士和博士研究生教育。军事科学院注重同国内外学术界的交流。现任军事科学院院长郑申侠上将（2003 年 8 月上任），政治委员温宗仁上将（2000 年 6 月上任）。

中国人民解放军国防大学 中央军委领导下的最高军事学府，是一所具有综合性、研究性、开放性特点的合成指挥大学。基本任务是招收经过中级指挥院校培训的优秀师、旅职军官，实施高层次的综合教育，担当培养“变革型领导人才、专家型科技人才、复合型指挥人才、智囊型参谋人才、技术型保障人才”的重任，同时从事有关战略和国防现代化建设问题的研究，为军委和总部决策起咨询作用。教学指导思想是以培养政治上合格的适应国防现代化建设和未来战争要求的高级人才为目标；坚持培养“通才”；坚持“高、新、宽、深”的教学内容；坚持自学为主，实行研究式、启发式的教学方法。设有国防研究系、进修系、基本系、留学生系、师资培训班和研究生院，还设有科学研究部和下属的战略研究所、马克思主义研究所、军队建设研究所等科研机构。国防大学已被国务院学位委员会批准在军事学领域开展博士生教育。国防大学坚持对国内外开放，积极开展学术交流，力求用世界最新科技和军事信息、成果，充实和丰富教学内容。现任国防大学校长裴怀亮中将（2002 年 11 月上任），政治委员赵可铭上将（2001 年 7 月上任）。

国防科学技术大学 中央军委直接领导的军事院校。是目前我军科学和工程技术院校中唯一经国务院、中央军委批准成立研究生院的院校，是首批进入国家“211 工程”建设并获中央专项经费支持的重点院校之一。基本任务是：培养军队高级科学和工程技术人才与指挥人才，培训军队高级领导干部，从事先进武器装备和国防关键技术研究。学校按照“理工结合，以工为主，文、管、军、经、哲多学科相互渗透，口径宽、适应性强、军队和国防特色明显”的思路，长期不懈地致力于学科专业建设，形成了以工学为主体，具有鲜明的国防科技优势和军事高技术特色的学科体系；始终把人才作为办学兴业之本，确立了“用好现有人才，留住关键人才，引进顶尖人才，储备未来人才”的战略思路，实施了以科学技术带头人队伍建设为龙头，以中青年骨干为重点的“百名人才工程”，制定了一系列培养、吸引、使用和留住人才的政策措施。大学下设基础部、航天与材料工程学院、理学院、机电工程与自动化学院、电子科学与工程学院、人文与管理学院、计算机学院、炮兵学院、工程兵学院、政治学院、全军高级干部高科技知识培训班。学校拥有比较先进的教学、科研实验设备和公共服务体系。现任国防科学技术大学校长温熙森中将（1999 年 6 月上任），政治委员黄献忠中将（2002 年 11 月上任）。

作战指挥系统 中央军委通过中国人民解放军总参谋部对各军区、海军、空军、第二炮兵实施作战指挥。驻各军区的陆军集团军和兵种部队归所在军区建制领导和指挥。部署在各军区的海军、空军部队，建制归海、空军，受军区和军委海、空军的双层领导。军区内三军联合作战行动由军区统一指挥。第二炮兵在军委集中领导下，实施垂直指挥。省军区、军分区、县（市）人民武装部隶属军队系统，归所在军区建制领导，同时又是所在省、地、县（市）党委的军事工作部门和政府的兵役机关。

武装力量 中华人民共和国武装力量属于人民，受中国共产党领导，武装力量中的中国共产党组织依照中国共产党章程进行活动。中华人民共和国武装力量的任务是巩固国防，抵抗侵略，保卫祖国，保卫人民的和平劳动，参加国家建设事业，全心全意为人民服务。中华人民共和国武装力量由中国人民解放军现役部队和预备役部队、中国人民武装警察部队及民兵组成。中国人民解放军现役部队是国家的常备军，主要担负防卫作战任务，必要时可以依照法律规定协助维护社会秩序；预备役部队平时按照规定进行训练，必要时可以依照法律规定协助维护社会秩序，战时根据国家发布的动员令转为现役部队。中国人民武装警察部队在国务院、中央军事委员会的领导指挥下，担负国家赋予的安全保卫任务，维护社会秩序。民兵在军事机关的指挥下，担负战备勤务、防卫作战任务，协助维护社会秩序。中华人民共和国武装力量以毛泽东军事思想和邓小平新时期军队建设思想为指导，按照“政治合格、军事过硬、作风优良、纪律严明、保障有力”的总要求，正向革命化、现代化、正规化目标迈进。

在 2002 年 11 月 8 日召开的中国共产党第 16 次全国代表大会，确立了此后一个时期国防和军队建设的根本方针政策。“十六大”报告明确指出，建立巩固的国防是我国现代化建设的战略任务，是维护国家安全统一和全面建设小康社会的重要保障。坚持国防建设与经济建设协调发展的方针，在经济发展的基础上推进国防和军队现代化。坚持以毛泽东军事思想、邓小平新时期军队建设思想为指导，全面贯彻“三个代表”重要思想，按照政治合格、军事过硬、作风优良、纪律严明、保障有力的总要求，紧紧围绕打得赢、不变质两个历史性课题，坚定不移地走中国特色的精兵之路，加强军队的革命化现代化正规化建设。始终把思想政治建设摆在军队各项建设的首位，永葆人民军队的性质、本色和作风。贯彻积极防御的军事战略方针，提高高技术条件下的防卫作战能力。适应世界军事变革的趋势，努力完成机械化和信息化建设的双重历史任务，实现军队现代化建设的跨越式发展。探索新的历史条件下治军的特点和规律，推进国防和军队建设的各项改革。

2004 年，中国人民解放军以建设信息化军队、打赢信息化战争为目标，坚持以机械化为基础，以信息化为主导，以信息化带动机械化，以机械化促进信息化，积极推进中国特色军事变革。加大体制编制调整改革力度，落实中国政府 2003 年 9 月的决定，在“九五”期间裁减军队员额 50 万的基础上，2005 年前再裁减员额 20 万，军队总规模保持在 230 万人。改善官兵编配比例，完善领导指挥体制，深化联勤保障体制改革，调整院校体制编制，加强海军、空军和第二炮兵建设。加快武器装备现代化进程，优先发展高新武器装备，更新改造老旧装备，不断提高装备综合保障水平。深化教育训练改革，实施人才战略工程，加强高素质人才培养，大力推进军事理论创新，开展诸军兵种联合训练，着力提高军队在信息条件下的联合作战能力。贯彻依法从严治军方针，加强军事法制建设，2004 年先后颁发了《中国人民解放军装备科研条例》、《中国人民解放军合成军队旅战斗条令》等 17 部军事法规，进一步完善了以条令条例为主体的军事法规体系。广泛开展国际军事交流与合作，加强了同外国军队的军事交往，2004 年 8 月，中国与巴基斯坦两国军队在中巴边境地区举行了代号为“友谊-2004”的联合反恐军事演习。2004 年 3 月、6 月、10 月中国海军编队分别与法国、英国和澳大利亚海军舰艇编队在黄海海域进行了海上联合搜救演习。

中国人民解放军　225.5 万人。由陆军、海军、空军、第二炮兵部队组成。

陆军　中国人民解放军陆军经过 70 多年的建设，现已发展成为一支具有强大火力、突击力和高度机动能力的诸兵种合成军种。编有步兵、炮兵、装甲兵、工程兵、通信兵、防化兵等专业兵种，还编有电子对抗、测绘和航空兵部队。步兵有山地步兵、摩托化步兵、机械化步兵，炮兵包括地面炮兵、高射炮兵和地空导弹部队；装甲兵部队在编制上以坦克部队和装甲步兵部队为主体，还编有炮兵、反坦克导弹、防空、防化学、工程及其他勤务保障部 (分) 队，装备除主战坦克外，还有水陆坦克、轻型坦克、扫雷坦克、反坦克导弹发射车等；防空兵以高射炮、地空导弹武器系统为基本装备，遂行对空作战任务；陆军航空兵装备攻击直升机、运输直升机和其他专用直升机及轻型固定翼飞机，遂行空中机动和支援地面作战任务；工程兵由工兵、舟桥、建筑、工程维护、伪装、野战给水工程等专业部 (分) 队组成；通信兵由野战通信、固定台站通信、通信工程和军邮勤务等专业部 (分) 队组成；防化兵由防化、喷火、发烟等部 (分) 队组成。陆军按其担负的任务划分为野战机动部队、海防部队、边防部队、警卫警备部队等。野战机动部队的编制序列一般是：集团军、师 (旅)、团、营、连、排、班。海防部队、边防部队、警卫警备部队，根据担负任务的需要，确定编组方式。

海军　22.5 万人。中国人民解放军海军是 1949 年 4 月 23 日正式成立的。主要任务是独立地或协同陆军、空军防御敌人从海上入侵，保卫领海主权，维护海洋权益。主要由水面舰艇部队、潜艇部队、航空兵、岸防兵和陆战队等兵种以及各种保障部队组成，编有北海、东海、南海三个舰队，以及各类院校、科研、试验机构、预备役部队和军民联防单位。编制序列是：海军、舰队、基地、水警区、舰艇支队、舰艇大队、舰艇中队。人民解放军海军部队现已成为一支兵种齐全、常规和尖端武器兼备，具有立体攻防能力，能有效地保卫国家领海的战斗力量。

空军　40 万人。中国人民解放军空军是 1949 年 11 月 11 日正式成立的。主要任务是担负国土防空，支援陆、海军作战，对敌后方实施空袭，进行空运和航空侦察。空军实行空防合一的体制，由航空兵、地空导弹兵、高射炮兵、雷达兵、空降兵以及通信、雷达、电子对抗、防化、技术侦察等专业部（分）队组成。空军下辖沈阳、北京、兰州、济南、南京、广州、成都七个军区空军。航空兵由歼击、强击、轰炸、运输航空兵组成，通常按师、团、飞行大队 (营)、飞行中队 (连) 编成。航空兵师一般下辖 2 个至 3 个航空兵团和驻地场站，航空兵团是基本战术单位。由于武器装备和担负任务不同，各类航空兵团编制飞机数量通常在 40 架至 60 架之间不等；飞机和飞行员（组）的比例通常为 1 : 1.2。

第二炮兵　10 万人。中国人民解放军装备地地战略导弹武器系统，遂行战略核反击任务的部队，组建于 1966 的 7 月 1 日。主要任务是遏制敌人对中国使用核武器，在敌人对中国发动核袭击时，遵照统帅部的命令，独立地或联合其他军种的战略核部队对敌人实施有限而有效的自卫反击，打击敌人的重要战略目标。第二炮兵部队由近程、中程、远程和洲际导弹部队，工程部队，作战保障、装备技术保障和后勤保障部队组成，是一支具有一定规模和实战能力的主要核威慑和战略核反击力量。目前，建成了一批不同型号和不同发射方式的作战阵地，初步形成了多种型号导弹武器装备系统，快速机动作战能力和准确打击目标能力进一步提高，在保卫社会安全、维护世界和平中发挥着重要作用。

驻香港部队　1997 年 7 月 1 日，中华人民共和国恢复了对香港行使主权。根据《中华人民共和国宪法》赋予中国人民解放军的使命和《中华人民共和国香港特别行政区基本法》关于中央人民政府负责管理香港特别行政区的防务的规定，为维护国家的主权、统一和领土完整，保持香港特别行政区的繁荣和稳定，驻香港特别行政区部队于 1997 年 7 月 1 日正式进驻香港执行防务任务。香港驻军由陆、海、空军部队组成，是一支合成部队，下辖 1 个陆军步兵旅、1 个海军舰艇大队、1 个空军航空兵团。驻香港特别行政区部队隶属中华人民共和国中央军事委员会，费用由中央人民政府负担，驻军的防务职责是防备和抵抗侵略，保护香港特别行政区的安全；担负防卫勤务；管理军事设施；承办有关的涉外军事事宜。香港特别行政区政府在必要时，可向中央人民政府请求驻军协助维护社会治安和救助灾害。驻军法规定香港驻军人员的义务是：(一) 忠于祖国，履行职责，维护祖国的安全、荣誉和利益，维护香港的安全；(二) 遵守全国性的法律，遵守军队的纪律；(三) 尊重香港特别行政区政权机构，尊重香港特别行政区的社会制度和生活方式；(四) 爱护香港特别行政区的公共财产和香港居民的私有财产；(五) 遵守社会公德，讲究文明礼貌。同时明确规定禁止驻军干预特区的地方事务，禁止军人参加香港的政治组织、宗教组织和社会团体，禁止驻军和军人从事营利性的经营活动和其他与驻军职责不相称的活动。这支部队按照中央军委的要求，进驻香港后展现出了中国人民解放军“威武之师、文明之师”的风貌。

驻澳门部队　1999 年 12 月 20 日，中华人民共和国恢复了对澳门行使主权。根据《中华人民共和国宪法》赋予中国人民解放军的使命，依照《中华人民共和国澳门特别行政区基本法》关于中央人民政府负责管理澳门特别行政区的防务的规定和《中华人民共和国澳门特别行政区驻军法》的有关规定，为维护国家的主权、统一和领土完整，保持澳门特别行政区的稳定和发展，中华人民共和国中央人民政府派驻澳门特别行政区的部队于 1999 年 12 月 20 日进驻澳门正式担负防务。这支部队集摩托化步兵、装甲步兵、通信兵、侦察兵等多兵种于一体，主要由陆军组成，官兵人数近千名。指挥机关编有海、空军人员，并设有专门的训练和保障机构。武器装备如轻武器、通信设备、装甲车等，都是 20 世纪 90 年代的最新装备。机关实现了指挥、办公、管理等自动化。中国人民解放军驻澳门部队隶属于中华人民共和国中央军事委员会领导，驻军费用由中央人民政府担负。驻澳门部队不干预澳门的特别行政区的地方事务。澳门特别行政区政府在必要时，可以向中央人民政府请求驻澳门部队协助维持社会治安和救助灾害。驻军人员除须遵守全国性的法律外，还须遵守澳门特别行政区的法律。

预备役部队　80 万人。是中国人民解放军的组成部分，是建设祖国保卫祖国的一支重要力量。预备役部队以少数现役军人为骨干，以预备役军官和士兵为基础，按照中国人民解放军的统一编制组建，属于人民解放军序列。平时按照总参谋部的计划进行军事训练，努力提高军事素质和快速动员能力，必要时可按照法律规定协助维护社会秩序，战时根据国家发布的动员令转为现役部队。从 1983 年组建以来，预备役部队已发展为一支具有数十个师兵力的，包括步兵、炮兵、工程兵、通信兵、防化兵和舟桥部队以及海、空军等专业技术兵种在内的诸军兵种合成的新型预备部队。各预备役师、团在加强基本建设的同时，建立健全了一整套教育、训练、管理生活制度，狠抓军事训练，不断增强了在现代高技术条件下的快速动员能力和遂行作战任务能力。《中华人民共和国预备役军官法》规定，预备役军官授予预备役军官军衔，军衔等级基本与现役军官相同，最高编制军衔为预备役少将。从 1997 年 1 月 1 日起，预备役军官在参加军事训练、执行军事勤务期间和参加国庆节、建军节或者重大庆典活动时，着预备役军官制式服装，佩带军衔肩章、符号标志，平时不得佩带。

中国人民武装警察部队　150 万人。是中华人民共和国武装力量的组成部分，担负国内安全保卫任务。其职能是捍卫中国共产党的领导，捍卫社会主义制度。基本使命是维护国家主权和尊严，维护社会稳定，保卫重要目标和人民生命财产安全。1982 年 6 月，党中央决定组建中国人民武装警察部队。1983 年 4 月，中国人民武装警察部队总部在北京成立，属于国务院编制序列，由国务院、中央军委双重领导，实行统一领导管理与分级指挥相结合的体制。武警部队执行中华人民共和国兵役法和中国人民解放军的条令、条例和有关规章制度，享受中国人民解放军的同等待遇。军衔等级同中国人民解放军军衔等级，军衔前冠以“武警”名称。

中国人民武装警察部队设有总部，各省、自治区、直辖市设有武装警察部队总队（副军或师级）；各地、市、州、盟设有支队（团级）或大队（营级）；县（市、旗）设有中队（连级）。中国人民武装警察部队以内卫部队为主体，包括列入武装警察部队序列的公安边防部队、公安消防部队、公安警卫部队；担负生产建设任务的水电部队、交通部队、黄金部队；担负护林防火、灭火任务的森林警察部队。内卫部队的基本任务是：警卫党政机关和外国使（领）馆，守卫重要机场、电台、电视台、通信枢纽、工厂、仓库、科研机构等重要目标；守护重要桥梁、隧道；担负看守所、监狱、劳改场所的外围武装看押任务和押解罪犯；对大城市和特定地区实施治安巡查警戒；参与处置各种突发事件。边防部队的主要任务是：担负边境地区的治安管理；在对外开放的港口、机场、国境车站和孔道以及特许的口岸，对出入境人员和交通工具实施边防检查；对国际国内航班乘客及携带物品实施安全检查；在领海线内实施巡逻。消防部队的主要任务是：向人民群众宣传安全防火常识，协助有关单位建立防火措施，搞好消防监督和检查，扑救火灾，保卫国家经济建设和人民生命财产的安全。中国人民武装警察部队总部设有武警部队指挥学院、技术学院和专科学校，总队一级设有初级指挥学校和有关专业技术学校。武警部队经过十几年的建设已进入了新的发展阶段。目前，部队正在建设成为一支政治可靠、训练有素、装备改善、出色履行维护国家安全和稳定的神圣职责的部队。

民兵　是中国共产党领导下的不脱离生产的群众武装，是中华人民共和国武装力量的组成部分，是中国人民解放军的助手和后备力量。民兵的任务是：(一) 积极参加社会主义现代化建设，带头完成生产和各项任务；(二) 担负战备勤务，保卫边疆，维护社会治安；(三) 随时准备参军参战、抵抗侵略，保卫祖国。《民兵工作条例》规定，民兵工作的任务是：(一) 建立和巩固民兵组织，提高民兵军政素质，配备和管理民兵武器装备，储备战时所需的后备兵员；(二) 发动民兵参加社会主义现代化建设，组织民兵担负战备执勤，维护社会治安；(三) 组织民兵参战，支援前线，抵抗侵略，保卫祖国。民兵工作应当贯彻人民战争的思想，坚持劳武结合，坚持民兵制度与预备役制度、民兵工作与战时兵员动员准备工作相结合。全国的民兵工作在国务院、中央军委领导下，由中国人民解放军总参谋部主管。军区按照上级赋予的任务，负责本区域的民兵工作。省军区（卫戍区、警备区）、军分区、县（市）人民武装部负责本区域的民兵工作。《中华人民共和国兵役法》规定，乡、民族乡、镇和企业事业单位建立民兵组织，凡 18 至 35 岁符合服兵役条件的男性公民，除应征服现役以外，均应编入民兵组织服预备役。民兵分基干民兵和普通民兵。28 岁以下的退出现役的士兵和经过军事训练的人员，以及选定参加军事训练的人员编为基干民兵；其余 18 至 35 岁符合服兵役条件的男性公民编为普通民兵。根据需要吸收女性公民参加基干民兵。陆海边疆、少数民族地区和城市有特殊情况的单位，基干民兵的年龄可适当放宽。随着国防现代化建设的发展，民兵组织已由单一的步兵发展成为包括高炮、地炮、通信、工兵、防化、侦察以及海军、空军等专业技术分队在内的基干民兵队伍。民兵的武器装备实现了国产制式化。为加强国防后备力量建设，1987 年全国边海防民兵工作会议之后，开始组建民兵应急分队。民兵应急分队是一支应付突发事件、维护社会稳定的“拳头”力量。经过多年的建设，在大中城市和边海防等重点地区组建的民兵应急分队已发展成为一支素质优良、动员快速、战斗力强的队伍。在加强民兵应急部队建设的同时，加强了民兵专业技术分队的建设。目前，全国共组建对口专业分队近万个，编组民兵数万人，在平时的生产建设、抢险救灾和军事活动中充分发挥了后备军的作用。

兵役制度　中华人民共和国宪法规定：“保卫祖国、抵抗侵略是中华人民共和国每一个公民的神圣职责。依照法律服兵役和参加民兵组织是中华人民共和国公民的光荣义务。”凡中华人民共和国公民，不分民族、种族、职业、家庭出身、宗教信仰和教育程度，都有依法服兵役的义务，参加中国人民解放军服现役。没有服现役的公民进行兵役登记服预备役或者编入预备役部队、参加民兵组织，以及学生接受军事训练等都是履行兵役义务。1998 年 12 月 29 日第 9 届全国人民代表大会常务委员会第 6 次会议通过了关于修改《中华人民共和国兵役法》的决定,修改后的兵役法规定：“中华人民共和国实行义务兵与志愿兵相结合、民兵与预备役相结合的兵役制度。”

士兵服役制度　根据 1998 年 12 月 29 日新颁发的《中华人民共和国兵役法》和 1999 年 6 月 30 日国务院、中央军委修订发布的新的《中国人民解放军现役士兵服役条例》，现役士兵按兵役性质分为义务兵役制士兵和志愿兵役制士兵。义务兵役制士兵称义务兵，义务兵服现役的期限为2年。志愿兵役制士兵称士官。士官从服现役期满的义务兵中选取，根据军队需要，也可以从非军事部门具有专业技能的公民中招收。士官实行分期服现役制度。士官服役的年限为：第一期、第二期各3年，第三期、第四期各4年，第五期5年，第六期9年以上。士官服现役的期限，从改为士官之日算起，至少3年，一般不超过30年，年龄不超过55岁。

军官服役制度　中国人民解放军现役军官是被任命为排级以上职务或者初级以上专业技术职务，并被授予相应军衔的现役军人。军官按职务性质分为军事军官、政治军官、后勤军官、装备军官和专业技术军官。军官的选拔和使用，坚持任人唯贤、德才兼备、注重实绩、适时交流的原则，实行民主监督。坚持院校培训提拔军官的制度。优秀士兵经过院校培训也可以提拔为军官。经军队院校培训提拔军官不能满足需要时，平时可以挑选优秀士兵经过总部指定的其他训练机构培训合格后提拔为军官，也可以接收普通高等学校毕业生和专业技术人员入伍，任命为军官；战时可以从士兵、征召的预备役军官和非军事部门的人员中直接任命军官。军官服役最高年龄：排级30岁、连级35岁、营级40岁、团级45岁、师级50岁、军级55岁，大军区副职63岁，大军区正职65岁。作战部队的少数师、军职军官因工作需要可以适当延长，但师、正军职最多不得超过5岁，副军职最多不得超过3岁；在舰艇上服役的营、团级军官，任职的最高年龄分别为45岁和50岁；总部机关，大军区机关，省军区（卫戍区、警备区）系统、后勤基地和分部、院校、科研单位的师职军官任职的最高年龄为55岁，副军职军官任职最高年龄为58岁，正军职军官最高任职年龄为60岁；专业技术军官平时任职的最高年龄，担任初级专业技术职务的43岁、中级专业技术职务的50岁、高级专业技术职务的60岁，少数中、高级专业技术职务的军官，因工作需要按任免权限批准可放宽5岁。军官达到服现役的最高年龄的、因伤病残不能坚持正常工作或因受军队编制员额限制不能调整使用的，应当退出现役作转业、退休、离休安置。军官服现役（或参加工作）满30年以上或者年龄满50周岁以上，本人提出申请，组织批准，可作退休安置。

现役军人及其家属的优待　中国人民解放军军官实行职务军衔等级工资制度和定期增资制度，并按照国家和军队的有关规定享受津贴和补贴。军官享受公费医疗待遇，每年休假一次。军官具备家属随军条件的经师以上单位政治机关批准，其配偶和未成年子女、无独立生活能力的子女可以随军，是农村户口的转为城镇户口。部队移防或者军官工作调动，随军家属可以随调。军官退出现役后由国家妥善安置。士官实行工资制和定期增资制度，工资由基础工资、军衔等级工资、军龄工资组成，并按照国家和军队的有关规定享受津贴和补贴。高级士官经师（旅）级以上单位的政治机关批准，其配偶和未成年的子女、无独立生活能力的子女可以随军，是农村户口的转为城镇户口。士官每年均有探亲假期。义务兵服现役期间享受供给制生活待遇，并按军衔和服现役年限发给津贴，享受国家和军队规定的保险待遇，享受公费医疗待遇。兵役法规定，现役军人，革命残废军人，退出现役的军人，革命烈士家属，牺牲、病故军人家属，现役军人家属，应当受到社会的尊重，受到国家和人民群众的优待。革命伤残军人乘坐火车、轮船、飞机、长途公共汽车，凭《革命伤残军人证》准予优先购票和享受减价优待。现役军人牺牲、病故，由国家发给其家属一次性抚恤金和定期抚恤金。

退伍军人的安置　义务兵服现役期满未被选取为士官的，以及士官服役满本期规定年限未被批准进入下一期继续服现役的和符合退休条件的一律退出现役。退出现役的义务兵，按照国家有关规定妥善安置。家居农村的义务兵退出现役后，由乡、民族乡、镇的人民政府妥善安排他们的生产和生活。招收员工时，在同等条件下，应当优先录用。家居城镇的义务兵退出现役后，由县、自治县、市、市辖区的人民政府安排工作，也可以由上一级或者省、自治区、直辖市的人民政府在本地区内统筹安排。机关、团体、企业事业单位，不分所有制性质和组织形式，都有按国家有关规定安置退伍军人的义务。入伍前是机关、团体、企业事业单位职工的允许复工、复职。城镇退伍军人待安置期间，由当地人民政府按照不低于当地最低生活水平的原则发给生活补助费。城镇退伍军人自谋职业的，由当地人民政府给予一次性经济补助，并给予政策上的优惠。士官退出现役后，初级士官按复员安置，满10年的中级士官、高级士官作转业安置，本人要求复员的经批准也可以作复员安置。入伍前是农村户口的，可以转为城镇户口；服现役满30年或者满55岁的高级士官作退休安置，根据地方需要和本人自愿也可以作转业安置。丧失工作能力的士官作退休安置。退出现役的特等、一等革命残废军人，由国家供养终身，其余的由政府安排力所能及的工作，或转业地方工作，或作退休处理。军官退出现役后，由国家妥善安置。担任师级以上职务和高级专业技术职务的军官，退出现役后主要作退休安置；担任团级以下职务和初、中级专业技术职务的军官退出现役后主要作转业安置，不宜作转业或其他安置的团职军官可以由组织批准作退休安置。自愿复员的干部，可回原籍县（市、区）或入伍时户口所在地，也可到配偶所在地。国家机关和企业事业单位在招聘工作人员时，应对具备条件的复员干部优先聘任和录用。复员干部从事个体经营或开办私营企业的，应依法优先发给营业执照，在有限期内给予低息贷款，经税务部门批准可适当减免营业税和所得税。复员干部就业后的待遇按照“享受所在单位同工龄、同工种、同岗位人员待遇”的原则确定。

军衔　中国人民解放军军官军衔分为 3 等 10 级，即将官 3 级（上将、中将、少将）、校官 4 级（大校、上校、中校、少校）、尉官 3 级（上尉、中尉、少尉）。根据军官所属军种和技术特点，在海军、空军和专业技术军官军衔前分别冠以“海军”、“空军”、“专业技术”名称。现行军官职务等级编制军衔：中央军事委员会主席不授予军衔，中央军事委员会副主席和委员为上将，总参谋长、总政治部主任为上将，正大军区职为上将、中将，副大军区职为中将、少将，正军职为少将、中将，副军职为少将、大校，正师职为大校、少将，副师职为上校、大校，正团职为上校、中校，副团职为中校、少校，正营职为少校、中校，副营职为上尉、少校，正连职为上尉、中尉，副连职为中尉、上尉，排职为少尉、中尉。专业技术军官，高级专业技术职务为中将至少校，中级专业技术职务为大校至上尉，初级专业技术职务为中校至少尉。志愿兵役制士兵按军衔等级分为：高级士官（六级士官、五级士官）；中级士官（四级士官、三级士官）；初级士官（二级士官、一级士官）。义务兵役制士兵分为上等兵、列兵。士兵军衔中，列兵为最低军衔，六级士官为最高军衔。海军、空军士兵在军衔前分别冠以“海军”、“空军”二字。

文职制度　中国人民解放军中的文职干部是被任命为初级以上专业技术职务或者办事员级以上职务，不授予军衔的现役军人，是国家干部队伍的组成部分。文职干部按照工作性质分为专业技术文职干部和非专业技术文职干部。文职干部编制范围：军队中科学研究、工程技术、医疗卫生、教学、新闻、出版、图书、档案、文化艺术、体育等单位的部分专业技术干部职务，以及机关、院校、医院等单位部分从事行政事务、服务保障的干部职务。文职干部的职务等级：专业技术文职干部的专业技术职务分为高级、中级、初级，专业技术等级分为 1 级至 14 级，1 级为最高级；非专业技术文职干部的职务分为正局级、副局级、正处级、副处级、正科级、副科级、一级科员、二级科员、办事员。文职干部的级别设置为特级、1 级至 9 级，特级为最高级。文职干部的待遇基本与现役军官的待遇相同。文职干部着制式服装，佩带帽徽、肩章、军种符号、领花。根据工作需要，文职干部可以改任军官，并按照有关规定评定授予军衔。

（张景恩　吴德斌）

附：中国台湾省军事概况

主要统计　面积 3.6006 万平方公里，由台湾本岛、周围属岛和澎湖列岛等 80 余个岛屿组成。其中台湾本岛面积 3.5798 万平方公里，是中国第一大岛。人口 2260 万人（其中，14 岁以下人口 517 万人，15~64 岁劳动适龄人口男约为 872.2 万人，女约 884.9 万人，65 岁以上人口 197 万人）。国民生产总值 2800 亿美元（2003 年），“国防”预算 78.4 亿美元。石油自产 3.8 万公升，天然气 7.4 万立方米，发电量 129.77 亿度，粮食 180.1 万吨（1998）。铁路总长 2400 公里，客运量 1.61 亿人，货运量 0.12 亿吨。海运能力，台籍船舶登记数（不含 100 吨以下及渔船等）226 艘，总载重量 599.6 万吨。空运能力，台籍航空公司飞机 189 架，客运量 3787.9 万人，货运量 162.2 万吨。

简况　台湾自古以来就是中国领土不可分割的一部分。1949 年 10 月 1 日，中华人民共和国成立，蒋介石和部分国民党军政人员退据台湾，依靠美国的庇护和支持，偏安一隅，使台湾与祖大陆陷入分离局面。从 1995 年 6 月开始，李登辉公开进行分裂祖国的活动，先后抛出所谓“七块论”和“两国论”，将两岸关系推向十分危险的境地。对此，中国政府、中国人民和中国人民解放军开展了坚决的反分裂、反“台独”斗争。陈水扁 2000 年 5 月上台后，对台所谓安全政策进行了一些调整。其现行安全政策的要点是：在对外政策方面，抛出所谓“人权外交”，加大“参与联合国”和其他国际组织的力度。2004 年底民进党在立法院选举失败后，在两岸关系上，仍继续坚持回避、拒绝“一个中国的原则”，推出一些实质性的“台独”措施，鼓吹“本土意识”。2004 年在极有争议的选举中，陈水扁以些微多数票竞选连任成功，继续挑衅“一中”原则。2005 年 4~5 月连战、宋楚瑜相继访问大陆，达成多项成果。陈采取拖延战术，迟迟不予接受。在军事上，大力推进台军的现代化革新，主张“境外决战”，力图达到“以武拒统”的目的。

军事战略　提出“境外决战”的新战略构想，“不希望将战争带入本土”。调整军事战略方针，将李登辉时期的“防卫固守、有效吓阻”改变为“有效吓阻、防卫固守”，并强调“全民防卫”。台军认为，台军“自精实案实施，新一代兵力编成及武器装备更新后，已具备主动战略条件，有能力遂行反制作战，且可获致一定程度之吓阻效果”。2004 年台军开始实施“精进案”，以建设现代化军队为重点，注重提高三军联合作战能力。在作战对象上，继续视大陆为其最大威胁，认为大陆军队现代化建设对台湾的威胁“已从单纯数量优势转变为质量的竞争”，对台的“安全威胁已较以往更加紧迫、更为严重，武力犯台模式也更加多样化。”在作战指导上，强调“远距接战”、“先制反制”作战，提出“止战而不惧战，备战而不求战”的原则，一旦战争爆发，将依据“战略持久、战术速决”的作战指导思想，实施总体作战。

军事体制　基本架构由“总统”、“国家安全会议”、“行政院”、“国防部”组成。“总统”为三军统帅，直接通过"国防部长"统帅三军。“国家安全会议”为安全的最高咨询机关。“行政院”负责制定“国防政策”，统合整体“国力”，督导所属各机关办理“国防”有关事务。“国防部”隶属于“行政院”，对台军政、军令、军备三大系统有领导与指挥权。武装力量由正规军和后备力量及准军事力量组成。正规军分为陆、海、空三个军种及宪兵等。

领导人物　“总统”兼武装力量统帅陈水扁（2004 年 5 月 20 日连任），“行政院”院长谢长廷，“国防部”部长李杰，参谋总长李天羽，陆军总司令朱凯生，海军总司令陈邦治，空军总司令刘贵立。

武装力量　现役总兵力为 33 万人。

陆军　20 万人。编有 3 个军团部，4 个防卫部，在“精实案”计划实施过程中，陆军师已全部改编为“联兵旅”。“联兵旅”分为守备旅，共计 40 个（已有部分守备旅撤并）。此外，还编有 4 个防卫部直属营、2 个防空导弹群、1 个通信电子战群等。

各型坦克：1000 余辆，其中主战坦克 740 辆。步战车：225 辆。装甲输送车等装甲车辆：950 辆。火炮：1375 门。反坦克导弹：1000 枚。高炮：400 余门。各型直升机：234 架。地空导弹：241 枚。

海军　6.2 万人（含海军陆战队）。编为 7 个舰队（2 个驱逐舰队、2 个巡防舰队及水雷、两栖、勤务舰队各 1 个）、1 个潜水艇战队、若干快艇队、1 个海军航空指挥部、1 个观察系统指挥部；海军陆战队师已改编为 3 个陆战“联兵旅”（守备旅、打击旅、基地警卫旅）。

潜艇：4 艘。水面舰船：520 余艘。其中主要水面舰艇 32 艘，两栖舰船 18 艘。作战飞机：32 架。武装直升机：20 架。

空军　6.8 万人。编有 1 个作战司令部，1 个后勤司令部，1 个教育暨准则发展司令部，2 个基础指挥部，7 个飞行联队及其他战斗和战斗支援部队。
作战飞机：479 架，其中 IDF（“经国”号）型战机 130 架，F-16 型战机 146 架，幻影-2000 型战机 57 架。高炮：400 余门。

新编组导弹司令部，将主要陆基防空、地地、地航导弹编人该司令部。

后备军人　348·3 万人。其中，陆军 272.4 万人；海军 42.5 万人；空军 33.4 万人。精壮及专业技术后备军人纳入“年度动员计划”，每年实施教育召集、点阅召集训练，以符合战备要求。

部署　台军由于兵力裁减，武器装备更新，兵力部署也作出了相应的调整。陆军设有 5 个战区及金门、马祖 2 个防卫部，作战部队均部署在其防区内。第 1 战区为澎湖列岛及周边海区，部署 2 个联兵旅；第二战区为中央山脉以东大浊水溪以南、大竹蒿溪以北地区，主要部署 2 个守备旅；第 3 战区为后龙溪与大浊水溪以北地区，主要部署有 10 个联兵旅；第 4 作战区为八掌溪与大竹蒿溪以南地区，主要部署有 8 个联兵旅；第 5 战区为中央山脉以西、后龙溪以南、八掌溪以北地区，主要部署有 8 个联兵旅；金门防卫部防区部署有 4 个联兵旅；马祖防卫部防区部署有 3 个联兵旅。部分守备旅撤并后，各战区部属的联兵旅数量均有所减少。另有 5 个机动打击旅作为战略预备队，分别部署于各个战区。海军作战部队依固定的基地部署，左营部署有 3 个舰队，在高雄、基隆、苏澳、马公各部署有 1 个舰队。空军作战部队依机场部署。台南、清泉岗、嘉义、花莲、台东、桃园、屏东、新竹各部署有 1 个飞行大队。海空雷达部队部署在外岛及本岛适宜阵位。

兵役制度　实施义务兵与志愿兵役制相结合的兵役制度。军官、士官和志愿兵为志愿制，兵为义务制。

军衔　分为 5 等 19 级，即将官 4 级（一级上将、上将、中将、少将）、校官 3 级（上校、中校、少校）、尉官 3 级（上尉、中尉、少尉）、士官 6 级（一等士官、二等士官、三等士官、上士、中士、下士）、兵 3 级（上等兵、一等兵、二等兵）。

（张世斌）

阿 富 汗

国　　名　阿富汗伊斯兰共和国。

主要统计　面积65.23万平方公里。人口2876.6万人（其中，0~14岁占43.8%，15~64岁占53.4%，65岁以上占2.8%）。国内生产总值44亿美元。粮食：191.3万吨。

领导人物　总统兼武装部队总司令卡尔扎伊（2002年6月19日）。国防部长拉希姆·瓦尔达克（2004年12月）。

武装力量　阿富汗原有国家正式军队，1989年苏联侵阿战争结束后消亡，阿各派游击队围绕权力分配问题互不相让，并展开了一场旷日持久的权力争夺战，形成多股非正规武装。其中主要的派别包括：伊斯兰促进会、伊斯兰党（希克马蒂亚尔派）、伊斯兰党（哈里斯派）、伊斯兰革命运动、阿富民族解放阵线、伊斯兰统一党、伊斯兰民族运动等。1994年8月，阿富汗宗教学生运动"塔利班"异军突起，提出"铲除军阀、恢复和平、重建家园、建立真正的伊斯兰政权"的口号，受到阿富汗人民的普遍欢迎和支持，队伍迅速发展壮大，并在国内连续取得胜利。1996年8月，"塔利班"攻占首都喀布尔，接管中央政府，颁布新的政策和法规，开始行使政府职责。在此形势下，阿原来各派游击队联合组成了反塔利班的北方联盟。由此，阿国内形成了两大武装集团对立抗衡的局面。其中，塔利班控制全国95%的地区，总实力约8万人，主要武器装备有：T-54、T-55、T-62型坦克300余辆；PT-76型装甲车200余辆；BRDM-1、BRDM-2型步兵战车150余辆；各型火炮400余门；"飞毛腿"导弹若干枚；苏-17、苏-22、米格-21等型战斗机70余架。北方联盟总实力约10万人，主要武器装备有：T-54、T-55、T-62型坦克250辆；PT-76型装甲车300余辆；BRDM-1、BRDM-2型步兵战车100余辆；各型火炮200余门；"飞毛腿"导弹若干枚；苏-17、苏-22、米格-21等型战斗机30余架。2001年"9·11"事件后，美国对阿富汗发动反恐怖战争，推翻了塔利班政府。2001年12月22日，阿成立了以卡尔扎伊为首的临时政府，开始重新组建国家军队。为此，阿临时政府成立了以国防部长为首的专门委员会，负责国家武装部队的筹建工作。2002年4月，阿临时政府制定了国家军队建设方案，并规定新的国家军队主要任务是确保国家安全，保障公民的生命和财产安全，平息国内民族纠纷，维持边界的安定，执行反毒反恐行动，帮助重建以及分发人道主义援助，在国家发生紧急情况时及时提供保障，抢险救灾等。根据该方案，阿新的国家军队总兵力约为8万人。

陆军　约6万人，编成4个地区司令部，9个军部，32个师（每省部署1个师，每个师约2000人）。主要武器装备有：T-54、T-55、T-62型坦克500辆；PT-76型轻型装甲车若干辆；BRDM-1、BRDM-2型装甲侦察车若干辆；BMP-1/-2型步兵战车120辆；BTR-40/-60/-70/-80/-152型装甲输送车225辆；76毫米牵引火炮若干门，85毫米牵引火炮若干门，100毫米牵引火炮10门，122毫米牵引火炮100门，130毫米火炮20门，152毫米牵引火炮若干门；122毫米火箭炮60门，140毫米火箭炮10门，220毫米火箭炮10门；82毫米迫击炮、107毫米迫击炮、120毫米迫击炮若干门；"飞毛腿"地对地导弹5枚，"蛙"-7式地对地导弹10枚；AT-1/-3型反坦克导弹若干枚；73毫米、82毫米无坐力炮若干门；14.5毫米高射机枪、23毫米高射机枪、37毫米高射炮、57毫米高射炮、85毫米高射炮、100毫米高射炮各若干门；地空导弹若干枚。

空军　0.8万人。主要装备有：米格-21型战斗机约5架；安-24型运输机若干架；米-24型直升机约5架，米-8/-17型直升机8架；L-39型教练机2架。

边防军　1.2万人。

准军事部队　7万人（大部分为警察）。

外国驻军　"持久自由行动"：美国约1.8万人；丹麦、法国、澳大利亚、德国、新西兰、挪威、波兰、俄罗斯等国1500人。北约部队：来自37个北约或非北约国家，约6500人。

（刘温国）

阿 塞 拜 疆

国　　名　阿塞拜疆共和国。

主要统计　面积 8.66 万平方公里。人口 827.1 万人（其中，0~14 岁占 27.7%，15~64 岁占 65.0%，65 岁以上占 7.3%）。国内生产总值 293 亿美元（2003 年）。国防费 1.56 亿美元（2004 年）。原油 1533 万吨（2002 年）。天然气 51.505 亿立方米（2002 年）。发电量 185.33 亿度（2002 年）。粮食 219.57 万吨（2002 年）。商船（载重）100 吨以上 69 艘（2004 年）。固定航班机场 3 处，客运量 16.5 亿人公里，货运量 1.83 亿吨公里（2004 年）。

国防体制　宪法规定，总统为武装力量统帅。最高国防决策机构为国家安全委员会，成员包括总统、全体内阁部长、武装力量参谋长，由总统任主席。国防部为政府中的一个部，是最高军事行政机关。武装力量由正规军和准军事部队组成。正规军分为陆、海、空三个军种。最高指挥机构为武装力量参谋部。总统通过国防部和武装力量参谋部对全国武装力量实施领导和指挥。

领导人物　总统兼武装力量统帅伊利哈姆·阿利耶夫（2003 年 10 月当选）。国防部长萨法尔·阿比耶夫上将（1995 年 2 月上任）。

武装力量　现役部队 6.649 万人。

陆军　5.684 万人。编有 5 个军司令部、23 个摩步旅、2 个炮兵旅、1 个反坦克团。

主战坦克：220 辆。步兵战车：135 辆。装甲输送车：468 辆。火炮：282 门（其中牵引炮 141 门，自行炮 12 门，火箭炮 53 门，迫击炮 47 门）。反坦克导弹：250 余架。地空导弹：SA-4/-8/-13 型共 40 余枚。

海军　1750 人。

海岸巡逻艇：6 艘。扫雷艇：5 艘。两栖登陆艇：4 艘。支援和辅助舰艇：2 艘。

空军　7900 人。

飞机：战斗机 47 架，其中苏-17 型 4 架、苏-24 型 5 架、苏-25 型 8 架、米-21 型 4 架、米格-25 型 26 架。运输机：4 架。直升机：35 架，其中武装直升机米-24 型 15 架。地空导弹：SA-2/-3/-5 型 100 枚。

准军事部队　1.5 万余人。其中民兵 1 万余人、边防军 5000 人。

兵役制度　实行自愿制与合同制相结合的兵役制度，服役期 18 个月。

驻外兵力　驻阿富汗维和人员 150 人。驻伊拉克维和人员 22 人。驻塞尔维亚和黑山 34 人。

军队节日　武装力量日 6 月 26 日。

（赵彦华）

巴 基 斯 坦

国　　名　巴基斯坦伊斯兰共和国。

主要统计　面积 79.6095 万平方公里。人口 1.484390 亿人（其中，0~14 岁占 40.6%，15~64 岁占 56%，65 岁以上占 3.3%）。国内生产总值 4.01 万亿卢比，合 696 亿美元（2003 年）。国防费 1603 亿卢比，合 28 亿美元（2003 年国防预算）。原煤 315.9 万吨（2000 年）。原油 2100 万桶（2000）。天然气 187.38 亿立方米（2000 年）。发电量 612.04 亿度（2000 年）。粮食 2992.3 万吨（2000 年）。海运能力，商船（载重 100 吨以上）73 艘，总载重量 51.38 万吨（2000 年）。民航能力，固定航班机场 35 处，客运量 104.66 亿人公里、货运量 6.503 亿吨公里（2000 年）。

国防政策　巴基斯坦国防政策的基本点是：维护国家独立、主权和领土完整；反对印度称霸南亚，争取同南亚小国加强军事合作，共同抗衡印度；主张建立“南亚无核区”，同印度签订互不侵犯条约；适当增加军费，努力建设一支与巴的“安全环境”相适应的武装力量，重点提高武器装备现代化水平；武器来源贯彻多方引进与自产相结合的方针，强调发展国防工业，努力提高自力更生能力；面对印度的核威慑，积极发展核武器；在加强正规军建设的同时，积极发展准军事部队，保持充足的预备役兵源。

军事战略　冷战结束后，巴基斯坦对其军事战略作了相应调整。巴将 80 年代形成的东抗印度、西堵苏联通过阿富汗南下扩张的战略调整为集中主要力量对付印度。巴将 80%的兵力部署在东部边境，将 20%的兵力部署在西部边境。在作战指导思想上，巴鉴于本身国土狭长、纵深浅的特点，强调"先发制人"、"速战速决"，避免久拖不决的消耗战。在武装力量建设上，实行稳步扩军的方针，并力争实现武器装备现代化，要求在兵力数量上与当面对手保持均势，在武器装备上力争胜对手一筹。在发展核武器问题上，采取"以牙还牙"的政策，积极发展核武器，谋求对印进行核威慑。

国防体制　总统为武装部队统帅。内阁防务委员会为最高决策机关，主席由总统兼任，成员包括国防、外交、财政、内政等部长，参谋长联席会议主席、三军参谋长、国防部秘书长一般均出席内阁防务委员会会议。国防部是贯彻执行内阁防务委员会决议的最高军事行政领导机构，主要负责三军的财务管理、武器生产与采购。国防部首脑为国防部长，国防部秘书长负责主持日常工作。国防部下设防务局、生产局和国防情报局。参谋长联席会议在行政上受国防部领导，但在军事指挥上直属总统，主要负责拟定三军联合战略计划、研究武装力量的兵力与编成、向内阁防务委员会提供国防咨询，其成员有三军参谋长和国防部秘书长，主席由三军参谋长轮流担任，任期 3 年，武装力量由正规军、准军事部队和预备役部队组成。正规军分为陆、海、空三个军种。总统通过国防部和参谋长联席会议领导和指挥全军。

领导人物　总统兼武装部队统帅佩尔韦兹.穆沙拉夫（2001 年 7 月上任）。国防部长拉奥·西坎达尔（2003 年上任）。参谋长联席会议主席穆罕默德·尤素福·汗上将（2003 年上任）陆军参谋长佩尔韦兹·穆沙拉夫上将（1998 年 10 月 7 日上任）。海军参谋长卡里穆拉上将（2003 年上任）。空军参谋长卡利姆·萨达特上将（2003 年上任）。

武装力量　现役部队 61.9 万人。

陆军　55 万人。编成 9 个军部、2 个装甲师、9 个军炮旅、19 个步兵师、7 个独立装甲旅、6 个独立步兵旅、5 个独立炮兵旅、1 个机械化旅、7 个工程兵旅、1 个地区司令部（师级）、1 个防空司令部（下辖 8 个旅）、3 个装甲侦察团、1 个特种部队群（3 个营）、16 个航空兵中队。

主战坦克：2456 辆，其中 M-48A5 型 270 辆、T-54/55 型 51 辆、T-59 型 1100 辆、T-69 型 400 辆、T-85 型 270 辆、T-80UD 型约 320 辆，"卡利德" 45 辆。装甲输送车：1266 辆，其中 M-113 型 1100 辆，BTR-70/80 型 120 辆，UR-416 型 46 辆。牵引炮：1829 门（其中，85 毫米 200 门、105 毫米 329 门、122 毫米 570 门、130 毫米 410 门、155 毫米 292 门、203 毫米 28 门）。自行炮：260 门（其中，155 毫米 200 门、203 毫米 60 门）。火箭炮：122 毫米 52 门。迫击炮：约 2350 门（其中，81 毫米 500 门、120 毫米 225 门）。地地导弹："哈塔夫-1"型 95 枚、"哈塔夫-3"型 50 枚、"沙辛-1"型 6 枚、"高里"-15 型 20 枚。反坦克导弹：10500 枚。火箭筒：73 毫米、89 毫米若干具。无坐力炮：75、106 毫米 3700 门。高炮（高射机枪）：1900 门（挺），其中 14.5 毫米和 35 毫米共 215 门，37、40、57 和 85 毫米共 704 门。地空导弹：2930 枚。飞机：航测机 2 架、联络机 47 架、观测机 80 架。直升机：攻击直升机 22 架、运输直升机 121 架。

海军　2.4 万人（含海军航空兵、海军陆战队和海上保安部队）。基地设在卡拉奇（舰队司令部）。正在修建的基地为瓜达尔和奥马拉。

潜艇：11 艘，其中"卡林级"2 艘、"初日"级 2 艘、"汉格尔"级 4 艘、小型潜艇 3 艘。主要水面舰只：驱逐舰："征服者"级 2 艘。护卫舰：8 艘，其中导弹护卫舰 6 艘、常规护卫舰 2 艘。导弹快艇：6 艘。巡逻艇：3 艘。扫雷艇：3 艘。支援舰：9 艘。

海军航空兵　装备作战飞机 6 架、武装直升机 9 架。

海军陆战队　约 1400 人。

空军　4.5 万人。编成 6 个攻击战斗机中队、12 个战斗机中队、1 个侦察机中队、1 个海上反潜侦察机中队、2 个运输机中队、1 个救援直升机中队、1 个运输直升机中队、7 个地空导弹连。装备作战飞机 415 架。

攻击战斗机："幻影"68 架、Q-5 型 41 架。战斗机："幻影"43 架、F-16 型 32 架、其他型 132 架。武装侦察机："幻影"3RP 型 15 架。反潜巡逻机："大西洋"4 架、P-3C 型 3 架（均具有作战能力）。运输机：C-130 型 14 架、波音-707 型 3 架，其他型号 11 架。救援直升机：SA-319 型 6 架。运输直升机：SA-316/319 型 15 架、SA-321 型 4 架、SA-315B 型 12 架。教练机：152 架，其中 80 架 MFI-17B 型具有作战能力。地空导弹："响尾蛇"144 枚、SA-2 型 6 枚。空地导弹："飞鱼"、"小牛"若干枚。空空导弹：

"麻雀"、"响尾蛇"等若干枚。

预备役部队　51.3万人，其中陆军50万人、海军5000人、空军8000人。

准军事部队　28.9万人。国民警卫队18.5万人。边防部队6.5万人，装备装甲输送车45辆。巴基斯坦别动队（属内务部）3.5~4万人。北方轻步兵部队1.2万人。海上保安厅约2000人，装备驱逐舰1艘、快艇8艘。海岸警卫队，装备快艇23艘。

军衔　军官军衔分3等11级：将官4级（上将、中将、少将、准将），校官3级（上校、中校、少校），尉官4级（上尉、中尉、少尉、准尉）。

兵役制度　实行志愿兵役制。新兵招募的年龄，陆军17~21岁，海军17~20岁，空军16~28岁。士兵服役年限，陆军7年，海、空军7~8年。士兵服役期满后转为预备役。预备役服役年限，陆军8年，海、空军5年。军官最高服役年龄，将官59岁，校官52岁，尉官48岁。

驻外兵力　2004年巴基斯坦共有7822人在克罗地亚、多哥、东帝汶、格鲁吉亚、西撒哈拉等国和地区参加联合国维和行动。

外国驻巴部队　2004年有9个国家的44名军事观察员驻巴基斯坦。

军队节日　国防节9月6日。

（刘温国）

巴勒斯坦

国　　名　巴勒斯坦国。

主要统计　根据1947年11月联合国关于巴勒斯坦分治的第181号决议规定，在巴勒斯坦地区建立的阿拉伯国家，面积为1.15万平方公里。但由于当时阿拉伯国家反对该决议，而未在决议规定的地区建立阿拉伯国。1948年5月，第一次中东战争爆发，以色列占领了第181号决议规定的大部分阿拉伯国领土；1967年第三次中东战争中，以色列占领了该决议规定的全部阿国领土。1988年11月，巴勒斯坦全国委员会第19次特别会议宣告成立巴勒斯坦国，但未确定其疆界。自马德里和会至今，巴通过与以和谈，陆续收回了约2500平方公里的土地。人口879.7333万人（2000年，加沙地带和约旦河西岸315万人。其中，13~17岁男16.3万人，女15.8万人；18~22岁男14万人，女13.4万人；23~32岁男23.3万人，女22.2万人）。国内生产总值45.79亿美元（2002年）。

领导人物　巴勒斯坦国总统、巴勒斯坦解放组织执行委员会主席、法塔赫中央委员会主席、巴勒斯坦民族权力机构主席亚西尔·阿拉法特。2004年11月11日，阿拉法特因病去世。巴解组织执委会总书记马哈茂德·阿巴斯接任巴解组织执委会主席，巴解组织政治部主任法鲁克·卡杜米接任法塔赫中央委员会主席，巴立法委员会主席劳希·法图临时接任巴民族权力机构主席。2005年1月9日，阿巴斯在巴勒斯坦大选中获胜，当选第二任巴勒斯坦民族权力机构主席。1月15日，阿巴斯宣誓就职。巴勒斯坦自治政府总理艾哈迈德·库赖（2003年9月10日上任）。

武装力量　**准军事部队**（警察部队）。根据巴以双方1993年达成的《奥斯陆协议》（即《加沙-杰里科先行自治协议》），巴方可以拥有一支用于保障约旦河西岸和加沙地带巴勒斯坦人的社会秩序和内部安全的警察部队，以色列继续担负防御外部威胁以及维护以色列人安全的责任。因此，虽然巴勒斯坦拥有自己的武装力量，但并不是一个国家的军队，而只是一个政治实体的军队。这支部队的规模完全不是由巴勒斯坦人自己决定的，其性质也不同于任何独立国家的军队，更不具备与以色列国防军相抗衡的实力。巴勒斯坦警察部队的主要组成部分包括：

国家安全部队　包括加沙地带和约旦河西岸，亚西尔·阿拉法特在世时由其领导，现由阿巴斯领导。国家安全部队是巴勒斯坦民族权力机构履行军队职能的警察部队，是巴权力机构最主要的部队。其主要职责是维护巴勒斯坦控制的加沙和约旦河西岸城市地区的安全，并为联合地区协调办公室以及与以色列进行的联合机动巡逻提供人员。

情报局　亚西尔·阿拉法特在世时由其领导。

军事情报警察　亚西尔·阿拉法特在世时由其领导，主要负责收集有关以色列的情报，处理内部安全事务。

民事警察部队　包括加沙和约旦河西岸，由阿巴斯领导，负责维持法律和秩序。另外还设有情报局、海岸警卫队、空军小分队、民防联队以及代替边防部队的海关人员等。

预防安全警察（安全预警部队） 包括加沙和约旦河西岸。安全预警部队是巴民族权力机构区域内规模最大的情报和内务部队。

总统安全部队（亦称第17旅或17部队），约500人。总统安全部队是一支保卫以阿拉法特为首的巴勒斯坦民族权力机构重要成员和官员机构的精锐部队。17部队下设内勤、安保、通讯、特种驾驶、特种作战、后勤等部门，均由经过严格的政治审查且绝对忠于阿拉法特和巴解组织的志愿者组成。

巴勒斯坦警察部队主要装备有一些轻武器、1架飞机以及5架直升机（1架AB-212型，2架米-8型，2架米-17型）。

除警察部队外，巴方还拥有一些准军事组织。主要包括坦齐姆、“阿克萨烈士旅”以及“哈马斯”等。坦齐姆是巴勒斯坦解放组织主流派别法塔赫的准军事部队，预备成员在2000~3000人之间，成立于1995年。该组织在约旦河西岸的负责人是马尔万·巴尔古提（2002年4月被以色列逮捕，后被释放）、加沙地带的负责人是马希尔·埃利。

“阿克萨烈士旅”是沙龙2000年9月强行“参观”阿克萨清真寺导致巴以大规模流血冲突之后成立的。该组织是一个地下民兵组织，主要由城区和村庄中的主战分子组成，其许多成员曾在阿拉法特领导的巴勒斯坦民族权力机构的各种安全部队中任职。在此次巴以冲突中，制造了多起针对以色列人的自杀性袭击事件。

“哈马斯”的全称是伊斯兰抵抗运动，由巴勒斯坦人谢赫·艾哈迈德·亚辛于1987年建立。1989年，以色列当局宣布其为非法组织并取缔该组织的一切活动。有正式成员约2万多人，多是年轻人，其中不少是大学生。它组织严密、纪律严明、制度严格，既有分开活动，又有秘密活动和军事组织。其下设的军事分支控制着受过特殊训练的突击部队。哈马斯坚决反对中东和平进程。1994年5月，巴勒斯坦在加沙和杰里科实行自治之后，制造了多起严重的自杀性炸弹袭击事件。2000年9月巴以爆发大规模流血冲突后，制造了数起针对以军和以色列平民的自杀性袭击事件。2004年3月22日，亚辛遇袭身亡。4月17日，哈马斯新加沙地带领导人阿卜杜勒·阿齐兹·兰提西又遇袭不治身亡。哈马斯两名高级领导人在不到一个月的时间内相继遭到以色列“定点清除”，致使该组织受到重挫。

（林海霞）

朝　　鲜

国　　名　朝鲜民主主义人民共和国。

主要统计　面积12.2762万平方公里。人口约2246.6万人（其中，13~17岁男107.4万人，女111.7万人；18~22岁男90.8万人，女100.4万人；23~32岁男250.4万人，女204.8万人）。国民生产总值（GNP）约200亿美元（2002年）。国防预算约16亿美元（2003年），军费开支实际约50亿美元（2002年）。

国防体制　朝鲜劳动党中央委员会总书记、党中央军事委员会委员长兼国防委员会委员长为武装力量最高统帅。朝鲜新宪法规定国防委员会“指挥统率全部武装力量，负责一切国防事务”，有权决定军事部门中央机关的成立和撤消、宣布战争和发布动员令、负责国家武装力量和国防建设、设立或取消国防部门所属中央机关、对重要军事干部的任命罢免、颁布军事称号等权力。劳动党中央设有军事部。共和国政府设有人民武装力量部。常备武装力量为朝鲜人民军，分陆、海、空三个军种，常设领导机关为总参谋部和总政治局。

领导人物　现任国防委员会委员长（2003年9月）、人民军最高司令官金正日元帅（1993年就任）。国防委员会第一副委员长由赵明录担任，副委员长由延亨默、李用茂担任，国防委员由金永春、金一哲、全炳镐、崔龙洙、白世奉担任。国防委员会委员金一哲次帅兼任人民武力部部长（2003年9月）。总参谋长为金永春次帅（1995年10月上任）。总政治局长为赵明录次帅（1995年10上任）。

武装力量　**兵力**　现役部队110.6万人。

陆军　约95万人。编有20个军（其中1个装甲军、4个机械化军、12个步兵军、2个炮兵军、1个首都防御军）、27个机械化步兵师、15个装甲旅、14个机械化步兵旅、21个炮兵旅、9个火箭发射旅；1个特种作战军8.8万人，辖10个狙击旅（包括2个两栖旅、2个空降旅)、12个步兵旅(包括3个空降旅)、17个侦察团、1个炮兵空降营、8个特种任务营;6个直属炮兵旅、1个“飞毛腿”地对地导弹旅、1个“蛙”式地对地导弹旅;14个特种炮弹火箭炮旅。

主战坦克:大约3500辆,主要型号有T-34型、T-54/55型、T-62型、Type-59型。轻型坦克:560辆,主要型号有PT-76型、M-1985型。装甲运输车:2500辆,主要型号有BTR-40/50/60/152型、Type-531型、VTT-323(M-1973)型、BTR-80A型。牵引火炮:3500门,主要有122毫米、130毫米、152毫米等。自行火炮:4400门,主要有122毫米、130毫米、152毫米、170毫米等。火箭炮:2500门,主要有107毫米、122毫米、240毫米等。迫击炮:7500门,主要有82毫米、120毫米、160毫米等。地对地导弹:“蛙”式-3/5/7型24枚、“飞毛腿”C型约30枚(实际应多于200枚)以及劳动型约10枚(实际应多于90枚)。地对空导弹:10000余枚。反坦克导弹:AT-1型、AT-3型、AT-4型、AT-5型若干枚。无后坐力炮:1700门。防空高炮:11000门,主要有14.5毫米、23毫米、37毫米、57毫米、85毫米、100毫米等。

海军　约4.6万人,编有东海和西海2个舰队司令部。

潜艇:苏制R级潜艇22艘、W级潜艇4艘、小型潜艇45艘、海岸潜艇21艘。护卫舰:3艘,其中“罗津”级2艘、“苏湖”级1艘。猎潜艇:6艘,其中“沙里院”级4艘、“串儿”级2艘。导弹快艇:43艘,其中“西州”级15艘、“奥萨”级8艘、“黄蜂”级4艘、“蚊子”级10艘、“瑞兴”级6艘。鱼雷艇:103艘,其中“新兴”级3艘、“沪松”级大约60艘、“新浦”级40艘。巡逻艇:158艘,其中“海南”级大型巡逻艇4艘、“大青”级大型巡逻艇13艘、“索曼”级大型巡逻艇6艘、“索1”级近海巡逻艇18艘、“上海Ⅱ”级高速攻击艇12艘、“椒岛”级高速攻击炮艇3艘、渔船改装巡逻艇大约100多艘。扫雷艇:“陆岛”系列23艘。水陆两栖登陆艇10艘。水面支援船:共有7艘,其中海上拖船2艘、侦察船1艘、气象测量船1艘、潜艇救护船3艘。

岸防部队　地对舰导弹团2个,“蚕”式导弹发射架6套,122毫米、130毫米、152毫米岸炮若干门。

空军　11万人。编为6个航空师,作战飞机621架。

战斗机:米格-17型机107架,米格-19型机159架,米格-21型机120架,米格-23型机46架,米格-29型机20架,苏-7型机18架,苏-25型机34架。轰炸机:H-5(伊尔-28)型机80架。运输机:安-2/雅-5型机约300架、安-24型机6架、伊尔-18型机2架、伊尔-62M型机4架、图-134型机2架、图-154型机4架。直升机:米-24型机24架、“休斯”500D型机80架、米-2型机139架、米-8/-17型机15架、Z-5型机48架。教练机:米格-21型机6架、CJ-5型机10架、CJ-6型机7架、雅克-18型机170架、FT-2型机(米格-15UTI)35架。空对空导弹:AA-2型、AA-7型、AA-8型、AA-10型、AA-11型、PL-5型和PL-7型若干枚。地对空导弹:SA-2型约40枚、SA-3型7枚、SA-5型2枚,SA-7/14/16型数千枚。

预备役部队　470万人。

准军事部队　18.9万人。工农赤卫队350万人,最大年龄为60岁,其中陆军60万人、海军6.5万人,其指挥序列为旅、营、连、排,装备有轻武器、迫击炮和高炮。

兵役制度　实行义务兵役制。服役期:陆军5~8年、海军5~10年、空军为3~4年。义务兵可服役至40岁。工农赤卫队服役至60岁。

军衔　共分5等21级,即将官以上7级(大元帅、元帅、次帅、大将、上将、中将、少将),校官4级(大校、上校、中校、少校),尉官4级(大尉、上尉、中尉、少尉),士兵4级(特务上士、上士、中士、下士),兵2级(上等兵、下等兵)。

驻外兵力　在12个非洲国家派有军事顾问。

军队节日　建军节4月25日。

(武建伟)

菲律宾

国　　名　菲律宾共和国。

主要统计　面积29.97万平方公里。人口8270万人(2004年。其中,0~14岁占36.5%,15~64岁男占59.6%,65岁以上占3.9%)。国内生产总值804亿美元（2003年）。国防费8.07亿美元（2004年国防预算）。粮食1690.1万吨（2000年）。海运能力，商船（载重100吨以上）1499艘，总载重量1380.71万吨（2003年）。民航能力，固定航班机场21处，客运量102.92亿人公里、货运量2.41亿吨公里（2003年）。

国防政策 菲律宾国防战略目标是保护国家安全利益，维护国家政治稳定和促进经济发展，确保菲在地区和国际上发挥更加积极的作用。为此，菲奉行以下国防政策：（一）大力加强海空军建设，着重提高快速反应能力、海上作战能力和三军协同作战能力。（二）密切与亚太地区各国尤其是东盟国家在防务方面的合作，支持把东南亚建成一个“和平、自由和中立区”，全面推进东南亚无核化进程。（三）维系菲美军事同盟，拓宽防务合作范围，向美提供军队部署、给养和武器装备维修方面的支持，争取美向菲提供物资、技术援助并帮助菲训练部队。（四）积极参与联合国维持和平行动，为全球及地区安全作出贡献。（五）坚持对所占南沙岛礁拥有“主权”的立场。

军事战略 菲实行总体积极防御战略。所谓总体防御，即在面临重大威胁时，将动员包括军事力量在内的一切国家力量进行防御；积极防御，即指尽可能早地发现各种现实和潜在的威胁，并作出及时反应。首先争取通过政治或外交途径解决，若不能奏效，随时准备诉诸武力。在作战指导思想上奉行“纵深防御”，重点加强菲西、北、南3个方向的防御部署。具体方法包括：（一）外围侦察监视。利用飞机、水面舰和固定侦察系统实施不间断的侦察监视。平时，侦察监视对象为各种渔船、贩毒、走私和海盗船，商业货轮以及各种飞机；战时，扩大至敌机、舰艇，并与盟国及时交换情报。（二）海上防御。平时，舰艇在侦察机的支援下对捕鱼作业区和专属经济区进行巡逻；战时，海空力量进行有效协调，快速在各防区对敌海空目标实施打击。（三）空中防御。军、民用机场监视系统密切配合，加强预警，有效控制和指挥防空力量，保护国家重要战略中心和设施。（四）本土防御。在联合作战思想的指导下，组织各地区的地面部队和海、空军部队，实施三军协同作战。

国防体制 总统为武装力量统帅。国家安全委员会是国防安全最高决策机构，由总统担任主席，主要职责研究有关国防的重大问题，协助总统作出国防安全的重大决策。国防部是最高军事行政机关，负责制定和实施国防计划和政策。武装部队司令部为最高军事指挥机构，总参谋长是总统之下的最高指挥官。总统通过国防部和武装部队司令部对全国武装力量实施领导和指挥。武装力量由正规军和准军事部队组成。正规军分陆、海、空三个军种。准军事部队由警察部队、国民防卫军组成。

领导人物 总统兼武装力量统帅格罗丽亚·马卡帕加尔·阿罗约（2004年6月第2次连任）。国防部长阿韦利诺·克鲁斯（2004年8月上任）。武装部队总参谋长埃弗伦·阿布上将（2004年10月上任）。

武装力量 现役部队约10.6万人。

陆军　6.6万人。编有5个军区，1个首都防区司令部，8个步兵师（各辖3个步兵旅、1个炮兵营），1个特种作战司令部（下辖1个轻装甲旅，1个骑兵侦察团，1个特战团，5个工程兵营，1个炮兵团，1个总统卫队）。

轻型坦克：65辆。步兵战车：85辆。装甲输送车：各型370辆。牵引炮：共242门。迫击炮：若干门。无坐力炮：各型若干门。飞机：色斯纳3架，“空中女王”1架。

海军　约2.4万余人（含陆战队）。编有6个海军区。

护卫舰：1艘。巡逻舰艇：58艘（其中近海巡逻舰艇13艘、近岸巡逻舰艇45艘）。两栖舰艇：7艘。后勤支援舰船：11艘。

陆战队　7500人。编有3个旅共10个营（将减为2个旅6个营）。装甲输送车109辆，105毫米牵引炮150门，107毫米迫击炮若干门。

海军航空兵　装备飞机10架，其中4架为直升机。

空军　约1.6万人。编有3个战斗机中队，2个武装直升机中队，1个武装侦察机中队，3个运输机中队，2个直升机中队，4个搜索救援机中队，2个教练机中队。作战飞机约36架，武装直升机约25架。

战斗机：F-5型11架，S-211型10架。武装直升机：各型25架。武装侦察机：10架。海上巡逻机：2架。海上侦察机：1架。运输机：各型共22架。直升机：20架。总统专机：各型共8架。搜索救援机：UH-1H型27架。教练机：各型共42架（具有作战能力）。无人侦察机：2架。空空导弹：“响尾蛇”若干枚。

预备役部队　13.1万人。其中陆军10万人，海军1.5万人，空军1.6万人。

准军事部队　菲律宾国民警察4.4万人，编有15个地区司令部、73个省级司令部，装备飞机5架。海岸警卫队3500人，装备有巡逻艇43艘、轻型飞机3架。国民防卫军4万人，编有56个营。

部署 重点加强首都及西部南沙海区的防卫。有半数以上的舰艇和陆战队部署在西部海区。全国海空军基地主要有5处，其中空军基地3处（克拉克、库比岬、马尼拉），海军3处（三格莱/卡维特、三宝颜、宿务）。

兵役制度 实行志愿兵役制，服役年限最少不得低于3年，最多30年。

军衔 分5等17级：将军4级（上将、中将、少将、准将），校官3级（上校、中校、少校），尉官3级（上尉、中尉、少尉），军士4级（军士长、上士、中士、下士），兵3级（上等兵、一等兵、二等兵）。

驻外兵力 2004年共有54人在国外参加联合国维和行动。

军队节日 武装部队节12月22日。

（孟 丽）

格 鲁 吉 亚

国 名 格鲁吉亚。

主要统计 面积6.97万平方公里。人口512.6万人。国内生产总值131亿美元（2003年）。国防费3900万美元（2004年）。石油7.39万吨（2002年）。发电量72.57亿度（2002年）。粮食32.7万吨（2000年）。商船（载重）100吨以上54艘，总载重量110.8万吨（2004年）。固定航班机场1处，客运量1.271亿人公里、货运量80万吨公里（2004年）。

国防体制 格鲁吉亚武装力量建于1992年4月30日。根据《国防法》规定，国家最高权力机关确定国防政策和通过国防领域的法律。总统担任武装力量总司令。国防部负责指挥武装力量。格实行防御性国防政策，基本目标是保卫国家的独立、主权和领土完整。

领导人物 总统兼武装力量统帅米哈伊尔·萨卡什维利（2004年1月当选）。

武装力量 现役部队1.197万人。

陆军 约8620人。

主战坦克：86辆（其中T-72型坦克31辆、T-55型坦克55辆）。装甲步兵战车和装甲输送车：185辆（其中BMP-1型65辆，BMP-2型13辆，BRM-1K型11辆，BTR-60型1辆，BTR-70型15辆，BTR-80型3辆，MT-LB型72辆）。火炮：109门（其中牵引炮74门，自行炮2门，火箭炮16门，迫击炮17门）。反坦克导弹：10余枚。反坦克炮：40门。地空导弹：若干枚。

海军 2000人。

海岸巡逻艇11艘。两栖登陆艇：6艘。

空军 1350人。

飞机：战斗机12架（苏-25型7架，苏-17型5架）。运输机：10架。直升机：15架，其中武装直升机米-24型3架。地空导弹：75枚。

准军事部队：1.17万余人。其中民兵6300余人，边防军5400人。

兵役制度 实行义务兵役制和合同兵役制相结合，服役期2年。

驻外兵力 驻伊拉克维和人员156人，驻塞尔维亚和黑山维和人员140人。

外国驻军 俄罗斯驻军3000余人。驻阿布哈兹维和人员1600人，驻南奥塞梯维和人员530人。来自23个国家的118名联合国军事观察员。

军队节日 建军节：4月30日。

（赵彦华）

哈 萨 克 斯 坦

国 名 哈萨克斯坦共和国。

主要统计 面积272.49万平方公里。人口1495.8万人（2004年。其中0~14岁占25.3%，15~64岁占67.0%，65岁以上占7.7%）。国内生产总值977

亿美元（2003 年）。国防费 3.62 亿美元（2004 年国防预算）。钢 469 万吨（2001 年）。原煤 7631 万吨（2001 年）。原油 3567 万吨（2001 年）。生铁 553 万吨（2001 年）。发电量 553 亿度（2001 年）。粮食 11158.3 万吨（2000 年）。民航能力，固定航班机场 20 处，客运量 24.29 亿人公里，货运量 2.37 亿吨公里（2004 年）。

国防体制　宪法规定，总统为武装力量统帅。国家安全会议负责制定国家防务及安全政策。国防部为武装力量最高行政机关。总参谋部为最高军事指挥机构。总统通过国防部和总参谋部对武装力量实施领导和指挥。准军事力量包括内务部队、内卫军及若干民防部队。实行义务兵役和合同兵役相结合的兵役制度，并逐步向职业化军队过渡。目前哈军中合同兵比例占 10%，预计 2010 年将达到 50%。

领导人物　总统兼武装力量统帅努比苏丹·阿比舍维奇·纳扎尔巴耶夫（1999 年 1 月连任）。国防部长卡巴舍维奇·穆赫塔尔·阿尔腾巴耶夫大将。总参谋长萨帕罗夫·马利克·穆哈麦特扎诺维奇中将。

军事学说　哈 2000 年先后出台新军事学说、军事改革总体构想和 2005 年前国家军事建设规划，认为两极对抗结束后，出现了恐怖主义、极端主义、武装集团侵入哈国家领土，以及与毒品贸易有关的犯罪等新的、威胁哈国家安全的危险因素，军队面临着保障国家发展的新任务，确立了遏制可能发生的局部战争及地区武装冲突，建立一支规模适中、军兵种齐全、装备精良、反应迅速、机动性强的现代化军队的军事改革目标，对武装力量指挥体制、组织机构等进行重大调整，陆军下设东部地区司令部、南部地区司令部、西部地区司令部和阿斯塔纳地区司令部，此外还加强机动力量的建设，组建空中机动力量。注重参与独联体集体安全条约组织和独联体框架内的军事全安合作。在北约“和平伙伴关系计划”框架内不断加强与北约的军事交往。积极发展与俄罗斯、美国、中国、土耳其等国的双边军事合作。

武装力量　现役部队 6.58 万人。

陆军　4.68 万人。编有 4 个军区（其中，1 个军区编配 1 个摩步旅、1 个炮兵旅；1 个军区编配 1 个摩步师、1 个训练中心、1 个摩步旅、1 个工兵旅；1 个军区编配 1 个机械化师和 2 个摩步旅、1 个导弹旅、1 个独立旅；1 个军区尚无编制），1 个空中突击旅，1 个地地导弹旅，1 个炮兵旅）

主战坦克：T-72 型 650 辆，T-62 型 280 辆。装甲侦察车：BRDM 型 140 辆。装甲步兵战斗车：BMP-1/-2 型 508 辆，BRM 型 65 辆。装甲输送车：BTR-70/-80 型 84 辆，MT-LB 型 686 辆（另有库存约 1000 辆）。牵引炮：122 毫米、152 毫米 505 门。自行炮：122 毫米、152 毫米 163 门。迫/榴炮：120 毫米 26 门。火箭炮：122、220 毫米 147 门。迫击炮：120 毫米 145 门。地地导弹：SS-21 型 12 部。反坦克炮：100 毫米 68 门。

空军　1.9 万人（包括防空军）。编有 1 个空军师（作战飞机 164 架、14 架飞行时间为 100 小时的攻击直升机），1 个战斗机团（40 架米格-29），3 个地面攻击战斗机团（1 个团 14 架苏-25，1 个团苏-24 型 25 架，1 个团苏-27 型 14 架），1 个侦察机团（苏-24 型 12 架），空中指挥机（图-134，图-154），教练机（L-39 型 12 架，雅克-18 型 4 架），攻击直升机（米-17V-5 型 14 架）。另有许多架米-8、米-29 直升机。库存米格-27、米格-23、米格-23UB、米格-25、米格-29、苏-27 各型共 75 架。

防空部队　1 个战斗机团（米格-31 型 43 架，米格-25 型 16 架）。地空导弹：SA-2/SA-3 型 100 部，SA-4/SA-5 型 27 部，SA-6/S-300 型 20 部。

导弹　空地导弹 AS-7、AS-9、S-10、AS-11 若干枚；空空导弹 AA-6，AA-7 若干枚。

准军事部队　3.45 万人。其中边防军 1.2 万人（包括海岸警卫队 3000 人），内务部队 2 万人，总统卫队 2000 人，政府卫队 500 人。

军队节日　建军节　5 月 8 日。

（果　立）

韩　国

国　　名　大韩民国。

主要统计　面积 9.96 万平方公里。人口 4767.6 万人（其中，13~17 岁男 178 万人，女 167.2 万人；18~22 岁男 191.6 万人，女 178.4 万人；23~32 岁男 435.9 万人，女 408.8 万人）。国内生产总值 6947 亿美元（2004 年）。国防预算 198 亿美元（2005 年度）。钢铁 4544 万吨（2002 年）。

国防政策 2003 年 2 月 25 日，卢武铉就任韩国新一届总统，同时就任韩国家武装力量最高统帅。卢武铉政府主张“合作性的自主国防”政策，努力提高独立防卫能力，以“使国家免受外来军事威胁和侵略、为和平统一打下基础、为地区稳定和世界和平做出贡献”为国防目标，强调以国防的自主和韩美同盟为保障国家安全的两个基轴，努力实现“防卫态势自主化、国防人力精锐化、武器系统现代化、运营体系合理化和国防信息化”。在军事防务上，努力贯彻“民主主义综合安保主义”的国防观念，强调国家安全要领先于军队和人民；在战争准备上随时准备应付并处置各种危机和突发事件；在作战指导上坚持“对敌威慑”的同时，强调“全方位防御”，积极扩大军事行动范围；在军队建设上，通过精简军队员额、理顺编制体制、改革兵役制度等途径，以达到建设一支人员精干、装备精良、训练有素及机动力强的现代化军队的目的。与此同时，韩国还继续巩固并加强韩美联合防御体系，密切韩美军事合作，以维护韩美在该地区的共同利益，并积极增强军事力量，以应对驻韩美军重新部署的新形势。此外，韩国还积极与中、俄、日等国发展多边军事合作和交往，努力寻求通过多边安全合作构筑地区联合防务机制。

国防体制 总统为全国武装力量统帅，通过国防部对军队实施领导和指挥。国家安全保障会议为最高国防决策机构，由总统任主席，其成员包括国务总理、国防部长官、国家情报院院长、参谋长联席会议主席等。国防部是总统统率武装力量的最高行政机构，主要负责制定国防政策和军队建设计划。国防部下辖参谋长联席会议，国防部长官的军令权通过参谋长联席会议主席实施。参谋长联席会议统帅三军本部（陆军本部、海军本部和空军本部），是全军的作战最高指挥机构。参谋长联席会议主席在国防部长官的直接领导下行使对陆海空三军部队的作战指挥权，并在战时或遇有紧急情况时有权直接下达作战指令，参加国家安全保障会议，向总统汇报情况和提出决策性意见，而且还能决定三军种参谋总长推荐的军级以上指挥官人选。目前，韩国参谋长联席会议设 1 名上将级主席和 1 名中将级副主席。

领导人物 总统兼国家安全保障会议主席卢武铉（2003 年 2 月 25 日上任），国防部长官尹光雄（2004 年 7 月 28 日上任），参谋长联席会议主席李相熹上将（2005 年 3 月 22 日上任），陆军参谋总长金章洙（2005 年 3 月 22 日上任），海军参谋总长南海一上将（2005 年 3 月 22 日上任），空军参谋总长李汉镐上将（2003 年 10 月 10 日上任）。

武装力量 **兵力** 现役部队 68.7 万人。

陆军 56 万人。编有 3 个集团军、11 个军、50 个师、21 个旅。

主战坦克：总共 2130 辆，其中 T88 型 1000 辆、T-80U 型 80 辆、M-47 型 400 辆、M-48 型 850 辆。装甲步兵战车：BMP-3 型 40 辆。装甲运兵车：总共 3500 辆，其中 KIFV 型 1700 辆、M-113 型 420 辆、M-577 型 140 辆、Fiat6614/KM-900/-901 型 200 辆、BTR-80 型 20 辆。牵引火炮：105 毫米、155 毫米、203 毫米共约 3500 门。自行火炮：155 毫米、175 毫米、203 毫米共有 1040 辆。无坐力炮：57 毫米、75 毫米、90 毫米、106 毫米若干门。迫击炮：81 毫米、107 毫米共有 6000 门。反坦克火炮：76 毫米、90 毫米总共 58 门。地对地导弹：12 枚。反坦克导弹：若干枚。高射炮：20 毫米、30 毫米、35 毫米、40 毫米总共 600 门。空对空导弹：约 1090 枚，其中，“轻标枪”350 枚、“红眼睛”60 枚、“毒刺”约 200 枚、“西北风”170 枚、“霍克”110 枚、“奈基”200 枚。另外还有“天马”导弹若干枚。

陆军航空兵 装备有 O-1A 型飞机 5 架，攻击直升机 AH-1F/-J 型 60 架、休斯 500MD 型 45 架、BO-105 型 12 架，运输直升机 CH-47D 型 18 架、MH-47E 型 6 架，直升机休斯 500 型 130 架、UH-1H 型 20 架、UH-60P 型 130 架、AS-332L 型 3 架。

海军 6.3 万人（含陆战队 2.8 万人，雇佣兵约 1.9 万人）。编有 3 个舰队司令部。

潜艇：“张保皋”级 9 艘、小型潜艇 11 艘。驱逐舰：“广开土大王”级 3 艘、“光州”级 3 艘。护卫舰：“蔚山”级 9 艘。猎潜艇：“浦项”级 24 艘、“东海”级 4 艘。导弹护卫舰 5 艘。导弹快艇：“白鸥”52 型 5 艘。近海巡逻艇：“海豚”型 75 艘。扫雷舰“海鹰”型 1 艘。扫雷艇 14 艘，其中“江津”级猎雷艇 6 艘，“金山”级扫雷艇 8 艘。登陆舰艇 12 艘，其中“短吻鳄”级大型坦克登陆舰 4 艘、美制 LST-511 型坦克登陆舰 6 艘、美制 LSM-1 型中型登陆舰 2 艘。另有海上支援舰船 14 艘。

海军航空兵 编有 3 个反潜中队，装备有 16 架作战飞机、43 架直升机。其中，S-2E 型反潜机 8 架，P-3C 型反潜巡逻机 8 架，SA-316 型直升机 10 架，“大山猫”和“超级大山猫”型直升机 11 架，MD500 型直升机 22 架。

海军陆战队 2.8 万人，编有 2 个师、1 个旅。主战坦克：M-47 型 60 辆。装甲突击车：LVTP-7 型 60 辆、AAV-7A1 型 42 辆。牵引火炮：105 毫米、155 毫米若干门。地对舰导弹：“鱼叉”式若干枚。

空军　6.47 万人。编有飞行团 10 个、战术飞行团 1 个、防空管制团 1 个、侦察飞行团 1 个、训练飞行团 1 个、防空司令部 1 个。作战飞机 538 架。

战斗机：F-16C 型机 104 架，F-16D 型机 49 架，F-5E 型机 150 架，F-5F 型机 35 架，F-4D 型机 60 架，F-4E 型机 70 架。攻击机：A-37B 型机 22 架。观察机：O-1A 型机 20 架、O-2A 型机 10 架。侦察机：RF-4C 型 18 架、RF-5A 型 5 架，霍克 800RA 型 4 架，霍克 800XP 型 4 架。救难搜索机：UH-1H 型机 5 架、贝尔-212 型机 4 架。运输机：BAE748 型机（要员专机）2 架、波音 737-300 型机（要员专机）1 架，C-118 型机 1 架，C-130H 型机 10 架，CN-235M 型直升机 20 架，CH-47 型机 6 架，AS-332 型机 3 架，VH-60 型机 3 架，Ka-32 型机 7 架。改装训练机：F-5B 型机 25 架，T-37 型机 50 架，T-38 型机 30 架，T-41B 型机 25 架，"隼"式 MK-67 型机 18 架，KT-1 型机 55 架。空对地导弹：枚干枚，空对空导弹：若干枚。地对空导弹：若干枚。

准军事部队　民防部队 350 万人。海洋警察约 4500 人，装备有大型巡逻艇 10 艘、巡逻艇 33 艘、近海巡逻艇 38 艘、直升机休斯 500 型 9 架。

兵役制度　实行全民兵役制，并招募志愿兵。陆军服役期 26 个月，空军和海军为 30 个月。

军衔　共分 5 等 15 级，即将官 4 级（上将、中将、少将、准将），校官 3 级（上校、中校、少校），尉官 4 级（上尉、中尉、少尉、准尉），军士 3 级（上士、中士、下士），兵 1 级。

海外驻军　吉尔吉斯斯坦 205 人、阿富汗 1 人、东帝汶 3 人、印巴 9 人、乔治亚 7 人、西撒哈拉 20 人。

外国驻军　美国驻军 3.45 万人。其中陆军约 2.5 人，编有 1 个陆军集团军司令部和 1 个步兵师。海军 420 人。空军约 8900 人，1 个空军司令部（第 7 航空队），2 个战斗联队，配备有约 90 架战斗机。其中，3 个战斗飞行中队，装备有 F-16 型飞机 60 架；1 个侦察飞行中队，装备有 A-10 型侦察机 10 架、OA-TO 型侦察机 12 架；1 个特殊控制中队装备有 MH-53J 重型直升机和 USMC-130 型运输机。

军队节日　建军节 10 月 1 日。

（武建伟）

吉尔吉斯斯坦

国　　名　吉尔吉斯斯坦。

主要统计　面积 19.85 万平方公里。人口 505.2 万人（2004 年。其中 0~14 岁占 32.5%，15~64 岁占 61.4%，65 岁以上占 6.1%）。国内生产总值 86 亿美元（2003 年）。国防费 0.31 亿美元（2004 年国防预算）。原煤 47.7 万吨（2001 年）。原油 7.5 万吨（2001）。天然气 3270 万立方米（2001 年）。发电量 136.40 亿千瓦/时（2001 年）。民航能力，固定航班机场 2 处，客运量 44.08 亿人公里，货运量 6520 万吨公里（2004 年）。

国防体制　宪法规定，总统为武装力量总司令。国防部长伊斯马伊尔·伊萨科夫上将。国防部第一副部长兼总参谋长。

军事政策　吉尔吉斯斯坦武装力量 2003 年通过《2010 年前军事学说》，其要点是：奉行"纯防御"的战略方针，承诺不首先向其他国家诉诸武力，不把战争或军事威胁作为达到政治、经济及其他目的手段，明确了吉武装力量的改革方向，将建立一支编制合理、人员精干、反应迅速、富有作战经验的小型军队作为军事改革的主要目标，加强快速反应部队和边防部队建设，并针对反恐形势提出了提高军队素质的要求，使其既有一定的独立作战能力，又能与独联体其他成员国的武装力量共同完成保卫国家的任务。

武装力量　现役部队 1.25 万人，预备役 5.7 万人。

陆军　8500 人，编有 1 个摩步师、2 个独立摩步旅、1 个防空旅、1 个高炮团、3 个特种营。

武装装备：主战坦克 T-72 型 215 辆；装甲侦察车 BRDM-2 型 30 辆；装甲步兵战斗车 BMP-1/-2 型 387 辆；装甲输送车 BTR-70/-80 型 63 辆；牵引炮：100 毫米、122 毫米、152 毫米 141 门；自行炮：122 毫米 18 门；迫/榴炮：120 毫米 12 门；火箭炮：122 毫米 21 门；迫击炮：120 毫米 54 门；反坦克制导武器：AT-3/-4/-526 部；火箭筒：73 毫米若干枚；无坐力炮：73 毫米若干枚；反坦克炮：100 毫米 18 门；高炮：23 毫米、57 毫米 48 门；地空导弹：若干枚。

空军　4000 人。作战飞机：52 架作战飞机，9 架攻击直升机。1个战斗机团（配有米格-21 48架，L-39 4架），1个运输机团（配有安-12 2架，安-26 2架），1个直升机团（配有米-24型9架，米-8型23架），库存米-23型2架、L-39型24架、米格-21型24架。

防空军装备：SA-2/-3/-4型地空导弹12枚。

准军事部队 5000人。边防部队5000人及少数国民卫队。

外国驻军 持久自由行动：美国约700人，韩国90人，丹麦75人。后备部队约700人，装备包括苏-25型5架、苏-27型3架、伊尔-76型2架。

军队节日： 建军节 5月29日。

（果 立）

卡塔尔

国　名 卡塔尔国。

主要统计 面积1.1437万平方公里。人口62.4万人。国内生产总值700亿里亚尔，合192亿美元(2003年)。国防费约75亿里亚尔，合21亿美元(2004年国防预算)。原油2.223亿桶 (2004年)。天然气111.5亿立方米 (2002年)。粮食17000吨 (2000年)。海运能力，商船 (载重100吨以上) 64艘，总载重量74.4万吨 (2004年)。民航能力，固定航班机场1处，客运量28.58亿人公里、货运量1.05亿吨公里(2004年)。

国防体制 埃米尔 (酋长) 为国家元首，掌握国家的最高权力，为武装力量统帅。武装力量由正规军和准军事部队组成，正规军分陆、海、空三个军种。

领导人物 埃米尔 (酋长) 兼武装部队总司令哈马德·本·哈利法·阿勒萨尼 (1995年6月推翻其父政权继任)。国防大臣兼武装部队副总司令谢赫·哈马德·本·阿卜杜拉·阿勒萨尼 (1995年6月27日上任)。

武装力量 现役部队约1.24万人。

陆军 8500人。编有2个团、8个营。

主战坦克：AMX-30型30辆。步兵战车：AMX-10P型40辆。装甲侦察车：共68辆，其中VBL型16辆，AMX-10RC型12辆，V-150型8辆，EE-9“卡斯卡维尔”20辆，“白鼬”12辆。轻型装甲车：“皮兰哈”2型36辆。装甲输送车：VAB型160辆，AMX-VCI型30辆。牵引炮：155毫米12门。自行炮：155毫米28门。多管火箭炮：4门。迫击炮：81毫米30门，120毫米15门。反坦克导弹：“米兰”100枚、“霍特”48枚。无坐力炮：84毫米约40门。

海军 约1800人 (含海上警察)。

导弹攻击快艇：7艘。

空军 2100人。编有2个战斗机中队、1个运输机中队。准备飞机41架，其中作战飞机12架、武装直升机19架。

攻击/战斗机：“阿尔法喷气”型6架、“幻影2000-5”型6架。运输机：“波音”707型2架，“波音”727型1架，“大鹰”型2架，“空中客车”A340型1架。攻击直升机：SA-342L型11架、“突击队员”MK-3型8架。运输直升机：“突击队员”型4架。空地导弹：若干枚。空空导弹：若干枚。地空导弹：“罗兰”2型9枚，“轻剑”24枚，“毒刺”12枚，SA-7“格雷尔20枚，“吹笛”10枚。

兵役制度 实行志愿兵役制。

外国驻军 美军在卡塔尔驻有约6540人（主要是陆军、空军、海军及海军陆战队人员)，设有2个重要军事基地。一是乌代德空军基地。该基地位于卡塔尔首都多哈以西约45公里处，是美军在海湾地区最早使用的空军基地之一，也是美在海湾地区的空中指挥中心。基地内有一条长达4500多米的跑道，能起降满载的重型轰炸机和运输机。机库和附近的掩体都经过加固处理，可防空中打击。指挥与控制中心的设备都非常先进。驻有美空军的F-16战斗机中队、加油机中队、侦察机中队、工程维修中队等单位。二是赛利耶军事基地。赛利耶（也译萨勒西亚）军事基地位于卡塔尔首都多哈西南方向30公里处，占地约14.7万平方米，是美陆军的一座预置基地，也是世界上最大的陆军装备预置基地。

（钟学良）

科 威 特

国　　名　科威特国。

主要统计　面积 1.7818 万平方公里。人口 248 万人 (2003 年。其中，0~14 岁 59.8 万人，占总人口的 25.1%；15~64 岁 174.1 万人，占 73.1%;65 岁以上 4.05 万人，占 1.7%)。国内生产总值 125 亿第纳尔，合 403 亿美元 (2003 年)。国防费 12 亿第纳尔，合 40 亿美元 (2004 年国防预算)。原油 9.12 亿桶（2003 年）、8.614 亿桶 (2004 年)。天然气 95.02 亿立方米 (2000 年)。粮食 3000 吨（2000 年）。发电量 306.05 亿度 (2000 年)。海运能力，商船 (载重 100 吨以上) 209 艘，总载重量 318.85 万吨 (2004 年)。民航能力，固定航班机场 1 处，客运量 61.37 亿人公里、货运量 2.43 亿吨公里 (2004 年)。

国防体制　国家元首、科威特埃米尔为武装力量统帅。国防部是最高军事行政机构，负责国防行政事务。武装力量主要由正规军和准军事部队组成。正规军分陆、海、空三个军种，准军事部队隶属内政部。

领导人物　埃米尔兼武装部队统帅谢赫·贾比尔·艾哈迈德·萨巴赫 (1977 年 12 月 31 日上任)。副首相兼国防大臣谢赫·贾比尔·穆巴拉克·萨巴赫（2003 年 7 月 14 日上任）。武装部队总参谋长塔亚尔中将。

武装力量　现役部队 1.55 万人。

陆军　1.1 万人。编有 3 个装甲旅、2 个机械化步兵旅、1 个侦察旅、1 个炮兵旅、1 个工兵旅、1 个后备队旅、1 个阿米尔卫队旅、1 支特种部队（正在组建中)、1 个突击营、1 个高炮指挥部。

主战坦克：M-84 型 150 辆（约 50%库存），M-1A2 型“酋长”218 辆。步兵战车：BMP-2/-3 型等共 76 辆，“沙漠武士”254 辆。装甲输送车：共 321 辆，其中 M-113A2 型 230 辆，M-577 型 40 辆，“法赫德” 40 辆（库存），TPz-1“狐狸”11 辆。自行炮：共 113 门。多管火箭炮：300 毫米 27 门。迫击炮：81 毫米 60 门，107 毫米 18 门。反坦克导弹：“陶”式 118 枚，“龙”式若干枚。

海军　约 2000 人 (含海岸警卫队 500 人)。

导弹艇：10 艘。登陆艇：6 艘。

空军　约 2500 人。飞机 113 架，其中作战飞机 80 架、武装直升机 16 架。

攻击/战斗机：F/A-18 型 39 架（F/A-18-C 型 31 架、F/A-18-D 型 8 架)，“幻影”14 架。防暴兼教练机：“图卡诺人”16 架“霍克”64 型 11 架。运输机：L-100-30 型 3 架，DC-9 型 1 架。直升机：AS-332 型 4 架，SA-330 型 9 架。武装直升机：SA-342 型 16 架。

防空部队　编有 15 个连。

预备役部队　2.37 万人。

准军事部队　国民警卫队 0.66 万人。

兵役制度　实行义务兵役制，义务兵服役期限 2 年（大学生 1 年)，预备役期 14 年。

外国驻军　美国、英国、德国在科威特驻军约 3 万人。其中，美军在科威特驻有 25250 人（包括陆军、空军、海军及海军陆战队人员)，设有 2 个空军基地和 1 个兵营。一是萨勒姆空军基地。该基地位于科威特城西北约 80 公里，距离伊拉克南部边界仅 64 公里，驻有美空军第 9 远征大队、第 386 远征大队和 1 个“爱国者”导弹连，共约 1150 人。其主要任务是支援美国在伊拉克南部“禁飞区”的行动，为盟国空中和地面部队提供作战支援、战区空运、医疗后送、空中侦察、导弹防御等。二是贾贝尔空军基地。该基地位于科威特南部，距伊拉克南部边境约 75 公里，驻有美空军第 332 远征大队、第 4406 作战大队等组成的美军西南亚联合特遣部队，约 1500 人，拥有 F-15、F-16、A-10、“阿帕奇”攻击直升机等作战飞机 480 余架，负责执行伊拉克北纬 33 度以南禁飞区的巡逻任务。三是布比延海军基地。该基地于 2004 年初开始修建，位于科威特北部的布比延岛附近地区，包括 1 个现代化军港和 1 个陆上军营)，使用期限不少于 10 年，是美军中央司令部在海湾地区最大的一个海军基地。四是多哈兵营。该兵营位于科威特城西北，距科伊边界约 60 公里，驻有中央司令部科威特美国陆军司令部和科威特联合特遣部队约 1 万多人，是美陆军在中东的核心基地和后勤支援中心。储存有 M1A1 坦克 300 多辆、“布雷德利”战车 400 多辆以及一些装甲运兵车、火箭炮、榴弹炮等陆战装备。英军在科威特驻有部分陆军人员。德军在科威特驻有 50 人。

（钟学良）

黎　巴　嫩

国　　名　黎巴嫩共和国。

主要统计　面积 1.0452 万平方公里。人口 449.8 万人（其中，0~14 岁 138.9 万人，占总人口的 30.9%；15~64 岁 284.3 万人，占 63.2%；65 岁以上 26.5 万人，占 5.9%）。国内生产总值 25500 亿黎巴嫩镑、合 170 亿美元（2002 年），27400 亿黎巴嫩镑，合 182 亿美元（2003 年）。国防费 812 亿黎巴嫩镑，合 5.36 亿美元（2002 年），772 亿黎巴嫩镑，合 5.12 亿美元（2003 年），796 亿黎巴嫩镑，合 5.28 亿美元（2004 年）。发电量 90.11 亿度（2000 年）。粮食 9.6 万吨（2000 年）。海运能力，商船（载重 100 吨以上）163 艘，总载重量 4.38 亿吨（2004 年）。民航能力，固定航班机场 1 处，客运量 21.16 亿人公里、货运量 3.19 亿吨公里（2004 年）。

国防体制　宪法规定，总统为武装力量统帅。最高国防决策机构为最高国防委员会，其成员有总统、内阁部长、军队司令、参谋长等，由总统任主席。国防部为最高军事行政机关，负责军队与地方部门的协调，提供防务咨询和建议，进行国际军事交往等工作。武装力量由正规军和准军事部队组成。正规军分陆、海、空三个军种。最高军事指挥机构为军队司令部。总统通过国防部和军队司令部对全国武装力量实施领导和指挥。

领导人物　总统兼武装力量统帅埃米勒·拉胡德（1998 年 11 月 24 日上任）。国防部长阿卜杜勒－拉希姆·穆拉德（2004 年 10 月 26 日上任）。军队司令米歇尔·苏莱曼中将（1998 年 12 月上任）。参谋长拉姆兹·艾布·哈姆扎少将（2002 年上任）。

武装力量　现役部队约 7.21 万人。

陆军　约 7 万人。编有 5 个军区、11 个机械化步兵旅、1 个总统警卫旅、1 个武装警察旅、1 个别动队、5 个特种兵团、1 个空中突击团、1 个海上突击团、2 个炮兵团。

坦克：M-48A1/A5 型 110 辆、T-54/-55 型 200 辆、AMX-13 轻型坦克 40 辆。装甲侦察车：“萨拉丁”型 25 辆、AML 型 60 辆。装甲输送车：M-113A1/A2 型 1164 辆、VAB-VCI 型 81 辆、AMX-VCI 型 81 辆、“庞阿尔”M3/VTT 型 12 辆。牵引炮：105 毫米 13 门、122 毫米 56 门、130 毫米 16 门、155 毫米 62 门。火箭炮：122 毫米 25 门。迫击炮：81 毫米 158 门、82 毫米 111 门、120 毫米 100 门。反坦克导弹：“安塔克”式 30 枚，“米兰”式 16 枚，“陶”式 24 枚。火箭炮：85 毫米和 89 毫米各若干门。无坐力炮：106 毫米 50 门。高炮：20 毫米、23 毫米若干门，40 毫米 10 门。地对空导弹：SA-7A/B20 枚。

海军　1100 人。

主要基地：朱尼耶、贝鲁特。巡逻艇：14 艘，另有武装小艇 27 艘。两栖登陆艇：2 艘。

空军　1000 人。

直升机：UH-1H 型 24 架、SA-318 型 1 架、SA-316 型 3 架、贝尔-212 型 5 架、SA-330 型 3 架、SA-342 型 2 架。教练机：“大斗犬”式 3 架。

准军事部队　内部治安部队：约 1.3 万人，装备有“突击队”式装甲输送车 60 辆。海关：装备有巡逻艇 7 艘。

教派民兵武装　除“真主党”外，大多数民兵实际上已经解散，并把重武器交给了政府军。“真主党”穆斯林什叶派原教旨主义组织，亲伊朗。约有现役武装 300~500 人，另有支援力量约 2000 人。装备有火炮、火箭炮、火箭筒、无坐力炮、反坦克导弹和高炮等。

兵役制度　实行义务兵役制，并招募部分志愿兵，士兵服役期 1 年。

军衔　军官分 3 等 9 级：将官 3 级（中将、少将、准将），校官 3 级（上校、中校、少校），尉官 3 级（上尉、中尉、少尉）。

外国驻军　联合国、叙利亚和伊朗等在黎巴嫩驻有部队。

2003 年底，驻黎巴嫩联合国部队共有 1994 人，编成 4 个步兵营。

叙利亚根据塔伊夫协议，于 1976 年派 3.5 万军队以“阿拉伯威慑部队”名义进驻黎巴嫩。2004 年 8 月底，叙利亚驻黎巴嫩部队总兵力已减至 1.6 万人，编成 1 个机械化步兵师部、4 个机械化步兵旅、1 个装甲旅、10 个特种兵团。9 月 22 日至 24 日，经过调整，叙利亚驻黎巴嫩的部队数量减至 1.4 万人。

伊朗在黎巴嫩驻有约 150 人的革命卫队。

军队节日　建军节 8 月 1 日。

（钟学良）

马 来 西 亚

国　　名　马来西亚。

主要统计　面积 33.0257 万平方公里。人口 2532 万人（2004 年 1 月。其中，0~14 岁占 33.3%，15~64 岁占 62.4%，65 岁以上占 4.3%）。国内生产总值 1030 亿美元（2003 年）。国防费 22 亿美元（2004 年国防预算）。粮食 209.4 万吨（2000 年）。海运能力，商船（载重 100 吨以上）552 艘，总载重量 291.63 万吨（2003 年）。民航能力，固定航班机场 39 处，客运量 337.08 亿人公里、货运量 14.25 亿吨公里（2003 年）。

国防体制　国家元首为武装力量统帅，最高国防决策机构为国家安全委员会，总理兼任主席。内阁设国防部，为最高军事行政机关。武装力量由正规军和准军事部队两部分组成。正规军分陆、海、空三个军种，各军种均设参谋部。最高军事指挥机构为武装力量司令部。

领导人物　国家元首兼武装力量统帅端古·赛义德·西拉杰丁（2002 年 4 月 25 日登基）。总理兼国家安全委员会主席达图·斯里·阿卜杜拉·巴达维（2003 年 10 月 31 日就任）。国防部长纳吉布·敦·拉扎克（1999 年 12 月上任）。武装部队总司令达图·斯里·穆罕默德·扎希迪·扎伊努丁上将（1999 年 1 月上任）。陆军司令达图·穆罕默德·沙龙上将（2003 年 1 月上任）。海军司令达图·穆罕默德·安瓦尔·诺尔上将（2003 年 8 月上任）。空军司令尼克·伊斯迈尔上将（2004 年 4 月上任）。

武装力量　现役部队 11 万人。

陆军　8 万人。编有 2 个军区，1 个军，4 个师，1 个机步旅，11 个步兵旅，1 个空降旅（包括 3 个空降营、1 个轻型炮兵团、1 个轻型坦克中队），1 个特战团（3 个营），1 个陆航直升机中队。

轻型坦克：26 辆。装甲侦察车：各型 418 辆。装甲输送车：各型 1020 辆。牵引炮：164 门。迫击炮：232 门。反坦克导弹：各型 60 枚。火箭炮：602 门。无坐力炮：260 门。高炮：各型 60 门。地空导弹：48 枚。直升机：9 架。攻击机：165 架。

海军　1.5 万人（含海军航空兵）。编有 1 个海上司令部和关丹、拉布安 2 个海军区。

导弹护卫舰：2 艘。护卫舰：各型共 8 艘。导弹快艇：各型 8 艘。巡逻艇：27 艘。扫雷艇：4 艘。两栖舰艇：1 艘。后勤支援舰船：4 艘。

海军航空兵　160 人，装备有“黄蜂”式直升机 6 架。

空军　1.5 万人。编有 4 个航空师，3 个攻击战斗机中队，2 个战斗机中队，1 个攻击战斗机兼侦察机中队，1 个海上侦察机中队，4 个运输机中队，1 个地空导弹中队。作战飞机 73 架。

攻击战斗机：各型 57 架。战斗机：米格-29 型 17 架。武装侦察机：4 架。运输机：40 架。运输直升机：35 架。无人驾驶飞机：3 架。教练机：共 87 架，其中 13 架为直升机、45 架 PC-7 型具有作战能力。空空导弹：若干枚。

预备役部队　5.16 万人。其中陆军 5 万人，海军 1000 人，空军 600 人。

准军事部队　约 2.01 万人。其中警察 1.8 万人（编成 5 个旅），海上警察约 2100 人，地区治安警察 3500 人，边境侦察部队 1200 人。

人民志愿团　24 万人，武装人员 1.75 万人。

部署　马来西亚以东经 109 度线为界把其本土和所属海域分为东、西两部分，划成两个海军区。全国主要海、空军基地 7 处，其中海军基地 4 处（关丹、拉布安/山打根、卢木、双溪安图）、空军基地 3 处（吉隆坡、亚罗士打、吉打）。

兵役制度　实行志愿兵与义务兵役制相结合的兵役制度，志愿兵服役期 10 年。

军衔　军官分 3 等 9 级：将官 3 级（上将、中将、少将），校官 3 级（上校、中校、少校），尉官 3 级（上尉、中尉、少尉）。

驻外兵力　2004 年共有 81 人在国外参加联合国维和行动。

外国驻军　澳大利亚 148 人，其中陆军 115 人、空军 12 人，装备有 2 架 P-3C 型飞机。

军队节日 建军节9月16日。

(孟 丽)

蒙 古

国 名 蒙古国。

主要统计 面积156.65万平方公里。人口248万人(其中,0~14岁占32.5%;15~64岁占63.5%;65岁以上占4.0%)。国内生产总值11亿美元(2003年)。国防费1800万美元(2004年)。粮食19万吨(2000年)。牲畜3200万头(2001年)。民航能力:固定航班机场1处,客运量5.25亿人公里,货运量4800万吨公里。

国防体制 宪法规定,总统为国家武装力量总司令,总统通过国防部长会议对军队实施指挥。国防部长会议为国防部最高决策机构,由国防部长任主席。成员包括:国防部国务秘书、武装力量总参谋长、边防军管理局局长兼边防军司令、国家灾害防治总局局长、国防部政策规划与对外合作局局长、国防部国家行政管理局局长、国防部政策实施协调局局长、国防部信息与评估局局长等。国防部长会议负责制定并组织实施国防政策,完善军队体制编制,管理国防经费,任命团以上、副总长以下各级干部,并负责对外军事合作。国防部为负责国防事务的最高行政机关。总参谋部为负责武装力量作战训练和全面建设的最高指挥机关,负责制订军事战略计划,统一指挥各军兵种部队。武装力量由现役部队、预备役部队和准军事部队组成。

领导人物 总统兼武装力量总司令那楚克·巴嘎班迪(2001年5月连任)。国防部长策·沙日布道尔吉(2005年3月任命)。武装力量总参谋长策·陶高少将(2002年10月任命)。

武装力量 现役部队约8600人(含建筑工程部队300人)。

陆军 7500人。编有6个摩步团,1个炮兵团、1个快速反应营,1个独立营等。装备坦克:370辆。装甲侦察车:120辆。步兵战车:310辆。装甲输送车:150辆。牵引炮:300门。火箭炮:130门。迫击炮:140门。反坦克炮:200门。

国土防空军 800人。编有2个歼击机中队。武装直升机:13架。运输机:15架。高炮:150门。

预备役部队 陆军13.7万人。

准军事部队 7200人。其中,边防部队6000人,内卫部队1200人,建筑工程部队300人。

兵役制度 实行以义务兵役制、合同兵役制为主,等同兵役、税代兵役等多种服役形式为辅的混合兵役制。义务兵役制:18~25岁男性公民,服役期为1年。

军衔 分7等20级,即除蒙古国元帅不分级外,将官分3级(上将、中将、少将),校官3级(上校、中校、少校),尉官8级(大尉、上尉、中尉、特级准尉、训导准尉、一级准尉、二级准尉、三级准尉),军士3级(大士、上士、中士),士兵两级(上等兵、列兵)。

驻外兵力 驻伊拉克维和人员130人;驻刚果(金)军事观察员2人;驻西撒哈拉军事观察员3人。

军队节日 建军节3月18日。

(赵彦华)

孟 加 拉 国

国 名 孟加拉人民共和国。

主要统计 面积14.757万平方公里。人口1.38066亿人(其中,0~14占36.2%,15~64岁占60.5%,65岁以上占3.3%。)。国内生产总值3万亿塔卡,合517亿美元(2003年)。国防费390亿塔卡,合6.57亿美元(2004年国防预算)。

国防体制 宪法规定,总统为武装力量统帅。陆、海、空三军分立,三军参谋长分别是三军的最高首长。国防部由文官掌管,仅负责军事预算、军工生产和装备采购等行政事务,对军队无指挥权。准军事部队属内政部管辖，平时负责边、海防和内卫治安，战时配合正规军作战。

领导人物 总统兼武装部队总司令伊阿祖丁·艾哈迈德（2002年6月就任）。总理兼国防部长卡莉达·齐亚（女，2001年10月上任）。陆军参谋长哈桑·马苏德·乔杜里（2002年11月）。海军参谋长阿布·塔赫尔少将（1999年6月上任）。空军参谋长贾姆鲁丁·阿赫迈德少将（1999年6月上任）。

武装力量 现役部队12.55万人。

陆军 11万人。编有7个步兵师、17个步兵旅（约26个营）、1个装甲旅（2个装甲团）、2个装甲团、1个炮兵师（6个炮兵团）、1个工兵旅、1个防空旅。

主战坦克：T-54/-55型100辆。T-59/-69型80辆。轻型坦克：T-62型约40辆。装甲输送车：BTR-80型70辆。BTR-70型60辆。YW531型50辆，MT-LB型若干辆。牵引炮：105毫米80门，122毫米20门，130毫米40门。迫击炮：81、82毫米若干门，120毫米50门。无坐力炮：106毫米30门。反坦克炮：57毫米18门、76毫米50门。高炮：37毫米16门、57毫米若干门。地空导弹：HN-5A型若干枚。

海军 约0.9万人。基地：吉大港（司令部）、达卡、库尔纳。

护卫舰：5艘。导弹快艇：10艘。鱼雷快艇4艘。近海巡逻艇：2艘。海岸巡逻艇：8艘。近岸巡逻艇：4艘。江河船艇：5艘。扫雷艇：4艘。登陆艇：14艘。支援舰船：8艘。

空军 6500人。编有4个攻击/战斗机中队、3个直升机中队。作战飞机57架。

攻击/战斗机：A-5型18架、F-6型16架、F-7M型16架、FT-7B型7架。运输机：安-32型3架。直升机："贝尔"212型11架、米-8型1架、米-17型15架。教练机：50架（其中8架L-39ZA型具有作战能力）。空空导弹：若干枚。

准军事部队 6.32万人，其中孟加拉步枪队3.8万人（边防部队，编成41个营），武装警察5000人，保安部队2万人，海岸警卫队200人。

兵役制度 实行志愿兵役制。陆军士兵一般要服役20年。

军衔 分5等14级：将官2级（少将、准将），校官3级（上校、中校、少校），尉官3级（上尉、中尉、少尉），军士3级（上士、中士、下士），兵3级（一等兵、二等兵、新兵）。

驻外兵力 2004年共有7627人在东帝汶、埃塞俄比亚、阿富汗、多哥、格鲁吉亚、西撒哈拉等国和地区参加联合国维和行动。

军队节日 建军节11月21日。

（刘温国）

缅 甸

国　　名 缅甸联邦。

主要统计 面积67.6581万平方公里。人口4936.2万人（其中，0~14岁占32.3%，15~64占63.1%，65岁以上占4.5%）。国内生产总值650亿美元（2003年）。国防费约9800万美元（2004年国防预算）。粮食2064.3万吨（2000年）。海运能力，商船（载重100吨以上）144艘，总载重量135.4万吨（2003年）。民航能力，固定航班机场19处，客运量4.38亿人公里、货运量320万吨公里（2003年）。

国防体制 "国家和平与发展委员会"主席（相当于总统）为国防军总司令。国防部为国防军最高统帅机关，统管作战、训练和军工等工作。武装力量由正规军和准军事部队组成。正规军分陆、海、空三个军种。最高军事指挥机构为国防军最高司令部。"国家和平与发展委员会"通过国防部和国防军最高司令部对全国武装力量实施领导和指挥。

领导人物 "国家和平与发展委员会"主席兼国防部长和国防军总司令丹瑞大将（1997年11月上任）。"国家和平与发展委员会"副主席、国防军副总司令兼陆军司令貌埃二级大将（1997年11月上任）。国防军总参谋长杜拉瑞曼上将（2001年11月上任）。海军司令梭登中将（2004年1月上任）。空军司令妙亨中将（2002年3月上任）。

武装力量 **兵力** 现役部队约37.5万人。

陆军 35万人。编有12个军区，10个机动步兵师，4个特战指挥部，14个战线指挥部，34个战术指挥部，437 个步兵营，10 个装甲营，14 个高炮营和 37 个独立炮兵连。

主战坦克：100 辆。轻型坦克：105 辆。装甲侦察车：各型 115 辆。装甲输送车：各型 325 辆。牵引炮：各型 278 门。火箭炮：30 门。迫击炮：80 余门。无坐力炮：1000 余门。反坦克炮：60 门。高炮：各型 46 门。

海军　约 1.3 万余人（含陆战队）。设有 6 个海军基地（仰光、勃生、墨吉、毛淡棉、塔韦、实兑）。

轻型护卫舰：4 艘。导弹艇：6 艘。巡逻艇：60 艘。两栖船只：11 艘。支援船只：9 艘。

陆战队：800 人（1 个营）。

空军　1.5 万人。编有 3 个战斗机中队，2 个攻击战斗机中队，2 个防暴机中队、1 个运输机中队和 4 个直升机中队。作战飞机 125 架，武装直升机 29 架。

战斗机：各型 70 架。攻击/战斗机：22 架。防暴机：各型 37 架。运输机：各型 14 架。联络机：17 架。直升机：共 66 架。其中米-2 型 18 架和米-17 型 11 架为武装直升机。

准军事部队　10.725 万人，其中人民警察 7.2 万人、民兵 3.5 万人、渔业部门约 250 人及 11 艘船只。

兵役制度　实行志愿兵役制。

军衔　军官分 3 等 11 级：将官 5 级（大将、上将、中将、少将、准将），校官 3 级（上校、中校、少校），尉官 3 级（上尉、中尉、少尉）。

军队节日　建军节 3 月 27 日。

（孟　丽）

尼　泊　尔

国　　名　尼泊尔王国。

主要统计　面积 14.7181 万平方公里。人口 2466 万人 (其中，0 岁~14 岁 996.3 万人，占总人口的 40.4%；15~64 岁 1376 万人，占 55.8%；65 岁以上 93.7 万人，占 3.8%)。国内生产总值 4462 亿尼泊尔卢比，合 56 亿美元 (2004 年)。国防费约 80 亿尼泊尔卢比，合 1.09 亿美元 (2004 年)。发电量 12.02 亿度 (2000 年)。粮食 717.1 万吨（2001 年）、724.7 万吨 (2002 年)、736.1 万吨（2003 年）。民航能力，固定航班机场 24 处，客运量 8.56 亿人公里、货运量 9300 万吨公里 (2004 年)。

国防体制　国王为武装力量统帅，通过王宫军事秘书、皇家军队司令部、国家安全委员会、国防部指挥和管理军队。王宫秘书处是国王的军事参谋机构。国家安全委员会由首相、国防大臣和陆军参谋长组成，首相任主席。皇家军事司令部是国王统帅军队的指挥机构，由参谋长领导。国防部由文官组成，对军队无指挥权，主要负责军事预算、武器装备和军需物资的供应，办理外国的军事援助，确定兵员补充，对军官的提升、任免提出建议。武装力量主要由现役部队和准军事部队组成，现役部队只有陆军。

领导人物　国王兼武装力量统帅贾南德拉·比尔·比克拉姆·沙阿·德瓦 (2001 年 6 月 4 日上任)。首相兼国家安全委员会主席、国防大臣苏里亚·巴哈杜尔·塔帕 (2004 年 4 月上任)。陆军参谋长皮亚尔·忠格·塔帕。

武装力量　现役部队 6.9 万人。

陆军　6.9 万人。编有 3 个师司令部、1 个山地指挥部、1 个皇家警卫旅（含 1 个宪兵营）、7 个步兵旅 (16 个营)、44 个独立步兵连、1 个特种作战旅（1 个空降营、2 个独立特遣连、1 个骑兵中队)、1 个炮兵旅（1 个炮兵团、1 个防空团)、1 个工程兵旅（4 个营)、1 个突击队营（组建中)。

装甲侦察车：“白鼬”40 辆。装甲人员输送车：“卡斯皮”40 辆。牵引炮：共 25 门，其中 75 毫米 6 门，94 毫米 5 门，105 毫米 14 门。迫击炮：81 毫米若干门，120 毫米 70 门。高射机枪：14.5 毫米 30 挺。高炮：37 毫米若干门，40 毫米 2 门。运输机：BAe-748 型 1 架，“天空之翼”1 架。直升机：共 12 架，其中 HAS-315B“印度豹”1 架，SA-316B“云雀”2 架，米-17 型 3 架，AS-332L“美洲豹”1 架，AS-332L-1“超级美洲豹”2 架，“贝尔”206L 型 2 架，AS-350“松鼠”1 架。

准军事部队　6.2 万人。警察部队 4.7 万人（包括武装警察约 1.5 万人)。

部署　尼泊尔陆军主要部署在加德满都和尼泊尔与印度边境一带。

兵役制度　实行志愿兵役制。士兵服役期一般为

15 年。各级军官最高服役年龄：将官 60 岁，校官 55 岁，尉官 52 岁。

军衔 军官分为 3 等 10 级，即将官 4 级（上将、中将、少将、准将），校官 3 级（上校、中校、少校），尉官 3 级（上尉、中尉、少尉）。

驻外兵力 尼泊尔军队有 998 人分别在克罗地亚、刚果、东帝汶、黎巴嫩、埃塞俄比亚/厄立特里亚、塞拉利昂等国参加联合国维和行动。

外国驻军 英国陆军在尼泊尔驻有 63 人。

军队节日 建军节 5 月 9 日。

（钟学良）

日 本

国　　名 日本国。

主要统计 面积 37.78 万平方公里。人口 1.2767 亿人（2004 年 2 月。其中 15~24 岁男 341 万人，女 325 万人；25~34 岁男 900 万人，女 627 万人；35~44 岁男 806 万人，女 541 万人）。国民生产总值 500.6 万亿日元约合美元 4.64 万亿（2004 年）。国防费 4.8301 万亿日元，约合美元 447 亿（2005 年国防预算），占国民生产总值的 0.944%，占政府财政支出的 5.88%。粗钢 10774.5 万吨（2002 年）。原煤 320.8 万吨（2001 年）。原油 723 万千公升（2002 年）。天然气 25.71 万亿立方米（2002 年）。发电量 1097.167 亿度（2002 年）。主要农作物总产量（大米、小麦）971.8 万吨（2002 年）。海运能力，商船（载重 100 吨以上）5473 艘，总吨位 1295.5 万吨（2002 年）。民航能力，固定航班机场 91 处；客运量，国内航线 9666.2 万人、国际航线 1789.1 万人；货运量，国内航线 83.2 万吨、国际航线 121.5 万吨（2002 年）。

国防政策 2004 年 12 月 10 日，日本政府通过了新版《防卫计划大纲》和 2005~2010 年度《中期防卫力量发展计划》。这两个纲领性文件的出台，标志着日本防卫政策的重大调整，即，完全摒弃“专守防卫”方针，借国际反恐之机，调整军事力量的建设方向，通过积极主动地参与国际安全合作，拓展活动空间，使其在国际事务中发挥越来越大的作用，谋求实现政治军事大国的战略目标。其基本点是：

（一）强调所谓“新型威胁”，防范矛头指向中、朝。日本认为，“9·11 事件”后，非国家行为体发动的恐怖袭击、大规模杀伤性武器扩散和弹道导弹是日本面临的主要威胁，同时日本还面临着诸如信息攻击、游击战、各种宗教和民族矛盾及领土纠纷引起的武装冲突，有组织犯罪以及海盗、特工船等“新型威胁”。此外，近年来日本一直鼓吹“中国威胁论”，将“不断增强海、空军力量”的中国视为“安全保障上的最大课题”，声称“将对潜入日本领海的外国潜艇采取适当措施”，还不断公开表示反对欧盟解除对华武器禁令等。可见，日本已愈来愈将防范的矛头指向中国。

（二）将日美军事同盟作为日本国防政策的支柱，并不断强化。冷战结束后日本制定的“95 大纲”体现了日本加强日美同盟的政策，并首次对日美军事同盟进行调整。日本认为，日美军事同盟不仅是日本的安全保障，而且对日本周边地区的和平与稳定都是必不可少的。为此，日本通过了《日美安全保障联合宣言》、新的《日美防卫合作指针》、以及与“新指针”相配套的“相关法案”、《反恐怖特别措施法》、“有事法制”等相关法案和步骤，大大拓展了与美国在军事领域合作的深度和广度，采取了一系列措施以提高日美军事同盟的有效性和可靠性。如：加强政策协商和情报交换；加强日美联合演习和训练；正式决定引进美国的导弹防御系统；加强日美双方装备技术上的交流；采取有效措施，确保美军顺利驻扎等。未来，日美的军事合作将扩大范围、向深层次发展，日美安保体制的机制化、规范化、合法化，将成为“涵盖亚太、多维渗透、攻防兼备、平战结合”的全方位安全保障体制。

（三）谋求外向型军事发展，将海外派兵经常化、制度化。自 1992 年 6 月日本国会通过《海外派兵法》以来，日本自卫队便获得了出兵海外的法律依据，借参加维和行动，使其出兵海外经常化、制度化。日美新的“防卫合作指针”把两国军事合作的重点从针对“日本有事”变为针对“周边有事”，其内容涉及国际军控与裁军、地区安全对话、国际维和及人道主义救援等方方面面。而"新指针"及其"相关法案"的制定，使日本的军事活动地区由"远东"扩大到范围模糊的"周边地区"；日本武装力量的职能由"专守防卫"作战扩大到发生"周边事态"时，可以支援美军作战；而且，日美在武力应付"周边事态"时，可不必经过联合国授权，只由日美两国确定即可。日本2004年12月10日出台的《防卫计划大纲》提出了日本安全战略的两大目标：保卫日本和开展国际安全合作。把"国际安全合作"作为自卫队的基本任务，"以积极主动地参与国际安全活动"，推进自卫队职能的转型，"快速、持续地向国际派遣维和部队"，"改善国际安全环境，以防威胁波及日本"。迄今为止，日本已先后向柬埔寨、莫桑比克、扎伊尔、戈兰高地和东帝汶等地派遣了维和部队。"9·11"事件后，日本抓住时机，一举通过了《反恐怖特别措施法》等三项法案，首次实现了战时向海外派兵，以支援美国反恐为名，向印度洋和伊拉克派出武装部队。

目前，日本谋求外向型军事发展的主要特点是：军事力量的职能由"自卫型"转变为"自卫与外向型"；军事行动范围由周边扩大到全球；海外派兵由平时扩大到战时，由战区外扩大至战区内；扩大了首相的"防卫出动"决策权等。

（四）建立"多能、灵活、有效"的军事力量。2005~2010年度《中期防卫力量发展计划》明确提出在自卫队建设指导思想上，由"合理、精干、高效"向"多能、灵活、有效"的建设方针转型，将继承"基础防卫力量构想"的有效部分，建设一支"反应快速、机动灵活、多能有效"的防卫力量。一是在体制编制上强化自卫队一体化运用体制。一方面在组织体制上向联合运用体制转型，具体措施包括改组内部部局，新设联合参谋机构，改编各军种参谋部等；另一方面自卫队将实施大规模精简整编，并组建新型作战部队，使一线作战部队向灵活有效的方向转型。二是强化联合作战能力。通过实施联合军事演习、大力发展高度统一的信息化作战指挥系统、推进自卫队的自动化和网络化建设、加快情报通信系统的一体化建设、成立"中央快速反应集团"等措施，在教育训练、情报通信等各领域建立一体化联合作战体制。三是大力发展信息化武器装备。为应付"新型威胁和多种事态"，日本未来将大幅压缩传统主战坦克、飞机、舰艇等装备，重点发展高技术、信息化武器装备。主要包括：①在陆战装备方面，发展新一代主战坦克和攻击直升机。目前，日本正在对90式坦克进行信息化改造，并开始着手研制第4代主战坦克。日本国产的OH-1观测直升机和从美国引进的UH-60JA多用途直升机、AH-64D型"阿帕奇"攻击直升机已陆续装备到部队，今后将进一步加大采购运输直升机、攻击直升机的力度。②在海战装备方面，发展大型直升机驱逐舰和新型"宙斯盾"驱逐舰。即继续提高"宙斯盾"驱逐舰能力，继续装备直升机驱逐舰、多用途驱逐舰、巡逻直升机以及扫雷和运输直升机，决定引进美军的"海上作战指挥控制系统"和"指挥控制支援终端系统"，提高对周边海域进行警戒监视和对付武装特工船以及侵入领海外国潜艇的能力。③在空战装备方面，重点发展新型战斗机和大型加油/运输机。2010年以后，日本很可能以美国的F-35战斗机来替换目前的F-4EJ等机型。另外将继续装备运输直升机、空中加油/运输机、新型战斗机等，改进自动警戒管制系统，部署具有探测、跟踪弹道导弹能力的新型警戒管制雷达，以确保有效地应付遂行保卫领空的能力。④大力打造太空装备，发展综合电子信息系统与无人机系统。2003年3月28日，日本使用国产H-2A火箭发射了2颗侦察卫星，日本计划在2005年~2008年间再发射4颗分辨半径达0.5米的第二代侦察卫星。另外，日本还计划建造3座卫星地面站和1个卫星情报处理中心。日本还计划投资2.6亿美元研究无人侦察机，以实现全天候跟踪侦察、通信中继等功能。

军事战略 2004年新《防卫计划大纲》的出台，改变了过去一直坚持的"基础防卫力量构想"，提出把自卫队建设成为一支能快速、有效应对各种"新型威胁"的防卫力量。其根本目的是为了扩大自卫队在海外的活动，使日本的军事力量在国际安全事务中发挥越来越大的作用，实现其政治军事大国的发展目标。近年来，为适应新军事革命的迅猛发展和国际形势的发展变化，日本不断对其军事战略进行了一系列的重大调整，努力推进军事力量的两个"转型"。即，自卫队的防卫体制由"国土防卫型"向"海外参与型"的转变；军事力量由机械化向信息化的转变。

（一）防御重点全面转向西南方向。为应付"9·11"事件后的各种"新型威胁和多样化事态"，日本已将防御的重点由"固守北方"转变为"防御西南"，并据此对自卫队的部署和编制体制作出重大调整。除将最先进的武器系统配置在西南方向外，还将增强九州和冲绳的兵力部署，强化在西南方向上自卫队的合成训练和与美军的协同训练，以提高自卫队的快速反应与实战水平。

（二）军事战略由"被动防御型"向"主动先制

和海外干预型”转变。具体包括：①强调“先发制人”。日本以往“专守防卫”战略方针侧重“有事”后的反应，而现行方针则强调在面临导弹袭击或军事入侵之前，要对外国施行“先发制人”的打击。日本早在1999年国会通过的《周边事态法》中，就首次提出“准有事”的概念。而在2003年通过的“有事法制”相关法案中，更提出“推断有事”的概念，即，“预测日本可能遭受的武力攻击事态”，明确了首相在“推断有事”时的绝对权限下的战争动员体制。②在防卫力量的基本职能上，把“国际安全合作”作为自卫队的基本任务，强调军事力量的职能范围由内向型向“海外参与型”过渡；防卫任务以周边为重点，逐步向全球发展。为实现安全战略的两大目标，日本提出了三种途径：自身的努力、与盟国的合作和与国际社会的合作。以遏制潜在威胁，创造有利于日本的安全环境。③在防卫力量的基本任务上，2004年12月出台的新《防卫计划大纲》赋予自卫队三重任务：有效应对新型威胁和多种事态；保卫日本；积极开展国际安全合作活动。在当前日本遭受入侵的可能性很小的情况下，全面参与国际安全事务，并发挥积极主动作用，成为自卫队的基本任务。

（三）创新作战理论。随着2004年12月新《防卫计划大纲》的出台，自卫队的作战思想也相应地发生变化，日本在过去的“本土防卫”、“海上歼敌”、“远洋防空”等作战思想的基础上，适应新安全形势的发展变化，不断对其内涵进行创新。①在陆战方面，强调机动灵活的作战思想。2004年新版《防卫计划大纲》附表规定陆上自卫队现役员额增加了3000人，并准备组建“中央快速反应集团”，继续装备轻型装甲机动车、多用途直升机、战斗直升机等，以确保应付游击队及特种部队攻击的能力。②在海战方面，提出“早期处置”、“超视距打击”、“反潜护航”、“登船检查”等作战新理论。“早期处置”和“超视距打击”是海上自卫队遂行周边海域防卫作战的主要理论，即以反潜巡逻机和驱逐舰在日本的周边海域和海上航线进行巡逻。一旦发现敌方舰艇，由驱逐舰、潜艇、巡逻机对其实施“超视距”攻击。③在防空作战方面，提出“早期预警”，“适时打击”理论。即在平时通过航空警戒管制部队的雷达和早期预警机等，对日本空域实施警戒监视，当发现敌对目标时，由自动警戒管制系统对目标进行识别，并向航空部队和防空导弹部队发出指令，由航空警戒管制部队引导战斗机或防空导弹对敌目标进行适时打击，力争将目标歼于境外空域。

为此，日本自卫队采取措施主要提高以下作战能力：①对“紧急事态”的早期预警能力。日本正在逐步改进现有的侦察和预警系统，继续引进先进的空中预警机，研发无人驾驶侦察机、部署高分辨率的侦察卫星等，以扩大侦察和预警范围。②提高自卫队的机动能力和快速反应能力。通过组建空中机动旅和地面机动旅等，提高兵力的快速机动能力。③提高远程投送能力。为此，决定引进诸如C-17战略运输机、CH-47J运输直升机、空中加油机等，加快发展大型登陆运输舰等，确保自卫队的远程投送和应对游击队及特种部队攻击能力。④提高应对弹道导弹攻击的能力。继续提高“宙斯盾”驱逐舰及“爱国者”导弹的作战能力，改进自动警戒管制系统，并着手部署新型预警雷达，同时继续推进日美联合导弹防御系统的研究与开发。

（四）作战体制向灵活、快速、机动方向发展。为了使自卫队成为日本21世纪安全保障战略的有力支柱，日本自卫队不断加强各部队的高机动性和快速反应能力，以及在此基础上的独立作战能力和自我生存能力，日本将于2006年组建“中央快速反应集团”，由防卫厅长官直接领导和指挥。此外，防卫厅还决定建立多支特种部队，如已经成立的“陆上自卫队研究本部”、“网络部队”等。同时，海上自卫队正在组建直属联合舰队的“特别警备队”以专门对付外国“可疑船只”，负责海上特别行动。海上自卫队还将组建一支直升机部队，以提升海上快速反应能力。日本海上自卫队在引进“宙斯盾”驱逐舰搭载的导弹防御系统后，将建立2支快速反应驱逐舰队，并使其纳入美国的导弹防御系统，这将使日本的导弹防御能力和海上快速反应能力将大大提高。

另外，日本自卫队在缩小规模的同时，更加注重提高质量和效能，以形成能对各种威胁迅速作出反应的联合作战体制。2001年，日本对防卫厅进行了精简整编，将过去的“五局一官房”调整合并为“四局一官房”，提高决策和办事效率。为加强三自卫队的协同作战能力，提高情报、指挥、通信以及运输等后勤保障能力，日本正着手建立联合参谋部，以理顺自卫队联合作战的指挥关系。

（五）增强与美军的协同作战能力。随着日美军事同盟的加强以及日本在同盟中自主地位的提高，在必要时同美军实施联合作战，密切双方在作战中的协调和协同，已成为日本军事战略的重要组成部分。日本在制定了一系列与新的“日美防卫合作指针”相配套的“战争法”的同时，加紧与美国组建战时体制。

在2000年成立了联合作战司令部——"日美联合协调所"。与此同时，日本将以参加研制战区导弹防御系统为中心，深化与美国的军事合作力度，继续提高日美安全保障体制的可靠性。除研究在发生对日武装攻击时的日美联合作战计划外，还需加大对发生"周边事态"时日美相互合作计划的研究力度，以努力构筑有效的合作态势，不断提高日美联合演习和训练的协同水平。采取的措施主要有：一是加强情报交流；二是加强联合演习和训练；三是制定"日本有事"和发生"周边事态"时进行联合作战的预案；四是共同研究包括信息通信技术在内的军事高技术；五是加强弹道导弹防御上的合作，构筑战略防御、战略威慑体系。六是强化日美全球安全合作，提升干预全球安全事务的影响力。

国防体制 **统帅机构** 日本国防组织的最高领导人、自卫队的最高统帅是内阁总理大臣，他代表内阁对自卫队行使最高指挥监督权。内阁会议是国防问题的最高决策机构，负责对提交国会审议的有关国防问题的法律草案、预算草案作出决定，制定有关政令，决定有关国防的重大方针和计划。安全保障会议是国防问题的最高审议机构，它由以下人员组成：根据《内阁法》第9条的规定预先指定的国务大臣、外务大臣、财务大臣、内阁官房长官、国家公安委员会委员长、防卫厅长官，由内阁总理大臣任主席。当主席认为必要时，可让有关国务大臣、参谋长联席会议主席及其他有关人员列席会议，陈述意见。安全保障会议的职责是：审议有关国防的重要事项，处置重大紧急事态的重要问题。防卫厅是在内阁总理大臣领导下处理国防事务的行政机关，其任务是"管理、指挥陆上、海上、航空自卫队，处理与此有关的事务。"防卫厅直属内阁府，防卫厅长官由内阁总理大臣任命的国务大臣担任，在内阁总理大臣的指挥与监督下领导防卫厅的工作，统管防卫厅的业务，并通过陆海空自卫队参谋长指挥自卫队。参谋长联席会议是辅佐防卫厅长官的合议体参谋机构，主要任务是统一和协调陆海空自卫队的运用。职责是：制定合同作战计划、合同后勤计划和合同训练计划，统一、协调自卫队军事行动的指挥命令，协助防卫厅长官指挥两个以上军种的合成部队的作战行动，搜集情报、调查研究，以及防卫厅长官交办的其他事项。参谋长联席会议由自卫队现役军人中资历最深、军衔最高者任主席，主持和领导参谋长联席会议的工作。

日本的武装力量由现役部队，在军事部门服务的文职人员和预备役部队组成。正规部队分为陆上自卫队、海上自卫队、航空自卫队。

作战指挥系统 内阁总理大臣是陆、海、空自卫队的最高指挥官。防卫厅是内阁总理大臣对陆、海、空自卫队实施指挥的职能机关。防卫厅长官在内阁总理大臣的指导监督下，统一领导和指挥陆、海、空自卫队。陆海空自卫队分别设有参谋部，作为防卫厅长官的参谋机构和各自卫队的指挥管理机构，负责制定各自的作战计划、教育训练计划及编制、装备、后勤保障、情报收集、卫生保健、人事等计划。它既是防卫厅长官的参谋机构，又是管理和运用各自卫队的执行机构。防卫厅长官通过各自卫队参谋长对陆、海、空自卫队实施领导和指挥。参谋长联席会议主席协助防卫厅长官对自卫队的运用进行统一和协调。

领导人物 内阁总理大臣兼自卫队最高统帅小泉纯一郎（2001年4月26日当选）。国务大臣、防卫厅长官大野功统（2004年9月27日上任）。防卫厅副长官今津宽（2004年9月29日上任）。参谋长联席会议主席先崎一上将（2004年8月30日上任）。陆上自卫队参谋长森勉上将（2004年8月30日上任）。海上自卫队参谋长斋藤隆上将（2005年1月12日上任）。航空自卫队参谋长吉田正上将（2005年1月12日上任）。

武装力量 **兵力** 现役部队编制定员25.8581万人（含参谋长联席会议1719人），实有兵员25.6862万人（含参谋长联席会议1770人，统计数截至2004年3月31日）。

陆上自卫队　编制定员16.3784万人，实有兵员14.6960万人。编成5个军区、9个步兵师、1个装甲师、2个混成旅、1个沿岸部署旅旅、1个空中机动旅、1个地面机动旅、1个空降旅和8个防空导弹群。截至2004年9月30日，共装备坦克1000辆（90型、74型），装甲车1300辆，自行火炮500辆，其他各型火炮5900门，各型飞机511架。

海上自卫队　编制定员4.5812万人，实有兵员4.4390万人。编有1个联合舰队（辖1个护卫舰队、1个航空集团、1个潜艇舰队）和5个地方队。截至2004年9月30日，共装备各型作战舰艇152艘，总吨位约41.1万吨，其中驱逐舰、护卫舰53艘20.1万吨，潜艇16艘4万吨，扫/布雷舰艇31艘2.7万吨；各型飞机212架。

航空自卫队　编制定员4.7266万人，实有兵员4.5459万人。编成1个航空总队（辖3个航空方面队、1个航空混成团、6个防空导弹群）、1个航空支援集团、1个航空教育集团（辖2个训练航空团、3

个飞行教育团）和 1 个航空开发实验集团。截至 2004 年 3 月 31 日，共装备各型作战飞机 510 架，其中歼击机 367 架、侦察机 27 架、预警机 13 架、运输机 57 架。

文职人员　2.0584 万人（截至 2005 年 3 月 31 日）。

预备役部队　截至 2004 年 3 月 31 日，一般预备役编制定员 4.79 万人，实有人员 3.6737 万人。其中，一般预备役陆上自卫队编制定员 4.6 万人，实有人员 3.4918 万人；海上自卫队编制定员 1100 人，实有人员 1019 人；航空自卫队编制定员 800 人，实有人员 800 人。另外，快速反应预备役（陆上自卫队）编制定员 7668 人，实有人员 6146 人。

部署　陆上自卫队参谋部驻东京都。北部军区所辖防区为北海道地区，司令部驻札幌市，辖 2 个步兵师、1 个装甲师、1 个地面机动旅、1 个防空导弹群、1 个工兵群、1 个炮兵群。

东北部军区所辖防区在本州地区东北部，司令部驻仙台市，辖 2 个步兵师、1 个炮兵群、1 个防空导弹群、1 个工兵群。

东部军区所辖防区在本州地区中部，司令部驻东京都，辖 1 个步兵师、1 个空中机动旅、1 个防空导弹群、1 个工兵群、1 个空降群。

中部军区所辖防区在本州地区西南部，司令部驻伊丹市，辖 2 个步兵师、1 个空降旅、1 个混成旅、1 个防空导弹群、1 个工兵群。

西部军区所辖防区在九州和冲绳地区，司令部驻熊本市，辖 2 个步兵师、1 个混成旅、1 个防空导弹群、1 个工兵群。

防卫厅长官直辖的第 1 直升机群驻目更津，特种作战群驻船桥市，补给控制本部和通信群驻东京都。

海上自卫队参谋部驻东京都，分为横须贺、吴、佐世保、舞鹤、大凑 5 个警备区。在横须贺警备区的横须贺基地部署有自卫舰队、防卫舰队、潜艇舰队司令部、第 1 护卫队群、第 2 潜艇队群、扫雷队群、开发队群、情报业务队群、海洋业务队群及横须贺地方队。航空集团司令部驻绫濑市。教育航空集团司令部驻千叶县东葛饰郡沼南町。在吴警备区的吴基地驻有第 4 护卫队群、第 1 潜艇队群、练习舰队司令部及吴地方队。在佐世保警备区的佐世保基地驻有第 2 护卫队群和佐世保地方队。在舞鹤警备区的舞鹤基地驻有第 3 护卫队群和舞鹤地方队。在大凑警备区的大凑基地驻有大凑地方队。补给本部和中央通信队群驻东京都。

航空自卫队参谋部驻东京都。北部防空区：千岁部署有第 2 航空团、第 3 防空导弹群；三泽部署有北部航空方面队司令部、第 3 航空团、北部航空警戒管制团、第 6 防空导弹群。中部防空区：小松、茨城县东茨城郡小川町分别部署有第 6 和第 7 航空团；各务原市部署有第 4 防空导弹群；狭山市部署有第 1 防空导弹群、中部航空警戒管制团、中部航空方面队司令部。西部防空区：第 5、第 8 航空团分别部署在宫崎县儿汤郡新富町和福岛县筑上郡椎田町；春日市部署有第 2 防空导弹群、西部航空警戒管制团以及西部航空方面队司令部。西南防空区：冲绳县那霸市设有西南航空混成团司令部，并部署有第 83 航空队、第 5 防空导弹群、西南航空警戒管制队。

航空总队、航空支援集团司令部设在府中市。航空教育集团、航空开发实验集团司令部分别设在浜松市和狭山市。补给本部设在东京都。

兵役制度　日本实行志愿兵役制，又称募兵制。上等兵（含）以下实行任期制：陆上自卫队为 2 年（专业技术兵为 3 年），海上和航空自卫队为 3 年。任期届满后，根据本人志愿并经审查合格后可继续延长 2 年任期；军士和军官为职业军人，实行退休制。各级退休年龄分别为：将官 60 岁（参谋长联席会议主席 62 岁），上校 56 岁，中校、少校 55 岁，上尉至上士 54 岁，中士以下 53 岁。对从事医务和音乐等职业的上校以下军人，其退休年龄适当延长，最长可到 60 岁。

军衔　日本自卫队军衔共分 6 等 18 级：将官 3 级（上将、中将、少将），校官 3 级（上校、中校、少校），尉官 3 级（上尉、中尉、少尉），准尉 1 级、军士 4 级（军士长、上士、中士、下士），兵 4 级（上等兵、一等兵、二等兵、三等兵）。

外国驻军　截至 2004 年 9 月 30 日，美国在日本的驻军为 3.6365 万人，其中陆军 1790 人、海军 4802 人、海军陆战队 1.5533 万人、空军 1.4240 万人。

军队节日　自卫队纪念日 11 月 1 日。

（于　庭）

沙特阿拉伯

国　　名　沙特阿拉伯王国。

主要统计　面积225万平方公里。人口2252.8万人（其中，0~14岁910.1万人，占总人口的40.4%；15~64岁1277.3万人，占56.7%；65岁以上65.3万人，占2.9%）。国内生产总值7920亿里亚尔，合2112亿美元（2003年）。国防费724亿里亚尔，合193亿美元（2004年国防预算）。原油29.12亿桶（2002年）、31.03亿桶（2003年）、34.67亿桶（2004年）。天然气469.2亿立方米（2000年）。发电量1128.01亿度（2000年）。粮食246.1万吨（2001年）。海运能力，商船（载重100吨以上）279艘，总载重量12.78亿吨（2004年）。民航能力，固定航班机场28处，客运量189.49亿人公里、货运量26.5亿吨公里（2004年）。

国防体制　国王为皇家军队统帅。最高国防决策机构为高级防务委员会，成员有国王、国防与航空大臣、财政与经济大臣、通信与外交大臣和武装力量总参谋长，由国王任主席。国防部为最高军事行政机构。武装力量由正规军和准军事部队组成。正规军分陆、海、空和防空军四个军种。最高军事指挥机构为总参谋部。国王通过国防部和总参谋部对全国武装力量实施领导和指挥。

领导人物　国王兼武装力量统帅法赫德·本·阿卜杜勒·阿齐兹（1982年即位）。王储兼第一副首相、国民卫队司令阿卜杜拉·本·阿卜杜勒·阿齐兹。第二副首相兼国防与航空大臣苏尔坦·本·阿卜杜勒·阿齐兹（1999年连任）。总参谋长穆罕默德·萨利赫·哈马迪上将。陆军司令苏尔坦·本·阿迪·穆塔伊尔中将（1996年9月上任）。海军司令塔拉勒·穆夫迪中将（1994年1月上任）。空军司令阿卜杜·阿齐兹·胡纳迪中将（1994年1月上任）。防空军司令马吉德·本·塔勒哈比·本·哈马德·奥塔比中将（1994年1月上任）。

武装力量　现役部队12.51万人。

陆军　7.5万人，编有1个装甲旅，5个机械化旅，1个空降旅，1个王室警卫团，8个炮兵营，1个陆军航空司令部。

主战坦克：共1055辆，其中M-1A2“艾布拉姆斯”315辆（200辆库存），AWX-30型290辆（50%库存），M-60A3型450辆。装甲侦察车：235辆。步兵战车：共970辆。装甲输送车：共3150辆。牵引炮：共238门。自行炮：155毫米170门。多管火箭炮：60门。迫击炮:81毫米、107毫米、120毫米共400门。地对地导弹：CSS-2型10枚。反坦克导弹；“陶”式950枚，M-47“龙”式1000枚，“霍特”式若干枚。火箭炮：“阿普拉斯”约200门。无坐力炮:共450门，其中84毫米300门，90毫米100门，106毫米50门。武装直升机：AH-64“眼镜蛇”12架。运输直升机：共55架，其中S-70A型12架，UH-60A“黑鹰”22架，SA-365N型6架,Bell406CS型15架。地空导弹：“红眼睛”500枚，“毒刺”500枚，“响尾蛇”若干枚。传感器：AN/TPQ-36/-37炮位侦校雷达。

海军　1.55万人（包括海军陆战队3000人）。编有2个舰队，装备舰艇56艘。

护卫舰：8艘。导弹快艇：9艘。巡逻艇：17艘。反水雷舰艇：7艘。登陆艇：8艘。辅助舰船：7艘。

海军陆战队　3000人。编有1个海军步兵团，装备BMR-600P步兵战车140辆。

海军航空兵　装备有武装直升机31架，其中AS-565型19架、AS-332B和AS-332F型12架。运输直升机：Be11406CS型13架。

空军　1.8万人。编有4个攻击战斗机中队，9个战斗机中队，1个侦察机中队，1个预警机中队，2个训练机中队，3个运输机中队，2个直升机中队。飞机475架，其中作战飞机335架。

攻击战斗机：共153架，其中F-5E型53架，F-5B、F-5F、F-5RF型15架，“旋风”IDS型85架。

战斗机：共179架，其中“旋风”ADV型24架，F-15C型66架，F-15D型18架，F-15S型71架。侦察机：RF-5E型10架。预警机：E-3A型5架。加油机：KE-3A型8架，KC-130H型7架。改装训练机（具有作战能力）：F-5B型14架，F-5F型7架。运输机：C-130E型7架，C-130H型29架，L-100-30HS型3架。直升机：共78架，其中AB-205型22架，AB-206A型13架，AB—212型17架，AB-412型16架，AS-532A2型10架。教练机：105架（其中50架具有作战能力）。皇家专机：飞机：波音747SP2架，波音737-200型1架，BAe125-800型4架，湾流3型2

架，“利尔杰特”35 型 2 架，VC-130H4 架,塞纳 310 型 1 架。直升机：AS-61 型 3 架，AB-212 若干架，S-70 型 1 架。空对地导弹：若干枚。空对空导弹：若干枚。

防空军　1.6 万人，编有 33 个地空导弹连，配有 17 部 AN/FPS-117 型雷达。

高炮：共 340 门，其中 20 毫米 92 门，30 毫米 50 门，35 毫米 128 门，40 毫米 70 门。地空导弹：309 枚。

准军事部队　15.5 万人，其中国民警卫队 7.5 万人（另有部族部队 2.5 万人），编有 3 个机械化步兵旅、5 个步兵旅、1 个骑兵仪仗队，装备轻型装甲车 1117 辆、装甲输送车 1540 辆（V-150“康曼多”1100 辆、“皮兰哈”440 辆）、牵引炮 70 门（105 毫米 M-102 型 40 门、155 毫米 M-198 型 30 门）、迫击炮（81 毫米、120 毫米）和无后坐力炮（106 毫米 M-40A1 型）若干门、反坦克导弹若干枚；边防部队 1.05 万人；海岸警卫队 4500 人，装备巡逻艇 30 艘、气垫船 16 艘、教练船 1 艘、王室游艇 1 艘、小型武装巡逻艇 350 艘；特种安全部队 500 人，装备装甲输送车若干辆。

兵役制度　平时实行志愿兵役制，战时实行义务兵役制。18~35 岁男子经批准参军，服役期限一般 2 至 3 年（普通兵种 2 年、特殊兵种 3 年）。

外国驻军　海湾合作委员会（海合会）在沙特驻有“半岛之盾”部队（主要由科威特、卡塔尔、巴林、阿曼和阿联酋等成员国派出的部队组成），编制为 9000 人。

（钟学良）

斯　里　兰　卡

国　　名　斯里兰卡民主社会主义共和国。

主要统计　面积 6.561 万平方公里。人口 1919.3 万人（其中，0~14 占 25.6%，15~64 岁占 67.8%，65 岁以上占 6.5%。）。国内生产总值 17600 亿卢比，合 183 亿美元（2003 年）。国防费 521 亿卢比，合 5.1 亿美元（2004 年国防预算）。发电量 56.83 亿度（2000 年）。粮食 280.4 万吨（2000 年）。海运能力，商船（载重 100 吨以上）66 艘，总载重量 47.26 万吨（2000 年）。

国防体制　宪法规定，总统为武装部队总司令。最高国防决策机构为国家安全委员会，成员有国防部长、国家安全部长、陆、海、空三军司令，警察总监等，主席由总统兼任。国防部为最高军事行政机构。武装力量由正规军、预备役部队和警察组成。正规军分陆、海、空三个军种。总统通过国家安全委员会、国防部和陆、海、空三军司令部对全军实施领导和指挥。

领导人物　总统兼武装部队总司令钱德里卡.班达拉奈克·库马拉通加（1999 年 12 月上任）。陆军司令巴勒格雷中将（2000 年 1 月上任）。海军司令森达吉里中将。空军司令佩雷拉中将。

武装力量　**兵力**　现役部队约 15.1 万人（含应召再服现役者）。

陆军　11.8 万人（含 3.99 万名应召再服现役者）。编有 9 个师部、3 个机械化步兵旅、1 个空中机动旅、33 个步兵旅、1 个独立特遣旅（1 个突击队、1 个独立特遣团）、1 个突击旅、1 个装甲团、3 个装甲侦察团、3 个野战炮兵团（含 1 个后备团）、3 个野战工程兵团。

主战坦克：T-55 型 62 辆。装甲侦察车：“萨拉丁”15 辆、“白鼬”15 辆、“野狗”12 辆。装甲输送车：T-85 型 35 辆、BTR-80/80A 型 25 辆、其他型号 107 辆。牵引炮：85 毫米 8 门、88 毫米 3 门、122 毫米门、130 毫米 40 门、152 毫米 40 门。火箭炮：122 毫米 22 门。迫击炮：81 毫米 520 门、82 毫米 209 门、120 毫米 55 门。无坐力炮：105 毫米 10 门、106 毫米 30 门。高炮：40 毫米 24 门、94 毫米 33 门。

海军　1.5 万人（含 2400 名应召再服现役者）。基地设在科伦坡（司令部）、亭可马里（主要基地）、卡赖纳加、唐加拉、卡南皮提亚、加勒。

海岸巡逻作战舰艇：61 艘（其中导弹快艇 2 艘、海上巡逻艇 3 艘、海岸巡逻艇 10 艘、近海巡逻艇 46 艘）。登陆艇：8 艘。

空军　1.8 万人。作战飞机 22 架、武装直升机 24 架。

对地攻击战斗机：F-7M 型 3 架、FT-7 型 1 架、FT-5 型 2 架、米格-27M 型 4 架、米格-23UB 型 1 架、C-2 型 7 架、TC-2 型 1 架、C-7 型 2 架、"幼狮"5 架、SF-260TP 型反辐射导弹运载机 8 架、“卡普拉”2 架。

攻击直升机："贝尔"212型10架、米-24型1架、米-35型13架。运输机：各型飞机24架。直升机："贝尔"206型6架，米-17型3架。教练机：29架。

预备役部队　约5500人。其中陆军1100人，海军2400人，空军2000人。

准军事部队　8.86万人。其中警察部队6.06万人，国民志愿军1.5万人，国民卫队1.3万人。

兵役制度　实行志愿兵役制。

（刘温国）

塔吉克斯坦

国　　名　塔吉克斯坦共和国。

主要统计　面积14.31万平方公里。人口630.5万人（2004年。其中，塔吉克族67%，乌兹别克族25%，俄罗斯族2%，塔塔尔族2%；0~14岁占37.6%，15~64岁占57.9%，65岁以上占4.6%）。国内生产总值70亿美元（2003年）。国防费0.18亿美元（2004年）。粮食产量355.6万吨（2000年）。客运量22.31亿人公里（2004年）。货运量2.05亿吨公里（2004年）。固定航班机场1个。

国防体制　宪法规定，塔总统为军队最高统帅，国防部为最高军事行政机关，总参谋部为最高军事作战指挥机构。

领导人物　总统兼武装力量统帅埃莫马利·沙里波维奇·拉赫莫诺夫（1994年11月就职，1999年11月6日连任）。国防部长舍·海鲁洛耶夫。

军事学说　塔军以"军事防御"为指导思想，在强调通过独联体集体安全防御体系保障本国安全，与驻塔俄军共同担负国土防御任务的同时，重点加快了本国边防部队的建设步伐。塔不使用武力或以武力相威胁来达到政治、经济和其他目的，主张通过政治手段解决国家间的冲突争端，赞同与独联体国家签署地区集体安全条约并制定统一的军事政策，组建共同的战略力量。塔不把任何国家和国家联盟视为敌人，不准备向任何国家发动进攻，不首先使用武力。

武装力量　现役部队8400人。

陆军　7600人，编有2个摩步旅（包括1个战术侦察大队）、1个炮兵旅、1个特种旅、1个特种分队、1个防空团。

武器装备　主战坦克：T-72型44辆；装甲步兵战车：BMP-1/-2型34辆；装甲输送车：BTR-60/-70/-80型29辆；牵引炮：122毫米12门；火箭炮：122毫米10门；迫击炮：120毫米9门；地空导弹：SA-2/-3/-7型20枚。

空军　约800人。无战斗机，4~5架武装直升机。

武器装备：图-134A型运输机1架，米-24型直升机4~5架，米-8/17TM型直升机12~14架。

准军事部队　5300人。边防军5300人（内务部）。

反对力量　塔吉克斯坦伊斯兰运动约5000人，自1997年6月27日与政府签订和平协议后，逐步被政府军整合。

外国驻军：俄罗斯驻塔部队，1.2万人，其中陆军7800人，1个摩托化步兵师。主要装备：作战坦克：T-72型128辆；装甲步兵战斗车和装甲输送车：BMP-2型、BRM-1K型、BTR-80型共314辆；自行炮：122毫米、152毫米120门；火箭炮：122毫米、220毫米24门；迫击炮：120毫米36门；防空武器：SA-8型地空导弹20枚。

持久自由行动，约100人。

军队节日　建军日2月23日。

（果　立）

泰　国

国　　名　泰王国。

主要统计　面积51.3115万平方公里。人口6308.2万人（2003年2月。其中，0~14岁占23.2%，15~64岁占70.3%，65岁以上占6.4%）。国内生产总值

1430亿美元（2003年）。国防费19亿美元（2004年）。粮食2826.2万吨（2000年）。海运能力，商船（载重100吨以上）351艘，总载重量119.45万吨（2003年）。民航能力，固定航班机场25处，客运量383.45亿人公里、货运量16.71亿吨公里（2003年）。

国防政策　为适应冷战后安全环境的变化和现代战争的需要，泰对其国防政策作了新的调整，主要包括以下内容：加强军队建设，保持一支规模适当、有进攻能力和机动性的、有高效率指挥系统的武装力量，以应付来自国内外的威胁；建立一个高水准的、现代化的军事训练和教育体系，提高军人素质；发展国防工业，依靠自身的力量促进国防生产，使之接近于国际水平；调整后备兵员系统，朝着面向公众的方向发展，获得人民的合作与支援；保卫国家经济利益和自然资源，维护边境地区安全；加强福利保障，提高军人及其家属的生活水平；开展与友好国家的军事合作，积极支援联合国维持和平行动。

军事战略　泰国武装部队实行“总体防御战略”。冷战结束后，泰军适时地对其军事战略进行了调整。在战略目标上，完成由本土防御向海洋和本土综合防御转变，将保卫经济建设和维护海洋权益作为重要目标；在防御重点上，从东北部泰柬、泰老边境地区向东南部沿海新兴工业区和能源基地转变，将防御纵深从陆地向海洋扩展，由沿海向近海延伸；在作战对象上，将“来自陆地的对手”改为“来自海上的潜在对手”；在防御体制上，由依赖美国保护逐渐向增强本国防御力量与加强联盟军事合作相结合的“总体防御”转变。

国防体制　国王为武装力量统帅。最高国防决策机构为国家安全委员会，隶属于国务院，总理兼任主席。最高咨询机构为国防委员会，隶属于国防部。国防部是最高军事行政机关，负责制定、实施国防政策和计划。武装力量由正规军和准军事部队两部分组成。正规军分陆、海、空三个军种。最高军事指挥机构为最高司令部。国王名义上是三军统帅，实际上是国务院通过国防部和最高司令部对全国武装力量实施领导和指挥。

领导人物　国王兼武装力量统帅普密蓬·阿杜德（1946年继位）。总理兼国家安全委员会主席他信·西那瓦（2005年3月第2次连任）。国防部长探马叻·伊沙朗军·纳·阿瑜陀耶（2005年3月上任）。最高司令猜亚色·西那瓦上将（2004年10月上任）。陆军司令巴威·翁素万上将（2004年10月上任）。海军司令三朴·阿拉班上将（2004年10月上任）。空军司令空萨·旺他纳上将（2002年10月上任）。

武装力量　**兵力**　现役部队约30.66万人。

陆军　19万人。编有4个部域军，2个小军，2个骑兵师，3个装甲师，2个机械化师，1个轻型步兵师，2个特种作战师，1个炮兵师，1个高炮师（6个高炮营），1个工程兵师，4个经济开发师，1个独立骑兵团，8个独立步兵营，4个侦察连，3个空中机动连和1支正在组建的快速反应部队。

主战坦克：各型333辆。轻型坦克：各型515辆。装甲侦察车：32辆。装甲输送车：各型950辆。牵引炮：各型553门。自行火炮：20门。迫击炮：各型1912门。反坦克导弹：300枚。无坐力炮：各型180门。高炮：各型202门。地空导弹：若干枚。运输机：10架。联络机：50架。教练机：33架。直升机：212架，其中武装直升机5架。

海军　7.06万人（含陆战队、海军航空兵和岸防部队）。编有3个作战舰队和1个海军航空兵联队。

直升机航母：1艘。导弹护卫舰：8艘。护卫舰：4艘。小型护卫舰：5艘。导弹快艇：6艘。巡逻艇：104艘。扫雷舰艇：8艘。两栖舰艇：7艘。后勤支援舰船：15艘。

海军航空兵　1700人，装备作战飞机44架、武装直升机8架。

陆战队　2.3万人。编有1个师，2个步兵团，1个炮兵团，1个两栖攻击营，1个侦察营。装备装甲输送车57辆，牵引炮105毫米36门、155毫米12门，高炮12.7毫米14门及“龙”式反坦克导弹若干枚。

空军　约4.6万人。编有4个航空师，1所飞行训练学校，10个攻击战斗机中队，3个武装侦察机中队，1个电子侦察机中队，3个运输机中队，2个直升机中队，1个高炮连。作战飞机190架。

攻击战斗机：133架，其中F-16型50架。武装侦察机：各型56架。电子侦察机：3架。航测机：8架。运输机：各型共43架。教练机：共53架。联络机：21架。直升机：35架。空空导弹：若干枚。地空导弹：若干枚。

准军事部队　约11.37万人。其中，“猎勇”部队约2万人，保卫国土志愿队约4.5万人，海上警察2200人，航空警察500人，边境巡逻警察4.1万人，地方警察5万人。

预备役部队　20万人，编有4个陆军预备役师。

部署　陆军按4个部域军部署，重点部署在中部和东南部地区。海军部署在各海军基地，陆战队驻梭桃邑海军基地。空军各飞行大队分别驻各空军基地。主要军事基地18处，其中海军基地5处（曼谷、宋卡、攀牙、梭桃邑、那空拍侬），空军基地13处（廊曼、柯叻、打卡里、华富里等)。

兵役制度　实行义务兵役制，服役期2年。

军衔　军官分4等10级：元帅，将官3级（上将、中将、少将），校官3级（上校、中校、少校），尉官3级（上尉、中尉、少尉）。

驻外兵力　2004年共派出56人（其中包括10名军事观察员）参加联合国在东帝汶、塞拉利昂的维和行动。另外，派驻伊拉克约400人，已于2004年9月撤军。

外国驻军　新加坡驻有1个训练营地。美国69人（空军30人、海军10人、陆战队29人）。

军队节日　建军节4月8日。

（孟　丽）

土耳其

国　　名　土耳其共和国。

主要统计　面积78.36万平方公里。人口7071.2万人（其中，0~14岁占28.4%，15~64岁占65.8%，65岁以上占5.9%）。国内生产总值359763万亿土耳其里拉，约合2400亿美元（2003年）。国防费12260万亿土耳其里拉，约合85亿美元（2004年国防预算）。粮食2665.7万吨（2000年）。海运能力，商船（载重100吨以上）880艘、总载重量711.43万吨（2004年）。民航能力，固定航班机场26处，客运量164.92亿人公里、货运量3.8亿吨公里（2004年）。

国防体制　总统为武装力量统帅。最高国防决策机构为国家安全委员会，成员有总统、总理、总参谋长、国防部长、内政部长、外交部长和宪兵司令，由总统任主席，基本任务是制定战争动员计划、议决国家军事政策和其他有关国家安全的重大问题。武装力量的最高决策机构为最高军事委员会，由总理、总参谋长和陆、海、空军司令以及宪兵司令组成，任务是讨论和决定武装部队各级军官任免和调动、晋升和退休、国防费用的计划和分配、军队编制和军法军纪等问题。国防部为政府中一个部，是最高军事行政机构，设部长、副部长等，部长由总理任命的文职官员担任，任务是负责武装部队的征兵、武器装备、后勤补给、军工生产等工作。武装力量由正规军和准军事部队组成。正规军分陆、海、空三个军种。最高军事指挥机构为总参谋部，总参谋长由总统根据总理提名在担任过陆、海、空军司令的上将中任命，任期4年。总统通过国防部和总参谋部对全国武装力量实施领导和指挥。

领导人物　总统兼武装力量统帅阿赫迈特·内吉代特·塞泽尔（2000年5月上任）。国防部长麦黑麦特·韦直迪·戈努尔（2003年1月上任）。总参谋长黑尔米·厄兹科克上将（2002年8月上任）。陆军司令塔希尔·阿衣塔迟·雅尔曼上将（2002年8月上任）。海军司令比伦特·阿尔普卡亚上将（2001年8月上任）。空军司令朱姆胡尔·阿斯帕鲁克上将（2001年8月上任）。

武装力量　**兵力**　现役部队51.485万人。

陆军　约40.2万人。编有4个集团军司令部，10个军司令部，1个特种作战指挥部，2个步兵师，17个装甲旅，15个机械化步兵旅，11个步兵旅，5个突击旅，4个步兵团，4个炮兵训练旅，4个航空团，1个攻击直升机营，3个航空营。

主战坦克：4205辆，其中M-4848A5T1和M-48A5T2型2876辆，M-60A3型658辆，M-60A1型274辆，“豹”式1A1型170辆，“豹”式1A3型227辆。装甲侦察车：约250辆。步兵战车：650辆。装甲输送车：3643辆。牵引炮：各型679门。自行炮：各型868门。火箭炮：各型84门。迫击炮：2021门（107毫米1264门，120毫米757门），另有81毫米3792门。反坦克导弹：1283枚。无坐力炮：各型3869门。高炮：1664门（20毫米439门，35毫米120门，40毫米1105门）。地空导弹：各型897枚。装备作战飞机：168架。另，武装直升机：37架，运输直升机：230余架。

海军　5.275万人（含海军陆战队3100人，海岸警卫部队1050人）。

常规潜艇：13艘。护卫舰：19艘。导弹快艇：21艘。巡逻艇：28艘。布雷舰艇：1艘。反水雷舰艇：23艘。登陆舰：8艘。登陆艇：59艘。辅助舰船：27艘。

海军航空兵　装备有用于反潜作战的武装直升机16架（AB-204AS型3架，AB-212型13架），教练机7架。

海军陆战队　1个团，3100人。

空军　6.01万人。编有2个战术空军司令部，1个运输司令部，1个训练司令部，1个后勤司令部，11个攻击战斗机中队，7个战斗机中队，2个侦察机中队，5个运输机中队，3个教练机中队，6个地空导弹中队。作战飞机480架。

战斗机和攻击战斗机：F-16C型193架，F-16D型30架，F/NF-5A和F/NF-5B型87架，F-4E型135架。侦察机：RF-4E型35架。空中加油机：KC-135R型7架。运输机：C-130B和C-130E型13架，C-160D型19架，CN-235型46架（其中部分可用于电子战）。要员专机：2架。教练机：各型198架。直升机：UH-1H型20架，AS-532型20架。地空导弹：178枚。

预备役部队　37.87万人（41岁以下），其中陆军25.87万人、海军5.5万人、空军6.5万人。

准军事部队　15.22万人。宪兵和国民警卫队15万人（其中预备役5万人），装备装甲输送车560辆、飞机2~3架、直升机56架。海岸警卫队0.22万人，装备近岸巡逻艇64艘、运输机2架。

兵役制度　实行义务兵役制，士兵服役期15个月。

军衔　军官分3等11级，即将官4级（上将、中将、少将、准将），校官3级（上校、中校、少校），尉官4级（上尉、中尉、少尉、准尉）。

驻外兵力　驻塞浦路斯1个军部，2个步兵师，1个装甲旅，约3.6万人。装备坦克：441辆。装甲输送车：627辆。牵引炮：102门。自行炮：90门。火箭炮：6门。迫击炮：450门。高炮：48门。飞机：3架。直升机：4架。近岸巡逻艇：1艘。参加联合国维持和平行动的兵力：驻阿富汗约161人，驻波斯尼亚1200人，驻东帝汶1人（军事观察员），驻格鲁吉亚5人（军事观察员），驻意大利4架F-16C型战斗机，驻南斯拉夫科索沃维和部队约940人。

外国驻军　驻有北约盟军东南联合司令部和第6战术空军司令部。美国空军1650人（编成1个飞行联队，装备飞机包括F-16、F-15C、KC-135、E-3B和E-3C、C-12、HC-130和HH-60）。

军队节日　建军节8月30日。

（林海霞）

土库曼斯坦

国　名　土库曼斯坦。

主要统计　面积49.12万平方公里。人口486.3万（2004年。其中0~14岁占34.7%，15~64岁中60.9%，65岁以上占4.4%），国内生产总值281亿美元（2003年），国防费1.73亿美元（2003年国防预算）。天然气470亿立方米（2000年）。粮食176.8万吨（2000年）。民航能力，固定航班机场1处，客运量15.62亿人公里，货运量1.43亿吨公里（2004年）。

国防体制　宪法规定，总统为武装力量最高统帅，国防部为最高军事行政机关。

领导人物　萨帕尔穆拉特·阿塔耶维奇·尼亚佐夫总统兼武装力量最高统帅（1990年当选，1992年连任，1994年土举行全民公决，决定将其任期延长至2002年。1999年土人民委员会和议会联合通过决议，授权尼亚佐夫“无限期行使总统权力”），政府副总理兼国防部长巴·萨尔贾耶夫。

军事学说　土奉行中立性军事学说，不参加任何集团和同盟，不设明确的假想敌，不发展核武器等大规模杀伤性武器，不发动、不挑起军事争端或战争，除自卫外，不参与任何可能导致战争或军事冲突的政治行动。在军事建设上，要求军队效忠总统、保卫中立，强调军队的规模、装备和作战能力以合理、有效为标准，努力开展生产经营，力争实现自给自足。土未参加独联体集体安全条约，与外军的合作也仅限于军事技术领域和军官培训。土目前为“北约和平伙伴关系”成员国之一，但与北约的合作有限。

武装力量　现役部队2.6万人。

陆军：2.1万人。编有5个军区，4个摩托化步兵师（包括1个战术侦察大队），1个炮兵旅，1个导弹团，1个反坦克团，1个工兵团，2个防空旅，1个独立空中突击营。

武器装备：主战坦克T-72型702辆；装甲侦察车BRDM/BRDM-2型170辆；装甲步兵战斗车BMP-1/-2型930辆，BRM型12辆；装甲输送车BTR-60/-70/-80型829辆；牵引炮122毫米、152毫米269门；自行炮：122毫米40门；120毫米17门；火箭炮：122毫米64门；迫击炮82毫米、120毫米97门；反坦克制导武器：AT-3/-4/-5/-6型100部；火箭筒：73毫米若干具；反坦克炮：100毫米72门；高炮：23毫米、57毫米70门；防空导弹：53枚。

海军　700人。

空军　4300人（包括防空军）。主要作战飞机89架（另有库存200架）；2个战斗机和地面攻击战斗机航空中队（配有米格-29型机24架，苏-17型机65架）；1个混合运输机中队（配有安-26型机1架，米-24型机10架，米-8型机8架）；1个战术侦察大队（配有苏-7B型机3架，L-39型机2架）。另库存苏-25型46架，米格-23型120架，米格-23U型10架，米格-25型24架。

防空装备：地空导弹SA-2/-3/-5型50枚。

军队节日　独立日　10月2日（1991年）

（果　立）

乌兹别克斯坦

国　　名　乌兹别克斯坦共和国。

主要统计　面积44.74万平方公里。人口2560.4万人（2004年。其中0~14岁占35.4%，15~64岁占60.0%，65岁以上占4.6）。国内生产总值444亿美元（2003年）。国防费0.54亿美元（2004年国防预算）。钢铁41.6万吨（2000年）。原煤250万吨（2000年）。原油753.3万吨（2000年）。天然气553亿立方米（2000年）。发电量460.55亿度（2000年）。粮食304.8万吨（2000年）。民航能力，固定航班机场9处，客容量34.60亿人公里，货运量3.21亿吨公里（2004年）。

国防体制　宪法规定，总统为武装力量统帅。国防部是最高军事行政机关，负责管理国防预算、军工生产、后勤、动员和民防等事务。武装力量由陆军、空军及准军事部队组成。总参谋部为最高军事指挥机构，总统通过国防部和总参谋部对全国武装力量实施领导和指挥。

领导人物　总统兼武装力量统帅伊斯拉姆·阿卜杜加尼耶维奇·卡里莫夫（1991年当选，1995年乌举行全民公决，决定将卡里莫夫总统任期自1997年延至1999年底。在2000年举行的总统选举中再次当选）。国防部长卡·加·古利亚莫夫中将（2000年9月上任），武装力量联合参谋部总参谋长图·尤·卡西莫夫上将。

军事学说　乌兹别克斯坦将职业化改革作为军队建设的首要任务，力求使本国军队与世界最先进的军队达到同一水平，真正实现职业化。军事改革的目标是建立一支数量适中、机动性强、装备先进、训练有素、有能力保卫国家边界和领土完整、保障人民和平与安定的武装力量。当发生战争或武装冲突时，乌奉行的原则是：使用本国武装力量及与乌签署集体安全条约的成员国一起反击侵略行动。乌坚持中立原则，不与任何国家为敌，不使用本国力量反对他国，任何时候不对别国首先采取军事行动，不对任何国家提出领土要求。

武装力量　现役部队约5.5万人。

陆军：4万人。编有4个军区、2个作战司令部、1个塔什干司令部、1个坦克旅、10个摩步旅、1个山地旅、1个炮兵旅、1个空中突击旅、4个炮兵旅。

武器装备　主战坦克：T-62型170辆，T-64型100辆，T-72型70辆；装甲侦察车：BRDM-2型13辆；装甲步兵战斗车：BMP-2型270辆，BMD-1型120辆，BMD-2型9辆，BRM型6辆；装甲输送车：BTR-70型25辆，BTR-60型24辆，BTR-80型210辆，BTR-D型50辆；牵引炮：122毫米、152毫米200门；自行炮：122毫米、152毫米、203毫米83门；迫/榴炮：120毫米54门；火箭炮：122毫米、220毫米108门；迫击炮：120毫米42门；反坦克炮：100毫米36门。

空军：1.5万人。

编有7个联队和直升机团，作战飞机135架（另有30架库存），攻击直升机29架。轰炸机：1个团编有苏-25、苏-25BM20架，苏-17MZ、苏-17UMZ26架，1个团编有苏-2423架，苏-24MP11架。战斗机：1个团编有米格-29、米格-29UB30架，1个团编有苏-27、苏-27UB25架。库存米格-29、-29UB30架。侦察/运输机：1个团编有安-12、安-12PP26架，安-26、安-26RKR13架。运输机：图-1341架，安-24 1架。训练机：L-39 14架（9架库存），苏-17 1架。直升机：1个团编有米-24 29架（攻击型）、米-8型23架（突击/运输型）、米-26型1架（运输型），1个团编有米-6型26架（运输型）、米-6AYa型2架（指挥所）、米-8型29架（突击/运输型）。导弹：空空导弹：若干枚；空地导弹：若干枚；地空导弹：45 枚。

准军事部队：约 1.8~2 万人。内卫部队 1.7~1.9 万人，国民卫队 1000 人（1 个旅）。

反对力量：乌兹别克斯坦伊斯兰运动，约 2000 人。

外国驻军　持久自由行动驻军：美国约 1000 人。

军队节日　建军节 9 月 5 日。

（果　立）

新　加　坡

国　　名　新加坡共和国。

主要统计　面积 682.7 平方公里。人口 425 万人（其中，0~14 岁占 21.1%，15~64 岁占 71.4%，65 岁以上占 7.5%）。国内生产总值 914 亿美元（2003 年）。国防费 51 亿美元（2004 年国防预算）。海运能力，商船（载重 100 吨以上）946 艘，总载重量 1492.92 万吨（2003 年）。民航能力，固定航班机场 1 处，客运量 645.29 亿人公里、货运量 54.82 亿吨公里（2003 年）。

国防体制　总统为武装力量统帅。国防部为政府中的一个部，对武装部队拥有领导和管理权。武装力量由正规军和准军事部队两部分组成。正规军分陆、海、空三个军种。最高军事指挥机构为总参谋部。

领导人物　总统兼武装部队统帅纳丹（1999 年 9 月上任，任期 6 年）。国防部长张志贤准将（2003 年 8 月上任）。三军总长伍逸松中将。陆军总长郭木财少将。海军总长戴荣利少将。空军总长林金春少将。

武装力量　现役部队 7.25 万人。

陆军　5 万人。编有 3 个混合师（各辖 2 个步兵旅、1 个机械化旅、1 个侦察营、2 个炮兵营、1 个高炮营、1 个工程兵营），1 个快速反应师（辖 3 个步兵旅），1 个机械化旅。

坦克：各型约 450 辆。装甲侦察车：22 辆。步兵战车：各型 272 辆。装甲输送车：各型 1280 辆。牵引炮：各型 206 门。迫击炮：各型 62 余门。反坦克导弹：30 余枚。无坐力炮：各型 290 门。高炮：30 门。地空导弹：各型共 75 余枚。

海军　9000 人。编有 3 个司令部：舰队司令部（辖 2 个小舰队），海岸司令部，海军后勤司令部。

潜艇：3 艘。小型护卫舰：6 艘。导弹快艇：6 艘。巡逻艇：11 艘。扫雷舰艇：4 艘。两栖舰艇：4 艘。后勤支援舰船：2 艘。

空军　1.35 万人。编有 6 个攻击战斗机中队，2 个战斗机中队，1 个侦察机中队，1 个空中预警中队，1 个加油机中队，1 个海上巡逻机中队，2 个武装直升机中队，5 个运输机中队（其中 4 个直升机中队），3 个教练机中队，1 个无人侦察机中队，4 个机场防卫中队。作战飞机 125 架，武装直升机 28 架。

攻击战斗机：A-4SU 型 20 架，F-16 型 68 架。战斗机：F-5S 型 28 架，F-5T 型 9 架。武装侦察机：8 架。空中预警机：E-2C 型 4 架。加油机：KC-135R 型 4 架。海上巡逻机：F-50“加强者”9 架。武装直升机：各型 28 架。运输机：C-130H 型等共 10 架。运输直升机：65 架。教练机：55 架。无人侦察机：64 架。空空/空地导弹：若干枚。

预备役部队　约 31.25 万人。其中陆军约 30 万人，海军约 5000 人，空军约 7500 人。

准军事部队　9.63 万人。警察约 1.2 万人（包括廓尔喀警卫营 1500 人）民防部队约 8.43 万人。

部署　全国共有军事基地 5 处，其中海军基地 3 处（三巴旺、裕廊、樟宜）、空军基地 2 处（丁加和巴耶黎巴）。

兵役制度　实行义务兵役制，服役期限 2~3 年。

军衔　军官分 3 等 10 级：将官 3 级（中将、少将、准将），校官 3 级（上校、中校、少校），尉官 4 级（上尉、中尉、少尉、准尉）。

驻外兵力　驻澳大利亚 230 人（建有 1 所飞行训练学校，配有 AS-332/532 型飞机 12 架、S-211 型飞机 27 架）。驻文莱 500 人（建有 1 所飞行学校，配有 5 架 UH-1H 型直升机）。驻法国 200 人。驻台湾 3 个训练营地。驻泰国 1 个训练营地。驻美国 250 人，租用 CH-47D 型飞机 6 架、F-16C/D 型飞机 24 架。驻联合国东帝汶维持和平部队军事观察员 2 人。

外国驻军　美国 89 人（海军 50 人、空军 39 人）。新西兰 11 人，编有 1 个支援单位。

军队节日　建军节 7 月 1 日。

（孟　丽）

叙 利 亚

国　　名　阿拉伯叙利亚共和国。

主要统计　面积 18.518 万平方公里（包括仍被以色列占领的戈兰高地约 1200 平方公里）。人口 1738.4 万人（其中，0~14 岁占 39，15~64 岁占 57.8%，65 岁以上占 3.1）。国内生产总值 9970 亿叙镑，合 217 亿美元（2003 年）。国防费 800 亿叙镑，合 16 亿美元（2004 年国防预算）。粮食 350.3 万吨（2000 年）。海运能力，商船（载重 100 吨以上）94 艘，总载重量 21.04 万吨（2004 年）。民航能力，固定航班机场 5 处，客运量 14.22 亿人公里，货运量 0.21 亿吨公里（2004 年）。

国防体制　宪法规定，总统为武装力量总司令。最高军事统帅机关是武装力量总司令部，下辖国防部和总参谋部。国防部是政府中的一个部，是最高军事行政机关，主管军队的行政、训练和军工生产等项工作。武装力量由正规军和准军事部队组成。正规军分陆、海、空三个军种。总参谋部在总司令部和国防部领导下，平时主要负责陆军工作，临战或战时则根据总司令的命令协调陆、海、空三军的作战行动。叙军政治局负责全军政治宣传工作，受总司令部和叙复兴党总部领导。总统通过国防部、总参谋部和三军司令部对全军实施领导和指挥。

领导人物　总统兼武装力量总司令巴沙尔·阿萨德中将（2000 年 7 月上任）。副总理兼国防部长和武装力量副总司令哈桑·图尔克马尼（2004 年 5 月上任）。

武装力量　**兵力**　现役部队 29.68 万人。

陆军　20 万人。编有 3 个军司令部，7 个装甲师（每师编 3 个装甲旅、1 个机械化旅、1 个炮兵团），3 个机械化师（每师编 2 个装甲旅、2 个机械化旅、1 个炮兵团），1 个共和国卫队师（包括 3 个装甲旅、1 个机械化旅、1 个炮兵团），1 个特种部队师（3 个特种部队团），4 个独立步兵旅，1 个边防旅，2 个独立火炮旅，2 个独立反坦克旅，10 个独立特种部队团，3 个地地导弹旅（每旅 3 个营，分别装备“蛙”式、“飞毛腿”-B/-C 式、SS-21 型导弹），2 个岸防导弹旅（装备 SS-C-1B “萼片”式和 SS-C-3 “冥河”式反舰导弹）。

主战坦克：4600 辆坦克（其中 1200 辆储备或设于固定防御阵地）。装甲侦察车：800 辆。装甲步兵战车：2100 辆。装甲输送车：1600 辆。牵引炮：约 1630 门。自行炮：430 辆。火箭炮：480 门。迫击炮：710 门。地地导弹：各型 72 枚。反坦克导弹：各型 4190 枚。火箭炮：若干门。高炮：2050 门。地空导弹：“萨姆”-7、8、9、11、13、14、18 型共 4335 枚。

海军　约 7600 人。

潜艇：护卫舰：2 艘。海岸巡逻艇：20 艘。扫雷舰：5 艘。两栖舰艇：3 艘中型登陆舰。后勤支援舰：4 艘，其中 1 艘支援舰，1 艘训练舰，1 艘水文测量船，1 艘海洋调查船。

海军航空兵：反潜直升机 16 架。水雷战直升机 25 架，其中米-14 型 20 架，卡-28 型 5 架。

空军　约 3.5 万人。编有 25 个攻击/战斗机中队。作战飞机 520 架，武装直升机 71 架（部分可能为储备）。

攻击/战斗机：130 架，其中苏-22 型 50 架，米格-23BN 型 60 架，苏-24 型 20 架。战斗机：289 架，其中米格-21 型 102 架，米格-23 型 107 架，米格-25 型 30 架，米格-29A 型 42 架，苏-27 型 8 架。侦察机：46 架，米格-25R 型 6 架，米格-21H/J 型 40 架。运输机:179 架，其中安-26 型 4 架，“隼”20 型 2 架，“伊尔”-76 型 4 架，雅克-40 型 6 架，“隼”900 型 1 架，图-134 型 2 架，米-2 型直升机 20 架，米-8/-17 型 138 架。武装直升机：米-25 型 36 架，SA-342L 型若干架。教练机：104 架。空地导弹：AS-7、AS-10、AS-11、AS-12、AS-14 型及“霍特”式导弹若干枚。空空导弹，AA-2“环礁”式、AA-6“辛辣”式、AA-7“顶点”式、AA-8“蚜虫”式、AA-10“阿拉莫”式各若干枚。

防空部队　约 5.42 万人。编有 2 个防空师，25 个防空旅（约 150 个地空导弹火力单元，包括 560 部 SA-2/-3 型、220 枚 SA-6 型地空导弹，4000 门高炮），2 个地空导弹团（每团 2 个营，每营 2 个导弹火力单元），SA-5 型地空导弹 48 枚。

预备役部队　35.4 万人，其中陆军 28 万人，海军 0.4 万人，空军 7 万人。

准军事部队　10.8 万人。内务部队 0.8 万人；工人民兵（人民军）10 万。

海军基地3处，拉塔基亚、米奈特贝达、塔尔图斯。

兵役制度 实行义务兵役制，服役期30个月。预备役服役期限为45岁。

驻外兵力 驻黎部队1.6万人。设1个机械化师师部，包括1个装甲旅，4个机械化步兵旅（10个特种部队团，2个炮兵团）。

外国驻军 联合国维持和平部队1029人；约150名俄罗斯顾问，主要在防空部队。

军队节日 建军节8月1日。

（林海霞）

也 门

国　名 也门共和国。

主要统计 面积55.5万平方公里。人口2015万人（2003年。北也门占79%，南也门占21%。其中，0~14岁占45.7%，15~64岁占51.6%，65岁以上占2.7%）。国内生产总值21万亿里亚尔，约合114亿美元（2003年）。国防费约1630亿里亚尔，合8.85亿美元（2004年国防预算）。粮食69.5万吨（2000年）。海运能力，商船（载重100吨以上）40艘，总吨位1.37万吨（2004年）。民航能力，有固定航班机场12处（2003年），客运量15.74亿人公里，货运量0.32亿吨公里（2004年）。

领导人物 总统委员会主席、共和国总统、武装部队总司令阿里·阿卜杜拉·萨利赫（1994年10月上任，1999年10月连任）。国防部长阿卜杜拉·阿里·埃莱瓦（2001年4月上任）。参谋长阿卜杜拉·阿里·欧瓦拉少将。

武装力量 现役部队6.67万人。

陆军　6万人。编有8个装甲旅、16个步兵旅、6机械化旅、2个空降/突击旅、1个地地导弹旅、3个炮兵旅、1个政府卫队、1个防空旅、2个高射炮旅、1个地空导弹营。

主战坦克：790辆，其中T-34型30辆，T-54/-55型450辆，T-62型200辆，M-60A1型50辆，T-72型60辆。装甲侦察车：130辆，其中AML-90型80辆，BRDM-2型50辆。装甲步兵战车：200辆。装甲输送车：710辆。牵引炮：310门，其中105毫米25门，122毫米200门，130毫米60门，152毫米10门，155毫米15门。自行炮：25门。突击炮：30门。海岸炮：36门。火箭炮：294门。迫击炮：约502门。地地导弹：共28枚，其中“蛙”-7型12枚，SS-21型10枚，“飞毛腿”-B型6枚。反坦克导弹：共71枚。其中“陶”式12枚、“龙”式24枚、AT-3“耐火箱”式35枚。火箭发射器：若干具。无坐力炮：各型若干门。反坦克炮：20余门。高炮：各型530门。地空导弹：各型共约800枚。

海军　约1700人。近海巡逻/战斗舰艇：11艘。其中导弹艇6艘、近海巡逻艇5艘。扫雷舰艇：6艘。两栖舰艇：1艘。后勤支援舰艇：2艘。

空军　约5000人（包括防空部队）。战斗机72架（另有约40架储备），武装直升机8架。

战斗/对地攻击机：各型40架。其中F-5E型10架，苏-20/22型30架。战斗机：各型30架。其中米格-21型16架，米格29型10架。运输机：各型18架。直升机：各型20架。其中，米-35型武装直升机8架。教练机：共44架。地空导弹：SA-2/-3/-6/-7/-9/-13/-14型各若干枚。空空导弹：AA-2“环礁”式、AIM-9“响尾蛇”式各若干枚。

预备役部队　陆军约6.67万人。

准军事部队　共约7万人，其中内务部队约5万人，部落武装约2万人。海岸警卫队现正在组建中，配备“拦截者”级巡逻艇（法制）5艘。

海军基地2处：亚丁、荷台达。

兵役制度 实行义务兵役制。士兵服役期2年。

（林海霞）

伊 拉 克

国　　名　伊拉克共和国。

主要统计　面积 44.1839 万平方公里（包括 924 平方公里水域和伊拉克、沙特中立区伊拉克部分 3522 平方公里）。人口 2470 万人（其中，0~14 岁占 40.1%，15~64 占 56.9%，65 岁以上占 3%）。国内生产总值 261 亿美元（2002 年）。粮食 79.5 万吨（2000 年）。海运能力，商船（载重 100 吨以上）131 艘，总载重量 157.88 万吨（2003 年）。民航能力，自 1992 年 6 月起没有固定航班，客运量 15.7 亿人公里、货运量 5460 万吨公里（2003 年）。

领导人物　2004 年 6 月 1 日，伊拉克临时政府成立。6 月 28 日，美英临时当局向伊移交权力，伊临时政府开始承担治理国家的责任，为期半年。临时政府总统：加齐·亚瓦尔。临时政府副总统：易卜拉欣·贾法里。临时政府总理：伊亚德·阿拉维。临时政府国防部长：哈齐姆·沙兰。2005 年 1 月 30 日，伊拉克举行大选。2005 年 4 月 6 日，贾拉勒·塔拉巴德当选为伊拉克总统。

武装力量　2003 年 5 月 23 日，伊拉克武装力量被正式解散，并在美英临时当局领导下重新组建。伊拉克新的安全机构由美国、英国、澳大利亚、约旦、德国和北约负责培训。2004 年，美英临时当局向伊拉克政府移交政权时，伊拉克武装力量主要情况如下：

警察　目前有 8.6944 万人，其中 8.3789 万人已经上岗（5.6913 万人未经过培训，2.6876 万人已经过培训），另有 3155 人正在接受培训。

边境管理部门　目前有 1.8208 万人，其中现役 1.8183 万人，25 名军官正在接受培训。

武装力量　目前有 9754 人，其中现役 7116 人，2638 人正在接受培训。

海军　约 410 人。

海岸防卫部队　基地是乌姆盖斯尔，装备一艘巡逻艇。5 艘充气式救生艇。

空军　500 人。侦察机：2 架。运输机：2 架。直升机：UH-1H 型 16 架。

国家卫队（民防军）　现有 3.779 万人，其中现役 3.6229 万人，1561 名军官正在接受培训。

基础设施保护部队　现有 7.4069 万人，其中现役 7.3992 万人，另有 77 名军官正在接受培训。

伊拉克反美武装　伊拉克临时政府情报部门负责人 2005 年 1 月 3 日称，伊境内反政府武装人员的总数已经高达 20 万之众，不仅远远大于美国军方和情报机构的估计，而且超过了驻伊联军的规模。其中，4 万人是核心主力，专门从事反美袭击行动。伊拉克情报高官的估算和美国情报部门得出的结论相去甚远。美国军方和情报部门认为，伊拉克境内反美武装的人数在 5000 至 2 万人左右。伊拉克主要反美武装如下：

伊拉克基地圣战组织　由扎卡维领导，是伊拉克反美反临时政府武装中最有影响的,前身是“统一和圣战组织”。根据美国和伊拉克临时政府掌握的情报，扎卡维拥有一批训练有素的军事指挥官，他的人马遍布伊拉克大小城市的各个角落。此外，该组织结构严密，成员中大约有数百人来自也门、苏丹和沙特等国，大部分都在阿富汗的“基地”组织训练营接受过专门的杀手训练。美军曾逮捕了几个成员，通过他们对该组织有所了解，他们的行动非常专业，破坏性很强，很难渗透进去。

“安萨尔逊尼军”逊尼派武装　因制造摩苏尔美军基地袭击事件而著称于世。驻伊美军认定，“安萨尔逊尼军”是与“基地”组织有关联的最重要的恐怖组织，该组织曾多次绑架和杀害人质。据悉，2003 年 9 月“安萨尔逊尼军”正式成立之后，便联合伊拉克境内的几支武装进行反美活动。该组织一直把火箭弹袭击和路边炸弹袭击的录像当做他们招募新成员以及训练新成员的手段之一。

“圣战者联合指挥部”　2004 年 9 月，伊拉克境内的 10 支反美武装已经建立了以“教会委员会”为首的“圣战者联合指挥部”（简称“圣联指”）。目前，归“圣联指”统一指挥的伊拉克反美武装包括“伊斯兰圣战军”、“伊拉克民族解放阵线”、“伊拉克秘密军团”、“人权旅”，以及“伊拉克伊斯兰抵抗运动”等组织，其斗争目标是“继续开展圣战，直至把占领军——异教徒赶出伊拉克的国土”。

“阿尔·鲁曼旅”　制造了绑架中国 8 名人质事件，隶属于“伊拉克伊斯兰全国抵抗运动组织”，武装成员大部分来自阿拉伯和其他伊斯兰国家。据悉，

“伊拉克伊斯兰全国抵抗运动组织”也叫“1920 革命旅”。

“伊斯兰辅助者组织”　由库尔德伊斯兰分子组成。据悉，他们曾试图在伊拉克北部山区秘密制造一种被称为“蓖麻蛋白”的化学武器。在美军入侵伊拉克的前期，在美军的严厉打击之下，曾轰动一时的“伊斯兰辅助者组织”似乎已是名存实亡。但各种迹象已经表明“伊斯兰辅助者组织”要卷土重来。2004 年 3 月 22 日，美国国务院将伊拉克的“伊斯兰辅助者组织”列入外国恐怖组织名单。美国政府认为该组织与拉登的基地组织有关，在伊拉克境内制造了数起恐怖事件。

伊拉克“黑旗军”　主要由宗教主义者和民族主义者构成。通常情况下，他们主要的任务是破坏伊拉克境内的石油管道和工业，以免让这些财富落入美国人之手。但 2004 年底以来也开始绑架或袭击美军以及任何与美军有关系的人。据悉出于宗教的原因及对美军的憎恨，“黑旗军”领导人奥马尔·哈迪德已经投奔“基地”。

此外，伊拉克武装组织还有“团结与圣战”、“圣战战士旅”、“哈里德旅”、“真主雄师旅”等。

外国驻军　美国 12.16 万人，其余 31 个国家 2.3 万人。

（林海霞）

伊　朗

国　　名　伊朗伊斯兰共和国。

主要统计　面积 164.5 万平方公里。人口 6650 万人（2003 年底估计。其中，0~14 岁占 30.8%，15~64 岁占 64.4%；65 岁以上占 4.7%）。国内生产总值约 1051 万亿里亚尔，约合 1280 亿美元（2003 年）。国防费约 30 万亿里亚尔，约合 35 亿美元（2004 年国防预算）。粮食 810 万吨（2000 年）。海运能力，商船（载重 100 吨以上）403 艘，总吨位 834.53 万吨（2004 年）。民航能力，固定航班机场 19 处，客运量 62.29 亿人公里，货运量 0.72 亿吨公里（2004 年）。

国防体制　伊朗宪法规定政教统一，宗教领袖为武装部队总司令。最高国防委员会是领袖领导下的军事决策机构，成员有总统、国防部长、武装部队总参谋长、伊斯兰革命卫队总司令以及领袖指定的两名顾问。武装力量由正规军、革命卫队和准军事部队组成。正规军分陆、海、空三个军种。革命卫队由地面部队、海上部队、陆战队和航空部队组成。1989 年 7 月正规军和革命卫队合并，组成松散的联合。

领导人物　宗教领袖、武装部队总司令兼最高国防委员会主席阿亚图拉·赛义德·阿里·哈梅内伊（1989 年 6 月上任）。武装部队司令穆罕默德·萨利米少将（2000 年 5 月上任）。国防部长阿里·沙姆哈尼（1997 年 8 月上任，后任国防和勤务部长，2001 年 8 月起任国防部长）。武装部队总参谋长阿卜杜勒-阿里·普尔沙斯卜准将（2001 年 2 月上任）。陆军司令纳塞尔·穆罕默迪·法尔（2001 年 2 月上任）。海军司令阿巴斯·莫赫塔杰（1997 年 10 月上任）。空军司令哈比卜·巴加伊（1996 年 4 月上任）。伊斯兰革命卫队总司令叶海亚·拉希姆·萨法维少将（1997 年 9 月上任）。

武装力量　**兵力**　现役部队 54 万人。

陆军　约 35 万人。编有 4 个军司令部、4 个装甲师（每师辖 3 个装甲旅、1 个机械化旅、4~5 个炮兵营）、6 个步兵师（每师辖 4 个步兵旅，4~5 个炮兵营）、2 个突击师、1 个空降旅、6 个炮兵群、若干独立装甲、步兵、突击旅。

主战坦克：约 1613 辆，其中 T-54/-55 型和 PRC-59 型共约 540 辆，T-62 型 75 辆，T-72 型 480 辆，“酋长”MK-3/-5 型 100 辆，M-47/-48 型 168 辆，M-60A1 型 150 辆，“佐勒菲卡尔”式约 100 辆。轻型坦克：80 辆。装甲侦察车：35 辆。装甲步兵战车：约 610 辆。装甲输送车：约 640 辆。牵引炮：2010 门。自行炮：310 门。火箭炮：876 门。迫击炮：共 5000 门。地地导弹：“飞毛腿”约 300 枚；CSS-8 型，约 175 枚；“谢哈布”式若干枚；“沙辛”-1/-2 型等若干枚。反坦克导弹：各型共约 75 枚。火箭发射器：若干具。无坐力炮：各型约 200 门。高炮：约 1700 门（挺）。地空导弹：若干枚。无人驾驶飞行器：若干架。飞机：17 架。直升机：223 架，其中 AH-1J 型武装直升机 50 架，CH-47C 型重型运输直升机 20 架，“贝尔”214A 型 50 架，AB-205A 型 60 架，AB-206 型 10 架，米-8/-17 型 25 架。

海军　约 1.8 万人，包括 2000 名海军航空兵和

2600 名海军陆战队。

潜艇："基洛"级 3 艘。护卫舰：3 艘。轻型护卫舰：2 艘。导弹攻击快艇：10 艘。巡逻艇：41 艘。水雷战舰艇：14 艘。两栖舰艇：10 艘。后勤支援舰艇：25 艘。

海军航空兵　2000 人。装备战斗机 5 架，武装直升机 19 架，海上侦察机共 10 架（其中 P-3F 型 5 架，DO-228 型 5 架），反潜机 1 个中队共 20 架（其中 SH-3D 型 10 架，AB-212 型 10 架），水雷战直升机 1 个中队（RH-53D 型 3 架），运输机 1 个中队（"司令官"式 4 架、F-27 型 4 架、"隼"20 型 3 架，AB-205A 型 5 架、AB-206 型 2 架）。

海军陆战队　2 个旅，共 2600 人。

空军　约 5.2 万人（其中包括 1.5 万名防空部队）。编有 16 个攻击/战斗机中队、1 个侦察机中队、1 个加油/运输机中队、5 个运输机中队、5 个地空导弹中队和 16 个地空导弹营。

战斗/对地攻击机：186 架。其中 F-4D/E 型 65 架、F-5E/F 型 60 架、苏-24MK 型 30 架，苏-25K 型 7 架，"幻影"F-1E24 架。战斗机：74 架。其中 F-14 型 25 架、F-7M 型 24 架、米格-29A/UB 型 25 架。海上侦察机：P-3MP 型 5 架。预警机：伊尔-76 型 1 架。侦察机：6 架。加油机/运输机：各型 64 架。直升机：各型 34 架。教练机：各型共 168 架。空地导弹：3000 余枚。反舰导弹：若干枚。空空导弹："麻雀"式、"响尾蛇"式、"不死鸟"式各若干枚。地空导弹：各型约 250 余枚。

革命卫队　约 12 万人。

地面卫队　约 10 万人。编有 16~20 个师，包括 2 个装甲师、5 个机械化师、10 个步兵师、1 个特种部队师和 15~20 个独立旅。配备 470 辆坦克、620 辆装甲输送车、360 门火炮、40 门无坐力炮和 140 门高射炮。革命卫队独立作战或与陆军协同作战，如国内发生暴乱则与"民众动员军"配合行动。

海上卫队　约 2 万人。有阿巴斯港等 6 个基地。拥有约 40 艘快艇，配备反坦克导弹、无坐力炮、机枪；"沪东"级导弹快艇 10 艘，配备 C-802 型舰舰导弹；岸防炮及 CSSC-3（HY2）型舰舰导弹。

航空卫队　1 个旅（约 5000 人）。

预备役部队　35 万人。

准军事部队　"民众动员军"约 22 万人，多为青年志愿者，仅装备轻武器。宪兵 4 万人（包括边境警察），配备"色斯纳"185/310 型飞机若干架、AB-205/206 型直升机 24 架，另有约 90 艘巡逻艇、40 艘其他小型船只。

海军基地 7 处：阿巴斯港（海军司令部所在地）、布什尔、哈尔克、恩泽利港、霍梅尼港、玛沙赫尔港、恰赫巴哈尔。

兵役制度　实行义务兵役制，士兵服役期 2 年。

驻外兵力　革命卫队驻黎巴嫩约 150 人；在苏丹派有军事顾问。

军队节日　军队节 3 月 15 日。

（林海霞）

以 色 列

国　　名　以色列国。

主要统计　面积 2.5 万平方公里（至 2000 年以色列实际控制面积），人口 675 万人。（2003 年底统计。其中，0~14 岁占 27.5%，25~64 岁占 62.8%，65 岁以上占 9.7%）。国内生产总值 4960 亿新谢克尔，约合 1090 亿美元（2003 年）。国防费 350 亿新谢克尔，约合 78 亿美元（2004 年国防预算）。粮食 13.4 万吨（2000）年。海运能力，商船（载重 100 吨以上）58 艘，总载重量 72.34 万吨（2004 年）。民航能力，固定航班机场 7 处，客运量 141.25 亿人公里、货运量 12.88 亿吨公里（2004 年）。

国防体制　总理为武装力量统帅。最高军事决策机构为国防委员会，成员有总统、总理以及国防、外交、内政、财政、交通、邮电部部长和总参谋长等，由总理兼任主席。战时，则成立以总理为首的战时内阁，成员有国防、外交、财政、交通和邮电等部部长。国防部为政府中的一个部，是最高军事行政机关，部长由文官担任，平时负责兵力的动员、国防预算、国防科研与军工生产、军队规章制度的颁布等军事行政和技术业务；战时可行使总司令职权。武装力量由正规部队、预备役部队和准军事部队组成。正规部队分陆、海、空三个军种。最高军事指挥机构为总参谋部，总参谋长为最高军事指挥官，在总理领导下通过 3 个军区司令部、2 个军种司令部及其所属的 14 个兵种司令部对全军实施指挥。

领导人物　总理兼国防委员会主席、武装力量统帅阿里埃勒·沙龙（2001 年 3 月上任）。国防部长沙乌勒·莫法兹中将（2002 年 11 月上任，2003 年 2 月续任）。国防军总参谋长摩西·亚龙中将（2002 年 7 月 9 日上任）。副总参谋长乌齐·达扬少将（1998 年 5 月 17 日上任）。陆军司令伊夫塔·罗恩–塔勒少将。海军司令耶迪迪亚·亚阿里少将（1999 年 10 月 10 日上任）。空军司令达恩·哈卢茨少将（2000 年 4 月 4 日上任）。

武装力量　**兵力**　现役部队 16.8 万人。

陆军　12.5 万人（动员后可达 60 万人）。编有 3 个地区司令部，1 个后方司令部，2 个特种兵司令部，2 个装甲师（下辖 4 个装甲旅），4 个步兵师（下辖 17 个步兵旅，1 个炮兵团），5 个空中机动旅。

主战坦克：3090 辆。装甲侦察车：约 400 辆。装甲输送车：12670 辆，其中 M–2/–3 半履带式约 4300 辆（大部分在储备中）。牵引炮：370 门。自行炮：960 门。火箭炮：212 门。迫击炮：各型 1890 门。地地导弹：约 100 枚。其中，“长矛”式 7 枚（在储备中）。反坦克导弹：各型约 1225 枚。火箭筒：若干具。无坐力炮：250 门。地空导弹：各型 1250 枚。监视雷达：若干部。

海军　约 8000 人（动员后可达 1.15 万人）。

潜艇：3 艘。轻型护卫舰：3 艘。导弹攻击快艇：12 艘。巡逻艇：39 艘。两栖舰艇：2 艘。

陆战队：海军突击队 300 人。

空军　3.5 万人。编有 13 个飞行中队。作战飞机 399 架，武装直升机 95 架。

战斗/对地攻击机：各型 334 架。战斗/轰炸机：39 架。侦察机：RF–4E 型 13 架。预警机：2 架。电子战机：各型 32 架。海上侦察机：3 架。加油机：5 架。运输机：各型 21 架。联络机：32 架。教练机：90 架。武装直升机：各型 95 架。反潜机：若干架。运输直升机：186 架。无人驾驶飞行器：若干架。空地导弹：各型若干枚。空空导弹：各型若干枚。高炮：各型 1210 余门。地空导弹：MIM–23“霍克”改进型 17 个连，“爱国者”3 个连，“箭”–2 型 2 个连，“小槲树”3 个连。

预备役部队　40.8 万人。其中：陆军 38 万人，编有 8 个装甲师，1 个空运机动/机械化步后师，4 个步兵旅，4 个炮兵团；海军 3500 人；空军 2.45 万人。

准军事部队　边防警察 8000 人。装备“瓦利德”型装甲输送车若干辆；海岸警卫队约 50 人，装备巡逻艇 3 艘。

海军基地 3 处：海法、阿什杜德、埃拉特。

兵役制度　实行义务兵役制，军官服役期 4 年；士兵服役期男性 3 年，女性 2 年。此后作为预备役人员每年进行训练，男性直至 41 岁（一些专业人员至 54 岁），女性至 24 岁（或结婚）。

军衔　军官分 3 等 9 级：将官 3 级（中将、少将、准将），校官 3 级（上校、中校、少校），尉官 3 级（上尉、中尉、少尉）。

驻外兵力　定期向土耳其空军基地派遣空军 F–16 型飞机分遣队。

外国驻军　来自 23 个国家的联合国军事观察员 153 人。

（林海霞）

印　度

国　　名　印度共和国。

主要统计　面积 297.47 万平方公里 。人口 10.4 亿人（其中，13~17 岁男 5463.8 万人，女 5129.2 万人；18~22 岁男 4992.2 万人，女 4641.5 万人；23~32 岁男 8847.8 万人，女 8093.7 万人）。国内生产总值 5050 亿美元（2002 年）。1 美元约合 48 卢比。外汇储备 448 亿美元（2001 年）。国防预算 162 亿美元（2003 年）6765.8 卢比 141 亿美元。原煤 3.23 亿吨（2001 年）。原油 0.33 亿吨（2002 年）。天然气 313 亿立方米（2002 年）。发电量 5314 亿度（2001 年）。钢铁 3223 万吨（2002 年）。粮食 2.12 亿吨（2001 年）。海运能力，商船（载重 100 吨以上）888 艘，总载重量 1036.5 万吨（2000 年）。民航能力，固定航班机场 92 处，货运量 4.8 亿吨公里（2000 年），客运量 233.6 亿人公里（2002 年）。铁路总长 6.31 万公里（其中电气化铁路 1.57 万公里），货运量 3322 亿吨公里，客运量 4930 亿人公里（2001 年）。公路总长 332 万公里，货运量 9.56 亿吨公里（2000 年）。

国防政策 印度国防政策的基本目标是保障实现印度“称霸南亚，控制印度洋，争当世界政治大国和‘一流军事强国’”。其主要内容为：

1、全力实施“大国外交”，为其争当地区军事大国创造条件。印度利用其南亚大国以及靠近中亚、扼守印度洋要冲的独特战略地位，抓住冷战结束、世界格局向多极化发展的契机，积极开展大国外交，利用大国关系综合制衡，在巩固南亚主导地位的同时，逐步向亚太地区发挥影响。近年来，印度与俄罗斯进一步深化战略伙伴关系，在获得对其成为联合国安理会常任理事国等政治上的支持的同时，扩大与俄在经贸及联合研制先进装备等领域的合作。大幅度实质性的提升与美国“持久的、政治上有建设性、经济上有成果”的新型伙伴关系，获取美解除对印度尖端技术出口限制、出售先进武器装备以及在核能、太空、导弹防御等领域的合作。印度在同日本进行政治、经济和军事方面全方位对话的基础上，建立了全球伙伴关系。印度与欧盟的关系得到恢复和发展。印度积极调整对华政策，为其经济与社会发展创造更大战略空间。2003 年签署了《中华人民共和国与印度共和国关系原则和合作宣言》，使两国建设性合作关系发展出现良好势头，并举行联合军事演习，以建立军事领域的信任。印度加紧推行“向东看”政策，加强同东盟在政治、经济和军事领域交往与合作。印度同中亚国家交往增多并开展能源合作。

2、实行最低限度可靠核威慑政策，加快发展核武器。印度发展核武器旨在谋求大国地位，对中国形成所谓“核对称”，对巴基斯坦保持核威慑优势，制约外部势力特别是美国在印度洋的军事存在。继 1998 年 5 月成为事实上的核国家之后，印度制定了“最低限度可靠核威慑”的核战略草案，即在遵守“不首先使用和不对无核国家使用核武器”的原则，维持足够的核力量，确保印度及其武装力量受到对方核攻击时使用核武器进行惩罚性报复，从而形成战略核威慑。2003 年印度政府正式公布核政策八条原则，即：(1) 建立和保持可靠的最低核威慑；(2) 坚持不首先使用核武器；(3) 针对第一次核打击的报复性反击将是大规模的，并以造成重创为目的；(4) 核报复打击的决策只能由经过授权的政治领导人通过核指挥当局作出；(5) 不对非核国家使用核武器；(6) 如印度或印度军队遭到生物或化学武器的袭击，印度将保留使用核武器反击的权利；(7) 继续严格控制与核和导弹相关的材料和技术出口，参加《禁止用于核武器裂变材料生产公约》的谈判，继续执行暂停核试验的承诺；(8) 继续支持通过可监控和公平的削减核武器实现全球无核化目标。印度将建立“三位一体”的核打击力量并建立了核战略指挥与控制体制。印度已拥有射程 2500 公里的“烈火”-2 型中程导弹，正研制射程为 3000 公里以上的“烈火”-3 型导弹，并加快核武器小型化，加紧战术核武器实战运用理论的研究。

3、国防建设与经济建设并重，逐步提高国防建设投资。印度以经济建设为中心，在全面提高综合国力的基础上，逐步增加军费，确保国防建设目标的实现。2004 年国防经费增长 17%。重视发展军民两用企业和技术，特别是信息、核能技术和航空、航天领域的基础设施，带动国防现代化建设。印度军队职能由单一的“对付外侵”转变为“维护国家安全、反对民族分裂”的双重职能，以维护社会稳定，保证经济持续发展。

4、推进军事变革，实现军队机械化和信息化目标。印度视军事实力作为实现国家安全战略目标的主要支柱。依据“惩戒威慑”的新军事战略，印度正建立最低限度可靠的核威慑力量和能够快速反应、实施进攻作战和联合作战的信息化军队。主要措施：(1) 制定新的作战理论，陆军制定了快速动员、速战速决的“冷启动”作战理论，海军提出海上威慑和力量投送作战理论，空军制定了发展远程打击、空间作战能力的作战理论；(2) 改革国防与军队领导体制，在设立联合国防参谋部、三军情报局和第一个三军联合司令部后，将改革军区指挥体制，计划成立统一快反部队司令部、空间司令部、后勤司令部等；(3) 突出海空军和快反部队建设。努力建设具有威慑能力和远洋作战能力“蓝水海军”，具有远程战略进攻能力的空军和能够快速投送、实施特种作战的陆军；(4) 发展信息化装备，提高信息化作战能力。近期以信息基础设施和细心系统建设为重点，逐步提高军事对信息化水平和信息战能力；(5) 加快武器装备现代化。实行从国外购买、特许仿制、自行研制和联合研制的装备发展政策，购买先进的尖端技术装备、更新和升级旧装备。印度通过加强与美、俄、法国、以色列、乌克兰等国军事合作交流，引进、仿制和联合研制包括航母、飞机、预警机、导弹、潜艇、电子战等装备，使武器技术来源实现多样化。

5、确保印度在印巴、中印边境地区的军事优势。印度以打击恐怖主义为名，加大有效“遏制”巴基斯坦支持的民兵对印占克什米尔地区的渗透和进攻，将

50%的陆军、54%的空军和60%的海军兵力长期部署在印巴边境一线和毗连巴的海域，形成对巴的绝对军事优势。印在中印边境地区加强战场建设、改善装备水平、继续保持较大规模兵力部署，形成局部军事优势。6、加紧实现对印度洋控制，向南中国海及亚太扩张势力。印度官方称，“从阿拉伯海到南中国海都有印度的利益”。为此，印度提出将其专属经济区扩大到200海里以外，加紧在马德拉斯、卡尔瓦尔等地修建海军基地，组建海上特种部队，并致力于建立一支专事远海作战的远洋海军。2001年成立的海军远东司令部，将印度触角前伸了1000多公里。近年来，印度同美国、俄罗斯、日本、法国、新西兰、澳大利亚、斯里兰卡、东盟等国举行海上联合军事演习次数和规模比以往增多和增大。

军事战略　印度近年来确立了以有限的可靠的核威慑为后盾、以强大的常规军事力量为手段的“地区威慑”军事战略。其主要内容如下：

1、战略目标：在称霸南亚的同时，遏制中国，控制印度洋，争当世界军事大国。利用美国在中亚、南亚地区反恐战争的需要，积极发展与美、俄、日等国的战略伙伴关系，加强核军备和军队现代化建设，加快争当军事强国和世界“一流”大国的步伐。

2、战略方针：（1）在战争威胁判断上，突出核威慑条件下的高技术局部战争（低强度战争）的威胁，战争准备从打一场全面战争转向打多场核条件下的局部战争；（2）在作战指导思想上，力求“先发制人”，主动进攻，达到“惩戒威慑”的目的；（3）以使用常规力量的“有限战争”作为主要作战手段，即通过给对手以必要的惩罚，达到相对有限的战争目的；（3）巴、中同为主要对手。对巴拥有进行一场全面战争的能力，迫使其撤出所占领土；对潜在对手中国不放弃“既得利益”，相机进行新的扩张和蚕食；（4）对南亚诸国通过军事以及外交和经济等手段，加强对其全面控制；（5）控制从阿拉伯海到南中国海之间的海域，坚持不允许外国干涉南亚和印度洋事务的政策，特别是阻止中国同印度邻国发展军事关系；（6）加强与美、俄、日以及中亚国家和东盟等建立包括军事关系在内的全面的战略与合作关系。

3、作战思想：当前印军认为，战争的基本目的是消灭敌人的武装力量，主张在进攻和防御时都应具有主动进攻意识，并立足于打核威慑条件下的高技术局部战争。（1）强调攻势作战，先发制人，必要时越境作战，力求把战火引向敌方领土；（2）在进攻和防御中实施全纵深立体作战；（3）注重机动作战，力求掌握战场主动权；（4）强调诸军兵种联合作战，突出空军的作用，重视陆空军协同作战；（5）强调在主要方向上集中绝对优势兵力，达成速战速决的效果；（6）重视发挥电子战的作用，实施电子欺骗，压制电子干扰，隐蔽作战意图，电子杀伤与火力杀伤相结合；（7）确保可靠、迅速和高效的作战指挥。

国防体制　宪法规定总统为武装力量最高统帅，总统通过内阁总理对全国武装部队实施领导。现行最高国防决策为内阁政治事务委员会，成员有国防、外交、内政和财政等主要内阁部长，由总理任主席。国防咨询机构有国家安全委员会、国防生产与供应委员会、国防研究与发展委员会、国防计划委员会和联合情报委员会等。国家安全委员的职能是为政府制定长期军事战略和国家安全战略以及处理有关国家安全事务提供咨询。内阁总理任国家安全委员会主席，成员包括内政部长、国防部长、财政部长、外交部长和计划委员会副主席。该委员会通过1名国家安全顾问对下辖的战略政策小组、联合情报委员会和国家安全顾问处进行协调与领导。国家安全顾问由总理首席秘书担任。除国防计划委员会由内阁秘书任主席、最高情报委员会由内阁秘书处安全顾问任主席外，其它委员会均由国防部长任主席，吸收国防国务部长、三军参谋长、国防秘书、国防财政顾问和有关单位负责人参加，分别负责提出和制定有关三军建设和民防、空防、边防和海防方面的有关政策，提出有关作战、情报和国家安全等方面的咨询意见。国防部长委员会下设国防电子、首席人事官、首席供应军官和三军参谋长等4个委员会。其下属委员会的职责是在负责范围内就国防政策、国防生产和其它有关军事问题向国防部长委员会提出建议，并通过它就需要由内阁研究决定的重大问题向内阁政治事务委员会提出建议。三军参谋长委员会下设联合参谋部和10个分委员会。联合参谋部的职能是参与军队建设计划和联合作战事宜，成员来自各军种、国防部和外交部。分委员会，由三军参谋军官组成，轮流担任主席，分别处理有关三军联合作战、计划训练、通信、情报、电子战、装备政策和国防计划等方面的统一与协调事务。国防部长是最高军事行政长官，直接向内阁总理负责，并由两名国防国务部长协助工作。国防部为国防职能机构，主要由文职人员组成，下设国防局、国防生产与供应局和国防科研局以及财政顾问处和国防计划协调执行委员会等机构。

印度的武装力量由现役正规部队、准军事部队和后备力量组成。现役正规部队设陆、海、空三个军种。

三军平时无统一的作战指挥机构，由内阁总理通过内阁秘书处协同国防部对三军实行统一指挥；战时通常授权主要军种参谋长实施统一指挥。军种司令部为各军种最高作战指挥与行政管理机构，最高领导人为军种参谋长。陆军参谋长配有3名副参谋长协助工作。海、空军设参谋长和2名副参谋长。军种参谋长通过所属地区（军区）司令部对部队实施作战指挥与控制。各军种除地区（军区）司令部外，陆军还设有训练司令部，空军设有训练和保养两个专业司令部，海军的南海司令部履行海军训练司令部的职能，主管海军人员的基础训练与专业训练工作，并负责全部海军水面舰艇和潜艇部队的训练。驻果阿的海军航空兵司令部主管海军航空兵的训练。驻维沙卡帕特南的海军潜艇司令部专门负责海军潜艇部队的训练。

领导人物 总统兼武装力量最高统帅阿卜杜尔·卡拉姆（2002年7月就任印度第12任总统）。总理曼莫汉·辛格（2004年5月上任）。国防部长普拉纳布·穆克吉（2004年5月25日上任）。陆军参谋长维吉上将（2003年1月1日上任）。海军参谋长A·谱拉卡什上将（2004年7月31日上任）。空军参谋长S·P·特亚吉上将（2004年12月31日上任）。

武装力量 **兵力** 现役部队132.5万人。

陆军 110万人。编成5个军区、9个军分区、22个小军区及4个集团军、12个军部、37个师，其中3个装甲师（每师辖2~3个装甲旅、1个自行炮旅（每旅辖2个自行炮团、1个中型炮团）、4个快反师（每师辖2个步兵旅、1个机械化旅）、18个步兵师（每师辖2~5个步兵旅、1个炮旅，一些师还辖有装甲团）、10个山地师（每师辖3~4个旅、1个或1个以上炮团）、2个炮兵师（每师辖3个旅）、16个独立旅（包括8个装甲旅、5个步兵旅、2个山地旅、1个空降/突击旅）、2个“大地”地地导弹团、4个防空旅和3个工兵旅。上述部队包括62个坦克团（营）、355个步兵营（其中包括25个机械化步兵营、8个空降营、3个突击营）、201个炮兵团（其中包括1个"大地"地地导弹团、2个多管火箭炮团、50个中型炮团 {内含11个自行炮团}、69个野战炮团 {内含3个自行炮团}、39个山地炮团、29个高炮团）、2个地空导弹大队（每个大队辖3~5个导弹连）、15个地空导弹团。陆军航空兵编有22个直升机中队（其中5个反坦克中队）。另外，陆军有2个“烈火”1/2型地地导弹大队。

主战坦克：3898辆（估计有1100辆库存），其中T-55型约700辆（450辆现役），T-72型约1900辆，常胜者1200辆，“阿琼”式约14辆，T-90S型124辆，PT-76型90辆。装甲侦察车：BRDM型约100辆。步兵战车：BMP-1/2型1600辆。装甲输送车：OT-62/64型157辆、卡斯帕型约160辆。牵引式火炮：4175门（估计有600门库存），其中75毫米1115门、105毫米约1350门、122毫米约550门、130毫米1200门、155毫米410门。自行火炮：105毫米80门、130毫米100门（估计70门库存）、152毫米S19型2门。多管火箭炮：122毫米150门、214毫米“皮纳卡”约30门。迫击炮：81毫米约5000门、120毫米约1500门、160毫米500门。地地导弹：“普里特维”地对地导弹发射架0-3部。无坐力炮：57毫米500门、106毫米1000门。高炮：共2424门，其中23毫米300门、23毫米100门，30毫米24门、40毫米1200门。地空导弹：萨姆-6型180枚、萨姆-7型620枚、萨姆-8B型50枚、萨姆-9型400枚、萨姆-11型约50枚、萨姆-13型250枚、萨姆-16型500枚。直升机：162架。车辆人员登陆艇：2艘。无人驾驶飞机：“搜索者”和“尼尚特”若干架。反坦克导弹：若干枚。

海军 5.5万人。编成西、南、东部和远东（设在安达曼群岛布莱尔港）4个地区海军司令部，2个海军舰队、25个舰艇中队、15个海军航空兵中队。其中，东部舰队和西部舰队分属东、西部海军司令部；南部海军司令部无作战舰队，负责整个海军训练。此外，海军还编有1个航空兵司令部和1个潜艇司令部。海军装备各种舰艇145艘，其中，航空母舰1艘、潜艇19艘、驱逐舰8艘、护卫舰16艘、巡逻与海岸舰艇45艘、扫雷艇18艘、导弹快艇8艘、两栖登陆舰艇7艘、各种支援舰船32艘。

海军航空兵7000余人（含舰载海军航空兵2000人），装备35架作战飞机、50架武装直升机、25架其他各型直升机、空空导弹和空地导弹若干枚。编有1个战斗机中队、6个反潜直升机中队、3个海上侦察机中队、1个通信机中队、1个运输机中队，1个搜索与救援直升机中队和2个训练机中队。

海军陆战队 编有1个团（包括3个大队），约1200人。

空军 17万人。编成中部、东部、西部、南部和西南部5个地区司令部、2个支援司令部（保养司令部和训练司令部），装备各型飞机约1400架（其中作战飞机744架）、直升机188余架（其中武装直升机40架）。编有32个攻击战斗机中队（28架苏-30K/MK型、米格-23BN型52架、“美洲虎”64架、米格-27M型135架、米格-21MF/PFMA型55架、米格-21BIS/U型165架、“幻影”2000H/TH40架）；6个战斗机中队（米格-21FL/U 型 36 架、米格-23MF/UM 型 26 架、米格-29 型 63 架），3 个攻击直升机中队（米-25/35 型 40 架），2 个侦察机中队（“堪培拉”12 架、米格-25R 型 5 架和米格-25U 型 2 架战斗侦察机），12 个运输机中队（安-32 型 105 架、DO-228 型 45 架、BAE-748 型 28 架、伊尔-76 型 25 架），19 个运输直升机中队（米-8 型 73 架、米-17 型 50 架、米-26 型 10 架，印度“猎豹”40 架和“印度豹”直升机，高级轻型直升机 2 架），1 个要员专机中队（波音-737-200 型 2 架、BAE-748 型 7 架、米-8 型 6 架），1 个海上攻击中队（“美洲虎”海上攻击机 10 架），1 个电子战中队（米格-21M 型），电子侦察机（波音-707 型 2 架、波音 737 型 2 架），空中加油机（伊尔-78 型 6 架），另有海上侦察与测量机 4 架、各型训练机 350 架和无人驾驶飞机 2 架。此外，空军还编有 38 个地空导弹中队，装备萨姆-2、萨姆-3、萨姆-5、萨姆-8B、萨姆-10、萨姆-16 型导弹 280 余枚。空军还有 1 个“普里特维”II 型导弹中队。空军飞机装备 AS-7 型、AS-11B 型、AS-12 型、AS-17 型、AS-30 型、“鱼叉”AM-39 型和“海鹰”空地导弹及 AA-7 型、AA-8 型、AA-10 型、AA-11 型、AA-12 型，“魔术”R-550 型和“超级魔术”R-5530D 型等空对空导弹各若干枚。

准军事部队 印度的准军事部队种类繁多，驻地分散，并隶属不同的部门。准军事部队是正规部队的辅助力量，平时执行边防、海防巡逻，情报搜集和内卫治安任务；战时配属正规部队执行作战任务。其编制单位通常为部队、营、中队（连）、排、班（哨）5 级。部队最高领导为总监，一般为现役中将级军官，以下各级军官为现役或退役军官。营或中队（连）为基本作战单位，各营根据辖区的范围下辖数目不等的中队（连），中队（连）以下为三三制，编组到班。印度准军事部队装备轻便，编制精干，可担负快速突击和独立机动作战任务。目前，印度准军事部队兵力约 109 万人，其中：海岸警卫队 8000 人，隶属国防部，装备有各类舰艇 52 艘飞机 32 架，平时负责近海防卫与治安，战时归海军指挥，协助海军作战；国家安全卫队 7400 人，隶属内阁秘书处，负责反恐怖行动，成员来自印度三军、中央后备警察部队和边境保安部队；特种保安部队 3000 人，负责要员安全；国家步枪队 4 万人，隶属国防部，担负反暴乱任务，编为 36 个营(2006 年将达到 66 个营)，主要成员来自陆军退役人员和预备役部队；中央后备警察部队 16.74 万人，137 个营，隶属内政部；邦武装警察 40 万人（包括 24 个营的印度后备特种警察），主要负责本邦的治安任务，特殊情况下可调往其它邦执行任务；边境保安部队 17.4 万人，编有 157 个营；阿萨姆步枪队 5.25 万人,隶属内政部,编有 7 个地区司令部,31 个营,主要负责东北地区各邦的治安任务,各级军官均为陆军军官；特种边境部队 9000 人,隶属内阁秘书处,主要为藏人;印藏边境警察 3.24 万人，29 个营，隶属内政部；中央工业保安部队 9.5 万人，隶属内政部；国防安全警卫队 3.1 万人，隶属国防部，负责国防部驻地的安全和警卫工作；铁路保安部队 7 万人。

后备力量 不脱产的民间武装，平时协助警察维持社会治安和参加抢险救灾，战时担负民防任务，补充正规军。其组织较为松散，每年只须参加短期的军事集训。经费开支一般由中央政府和邦（中央直辖区）按比例分摊。分为第一线预备役和第二线防务力量，约 300 余万人。

第一线预备役由印度陆海空三军退役军官组成。服预备役的最高年限为 50 岁。第一线预备役现有兵力 99.5 万人,包括陆军和空军预备役以及海军志愿预备役.空军预备役又分为防空预备役和辅助空军预备役两种。陆军预备役人员现有 80 万人，海军预备役人员现有 5.5 万人，空军预备役人员 14 万人。

第二线防务力量主要是民间军事组织，成员志愿参加。现有实力约 211.2 万人，包括地方军 4.5 万人、国民学兵团 104 余万人，家乡卫队 57.4 万人，民防组织 45.3 万人。

部署 陆军分 5 个军区：北部军区司令部设在印占克什米尔的乌达姆普尔，辖 3 个军（含 8 个步兵师、2 个山地师），负责克什米尔地区印巴边境北段和中印边境西段的防务；西部军区司令部驻昌迪加尔，辖 3 个军（含 1 个装甲师、3 个平原整编师、5 个步兵师和 4 个独立防空旅），负责印巴边境中段平原地区防务；东部军区司令部设在加尔各答，辖 3 个军（含 1 个步兵师、7 个山地师），负责印孟边境地区、印缅边境地区和中印边境东段（含中锡边境）地区的防务；中部军区司令部设在勒克瑙，辖 1 个军（含 1 个步兵师、1 个装甲师、1 个平原整编师和 3 个独立旅），负责中央各邦和中部喜马拉雅山边境地区的防务，并担任东、西两个战区的预备队；南部军区司令部设在浦那，辖 2 个军（含 1 个装甲师、3 个步兵师），负责印巴边境南段的防务。

海军按印度半岛东、西、南部和安达曼·尼科巴群岛及附近海域分别划分为东部、西部、南部和远东 4 个地区海军司令部。西部海军司令部设在孟买，下辖西部舰队，编有印度半数以上的驱逐舰、护卫舰和潜艇，负责阿拉伯海的防御，其基地有孟买、马哈拉施特拉、卡蒂亚瓦尔、瓦杰拉巴胡。东部海军司令部设在维沙卡帕特南，下辖东部舰队，其基地有加尔各答、维沙卡帕特南及马德拉斯海军站和维尔巴胡潜艇基地，辖区为东部沿海及孟加拉湾。南部海军司令部设在科钦，下设海军航空兵司令部，并同时负责海军院校训练。远东海军司令部设在安达曼群岛的布莱尔港，直接受三军参谋长委员会主席指挥。

空军划分为西部、西南部、中部、东部、南部5个地区司令部。西部司令部设在新德里，辖5个战术空军中心，9个米格-21战斗机中队、1个米格-29战斗机中队和1个米格-23战斗机中队以及部分对地攻击部队；负责佐德普尔以北（含首都新德里）以及印占克什米尔地区防务。西南空军司令部设在甘地纳加尔，下辖1个战术空军中心，负责拉贾斯坦以南至古吉拉特和索拉什特及库奇地区防务。中部空军司令部设在阿拉哈巴德，下辖2个战术空军中心，8个运输机中队、3个战斗机中队，负责整个印度中部的防空作战和军事空运。东部空军司令部设在西隆，下辖3个战术空军中心，负责印中、印孟和印缅边境地区防务。南部空军司令部设在特里凡德琅，下辖1个战术空军中心，负责印度半岛南端及安达曼·尼科巴群岛和拉克沙德韦群岛的防务。

兵役制度 实行募兵制。服役年限：兵17年，军士21~28年，低级委任军官（海空军准尉）26~33年。各级军官的最高服役年龄：将官60岁，校官55岁，尉官50岁，低级委任军官（海、空军准尉）50岁。

驻外兵力 多年来，印度积极参加联合国的维持和平行动。2004~2005年度，印度象牙海岸派驻军人8名，其中包括3名军事观察员；在民主刚果派驻375名军人，其中包括33名军事观察员；在厄里特里亚派驻1560名军人，其中包括8名军事观察员；在黎巴嫩派驻647名军事观察员。

军衔 分7等19级：元帅1级（只在战时授于有特殊功勋的军种参谋长）；将官4级（上将、中将、少将和准将），校官3级（上校、中校和少校），尉官2级（上尉、中尉），低级委任军官（海、空军准尉）3级（一级、二级、三级），军士3级（上士、中士、下士），兵3级（一等兵、二等兵、三等兵）。

军队节日 武装部队节12月7日，陆军节1月15日，海军节12月4日，空军节10月8日。

军工生产 印度国防工业主要包括约39家兵工厂、8个大型国防公营企业及航空与航天工业，从业人员超过30万人。兵工企业主要从事军用飞机、舰船、坦克、装甲车、各种轻武器及弹药、火炮、服装以及后勤装备等的研制和生产。2001年，印度军方允许经选择的私营企业参与核潜艇及潜射巡航导弹的研制和试射工作，2004年共有9家较大的私营企业参与军品生产。2001年1月，印度政府宣布将投资302.7亿卢比用于军工厂的科技改造。2002年，印度国防公营企业产值为18.83亿美元，直接出口额为3358万美元；兵工企业产值14亿美元。

（万 伟）

印度尼西亚

国　　名 印度尼西亚共和国。

主要统计 陆地面积190.4443万平方公里，海洋面积316.6163万平方公里（不包括专属经济区）。人口2.15亿人（其中，0~14岁占29.8%，15~64岁占65.4%，65岁以上占4.8%）。国内生产总值2140亿美元（2003年）。国防费23亿美元（2004年国防预算）。粮食6016.9万吨（2000年）。海运能力，商船（载重100吨以上）2014艘，总载重量313.02万吨（2003年）。民航能力，固定航班机场81处，客运量123.89亿人公里、货运量3.41亿吨公里（2003年）。

国防政策 印尼国民军的职能是保卫国家的主权和领土完整，保卫国家的海岸线和连接各岛屿的领空。其建军方针是：建设一支兵力精干，机构合理，具有高度机动和威慑力，拥有先进武器装备和专业人员的现代化军队。同时，印尼不断加强同东盟国家及美、澳等国的军事合作，提高整体防御能力，共同维护地区安全。

军事战略 印尼实行积极的"逐岛防御"战略，即建立以大岛为核心、以群岛为基地、内外兼顾、独立防卫与机动作战相结合的防御体系，独立保卫本岛领土、领海和维护社会治安。鉴于未来国防安全的主要威胁将来自海上，印尼重点加强濒临马六甲海峡、南海及印度洋等具有战略意义的前沿、边境、重要海峡及偏远地区的防卫力量，形成以爪哇岛为中心、东西兼顾的战略布局。

国防体制 总统为武装力量统帅。实行国防与内卫合一的武装体制。国防部负责制定和执行国防政策，国民军总司令部负责军队的管理、教育训练及作战指挥。武装力量由正规军和准军事部队两部分组成。正规军分陆、海、空三个军种。总统通过国防部和国民军总司令部对全国武装力量实施领导和指挥。

领导人物 总统兼武装力量统帅苏西洛·班邦·尤多约诺（2004 年 10 月 20 日上任）。国防部长尤沃诺·苏达索诺（2004 年 10 月上任）。国民军总司令恩德里亚托诺·苏塔尔托上将（2002 年 6 月上任）。陆军参谋长佐弋·桑托索中将（2005 年 2 月上任）。海军参谋长斯拉末·苏比安托中将（2005 年 2 月上任）。空军参谋长佐弋·苏安托中将（2005 年 2 月上任）。

武装力量 **兵力** 现役部队约 30.2 万人。

陆军 约 23.3 万人。编有 1 个战略后备部队司令部，11 个军区司令部和 1 支特种部队。战略后备部队编有 2 个步兵师，3 个步兵旅，2 个空降旅，2 个野战炮兵团，1 个高炮团，2 个装甲营，2 个工程兵营。11 个军区共编有 2 个步兵旅，65 个步兵营，8 个骑兵营，10 个野战炮兵营，7 个高炮营，7 个工程兵营，1 个混合航空兵中队，1 个直升机中队。特种部队编有 3 个特种大队。

轻型坦克：各型约 350 辆。装甲侦察车：各型共 142 辆。步兵战车：11 辆。装甲输送车：各型共 356 辆。牵引炮：各型共 185 门。迫击炮：875 门。无坐力炮：135 门。火箭炮：700 门。高炮：413 门。地空导弹：68 枚。飞机：各型 11 架。直升机：各型 51 架。

海军 约 4.5 万人（含陆战队和航空兵）。编有东、西 2 个舰队司令部和 1 个海上补给司令部。

潜艇：2 艘。护卫舰：各型共 16 艘。巡逻舰艇：共 39 艘，其中导弹艇 4 艘、鱼雷艇 4 艘。扫雷舰艇：11 艘。两栖舰艇：26 艘。后勤支援舰船：15 艘。

海军航空兵 约 1000 人。装备飞机 85 架（其中武装直升机 17 架），主要用于海上侦察和反潜。

陆战队 1.5 万人。编有 2 个陆战旅。装备有轻型坦克 55 辆，装甲侦察车 21 辆，步兵战车 10 辆，装甲输送车 124 辆，牵引炮 48 门，火箭炮 12 门，高炮 150 余门。

空军 2.4 万人。编有东、西 2 个作战司令部，1 个训练司令部，5 个攻击战斗机中队，1 个战斗机中队，1 个海上侦察机中队，1 个侦察机中队，5 个运输机中队，3 个直升机中队，3 个教练机中队。作战飞机 94 架。

攻击战斗机：苏–27 型 2 架，苏–30 型 2 架，A–4 型 14 架，F–16 型 10 架，“霍克”MK–109 型 7 架，“霍克”MK–209 型 28 架。战斗机：F–5 型 12 架。武装侦察机：12 架。海上侦察机：3 架。空中加油机：2 架。运输机：63 架。直升机：38 架。教练机：100 架。导弹：空对空导弹、空对地导弹若干枚。

预备役部队 40 万人。

准军事部队 国家警察约 28 万人。海上警察 1.2 万人。

部署 印尼海军东部舰队司令部驻泗水，西部舰队司令部驻雅加达。空军 2 个作战司令部分别负责东、西部空防任务。全国共有军事基地 42 处，其中空军基地 26 处（主要有雅加达、朱安达、乌绒潘当等），海军基地 16 处（主要有雅加达、丹绒槟榔、腊太港、乌绒潘当、勿老湾等）。

兵役制度 实行义务兵和志愿兵相结合的兵役制。义务兵服役期 2 年。军官最高服役年龄 55 岁。

军衔 分 5 等 23 级：将官 4 级（上将、中将、少将、准将），校官 3 级（上校、中校、少校），尉官 3 级（上尉、中尉、少尉），士官 10 级（预备军官、一级准尉、二级准尉、军士长、中士长、一级中士、二级中士、下士长、一级下士、二级下士），士兵 3 级（特等兵、一等兵、二等兵）。

驻外兵力 驻克罗地亚、格鲁吉亚、利比里亚、塞拉利昂联合国军事观察员共 26 人。

军队节日 武装部队节 9 月 5 日。

（孟 丽）

约　旦

国　　名　约旦哈希姆王国。

主要统计　面积 9.774 万平方公里。人口约 546 万人（其中，0~14 岁占 37.8%，15~64 岁占 59.1%万人，65 岁以上占 3.1%）。国内生产总值 72 亿第纳尔，合 101 亿美元（2003 年）。国防费 6.23 亿第纳尔，合 8.77 亿美元（2004 年国防预算）。粮食 5.2 万吨（2000 年）。海运能力，商船（载重 100 吨以上）5 艘，总载重量 11.36 万吨（2004 年）。民航能力，固定航班机场 2 处，客运量 40.65 亿人公里，货运量 2.192 亿吨公里（2004 年）。

国防体制　宪法规定，国王兼任陆、海、空三军统帅，拥有宣布战争、军管、缔结和约的权力。下设"最高国防委员会"，由国防、外交、财政、内政大臣和军队总司令等人组成，通常由国防大臣召集会议，负责制定国防政策和监督国防计划的实施。国防部是内阁中的一个部，主要负责制定国防预算、后勤保障，并与军队总司令部共同发布有关军队的行政命令，但对军队无调动和指挥权。军队总司令部是国王统帅军队的办事机构，其成员有总司令、总司令助理和武装部队总监各 1 人。总司令代表国王处理军队日常事务。总司令部下设总参谋部，其成员有总参谋长及主管作战计划、情报、人力、行政管理等的副总长。此外，还设有"国防委员会"和"军官委员会"。前者负责军队的编制、装备、征兵等具体计划和建议；后者负责对军官的考察、提升和调动提出建议。武装力量由正规军和准军事部队组成。正规军分陆、海、空三个军种。

领导人物　国王兼武装力量统帅阿卜杜拉二世·本·侯赛因（1999 年 2 月即位）。首相兼国防大臣阿里·阿布·拉吉卜（2000 年 6 月上任）。武装部队总司令法塔西·阿布·塔列布少将（1989 年 9 月上任）。军队总参谋长穆罕默德·优素福·马勒卡维中将（1999 年 7 月上任）。

武装力量　**兵力**　现役部队约 10.05 万人。

陆军　约 8.5 万人。编有北部司令部（下辖 2 个机械化旅，1 个步兵旅，1 个炮兵旅，1 个高炮旅），南部司令部（下辖 1 个装甲旅，1 个步兵旅），中央司令部（下辖 1 个机械化旅，1 个轻型步兵旅，1 个炮兵旅，1 个高炮旅），东部司令部（下辖 2 个机械化旅，1 个炮兵旅和 1 个高炮旅）。

主战坦克：1120 辆。轻型坦克："蝎"式 19 辆。步兵战车：226 辆。装甲输送车：各型 1350 辆。牵引炮：共 94 门，。自行炮：共 399 辆。迫击炮：各型 740 门。反坦克导弹：各型 670 枚。火箭筒：各型共 4800 具。高炮：395 门，其中 20 毫米 139 门，23 毫米 40 门，40 毫米 216 门。地空导弹：各型 992 枚。监视雷达：若干部。

海军　约 500 人，近海巡逻舰共 6 艘。

空军　约 1.5 万人（包括防空部队 3400 人）。编有 4 个/战斗对地攻击机中队、2 个战斗机中队、1 个运输机中队、1 个王室专机中队、3 个直升机中队、3 个防空旅、14 个炮兵连。战斗机共 101 架，武装直升机 20 架。战斗/对地攻击机：F-5E/F 型 55 架，"幻影"F-1EJ 型 15 架。战斗机："幻影"F-1CJ/BJ 型 15 架，F-16A 型 12 架，F-16B 型 4 架。运输机：共 12 架。电子战飞机：若干架。要人运输机：若干架。武装直升机：AH-1F 型 20 架。教练机：各型 28 架。直升机："休斯"500D 式 8 架。运输直升机：60 架。防空导弹发射架："霍克"80 部。空地导弹："陶"式、"小牛"式各若干枚。空空导弹："麻雀"式、"响尾蛇"式、"马特拉"R-530 型、"马特拉"R-550"魔术"式若干枚。

预备役部队　约 3.5 万人，其中陆军 3 万人。

准军事部队　约 1 万人，属公共安全理事会（内务部管辖），包括警察公共安全旅，配备"蝎"式轻型坦克、25 辆 EE-11"褐斑洞蛇"式装甲车、30 辆"萨拉森"装甲输送车。另有"人民军"约 3.5 万人。

海军基地设在阿克巴港。

兵役制度　实行志愿兵役制，男性 16~65 岁、女性 16~45 岁均需服役。

驻外兵力　驻克罗地亚 30 名维和人员（23 名军事观察员）、东帝汶 2 名军事观察员、埃塞俄比亚和厄立特里亚两国边境地区 966 名维和人员（7 名军事观察员）、格鲁吉亚 8 名军事观察员、利比里精致 130 名维和人员（7 名军事观察员）、塞拉利昂 132 名维和人员（10 名军事观察员）和南斯拉夫联盟的 99 名维和人员（1 名军事观察员）。

军队节日　陆军节 6 月 10 日。

（林海霞）

越　南

国　　名　越南社会主义共和国。

主要统计　面积 32.9566 万平方公里。人口 8134.4 万人（其中，0~14 岁 2554.2 万人，占总人口的 31.4%；15~64 岁 5149.07 万人，占 63.3%；65 岁以上 431.1 万人，占 5.3%）。国内生产总值 710 万亿越盾，合 452 亿美元（2004 年）。国防费 23.4 亿美元（2004 年）。粗钢 268.2 万吨（2003 年）。原油 2000 万吨（2004 年）。原煤 1896.3 万吨（2003 年）。天然气 60.25 亿立方米（2004 年）。发电量 411.2 亿度（2003 年）。粮食 3930 万吨（2004 年）。民航能力，固定航班机场 12 处，客运量为 38.31 亿人次公里，货运量 0.98 亿吨公里（2004 年）。水运能力，商船（载重 100 吨以上）230 艘，总载重量 87.28 亿吨（2004 年）。

国防政策　2004 年 12 月 9 日，越南国防部公布了《21 世纪初越南国防》白皮书，阐述了越南的国防政策。其主要内如下：

虽然和平与合作仍是当今世界发展的主流，但一些地区的安全形势复杂多变。尽管发生世界大战和使用大规模杀伤性武器的可能性很小，但国家之间由民族、宗教、政治、领土、资源等问题及恐怖主义引起的局部战争仍时有发生；裁减军备，特别是裁减核武器及各种大规模杀伤性武器尚未取得明显进展；核武器拥有国或拥有迅速生产核武技术能力的国家有增无减。“9·11 事件”及随后世界形势的演变影响着大国间的关系；恐怖与反恐怖，霸权与反霸权，正成为迫切的问题；世界爱好和平和正义的国家都认为有必要在恐怖主义和其他全球问题上统一认识，并以此为基础在联合国框架内和国际法基础上合作解决这些问题。在国防安全方面，越南仍然受到外国势力与国内反动势力互相勾结以干涉内政的威胁。当前，越南仍面临诸多问题，如边界争端、武器走私、贩毒、有组织的跨国犯罪、恐怖活动、非法入境、非法移民和破坏生态环境等。

在地区和国际局势已发生很大变化，特别是出现了许多新的安全问题的背景下，越南坚定不移地把维护和平与稳定、发展社会经济、实现社会主义特色的工业化和现代化作为国家最高利益。越南的国防性质是和平与自卫。在对外关系上，越南一贯奉行独立、自主、开放和国际关系多边化、多样化的外交政策，遵守联合国宪章和国际法准则，尊重他国的独立、主权和利益。越南愿意成为国际社会值得信赖的朋友与合作伙伴，为和平、独立和发展而努力奋斗。越南的国防力量是依靠国家的一切力量和越南人民，结合民族力量和时代力量建立起来的，但同时也重视争取各友好国家和地区及世界一切爱好和平国家的合作与帮助。越南主张不参加任何军事联盟，不允许外国在自己的领土上建立军事基地，不参加任何针对其他国家使用武力或以武力相威胁的军事活动。越南随时做好自卫准备，反击一切侵犯越南海、陆、空领土和威胁越南国家安全及民族利益的行动。越南大力支持国际社会为制止和消除武装冲突和战争危机所做的努力，欢迎有关裁减军备的建议，以建立一个没有核武器的世界；反对发展、生产、储藏和使用各种大规模杀伤性武器，包括生化武器。越南坚决谴责和反对任何形式的恐怖活动，同时也认为各种反恐措施和反恐国际合作必须在联合国框架下进行，必须符合联合国宪章和国际法的基本准则。越南愿意与地区和世界各国合作，努力解决各种非传统安全问题，如有组织国际犯罪、毒品走私、海盗等，以保证越南以及世界各国的稳定发展。在越南与各国之间关于陆地、海上领土主权争端问题上，越南一直是随时准备和平协商，合情合理地予以解决。特别是在南海问题上，为了有关各方的共同安全利益，越南遵守《南海各方行为准则》，随时准备通过对话、和平谈判来寻求长久的解决办法。

为了保卫国防安全，越南必须采取以下措施：（一）建立强大的全民国防体系。越南要在政治、经济、科技和军事的基础上建立强大稳固的全民国防体系。继承发扬爱国、民族团结、互助的优良传统，增强全党、全民的国防意识；圆满完成发展社会经济的任务，提高人民的物质和精神生活水平，提高全民的文化素质；在建设独立自主经济的同时，融入世界经济；加强科研工作的物质基础，积极开展科学技术研究与应用，特别是要大力提高军备技术；重视人才培养，尤其要提高干部队伍素质；按照宪法和法律规定进行国防管理，把国防、安全与经济紧密结合起来。（二）建立强大的武装力量。越南的武装力量包括人民军、民兵自卫队、人民公安和海洋警察。越南必须建立强大的武装力量，才能确保随时满足保卫国家的需要，挫败一切阴谋侵犯越南独立、主权、领土完整和利益的行动，维护和平与稳定，顺利实现国家工业化和现代化的战略目标。人民军是骨干力量，越南要建立一支正规化、精锐化、现代化、立场坚定、有道德和保持革命本色的军队，它是“民有、民治、民享”的军队，也是为了国家的独立自由、为了社会主义而随时准备战斗、牺牲的军队。民兵自卫队在战争期间是人民战争的战略力量，在和平时期负责维护社会秩序和政治安全、保证生产、防范和克服自然灾害及其它严重事故带来的灾难。人民公安具有管理国家安全秩序、与犯罪行为斗争、防范和惩治犯罪行为的职能。海洋警察力量则对越南海域和大陆架行使安全和治安管理职能。

军事战略　越南在2010年前继续实施积极防御军事战略。越南的积极防御军事战略，是在发挥国家所有政治、经济、文化、社会、安全体系和对外综合力量的基础上使用军事力量保卫国家的战略，它以建设和保卫国家的全国人民为基石，以武装力量为核心，以平息国内武装暴乱、战胜外来侵略、牢固保卫社会主义祖国为目标。

(一)对安全形势的判断。越南认为，2010年前爆发世界大战的可能性不大，但内战、武装冲突、恐怖活动和局部战争仍有可能发生。越南国家安全面临的威胁主要有四个方面：1、国内武装暴乱。可能有三种情况：一是某一地区发生武装暴乱，颠覆当地政权，要求分裂并成立“独立国家”；二是西南部地区同时出现武装暴乱和陆地边境武装冲突；三是西北和西南部等地区发生武装暴乱，国家出现内乱。2、海上武装冲突。虽然南海周边国家都希望有稳定的环境，但不排除一些国家为争夺领海主权和海洋资源而采取军事行动的可能，并引发海上武装冲突。3、陆地边境武装冲突。陆地边境地区不会发生大规模战争，但因领土争端和边境纠纷而引发小规模武装冲突的可能性依然存在。4、美国可能发动不同规模的侵略战争。美国把越南视为转化和颠覆社会主义制度的重点对象，是实现其对印支半岛和东南亚战略意图的决定性对象。今后，美国将采取各种狡猾和阴险的手段，继续对越实施“和平演变”战略，鼓动越国内敌对势力搞分裂暴动，并随时准备以武力进行干涉，以改变越南的政治制度，使越南按照其意图发展。美可能采取三种方式对越发动侵略战争：一是在越国内反动势力占据了一定区域的同时，美军会使用空中火力结合特种部队对越发动进攻；二是对越南部各省发动全面进攻，分割中部，用作战飞机和巡航导弹对越全境实施打击；三是对越全境发动类似海湾战争的大规模侵略战争。

（二）战略方针：1、应对国内武装暴乱的战略方针。快速打击和消灭武装暴乱分子，不使暴乱扩大蔓延，不留下复杂的政治后果，牢固保卫重要地区和目标，恢复和维护形势稳定。充分发挥各地方防御区域的综合力量，以当地武装力量为主，并与国防战略机动力量作战相结合；积极分化反动力量和被敌人煽动的群众，把政治瓦解与军事进攻结合起来；各机动主力部队在外围予以重点支持，随时准备迎击外来侵犯之敌。2、应对海上武装冲突的战略方针：发生海上武装冲突时，各有关武装力量紧密协同作战。海上战场以海岛、沿海驻防力量作战为主，坚守各岛屿和沿海区域。在战役和战斗规模上，以各战斗舰艇部队、海军陆战队、岸舰导弹和火炮为主。军事、政治和外交手段相结合，一方面阻截、反击敌人，坚决保卫祖国的疆域，另一方面通过外交斗争恢复和稳定周边环境，同时制定政治和安全斗争计划与措施，维护国内稳定。3、应对陆地边境武装冲突的战略方针。发生边境武装冲突时，一方面要运用各边境省县防御区域的综合力量和机动主力部队，随时准备阻击敌人入侵；另一方面要主动发现和及时打击国内暴乱、分裂分子。4、应对美国侵略战争的战略方针。反击美军的空中打击，要遵循机动规避、保存力量与坚决反击相结合的原则，有效组织一切防空力量，保证既能广泛作战，又能在各重点目标、地区集中作战；以打击空中之敌为主，待时机和条件成熟时，使用歼击航空兵和精锐特种部队攻击敌空中打击力量的出发基地。应对美国的全面侵略，一是要坚持“以打击陆地之敌，先夺取陆地胜利为主”的指导思想，同时重视打击空中和海上之敌；二是要以适当规模和形式进行防御、反攻和进攻，以反攻和进攻作战为主，积极调动各种力量进行作战，消耗和消灭敌人；三是要把军事斗争与政治、外交斗争结合起来，通过军事斗争在战场上夺取胜利，通过政治、外交斗争保持政治稳定和发展战争潜力，分化、孤立敌人，争取世界人民的同情与支持。

（三）战略措施。一是积极参与防范“和平演变”，预防和平息武装分裂暴乱和颠覆活动，彻底消除可能导致帝国主义发动战争的各种因素，提防战争发生，一旦战争爆发，要坚决打赢战争，牢固保卫海洋、岛屿和边境。二是加强武装力量的革命化、正规化、精锐化和现代化建设。陆军要进一步调整组织编制，重点加强主力部队建设，特别是要加强电子对抗部队和炮兵等技术兵种的建设；海军要逐步组建潜艇、海军航空兵、水面舰艇、海军陆战队、岸舰导弹和海军特种部队六个兵种；防空–空军要在北部、中部和南部增加部署防空力量。同时，大力改善武器装备。集中力量维护现有技术武器装备，优先改进防空导弹、防空火炮、雷达、装甲车、电子战和通信联络装备；按轻便、易于机动和具有击落巡航导弹能力的要求来研制防空炮，并从国外购买先进的防空导弹系统、低空雷达和无源雷达，建设通信、预警、指挥系统，保证通联稳定、畅通；增强海军舰艇、岸舰导弹的机动能力和火力系统。加强对部队的政治思想教育，确保全体官兵政治过硬。重视干部培养和部队训练工作，发展适应高技术战争作战要求的军事科学。三是加强战场组织和阵势建设。根据越南军事环境，把全国划分成北部战略区域、中部战略区域、南部战略区域和海岛战略区域。每个战略区域根据战略决心和计划组织相应的作战战场。战场组织工作必须根据地理特点、作战条件、战争发生的可能性和战争具体情况进行相应准备。战略作战阵势包括全国的总体阵势、各战场方向的阵势、地面作战阵势、海岛作战阵势和防空作战阵势。各战略方向阵势的部署，要保证将地方防御区域阵势与军区和国防部主力部队的阵势结合起来。以各战略方向稳固的防御作战阵势为基础，以机动力量的作战阵势为核心，充分发挥各方向的阵势力量。四是加强军事艺术研究，按照高技术战争条件下保卫祖国任务的新要求确定军事艺术研究和发展的方向，包括战略、战役和战术。五是研究和完善适应新形势的后勤技术保障，集中保障各战备单位和战略储备单位，建设整体防御阵势以及各战略方向上的后勤技术保障。六是做好国家平战转换准备，包括政治和精神准备、国民经济和科技准备、民事防御准备、人民战争战略后方准备、战争动员准备等。

国防体制 越南宪法规定：国家主席统帅各人民武装力量，并兼任国防与安宁会议主席。但实际上越共中央军事党委是最高军事决策机构，越共中央总书记兼任军委书记，通过国防部对全国武装力量实行统一领导和指挥。国会设有国防与安宁委员会负责审查和监督国防安全政策的执行；国家机关设有国防与安宁会议协助国家主席统帅武装力量。国防部既是越共中央军事党委的办事机构，又是越军的最高军事行政机关，下辖总参谋部、总政治局、总后勤局、总技术局、国防工业总局和情报总局。六大总部（局）分别负责全军的军事指挥、政治思想教育、后勤供应、技术保障、军工及生产经营、情报搜集与服务。国防部机关设有办公厅、政策局、物资局、财政局、外事局、刑事调查局、科技与环境管理局、经济局、计划投资局、车辆局、武器弹药局、计量局、科学工艺环境通讯中心、监察委员会、越俄热带合作委员会，直属单位有军事战略院、军事历史研究院等。武装力量由正规军、地方部队、预备役部队和民兵自卫队组成。正规军又称主力部队，分陆军、海军、防空–空军三个军种。

领导人物 越共中央总书记兼中央军事党委书记农德孟（2001 年 4 月上任），国防部长范文茶大将（1997 年 7 月 29 日上任），总参谋长冯光清上将（2001 年 5 月上任），总政治局主任黎文勇上将（2001 年 5 月上任），总后勤局主任陈福中将（2003 年 4 月 29 日上任），总技术局主任杜德法（2002 年 7 月上任），国防工业总局主任范尊中将（2002 年 12 月 25 日上任），情报总局主任阮志咏中将；海军司令阮文宪副都督（中将，2005 年 1 月 1 日上任），防空–空军司令阮文申中将（2002 年 3 月上任）。

武装力量 **兵力** 现役部队 48.4 万人。

陆军 41.2 万人。划分为 8 个军区（含首都军区），编有 14 个军部、58 个步兵师、3 个机械化步兵师、10 个装甲旅、15 个独立步兵团、若干个特种作战部队（含空降旅和爆破工兵团）、约 10 个野战炮兵旅、8 个工程兵师、10~16 个经济建设师、20 个独立工程兵旅。

主战坦克：共 1315 辆。其中：T–34 型 45 辆、T–54/–55 型 850 辆、T–62 型 70 辆、PT–59 型 350 辆。轻型坦克：PT–76 型 300 辆，PT–62/–63 型 320 辆。侦察车：BRDM–1/–2 型 100 辆。步兵战斗车：BMP–1/–2 型 300 辆。装甲输送车：BTR–40/–50/–60/–152 型 1100 辆，YW–531 型 80 辆，M–113 型 200 辆。牵引火炮：76 毫米、85 毫米、100 毫米、105 毫米、122 毫米、130 毫米、152 毫米、155 毫米共 2300 门。自行火炮：152 毫米 30 门，120 毫米、122 毫米、175 毫米若干门。火箭炮：107 毫米 360 门，122 毫米 350 门，140 毫米若干门。迫击炮：82 毫米、120 毫米和 160 毫米若干门。反坦克导弹：若干枚。无后坐力炮：75 毫米、82 毫米、87 毫米若干门。高炮：14.5 毫米、23 毫米、30 毫米、37 毫米、57 毫米、85 毫米、100 毫米共 12000 门。地空导弹：SA–7/–16/–18 型若干枚。

海军 4.2 万人（含海军陆战队 2.7 万人），划分为 4 个沿海区。

潜艇：朝鲜制小型潜艇 2 艘。护卫舰：共 7 艘，即前苏联制“别佳”Ⅱ级 3 艘，前苏联制“别佳”Ⅲ

级2艘，“巴奈加特”（美制“卡特尔”）1艘，124A型1艘。巡逻艇和导弹、鱼雷快艇：共41艘，其中前苏联制“黄蜂”Ⅱ级导弹快艇8艘，前苏联制“蝗虫”级导弹快艇4艘，前苏联制“图利亚”级水翼鱼雷快艇5艘，“大胡蜂”级鱼雷快艇5艘，前苏联制SO-1级巡逻艇4艘，美制PGM-59/-71级3艘，小于100吨的近海巡逻艇10艘，前苏联制“图利亚”级巡逻艇2艘。扫雷舰艇：共15艘，即“尤尔卡”级2艘，“索尼亚”级沿海扫雷舰3艘，“连云”级扫雷舰2艘，“瓦尼亚”级扫雷艇1艘，“叶夫根尼亚”级近海猎雷艇2艘，小扫雷艇5艘。登陆舰：共6艘，即美制LST-510/-511坦克登陆舰3艘，前苏联制“北方”级中型登陆舰3艘。小型登陆艇：共30艘，包括机械化登陆艇12艘、通用登陆艇18艘。

防空-空军　3万人，编成3个航空师，2个攻击机团，6个歼击机团，3个运输机团，3个教练机团，4个高炮旅，6个雷达旅；有雷达阵地100处，地对空导弹发射阵地66处，作战飞机共195架，武装直升机26架。

攻击战斗机：共71架，即苏-22型55架、苏-27型12架、苏-30MKK型4架。战斗机：米格-21比斯124架。武装直升机：米-24型26架。海上侦察机：贝-12型4架。反潜直升机：共15架，即卡-25型3架、卡-28型10架、卡-32型2架。航测机：安-30型2架。运输机：共28架，包括安-2型12架，安-26型12架，雅克-40型4架。直升机：米-6型4架，米-8、米-17型共30架。教练机：L-39型18架，米格-21U型若干架，雅克-18型10架，BT-6型10架。空对空导弹：AA-2、AA-8、AA-10、AA-12型若干枚。空对地导弹：AS-9、AS-14、AS-17、AS-18型若干枚。地对空导弹：SA-2/-3/-6/-7/-16型地对空导弹若干枚。高炮：37毫米、57毫米、85毫米、100毫米、130毫米高炮若干门。对空警戒雷达：约1000部。

地方部队　编有省、市、县军事指挥部；每个省、市军指下辖若干个独立团，每个县军指下辖若干个独立营。省军指、中央直辖市军指由所在军区指挥，省辖市、县军指由省军指指挥。

预备役部队　2004年底，越全国预备役人员50万人。

民兵自卫队　2004年底，越民兵自卫队近100万人。

部署　越陆军采取区域部署和机动部署相结合方式，全国由北向南划分为8个区域，每个区域部署1个军区；担负战略机动作战任务的野战部队部署是北部、南部地区各占一半；总兵力的50%部署在北部地区、40%部署在西南部地区、10%部署在中部地区。海军由北向南沿海岸线划分为4个区域，每个区域部署1个沿海区；主要作战舰艇部署在岘港、金兰湾和胡志明市等中南沿海地区。防空-空军将全国划分为北、中、南3个防空作战区，重点保卫主要城市和地域；总兵力的45%部署在北部作战区、32%部署在南部作战区、27%部署在中部作战区。越拥有海军基地11处（万华、锦普、鸿基、河修、海防、岘港、芽庄、头顿、金兰湾、胡志明市和归仁等）；空军基地15处（内排、安沛、克夫、和乐、建安、寿春、岘港、富吉、藩朗、边和、新山一、波莱古、绥和、金兰湾、朱莱等）。

兵役制度　越南《义务兵役法》规定，实行义务兵役制度。服役年龄18~27岁。服役年限，士官和士兵2年，士官指挥员、军队培训的专业技术士官和士兵、海军舰艇士官和士兵均为3年，需要时可延长半年。军官服役年限，尉官38岁、少校43岁、中校48岁、上校52岁、大校55岁、少将60岁，中将以上军官不规定服役年限。

军衔　根据越南《人民军军官法》规定，越南军官军衔分为3等12级，即将官4级（大将、上将、中将、少将）、校官4级（大校、上校、中校、少校）、尉官4级（大尉、上尉、中尉、少尉）。士官分3级：上士、中士、下士。士兵分2级：上等兵、列兵。

军队节日　建军节12月22日。

（钟学良）

非洲国家军事概况

阿尔及利亚

国　　名　阿尔及利亚民主人民共和国。

主要统计　面积 238.1741 万平方公里。人口 3180.0 万人（其中，15~29 岁 954.0 万人；30~44 岁 562.9 万人；45~59 岁 283.0 万人；60~74 岁 162.2 万人；75 岁以上 47.7 万人）。国内生产总值 650 亿美元（2003 年）。国防费 22 亿美元（2003 年国防预算）。粮食 122.6 万吨（2000 年）。海运能力，商船（载重 100 吨以上）149 艘、总载重量 109.34 万吨（2000 年）。民航能力，固定航班机场 28 个、客运量 29.01 亿人公里、货运量 1830 万吨公里（2000 年）。

国防体制　宪法规定，总统为武装力量最高统帅。最高国防决策机构为国家最高安全委员会，由总统任主席。国防部为政府中的一个部，是最高军事行政机关。武装力量由正规军和准军事部队组成。正规军分陆、海、空三个军种。最高军事指挥机构为国家人民军参谋部。总统通过国防部和国家人民军参谋部对武装力量实施领导和指挥。

领导人物　最高国务委员会主席、武装力量最高统帅兼国防部长阿卜杜勒·阿齐兹·布特弗利卡（1999 年 4 月 15 日当选）。国家人民军参谋长拉马利中将。

武装力量　**兵力**　现役部队 12.75 万人。

陆军　11 万人。编有 6 个军区、2 个装甲师、2 个机械化师、1 个空降师、1 个独立装甲旅、4 个独立机械/摩托化步兵旅、20 个独立步兵营、2 个火炮营、1 个高炮营、6 个防空营。

主战坦克：1000 辆（T-54/-55 型 320 辆、T-62 型 330 辆、T-72 型 350 辆）。装甲侦察车：BRDM-2 型 124 辆、“撒拉丁”式 49 辆。装甲步兵战车：BMP-1 型 700 辆、BMP-2 型 289 辆。装甲输送车：BTR-50/OT-62 型 30 辆、BTR-60/OT-64 型 400 辆，BTR-80 型 200 辆，“法赫德”型 100 辆。牵引炮：122 毫米 386 门、130 毫米 10 门、152 毫米 10 门。自行炮：122 毫米 150 门、152 毫米 35 门。火箭炮：122 毫米 48 门、140 毫米 48 门、240 毫米 30 门，300 毫米 18 门。迫击炮：82 毫米 150 门、120 毫米 120 门、160 毫米 60 门。反坦克导弹：“蝇拍”式、“耐火箱”和“塞子”式若干枚。无坐力炮：82 毫米 120 门、107 毫米 58 门。反坦克炮：57 毫米 156 门、85 毫米 37 门、100 毫米 53 门。高炮：14.5 毫米 80 门、20 毫米 100 门、23 毫米 324 门、37 毫米 145 门、57 毫米 70 门、85 毫米 20 门、100 毫米 150 门、130 毫米 10 门。地空导弹：SA-7、SA-8、SA-9、SA-14、SA-16 型若干枚。

海军　约 7500 人（包括海岸警卫队 500 人）。

基地：梅尔斯艾尔凯比克、阿尔及尔、安纳巴、吉杰勒。

潜艇：苏制“基洛”级 2 艘。护卫舰：苏制“科尼”级 3 艘。轻型护卫舰：6 艘（苏制“纳努契卡”3 艘、“德贾比尔”3 艘）。导弹艇：“黄蜂”级 9 艘。巡逻艇：10 艘。两栖登陆艇：3 艘。多用途支援船：3 艘。

海岸警卫队：约 500 人，装备有各型巡逻艇 28 艘。支援船 1 艘。

空军　1 万人，共有作战飞机 175 架、武装直升机 91 架。编成 3 个攻击战斗机中队、5 个战斗机中队、2 个侦察机中队、2 个海上侦察机中队、2 个运输机中队。

攻击战斗机：苏-24 型 28 架、米格-23F 型 28 架。战斗机：米格-25 型 10 架、米格-23B/E 型 30 架、米格-21MF 型 43 架、米格-29C/UB 型 20 架。侦察机：米格-25R 型 6 架、苏-24E 型 6 架。海上侦察机：“超级空中大王”B-200T 型 15 架。运输机：C-130H 型 10 架、C-130H-30 型 8 架、伊尔-76 型 9 架。要人座机：“猎鹰”900 型 2 架、“湾流”型 3 架、F-27 型 3 架。攻击直升机：米-24 型 31 架、米-8/-17 型 30 架、米-171 型 30 架。运输直升机：米-8/-17 型 16 架、AS355 型 2 架。教练机：ZLIN-142 型 30 架、米格-21U 型 4 架、米格-23U 型 5 架、米格-25U 型 1 架、L-39 型 30

架。无人驾驶飞行器："搜寻者"型若干架。空空导弹：AA-2、AA-6、AA-7、AA-8、AA-10、AA-11型若干枚。空地导弹：AS-7、AS-9、AS-10、AS-12、AS-14型若干枚。地空导弹：140枚（SA-2、SA-3、SA-6、SA-8）。3个高炮旅，高炮85毫米、100毫米、130毫米：共725门。

防空部队　编有3个高炮旅和3个地空导弹团，装备高炮85毫米、100毫米和130毫米共725门，地空导弹各型共100枚。

预备役部队　约15万人。

准军事部队　18.12万人，其中宪兵6万人、治安警察2万人、共和国卫队1200人、民兵10万人。

兵役制度　实行义务兵和志愿兵相结合的兵役制度。士兵服役期18个月。

军衔　分6等17级，即将官2级（少将、准将）、校官3级（上校、中校、少校）、尉官3级（上尉、中尉、少尉）、准尉2级（一级准尉、二级准尉）、军士2级（军士长、军士）、士兵5级（上士、中士、下士、上等兵、列兵）。

（王京国）

埃　及

国　　名　阿拉伯埃及共和国。

主要统计　面积100.2万平方公里。人口7190万，排世界第16位。各年龄段占总人口的比例为：0~14岁占37.7%，15~29岁占27.6%，30~44岁占18.6%，45~59岁占10.4%，60~74岁占5%，75岁以上占0.7%。国内生产总值约700亿美元（2004年），人均收入约1100美元。国防费用约为20亿美元（2004年国防预算）。2000年，埃经济作物产量为：粮食749.4万吨，土豆2199.8万吨，豆类231.1万吨，水果657.6万吨，蔬菜1356.3万吨，牛318万头，羊445万只，猪3万头，鸡8800万只，奶164.5万吨，蛋17万吨。海运能力，商船（载重100吨以上）444艘，总载重量168.52万吨（2001年）。民航能力，固定航班机场11处，客运量90.74亿人公里、货运量2.7亿吨公里（2001年）。

国防体制　总统为武装部队最高统帅，最高军事决策机构为国防委员会，由总统任主席。总统下设武装部队总司令，由国防部长兼任。武装部队由正规军和准军事部队组成。正规军分陆、海、空和防空军四个军种。最高军事指挥机构为参谋部，统辖各军种、军团和军区。最高统帅和总司令通过参谋部指挥全军。

领导人物　总统兼武装部队最高统帅穆罕默德·胡斯尼·穆巴拉克（1999年9月第三次连任），武装部队总司令兼国防和军工生产部长穆罕默德·侯赛因·坦塔维元帅（1993年10月14日连任），武装部队参谋长哈姆迪·瓦赫巴中将（2001年10月任现职），海军司令塔米尔·阿卜杜勒·阿利姆·穆罕默德中将（2001年任现职），空军司令马吉迪·沙拉维中将（2002年3月任现职），防空军司令萨米·哈菲兹·艾哈迈德·阿南中将（2001年任现职）。

武装力量总兵力　现役部队45万人。

陆军　32万人。编有4个军区、2个军团司令部、下辖4个装甲师（含2个装甲旅、1个机械化旅和1个炮兵旅），8个机械化步兵师（含2个机械化步兵旅、1个装甲旅和1个炮兵旅），1个共和国卫队装甲旅，4个独立装甲旅，4个独立机械化旅，1个空中机动旅，2个独立步兵旅，1个伞兵旅，5个突击大队，1个特种兵大队，15个独立炮兵旅，2个地地导弹旅（一支装备蛙-7导弹，一支装备飞毛腿-B型导弹）。

主战坦克：T-54/55型895辆、"拉美西斯"2型260辆、T-62型550辆、M-60型1400辆（M-60A1型400辆和M-60A3型1000辆）、M-1A1"艾布拉姆斯"650辆（另有100辆即将到货）。装甲侦察车：BRDM-2型300辆、"突击侦察"型112辆。步兵战车：BMP-1型220辆、BMR-600P型250辆、YPR-765型220辆。装甲输送车："瓦利德"型650辆、"法赫德"30型1000辆、BTR-50型/OT-62型500辆、BTR-60型250辆、M-113A2型1900辆。牵引炮：122毫米551门、130毫米420门。自行火炮：122毫米124门、155毫米196门。无后坐力炮：122毫米各型356门，227毫米若干门。迫击炮：82毫米540门、120毫米1800门、160毫米30门。地地导弹："蛙"7型12枚、"天鹰"80型若干枚、"飞毛腿"B型9枚。反坦克导弹：AT-3"耐火箱"式1200枚、"米兰"式200枚、"陶"式3200枚。火箭筒：107毫米520具。高炮（高射机枪）：14.5毫米200挺、23毫米各型434门，57毫米若干门。地空导弹：各型共2096枚。监视雷达：AN/TPQ-37/36

型炮位测定雷达若干部。无人驾驶飞机：R4E-50“天眼”若干架。

海军　2万人(包括2000名海岸警卫队)。

地中海基地有：亚历山大（司令部)、塞得港、马特鲁、陶菲克港；红海基地有：塞发杰（司令部)、霍尔戈达、苏伊士、古尔代盖。

潜艇：“R”（罗米欧）级4艘，装备鱼叉舰舰导弹和533毫米鱼雷发射管。水面舰艇11艘，包括：驱逐舰：“法塔赫”级导弹驱逐舰1艘。护卫舰10艘：“穆巴拉克”级4艘、“苏伊士”级2艘、“胜利者”级（江湖级）2艘、“杜米亚特”（美式“诺克斯”级）2艘。海岸巡逻艇44艘，包括：导弹艇25艘：“拉马丹”级6艘，“黄蜂”I级4艘，“十月六日”级6艘，“蚊子”级3艘，“河谷”级6艘。岸防巡逻艇19艘，包括：“海南”级6艘、“Shershen”级6艘、“上海级”4艘、“LSM”3艘。反水雷舰12艘，包括：“艾斯尤特”6艘、“阿斯旺”4艘、快艇2艘。两栖舰3艘。支援与勤务船20艘。

海军航空兵　装备有固定翼飞机“山毛榉”2架，武装直升机24架。直升机：“海王”式反潜直升机5架、SA-342型反潜直升机12架、SH-2G型10架。无人驾驶飞机2架。

岸防部队　装备有100毫米、130毫米、152毫米火炮若干门，“奥托马特”式岸舰导弹若干枚。

空军　3万人。编有34个飞行中队。作战飞机571架，武装直升机121架。

攻击战斗机7个中队：其中2个中队配有“阿尔法”式42架、2个中队配有歼-6型44架、2个中队配有F-4E型29架、1个中队配有“幻影”5E2型16架。战斗机22个中队：其中2个中队配有26架F-16A型、7个中队配有113架F-16C型、6个中队的米格-21型共74架、2个中队的“幻影”5D/E型53架、1个中队“幻影”2000C型15架、3个中队的歼-7型53架。侦察机：2个中队配有“幻影”5SDR型6架、米格-21R型16架。电子战机：C-130H型2架、“山毛榉”1900型1架、“突击队员”2E型（直升机）4架。空中预警机：E-2C型4架。教练运输机：DHC-5D型5架、C-130H型22架、“超级空中大王”型1架、“海湾风暴-3”型3架、“海湾风暴-4”型3架、“猎鹰-20”型3架、“波音707-366C”型3架、“波音-737-100”型1架。直升和反潜直升机：SA-342L型5架、“海王”47型5架、SH-2G型10架。攻击直升机6个中队：65架“SA-342K|”、36架“AH-64A”。教练运输直升机：“CH-47C”型3架、“CH-47D”型16架、“Mi-8”型62架、“突击队员”型25架、“S-70”型2架、“Mi-6”型10架、“UH-12E”型17架、“UH-60A”型2架、“UH-60L”型2架、“AS-61”型2架。教练机：F-16B型12架、F-16D型6架、FT-6型6架、“阿尔法”型70架、“DHC-5”型4架、“EMB-312”型34架、“GUMHURIA”型39架、“JJ-6”型16架、“L-29”型26架、“L-39”型10架、“L-59E”型35架、“Grob115EG”型74架、“K-8”型80架、“米格-21U”型15架、“幻影5SDD”型6架、“幻影2000B”型3架。无人驾驶飞机：“塔拉丁-瑞安”29架、“圣甲虫”324架、“R4-E50天眼”型20架。导弹：空对地导弹：AGM-65“小牛”式、AGM-84“鱼叉”式、“飞鱼”AM-39型、AS-12型、AS-30型、AS-30L“霍特”型、AGM-119“地狱火”等若干枚。反雷达导弹：“阿玛特”若干枚。空空导弹：AA-2“环礁”、AIM-7E/F/M“麻雀”、AIM-9F/L/P“响尾蛇”、“玛特拉”R-530、“玛特拉”R-550魔术等若干枚。

防空军　8万人。编有4个师：地区旅、110个高炮营、106个导弹营（40个SA-2营,50SA-3/3A营、14SA-6营、)、38个导弹连、12个高炮旅、12个雷达营。

防空高炮：20毫米、23毫米、37毫米、57毫米、85毫米、100毫米等共2000余门。

地空导弹：SA-2型282枚、SA-3型212枚、SA-6型56枚、“霍克”改进型78枚、“响尾蛇”式24枚、Chaparral式50套。

防空系统：“阿蒙”系统72套、“西奈”23型（短程）若干套。

预备役部队　41万人，其中陆军30万人、海军2万人、空军2万人、防空军7万人。

准军事部队　33万人：其中海岸警卫队约2000人，装备有巡逻艇40艘，另有小艇60艘；中央安全部队25万人，装备有“霍斯普尔·胡萨”式装甲输送车110辆，“瓦利德”装甲输送车若干辆；国民警卫队6万人，编有8个旅（每个旅含3个营)；边防警卫队2万人，编有19个边防警卫团。

兵役制度　实行义务兵和志愿兵相结合的兵役制度。义务兵服役期3年。

军衔　军官分4等11级：元帅1级，将官4级（上将、中将、少将、准将)，校官3级（上校、中校、少校)，尉官3级（上尉、中尉、少尉)。

驻外兵力　向刚果（金）派驻28人，其中观察员13人；驻东帝汶维持和平部队4人，其中观察员2人；驻格鲁吉亚观察员6人；利比里亚观察员3人；驻塞拉利昂观察员 10 名；驻西撒哈拉全民投票特派团观察员 19 人。

外国驻军 联合国多国部队与观察员约 1685 人，含澳大利亚、加拿大、哥伦比亚、斐济、法国、匈牙利、意大利、挪威、新西兰、乌拉圭、美国。

（程 虹）

埃塞俄比亚

国　　名 埃塞俄比亚联邦民主共和国。

主要统计 面积 110.36 万平方公里。人口 6655.8 万人（其中，男性 50.3%，女性 49.7%。15~29 岁 26.1%，30~44 岁 15.1%，45~59 岁 8.3%，60~74 岁 3.8%，75 岁以上 0.7%）。国内生产总值 66 亿美元 (2003 年)。国防费 3.26 亿美元 (2003 年国防预算)。海运能力，商船（载重 100 吨以上）27 艘、总载重量 8.43 万吨。民航能力，固定航班机场 31 个，客运量 19.15 亿人公里、货运量 3.28 亿吨公里。

国防体制 根据埃塞宪法规定，总理为政府首脑兼武装部队总司令。国防安全委员会是负责国家安全和防务的最高军事决策机构，由总理、国防部长、内政部长以及国家安全部长等人组成。国防部为全军最高军事行政机关，国防部长是文职官员，负责军事预算、计划、财政、法律和武器采购等事宜。参谋长负责全军的作战、情报、通信、人事、训练、后勤、工程和维和等事宜。国防军由陆军和空军组成。总理通过国防部和总参谋部实施对全国武装部队的领导和指挥。

领导人物 总理兼全国武装部队总司令梅莱斯·泽纳维、国防部长阿巴杜拉·戈麦达、国防军参谋长萨莫拉·叶努斯少将。

武装力量 总兵力约为 18.25 万人。

陆军　18 万人。全国共分 3 个军区（每个军区编有 1 个军司令部、2 个师和 1 个加强机械化旅）。

主战坦克：T-54/-55/-62 型坦克共约 250 辆。装甲侦察/装甲步兵战车/装甲输送车：共约 400 辆。牵引炮：76 毫米、85 毫米、122 毫米、130 毫米共约 400 门。自行火炮：122 毫米、152 毫米共约 12 门。火箭炮：50 门。迫击炮：81 毫米、82 毫米、120 毫米各若干门。反坦克导弹：若干枚。无坐力炮：82 毫米、107 毫米各若干门。高炮：23 毫米、37 毫米、57 毫米若干门。地空导弹：SA-2、SA-3、SA-7 型共 370 枚。

空军　约 2500 人。共有作战飞机 48 架，武装直升机 25 架。战斗机：米格-21MF 型 25 架、米格-23BN 型 13 架、苏-24 型 4 架、苏-27 型 6 架。运输机：C-130B 型 4 架、安-12 型 10 架、DH-6 型 6 架、雅克 40 型（专机）1 架、Y-12 型 2 架。教练机：L-39 型 12 架、SF-260 型 4 架。武装直升机：米-24 型 25 架。运输直升机：米-8/17 型 12 架。

驻外兵力 派往联合国驻布隆迪维和部队 855 人；派往利比里亚联合国维和部队 1720 人（含军事观察员 17 人）。

外国驻军 联合国军事观察员 218 人，维和部队 3788 人（来自 44 个国家）。

（焦培忠）

安　哥　拉

国　　名 安哥拉共和国。

主要统计 面积 124.67 万平方公里。人口 1076.6 万（其中，男性 52.1%,女性 47.9%。15~29 岁 23.2%，30~34 岁 17%，45~59 岁 7.4%，60~74 岁 3.8%，75 岁以上 1%。国内生产总值 131 亿美元 (2003 年)。国防费 3.65 亿美元（2003 年国防预算）。粮食 55 万吨（2000 年）。海运能力，商船（载重 100 吨以上）123 艘、总载重量 73.9 万吨。民航能力，固定航班机场 17 处，客运量 6.2 亿人公里、货运量 0.97 亿吨公里（2001 年）。

国防体制 总统为武装力量最高统帅。最高国防决策机构为政治和军事协调委员会，由总统任主席。

国防部是最高军事行政机关，负责部队的人事、军费、武器采购等事务。总参谋部为最高军事机构，负责军队的作战和训练等事宜。总统通过国防部和总参谋部对全国武装力量实施领导和指挥。安哥拉武装力量由正规军和准军事部队组成。正规军分陆、海、空三个军种。

领导人物　总统兼武装力量最高统帅若泽·爱德华多·多斯桑托斯、国防部长昆迪·帕亚马、总参谋长阿曼多·内图。

武装力量　**兵力**　10.84 万人。

陆军　约 10 万人，编有 42 个团、16 个独立步兵旅。

主战坦克：T-54/-55 型 200 辆、T-62 型、T-72 型、T-84 型共 50 辆。装甲步兵战车：BMP-1/-2/-3 型约 250 辆。装甲侦察车：BRDM-2 型 600 辆。装甲输送车：BTR-60/-80/-152 型约 170 辆。牵引炮：122 毫米、130 毫米、152 毫米等共约 552 门。自行炮：152 毫米 4 门、122 毫米 2 门、203 毫米 2 门。突击炮：100 毫米若干。火箭炮：122 毫米 50 门、240 毫米若干门。迫击炮：82 毫米 250 门，120 毫米 500 余门。反坦克武器：AT-3 "耐火箱" 式若干具。火箭发射器：RPG-7 型若干具。无坐力炮：82 毫米、107 毫米共 500 门。高炮：14.5 毫米、23 毫米、37 毫米和 57 毫米共 450 余门。地空导弹：SA-7、SA-14 型共约 500 枚。

海军　2400 人。基地设在罗安达。

巡逻艇：约 7 艘。两栖舰艇：两栖支援舰 1 艘。

空军及防空部队　6000 人。作战飞机 90 架，武装直升机 16 架。

攻击战斗机：米格-23 型 30 架、苏-22 型 15 架、苏-24 型 4 架、苏-25 型 10 架、苏-27 型 2 架。战斗机：米格-21 型 20 架。防暴兼侦察机：PC-7/-9 型 9 架。海上侦察机：8 架。攻击直升机：米-25/-35 型 14 架、SA-342 型 2 架。各型运输机：24 架。直升机：61 架。教练机：Emb-212 型 6 架。防空部队有 5 个地空导弹营、10 个导弹连，装备地空导弹：SA-2 型 40 枚、SA-3 型 12 枚、SA-6 型 25 枚、SA-8 型 15 枚、SA-9 型 20 枚、SA-13 型 10 枚。空地导弹："霍特"、"蝇拍" 式导弹各若干枚。空空导弹：AA-2 "环礁" 式导弹若干枚。

准军事部队　快速反应警察 10000 人。

兵役制度　实行征兵制，服役期 2 年。

反对派武装　卡宾达解放阵线：声称有 5000 人，实有约 600 人，仅装备一些轻武器。

（焦培忠）

布　隆　迪

国　　名　布隆迪共和国。

主要统计　面积 2.7834 万平方公里。人口 609.6 万（其中，男性 48.6%，女性 51.4%。15~29 岁 25.3%，30~44 岁 15.4%，45~59 岁 7%，60~74 岁 4%，75 岁以上 1.7%）。国内生产总值 5.8 亿美元（2003 年）。国防费 4200 万美元（2003 年国防预算）。粮食 24.5 万吨（2000 年）。海运能力，商船（载重 100 吨以上）1 艘、总载重量 0.4 万吨。民航能力，固定航班机场 1 处，客运量 200 万人公里。

国防体制　总统为武装部队最高统帅。国防委员会是最高军事决策机构。国防部为最高军事行政领导机关，武装部队总参谋部是最高军事指挥机构。

领导人物　总统兼武装力量最高统帅皮埃尔·布约亚、国防部长樊尚·尼永盖科、总参谋长热尔曼·尼约扬卡纳准将。

武装力量　总兵力约 4.52 万人。

陆军　约 4.5 万人，编有 7 个步兵营、2 个轻武器营、1 个高炮营、1 个工兵营、1 个防空营及部分独立步兵连。

装甲侦察车：各型共 85 辆。装甲输送车：BTR-40 型 20 辆、Panhard M-3 型 9 辆、Walid 型 6 辆、RG-31 型 12 辆。牵引炮：18 门。多管火箭筒：122 毫米 12 具。迫击炮：82 毫米、120 毫米共约 90 门。反坦克武器：Milan 式若干具。火箭发射器：83 毫米若干具。无坐力炮：75 毫米 60 门。高炮（高射机枪）：14.5 毫米、23 毫米、37 毫米共 150 余门（挺）。地空导弹：30 枚。

空军　200 人。装备作战飞机 2 架，武装直升机 2 架。教练机：SF-260W/TP 型 2 架。运输机：DC-3 型 2 架。直升机：米-24 型 2 架、SA-316B 型 3 架、米-8

型 2 架。

准军事部队　宪兵约 5500 人。

反对派武装　保卫民主力量（FDD），约 2 万人；民主解放阵线（FNL）、约 2000~3000 人。

外国驻军　联合国维和部队 5650 人（含军事观察员 200 人）。

（焦培忠）

厄 立 特 里 亚

国　　名　厄立特里亚国。

主要统计　面积 12.4320 万平方公里。人口 414.1 万人（其中，男性 49.9%，女性 50.1%。15~29 岁 23%，30~44 岁 15.9%，45~59 岁 8.9%，60~74 岁 4.4%，75 岁以上 1.6%）。国内生产总值 7.9 亿美元（2003 年）。国防费 0.72 亿美元（2003 年国防预算）。粮食 27 万吨（2000 年）。固定机场 2 个。

国防体制　根据宪法规定，总统兼任武装部队总司令。国防部为全军最高军事行政机关。总参谋长负责全军的作战、情报、通信、人事、训练、后勤、工程和维和等事宜。人民军由陆军、海军和空军组成。总统通过国防部和总参谋部实施对全国武装部队的领导和指挥。

领导人物　总统伊亚斯.阿费沃基兼武装部队总司令（1993 年 5 月 22 日当选。）、国防部长为塞伯哈特·埃弗利姆上将、总参谋长为海尔·塞缪尔少将。

武装力量　**兵力**　约为 20.175 万人。

陆军　20 万人。分为 4 个军，20 个步兵师（含 1 个预备役师），1 个机械化旅。

主战坦克：T-54/-55 型坦克 150 辆。装甲侦察车：BRDM-1/-2 型共 40 辆。装甲步兵战车/装甲输送车：共约 40 辆。牵引炮：85 毫米、122 毫米、130 毫米共约 100 门。自行火炮：122 毫米、152 毫米共 25 门。火箭炮：35 门。迫击炮：120 毫米、160 毫米共 100 门。反坦克导弹：200 枚。高炮：23 毫米约 70 门。地空导弹：若干枚。

海军　1400 人。划分为 3 个基地：马萨瓦（司令部）、阿萨卜、达赫拉。海岸巡逻作战艇 8 艘、导弹艇 1 艘、海岸巡逻船 7 艘、两栖舰艇 1 艘。

空军　约 350 人。共有作战飞机 18 架和武装直升机若干架。战斗机：米格-21 型 3 架、米格-23 型 4 架、米格-29 型 6 架、苏-27 型 1 架。运输机：Y-12 型 3 架、IAI-1125 型 1 架。教练机：L-90 型 6 架、MB-339CE 型约 4 架。直升机：米-8 型 4 架、米-24-4 型 1 架。

外国驻军　联合国军事观察员 218 人，维和部队 3788 人（来自 44 个国家）。

（焦培忠）

刚果（金）

国　　名　刚果民主共和国（原名“扎伊尔共和国”，1997 年 5 月 17 日改为现名）。

主要统计　面积 234.4885 万平方公里。人口约 5277 万（其中，男性 49.2%，女性 50.8%。15~29 岁 25.9%，30~44 岁 14.1%，45~59 岁 8.1%，60~74 岁 3.8%，75 岁以上 0.8%）。国内生产总值 56 亿美元（2003 年）。国防费约 4 亿美元（2001 年预算）。粮食 162.1 万吨（2000 年）。海运能力，商船（载重 100 吨以上）27 艘、总载重量 30.7 万吨。民航能力，固定航班机场 22 处、客运量 2.79 亿人公里、货运量 4200 万吨公里。

国防体制　根据卡比拉总统颁布的总统令（具有宪法性质），共和国总统为武装力量最高统帅。国防部直属总统府,由总统兼任国防部长。总参谋长等军队高级领导人由总统任命，重大军事问题均由总统一人决定。国家安全委员会是国家安全的最高决策机构。目前刚国防体制尚不完善。

领导人物　总统、国民军最高统帅：约瑟夫·卡比拉、国防部长：阿道夫·奥努松巴、总参谋长：基桑比亚。

武装力量 约 6.48 万人。

陆军 约 6 万人。编成 30 个步兵旅、1 个总统警卫旅、1 个机械化步兵旅、1 个突击旅。

主战坦克：T-59 型 30 辆、T-62 型 40 辆。装甲侦察车：AML-60/-90 型约 40 辆。装甲输送车：M-113 型、YW-531 型、M-3 型、卡斯皮尔等型若干辆。牵引炮：75 毫米、85 毫米、122 毫米、130 毫米共 100 余门。火箭炮：107 毫米、122 毫米共约 30 门。迫击炮：81 毫米、107 毫米、120 毫米若干门。无坐力炮：57 毫米、75 毫米、106 毫米各若干门。高炮（高射机枪）：14.5 毫米、37 毫米、40 毫米共约 50 门。地空导弹：若干枚。

海军 约 1800 人。

基地设在博马、马塔迪、金沙萨和坦噶尼喀湖。

海岸巡逻艇：2 艘。其他小型武装船只：10 艘。

空军 约 3000 人。苏-25 式战斗机 4 架、米-23 型 2 架、米-24 武装直升机 6 架。

反对派武装：

"刚果民主联盟"：约 3.6 万人，分为两派。"刚果民主联盟"戈马派：约 3 万人。

"刚果民主解放运动"：约 6000 人。

"刚果解放运动"：约 2 万人。

兵役制度 尚未建立，目前对新兵的征召基本采取直接招募的方式。

军衔 分 5 等 18 级：将官 6 级（五星上将、四星上将、三星上将、中将、少将、准将），校官 3 级（上校、中校、少校），尉官 3 级（上尉、中尉、少尉），士官 4 级（上士、中士长、中士、下士），士兵 2 级（上等兵、列兵）。

外国驻军 联合国军事观察员 564 名，维和部队 10012 人，分别来自 47 个国家。

（焦培忠）

科特迪瓦

国　　名 科特迪瓦共和国。

主要统计 面积 32.2463 万平方公里。人口 1663.1 万（其中，男性 51.1%，女性 48.9%。15~29 岁 27.3%，30~44 岁 15%，45~59 岁 7.5%，60~74 岁 2.8%，75 岁以上 0.6%。）。国内生产总值 139 亿美元（2003 年）。国防费 1.75 亿美元（2003 年国防预算）。海运能力，商船（载重 100 吨以上）51 艘、总载重量 98.6 万吨。民航能力，固定航班机场 5 处、客运量 3.07 亿人公里、货运量 0.44 亿吨公里。

国防体制 总统为武装部队最高统帅，国防委员会为最高军事决策机构，国防部长具体负责武装力量的管理。全国武装力量由武装部队、宪兵和共和国卫队组成。

领导人物 总统兼武装力量总司令洛朗·巴博（2000 年 10 月 25 日就职）、国防和国民保护国务部长贝尔坦·加耶·卡德特、总参谋长马蒂亚斯·杜埃准将。

武装力量 总兵力约 1.705 万人。

陆军 约 6500 人，编成 4 大军区，有 1 个装甲营、3 个步兵营、1 个炮兵营、1 个两栖连、1 个防空炮兵连、1 个工兵连。

主战坦克：T-55 型 10 辆、AMX-13 轻型坦克 5 辆。装甲步兵战车：BMP-1/2 型 10 辆。装甲侦察车：ERC-90 型 6 辆、AML-60/90 型 15 辆、Mamba 型 10 辆。装甲输送车：M-3 型 12 辆、VAB 型 13 辆。牵引炮：105 毫米 4 门。迫击炮：81 毫米、120 毫米共 16 门。火箭发射器：89 毫米 LRAC 型若干具。无坐力炮：106 毫米约 12 门。高炮：20 毫米、40 毫米共 21 门。

海军 约 900 人。基地设在阿比让。

海岸巡逻艇：L`Ardent 型 2 艘。两栖登陆艇：L`Eléphant 型 1 艘。

空军 700 人。作战飞机 9 架、武装直升机 8 架。

攻击战斗机："阿尔法"型 5 架、BAC-167 型 2 架。战斗机：米格-23 型 2 架，运输直升机：SA-319 型 1 架、SA-330 型 1 架、SA-365C 型 2 架。武装直升机：米格-24 型 3 架、米格-2 型 5 架。总统专机 5 架、直升机 2 架。教练机：F-33C 型 4 架、"瑞姆斯-塞斯纳"150H 型 2 架。联络机："塞斯纳"421 型 1 架、"空中之王"200 型 1 架。

准军事部队 宪兵约 7600 人，装备巡逻艇 4 艘。总统卫队 1350 人。民兵 1500 人。

兵役制度 实行义务兵役制，服役期 6 个月。

外国驻军 法国军队约 3800 人，以及来自 35

个国家的维和部队 2915 人和军事观察员 121 人。

（焦培忠）

肯 尼 亚

国　　名 肯尼亚共和国。

主要统计 面积 58.2646 万平方公里。人口 3163.9 万人（其中，男性 49.5%，女性 50.5%。15~29 岁 27.6%，30~44 岁 13.1%，45~59 岁 6.6%，60~74 岁 3.4%，75 岁以上 1.6%）。国内生产总值 132 亿美元 (2003 年)。国防费 2.37 亿美元 (2003 年国防预算)。海运能力，商船（载重 100 吨以上）29 艘、总载重量 11.6 万吨。民航能力，固定航班机场 11 处，客运量 17.09 亿人公里、货运量 2.03 亿吨公里。

国防体制 根据宪法规定，总统兼任武装部队总司令。总参谋长、陆、海、空三军司令、国家安全国务部长以及主管军队财政拨款的总统府副常秘 6 人组成的国防委员会是最高军事决策机构，向总统负责。总参谋部是军事指挥机构，总统通过总参谋长统帅全军。

领导人物 总统姆瓦伊·齐贝吉兼武装部队总司令（2002 年 12 月 30 日就职）、总参谋长为约瑟夫·基布瓦纳上将。

武装力量 总兵力 2.412 万人。

陆军　2 万人，编为 1 个装甲旅（下辖 3 个装甲营）、2 个步兵旅（其中 1 个旅下辖 2 个营，另 1 个旅下辖 3 个营）、1 个独立步兵营、1 个炮兵旅（下辖 2 个营）、1 个高炮营、1 个工兵旅（下辖 2 个营）、1 个骑兵营。

主战坦克：VICKERS MK3 型坦克 78 辆。装甲侦察车：AML-60/90 型 72 辆、“白鼬”型 12 辆、“Shorland”型 8 辆。装甲输送车：共 62 辆。牵引炮：105 毫米 48 门。迫击炮：81 毫米 50 门、120 毫米 12 门。反坦克导弹：54 枚。无坐力炮：84 毫米 80 门。高炮：20 毫米约 81 门、40 毫米 13 门。地空导弹：若干枚。

海军　1620 人。1 个基地：蒙巴萨。海岸巡逻作战艇 4 艘、导弹艇 2 艘、巡逻船 2 艘、两栖舰艇 2 艘、支援舰 1 艘。

空军　2500 人。共有作战飞机 29 架、武装直升机 34 架。攻击战斗机：F-5E/F 型 9 架。运输机共计 24 架。攻击直升机共计 34 架。运输直升机共计 17 架。教练机 27 架。

准军事部队：警察/宪兵 5000 人。

驻外兵力 派驻科特迪瓦 7 人（含军事观察员 3 人）；派往刚果（金）联合国观察团 43 人（包括军事观察员 28 人）；派往联合国埃塞俄比亚和厄立特里亚维和部队 694 人（包括 11 名军事观察员）；派往利比里亚 7 人（含军事观察员 3 人）；塞拉里昂 1015 人（含军事观察员 11 人）；派往西撒军事观察员 10 人）。

外国驻军 德国 150 人；英国 20 人。

（焦培忠）

利比里亚

国　　名 利比里亚共和国。

主要统计 面积 11.137 万平方公里。人口 331.7 万人（其中，男性 50.6%，女性 49.4%。15~29 岁 28.2%，30~44 岁 14.7%，45~59 岁 7.7%，60~74 岁 4.4%，75 岁以上 1.8%）。国内生产总值 4 亿美元 (2003 年)，国防费 0.45 亿美元。海运能力，商船（载重 100 吨以上）1672 艘、总载重量 9737.4 万吨。民航能力，固定航班机场 1 处，客运量 700 万人公里、货运量 100 万吨公里。

国防体制 根据宪法规定，总统为政府首脑和武装部队总司令。国防部为全军最高军事行政机关，总统通过国防部和总参谋部实施对全国武装部队的领导和指挥。

领导人物 临时过渡政府主席兼全国武装部队

总司令为布莱恩特(2003 年 10 月 14 日就任)。

武装力量 总兵力约 1.1~1.5 万人,包括支持政府的。

反对军 利比里亚人和解与民主团结会争取利比里亚民主运动。

外国驻军 来自 47 个国家的联合国维和部队 14649 人和军事观察员 184 人。

(焦培忠)

利 比 亚

国　　名 大阿拉伯利比亚人民社会主义民众国。

主要统计 面积 175.954 万平方公里。人口 555.1 万人（其中，0~14 岁 252 万人；15~29 岁 146.5 万人；30~44 岁 81.6 万人；45~59 岁 50.5 万人）。国内生产总值约 176 亿美元（2003 年）。国防费 7.42 亿美元（2003 年国防预算）。粮食 23.8 万吨（2000 年）。海运能力，商船（载重 100 吨以上）150 艘、总载重量 122.36 万吨（2000 年）。民航能力，固定航班机场 12 处，客运量 4.25 亿人公里、货运量 3400 万吨公里（2001 年）。

国防体制 利比亚“九·一”革命领导人为武装力量最高统帅。最高国防决策机构为革命指挥委员会。防御总委员会是最高军事行政和指挥机关。武装力量由正规军和准军事部队组成。正规军分陆、海、空三个军种。总参谋部隶属防御总委员会，负责作战、训练、情报和侦察工作。统帅通过防御总委员会对全国武装力量实施领导和指挥。

领导人物 “九·一”革命领导人兼武装力量最高统帅奥马尔·穆阿迈尔·卡扎菲上校（1969 年 9 月 1 日上任）。防御总委员会秘书尤尼斯·贾比尔少将（1989 年 9 月上任）。

武装力量 现役部队 7.6 万人。

陆军 4.5 万人。编有 4 个军区、11 个防区、1 个精锐旅、10 个坦克营、22 个炮兵营、18 个步兵营、7 个高炮营、10 个机械化步兵营、6 个伞兵突击营、4 个地地导弹旅。

主战坦克：T-55 型 500 辆、T-62 型 100 辆、T-72 型 200 辆以及储存的 1040 辆 T-54/-55,70 辆 T-62,115 辆 T-72。装甲侦察车：BRDM-2 型 50 辆、EE-9“响尾蛇”型 70 辆。装甲步兵战车：BMP-1 型 1000 辆。装甲输送车：BTP-50/-60 型 750 辆、OT-62/-64 型 67 辆、M-113 型 28 辆、EE-11 型 100 辆、BMD 型若干辆。牵引炮：约 647 门。其中 105 毫米 42 门、122 毫米 250 门、130 毫米 330 门、152 毫米 25 门。自行炮：444 门。其中 122 毫米 130 门、152 毫米 140 门、155 毫米 174 门。火箭炮：107 毫米 300 门、122 毫米约 530 门。迫击炮：约 500 门。地地导弹发射装置：“蛙”7 型 45 部、“飞毛腿”B 型 80 部。反坦克导弹：3000 枚。无坐力炮：106 毫米 220 门。高炮：600 门（包括 23 毫米、30 毫米、57 毫米）。地空导弹：SA-7、SA-9、SA-13 型各若干枚、“响尾蛇”24 枚。

海军 8000 人（含海岸警卫队）。

主要基地：的黎波里、班加西、托布鲁克、库姆斯。

潜艇：“巴德尔”级 1 艘。护卫舰：苏制“科尼”级 1 艘。小型护卫舰：苏制“纳奴契卡”级 1 艘。导弹快艇：9 艘。扫雷艇：2 艘。两栖登陆舰艇：3 艘。支援和附助舰船：9 艘。

海军航空兵 SA-321 型武装直升机 7 架。

海岸防卫部队：1 个 SSC-3Styx 连。

空军 2.3 万人（包括防空军）。编有 1 个轰炸机中队、7 个攻击战斗机中队、9 个战斗机中队、2 个侦察机中队、7 个运输机中队。作战飞机 400 架，武装直升机 41 架。

轰炸机：图-22 型 6 架。攻击战斗机：“幻影”5D/DE 型 30 架、“幻影”5DD 型 14 架、“幻影”F-1AD 型 14 架、米格-23BN 型 40 架、米格-23U 型 15 架、苏-20/22 型 53 架、苏-24MK 型 6 架。战斗机：“幻影”F-1ED 型 15 架、“幻影”F-1BD 型 3 架、米格-21 型 45 架、米格-23 型 75 架、米格-25 型 70 架、米格-25U 型 3 架。侦察机：“幻影”5DR 型 4 架、米格-25R 型 7 架。运输机：安-26 型 23 架、C-130H 型 7 架、L-110-20 型 2 架、L-100-30 型 3 架、G-222 型 6 架、伊尔-76 型 25 架、L-410 型 15 架、安-124 型 2 架。攻击直升机：米-25 型 29 架、米-35 型 31 架。运输直升机：CH-47C 型 17 架、米-8/17 型 34 架、SA-316 型 11 架、AB-206 型 5 架。教练机：“海鸥”G-2

型 90 架、米-2 型 50 架、图-22 型 1 架、L-39ZO 型 115 架、SF-260WL 型 20 架。空地导弹：各型若干枚。空空导弹：各型若干枚。

防空军　隶属空军，编成 1 个指挥控制系统和 5 个防空区，下辖 4 个 SA-5A 导弹旅、5~6 个 SA-2 导弹旅、2~3 个 SA-3 导弹旅、3 个 SA-6/-8 导弹旅。

预备役部队　民兵约 4 万人。

准军事部队　海关、海岸警卫队（属海军建制）若干人。

兵役制度　实行选征兵役制，士兵服役期限 1-2 年。

军衔　军官军衔分为 3 等 9 级，即将官 3 级（中将、少将、准将）、校官 3 级（上校、中校、少校）、尉官 3 级（上尉、中尉、少尉）。

军队节日　建军节 8 月 9 日。

（王京国）

摩　洛　哥

国　　名　摩洛哥王国。

主要统计　面积 45.9 万平方公里（未包括西撒哈拉 26.6 万平方公里）。人口 2983.5 万人（其中，0~14 岁 507.1 万人；15~29 岁 883.1 万人；30~44 岁 516.1 万人；45~59 岁 274.5 万人；60~74 岁 161.1 万人；75 岁以上 44.8 万人）。国内生产总值 437 亿美元（2003 年）。国防费 18 亿美元（2003 年国防预算）。粮食 200.6 万吨（2000 年）。海运能力，商船（载重 100 吨以上）492 艘、总载重量 58.62 万吨（2000 年）。民航能力，固定航班机场 11 处、客运量 44.89 亿人公里、货运量 3.8 亿吨公里（2000 年）。

国防体制　宪法规定，国王为武装力量最高统帅。不设国防部，只设一个国防行政机构，负责军队的行政管理事务。武装力量由正规军和准军事部队组成。正规军分陆、海、空三个军种。国王在军队总协调员（由王储兼任）和国防行政机构秘书长的协助下，直接领导和指挥全国武装力量。

领导人物　国王兼武装力量最高统帅兼总参谋长西迪·穆罕默德六世（1999 年 7 月 23 日即位）。

武装力量　**兵力**　现役部队 19.63 万人。

陆军　17.5 万人。编有 2 个军区（南部军区、北部军区）、3 个机械化步兵旅、1 个轻型警卫旅、2 个伞兵旅、8 个机械化步兵团、11 个独立装甲营、2 个独立骑兵营、3 个独立骆驼营、9 个独立炮兵营、1 个独立山地营、39 个独立步兵营、7 个独立工程兵营、7 个突击队、2 个空降营、7 个突击分队。另皇家卫队有 1500 人，编成 1 个营、1 个骑兵中队。

主战坦克：M-48A5 型 224 辆、M-60A1 型 300 辆、M-60A3 型 120 辆、T-72 型 100 辆。轻型坦克：SK-105 型 100 辆。装甲侦察车：EBR-75 型 16 辆、AMX-10RC 型 80 辆、AML-90 型 190 辆、AML-60-7 型 38 辆。装甲步兵战车：“非洲獾”60 辆、VAB-VCI 型 45 辆、AMX-10P 型 10 辆。装甲输送车：M-113 型 420 辆、VAB-VTT 型 320 辆。牵引炮：105 毫米 86 门、130 毫米 18 门、155 毫米 81 门。自行炮：105 毫米 5 门、155 毫米 162 门、203 毫米 60 门。迫击炮：81 毫米 870 门、120 毫米 600 门。火箭炮：122 毫米 40 门。火箭筒：89 毫米 150 具。反坦克导弹：720 枚。无坐力炮：106 毫米 350 门。反坦克炮：90 毫米 28 门、100 毫米 8 门。高炮（高射机枪）：14.5 毫米 220 挺、20 毫米 100 门、23 毫米 140 门、100 毫米 17 门。地空导弹：“小槲树”37 枚、SA-7 型 70 枚。“天眼”无人机若干架。

海军　7800 人（含陆战队 1500 人）。

基地：卡萨布兰卡、阿加迪尔、达喀拉、坦齐尔、奥霍西玛。

护卫舰：“侦察”级 2 艘。导弹快艇：“拉萨加”级 4 艘。海岸巡逻艇：23 艘。两栖登陆艇：4 艘。支援船：4 艘。

陆战队　1500 人。编有 2 个陆战营，直升机若干。

空军　1.35 万人。作战飞机 95 架、武装直升机 24 架。

攻击战斗机：“幻影”F-1EH 型 14 架、F-5A 型 8 架、F-5B 型 3 架、F-5E 型 24 架、F-5F 型 4 架。战斗机：“幻影”F-1CH 型 15 架。侦察机：C-130H 型 2 架、OV-10 型 4 架。电子战机：C-130 型 2 架、“猎鹰”20 型 2 架。运输机：C-130H 型 12 架、“猎鹰-20”型 2 架、“猎鹰-50”型 1 架、“湾流”型 2 架、“空中大王-100”型 4 架、“空中大王-200”型 3 架、CN-235 型 7 架、Do-28 型 2 架。加油机：波音 707 型

1架、KC-130H型2架。攻击直升机：SA-342型24架。运输直升机：CH-47型7架、SA-330型29架、AB-205A型29架、AB-206型20架、AB-212型3架。教练机：AS-202型8架、CAP-10型2架、CAP-230型4架、T-34C型10架、"T-37B"型14架、"阿尔法"式23架。联络机："空中大王"200型2架、"黑鹰"UH-60型2架。空空导弹："响尾蛇"和"魔术"若干枚。空地导弹："小牛"和"霍特"若干枚。

准军事部队　5万人，其中宪兵2万人、辅助部队3万人。

兵役制度　实行义务兵和志愿兵相结合的兵役制度，服役期为18个月，入伍者多为志愿兵。

军衔　军官军衔分4等13级，即将官4级（上将、中将、少将、准将）、校官4级（大校、上校、中校、少校）、尉官3级（上尉、中尉、少尉）、准尉2级（一级准尉、二级准尉）。

驻外兵力　驻波黑维和部队约800人，驻刚果（金）维和部队805人，驻科特迪瓦部队734人，驻塞黑部队279人。

外国驻军　联合国驻西撒军事观察员203人，分别来自25个国家。

（王京国）

南　非

国　　名　南非共和国。

主要统计　面积121.909万平方公里。人口4534.9万人（其中，男性48.1%，女性51.9%。15~29岁28.6%，30~44岁19.4%，45~59岁9.8%，60~74岁5.3%，75岁以上1.8%）。国内生产总值1590亿美元（2003年）。国防费26亿美元（2003年）。原油5400万桶（2001年）。粮食1324.5万吨（2000年）。海运能力，商船（载重100吨以上）219艘、总载重量28.25万吨。民航能力，固定航班机场24处，客运量193.2亿人公里、货运量6.77亿吨公里。

国防体制　总统为武装力量统帅。最高国防决策机构为国家安全委员会，由总统任主席，副总统任副主席，成员包括国防、司法、外交、安全、财政、运输等部长及国防军司令、三军司令等。国家安全委员会下辖国防咨询委员会和国防部。国防咨询委员会由总统任主席，成员包括副总统、国防军司令、军备公司执行主席和各军种司令，主要负责内阁各部间有关国防事务的协调。国防部为政府中的一个部，是最高军事统帅机构，国防部长负责处理军队日常事务。国防秘书协助国防部长工作。国防军司令部隶属国防部，国防军司令负责全军的作战、指挥和军事训练等。武装力量由正规军、预备役部队和准军事部队组成。正规军分陆、海、空三个军种和卫生部队。总统通过国防部和国防军司令部对全国武装力量实施领导和指挥。

领导人物　总统兼武装力量统帅塔博·姆贝基（2004年4月蝉联）。国防部长帕特里克·勒科塔。国防军总司令西弗维·尼杨达上将。

武装力量　现役部队5.575万人。

陆军　3.6万人。编为5支地区联合特遣部队（每支部队都有司令部，所辖部队在需要时从正规军和预备役各军种部队中抽调）；1个特种部队旅，下辖2个营；2个旅部，下辖1个坦克营，1个装甲车营、16个步兵营（含2个机械化步兵营、1个空降营、3个摩步营、10个轻步兵营）、2个炮兵营（含1个高炮营）、5个工兵营。主战坦克："号角"约167辆。装甲侦察车：176辆。步兵战车："非洲獾"20/60/90型1200辆。装甲输送车："卡斯皮尔"370辆、"马姆巴"440辆。牵引炮：140毫米75门、155毫米72门。自行火炮：155毫米43门。火箭炮：127毫米51门。迫击炮：1226（包括81毫米和120毫米）门。反坦克导弹：52枚。无后坐力炮：106毫米100门。高炮：76门（包括23毫米和35毫米）。炮位侦察雷达："绿衣箭手"和"辛伯林"若干部。

海军　4500人。编有潜艇、攻击、扫雷3支舰队。基地设在西蒙斯敦（司令部）、德班。

潜艇：3艘。小型护卫舰：4艘。海岸巡逻艇：8艘。扫雷舰艇：5艘。支援及勤务舰船：33艘。

空军　9250人。空军司令部设在比勒陀利亚，下设4个编队。编成2个攻击机/战斗机中队、1个空中加油机/电子战飞机中队、5个运输机中队、1个直升机中队和1所航校。共有作战飞机50架、攻击直升机12架。攻击/战斗机："英帕拉"24架、"猎豹"26架。加油/电子战飞机：波音707-320型3架。运输机：C-130

型、C-47型、"超级空中大王"等共60架。直升机：SA-316/-319型等共75架。教练机"PC-7"型等共78架。无人机3架及1个控制站。空地导弹：若干枚。空空导弹：若干枚。地空导弹：若干枚。

空军地面部队　雷达：有2个空中管制地区（霍德斯普瑞特和布什维尔德）；设2个固定雷达站和6个移动雷达站。南非空军团：下辖12个安全中队。

卫生部队　6000人。作为南非国防军的一支独立部队，部署在全国各地，为南非国防军服务。编成3个"类型"编队、1个支援编队、1个训练编队。

驻外兵力　派往布隆迪1个步兵营，1083人；派往联合国驻刚果（金）军事维和部队1个步兵营，1271人（含军事观察员2人）；派往联合国驻厄立特里亚和埃塞俄比亚军事观察团8人（含5名观察员）；派往利比里亚3人。

兵役制度　南非国防军实行柔性服役制，分为4种服役期：长期服役、10年、6年和1年。

（焦培忠）

尼日利亚

国　　名　尼日利亚联邦共和国。

主要统计　面积92.3768万平方公里。人口1.252亿（其中，男性50.3%，女性49.7%。15~29岁26%，30~44岁15.3%，45~59岁8.8%，60~74岁3.8%，75岁以上0.6%）。国内生产总值约480亿美元(2003年)。国防费4.8亿美元(2003年)。海运能力，商船（载重100吨以上）271艘，总载重量73.33万吨(2001年)。民航能力，固定航班机场12处，客运量1.12亿人公里、货运量210万吨公里。

国防体制　总统为武装部队总司令。国防部是全军的最高行政机关，负责军队建设和军费管理，并向总统提出建议。国防总部是全军的最高作战指挥机构，负责制订作战、训练计划，并监督实施及协调三军的军事行动。武装力量由陆军、海军和空军组成。总统通过国防部和国防总部对全国武装力量实施领导和指挥。

领导人物　总统兼武装部队总司令奥卢塞贡·奥巴桑乔（2003年4月连任）、国防部长穆罕默德·拉比优·穆萨·宽夸索、国防参谋长阿勒桑德·奥达勒杜·奥戈姆迪亚上将、陆军参谋长马尔丁·卢特·阿戈维中将、海军参谋长阿费拉扬中将、空军参谋长乌耶普中将。

武装力量　现役部队7.85万人。

陆军　6.2万人。编有1个装甲师（辖2个装甲旅)、1个合成师(辖1个摩步旅、1个两栖旅和1个空降营)、2个机械化师（各辖1个机械化旅、1个摩步旅)、1个总统警卫旅、1个防空旅，上述各师均编有1个炮兵旅、1个工程兵旅和1个侦察营。

主战坦克：T-55型100辆、"维克斯"MK-3型150辆。轻型坦克："蝎子"型100辆。装甲侦察车：AML-60型90辆、AML-90型40辆、"狐狸"型50辆、"响尾蛇"型70辆、VBL型72辆。装甲输送车："萨拉逊"型10辆、"施泰尔"4K-7FA型250辆、"莫瓦格·皮兰哈"型70辆、"萨拉丁"型20辆、MT-LB型67辆。牵引炮：105毫米200门、122毫米200门、130毫米7门、155毫米24门。自行炮：155毫米27门。火箭炮：122毫米25门。迫击炮：81毫米200门、82毫米100门、120毫米30余门。反坦克导弹：若干枚。无坐力炮：84毫米和106毫米各若干门。高炮：20毫米约60门、23毫米30余门、40毫米若干门。地空导弹：各型若干枚。

海军　7000人（包括海岸警卫队)。基地设在拉各斯（西部海区司令部）、阿帕帕（东部海区司令部）、卡拉巴尔等地。

护卫舰：德制"梅科"级"阿拉杜"护卫舰1艘。轻型护卫舰2艘。导弹攻击快艇："阿亚姆"3艘。巡逻艇：3艘。扫雷艇:2艘。支援及勤务舰船：6艘。

海军航空兵　装备有直升机4架。

空军　9500人。编有3个攻击/战斗机中队、2个运输机中队。装备有作战飞机84架、武装直升机10余架。

攻击/战斗机："阿尔法"式15架、米格-21型18架、"美洲虎"式15架。武装直升机：Bo-105D型5架、米-35型5架。运输机：C-130型5架、Do-128-6型17架、H-30型3架、Do-228-200型16架、G-222型5架。运输直升机：AS-332型7架、SA-330型2架、米-34型5架。总统专机："波音"727型1架、"湾流"式2架、"猎鹰"900型2架、"布埃"125-1000型1架。空空导弹：若干枚。

准军事部队　约8.2万人。其中，海岸警卫队隶属海军。港口治安警察约2000人，装备60艘小艇和5艘气垫船。治安警察和民防部队，隶属内务部，其中警察8万人，装备“撒克逊”装甲输送车70辆、“色斯纳500型”飞机1架、运输机3架（“那伐鹤人”2架、“酋长”1架）、贝克直升机4架。

兵役制度　实行志愿兵役制。

军衔　军官分7等18级，即元帅1级、将官4级（上将、中将、少将、准将）、校官3级（上校、中校、少校）、尉官3级（上尉、中尉、少尉）、准尉3级（一级准尉、二级准尉、三级准尉）、军士3级（上士、中士、下士）、士兵1级（一等兵）。

驻外兵力　派往利比里亚1651人（含军事观察员17人）及维和部队1500人、派往科特迪瓦7人（含军事观察员3人）；派往刚果（金）33人（含军事观察员28人）；派往埃厄边境12人（包括8名军事观察员）；派往塞拉利昂维和部队士兵1629人，（含军事观察员9名）；派往西撒哈拉军事观察员6名。

军队节日　武装部队节1月15日。

（焦培忠）

塞拉里昂

国　　名　塞拉里昂共和国。

主要统计　面积7.2326万平方公里。人口约560万人（2002年统计。其中，男性49.6%，女性50.4%。15~29岁25.6%，30~44岁16%，45~59岁9.6%，60~74岁4.5%，75岁以上0.7%）。国内生产总值7.9亿美元（2003年）。国防费0.17亿美元（2003年国防预算）。发电量2.42亿度（1998年）。粮食22.2万吨（2000年）。海运能力，商船（载重100吨以上）62艘、总载重量1.84万吨。民航能力，固定航班机场1处，客运量1.1亿人公里、货运量200万吨公里。

国防体制　根据宪法规定，总统为政府首脑和武装部队总司令。1997年军事政变后，国家安全防卫和清剿叛军的任务由西非国家经济共同体驻塞维和部队和塞民防部队承担。

领导人物　总统兼国防部长艾哈迈德·泰詹·卡巴。

武装力量　总兵力1.2~1.3万人。

迫击炮：81毫米约27门、82毫米2门、120毫米2门。无坐力炮若干门。高射机枪：12.7毫米4挺、14.5毫米3挺。直升机：米-24型1架、米-8/17型2架。

海军　约200人。海岸巡逻作战艇5艘。

外国驻军　英国100人。

联合国维和部队　11286人和联合国军事观察员253人（分别来自31个国家）。

（焦培忠）

苏丹

国　　名　苏丹共和国。

主要统计　面积250.5813万平方公里。人口约3811.4万人（其中，0~14岁1638.9万人；15~29岁1029.0万人；30~44岁625.0万人；45-59岁354.5万人；60-74岁141.0万人；75岁以上22.9万人）。国内生产总值160亿美元（2003年）。国防费4.26亿美元（2003年国防预算）。粮食329.2万吨（2000年）。海运能力，商船（载重100吨以上）16艘，总载重量6.22万吨（2001年）。民航能力，固定航班机场3处，客运量5.31亿人公里、货运量2000万吨公里（2001年）。

国防体制　总统为武装部队总司令。国防部为政府的一个部。武装部队由正规军和准军事部队组成。正规军分陆、海、空三个军种。全国划分为6个军区。最高军事指挥机构为武装部队总司令部。参谋长负责军队日常工作。

领导人物　总统兼武装部队总司令奥马尔·哈桑·艾哈迈德·巴希尔中将（1993年10月　）。国防部长巴克尔·哈桑·萨利赫少将（2000年7月上任）。总参谋长阿巴斯·阿拉比·阿卜杜拉中将。

武装力量 **兵力** 现役部队10.48万人。

陆军 10万人，编有1个装甲师、1个机械化步兵师、6个步兵师、1个空降师、1个工程兵师、1个边防警卫旅、8个独立步兵旅、5个特种部队连。

主战坦克：T-54/-55型200辆。轻型坦克：T-62型70辆。装甲侦察车：AML-90型6辆、"萨拉丁"式30辆、"白鼬"式80辆、BRDM-1/-2型60辆、HMMWV型42辆。装甲步兵战车：BMP-1/-2型75辆。装甲运兵车：BTR-50/-152型40辆、OT-62/-64型20辆、M-113型42辆、V-100/-150型19辆、"瓦利德"式120辆。牵引炮：85毫米、105毫米、122毫米、130毫米共450门。自行火炮：155毫米20门。火箭炮：107毫米、122毫米共635门。迫击炮：81毫米、82毫米、120毫米各若干门。反坦克导弹发射器：4具。无后坐力炮：106毫米40门。反坦克炮：76毫米和100毫米共40门。高射机枪和高炮：14.5毫米、20毫米、23毫米、37毫米、57毫米和85毫米共1000余门（挺）。地空导弹：54枚。监视雷达："拉西特"型飞行器/火炮监视雷达若干部。

海军 约1800人。基地设在苏丹港（司令部）、弗莱明哥湾（红海）和喀土穆（尼罗河）。巡逻艇6艘。两栖登陆艇若干艘。

空军 3000人（包括防空部队）。作战飞机27架，武装直升机10架。

攻击战斗机：F-5E型5架、歼-6型8架、F-7型5架、米格-23型6架、米格-29型12架（到货1架）。教练机：PT-6A型12架。运输机：C-130H型2架、DHC-5D型4架、F-27型2架、"猎鹰"20/50型3架。轰炸机：安-26改进型3架。直升机：AB-212型4架、IAR/SA-330型2架、米-8型11架、米-24V型10架。地空导弹发射架：18部。

准军事部队 1.75万人。另有预备役8.5万人。伊斯兰民族阵线军事联队若干人。

抵抗组织 国家民主联盟，其主要成员有：

苏丹人民解放军约2~3万人，分成4派，各以营为基本单位，主要在苏丹南方作战。主要装备小型武器包括60毫米和120毫米迫击炮，14.5毫米高射机枪，SA-7型地空导弹，另缴获有T-54/-55型坦克、BM-21型火箭炮和火炮等。

苏丹联盟部队约500人，基地在厄立特里亚，主要在边境地区作战。

贝加国会军约500人（其中有250至300名"白狮战士"），在厄立特里亚边境作战。

新苏丹旅约2000人，在厄立特里亚边境作战

兵役制度 实行志愿兵役制，服役期3年。

军衔 军官分4等11级：元帅1级、将官4级（上将、中将、少将、准将），校官3级（上校、中校、少校），尉官3级（上尉、中尉、少尉）。

（王京国）

索马里

国 名 索马里民主共和国。

主要统计 面积63.766万平方公里。人口约802.5万人（其中，男性50.1%，女性49.9%。15~29岁24.9%，30~44岁15.5%，45~59岁7.4%，60~74岁及75岁以上5.4%）。国内生产总值10亿美元（2003年）。国防费1500万美元（2001年国防预算）。粮食31.3万吨（2000年）。海运能力，商船（载重100吨以上）28艘，总载重量1.85万吨。民航能力，固定航班机场1处，客运量1.31亿人公里、货运量500万吨公里。

自1991年索马里爆发内战至今，索马里没有正式的国家武装力量。目前，"索马里民族运动"宣布索马里北部为独立的"索马里兰共和国"，同时，索马里东北地区宣布为自治区，其他各派武装在索马里南部争夺地区控制权。这些武装派别手中的重武器装备大多缺乏维修，有的已不能使用。

主要武装派别

"索马里兰"民族军，即原"索马里民族运动"，约有7000人，另有预备役部队6万人。

"邦特兰"，即原"索马里兰拯救民主阵线"，约有兵力2000人。

原过渡政府军，约有5000人，其中警察3000人。

"朱巴河谷联盟"，约有1000人。

"拉汗温抵抗军"，约有4~5万人。

索马里全国阵线，约有 500~2000 人。

索马里爱国运动，约有 1000~2000 人。

索马里爱国运动（盖索万派），约有 500 人。

拯救索马里联盟，约有 1500~2000 人。

（焦培忠）

突尼斯

国　　名　突尼斯共和国。

主要统计　面积 16.2155 万平方公里。人口 1040 万人（2003 年估计。其中，0~14 岁 344.1 万人；15~29 岁 281.8 万人；30~44 岁 185.9 万人；45~59 岁 94.9 万人；60~74 岁 63.3 万人；75 岁以上 18.8 万人）。国内生产总值 252 亿美元（2003 年）。国防费 4.93 亿美元（2003 年国防预算）。

国防体制　宪法规定，武装力量由正规军和准军事部队组成。正规军分陆、海、空军，属国防部。准军事部队包括国民警卫队和武装警察，属内政部。总统为武装部队总司令。国防委员会是最高军事决策机构。国防部负责军事行政事务，三军参谋长负责部队的作战、训练和装备采购等事宜。

领导人物　总统兼武装部队总司令本·阿里（1999 年第四次连任）。国防部长穆罕默德·杰加姆（1999 年 11 月上任）。

武装力量　现役部队 3.5 万人。

陆军　2.7 万人。编成 3 个机械化旅（每旅有 1 个装甲团、2 个机械化步兵团、1 个炮兵团、1 个防空团）、1 个撒哈拉旅、1 个特种旅、1 个工兵团。

主战坦克：共计 84 辆，其中 M—60A3 型 54 辆、M-60A1 型 30 辆。轻型坦克：SK-105“骑兵”式 54 辆。装甲侦察车：共计 69 辆，其中“萨拉丁”式 24 辆、AML—90 型 45 辆。装甲输送车：共计 268 辆，其中 M-113A1/A2 型 140 辆、EE-11Urutu 型 18 辆、Fiat F-6614 型 110 辆。牵引火炮：105 毫米 48 门、155 毫米 69 门。迫击炮：81 毫米 95 门、107 毫米 78 门、120 毫米 18 门。反坦克导弹：600 枚。火箭炮：89 毫米 300 门、3.5 英寸 300 门。无坐力炮：57 毫米 140 门、106 毫米 70 门。高射炮：20 毫米 100 门、37 毫米 15 门。地空导弹：73 枚。

海军　4500 人，基地设在宾泽特、斯法克斯、凯利比亚。装备巡逻和海岸战斗快艇 19 艘，其中导弹快艇 6 艘（La Galite 型 3 艘、Bizerte 型 3 艘）、巡逻快艇 13 艘。支援与勤务舰 2 艘，其中 Salambo 型 1 艘、AGS 型 1 艘。

空军　3500 人。装备作战飞机 29 架、武装直升机 15 架。

攻击机：F-5E/F 型 12 架。防暴机：共计 5 架，其中 MB-326K 型 3 架、MB-326L 型 2 架。运输机：C-130B 型 7 架、C-130E 型 1 架、C-130H 型 2 架、“猎鹰”20 型 1 架、LET-410 型 3 架、G-222 型 2 架。联络机：S-208M 型 2 架。教练机：27 架，其中 SF-260 型 10 架、MB-326B 型 5 架、L-59 型 12 架。武装直升机：SA—341 型 5 架、HH—3 型 10 架。运输直升机：共计 43 架，其中 AB-205 型 15 架、AS-350B 型 6 架、AS-365 型 1 架、SA-313 型 6 架、SA-316 型 3 架、UH-1H 型 10 架、UH-1N 型 2 架。空空导弹：若干枚。

准军事部队　国民卫队 1.2 万人。

驻外兵力　驻科特迪瓦军事观察员 3 人、刚果（金）派驻维和部队 497 人、观察员 27 人；驻埃塞俄比亚—厄立特里亚观察员 2 人。

（王京国）

乌干达

国　　名　乌干达共和国。

主要统计　面积 24.1038 万平方公里。人口 2543.7 万人（其中，男性 49.1%，女性 50.9%。15~29 岁 27.7%，30~44 岁 13.1%，45~59 岁 6.9%，60~74 岁 3.7%，75 岁以上 1.3%）。国内生产总值 65 亿美元（2003 年）。国防费 1.4 亿美元（2003 年国防预算）。粮

食 2376 万吨（2000 年）。海运能力，商船（载重 100 吨以上）6 艘；总载重量 16000 吨。民航能力，固定航班机场 1 处。

国防体制 总统为武装力量最高统帅。国防部为政府中一个部，是最高军事行政机关。军种司令部负责对本军种的作战和指挥。总统通过国防部和军队司令部对全国武装力量实施领导和指挥。

领导人物 总统兼武装力量最高统帅约韦里·卡古塔·穆塞维尼、国防部长阿玛玛·蒙巴巴齐、国防军司令阿伦达·恩亚卡伊里马少将、国防军参谋长马萨巴准将。

武装力量 兵力约 4~4.5 万人，编有 5 个师（每师下辖 3~5 个旅）、1 个独立旅、1 个炮兵旅。

主战坦克：T-54/-55 型约 152 辆。轻型坦克：PT-76 型约 20 辆。装甲侦察车："大羚羊" 40 辆、"白鼬" 6 辆。装甲输送车：170 辆（含 BTR-60 型 20 辆、OT-64 型 4 辆、"马姆巴" 40 辆、"水牛" 20 辆）。牵引炮：共计 225 门（包括 76 毫米、122 毫米、130 毫米和 155 毫米）。火箭炮：107 毫米（12 管）、122 毫米若干门。迫击炮：81 毫米和 82 毫米各若干门、120 毫米 60 门。高炮（高射机枪）：14.5 毫米若干挺、37 毫米 20 门。地空导弹：200 枚。

空军联队 共有飞机 15 架、武装直升机 6 架。攻击战斗机：米-21 型 6 架、米格-23 型 5 架。教练机：L-39 型 3 架，SF-260 型 1 架。武装直升机：米-24 型 6 架。运输直升机：贝尔 206 型 3 架，贝尔 412 型 2 架、米-17 型 4 架，米-172 型 1 架。

准军事部队 约 1800 人。其中，边防部队约 600 人，仅装备轻武器。警察飞行队约 800 人，装备直升机 1 架。陆战队约 400 人，装备江河巡逻艇 8 艘。地方民兵分队约 1 万人。

反政府武装 "地方抵抗力量"，约 1500 人（约 600 人在乌干达境内，其余驻苏丹）。"联合民主阵线" 约 100 人。

驻外兵力 驻苏丹约 1500 人

兵役制度 实行志愿兵役制。

（焦培忠）

乍 得

国　　名 乍得共和国。

主要统计 面积 128.4 万平方公里。人口 925.3 万人（其中，男性 47.9%,女性 52.1%。15~29 岁 24.6%，30~44 岁 14.7%，45~59 岁 7.2%，60~74 岁 4.2%，75 岁以上 1.3%）。国内生产总值 26 亿美元（2003 年）。国防费 3400 万美元（2003 年国防预算）。民航能力，固定航班机场 1 处、客运量 2.3 亿人公里、货运量 0.37 亿吨公里。

国防体制 总统为武装力量最高统帅。全国划分为八个军区。

领导人物 总统兼武装力量最高统帅伊德里斯·代比中将（2001 年 6 月蝉联）、国防部长马哈马特·努里、三军总参谋长莫尔纳吉·姆白萨那贝·卡鲁巴准将。

武装力量 总兵力约 3.035 万人。

陆军 约 2.5 万人。

主战坦克：T-55 型 60 辆。装甲侦察车：BRDM-2 型、ERC-90 型、AML-60/-90 型、V-150 型共约 100 辆。装甲输送车：BTR-60 型约 20 辆、EE9 Cascavel 型 20 辆。牵引炮：105 毫米 5 门。迫击炮：81 毫米、120 毫米若干门。反坦克武器：若干具。火箭发射器：73 毫米、89 毫米若干具。无坐力炮：106 毫米、112 毫米若干门。高炮：14.5 毫米、23 毫米若干门。

空军 350 人。2 个战斗机中队，2 个武装直升机中队。

武装直升机：米-25 型 2 架。运输机：C-130 型 2 架、安-26 型 1 架。运输直升机：SA-316 型 2 架、米-17 型 2 架。联络机：PC-6B 型 2 架、"瑞姆斯-塞斯纳" FTB 337 型 5 架。教练机：PC-7 型 2 架。

共和国卫队 5000 人。

宪兵 4500 人。

反对派武装 武装抵抗力量；乍得民主与正义运动。

兵役制度 实行义务兵役制，服役期 1 年半。

外国驻军 法国军队 950 人。

（焦培忠）

中　　非

国　　名　中非共和国。

主要统计　面积 62.2984 万平方公里。人口 368.4 万（其中，男性 49.1%，女性 50.9%。15~29 岁 27.5%，30~44 岁 15%，45~59 岁 9.2%，60~74 岁 4.1%，75 岁以上 0.8%），国内生产总值 13 亿美元（2003 年）。国防费 3000 万美元(2003 年国防预算)。民航能力，固定航班机场 1 处，客运量 2.247 亿人公里、货运量 0.164 亿吨公里。

国防体制　总统为军队统帅。国防部负责制定国防预算、征兵、后勤装备等计划和行政事务。总参谋部为武装力量作战、训练的指挥机构。

领导人物　总统兼武装力量最高统帅、国防部长弗朗索瓦·博齐泽(2003 年 3 月 16 日就任)。

武装力量　总兵力约 2550 人。

陆军　约 1400 人，编成 1 个国土防卫团(营建制)、1 个联合武装团（包括 1 个机械化营、1 个步兵营）、1 个指挥支援团。

主战坦克：T-55 型 3 辆。装甲侦察车：Ferret 型 8 辆。装甲输送车：BTR-152 型 4 辆、VAB 型 10 辆、ACMAT 型 25 辆。迫击炮：81 毫米、122 毫米共 12 门。火箭发射器：若干具。无坐力炮：106 毫米约 14 门。河岸巡逻艇约 9 艘。

空军　150 人。

运输机："塞斯纳"337 型 1 架、Mystère Falcon 型 1 架、Caravelle 型 1 架。联络机：AL-60 型 6 架、MH-1521 型 6 架。直升机：AS-350 型 1 架、SE-3130 型 1 架。

准军事部队　宪兵约 1000 人。

兵役制度　实行义务兵役制，服役期 2 年。

外国驻军　中部非洲经济货币共同体 380 人，法国 200 人。

（焦培忠）

欧洲国家军事概况

爱　沙　尼　亚

国　　名　爱沙尼亚共和国。

主要统计　面积 4.5277 万平方公里。人口 135.6 万人，（2003 年。其中，0~14 岁占 16.5%；15~64 岁占 68.4%；65 岁以上占 15.1%）。国内生产总值 1160 亿克朗，约合 84 亿美元（2003 年）。国防费 24 亿克朗，约合 1.72 亿美元（2003 年国防开支）。粗钢 590.2 万吨（2001 年）。粮食 64.7 万吨（2000 年）。海运能力，商船（载重量 100 吨以上）234 艘，总载重量 68.04 万吨（2003 年）。民航能力，固定航班机场 1 处，客运量 1.67 亿人公里、货运量 0.009 亿吨公里(2003 年)。

国防体制　总统是全国武装力量最高统帅。国防委员会是总统国防事务的最高咨询机构。国防部是政府执行和实施国防政策的部门。国防军司令是军队最高指挥官。

领导人物　总统阿诺尔德·吕特尔（2001 年 10 月 8 日就任）。国防部长马古斯·汉森（2003 年 4 月 10 日就任）。国防军司令塔尔莫·科乌兹。国防军总参谋长阿拉尔·拉乐曼。

武装力量　现役部队 4980 人（内含 2410 名征募人员）。

陆军　4450 人（内含 2290 名征募人员）。编有 4 个军区，14 个军分区，1 个步兵旅（下辖 5 个营），1 个警卫营，1 个装甲侦察车营，1 个和平行动中心，1

个维和营。

装甲侦察车:7 辆。装甲输送车:25 辆。牵引炮:19 门。迫击炮:58 门。反坦克导弹:13 枚。火箭炮:200 门。无座力炮:239 门。高炮:100 门。

海军　335 人(内含 130 名征募人员)。拉脱维亚、爱沙尼亚和立陶宛 3 国建立联合海军部队,在拉脱维亚的利耶帕亚、里加、文茨皮尔斯,爱沙尼亚的塔林,立陶宛的克莱佩达设立海军基地。每个国家提供 1~2 艘反水雷舰艇。其中在爱沙尼亚塔林基地设联合海军部队司令部。

巡逻与海岸战斗舰艇:各型 3 艘。水雷战舰艇:各型 4 艘。混合支援舰艇:1 艘。

空军　195 人。编有 1 个空军基地,1 个空中救援大队。

各型飞机 3 架,直升机 4 架。

预备役部队　约 2.4 万人。

兵役制度　实行义务兵役制，士兵服役期 8 个月,军士及专业人员服役期 11 个月。

驻外兵力　驻伊拉克和平支援部队 45 人，驻阿富汗维和部队 7 人,驻波斯尼亚维和部队 1 人,驻中东联合国停战监督组织军事观察员 2 人,驻塞尔维亚与黑山部队 98 人。

外国驻军　北约北欧盟军司令部;美国驻军 665 人(其中陆军 355 人、空军 290 人、海军 10 人、海军陆战队 10 人)。

(吴　炯)

白俄罗斯

国　　名　白俄罗斯共和国。

主要统计　面积 20.26 万平方公里。人口 1020.8 万人（其中，13~17 岁男 40.7 万人，女 39.3 万人；18~22 岁男 39.8 万人，女 38.7 万人；23~32 岁男 71.5 万人，女 71.1 万人）。国内生产总值 900 亿美元（2001 年）。国防费 1.18 亿美元（2002 年）。原煤 8 万吨（2000 年）。原油 130 万桶（2000 年）。天然气 2.71 亿立方米（1998 年）。民航能力，固定航班机场 1 处，客运量 13.9 亿人公里，货运量 110 万吨公里（2001 年）。

国防体制　宪法规定，总统为武装力量最高统帅。最高国防决策机构为最高国防委员会，总统任主席，总理任副主席，其它成员有主管工业和贸易的国务部长、国防部长、内务部长、外交部长、情报局局长、国务秘书兼总参谋长等。国防部为政府最高军事行政机构。武装力量由正规军和准军事部队组成。正规军分为陆、空军二个军种。总参谋部为最高军事指挥机构，总统通过国防部和总参谋部对全国武装力量实施领导和指挥。

领导人物　总统兼武装力量总司令亚·格·卢卡申科（1994 年 7 月上任）。国防部长列昂尼德·马里采夫上将。总参谋长米·费·科兹洛夫中将。

武装力量　现役部队 7.294 万人（包括国防部及其直属部队 2.51 万人）。

陆军　2.96 万人。国防部直属部队编有 1 个摩步师（训练）、3 个独立机动旅、1 个炮兵师、1 个炮兵团、2 个战役战术导弹旅、1 个反坦克团。编有 3 个陆军军：1 个军下辖 3 个独立机械化旅、1 个防空导弹旅、1 个炮兵团、1 个火箭炮团、1 个反坦克团；1 个军下辖 1 个防空导弹旅、1 个炮兵团、1 个火箭炮团；1 个军下辖 1 个防空导弹旅、1 个炮兵团、1 个反坦克团、1 个火箭炮团。

主战坦克：1586 辆（另储存 415 辆）。其中 T-55 型 29 辆、T-72 型 1465 辆、T-80 型 92 辆。步兵战车：1588 辆（另储存 88 辆）。其中 BMP-1 型 109 辆、BMP-2 型 1164 辆、BRM 型 161 辆、BMD-1 型 154 辆。装甲输送车：916 辆（另储存 268 辆）。其中 BTR-60 型 188 辆、BTR-70 型 446 辆、BTR-80 型 194 辆、BTR-D 型 22 辆、MT-LB 型 66 辆。各型火炮：1499 辆。其中牵引火炮 452 门（122 毫米 202 门，152 毫米 250 门），自行火炮 578 门（122 毫米 246 门、152 毫米 189 门，203 毫米 36 门）。曲射直射两用炮 2S9 型 54 门。火箭炮 338 门（BM-21 型 208 门、9P138 型 5 门、BM-13 型 1 门、9P140 型 84 门、9A52 型 40 门）。迫击炮：2S12 型 77 门。反坦克导弹发射架：共 480 部。防空导弹发射架：350 部。

空军　1.817 万人。作战飞机 212 架、作战直升机 50 架。

歼击轰炸机：111 架。其中苏-24MK 型 35 架、苏-25/UB 型 76 架。米格-23 型 35 架、米格-29 型歼击机 41 架、苏-27 型歼击机 23 架。米-24 型战斗直升机 50

架。攻击运输直升机：米-6 型 29 架、米-8 型 125 架、米-24 型 12 架。运输机：15 架。运输直升机：米-26 型 14 架。空空导弹：AA-7、AA-8、AA-10、AA-11 型若干枚。空地导弹：AS-10、AS-11、AS-14 型若干枚。地空导弹发射架：175 部。

预备役部队　28.95 万人。

准军事部队　11 万人。其中，边防部队 1.2 万人，内卫部队 1.1 万人，民兵 8.7 万人。

兵役制度　实行义务兵役制，士兵服役期 18 个月。

军队节日　1994 年白俄罗斯最高苏维埃确定每年 2 月 23 日（原苏军建军节）为白俄罗斯祖国保卫和武装力量日。

（韩生民）

保 加 利 亚

国　　名　保加利亚共和国。

主要统计　面积 11.1 万平方公里。人口 718.4 万人（其中，13~17 岁男 27.7 万人，女 26.3 万人；18~22 岁男 30.3 万人，女 28.7 万人；23~32 岁男 59.8 万人，女 57.1 万人）。国内生产总值 344 亿列弗，约合 199 亿美元（2003 年）。国防费 8.96 亿列弗，约合 5.18 亿美元（2003 年）。原煤 3011 万吨（1998 年）。原油 20 万桶（1998 年）。天然气 3100 万立方米（1998 年）。发电量 417.11 亿千瓦时（1998 年）。粮食 488.8 万吨（1999 年）。海运能力，商船（载重 100 吨以上）107 艘、总载重量 39 万吨。民航能力，固定航班机场 3 处、客运量 20.3 亿人公里、货运量 3000 万吨公里。

国防体制　宪法规定，总统为武装力量最高统帅。最高国防决策机构是国家安全协商委员会，成员包括总统、总理和相关部长，总统任主席。国防部为最高军事行政领导机构，负责对军队的政治领导和监督。总参谋部为最高军事指挥机关，负责军队的作战、训练和管理。武装力量由正规军和准军事部队组成。正规军分陆、海、空三个军种。总统通过国防部和总参谋部对军队实施领导和指挥。

领导人物　总统兼武装力量总司令格奥尔基·珀尔瓦诺夫（2001 年 11 月上任）。国防部长尼科拉伊·斯维纳罗夫（2001 年 7 月上任）。总参谋长尼·科列夫四星上将（2002 年 6 月上任）。

武装力量　现役部队 5.1 万人。（含直属部队和国防部人员 8530 人）

陆军　2.5 万人。编成 3 个军区/军司令部。其中 1 个军区下辖装甲旅 1 个、预备和地区司令部 4 个、预备旅 2 个;另 1 个军区下辖摩步旅 2 个，炮兵旅 1 个；第三个军区下辖装甲旅 1 个、步兵旅 1 个、炮兵旅 2 个、预备和地区司令部 3 个、预备旅 4 个。

坦克：T-55 型 1042 辆，T-72 型 432 辆。步兵战车：BMP-1 型 100 辆，BMP-23 型 114 辆。装甲侦察车：BRDM-1/2 型 18 辆。装甲运输车：BRT-60 型 618 辆，MT-LB 型 1025 辆。牵引炮：100 毫米 16 门、122 毫米 220 门、130 毫米 60 门、152 毫米 205 门。自行炮：122 毫米 692 门。火箭炮：122 毫米 222 门。迫击炮：120 毫米 359 门。反坦克炮：85 毫米 150 门。高炮：400 门。反坦克导弹：200 枚。地空导弹：SA-3 型 20 枚，SA-4 型 27 枚，SA-6 型 20 枚。SA-7 型若干枚。

海军　约 4370 人。设北方司令部和南方司令部。潜艇：“胜利”级 1 艘。护卫舰：“大胆”级 1 艘。小型护卫舰：7 艘。导弹快艇：6 艘。巡逻艇：约 10 艘。排雷艇：20 艘。两栖舰：2 艘。支援和勤务舰船：16 艘。海军航空兵：武装直升机米-14 型 10 架。海岸炮兵：2 个团、20 个连。火炮：130 毫米 4 门。海军警卫队：3 个连。

空军　1.31 万人。编有战术航空兵军 1 个，防空军 1 个。作战飞机 177 架，武装直升机 25 架。对地攻击战斗机：苏-25 型 39 架、苏-22 型 8 架。歼击机/侦察机：米格-23 型 32 架、米格-21BIS 型 59 架、米格-29 型 21 架、米格-21MF/UM 型 18 架。运输机：图-134 型 2 架、安-24 型 2 架、安-26 型 5 架、拉-410 型 6 架、PC-12M 型 1 架、雅克-40 型 1 架（专机）。航测机：安-30 型 1 架。直升机：贝尔-206 型 6 架、贝尔-230 型 1 架、米-8 型 8 架、米-17 型 23 架、米-24 型 25 架。教练机：拉-29 基本型 18 架、拉-39ZA 型 28 架、PC-9M 型 6 架。空地导弹：AS-7 型、AS-14 型若干枚。空空导弹：AA-2 型、AA-7 型、AA-8 型、AA-11 型若干枚。地空导弹发射装置：SA-2/3/5/10 型约 110 部。

预备役 30.3 万人，其中陆军 25.05 万人、海军 0.75 万人、空军 4.5 万人。

兵役制度 实行义务兵役制，士兵服役期 9 个月。

军衔 共设 5 等 19 级，即将官 6 级（大将、四星上将、上将、中将、少将、准将）、校官 3 级（上校、中校、少校）、尉官 4 级（大尉、上尉、中尉、少尉）、军士 4 级（准尉、上士、中士、下士）、战士 2 级（上等兵、列兵）。

驻外兵力 驻伊拉克和平支援部队 466 人，驻阿富汗部队 34 人，参加北约驻波黑多国稳定部队 1 个排，驻埃塞俄比亚/厄里特里亚 7 人（其中军事观察员 2 名），驻利比亚军事观察员 2 人，驻塞黑军事观察员 1 人。

军队节日 5 月 6 日为建军节。

（鞠 涛）

波 兰

国 名 波兰共和国。

主要统计 面积 31.2685 万平方公里。人口 3861.8 万人（其中,13~17 岁男 164 万人,女 155.8 万人；18~22 岁男 168.8 万人,女 161.1 万人；23~32 岁男 279.2 万人,女 267.2 万人）。国内生产总值 8040 亿兹罗提，约合 2070 亿美元（2003 年）。2005 年度波兰国防预算为 176.79 亿兹罗提，约合 57.96 亿美元，较上年增长 5%，占当年预计国内生产总值的 1.95%。

国防体制 宪法规定，总统为武装力量最高统帅。最高国防决策机构为国防委员会，由总统任主席，设若干副主席：总理任第一副主席、内务部长任国内安全事务副主席、财政部长任经济事务副主席,国防部长任武装力量及国防战略规划事务副主席,成员还有：议会两院议长、外交部长、运输和海洋经济部长、总统办公厅主任、国务部长、国防部常务副部长、总参谋长、内务部第一副部长和民防司令（兼任国防委员会秘书）。国防部是最高军事行政机关，设军事委员会和政治协商委员会。国防部长任军事委员会主席，成员包括各总部及军、兵种负责人。政治协商委员会是国防部的咨询机构。国防部负责制定并实施国防和军事建设计划,完善军队体制,领导军队训练与教育,保障武装力量的技术和物资供应,确定职业军官的服役原则,制定武装力量科研工作计划,参与民防建设的规划和实施。武装力量由正规军和准军事部队组成。正规军由陆军、海军、空军防空军三个军种组成。总参谋部为最高军事指挥机构,主要负责军队的作战、训练和管理等。总统通过国防部和总参谋部对全国武装力量实施领导和指挥。

领导人物 总统亚历山大·克瓦希涅夫斯基（2000 年 10 月连任）。国防部长耶日·什马伊津斯基（2001 年 10 月上任）。总参谋长柴斯瓦夫·皮昂塔斯上将（2000 年 9 月上任）。

武装力量 **兵力** 现役部队 14.15 万人。

陆军 8.9 万人。编成沿海和西里西亚 2 个军区（陆军司令部）、1 个多国军司令部、2 个军司令部、3 个摩步师、1 个装甲骑兵师、6 个旅（1 个装甲旅、1 个航空骑兵旅、1 个机械化旅、1 个空降突击旅、2 个摩步旅）、2 个炮兵旅、2 个工程旅、7 个国土防御旅、1 个侦察团、1 个地地导弹团、3 个防空团、2 个武装直升机团、1 个特种团、1 个警卫团。

坦克：T-72/M1/M1D 型 586 辆，PT-91 型 233 辆，豹式 2A4 型 128 辆。装甲侦察车:BRDM-2 型 435 辆。步兵战车:BMP-1 型 1248 辆、BRM-1 型 33 辆。装甲输送车:OT-64 型 33 辆。牵引炮:122 毫米 227 门、152 毫米 135 门。自行炮：122 毫米 533 门、152 毫米 111 门、203 毫米 8 门。火箭炮：122 毫米 219 门。迫击炮：120 毫米 204 门。地地导弹发射架:SS-21 型 4 部。反坦克导弹:AT-3 型 129 枚、AT-4 型 104 枚、AT-5 型 18 枚、AT-7 型 7 枚。高炮:23 毫米 376 门 57 毫米 224 门。地空导弹:SA-6 型 80 枚、SA-7 型 576 枚、SA-8 型 64 枚、SA-9 型 232 枚。武装直升机：米-24D/V 型 43 架、米-2URP 型 22 架。战斗支援直升机：米-2URN 型 5 架、米-8T/U 型 18 架、米-17T/U 型 6 架、W-3W/A 型 34 架。训练直升机：米-8 型 11 架、米-2 型 29 架、W-3W/A-1 型 1 架。

海军 1.43 万人。编成 3 个海军区舰队、1 个海军航空兵旅和 1 个海军陆战团。

潜艇："猎鹰"级 1 艘、"鹰"级（基洛级）1 艘、F 级 2 艘。驱逐舰："华沙"级 1 艘。护卫舰："佩里"级 2 艘、"卡祖布"级 1 艘。小型护卫舰：

"塔朗特"级1型4艘。导弹快艇："奥萨"级5艘。海岸巡逻艇：14艘。扫雷舰:22艘。两栖舰：5艘。支援和其他舰艇：18艘。

海军航空兵　2000人。编有7个飞行中队,装备有：飞机：米格-21型18架、TS-11型12架、安-28型4架、M-28型4架、安-2型1架；直升机米-14PL型13架、米-14PS型直升机3架、米-2型直升机5架、PZL型5型、米-17型2架、W-3S型2架。

空军防空军　3万人。

编成2个军，下辖1个歼击机中队、9个对地攻击战斗机和侦察机中队、1个运输机团、3个运输机中队、3个防空导弹旅和1个独立防空团。作战飞机224架。

对地攻击战斗机：苏-22型98架，米格-21改进型81架。歼击机：米格-29型45架。运输机：安-26型5架、C-295M型8架、安-28型2架、M-28型2架、安-2型25架、雅克-40型9架、图-154型2架。直升机：米-2型67架、米-8/17型12架、W-3型18架、贝尔-412型1架。教练机：TS-11型105架、PZL-130型35架。空空导弹：AA-2"环礁"、AA-3"阿纳布"、AA-8"蚜虫"和AA-11"射手"若干枚。空地导弹:AS-7若干枚。地空导弹:SA-3型20枚、SA-4型3枚、SA-5型2枚。

总部直属机关和部队　0.82万人。

准军事部队　2.14万人。内务部队所属边防部队1.41万人,警察预备队0.73万人。

预备役　23.4万人。其中陆军18.8万人、海军1.2万人、空军1.9万人、附属部队1.5万人。

兵役制度　实行义务兵役制。士兵服役期12个月。

军衔　分7等26级,即元帅1级（只在战时授予)、将官3级（上将、中将、少将)、校官3级（上校、中校、少校)、尉官3级（大尉、上尉、中尉)、准尉6级(一级准尉、二级准尉、三级准尉、四级准尉、五级准尉、六级准尉)、军士8级（一级上士、二级上士、三级上士、四级上士、一级下士、二级下士、三级下士、四级下士)、兵2级（上等兵、列兵)。

驻外兵力　派驻阿富汗维和部队87人，派驻伊拉克和平支援部队2300人。驻阿富汗军事观察员1人，驻波黑多国执行部队287人，驻科特迪瓦观察员2人，驻埃塞俄比亚军事观察员6人，驻格鲁吉亚军事观察员6人，驻利比亚军事观察员2人，驻黎巴嫩部队238人,驻叙利亚/以色列356人,驻西撒哈拉军事观察员1人,驻塞尔维亚和黑山维和部队574人。

外国驻军　德国驻军67人。

军队节日　建军节8月15日。

（鞠　涛）

德　国

国　　名　德意志联邦共和国（1990年10月3日两德统一后用此名)。

主要统计　面积35.7022万平方公里。人口8220万人（2003年。其中,13~17岁男239.4万人,女226.6万人；18~22岁男223.2万人，女212.3万人；23~32岁男516.8万人，女501.9万人)，人口密度231人/平方公里。国内生产总值21770亿欧元，约合28301亿美元（1欧元=1.30美元，2004年)，人均国内生产总值26548欧元，约合34513美元。国防费239亿欧元，约合310.7亿美元（2005年国防预算)。粗钢4500万吨（2003年)。原煤2680万吨（2002年)。原油370万吨（2002年)。天然气50.8亿立方米（2002年)。发电量5450亿度（2002年)。粮食产量3951万吨（2003年)。海运能力，商船（载重100吨以上）2200艘（包括内河航运)，总载重量4070万吨（2003年)。民航能力，固定航班机场35处，客运量1.36亿人公里、货运量亿吨公里（2003年)。

国防政策　冷战结束后，欧洲两大军事集团重兵对峙的局面不复存在，德国不再面临大规模常规进攻的现实威胁。随着北约和欧盟东扩进程的发展，德国周边安全环境彻底改观，德在地缘战略上已处于欧洲扩大的稳定区域的中心。虽然在目前和可预见的未来，德国没有遭受常规入侵的危险，但德国周边的安全威胁并没有因此消失，如何应对国际恐怖主义、大规模杀伤性武器、地区的危机和冲突、信息战的威胁成为德国新安全政策的核心。其新安全战略的要点是：①广泛参与国际反恐联盟，有效防范恐怖主义；②加强北约和欧盟内部、推动与俄罗斯及其它友好国家的合作，促进危机预防和国际冲突的解决；③深化和扩展欧洲安全体制，使欧洲成为全世界独一无二的稳定地区；④推动北约和欧盟东扩，稳固全球安全与稳定。

军事战略 近年来，德军根据德国政府承担的国际义务以及北约新战略的要求，重新修订了其国防政策，要点是：（1）强调北约军事战略是德国军事战略的基础；（2）作为北约的必要补充，推动建立欧洲自主的防卫力量，使欧盟和北约在危机处理上成为平等的战略伙伴；（3）针对新时期战争和冲突的特点，拓展德军的六大军事能力，即指挥能力、情报获取和侦察能力、机动能力、实战能力、支援和持久力、生存和防护力；（4）确保德军在需要时迅速重建其本土防御的能力；（5）积极参与盟区外作战，但除担负解救和撤离任务外，不采取单独行动；（6）适当保留义务兵役制；（7）调整国防开支的重点，在压缩维持费的同时，稳步提高装备投资费的比例；（8）以欧洲内部及跨大西洋合作为优先，加强军事装备的联合开发。

国防体制 德军全称德国联邦国防军。德国《基本法》规定，联邦总理为战时军队的最高统帅。联邦安全委员会为最高国防决策机构，联邦总理任主席，成员包括联邦外交、内政、财政、国防、司法、经济与劳工、经济合作与发展部长。国防部为最高军事行政和指挥机关，国防部长在和平时期是军队的最高首长，根据联邦总理提出的政策方针，负责领导和管理全军，并通过军种监察长对部队实施指挥。总监察长是德军第一军人和国防部长的军事顾问，负责制定国防总体方案、操控军事行动规划和实施海外行动指挥。武装力量指挥参谋部是总监的执行机构，2003 年合并了联合支援部队指挥参谋部，开始拥有对德军海外军事行动的指挥权，实力和地位大为增强，同时也明显强化了总监的领导职能和地位。军种监察长为陆、海、空三军及中央卫勤和联合支援部队的最高指挥官，负责所属部队的战备训练和行政管理，参与制定和实施国防总体方案。

根据 2003 年颁布的《新建军规划方针》，德军在保留军种划分的基础上，根据任务类型将全军编为干预、稳定和支援三种部队，员额分别为 3.5 万人、7 万人和 14.5 万人，以适应未来更多参与海外行动的需要。新编制参照了美军发动伊拉克战争和维持战后秩序的经验，也是对德军近年来参加国际维和和反恐斗争的经验总结，对德军未来的发展将产生重大影响。德军最高指挥机构是武装力量指挥参谋部，是联邦国防军总监察长的办事机构。

领导人物 联邦总理兼武装力量最高统帅格哈特·施罗德（2002 年 10 月再次连任）。联邦国防部长彼得·施特鲁克（2002 年 7 月上任）。联邦国防军总监察长沃尔夫冈·施耐德汉上将（2002 年 7 月上任），德军副总监察长约翰·乔治·多拉中将（2005 年 4 月上任），德军副总监察长兼联合支援部队监察长汉斯-海因里希·迪特中将（2004 年 1 月上任）。陆军监察长汉斯·奥托·布德少将（2004 年 3 月上任）。海军监察长鲁茨·费尔特海军中将（2003 年 4 月上任）。空军监察长克劳斯-彼得·施蒂格里茨中将（2004 年 1 月上任）。卫勤监察长卡尔斯腾·奥克尔博士海军中将军医（2003 年 4 月上任）。

武装力量 **兵力** 现役部队 28.45 万人。

陆军 19.135 万人。编有 5 个机械化师、1 个特种作战师、1 个空中机动作战师和陆军部队司令部 8 个师级单位。

陆军主要装备（包括库存） 主战坦克：“豹”2A4-A6 型 1510 辆；步兵战车：“貂鼠”步兵战车 2108 辆，M113 型装甲运兵车 8 辆，M113 型炮位侦察车 156 辆，M113 型教练车 5 辆，M113 型火力引导车 123 辆，M113 型迫击炮火力引导车 9 辆，M113 型迫击炮火力引导装甲车 64 辆，M113 型无人机自行导航车 8 辆，M113 型指挥通信车 326 辆，M113 Elcrovox/Multiplex 型指挥通信车 4 辆，M113 高频指挥通信车 48 辆，M113 车载迫击炮 278 辆，M113 RATAC 型雷达车 33 辆，狐”式装甲运兵车 258 辆，“狐”式三防探测车 83 辆，“狐式”防空指挥车 33 辆，“狐式”指挥通信车 76 辆，“狐”式高频指挥通信车 23 辆，“狐”式工兵指挥车 56 辆，“狐”式电子战指挥车 41 辆，“狐”式战场雷达车 97 辆，“鼬鼠”轻型步战车 342 辆，“猞猁”装甲车 408 辆；反坦克系统：“美洲豹”1 型 26 辆，“鼬”式 TOW 型 54 辆；火炮：野战榴弹炮 307 门，迫击炮 499 门，自行火炮 655 门，中型火箭炮 149 门；舟桥车 51 辆；直升机：BO-105 PAH-1 型武装直升机 199 架，BO-105M 型战斗支援直升机 23 架，CH-53 型运输直升机 81 架，UH-1D 型运输直升机 96 架。

海军 2.565 万人。编有 1 个舰队司令部、5 个分舰队和 2 个海军航空兵联队。

海军主要装备 潜艇：212A 级 2 艘、206/206A 级 12 艘、205 级 2 艘。护卫舰：“萨克森”级护卫舰 2 艘、“不来梅”级 8 艘、“勃兰登堡”级 4 艘。导弹攻击快艇：“信天翁”（143）级 10 艘、“猎豹”（143A）级 10 艘、“虎”（148）级 8 艘。水雷舰艇：“哈默尔恩”（343）级 10 艘、“三驾马车”（351）

级 4 艘、“林道”改装（331）级 3 艘、“弗兰肯塔尔”（332）级 12 艘、“弗劳恩洛布”394 级 5 艘、无人反水雷艇 1 艘。通用机械化登陆艇：5 艘。各级供应补给舰 43 艘。“狂风”型战斗机 48 架，“大西洋”型海上侦察反潜机 16 架；直升机 38 架，其中“海王”型救援直升机 21 架，“海山猫”型舰载直升机 17 架。

空军　6.75 万人。编有 8 个战斗机联队、4 个防空导弹联队、3 个空中运输联队、2 个通信团、2 个雷达指挥团和 1 个供应团。

空军主要装备　攻击/战斗机：F-4F 型 113 架、“狂风”型 226 架、“台风”型 8 架。运输机：C-160 型 84 架、A-310 型 7 架、CL-601 型 7 架、L-410 型 4 架。教练机：T-37B 型 35 架、T-38A 型 40 架。运输直升机：UH-1D 型 70 架、“美洲狮”3 架。地空导弹：“毒刺”型 4000 枚、“爱国者”型 36 枚。

卫勤部队　1.84 万人。编有 4 个野战医院团，4 个卫生团，8 所联邦国防军医院。

联合支援部队　4.73 万人。编有 4 个后勤团，2 个指挥支援团。

文职人员　13.7 万人。

预备役部队　35.865 万人，其中陆军 29.73 万人、海军 1.15 万人、空军 4.985 万人。

准军事部队　2.465 万人，其中联邦边防警察 2.41 万人、海岸警卫队 550 人。

部署　陆军主要部署在北德平原和中部地区。海军部署在北海和波罗的海沿岸区域。空军重点部署在中部和南部地区。全国共有军事基地 734 处。

兵役制度　实行全民义务兵役制，义务兵服役期为 9 个月，服役方式有多种选择：可以一次性服役满 9 个月；或先服役 6 个月，尔后再参加总共 3 个月的复训和演习；或自愿将服役期延长最多至 23 个月，并承担参加“防区外”军事行动的义务。德军还从 2001 年 1 月起征招自愿服役的女军人，并允许女军人担负作战任务。各级军官最高服役年限，将官为 60 岁，上校为 58 岁，中校为 56 岁，少校为 54 岁，尉官为 52 岁。

军衔　分 5 等 24 级，即将官 4 级（上将、中将、少将、准将），校官 3 级（上校、中校、少校），尉官 4 级（参谋上尉、上尉、中尉、少尉），军士 7 级（一级军士长、二级军士长、三级军士长、上士、中士、一级下士、二级下士），兵 6 级（一级上等兵、二级上等兵、一等兵、二等兵、三等兵、列兵）。

驻外兵力　到 2004 年底，德军参加海外行动的部队规模为 6715 人。其中在阿富汗和乌兹别克斯坦的国际安全援助部队驻有 2175 人；在科索沃部队驻有 2600 人；在波黑欧盟部队驻有 1050 人；参加非洲之角“持久自由”行动 500 人；参与地中海“积极进取”反恐行动 200 人；格鲁吉亚军事观察员 12 人；驻埃塞俄比亚和厄利特里亚军事观察员 2 人；有 75 人负责运送非洲维持和平部队和物资前往苏丹执行监视任务；有 34 人在阿联酋负责培训伊拉克安全部队卡车司机和机械师，另有 67 人参与各类救护撤离行动。

外国驻军　比利时驻军 2000 人，法国驻军 3000 人，英国驻军 25000 人，美国驻军 74796 人。

军队节日　建军节为 11 月 12 日。

（苏　程）

俄 罗 斯

国　　名　俄罗斯联邦。

主要统计　面积 1707.54 万平方公里。人口 1.4672 亿人（其中，13~17 岁男 596.7 万人、女 573.5 万人；18~22 岁男 568.4 万人，女 553.8 万人；23~32 岁男 1003.4 万人，女 985.2 万人）。国内生产总值 1.52 万亿美元（2001 年）。国防费 483 亿美元。粗钢 5150 万吨（2000 年）。原煤 2.58 亿吨（2000 年）。天然气 5050 亿立方米（2000 年）。发电量 8760 亿度（2000 年）。粮食 6408.8 万吨（2000 年）。海运能力，商船（载重 100 吨以上）4543 艘，总载重量 1659.23 万吨（2001 年）。空运能力，固定航班机场 75 处，客运量 565 亿人公里，货运量 20 亿吨公里。

国防政策　2004 年，俄罗斯的安全环境总体稳定的同时，也出现了一些复杂的情况。一是俄美两国继续合作的同时，纷争也在加剧，两国关系因外高加索地区主导权、车臣问题、俄国内政治改革问题的分歧而日益渐冷；二是北约和欧盟东扩进一步加快，俄罗斯的地缘环境进一步恶化；三是恐怖主义活动更加肆虐，俄罗斯成为新一轮恐怖袭击的受害者。面对这种形势，俄罗斯在坚持普京确定的维护国家利益、复兴俄罗斯的既定方针的同时，其国防政策也有新的调整变化。

一、未来军事政治形势仍很严峻，确保俄联邦国家安全是俄优先任务。俄认为，2010 年前，世界的基本趋势仍然是向全球化和地区一体化发展，这一过程有利于地区力量中心的形成和巩固。同时这一过程也具有一定的消极面和风险。未来 5~10 年内，世界军事大国通过发动全球武装冲突来解决政治和军事战略问题的可能性很小。但俄所面临的不稳定因素仍然很多，主要是：西南和中亚战略方向上发生威胁俄罗斯的冲突的潜在可能性增加；北约东扩的势头有增无减，不断取得实质性突破；俄罗斯与美国等发达国家在军事技术，特别是在制造新一代武器的能力上的差距在拉大；大规模毁伤性武器持续扩散；恐怖主义的威胁进一步加剧。面对新的安全形势，俄罗斯必须调整军事政策，重新定位本国军事手段的地位和作用，将它作为维护本国安全、保障全球稳定的可靠因素。

二、恐怖主义威胁不断加剧，对俄罗斯的国家利益构成重大挑战。2004 年，俄境内的分离主义分子与境外敌对势力相勾结，在俄境内又接二连三发动了几次重大恐怖袭击，造成了恶劣影响。有来自数十个国家的雇佣兵活动在车臣地区。恐怖主义日益呈现出内外勾结、相互呼应之势。这表明，再试图将恐怖主义势力区分成“内部的”和“外部的”，已没有意义。恐怖主义已经从政治威胁演变为军事——政治威胁。针对俄罗斯的国际恐怖主义行动的规模和样式可以视为对俄发动的一场真正的战争。恐怖主义威胁是俄安全政策、军事战略、作战理论和军队建设必须考虑的一个重要因素。俄罗斯武装力量对抗恐怖主义的责任范围进一步扩大了。俄将积极支持和参与国际反恐合作，但条件是合作对方必须“无条件地承认俄联邦的领土完整和尊重俄打击任何形式的国际恐怖主义的权利”。

三、美国加速确立霸权地位，动用武力的门槛被大大降低。伊拉克战争本身以及伊战过后美军占领下的伊拉克形势表明，美国正依仗强大的军事——政治实力，按自己的模式从根本上重塑世界。美国致力于对全球的支配地位，确立对最重要资源的控制，并按美国的方式改造伊斯兰世界。美国以“仲裁法官”和“国际宪兵”自居，进一步强化单极体制，联合国和欧盟等国际组织处于受其支配的地位。这就削弱了国际安全领域的一整套政治机制，使之陷入严重的危机之中，使建立在国际法基础上的国际关系体系面临着最终解体的危险。在这种情况下，降低安理会的作用、由某一国家单方面决定使用武装力量的趋势上升了，而利用政治手段解决危机的可能性下降了，使用军事力量的门槛大大降低。

四、北约和欧盟东扩步伐进一步加快，俄罗斯的地缘环境进一步恶化。2004 年，北约和欧盟先后实施了各自历史上最大规模的东扩，并打算把从德国撤出的军队部署到东欧。这就进一步压缩了俄罗斯的战略空间。对此，俄罗斯的立场很明确：在坚持发展与北约和欧盟合作关系的同时，坚决反对北约和欧盟加紧向独联体国家扩展的企图。认为必须制订并实施对北约东扩政策进行预先对抗的一整套措施。

五、面对多种威胁，俄必须增加实力，用综合手段来应对。2003 年俄公布的《俄联邦武装力量建设面临的紧迫问题》以及俄国防部长等军政要人的讲话，明确提出未来俄主要面临着三种威胁：外部威胁、内部威胁和跨境威胁。应对这些威胁，俄强调必须运用政治的、经济的、外交的和军事的手段，其中军事手段是核心。首先，必须加快经济发展，提高综合实力。进一步推进俄罗斯的民主进程，建设发达的公民社会和稳定的民主国家。第二是充分发挥外交手段的作用。把改善俄美关系放在首位，继续加强与美国的合作；发展与欧盟的战略伙伴关系，进一步使俄罗斯融入欧洲；深化俄中睦邻友好、互利合作的战略协作伙伴关系，重视发挥上海合作组织的作用；重视业已形成的国际反恐联盟。第三是提高军事实力。继续推进已经步入新阶段的军事改革，完善军队结构，加快军队职业化进程和新型武器的换装速度，建立一支效率高、战斗力强的武装力量，实现建设军事强国的目标。这是保卫俄罗斯能抗御任何形式的政治压力、防范侵略的最重要因素，也是巩固俄罗斯世界大国地位的最重要因素。第四是进一步开展与盟国的合作，发挥好“集体安全条约组织”的作用。继续把加强同独联体国家关系作为俄安全政策的优先方向。在 1992 年集体安全条约的基础上，建立独联体成员国统一的防御空间。在打击国际恐怖主义问题上与独联体成员国互相协作。

军事战略 2004 年，俄在叶利钦时期出台的“现实遏制”为原则的军事战略的基础上，根据安全形势的变化，首次提出了“以核遏制为依托的机动战略”。新战略的核心内容是：战略的基础是核遏制，强调俄必须保持可靠的、最低限度的核遏制能力；要求常备力量具备远距离机动作战的能力，并能够同时打赢两场任何类型的局部战争；战争准备的重点在西部和西南战略方向。与先前的军事战略相比，新战略增加了“积极遏制”的因素，对军队建设提出了更高的目标和要求。在这之后，俄高级军政首脑进一步肯定了这一战略，俄军事理论界对这一战略也不断加以论证和完善。

一、核武器依然是防止侵略、维护国家安全最重要、最可靠的手段，必须坚持核遏制原则。核遏制历来是俄军事战略的基础。在新的"以核遏制为依托的机动战略"中，则更突出了强调了核遏制手段的作用。俄认为，在俄国力尚未得到根本恢复、常规军事力量受到大大削弱的情况下，惟有核武器能够可靠地保障俄的军事安全和维持其大国地位；只有坚持核遏制，常规遏制才能发挥出作用。与新的战略相适应，俄延伸了核打击的范围，从"重点遏制地区冲突和局部战争"，扩大到"遏制大规模恐怖活动"；核遏制的手段多样化，由单一战略核遏制，向战略核武器——战役战术核武器——大威力常规武器等多重遏制转变，即核和非核手段的全面遏制；核威慑方式公开化，提高了透明度，加大了威慑力度；核使用对象趋于明朗，重新将美国及北约确定为主要外部威胁；调整了核打击方式，传统的核打击方式有核还击和核还击——核迎击，新的核打击方式有"先发制人"的核突击。2004 年 2 月俄举行了代号为"安全-2004"的核战略演习，检验了新的核战略理论。

二、对抗外部威胁、打击恐怖主义的有效办法，是实行"先发制人"的原则。新军事战略的一个核心思想，是"先发制人"。2003 年俄国防部长首次提出了"先发制人"的用兵方针。2004 年，俄进一步扩大了"先发制人"的军事打击范围，明确提出，"先发制人"适用于各种类型的战争和军事行动。其行动地域不受限制，打击对象包括所有对俄构成直接威胁的外国军队和各种恐怖组织。特别是俄罗斯别斯兰市的人质事件后，俄总统、外长、国防部长等人多次表示，俄军将视情对世界任何地区的恐怖分子基地实施"先发制人"的军事打击，将打击的范围由以往存在直接威胁的边境地区扩大到全球各地。

三、加强与盟国的合作，巩固独联体集体安全体系以保障共同安全。俄认为，2003 年 4 月组建完毕的"集体安全条约组织"是抵御恐怖主义、跨国犯罪和毒品泛滥等威胁的最有效机制，也是"建立和维护稳定和可以预见的国际秩序"的重要一步。为此俄罗斯强调，在筹划武装力量的建设时，一定要考虑与盟国的武装力量进行有效的合作。独联体集体安全体系的最重要组成部分是一体化的联合防空体系。这一体系不仅在很大程度上维系着独联体集体安全体系的实际存在，而且俄利用其部署在独联体国家的雷达预警系统保持着空天防御体系的相对完整性。

四、现代战争的基本特征发生新的变化，信息在现代战争中发挥着越来越关键的作用。俄罗斯认为，现代战争的性质可区分为正义战争和非正义战争。现代战争的基本特征是：涉及人类生活和生存的所有领域，广泛运用间接战略行动（包括政治外交、经济制裁、信息斗争、海空封锁、炫耀武力等），进行密集的信息准备（信息封锁、信息扩张、信息入侵），混淆他国乃至国际社会的舆论，破坏国家和军事指挥系统，封闭和瘫痪军队指挥和武器控制系统，采用非接触性作战行动，使用最新高效武器系统，摧毁能源、化学和其他危险品生产设施，破坏交通和其他民用目标，除正规军队外，非正规的（包括非法的）武装集团也可能参战等等。还认为，在现代条件下，夺取对敌信息优势已成为遂行战争的重要手段。

五、军队要做好应付各种战争，遂行各种式样作战的准备。俄军认为，现代局部战争表明，未来战争具有精确战、非接触作战的性质，太空战、信息战将伴随战争的全过程，联合作战将成为未来作战的重要样式，防空作战地位提高，特种作战是对付恐怖活动的有效手段。一是太空作战成为现代战役的一个重要组成部分。未来武装斗争的发展趋势之一，是建立和保持太空优势。在未来高技术战争条件下，制天权将成为夺取制空权和制海权的主要条件之一。为此，俄军必须加强太空战兵力兵器建设，提高遂行战略性空中——太空战役的能力。二是信息战成为最新行动样式。随着全球信息空间的形成和信息武器及保障其战斗使用的信息系统的出现，致使信息战的作用大为提高。"军事科学的一项重要任务，就是研究遂行信息战的样式和方法"。俄军认为信息战样式主要有"信息战役、信息交战、信息行动和信息突击"。三是联合作战的范围扩大。未来战争最有效的行动样式是联合武装力量各军兵种的兵力兵器，建立密切协同的整体作战体系，在统一的指挥下按统一的计划进行联合作战。四是防空作战地位提高。近期局部战争的经验表明，军事行动往往从空中打击开始。可靠的防空已成为取得战争的胜利的重要因素。防空战役的目的是：破坏敌空中进攻战役，削弱其航空兵和导弹集团，掩护战区的部队集团，保卫国家的重要目标，为夺取制空权创造有利条件。五是反恐怖战役是对付非法武装的有效手段。反恐怖战役的目的是通过一系列特种军事行动来实现的。

六、进一步调整军队建设方针，为武装力量建设进入"正常发展期"奠定基础。2004 年仍是俄武装力量建设的规划年。俄制定或出台了一系列规划文件，包括《2015年前武器装备国家纲要》、《2016年前武装力量建设和发展构想》、《2021年前武装力量建设构想》、《2025年前俄联邦战场建设联邦专项纲要》、《2025年前俄联邦国土根据国防需要的战场建设联邦国家纲要》等。新的军队建设发展目标是：2010年前建立起编成、结构和员额合理、拥有高度职业化水平、物质技术和社会基础牢固、装备有现代化武器装备、有能力确保完成俄联邦国防和安全任务的、有效的国家军事组织。其中，陆军主要是提高机动能力和遂行多种任务的能力。为此，陆军建立了新编制试验部队，并计划在2005年1月1日前，组建1个特种维和旅；2005年内，组建1个山地步兵旅。在陆军装备建设上，分阶段装备新式坦克、"伊斯坎德尔-M"战役战术导弹和其他高精度武器，以及自动化指挥系统、侦察和电子战系统等。海军"先小后大"的既定发展方针不变，在发展潜艇的同时，按小型护卫舰和导弹艇、护卫舰、驱逐舰和通用舰、航空母舰的顺序发展水面舰艇。空军主要是对战略轰炸机进行现代化改造和研制第五代多用途战斗机。战略轰炸机加装高精度常规巡航导弹，使其具备核与常规双重打击能力。第五代战斗机计划于2007年升空。战略火箭兵主要是装备机动型"白杨-M"导弹，开发运用了巡航导弹技术的机动变轨弹道导弹。太空兵开发新的导弹防御系统，并与空军防空部队共同建立统一的空天防御体系。

七、以实现军队转型为目标，继续推进军事改革。俄军认为，军事改革是促进军队建设的强大动力。在历经十余年大刀阔斧的、激进式改革后，俄军的改革转入了"循序渐进和着眼未来的发展"的新阶段。俄军将有步骤、有计划地推进军事改革。一是调整体制编制，进一步优化武装力量编成、结构和员额。使军队的编成、结构和员额完全符合威胁的性质和打赢未来战争的要求，包括根据《关于联邦执行权力机关的体系和结构》的总统令，对中央军事机关进行重大改组。二是保持战略遏制力量的潜力，并使之保持在够用的水平上，确保能通过威慑与实战来保障俄国家安全。三是提高一般任务力量，特别是常备兵团和部队的战斗潜力。四是改革军事教育、军事科学和人员教育体系，完善军事爱国主义教育和军队内部关系，建立统一（联合）的按专业为俄联邦武装力量、其他军队、队伍和机构培训干部的体系，使军事教育体系的参数与国家军事组织的新任务、结构和员额相适应，与军官服役制度相适应。五是改革兵役制度。通过采取逐步增加全同制士兵和军士的比例和恢复通过军事集训培养受过军事训练的人员的做法，向职业化军队过渡。六是完善军事技术政策，发展武器装备。集中资源研制可对军队的行动产生最大影响的武器装备。特别是超前发展信息指挥系统。完善武器装备订货体制，消除武器装备研制和生产中平行和重复现象。七是落实社会保障方面的措施，以提高兵役的地位和威信。

国防体制 根据1992年颁布的《俄联邦安全法》、1993年12月12日正式通过的《俄罗斯联邦宪法》、1996年正式颁布、1998年修订的《俄联邦国防法》，以及俄联邦有关法律，俄罗斯联邦总统、俄罗斯联邦安全会议、俄罗斯联邦议会、俄罗斯联邦政府对保障国家安全、国防能力状况，对俄罗斯武装力量和其他军队的战斗准备程度、动员准备程度和战斗力负全责。

俄罗斯联邦总统是国家元首和俄罗斯联邦武装力量的最高统帅。他在国防领域的主要职责是：组成并领导俄罗斯联邦安全会议；确定俄联邦军事政策的基本方针；批准俄联邦军事学说；领导俄联邦武装力量和其他军队；宣布总动员或局部动员，宣布全国或局部地区进入战时状态，批准俄联邦武装力量使用计划；颁布俄联邦武装力量最高统帅关于实施军事行动的命令；依照法律决定武装力量、其他军队、军事单位和机关使用武器装备执行非使命性任务；批准武装力量及其他军队发展构想与计划、本土战场建设计划、国民经济转入战时计划、武器装备和国防工业综合体发展计划；授予高级军衔，任免高级军官；批准武装力量及其军队的结构、编成及军人编制人数；决定武装力量及其他军队的部署；批准国防部和总参谋部工作条例；举行谈判和签署俄联邦国防领域的国际条约；颁布征召俄联邦公民服役和参加军事集训的命令等。

俄罗斯联邦安全会议是宪法机构，是辅助总统进行安全与国防最高决策的机关。安全会议的主要任务是：确定社会和国家的重要利益，发现安全目标受到的内部和外部威胁；审议国家安全、经济安全、社会安全、国防安全、信息安全，生态安全等领域，以及保卫人民健康，预防紧急情况和消除紧急情况后果，保障社会稳定与法律秩序等方面的战略问题；制订保障俄罗斯联邦安全的主要战略方针，起草保障安全的联邦专项计划；为总统起草有关国家安全的各种建议、决定和命令。俄联邦安全会议由安全会议主席、秘书、常委和委员组成。俄联邦总统任安全会议主席，政府总理任副主席，安全会议秘书、安全局长、外交部长、国防部长为安全会议常委，政府第一副总理、总统办公厅主任、国家杜马主席、联邦委员会主席、科学院院长、司法部长、俄联邦总检察长、警卫局长、内务部长、原子能部长、经济部长、财政部长、对外情报局长、紧急情况部长、总参谋长为安全会议委员。

俄罗斯联邦议会是俄罗斯联邦最高代表机关和立法机关，它由联邦委员会（上院）和国家杜马（下院）组成。联邦委员会在国防领域的职能是：审核国家杜马通过的根据联邦宪法确定的国防开支；批准俄联邦总统关于在俄全境或部分地区实施战时状态和紧急状态的命令，以及俄联邦武装力量、其他军队使用武器装备不按其使命执行任务的命令；决定关于可在俄联邦境外使用俄联邦武装力量的问题。国家杜马在国防领域的职能是：审核联邦预算法规定的国防开支；通过国防领域的联邦法律。联邦委员会下设国防与安全委员会，国家杜马下设国防委员会。

俄罗斯联邦政府是俄联邦最高执行权力机关。它在国防领域内的职能是：落实国防保障措施并在其权限范围内对俄联邦武装力量及其他军队的状况与保障负责；拟定和向国家杜马提出联邦预算中有关国防开支的建议；根据武装力量及其他军队的订货，组织对其武器、军事技术装备、物资设备的提供与保障；制订国家武器装备及国防工业综合体的发展规划；确定国家动员任务，确定国家动员计划、物资储备计划；负责军队院校、军事系、军事教研室的建立和撤销工作；制定俄联邦国土战场建设计划；负责俄联邦的兵役工作等。联邦主体执行权力机关则负责落实本主体所担负的国防义务，主要内容与联邦政府大致相同。

俄罗斯武装力量由管理机关、军团、兵团、部队、军事院校以及后勤部门组成。在组织结构上划分为陆军、空军和海军3个军种和战略火箭兵、空降兵、太空兵3个独立兵种。没有编入武装力量的其他军队有边防军、内卫部队、俄联邦安全部的部队、政府通信部队、联邦保卫总局、俄罗斯联邦铁道兵、民防部队、国家消防局等。

俄罗斯武装力量的领导与指挥体制是：俄罗斯联邦总统兼俄联邦武装力量最高统帅，对联邦武装力量和其他军队实施全面领导，并通过国防部长和总参谋长对武装力量实施作战指挥。国防部长通过国防部对联邦武装力量实施直接领导与指挥。对武装力量各军种的指挥通过各军种总司令部进行。

按2004年8月16日俄总统批准颁布的《国防部条例》，国防部是俄罗斯联邦武装力量的指挥机关，其基本职能是：制定和实行国防领域的国家政策；对国防领域进行规范性法律调整；协调联邦执行权力机关和俄罗斯各主体权力机关在国防领域的活动，协调军队、队伍和机构完成国防领域各项任务的活动；根据宪法组织对武装力量的使用；保持武装力量必要的战备程度；实施武装力量建设的措施；为军人、文职人员及其家属提供社会保障；制定和实行国际军事合作计划等。

武装力量总参谋部为国防部下属机构，主要担负作战指挥任务，其基本职能是：拟定联邦军事学说建议；制定联邦武装力量建设计划，协调武装力量与其他军队建设和发展计划的制定工作；协调拟定武装力量和其他军队员额的建议；拟定应征服役和参加军事集训的公民人数；实施情报活动；组织武装力量与其他军队的协同；参与制定民防计划；组织武装力量和其他军队的动员与战略展开等。

领导人物 总统兼武装力量最高统帅普京（2004年5月7日连任）。国防部长谢·鲍·伊万诺夫（2001年3月28日上任）。总参谋长兼国防部第一副部长巴卢耶夫斯基大将（2004年7月19日上任）。陆军司令马斯洛夫上将（2004年11月上任）。海军司令库罗多耶夫海军大将（1997年11月7日上任）。空军司令米哈伊洛夫空军上将（2002年1月21日上任）。战略火箭兵司令索洛夫采夫上将（2001年4月26日上任）。太空兵司令阿纳托利上将（2001年3月28日上任）。空降兵司令斯帕克上将（1996年12月上任）。

武装力量 **兵力** 现役部队编制人数为121.27万人。

战略火箭兵 约10万人，其中5000人为义务兵，编有3个火箭集团军。洲际导弹：635枚，其中SS-18（PC-20）型112枚、SS-19（PC-18）型150枚、SS-24（PC-22）型12枚、SS-25（PC-12M）型325枚、SS-27（白杨-M2）型36枚。反弹道导弹（目前编制在太空兵）：100枚，其中SH-11型36枚、SH-08型64枚。S-400型导弹数目不详。

陆军 约36万人，其中约19万为义务兵。编有6个军区，1个战役战略集群、8个集团军司令部、2个军司令部、39个师（5个坦克师、19个摩步师、4个空降师、6个机枪/火炮师、5个炮兵师），7个地区训练中心、13个独立旅、7个特种部队旅、18个独立炮兵旅、15个战役战术导弹旅、5个反坦克旅、3个反坦克团、19个防空导弹旅以及其他部队。

主战坦克：22800辆，其中T-34型若干辆、T-55型1200辆、T-62型3000辆、T-64A/-B型4000辆、T-72L/-M型9700辆、T-80/-U/UD/UM型4500辆、T-90型400辆，另外在乌拉尔以东还储存坦克约8000辆。装甲侦察车：2000辆。PT-76型轻型坦克150辆。

装甲输送车和步兵战车：共 24990 辆，其中步兵战车 15090 辆（其中 BMP-1 型 8100 辆、BMP-2 型 4600 辆、BMP-3 型 190 辆、BMD 型若干辆（包括 BMD-1 型、BMD-2 型和 BMD-3 型）、BRM-1K 型 700 辆、BTR-80A 型 28 辆），装甲输送车 9900 辆（其中 BTR-50 型 1000 辆、BTR-60/-70/-80 型 4900 辆、BTR-D 型 700 辆、MT-LB 型 3300 辆，BTR-90 若干辆，另储存装甲输送车 1150 辆）。

各型火炮：30045 门，其中牵引火炮 12765 门（122 毫米 8350 门，130 毫米 650 门,152 毫米 3025 门、203 毫米 40 门），自行火炮 6010 门（122 毫米 2780 门、152 毫米 3100 门，203 毫米 130 门），曲射直射两用炮 820 门，火箭炮 4350 门（122 毫米 2970 门，220 毫米 900 门，300 毫米 106 门），迫击炮 6100 门（120 毫米 1820 门，160 毫米 300 门，240 毫米 430 门）。

战役战术导弹发射架：SS-21 型约 200 部。反坦克导弹：AT-2、AT-3、AT-4、AT-5、AT-6、AT-7、AT-9、AT-10 型若干枚。火箭筒：RPG-18、RPG-7/-16/-22/-26、RPG-27/-29 型若干具。高炮：23、30、37、57、85、100、130 毫米若干门。防空导弹发射架：约 2465 部，其中，SA-4 型 220 部、SA-6 型 225 部、SA-8 型 550 部、SA-9 型 800 部、SA-11 型 350 部、SA-15 型 120 部、SA-12A/B 型 200 部，SA-19、SA-7、SA-14、SA-16、SA-18 型若干部。

海军　15.5 万人（含海军战略核力量、海军航空兵、海军陆战队及海岸防御部队），其中义务兵为 1.6 万人，编有 4 个舰队和 1 个分舰队。

海军战略核力量　约 1.1 万人，装备战略导弹核潜艇 14 艘，携载弹道导弹 192 枚，其中，D4 级 6 艘，携载弹道导弹 96 枚；"台风"级 2 艘；D3 级 6 艘，携载弹道导弹 96 枚。

攻击潜艇：37 艘，其中"奥斯卡"级 7 艘、"阿库拉"级 8 艘、S 级 1 艘、Y 级 1 艘、V3 级 5 艘、K 级 9 艘、T 级 3 艘、F 级 1 艘。其他潜艇 5 艘。航空母舰："库兹涅佐夫"级 1 艘。巡洋舰：6 艘，其中"基洛夫"级 2 艘、"光荣"级 3 艘，"卡拉"级 1 艘。驱逐舰：14 艘，其中"现代"级 5 艘、"卡辛"级 1 艘、"勇敢"级 8 艘。护卫舰：6 艘，其中"克里瓦克"级 5 艘，N 级 1 艘。海岸巡逻舰艇：32 艘。导弹快艇：43 艘。水雷战舰艇：51 艘。登陆舰艇：22 艘。支援辅助舰艇:436 艘。

海军航空兵　约 3.5 万人，编有 4 支舰队航空兵，217 架作战飞机、102 架作战直升机。轰炸机:图-22M 型 58 架。歼击轰炸机：苏-24 型 58 架、苏-25 型 10 架、苏-27 型 49 架。反潜机：图-142 型 28 架、伊尔-38 型 43 架、贝-12 型 20 架。侦察/电子战飞机:安-12 型 18 架。运输机：安-12/-24/-26 型共 37 架。直升机：卡-27 型 120 架、米-8 型 8 架、卡-29 型 30 架、米-24 型 11 架。

海军陆战队　约 7500 人。编 1 个独立师（2500 人）、3 个独立旅、3 个舰队特种部队旅。装备 T-55M、T-72、T-80 型主战坦克 160 辆，BRDM-2 型装甲侦察车 60 辆，BMP-2、BMP-3 型步兵战车 150 辆，BTR-60/-70/-80 型装甲输送车 750 辆。各型火炮 367 门，其中，D-30 型牵引火炮 45 门、2S1 型自行火炮 95 门、2S3 型 18 门、9P138 型 96 门，曲射直射两用炮：2S9SP 型 70 门、2B16 型 14 门、2S23SP 型 75 门。AT-3/-5 型反坦克导弹 72 枚。MT-12 型反坦克炮若干门。ZSU-23-4SP 型高炮 60 门。防空导弹发射架 SA-7 型 250 部、SA-8 型 20 部、SA-9/-B 型 50 部。

海岸防御部队　约 2000 人。编有 1 个岸防师、1 个岸防旅、1 个炮兵团、2 个防空导弹团。装备 T-64 型坦克 350 辆、BMP 型步战车 450 辆、BTR-60/-70/-80 型装甲输送车 280 辆、MT-LB 型装甲输送车 400 辆。各型火炮 364 门，其中牵引火炮 280 门、自行火炮 48 门、火箭炮 36 门。

空军　约 18.46 万人。编有远程航空兵指挥部、战术航空兵、军事运输航空兵指挥部和空军航空训练学校。

远程航空兵指挥部（空军第 37 集团军）下辖 8 个远程轰炸团和 1 个轰炸训练中心，装备图-95 型轰炸机 63 架、图-160 型轰炸机 15 架、图-22M 型轰炸机 117 架，伊尔-78、伊尔-78M 型加油机 20 架。图-22M 训练飞机型 8 架、图-134 型 30 架。

战术航空兵装备歼击轰炸机：约 606 架，其中苏-24 型 371 架，苏-25 型 235 架。歼击机：约 908 架，其中米格-25 型 5 架、米格-29 型 255 架、苏-27 型 392 架、米格-31 型 256 架。侦察机:约 214 架，其中米格-25 型 70 架、苏-24 型 144 架；A-50/A-50U 型指挥与控制飞机 20 架；米-8 型电子战直升机 60 架。训练飞机:约 143 架，其中米格-29 型机 36 架；苏-24 型 51 架、苏-25 型 25 架、苏-27 型 11 架。空空导弹：AA-8、AA-10、AA-11 型若干枚。空地导弹：AS-4、AS-7、AS-10、AS-11、AS-12、AS-13、AS-14、AS-15、AS-16、AS-17、AS-18 型若干枚。37 个防空导弹团，装备 SA-10/S-300 型防空导弹发射架 1900 部，首批列装的 SA-20/S-400 型防空导弹部署在莫斯科附近。

军事运输航空兵指挥部（空军第 61 集团军）编 2

个师共9个团，4个独立团，装备运输机约318架，其型号有伊尔-76M/MD/MF型、安-12型、安-124型、安-22型。

空军航空训练学校5所，装备拉-39、图-134、米格-23、米格-29、苏-25、苏-27型训练飞机约980架。

预备役部队　约200万人，近5年来服过现役者约240万人。

准军事部队　约35.91万人，其中边防军14万人，装备步兵战车和装甲输送车1000辆，火炮90门、各型飞机约70架、各型直升机约200架；内卫部队15.11万人，装备主战坦克69辆、步兵战车和装甲输送车1650辆、火炮65门、米-24型直升机4架；联邦安全部队约4000人；联邦警卫部队1万至3万人；联邦通信和情报部队5.4万人。

部署　俄罗斯武装力量划分为1个战役战略集群、6个军区和4个舰队。

加里宁格勒战役战略集群　战略集群归波罗的海舰队指挥，由地面部队、海军陆战队和海岸防御部队组成。地面部队1.05万人，下辖1个摩步师、1个摩步旅、1个战役战术导弹旅、1个防空导弹团、1个独立摩步团、1个战斗直升机团；装备主战坦克811辆、步兵战车和装甲输送车865辆、各型火炮345门、SS-21型战役战术导弹发射架18部、战斗直升机16架。海军陆战队1个团（1100人），装备主战坦克26辆、步兵战车和装甲输送车220辆、各型火炮52门。海岸防御部队编2个炮兵团，装备火炮133门；1个岸对舰导弹团，装备岸舰导弹发射架8部；1个航空兵团，装备苏-27型飞机28架，地空导弹发射架50部。

列宁格勒军区　司令部驻圣彼得堡。地面部队约3.44万人，下辖1个空降师、2个独立摩步旅、2个炮兵旅、1个战役战术导弹旅、1个特种部队旅、4个防空导弹旅、1个反坦克团、1个火箭炮团、1个直升机团。装备主战坦克320辆、步战车和装甲输送车103辆、各型火炮690门、SS-21型战役战术导弹发射架18部、战斗直升机52架。海军陆战队1个团，装备主战坦克74辆，步战车和装甲输送车209辆、各型火炮44门。1个岸防团，装备装甲输送车360辆、火炮134门。1个防空导弹团。空军部队编有2个空防军、1个轰炸师（装备苏-24型歼轰机58架）、1个侦察团（装备米格-25型飞机28架、苏-24型飞机18架）、1个歼击机师（装备苏-27型飞机116架、米格-31型飞机85架）、1个电子战直升机大队（装备米-8型直升机35架）、防空导弹发射架525部。

莫斯科军区　司令部驻莫斯科。地面部队8.24万人，编2个集团军司令部，2个坦克师、2个摩步师、2个空降师、1个炮兵师、4个炮兵旅、3个独立炮兵旅、3个战役战术导弹旅、1个独立摩步旅、1个特种部队旅、4个防空导弹旅、2个战斗直升机团。装备主战坦克2190辆、步战车和装甲输送车1490辆、各型火炮1600门、SS-21型战役战术导弹发射架48部、战斗直升机75架。空军部队编有第32空防军和第16空军集团军，装备米格-25型飞机41架、米格-29型飞机106架、米格-31型飞机62架、苏-24型飞机34架、苏-24MR型飞机16架、苏-25型飞机46架、苏-27型飞机90架、2个电子战大队（装备米-8型电子战直升机46架）、防空导弹发射架600部。

伏尔加-乌拉尔军区　司令部驻叶卡捷琳堡。地面部队3.17万人，编有1个集团军司令部、1个坦克师、2个摩步师、1个独立摩步旅、1个空降旅、3个炮兵旅/团、2个战役战术导弹旅、1个特种部队旅、1个防空导弹旅、1个火箭炮团、1个独立直升机团。装备主战坦克530辆、步兵战车和装甲输送车855辆、各型火炮440门、SS-21型战役战术导弹射架36部、战斗直升机14架。空军航空学校装备383架拉-39、米-2型教练机。

北高加索军区　司令部驻罗斯托夫。地面部队10.28万人。编有1个集团军司令部、3个摩步师、1个空降师、2个独立摩步旅、1个特种部队旅、3个防空导弹旅、2个炮兵旅、1个独立火箭炮团、2个战役战术导弹旅、2个反坦克团、2个直升机团、1个攻击运输直升机团。装备主战坦克628辆、步兵战车和装甲输送车2100辆、各型火炮855门、SS-21型战役战术导弹发射架18部、战斗直升机98架。海军陆战队约1400人，编1个团，装备步战车和装甲输送车59辆、火炮14门。空军部队编有第4空防集团军，1个轰炸机师（装备苏-25型歼轰机99架）、1个侦察团（装备苏-24型飞机30架）、1个空中强击机师（装备苏-25型强击机99架）、1个歼击机军（下辖4个团，装备米格-29型歼击机103架、苏-27型歼击机75架）、1个直升机电子战大队（装备米-8型电子战直升机52架），防空导弹发射架125部。

西伯利亚军区　司令部驻赤塔。地面部队编2个集团军、1个军司令部、2个坦克师、2个摩步师、1个炮兵师、2个机枪/火炮师、4个摩步旅、1个空降旅、10个炮兵旅/团、2个战役战术导弹旅、2个防空导弹旅、2个特种部队旅、4个反坦克团、1个战斗直升机团。装备主战坦克4468辆、步战车和装甲输送车

6000 辆、各型火炮 4300 门、SS-21 型战役战术导弹发射架 36 部、战斗直升机 35 架。空军部队编有 14 空防集团军（司令部驻新西伯利亚），装备苏-24 型歼击轰炸机 56 架、苏-25 型 30 架，米格-29 型歼击机 46 架、米格-31 型 39 架、苏-24MR 型侦察机 29 架。

远东军区　司令部驻哈巴罗夫斯克。地面部队编 2 个集团军、1 个军司令部、10 个摩步师、3 个机枪/火炮师、1 个炮兵师、9 个炮兵旅/团、1 个摩步旅、3 个战役战术导弹旅、5 个防空导弹旅、1 个特种部队旅、1 个反坦克旅、2 个战斗直升机团、2 个攻击运输直升机团，装备主战坦克 3900 辆、步战车和装甲输送车 6400 辆、各型火炮 3000 门、SS-21 型战役战术导弹发射架 54 部、战斗直升机 85 架。海军陆战队 2500 人，编 1 个师司令部、3 个陆战营、1 个坦克营、1 个炮兵营。海岸防御部队编 1 个师。空军部队编有第 11 空防集团（司令部驻哈巴罗夫斯克），装备苏-24M 型歼轰机 97 架、苏-25 型 60 架，苏-27 型歼击机 111 架、米格-31 型 26 架、苏-24MR 型侦察机 51 架。

北方舰队　司令部驻北莫尔斯克。装备潜艇 41 艘，其中战略潜艇 11 艘，攻击潜艇 30 艘。主要水面作战舰艇 11 艘，其他水面作战舰艇 26 艘。海军航空兵装备作战飞机 102 架，战斗直升机 82 架，其中，图-22M 型轰炸机 38 架、苏-25 型歼轰机 10 架、苏-27 型歼击机 23 架，伊尔-38 型反潜机 14 架、安-12 型侦察/电子战飞机 2 架、安-12/-24/-26 型运输机 25 架。卡-27 型反潜直升机 42 架、卡-29 运输攻击直升机 16 架。

波罗的海舰队　司令部驻加里宁格勒。装备潜艇 2 艘、主要水面作战舰艇 6 艘、其他水面作战舰艇 26 艘。海军航空兵装备作战飞机 49 架、作战直升机 38 架，其中苏-24 型歼轰机 26 架、苏-27 型 23 架，安-12 型侦察/电子战飞机 2 架，安-12/-24/-26 型运输机 12 架。卡-27 反潜直升机 19 架，卡-29 型攻击运输直升机 8 架、米-24 型 11 架。

黑海舰队　司令部驻塞瓦斯托波尔。装备潜艇 1 艘，主要水面作战舰艇 7 艘，其他水面作战舰艇约 15 艘。海军航空兵装备作战飞机 32 架、作战直升机 41 架，其中苏-24 型歼轰机 18 架、贝-12 反潜飞机 14 架、安-12 型侦察/电子战飞机 4 架，卡-27 型反潜直升机 33 架、米-8 型侦察/电子战直升机 8 架。

里海区舰队　驻扎在阿斯特拉罕。水面作战舰艇 36 艘。

太平洋舰队　司令部驻符拉迪沃斯托克（海参崴）。装备潜艇 11 艘，其中战略潜艇 4 艘，攻击潜艇 7 艘。主要水面作战舰艇 8 艘，其他水面舰艇约 30 艘。海军航空兵装备作战飞机 55 架，作战直升机 26 架，其中，图-22M 型轰炸机 14 架，图-142 型反潜飞机 12 架、伊尔-38 型反潜飞机 24 架，安-12 型侦察/电子战飞机 10 架。卡-27 型反潜直升机 31 架、米-14 型反潜直升机 3 架、卡-29 攻击运输直升机 6 架。

军衔　分 7 等 20 级：俄罗斯联邦元帅，将官 4 级（大将、上将、中将、少将），校官 3 级（上校、中校、少校），尉官 4 级（大尉、上尉、中尉、少尉），准尉 2 级（高级准尉、准尉），军士 4 级（大士、上士、中士、下士），兵 2 级（上等兵、列兵）。

驻外兵力　约 5.4 万人。驻亚美尼亚地面部队 3500 人，1 个军事基地，装备主战坦克 74 辆、步战车和装甲输送车 224 辆、各型火炮 84 门，1 个空军大队，装备米格-29 型歼击机 14 架、SA-12（S-300）型地空导弹发射架 2 部。驻格鲁吉亚地面部队 3000 人，3 个军事基地，装备 T-72 主战坦克 65 辆、步战车和装甲输送车 200 辆、各型火炮 139 门，战斗直升机 5 架。驻摩尔多瓦地面部队约 1400 人，编 1 个作战群，下辖 1 个摩步旅、1 个防空导弹团，装备主战坦克 108 辆、步战车和装甲输送车 214 辆、各型火炮 125 门、直升机 7 架。驻塔吉克斯坦地面部队 7800 人，1.45 万边防部队，1 个摩步师，装备主战坦克 128 辆、步战车和装甲输送车 314 辆、各型火炮 180 门、苏-25 型强击机 5 架。驻乌克兰海军陆战队 1 个团 1100 人，装备步战车和装甲输送车 102 辆、火炮 24 门。驻吉尔吉斯斯坦 500 人，装备作战飞机 20 架；驻非洲 100 人。驻叙利亚 150 人。参加维和行动：驻格鲁吉亚/阿布哈兹 1600 人；驻格鲁吉亚/南奥塞梯 530 人；驻摩尔多瓦/德涅斯特 500 人；参加联合国的维和行动约 205 人（包括观察员）。

（韩生民）

法　国

国　　名　法兰西共和国。

主要统计　面积 55.1602 万平方公里（包括科西嘉岛及其他岛屿）。人口 5972.5 万（2004 年，包括 400 万外国侨民。其中，0~14 岁占 18.7%；15~64 岁占 65.2%；65 岁以上占 16.1%）。

国内生产总值 1.54 万亿欧元，约合 1.75 万亿美元（2003 年）。国防费 324 亿欧元，约合 400 亿美元（2004 年国防预算）。粗钢 1940 万吨（2001 年）。原煤 229 万吨（2001 年）。原油 1274.58 万桶（2001 年）。天然气 18.98 亿立方米（2001 年）。发电量 5267 亿度（2001 年）。粮食 6654.2 万吨（2000 年）。海运能力，商船（载重量 100 吨以上）729 艘，总载重量 498.1 万吨（2002 年）。民航能力，固定航班机场 61 处，客运量 890.67 亿人公里、货运量 47.75 亿吨公里（2003 年）。

国防政策　法国是西欧大国和联合国安理会常任理事国之一，维护大国地位是其国家战略的核心。为确保这一目标的实现，法国奉行独立的防务和安全政策。与此同时，法国也十分注重与北约盟国的协商与合作。当前法国奉行的国防政策是：（一）强调核威慑的重要作用，继续依靠独立、有限核力量，维护国家的根本利益。法国十分重视核武器的战略威慑作用，强调必须保持一支“独立”、“足够”和“有效”的现代化核威慑力量，并将其作为最后的军事手段，以捍卫法国的大国地位，维护国家根本利益。（二）重视欧洲防务建设，谋求在欧洲安全事务中发挥主导作用。法国反对建立单极世界，认为世界的多极化趋势虽然出现曲折，但仍然是不可避免的。欧盟必须加强独立的防务建设，以建立新的欧洲安全机制，并在未来国际格局中发挥重要作用。因此，法国将推动欧洲加强共同防务建设作为其国防政策的主要内容之一，谋求法在未来新的欧洲安全机制中发挥主导作用。（三）继续参与北约的集体防御，力促北约进行内部改革，积极扩大法国的影响和作用。法国认为，北约仍是欧洲集体防御的核心，但欧洲不能把确保自身安全的责任永久地交给美国承担，主张通过建立“欧洲独立防务”和“真正平等”的欧美伙伴关系，使欧洲承担更多的防务责任和发挥更大的作用，从中扩大法国的影响和作用，并力图削弱美国在北约的主导地位。（四）维护法国在亚洲、非洲和中欧战略利益，谋求打破美国独霸世界的野心。法国在亚洲、非洲和中东地区有自己的传统利益，发展与加强同这些地区国家的友好合作关系，有利于扩大法国的影响力和发挥法国的大国作用，从而打破由美国一手独揽地区事务和中东和平进程的局面，确保法国的战略利益。

军事战略　法国是北约成员国，其军事战略基本上是执行北约各个时期制定的军事战略原则，但同时又保持着自己的独立性。在冷战时期的一个较长时期内，法国奉行“逐步反应”的军事战略，冷战结束后，法国根据国际和欧洲安全形势的变化，对军事战略进行调整，奉行全方位防御战略。该军事战略的主要内容是：（一）强调威慑作用。法国公开宣布，对任何敢于冒犯、威胁其根本利益的潜在敌人，法国将可能首先使用核武器。法国这样做的目的是使其不敢轻举妄动。但与此同时，法国也更加强调常规力量在核威慑战略中的作用，重视核与常规力量、威慑与干预行动之间的平衡与互补作用。（二）强调预防危机。主张动用政治、经济、外交、军事等多种手段，预防各种危机的发生，并将其控制在最低限度，以确保国家的安全。（三）强调兵力投送与机动作战。认为未来法军将主要在远离国门的欧洲及世界其他地区遂行军事行动。为此，法军应具有兵力投送能力和机动作战能力，并把加强部队快速反应能力及远距离投放手段作为军事建设的重要内容。（四）强调维护国内安全。法军的任务是维护国家主权、领土完整和社会稳定。维护国家治安主要由宪兵和警察承担，但需要时，法军现役及预备预部队也将参与，进行“国内投放”行动，以配合宪兵和警察及时、有效地消除国内各种不安定因素和潜在威胁。

国防体制　法国宪法规定，法国总统为武装力量最高统帅。总统下设内阁会议、国防委员会、限制性国防委员会和高级国防会议。内阁会议负责制定全面的防务政策，其成员有总理和所有内阁成员，由总统任主席。国防委员会负责具体防务问题的决策，其成员有总理、外交、国防、内政和财经部长等，由总统任主席。限制性国防委员会负责军事问题的决策，由总理或总理指定的人员组成，总统任主席。高级国防会议为咨询机构。总理负责贯彻既定防务政策。国防部为内阁中的一个部，是军队的最高行政领导机关。国防部长在总理领导下负责防务工作，下设三军参谋部和陆、海、空军军种参谋部、国家宪兵总局以及武器装备部等单位。武装力量由陆、海、空三军和宪兵组成。最高军事指挥机构为三军参谋部。总统通过国防部和三军参谋部对全国武装力量实施领导和指挥。

领导人物　总统兼武装力量最高统帅雅克·希拉克（1995年5月首任，2002年5月连任）。总理让·皮埃尔·拉法兰（2002年6月上任）。国防部长米歇尔·阿利奥·马里（女、文职，2002年6月上任）。三军参谋长亨利·邦德雅上将（2002年10月上任）。陆军参谋长贝尔纳·托雷特上将（2002年9月上任）。海军参谋长让·路易·巴戴海军上将（2001年7月上任）。空军参谋长里夏尔·沃尔津斯基空军上将。

武装力量　**兵力**　法国武装力量由陆、海、空军和宪兵组成，截止2004年底，现役部队25万人。

陆军　13.7万人（不含3万文职人员）。编有1个地面作战司令部、5个军区、4个特遣司令部，2个装甲旅（每个旅下辖2个装甲团、2个装甲步兵团、1个自行炮团、1个工兵团）、2个机步旅（每个旅下辖1个装甲团、1个装甲步兵团、1个装甲输送车步兵团、1个自行炮团、1个工兵团）、2个轻装甲旅（每个旅下辖2个装甲团、2个装甲输送车步兵团、1个炮兵团、1个工兵团）、1个山地步兵旅（下辖1个装甲团、3个装甲输送车步兵团、1个炮兵团、1个工兵团）、1个空运旅（下辖1个装甲团、4个空降步兵团、1个炮兵团、1个工兵团）、1个空中机动旅、1个炮兵旅、1个工兵旅、1个情报与电子对抗旅。另有法德旅（2500人）中的法国旅（下辖1个装甲团、1个装甲输送车步兵团）。

外籍军团　7700人。编有1个装甲团、1个空降团、6个步兵团、2个工兵团。

海军陆战部队　14700人。编有21个团，其中11个驻本土、10个驻海外领地。

特种部队　约2700人。编有1个作战司令部，1个空降团、1个直升机团、3个训练中心。

预备役部队　编有75个连、14个支援连。

陆军装备：主战坦克614辆。装甲侦察车：1946辆。步兵战车：384辆。装甲输送车：3700辆。牵引炮：97门。自行炮：278门。火箭炮：61门。迫击炮：363门。反坦克导弹："爱利克斯"700枚、"米兰"1348枚、"霍特"135枚。反坦克火箭筒：89毫米9850具、112毫米"阿皮拉斯"9690具。高炮：328门。地空导弹：455枚。雷达：监视雷达若干部、侦察雷达若干部。飞机："锡斯纳"、"大蓬车"Ⅱ型2架，PC-6型5架，TBM-700型8架。直升机：418架，其中攻击直升机292架、侦察直升机4架、直援直升机122架。无人机：CL-289型8架、"红隼"型2架。

海军　4.425万人（包括1700名海军航空兵和6800名海军陆战队，不含1.02万名文职人员）。编有1个战略海军司令部、1个水面作战司令部、1个反潜作战司令部、1个扫雷作战司令部、1个潜艇作战司令部、1个海军航空兵司令部、1个海军陆战队司令部。

海军装备：潜艇10艘，其中战略弹道导弹核潜艇4艘（"可畏"级2艘、"凯旋"级2艘），战术潜艇6艘（"红宝石"级）。水面舰艇：航母："戴高乐"号核动力航母1艘。直升机航母："圣女贞德"级1艘。导弹驱逐舰：12艘，其中"卡萨尔"级2艘、"絮弗伦"级1艘、"乔治·莱格"级7艘、"图尔维尔"级2艘。护卫舰：20艘，其中"弗罗雷亚尔"级6艘、"德斯蒂安纳·多尔韦"级9艘、"拉法耶特"级5艘。巡逻舰艇：35艘，其中"信天翁"级1艘、"大胆女人"级10艘、"豹"级8艘、"红鹤"级3艘、"斯特尔纳"级1艘、"格雷勃"级1艘、"阿妥斯"级2艘、"帕特拉"级2艘、"斯特利斯"级2艘、近岸巡逻艇5艘。扫雷舰：21艘，其中"卢瓦尔河"扫雷/指挥支援舰1艘、"波江座"级13艘、"火神"级4艘、"大火星"级3艘。两栖舰艇：9艘，其中"闪电"级2艘、"暴风"级2艘、"尚普兰"级5艘。支援舰船：23艘。

海军航空兵　6800人，包括480名女兵。装备：作战飞机58架、武装直升机30架。

海军陆战队　1700人。编有5个突击群、14个海军基地防卫队。

空军　6.4万人（不含6000文职人员）。编有1个防空司令部，下辖"斯特里达"Ⅱ防空系统、6个雷达站、1个E—3F预警机中队、11个地空导弹连、若干个高炮连；1个空中作战司令部，下辖6个攻击战斗机中队、6个战斗机中队、2个侦察机中队、3个教练机中队、1个电子战中队；1个空中机动支援司令部，下辖14个运输机中队、1个电子战中队、5个直升机中队、1个教练机中队；1个空中训练司令部。

空军装备：攻击机："幻影"2000N型60架、"幻影"F-1CT型42架、"幻影"2000D型43架、"美洲虎"A型118架。战斗机："幻影"F-1B型11

架、“幻影”F-1C 型 26 架、“幻影”2000B 型 26 架、“幻影”2000C 型 95 架。空中预警机：E-3F 型 4 架。侦察机：“幻影”F-1CR 型 43 架、“幻影”IVP 型 5 架。空中加油机：C-135FR 型 11 架、KC-135 型 3 架、C-160AG 型 14 架、C-160NG 型 14 架。运输机 131 架，其中 A-310-300 型 2 架、A-319 型 2 架、DC-8 型 2 架、C-160 型 63 架。教练机：291 架，其中“阿尔法喷气”90 架。直升机：89 架。空地导弹：若干枚。空空导弹：若干枚。

战略核力量　4800 人（其中海军 2200 人，空军 2300 人，宪兵 310 人）。

主要装备：战略导弹核潜艇：“可畏”级 2 艘、“凯旋”级 2 艘、潜射导弹 64 枚。“超级军旗”攻击机 28 架、“幻影”2000N—ASMP 型轰炸机 60 架、“幻影”IVP 型侦察机 5 架、C—135FR 型空中加油机 11 架、KC—135 型空中加油机 3 架。C—160H 型运输机 4 架、“神秘”20 型 6 架、“美洲豹”E 型 6 架。

文职人员　9.96 万人。

预备役部队　10 万人。其中陆军 2.8 万人，海军 0.6 万人，空军 0.8 万人，宪兵 5 万人，卫生兵 0.7 万人。

部署　陆军主要部署在法国与德国边境和北部地区，海军重点部署在地中海和大西洋沿岸一带，空军主要部署在东北部和中部地区。共有军事基地 74 处，其中陆军基地 16 处，海军基地 8 处，空军基地 50 处。

兵役制度　法政府从 1997 年 8 月起进行军队职业化改革，取消义务国民役，实行志愿国民役制度。志愿国民役分为防务与安全、社会服务、国际合作与人道援助三种类型，服役期为 12~24 个月不等。其中选择防务与安全类志愿国民役到军队服役的志愿者服满 12 个月法定服役期后，如个人要求延长服役并转为志愿军人，可与军方续签服役合同，但一次不超过 5 年。各级军官最高服役年限：将官为 61 岁（上将 61 岁，中、少将 60 岁，准将 58 岁），校官为 57 岁（上校 57 岁、中校 56 岁、少校 54 岁），尉官为 52 岁。

军衔　分 5 等 20 级，即将官 4 级（上将、中将、少将、准将），校官 3 级（上校、中校、少校），尉官 4 级（上尉、中尉、少尉、准尉），军士 6 级（总军士长、军士长、准军士长、上士、中士、下士）、兵 3 级（上等兵、下等兵、列兵）。

驻外兵力　驻德国部队 3200 人；安的列斯地区 4100 人；法属圭亚那 3100 人；印度洋 3600 人；新喀里多里亚 2700 人；波利尼西亚 2400 人；乍得 950 人；科特迪瓦 3800 人；吉布提 2850 人；加蓬 800 人；塞内加尔 1100 人。参加联合国维持和平行动：驻阿富汗维和部队 565 人；驻波黑维和部队（SFORⅡ）1500 人；驻科特迪瓦维和部队 185 人，观察员 2 人，驻克罗地亚 8 人（北约空军一体化部队）；驻埃及军事观察员 15 人；驻埃塞俄比亚/厄立特里亚联合国埃厄特派团 1 人；驻格鲁吉亚军事观察员 3 人；驻海地维和部队 2 人；驻中东地区（联合国停战监督组织）军事观察员 4 人；驻黎巴嫩维和部队 205 人；驻利比里亚维和部队 1 人；驻塔吉克斯坦 120 人；驻西撒哈拉军事观察员（宪兵）25 人；驻塞尔维亚与黑山维和部队约 2900 人。

外国驻军　德国：参加欧洲军团 209 人。新加坡：空军 200 人。

军火贸易　自 20 世纪 80 年代以来，法国的军火出口一直居世界前三位，并占据世界出口 10%左右的份额。法军火出口的主要地区是中东、亚洲、拉美和欧洲。1997 年军火出口额为 74.19 亿美元。1998 年军火出口额为 98.04 亿美元。1999 年军火出口额为 43.7 亿美元。2000 年军火出口额为 41 亿美元。2001 年军火出口额为 21 亿美元。

（吴　炯）

荷　兰

国　　名　荷兰王国。

主要统计　面积 4.1528 万平方公里。人口 1621.5 万人（2004 年，其中，0~14 岁占 18.4%；15~64 岁占 68.8%；65 岁以上占 16.7%）。国内生产总值 4520 亿欧元，约合 5140 亿美元（2003 年）。国防费 61 亿欧元，约合 76 亿美元（2004 年国防预算）。粗钢 590.2 万吨（2001 年）。原油 1200 万桶（2002 年）。天然气 743 亿立方米（2001 年）。发电量 909.03 亿度（2002 年）。粮食 164.9 万吨（2000 年）。海运能力，商船（载重量 100 吨以上）399 艘，总载重量 287.4 万吨（2003 年）。民航能力，固定航班机场 6 处，客运量 581.12 亿人公里、货运量 39.11 亿吨公里（2003 年）。

国防政策 荷兰是北约成员国，其主要军事力量均交由北约统一指挥。因此，荷兰把坚持奉行依靠北约的集体防务作为其国防政策的核心，并将北约视为维护欧洲和荷兰安全的基石。与此同时，荷兰也主张由欧洲承担更多的防务义务，在维护地区安全中发挥更为积极的作用。在军队建设上，为了适应近年来世界和欧洲安全形势的变化，荷兰也进行了改革，强调建立一支职业化的军队。

国防体制 荷兰宪法规定，女王是荷兰武装力量的最高统帅。战时首相是武装力量的最高司令，平时通过国防大臣行使职权。最高国防决策机构为国防委员会，成员有首相、外交、国防、内政、财政、经济、交通与通信大臣、国防国务秘书、国防部秘书长、国防参谋长、各军种司令、民防参谋长、外交部政治司司长和国防部各总局局长等，由首相任主席。国防部是政府中的一个部，是最高军事行政领导机关，负责国防政策的制定和监督实施等工作。武装力量由正规军和准军事部队组成。正规军分陆、海、空三个军种和宪兵，分别由各军种司令和宪兵司令指挥。最高军事指挥机构为国防参谋部。女王和首相通过国防部和国防参谋部对全国武装力量实施领导和指挥。

领导人物 国家元首兼武装力量总司令贝亚特丽克丝女王（1980 年 4 月 30 日即位）。首相鲍肯内德（2003 年 5 月 27 日上任）。国防大臣亨克·坎普（文职，2003 年 5 月 27 日上任）。国防参谋长范登布雷蒙上将。陆军总司令兼陆军参谋长乌尔林斯中将。海军总司令兼海军参谋长范代温达克中将（1998 年 6 月 10 日上任）。空军总司令兼空军参谋长贝林杰中将（2000 年 3 月 24 日上任）。

武装力量 现役部队 4.943 万人（含宪兵 6800 人，女军人 4155 人，总部机关 800 人，另有文职人员 2 万人）。

陆军 2.315 万人。编成 1 个军部（德/荷军）、1 个机械化师部、3 个机械化步兵旅（其中 2 个旅为架子旅）、1 个空中机动旅，1 个野战炮兵团、1 个防空营、2 个工兵营。其中，空中机动旅是作为荷兰冷战后军队转型一部分于 1993 年决定组建的精锐快速反应部队，满编 5000 人，可在世界范围内部署。该旅于 2003 年 10 月组建完毕并已形成战斗力。主要作战部队有：3 个坦克营、6 个装甲步兵营、3 个空中机动营、3 个侦察连、6 个炮兵营、1 个防空营、1 个特种部队连、2 个多管火箭炮连。

主战坦克：283 辆。步兵战车：各型 426 辆。装甲输送车：各型 828 辆。牵引炮：113 门。自行炮：120 门。火箭炮：22 门。迫击炮：152 门。反坦克导弹：753 枚。无坐力炮：185 门。高炮：137 门。地空导弹：312 枚。坦克运输艇：1 艘、海岸巡逻艇：3 艘、内河巡逻艇：3 艘。

海军 1.213 万人（内含海军航空兵 950 人、海军陆战队 3100 人、女军人 1150 人）。编有 1 个潜艇中队、3 个护航中队和 3 个扫雷中队。荷兰和比利时的海军由设在荷兰登赫尔德的司令部统一指挥。

潜艇：4 艘。导弹驱逐舰：3 艘。护卫舰：10 艘。扫雷舰：12 艘。两栖舰：1 艘。支援舰：8 艘。

海军陆战队 3100 人。编有 3 个海军陆战营（其中 1 个架子营），1 个支援营。装甲车 22 辆，牵引炮：8 门，迫击炮：32 门，反坦克导弹、地空导弹：若干。

海军航空兵 950 人。编有 2 个海上巡逻兼反潜中队、2 个反潜兼搜索救援中队。装备有：作战飞机 10 架、武装直升机 21 架、反潜巡逻机 10 架。

空军 1.105 万人。编有 6 个攻击战斗机中队、1 个侦察/教练机中队、1 个搜索/救援中队、5 个直升机中队、4 个防空中队。

攻击/战斗机：157 架。海上侦察机：2 架。空中加油兼运输机：2 架。运输机：9 架。教练机：13 架。直升机：71 架。地空导弹：153 枚。高炮：75 门。防空雷达：25 部。空空导弹、空地导弹：各若干枚。

文职人员 1.96 万人。

预备役部队 3.22 万人，其中陆军 2.22 万人，海军 5000 人，空军 5000 人。

准军事部队 皇家宪兵 5200 人（其中女军人 400 人）。编成 60 个旅，装备 24 辆 YPR-765 装甲车。

部署 陆军作战部队主要部署在东部地区。空军作战飞机中队主要部署在东部地区。防空导弹部队全部部署在德国。战术空军司令部设在政府所在地海牙。

兵役制度 自 1997 年 1 月 1 日起实行合同兵役制度。合同兵首次服役合同期一般为 18 个月。合同期满后可以续签服役合同，每次续签服役合同期为 2 年。各级军官最高服役年限：除国防参谋长可适当延长外，各级军衔军官均为 55 岁。

军衔 分 5 等 17 级：将官 4 级（上将、中将、少将、准将），校官 3 级（上校、中校、少校），尉官 4 级（上尉、中尉、少尉），军士 5 级（准尉、上士、一级中士、中士、下士）、兵 2 级（一等兵、二等兵）。

驻外兵力 驻德国 2600 人，其中陆军 2300 人，编成 1 个轻型装甲旅（1 个装甲步兵营、1 个坦克营）及作战支援分队。空军 300 人；驻冰岛 16 人，"猎户座"P-3C 型反潜巡逻机 1 架；驻荷属安的列斯群岛 1

个海军陆战营、护卫舰1艘、两栖登陆舰1艘、“猎户座”P-3C型反潜巡逻机3架，海军20人。参加联合国维持和平行动：驻波斯黑维和部队（SFOR Ⅱ）1100人、1个机械化步兵营；驻塞浦路斯维和部队99人；驻埃-厄边境军事观察员1人，维和部队7人；驻意大利80人、F-16战斗机4架；驻中东军事观察员11人；驻科索沃维和部队（KFOR）1450人。

外国驻军 北约北欧盟军司令部；美国驻军空军303人。

（吴 炯）

拉脱维亚

国 名 拉脱维亚共和国。

主要统计 面积6.4589万平方公里。人口232.1万人（2003年。其中，0~14岁占15.8%；15~64岁占69.1%；65岁以上占15.2%）。国内生产总值58亿拉特，约合102亿美元（2003年）。国防费1.2亿拉特，约合2.26亿美元（2004年国防预算）。粗钢1.51万吨（2002年）。发电量41.96亿度（2002年）。粮食102.8万吨（2002年）。海运能力，商船（载重量100吨以上）261艘，总载重量143.69万吨（2003年）。民航能力，固定航班机场1处，客运量2.98亿人公里、货运量0.09亿吨公里（2003年）。

国防体制 总统是全国武装力量最高统帅。国防部是政府执行和实施国防政策的部门，和平时期，武装力量由国防部管辖。武装力量司令是军队最高指挥官。

领导人物 总统瓦伊拉·维凯-弗赖贝加（女，1999年6月17日就任，2003年6月20日获连任）。总理埃纳尔斯·列普舍（2002年11月7日就任）。国防部长吉尔茨-瓦尔迪斯·克里斯托夫斯基斯（2002年11月7日就任）。武装力量司令盖迪斯—安德列斯·泽伊波茨海军上将。

武装力量 国防军现役部队4870人（内含1600名征募人员）。

陆军 4000人（内含1440名征募人员）。编有1个机动步枪旅（下辖1个步兵营），1个装甲侦察车营，1个工兵营，1个火炮营，1个维和连。

主战坦克：3辆。装甲侦察车：2辆。装甲输送车：13辆。牵引炮：26门。迫击炮：37门。火箭炮：82门。无坐力炮：若干门。高炮：30门。

海军 620人（内含57名征募人员）。拉脱维亚、爱沙尼亚和立陶宛3国建立了联合海军部队，在拉脱维亚的利耶帕亚、里加、文茨皮尔斯，爱沙尼亚的塔林，立陶宛的克莱佩达设立海军基地。每个国家提供1~2艘反水雷舰艇。

巡逻与海岸战斗舰艇：各型4艘。海岸巡逻艇：1艘。水雷战舰艇：各型3艘。混合支援舰艇：1艘。

海岸警卫队：250人。装备有8艘巡逻艇，其中1艘海岸巡逻艇，7艘近岸巡逻艇。

空军 250人。作战飞机19架。直升机5架。

预备役部队 1.305万人。

准军事部队 内务部所属边界警卫部队3200人。编成1个旅，下辖7个营。

兵役制度 实行义务兵役制，19至27岁的男姓公民应服兵役12个月，拒服兵役者须在非军事部队服役24个月，女性公民自愿服役。

驻外兵力 驻伊拉克和平支援部队100人。驻阿富汗国际安全援助部队（ISAF）2人。驻波斯尼亚第二期多国稳定部队（SFOR Ⅱ）1人。

（吴 炯）

立陶宛

国 名 立陶宛共和国。

主要统计 面积6.53万平方公里。人口334.57万人（2004年。其中，0~14岁占18.2%；15~64岁占67.8%；65岁以上占13.9%）。国内生产总值557亿立特，约合186亿美元（2003年）。国防费8.68亿立特，约合3.1亿美元（2004年国防预算）。发电量176. 73

亿度（2002 年）。粮食 260.2 万吨（2002 年）。海运能力，商船（载重量 100 吨以上）52 艘，总载重量 37.3 万吨（2003 年）。民航能力，固定航班机场 3 处，客运量 3.07 亿人公里、货运量 0.026 亿吨公里（2003 年）。

国防体制 总统是全国武装力量最高统帅。国防部是政府执行和实施国防政策的部门。军政、军令分开，国防部长由文职人员担任。武装力量司令是军队最高指挥官，负责军队训练、作战和指挥。

领导人物 总统罗兰达斯·帕克萨特（2003 年 2 月 26 日就任）。总理埃阿尔吉尔达斯–米科拉斯·布拉藻斯卡斯（2001 年 7 月就任）。国防部长利纳斯·林凯维丘斯（2001 年 7 月就任）。武装力量司令约纳斯·克龙凯蒂斯少将。

武装力量 国防军现役部队 1.351 万人（内含 3950 名征募人员）。

陆军 1.16 万人（内含 1500 名国防志愿部队人员，3531 名征募人员）。编有 1 个军区，1 个快速反应旅（下辖 2 个机械化步兵营，2 个摩托化步兵营，1 个火炮营），1 个独立摩托化步兵营，1 个狙击营，1 个教练团，1 个工兵营。

装甲侦察车：10 辆。装甲输送车：22 辆。牵引炮：72 门。迫击炮：61 门。反坦克导弹：若干枚。火箭炮：613 门。无坐力炮：693 门。

海军 710 人（内含 300 名征募人员）。拉脱维亚、爱沙尼亚和立陶宛 3 国建立了联合海军部队，在拉脱维亚的利耶帕亚、里加、文茨皮尔斯，爱沙尼亚的塔林，立陶宛的克莱佩达设立海军基地。每个国家提供 1~2 艘反水雷舰艇。

巡逻与海岸战斗舰艇：各型 5 艘。护卫舰：2 艘。海岸巡逻艇：3 艘。水雷战舰艇：2 艘。混合支援舰艇：1 艘。

空军 1200 人。建有 2 个空军基地，6 个雷达站。各型作战飞机 17 架。直升机 10 架。

预备役部队 24.62 万人。其中第一预备役部队 1.48 万人，第二预备预部队 23.14 万人。

准军事部队 1.46 万人。

兵役制度 实行职业军人和义务兵混合制，义务兵服役期 12 个月。

驻外兵力 驻伊拉克和平支援部队 90 人。驻阿富汗国际安全援助部队（ISAF）6 人。驻波斯尼亚第二期多国稳定部队（SFOR Ⅱ）97 人。驻塞尔维亚与黑山维和部队（KFOR）30 人。

（吴 炯）

罗 马 尼 亚

国　　名 罗马尼亚。

主要统计 面积 23.75 万平方公里。人口 2233 万人（其中，13~17 岁男 84.6 万人，女 81.8 万人；18~22 岁男 91.2 万人，女 88 万人；23~32 岁男 188.6 万人，女 182.3 万人）。国内生产总值 1890 万亿列伊，合 569 亿美元（2003 年）。国防费 43.6 万亿列伊，合 13 亿美元（2003 年）。原煤 3130 万吨（1998 年）。海运能力，商船（载重 100 吨以上）439 艘，总载重量 484.55 万吨。民航能力，固定航班机场 12 处，客运量 23.27 亿人公里，货运量 4940 万吨公里。

国防体制 宪法规定，总统为武装力量最高统帅。最高国防决策机构为最高国防委员会，总统任主席，总理任副主席，其他成员有主管工业和贸易的国务部长、国防部长、内务部长、外交部长、情报局长、国务秘书兼总参谋长等。国防部为政府最高军事行政机构。武装力量由正规军和准军事部队组成。正规军分陆、海、空三个军种。总参谋部为最高军事指挥机构。总统通过最高国防委员会和国防部、总参谋部对全国武装力量实施领导和指挥。

领导人物 总统兼武装力量最高统帅扬·伊利斯库（2004 年 12 月当选）。国防部长特奥多尔·阿塔纳希乌（2004 年 12 月上任）。总参谋长米·波佩斯库上将(2000 年 10 月上任)。

武装力量 现役部队 8.72 万人（含直属部队 1 万人）。

陆军 6.6 万人。编有 1 个联合作战指挥部，2 个作战指挥部，1 个陆军司令部，2 个国土军司令部。下辖 10 个现役旅和 14 个国土旅。

坦克：1258 辆，其中 T–55 型 717 辆、TR–85M1 型 314 辆、TR–580 型 227 辆。突击火炮：84 门。装甲侦察车：4 辆。步兵战车：177 辆。装甲输送车：1583 辆。牵引炮：661 门。自行炮：122 毫米 48 门。火箭炮：

122毫米171门。迫击炮：120毫米358门。地地导弹发射装置：FROG型9部。反坦克导弹：228枚。反坦克炮：100毫米849门。高炮：37毫米230门、57毫米216门、85毫米12门、100毫米213门。地空导弹：共64枚。

海军　7200人。编有1个海军司令部、1个海上作战指挥部、1个多瑙河区舰队。主要基地有曼加利亚、康斯坦察、布勒伊拉、久尔久和图尔恰。

驱逐舰："蒙丹娜"级1艘。护卫舰："泰塔尔"级6艘。导弹快艇："塔朗特"级3艘、"奥萨"级3艘。鱼雷快艇12艘。巡逻艇20艘。扫雷艇10艘。布雷艇2艘。支援和其他舰只11艘。

海军陆战队编有1个海军水兵营。装备有装甲输送车：13辆。

空军　1.4万人。编有1个空军作战指挥部，下辖1个空军师、6个空军基地、1个训练基地。作战飞机307架。

歼击机：米格-21长矛型106架。运输机：安-24型2架、安-26型6架、C-130B型4架。航测机：安-30型3架。教练机：拉-29型16架、拉-39型13架、IAR-99型15架。战斗支援直升机：IAR-330型40架、IAR-316型22架。空空导弹：若干枚。空地导弹：若干枚。

预备役　10.4万人。

准军事部队　7.99万人，隶属内务部。其中边防部队2.29万人，国民卫队约5.7万人。

兵役制度　实行义务兵役制。陆、海、空军士兵服役期均为12个月。军官最高服役年限：将官、校官60岁，尉官45岁。

军衔　共分4等11级，即元帅1级（只在战时授予）、将官4级（上将、中将、少将、准将）、校官3级（上校、中校、少校）、尉官3级（上尉、中尉、少尉）。

驻外兵力　驻伊拉克维和支援部队730人，驻阿富汗418人。参加联合国驻阿富汗维和部队32人，驻波黑多国稳定部队106人，驻科特迪瓦6人，驻埃塞俄比亚/厄里特里亚军事观察员8名，驻利比亚军事观察员3人，驻塞尔维亚和黑山维和部队226人，观察员1人。

军队节日　罗马尼亚军队日10月25日。

（鞠　涛）

瑞　典

国　　名　瑞典王国。

主要统计　面积44.9964万平方公里。人口897.7万人（2004年。其中，男性占49.4%，女性占50.6%，城市居民占总人口的83.3%；0~14岁占18.5%，15~29岁占18.3%，30~44岁占20.7%，45~59岁占20.3%，60-74岁占13.3%，75岁上以占8.9%）。国内生产总值2800.3亿美元（2003年）。国防费约54亿美元（2003年国防预算）。粗钢538.5万吨（2003年）。发电量1798亿度（2003年）。粮食524.3万吨（2003年）。海运能力，商船（载重100吨以上）438艘、总载重量295.8万吨（2003年）。民航能力，固定航班机场48处，客运量161.48亿人公里，货运，3.5亿吨公里（2003年）。

国防体制　国王为武装力量最高统帅。最高国防决策机构为内阁。首相通过国防部和联合司令部对全国武装力量实施领导和指挥。议会平时设国防委员会，负责审议政府国防预算；战时设顾问委员会，负责向三军总司令提供咨询。国防部为政府中的一个部，是最高军事行政机关，负责制定国防政策，编制国防预算，审批部队的编制、装备和训练计划等工作。武装力量由正规军和国民卫队组成。正规军分陆、海、空三个军种。最高军事指挥机构为联合司令部，三军总司令是全军最高军事首长，战时通过司令部下设的作战部直接指挥各大军区遂行作战任务。平时，部队的日常工作由武装力量最高领导小组负责，其成员包括：总司令、副总司令、作战部部长、战备部部长、三大军区司令和陆、海、空军训练中心总监，共11人。

领导人物　国王兼武装力量最高统帅卡尔十六世·古斯塔夫（1973年9月15日即位）。首相约兰·佩尔松（1996年3月上任，2003年再次连任）。国防大臣莱尼·比约克隆德（2003年2月上任）。三军总司令约翰·赫德斯大林泰特上将（1999年7月连任），副总司令弗兰克·罗森纽斯（1998年2月上任）。中部军区司令皮尔库特·格林中将（1998年2月上任），北部军区司令迈尔梯尔·梅林中将（1998年2月上任），南部军区司令肯特·哈斯库格中将（1998年2月上任）。

武装力量 现役部队2.76万人（其中包括义务兵1.23万人）。目前瑞军正在酝酿大规模裁军，改革军队编制，以减少经费，同时组建快速反应部队，为适应未来高科技战争的需要作准备。战时可动员85万人。

陆军 1.38万人（其中包括义务兵0.86万人）。编有1个联合作战司令部、3个军区、1个师部、4个机械化旅、2个步兵旅、1个炮兵团、4个防空团、2个工兵团、2个通信团、2个辎重团、3个后勤支援团和2个陆航中队。

坦克："豹"II型160辆、"豹"II改进型120辆、"百人队长"型70辆、STRV-103B型40辆、IKV-91型轻型坦克211辆。步兵战车：BMP-1型350辆、STRF-9040型355辆、PBV-302型501辆、PBV-501型350辆。装甲输送车：PBV-401A型433辆、MT-LB型170辆、PskbiLM/42型100辆。牵引炮：105毫米40门、155毫米155门。自行火炮：155毫米26门。迫击炮81毫米160门、120毫米479门。反坦克导弹：57枚。高炮：40毫米200门。地空导弹：若干枚。

海军 0.79万人（包括义务兵0.2万人，海岸防卫兵0.13万人），编有1个近海舰队司令、2个水面作战分舰队、1个潜艇作战分舰队、1个水雷作战分舰队、两个岸防旅。海军基地4个。

潜艇："哥特兰"级3艘、"西约德兰"级4艘。导弹护卫舰："哥德堡"级4艘、"斯德哥尔摩"级2艘。导弹鱼雷快艇："诺雪平"级6艘。导弹巡逻艇："霍根"级4艘、"卡帕兰"级8艘。布雷艇：2艘。扫雷艇：22艘。直升机："海王"式反潜直升机14架、"贝尔"206型运输机10架。岸炮：75、105、120毫米共200余门。岸对舰导弹发射车：25辆。

空军 0.59万人（其中包括义务兵0.15万人），编有6个航空联队、8个战斗机中队、2个攻击/侦察机中队、5个战斗/攻击/侦察机中队、4个运输机中队、16个地勤营。作战飞机250架。

战斗机："维根"JA-37型130架。攻击/侦察机："维根"AU-37型30架、SK-37型9架。战斗/攻击/侦察机："鹰师"JAS-39型135架。教练机："维根"SK-60型103架、SK-61型38架。运输机：13架。运输直升机：121架。

预备役部队 26.2万人。其中陆军22.5万人，海军2万人，空军1.7万人。

文职人员 约2万人。

准军事部队 志愿服务组织约35000人。海岸警卫600人，民防人员630万人（16~25岁居民均有义务参加民防）。

部署 全国划分为三个军区，即北部、中部、南部军区，各军兵种由所属军区司令统一指挥，海军主要部署在波罗的海沿岸，空军主要部署在中南部。

兵役制度 实行义务兵役制。宪法规定，18~47周岁的男性公民都有服兵役的义务。男性公民在18~24周岁期间必须服兵役，服役期为7.5~10个月，此后还要参加5次18-25天的预备役训练。女性可志愿服役。军官最高服役年限为60岁，义务兵服役期为：陆军、海军7.5~15个月，空军8~12个月。

军衔 军官分3等10级：将官4级（上将、中将、少将、准将），校官3级（上校、中校、少校），尉官3级（上尉、中尉、少尉）。

驻外兵力 参加联合国维和部队的兵力包括：驻阿富汗19人、波斯尼亚7人、克罗地亚6人、格鲁吉亚3人、印巴边境7人、伊拉克和科威特6人、中东7人、利比里亚237人、埃塞俄比亚6人、东帝汶2人、科索沃650人、塞拉利昂3人、叙利亚1人等。

（李先喜）

瑞 士

国　　名 瑞士联邦。

主要统计 面积4.1284万平方公里。人口732.09万人（其中，男性占49.3%，女性占50.7%，城市居民占总人口的71.9%；0~14岁占16.8%，15~29岁占22.8%，30~44岁占23.2%，45~59岁占18.0%，60~74岁占12.5%，75岁以上占6.7%）。国内生产总值2685亿美元（2003年）。国防费31亿美元（2003年国防预算）。粗钢85.7万吨（2003年）。天然气145亿立方米（2003年）。发电量668亿度（2003年）。粮食112万吨（2003年）。海运能力，商船（载重100吨以上）26 艘、总载重量 61.5 万吨（2003 年）。民航能力，固定航班机场 5 处，有飞机 715 架，客运量 320.95 亿人公里，货运量 24.73 亿吨公里（2003 年）。

国防体制　宪法规定，联邦委员会（联邦政府）是国家最高行政机构。全国武装力量的最高指挥权属于联邦委员会，联邦委员会主席为国家元首兼政府首脑，是全国武装力量最高统帅。联邦主席由联邦委员会 7 名委员轮流担任，任期 1 年。联邦委员会是最高国防决策机构，成员包括全部 7 名联邦委员，由联邦主席主持。在联邦委员会中由联邦国防民防体育部长、司法警察部长和财政部长组成联邦国防委员会，负责处理日常重大安全事务。联邦议会是国家最高权力机构，重大防务与军事问题均须经议会批准并立法。联邦会议的国民院和联邦院各设一个安全政策委员会，是议会有关安全和国防问题的最高咨询机构。联邦国防民防体育部为联邦政府中的一个部，是最高军事行政机关，负责领导国防和军队的日常管理工作。武装力量由民兵正规军、民兵预备役和准军事部队组成。正规军分陆、空两个军种。最高军事指挥机构为总参谋部。平时，联邦委员会通过联邦国防民防体育部和总参谋部对全国武装力量实施领导和指挥。战时，由联邦委员会提名，经联邦议会核准任命一名上将为总司令，直属联邦政府，统一指挥全军作战。同时，由总司令提名，经联邦委员会核准由一名中将总参谋长和一名中将首席军法执行官，协助总司令指挥全军作战和执行军法。

领导人物　联邦主席兼武装力量最高统帅帕斯卡尔·库什潘（2003 年上任）。联邦国防民防体育部长萨穆埃尔·施密德（2002 年 1 月上任）。总参谋长汉斯-乌尔里希·舍雷尔中将（2002 年 1 月连任）。陆军部长雅克·杜斯中将（2002 年 1 月连任）。空军司令费尔南德·卡莱尔中将（2002 年 3 月连任）。

武装力量　民兵现役部队 4.4 万人。战时经过 48 小时动员后可达 37.1 万人。

陆军　民兵现役部队 3.35 万人（战时经过 48 小时动员后可达 32.04 万人）。编有 3 个野战军军部和 1 个山地军军部、6 个野战师、3 个山地步兵师、4 个国防防御师、5 个坦克旅、3 个要塞旅、2 个国防防御旅和 2 个通信旅。

坦克：PZ-87 型 355 辆、“豹”1/2 型共 439 辆。步兵战车：M-63/73 型 120 辆，M-63/89 型 315 辆。装甲侦察车：“鹰”II 型 319 辆。装甲输送车：M-63/73 型 845 辆、“剪刀鱼”型 477 辆。自行火炮：155 毫米 558 门。火箭炮：60 毫米和 83 毫米 12512 门。迫击炮：81 毫米 1224 门、120 毫米 534 门。反坦克导弹：“龙”型 2760 枚、“陶-2”自行型 303 枚。高炮：20 毫米 630 门。地空导弹：B/L-84 型（“轻剑”）型 56 枚、“毒刺”型若干枚。直升机：“云雀”III 型 60 架。巡逻艇：“宝瓶座”级 10 艘。

空军　民兵现役部队 1.05 万人（战时经过 48 小时动员后可达 5.06 万人）。编有 1 个航空兵旅、1 个机场旅、1 个防空旅、1 个通信旅、12 个战斗机中队和 8 个空军运输中队。作战飞机 154 架。

战斗机：“虎”II/F-5E 型 70 架、“虎”II/F-5F 型 12 架、F/A-18C/D 型 36 架。侦察机：“幻影”IIIRS2 型 16 架、“幻影”IIIDS 型 4 架。运输机：PC-G 型 16 架、“利尔杰特”36 型 1 架、DO-27 型 2 架、“猎鹰-50”型 1 架。教练机：“隼”MK-66 型 19 架、PC-7 型 37 架、PC-9 型 11 架。直升机：AS-332M-1（“超级美洲豹”）型 15 架、SA-316（“支雀”III）型 58 架、AS-532 型 15 架。

文职人员　1.2 万人。

预备役部队　35.1 万人。

准军事部队　民防部队 12 万人。

部署　陆军野战部队兵力主要部署在北部、东北部、中部和西部地区；山地部队全部部署在阿尔卑斯山地区；4 个国土防御师全部沿北部、东北部和东南部边境地区部署；空军部队的航空部队的航空兵旅和机场旅驻中部地区；防空旅部署在重点保护目标、主要军事设施和军用机场附近地区。共有军事基地 40 处。

兵役制度　实行“全民皆兵”的普遍义务兵制。宪法规定，凡年满 20 周岁至 42 周岁的男性公民必须服兵役。女性公民可志愿服兵役。年满 19 周岁的男性青年必须到就近的征兵报名处报名体检，合格者 20 岁入伍。入伍第 1 年在所属兵种新兵学校接受为期 15 周的军事基础训练，此后直到 42 周岁每隔 1 年到部队参加 1 次复训，共 10 次，每次 19~20 天，总受训时间为 300 天，士官的总受训时间为 460~670 天，尉官为 770~900 天，校官为 1050~1300 天，将官视情况而定，一般高于 1300 天。各级军官最高服役年限，将官为 52 岁（可根据需要服役至 62 岁）。校官为 52 岁，尉官为 42 岁（其中上尉可根据需要服役至 52 岁）。民兵军人退役后自动转为民防役。自 1999 年 1 月 1 日起，公民服民防役的年限由原来的 52 岁降为 50 岁。

军衔　分 5 等 18 级：将官 4 级（上将 [战时]、中将、少将、准将），校官 3 级（上校、中校、少校），尉官 3 级（上尉、中尉、少尉），军士 6 级（一级军士长、二级军士长、三级军士长、上士、中士、下士），兵 2 级（上等兵、列兵）。

驻外兵力　驻阿富汗国际安全部队 2 人，驻克罗地亚联合国观察团军事观察员 1 人；驻格鲁吉亚联合国观察团军事观察员 4 人；驻中东联合国停战监督组织观察员 10 人；驻马其顿联合国防御性部署部队军事观察员 4 人；驻韩国中立国监察委员会军官 5 人；驻刚果（金）联合国观察团军事观察员 4 人；驻科索沃和平协议执行部队瑞士连 220 人。

(李先喜)

塞尔维亚和黑山

国　　名　塞尔维亚和黑山。

主要统计　面积 10.22 万平方公里。人口约 1044.6 万人（其中，13~17 岁男 41.2 万人，女 38.8 万人；18~22 岁男 42.5 万人，女 40.2 万人；23~32 岁男 83.7 万人，女 79.5 万人）。国内生产总值 12200 亿第纳尔，约合 216 亿美元（2003 年）。国防费约为 400 亿第纳尔，约合 6.78 亿美元（2004 年）。粮食 523.8 万吨（2000 年）。海运能力，商船（载重 100 吨以上）462 艘，总载重量 517.3 万吨。民航能力，固定航班机场 5 处、客运 8.87 亿人公里、货运量 60.03 亿吨公里。

国防体制　宪法规定，总统为武装力量最高统帅。最高国防决策机构为最高国防委员会，成员有塞黑总统、塞尔维亚共和国总统和黑山共和国总统，由塞黑总统任主席。国防部为政府中的一个部，是最高军事行政机关，负责国家防务政策、国防预算和军事法规的制定及武器装备的研制和改造等工作。正规军分为陆、海、空军防空军三个军种。武装力量由常备军和预备役部队组成。最高军事指挥机构为总参谋部。总统通过国防部和总参谋部对全国武装力量实施领导和指挥。

领导人物　总统兼武装力量最高统帅斯维托扎尔·马罗维奇（2003 年 3 月上任）。国防部长普尔沃斯拉夫·达维尼奇（2004 年 4 月上任）。总参谋长德拉甘·巴斯卡什中将（2004 年 12 月上任）。

武装力量　现役部队 6.53 万人。

陆军　约 5.5 万人。编有 6 个军司令部、6 个装甲旅、1 个警卫旅、1 个机械化旅、7 个摩托化步兵旅、1 个步兵旅、1 个空降旅、1 个特种旅、5 个混合炮兵旅、3 个工兵团、2 个军警营。

坦克：T–55 型 694 辆、T–72 型 62 辆、M–84 型 206 辆。步战车：M–80 型 525 辆。装甲输送车：M–60P 型 70 辆、BOV–VP M–86 型 57 辆，其他型号 161 辆。牵引炮：105 毫米 162 门、122 毫米 271 门、130 毫米 217 门、152 毫米 68 门、155 毫米 72 门。自行炮：122 毫米 72 门。火箭炮：110 门。迫击炮：82 毫米 1090 门、120 毫米 667 门。反坦克导弹：142 枚。无坐力炮：57 毫米 1550 门，82 毫米 1500 门，105 毫米 650 门。反坦克炮：100 毫米 283 门。高炮：20、30、57 毫米 2000 门。地空导弹：SA–6/–9/–13 型 60 枚、SA–7/–14/–16/–18 型共 900 枚。

海军　0.38 万人（含陆战队 900 人）。

潜艇：“萨瓦”级 1 艘，“乌纳”级 3 艘。护卫舰：“科托尔”级 2 艘，“斯普利特”级 1 艘。导弹快艇：“拉德·康查尔”级 5 艘，“米塔尔·阿采夫”级（“黄蜂”级）4 艘。巡逻艇：22 艘。猎雷艇：“武可夫·克拉纳茨”级 2 艘。扫雷艇：英国“汉”级 2 艘，“奈斯廷”级 6 艘。登陆艇：1 艘。支援和勤务舰船：9 艘。

陆战队　编有 2 个陆战旅（各辖 2 个营）、1 个步兵旅（预备役）、1 个岸炮旅、1 个军事警察营。

空军　0.65 万人，编有 1 个空军军，1 个防空军军。作战飞机 96 架、武装直升机 45 架。

攻击战斗机：“鹰”2 型 17 架、“超级海欧”G–4 型 34 架。歼击机：米格–21bis 型 28 架、米格–21 UM 型 6 架、米格一 29A 型 4 架、米格一 29U 型 1 架。侦察机：“鹰”型约 10 架、米格–2lR 型约 l 架。运输机：安–26 型 11 架、“猎鹰”50 型（专机）2 架、雅克一 40 型 2 架、道尼尔–28D“空中仆人”型 2 架。武装直升机：“小羚羊”型 1 7 架、H 一 42M 型 24 架。直升机：米–8 型 29 架、H–42 型 25 架、H–45 型 17 架、HI–42 型 3 架。教练机：乌特瓦–75 型 9 架。空空、空地导弹若干枚。

预备役　28 万人，其中陆军 25 万人、海军 1 万人、空军 2 万人。

准军事部队　4.51 万人，其中内务部队 3.5 万人，特种警察部队 4100 人，黑山内务部队 6000 人。

兵役制度　实行义务兵与职业军人相结合的制度，义务兵服役期为 9 个月。将官最高服役年限为 60 岁，校官为57岁，尉官为55岁，士官为52岁。

军衔　军人军衔分5等20级。即将官4级（大将、上将、中将、少将），校官3级（上校、中校、少校），尉官4级（大尉、上尉、中尉、少尉），军士6级（一级准尉、准尉、一级上士、上士、中士、下士），兵3级（一等兵，二等兵、列兵）。

驻外兵力　驻科特迪瓦观察员3人，驻民主刚果观察员6人，驻利比里亚观察员3人。

外国驻军　联合国驻科索沃维和部队1.75万人，联合国驻科索沃观察员36人、民事警察3510人。

军队节日　6月12日为建军节。

（苏　强）

斯洛伐克

国　　名　斯洛伐克共和国。

主要统计　面积4.9035万平方公里。人口538.1万人（2003年。其中，0~14岁占18.8%；15~64岁占69.8%；65岁以上占11.4%）。国内生产总值1.19万亿克朗，约合327亿美元（2003年）。国防费232亿克朗，约合7.17亿美元（2004年国防预算）。原油400万桶（2000年）。天然气2.92亿立方米（2001年）。发电量302.9亿度（2001年）。粮食321万吨（2001年）。民航能力，固定航班机场2处，客运量2.314亿人公里、货运量0.007亿吨公里（2003年）。

国防体制　总统是武装力量统帅。最高国防决策机构为国防委员会，成员有政府总理、主管经济的副总理、国防部长、外交部长、内务部长、财政部长、总参谋长等，由政府总理任主席。国防部为政府中的一个部，是最高军事行政机关，负责对军队实施政治领导和行政保障。武装力量由正规军和准军事部队组成。正规军分陆军、空军防空军两个军种。最高军事指挥机构为总参谋部。总统通过国防部和总参谋部对全国武装力量实施领导和指挥。

领导人物　总统兼武装力量统帅伊万·加什帕罗维奇（2004年6月15日上任）。国防部长利什卡（2004年6月15日上任）。总参谋长米兰·采罗夫斯基。

武装力量　现役部队2.0195万人（包括2175名宪兵部队）。

陆军　1.286万人。编有1个地面作战司令部，1个三国旅司令部，1个机械化步兵旅（下辖2个机械化步兵营，1个坦克营，1个装甲侦察车营，1个火炮营，1个工兵连），1个信息化步兵旅（下辖3个步兵营，1个火炮营，1个工兵连），1个火炮团，1个快速反应营。

主战坦克：271辆。装甲侦察车：291辆。装甲步兵战车：404辆。装甲输送车：120辆。火炮：374门，其中牵引炮76门，自行炮199门，火箭炮87门，迫击炮12门。反坦克导弹：466枚。高炮：200门。地空导弹：若干枚。

空军防空军　5160人。设有3个空军基地。71架战斗飞机，19架攻击直升机。

预备役部队　国民警卫部队约2万人。

兵役制度　实行义务兵役制，士兵服役期6个月。

驻外兵力　驻阿富汗“持久自由”部队（由美国领导）40人，驻阿富汗国际安全援助部队（ISAF，由北约领导）17人。驻伊拉克和平支援部队82人。驻波斯尼亚第二期多国稳定部队（SFOR Ⅱ）29人。驻塞浦路斯276人。驻埃塞俄比亚/厄立特里亚131人。驻中东观察员2人。驻叙利亚/以色列92人。驻塞尔维亚与黑山维和部队100人。

（吴　炯）

斯洛文尼亚

国　　名　斯洛文尼亚共和国。

主要统计　面积2.0273万平方公里。人口196.4万人（2003年。其中，0~14岁占15.2%；15~64岁占20.4%；65岁以上占14.4%）。国内生产总值5.67

万亿托拉尔，约合274亿美元（2003年）。国防费893亿托拉尔，约合4.58亿美元（2004年国防预算）。发电量144.66亿度（2001年）。原煤489.1万吨（2000年）。粮食50.2万吨（2000年）。海运能力，商船（载重量100吨以上）13艘，总载重量34.65万吨（2003年）。民航能力，固定航班机场3处，客运量8.32亿人公里、货运量0.042亿吨公里（2003年）。

国防体制 宪法规定，总统为国家武装部队最高统帅。国防部是政府执行和实施国防政策的部门。从1998年起，按西方标准改组军队体制，分为基本国防部队、加强部队、快速反应部队。

领导人物 总统兼武装部队最高统帅雅奈兹·德尔诺夫舍克（2002年12月就任）。国防部长安顿·格里佐尔德（2002年12月就任）。武装力量司令约纳斯·克龙凯蒂斯少将。

武装力量 现役部队7127人。

陆军 6550人。编有1个武装部队司令部，1个步兵旅（下辖2个机械化步兵营，1个工兵营）。

主战坦克：40辆。装甲侦察车：8辆。装甲步兵战车：26辆。装甲输送车：64辆。牵引炮：24门。迫击炮：116门。反坦克导弹若干枚。

海上部队 47人。编有1个海上营。海军基地科佩尔。

空中部队 530人。编有1个防空团，1个航空团。各型作战飞机15架，直升机13架，“萨姆”导弹132枚，高炮24门。

预备役部队 2万人。

准军事部队 警察部队4500人。装备有各型直升机5架。

兵役制度 实行义务兵役制，服役期6个月。

驻外兵力 驻阿富汗国际安全援助部队18人。驻波斯尼亚第二期多国稳定部队（SFOR Ⅱ）158人。驻中东观察员2人。驻塞尔维亚与黑山维和部队2人。

（吴 炯）

乌 克 兰

国 名 乌克兰。

主要统计 面积60.37万平方公里。人口5038.7万人（其中13~17岁男190.1万人，女187.7万人；18~22岁男187.7万人，女183万人；23~32岁男359.5万人，女357.3万人）。国内生产总值2260亿美元（2001年）。国防费6.31亿美元（2002年）。粗钢3180万吨（2000年）。原煤6240万吨（2000年）。原油368.7万吨（2000年）。天然气179亿立方米（2000年）。粮食2440万吨（1999年）。海运能力，商船（载重100吨以上）2艘，总载重量8600吨（2001年）。民航能力，固定航班机场1处，客运量5210万人公里，货运量500万吨公里（2000年）。

领导人物 总统兼武装力量最高统帅列尤先科(2005年1月10日当选)。国防部长库兹穆克，总参谋长基里琴科上将。

武装力量 **兵力** 现役兵力约27.25万人。

陆军 12.5万人。划分为国防部直属部队和3个作战指挥部。国防部直属部队下辖1个空中机动旅、1个战役战术导弹旅、1个炮兵旅、1个工兵旅。

西部作战指挥部下辖：指挥部直属部队有1个特种作战旅、1个战役战术导弹旅、1个空中机动团、1个工兵旅、2个陆航团、1个空防团；1个军，下辖2个机械化师、5个机械化旅、1个炮兵师、1个炮兵旅、1个火箭炮团、1个空防团、1个工兵团。

南部作战指挥部下辖：指挥部直属部队1个机械化师、1个战役战术导弹旅、1个陆航旅、1个空中机动师、2个工兵团、1个空防导弹旅；2个军，其中，1个军下辖1个坦克师（包括3个坦克团、1个特炮团、1个空防团）。另一个军下辖2个机械化旅、1个炮兵旅、1个火箭炮团、1个工兵团、1个空防导弹团。

北部作战指挥部下辖：指挥部直属部队有1个机械化师、1个炮团、1个坦克旅、1个战役战术导弹旅、1个陆航旅、1个工兵团。1个军下辖1个坦克师、2个机械化师、1个空中机动旅、1个战役战术导弹旅、1个炮兵旅、1个火箭炮团、1个工兵团。

主战坦克：3784辆。其中，T-55型112辆、T-64型2215辆、T-72型1180辆、T-80型271辆、T-84型6辆。装甲侦察车约600辆。步兵战车：3043辆。其中BMP-1型1008辆、BRM-1K型458辆、BMP-2型1434辆、BMP-3型4辆、BMD-1型61辆、BMD-2型78辆。装甲输送车：1702辆。其中BTR-60型176辆、BTR-70型1026辆、BTR-80型456辆、BTR-D

型 44 辆，另有 MT-LB 型 2090 辆、LOOK-a-likes 型 4700 辆。各型火炮：3705 辆。其中牵引火炮 1143 辆，自行火炮 1298 门，曲射直射两用炮 76 门，火箭炮 588 门，迫击炮 600 门。战役战术导弹发射架：212 部。反坦克导弹：若干枚。100 毫米反坦克炮约 500 门。30 毫米自行高炮 70 门、57 毫米高炮约 400 门。防空导弹发射架：SA-4 型 100 部、SA-8 型 125 部、SA-11 型 60 部、SA-B 型约 150 部。米-24 型战斗直升机 205 架。米-6 型运输直升机 42 架、米-8 型 315 架。

海军　1.35 万人（包括海军航空兵 2500 人、海军陆战队 3000 人、海岸防御部队 2000 人）。

潜艇　1 艘。主要水面作战舰艇：3 艘。其中“光荣”级 1 艘、“克里瓦克”级 2 艘。巡逻艇：9 艘。其他舰艇：21 艘。

海军航空兵　2500 人。装备战斗直升机 13 架、运输直升机 16 架、贝-12 型反潜机 11 架、卡-27E 型反潜直升机 2 架。米-6 型直升机 5 架、卡-25 型直升机 28 架、米-24 型直升机 42 架。

海军陆战队　3000 人。

空军　4.91 万人。编 2 个空军军，1 个轰炸团，装备图-22M 型轰炸机 32 架；3 个歼击轰炸团，装备苏-24 型歼轰机 71 架；2 个强击机团，装备苏-25 型强击机 63 架；7 个歼击机团，装备米格-29 型歼击机 217 架、苏-27 型歼击机 60 架；2 个侦察团，装备苏-24 型机 29 架、苏-17 型机 20 架；3 个运输机团：装备伊尔-76 型机 60 架、安-12/-24/-26/图-134 伊尔-78 型运输机共 45 架；5 个教练机团，装备拉-39 型教练机 345 架；1 个直升机教练团，装备米-8 直升机 16 架。运输直升机：米-2 型 111 架、米-6 型 23 架、米-8 型 170 架。空空导弹 AA-7、AA-8、AA-9、AA-10、AA-11 型若干枚。空地导弹 AS-7、AS-9、AS-10、AS-11、AS-12、AS-13、AS-14、AS-15 型若干枚。地空导弹发射架 SA-2/-3/-5/-10/-12A 型 825 部。

预备役部队　近 5 年服过现役者约 100 万人。

准军事部队　约 11.25 万人，其中内卫部队 4.4 万人、边防部队 4.5 万人、海岸守备队 1.4 万人、国民卫队 0.95 万人。

（韩生民）

西　班　牙

国　　名　西班牙。

主要统计　面积 50.5925 万平方公里。人口 4271.7 万人（其中，男性占 49.1%，女性占 50.9%，城市居民占总人口的 75.3%；0~14 岁占 19.4%，15~29 岁占 24.9%，30~44 岁占 20.0%，45~59 岁占 16.5%，60~74 岁占 13.6%，75 岁以上占 5.6%）。国内生产总值 7078.35 亿美元，人均 1.69 万美元（2003 年）。国防费 80.8 亿美元（2003 年国防预算）。原煤 2761.5 万吨（2003 年）。原油 397 万桶（2003 年）。天然气 4.98 亿立方米（2003 年）。发电量 1856.28 亿度（2003 年）。谷物 1810.2 万吨（2003 年）。海运能力，商船（载重量 100 吨以上）2210 艘，总载重量 515.28 万吨（2003 年）。民航能力，全国有机场 42 个，其中 34 个机场有定期航班。客运量 538.25 亿人公里、货运量 61.72 亿吨公里（2003 年）。

国防体制　国王为武装力量最高统帅。国防委员会既是国防事务的最高咨询机构，也是国防最高决策机构，国王为主席，通常由首相主持会议，成员由副首相、国防大臣、外交大臣、内政大臣、国防参谋长、三军参谋长。三军参谋长联席会议是军队的最高指挥机构。国防部是最高行政机关，负责制定防务政策和领导国防工业。国王、首相通过国防部和国防参谋部对全国武装力量实施领导。武装力量由正规军和准军事部队组成。准军事部队由国民警卫队和海上国民警卫队组成。国王和首相通过国防部和国防参谋部对全国武装力量实施领导和指挥。

领导人物　国王胡安·卡洛斯一世（1975 年 11 月 22 日登基）。内阁首相萨帕特罗（2004 年 3 月上任）。国防大臣费德里科·特里略（2000 年 4 月 27 日上任。国防参谋长安东尼奥·莫雷诺·巴尔韦拉上将（2000 年 4 月上任）。陆军参谋长阿方索·帕尔多·德桑塔亚纳伊科洛马上将（1998 年 9 月 29 日上任）。海军参谋长安东尼奥·莫雷诺·巴尔贝拉海军上将（1997 年 6 月 27 日上任）。空军参谋长胡安·安东尼奥·隆博洛佩斯空军上将（1997 年 1 月上任）。

武装力量　**兵力**　现役部队 18.11 万人。

陆军　11.88 人。编有 4 支本土防御部队，1 个快速反应师，1 个机械化师，1 个山地旅，1 个骑兵旅，1

个西班牙军团，1个防空团，1个陆航旅，1个工程兵司令部，1个防空司令部，1个海岸炮兵司令部（含2个岸炮团），1个特种作战司令部。

主战坦克：552辆，其中AMX—30EM2型150辆，M—48A5E型88辆，M—60A3TTS型184辆，“豹2A4”型108辆，“半人马B—1”型22辆。装甲侦察车：BMR—VEC型339辆。步兵战车：“皮扎罗”式144辆。装甲输送车：2023辆，其中M—113型1337辆，BMR—600型686辆。牵引炮：310门，其中105毫米170门，105毫米56门，155毫米84门。自行炮：194门，其中105毫米34门，155毫米96门，203毫米64门。岸炮：53门，其中155毫米44门，305毫米6门，381毫米3门。火箭炮：140毫米18门。迫击炮：120毫米409门，81毫米665门。无坐力炮：106毫米507门。反坦克导弹：“陶式”200枚，“霍特”式28枚，“米兰”式404枚。高炮：20毫米460门，35毫米92门，40毫米183门。地空导弹：“罗兰”式18枚，“防空卫士”/“蝮蛇”13枚，“西北风”式108枚，“霍克”式24枚。直升机：153架（其中武装直升机28架）。

海军　2.695万人。编有5个舰队司令部和4个海管区。

航空母舰：“阿斯图利亚王子”号1艘。潜艇：6艘，其中有“加莱尔纳”级4艘，“鲸”级2艘。护卫舰：16艘，其中“圣玛丽亚”级6艘，“巴利埃里”级4艘，“侦察”级4艘，“阿瓦罗巴占”级2艘。海岸警卫舰艇：37艘。水雷战舰艇：7艘。两栖舰艇：4艘。支援与补给舰船：27艘。

海军航空兵　700人。编有1个攻击战斗机中队，1个联络机中队，1个反潜机中队，1个电子战机中队，1个运输机中队，1个教练机中队。装备有“AV-8B”型战斗机17架，武装直升机37架。

海军陆战队　5600人。装备有M-60A3型主战坦克16辆，“蝎”轻型坦克17辆，AAV-7A1型两栖装甲战车33辆，105毫米牵引炮12门，155毫米6门，“陶”式反坦克导弹24枚，“龙”式反坦克导弹18枚，“西北风”式地空导弹12枚。

空军　2.275万人。编有个4军区（即中部军区、东部军区、直布罗陀海峡军区、加那利群岛军区），1个后勤支援司令部。

攻击战斗机：F—5B型23架。战斗机：EF-18A/B型91架，“幻想”F-1C/CE/EE/EDA型52架。侦察机：RF-4C型14架，C-212型9架，“猎鹰”20型5架，P-3型7架。运输机：“大力神”C-130H型7架，C-212型75架，CN-235型20架，“猎鹰”20型5架，“猎鹰”50型1架，“猎鹰”900型2架。加油机：KC-130H型5架，“波音”707型3架。联络机：DO-27型21架。搜索救援机：C-212型9架，F-27型3架，CL-215型15架。教练机：C-101型78架，E-26型37架，E-24型25架，E-20型5架，C-212试飞机26架。直升机：40架。空空导弹：若干枚。地空导弹：若干枚。

预备役部队　32.85万人，其中陆军26.5万人，海军1.85万人，空军4.5万人。

准军事部队　7.336万人，其中国民警卫队7.26万人，海上国民警卫队760人。此外，还有国家安全部队7.2708万人。

部署　三军兵力主要部署在马德里附近，海岸沿线及直布罗陀东北部的沿海地区。

兵役制度　实行义务兵和志愿兵相结合的兵役制度。义务兵服役期为9个月。志愿兵的服役期为16至36个月。各级军官最高服役年限：将官为，上将64岁、中将62岁、少将60岁；校官为上校58岁、中校56岁、少校54岁；尉官为54岁。

军衔　分5等18级：将官3级（上将、中将、少将），校官3级（上校、中校、少校），尉官3级（上尉、中尉、少尉），士官7级（准尉、士官长、一级军士长、军士长、上士、中士、下士），兵2级（上等兵、列兵）

驻外兵力　驻阿富汗部队400人、飞机14架，其中C-130型5架，CN-235型8架，P-3型1架；驻伊拉克部队1300人。参加联合国维和行动部队：驻波黑维和部队935人；驻埃塞俄比亚/厄立特里亚5人；驻意大利北约军事一体化空军部队F/A-18型战斗机4架，KC-130型1架；驻科索沃维和部队800人。

外国驻军

美国驻军2030人（其中海军1760人，空军270人）。

军队节日

军人节1月6日。

（李先喜）

匈　牙　利

国　　名　匈牙利共和国。

主要统计　面积9.3030万平方公里。人口1013.6万（其中，男性占48.1%，女性占51.9%，城市居民占总人口的61.8%；0~14岁占21.8%，15~29岁占19.4%，30~44岁占22.5%，45~59岁占17.9%，60~74岁占13.4%，75岁以上占5.6%）。国内生产总值800亿美元（2003年）。国防费13.1亿美元（2003年国防预算）。粗钢188万吨（2003年）。原煤1318万吨（2003年）。原油115.8万吨（2003年）。天然气37.93亿立方米（2003年）。发电量385.5亿度（2003年）。粮食1462万吨（2003年）。海运能力，商船（载重100吨以上）17艘，总载重量10.2万吨（2003年）。民航能力，有费里海吉1号和费里海吉2号两个国际机场，2003年共有注册民用飞机1158架，客运量36.9亿人公里、货运量5500万吨公里（2003年）。

国防体制　宪法规定，总统兼任武装力量总司令。战时成立国防委员会，成员包括：总统、总理、议长、国防部长、内务部长、外交部长和总参谋长，总统任主席。国防部为最高军事行政机关，负责制定国防政策和相关法律、法规。武装力量由正规军和准军事部队组成。正规军分陆军和空军防空军两个军种。总参谋部为最高军事指挥机关，负责军队的指挥、训练和管理等。总统通过国防部和总参谋部对军队实施领导和指挥。

领导人物　总统马德尔·费兰茨（2000年8月当选）。国防部长尤哈斯·费兰茨（2002年5月上任）。总参谋长佛多尔·劳尤什上将（1999年8月上任）。

武装力量　现役部队3.23万人。

陆军　2.395万人，其中义务兵1.65万人。编成1个陆军司令部、1个卫戍司令部、1个机械化师和1个训练师，辖3个摩步旅、1个混合炮兵旅、1个工兵旅、1个地空导弹团、1个炮兵营、1个反坦克营、1个侦察营、5个训练中心、1个多瑙河联队（旅）、1个多瑙河扫雷营、1个宪兵团。

坦克：T-55型466辆、T-72型238辆。装甲侦察车：FUG D-442型104辆。步战车：BMP-1型490辆、BRM-1K型12辆、BTR-80A型178辆。装甲输送车：BTR-80型459辆、PSZH D-944型335辆（其中82辆库存）、MT-LB型4辆。牵引炮：122毫米152毫米共497门。自行炮：122毫米151门。火箭炮：122毫米56门。迫击炮：120毫米50门。反坦克导弹：AT-4“塞子”30枚、AT-5“拱肩”224枚。反坦克炮：85毫米162门（全部库存）、100毫米106门。高炮：57毫米186门（43门库存）。地空导弹：SA-7型243枚、SA-14型60枚。

空军　7500人。编成2个歼击机团、1个武装直升机团、1个混合运输机团、2个防空导弹团。

歼击机：米格-29A/UB型27架（其中14架已升级），共有米格-21型、米格-23型、米格-29型、苏-22型100架；运输机：安-26型5架、Z-43型4架、米-8型直升机35架、米-17型直升机10架。教练机：拉-39型19架、雅克-52型9架。武装直升机：米-24型32架、米-9型1架、米-17PP型2架。空空导弹：若干枚。空地导弹：若干枚。地空导弹：SA-4型12枚、SA-2/-3/-5型66枚、SA-6型20枚。

预备役　4.4万人，其中陆军3.52万人，包括4个预备役摩步旅。空军0.88万人（服役年限到50周岁）。

准军事部队　1.4万人。其中内务部所属边防军1.2万人，编成11个边防区（团级）和1个布达佩斯防区（包括7个快反分队），装备有33辆PSZH型和68辆BTR-80型装甲运输车；内务部队（警察）2000人，装备有33辆PSZH型和40辆BTR-80型装甲运输车。

兵役制度　实行义务兵役制。士兵服役期为9个月（2004年11月结束）。军官最高服役年限为50周岁。

军衔　共分6等20级：即将官4级（上将、中将、少将、准将）、校官3级（上校、中校、少校）、尉官3级（上尉、中尉、少尉）、准尉3级（一级准尉、二级准尉、三级准尉）、军士3级（上士、中士、下士）、兵4级（上等兵、中等兵、下等兵、列兵）。

驻外兵力　驻伊拉克维持和平部队293人；驻阿富汗国际安全部队130人；参加联合国驻波黑多国执行部队军事观察团154人；驻塞浦路斯军事观察团122人；驻埃及军事警察团41人；驻格鲁吉亚军事观察团7人；驻西撒哈拉军事观察团6人；驻塞尔维亚和黑山多国维和部队295人。

军队节日　建军节为5月21日。　（李先喜）

意大利

国　　名　意大利共和国。

主要统计　面积 30.1333 万平方公里。人口 5703.3 万（其中，13~17 岁男 148.3 万人，女 140.9 万人;18~22 岁男 168 万人,女 160.1 万人；23~32 岁男 439.7 万人，女 424.2 万人）。国内生产总值 12583.49 亿欧元，约 11900 亿美元，人均国内生产总值 20479 美元（2002 年）。国防费 190.252 亿欧元，约合 167 亿美元（2002 年）。原油 3800 万桶（1998 年）。原煤 34 万吨。粗钢产量 2670 万吨（2001 年）。天然气 190.13 亿立方米（1998 年）。发电量 2602.4 亿度（1998 年）。谷物 2074.4 万吨（2000 年）。海运能力，商船（载重 100 吨以上）1966 艘，总载重量 714.95 万吨。民航能力，固定航班机场 34 处，客运量 294.71 亿人公里，货运量 12.19 亿吨公里。

国防体制　国防体制是以国防部长（文官）为首，国防参谋长和国防秘书长分别主管军事和后勤管理的双轨制。武装力量由正规军和准军事部队组成，正规军分陆军、空军、海军 3 个军种，准军事部队由宪兵、公安警察和财政警察等构成。总统为国家最高元首和武装部队最高统帅，他通过总理、国防部和国防参谋部对全国武装力量实施领导和指挥。总理对国防政策及军队建设负有全部责任。最高国防机构是最高国防委员会，成员包括总统、总理和国防、外交、内政、国库、预算、工业、农业部长和国防参谋长，由总统任主席，总理任副主席。国防部是最高行政机构，国防部长负责具体实施各项国防政策。国防参谋部是最高军事指挥机构，下辖陆、海、空军参谋部和宪兵总部。参谋长委员会为国防部最高咨询机构，成员有国防参谋长、三军参谋长、国防秘书长和宪兵部司令，并由国防参谋长任主席。国防参谋长是全军最高军事长官，他通过国防参谋部、国防秘书厅和军种参谋部对三军进行行政管理，通过三军作战司令部、舰队司令部、空军作战司令部指挥部队的作战和演习。国防秘书长又兼任国防军备主任，并接受国防部长和国防参谋长的双重领导，负责国防部的行政事务和军队装备、人事管理等。

领导人物　总统卡洛·阿泽利奥·钱皮（1999 年 5 月上任）。总理西尔维奥·贝卢斯科尼（2001 年 6 月上任）。国防部长安东尼奥·马蒂诺（2001 年 6 月上任）。国防参谋长迪·保拉。陆军参谋长朱利厄·弗拉蒂塞利陆军中将（2003 年 7 月 23 日上任）。海军参谋长塞尔焦·比拉基海军中将（2004 年 2 月 9 日上任）。空军参谋长桑德罗·费拉库蒂空军中将（2001 年 8 月 5 日上任）。

武装力量　**兵力**　现役部队 19.8 万人。预备役部队 6.32 万人。

陆军　11.6 万人（包括 0.6 万名义务兵）。编有 1 个作战司令部，1 支快速反应部队，1 支山地部队（辖 3 个山地旅、1 个工兵团、1 个航空兵团、1 个高山空降营）；2 支防御力量部队；1 个支援部队司令部，下辖 1 个防空师（其中 2 个“霍克”地空导弹团、2 个高炮团）、1 个炮兵旅（其中 1 个重型炮兵团、2 个炮兵团、1 个防化团）、1 个工兵旅（辖 3 个团）；1 个航空兵师（辖 3 个航空兵团，1 个航空兵营）。

主战坦克：1293 辆。其中，“豹Ⅰ”式 715 辆，“半人马座”B-1 型 378 辆，“阿雷耶特”式 200 辆。装甲步兵战车：VCC-80 型 98 辆。装甲输送车：M-113 型 1323 辆，VCC-1 型 567 辆，VCC-2 型 1252 辆，菲亚特 6614 型 57 辆，BV-206 型 91 辆。装甲突击车：LVTP-7 型 14 辆。火炮：总计 1306 门。其中牵引火炮：240 门，其中 105 毫米 74 门，155 毫米 162 门；自行火炮：155 毫米 260 门，203 毫米 1 门；多管火箭炮：227 毫米 22 门；迫击炮：81 毫米 1200 门，120 毫米 783 门。反坦克导弹：“陶Ⅰ”式 426 枚，“米兰”式 1000 枚。火箭炮：1430 门。无座力炮：80 毫米式 434 门。高射炮：25 毫米 120 门。地空导弹：“霍克”式 66 枚，“毒刺”式 80 枚，“防空卫士”/“蝮蛇”式 46 枚。

固定翼飞机：6 架，包括 DO-228 型 3 架，P-180 型 3 架。直升机：359 架，其中攻击直升机 A-129 型 56 架；突击直升机 86 架，包括 A-109 型 25 架，AB-206 型 61 架；支援直升机 208 架，包括 AB-205A 型 80 架，AB-206 型 58 架，AB-212 型 18 架，AB-412 型 22 架，CH-47C 型 30 架。无人驾驶飞机：“奎宿九星”20 型 5 架。

海军　3.4 万人（包括 0.2 万名海军航空兵，0.15

万名海军陆战队，0.15 万名义务兵）。编有 1 个舰队司令部（兼北约地中海常设舰队司令部），6 个战区司令部，4 个海军基地。

潜艇：6 艘，包括“佩洛吉”级 4 艘，“萨乌罗”级 2 艘。

主战水面舰艇：17 艘。轻型航母：“加里波第”级 1 艘，可搭载 AV-8B 型攻击机 6 架或 SH-3 型“海王”式直升机 4 架。导弹驱逐舰：4 艘，其中“德拉佩内”级 2 艘，“大胆”级 2 艘。导弹护卫舰：12 艘，其中“西北风”级 8 艘，“狼”级 4 艘。巡逻和海岸作战舰艇：21 艘，其中巡逻舰 8 艘，近海巡逻艇 10 艘，海岸巡逻艇 3 艘。水雷战舰艇：13 艘，其中海岸猎雷艇 1 艘，“莱里齐”级 4 艘，“加埃塔”级 8 艘。两栖战舰艇：3 艘，其中“圣乔治奥”级 2 艘，“圣鞠斯托”级 1 艘。支援辅助舰船：98 艘。

海军航空兵：2000 人。编有 1 个攻击战斗机中队，5 个反潜直升机中队，装备有作战飞机 17 架，武装直升机 63 架。

特种部队（特种部队司令部）：4 个大队，1 个水下作战小队，1 个海军特种作战小队，1 所学校和 1 个研究所。

海军陆战队：1500 人。编有 1 个作战大队，1 个训练大队和 1 个后勤大队。装备有 VCC-2 型装甲人员输送车 40 辆，81 毫米迫击炮 8 门，120 毫米迫击炮 4 门，“米兰”式反坦克导弹 6 枚等。

空军　4.8 万人（包括 0.32 万名义务兵）。

空军司令部：2 个检查团（1 个负责海军航空,1 个负责飞行安全），1 个作战司令部（辖 5 个作战旅），1 个武装部队司令部，1 个后勤部，1 个训练部。

战斗攻击机部队：8 个中队。战斗机部队：5 个中队。海上侦察机部队：1 个中队。电子战飞机部队：1 个中队。运输机部队：1 个中队。空中加油/运输机/校正飞行部队：1 个中队。飞行联络部队：2 个中队。飞行训练部队：6 个中队。空中搜索与救援部队：1 个中队和 3 个分遣队。防空部队：3 个“奈基”地空导弹中队和 9 个“斯巴达”地空导弹中队。

作战飞机 220 架，武装直升机 6 架。固定翼飞机：“旋风”式 82 架，F-16 战斗机 34 架，AMX 型 62 架，MB—339 型 58 架，MB—339CD 型 24 架，“大西洋”式海上反潜机 13 架，“波音—707—320”型 2 架，C-130J 型 19 架，G-222 型 14 架，A319CJ“空中客车”3 架，“猎鹰”50 型 2 架，“猎鹰”900EX 型 3 架，P-166-DL3 型 4 架，P-180 型 6 架，SF-260M 型 31 架，SIAI-208 型 21 架。

直升机：HH-3F 型 21 架，SH-3D 型 1 架，AB-212 型 31 架，NH-500D 型 44 架。空空导弹、空地导弹、地空导弹各若干枚。

准军事部队　25.43 万人。

宪兵　11.18 万人（属内政部）。包括本土宪兵、训练部队、机动防御部队等。装备有菲亚特 6616 型装甲运输车 18 辆，VCC-1 型装甲人员输送车 10 辆，VCC-2 型装甲人员输送车 16 辆；直升机 92 架，其中 A-109 型 24 架、AB-206 型 38 架、AB-412 型 30 架；舰艇 168 艘,其中海岸巡逻艇 72 艘,近岸巡逻艇 68 艘,近海巡逻艇 28 艘。

公安警察　7.9 万人（属内政部）。编有 11 个机动部队，装备菲亚特 6614 型装甲运输车 40 辆，P-68 型飞机 5 架，直升机 41 架，其中有 A-109 型 12 架，AB-206 型 20 架,AB-212 型 9 架。

财政警察　6.35 万人（属财政部）。编有 14 个大区，20 个地区，128 个大队。装备有 P-166-DL3 型飞机 5 架，直升机 80 架，近岸巡逻艇 3 艘，还有约 300 艘小艇。

港口控制部队　在紧急情况下受海军领导，共 0.87 万人。装备有近岸巡逻艇 22 艘，小艇 400 余艘，AB-412 型搜索救援机 9 架,P-166 型直升机 14 架。

预备役部队　6.32 万人，其中陆军 1.19 万人，海军 2.1 万人，空军 3.03 万人。

兵役制度　目前实行义务兵和志愿兵相结合的兵役制度。义务兵服役年龄为 18~26 岁,服役期为 10 个月;志愿兵分为短期服役和长期服役,短期服役志愿兵服役期为 1 至 3 年,长期服役志愿兵可服役至 56 岁。根据意议会 2000 年通过的法律，意将从 2004 年起开始实行军队职业化，同时将义务兵役改为志愿兵役；2006 年起将停止征兵。各级军官最高服役期限：将官 65 岁、校官 57 岁、尉官 50 岁。

军衔　分 5 等 19 级：将官 4 级（四星中将、三星中将、少将、准将），校官 3 级（上校、中校、少校），尉官 3 级（上尉、中尉、少尉），军士 6 级（军士长、一级上士、二级上士、三级上士、中士、下士），兵 3 级（一等兵、二等兵、列兵）。

驻外兵力　驻德国：91 人。驻马耳他：16 人。驻美国：38 人。驻加拿大：12 人。驻伊拉克：0.28 万人。参加联合国维和部队：驻阿富汗（国际安全援助部队）：491 人。驻阿尔巴尼亚：618 人。驻波斯尼亚（第二期多国稳定部队）：979 人。驻刚果：3 人。驻埃及（多国部队监督团）：75 人。驻埃塞俄比亚/厄立特里亚：44 人。驻印度/巴基斯坦：7 名军事观察员。驻黎巴嫩（联合国驻黎临时部队）：52人。驻中东（联合国停战监督机构）：7名军事观察员。驻西撒哈拉（联合国西撒哈拉公民投票特派团）：5名军事观察员。驻南斯拉夫（稳定部队）：0.253万人。

外国驻军 北约：南欧盟军司令部（司令部设在那不勒斯），南欧空军盟军司令部，南欧海军盟军司令部，南欧联合指挥司令部，第五盟军战术空军司令部。美国：1.5474万人，其中陆军0.307万人，海军0.778万人，空军0.455万人，海军陆战队74人。美国第六舰队基地在那不勒斯附近的加埃塔,那不勒斯、西西里的西戈耐拉和撒丁岛附近的马达莱纳岛设有基地。

军队节日 建军节11月4日。

（李强洲）

英　国

国　　名 大不列颠及北爱尔兰联合王国。

主要统计 面积24.36万平方公里(包括内陆水域)。人口5916.4万人（其中，13~17岁男192.6万人,女183.9万人；18~22岁男177.2万人,女169万人；23~32岁男399.7万人,女382.6万人）。国内生产总值12919亿美元,人均21737美元（2002年）。国防费256亿英磅，合413亿美元（2003年国防预算）。谷物2398.3万吨（2000年）。海运能力，商船（载重100吨以上）1631艘，总载重量435.5万吨。民航能力，固定航班机场57处，客运量1603.36亿人公里，货运量49.25亿吨公里 。

国防政策 积极参与世界事务，维护英国的国际地位；积极参与北约行动，密切同美国的合作，并依靠和借助北约的集体防务力量来保卫欧洲和英国本土安全，努力增加英国在欧洲的影响；积极加强与英联邦国家的联系，保护其广泛的海外利益；保持核威慑力量；保持强大的常规部队；突出强调质量建军和联合快速反应部队的建设，重点提高英军处理各种危机、应付突发事件的快速反应能力，努力维护英国在欧洲及海外传统势力范围的战略利益，积极参加联合国的维和行动，维护英国的战略利益。

军事战略 英国在冷战后对其军事战略进行调整，确定“应变抉择”的军事战略。其核心是：以北约集体防务为支柱，以有限的核威慑为后盾，重点提高部队应付突发事件的能力，以加强军队的质量。具体情况如下：陆军近年的规模虽然在缩小，但更加重视改善军队的装备，着重提高部队的机动性和灵活性；海军的军事战略由“前沿防御”向“机动防御”转变，并着重提高海军处理各种危机和应付突发事件“机动、应变”能力，其作战任务转向独立自主或盟国联合对付涉及国家利益的地区可能发生的危机，能够在远离本土地区迅速调遣、展开部队。空军的主要任务是在多个危机发生地区调遣和机动作战。在指导思想上，强调依靠北约确保欧洲和英国的安全。在防务安排上，积极参与北约集体防务和欧洲的维和行动。在军事部署上，减少驻德国部队。在军队建设上，强调走“少而精”的质量建军的道路。

国防体制 女王伊丽莎白二世是英军名义上的最高统帅。最高军事决策机构是“国防与海外政策委员会”，首相任主席，成员有国防大臣、外交大臣、内政大臣、财政大臣等；必要时，国防参谋长和三军参谋长列席会议。国防部为国防执行机构，既是政府行政部门，又是军事最高司令部，负责具体贯彻和执行首相和“国防与海外政策委员会”的指示和决议，并负责制定政策、预算和三军的作战指挥。国防参谋部负责三军的作战指挥，由第一国防副参谋长主持日常工作。武装力量由正规军与预备役部队组成。正规军分陆、海、空三个军种。首相通过国防部和国防参谋部对全国武装力量实施领导和指挥。战时则组成战时内阁，指挥作战。

领导人物 女王伊丽莎白二世（1952年即位，1953年加冕）是英国武装力量名义上的最高统帅。国防大臣杰弗里·胡恩（2001年6月上任）。英国国防参谋长迈克尔·沃克陆军上将（2003年5月上任）。陆军参谋长迈克尔·杰克逊陆军上将（2003年2月3日上任）。海军参谋长艾伦·韦斯特海军上将（2002年9月17日上任）。空军参谋长乔克·斯蒂鲁普空军上将(2003年8月1日上任)。

武装力量 **兵力** 现役部队20.589万人。

陆军 11.676万人。共有1个地面部队司令部；3个师部（由前军区改编而成）,1个驻德英国支援司令部；1个装甲师（辖3个装甲旅、3个炮兵团、4个工兵团、1个航空团、1个防空团)；1个机械化师（辖3个机械化旅、3个炮兵团、4个工兵团、1个防空团)；陆军预备军团（辖3个装甲侦察团、2个多管火箭炮团、2个防空团、1个工兵团)；1个联合直升机司令部并1个空中突击旅；1个炮兵旅部，1个防空旅部，1个侦察旅部；2个后勤旅；14个步兵旅部。1个联合核生化团。

作战部队总计：装甲团6个，装甲侦察团4个，机械化步兵营6个，装甲步兵营9个，轻型步兵营25个，特别空勤团1个，炮兵团11个，防空团3个，工兵团12个，航空团5个。

坦克：543辆。其中“挑战者”Ⅱ型386辆，“挑战者”式156辆，“酋长”式1辆。装甲侦察车：“大弯刀”式327辆，“佩刀”式137辆，“狐”式11辆。装甲步兵战车：“勇士”式575辆。装甲运输车：AFV432型1121辆，“斯巴达人”597辆，“萨克森”式649辆，“萨拉逊”式1辆，“猛攻者”型135辆。火炮：共计407门。其中，牵引火炮：105毫米、166门；自行火炮：155毫米178门；多管火箭炮：227毫米63门。迫击炮：81毫米470门（包括110门自行式)。反坦克导弹：“米兰”式740枚，“旋火”式60枚，“陶”式若干枚。火箭发射器：若干具。地空导弹：“HVM”式135枚,“星光”式147枚，“轻剑”式57枚。固定翼飞机：BN-2型6架。直升机：150架。无人驾驶飞机：“不死鸟”8架。登陆艇：14艘。

海军　4.063万人。编有2个司令部,8个基地（设在英国本土的诺斯伍德、德文波特、法斯兰、朴茨茅斯、卡德罗斯、普雷斯蒂克、约维尔顿和本国以外的直布罗陀)。

潜艇：15艘。战略潜艇：前卫级弹道导弹核潜艇4艘。战术潜艇：核动力攻击潜艇11艘。其中，“特拉法尔加”级7艘，“快速级”4艘。

主战水面舰艇：34艘。航空母舰：“常胜”级3艘。导弹驱逐舰：“伯明翰”级（42型）11艘。导弹护卫舰：共20艘，其中“康沃尔”级（22型第三批）4艘，“诺福克”级（23型）16艘。巡逻和海岸作战潜艇：23艘，包括近海巡逻艇5艘，沿海巡逻艇18艘。水雷战舰艇：22艘。两栖战舰艇：6艘，包括“海洋号”两栖攻击舰，该舰可上载18架直升机；“不列颠”两栖船坞运输舰1艘；“萨比迪凡”级坦克登陆舰4艘;另有24艘登陆艇。支援辅助舰船：23艘，包括海上支援舰12艘，修理补给船5艘，特殊用途船2艘，测量船4艘。

海军航空兵　6200人。装备作战飞机34架（另储备21架)，武装直升机178架。

海军陆战队　7000人。共1个突击旅，装备有81毫米迫击炮，“米兰”式反坦克导弹，SA-341型“小羚羊”式直升机9架，“大山猫”AH-7型攻击直升机6架，两栖舰艇28艘。

空军　4.85万人。编有5个战斗攻击机/轰炸机中队、5个战斗攻击机中队、6个战斗机中队、5个侦察机中队、3个海上巡逻机中队、2个预警机中队、1个电子情报搜集中队、3个运输机/加油机中队、1个跟踪设备/校正中队、5个改装训练分队、7个战术直升机中队，3个搜索与救援直升机中队。

作战飞机426架，无武装直升机。

固定翼飞机：“旋风”式254架，“美洲虎”式62架，“鹞”式79架，“隼”T-1/1-A-W型115架，“堪培拉”式7架，“猎人”式24架，“哨兵”E—3D型6架，C-17A型4架，“三星”式9架，VC—10型19架，“大力士”C—130型51架，BAe-125cc-3型6架，“岛民”CC-2型2架，BAe-146型2架，“巨嘴鸟”式73架，“喷气流”式7架，“牧师”式9架，“导师”式99架。

直升机：CH-47型38架，HC-3型22架，SA-330型39架，海王式23架，AS-350B型38架，AS-355型3架，贝尔412EP型4架。

战略核力量　1000人。弹道导弹核潜艇：4艘“前卫级”弹道导弹核潜艇，每艘可载有“三叉戟”D5型16枚，各艇上部署的核弹头不超过48枚，但每枚核弹头最多可带12个分弹头。预警系统：弹道导弹预警系统（法伊林达累斯控制站)

预备役部队　27.255万人，其中陆军20.115万人，海军/海军陆战队2.85万人，空军4.29万人。

部署　陆军主要部署在英国和德国境内。海军重点部署在英吉利海峡沿岸一线及直布罗陀海峡。空军集中在德国境内和英格兰地区。

兵役制度　实行志愿兵役制，服役期3、6、9、12、15年不等，一般最长为22年。各级军官最高服役年限：元师和上将为60岁、中将59岁、少将57岁、准将至少校55岁；尉官从授予军衔起，16年不能晋升至少校军衔的就必须退役。此外，英军的预备役分为两种：一种为正规预备役；另一种为志愿与辅助预备役。

军衔　分8等19级：元师1级（只在战时授予)，将官3级（上将、中将、少将)，准将1级，校官3级（上校、中校、少校)，尉官3级（上尉、中尉、少尉)，准尉2级（一级准尉、二级准尉)，军士3级

(上士、中士、下士),兵 3 级(一等兵、二等兵、新兵)。

驻外兵力 驻阿富汗:3 架 CH-47 直升机。驻南极洲:1 艘破冰巡逻艇。驻阿森松岛:空军 23 人。驻比利时:空军 183 人。驻伯利兹:陆军 30 人。驻文莱:陆军约 1120 人。驻加拿大:陆军 500 人,空军 57 人。驻塞浦路斯:3275 人。驻福克兰群岛:1200 人。驻德国:陆军 2.2 万人,1 个军部,1 个装甲师。驻直布罗陀海峡:575 人。驻伊拉克:陆军 9200 人,1 个装甲旅。驻科威特:陆军若干人。驻尼泊尔:陆军约 63 人。驻肯尼亚:陆军 20 人。驻荷兰:空军 120 人。驻阿曼/马斯喀特阿:空军 33 人。驻美国:空军 173 人。参加联合国维和行动:驻阿富汗国际安全援助部队:315 人。驻波斯尼亚(第二期多国稳定部队):1100 人。驻塞浦路斯:386 人。驻刚果:5 人。驻格鲁吉亚:7 名军事观察员。驻意大利:350 人。驻沙特:空军 825 人。驻塞拉里昂:21 人,包括 15 名军事观察员。驻土耳其:空军 190 人。驻南斯拉夫:1400 人。军事顾问:458 人,分布在 26 个国家。

外国驻军 美国:空军 0.98 万人。北约:北部区域盟军海军司令部;东大西洋地区盟军司令部;混编空军作战中心等。

(李强洲)

美洲国家军事概况

阿　根　廷

国　　名 阿根廷共和国。

主要统计 面积 278 万平方公里。人口 3914 万人(2004 年 7 月。其中,0~14 岁占 27.3%;15~64 岁占 63%;65 岁以上占 9.8%)。国内生产总值 1494 亿美元(2004 年)。国防费 16 亿美元(2004 年国防开支)。原煤 1.3 亿吨(2004 年)。原油 30.71 亿桶(2002 年)。天然气 7480 亿立方米(2002 年)。粮食 3811 万吨(2000 年)。海运能力,商船(载重 100 吨以上)423 艘、总载重量 117.31 万吨(2004 年)。民航能力,固定航班机场 39 处,客运量 117.355 亿人公里(2004 年)、货运量 13.075 亿吨公里(2004 年)。

国防体制 宪法规定,总统为武装力量最高统帅。国防部为政府中一个部,是最高军事行政机构,负责战备、国防预算、国家军事政策的制定与执行,以及对国防科研和军工生产实施领导,部长由文人担任。武装力量由正规军和准军事部队组成。正规军由陆、海、空三军组成。联合参谋部系国防部领导下的各军种协调机构。平时参与制定整体军事战略计划,研究和确定军事理论,组织联合军事训练、演习,制定军事动员计划,搜集战略情报,协调阿维和部队行动;战时协调三军联合作战。国家安全委员会、危机委员会为非常设咨询机构,根据国家安全需要不定期召开会议,就有关问题向总统提供咨询。总统通过国防部长和各军种参谋长对全国武装力量实施领导和指挥。

领导人物 总统兼武装力量最高统帅内斯托尔·基什内尔(2003 年 5 月上任)。国防部长何塞·巴乌蒂斯塔(2003 年 5 月上任)。武装力量联合参谋长豪尔赫·阿尔维托·切瓦列尔上将(2003 年 6 月上任)。陆军总参谋长罗伯托·费尔南多·本蒂尼上将(2003 年 6 月上任)。海军总参谋长豪尔赫·奥玛尔·戈多伊海军上将(2003 年 6 月上任)。空军总参谋长卡洛斯·阿尔维托·罗德上将(2003 年 6 月上任)。

武装力量 现役部队 7.14 万人。

陆军　4.14 万人。编有 3 个军部,下辖 2 个山地旅、3 个机械化旅、2 个装甲旅、1 个丛林旅、1 个教导旅;1 个战略后备部队,下辖 1 个机械化旅、1 个空降旅;另设 1 个摩步营、1 个装甲骑兵团、1 个防空营、3 个航空兵营,2 个工程兵营和 2 个特种兵连。

坦克:"坦姆"主战坦克 200 辆、AMX-13 型轻型坦克 50 辆、SK-105"骑兵"轻型坦克 100 辆。步兵战车:"坦姆"VCTP 式 105 辆。装甲侦察车:AML-90 型 40 辆、HMMWV 型 34 辆。装甲输送车:M-5"半履带"型 105 辆、M 113 型 317 辆。牵引炮:105

毫米100门、155毫米100门。自行炮：155毫米35门。火箭炮：105毫米4门、127毫米2门。迫击炮：81毫米1100门、120毫米360门。无坐力炮：75毫米、90毫米、105毫米共计1105门。高炮：30毫米、40毫米共计97门。反坦克导弹：各型若干枚。火箭筒：若干具。地空导弹：各型约80枚。各型飞机103架，其中直升机59架。

海军　1.75万人（含海军陆战队和海军航空兵）。划分为3个军区。编有水面舰艇、潜艇、陆战队和航空兵4个司令部。

反潜潜艇："圣塔·克鲁斯"级2艘、"萨尔塔"级1艘。导弹驱逐舰："大力神"级2艘（其中1艘维修中）、"布朗海军上将"级4艘。护卫舰："埃斯波拉"级5艘、"德鲁蒙得"级3艘。巡逻舰："切诺基"级3艘、"金"级2艘、"奥利维里"级1艘、"索托约莫"级1艘。导弹攻击快艇："勇猛"级2艘。巡逻艇：6艘。扫雷艇：2艘。两栖登陆艇：4艘。潜艇供应船：1艘。破冰船：1艘。测量船：4艘。训练舰：4艘。辅助船只：22艘。

陆战队　2500人，编有2个舰队陆战队司令部，下辖3个陆战队步兵营、1个两栖登陆营、1个炮兵营、1个防空营、2个海上特遣队和1个登陆破坏队；1个两栖支援部队，下辖1个陆战队步兵营。装备有装甲侦察车："大山猫"ERC-90型12辆。两栖登陆装甲车：LVTP-7型21辆、LARC-5型15辆。装甲输送车："蜡咀鱼"6辆、"庞阿尔"VCR型36辆。牵引炮：105毫米18门。迫击炮：81毫米70门、120毫米12门，反坦克导弹：50枚。火箭炮：89毫米60门。无后坐力炮：105毫米30门。高炮：30毫米12门、35毫米若干门。地空导弹：6枚。

海军航空兵　2000人。装备各型飞机75架，内作战飞机25架、武装直升机21架。空舰导弹：各型若干枚。空空导弹：若干枚。

空军　1.25万人。编有空战、人事、空区、后勤4个司令部，下辖8个航空旅、1个航空航天监控大队、1个电子战大队。共有作战飞机128架，武装直升机28架。

战斗机："鹰"式19架、"幻影"V型7架、"战鹰"A-4AR型36架、"幻影"III/EA型13架、IA-58"普卡拉"型29架。运输机：36架。航测/侦察机：波音707型1架、"利尔杰特"35A型5架、IA-50型2架。搜救直升机：36架。教练机：88架。教练直升飞机：3架。高炮：35毫米、200毫米87门。雷达：TPS-43型6部。地空导弹：若干枚。空地导弹：若干枚。空空导弹：若干枚。

准军事部队　3.124万人，其中宪兵（归内政部领导）1.8万人；海岸警卫队1.324万人，编有7个司令部，装备有巡逻艇29艘、冲锋舟71艘、训练艇4艘、辅助船只6艘、各型飞机11架（内直升机6架）。

部署　海军基地9处（布宜诺斯艾利斯、贝尔格拉诺港、马德普拉塔、特雷利乌、篷塔印第奥、里奥圣地亚哥、乌斯怀亚、德塞阿多、南达尔塞纳、萨拉特和加莱塔保拉）空军12处基地（里奥加列戈斯、里瓦达维尔、莫雷诺、但迪尔、埃尔帕洛马尔、雷诺兹、布鲁梅里约、比亚雷诺尔德、门多萨、科尔多瓦、巴拉那、雷孔基斯塔）。

兵役制度　实行志愿兵役制，士兵服役期为2年。

军衔　阿军衔分5等20级，即将官3级（上将、中将、少将）、校官3级（上校、中校、少校，陆军自1992年起增设大校军衔）、尉官4级（上尉、中尉、少尉、准尉）、军士7级（一级军士长、二级军士长、一级上士、二级上士、三级上士、中士、下士）、兵3级（上等兵、二等兵、列兵）。

驻外兵力　驻塞浦路斯1个步兵营：403人（联合国UNFICYP维和行动）。驻塞黑113人（北约部队KFOR）。

军队节日

5月29日为陆军节，5月17日为海军节，8月10日为空军节。

军工生产能力

阿根廷军事工业始建于第二次世界大战前后。近20年来，在生产技术、制造工艺、科技水平、产品数量和品种等方面有较大发展。陆军能生产坦克、轻武器和弹药，海军利用外国专利技术能生产护卫舰，空军能制造攻击机、教练机，并曾从事过中程导弹研制。

（赵可丹）

巴 西

国　　名　巴西联邦共和国。

主要统计　面积 854.7403 万平方公里。人口 1.7847 亿人（其中，0~14 岁占 27.9%；15~64 岁占 66.8%；65 岁以上占 5.3%）。国内生产总值 5782 亿美元（2001 年）。国防费 121.3 亿美元（2005 年国防预算）。原煤 119.5 亿吨（2004 年），原油 84.6 亿桶（2001 年）。天然气 2220 亿立方米（2002 年）。粮食 4659.7 万吨（2000 年）。海运能力，商船（载重 100 吨以上）635 艘，总载重量 934.83 万吨（2004 年）。民航能力，固定航班机场 139 处，客运量 350.28 亿人公里、货运量 10.31 亿吨公里（2004 年）。

国防体制　宪法规定，总统为武装力量最高统帅。最高国防决策机构为国家安全委员会，由总统任主席。国防部为政府中的一个部，是巴武装力量最高领导机构。在国防部长的统一领导下，各军种司令部负责本军种事务。国防部下设行政秘书长，负责非军事事务。巴西武装力量由正规军和准军事部队组成。正规军由陆、海、空三军组成。总统通过国防部对全国武装力量实施领导和指挥。

领导人物　总统兼武装力量最高统帅路易斯·伊纳西奥·卢拉·达席尔瓦（2003 年 1 月就职）。国防部长若泽·阿兰卡尔（2004 年 11 月上任）。陆军司令弗朗西斯科·罗贝托·德·阿尔布克尔克上将（2003 年 1 月上任）。海军司令罗贝托·德·吉马良斯·卡尔瓦略海军上将（2003 年 1 月上任）。空军司令路易斯·卡洛斯·达·席尔瓦·布埃诺上将（2003 年 1 月上任）。

武装力量　**兵力**　现役部队 30.2909 万人。

陆军　18.9 万人。分为 7 个司令部、12 个军区。编有 8 个师、1 个装甲骑兵旅、3 个装甲步兵旅、4 个机械化骑兵旅、10 个摩步旅、1 个轻步旅、4 个丛林旅、1 个边境旅、1 个空降旅、1 个特种兵旅、1 个海岸防空旅，1 个直升机旅、3 个骑兵警卫团、10 个炮兵大队、2 个工兵大队和 10 个工兵营。

坦克：“豹”I 型 87 辆、M-60A3 型 91 辆、M-41B/C 型 286 辆。装甲侦察车：EE-9“响尾蛇”409 辆。装甲输送车：EE-11“蝰蛇”219 辆、M-113 型 584 辆。牵引炮：105 毫米、155 毫米 464 门。自行炮：105 毫米 72 门、155 毫米 38 门。火箭炮：70 毫米若干门。迫击炮：81 毫米、107 毫米、120 毫米共计 1020 门。反坦克导弹：“米兰”12 枚、“红沙蛇”20 枚。火箭筒：84 毫米 540 具。无坐力炮：84 毫米、106 毫米 290 门。高炮：35 毫米、40 毫米 134 门。地对空导弹：50 枚。直升机 78 架。

海军　4.86 万人（含海军陆战队和海军航空兵）。编有 8 个海区司令部，其中大洋司令部 6 个，2 个内河司令部。

航母：“克莱蒙梭”级 1 艘。潜艇：“图皮”级 4 艘。护卫舰 15 艘，其中：“格林海”级 1 艘、“帕拉”级 4 艘、“尼泰罗伊”级 2 艘、另有 4 艘正在建造。小型护卫舰：“伊尼亚乌玛”级 4 艘。巡逻舰：19 艘。巡逻艇：28 艘。海岸扫雷艇：6 艘。两栖登陆舰：“托马斯顿”级 2 艘、“新港”级 1 艘。后勤支援舰 25 艘。

海军陆战队 1.46 万人，编有 1 个舰队陆战队司令部，下辖 1 个两栖作战师；1 个支援司令部；1 个陆战队内卫部队（分为 8 个地区大队）。装备有轻型坦克 17 辆、装甲侦察车：EE-9“响尾蛇”6 辆。两栖登陆装甲车：LVTP-7A1 型 12 辆、AAV-7A1 型 13 辆。装甲输送车：M-113 型 40 辆、EE-11“蝰蛇”5 辆。牵引炮：105 毫米、155 毫米 41 门。迫击炮：81 毫米若干门、120 毫米 8 门。反坦克导弹：若干枚。火箭筒：若干具。无后坐力炮：106 毫米 8 门。高炮：40 毫米 6 门。

海军航空兵 1150 人，装备战斗机 23 架、武装直升机 54 架。空舰导弹：AS-11、AS-12、“海上大鸥”式若干枚。

空军　6.5309 万人。编有作战、防空、后勤、人事 4 个司令部，共设 7 个空区。作战司令部下辖 3 个空中部队。作战飞机 254 架以上、无武装直升机。

战斗机：“幻影”F-103E/D 型 15 架、F-5E/F 型 45 架、AMX 型 33 架、AT-27 型 83 架、AT-29“超级图卡诺人”型 76 架。防暴机：AT-26 型 68 架。侦察/预警机：R-95 型 4 架、R-99A/B 型 8 架、L-42 型 7 架、CH-34 型 4 架、"驯鹰者"800XP 型 4 架。总统专机：波音 737-200 型 2 架。加油/运输机：50 余架，其中 SC-130E 型 2 架、KC-130H 型 2 架、C-130H 型 15

架、KC-137 型 4 架。联络机：79 架。教练机：133 架。教练直升机：若干架。空空导弹：各型若干枚。

预备役部队　134 万人。

准军事部队　公共安全部队 38.56 万人（由陆军领导）。

部署　海军基地 10 处（里约热内卢、萨尔瓦多、累西腓、贝伦、弗洛里安乔利斯、拉达里奥等）。

兵役制度　巴实行义务兵和志愿兵相结合的兵役制度。陆、海、空军服役期均为 1 年，特种兵服役期为 1 年半。服役期满后，可以自愿与军队签约延长服役期。海军舰艇部队和陆军伞兵部队的士兵全部为志愿兵。

军衔　巴军衔分 5 等 16 级，即将官 3 级（上将、中将、少将）、校官 3 级（上校、中校、少校）、尉官 4 级（上尉、中尉、少尉、准尉）、军士 4 级（军士长、上士、中士、下士）、兵 2 级（上等兵、列兵）。

驻外兵力　驻东帝汶 67 人（联合国维和行动，含军事观察员 9 人）；海地 202 人；科特迪瓦 5 人（含军事观察员 4 人）。

军队节日　8 月 25 日为陆军节，12 月 11 日为海军节，10 月 23 日为空军节。

军工生产能力　巴西重视发展本国军事工业，致力于建立独立的军工体系。目前，巴武器装备的自给率已达 80%左右。巴能够自行生产坦克、装甲车、坦克、教练机、运输机、多管火箭炮、潜艇、护卫舰等。

（赵可丹）

秘　鲁

国　名　秘鲁共和国。

主要统计　面积 128.5216 万平方公里。人口 2714.8 万人（其中，0~14 岁 41.5%；15~64 岁 55.4%；65 岁以上 3.1%）。国内生产总值 635 亿美元（2004 年）。国防费 11 亿美元（2005 年国防预算）。原煤 10.6 亿吨（2004 年）。原油 3.23 亿桶（2002 年）。天然气 2450 亿立方米（2002 年）。粮食 331.3 万吨（2000 年）。海运能力，商船（载重 100 吨以上）623 艘、总载重量 61.56 万吨（2004 年）。民航能力，固定航班机场 27 处，客运量 26.34 亿人公里，货运量 2.51 亿吨公里（2004 年）。

国防体制　秘宪法规定，总统为武装力量最高统帅。国防委员会为最高国防决策机构。成员有全体内阁部长和陆、海、空三军总司令，会议由总统主持。国防部为内阁中一个部，是最高军事行政机关，负责国防预算、征兵动员、民防及军工生产等。武装力量联合指挥部为最高军事指挥机构。联指主席由陆、海、空军三位司令轮流担任。陆、海、空军总司令部分别负责各军种的作战指挥。总统通过国防部和联指对全国武装力量实施领导和指挥。

领导人物　总统兼武装力量最高统帅亚历杭德罗·托莱多·曼里克（2001 年 7 月上任）。国防部长罗伯托·恰夫拉·莱昂（2004 年 2 月上任）。武装力量联合指挥部主席兼陆军总司令何塞·安东尼奥·格兰上将（2004 年 2 月上任）。海军总司令何塞·路易斯·诺列加海军上将（2004 年 2 月上任）。空军总司令奥尔兰多·德内格里上将（2004 年 2 月上任）。

武装力量　现役部队 8 万人。

陆军　4 万人。划分为 4 个军区。编有 1 个陆航旅、3 个装甲旅（含 1 个训练旅）、5 个步兵旅、2 个机械化骑兵旅、2 个摩步旅、1 个山地步兵旅、1 个特种兵旅、1 个总统警卫团、1 个机械化骑兵团、1 个摩步营、1 个步兵营、3 个工兵营、3 个野炮大队、3 个防空炮兵大队、1 个工兵大队。

坦克：T-54/55 型 275 辆（约 200 辆堪用）、AMX-13 型 110 辆（约 90 辆堪用）。装甲侦察车：M-3A1 型 10 辆、M-9A1 型 50 辆、菲亚特 6616 型 15 辆、BRDM-2 型 30 辆。装甲输送车：M-113 型 130 辆、BTR-60 型 12 辆、UR-416 型 130 辆、菲亚特 6614 型、“卡斯皮尔”型若干辆、REPONTEC 型 4 辆。牵引炮：105 毫米 150 门、122 毫米 42 门、130 毫米 36 门、155 毫米 36 门。自行火炮：155 毫米 24 门。火箭炮：122 毫米 14 门。迫击炮：81 毫米、107 毫米、120 毫米共 700 门。反坦克导弹：300 枚。无后坐力炮：106 毫米若干门。高炮：23 毫米 127 门、30 毫米 10 门、40 毫米 125 门。地空导弹：约 450 枚。各型飞机 76 架，包括 54 架直升机。

海军　2.5 万人（含海军陆战队、海军航空兵、海岸警卫队）。划分为 5 个海军军区。编有 2 个舰队司令部、1 个内河舰队司令部。

潜艇：6艘。巡洋舰："德鲁伊特尔"级1艘。驱逐舰："果敢"级1艘。护卫舰："狼"级8艘（其中4艘建造中）。导弹攻击快艇："贝拉德"级6艘。巡逻艇：10艘。登陆舰："特尔邦教区"级4艘。测量船：6艘。辅助船只：16艘。

陆战队　4000人。编有1个陆战旅和3个独立步兵营、1个步兵分队、1个突击队。装备有装甲侦察车：V-100型若干辆。装甲输送车："突击队"V-200型15辆、BMR-600型20辆。牵引炮：122毫米若干门。迫击炮：81毫米若干门、120毫米约18门。无后坐力炮：84毫米、106毫米若干门。高炮：20毫米若干门。

海军航空兵　800人。装备各型飞机31架，内作战飞机6架、武装直升机9架。空舰导弹："飞鱼"AM-39型若干枚。

岸防部队　编有3个炮兵营。装备有榴弹炮：155毫米18门。

海岸警卫队　1000人。装备有巡逻艇：33艘。

空军　1.5万人。编有2个攻击机大队（下辖7个攻击机中队）、3个运输机大队（下辖7个运输机中队）、2个战斗机中队、1个攻击直升机中队、1个侦察机分队。

轰炸机："堪培拉"型8架。攻击战斗机：苏-22型30余架、苏-25型18余架、塞斯纳A-37B型23架。战斗机："幻影"2000P型10架、"幻影"2000DP型2架、"幻影"5P型9架、"幻影"5DP30型2架、米格-29C型15架、米格-29SE型3架、米格-29UB型2架。武装直升机：米-24/25型16架、米-17TM型8架、"贝尔"1架。侦察机：米格-25RB型3架、"利尔杰特"25B型2架、"利尔杰特"36A型2架。加油机："波音"KC707-323C型1架。运输机：58架。运输直升机：58架。联络机：25架。联络直升机：8架。教练/缉毒机：75架。教练直升机：12架。空地导弹：若干枚。空空导弹：若干枚。地空导弹：9枚。

预备役　18.8万人（陆军）。

准军事部队　7.7万人（国民警察）

反政府武装　光辉道路（毛派）：约600人。图帕克·阿马鲁革命运动：约600人。

部署　共有海空军基地19处，其中海军基地7处（卡亚俄、帕伊塔等），空军基地12处（皮乌拉、利马、皮斯科等）。

兵役制度　实行义务兵役制。士兵服役期为2年。

军衔　分为5等18级，即将官3级（上将、中将、少将）；校官3级（上校、中校、少校）；尉官3级（上尉、中尉、少尉）；军士6级（一级军士、二级军士、一级上士、二级上士、中士、下士）；兵3级（一等兵、二等兵、列兵）。

军队节日　8月18日为陆军节，10月8日为海军节，7月23日为空军节。

（冷秉坤）

哥伦比亚

国　　名　哥伦比亚共和国。

主要统计　面积114.1748万平方公里。人口4453万人（2003年。其中，0~14岁30.5%；15~64岁63.8%；65岁以上5.8%）。国内生产总值867亿美元（2004年）。国防费47.36亿美元（2005年国防预算）。原煤67.48亿吨（2004年）。原油18.50亿桶（2002年）。天然气1420亿立方米（2002年）。发电量420亿度（1999年）。粮食336.2万吨（2000年）。海运能力，商船（载重100吨以上）101艘，总载重量40.30万吨（2004年）。民航能力，固定航班机场43处，客运量59.91亿人公里、货运量8.36亿吨公里（2004年）。

国防体制　哥宪法规定，总统为武装力量最高统帅，是国家安全、防务事务的最高决策人。国家安全委员会为最高安全咨询机构，成员有内政、国防、司法、交通部长、武装力量总司令、国家安全局长、警察总局局长。最高国防委员会为最高军事咨询机构，成员有国防部长、武装力量总司令、陆军司令、海军司令、空军司令和警察总局局长。国防部为政府中一个部，是最高军事行政机关。武装力量总司令部是最高军事指挥机构，直接对三军行使军事指挥权。武装力量联合参谋部为武装力量总司令部的执行机构，由三军参谋长组成。陆、海、空三军司令是本军种最高军事长官，直接对本军种负责。总统通过国防部和武装力量总司令部对全国武装力量实施领导和指挥。

领导人物 总统兼武装力量最高统帅阿尔瓦罗·乌里韦·贝莱斯（2002年8月7日上任）。国防部长豪尔赫·阿尔维托·乌里韦·埃恰瓦里亚（2003年11月上任）。武装部队总司令卡洛斯·阿尔维托·奥斯皮纳·奥瓦列上将（2003年11月上任）。武装部队联合参谋长弗雷迪·帕迪利亚·德·莱昂中将（2003年11月上任）。陆军司令雷纳尔多·加斯特利亚诺斯·特鲁希约中将（2004年11月上任）。海军司令马乌里西奥·索托·戈麦斯海军上将（2000年12月上任）。空军司令埃德加·阿方索·莱斯梅兹·阿巴德上将（2003年9月上任）。

武装力量 兵力 现役部队20.7万人。

陆军 17.8万人。编有6个师部、6个机步旅、2个可空运旅、9个步兵旅、9个反游击队机动部队（旅）、1个特种兵旅、1个反毒旅、1个训练旅、1个陆航旅、2个炮兵营、1个高山步兵营、1个反恐分队、1个防空炮兵营。

坦克：M-3A1型12辆（储存）。装甲侦察车：M-8型5辆、EE-9“响尾蛇”130辆。装甲输送车：M-113型88辆、EE-11“蝰蛇”100多辆、RG-31“尼亚拉”4辆。牵引炮：75毫米M-116型70门、105毫米M-101型86门。迫击炮：81毫米、107毫米、120毫米共483门。反坦克导弹：20枚。火箭炮：若干门、89毫米15门。无坐力炮：106毫米63门。高炮：40毫米30门。直升机约98架。

海军 2.2万人（含海军陆战队1.4万人、海军航空兵100人）。编有2个舰队、1个内河舰队。

潜艇：“皮豪”级2艘、“侏儒”级2艘。导弹护卫舰：“帕迪亚海军上将”级4艘。巡逻艇：89艘。登陆艇：8艘。测量船：3艘。训练舰：1艘。辅助船只：27艘。

陆战队 1万人。编有2个陆战旅、1个两栖登陆营、1个内河作战营、1个特种兵营、1个警卫营。装备有冲锋舟：150艘。计划装备EE-9“响尾蛇”装甲侦察车和EE-11“蝰蛇”装甲输送车。

海军航空兵 100人。装备各型飞机9架、直升机4架。

空军 0.7万人。编有4个司令部、3个飞行大队。作战飞机57架、武装直升机23架。

攻击战斗机：“幻影”5型10架、“幼狮”C-7/TC-7型12架。战斗机：AC-47型2架、AC-47T型3架、IA-58A型3架、A-37B型14架、OV-10型13架。侦察机：SA2-37A/B型5架、C-26型3架。多用途/武装直升机：贝尔205型5架、贝尔212型14架、贝尔412型2架、UH-60A/L型24架、MD-500ME/-500D/-530F型16架。运输机：23架。运输直升机：24架。教练机59架，其中教练直升机18架。空空导弹：若干枚。

预备役 6.07万人，其中陆军5.47万人，海军4800人，空军1200人。

准军事部队 国民警察部队12.9万人，农村民兵8000人（目标1.5万人）。

军事基地 共有海空军基地18处，其中海军基地9处（卡塔赫纳、布韦那文图拉、马拉加等），空军基地9处（巴兰基利亚、圣菲波哥大、梅加尔等）。

反政府武装 哥伦比亚革命武装力量：1.8万现役部队及5000城市民兵。民族解放军：3500现役部队及城市民兵若干。人民解放军：500人。

右翼准军事组织 哥伦比亚自卫队：1.06万人。

兵役制度 实行高中生义务兵、普通义务兵和志愿兵役制三结合的兵役制度。高中生义务兵服役期为1年，普通义务兵服役期为2年。陆、海军还征召部分志愿兵。

军衔 军官和士官军衔共分4等15级，即将官3级（上将、中将、少将）、校官3级（上校、中校、少校）、尉官3级（上尉、中尉、少尉）、士官6级（军士长、一等上士、二等上士、中士、一等下士、二等下士）。

外国驻军：400人。

军队节日 8月7日为陆军节，7月24日为海军节，11月8日为空军节。

（冷秉坤）

古 巴

国　　名 古巴共和国。

主要统计 面积11.0861万平方公里。人口1129.5万人（其中，0~14岁公民占总人口的20.7%；15~64岁公民占总人口的69.0%；65岁以上公民占总人口的10.3%）。国内生产总值364.5亿美元（2004年）。国防费14.7亿美元（含内务部经费。2005年国防预算）。原油3.14亿桶（2002年）。天然气140亿立方米（2002年）。粮食55.5万吨（2000年）。海运能力，商船（载重100吨以上）393艘、总载重量92.46万吨（2004年）。民航能力，固定航班机场14处，客运量35.43亿人公里，货运量5620万吨公里（2004年）。

国防体制 革命武装力量部为政府中一个部，是最高军事行政机关，也是最高军事指挥机构，负责武装力量的指挥和管理。下设总参谋部、总政治部、后勤部等机构。革命武装力量由正规军和准军事部队组成。正规军分陆军、海军、空军和防空军。海军、空军和防空军自1993年起已不再为独立军种，就地被编入陆军三大军区。准军事部队由劳动青年军、民防部队、地方民兵以及国家保安队和边防警卫队组成。总司令通过革命武装力量部对全国武装力量实施领导和指挥。

领导人物 古巴共产党中央委员会第一书记兼国务委员会主席和部长会议主席菲德尔·卡斯特罗为革命武装力量总司令。革武部部长由古共中央第二书记兼国务委员会第一副主席劳尔·卡斯特罗大将兼任。

武装力量 现役部队4.9万人。

陆军 3.8万人。编有3个军区、4~5个装甲旅、9个机械化步兵旅、1个空降旅、14个预备旅、1个边防旅、若干个地空导弹旅和高炮团。

坦克：T-34、T-54/-55、T-62型900辆，PT-76型若干辆。步兵战车：BMP-1型若干辆。装甲侦察车：BRDM-1/-2型若干辆。装甲输送车：BTR-40/-50/-60/-152型700辆。牵引炮：76毫米、122毫米、130毫米、152毫米共计500门。自行炮：122毫米、152毫米40门。火箭炮：122毫米、140毫米175门。迫击炮：82毫米、120毫米1000门。固定防御炮：122毫米、85毫米若干门。反坦克炮：85毫米、100毫米若干门。高炮：23毫米、30毫米、37毫米、57毫米、85毫米、100毫米共计400门。反坦克导弹：若干枚。地空导弹：约300枚。

海军部队 3000人（含陆战队）。编有两个司令部、4个分舰队。

小型护卫舰："保克"级II型1艘。反潜鱼雷艇：4艘。反潜导弹快艇：2艘。导弹攻击快艇："黄蜂"级II型6艘。扫雷艇："索尼亚"级2艘，"叶夫根尼亚"级4艘。测量船：1艘。训练舰：1艘。

陆战队 550人。编有2个两栖突击营。

岸防部队 火炮：122毫米、130毫米、152毫米若干门。地对地导弹：2枚，班德拉IV型若干枚。

空军部队 8000人。编有2个攻击战斗机中队，4个战斗机中队、4个运输机中队。装备有作战飞机130余架（其中约25架堪用）、武装直升机45架。

攻击战斗机：米格-23BN型10架。战斗机：米格-21F型30架、米格-21bis型50架、米格-23MF型20架、米格-29型6架。运输机：33架，其中安-32型2架、雅克-40型4架、伊尔-76型2架。攻击直升机：米-8/17/25/35型45架。反潜直升机：米-14型5架。直升机：米-8/-17型40架。教练机：59架。空地导弹：若干枚。空空导弹：若干枚。地空导弹：13枚。

预备役 陆军3.9万人。

准军事部队 2.65万人，其中国家保安队2万人（归内务部领导）、边防警卫队0.65万人（归内务部领导）。另外，劳动青年军7万人（归陆军领导）、民防部队5万人、地方民兵100万人（后备）。

部署 海军基地7处（卡瓦尼亚斯、奥尔金、西恩富戈斯、哈瓦那、马里埃尔、尼卡罗、蓬塔莫维达），空军基地11处（圣地亚哥、巴亚莫、奥尔金、卡马圭、圣克拉拉、西恩富戈斯、巴拉德罗、圭内斯、哈瓦那、圣安东尼奥、圣胡利安）。

外国驻军 美国驻军2255人（美关塔那摩海军基地）。

（张晓蕾）

海　地

国　　名 海地共和国。

主要统计 面积2.7797万平方公里。人口844万人，（2003年。其中，0~14岁占39.6%；15~64岁占56.9%；65岁以上占3.5%）。国内生产总值1180亿古德，约合28亿美元（2003年）。国防费约9.5亿古德，约合2300万美元（2003年国防预算）。发电量

6.91 亿度（2000 年）。粮食 43.1 万吨（2000 年）。海运能力，商船（载重量 100 吨以上）4 艘，总载重量 0.04 万吨（2003 年）。民航能力，固定航班机场 2 处（2003 年）。

国防体制 1994 年总统阿里斯蒂德复职后宣布解散军队，建立警察部队来维持社会治安，负责人是国家警察总局局长。

领导人物 临时总统波尼法斯·亚历山大（2004 年 3 月 29 日就任）。警察总局局长莱昂斯·夏尔（2004 年 3 月 3 日就任）。

武装力量 警察部队约 5000 人。2004 年海地反对派武装发动兵变并逼迫总统阿里斯蒂德辞职后，海地警察部队与反对派武装力量并存。

外国驻军 2004 年 6 月起，联合国在海地部署联合国海地维和部队，由 6700 名军人和 1622 名警察组成，来自阿根廷、巴西、智利、巴拉圭和乌拉圭等国。

（吴　炯）

加　拿　大

国　　名 加拿大。

主要统计 面积 998.467 万平方公里。人口 3163 万人（2004 年。其中，0~14 岁占 18.4%；15~64 岁占 68.8%；65 岁以上占 16.7%）。国内生产总值 1.2 万亿加元，约合 8680 亿美元（2003 年）。国防费 133 亿加元，约合 101 亿美元（2004 年国防预算）。粗钢 2696.1 万吨（2001 年）。原煤 7046.9 万吨（2001 年）。原油 1.29 亿桶（2001 年）。天然气 1729 亿立方米（2000 年）。发电量 5420 亿度（2001 年）。粮食 5131.5 万吨（2000 年）。海运能力，商船（载重量 100 吨以上）1185 艘，总载重量 289.68 万吨（2003 年）。民航能力，固定航班机场 269 处，客运量 682.02 亿人公里、货运量 17.87 亿吨公里（2003 年）。

国防体制 总督代表英国女王，为形式上武装力量统帅。最高国防决策机构为内阁，总理是事实上的最高军事领导人。国防部是内阁中的一个部，由文官和军人组成，是最高军事行政和指挥机构，负责人事管理、经费分配、武器装备采购、武装力量建设等工作。国防参谋长由军人担任，是国防部长的最高军事顾问。在内阁决策下，国防部长通过国防参谋长领导和指挥全军。武装力量由正规军和准军事部队组成。实行三军统一体制，国防参谋部内设有地面部队（相当于陆军）、海上部队（相当于海军）和空中部队（相当于空军）三个军种司令部及通信保障、征兵与训练、预备役等部门。

领导人物 总督兼形式上的加拿大武装力量统帅阿德里安娜·克拉克森夫人（1999 年 10 月上任）。实际上的统帅加拿大总理保罗·马丁（2003 年 12 月 12 日上任）。国防部长戴维·普拉特（2003 年 12 月 12 日上任）。国防参谋长雷蒙德·赫洛特上将（2001 年 8 月上任）。地面部队司令麦克·杰弗里中将（2000 年 8 月上任）。海上部队司令荣·巴克中将（2001 年 6 月上任）。空中部队司令劳埃德·坎贝尔中将（2000 年 7 月上任）。

武装力量 现役部队 4.18 万人，其中女军人 6100 人。

陆军　1. 93 万人，其中女军人 1600 人。编有 1 个特遣部队司令部，3 个机械化步兵旅群（各辖 1 个装甲团、3 个步兵营、1 个炮团、1 个工程兵团、1 个侦察中队、1 个防空连）、1 个独立防空团、1 个独立工兵保障团和 1 个突击队（“联合特遣部队-2”）。

地面部队装备：坦克：114 辆。装甲侦察车：各型 308 辆。轻型装甲车：各型 1124 辆。装甲输运车：各型 1279 辆。牵引炮：213 门。自行炮：76 门。迫击炮：167 门。反坦克导弹：575 枚。无坐力炮：1040 门。高炮：77 门。地空导弹：144 枚。

海上部队　9000 人，其中女军人 2800 人。编有 2 个舰队（5 个中队），1 个海上航空大队（10 个中队）。海上部队装备：装备各种主要舰艇 38 艘，其中潜艇 2 艘，作战舰艇 16 艘。潜艇：“维多利亚”级 2 艘。驱逐舰：“易洛魁”级 4 艘。护卫舰：“哈尼法克斯”级 12 艘。巡逻艇：14 艘。支援与勤务舰艇：6 艘。

空中部队　1.35 万人，其中女军人 1700 人。编有 1 个飞行师，辖 13 个飞行中队。作战飞机 140 架，没有武装直升机。

空中部队装备：战斗机：各型 143。运输机：各型 66 架。教练机：各型 140 架。直升机：各型 105 架。

预备役部队　3.69 万人，其中基础预备役部队 2.07 万人（地面部队 1.4 万人，海上部队 4000 人，空中部队 2100 人，其它 600 人），候补预备役部队 1.47 万人。

准军事部队　9350 人，其中，海岸警卫队 4700 人，装备小型舰艇 96 艘、直升机 27 架；渔业海洋部 4650 人，装备有 90 艘各型舰艇。

部署　地面部队主要部署在魁北克和阿尔伯塔省；海上部队重点部署在大西洋和太平洋沿岸水域；空中部队主要部署在中部和东部地区。地面部队主要基地有渥太华、哈尼法克斯、埃斯基莫尔等；空中部队主要基地有北湾、波戈特维尔、冷湖等。

兵役制度　实行志愿兵役制。士兵基本服役期 3 年。各级军官最高服役年限一律为 55 岁。

军衔　分 6 等 17 级：将官 4 级（上将、中将、少将、准将），校官 3 级（上校、中校、少校），尉官 3 级（上尉、中尉、少尉），准尉 3 级（一级准尉、二级准尉、三级准尉）、军士 3 级（上士、中士、下士）、兵 1 级（列兵）。

驻外兵力　参加联合国维持和平行动：驻波黑维和部队（SFOR Ⅱ）1600 人、塞浦路斯 1 人、刚果共和国 6 人、埃及 29 人、埃塞俄比亚/厄立特里亚军事观察员 6 人、中东军事观察员 8 人、塞拉利昂 5 人、叙利亚/以色列 189 人、塞尔维亚与黑山 800 人。

外国驻军　英国 557 人，其中陆军 500 人、空军 57 人。

（吴　炯）

美　国

国　　名　美利坚合众国。

主要统计　面积 962.9091 万平方公里（包括 50 个州和哥伦比亚特区，其中陆地面积 916.1923 万平方公里，水域面积 46.9495 万平方公里）。人口 2.93 亿人（2004 年 5 月统计数）。国内生产总值 10.9 万亿美元（2003 年）。国防预算 4561.85 亿美元（2003 财年），4605.47 亿美元（2004 财年），4230.98 亿美元（2005 财年申请额），军费占国内生产总值 3.3%（2003 财年）。钢铁产量 1.12 亿吨（2000 年）。粮食产量 3.43866 亿吨（2000 年）。铁路总长 22.8464 万公里（2003 年）。公路总长 639.3603 万公里，其中高速公路 7.4406 万公里（2003 年）。水路总长 4.1009 万公里，其中 1.9312 万公里用于商运（2004 年）。石油管线总长 24.4620 万公里（2003 年）。天然气管线总长 54.8665 万公里（2003 年）。

国防政策　2005 年 1 月和 3 月，美国国防部分别公布了《2005 财年国防报告》和《美国国防战略》（2004 年已经存在，但未公开发表）。这两份报告与“9·11”事件以来美国国防部先后出台的《四年防务审查报告》(2001 年 9 月)、《核态势审查报告》(2002 年 1 月)、《转型计划指南》(2003 年 4 月)、其他年份的《国防报告》等一系列文件在基调上一脉相承，反映了美国国防政策近年来的全面调整与未来走向，但同时充实了一些新的内容。特别是首次以独立报告形式公开发表的《美国国防战略》，集中阐述了美国 21 世纪的安全环境、国防战略目标、实现这些目标的手段等内容。

（一）深化对美国安全环境的认识，提出美国面临的 4 种安全挑战。《美国国防战略》报告认为，美国面临着形形色色的安全挑战，概括起来主要有 4 种。一是传统挑战，由以熟知的军事竞争和冲突方式使用公认的军事能力和部队的国家构成。美国虽然对付传统对手的能力令人敬畏，但不能忽视此类对手可能构成的挑战。传统挑战要求美国在军事竞争的关键领域保持足够的战斗力。二是非常规挑战，源自那些以恐怖主义、叛乱等非常规方式对抗美国传统优势的行为体。运用非常规手段的对手经常采取长期的方式，企图侵蚀美国的影响、耐心和政治意志，给美国造成高昂的人力、物力、财力和政治代价，迫使美国从关键地区实施战略退却或改变行动方案。要有效地应对非常规挑战，美国必须调整其军事能力。三是灾难性挑战，包括采购、拥有和使用大规模毁伤性武器或可产生类似于大规模毁伤性武器效果的手段。在大规模毁伤性武器不断扩散的时代，敌人针对美国的灾难性攻击哪怕得手一次，就会给美国造成无法接受的损失。大规模毁伤性武器技术及专门知识的扩散使得应对灾难性挑战成为一项紧迫的要务。四是破坏性挑战，即开发和使用突破性技术，以抵消美国在关键作战领域享有的优势。这类突破包括生物技术、计算机战、太空或定向能武器的发展。

《美国国防战略》报告认为，当今美国安全环境的显著特征是不确定性，潜在对手由于美军在实施传统战争方面拥有主导优势，将越来越倾向于采用非对称能力和手段。在这样的环境中，反应或防御性的方式是不够的，美国应该采取积极措施，保护自己的国家和利益。这种认识表明，美国将继续奉行布什 2002 年 5 月在德国议会发表演说时首次提到并在同年 6 月西点军校毕业典礼上首次进行阐述的“先发制人”思想。

（二）正式将“国防战略”作为一个独立的战略层次，细化和完善了美国的战略体系。美国以往的战略层次大致分为国家安全战略、国家军事战略和战区战略 3 个层次。过去，美国虽然也有“国防战略”或“防务战略”的提法，但从未公布过《国防战略》或《防务战略》报告这样的文献，有关内容散见于《四年防务审查报告》、《国防报告》等文件中，而且常与国家军事战略相重叠。美国国防部 2001 年版《军语及有关术语词典》(2004 年修订）收有“国家安全战略”、“国家军事战略”和“战区战略”等词条，但无“国防战略”或“防务战略”词条。美国国防部 2005 年 3 月首次以独立报告形式公开发表《美国国防战略》，表明美国已将“国防战略”正式作为一个独立的战略层次，其战略体系已由原来的三级发展为四级。

美国增加“国防战略”这一战略层次，反映出“9·11”事件以来美国在实现国家安全战略目标的认识上发生的巨大变化。随着全球化的发展和非传统威胁的增大，仅靠军事部门难以达成国家安全战略目标，必须将军事部门的活动与其他政府机构的国家安全活动密切结合起来，才能有效地维护国家安全。如心理战、情报战、稳定行动、保护本土等行动，都需要非军事部门的积极介入和参与。国防战略目标可在军事活动和其他政府机构为实现国家目标而开展的活动之间起到纽带作用。此外，建立以美国为主导的国际秩序，必须加强与盟国及友邦的战略协调和互通性建设，将国际力量集中起来，为美国所用。这些工作要靠国防战略而非军事战略来谋划与指导。

美国增加“国防战略”这一战略层次，使各级战略的衔接更趋合理，定位更加明晰。国家安全战略（相当于大战略或国家战略）由总统负责制定和签发，在战略体系中层次最高，是“为达成有助于国家安全的目标而发展、运用和协调国家力量工具（外交、经济、军事和信息）的艺术与科学”（《军语及有关术语词典》)。国防战略由国防部长负责制定和签发，位于国家安全战略之下，“概述保卫国家及国家利益的积极和多层次方法，谋求营造有益于尊重国家主权的条件和有利于自由、民主和经济机遇的安全的国际秩序”(2005 年《美国国防战略》)。国家军事战略由参联会主席负责制定和签发，位于国防战略之下，是“平时和战时分配和运用军事力量达成国家目标的艺术与科学”(《军语及有关术语词典》)。战区战略由战区级司令部司令负责制定和签发，位于国家军事战略之下，是“制定一体化战略方针与行动方案，以便在一个战区内通过使用武力、威胁使用武力或不使用武力的行动，达成国家与联盟或临时联盟的安全政策与战略目标的艺术与科学”（《军语及有关术语词典》)。国防战略根据国家安全战略制定，服从和服务于国家安全战略，同时又是制定国家军事战略的依据。

（三）确定 4 项国防战略目标，提出实现这些目标的 4 种手段，明确指导战略计划和决策的 4 条方针。第一项国防战略目标是确保美国免遭直接攻击。其中，首要任务是劝阻、威慑和战胜那些寻求直接危害美国的敌人，尤其是拥有大规模毁伤性武器、怀有极端主义思想的敌人。第二项是确保战略进入（进入关键地区、重点交通线和全球“公地”）并保持全球行动自由。第三项是加强联盟和伙伴关系。第四项是建立有利的安全环境。

如何实现上述国防战略目标，可以用 8 个字来概括：“确保、劝阻、慑止、战胜”。“确保”是确保盟友安全，即：通过显示美国履行联盟和其他防务义务、协助保卫共同利益的决心来提供安全保证。“劝阻”是劝阻潜在对手，即：通过发展美国自己的关键军事优势等方式，劝阻潜在对手拥有威胁性能力、手段和企图。“慑止”指慑止侵略和对抗胁迫，即：通过拥有强大而又能快速部署的军队，并且必要时显示以有利条件决定性地解决冲突的意志，来实施威慑。“战胜”指战胜对手，即：当威慑失败或军事行动以外的努力无法阻止威胁增强时，将以美国选定的时间、地点和方式战胜对手。实际上，“确保、劝阻、慑止、战胜”的提法在 2001 年 9 月出台的《四年防务审查报告》中已经出现，不过当时是作为 4 项国防政策目标提出来的。

《美国国防战略》报告还明确了指导战略计划和决策的 4 条方针：积极和多层次防御；持续不断的转型；基于能力的方式；管理风险。后两条早在 2001 年的《四年防务审查报告》中已经提出。积极和多层次防御的第一要务是战胜对美国的直接威胁，其关键部分是预防，即采取安全合作、前沿威慑、人道主义援助、和平行动、不扩散倡议等预防行动，未等最危险的挑战发展成熟，即在安全的距离上尽早将其挫败。持续不断的防务转型是美国政府转变国家安全机构的努力的组成部分，其目的是扩大关键优势，减少薄弱环节，以适应21世纪的挑战和机遇。基于能力的方式更加关注对手可能如何挑战美国，而非对手可能是谁或在何处挑战美国。它使美国国防部聚焦于应对不确定的未来必须具备的越来越广泛的能力和手段。美国的防务风险包括作战风险、未来挑战风险、部队管理风险和制度风险。管理风险就在于评估各种目标与资源限制之间的平衡。

（四）重点开发8项关键作战能力，全面调整全球防御态势，打造适合执行4种作战任务的军队。美国国防部提出，作为防务转型的重点，将开发和保持8项关键作战能力。1.加强情报能力，尤其是早期预警、传递急需的情报和横向一体化；2.保护关键作战基地，认为首要的作战基地是美国本土；3.在或从全球"公地"展开行动，包括太空、国际水域与空域、计算机空间等；4.向遥远的反进入环境投送部队并在该环境下维持部队；5.剥夺敌人的庇护所；6.实施网络中心战；7.提高应对非常规挑战的能力；8.提高国际和国内伙伴的能力，以应对共同关切的复杂问题。

美国国防部认为，美国需要全面调整全球防御态势，更好地应对各种危机和威胁。其目标是：1.扩大盟国的作用，建设新型安全伙伴关系；2.提高灵活性，应对不确定性（即强调敏捷性，不把部队过于集中在少数地点）；3.在地区内和跨地区调集力量（做到这一点需要有针对性的地区军事存在和活动，辅之以迅速的全球军事行动能力）；4.发展快速部署能力；5.着重发展能力而非数量。

美军建设的目标是塑造一支在形态和规模上适合执行4种任务的军队。1.保卫美国本土，特别是要具备能力，在距美国尽可能远的安全距离上，尽可能早地识别、瓦解和挫败威胁。2.在或从4个前沿地区实施作战行动，以确保盟友安全，劝阻竞争者，慑止和对抗侵略与胁迫。这4个地区为欧洲、东北亚、东亚滨海区和中东/西南亚。这是因为尽管美国的部队部署态势是准备遂行全球军事行动，但美国的重要利益和大部分前沿军事存在都集中于这4个地区。3.迅速击败对手并取得决定性和持久的结果。美军要能够在两个不同的战区，在两场部分同时发生的战役中，迅速击败对手；同时，可根据总统的决定在其中一场战役中取得决定性和持久的结果，如改变政权。4.遂行较小规模的应急行动。美国的全球利益要求美军能够遂行数量有限的较小规模应急行动。这些行动包括打击与袭击等较小规模的战斗行动、和平行动、人道主义任务和非战斗人员后送。这4种任务在2001年的《四年防务审查报告》中已经提出，只是措词有部分不同。

军事战略 2004年5月，美参联会主席迈尔斯上将签署了布什政府的第一份《美国国家军事战略》报告。2005年3月，这份报告与《美国国防战略》一起正式公布，内容没有发生变化。该报告以布什政府的国家安全战略和国防战略为指导，吸取了美军近年来反恐战争的经验教训，明确提出了美国军事战略的作用、目标、原则、措施，以及指导美军未来作战和建设的思想等。根据该报告，可将美国当前军事战略的基本内容概括如下：

（一）对美国安全环境的判断更趋严峻，强调威胁的广泛性、多样性和多变性，"不稳定之弧"仍是战略关注的重点。报告强调，美国面临着众多的安全挑战，其中三大挑战对军事战略的执行具有独特影响：范围更广泛的敌人；更加复杂和分散的战斗空间；技术扩散与获取。报告对美国安全环境的分析有以下几点比较引人注目：

1、在强调"无赖国家"和恐怖组织等非国家行为体对美国构成的现实威胁的同时，仍把拥有军事实力的国家构成的"传统挑战"视为最大的潜在威胁。报告指出，对美国国家安全构成威胁的，不仅有传统意义上的国家，还有非国家行为体，甚至个人。"无赖国家"和恐怖组织等非国家行为体"日趋积极地寻求不对称能力，并将以创新方式使用这些能力"，对美国构成相互交织的和严峻的现实威胁。但是，拥有传统军事力量和巡航导弹与弹道导弹等先进武器系统的国家，有的"可能寻求控制世界的关键地区"，是美国的最大潜在威胁，因为只有这些国家才能对美国的全球霸权构成真正的挑战。

2、认为未来的战斗空间更为广泛和复杂，重申"不稳定之弧"仍是美国应重点关注的地区。报告称，敌人"在一个复杂战斗空间的各处对美国构成威胁"，从海外关键地区到本土，横跨全球公用的国际空域与水域，甚至太空与网络空间。从全球看，从西半球经非洲和中东至亚洲，存在一个"不稳定之弧"。在这条弧形地带上，有些地区成为"威胁的滋生地"："无赖国家"为恐怖分子提供庇护所，使他们得以逃避监视和打击；意识形态极端分子等仇视美国的敌人则利用这个地带无治理或治理乏力的地区，训练部队和策划攻击。这一弧形地带仍是美国军事战略关注的重点。

3、强调技术的扩散和先进武器的获取是对美国国家安全的重大威胁。一系列广泛的技术和武器在全球的扩散，将影响到未来冲突的特征。一是军民两用技术，特别是信息技术、高分辨率图像和全球定位系统，花费相对较低，易通过商业途径获取。这将大大提高有关国家和非国家行为体的“扰乱和破坏”能力。二是自动化和信息处理技术的提高，使一些敌人可以锁定和攻击美国的国内和海外目标。例如，用于网络攻击、侵入和破坏的软件工具通过因特网在全球范围内流传，为敌人利用计算机网络和实施网络攻击提供了便利。三是随着先进武器系统和创新性投送系统越来越容易获取，未来作战方式将发生根本性变化，这也会显著地提高敌人威胁美国的能力。

（二）提出“保护、预防、战胜”三大军事战略目标，强调以包括“预防性自卫态势”、“先发制人的自卫行动”在内的积极防御措施消除安全威胁。报告确定了支持国防战略的三大军事目标，即：保护美国免遭外部攻击与侵略；预防冲突与突然袭击；战胜敌人。“保护、预防、战胜”既是美国军事战略的目标，也是美军的三大使命。报告对美国军事战略目标的阐述，有以下几点值得关注：

1、提出以“积极的纵深防御”来达成“保护美国”的目标。保护美国是美军当前的首要任务。报告要求美军通过遂行海外军事行动、计划与实施本土防御和支持文官当局，来确保美国免遭直接攻击。报告认为，保护美国及其全球利益，特别是应对恐怖组织和“无赖国家”的威胁（尤其是其中得到大规模毁伤或效果武器者的威胁），仅依靠反应性或被动防御措施难以奏效，美军要实施“积极的纵深防御”。这主要有两方面的内容。从地理空间上看：第一，美军的第一道防线，也是主要的防线在国外，美军要努力靠近源头反击威胁；第二，美军要保护通向美国的空中、海上、陆地和太空通道，要设法沿着战略通道遮断逼近美国的威胁；第三，美军必须具备能力应对突破美军前沿和海外防御体系的威胁，在国内保护本土免遭空中与导弹攻击、恐怖袭击以及其他直接攻击。从力量运用上看，美军要与多国和国际伙伴、美国政府机构等开展合作，整合多种力量与能力，精心协调和组织国内外军事行动，强化全球防御态势，特别是创造全球反恐环境，保护美国的安全。

2、提出通过慑止侵略与胁迫的行动来达成“预防冲突与突然袭击”的目标。报告认为，这在很大程度上依靠美军一体化的海外存在，包括 3 种部署形式，即：在具有重要战略意义地区的永久性驻扎、为支持地区性目标而进行的前沿轮换部署以及为应对紧急事件而进行的临时性部署。这将以可信的方式向世界表明美国致力于预防冲突与突然袭击的决心。美军达成这项目标的具体措施包括：一是改善前沿部署态势和军事存在的形式，既增强美军在全球实施快速反应的能力，又提高与盟国及伙伴国的联军作战能力，确保对美国安全至关重要的战略通道和交通线的安全；二是参与安全合作活动，与多国伙伴建立军事互动和政治互信，促进地区稳定，减少助长极端主义的基本条件。三是通过建立强大的战略威慑力量并明示必要时使用该力量的决心来慑止侵略。为此，美军要尽快把传统的“三位一体”战略核力量转型为新的“三位一体”战略威慑力量，同时确保实施“灵活威慑方案”的能力。四是通过加强情报收集与整合能力、信息共享能力、部队的敏捷性、快速与正确的决策能力等来防止突然袭击。

3、提出用快速击败敌人、取得决定性胜利等模式来达成“战胜敌人”的目标。报告指出，美军要作好准备，一旦威慑失败，就要果断出手，战胜敌人。战胜敌人有两种模式：一是为达成有限目标而快速击败敌人，包括：改变有关国家令人无法接受的行为或政策；迅速夺取主动权或防止冲突升级；不让敌人得到庇护所，挫败其进攻能力或目标；为冲突后稳定提供支持等。二是为达成持久的结果而取得决定性胜利，包括：通过综合运用陆、海、空、天、信息等能力摧毁敌军事能力；推翻敌国政权，建立亲美政权等。报告指出，在战胜敌人方面，美国将争取国际社会的支持，但是，如有必要，“将毫不犹豫地单独采取行动”。这在一定程度上反映了美国新军事战略突出的进攻性、冒险性、单边主义和霸权主义特点。

（三）“基于能力”的建军模式基本定型，军事转型的发展方向更加明确和具体。报告强调，三大军事战略目标为美军确定军事能力和建立有效应对不确定性的联合部队奠定了基础。自 2001 年的《四年防务审查报告》提出美军建设由“基于威胁”向“基于能力”转变以来，经过几年的探索和实践，美军“基于能力”的建军模式已基本定型，为正在进行的军事转型提供了明确而具体的方向。

1、把“基于能力”的建军模式明确为“1-4-2-1”型。根据美国国防战略的要求，报告提出美军应具备能力保卫本土（1），从 4 个地区（欧洲、东北亚、东亚滨海区和中东/西南亚）实施前沿威慑（4），实施两场部分同时进行的“快速击败”战役（2）并在其中一场“取得决定性胜利”（1）。“1-4-2-1”型，就是按照以上指标来设计部队和确定部队规模。这一要求明显高于克林顿时期“打赢两场几乎同时发生的大规模战区战争”的指标。实现该指标，不是靠扩大规模来增强实力，而是通过军事转型来大幅度提高战斗力。

2、以“平稳”的方式推进军事转型。报告提出，美军有3个应优先考虑的事项：打赢反恐战争，提高联合作战能力，以及为未来进行转型。报告认为，军事转型和当前的反恐战争并非互相排斥，而应相互促进，美军必须“边转型边战斗，边战斗边转型”。所谓以“平稳”的方式推进军事转型，就是指在实施反恐战争、确保完成当前任务的同时，通过迅速的原型开发、野战试验、编制重新设计和概念开发，确保美国无可匹敌的军事优势延续至未来，也就是在确保当前战备水平的同时，发展应对未来挑战的能力。军事转型的总目标是实现“全谱优势”，即“在各种军事行动中控制任何局势或击败任何敌人的能力”。全谱优势要求可适应不同条件与目标的联合军事能力、行动概念、功能概念以及关键赋能因素。美国国防部2003年公布的《联合作战概念》文件中曾提出4个联合行动概念（本土安全、稳定行动、战略威慑、大规模作战行动）以及若干联合职能概念（联合指挥与控制、战斗空间感知、力量运用、聚焦后勤和防护）和赋能概念（信息行动、跨机构行动和多国行动）。

3、提出指导联合部队发展的原则和提高联合作战能力的具体措施。提高联合作战能力，是美军聚焦的重点之一。为此，报告提出了指导联合部队所需能力开发的3条战略原则：①灵活性，即在地理分隔和环境多样的地区快速部署、运用、保障和重新部署军事力量的能力；②决定性，即制服敌人、控制局势和取得确定结果；③一体化，即在军种、其他政府机构、商业部门、非政府组织以及国外伙伴的相应机构间有效地整合与协调军事行动。报告还重申了《联合作战概念》提出的未来联合部队必须具有的7个特性：完全一体化；远征性；网络化；分散化；适应性；决策优势；致命性。

报告提出了提高联合作战能力的一些具体措施。一是基于模块化、任务式的要求调整体制编制，包括平衡现役与预备役部队，建设常设联合部队司令部，开发国家联合训练能力。二是为实现跨机构一体化与信息共享，在5个地区性和2个全球性战区级司令部建立“反恐联合跨机构协调小组”。三是加快全球信息栅格建设，确保实现信息优势与决策优势。四是实施一体化全球存在与驻扎战略，加强海外存在态势，在提高作战能力和为打赢反恐战争提供支持的同时，加强和扩大美国的伙伴关系网络，为美国扩展战略纵深服务。五是改进联合职业军事教育，加强联合领导者培养。

国防体制 美国宪法规定，总统是武装部队总司令，全军最高统帅。总统通过国防部领导和指挥全军，紧急情况下可越级指挥。战略核力量不论何时都由总统指挥控制。

国家安全委员会是最高防务决策咨询机构。其法定成员包括总统、副总统、国务卿和国防部长。参谋长联席会议主席是其法定军事顾问，中央情报局局长是其法定情报顾问。该委员会日常工作由总统国家安全事务助理（顾问）负责。

国防部是总统领导与指挥美国武装力量的最高军事机关，负责防务政策、计划的制定和实施，以及全面国防事务管理，并通过参谋长联席会议对全军实施作战指挥。它由国防部本部系统、军事部系统和作战指挥系统三部分组成。

国防部本部系统主要负责政策、财政、军务等全军性事务，以及各军事部之间的协调。下设政策、采购与技术、人事与战备、审计与财务、指挥通信控制与情报、立法、后勤事务、情报监督、行政管理、公共事务、监察、作战试验与评估等部门，分别由副国防部长、助理国防部长、主任、局长或部门长等主管。

军事部系统包括陆军部、空军部和海军部3个军事部（军种部）。各军事部负责本军种的行政管理、教育训练、武器装备研制和采购及后勤保障等事务，并有责任在战时向各作战司令部提供作战部队及相应的勤务和后勤支援，但无作战指挥权。军事部长为文官，在其下设军种参谋长（海军为作战部长）。军种参谋长（海军作战部长）是本军种最高军事长官。

作战指挥系统指参谋长联席会议（以下简称“参联会”）及隶属于它的各联合司令部、特种司令部。参联会既是总统、国防部长、国家安全委员会的军事咨询机构，也是总统和国防部长向联合司令部和特种司令部发布作战命令的军事指挥机关。从某种意义上讲，国防部是总统的军政部门，而参联会是总统的军令部门。参联会成员包括主席、副主席、陆军参谋长、空军参谋长、海军作战部长和海军陆战队司令。参联会主席是美军最高军事长官，是总统、国防部长和国家安全委员会的首席军事顾问。参联会下设联合参谋部和国家军事指挥中心，负责处理日常事务和作战指挥业务。美军设九大联合司令部，它们是直属国防部的美军高级作战指挥机构。美三军部队除实行特别勤务者外，均编入某一联合司令部。一旦发生重大紧急情况，各联合司令部即可对编入本司令部的部队实施作战指挥。必要时，也可根据总统指示将任何联合司令部的部队临时划归处于紧急情况的联合司令部指挥。目前，在美军的九大联合司令部中，5个为地区性司令部（也称地区总部），即欧洲司令部、太平洋司令部、中央司令部、南方司令部和北方司令部（2002 年 10 月 1 日成立，负责保卫美国本土和北美地区的安全）；3 个为职能性司令部，即战略司令部、特种作战司令部和运输司令部；联合部队司令部（1999 年 10 月由原地区性大西洋司令部改组而成，负责联合作战理论的试验与论证，并为各地区司令部提供经过训练的联合部队），兼有地区和职能两种性质。

美国武装力量由现役部队、预备役部队和军内文职人员 3 部分组成。现役部队分陆军、空军、海军和海军陆战队 4 个军种，分属陆军部、空军部和海军部（负责海军和海军陆战队）三大军事部领导。美军预备役部队按组织系统分国民警卫队和联邦后备队两部分。国民警卫队含陆军国民警卫队、空军国民警卫队和海岸警卫队，其中海岸警卫队平时由国土安全部维持和使用。后备队含陆军后备队、海军后备队、空军后备队和陆战队后备队。预备役人员按动员程度分为 3 类：第一类为待命预备役人员，包括编入预备役部队的精选预备役人员，可立即用于增援正规部队；第二类为待编预备役人员，即动员时可征召的参训人员；第三类为退役预备役人员，必要时可应召增补负责作战支援和训练的部队。文职人员是美国联邦政府雇员的一部分，本国雇佣的称直接雇员，由住在国政府雇佣的称间接雇员。从事的工作种类有科学家与工程师、行政管理人员、技术员、秘书和办事员、服务员、勤杂工等。

领导人物 总统兼武装部队总司令乔治·W·布什（2001 年 1 月上任，2005 年 1 月连任）。国防部长唐纳德·H·拉姆斯菲尔德（2001 年 1 月上任，2005 年 1 月连任）。国家安全事务助理斯蒂芬·哈德利（2005 年 1 月上任）。参谋长联席会议主席理查德·B·迈尔斯空军上将（2001 年 10 月上任）。参联会副主席彼得·佩斯陆战队上将（2001 年 10 月上任）。陆军部长弗朗西斯·J·哈维（2004 年 11 月上任）。陆军参谋长彼得·J·舒梅克陆军上将（2003 年 8 月上任）。空军代部长彼得·B·蒂茨（2005 年 1 月上任）。空军参谋长约翰·P·江珀空军上将（2001 年 9 月上任）。海军部长戈登·R·英格兰（2001 年 5 月上任）。海军作战部长弗农·E·克拉克海军上将（2000 年 7 月上任）。海军陆战队司令迈克尔·W·哈吉陆战队上将（2003 年 4 月上任）。欧洲司令部司令詹姆斯·L·琼斯陆战队上将（2003 年 1 月上任）。太平洋司令部司令威廉·J·法伦海军上将（2005 年 2 月上任）。联合部队司令部司令埃德蒙·P·詹巴斯提亚尼海军上将。南方司令部司令班茨·J·克拉多克陆军上将（2004 年 11 月上任）。中央司令部司令约翰·阿比扎伊德陆军上将（2003 年 7 月上任）。北方司令部司令蒂莫西·J·基廷海军上将（2004 年 11 月上任）。特种作战司令部司令布赖恩·D·布朗陆军上将。运输司令部司令约翰·W·汉迪空军上将。战略司令部司令詹姆斯·E·卡特赖特陆战队上将。

武装力量 **兵力** 2004 财年，现役部队总人数 143.36 万人。预备役部队 116.225 万人。

陆军 50.20 万人。编有 3 个集团军司令部、4 个军部（1 个为空降军）、10 个作战师（2 个装甲师、4 个机械化师、2 个轻步兵师、1 个空中突击师、1 个空降师）、1 个独立步兵旅、1 支空降特遣部队（旅级）、5 个航空旅、3 个装甲骑兵团、6 个炮兵旅、10 个“爱国者”防空导弹营、1 个独立步兵营和 1 支特种作战部队。另有 2 个一体化师司令部，各编有 3 个加强陆军国民警卫队旅，作平时的一体化作战训练之用。

主战坦克：M-1“艾布拉姆斯”型约 7620 辆，包括 M-1A1 和 M-1A2。装甲侦察车：Tpz-1“福克斯”型 96 辆。装甲步兵战斗车：M-2 和 M-3“布莱德雷”型 6719 辆。装甲人员输送车：M-113A2 和 M-113A3 型（含改进型）14300 辆、“斯特赖克”型约 600 辆。各类火炮：5540 门。反坦克导弹：28674 枚，其中“陶”式 8724 枚、“龙”式 19000 枚、“标枪”式 950 枚。防空导弹：FIM-92A“毒刺”式、“复仇者”式（车载型“毒刺”）703 枚，“中后卫”式 95 枚，“爱国者”式 483 枚。两栖舰船：51 艘。无人驾驶飞机：“猎人”型 18 架，“影子”型 24 架。固定翼飞机：约 298 架。直升机：约 4597 架，其中武装直升机 1133 架。

海军 37.675 万人。编有太平洋舰队司令部和大西洋舰队司令部，共 5 个舰队：第 2 舰队（大西洋）、第 3 舰队（太平洋）、第 5 舰队（印度洋、波斯湾、红海）、第 6 舰队（地中海）、第 7 舰队（西太平洋）。此外，还设有军事海运司令部和海军特种作战司令部。

潜艇：72 艘，其中战略潜艇 16 艘，战术潜艇 56 艘（核动力导弹攻击潜艇 35 艘、核动力攻击潜艇 21 艘）。主要水面作战舰艇：118 艘。其中，航空母舰 12 艘，包括 8 艘“尼米兹”级和 1 艘“企业”级核动力航母，2 艘“小鹰”级和 1 艘“肯尼迪”级常规动力航母；11 个航母舰载机联队（含 1 个后备队联队），每个联队一般编 9 个中队，包括 3 个 F/A-18C 型战斗攻击机中队、1 个 F-14 中队、1 个 S-3B 型和 ES-3 型反潜战飞机中队、1 个 SH-60 型反潜直升机中队、1 个 EA-6B 型电子战飞机中队、1 个 E-2C 型空中预警机中队和 1 个 C-2 型支援飞机中队；导弹巡洋舰 27 艘（均为“提康德罗加”级）；导弹驱逐舰 49 艘（“阿利·伯克”级“宙斯盾”舰 39 艘，“斯普鲁恩斯”级 10 艘）；导弹护卫舰 30 艘（均为“佩里”级）。另有扫雷舰 26 艘、两栖舰 40 艘。军事海运司令部辖船只约 120 艘，可调用商船约 315 艘。海军（含陆战队）共装备作战飞机 1705 架，武装直升机 693 架。

海军陆战队　17.535 万人。编为 3 支陆战队远征部队和 2 个陆战队远征旅。编制部队有 3 个陆战队师、3 个部队勤务支援大队、1 个陆战队远征旅（反恐）和特种作战部队。

主战坦克 403 辆、轻装甲车 731 辆、两栖攻击装甲车 1311 辆、牵引火炮 926 门、迫击炮 585 门、反坦克导弹 2299 枚、无后坐力炮 1650 门、反坦克火箭筒 1114 具。航空兵 3.4686 万人，编 3 个现役飞行联队，每个联队一般装备固定翼飞机 118 架、直升机 156 架。

空军　37.95 万人。编有空中作战司令部和空中机动司令部两大司令部。空中作战司令部辖 4 个航空队，23 个飞行联队；空中机动司令部辖 2 个航空队，12 个飞行联队。美空军 1999 年 10 月开始进行体制改革，将其现役、预备役和国民警卫队部队统一编组成 10 支“空天远征队”。每支“空天远征队”在 15 个月中有 90 天处于戒备状态，任何时候至少有两支处于戒备状态。每支“空天远征队”约编 1~1.5 万人，90 架战斗机和轰炸机、31 架战区内加油机和 13 架情报、监视、侦察和预警机。

远程打击/攻击作战飞机 203 架，其中 B-52H 型 93 架、B-1B 型 89 架、B-2A 型 21 架；侦察机 239 架，其中 U-2S 型 32 架、TU-2S 型 4 架、E-8C“联合星”18 架、E-9A 型 2 架、RC-135S 型 3 架、RC-135U 型 2 架、RC-135V/W 型 16 架、RF-4C 型 162 架（封存）；指挥机 62 架，其中 E-3B/C 型 32 架、E-4B 型 4 架、EC-135 型 26 架（封存）；战术飞机约 3513 架（包括空军国民警卫队和空军后备队），其中 F-4D/E/G 型 237 架（封存）、F-15 各型 736 架、F-16 各型 1739 架、F-22A 型 26 架、F-111 型 217 架、F-117 型 52 架、A-10A 型 342 架、OA-10A 型 110 架、EC-18B/D 型 5 架、AC-130H/U 特种作战飞机 21 架、HC-130N/P 型 36 架、EC-130E/H 特种作战飞机 28 架、MC-130E/H/P 特种作战飞机 63 架、WC-130H/J 气象侦察飞机 18 架、WC-135C/W 型 3 架、OC-135 型 3 架；运输机约 1020 架，其中 C-5 型 126 架、C-9A/C 型 23 架、C-12C/D/F/J 型 23 架、C-17A 型 101 架、C-20 型 13 架、C-21A 型 78 架、C-22B 型 2 架（封存）、VC-25A 型 2 架、C-26B 型 11 架、C-32A 型 4 架、C-37A 型 10 架、C-38A 型 2 架、C-130B/E/H/J 型 543 架、C-135B/C/E 型 4 架、C-137C 型 1 架（封存）、C-141B/C 型 77 架；加油机 659 架，其中 KC-135A/E/R/T 型 600 架、KC-10A 加油/运输机 59 架；教练机约 1691 架；直升机 219 架；另有 8 架“全球鹰”和 12 架“捕食者”无人驾驶侦察机。

战略力量　由美国战略司令部管辖，实力计在海军和空军内。主要武器装备有：432 枚潜射弹道导弹，配置于 18 艘战略导弹核潜艇中，其中“俄亥俄”级 SSBN-734 型核潜艇 10 艘，每艘携 24 枚“三叉戟”II 型（D-5）导弹，“俄亥俄”级 SSBN-726 型核潜艇 8 艘，每艘携 24 枚“三叉戟”I 型（C-4）导弹；洲际弹道导弹 550 枚，其中“民兵”III 型 500 枚，“和平卫士”50 枚；战略轰炸机 114 架，其中 B-52H 型 93 架、B-2A 型 21 架。

海岸警卫队　4.036 万人，另文职人员 0.675 万人。根据法律，海岸警卫队是武装力量的一个组成部分，平时由国土安全部维持和使用，兵力不计入三军预备役部队内。预算为 2001 财年 51 亿美元，2002 财年 57 亿美元。主要武器装备有：各类巡逻舰艇 132 艘，其中近海巡逻舰 43 艘（可携直升机），近岸巡逻艇 89 艘，内河管理船 36 艘，支援船 25 艘；飞机 43 架；直升机 127 架。

特种作战部队　3.1496 万人，实力计在各军种。陆军特种作战部队编 5 个特种作战大队（每个含 3 个营），1 个别动队步兵团（含 3 个营），1 个特种作战航空团（含 3 个营），1 个心理战大队（含 5 个营），1 个民事营（含 5 个连），1 个通信营和 1 个支援营。海军特种作战部队编有 1 个海军特种作战司令部，1 个海军特种作战中心，3 个大队，2 个中队，8 支“海豹队”，2 支“海豹”输送车队，2 个特种舟艇中队。空军特种作战部队编有 1 个司令部、1 个飞行联队、13 个飞行中队。

文职人员　截至 2004 年 9 月，共 70.8 万人。按雇佣部门计算，陆军雇佣 25.2 万人，海军（含陆战队）雇佣 19.2 万人，空军雇佣 16.3 万人，国防部直属机构雇佣 10.1 万人。

预备役人员　116.225 万人，其中待命预备役 114.075 万人，待编预备役 2.15 万人。待命预备役由编组部队和单个人员组成，包括精选预备役部队和单个待命预备役人员，负有在战时或国家紧急状态下按法律和法规的有关规定服现役、扩充现役部队的义务，其中国民警卫队 46.005 万人（陆军国民警卫队 35.135 万人、空军国民警卫队 10.87 万人），后备队 68.07 万人（陆军后备队 32.41 万人、海军后备队 15.285 万人、海军陆战队后备队 9.2 万人、空军后备队 11.175 万人）。待编预备役指经过训练的、必要时可动员的单个预备役人员，不含国民警卫队员（按有关法律规定，国民警卫队人员全部编入待命预备役部队），其中陆军 700 人，海军 2500 人，海军陆战队 700 人，空军 1.76 万人。

部署 欧洲总部（司令部设在德国斯图加特—法伊英根）约 9.07 万人（陆军 5.72 万人、海军 8900 人、空军 2.43 万人、海军陆战队 330 人），另加地中海第 6 舰队 1.4 万人（包括海军陆战队 2200 人），其中驻德国 6.979 万人、比利时 1390 人、希腊 538 人、意大利 1.5474 万人、卢森堡 27 人、荷兰 303 人、挪威 50 人、葡萄牙 1058 人、西班牙 562 人、土耳其 1650 人、英国 9800 人。太平洋总部（司令部设在夏威夷）约 26.37 万人，其中驻阿拉斯加 1.545 万人、夏威夷 2.408 万人、新加坡 89 人、日本 4.355 万人、韩国约 3.45 万人、关岛 4400 人、澳大利亚约 90 人、迪戈加西亚 1071 人、泰国 69 人、太平洋舰队 14.04 万人（另有预备役 1.347 万人、文职人员 2.96 万人）。中央总部（司令部设在佛罗里达州的麦克迪尔空军基地）约 17.766 万人，其中驻阿富汗 1.8 万人、巴林约 3000 人、吉布提约 1000、伊拉克 12.16 万人、科威特 2.525 万人、阿曼 270 人、巴基斯坦约 400 人、卡塔尔约 6540 人、沙特阿拉伯约 300 人、阿拉伯联合酋长国 1300 人，另有第 5 舰队的约 14 艘舰艇。南方总部（司令部设在佛罗里达州的迈阿密）约 1477 人，其中驻哥伦比亚约 400 人、厄瓜多尔 290 人、圭亚那约 200 人、洪都拉斯 587 人。北方总部（司令部设在科罗拉多州的彼得森空军基地）驻美国东海岸 1.97 万人，百慕大 800 人、古巴 2255 人（其中关塔那摩 2190 人）、冰岛 1758 人、亚速尔群岛（葡）970 人、英国 1220 人、大西洋舰队 10.8 万人（另有文职人员 1.7 万人）。美军驻美国大陆 88.72 万人，其中陆军 32.8 万人、海军 18.62 万人、空军 27.62 万人、海军陆战队 9.68 万人。

军事基地 截至 2004 财年，美国国防部在国内外拥有军事基地和设施共 4702 个，分布在美国 50 个州和 9 个领地以及世界 46 个国家，其中在美国国内有 3727 个，在美国的领地有 115 个，在外国有 860 个。陆军共拥有基地设施 1691 个，其中在美国国内 1298 个，在美国领地 20 个，在外国 373 个。海军共有 1261 个，其中在国内 992 个，在领地 74 个，在外国 195 个。海军陆战队共有 171 个，其中在国内 147 个，在领地 1 个，在外国 23 个。空军共有 1578 个，其中在国内 1289 个，在领地 20 个，在外国 269 个。

兵役制度 从 1973 年起实行志愿兵役制度。

军衔 分 6 等 25 级：士兵 3 级（一等兵、二等兵、三等兵），军士 6 级（一级军士长、二级军士长、三级军士长、上士、中士、下士），准尉 5 级（一、二、三、四、五级准尉），尉官 3 级（上尉、中尉、少尉），校官 3 级（上校、中校、少校），将官 5 级（五星上将、上将、中将、少将、准将）。

军队节日 武装力量节，5 月第三个星期六。美国陆军节，4 月 6 日。美国海军节，10 月 27 日。美国空军节，9 月第二个星期六。

对外军援 美国对外军事援助 2006 财年的申请额为 50.28 亿美元；2005 财年的估计额为 50.51 亿美元；2004 财年的实际额为 48.37 亿美元，其中国际军事教育与培训（IMET）经费 9116 万美元、对外军事资金（FMF）46.22 亿美元、维和行动费 1.24 亿美元。在美国 2004 财年对外军事援助中，对非洲国家共援助 6229 万美元，其中得到援助较多的是：肯尼亚 727 万美元、吉布提 678 万美元、埃塞俄比亚 302 万美元、苏丹 500 万（维和行动费）。对东亚和太平洋国家共援助 5087 万美元，其中得到援助较多的是：菲律宾 3758 万美元（其中维和行动费 1500 万）、泰国 395 万美元（其中维和行动费 50 万）、东帝汶 363 万美元（其中维和行动费 105 万）、蒙古 287 万美元（其中维和行动费 100 万）。对欧洲和欧亚大陆国家共援助 2.61 亿美元，其中得到援助较多的是：土耳其 4000 万美元、波兰 3478 万美元、波黑 3089 万美元（其中维和行动费 1150 万）、格鲁吉亚 1623 万美元（其中维和行动费 300 万）。对近东国家共援助 37.62 亿美元，其中得到援助较多的是：以色列 21.47 亿美元、埃及 12.94 亿美元、约旦 2.08 亿美元、阿曼 2568 万美元、巴林 2525 万美元。对南亚国家共援助 5.20 亿美元，其中得到援助较多的是：阿富汗 4.34 亿美元（其中维和行动费 2000 万）、巴基斯坦 7594 万美元、尼泊尔 452 万美元、斯里兰卡 305 万美元。对西半球国家共援助 1.34 亿美元，其中得到援助较多的是：哥伦比亚 1.00 亿美元、萨尔瓦多 648 万美元、玻利维亚 457 万美元。

（王春生）

墨　西　哥

国　　名　墨西哥共和国。

主要统计　面积196.4375万平方公里。人口1.04亿人（其中，0~14岁公民占总人口的32.9%；15~64岁公民占总人口的62.0%；65岁以上公民占总人口的5.1%）。国内生产总值6582亿美元（2004年）。国防费28亿美元（2004年国防开支）。原煤12.11亿吨（2004年）。原油269.4亿桶（2002年）。天然气11030亿立方米（2002年）。粮食2955万吨（2000年）。海运能力，商船（载重100吨以上）635艘，总载重量149.53万吨（2004年）。民航能力，固定航班机场83处，客运量239.22亿人公里、货运量25.97亿吨公里（2004年）。

国防体制　墨宪法规定，总统为武装力量最高统帅，有权宣布全国“紧急状态”和“战争状态”，决定兵力调动、高级将领任免、国防开支等重大事宜。国家安全内阁会议为最高国防决策机构，由总统领导，成员有国防部长、海军部长、内政部长、外交部长以及其他有关政府部长。国防部和海军部分别为政府中一个部，是最高军事行政机关，也是最高军事指挥机构。国防部领导和指挥陆、空军。海军部领导和指挥海军。国防部长和海军部长经总统任命，由现役四星上将担任。总统通过国防部和海军部对全国武装力量实施领导和指挥，通过总统府参谋部对国家安全和军事问题进行协调。

领导人物　总统兼武装力量最高统帅比森特·福克斯·克萨达（2000年12月1日就职）。国防部长里卡多·维加·加西亚上将（2000年12月1日上任）。海军部长马可·安东尼奥·佩罗特·冈萨雷斯上将（2000年12月1日上任）。

武装力量　**兵力**　现役部队19.3万人。

陆军　14.4万人。划分为12个军区、44个军分区。编有3个军（共辖9个步兵旅）、4个装甲旅、1个空降旅、1个军警旅、1个工兵旅、19个装甲骑兵团、3个炮兵团、81个步兵营（含1个机械化步兵营）、44个特种空中机动分队。

装甲侦察车：M-8型40辆、“大山猫”ERC-90F型119辆、VBL型40辆、“莫瓦格”型25辆、MAC-1型40辆。装甲输送车：HWK-11型40辆、M-2A1“半履带”型32辆、VCR/TT型40辆、DN-3/4/5型134辆、AMX-VCI型495辆、BDX式95辆、LAV-150ST型26辆、BTR-60型若干辆。牵引炮：75毫米18门、105毫米176门。自行炮：75毫米5门。迫击炮：81毫米1500门、120毫米75门。反坦克导弹：若干枚。火箭炮：82毫米若干门。反坦克炮：37毫米30门。高炮：12.7毫米40门、20毫米40门。地空导弹：若干枚。

海军　3.7万人（含海军陆战队和海军航空兵）。划分为6个军区。编有2个舰队司令部。

驱逐舰：“克特扎尔克特”级2艘、“弗莱彻”级1艘。护卫舰：“诺克斯”级2艘、“布朗斯坦”级2艘、“克罗斯利”级3艘、“埃德索尔”级1艘。巡逻艇：159艘（其中11艘建造中）。两栖登陆舰：3艘。训练舰：1艘。测量船：2艘。油船：3艘。辅助船只：16艘。

陆战队　8700人。编有3个陆战旅、1个空降团、1个总统警卫营、11个地区营、1个岸防大队（辖2个岸炮营）、1个独立警卫连。装备有两栖登陆装甲车：VAP-3550型25辆。牵引炮：105毫米16门。火箭炮：51毫米6门。迫击炮：60毫米、80毫米共100门。无后坐力炮：106毫米若干门。高炮：20毫米、40毫米若干门。冲锋舟：60艘。

海军航空兵　1100人。装备有战斗/侦察机：C-212-200M型8架。侦察机：“鹰眼”E-2C型3架。运输机：C-180/-212/-310/-337/-402型10架、DHC-5型1架、FH-227型1架、“空中霸王”90型1架、“利尔杰特”24型1架、“司令官”1架、An-32型5架、Mu-2F型1架。教练机：“打槌人”MX-7型12架、“幸运”F-33C型10架、“雷地戈”L-90型10架。多用途直升机：“贝尔”47型3架、SA-319型4架、米-8/17型20架、AS-555型4架、“水手”R-22型2架、R-44型1架。侦察直升机：Bo-105型12架、“探险家”MD-902型10架。教练直升机：MD-500E型4架。

空军　1.2万人。编有18个中队。装备有作战飞机107架、武装直升机71架。

战斗机：F-5E/-F型10架。战斗教练机：PC-7型70架、AT-33型17架（将被14架F-5E虎II型替代）。武装直升机：贝尔205A型1架、贝尔206B型15架、贝尔L-3型7架、贝尔212型24架。侦察机：“指挥官”500S 型 10 架、SA2-37A 型 2 架、C-26 型 4 架。运输机：26 架。运输/搜救机：IAI-201 型 9 架。联络/通用机：149 架。直升机：43 架。教练机：69 架。搜救/准军事/教练直升机：MD-530F 型 24 架。

预备役　30 万人。

准军事部队　联邦防暴警察 1.1 万人（归内务部领导）。另外，农防民兵 1.4 万人（后备）。

反政府武装　萨帕塔民族解放军（力量未知）。

部署　共有海空军基地 39 处。其中海军基地 21 处（韦拉克鲁斯、阿卡普尔科、瓜伊马斯等），空军基地 18 处（圣卢西亚、蒂华纳、蒙特雷等）。

兵役制度　实行义务兵役制，同时招募志愿兵。义务兵服役期为 1 年，志愿兵服役期为 3 至 9 年。

军衔　分 5 等 15 级，即将官 3 级（上将、中将、少将）、校官 3 级（上校、中校、少校）、尉官 4 级（一级上尉、上尉、中尉、少尉）、军士 3 级（上士、中士、下士）、兵 2 级（上等兵、列兵）。

军队节日　2 月 19 日为陆军节，6 月 1 日为海军节，9 月 16 日为空军节。

军工生产能力　仅能生产部分常用的武器和装备或进行某些维修工作。在陆军装备方面，可生产手枪、步枪、冲锋枪、火炮、枪榴弹、手榴弹、炮弹、子弹、防暴车及后勤设备和物资等；在海军装备方面，可生产护卫舰等，并可独立完成某些近海防卫工程的建设；在空军装备方面，仅有一定的维修能力，尚无独立生产飞机的能力。

（张晓蕾）

委内瑞拉

国　　名　委内瑞拉玻利瓦尔共和国。

主要统计　面积 91.67 万平方公里。人口 2569.9 万人（其中，0~14 岁 33%；15~64 岁 62.5%；65 岁以上 4.5%;）。国内生产总值 1193 亿美元（2004 年）。国防费 15.62 亿美元（2005 年国防预算）。原煤 4.79 亿吨(2004 年)。原油 776.85 亿桶（2002 年）。天然气 4.22 万亿立方米（2002 年）。发电量 875 亿度（2000 年）。粮食 195.8 万吨（2000 年）。海运能力，商船（载重 100 吨以上）271 艘，总载重量 135.54 万吨（2004 年）。民航能力，固定航班机场 20 处，客运量 58 亿人公里、货运量 6.39 亿吨公里（2004 年）。

国防体制　委宪法规定，总统为武装力量最高统帅。国家安全与防务委员会为最高国防决策机构，成员有总统、国防、内政、外交和财政部长、武装力量总监、武装力量联合参谋长等，由总统任主席。国防部为政府中一个部，国防部长是总统在军事问题上的主要助手，根据总统的旨意，有权管理、指挥和调动军队。全国武装力量最高委员会是总统和国家安全与防务委员会在军事问题上的主要参谋机构,负责处理军队重大事务，成员有国防部长、武装力量总监、武装力量联合参谋长及陆、海、空军和国民警卫队司令，由国防部长主持日常工作。武装力量联合参谋部协助国防部长贯彻国防政策，并协调各军种间的作战、情报、训练和后勤等工作。武装力量总监部负责审定各项军事法令，检查和监督部队的组织纪律、军种间的合作及完成任务的情况。各军种司令部为本军种最高军事指挥机构。各军种司令直接对国防部长负责，有权处理本军种重大事务。总统通过国防部对全国武装力量实施领导和指挥。

领导人物　总统兼武装力量最高统帅乌戈·拉斐尔·查韦斯·弗里亚斯（1999 年 2 月 2 日上任，2000 年 8 月 19 日连任）。国防部长豪尔赫·路易斯·加西亚卡内伊罗上将（2004 年 1 月上任）。武装力量总监奥里安多·马尼利亚·费雷拉海军中将（2003 年 7 月上任）。陆军司令劳尔·伊萨亚斯·巴杜埃尔中将（2004 年 1 月上任）。海军司令阿尔曼多·何塞·拉古纳·拉古纳中将(2004 年 9 月上任)。空军司令罗赫尔·拉法埃尔·科尔德罗·拉腊中将（2003 年 8 月上任）。国民警卫队司令米盖尔·拉米雷斯·冈萨雷斯中将（2004 年上任）。

武装力量　现役部队 8.23 万人。

陆军　3.4 万人。编有 6 个步兵师、1 个装甲旅、1 个骑兵旅、1 个轻型装甲旅、7 个步兵旅、1 个空降旅、2 个突击旅、1 个反游击队机动旅、1 个宪兵旅、1 个陆航团、2 个工兵团。

主战坦克：AMX-30 型 81 辆。轻型坦克：M-18 型 75 辆、AMX-13 型 36 辆、“蝎子”90 型 80 辆。装甲侦察车：M-8 型 30 辆。装甲运输车：AMX-VCI 型 25 辆、V-100 型 100 辆、V-150 型 30 辆、“龙”式

100 辆、“蝰蛇”EE-11 型 35 辆。牵引炮：105 毫米 80 门、155 毫米 12 门。自行炮：155 毫米 10 门。火箭炮：160 毫米 20 门。迫击炮：81 毫米 165 门、120 毫米 60 门。无坐力炮：84 毫米若干门、106 毫米 175 门。反坦克导弹：若干枚。各型飞机：38 架，内直升机 26 架，其中攻击直升机：A-109 型 7 架。

海军　1.83 万人（含海军陆战队 7800 人、海军航空兵 500 人和海岸警卫队 1000 人）。编有舰队司令部、陆战队司令部、海军航空兵司令部、海岸警卫队司令部和内河部队司令部。

潜艇：“虱目鱼”级 2 艘。护卫舰：经改装的“狼”级 6 艘。导弹攻击快艇：“宪法”级 3 艘。巡逻艇：3 艘。坦克登陆舰：“鳄鱼”级 4 艘。登陆艇：14 艘。训练舰：1 艘。测量船：2 艘。辅助船只：4 艘。

陆战队　约 7800 人。编有 1 师部、2 个登陆旅、1 个内河旅、1 个工兵旅，下辖 8 个陆战营（含 2 个内河陆战营）、1 个炮兵营、1 个两栖作战营、4 个工兵营。装备有两栖登陆装甲车：LVTP-7 型 11 辆。装甲输送车：“蝰蛇”EE-11 型 25 辆、“狐狸”1 型 10 辆。牵引炮：105 毫米 18 门。高炮：40 毫米 6 门。

海军航空兵　500 人。编有 2 个航空兵中队。装备有各型飞机 31 架，其中海上侦察机：C-212-200MPA 型 3 架；反潜直升机：AB-212 型 8 架，“贝尔”212 型 1 架。

海岸警卫队　1000 人。装备有护卫舰：“克莱门特海军上将”级 2 艘。巡逻艇：43 艘。支援船：1 艘。

空军　0.7 万人。编有 6 个战斗机大队、1 个直升机大队、1 个教练机大队、1 个总统座机编队。装备有作战飞机 125 架、武装直升机 31 架。

攻击战斗机/战斗机：CF-5A/B 型 16 架、NF-5A/B 型 7 架、“幻影”50EV/DV 型 16 架、F-16A/B 型 22 架、EMB-312 型 20 架。侦察机：OV-10A 型 15 架。电子战飞机：“猎鹰”20DC 型 3 架。武装直升机：SA-316 型 10 架、UH-1D/H 型 17 架、AS-532 型 4 架。加油机：波音 707 型 2 架。运输机：27 架，其中 C-130H 型 5 架、波音 737 型 1 架、空中客车 A319CJ 型 1 架。运输直升机：34 架，其中贝尔 214 型 2 架、贝尔 412 型 5 架、米-8/17 型 18 架。联络机：32 架。教练机：61 架。空空导弹：若干枚。空舰导弹：若干枚。地空导弹：若干枚。高炮：20 毫米、35 毫米若干门、40 毫米 114 门。

国民警卫队　2.5 万人。编有 9 个地区司令部。装备有步兵战车：UR-416 型 20 辆。装甲输送车：菲亚特-6614 型 24 辆。迫击炮：60 毫米 100 门、81 毫米 50 门。各型飞机 49 架，内直升机 26 架。巡逻艇 52 艘。

预备役部队　0.8 万人（陆军）。编有 4 个步兵营、1 个别动队、1 个装甲步兵营、1 个炮兵营、2 个工兵团。

部署　共有海空军基地 15 处。其中海军基地 10 处（加拉加斯、马拉开波、拉瓜伊拉等），空军基地 5 处（马拉开波、巴基西梅托、加拉加斯等）。

兵役制度　实行义务兵役制。义务兵服役期为 2 年半。

军衔　分为 5 等 20 级，即将官 3 级（上将、中将、少将）、校官 3 级（上校、中校、少校）、尉官 3 级（上尉、中尉、少尉）、军士 7 级（军士长、副军士长、一级上士、二级上士、三级上士、中士、下士）、兵 4 级（一级上等兵、二级上等兵、上等兵、列兵）。

军队节日　6 月 24 日为陆军节，7 月 24 日为海军节，12 月 10 日为空军节，8 月 4 日为国民警卫队节。

（冷秉坤）

智　　利

国　　名　智利共和国。

主要统计　面积 75.6626 万平方公里。人口 1532.6 万人（其中，0~14 岁占 27.4%；15~64 岁占 65.3%；65 岁以上占 7.3%）。国内生产总值 895 亿美元（2004 年）。国防费 31.59 亿美元（2004 年国防支出）。原煤 11.81 亿吨（2004 年），原油 1.5 亿桶（2002 年）。天然气 380 亿立方米（2002 年）。粮食 259.3 万吨（2000 年）。海运能力，商船（载重 100 吨以上）392 艘，总载重量 85.49 万吨（2004 年）。民航能力，固定航班机场 23 处，客运量 106.51 亿人公里，货运量 21.07 亿吨公里（2004 年）。

国防体制　宪法规定，总统为武装力量最高统帅。国家最高安全委员会会议为最高国防决策机构。成员有总统、国防、外交、内政、经济、财政部长等内阁成员以及三军总司令和武警总局长等，由总统任主席。国防部为政府中一个部，是最高军事行政机关。智武装力量由正规军和准军事部队组成。正规军分陆、海、空三个军种。国防参谋部为国防部的执行机构，负责协调三军和武警的作战、训练、动员、情报、预算等事宜。国防参谋长由陆、海、空军参谋长轮流担任。陆、海、空三个军种实行分权独立，无统一的军事指挥机构，陆、海、空军司令部为各自军种的最高军事指挥机构。各军种司令为本军种最高军事长官。总统通过各军种司令部和国防部对全国武装力量实施领导和指挥。

领导人物 总统兼武装力量最高统帅里卡多·拉戈斯·埃斯科瓦尔（2000 年 3 月任现职）。国防部长海梅·拉维内特·德拉富恩特（2004 年 10 月任现职）。陆军总司令胡安·埃米里奥·切雷·埃斯皮诺萨上将（2002 年 3 月任现职）。海军总司令米盖尔·贝尔加拉·比利亚洛奥斯海军上将（2001 年 6 月任现职）。空军总司令奥斯瓦多·萨拉维亚·维尔切斯空军上将（2002 年 10 月任现职）。武警总局长阿尔维托·西恩富戈斯·贝塞拉（2001 年 11 月就职）。

武装力量 现役部队 7.77 万人。

陆军 4.77 万人。设有 6 个军区、3 个战区，编有 6 个师、1 个航空兵旅、1 个工兵团、1 个空降团。

坦克：AMX-30 型 60 辆、“豹”I 型 200 辆。装甲侦察车：EE-9“响尾蛇”157 辆。步兵战车：“莫瓦格·皮兰哈”20 辆、M-113C/-R158 辆。装甲输送车：M-113 型 500 辆、“卡多恩”/“莫瓦格·皮兰哈”118 辆、EE-11“蝰蛇”290 辆。牵引炮：105 毫米 120 门、155 毫米 43 门。自行炮：155 毫米 12 门。火箭炮：160 毫米若干门。迫击炮：81 毫米 300 门、107 毫米 15 门、120 毫米 125 门。反坦克导弹：各型若干枚。火箭筒：若干具。无后坐力炮：57 毫米、106 毫米 150 门。高炮：20 毫米 60 门。地空导弹：67 枚。各型飞机 80 架，直升机 50 架。

海军 1.9 万人（含海军陆战队和海军航空兵）。划分为 4 个海区。编有 1 个舰队司令部和 1 个潜艇支队司令部。

潜艇：“汤姆森”级 2 艘。导弹驱逐舰：“州郡”级 2 艘。护卫舰：“利安德”级 3 艘、“大刀”级 1 艘。导弹攻击快艇：“卡斯马”级 3 艘、“里奎姆”级 4 艘。巡逻艇：17 艘。两栖登陆舰：“迈波”级 2 艘、“新港”级 1 艘。登陆艇：3 艘。训练舰：1 艘。测量船：2 艘。辅助船只：11 艘。

陆战队 3500 人，编为 4 个大队和 1 个两栖营。装备有坦克：“蝎”式 12 辆。装甲运输车：“莫瓦格·罗兰”25 辆。牵引炮：44 门。迫击炮：81 毫米 50 门。无后坐力炮：106 毫米约 30 门。地地导弹：若干枚。地空导弹：若干枚。

海军航空兵 600 人，装备有各型飞机 44 架，其中作战飞机 7 架，武装直升机 6 架。空舰导弹：若干枚。

空军 1.1 万人。编有 5 个航空旅、5 个联队、13 个中队。装备有作战飞机 85 架、无武装直升机。

攻击战斗机：“幻影”50 型 13 架、“幻影 IIIBE”1 架、F-5III 型 18 架。战斗/教练机：A-37B 型 18 架、A-36 型 12 架。战斗/侦察机：“幻影”5 型 33 架。侦察机：“空中霸王”A-100 型 1 架、“利尔杰特”35A 型 2 架、DHC-6-100 型 3 架。预警机：“费尔康”IAI-707 型 1 架、波音 737-300 型 1 架。运输机：57 架，其中波音 707 型 2 架、波音 737-500 型 1 架、C-130H 型 2 架、C-130B 型 3 架。直升机：22 架，其中贝尔 412 型 4 架。教练机：66 架。教练直升机：2 架。空空导弹：各型若干枚。高炮：35 毫米若干门。

预备役部队 5 万人（陆军）。

准军事部队 3.8 万人（武警）。

部署 海军基地 7 处（蓬塔阿雷纳斯、威廉港、蒙特港、塔尔卡瓦诺、瓦尔帕莱索、伊基克、道森岛），空军基地 7 处（蓬塔阿雷纳斯、蒙特港、圣地亚哥、金特罗、比尼亚德尔马、安托法加斯塔、伊基克）。

兵役制度 智实行义务兵和志愿兵相结合的兵役制度，即适龄青年先自愿报名服兵役，如名额不满再按义务兵征集。陆军服役期为 1 年，海空军服役期为 1 年 10 个月。

军衔 智军衔分 6 等 20 级，即将官 3 级（上将、中将、少将）、校官 3 级（上校、中校、少校）、尉官 4 级（上尉、中尉、少尉、准尉）、军士 7 级（一级军士长、二级军士长、一级军士、二级军士、上士、中士<海、空军不设中士>、下士）、兵 3 级（一等兵、二等兵、列兵）。

军队节日 9 月 19 日为陆军节，5 月 21 日为海军节，3 月 21 日为空军节。

军工生产能力 智军工企业已具备对武器装备进行维修、独立或与外国合作对现有军事装备进行现代化技术改装和制造新型装备的能力。其主要产品有：枪弹、炮弹、航空炸弹、枪支、火炮、装甲车、教练机、飞机电子情报系统和警报系统等。

（赵可丹）

大洋洲国家军事概况

澳大利亚

国　　名　澳大利亚联邦。

主要统计　面积769.2万平方公里。人口1989万人（其中，0~14岁占20.2%，15~64岁占67.4%,65岁以上占12.4%）。国内生产总值5090亿美元（2003年）。国防费117亿美元（2004年国防预算）。原油2.82亿桶（2002年）。海运能力，商船（载重100吨以上）659艘，总载重量385.73万吨（2003年）。民航能力，固定航班机场400处，客运量750.71亿人公里、货运量16.88亿吨公里（2003年）。

国防体制　总督为武装力量总司令。国防委员会是最高军事决策机构，由国防部长担任主席。国防部为武装力量最高统帅机构。国防军司令为军队最高领导人，是国防部长的首席军事顾问。武装力量由现役部队和预备役部队组成，分陆、海、空三个军种。

领导人物　总督兼武装力量总司令迈克尔·杰弗里（2003年8月上任，任期3至4年）。总理约翰·温斯顿·霍华德（2004年10月第4次连任）。国防部长罗伯特·希尔（2001年11月上任）。国防军司令彼得·科斯格罗夫上将（2002年5月上任）。陆军参谋长彼得·莱希中将（2002年5月上任）。海军参谋长克里斯·里奇中将（2002年5月上任）。空军参谋长安古斯·休斯顿中将（2001年6月上任）。

武装力量　现役部队5.18万人。

陆军　2.53万人。编有1个地面部队司令部，1个特遣部队司令部，1个军事训练司令部。

主战坦克：71辆。装甲输送车：619辆。牵引炮：各型270门。迫击炮：296门。无坐力炮：各型651门。地空导弹：各型48枚。飞机：6架。直升机：117架。两栖舰艇：15艘。

海军　1.285万人（含航空兵）。编有1个作战司令部，1个支援司令部，1个训练司令部和7个海军基地（悉尼、斯特灵、凯恩斯、达尔文、弗林德斯、杰维斯湾、堪培拉）。

潜艇：6艘。导弹护卫舰：6艘。护卫舰：4艘。巡逻艇：15艘。扫雷艇：6艘。两栖舰艇：3艘。支援及勤务船：13艘。

航空兵　装备武装直升机：16架。运输/救援机：7架。教练机12架。

空军　1.365万人。编有1个空战司令部，1个训练司令部，2个攻击战斗机兼侦察机中队，3个战斗机兼攻击机中队，2个战术训练机中队，2个海上侦察机中队，7个运输机中队。作战飞机152架。

攻击战斗机/侦察机：F-111型29架，EP-3C型2架，EC-130H型1架。战斗机/攻击战斗机：F/A-18型71架。海上侦察机：P-3C型19架，TAP-3B型3架。运输机：C-130型24架，波音707型4架，DHC-4型14架，波音737型2架，“挑战者”604型3架，HS-748型6架，B-200型7架。前方指挥引导机：PC-9A型4架。教练机：91架。空地和空空导弹：若干枚。

预备役部队　2.16万人，其中陆军1.72万人、海军1600人、空军2800人。

准军事部队　海关总局装备有海上侦察机13架、直升机1架、小船6艘。

兵役制度　实行志愿兵役制。

驻外兵力　驻马来西亚（“五国联防”组织）约115人，包括1个步兵连及1个空军分遣队（共12人）。驻巴布亚新几内亚38人。驻伊拉克约850人。此外，2004年约有298名军事观察员和停战监督小组人员在阿富汗、东帝汶、埃及、中东及埃塞俄比亚和厄立特里亚两国边境地区执行联合国维和任务，约530名军警人员参加所罗门群岛的国际维和行动。

外国驻军　美国空军59人，海军陆战队31人。

（下转第262页）

其他国家

国名	现役部队					主要武				
	总兵力（人）	陆军（人）	海军（人）	空军（人）	其他（人）	（坦克）装甲车辆（辆）	火炮（门）			
							牵引炮（门）	迫击炮（门）	无坐力炮（门）	高炮（门）
阿拉伯联合酋长国	50500	44000	2500	4000		(545) 1948	93	155	72	60
阿曼	41700	25000	4200	4100	6400	(154) 490	108	101		26
巴林	11200	8500	1200	1500		(180) 486	26	21	31	27
不丹	陆军约1000，无海、空军，武器装备有步枪、冲锋枪、机枪									
柬埔寨	124300	75000	2800	1500	45000	(170) 430	400	若干	若干	若干
老挝	29100	25600	600	3500		(35) 85	82	若干	若干	若干
塞浦路斯	10000	10000				(145) 637	140	376	184	80
文莱	7000	4900	1000	1100		(16) 52		24		
亚美尼亚	44874	41714		3160		(110) 278	121	19		
贝宁	4550	4300	100	150		(18) 49	16	若干		
博茨瓦纳	9000	8500		500		(60) 113	30	16	30	7
布基纳法索	10800	6400		200		92	14	若干	若干	42
赤道几内亚	1320	1100	120	100		16				

军 事 概 况

器 装 备						（预备役） 准军事部队（人）	外国驻军（人）	参加联合国维和人数	备 注
导 弹		飞 机（其中作战飞机）（架）	直升机（其中武装直升机）（架）	舰艇（艘）	其 他				
反坦克（具）	地–空（部）								
	40	165(106)	70(59)	34	自行火炮 181 门		美军 1300		
50	54	155(40)	30	18	自行火炮 24 门	4400	美军580		
15	93	84(33)	47(40)	16	自行火炮 13 门，空军装备地空、空空和反坦克导弹各若干枚	10160	美军3000		
		54(24)	16	4	火箭炮 28 门	67000			
	若干	45(24)	27	16		100000			
67	70	25	22(12)	5	自行火炮 24 门，火箭炮 22 门	750	希腊军 1250，英军 3275，联合国军 1202		
	12	9	29(26)	7		(700) 3750	英军 900，新加坡军 500		
22	87	42(6)	32(8)		自行火炮 38 门，火箭炮 51 门	(210000) 1000	俄军 3500		
		13	3	1	火箭筒若干具	2500		603	
6	27	45(31)	15		火箭炮若干门	1500			
	若干	17(5)			火箭炮 4 门，火箭筒若干具	49450		13	
		5	2	2					

国名	现役部队					主要武				
	总兵力（人）	陆军（人）	海军（人）	空军（人）	其他（人）	（坦克）装甲车辆（辆）	火炮（门）			
							牵引炮（门）	迫击炮（门）	无坐力炮（门）	高炮（门）
多哥	8550	8100	200	250		(11)/122	4	20	27	43
佛得角	1200	1000		100		10	24	18		30
冈比亚	800	800								
刚果（布）	10000	8000	800	1200		(53)/146	25	28	若干	28
吉布提	9850	8000	200	250		31	6	45	16	15
几内亚	9700	8500	400	800		(53)/120	26	20	若干	24
几内亚比绍	7250	6800	350	100		(25)/95	26	8	若干	34
加纳	7000	5000	1000	1000		53	6	78	50	8
加蓬	4700	3200	500	1000		89	4	39	若干	41
津巴布韦	29000	25000		4000		(60)/143	96	91	12	136
喀麦隆	23100	12500	1300	300		120	58	16	20	54
科摩罗	科国防总兵力约 6000 人。科与法签有防御协定，法在科设有海军基地									
莱索托	2000	2000				22	2	10	6	
卢旺达	51000	40000		1000		(24)/290	35	115		150
马达加斯加	13500	12500	500	500		(12)/115	29	8	若干	
马拉维	5300	5300				41	9	8		40
马里	7350	7350				(51)/121	20	30		12
毛里求斯	无正规军，准军事部队 2000 人，其中特别机动部队 1500 人，海岸警卫队 500 人									

装备：导弹：反坦克（具）	装备：导弹：地-空（部）	装备：飞机（其中作战飞机）（架）	装备：直升机（其中武装直升机）（架）	装备：舰艇（艘）	装备：其他	（预备役）准军事部队（人）	外国驻军（人）	参加联合国维和人数	备注
		25(16)	5	2	自行火炮6门	750		440	
	50	1		2		海岸警卫队约50		21	
		24(12)	7	3	自行火炮10门	2000		120	
		6	3	14	火箭炮若干门	2500	2500		
若干	若干	19(8)	5	2	火箭炮若干门	2600		18	反对派武装1800人
	若干		3(3)	3	火箭炮若干门	2000		650	
	若干	32(19)	10	12				3159	
4		28(10)	13(5)	2	火箭炮若干门，火箭筒8具	2000	法军800	140	
若干	若干	85(50)	24(12)	2		21800			
		31(15)	12(7)	11	火箭炮若干门，火箭筒20具	9000		5	

		110	4						
	若干	1000	13–19		火箭筒若5具	12000			反对派武装15000人
		26(12)	6	2	火箭炮若干门	8100			
	15	7	5	3		1500		27	
	12	32(16)	4	3	火箭炮若干门，火箭筒2具	4800		283	

国名	现役部队					主要武				
	总兵力（人）	陆军（人）	海军（人）	空军（人）	其他（人）	（坦克）装甲车辆（辆）	火炮（门）			
							牵引炮（门）	迫击炮（门）	无坐力炮（门）	高炮（门）
毛里塔尼亚	15750	15000	500	250		(25) 110	75	140	60	44
莫桑比克	10200–11200	9000–10000	200	1000		(60) 370	122	42	若干	若干
纳米比亚	9000	9000			海岸警卫队 200	72	36	40	若干	65
尼日尔	5300	5200		100		154		40	14	39
塞内加尔	13620	11900	950	770		99	12	10		33
塞舌尔	450	200				6		6		若干
圣多美和普林西比										
斯威士兰	约 3000									
坦桑尼亚	27000	23000	1000	3000		(100) 145	245	150	若干	
赞比亚	18100	16500		1600		(150) 133	96	91	12	136
阿尔巴尼亚	21500	16000	2000	3500		(373) 496	270	909		125
爱尔兰	10460	8500	1100	860		(14) 89	66	471	444	30
奥地利	35000	34600		6000		(266) 901	105	872	2570	162
比利时	40800	24800	2450	10250		(143) 2830	16	178		51
冰岛	无正规军，准军事部队 130 人，其中海岸警卫队 130 人。外国驻军约 2324 人									
波斯尼亚和黑塞哥维那	穆克联邦军队				16400	(189) 349	261	453		19
	塞族共和国武装				8200	(137) 285	348	70		975
丹麦	21180	12500	3800	4200		(231) 577	157	615	1131	
芬兰	27000	19200	5000	2800		(354) 1731	1007	2316	832	1175

器装备						（预备役）准军事部队（人）	外国驻军（人）	参加联合国维和人数	备注
导弹		飞机（其中作战飞机）（架）	直升机（其中武装直升机）（架）	舰艇（艘）	其他				
反坦克（具）	地-空（部）								
50	30	16(8)		7	火箭炮若干门	5000			
若干	若干	29	9(4)	若干	火箭筒 12 具		231		
	74	17	6	4	火箭筒 5 具	6000		859	
		7			火箭炮 36 门	5400		393	
4		21(8)	5	12	火箭炮 31 门	5000	法军 1100 人	1053	反对派武装 500 人
	10	3		5	火箭炮若干门	450			
	10								
		44(19)	10	8	火箭炮若干门，火箭筒 58 具	(8000)/1400		21	
若干	若干	68(39)	22		火箭炮若干门，火箭筒 30 具	1400		878	
30		43(26)	8	24		500 余	联合国军若干	224	
57	7	18	13	8	火箭炮若干门	(14800)		633	
467		96(63)	68(11)		自行火炮 189 门，火箭筒 16 具	75000		922	
420	118	278(90)	56		自行火炮 116 门，火箭炮若干门	13750	联合国军若干，美军 1390，英军 183	772	
290	若干	3	18						
778	若干	21	33			联合国军 7000	14		
140	若干	94(60)	8	52	自行火炮 76 门，火箭炮 10600 门，火箭筒 12 具	(64900)	北约和联合国军若干	459	
若干	39	111		69	自行炮 90 门，火箭炮若干门，火箭筒 60 具	(43500)/3100		1083	

国名	现役部队					主要武				
	总兵力（人）	陆军（人）	海军（人）	空军（人）	其他（人）	（坦克）装甲车辆（辆）	火炮（门）			
							牵引炮（门）	迫击炮（门）	无坐力炮（门）	高炮（门）
捷克	45000	36600		6700		(541)/1958	79	93		340
克罗地亚	20800	14050	2500	2300		(291)/449	411	609		448
卢森堡	900	900						6		
马耳他	现役兵力2140人，共装备3个团，拥有意大利驻军47人									
马其顿	10890	9760		1130		(61)/411	209	717	若干	
摩尔多瓦	6809	5512		1050		345	71	113	若干	41
挪威	26600	14700	6100	5000		(165)/511	46	450	2517	252
葡萄牙	44900	26700	10950	7250		580	135	174	402	93
希腊	170800	110000	19000	30200		(1723)/1039	729	3420	4605	506
安提瓜和巴布达	170	125	45							
巴巴多斯	610	500	110							
巴哈马	860		860							
巴拉圭	10100	7600	1400	1100		(12)/60	41	80	若干	30
巴拿马	无正规军，拥有准军事部队11000人									
玻利维亚	31500	25000	3500	3000		(36)/137	118	50余		
伯利兹	1050	1050						6	8	

器装备									
导弹		飞机（其中作战飞机）（架）	直升机（其中武装直升机）(架)	舰艇（艘）	其他	（预备役）/准军事部队（人）	外国驻军（人）	参加联合国维和人数	备注
反坦克（具）	地-空（部）								
815	140余	231(36)	60(58)		自行炮275门	5600		460	
132		61(27)	35(9)	56	自行火炮8门，火箭炮若干门,火箭筒222具。空军装备空空、地空导弹名若干枚	(108200)/10000	联合国军50	48	
6		19			火箭炮若干门	612		63	
12		347(4)	19(12)	5	火箭筒18具,空军装备地空导弹67枚	(21000)/7600		48	反对武装500–1000人
151		5	8		火箭筒11具	(66000)/3279	俄军1500	6	反对武装7500人
320	300	90(61)	36 19(12)	69	火箭炮若干门,火箭筒12具。空军装备地空、空空导弹各168枚	21.9万 陆军8.9万 海军2.2万 空军2.5万 国民警卫队8.3万	美军、北约军各若干	254	
118	52	110(50)	28	70	自行炮48门，火箭筒171具	(104000)/79900		410	
888	1083	451(389)	35	101	自行炮400门,火箭炮29220门,火箭筒151具。空军装备地空、空空导弹各若干枚	(291000)/4000	美军538	2087	
				3		(75)			
				10		(430)			
				15					
		44(12)	11	13		(164500)/14800		43	
		132(37)	2528(16)	78		37100		326	
		4		14		(700)	英军30		

国名	现役部队					主要武				
	总兵力（人）	陆军（人）	海军（人）	空军（人）	其他（人）	（坦克）装甲车辆（辆）	火炮（门）			
							牵引炮（门）	迫击炮（门）	无坐力炮（门）	高炮（门）
多米尼加	24500	15000	4000	5500		(12)/40	28	28	14	
厄瓜多尔	46500	37000	5500	4000		(180)/400	128	52		220
哥斯达黎加	无正规军，拥有准军事部队 8400 人，其中海岸警卫队 4400 人，加境安全警察部队 2000 人									
格林纳达	无正规部队，有警察约 600 人									
圭亚那	1600	1400	100	100		9	6	48		
洪都拉斯	12000	8300	1400	2300		(12)/69	28	90	50	48
尼加拉瓜	14000	12000	800	1200		(137)/317	42	607	若干	
萨尔瓦多	15500	13850	700	950		61	50	550	399	35
苏里南	1840	1400	240	200		21		6	若干	
特立尼达和多巴哥	2700	2000			海岸警卫队700			46	24	
危地马拉	29200	27000	1500	700		63	76	85	120	32
乌拉圭	24000	15200	5700	3100		(83)/263	66	136	100	23
牙买加	2830	2500	190	140		4		12		
巴布亚新几内亚	3100	2500	400	200				3余		
斐济	3500	3200	300				4	12		

器装备						(预备役)/准军事部队(人)	外国驻军(人)	参加联合国维和人数	备注
导弹		飞机(其中作战飞机)(架)	直升机(其中武装直升机)(架)	舰艇(艘)	其他				
反坦克(具)	地-空(部)								
20		38(16)	26	19	自行火炮10门,火箭炮6具	(118000)/270	美军290	4	
	16545	160(92)	15	23					

		3	2	1		(1500)/1500	美军200		
		39(18)	10	30		(60000)/8000	美军587	12	
461	200	7	16(15)	7	火箭炮若干门,火箭筒151具				
		8(7)	3	3					
		7		12	火箭炮13门				
		37(10)	27(12)	9	火箭炮若干门	(35000)/19000		3	
5		65(31)	16	24	自行炮2门,火箭筒3具	920		960	
		3	11	5		(953)			
		6	4	5			澳大利亚军38		
			2	11				476	

（上接第 251 页）

新西兰空军 9 人。新加坡驻军 230 人（建有 1 所飞行训练学校，配有 S-211 型飞机 27 架）。

（孟　丽）

新　西　兰

国　　名　新西兰。

主要统计　面积 27.0534 万平方公里。专属经济区 120 万平方公里。人口 400.9 万人（其中,0~14 岁占 22.1%，15~64 岁占 66.2%，65 岁以上占 11.7%）。国内生产总值 775 亿美元（2003 年）。国防费 11 亿美元（2004 年国防预算）。粮食 87 万吨（2000 年）。海运能力，商船（载重 100 吨以上）139 艘，总载重量 27.98 万吨（2003 年）。民航能力，固定航班机场 36 处，客运量 198.79 亿人公里、货运量 8.52 亿吨公里（2003 年）。

国防体制　总督为武装部队总司令，名义上的最高统帅。国防部为武装力量最高统帅机构，国防部长在国防军司令的协助下行使对军队的实际控制权。国防委员会是政府在国防政策方面的咨询机构，由国防部长任主席，国防军司令和国防部秘书长任副主席，成员有陆、海、空三军参谋长等。国防军司令是国防部长的首席军事顾问，负责指挥三军。国防部秘书长是国防部长的首席文职顾问，负责研提防务政策建议、装备采购及维修更新等。武装力量由现役部队和预备役部队组成，分陆、海、空三个军种。

领导人物　总督兼武装力量司令西尔维娅·卡特赖特夫人（2001 年 4 月就职，任期 5 年）。国防部长马克·伯顿（2002 年 8 月上任）。国防军司令布鲁斯·弗格森中将（2003 年 7 月上任）。

武装力量　现役部队 8610 人。

陆军　4430 人。编有 1 个地面作战指挥部、2 个航空大队、1 个装甲侦察中队、2 个步兵营、1 个炮兵团、1 个工程兵团和 2 个特战中队。

轻型装甲车：105 辆。装甲输送车：41 辆。牵引炮：24 门。迫击炮：50 门。无坐力炮：42 门。反坦克导弹：24 枚。地对空导弹：12 枚。

海军　1980 人。编有 1 个海上舰队司令部，驻奥克兰。

护卫舰：3 艘。巡逻艇：4 艘。后勤支援船：5 架。

海军航空兵　装备有 5 架反潜巡逻机、5 架“海妖”武装直升机。

空军　2200 人。编有 1 个海上侦察机中队、2 个运输机中队和 2 个教练机中队。

海上侦察机：6 架（具有作战能力）。运输机：7 架。运输直升机：19 架。教练机：18 架。空对地导弹：若干枚。

预备役部队　约 1.08 万人，其中常备军约 8600 人（陆军 4420 人、海军 1980 人、空军 2200 人），地方部队 2660 人（陆军 2070 人、海军 370 人、空军 220 人）。

兵役制度　实行志愿兵役制。

驻外兵力　驻澳大利亚 9 人。驻新加坡（“五国联防”组织）11 人。驻伊拉克和平援助 61 人。此外，2004 年共有 155 人参加联合国在阿富汗、波斯尼亚、柬埔寨、东帝汶、埃及、中东、科索沃和塞拉利昂的维和行动。另还派出一些军警人员赴所罗门群岛执行国际维和行动。

（孟　丽）

（本栏责任编辑　都国平）

军事思想和军事论著研究

关于毛泽东军事思想研究 2004年，军事理论界继续从新的视角探讨毛泽东军事思想。在毛泽东的国际战略思想、地缘战略思想、军事谋略思想、军事哲学思想、军队建设思想、战争观与战争指导艺术等方面的研究中，都有新的突破。

毛泽东军事思想概念形成的历史轨迹 1945年3月1日，在中国共产党七大召开前，陈毅执笔为七大起草题为《建军报告》的军事报告，最先使用了"毛泽东军事学派"、"毛泽东新军事学派"两个崭新概念。不到两个月后，中共六届七中全会通过的《关于若干历史问题的决议》，明确使用"毛泽东同志的军事路线"的表述用语。这两方面的情况表明，在七大召开前，不仅党的有关领导人开始使用"毛泽东军事学派"、"毛泽东新军事学派"等提法，而且全党也已开始使用"毛泽东同志的军事路线"的提法，毛泽东军事思想概念已处于酝酿提出阶段。

1945年4月25日，朱德在中共七大作《论解放区战场》的军事报告时，在沿用《关于若干历史问题的决议》中的"毛泽东同志的军事路线"提法的基础上，进而提出"毛泽东同志的军事理论"、"毛泽东同志的军事学说"两个新提法。其后一个多月的5月30日，朱德又作了关于军事问题的结论，其第一部分使用了"毛泽东的军事思想"、"毛泽东军事思想"两个表述更为简明科学的概念。以此为标志，"毛泽东军事思想"的概念已被明确提出。

新中国成立后，毛泽东军事思想概念，被全党全军全国人民广泛使用。在军事学术界，毛泽东军事思想成为一个基本军事术语；同时，毛泽东军事思想被确立为中国国防建设和军队建设的基本指导思想。

在新的历史时期，中国共产党对毛泽东军事思想概念的科学内涵，作出新的丰富、完善和发展，把毛泽东军事思想理解为全党集体智慧的结晶。同时，对毛泽东军事思想的时代地位，作出科学的时代定位，强调毛泽东军事思想依然是新世纪新阶段中国国防和军队建设的根本指导思想。（赵宝云、赵少明《毛泽东军事思想概念的提出及新时期的完善》，《军事历史》2004年第3期）

毛泽东的地缘战略思想与新中国的安全与发展 在创建与巩固中华人民共和国的伟大斗争中，毛泽东以独具特色的地缘战略视野，成功地解决了新中国独立与主权、安全与发展等一系列重大战略策略问题，为新中国摆脱超级大国的地缘战略挤压作出了巨大贡献。

毛泽东对新中国地缘战略环境的科学判断。1949年新中国成立后，毛泽东敏锐地感觉到地缘战略环境的复杂与严峻，在分析研究中国地缘政治特点、地缘战略关系的历史与现实以及世界地缘战略格局的基础上，对新中国的地缘战略环境作出了科学判断。首先，新中国地缘政治是冷战格局下美、苏亚太地缘政治斗争的战略焦点。地缘政治关系异常复杂而敏感，战略选择空间十分狭窄。稍有不慎，就可能遭遇超级大国两面挤压的巨大威胁。其次，新中国地缘战略环境总体上呈孤立封闭、西缓东急态势。此情况下，美国是中国地缘政治环境的最大威胁。上述分析判断，是毛泽东进行地缘战略决策的基本依据。

毛泽东地缘战略思想的基本原则与理论特色。毛泽东地缘战略思想的基本原则，集中体现在以下几个方面：一是以国家安全利益为最高准则，自主选择中国地缘战略发展路线。二是放眼世界，立足周边，确定中国地缘战略总方针。三是根据中国安全威胁的地缘分布，合理确定地缘战略重点。四是根据中国地缘战略空间特点，合理建构和部署国防和军事力量。这一时期，中国地缘政治形势不断变化，国家安全威胁的重点不断转移。20世纪50年代，美军第7舰队进驻台湾海峡，东部成为国防安全重点。60年代以后，苏联在中苏、中蒙边界陈兵百万，国防安全重点转向北部。对此，毛泽东都作出了准确的判断，并及时进行了国防战略力量的调整，作出了正确的地缘战略决策。毛泽东的地缘战略思想，在创建和巩固新中国的实践中，呈现出鲜明的特色：一是不屈不挠反侵略、争独立的理论风骨；二是博大宽广的全球战略视野；三是主动务实、刚柔相济的战略品格；四是利用矛盾，求同存异的战略制衡艺术；五是注重内部发展，以实力保安全。

毛泽东地缘战略思想的历史效应。新中国成立半个世纪以来，中华民族生存与发展环境的巨大变迁，体现了毛泽东地缘战略思想的巨大历史效应与时代价值。第一，彻底结束了近代以来中国一直为西方地缘战略支配与凌辱的旧时代。毛泽东对世界地缘战略格局本质的深刻把握，对中国地缘战略环境的准确判断以及地缘战略运筹的高超艺术，使霸权主义者旨在控制中国的地缘战略企图均遭挫败。第二，极大促进了中国地缘战略关系与国家安全与发展环境的良性互动。在毛泽东时代，虽然中国国家安全斗争呈抗争——改善——恶化——再抗争的波浪式发展，但地缘战略环境的基本走势是逐渐缓和。第三，深刻影响了新中国政治经济结构与战略布局。在新中国遭西方封锁、禁运之际，正是毛泽东联苏抗美的“一边倒”政策，使新中国及时获得了苏联的大力支持与经济技术援助，迅速而成功地打造了国家新政治与国民经济新体系。而后来中美关系改善的直接效果之一，则是外交局面的全方位打开，西方对中国孤立、封锁、禁运时代宣告结束。第四，基本奠定了新中国国防和军事战略的基本格局与走向。基于新中国安全与发展的需要，毛泽东确立了“积极防御”的军事战略；基于中国陆地濒海大国的地理特征，构建了以国土防御为主，兼及空海的国防安全体系。这种国防和军事战略格局一直延续至今。（王志平、杨玉玲《毛泽东地缘战略思想与新中国的安全与发展》，《中国军事科学》2004 年第 1 期）

毛泽东的战争观与当代战争 毛泽东的战争观，是毛泽东军事思想的核心与灵魂。在新的历史条件下，认识毛泽东战争观的深刻内涵和当代价值，对于分析当代战争现象，把握战争发展基本规律，具有重要意义。

把握战争本质，才能揭示战争的基本规律，建立科学的战争理论。毛泽东在批判地汲取前人思想精华的基础上，对战争的政治本质与军事本质做出了新概括：战争是“用以解决阶级和阶级、民族和民族、国家和国家、政治集团和政治集团之间、在一定发展阶段上的矛盾的一种最高的斗争形式”。“政治是不流血的战争，战争是流血的政治。”当代，信息时代的战争并没有消解战争固有的政治属性，战争仍然是达成政治目的的最高斗争形式，仍然是流血的政治。同时，信息化战争也没有改变战争的军事本质，它仍然是使用武力迫使敌人服从自己意志的暴力行为。

政治是经济的集中体现。因此，对战争的本质认识，还需要进一步深入到政治背后的经济，从经济活动中去寻找战争的根源与动因。毛泽东在战争根源问题上的理论贡献，在于揭示了不同利益集团间的政治、经济利益的对抗是战争产生的直接根源。他尤为重视对战争主体即特定利益集团推行的政策的性质及其走向进行分析，强调以压迫、掠夺和控制为目的的政策是引发战争的直接根源。在当代以及今后相对长的时期，在世界范围内私有制仍将存在，大小霸权主义则是私有制政治的衍生物。霸权主义挑动战争的一个根本目的，就是攫取和控制别国的资源与市场，建立有利于自己的国际经济、政治秩序。

古往今来，人们对待一场具体战争的态度，总是以他们对这场战争的性质的判定为前提的。毛泽东十分重视战争的性质问题，并明确提出了区分战争性质的标准：“历史上的战争分为两类，一类是正义的，一类是非正义的。一切进步的战争都是正义的，一切阻碍进步的战争都是非正义的。”这一标准，体现了战争的政治目的和历史作用的辩证统一。随着时代的发展和人类文明的进步，现在已经很少再有过去那种赤裸裸的攻城掠地的侵略战争了。但战争的性质并不是不可区分。从战争的政治目的看，霸权主义和强权政治对外推行侵略扩张所导致的战争与武装冲突都是非正义的。而反对霸权主义与强权政治，抵抗侵略扩张，捍卫国家主权与领土完整的行为则是正义的。从战争的历史作用看，反对民族分裂，维护国家统一是正义战争的重要表现。

研究战争与和平的社会本质，把握战争与和平之间的辩证关系及其相互转化的内在规律，以谋求人类的和平为最终价值目标，是毛泽东战争观的基本立足点。毛泽东指出：“战争与和平是相互转化的……因为在阶级社会中战争与和平这样矛盾着的事物，在一定条件下具备着同一性。”战争与和平的社会本质告诉人们，战争绝不是偶然的事件。只要人类社会存在着私有制和阶级，存在着霸权主义与强权政治，存在着不合理的国际政治经济秩序，战争就不可能从人类社会生活中消失。我们不能抱有不切实际的和平幻想，不能无条件地、不加区别地反对一切战争。战争与和平的转化规律告诉人们，战争危险与遏制战争爆发的因素同时存在，当和平力量的发展超过战争力量时，战争是可以避免的。为此，要积极壮大制约战争的和平力量；要有正确的战略和策略指导；要在积极谋求打赢战争的同时，注重遏制和控制战争。（严高鸿、杜永吉《毛泽东的战争观与当代战争》，《中国军事科学》2004 年第 1 期）

毛泽东的战争指导艺术　毛泽东独具特色的战争指导艺术，是中华民族以弱胜强、克敌制胜的法宝，至今仍有着不朽的强大生命力。

深谋远虑的决策艺术。毛泽东高敌一筹的战争决策艺术主要表现为：一是超常思维。毛泽东在战争指导过程中，善于总揽错综复杂的战争矛盾，总能做出出人之外、出敌之外、超乎常规之外的正确决策。二是趋利避害。毛泽东善于反复权衡，全面认识战争中的利害，不仅知利之利，知害之害，而且注意看到利中之害，害中之利，进而两利相较取其重，两害相衡取其轻，做出正确的决策。三是善纳群言。毛泽东善于吸取和集中来自战争第一线各级指挥员的真知灼见，注意在上下级之间实行民主协商或开展正常争论，通过明辨是非，集思广益，智慧互补，使战争决策的正确性有可靠的保证。

高屋建瓴的谋局艺术。毛泽东善于通观大局全局，力求把战争或作战的一切重要问题都提到战略的高度或较高层次的原则性上去解决。一是着眼政治。毛泽东在考虑战争问题时，总是超越军事，始终从政治的高度进行筹划和指导。二是关照全局。毛泽东认为，战争的全局统帅、决定局部，战争的局部隶属全局。因此，指挥全局的人必须把注意力放在照顾战争中的全局上面，而各个局部必须服从全局，为全局的利益服务。一方面，要时刻从全局出发；另一方面，还要照顾各作战阶段的关系。三是抓住枢纽。毛泽东历来主张抓住战略枢纽去布置战役，抓住战役枢纽去部署战斗。所谓枢纽，主要是指对于战争全局来说最重要最关键的局部或关节。抓住它，就可以带动其他战争局部乃至全局问题的解决。

力争主动的制胜艺术。毛泽东善于在任何情况下，化被动为主动，通过独特的战法，牢牢把握战争主动权。一是“你打你的，我打我的”。毛泽东认为，这是争得主动体现在战争指导艺术上最有效的法则。他强调要始终使自己居于主动地位，不被敌人牵着鼻子走，不为敌之行动所迷惑，不中敌之圈套，不就敌之范围。二是以走制敌，摆脱被动。“打得赢就打，打不赢就走”，是毛泽东对处于被动状态军队以走摆脱被动的形象说法。他指出，打仗没有什么巧妙，打得赢就集中优势兵力消灭敌人；打不赢呢，就走，走得远一点，使敌人不知道你到哪里去了。三是造敌错觉，出敌不意。毛泽东善于把出敌不意与夺取战场主动权高度结合起来，他指出：“错觉和不意，可以丧失优势和主动，因而有计划地造成敌人的错觉，给以不意的攻击，是造成优势和夺取主动的方法”。

灵活机动的应变艺术。一是因情制变。毛泽东明确指出：“灵活，是聪明的指挥员，基于客观情况，‘审时度势’……而采取及时的和恰当的处置方法的一种才能。”它要求根据战争情况的变化灵活地变换战法。二是因敌制变。毛泽东用兵打仗从不照搬模式，从不为条条框框所束缚，而总是敌变我变，以变应变，以变制敌。三是随机应变。根据情况的变化及时修改作战计划，是毛泽东灵活用兵的又一重要表现。他指出，战术计划，“常须一日数变”；战役计划，“部分的改变是常有的，全部的改变也间或有之”；战略计划，“也只在一定的战略阶段内适用，战争向着新的阶段推移，战略计划便须改变”。

势如破竹的造势艺术。毛泽东在战争中创造有利于己不利于敌之态势的造势艺术，常给人以大开大合、挥洒自如的强烈印象。一是在全局劣势中造局部优势。解放战争时期，面对西北战争敌我力量对比，毛泽东指出：“我之相对的战略劣势和战略被动地位，是能够脱出的，方法就是人工地造成我们许多的局部优势和局部主动地位，去剥夺敌人的许多局部优势和局部主动地位，把他抛入劣势和被动。”二是在不利态势中造有利态势。毛泽东总是力求充分发挥造势的战争指导艺术，在不利的条件下造成有利于我的战略态势，从而有可能在不利和被动中争取到有利和主动。三是既造战役优势，更造战略优势。毛泽东在战役指挥上造势有许多绝招，尤其擅长攻敌要害，乱其阵脚。但作为军事战略家，他更善于站在战略全局的高度，创造有利于己不利于敌的战略环境和战略态势，造成战略大势。（夏征难《毛泽东战争指导艺术举要》，《中国军事科学》2004 年第 1 期）

毛泽东军事谋略及其现实价值　毛泽东军事谋略不仅指导中国革命战争取得了辉煌胜利，指导国防和军队建设取得了巨大成就，而且对于现实军事斗争和未来高技术战争，也具有重要的指导价值。

毛泽东军事谋略是对中国古代军事谋略和马克思主义军事学说的继承和发展，形成了内容丰富、独具特色的理论体系。第一，用众——实行依靠民众的人民战争。早在中国共产党建党初期，毛泽东就提出了“动员民众”、“武装民众”的理论。他的“用众”谋略，在中国共产党领导的历次战争中发挥了巨大作用。第二，御军——建立党领导下的人民军队。毛泽东提出了“没有一个人民的军队，便没有人民的一切”的

科学论断；确立了党对军队绝对领导的根本原则；制定了一整套人民军队政治工作的制度。在这一“御军”谋略指导下，人民有了自己的军队，军队有了人民这个靠山。第三，运筹——实施统揽全局的科学指导。毛泽东谋划战争、国防和军队建设，都取俯瞰全局的视角，抓高屋建瓴的问题，出思虑深远的主意。他强调不打无准备、无把握之仗，做到筹策在先，预有准备；要求时时从全局出发，进行总体筹划；不为小利所动，不为局部利益和枝节问题所困扰，统揽全局，把握关节。第四，谋战——运用灵活机动的战略战术。毛泽东运用战略战术不拘泥于古人和书本，不照搬现成的经验，而是通过对敌我双方各方面情况的分析，制定灵活机动的战略战术。

毛泽东军事谋略是革命理论与战争实践相结合的产物，体现了出神入化、举世叹服的高超艺术。一是先乡后城，城乡并重，先城后乡，适时发展；二是战略持久，战役速决，内线防御，外线进攻；三是化零为整，化整为零，时分时合，视情而定；四是四面包围，三面包围，割围并举，因情而施；五是围城打援，攻城打援，攻城阻援，相机而行；六是避实击虚，避虚击实，先弱后强，先强后弱；七是你打你的，我打我的，扬长击短，趋利避害；八是诱敌深入，各个歼敌，歼敌为上，守土为下；九是重谋势，善造势，巧乘势，因势利导；十是游击战，运动战，阵地战，巧妙结合；十一是歼灭战，消耗战，击溃战，相辅相成；十二是政治仗，军事仗，外交仗，多手并举。

毛泽东军事谋略是与时俱进的科学理论和科学方法，对于现实军事斗争准备和打赢高技术战争具有重要的指导价值。第一，毛泽东军事谋略的方法论原理永远不会过时，是谋划现实军事斗争的永恒指南。第二，毛泽东军事谋略对战争特点规律的研究永远不会过时，是打赢未来高技术战争的理论武器。第三，毛泽东军事谋略的诸多创新性战法和原理永远不会过时，为中国人民解放军在高技术条件下克敌制胜提供了宝贵借鉴。（柴宇球《毛泽东军事谋略及其现实价值》，《中国军事科学》2004 年第 1 期）

毛泽东的军事经济思想 毛泽东从中国的实际出发，围绕着发展军事经济实力这一主题，创立了科学的中国军事经济理论。

紧紧依靠广大人民群众，确立了军事经济的立足点和出发点。毛泽东提出了全心全意为人民服务，一切为了群众，一切依靠群众的军事经济工作的指导思想；充分认识与肯定了人民群众在战争中的重要作用；坚持从人民的根本利益出发来观察分析处理问题；教导全党全军把人民的利益摆在第一位，强调军队不能侵犯老百姓的利益；正确处理军队与人民群众特别是农民群众的利益关系。这些，使人民军队的军事经济获得了坚实的基础。

从中国实际出发，探索军事经济新的发展道路。战争年代，毛泽东开辟了以农村根据地为依托的军事经济发展道路。他在科学论述战争与经济关系的基础上，论述了革命战争与土地革命的辩证关系；在革命战争与根据地经济建设的关系上，强调必须以革命战争为中心开展经济建设；在人民军队内部的各种经济关系上，科学地论述了军事、政治、后勤三部门的关系，建立健全了人民军队的各项经济制度，严格军事经济管理，探索出一套人民军队的经济保障方式。中华人民共和国成立后，毛泽东又开始了对中国国防建设道路的探索。他在借鉴苏联经验教训的基础上，提出并论述了要正确处理经济建设与国防建设的关系问题。在集中力量发展经济的同时，强调必须对国防建设给予足够的重视。他提出了坚持自力更生的方针，建立独立完整的国防科技和国防工业体系的思想。在处理国防建设各种关系时，他强调要军民兼顾、公私兼顾，统筹规划、保障重点，平战结合，使后勤建设与国家经济建设、与军队整体建设协调发展。

制定科学、民主的军事经济政策，体现了人民军队军事经济的新特征。一是确立了党对军事经济工作领导的制度，从根本上保证了人民军队经济工作的正确方向。二是建立人民军队内部的经济民主制度，主要是经济公开、官兵平等、民主监督与管理。三是制定军事经济法律、法规。毛泽东为红军制定的“三大纪律八项注意”，其内容涉及到红军经济生活的许多方面。新中国成立后，在党和毛泽东领导下，颁布了一系列军事经济的法律法规。四是实施精兵简政。在抗日根据地，毛泽东正确处理军政费用过大与财政能力不足的矛盾，一手抓生产，扩大财源；一手抓精兵简政，减少开支。新中国成立后，又几次实施精兵简政。

倡导艰苦奋斗、勤俭建军，培育军事经济的优良作风。毛泽东把艰苦奋斗、勤俭建军当做克服经济困难的重要措施，更把它当做人民军队本质的体现，将艰苦奋斗提到保证党和军队不变质的战略高度去认识。同时，也倡导关心群众生活，反对不关心群众痛痒的官僚主义。在艰苦奋斗、勤俭节约、反对贪污浪费方面，他始终率先垂范，以身作则。

在新的历史条件下，毛泽东关于从实际出发、自力更生、独立自主地发展军事经济的思想；全心全意为人民服务，依靠人民发展军事经济的思想；军事经济建设服从国家建设大局的思想；经济民主的思想；精兵简政的思想，以劣势装备战胜优势装备之敌的思想；厉行节约、反对浪费、勤俭建军的思想等，仍然应当成为人们思考军事经济建设的理论基点。（王松《毛泽东军事经济思想与人民军队的军事经济建设》，《军事历史》2004 年第 3 期）

毛泽东的国际战略思想　20 世纪 50 年代后，毛泽东从维护国家的独立、主权和安全，促进国家的繁荣与富强的立场出发，决胜于国际斗争舞台，形成了系统的国际战略思想。一是大力倡导和平共处五项原则，团结一切愿意与中国和平共处的国家。发展与各国的关系，结成最广泛的反帝统一战线，坚持国际主义与爱国主义的统一，维护国家的利益。二是始终坚持独立自主原则，决不依附于任何大国。坚决抑制和反对美国敌视中国的政策；根据国际环境的变化，从反对美帝国主义，到既反苏又反美；从既反美又反苏，到坚决反对霸权主义。三是正确分析世界战略形势的新变化，适时调整和制定国际战略方针。新中国成立前夕，毛泽东提出“打扫干净屋子再请客”与“另起炉灶”的方针，同一切对中国友好的国家和人士建立关系和经济往来。在美国给国民党政府大规模军事援助，使中国陷入严重内战的情况下，毛泽东确立“一边倒”的方针，同以苏联为首的社会主义阵营结成巩固的统一战线。20 世纪 70 年代，毛泽东不失时机地调整中国对美政策，使中美关系走上正常轨道。四是准确把握国际战略格局互动的规律，争取中国在国际战略格局中的主动地位。他提出“第二中间地带”理论，拓展了中国在国际舞台上的活动空间。他制定“三个世界”理论，正确界定了中国在世界战略格局中的地位。（张树德《毛泽东的国际战略思想》，《中国军事科学》2004 年第 1 期）

毛泽东军队建设思想的方法论启示　毛泽东军队建设思想站在“没有一个人民的军队，便没有人民的一切”的战略高度，以“建立一支党绝对领导下的新型人民军队”为核心内容，以“实事求是，研究新情况，解决新问题”为方法论原则，围绕着解决中国人民解放军建设与战争要求之间的矛盾，紧紧抓住主要矛盾和矛盾的主要方面，正确把握矛盾转化的关键环节，创造性地提出了一系列富有中国军队特色的建军措施和办法，极大地促进了“建设一支强大的现代化正规化革命军队”目标的实现，也为在高技术条件下加强中国人民解放军现代化建设，推进中国特色军事变革，开创军队建设新局面提供了重要的方法论启示。第一，毛泽东军队建设思想强调把军事工作与政治工作紧密结合起来，启示我们，推进中国特色军事变革必须围绕“打得赢”、“不变质”两大历史课题展开。第二，毛泽东军队建设思想强调把长远目标与阶段性任务高度统一起来，启示我们，推进中国特色军事变革必须实行“分步走”的发展战略。第三，毛泽东军队建设思想强调把适应世界潮流与立足中国具体实际紧密结合起来，启示我们，推进中国特色军事变革必须走自己的路。第四，毛泽东军队建设思想强调把继承优良传统与大胆改革创新高度统一起来，启示我们，推进中国特色军事变革必须以创新为动力。第五，毛泽东军队建设思想强调把尊重客观规律性与发挥主观能动性统一起来，启示我们，推进中国特色军事变革必须高度重视人的因素。（罗亚波、张学明《毛泽东军队建设思想的方法论启示》，《中国军事科学》2004 年第 1 期）

（谭汝坤　清　风）

关于邓小平军事理论研究

2004 年，军事理论界在邓小平诞辰 100 周年之际，对邓小平军事理论做了较为全面系统地研究。

邓小平新时期军队建设思想的时代价值　邓小平新时期军队建设思想是继毛泽东军事思想之后，马克思主义军事理论中国化的又一重要成果。21 世纪，中国进入全面建设小康社会、加快推进社会主义现代化发展的新阶段，邓小平新时期军队建设思想所依据的客观条件依然存在，立场方法依然有效，基本观点对推进有中国特色军事变革，建设一支强大军队，仍然具有极其重大的现实意义。

*科学阐明新时期国防和军队建设的基本依据：把维护国家利益、捍卫世界和平作为根本出发点。*在认识和处理国防问题时，邓小平始终坚持把国家利益放在首位，把维护国家利益作为国防建设的最高原则。而坚持国家利益原则，就要把国家的主权和安全始终放在第一位。他明确提出，社会主义国家必须建立强大的国防，但其武装力量应该成为维护和平、反对霸权、制止侵略、捍卫国家安全和主权的一支重要力量。要正确处理国家间的利益关系，摆正武力在国际交往中的地位。在霸权主义和强权政治依然存在、不合理的国际政治经济旧秩序尚未消除的情况下，邓小平认为，我们绝不能侵略别人，但也绝不允许别人侵略我们。为了维护国家利益，必须奉行积极防御的战略方针，大力加强国防建设。

*科学阐明新时期国防和军队建设的总体思路：在国家建设大局下行动，把国防和军队建设发展置于综合国力发展的基础上。*20 世纪 70 年代以来，世界范围

内的新科技革命，极大地冲击了传统的战略思维模式。邓小平重视世界新科技革命的蓬勃发展，重视经济在世界竞争中的基础地位，把国防和军队的发展置于国家综合国力发展的基础之上，从宏观和长远的视角来谋划国防和军队建设，确立了国防和军队发展的新观点，开辟了国防和军队发展的新道路。一是针对时代特点，依托综合国力进行国防和军队建设。二是坚持经济建设和国防建设相互促进。三是把国防工业纳入国民经济建设轨道中，走军民兼容的复合型道路。

科学阐明新时期国防和军队建设的根本途径：走有中国特色的精兵之路。在新的历史时期，发展经济成为国家建设的重点，社会资源配置方式、社会价值观念以及军队战斗力的提升途径，都与战争年代大不相同。依据新的时代条件探索国防和军队建设发展的新途径，成为邓小平新时期国防和军队建设思想的重要特点。一是坚持“三化”目标，突出“现代化”重点，把全面建设与重点建设结合起来。二是坚持战斗力标准，压缩数量，提高质量，走有中国特色的精兵之路。三是把教育训练提高到战略地位。四是依靠科技发展，实行科技强军。

科学阐明新时期国防和军队建设的发展动力：积极稳妥地推进各项改革。邓小平认为，改革是社会主义制度的自我完善，是又一次革命。邓小平所倡导的军事改革，最根本的是为了建立健全适应军事工作需要的，有利于提高军队战斗力的工作制度和组织制度。他主张，精简整编要搞革命的办法，考虑军队的体制问题，要以是否有利于军队建设为原则。要把改革与稳定、发展结合起来；要把改革贯穿于军队建设全过程。（毛泽东军事思想研究所《邓小平新时期军队建设思想的时代价值》，《中国军事科学》2004 年第 5 期）

邓小平军事改革思想的辩证性　彻底的唯物主义和辩证的思维方法是邓小平新时期军事改革思想的哲学基础。在谋划和指导军事改革的过程中，邓小平运用马克思主义军事辩证法，正确认识和处理一系列重大关系，为新时期加强国防和军队建设提供了巨大的思想财富。

坚持军事改革与国家总体改革相统一。把军事改革融于国家总体改革布局之中，同时又准确把握军事改革的特点规律，坚持二者的辩证统一，这是邓小平军事改革思想的一个重要内容，也是他为军事改革确立的一条重要指导原则。这个原则深刻揭示了军事改革与国家总体改革之间的内在联系：一方面，军事改革必须置于国家总体改革布局之中；另一方面，军事改革又要遵循自身的特点规律，以坚持和巩固党对军队的绝对领导为根本前提，以提高军队战斗力为根本出发点，坚持自上而下的改革路线。

坚持重点突破与整体推进相统一。从中国的国情军情实际出发，邓小平的军事改革思路是：“领导制度、组织制度问题更带有根本性、全局性、稳定性和长期性”，军事改革“归根到底是要解决军队的制度问题”。军队要发展，首先要“消肿”，“消肿”不改革体制不行，“搞好军队的编制整顿、体制整顿，可以适当解决军队的其他问题”。这一思路在军事改革实践中起到了“纲举目张”的效果。

坚持继承传统与开拓创新相统一。邓小平主张在继承中创新、在创新中继承。继承军队优良传统是军事改革的基础和前提；创新是军事改革的本质和核心，军事改革就是要顺应潮流、革故鼎新。邓小平认为，“最大的问题就是恢复我们军队的传统”，进行军事改革的目的是使军队建设与新的历史条件相适应，而不是改变军队的性质和建军方向。但是，继承优良传统必须从新的历史条件出发，“如果不去分析和解决新的历史条件下存在的问题，我们就不能恢复和发扬政治工作的优良传统，就不能在没有打仗的情况下提高战斗力”，因而军事改革必须“研究新情况，解决新问题”，“用新脑筋对待新事物”，“根据新的情况来确定新政策”，“勇于思考，勇于探索，勇于创新”。

坚持中国人民解放军特色与借鉴外军经验相统一。在邓小平发展谋略中，对内改革与对外开放是辩证统一的关系，军事改革必须和军事开放相伴随。他指出：“中国要谋求发展，摆脱贫困和落后，就必须开放。开放不仅是发展国际间的交往，而且要吸收国际的经验”。但是，实行军事开放政策，学习借鉴外军先进经验和成果，绝不能照抄照搬，因为“照抄照搬别国经验、别国模式，从来不能得到成功”。中国人民解放军在思想意识形态、历史传统、文化底蕴等方面，与世界各国的军队有很大的不同，外军的经验不可能完全适用，因此，在学习和借鉴中，必须坚持以我为主、为我所用的原则，坚持走有中国特色的精兵之路。（杨永利、车跃丽《坚持辩证的改革观》，《解放军报》2004 年 8 月 24 日）

邓小平积极防御战略思想的深远意义　20 世纪 60 年代以后，中国安全环境严重恶化。在考虑反侵略战争的作战方针时，突出强调“诱敌深入”四个字，要求战争准备的基点不能放在“顶”上，还是要坚持红军时期“打得赢就打、打不赢就走”的方针。中国的军事战略随之明确为“积极防御、诱敌深入”。邓小平再次兼任中央军委副主席、总参谋长，重新主持军委工作后，把解决军事战略问题摆在重要位置。1980年10月15日，他在一个研究班会议上明确指出："我们未来的反侵略战争，究竟采取什么样的方针？我赞成就是'积极防御'四个字。"这对于正确认识和把握新形势下中国国防和军队建设规律，充分发挥军事战略对于国防和军队建设的牵引功能，具有十分深远的意义。

"积极防御"体现了中国的社会主义性质和独立自主的和平外交政策。军事战略体现着国家的性质和外交政策。中国的社会主义性质与独立自主的和平外交政策，决定了国家的军事战略在本质上是防御的。邓小平多次强调指出，我们搞的是社会主义，主张世界和平的不一定是社会主义者，但真正的社会主义者，是坚持反对霸权主义，维护世界和平的。作为社会主义国家，中国永远不会欺负别人，就是将来现代化了，也还是战略防御。强调"积极防御"，使军事战略更加鲜明地体现了中国的社会主义性质和独立自主的和平外交政策。

"积极防御"为探索适应未来反侵略战争的作战样式创造了空间。在未来反侵略战争中，诱敌深入仍然不失为转变敌强我弱战争态势，在被动中争取主动的有效方法。但从战略全局上看，只强调"诱敌深入"，具有片面性和局限性。必须根据新的历史条件，调整未来反侵略战争的作战思路，探寻适应现代战争的作战样式。强调"积极防御"，有利于进行这样的调整。

"积极防御"能够更充分地体现进攻与防御的有机统一。实行积极防御战略，好处是灵活。不向外伸手，后发制人，是就战争的防御性质而言，并不排除战争发生后具体作战行动上的进攻。积极防御是为反攻和决战而进行的防御，防御中有进攻，而不是单纯防御。1980年10月，邓小平在确立积极防御军事战略方针时，简约而又深刻地揭示出防御与进攻的辩证关系："积极防御本身就不只是一个防御，防御中有进攻。"他指出，打起来以后就没有界限了，积极防御，也包括我们出去的，人若犯我，我必犯人嘛。战端一开，或攻或守，或进或退，一切都取决于如何消灭敌人，本来就没有一定之规。去掉"诱敌深入"，保留"积极防御"，使中国的军事战略能够更好地体现进攻与防御的有机结合。

"积极防御"增强了中国军事战略的稳定性。把"诱敌深入"与"积极防御"相提并论，带来弊端之一，就是使中国的军事战略具有不确定性，从而造成国防和军队建设的无谓耗费。因为诱敌深入不是一个普遍适用的方针，不仅在战争反攻阶段不能在战略上实行诱敌深入，就是在战争初期也不能在所有方向上都实行诱敌深入。如果把诱敌深入作为普遍指导方针，势必让人感到无所适从，难以统一思想。去掉"诱敌深入"四个字，强调"积极防御"，增强了军事战略的普遍指导性，从而也就增强了军事战略的确定性和稳定性。这有利于充分发挥军事战略对于国防和军队建设的统领功能。（张晓刚《继承发展积极防御战略思想》，《解放军报》2004年8月24日）

邓小平精兵思想的成功实践 从1975年到1989年的十几年间，邓小平以果敢的决心和恢宏的气魄领导人民解放军进行了多次精简整编，认真回顾和总结历史经验，对于努力推进中国特色军事变革，实现军队由机械化向信息化的转型，加速做好军事斗争准备，具有十分重要的理论意义和现实意义。

从国际形势的深刻变化出发，把精简整编、走精兵之路融入世界军事发展大潮。一是把精简整编置于世界战争与和平的大趋势之中加以思考和筹划。20世纪70年代中期，邓小平对国际战略格局作了全方位的透视之后，提出"战争可能延缓爆发"的战略预测。1985年5月，邓小平经过深思熟虑做出人民解放军裁减员额100万的英明决策。二是把精简整编置于现代战争条件下军队建设的普遍规律之中加以思考和筹划。邓小平从世界军事变革的雏形中敏锐地观察到，战争中的军队质量因素显得越来越具有决定性意义。邓小平反复强调"不消肿就不能应付战争"。三是把精简整编置于国家发展战略全局之中加以思考和筹划。邓小平告诫全军，要"尽可能地减少军费开支来加强国家建设"。精简整编就是邓小平把军队建设问题摆到国防建设与经济建设协调发展的基本关系中运筹和思考的具体体现。

用精简整编带动和促进军队全面发展，把精兵建设的目标定位于抗击强敌上。邓小平抓精简整编，目的不仅仅在于减人，而是要加速推进军队的革命化、正规化、现代化水平，把军队建设成为能应付强大作战对手的精兵。一是以精简整编为契机，加速武器装备建设。在邓小平看来，提高武器装备的现代化水平，一方面取决于财力。所以，邓小平强调要"减少军队人员，把省下来的钱用于更新装备，这是我们的方针。"另一方面，取决于管理体制的科学性。为从根本上摆脱旧体制的束缚，邓小平从管理体制入手，于1982年组建"国防科工委"，对国防工业和武器装备管理体制进行了开创性的改革。二是以精简整编为牵引，强化人才队伍素质。邓小平把精简整编作为疏通干部"进""出"渠道的重要途径。在邓小平看来，选拔和造就大批具有高度政治觉悟、掌握现代军事技术、懂得现代战争指挥艺术的优秀人才，是精简整编的重要内涵。三是以精简整编为突破口，提高指挥效率。邓小平提出精简机关人员，指挥机构要通过裁减、合并、降格转变职能，要简化领导程序，要改进指挥手段等一系列提高指挥效率的战略措施。

从优化体制结构入手，加速军队现代化建设向合成、高效的方向转型。是理顺武装力量体制，提高军队整体功能。邓小平在领导军队精简整编过程中，进行了两项具有历史意义的重大改革：完善了党的领导和国家领导相一致的军队领导体制，保证军队始终置于党的绝对领导之下；建立了人民解放军、人民武装警察和民兵组成的新的"三结合"武装力量体制。二是适应联合作战需要，发展技术兵种为骨干的合成结构。邓小平强调要重视技术力量的发展，精简主要是减步兵，不是减技术兵种。他根据现代战争是合成军作战这一重要发展趋势，强调要有强大的空军，把海军"搞大一点"，"根据军队装备不断改进的情况，搞些合成军、合成师"。三是完善快速高效的国防动员机制，实现平时少养兵，战时多出兵、出精兵。邓小平认为，要想把常备军搞精干，关键在于搞好动员机制，"如果把动员方案制定好，……就可以减少平时军队兵员数量"。他还指出："在现役部队大量减少的情况下，更要重视后备力量建设。"

把革命精神与科学态度有机结合起来，不断巩固精简整编成果，推进依法制编。一是以坚定的决心和细致的工作精神，把握精简整编进程。邓小平明确指出，完成精简整编的任务"第一条决心要大"，"第二条才是工作要细。"要搞出科学合理的方案，以避免决策的失误。二是用军地两个积极性，解决精简整编问题。邓小平告诫地方，对军队转到地方的干部，"地方要承担起来，把他们安置好"。同时，要求军队采取支持地方的态度。三是靠制度法规，巩固精简整编成果。邓小平认为，解决军队不精干的问题，"归根结底是要解决军队的制度问题"。他一再重申"编制就是法律"。各级领导和机关要严格执行编制。邓小平通过建立科学的运行机制来防止机构膨胀的思想，对军队实现体制编制科学化、法制化，确保军队的精干、高效提供了极为宝贵的历史经验。（潘日轩《精兵之路的成功实践》，《解放军报》2004 年 8 月 17 日）

邓小平军事人才发展战略思想的鲜明特色　邓小平主持军委工作以后，指导军队转入和平时期建设的轨道。在这同时，他清楚地看到，军队的人才培养只有从过去应急补训的方式，转变到通过各类军事院校培训大批部队现代化建设需要的人才上来，才能真正为顺利实现战略转变提供可靠的保证。因此，他对新时期军队人才发展战略目标和方针、原则等方面进行了深刻思考，形成了具有中国特色的军事人才发展战略思想。

在人才发展的目标上，着眼培养大批适应现代战争需要的军事人才。邓小平多次指出，"我们军队打现代化战争的能力不够"、"我们各级干部指挥现代化战争的能力都很不够"。"两个能力"不够的问题，集中概括了现代战争需要与军队现代化水平较低这一军队建设的主要矛盾，也正是军队人才发展战略必须解决的问题。

在军队人才发展战略与国家人才发展战略的关系上，服从国家经济建设大局，把培养军地两用人才作为重要任务。邓小平同志指出，我军人才培养只着眼于军队本身建设的需要是不够的，还要着眼于国家经济建设大局的需要。这是邓小平同志关于培养具有多种知识军事人才思想的进一步延伸。

在人才成长的道路上，坚持正确的政治方向，把革命化放在首位。邓小平同志多次强调，选拔干部要注意德才兼备，德是前提；选拔人才，第一位的是政治条件；只有按照政治标准第一和五湖四海的原则，实现了干部队伍的革命化，才能从根本上保证党和国家、军队的各级领导权真正掌握在政治上可靠的人手里。

在人才培养的制度上，办好军事院校，使现代军事人才的培养走上正规化。邓小平十分强调办好军事院校的重要性。他要求，宁肯少几个兵，少几个机关人员，也要把学校办好，让多一点人进学校。他对院校教育方针、原则、教育改革等作了一系列指示。在他主持军委工作期间，先后 4 次召开全军院校工作会议，研究解决加强院校建设的一系列重大问题，理顺了初、中、高三级培训体制。

在人才培养的途径上，加强教育训练，把军队办成一个大学校。邓小平同志主持军委工作后，丰富和发展了毛泽东提出的解放军应该是一个大学校的思想。他指出："要把教育训练提高到战略地位，就包括把军队办成一个大学校。"邓小平的一系列指示，揭示了教育训练的重要地位，也提出了人才培养教育的内容和要求。（季明《特色鲜明的人才发展战略》，《解放军报》2004 年 8 月 24 日）

邓小平战略思维的科学品格　邓小平把中国的军

事战略问题放到世界战略的大格局中去考察，展现出一代伟人卓越的战略思维品格。

高瞻远瞩的眼光。进入20世纪70年代以后，邓小平在正确分析当代世界基本矛盾的基础上，实事求是地准确把握当代世界形势的发展变化，以无产阶级战略家的胆识和气概，从全球战略的高度提出了和平与发展是时代主题的著名论断。这个战略判断准确地反映了时代发展的客观规律，对我国社会主义现代化建设，对新时期军队和国防建设起到了极其重要的战略指导作用。

举重若轻的胆识。邓小平无论身处多么严酷的环境，无论面对多么凶恶的敌人，从来都是举重若轻，大智大勇，从容应对。他轻易不言，言必惊人；引而不发，发必中的。"文化大革命"期间，邓小平抓住问题的关键，果断地提出"军队要整顿"，并把消除"肿、散、骄、奢、惰"作为军队整顿的任务。在新时期，他对国防建设与经济建设相互关系的精辟论述，对军队建设主要矛盾的准确揭示，对革命化、现代化、正规化三方面关系的辩证处理，对继承和发展毛泽东军事思想、继承和发扬军队优良传统的全面阐释，对努力办好军队院校、培养适应现代战争需要的各类军事指挥人才和专业人才的高度重视等，无不体现出其驾驭战略全局的智慧和胆识。

求真务实的风格。邓小平十分强调贯彻落实各项方针政策的可行性，重视把解决军队当前和今后一系列重大问题的现实需要和可能有机地统一起来。邓小平向来反对不切实际的幻想，反对华而不实的浮夸之风，反对搞形式主义和空头政治。由于这种彻底的求真务实精神，他才强调要承认我们军队打现代化战争的能力不够，承认我们各级干部指挥现代化战争的能力不够。在国际斗争中，邓小平实事求是地提出要冷静观察，稳住阵脚，沉着应付，韬光养晦，善于守拙，决不当头，有所作为。

开拓奋进的精神。邓小平一贯提倡勇于探索、勇于创新的精神，指出新时期军队建设不改革创新，就没有出路，没有希望。要求全军指战员解放思想，实事求是，研究新情况，解决新问题。他尊重事实，尊重真理，即使是马列主义经典作家的论断也不机械地搬用，而是随着实践的发展有所发展，有所前进。他从稳定世界局势，维护世界和平，促进人类发展的大局出发，独辟蹊径，创造性地提出了"避开主权，共同开发"等方式在内的和平解决国际争端的构想，开辟了新的战略思路，对世界和平作出了历史性贡献。

坚韧执着的追求。无论身处多么艰难的条件、面临多么复杂的情况，邓小平都能冷静思考，明辨曲直，坚持真理，富有主见。这种清醒的头脑和坚强的意志，使邓小平的思维始终带有贯通全局的透彻力，形成了一种绝不受制于非理性力量的独立风格。不受制于权势，也不受制于教条；不受制于社会主义传统观念，也不受制于西方世界的压力，一切按自己的战略部署行动。邓小平所做出的战略谋划和战略决策，处处闪烁着坚定执着的革命信念和披荆斩棘的革命精神。（于巧华《学习邓小平科学的战略思维》，《解放军报》2004年8月17日）

邓小平空军战略思想及其对国防建设的指导意义

邓小平在现代高技术战争初见端倪之时，敏锐洞察科学技术发展对战争带来的影响，深刻揭示空中力量较量、空中战场在战争中的重要地位，指出了制空权在现代战争和维护国家安全中的重要作用。

邓小平空军战略思想是对现代高技术局部战争基本特点的科学总结。首先，20世纪六七十年代空中力量的超常发展，是邓小平空军战略思想产生的物质技术基础。航空武器装备整体作战性能的提高，作战威力和战略作用的增强，为空中力量在战争中地位作用质的变化奠定了基础。邓小平空军战略思想的提出，深刻反映了现代空中力量发展的这一客观趋势。其次，现代高技术局部战争显示的空中战场的决定性作用，是邓小平空军战略思想产生的实践依据。二战以后的190余场局部战争和武装冲突中，有空军参战的达90%。各军事强国纷纷把夺取制空权写进军事条令，在作战行动中越来越重视夺取和保持制空权，它预示着战争的胜负已开始实现由地面决战向空中决战转换。20世纪90年代以来，现代高技术局部战争的发展，进一步证明了邓小平空军战略思想的科学性和正确性。再次，中国国家安全的新形势和军队未来作战的使命任务，是邓小平空军战略思想产生的客观需要。邓小平曾把制空权问题与"我们主要的是近海作战"的战略联系起来阐述。也就是说，夺取制空权是近海作战战略的必然要求和组成部分，这是对当今世界局部战争经验的科学总结。特别要看到，在不得已时用军事手段解决台湾问题，必须集中优势兵力夺取和掌握空中优势。可见，邓小平空军战略思想的产生，是一种客观必然，是军事斗争形势任务的迫切需要。

深刻把握邓小平空军战略思想赋予现代国防的新的时代内涵，进一步加强新形势下的中国国防建设。第一，战争空中化要求我们把空防作为国防的重点。"无航空即无领空，无空防即无国防"，要把从空中有效保卫国家的安全和利益作为国防建设所追求的战略

目标，适时把国防的重点转移到从空中、空间保卫国家领土、领空、领海上来。第二，战争空中化要求我们把重要目标作为战略防卫的重点。要紧紧围绕保卫国家政治中心以及首脑要害部位、经济中心和重要水利交通枢纽，有针对性地加强国防建设。第三，战争空中化要求我们把高技术军兵种作为国防力量建设的重点。要进一步调整军兵种结构，突出重点建设，加快高技术军种发展的步伐。要通过转变投资重点和依靠科学技术，加快发展高技术武器装备，尽快拥有克敌制胜的"撒手锏"。第四，战争空天一体化要求我们把制空制天一体化作为战场控制的重点。要扩大空间视野，增强"空疆"、"天疆"观念和空天一体意识，积极研究天军建设问题，力求抢占新的战略"制高点"。（沈水荣、葛善斌、王海粟《邓小平制空权思想及其对国防建设的指导意义》，《中国军事科学》2004年第5期）

（张建设　宁　青）

关于江泽民国防和军队建设思想研究

2004年，中国军事理论界进一步深入探讨了江泽民国防和军队建设思想的主要内容。对于江泽民中国特色军事变革思想、军事创新思想、军队信息化建设思想等，都有较为深入的研究。

江泽民中国特色军事变革的重要思想　江泽民中国特色军事变革的重要思想，是贯穿江泽民国防和军队建设思想的主导性思想和具有历史标志性的重要内容。

江泽民中国特色军事变革的重要思想的科学内涵。20世纪90年代以来，江泽民同志论述了新的历史条件下中国特色军事变革的一系列重大问题。其基本内容，似可概括为以下6个方面：一是确立中国特色军事变革的战略地位。江泽民同志指出，能否积极推进中国特色军事变革，这直接关系到中国能否在新的世纪占据更加有利的国际战略地位，关系到能否打赢未来可能发生的高技术局部战争。二是制定中国特色军事变革的总体目标。江泽民同志明确指出，中国特色军事变革，就是以建设信息化军队为总体目标，以机械化和信息化为双重历史任务，实现军队建设从机械化半机械化向信息化的整体转型，把中国人民解放军建设成为一支能够打赢未来信息化战争的强大的现代化正规化革命军队。三是创立中国特色军事变革的发展道路。其核心是，通过最大限度地发挥后发优势以及坚持机械化和信息化的"复合式"发展，最终进入与发达国家军队同步发展的轨道。四是明确中国特色军事变革的基本步骤。20世纪90年代末，江泽民同志提出了国防现代化建设"三步走"的战略构想，这实际上是确立了推进中国特色军事变革的总体部署。进入21世纪后，江泽民又进一步指出，到21世纪中叶基本实现国防和军队的信息化，即国防和军队的现代化。五是指出中国特色军事变革的根本动力。江泽民同志指出，推进中国特色军事变革，动力在改革，出路也在改革。六是阐明中国特色军事变革的主要内容。"要从我军的实际出发，面向世界，着眼未来，努力发展我们的军事理论"；要迎接世界军事发展的挑战，千方百计把军队的武器装备搞上去；要看到军队编制体制不合理的问题还比较突出，编制体制的调整改革要继续积极稳妥地进行；要认识到人才是迎接新的军事发展挑战的关键。

江泽民中国特色军事变革思想的鲜明特征。一是挺立时代潮头，以超前意识，及时决策，不失时机地提出要推进中国特色军事变革。二是瞄准世界前沿，高端做起，捷径发展，在更高的历史起点推进中国特色军事变革。三是着眼国情军情，以我为主，自主创新，从实际出发推进中国特色军事变革。四是注重系统运筹，关照全局，把握关节，深谋远虑地筹划和推进中国特色军事变革。

江泽民中国特色军事变革思想的时代意义。首先，江泽民同志关于中国特色军事变革总体目标、发展道路、基本步骤、根本动力等的确定和决策，为加速推进中国特色军事变革进行了周密部署，指明了前进方向。其次，江泽民中国特色军事变革的思想，贯穿着马克思主义科学的世界观和方法论，为新世纪新阶段加速推进中国特色军事变革提供了科学方法。再次，江泽民中国特色军事变革的思想，为新世纪新阶段加速推进中国特色军事变革奠定了坚实的理论基石。尤其是贯穿这一科学理论的基本立场、观点和方法，更是指导新世纪中国特色军事变革的理论指南。

贯彻落实江泽民中国特色军事变革思想需重点关注和解决的问题。一是更新思想观念。必须站在世界新军事变革的前沿，用发展、变化、开放的观点观察形势，把握方位、认识问题，努力打破思想认识上的"禁忌"和"框框"，尤其要冲破保守主义、经验主义和本位主义等思想的束缚，在与时俱进中着力转变和更新思想观念，主要是要强化信息制胜的观念、科学主导的观念、综合集成的观念、人才为本的观念。二是把握特点规律。要把握3个层面的基本特点：世界新军事变革的基本特点，中国国情的基本特点，中国人民解放军军情的基本特点。要把握3个层面的基本规律：中国特色军事变革的社会运动规律与内部运动规律，中国特色军事变革的一般规律与特殊规律，中国特色军事变革的根本规律与非根本规律。三是注意协调发展。应把握两个关节点：要统筹兼顾。正确处理当前建设与长远发展、局部跃升与整体推进、提高质量与减少数量、继承传统与改革创新、借鉴外军与保持特色、政策引导与利益拉动等关系。要加强重点。在统筹兼顾的基础上突出重点，是世界各国推进军事变革普遍遵循的基本指导思想。四是加强政治保证。要牢固树立“三个代表”重要思想在中国特色军事变革中的指导地位，始终坚持党对中国特色军事变革的绝对领导，根据中国特色军事变革的要求着力加强军队党的建设，改进军队政治工作。（唐复全、李锐《试论江泽民中国特色军事变革的重要思想》，《中国军事科学》2004 年第 3 期）

江泽民的军事创新思想 江泽民在领导军队现代化建设的实践中，十分重视军事创新问题。阐述了军事创新的重大战略意义，提出了军事创新的主要任务、方针原则和基本途径，形成了系统的军事创新思想。

关于军事创新的战略意义。首先，推进军事创新是中外军事历史的深刻昭示。江泽民指出：“创新也是军队进步的灵魂。”这一论断揭示了军事实践活动的内在规律，阐明了创新在军队建设中的地位作用。其次，推进军事创新是应对世界新军事变革挑战的现实需要。江泽民主持制定了新时期军事战略方针，号召全军“以改革创新的精神迎接世界军事发展的挑战”。要求军队高级干部和高级领率机关，顺应世界军事变革潮流，大力推进军队各方面工作的改革创新。再次，推进军事创新是适应国家加快改革和发展步伐的必然要求。江泽民明确指出：“从过去比较封闭的状态转向全方位的对外开放，从传统的计划经济转向社会主义市场经济，使得军队建设所处的社会环境发生了新的极其深刻的变化。我们必须积极探索在新环境、新形势下治军的特点和规律，在继承我军优良传统的基础上，有所创造，有所前进。”

关于军事创新的主要任务。江泽民着眼全方位推进中国特色的军事创新，对 5 个方面的改革作了论述：一是思想政治建设和党的建设创新。他指出，在新的历史条件下，思想政治建设要在继承优良传统的基础上，努力创新发展。二是军事理论和作战思想创新。江泽民指出：“先进的军事理论，历来是军队建设得以健康发展的必要条件，是战争的重要制胜因素。”创新我们的军事理论特别是作战思想，是摆在全军面前的重大课题。三是体制编制和制度创新。他强调，体制编制的改革和创新，“就是要紧紧围绕建设一支强大的现代化正规化的革命军队这个总目标，朝着规摸适度、结构合理、指挥灵便的方向努力，要体现‘精兵、合成、高效’的原则，要有利于加强集中统一领导，有利于军队的教育训练和管理，有利于未来作战的需要”。四是军事科技和武器装备创新。江泽民对军事科技和武器装备创新发展的原则、方针、机制和组织领导等，做出了全面的谋划和部署。五是军事训练和院校教育创新。江泽民在观看全军科技练兵成果演示时指出，全军同志都要进一步增强创新意识，把创新作为推进科技练兵和军队各项工作的强大动力。

关于军事创新的方针原则。江泽民就深化军队改革创新问题，提出了一系列方针原则。一是坚持以提高战斗力为根本标准。江泽民要求：“军事工作、政治工作、后勤工作、装备工作等各个方面，都要围绕提高战斗力积极稳妥地进行改革。”二是继承优良传统与不断创新发展相结合。他指出：“我们必须在坚持优良传统的基础上大胆改革创新，使优良传统在新的实践中获得发展。”三是正确处理借鉴外军经验与保持中国人民解放军特色的关系。他要求：“对于外军一些好的经验和做法，也不能简单地拿来，而应结合我军实际加以消化、吸收和创新”。四是服从和保证军队的高度稳定和集中统一。他强调，要把保持部队稳定作为军队建设的一个重要方针。在调整改革中，全军部队要保持正常的战备、训练、工作和生活秩序，确保能随时完成保卫国家安全和维护社会稳定的任务。

关于军事创新的基本途径。江泽民对新形势下如何加强军事创新作了一系列重要论述，为大力推进军事创新指明了基本途径。首先，强烈的忧患意识、机遇意识是推进改革创新的内在动力。其次，培养和使用人才是推进改革创新的关键。再次，强有力的组织领导是推进改革创新的重要保证。（张海洋《推进军队现代化跨越式发展的强大思想武器》，《中国军事科学》2004 年第 2 期）

江泽民的国家安全战略理论 20 世纪 90 年代以来，江泽民同志在把握世界战略形势新变化和中国安全环境新特点的基础上，提出了独具特色的国家安全战略理论。

全面把握国家安全面临的机遇与挑战。面对国际安全形势和中国安全环境，江泽民同志提出了两个基本判断：国际形势总体上趋向缓和，国际格局加速向多极化发展，和平与发展仍然是当今时代的两大主题；国际总体力量对比是西强东弱，西强我弱，北富南贫。这两个判断，是制定国家总体发展战略和安全战略的根本依据。

坚持国家安全与国家发展的统一。第一，全面把握安全与发展的辩证关系，是深入理解江泽民国家安全战略理论的一条基本线索。维护国家安全和统一，历来是治国的头等大事。而且，只有通过经济发展才能保持国家的长治久安和维护世界和平与安全。第二，谋求以政治安全、经济安全、军事安全为核心的综合安全，是江泽民国家安全战略理论的又一重要特色。当前和今后一个时期，霸权主义和强权政治对中国构成的政治、经济和军事的综合性威胁是主要的。我们要在战略上综合思考和谋划国家安全问题。第三，江泽民国家安全战略理论，赋予国家现代化建设时期的军事战略新的内涵。江泽民同志揭示了新时期军事战略方针和人民军队历史使命的一个核心内容，就是通过战略威慑遏制战争。遏制战争比打赢战争的标准更高，不具备打赢的实力和准备就无法遏制战争。

发展以经济实力、科技实力、国防实力和民族凝聚力为标志的综合国力。江泽民国家安全战略理论的鲜明特色，就是把发展综合国力放在国家安全战略的核心地位。他把综合国力概括为经济实力、科技实力、国防实力和民族凝聚力。在此基础上，又进一步提出增强国家战略能力的重要思想。指明国家战略能力，就是一个国家在需要采取战争行为时所能够调动的各种力量的总和，涉及经济社会发展和国防与军队建设的各个方面。国家战略能力中，军事力量是进行战争行动的核心手段。增强国家战略能力，要从政治、经济、文化、科技、军事、外交等方面综合着手和考虑，建设符合中国国情并反映时代特征的现代化国防。江泽民同志明确提出，把经济建设搞上去和建立强大的国防，是中国现代化建设的两大战略任务。要根据社会主义初级阶段的国情正确把握处理两大战略任务的关系；形成国防建设和经济建设相互促进、协调发展的机制；走一条投入较少、效益较高的军队现代化建设路子。

努力营造有利的国际安全环境。江泽民同志反复强调，必须努力营造一个有利于我们集中精力进行现代化建设的和平国际环境，全面维护中国的国家安全和利益。一是独立自主地根据事情本身的是非曲直决定自己的立场；二是坚持冷静观察、沉着应付、韬光养晦、有所作为的方针；三是妥善处理大国关系和积极经略周边；四是进一步加强同广大发展中国家的团结与合作。（陈舟《试析以发展综合国力为核心的国家安全战略》，《中国军事科学》2004 年第 2 期）

江泽民的战略威慑理论　在新的历史时期，江泽民同志在继承老一辈革命家战略威慑思想的基础上，从国家和军队面临的新形势、新特点和新任务出发，发展了人民解放军的战略威慑理论与实践。

把威慑提到战略高度。1993 年，江泽民同志主持制定新时期军事战略方针，第一次明确将遏制战争作为军事战略的重要内容，强调遏制战争爆发是军队平时的一项十分重要的职能，后来他再次指出，战略指导上需要进一步明确提出战略威慑的问题。

实施可信的战略威慑。冷战后，“一超多强”的国际格局、高技术战争的发展以及威胁多元化的趋势，对传统的战略威慑提出了挑战。江泽民同志提出，要研究新形势下战略威慑的可信性问题。首先，要增强核威慑的可信性。核武器仍然是战略威慑的核心力量。中国必须在发展精干有效的核武器的基础上建立可信的核战略威慑。其次，要提高威慑能力和实战能力。这两者既有联系又有区别。具备打赢高技术局部战争的能力，是“不战而屈人之兵”的前提，但从战略上看，由于政治目的的不同，威慑能力比实战能力更复杂，政治上要求更高。

铸造以“杀手锏”为核心的新威慑能力。江泽民同志指出，“要抓住几个真正具有决定性意义的项目，尽快形成我们自己的高科技武器装备的‘杀手锏’”。这种“杀手锏”武器系统平时有遏制战争爆发的能力，战时能起到加速战争进程和减少战争损失的作用。

发挥高技术条件下人民战争的威慑作用。美国陆军军事学院编的《军事战略》认为，人民战争是中国独有的威慑战略，“这种威慑已证明完全像西方比较现代化的威慑一样有效”。江泽民同志提出，在现代化条件下，“无论武器装备如何发展，战争形态如何变化，人民战争都是我们克敌制胜的法宝。这个法宝，任何时候都不能丢掉”。

高度重视综合国力的威慑效能。战略威慑靠的是实力。发展以经济实力、科技实力、国防实力和民族凝聚力为标志的综合国力，是维护国家安全和社会稳定的基础，也是实施战略威慑和遏制战争的前提。江泽民同志战略威慑思想的一个重要特点，就是突出强调发展综合国力的战略威慑功能。他说：“我们反对在国际事务中搞实力政策，但我们自己必须有实力。”（周鹏、温恩斌《发展中国特色的战略威慑理论》，《中国军事科学》2004 年第 3 期）

江泽民的军队信息化建设理论　江泽民同志在领导中国国防和军队建设的实践中，思考在历史条件发生重大变化的背景下建设什么样的军队、怎样建设军队，未来打什么仗、怎样打仗的问题，适时把我军现代化建设的目标调整为完成机械化和信息化双重任务，最终实现信息化，形成了江泽民军队信息化建设理论。

江泽民军队信息化建设理论产生的历史背景。社会条件是信息技术的迅猛发展和信息社会的到来。信息技术在军事领域的广泛应用，必然要求军队进行相应的变革，适应信息时代的要求。军事条件是世界新军事变革的蓬勃发展和信息化战争登上战争舞台。信息时代的信息化战争必须由信息化军队来支撑。内部条件是中国人民解放军与信息化战争要求不相适应的客观实际。江泽民指出：信息战是我们突出的薄弱环节。主要是：体制编制还不适应信息化作战的要求，指挥自动化手段尚不完善，信息化装备数量少、技术水平不高，信息化作战理论和战法研究不够，信息化战争人才十分缺乏，致使全军信息化水平整体不高。

江泽民军队信息化建设理论的主要内容。一是揭示了信息技术发展和应用产生的巨大影响，强调信息技术是新军事变革的直接动力，我军信息化建设最根本的是充分发挥信息技术对军队战斗力的倍增作用。二是概括了军队信息化建设的主要内容，强调实现信息化必须使军队建设整体转型，使军队建设的各个方面都要按照信息化要求进行彻底改造。三是明确了军队信息化建设的基本任务，强调军队信息化建设起点低要求高，必须完成“双重任务”，争取跨越式发展。四是提出了军队信息化建设的发展战略，强调军队信息化建设是长期的历史任务，必须按照“三步走”的战略构想有计划有步骤地推进。五是规定了军队信息化建设的指导原则，强调军队信息化建设是宏大的系统工程，必须加强统一领导，搞好顶层设计，实施重点突破，进行一体化建设。六是提出了军队信息化建设的发展道路，强调军队信息化建设必须以国家整体实力为依托，坚持走军民结合、平战结合的发展道路。

江泽民军队信息化建设理论的指导意义。首先，江泽民军队信息化建设理论是推进中国特色军事变革的强大思想武器。它正确回答了中国人民解放军在新的历史条件下，如何推进中国特色军事变革这一历史性课题。其次，江泽民军队信息化建设理论是军队实施信息化建设的指南。它不仅对于统一全军对信息化建设的认识，调动全军官兵积极进行信息化建设具有现实指导意义，而且对于推动军队信息化建设的深入发展，最终实现信息化的宏伟目标具有深远的历史意义。再次，江泽民军队信息化建设理论是毛泽东军队现代化建设理论的继承发展。这一理论解决了在信息时代如何把军队现代化建设继续推向前进的问题，从而把毛泽东、邓小平军队现代化建设理论推进到一个崭新的阶段。（牛力《略论江泽民军队信息化建设理论》，《中国军事科学》2004年第2期）

江泽民的人民空军建设思想 江泽民人民空军建设思想，反映在他谋划军队建设全局时所作的一系列有关空军建设的论述中，是江泽民国防和军队建设思想的重要组成部分。

强调人民空军的重要地位和作用，阐明新形势下加强人民空军建设的重要性。江泽民指出：“空军在维护国家主权和安全中担负着重要使命，在军事斗争中具有举足轻重的地位和作用。”这一论述，指明了新形势下空军在维护国家主权和安全中，在未来军事斗争和高技术战争中的重要地位和作用。保卫国家领空安全，打赢未来战争，全面实现人民解放军的现代化，都必须建设一支强大的空军。

明确人民空军建设的总目标，指明新世纪人民空军建设发展方向。江泽民在1993年3月指出：“我们必须建设一支有中国特色的攻防兼备的强大的人民空军。”在人民空军成立50周年之际，他又题词：“为建设一支强大的现代化的攻防兼备的人民空军而奋斗。”这些论述和题词，既有对空军全面建设的总体规定，又有对空军质量建设的具体要求；既有对空军模式和能力的基本要求，又有对空军政治属性的明确规定。是江泽民对空军21世纪发展方向和目标的总体设计。其中，“强大的”目标要求人民空军实现由“配角”向“主角”的转变，建设一支在未来战争中能够当好“主角”的人民空军。“现代化的”目标要求人民空军实现由机械化半机械化向信息化的转变，建设一支信息化的人民空军。“攻防兼备的”目标要求人民空军实现由国土防空型向攻防兼备型的转变，建设一支攻防兼备的人民空军。“强大的现代化的攻防兼备的”目标要求人民空军实现由航空型向空天一体化的转变，建设一支与空天一体作战相适应的人民空军。

阐述人民空军建设一系列重要的方针原则，提出实现人民空军建设总目标的具体要求。一是加强思想政治建设，确保空军政治合格。江泽民在对空军的讲话中反复强调要大力加强空军的思想政治建设，提高官兵的政治素质，要求空军始终坚持党对军队的绝对领导。二是坚持科技强军战略，加快空军质量建设。江泽民要求，加速发展空军先进武器装备；抓好高科技知识学习，培养高素质空军人才；贯彻“科技兴训”思想，深入开展科技练兵。三是坚持从严治军，不断提高空军的正规化水平。江泽民强调：和平时期和与战争年代一样，治军一定要严，要严格管理教育部队，坚持依法治军，从严治军。四是坚持用新时期军事战略方针指导空军各项工作。江泽民根据新时期军事战略方针的要求，结合空军的建设实际，特别强调要突出空军进攻力量建设。（胡建明《江泽民人民空军建设思想初探》，《军事学术》2004 年第 11 期）

用“三个代表”重要思想统领军队政治工作 江泽民同志在中央思想政治工作会议的讲话中指出：“加强和改进党的思想政治工作，必须全面贯彻落实‘三个代表’的要求”。“三个代表”重要思想是新的历史条件下军队政治思想工作的指导思想、核心内容和根本要求，全面贯彻落实“三个代表”的重要思想，就坚持了马克思主义在军队政治工作中的指导地位，坚持了军队政治工作的时代特色。

①以“三个代表”重要思想为统领，一定要坚持党对军队的绝对领导，切实加强军队党的建设。“三个代表”重要思想是党对军队的绝对领导的新依据、新内容和新要求，是加强和改进军队党的建设的强大思想武器。以“三个代表”为指导，从思想、组织和作风上加强军队党的建设，是新形势下加强军队党的建设的必然要求，也是新形势下坚持党对军队绝对领导的有效途径。

②以“三个代表”重要思想为统领，一定要牢记历史使命，大力加强军队思想政治建设，为打赢未来高技术战争提供强大的精神动力，为保持人民军队的性质、本色和作风提供可靠的政治保证。

③以“三个代表”重要思想为统领，一定要遵循先进文化建设规律，不断加强先进军事文化建设。先进军事文化是中国先进文化的重要组成部分，是对中国传统军事文化的继承和发展。建设先进军事文化，必须加强理论指导和理论研究；必须与时俱进，不断改革与创新。

④以“三个代表”重要思想为统领，一定要坚持党的群众路线，努力加强军队民主建设。重点是党内民主建设、基层民主建设和民主制度建设。提高军队党的组织和各级领导干部的民主素质对军队民主建设具有决定意义。

⑤以“三个代表”重要思想为统领，一定要立党为公、执政为民，重点加强官德建设。军队各级领导干部要牢固树立全心全意为人民服务的思想和真心实意对人民负责的精神，牢固树立正确的世界观、人生观、价值观、权力观、地位观和利益观，真正做到权为兵所用，情为兵所系，利为兵所谋。

⑥以“三个代表”重要思想为统领，一定要牢牢把握中国特色军事变革的迫切需求，加快高素质新型军事人才建设。要树立全新的军事人才观念，确立军事人才发展战略；以改革为牵引，加快高素质军事人才的培养步伐。

⑦以“三个代表”重要思想为统领，一定要坚持军队政治工作的改革与创新。军队政治工作的全部理论和实践要体现时代性，把握规律性，富于创造性；构建新体系，拓展新领域，增加新内容，运用新方法，优化新机制。（黄金声等《用“三个代表”重要思想统领军队政治工作》，《中国军事科学》2004 年第 2 期）

（张建设　鄂　新）

中国近代军事思想与军事论著研究

关于蒋百里创建“国防军”的思想 蒋百里创建新型“国防军”以抵御和抗击外来侵略的思想，是其“全体性国防”论中的重要内容。针对旧式军队，他提出对中国军队进行根本和全面的变革，主张采用义务征兵制度，建立常备军和国民军相结合的国防武装体制，依据制度和法律对军队实施民主化管理，废除军阀和党争派系对军队的控制等。（吴仰湘《蒋百里创建“国防军”思想述略》，《军事历史》2004 年第 5 期）

关于郑观应的边防思想 郑观应边防思想形成的历史背景，是西方资本主义国家蒸蒸日上，而清朝封建专制统治积贫积弱导致边防危机空前严重。其边防思想的主要内容有：提出了加强边防的主要措施，指出了防务的重点在塞防，制定了对外防御主要对象的策略，确定了边防的首要地区。其边防思想已属于近代边防思想范畴，具有反侵略的爱国性质，并注意到发挥人民群众在巩固边防中的作用。（童远忠《郑观应边防思想述论》，《军事历史》2004 年第 4 期）

关于八旗军由盛转衰的历史教训 八旗军由盛转衰的原因在于清朝封建政治的腐败，对变化中的国家安全环境缺乏清醒意识，缺乏整军经武、进行改革的危机感和紧迫感；以错误的思想作指导；军队军事功能与社会功能混为一体，臃肿不堪；治军不严，训练松垮；用人制度落后，人才危机严重。其衰败是在特殊的社会历史条件下出现的现象，也在一定程度上反映了和平时期军队建设过程中某些普遍倾向。（刘庆、魏鸿《八旗军由盛转衰的历史教训》，《军事历史研究》2004 年第 1 期）

关于近代军事后勤体制建设 鸦片战争以来，为了对内镇压太平天国运动、对外抗击西方列强侵略，清政府逐步引进、进而自制近代武器装备。近代武器装备的运用导致近代后勤体制逐步建立：专业的后勤机构出现，后勤人员与作战部队分离，军费筹措及消费途径改变。军事后勤体制逐步由古代转变到近代。（罗绪安、方新兵《论中国近代军事后勤体制建设——

从鸦片战争到甲午战争》，《军事历史研究》2004 年第 2 期）

中国古代军事思想与军事论著研究 **关于孙子研究的几个重要问题** 有学者撰文通过对陆允昌《孙武研究新探》的批驳，指出孙武其人绝不是“二桃杀三士”的田开疆，其始祖虞帝舜，姓妫氏；孙子故里乐安在今山东惠民，不在临淄，并系统阐明了孙子故里“惠民说”的科学依据。孕育《孙子兵法》的文化基因是齐文化，产生《孙子兵法》的文化土壤是吴文化，因而《孙子兵法》是齐文化和吴文化的结晶。（吴如嵩、霍印章《正确对待孙子研究的几个重要问题——评陆允昌<孙武研究新探>》，《中国军事科学》2004 年第 2 期）

关于《孙子兵法》的“伐交”思想 “伐交”并非指挫败敌人的外交，即在外交中战胜敌人。“伐交”的本义是切断敌人与外界的所有联系，体现了《孙子兵法》丰富的作战思想。（姚淮宁、王承庆《也谈<孙子兵法>的“伐交”思想》，《中国军事科学》2004 年第 5 期）

关于《孙子兵法》军事思维的特色及其现代启示 《孙子兵法》所体现的军事思维，具有理智性、总体性、辩证性、灵活性和科学性等特征。正是这种卓越的思维特质，赋予其广大而深邃的思想内涵，并对不同时代的军事实践产生巨大而深刻的影响。孙子理性对待战争的思维方式，在今天尤其具有重大的现实意义，对人们理性地把握和控制战争，提供了多方面的启示。（温宗仁《<孙子兵法>军事思维的特色及其现代启示》，《中国军事科学》2004 年第 6 期）

关于《孙子兵法》研究的问题 深入发掘《孙子兵法》所蕴含的追求和平的大智慧，有益于人类的和平事业，有助于更准确地把握和解决当今世界的安全问题。其所提出的一系列战争指导原则，在信息时代仍然具有重要的价值。加强对《孙子兵法》的研究，应该抱着实事求是的科学态度，努力把握其思想精髓，注重学习和领会其朴素辩证的思维方法。（葛东升《沿着科学和健康的道路，不断将<.孙子兵法>研究推向前进》，《中国军事科学》2004 年第 6 期）

关于《孙子兵法》与当代中国主流战争理论 以《孙子兵法》为代表的中国传统兵学，始终注重从政治和道德的角度来统驭战争，形成了崇和止战、奉行防御和注重人道的军事文化传统。这一悠久的战略文化传统，在当代中国战争理论中得到进一步弘扬，用不战而胜的止战思想、积极防御的自卫原则、深沉久远的人道精神和灵活机动的用兵艺术，汇写成当代中国战争理论的主流。（姚有志、马德宝《<孙子兵法>与当代中国主流战争理论》，《中国军事科学》2004 年第 6 期）

关于《孙子兵法》是中国战略文化的瑰宝的问题 孙武的《孙子兵法》奠立了中国战略文化的基础，反映了中国战略文化的主要内容，可以归结为四个字，即道、力、慎、胜，从而反映了中国战略文化的精要之处。（王普丰《<孙子兵法>是中国战略文化的瑰宝》，《中国军事科学》2004 年第 6 期）

关于《孙子兵法》战略思想的理论架构及其现实意义 孙子的战略思想有其内在的逻辑和完整的体系。有作者从目标、条件、手段等方面分析了孙子战略思想的理论架构，强调发掘孙子战略思想的深刻内涵，对于发展当代战略理论具有重要的现实意义。（刘春志《<孙子兵法>战略思想的理论架构及其现实意义》，《中国军事科学》2004 年第 6 期）

关于以战略文化为龙头推进《孙子兵法》研究 把战略文化引入《孙子兵法》研究，开创了其研究的新领域。其战略理论是中国战略文化杰出、古老、典型的代表，中国战略文化深深植根于中华民族悠久的历史之中，是一种倡导慎战的、主张全胜的和合战略文化。（吴如嵩《以战略文化为龙头推进<孙子兵法>研究》，《中国军事科学》2004 年第 6 期）

关于“止戈为武”的和平观 有作者指出，“止戈为武”既是中华民族的战争观，也是其和平观；既体现在中国历代战争的实践中，也体现在历代兵书理论中，是中国古典兵学文化的要旨所在，进而分析这一和平观产生的根源、原则，论述了达成天下和平的方法和手段。（霍印章《“止戈为武”的和平观——试论中国古典兵学文化要旨》，《中国军事科学》2004 年第 6 期）

关于从整体上理解《孙子兵法》军事思想的问题 《孙子兵法》军事思想是一个有机的整体，应从整体上去理解和把握，而不能断章取义。只有准确理解其本义，才可能做出正确的阐发，并在此基础上进行科学的理论创新。（于汝波《应从整体上理解<孙子兵法>军事思想》，《中国军事科学》2004 年第 6 期）

关于孙子的“制胜”观与信息时代的空天力量 “制胜”思想是《孙子兵法》的核心思想，支撑这一思想的是“知胜”、“全胜”和“速胜”理论。以信息技术为核心的高新技术为孙子的“制胜”观和现代战争找到了最佳结合点，为“知胜”提供了最佳手段，为“全胜”提供了最佳力量，为“速胜”提供了最佳作战方式。（张治平《孙子的“制胜”观与信息时代的空

天力量》，《中国军事科学》2004 年第 6 期)

关于《孙子兵法》的博弈论 《孙子兵法》是一部以战争为研究对象，包括对策智慧、对策原则、对策类型、对策方法在内的系统而完整的对策及策略的兵书，不仅具有“博弈”的某些基本特征，而且构成了单方完全信息下的零和动态博弈模型。该兵书以“智”为基础，“计”为核心，“谋”为最高境界，在“计”与“谋”的应用中完成单人博弈的最优化过程。(陶一桃《对<孙子兵法>的博弈论分析》，《中国军事科学》2004 年第 6 期)

关于《孙子兵法》与现代后勤 《孙子兵法》包含着丰富的军事后勤思想，诸如委积在先、军民一体、近师远输等，对于推进有中国特色的军事变革，做好新形势下的军事斗争准备，推进信息化条件下的后勤建设，具有重要的借鉴意义。(唐武文等《<孙子兵法>与现代后勤》，《中国军事科学》2004 年第 6 期)

关于《孙子兵法》及其在现代国防中的应用 《孙子兵法》的核心就是“胜”，由先胜、全胜、战胜三部分组成。先胜是关于国防建设的理论；全胜是关于用万全之策以最小代价获取全局胜利的理论；战胜是关于用战争手段夺取胜利的理论。三者是一个密切关联的整体。现代国防斗争的实践证明，孙子的这三大理论对今天的国防力量建设、最有效益地使用国防力量达成理想的战略目的以及如何打赢现代高技术战争，实现国家安全，仍具有重大的借鉴意义。(于汝波《<孙子兵法>及其在现代国防中的应用》，《军事历史研究》2004 年第 1 期)

关于《孙子兵法》的军事思想渊源 《孙子兵法》的军事思想渊源是《老子》哲学，可以说《老子》哲学思想是《孙子兵法》这部不朽名著的灵魂。(李云章《<孙子兵法>的军事思想渊源》，《军事历史研究》2004 年第 3 期)

关于老子的军事伦理思想 老子的《道德经》蕴涵着丰富的军事思想，战争伦理观、战略伦理观、将帅伦理观等三个方面是老子军事伦理思想的主要内容，博大精深，意义深远，值得研究。(占涛、褚明伟《试论老子的军事伦理思想》，《军事历史研究》2004 年第 3 期)

关于孔子的军事民本思想 孔子把民本思想引入军事领域以观照战争问题，认为国家无论大小而“攻守在民”，民众拥护则攻守必胜，民心向背决定战争胜负，战争力量的对比最根本的是民心民力的对比。战争指导的政治决策的基点是取信于民，是争取民心，并对全体民众进行国防教育和军事训练。因此，战争指导者的“使民”用兵就不是随心所欲的行为，而要使民以时、以义、以慎、以可。(董志新《孔子的军事民本思想》，《军事历史研究》2004 年第 4 期)

关于中国古代治军思想及其启示 中国古代的治军思想的内容十分丰富，如居安思危、常备不懈、以法治军、以德治军、教戒为先、选贤任能、和军爱兵等。中国古代治军的特点和规律，是中国古代治军实践的经验总结，至今仍闪耀着理性的光芒，对于加强新时期的军队建设不无借鉴意义。(常万全《中国古代治军思想及其启示》，《中国军事科学》2004 年第 6 期)

关于隋炀帝巡狩政治军事战略的问题 隋炀帝巡狩四方，并非是以游幸玩乐为目的，而主要动机与意图是以政治军事上的威慑战略，消除边塞隐患，强化王权，巩固中国统一以及构建四夷宗藩臣属统治秩序，开创帝王盛世宏业。(何平立《隋炀帝巡狩政治军事战略析论》，《军事历史研究》2004 年第 1 期)

关于明朝海禁政策与中西军事冲突 屯门之战和西草湾之战是近代西方国家与中国的第一次海上军事冲突。造成冲突的根本原因是近代西方国家的殖民扩张与明朝的朝贡贸易和海禁政策之间不可调和的矛盾。有作者在对屯门之战进行史料分类和梳理的基础上，认为中葡关系的恶化导致明朝强化海禁政策，对其后“嘉靖大倭寇”的泛滥产生了重要影响。(王冬青、潘如丹《明朝海禁政策与近代西方国家的第一次对华军事冲突》，《军事历史研究》2004 年第 2 期)

关于汉朝招降匈奴的策略 汉朝迫于匈奴外患，长期奉行招降匈奴的策略。贾谊“三表五饵”招降策略，具有很强的可实践性和可操作性。汉武帝是贾谊招降策略的积极奉行者，招降成功也最辉煌。在汉匈双方实施招降对抗互动过程中，招降观念开始泛化，招降保障体系也逐渐完善，影响了汉匈战局和汉匈民族关系。(阎盛国《汉朝招降匈奴策略述论》，《军事历史研究》2004 年第 2 期)

(邱剑敏)

战争与战略问题研究

中国关于战争和战略问题研究综述 2004年，中国在战争与战略研究领域进一步探讨了信息化战争的特点和性质问题，对于非传统战争和新世纪的国家安全战略、军种战略、战略威慑、战略思维等问题，也有更为深入的研究。

关于信息化战争的特点 一种观点从作战兵器、能量释放、作战目标、作战形式、争夺焦点五个方面分析信息化战争的特征。

主要作战兵器——信息支撑。信息化战争作为一种新型战争形态，反映其作战技术水平和科技含量的是信息化兵器。它主要由信息化弹药和信息化作战平台构成。信息化弹药主要指各类精确制导武器，而信息化作战平台主要指利用信息技术使作战平台的控制、制导、打击等功能形成自动化、精确化和一体化水平的各种武器装备系统。

战场能量释放——信息主导。机械化战争中，战场释放的能量主要是机械能。信息化战争作为机械化战争的高级发展阶段，其战场能量的释放不仅是机械能，更主要的是深刻体现人的智能活动的信息能，即各种信息化武器装备的战场探测预警、情报侦察、精确制导、指挥控制、通信联络等软能力。这种新的战场能量支配和主导着信息化战场上的全部作战活动，成为决定战争成败的重要因素。

主要作战目标——"三大系统"。信息化战争改变了机械化战争的那种陆海空单元战场、单一军兵种、单一作战领域的单元式战场较量方式，而是以信息化战场为依托，以战场认识系统、通联系统、指挥控制系统、打击系统（包括兵力、火力）、支援保障系统等五大分系统构成的作战体系间的整体较量。其中，战场认识系统、战场通联系统、指挥控制系统这三大系统，则是构成信息化战场的"眼睛"、"耳朵"、"神经"和"大脑"，主导和支配着战场所有力量和打击行动。因而，围绕着破坏、瘫痪敌人的"三大系统"和有效地保护己方的"三大系统"而进行的系统对系统的整体较量，将成为交战双方战场制胜的关键。

主要作战形式——信息攻防。信息攻防或称信息战，是信息化战争的主要和基本作战形式。它与以往作战形式相比，主要有3个方面不同：一是对抗的主要关节点不同；二是信息战的作战目标不同；三是作战目的不同。

战场争夺焦点——制信息权。制信息权是指运用以信息技术为核心的战场认识系统、通联系统和指挥控制系统等，在能够有效地阻止敌方了解、掌握己方主要情况的同时，实时准确地掌握敌方情况，具有战场上信息的获取权、使用权和控制权。制信息权主导和支配着制空权、制陆权、制海权、制天权等主动权的争夺。

另一种观点认为，应从战争准备、战争进程、战争结局三个方面分析信息化战争的特征。目前，大体一致的观点认为，信息化战争的特点可以归结为高技术性、局部性、非对称性、精确打击、零伤亡，等等。如此概括信息化战争特点，问题的症结在于：第一，信息化战争到底有几个特点？如果概括为三个，为什么不是两个？也不是四个？如果归纳为五个，为什么不是四个，也不是六个？对此缺乏清晰的说明。第二，说到高技术性、局部性、非对称性，那么可以认为，中国历史上第一次有文献记载的黄帝蚩尤涿鹿之战，就已具备这些特点，因为当蚩尤已使用青铜器时，黄帝尚使用石器，显然，蚩尤相对黄帝而言，具有高技术性、非对称性；同时，由于涿鹿之战并不影响世界，因而具有局部性。从哲学的角度来看，所谓特点，乃是一事物区别他事物的本质规定性。如果概括的特点对此事物适用，对彼事物也适用，那么，这种概括就是失败的。基于这一思路，可以尝试讨论信息化战争的特点：

战争准备的可公开性。与以往军事家们普遍奉行的"出其不意，攻其不备"的战争发动模式不同，在信息时代，天上有卫星监视，地上有媒介跟踪，战争意图无法遮掩，军队部署无法隐蔽，开战时间无法保密……这就注定了，战争发动的一方如果试图瞒天过海、突然袭击，只能是掩耳盗铃，自欺欺人。

战争过程的可控制性。严格地讲，过去人类历史上的战争是不可控的。但是，海湾战争以来，由于计算机和通信技术的发展，使得精确打击、模拟仿真成为可能。一方面，武器已具有选择杀伤的功能，从而使战争毁伤在空间上得到了控制；另一方面，经过机器推演，加上专家辅助决策，从而使战争进程在时间上得到了控制。这些都与以往的战争形成了鲜明的对照。

战争结局的可预期性。大凡发动战争者，都无一例外地希望打赢。但是，历史上的许多战争结局恰恰事与愿违，始料不及。只有当信息技术广泛用于军事训练之后，网上推演、模拟仿真、效果评估可以精确地逼近现实，战争尚未开始，胜败就已在预料之中了。

以上，对信息化条件下局部战争特点的概括不一定十分准确，但具有两个长处：第一，这些特点是海湾战争以前的一切战争都不具备的，因而具有独特性，能揭示信息化条件下局部战争的本质；第二，一切战争都要经历战争准备、战争过程、战争结局三个阶段，因而能说明信息化战争的特点为什么是三个，而不是两个，也不是四个。

关于信息化战争的性质　一种观点认为，信息化战争实质上就是信息战争。

另一种观点认为，信息战争≠信息化战争。信息战争作为一种战争形态，是人类社会进入信息化时代的产物。在充分发展的信息化社会里，国家的政治、经济、军事、科技和文化活动都将高度依赖于计算机化、网络化的信息交流和信息环境，计算机网络系统成为社会稳定、经济发展和国家安全最为重要的基础设施。信息战争实质就是有组织、有计划地集中使用信息力量，对敌国关系到国家安全和国计民生的关键系统实施的大规模攻击，是对信息资产和系统大规模使用毁伤性力量。信息战争可能不像传统的战争那样残酷，但这种“不流血的战争”与使用大规模杀伤性武器的战争相比，蕴含着同样巨大的破坏和毁伤能力。而信息化战争是信息时代的一种战争形态，是交战双方在信息化战场上，以信息化军队为主要作战力量、以信息化武器装备为主要作战手段、以信息战为主要作战样式，以信息主导权为主要争夺对象的一种战争。它是继以士兵体能为基础的冷兵器战争，以机械能和化学能为主导的热兵器战争之后出现的以信息能为重点的新的战争形态，它包含信息战争在内。因此，信息战争和信息化战争是既有区别，又紧密联系的一个整体。两者既不能简单划等号，但也不能截然分开。

关于信息化战争的影响　一种观点从军事思维的角度认为，信息化战争强烈地冲击着传统的军事思维方式，引起军事思维方式构成要素的变化。一是思维主体趋向社会化。对军事信息的获取、分析和处理，以及军事决策的思维主体，都呈现出社会化趋向。二是思维工具趋向多样化。在思维的软件工具方面，产生了许多新的思维方法，如系统方法、信息方法、控制方法、结构-功能方法、模型化方法、理想化方法等；在硬件工具方面，高科技为军事思维提供了一系列多功能的物化工具，延伸和放大了人的感觉器官、思维器官。三是思维观念趋向“信息化”。信息化军队、信息化战场、信息化武器、信息化对抗等反映信息化战争的新概念不断进入人们的思维结构，而且许多仍有价值的传统军事观念也被赋予了“信息化”的新内涵。四是思维形式趋向整合化。信息化战争要求军事思维主体更加灵活地运用形象思维、抽象思维、灵感思维等各种思维形式，并促使各种思维形式向整合化、一体化方向发展。五是思维效益目标趋向综合化。战争的决策者在考虑战争的目的和选择打击目标时，不仅要考虑军事方面的效益，更要考虑政治、经济、外交、文化方面的综合效益。六是思维结果趋向精确化。在武器装备方面，精确定位、精确制导能力取得重大突破，命中精度大幅度提高；在作战样式方面，实施精确作战已成为信息化战争的显著特征；在战争可控化方面，已可以在很大程度上做到精确使用战斗力量，精确选择打击目标，精确控制打击力度，精确评估打击效果，这些，都离不开军事思维的精确化。

另一种观点从战争动员的角度认为，信息化动员已成为伴随信息化战争而出现的全新的战争动员形式。一是动员对象的多样性。信息动员的对象，既不局限于信息部门，也不局限于民兵、预备役人员，而是指全社会的所有公民。二是动员空间的广阔性。信息动员既不局限于国内，更不局限于局部地区，而是包括国内、国外，地面、空中的广阔空间。三是动员功能的多重性。信息动员的功能，主要有积蓄功能、转化功能、联结功能、带动功能和威慑功能等。四是动员形式的多样性。信息动员按规模可分为总动员和局部动员，按方式可分为秘密动员和公开动员，按时序可分为应急动员和持续动员。五是动员时间的平战连续性。信息动员在时间上已没有平战之分。

还有一种观点从战法的角度认为，信息化战争必然导致人民战争战法的创新。制信息权成为战争的中心，人民战争需要动员一切信息化资源投入战争，必须围绕信息主导进行战法创新。信息化武器装备成为战争的主要打击力量，人民战争需要精心有效地组织军民整体对抗，必须围绕联合作战进行战法创新。信息化作战样式复杂多变，人民战争需要以“非对称”取胜，必须围绕发挥传统优势进行战法创新。信息化作战空间立体多维，人民战争将在更广阔的天地展开，必须围绕多维战场进行战法创新。要全方位探索信息化条件下人民战争的作战样式和战法，力求形成一套全新的人民战争的战略战术体系，包括结构瘫痪战、多维控制战、立体游击战、综合火力战、网络对抗战、电磁干扰战、联合反恐战、心理攻击战、“信隙”致盲战、舆论宣传战等。

关于当代战争的暴力性 一种观点认为，信息化战争的暴力本质没有变。从表面上看，信息化战争给人以不像传统战争那样惨烈的表象。比如，战争规模越来越“小”、持续时间越来越短，战争中的人员伤亡越来越少，战争的附加破坏越来越低，等等，但它仍然没有改变战争的暴烈本质。首先，信息化武器的破坏能力较传统武器高出数倍甚至几十倍。冷兵器时代的武器尽管能带来血淋淋的残酷场面，但其破坏力、杀伤力却远远不及信息化武器。过去传统武器不容易摧毁的坚固目标现在能被精确制导武器轻而易举地摧毁掉，不少信息化常规武器的毁伤能力几乎与小型核武器相当。其次，信息化战争的激烈程度和破坏程度较传统战争不仅没有减少，反而增大了。信息化战争尽管持续时间缩短了，规模变小了，但在单位时间里所释放的能量却极大提高了。这是由于信息化武器能够全天候持续作战，而且其巨大的战争能量还可以在“瞬间”释放到战场上，信息化战争对战场的破坏力达到了空前程度。再次，信息化战争与传统战争相比，虽然战争中总体伤亡人数减少，但平民伤亡比例却上升了，平民仍然是战争中最大的受害者。对于作战地域内的平民百姓来说，战争留给他们的是更为惨痛的伤亡。

另一种观点认为，在当今的时代条件下，战争的暴力性发生了一些变化。具体来说是内涵缩小，外延扩大。首先，战争的暴力性的内涵缩小，从传统的实体式的破坏性缩小至强制式的控制性。而暴力的外延却在扩展：一是暴力实现的领域，从传统的物质性领域拓展至物质和精神两大领域，战争从传统的物质破坏拓展至物质破坏与精神摧残并重，同时，更加重视精神摧残；物质性破坏的领域内又开拓了信息领域这一新空间。二是暴力运行的方式，从能量流形式拓展至能量流和信息流两大形式，由注重能量打击拓展至注重能量打击和信息攻防兼备，同时更加重视信息攻防。三是暴力的类型划分，从传统的“硬”暴力拓展至“硬”暴力和“软”暴力并存，“软”暴力内容逐渐增多。四是暴力的主体指向，由传统的军事组织拓展至军事组织和民间组织，同时，民间组织作为主体的地位日益提升。五是暴力的特征，由集约性拓展至集约性和效能性，战争的暴力性更多地体现为注重效能的精确性打击。因此，战争出现了伤亡率逐渐下降的现象。当然，这种伤亡率减低的趋势，并非是指战争从此就变得“仁慈化”了，而更多的是指精确性和效能性的提高。

（方涵江　姜文华）

信息及社会因素对现代战争的影响 一种观点认为，随着新军事变革浪潮的不断深入，战争正从工业时代的“粗放型”向信息时代的“精确型”转变。①战略决策精确化。以计算机为核心的C^4ISR系统的发展，不但大大提高了战略决策的效率，也促成了战略决策的精确化。②目标侦察与定位精确化。由于战场上各种侦察设备纵横交错，手段相互弥补，各种渠道获取的信息可相互印证，使得信息的可信度越来越高。同时，信息处理的速度和精度也大幅度提高，如有关战场目标侦察与定位的精度，正从以往的几十米，向着现在的几米甚至几十厘米发展。③指挥控制精确化。现代精确化的指挥控制系统融合了战场各方面的情报和指挥信息，使指挥员可以全面掌握战场情况。各级部队建立的自动化指挥控制网络系统，既能对各种信息进行处理、分析、判断，又能准确、可靠地下达命令，并对战场进行近实时化管控，监督执行情况。④兵力投送精确化。飞机、舰船、坦克、车辆直至单兵，都可以得到精确的导航定位信息和可靠的通信联络，各作战单元能随时掌握自己在战场上的确切位置，并通过计算知道其他作战单元的相对位置和地理坐标，从而极大地提高了作战兵力投送的准确程度。⑤打击行动精确化。由于情报系统的精确侦察和定位能力大大提高，精确制导武器的命中精度也大幅上扬，为实现打击行动精确化提供了必要的物质保障。⑥支援保障精确化。这种精确化保障机制和方法，能最大限度地提高将所需物资从工厂运至战场的速度，实现时间上的精确；能尽可能地减轻物资的集结、调运对保障系统构成的辎重负担，避免资源浪费，实现数量上的精确；能根据不同的作战方向和各军兵种的作战任务，将作战物资及时投送至所需位置，实现地点上的精确。⑦战况评估精确化。各种航天器和无人飞行器广泛分布于战场上空，各种无人探测器遍布战场各个角落，可从不同侧面反映目标的特征，使获取的信息得到相互印证和补充，从而确保指挥员全面准确地掌握敌方目标的毁伤情况。

另一种观点认为，信息时代为战争控制的理论和实践不断注入种种新的内涵。

在战争目的控制上。冷战结束后，在各种社会历史因素的共同作用下，攻城掠地式的战争目的，因在政治上陷于被动，在经济上也得不偿失，渐渐不被“青睐”。而将战争目的严格地置于政治目的的制约之下，成为越来越多的国家的共同认识和选择。

在战争力量的控制上。随着战争手段科技含量的提高，使战争力量从数量规模向质量效能、从单纯军事力量向综合战争力量转变，军事威慑、禁飞禁航、维和等战争力量的非实战使用地位凸显。此外，信息渗透于军事领域的各个环节，它与物质、能量有机结合后，不但使战场毁伤能力呈指数级增长，军队战斗力大大增强，而且在战争力量的使用上呈现出精确化和可控化的特征。

在战争手段的控制上。鉴于当代国际法严格禁止在战争中使用大规模毁灭性武器，战争手段的选择与使用逐渐向着以达成战争的政治目的为限度，尽可能减少对人员的杀伤和对物质财富的摧毁。此外，战争手段也呈现出以军事为主，综合其他诸如技术、贸易、金融、外交、文化等多种方式的新特点。

在战争对象的控制上。新战争控制观认为，当战争不可避免时，冲突各方都不应以居民和民用设备为打击对象，而应以军事目标为打击对象。即便是军事目标，也应以军事设施、装备为主，着眼于剥夺对方的作战手段和抵抗能力，而对那些含有危险扩散性质的工程或装置，如堤坝和核发电站，一般不应成为攻击对象，以避免造成人道主义灾难。

在战争进程的控制上。高技术武器装备为迅速达成战争目的提供了有效手段。战争一旦开始，就将大量、集中地使用高新技术兵器，不间断地实施全方位全纵深的猛烈突击，力求一举打垮或瘫痪对方。在这种情况下，首战可能就是决战。

还有一种观点认为，社会支持力对现代战争有重要的影响作用。

现代战争的社会支持力，是指动员和使用政治、经济、文化、外交、民族、宗教、环境等现实的和潜在的社会资源，对现代战争实施调控的能力。它以非暴力手段表达社会对战争的态度，从社会总体角度对战争实施影响和控制：①对战争现象产生制约作用。社会对战争的态度，是战争主体筹划和决策战争行为时不能不考虑的重要因素。得不到国际社会和国内民众的支持，任何国家政府要发动或维持战争都将是困难的。社会越发展进步，对战争的影响和控制就越有力。②对战争行为发挥控制作用。信息技术的广泛运用，使现代战争进入了“直播时代”。高技术兵器巨大的毁伤力以及广阔的战争空间，使社会民众对战争极为关注和忧虑，并做出强烈反应。这就使战争双方必须对战争的目标、手段、范围等加以限定，从而在一定程度上使战争行为受到控制。③对战争理念起着更新作用。社会对战争所持的态度以及相应的行为，作为一种巨大的“软杀伤”，已经成为现代战争的重要内容和赢得政治主动、军事胜利的重要手段，也使人们对战争概念有了新的理解。

关于非传统安全和非传统战争 有作者认为，非传统安全威胁正出现一些新变化。近些年，非传统安全问题在世界范围日渐突出。非传统安全一般是指由非军事因素引发，直接影响人民安全和国家稳定与发展，且发生在战场之外的安全威胁。非传统安全所包含的领域，主要是恐怖主义、走私毒品、大规模杀伤性武器扩散、信息网络攻击、民族宗教冲突、跨国犯罪、经济和金融危机、能源安全等。非传统安全问题的凸显，反映了在安全威胁上发生的新变化。一是威胁的多元化。冷战时期，人们关注的重点是国家面临的军事威胁。但冷战后，特别是经济全球化的迅速发展，其负面效应带来了非传统安全问题的出现，使国家安全威胁逐步拓展到经济、科技、信息、生态、环境等各个方面。二是威胁的综合化。传统安全与非传统安全相互关联、相互作用，有时互为因果，造成了多重或复合威胁。三是威胁的复杂化。传统安全靠战争方式解决，现在非传统安全问题，要靠多种手段的结合，包括军事手段在内的多种途径、多国合作的方式来解决。安全问题上的不确定因素增多，使国家安全更加错综复杂。

另有作者认为，非传统战争主要有3种类型。所谓非传统战争，是指由非传统安全威胁所引发的战争，主要是非领土、主权安全领域引发的冲突与战争。从战争动因看，目前出现的非传统战争主要有以下3种：①反恐战争。即针对恐怖主义和恐怖活动而发动的战争。这一新的战争类型和概念出现于20世纪末。1998年8月15日，美国驻东非两个大使馆遭恐怖袭击后，德国《世界报》载文认为，反对西方的“非国家进行的战争”已经开始。“9·11”事件后，美国总统布什宣布恐怖袭击是“赤裸裸的战争行为”，并不惜一切代价“应战”。由此，恐怖活动不仅成为导致战争的直接动因，恐怖组织这种非传统意义上的战争对象，也成为国家军队的作战对手，反恐军事行动演化为反恐战争。②能源战争。即因能源安全问题而引发的战争。能源安全问题已成为关系国民经济发展和国家安全的重大战略问题，一些国家甚至不惜动用武力来保卫至关重要的能源供给。1990 年 8 月，伊拉克侵占科威特的行径直接威胁到美国及其西方盟国的石油安全。美国由此发动海湾战争。此后的阿富汗战争与伊拉克战争虽都打着“反恐”或“防止大规模杀伤性武器扩散”的旗号，但两场战争背后都隐藏着深刻的石油地缘政治背景。③水资源战争。即因水资源安全问题而引发的战争。水资源安全问题逐渐成为世人关注的焦点问题之一。特别是对于水资源匮乏的国家而言，水直接影响到国家的生存与发展，因此会不惜诉诸武力来捍卫水资源主权与安全。美国国防部的一份机密报告称，水曾是 1967 年第三次中东战争的重要诱因。非洲一些国家因尼罗河水问题，也潜伏着爆发冲突的危险。

（夏礼伯）

构建新世纪的国家的安全战略 一种观点认为，捍卫国家战略利益必须着眼于经济安全。中国确立以经济建设为中心的发展战略，经济安全当然也就成为国家安全的重点，具有相应的战略地位。它是国家安全的基础，是实现和确保国家军事安全、政治安全、社会安全、文化和科技等安全的物质前提。经济安全作为国家安全战略的重要组成部分，同样是具有完整指导思想和缜密方案的整体战略。从经济战略态势上讲，同西方大国打交道，在总体上中国处于弱势。以弱对强的较量首先要讲战略防御。经济上的战略防御，一是制定某些有根据的限制性措施，保护本国有战略意义的自然资源、国防科技、远程通信、知识产权和交通网等；二是增强国民经济体系中薄弱环节的抗外部打击能力；三是要有对付经济制裁的战略预置；四是造成犬牙交错的经济战场，在相互利益的牵制中求得安全保障。从更广泛的意义上看，经济安全还包括科技与信息安全、金融安全、能源安全、生态与环境安全、粮食安全、生物安全、基因安全以及产权保护、国际贸易规则、经济制裁，等等。这种属于非传统范畴的安全，其各个领域的划分并不是很严格，有交叉、包容的情况。例如，信息被控制，则所有安全都将受到威胁而受制于人；生态安全是国家安全的一项新内容，它比环境保护高一个层次，不仅是国家经济安全的环境支持，而且关乎民族生存的长远问题；粮食安全也有全面影响，对于有 13 亿人口的中国经济稳定具有特殊的战略意义。

强调经济安全，并不否认传统的安全因素。当前，要注重应对全方位的安全挑战，以国防为主导包括军事、政治和社会的传统安全仍是国家安全的支柱；以经济为中心包括科技与信息安全、金融安全、石油安全、生态与环境安全、粮食安全等非传统安全是国家安全的基石；文化安全是国家安全必须坚守的精神阵地。国家综合安全没有平时、战时之分，也没有前方、后方的界限，需要动员综合国力，建立包括危机预警、反应、评估、管理、保障在内的指挥控制与协调机制，并由国家立法，形成对国家安全体制机制和各要素的规范化。

另一种观点认为，应构建以发展综合国力为核心的国家安全战略。要坚持国家安全与国家发展的统一，全面把握安全与发展的辩证关系，谋求以政治安全、经济安全、军事安全为核心的综合安全。要发展以经济实力、科技实力、国防实力和民族凝聚力为标志的综合国力，增强国家战略能力。要建设符合中国国情并反映时代特征的现代化国防，形成国防建设和经济建设相互促进、协调发展的机制。要努力营造有利的国际安全环境，全面维护中国的国家安全和利益。

还有一种观点认为，应重视新安全观对国际安全和国家安全的影响。与冷战时期截然不同的新的安全观使大国关系呈现相互竞争与借重、制约与合作并存的态势。新安全观是在对传统安全反思、批判以及扬弃的过程中产生的。其主要观点是：在两极解体，世界进入多极化发展趋势的新的历史时期，国际安全已经不是单一的政治军事安全，而是包括经济、金融、贸易、信息、文化、环境等一系列问题在内的综合安全；许多问题用传统的观念和方法去解决逐渐失去效用，要求安全观必须加以扩展、转换和充实，强调用非军事手段解决安全问题；国际社会虽然没有克服无政府状态，但它逐步建立起许多协调机制，显现出争取和平与发展的强烈氛围；国际组织与国际法尽管尚无法与国内政府和法律相抗衡，但与过去相比得到进一步强化，更加有力；国际问题与国内问题联系越来越紧密，界限有时很难划清。这种新的安全观的产生，其时代背景和历史必然性，可以概括为 3 个方面：一是安全问题国际化，相关性趋势增强；二是安全因素多样化，复杂性趋势增强；三是安全利益多方化，互动性趋势增强。新安全观对 21 世纪初国际安全有重要影响：在安全内容上，转变以军事为主的传统安全观，经济安全愈益成为谋求国家安全的主题；在安全途径上，改变只从自身利益考虑的传统思维，合作安全愈益成为各国调整和构筑稳定可信的安全关系与国际安全格局的主流；在安全手段上，由重视单一军事手段到综合运用各种手段，联合国在维护国际安全中扮演更加重要的角色。当前，应积极倡导树立新的安全观。中国在 1999 年 3 月 26 日的日内瓦裁军谈判会议上正式提出的新安全观，坚持了以下原则：新的安全观要以和平共处五项原则为基础；要以各国不分大小、强弱一律平等为前提；反对冷战思维；主张安全应具有综合性和全球性；重视联合国和安理会在维护和平方面的首要责任；反对任何军事集团借口集体安全超越联合国和安理会而行事。倡导这一安全观，要坚持按照互信、互利、平等、合作的原则处理和解决国家间的安全问题。要动用综合手段和措施实现新世纪的国家安全。特别是要坚持经济建设与国防建设两手抓，一方面充分认识国家进步、经济发展是国家安全的第一需求；另一方面要充分发挥军事力量在维护国家安全中的基本保证和坚强后盾作用。

战略威慑的变化及其理论的发展 战略威慑已经成为当今国际军事斗争的重要内容。战略威慑，主要是指国家或政治集团之间通过显示武力或表示准备使用武力的决心，以期迫使对方不敢采取敌对行动或使行动升级，从而达成特定的战略目的。

战略威慑呈现出新特点、新趋势。一是战略威慑的常规化。冷战时期，核武器始终是战略威慑的核心。冷战后核威慑下的信息化战争，使得以核为后盾的常规威慑战略得以形成。信息化常规手段的高集成、高精度、高效能特点，使它的存在、显示和运用比传统的常规手段有更大的威慑力，在特定条件下甚至可以直接达成战略目的。二是威慑方式的实战化。常规力量尚难以产生出与核力量相同的恐惧效果，其威慑的可信度更多是通过实战显示出来的。冷战后多数常规威慑行动都与实战行动密切相关，单纯依靠军事力量的存在或显示达到政治目的的现象比较少见。三是威慑行动的全程化。传统的常规威慑主要强调战前威慑。信息化常规手段的可控性和灵活性，为在战争的全程根据战局发展和对手反应实施有针对性的威慑创造了条件。军事行动和战争全程持续威慑，慑中有战、战中有慑、慑战并举，始终力争以小的代价达成战略目的，是信息化条件下常规威慑的重要原则。同时，威慑与升级的联系更加紧密。四是威慑方式的多样化。冷战后，威胁来源的不确定性导致威慑对象的多元化，战略威慑正在由清晰转向模糊，复杂、分散和不明确的威慑对象取代了以往比较单一、集中和明确的威慑对象。威慑对象既可以是主权国家，也可以是某些政治组织；可能是大国、强国，也可能是弱国、小国。威慑对象的多元化必然带来威慑方式的多样化，新的威慑理念、方式和手段不断产生。主要西方大国积极调整威慑战略，在充分发挥传统威慑手段作用的同时，大力开发信息化常规威慑、太空威慑等新威慑资源，并注重运用政治、经济、科技、文化和谋略等多种手段达成威慑目的，将具有战略价值的目标作为威慑打击对象，形成整体威慑效应，力求夺取战略威慑新的制高点。

中国战略威慑理论的丰富和完善。一是根据国家总体战略明确战略威慑的基本目标。在立足打赢高技术局部战争的基础上，充分发挥战略威慑的作用，维护国家的根本利益，有效慑止或延缓战争爆发，力争20年战略机遇期的顺利实现，已成为今后一个时期中国战略威慑的基本目标。二是准确把握战略威慑运用的基本着眼点：要坚持核力量与常规力量“两手”都要硬；调动一切威慑资源用于威慑行动；采取积极主动的遏制行动；寓战略威慑于扎扎实实的战争准备之中；通过战略威慑制止或延缓战争爆发。三是有针对性地选择威慑的类型和样式。战略威慑，按事态发展的状态，可分为平时威慑和紧急威慑；按使用手段的性质，可分为军事威慑和非军事威慑；按军事力量的作用，可分为核威慑、常规威慑、信息威慑、空间威慑等。在维护国家主权和安全的斗争中，将面临不同对象、不同性质和不同强度的战争威胁。实施战略威慑，要根据不同的战争威胁，有针对性地选择威慑类型和样式，以获取最大的威慑效益。四是科学认识战略威慑能力及力量的构成。战略威慑能力决定于双方实力及其运用的对比。军事实力是战略威慑能力的主体和核心。中国特色的战略威慑力量，以国家综合实力为基础，包括有限而可信的核力量、适应信息化战争需要的常规力量、独立自主的航天技术力量、快速高效的后备力量及适应性强的战略性产业在内的现代人民战争的整体力量。

探讨海军发展战略 一种观点认为，必须重视海军由近海走向远海的战略转变。要抓住国家发展的重要战略机遇期，准确地把握海军快速发展时机，适时实现海军由近海走向远海的战略转变，这是历史的必然抉择。海军实现由近海走向远海的历史跨越，应遵循海军建设发展的客观规律，突出重点，协调发展。

另一种观点认为，应结合21世纪海上地缘战略关系的发展来思考海军的战略选择。中国地处地缘战略学家麦金德所称欧亚大陆边沿区的“内新月地带”，陆上地缘优势毋庸置疑。而中国海区虽南北贯通，四海相连，但进出大洋的通道被两条岛链所阻断，海上地缘战略态势处于半封闭状态。进入21世纪，中国海军必须面对海上周边、海上区域、全球海洋以及战略大空间做出战略选择。

国家陆地疆域与海上疆域的战略选择。对濒海国来说，陆地疆域和海上疆域的开发同样重要。而对于世界人口最多资源又相对匮乏的中国来说，海洋更是国家可持续发展的战略空间，是陆上资源的战略接替区。因此，海上疆域对于中国未来发展的意义更加深远。海军战略必须立足于保卫国家海上疆域，不仅要为捍卫国家海上主权发挥重要作用，而且要不断走向“蓝水海军”，扩大海上战略防御范围；要密切关注海上地缘战略关系变化，提高国家海上疆域的防卫作战能力。

近海区域与远海区域的战略选择。近海区域防御是国家海上安全的基本保证，远海区域防卫是国家长远利益的必要盾牌。海军的军种特性决定其使命不止于近海防御。未来海洋大国的海上力量具有对我实施大纵深、远距离打击的能力，海上安全威胁来自远海。这就要求海军将战略防御视野投向远海，发展外线作战的攻击力量，为国家利益长远发展竖起必要的盾牌。

世界海洋空间及战略大空间的战略选择。从地缘战略关系的构成要素看，人类活动的主要领域除陆地外，还包括世界海洋空间、大气空间和外层空间等战略大空间。其中外层空间对海上作战产生深刻影响。中国海军的战略选择必须走向世界大洋并放眼战略大空间。面对一个进入太空时代的世界，中国海军需要瞄准世界新军事变革的发展方向，积极推进中国特色的军事变革，以信息化主导机械化，加快实现信息化。同时更要超越传统的地缘概念，以更深远的目光关注空间技术和太空武器对海打击的发展动向，建设一支拥有相对空间优势的强大海军。为应付来自海洋方向的威胁，改善中国的海上地缘战略态势，为地区和平、进步与发展做出新贡献。（《中国军事科学》2004 年第1~6 期，《解放军报》、《中国国防报》2004 年 1~12 月）

（方涵江）

军事战略思维更新九大走向 高技术广泛应用于军事领域，推动军事战略思维在多方面发生巨大转变。

更新空间和时间观念。在战争空间上，要实行全维思考：既要有陆、海、空等空间战场的观念，又要具有外层空间战场的观念；既要具有物理空间战场的观念，又要具有电磁空间战场、网络空间战场的观念。在战争时间上，高技术战争通过战争能量的高强度释放，极大缩短了战争的时间进程。传统战略思维中那种“以空间换时间”的观念必须改变。

更新战争形态和作战样式观念。军事战略思维应从过去运用大规模机械化兵团及兵器进行的以高消耗、大规模摧毁为典型特征的机械化战争，转变到大量使用信息化武器装备运用相应的作战方法的高技术局部战争形态上来。作战方式的选择要紧紧围绕高度立体化的联合作战思考，主要作战样式和主要战争阶段的确定要紧紧围绕以中、远程精确打击为主要特征的空袭与反空袭思考，关键作战领域和作战行动要紧紧围绕以电子战为主要手段的信息战思考，同时要高度关注使用作战航天器在外层空间进行“天战”这种未来作战样式。

更新武器装备观念。高技术武器装备的运用已成为战略思维主体更为关注的重要问题。对于半机械化、机械化和信息化武器装备共存的军队，在继续发挥机械化、半机械化武器装备作用的同时，更要注意运用高技术武器装备特别是高技术战略武器达成战略目的，尤其应考虑如何发挥各军兵种精兵利器的作用、实施联合火力打击的问题。

更新作战目标观念。高技术局部战争的作战目标和打击重心已发生改变。军事战略思维对作战目标的选择必须首先投向敌方的指挥中枢、信息系统和信息能力，而消灭有生力量则置于次要地位。

更新作战实力评估观念。机械化战争那种仅以军队数量规模评价作战实力的观念已不合时宜。准确衡量军队的作战实力，应将其信息能力和作战体系结构的整体性作为重要标准，将包括预警监视、情报侦察和指挥自动化水平与能力在内的信息作战能力作为战力评估的首要标准。

更新集中兵力观念。信息技术导致一种武器装备或一个作战单位的作战能力的成倍增加。因此，集中兵力须由过去注重数量的集中转变为注重质量的集中。尤需强调火力的集中，既可通过必要的兵力集中达到火力集中的目的，也可在兵力分散配置的情况下达成火力集中的目的。

更新作战保障观念。高技术局部战争的高效能是以高消耗为代价的，为此，军事战略思维应及时改变传统的保障思路。保障手段要由传统的先行保障转变为同步保障和实时保障，保障体制要由过去的分散式、等级式和专业化的后勤转变为集中式、一体化和功能性的后勤。要运用信息化和自动化的手段改进后勤指挥管理，实行后勤保障管理体制的军民一体化。

更新军队编成与运用观念。要高度重视诸军兵种的合成运用，全方位地协调、发挥好各方面力量的优势，形成作战合力，达成战略目的。要善于运用信息化部队、特种作战部队，以收作战之奇效。同时也应看到，未来地面作战在许多情况下仍是夺取战争胜利的重要手段，陆军并未失去应有的作用。

更新人民战争观念。要适应高技术局部战争的特

点，在战争准备和实施过程中不断提高战争动员的科技含量，最大限度和最有成效地把人民群众中蕴藏的巨大力量特别是高技术力量发挥出来；要适应战场空间的扩大化和作战手段的多样化，大力拓展人民群众参与战争的范围和方式，把传统的人力、物力支援与技术、信息支援很好地结合起来；要适应未来战争时间进程短的特点，实现国防潜力的快速动员和向战争能力的快速转换；要充分利用信息网络指挥手段，更好地实现正规部队使用与后备力量成建制使用的结合、军队遂行的正规战与人民群众进行的非正规战的配合等。（李德义《谁在改变军事战略家的脑袋》，《中国国防报》2004 年 2 月 17 日）

（夏礼伯）

美国关于战争和战略问题研究　**美国对国家利益的界定及分类**　“国家利益”是美国对外军事干预的动因和依据。国家利益是客观的，但对国家利益的认识和界定却是主观的。美国对国家利益的界定取决于以总统为首的决策层的主观认识。美国国家利益委员会将国家利益依重要性分为“生死攸关的利益”、“极端重要的利益”、“重要的利益”和“次要的或第二位的利益”等四类，以美国政府能否“保护和促进美国人民在一个自由与安全的国度里的生存与福祉”（简称“保护福祉”）作为基本衡量标准。

生死攸关的利益是指“保护福祉”所必不可少的条件。包括：防止核、生、化武器攻击美国及其海外驻军；确保盟国的生存及其与美国在塑造国际体系方面积极合作；防止美国周边出现敌对的大国和衰败国家；确保主要全球系统的活力与稳定；与可能成为美国战略对手的国家（如中国与俄罗斯）建立符合美国国家利益的建设性关系。

极端重要的利益是指所需的条件一旦受到危害，会严重损害而非绝对危及“保护福祉”的能力。包括：防止任何地方使用核、生、化武器的威胁；防止大规模杀伤性武器及其投送系统的地区性扩散；促进世界接受国际法准则及以和平方式解决或处理纷争的机制；防止在重要地区出现地区霸权；促进美国盟友的繁荣，保护其免遭外来侵略；防止及尽可能以合理的代价结束重要地区的大规模冲突；在关键的军用技术尤其是在信息系统方面保持领先地位；防止美国边境出现难以控制的大规模移民潮；制止恐怖主义、跨国犯罪及毒品交易；防止种族灭绝。

重要的国家利益是指一旦所需的条件受到危害，会对“保护福祉”的能力产生很大的负面影响。包括：防止外国大规模侵犯人权的行为；尽可能在具有重要战略意义的国家里促进多元化、自由及民主；防止和尽可能以小的代价结束在战略次要地区发生的冲突；保护成为恐怖组织袭击目标或被掠为人质的美国公民的生命及安宁；缩小富国与穷国之间的经济差距；防止美国海外资产被国有化；提高关键战略产业与部门的国内产量；保持在国际信息传播方面的优势，以确保美国价值观继续积极影响他国文化；通过国际贸易与投资最大限度地提高美国的国民生产总值。

次要的或第二位的利益是重要的并为美国所渴求的，不过对于“保护福祉”的能力几乎没有直接的影响。包括：平衡双边贸易赤字；推进世界的民主化；扩大经济部门的出口等。

“9·11”事件发生后，美国明确提出防务战略必须维护三种永久性的国家利益。一是确保美国的安全和行动自由，包括：确保美国的主权、领土完整和自由，确保美国公民在国内外的安全，保护对美国至关重要的基础设施。二是履行国际义务，包括：保护盟国和友邦的安全与福祉，阻止敌对势力控制关键区域，尤其是欧洲、东北亚、东亚沿岸、中东以及西南亚，维护西半球的和平与稳定。三是促进经济繁荣，包括：维持全球经济的生命力和生产力，保护国际海域、空域、空间和通信线路的安全，确保获得重要市场和战略资源。（杨大志《美国国家利益的界定及对外军事干预》，《现代军事》2004 年 5 月号）

美国军事战略呈现 5 大趋势　布什连任美国总统后，美国军事战略在很大程度上保持连续性，并呈现以下 5 大趋势：

“本土防御”和“境外反恐”两手将更强硬，军事战略地位和作用会进一步提高。“9·11”事件后，美国军事防卫的重点由境外转变为境外和境内两头并重。布什政府以强硬的措施加强本土防御，如：设立一个内阁部长级的国家情报局长，掌控全国的情报机构；将安全开支提高到原来的 3 倍；签署《爱国法案》，加速研制和部署国家导弹防御系统；将军费开支猛增 1000 亿美元左右等等。同时，军事战略的现实目标转向国际恐怖主义以及拥有大规模杀伤性武器和支持恐怖主义的国家。美国军事战略新增加了“本土防御”和“境外反恐”的职能。这种变化直接反映了美国新保守派更加倚重武力实现国家安全的基本特征，也提高了军事战略在国家安全战略中的地位和作用。

新军事变革步伐加快，军事改革将更多体现制度化成果。2004 年上半年，美国制定的新《国防战略》和《国家军事战略》报告，对美军未来的改革和发展提出了明确目标。这表明“拉氏改革”的一些主要内容以重要文件的形式被确定下来，美军也将继续推动军事变革并沿着拉氏所确立的大方向走下去。这使得美军的改革可能更少带有个人色彩，而更多体现制度化的成果。

*“基于能力”的建军模式将继续深化，军事转型要大举加速推进。*根据美2004年《国防战略》报告，美国把以能力为基础的建军模式明确为“1-4-2-1”型。“1”是保护美国本土，“4”是在海外4个地区（欧洲、东北亚、东南亚沿海区和中东/西南亚）威慑敌对行动，“2”是在同时发生的2场战争中迅速击败敌人，“1”是至少在其中1场战争中取得决定性胜利。所谓“1-4-2-1”型就是指按以上指标来确定部队的结构和规模。为达此目标，美军不是通过扩军来增强实力，而是通过军事转型来实现部队战斗力的大幅提高，并通过转型与“反恐战争”相互促进。

*全球军事部署重心明显向亚太倾斜，未来美国基地将更趋前沿性、小型化。*美国在其《国防战略》报告中提出美军战略重心将逐渐转向亚太的长远战略动向，近期美军全球部署调整的重点也体现出向亚太地区倾斜的明显迹象。如美日军事同盟的加强，美军在西太平洋地区军事基地链的加紧构建、关岛的军事部署等，都反映出布什政府在欧洲形势相对稳定、亚太地区不确定因素增多的背景下，对亚太地区关注的大大加强。根据美国国防部的计划大纲，未来美军基地将向前沿化、小型化和灵活机动化方向发展。其基本方向是逐渐减少“永久性”的大型基地，增加“前沿作战据点”和更小型的“安全合作点”。

美新军事战略面临的内外压力可能增多，伊拉克局势走向为近期主要影响。“9·11”事件后，布什政府新军事战略的进攻性和冒险性逐渐显现。军事领域的单边主义十分突出。伊拉克战争是美国“先发制人”战略的第一次运用，但显然并不成功。美国目前实际上已经陷入伊拉克“泥潭”，并面临着来自国内外越来越强大的压力。伊拉克局势的持续动荡将使美军兵员与经费紧缺的问题更趋紧张，甚至会给美军下一步编制体制调整带来不利影响。

从总体上看，美国军事战略将受制于它的安全战略。布什政府在安全上的诸多矛盾，如保卫本土安全与境外扩张的矛盾、拓展美国战略纵深与危及其他大国利益的矛盾、战略目标过高与实际能力有限的矛盾、力量过于分散与资源相对不足的矛盾等，都将从根本上制约其军事战略的实施和进展。（孟祥青《“反恐论剑”后美国军事战略往哪走》，《中国国防报》2004年11月30日）

美国反扩散新战略主要有4个特点 从2002年12月美国政府颁布《应对大规模毁伤性武器的国家战略》及其反扩散的实践来看，美国反扩散新战略主要有以下几个特点：

指导思想是“先发制人”。布什政府认为“先发制人”战略的对象，主要是谋求大规模毁伤性武器的“无赖国家”和恐怖主义组织。在反扩散新战略中，进一步强调军队不可替代的作用，要求在敌人使用大规模毁伤性武器之前，以“先发制人”的打击将其摧毁，并以此对其他大规模毁伤性武器的谋取和使用行为形成有效威慑。

*重点内容是以反扩散为主实行“反、防、管”三位一体。*新战略强调在防扩散努力失败后，要有足够的阻止大规模毁伤性武器使用的反扩散能力。这就确立了反扩散在新战略中的主导地位。除了反扩散与防扩散的措施外，新战略还将应对大规模毁伤性武器使用的后果管理纳入其中，实现对扩散预防、扩散拦阻、扩散后使用的摧毁等全过程的监控，使防扩散、反扩散与后果管理趋于一体化。

*本质是追求自身的绝对安全和军备的绝对优势。*为防扩散，新战略多次强调要加强国际原子能机构、核供应集团等组织的作用，强化《不扩散核武器条约》、《禁止化学武器公约》、《禁止生物武器公约》和导弹技术控制制度的执行与核查措施，但美国自己仍以国家安全为由，拒绝有关设施检查条款对其具有适用性；同时还在反扩散措施中强调，要加强常规与核力量建设，在应对大规模毁伤性武器袭击威胁时可使用核武器。这表明，美国强化国际防扩散机制的目的主要是谋求限制别人，以追求自身绝对安全和保持军备上的绝对优势。

*首要目标是针对“无赖国家”和恐怖组织。*美国认为这些国家和组织不按国际规则办事，谋求发展大规模毁伤性武器，力图削弱美国常规军事力量的优势，或在不予警告的情况下对美国本土及在世界的驻军发动袭击。因此，消除这些国家政权和恐怖分子所构成的威胁，成为美国反扩散新战略的首要任务。同时，美国新战略也暴露出借此进一步限制中俄等潜在对手的企图，以谋求利于美国的战略力量对比。（綦大鹏《美国反扩散新战略及其影响》，《外国军事学术》2004年第3期）

美国国际问题专家评赖斯“暴政据点”说 美国华盛顿近东政策研究所研究员克劳森发表评论说，在赖斯新近提出“暴政据点”（也曾译作“暴政前哨”）说之前，曾出现过由伊拉克、伊朗和朝鲜组成的“邪恶轴心”，长期存在的 7 个“支持恐怖主义的国家”，以及已不再流行的“无赖国家”等说法。但赖斯显然是经过深思熟虑才提出这一说法和有关名单的。

面对包括白俄罗斯、缅甸、古巴、伊朗、朝鲜和津巴布韦在内的这一最新名单，克劳森认为：“这并不意味着美国明天就要去轰炸这些国家。”也不排除同这些国家达成“地缘战略交易”的可能性，甚至不排除同它们建立外交关系。但是，不会同它们缓和关系。这意味着，美国认为这些政权是不合法的，并将继续支持其反对派。

一位来自政府防卫机构的资深分析人士认为，美国的最终目标不是这 6 个“据点”，而是布什政府认为正在走下坡路的俄罗斯和美国今后最主要的对手中国。这位分析人士在提及缅甸和朝鲜时说：“如果能够改变这些国家，就会对中国产生重大影响，从而使它朝着更加民主、更加以市场为导向的方向前进。”（帕特里克·克劳森《从“邪恶轴心”到“暴政据点”》，英国《金融时报》2005 年 1 月 20 日）

美专家认为粘性实力是美国霸权的另一支柱　美国外交学会高级研究员米德指出，美国的军事力量和文化上的吸引力使得美国一直处在全球秩序的顶峰。但是这个霸权国家不能单靠枪炮和好莱坞电影生活。美国的经济政策和经济制度是“粘性实力”，正在把其他国家吸引到美国的体系中来，然后使它们陷入其中。在自由贸易和经济一体化上取得的进展，是 20 世纪美国外交政策的一个出人意料的巨大胜利。支持这一切活动的是美国向来自欧洲、日本和贫穷国家的商品开放市场的意愿，即使这种开放可能不是互惠的。这项政策是遏制共产主义的整个战略的一部分，它帮助巩固了世界各地对美国体系的支持。向外国竞争对手开放国内市场，在冷战期间是（而且将来仍然是）美国外交政策的一个最有争议的组成部分。面临着外国竞争的美国工人和企业激烈反对这种开放，更反对贸易逆差把美国变成了一个净国际债务国。然而，债券都是由富人和有权势的人购买的，他们在政府的稳定中获得了好处。政府的稳定保证了债券的价值。美国经济一旦崩溃，美元一旦破产，将不只是损害美国的繁荣，每一个国家的金融实力都将严重削弱。在这种情况下，债务将变成一种优势，而不是弱点，其他国家担心与美国决裂，因为需要它的市场和拥有它的证券。这就是地地道道的粘性实力。

粘性实力还有助于稳定伊拉克局势、有助于俄罗斯实行法治并防止美国和中国之间发生武装冲突。随着中国经济的发展及其在世界影响力的增大，一些分析家认为，中国的实力有朝一日将与占统治地位的美国实力发生冲突。而粘性实力将提供一条出路。中国将从参加美国的经济体系和使自己融入全球经济中获得好处。从 1970 年至 2003 年，中国国内生产总值从大约 1060 亿美元增长到 1.3 万亿美元以上。此外，中国正变得越来越多地既依靠进口，又依靠出口来保持其经济运转。美国同中国之间的对抗将会削弱中国的工业，并且中断其石油和其他主要商品的供应。然而，粘性实力将从两个方面起作用：或是中国经受不住与美国的战争，或是美国因与中国中断商业关系而经受越来越艰难的时期。在拥有大规模杀伤性武器的时代，这种相互依存对于双方来说都是有好处的。由于双方经济上的相互依存越来越深，因此，美国与中国之间“必然的”冲突将不大可能发生。

可见，粘性实力对于美国的霸权来说是重要的：它有助于防止战争，同时，如果战争爆发，它将帮助美国打赢战争。但是要想在这个世界上使用力量，就必须把各种实力合在一起。使硬实力、粘性实力和软实力共同起作用，来维持美国的霸权。（沃尔特·拉塞尔·米德《美国的粘性实力》，美国《外交政策》双月刊 3~4 月号）

日报评美调整东亚驻军的战略考虑　日本《朝日新闻》载文对美军重新调整及其重要意义作了如下 3 点分析：

驻日美军大大加强。美国重新部署基地及兵力，是为了对战略环境的变化立即作出反应。虽然美国主要的威胁对象来自被称作“不稳定弧”的地区，即从中东、非洲到东南亚的伊斯兰过激派的恐怖活动，以及大规模杀伤性武器的扩散以及一些危机四伏的国家。从长期来说也是针对亚洲的。因为亚洲将直接受到中国抬头的影响。美国提出：把设在华盛顿州的陆军第 1 军司令部迁移到日本的银座间；把设在东京横田的第 5 空军司令部合并到设在关岛的第 13 空军司令部；对冲绳普天间基地的迁移作重新调整等。

应对中国的潜在威胁。这次调整中，美国兰德公司提出研究报告《美国和亚洲》说，“短期内为防止中国对台湾行使武力，长期内为应付中国对地区的支配”，有必要使军事态势“向西南转移”，并提议“把关岛作为向亚洲全域施加美国军事影响的核心”。空军根据这个提案推进各项准备工作。把司令部合并到关岛，是想把它转移到朝鲜乃至中国的中程导弹射程之外。美政府高层官员说：“日本正在树立应付中国军事威胁的决心。”

重新建立日美同盟。重建日美同盟的基本考虑，首先是中国的问题。为台湾海峡的稳定，以及针对中国海军实力增强和向东海、太平洋的扩张，日本必须认真考虑西南岛屿的和平与稳定。对此，通过日美同盟，可以达到“健全的势力均衡”。中国目前还不是军事威胁，但是存在着安全上的风险。日美同盟将对此形成抑制力，而且是不声不响的抑制力。（船桥洋《美军重新调整是日本提高“同盟能力”的好机会》，《朝日新闻》2004 年 9 月 23 日）

（木　工）

从对台军售看美国战略思维的诡变性　2004 年，台湾当局提出超过 6000 亿台币的向美国军购预算，所购买武器的数量和质量都有大幅度的提升，明显加快了以武谋“独”的步伐。多年来，在对台军售问题上，美国一方面表示遵守中美 3 个联合公报，不支持“台湾独立”，另一方面借口依据《与台湾关系法》向台湾出售先进武器，不断向“台独”势力发出错误信号。究其实质，这还是美国一贯的战略思维的诡变性在作祟。美国战略制定的矛盾性几乎在其战略发展的各个阶段都有反映。独立战争后，美国反对欧洲列强对北美扩张，但也正是在这个时候，美国实现了大规模的领土扩张。在美西战争中，美国反对西班牙对拉美国家的殖民统治，但在打败西班牙后，美国又将原来由西班牙控制的古巴和菲律宾变为自己的殖民地。19 世纪末，美国在中国问题上提出了“门户开放”政策，但到 20 世纪初又与日本签订了《蓝辛-石井协定》。威尔逊在巴黎和会前大声疾呼民族自决，但在巴黎和会上却将在中国山东的特权从德国手中转交给日本。美国在日本入侵中国东三省后提出了“不承认主义”，但在珍珠港事件爆发之前，在经济和军事物资上却一直向日本提供大量援助。第二次世界大战前，美国反对德国法西斯，对战前的欧洲局势感到担忧，但却在相当一段时间内坚持中立原则，并按照《中立法》办事。冷战当中，美国在意识形态上反对苏联，表现出自己是最新生、最民主、最先进、最自由的国家，但在行动上却是最守旧、最反对改变现状、最痛恨新生力量兴起的国家。

美国在战略目标的确定上，也经常表现出矛盾性。它经常不能在经济和安全之间找到平衡点。美国强调经济，则寻求与其他国家发展合作；强调安全，则特别注意寻找敌人。冷战后，美国在对华政策上突出地表现出自我矛盾的特点。美国希望同中国发展经济关系以保持美国经济繁荣，但又把中国看做是最主要的战略竞争对手。美国人告诉中国政府，它只关心台湾问题的和平解决，但售台武器却不断攀升。在核武器问题上，美国的政策也是矛盾的。美国反对其他国家发展核武器，但在冷战期间一直与苏联进行核武器竞赛。美国担心一旦核武器失控，自己会遭到进攻，但它坚持建立导弹防御系统的直接结果是核军备竞赛升级。美国在与同盟的关系上，也经常出现前后矛盾的政策。它时常强调同盟关系的重要性，但对盟国政策又完全依美国的需要而定。美国离不开盟国的支持，却又经常出卖盟国的利益。

美国战略思维经常出现矛盾的原因有二：一是因为其战略思维本身上的矛盾决定的，如在道德与利益、经济与安全、对抗与合作、手段与目的等许多关系上，美国或因矛盾尖锐难以弥合，或因选择困难进退维谷。二是准确地讲，多数情况下，美国是有意为之，属于战略技巧的自觉运用，是战略目标明确而战略手段灵活的表现。此时，美国言语行动方面显露出的矛盾性甚至相悖性就是美国战略思维确定性的体现。所以，应该透过表象看本质，洞察其真实的战略意图。美国战略思维矛盾性的背后更多反映出的是美国战略思维的更本质的特点——灵活性、权变性和诡诈性。（许嘉《对台军售：解析美国战略思维的诡变性》，《中国国防报》2004 年 8 月 24 日）

（李明捷）

俄罗斯关于战争和战略问题研究　2004 年，军事理论界对俄罗斯关于现代局部战争和武装冲突的基本观点，有较为系统的研究。同时，对俄罗斯军事战略的基本框架、核战略等问题，也有一定深度的探讨。

现代战争剖析　20 世纪 90 年代后，战争出现了这样一些趋势：一是大规模战争的可能性在降低，原因是华约和北约的对抗已经成为历史；二是出现了新的地区力量中心；三是民族矛盾、领土矛盾、资源矛盾日趋尖锐。还有很多矛盾在加剧这种趋势，如地区军备竞赛、民族宗教矛盾激化、国家间信息对抗等，这些都将导致出现有限战争的可能性。

现代局部战争及其爆发原因。主要有：一国企图夺占另一国自然资源丰富的领土；谋求地区领导权；地区武装冲突升级；对有争议领土的主权要求；宗教分歧；在其他国家的同族居民被压迫等。

现代局部战争中可能的政治目的。局部战争和大规模战争的区别之一是双方对扩大战争的规模不感兴趣，在一定阶段将通过谈判或签订和约结束战争。对攻方来说，其政治目的通常是：夺占部分领土，通常是有争议的领土；重新联合同族居民；推翻和更换不合己意的政府和社会制度；夺占自然资源丰富的地区；

援助被侵占的国家。对守方而言，其政治目的通常是：抗击侵略，使侵略者从被占领土撤出；限制冲突，为在可接受条件下签署和约创造条件。另外，交战国人民对战争的态度也非常重要。如果人民从内心认识到战争的正义性的话，经常能帮助处于绝望状态的国家战胜比自己强大的敌人。

局部战争中可能的战略目的。攻方的战略目的是在粉碎敌前沿集团及接近的预备队的同时，己方部队前出到预先计划地区对其加以巩固，迫使对方接受条件。防御一方的战略目的是阻止敌侵入己方领土，在其占领部分领土的情况下，粉碎敌侵入集团，恢复国境线的原态势。

军事行动的规模和范围。一方通常由 1~2 个国家组成，在有限的地域内行动。俄军的观点是使用平时的武装力量，经过部分动员后能进行两场局部战争，并能抗击空（天）袭击。

局部战争可能持续的时间。局部战争的持续时间取决于双方的经济、军事、政治及精神力量消耗情况。以下 3 个规律会影响战争的持续时间：一是如双方不能在短期内达成预期目的，战争将会拖延，变成持久战，导致无法预判结果；二是通常由职业化军队实施进攻的一方（侵略者）以及具有较大优势的一方达成胜利，持续时间较短；三是持久战中的普通义务兵役制具有优势。

局部战争的特点。高度发达国家的利益和对抗对战争的进程和结局产生着重大影响；空中军事行动、信息对抗、航天系统对抗的作用越来越大。制空权的争夺在很大程度上决定着战争的进程和结局。双方都力求使用远程火力毁伤来达成战争目的，尽量避免陆军介入，准备和实施战争的费用大大增加。此外，战争将更加残酷；武器的杀伤力增强；物资消耗不断加大。

局部战争性质发展的趋势。未来局部战争的战略目的和任务仍将以传统的军事行动样式来达成和遂行；进犯一方力图预先隐蔽地准备入侵并展开军队集团，同时广泛进行信息机动；如果发达国家参加局部战争，地面部队在解决战略任务中的作用会大大降低，而空、海军，航空航天兵力兵器的作用在提高，同时将使用远程高新武器。

武装冲突剖析　武装冲突期间各方不转入特殊状态，即所谓的战争状态。

战争与武装冲突的区别。因为存在根本矛盾而具有明确的政治目的，战争中的敌人显而易见；战争中使用所有的斗争样式（经济、政治、信息、意识形态）；战争使国家整个武装力量或其大部分的状态发生质变，国家机构开始执行特殊使命，国家经济进行调整以便顺利实现军事目的；对于侵略者而言，战争可能有其特定的目的，而对于被侵略的一方，战争更多的是被迫和不可避免的，通常就是正义战争。

武装冲突的原因和最终政治目的有时难以看清；主要是以武器相对抗；武装冲突主旨是实现有限的政治和军事目的，其战斗行动通常由平时作战编成部队的一部分来实施；武装冲突一般是因不大的领土要求，民族、宗教矛盾或由基本矛盾派生出的其他矛盾诱发的；武装冲突中双方的目的、任务通常不十分明确，这种武装冲突可能被侵略者利用，以削弱对方的国防意识，破坏该国的意识形态。

武装事件是一种短时间的军事行动样式，可能是偶然的或预有组织的恶化国家之间关系的行动；武装行动是指在目的和规模上有限使用军事力量的单方面行动样式，经常被用作发动大规模战争的借口；边境冲突是武装冲突的一种特殊形式，是指邻国边防部队小股武装人员在边界的有限军事碰撞。

武装冲突爆发的原因及目的。主要原因：一国政治领导人企图（通常在其他国家支持下）破坏别国经济和稳定的局势；企图推翻邻国政治领导人；一国企图夺占另一国自然资源丰富的领土；种族、宗教或部族分歧。武装冲突可能的政治目的：一方是推翻别国现政治领导人；夺占部分有争议的领土；重新联合同族居民。另一方则是捍卫国家宪法制度和领土完整；限制冲突和为在可接受条件下签订和约制造条件；阻止武装冲突升级为局部战争。

在武装冲突中，对人员的损失更加敏感。如果说战争中人员的重大损失会激起民众对敌国的仇恨，那么在武装冲突中，人员损失会改变整个社会的舆论和局势。会使大部分民众站到与政府对立的立场上。大众传媒应使民众从心理和意识上做好武装冲突的准备。在武装冲突中，使用武装力量的目的是抗击敌武装入侵，粉碎敌参与冲突的集团，为尽早停止军事行动创造条件。通常使用常规武器，但也可能为了讹诈而威胁使用大规模杀伤武器。在国内武装冲突中，敌人即反宪法力量的军事政治目的是推翻国家最高军政领导人、夺取政权、建立独立的国家。

武装冲突的特点。主要有：受限制较大，如地域的限制、规模的限制等；应做好在丛林地和山林等特殊条件下作战的准备；各分队不得不单独行动，需要提高初级指挥员的指挥素质、职业素养和主动精神；指挥人员的减员较大，每 6 人中可能有 1 人是军官，

较战争中的指标要高出一倍。（[俄] 阿·杰尼丘克《局部战争和武装冲突的几个问题》，《外国军事学术》2004 年第 11 期）

俄军事战略的基本框架 俄罗斯的军事战略已大体形成轮廓比较清晰的基本框架，即：核遏制、独联体集体安全体系、战略机动和“先发制人”的思想。

核遏制是俄军事战略的基础。在俄国力衰退、常规力量受到大大削弱的情况下，惟有核武器能够可靠地保障俄的军事安全和大国地位。核遏制的主要指向是美国和北约。2004 年 2 月，俄举行了代号为“安全-2004”的核战略演习。时任武装力量第一副总参谋长的巴卢耶夫斯基上将明确指出，“华盛顿重新把核武器变为解决政治问题的工具。美国新的核武器学说中存在许多让人无法理解的地方。我们对此应有所反应。”

独联体集体安全体系是俄保持在苏联地区的传统影响及保障俄自身安全的重要措施。继 2003 年俄在吉尔吉斯斯坦建立空军基地之后，又于 2004 年 10 月将驻塔吉克斯坦的第 201 摩托化步兵师改组为军事基地。集体安全体系的最重要组成部分是一体化的联合防空体系。

战略机动是俄在军队大量裁减情况下采取的战略防御样式。即在大部分边境地区仅保留少量掩护部队，主力部署在国土纵深。俄军要求各军兵种、各军区都具备战略机动能力，一旦有事，可迅速向作战地区投送部队。

“先发制人”的反恐战略是俄对美国相同战略的回应与效仿。巴卢耶夫斯基上将说，俄准备采取一切行动对恐怖分子在全球任何地区的基地进行“先发制人”的打击。国防部长伊万诺夫指出，俄将保留对境内外恐怖分子的基地进行“先发制人”打击的权利，而且不向任何人发出警告。“先发制人”战略的主要指向是国际和国内的恐怖势力，但从俄对这一思想的一些诠释看，“先发制人”打击的适用范围较早先显著扩大：适用于各种类型的战争和军事行动；其行动地域不受限制；打击对象包括所有对俄构成直接威胁的外国军队和各种恐怖组织。（来斌《2004 年俄罗斯军事发展综述》，《外国军事学术》2004 年第 12 期）。

核战略调整的主要内容 一是核使用范围延伸，从“重点遏制地区冲突和局部战争”扩大到“遏制大规模恐怖活动”，既适用于核战争，也适用于常规战争；既适用于有核国家，也适用于无核国家。二是核威慑的目的明确，是为了防止战争，维护国家安定和周边地区的安全。三是核遏制手段多样化，由单一战略核遏制向战略核武器——战役战术核武器——大规模常规武器多重遏制转变，即核和非核手段的全面遏制。四是核威慑方式公开化，加大了宣传力度，提高了透明度。五是核使用对象趋于明朗，重新将美及北约确定为主要外部威胁。六是改变核打击方式，传统的核打击方式有核还击和核还击-迎击，新制定的有“先发制人”核突击和深度核还击方式。七是核运用的时机提前，即俄在世界重要地区的经济利益没有得到尊重、面临直接的军事威胁、邻国社会动荡影响到俄安全时就可以首先使用。（徐茂生《俄罗斯核战略及核力量建设动向》，《外国军事学术》2004 年第 7 期）

打赢两场战争的准备 2004 年俄军共进行方面军或舰队规模的联合演习 15 次，比 2003 年增加 30%以上。这些演习体现出俄军为同时打赢两场任何类型局部战争而进行的准备——作战理论与作战方法研究和探索的情况：

明确“两场战争”的对象与性质。在作战对象上，俄军设想“两场战争”的主要对象是国际和国内的恐怖组织、美国及其盟国；战争分别由国际和国内的恐怖组织同时挑起，或者分别由国际恐怖组织和美国及其盟国挑起。在作战性质上，将同时进行两场常规条件下的局部战争或同时进行一场常规战争和一场核战争。在作战方向上，战争可能在南高加索地区及东西部边境地区爆发。

进一步明确将战略核力量作为对美国及其盟国实施威慑与打击的主要手段。2 月中下旬举行的“安全—2004”演习是俄建军以来最大规模的核战略演习，演练了俄军战略核力量从陆地、空中和海上对“敌”实施全方位核打击，探索了战略核力量与航天兵实施联合战略进攻与防御的体制与方法。

将跨战区战略战役机动作为常规作战的主要样式。在信息化武器增多、线性作战减少、常规兵力有限的现实条件下，通过提高战略战役机动能力，远距离变更部署，迅速增加危险方向上兵力兵器的方式来打赢战争。

将低强度反游击战和高强度信息化作战作为战法研练的重点。俄军认真总结车臣反恐作战的经验教训，针对非法武装内外勾结、聚散无常、寻隙偷袭、凭险割据的特点，将反恐作战确定为一种以反游击战为重点的特种合同战役，重点研练了集中指挥、联合行动，封堵隔离、机动增援，立体攻击、务求全歼等战法，并将研练的成果很快运用到车臣剿匪实战中。在信息化作战方面，俄军借鉴美军在近几年局部战争中的经验，研练了太空光电侦察、战略导弹攻击、防区外精确打击、弹道导弹防御、巡航导弹拦截、航空母舰攻击、区域电子干扰等高技术信息化武器与“强敌”斗争的战法。

强化传统利益地区的军事存在 在俄罗斯的主导和推动下，独联体集体安全条约组织联合参谋部于2004年1月在莫斯科正式成立，其职能是保障成员国“在东欧、中亚和高加索地区的集体安全”。俄以北约东扩为名于7月上旬修订了《关于驻欧常规力量调整协议的联邦法》，强调“俄将保留在亚美尼亚、乌克兰、格鲁吉亚的军事基地”。俄投资2.19亿卢布将在吉尔吉斯斯坦坎特空军基地的规模扩大两倍，常驻兵力增加4倍。10月，俄将驻塔吉克斯坦的第201摩托化步兵师改组为第4军事基地，将“无限期”地驻扎该国。（《2004年俄罗斯军情回顾》，《国防知识报》2004年12月3日）。

俄罗斯当前奉行何种军事战略 一种观点认为，2003年10月俄国防部颁布的《俄联邦武装力量发展的紧迫任务》是指导俄军发展的“准新军事学说”。在该军事学说指导下，俄当前奉行的是“以核遏制为依托的机动战略”，“安全-2004”演习是俄新军事战略付诸实施的重要标志。另一种观点认为，目前俄罗斯在军事上推行的仍是“现实遏制”战略，是一种以“核”为主要遏制手段的战略。这种“现实遏制”军事战略，其实质就是“核遏制”战略或“加强核遏制”战略。（《外国军事学术》2004年第4、5、7期，《中国青年报》2004年12月11日）

（毛子成）

俄罗斯与独联体国家军事合作的战略指导 冷战结束后，随着地缘战略环境的不断恶化，俄罗斯日益重视与独联体国家的军事合作，以抗衡美国和北约东扩的压力，改善地区安全环境。

*坚持以维护国家安全利益为主旨。*俄罗斯认识到，面对北约东扩，必须大力加强与独联体国家的安全合作，使独联体成为能有效保证自己安全的屏障。为此，俄罗斯在军事合作的战略指导上确立了安全利益目标，即维护大国地位，摆脱地缘政治上的孤立；保持前苏联地区的战略平衡与稳定；积极影响及左右前苏联地区局势。

*强调以建立集体安全体系为战略目标。*俄罗斯开展与独联体国家军事合作的主要战略目标是：“以集体安全条约和双边协定为基础，建立独联体集体安全体系和防御联盟。”近年来，俄罗斯以集体安全为依托，在独联体地区已初步建立起集体安全体系的模式，即共同防止局部战争和武装冲突，共同抵御侵略，保证成员国的主权和领土完整；采取集体维和行动，建立联合军事指挥机构和联合快反部队等。

*坚持以俄为主导，以双边军事合作为主线。*俄认为，通过牢牢掌握军事合作中的主导权，可以有效地影响周边国家的政治倾向和外交方针，防止他们脱离莫斯科的影响，阻止一些国家奉行所谓实现地区“力量多元化”的政策。并认为，在解决独联体内部冲突、促使各方走向和解方面，俄罗斯可发挥举足轻重的作用。

*强调以集体安全条约（组织）为战略重心。*在战略利益上，俄罗斯一向视北约东扩为对地区安全和本国安全的最大威胁。因此，俄在战略指导上要求加强独联体集体安全，极力扩大俄罗斯的防御空间，增强抗衡北约东扩的实力，以摆脱在与美国等西方国家较量中势单力孤的不利处境。俄罗斯主导下的集体安全条约组织计划在独联体欧洲部分、中亚和高加索3个重点方向构建地区安全体系。

*重视以经济手段带动军事合作。*在与独联体国家的军事合作中，俄罗斯始终强调军事与经济的互动关系。一是通过经济合作谋取安全利益。俄认为，经济合作对于俄罗斯发展与独联体伙伴国双边军事合作关系，具有重要的牵引和带动作用。二是通过军事合作获取经济利益。俄罗斯强调，互惠互利的军事合作有益于经济的增长。此外，通过向独联体其他国家输出武器装备、相互使用军事基地和开展军事技术合作等，合作双方也会获取许多经济利益和安全利益。（张桂芬《俄罗斯与独联体国家军事合作的战略指导》，《外国军事学术》2005年第1期）

（韩长生）

日本关于战争及防务战略问题研究

2004年，日本通过“有事法制”七法案、新《防卫计划大纲》和《中期防卫力量整备计划》，公开渲染“周边威胁”，积极谋求扩大“国际和平合作”，大力推进导弹防御系统建设，继续向海外派兵等措施，使日本的防卫政策和防务战略发生了重大变化，充分暴露了日本“防卫”走向世界的军事图谋。

日本防卫政策出现重大调整 2004年1月9日，日本防卫厅长官石破茂发布命令，要求日本陆上自卫队先遣队30人前往伊拉克，协助维持治安和进行重建工作。就在2003年11月1日，日本首相小泉再次表示要修改宪法，使自卫队成为“名副其实的军队”。国际舆论认为，小泉的上述表态以及随后日本自卫队出兵伊拉克，已经预示着日本的防卫政策出现了重大调整。

“专守防卫”限制被突破。日本政府已决定从2004年度开始建立导弹防御系统。国际舆论认为，这违背了日本“专守防卫”政策。防卫厅长官石破茂和内阁官房长官福田康夫称，“专守防卫”并未对地理范围作限定，“当敌人为攻击我国而向导弹注入燃料时，即应视为发起了进攻”，“可以行使自卫权”。因此，从实际意义上来说，日本“专守防卫”战略已经是有名无实。

“和平宪法”根基发生动摇。2003年5月和11月，日本首相小泉两次扬言要修改宪法第九条“日本不保持战争力量”的规定，并要为自卫队正名——“自卫队就是军队，这是常识”。由于执政党坚决主张修改宪法、拥有合法军队，因此小泉首相试图改革“和平宪法”的步伐无疑会加快。日本借朝鲜核开发和导弹问题大造日本遭受朝鲜威胁舆论，并鼓吹为了对付朝鲜的导弹，日本必须提高自己的反导弹能力，企图借此造势，突破日本“和平宪法”中关于“禁止集体自卫”政策的限制。

“先发制人”意图显露。日本防卫政策专家认为，面对现代大规模杀伤性武器的复合式威胁，已容不得先忍受第一波打击再进行反击，因此日本应拥有攻击敌人基地的能力，对紧急非法侵害日本安全的敌人实施“先发制人”的打击。目前，日本大力发展技术化、超大型化和远洋化的先进武器装备，自卫队装备了空中预警机、空中加油机、“宙斯盾”导弹驱逐舰、军事侦察卫星等，从而进一步将其防卫力量由“本土防御型”向“海外攻击型”转变。日本防卫厅2003年发表的《防卫白皮书》表明，日本已把自卫队的防御重点从防止外敌登陆入侵转换到阻止外敌从空中和海上对日本发动攻击。国际问题专家指出，日本的安全保障政策将明显摆脱“专守防卫”和“建立基础防卫力量”的方针，以应对威胁为借口，进入不断充实力量并试图在世界舞台上发挥作用的新阶段。（丁增义《日本防卫政策出现重大调整》，《环球军事》2004年第2期）

日本调整安全战略的步伐明显加快 长期以来，日本右翼、鹰派势力一直致力于推动脱离“战后型”安全战略轨道的进程。进入21世纪以来，日本调整安全战略、走向“后‘战后型’”军事体制的步伐明显加快。

“宪法”和“条约”正在质变。“战后宪法”和《日美安全条约》，是为战后日本安全战略定位和定向的两大法律基础。对于日本安全战略而言，这两者是在理念上尖锐对立、在法理上互相矛盾、在功效上却又相辅相成的一个整体。如今，这两者正在由量变酝酿着一场质变。新宪法颁布以来，特别是重新崛起为经济大国以后，日本右翼、鹰派势力一直在试图摆脱“宪法第九条”的束缚，加速走向政治大国和军事大国；同时一直寻求把美国要求增加军事合作的“压力”变成“动力”，以“日美同盟应双向、对等”、“美国保卫日本，日本也要回报美国”等为理由，致力于在日美协定和国内法律两方面不断修正和改变《日美安全条约》的内涵，以图把“基地换安全”架构改换成“日美共同作战”体系。

“专守防卫”底线正被突破。日本右翼、鹰派势力主张抛弃“专守防卫”政策的逻辑有三：一是“普通国家论”，即主张日本只有发挥对外军事作用才算一个“普通国家”；二是“国际贡献论”，即提出日本作为经济大国也应对国际社会作“军事贡献”；三是“维护同盟论”，即称日本如不对美军的作战行动提供支援则将使日美同盟发生动摇。1995年，日本制定了新的《防卫计划大纲》。1997年的新《日美防卫合作指针》和1999年日本国会通过的《周边事态法》等3个“相关法案”，标志着日本向“对外干预型”安全战略迈出了决定性的一步。2001年“9·11事件”后，日本以“援美反恐”为名，在脱离“专守防卫”轨道、走向“海外派兵”方面迈出了实质性的一步。在地理范围上，日本已从“远东”走到“中东”，正在“海外派兵”的道路上越走越远。

“海外作战型”的军备体系呼之欲出。“专守防卫”政策的保障措施是“不拥有战略进攻性武器”和“不首先采取攻击性态势”。近年来，日本执政势力及其政府正积极推动改宪进程，并决定与美国共同研制战区导弹防御系统，宣布装备空中加油机、侦察卫星和航母型大型舰艇。一些政要不时呼吁进行核武装。日本每年投入的军费多年高居世界第二位，其武器装备正朝着先进化、大型化、远程化方向发展，其军事体制正朝着攻击型、外向型方向演变。（金熙德《从“专守防卫”走向“海外派兵”》，《外国军事学术》2004年第11期）

日本利用法律手段推进防卫政策调整 冷战结束以来，日本有计划地为军事力量的外向型发展奠定法理依据。

日本在法律上的一系列突破为防卫政策调整构筑了法律保障体系。1992年以来日本在相关法律方面所做的努力，可概括为“稳步推进，渐成体系”。1992年，日本提出“集体安全保障”的新概念，并强行通过了《联合国维持和平行动合作法》，突破了现行宪法不准向海外派兵的禁区。1999 年，日本通过了新的《日美防务合作指导方针》相关法。2001 年 11 月，小泉政府推动国会通过了《反恐特别措施法》等 3 项法案，使日本向海外派兵和采取军事行动发生了质的飞跃。2002 年 1 月，小泉政府又确定了包括《武力攻击事态法》在内的“有事法制”三法案，其核心内容是，在认定发生“武力攻击事态”的情况下，日本首相在认为必要时可自行决定派兵赴海外对付所谓“周边事态”。2004 年 6 月又通过了《支援美军行动措施法案》等“有事法制”七法案，使“有事法制”的范围大幅度拓宽，为日本的军事行动、特别是海外军事行动提供了比较充分的法律依据。日本深知法律是政策调整和实施的基础和保障，有条不紊地为其防卫政策的调整和军事力量的发展构筑起了牢固的法律保障体系。

*日本利用美国发动的战争和军事行动实现法律突破的手段十分明确。*美国在冷战后发动的几场战争中都对日本提出了合作要求，而日本则顺势实现了多次法律上的重大突破。2001 年阿富汗战争爆发后，日本不失时机地通过了《反恐怖特别措施法》等 3 项法案，使得日本军事行动的范围延伸到了印度洋。2003 年伊拉克战争爆发后，日本在一个多月的时间里，分两次通过了多项法案。此后，又借美国加强全球反恐及扩展军事行动而要求日本进一步配合的机会，连续通过了“有事法制”相关七法案。应当说，日本在美国的掩盖下，构筑了保障防卫政策实施和军事力量发展的法律平台。

*日本在法律上的突破与防卫政策的调整和军事发展已形成互动关系，双方相辅相成、交替推进。*日本通过法律上的突破推动其防卫政策的调整和军事发展，而防卫政策的调整和军事力量的不断发展也进一步刺激日本在法律上寻求新的突破。双方已形成了互动关系。1992 年“海外派兵法”的通过引发了一系列的后续效应。日美军事同盟关系的重新定位、日本军事力量逐渐向海外扩展、1995 年制定《防卫计划大纲》或多或少都受到其影响。1999 年，新“指针”相关法出台后，在其后的几年内，日本为实施海外军事干预、甚至是“先发制人”，构筑起了一个完整的法律体系。日本正加紧制定新的《防卫计划大纲》。新大纲出台后，必将进一步推动新法律的诞生，并将推动宪法的修改。与此同时，法律上的突破也刺激了日本军事力量的迅速发展。军事实力的大幅度提升使日本具备了赴海外实施军事干预的能力，而它又反过来推动了新一轮的法律突破。

*日本将会继续寻求以修宪为重点的更大法律突破。*由此将使防卫政策进一步调整，军事发展步伐全面加快。日本在法律上的全面突破已使日本现行宪法几乎变为一纸空文，对日本的海外军事行动失去了约束作用。加之日本首相已拥有不经国会就可决定向海外派兵的权力，导致日本海外军事行动出现“双失控”局面，即不仅失去了宪法的控制，而且还失去了国会的控制。尽管宪法已形同虚设，但为了彻底消除宪法的禁锢，日本仍在加紧修宪，并将在寻求其他法律突破上下功夫。同时，根据需要继续调整防卫政策。日本一旦完成修宪，军事力量的建设将全面增强，其性质也将发生根本变化，将以正式军队面世，担负双重任务：一是保卫国土；二是实施海外军事干预，以及对其认定的“威胁”实施“先发制人”的打击。（梁明《对日本利用法律手段推进防卫政策调整的思考》，《外国军事学术》2004 年第 11 期）

日本军事大国战略加速体制化　近年来日本军事大国化表现较多，但最能说明问题的乃是防卫立法的“突飞猛进”。日本国会几乎年年都要审议通过各种军事法规或修正案。截止到目前，日本已有近 10 部军事法规、近 20 部军事法规修正案生效，基本形成包括战争动员在内的防卫法规体系。防卫立法的节奏之快、效率之高，实属罕见。这些法规的快速出台既反映出军事大国化已成为日本国家战略体制的一部分，也说明日本各派右翼势力在军事大国战略上的一致性——绝大部分法案在国会都是以绝对多数通过的。而正是凭借这些法规，小泉才敢屡屡违逆民意，在伊拉克战争中坚持派兵海外。（段廷志《警惕日本加速右倾化》，《瞭望周刊》2004 年 11 月 8 日）

提出日本 21 世纪“综合安全保障战略”　2004 年 10 月 4 日，日本首相的私人咨询机构“安全保障与防卫力量恳谈会”，在召开了 13 次会议后，向小泉递交了一份长达 50 页的报告——《面向未来的安全保障与防卫力量构想》。该报告提出了日本 21 世纪的“综合安全保障战略”，通过采取日本自身的努力、与盟国和国际社会的合作等综合性手段，实现“保卫日本”和“改善国际安全环境”两大战略目标。并提出，要改变“基础防卫力量构想”，建设一支多机能而有弹性的防卫力量，使其能灵活、迅速、有效地对付各种新型威胁，在确保日本安全的同时，使日本自卫队在国际安全事务中发挥越来越大的作用，为实现政治大国目标增添筹码。（江新凤《日本安全战略面临全面调整——评安全保障与防卫力量恳谈会报告》，《日本学刊》2004 年第 6 期）

**“反导”和“反恐”将成为日本今后数年间防卫

主题 对日本的现行安全形势、军事实力、面临的机遇和挑战以及近年来的动作等各方面作详细分析之后不难发现，“反导”是日本在今后数年间的重中之重，而“反恐”只是日本走出国门、走向国际社会最好的借口而已。

参与美国主导的导弹防御计划是日本既定国策。2003 年 12 月，日本政府正式决定从 2004 年度开始建立导弹防御系统。按照防卫厅规划，日本的导弹防御系统分为两步建设。首先完善海上自卫队“宙斯盾”驱逐舰和航空自卫队导弹部队的拦截系统。该项目计划 2007 年完成。到 2011 年则建成包括远海、近海和本土的整个导弹防御系统。届时，日本将成为亚洲第一个具有全面拦截中程导弹能力的国家。

日本自卫队的任务发生了重大变化。按照新的防务发展规划，日本陆上自卫队未来要具有应付核、生、化作战的能力，海上自卫队要具有远海持久作战能力，航空自卫队要装备最先进的导弹拦截系统。日本自卫队的作战范围已由“本土”扩大到“周边”，从“周边”延伸到更远的地区。（薛焕松《暗流涌动——从〈2004 年防卫白皮书〉透视日本防卫新动向》，《环球军事》2004 年第 9 期上）

（罗学兵）

其他国家战争和战略问题研究

印度新军事战略出现 3 大转变 进入 21 世纪以后，印度及时推出新军事战略理论，并以此为指导，推进国防体制、武器装备和核打击能力等方面的全面变革。

从消极防御性军事战略向主动进攻性军事战略转变。新军事战略的核心是变消极防御为积极防御，强调主动出击，打“有限战争”，争取以较小的代价取得最佳的效果。为此，印度将打“有限战争”作为今后的主要作战形式，在军队建设上，主张以实力为后盾，巩固数量，提高质量。目前印三军总兵力为 117.3 万人，在世界上仅次于美国、中国和俄罗斯，排行第四。近年来，印军通过大幅增加国防预算，大力发展新式武器系统，从国外采购和仿制先进战机、舰船、导弹等各种装备，新建军兵种，改进军队编制，大力推进国防建设。在作战思想上，印军强调攻势作战、纵深作战和先发制人，要求从战争一开始，就充分利用广阔的战场空间，综合运用地面、空中、电子战等各种作战力量，发挥诸军兵种联合作战的威力，对敌全纵深实施立体攻击。印度还利用与美、俄、日等国的战略伙伴关系，加快核军备和军队现代化建设。另外，印度大打军事外交牌，除在政治、经济、外交、科技、文化等领域和世界其他各国加强合作与交流（如不定期与法、澳、新、马、越、韩、印尼等国举行联合海上军事演习）外，还通过与美、俄的军事合作来展示自己的大国形象，对邻国乃至世界施加影响。2003 年 8 月初，印度又通过在塔吉克斯坦建立永久性军事基地——阿伊尼军事基地，把军事存在扩展到中亚。

从陆上战略向海洋战略转变。印度除继续在陆上领土争议地区对中国和巴基斯坦保持军事优势外，其战略重心逐步向印度洋转移，加紧控制从阿拉伯海到南中国海之间的海域，坚持不允许外国干涉南亚和印度洋事务的政策，特别是中国同印度邻国发展军事关系。印度借 1998 年组建远东海军司令部之机，将其势力扩大到南中国海。此后，印度又提出将其专属经济区扩大到 200 海里以外，并加紧在马德拉斯、卡尔瓦尔等地修建海军基地，在安达曼群岛修建机场，并组建海上特种部队。到目前为止，印海军已形成一支以航空母舰为核心，以大、中型水面舰只为主体，辅以小型快速导弹艇的中等规模的区域性海上力量，取得了在印度洋的局部海上优势和对孟加拉湾的制海权。

从常规战略向核战略转变。印度把核武器视为重要的政治力量。其发展核武器除了有谋求大国地位的政治目的外，还旨在对中国形成所谓“核对称”，与中国进行军事抗衡；保持对巴的核威慑优势，以加强和巩固对南亚次大陆的控制权。为了进一步增强核威慑，印度政府还出台了新的核政策，一方面重申不首先使用核武器，不对无核国家使用核武器，另一方面又坚持拥有最低限度的核威慑，有权在遭受核生化攻击时进行核报复。印度目前正在努力构筑以陆基核打击力量为主体、以空中核打击力量和海基核打击力量为辅的“三位一体”的核打击力量体系，加快核武器实战化的进程和步伐；加紧核武器运载工具和核武器小型化的研制与开发；组建战略核部队，建立核力量指挥与控制体系。印度于 2003 年 1 月正式建立战略部队司令部，是印度成为核大国的象征性步骤之一。（李慎伦、蔡杰超《印度新军事战略的 3 大转变》，《外国军事学术》2004 年第 7 期）

印度军队实施“东向战略” 印度前总理拉奥于 20 世纪 90 年代初提出的东进东南亚和东亚的“东向战略”，历经几届政府推动，现已发展到一个新阶段，并显现出如下特点：

战略触角东伸前移。目前印度已同新加坡、马来西亚、泰国、老挝和越南等国签署多项防务协议。上述协议使印度首次将“东向”触角前伸到南中国海。近年来印度和越南军事合作取得实质性进展，具体表现为：合作进行周边国家军队战术方面的研究，印度协助越南改造军舰舰体、帮助越南对约 200 架米格-21 型歼击机进行技术改进等，越南甚至将印度列入其购买苏-27 型和苏-30 型战斗机的考虑对象。

频繁出访结盟友。近年来，印度海军频繁派出舰艇与印尼、马来西亚、新加坡等国海军合作，在马六甲海峡附近海域进行巡逻及打击海盗等活动。

联合军演再升温。印度根据与部分东盟国家签署的防务合作协议，几乎每年都举行各种联合演习，且演习次数逐年增多、规模也不断扩大。2003 年 3 月，印度和新加坡海军在科钦岸外海举行了代号为“反潜行动”的联合军演。同年 2 月，印度海军举行了代号为“米兰—2003”的海上军事演习，东盟国家马来西亚、缅甸、泰国和新加坡 4 国均应邀派海军部队参加军演。同年 9 月，印度海军两艘军舰抵达缅甸港口，与缅海军举行了为期 4 天的联合演习，这是 20 年来双方海军首次举行的联合军演。

反恐合作更广泛。近年来，印度高层政要在各种场合多次表示，印度方面将加强同东盟国家的反恐合作。泰国同意与印度成立反恐合作委员会，就反恐等国家安全事务方面的情报进行定期和不定期的交流。目前，印度已与新加坡、老挝等国就加强反恐情报交流、建立区域安全保卫体系达成共识。此外，印度与缅甸还就打击两国边境反政府武装及贩毒的问题达成一致，缅甸方面表示愿提供全力合作。（梁军、李欣仁《透视印度“东向战略”》，《解放军报》2004 年 6 月 23 日）

法国调整核战略思维 面对当前复杂纷繁的国际形势，法国核战略思维正显现出如下一些变化和调整。

针对“地区势力”的威胁，突出核政策的灵活性和实用性。针对世界军事战略格局的巨大变化，法国认为核战略中的一些原则也应进行适当修改，比如核力量的发展方向和战斗使用条件等。一些军事专家认为，在现代条件下，法国核力量不仅应成为遏制那些核潜力超过法国的敌人的手段，而且应成为对拥有并“可能对法国使用”大规模毁伤武器的国家进行威慑的手段。为此，必须更加灵活地使用核武器。遏制应建立在精确毁伤的基础上，而不应形成核打击的相互威胁。根据这一调整，法国可能会在面对拥有大规模杀伤性武器国家的威胁时“先发制人”。

核武器应作为一种防御手段，而不仅是报复手段。法国政府认为，面对世界范围内的恐怖主义、“地区势力”、武器扩散等问题，核战略不仅仅只作为一种报复手段，还应成为慑止敌人侵害法国“至关重要利益”的防御手段。要让敌人明白，只要将法国的“至关重要利益”作为打击目标，就会给自己带来“无法接受的损失”。

面对多样化的安全挑战，扩大“至关重要利益”的范围。法国政府把核武器视为安全的最后屏障，认为使用核武器的政治目的在于保卫法国“至关重要利益”。虽然“至关重要利益”的概念模糊有利于威慑，但种种迹象表明法国已经将其范围扩大化了。法国政府将其最“核心”的至关重要利益定义为：“包括大陆和海外设施和领土在内的国家领土的完整，国家主权的独立，以及人民的生命财产安全”。其中“主权”一词，不只限于领土范围，而且还包括政治性、经济性的，因而是多种多样的。

强调共同安全，加强欧洲核领域方面的合作。法国认为，尽管在新的战略环境里，核威慑力量是维护法国主权、独立行使防务的有力保证，核威慑对维护法国的“至关重要利益”具有不可替代的重要作用，但法国的核威慑仍应在欧洲防务安全中扮演一个潜在的角色。为此，法总统希拉克申明法国使用核武器的任何决定“都会很自然地考虑到增强欧盟国家间团结”。当欧洲发生武装冲突时，法国的战略核力量要与同样拥有核力量的美国和英国联合作战。

确保威慑的有效性，谋求发展导弹防御系统。法国为保证有限核威慑战略的有效性，一方面不断更新和改造核武器，迎接新技术的挑战；另一方面则强调导弹防御系统的重要性，并谋求构建维护自身和盟友安全的导弹防御系统。（王连平、彭涛《法国核政策酝酿重大调整》，《外国军事学术》2004 年第 10 期）

德国一研究机构认为当前国家间领土之战正在消失 德国海德堡国际冲突研究所在其年度调查报告“2004 年冲突晴雨表”中指出，全球暴力冲突数量没有增加，战争数量大幅下降。该报告称，国家权力之争是最常见的冲突动因，其次是意识形态利益。2004 年爆发的 87 场暴力冲突中的 36 场严重暴力冲突无一发生在国家间。为此，该研究所研究员尼古拉斯·施万克认为：“国家间争夺领土的战争正在消失”。今天人们看到的是因团体分裂或争夺地方统治权而爆发的国家内部冲突。冲突各方在这类战争和严重的危机中大都使用轻武器，攻击平民的行为经常出现。国家在冲突中仍然扮演角色，因为许多国家支持反叛组织。

据该研究所统计，严重暴力冲突的数量 1945 年到 2001 年间一直在增加，从 2001 年到 2003 年有所下降，现在已保持稳定。爆发了两场战争和 11 场严重危机的非洲是最危险的大陆，亚洲和大洋洲紧随其后。（海德堡国际冲突研究所《2004 年的战争少于往年》，德国

《南德意志报》2004年12月14日）

西报载文认为现代战争根源依旧是经济 今天，已经没有人怀疑，经济在很大程度上是军事冲突的决定性因素。甚至可以说，战争本身就是一种经济活动，它需要巨额投资、大量的劳动力、先进的工业技术和长期的资金投入等。

战争不是即兴之作，需要精心的计划，需要经济的特殊管理和巨大的物质资源，以确保胜利。战争总是同通货膨胀相伴而生，因为战争意味着工业需求的增长，导致产品价格的上涨。为战争付出的代价极高是可想而知的。例如，威廉斯·诺德豪斯最近估计，仅导致石油价格上涨一项，伊拉克战争付出的代价就达7800亿美元。

过去，在谈到战争和经济的关系时，所指的是计算各种费用并对其加以比较。但现在，战争的性质发生了变化，战争和经济的关系也在改变。首先，现代战争的影响已不是仅仅或主要局限于军事领域，而是波及到民间社会、普通人和与军事目的没有直接关系的基础设施。今天，战争对经济在各方面的破坏，比以往任何时候都严重。另外，当代战争几乎具有现代社会现象的所有特点。战争也实现了全球化，造成破坏和影响的范围更大，不仅仅局限于某些地区和社会阶层。

今天，不管是否宣战，武装冲突都是国际上的主要事件，造成一种持久的不安全和不稳定、破坏性和危险的气氛，以新的和更具毁灭性的方式影响经济关系。是强国建立的经济秩序导致了巨大的不平等现象、不必要的痛苦、可怕的不均衡和不公正，引起了人们的仇恨、收复权利的愿望，燃起了复仇的热望，从而造成了暴力局面。

经济强国通过装备精良和资金充足的军队维护权力，这绝不是偶然的。这种差距导致世界经济通过一种引力效应运转，致使资金总是流向最富有的国家。这种效应是对强国有利的不公正的国际准则和强行实施的政策造成的后果。这导致了令人难以置信的怪事：世界上最贫穷的国家通过偿还债务，资本外流或利润汇出，为最富有的国家提供资金。每年从贫穷国家流出的资金，远远超过所获得的援助。

美国以发布其他国家必须遵循的决定和经济规则的中心自居。美国人口占世界的5%，但却消费了世界上近50%的石油，占有世界近一半的财富，并建立了帝国的统治。但世界其他国家并不愿接受这种统治，因为它造成的是不公正现象、痛苦、贫困和日益加剧的不平等，以及世界的不均衡：1%的最富有人口享有57%的收入，而80%的最贫穷人口仅占有16%的财富。正是这种状况导致了大范围的暴力局面。

无论如何，仅消灭某个国家假想的敌人是不能战胜暴力的，只有建立和平，才能战胜暴力。和平的建立需要另一种经济关系。这种经济关系应该建立在平等基础之上，能够根除贫困，能够为满足全人类的需求而分派资金。（《战争经济，争取和平的经济》，西班牙《起义报》2004年9月27日）

欧盟首次提出的安全战略的特点 伊拉克战争后，欧盟出台的第一部《共同安全战略》纲要，提出了第一个欧盟战略，并显示出以下特点：

*具有一定的纲领性和指导性。*该纲要是欧盟在加紧制定欧盟宪法、规划欧盟前途的关键时机在安全领域采取的重要举措。其目的是弥补防务一体化方面的不足，尽快使防务一体化进程与经济、政治一体化进程同步。该纲领首次提出了欧盟统一的战略，并站在一个完整的、统一的国际行为主体的全局高度提出了未来的战略目标与方针，这对于欧盟未来的发展，特别是对于未来防务一体化进程具有重要的指导意义。

*具有明显的进攻性和一定的冒险性。*尽管该纲要强调欧盟的战略主要是为了防范恐怖袭击和应对“多元”、“隐蔽”和“难以预测”的新威胁，但由于它主张通过先行介入和先发制人的方式解决问题，并且是基于实力的基础之上，只要欧盟认为有“威胁”，它就可以随时采取行动和主动出击。特别是当欧盟与北约“并肩”和“联合”采取行动时，这种战略就更具进攻性和冒险性。

*具有隐藏的脆弱性。*首先，欧盟不断扩大本身就埋下了内部不和的种子。欧盟由原先的6个成员国扩大到目前的25个，但在“壮大”的表象背后却隐藏着矛盾与分歧。其次，欧洲文明的多样性所衍生出的传统与宗教的差异性决定了欧盟不可能一下子形成真正的统一的安全理念和战略。由于欧洲文明或多或少地保留有古代各种文明的影子，并在宗教上存在新教、旧教和东正教之分，加之近代以来各种战争和冲突所造成的恩恩怨怨，这就使欧洲各民族和各国家之间总是隐隐约约地存在着一些隔阂和潜在的矛盾。这就是目前欧洲各国，尤其是各大国谁也不服谁的根本原因之所在。而这种原因是深层次的，影响也是深远的。（吴学永《从松散论坛向防务一体化迈进》，《外国军事学术》2004年第6期）

（木　工）

局部战争研究

伊拉克战争研究　从伊拉克战争看美军转型的成果　伊拉克战争中，美英联军作战获胜的原因很多，但美国近年来大力推进的军事转型无疑是最重要的原因。战争表明美国的军事转型取得了一定的成果。

形成了新的作战理论。美军在转型过程中非常重视作战理论的创新。在近几场局部战争中，美军可以说是实现了“一场战争一种理论”。在伊拉克战争中，美军基本贯彻了“快速决定性作战”的思想。在战前及战争进行过程中，美军综合利用多种先进的侦察手段，对伊拉克境内的目标、伊军队的部署和调动情况进行实时探测和侦察，全面了解战场态势，基本实现了战场的“单向透明”，为实施作战行动准备了充分的条件。同时，通过战场的网络化指挥与控制，美军几乎做到了实时决策，从而大大提高了行动速度。伊拉克战争结束后，美军必然对“快速决定性作战”等理论做进一步的修改和完善，使之发展成指导美军实施军队转型的基本理论，继续保持在军事变革理论创新中的“领头羊”地位。另外，美军在发展联合作战理论时，也注意汲取各军种作战理论的精华。

进一步发展了联合作战。美军在近几场局部战争中，作战的联合性一次比一次增强。海湾战争的作战方式是各军兵种自成体系的专业式联合作战；科索沃战争和阿富汗战争的作战方式是各军种减少磨擦、作战能力互补的协作式联合作战；而伊拉克战争已经发展到内聚式联合作战，即改变以往联合的关注点集中在协调行动和解决互通性问题上的做法，强调从联合部队组建之时起，联合作战的组织计划和行动实施都必须是一体化的，不再为军种部队或职能部队分散精力，而将指挥机构的注意力集中到作战行动和预期达到的效果上来。在伊拉克战争中，美军没有像海湾战争中那样设立独立的军种司令部，而是由中央总部联合指挥中心统一指挥各军种的部队。美军指挥官只关注打击的效果，而并不关心实施打击的是哪个军种的部队。这种内聚式联合作战，可以对各个军种的力量进行最优化组合，最大限度地发挥各个军种的作战优势，产生最佳的作战效果。

研发了新型武器装备。美军在转型中重点发展信息武器、精确制导武器、天基系统、无人系统等新型武器装备，这些武器系统在伊拉克战争中均发挥了重要作用。这场战争必将促使美军在转型过程中继续致力于发展新型武器装备。不过，战争中伊军利用 GPS 干扰器对美军的 GPS 系统进行干扰，使一些导弹偏离目标，也使美军认识到高技术武器装备并非万能的，它们也存在一些可以被利用的弱点。这恐怕是美军在今后的行动中不得不引起重视的。

实现了部队结构的改变。进入 21 世纪后，美军转型已进入体制转型阶段，其结构调整的主要目标是建设一支小型、机动、多能的军队。为此，三军均提出了各自的编制体制改革计划。陆军提出按照传统部队、过渡部队和目标部队 3 条路线实现转型；海军在转型中提出了“海上打击、海上盾牌、海上基地”的概念；空军以“全球警戒、全球到达和全球力量”战略为指导，目前已编组了 10 支航空航天远征部队、2 支航空航天远征联队和 1 支机动支援部队。伊拉克战争中美军的速胜，与其部队结构的转型密不可分。不难看出，战争胜负的筹码，已经不在于数量，而主要是看质量。小型、机动、多能的部队为数虽少，作战效果却大大提高。战争过后，美国政府在总结经验时明确宣称，美军在伊拉克取得的闪电式的胜利证明，将美军转变为“更精干、更轻便”的部队的计划是正确的。今后，美军在作战编成上将进一步实现不同作战单元的集约和力量的集成，军种鸿沟的制约将进一步减少。（刘琳《从伊拉克战争看美军转型的成果》，《外国军事学术》2004 年第 6 期）

美军空袭平台的作战运用　美军空袭平台是指构成美军空袭作战基础的空袭基地、航空母舰战斗群和空袭弹药的载体——空袭飞机，它们是美军空袭的“阵地”和“射手”。其成功运用是美军迅速取得伊拉克战争胜利的重要因素之一。

空袭基地的运用。伊拉克战争中，美军使用的空袭基地有 40~50 个，呈三线配置，对巴格达形成层层包围。①一线基地配置战术飞机，谋求作战效能的最大程度发挥。一线基地设在伊拉克周边的海湾国家。为尽可能多地发挥飞机的战斗效能并确保安全，这些基地根据飞机的性能、基本任务以及基地的情况（主要是距离和设施）来配置飞机。②二线基地部署战略、

战术飞机，注重使用的灵活性。二线基地主要在欧洲。这些基地的飞机在使用中的主要特点：一是在飞行过程中，与配置在战区附近的护航、支援和保障飞机组成编队，对战区的目标实施攻击；二是单独突防攻击。③三线基地驻扎战略轰炸机，强调任务的特殊、重要性。三线基地在美国本土。这些基地的飞机通常只被用于执行一些特殊而重要的任务，对决定战争进程的核心目标（如领导机构、萨达姆住宅）实施打击。

航母战斗群的运用。伊拉克战争中，美军投入的航母战斗群计有6个。分别部署在波斯湾、红海和东地中海地区，从东南、西南和西面3个方向对伊拉克形成包围。作战使用中有以下特点：①先发制人，首夺制空权。首先发起对对方机场、地地导弹阵地、指挥所、通信枢纽、雷达站、地空导弹阵地和高炮阵地等目标的空中突击，通过攻势作战，歼灭对方起飞还击的歼击机。②全纵深攻击，实施战略轰炸。航母战斗群多用于突击沿海及浅近纵深的目标，如战略指挥与通信中心、核生化武器生产储存设施、重要工业目标、中远程地空导弹阵地和仓库设施等。③快速反应，进行空中支援。实施航空火力准备，对地面部队进行空中支援，是美航母战斗群支援登陆和岸上作战时的重要任务。伊拉克战争中，美军舰载机曾多次执行空中遮断和支援任务。

空袭飞机的运用。美军在伊拉克战争中投入的空袭飞机基本上与科索沃战争期间使用的相同。①战略轰炸机兼具战略和战术任务，远程奔袭、纵深打击。其攻击的战术目标通常包括敌重兵集团、兵力集结地域以及坦克、导弹、火炮等。使用特点：一是多为两机或四机编队，起飞间隔为一分钟；二是使用多条航线，但轰炸后一般沿原航线返航；三是进入战区后有战斗机护航；四是依赖多种手段的电子掩护。②隐形战斗轰炸机打头阵，做开路先锋，先机制敌。美国空军强调首战使用精兵，通常用巡航导弹和F-117隐形战斗轰炸机发动首次攻击。在伊拉克战争中也不例外。F-117隐形战斗轰炸机的具体运用有以下特点：一是突击主要目标；二是利用夜暗和不良气候作掩护，实施突击；三是无需电子干扰机配合，单独作战；四是小编队中低空出航，低空攻击。③攻击机和武装直升机密切协同，伴随攻击，全程火力掩护。攻击机和武装直升机主要用于从低空、超低空突击敌战役战术浅近纵深内的小型目标，直接支援地面部队作战。在对地面目标实施连续突击时，战斗队形分成几个梯队。如第一梯队由数架效用观察直升机组成，对敌防空阵地和目标进行侦察；第二梯队由攻击直升机群组成，从低空对目标实施第一次攻击；第三梯队是数个双机编队组成的攻击机群，从低空、超低空攻击坦克、装甲目标。对同一目标区实施突击时，攻击机和武装直升机分别从不同方向、高度进入目标，首先攻击防空兵器，而后再对坦克等目标进行攻击。（李永波、武文军《伊拉克战争中美军空袭平台的运用》，《外国军事学术》2004年第8期）

美军无人机的战术运用 在伊拉克战争的第一周，巴士拉附近的一支美国海军陆战队侦察小分队报告说，他们被敌军包围，需要增援。进入这个地区的最快方式是乘直升机，但有关部队对附近的地形不熟悉。于是该部队紧急请求，派遣U-2高空侦察机和“捕食者”无人侦察机寻找可能的机降区。在5000英里之外的弗吉尼亚利空军基地，美国空军上尉鲍勃·莱昂斯很快完成了这一任务。2小时后，增援部队已启程飞往机降区。

以上情形表明，伊拉克战争中出现了一种新的作战概念：“捕食者”等无人侦察机的操纵人员与图像分析人员可留在原基地，而不随无人机部署到作战地区。这样做，减少了后勤保障的负担。由于这些人员及相应的装备不必运往前线，可在战区减少提供运输、食宿和安全保障的部队的数量。更重要的意义在于，这样可以更好地为战区提供情报支援。分散配置情报支持网络，似乎有助于显著地缩短“杀伤链”，也就是说，缩短从发现目标到摧毁目标所需要的时间。在伊拉克战争中，完成这一周期平均需要大约45分钟，是阿富汗战争的一半。阿富汗战争中，目标数据从传感器传至射击者常常需要花费数小时或数天时间。2002年5月，空中作战司令部司令就批准了“捕食者”无人机部队的“远程异地操纵”概念。这使数架“捕食者”无人机运往海湾时，大约有一半的机组人员留在了原基地。然而，这并未限制他们在战争中的作用。伊拉克战争中，一位“捕食者”无人机飞行员从美国本土控制无人机，向伊拉克境内的一个目标发射了一枚“海尔法”导弹——从某种意义上讲，堪称有史以来距离最远的打击之一。

操纵“全球鹰”高空无人机的部队也改变了战术。在伊拉克战争中，很大一部分人员留在了国内，将更多的时间用在了核心工作上。但这仍不能解决人手不足的问题。例如，在伊拉克上空飞行的“全球鹰”，每天能拍摄数千张照片，但它只拍摄了数百张，因为没有足够的地面分析人员去整理和分析更多的照片。

有些操纵人员担心，远程情报支援能否在需要时如期到达。伊拉克战争的经历似乎让他们放了心。长期以来，情报不足一直是空中作战的一个制约因素。伊拉克战争似乎是一个转折点。尽管有些情报很难得到，但在有些情况下，出现了情报过量的现象。伊拉克战争中的这种成功，将为更远程的操纵铺平道路。有关人员正在致力于开发更先进的软件和其他工具，使图像分析和其他耗时任务自动化，从而使来自遥远后方的情报支援更快捷。计划人员展望到那一天，空军能够在美国运行整个的空中作战中心，因此遂行整个的空中作战。（[美] 理查德·纽曼《遥控战争——伊拉克战争中美军无人机的战术运用》，《外国军事学术》2004 年第 1 期）

美军侦察情报手段的运用　美军在伊拉克战争中特别重视并成功地运用了各种侦察情报手段，很大程度上代表了世界新军事变革在侦察情报领域的最新成果和发展趋势，呈现出了一些新特点。

注重建立多层次、全方位侦察情报网络，侦察情报手段运用的综合程度明显加强。一是太空侦察发挥了基础性作用。美军共运用了侦察、预警、导航定位、雷达成像等 90 余颗卫星实施战勤保障，这些卫星除向地面发送伊目标图像外，还能在夜间和各种气象条件下进行战况评估。二是空中侦察担负了主要任务。美军的空中侦察飞机包括高、中、低空各个平面，战略、战役、战术各个层次和对陆、对海、对电磁等各个方面。三是在海上，参战的航空母舰及其他一些大型舰船都配有远程雷达和信号分析系统，舰载机装有新型战术侦察吊舱，均对目标进行实时探测和侦察。四是在地面，美军特遣分队深入伊拉克全境纵深活动，对敌指挥系统进行侦察和监听，可及时准确地发现伊隐蔽的指挥所、弹药库等目标及伊军战时调动等情况，为实施空中火力精确打击指示目标。

重视高技术手段和传统侦察手段并用，实现了短时间内精确定位打击目标。一方面，美军大量投入高新侦察设备。在太空，以卫星为核心的空间侦察，获取了近 90% 的战场情报。在空中，以预警机、侦察机为主体进行了严密的侦察监视，投入使用的空中侦察设备都经过了改装，侦察能力比海湾战争、科索沃战争、阿富汗战争都有明显提高。在地面，参战的美军特种部队均装备有夜视仪、热成像仪、传感探测仪及高分辨率战术雷达等先进设备，对伊实施了高密度的侦察监控。另一方面，美军重视将传统人力侦察手段作为高技术侦察的有力补充。有效运用了包括谍报、部队侦察、特种侦察等在内的传统侦察。

积极拓展侦察情报手段效能，侦察情报与作战指挥手段的融合更加密切。这次战争中，美军在侦察情报手段的运用上，更加追求效能的最大发挥。一方面，灵活延伸侦察情报手段的功能“触角”。为了通过已经掌握的情报渠道验证打击效果，美军在火力打击中有意保留了一部分已经掌握的通信和媒体手段，以发挥侦察情报的最大效用。同时，作战和侦察人员的职能划分也不再明显。另一方面，侦察情报和指挥、作战手段的融合更加密切。战争中，美军运用的侦察情报系统多为嵌入或功能集成方式，与作战指挥、电子对抗、打击兵器等系统或平台更为有机地融为一体。

坚持战前对伊战略情报储备，侦察情报手段运用的平战区别趋于淡化。美军比较重视在和平时期利用国际组织或合法手段来搜集情报，其“临战状态”的侦察准备和情报积累对推动战争进程发挥了重要作用。自从 20 世纪 90 年代初的海湾战争结束以来，美国始终没有放松过对伊拉克的侦察情报活动，建立了对伊作战情报数据库，完成了伊全境的地形数字化，将伊境内的所有战略、战役级固定目标和大部分战术级固定目标，以及伊军部署情况均输入了数据库。从战争发起前的一个多月开始，美军就坚持对数据库中伊固定目标每周核实一次，对伊军部署变化情况每天核实。同时，美军情报部门和国家图像与测绘局联合绘制了大比例尺的伊拉克多媒体三维地形图，详细标注了各类目标。这些情报信息的“超前储备”和“超前配置”在美军战前模拟和作战指挥中发挥了重要作用。（邸验刚《美军侦察情报手段运用的几个特点》，《外国军事学术》2004 年第 7 期）

（荒　林）

美军攻打费卢杰之战战法评析　2004 年 11 月 8 日驻伊美军发起的攻打反美武装重要据点费卢杰之战，在一定程度上反映了美军信息条件下城市作战的思想和特点，主要有以下几点：

情报先行、“城市透明”。美军认为情报是战斗胜利的关键。只有在充分掌握对方情况的条件下，才能果断正确决策、减少作战风险、提高作战效能。为此，美军加强战前侦察，使用侦察卫星拍摄费卢杰地区图片，具体掌握了该城的地形和反美武装的部署情况；派出 60 名伊军特种兵，提前潜入城内，为美军传回大量极有价值的情报；派遣特种部队，对城中重要目标实施抵近侦察和火力侦察。战斗中，又用多颗侦察卫星和侦察飞机以及 30 多架“龙眼”无人侦察机，几乎全时空地为美军提供战场情况。地面攻击部队还大量使用安装摄像机的简易轮式无人侦察车，使战斗人员可以看到“墙角那边的东西”，基本改变了过去城市作战中“盲人摸象”的现状，初步实现了城市透明战。

“围三阙一”、兵民剥离。美军为避免攻城作战中大量出现平民伤亡，政治上造成被动，吸取以往城市作战的经验，在攻城前对费卢杰实施了“围三阙一”的进攻部署，在西北方向的出城公路上为平民撤离提供安全通道。并采取多种措施，促使民众离开城区，将平民与反美武装剥离开来：一是大造舆论，威吓民众离开费卢杰。二是破坏水源、电源等生活基础，逼迫居民离开城区。三是实施10多次较大规模的空袭和炮击，驱赶民众离开费卢杰。通过文武两手，费卢杰30多万居民中有70%在战前逃离。此外，在进攻中还边打边以高音喇叭发出禁止15~50岁的男子进出城区的警告，尽可能地减少战斗误伤。

声南击北、“温水煮蛙”。为了尽可能减少自身和平民的伤亡，保护城中约200座清真寺等敏感建筑物，美军采取了“温水煮蛙”、稳扎稳打、层层剥皮的攻城战术。为防止出现“啃骨头”的局面，美军采取了“声南击北”的欺骗战术，先派出200多辆装甲车对费卢杰城南发起几次佯攻行动，并于11月8日凌晨占领位于幼发拉底河西岸的费卢杰总医院，还控制了两座桥梁，使反美武装误认为美军可能从城南发动攻击。但是，就在反美武装将主要兵力调到城南之际，8日夜间，美军同时从西北、东北、东南方向城内发起猛攻。使反美武装四处挨打，头尾难顾、力量不支。美军四面合击，从外向内逐步推进、不断蚕食反美武装的阵地，并做到夺占一个地区、巩固一个地区、不被反美武装重新利用。这种攻击行动看似进展较慢，实则慢中求快，不仅减少了伤亡，而且仅用5天多时间就完全控制了整个城市。

空地一体、非接触巷战。在费卢杰战役中，美军十分强调空地一体的作战思想，并进一步探索了打非接触巷战的战术路子。一是精确打击、定点摧毁。美军在发挥远程精确打击优势拔点破障的同时，利用佯攻发现并摧毁反美武装的秘密掩体，为地面部队的巷战创造条件。二是以高制低、以楼制巷。美军通常先夺取外围或相邻的楼房等制高点，在其顶部设置重机枪、榴弹发射器等射程较远的火器，消灭对面建筑物内和街巷运动的反美人员。三是脱离接触、间接巷战。当发现反美人员利用建筑物抗击时，攻击中的坦克或徒步分队迅速撤退到安全地区，呼唤攻击直升机、空中值班战机从空中摧毁敌火力点，而不与敌人打近距离的巷战。四是以狙击反狙击。美军广泛运用先进技术保障反狙击行动，如：使用无人侦察机、机器人，直接为战斗人员提供敌情甚至遮蔽物后的情况；使用最新研制的反狙击手系统，通过声音传感器和无线网络，在敌狙击手射击后的半秒钟内探测出其位置，为美军快速准确地实施反狙击行动创造了条件；美军专门部署了经过反狙击训练的狙击手，装备的M40A1狙击步枪射程可达2000米，而且装有白昼和红外光学瞄准具，精确度高、夜战能力强；而反美武装的狙击步枪射程只有600米，而且射速慢、精度差、没有夜战能力。

搜索清剿、务求全歼。为彻底歼灭敌残余力量，战斗打响前，美军封锁了进出费卢杰的所有道路，并对进出城区的45岁以下男子全部实施抓捕，防止反美武装人员趁乱脱逃。战斗中，美军采取边打边剿的行动方法，及时清剿藏匿的反美武装人员；同时，由伊军特种部队“沙赫瓦尼军”协助甄别伪装的武装分子，防止残敌漏网。

心理攻势、攻心为上。加强心理攻势，动摇和瓦解敌方抵抗意志，是美军实施城市作战的重要手段。战前，美军再次祭出舆论战的“法宝”，大肆宣扬美军彻底消灭反美武装、夺取费卢杰控制权的决心，以及城市进攻的残酷性，企图使反美武装未战先败。为了保证美军出师有名，美军发布声明谴责费卢杰和拉马迪的反美抵抗武装“对无辜平民滥用恐吓战术和暴力”，并由伊拉克临时政府总理阿拉维授权清剿“恐怖分子”，“夺回费卢杰”。战斗中，美军出动一个心理战小分队，从空中和地面不停地用阿拉伯语对反美武装进行各种心战内容的广播宣传，如使出诸如嘲笑等激将法，刺激反美武装人员走出隐蔽地点与美军硬拼，或造成其思维混乱、心理急躁或恐惧，影响指挥和战斗能力的正常发挥。

美军虽然取得了费卢杰城市战的决定性胜利，但在战术行动上仍存在不少问题。一是战前封控不严，导致敌骨干力量逃脱。二是地面攻击行动过早，发挥远程火力优势不够，增加了地面进攻的困难。三是近战战法呆板，巷战能力不强，造成不必要的人员伤亡。四是战场纪律不严，“枪杀伤员事件”导致战略上的被动。（郑守华、何明远《从战法角度点评费卢杰之战》，《现代军事》2005年1月号）

（吴新安）

伊拉克反美武装的作战特点　从2003年5月伊拉克主要战事结束至2004年8月上旬，伊反美武装先后击落美军直升机、运输机、无人驾驶飞机10余架，致使800多名美军士兵遇袭身亡。这一伤亡数字已达伊主要战事期间美军死亡人数的6倍多。综观伊拉克战场上这一对付高技术强敌卓有成效的非正规战，可以看出若干新的特点。

以冷枪冷炮消耗敌人。一是组织射手狙击美军运动目标。伊武装人员中许多是伊拉克前共和国卫队和正规军的战士，其中不乏经过较长时间的军事训练、久经战阵的“神枪手”。在周密侦察的基础上，他们在美军巡逻的必经之路附近，精心选择易于射杀敌人、而又易于隐蔽和撤离的地方设置狙击点，以狙击手段准确杀伤美军巡逻队。尽管巡逻的美军将整个身体都隐蔽在装甲车中，狙击仍能取得较高的命中率。更令美军恼火和沮丧的是，在大多数遇袭之后，竟连敌人在哪里都无从发现，更不知道敌人是谁。二是以零星火炮打击美军及伊临时政府的重要军事、政治和经济目标。为避免与守卫上述目标的美军交火造成不必要的损失，伊武装人员往往事先化装到现场进行观察和精确测距，并在目标附近设置观察员，及时报告弹着点并调整偏差。

巧设伏击让美军疲于应付。一是路边炸弹袭击。伊武装人员抓住美军惧怕袭击，因而总是沿城区或城镇间大路进行巡逻的规律，在美军经常巡逻的公路、街道旁预先埋设地雷、遥控炸弹或在路旁停放的车辆上捆绑炸药，等美军接近时引爆，往往能取得很高的杀伤率。二是巧打空中目标。伊武装人员经过详尽侦察，在美军直升机可能降落的地点附近隐蔽设伏，以火箭筒或便携式肩扛防空导弹守候待机，一旦美军直升机起飞或降落，便突然开火。三是巧设地面伏击。针对美军多以小股兵力乘车巡逻、遇袭支援速度快的特点，伊武装人员经常适时集中兵力和火力，乘美军士兵离开装甲车之机，从其后方、侧面以步枪、火箭筒等进行火力突袭，特别是一旦发现美军后勤补给车队、或是个别车辆迷路或出现故障等时机，立即主动出击。予敌一定杀伤后，马上撤出战斗。伊武装人员在总结伏击经验的基础上，还巧妙设置连环伏击，如乘敌击退第一次伏击后稍有懈怠之机再次伏击，或是在敌遇袭后其援军或直升机驰援必经之路上进行伏击。伊武装人员还经常派出少数人以伏击引诱美军前来追赶，等其尾随且战且退的游击队一段距离后，往往会陷入伊武装人员设下的另一个伏击圈。

固守城市据点让美军在巷战中屡遭挫折。伊武装人员利用国内反美情绪高涨、美军担心施暴过度激起众怒、不敢轻易伤及无辜的有利条件，将作战形式由游击战逐渐向固守城市据点转变。选择据点时，他们一是选择巴格达附近一些什叶派或逊尼派教众集中居住的城镇；二是选择一些规模较大的清真寺。美军的军车在城区的狭窄街巷中行走转向极为不便，上下左右随时都会遭到伊拉克人的火力打击。美军投鼠忌器，不敢轻易投入重型武器，进攻一再受阻。

以自杀性袭击打击美军的战斗意志。自杀性袭击不但给美军的人员、物资造成了重大损失，而且也给美军士兵心理上罩上了极为恐怖的阴影。一个美国记者评论说：一个“肉弹”的军事震慑作用，抵过一架几千万美元的高科技战斗轰炸机。伊武装人员采用的自杀性袭击手段主要有 3 种：一是汽车炸弹。这是伊武装人员在自杀性袭击时最常用的手段。二是人体炸弹。这种手段可有效地杀伤既定目标，也可给敌方心理造成极大震撼。三是自杀式小艇。针对美军一度对陆上人员车辆盘查严密的特点，伊武装人员将大量炸药安放在快艇或小船上，利用早晚能见度较差之机，驾驶小艇快速、隐蔽地接近军舰、码头等联军目标，可产生强大的破坏力。

利用媒体和网络广泛开展舆论战和心理战。伊武装人员清楚，仅靠他们现有的军事实力很难打垮并赶走美军。因此，他们十分看重舆论战和心理战产生的巨大影响力，把军事斗争同舆论战、心理战紧密结合，力图以此打垮敌军斗志。一是大肆宣传美军在战场上的挫败及其在伊拉克不得人心的困境。每当伊武装人员在战斗中击毁汽车、直升机，或是击毙若干美军士兵，他们总会通知国内外媒体的记者赶到现场，进行实地拍摄和录像，或是自行拍摄录制后在有关电视台或互联网上播放，使各国人民包括美国人民对伊拉克的情况有了较为全面的了解。特别是美军在伊持续不断的伤亡人数等信息，更对企图掩盖事实真相的美国当局以及民众的心理上造成严重冲击。二是通过在媒体上发出威胁性警告迫使对手就范。针对美国为首的联军阵营以及有关国家对伊拉克的援建活动和派兵计划，伊一些武装组织还采取了绑架有关国家人质，并以杀害人质来要挟该国撤军或撤消援建活动和派兵计划的极端行动。（姚旺《伊反美武装实施非正规战的特点》，《外国军事学术》2004 年第 9 期）

（荒　林）

伊拉克反美武装实施非正规战的启示　伊拉克反美武装实施的非正规战，对于研究高技术条件下如何以弱抗强具有重要的启迪作用：①在高技术条件下，非正规战或游击战仍然大有可为。面对拥有绝对技术优势、军事实力最强的美国，如今的非正规战不能照搬 30 多年前越南战争的模式，而应因地制宜、因时而变。如面对具有先进侦察、信息传输和火力打击能力的强敌，应将大部队化整为零，以小股兵力灵活开展游击战。②民心所向、民众支持是开展非正规战的基础。有了民众的支持，实施非正规战的一方才能如鱼得水，灵活出击，而通过有效地打击敌人，又可以吸引更多的民众投身到抗击强敌的第一线来。③积小胜为大胜是弱旅抗击强敌的制胜之道。以非正规战的手段消耗强敌，通过战果的不断积累，敌伤亡数量的不断增多，使敌国政府因无法承受压力而最终不得不放弃战争。④要不断提高非正规战的高技术含量。在高技术条件下实施非正规战，既要强调因地制宜、土法上马，也要力争多掌握一些高技术作战手段。如干扰敌 GPS 卫星定位系统、打击破坏其信息系统的中枢和节点、实施网络战等，都可以收到事半功倍的效果。（姚旺《伊拉克反美武装实施的非正规战》，《现代军事》2004 年 11 月号）

美一上将谈美国政府在伊拉克问题上十大失误 美军前中央司令部司令安东尼·津尼上将 2004 年 5 月 12 日在美国防情报中心的演讲中指出美政府对伊问题上的十大失误。

①否定“遏制”政策的作用。在对伊拉克实施“遏制”政策的过程中，美国同该地区的许多国家建立了同盟关系。美国在海湾合作委员会 6 个国家中部署有军队，这些国家都对美国做出了政治承诺。通过对伊制裁，美国在这一地区建立了安全体系，保证了该地区的稳定。现在看来，对伊实施“遏制”政策的确是一个不错的主意。

②对伊战略存在重大缺陷。美国政府天真地认为，美国进入伊拉克后人们会放下武器夹道欢迎，伊拉克民众一夜之间就能接受其民主政治；美国还幻想通过这次行动彻底实现中东地区的战略变革。这些不切实际的想法表明，美国对伊战略存在着重大缺陷。其做法将加速这一地区向相反的、革命的方向转变。

③为取得公众支持，故意捏造虚假理由。所谓美国面临“严重威胁”的说法是荒唐的。不管情报部门如何做假，夸大其辞，事实总是摆在那里，不要随便改变自己的观点。

④美国没有取得广泛的国际支持与合作。通过外交努力，取得联合国的动武授权，并结成强大的军事联盟，这一做法是成功的，其军事干预也会成功。而这次在处理伊拉克问题时，美国却没有这么做。是什么原因导致美国相信这次与以前的情况不同呢?

⑤美国低估了伊拉克的形势。了解这一地区的前几任美国中央司令部司令都说过，我们很难了解这块土地，不知道它的深浅，它会让我们承受巨大的伤痛，付出巨大的物资及人员代价。美国企图在这样一个不知民主为何物的国家一夜之间建立起杰斐逊式的民主制度，实在是一件很荒唐的事情。

⑥信任并支持臭名昭著的伊拉克流亡组织。这些流亡组织有人提供假情报，让美国深受其害，致使美国人对形势作出错误的判断，以为打到伊拉克后伊人民会手捧鲜花欢迎他们。

⑦缺乏计划性。对于伊拉克国家重建这样艰巨复杂的问题，只由少数人草率决策，显然是很荒唐的。要重建伊拉克，在伊 18 个省都要有强有力的机构。以联军临时管理当局的机构规模，充其量只能应付一个省，更不用说治理整个伊拉克了。

⑧地面部队数量不足。美军当初制定对伊作战计划时，曾打算动用更多的兵力。这些多出来的兵力并不是用来击败共和国卫队，而是用于稳定伊拉克的安全局势，因为一旦推翻萨达姆政权后，会出现混乱局面。

⑨派驻伊拉克的管理机构存在问题。联军临时管理当局对其组织机构没有任何规划。也不具备深入、彻底解决各种问题的资格与能力。在紧要关头，美国防部还中途换掉杰伊·加纳将军，改由布雷默担任负责人。

⑩在伊拉克实行了一系列错误政策。临时管理当局全面排斥前复兴社会党党员，造成了与逊尼派穆斯林关系疏远。那些曾经逃离的商人，想回来重新经商，也被禁止。更让人不能理解的是解散伊拉克军队。本来对这些士兵稍加训练，就可担负起维持治安的任务，但战后却将这些军队解散了。类似的错误还有很多，如对逊尼派和什叶派地区的领导人不能一视同仁，与他们缺乏对话与沟通。（安东尼·津尼《美国政府的十大失误》，《军事安全》2004 年第 6 期）

美军利用双面间谍将伊拉克战时防务搞乱 美国伊拉克战争指挥官弗兰克斯将军在其回忆录中披露了这场战争中的最高机密：他通过一个名叫“四月愚人”的双面间谍戏弄了萨达姆。“四月愚人”是一名美国官员，一名以外交官身份为掩护的伊拉克情报人员曾向他进行贿赂。于是“四月愚人”向这位伊拉克人兜售了一些由美军中央司令部制订的虚假的“绝密级”入侵计划。其主要内容为：联军计划在科威特仅部署部分地面部队，同时准备对伊北部进行大规模空袭，范围是从提克里特到基尔库克市周围的油田。直升机空袭部队届时将投放伞兵部队进行增援。“一旦获得几处飞机跑道，C–17 运输机将运送坦克和布莱德雷战车加入战斗。”“这一小股装甲部队随后将得到第 4 步兵师的增援，而土耳其政府最终将允许第 4 步兵师借道土耳其，以排山倒海之势向南攻占巴格达。”

美军希望萨达姆上当，将其 13 个师中实力较强的部队都留在巴格达以北地区准备抵御实际上并不存在的第4步兵师的进攻。结果，当美军装甲部队从伊拉克南部急速驶向巴格达时，萨达姆仍留下许多精锐力量，以迎接预计来自北部和西部的攻势，而这些进攻从未出现过。等萨达姆发现受骗后，已来不及再把这些主力部队调往南部抵抗联军从科威特方向发动的主攻了。由于防守力量不足，巴格达不到3周时间就沦陷了，萨达姆政权也随之垮台。战后对伊拉克军官的审讯也证实了美军欺骗战术的成功。（英国《星期日泰晤士报》2004年8月1日）

驻伊美军反游击战采取的策略和手段 主要有以下5类：

及时建立反游击战联合战线。首先，组建"国际师"，扩大反游击战的兵力规模。为了缓解自身压力、减少人员伤亡、加大打击力量和减少经费开支，美军以接纳参与伊拉克重建为条件，向一些国家提出派兵要求，以取代驻伊美军有关部队。其次，增调拳头部队，增强反游击战的针对性。从2004年1月份开始，到伊换防的美军有5.6万人。其中不少人参加过伊拉克战争、比较熟悉情况，有利于增强反袭击的针对性。第三，编组新的情报网络，及时侦察、防止袭击。美军专门组建了一个由伊拉克人为主的情报网络，为美军主动出击和应对各种打击提供情报。第四，组建伊拉克新军，实施"伊人制伊"。美军把一些非核心政权移交给伊拉克人，并着手组建和培训伊拉克军警，推行"伊人制伊、借刀杀人"。

大力搜捕萨达姆及其他高官。美军采取的措施主要有：①重金悬赏。对于萨达姆及其高官，美军开出数额不等的高额奖金，以吸引告密者。②特遣搜捕。驻伊美军专门组建了一些特别突击队，负责抓捕萨达姆等高官，并赋予其"越界"追捕目标的特权。美军还大规模招募伊拉克前情报人员参与抓捕，同时组建了一支库尔德特种部队参加追捕行动。③排水挤压。为了压缩萨达姆的藏身空间，迫其浮出水面，美军逐个清除萨达姆身边的心腹和亲信。最终使萨达姆无法遁形。④威逼警告。美军直接向提克里特、安巴尔等地的部落长老提出警告，要求他们不得收留萨达姆及其他高官，并在电视和广播中声明任何人不准收留前伊政权官员。

重拳打击伊境内游击力量。美军灵活运用多种战术手段，将主动清剿与及时反击相结合，力求重创对方。①突击清剿。美军先后发动了代号"半岛突袭"、"沙漠蝎子"、"沙漠响尾蛇"等清剿行动，逮捕了大批外国武装分子以及伊拉克抵抗力量的头目和骨干分子。②引蛇出洞。美军派出小股士兵乘坐"悍马"越野车作诱饵，穿街走巷，引敌出袭。一度曾将大批武装分子吸引到空旷地区，利用压倒性的火力予以全歼。③报复出击。美军在遭到对方袭击、遭受人员伤亡后，经常派兵力进行报复性出击和搜捕打击行动。此举由于及时、针对性强，曾捕获指挥游击队的前伊军将领，并缴获大批武器。④核查卧底。美军针对不少游击队员是外籍武装分子的特点，采取核查和清理在伊非本地阿拉伯人的措施，扣留没有合法手续的外国人，并雇用一批前伊情报部门人员打进游击队担当卧底，抓获了不少游击队头目。

改进武器装备，增强作战能力。①加强防护能力。针对反美武装使用便携式红外制导防空导弹袭击飞机的战术，驻伊美军及时为其战机配备了对付便携式导弹的ALQ-156防御系统，并不惜本钱对屡被击落的"黑鹰"直升机防护系统进行改进。②提高侦测能力。在伊拉克部署了一种称为"胖艾伯特"的氦气球，全面侦察和监控伊拉克游击队的活动。③加大打击能力。为遏制伊狙击手的冷枪袭击，美国防部研发出一种传感器节点反狙击系统。美军把它安装在"悍马"军用吉普车上，能在几秒钟内完成对隐蔽狙击手的定位及还击。

严密封锁伊边境的"恐怖通道"。首先，调整兵力，封堵反美武装力量进入伊拉克的通道，为此，美海军陆战队重返伊拉克，全面封锁、控制伊拉克与伊朗、叙利亚、沙特等国的陆地和海上通道。其次，政治施压，要求周边国家紧密配合美军的封堵行动，加强边境检查，以彻底封锁反美武装力量进入伊拉克的通道。（李银年、胡海军《战后之战，驻伊美军的反游击战行动》，《现代军事》2004年3月号）

伊拉克战争对民兵反策反的几点启示 伊拉克战争中，美军对伊策反活动广泛而深刻，一方面，组织了有200多名心理学专家、1万多人心理战部队等参加的庞大策反力量，广泛赋予其策反任务，并为其配备了功能齐全的战场喊话宣传车、抛撒传单的航空器等。另一方面，做了充分的情报准备。如搞到伊高官的手机号码、个人爱好、家庭和社会关系等多方面的详细资料，收集了伊国内民族矛盾、宗教矛盾和伊军内部矛盾等具体情况。战中，美军策反的矛头主要指向伊政府和军队的高官、宗教领袖、部族长老等，策反的手段更是无所不用，如用金钱、官位和美色等收买伊军政官员；采取暗杀、恐吓、散发传单和电子邮件，在电台、电视台、报刊媒体造谣惑众等手段，煽动和胁迫伊军民变节，瓦解伊军民斗志。

由于伊策反与反策反已成为现代战争的重要组成部分，因此，必须把反策反纳入现实军事斗争准备体系。一要成立反策反指挥机构，统一组织指挥民兵反策反斗争的准备与实施。二要加强反策反力量。把民兵“三战”队伍、情报队伍建成反策反的主要力量，同时广泛赋予民兵反策反任务。三要收集反策反情报。充分利用民兵人员多、分布广、关系广、流动快的特点，广泛组织民兵收集整理反策反工作需要的各种情报资料。四要研究反策反对策。预测未来战争敌对我策反可能出现的特点，拿出管用的反策反手段、方法，不断提高民兵遂行反策反任务的能力。（伍辉红《伊拉克战争对民兵反策反准备的启示》，《国防》2004 年第 11 期）

伊拉克战争对世界军事的影响 伊拉克战争是美国军队转型过程中的一次重要实战演练，充分检验了信息化战争的模式，推动了新军事变革的加速发展。

武器装备改头换面。伊拉克战争表明，信息化武器装备对现代战争的影响越来越深刻，已成为提高现代军队作战能力的关键。信息化武器装备主要是指具备信息获取、处理、控制、利用等功能的武器装备。其典型特征是以信息为主导要素，从机械化武器装备的操纵扩展到自动化、智能化控制，也就是把武器系统由平台和杀伤手段的结合提升为具有一定的思维能力（即智能），即“物质+能量+信息”类型的武器装备。信息化武器装备的出现改变了机械化武器装备和核武器单纯追求射速、航速、射程、杀伤力等物理性能极限的发展道路。

作战理论灵活创新。伊拉克战争的实践表明，在信息化战争时代，先进的作战理论是制胜的重要因素，因而须大力创新作战理论，强化以信息优势和精确打击为核心的联合作战能力。一是争夺信息优势。其实质就是增大敌我之间的不确定性反差，并在这种动态对抗过程中保持信息优势。二是强调精确打击。精确制导武器大大改变了传统的火力摧毁方式，并逐步确立了战场打击的主角地位。三是实施联合作战。联合作战是指多个军种按照总的企图和统一计划，在联合指挥机构的统一指挥下共同进行的作战。它所发挥的整体威力是建立在信息优势和精确打击基础之上的。

军队建设整体转型。伊拉克战争表明，信息化战争胜利的筹码已不再是数量和规模，而是质量和效能；联合作战需要军队的一体化。军队建设的总趋势表现为信息化的整体转型。一是军队规模趋于小型化。世界各主要国家都在进一步压缩军队的总体规模，以质量提高来弥补数量裁减，军队编成日趋小型化，精锐作战力量的比例显著增大。二是军种界限趋于模糊化。信息化战争时代的军种不再泾渭分明，陆军中有航空兵，空军中有特种部队，海军中有航空兵和陆战部队，未来的部队编组将重视作战能力的完美结合，重在发挥各自的长处和优势。三是整体结构趋于信息化。所谓信息化军队，是指由掌握信息化武器装备的士兵组成的全新军队。它要求实现武器装备、作战人员和指挥控制三者的信息化。（葛立德《信息战争时代的挑战》，新华社 2004 年 3 月 18 日报道）

（耿文正）

外国学者用毛泽东的游击战理论评析伊拉克战争 研究毛泽东在 1937 年关于与日本侵略军作战的论述，或许有助于理解美军和未来的伊拉克政府面临的挑战。

毛泽东关于游击战的思想被解释为三个阶段。第一阶段为“生存阶段”。2003 年 5 月大规模战争结束以及萨达姆政权被废除，也同时进入了毛泽东所说的游击战争第一阶段：游击战的根据地得到发展，招收新兵，储备军火，抵抗思想得到发展和传播，这些在伊拉克都发生了。接下来是小规模进攻，主要不是为了造成严重的军事影响，而是旨在动摇侵略军及其国民的意志。进攻的形式包括地雷、火箭弹、狙击步枪等的袭击，其目的还在于争取国内外的支持，募集资金和战斗人员。

第一阶段的成功，为第二阶段实施更大规模的进攻奠定了基础，这就是美军今天在伊拉克所面临的困境。这一阶段，抵抗活动从零星的、小规模进攻，转变为有计划的、协调较好的灾难性进攻。这些进攻打击了具有重要象征意义的目标，如联合国和红十字会在伊总部以及约旦驻伊大使馆。这样的进攻同样试图以重要的人员作为打击目标：亲美的伊拉克人，美国的高级官员，以及乘坐直升机的美军和联军士兵、军事检查站人员。在第二阶段，随着抵抗力量情报获取能力增强，其活动更有经验、更加频繁、更有效果。这就是为什么在入侵伊拉克和推翻萨达姆政权的大规模战斗结束后，有更多的美军士兵伤亡的原因。抵抗力量在第二阶段变得更加分散，使得杀死、捕获关键人物如萨达姆的重要性降低。

毛泽东说，抵抗行动的第三阶段是决定性阶段。这一阶段，抵抗力量实力大增，将正规作战与非正规作战相结合，真正有了胜利的机会。这个阶段还没有降临到伊拉克，如果美军的战略正确，伊拉克抵抗力量永远不会有这个机会。伊拉克抵抗力量在战场上打不败美军，他们知道这一点。既然不能进入第三阶段，现实的目标是僵持在第二阶段，直到驱除美国领导的联军。美国的当务之急，是最大程度地抑制抵抗力量在第二阶段的发展，并尽快将其削弱到第一阶段的水平。美军的长远目标必须是完全肃清伊拉克的抵抗力量。但必须承认，这可能需要数年生命和财产的牺牲，不可一蹴而就。（《毛泽东的游击战理论与伊拉克战争》，《外国军事学术》2004 年第 2 期）

阿富汗战争研究　论阿富汗战争的非传统性　阿富汗战争是一场以反恐为主要目的的战争，体现出了十分鲜明的非传统性。

战争的不对称性明显。从军事技术角度看，交战的一方是世界上最强大的国家美国及其北约盟国，拥有最先进的武器装备、最精锐的军队，而它的对手阿富汗塔利班及“基地”组织，武器落后，战斗力较弱，在国际上没有盟友，面对强大的美国几乎没有多少还手之力。从战争双方能够使用的力量以及所产生的结果来看，是双向的不对称。首先，美国的经济、军事力量虽然强大，但它的对手却不是传统意义上的对手——具体的国家或武装集团，而是恐怖分子。他们拿起枪是恐怖分子，放下武器却是普通民众。这样的恐怖分子对美国来说是抓不胜抓，也无处可抓。其次，美国虽有强大的经济、军事实力，但以本·拉登为代表的恐怖分子却拥有强大的精神力量支撑。他们既漠视自己的生命，又漠视他人的无辜生命。再次，反恐怖战争是一种“灰色战争”。没有确定的战场，没有确定的作战规则，也没有确定的战线。美国使用大量的高技术武器重拳出击，打到的却是“藏针”的一堆“棉絮”，没有着力点，自己却损失不小。可以说，阿富汗战争是一场双向、全方位的不对称战争。所谓“双向”是指战争的主要互动者构成了“恐怖主义——美国”、“美国——塔利班”两组战略关系，任何一组战略关系的变动都直接影响另一组关系的发展。美国是占绝对优势的一方，是这两组关系的核心，对战争发展方向有决定性影响。但看起来处于绝对弱势的恐怖主义势力和塔利班同样是决定战争趋向的关键性变量。

战争的非军事色彩浓厚。美国在战争中自始至终都采取了包括军事打击在内的多种手段并用的方式，战争过程充满浓厚的非军事色彩。一是建立强大的反恐联盟。“9·11”恐怖袭击事件发生后，美国抓住世界各国谴责恐怖主义、同情美国的大好时机，高层领导开展了全方位的外交活动，在战前迅速建立起以美国为首的强大的反恐怖联盟。这个联盟是一个超越意识形态、宗教信仰和文明冲突的普遍性的国际反恐怖联盟。二是开展多层次的心理战。美军对塔利班和“基地”恐怖分子开展了不同形式的大量的心理战，分化瓦解了塔利班政权，削弱了塔利班的士气，使大批的塔利班士兵或阵前倒戈，或临阵脱逃，在一定程度上达到了“不战而屈人之兵”的初衷。三是进行人道主义援助。从战争开始到结束，美国始终对阿富汗的普通百姓进行人道主义援助，被报界戏称为“面包与炸弹齐飞”，在一定程度上既笼络了人心，减少了国际社会特别是伊斯兰国家对美国发动的战争给无辜平民带来灾难的指责，又分化了阿富汗民众与塔利班政权的关系。四是切断恐怖主义的资金来源。为此，布什总统签署了冻结恐怖分子财源的命令，阻止恐怖分子进入世界金融系统。美国甚至不惜挑战被西方资本主义国家视为神圣的银行制度，在国际上大力开展反洗钱活动。世界各大金融机构纷纷支持美国的行动。经过多方努力，美国取得了大量战果：世界上共有 196 个国家和地区表示支持反恐怖金融战；142 个国家先后下令冻结阿富汗塔利班政权和“基地”恐怖分子的财产以及涉嫌与“基地”组织有关的 165 个银行账户；美国查封了恐怖组织 3300 多万美元的财产，其他国家查封的数额约 3000 万美元。

特种部队成为战争的主要参战兵力。阿富汗战争开创了特种部队在高技术局部战争行动中担任重要角色的先例。一是情报侦察。战争打响之前，美国就已经将特种部队 200 多人派到阿富汗执行任务。战争中，特种部队运用空中和地面相结合的方式，在中央情报局特工的配合下，侦察塔利班的兵力分布、作战意图、部署变更以及“基地”组织的训练营地、藏身洞穴等情报。二是为空中精确打击引导目标。美空军对阿富汗实施空中打击时，一般都会有地面特种部队为作战飞机指示打击目标。在空军火力打击结束后，特种部队又及时对打击效果进行评估，以便空军修正下一步行动。由此极大提高了空军的打击准确率，开创了陆空协同作战新模式。相比之下，没有特种部队指示目标的地方，突袭的效果就相对较差。三是直接参与对塔利班和“基地”组织的作战。美军特种部队作为地面作战的主力多次参与在阿富汗的战斗行动：2001 年 10 月 20 日突袭坎大哈；战争后期，又担负了清剿洞穴、坑道作战的任务；还先后遂行了托拉-博拉营地和扎瓦尔基利营地的清剿行动。四是开展心理战。为分化和瓦解塔利班政权，在战前，特种部队潜入阿富汗南部的塔利班根据地，游说当地的普什图人首领脱离塔利班政权。军事打击行动开始后，特种部队在阿富汗境内利用电台、传单、扩音器等设备进行心理战，对阿富汗民众进行心理宣传。美军在阿富汗战争中运用特种部队的成功经验表明，特种部队在特定条件下也可以成为主要的地面军事力量，尤其可以在反恐怖战争等非传统作战中发挥其独特的作用。

*战争趋于长期化。*阿富汗战争历时数年，至今无法彻底结束，战争出现了明显的长期化特征。美国在战前宣称所要达到的主要目标有两个：一是推翻塔利班政权，二是要抓到“基地”组织领导人本·拉登。塔利班政权已经倒台，阿富汗临时政府也已在美国的扶植下运转。虽然美国宣布阿富汗战争已经结束，但美国的战争目标并没有完全实现，本·拉登尚未抓到。同时由于冷战后恐怖主义组织日益网络化以及导致恐怖主义泛滥的根源没有彻底消除，即使本·拉登被绳之以法，其势力和恐怖组织也无法得到行之有效的打击，美国仍无法免于恐怖袭击的危险，驻守在阿富汗的美军依然不断地遭到来历不明的恐怖分子的袭击。近年来，美阿联军多次在阿富汗境内对塔利班等武装进行快速打击和围剿，但收效都不尽如人意。尽管如此，美军声称行动将一直进行下去，直到那里的恐怖分子“被彻底消灭”。这表明，美国主导的这场阿富汗战争要取得最后胜利，仍然任重道远。（支绍曾、宋丽群、孟鸥《论阿富汗战争的非传统性》，《军事历史》2004年第1期）

（荒　林）

作战问题研究

中国关于作战问题研究　2004年，中国关于作战问题的研究是在世界新军事变革和伊拉克战争的背景下，围绕着信息条件对作战所带来的方方面面的新变化展开的，其中重点探讨了信息作战以及一体化作战与以往作战的区别及其新特点，对信息条件下有关作战样式地位作用的凸显、有关战法革新等问题进行了充分的研究。

关于信息作战问题　**探析信息化作战基本特点**　信息化作战有以下特点：

*信息成为战斗力的核心要素，在作战的全过程起主导作用。*这主要表现在：信息对作战成败起主导作用，围绕制信息权的斗争异常激烈；信息化武器装备升为主战兵器，信息平台成为重点攻击的目标；信息主导成为信息化作战的基本指导思想。应特别关注信息的获取、传递、处理和对抗，并强化信息对战场机动、火力摧毁、伪装防护等物质能量所起的聚合作用。作战力量高度融合，小型、模块、多能化编组日趋广泛。通过网络链接和系统集成可实现各种作战力量的高度融合。随着武器装备的高技术化、精确化和网络化，信息化作战力量编组趋向小型、模块、多能化。

*谋求实施精确作战，高效费比成为普遍追求的目标。*这是因为：谋求实施精确作战是信息化作战的必然选择；精确性贯穿于信息化作战的全过程；实施精确作战的目的是追求高效费比。

*体系对抗更加显著，瘫痪战的地位和作用明显上升。*衡量未来信息作战的胜负，歼灭敌有生力量的多少将不是主要标准，关键是看能否通过斩首击要使敌解体，最终屈从于己方意志。为此，毁能夺志成为信息化作战的基本目的；破坏体系节点使瘫痪战的地位明显上升，成为实现信息化作战目的的高效能方法。

*联合火力战成为战场“主角”，传统的大兵团地面交战模式将不复存在。*这是因为：武器装备的信息化大大提高了部队精确预警、精确定位、精确投送和精确保障能力，使军队联合火力打击的能力与日俱增。传统的火力战已经发展成为信息化火力战；精确制导武器的大量使用，促使火力打击从面杀伤为主向点摧毁为主转变；作战指挥与行动将主要围绕信息主导的火力战展开。信息主导的联合精确火力战将成为独立的作战样式和达成作战目的的基本手段。

*情报信息与指挥控制实时化，战场认知地位突出。*战场认知已成为信息化作战成败的重要因素；争夺战场认知优势是信息化作战的必然要求。信息化作战优势是认知优势、信息优势和物理打击优势三者的有机融合。其中，战场认知优势是战斗力的灵魂。

*非对称交战明显，特种作战从后台走向前台。*信息化作战中，交战双方无论是拥有信息技术优势一方还是处于劣势一方，都力图创造非对称交战的效果。非对称交战的特殊需求促使特种作战走向前台，并要求训练有素的小型、精锐特种部队担此重任。特种作战是实现非对称交战的主要方法。因为特种作战部队的人员素质、装备技术优势及其所采用的心战、伏击、渗透、袭击等非常规战法都对敌构成了非对称关系。（李银年等《信息化作战的基本特点》，《中国军事科学》2004年第5期）

信息化战争使作战指导发生变化　随着战争形态由机械化向信息化迈进，作战指导也开始发生一系列新的变化。

作战指导更加注重战场控制。战场控制地位凸显，成为信息化战争的基本作战指导思想。对抗双方不再以歼灭敌人有生力量为主要作战目标，而是强调争夺制信息权，更加重视运用以信息技术为核心的武器装备、作战系统和作战手段，以破坏和瘫痪敌战场认识系统、战场信息系统和指挥控制系统为主要作战目标，使敌方指挥机构难以实施有效的作战指挥，从而达成遏制对手、控制战场、迫使敌人放弃抵抗意愿的目的。

作战指导更加注重从全局上筹划战役或战术行动。信息化战争打破了机械化战争那种按作战规模来划分战争、战役和战斗层次以及与之相对应的作战指导层次的情况。从兵力规模上来看，信息化战争不是以参战兵力多少来确定作战行动的层次级别。从作战空间上看，信息化战争实际作战空间缩小，相关空间增大，使传统上以空间范围大小来划分作战行动级别的状况发生根本变化。从作战时间上看，作战过程的短促化，使传统作战行动层次级别划分出现“模糊化”，也使战争、战役和战斗趋向融合。因此，在指导和筹划信息化战争、战役或战斗时，必须具有战略性思考和指导意图。

作战指导更加注重对微观战场的具体调控。在未来的信息化战争中，战争、战役和战斗具有较强的同一性，在作战进程和结局上三者又往往重叠。这就要求以往战争中的一些战略性决策、指挥在信息化战争中必须直接深入到战役和战斗行动之中，一些类似战斗规模的作战行动也必须实施战略或战役级别的作战指导，促使信息化战争的作战指导更加注重对微观战场的具体指导。这样，才能加强作战指导的针对性，确保作战指导更加符合战场实际，以达成理想的作战目的。（王琛《作战指导的新变化》，《解放军报》2004年4月22日）

关于一体化作战问题　**一体化作战主要特点**　一体化作战与机械化时代作战相比，有5个特点。

作战筹划具有“预实践”特征。一体化作战的筹划，由于广泛采用计算机和实兵模拟手段，把定量分析与定性分析有机结合起来，因此大大提高了预见性和科学性，使得作战筹划具有明显的“预实践”特征。一体化作战中指挥员的临机处置是否科学得当，更多地依赖于预先筹划是否严谨周密。

作战指导具有非对称特征。一是进攻与防御的非对称。实施一体化作战，更加强调先机制敌，以进攻达成防御目的，在敌未对我造成有效杀伤之前就摧毁对方。此外，从作战效费比上看，为达成同样的目的，防御要求“天衣无缝”，进攻则并不要求“百发百中”。防御投入的力量和实施的难度要比进攻高出许多。二是瘫痪与歼灭的非对称。以强击弱的一体化作战，更加强调以直击要害的结构瘫痪战为主。以弱抗强的一体化作战，则不能照搬照套瘫痪战的模式，需强调瘫痪战与歼灭战、正规战与游击战的一体化。三是信息与火力的非对称。一支一体化的军队，应当是具有强大的信息战能力和信息化火力战能力的军队；一体化作战，应当是主要依靠信息战和信息化火力战杀伤敌人的作战；一体化作战的指导，应当把如何充分发挥信息战和信息化火力战的整体效能摆在首要位置。

作战协同具有“自适应”特征。即一体化作战体系中的各作战单元，在发现并确定攻击目标之后，能够着眼实现“最佳效益”，自主地决定用什么力量、以什么方式去遂行攻击任务，从而确保整体作战效能得到最大限度的发挥，避免出现单个作战单元相互拼消耗、拼战损、拼伤亡的局面。这种作战协同的“自适应”特征使协同方式由计划协同为主，转向临机协同为主；由上级指令协同为主，转向平级自主协同为主；由兵种临机协同为主，转向军兵种临机协同紧密结合。

作战强度具有可控性特征。在作战目的上，不再强调从肉体上大规模消灭敌人，而强调制服敌人、控制敌人，剥夺敌人的战斗力；在作战范围上，尽可能控制和缩小作战行动的区域，避免战火蔓延；在作战目标上，重点打击军事目标和能源、交通等非军事战略设施，尽量减少附带破坏特别是平民伤亡；在作战手段上，控制在常规武器的范畴之内，把大规模杀伤性武器作为一种威慑手段来使用。

作战保障具有精确化特征。一是保障能力可视化。保障需求情况、保障资源使用及储备情况、现有保障能力与保障需求之间的“缺口”等保障状态由保障网络系统全程自动跟踪、实时评估、动态显示，使保障指挥员对保障状态始终了如指掌。二是保障指挥自动化。分析需求、做出决策、分配资源、实施控制等保障指挥要素，由保障网络系统中的决策控制分系统自动完成。三是保障手段一体化。在保障网络系统的统一调控下，实施三军一体化保障。四是保障途径简捷化。在保障实施过程中，尽可能减少中间环节，建立“从工厂到战场”的保障模式，以增强保障的灵敏性和精确度。（黄汉标《对一体化作战问题的几点思考》，《中国军事科学》2004年第4期）

一体化联合作战指挥显示4大特点　有作者就此

作了如下分析。

矩阵式的指挥体系。一体化联合作战指挥体系，使战略、战役、战术等层级上的不同作战指挥单元形成了一个矩阵式的指挥体系。既能实施纵向指挥，又便于横向联系，纵横间交叉融合，运作上呈现出明显的非程序化、非线性化的特点；其指挥主体不再是各自孤立的单元.而是通过彼此关联的网络系统构成了相互渗透、互为依托的一体化作战指挥布局；其战场指挥可通过指挥链直接指挥各作战单元，从而对目标实施近乎实时的打击。

交互共享的战场信息。即各维空间的战场信息能同步交互共享，有各军兵种参加的联合作战部队不仅能实现横向同一层次不同信息平台间的互联互通互操作，而且在不同层次的信息平台间也能实现上级对下级的指挥控制及下级对上级的信息反馈，从而实现在动态环境下可灵活控制的信息资源交互共享。这样，就可将人与人、人与武器、武器与武器、人和武器与作战指挥系统等作战因素整合成为一个有机体，较好地实现其力量运用的优化。

分布式的动态规划与协调。未来一体化联合作战，由于信息技术的强大效能，使分布在不同地点的诸军兵种部（分）队能通过网络实现动态规划与协调。指挥控制的重心由战前计划转向随机协调与战前计划相结合，并突出行动对作战指挥的强大影响力，即指挥员需针对战场出现的新情况，抓住有利机遇，在动态中重新确立指挥关系，选择最适合的作战单位执行相应的作战任务；在没有上级控制指令时，指挥员还需依据协同规则在网络中两个或两个以上的作战实体间实施自主式的战场协调，从而实现战场的分布式动态规划与协调，近乎实时的实施战场指挥。这种以行动为牵引的协调方式，可极大地增强战场打击的时效性。

精确实时的指挥控制。一体化联合作战指挥要求对作战目标实施精确的侦察与定位，对作战决策实施精确的运筹，对兵力投送实施精确的计划，对作战行动实施精确的准备，对部队作战实施精确的保障，对打击效果实施精确的评估，最终实现以最低的代价达成最佳的战场控制效果。而全方位、全天候、全频谱的高技术侦察系统，为指挥员精确地进行指挥控制提供了可靠依据。（安亮《一体化联合作战指挥的特点》，《中国国防报》2004 年 7 月 12 日）

关于信息条件下的打击问题 **一体化联合打击出现新特点** 作为信息化条件下局部战争的主要作战形式，一体化联合打击形式出现许多新特点。

打击力量融合化。一体化联合打击力量体系中，各单元之间实现了无缝隙链接，能同时共享战场信息，互相取长补短，进行自主式协调，因而是一种配置高度分散、效能高度融合的新型打击力量体系。作战中，各打击力量单元可根据需要进行快速组合，由此产生灵活、快速、高效的作战效能。

打击手段隐形化。现代隐形技术、电子对抗技术等的飞速发展，为打击手段的隐形化提供了物质基础。一体化联合作战中，为达成打击的突然性，双方通常采用各种隐形化的措施和手段达到隐形。随着隐形技术的进一步发展，各种隐形作战平台将更广泛地运用于未来战场的一体化打击行动之中。

打击行动实时化。借助于一体化的情报信息系统，当战场出现需要采取打击行动的态势或目标时，具备决策权的指挥员和指挥机关，可快速确定担负打击行动的作战力量，并授权其和相关中间指挥层次共享与本次打击行动有关的战场情况信息，使参加打击行动的各作战力量能够一起了解战场态势，分析判断战场情况，做好打击准备，并能与上级指挥员和指挥机关协调确定打击行动方案。一旦上级定下决心，打击力量便可立即实施行动。

打击目标多维化。信息化武器装备的大量使用，使一体化联合打击力量具有从作战一开始就可在各战场空间同时攻击敌人的能力。从战略上看，后方重要的关键目标可能首先成为打击对象；打击行动在陆、海、空、天、信息领域同时展开，不存在绝对的“安全区”。

打击效果精确化。为了追求更高的作战效益，作战双方都会以“精确点穴”的方式，对要害目标实施打击，力求以少的代价尽快达成作战目的。随着侦察定位技术、精确制导技术的进一步发展，采取信息化弹药实施精确打击，尽快达成作战目的，将是实施一体化联合打击的首选手段。（白帮喜、胡有才《一体化联合打击的新特点》，《中国国防报》2004 年 12 月 9 日）

信息条件下目标打击出现新趋势 信息化战争中作战目标打击将呈现出与以往战争迥异的特点。

打击目标明确化。在信息时代，战争将不再主要表现为攻城掠地，而是为了实现某种控制，寻求利益平衡点。战争目的因此更趋具体和明确。所需打击的目标，也将随之向最有利于达成战争目的明确化方向发展。

打击手段多样化。信息化战争从根本上改变了机械化战争中“钢铁”对“钢铁”的传统火力打击方式，而是着眼于打击目标的特性，综合运用各种力量，灵活运用多种手段，力求以最小的损耗换取最佳打击效果。除了运用各种精确制导武器对作战目标进行“硬”打击外，还充分运用军事威胁、舆论欺骗等手段对作战目标进行“软”杀伤。

打击力量合理化。伴随着信息系统武器化和武器系统信息化程度的不断提高，战争的操纵者能根据各军兵种特点，综合发挥各自优长，灵活赋予相应的任务，合理地使用打击力量，从而求得打击实效上的最佳度。

打击效果可控化。信息技术在军事领域的广泛应用，为有效控制打击效果提供了物质基础；同时战争行为更加受到国际法和民众舆论的制约和影响，战争伤亡很容易招致人道主义者的强烈反对和指责等，这就要求控制打击效果，减少战争附带伤。（陈家光等《信息条件下目标打击新趋向》，《中国国防报》2004年8月9日）

关于作战样式问题　**分析空降作战主要特点**

空降作战应强调3个要点：

强调突击敌方要害目标。应选择敌后方要害目标和防御薄弱地区实施空降突击，这样既能迅速完成任务，又能“震撼”和“威慑”敌方全局。因此，空降突击的主要目标应是敌后方的重要政治或经济中心、指挥机关、交通或通信枢纽、桥梁、渡口、导弹核武器阵地，以及无重兵防守的重要地域。

强调行动的突然性。空降兵具有快速的空中机动能力，易达成“最初的战术突然性”。为此，要求战前进行周密侦察，在后方隐蔽、迅速地完成各种准备工作，广泛运用欺骗措施；空运时隐蔽出航，快速接近目标地域，充分利用突然性的有利因素实施着陆突击。

强调迅速准确地着陆。突击部队在空中火力支援下，应迅速准确地空降至目标地域，尽快完成部队的整顿。已整顿好的部队立即投入夺取突击目标的战斗，而不要等待所有部队都整顿好再投入战斗，力求在敌方采取有效反击措施以前完成预定任务。（龚旭等《空降作战战法探析》，《现代军事》2004年8月号）

法律战在现代战争中的地位和作用　从近期发生的几场局部战争来看，法律战不但贯穿军事斗争全过程，而且早于敌对双方交火行动之前实施，迟于停火行动之后结束。可见，法律战已成为夺取现代战争胜利的重要“战场”。

法律战是争取军事行动主动权的基本手段。各国在进行战争决策时，都必须考虑军事行动合法性的问题，因为武装冲突法对此都有明确规定。违反武装冲突法，必然引起世界舆论甚至本国人民的强烈反对，从而丧失军事行动的主动权、正义性。

法律战是获得军事效益的一种重要途径。灵活运用武装冲突法实施法律战，能最大限度地实现己方的军事需要，最大限度地遏制敌方超出该法限制的武力使用，并从两者的最佳结合上争取最佳军事效益。在战略指导上，能科学预防和控制武装冲突，特别是从各个方面保证使用武力的合法性；在作战指挥上，能从“军事需要”和“人道要求”的最佳结合上选择和确定军事目标、作战手段和方法；在遂行作战任务中，能以最有利于“保存自己、消灭敌人”的原则，实施各项作战法规。

法律战是征服军心民意的利器。现代战争中的交战各方，无不千方百计表明自己使用武力的合法性，指责对方非法使用武力、使用非法的作战手段等，以便从心理上压倒对方，消解对方军民的战斗欲望，激发己方军民的战斗热情，争取世界人民的同情和支持。在战争过程中。战争的指导者和指挥者可适时运用武装冲突法的各种禁止性、保护性、允许性、惩罚性规定，使规范战争的法律真正成为对敌攻心夺志的利器。

法律战是巩固战争胜利成果的基本保障。一方面，战争是政治的手段。军事上的胜利只是为实现政治目标开辟了道路，还不是政治目标的实现。政治目标的实现，需要通过法律确认和保证，只有通过合法方式取得的胜利才可能被敌对方和国际社会承认，才有可能最终得到法律确认和保证；另一方面，无视武装冲突法规可能会取得短期的军事上的胜利，但这种胜利是不能持久的。因为非法行为会强化对方的抵抗意志，从而陷入以暴易暴的怪圈。（王祥山《法律战在现代战争中的地位和作用》，《解放军报》2004年9月1日）

舆论战在高技术战争中的地位和作用　现代战争中的舆论战，是不同阶级或政治集团为维护自身利益，面向大众传播己方意志和主张的特殊作战手段，具有军事作战不可替代的特殊地位和作用。其主要特点是：

是高技术战争中的“政治武器”和强化战争制胜的筹码之一。由于现代战争不再是单纯的攻城掠地或大规模地消灭敌有生力量，而是把军事和政治有机地结合起来，力求通过有限的军事手段和强有力的政治攻势，威慑、孤立、瓦解对手，摧毁其抵抗意志，直接达成既定的战略目的。为此，交战双方都把舆论战作为重要手段，并使之成为一种特殊的、相对独立的作战样式，直接进入战争前沿。

是高技术战争中的“牵引武器”，能最广泛地赢得战争主动权。高技术战争受各方面因素制约更加明显，单纯的军事手段很难达到战略目的。同时，高技术战争的直接动因越来越复杂，战争的透明程度更加清晰，舆论的导向作用更强。在这样的战争环境中，通过舆论阐明战争的正义性质，争取国际舆论的广泛支持，赢得政治上的主动，就成为作战双方必须关注的重要手段。

*是高技术战争中的"催化武器"，能最有效地激发官兵的作战士气。*在一定的条件下，高昂的士气能使物质条件处于劣势的部队战斗力倍增。在近期几场高技术局部战争中，交战双方运用现代化的传媒手段，主导和控制舆论宣传，已经成为激发官兵作战士气的一个重要手段。

*是高技术战争中瓦解敌军的重要手段。*随着高新技术在军事领域的广泛运用，舆论战已经由附着样式向独立样式发展，由战役层次向战略层次提升，由间接功能向直接功能迈进，成为影响战局的一种特殊作战样式。因此，利用各种现代传媒手段广泛开展舆论战，促使敌军斗志消沉、精神防线崩溃，就成为高技术局部战争中一项重要的作战任务。（秦克丽《舆论战在高技术战争中的地位和作用》，《解放军报》2004年8月11日）

"芯片战"将成为信息战的重要角色 "芯片战"是指对敌军事信息系统中计算机分系统的中央处理器(CPU)大作文章，使对手的C^4ISR系统、武器打击系统、后勤保障系统等受制于人，从而影响作战行动的一种新战法。实施"芯片战"时，首先是从与"芯片"的信息沟通"渠道"下手，尔后再据此发出一个个指令，从"软杀伤"的角度影响对手信息系统的安全和稳定，最终为实施"硬打击"奠定有利条件，这必然导致未来作战时"芯片战"的地位急剧上升。未来战争中，"芯片"攻击的不只是战略系统，在战役战斗的全过程中，也会广泛应用这种避免大规模伤亡的"芯片"战法。

实施"芯片战"的主要途径，是在敌军事信息系统计算机系统中人为地预置一些"陷阱"，以干扰和破坏其正常运行。预置陷阱一般可分为"硬件陷阱"和"软件陷阱"两种。硬件陷阱是指安装使用时直接将病毒植入计算机的中央处理器芯片上，并使其长期潜伏，一旦需要可遥控激活，使对方的武器系统失控，指挥瘫痪；或者在接收到某一特定的频率信号后自毁；或者运行时发送可以识别其准确位置的无线电信号等，以达到破坏计算机系统的目的。"软件陷阱"与计算机病毒武器息息相关，其种类较多。如"特洛伊木马"程序，会突然替代合法程序并变态地成为更具破坏力的程序代码，且隐蔽性极强；"逻辑炸弹"是由计算机系统开发者或程序员设计的，并蓄意埋置在系统内部的一段特定程序或代码，平时不会发作，只有遇上特定条件时才会发作，一旦发作可绕过计算机安全装置实施破坏，达成作战目的。（傅铁焱、李勇《"芯片战"悄然走来》，《解放军报》2004年5月26日）

关于战法问题 **应重视高技术条件下的城市游击战** 由于城市在高技术局部战争中的地位作用日益突出，因此应该重视对城市游击战的研究。

*充分认清城市游击战的重要性。*未来战争中，进攻一方为削弱对方战争潜力、打击敌民心士气，必然对大中城市实施重点攻击，这就使得城市必将成为防守一方开展游击战的主要战场。同时，在城市开展游击战可以依托城区特有的地形，有利于运用灵活的游击战术，削弱敌高技术优势，最大限度地发挥人民战争的威力。

*注重探索城市现代游击战新战法。*要发挥城市的技术优势，发展电磁游击战战法，干扰和瘫痪敌指挥体系，或渗透到敌后对敌指挥机构、通信设施、雷达等进行破坏摧毁；要依托城市既设防御体系，发展小群多路袭扰战战法，杀伤、消耗敌有生力量，破坏敌后勤补给线，出其不意地打击敌武装攻击直升机、强击机，减煞其进攻锐势；要利用城区有利地形，发展形式多样的巷战战法，巷自为战、楼自为战、人自为战，最大限度地杀伤敌人。

*加强城市游击战预设战场建设。*首先，要本着便于指挥、隐蔽、机动的总要求，在城区特别是居民区构建与开展游击战相适应的各类指挥所；也可结合地下工程施工，建设坚固、隐蔽的地下指挥所；还可对特种车辆进行改造，建设移动指挥所。其次，要借助地方通信、网络设施和技术，采取预先铺设、预留接口等方法，配套完善指挥通信系统，形成军网与民网相结合、有线与无线相结合的指挥通信网络。再次，要结合市政工程配套设施建设，在入城主要街道路口，预先构筑阻击阵地、地堡、暗堡；在高大建筑物顶端，预留对空观察、射击位置；在规划建设城市地铁、人防工事时，要考虑到战时藏、贮、打、行的需要，构建网状的地下工事。（姚健等《对高技术条件下游击战的思考》，《国防》2004年第6期）

防空设障反空袭出现新势头 在主动式防空武器迅猛发展的同时，低成本、高威胁的防空障碍技术也呈现出强劲的发展新势头。

*多手段设障。*为增强防空障碍阻、扰、骗、诈综合对抗能力，必须综合运用多种设障器材和各类先进

的科技手段。主要包括：①运用智能主动雷障。当低空飞行的敌空袭兵器进入防护范围后，智能主动雷障系统的目标捕捉装置立即将信息传递给自动控制系统，使雷弹发射装置将大面积雷弹抛向目标，并将其毁伤。此外，还可在敌机或导弹来袭方向或必经航路上设置群式空飘雷，飞行器在空中一旦撞上这种悬浮雷就会被炸毁。②设置防空被动拦障。在敌兵器可能进袭的航线上，利用高大建筑和山头使用绳索、钢索、铁网、气球等，设置成反掠地拦障、拦网或群式拦阻气球，可有效对付低空和掠地隐蔽飞行的敌飞机和巡航导弹。③施放迷盲屏蔽遮障。通过多点、连续发射制式烟幕或气溶胶器材等，可在桥梁、渡口、交通节点、指挥所等重要目标上空形成大区域、长时间的对空迷盲，使来袭的敌机堕入烟海，无法瞄准攻击。④抛撒欺骗干扰遮障。即将金属箔丝等抛撒于空中，以干扰敌机载雷达系统，使其难以正常工作；或者空飘涂有金属涂层的气球，使敌机载雷达难辨真假目标；或者设置空飘角反射器，模拟高大目标，欺骗敌雷达和诱敌精确制导武器上当。

重点系统设障。主要做法是：①突出重点。重点目标和主要方向上的障碍场，通常是宽正面、大纵深、高密度，且有足够的垂直高度，并视情况多道带设置障碍，以瓦解敌机多架次、多批次的袭击。②合理确定障碍距离和障碍密度。设障距离主要依来袭敌机的投弹距离而定，并兼顾敌机的凌空距离等，一般最近障碍距离应首先大于障碍物的安全距离，尔后要小于敌机的最近凌空距离或投弹距离，尽可能地扩大设障范围，密度可近大远小。③快速机动设置防空障碍。面对握有选择空袭时机、航线、目标及战术手段主动权的空袭之敌，守方可在快速机动设障时采取多种措施，如以钢索、钢链将各种障碍物串联成网等，均有良好效用。

灵活隐蔽设障。①防空体系与其他各要素结合设障。空障设置必须与电子对抗、空中拦截和地面防空等系统紧密结合，才能实现空障与防空体系其他要素的互补互动，从而产生更大的作战效能。②适时设障。设障过早，不仅空障会因风雨雷电等影响产生移位或自毁，而且还容易被敌侦察发现、摧毁或规避；设置过迟，则可能贻误阻敌的战机。所以，准确掌握设置时机极为重要。③增强空障隐蔽性。要增强高效、适时的防空障碍效能，必须想方设法增大敌发现难度、提高空障生存力和增强空障的突然性。（张生余《反空袭作战对空设障》，《解放军报》2004年12月22日）

关于其他作战问题

防御作战发生3点变化　随着高技术条件下进攻作战的演变，防御作战亦开始发生变化。

既防敌重兵集团的大规模进攻，亦防敌精兵利器的小规模攻击。在信息化战争中，军队的质量上升到主导地位，数量退居到次要地位。于是攻方在兵力、兵器的数量上也不再信守三倍于敌以上的信条，而是形成了以集中精兵利器为主的原则。因而在未来防御作战中，防敌小型一体化联合部队的攻击，将成为防御一方的重要任务，甚至是重中之重。

既防敌对面状集团目标的进攻，更强调防敌对分散点状目标的攻击。随着各类精制导武器的大量装备使用，对关键节点目标的精确打击正逐步取代以往粗放式的面状打击方式，成为进攻特别是拥有技术优势一方的首选方式。进攻一方将会更多地采用以点制面的打击方式。由此，未来的防御作战自然要把重心放到对关键节点的防护上。

既防敌进攻的“硬”摧毁，也防敌进攻的“软”杀伤。未来信息化条件下的作战，谁获得了制信息权，谁就会赢得战场的主动权和决胜权。相反，若是己方的信息系统被对方瘫痪，不仅会陷自己于“眼瞎、耳聋”之地，而且火力、机动力等硬打击能力也会因此大打折扣，进而在整体上陷于被动挨打的境地。同时，随着现代信息技术、计算机网络技术、虚拟现实技术、多媒体技术等的发展，攻心为上的心理战已在战场上大显身手。可见，未来防御作战中，防敌以信息攻击和心理战为主的软杀伤，已成为能否赢得防御作战胜利的一个十分关键的因素和环节。（张金存《防御作战正在发生深刻变化》，《中国国防报》2004年12月2日）

转型后数字化机械化步兵的作战运用　机械化步兵一旦完成向数字化机械化步兵转型后，其作战运用将发生如下新变化：

作战使用上向全领域发展。数字化机械化步兵作战使用将由过去“点”上的使用向战场全领域发展。一是担负各种作战任务，如陆地作战、山地作战、水域作战以及特种作战等；二是攻防作战中全程使用，全过程与作战对手交战；三是实施空（机）降作战，在作战的关键时刻用于敌后、纵深作战。

接敌方式向“非线式”、“跳跃式”方向发展。一是接敌方式的灵活性。攻击前，接敌路线的规定是概略的。接敌过程中，依据战场情况灵活选定开进路线，其基本原则是顺势向前而避免碰硬。二是攻击方向的随机性。充分利用先进的信息获取系统、远程精确火力和良好的战场机动能力，通过广泛的战场机动对敌弱点实施攻击。三是攻击目标的跳跃性。非线式攻击着眼于瘫痪敌防御整体，在整个作战地域内寻找重要目标，攻击目标可能是敌纵深内的指挥所，也可能是高技术兵器配置地域，还可能是敌机动力量。

*对抗空间向立体方向发展。*陆地战斗车辆“地面空中化”，是陆地作战装备发展的基本趋势。目前，世界各国军队都在快速发展陆航部队。为了确保作战效能，夺取数字化战场控制权包括制空权、制天权、制电磁权的斗争日趋激烈。

*战术机动向兵力、火力、信息一体化方向发展。*情报获取、目标定位、信息传输、火力打击的一体化，使远程超视距打击成为常见的火力打击样式。不需要兵力的机动，就可以将分散的兵力集中使用于对某一目标的集中打击。因此，数字化战场上更强调兵力、火力、信息一体化机动，真正实现发现敌人即能消灭敌人。

*攻防态势向远程、精确方向发展。*超视距远程精确打击，是数字化部队的基本攻击样式。它首先依赖于数字化战场环境。以网络为中心的战场环境，使战场情况更加透明，随时可以知道敌人在哪里。其次是完善的信息保障系统。该系统通过近乎实时的信息传递，可保证精确打击火力用于关键目标。三是精确制导武器。车载武器装备只有实现精确制导化、智能化，才能适应数字化战场的需要。

*兵力编组向小组合、单车方向发展。*大兵力编组易遭对方的火力打击。数字化机械化步兵的兵力编组，营是最大的作战编组，既便于机动作战，也能够对一般性攻击目标构成一定的火力、信息优势。连是常见的作战编组，甚至单车作战也十分普遍。单车在广阔战场上充分利用战场盲区，快速隐蔽机动，或直接攻击目标，或通过适时的信息传递调集远程火力或其他车辆进行支援。

*打击方式向软杀伤方向发展。*由于作战平台由机械化向信息化改变，使“软系统”成为重要的攻击目标，只要破坏对方武器的“软系统”，就可达到削弱对方战斗力的目的。因此，数字化机械化步兵的打击方式呈现出以软打击为主、硬打击为辅的特征。（王雪平《机械化步兵的数字化前瞻》，《解放军报》2004年3月16日）

战斗力损耗出现两点新变化 信息化条件下的作战行动全时空、全领域地持续进行，不仅会使军队战斗力的损耗加大，而且会产生新的、更为重要的损耗点。

*心理的损耗将成为战斗力损耗的一个新焦点。*信息化战争中，交战双方不仅会在有限的战场空间内大量使用各种硬杀伤武器进行全方位、全纵深的高强度对抗，使军人的心理压力大大增加，而且交战双方还会以各种形态的信息媒介作为武器，对敌人从思维、情感、理智到观念、立场、态度等各心理要素进行攻击。因而，军队人员心理上的损耗，越来越成为未来战争中军队人力损耗的重要因素，甚至可对战局胜负起到至关重要的作用。

*结构的损耗成为战斗力损耗的新重心。*随着信息技术的发展和战争样式的变化，军队战斗力结构正朝着一体化的方向迈进。与此同时，战争中的交战双方都十分注重运用精确打击、电磁干扰、特种兵力破坏等手段，对敌指挥控制、侦察预警等各作战系统以及机场、港口、交通枢纽等重要“关节点”实施重心打击，以此造成其系统运行失灵，结构失衡。在结构决定功能的一体化战场上，军队战斗力的损耗，既表现为人力，物力的损耗，又表现为战斗力结构的系统性损耗。而后者的损耗，对军队整体战斗力形成和发挥的影响更大。（金光等《军队战斗力损耗的新变化》，《中国国防报》2004年11月11日）

台湾军队特战旅作战主要强点 台军特战旅作战有以下主要强点：

*编制精干灵活，反应迅速快捷。*特战旅编制小，战时编制仅3400余人，重武器如81迫击炮、120迫击炮和携行式防空导弹均可装载于“悍马”车上，在地面作战时，既可由旅属的各式轮式车辆实施摩托化快速机动作战，又可在空骑旅的直升机的支援下超越地形机动，速度可达200千米/时，基本适应台岛地幅狭窄、纵深短浅、战场容量有限的地形特点。862特战旅为台军战略预备队，平时直属陆军总部，战时受参谋本部直接指挥，主要担负进攻袭扰、侧后逆袭等作战任务。由于指挥层次大大减少，作战指挥效能和快速反应能力均有明显提高。

*作战能力多样，担负任务广泛。*特战旅具有战斗、战斗支援及勤务支援的能力，可遂行短时间的独立作战及有限的特种作战任务。特战旅平时进行严格而周密的训练，所属各营均系统接受排、连、营的特战战术、游击战术及步兵战术训练，同时编组特遣队担任地区战备应变部队，重点执行要地反空（机）降、反突击、反渗透等以快制快的任务；战时可利用空降突击、空中突击及特种作战等方式，在大陆沿海地区或登岛部队侧后，开展“敌后破袭”，或实施反特攻作战；可绕越对方及超越各种地形障碍，迅速在选定的地区攻

击对方，并夺取、固守、摧毁重要地区或目标；能在短时间内完成整备及调整，实施经常性的空降突击及空中突击；在获得适当火力与勤务支援的情况下，可担任与步兵旅相同的连续作战任务。

侦测器材完备，反装甲能力强。特战旅配备的众多侦测装备，不仅使其具有全天候侦察能力和主动跟踪目标功能，可迅速将 15 千米~20 千米地域的情况及时向友邻单位传输，提高己方攻击直升机和远程火炮的杀伤效果，而且使特战旅具有了全天候作战能力。另外，特战旅装备的 20 辆“陶”2 式反坦克导弹车采用目标瞄准、红外光学跟踪、有线指令制导，射程达 3.75 千米，对固定目标的命中率高达 90%，对活动目标的命中率可达 70%。此外，装备的几十具装甲火箭发射器、40 毫米榴弹发射器对装甲目标也具有一定的威胁能力。

台湾军队特战旅作战主要弱点　从台湾特战旅编制、装备和作战运用等方面考察，其作战弱点也较为明显。

自卫能力差，对制空权依赖多。台军特战旅在进行空降作战时主要依靠运输直升机。所以在执行作战任务时极易遭受攻击。当出发位置距离空降目标区较远时，特战旅必须依赖空军和己方远程炮兵适时进行反制、阻绝、支援等作战配合，空降作战才有可能取得成功。

突击着陆难，多种因素影响大。直升机对天候变化条件比较敏感，严冬、酷暑、暴雨、浓雾、风沙都可能使其行动受到影响而引起灾难性的后果。当特战旅担负进攻袭扰、侧后逆袭等作战任务时，在进攻方严密设防的登陆场翼侧或后方想找一块 2 千米×15 千米的着陆场决非易事。运输直升机在运送物资时，在装卸地域起降速度都很慢，很容易成为对方的活靶子。此外，特战旅空中机动作战时，还要受运输机和直升机数量、载重量等的限制，致使兵力和作战支援物资的运送非常缓慢。

防空能力薄，旅属支援火力弱。特战旅的防空武器主要是 6 具携行式“毒刺”防空导弹发射架，而且主要是担负指挥所要地防空的任务。即使担任机降突击作战的特战营可得到 2~3 具“毒刺”防空导弹发射架的加强，但在对方空地火力联合打击下，其自身生存机率都很小，更难以提供保障着陆场区域防空安全的对空火力。直升机机降突击作战时所能得到的远程火力或空军支援也明显不足。（肖鹏、高峰《外强中干的台军特战旅》，《环球军事》2004 年 6 月上半月号）

（潘新毛）

美军作战问题研究　**分析美军一体化联合作战的特点**　伊拉克战争把美军联合作战推向一个新层次，也反映出一体化联合作战诸多本质特征：

陆海空天电多维侦察探测手段综合运用，基本做到战场态势“透明化”。一是“侦得严”。运用多维空间各种侦察手段互为补充，对作战地域实施全方位、全天候、全时辰侦察监视。二是“融得成”。通过提高信息传递速率，将各种手段获取的情报信息，实时或近实时地发送至联合情报中心，并在通用数据库和智能化技术支持下进行综合集成，直接生成战场态势。三是“看得清”。国防部和各军兵种均构建标准统一、格式一致的 C^4ISR 系统，横联各系统，纵贯各层级，将综合战场态势迅速发送至不同用户，使上至总统、国防部长，下至基层指挥员甚至前沿士兵，都可同步看到实时战场态势。

联合作战指挥体制与网络系统日臻完善，有效达成指挥控制“实时化”。首先是指挥机构合成高效。美军各联合总部平时机构编成就注重高度联合，战争一旦爆发，无需作大的调整即可迅速履行作战指挥职能。其次是协同方法快速灵活。美军依靠 C^4ISR 系统实施网络化指挥，使得近乎实时的指挥控制和协调成为可能，大大提高了作战协同效率。再次是信息控制反应灵敏。通过指挥控制系统数字化改造，美军指挥通信终端比海湾战争时增加了 167%，信道带宽提高了 10 倍，数据传输速率提高了 16.7 倍，从传感器发现目标到作战平台实施打击的时间，由 22 小时缩短至 10 分钟，作战指令传输仅需 5 秒钟。

诸军兵种各系统各层级集成融合，基本实现了作战力量“一体化”。在武器系统上，通过加装数字化信息系统，将各种作战平台、打击兵器、侦察传感和指挥控制系统链接成有机整体，提高了武器装备的反应速度和打击精度；在作战单元上，采取小型、独立模块编组，既可单独遂行任务，也可随时按需调整力量，拼装成新的作战单元，大大提高了作战效能；在作战要素上，通过将情报侦察、指挥控制、信息对抗、火力打击、综合保障等作战要素融为一体，实现了情报获取与打击摧毁的整体联动。

纵深精确打击与瘫痪作战体系能力不断提升，充分体现作战形态“三非化”。一是交战方式“非接触”。通过发射巡航导弹，投掷精确制导炸弹，实施防区外超视距攻击，并贯彻“直接打敌重心”的思想，突出打首脑、打首都、打节点，力求在短期内摧垮敌作战意志。二是力量运用“非对称”。倚仗先进的武器装备，夺取并保持制天权、制空权和制电磁权，采取以空对陆、以海对陆、以陆对陆的不对等方式，对敌实施全方位、全空域、全时域的打击，通过打“技术差”、“空间差”抵消对手兵力优势。三是作战行动“非线性”。改变以往“一线平推、层层剥皮”的传统战法，将空袭战、信息战、特种战交替使用，火力战与机动战紧密结合，在广阔战场内实施快速有效、同步多维的非线性作战，使敌首尾难顾，彼此无法呼应。

联合作战综合保障模式实现聚焦式转变，大致形成作战保障“精确化”。一是运行机制实现“联勤、联储、联供”。改革后勤保障体制，建立起信息主导、统一指挥、模块组合的后勤装备保障体系，使保障渠道的选择、保障力量的使用、保障资源的分配，均可发挥最佳效益。二是物资管控实现“即时、准确、直观”。建立“联合全资产可视系统”，准确反映战场物资消耗和装备损耗及其需求情况，并实施全程动态显示。三是补给投送实现“随机、超越、直达”。对各种保障力量和保障物资的调运动态进行实时追踪，随时发出指令对参战部队实施补给，建立“从工厂到战场”的投送模式，简化了保障的环节。

美军一体化联合作战也存在诸多的局限与不足，如作战协同有时不太顺畅，误击误伤事件频发；高技术武器受制因素较多，效能难以充分发挥；面对游击式的袭扰和自杀攻击，要做到“全维防护”似不可能。（蒋谟祥、张明才《美军一体化联合作战的特点与发展趋势》，《外国军事学术》2004 年第 10 期）

美军“全谱优势”作战思想析 所谓“全谱优势”，是指在所有军事行动中美军都能单独或与盟国部队及“跨机构伙伴”协同行动，击败任何对手并控制局势。“全谱优势”要求将按实际需要编组的联合部队，投入陆、海、空、天和信息、心理等诸战场领域遂行应急、持久和协调一致的作战行动，并保留必要的海外存在以及强大的兵力投送能力。“全谱优势”作战思想是以 4 项联合作战基本原则为基础的。

制敌机动，是指联合部队在完成军事任务的过程中，以决定性的速度和压倒性的作战节奏夺取位置优势，要求联合部队具备高度的战术机动能力，迅速进入攻击阵地形成对敌压倒性优势。在国际维和、人道主义救援、打击跨国有组织犯罪（如贩毒、国际恐怖主义）和抢险救灾等非战争军事行动中，同样需要制敌机动能力。

精确打击，是指联合部队在所有军事行动中监视、识别并跟踪目标，运用正确的作战系统，达到期望的作战效果，并在必要时以决定性的速度和压倒性的作战节奏实施再次打击。精确打击既适用于战时，亦可在平时对付各种潜在或显在的威胁。

全维防护，是指联合部队通过在陆、海、空、天和信息领域内应用多种措施，合理控制风险，以有效保护完成任务所需要的人员及装备。全维防护无论在战争还是在非战争军事行动中，均可确保联合部队行动自如。

聚焦式后勤，是指在所有军事行动中，能够在正确的时间、地点为联合部队提供需要的人员、装备和补给。聚焦式后勤可确保联合部队获得打赢战争或非战争军事行动所必需的、数量和类型准确无误的后勤补给。（王敏《美军“全谱优势”作战思想》，《中国国防报》2004 年 8 月 24 日）

美军“打击重心”思想行动特点 主要有以下 3 点：

实施全方位立体侦察，发现监视敌重心。由于美军战场侦察监视能力极强，所以能够在战场全纵深对敌方实施全方位的侦察，以确定并监视敌方重心目标。在情报侦察中，美军强调从基层分队到高级别部队都要注重对敌方重心实施全方位多层次的侦察，以准确确定其重心的具体位置、防护能力和技术参数，以便为后期的打击奠定基础。作战中，美军还强调对敌重心被毁程度进行核实和评估，并不断发现敌新的重心。

实施“火电一体”打击，摧毁敌重心。在对敌方实施重点打击时，美军首先实施信息打击，使敌指挥控制中心、通信枢纽、电子系统等信息系统全面陷入瘫痪；尔后再以精确制导武器、弹药等实施火力打击，从而实现“软杀伤”与“硬摧毁”有机结合的“火电一体”战。

直接与间接打击相结合，孤立敌重心。美军在强调对敌重心目标实施直接打击的同时，也十分注重对敌重心目标的间接打击，即打击与重心有关的决定点，迫使敌军重心暴露出来并遭到削弱，为集中力量打击其重心创造条件。直接打击敌重心是取得胜利最直接的途径，主要是在敌重心目标比较暴露、战场环境有利、便于实施有效打击时采用。间接打击通常是在敌重心目标隐蔽且防护严密，不便于实施直接打击的情况下采用的。（王宏《解读美军的“打击重心”思想》，《现代军事》2004 年 2 月号）

美军空降兵作战使用新特点 美军在伊拉克战争中空降兵的使用，在战略意图、战役布势和战术运用上与以往相比有很大变化，表现出一些新特点：

体现高科技、小规模、高机动的作战思想。在对伊战争的战略指导上，美军强调以信息为主导、以具有快速机动能力的精锐部队为核心，通过选择对战略全局影响大的敌要害目标实施精确打击，力求迅速达成作战目的。因此，在绝对掌握制空权的前提下，以精确打击为先导的、“空地一体”的全程机动突击成为战争的主要形式，频繁而大量地使用空降兵成为战争的首选样式，而以中轻型部队为主的第18空降军也成为地面作战的首选部队。这反映出，美军不再以地面部队的规模来体现“决定性力量”，而是更注重作战能力与作战效益的高度统一，通过战场上的速度和隐蔽性，以有限的伤亡结束战斗。在空降兵的具体使用上，有的示形于威慑、有的空降于侧后、有的展开于正面、有的突现于纵深、有的机动于两翼，空降作战行动贯穿于战争发展全过程。

用于关键时机，注重造势制敌，低调发挥作用。在伊拉克战争中，美军更加注重以空降兵造势制敌，用威慑遏制和造势攻心逐步取代狂轰滥炸。在战争爆发前，美军就将空降兵先期部署到伊周边地区，营造出大兵压境、挽弓待发之势，充分显示美军的作战决心和意志；在以“斩首”行动拉开战争序幕后，空降兵先是按兵不动、观察形势，随即以少量精锐部队实施重点突击，迅速达成战略目的；为了开辟北方战线、形成南北夹击之势，美军还紧急调用空降兵投入北部战场作战，以改善整个战役态势。

以强大的信息能力主导战场、机动作战、获取优势。美军空降兵营以上部（分）队都装备了战术指挥系统，可与其他兵种密切协同，在侦察、情报、指挥、控制、作战、后勤保障、空中支援等各个环节实现数据共享；各种战斗车辆及直升机都能通过文本信息呼唤火力；加密的数据通过无线电在部队车辆之间传送，跳频技术使敌方无法对其信号进行追踪。信息化的战场，使空降兵特有的作战效能得到了充分发挥。

装备较轻、防护力弱，攻坚能力有待提高。美军空降兵由于以中轻型武器装备为主，对坚固目标的攻坚能力受到一定限制。伊拉克战争也证实了这一点。美军空降兵对坚固防御目标的进攻显得力不从心，虽然这与战前美军制定的“零伤亡”指标有关，但缺乏防护力、害怕遭受重大伤亡则是不容置疑的原因。这使美军认识到没有发展空降兵地面机械化装备是其空降兵建设的一个失误。（王维山《伊拉克战争中美军空降兵的作战使用》，《现代军事》2004年4月号）

美军信息战存在5大弱点 美军的高技术信息优势并不能保证它在信息战中无与匹敌，因为它存在5个明显弱点。

信息掣肘美军战斗力。现代战争中，信息量的空前增大和信息传播环节的增加，难免造成虚假信息的泛滥和有用信息的失真现象。这就使信息在采集和处理过程中真假难辨，因而往往影响战斗力的发挥。在近期几场战争中，对手设置的假坦克、假阵地，曾使美军侦察系统摸不清虚实，采集回来的信息也良莠不齐，从而导致美军判断失误，对假目标狂轰滥炸。

信息化武器发挥作用受战场环境限制。气象和地理条件都会影响到信息进攻。比如丛林、沙漠、山地等地形和恶劣的天气就会对信息武器系统产生影响。在伊拉克战争中，沙尘暴曾使美军信息化武器失灵，大大延缓了作战行动。

信息网络系统发达却易受攻击。首先，美国不能独占信息战的技术。由于信息技术的扩散性和共享性，使得美国在建立起一个信息系统平台用于信息战时，也为其他国家和个人利用这个平台攻击美国提供了机会。任何头脑灵活的人都可以把自己武装成信息战士，轻而易举地使美国军用和民用电脑网络陷于瘫痪，甚至可以破坏美军高层决策机构所依赖的指挥控制系统。其次，庞大的信息系统使美军在信息进攻面前招架无力。在国内，美军和政府行使职能越来越依赖于国家信息基础设施，大量的后勤社会化保障不得不借助民用通信网。由于用于管理军饷、人事、运输、零部件的这部分计算机防护能力低，而且与公共通信设施联网，极易泄密和遭到破坏。

花费巨大让美军在信息战中防御乏力。美军要维持其信息技术优势，就必须加大信息工程建设、改造、维护和更新的投入。但是这笔费用非常大，美国现在还难以承受。比如，作为集高、精、尖技术于一体的信息化武器平台往往价格不菲，其中信息技术的研制费和采购费在飞机、舰船、坦克、大炮等武器装备中占22%~30%，在导弹中占45%，而在一体化信息系统C^4ISR中所占比例更高；信息化武器装备软件系统的研制和采购费用极为高昂，难以估算。同时，由于信息安全的投资回报收益在短期内并不显著，甚至可能会血本无归，即便是财力雄厚的公司也不愿倾力相助，政府难免资金短缺。所以，美军在信息战中要改善防御乏力的状况，恐怕还需要相当长一段时间。（郭剑锋、陈传成《信息战：美军有多少“软肋”》，《中国国防报》2004年11月30日）

美军空袭作战存在诸多弱点 近期几场局部战争中，美军的空袭作战表现出如下弱点。

空袭作战受前进基地制约。美空军远程战略轰炸机数量有限，高强度的连续空袭不得不仰仗海外前进基地。如在空袭南联盟的“联盟力量”行动中，前沿陆基打击力量约占 71%、海上打击力量约占 14%、远距离打击力量仅占 15%。没有前进陆基基地和海上移动基地，美军就不可能达成作战目的。由于政治、经济、外交等诸多原因，可供美国及盟国空军使用的陆基基地有限，往往难以满足美军的作战需求。航空母舰是美军发动空袭的海上移动基地。但航空母舰最致命的弱点是难以防御弹道导弹和潜艇的攻击，一旦航母遭受其攻击，将对美空袭作战造成严重影响。

*空袭作战对作战保障依赖大。*据统计，在美军空袭行动中，一般用于直接打击的飞机架次仅为出动飞机总架次的 25%，其他大部分飞机架次是用于作战保障。而在作战保障中出动架次最多的空中加油机，很容易遭到对方的攻击。搜索与救援保障是美空袭作战的又一项重要保障。它要深入到敌方纵深抢救被击落的飞行员，危险性极大。

*高技术空袭武器存在致命弱点。*美军高技术兵器虽有诸多长处，但并非无懈可击。美军的隐身飞机采用隐身结构、涂敷吸波材料，主要是针对厘米波雷达，而对米波、毫米波、红外波段的雷达和传感器（特别是长波雷达)，其隐身效果将大大下降；其隐身战斗轰炸机打开弹舱门投弹时也会增大雷达反射信号，很容易被雷达发现并招致攻击；“战斧”巡航导弹飞行速度慢、自身防护能力弱，发现后很容易被地面炮火拦截；武装直升机则存在飞行高度低、噪音大、速度慢、续航时间短、行动受天候影响等弱点，很容易被火箭弹击落。

*对活动目标空袭效果不佳。*美军使用精确制导武器打击活动目标时显得力不从心。对方只要善于利用防护、伪装、机动、分散等积极防御战术，空袭效果便会大打折扣。在科索沃战争中，以美国为首的北约出动了数万架次飞机、扔下 1 万多吨弹药，但由于南军采取了有效的防护伪装措施，保存了主要军事实力。

*获取情报和精确打击受气象条件限制。*恶劣的天气不但会严重影响美军太空卫星和空中侦察机的图像情报获取能力，而且对美军的激光、红外、数字景象匹配制导等精确制导武器的攻击妨碍极大。如伊拉克战争期间，持续数日的沙尘暴天气使美军的空袭飞机尤其是武装直升机无法出动。

*害怕人员伤亡、担心装备受损。*美军在战争中害怕人员伤亡和武器装备毁坏。飞行员的伤亡不但会影响部队的战斗力和士气，甚至对美国内政治形势也会起到微妙的作用。高技术条件下的空袭作战打的是一场高消耗战。无论是海湾战争、科索沃战争还是伊拉克战争，如果不是众多盟国在经济和军事上鼎力相助，光靠美国是打不起、也打不长久的。因此，美军的空袭能力将受到经济后盾和人员伤亡状况的明显制约。（王鹏宇等《美军空袭作战的弱点》，《现代军事》2004 年 3 月号）

美军认为其战时通信存在 3 个问题 美军在这些面的反思，反映出以下问题。

*动中通能力不足。*伊拉克战争中，移动用户设备所暴露出的局限性，主要是跟不上陆军的推进速度。由于美军地面部队的挺进速度达每天 170 千米，持续运动中根本无法停下来开设移动用户设备，致使师指挥官无法保持与前线部队的通信联络。即使有时开设了该系统，部队很快又超出了它的工作范围，只得转而使用调频电台。此外，美军数字化师相当多的战术通信系统因为只能进行视距传输而妨碍了动中通，为“21 世纪部队”旅以下作战指挥系统配备的增强型定位报告系统，也由于该师战线拉得过长，致使系统开始断裂。为此，陆军只得给“21 世纪部队”旅以下作战指挥系统增加卫星接口。由于部队的一些技术通信系统不能在运动中工作，通信的仅有手段是‘铱’星电话和蓝军跟踪系统（BFT)。但这两个系统并未普遍装备部队，满足不了部队对动中通信的要求。

*班级通信是软肋。*伊战中美军高级指挥官能够获得执行任务所需的情报，而通信方面的漏洞却妨碍了战役和战术级指挥官获得这种信息。由于信息流不能延伸到位于战术链最末端的作战人员，致使下车徒步作战（尤其是巷战中分散作战）的士兵班际和班内的通信困难。尽管美国防部特许陆军为第 101、第 82 空降师紧急配备了 500 部通信距离为 5 千米的多频段小分队间/内电台，但也只配发到连排级。

*后勤通信被忽视。*美军后勤部队在战争中未能及时向前线部队提供补给，在很大程度上是由于通信能力不足所造成的。由于后勤部队的优先级别一向低于战斗部队，因此，给他们配备的通信装备大部分是通信距离不到 30 千米的低功率调频电台。一旦移动用户设备不能开通，对零备件和其他后勤物资的申请和答复往往要由专人送达。

此外，美军通信还存在的问题有：对安全性较低的商用通信系统过分依赖；通信设备因型号不一而影响互通；通信兵数量少且训练不够；信息往往处于超负荷状态，反而影响指战员及时做出正确决策等。（柯云《美军对伊拉克战争通信问题的反思》，《现代军事》2004 年 4 月号）

（隋　源）

美军遂行联合城市作战的基本观点 美军认为，

城市作战行动将面临多种重大挑战，要求武装部队高度重视城市地区的作战行动。

美军对现代城市作战共同特点的认识。美军在总结了自二战以来城市作战的经验和教训后认为，现代城市作战有如下共同特点：一是城市战中技术先进部队的优势受到限制。二是地面作战人员密集、伤亡率高。三是城市地面作战行动更加分散、指挥控制困难。四是行动耗费时日，组织计划困难。五是附带损伤高，平民伤亡比军队更为惨重。六是城市作战后勤保障复杂，要求更高。七是城市作战往往为防御部队、暴乱分子和恐怖分子提供有利条件。八是城市战中地面部队将面临更多的工业和化学污染物的威胁。九是城市作战中，许多城市和地区的非政府组织和国际组织、新闻媒体可能介入和影响军事行动。十是具有“三街区战争”特点，多种军事行动并存。往往在一个街区进行激烈战斗的同时，另一个街区在向难民实施人道主义援助行动，而第三个街区则在实施维和行动，隔离正在进行战争的双方部落。

组织实施联合城市作战的基本要求。一是精心组织有针对性的战前训练。二是周密制定城市作战计划，精心选择城市作战的重心和关节点。三是组织周密的城市地区的战场情报准备，包括明确城市战场环境及对作战行动的影响，评估敌方情况，判断敌方行动方案。四是严密组织对城市的封锁和控制行动。五是采用灵活的机动样式与精确的火力支援，包括灵活采取渗透攻击、迂回、突破和正面强攻的机动样式，组织精确的火力支援以减少附带损伤。六是重视特种作战部队在城市作战中的特殊作用。七是重视以心理战瓦解敌方城市的民心士气。（姜川《美军遂行联合城市战役的基本观点》，《外国军事学术》2004 年第 3 期）

美军对信息战理论的新发展 美军最近颁发的一些官方文件对信息战进行了新的诠释，丰富了信息战的内涵：①提出了“信息保障”的概念。美国防部在最近几年的《国防报告》中给“信息保障”下的定义是：“在信息行动中，通过确保信息和信息系统的可用性、完整性、可靠性、可信性和非拒止性，来保护这些信息和信息系统。”②丰富信息战的内涵。信息战的内容有：作战保密、军事欺骗、心理战、电子战、物理打击和破坏、计算机攻击、信息保障、反宣传、反情报和计算机网络防护等。③把信息战列为战斗力的基本要素之一。认为战斗力的构成要素有 5 个：机动、火力、防护、指挥和信息。信息不仅可加强机动、火力、防护的效果，还能使指挥官获得“战场态势感知能力”，从而近实时地定下正确决心，比敌人更快地采取行动。④把“导航战”列为信息战的重要作战样式。为此，美国防部将改进卫星系统，提高军用信号的强度和保密性；改进军事用户接收机，提高其性能；研制高性能干扰机，阻止敌方使用全球定位系统信号。⑤把“信息行动”提高到战略层次。美军认为：“信息行动是指，通过加强己方的信息优势和影响外国的态势感知能力，来保障国家安全战略目标的实现。”（王保存《美俄等国信息战理论与实践的最新发展》，《外国军事学术》2004 年第 9 期）

（韩长生）

俄军作战问题研究 2004 年，俄军根据《俄联邦武装力量发展的紧迫任务》等一系列法规文件，加大了作战理论与实践问题的研究力度，其中一个显著特点是侧重研究战役—战略方面的理论和实践问题。

明确现代战争和武装冲突的特点 总结 90 年代至 21 世纪初期武装冲突的特点。《俄联邦武装力量发展的紧迫任务》将其归纳为：第一，没有一种综合的武装冲突类型，即在冲突中实施战斗行动的原则和样式是不同的。第二，相当大的一部分冲突具有不对称性质，即这些冲突是发生在处于不同技术阶段以及质量状况的对手之间的。第三，所有冲突都是在一个战区范围内相对有限的区域内展开的，但却使用了配置在战区范围以外的兵力兵器。虽然冲突在本质上是局部的，但却非常激烈，在很多情况下往往是以消灭冲突一方的国家体系（如果存在一个国家体系）作为结局。第四，武装冲突或战争初期的意义有了很大的提高，即夺得战斗行动初期的主动权，就预先决定了战事的结局。第五，与航空兵联合行动的高精度远战武器在战争初期发挥了主要作用，但在尔后实施的作战行动中还是陆军发挥了基本作用。

分析未来武装斗争的军事—政治特点。俄军认为，新历史阶段冲突的主要特点是，武装对抗中各个领域的作用进行了重新分配：整个武装斗争的进程和结局将主要取决于空中—太空和海上的对抗，而陆上集团则巩固所取得的军事胜利和直接保障达成政治目的。俄军通过对 20 世纪末至 21 世纪初冲突的最一般特点的分析，将现阶段和可预见的未来武装斗争的军事—政治特点概括如下：①武装力量在实施武力行动方面具有中心作用，半军事组织、军事化组织、民兵和内部安全力量分队的实际战斗力远不如预想的那样强大，他们无法对正规军采取积极的战斗行动（如伊拉克）。②获得军事—政治胜利的决定性因素是在武装冲突过程中夺取战略主动权，指望通过消极作战来“减弱”敌进攻势头，只会导致失去对己方集团的控制并进而输掉冲突。③未来武装斗争的特点在于在战争过程中，军事目标和军队以及国家经济及其全部基础设施、平民和国土同时遭敌打击，尽管毁伤兵器的精度有了提高，但平民的伤亡依旧重大。④军事胜利的标准各不相同，但在武装冲突中完成政治任务显然具有主要的意义，而军事—政治和战役战术任务则多半具有辅助的性质。⑤尽管在威胁阶段前展开的兵力兵器集团的作用提高，但拥有做好战斗准备的预备队及其动员和扩充体系，对于武装冲突的结局仍然具有很大的意义。这样，不管武装冲突过程中局势如何发展，都有可做出强力反应的战略资源。⑥战斗行动特点是机动战和阵地战相结合，侦察破坏行动和游击战被视为“常规”战争的组成部分。⑦对防御一方来说，先进的侦察系统及其统一的指挥中心和防护良好的诸军种及特工部门的情报收集和处理中心（站），具有决定性的意义。它们能在最短的时间内、近实时地将处理过的侦察情报分发到有关用户，并及时查明敌准备入侵的情况，从而使军队及时进入相应的战备等级。⑧在军队集团中，除战役布势（战斗队形）的共同组成部分外，还应包括实时行动的侦察—信息中心、防护程度高的自动化军队指挥和武器控制系统、高精度武器的空中—太空梯队或其组成部分、防护程度高的预备队。⑨在战争中，除拥有远战高精度武器外，还要拥有能把战斗行动直接引向敌境的其他手段。⑩信息心理战的作用巨大。

归纳现有军事艺术原则的新变化。俄军根据上述情况，将军事艺术原则的新变化归纳为：①在决定性方向集中兵力兵器已不是在选定的方向上集中军队，而主要是通过密集使用火力毁伤兵器来实施，突击集团只是最后时刻才前出到主要突击方向上。②战略、战役法和战术间的相互关系将发生变化，其相互依赖和相互影响提高。③武装斗争中，各军兵种和专业兵紧密协同地完成所有复杂的和相互联系的战略、战役和战术任务时，主要以远程火力完成毁伤和粉碎敌人的主要企图。④进攻和防御行动方法将进一步接近，进攻在未来表现为火力和无线电电子突击相结合。⑤未来战术行动的突出特点是，远距离火力战的意义提高。⑥军队能迅速使敌政治和经济管理基础设施，以及通信和无线电电子斗争系统失去作用，具有特殊意义。⑦在未来战争中，防空系统抗干扰并能同敌所有飞行器进行斗争具有决定性作用。⑧起迷惑作用的假情报的特种战役有助于达成突然性。⑨地面行动仍然重要。

分析现代战役法的发展趋势 俄军学者认为，现代战役法有如下发展趋势：第一，军事高度政治化和战略对战役法的影响日益增大；第二，战争和军队行动的作战样式从破坏性转向对敌进行功能—结构有选择地打击；第三，各种规模的武装斗争逐渐转向武装—信息对抗；第四，军团必须准备在任何规模和强度的军事冲突中遂行任务；第五，军队的战役和战斗行动的性质和内容不断发生变化；第六，在现有的遂行军事行动的作战样式和方法保持稳定演变的同时，出现一系列的新样式和新方法；第七，争夺空中—太空的能力不断增长；第八，在军队的战役和战斗行动中对敌火力毁伤具有决定性的作用；第九，机动的意义日益突出；第十，参加战役（战斗行动）的所有军队、兵力兵器间协同动作的作用提高；第十一，战役（战斗行动）的胜利更加依赖于对军队的全面保障；第十二，准备战役的条件多样化，战役准备日趋复杂；第十三，指挥质量、人员职业、精神心理的作用提高，以及组织敌后斗争对战役胜利的作用提高，作为遏制和达成战役目的的核武器特别是战术核武器的作用也明显提高，等等。

研究军队跨战区远距离机动作战能力 俄军明确规定，平时和非常情况下，在保持战略遏制潜力和完成保持战备等级任务的同时，常备军队（兵力）应能在不实施补充动员措施的情况下，同时在两场任何类型的武装冲突中顺利完成任务，以及独立地或在多国部队编成内实施维和行动。而在战时，则能以现有力量抗击敌空中—太空袭击；进行全面的战略展开之后，同时在两场局部战争中完成任务。

为贯彻落实这一任务规定，俄军在 2004 年进行了一系列的理论研究与实践活动，主要是通过规模不等的战役-战略、战术—战役等演习来检验军队跨战区远距离机动作战能力。即检验常备力量的战略机动能力（跨战区远距离变更部署）和在陌生地理和天候条件下的作战能力；检验俄军常备力量各军兵种之间，以及与其他强力部门军队之间的协同作战能力；检验俄军在国家面临威胁时的动员准备和军地协作能力；研究军队跨战区远距离机动作战的方法，以及检验新武器装备和技术等。

总结狙击战术 俄军近来围绕分队在合同战斗中的行动样式与方法等问题展开研究，其中较有代表性的是根据历史与车臣战争经验对内卫军的狙击战术进行了新的总结。

狙击分队的编成与战斗使用。狙击分队的最大编成是狙击连。俄内卫军各军区的作战部队均编有狙击连。连编有若干排，排编班。在战斗行动中，狙击连

通常将人员分散配属到合成分队，以排、多人狙击小组、单个或多个双人小组为单位遂行狙击任务。狙击手既可用于进攻，也可用于防御，在战斗行动中担任前哨、直接警戒和游猎任务，有时还担负为己方火器指示目标的任务。

在进攻战斗中，狙击手编入强击支队和强击群遂行特种作战；在合同战斗中，狙击手的主要任务是寻找并消灭敌最重要的目标，包括指挥员、观察员、各种火器班，以及敌人的狙击手或反狙击班等。在防御战斗中，狙击手通常配置在己方分队的翼侧，用以保障分队翼侧或支撑点结合部的安全；与战斗警戒分队协同动作，消灭敌侦察兵、指挥员和观察员，以及实施设伏行动等。

行动方法。在进攻战斗中，狙击手位于战斗队形的中心和纵深处，或位于己方分队的翼侧，当地形和情况有利时，也可位于分队的前面。任务是消灭敌机枪班、反坦克炮班、永备火力点和其他妨碍分队行动的目标。在行动过程中，每隔 20 分钟至 30 分钟狙击观察员和狙击手要互换一次角色。当己方分队位于进攻出发地区时，狙击手的主要任务是发现和消灭敌指挥—观察所、观察所和火器。

在与敌直接接触状态下转入进攻时，狙击手利用其在排支撑点或中间地带内的预设阵地对敌前沿实施侦察，查明敌人火器。在冲击的火力准备阶段，消灭敌人值班火器的观察员和其他目标；分队发起冲击后，狙击手根据情况可随队行动，或留在原射击阵地捕捉目标。

在防御战斗中，狙击手构筑的射击阵地包括基本阵地、预备阵地、假阵地，必要时还可构筑前进阵地。在敌向防御前沿前冲击时依托基本阵地射杀敌人；当敌人实施炮火打击、空袭或楔入防御阵地并且已经无法留在基本阵地时，转入预备阵地；假阵地用于迷惑敌人，吸引其火力并借机查明敌狙击手的位置；前进阵地用于对在基本阵地观察和打击不到的目标实施打击等。

（刘万军）

俄罗斯靠 4 大技术手段突破美国 NMD　面对美国大力发展的国家导弹防御系统（NMD），俄罗斯正在积极发展 4 项应对之策。

缩短导弹助推阶段时间。在美国目前的导弹防御系统中，对来袭导弹助推阶段的拦截技术最为成熟，拦截系数最高。因为导弹在发射助推阶段速度较慢，特征明显，容易被侦察发现。为此，俄罗斯正在研究缩短导弹助推阶段时间的技术，使敌人反导系统发现后来不及拦截，从而增强其突破能力。

降低导弹的分导高度。针对反导网的拦截模式，俄罗斯正在改进导弹分导技术，降低洲际导弹分导的高度，拟在 80 千米~100 千米的区间释放多弹头，从而使美国的反导武器无法在极短的时间内对多弹头实施拦截。

增加导弹的机动能力。这既可提高导弹的生存能力，也可增强导弹的突防能力。由于机动型导弹没有固定的发射地点，使敌无法预先侦测，同时也难以及时发现发射的导弹。据俄通社—塔斯社援引俄罗斯总统普京的话报道说，2004 年 12 月，俄罗斯已对能携带总重达 4 吨的 10 个核弹头的新型核导弹系统成功进行了试验，并将在未来几年内投入现役。

从太空反制反导网。对于反制美国的反导系统，大多数俄罗斯军事专家认为，其最有效的方法是太空武器，而且从太空突破、反制美国的 NMD 系统在理论上是可行的，也是最有前途的，如利用太空武器摧毁反导系统的导弹预警卫星等。

另外，一些俄军事专家认为，还可通过开发电磁、动能和高能激光等新概念武器，打击敌反导中枢神经系统。（王新俊《俄 4 大手段突破美国 NMD》，《中国国防报》2004 年 12 月 7 日）

（木　工）

日本自卫队作战问题研究　2004 年，随着军事战略的转型，日军作战理论也随之发生相应变化，主要体现在：一是远洋作战思想逐渐明晰。二是着手研究特种威胁下实施“先发制人”打击的必要性及作战准备。三是采取措施提高对“周边事态”进行早期预警和快速应对的能力。四是强调信息作战的重要性，注重提高信息化作战能力。

作战理论在军事转型过程中发生相应变化　为了对付地区内的现实“威胁”以及应对未来其他各种“威胁”，日本军方认为自卫队需要实行职能转型。日本自卫队职能的转变相应地促使自卫队的作战理论发生了一些变化。主要体现在以下 5 个方面：

强调“本土防卫”、“海上歼敌”、“远洋防空”，力求“歼敌于数百海里之外”。“本土防卫”、“海上歼敌”、“远洋防空”的作战指导思想是在 20 世纪 80 年代中期确立的，时至今日，日本军方为其增添了新的内涵。在 2003 年度和 2004 年度的《防卫白皮书》中，日本就自卫队未来的作战样式做出了具体设想，同时提出了以下新作战理论：一是防空作战新理

论——“早期预警”，“适时打击”；二是周边海域防卫作战新理论——“早期处置”，“超视距打击”；三是确保海上交通线安全作战新理论——“反潜护航”，“登船检查”。

强调应对“紧急事态”，进行“早期遏制”，“预防和应对危机”。日本自卫队的主要职能和任务是“应对紧急事态和参与构筑更加稳定的安全保障环境的活动”。为顺利完成上述使命，日采取措施提高下述能力：一是对“紧急事态”的早期侦察能力。日本正在逐步改进现有侦察和预警系统，改进已有的空中预警机，并继续引进先进的空中预警机，研制开发无人驾驶侦察机、图像监视器、数字图像收发装置、侦察用地面雷达、夜视装置等，部署高分辨率的侦察卫星，扩大侦察和预警范围，以适时掌握和监控有可能威胁到日本安全的“紧急事态”。二是自卫队的机动能力和快速反应能力。日军正在组建空中机动旅和地面机动师和旅，通过提高早期预警能力、兵力的快速机动能力，以确保对“紧急事态”做出快速反应，力求避免危机的发生和扩大。三是提高远程投送能力。日军决定引进诸如 C-17 战略运输机、CH-47J 运输直升机、空中加油机等，并加快发展登陆运输舰，确保一次将 1 个步兵团及装备投送至所需地点。

强调预防和应对核、生、化武器及导弹攻击，同时强调“先发制人”。日本军方认为，核生化武器破坏力巨大。为有效应对这一威胁，除预防外，还可在必要时进行“先发制人”的打击。其具体应对措施主要包括：一是广泛收集情报，及时发现和拦截来袭目标。即以预警机、侦察卫星等各种手段提早预警，使用反弹道导弹将来袭导弹拦截于境外。二是制定作战预案，做好“先发制人”的准备。日本正在重组特种部队，赋予它对核、生、化武器及导弹攻击等进行“先发制人”打击的任务。关于“先发制人”的时机，日本军方人士曾举例，如果日本判定某国以日本为目标进行导弹发射准备，日本就可以对该国的导弹基地进行打击。

强调打信息化条件下的战争，提高信息化作战能力。一是加强自卫队信息化建设，完善指挥自动化控制系统（C^4ISR）。日以加强情报网络建设为重点，加紧完善连接防卫厅、自卫队的高度集成的网络化环境，实现从中央到基层一线的情报数据共享，建立一体化网络监视和紧急处置机构等，实现作战指挥自动化。二是组建网络战部队。日本防卫厅决定在 2005 年前组建一支由陆、海、空自卫队计算机专家所组成的 5000 人左右的网络战部队，专门从事网络系统的攻防。三是加快发展信息化武器装备。日本重点发展的项目是空间情报侦察系统。日本政府间谍卫星推进委员会会议决定，在 2005 年和 2006 年各发射 1 颗间谍卫星，对其周边国家实施监视。此外，加快发展无人侦察机，实现情报的实时获取。

强调同美军联合作战，共同对付“日本有事”和“周边事态”。日美联合作战分 3 种类型：“平时合作、日本有事、发生周边事态”。所谓“日本有事”合作是指在日本受到武力入侵或面临入侵时实施日美联合作战。所谓发生周边事态合作是指确立有效的联合行动体制，在危机发生前至结束后的整个期间，努力制止危机的发生，控制事态的扩大，谋求问题的解决。为此，日本采取的做法主要是加强日美军事情报合作与交流；制定“日本有事”和发生“周边事态”时进行联合作战的预案；加强日美联合演习和共同训练；共同研究武器装备以及包括信息通信技术在内的军事高技术。（盛欣、张顺《日本自卫队作战理论及作战准备研究》，《外国军事学术》2004 年第 11 期）

作战理论发展有 3 大动向 近年来，日本在推进军事现代化建设进程中，发展了作战理论。主要动向有三：

强调正规与非正规作战有机结合，对付各种形式的威胁。日本认为，建军的着眼点既要注重加强部队的正规作战能力，以应付对日本安全构成严重威胁的武装侵略和其他军事行动，更要使部队具备能随时以非正规作战的方法对任何形式的突发事件做出快速反应和处置的能力，以维护日本的安全和稳定。为此，采取了一系列实际步骤和措施：一是增强军事力量的正规作战能力。主要包括与美联合研制战区导弹防御系统，优先配备给海军，使其“宙斯盾”导弹驱逐舰具有拦截弹道导弹的能力。然后考虑部署陆基发射系统，并进一步加强日美两国介入所谓“周边事态”时的军事合作，明确日本在亚太地区发生冲突时承担对美军的后勤保障任务，并有可能在日本以外的周边地区配合美军的正规作战。二是首次做出大力充实和加强部队非正规作战能力的决定和计划。2004 年 8 月，日防卫厅再次召开“重大事态对策会议”，主要根据“朝鲜工作船曾侵犯日本领海”和生化武器扩散等情况，研究今后建军计划和增加军费预算总额，用于充实和发展对付特工入侵及防核生化武器的装备。

强调兵力的快速投送，对“紧急事态”做出快速反应和处置。一是调整领率机关的体制。日本对防卫厅的组织机构进行了改革，由过去的“五局一官房”调整合并为“四局一官房”，取消防卫厅政务次官，新设防卫厅副长官和防卫政务官，从而使机构进一步精干，提高决策和办事效率。二是按计划进行陆上自卫队作战部队体制编制的改革。现已完成第 12、13 师改编为旅的工作，正对第 5、11 师进行师改旅的工作，以使陆上自卫队作战部队机动投送方式实现多样化，更适于国土防卫和快速反应的要求。三是继续裁减员额。由目前的 25 万人削减为 2005 年的 23.9 万人，削减的重点是陆上自卫队，海空兵力基本保持不变。四是实施远距离快速机动训练，提高综合快速兵力投送能力。

转换作战重心，重点打击敌指挥控制系统和信息网络系统。日本明确提出，根据日本的实际情况，在未来高技术战争中，必须把过去以敌进攻部队主力为作战重心的思想和理论转换成以敌指挥控制和网络系统为作战重心。由于受军费预算的影响，兵力兵器的数量规模小，难以在战场上迅速歼灭敌人有生力量，容易陷入长期的消耗战中，因而在进行国土防卫战时，“必须把重点放在如何破坏或瘫痪敌指挥控制系统上，即确立与信息时代的战争相适应的战法越来越重要”。（蔡为民等《日本实施国防战略大调整》，《国防科技》2004 年第 11 期）

日本导弹防御作战主要有两种方式 日本对导弹防御系统作战运用的设想是：通过军事侦察卫星、预警卫星和海上、空中的预警系统，发现和捕捉来袭的导弹，并把来袭导弹的各种参数数据传送到指挥控制中心进行综合处理，指挥控制中心再将拦截指令发向装载在“宙斯盾”驱逐舰上待命的“标准-3”型导弹发射系统，由“标准-3”型导弹对其进行拦截；如果拦截失败，再由“爱国者-3”型导弹在来袭导弹处于接近地表的飞行末段时进行拦截。导弹防御作战方式主要有二：近海机动防御和内陆重点防御。近海机动防御以“标准-3”导弹系统为主，在日本近海部署以“宙斯盾”驱逐舰为主的机动防御力量，监视可能的来袭导弹方向，在来袭导弹的飞行中段，甚至是助推段实施拦截。在理论上，只需 4~6 艘“宙斯盾”驱逐舰，就可以对日本全岛几乎所有方向进行导弹拦截预警和拦截，不仅可以对近、中程来袭导弹进行拦截，而且在对远程导弹的拦截上也具有极大的发展潜力。内陆重点防御则以部署在陆上的“爱国者-3”导弹系统为主，主要是对东京等要地进行重点防御。两种防御方式一起构成日本导弹防御体系。（于庭《日本导弹防御计划解析》，《外国军事学术》2004 年第 2 期）

日本自卫队作战体制向灵活、快速、机动方向发展 为了使自卫队成为日本 21 世纪安全保障的有力支柱，日本通过对现有体制进行重组或重建，建立起灵活、机动的快速反应体制。日本将于 2006 年组建“中央快速反应集团”，它将由防卫厅长官直接领导和指挥。从目前来看，“中央快速反应集团”将由以下部队组成：于 2004 年 3 月成立的反恐特种部队“特种作战群”；于 2002 年 3 月在九州地区组建的第 1 支快速反应部队——西部军区直属步兵团；陆上自卫队直属的专业防化部队“第 101 化学防护队”；以担负城市巷战和反游击战为主要任务的第 1 师的部分部队；为应对恐怖活动和游击战等新型威胁而将在陆上自卫队成立的“快速反应团”，专门派往海外参与国际安全事务的“国际任务机动部队”等。此外，日本海上自卫队在引进“宙斯盾”驱逐舰搭载的导弹防御系统后，将建立两支随时待命的快速反应驱逐舰部队，并使其纳入美国的导弹防御系统。

日本自卫队在缩小部队规模的同时，更加注重提高质量和效能。根据冷战后国际形势趋缓的判断，1995 年《防卫计划大纲》规定，把陆上自卫队基干部队体制由“13 师 6 旅”缩小为“9 师 6 旅”。2004 年 9 月新《防卫计划大纲》的宗旨之一，是为了改变 1995 年《防卫计划大纲》的“单纯缩小规模”型陆军模式，谋求建立更加适应新时期安全需求的“能力效应”型防卫态势，使作战体制向灵活、机动、小型、多机能的方向发展，以形成能对各种威胁作出迅速反应的联合作战体制。（江新凤、张涛《从修改<防卫计划大纲>看日本军事战备走向》，《外国军事学术》2004 年第 11 期）

（罗学兵）

印度作战问题研究

印陆军推出“冷启动”新作战理论 在借鉴、吸收和研究美军高技术条件下“空地一体作战”和“快速决定性作战”理论的基础上，印度陆军确立了“冷启动”新作战理论。

所谓“冷启动”作战理论意指军队像计算机冷启动一样，在最短的时间内，迅速完成部队的动员、集结和部署，并在第一时间内对敌发动先发制人的打击。其基本涵义可概括为以下几点：一是先发制人。按印陆军高层的观点，实施“冷启动”作战理论，首先在于印度将根据形势和需要，在国际社会干预前对敌不宣而战，迅速实现作战目的。二是“闪电式”进攻作战。它指陆军将在最短的时间内完成动员、集结和部署，以“闪电战”的方式对敌发动快速进攻作战，以猛烈的火力和精确打击，最大限度地瘫痪敌有生力量，剥夺敌人的反击能力。三是快速机动、多点开发。精干的作战部队将快速机动至敌境内，对不同目标实施打击，陷敌于被动。多点开发不仅使敌人在选择反击时难以决断，而且可避免两军大规模部队对垒的发生，进而避免核冲突发生的可能。“冷启动”作战理论的核心是先发制人的进攻作战，目的是要达成战争的突然性，避免因过长的动员时间，导致在战略和军事上失去突袭的机会，同时也避免政治领导人在面临压力时动摇信心，以确保陆军从一开始就能完全发挥作战潜力。

为实现该作战理论，印陆军认为须对陆军进行全面重组，并提出了快速部署“一体化作战群”和“诸军兵种协同作战”的新概念。所谓“一体化作战群”概念指陆军将组建8个一体化作战群。该作战群将是包括装甲兵、炮兵、机械化步兵和作战空中支援力量等诸元素在内的完全一体化的装甲师（或旅）和机械化步兵师（或旅）级规模的部队。“诸军兵种协同作战”指海、空军和导弹部队对作战群提供强大的对地攻击、远程精确打击和破坏性火力支援，同时特种部队，包括空中突击师、空降旅将袭占敌后方的战略要地、交通要道，切断敌军的反击和后勤补给线，并迷惑敌人，制造恐慌。（丁皓《印陆军“冷启动”新作战理论》，《中国国防报》2004年8月3日）

（隋　源）

军队建设问题研究

中国军队建设问题研究综述　2004年，中国军事理论界以世界新军事变革为背景，进一步深入探讨了军队信息化建设、一体化训练、军队管理、军事法制建设等方面的问题。

关于军队信息化建设问题　**探寻军队信息化建设的规律和道路**　一种观点认为，发现信息化建设的基本规律，找到信息化建设的正确道路，拿出切实可行的对策，乃是当务之急。

需求牵引：跳出狭隘的需求观。机械化条件下，确定需求主要着眼于领土安全需要。信息化条件下，确定需求既要着眼于领土安全需要，更要着眼于国家安全利益的需要。军队信息化建设的需求定位，必须把国土安全、经济安全、信息疆域安全等构成的国家安全利益放在首位，而不能仅仅考虑作战需求，要实现作战需求牵引向国家安全利益需求牵引的转变。

顶层设计：重在打破“烟囱”壁垒。顶层设计的实质是设计军队的发展方向、目标和途径。当前，业已形成的“烟囱”现象是搞好信息化建设顶层设计的最大障碍。其中，最难铲平的“烟囱”是“观念烟囱”，即在人们头脑中形成的旧思想，旧观念；最大的“烟囱”是“规章烟囱”，即没有经过充分论证和实验便仓促上马的一些“土政策”、“土规章”。顶层设计首先要做的，就是拆除“烟囱”，加速信息化建设一体化的进程。

指挥控制：从粗放概略到精确实时。从本质上讲，传统作战指挥是粗放的、概略的，追求的是战斗力的发挥；而现代指挥控制是精确的、实时的，追求的是最大限度地提高作战效能。提高指挥控制能力绝不是简单地换概念，而是要加快指挥控制系统的建设，解决利用信息流控制战场物流、人流、能量流的流向、流量和释放问题，以便适应诸军兵种联合作战、多种武器系统综合运用、多维战场立体联动的大趋势。

综合集成：是系统成果而非单要素合成。综合集成是系统成果的集成，而不是单一要素的集成，其思路是集小成为大成，集分力为合力。它重在横向系统间的融合而不是纵向的建设，注重横向一体化，构建功能衔接、能力相长的作战体系。

辅助决策：按照“菜单”打仗。现代辅助决策已经能创造人工合成环境，对可能发生的战争进行全面仿真，“知胜而后战”正在成为现实。如伊拉克战争，就是在实验室中进行全面仿真后，按照“菜单”打仗的。欲形成决策优势，不能凭借过去的战争经验或模拟已经发生过的战争形成决策，而应以“向前看”的虚拟实践为目标，超出主观推测和被动适应的“怪圈”，把决策重心由后置变为前置，把应对风险变为提前化解风险，把单一决策变为超前、动态的科学决策。

机构权威：形成良性运行机制。信息化建设的瓶颈主要不在于技术而在于管理。只有改革现行管理体制，整合各部门职能上的交叉重复，理顺各种关系，才能真正实现集中统一管理。

另一种观点认为，应走出一条投入少、效益高、速度快的军队信息化发展道路。为此，要注意以下几点：①以信息化战争需求为牵引。信息化战争以摧毁敌人作战能力为作战的主要目标，以夺取制信息权为核心内容，以作战系统整体对抗为作战的典型样式，以超视距打击为基本作战方式，并将以保卫信息边疆为首要任务，这些特点，都对军队的信息化建设提出了新的要求。②优先发展统一的基础设施。要建设技术数字化、功能集成化、网系一体化、管理智能化、操作用户化，多层次、分布式、大容量、高速度，纵横贯通、全域覆盖、无缝连接的综合信息传输系统；建设使用范围宽泛、业务种类齐全、自主创新程度高、资源共享性能好的公用信息处理系统；建设装备先进、手段多样、功能齐全、使用广泛、特色突出、效果显著的安全防护系统。③实现各种作战信息系统的综合集成。第一步要实现指挥控制系统的无缝连接，使其具有互联互通能力；第二步要实现指挥控制系统的信息综合能力；第三步要提高指挥控制系统的智能化，使之具有辅助决策能力；最后要实现指挥控制系统的实时控制能力。④适时进行军队组织体制的转型。一是有必要建立集中统一的信息化建设领导体制；二是适时组建新型部队；三是充实、整合情报侦察、通信、指挥自动化与电子战部队等专业信息战力量；四是按照“适于信息快速流动和使用”的要求调整领率机关和三军的体制编制；五是调整部队结构，逐步使作战部队的编成小型化、合成化、模块化。⑤充分发挥军事理论创新的先导作用。把军队建设理论研究的重心由机械化军队建设研究向信息化军队建设研究方面转变，尽快建立和完善军队信息化建设的理论体系。除上述5个方面外，还要在武器装备建设上采取坚持改造与研发相结合的模式。

还有一种观点认为，必须坚持以系统方法推进信息化建设。用系统思想和系统方法搞建设，重要的是对信息化整体结构的系统化设计、一体化建设，即整体设计、整体谋划、整体协调、整体优化。目前，信息化的关键是通过综合信息系统，将不同指挥层次的系统综合集成，使之一体化；将各军兵种的分系统综合集成、使之一体化。从而达到互联互通，信息快速流动，功能相互支持。分析世界新军事变革的实践，我们在信息化建设的过程中要切忌犯“同构病”，一说信息化，搞网络、建系统，你搞我也搞，大家一齐上，形成许多“大而全”、“小而全”。如果各个局部的信息化离开整体规划和统一的标准，你搞你的，我搞我的，互不连接，这种自我封闭的小系统，只会为下一步的改革与发展造成阻力。当前，关键是冲破这种“小作坊式”的信息化建设模式，在统一规划下协调发展，在分工合作、相互协作中形成系统集成优势。

重视武器装备的信息化建设　信息化武器装备与传统机械化武器装备的最大区别就在于，前者是网络系统中的武器，后者是单个武器平台。从发达国家军队的实践看，在信息化武器装备发展和建设上，大体上有以下几种类型的选择：一是“休克式”的彻底换代，即按照未来信息作战的需求，直接生产平台与系统一体的信息化武器装备。二是“渐进式”的滚动微调，即运用信息技术，对现有的机械化武器平台进行信息化改造。三是“复合式”的同步发展，即“远近兼顾”、“软硬并进”，开发与改造并重，选择的是一条中间道路。前两种选择各有利弊。“休克式”快捷，但需要大量财力投入，一般国家不敢干也干不起。“渐进式”稳妥，但只能在发达国家后面跟进，难以有大的作为。“复合式”既积极又稳妥，可以边开发边改造边形成战斗力。

对于中国军队的武器装备发展道路，一种观点认为，应该走出一条以未来作战需求为牵引，以满足国家安全需求为目的，借鉴发达国家有益做法，充分吸纳和运用地方已有的信息技术成果，开发与改造并重、信息化战场环境建设与武器平台的信息化建设和改造并重，软硬件建设兼顾，找准短板，突出重点，有所为与有所不为相结合；不求最好，只求足够好的具有中国特色的“复合式”发展道路。同时，尽快编织国家和军队战略级的“天网”与“信息伞”。没有“天网”和“信息伞”提供支撑和屏护，预警探测、情报侦察、精确制导、火力打击、指挥控制、通信联络、战场管理等领域信息的采集、数据的融合、系统的集成和无缝隙的链接等，一切都将无法实现。此外，武器平台的信息化改造，是军队由机械化向信息化转型过程中的一种选择。这种过渡时期的选择和设计，应作为国家和军队的统一行为。武器装备的信息化改造和开发，虽然也需要调动多方面的积极性，但不能将群众性的技术革新与武器装备的信息化改造混为一谈。

另一种观点认为，对于武器装备的信息化，必须坚持改造和研发相结合的建设模式。一是按照基型发展、整体提高的思路，有计划地采取整合、融合、嵌入、附加、链接、集成等方法，对坦克、火炮、飞机、舰艇等主战武器进行信息化改造，力争形成“一代平台、多代负载”和“一种负载、多种平台”的武器装备体系。二是按照独立自主、创新发展的思路，有重点地抓好具有重要战略影响的关键技术、核心器件的开发工作；三是按照非对称发展的思路，有选择地研制发展“撒手锏”武器装备。

关于军事训练问题

探讨一体化训练的核心　一种观点认为，情报信息、指挥控制、联合打击、综合保障是实施联合作战的4大基本作战要素，将四要素融为一体的训练就是作战要素集成训练，它是一体化训练的主线，是构成一体化训练的核心内容，并存在于一体化训练的各个层次。为形成一体化联合作战能力，情报信息集成训练要达成信息实时共享。通过对各类作战信息的探测、传输、处理和分发训练，实现战场信息的顺畅流动和信息传输的无缝连接，实时准确生成战场态势图，并从信息的有效分发与使用中获得行动优势。指挥控制集成训练要谋求近乎实时指挥。通过战场态势实时共享、分布式任务规划与协调决策、实时作战评估等内容的训练，实现各种指挥控制信息顺畅流动和近乎实时的指挥控制。联合打击集成训练要实施精确高效打击。通过情报、指挥、打击一体化训练，作战行动自主式协调训练和打击力量快速重组训练，围绕战场需求和打击效果，实现打击力量的随机组合和精确打击。综合保障集成训练要实现精确可视化保障。通过战场保障信息获取、综合保障态势图生成和分发、快速物流配送等内容的训练，实现实时、精确、动态的一体化保障。

另一种观点认为，作战单元内部集成训练是一体化训练的重心，它是以信息系统为依托，为形成一体化联合作战力量，对军兵种作战单元内诸多要素系统进行融合的训练。作战单元内部集成训练通常按照4个训练层次，围绕两个训练内容来组织实施。4个训练层次由下至上划分为：兵种作战单元内部单一作战要素集成训练、兵种作战单元内部诸作战要素集成训练、军种作战单元内部单一作战要素集成训练、军种作战单元内部诸作战要素集成训练。两个训练内容，是指单一作战要素集成训练和多个（全部）作战要素集成训练。这种先兵种后军种、先单一要素后多个（全部）要素的逐步、逐级集成训练方法，不是简单的内容、单位叠加，而是根据一体化联合作战需求、信息的流向、体系结构和战斗力生成规律的内在要求而实施的训练。

分析一体化训练的方式 一种观点主张运用虚拟方法组织一体化训练。即采取模拟、仿真、虚设、替代等技术手段与方式，创造一个近似一体化联合作战的训练环境，使训练的标准、内容和质量能够最大程度地贴近一体化联合作战的实战要求。主要表现为以下几种形式：

要素置换。对某些信息技术含量高、至今仍没有研制列装部队，但一体化训练中又必不可少的软件系统、数据链、武器装备等要素，可以进行技术替代，适当确定标准，虚拟综合集成。

模拟仿真。综合运用计算机模拟仿真技术、网络技术、激光技术和数字通信技术等手段，创造声、电、图、文、像近似于实战的训练环境，使受训者在这种虚拟环境中进行“预实践”。特别要加强战役、战术及单兵模拟仿真训练等系统的开发运用。

条件虚设。在不破坏训练整体架构的情况下，对训练中的部分条件进行虚设，适当降低一体化训练的组织难度、保障难度，有针对性地训练某一对象或解决一些重点难点问题，“以小代大，以少代全，以虚代实”，进行探索性训练。

理论构想。要敢于从理论上科学构想一体化联合作战是“什么样”，具有哪些作战样式、作战特点等，预测作战对手作战思想及武器装备的发展趋势，善于从各种现象和因素的发展变化及其相互联系中认识规律，从而形成指导一体化联合作战和一体化训练的新思路、新理论。

另一种观点认为，一体化训练的模式可以概括为三级、两段和三个环节。“三级”：战略集团一体化训练，一般由总部组织，训练的重点是战略决策层的运筹谋划和战略性战役的组织实施；战役军团一体化训练，一般由战区统一筹划指导和协调，目的是检验和完善联合战役作战预案，提高实施联合战役的能力；战术兵团一体化训练，一般由集团军组织，目的是生成和提高一体化联合战斗能力。

“两段”：一体化训练一般分为单要素集成训练和多要素系统综合集成训练两个阶段。前者是按作战要素实施的跨军种对口联训，目的是实现单一功能要素的纵向贯通，为实现多要素系统综合集成训练打好基础。后者是在单要素集成训练的基础上，按照实际作战编组，以使命课题为背景，采取实兵演习的方式组织。

“三环节”：一是信息系统的“三互”训练，主要是把各军兵种的情报信息与指挥控制系统联为一个整体。二是指挥机构训练，应以网络系统为依托，以指控系统操作使用技能、联合指挥勤务、指挥与控制训练为重点。三是行动同步训练，可采取基地承训、区域协作、战区联演等形式，重点解决一体化联合作战中的同步行动问题。

处理好一体化训练的4个关系 在军队信息化建设基础薄弱、尚不具备全面开展一体化训练条件的情况下，必须处理好有关一体化训练的众多关系。

一体化训练与信息化建设。信息系统是一体化训练的技术平台，一体化训练是信息技术的载体，双方互为条件。一体化训练强调的作战实体、单元、要素和体系的综合集成，只有通过信息技术的通联和融合才能实现。因此，开展一体化训练探索，必须首先发展信息化，根据信息化建设的发展水平和趋势来筹划设计一体化训练。另一方面，也要通过一体化训练探索促进信息化建设。

一体化训练与科技练兵。科技练兵是一种先进的练兵思想，一体化训练则是这一思想的集中体现和具体化。从事物的发展演进过程来看，一体化训练既是对科技练兵模式的继承，更是一次质的飞跃，是科技练兵在信息时代向更高更深层次的跨越。面对军队机械化和信息化的双重历史任务，在一段时期内，科技练兵与一体化训练将互补并存，共同发展。

一体化训练与按纲施训。一体化训练作为一种较高层次的训练形式，强调的是按作战任务和作战编组需要组织训练，它不是从单兵和单件武器平台开始的，通常从作战要素相对齐全的兵种单元起步。在此之前，必须严格按现行大纲施训，切实打牢专业技术和战术基础。在抓好按纲施训的前提下，积极开展一体化训练理论研究。即使担负一体化训练试点的部队，也应在基础训练阶段坚持按纲施训，为进行作战单元和作战体系集成训练奠定基础。

单元集成与体系集成。一体化训练包括：作战单元内部集成训练、作战要素集成训练和作战体系综合集成训练，其目的是通过系统集成的方法，实现各种作战力量的有机连接、高度融合，最终形成一体化的联合作战能力。实施一体化训练，一方面，要把握其内部结构和关系。另一方面，要抓住两个阶段集成训练的不同点。一是战术分队应以作战单元内部集成训练为重点，着重研究探索信息条件下的技、战术训练。二是参加联合战役演练和联合战术兵团演练的部队，应围绕共同的使命课题和现行体制编制，创造条件对作战体系综合集成训练进行探索，提高一体化联合作战能力，寻求一体化联战联训的方法路子。

关于军队管理问题　**军队实行信息化管理的基础和内容**　所谓信息化管理，是依据军队信息化建设的目标，以条令、条例为准绳，进行的决策、计划、组织、控制和协调，使军队信息化建设进入法制化轨道。信息化管理与管理信息化不同，后者主要是指军队管理手段的改进和丰富，前者则是保证军队信息化建设顺利实现的管理模式。

提高官兵的信息素质，是实行信息化管理的基础。信息素质主要包括两个方面：一是信息化知识水平，二是信息化管理能力。信息素质的重心是知识化，知识化靠教育和学习。人的素质是在一定的文化氛围中形成的，不是靠市场买来的，不能用快速突击的方法在短期内实现。因此，如何把院校教育同营造学习型军营结合起来，用现代高科技知识，改变官兵的知识结构，提高官兵的信息素质，是实行信息化管理的重点。

军队信息化建设使军队管理的空间大大拓展，电磁空间、网络空间、心理空间的管理已被提上日程。电磁空间既是军队信息化建设的主要领域，也是信息化战争的主要战场，不论平时和战时，电磁空间的斗争都一直在进行。以计算机技术和信息技术构成的局域网，广域网和互联网，是一个可以实时进行各种信息交换、流通的“公共场所”，具有开放性、无约束性和虚拟性特点，时常有大量“疑似”信息充斥网上，直接或间接影响官兵的思想和情绪。因此，加强对电磁空间、网络空间和心理空间的管理，在新军事变革中愈来愈显得重要。

注重信息化条件下的战场管理　探求适应高技术作战特点的战场管理方法，使人的素质、物的效能和时空的作用得到最合理、最恰当的发挥，对保证作战胜利具有重要意义。

确立新的战场管理观念。首先，应确立系统管理观念。高技术战争是系统对抗，战场将是一个相互关联、相互依赖、相互制约的复杂系统。指挥员必须着眼全局，实施全要素、全时空管理。只有这样，才能发挥作战系统的整体功能，提高整体作战能力。其次，应确立集中管理理念。由于参战兵种多、技术种类杂，加之各种力量跨建制组合、超常规加强，使战场管理异常复杂。因此，必须制订周密细致的战场管理方案，针对担负任务、参战人员、作战地区等实际，制定严格的战场纪律，确保部队行动协调一致。

提高战场管理的灵活性。一是建立层次少、反应快、不间断的管理机制，既要坚持集中管理，又要注重层次灵活；既要有战场管理中心，又要在重要方向和领域设置专门机构；既要由业务部门主管，又要指定有关部门齐抓共管。二是从最复杂、最困难的情况出发，研究相应的管理对策，多设预案，平时结合预案进行充分演练，战时根据任务和敌我态势，适时调整战场管理方案，做到临危不乱。三是大力开发和利用自动化管理手段，缩短决策时间，提高管理效益，以信息化的管理手段，不断提高管理控制的主动性、灵活性。

加强部队的心理管理。要引导官兵坚定正义战争必胜的信念，坚定立足现有装备战胜敌人的信念，根据敌方种种心战策反宣传品内容，及时搞好针对性教育，揭露敌人的欺骗和谎言，消除各种消极心理障碍；采取各种手段，对敌广播、电视实施干扰、覆盖，并教育官兵不听、不看、不信、不传，树立坚固的思想防线。心理调节要突出一个“快”字，增强预见性，造成先入为主的态势。此外，要通过多种渠道，积极开展对敌心理攻势。

着力增强战场保障能力。一是强化交通管理。应组成联合交通管理机构，加强对交通运输的集中指挥和统一管理；应合理区分使用交通线路，对道路实行严格的交通管制。二是强化卫勤保障。进入战区前要进行必要的适应性训练，搞好防病教育，携带足额药品和器材；要广泛开展群众性的自救互救，以压缩伤病人员数量。三是加强武器装备管理。要结合实际，对武器装备合理配置、留有余地；要采取多种手段，对武器装备进行严密伪装，严密抗击敌火力突袭；要把握主动，积极改善武器装备的生存条件，坚持擦拭、检查、保养制度，减少非战斗损耗；要科学预测战损率，及时补充调整武器装备。

确立与军事变革相适应的管理观念 推进中国特色军事变革，必然会使部队体制编制、武器装备、管理环境、管理对象等发生深刻变化。管理工作要适应这些新情况，必须确立新的观念：一是确立科技主导的观念。以信息化为核心的军队现代化建设越发展，对科学技术的依赖性就越强。确立科技主导观念，就是把现代科学理论和现代科技手段运用到部队管理实践，实现由“经验型”管理向“科技型”管理转变，增强部队管理的科学性、技术性和缜密性。二是确立精确管理的观念。随着信息技术的飞速发展，军事领域的各项工作都在由粗放式向精确化转变。特别是编制体制的“扁平化”、武器装备的信息化，客观要求部队管理必须在掌握情况、部署安排、展开实施等方面也努力追求精确、准确，力避大而化之，笼而统之。三是确立人才为本的观念。适应中国特色军事变革的内在要求，部队管理必须注重培养官兵训练管理、信息管理、安全管理、武器装备操作使用及管理的能力和素质。四是确立成本效益的观念。创新部队管理工作，必须紧紧围绕效益的目标，努力革除过去那种只讲耕耘、不问收获，只讲投入、不讲产出的不良倾向，加强对管理过程中计划、决策、组织、协调、评估等主要环节的成本控制，使管理工作投入与产出的比值符合科学的军事效费比。

关于军事法制建设问题

在军事变革中加强法制建设 在积极推进中国特色军事变革的伟大实践中，坚持贯彻依法治军的思想，对于保证各项改革措施的顺利实施、推进军队成功转型，有着十分重要的意义。

军事变革需要依法指导和运行。军事变革是国家总体发展战略中的重要组成部分，只有通过法制，使之上升为国家意志，才能持续而顺利地进行。军事变革的过程是军事思想、军事理论不断创新的过程，而思想理论只有转化为规则，转化为法规制度和条令条例，才能有效地指导军事变革。近些年来，为了让新理论顺利进入指导作战和军队建设的具体实践，世界各主要国家都十分注重把创新理论，特别是把经过论证试验的新概念、新思想，写进军事法规或权威性文件，使之成为推动军事变革的法规依据，进而得到全面准确的贯彻落实。

军事变革离不开稳定有序的体制环境。适应世界新军事变革的迅猛发展，必须以新的观念、新的方法管理部队，建立起民主、法治、效率、监督相协调，权利与义务相统一的科学治军环境，保证军队的每个成员、每个要素在军事活动中都能行为规范，都有章可循。中国特色军事变革不可能一蹴而就，不能靠一般号召、群众运动式的工作方法推进，应以稳定的法制建设作保证；以法规制度把各系统、各部门、各单位的创造力凝聚起来，保证变革热持续下去；以法制建设克服内耗，形成有序的发展状态。从一定意义上讲，依法治军，既是衡量军队现代化程度的重要标志，更是顺应中国特色军事变革的必然选择。

法规制度建设要跟上军事变革的步伐。从发展形势看，新军事变革已进入军队转型期，西方发达国家军队甚至提出，军队转型首先是文化转型，是条令条例、法规制度的转型。由于发展起点、观念、体制因素和技术上的差异，中国与世界新军事变革的趋势相比，法规制度建设还相对滞后：在军事实践活动的很多领域，还存在法规制度上的空白，统一规范的约束机制尚未完全建立，有的甚至停留在“土政策”、“土规定”或是以言代法的低层次上；一些已经不合时宜、不能对军事变革提供保障和支持的办事规程和行为准则，还没有修改或重建。在推进中国特色军事变革中，加强法制建设势在必行，在军队转型的过程中，法规制度、条令条例转型应当走在前面。

新时期军事斗争中法律服务工作的重要意义 一种观点认为，法律服务工作是新时期军事斗争中政治工作的重要内容。研究未来军事斗争中的政治工作，必须把学习法律、运用法律、有效开展法律服务作为一个重要课题。因为现代战争越来越受到法律的制约和规范，法律是现代战争克敌制胜的重要武器，对争取军事行动的胜利有特殊作用。无论是现代战争指导规律，还是历史的经验教训，都要求把法律准备、法律服务工作作为政治工作十分重要、十分紧迫的任务来抓。

另一种观点认为，随着国际法、战争法的发展运用，未来战争既是军事力量的拼杀，又是一场没有硝烟的法理角逐。海湾战争、科索沃战争、阿富汗战争和伊拉克战争以来，世界上多数有军队的国家都清醒地认识到，在军事斗争和武装冲突中灵活、充分地运用国际法、战争法的基本原则和有关规定，把“斗力”和“斗法”紧密地结合起来，是赢得战争胜利的法宝。正因为如此，美、英等军事发达国家，已在军队中编配了军队律师，律师随军作战，及时为战略司令部、作战指挥官提供战时法律服务，使之依法夺取战争胜利。在中国，军队律师也在维护国家主权、领土完整统一的斗争中崭露头角，发挥了特有的法律服务保障作用。

新时期军事斗争中法律服务工作的主要任务　一种观点认为，新时期军事斗争中的法律服务工作，必须先于军事行动展开，伴随军事行动进行，后于军事行动结束，贯穿作战全过程。总的要求是：以党中央、中央军委新时期军事斗争方针为指导，立足全局，着眼需要，紧贴部队实际，配合作战行动，积极灵活地运用法律武器，为统一官兵思想、消除法律障碍、确保政治和道义上的主动、争取军事行动的自由，提供坚强有力的法律保障。主要应履行好 5 项职责：一是为部队正确理解和贯彻党中央、中央军委的战略决策、意图提供有力的法律指导。二是为组织调动各种战争潜力提供法律保障。三是依法维护参战部队和官兵的合法权益。四是积极参与、配合军事行动中的法律斗争。五是严格法纪，保障军事行动有序进行。

另一种观点从军队律师的角度探讨了新时期军事斗争中的法律服务工作。认为军队律师在未来战争中应做好以下几项工作：一是为战争提供国际法、国内法相关的法律依据，使战争保持正义性并与国家整体利益保持一致。二是在现代战争中为首长和机关当好法律顾问，发挥不可缺少的智囊作用，运用法律手段参与军事斗争来维护国家利益。三是在具体作战行动中发挥不可替代的法律服务作用，包括参与决策，提供法律咨询；参与对外宣传和筹划工作；对战斗员进行法律教育；直接参与战俘处理工作；承办前后方的涉法事务。

抓紧做好新时期军事斗争中法律服务的准备工作　一种观点认为，当前，必须把法律服务工作纳入新时期军事斗争政治工作的全局，通盘考虑，整体筹划，抓紧准备。一是要加大战时法律知识的普及和研究，提高部队解决战时法律问题的能力。二是拟制战时法律服务预案，组织法律问题处置演练。三是适应战时需要，完善新时期军事斗争法律法规。四是加强法律服务队伍建设，提高战时服务质量。

另一种观点认为，军队律师在未来战争中能否实现高质、有效的法律服务保障作用，受到多种因素制约，需要调动各方面的积极性，理顺各种关系。一是强化指挥员的法律意识，使“法律顾问”及法律服务有的放矢。二是完善军队律师制度，使法律服务工作有可靠的组织保证。三是注重提高军队律师素质，使其适应未来战争需要。

还有一种观点认为，作好军事斗争中法律服务的准备工作，重点是加强军队律师队伍建设。一是做好与军队律师工作密切相关的立法及法律修改工作，使军队律师履行职责有法可依。二是适当增加军队律师编配员额，从组织上健全军队律师工作体系。三是营造有利于军队律师工作的外部环境。四是以强素质带动军队律师队伍全面建设，在资格考试、培养、参与军事训练、思想道德建设等方面采取有力措施。

其他军队建设问题研究

强化一体化后勤理念　确立一体化后勤，不仅强调后勤系统内部各要素的一体化整合，而且强调后勤系统与作战系统的有机联系，形成一体化战争体系，实现后勤保障与作战需求的最佳结合。

强调作战与后勤一体化，是一条普遍的后勤指挥原则。在未来战争中，实现作战与后勤一体化，指挥员在战争指导和作战谋划中，必须从战略和战术的角度看待后勤，也必须从后勤的角度看待战略和战术，还必须从作战的角度考虑后勤的生存和安全问题，这样才能使作战与后勤形成统一的整体。反之，必然制约作战进程。

未来高技术战争中，敌对双方将在陆、海、空、天、电一体化的战场实施多军种、多样式的一体化联合作战，战略、战役、战术三个层次的作战行动趋于一体。因此，要求战略后勤、战役后勤和战术后勤也必须实施一体化保障。在海湾战争和伊拉克战争中，美军后勤力量基本形成了由美国本土（欧洲）基地、战区前进基地和一线部队保障基地相互衔接的三级补给链，为实施及时可靠的后勤保障提供了强有力的保证。

信息化战争将是国家综合实力的较量，不仅需要充足的物质保障，而且需要全面的科技、智力支持，军队自身的后勤系统已不能满足战争的各种需求。同时，现代经济的发展需要在全社会范围内合理配置资源，特别是在和平时期，军队难以得到的巨额拨款建立完全独立完成后勤保障任务的庞大后勤系统。因此，实现三军一体和军民一体既可优化战争资源配置，也可实现战争资源的共享，从而节约战争资源，提高战争潜力。（《中国军事科学》2004年第1~第5期，《解放军报》、《中国国防报》2004年1~12月）

（万 丁 方 琳）

美国军队建设问题研究 2004年，军事转型仍然是美国军队建设研究最为关注的问题。除了军事转型的基本问题外，军兵种转型、信息化建设等，也是美国军队建设研究的热点问题。

军事转型基本问题研究 **美国军事转型的主要特点** 美国自2001年起全面推进的军事转型已显现出6个明显特点。

*居安思危，持强思变。*冷战结束后，美国成为惟一的超级大国，但它不满足已获得的前所未有的战略纵深和空前好转的安全环境，而是又看到自己可能面临的新威胁：信息时代技术的扩散和技术变化不断加快，美国的军事优势可能相对减弱；由于恐怖分子袭击非战斗人员，大规模毁伤性武器的扩散，非对称威胁不断增多，潜在对手正在发展直接对抗美国优势的能力等，这使美军面临的挑战增多……。正是这种居安思危、持强思变的思想成为美国全面推进军事转型的不竭动力。

*目标明确，战略连贯。*美国防部的转型文件明确提出6大军事转型目标：①能够保护关键作战基地，击败核、生、化、电磁等武器构成的威胁。②能够在敌对环境中投送和维持美国军队，并且战胜敌人。③通过持续不断的监视和跟踪，运用精确的空地打击，使敌人无处可藏。④利用信息技术和网络中心战概念，发展互通的联合C^4ISR体系结构和能力。⑤确保信息系统安全和实施有效的信息作战。⑥提高空间系统和支援基础设施的能力和生存力。在此基础上，美国防部提出实现这6大目标的“三步走”创新战略：“连续小步走、许多中步跃进和几个大步跃进”。

*上层推动，权责明确。*2001年12月11日，美国总统布什发表“加速军事转型是美国当前的第一要务”的讲话，吹响了美国军事转型的号角。其后，美国防部长拉姆斯菲尔德多次发表讲话和文章，阐明军事转型的必要性和转型目标，要求加速推进美国军事转型。接着，美军不仅在国防部、军种部和联合部队司令部，建立了军队转型办公室等转型管理机构，而且明确了各级领导在军事转型中的职责，从而保证了各种转型活动依法按部就班地进行。

*周密计划，稳步推进。*美军认为，从机械化向信息化转型，是一次脱胎换骨式的变革，没有先例可循，稍有不慎，就可能对部队作战能力造成损害。因此。从国防部到军种部和联合部队司令部，在大胆推进军事转型的同时，都制定了周密细致的计划。如美国防部《转型计划指南》不仅确定了美国军事转型的定义、范围、战略和实施办法，而且详细地明确了转型的领导和职责。各军种部和联合部队司令部又根据《转型计划指南》进一步细化自己的转型活动，使自己的转型路线图具有很强的可操作性。

*措施有力，强调实效。*为了全面、快速地推进军事转型，美国采取了多种切实可行的措施：建立转型管理机构并明确其职责；大张旗鼓地宣传军事转型的必要性和重要性，激发全军将士的创新热情；制定科学合理的军事转型蓝图并扎扎实实地付诸实施；中止不符合新防务战略要求的武器装备系统；加大国防投入，使美国近几年的军费开支持续上升；启用勇于改革创新的人才；大力开发有巨大潜力的武器系统等。短短的几年内，这些措施就产生了明显的效果。

*涉及面宽，完成尚需时日。*美国军事转型几乎涉及军队建设和部队作战的各个领域，主要围绕3个方面进行：①如何作战，实际上是解决作战方式的转型问题。为此，就必须在所有支撑军事能力的领域实施转型，包括条令、编制、装备、训练、领导、教育、人员和设施。②如何处理公务，实际上是根据转型的作战理论，实现办公程序的转型，包括制定适应性强的作战计划、基于能力的资源配置、运转更快的采办周期、基于效益的管理、适应转型需要的财务审批权限等。③如何与国内和多国伙伴合作，实际上是改革军事力量与国家其他力量手段相结合的方式，包括加强各个部门机构和各级（联邦、州和地方）政府之间的协调、国防部与其他部门的协调、美军作战能力与盟国或多国部队作战能力的有效配合等。（樊高月《美国军事转型及其特点》，《外国军事学术》2004年第5期）

美军训练转型的主要特点和主要措施 美军认为，当前安全环境的变化要求美国作战司令部的指挥官实现3个转变：在制定计划时从预先周密计划为主，转为随时灵活计划为主；在兵力动用中从运用按级编组的固定庞大的军种建制部队，转为运用在尽可能低的层次上联合编组的小而分散的联军、联合部队和常备联合特遣部队；在兵力动员上从依靠预备役部队的战备预备功能，转为依靠预备役部队的随时可部署功能。为适应这3个转变，美军开始了新的军事训练转型。

美军推动训练转型的主要特点。一种观点认为，美军推动训练转型主要有3个特点：①“联合”是训练转型的方向。此次训练转型，要把美国作战司令部指挥官的需求放在第一位，优先发展联合战役训练能力。②“计划”是训练转型的保障。此次训练转型具有周密计划、反复论证、不断调整的特点。③“渐进”是训练转型的方式。此次训练转型按照循序渐进的原则，制定近、中、远期计划，以搭积木的方式，自下而上地逐渐搭建起美军单个人员和集体训练的新架构。

另一种观点认为，美军推进训练转型的主要特点有：一是全面推广以信息化为特征的模拟训练。目前信息化模拟正在美军各军兵种的军事训练和院校教学中得到全面推广，其训练效益在阿富汗和伊拉克战争中得到充分验证。二是更加注重以创新性为核心的作战实验与演示。把作战实验和演示作为培育创新文化不可或缺的手段和推进部队转型的催化剂。三是日益强调以基于能力为目标的多能化训练。以使各军兵种具备比以往更强的适应能力和反应能力。四是加快构建以一体化为本质的联合训练新模式。按照网络中心战的要求，依托网络化的信息系统，把陆、海、空及海军陆战队等诸军兵种部队联通起来，实施分布式一体化联合训练。

美军训练转型的主要措施。一种观点认为，这次训练转型主要采取了3个措施：①确立了训练转型的3项战略目标。一是根据美国作战司令部指挥官（即战区指挥官）的作战需求，结合对部队的战备评估，提供全面系统的联合训练。二是发展功能强大的网络化“实兵、虚拟和推定”三合一训练与任务演练环境。三是改进采办和其他保障程序，找出训练系统与采办、后勤、人事、军事教育以及指挥控制之间的衔接，确保程序与系统的一体。②明确了训练转型的三大能力。一是“联合知识培养与分布能力”，这一能力是针对单个人员的培养训练。二是“联合国家训练能力”，这是针对各级各类的集体训练。三是“联合评估与赋予能力”，这是为了解决优化训练机制手段的问题。③建立指导、监督和管理训练转型的机构。美军在国防部设立了直接对国防部长和常务副部长负责的训练转型“实施指导小组”、“联合训练转型一体化过程小组”和“高级顾问小组”，以指导、监督和管理国防部的训练转型。

另一种观点认为，美军推进军事训练转型的主要做法有：①更新训练观念。美军强调树立全新的信息时代的军事训练观念。一是联合作战观念。各军种、各部队要把联合训练放在最优先的位置。二是训战一体观念。美军提出了“按打仗的方式训练，按训练的方式打仗”的训练指导思想。三是任务导向观念。军事训练要以任务为导向和牵引。②加快训练体制改革。一是成立专门负责联合训练与联合演习并开发新的联合作战概念的机构——联合部队司令部。二是各军种为适应未来作战的需要，加紧改革和重组军事训练与教育领导机构。③调整、充实和完善训练内容。一是根据新军事理论组织大量针对性强的训练与演习。二是大量增加信息战等内容。三是充实和完善联合训练。④改善训练环境。一是发展功能强大的网络化“实兵、虚拟和推定”三合一训练与任务演练环境；二是实施训练场所使用权保障倡议和训练场现代化提议；三是实施大宗国防采购项目“嵌入式”训练的倡议。⑤加强复合型人才的培养。一是大力加强联合职业军事教育；二是建立一支素质过硬的专门从事联合职业军事教育的教官队伍；三是加强对外军事交流与合作。（姚云竹《美军训练转型的第二次浪潮》，王美权、唐保东《美军推进训练转型的特点及启示》，柯春桥《美军推进军事训练转型的主要做法》，《外国军事学术》2004年第5、6、7期）

军兵种转型问题研究　**美国空军转型的主要特点**　美国空军的转型不仅自身成果相对突出，走在美军的前列，而且还影响、带动并有力地支援了美全军的转型进程以及美军联合作战理论的发展。其特点有：①系统性。一是建立了系统的转型领导体制。二是使用科学系统的理论研究与开发方法。三是以“文化”、“技术”和“能力”3个核心领域为主轴。其中，创新的“文化”是确保转型长期顺利进行并充满活力的灵魂，“技术”是转型的支柱，“能力”是转型的推动力。四是转型范围广，影响部队建设的各个层次。②实践性。一是通过模拟和实验具体指导实践；二是通过部队的演习和训练进行实际检验；三是通过对外军事干预进行实战检验。③支援性。美国空军的6种核心能力使其具备了支援全军转型的优势条件。这些能力是：信息优势，航空与航天优势，精确打击，全球打击，全球快速机动，灵活的作战保障。同时，美空军提供了支援联合作战的措施，提供了支援国防部《四年防务审查报告》提出的6项关键目标的措施。但是，美空军转型尚存在诸多不确定的变数；不排除其提出的理论和能力有夸大的成分；美空军在转型过程中也存在网络化程度有限、老旧力量易受攻击等弱点和不足。（王彦《美空军转型的主要特点》，《外国军

事学术》2004 年第 6 期）

美国空军转型的概念 对美国空军转型的探讨基本上可以分为两大思想派别：一派把转型与所谓“军事革命”或曰由“工业时代”军队向“信息时代”军队转型专门联系起来；另一派则认为是从冷战时代的军队向后冷战时代的军队转型。美国空军在融合了这两种观点并与美军《转型计划指南》保持一致的情况下，对作战转型作了实用型定义：“（转型是）一个过程，通过这个过程，军队依靠变革作战思想、体制编制和能大大提高作战能力、满足变化的安全环境之需的技术变革夺取和保持优势。”空军对于上述观点必须进行如下说明：第一，真正的转型并非一蹴而就，而是坚决不断地在广泛的领域内进行的过程。第二，有意义的转型需要把自己日益增强的能力与其他军种和国力的非军事成分的能力融为一体。第三，转型并非仅仅是新奇的技术，而通常是将技术与以下因素结合的结果：调整现有的能力并以新的方式加以应用；变革军队体制以增强其战斗力；变革军事理论和作战思想。第四，同时对整个美军进行转型既不可能，也没有必要。第五，转型不应牺牲当前对国防部防务战略进行支援的重大军事行动，不应牺牲足够的战备水平和基础设施，不应牺牲重大经费项目调整及吸引和保留优秀的军人。第六，并非所有的变革都是转型。第七，转型需要空军内部原先相互孤立的部门实现更高层次的合作与协作。第八，转型不仅仅是革新军队的作战方式，而且是革新军队行事的方式并与国力的其他手段以及盟国合作的方式。（［美］空军部《美国空军转型的概念》，译自美国空军《转型飞行计划》2003 年 11 月版）

美国海军转型评析 美国海军转型的现状及趋势。美国海军近年来在以下方面加快了转型步伐：①军事理论创新起着重要的牵引作用。多年来，美国海军在战略理论和作战理论方面走在诸军种前头。20 世纪 80 年代，海军曾提出过轰动一时的“美国海上战略”，在对苏联实施冷战中发挥了重要作用。90 年代以后，美国海军和海军陆战队出台了一系列冷战后的海军战略理论。下一步，美国海军还将突出发展 3 种核心作战能力：“海上打击”、“海上盾牌”和“海上基地”。在探讨和运用作战理论方面，美海军也十分活跃，主要有“网络中心战”理论，“联合作战”理论、“自主作战能力”理论、“远征机动作战”理论等。②武器装备发展势头强劲。美国海军装备的研制与发展始终走在前列。一是加快 C^4ISR 系统的建设；二是精确制导武器使用比例明显增加；三是隐形兵器使用大量增加；四是全面提升各型先进作战平台的作战能力；五是大量发展无人机、无人潜艇以及新概念武器。③体制编制调整的步伐进一步加速。海军近年来加紧改组海军作战部，撤消重叠机构。对作战编组实施大的改组，将现有的 315 艘舰艇重新编组为 37 个独立的打击群，并将精心打造一支机动灵活，适于近海水域活动的“近岸舰队”。海军陆战队的转型也越来越紧密地与美国海军联系在一起，最终将实现海军与海军陆战队的完全联合。为了适应转型，海军陆战队将首先把其航空部队和海军航空部队结合在一起，增强对陆力量投送能力。

海军转型的战略目标。美国海军作战部长维恩·克拉克认为，美国海军的最大遗产就是改革创新。我们的战略目标很简单：①赢得全球反恐战争的胜利；②加强全球反应的战略能力；③实现海上打击、海上盾牌、海上基地与联合力量的一体化；④抓住机遇，改进海上企业；⑤发展 21 世纪武装力量。其中，赢得全球反恐战争胜利是我们的头号目标。

建设海军水面舰艇部队的原则。美国海军水面作战部主任、副主任指出：“21 世纪海上力量”和早先美国在世界范围反恐作战的经验，正在影响 21 世纪水面舰艇部队。在战略上，我们有 3 个建设未来海军的重要指导原则：①保护联合部队：水面舰艇部队必须能够保护联合部队——不仅仅对抗陆上或海上传统的威胁，如超音速导弹和超静声潜艇，还包括对抗非对称攻击。②提供通道：我们必须为联合部队提供通道，即使在缺少岸基基地的时候。简而言之，我们必须拥有沿海，能够在我们需要的时间、需要的地点行使和使用近海制海权。③向岸上投送力量：我们必须能够抵近并且打败我们国家的敌人。上述 3 个战略原则，指导了水面舰艇部队取得了良好成绩，并将继续指导我们更好地行动。我们将在 3 个重要领域全面应用美国的科技水平和创新能力：先进的计算机网络、模块化设计和无人航行器。它们是推动 21 世纪海上革命的 3 个发动机活塞。（李杰《美国海军新军事变革现状及发展趋势》，［美］维恩·克拉克《加速美国海军的优势》，［美］乌尔里克第三、马克·爱德华兹《下一次海上革命》；《外国军事学术》2004 年第 3、5 期）

美国陆军转型面临的不确定因素和挑战 美国陆军目前的转型不是建立在现代作战的现实和严格检测与实验基础上的。

陆军转型理论中的两个基本信条缺乏事实依据。信条之一：信息可以代替装甲防护、火力和越野机动能力。信条之二：为了战略速度（部署）值得牺牲防护性和火力。这两个信条只是对未来一厢情愿的假设，没有事实依据作为支撑，陆军转型被它们扭曲了。

陆军转型中的几个具体项目规划并不成熟。①斯特赖克旅。斯特赖克旅战斗队缺乏联合的C4ISR能力、火力、防护、机动能力和建制内的后勤支援能力，因而无法成为一支能够进行全维作战的部队。国会应减少斯特赖克旅的组建数量。②模块旅计划。模块旅的方案既没经历当代战场实践，也缺乏严格的分析。就组织结构而言，模块旅的概念提高了对外部支援的依赖程度，从而恰恰与其机动、分散、360度全方位作战的独立思想相悖。国会应当冻结陆军正在实施的将10个师改为2营制旅的计划。③未来战斗系统。未来战斗系统的复杂性和成本难于承受，其战术水平完全依赖基于网络态势的感知能力。国会应当坚持要求对未来战斗系统进行快速原型试验。④新作战体系。陆军推崇的一种由行动单位和使用单位组成的新的作战体系，其实并不是新东西，而是简单地搬自冷战时的部队结构。行动单位实际上就是一个传统的旅，而使用单位等于一个师或军。国会应当要求陆军提出新的部队改组方案，以削减不必要的指挥层次。

陆军的军种文化需要转变。造就陆军军种文化的氛围是学院派的，没有不同意见、没有争论也没有实践检验。无论陆军参谋长何时发表声明，每一个军官必须点头称是。实验仅是简单地用来展示参谋长或任何一个上将所说的正确性，而不管那到底是什么。陆军文化因此变得谨慎、保守和顺从，从而对敏捷的思维产生不良影响，而这种敏捷思维无论在国家战争还是在亚国家战争中对于赢得胜利都是至关重要的。

转型面临挑战。敌人愿意付出沉重代价对美国造成打击，我们的武装部队面对的就是这样的敌人。陆军必须向联合部队提供各种能力。一种规模的部队不能适用于所有任务。在这一时期，迅速蜕变是高风险的，以数量有限的部队进行原型实验而尝试失败是完全必要的。陆军转型的方法应当是：前瞻我们可以掌握的下一代技术，将它运用于有限的一部分部队中去，检验它，为其发展新的作战、组织模式和条令，反馈到正在形成的下一代能力中，反复推演以获取军事优势。（[美] 道格拉斯·麦克格瑞高尔《陆军转型：对未来的假设》，《外国军事学术》2004年第11期）

信息化建设问题研究　**美军信息化建设的主要方法**　信息化军队，是信息时代的主要军队形态；是规模小、质量高、装备信息化武器体系，由新型军事人员构成，以信息为作战力量最重要构成要素，适于打信息化战争的网络化、知识化、一体化武装集团。经过多年实践，美国摸索出了一套建设信息化军队的方法。

“信息主导”法。其要旨是把军队建设的着眼点放在充分发挥信息特别是“信息能力”的作用上。在军队建设指导思想上，树立“信息主导”新观念；以“有利于信息快速流动和利用”为目标，调整军队组织体制；积极培养信息战和信息技术人才，突出“信息战”演练。

“系统集成”法。在作战力量建设上，强调同时加强作战空间预警、指挥控制和精确打击三个作战职能领域，并使之网络化、一体化；在战场准备上要求建设数字化战场；在部队建设上要求建设数字化部队；在装备建设上积极推行“横向技术一体化”。

“虚拟实践”法。即运用“虚拟现实”技术手段，创造一种模拟未来战争的“人工合成环境”，如未来战场、未来训练场等，让军队在这种虚拟环境中进行“预实践”。为此，美军到目前共建立了19个“战斗实验室”。

“远近结合”法。其要旨是：在建设信息化军队过程中，既考虑近忧，又不忘远虑；既重视抓好军队日常管理与建设，使部队保持相对稳定，训练有素，又从长计议，针对远期可能出现的重大威胁，积极推行新军事变革和军队信息化建设。

“推拉并用”法。即利用推动和拉动两种力量促进军队信息化建设。军队信息化建设的动力主要有两个：一个是军事理论特别是作战理论这一在前面的拉动力量；另一个是军事高技术特别是信息技术的发展这一在后面的推动力量。两者的合力可使军队信息化建设沿着正确的轨道迅速向前发展。

“以商促军”法。即以社会信息化或国家信息化推动军队信息化建设。美国防部在1997年至2004年的《国防报告》中，都强调要利用“商业革命”促进“军事革命”的深入发展和军队信息化建设的快速进行。（王保存《美国建设信息化军队的主要方法》，《军事学术》2004年第6期）

（杨学青）

美国信息化军队建设存在5大不足　美军在其信息化建设过程中存在5个方面的明显不足：

认识还不完全统一。在军队变革问题上，美军虽基本上解决了要不要变的问题，但在变什么、怎么变等问题上，内部意见并不十分统一。大体分为稳健派和激进派两派。稳健派主要包括军队的中高级军官。他们重视电子技术、计算机技术和通信技术，以及基础研究和试验。激进派的代表人物是国防部长拉姆斯菲尔德和前参联会副主席欧文斯等。他们在转型思想上更彻底，认为不仅电子系统、传感器、通信网络和弹药要发生根本性变化，而且现有大部分军事工具和主要武器系统要被取代。稳健派将变革创新视为一个连续的过程，而激进派则倾向于转型的最终结果与今天的状态大不相同，极力倡导打破旧的军种界限，原有的陆海空三军应向新的军种转变。由于军种领导人的顽强抵制，结果，最后出台的 2001 年《四年防务审查报告》与拉姆斯菲尔德当初的设想相差甚远。

*军种间恶性竞争难以根绝。*军种间竞争是在资源有限的情况下，各军种为本军种争取更重要的地位，在建军思想、军种任务、体制编制、武器装备、教育训练与作战等领域开展的争夺。军种间竞争具有一定积极意义，但无序或过度的竞争会冲击各军种的正常战备和训练，破坏军种间的协作，对联合作战造成不利影响，还会浪费国防资源。但迄今美军还拿不出得力措施来改变军种间的恶性竞争，这在一定程度上对美军建立一体化联合部队的目标形成掣肘，美军变革也会因此而打些折扣。

*技术制胜思想仍然根深蒂固。*这反映在战略思维上，就是注重先进技术装备的技术主义观念；反映在军队建设方法上，就是保持军事技术在世界的绝对领先地位；反映在作战指导思想上，就是战略战术均以拥有技术优势为前提条件，没有优势装备就无法打仗。美国国防部确信，“军事革命”将使其信息优势变为现实，从而大大增强其军事能力。这种想法存在 4 大问题：一是适用范围狭窄；二是基础设施脆弱；三是对抗措施简单；四是内部障碍繁多。如果面对一个强有力的敌人，这些不足之处可能造成灾难性的后果。因为先进的物质手段和优越的心理环境，容易对战争主体主观能动性的发挥带来某些负面影响。

*实施军队变革与遂行当前任务难以兼顾。*变革军队就是要对军队现有的结构、能力和作战方式等进行改造，以便为未来威胁做好准备。与此同时，美军还要承担繁重的战备和作战任务。为此，美军领导人一直强调，要在进行军队变革以应付未来挑战与保持军队能力应对当前威胁之间保持平衡。然而，美国奉行的全球霸权主义的战略不会轻易改变，这必然要求其军队保持高度戒备，而随着美国对外干涉的急剧增加，美军未来的作战任务也难以减少。这样，美军在实施变革的过程中，就将长期面临如何在完成当前任务与进行军队变革之间保持平衡的难题。

*体制编制变革相对滞后。*旧的体制编制已经成为美军全面军事转型的“瓶颈”。表现之一是军队结构变化小。美国军队的规模缩小了，但是军队基本结构变化不大。美军目前还保留着 3 大军种，军种的核心能力还是由军种的战斗部队承担，陆军的师（尤其是装甲师）、海军陆战队的远征部队、海军的航母、空军的战斗机中队和轰炸机中队还是基本计量单位。这些编组除了数量上有变化之外，编制上的变化并不大。表现之二是部队编制平时训练、管理与作战分离，不利于联合作战能力的形成和提高，这使美军在局部战争中的联合作战指挥体制都带有浓厚的临时性色彩。20 世纪 90 年代起，美军开始采取组建“联合特遣部队”方式。这种编组较为灵活，既可以陆海空三军混合编组，也可以两个军种混合编组。但是这种编组也存在问题：一是现代战争爆发快、持续时间短，平时训练、管理与作战体制分离的编组方式，难以达到要求；二是临时编组造成编组内的成员相互不熟悉，影响联合作战的效果。

美军按照信息化战争关于“有利于信息和力量的流动”的要求，对机械化时代的军队组织结构进行过不少根本改造的尝试，也取得一些进展。但是与军队变革其他要素的变革相比，美军体制编制的改革显得相对滞后和缓慢。（童伯文、侍岚清《美国信息化军队建设存在五大不足》，《外国军事学术》2004 年第 11 期）

（木　工）

俄罗斯军队建设问题研究　俄军新的发展战略主要有 3 个要点：一是均衡发展，正确处理发展核力量和发展常规力量的关系，处理好以核武器支撑大国地位和以常规力量应付现实威胁的关系，彻底纠正过去在两者的发展上畸轻畸重的倾向；二是适度发展，协调处理军事发展和整个国家发展的关系，以适度发展作为军事发展的目标模式；三是内涵式发展，通过合理利用有限资源把军事力量的质量指标和国防费的使用效率提上去。同时根据俄罗斯的政治与社会变化、国家安全和军事战略需求，通过深化改革来“更新军事组织的面貌”，对军队的规模结构、领导指挥体制、编制体制、兵役制度、后勤保障体制等，进行彻底改造。

在军队规模上强调合理原则　俄强调保持武装力量的合理数量，建立一支既与国家经济能力相适应，又规模适当、能胜任保障国家军事安全任务的军事力量。俄军政领导曾做出将武装力量裁减为 85 万左右的决定。但这一决定招致军方包括军事理论界的强烈反对，认为这严重背离了国家的军事安全需求。俄军事科学院院长加列耶夫大将指出，俄国土辽阔，没有一定规模的军队是不行的。武装力量至少应保持100万的规模，“不能再减了”。根据这一观点，普京总统对裁军规模作出了修正，武装力量的编制员额有所扩大，调整到100万左右，加上2004年重新纳入武装力量即国防部所属军队编成的铁道兵和特种建设部队，武装力量的军人总员额控制在大约110万左右。

在武装力量发展方向上，坚持均衡发展，同时保障重点 均衡发展主要是指战略核力量和常规力量要均衡发展，同时也包括常规力量自身的均衡发展；保障重点即优先发展对全面提升军队战斗力具有牵引作用的部队和武器装备。

在核力量的发展上，俄主张集中有限资金，在不同时期重点发展战略核力量的某个组成部分，当前的发展重点是海上战略核力量。三位一体战略核力量的空中组成部分即远程航空兵要能够担负双重任务，既能用于核战争，又能在常规战争中遂行常规空中突击任务。常规力量发展的优先方向是“常备兵团和部队”。要不断增加常备兵团和部队的数量，并以其为基础在各战略方向组建能够以平时编成遂行战斗任务的军队集团，这些集团要“能够独立用于任何方向的武装冲突，以及大于武装冲突的行动”，各战略方向要能随时提供相互支援。

俄将太空力量视为实现军队信息化的关键环节。俄国防部长伊万诺夫指出，太空力量是“建立现代武装力量的基础”，“没有太空系统”，就“没有可靠的通信，没有可靠的侦察，没有整个现代信息系统”，“武装力量的任何一个军种都无法正常履行自己的职能”。太空力量的建设首先是太空系统的恢复，被作为军队建设的重中之重。俄计划最迟在2005年前，要完全恢复太空系统，其首要目标是信息、通信和侦察系统。

在领导指挥体制上，确立政治家治军的思想 主要是提高国防部和国防部长对军队全面领导和指挥的权力和地位，降低总参谋部的权限，改变总参谋部在建制上是国防部所属机关之一，实际上两者并列的局面。俄政治领导层和许多学者一直主张实行文官即政治家治军的制度，对武装力量的领导与指挥体制进行改造，建立文职官员领导的国防部，国防部和总参谋部的职能要相对分开。国防部主管武装力量的建设和行政领导，总参谋部主管作战指挥。作为这一思想的体现，俄总统于2001年初任命了原安全会议秘书谢尔盖·伊万诺夫为国防部长，使之成为第一名文职国防部长。在军事理论界，对国防部和总参谋部的职能问题存在两种观点，一种观点以对外政策与国防政策协会军事改革小组组长阿尔巴托夫为代表，主张从根本上改变国防部的结构、任务和职能，实行所谓军政军令完全分开；另一种观点以俄军事科学院院长加列耶夫大将和原总参谋长克瓦什宁大将为代表，主张不降低总参谋部的作用，在不根本打破历史传统的前提下，将国防部和总参谋部的职能相对分开。两种观点的争论焦点和实质，是国防部和总参谋部的地位和作用问题、相互关系问题，在更深层次上是文官即政治家治军还是军人治军的问题。2004年5月，俄总统普京在国情咨文中明确提出了文官治军的思想，政治家领导国防部，通过军事专家即职业军人来管理军队；军人领导总参谋部，根据政治家的指示来指挥军队，以此确立政治家在军队中的绝对权威。8月，总统普京借国家行政改革之机，对武装力量领导指挥体制进行了大力改革，加强了国防部及文职国防部长的权力和地位，并以新的《国防法》和《国防部条例》规定了国防部长对武装力量的绝对领导权和指挥权，同时降低了总参谋部及总参谋长的权力和地位，即以法律形式固定了政治家治军的原则。过去，总参谋部虽在建制上是国防部的所属机关，但实际上两者是并列的，职能不清。俄总统常常直接通过总参谋部而不是国防部领导和指挥军队。新的《国防法》规定：“总统通过国防部对武装力量实施指挥”。新的《国防部条例》规定：“国防部长通过国防部对武装力量实施指挥”。两个法律文件均不再专门提及总参谋部。这些规定实际上弱化了总参谋部的地位和作用，使之真正成为国防部下属的主管作战指挥的中央军事指挥机关之一。俄国防部长在阐述军队领导指挥体制改革时指出，总参谋部应从繁杂的行政事务这类“非固有职能”中摆脱出来，集中精力履行好作战指挥职能。政治家治军思想的确立和国防部领导指挥体制的相应改革，给上述两种观点的争论画上了句号。

关于所有军事力量的领导指挥体制，俄主张根据集中统一的原则精简军事部门的数量，加强对所有军队及强力部门的集中统一领导与指挥。叶利钦时期，出于国际国内政治需要，俄对军事力量进行了分解，造成拥有军队和其他军事力量的所谓“强力部门”多达10余个。除了“武装力量”即国防部领导的军队外，还有边防军、内卫军、民防军、铁道兵、政府通信部队、特种建设部队等所谓“其他军队”和“军事队伍”。政出多门、行动不统一。这种情况是第一次车臣战争失利的重要原因之一。普京执政后，一开始就力主对多头军事部门进行归并整合。2003年，将强力部门由11个合并为8个。2004年，又从8个减少到6

个。在精简机构的同时，俄还强调发挥作为军事力量核心的武装力量及其领导机关国防部在军事建设中的主导作用。国防部在军事建设的顶层设计、军事行动的实施（包括较大规模的反恐作战）、军事训练、院校教育、武器装备订货、后勤保障等方面，起牵头作用。

在武装力量编制体制上，强调战斗编成要灵活多样和多能 各战略方向的军队集团要根据本方向的地理条件、军队自身发展条件以及所担负的任务，适度采用不同的战斗编成，并具备足够的战役机动和调整部署的能力。关于陆军现行的组织编制结构，有两种观点。一种观点认为，根据陆军担负的主要任务和俄罗斯的地理特点，没有必要强求组织编制完全一致。在一定时期内，仍实行集团军—师制和军—旅制混合的编制体制。师和旅相比，师的突击、防御和自我保障能力强，但机动能力不如旅，而旅则正好相反。从作战需求上看，俄没有必要将所有的陆军部队都建成像美军所追求的那种投送型部队。俄战术专家沃罗比约夫少将认为，“笨重的师、团、营三级结构在许多方面已经过时。在现代条件下，需要比较灵活、机动的编组”。尽管“传统战争”的时代已经结束，远战和非接触战开始占据主导地位，但目前合成军队的组织结构仍然是以近战为主的。目前需要尽快解决的问题是确保分队特别是连和营级分队的战术独立性和火力的独立性，因为在非线式战斗条件下，连和营常常不得不在长期脱离主力的情况下行动。合成营——坦克营、摩步营和轻型营（步兵营、山地步兵营、空降强击营和空降营）及其分队，在编成和装备上应是一个“多功能战斗系统”。沃罗比约夫还认为，军队的编制结构是战斗的传统三要素——火力、突击和机动决定的。在高技术条件下，火力毁伤的作用的确大大提高了，但如果回过头来看基层战术环节，会发现这一环节在火力上并没有什么变化，独立的战术单元现在仍然不仅是连和营，也包括排甚至 2~3 人的战斗小组。因此，优化战术环节的编成，是提高部队战斗力的有效途径。沃罗比约夫与原陆军总司令卡尔米利采夫上将在部队编制结构问题上有许多共识。根据卡尔米利采夫提出的“重、中、轻相结合”的思想，俄于 2004 年建立了新编制试验部队，其中重装、中型和轻装部（分）队各占 1/3，并根据任务需求正在组建特种维和旅和山地步兵旅。在陆军指挥体制建设上，俄军提出要优化指挥机关的结构、编成和员额，改造现有的指挥机关，建立新的、首先是高度机动的、装备现代通信和自动化器材、生存和抗干扰能力强的移动指挥所。

海军、空军和战略火箭兵部队的组织编制，主要是根据其大量裁减的情况压缩和优化其编成。其中，海军准备取消区舰队建制（里海独立区舰队除外）；空军减少团的数量，同时莫斯科地区的空军部队要与太空兵共同组建空天一体的防御体系；战略火箭兵撤销一个集团军军部，并减少师的数量。

在装备建设上，继续贯彻多研制、少生产的方针 在 21 世纪头 10 年内，主要是改造和修缮现有武器装备，少量装备一些过渡性武器装备。在国家经济完全恢复之后，再大规模换装最新式武器装备。但随着国内经济的明显好转，俄军以新武器替换老旧武器的速度加快。如俄 2003 年曾宣称，海军在今后相当一段时期内将不再拥有航空母舰了。但 2004 年改变了说法。俄海军总司令库罗耶多夫大将称，一旦将来条件具备，俄将建造新型航空母舰（注：俄将现有的航空母舰称为航母巡洋舰）。在现阶段，海军首先要以“库兹涅佐夫”号航母巡洋舰和新的多用途护卫舰、驱逐舰、通用舰只编组一支航母突击或多用途舰艇集团。

在军事院校建设方面，继续优化结构，减少数量 主要是在总结前期改革经验教训的基础上，对军事院校改革发展思路进行重新定位，坚持改革成功的部分，纠正被事实证明不成功的部分。俄国防部长伊万诺夫认为，在前期改革中，建立分校的做法并未完全实现减少院校数量、扩大院校个体规模和优化教育资源的初衷。许多规模小、师资力量差的院校仍然以分校的形式保存了下来，这些院校应撤销。此外，将“高等军事学校”统统更名为“专科学院”，将许多“军事学院”更名为军事大学也不合适。这些院校的原名记录着学校的辉煌历史，更能体现军队的传统，在军队和国民中享有很高的威望。2004 年 8 月，俄联邦政府颁布政府令，恢复了大部分专科学院和军事大学的原有名称，即重新定名为“高等军事学校”和“军事学院”。这标志着俄军以更加务实的精神深化院校改革的开始。（参见俄罗斯《军事思想》杂志，2004 年；《俄罗斯军事评论》杂志，2004 年）

（来　斌）

俄罗斯战略核力量建设的主要特点 近些年来，俄罗斯在国家经济力量较弱的情况下，战略核力量仍得到了较快发展。

*注重从战略高度认识战略核力量的地位作用，高度重视发展战略核力量。*俄罗斯认为，战略核力量是目前惟一有效的全球性战略威慑力量，也是俄罗斯支撑大国地位、与美国保持低水平战略平衡、确保国家利益的王牌。由于俄罗斯在战略层面上离不开核遏制，因而一直比较重视战略核力量建设。

注重发展新型战略核武器，突破美导弹防御“天网”。一是加快“白杨-M”导弹的部署速度。该型导弹射程达1万千米，美国很难侦测，因而具有较强的突防能力。二是研制突防能力更强的核导弹。2004年2月，俄航天兵发射了速度达到5马赫的核弹头，据称这种弹头能突破任何反导系统。2004年11月俄宣布正在试验一种新型核导弹。三是研究和试验新型发射技术。2004年底，俄罗斯用改装后的“空中巨无霸”安-124型远程运输机携带长30米、重100吨、装有核弹头的洲际弹道导弹飞至1.1万米的高空，成功进行了发射。一旦这项技术用于战略核力量，美国导弹防御系统将更难以拦截。

注重保持和提高现役战略核武器的可靠性和战备状态，确保现实威慑效果。一是技术延寿保性能。俄运用各种先进科技，从关键部件、元器件、指挥控制、突防系统、储存管理等方面，对部分威慑力强的导弹进行技术改造，以提高武器的可靠性，延长寿命和服役年限。二是多练多打保能力。俄不断加大战略核力量的训练力度，陆海空基战略核力量每年都要举行战略性演习，同时加大试验发射或训练发射力度，每年都进行数次战略核导弹发射，累计发射各型战略导弹30多枚。

注重加强空天防御体系建设，探索有自主特色导弹防御之路。一是按照战略防御需要构建防御体系。俄罗斯空天防御体系具有明显的综合性，主要由侦察预警、指挥控制通信和防空反导武器等子系统组成。二是强调战略反侦察预警。一方面，继续发展天基动能武器，以提高对敌方部署在地球轨道上的侦察、导航、气象卫星的攻击能力；另一方面，加紧研制陆基定向能武器。三是突出首都地区空天防御体系建设。俄改编了新的莫斯科特种司令部，计划在继续改进现有的莫斯科战略导弹防御系统的基础上，装备最新型的防空导弹系统。

注重进行舆论造势，以更好地发挥战略核力量的威慑遏制功能。一是明确放弃不首先使用核武器的承诺。使世界各国特别是美国感受到俄进行核遏制的决心。二是利用各种媒体宣传造势。每逢试验新型武器、战略核力量进行演习、导弹发射、新武器出厂甚至战略核武器尚在研制，媒体都进行大肆渲染。三是通过国家或军队领导人宣示来增强威慑信息的权威性。国家或军方领导人经常亲自出马、走向前台，有意进行政治宣传，对发挥战略核力量的核遏制效能起到了不可忽视的作用。（李顺华、赵中其《近年来俄罗斯战略核力量建设的主要特点》，《外国军事学术》2005年第4期）

（李明捷）

日本军事建设问题研究　2004年，日本国防预算额为49600亿日元，较2003年国防预算额增加336亿日元，增幅为0.7%。主要用于加强海空力量和自卫队信息化建设，加紧导弹防御系统的研制和部署，以建设一支“精干、高效”，能应对新威胁的防卫力量。

日本加快自卫队信息化建设步伐　在世界新军事革命的大潮下，日本紧随美国，积极推动自卫队的信息化建设。主要做法包括：

提出相关理论，加深对自卫队信息化建设的基本认识。一是新军事变革的实质是信息通信技术革命。日本认为信息通信不仅是发挥战斗力的支援要素，更是其核心要素，信息通信技术已构成支撑防卫力量的新的基础，其优劣已成为决定作战成败的重要因素。二是由新军事革命引发的信息战争将成为21世纪的主要战争形态。三是信息化的根本任务在于打造具备C^4ISR能力的军队和武器装备体系。

搞好顶层设计，提出自卫队信息化建设的总体构想和要求。一是建立一个多传感器组成的信息网络，提高自卫队的战场感知能力和敌我识别能力，确保陆、海、空自卫队之间实现信息共享。二是建立快速决策机制，开发“决策支持系统”等高级信息系统，使战场指挥官能对未来瞬息万变的战场情况实时做出反应。三是加强网络信息系统的自我防护能力，确保信息网络的安全。

统一组织管理，建立与自卫队信息化建设相适应的体制编制。一是加强信息管理体制，统一管理信息相关业务。日防卫厅新成立官房信息通信课，负责统一领导与协调整个自卫队的信息化建设工作；在参联会事务局下分别设置“防卫信息通信基础设施管理运营室”和“计算机通用软件系统管理室”；情报本部新增信息管理部门；调整技术研究本部；在防卫厅防卫政策课下新设军事革命研究室。二是缩小自卫队规模，组建信息战相关部队。日本自卫队按照《防卫计划大纲》的要求继续压缩部队规模，裁减员额，将4个步兵师改编成小型化的旅，并对其他师和旅进行现代化改编，编成可遂行不同任务的作战单位；同时在师一级单位中充实电子战部队和信息安全部队，新建应急机动作战部队和特种作战部队，加强自卫队的联合运用体制。三是充实信息安全部队，加强信息防护机制。为确保信息安全，日本对防卫厅和自卫队的信息防护机制进行了充实，加强了系统保护管理功能。

加强体系建设，完善与自卫队信息化建设相关的系统运作。一是发展高水平的网络环境，旨在将防卫厅和自卫队原来分散的指挥通信网络系统联结起来，实现从中央到一线部队的信息共享与快速流通，提高自卫队的联合运用水平。二是提高 C^4ISR 能力，重点加强防卫厅及三自卫队的横向联通。三是确保信息安全。四是实现防卫行政管理的信息化。五是充实人才和技术基础。

健全相关法规，保障自卫队信息化建设的顺利进行。为保障自卫队信息化建设能够顺利进行，日本特别重视完善相关的法律和规章制度。以确保信息安全为例，日本不仅制定了《计算机非法存取防止法》、《电子署名及认证业务法》等一系列相关法律，还建立了信息安全的评价标准，并以此为依据制定了信息安全基本设计书，反映信息安全的基本方针。另外，又针对使用者制定了 10 条具体规则。（章锐《日本推动自卫队信息化建设的主要做法》，《外国军事学术》2004 年第 11 期）

日本海上自卫队稳步推进军事变革 其主要动向有五：

积极发展“外向型”海军。从 1991 年海上自卫队首次派出扫雷舰艇编队赴波斯湾扫雷以来，日本政府多次借机制定相关法律，不断增加和扩大海外派兵的机会和范围。“9·11”事件后，日本参议院又通过了政府提出的《反恐特别措施法》、《自卫队法修正案》和《海上保安厅法修正案》，终于实现了日本的海外派兵之梦。2001 年 11 月，海上自卫队在“反恐”的名义下，首次派遣了由 5 艘舰艇组成的编队到印度洋支援美军对阿富汗作战，这是海上自卫队摆脱“专守防卫”战略的束缚，向“外向型”海军迈出的重要一步。2002 年 10 月，日本政府表示，为有效遏制恐怖主义活动，准备向一些国家派遣海上保安厅巡逻艇，帮助这些国家进行反恐怖训练。这是日本首次向海外派遣海上保安厅部队。

提高指挥控制能力。日本《2001~2005 年度中期防卫力量发展计划》明确指出，指挥控制系统是提高战斗力的核心，是“系统中的系统”。2002 年，日本自卫队参联会设立了防卫情报通信系统管理运营本部，完成了“防卫综合数字指挥网”的铺设，实现了防卫厅与陆、海、空自卫队的情报共享，大大提高了日本自卫队的指挥控制和快速反应能力。海上自卫队也改进提高了海上作战部队指挥管制支援系统的整体性能，加强了通信卫星装置和通信网络保密管理系统的建设，对潜艇的通信设施进行了更新和现代化改造，进一步提高了海上自卫队的指挥、通信和情报侦察等作战能力。

研发海基导弹防御技术。在美国的大力扶持下，日本于 1999 年开始和美国联合研发战区导弹防御技术，以提高战略防护能力。朝鲜核问题出现后，日本在导弹防御方面的态度更趋积极，明确表示支持美国导弹防御系统的建设，并考虑将日美导弹防御合作由目前的“联合研究”阶段提升到“联合部署”阶段；为 4 艘现役的“宙斯盾”导弹驱逐舰加装“标准-2”导弹，搭载最新的“宙斯盾”系统，使海上自卫队具有海上拦截高空导弹的能力。

实现舰艇的大型化和远程化。海上自卫队的作战舰艇中，主要作战舰艇导弹搭载率为 100%。日本新型舰艇的科技含量高、武器装备先进，“金刚”级驱逐舰上装备了可同时跟踪 200 多个目标、雷达探测距离达 370 千米的“宙斯盾”作战系统。到 2005 年，海上自卫队还将建造 25 艘各型舰艇，总吨位约 8.6 万吨，装备各型飞机 41 架。随着 13500 吨级超大型直升机驱逐舰的陆续服役，海上自卫队在主战舰艇数量保持基本不变的情况下，总吨位将突破 40 万吨，实现舰艇的大型化和远程化。

调整海上自卫队组织体制。在联合舰队司令部下新设立情报业务群；给联合舰队装备性能先进的驱护舰，用淘汰下来的驱护舰装备地方队；5 个地方队的护卫队将由 10 个减少为 7 个；将岸基固定翼反潜巡逻队由 10 个减少为 8 个。同时，为了提高对舰载直升机的支援能力，对多个航空群和航空队进行了改编；成立“海上补给本部”，进一步提高了海上自卫队后勤支援能力；新设立特别警备队和第 2 导弹艇队，以应对海上反恐怖行动、对付入侵的可疑船只。（陈戈、顾昕《日本海上自卫队变革走向》，《外国军事学术》2004 年第 3 期）

日本航空自卫队加紧建设攻防兼备的空中力量 日本航空自卫队在新世纪将以发展“远洋防空”能力为核心，以全面加强攻防力量为目的，建立一支以信息技术武装起来的攻防兼备的空中力量，具体措施包括：

建立“洋上防空”体制，扩大防御范围。日本航空自卫队信息化建设的目标是在 2010 年基本建立“洋上防空”的体制，即以日本列岛为中心，在其周边广大海域，进行旨在保卫本土及 1000 海里海上交通线安全的防空作战。该体制将是一个融国土防空、远洋防空、陆地防空、海上防空和导弹防御为一体的防空体制，由侦察预警与指挥控制系统、外围防空拦截系统、区域防空拦截系统、点防空系统和空中打击系统等5个部分组成，既可拦截弹道导弹，又可拦截空袭飞机，同时还可对敌方重要设施进行“先发制人”的打击。

*大力发展侦察预警系统，提高对空袭的预警能力。*一是积极发展侦察卫星，扩大侦察范围，提高导弹预警能力。二是发展无人侦察飞机和高性能远程侦察机，提高侦察效能。三是加紧训练，尽快将从美国引进的E-767预警机投入使用。四是换装地面雷达并研制新型雷达。

*积极发展远程打击武器，提高远程打击能力。*一是装备和改进F-15J型战斗机。至2010年，计划将该型机的总数增加到213架，届时，日航空自卫队将全面进入“F-15时代”。二是采购和装备F-2新型对地攻击机。日航空自卫队总共将装备130架该新型机，其中，83架为F-2A型，47架为F-2B型，2010年交付完毕。三是加紧换装和发展机载武器系统，提高作战效能。主要是发展空空导弹系统和空地导弹系统。四是发展空中加油机，增大战机的作战半径。日航空自卫队将在2005年前，耗资1000亿日元，先引进4架空中加油机。所引进的加油机除油量大、航程远，还应具有空中加油和空中运输两种能力。

*积极参与美国战区导弹防御系统的发展研制工作，增强导弹防御能力。*1998年底，日本正式决定同美国共同研发战区导弹防御系统。其发展的导弹防御系统将是陆、海、空3个自卫队的联合协同的战区导弹防御系统，包括导弹预警系统、导弹拦截系统和指挥控制系统3个部分。除日美两国联合研制火箭发动机和导弹跟踪系统等项目外，日航空自卫队主要从事以下两项发展工作：一是发展“爱国者-3”型地空导弹，提高导弹拦截效率。二是建立三军联合的指挥系统，提升快速反应能力。（陈新能《新世纪日本航空自卫队的发展》，《外国军事学术》2004年第4期）

日本自卫队武器装备发展呈现新变化　日本在展开新一轮防务政策调整的背景下，自卫队武器装备发展也呈现出新的变化。

*适度削减过去基于反登陆作战设想的武器装备，大力发展适于“全球机动”和快速反应的武器装备。*日本防卫政策调整表明，自卫队将谋求“全球机动”和发动先发制人的“预防性”打击的能力，重点将提升部队的机动能力、增援能力、特种作战能力和核生化防护能力等，强调保持既多能又可弹性发展的防卫力量。今后，自卫队将把发展重点放在发展远程运输与进攻类武器装备上。

*武器装备朝信息化、网络化、系统化方向发展。*伊拉克战争后，日本军事专家提出“瘫痪战”理论。强调信息将成为未来战争决胜的重要因素之一，当务之急是大力发展信息化武器装备。2004年5月，日防卫厅提交了参谋长联席会议改革方案，计划成立“联合运用”指挥机构——“联合参谋部（暂称）”，这标志着“联合运用”研讨取得实质性进展。“联合”将成为未来自卫队行动的主要模式之一，实现自卫队武器装备的网络化、系统化成为当前迫切课题。

*构筑攻防一体、战援配套、多维多能的武器装备体系是自卫队武器装备发展的中长期目标。*主要做法有五：一是提高陆战装备性能，发展新一代主战坦克和攻击直升机。二是提高海战装备性能，发展大型直升机驱逐舰和新型“宙斯盾”驱逐舰。三是改进空战装备性能，重点发展新型战斗机和大型加油/运输机。四是打造太空装备，发展综合电子信息系统与无人机。五是充实精确制导弹药，重点发展中远程导弹及空对空、空对舰弹药。（刘世刚《日本自卫队武器装备发展趋势》，《外国军事学术》2004年第11期）

（罗学兵）

其他国家军事建设问题研究

印度军队信息化建设的主要措施　印度凭借本国计算机软件的技术优势，不断加强军事领域的应用与开发，为印军适应未来信息化战争奠定了基础。

*加速C⁴I系统建设。*印度三军总部和军区、军、师都已建立了电子数据处理中心和计算机中心，使战略和部分战术C⁴I系统联成一体。印度陆军拟于2008年以前全部实现作战指挥与管理的自动化。空军正加紧研发“综合防空系统”，使防空部队能在空战中实施精确实时的指挥与控制。海军C⁴I系统实现了本军种内海军司令部、地区司令部、控制中心、后勤基地、给养部门和舰艇间的广域联网。下一步印军计划以各军兵种现有的信息系统为基础，进行统一的技术改造，在全军旅以上合成部队实现联网，并逐步实现陆、海、空三军在战略、战役和战术层次上的指挥自动化系统的联网。

*加快发展信息化武器装备。*印度在研制和成功试射以“烈火”、“大地”、“蓝天”、“毒蛇”等系列导弹和“阿琼”主战坦克、“泰尔斯”轻型战斗机等为代表的国产化高技术装备的同时，十分重视与俄、美、法以及以色列等军事强国合作，大量外购先进的武器装备。印度已计划在未来15年内投资近1000亿美元发展军备以提升军队现代化水平。印度特别重视电子战装备的发展，拟将陆军的“萨姆尤克塔”、海军的“桑雷瓦”和空军的“暴风雨”电子战系统与新的

C^4ISR系统集成，将电子战系统与攻击武器综合为一体。

建设一支数字化精锐部队。印度从2000年就开始建设“数字化步兵”。该数字化部队将不仅具有全方位、全天候的作战能力，还有很强的生存、防护能力。为此，印国防部已拨50亿美元，正在研发“单兵数字化战斗系统”。该系统包括武器系统、头盔系统、计算机系统和个人装备系统。

重视人才资源，加快人才培养，提高部队信息化训练水平。一是明确信息化人才培养的目标。印提出建设一支21世纪现代化军队的口号，陆、海、空三军广泛举办网络技术、电子战、数据通信培训班。制订了全军计算机训练计划，要求从2002年开始，在4年内所有军官要懂得并可操作计算机，士兵要完成计算机扫盲。所有军事院校将信息技术训练纳入教学大纲，并开设了与信息战相关的专业训练课程。二是灵活采用信息化训练的方法。军事院校加强对官兵相关知识和技术的培训；部队开设各类培训班对官兵进行在职培训；突出关键岗位信息技术人才的培养；利用对外军事交流培训信息战人才。（董明林、廖宏昌《印度军队的信息化建设》，《外国军事学术》2004年第9期）

（金鑫鑫）

越军分析军事强国主战武器装备的弱点　近年来，越军追踪世界军事强国武器装备发展脉络，积极探寻以劣胜优之策，认为当今军事强国的主战武器装备存在以下弱点：

技术保障要求高。高科技武器装备系统庞大、技术复杂，相互依赖性强。一个战略导弹系统就由上万个电子原件组成，发射前需要大量的技术参数，不论是原件出问题还是技术参数保障跟不上，都会导致发射失败。而且武器系统越复杂，出现差错的概率就越大，出错后修复的时间就越长。高技术装备对机场、港口、道路和桥梁等基础设施也有很高的要求，而且特别依赖于战场环境的优劣。

隐形飞机难隐形。隐形飞机在发射导弹或投放炸弹时通常都要打开武器舱，在打开的“瞬间”就可能被雷达发现。另一方面，涂在隐形飞机上的吸波材料主要是对厘米波雷达有效，而对于米波雷达、毫米波雷达、红外线短波雷达和激光雷达等则隐形效果不佳。

敌我识别难度大。现在的高科技武器还没有完全解决敌我识别问题，许多用以识别目标的设备尚处于研究试验阶段。因此，在军事强国本军和友军之间误伤、误炸等事件时有发生。

作战效果欠理想。高科技武器在实战中还难以达到设计作战效益。海湾战争中，美军共用58枚“爱国者”导弹拦截“飞毛腿”导弹，然而战后调查结果，只击中了4枚“飞毛腿”，击中率只有9%。而经过改进的“战斧”式三型巡航导弹击中率也达不到70%，而且对于地下坚硬目标的破坏力很有限。

一旦失手影响坏。高科技武器不仅是国威军威的标志，而且本身也是具有极高价值的军事目标，一旦在战争中造成损失，将在政治、军事、经济上造成极大的被动。因此，如能消灭敌人的“明星”武器，不但将给敌方造成巨大损失，还有可能迫使敌方结束战争。（和廷军《越军点评“明星”武器之“软肋”》，《解放军报》2004年3月24日）

（袁右军）

军事历史研究

中国古代军事历史研究　**历史上关于国家安全问题的基本启示**　在中国历史上，各个王朝在制定国家安全政策的过程中，对历史经验的不同理解，对安全环境、威胁性质的不同认识，对实力对比与战略时机的不同判断，加上国内权力斗争等因素的影响，都会在统治集团内部引发关于国家安全问题的争论。不同时期的争论有不同的背景，但其主题主要是统与分、战与和、攻与守、内与外、联盟与不联盟这几个主题。

统一是中华民族最重要的战略遗产，中国安全的首要问题是实现与维护统一。历史的经验表明：统一越巩固，国家的安全就越有保障。中国历史上游牧民族的几次南下，都是在中原分裂割据、发生内乱的背景下发生的。文明的生存与发展需要一个统一的联合体，而统一反过来为文明的安全提供了坚实的基础。秦汉的强盛建立在黄河流域经济文化一体化发展的基础之上，隋唐的强盛建立在黄河长江两大流域的一体化发展的基础之上，元、明、清的强盛则建立在农耕

地带与游牧地带的一体化发展的基础之上。

建立在武力控制基础上的安全环境是不可能稳定的。以文明的吸引为纽带，以经济的交流为基础，以有限的军事手段为辅助塑造安全环境，体现了中华文明独特的生存智慧与文化追求。以中国为中心的东亚朝贡体系，正是历代中国王朝营造理想的安全环境的产物。与建立在武力征服基础上的西方殖民体系不同，文化的吸引与认同在朝贡体系中起着纽带性的作用，“布恩信，怀远人”以求中外相安则是朝贡体系的基本着眼点。

国家安全政策的核心是正确处理战与和、攻与守的关系。高明的决策者之所以高明，就在于其在处理攻与守、战与和的关系时能够做到恰到好处。从根本上来说，战和之际、攻守之宜的根本在于对实力与形势的判断。说到底，战与和、攻与守都只是维护国家安全的手段，最终选择哪一种手段，只能根据当时、当地的具体情况来作出决定。

从历史的演进看，安全问题根本上取决于文明本身的发展。实力是国家安全的基础，文明的优势则是国家安全的最好保证。国家安全问题归根结底是个政治问题，中国历史上有这样一个规律：中原地区自身比较稳定的时期，往往是边患较少的时候；而中原地区出现混乱的时候，也往往是边境的多事之秋。从中国历史上看，中华文明之所以绵延不绝，多次受到挑战而不中绝，与其文明的优势地位直接相关。从横的方面来说，中华文明是以优势求安全；从纵的方面来说，中华文明是以发展求安全。文明与安全的关系还表现在，中原政权的衰败与安全环境的恶化是一种同步的关系。对于国家安全而言，实力永远是最坚实的基础，而文明的发展水平是制约国家实力的最根本的因素。（吴如嵩、宫振玉《中国历史上国家安全问题的基本启示》，《中国军事科学》2004 年第 4 期）

中国古代联盟战略思想的特色和要义 中国古代联盟战略思想内容丰富，博大精深。这里仅对其某些特色和要义做初步探索。

重盟择交，亲仁善邻。中国古代基于“慎战”思想，形成了“择交”、“重盟”的战略传统。中国古人深知联盟、择交的重要性，甚至把选择邦交视作立国安民的根本大计。这种重盟思想，强调处理好与相邻的周边国家关系的重要性。从地缘政治的角度，提示了相邻国家“辅车相依，唇亡齿寒”的关系，把“亲仁善邻”视为“国之宝也”。同时，这种重盟思想也高度重视拆散敌人联盟的外交活动。古人所推崇的“伐交”，就是主张以积极的外交活动分化瓦解敌人的联盟。

盟不足恃，自强为要。中国古代战略家，在深知择交结盟重要的同时，也从一次次的盟变中认识到“盟不可恃”，国家强盛的根本是自强自立。一是强调“求己”、“自治”，也就是把自力更生，依靠自己的力量，作为实施联盟战略的立足点。二是强调慎修境内之事，也就是加强内政建设，把内部的安定和经济的发展作为推行“择交安民”的物质基础。三是强调强兵实边，也就是加强战争准备，以军事上的有备无患赢得外交上的主动权。

非利不动，利义并重。中国古代战略家很早就认识到利益上相互促进的集团能够亲近，利益上相互抵触和损害的集团则渐行渐远，得出了“相益则亲，相损则疏”的结论。但与西方联盟理论不同的是，中国古代联盟战略思想强调重利的同时，也重视义。在处理国际关系时，不是孤立地以国家利益为中心，而是将利益与道义结合起来共同考察，认为谋战略之事不能只讲利不讲义，“多行不义必自毙”。只有“义利、利义相为用”，才能做到“天下运诸掌矣”。

伐谋伐交，谋交并用。谋略和外交，是保全和谋取国家及民族的政治、经济、军事利益不可或缺的手段。注重“先谋为本”，并把谋与交结合起来，谋与交并重并用，是中国古代联盟战略思想的又一独具特色之处。战略家们或通过外交手段与威慑力量相结合的方法，限制对方的军事行动；或通过外交手段，拆散对方的军事联盟，实现己方的军事联盟，使敌人不敢轻举妄动；或采取各种办法孤立打击、削弱敌人，挑起各国与之争斗不休，两败俱伤，以减轻自己所面临的压力。

应权通变，盟随势迁。随着利益的互动和形势的发展，当结盟者之间的利益冲突压倒其共同利益之时，必然导致原来的联盟瓦解和新的联盟出现。对此，中国古人早有认识。在实施联盟战略中，强调审时度势，应权通变，盟随势迁，以在多变的国家关系中确保自身的战略利益。但这并不是那种任凭意兴、朝三暮四的直觉行为，而是注重以动态的眼光观察联盟各方的分合消长，在审时度势的基础上掌握可乘之情、可用之机，随势迁移。

合纵连横，纵横捭阖。从地理方位上讲，南北联合为纵，东西联合为横。“合纵”即“合众弱以攻一强”，“连横”即“事一强以攻众弱”。尽管这一联盟战略思想形成于战国时期，但建立在多元战略利益基础之上的合纵连横战略和纵横捭阖的外交手段，仍给后人以深邃的战略启示。一是充分运用政治、外交手段，善于利用矛盾、制造矛盾以壮大自己的实力，孤立主要敌人。二是要正确处理“事强”与“合弱”或“事大”与“合小”的关系。

三角运筹，左右逢源。在国家间的战略关系中，往往呈现三组双边关系互动的战略态势，即现在人们通常所说的三角关系。“取之左右逢其源”，是中国古代战略家运筹三角关系时所追求的理想目标。从矛盾交织、错综复杂的三角地缘关系、利益关系和各方力量对比中认清和确立一定战略阶段的敌我友关系，并在此基础上建立和维持我与友的战略联盟，是古代战略家们普遍重视的三角斗争谋略。在残酷的三角斗争中，当另两角结盟而自己陷于孤立之时，以高超的谋略，利用矛盾，乘敌之隙，促其相斗，坐待两弊，逐个翦除，坐收渔利，是古代战略家们通常采用的又一三角斗争谋略。

韬光养晦，因之去之。韬光养晦的本意是说要收敛锋芒，隐藏起才能行迹。中国古代注重把这种含藏内敛的思想运用于政治、外交和军事领域，强调弱国在面对强敌时，要善于掩藏收敛自己的远大志向和斗争锋芒，以图今后的崛起。作为战略策略的韬光养晦，是建立在“柔弱胜刚强”的哲学思想基础之上的。要使对手缩小、削弱、废除，就必须暂且使之扩张、加强、兴起；要夺取它，必须暂且给予它，这就是柔弱胜刚强之道。处在弱小地位必须谦卑自损、隐忍蛰伏，才能最终实现以弱胜强。（李德义《中国古代联盟战略初探》，《中国军事科学》2004年第3期）

16世纪初至19世纪末中国军事理论落后的基本教训 明代以前，中国的兵学理论在世界上一直是比较先进的。但进入16世纪后，中国的军事理论逐步落后于西方，而且差距越来越大。其直接原因，是国人的创新思维萎缩。其基本教训，大致有5点：

要“开门”，不要“闭窗”。西方的文艺复兴和工业革命，成为其军事理论迅猛发展的背景和基础。而中国当时处于封建专制社会的后期，是封建制度最完备、思想统治最严酷、社会意识形态最落后的时期，与国外缺乏交流，国内则没有合理的竞争机制，由此严重地束缚、压抑、窒息了国人的创新思维能力。军事理论长期处于近亲繁衍状态，跳不出老祖宗划定的框框。

要变革，不要守旧。中国古代主张变易呼声非常之高，变革理论也极为精彩。但这种呼声和理论恰恰是因为变革实践之难。国人一向有重传统的习惯，喜欢向后看，乐于宣扬自己过去的功绩，喜欢自我欣赏以往的辉煌，这对于军事理论创新很有妨碍。

要“一唯”，不要“三畏”。“一唯”就是“唯实”，“三畏”就是《论语》所说的“畏天命”、“畏大人”、“畏圣人之言”。“三畏”是束缚国人创新思维的三条绳索。其中，“畏大人”对军事理论发展的危害尤为严重。人们不屑于关注军事实践需求和军事理论创新，而只把功夫下在如何投上所好上。出现这种状况，主要是体制和机制上的原因。“畏圣人之言”也严重阻碍了人们创新思维的发展。宋朝官方将《孙子兵法》等七部兵书定为“武经”，提高了兵学地位，但也束缚了兵学理论的发展。兵书一旦被冠之以“经”，人们就不敢越雷池一步，只能注疏阐发，不能另行创新。

要顿悟，更要逻辑。中国古代直觉顿悟思维比较发达，但逻辑理论不系统。如孙子对“势”这一概念就从理论上说不清楚。逻辑理论自战国后受排斥和挤压，与封建专制制度有关。因为逻辑思维只认真理，不认地位和人情，不为统治者所喜欢。缺乏系统的逻辑理论和严密的逻辑思维能力，是中国军事理论在近代落后的又一重要原因。

要重道，也要重器。中国历史上重道轻器的观念严重，在军事上表现为重谋略，轻技术。西方仿生学多用于自然科学技术研究和应用，而中国则将观察自然现象得出的哲理多用于军事谋略、政治权术、社会管理和处世之道等，从而形成了中西思维差别的一个重要分野。国人重道轻器还有一种表现，就是对理论重高轻深，重玄轻用，认为理论越高越好，越玄水平越高。这是制约中国科学技术和军事理论发展的又一重要原因。

以上5条教训，产生于两条总根子，那就是当时中国落后的自给自足的经济基础和根深蒂固的封建专制的社会制度。（于汝波《对16世纪初至19世纪末中国军事理论落后教训的几点思考》，《军事历史》2004年第3期）

清王朝统一台湾过程中的用人策略 1683年，康熙派福建水师提督施琅东征台湾，击溃郑军水师，迫使割据台湾的郑氏政权降清。在统一台湾的过程中，康熙采取的用人策略值得重视。

一是招降郑军将领。当时，清朝水师的建设，船只、武器装备比较容易筹集，但能够驶船和运用船上装备进行海战的将领、兵员却比较难配备。因为这些官兵是需要相当时日，由一批谙熟海战的将领操练培养而成的。这在清朝立国之初是没有能力筹办的，直到康熙元年才有了转机。因郑经嗣位过程中，郑氏上层内讧及仓促撤离福建沿海，导致在短短两年半内郑

氏向清朝投诚文武官员 3985 员，其中如郑鸣俊、郑缵绪、林顺、周全斌、黄廷等，都是郑成功手下的得力将官。平定三藩之乱的后期，清朝加强了对郑营官兵的招降。从康熙十七年 6 月到 11 月，福建曾先后招降郑营官员 1237 名，兵众 11639 名。由于对招抚官员保证充现任，对降卒愿入伍者则发饷银，因此更有力地吸引了郑营来降的官兵。特别是 1680 年，万正色、姚启圣、吴兴祚合兵攻下厦门后，郑经退回台湾，其手下有将官 400 余名，兵万余人降清。其中如郭承隆、廖腾龙、陈昌、朱天贵等，都是郑成功和郑经手下骁勇善战的部将。这些降官降清后，都在清福建水师中被委以重任。不少降将成为后来清军攻取台湾的干将。1683 年，施琅第二次攻台，施琅为主将，其下 8 位副手中就有吴英、陈龙、朱天贵、陈昌等 4 位是降清的郑军降领。80 只主舰上的 80 名领兵将官中，有 20 名左右是近期从郑营招降过来的。各舰的水兵，也大部分是从郑营招降过来的兵员。这些将领和士兵，是郑成功花费 20 多年培养训练出来的，也是郑成功 20 多年纵横闽海、掌握海峡制海权的骨干力量。他们在郑经手中不断转移到清营，使清军薄弱的水师变得强大，最终成为攻取台湾、灭亡郑氏政权的主力。

*二是重用施琅。*清朝开国之初，一切重大战役，都是由皇帝亲自筹划，直接指挥的。这次攻台之战，则委任施琅独权谋划指挥。闽海远在东南，一封军情及奏折传到北京康熙处，需要时日最短的 21 天，长的达 29 天。照这样的通讯速度，康熙和他的兵部官吏是无法进行直接指挥的。因此，战争胜负就专赖施琅一人了。施琅当时统领的战船有 200 多只，兵 1 万多名。而澎湖郑军的战船也有 200 左右，兵 1 万有余，郑军水师主将刘国轩也是富有海战经验和谋略的人。可以说，交战双方势均力敌。而且郑军占据港澳之险，岛上有炮台之助，清军进攻是相当艰难的。施琅先是以形示弱，麻痹敌军；再以小股船队作疑兵佯攻，分散敌方兵力；而后集中优势船舰，编阵攻打刘国轩的主力，以五船对一船的优势，击溃刘国轩水师，取得战役胜利。可以说，清朝花了十几年时间，用血与火夺得闽海制海权，为施琅演出这场威武壮观之剧提供了舞台；而施琅征台的伟绩则为清朝在闽海的制海权上画了点睛之笔。（曾景春《清初统一台湾过程中闽海制海权的争夺》，《军事历史》2004 年第 2 期）

中国近代军事历史研究　曾国藩军事改革的内容与意义　曾国藩创立湘军，实施军事改革，主要是效法明朝抗倭明将戚继光的练兵之道，意在革除八旗、绿营积弊，造就一支能征善战的军队。

*军事改革的主要内容。*一是招募精兵。曾国藩改变绿营世兵制，招募士兵的标准主要着眼于农民吃苦耐劳的特点，便于约束、管理。由谁招募就由谁统领，士兵只服从、听命于其直接统领者一人。二是大幅度提高待遇。如亲兵、护勇每人每日军饷为一钱五分银子，高出绿营士兵三倍，这在当时足以供养家室，远远超过农民收入。三是调整编制。湘军采用戚家军以营为基本单位的编制，能充分发挥各种火器及长短兵器的效用。平时便于训练，战时便于布阵。四是事权归一。湘军将领不仅掌握了军事指挥权，而且还控制了地方政权、人权、财权。以军事为中心，将原来由清朝各级衙门主持的领饷、拨缺、请奖、升迁等权皆集于将帅一身，由其全权定夺。

*军事改革的历史意义。*曾国藩的军事改革，在一定程度上提高了湘军的战斗力、凝聚力，使其成为与太平军作战的绝对主力。但太平天国的败亡，主要原因还在于其内部矛盾激化。曾国藩的改革，主要是改变了绿营兵权直接隶属于兵部、掌控于清政府的军事指挥体制、编制以及供给制度，兵必自招、将必亲选、饷由帅筹、兵随将转、兵为将所有，从根本上改变了军队对国家的依附、隶属关系。后湘军虽被遣散，但李鸿章的淮军完全沿袭了湘军的体制。甲午战争后，新军在体制上尽仿西方，但在治军思想上仍是秉承曾国藩带有封建宗法色彩、将领对所属部队实施其个人绝对控制的做法。同时，兵员、粮饷供给皆不假于清廷，而是自行筹措。各省军队亦尽皆效仿。在清朝末年，各省逐渐形成了弱政府、强军队、地方军政事务完全由驻军首脑一手把持的局面。这是清末民初袁世凯得以窃国，以及袁死后出现皖、直、奉、晋、滇、桂各派军阀割据，合纵连横、相互争斗的混乱局面的根本原因。可以说，曾国藩的军事改革，政治意义大于军事意义，其功效彰显于一时，而贻害中国则超过 80 年，实际上成为中国近代军阀拥兵自重、祸国殃民的始作俑者。（丁朕义《曾国藩军事改革的主要内容和历史意义》，《军事历史》2004 年第 4 期）

美国近代军事历史研究　美国统一战争中的战略指导　近代以来，英、德、美等国都有过统一问题，但是美国的统一战争（即南北战争）给我们提供了最为恰当的研究个案。首先，美国的分裂是在美国经济快速发展过程中逐步显现的。由于经济的发展，美南方、北方经济制度的裂痕加大，从而出现了统一问题。其次，南北战争是在美国相对和平时期逐步积累爆发的。此外，美国统一战争的胜利是在英国等大国的强力干涉下取得的。更为重要的是，南北战争奠定了美国作为一个现代化强国的政治、军事和经济基础，排除了美国发展的最大内部障碍。从此，美国经济进入了一个迅速发展的崭新阶段。南北战争中，美国在战略指导上有着丰富的经验教训。

要有“以大战求统一”的决心和勇气。南北战争爆发前，北方为缓和矛盾曾在西部土地、关税等问题上与南方妥协。但是，这并没有削弱分裂者谋求分裂的意志。南北战争爆发后，北方又担心过大的战争和不必要的伤亡会影响南北双方重新成为朋友。但是战争并没有像北方预期得那样轻松，北方为它前期的战略失误而付出了沉重代价。如果北方先有“以大战求统一”的决心和准备，则可能在1862年进攻里士满的战役中，就给南方以致命的打击。美国南方之所以敢于挑战统一，重要的一点就是因为英、法等国的支持和怂恿。因此，大国如若没有“以大战求统一”的决心和勇气，就难以消除统一战争中国际因素的负面影响，就难以避免战争中的被动局面。

要有正确的战略筹划。从南北战争的实践看，统一战争战略筹划应把握好以下6个方面：一是正确考量统一战争的有利和不利因素。北方在战争初期的失利主要就是缺少对有利不利因素的正确考量。二是坚定统一的意志决心。统独之战，其实质拼的是民心、意志。三是达成解决统一问题的共识。南北战争中，与南方“急独”、“以战求独”相比，北方即便在内战爆发后，也未能就如何统一的方法达成共识，致使原本存在的综合优势在无休止的政治纠纷中消耗。四是合理规定战争的政治目标。北方在进行战争时，由于政治目标复杂多元，致使指挥员需要顾虑的非军事因素太多，从而在作战时机、作战方式、作战手段的选择和运用上频频失误。五是快速动员战争潜力。北方虽有人力、物力方面的综合优势，但由于轻战，战争初期根本未能形成对南方的军事优势。1861年7月，北方军队在马纳萨斯遭受惨败后，林肯政府汲取教训，北方的工业才开始转型，军事工业才得以迅速发展，军事优势才开始逐渐累积。六是选好统领战争的军事主将。北方初期的失利与主将麦克莱伦关系密切。林肯随后换上的主将也未能扭转战局。只有格兰特作为全联邦军队统帅人的轮廓明显时，北方的军事形势才开始真正得以扭转。

要处理好战略指导的关系。指导好统一战争十分复杂，从南北战争的历史看，关键是要处理好6大辩证关系。一是对大国干涉的妥协与斗争：在适当妥协的基础上要有斗争的有效手段和策略。美国南北战争一开始就是在英、法等大国的干涉下进行的。面对英国的威胁，北方舆论普遍认为要使用武力针锋相对。林肯力排众议，以特有的冷静谨慎从事，以妥协的态度寻得了和平。二是后发制人与先机制敌：在全局上不得不后发制人时，战略枢纽的夺控要先机制敌。由于政治力量的制约，北方要对南方实施先发制人的军事打击是不可能的。但是，统一战争与一般战争相同，也强调军事上的先机制敌。在德瓦拉、马里兰、密苏里、肯塔基4个边境州的分裂分子宣布倒向南方之前，林肯政府迅速果断地抢先派兵镇压，促使这4个州继续留在联邦之内，就是先机制敌的成功例子。三是“有限战”与“无限战”：争取打“有限战”的同时，要有打“无限战”的胆识。麦克莱伦因他的“有限战略”而升任陆军总司令，又因机械的“有限战略”思想而被撤职。而促成美国统一的格兰特将军认为，南北战争是一场“殊死的搏斗”，要通过一场“无限战”来消灭南方军队。历史证明，格兰特关于“有限战”与“无限战”的思想是合乎实际的，而麦克莱伦的“有限战”理论却走进了死胡同。四是歼灭战与消耗战：即打歼灭战，同时也打消耗战。如果说内战前期，麦克莱伦打的既不是歼灭战，也不是消耗战的话，那么格兰特打的则是歼灭战加消耗战。他用歼灭战消灭南方李将军的有生力量，用消耗战损失南方的战争潜力。五是速决战与持久战：立足速决战的同时，要有打持久战的准备。实践证明，没有长时间的交战过程，美国就不能实现历史性的统一。六是“斩首”战与“挖根”战：“斩首”与“挖根”要并举。打击对方的政治首脑、政治中心是具有牵一发而动全身的战略意义。但战争终归是两种政治势力的对抗，这种政治力量产生于相应的政治根基。不挖除这种政治根基，就会源源不断地产生政治对抗力量，战争就难以消停。因此，统一战争中“斩首”战与“挖根”战必须并行使用。（易晟《从美国南北战争看大国统一战争战略指导》，《中国军事科学》2004年第6期）

（*方涵江*）

中国人民解放军军战史研究　土地革命战争时期军战史研究　中央红军长征初期兵力损失考　中央红军长征出发时8.6万余人，到遵义时已经损失了5万余人。其一是战斗减员占多数，特别是强渡湘江伤亡不下2万余人。其二是重伤病员被沿途就地安置；其三是掉队、走散、遣还；其四是有少数逃亡，主要是出发前刚组建的部队。损失的人员中，大多数是非战斗人员和新兵，多数没有枪支。中央红军各部损失情况：军委第1纵队出发时4963人，损失过半。军委第2纵队出发时9853人，到黎平后不过约

2000 人。红 8 军团出发时 10922 人，强渡湘江后还剩不过 2000 人，后并入红 5 军团。红 5 军团出发时 12168 人，到黎平后整编，约 6000 人。红 9 军团出发时 11538 人，到遵义后约 6000 人。红 3 军团出发时 17805 人，到遵义后约 1 万人。红 1 军团出发时 19880 人，到遵义后约 1.2 万人。综上所述，中央红军到达遵义后休整 12 天，粗略估算：红 1 军团尚有约 1.2 万人，红 3 军团约 1 万人，红 5 军团约 6000 人，红 9 军团约 6000 人，军委第 1、2 纵队合并后约 4000 人，共计 3.8 万人。其中包括在黎平、遵义等地新加入的数千名新兵。据此估算，长征出发时的 8.6 万人，到遵义地区时损失了约 5 万人。

短短 3 个月损失 5 万人，在中国红军史上是绝无仅有的。其原因，遵义会议决议正确地指出，主要是单纯防御路线的逃跑主义的战略方针和"庞大的军委纵队及各军团后方部的组织"形成的"大搬家"。总体看，以下教训应当吸取：一是单纯防御路线的逃跑主义的战略方针是根本错误的；二是采取错误的大搬家式行动；三是没有对广大干部和指战员进行深入的政治思想动员，没有充分发挥广大干部战士的积极性；四是不该将红 21 师、红 22 师等部队带走，不该匆忙补充大量新兵。（王建英《中央红军长征初期兵力损失考》，《军事历史》2004 年第 5 期）

红军长征的里程到底是多少 2003 年，两位英国人——马普安和李爱德先生，在重走长征路后声称："'长征'其实不到官方长期宣传里程的三分之二，大约为 3700 英里（约 6000 公里）"。有作者在长期从事红军史研究的基础上，对此进行了批驳，认为：红军长征"二万五千里"这一结论的提出，是随着中央红军的长征进程，经历了"万里"、"一万八千里"、"二万余里"、"二万五千里"这样一个递增过程的，是很谨慎地提出的。而且，长征"二万五千里"是专指中央红军的行程，绝不是像马普安、李爱德所说的，是"把当时红军第二、第六、第四方面军所走的路程加在一起"（两位英国人将组成红二方面军第 2、第 6 军团说成是第 2、第 6 方面军，可见其对红军基本历史常识的缺乏）才得出的结论。因为该结论提出时红四方面军正在南下，还没有结束长征，而红二方面军才刚刚开始长征。同时，长征"二万五千里"并不是指中央红军整个部队中的每个人都走了"二万五千里"，而是"最多的走了二万五千里"，主要是担负侦察、作战、迂回、穿插等任务的基层作战部队。马普安、李爱德还声称：他们是"根据行进速度、地图和路标估算距离的"。可红军长征"二万五千里"不是简单地根据地图计算出来的，这里有着曲折迂回的行军作战路线，用一般的行军速度和地图路标是难以精确计算的。根据红 1 军团直属队长征行程表和有关人员的日记，红 1 军团直属队至少走了 18000 里，其他人也走了 14000 里以上。而且，在计算红军长征的行程时，有几个重要因素绝对不容忽视：一是红军在长征中，先后翻越了五岭山脉、苗山、娄山、云雾山、大凉山、夹金山、六盘山，等等。每翻过一座高山，红军就要多走几十里甚至上百里路。二是长征途中，红军打的是运动战，频繁的穿插迂回，是少不了走路的。三是长征途中，红军不仅仅要行军作战，还要筹款、扩红、做群众工作等，这些工作同样是需要走路的，有时甚至不亚于行军作战的路程。四是长征途中，红军由于缺少地图，走错路的现象经常发生。以上诸多因素，都会不同程度地增加红军长征的行程。因此，可以符合逻辑地推断，中央红军长征"二万五千里"的结论，是完全符合历史事实的，是不容质疑的。（王建强《红军长征"二万五千里"不容质疑》，《军事历史》2004 年第 2 期）

抗日战争时期军战史研究 **新四军发展东南战略目标评析** 皖南事变后，江南几无新四军主力。但三年之后，新四军重新实施发展东南的战略计划，大规模调兵南下，不惜冒与顽军开战的危险，提前争夺东南重地，与陕北八路军王震所部南下广东遥相呼应，构建抗战末期中共整体发展新战略。由此，可以看出新四军发展东南战略目标意义如下：首先，出于中共冲破国民党常年政治与经济封锁，进而谋求更加宽广国际背景的需要，直接以配合美军登陆华东沿海为合理契机，将中共领导的抗日游击战争与盟军反攻作战联结起来。虽然美军后来未实施在杭州湾的强行登陆计划，但新四军大举向江南发展，毕竟以实际行动履行了自己的诺言，书写了世界反法西斯战争的重要篇章。其次，新四军坚决执行中共中央、中央军委和华中局关于发展东南的指示精神，缜密研究分析日伪顽复杂军情，采取正确的作战方针，远距离调兵南下，仅用半年时间，即成功地在苏南站稳脚跟，新开辟了苏浙皖边敌后大片区域，实现了控制宁、沪、杭、甬、苏、芜三角地区的战略方针，一俟时局变化就有可能收复南京，进入上海，为中共确立日后国内政治地位创造了极为有利的条件。这一远大政治方略，不仅已为抗战结束后的事实所证明，也为中央和军委以及华中局所充分肯定。再次，南方诸省为红色苏维埃运动的发源地，趁抗战后期时事变化，以苏浙皖边、浙东与闽浙边根据地为依托，采取逐步跳进方式，战略上贯通闽浙赣边、闽粤赣边老苏区，会合仍在原地坚持斗争的党组织及其武装力量，是为发展东南战略的又一隐蔽意图。（唐洪森《论新四军重建江南大营》，《党的文献》2005年第1期）

中国人民解放军首次大规模精简整编的历史经验　1942年初至1943年底，八路军、新四军进行了历时一年多的精简整编，其时间和规模都是空前的。这也是中国人民解放军历史上第一次大规模精简整编，探索了许多重要的经验。主要有：一是领导高度重视，反复深入进行思想动员和教育工作，发表了大量指示、社论、文章，各级领导作经常性报告，纠正模糊认识，提高官兵对精兵工作的认识。二是结合部队、机关、学校等不同情况，制定切实可行的精简整编方案。中共中央、中央军委提出：要“精”、要“撤”、要缩编。并提出了具体要求和精简标准。主要有：主力军与地方军必须是一与一之比，直属队与战斗队必须是一与七之比，团直属队与战斗连队成一与五之比。总部直属队必须大大缩减，学校中工作人员与学员要成二与五之比，医院中工作人员与修养人员要达到二与三之比，工厂中工作人员只能占全体人员的20~25%。依此规定缩减，后勤部门与司、政两部门均须减员3/8以上。三是军队的规模与经济力和战争的要求相适应。部队主力军的大力发展和精简整编都是由战争形势和根据地经济力决定的。如果不改变经济上“水小鱼大、兵多难养”，军事上“行动困难、指挥不便”和机构庞大、系统林立、头重脚轻的状况，就不能适应战争形势的需要和部队本身的建设，就会使八路军、新四军和抗日根据地日益陷入被动的局面。只有从当时军队、人民的经济承受能力和战争客观实际出发，实行精简整编，才能达到壮大自己、战胜敌人的目的。

八路军、新四军实行“精兵政策”，不仅适合当时的形势和任务，而且为反攻和夺取抗战的最后胜利，准备了力量。一是军队缩减、裁撤了领导机关，减少了师、旅、团等指挥层次，理顺了上下级关系，提高了领导机关的工作效率，增强了其军事指挥的灵活性，更加适应了战争形势和分散的游击作战的需要。同时节约了经费，减少了浪费，克服了严重的财政困难。二是不同部队实行不同编制，加强和充实了连队，增强了部队的战斗力。三是加强了地方武装和民兵、自卫队的建设，为进行战略反攻，促进部队进一步发展积蓄了力量，并为三结合武装力量的发展奠定了基础。（朱姝璇《中国人民解放军历史上首次大规模精简整编述论》，《军事历史》2004年第4期）

罗炳辉在抗日战争中的历史贡献　罗炳辉是中央军委首批确认的中国人民解放军33位军事家之一。在抗日战争中，他历任八路军副参谋长、新四军第一支队副司令员和第五支队司令员、新四军江北指挥部副指挥兼第四五支队司令员、新四军第二师副师长、师长兼淮南军区司令员、新四军第二副军长兼山东军区副司令员。他为抗日战争作出了杰出的贡献：一是参与筹划华中抗战，贯彻中共中央战略意图，落实中共领导的军队在敌后广阔战场的部署和展开，并卓有成效地开展对国民党军的军事统战工作。二是和陈毅共同策划并指挥攻势作战，粉碎日军战略企图，使茅山战局大为改观，并控制扬中，为新四军向苏北发展埋下了伏笔，创造了条件。三是占据战略要地，开辟津浦路东地区，与日、伪、顽三方作战，在皖东站稳了脚跟。四是指挥路西反顽大捷，驰援半塔保卫战，粉碎第一次反共高潮在皖东的军事进攻，并三打来安城，大振新四军军威。五是北出三河，开辟淮宝地区，激战小刀会，将淮北、淮南、淮海、苏中、盐阜等根据地连在一起。六是指挥津浦路东反“扫荡”，使日本军事专家精心设计的、预定一个月的大“扫荡”，只勉强支撑了12天，便草草收场。七是指挥反“点”、“线”作战胜利，创建出华中最稳固的根据地，二师被评为“全军建军模范”，路东成为华中敌后抗战的指挥枢纽。八是以民族大义为重，当国民党遭日军攻击时，予以援助；遵循自卫原则，当反共顽固派进攻时，予以坚决反击。九是由军事实践上升到军事理论，亲自撰写了多部军事理论专著，并培养出一大批高素质的军政人才。十是热爱人民，严格群众纪律，开荒生产，减轻人民负担；爱护士兵，尊重知识分子，爱护人才；提出“人民是军队的母亲，军队要为母亲尽孝道。”认为：“一将功成万骨枯。真正伟大的，是战士！”十一是日本乞降后，他坚决执行中共中央命令，迅猛出击，收复国土，解放沦陷区人民。（宋霖《罗炳辉在抗日战争中的历史贡献》，《党史研究资料》2004年第6期）

分析抗战时期晋察冀边区的兵役制度　土地革命战争时期，中国共产党领导的人民军队一直沿用志愿兵役制进行兵员扩充。抗日战争爆发后，华北地区只能结合人民自发抵抗的情况，通过组织人民义勇军的形式，迅速扩大抗日队伍。晋察冀军区成立之初的武装力量就是这样发展起来的。为巩固和发展抗日武装，保证军队质量，晋察冀军区于1939年3月至1940年先后进行了3次大规模的整编整军活动。但是，要想适应长期战争需要，单靠这种收编、改编和整编一类的权宜之计是不行的。1939年夏，晋察冀边区政府正式实施了第一次较大规模的志愿兵动员征集工作，着力纠正了前一阶段各自为政、力量分散、动员模糊的偏差，在党政军民通力合作下，统一计划，统一领导，不仅使大批边区优秀青年加入了主力部队，而且新兵质量也有较大程度提高。这种志愿兵役制的实行基本满足了边区抗战对兵员的需求。但也有一些不尽合理之处：一是兵员征集的突击色彩浓厚，缺乏连续性；二是志愿兵役制覆盖的社会群体窄；三是新入伍者缺乏必要的、足够的心理准备，初到部队难以很快适应；四是志愿兵役制没有固定的服役期限，使不少有志于投身民族解放事业但家庭负担较重的青年难以"下一辈子当军人的决心"。针对这些情况，晋察冀边区开始实行志愿义务兵役制。这是一种由志愿兵役制和义务兵役制结合起来的"中间制度"，基本特点是抗日民主政府颁布法令，规定边区的每个公民在一定年龄内（18~25 岁）均有自由报名、入伍服兵役三年的义务，三年期满退伍；而入伍手续的办理则完全依靠自愿参加、自由报名的原则。志愿义务兵役制一出台，就得到人民的广泛认同和热烈响应：从 1942 年 1 月到 3 月，各地报名入伍者超过规定人数两倍以上。但到 1942 年秋，在日伪疯狂"扫荡"，我军事战略转变，部队精简，根据地减少的情况下，志愿义务兵役制难以为继。此后的两年多时间，晋察冀边区再次以志愿兵役制对部队进行了少量补充。直到抗日战争进入大反攻，扩军热潮才再度兴起。

综上所述，抗日战争中，晋察冀边区对作为"军事人力资源调节器"的武装动员及兵役制度给予了高度重视，本着"合理、公平、健全、高效"的原则，适时地对兵役制度进行了富有创造性的改革与完善，最大限度地挖掘了当时的人力资源，并努力使之转化为战争实力，从而有效地保障了晋察冀敌后战场对兵员的需求。（孙丽英《简论抗战时期晋察冀边区的兵役制度》，《军事历史》2004 年第 5 期）

解放战争时期军战史研究　**淮海战役总前委的由来**　1948 年 9 月 24 日济南战役结束时，华东野战军代司令员兼政委粟裕向中央军委建议乘胜举行淮海战役。此时，华东、中原两大野战军已能在统一指挥下进行战役上的相互配合，协同作战。因此，两大野战军会合以后的指挥问题就成为当时中央军委面临的一个关键问题。1948 年 10 月 31 日，粟裕在发给中央军委并报陈邓、华东局的电报中建议："此次战役（指淮海战役）规模很大，请陈军长（指陈毅）、邓政委（指邓小平）统一指挥。"粟裕之所以首先提出统一指挥问题，有两个原因：一方面，粟裕分析战场态势，正确预见到华东、中原两大野战军将在由战略上配合作战发展为战役上协同作战，而淮海战役的规模也比原来设想的要大。必须建立统一的指挥体制，才能最大限度地发挥两大野战军的整体威力。另一方面，在初期参加淮海战役的部队中，由粟裕率领的华东野战军为 15 个纵队，加上暂归粟裕指挥的中野 1 个纵队共计 16 个纵队；由陈毅、邓小平率领的中原野战军为 4 个纵队。而且是中原野战军配合华东野战军作战。按照以往的惯例，在一次战役中，几支部队联合作战，一般是主要方向的指挥员指挥次要方向上的指挥员，先打响战斗的部队指挥员指挥后打响战斗的部队指挥员，兵员多的指挥员指挥兵员少的指挥员。在中央军委尚未作出由谁统一指挥前，粟裕主动提出由陈毅、邓小平统一指挥的建议，对于顺利解决淮海战役的统一指挥问题作出了重要贡献。粟裕的建议立刻得到中央军委的同意。淮海战役发起后，其战役规模、战区范围越打越大，后勤支前任务浩大繁重，加之华东、中原两大野战军的指挥员已聚集淮海战场，因此，中央军委于 1948 年 11 月 16 日决定：淮海战役"统筹的领导，由刘（伯承）、陈（毅）、邓（小平）、粟（裕）、谭（震林）五同志组成一个总前委，可能时，开五人会议讨论重要问题，经常由刘、邓、陈三人为常委，临机处置一切，小平同志为总前委书记。"

淮海战役总前委的性质　淮海战役总前委在性质上属于前委的一种。前委即前敌委员会，又称前线委员会，是革命战争时期，中共中央领导革命武装斗争的临时性派出机关。淮海战役总前委被授权统筹领导淮海前线的一切事宜，也就是统一领导中原野战军、华东野战军和战区内的党政军民工作。当时华东、中原两大野战军党的委员会作为中共中央代表机关，也简称前委，在淮海战役总前委成立后则统归总前委领导。由此可见，统一指挥华东、中原两大野战军是成立淮海战役总前委的主要目的。淮海战役的战区范围横跨华东、中原两大战略区，华东、中原两个中央局作为统一两大战略区党政军民一切工作之领导的中共中央派出机关，与淮海战役总前委的关系虽然没有明文规定，但是根据后来中央规定平津战役总前委与华北局为平行关系，淮海战役总前委与华东局、中原局也应为平行关系。（姜华峰、王永宁《淮海战役总前委的由来及其历史贡献》，《军事历史》2004 年第 1 期）

全国解放战争战略追击步骤的划分　全国解放战争中，战略追击阶段的步骤，以往有 3 种说法：一是突破江防，解放京、沪、杭、武汉和太原、西安等地；

尔后，则按西北、华北、中南、华东、西南等方向叙述。二是渡江战役，尔后按解放华北、西北、中南、西南方向叙述。三是先解放华东，再解放中南，尔后解放华北、西北和西南。有作者认为，前两种叙述，有简要概括、各战略方向行动清晰、一气呵成的长处，但对中共中央、中央军委在总的战略意图下，因势利导而形成的战略步骤与指挥艺术反映散而不力。第三种说法，既缺乏文献依据，又不符合战争发展的实际。那么，解放战争中的战略追击作战阶段应分几个步骤，各个步骤又应怎样区分？虽然尚未见到中共中央、中央军委对此有一完整明确的论述，但从毛泽东为中共中央、中央军委起草的有关文电中，可以发现和领悟出来。解放战争中，战略追击各个步骤的部署与大体区分应当是：第一个步骤，举行渡江战役与向华北、西北进军的展开（1949 年 2 月至 6 月）；第二个步骤，解放华东、中南、西北大部及绥西（1949 年 7 月至 10 月）；第三个步骤，进军西南与继续解放沿海岛屿（1949 年 11 月至 1950 年 2 月）；第四个步骤，解放台湾海南岛等岛屿和西藏（1950 年 3 月至 1951 年 12 月）。解放战争战略追击阶段的 4 个步骤，是在总的战略意图下，依据战局的发展而逐步确定的。虽然中央军委开始时并无此明确的计划，但通过分析可知，此 4 个步骤的说法是可以成立的。四步计划既是既定的“有步骤地稳健地”进军方针的体现，又是积极的因势利导的战略预见性与主动性的杰出运筹。（毕建忠《全国解放战争战略追击步骤的探讨》，《军事历史》2004 年第 6 期）

中华人民共和国时期军战史研究

抗美援朝战争对中国经济的影响 抗美援朝战争中，中国共开支战费 62.5 亿元人民币，相当于当时的 25 亿美元，几乎等于中国 1950 年全年的财政收入（1950 年中国的财政收入为 65.19 亿元人民币，相当于 26 亿美元），消耗各种作战物资 560 余万吨。除此，为了保证抗美援朝战争的需要，中共中央和中央人民政府对刚刚确定的全面恢复国民经济的计划进行了调整。1951 年度的军费预算支出比 1950 年又有增加，在 1951 年度财政预算总收入 69.5 亿元人民币中，有 33.4 亿元列为军费支出，占 48.5%；用于经济建设和社会文教事业的费用共为 16.8 亿元人民币，仅占 24.1%。1952 年度和 1953 年度财政收支总预算，军费支出比例虽有减少，但绝对数也都是增加的。也就是说，进行战争，不得不比非战争情况下增加军事费用。抗美援朝战争中，美国联合 40 多个资本主义国家对中国实行了经济禁运和封锁，给中国的国际经济贸易和往来造成严重困难，但同时以苏联为代表的当时的社会主义国家对中国在经济上给予了巨大的支援和帮助。事实证明封锁、禁运是一项损人不利己的政策。尽管美国等 40 多个国家对中国实施了禁运和封锁，但这既未能阻止中国人民志愿军在朝鲜战场上取得胜利，也未能阻止中国与世界有关国家，包括宣布对中国实施封锁、禁运的国家的贸易往来。抗美援朝战争中，中国人民充分发挥工作、生产积极性，有力地促进了国民经济的恢复。中国原定的国民经济恢复计划，虽因抗美援朝战争而进行了调整，但 1951 年中国财政实际收入和经济生产，都“出现了远比原来预计要好的情况”，当年的实际财政收入为 133.14 亿元人民币，比预算的 69.5 亿元人民币增长了 91.9%，比 1950 年的实际收入增加了 104.2%。1952 年，中国的国民生产总值比 1949 年增长 344 亿元人民币，达 810 亿元人民币，三年中平均每年增长 24.6%。至 1952 年 10 月，中国的工农业生产全部恢复到中国历史上的最高水平，并有了自己的制造工业。

从抗美援朝战争看，局部战争对经济的影响是多方面的。战争本身要付出经济消耗，也会对本国的经济生产造成不利影响，还会引起有关国家和联盟的经济制裁。但局部战争如不是在本国进行，或只是在本国的局部地区进行，由于多种因素，如人民的爱国热情、改变经济现状的需求、经济的竞争需求等，也会刺激甚至会促进经济的增长。（齐德学《抗美援朝战争与当时的中国经济》，《军事历史》2004 年第 5 期）

预备役军官队伍建设的历史发展 预备役军官队伍主要包括编入预备役部队和分散储备在社会各行各业的预备役军官两个部分。预备役军官队伍始建于中华人民共和国建立之初，其发展大致可分为 3 个阶段：

起步形成阶段（1955 年至 1965 年）。1955 年 7 月，全国人大通过的第一部兵役法明确规定“兵役分为现役和预备役”，从而在法律上确立了预备役制度。同年颁布的《中国人民解放军军官服役条例》，专设“预备役军官”一章。此后，每年军队的退役军官，除超龄和伤残者外，均转入军官预备役。经过 10 年的探索和努力，全国登记的预备役军官达 24 万余名。但由于各种原因，预备役军官制度没有坚持下来，至 1965 年完全停止。

恢复建设阶段（1983 年至 1994 年）。中共十一届三中全会以后，在常备军精简的情况下，国防后备力量建设任务更加紧迫。1983 年 3 月，总参谋部批转沈阳、北京军区的试点报告，肯定了组建锦州、雁北预备役部队的做法。此后，军队在大多数省、自治区和

直辖市组建了预备役师和预备役独立团，主要来源于地方党政干部和转业退伍军人的预备役军官成为预备役部队干部队伍的主体。1991 年，7 省市进行了预备役登记统计试点。在取得经验的基础上，这项工作在全国普遍展开。各省、市、县逐渐形成了自上而下的预备役军官管理网络。国家和军队有关部门相继就预备役军官的登记统计和管理等问题出台了一系列政策规定。

完善提高阶段（1995 年至今）。1995 年 5 月，全国人大常委会颁布了预备役军官法。按照平时管理和战时动员的需要，预备役军官分为两个类别，即在预备役部队任职和预编到现役部队的为第一类军官预备役，其他分散储备的为第二类军官预备役。1996 年，全军分两批为数十万预备役军官评定授予军衔。1998 年，军队裁减员额 50 万，预备役军官队伍的规模也有所减小，但专业范畴进一步扩大，科技含量有了新的提高，整体素质得到明显改善。进入新世纪后，各预备役部队和兵役机关在预备役军官队伍建设上，着力提高快速动员和遂行作战的能力，基本形成了一支政治坚定、储量适当、分布合理、素质良好、动员快速的预备役军官队伍。

加强预备役军官队伍建设的现实思考　一是要切实摆到战略位置。要充分认识到，加强这支队伍建设，事关军事斗争准备的整体推进，事关国防战略能力的增强。要坚决克服那种“后备无用、后备后用”的错误观念。二是要变规模优势为人才优势。规模较大、潜力雄厚是中国人民解放军预备役军官队伍的显著特点。在知识军事时代，预备役军官队伍建设也要贯彻“数量规模型向质量效能型转变，人力密集型向科技密集型转变”的方针，从调整结构和培养提高两个方面入手，在更高的起点上加强预备役军官队伍建设。三是着力提高正规化建设水平。必须把贯彻依法治军思想，加强正规化建设作为预备役军官队伍建设的突破口，加快完善政策法规体系，加大执法监督力度，加强作风建设。四是充分发挥军地双重优势。接受地方党委、政府和上级军事机关的双重领导，既是预备役军官队伍建设必须遵循的重要原则，也为预备役军官队伍建设提供了得天独厚的条件。要发挥组织领导上的双重优势。高标准贯彻军队的条令条例和规章制度，同时自觉尊重地方党委、政府的领导。要发挥资源保障上的双重优势。各级兵役机关和预备役部队首先要把军队保障的标准经费、物资器材用足用好，同时充分发挥社会各行各业的优势。要发挥建设环境上的双重优势。不但军队各级领导机关要齐抓共管，还要主动会同地方有关部门广泛进行宣传，制定政策法规，在全社会营造关心支持预备役军官队伍建设的良好环境。（顾伯冲《对预备役军官队伍建设的历史回顾与现实思考》，《中国军事科学》2004 年第 3 期）

新中国国土防空作战研究　人民空军在近 50 年的国土防空作战和长期战备中，击落敌各型侦察、轰炸、战斗机等 100 余架，创造了许多适应中国防空作战特点的作战手段和方法，取得了比较丰富的防空作战经验。

东南沿海地区反轰炸反侦察袭扰作战（1950~1956 年）。这一阶段是国土防空作战的初始阶段。人民空军、防空军开始履行保卫国家空中安全使命，主要作战对象是国民党军空军和美国空海军航空兵，面临的空中威胁主要是轰炸、空中侦察和袭扰，主要作战任务是反轰炸反侦察反袭扰，主要战场是东南沿海地区。其中上海地区防空作战是人民解放军组织实施的第一次正规的要地防空作战。中央军委和毛泽东主席高度重视防空力量的建设和防空作战问题，对防空作战的全局给予了正确的指导和指挥，开创了中央抓防空的传统。年轻的人民空军、防空军经受了考验，在实战中建设和摸索，逐渐掌握防空作战的规律，从不适应走向初步适应，从不成熟走向初步成熟，给入窜入侵之敌以有力打击，保卫了空中安全，同时还初步建立起国土防空体系。

大陆全纵深反入窜侦察作战（1957~1964 年）。这一阶段是防空作战历史上最重要的发展阶段。主要作战对象是国民党空军，面临的空中威胁转为以空中侦察和袭扰为主，主要作战任务是反敌侦察、袭扰和破坏，战场范围扩大到大陆部分地区及空域。本阶段空中威胁强度虽然有限，但次数频繁，时间长，手段新，方式多，有外敌“协防”背景，国内国际影响大。面对复杂多变的空中斗争形势和战场范围骤然扩大、防空作战技术含量提高等新特点，人民空军进行了大陆全纵深反入窜作战和入闽作战，在两项作战行动中共击落敌机 32 架，击伤 55 架。为夺取胜利，空军部队积极作战，灵活用兵，统一指挥，密切协同，敌变我变，变中求胜，苦练技能，精研战法，积累了组织实施大陆国土全纵深作战、战役战术机动作战、军兵种协同作战、战役性作战以及电子对抗和控制冲突等许多新鲜经验。

中南、西南地区反擦边骚扰侦察作战（1964~1969 年）。本阶段作战与越南战争紧密相关，主要作战对象是美国空海军航空兵，面临的空中威胁主要是空中侦察和擦边骚扰，主要作战任务是反擦边骚扰，主要战场是中南和西南地区。这一阶段，人民空军先后击落美军战术飞机 8 架，击落无人驾驶侦察机 17 架。中南、西南地区反擦边骚扰侦察作战规模不大，强度有限，但在国土防空作战历史上仍有着重要意义。这一作战是朝鲜战争以后人民空军国土防空作战历史上第一次与外敌正面对抗。面对号称世界上最强大的美国空海军航空兵，中央军委果断制定了“坚决打击”的方针，空军指战员积极寻求战机，运用正确的主观指导和灵活的战术，弥补了装备方面的劣势，取得了一系列战果。同时又严格执行了政策，避免了战争升级。

20 世纪 70 年代至 80 年代，人民空军国土防空进入全面备战时期，重心转向准备抗击苏联发动的全面入侵。其间，在 1979 年中越边境进行自卫还击作战时，空军有效慑止了越南空军的骚扰企图。此后，空军防空部队在中越边境开展了长期的反侦察窜扰作战。1984 年 3 月 26 日和 1987 年 10 月 5 日，分别击伤、击落侵入中国领空的越南空军米格-21 型侦察机各一架。90 年代以后，国土防空进入全面建设时期。（蒋建雄《新中国国土防空作战综述》，《军事历史》2004 年第 5 期）

（荒　林）

第二次世界大战史研究　2004 年是诺曼底登陆 60 周年、中缅印战区缅北、滇西反攻战役 60 周年、中国抗日战争暨世界反法西斯战争胜利 59 周年。总的看，本年度的二战史研究又有新进展，为维护世界和平和经济、社会的繁荣与发展提供了宝贵的历史借鉴。

缅北、滇西抗战的意义　2004 年 9 月下旬，纪念缅北、滇西抗战 60 周年国际学术研讨会在云南保山开幕。与会代表一致认为，缅北、滇西抗战是世界反法西斯战争的不可分割的一个重要组成部分，也是中国抗日战争的主战场之一，又是最先反攻取胜全歼日寇的伟大战役，同时也是二战中四大盟国之中中美英联合作战所取得的伟大胜利。缅北、滇西反攻的胜利为中国抗日战争和世界反法西斯战争的胜利做出了不可磨灭的重要贡献，其意义和影响远远超出了缅北、滇西一隅：第一，它支援了中国国内正面战场的抗日战争，鼓舞了全中国人民的抗战斗志，并揭开了中国正面战场反攻的序幕；第二，它在中华民族史上写下了光辉的一页，中国军队在异邦国土上打败侵略者，胜利归国，这在中国近现代史上是空前的；第三，它有力支援与配合了盟军在印缅战区和太平洋地区的作战；第四，缅北、滇西反攻战的胜利，使日军对缅甸的统治瓦解，为缅甸人民抗日斗争的胜利做出了贡献。

二战及其遗留问题对战后世界的影响　2004 年 11 月 7 日至 9 日，中国“第二次世界大战史”学术研讨会在南京陆军学院召开。现将学术观点择要综述如下：

*对二战时期中美关系的再思考。*二战时期中美合作，特别是情报合作，是卓有成效的。如，在反法西斯战争中建立的中美合作所（即中美特种技术合作所）这一跨国军事情报机构是基于中美两国共同对日作战的客观需要，在对日作战中发挥了应有的重要作用。中美合作所并不完全是一些文艺作品中所宣传的“美蒋合作反共反人民的法西斯集中营”。但是，另一方面，由于中美合作所的中方负责人是在国民党内外名声都不太好的军统局负责人、特务头子戴笠，美国方面的负责人梅乐斯又不顾美国当局禁令竭力介入中国国共两党冲突的内政，再加上该所训练的作战人员、警察和特务以及获得的美式武器和器材，后来都被国民党当局用于反共内战中，因此，使中美合作所才有了“扶蒋反共”的恶名。

再如，抗战时期美军驻延安观察组的成立是现代中美合作的伟大起点，是中国共产党和美国政府中富有远见的决策者创造性地开展中美合作的成功范例。超越意识形态分歧，改变过去的思维定势，把中美关系放在和平、发展战略合作的最高层面加以考察和建构，使战略合作成为中美关系发展的主导性力量，这对中美两国人民都有利无害。这就是我们从二战时期的中美合作中得到的重要启迪。

*对《苏德互不侵犯条约》的再评价。*二战时期，苏联的对外政策表现出明显的两面性，开始力图与英法合作，继而与德国签订和约，随后又加入反法西斯联盟。这种两面性突出表现在《苏德互不侵犯条约》的签订上。从苏联签订条约的动机看，为延缓苏德战争的爆发，不惜与世界人民最凶恶的敌人结盟。此举是苏联在与英法等国亲近碰壁后退而求其次的选择。从签订条约的内容看，苏联存在着大国沙文主义和民族利己主义的严重错误，损害了世界反法西斯人民的根本利益，违背了苏联原先所倡导的“集体安全”原则。该条约给波兰下了死刑判决书，解除了德国腹背受敌的困境，最终决定了希特勒的进攻方向，导致了世界大战的爆发。从签订条约的后果看，它使苏联减弱了对法西斯的揭露，加大了世界人民反法西斯的难度，也没有使苏联避免遭受德国侵略的命运。苏联与法西斯国家结盟，特别是与德国共同瓜分某些国家领土、侵害其利益的做法，严重损害了苏联作为社会主义国家的威望，为以后东欧剧变、苏联解体埋下了祸根。

*对日本战争赔偿问题应作出重新思考。*日本战败

投降后，美国一手把持了接受日本投降和制定对日占领政策的主导权。二战中日本侵华，中国民众受害最深，中国军民抗击日本侵略的时间最长，对击败日本做出的贡献最大。按照国际惯例，中国理应得到日本赔偿。国际形势的发展变化使美国在日本的战争赔偿问题上表现出随意性，并且在朝鲜战争后，彻底放弃了赔偿要求。中国因复杂的国情等原因也放弃了对日本战争赔偿要求。但日本并没有对此表示感谢，反而越来越以所谓“中国威胁”为借口，大力发展军事力量，对此有必要对战争赔偿问题作出重新思考。

*战争赔偿问题是具有重要政治、经济意义的国际问题。*从政治意义上看，赔偿问题体现了战争发动国家的政府对所犯战争罪行的反省程度。德国对其受害国作了尽可能的赔偿，并对其侵略罪行彻底认罪。日本不但对受害国的赔偿极其有限，其认罪态度也十分暧昧，缺乏诚意，这与其没有承担战争的赔偿压力有关，也为其重振军备，做军事大国铺平了道路。从经济意义上看，战争赔偿将会对受害国的经济发展、科技进步和国民教育等起重要作用。中国战后经济发展的滞后与未能得到合理公正的战争赔偿有一定关系。有鉴于此，作为国际问题的战争赔偿，不应该受到意识形态和社会制度差别的影响，应理直气壮地根据相关国际法规寻求战争赔偿。中国放弃日本的赔偿，是为了希望日本能够对其战争罪行进行深刻的反省。但日本并没有这样做，而是一再违背《中日联合声明》，不断做出有损中日关系的事情。对此，中国有理由重新提出战争赔偿。况且日本有承受战争赔偿的能力，而日本却宁愿把钱花在发展军事装备上，也不愿花在战争赔偿上。要求日本进行战争赔偿，是制约其走向军事大国的有效途径。从国际上看，即使国家放弃战争赔偿，民间提出的战争赔偿也有据可查，不乏先例。即使是《中日联合声明》，也没有放弃中国人民以个人名义行使向日本政府要求赔偿的权利。中国人民通过正当途径，提出个人赔偿要求合理合法。

中国政府应依据国际法立即向日本政府提出战争赔偿正义要求　《国策百谏》作者、世界华人华商联谊会秘书长六洪登提出：中国政府应该启动对日索赔。纵观历史，现今日本的强大是建立在中国痛苦的基础上发展起来的。日本在侵略中国占了上风之后从不手软让步。它曾经强令中国清朝政府在中日甲午战争失败后赔偿两亿三千万两白银，这个数字相当于当时日本3年半的国家财政预算收入。后来在八国联军侵略中国时再度从四亿五千万两白银中分得一块赔偿，更助长了日本发动第二次世界大战的野心和能力。战后，日本作为战败的侵略国，理应赔偿受害国战争损失。过去中国政府是在基于日本反省战争罪行的基础上放弃战争赔偿要求的。然而，日本政府言行不一，公然欺骗中国政府和中国人民，他们不但恶意篡改历史教科书，不对侵华史实深刻反省，反而有多位日本政府首相公开参拜靖国神社，其中包括祭拜东条英机、土肥原贤二、坂桓征四良、松井石根、武藤章等14个侵华日军战犯的亡灵。今又违背和平宪法“永不再战”宣言，派兵出国作战。既然日本政府没有遵守深刻反省侵华战争罪行的诺言，在国际惯例法规中应属违约在先，那么中国政府也就不应再受中日联合声明第五条款的约束，而应立即向日本政府正式提出战争赔偿正义要求。

（彭训厚、丛彦、彭元知）

其他军事学科问题研究

中国关于其他军事学科问题研究　关于军事哲学问题　武器装备跨越式发展的哲学基础

从实践上看，跨越式发展是社会发展普遍存在的具体形式，因而，实现武器装备的跨越式发展也必然有其坚实的哲学基础。

*武器装备跨越式发展符合对立统一规律的正确论断。*对立统一规律认为，事物是矛盾的对立统一体，事物的主要特征和发展趋势是由这个统一体中的主要矛盾和矛盾的主要方面所决定的。矛盾的主要方面和次要方面在一定条件下可以相互转化。伴随机械化战争而萌芽的信息化因素，经过不断发展和完善，正在战争实践中逐渐上升为武器装备的主导因素，这必将推动武器装备迈向信息化时代。因此，积极促进武器装备矛盾体构成要素的转化，实现武器装备的跨越式发展，符合对立统一规律的正确论断。

*武器装备跨越式发展是质量互变规律的逻辑结论。*质量互变规律认为，事物只有经过量的不断积累，达到一定程度时才能产生质变。跨越式发展就是量的积

累达到某种程度而发生质变的结果。以计算机为核心的信息技术，经过30多年的发展和不断积累，信息化武器装备的效能开始居于主导要素，使信息化战争形态从机械化战争形态中脱胎而出。不论是社会发展，还是战争形态演变和武器装备发展，非主导因素经过充分的量积累，就可能跃升为主导因素，决定事物新的性质和发展方向，从而使事物出现飞跃式的质变。

*武器装备跨越式发展是否定之否定规律的充分体现。*否定之否定规律认为，事物发展是新质对旧质的否定，否定不是对旧质的全盘抛弃，而是扬弃，即在旧质基础上的继承和和创新。跨越式发展追求的是短时间内实现新质对旧质的否定，但它并不否认客观基础，而是在继承中创新发展。当信息化逐渐成为现代化武器装备的主导因素后，也不可能全盘抛弃机械化因素，而应是信息化与机械化有机融合，以信息化为主导。（朱文浩《关于武器装备跨越式发展的哲学思考》，《中国军事科学》2004年第4期）

关于军事创新的哲学思考 大力推进中国特色的军事变革，对军事理论创新提出了新的更高的要求。①实践是理论的源泉，军事实践的条件制约军事理论的发展。因此，军事理论创新既是一个理论问题，更是一个实践问题，必须高度重视以军事实践的创新推动军事理论的创新和发展。实践的发展主要有3个动力：一是需求牵引。社会发展需要什么，实践中就会出现什么，这是实践最原始的、最强大的动力。二是理论推动。理论是指引实践发展方向、促进实践发展最经常的推动力。三是计划规范。通过计划来控制实践的发展方向、进度和质量标准，是理论转化为实践最常用的方式。②军事理论研究的出发点和落脚点，都是为了解决现实问题，为正在进行的实践服务。因此，军事理论创新不能好高骛远，必须既要有超前性，又要把握一定的度；既要打破现在的理论，又要在本国本民族文化的范围内；既要超越现在的目标，又要在条件许可的范围内；既要突破现有的体制，又要在多数人接受的范围内。③军事理论研究与军事实践如影相随，涉及军队作战和建设的方方面面，但起决定作用的只有几个方面。因此，军事理论创新不能贪大求全，必须始终把担负的主要任务和从事的主要工作作为重点。以重点问题研究的突破，推动全面研究的发展。④军事理论研究始终有一个长期积累和深入思考的过程，求真务实、锲而不舍方能多出精品。因此，军事理论创新不能急于求成，必须高度重视基础性的工作，一步一个脚印地向前推进。要遵循军事理论研究的规律；要大力弘扬追求真知的精神；要高度重视资料建设；要加快虚拟环境建设步伐。⑤军事理论研究是从实践到理论，再从理论到实践，再从新的实践到新的理论循环往复的过程。因此，军事理论创新不可能一蹴而就，必须纳入经常性军事工作的范畴，持之以恒，常抓不懈。要把军事理论创新和军事工作紧密联系在一起，使军事理论创新始终随着部队军事工作的发展而不断发展；要建立相应的激励机制，完善军事理论创新的相关法规，使军事理论创新工作走上制度化的轨道。⑥军事理论研究既有专业力量，又有业余力量；既需要单打独斗，更需要群策群力。因此，军事理论创新必须加强组织领导，凝聚研究力量，充分发挥各方面的优势。要坚持扬长避短、优势互补的原则，结合具体课题灵活运用“两支力量”和“两种方式”，使研究课题与研究力量、研究方式实现最佳结合，提高军事理论创新成果的质量和效益。（陈启银《关于军事理论创新的哲学思考》，《中国军事科学》2004年第1期）

关于军事心理学问题

马克思主义战略心理战理论的基本观点 马克思主义战略心理战理论散见于马克思、恩格斯、列宁、斯大林和毛泽东等无产阶级革命家和军事家的著作、讲话、通信和有关电文中。它是马克思主义军事理论的重要组成部分，是人类心理战发展史上光辉灿烂的篇章。深入研究、系统掌握、科学运用马克思主义战略心理战理论，对于我们洞察、分析、指导现代心理斗争和高技术条件下的心理战，具有很强的现实意义。马克思主义战略心理战理论认为，战略心理战的实质，是政治和感情的对立；战略心理战的直接目标，是瓦解敌军；战略心理战的主要任务，是赢得人心；战略心理战的常用战法，是致敌错觉；战略心理战的重要手段，是军事威慑；战略心理战的根本措施，是培养和激发高昂士气。（韩秋风《马克思主义战略心理战理论研究》，《中国军事科学》2004年第4期）

战略心理战的基本特点 战略心理战，是指国家（集团）在平时和战时，为维护和拓展自身利益，以人的心理为目标，有组织、有计划地运用各种战略资源，采取多种形式的心理攻防手段所进行的战略心理对抗活动。简而言之，战略心理战就是在战略层面征服人心的斗争。它有以下显著特点：

*筹划上的全局性。*战略心理战与战役、战术心理战的重要区别之一，就是谋划上的全局性。战略心理战属于战略行为，是心理战实施者站在国家战略的高度，对全局性、长远性和根本性问题的筹划与决策。首先，战略心理战以全局利益为根本目标。战略心理

战必须从战略高度进行思考和谋划。维护国家利益是战略心理战的根本出发点和落脚点。其次，战略心理战是高层次的政治斗争手段。战略心理战是高层次的战略谋划，它把敌最高决策层作为战略心理战的重要目标。

政治上的主导性。作为国家的政治斗争手段，战略心理战服从服务于政治的特点更为突出，政治对战略心理战的主导作用更为直接。首先，政治是战略心理战的精神支柱。国家的根本制度，国家政治的性质、内容、目的和任务决定战略心理战的性质、内容、目的和任务。战略心理战主体性质的不同决定着心理战功能的强弱。拥有政治上优势地位的一方，设计所实施的心理战必然能够发挥"精神原子弹"的作用。其次，政治是战略心理战的力量源泉。要获取心理战力量上的优势，先要"有道"。得道者，必然会得到多数国家和人民的同情、支持。而且，心理战是攻心、夺志的斗争，决不能靠单纯的物质力量决定胜负，必须以合乎道义的思想影响和教育民众。

方式上的多样性。首先，大众传媒战是战略心理战的主要斗争方式。大众传媒是现代社会发布和接收信息的主要渠道，具有极大的覆盖力、穿透力和感染力，这决定了它成为未来战略心理战的基本依托和重要武器。其次，方式的选择与国家性质密切相关。一般来讲，致力于维护世界和平与稳定的国家和集团，通常采用舆论宣传的方式。即使采取威慑、进攻的方式，也是有理智、有条件的自卫性的合理威慑，尽量不使矛盾升级为战争。再次，战略心理战手段日益高技术化。随着高新技术的发展，心理战专业部（分）队日益扩大，其装备越来越现代化，手段越来越专业化，日益呈现出高技术、系统性和综合性的特点。

形式上的非暴力性。首先，战略心理战是一种非暴力性的斗争形式。战略心理战在手段、表现形式和作用机理上与武力战最显著的区别就是典型的非接触式心理对抗。它利用远距离传输文、图、声、像、光、电磁等方式来施谋布势，实现"以势压人"、"强势主导"的战略目的，其斗争形式和手段在单独进行时，呈明显的非暴力性。其次，战略心理战是顺应时代主题的斗争方式。基于非暴力的特点，战略心理战更加顺应时代的潮流，成为当代国际斗争的一种重要方式。

时空上的广延性。战略心理战可在多种领域、多维空间、平时和战时广泛应用。首先，战略心理战具有空间上的广延性。战略心理战使军事与民事、战争与政治一体化。战略心理战是心战与武力战、前方与后方的一体化。战略心理战战场是多维空间的一体化。其次，战略心理战具有时间上的广延性。它可达到战时与平时的一体化，跨越战时与平时的界限，是一种经常性的战略活动。它又可达到战前与战后的一体化。战略心理战只有斗争内容、重点、方式的变化，而没有战前、战后之分，它全面覆盖战前、战中和战后的各个时段。（王宝山、李鹏《简论战略心理战的基本特点》，《中国军事科学》2004 年第 4 期）

战略心理战的性质　一种观点认为，传统的心理战，常常被定位在通过宣传来瓦解敌军、鼓舞己方士气的策略和手段的范围内，注重战役、战术的运用，缺乏长远宏观的谋划和运筹，缺乏国家全局的战略思维，缺乏国家政策和国家力量的支撑和指导。我们在战略背景下谋划心理战，就是要更加关注政治、经济、文化、外交、军事的综合运用，谋求更高的目标，产生更持久的影响力。

战略心理战是一种国家性的战略对策和战略思维。第一，战略心理战应该具有宏观和整体的战略思维特质。必须在国家大战略中运筹，必须在国家大战略中去实施，使战略心理战近乎于无形地融入到政治、经济、军事、外交、文化等战略手段之中。第二，战略心理战应该具有超前或前瞻的战略思维特质。关注大战略背景下的心理战，就是对国家未来安全的前瞻性思考。第三，战略心理战应该具有科学和理性的战略思维特质。把心理战纳入国家战略思维，以科学、理性的态度认识心理战，研究和发展具有自身特色的心理战理论，使其成为指导战略运筹和战争实践的科学，这是摆在我们面前的一个重大课题。第四，战略心理战应该具有现实性和对策性的战略思维特质，从大战略背景下思考心理战，通过分析过去、陈述现实、面对未来的战略思维方式，积极探索和思考未来实施心理战的可行对策，以指导夺取战略主动权。

战略心理战是战略指导层心理素质的一种综合对抗。随着国家大战略与心理战的日益融合，国家战略指导层对心理战的重视、理解和认同便成为加速心理战发展的必然要求，而站在宏观上、全局上去自觉思考、谋划、运用和指导心理战，更是战略指导者必备的素质和战略思维品质。战略指导层心理素养的较量是一种文化品质和文明程度的综合对搏。战略指导层心理品质的较量是一种个人修养和综合兼容的整体能力的竞赛。战略指导层决策能力的强弱是战略心理战威慑能量大小的重要标尺。

战略心理战是对国家意志和国家战略坚定不移的捍卫。首先，战略心理战是对国家意志的一种精神支持。战略心理战作为国家意志的体现，不仅能为国家

战略目标的实现提供一条隐蔽的“高速通道”，而且还能为国家政策、国家利益找到精神支持，更有利于增进民族团结、形成整体合力。其次，战略心理战是巩固和发展国家战略的一种最佳选择。要抢占战略优势和战略主动权，获取更大的战略利益，战略心理战以其隐蔽、安全、高效的优越性，也为其提供了更加广阔的选择空间。（朱化清、易大章 《对战略心理战的理性思考》，《中国军事科学》2004 年第 4 期）

另一种观点认为，战略心理战，既包括军事战略层面的心理战，也包括国家战略层面的心理战。从国家战略的角度看，战略心理战属于国家行为，是国家战略以及国家安全战略的重要组成部分。从战略心理战的目的看，它要改变、打击或防卫的是军队、民众以至民族的心理，即社会心理。从社会心理的性质看，心理现象是一种文化现象，心理变化是一种文化变化。因此，战略心理战的底蕴，是国家文化的竞争与较量；战略心理战的胜与负，是国家文化较量的胜负。

战略心理战的能量，根源于国家文化的力量。在战略心理战的视野中，国家战略力量包括国家文化的力量。国家文化是影响战争胜负的重要因素。在战略心理战的谋划中，国家文化在国际竞争乃至战争中，是作为一种战略武器来使用的。着眼于战略心理战的目的，国家文化竞争与较量的核心问题，是对以民族精神为精髓、以意识形态为标志的国家文化的认同。在战略心理战中，国家文化作为战略武器，有着自己的特殊功能。国家文化作为战略武器的使用，同样需要正确的战略指导。（颜晓峰《国家文化的竞争与较量》，《中国军事科学》2004 年第 4 期）

大战略心理战的发展趋势 当今世界，高新技术、特别是信息技术的迅猛发展，正以锐不可当之势冲击着人类社会的各个层面。以现代高技术为基础的战略心理战也毫不例外地受其影响，并呈现出诸多新特点和新趋势。其一，大战略心理战作为国家总体战略的重要组成部分，其地位、作用日益受到关注。大战略心理战已超越军事领域，发展成为可以在军事、政治、经济、文化等各个领域使用，在全局上发挥作用的重要斗争样式。大战略心理战已成为国际斗争的重要手段。大战略心理战能直接对他国的中心造成影响，使敌方整个国家的力量体系发生动摇，进而达成战胜对手的战略目的。大战略心理战正逐步纳入世界各国安全战略。在未来的国际斗争中，大战略心理战的领域越来越广泛，地位越来越突出，较量越来越激烈。其二，大战略心理战的领域和范围不断拓展。大战略心理战的全方位性日益突显。成为一种精心策划的，在政治、经济、军事、外交、文化、宗教、体育等各个领域进行的全方位的战略行动。大战略心理战的全时空性更加明显。跨越了战时与平时的界限，成为一种经常性、全时空性的战略活动。大战略心理战的多层次性日益显现。已成为不仅针对敌方军民，而且还针对友邦军民和己方军民甚至国际社会的总体战略行动。其三，大战略心理战是以国家实力为基础的综合较量，其基本运用更加注重对实力和优势的更大追求。有了强大的综合国力，一个国家在战略选择权上就处于主动地位，就容易给对手造成心理上的混乱和被动。其四，大战略心理战与当代科学技术同步发展，其方法手段日趋现代化、谋略化。主要表现在：装备器材的高智能化，作战载体的多功能化，作战方式的形象化，方法手段的多样化；经常与新闻传媒融合，借助学术交流实施，并常以民间身份出现。其五，大战略心理战的组织实施日趋复杂。其组织领导机构日益健全，科研、智囊机构日益发达，力量建设日益专业化。其六，大战略心理战是以价值观念为核心的心理渗透。其打击重心正在向意识形态领域转移。未来，以战略心理战为基本手段，敌我双方在意识形态领域对价值观念的争夺和较量将更加激烈。（姚振清、孟彦《大战略心理战发展趋势》，《中国军事科学》2004 年第 4 期）

关于军事谋略学问题

识谋破谋的反谋略思维方法 谋略是在活力对抗中寻求致胜之法的思维过程和结果。谋略最本质的内核是智能对抗，最基本的特性是在对抗中产生、在对抗中运用、在对抗中生效。这势必产生谋略与反谋略的斗争，识谋、破谋就成了谋略较量的关键，而反谋略思维正是识谋、破谋活动的基础。有了反谋略思维，就有可能使自己在活力对抗中少犯错误。识谋、破谋的反谋略思维方法很多，常用的有：

换位思维法。就是以对方为基础进行思维，使自己成为对方的“军师”。对方怎样行动，我方应该怎样行动，形成敌变→我变的思维模式。换位思维法并不排除以我方为基础的思维方法，需要两者结合起来，形成一个完整的思维链回路，即敌变→我变→敌变的循环往复的思维模式。过分强调单方面的作用，都可能使这一循环回路断链或阻塞。

逆向思维法。就是从事件发生的相反顺序推导事件的原因，从因果联系中去发现问题。

局外思维法。就是要跳出对局的圈子，站在更高层次上，把握双方的对抗规律，从而摸准对方的脉络，找到最佳的对局方法。局外思维法要注意处理好两个

关系：一是站在局外思维与立足局内决策的关系。不可作出不切实际的决策。二是局外观察与局内权衡的关系。不可超脱局内利害得失来权衡决策。

归真思维法。就是排除事物的表象干扰，抓住事物的本质特征，找出事物发展的根源，即先假定事件是某个谋略的本真表现（称为归真），尔后切真寻源，以源捕象，推导事件真伪的思维方法。

总之，反谋略思维是谋略思维的必要补充，对活力对抗双方来说都是必不可少的思维方法，历史上许多杰出的军事家也在自觉地运用着。史料上对成功的谋略战例记载较多，对被识破的谋略事例记载较少，说明了谋略一旦被识破就无奇可言，但这并不代表反谋略思维在活力对抗中不重要。因此，处于劣势的军队要想在与优势之敌的对抗中以巧制胜，不单要注重谋略思维训练，也要注重反谋略思维训练，以提高未来作战谋略艺术。（张自廉《反谋略思维与识谋破谋之道》，《中国国防报》2004年8月3日）

分析东方谋略的心理学底蕴 东方谋略不仅有着政治、思想、哲学、文化、伦理等方面的坚实根基，也渗透着东方人的心理特征，有着深厚的心理学基础。

东方谋略注重社会心理的考察、分析、利用、调整和引导，有着深厚的社会心理学底蕴。一是注重社会心理的考察分析，以此作为谋略的依据。东方大战略中的运筹特别强调“天时、地利、人和”这三大基本要素，其中的“人和”即是指社会心理因素。二是注重对社会心理的主动性调整，取得政治上、心理上的优势。东方谋略家认为，治国安邦、用兵取胜的重要策略，就是要根据社会历史条件和客观环境的发展变化，不断进行社会心理调整，争取人心，激励和提高士气。三是巧妙利用各种社会心理现象，达成政治、军事和其他目标。不战而屈人之兵这一原则，构成了东方谋略思想的精要部分，其核心在于运用社会心理效应达成谋略的目的。东方谋略的运筹，特别注重利用人际情感因素；注重运用社会心理效应实施“攻心夺气”，瓦解敌人；注重运用社会心理效应，因势利导，惑乱敌人。

东方谋略强调遵循心理认识规律，发挥东方民族的思维优势，在心智较量中施谋用略。首先，正确的谋略产生于正确的认识。客观与主观、合意与合理、有利与可行的有机统一，构成了东方谋略成功的认知心理基础。其次，高超的谋略来源于创造性思维。东方谋略实践表明，高超的谋略是战略指导者和军事指挥员根据己方的战争意图和有关条件对战争规律的灵活运用，是军事谋略者通过改变和创造相关条件使战争规律按照自己的意志发挥作用的产物。再次，在对抗性心智较量中修正谋略、发展谋略、完善谋略。东方施计用谋，出奇制胜的光辉战例和谋略著作中，都渗透着激烈的心理较量。随着战争和军事谋略的不断发展，军事谋略也就在不断修正、发展和完善中“水涨船高”。

东方谋略注重个性心理品质的考察，注意根据对手的个性特点设谋用计，注重把谋略的质量同人格的修养结合起来。首先，东方谋略强调因人、因事、因时设谋用计。不拘泥于某种固定的、机械的模式。在谋略对象的选择上，强调以敌军将帅为重点；在实际操作过程中，强调事先摸准、摸透敌军将帅的心理特征，然后针锋相对地赛谋斗智。其次，注重谋略制定者的心理素质修养。谋略决策者的心理素质，是一个民族、一个国家、一支军队智慧的化身，其心理素质的高低决定着谋略运用的成败得失。历代政治家、军事家、思想家对谋略家和将帅的品德修养和心理素质，从不同层面提出了要求，大致有德、智、聪、明、胆五个方面。再次，强调通过意志努力克服心理障碍和弥补心理缺陷。心理障碍和心理缺陷既是施谋主体的“靶的”，又是谋略对象的“大忌”。在长期的谋略实践中，东方谋略家注重自身的心理素质修养，强调通过加强内心的修养，培养圣人的品格；通过军事指挥员的思想建设，克服心理障碍和弥补心理缺陷。（王振光、周建新、易辉《东方谋略的心理学底蕴》，《中国军事科学》2004年第2期）

关于军事历史学问题

军事历史学功能的特点 学科功能的特点是指该学科与实践发生联系时所表现出的特有的方式、机制、形态和趋势等。军事历史学的研究任务、内容、方法和成果等具有特殊的规定性。决定其与军事实践的联系必然呈现出一些与其他军事学科不同的特点。

军事历史学是因军事实践需要而产生、存在和发展的科学，实践性是军事历史学功能的本质性特点。在许多人看来，军事历史学就像考古学，其历史功能强而实践功能弱，主要价值体现在对已逝军事文明的重现、恢复和保存，而不是对现实军事实践的推动和促进。实际上，这是对军事历史学功能的一种误解或偏见。首先，军事历史学产生于军事实践需要，其功能根源于过去的军事实践。其次，军事历史学功能的发挥是面向军事实践的，这是军事历史学的永恒生命力和根本价值所在。再次，在新的历史条件下军事历史研究的实用性增强，军事历史学必将在未来军事实践中发挥更大的作用。一是军事历史研究走出史实重

现和经验教训总结的低层次，向探讨军事发展和指导规律的高层次发展。二是军事历史研究课题的选择与现实需要联系更加紧密，甚至直接与新军事实践挂钩。三是对军事历史的积淀要求降低，重视对刚刚过去的军事实践的研究。

*军事历史研究成果必须通过中间环节才能作用于军事实践，间接性是军事历史学功能的机制性特点。*与应用学科相比，军事历史学不研究现实军事实践问题，其研究成果不是解决现实军事实践问题的直接答案，必须通过中间环节才能作用于军事实践。军事历史学为现实军事实践服务，是通过提高人的素质和对现实的启示、参考作用来实现的。军事历史学功能的间接性决定了对军事历史学不能采用实用主义的态度。

*军事历史学对人们的影响程度存在较大差异，层次性是军事历史学功能的心理性特点。*军事历史学对人们心理的影响可分为3个层次，即情绪化层次、经验化层次和思维化层次。情绪化层次是军事历史学功能发挥的最低层次。由军事历史事实、英雄人物与事迹、斗争精神及优良传统等构成了这一层次的知识体系，成为爱国主义教育、国防教育甚至狭隘的民族主义宣传教育的典型材料。在多种宣传教育形式的交叉影响下，人们统一了行动意志，形成军事实践的合力。经验化层次是军事历史学功能发挥的中间层次。军事历史经验教训是构成这一层次知识体系的主体，具有丰富个人军事经验的作用，对现实军事实践有重要的参考价值。思维化层次是军事历史学功能发挥的最高层次。由军事历史思维方式、军事发展和指导规律构成的知识体系，对提高人们的思维能力，养成历史思维的习惯具有重要作用。

*军事历史学对国家或个人的影响总会表现出正负双重效应，双刃性是军事历史学功能的形态性特点。*正面效应表现为吸取教训、借鉴经验，创造性地进行新军事实践，为国家安全发展、人民安居乐业提供保障。负面效应表现为盲目乐观、搬用经验，在新军事实践中墨守成规，给国家和人民带来灾难。负面效应的产生主要有两个源头：一是故意歪曲军事历史事实，欺骗麻痹民众。这是历代统治阶级利用军事历史学功能误导民众、发动战争的惯用伎俩，给本国和世界人民造成巨大伤害。近代以来，德国和日本表现得最为明显。二是机械地套用军事历史经验。军事历史的学习和研究停留于经验教训层次，对军事发展和指导规律认识不清，对军事实践的现实情况不甚了解，在军事实践中不能灵活地运用规律，把个别的经验当做永恒的真理照搬照套，最终招致军事实践的失败。（李希敏《浅析军事历史学功能的特点》，《军事历史》2004年第3期）

（陈燕雯）

简 讯

2004年解放军出版社出版的部分军事图书评介 2004年解放军出版社出版了一系列军事图书，其中一些图书是国家与军队文化建设的重点图书，填补了出版界的一些空白，对军队建设起到长久的作用。这些图书是：

*《世界新军事变革丛书》。*由中央军委委员、总参谋长梁光烈作序，总参政治部和解放军出版社组织编写的这部大型系列丛书，是中国第一部系统阐述世界新军事变革的大型著作，集前瞻性、权威性、理论性、知识性于一体，对加速推进中国特色军事变革具有重要的借鉴和参考作用。出版这套丛书，是配合全军深入学习贯彻江泽民国防和军队建设思想、胡锦涛主席一系列重要指示，落实十六届四中全会精神和军委扩大会议精神的重要举措，也是为加速推进中国特色军事变革和做好军事斗争准备提供有益借鉴的实际行动。丛书共设《世界新军事变革概论》、《面向信息化战争的军事理论创新》、《武器装备的信息化》、《作战方式的革命变化》、《发展中的指挥自动化》、《数字化战场的基础建设》、《信息化战争中的防御与防护》、《信息时代的心理战》、《构建信息化军队的组织体制》、《转型中的军事教育与训练》和《军事后勤新变革》、《走向军事网格时代》等12个分册。着重介绍世界新军事变革的“新”和“变”，力求清晰地阐释自20世纪80年代末90年代初以来，特别是世界新军事变革进入质变阶段后的新变化、新情况，讲清信息化战争与机械化战争、信息化军队建设与机械化军队建设在各个领域的区别和发展，在此基础上，得到对推进中国特色军事变革的有益启迪。丛书的问世，对于

帮助和引导广大官兵准确把握军队现代化建设的科学依据和根本指南，强化推进中国特色军事变革的紧迫感和责任感，走出一条顺应变革潮流、符合中国国情和军情的跨越式发展道路，增强军事斗争准备的针对性和有效性，将产生重要作用和影响。

《外国著名军事著作丛书》。该丛书的出版，是出版界第一次比较全面系统地将世界上有影响有价值的军事学术著作介绍到中国来，对于中国军事现代化建设和中国社会科学的发展具有重大的现实意义和深远的历史影响。丛书2005年1月出版了7种：德国克劳塞维茨的《战争论》，论述了基本的战争理论问题。意大利杜黑的《制空权》，分析与预测了空中作战的基本方式与战术，特别是空中作战的重大影响。美国米切尔的《空中国防论》，专门论述了空中力量的运用与国家防卫问题、空中轰炸的理论问题、民航的发展与国防力量问题等。德国鲁登道夫的《总体战》曾受到人们的否定，因为书中提出的理论被认为是法西斯理论。但是该书提出了集全民族、全国家的力量进行作战的观点，值得重视与研究。美国索普的《理论后勤学》，是西方现代后勤理论的第一本专著，比较全面深入地论述了后勤的地位、作用、影响。古罗马弗龙蒂努斯的《谋略》，是西方较早研究谋略思想运用的军事著作，反映了西方当时的谋略水平。美国布罗迪的《绝对武器》，是在原子弹使用之后第一本专门论述核武器、核战争、核战争理论、核战争与国际政治关系的专著，有较高的认识与学术价值。

《刘华清回忆录》。刘华清上将是中国人民解放军的高级将领，曾任国防科委副主任、解放军副总参谋长、海军司令员等职；1987年11月任中央军委副秘书长，1989年11月任中央军委副主席；是中共中央第十四届中央委员、中央政治局委员、中央政治局常务委员。刘华清自1929年参加农民运动至1998年退休，在长达近70年的革命生涯中，冲锋陷阵、历经波折、义无反顾、建立功勋。特别是他工作的最后10年，担负着军委副主席的重责，参与党与军队许多重大的决策，是党的第三代领导集体的重要成员。这部回忆录共52万字，有68幅历史照片，文风朴素无华，叙述了丰富多彩而又意义重大的历史经历，是党和军队的宝贵历史财富，有很高的阅读价值。

《张震回忆录》。张震是中国人民解放军的高级将领。从他1930年参加革命到1998年退休，在长达68年的军旅生涯中，经历过部队、机关、院校、战区、总部、军委等40多个岗位。丰富的阅历、波澜的人生，使张震的回忆录具有十分丰富而珍贵的历史价值。作者以朴素的语言，论述了领导过他的共和国的元帅们，讲述了与他共同战斗的战友们的事迹，特别是他以满怀感情地回忆与他共同奋斗而牺牲在战斗征程上的英烈的光辉事迹，都是进行革命传统教育的极好的教材。该回忆录分上下两册，共64万字，配有327幅历史照片，采用小16开版本，精美、庄重、大方。是近年来回忆录类书籍中的精品，出版后有较大的社会反响。

（谢　钢）

2004年军事科学出版社出版的部分军事图书评介　2004年，军事科学出版社着眼国防和军队现代化建设的全局，坚持为部队服务、为院校服务、为军事科研服务、为科学决策服务的宗旨，推出了一批具有中国人民解放军特色的军事科学精品力作。

加强对毛泽东思想、邓小平理论和“三个代表”重要思想的宣传和研究。为此，策划出版了系列丛书《毛泽东的领导艺术》、《邓小平的领导艺术》、《江泽民的领导艺术》和《马克思恩格斯军事思想年谱》、《毛泽东国防动员思想在当代的继承和发展》、《党的三代领导集体人民战争思想研究》、《三个代表重要思想与军队党的建设》、《江泽民国防和军队建设思想研究》、《先进文化与中华民族凝聚力》、《熔铸中华民族之魂》等一批著作。为纪念邓小平诞辰100周年，出版了《邓小平军事文集》、《把握转折举重若轻——邓小平辉煌历程聚焦》等图书。配合形势需要，及时出版了《加强党的执政能力建设学习读本》、《梦圆飞天的精神轨迹——解读载人航天精神》等一批有影响的图书。

着眼“打赢”现代条件下的局部战争，加强做好新的历史条件下军事斗争准备的研究。《作战指挥学》着眼高技术条件下作战理论与实践，着力研究了信息化作战指挥的新问题。《新军事变革与训练创新》联系部队训练实际，对军事训练如何适应军事斗争需要，提出了新的观点。《国际军事学概论》作为一个新兴的学科，客观揭示了国际军事研究发展变化的一般规律，构建了国际军事学的理论框架。《边防学》在总结50多年边防建设经验的基础上，对在新的历史条件下加强边防建设，提出了新的见解。《交通动员学》探讨了高技术条件下搞好交通建设的新思路。《装备论》从战略的高度，对军队装备理论建设提出了独特见解。《中国国民经济动员学》、《现代军事经济学通论》、《军队思想政治教育纵横谈》等著作，从不同领域和角度，探讨了一些新兴学科和边缘学科。

围绕新时期军事斗争准备，加强对高技术条件下作战与训练以及军队信息化建设的研究。出版的《跨越——从机械化战争走向信息化战争》、《走向信息化军队》、《信息化战争论》、《信息战新论》、《孙子兵法与信息化战争》、《空天一体信息作战》等图书，从不同角度和侧面，深入探讨了世界范围内发生的军事变革对战争形态与作战样式的影响，以及在信息条件下作战与训练的特点和规律，把信息作战研究提到了一个新的高度。同时，加强了对心理战、舆论战、法律战的研究，出版了《较量——伊拉克战争中的舆论战》、《新时期军事斗争与法制建设》等书。

为纪念2005年世界反法西斯战争和中国抗日战争胜利60年、中国工农红军长征70年，策划出版了一批军事历史图书。约请相关专家撰写了反映第二次世界大战各条战线的10本系列丛书：《舌剑出鞘——二战中的舆论战》、《摄魂夺魄——二战中的心理战》、《火淬天平——二战中的法律战》、《财富较量——二战中的经济战》、《谍光秘影——二战中的情报战》、《大洋铁流——二战中的岛屿作战》、《幽林搏击——二战中的丛林作战》、《兵从天降——二战中的空降作战》、《城市绞杀——二战中的城市作战》、《虎口拔牙——二战中的特种作战》。系列图书《长征中的重大战略抉择》、《见证长征的外国人》、《长征中的女红军》、《国民党将领看长征》，从多视角、多侧面地反映了中国工农红军长征的历史壮举。《西北红军的创建与发展》、《南茹村八路军总部》、《十二座山峰——陈赓和他麾下的英雄》等图书，向读者再现了中国革命战争年代波澜壮阔的战争画卷。

（麻光武）

2004年国防大学出版社出版的部分军事图书评介　2004年，国防大学出版社坚持服务于教学科研、服务于部队、服务于国防建设的指导思想，与时俱进，开拓创新，振奋精神，团结协作，出版了一批具有较高质量的军事图书。

为宣传十六届四中全会和军委扩大会议精神，策划了一批政治性、理论性较强的图书。为反映当代对马克思主义理论研究的最新成果，出版了《马克思列宁主义毛泽东思想邓小平理论基本问题》、《江泽民国防和军队建设思想研究》、《当代中国马克思主义概论》、《理论创新与马克思主义中国化》等图书；配合形势需要，出版了《党的执政能力与军队党组织能力建设100题解》、《全军深入学习贯彻“三个代表”重要思想经验交流会材料汇编》、《“三个代表”重要思想与当代军校建设》、《学习实践与科学发展》等图书；着眼军队思想政治建设的发展，出版了《政治工作学总论》、《现代高技术战争政治工作》、《高技术战争政治工作组织指挥研究》、《部队党委民主决策的探索与思考》、《思想政治建设百题释疑》、《军队政治工作基础理论》、《思想政治工作方法新论》等图书。其中，《军队思想政治建设二十四讲》一书，本着解放思想、实事求是、与时俱进、改革创新的精神，着重回答了新形势下部队思想政治建设的一系列重大理论和现实问题。

针对新军事变革的发展，出版了一批反映世界军事形势变化和各国军事变革成果、探讨如何进行中国特色军事变革的图书。其中，《国际战略形势分析(2003~2004)》、《世界军事形势分析（2003~2004)》、《新世纪初亚太战略纵横》等图书，分析了国际战略、军事形势的变化；《世界强国军队建设研究》、《网络时代的指挥革命》、《作战协同概论》、《军事供应链管理》、《新军事变革中的战术理论创新》、《美军网络中心战》、《面向未来的美国国防科学研究》、《联合火力战理论研究》、《炮兵作战理论新探》、《数字化战场中战术互联网构架与应用》、《智能化战争》、《战争模拟引论》等图书，反映了新军事变革的成果；《新军事变革与国防经济跨越式发展》、《信息化战争与高素质参谋人才》、《科技强军论》、《作战指挥概论》和《心战策》等图书，探讨了中国特色军事变革的有关问题；《陆军数字化部队建设研究》一书，在研究西方发达国家陆军数字化部队建设的基础上，对于建设具有中国特色的陆军数字化部队作了有益的探索。

坚持为教学科研服务，为部队建设服务，努力为部队和院校提供高质量的精神文化产品。根据部队基层工作实际，出版了《军队基层领导能力训练教学案例》、《论部队基层管理者素养》、《部队基层思想政治工作百招》、《新任党支部书记必读》等一批适应基层工作需要的图书；为满足广大官兵学习和工作的要求，出版了《军队基层建设工作指南》、《基层常用文书写作指南》、《战术理论学习指南》、《后勤机关工作指南》、《军事体能训练指南》等一批通俗易懂的系列图书；为配合院校和部队建设的发展，出版了《军队院校教育改革与发展问题研究》、《军事创新教育论》、《21世纪军队院校思想政治建设模式研究》、《军校学员教育与管理》、《军队建设系统分析》、《新时期军队建设案例精选》、《军队领导管理学》、《军队管理学》、《军队管理艺术论》、《部队管理理论与方略》等一批在理论上有所创新的专著。其中，《战役谋略论》从新的视角探讨了战役理论；《军事法理学》初步构勒出了中国军事法理学的结构体系。

（万　方）

全军邓小平生平和思想研讨会在京召开　2004 年 8 月 18 日,全军邓小平生平和思想研讨会在北京召开。中共中央书记处书记、中央军委委员、总政治部主任徐才厚在会上讲话指出，召开全军邓小平生平和思想研讨会，对于高举邓小平理论伟大旗帜，全面贯彻“三个代表”重要思想，坚定不移地走中国特色社会主义道路，进一步开创国防和军队建设的新局面，具有重要意义。

徐才厚强调，我军作为党绝对领导下的人民军队，必须以党的旗帜为旗帜；作为体现党和国家政治优势的重要力量，必须做党的理论路线纲领的坚定捍卫者和模范实践者。在新形势下，我军要实现建设信息化军队、打赢信息化战争的奋斗目标，始终做到打得赢、不变质，必须坚持不懈地用科学理论特别是党的理论创新成果武装全军官兵。各级党委和政治机关要从战略的高度，更加重视理论武装工作，更加重视理论队伍技术建设，更加重视发挥广大理论工作者的积极性和创造性，多出成果，多出人才，不断开创军队理论武装工作的新局面。北京军区政委符廷贵等在研讨会上发言。四总部、驻京各大单位有关领导张黎、孙忠同等，中央和国家机关、北京市有关部门领导以及部分军队理论工作者出席研讨会。

中美军控裁军与防扩散研讨会在京举行　2004 年 7 月 20 日，中美第五次军控、裁军与防扩散研讨会在北京开幕。来自中美两国 50 多位专家、学者和政府官员出席会议，外交部副部长张业遂在会上发表主旨讲话。

张业遂说，新形势下，应树立以互信、互利、平等、协作为核心的新安全观，致力于广大发展中国家的经济振兴，加强多边合作，维护联合国的地位。应维护国际军控、裁军与防扩散条约体系，推进多边军控、裁军与防扩散进程，不断完善国际防扩散体制。中国十分重视同美国的关系。始终从战略高度和长远角度来审视和对待中美关系。张业遂强调，台湾问题事关中国的主权和领土完整。为了维护中美关系健康顺利发展。必须谨慎处理好两国关系中最核心和最敏感的台湾问题。希望美方信守中美三个联合公报，不向“台独”势力发出任何错误信号。

美方在发言中指出，研讨会的召开有助于美中在双方共同关切的重大问题上交换意见，希望两国在应对大规模杀伤性武器扩散挑战方面发挥主导作用，强调愿加强双方在这一领域的合作。中美军控、裁军与防扩散研讨会由中国军控与裁军协会、美国蒙特雷国际研究所共同举办。

上海合作组织首届防务安全研讨班在京举办　2004 年 7 月 22 日　由中国国防部主办的上海合作组织首届防务安全问题研讨班在京开幕。此次研讨班是为落实 2004 年 6 月上海合作组织塔什干峰会上各成员国元首达成的共识并推动军事安全领域务实合作而举办的，为期 10 天，共有来自中国、哈萨克斯坦、吉尔吉斯斯坦、俄罗斯、塔吉克斯坦和乌兹别克斯坦 6 国国防部的 16 名军官参加。研讨班采取专家授课与自由讨论、课堂教学同课外实践相结合的形式，各国学员就国际反恐斗争形势、上海合作组织的作用及未来发展等各方共同关心的国际和地区问题进行交流。

“21 世纪和平行动面临的挑战”国际维和研讨会在京举行　2004 年 11 月 3 日，中国国防部维和事务办公室和中国国际战略学会共同主办的“21 世纪和平行动面临的挑战”国际维和研讨会在北京开幕。联合国官员和 10 多个国家的代表约 40 人参加会议。“21 世纪和平行动面临的挑战”国际维和研究项目由瑞典于 1997 年发起，联合国及 10 多个国家的有关机构参与。该项目主要研究和探讨联合国维和行动在 21 世纪将面临的环境、需求、困难及解决的途径等问题。此次在北京举行的研讨会是该项目的第 15 届研讨会，主题为“加强联合国维和行动的合作与协调”。在为期两天的会议中，与会代表就新时期维和行动中的合作与协调——对联合国成员国的挑战、国际社会对维和行动的期待及出兵国面临的挑战、维和任务多样化对维和教育和训练的挑战等 3 个分议题进行了深入研讨。

第六届孙子兵法国际研讨会在深圳召开　由孙子兵法研究会主办的第六届孙子兵法国际研讨会 2004 年 11 月 3 日至 5 日在深圳召开。与会的海内外各界专家和学者以“孙子兵法与战略文化”为主题，围绕战略文化、当代国际安全、新世纪战争理论、孙子兵法在社会各个领域的运用等方面的问题，进行了深入的探讨和交流，提交学术论文 110 篇。来自海峡两岸三地和俄罗斯、美国、法国、瑞典、日本、马来西亚、印度等 10 个国家的 200 多位专家学者，依据《孙子兵法》理论，分析研究了当前和未来国际及地区安全形势、安全热点，还广泛涉及了当代中国的主流战争理论、军事革命、国际石油安全、当代反恐战争、信息时代空天力量、商业竞争、战争胜负观和效益观、和平传统与中国崛起等问题。同时，研讨会首次把《孙子兵法》与战略文化结合起来，从战略文化的视角推进孙子兵法研究，阐明孙子兵法关于哲学范畴的理论精髓。

国际军事后勤装备技术发展战略研讨会在京召开 2004 年 4 月 27 日，“国际军事后勤装备技术发展战略研讨会”在北京召开，与会各国代表就军事后勤装备技术的未来发展战略问题进行了深入研讨。由总后勤部主办的这次研讨会，围绕后勤体制改革、后勤管理创新和后勤装备技术现状及发展趋势等议题，展开了广泛深入的讨论。中国代表在会上作了题为“中国军队联勤体制”的主旨报告，加拿大、法国、德国、以色列、俄罗斯、新加坡和越南等国代表也先后发言，对新军事变革形势下的军队后勤建设与发展，提出了有价值的设想。来自 16 个国家的 46 名代表参加了研讨会。

国际军事环保研讨会在京召开 2004 年 10 月 12 日，“2004 北京国际军事环保研讨会”在北京召开，来自国内和美国、德国、法国、日本、印度等 54 个国家的 200 多名军队代表，就军队环保领域的理论和技术问题进行研究探讨。此次研讨会的主题是“军事区域环境建设与管理”。会议共收到国内论文 120 余篇、国外论文近 30 篇，主要内容包括环境、环境建设与管理、环境教育、环境安全、环境监测、环境影响评价、环境治理技术、资源与生态保护等方面。

第 30 届国际军史大会在摩洛哥召开 2004 年 8 月 1 日至 6 日，国际军事历史委员会第 30 届年会在摩洛哥首都拉巴特开幕，会议主要围绕“局部战争与经济”的主题进行了广泛的交流和热烈的研讨。国际军史委员会主席德沃斯和摩洛哥军史委员会主席阿鲁布先后在开幕式上致辞强调，战争与经济过去曾经是，今天依然是国际社会和各国决策者最为关注的两大主题。随着国际局势的变化和世界经济的发展，战争与经济的关系日趋密切，国际军史大会愿意在世界各国之间架设相互交流和沟通的桥梁，共同为减少战争和发展经济做出努力。来自包括中国在内的 36 个国家的 280 多位军史专家和有关代表应邀出席会议。

亚太地区武装冲突法研讨会在西安举行 2004 年 6 月 7 日至 9 日，由红十字国际委员会和中国人民解放军联合举办的亚太地区武装冲突法研讨会在西安政治学院举行。来自亚太地区 20 多个国家的军队代表、国际红十字会日内瓦总部及其东亚地区代表团的官员和中方军队代表共 60 余人出席会议。这次研讨会的主题是当代武装冲突法的现状、展望与训练。研讨会主要围绕当今武装冲突法面临的挑战、武装冲突法的实施、武装冲突法的培训等方面问题，进行了深入研讨。国际红十字会已先后在泰国、澳大利亚举办过 3 期此类研讨会。

军事变革中的政治工作研讨会在宁召开 2004 年 5 月 17 日，来自全军部队和院校的专家学者在南京政治学院举行“中国特色军事变革中的军队政治工作”理论研讨会。此次研讨会是由南京政治学院与中国军事科学学会军队政治工作分会联合举办的。研讨会围绕“适应中国特色军事变革要求，大力推进军队政治工作改革创新”、“部队政治工作面临的新情况、新问题及其创造的新经验”、“军队政治工作人才培养和学科建设问题”等主题展开深层次研讨，对于推进部队政治工作的开展、增强院校教学科研能力、促进人才培养具有重要意义。

（石　慧）

第五届“中国人民解放军图书奖”评选揭晓 2004 年 10 月，经全军各大单位推荐，第五届“中国人民解放军图书奖”评选委员会评选，从全军和武警部队出版社 2002、2003 年度出版的 6000 余种新书中，评选出第五届“中国人民解放军图书奖”和提名奖各 20 种，名单如下：

第五届“中国人民解放军图书奖”（20 种）

《江泽民国防和军队建设思想研究》（国防大学出版社）

《中国特色军事变革》（长征出版社）

《布局天下——中国古代军事地理大势》（解放军出版社）

《政治工作学总论》（国防大学出版社）

《新形势下的部队党委建设》（军事科学出版社）

《武德价值论》（黄河出版社）

《思想政治工作价值论》（蓝天出版社）

《新世纪军队管理概论》（军事科学出版社）

《战役谋略论》（国防大学出版社）

《百草山》（解放军出版社）

《中国人民解放军元帅传记丛书》（解放军出版社）

《兵生活》（黄河出版社）

《跨世纪中国周边行》（长城出版社）

《中国小通史》（金盾出版社）

《现代军事病理学》（军事医学科学出版社）

《多管火箭发射动力学仿真与试验测试方法》（国防工业出版社）

《计算流体力学——差分方法的原理和应用》（国防工业出版社）

《特殊环境生理学》（军事医学科学出版社）

《中华人民共和国地图》（星球地图出版社）

《瞩望云霄——军用飞机的过去、现在和未来》（蓝天出版社）

第五届“中国人民解放军图书奖”提名奖（20种）

《抓基层的艺术》（海潮出版社）

《人生二次启蒙》（人民武警出版社）

《世界新军事变革新论》（解放军出版社）

《军校大学生人生漫谈》（蓝天出版社）

《美国战略思维研究》（军事科学出版社）

《舞台》（解放军出版社）

《政研之道》（白山出版社）

《人间伟力——长江三峡永久船闸建设纪实》（长征出版社）

《战术学》（军事科学出版社）

《伍子胥兵法破解》（军事科学出版社）

《世界海军军事史概论》（海潮出版社）

《士兵志》（解放军出版社）

《开国将军轶事》（解放军出版社）

《唐代前期军事史略论稿》（解放军出版社）

《现代急腹症学》（人民军医出版社）

《柔性仿真原理与应用》（国防科技大学出版社）

《导弹族·蘑菇云·航天器》（金盾出版社）

《实用临床免疫学》（第四军医大学出版社）

《手术室护理学》（人民军医出版社）

《精密塑性体积成形技术》（国防工业出版社）

（谢　钢）

（本栏责任编辑：方　宁）

轻 武 器

综述 2004 年，世界各国轻武器发展中广泛采用新技术，新型轻武器进一步趋向成熟，传统轻武器的技术改造也取得明显成绩。各国士兵系统继续发展，其中，美国的士兵系统仍在寻求技术支持，德、意、法等国士兵系统已基本成型。单兵武器具有三种不同的发展途径：一是完全创新设计，例如 XM8 步枪。二是对老式武器进行改造，如 MK12 特种用途步枪等。三是口径多样化。对现役的反装甲/攻坚武器进行改造升级受到了很多国家的重视，适合城市作战的反装甲/攻坚武器的发展比较活跃。对榴弹发射器等班组支援武器的需求有所增加。轻武器弹药不断创新。轻武器光电瞄准具和单兵信息装备近年来也保持着强劲的发展势头，部队装备数量不断增加。与轻武器装备密切相关的几项技术也有着不同程度的发展。

士兵系统 **美国陆军开始使用"陆地勇士"的相关部件** 据《国家防务》2004 年第 2 期报道，虽然"陆地勇士"计划一再拖延，但是美国陆军在阿富汗和伊拉克战场已经接收到了为该计划研制的若干部件。这些部件虽然没有完全达到"陆地勇士"系统的要求，但是已经达到了近期目标，如指挥官数字辅助装置(CDA)。它是"陆地勇士"系统的首要部件，由 5 个部分组成：CDA 平台、无线局域网卡、全球定位系统(GPS)、GPS 天线和电台接口调制解调器。而士兵数字辅助装置 (SDA) 能通过无线电路、电缆或金属线连接到其它接口，可以进行加密。SDA 重 0.8 公斤，最大功耗 3 瓦，每块电池的寿命 3 小时。为"陆地勇士"开发的"拦截者"人体护甲采用新式碳化硼陶瓷防护板，比原来使用的防护板轻 10~30%，但防护能力大大增强，可防御 9 毫米冲锋枪及 7.62 毫米步枪的近距离射击。此外还有用于保护人体腹股沟、咽喉和颈部的模块式防护板及被称为"微光"的袖珍型网络无线电台，它仅重 0.64 公斤。新式电台通信距离远、保密性好，特别适合用于城市作战。

德国"未来士兵系统"进行进一步的试验 据《国际防务评论》2004 年第 5 期报道，2002 年，德国士兵系统基本成型，并投入科索沃战场进行试验。2004 年，150 名驻阿富汗的德国士兵配备了 15 套"未来步兵系统"进行进一步的试验。之后，德国"未来步兵(IdZ)"现代化计划的另一批 150 套急需使用 (ESB) 样品紧急送往德国陆军进行试验。第一批 IdZ 装备已于 2004 年 7 月交付德国陆军检验。按照计划，1600 套 IdZ V1 系统于 2004 年年底开始交货，交付时间持续到 2006 年。每套 IdZ 班系统样品有 10 套装置，其中 1 套供班长使用，9 套供士兵使用。每套班系统样品除了有 10 支 G36 步枪以外，还有可装物品的背心、护目镜、防弹防刺背心、C^4I 系统、装在头盔上的像增强夜视镜、装在武器上的激光光源模块等各 10 具。与这些装置配用的是 VictorⅣ激光测距机和目标捕捉双目镜、BIG35 手持式像增强夜视观察镜、手持式热成像观察镜、AN/PAS-13A (V) 热成像武器瞄准镜各 2 具，8 具 NSA80 像增强武器瞄准镜、3 具 AG36 枪挂榴弹发射器。班系统武器还有 MG4 轻机枪、12.7 毫米反器材步枪、MP7 单兵自卫武器和"铁拳 3"反坦克火箭发射器(包括内置计算机的瞄准装置)。

法国陆军将装备新型一体化武器系统 据法国《航宇防务》2004 年 3 月 5 日报道,法国武器装备总署向萨吉姆公司定购了 23500 套一体化单兵装具和通信系统(FELIN)。根据计划，法国第一个步兵团将在 2007 年中期列装完毕；到 2008 年底时，三分之二的步兵部队将装备该系统。FELIN 是一体化武器系统，它由以下几部分组成：装有先进光学设备的武器；头盔；在步兵部队间建立战斗局域网的通信系统；负责管理电源和各种子系统之间的信号交换的便携式电子平台；多个独立电池组；被服与防护设备。FELIN 将极大增强法军士兵的战斗力，缩短士兵的反应时间，使士兵的有效射程增大一倍，实时传输的目标图像也可为指挥官快速决策服务，加快战术行动的节奏。FELIN 装备法国陆军后，将成为欧盟国家中第一种投入使用的一体化武器系统。

意大利开始评估士兵系统部件 据《兵器快报》

2004 年 7 月报道，意大利武装部队已经开始评估其未来士兵系统的技术演示部件，其子系统部件在 2004 年欧洲萨托里防务展上首次公开展出。系统的核心是控制与通信系统。人机界面主要是临时固定在左腕上的 10 厘米触摸屏。新型单兵便携式电台能够传送语音和数据信息，通信距离达到 1300 米。分队指挥官配备 1 台单兵电台和更高级的无线电台，用于与排级指挥部交换信息。装有生理传感器的耳机和麦克风组件可以向指挥官报警，还有作战服和防护系统。伯莱塔公司负责武器系统。新型步枪比现役 5.56 毫米 AR70/90 式步枪更轻更短，带 30 发弹匣时空枪重不超过 3 公斤，枪托可伸缩，有 4 个固定位置，枪托完全伸出时全枪长约 840 毫米。新型步枪注重人机工效。射击方式有保险、单发射、3 发点射和自动射击四种，配有新型消焰器。单兵战斗武器瞄准具 (ICWS) 可安装在皮卡蒂尼导轨上。瞄准具包括昼用黑白电视机/夜用红外仪、3 倍光学瞄准具、顶置红外瞄准具各 1 具，2 个激光源以便于紧急射击。ICWS 模块长 200 毫米，宽 70 毫米，高 105 毫米，含锂电池重约 1 公斤。利用 ICWS，射手可以辨认 600 米处的人体大小的目标和距离 1500 米处的坦克。通过无线电路士兵可以向其他队员传送瞄准景象。武器上还可以安装 40 毫米枪挂榴弹发射器和榴弹发射器火控系统。火控系统包括 1 台计算机和 1 台 Class 1 型激光测距仪，其测距距离为 400 米。陆军计划为每支火力分队配备 2 具榴弹发射器。

枪械　2004 年，美国在枪械的发展上非常活跃，能够根据各武器在战场上的表现做出迅速反应。同时，各武器公司对枪械口径的多样化发展表现出了浓厚的兴趣。

美国推出 Beowulf 步枪和 Grendel 步枪　据《国际武装力量通讯》2004 年第 8 期报道，亚历山大武器公司推出的.499 口径的 Beowulf 步枪采用 M16/AR15 步枪的结构，发射 12.5×42 毫米弹，有三种弹头，分别重 21 克、22 克（全金属被甲）和 26 克。该公司还推出 6.5 毫米口径的 Grendel 步枪。该枪也采用 M16/AR15 的构架，重量轻，后坐小，精度高。6.5 毫米 Grendel 步枪已经送往伊拉克进行试验。

美军 XM8 步枪仍在试验和改进　据《国外轻武器发展年度报告》2004 年报道，XM8 步枪仍在进行多方面的试验和改进。2004 年 2 月，XM8 步枪完成寒区试验，6 月进行了热区试验。与此同时，美国陆军、海军陆战队、空军和海岸警卫队对 XM8 步枪进行了为期 8 周的初期评审。之后，又进行了沙漠试验。美国陆军正在考虑为该步枪安装一种寿命监测器，即在步枪上方安装电子读数器，射手通过它能了解武器在特定时间段或全寿命期发射的弹药数量。寿命监测装置还具有用电子读数器为步枪编制清单的功能。从使用者的反应来看，武器操作的方便程度要有大的改进，需要增强易断裂零件特别是非金属零件的强度。HK 公司还需要进行 3 个月的野外测试和强度试验，然后美国陆军就会最终决定是否将 XM8 作为新的制式武器以及如何进行编配。

黑克勒-科赫公司美国分公司推出增强型 M4 式卡宾枪　据《兵器快报》2004 年 7 月报道，德国黑克勒-科赫（HK）公司美国分公司研制出一种增强型 5.56 毫米 M4 式卡宾枪，定型为 HKM4。该枪既可以用于现役武器的改进，也可以作为一种全新武器生产。HKM4 式卡宾枪源自该公司进行的英国 5.56 毫米 SA80 式突击步枪中期改进项目。HK 公司是将 HKM4 式卡宾枪作为下一代 XM8 式 5.56 毫米卡宾枪服役之前的过渡产品推出的。现有武器系列存在的两个最大问题是气体后坐系统和弹匣设计。而 HKM4 与 XM8 一样，采用了活塞和推动杆设计，由于取消了直接导气系统，减少了污垢且大大延长了抽壳机构、击针与枪机凸轮顶针的寿命。HKM4 配用 4 种长度的枪管。该枪采用了冷锻枪管技术，以及镀铬枪膛、排气弹膛和导气孔。HK 公司初期的研究重点是将老式卡宾枪改进为 HKM4 式，而不是制造全新的武器。美国特种作战司令部正在对 HKM4 式卡宾枪进行测试。

美国巴雷特公司推出 M468 特种用途卡宾枪　据《国际防务评论》2004 年第 5 期报道，美国巴雷特公司推出 M468 特种用途卡宾枪，它采用 6.8×43 毫米特种用途弹。M468 卡宾枪是在 M16 步枪的基础上研制的，但它的外形与内部结构有较大变化。全枪长 889 毫米，枪管长 406 毫米，缠距为 254 毫米，空枪重 3.9 公斤。M468 卡宾枪可以安装多种配件，它可安装全息武器瞄准镜、Surefire M900 型垂直前握把战术灯、双面扣等。M468 是一种可靠、精确、高度灵活的近程点杀伤武器。

美国推出新式 M25 狙击步枪　据《枪世界》2004 年第 3 期报道，该枪是美国斯普林菲尔德兵工厂对 M21 狙击步枪改进而成的，而 M21 的原型则是 M14 步枪。M25 步枪采用导气式自动方式，全枪长 1067 毫米，枪管长 559 毫米，空枪重 5.77 公斤。它安装有可上下、长度可调整的 M3A 式合成枪托、膛口制退器、哈里斯两脚架。机匣上方安装有北约标准的皮卡蒂尼导轨。该枪只能安装光学瞄准镜，没有机械瞄具。

美国推出 M200“干预”狙击步枪　据《现代轻武

器》2004 年第 3 期报道，美国 CheyTac 公司生产的远距离步枪系统中的 M200“干预”狙击步枪，是一种有效射程较远、但又相对紧凑而轻便的远距离软目标拦阻步枪，它采用.408（10.36 毫米）口径，介于.50（12.7 毫米）勃朗宁大口径枪弹和.338（8.58 毫米）拉普阿远距离枪弹之间的中口径枪弹。M200 全枪重 12.3 公斤，枪托完全缩进时全枪长 1220 毫米，枪管长 762 毫米，采用手动旋转后拉式枪机，弹匣容弹量为 5 发，机匣顶部安装有不可拆卸的皮卡蒂尼导轨。采用标准的 NXS 5.5-22 倍瞄准镜，也能安装 AN/PVS-14 夜视模块和 AN/PEQ-2 红外激光指示器，没有设计机械瞄准具。M200 步枪正由美军在伊拉克进行试验。

美国陆军提出半自动狙击步枪系统的研制需求 据 2004-2005《简氏步兵武器年鉴》报道，美国陆军提出了半自动狙击步枪系统（SASS）的研制需求，该枪主要用于对 1000 米距离上的敌人进行精确打击。SASS 配用的最佳弹种应是 M118LR 式远程枪弹，且必须适合 M993 式穿甲弹和制式 7.62×51 毫米枪弹，SASS 步枪也可以发射新式的更有效的远程弹。允许的最大枪长为 1.22 米，最大枪重 7.27 公斤（包括消焰器、昼用光学瞄准具和弹匣）。已有几种候选狙击步枪达到了陆军的精度要求，如 AR-10（T）、7.62 毫米 Panhter 和 SR-25 步枪。目前，特种作战部门已经选用了 SR-25，并将其命名为 M11 步枪。

美国推出 M14 强化战斗步枪 据《国际武装力量通讯》2004 年第 8 期报道，美国 Sage 国际公司与海军水（地）面作战中心的克伦分部合作，在 M14 步枪的基础上推出了 M14 强化战斗步枪，它有良好的人机工效。该枪采用 M14 步枪的枪管、机匣和扳机组件，但外观焕然一新。枪管四周有 4 条符合 1913 军用标准的导轨，在附加的小握把的上方还有 1 条导轨可以安装标准的夜视装置和其它附件。M14 强化战斗步枪重 5.278 公斤。

美国特种作战司令部正在研制战斗突击步枪 据 2004~2005《简氏步兵武器年鉴》报道，美国特种作战司令部正在研制特种作战部队战斗突击步枪（SCAR）。SCAR 是一种模块式武器，它通过更换不同的枪管可发射不同弹径的弹药，包括 5.45×39 毫米、5.56×45 毫米北约弹、6.8×43 毫米或 7.62×51 毫米北约弹。它有轻型（SCAR-L）和重型（SCAR-H）两种型号。它们口径不同，但是都包括标准型、近战型和狙击型三种变型。SCAR-L 适合发射 5.56×45 毫米枪弹，SCAR-H 则采用开放式结构设计，可以发射 7.62×51 毫米及其以上各种口径的枪弹。初始弹药计划采用 7.62×39 毫米枪弹。对 SCAR-L 的要求包括枪托折叠时的最大长度为 760 毫米，重量不超过 3.3 公斤（不带弹匣）。而 SCAR-H 的相应指标分别为 780 毫米和 4.1 公斤。研制 SCAR 轻武器族的目的在于最终取代现役的 M4/M4A1 卡宾枪、MKl2 特种用途步枪、MK11 步枪和特种作战中使用的 M14 步枪。

德国继续试验新型 4.6 毫米手枪 据《兵器快报》2004 年第 10 期报道，德国 HK 公司已经完成了第一支终极战斗手枪（UCP）的样枪研制，该枪发射 4.6×30 毫米弹药，将用于取代新一代个人自卫武器中过时的 9 毫米口径武器。UCP 有两种变型：全尺寸的 UCP 和 UCP 紧凑型。该枪使用与 MP7 相同的 20 发或 40 发弹匣以及相同的消音器，带 20 发弹匣时重约 820 克。两种变型枪都配有用于安装激光器/轻型模块的皮卡蒂尼接口导轨，并有 4 个可互换的握把衬套以适应不同的手形。HK 公司计划从 2005 年年初开始大规模生产。

德国 MG4 小口径机枪正式服役 据瑞士《国际武器杂志》2004 年 9 月报道，德国 HK 公司按照德国军方要求研制的第一批 MG4 轻机枪，已连同“未来步兵”系统一起交付德军。该枪采用开膛待击、前冲击发的原理，枪机回转式闭锁机构，弹链供弹，发射 5.56 毫米 NATO 标准弹。全枪长 1030 毫米，枪托折叠时全枪长 835 毫米，枪管长 450 毫米，空枪重 7.9 公斤，高 260 毫米，宽 90 毫米，理论射速 750~850 发/分。MG4 上既装有可调方向和高低的机械瞄准具，还装有 3 倍光学瞄准镜，此外，还可以安装热成像瞄准镜和微光瞄准镜。目前，HK 公司正在考虑增加以下三种型号：短枪管的突击队轻量型；使用美国 6.8×43 毫米枪弹的型号；采用 7.62×51 毫米 NATO 口径的型号。这样，一枪就有四种型号，且口径不尽相同，这在世界机枪史上尚属首创。

反装甲/攻坚武器系统 2004 年，新研制的反装甲/攻坚武器系统的种类繁多，发射方式也多种多样。

美国研制出贴附式反装甲/攻坚爆破装置 据《国外轻武器发展年度报告 2004》报道，雷声公司为美国陆军特种部队研制了一种贴附式爆破装置（SDK），使用者利用该装置可以迅速将爆炸物安装或贴附在各种目标上，包括装甲车辆、土木建筑和钢筋混凝土建筑。爆破装具内含多种尺寸的高性能爆炸穿甲战斗部，可以进行精确遥控起爆。特种部队队员利用 SDK 可以在安全距离以外迅速准确地爆破目标。

新加坡和德国合作研制出“斗牛士”便携式反装甲武器系统 据《国外轻武器发展年度报告 2004》报道，

为满足城市作战环境的需求，新加坡与德国合作研制了新型“斗牛士”90毫米便携式反装甲武器系统。它是一种一次性使用的非制导武器，将最终取代新加坡武装部队的“弩”式78毫米火箭发射器。“斗牛士”武器系统在同类武器中重量最轻，具有反装甲和破墙功能，适合在有限空间内使用。由于侵彻能力增强，该武器可以摧毁当今世界上大部分先进的装甲人员输送车和轻型坦克。战斗部有两种工作模式，当使用延期模式时，可以在双层砖墙上产生一个直径超过450毫米的缺口，为士兵开辟通道。握把较长易握持，可架在地面上发射，握把折叠可闭锁。“斗牛士”武器系统安装有皮卡蒂尼导轨，可以安装多种瞄准具，使士兵能够更准确地打击目标。为了保证射击精度，在武器重心位置加装了配重物，确保良好的平衡性。橡胶背带宽而软。

以色列研制出“肩射远距离破墙弹药” 据《国外轻武器发展年度报告2004》报道，以色列拉法尔武器发展局成功研制出新型“肩射远距离破墙弹药”(SL-WBSM)。该武器采用爆炸成形环状弹丸战斗部技术和戴维斯发射原理，可击穿单层、双层和三层厚的砖墙，形成人可以通过的洞。SL-WBSM可在封闭空间内发射，是专为城市作战设计的单兵突击武器。它为一次性使用系统，全重9公斤，携行状态长1米，发射状态长1.2米，可由单兵携带。战斗部重2.5公斤，采用钝感炸药和压电触发机械引信，最大直径为174毫米，有效距离为15~50米，发射特征和附带毁伤小。

德国和以色列研制出“拐弯射击铁拳”战术系统 据《欧洲萨托里(Satory) 2004年展会新闻》6月报道，德国和以色列在“铁拳”火箭发射器的基础上研制出了“拐弯射击铁拳”战术系统。该系统专门用于打击隐藏在拐角处的敌人，尤其适合城市作战。通过配用以色列研制的可折叠式单脚架和瞄准系统，使用者无需暴露身体即可观察和打击拐角另一边的敌人，也可以躲在障碍物后进行观察和射击。该系统为一次性使用，可配用两种空心装药战斗部—HET和HEAT-Mp打击装甲车辆，此外还可发射碎甲弹用于攻击建筑物和轻型车辆。通过配用以色列的综合士兵战术计算机和“指示器”被动目标捕获装置，系统性能可进一步增强。

榴弹武器系统 **美国研制“高速40”肩射榴弹发射器** 据《国际武装力量通讯》2004年第8期报道，在美国《武装力量通讯》(AFJ)杂志每年举行一次的轻武器射击和评议会上，FNH美国公司研制的40毫米高脉冲武器系统系列中的最新成员——“高速40”(HV40)榴弹发射器表现出了优良的性能。HV40是一种直接射击的榴弹发射器，既可以作为独立的武器使用，也可作为模块与其它武器组合使用。它既可以发射MK19自动榴弹发射器使用的高速榴弹，也可以发射M203使用的低速榴弹。高速榴弹的最大射程可达2000米，有效射程600米。尽管它作为肩射武器使用时的后坐力太大，但精度相当惊人。目前，HV40还在进一步研制之中。

以色列成功研制出新式Refa'im枪榴弹系统 据《简氏防务周刊》2004年8月11日报道，以色列军事工业公司推出一种装有火控系统的新式Refa'im枪榴弹系统，该系统可与英国L85A2步枪以及美国M4卡宾枪匹配使用。在城区和恶劣环境下作战时，士兵使用该系统可对付隐蔽的目标。瞄准目标后，武器系统就会自动调整枪榴弹的电子起爆管，使其在目标处爆炸。基本武器系统装有一个先进的带激光测距仪的光学瞄准镜，600米处的瞄准精度为1米。该武器系统可随意选用不同的光电瞄准具，具备对付“死角”目标的能力，使用瞄准具时可以对付视距外目标，可以杀伤人员和穿透轻型装甲。枪榴弹有空中爆炸、点起爆和延时起爆三种作用方式。此外，枪榴弹还装有自毁装置。枪榴弹有两种发射方法，一种是使用标准5.56毫米枪弹的弹头收集器发射；另一种是通过安装在步枪前握把上的发射装置发射。

弹药 2004年，出现了用新型聚合物铸造弹壳来减轻重量的方法。为提高性能，将弹内装上传感器，可对目标进行探测并预设起爆时间。为城市作战发明了非致命弹头和监视弹头，运用温压技术制造大口径弹头等。

美国研制更轻的新式聚合物弹壳枪弹 据《现代轻武器》2004年第4期报道，为了减轻弹药重量，美国纳蒂克制造有限公司研制出一种5.56毫米聚合物弹壳枪弹。该弹不仅能使部队的基本弹药负荷减轻20%，而且能延长枪管的使用寿命，同时还能有效地减少武器的后坐力和枪口焰。纳蒂克公司还可以提供多种型号的.223雷明顿聚合物弹壳枪弹，还将研制出.308温彻斯特聚合物弹壳枪弹。新式轻型枪弹将大幅度降低后勤运输费用，有效减轻士兵的负荷，而且能最大限度地发挥火力，使用效果与标准弹药相同。

美国陆军用试验型理想班组支援武器成功试射25毫米温压弹 据《兵器快报》2004年第2期报道，美国陆军已经使用试验型理想班组支援武器(OCSW)成功试射了25毫米温压弹，使得OCSW成为第一种可以在450米距离上发射25毫米温压弹的自动武器。温压弹通常用于40毫米榴弹发射器，此次试验演示了温压技术可以应用于OCSW的空爆弹，这将会大大提高武器的杀伤力和命中概率。未来还将进一步研制可编程空爆弹药。研究人员表示，他们将对25毫米温压弹的可靠性和可缩放性作进一步深入评估，如果通过广泛的试验证明能够成功应用于班组支援武器，陆军将会考虑在单兵武器上使用这一技术。

以色列展示"微型灵巧多功能小型弹药" 据《欧洲萨托里2004展会新闻》6月报道，以色列军事工业公司展示的"微型灵巧多功能小型弹药"是专为城市作战中减少平民伤亡研制的，弹重0.82公斤。它既可用于导弹、炸弹、炮弹，也可用于枪榴弹，能够攻击坦克、装甲运兵车和其他车辆。该弹内装的多个传感器，可对目标进行探测并攻击其最薄弱的部位。发射之后在预定时间内起爆，超过预定时间则失去作用，以免危害无辜平民。

以色列研制出"多用途步枪系统"弹药 据《欧洲萨托里2004展会新闻》6月报道，以色列军事工业公司研制出用于"多用途步枪系统"（MPRS）的非致命和情报收集弹药。这两种新型弹药是借鉴在人群密集地区作战的经验，可满足不断增加的非致命弹药的需求。非致命弹药采用空爆弹结构，弹头使用催泪瓦斯或其他非致命成分，可用于驱散聚集的人群。MPRS的火控系统可计算弹道，确保弹药可在目标区域上空2米处引爆。监视弹药设计用于提供超视距、实时的目标信息，而使用者又不会暴露。监视弹药也采用空爆弹结构，空爆弹中安装有数码照相机和无线通信设备。监视弹用空爆弹发射后，弹载数码相机随即开始工作，并将获得的图像发回使用者的手持计算机。

光电瞄准具和单兵信息装备 光电瞄准具和单兵信息装备因其在战场上出色的性能和作用而受到部队的青睐，装备的数量不断增加，研制更新也在积极地进行。

美国研制出新式二合一武器瞄准具 据《国外轻武器发展年度报告2004》报道，美国诺斯罗普·格鲁曼公司研制出一种新式二合一武器瞄准具。这种新式复用多频谱武器瞄准具将热成像及像增强系统集成到一套瞄准具中，能够提供热成像及像增强两种能力。热成像技术基于热探测机理进行工作，像增强技术则通过将环境光放大数千倍来进行成像，而两种技术融合到一个瞄准具中后，它的重量与一个热成像瞄准具的重量相当。如果新式瞄准具得到部署，将提高作战人员的态势感知能力，且节省开支。

荷兰研制手持穿墙雷达系统 据《欧洲萨托里2004展会新闻》6月报道，荷兰正在研制一种用于城市作战和反恐作战的低预算手持穿墙雷达系统。该系统包括雷达收发机、PDA显示器、程序处理装置和电池包连接器。根据墙的厚度（一般为20厘米）和材料，手持式穿墙雷达对墙后人员目标的探测距离为25~50米，在自由空间内的探测距离达到125米。该雷达可以在离墙4~5米的距离处手持使用，不必与墙接触。手持式穿墙雷达可进行三角测量以确定隔壁房间内人员的精确位置。如果采用高分辨率雷达处理技术，它还可以探测到墙后人员目标的详细情况。

加拿大陆军采购轻武器探测定位系统 据《简氏防务周刊》2004年8月11日报道，加拿大研制的"雪貂"轻武器探测定位系统可以探测到轻武器火力并对发射位置进行定位，可以提供射弹的射击方位、距离、射角、弹道和口径等信息。"雪貂"系统有车载型和静态型两种型号。当车辆乘员受到攻击时，音频报警器会立刻发出警报，轻武器探测定位系统则测定出弹头的偏差距离。该系统还可以对所有轻武器的射击进行数字记录，以便在事后做出"谁最先射击"的判断。

（张宏光）

装甲兵武器装备

综述 2004年，世界各国装甲兵武器装备发展的特点是：

加快未来作战系统发展步伐，提高信息化作战能力

美、英、法等国陆军在改革部队编制的同时加快发展未来作战系统，力争在2010年前后装备部队。2004年，美国对"未来战斗系统"的发展计划进行调整，加快了某些关键技术和作战平台的研制进度，计划2008年以一个过渡型作战旅为试点对"未来战斗系统"的车辆及相关技术进行使用试验。英国一直对"未来快速反应系统"的发展持积极、慎重的态度，目前正在进行技术方案的评价工作，以最大限度地合理使用经费，降低研制风险。对现役主战坦克和步兵战车的升级改造，西方各国军队以提高其网络中心战能力为首要目标，调整筹集经费，优先发展和采用 C^3I 系统，增强信息化作战能力。

主战坦克侧重于减少数量，提高现装备性能 针对冷战结束后国际军事形势的变化和作战需求，多数西方国家军队已完成现役主战坦克的“瘦身”计划，今后相当一个时期不会再研制更新型的主战坦克。减少数量，通过持续的升级改造不断增强信息化作战能力、战场生存能力和杀伤能力是现有主战装备发展的重点方向。美国正在实施主战坦克的升级改造方案，将所有 M1 主战坦克改进成 M1A2，将现有的 M1A2 改进成 M1A2 SEP，并将 M1A1 改进成 M1A1D。德国将把现有“豹”2 主战坦克的数量减少到 852 辆，英国则计划 2007 年前减少 90 辆“挑战者”2 主战坦克，同时对现有装备进行升级改造。今后一个时期将是各国主战装备向未来作战系统过渡的重要阶段。

采用新型武器系统和弹药，提高火力性能 采用具有更大杀伤威力的新型武器系统和弹药，具备多种形式的超视距杀伤能力是目前各国陆军发展未来作战装备和改进现有装备的重要措施。美国正在加紧研制“未来战斗系统”的火炮和导弹系统；德国为“豹”2A6 主战坦克研制的新型 120 毫米滑膛炮和英、法联合研制的新型 40 毫米嵌入式弹药武器系统已开始在北约国家军队中推广应用。激光和高能微波等能量武器技术发展较快，2004 年德国已利用“鼬鼠”轻型履带式输送车完成了高能微波发射装置的装车研究；美国针对城市作战的特殊要求，已制造出装有高能微波武器的轮式装甲车，即将部署到伊拉克使用。

适应威胁环境发展先进的防护技术，提高战场生存能力 针对冷战结束后局部战争增多、装甲机械化部队编制趋于缩小，地面战争中动用主战坦克数量趋向减少，以及面临的威胁趋向立体多样化的特点，目前各国都在加快发展先进的防护技术，以多种手段增强装甲装备的战场生存能力。

采用新型装甲材料和先进的反应式装甲是各国普遍的做法。法国的“勒克莱尔”主战坦克将采用增强型钛合金装甲，俄罗斯最新研制的反应式装甲可防护装有串联式空心装药战斗部的美国“海尔法”式导弹，美军正为驻伊拉克部队的 M2A2 步兵战车和“斯特赖克”装甲车安装新研制的被动式反应装甲。主动防护技术的应用日益广泛。德国已为主战坦克研制出可防护化学能和动能反坦克弹药的“阿维斯”主动防御系统，法国的“勒克赖尔”主战坦克的下一步改进将安装具有“软杀伤”和“硬杀伤”能力的主动防护系统。汲取伊拉克战争的经验和教训，美国陆军决定为“未来战斗系统”的所有 8 种地面车型配备主动防护系统，并正在考虑为今后生产的“斯特赖克”装甲车安装主动防护系统，以克服反应式装甲装车后使车辆重量和外形尺寸增大、不利于机动的缺点。

未来作战系统

美国调整“未来战斗系统”计划 英国《简氏装甲与炮兵年鉴 2004-2005》报道，美国通用动力公司和联合防务公司正在研制、试验“未来战斗系统”的有人操纵平台，一项核心要求是这些车辆必须能由 C-130 运输机空运。前者负责研制车载火炮系统、指挥车和侦察车，后者负责研制步兵输送车、间瞄火炮系统、间瞄迫击炮系统、医疗救护车及维修抢救车。其中，车载火炮系统将采用 120 毫米滑膛炮，车重控制在 18 吨左右。除常规弹药外，还能发射超视距中程弹药，射程为 2~12 公里。步兵输送车将采用 30 毫米自动炮，乘员 2 人，载员 9 人。间瞄火炮系统采用英国制造的 155 毫米火炮作为主要武器系统，最大射程为 30 公里，主要弹种包括 XM982 增程制导弹药。该火炮系统计划 2008 年开始生产，2010 年交付部队使用。

2004 年 7 月，美国陆军对“未来战斗系统”的项目经费和计划进度做了部分调整，某些技术将于 2008 年前应用于现有装备。需加快研制的项目包括通信与网络系统、无人传感器及无人操纵地面和空中平台，并将为“未来战斗系统”开发的“系统中之系统”的开放式计算机环境应用于现有的 M1 系列主战坦克和“布雷德利”步兵战车。

美国研制“未来战斗系统”武装机器人车辆 瑞士《国际防务评论》2004 年第 12 期报道，美国联合防务公司正在为“未来战斗系统”设计研制两种轮式 6x6 武装机器人车辆（ARV），即侦察车和突击车。预计 2009 财年进行样车试验。

两种机器人车辆的车体用钛合金衬底陶瓷装甲制造，车重 8.5 吨，车长 4.24 米，宽 2.51 米，高（至炮塔顶）1.88 米。采用混合式电传动，装有一台 162 千瓦六缸柴油机和电子控制的五速自动变速箱，电气系统采用由一台 3.8 千瓦辅助动力装置驱动的电机/发电机。主动悬挂系统采用复式主动液气支柱和 37x12.50R17LD 轮胎，转向直径为 12.2 米，打滑转向时可减至 6 米。最大公路速度为 90 公里/小时。

突击车用于为“未来战斗系统”的步兵战车搭载的步兵提供直接和间接火力支援，炮塔上装有一具 4 枚“联合通用导弹”发射装置和一门 ATK Mk44 型 30/40 毫米“丛林之王”自动炮，并装有中程侦察、监视和目标捕捉传感器。侦察车装有一门 XM307 型 25 毫米低初速自动炮，可选装桅杆式传感器组和网络控制地面传感器发射装置。

英国开展"未来快速反应系统"技术方案评价 英国《简氏装甲与炮兵年鉴 2004-2005》和《简氏防务周刊》2004 年 10 月 6 日报道，2004 年，英国国防部已拨款 7500 万英镑，用两年时间完成"未来快速反应系统"的技术方案评价，以降低研制的风险几率。计划 2009~2010 年间能装备其中某些车型，包括装甲人员输送车、指挥车和救护车。车辆底盘部分，瑞典研制的 SEP 装甲车将作为"未来快速反应系统"的备选方案之一，2005 年底制造出 4 辆 6x6 轮式和履带式样车。英国的阿尔维斯-维克斯公司也研制出了一种中型论证样车。迄今为止，尚未最后决定采用轮式、或履带式、或轮、履混合式方案。

另外，英国将利用"弓箭手"通信系统及其它传感器为"未来快速反应系统"研制一种开放式的综合车辆电子系统，具有通信和指挥控制功能，以此为核心形成网络作战能力。

坦克 **美国"闪电"轻型坦克采用电磁装甲和电热炮** 瑞士"国际防务评论"2004 年第 12 期报道，美国联合防务公司在"雷电"轻型坦克基础上改进的"闪电"样车安装了电磁装甲和电热化学炮。该样车利用本车混合式电传动系统提供的 600 伏电流为电磁装甲和电热炮供电。电热炮利用脉冲电源击发装置激励电热化学弹的等离子发射器。电磁装甲已先后在 M113 装甲人员输送车和 M2 步兵战车上进行了原理性试验，证明可以成功防护火箭弹的多次攻击。

韩国研制新型 XK-2 主战坦克 英国《简氏防务周刊》2004 年 11 月 3 日报道，韩国的罗特姆精密工业公司正在研制新型的 XK-2 主战坦克。该车战斗全重 55 吨，乘员 3 人，装有一台 1119 千瓦 MTU 柴油机和自动传动装置，采用本国制造的液气悬挂装置，最大公路速度为 70 公里/小时。炮长和车长配备有双向稳定昼/夜（热像）瞄准系统，具有"猎手-射手"射击能力。主要武器采用德国新研制的 L/55 型 120 毫米滑膛炮，装有自动装填机构，弹药基数 40 发。其他车载设备包括惯性导航系统和全球定位系统、三防系统、软杀伤主动防御系统和敌我识别系统。

XK-2 主战坦克计划 2008 年完成研制，2011 年生产装备部队。样车的研制将采用 77%的本国零部件，生产车型将达到 98%的国产化率。

新加坡计划研制新型主战坦克 瑞士《国际防务评论》2004 年第 5 期报道，新加坡计划研制一种新型主战坦克，取代现役的 AMX13 轻型坦克。应新加坡国防部的要求，美国联合防务公司已提供了该公司研制的轻型 120 毫米加农炮应用于多种车辆底盘的工程设计分析结果。这些底盘包括新加坡研制的"比奥尼克斯"步兵战车和采用铝合金装甲的通用型战斗车辆平台。后者可以在保证三级装甲防护和 63 发弹药基数的前提下满足对车辆重量限制的要求。

印度开始生产"阿琼"主战坦克 英国《简氏防务周刊》2004 年 2 月 11 日报道，2004 年初，印度开始生产研制已逾 20 年的"阿琼"主战坦克，并于年内开始对其实验样车进行鉴定试验。该车具有重量轻、外廓低矮、速度快的特点，采用 50%的进口件制造。样车采用 T-72M1 坦克的底盘和"阿琼"坦克的炮塔，动力装置采用德国的 MTU 838 Ka-510 型发动机。

德国陆军装备首批"豹"2A6M 主战坦克 瑞士《国际防务评论》2004 年第 8 期报道，首批 15 辆经改装具有地雷防护能力的"豹"2A6M 主战坦克已交付德国陆军使用。德国陆军将总共改装 70 辆，2006 年全部完成。改装组件由德国克劳斯·玛菲-韦格曼公司提供，装车后战斗全重增加 2 吨。车体部分的改进包括采用新型装甲护板和加强型车体安全门、刚度增强型扭杆和新型驾驶椅；炮塔的改进包括采用新型焊接式炮塔吊篮和炮长、装填手座椅，取消了车体底部的弹药架。改进后，"豹"2 主战坦克能有效防护装有空心装药战斗部的反坦克雷，尤其适合执行维和任务。

英国对"挑战者"2 主战坦克进行延寿改进 英国《简氏装甲与炮兵年鉴 2004-2005》报道，英国陆军计划通过持续的技术改造延长"挑战者"2 主战坦克的服役期到 2020 年。2004 年初，英国皇家军械防务公司开始利用德国"豹"2A6 主战坦克的 L/55 型 120 毫米滑膛炮技术为"挑战者"2 主战坦克研制一种新型的 120 毫米滑膛炮，以取代目前使用的 L30 型线膛炮。L/55 型滑膛炮采用加长身管，主要弹种为 DM53 尾翼稳定脱壳穿甲弹，射程更远，杀伤威力更大。按目前的计划，这种新型滑膛炮的技术验证工作将于 2006 年 6 月完成。

法国研制出"勒克莱尔"S3 主战坦克 德国《军事技术》2004 年第 8 期报道，2004 年，法国对外展示了最新型的"勒克莱尔"S3 主战坦克。该坦克具有优良的数字化作战能力，主要特点是采用了增强型钛合金装甲，安装了带激光测距仪的二代车、炮长热像瞄准镜和"圣像"指挥控制与导航系统。该系统由 AMX-10RC 装甲车使用的 SIT-V1 系统软件改进研制，通过接口组件将武器系统联通团级指挥信息系统。

步兵战车及其他装甲车辆　**美国改进“斯特赖克”装甲车**　英国《简氏防务周刊》2004年4月14日报道，美国陆军决定进一步改进“斯特赖克”装甲车，以增强火力、探测和网络通信能力。主要改进内容包括增加一个10米桅杆天线，使其远程侦察监视系统的作用距离增大到10公里；加装联合战术电台系统，并将每个作战旅的机动抗干扰战术终端装置由3套增加到5套。

美国将生产“远征战车”　英国《简氏装甲与炮兵年鉴2004-2005》报道，2004年，美国的先进两栖突击车开始进行试验。第一批2辆样车将在阿伯丁试验场进行弹道防护试验，第二批将制造9辆样车，包括人员输送车和指挥车两种车型。设计定型后，该车将被命名为“远征战车”，装备美国海军陆战队。人员输送车是一种步兵支援车辆，可运载17名步兵，装有一门Mk44型30/40毫米自动炮，弹药基数215发，弹种包括穿甲弹和杀伤爆破榴弹；并装有一挺7.62毫米并列机枪。指挥车型装有一挺7.62毫米机枪，载员包括3名指挥员和6名参谋人员，配备有团长和营长专用显示器。美国陆军计划2006~2009财年试生产102辆先进两栖突击车，2009~2018财年批量生产911辆。

驻伊拉克美军将装备“谢里夫”轮式装甲车　英国《简氏防务周刊》2004年9月15日报道，美军计划2005年9月为驻伊拉克陆军和海军陆战队装备4~5辆新型“谢里夫”轮式装甲车。该车装有高能微波武器，主要用于在城市环境中与武装分子作战，减少平民伤亡。正在研制的武器系统利用毫米波电磁能产生非致命杀伤作用，作用距离为1000米，人员在受到照射时会产生烧灼感，失去行为能力。该车还可能装有全频谱近距离防御主动防护系统和速射武器系统，可防护РПГ火箭筒等反坦克武器，杀伤狙击手。陆军的“谢里夫”装甲车将采用“斯特赖克”装甲车或M1117防暴车的底盘，海军陆战队将采用LAV装甲车的底盘。

驻伊拉克美军装备M1117防暴车　英国《简氏防务周刊》2004年10月6日报道，美国陆军将总共购置1940辆M1117防暴车，装备驻伊拉克部队。该车由美国泰克斯特隆公司制造，目前已接到132辆的订单，已生产的70辆全部部署在伊拉克。M1117防暴车的单人炮塔上装有一具Mk 19型40毫米自动榴弹发射器和一挺M2型12.7毫米机枪，车体装甲可防护12.7毫米枪弹、炮弹破片和地雷。

美国改进M2步兵战车的装甲防护　瑞士“国际防务评论”2004年第12期报道，美国陆军将于2005年1月开始为M2步兵战车加装新型爆炸式反应式装甲。新型装甲板由美国通用动力公司与以色列拉菲尔军械系统公司联合设计，将生产140台套，每套含105块。这种新型反应装甲能大大增强步兵和装备对所有肩发射反坦克武器和大多数身管武器发射的空心装药炮弹的防护能力。

俄罗斯制造新型БМД-4空降突击车　英国《简氏防务周刊》2004年10月6日报道，2004年，俄罗斯国防部购置了5辆新研制的БМД-4履带式空降突击车，计划当年底交付空降部队使用。该车装有为改进型БМП-3М步兵战车研制的炮塔，火力性能大大提高。炮塔上装有一门2А70型100毫米滑膛炮和一门30毫米自动炮。100毫米炮可发射9М117М1激光制导炮弹，最大射程为5500米；弹药基数包括52发100毫米和500发30毫米炮弹。火控系统包括带激光测距仪的炮长热像瞄准镜、带视频显示器和热像仪的自动目标跟踪装置和数字式计算机。炮塔装甲得到改进，每侧装有一组3具烟幕弹发射器。该车最大速度为70公里/小时，越野速度为45公里/小时。具有浮渡能力，水上行驶时由车体尾部的两个喷水推进器推进。

俄罗斯研制出БММП海军陆战队战车　英国《简氏装甲与炮兵年鉴2004-2005》报道，为提高两栖作战能力，俄罗斯研制出新型БММП海军陆战队战车。该车采用БМП-3步兵战车的底盘和БМП-2步兵战车的炮塔，战斗全重为18.5吨。炮塔上装有一门30毫米自动炮和一挺7.62毫米并列机枪，取消了原来的反坦克导弹发射器。炮塔两侧各装有一组3具81毫米烟幕弹发射器。该车具有更优良的浮渡稳定性能，可抗3级海浪，火炮可在2级海浪条件下射击。水上行驶时由车体尾部的两个喷水推进器推进，水上最大速度为10公里/小时，续航能力为7小时。车辆前部装有遥控式防浪板，后部右侧装有伸缩式通气管，舱底装有排水泵。

以色列改进M113装甲人员输送车　英国《简氏防务周刊》2004年6月23日报道，以色列国防部决定改进50辆M113装甲人员输送车，改进项目包括采用由以色列军事工业公司研制的轻型车辆装甲系统和更换动力传动系统。新式的装甲系统采用模块化混合式装甲结构，包括被动反应式装甲和装甲模块，后者为钢、橡胶和陶瓷材料多层结构，能防护14.5毫米枪弹和РПГ火箭筒。安装这种轻型装甲系统后，M113的重量将增加3吨。另外，发动机功率将增大到205.15千瓦，并改进悬挂、传动和制动系统，采用方向盘式操向机构。

以色列研制“雌虎”重型装甲人员输送车 英国《简氏防务周刊》2004 年 6 月 30 日报道，2004 年 5 月，以色列决定在加沙地带限制使用 M113 装甲人员输送车，并决定研制“雌虎”重型装甲人员输送车，目前正在利用退役的“梅卡瓦”1 型主战坦克底盘研制样车。该车将具有更强的装甲防护能力，后部载员舱增大，并装有更大型的尾门。

德国制造首批“美洲狮”步兵战车 英国《简氏防务周刊》2004 年 9 月 1 日和 12 月 15 日报道，德国 PSM 公司将于 2005 年底交付首批 5 辆“美洲狮”履带式步兵战车样车，计划 2007 年开始批量生产，预计德国陆军总共订购 410 辆，取代现役的“黄鼠狼”步兵战车。该车战斗全重为 31.45 吨，可由 A400M 运输机空运，乘员 3 人，载员 6 人。动力传动装置采用 MTU 10V892 型柴油机和 HSWL284C 型自动变速箱，输出功率为 800 千瓦。车体中部的遥控炮塔上装有一门 MK30-2/ABM 型 30 毫米双向供弹自动炮和一挺 5.56 毫米并列机枪，30 毫米弹药包括尾翼稳定脱壳穿甲弹和新型空爆弹。空爆弹装有可编程引信，在目标上空爆炸产生最佳杀伤效果。武器系统采用全电驱动方式，高低射界为-10 至+45 度。火控系统具有“猎手-射手”射击能力，采用带激光测距仪的全稳式昼/夜（热像）瞄准镜，具有较高的行进间射击精度。

该车根据需要采用三级装甲防护；A 级装甲可防护 14.5 毫米枪弹和炮兵空心装药弹药，并可防护 10 公斤空心装药反坦克雷。C 级防护，车体侧部和炮塔可安装附加装甲模块，车重增至 41 吨，能防护集束炸弹等攻顶武器。其它设备包括敌我识别系统和指挥控制系统。

德国研制出改进型“黄鼠狼”MK30 步兵战车 英国《简氏防务周刊》2004 年 10 月 20 日报道，德国莱茵金属公司为希腊陆军改进研制出“黄鼠狼”MK30 步兵战车。该车战斗全重为 35 吨，装有一台 447.6 千瓦 MTU 柴油机，乘员 3 人，载员 7 人。改进主要在炮塔部分，安装了一门 MK30-2 型 30 毫米双向供弹自动炮和一挺 7.62 毫米并列机枪。30 毫米炮最大仰角为+45 度，可发射最新型尾翼稳定脱壳穿甲弹，适合与直升机作战。炮塔为全电驱动，数字式火控系统采用了带第三代热像仪的激光测距周视瞄准镜，具有静止和行进间对固定和运动目标的全天候作战能力。该车采用了与希腊最新型“豹”2A6EX 主战坦克相同的指挥控制、通信和情报系统，可持续显示战术态势、指挥和报警信息，并可在高分辨率监视器上显示电子地图。

法国开始制造 VBCI 步兵战车样车 德国《军事技术》2004 年第 8 期报道，法国沙特利军用车辆公司 2004 年底制造出 5 辆 VBCI（8x8）轮式步兵战车样车，包括 4 辆步兵战车和 1 辆指挥车，用于进行质量考核试验。法国陆军计划 2005 年订购 433 辆 VBCI，2006 年交付第一批 272 辆。VBCI 步兵战车的战斗全重为 27 吨，乘员 3 人，可搭载 7 名步兵。车体采用铝合金装甲焊接结构，可加装模块式钛合金装甲。炮塔上装有一门 811 型 25 毫米自动炮和一挺 7.62 毫米并列机枪，并装有“加利克斯”辅助防御系统和 LIRE 红外导弹诱饵系统。动力传动装置采用 D12 型柴油机和 7HP902 型全自动变速箱，输出功率为 338.1/404.25 千瓦，公路最大速度为 105 公里/小时。该车装有传动系管理系统、敌我识别系统和信息终端处理系统。指挥车装有团级信息系统。VBCI 的变型车包括装有“艾瑞克斯”近程导弹和“米兰”中程导弹的反坦克导弹发射车、装有 120 毫米滑膛炮的机动火炮系统、以及自行迫击炮和工程车等。

意大利研制出“半人马座”轮式装甲战车 瑞士《国际防务评论》2004 年第 10 期报道，意大利奥托-梅莱拉公司利用“半人马座”（8x8）装甲车底盘研制出一种 20 吨级的装甲战车，乘员 3 人，装有一门 L/45 型 120 毫米火炮。火炮身管用高强度材料制造，仅重 2500 公斤，后坐行程为 550 毫米，可发射北约标准弹药。

荷兰陆军将装备新型 CV9035 3 型步兵战车 英国《简氏防务周刊》2004 年 11 月 10 日报道，荷兰陆军 2004 年 12 月与瑞典赫格隆公司签约，购买 184 辆 CV9035 3 型履带式步兵战车，包括 150 辆步兵战车和 34 辆指挥控制车，2007~2011 年间交付。该车由 CV90 2 型步兵战车改进研制，战斗全重为 32~35 吨，装有一台 551.25 千瓦柴油机和电子控制自动变速箱。武器系统采用“丛林之王”3 型 35 毫米自动炮，也可改装 50 毫米火炮，车长和炮长配备有带第三代热像仪的稳定式昼/夜瞄准镜和指挥控制信息系统。其中 100 辆车装有附加装甲，并装有由激光报警装置和烟幕弹发射器组成的辅助防护系统。

瑞典将进行 SEP 装甲车试验 瑞士《国际防务评论》2004 年第 4 期报道，瑞典阿尔维斯-赫格龙公司已制造出第二台 SEP（6x6）轮式装甲车样车，2005 年将进行一系列试验。该车重约 14 吨，采用电传动技术，轮毂内装有电动机，并装有与德国联合研制的车辆电子系统。2004 年利用缩小型 CV9040 步兵战车底盘制造的第三台履带式初样车，车内空间和载荷能力进一步增大，用来演示电传动技术的成熟性。该车重约 17

吨，可由 C-130 运输机运载。瑞典陆军预计首批购置数量为 540 辆，计划于 2010 年前后取代现役的老式装甲车。瑞典希望能以 SEP 装甲车为基础与英国合作研制一种通用型装甲车辆。

澳大利亚陆军开始装备 ASLAV 3 轮式装甲车　英国《简氏防务周刊》2004 年 5 月 12 日报道，2004 年 5 月，澳大利亚陆军开始接收首批 144 辆 ASLAV 3（8x8）轮式装甲车。上世纪 90 年代，澳大利亚陆军已装备了 113 辆 ASLAV 2 装甲车，目前计划将所有 2 型改进成 3 型。改进项目包括采用 3 型的炮塔电驱动系统和悬挂装置、带激光测距仪的增强型炮长热像瞄准镜、改进型火控系统和全球定位导航系统。ASLAV 装甲车的车体由加拿大通用动力公司制造，在澳大利亚完成总装，并制造装有 25 毫米自动炮的双人炮塔。

南非和约旦联合研制出“大山猫”坦克歼击车　英国《简氏防务周刊》2004 年 5 月 12 日报道，南非和约旦已完成“大山猫”坦克歼击车的合作研制。该车是“大山猫”（8x8）轮式装甲车的改进型，主要变化是取消了原车的装有 76 毫米线膛炮的三人炮塔，而在车体顶部安装了一个“掠夺者”全稳式遥控炮塔。炮塔右侧装有一组 4 枚南非制造的反坦克导弹，中央装有一门 GI 2 型 20 毫米双向供弹自动炮和一挺 7.62 毫米并列机枪，左侧装有供反坦克导弹和火炮使用的昼/夜（热像）彩色光电观瞄装置。20 毫米自动炮的有效射程为 2000 米，循环射速为 200 发/分。炮塔可旋转 360 度，武器俯仰角为-8 至+40 度。

新技术与新部件　**美国为“斯特赖克”装甲车配备车长头盔式显示器**　英国《简氏防务周刊》2004 年 9 月 8 日报道，2004 年，美国陆军为驻伊拉克部队的 100 辆“斯特赖克”装甲车配备了新型“诺迈德”车长头盔式显示器。这种显示器采用虚拟视网膜显示技术，可使车长在车舱外肉眼观察的同时监视车内计算机屏幕显示的 FBCB2 旅及旅以下作战指挥系统的信息，感知战场态势。应部队要求，目前正在为这种显示器研制一种切换盒和遥控装置，使车长能在舱盖处或在车外切换作战指挥系统、红外传感器和武器瞄准镜的图像。

以色列研制轻型 120 毫米滑膛炮　瑞士《国际防务评论》2004 年第 6 期报道，以色列军事工业公司正在研制一种供 20 吨级装甲车辆使用的北约标准 RG-120 型 120 毫米滑膛炮。该炮采用镀铬身管和特殊设计的炮口制退器，发射冲击力小，可发射所有北约坦克弹药。火炮的“软性”驻退机构由同轴液压减速装置和偏心气动式复进机组成。由于在设计上将静态的过大质量转移至后坐装置，火炮总成的重量减轻到 1950 公斤，最大后坐行程为 400 毫米。

以色列研制出装甲车辆顶置式武器系统　英国《简氏防务周刊》2004 年 6 月 2 日报道，以色列拉菲尔公司研制出顶置式 RCWS-30 型武器系统，波兰已在本国的 BWP-1M“美洲狮”步兵战车上加以采用。该武器系统包括一门 MK 44 型 30 毫米自动炮、一个装有两枚反坦克导弹或多用途导弹的发射架、一挺 7.62 毫米并列机枪和两组烟幕弹发射器。整个武器系统可旋转 360 度，俯仰角为-20 至+60 度；可折叠降低高度，由 C-130 或 A400M 运输机空运。昼夜光学监视和观瞄装置包括一个昼间彩色变焦摄像机和一具双视场热像仪，昼夜间探测和识别距离达到 4000 米以上。炮长在车内操纵武器射击，安全性好，必要时可由车长超越控制射击。

以色列研制出新型致聋坦克弹药　英国《简氏防务周刊》2004 年 9 月 1 日报道，以色列军事工业公司为以军研制出新型致聋坦克弹药，包括 105 和 120 毫米两种口径。该弹种是装有一定当量炸药的玻璃纤维空包弹，在射出炮口瞬间爆炸，在 5 米半径内散发出非致命玻璃纤维碎片，射击声响会损伤坦克近旁人员的听力。

德国为“豹”2 主战坦克研制新型 120 毫米滑膛炮　英国《简氏防务周刊》2004 年 8 月 4 日报道，2004 年，德国对新研制的 L/47 型低后坐力坦克滑膛炮进行了静态试验。与“豹”2 和 M1A1/M1A2 主战坦克目前使用的 120 毫米滑膛炮相比，L/47 型滑膛炮具有重量轻、后坐力小、能发射所有现有和未来的 120 毫米弹药的优点。新型滑膛炮总重 2150 公斤，弹舱和炮尾机构用特种钢制造，并采用了新式的摇架、炮尾和后坐机构，后坐行程为 635 毫米，后坐冲击力为 21.3 千牛。新式的炮口制退器和多槽式护套可降低后坐力达 44%。该滑膛炮技术已应用于为英国“挑战者”2 和希腊“豹”2HEL 主战坦克研制的新型 L/55 型 120 毫米滑膛炮，并可满足轻型履带和轮式装甲车辆、美国的“未来战斗系统”和英国的“未来快速反应系统”的武器系统要求。

德国研制出新型主动防御系统　德国《军事技术》2004 年第 8 期报道，德国迪尔公司 2004 年对外公布了为主战坦克和其它重型装甲战斗车辆研制的“阿维斯”主动防御系统。该系统包括 1 个旋转式发射器和 1 个 Ks 频带搜索雷达，发射拦截榴弹，反应时间小于 400 毫秒，能防护空心装药弹药，大大降低动能弹的穿甲效能。

法国研制新型120毫米坦克弹药 英国《简氏防务周刊》2004年7月7日报道，法国正在研制两种新型120毫米坦克弹药。120 HE F1榴弹采用延迟引信，在目标上空爆炸，攻击轻型装甲车辆、建筑物和步兵等目标。全弹重22.5公斤，弹丸重16.1公斤，最大射程5000米，初速1000米/秒。另一种新型制导弹药可由目前西方各型主战坦克的120毫米滑膛炮发射，具有间接瞄准超视距射击能力，初速为700米/秒，最大射程达8000米。弹丸装有惯性导航仪，采用红外/半主动激光寻的装置探测目标，锁定目标后发射爆炸成型弹芯/空心装药弹丸，直接攻击目标或装甲车辆顶部。

南非研制出LEDS 100型电子防御系统 英国《简氏防务周刊》2004年9月1日报道，2004年9月，南非航空电子公司对外展示了为装甲车辆研制的LEDS 100型地面电子防御系统。该系统适用于可快速部署的轻、中型装甲车辆，其组成包括LWS310型激光报警系统、主动防御控制装置、车长控制与显示装置、乘员显示器和一个12管高速定向对抗发射器，并装有红外干扰装置，还可增加一个能对抗二代反坦克导弹的激光干扰装置。车辆态势参考系统、速度计和横风传感器可根据动态脱靶在空间和时间上采取智能化对抗措施，并可联通指挥控制计算机和车际信息系统，识别威胁数据和其它车辆数据。主动防御控制装置能根据威胁自动选择合适的对抗弹药，在适当的方位和距离上实施对抗。高速定向对抗发射装置可在发现被攻击后1秒钟内实施对抗，12根发射管可在100毫秒以内旋转90度，发射多频谱烟幕弹、闪光弹或近距离对付步兵的破片榴弹。

（张卫东）

炮兵武器装备

综述 2004年世界炮兵武器装备发展的主要特点是：炮兵压制武器和防空武器是发展的重点；老装备改造仍然是炮兵武器装备发展的重要手段；精确炮兵弹药是发展的热点；信息化和数字化、体系化和系统集成、炮兵-防空兵作战指挥控制和射击指挥控制自动化建设仍然是世界炮兵武器装备发展的主要方向。

榴弹炮发展的主要方向之一是轻型化，具体措施之一是发展轮式大口径火炮，法国的“恺撒”轮式155毫米榴弹炮是一个典型的代表。此外，还采取了其它一些措施。例如，美国陆军为了使非直瞄火炮既能携载足够的弹药，又能保持系统全重在20吨以下，以保证能用C-130运输机空运，决定将非直瞄火炮的概念技术演示样炮的身管长度由39倍口径改为38倍，身管缩短后，空运时可随火炮携载6发炮弹；德国最新研制了一种“阿格姆”模块式自行火炮系统，它具有PzH2000式52倍口径155毫米自行榴弹炮的弹道性能、但重量却只有后者的一半，曾配用多种炮弹和装药进行试验，并达到了极好的效果。

火箭炮的发展主要突出高机动性和制导火箭弹。新研制的迫击炮十分强调机动性，因而，自行式迫击炮占多数。新加坡新研制的120毫米滑膛“超高射速先进迫击炮系统”在减小后坐力和冷却装置等方面有了新的突破。

精确炮兵弹药有了长足的发展，它弥补了由于身管缩短导致火炮射程变小的缺憾。例如，美国陆军非直瞄火炮身管长度由39倍口径改为38倍后，最大射程减少了4公里，但配用“神剑”远程精确制导炮弹后，该炮的射程从30公里增大到了45公里。

炮兵压制武器系统　榴弹炮　美国研制药室容积可变的105毫米火炮 据美国《防务日刊》2004年2月27日报道，美国已完成了105毫米可变药室火炮的设计、制造并成功地进行了试射。自2004年2月进行首次发射试验以来，已完成以各种装药号、各种药室结构方案在极端温度下的100多发炮弹的发射，最大初速已达到975米/秒。该火炮使用155毫米模块化发射装药，满足了美陆军对新型105毫米火炮系统的需求；不采用火箭增程措施时的射程为24公里，采用火箭增程措施时的射程为30公里，使用75%当量全装药时的射程为30公里；射速为10发/分，同时还可实施单炮多发同时弹着射击。

105毫米可变药室火炮由62倍口径的105毫米线膛炮管、激光点火系统和容积可变药室组成。药室的空间可以进行大小调节。它改进了常规螺纹和炮尾密闭技术，使用一个塞子和一个改进型炮尾密封垫，通过使炮尾密封垫向里和向外移动到不同深度来调节容积。由于药室容积可调，所以火炮可以根据发射药量的多少自动增减药室的空间，以使炮弹达到不同的射程要求。105 毫米可变药室火炮可用各种装药号和重叠的装药号进行发射，最大射程最多只使用 3 个装药模块，而其它的远程 105 毫米火炮却需要 5~6 个发射药模块。

火炮可以安装在 20 吨重的战斗车辆上，配以自动弹药装填系统，也可以采用牵引方式。可变容积药室可使用现有 M231 和 M232 式模块化火炮装药系统，不需要专门研制一种全新装药。同时，模块化火炮装药系统的使用意味着 105 毫米和 155 毫米火炮系统只要携带一个系列的装药系统即可，因而可以极大地减轻陆军的后勤负担。105 毫米可变药室火炮可以发射美陆军未来的各种 105 毫米弹药和所有北约制式 105 毫米弹丸。由于药室更小、膛压更低、装药使用效率更高，因此能够以更轻的重量获得所期望的弹道性能。

印度延期进行 155 毫米/52 倍口径牵引榴弹炮试验　据英国《简氏防务周刊》2004 年 7 月 7 日报道，印度原计划于 2004 年 6 月份进行的 155 毫米/52 倍口径牵引榴弹炮竞标试验向后推迟。陆军希望对 155 毫米/52 倍口径火炮系统进行标准化，并希望在今后的 20 年采购牵引式榴弹炮、轮式自行榴弹炮和履带式自行榴弹炮共 1200~1400 门。

为了满足部队对牵引火炮的需要，印度正在评估以色列的 TIG-200 榴弹炮、南非的 G5/2000 榴弹炮和瑞典的 FH-77B05L52 榴弹炮。三种火炮系统先后于 2002 年和 2003 年在印度进行了试验。然而，炮兵局对这些系统的性能并不满意，并建议陆军进行另一轮“确认”或“鉴定”试验。瑞典称，将于 9 月份对印度陆军现役弹药的精确性进行测试，随后将于 11 月的第 1 个星期，进行鉴定试验。

德国正在研制最新一代自行榴弹炮系统“阿格姆”　据英国《简氏防务周刊》2004 年 10 月 6 日和瑞士《国际防务评论》2004 年 11 月报道，德国正在研制一种新型自行榴弹炮系统，称为“阿格姆”榴弹炮系统。“阿格姆”是德文“炮兵火炮模块”缩写的音译。德国陆军炮兵现装备的大口径身管火炮有多种，其中的 PzH2000 是世界上最先进的自行榴弹炮系统，并正在成为欧洲国家的制式自行榴弹炮系统。但其战斗全重约 55 吨，与当今注重武器装备轻型化、战略投送能力和战场机动能力有些格格不入，“阿格姆”自行榴弹炮系统正是在此情况下产生的。2004 年 9 月底，德国在澳大利亚墨尔本举行的地面战争年会上，首次提出了新型“阿格姆”52 倍口径 155 毫米自行榴弹炮系统的概念，并于 2004 年 10 月发布了该系统的详细信息。该系统可使用大型运输机运输，以支援快速反应部队。

“阿格姆”系统的研制分两个阶段进行，目前正处于研制周期的“第 1 阶段”。2004 年 8 月末和 9 月初用“阿格姆”样炮进行了预先发射试验。样炮采用 52 倍口径身管，试验共发射了 80 发炮弹。这些炮弹多数使用 6 号装药（最大装药号）发射。“第 2 阶段”的样炮将配用自动化弹药装填系统，并安装新一代发动机和传动装置，同时改进乘员舱。预计 2005 年 10 月进行全系统射击试验。“阿格姆”炮塔的重量为 12.5 吨，包括 1 套炮载弹药补给系统，能携带 30 发弹药，其中 80% 的射弹采用最大号装药。底盘上加装增强的扭力杆和一对附加的减震装置，并从结构上加固了车体，可大大缓冲射击产生的后坐力。预先发射试验表明，“阿格姆”能够使用所有的装药号。

初始样炮高 3.065 米、宽 2.972 米、长 9.472 米，采用人工装填。而第二门样炮将采用全自动装填系统，不仅能够自动装填射弹，而且还能自动装填 DM72/82 双模块装药系统。全自动装填系统的设计，使其能自动组合任何类型的装药模块，只要符合北约联合弹道谅解备忘录的要求就行。“阿格姆”系统和 PzH 2000 具有相同的弹道性能，但重量只有后者的一半，战斗全重为 27 吨；“阿格姆”系统通用化程度高，既可采用履带式底盘，也以安装在重型 6×6 卡车或 8×8 卡车底盘上；“阿格姆”除采用 52 倍口径 155 毫米身管外，还可采用其它较轻的火炮，如 39 倍口径 155 毫米身管或 105 毫米的火炮；“阿格姆”的火炮指挥控制系统综合了北约火炮弹道一体化软件，能够发射各种北约制式 155 毫米炮弹和发射药。另外，“阿格姆”具有多发同时弹着能力，可以进行 360°射击和直瞄射击。

法国订购 72 门“恺撒”火炮　据美国《防务日报》2005 年 1 月 10 日报道，法国陆军武器工业集团在 2004 年 12 月宣布，它已与法国物资采购局签署了一项价值 3.91 亿美元的采购合同。由该公司负责为法国陆军的 8 个炮兵连生产 72 门“恺撒”火炮，并进行为期 5 年的维修保养。除此之外，它还要对先前装备法国陆军的“恺撒”火炮进行改装。“恺撒”155 毫米 52 倍口径火炮采用轮式卡车底盘，配备有先进的火控系统。其机动性强，一架 C-130 运输机一次即可运送一门“恺撒”火炮和弹药及 6 人的炮班。“恺撒”火炮从平时转入战斗状态的时间不超过 2 分钟，可进行 6 连发射击，并可在射击后迅速撤离阵地。

瑞典陆军 FH77B 式 155 毫米牵引榴弹炮升级　《航

宇防务》2004 年 2 月 27 日报道，瑞典国防装备管理局投入 2 500 万美元，用于对 FH77B 式 155 毫米牵引榴弹炮的升级改造。改造的重点是将瑞典陆军现役的 FH77BL39 式 39 倍口径 155 毫米牵引榴弹炮升级改造为 52 倍口径 155 毫米自行榴弹炮。瑞典陆军要求，在 2005 年制造出 2 门样炮，通过对这 2 门样炮的试验，为瑞典政府的系统评估提供重要数据。新型自行火炮被称为 FH77BW 式，它将采用自动弹药装填系统，4 名乘员可在驾驶舱内控制火炮和进行射击，乘员舱的弹道防护能力也将加强。改进后的系统预计重 27 吨，可以携带 21 发完整的 155 毫米弹药。该炮可以快速展开和撤出射击阵地，从而提高了火炮的反应能力和乘员的生存力。FH77BW 式火炮可以发射现有的 155 毫米弹丸。此外，还可以发射美国和瑞典联合研制的“神剑”155 毫米炮弹，其射程可以达到 64 公里。

战术导弹　**俄“伊斯坎德尔”导弹通过国家试验**　据英国《简氏防务周刊》2004 年 9 月 8 日报道，俄罗斯国防部长伊万诺夫透露，俄已完成对“伊斯坎德尔”战术导弹的一系列试验。根据不同的作战想定，“伊斯坎德尔”共进行了 13 次发射试验，最后两次试验于 2004 年 7 月和 8 月进行，分别对“伊斯坎德尔”进行了低伸弹道发射试验和惯性飞行弹道试验。俄陆军计划于 2005 年采购几套“伊斯坎德尔”导弹系统，以组建第一个“伊斯坎德尔”导弹旅。“伊斯坎德尔”导弹采用惯性制导系统时，在最大射程 280 公里上的圆概率误差为 30~50 米，采用光电制导系统时的圆概率误差为 5~7 米。“伊斯坎德尔”导弹重 3800 公斤，最大射程 280 公里。专家认为，“伊斯坎德尔”导弹能够精确命中目标，其毁伤效果等同于小型核弹头，因而能大大增强俄陆军导弹营和导弹旅的火力。

俄陆军将首先接收一个营的“伊斯坎德尔”导弹系统以进行野外试验，该营由 4 辆 9P78E 自行发射车、4 辆 9T250E 运输装填车、4 辆 9S552 指挥车、4 辆 9S920 数据准备车和 16 枚地地导弹组成，还包括数量不详的维修车。一套“伊斯坎德尔”导弹系统包括 4 枚导弹：2 枚位于发射车上，另外 2 枚位于运输装填车上。

印度成功试射“大地-2”近程弹道导弹　据英国《简氏防务周刊》2004 年 6 月 19 日报道，印度军方从该国东北海岸的昌迪普尔临时试验场成功试射了一枚 SS-250“大地-2”型近程弹道导弹。印度国防部官员称：“这次试射，对评测导弹的精度来说相当成功”。该导弹可以携带核弹头。“大地-2”型近程导弹射程达到 250 公里，是 SS-150“大地-1”型近程导弹的改进型，比“大地-1”型近程导弹的射程远 100 公里。有报道说，印度正努力通过把全球定位系统应用于该导弹的制导系统，以提高导弹精确度。自 1988 年，“大地”系列近程导弹首次试射以来，该导弹已试射 24 次，目前，这两种型号的导弹都在印度陆军服役。

炮兵反坦克武器系统　反坦克导弹　**美国拟采购改进型 AM-114L“海尔法”反坦克导弹**　据英国《简氏防务周刊》2004 年 11 月报道，美国国防部打算采购毫米波雷达制导的改进型 AM-114L“长弓·海尔法”反坦克导弹，以弥补因伊拉克和阿富汗战争造成的库存短缺。美国陆军正在根据近年来的作战使用经验，对需要的 AM-114L 反坦克导弹战斗部及改进措施进行评审。导弹的生产有望在 2006 年中期重新启动。新型战斗部及用于对付不对称目标的改进措施将用在新生产的导弹上。任何改进措施都可以集成在激光制导的“海尔法”Ⅱ型导弹上，这样一来，该武器的其它用户也能从中受益。配用破甲战斗部的“海尔法”导弹用于攻击非装甲车辆。根据最初设想，这种“海尔法”导弹主要以顶部攻击方式攻击集群装甲编队。但是由于目前的武装人员多藏身于驾驶舱内，因此，“海尔法”导弹必须加强侧面打击或者正面攻击能力，还必须增大导弹的射程。

以色列为“长钉”反坦克导弹研制新型战斗部　据英国《简氏防务周刊》2004 年 6 月 30 日报道，以色列为远程“长钉”反坦克导弹研制了一种新型战斗部，并成功地进行了试射。目前生产的“长钉”导弹除在以色列国防军中服役外，还被芬兰、荷兰、波兰和新加坡等国家使用或订购。目前生产的“长钉”导弹射程为 8 公里，配用串联破甲战斗部，这种战斗部适用于攻击装甲目标，包括披挂爆炸反应装甲的装甲目标。但是，近期在中东等地区的作战使用经验表明，串联破甲战斗部在现代战争，特别是在城市作战中，对许多目标的攻击效果并不理想。为解决这个问题，远程“长钉”导弹配用了新型侵彻、爆炸和破片战斗部，它可以穿入墙体或掩体，然后在目标内部爆炸，以取得最大的毁伤效果，而对目标外部的间接损伤却很小。这种战斗部同样也能被用于攻击轻型装甲车辆。新型远程“长钉”导弹使用标准发射架，保留了光纤双向数据链，可以让射手借助于导弹导引头采集的影像在战斗打响前和作战期间监视整个战场的状况。

无坐力炮　**德国进行低后坐力火炮试验**　据英国《简氏防务周刊》2004 年 8 月 4 日报道，德国对 Rh 120 LLR L/47 滑膛炮进行了射击试验，从静态平台上发射了 80 余发炮弹。该炮是一种 120 毫米轻型低后坐力武器，身管的长度为 47 倍口径，即 5.6 米。药室容积 10 升。该炮的研制始于 2002 年，2004 年 3 月进行了首次发射试验。Rh 120 LLR L/47 的潜在用户包括美国陆军的“未来作战系统”和英国的“未来快速奏效系统”。德国陆军已计划建立一支中型部队，这支部队也需要这种装备 120 毫米武器的直瞄射击平台。该炮是莱茵金属公司自筹资金研制的，要求其火力与目前安装在“豹 2”和 M1A1/M1A2 主战坦克上的 120 毫米滑膛炮相当，但是重量更轻，后坐力更小，可以发射现有和未来的各种型号的 120 毫米滑膛弹药。具备上述性能后，这种新型火炮就可以安装在更轻型的履带式或轮式战车上，从而可以用 C-130“大力神”战术运输机空运。

为了减小后坐力，Rh 120 LLR L/47 滑膛炮安装了新型后坐系统，火炮的后坐长度为 635 毫米，后坐力为 21.3 千牛顿。新型火炮全重约 2.15 吨。该炮还安装了新型炮口制退器，它最大可减小 44%的后坐力。到目前为止，所进行的试验表明，炮口制退器两侧排放的废气流，不会吹起地面上的尘土。火炮身管上有一个抽气装置。

首次装填炮弹时，炮闩采用电控方式打开，此后炮闩都会在炮弹发射后立即自动打开。该炮的摇架是新设计的，采用了轻型金属/复合材料。产品型火炮的炮尾上还将装有一个新的接口，用于对新型弹药的引信进行编程。火炮可以发射各种现有的 120 毫米弹药，包括尾翼稳定脱壳穿甲弹、高爆反坦克多用途炮弹以及新型尾翼稳定高爆炮弹等。

炮兵防空武器系统　防空导弹　俄罗斯改进“立方体”防空导弹系统　据英国《简氏导弹和火箭》杂志 2004 年第 8 期报道，俄罗斯正在对“立方体”(SA-6) 防空导弹系统实施最新的改进计划。该改进计划能够提高已老化的“立方体”防空导弹系统的战术技术性能，提高其对现代化空中目标的杀伤概率，从而提高整个系统的可靠性。

改进计划包括用新式的电子硬件和软件替换原系统的一些子系统，其中有些新式硬件和软件已应用于 9K37“山毛榉”（SA-11）防空导弹系统。制导站发射机能够使用的编码信道数量也从 6 个增加到 12 个。每个火控单元都给其控制发射的导弹分配编码，采用这种措施能够避免处于飞行中的导弹被另外一个火控单元发射的制导信号所迷惑。

用新式的数字式系统代替现有的模拟式移动目标选择系统能够提高系统的抗干扰能力，系统也无需再做作战调谐调整，而且还延长了系统的使用寿命。新式的目标分类系统能够区分飞机、直升机和导弹目标。用平面液晶显示器代替原有的阴极射线管显示器，提高了显示分辨率，使系统能够使用新的信息编码图表，而且耗电量小。

原先的模拟式计算机将被数字式计算机取代，系统还要配备输入/输出子系统。数字技术使系统的控制算法更精确，因此能够更好地控制导弹发射程序。俄罗斯还推出了配用“山毛榉”系统的 9A310M-2 TELAR 运输-起竖-发射车和雷达、2P25M1/M2 TEL 运输-竖起-发射车和 9M317 导弹的改进方案。1995 年，将“山毛榉”配用的 9A38 自行发射车和 9A39M1 发射装填车引入到“立方体-M4”的改进方案中。改进后的“立方体-M4”系统于 1998 年装备俄罗斯陆军，目前的改进方案又有了改进。改进后的系统将包括：1 部自行式 1S91M1/M2“直流”预警和制导雷达；1 辆 9A310M1-2TELAR 车；4 辆 2P25M1/M2 运输-竖起-发射车以及 3M9M、3M9M3 或 9M317 导弹。9A310M1 TELAR 车配有自己的车载目标照射雷达，在方位上能够根据 1S91M1/M2“直流”雷达的指示提供 120°范围内的目标照射。“直流”雷达还能够控制 3M9M/3M9M3 导弹从没有配备雷达的 2P25M1 运输-竖起-发射车上发射，该运输-竖起-发射车与 9A310M-2 TELAR 之间有数据链路连接。整套系统能够同时对付 2 个目标，其中一个目标由“直流”雷达进行跟踪，另一个目标则由 9A310M1-2 TELAR 的雷达负责跟踪。改进后的射程比未经改进的更远，而且改进后的系统还能够对付快速飞行的目标。

以色列试验改进型防空导弹系统　据英国《简氏导弹和火箭》杂志 2004 年第 7 期报道，以色列进行了“改霍克”和“爱国者”防空导弹的飞行试验，该试验是以色列防空系统改进项目的一部分。飞行试验是在以色列心脏地区的一个空军基地内进行。以色列国防部宣称，飞行试验取得成功，新的改进措施被获准应用于作战部署。

以色列总计装备有 180 部“改霍克”发射架。基本型“改霍克”系统的最大有效射高约为 17678 米，但以色列将其进行了改进，射高达到 24384 米。以色列现装备有 6 个“爱国者”连，共计 48 部发射架。20 世纪 80 年代末部署“爱国者”后，其软件-2 已经进行过改进，可在“爱国者”信息协调中心的控制下，组织“霍克”和“爱国者”火力单元的协同作战。随后，20 世纪 90 年代初，“爱国者”的软件-3 列装，使“爱国者”营的信息协调中心能够担当起主要控制中心的角色，能够给其所属的其它防空导弹营分配拦截任务。能够对目标进行威胁判断，并选择导弹系统以最经济有效的方式对目标进行拦截。当前进行的试验是为改进“改霍克”和“爱国者”的协同操作能力。两个系统的协同操作最早是由美国、荷兰和德国提出的。“改霍克”经过产品改进项目第三阶段的改进后，能够接收“爱国者”信息协调中心为其火力单元提供的目标数据，从而能够更快速地拦截目标，而无需对目标进行高低搜索。而且，系统能够使用从“爱国者”发送的敌我识别数据。

以色列展出“斯拜德尔”防空导弹系统 据英国《简氏导弹和火箭》杂志 2004 年第 4 期报道，在新德里防务展上，以色列首次展出了自行式“斯拜德尔”防空导弹系统。“斯拜德尔”系统配用以色列生产的陆射型“大蟒-5”导弹和“德比”导弹。四联装导弹发射架安装在 6×6 卡车上。“德比”导弹射程可达 40 公里，“大蟒-5”导弹的射程约为“德比”的一半。以色列宣称“斯拜德尔”防空导弹系统能够对付飞机、直升机、无人机和精确制导弹药，是一种快速反低空导弹系统。

地空型“德比”配用专为以色列“巴拉克”舰空导弹系统研制的助推发动机。导弹还进行了其它的改进，以使导弹能够在发射前和飞行中通过数据链路接收远程雷达发送的目标处理数据。这使得系统能够在发射前和发射后锁定目标。“斯拜德尔”系统的设计者试图让新系统在 20~9000 米的高度上对目标实现“发射后就不用管”的目标。新系统的最大拦截距离是 15 公里，最小拦截距离不到 1 公里。

一个“斯拜德尔”连最多可装备 6 套导弹发射装置和 1 套指挥控制装置，其载车为卡车。指挥控制装置配用三维预警雷达，该雷达具有先进的抗电子干扰能力和多目标跟踪能力，并通过无线数据通信与导弹发射装置连接。“斯拜德尔”系统可由伊尔-76 运输机空运。

中国台湾第二次实弹试射 PAC-2 改防空导弹 据英国《简氏导弹和火箭》杂志 2004 年第 8 期报道，台湾军方对 PAC-2 改“爱国者”防空导弹进行了第二次实弹试射，试射的目的是对弹道导弹模拟目标实施拦截，拦截试验取得成功。台湾军方曾在 2001 年 6 月进行了 PAC-2 改的第一次试射，那是 PAC-2 改在美国本土之外的第一次实弹试射，当时进行了两种目标的拦截试验，一种是 MPQ-107 靶机，另一个种是弹道导弹模拟目标。台湾于 1993 年向美国购买了 PAC-2 改系统，用于替代过时的“奈基-赫克里斯”防空导弹系统。美国已于 1996 年交付完毕，并在两年后通过了战斗准备测试。台湾目前装备有 3 个 PAC-2 改防空导弹连，配有 200 枚导弹，部署在台北周围的 3 个地方：南康、万里和林口。台湾还计划组建 6 个 PAC-3“爱国者”防空导弹连。

炮兵弹药和引信

弹药

美国“神剑”制导炮弹试验成功 据美国《防务日刊》2004 年 11 月 23 日报道，陆军“神剑”GPS 制导炮弹首次射击试验取得成功。试验中，制导炮弹可瞄准 20 公里远的目标。炮弹在距瞄准点 3.4 米的距离内爆炸，达到了“神剑”系统的性能要求。“神剑”由新式 XM777 155 毫米轻型榴弹炮发射。尽管在火炮发射时炮弹受到的地球引力很大，但试验中炮弹保持了正确的航向与制导方向。炮弹利用自身的控制传动装置完成了无数次飞行调整并以接近垂直降落的方式击中目标。“神剑”项目是火炮转型，增强精确打击能力的重要组成部分。它的命中率高、射程远、附带毁伤率低，同时极大地减少了部署未来地面部队的后勤负担。

美国中程精确制导炮弹演示成功 据美国《陆军内情》2004 年 2 月 12 日和 4 月 19 日报道，美国陆军对中程精确制导炮弹进行了第二和第三次试验，均取得成功。在第二次试验中一举命中一辆坦克。根据弹药飞行中接受到的遥感数据来看，此次试验达到了全部预定标准。

这种中程精确制导弹药的设计同未来战斗系统的车载战斗系统兼容。弹载自主式毫米波寻的器使该弹具有超视距能力，同时也可将间接毁伤率和士兵在敌军火力下的暴露几率降至最低。中程炮弹用于攻击披挂爆炸反应装甲和主动保护系统的主战坦克。美陆军将中程炮弹列入未来战斗系统车载战斗车辆项目的计划，对该弹提出了速度与精度的要求。陆军计划通过未来战斗系统的网络向中程炮弹传输目标位置和距离等数据，从而使车辆和中程炮弹一同工作。为了满足陆军的这个基本要求，该弹将进行超视距瞄准，攻击 2~16 公里以外的目标。目前，中程炮弹的弹径问题还没有得到解决。军官们认为，为了减轻炮弹的重量，与 120 毫米炮弹相比，陆军更适合使用 105 毫米炮弹。然而，最近的研究结果表明，这样的观点并不十分可行。120 毫米炮弹的优势是杀伤力较大，其中也包括这种炮弹对艾布拉姆斯主战坦克的威力。中程炮弹的小批量试生产预计于 2010 年与未来战斗系统第一阶段一起启动。

西班牙研制出新型迫击炮弹 据德国《军事技术》杂志 2004 年第 6 期报道，西班牙已研制成功 MAT-120 式迫击炮弹。该弹是一种自毁和自失效型子母迫击炮弹，采用电子引信，带有21个双用途子弹药。作为一种区域防御武器，该子母弹装有聚能装药战斗部，对匀质钢装甲的穿甲厚度可达150毫米，其杀伤破片的覆盖面积可超过3500平方米。炮手利用弹头时间引信可设置子弹的最佳空中爆炸时间。

目前，大多数子弹药都带有嵌入式自毁装置，不过，由于自毁机构受到附近其它子弹药爆炸的影响或者被别的子弹摧毁，还是存在一定比例的哑弹率。但电子引信解决了以上这些问题。该弹利用物理原理使储存在电容器内的能量逐渐失效，因此，其自行失效率可达100%。当自毁装置由于某种原因不能发挥作用时，自毁失败后的子弹药引信在抛撒后15分钟内将会释出放所有能量，因此，绝对可以杜绝意外起爆的可能性。被MAT-120子母弹覆盖的区域在15分钟内即可进行清理，因为电子引信的危险哑弹率为零，己方部队可以安全地通过该地区。

（薛武学）

工 程 兵 技 术 装 备

综述 2004年，世界各国工程兵技术装备的发展除了重视研究和发展现有几大类工程装备外，还有以下动态引人注目：

发展巷战工程装备 巷战又称城市作战。在城市作战中，城区居民集中，这对工程装备的发展和运用有着特定要求。在伊拉克战争之初，伊军收缩进城与美军展开巷战。美军及时装备了能透视墙体的“穿墙雷达”、“切割墙体炸药”、“破门排障弹”，以及一些清除障碍物的专用工程车等。在未来城市作战中，战斗工兵的装备器材应当适应于这种特殊的战场环境。为此，法国和意大利两国军队决定联合开发巷战工程支援车，将多种功能集于一辆工程车上，以满足城市作战工程保障需求。目前该项目已交法国“城市作战训练中心”进行技术评估。

发展工程兵地形支援装备 20世纪80年代以来，美军先后列装了地形支援系统（TSS）、重型数字地形支援系统（DTSS-H），轻型数字地形支援系统（DTSS-L）、部署型数字地形支援系统（DTSS-D）、基地型数字地形支援系统等。根据美军新的工程保障理论“确保机动”，要求工程兵利用数字化地形支援系统增强对地形环境和战场态势的把握能力，帮助指挥员实现战场的可视化，使部队指挥员能够及时地选择机动时机和路线，近实时地了解现有障碍物，监控道路交通状况等战时情况，以便作战部队指挥员“先敌发现”、“先敌了解”，预先制定确保机动的具体对策措施。

建立工程兵信息化平台 为实现工程兵信息化，除了实现工程装备的数字化、信息化外，还要尽快建立工程兵的信息化平台。在此方面，美国、英国、法国、德国等西方军事大国都在积极研究，并取得了很大的进展。例如，英国国防部采购局与“韦尔斯”（Wells）防务公司签订一份300万英镑（550万美元）的合同，向皇家工程兵提供一套MAKEFAST战场信息应用软件，以便工程兵实施战场支援时的编制和计划制定。建立工程兵数据链，使工程兵各级指挥、作业平台之间“无缝链接”，是提高工程兵指挥与控制系统的智能化和自动化水平，增强工程兵信息传输与通信能力，实现工程兵部队之间及其与友邻兵种部队之间的信息传输实时、共享的有效手段，同时也是为全面提升工程兵作战工程保障能力提供强大的物质基础。

渡河与桥梁装备

美国陆国采购新型架桥汽艇 美国陆军坦克机动车辆和军械司令部（TACOM）近期为美国国民警卫队订购了新型架桥汽艇，以替代原有的陈旧装备，更好地支持陆军在全球范围内的作战行动。新型架桥汽艇的改进之处在于安装了新型发动机，通过ZF变速箱为UltraJet 350型喷水推进装置提供动力；改进了电子系统、桥节的液压锁定机构以及座椅等附件。新型架桥汽艇对喷水推进装置的一项重要要求是用输入功率为186.424千瓦的喷水推进装置要在静态下最低产生24451牛的推力。在评估阶段，美军对世界上仅有的两种能提供足够推力的喷水推进装置进行评价，最终选择了体积更小、重量更轻、价格更低的UltraJet 350型喷水推进装置。

荷兰 Robusta公司研制出“猛犸”路面板 “猛犸”路面板是在荷兰皇家陆军监制下，由Robusta公司开发的。“猛犸”路面板作为一种临时路面，主要用于确保轮式或履带式车辆在难以或不可能快速通过的区域通行。“猛犸”路面板还可被用作直升机临时降落场，以及用来修复飞机跑道。“猛犸”路面板能够在各种软性土地上使用，包括沙地、粘土，以及沼泽地的路面上使用。在铺置的路面板上，轮式车辆能够爬大约55%的坡度。“猛犸”路面板无需保养，它由化学和防紫外聚丙烯织物材料制成的，纵向由电镀钢丝、横向由电镀钢栅进行加固。这些弹簧钢栅能使路面板产生一种所谓的隔膜效应，使得大型轮式车辆装载运输时不会在土地上留下明显的车辙，也不会使路面板产生永久性变形。“猛犸”路面板的重量较轻（15 公斤/米^2），容易操作。滚筒能反复使用，并能用载货车辆的装卸起重机进行搬运，4~5 人就能够进行铺设和撤收。它已投入生产，服役于英国陆军和皇家空军，并已经或正在接收澳大利亚、加拿大、法国和荷兰等国军队的评估。

军用工程机械 **美军采购两种型号压路机** 美军最近购买了 CS-433C 型和 CS-563C 型压路机。CS-433C 型重 6770 公斤，采用 78.3 千瓦柴油发动机，安装一个鼓轮式压滚、液压操控铰接轴、平地铲、防翻保护结构（ROSP）、脚垫保护装置、24 伏电源系统、单双幅变频激振系统。该机能够以 561 立方米/小时的作业率将 0.305 米高的铺层压实到普氏 95 级。CS-563C 型基本上是 CS-433C 型的加大型，重 11275 公斤，柴油发动机功率为 114.09 千瓦。它能够以 1458 立方米/小时的作业率将一个 10.305 米的铺层压实到普氏 95 级。上述两种型号压路机都可空运，并可用 C-130“赫格里斯”运输机装卸。CS-433C 型还可低速空投进行部署。

俄罗斯工程兵装备“欣喜 2”可空运筑路挖掘机 该挖掘机用于为作战部队的机动构筑急造军路。它是在 БМП-3 型步兵战车的基础上研发的。作业装置包括推土装置、挖掘装置和拖曳绞盘。主要技术性能：重 18 吨；乘员 2 人；发动机功率为 367 千瓦；最大速度：陆地 70 公里/小时,水上 7 公里/小时;作业能力：铺设车辙道可达 7 公里/小时；在树林和石质障碍中构筑急造军路，可达 70 米/小时；绞盘牵引力 15 吨。

英国防部购买全回转挖掘机 据英国《简氏军用车辆与后勤 2003-2004》年鉴报道，最近,英国国防部购买了 320B 履带式全回转挖掘机和 M318 轮式全回转挖掘机。M318 型是执行全般工程作业（GE）和机场抢修（ADR）时的基本机械。挖掘机装有一个 0.83 立方米的挖斗，而机场抢修（ADR）挖掘机装有一个 1.25 立方米挖斗，两种机械都装有一个适用于“C”族辅助设备的连杆和可回转快速连接装置。这些辅助设备可在两种机械之间互换。辅助设备包括：抓斗、清壕斗、土钻、液压破碎机、液压起重机、耙齿、岩石/废品装卸抓斗、木材夹、挖壕铲斗、锥形挖壕（梯形）斗。

法意联合开发巷战工程支援车演示项目 据法国《军备》杂志 2004 年 6 月报道，在城市作战中，城区居民集中，这就成了地面作战部队行动需要考虑的重要问题。因此，未来工兵部队的装备器材应当适用于这样的环境。为此，法国和意大利两国军队决定合作开发巷战工程支援车（EGACOD）演示项目。EGACOD 用于在巷战中为步兵提供机动支援和克服城市障碍，如跨越障碍物，进入建筑物，在密闭区域开辟接近路。EGACOD 是一种新要领创新项目，其他国家的军队还没有类似的装备。因此，法意双方认为必须首先进行该项目的战术技术演示，确定项目概念，鉴别现有技术的可靠程度，以便研制系列车辆。EGACOD 将具有如下特殊功能：帮助 3 名武装士兵进入高层建筑物；控制人群或车辆（撒布致命或非致命弹药，伸展勺形臂）；雷区开辟通路；摧毁路障或坚固目标（备有克障利刀）；实施工程侦察（装有移动式摄像头、侦察机器人）；在防护状态下或通过遥控实施各种工程作业；除机组乘员外，还可以搭乘 3 名士兵及部分装备。上述多种功能集中于一辆工程车上将面临着很大的技术挑战，主要困难是难以将多种装置集中在一个空间十分有限的平台上，升降设备如何防护也是问题，价格也是需要考虑的重要因素。法国将该演示项目交给“城市战训练中心”进行评估。该演示项目预计 2008 年底结束，法国需要 120 辆，意大利需要 20 辆。首批装备可望在 2010~2012 年间交付使用。

伪装模拟装备 **丹麦研制多用途 CAMTEX 伪装结构路面板** CAMTEX 伪装结构路面板是伪装、隐蔽和迷惑（CCD）系统的一部分，由 GCA APS 的 CAMTEX 伪装师研制。这种伪装路面板用多光谱材料搭建，能够永久性或暂时性地安装在装甲或其它车辆、军事设施、舰船、直升机和其它在路面上的飞行器上。当永久性安装车辆上时，它们不会妨碍车辆的机动性，并且会将安装和移动常规伪装系统所用的时间降到最少。伪装结构面板由结构性材料制成，拥有反射和吸收特性，同时含有可见光谱特性，如光泽和光亮。这种材料具有内置的防雷达、紫外线和近红外、远红外传感器的能力。

瑞典巴拉居达公司研制出 SOTACS 伪装服 巴拉居达公司研制的巴拉居达特种行动战术服（SOTACS）主要是为特种行动部队提供一种能够降低其暴露征候的服装，以满足其在敌方领土执行隐蔽行动任务的需求。特种行动战术服具有多频谱特性（可见光、近红外、热红外）。该伪装服具有的可见光/近红外特性，能够与周围背景环境相融合。热红外特性：降低了全天候条件下的被探测率，对热侦察产生阻碍作用。特种行动战术服能阻断士兵身上散发出来的80%的热能。它采用"防抽丝"设计，使用寿命长。特种行动战术服极轻（约2.9公斤），防水，在雨天使用依然轻便。

瑞士SSZ有限公司研制出TN95伪装网　2001年，瑞士SSZ有限公司研制出TN95多光谱伪装网。TN95通过使用合适的着色提供可见光（VIS）和近红外（NIR）伪装。其灰橄榄色或绿棕色表面具有模拟树叶绿色成分的特性，能够作为主要的背景条件。在冬季，该伪装网可以通过用钮扣扣上去的白色部分来补充。对于防热红外（MIR）（波长从3~5微米到8~14微米）探测，TN95能适应空气湿度，并能被动地适应背景的改变（地面湿度）。当被用来伪装可能具有特殊热部件的物体，如发电机或那些静止的指挥/控制车辆或处于备用状态的装甲车辆时，可添加一个隔热的伪装基础结构。TN95在毫米波和雷达波长范围内使用也特有效，主要能有效对抗合成孔径雷达（SAR）的探测和基于毫米波寻的弹头的打击。目前，它已装备瑞士武装部队。

匈牙利部队装备HUNCAM伪装系统　HUNCAM伪装系统由多种具有特定多频吸收特性的材料制成。主要相关组件如下：

CND伪装网：由膨体聚酯纱制成，具有各种尺寸的网孔，这种网具有雷达吸收特性。标准尺寸有5米×5米，6米×6米和8米×12米（这些尺寸适用于所有HUNCAM网）。产品颜色可根据客户需求进行生产，重量为160克/米^2。

PCN伪装网：主要供单兵使用，由切割的无光泽聚氯乙烯薄膜与支撑网粘合制成。这种网通常和采用同样材料的"头盔罩CC"共同使用。

保加利亚生产伪装器材　保加利亚国防工业部生产了多种类型的伪装产品，涉及范围从单兵伪装到主要场所防侦察的隐蔽措施。伪装网系统具有防可见光、近红外和S-、X-和K-波段雷达探测的能力。这些网由聚氯乙烯（PVC）薄膜元素制成，标准网尺寸是每张3米×6米。一套标准的设备包括6张网、20个固定元件、1个背包和6根支撑杆。同时还生产各种形式的装备假目标和雷达反射系统，均已在部队服役。

地雷与布雷装备

美国正在研制新型智能机动地雷　美国桑迪亚国家实验室研制一种智能机动地雷（IMLM），以满足国防部高级计划研究局自愈雷场计划的需要。智能机动地雷由单个的、在防坦克地雷上附加了智能和机动装置的智能机动地雷单元组成。智能机动地雷以集体方式一起工作，以执行自愈雷场的任务。自愈雷场的任务包括智能机动地雷自动探测已发生的开辟通路行动，确定哪一枚地雷需要移动以弥补突破口，并启动机动系统做出所需的移动。为了达到这一目的，桑迪亚国家实验室发展并综合了所需要的技术，包括机动系统、通讯系统、测距系统、控制电路和软件。智能机动地雷的机动系统以一种跳动机构为基础。跳动机构由一个单缸燃烧方法激活。每枚智能机动地雷都携带内置燃料箱和一个火花起爆系统。每一次跳动，燃料被注入燃烧室并起爆，燃烧驱动一个与智能机动地雷底部的支脚相连的活塞，（雷）脚与地面接触并将智能机动地雷推到空中。智能机动地雷有一个校正系统，以使它在着地后调整到适当的方向；还有一个操控系统，为每一跳控制方向。每一枚地雷都携带有足够的燃料，大约可以完成100次跳动。试验显示，智能机动地雷的平均跳高和距离大约为4米。智能机动地雷的直径大约为12厘米，高11厘米。重约1.8公斤。目前，机动地雷系统由10枚智能机动地雷组成，其中5枚是智能机动地雷，5枚是不带有机动系统的智能地雷。

俄罗斯军队装备УМП-2受控防坦克雷场装置　该受控雷场装置用于布设有线控制防坦克雷场。它通过控制面板辅助控制雷场的战斗和安全工作模式。雷场在安全模式下允许坦克通行。其主要战术技术性能：重（不包括地雷）440公斤；组成：УМТ引信96个；控制面板1块；电源（2КНП-20蓄电池）4个；控制线3套；采用地雷的型号ТМ-57、ТМ-62；布雷方法：人工布设或用ПМЗ-4布雷车；雷场控制范围0.8公里；雷场解除保险时间3分钟；雷场恢复保险时间≥5分钟；雷场布设温度范围-40℃~+50℃；雷场型式：4排计96枚地雷，正面宽度100米或130米，纵深40米；3排计72枚地雷，正面宽度100米或130米，纵深25米。

保加利亚陆军装备AHM-200反直升机地雷　AHM-200是一种重型定向破片地雷，用于摧毁在200米范围内低空飞行的直升机。矩形的塑料"大砍刀"雷体中结合了1960个砍刀式钢条破片。起爆时，破片的散射角约为20^0，在最大有效距离200米处可覆盖5米宽的区域。每个破片都能在100米处穿透10毫米厚的装甲。引信置于雷体顶部的中央，并可编程设置一系列的激发时间，在达到设置的时间后，地雷自失效或自毁；引信还可结合机械延时和电子延时装置。引信具有两个电路：声传感器记录目标的出现并启动"多谱勒"分激磁场传感器（Doppler SHF sensor），"多谱勒"传感器负责采集目标信号并在目标进入攻击范围时起爆地雷。该反直升机地雷通常安装在可调节的金属三角架上。主要性能参数：重35公斤；长700毫米；高400毫米；厚150毫米；装药量12公斤；装药类型TNT；

引信类型：声和“多谱勒”分激磁场组合传感器；破片数量 1960 个；散射角度 20^0；有效杀伤范围 200 米。目前，该反直升机地雷已经装备保加利亚陆军。

保加利亚研制 AHM-1 反直升机地雷 保加利亚金属科学研究院演示了一种将电子引信和混合战斗部设计相结合的新型反直升机地雷。该地雷以常规的定向破片战斗部为基础，但使用了 MS 板装药（Misznay Schardin），其目的是为了将大面积有效杀伤的优点和自锻破片的实际杀伤范围、穿透能力结合起来。该地雷有一个与 AHM-200 反直升机地雷使用的战斗部相类似的矩形破片战斗部，但是破片板被预制成正方形。在破片战斗部的后面，是一个与之排在一起的装药盒以及 5 个水平排列的 MS 板。这种排列外表类似于捷克的 PD Mi-PK 路旁地雷。在各战斗部中间使用了控制盒，用镙钉固定在重型钢架上。控制盒内装有传感器以及其他引信组件，并组合了小型 LED 指示灯和多位开关。整套装置安装在一个大型的可调节三角架上。AHM-1 反直升机地雷是以 AHM-200 的性能为基础，破片战斗的有效杀伤范围 200 米。

探雷与扫雷装备

美国防部加速订购扫雷装备 据英国《简氏防务周刊》2004 年 2 月报道，美国防部正在加速和发展扫雷技术，以便应对美军在阿富汗和伊拉克所面临的因地雷和简易爆炸物带来的危险。负责爆炸物处理（EOD）的美军士兵将会得到 5 种型号总数为 150 件无人探、扫雷系统。美国海军陆战队（USMC）和陆军也正加紧购买一种克罗地亚链枷式扫雷装置 DOK-ING MV4，第一批装置于 2004 年 5 月交付使用，并预计于 2006 年前部署 28 套。此外，美国陆军坦克自动车辆研究、开发和工程中心（TARDEC）正在向伊拉克部署 10 套全方位侦察系统（ODIS）。全方位侦察系统是一种无人操纵的机器人系统，由犹他州立大学开发研制，将用于对汽车底部的爆炸物及违禁品的检查。

美国陆军装备小型扫雷链枷 小型扫雷链枷（MINI Flail）目前已少量列装美军并在阿富汗、波斯尼亚和科索沃等地使用。小型扫雷链枷，可在安全距离外引爆或毁坏防步兵地雷，主要用于扫除防步兵地雷、铒雷、绊线和地面植被等障碍物。该扫雷链枷采用约翰迪尔公司的 375 型滑移转向装载机为底盘，通过无线电遥控，可以在各种恶劣天气条件下使用。该装置采用 12.495 千瓦的三缸柴油发动机驱动，配有 24 伏电气系统，扫雷速度为 4~8 公里/小时。扫雷链枷装置安装在车体前端的弹簧架上。该小型扫雷车配有吊耳，如果需要，可用直升机悬吊。主要战术技术性能：重 1114 公斤，长 3.05 米，宽 1.27 米，高 1.01 米。

英国 ERA 公司研制新型车载探雷系统 英国 ERA 公司研制的新型车载探雷系统主要用于大面积探测、识别、标示和在某些情况下扫除地雷及其它弹药，也可用于标示交通安全道路。该车载探雷系统采用多通道雷达技术，4 米宽的雷达系统采用了 32 个天线单元。该系统的结构基于 16 个接收器，每个接收器都可对接收天线单元的入射信号进行采样。天线间距可调，以提供所有疑似目标的最佳图像分辨，复杂的信号处理则用于识别和显示目标的位置。ERA 车载探雷系统的主要特点：（1）采用电子技术而非机械扫雷技术，从而确保了具有较高的扫雷行进速度；（2）采用不同传感器的复合集成技术和数据输出集成技术，具有高探测率和低虚警率；（3）采用无线电接收机和信号处理电子技术，宽达 9 米的探测阵列可防出现意外爆炸；（4）采用耐用的商用组件；（5）系统强大，便于维护；（6）可根据选项进行图像输出，具有远程遥感探测功能。

澳大利亚军队装备 TM-5EMU 磁异常探测器 该便携式磁异常探测系统一人操作，适用于地表无色或有色金属物体的探测，金属物体大小尺寸的范围可从微量金属地雷到空中撒布的大型武器弹药。由于矿化土壤具有对探测不利的磁特性，而现有的磁和电磁探测器的探测性能都不尽人意，因此，发展这种磁异常探测器就十分必要。TM-5EMU 磁异常探测器在设计中融入了对矿化土壤的实时抗干扰能力，并且提高了系统对非金属未爆弹的区分能力。该探测器是一种数字式系统，能够进行复杂的信号后处理、质量控制检查和探测性能量化。该探测器通过直径约 45 厘米的单线圈发送多周期波形。而一个周的线圈则从与能级脉冲相关的瞬变衰减中接收信号。根据不同材质以及物体的外形特征对于多周期能级波形的回应信号不同，就可以辨别和区分出物体。基本的单传感器可通过 2~15 个传感器配置成同步阵列。根据地形条件，阵列可采用手持式或车辆拖曳式。手持式 TM-5EMU 磁异常探测器设计有“定位及标示”两种作业模式，从而提供精确的目标定位。探测作业时，差分式全球定位系统用于向作业手提供认为是地雷的位置，而实时数字信号处理则用于判断地表未爆弹或非未爆弹目标的精确位置。采用定位及标示作业模式时，为保证探测质量，系统可存贮数字数据。该系统目前装备于澳大利亚及美国军队。

（熊万奎）

海 军 武 器 装 备

综述　2004年世界各国海军武器装备的发展有以下特点：

航空母舰和两栖攻击舰依然作为世界各国海军，尤其是强国海军注重发展的战略性武器。美国仍看好大型航空母舰建造，并加大对其新技术和新武器的运用。英、法、意等国则根据本国的情况和特点继续发展性能颇优的中小型航空母舰。对于小型航空母舰的研制和发展，许多国家也都没有放弃，美国正抓紧研究能与高速艇通用舰载机的小型航空母舰。此外，对两栖攻击舰的研制与运用近年来各国海军也趋之若鹜。

美国海军最新的大型航空母舰“尼米兹”级“里根”号于2004年5月初顺利完成试航检修后交付海军，下一步美国海军还将继续发展其后继舰。为了今后的舰载机顺利起飞，美国海军还开始研制更新型的电磁弹射器。限于财力和技术，法国和英国已决定联合研制3艘航空母舰，其设计和建造费用将由两国共同承担。近年来意大利海军采用了最新建造方法来建造“卡佛”号航母的首段和中段，取得了较好的效果。作为第三世界大国之一的印度在2004年1月与俄罗斯签署了购买俄制“戈尔什科夫”号航母合同，并将在2008年之前服役。目前英军也在研究类似美军“浮岛基地”概念的海上联合基地；这种海上联合基地到达战区后，可根据岸上的部队的需要，随时提供大量的弹药和燃油等物资，从而减少对其他国家和部队的依赖。为了弥补航空母舰和大舰的不足，如今有越来越多的国家海军青睐两栖攻击舰的建造和运用。

驱护舰仍然是各国海军中装备数量最多，使用最普遍，也最注重研制发展的舰种。许多国家海军对各种高性能的驱护舰仍在加大力度、不遗余力地设计与改进。巡防舰是一些国家近年来新出现的一道亮丽风景，它的独特功能正为越来越多的国家所看好。

尽管“阿利·伯克”级驱逐舰已发展了多型，且性能颇优，但美国海军正计划对其舰体、机械和电气系统进行全面改造，并采用光纤数据系统，以增加数据和图像的带宽。俄罗斯也对“现代”级驱逐舰加以改进，使其性能更上一乘。韩国海军在接收KDX-2型驱逐舰2号舰的基础上，提出了KDX-3型驱逐舰首舰设计和建造计划，并在舰上装设“宙斯盾”防空系统。印度海军不仅在建造最新一级驱逐舰“班加罗尔”方面快马加鞭，而且在护卫舰发展上更是全力以赴，接二连三研制和建造了多级新型护卫舰。近年来各国为了自己的海洋利益，越来越重视给本国的海岸警备队研制和配备高性能的巡逻舰，法国、英国、印度乃至以色列都在抓紧这方面的建设。

新型舰体舰船和小型船艇继续成为各国海军发展的热门话题，各种各样的新型舰体和船型相继问世。双体船、三体船、穿浪三体舰、五体运输舰等新型舰体的舰船接连问世，各种情报搜集船、多用途舰，以及灵活支援舰等新概念舰船也不断涌现。小型艇船在历经较长时间的冷落之后，如今再次火爆起来。

美国海军正全力研究高速表面双体船的先进船体技术，这种双体船的每个船体底部都设有空穴，从中可以排出空气，为船体提供升力，降低阻力，获得更高的航速。除了双体船外，美国海军又提出三体船的新设想。英国在发展新舰体方面时常走在世界前列。英一家公司独出心裁，开发了一种被称为“假三体”高速战舰。“假三体”战舰采用一个狭长的V型中央排水型舰体，后面两侧拥有两个有悬臂梁支撑的小舰体。丹麦海军建造并海试了自称为“灵活支援舰”“阿布萨隆”号战舰，采用隐身设计、隔振降噪等最新技术。该战舰不仅可以担负后勤任务，而且可以进行作战和两栖行动。近年来，各种小艇发展如火如荼，美海军正在研制一种隐身高速攻击侦察艇，采用小水线面双体船设计，并结合现代直升机的设计布局和技术；艇体采用模块化结构，可根据任务的不同，容纳额外的设备和人员。俄罗斯海军在此领域也不甘示弱，开始建造一种排水量较小，且装有对空导弹和30毫米炮的“海鳝”-E气垫登陆艇。俄罗斯还研制成功采用V形船型、最大航速60节的第四代快艇。

潜艇特别是核动力攻击潜艇仍是各国海军发展的重头戏。印度在该领域表现得最为积极，已解决了自身建造核动力攻击型潜艇的许多关键技术。AIP潜艇继续为一些中小国家所看好，其发展势头有增无减。新型常规潜艇概念的探索在继续。而水下无人航行器今后将有可能在水下战场占据重要的一席。

美国海军于2004年接收了冷战之后设计的第一

艘，更为适合浅海水域作战的新型潜艇——“弗吉尼亚”级核动力攻击型潜艇的首制艇“弗吉尼亚”号。该潜艇的入役标志着世界海军核动力攻击潜艇发展进入了一个新的阶段。印度在俄罗斯的帮助下，已解决了自行设计建造的ATV核动力攻击型潜艇中的40-55MW压水堆小型化等许多技术问题。该级首制艇已完成了大部分艇体建造工作，并计划于2008~2009年进行海试。为了弥补数量下降带来的颓势，俄罗斯对核动力弹道导弹潜艇的发展更为关注。俄罗斯海军于2004年3月在北德文斯克造船厂举行“亚历山大·涅夫斯基”号核动力弹道导弹潜艇的开工建造仪式。该艇属于俄罗斯海军最新一代——第四代核动力弹道导弹潜艇995型“北风之神”级。俄罗斯核动力弹道导弹潜艇“图拉”号也于5月6日从北德文斯克星星造船厂驶出船台，下水进行系留试验和航行试验，并于2004年底返回北方舰队。“图拉”号核潜艇是前苏联海军建造的最后一级核动力弹道导弹潜艇DⅣ级之一。日本、瑞典、希腊等国海军纷纷加入到AIP潜艇的行列，从而使常规潜艇的水下航行时间更长，作战性能更佳。眼下，还有越来越多的国家热衷于水下无人航行器的发展，美国、瑞典、澳大利亚也都陆续跻身其列，并力图派上更多的作战用场。

航空母舰及两栖舰 **美国“里根”号航母改装后重新交付** 据《简氏防务周刊》2004年7月报道，美国海军的最新航空母舰“里根”号于2004年5月初顺利完成试航检修后，由格鲁曼公司交付给美国海军。这次改装主要包括作战系统和雷达的升级，以及一些小规模的维修。为了F/A-18E/F“超级大黄蜂”战斗机能更好地起降，而不使舰桥存在盲区，“里根”号航母重新设置了天线的位置。此外，舰上还新增加了体育和健身面积，以及生活设施。“里根”号航母已于5月末加入太平洋舰队。

美国提出新的“海上浮动基地”设想 据《简氏防务周刊》2004年11月报道，美国KBR公司近期为美国海军提供了一种新的“海上后勤基地”设想方案。该方案以其研制设计的半潜式海洋石油平台为依据，将由5块300米长的分段组成，整个基地吃水15米，使用动力定位系统代替锚。这种海上浮动机场可供C17运输机和JSF联合战斗机，以及MV-22倾转翼飞机起降。

美国开始生产航母电磁弹射器 据《简氏防务周刊》2004年6月报道，4月2日美国海军空战中心选择了通用原子公司的电磁飞机弹射系统方案。通用原子公司将进入为期5年，耗资1.45亿美元的系统的研发和演示阶段，并将建造1个全尺寸弹射器进行进一步试验，预计在2014年安装在CVN21级航母上。新航母将用4具电磁弹射系统，来代替4部传统的蒸汽弹射装置。

美国铺设第8艘“黄蜂”级两栖舰龙骨 据《简氏国际舰船》2004年3月报道，美国海军于2月举行了第8艘“黄蜂”级两栖攻击舰“马丁岛”号龙骨的铺设仪式。“黄蜂”级是目前美国海军在役两栖舰中最新型、吨位最大的两栖舰，满载排水量40352吨。“马丁岛”号两栖舰与前7艘相比，改进了动力系统，更换了原先的蒸汽轮机系统，采用了性能更可靠的燃气轮机推进系统，但功率仍为52200千瓦，并采用了全电力辅助系统等。

印度将于2008年前接收俄制航母 据《简氏防务周刊》2004年2月报道，印度与俄罗斯在1月20日签署了购买俄制“戈尔什科夫”号航母合同，并将在2008年之前交付于印度海军。印度将花费1.67亿美元用于大修航母，并购买28架米格-29K、5架K-28和1架K-31反潜直升机。由于印度对于“卡什坦”导弹的试验结果不满意，俄罗斯将为该航母提供“卡什坦”-M型导弹。

以色列将装备两栖攻击舰 据《简氏防务周刊》2004年7月报道，以色列计划装备一艘将由美国设计和建造的多用途两栖攻击舰。该级两栖攻击舰排水量13000吨，最大续航力3200公里；舰员编制115名，并可运送600名全副武装的陆战队员及装甲车。舰上甲板可起降美制F-35短距起飞/垂直降落飞机、直升机和无人机，足以提高兵力投送能力。该舰服役后将成为以色列海军中最大的战舰。

英军研究联合海上基地 据《简氏防务周刊》2004年5月报道，英军正在研究类似美军“浮岛基地”概念的海上联合基地。这种海上联合基地到达战区后，可根据岸上部队的需要，随时提供大量的弹药和燃油等物资，从而减少对其他国家和部队的介入；可以避免在岸上存储物资的各种弱点，提高后勤补给的效能。目前英军已开始对一些关键问题进行分析研究，包括各型舰船采用的舰到岸，由舰到目的地的物资运送设施，物资管理，联合后勤成像和设备跟踪，以及维护时出现的物流问题等。

法国和英国联合设计新航母 据《简式国际舰船》2004年3月报道，法国和英国已决定联合研制3艘航空母舰，其设计和建造费用将由两家共同承担。英国和法国将分别承担航母的2/3和1/3的建造工作。在设计航母之初，英国为了节省费用，一度将航母长度由 290 米缩减为 245 米，而现在则又将它改回为 285 米。法国所需的航母尺寸与英国的相差不多，动力系统采用常规动力，排水量 58000 吨。

法国完成"西北风"级两栖攻击舰的首段建造 据《简氏防务周刊》2004 年 9 月报道，法国海军"西北风"级首制舰"西北风"号多功能两栖攻击舰的首段工程，已由法国大西洋船厂建造完成。首段包括主机舱、指挥舱和舰员居住舱。该舰排水量 21500 吨，舰长 200 米。"西北风"级舰的尾段建造则由法国舰船建造局布雷斯特船厂建造完工，该厂现正在进行首尾两段的集成。

意大利海军分段下水新航母 据《简氏防务周刊》2004 年 8 月报道，意大利泛安科纳船厂 7 月 20 日为海军建造的"卡佛"号航母首段和中段已下水。该舰排水量 27100 吨，舰长 244 米、宽 39 米，吃水 8.7 米；动力装置为 4 台燃气轮机，最大航速 28 节，最大续航力 7000 海里/16 节；舰上共有舰员 451 名，空勤人员 203 名；还可搭载 145 名指挥人员和 360 名陆战队员。舰上可装载 12 架直升机或 8 架飞机，机库内能够容纳 100 辆轻型车辆或 24 辆主战坦克。通过舰上两个 60 吨的跳板进行车辆装卸，舰首右舷和舰尾各设有一个跳板。舰上还装有 1 个 1000 平方米的指控中心，用于指挥协调海空战和两栖作战。

澳大利亚将建造新型两栖舰 据《简氏国际舰船》2004 年 3 月报道，澳大利亚海军将建造两艘新型两栖舰，舰总长 213.5 米，排水量将达到 25000 吨。新舰要求具备必要的指挥、控制和通信能力，能够指挥两栖登陆。舰上将可搭载 1 支作战部队、上百台车辆和至少 4 艘登陆艇；舰的飞行甲板具有 6 个直升机起降点，机库可容纳 12 架直升机。两栖舰上的一些系统装备将由澳大利亚公司自己提供，以确保全寿期的保障能力。

巡洋舰和驱护舰

美国"提康德罗加"号巡洋舰退出海军现役 据《简氏防务周刊》2004 年 10 月报道，美国"提康德罗加"级巡洋舰首制舰"提康德罗加"号已于 9 月 30 日退出海军现役。该级舰于 1983 年建成服役，在海军中整整服役 20 余年，为海上行动和作战作出了突出贡献。它既是美国海军第 1 艘，也是世界上首艘装备"宙斯盾"防空系统的水面战舰。

美海军计划改进"伯克"级驱逐舰 据《简氏防务周刊》2004 年 7 月报道，美国海军计划对 DDG51 "阿利·伯克"级驱逐舰的舰体、机械和电气系统进行改造，并采用光纤数据系统，以增加数据和图像的带宽；同时明显减少舰员，使系统的自动化程度更高，从而大大降低战舰的全寿命费用。

美海军拟用 DDX 舰体来加速 CGX 的建造 据《简氏防务周刊》2004 年 7 月报道，美国海军拟采用与 DDX 驱逐舰相同的舰体，以加速下一代巡洋舰 CGX 的建造，同时降低成本。CGX 巡洋舰的设计采用与 14000 吨的 DDX 同样的舰舷内倾舰型设计，但比 DDX 拥有更大的舱面，以容纳功能更强大，且用于导弹防御和防空任务的 S 波段雷达。CGX 巡洋舰还将配备 20 枚动能拦截导弹，也可能使用 80 个垂直发射系统单元，装设 SM-3 或 SM-6 导弹，用于防空作战。

美国海岸警备队建造大型警备舰 据《简氏防务周刊》2004 年 10 月报道，美国诺斯罗普·格鲁曼公司于 9 月 9 日举行了 WMSL 750 型海上安全大型警备舰的首舰钢板切割仪式。该舰是美国海上警备队史上最大的多用途警备舰，预计 2007 年交付使用。该舰长 128.3 米、满载排水量 4112 吨；动力装置为两台柴油机和 1 台燃气轮机，最大航速 28 节，飞行甲板可搭载直升机和无人机；舰上还将装备最新的 C^4ISR。

俄罗斯第 1 艘"现代"级改进型驱逐舰下水 据《简氏防务周刊》2004 年 5 月报道，俄罗斯北方造船厂为国外客户建造的两艘"现代"级改进型驱逐舰（956EM）中的第 1 艘下水。该舰于 2002 年开工建造，于 2005 年交付使用。956EM 与 956E 的主要差别是拆除了尾部 AK130 双管舰炮，换装了具有"卡什坦"内层防御系统的 AK 630M 近程武器系统，并装备了改进型 3M80 超音速反舰导弹，增大了飞行甲板面积。该级第 2 艘已在 2003 年开始建造，预计于 2006 年交付。

韩国批准建造 KDX-3 型驱逐舰 据《简氏防务周刊》2004 年 9 月报道，韩国国防部正式批准韩国海军提出的 KDX-3 型驱逐舰首舰设计和建造计划，并选定重工集团为其建造主承包商。KDX-3 型舰上装有"宙斯盾"防空系统，将于 2008 年交付使用。该型舰舰长 165.9 米、舰宽 6.25 米；排水量 7000 吨；最大航速 30 节，巡航速度 20 节；舰上的主要武器装备包括中远程舰空导弹、舰舰导弹、舰炮、鱼雷及 2 架中型直升机等。

韩国海军接收 KDX-2 型驱逐舰 2 号舰 据《简氏防务周刊》2004 年 11 月报道，韩国海军 9 月底举行了接收 KDX-2 型驱逐舰 2 号舰仪式。该舰是韩国海军首次采用隐身设计的战舰，舰上装有反舰、防空和反潜导弹等众多武器，具有较强的反舰、区域防空和反潜作战等能力。它的排水量 4480 吨，舰长 150 米、舰宽 17.4 米，吃水 7.3 米，最大航速 29 节。

新加坡首艘国产护卫舰下水 据《简氏防务周刊》2004 年 8 月报道，7 月 3 日新加坡海军第 2 艘隐身护卫舰“刚毅”号在新加坡科技海事船厂下水。该舰是新加坡在法国舰船建造局技术援助下建造的第一艘护卫舰，有着突出的隐身能力，安装了先进的传感器和武器系统（4具八单元 SYLVER A43 导弹垂直发射装置），具有很强的防空、反舰和反潜作战能力。该舰排水量 3200 吨，人员编制 60 人，最大航速 25 节，最大续航力 4000 海里。

印度加紧建造新型驱逐舰 据《简氏防务周刊》2004 年 3 月报道，目前印度海军最新一级驱逐舰“班加罗尔”级正在马扎冈造船公司加紧建造。该级舰是“德里”级的改进型，使用与“德里”级驱逐舰大致相同的舰体，武器却采用了以色列“巴拉克”-1 舰空导弹，以及与俄罗斯联合研制的“布拉莫斯”超音速反舰导弹。该级首制舰约在 2008 年服役。

印度新护卫舰入役 据《简氏防务周刊》2004 年 3 月报道，2 月 4 日印度自行设计建造的“库克里”级改进型护卫舰“卡尔木克”号加入海军现役。该舰由加登里奇造船厂建造，舰尾部设有直升机平台；舰长 91 米，排水量 1400 吨，最大航速 25 节；舰上装备有 16 枚远程反舰导弹、1 门 76 毫米舰炮和两门 30 毫米舰炮，并装有印度自己研制的“阿蚺陀”P MKⅡ型电子战设备和箔条弹。

印度新护卫舰下水 据《简氏防务周刊》2004 年 7 月报道，印度海军建造的“尼尔吉里”级第 2 艘“萨特普拉”号于 6 月份在马扎冈造船公司下水。该级舰采用隐身设计，采用导弹垂直发射系统，排水量 4900 吨，航速 30 节。印度海军一共将建造 3 艘该级舰，首制舰“什瓦力克”号已于 2004 年 4 月下水，并拟于 2007 年加入西部舰队。

印度海军入役最新国产护卫舰 据《简氏防务周刊》2004 年 8 月报道，印度海军西部舰队最近正式入役了一艘最新型的国产导弹护卫舰“贝特瓦”号，该舰是“布拉马普特拉”级护卫舰的第二艘。该舰排水量 3600 吨，舰长 125 米、吃水 4.5 米；舰上装有印度国产的武器装备和传感器：4 联装“天王星”反舰导弹、76 毫米炮、30 毫米 AK-630 近程炮和鱼雷等；此外舰上还可搭载 2 架直升机。

印度建造先进近海巡逻舰 据《简氏防务周刊》2004 年 9 月报道，印度海岸警备队于 7 月在印度果阿船厂举行了近海巡逻舰首制舰的龙骨铺放仪式。该舰是印海岸警备队史上吨位最大的舰艇，舰长 105 米，排水量 2250 吨，最大航速 24 节；舰员编制 126 人；舰上可搭载直升机，用于执行海上巡逻、搜索和营救任务。

印尼采购新型护卫舰 据《简氏防务周刊》2004 年 3 月报道，印度尼西亚海军向荷兰订购了两艘“西格玛”级轻型护卫舰，以执行反恐、反海盗和反走私等任务。该级舰长 90 米，排水量 1700 吨；巡航速度 18 节，最大航速 28 节；最大航程 4000 海里/18 节。舰上装有两座三联装鱼雷发射装置，两座四联装“西北风”舰空导弹发射装置，4 枚 MM40 2 型“飞鱼”反舰导弹，1 门“奥托·梅莱拉”76 毫米炮和两门 20 毫米炮。

英国开始建造第 2 艘 45 型驱逐舰 据《简氏防务周刊》2004 年 10 月报道，9 月底英国宇航系统公司切割了 45 型驱逐舰第 2 艘“不屈”号船体的第一块钢板。45 型驱逐舰是英国海军建造的最大驱逐舰，采用最新的隐身设计，排水量 7350 吨、舰长 150 米。该型舰的尾段和中段上层建筑由英国宇航系统公司建造，首段和金字塔形主桅由沃斯珀·桑尼克洛夫特船厂建造。

英国推出新型巡逻舰 据《简式国际舰船》2004 年 1 月报道，英国沃·桑公司推出了一级新型 HPV 多用途巡逻舰。该舰采用隐身设计，为提高生存性，动力装置采用前后布置，前机舱布置有两台小型中速柴油机，用于巡航和机动；后机舱布置有两台大型柴油机，用于高速航行。该舰长 125 米，排水量 4500 吨，最大航速 25 节，最大续航力 1 万海里/15 节，舰员编制 53 人；舰上搭载有 1 架“默林”直升机，以及中小口径舰炮和导弹。

法国新型巡逻舰下水 据《简氏防务周刊》2004 年 7 月报道，4 月 5 日法国新型巡逻舰在瑟堡造船厂下水。该巡逻舰是以法国海军现有的 P400 型巡逻艇为基础设计而成的。该舰最大航速 21 节，最大续航力 3000 海里。在经过海试后，该舰于 5 月被交付法国海事管理局使用。

德国濒海战斗舰将使用部分气垫支撑双体船技术 据《简氏国际舰船》2004 年 10 月报道，德国海军看好了被称为 PACSCAT 的部分气垫支撑双体船技术，决定将其用于研制高速濒海战斗舰。该型战斗舰采用隐身设计，桅杆被设计成金字塔形状，上层建筑大量使用复合材料。舰长 110 米、舰宽 21 米、舰体型深 6.5 米；最大航速 50 节，在 4 级海况下航速也可达 40 节。舰上装有两套“拉姆”舰空导弹，1 套反鱼雷发射器，以及两座 27 毫米炮，并可搭载两架 NH90 直升机与两艘 5 米刚性充气艇。

德国“萨克森”号护卫舰完成导弹发射试验 据《简氏防务周刊》2004 年 10 月报道，德国海军最新型

F124级防空护卫舰“萨克森”号在美国海军空战中心武器试验场成功完成了“标准”-2ⅢA和RIM-162“改进型海麻雀”导弹的系列实弹发射，一共发射了20枚导弹。此外，还对泰利斯荷兰公司研制的APARI/J波段有源相控阵雷达，以及泰利斯公司和雷声公司联合开发的火控软件进行了检验。

德国开工建造K130护卫舰 据《简氏防务周刊》2004年8月报道，德国布洛姆·福斯造船厂已开始为德国海军建造K130轻型护卫舰首制舰。该级舰长89.12米，型宽13.28米，吃水3.4米；最大航速26节，人员编制65名。德国海军将建造5艘该级舰。

西班牙进行第2艘“宙斯盾”护卫舰试验 据《简氏国际舰船》2004年1月报道，西班牙海军第2艘装备有“宙斯盾”武器系统的F-100型护卫舰“朱安·博本海军上将”号将进行作战系统的舰艇验证试验。该级第一艘“巴赞”号曾与美国海军一起于此前数个月成功地完成这项试验。

西班牙开始研究新型近海巡逻舰 据《简氏防务周刊》2004年7月报道，西班牙海军开始研究新一级多功能近海巡逻舰。该舰将可执行监视、治安和环境保护等任务。这级舰排水量为1800~2500吨；舰上将采用全电力推进，最大航速22节；最大自持力25天，可在5~6级的海况下保持有效作战。该舰还将安装额外的装备，包括潜水设备、污染控制系统、快速环境评估或医疗设施等，用于支持特种作战。预计2009年该舰加入现役。

挪威自行组装最后两艘“南森”级护卫舰 据《简氏防务周刊》2004年7月报道，挪威在国内自行组装由西班牙萨尔船厂建造的F310“南森”级最后两艘护卫舰。最后的两艘中的第一艘将于2005年9月交付海军；第二艘计划于2006年交付。

罗马尼亚完成第1艘22型护卫舰改装 据《简氏国际舰船》2004年10月报道，罗马尼亚海军已于9月接收了完成改装任务的“费迪南国王”号护卫舰，舰上配备了76毫米速射炮、“瑙蒂斯”火控系统、MPS2000通信系统、SKWS诱饵系统和全球定位系统等。“费迪南国王”号护卫舰是从英国购买的2艘22型中的第1艘，原为英国皇家海军“考文垂”号护卫舰，也是罗马尼亚海军向英国购买的第一艘战舰。该舰在交付前，已进行了28节高速航行试验，以及对传感器和武器系统的测试等。第2艘护卫舰“玛利亚王后”号定于2005年交付。这两艘舰的改装费用为1.16亿英镑。

南非海军接收第2艘德国护卫舰 据《简氏国际舰船》2004年1月报道，南非海军接收了由德国建造的MEKO-200型护卫舰中的第2艘“伊沙德瓦纳”号，它将于2月抵达南非西蒙斯敦港。该舰长121米、舰宽16.34米，吃水3.4米；排水量3500吨；人员编制100人；舰上采用柴燃联合动力装置和泵喷射推进系统，巡航速度20节，最大航速27节。

其他舰船

美军将购买集装箱船改装的兵力投送平台 据《简氏防务周刊》2004年6月报道，美国国防部有可能为美国特种部队购买拟建的7个海上前置基地候选方案之一，即美国马士基航运有限公司推出的S级兵力投送平台。它是以该公司的集装箱船为基础，经过12个月的时间改装完成的。该船长347米，满载排水量95700吨，最大续航力15000海里/24节，运送士兵的自持力为45天；船上人员编制为80人；能运送1000名特种作战士兵及其配套的生活设施，最多可运送144台军车或72架CH-46直升机，甲板可起降15架CH-47直升机。

美海军建造高速运输舰 据《简氏国际舰船》2004年11月报道，美国海军正在建造的高速运输舰采用了碳纤维双层-M船体，通过两层互邻的M型船体，压缩其中的空气生成气垫，并通过波浪能量转换为升力来提高推进效率。这种船体可使舰艇在高速航行时保持极佳的稳定性并获得良好的机动性，同时产生的波浪也最小。该舰的预期巡航速度可达40~50节，服役后将为美国海军快速运输部队和装备。

美国提出三体船海基方案 据《简氏防务周刊》2004年4月报道，美国海军研究生院提出三体船作为海基方案的设想。该三体船排水量86000吨，可搭载6架F-35联合攻击机、4架大型运输机和16架MV-22倾转旋翼机。

美海军演示高速表面双体船的先进船体技术 据《简氏防务周刊》2004年11月报道，美国海军研究局正在进一步演示高速表面双体船的先进船体技术。这种双体船的每个船体底部都设有空穴，从中可以排出空气，为船体提供升力，从而降低阻力，获得更高的航速。这种船长31.2米、宽9.75米，吃水3.35米；主机为4台1045千瓦柴油机，推进装置为4部ZF割划式水面螺旋桨，最大航速56节。

美国建造新型侦察船 据《简氏国际舰船》2004年1月报道，美国海军正在建造一艘新型导弹发射船，以取代日益老化的“观察岛”号侦察船。船上将采用诺思罗普·格鲁曼公司生产的S波段有源相控阵雷达。美国海军目前使用“观察岛”号导弹发射侦察船于20世纪50年代入役，船上的各种设施和装置的性能现已明显落后。

日本“近江”号补给舰下水 据《简氏防务周刊》2004年3月报道，2月19日，日本海上自卫队建造的“摩周”级补给舰第二艘“近江”号在舞鹤造船厂下水。该舰服役后将是日本海军在役舰艇中最大吨位的军舰。该舰按照油轮的标准，并进行隐身设计。舰体采用舰首楼型，尾部设有飞行甲板、塔式桅杆和烟囱等；舰长221米、宽27米，吃水8米；排水量13500吨；人员编制145名；主机采用燃气轮机，最大航速24节。舰上装备有两座20毫米“密集阵”近程防御武器系统；6套海上补给装置，可搭载补给物品6000~7000吨，增大了弹药类、补给品类和燃料的搭载量。

英国开发穿浪三体舰 据《简氏防务周刊》2004年8月报道，英国一家公司开发了一种被称为“假三体”高速战舰。“假三体”战舰采用一个狭长的V型中央排水型舰体，后面两侧拥有两个有悬臂梁支撑的小舰体。中舰体采用穿浪船首，三体之间的悬臂梁在航行时可形成气垫，以产生地效升力。这种特殊舰体具有极好的适航性和稳定性，并可通过高效率的稳定水翼控制横倾角度。穿浪三体舰可运载1200~2000名士兵，最大续航力1800海里/60节；舰长133米，排水量1105吨，最大航速66节。

英国公布五体运输舰设计 据《简式国际舰船》2004年1月报道，英国NGA公司公布了五体运输舰设计细节。该舰长250米，具有1个细长单体，左右两边各有两对舷台。舰体采用高强度钢，现已完成了水池模型的阻力和动力试验。动力装置采用3台18VPC4.2B柴油机，单台功率26500千瓦，驱动3台喷水推进器，最大航速40节，可运送3500吨载荷。与单体舰相比，五体舰可降低30%~35%的阻力，在5级海况下航速只损失4节，具有良好的耐波性和稳性。

法国新型情报搜集船下水 据《简氏防务周刊》2004年5月报道，法国一艘新型情报搜集船在荷兰下水。该船每年至少能够在海上服役350天，主要用来代替现役的“布干维尔”号情报船。该情报船长100米，舰上将安装联合部队使用的电子情报设备，同时设有直升机飞行甲板；在3级海况下巡航速度为16节，在6级海况下巡航速度为10节；舰上配有船员30人，另可容纳78名其他人员。

意大利海军接收新型情报搜集船 据《简氏防务周刊》2004年5月报道，意大利海军接收了一艘由泛安科纳船厂建造的新型情报搜集船。该船采用与意大利“联盟”号相同的船体设计，船上采用美国生产的电子设备。船上安装两台永磁推进电机，该电机比直流电动机具有更高的效率和更小的重量和体积，且结构噪声低；电机部件采用模块化设计，单台电机额定输出功率为1500千瓦。该船长93米、宽15.5米，满载排水量3180吨；最高航速17.5节,最大续航力8000海里/12节；人员编制84名。

西班牙选定新多用途舰 据《简氏防务周刊》2004年6月报道，西班牙为其海军选定澳大利亚得尼克斯公司建造一艘MRV多用途舰。该舰长131米，排水量8870吨；最大续航力6000海里；舰上设有两个直升机起降点，两舷设计有登陆艇吊杆，设计有315米车道，可运送250名士兵及其装备。

丹麦海军开始海试首艘灵活支援舰 据《简氏防务周刊》2004年7月报道，2004年6月4日丹麦海军为其最大的战舰“阿布萨隆”号举行命名仪式，并从6~7月起开始海试。丹麦海军称“阿布萨隆”号战舰为“灵活支援舰”，舰长137米，满载排水量6300吨，最大航速23节，不仅可以担负后勤任务，而且可以进行作战和两栖行动。该舰采用隐身设计，烟囱排气采取冷却措施，主机和辅机均采取隔振降噪技术。“阿布萨隆”号舰的“灵活甲板”最大承重能力1700吨，可停放车辆、坦克，以及两架EH101多用途直升机等。舰上装有1门127毫米舰炮、2座近防武器系统，以及“鱼叉”Ⅱ反舰导弹、“改进型海麻雀”舰空导弹、“毒刺”舰空导弹和MJ90型反潜鱼雷。

澳大利亚改装油船为补给船 据《简氏防务周刊》2004年8月报道，澳大利亚海军已向韩国订购了一批油船，这些油船的排水量37000吨，采用双壳设计。澳决定将其改装为油料补给舰，在船上安装行进间补给设备，以及指控和通信系统，飞行甲板和直升机支持系统，以保证能对澳大利亚海军防空驱逐舰和两栖战舰提供支持。

小型船艇

美海军正在研制重型气垫登陆艇 据《简氏防务周刊》2004年2月报道，美国海军正在研制一种运载重型货物气垫艇，该艇使用先进的推进技术、载运货物稳定技术和船体线型技术等。该艇长38米，宽度采用加宽设计，最大速度40节（60吨）。该艇运载量是美军目前使用的LCAC艇运载量的两倍，为144吨。该气垫艇将能够运送两辆M1A1主战坦克或10辆轻型装甲车。

美海军提出隐身高速艇新概念 据《简氏防务周刊》2004年4月报道，美海军提出隐身高速攻击侦察艇新概念。该艇采用小水线面双体船设计，并结合现代直升机的设计布局和技术。艇体采用模块化结构，可根据任务的不同，容纳额外的设备和人员。全艇使用极其出色的隐身设计，具有很小的红外、雷达和可见信号特征。该艇最大航速为 60 公里/小时，采用喷水推进方式，具有优异的机动性。艇前部安装有 1 座 20 毫米速射机炮，艇体前部两侧有 4 个内置式武器舱，每舱可配备 1 枚 AGM-114 “海尔法”导弹。该艇还可配备“网火”系统，从而具有超视距打击能力。

美国研制无人扫雷艇 据《简氏国际舰船》2004 年 1 月报道，美国海军开始研制一种无人扫雷艇，并将通过它具体演示无人水面舰艇水雷战技术的可行性和该技术在舰队内的应用。该艇将装配 1 套高压-直功率转换系统，主动力源采用 1 台微型燃气轮机。

俄罗斯建造小型气垫登陆艇 据《简氏防务周刊》2004 年 6 月报道，俄罗斯海军已于 4 月 26 日开始建造一种排水量较小的 12061E 型“海鳝”-E 气垫登陆艇。该艇可携带 24 吨，航速 55 节，最大续航力 200 海里，装有对空导弹和 30 毫米 AK-630 炮，也可用来布雷。该艇主要供出口，韩国已定购了 3 艘。

俄罗斯推出第四代快艇 据《简氏防务周刊》2004 年 7 月报道，俄罗斯研制成功第四代快艇，并将其命名为 A-77。该艇采用 V 形船型，主要用于装备海岸警备队。该快艇长 19 米、宽 4.7 米，吃水 1.3 米；最大航速 60 节，航速 40~50 节时的续航力为 261 海里；满载排水量 30 吨；人员编制为 4 人。

印度海军下水 T-84 号快艇 据《简氏防务周刊》2004 年 3 月报道，2 月印度海军接收了由印度果阿船厂与以色列联合建造的第 4 艘 T-84 号快艇。该艇满载排水量 60 吨，总长 25.4 米，水线长 20.1 米，型深 3 米，吃水 1.1 米；艇采用了先进的铝质艇体结构，具有良好的水动力性能，安装了两台 MTU 柴油机和双桨，航速达 45 节，续航力 1000 海里/10 节，人员编制 10 人。该舰装有 1 门 20 毫米 MK 20 舰炮，并可装备反舰导弹，以及先进的光电设备。

巴基斯坦新型导弹艇下水 据《简氏防务周刊》2004 年 10 月报道，巴基斯坦海军于 9 月接收了由土耳其为其建造的“库瓦特”号导弹艇。该艇艇体和上层建筑分别采用钢体和铝合金，最大航速 30 节，最大排水量 250 吨；艇装备有反舰导弹等武器。

英国研制高速登陆艇 据《简氏防务周刊》2004 年 5 月报道，英国计划开发一种低成本、高航速的登陆艇，该登陆艇主要采用类似侧壁式气垫船的技术。但英国研制的这种名为部分气垫双体船的船体与侧壁式气垫船有许多区别：其两侧船体向内延伸，形成与全垫升气垫船类似的围裙结构，从而大大降低了气体的溢出量，使该型船对垫升动力的要求大幅度降低。采用该技术研制的登陆艇航速将超过 25 节，可运送的登陆负载为 50 吨，由于使用气垫技术，也有利于登陆艇登滩。

西班牙海军接收新型猎雷艇 据《简氏防务周刊》2004 年 8 月报道，西班牙海军于 7 月 5 日接收了第二批“塞古拉”级猎雷艇的首制艇“杜罗河”号。该级艇长 54.97 米、宽 10.7 米，吃水 4.5 米；排水量 570 吨，最大航速 14 节；人员编制 41 人。该级艇体采用玻璃钢制造，上层建筑和其他部位则采用不锈钢和铝合金建造。“杜罗河”号猎雷艇可探测和销毁各型水雷，并安装了可规划和指挥猎雷行动的智能系统。该艇只有主机采用磁性材料制造，但在设计上可十分容易地对主机进行消磁。

潜艇和无人深潜器

美海军接收“弗吉尼亚”号潜艇 据《简氏防务周刊》2004 年 11 月报道，2004 年 10 月 23 日，美国海军接收了由通用动力公司为其建造的“弗吉尼亚”级核动力攻击型潜艇的首制艇“弗吉尼亚”号，并在诺福克海军基地举行了入役仪式。该艇是美国海军冷战之后设计的第一艘新型潜艇，更适合于浅海水域作战。它的主要特点是拥有重新配置的鱼雷舱和携带有先进的小型输送艇。

美海军举行“得克萨斯”号核潜艇命名 据《简氏国际舰船》2004 年 8 月报道，美国海军在 7 月底举行了“得克萨斯”号核动力攻击型潜艇的命名仪式。该艇属于“洛杉矶”级，于 2002 年 7 月 12 日铺设龙骨，并定于 2005 年正式交付美国海军。

美海军调整水下无人航行器计划 据《简氏防务周刊》2004 年 7 月报道，美国海军正在修改 1999 年制订的水下无人航行器计划，将着重提高无人航行器与潜艇之间的交互性能。美海军最新研制的无人航行器直径 533 毫米，重约两吨，预计 2009 年可投入使用。这种无人航行器还将克服现有的价格过于昂贵，且只有单一用途的不足。

俄罗斯新建第四代核动力弹道导弹潜艇 据《简氏防务周刊》2004 年 4 月报道，俄罗斯海军 3 月在北德文斯克造船厂举行“亚历山大·涅夫斯基”号核动力弹道导弹潜艇的开工建造仪式。该艇属于俄罗斯海军最新一代——第四代核动力弹道导弹潜艇 995 型“北风之神”级。它将是原型艇和批量建造艇之间的过渡艇。该级首艇“尤里·多尔戈鲁基”号于 1996 年开始建造，但因取消了 SS-N-28 导弹而使建造工作一直处于停顿状态。

俄罗斯“图拉”号核动力弹道导弹潜艇重新入役 据《简氏防务周刊》2004 年 6 月报道，俄罗斯核动

力弹道导弹潜艇 “图拉”号于5月6日从北德文斯克星星造船厂驶出船台，下水进行系留试验和航行试验，并于2004年底返回北方舰队。“图拉”号核潜艇是前苏联海军建造的最后一级核动力弹道导弹潜艇DⅣ级之一，以俄罗斯图拉州命名。该艇长约160米，排水量1.2万吨，潜深400米；艇上装有16枚弹道导弹。

俄罗斯举行新潜艇下水仪式 据《简氏防务周刊》2004年11月报道，俄罗斯海军第四代常规潜艇677型“圣彼得堡”号的下水仪式已于2004年10月举行。第四代艇677艇比起第三代来，有了上百项的改进，作战效能提高了2~3倍，水下噪声降低了30分贝。该级艇由实现了高度自动化的中央控制系统管理，并且采用了非穿透耐压壳技术的多用途潜望镜和新的水下接收岸上无线电信息系统。艇上的170多种仪器设备全都首次由俄罗斯国内企业自己制造。

日本建造新型AIP潜艇 据《简氏国际舰船》2004年1月报道，日本海军决定在2004年开工建造AIP潜艇。该潜艇的最大特点是在“亲潮”级的基础上加装了4台“斯特林”发动机，同时尾舵原十字形被改为X形；排水量2900吨，水下最大航速20节。预计2009年3月竣工。

印度已解决建造ATV核潜艇的许多关键技术问题 据《简氏防务周刊》2004年6月报道，印度在俄罗斯的帮助下，已解决自行设计建造的ATV核动力攻击型潜艇中的40-55MW压水堆小型化等许多技术问题。该级首制艇已完成大部分艇体建造工作，并计划于2008~2009年进行海试。

印度与俄签约建造两艘核潜艇 据《简氏防务周刊》2004年11月报道，印度海军已于2004年10月与俄罗斯联邦工业局和阿穆尔造船厂签署建造两艘“阿库拉”2级（971型）核动力攻击型潜艇的协议。其中一艘已完成60%的建造工作，另一艘完成85%，并安装核反应堆。该级潜艇极限的下潜深度600米，最大航行时间3个月；艇上装有射程300公里的“俱乐部”导弹，以取代原先装备的28枚射程3000公里的巡航导弹。两艘“阿库拉”2级核潜艇的先进性能足以与美国“海狼”级和改装后的“洛杉矶”级核潜艇相媲美。

马来西亚海军订购“鲉鱼”潜艇 据《简氏防务周刊》2004年7月报道，马来西亚海军现正在栖装从法国订购的“鲉鱼”级常规潜艇的首制艇。该级第2艘也已开始建造。预计2008年年初第1艘将交付，而同年年中将交付第2艘。

德国设计新型潜艇的舷侧阵声纳 据《简氏国际舰船》2004年9月报道，德国在成功地推出CSU90潜艇舷侧声纳的基础上，正在设计IFAS综合舷侧阵声纳。这种新声纳标准长34米，高70厘米；声纳基阵外侧为复合材料，内侧与艇体之间使用了隔声橡胶以消除艇内噪音的影响。这套新舷侧声纳将装备在德海军第二批212型潜艇上，并将位于耐压壳体中段-320处，基阵与耐压壳体间距为28厘米。

英国设计新概念常规潜艇 据《简氏防务周刊》2004年5月报道，英国设计的新概念潜艇既具有传统潜航能力，又具有以半潜状态长时间航行的能力。该艇采用了一种新颖的组合推进系统，结合了燃气轮机发电机、燃料电池和高能电池等技术，在航程、航速和自持力方面远远超过现有的常规潜艇。其特点是将两台燃气轮机发电机安装在围壳顶部的一个“球状物”内，围壳也容纳可伸长的燃气轮机进气桅杆、通信天线和水面传感器。在快速航渡中，潜艇以半潜状态航行，“球状物”伸出海面以上2米。该潜艇艇长80.8米，艇宽11.4米，耐压壳直径7.6米；排水量为4195吨，短时最大航速30节（高能电池），最大续航力6000海里/20节，13000海里/10节。

英国核潜艇加装干甲板掩蔽舱 据《简氏国际舰船》2004年1月报道，英国海军“快速”级核动力攻击型潜艇“刚强”号完成了一系列改装，其中包括英国自行设计和研制的干甲板掩蔽舱。该掩蔽舱安装在指挥台围壳后面，能够容纳、布放和回收装载“海豹”突击队的输送艇，用于投送和回收特种部队士兵。

意大利正在栖装新潜艇 据《简氏防务周刊》2004年1月报道，意大利正在栖装第一艘U212A级潜艇“萨尔瓦托雷·托达罗”号。该潜艇水面排水量1460吨，艇长57米、艇高12米，直径7米；水面航速12节、水下航速20节；水面续航力8000海里/水面8节，水下续航力420海里/水下8节；人员编制24人。该潜艇定于2005年交付海军。

希腊海军下水第1艘AIP潜艇 据《简氏防务周刊》2004年7月报道，希腊海军历史上第1艘AIP燃料电池潜艇“巴巴尼克利斯”号下水。该艇为其海军订购4艘中的第1艘，由德国HDW船厂建造，而后3艘将在希腊船厂建造，预计2005~2010年间交付使用。214型潜艇艇长65米、排水量1700吨，潜深400米，人员编制27人；艇上还采用永磁电机，水下自持力2个星期，装设有8个鱼雷发射管。

瑞典潜艇安装“斯特林”AIP推进系统 据《简氏防务周刊》2004年8月报道，瑞典海军潜艇“南曼兰”号最近在考库姆公司完成改装，改装后的潜艇安装了“斯特林”AIP推进系统。其后建造的“东约特兰”号潜艇也将完成改装后的海试。在此之后，瑞典海军全部潜艇都将装备“斯特林”推进系统。

瑞典研制 AUV62F 水下无人航行器　据《简氏防务周刊》2004 年 7 月报道，瑞典从 2000 年开始将重型鱼雷改装为 AUV62F 多用途水下航行器，主要用于试验新的传感器和通信技术，并进行过装备潜艇的试验，验证了潜艇与水下无人潜航器间的光纤电缆连接。目前，正在进行潜艇的回收和能源研究，计划用燃料电池替换现今使用的锂离子电池，续航力将从眼下的 1 个小时提高到 1 周。在外形上，瑞典还将用两具 AUV 62F 装配成类似于美国“曼塔”水下无人航行器。

澳大利亚研制新型水下航行器　澳大利亚于 2004 年 2 月的展览会上，展出了一种名为“海龟”的水下航行器的 1/3 的比例模型。这种“海龟”水下航行器采用了澳大利亚阿特拉斯声纳技术研制的新型“扇舞”30 声纳，已成功地进行了海试。这种水下航行器主要用于水下通信和科研，完全可满足未来 10 年的水雷战和海洋水文测量的军事需求。

智利海军订购新潜艇　据《简氏国际舰船》2004 年 1 月报道，法国舰艇建造局和西班牙伊萨船厂正在联合为智利海军建造“铀鱼”级潜艇。第一艘“奥伊金斯”号由法国和西班牙共同建造，由法国舰艇建造局负责最后的组装和海试；第二艘“卡雷拉”号仍由法国和西班牙联合建造，却由西班牙伊萨船厂负责最后的组装和海试。该级艇长 66.4 米，直径 6.2 米；水面排水量 1525 吨，水下排水量 1670 吨；水面航速 12 节，水下航速 20 节；最大潜深 300 米，人员编制 31 人，最大自持力 51 天。

舰载武器与技术

美海军定向能武器研制取得进展　据《简氏防务周刊》2004 年 9 月报道，美国海军近年来在电磁轨道炮、激光武器和高功率微波器件研究方面已取得了较大的进展。美国海军水面作战中心已开始研制 1/8 尺寸大小的电磁轨道炮验证模型，预计在 2005 年进行炮弹发射演示；并在今后 3~4 年内研制 1/2 尺寸大小的验证模型。美国海军现已研制出 25 千瓦激光武器，并在 2005 年用其试验摧毁来袭巡航导弹；还将投资建造 100 千瓦级的激光武器，以装备 CVN-21 新型航空母舰和 DDX 濒海战斗舰；美军还在进行非致命高功率微波试验，以期为舰艇部队和岸防部队提供保护。

美海军研制“雷电盾牌”防御系统　据《简氏防务周刊》2004 年 6 月报道，澳大利亚金属风暴有限公司与美国弗斯特·米乐公司共同为美国海军研制“雷电盾牌”防御系统，以有效地防御掠海飞行的巡航导弹和快艇的攻击。“雷电盾牌”主要提供两种尖端防御手段：一是“金属风暴机群管”，发射集群脉冲形成“雷轰”效应；二是“电闪”效应，它是综合利用两家公司的网络失效技术。

美国成功完成超音速掠海靶标的飞行测试　据《简氏防务周刊》2004 年 6 月报道，美国海军 5 月成功地完成了 GQM-163A 超音速靶标的系统飞行测试。该靶标长 5.4 米、直径 0.36 米，采用固体燃料冲压发动机；第一级助推火箭采用美国海军退役的 MK70 固体火箭发动机，巡航速度 2.5 马赫，能在距离海面 6 米以下的高度飞行约 50 海里，可为美国对抗“白岭”等超音速导弹提供模拟靶标需求。

美国驱逐舰装备遥控猎雷具　据《简氏国际舰船》2004 年 2 月报道，美国海军“阿利·伯克”级驱逐舰“莫森”号已成功地进行了第一艘遥控猎雷具的海上测试。这种猎雷具有着很高的保真度和 360 度全视场，既能用于水雷战，也能执行海底绘图、战术监视、浅水主动反潜，以及情报搜集、监视和侦察等任务。今后还可能在桅杆上安装核生化传感器和小型制式雷达。

美国研制下一代重型鱼雷　据《简氏国际舰船》2004 年 1 月报道，美国海军正在研制代号为 SAT 的新一代重型鱼雷的样机。该鱼雷长度只有 MK48 重型鱼雷的一半，装有超宽带、多波束声纳基阵等装置，并进行鱼雷自噪声、稳定性、控制性能、声纳和电动推进等一系列验证。

美海军购买“三头狗”蛙人探测声纳　据《简氏国际舰船》2004 年 11 月报道，美国海军已向英国购买了两台“三头狗”型蛙人探测声纳。该声纳采用鹅蛋形玻璃钢外壳，高 1.2 米、直径 0.7 米，水下重 45 公斤；壳内主要装 100 千赫兹带宽主动搜索声纳、300 千赫兹主动图像声纳和 2~8 千赫兹被动声纳，可用于 360^0 水平搜索，可在 500 米远分辨出蛙人肺部呼吸气泡，并成功探测到 700 米远、小于 10 米水深的蛙人，以及识别出蛙人和海豚等目标。

俄罗斯推出舰载精确打击导弹　据《简氏防务周刊》2004 年 4 月报道，俄罗斯新近推出一种具有全天候作战能力的精确打击导弹。该导弹主要装备海、空军，采用惯性/无线电指令制导和末端半主动激光自导。它的弹长 3500 毫米、弹径 130 毫米；战斗部重 28 公斤，带储运箱重 110 公斤；最大速度 1000 米/秒；如果加装直径 210 毫米的助推火箭，射程可达 100 公里。舰载型导弹不仅可打击水面目标，也可以打击直升机等空中目标。

韩国海军试射“标准”舰空导弹　据《简氏防务

周刊》2004 年 9 月报道，韩国海军于 7 月份举行的“环太平洋 2004”多国联合军事演习中，在“忠武公李舜臣”号驱逐舰上发射了 1 枚“标准”–2 中程舰空导弹。该导弹重 700 公斤，具有在 360^0 全方位同时拦截 12~16 个目标的能力，最大射程 148 公里，几乎是“海麻雀”导弹射程 15 公里的 10 倍，从而大大增强了韩国海军舰艇对飞机的防御能力。

韩国成功试射轻型反潜鱼雷 据《简氏国际舰船》2004 年 10 月报道，韩国海军装备了一种被称为“蓝鲨”的轻型反潜鱼雷。该鱼雷重 280 公斤、长 2.7 米，最大航速超过 45 节。它可以从 P–3C 反潜巡逻机和舰船上发射，因而使韩国海军反潜能力大为提高。7~9 月，韩国海军在海上进行了 8 次试射，鱼雷均准确地命中了水下 40~50 米的目标。

伊朗开始生产“科萨”反舰导弹 据《简氏防务周刊》2004 年 7 月报道，伊朗已开始生产“科萨”型反舰导弹。新型反舰导弹可从岸、舰、空打击舰艇。这型导弹采用图像或雷达制导；最大射程 15 公里，最小射程 4 公里；战斗部重 30 公斤，导弹重 105 公斤；弹长 2.5 米，直径 1.8 米。

德国和挪威联合研制潜空导弹 据《简氏国际舰船》2004 年 1 月报道，德国与挪威的船厂和公司决定成立一家合资公司，联合研制 IDAS 潜艇防空系统。该系统从 2004 年 1 月开始研制，将用来取代德国早先研制的“海神“潜空导弹。IDAS 系统的导弹长 2.45 米，直径 0.18 米；重 118 公斤，装药 13 公斤；火箭发动机重 60 公斤，制导段重 13.5 公斤，射程 15 公里，机动过载 5G，速度 200 米/秒。导弹储运箱可携带 4 枚 IDAS 导弹，并使用鱼雷发射管发射。IDAS 系统采用光纤制导导弹系统，既可用于打击反潜直升机，也可用来打击水面舰艇或岸基目标。

英舰装备新型主动式诱饵弹 据《简氏国际舰船》2004 年 4 月报道，英国海军所有舰艇都将装备由英国宇航系统公司研制的 MK251 型主动式诱饵弹。该诱饵弹由 1 台火箭发动机、降落伞系统和先进的电子有效载荷组成。其中，电子有效载荷集成在 1 个长 1 米、直径 125 毫米的管中，能够产生大功率的干扰信号，探测和诱使来袭的自导导弹飞离初始目标。当舰载电子支援措施装置确定来袭导弹，系统就会自动选择适当的发射筒进行发射，自动设置降落伞打开时间，将诱饵弹部署到离舰艇 500 米左右最佳位置。

英国海军装备新型猎雷声纳 据《简氏防务周刊》2004 年 4 月报道，英国海军“狩猎”级“赫沃思”号猎雷艇上已装备最新型的 2193 型水雷探测声纳。该声纳可从水下 1000 米外对足球大小的物体进行探测和分类，将能提高英国反水雷艇的水雷探测能力。

英国海军应用新型敌我识别系统 据《简氏防务周刊》2004 年 7 月报道，英国雷声公司已为英国海军 14 艘舰艇安装了由其生产的新型敌我识别系统。英军计划在今后 5 年内相继在舰艇、飞机和导弹等 1000 个作战平台上安装该系统。该系统将用来代替现役的识别系统，以提供一种通用的识别能力，并提高作战适应性，降低后勤费用。

英国研制世界最大的复合材料螺旋桨 据《简氏防务周刊》2004 年 2 月报道，英国海军正在为“半人鱼神”三体舰研制 1 具世界上最大的使用复合材料制造的螺旋桨。该螺旋桨直径达 2.9 米，而重量却远远小于普通镍铝铜制造的螺旋桨。这个螺旋桨是用纤维、树脂层压制而成的，具有足够的结构强度，能满足较高的海洋环境要求。与普通螺旋桨相比，该桨叶厚度较小，可以大大改善空泡性能，并明显减小振动和水下信号。该螺旋桨抗腐蚀能力强，使用寿命 25 年。

法国测试潜射 M45 弹道导弹 据《简氏防务周刊》2004 年 7 月报道，法国海军于 6 月 1 日在其“警惕”号核动力潜艇上发射了 1 枚训练型 M45 弹道导弹，并进行了飞行测试。该导弹从布列塔尼半岛南端的南大西洋海域发射，命中了位于法属圭亚那的一个设定的目标。这是“警惕”号核潜艇人役前的系列测试之一。

法国对“紫菀”舰载防空导弹进行发射试验 据《简氏防务周刊》2004 年 10 月报道，是年 3 月 23 日法国海军“萨瓦里”2 型护卫舰通过“席瓦尔”垂直发射系统发射了“紫菀”导弹。该导弹在多功能相控阵雷达“阿拉贝尔”的引导下，采用直接攻击的方式，成功地拦截了一枚中程靶标。同年 9 月，在地中海试验中心沙特海军又成功地在“利雅得”号护卫舰上进行了“紫菀”导弹试验。“紫菀”导弹的 SAAM 和 PAAMS 系统的防空能力完全可以与美国采用“标准”导弹的“宙斯盾”系统相媲美。

欧洲三国研制新潜艇救生系统 据《简氏防务周刊》2004 年 7 月报道，法国、挪威和英国三国正在设计和制造 NSRS 北约潜艇救生系统，主要用于替换英国目前使用的 LRS 潜艇救生器。该系统可通过空中、陆上运送到出事潜艇海域最近的港口，并选定附近适当的舰船作为母船；救生器则需要由装有舷外吊杆的母船——民船或军船作为支持。它由 3 个人操作，可搭载 15 名遇难艇员，最大潜深 600 米，服役期限 25 年。三国建造的 NSRS 潜艇救生器预计 2006 年 12 月投入使用，将长期部署在英国海军克莱德基地。一旦需要，它可在 72 小时内抵达世界各地海域实施潜艇救助。

意大利测试新型弹药　据《简氏防务周刊》2004 年 7 月报道，意大利奥托·梅莱拉公司近期完成了新型“武尔卡诺”增程弹药的测试。该弹药海军型射程为 120 公里，采用 GPS 方式。这种弹药设计用于意大利和荷兰海军的 127 毫米舰炮。在没有可变翼的情况下，此弹药只能飞行 70 公里。在 2007 年前，该公司开始生产不装备可变翼的非制导弹药，2011 年开始生产制导型弹药。

海军飞机和无人机

美完成 V-22 海上试验　据《简氏防务周刊》2004 年 2 月报道，美国海军陆战队已在“巴丹”号两栖攻击舰上完成 V-22“鱼鹰”倾转旋翼机的新一轮海上试验。V-22 的速度和航程相当于 CH-46“海王”直升机的两倍，并能携带 3 倍于后者的载荷。在仅使用机翼油箱的情况下，V-22 能达到 CH-46 航程的 6 倍，不加油飞行可达 1481 公里，而加油后可以达到 4074 公里。该机主要设计在“黄蜂”级和“塔拉瓦”级两栖攻击舰上使用。

美海军定购一批直升机　据《简氏防务周刊》2004 年 2 月报道，美国海军已向西科斯基公司定购了 13 架 MH-60S“骑士鹰”直升机。该型直升机综合采用美国陆军 H-60“黑鹰”直升机的机身设计与美国海军“海鹰”直升机的组件，并选用玻璃座舱设计。玻璃座舱系统包括 8×10 英寸的液晶显示屏、复合式可编程键盘、双重飞行控制计算机、音频控制计算机、嵌入式的全球定位系统和导航系统。这批直升机大约于 2007 年底之前正式交付使用。

美研制“速度鹰”远程复合直升机　据《简氏防务周刊》2004 年 2 月报道，美海军正以 H-60 通用直升机为基础研制“速度鹰”远程复合直升机。新直升机将采用加装的带有襟副翼的的升力翼和可调推力矢量的涵道推进器。升力翼减轻了主发动机的负担，使得桨叶不再失速；直径约 2.4 米的涵道推进器能为飞机提供额外的速度。这两项技术将大大提高直升机的速度、航程和机动能力。“速度鹰”直升机的速度可提高 50%，作战半径可增加 130%。该直升机的不足在于重量有所增加，需要更大的悬停动力。目前美国陆军和空军也都在研究扩大这种直升机的作战功能。

美海军研制机载灭雷装备　据《简氏防务周刊》2004 年 5 月报道，美国海军正在研制一种机载灭雷系统。该系统是利用 MH-60 直升机作为平台，装上一套激光搜索设备用于对海面漂雷和浅水层的锚雷进行搜索定位，然后利用机载 30 毫米 MK44 型机关炮予以摧毁。采用的导弹为可抛式稳定弹翼的软壳曳光弹，可在弹体周围产生低压气泡，从而可保证弹丸入水后仍具有准确的方向。

美海军 P-3C 飞机将装备远程空地导弹　据《简氏防务周刊》2004 年 6 月报道，美国海军将计划在 59 架 P-3C 海上巡逻机上加装“斯拉姆”-ER 空地导弹。加装这型导弹后射程将达 245 公里，为原机上装备“捕鲸叉”导弹射程的两倍；而且该导弹具备全天候、全天时、超视距精确攻击能力。该导弹装备有 GPS 辅助激光制导系统、红外成像寻的器和双向数据链，并改进空气动力性能，具备空中重编程能力和自动目标获取能力。

美海军陆战队装备“扫描鹰”无人机　据《简氏防务周刊》2004 年 7 月报道，美国海军陆战队开始装备波音公司制造的“扫描鹰”无人机系统。该系统包括数架无人机、计算机、通信设备以及地面支持设施。无人机机长 1.2 米，翼展 3 米，飞行速度可达 70 节。目前它的续航时间 15 小时，将来将达 30 小时。“扫描鹰”无人机可以从地面、车辆或舰艇上弹射起飞，采用全球定位系统导航，按照预定程序飞行。回收时使用　“空中着陆拦阻钩”，利用机翼上的挂钩抓住高 15 米的挂索。该无人机可使用机上装设的惯性稳定光电或红外相机和最新的电子技术，实施情报侦察。

俄罗斯计划研制超重型水陆两用飞机　据《简氏防务周刊》2004 年 10 月报道，俄罗斯塔干罗格别里耶夫航空科学技术联合体计划研制一种最大起飞重量达 2500 吨的超重型水陆两用飞机“别-2500”，并将其用于横跨大西洋或太平洋运输。该机机长 123 米，翼展达 156 米，最大载荷 1000 吨，最大续航力 1 万公里。该机主要采用两种飞行模式：地效飞行和高海拔飞行。在海面上飞行时，该飞机的翼身与海面之间形成的气垫可以大大提高发动机的效率。该机以海港作为飞机基地，并通过安装可伸缩的起落架实现在陆地上起降。

日本研发新型水上飞机　据《简氏防务周刊》2004 年 3 月报道，日本正在研制新型海上救援两栖飞机——US-2。该机是日本战后研制的第三代救援两栖飞机，机上装有 4 台带 6 片桨叶的 AE-2100J 发动机，4590 轴马力。飞机控制系统由机械式升级为电子控制系统。该机为了缩短到达救援地点的时间，提高伤员的乘坐舒适度，将增加客舱的压力调高，从而使飞机的巡航高度由 3048 米提高到 6096 米。该机起飞重量将超过 4.3~5.4 吨。

英国改装“羚羊”直升机　据《简氏防务周刊》

2004 年 8 月报道，英军正在改装“羚羊”直升机，以为海军陆战队提供火力支援。改装主要包括：安装 7.62 毫米机枪和顶置前视红外传感器。改进的直升机将具备一定程度的打击装甲目标，为近距空中支援和为陆、海炮火提供激光指示、夜间飞行提供热成像等能力。该直升机也能为两栖战斗群提供打击快艇等的防护能力，同时还可提供一定的指控、侦察和撤离能力。

澳大利亚进行无人机遥控发射枪榴弹试验 据《简氏国际舰船》2004 年 8 月报道，研制新概念速射武器系统的澳大利亚金属风暴公司，正在利用“蜻蜓”DP-4X 垂直起降无人机进行 40 毫米电子控制武器系统的遥控发射试验。机上装有两个轻型发射装置，共进行 4 次 40 毫米钝感枪榴弹试验发射。试验证明，无人机机身完好，后座控制、火控和遥控操作正常。

（李　杰）

航 空 武 器 装 备

综述 2004 年，世界航空武器装备的发展主要有以下几个特点：

突出强调系统的通用性。由于航空武器装备居高不下的成本，各国都把系统的通用性作为控制成本的重要手段。比较成本的案例包括美国的 F-35 联合攻击战斗机。这种通用性可以将平台的通用，有效地拓展到作战使用方面的无缝联接，有利于提高联合作战能力。年内，这种通用性的思想已经从平台的研制拓展至机载武器系统的研制方面。美国空军和海军提出了一种可用于攻击空中和地面目标的联合双任务空中优势导弹。这表明航空武器装备的研制方面，通用性已经成为主要的发展趋势。

以提高网络中心战能力为重点。以往航空技术装备的改进主要体现在换装数字式航空电子设备、提高结构强度与可靠性、换装新型发动机与机载武器系统。目前，航空武器系统的改进则基于网络中心战的思想，将重点置于不同平台、不同军种之间的信息互通与共享方面，通过提供稳定快速的信息传输手段，增强整体作战能力。

无人驾驶飞机的发展受到高度重视。随着地面防空武器系统作战能力的提高，无人驾驶飞机的优点日益突出。许多国家都展开了无人驾驶飞机的研制工作，但主要集中在战术无人驾驶侦察机方面。攻击型无人驾驶飞机由于核心技术复杂，只有少数国家具备研制能力。在攻击型无人机方面，以对地突击无人驾驶飞机的发展最为迅速，无人攻击机单机对地突击已经具有实战能力，年内已经开始着手进行无人攻击机多机协同攻击飞行试验，同时展开无人攻击机与有人驾驶飞机协同攻击的飞行试验，不过以混合编队，由有人驾驶飞机控制无人攻击机的作战模式为主。由于自动目标识别与智能控制方面的问题，空战型无人机的发展还未有根本性的突破。

打击活动目标仍然是急待解决的难题。高技术条件下的战场态势变化十分迅速，遂行压制防空体系、斩首性空中打击、空中阻滞和近距空中支援任务时，都面临打击高时效性的活动目标的难题。在提高打击战场活动目标的能力方面，除提高空中力量的快速反应能力，增大平台和空射武器的速度外，尤其需要高效的指挥控制系统提供实时或近实时的情报保障。空射武器则强调在精确的点打击与可靠的面杀伤以及对地下坚固目标的有效摧毁方面并行发展。

轰炸机 **美国空军提高 B-2 隐身轰炸机的海外基地保障能力** 据英国《防务新闻》2004 年 12 月 21 日报道，B-2 隐身轰炸机对海外基地保障条件的依赖性比较大，主要是其低可观察性维修工作对环境条件的要求极高，满足这一条件的海外作战基地数量十分有限。为增加其使用的灵活性并提高其反应能力，美国空军对英国的费尔福德空军基地进行了全面改造，使其具备保障 B-2 隐身轰炸机遂行作战任务的能力。改造计划耗资 1900 万美元，已于年内提前完成改造工作。在费尔福德空军基地建成两个占地面积为 4645 平方米的永久性机库，可以用于对 B-2 隐身轰炸机的低可探测性表面涂层进行应急或例行维修，达到 B-2 轰炸机前沿作战基地的标准。此外，B-2 隐身轰炸机从本土作战基地出动、跨大西洋遂行作战任务时约需 16 小时。在英国的费尔福德空军基地建立 B-2 隐身轰炸机保障基地后，可以使 B-2 隐身轰炸机遂行任务所需的时间缩短，反应速度明显提高。

美国空军继续改进 B-2 隐身轰炸机的火控雷达系统 据英国《简氏国际防务评论》杂志 2004 年 11 月

号报道，美国空军与诺斯罗普-格鲁曼公司综合系统分部合作，年内共同实施对B-2隐身轰炸机的火控雷达进行改进的计划，该项目总价值达到3.88亿美元。此次改进的内容主要为B-2隐身轰炸机提供新型的有2000个双通道收发模块的有源相控阵雷达；对飞机的作战管理系统和二次雷达应答机进行改进，以便适应工作频率的变化。主要原因在于B-2飞机的雷达与民用空中交通管制雷达的频率相近，必须对其雷达改频。整个改进工作将于2011年前完成。

美国空军B-52H轰炸机通过网络通信技术提高协同作战和快速反应能力 据美国《防务日报》2004年12月1日报道，年内，美国波音公司完成了美国空军的B-52H轰炸机网络通信技术改进项目，该项目主要包括改善机上通信系统、战术数据链，提高B-52H轰炸机与其他系统信息互通与共享的能力，满足了战略轰炸机实施网络中心战的关键需求，具备从平台为中心向以网络为中心的转变，可有效增强战略轰炸机协同作战和快速反应的能力。经过改进，B-52H轰炸机可以对机上和机外所获取的信息进行快速综合，形成全面的战场态势信息，从而大幅度提高B-52H的作战效能。

美国空军提出B-52SOJ远距支援干扰机的发展计划 据美国《空军杂志》2004年12月号报道，美国空军的F-4G“野鼬鼠”和EF-111“乌鸦”电子战飞机已经分别于1996年和1998年退役，美国空军一直就非常依赖于海军EA-6B遂行电子战任务，共有24名美国空军的飞行人员编入EA-6B部队。2002年，考虑到美国海军的EA-6B支援干扰飞机在服役30多年后面临退役，美国空军和美国海军对远距支援干扰机的各种方案进行了分析，于2004年4月提出发展B-52SOJ远距支援干扰机的方案。B-52SOJ的优势在于航程远，游弋时间长，具有快速反应能力，即使在遂行远距干扰任务的同时，也仍然具有全面突击的能力。B-52SOJ远距支援干扰机是一架装有改进型电子设备的B-52H型轰炸机，在机翼外侧挂架挂了2个电子干扰吊舱，吊舱内安装一套功率强大的干扰装置。吊舱长达12米，重8045公斤。一架B-52SOJ的干扰功率相当于6架EA-6B型飞机。根据计划，到2009年，将有4架B-52H飞机完成改装并做好接收电子战吊舱的准备；到2012年，美国空军将有6架B-52H飞机改装成远距支援干扰机；到2013年，可以有16架飞机遂行远距干扰任务。在此过程中，干扰吊舱的能力也会有进一步的改进。第一批吊舱可以干扰已知的、固定的雷达或辐射目标。2012年生产的第二批吊舱，可以对突然出现的目标进行反应性的干扰。

俄罗斯重视战略轰炸力量的建设与发展 据俄罗斯航空新闻网报道，2004年12月23日是俄罗斯空军远程航空兵成立90周年纪念日。俄罗斯以此为契机，对战略轰炸力量的建设与发展给予高度重视。俄罗斯基于对局部战争中空中力量使用的经验以及当前国际战略形势的基本判断，确立了把发展战略轰炸力量作为保证俄罗斯可靠安全的最优先的措施之一。远程航空兵发展的主要方向是：装备射程达到2000~2500公里的中远程常规弹头空射巡航导弹，既拥有战略核遏制能力，也拥有强大的常规战略能力，与非制导突击武器系统相结合，使战略轰炸力量的作战能力获得质的提高；使图-160战略轰炸机携载作战载荷时的航程大于12500公里，使用空射巡航导弹时，可在半径8000~11000公里范围内有效摧毁敌战略目标；具备遂行重要的战略、战役任务的能力，其中包括在海洋上摧毁携带海基巡航导弹的主力战舰、摧毁多用途航空母舰战斗集群、摧毁敌重要空军基地、摧毁重要的战争潜力目标、摧毁敌通信枢纽与国家指挥机构等。年内，俄罗斯在正式装备Kh-555常规空射巡航导弹的同时，仍然在加紧Kh-101隐身常规空射巡航导弹的研制工作，而且已经确定今后将以装备Kh-101隐身常规空射巡航导弹为主。

战斗机 **美国空军F/A-22战斗机的发展情况** ①装备与部署情况。根据美国国防部批准的装备计划，美国空军将装备总计339架F/A-22战斗机，其中有战斗编号的飞机214架，编为9个战斗机中队，每个中队的编制数为24架。年内，F/A-22战斗机的生产速度为每年24架，美国空军试用的F/A-22战斗机的数量已经达到40架，部署在内利斯、廷德尔和爱德华兹空军基地，分别担负战术训练和飞行试验任务。预计2005年3月进入大规模批生产，速度为每月32架。2005年12月前，首批F/A-22战斗机中队将具备作战能力。②发生坠毁事故。据美国《每日防务》2004年12月22日报道，一架执行战术训练任务的F/A-22飞机于12月21日在廷德尔空军基地起飞后不久发生坠毁事故，飞行员安全跳伞。这次事故导致F/A-22项目反对者的强烈批评。③成功进行对地突击试验。2004年9月22日，F/A-22战斗机在爱德华兹空军基地进行的一项试验中，成功地投射一枚454公斤级的联合直接攻击炸弹。这是自2002年9月该机更名为F/A-22战斗机以来，在其对地突击能力方面进行的首次演示验证试验。美国空军F/A-22战斗机项目负责人宣布，在2005年12月，F/A-22战斗机将全面具备遂行空空战斗和空地战斗的能力。

美国空军对 F-15 战斗机机载数据链和战术空中导航系统进行升级 据美国《航空航天日报》2004 年 12 月 1 日报道，美国空军与美国 MTC 技术有限公司签订了一份总额为 600 万美元的合同，对美国空军现役 F-15 战斗机的数据链系统接口以及战术空中导航系统（“塔康”系统）进行改进，改进内容包括天线与测试系统。改进后，将提高 F-15 战斗机的战场态势感知能力，空地保密通信能力也将有明确的提高。

美国空军对 F-16 战斗机进行延寿改装 据英国《简氏防务周刊》2004 年 12 月 15 日报道，F-16 战斗机是美国空军遂行争夺空中优势、对地突击和压制防空体系任务的骨干力量，目前装备数量达到 1343 架。为使该机继续有效地使用至 2020 年以后，美国空军决定斥巨资对其进行延寿和现代化改装。改装工作重点是保持结构强度、更新航空电子系统以及安装新型传感器和武器系统。目前，美国空军 F-16 战斗机的结构是，84 架用于训练和本土防空的 F-16A/B 战斗机，607 架第 30 批型，404 架具有夜间突击能力的第 40 批型，253 架第 50 批型飞机。在机载武器系统方面的改进内容主要是：为第 30 批型 F-16C/D 飞机装备 AIM-9X 先进近距空空导弹，具备投射 227 公斤级 GBU-38 联合直接攻击炸弹的能力（此项改装已于 2004 年 8 月完成）；自 2007 年 4 月开始为第 40 和第 50 批型飞机装备 AIM-9X 导弹，并且于 2004 年 11 月和次年 1 月使第 40 和第 50 批型飞机具备投射 227 公斤级 GBU-38 联合直接攻击炸弹的能力；加装联合头盔显示系统。航空电子系统的改进内容主要是：使第 40 和第 50 批型飞机成为通用构型的飞机；换装新型模块化任务计算机，彩色多功能显示器，加装 16 号数据链、先进机载敌我识别系统等；从 2009 年 9 月开始换装 AN/APG-68（V）9 多模式火控雷达的改进型；第 30 批型飞机加装嵌入式全球定位系统/惯性导航系统，采用新的座舱照明系统以及 AN/ALQ-213 电子战自卫干扰成套设备；换装彩色显示器。所有批次的 F-16 战斗机都将使用新型的导航攻击吊舱。

美国及部分北约国家空军实施 F-16 战斗机作战软件升级计划 据英国《防务新闻》2004 年 12 月 17 日报道，美国空军和比利时、丹麦、荷兰、挪威、葡萄牙等 5 个北约欧洲国家的空军于年内开始实施 F-16C/D 战斗机作战软件更新计划。项目承担商为美国洛克希德-马丁公司，用于美国空军 F-16C/D 战斗机的软件称为 M3+软件，用于 5 个欧洲国家空军 F-16A/B 战斗机的软件称为 M3 软件。这些软件具有高度的通用性，最突出的能力是可以管理美国的 16 号数据链并与头盔瞄准系统交联。美国空军的 F-16C/D 战斗机上的 M3+软件还可以控制 AGM-158 联合防区外空地导弹，并与新型“狙击手”XR 瞄准攻击吊舱兼容。欧洲国家的 F-16A/B 战斗机升级 M3 软件后，将可以投射联合直接攻击弹药。年内进行软件升级的飞机为 200 架的美国空军第 50 批型 F-16C/D 战斗机和 350 架欧洲 5 国的 F-16A/B 战斗机。与此同时，2007 年和 2009 年还将分别推出 M4/M4+以及和 M5/M5+作战软件。作战软件的通用性将确保北约作战飞机之间的高度互通性。

俄罗斯空军米格-29 战斗机换装相控阵雷达 据英国《简氏国际防务评论》2004 年 12 月号报道，俄罗斯的机载雷达设计局宣布，2004 年底前将与俄罗斯有关飞机设计公司合作，为米格-29 战斗机安装试验型“甲虫”-MFE 无源相控阵雷达，下一阶段再换装有源相控阵雷达。“甲虫”-MFE 无源相控阵雷达是“甲虫”-ME 相控阵雷达的出口型，而后者又是基本型“甲虫”-M 相控阵雷达的简装型，天线直径为 624 毫米，最大探测距离为 120 公里。

印度接收第三批苏-30MKI 多用途战斗机 据英国《防务新闻》2004 年 12 月 10 日报道，印度空军于年内接收第三批也是最后一批俄罗斯出口的苏-30MKI 多用途战斗机。这批苏-30MKI 多用途战斗机是俄罗斯根据 1996 年 11 月与印度签署的一份合同而按计划交付的，该合同规定，俄罗斯从 2002 年开始至 2004 年，分三个批次交付苏-30MKI 战斗机。第一批次的苏-30MKI 飞机为鸭式布局且带有推力矢量控制的发动机；第二批次的苏-30MKI 飞机经过一定的改进，装有 Kh-31A 反辐射导弹、增加机载雷达的工作模式（含数字地图模式），装备远程电视制导导弹 Kh-59M，具备空空多目标攻击的能力，可以使用主动雷达制导导弹同时攻击 4 个空中目标；2004 年内交付的第三批次的苏-30MKI 飞机装备全任务通用设备，包括相控阵雷达和推力矢量发动机，可以使用各种空空和空地导弹，以及 500 公斤级或 1500 公斤级的激光制导炸弹。此外，年内，印度与俄罗斯达成意向，将在 2017 年前，分阶段对第一批次和第二批次的苏-30MKI 飞机进行改进，使之达到第三批次苏-30MKI 的标准，其中改进工作的重点是航空电子设备。

土耳其在美国的帮助下实施 F-16C/D 战斗机的改进计划 据英国《简氏国际防务评论》2004 年 12 月号报道，美国政府于 10 月 7 日批准了一项对外军事销售项目，负责改进 218 架土耳其空军的 F-16 C/D 战斗机，项目总价值高达 39 亿美元。此次改进的战斗机包括第 30 批型飞机 38 架、第 40 批型飞机 140 架和第 50 批型飞机 76 架。改进内容包括机载任务计算机、AN/APG-68（V）9 雷达、联合头盔瞄准系统、AN/AVS-9 夜视头盔、16 号数据链保密通信系统、II 型自卫电子战系统、AN/ASQ-213 目标瞄准系统的出口型（系美军系统的简装型）。在另一项与此相关的对外军售项目中，土耳其购买了 225 枚新一代的 AIM-9X 空空导弹、25 枚教练弹和相应的地面保障设备，总价值为 9600 万美元。

约旦空军 F-16A/B 战斗机实施机载电子设备的现代化改装 据英国《简氏国际防务评论》2004 年 12 月号报道，2004 年 9 月 30 日美国政府批准一项对外军事销售项目，由美国洛克希德-马丁公司为约旦皇家空军改进 17 架 F-16A/B 战斗机，合同总价值为 8700 万美元。这批 F-16A/B 战斗机是美国空军转让给约旦空军的，属于第 15 批型 F-16A/B 战斗机。这项改进计划使约旦空军以较低的成本和较小的风险提高其空军的作战能力。经过此次改进，约旦空军的 F-16A/B 战斗机将达到与欧洲用户相同的中期寿命改进型的标准，与之具有通用的构型。此次改进的内容主要包括：强化机体结构，使机体使用寿命延长 8000 飞行小时，可在正常飞行强度条件下再服役 20 年；改进座舱、航空电子系统、机载传感器和武器系统的能力，使综合作战能力达到 F-16C/D 的标准；提高系统的可靠性和可维护性。根据计划，机体的改进工作将分别在美国和欧洲进行，2006 年第二季度开始交付改进型飞机，2008 年第二季度交付完毕；航空电子系统的改进工作在土耳其航空航天工业公司的安卡拉工厂实施。全部改进工作将于 2009 年年中完成。

欧洲四国签署第二批欧洲战斗机的采购协议 据英国《防务新闻》2004 年 12 月 16 日报道，德国、西班牙、法国和英国于 2004 年 12 月初联合签署了第二批欧洲战斗机的采购协议，四国共追加采购 236 架欧洲战斗机，总价值达到 130 亿欧元。其中英国皇家空军第二批采购 89 架欧洲战斗机，价值 43 亿欧元。

欧洲战斗机进行夜间空中加油试验 据英国《防务新闻》2004 年 12 月 2 日报道，意大利于年内率先完成欧洲战斗机夜间空中加油试验。参加试验的是第二批生产型欧洲战斗机，由意大利空军和阿莱尼亚公司共同组织试验。欧洲战斗机实施的夜间空中加油试验，主要是使用空中加油机的灯光设备进行加油，试验证明不在加油探管上安装照明装置的设计方案是正确的。完成夜间空中加油试验表明，欧洲战斗机已经达到了德国、西班牙、法国和英国年内提出的欧洲战斗机具有全球全天候作战能力的要求。

法国空军增加“阵风”战斗机的采购数量 据英国《防务新闻》2004 年 12 月 8 日报道，法国国防部于 2004 年 12 月初宣布再次采购 59 架达到 F3 标准的“阵风”战斗机，此举使“阵风”战斗机的采购数量增加至 120 架。1994 年和 1999 年，法国国防部分两批向制造商采购了 13 架和 48 架“阵风”战斗机。“阵风”F1 战斗机装备于法国海军，已于 2003 年 6 月开始服役；“阵风”F2 战斗机为基本型飞机，装备于法国空军。“阵风”F3 战斗机是“阵风”F2 战斗机的改进型，其改进内容包括：可以使用欧洲的 ASMP-A 中距空地导弹、AM-39 空舰导弹；装备“频谱”电子战系统，RECO-NG 光电侦察吊舱；RBE2 型相控阵雷达增加了高分辨率地形测绘模式，装备有源阵列的相控阵雷达后，使之成为欧洲第一种装备有源相控阵雷达的战斗机。

瑞士空军改进 F/A-18C/D 战斗机 据英国《简氏国际防务评论》2004 年 11 月号报道，位于瑞士鲁阿格航空航天公司年内开始实施代号为“改进 21 号”的瑞士空军 F/A-18C/D 战斗机的改进计划。根据这一计划，瑞士空军现役的 30 架 F/A-18C/D 战斗机将进行全面的改进。改进工作将分两个阶段进行，第一阶段改进内容是换装新型有源战斗识别系统、更新机上地图显示器和换装机载数字数据链系统；第二阶段主要是换装新型机载武器系统。年内已有 2 架改进后的原型机交付瑞士空军，全部改装工作将于 2006 年年中完成。

加拿大空军开始实施 CF-18 战斗机的改进计划 据英国《简氏防务周刊》2004 年 12 月 1 日报道，加拿大国防部于年内在未完成作战评估前即正式决定实施空军 CF-18 战斗机的改装计划。加拿大空军目前装备 122 架 CF-18 多用途战斗机，此次改进计划是对其中的 80 架飞机进行现代化改装，项目将耗资 22 亿美元。

智利空军更新现役战斗机 据英国《简氏防务周刊》2004 年 11 月 10 日报道，智利空军现役的“幻影”50C/FC 和“幻影”5MA 战斗机由于服役时间过长以及零部件价格上涨幅度过大，导致其使用效能下降。智利空军经过与荷兰的谈判，决定采购荷兰皇家空军 28 架现役的 F-16 战斗机，以替代智利空军中已显陈旧的 20 架“幻影”战斗机。荷兰皇家空军的这一批 F-16 战斗机的单机价格约为 500 余万美元，全部是按北约的标准由美国进行了中期寿命改进，作战能力达到或接近于美国空军的 F-16C/D 战斗机。此次购买荷兰空军二手 F-16 战斗机，可在短时间内增加智利空军战斗机的装备数量并提高其作战能力。根据智利空军的计划，下一阶段将购买一种新的空中优势战机，以替代现役的 F-5“虎”III 式战斗机。

攻击(强击)机 **美国 YAL-1 机载激光器完成首次飞行试验** 综合美国《航空航天日报》2004 年 11 月和 12 月的报道，美国机载激光器项目取得重大进展，在年内分别完成了两项关键性的飞行试验。第一项关键性试飞是 2004 年 11 月 10 日进行的对诺斯罗普-格鲁曼公司研制的氧碘化学激光器关键设备的首次飞行试验。第二项是 2004 年 12 月 3 日开始进行的对洛克希德-马丁公司航天系统分部研制的引导激光束摧毁目标的光束控制/火力控制系统关键设备的飞行试验。当天 YAL-1 机载激光器飞机从爱德华兹空军基地进行了约 22 分钟飞行试验，12 月 9 日又进行了 2 小时 31 分钟的飞行试验。年内完成的两项关键性试验为次年全系统进行拦截导弹试验奠定了基础。

美国空军修改 F-35 联合攻击战斗机设计方案 据美国《航空航天日报》2004 年 11 月 5 日报道，自 2003 年下半年以来，美国 F-35 联合攻击战斗机就面临结构重量超过设计标准的问题，年内多方提出了诸多解决此问题的技术方案，以将该机的单价控制在 4000 万~5500 万美元之间。11 月 4 日，美国国防部正式宣布 F-35 联合攻击机修改结构设计的新方案。修改后的结构设计方案主要针对美国空军和美国海军陆战队航空兵将装备的短距起降和垂直着陆型 F-35B 战斗机，设计方案修改的内容是缩小弹舱和调整动力装置以提供更大的推力。短距起降和垂直着陆型 F-35B 战斗机的重量将减小 1090 公斤，提高动力装置的推进效率可相当于再减重 272 公斤。缩小弹舱后，短距起降和垂直着陆型 F-35B 战斗机将由携载 908 公斤级的联合直接攻击炸弹改为以携载 454 公斤的联合直接攻击炸弹为主。美国海军使用的舰载型 F-35C 战斗机和美国空军使用的常规起降 F-35A 战斗机也同时采用减重方案，但弹舱并不减小，以保持其原载弹量不变。

美国空军国民警卫队增加 F-15E 飞机的装备数量 据美国《空军杂志》2004 年 4 月号报道，由于空军国民警卫队和空军后备队在科索沃战争、阿富汗战争和伊拉克战争中承担了繁重的任务并发挥了重要的作用，美国空军采取实质性措施，改善空军国民警卫队和空军后备队的装备质量并提高其作战能力。2004 年 2 月，美国佛罗里达州空军国民警卫队第 125 战斗机联队作为第一批部队接收了首架 F-15E 战斗机。这种飞机是在原装备的 F-15A/B 型飞机的基础上改进的，换装了新型发动机并改进航空电子设备。该联队的换装数量为 19 架，2006 年全部换装完毕。此外，夏威夷、路易斯安娜等 5 个州的空军国民警卫队也将以上述途径换装 F-15E 战斗机。届时，美国空军国民警卫队的空中突击能力将有较大幅度的提高。

美国空军 F-117 飞机具备投射联合直接攻击炸弹的能力 据美国《空军杂志》2004 年 4 月号报道，美国空军于 2004 年 1 月在加利福尼亚州爱德华兹空军基地进行了一次空对地突击试验，一架 F-117 战斗机成功地投射了联合直接攻击炸弹，这标志着美国空军的隐身突击飞机由单纯使用激光制导炸弹发展为既能使用激光制导炸弹，又具备使用全球定位系统制导的联合直接攻击炸弹实施精确打击的能力。与此同时，美国空军开始将 F-117 战斗机的航空电子设备升级至第二批型的配置。美军称电子设备的改进以及具备投射全球定位系统制导炸弹的能力，将进一步增强该机夜间作战的灵活性。

美国空军计划将部分 F-117 飞机退役 据美国《空军杂志》2004 年 4 月号报道，根据 2005 财年国防预算计划，美国空军计划将现有 F-117 战斗机中的 10 架退役。目前 F-117 飞机主要担负夜间精确打击任务，装备数量为 52 架，部署于霍洛曼空军基地。减少 F-117 飞机的装备数量，原因主要表现在以下几个方面：一是节省 F-117 飞机的使用与维持费。装备数量减至 42 架后，在 5 年时间内，可节省使用与维持费 7500 万美元。二是 F-117 的实战使用规模一直较小。美国空军空中作战司令部司令指出，尽管 F-117 飞机在所参与的作战行动中发挥了重要的作用，但在实战中它部署与使用的规模都很小，因此减少装备数量将不会对其使用产生重大的影响。三是新型作战飞机可以取代其部分功能。新型的 F/A-22 和 F-35 飞机都具有很强的夜间作战能力，也都具有较强的隐身性能，随着 F/A-22 和 F-35 飞机装备数量的增加，对 F-117 飞机的依赖性将逐步降低。

美国空军对 A-10 攻击机的激光跟踪吊舱进行改进 据美国《航空航天日报》2004 年 11 月 30 日报道，美国空军 A-10 攻击机现装备的激光跟踪吊舱是 20 世纪 70 年代列装的，性能已显落后。为延长 A-10 攻击机的服役时间并提高其作战能力，美国空军于 2004 年 7 月与美国鲍尔航空航天技术公司签订一项为期 27 个月、总价值达到 500 万美元的生产合同，由鲍尔航空航天技术公司对现役 A-10 攻击机装备激光跟踪吊舱进行全面更新，提高 A-10 攻击机使用激光制导炸弹对地面目标实施突击的精确性。改进型的跟踪吊舱将具有较高的系统可靠性、灵敏度和反应速度，可在 1 秒钟之内发现并跟踪被地面激光指示器或空中激光指示器照射指示的目标。根据计划，美国空军将购买 300 套改进型激光跟踪吊舱，每个吊舱的交付价格低于 10 万美元。

美国 X-45A 攻击型无人驾驶飞机成功进行协同攻击试验 据美国《空军杂志》2004 年第 10 期报道，美国空军试验部队同美国波音公司合作，根据联合无人攻击机计划，于 2004 年 8 月 1 日成功地完成了单操作员同时操纵 2 架攻击型无人驾驶飞机的验证机进行协同攻击的飞行试验。当天 2 架 X-45A 攻击型无人驾驶飞机单机跟进起飞后，按程序控制完成了集合，转入编队飞行，并自主进行机动飞行。在此次试验中，两个单机均根据各自的飞行计划遂行任务，因此飞行过程只需要一名操作员进行必需的人工干预。这次试验成功，标志着只需要少量地面控制人员就可以控制攻击型无人机采用编队协同的方式遂行各自的作战任务，作战能力将有进一步的提高。

美国无人驾驶飞机指挥控制系统的研制工作取得突破 据美国《航空周刊与空间技术》2004 年 11 月 4 日报道，美国麻省理工学院与美国空军合作，成功地研制出一套新型的无人机指挥控制系统，2004 年 6 月在美国爱德华兹空军基地成功地进行了试飞验证，使有人驾驶飞机具有对无人驾驶飞机进行遥控的能力，这一成果解决了有人驾驶飞机与无人驾驶飞机协同作战的指挥控制问题。在作战实践中，攻击型无人驾驶飞机通常对作战计划预定的目标进行突击，有人驾驶飞机对活动目标和临时出现的目标进行突击。但是，由于长航时无人驾驶攻击机具有续航时间长的明显优势，在战区长时间游弋，可以打击战区内临时出现的战场活动目标，从而将有人驾驶突击飞机集中用于更重要和对灵活性要求更高的目标。这就需要解决无人驾驶飞机实时任务规划的问题，而通过有人驾驶飞机对无人驾驶飞机进行遥控，可以有效地解决战术协同的问题。新的无人机指挥控制系统包括三个组成部分：一是无人机语音控制系统，可以将有人驾驶飞机飞行员的自然语言转译为无人驾驶攻击机的机器语言；二是装在有人驾驶飞机上的任务规划系统，该系统可以对有人驾驶飞机的任务数据进行跟踪，在需要的情况下转换成无人驾驶飞机的任务数据；三是优化的航迹规划算法，它采用混合整数规划的方法，确定无人驾驶飞机的最优航迹。

空中预警指挥机、侦察机

美国空军增加 E-10A 多传感器飞机的装备数量 E-10A 飞机是美国空军下一代负责作战管理的多传感器指挥控制飞机。该机将目前空中预警指挥机和搜索地面活动目标的联合监视与搜索攻击雷达系统飞机的功能合二为一，从而提高预警指挥机的使用效能，其研制计划于 2003 年内启动，计划承包商为美国波音公司。据美国《防务日报》2004 年 11 月 17 日报道，美国国防部联合需求审查委员会于 11 月 14 日批准了美国空军的 E-10A 需求报告。美国空军多传感器指挥与控制飞机项目负责人宣布，美国空军 E-10A 多传感器飞机的装备数量由原来的 5 架增加到 7 架。原计划的 5 架 E-10A 飞机中包括 1 架用作试验平台的飞机，担负作战任务的飞机为 4 架。经过作战模拟评估后，美国空军决定增加装备数量，所增加的 2 架 E-10A 飞机为担负作战任务的飞机。根据计划，E-10A 飞机将于 2005 年 11 月开始初始设计评审，最早于 2015 年 3 月将有首批 4 架生产型 E-10A 飞机装备部队，2016 年 3 月前再装备 2 架 E-10A 飞机。增加装备数量后，计划费用将增加至 53 亿美元。

美国空军对 E-8C 联合监视与搜索攻击雷达系统飞机进行更换发动机的改进 据英国《简氏国际防务评论》2004 年 11 月号报道，针对 E-8C 联合监视与搜索攻击雷达系统飞机使用中暴露的飞行性能下降的问题，美国空军和诺斯罗普-格鲁曼公司于年内共同开始实施美国空军 E-8C 联合监视与搜索攻击雷达系统飞机更换发动机的计划。该计划将对 16 架 E-8C 飞机进行换发。换发后，E-8C 联合监视与搜索攻击雷达系统飞机可以在西南亚高原高温的条件下，达到巡航 8 小时的要求，缩短任务准备时间，并使该机可以达到监视雷达使用的最佳高度。计划使用 JT8D 发动机更换目前的 JT3D 涡扇发动机。

北约启动 E-3A 空中预警指挥机的中期现代化改装计划 据英国《简氏国际防务评论》2004 年 12 月号报道，欧洲防务电子公司年内与美国波音公司签署合同，共同实施北约空中预警指挥机中期现代化改装计划，为北约装备的 17 架 E-3A 空中预警指挥机改进任务计算机系统和多传感器数据融合计算机。整个改装计划的总价值达到 13 亿美元。在该计划中，欧洲防务电子公司负责多传感器数据融合计算机软件的开发，该软件可以用于进行目标自动识别和跟踪，还可以通过融合 E-3A 上的多种侦察数据而得到相关目标的飞行轨迹。波音公司负责改进任务计算机、显示器以及通信/导航/目标识别与跟踪系统。首架改进后的空中预警指挥机于 2004 年 10 月开始试飞，将于 2006 年装备北约空中预警指挥机部队，并继续使用至 2025 年。

俄罗斯研制系列化高空长航时无人驾驶侦察机

据英国《简氏防务周刊》2004年12月1日报道，在中国举办的珠海航展上，俄罗斯苏霍伊设计局透露了俄罗斯正在研制中的三种高空长航时无人驾驶侦察机的详细情况。俄罗斯的高空长航时无人驾驶侦察机系列为BAS-62，该系列中包括三个型号：第一种型号翼展为35米，机长13米，机高5.5米，起飞重量为12000公斤，最大有效载荷1500公斤，巡航高度为14000~16000米，在此高度上的最大续航时间为18小时，最大飞行速度597公里/小时。该机装备相控阵雷达，以及通信和视频传输设备。第二种型号与第一种型号在外型尺寸、起飞重量、有效载荷和巡航高度等方面均相同，但续航时间达到24小时，最大飞行速度为716公里/时，航空电子设备包括电子-光学传感器，用于进行可见光和红外成像侦察，并装备有合成孔径侧视雷达。第三种型号翼展为16米，机长9.5米，机高3米，最大起飞重量2000公斤，有效载荷为500公斤，最大飞行速度250公里/小时，巡航高度2000~8000米，续航时间12小时，任务设备及功能与第二种型号相同。

运输机、空中加油机 **美国空军C-17运输机装备新型干扰系统** 据美国《航空航天日报》2004年11月22日报道，为了对付单兵肩射地空导弹的威胁，提高C-17战略运输机的低空生存能力，美国空军与诺斯罗普-格鲁曼公司签署了一项总额为1300万美元的合同，为18架C-17飞机加装专门用于运输机防护的大型飞机干扰系统（LAIRCM）。大型飞机干扰系统采用柴油外告警装置提供导弹逼近告警，并使用机载激光器干扰导弹的导引头。除C-17飞机外，美国空军特种作战司令部的C-130飞机也加装了3套大型飞机干扰系统。整个计划将于2005年11月完成。

美国空军C-5战略运输机实现阶段性延寿与现代化改进目标 据英国《简氏国际防务评论》2004年12月号报道，美国空军与洛克希德-马丁公司在10月份共同完成C-5战略运输机延寿与现代化改装计划中的两个节点性工作。第一项是C-5战略运输机的航空电子系统的现代化改装，换装先进的数字式航空电子设备，加装全球空中交通管制系统任务终端。第二项是在此基础上开始进行提高飞机可靠性和换装新型发动机的项目。完成阶段性延寿与现代化改进目标后，C-5战略运输机飞行性能虽然没有改变，但可靠性与可维护性有明显提高，遂行任务率也有较大提高。

美国空军空中加油机租用计划中止 据美国《空军杂志》2004年11月号报道，由于美国国会的反对，在2004年10月7日通过的2005财年国防授权法案中，美国空军被迫中止其提出的租用空中加油机的计划，转而执行一项全面采购100架新型空中加油机的方案。今后美国空军空中加油机的重点是波音767飞机的加油型飞机。

美国空军拓展KC-135空中加油机的功能 据英国《防务新闻》2004年12月15日报道，随着经费的削减和飞机装备数量的减少，在2003年C-9航空医疗后送飞机退役后，美国空军拓展了现役KC-135空中加油机的功能，在遂行传统的空中加油任务的同时，开始赋予其航空医疗后送的任务，以提高空中加油机的使用效率。年内，美国空军部署在英国米尔登霍尔空军基地的15架KC-135空中加油机除执行空中加油任务外，正式开始遂行伤病员航空医疗后送任务。KC-135飞机的转场航程可达17800公里，载重量约有37.6吨，可以满足航空医疗后送的要求，而且与C-9专业后送飞机相比，优势明显，使用效率高。例如执行从非洲至德国的航空医疗后送任务，KC-135可以不着陆直达，而C-9运输机需要至少着陆4次。

美国空军开始全面装备C-130J运输机 据美国《航空航天日报》2004年12月14日报道，美国空军宣布已开始全面部署C-130J"超级大力士"运输机。美国空军国民警卫队的空运部队已开始使用加长型的C-130J-30运输机保障美军在阿富汗和伊拉克的作战行动，美国空军后备队司令部也已开始使用C-130J-30执行类似任务。美国空军计划购买168架C-130J，现已接收37架，空军现役部队、国民警卫队和空军后备队均装备有该型飞机。美国海军陆战队计划自2005年2月起使用KC-130J空中加油机。

美国空军实施全系列C-130飞机航空电子系统的现代化改装计划 据美国《航空航天日报》2004年12月7日报道，美国空军于年内开始实施C-130全系列飞机的航空电子系统现代化改装计划，项目总费用达到35亿美元，该计划也将带动其他军种对其装备的同类型飞机进行改装。根据计划，美国空军将在2016年前完成空军490架货运型、电子战和特种作战型C-130飞机航空电子系统的改装，升级至数字式显示器以及通信与导航系统。年内，该计划的系统研制与验证阶段的工作已经完成35%，首架飞机（为空军特种作战部队的C-130飞机）将在2005年1月开始改装，2006年3月将进行首次飞行试验。在美国空军的影响下，美国海军和海军陆战队正计划对其C-130运输机和KC-130空中加油进行相应的改装。

德国空军和加拿大空军分别装备A310运输/加油机 据英国《简氏国际防务评论》2004年11月号报

道，欧洲空中客车公司于 2004 年 9 月 29 日在德国的德累斯顿举行了首批 2 架 A310 多用途运输/加油机的交付仪式，分别交付给德国空军和加拿大空军。根据计划，德国空军和加拿大空军将分别装备 4 架和 2 架 A310 多用途运输/加油机，这些飞机可同时执行货运和空中加油任务。A310 多用途运输/加油机的机翼下装有 2 个 Mk32-900 型空中加油吊舱，可以为欧洲战斗机、“旋风”攻击机和 F/A-18 战斗机进行空中加油。

罗马尼亚空军对 C-130 运输机实施改进　据英国《简氏防务周刊》2004 年 11 月 24 日报道，罗马尼亚航空股份有限公司与美国洛克希德-马丁公司于 11 月 17 日签署了一项价值 3000 万美元的合同，由洛克希德-马丁公司对罗马尼亚空军现役的 4 架 C-130B 型运输机进行改装，达到 C-130H 型的标准。4 架运输机的改装工作内容包括：航空电子设备升级，提供所需的零备件、全部技术保障资料、技术支持；由承包商提高使用过程中的后勤保障、地面支持设备；T56 型发动机和螺旋桨；负责对机组与地面保障人员进行技术培训。罗马尼亚方面希望通过此次改装升级，全面提升其运输机的空运能力及技术保障能力，并使其 C-130 飞机的国家级维修中心达到北约地区维修中心的水平。

澳大利亚采购 A330 多任务空中加油/运输机　据英国《防务新闻》2004 年 12 月 20 日报道，澳大利亚与欧洲航空防务与航天集团签订价值 14 亿美元的合同，采购 5 架 A330 多任务空中加油/运输机。5 架飞机中的第一架飞机由欧洲制造，其余 4 架将由澳大利亚航空部门自行完成改装，并由澳大利亚航空部门提供全寿命保障。首架多任务空中加油/运输机的交付时间为 2008 年，完成使用试验与评估后将在 2009 年进入澳大利亚空军服役。A330 多任务空中加油/运输机能为 F/A-18、F-111、空中预警指挥机及联合攻击战斗机提供空中加油，并且可以遂行战略空运任务。

新西兰空军对 C-130 运输机进行延寿改进　据英国《防务新闻》2004 年 12 月 15 日报道，新西兰空军于 12 月 14 日开始正式实施 C-130 运输机延寿改进计划，将现有的 C-130 运输机延寿 15 年，该项目耗资 2.26 亿美元。首架改进型飞机预定于 2007 年年底交付，最后一架预定在 2010 年交付。延寿改进的内容包括：更换机翼和机身的结构部件，提高飞机结构的抗疲劳性能；对电气系统、辅助动力装置、环境控制系统和发动机进行提高可靠性的改进；现有的机内通信设备、无线电台以及加密设备将换装新型数字式语音/数据通信系统；安装现代化的数字式导航设备，满足未来空中交通管制的要求。

南非空军采购 A400M 运输机　据英国《防务新闻》2004 年 12 月 10 日报道，南非运输部于 12 月 9 日宣布，决定斥资 8.37 亿欧元，加入 A400M 多用途运输机设计和制造项目，并向欧洲空中客车军用飞机分部购买 14 架 A400M 运输机。这些飞机将在 2010~2014 年交付南非空军。南非采购 A400M 运输机有多方面的原因，除该机可以满足其空运任务需求的基本原因外，主要是只要购买 8 架 A400M 飞机就可在该计划的 50 年全寿命期内，为南非创造至少 401 个直接工作岗位和 2767 个间接就业机会。年内，欧洲空中客车公司军用飞机分部已收到至少 180 架 A400M 飞机的订货。

直升机及教练机

美国中止 RAH-66 武装侦察直升机计划　综合美国《航空周刊与空间技术》杂志以及《简氏防务周刊》报道，美国陆军于 2004 年 2 月初决定中止 RAH-66 武装侦察直升机计划。这是继数年前美国取消“十字军”自行火炮计划以来，美国陆军历史上中止执行的规模最大的武器研制计划，但美国陆军参谋长明确指出，中止该计划是明智之举。中止该计划的主要原因是：该项目继续实施的条件已经发生了很大的变化；项目的效费比偏低，项目总投资高达 390 亿美元，121 架直升机的总寿命周期成本达到 146 亿美元；隐身武装侦察直升机的生存能力达不到预计的要求，使用效能与现役直升机并没有根本性的提高。取消 RAH-66 武装侦察直升机计划后，节省下来的经费主要用于陆军航空兵的一系列改进项目：一是加速实施提高陆军航空兵直升机生存能力的改装计划；二是继续加速改进 AH-64A 直升机；三是对 600 架 OH-58D 侦察攻击直升机进行改装；四是为陆军国民警卫队换装 UH-1Y；五是为 UH-60A 和 CH-47D 直升机将采用通用构架的驾驶舱；六是将 3 亿美元资金用于发展陆军的战术无人驾驶侦察机，填补中止 RAH-66 武装侦察直升机后出现的空白。

美国陆军正式启动新型武装侦察直升机研制计划　据美国《防务日报》2004 年 12 月 13 日报道，美国陆军于 12 月 9 日发布了新型武装侦察直升机（ARH）的项目招标书。新型武装侦察直升机将取代现役的 OH-58D 侦察直升机，系统研制与演示阶段的费用为 3000 万美元。新型武装侦察直升机与现役直升机有很大的通用性，因而研制周期较短，研制费用相对较低。该直升机将于 2008 财年开始全速生产，美国陆军到 2011 财年将采购 368 架新型武装侦察直升机。新型武装侦察直升机装备有综合目标截获传感器，与 C^4ISR 系统具有很强的互通兼容性，武器系统包括航炮、

"海尔法"空地导弹和航空火箭弹，并具有加装研制中的联合通用导弹的能力。

美国增加 AH-64D"长弓阿帕奇"的装备数量 据美国《防务日报》2004 年 11 月 10 日报道，随着美国陆军部队结构的调整，为了使陆军国民警卫队装备 AH-64D"长弓阿帕奇"攻击直升机，美国陆军于 11 月 9 日决定对 96 架 AH-64A 直升机进行改进，达到"长弓阿帕奇"的标准。同时，推迟第三阶段改进的计划。计划调整后，AH-64A 直升机改进为 AH-64D"长弓阿帕奇"的数量由原来的 259 架增加至 355 架，有更多的陆军国民警卫队部队可以装备 AH-64D 攻击直升机。

美国空军实施战斗搜索救援直升机研制计划 据美国《航空航天日报》2004 年 12 月 16 日报道，美国空军于年内就新型战斗搜索与救援直升机项目实施招标，新的搜救直升机将取代现役的 HH-60G 直升机。美国空军要求新的战斗搜索与救援直升机应满足以下要求：飞机在地面待战和满油条件下，从发动到起飞的时间不超过 5 分钟；飞机的最大爬升率为 610 米/分钟，并能持续 3 分钟；在平均海拔 3048 米的高度上，飞机的巡航航程达到 370 公里；在平均海拔 1828 米的高度，以 250 公里/小时的最小速度巡航时，航程可达 600 公里；能进行空中受油；可在任务区停留 30 分钟；离开任务区，并以 250 公里/小时的速度飞行 600 公里到达下一个新任务区，在到达时仍有 20 分钟的余油。

美国增购 T-6A 教练机 据英国《防务新闻》2004 年 12 月 17 日报道，美国国防部与雷锡恩飞机公司签署一项价值 2.4 亿美元的合同，追加购买 50 架 T-6A 教练机，使该机的生产与交付期延长到 2008 年。"联合初级飞机训练系统"项目是美国空军和美国海军最重要的飞行员训练项目，到 2017 年将装备近 800 架飞机。到目前为止，美国空军和海军已订购 354 架飞机，交付了 215 架，其中 172 交付美国空军、43 架交付美国海军。

以色列改进型 A-4"空中之鹰"高级教练机完成首飞 据英国《防务新闻》2004 年 12 月 9 日报道，A-4"空中之鹰"是以色列空军飞行学院装备的高级教练机，是以色列空军飞行学员改装战斗机前主要使用的教练机。2004 年 1 月 1 日，以色列国防部确定由以色列拉达电子工业有限公司作为主承包商，对 A-4"空中之鹰"高级教练机进行全面的现代化改装。当年 11 月底，拉达公司即完成了主要的改装工作，即将转入飞行试验阶段。A-4"空中之鹰"高级教练机的改进内容主要包括换装新型数字式机载航空电子设备，提供具有同步音频和视频记录功能的三维图像显示器，可完全记录每次飞行的全部过程，以便进行飞行后的任务讲评，从而提高飞行训练的质量与效率。

以色列与美国联合研制"标枪"高级喷气教练机 据英国《简氏防务周刊》2004 年 12 月 22 日报道，以色列飞机工业公司已经与美国航空技术集团签署合作协议，在美国航空技术集团研制的一种民用双座喷气飞机基础上，联合研制满足以色列空军需求的高级喷气教练机"标枪"。以色列空军目前装备的高级教练机是较为陈旧的 CM-170"教师"和 A-4"空中之鹰"战斗教练机，以色列空军计划用新研制的"标枪"高级教练机取代上述两种高级教练机。新型"标枪"教练机飞行速度可以达到 0.9 马赫，装备有与 F-15、F-16、"阵风"和"台风"等战斗机相适应的玻璃座舱及数字式航空电子设备，其中包括攻击态势模拟系统、传感器数据系统、模拟武器作战系统和机载自卫电子战系统，飞机具有任务规划和任务报告能力。"标枪"教练机的价格在 600~700 万美元之间，飞机的总装工作将分别在以色列和美国新墨西哥州的工厂进行，计划于 2005 年内进行首次试飞。

法国和西班牙采购"虎"式直升机 据美国《航空航天日报》2004 年 12 月 13 日报道，欧洲直升机公司 12 月 8 日开始向法国和西班牙交付"虎"式军用直升机。此次交付给法国和西班牙的"虎"式直升机具有较强的支援作战能力，可以发射先进的空地导弹。法国采购了 80 架"虎"式，其中 40 架以遂行支援作战任务为主，西班牙采购 24 架。

英国开始研制"鹰"128 新型教练机 据英国《防务新闻》2004 年 12 月 23 日报道，英国国防部与英国航空航天系统公司签订一项价值 1.585 亿英镑的研制合同，由英国航空航天系统公司研制"鹰"128 高级喷气教练机。"鹰"128 高级喷气教练机是"鹰"系列教练机的改进型，以缩短该型教练机的研制周期。新型教练机将采用全新的航空电子系统结构，新型的数字化，可以满足战斗机飞行训练的大部分需求。

阿根廷空军首架 AT-63 喷气教练机出厂 据英国《防务新闻》2004 年 12 月 17 日报道，洛克希德-马丁飞机公司阿根廷分公司于 12 月 16 日正式举行了首架改进型 AT-63 喷气教练机出厂仪式。首架 AT-63 喷气教练机是该计划的验证机，主要用于地面试验。AT-63 喷气教练机是一种低成本的高级教练机，并可作为轻型攻击机使用。它是 IA-63 飞机的改进型。AT-63 喷气教练机继续保持了 IA-63 飞机可靠性高和易于维修保养的突出特点，同时改进了座舱设置及航空电子设备；机上采用军标 1553B 数据总线结构和先进的任务计算机，使该机可以使用先进的武器系统；系统采用了模块化的设计方法，大大降低了维护与使用的成本。根据计划，阿根廷空军现役 12 架 IA-63 飞机改进为 AT-63 型飞机，并再生产 12 架 AT-63 喷气教练机，其中 6 架交付阿根廷空军使用，其余 6 架供出口。

机载武器系统 在大力发展常规空射武器系统的同时，空射核武器的发展仍然受到重视。精确制导武器在高技术局部战争中发挥了重要的作用。但是，高技术战争依然是核威胁条件下的战争，空中力量仍然是三位一体战略核威慑力量的重要组成部分，因此，以空射核弹头巡航导弹为代表的空射核武器的发展仍然受到美国和俄罗斯的高度重视。美国国防部国防科学委员会于 2004 年 2 月 5 日提出了在 2015 年开始发展下一代空射核巡航导弹的建议，要求在 2030 年现役空射巡航导弹退役前具备初始作战能力。

以制导组件的方式改装常规炸弹，是发展精确制导武器的经济有效的方式。美国联合直接攻击炸弹是数年前以制导组件方式，将常规炸弹迅速改装成精确制导武器的成功案例。年内，南非研制的“乌姆巴尼”精确制导炸弹组件，再次证明这是一种快速发展精确制导对地突击武器的有效途径，而其采用的折叠弹翼和助推器的方案，也可以在较短时间内以低成本的方式，实现防空区外精确打击的能力。

武器数据链的发展越来越受到重视。年内，美国空军开始计划将数据链加装到多种空射制导武器上，主要用于在武器投射后实时跟踪、重新瞄准以及实时突击效果评估，特别是在实时突击效果评估方面，武器数据链的应用具有非常重要的发展潜力。联合直接攻击炸弹将是美国空军第一种安装武器数据链的精确制导武器，联合空对地防空区外导弹以及小圆径炸弹也将采用武器数据链，而且今后美国空军将发展一种通用的武器数据链。

美国空军计划研制新一代核弹头空射巡航导弹 据美国《航空航天日报》2004 年 12 月 10 日报道，美国空军研究实验室所属航天飞行器研究分部于 12 月 9 日提出了关于研制“增强型核弹头巡航导弹”的计划。研制新一代核弹头空射巡航导弹的核心目的是通过提高空射巡航导弹的安全性、可靠性和作战性能的途径，进一步提高美国“三位一体”核打击力量的稳定性。该计划要求新一代的核弹头空射巡航导弹，采用更先进的指挥控制技术，能执行全球打击任务，具有相当大的灵活性，能满足美国空军 2020 年以后的作战要求。

美国开始新一代空空战斗武器系统的研制工作 据美国《航空航天日报》2004 年 12 月 6 日报道，美国空军和海军于 4 月份正在联合研究下一代用于空空战斗的武器系统，以确保美国有效地夺取未来的空中优势。新一代的空空战斗武器系统将取代现役 AIM-9X “响尾蛇”近距格斗空空导弹、AIM-7“麻雀”半主动雷达制导中距空空导弹和 AIM-120C 先进中距空空导弹以及 AGM-88 高速反辐射导弹。下一代用于空空战斗的武器系统将具有对付新的空中威胁的能力，主要采用空战武器内挂的方式，满足保持 F/A-22 战斗机和 F-35 联合攻击战斗机的隐身性能。为有效地控制下一代武器系统的全寿命周期成本，新的空空武器系统将具有相当大的通用性，只需作部分调整即可同时满足美国空军和海军的需求。

AIM-9X 空空导弹进入全速批生产 据英国《简氏防务周刊》2004 年 12 月 22 日报道，美国海军当月 6 日与美国雷锡恩公司签订了第一份新一代的 AIM-9X 空空导弹的生产合同，这标志着 AIM-9X 空空导弹进入全速批生产。根据该合同，美国雷锡恩公司将在 2007 年 4 月前为美国海军提供 443 枚 AIM-9X 导弹和 153 枚教练弹，合同总金额为 1.58 亿美元。

美国空军和海军各自发展空射反辐射导弹 据美国《航空周刊与空间技术》杂志 2004 年 12 月 6 日报道，美国改变了空军和海军联合发展空射反辐射导弹的传统，于年内决定各自发展所需的反辐射导弹，以满足未来压制敌防空体系的需求。美国空军和美国海军此前一直在联合改进现役的 AGM-88 高速反辐射导弹。但是，美国海军以该项目出现问题为由退出合作，开始独立研制新一代的“先进反辐射导弹”。美国空军则继续走渐进改进之路，对 AGM-88 高速反辐射导弹进行改进，目前主要进行制导系统更新，提高其寻的精度、反应速度，并扩大攻击包线。

美国联合空地防空区外导弹进入全面生产阶段 据英国《防务新闻》2004 年 12 月 8 日报道，美国空军与美国洛克希德-马丁公司于 11 月 22 日签订生产合同，这标志着联合空地防空区外导弹正式进入全面生产阶段。该计划总价值为 1.12 亿美元，月生产速度由原来的 11 枚增加至 20 枚，2007 年完成全面生产。联合空地防空区外导弹是一种具有隐身能力的、908 公斤级的自主式巡航导弹，射程超过 370 公里，采用侵彻破坏和杀伤爆破双功能战斗部和全球定位系统加红外成像末制导，能在昼夜和复杂气象条件下对敌纵深目标实施防空区外精确打击，其隐身结构设计大大增加了敌方的防御难度，联合空地防空区外导弹的第一和第二批型号已于2001年底开始投入低速初期生产，第三批型号于2003年12月开始投入低速初期生产。联合空对地防空区外导弹装备美国空军的B-2、B-1B、B-52H等轰炸机和F-16CG战斗机，以及美国海军的F/A-18E/F战斗机。美国空军计划采购4900枚该型导弹，美国海军计划从2007财年开始采购450枚该型导弹。

美国空军实现在飞行中改变联合空地防空区外导弹的突击目标 据美国《空军杂志》2004年6月号报道，在2004年3月26日进行的一次评价试验中，美国空军首次实现在发射后改变联合空地防空区外导弹的突击目标。当天，第419飞行试验中队从B-1B轰炸机发射了一枚联合空地防空区外导弹，在导弹飞行途中，通过遥控重新进行任务规划，导弹精确命中了新的目标。此次试验成功，标志着联合空地防空区外导弹的使用灵活性与快速反应能力有了明显的提高。

美国空军开始研制重型钻地炸弹 据美国《航空航天日报》2004年11月9日报道，美国空军年内开始研制一种新的重型钻地炸弹。美国空军研究实验室负责该项目的管理，主承包商为美国波音公司，第一期合同总价值2000万美元。新的重型钻地炸弹达到13610公斤，是美国目前圆径最大的空地突击武器，主要用于突击地下深藏的坚固目标。由于地下坚固目标所固有的特点，要求钻地炸弹具有足够的侵彻力，才能有效地摧毁目标。因此，重型钻地炸弹必须具有很高的命中精度以及合适的侵彻角。因此，在研制过程中，美国空军特别强调该型炸弹在弹道末端的机动性，可以通过末端的机动，调整其侵彻角。根据计划，在完成炸弹的风洞试验后，美国空军研究实验室将于2007年年初开始进行样弹飞行试验，共需进行5次试投，约需耗资850万美元。

约旦向美国购买AIM-120C先进中距空空导弹
据英国《防务新闻》2004年11月23日报道，经美国国防安全合作局和国会批准，约旦从美国进口50枚AIM-120C先进中距空空导弹、51套LAU-129滑轨式发射架、若干教练弹以及相应的后勤保障设备，总价值3900万美元。约旦空军此次采购的AIM-120C空空导弹，将装备经过中期寿命改进的F-16A/B战斗机，以增强其空空作战能力和与美军协同作战能力。

俄罗斯Kh-555常规空射巡航导弹装备部队 据英国《简氏防务周刊》2004年12月15日报道，俄罗斯首批Kh-555常规空射巡航导弹已于2004年11月正式装备俄罗斯空军远程航空兵部队，它标志着俄罗斯空军已拥有较强的远程精确打击能力，可以对敌战略纵深的重要目标实施打击。新型常规空射巡航导弹Kh-555型是在Kh-55SM核弹头空射巡航导弹基础上的增程改进型，其研制工作始于20世纪90年代，最大射程为3000~3500公里之间。Kh-555巡航导弹的中段导弹采用惯性制导和地形匹配制导，末端采用光学寻的器。图-160轰炸机最多可同时携带12枚，图-95MS最多可同时携带8枚。

英国皇家空军正式装备"风暴影子"空地巡航导弹 据英国《简氏防务周刊》2004年12月15日报道，英国皇家空军于2004年10月28日批准"风暴影子"空地巡航导弹正式装备英国皇家空军部队。"风暴影子"空地巡航导弹的射程为250公里，在2003年的伊拉克战争中，已有部分"风暴影子"空地巡航导弹投入实战进行试用，英国皇家空军"旋风"GR4攻击机发射了27枚该型导弹，当时每架攻击机只能携载2枚巡航导弹。正式列装并达到全部作战能力后，每架"旋风"GR4攻击机可以携载4枚导弹。"风暴影子"空地巡航导弹是英国和法国联合研制的常规空射巡航导弹，英国在1997年2月订购了900枚导弹，法国订购500枚导弹。另有部分国家订购该型导弹，其中阿联酋600枚，意大利200枚，希腊56枚。根据计划，"风暴影子"空地巡航导弹将在2005年具备全部作战能力，英国航空航天公司将对"旋风"战斗机进行第二阶段软件升级，满足挂载"风暴影子"空地巡航导弹的要求。英国皇家空军第617中队是第一支装备"风暴影子"空地巡航导弹的"旋风"GR4部队，2005年内可发射"风暴影子"空地巡航导弹的"旋风"GR4攻击机的数量将达到140架。

匈牙利购买美国AIM-120C-5先进中距空空导弹
据美国《航空航天日报》2004年12月20日报道，为了满足北约对其空中力量作战能力的要求，匈牙利决定从美国采购40枚雷锡恩公司生产的AIM-120C-5先进中距空空导弹和相关的保障设备，这些导弹将装备匈牙利空军新引进JAS-39EBS-HU战斗机上。该项目的合同总金额达2530万美元，空空导弹与配套设备将于2006~2007年内交付匈牙利空军。

南非丹尼尔公司推出"乌姆巴尼"精确制导炸弹
据英国《简氏国际防务评论》2004年11月号报道，南非丹尼尔航空航天公司年内研制成功一种精确制导炸弹组件，以类似于美国联合直接攻击炸弹尾控组件的方式，将常规炸弹改装成精确制导炸弹。这种精确制导炸弹在2004年9月的非洲航空航天和国防展览会上首次展出。安装制导组件后的炸弹称为"乌姆巴尼"精确制导炸弹（亦称"闪电"制导炸弹）。"乌姆巴尼”制导组件的制导模式包括全球定位系统/惯性导航系统、半主动激光制导和红外成像制导。采用全球定位系统/惯性导航系统制导时，命中精度为 10 米；采用半主动激光制导时，命中精度达到 1.5 米；采用红外成像制导系统时，系统具有自动目标识别能力，命中精度为 3 米。整个制导组件包括制导系统和增程系统两部分，用户可根据情况选装。使用制导组件后，可将 250 公斤级的 MK82 炸弹、500 公斤级的 MK83 炸弹改装成精确制导武器。使用增程系统时，将在炸弹的后上部加装一个折叠弹翼和助推火箭发动机，使炸弹具备防空区外精确打击的能力。载机在 11000 米高度投射时，增程型“乌姆巴尼”精确制导炸弹的射程达到 120 公里；在低空投射时的射程也可达 40~50 公里。为提高对面状目标的突击效果，“乌姆巴尼”精确制导炸弹采用了无线电近炸引信和预制成型破片战斗部。值得注意的是，“乌姆巴尼”精确制导炸弹是专门面向那些不能获得全球定位系统加密码的用户而研制的一种低成本精确制导武器。

（王明志）

战　略　导　弹

综述　2004 年，导弹大国继续巩固其地位，维持战略威慑优势，战略导弹部队活动频繁，导弹武器的更新持续进行；新兴核武器国家大力发展弹道导弹，试图增加在地区和国际争端中的主动权。美国：继续贯彻其 2002 年版《核态势审议报告》（NPR）的指导思想，调整核力量部署，暂缓销毁战略武器，开发新的弹道导弹，设计新的核弹头，建设新的军工设施，更新核力量的指挥和控制系统。俄罗斯：落实其 2003 年 10 月颁布的《俄联邦武装力量发展的紧迫任务》提出的建军思想，大力提高“三位一体”战略核力量的战略指挥能力和战备水平，频频举行战略演习和大量的战略导弹实弹发射，针对美国按实战部署弹道导弹防御系统，加速开发突防能力强的新型洲际导弹。英国：仍坚持“最低限度威慑”核战略，保持欧洲军事强国地位；既重视与美国的核合作，又坚持核力量的独立性。法国：仍坚持“有限威慑”核战略，坚持核力量的独立性，强调核力量的威慑作用；重点建设海基战略核力量，兼顾全面恢复“三位一体”核力量的可能性。印度与巴基斯坦展开军备竞赛，频频交叉试射弹道导弹，印度还在巡航导弹和海基弹道导弹研制方面不断取得进展。伊朗在国际社会就其核计划不断施压、以色列逐步建立战区反弹道导弹防御系统的同时，加快弹道导弹研发步伐，不断试射新型弹道导弹。

陆基弹道导弹　陆基弹道导弹是美俄“三位一体”战略进攻性核力量的重要组成部分，双方在削减陆基弹道导弹的过程中，仍在加紧其现代化步伐，并不断推出远景规划。

洲际弹道导弹　2004 年，美、俄洲际弹道导弹的发展以改进现役导弹武器，提高精度、可靠性、突防能力、生存能力和延长服役期为重点，力争在较低投入的基础上维持一定时期内的战略威慑能力。

美国成功试射 3 枚“民兵”Ⅲ洲际弹道导弹　2004 年 6 月 23 日、7 月 23 日和 9 月 16 日，美国空军从位于加利福尼亚州的范登堡空军基地分别成功试射了 1 枚携带模拟弹头的“民兵”Ⅲ洲际弹道导弹。3 枚导弹的弹头都准确命中了位于夸贾林环礁（属太平洋马绍尔群岛）里根导弹靶场上的目标，飞行距离分别为 6740、7700 和 6740 公里。美空军目前有 500 枚携带核弹头的“民兵”Ⅲ导弹，主要部署在蒙大拿、北达科他和怀俄明 3 个州。其中，150 枚携带 Mk-12/W62 型单弹头；50 枚携带 3 枚 Mk-12/W62 型分导式弹头；300 枚携带 2~3 枚 Mk-12A/W78 型分导式弹头。美空军定期对这种导弹进行试验性发射，以对其性能和可靠性进行评估。按照《第二阶段削减战略武器条约》（STARTⅡ），美国本应将所有的“民兵”Ⅲ导弹都改为单弹头，但是鉴于该条约现在已无约束力，这一计划有可能不再继续实施。美空军计划在 2018 年部署”民兵”Ⅲ导弹的替代者。

美国继续改造“民兵”Ⅲ洲际弹道导弹　2004 年，美国继续进行“民兵”Ⅲ导弹的改造工作，以使其能够继续服役到 2020 年以后。改造的主要内容是导弹的推进系统和制导系统，主承包商是美国诺思罗普·格鲁曼公司（Northrop Grumman Corporation，简称诺格公司）。改造的框架合同于 1997 年 12 月签订，计划用 15 年时间完成全部改造项目。2004 年 6 月，诺格公司在中断达 9 个月之后恢复了向美空军交付“民兵”Ⅲ导弹的第 2、3 级发动机。交付工作中断是因为生产任务在两家公司之间进行了转移。2004 年 12 月 21 日、22 日，美空军先后与诺格公司签订了“制导系统更新计划”（GRP）和“推进系统更新计划”（PRP）的阶段合同。本期“制导系统更新计划”将升级大约 250 枚“民兵”Ⅲ导弹的制导系统，预计于 2009 年完成；本期“推进系统更新计划”将更换大约 96 枚“民兵”Ⅲ导弹的三级固体发动机中过期的推进剂和其它一些过期材料、部件，预计于 2007 年完成。

美国成功试射“和平卫士”洲际弹道导弹　据美国《导弹威胁》网站报道，2004 年 7 月 21 日，美空军从位于加利福尼亚州的范登堡空军基地成功试射了 1 枚携带模拟弹头的“和平卫士”洲际弹道导弹。导弹飞行 7700 公里后准确命中了位于太平洋马绍尔群岛上的目标。

美国继续拆除“和平卫士”洲际弹道导弹　2004 年，作为第二阶段拆除“和平卫士”导弹计划的一部分，美国又拆除了 17 枚该型导弹。最后 10 枚也计划在 2005 年 10 月 1 日前拆除。但是鉴于《第二阶段削减战略武器条约》已无约束力，美国已经在考虑将退出现役的“和平卫士”导弹进行改造以用于航天发射，或者作为试验靶弹，甚至重新部署。2004 年 2 月，由美国国防科学技术委员会提交的一份研究报告建议，将这 50 枚“和平卫士”导弹改装成常规弹头，并重新部署在范登堡空军基地和卡纳维拉尔角空军基地，希望这样能够给美国提供应对来自全球的战略突袭的 30 分钟反应时间。从“和平卫士”导弹上拆卸下来的 550 枚 W87 核弹头将暂存到 2006 年，而且其中的 200 枚将用于替换“民兵”Ⅲ导弹上的 W62 弹头，还有一部分可能会装备“三叉戟”Ⅱ（D-5）潜射弹道导弹。

俄罗斯成功试射 SS-18 洲际弹道导弹　据俄罗斯《俄罗斯战略核力量》网站报道，莫斯科时间 2004 年 12 月 22 日 11 时 30 分，俄战略火箭兵直接从位于奥伦堡州多姆巴罗夫斯基的导弹基地成功试射了 1 枚已处于战斗值班状态达 16 年之久的 SS-18 导弹，导弹飞行距离约 6000 公里。这次发射是自 1991 年以来 SS-18 导弹首次从俄境内发射，也是俄军第一次从战略导弹部队常驻地进行导弹发射。一般情况下，SS-18 导弹都从位于哈萨克斯坦境内的拜科努尔航天发射场发射。从多姆巴罗夫斯基基地进行导弹试射，将给俄罗斯带来很多便利，这是因为该基地位于俄罗斯境内，不用再在每次发射前都与哈萨克斯坦协商。俄战略火箭兵司令索罗夫佐夫上将表示，今后每年都将有 5~7 次导弹发射从多姆巴罗夫斯基进行。在 1981~1992 年的高峰期，俄曾一度拥有多达 300 枚的 SS-18 导弹，但随着裁减的持续进行，到 2004 年，在俄军服役的该型导弹只剩下 108 枚左右，其中包括 SS-18 Mod3（俄称 P-36MYTTX，或 RS-20B，1979~1983 年部署）和 SS-18 Mod4（俄称 P-36M2，或 RS-20V，1988~1992 年部署）。SS-18 Mod4 是 SS-18 导弹的最后一次改进型，现在约有 50 枚在俄战略火箭兵中担负战斗值班任务，12 月 22 日试射的就是这种导弹。俄军计划在 2008 年前使所有的 SS-18 Mod3 退出现役，而将 50 枚 SS-18 Mod4 进行延寿改造以使其继续服役到 2020 年左右。2004 年，俄一共拆除了 6 枚在克拉斯诺亚尔斯克边疆区乌茹尔导弹基地服役的 SS-18 Mod3 导弹。鉴于俄“第聂伯”运载火箭就是在 SS-18 导弹的基础上改造来的，因此俄考虑将部分退出现役的 SS-18 导弹改造成运载火箭从而用于航天发射。

俄罗斯成功试射 2 枚 SS-19 洲际弹道导弹　据俄罗斯《俄罗斯战略核力量》网站报道，2004 年 2 月 18 日 12 时，俄军从拜科努尔航天发射场以井下发射方式发射了 1 枚 SS-19 洲际弹道导弹，导弹的模拟弹头飞行了大约 6700 公里后命中了位于勘察加半岛库拉靶场上的目标。这次发射是俄军“安全-2004”战略演习的一部分。2 月 19 日，时任俄军第一副总参谋长的巴卢耶夫斯基称，俄军在此次演习中试验了一种新型的导弹战斗部。分析家认为，他所说的应当就是此次试射的 SS-19 导弹所携带的新型机动变轨弹头。8 月 11 日 14 时 25 分，俄战略火箭兵又从拜科努尔航天发射场以井下发射方式成功发射了 1 枚 SS-19 导弹。导弹命中了库拉靶场上的目标。俄军方表示，这枚导弹在发射之前已处于战斗值班状态至少 25 年。目前，俄战略火箭兵装备的该型号导弹正在陆续退出现役。但是，根据导弹发射试验的情况看，该型号导弹至少还可服役 25 年。另外，俄罗斯从乌克兰购回的 30 枚 SS-19 导弹已于 2003 年 10 月加入俄战略火箭兵值班序列。这些导弹此前一直处于封存状态。俄计划通过改造使其服役到 2030 年以后。

俄罗斯成功试射 2 枚 SS-25 洲际弹道导弹　据俄罗斯《俄罗斯战略核力量》网站报道，2004 年 2 月 18 日 13 时 28 分，俄军从普列谢茨克航天发射场以机动发射方式发射了 1 枚 SS-25 洲际弹道导弹，导弹的模拟弹头命中了位于勘察加半岛库拉靶场上的目标。这次发射是俄军“安全-2004”战略演习的一部分。11 月 2 日 12 时 52 分，俄罗斯又从普列谢茨克航天发射场以机动发射方式成功发射了 1 枚 SS-25 导弹，同样命中了位于勘察加半岛库拉靶场上的目标。此次发射操作是由俄战略火箭兵和航天兵共同完成的。据俄航天兵称，试射的目的之一就是验证该型号导弹能否再延寿20年。SS-25导弹从2002年起就已经开始以大约每年15枚的速度陆续退出现役。截至2004年7月31日，有315枚SS-25导弹还在俄战略火箭兵服役。

俄罗斯成功试射2枚公路机动型SS-27洲际弹道导弹　据俄罗斯《俄罗斯战略核力量》网站报道，2004年4月20日和12月24日，俄战略火箭兵从普列谢茨克航天发射场分别成功试射了1枚公路机动型SS-27洲际弹道导弹。其中，4月20日发射的导弹飞往太平洋中部。俄国防部长伊万诺夫事后表示，这次飞行试验打出了SS-27导弹的最远射程：11500公里。12月24日发射的导弹飞往勘察加半岛的库拉靶场。俄军方称，24日的发射是整个公路机动型SS-27导弹系列飞行试验的最后一次。这一系列飞行试验共4次，前2次分别于2003年3月27日和4月20日进行。俄军将在2006年正式装备这种导弹。SS-27导弹将成为未来俄战略火箭兵的中坚力量，俄军计划装备数个师的该型导弹。

俄罗斯又有4枚井下发射型SS-27洲际弹道导弹加入战斗值班序列　据俄罗斯《俄罗斯战略核力量》网站报道，2004年12月16日，俄罗斯第4个装备SS-27洲际弹道导弹系统的导弹团又有4枚SS-27导弹加入战斗值班序列。该团部署在萨拉托夫州塔季谢沃导弹基地，其第一批6枚SS-27导弹已于2003年12月21日起开始担负战斗值班。至此，俄战略火箭兵拥有的井基型SS-27导弹总数达到了40枚，共装备4个团（每个团10枚）。井基型SS-27导弹使用的发射井都是在SS-19导弹和井基型SS-24导弹使用过的发射井的基础上改造来的。

俄罗斯压缩战略火箭兵部队编制　2004年全年，俄罗斯大约有23枚洲际弹道导弹退出现役。根据2004年11月17日召开的俄罗斯国防部年度例会的有关文件，俄战略火箭兵第31火箭集团军指挥机关（驻奥伦堡州）被撤销。同时解散了该火箭集团军的第59火箭师（驻车里亚宾斯克州卡尔塔雷市）。该师部分尚未到达服役期限的SS-18导弹转隶第13火箭师（驻奥伦堡州多姆巴罗夫斯基市）和第62火箭师（驻克拉斯诺亚尔斯克边疆区乌茹尔市）。俄军计划到2010年将战略火箭兵压缩到2个火箭集团军、10~12个火箭师的规模。届时的战略火箭兵将以装备井下发射型SS-27和公路机动型SS-27两种型号的导弹为主。

中程弹道导弹　2004年，新兴的弹道导弹拥有国加快了研制、试验中程弹道导弹的步伐。

印度成功试射“烈火”2中程弹道导弹　据美国《导弹威胁》网站报道，2004年8月29日，印度从其奥里萨邦以东的惠勒岛以机动发射方式发射了1枚“烈火”2中程弹道导弹。这是该型导弹的第3次试射，前2次分别在1999年4月11日和2001年1月17日进行。印度方面表示，“烈火”2导弹由印度国防研究发展组织研制，射程达2500公里，有效载荷1000公斤，可携带核弹头，具备铁路机动和公路机动两种发射能力。但在当天的试射中，导弹只飞行了1200公里。一般认为，“烈火”2导弹的实际射程可达3000~3500公里。

印度加紧研制“烈火”3中程弹道导弹　据新华社2004年6月4日报道，印度正致力于其射程达3000公里的“烈火”3导弹的研发工作。负责该导弹研制工作的一名科学顾问表示，“烈火”3导弹有望在一年内试射。“烈火”3导弹研制成功后，其火力范围将可覆盖中国西南部的诸多大城市。

巴基斯坦成功试射3枚“哈塔夫”5中程弹道导弹　综合美联社、美国之音等媒体报道，2004年5月29日、6月4日和10月12日，巴基斯坦各试射了1枚“哈塔夫”5（又称“高里”1）中程弹道导弹。“哈塔夫”5导弹可携带核弹头，射程1500公里（也有报道称其射程在1800公里以上）。尽管巴基斯坦宣称“哈塔夫”5导弹是其依靠自身科技力量开发的，但是外界普遍认为，该导弹是基于朝鲜“劳动”导弹开发的。

巴基斯坦成功试射“哈塔夫”6中程弹道导弹　据《巴基斯坦论坛》报道，2004年3月9日，巴基斯坦试射了1枚可携带核弹头的“哈塔夫”6（又称“沙欣”2）中程弹道导弹。据称，该导弹射程在2000~3000公里之间，火力范围可覆盖几乎所有印度大城市，而且携带的是多弹头。

伊朗成功试射3枚“流星”3中程弹道导弹　据美国《导弹威胁》网站报道，2004年8月11日、9月19日和10月20日，伊朗各试射了1枚“流星”3中程弹道导弹。伊朗称这是其已经部署部队的“流星”3导弹的最新改进型，射程达2000公里。已知的“流星”3导弹可携带质量达1000公斤的核弹头，射程1300公里，整个以色列和大部分美军在中东的基地都在其火力覆盖范围之内。7月29日，以色列试射了其“箭”2防空导弹。“箭”2防空导弹系统的主要拦截对象就是“流星”3导弹。以色列军方也认为，伊朗的改进型“流星”3导弹射程已经能达到2000公里。12月6日，英国《简氏信息集团》网站载文称，情报专家们认为，今年以来伊朗试射的其实是一种新型导弹，应该叫做“流星”3A，或者干脆就叫“流星”4。它与“流星”3导弹有很大不同，除了推进系统外，其它系统都得到了改进，射程也增加了许多。

朝鲜进行“大浦洞”2弹道导弹发动机试车　据韩国《中央日报》2004年5月6日报道，朝鲜正在为其“大浦洞”2导弹的火箭发动机试车作准备。6月17日，《中央日报》称，朝鲜已经在5月初成功地进行了该火箭发动机的试车。报道称，试验是在位于距朝俄边境约120公里的咸镜北道某导弹综合体进行的。据信，朝鲜曾在2002年12月进行过同型发动机的试车，但当时的实验失败并炸毁了试验台。“大浦洞”2导弹为两级液体推进剂弹道导弹，外界普遍认为其射程足以覆盖美国的阿拉斯加和部分西部本土。

海基弹道导弹　海基弹道导弹是“三位一体”战略进攻性核力量中生存能力最强的一种，美、俄、英、法、印等国均十分重视发展海基战略核力量。

美国继续撤换“三叉戟”Ⅰ潜射弹道导弹　根据美俄进攻性战略武器削减条约（SORT），美国决定将其18艘“俄亥俄”级弹道导弹核潜艇（SSBN）中的前4艘改装成携带潜射型“战斧”巡航导弹并能执行特种作战支援任务的巡航导弹核潜艇（SSGN）。改装将撤去每艘潜艇原先装载的24枚“三叉戟”Ⅰ（C4）潜射弹道导弹，换成98~154枚不等的“战斧”巡航导弹。其中，“俄亥俄”号和“佛罗里达”号的改装工作已从2002年起先后开始，前者将于2005年（原计划2007年）完成改装并进驻美国西海岸班戈海军基地，后者将于2006年（原计划2007年）完成改装并进驻美国东海岸金斯湾海军基地。作为同一改装计划中的第3、4艘，“密歇根”号和“佐治亚”号已于2004年10月卸下装载的“三叉戟”Ⅰ导弹并开始改装工作。这2艘潜艇于2007年（原计划2008年）改装完成后，前者将驻班戈海军基地，后者将驻金斯湾海军基地。此次改造过程中，还将进行潜艇核燃料的更换，改造后的潜艇将还能再服役20年左右（改装前已服役20年左右）。此外，美海军于2004年还完成了“俄亥俄”级弹道导弹核潜艇“阿拉斯加”号和“内华达”号的武器升级工作，将这2艘潜艇上原来装备的“三叉戟”Ⅰ导弹更换为射程更远、精度更高的“三叉戟”Ⅱ（D5）导弹。另外2艘该级潜艇“亨利·M·杰克逊”号和“亚拉巴马”号的类似改装工作也分别将于2005年和2006年完成。在美海军原有的18艘“俄亥俄”级弹道导弹核潜艇中，前8艘装备“三叉戟”1导弹，后10艘装备“三叉戟”Ⅱ导弹。上述两种改装计划全部完成后，美海军所有“三叉戟”Ⅰ潜射弹道导弹将全部退役，而装备”三叉戟”Ⅱ潜射弹道导弹的弹道导弹核潜艇总数将达到14艘（每艘24枚）。

美国改进Mk-4/W76弹头　美海军正在对”三叉戟”Ⅱ导弹的Mk-4/W76弹头进行改进，并用新的触地爆炸引信取代目前的空爆引信。改装后的弹头称为Mk-4/W76-1。按照计划，其第1枚样品应于2007年9月交货；到2012年，美海军所有的Mk-4/W76弹头中将有40%（约800枚）被改造成Mk-4/W76-1。新的引信将增强弹头的杀伤力，并且可以使“三叉戟”Ⅱ导弹打击更多类型的目标。

美国启动“效能增强型再入段”计划　美海军已于2004年启动了改造其潜射弹道导弹弹头的“效能增强型再入段”计划（E2）。该计划将使潜射弹道导弹的射击精度达到接近GPS定位精度的水平（10米左右），同时还将使Mk-4/W76弹头可以选择更多类型的目标作为潜在打击对象。据称，核与常规两种装药都在军方的考虑之内。按照计划，使用新的Mk-4/W76弹头的导弹的全比例飞行试验将在2007财年早些时候进行。

美海军将订购5枚“三叉戟”Ⅱ潜射弹道导弹　根据美国2005财年国防预算，美海军将再购买5枚“三叉戟”Ⅱ潜射弹道导弹，从而使海军拥有的该型导弹的总数达到413枚。军方已决定将“三叉戟”Ⅱ导弹的生产延长到2013年，总订货量将从390枚增加到540枚。为使该型导弹能够服役到2042年以后（美海军最后一艘“俄亥俄”级弹道导弹核潜艇的最高服役年限），现有的“三叉戟”Ⅱ（即D5）导弹都必须进行升级。升级后称为D5LE。2003年，美国国会已经为“三叉戟”Ⅱ导弹的升级改造计划拨付了4. 16亿美元。

美国计划开发潜射中程弹道导弹　美海军正在酝酿潜射中程弹道导弹的开发工作。海军曾于2003年8月邀请工业部门就该设想提出初步建议和方案，现在又计划于2005年进行2次该导弹原型火箭发动机的全比例静态试车。该导弹将具备核与常规两种携载能力。

美国计划恢复在太平洋进行潜射弹道导弹试射　美海军计划于2005年恢复在太平洋海域进行潜射弹道导弹飞行试验。截至目前，美海军在太平洋海域进行的最后一次潜射弹道导弹飞行试验是在1993年。美海军在2003年共进行了3次“三叉戟”导弹试射，但2004年却一次也没有。

俄罗斯成功试射2枚SS-N-18潜射弹道导弹　据俄罗斯《俄罗斯战略核力量》网站报道，2004年9月

8 日 11 时 38 分，俄海军从其位于巴伦支海海域的“鲍里索格列布斯克”号弹道导弹核潜艇（D3 级，俄称 667БДР 型，隶属俄海军北方舰队）上以水下发射方式发射了 1 枚 SS-N-18 潜射弹道导弹。导弹的模拟弹头落在了库拉靶场的预定靶区。11 月 2 日 12 时 25 分，俄海军从其位于鄂霍茨克海海域的“圣乔治”号弹道导弹核潜艇（D3 级，隶属俄海军太平洋舰队）上以水下发射方式发射了 1 枚 SS-N-18 导弹。据俄海军称，导弹弹头在预定时间落在了卡宁半岛上的奇扎靶场。SS-N-18 导弹主要装备俄海军 D3 级弹道导弹核潜艇。俄罗斯计划在最近几年就使其现有 6 艘 D3 级弹道导弹核潜艇全部退出现役，2004 年已经开始撤除太平洋舰队所属 D3 级弹道导弹核潜艇上的 SS-N-18 导弹。

俄罗斯试射 SS-N-23 潜射弹道导弹失败 在俄军“安全-2004”战略演习中，2004 年 2 月 17 日 10 时 12 分，俄海军“新莫斯科夫斯克”号弹道导弹核潜艇（D4 级，俄称 667БДРМ 型，隶属俄海军北方舰队）从巴伦支海海域以潜航状态首次发射 SS-N-23 潜射弹道导弹失败，随后又进行的一次发射再次失败。18 日 12 时 30 分，“卡累利阿”号弹道导弹核潜艇（D4 级，隶属俄海军北方舰队）第三次从巴伦支海海域发射 SS-N-23 导弹。这一次导弹发射正常，但导弹在飞行的第 98 秒时因偏离轨道自毁。

俄罗斯成功试射 4 枚 SS-N-23 潜射弹道导弹 据美国《导弹威胁》网站报道，2004 年 2 月 17、18 日俄海军连续 3 次潜射弹道导弹发射失败后，俄总统普京于 3 月 1 日要求俄军方以尽可能快的速度再进行一次类似的导弹发射，以使其“相信所有的错误都已被纠正”。按照这一指示，3 月 17 日，俄海军“新莫斯科夫斯克”号弹道导弹核潜艇再次从巴伦支海海域发射 2 枚 SS-N-23 导弹。俄军方称，这 2 枚导弹发射均正常，并且都命中了位于勘察加半岛库拉靶场上的目标。导弹弹头飞行距离约为 7200 公里。西方媒体认为，这次发射的 SS-N-23 导弹携带有 10 枚分导式弹头，而不是通常的 4 个，而且导弹还装有新的突防装置。此外，俄海军还于 6 月 29 日 11 时 25 分、9 月 8 日 9 时 38 分 2 次在巴伦支海海域从“叶卡捷琳堡”号弹道导弹核潜艇（D4 级，隶属俄海军北方舰队）上以水下发射方式各试射了 1 枚 SS-N-23 导弹。导弹试射成功。6 月 29 日的发射属于俄军“机动 2004”战略演习的一部分，导弹飞行了约 7000 公里，只用 28 分钟就横穿了俄罗斯全境。有报道称，当日试射的这枚导弹是 SS-N-23 导弹最新改进型的最后一次试验。SS-N-23 导弹主要装备俄海军 D4 级弹道导弹核潜艇。

俄罗斯进行“圆锤”潜射弹道导弹弹射试验 据俄罗斯《俄罗斯战略核力量》网站报道，2004 年 9 月 23 日，俄海军从其位于白海海域的“德米特里·东斯科伊”号弹道导弹核潜艇（“台风”级，俄称 941 型）上成功试射了 1 枚“圆锤”（又叫“布拉瓦”）潜射弹道导弹。这是一次导弹弹射试验，只检验导弹发射筒将导弹从筒中弹射出来的能力，不涉及导弹自身的助推发动机的问题。这是“圆锤”导弹的第二次弹射试验，第一次是在 2003 年 12 月 11 日进行的。“圆锤”潜射弹道导弹是 SS-27 洲际弹道导弹的潜射型，是为俄海军“北风”级（俄称 955 型）核潜艇设计的。目前有 2 艘“北风”级弹道导弹核潜艇正在俄罗斯建造：“尤里·多尔戈卢基”号和“亚历山大·涅夫斯基”号。“德米特里·东斯科伊”号核潜艇原本是装备 SS-N-20 潜射弹道导弹的，但在其大修过程中于 2002 年被改造成专门用于进行“圆锤”导弹测试的试验平台。截至目前，“圆锤”导弹还从未进行过飞行试验。2004 年，俄总统普京和国防部长伊万诺夫在多个场合都曾表示：“(俄罗斯）已经开发出了一种绝无仅有的弹道导弹武器系统，而且其他国家几年内也不可能拥有同样先进的导弹武器系统”。一般认为，他们讲话中所指的应该就是“圆锤”潜射弹道导弹和公路机动型 SS-27 洲际弹道导弹。

俄罗斯 SS-N-20 潜射弹道导弹全部退役 据俄罗斯《俄罗斯战略核力量》网站报道，2004 年 4 月底，俄海军总司令库罗耶多夫海军上将下令，撤销了海军第 31 潜艇总队的番号。第 31 潜艇总队是俄海军北方舰队两支战略核潜艇部队中的一支（另一支是第 12 分舰队），编制的全是“台风”级弹道导弹核潜艇，最多时曾拥有 6 艘，其中 3 艘已于早些时候退役，剩下的 3 艘这次全部退出战斗序列（“德米特里·东斯科伊”号被改做“圆锤”导弹测试平台）。该级潜艇全部退出战斗序列，也意味着其装备的 SS-N-20（俄称 P-39）潜射弹道导弹全部退出战斗序列。SS-N-20 导弹的第一级火箭发动机由前苏联时期的乌克兰生产。苏联解体后，乌克兰停止了该型发动机的生产、供应，而俄海军所有列装的该型导弹到 2003 年已达到最高服役年限。20 世纪 90 年代初，俄曾决定研制固体燃料的 SS-N-28（俄称 P-39C）导弹，用它来替换已到期的 SS-N-20 导弹。但是由于一连串的发射失败，俄联邦安全会议于 1998 年停止了该计划。SS-N-20 导弹的服役期满，其实是“台风”级潜艇退出现役的主要原因。

法国开始生产 M-51 潜射弹道导弹 据法新社报道，2004 年 12 月 23 日，法国国防部长米谢勒·阿里奥-玛丽宣布，法国武器采购总局（DGA）已与欧洲航空防务与航天公司（EADS）签订 M-51 潜射弹道导弹的生产合同。按照计划，M-51 潜射弹道导弹将从 2010 年起取代法国战略海军 4 艘弹道导弹核潜艇上装备的 M-45 潜射弹道导弹。M-51 导弹携带 6 枚核弹头，比 M-45 射程更远、精度更高。法国总理拉法兰在 2004 年 7 月谈到 M-51 项目时表示："核威慑始终都是法国国家独立的基石。从潜艇发射的 M-51 导弹将站在现代高科技的最前沿。"尽管法国方面没有说明导弹的生产数量，但要想装备其全部 4 艘弹道导弹核潜艇（每艘可携带潜射弹道导弹 16 枚），至少需要 64 枚 M-51 导弹。M-45 导弹从 1997 年起服役，迄今共生产了 32 枚。M-51 导弹的研发工作始于 1998 年。

战略巡航导弹 战略巡航导弹机动灵活，超低空突防能力强，美、俄均十分重视其发展，世界其它国家和地区也在这一领域奋起直追。

美国继续对其"先进巡航导弹"和"空射巡航导弹"进行延寿改进 2004 年，美空军继续对其"先进巡航导弹"（ACM）和"空射巡航导弹"（ALCM）进行延寿改进，以使它们能够服役到 2030 年以后。延寿改进的合同是在 2003 年由美空军与波音和雷声两家公司签订的。"先进巡航导弹"和"空射巡航导弹"主要装备美空军 B-52 战略轰炸机。此外，美空军还在研究开发下一代巡航导弹。

俄罗斯成功试射 AS-15 空射巡航导弹 据俄罗斯《俄罗斯战略核力量》网站报道，2004 年 2 月 17 日 9 时 25 分，作为俄军"安全-2004"战略演习的一部分，俄空军从萨拉托夫州恩格斯机场出动 2 架图-95MS 战略轰炸机。大约 15 时，2 架轰炸机抵达位于科拉半岛的射击区域。就在这里，2 架轰炸机各自发射了 1 枚 AS-15A（俄称 X-55，或 Kh-55）巡航导弹，随后返回恩格斯机场。AS-15A 巡航导弹目前只装备图-95MS 战略轰炸机。

俄罗斯成功试射战略巡航导弹 据俄塔社报道，2004 年 6 月 29 日，俄空军从其图-95MS 战略轰炸机上成功试射了 1 枚巡航导弹，导弹准确命中了位于新地岛的目标。试射是俄军"机动-2004"战略演习的一部分。尽管试射的导弹型号没有披露，但是图-95MS 轰炸机通常都携带装载核弹头的 Kh-55 巡航导弹，因此推断此次试射的应是 Kh-55 导弹系列的某种型号。俄军方发言人事后曾表示，从图-95MS 起飞的萨拉托夫州到试射目标之间的距离为 3000 公里，这也同 Kh-55 导弹的射程基本吻合。但是，也不排除俄罗斯试射的是其最新的 Kh-101/102（俄称 X-101/102）巡航导弹的可能性。该导弹的射程至少也有 3000 公里，并且也可以从"图-95MS"上发射，Kh-101 是其常规装药型的名称，Kh-102 是其核装药型的名称。

俄罗斯新型巡航导弹即将服役 俄空军开发已逾 20 年的 Kh-102 型核巡航导弹将于 2005 年装备其图-160 和图-95MS 战略轰炸机，逐步取代 Kh-55 系列的各种空射巡航导弹。该导弹类似于美国的"先进巡航导弹"。此外，与美国一样，俄罗斯还在将其 AS-15B（俄称 X-55CM，装备图-160 战略轰炸机）空射巡航导弹的一部分改装成常规装药型（俄称 X-555，或 Kh-555）。2004 年 12 月，俄空军一位高级官员表示，首枚 Kh-555 已经出厂。

（任　杰　马红晨）

国外主要现有战略

国别	导弹型号	代名	类别	级数	推进剂类型	长度(米)
美国	“民兵”Ⅲ	LGM-30	洲际弹道导弹	3	固体	18.3
	“和平卫士”	LGM-118		3	固体	21.6
	“三叉戟”Ⅰ(C-4)	UGM-96	潜射弹道导弹	3	固体	10.4
	“三叉戟”Ⅱ(D-5)	UGM-133		3	固体	13.59
	ALCM	AGM-86	空射巡航导弹	1	扇涡轮发动机	6.32
	ACM	AGM-129		1		6.35
俄罗斯	Р-36МУТТХ	SS-18 Mod3	洲际弹道导弹	2	液体	36.3
	Р-36М2	SS-18 Mod4				34.3
	УР-100НУТТХ	SS-19		2	液体	25
	РТ-23УТТХ	SS-24		3	固体	22.4
	白杨	SS-25		3	固体	18
	白杨-M(井基)	SS-27		3	固体	22.7
	白杨-M(机动)	SS-27				22.7
	Р-29Р	SS-N-18	潜射弹道导弹	2	液体	14
	Р-29РМ	SS-N-23		3	液体	16.9
	Р-39	SS-N-20		3	固体	15
	“圆锤”	SS-N-27		3	固体	–
	Х-55	AS-15A	空射巡航导弹	1	扇涡轮发动机	7.1
	Х-55СМ	AS-15B		1		7.1
印度	“烈火”2		中程弹道导弹	2	固体	20
	“烈火”3			3	固/液	–
巴基斯坦	“哈塔夫”5		中程弹道导弹	1	液体	15.9
	“哈塔夫”6			2	固体	17
伊朗	“流星”3		中程弹道导弹	1	液体	16
	“流星”4			1	液体	–
英国	三叉戟2(D-5)		潜射弹道导弹	3	固体	13.59
法国	M-4		潜射弹道导弹	3	固体	11.05
	M-45			3	固体	11.05
	M-51			3	固体	12

导弹数质量情况表

直径（米）	弹头数×当量(万吨)	射程（公里）	部署时间（年）	现有数量（枚）	状况
1.7	3×33.5	11250	1970	500	现役
2.34	10×30	13000	1986	10	销毁中
1.88	6×10	7400	1979	48	逐步退役
2.11	8×45.5	12000	1990	288	现役
0.62	1×0.5~15	2400	1981	450	现役
0.7	1×0.5~15	3000	1985	400	现役
3	10×55	15000	1979	108	逐步退役
3	10×55	15000	1988		现役
2.7	6×50	10000	1979	130	逐步退役
2.4	10×55	10000	1987	15	销毁中
1.8	1×55	10500	1985	315	逐步退役
1.9	1×55	10500	1997	40	现役
1.86	1×55	10500	2006	–	即将部署
1.8	7×20	7000	1979	96	现役
1.8	4×25	8500	1986	96	现役
2	9×10	8300	1981	–	刚退役完
–	1×55	10000	–	–	研制中
0.51	1×20	3000	1983	684	现役
0.77	1×20	3000	1987	168	现役
1	1×4.55	3500	2002	–	现役
–	–	5000	–	–	研制中
1.35	1×3	1500	1998	–	现役
1.4	1×1.5～3.5	2500	–	–	开始生产
1.32	–	1300	1999	–	现役
–	–	2000	2003	–	现役
2.11	3×10	12000	1994	48	现役
1.93	6×15	5000	1985	16	现役
1.93	6×10	6000	1996	32	现役
2.35	6×10～15	10000	–	–	开始生产

弹道导弹防御武器系统

综述　2004年，以美国为首的一些国家加快了研制和部署弹道导弹防御系统的步伐。美国继续把中段防御系统的建设作为工作的重点，同时加紧进行末段和助推段防御系统的研制，进一步构建以中段防御为基点，并与末段和助推段防御紧密结合的多层拦截体系。在布什“停止无限期研究，尽早开始实际部署”的要求下，美国完成了8枚地基中段拦截弹的部署任务，加快了下一代天基导弹防御系统的研制，演示了末段防御系统的实战性能。美国还积极争取俄、日、澳等国家参与研制并部署导弹防御系统，以建立全球性的导弹防御体系，提出将用5年时间在欧洲部署“星球大战”导弹防御系统，并决定在欧洲建立新型导弹防御基地。

加大弹道导弹防御系统预算　为了保证导弹防御系统计划顺利进行，布什政府大量增加了导弹防御系统的预算经费，2005财年用于研发和部署导弹防御系统的经费总计91.4亿美元，比2004财年增加了15亿美元。其中，中段防御系统预算高达37亿美元；助推段防御系统为6.26亿美元；末段防御系统为8.2亿美元；采购“爱国者先进能力-3”（PAC-3）导弹用6.52亿美元；其余为预警、指挥与控制系统预算经费。由此可见，中段防御系统建设是2004年任务的重中之重。同时，布什政府要求国会在2005年继续加大对导弹防御系统的投资力度，2005财年预算达到102亿美元，比2004财年预算增长了13%。预计导弹防御计划在未来6年（2004~2009年）的预算总额将达到531亿美元。

2004年，参与弹道导弹防御的其他国家也增加投入，加强导弹防御系统建设。日本防卫厅2005财年导弹防御预算总额达1442亿日元（13亿美元），比上年增长35%。未来10年，日本计划投入95.6亿美元用于导弹防御系统，2007年拟具备初始作战能力，2011年全面部署。欧洲预计耗资30亿美元用于新型导弹防御系统的研制。德国将在未来8年内花费12.5亿美元与美国和意大利一起开发末段导弹防御系统。

重点发展地基中段防御系统　2004年是美国基本完成初始地基中段防御系统部署并具备初始作战能力的关键一年。一年来，美国把中段防御系统设施建设和作战能力的配套完善作为工作重点，同时加紧进行助推段和末段防御系统的研发和部署准备工作。

2004年7月3日，阿拉斯加州格里利堡地基中段防御基地完工，并于7月22日部署第一枚地基拦截弹，到11月11日完成第一阶段总共6枚拦截弹的部署工作。12月，美国又在加利福尼亚州范登堡空军基地部署了两枚地基中段防御系统拦截弹。至此，美国完成了2004年地基中段防御系统的首批部署工作。主要探测设备以及指挥控制、作战管理和通信系统已经按照计划进度或提前完成改进工作。美国导弹防御局还在2004年夏季进行了一系列的“系统集成与校验”（SICO）试验，把组成地基中段防御单元的主要设备，包括DSP预警卫星、“丹麦眼镜蛇”雷达、海军“宙斯盾”雷达、地基拦截弹及其发射设备、火控与通信系统、“飞行中拦截弹通信系统数据终端”（IDT）等集成在一起，检验了这些分布在全美各地设备的协同能力。

末段防御技术得到检验　针对“爱国者”（PAC-3）系统在伊拉克战争中暴露的问题，2004年美国3次对该系统进行试验，以检验经改进了的PAC-3导弹及地面设备的性能。此外，“箭Ⅱ”反导系统首次在美国进行实弹拦截试验，并成功拦截1枚真实的“飞毛腿”导弹。

助推段防御技术日趋成熟　2004年1月初，洛克希德-马丁公司航天系统分部获得一份总额为7.68亿美元的8年期合同，为美导弹防御局研制新的微型杀伤器（MKV）。MKV是导弹防御局“先期技术开发”计划的重点项目，将首先用于地基中段防御系统。当前部署的地基中段防御系统的一枚地基拦截弹只携带一个外大气层杀伤器，MKV研制成功后，一枚拦截弹将携带数十个MKV。

另外，美国导弹防御局准备恢复天基拦截弹的研制工作，并在2005财年预算申请中，为天基动能拦截弹（KEI）试验台申请了1000万美元。这些资金将用于降低风险研究，包括概念分析、作战演习、初始开发和轻型拦截弹部件的测试等。导弹防御局设想在2010~2011年间进行空间在轨试验，2010年初部署地基动能拦截弹，2012~2013年部署海基动能拦截弹，2012年进行卫星测试。

机载激光技术也取得了重要的进展。11月10日，由6个模块组成的兆瓦级氧碘化学激光器进行了“首次出光”试验，这是多模块兆瓦级氧碘化学激光器首次作为一个装置发射激光，虽然出光时间仅持续不到一秒钟，但“第一束光”试验已成为美国发展机载激光武器历史上一个具有重大意义的事件。

通过演习检验 BMC^3 协同作战能力 “作战管理与指挥、控制、通信”系统（BMC^3）是2004年地基导弹防御（GMD）计划的发展重点。2004年3月、7月和10月，美国防部导弹防御局分别完成代号为“太平洋探测者-II”、“太平洋探测者-III”、“太平洋探测者-IV”的3次大型整合演习。三次演习都将弹道导弹防御系统的诸多单元进行整合，包括“宙斯盾”系统、地基中段防御（主要是 BMC^3）系统、海军舰船、卫星和海岸站。演习主要是为了演示太平洋舰队的“宙斯盾”舰载雷达系统探测跟踪远程弹道导弹，并将目标信息转发到位于科罗拉多州和阿拉斯加州的指挥控制设施的能力，重点是关注它与地基中段防御系统（主要是其 BMC^3 系统）协同作战的能力。

积极推进全球导弹防御体系建设 美国在2003年5月公布的《弹道导弹防御国家政策》中，宣布将建立“全球导弹防御体系”，开发和部署多个不但可以保护美国本土及其海外驻军，而且可以保护美国盟友的导弹防御系统。2004年2月，美国防部导弹防御局提出将同俄罗斯开展“大范围”的联合导弹防御计划，并加强同盟国在动能拦截器（KEI）项目中的的合作。3月，美国根据“美日导弹防御计划”，决定9月开始在日本海部署“宙斯盾”军舰，以共同对付弹道导弹威胁。美国计划在日本海和太平洋海域部署5艘“宙斯盾”军舰。其中，美国海军的“宙斯盾”舰已在日本海部署到位，初步形成以美国为主导的亚太地区导弹防御网。6月，美国同捷克、匈牙利和波兰协商在其中一国建立美国导弹防御拦截基地事宜，以更有效地保护美国东海岸地区免受来自中东地区远程弹道导弹攻击。7月，美国和澳大利亚签署导弹防御协议，研究澳大利亚未来如何防御弹道导弹的袭击。10月，日本政府决定与美国共同研制防御系统拦截导弹的部件，其中包括识别和跟踪导弹的红外传感装置、拦截导弹的防热装置、火箭推进装置，以及用于摧毁来袭弹道导弹弹头的动能杀伤器部件。12月，日美签署导弹防御合作协议，规定两国应就弹道导弹防御系统的研究、部署和情报交换加强合作。

继续加强弹道导弹防御系统建设

美陆军成立导弹防御空间营 美陆军网站2004年1月30日报道，1月22日，美陆军在阿拉斯加州正式成立导弹防御空间营。该营是美陆军第100导弹防御旅的组成部分，由阿拉斯加国民警卫队的110名士兵组成，负责对部署在阿拉斯加州的地基中段拦截系统进行作战控制和安全防护，以保护美国免受弹道导弹攻击，同时还将执行国土防御任务。

美导弹防御局加强导弹防御系统创新研究 美国《空间与导弹防御报告》2004年2月2日报道，美国防部导弹防御局正在为导弹防御系统的一体化系统和技术改进寻求技术创新概念，将在9个技术领域加强研究，包括：雷达系统、激光器和光电系统、数学和计算科学、信号和数据处理能力、物理和化学、战场管理/指挥与控制、机械和航空航天工程、高空飞艇技术、方向与姿态控制系统。

美国第一个弹道导弹防御基地落成 法国《航宇防务》2004年7月7日报道，美国第一个弹道导弹防御基地建于阿拉斯加州格里利堡，于2002年6月15日破土动工，第一批6个拦截导弹发射井于2004年7月3日正式落成。该基地占地222.6万平方米，铺设光缆总长20800公里，是美国地基中段导弹防御系统的一部分，将用于保护美国本土免受弹道导弹的攻击。按计划，该基地共计要建设20个发射井，拦截导弹将从7月底或8月初开始部署。

洛-马公司交付首个天基导弹预警载荷 美联社2004年8月6日报道，洛克希德-马丁公司已将天基红外系统高轨（SBIRS High）计划的第一个天基载荷交付给美空军。此载荷将与一颗母星集成在一起，最终被发射进入地球椭圆高轨道（HEO）。届时，SBIRS不但为美国下一代导弹预警系统服务，还可执行情报、监视和侦察等任务，使作战指挥官灵活地获得敌战区有价值的信息，并可提供全球范围内的战术和战略导弹预警。SBIRS高轨系统的地面部分为美国提供了增强的导弹探测与跟踪能力、战场数据和技术情报。

美导弹防御局透露导弹防御系统发展规划 《每日防务快讯》2004年10月综合报道，美国防部导弹防御局列出未来5年的发展规划：除在阿拉斯加及加利福尼亚州的导弹拦截基地之外，还将在欧洲部署一个地基导弹拦截基地，以扩大对美国盟国的保护；在2007年底之前部署18艘具有导弹拦截能力的“宙斯盾”巡洋舰和驱逐舰，使舰载“标准-3”型的导弹数目达到28枚，但这些战舰不一定都部署在日本海，他们的任务目前也仅仅是防卫而不是攻击。

俄罗斯恢复其反导防御系统试验 俄罗斯《独立

报》2004年12月10日报道，俄罗斯国防部长谢尔盖·伊万诺夫在11月29日召开的俄罗斯国防部会议上称，俄罗斯在萨雷萨甘发射场成功进行了经过现代化改进的“反导导弹”试验。在成功试验的反导导弹上装备了热核弹头，热核弹头当量为1吨（Mt）。在雷达站不能判别出真实弹头和假弹头的情况下，将发射“弹头雾”。在“弹头雾”下将升起无数的、飞近的目标，这些目标中包括真实弹头和假弹头，以及进攻弹道导弹最后一级的碎片。

日本与美国进一步加强导弹防御合作 英国《简氏防务周刊》2004年1月7日报道，日本宣布将采购美国雷声公司的“爱国者-3”（PAC-3）陆基防空系统以及“标准-3”（SM-3） Block 1型舰载导弹防御系统，进而大大提高其现有导弹防御系统的能力。此决定是内阁官房长官福田康夫于去年12月19日在日本安全委员会会议之后宣布的，这是日本在参与美国导弹防御计划上迈出的重要一步。预计未来5年采购这些系统将花费65亿美元，并将分两个阶段在2007~2011年部署。

PAC-3将作为日本PAC-2导弹系统的补充，而SM-3 Block 1型导弹将取代日本海上自卫队4艘“金刚”级“宙斯盾”驱逐舰现装备的SM-2MR导弹。1999年以来，日本参与了美国SM-3 Block 2导弹项目的联合研究与开发。该项目的开发集中在导弹的头锥、战斗部、双色红外成像雷达导引头和第二级发动机。

日美签署协议推进导弹防御系统建设 美国《防务新闻》2004年12月17日报道，日本与美国12月17日签署了一项谅解备忘录，旨在推进日本弹道导弹防御系统建设，以对抗朝鲜的导弹威胁。该协议是在日本结束对美国防御系统10年武器出口禁令一周后达成的。

在朝鲜1998年发射“大浦洞”远程导弹飞过日本后，日本与美国便开始合作研究导弹拦截系统。但先前的武器出口禁令禁止日本向美国出口导弹部件，发展导弹防御所需的信息交流必须经过两国的外交协议授权。

印度欲论证构建导弹防御系统 《印度斯坦时报》2004年8月2日报道，印度国防参谋部成立了一个由一名将军牵头的专门委员会，具体负责对构筑导弹防御所涉及的技术、作战使用以及经费等问题进行研究论证，并最终通过参谋长联席会议向政府正式提出相关建议。该委员会的成立表明，印度军方正向构建导弹防御系统迈出第一步。目前，印度部署了用于点防御的“巴拉克”近程防空系统。据报道，以色列向印度提出联合研制“箭”式导弹防御系统，并已经向印度提供“绿松”预警雷达和“费尔康”无人机。

中国台湾将筹建“爱国者”先进能力(PAC-3)导弹部队 台湾《联合新闻》网站2004年1月15日报道，为了应对大陆弹道导弹和巡航导弹的威胁，台“国防部”在现有的防空部署基础上，筹建爱国者先进能力（PAC-3）导弹部队，加强中、南部地区的反导能力，逐步构建全岛低层导弹防御能力。“国防部”已积极筹建台军导弹整体防御系统，提升联合防空、反导及防御性反制战力。成立导弹指挥部，将三军所有导弹的作战能力，统一纳入联合作战指挥体系，发挥快速反应，联合打击的作战效能，同时采取外购与自主研发，构建陆基导弹作战与主动防御能力。

中国台军将把九鹏试验场改造为导弹基地 澳大利亚《每日航天》2004年11月9日报道，美国侦察卫星发现，台军正在九鹏导弹试验场修建钢筋混凝土结构的大型建筑物。由于掩体很厚，美方推测可能与台湾研发中程导弹、巡航导弹，甚至核武器有关。台湾媒体称，该掩体将用于部署“爱国者-3”导弹系统，预计2005年完工。大型掩体建成后，九鹏导弹试验场将成为台军的导弹基地。

西班牙将部署64枚“爱国者”导弹 法新社2004年12月12日报道，西班牙政府批准从德国购买64枚地对空美制“爱国者”导弹，总价值近1亿欧元。政府发表声明称：“导弹将帮助西班牙获得对抗弹道导弹的能力，该能力已成为国与国之间新的主要威胁。”西班牙将成为继德国、希腊和荷兰之后，第四个具有反弹道导弹技术的欧盟国家。

重点发展地基中段防御系统

洛-马公司将为导弹防御系统研制微型拦截器 法新社2004年1月7日报道，洛克希德-马丁公司已获得美军方防御系统研制合同，负责研制能够用一枚拦截导弹发射的微型拦截器（MKV）拦截多枚弹道导弹和诱饵弹的防御系统。洛-马公司称其构想是“改变导弹防御能力的可选策略”，未来来袭导弹的威胁目标难以区分，而MKV正是为抵御此种威胁而设计。

在假定场景中，MKV可通过一次发射就能命中所有真实的威胁目标。美国现有的导弹防御系统由于不能从诱饵弹中区分出真正的来袭弹头而易于被攻陷。2004年部署的导弹防御系统设计用于跟踪空中的来袭导弹，随后根据其飞行路线发射拦截导弹。此后拦截导弹发射的拦截器必须能够从众多目标中区分出真正的来袭弹头，然后自动碰撞以摧毁来袭弹头。单一拦截器将被多个 MKV 所取代，MKV 将制导追踪来袭导弹并摧毁“所有真实的威胁目标”。

美国开始实施“微型拦截器”计划 美国《每日航宇》2004 年 1 月 12 日报道，美导弹防御局最近授予洛克希德-马丁公司一项为期 8 年、总价值达 7.68 亿美元的合同，以研制和演示验证“微型拦截器”（MKV）技术。

美国防部导弹防御局要求 MKV 系统用单个拦截器携带多枚“微型拦截器”，能拦截多个目标，以增强对中程弹道导弹的防御能力。每个“微型拦截器”的直径约 15~20 厘米，长约 25 厘米，大小相当于一个咖啡罐。MKV 将捆绑在单个拦截器（或称母舱）上，MKV 和母舱都装有红外寻的头，在母舱利用自身的红外寻的头接近敌方来袭导弹时，MKV 被释放，以撞击或摧毁来袭导弹的弹头和诱饵。“微型拦截器”将主要用于中段拦截，单个拦截器携带 MKV 的实际数量随作战环境不同而变化。如果计划进展顺利，MKV 的首次导弹拦截试验将在 2007 年或 2008 年进行，最早将在 2010 年装备部队。

美国改进“标准导弹-3” 美国《每日航宇》2004 年 1 月 14 日报道，在 2003 年 6 月美国防部导弹防御局（MDA）进行的“宙斯盾”弹道导弹防御系统（ABMD）拦截试验失败后，雷声公司吸取教训，对“标准导弹-3”（SM-3）进行改进。对 SM-3 战斗部用于调节气流方向的固体发动机转向和姿态控制系统（SDACS）的转向头进行改造。未来的转向头将采用新材料、新结构进行制造，以更好地承受由 SDACS 释放出的热空气。

洛克希德-马丁公司的“宙斯盾”系统作为舰载“宙斯盾”武器系统的核心部件，将为地基中段防御系统（GMD）提供监视和跟踪，美国防部计划在 2004 年 9 月 30 日之前部署 GMD 以防御远程弹道导弹。此外，到 2004 年底，国防部希望配合“宙斯盾”弹道导弹防御系统可以用于拦截近中程导弹。在所进行的 5 次试验中，“宙斯盾”弹道导弹防御系统成功了 4 次，失败了 1 次。

美导弹防御局进行助推器飞行试验 法国《航宇防务》2004 年 1 月 28 日报道，美国防部导弹防御局（MDA）进行了“联合飞行试验-13b”（IFT-13b）的助推器飞行试验。此助推器能支持地基中段导弹防御系统拦截并摧毁远程弹道导弹。IFT-13b 主要是对助推器的性能进行评估和导弹防御系统综合体系结构设计，实现检测和跟踪目标导弹、发射拦截导弹、提供详细的目标识别信息、跟踪并与拦截弹保持联系等功能。IFT-13b 演示了几种新的系统能力，其中包括位于科罗拉多州联合国家综合中心（JNIC）和里根测试基地的 GMD 火控/通讯节点（GFC/C）的使用，里根测试基地的 GFC 制定了武器任务计划，旨在计划和指导拦截弹利用“碰撞-摧毁”的方式摧毁来袭导弹。位于里根测试基地的飞行中拦截通信系统（IFICS）在试验中向拦截器传递目标信息。夏延山的指挥中心以及天基红外系统试验节点的军方人员首次参与此类试验，天基红外系统试验节点还模拟了预警与跟踪模拟目标。

美导弹防御局拟从海基平台发射拦截弹 美国《每日航宇》2004 年 3 月 3 日报道，美导弹防御局（MDA）正在考虑将地基中段防御（GMD）系统的部分拦截弹部署在可移动的海基平台（如舰船、泊船和采油平台）上，以提高对新出现威胁的快速反应能力。

MDA2004 年 2 月宣布，它正在为地基中段防御系统拦截弹选建第三个基地，作为正在建造中的两个陆基基地（位于格里利堡和范登堡空军基地）的补充。这个新基地可能是海基平台，拟部署在美国本土以外。MDA 目前正在对这些海基平台进行评估。

按照计划，美国防部将于 2005 年前在格里利堡和范登堡空军基地部署首批 20 枚地基中段拦截弹，拦截来自朝鲜的远程弹道导弹。2006~2007 年，计划再购买 20 多枚拦截弹部署到格里利堡和即将选定的第三个基地，其中第三个基地将用于拦截来自中东的弹道导弹。

美海军最新型“宙斯盾”系统通过海上测试 洛克希德-马丁公司 2004 年 7 月 19 日报道，洛-马公司研发的第七代“宙斯盾”武器系统成功完成了连续的海上测试，这些测试是在“阿利·伯克”级驱逐舰“詹姆斯·E.·威廉姆斯”（DDG-95）号上进行的。在测试中，美海军和洛-马公司评估了“宙斯盾”武器系统在海上实战环境下的性能。两次成功发射了“标准-2”导弹，并进行了舰炮演练。至此，最新一代“宙斯盾”系统已进行了八次成功的导弹交战试验。

美海军“宙斯盾”舰进行弹道导弹防御演习 美国导弹防御局 2004 年 7 月 20 日报道，美国导弹防御局和美海军在太平洋导弹试验场成功完成“太平洋探测者 III”演习。“宙斯盾”舰对弹道导弹进行了远距离监视和跟踪，成功进行了信息通信，以支持“弹道导弹防御系统”（BMDS）。未来几年，美国太平洋舰队将有 15 艘驱逐舰装备专用的“宙斯盾弹道导弹防御”装备和计算机程序。“伊利湖”（CG-70）号和另两艘美海军巡洋舰也将安装类似的监视设备，以具备用“标准-3”导弹拦截弹道导弹的能力。

美国部署第一枚地基拦截弹 法国《航宇防务》2004年7月26日报道，美国导弹防御局（MDA）7月22日在阿拉斯加州格里利堡部署的第一枚地基拦截弹，它是地基中段导弹防御系统的一部分。2004年，MDA还将在格里利堡和加利福尼亚州范登堡空军基地分别部署5枚和4枚拦截弹。

美国计划改进格陵兰岛的导弹预警雷达 美国《今日军控》网站2004年7~8月报道，丹麦议会近日批准通过由布什政府提出的改进格陵兰图勒空军基地预警雷达的要求。目前，该雷达仅能探测国外发射的弹道导弹的大致落点，无法提供弹道导弹防御系统所需的较长跟踪时间和足够的弹道参数。美军将改进雷达的软件和硬件，提高跟踪目标的精度，使之足以引导防御系统拦截弹道导弹。其中硬件改进包括，计算机、图形显示、通信设备和雷达接收装置等，该雷达预计最早2006年投入使用。

美导弹防御局将采购“标准-3”Block 1A型导弹 英国《简氏防务周刊》2004年8月9日报道，美导弹防御局（MDA）授予雷声公司一份价值1270万美元的合同，长期采购“标准-3”（SM-3）Block 1A型导弹，合同预计将在2005年12月31日完成。SM-3用于导弹防御局的“宙斯盾”弹道导弹防御（BMD）计划，该计划由导弹防御局与美海军共同管理。“宙斯盾”BMD计划为弹道导弹防御系统（BMDS）开发和装备海基部件。为了建立初期防御作战能力，雷声公司将根据合同进行导弹开发、飞行测试、制造、交付、地面测试设备、备用部件和数据等方面的工作。

雷声公司交付外大气层杀伤器 澳大利亚《每日航天》2004年8月18日报道，雷声公司向美导弹防御局（MDA）“地基中段防御”（GMD）计划交付外大气层杀伤器（EKV），用于拦截在外大气层处于中段飞行的敌方弹道导弹。在9月之前，雷声公司将交付所有EKV，以满足GMD计划初始部署以及试验的需求。今后两年，雷声公司将向阿拉斯加州格里利堡和加利福尼亚州范登堡空军基地交付20套EKV。此外，雷声公司还负责为“宙斯盾”导弹防御计划制造和部署“标准-3”导弹，该计划旨在使前方部署的“宙斯盾”军舰具有拦截弹道导弹的能力。雷声公司同时还负责为GMD提供海基X波段雷达（SBX）和改进的预警雷达（UEWR）、“空间跟踪和监视系统”载荷、弹道导弹防御（BMDS）雷达、“战区高空区域防御系统”（THAAD）雷达以及作战管理软件等。

洛-马公司完成“宙斯盾”BMD系统陆基试验 美国洛克希德-马丁公司2004年8月31日报道，洛克希德-马丁公司已成功完成最初可部署的“宙斯盾”弹道导弹防御（BMD）远程监视与跟踪能力的陆基试验，这是一个重大的项目里程碑节点，未来系统将逐步具备保护美国防御远程弹道导弹攻击的初始能力。“宙斯盾”BMD是弹道导弹防御系统（BMDS）的一个组成部分，BMDS由导弹防御局（MDA）与美海军合作开发。

“宙斯盾”作战系统，特别是它的SPY-1雷达和相关指挥、控制与通信系统，能够极大地扩展弹道导弹防御的远程监视与跟踪能力。从“宙斯盾”系统传送出的目标数据进入到BMDS指挥与控制、战场管理及通信（C2BMC）系统当中，为作战指挥官的战场态势感知提供支持。“宙斯盾”目标数据还为地基中段防御（GMD）系统提供火控信息，为雷达和特定战场情景下地基拦截器的发射提供信息支持。8月28日，在美海军作战系统工程研制试验场进行了此次陆基试验，试验采用了与GMD和C2BMC系统相联接的模拟接口。试验目的是确定“宙斯盾”系统满足其在“宙斯盾”驱逐舰上安装、试验和部署的要求。导弹防御局和美国海军最终将装备15艘海军驱逐舰以使其具备远程监视与跟踪能力。3艘海军巡洋舰将配置类似的监视能力，以及用“标准-3”导弹进行交战的能力。

美军将在加州范登堡空军基地部署首枚地基拦截弹 美联社2004年12月3日报道，美国防部宣布在加利福尼亚州范登堡空军基地内的发射井部署首枚地基拦截弹。此举也是布什导弹防御计划的一部分，该计划旨在击落由朝鲜或东亚其他地点发射的弹道导弹。这枚于12月7日部署的拦截弹也是美国防部同年部署的第7枚拦截弹，前6枚部署在阿拉斯加州的格里利堡基地，未来范登堡空军基地还将再部署3枚拦截弹。

美导弹防御系统首次全系统飞行试验失败 美联社2004年12月15日报道，美军北方司令部的一位发言人称，导弹防御系统最早要到2005年初才能具备初始作战能力。12月15日，导弹防御局进行了近两年来地基中段防御系统的首次全面试验，因拦截弹没能正常发射而失败。

携带模拟弹头的目标弹从阿拉斯加的科迪亚克岛发射升空，从太平洋中部的夸贾林靶场发射的拦截弹因出现“原因不明的异常”，发动机在发射井中自动熄火。本次试验的拦截弹首次使用和作战系统一致的助推火箭，模拟导弹也是首次从科迪亚克岛发射。美官方称，试验主要目的是搜集相关数据，评估导弹防御系统的硬件和软件指标，而非执行拦截任务。耗资

8500万美元的本次试验失败，意味着美国导弹防御计划遭遇严重挫折。

末段防御技术得到检验 **美国恢复“爱国者”反导系统试验** 美国《每日航宇》2004年3月19日报道，2004年3月4日，美陆军进行了自2002年以来的首次拦截试验。试验中，1枚“爱国者先进能力-3”（PAC-3）导弹成功地摧毁了1枚近程弹道导弹。陆军计划在2004年6月和8月再次进行试验，用PAC-3导弹拦截多种类型目标。

洛-马公司开始生产“末段高空区域防御”导弹 澳大利亚《每日航天》2004年5月31日报道，洛克希德-马丁公司2004年5月31日开始生产“末段高空区域防御”（THAAD）导弹。该公司将负责THAAD导弹的集成、装配和试验，这种导弹是THAAD武器系统和美国“弹道导弹袭击分层防御网”的主要部分。THAAD系统用来保护美国部队、盟军、人口集中区和重要基础设施免受中、近程弹道导弹的威胁，由指挥和控制/作战管理系统、导弹、发射器和雷达构成。THAAD导弹采用“撞击杀伤”技术摧毁目标，并且是惟一能在内、外大气层高度对弹道导弹构成威胁的武器系统。THAAD飞行试验于2004年末开始并持续到2009年初。预计于2007年形成初步作战能力。

“箭Ⅱ”反导系统首次完成“飞毛腿”导弹实弹拦截试验 美国《每日航宇》2004年7月30日报道，以色列和美国联合研制的“箭Ⅱ”反导系统首次成功拦截一枚真实的“飞毛腿”导弹。此次试验是在美国加利福尼亚州的海军靶场进行的。此前的试验使用的都是模拟的“飞毛腿”导弹。此次试验也是首次在美国进行的导弹拦截试验。以色列国防部的一份声明称，由于安全原因和场地限制，这种实弹试验无法在以色列进行。目前“箭”式反导系统已进行9次试验，8次成功拦截目标。美国防部导弹防御局（MDA）称，此次试验是正在进行的“箭”式反导系统性能改进计划的一部分，旨在演示对付各种威胁的能力。

“战区高空区域防御系统”具有防御洲际弹道导弹的能力 美国《每日航宇》2004年8月20日报道，美陆军官员称，用于对付处在末段的近程和中程弹道导弹的“战区高空区域防御系统”（THAAD），同样具有防御更远程目标——洲际弹道导弹（ICBM）的能力。

THAAD计划经理表示，对用于THAAD的雷达（雷声公司制造）进行的试验表明，THAAD具有拦截处于末段的ICBM的能力。在完成一系列拦截近程和中程弹道导弹的试验之后，THAAD将于2009财年开始进行防御洲际弹道导弹的试验。

“爱国者-3”导弹在试验中成功拦截目标 美国《每日防务》2004年9月3日报道，洛克希德-马丁公司宣布，在白沙导弹靶场进行的试验中，“爱国者先进能力-3”（PAC-3）导弹成功拦截并摧毁了来袭的一枚战术弹道导弹和一枚低空巡航导弹。

在这次试验中，两枚PAC-3导弹向一枚改装成近程战区弹道导弹的旧型“爱国者”导弹进行了连续发射；在同时进行的另一次试验中，一枚PAC-3射向低空飞行的MQM-107D巡航导弹目标。初步数据显示来袭的弹道导弹和巡航导弹均被摧毁。这是洛-马公司在飞行试验及作战中对抗战区弹道导弹的第五次成功的连续试射。

此次试验的目标包括：演示验证系统探测、跟踪和同时打击战区弹道导弹及巡航导弹的能力，并确定实施中的成本降低倡议所涉及的几个PAC-3导弹部件的性能。这些部件包括先进主频率发生器、多频段射频数据链和简易惯性测量装置。PAC-3导弹分段升级系统包括PAC-3拦截器、导弹装运箱和增强的火控与发射器电子系统。除集成到“爱国者”系统外，PAC-3还被选为多国“扩展的增程防空系统”（MEADS）的主要拦截器。

“战区高空区域防御”雷达在反导试验中成功跟踪弹道导弹 美国导弹防御局网站2004年9月16日报道，9月2日在白沙试验场进行的“爱国者”导弹拦截试验中，“战区高空区域防御”（THAAD）系统的X波段雷达成功跟踪了一枚战术弹道导弹。试验中，操作人员成功地获取、区分并跟踪了目标导弹和拦截弹。

“战区高空区域防御”雷达能够区分有威胁的战术弹道导弹目标，跟踪需要拦截的目标，为后续的分析任务收集击中的评估数据。这种雷达自2004年3月抵达试验场后一直用于跟踪卫星，将在一系列日益复杂的目标导弹跟踪演习中发挥重要作用，这些演习是为计划2005年进行的“战区高空区域防御”系统拦截目标导弹试验做准备。

美导弹防御局研究战机发射PAC-3等导弹的可行性 美国《每日防务》2004年10月13日报道，美国导弹防御局着手进行相关可行性研究，以论证由洛克希德-马丁公司研制的“末段高空区域防御”（THAAD）导弹或“爱国者先进能力-3”（PAC-3）导弹能否由战机在空中发射。

可行性研究预期持续9个月，将“确定利用现有战机（可能是F-15和F-16战机）携带的THAAD/PAC-3拦截弹防御上升段或末段飞行导弹所可能面临的技术与工程挑战”。

洛-马公司成功完成 THAAD 试验 美国《每日防务》2004 年 10 月 14 日报道，洛克希德-马丁公司成功完成“末段高空区域防御”（THAAD）系统的短距热发射试验（SHotL），从而向 2005 年进行飞行试验的目标迈进了一步。

ShotL 试验目标包括检验 THAAD 的飞行试验发射系统，并鉴定导弹贮运发射筒的设计。初步数据显示所有试验目标均已实现。此次试验内容包括从移动发射器上的导弹贮运筒中发射一枚实弹，贮运筒的构型与即将开始的飞行试验计划所使用的贮运筒相同。为提供与飞行试验初动量相似的推力和速度，试验使用了少量推力。导弹一旦安全射离贮运发射管，将由降落伞回收系统捕获导弹，使其可用于未来的地面试验。

美军将扩大“末段高空区域防御系统”防御范围 英国《简氏防务周刊》2004 年 11 月 10 日报道，美国导弹防御局（MDA）“末段高空区域防御”（THAAD）系统将在 2005 年 3 月开始进行飞行试验，预计 2009 年部署第一个作战单元。MDA 还在考虑将 THAAD 系统与其他导弹防御探测器配合使用，使其防御范围由对付近、中程导弹威胁扩大到拦截洲际弹道导弹，以便为远离美国本土的岛屿提供保护，弥补地基中段导弹防御系统的不足。

到 2008 年，THAAD 系统经过软件改进后，在外部探测器的辅助下，将能够把导弹发射车与指挥系统之间的距离扩大到 160 公里，从而使防御区域扩大 3 倍；预计 2009 年 MDA 将开始洲际导弹拦截试验；到 2010 年，实现在监视卫星的引导下发射拦截弹，从而使该系统的防御区域扩大 10 倍。为此，拦截弹可能会加装发动机。

THAAD 系统是美军目前在研唯一的一种既可拦截大气层内目标，又可以拦截低层空间目标的反导防空系统。

美军“爱国者-3”首次同时拦截两枚弹道导弹 美国《每日防务》2004 年 11 月 19 日报道，在 11 月 18 日进行的“研制/作战试验-12”中，美陆军发射 4 枚“爱国者-3”（PAC-3）导弹，首次同时拦截了两枚弹道导弹，包括一枚模拟近程弹道导弹的“爱国者改装靶弹”和一枚模拟远程弹道导弹的“风暴”机动战术靶弹。根据战术条例，拦截一枚弹道导弹需发射两枚 PAC-3 导弹。

这次试验的目的是验证 PAC-3 导弹中数个低成本部件的性能以及系统同时探测、跟踪、交战和拦截两枚战术弹道导弹的能力。初步数据显示试验达到预期目标。洛克希德-马丁公司计划从 2005 年第二季度开始为新生产的 PAC-3 导弹换装低成本部件，降低导弹成本。

美陆军为防御巡航导弹研制低成本拦截弹 英国《简氏防务周刊》2004 年 12 月 1 日报道，美陆军希望进行一种低成本反巡航导弹拦截弹的飞行试验，这种导弹用于弥补当前和即将出现的防空系统的不足。在不断完善空中监视传感器和巡航导弹拦截武器（如“扩展的中程防空系统”、“面射型先进中程空空导弹”和“爱国者先进能力-3”导弹）的同时，美陆军还在寻求“低成本拦截弹”（LCI），增强其巡航导弹防御体系的有效性。

美陆军 LCI 项目主管表示，生产 3000 枚导弹单价只需 10 万美元，可在 2010 年底前投入作战使用。LCI 长 4.5 米，采用诺斯罗普·格鲁曼公司生产的全天候、主动射频寻的器，射程 150 公里，预计将成为美陆军拥有的射程最远的反巡航导弹拦截弹。LCI 没有专用的发射器，可以用“面射型先进中程空空导弹”（SLAMRAAM）的导轨式发射器或“扩展的中程防空系统”（MEADS）和“爱国者先进能力-3”（PAC-3）的箱式发射器发射。该导弹还将使用其他系统的雷达和空中传感器，将其导向目标。LCI 将用于拦截亚声速、非隐身巡航导弹，以及无人机、旋翼机和某些固定翼飞机。LCI 用于拦截低层目标，这些目标占所有目标的 75%~85%，其他更加复杂的目标由 PAC-3 和 SLAMRAAM 拦截，这样就可以降低成本。

日本将购买“爱国者-3”导弹 美国国防安全合作局网站 2004 年 9 月 7 日报道，日本政府要求购买 20 枚 PAC-3 导弹，还要求美国政府和承包商提供技术协助和其它相关后勤支持，如系统维护、工具修正、火控计算机、相关技术资料、人员训练、备用部件和维修、补给支持等。

美国国防安全合作局（DSCA）认为，日本是东亚和西太平洋地区一支重要的政治和经济力量，也是美国在该地区确保安全和稳定的主要盟友。帮助日本建立和维持强有力的自我防御能力对美国具有重大意义，这将有助于保持该地区军事力量的平衡。这项军售计划符合美国的目标以及 1960 年签订的《日美安全保障条约》。

日本将在国内生产并部署“爱国者-3”型导弹 日本共同社 2004 年 11 月 23 日报道，日本已与美国原则上达成一致，日本将采用许可证方式从 2005 财年开始生产“爱国者-3”防空导弹，并将于 2008 财年初部署。

中国台湾秘密试射“爱国者-2”导弹 台湾《东森新闻报》2004年6月15日报道，台军在屏东九鹏基地进行“神箭45”号军演时，进行了“爱国者”导弹拦截试验，成功拦截目标。

此次试射的是“爱国者-2”型导弹，主要是因台军方拟向美方采购6套“爱国者-3”型导弹，并将于6月完成建案，随后以编列特别预算着手采购。一旦试射未如预期，预算恐将遭“立法院”否决。“爱国者”导弹曾于2001年在“神箭42”号军演中首度在九鹏基地试射，当时试射3枚都完全中靶。

中国台湾第二次实弹试射“爱国者-2”导弹 英国《防务系统日刊》2004年6月21日报道，台湾军方在台湾南部的潮蓬靶场，成功地进行了“爱国者”导弹的年度第二次实弹发射试验，命中了1个弹道导弹靶标。这次试射成功，增强了台湾军方使用“爱国者”导弹进行实弹发射训练的能力。

台湾军方一周前曾进行了PAC-2导弹的实弹发射试验，先后发射了2枚导弹，成功地摧毁了1个战术弹道导弹靶标和1个吸气式空中靶机。“爱国者”导弹是美陆军的综合防空系统的基础，是一种远程、全高度和全天候导弹，用来攻击包括飞机、战术弹道导弹和巡航导弹。

中国台湾将增加“爱国者-3”型反导系统采购数量 《中新网》2004年6月28日报道，在台当局编列约68亿美元的对美军购预算中，台军方将原先的“爱国者-3”型反导弹系统“3+3”套扩增为“6+3”套。所谓“6+3”套，是指新购6套“爱国者-3”型，现役3套“爱国者-2”型性能提升至3型水准。

台军方现有190余枚“爱国者-2”型导弹，加上预备购入的380余枚“爱国者-3”型，总共570多枚。

助推段防御技术日趋成熟

美导弹防御局拟恢复天基动能拦截弹的研制 美国《每日航宇》2004年2月23日报道，美国导弹防御局（MDA）准备恢复天基动能拦截弹的研制工作。在2005财年预算申请中，导弹防御局为动能拦截弹（KEI）天基试验台申请了1000万美元。这些资金将用于风险降低研究，包括概念分析、作战模拟、初期开发和轻型拦截弹部件的测试。导弹防御局当前的远期目标是：2010~2011年间开始空间在轨试验，2012年进行有限数量试验星座试验。

目前，动能拦截弹计划的重点是设计最早能于2010年部署的地基和海基拦截弹。在2005财年，布什政府为动能拦截弹计划申请5.11亿美元。预计该计划2005~2009财年的总开支将达到80亿美元。

美天基动能拦截系统试验台将采用小卫星星座 美国《每日航宇》2004年3月4日报道，美国导弹防御局（MDA）的2005财年预算文件表明，MDA计划在2012年前发射6颗卫星，以试验天基动能拦截弹系统。也就是说，在2011~2012年间，MDA的天基试验台将拥有一个由3~6颗在轨卫星组成的小星座。

美国单一一体化导弹防御系统的各种动能拦截弹（KEI）用于对助推段飞行的弹道导弹遂行拦截。其中，天基动能拦截弹采用了独立的发展道路；而地基和海基动能拦截弹已选定诺斯罗普·格鲁曼公司为主承包商，将在4~6月内进行系统需求评估，并计划在2010年初部署地基动能拦截弹，2012~2013年间部署海基动能拦截弹。

洛-马公司完成机载激光器子系统的工厂测试 英国《防务系统日刊》2004年4月22日报道，洛克希德-马丁公司已经完成了用于机载激光器（ABL）光束控制/火控（BC/FC）系统的光具座的工厂测试工作。BC/FC系统将帮助ABL进行精确指示、聚焦。大量试验验证了系统能够在作战传输速率下对每个反射镜进行精确控制。试验证明BC/FC系统能够捕获目标，起动目标跟踪和大气补偿运算，发射高能激光以及关闭系统保持波束质量和精度。到目前为止，洛克希德-马丁公司已经完成了BC/FC系统两套主要部分（多光束照射器和光束转换组件）的功能和性能测试。2004年5月，洛克希德-马丁公司将向ABL项目的主承包商波音公司交付多光束照射器，由后者负责将BC/FC系统和高能激光器集成到飞机上。随后在2004年夏天交付光束转换组件和负责激光器瞄准的飞行转塔组件。

美军开发“动能拦截弹”的多重导弹防御能力 美国《海军联盟》网站2004年8月6日报道，导弹防御局正在用一种灵活机动的“杀伤载具”配备动能拦截弹，使得动能拦截弹具备了在目标导弹“上升飞行段”和“中间飞行段”击落目标导弹的功能，并考虑以动能拦截弹为基础，研制新型多用途、复合型拦截导弹。

美军计划2010年以地基导弹的形式部署一个动能拦截弹，到2020年再以海基导弹的形式部署动能拦截弹。2004年9月美军将部署两艘装备有SM-3防空导弹的驱逐舰，这是导弹防御系统的初步部署。

美军机载激光器安装新硬件 美国导弹防御局2004年9月14日报道，一种新的装备有超敏感跟踪激光器——主动测距系统（ARS）的吊舱正在加利福尼亚州爱德华兹空军基地进行综合，ARS系统已经安装在机载激光器（ABL）飞机上。

2002 年 7 月，在 ABL 的第一次飞行测试中，原先的吊舱振动过大。新的吊舱模仿了 ARS 的体积，配备了模拟传感器，已经过计算流体动力学（CFD）分析，验证了设计方案。在飞行测试中，它将被安置在 ABL 飞机--YAL-1A 上。

ARS 由二氧化碳激光器、主动与被动传感器、光学器件、陀螺框架和多种敏感电子学器件组成。它的功能是给任务处理器提供数据。任务处理器通过信息来跟踪敌方弹道导弹，并把它们优先作为 ABL 兆瓦级化学氧碘激光器（COIL）的目标。COIL 会聚集足够的能量在导弹的弹体上，使它解体。在跟踪过程中，ARS 为 ABL 的作战管理系统提供一个六维向量（位置和速度）。在解译的时候，数据补充了导弹跟踪参数的计算，包括一个导弹发射点和一个预报碰撞点的评估。

美机载激光器首次进行出光试验 《装备参考》2004 年 11 月 10 日报道，由美国波音公司领导的“机载激光器”（ABL）项目小组在加州爱德华兹空军基地的实验室中，首次成功使 ABL 发射一束大功率的激光。据导弹防御局官员称，尽管这次被称为“第一束光”的激光器出光试验仅持续不到一秒钟，但它表明 ABL 能够工作。在后续的几个月中，技术人员将延长激光束的持续时间，并提高其功率。在地面试验完成后，ABL 将安装到“波音 747”飞机上，使其能在 1.2 万米的高空摧毁距离 320 公里远的弹道导弹。

ABL 是布什政府的多层导弹防御系统的核心之一，采用氧碘化学激光器，旨在通过化学装置，将一束篮球大小的激光束投射到数百公里外的导弹上，从而实现导弹拦截。该项目始于 1996 年，经费已从开始的 36 亿美元增加到 50 亿美元。ABL 一直受到争议，批评者认为存在很大技术挑战，即使能克服技术难题，恶劣的天气也会影响激光束的精度，同时体型庞大的 747 飞机也容易受到攻击。

美机载激光器完成两次飞行试验 《装备参考》2004 年 12 月 20 日报道，美机载激光器（ABL）载机 YAL-1A 分别于 12 月 3 日和 10 日在加利福尼亚州爱德华兹空军基地完成两次飞行试验，ABL 设计用于使用高能激光束摧毁来袭的弹道导弹。由于 YAL-1A 安装 ABL 已停止飞行两年，所以恢复其适航性是必需的。

在 12 月 3 日的飞行试验中，由于仪器示数出错，使得原计划 2 个小时的试验提前结束，只飞行 22 分钟。几个小时内，试验人员找到故障原因，为周四的飞行扫清了道路。在 12 月 9 日的飞行中，YAL-1A 共飞行 2.5 小时，完成了预期计划。

法国研制用于导弹防御的红外预警卫星系统 法国网站 2004 年 1 月 20 日报道，法国装备总署（DGA）的电信与信息计划部授予 EADS Astrium 公司一项合同，设计和生产一个天基光学预警演示系统。

该演示系统包括提供一套能够收集分析以陆地为背景的红外图像、能够探测刚刚发射尚处于助推段的弹道导弹的完整系统。天基部分由在椭圆轨道上运行的两颗 120 公斤级的微型卫星组成。这两颗卫星将在 2008 年由“阿里安-5”运载火箭发射。这是欧洲的第一种这类演示系统，将为未来有实战能力的预警光学系统铺平道路。该演示系统将在反导防御系统中形成一个战略链路。

（刘映国　王静洁）

军 用 航 天 技 术

综述 2004 年，全世界共成功进行了 53 次航天发射，把 75 个航天器送上预定轨道（见下表），在空间攻防、卫星应用、航天运载、空间探测等领域均取得了较大进展。美国积极推进职业化航天部队建设，在空间攻防技术和装备研制等方面取得较大进展，俄罗斯正努力创建新型的空天防御系统。美国、俄罗斯、法国等国发射了一系列军用或军民两用卫星，美国、欧洲各国、日本、印度等国积极推进军用卫星计划。航天运载方面取得了新的进展，美国在高超音速飞行试验、可重复使用运载火箭等领域获得新突破，俄罗斯大型运载火箭发射成功。以美国“空间探索新计划”和欧洲“极光计划”为标志，火星、土星、彗星等空间探测进入新阶段。

美国公布 GPS 新政策 2004 年 12 月 15 日，美国白宫公布了布什总统 12 月 8 日签署的“美国天基定位、导航和授时政策”，以取代 1996 年 3 月 28 日克林顿总统签署的“美国全球定位系统政策”。新政策宣称：维护克林顿政府时期废除用于降低民用 GPS 信号

2004 年世界各国发射的航天器分类统计表

	飞船	通信	照相侦察	预警	导航	电子侦察	气象	遥感	空间探测	技术试验	合计
美国		11	1	1	3				2	5	23
俄罗斯	6	6	1	1	4	2		2		1	23
欧洲组织								1	1	4	6
法国			1							1	2
加拿大		1									1
中国							1	3	3	3	10
日本		1									1
印度		1									1
沙特阿拉伯		3									3
西班牙		1								1	2
巴西		1									1
台湾地区								1			1
意大利										1	1
合计	6	25	3	2	7	2	1	7	6	16	75

的“选择可用性”（SA）的决定；为商业用户免费提供 GPS 服务；使 GPS 能与“伽利略”及类似系统相兼容或互操作等。同时宣称保留拒绝敌方使用 GPS 或其他天基定位、导航和授时系统的立场，并要求国防部长制定措施，以便在紧急关头中断 GPS 的民用服务和拒绝敌方利用国外的天基导航系统。

美国与欧盟就双方卫星导航系统达成最终协议 2004 年 6 月 26 日，美国与欧盟经过长时间反复磋商后，就解决双方卫星定位系统问题最终达成一致。根据协议，欧盟“伽利略”导航定位系统将与美国 GPS 导航定位系统以平行使用、互不干扰的方式运行；美国不再反对欧盟在不对 GPS 系统军用与民用信号造成有害干扰的前提下对“伽利略”系统作进一步的技术开发；两个导航卫星系统将共用“基线”信号为非军事应用服务，如汽车导航、交通恢复系统等。

美空军出台《空间对抗作战》条令 2004 年 8 月 2 日，美空军出台了《空军作战条令 2-2.1：空间对抗作战》（Counterspace Operations）。作为运用空中和空间力量确保空间优势的行动指南，该文件指出，“空间对抗作战对于现代战争的胜利至关重要”，“空间对抗作战是获得和维持空间优势的方法和手段，是美空军空中和空间力量的任务之一。空间对抗作战由防御性和进攻性两个部分构成，二者依赖于强大的空间态势感知能力。在各种规模的冲突中都可以遂行空间对抗作战，其作战效果将通过从暂时遏制到全面破坏敌手的空间能力达成。”该文件首次明确指出美空军将把空间对抗作战作为首要任务之一，表明美空军的意图不仅是实现空间武器化，还可能先发制人地对敌方遂行反卫作战。

美科学家联盟公布《确保美国的空间安全》研究报告 2004 年 7 月 22 日，美国科学家联盟（FAS）公布了其空间武器研究小组的报告《确保美国的空间安全》的初稿。在研究了美国空间系统和各种天基能力的种种易损性以后，研究小组一致得出结论认为，在今后 5 年内在空间放置武器并不符合美国的安全利益。研究小组还研究了用空间武器攻击地面目标的有用性，得出的结论是，地基武器比天基武器更为有效，技术上更可行，并且所需费用和政治代价也更低。研究小组在注重空间武器化的诸多技术方面的同时，也考虑了在空间放置武器的政治影响。其研究结论是，在地基武器具有相当于天基武器能力的情况下，避免在空间放置武器更符合美国的战略利益。

美军加快空间武器的部署 2004 年 2 月，美国空军在互联网上发布了其 2003 年 11 月制定的《美国空军转型飞行计划》。该计划第一次公开地、正式地列出了美国空军在研和计划研制的空间攻防武器清单，并明确指出，空间武器已被视为美国未来武器库的组成部分。《美国空军转型飞行计划》还按部署时间将规划中的空间武器分为三类：近期计划，在2010年前部署；中期计划，在2010~2015年之间部署；长期计划，在2015年后部署。美国导弹防御局还在2005财年预算中为“近战区红外实验”（NFIRE）卫星申请了6800万美元的经费，该卫星上载有第二代射杀装置（Kill Vehicle），能够摧毁或破坏来袭导弹或轨道中的卫星。

2004年10月29日，美空军航天司令部称已研制出地基反通信系统（CCS），并于9月底部署在科罗拉多州的彼得森空军基地，由76空间控制中队操作，该系统可以使敌对国家的卫星通信暂时中断，但不会直接攻击卫星本身，造成卫星永久性失能。

另据美国《防务技术》网站2004年10月报道，美国“武器控制专家”杰弗里·刘易斯披露了美国防部所希望的太空武器清单。其中名列榜首的是微小型itty-bitty卫星。美国防部称，itty-bitty卫星的任务是“摧毁敌方的航天器”。这些杀手飞行器将被装人可重复使用的军用轨道器，一次可装入10个。一旦目标被捕获，这些“微卫星动能杀手载荷”（MKKP）将会“高速尾随”拦截敌方的卫星。微卫星动能杀手载荷在破坏敌方卫星后，将会检查敌方卫星受损程度。据刘易斯透露，微卫星动能杀手载荷是五角大楼“实验卫星系列”（XSS）项目的组成部分之一。2003年1月29日发射的重28公斤的XSS-10卫星成功演示了它靠近另一颗卫星拍摄图像的能力。

美空军致力于提高空间态势感知能力 2004年7月，美空军协会网站报道，美空军决策层已制订了一项近期提高部队对空间中任一时刻发生事件的感知能力，并称保护美国空间资产是美空军当前一项紧迫的任务。美军已提出了三种提高空间态势感知能力的方案，包括部署在地球低轨道的“天基太空监视系统”（SBSS），拟于2007年开始发射SBSS的“探路者”卫星；部署在地球同步轨道上的“轨道深空成像系统”（Orbital Deep -Space Imager）；“快速攻击识别、探测及报告系统”（RAIDRS），该系统将辅助区分在轨卫星受损是自然环境造成还是人为攻击所致。RAIDRS到2009财年的总支出将达到2.1亿美元。

2004年4月16日，美国空军研究实验室（AFRL）授予特雷克斯（Trex）实业公司一项金额为2500万美元的合同，以设计、制造和演示研制“卫星主动成像国家试验台”（SAINT）——用于拍摄在轨卫星照片的地基光学成像系统。据称，该试验台拍摄低地球轨道卫星图像的分辨率约为5厘米或更高；预期在未来15年内拍摄地球静止轨道卫星图像的分辨率至少优于1米；拍摄其他轨道卫星图像的分辨率将在5厘米至1米之间。

2004年10月1日，美国海军向空军移交了前海军太空监视系统“篱笆”（Fence）的操控任务。新成立的第20太空控制中队1分队，从“海军网络与空间作战司令部”（NNSOC）接管了“篱笆”，从而结束了海军对该传感器40多年的管理。该系统能侦测到15 000海里有效范围内的环地轨道上篮球大小的目标。每月该监测传感器收集500万次以上的卫星监测或观测报告。

美国研究如何保护卫星系统 据英国《简氏防务周刊》2004年6月16日报道，美国防部与国土安全部、国务院一起正在研究如何保护全球作战得以依赖的商用通信卫星问题，包括研究这些卫星及其地面站的脆弱性。此项研究在10月份完成，所得结论可能导致高层政策的改变。另据美国《每日航宇》2004年8月26日报道，美国国防部计划采取措施，降低其重要卫星面对各种威胁的易损性，其中包括高空核爆炸引发的电磁脉冲（EMP）威胁。美空军副部长彼得.蒂茨8月24日称，美国防部的国家安全空间局（NSSO）最近完成了一项秘密研究，评估并确认了美国家安全空间系统可能的易损性。美国防部正在采取措施改进这些系统的防护。

俄罗斯将建立新型的空中-太空防御系统 俄国防部长伊万诺夫2004年3月24日向媒体透露，俄罗斯将建立新型的空中-太空防御系统。伊万诺夫指出，空中防御将和航天部队一起作为新的防御系统的基础。航天部队在前苏联时期就已经存在，因此新型的空中-太空防御系统将在原有系统的基础上创建，但是它会比原有系统更现代化。目前，俄罗斯正在进行航天飞行任务控制中心的现代化建设。随着俄罗斯航天事业的“逐步振兴”，俄航天部队司令向俄《新闻时代》报发表谈话时指出，如果国家财政拨款能一直保持现有水平，那么到2008年俄罗斯的空间部署将完全恢复。

俄罗斯研制出航天器网状防护屏 2004年底，俄罗斯国家航空系统科研所和科学院应用力学研究所的科研人员通过多年研究与试验，成功地开发出保护航天器免遭与太空垃圾碰撞的新方法，改进与完善了目前在太空中保护航天器的措施。俄专家研制的防护屏具有重量轻、保护性能好的特点，以每秒5公里速度飞行的太空碎片与其碰撞后会瞬间变成粉末。俄研究人员将这种保护法称为“力学-化学保护法”。据悉，研究人员已在用速度达每秒7公里、直径1厘米大小的铝球向防护屏射击的地面试验中获得了成功。该研究项目在航天器防护方面具有重要意义。

韩国成功研制出人造卫星跟踪监视系统 据韩国新闻社2004年11月16日报道，韩国研制成功能够对经过朝鲜半岛上空的人造卫星实施跟踪监视的系统。据韩国空军介绍，韩国天文研究院1996年开始与延世大学共同研究开发宇宙监视系统，最近成功地研制出能够对经过朝鲜半岛上空的卫星进行跟踪的“人造卫星预报系统”。该系统采用美国北美防空防天司令部发布的人造卫星轨道信息，能够自动计算人造卫星的高度、方位角以及经纬度，并能通过60厘米广角望远镜对卫星进行跟踪观测。

载人航天 自2003年2月1日美国“哥伦比亚”号航天飞机坠毁后，国外载人航天出现了低潮。由于航天飞机停飞，国际空间站(ISS)后勤补给和人员轮换都只能由俄罗斯飞船提供。2004年，俄罗斯共向国际空间站发射了6艘飞船，并在研制可载6人的“快帆”号新型载人飞船；私人研制的太空飞船首次进入太空。

俄罗斯发射6艘飞船维持国际空间站运行 2004年，俄罗斯共向国际空间站发射6艘飞船，其中4艘货运飞船、2艘载人飞船。1月29日、5月25日、8月11日和12月23日，俄罗斯分别发射了“进步M1-12”号、“进步M-49”、“进步M-50”号和“进步M-51”号货运飞船，为国际空间站送去了食物、淡水及试验用仪器。4月19日，搭载着俄罗斯“联盟TMA-4”载人飞船的“联盟FG”运载火箭自哈萨克斯坦拜科努尔发射场顺利升空，为国际空间站送去2名第九批长期考察组成员和1名对空间站作短期考察的欧洲宇航员。10月14日，俄又向国际空间站成功发射了“联盟TMA-5”载人飞船，为国际空间站送去2名第十批长期考察组成员和1名“太空游客”——俄罗斯航天部队沙尔金中校，其中华裔宇航员焦立中担任国际空间站指挥长，这也是华裔人士首次担任国际空间站指挥长；尤里·沙尔金中校则是首位前往国际空间站的俄罗斯航天部队代表，但俄官方表示国际空间站上的实验与军事项目无关。

2004年2月26日，国际空间站上的宇航员首次在站内无人留守的状态下进行了太空行走。但由于一名俄罗斯宇航员的太空服出现问题，地面控制人员最终决定让两名空间站宇航员提前结束了太空行走任务。9月3日，两名国际空间站成员根纳季·帕达尔卡和芬克迈克尔·芬克成功完成了他们逗留在国际空间站期间的第四次太空行走，创造了国际空间站在无人值守情况下太空行走次数的新纪录。

俄罗斯研制“快帆”号新型载人飞船 2004年12月1日，建造了全部俄罗斯载人飞行器的能源火箭与航天公司在其总部展示了一个全尺寸、高保真飞船模型，他们希望这艘称作“快帆”(KLIPER)的新飞船能够替代“联盟”号飞船。“快帆”是俄罗斯在“联盟”号载人飞船基础上研制的一种新型载人飞船，自2000年就开始研制，“快帆”的形状如无手柄的熨斗，尺寸是“联盟”号载人飞船的两倍，可容纳6名宇航员，并装有可重复使用舱段，能搭载700公斤的货物，设计发射重量为14.5吨。若资金充足，“快帆”预计在2010年前开发出来，于2012年后发射。“快帆”将被置于“奥涅加”运载火箭(对现有“联盟”号改造而成)顶部发射。

日本研究实施载人航天飞行计划的可能性 2004年8月27日，日本有关部门发布报告称，日本将研究20~30年后实施载人航天飞行的可能性。受中国“神舟”载人飞船飞行成功及美国“空间探索新计划”的影响，日本综合科学技术会议宇宙开发利用专门调查会对两年前的宇宙开发基本方针进行了一定调整，并在新发布的报告中提出，日本在今后10年中虽然和过去一样，仍然没有独立进行载人航天飞行的计划，但为了给将来做准备，日本将研究20~30年后着手实施载人航天飞行计划的可能性。

军用卫星 2004年，世界各国大力发展军用或军民两用卫星，全年共发射47颗通信、遥感(侦察)、预警、导航、气象等应用卫星。美国在进一步完善现役军用卫星系统的同时，在研的新一代军用卫星系统也取得重要进展；俄罗斯军用卫星系统的新老更替工作加速进行，欧洲各国加速实施军用或军民两用卫星发展计划，日本、加拿大等国家积极发射卫星系统；中国台湾“中华二号”卫星在数次推迟后最终成功发射；以色列侦察卫星发射惨遭失败。

美国发射预警卫星 2月14日下午，美国“大力神4B”火箭从卡纳维拉尔角航天发射场升空，将“国防支援计划-22”(DSP-22)卫星送入地球同步轨道。DSP-22是美国“国防支援计划”的倒数第二颗卫星，最后一颗卫星DSP-23定于2005年初由“德尔它4”火箭发射，“国防支援计划”系统即将被正在研制之中的“天基红外系统”-高轨道部分取代。此次发射是“大力神4”火箭和航天飞机使用的惯性上面级(IUS)的最后一次发射。

美国“天基红外系统”高轨道计划进展顺利 据

美国洛克希德-马丁公司2004年11月16日报道，由洛克希德-马丁公司率队的“天基红外系统”高轨道计划16日成功完成了系统的信号处理组合装置（SPA）软件关键设计评审。SPA是美国下一代导弹预警系统——“天基红外系”高轨道计划的关键载荷组件。根据合同，洛克希德-马丁空间系统公司和诺斯洛普·格鲁曼电子系统公司联合开发了一种能够为“天基红外系统”探测提供前所未有的信号处理能力的新硬件和软件设计。此次关键设计评审演示了SPA飞行软件满足全部关键设计需求。SPA将与“天基红外系统”高轨道计划的首颗地球同步轨道卫星共同交付，首颗地球同步轨道卫星定于2007年发射。

美国发射3颗导航卫星　2004年3月20日，美空军用“德尔它2”火箭将一颗价值4500万美元的全球定位系统卫星GPS IIR-11送入轨道，成为美空军发射的第50颗GPS卫星。该星能提供比原有GPS卫星更为精确的信号，预期寿命为10年，将取代一颗目前已接近使用寿命极限的老化卫星。6月23日和11月6日，美国又成功地将两颗升级后的全球定位系统GPS IIR-12和GPS IIR-13卫星送入预定轨道。这两颗卫星具备更好的自主性和更长的寿命，能增强GPS星座的整体性能。

随着2004年3颗导航卫星的发射，美国目前投入使用的GPS卫星总数达到了30颗。美国国防高级研究计划局（DAPAR）还在致力于为卫星创建“脉冲星网络”，以实现确定卫星在太空中的确切位置和时间。这项基于X射线源的自主定位导航（XNAV）计划的目标是：验证应用天体源、脉冲星和中子星来确定地球轨道飞行器的位置、姿态和时间的可行性和耐久性。

美国制造新型隐形侦察卫星　据美国《华盛顿邮报》2004年12月11日报道，美国正在制造新型隐身侦察卫星，计划在5年内发射升空。该卫星将具备隐形功能，雷达很难捕捉到其踪影，因此对象国也将无法掌握其轨道参数。整个计划将耗资95亿美元，由美国国家侦察局负责研制，主承包商可能是洛克希德-马丁公司。另据美国《纽约时报》12月12日的报道说，新型隐身侦察卫星只能在白天和天气晴朗时拍摄照片。

美国“转型通信卫星”计划进度放慢　据《情报、监视与侦察》杂志2004年10月13日报道,美国国会削减了2005财年转型卫星（T-Sat）通信计划7.75亿美元预算中的3亿美元，希望空军在转型通信卫星计划上放慢脚步。美国目前在研的拟在未来10年发射的大型军用通信卫星和国家侦察局（NRO）秘密的中继卫星约有20颗，总价值约30~40亿美元。这些军用卫星包括至少2颗“国防卫星通信系统”（DSCS）卫星、3颗“宽带填隙卫星”（WGS）、4颗“机动用户目标系统”（MUOS）卫星、3颗“先进极高频”（AEHF）卫星，以及NRO秘密的中继卫星和几颗绝密级的信号情报卫星。

俄罗斯发射多颗预警、侦察、通信卫星　2004年2月18日，俄罗斯航天部队从普列谢茨克航天发射场用“闪电-M”运载火箭成功发射了一颗“宇宙”系列的军用预警卫星。5月28日和6月10日，俄罗斯航天部队分别用“Tsiklon 2”和“天顶-2”运载火箭将“宇宙-2405”和“宇宙-2406”两颗军用情报信号卫星送入轨道。3月27日和9月23日，俄罗斯航天部队又分别用“质子-K”火箭和“宇宙-3M”火箭，从拜科努尔航天中心和普列谢茨克发射场成功地将“宇宙-2406”、“宇宙-2408”和“宇宙-2409”3颗军用通信卫星送入指定轨道。

俄罗斯发射4颗导航卫星　2004年7月22日和12月26日，俄罗斯分别发射了4颗导航卫星“宇宙-2407”、“宇宙-2411、2412、2413”。在12月26日发射的”格洛纳斯”卫星中，有2颗为老式“格洛纳斯”卫星，工作寿命为3年，另外1颗为改进型“格洛纳斯-M”卫星，工作寿命为7年，而且功能更加全面。目前，该系统工作卫星的数量已达到14颗，另外还有2颗卫星处于备用状态。2005年，俄将为“格洛纳斯”系统拨款25亿卢布，比2004年的拨款多3亿卢布。

另据澳大利亚《每日航天》网站2004年12月8日报道，根据俄罗斯普京总统12月3~5日访问印度期间两国签署的协议，印度将帮助俄罗斯补充发射“格洛纳斯”组网卫星，到2007年使该系统的工作卫星上升到18颗，达到有效工作所需的最少卫星数。这一协议的签署使印度成为俄罗斯“格洛纳斯”系统唯一的外国合作者。根据协议，印度将用自行研制的运载火箭从本国航天发射场免费为俄罗斯发射“格洛纳斯”补充卫星，共同在两国建造地面控制设施，以及使该卫星网商业化。

日本研制先进侦察卫星　据韩国“联合通讯社”2004年9月报道，日本政府已决定着手研发能够同时对朝鲜的核设施及导弹基地进行拍摄的先进侦察卫星，解晰精度可达50厘米。日本政府已决定2005年度投入699亿日元（合6.38亿美元）研发经费，预计于2010年前发射多代侦察卫星。按计划，日本将于2005年、2006年各发射一颗第二代侦察卫星，2009年发射第三代侦察卫星，2010年发射第四代侦察卫星。

日本发射2颗通信卫星　2004年3月13日,美国

"宇宙神 3"火箭从卡纳维拉尔角的空军基地点火起飞，将日本的 MBSAT 通信卫星送入轨道，该星将向日本和韩国的手掌大小的便携式终端发送音频和视频信号。4 月 16 日，国际发射服务公司用"宇宙神–IIAS"火箭从卡纳维拉尔角的空军基地将日本空间通信公司的"超鸟–6"（Superbird–6）通信卫星成功送入预定轨道。"超鸟–6"卫星由美国波音卫星公司制造，有 23 个 Ku 波段信道和 4 个 Ka 波段信道，服役寿命为 13 年。卫星将为日本、澳大利亚、新西兰、中国台湾、韩国及夏威夷提供商业通信。

印度发射通信卫星 2004 年 9 月 20 日，印度第 1 颗专门用于偏远地区教育的人造卫星从印度的萨蒂什·达赫万太空中心成功发射。该卫星设计寿命为 7 年，是由印度制造的一枚地球同步轨道卫星运载火箭发射升空的。

以色列"地平线–6"号侦察卫星发射失败 2004 年 9 月 6 日，由于"沙维特"火箭的第三级发动机出现故障，以色列发射的"地平线–6"号侦察卫星未能进入预定轨道。该星原计划用于加强以色列的预警系统，用来监视突然来袭的导弹。

中国台湾发射"华卫 2 号"遥感卫星 2004 年 5 月 21 日，中国台湾"华卫 2 号"遥感卫星经过数次推迟，终于在美国范登堡空军基地成功发射。"华卫 2 号"遥感卫星是由台湾"国家太空计划办公室"（NSPO）和法国阿斯特里姆（Astrium）公司共同制造。卫星运行在高 891 公里的太阳同步轨道上，设计寿命为 5 年。星上载有遥测照相仪和"高空大气闪电影像仪"（ISUAL）两种有效载荷，其中，法国阿斯特里姆公司负责制造的遥测照相仪具有黑白 2 米、彩色 8 米的分辨率，最小 24 公里、最大 62 公里的成像带宽，能够极大地提高台湾地区的空间侦察能力。

中国台湾"蕃薯"号皮卫星等待发射 2004 年 4 月 20 日，台湾方面表示，已经完成的数颗"蕃薯"号皮卫星目前正在等待发射。该卫星重仅 1 公斤，设计寿命 2 个月，任务寿命 1 个月，卫星将运行在 600~650 公里高的轨道上，主要用来对地球大气层进行分析。"蕃薯"号是台湾自行设计组装的首颗卫星，它不仅标志着台湾卫星自主研制技术的逐渐成熟，也为其下一步发展微小型应用卫星和攻击性卫星奠定了基础。

法国研制天基光学预警演示系统 据 ASTRIUM 和 ALCATEL 两公司网站 2004 年 1 月 20 日报道，法国政府军备局的电信与信息计划部已授予了 EADS Astrium 公司一项价值 1.24 亿欧元的合同，用来设计和研制一个天基光学预警演示系统（SPIRALE）。EADS Astrium 是该合同的主承包商，负责提供报警和跟踪的地面部分及卫星在轨运营，Alcatel 航天公司将负责研制卫星。SPIRALE 包括供应一套能够收集分析以陆地为背景的红外图像、能够探测刚刚发射尚处于助推段的弹道导弹的完整系统。天基部分由运行在椭圆轨道上的 2 颗重约 120 公斤的微型卫星组成。这 2 颗卫星将在 2008 年发射。该演示系统将为欧洲未来有实战能力的光学预警系统奠定技术基础。

法国发射军用侦察卫星 2004 年 12 月 18 日，法国"太阳神–IIA"军事侦察卫星在法属圭亚那的库鲁航天中心被欧洲"阿里安–5G"火箭成功送入太阳同步极轨道。"太阳神–IIA"是法国第二代防务和安全天基侦察系统的首颗卫星，将加入已在轨的"太阳神–IA"和"太阳神–IB"卫星中。"太阳神–IIA"卫星的分辨率已从第一代的 1 米提高到 0.5 米，支持目标定位、制导、任务规划和作战损伤评估等任务，并增加了红外侦察，具备了昼夜侦察、伪装识别、导弹发射监视和核爆炸探测能力，可满足欧洲国家监视和安全的需要。"太阳神–IIA"侦察卫星技术是法国军事情报工作的一个飞跃，反映出欧洲国家正试图在国防情报领域上减少对美国的依赖，以及太空军事多极化的趋势。

欧洲"伽利略"导航卫星计划的准备工作基本就绪 2004 年 10 月，欧盟委员会指出，"伽利略"导航卫星计划的准备工作已基本就绪，建议在 2004 年底前进入实质性运行阶段。12 月，欧盟 25 个成员国同意，推动欧洲开发的"伽利略"全球定位卫星系统计划进入"部署和使用"阶段，预计首颗轨道卫星将于 2005 年发射升空。欧洲于 1999 年提出"伽利略"计划，准备投资 35 亿欧元（48 亿美元），向距地面约 2.4 万公里高的轨道上发射 30 颗卫星，于 2008 年建立一个覆盖全球的卫星导航系统。该系统将主要服务于民用，提供误差不超过 1 米的精确定位服务。

"伽利略"导航卫星计划是一个以欧洲为主的国际合作计划。2004 年 10 月，中国已正式加入"伽利略"导航卫星计划，将为此投资 2 亿欧元，并承担部分卫星的发射任务。以色列已经与欧盟签署合作协议，印度也表示将投入 3 亿欧元。此外，欧盟还在与摩洛哥、俄罗斯、乌克兰、巴西、韩国、墨西哥及澳大利亚等国就有关"伽利略"计划合作事宜进行磋商。

加拿大通信卫星被送入轨道 2004 年 7 月 18 日，欧洲"阿丽亚娜–5"型火箭携带一颗加拿大"ANIK–F2"通信卫星，从法属圭亚那的库鲁航天发射中心顺利升空。该星是由美国波音公司为加拿大 TELESAT 卫星公司制造，工作寿命为15年，重达6吨，成为迄今人类制造并发射的最重的通信卫星，其主要任务是为北美地区传输电视图像，并保证数字通信服务的高速运转。

航天运载 2004年，世界航天运载方面取得了较大进步。全年全世界共进行55次航天发射，成功53次。美国制定了下一代运载火箭技术发展计划，在可重复使用运载火箭动力技术取得突破的同时，还加紧开展空间核动力推进技术研究，成功进行了两次高超音速飞行试验；俄罗斯成功地进行了“联盟-2”大型运载火箭的发射试验，还将与哈萨克斯坦合作建立新的空间中心；欧洲在开发和制造“阿里安”火箭后续型号的同时，“织女星”火箭计划取得重要进展，“凤凰”号可重复使用航天运载器试验样机首飞成功。

美国制定下一代运载火箭技术发展计划 据英国《简氏防务周刊》2004年9月8日报道，美空军正在制定计划，促进下一代运载火箭所需技术的成熟。该计划分三个阶段进行：2010年，研制出适当的部件，以较低的成本生产小型一次性使用运载火箭；2015年，使一次性使用和可重复使用“混合”型运载火箭所需的材料成熟；2025年，开发出完全可重复使用运载火箭所需的技术。美空军的目标是：制造极为耐用、可靠的运载火箭，打破火箭对专用航天发射场的依赖，使其能在更多地点、任何天候下迅速灵活地发射。

小型一次性使用运载火箭能搭载450~900公斤的载荷，收到命令48小时后即可发射。美空军认为这种火箭的技术已经成熟，现在需要让它更加地经济可承受。“混合”型运载火箭拥有可重复使用的一级发动机和一次性的二级发动机，能在24小时内完成发射准备，将4500~6800公斤的载荷送入轨道。完全可重复使用运载火箭的载重量与“混合”型火箭相同，但它的任务周转时间为4小时。

美国研制出用于下一代可重复使用运载火箭的发动机 2004年3月31日，美国诺斯罗普·格鲁曼公司宣布成功研制出用于下一代可重复使用运载火箭的反应控制子系统（RCS）发动机。RCS推进器由纯铂铱合金制成，使用液氧和乙醇混合燃料，极大地提高了发动机的安全性、可靠性，并具有经济可承受性。该项研制工作是诺斯罗普·格鲁曼公司在2001年被NASA授予的“下一代发射技术计划”合同下进行的。

美国高超音速无人机试飞成功 2004年3月27日，美国家航空航天局（NASA）宣布第二次X-43A高超音速无人机试飞成功，速度达到了7马赫，飞行时间约为10秒。2004年11月16日，X-43A第三次升空，以接近10倍音速（9.8马赫）的速度在33 550米的高空飞行了10秒，成功地验证了超燃冲压发动机的性能。X-43A携载的超燃冲压发动机采用氢为燃料。此次试验也是NASA最后一次进行X-43A高超音速无人机飞行试验。

美国加紧开展空间核动力推进技术研究 2004年3月22日，美国能源部（DOE）海军反应堆（NR）计划组与NASA签署协议，联合加紧开展民用空间核动力及推进技术研究。NR是一个由DOE和海军部联合组建，负责所有海军核推进项目的机构，在开发恶劣环境下运行的安全、坚固、可靠、紧凑和长寿命反应堆系统方面拥有50余年的实践经验。这一合作组织负责研发NASA第一代将核反应堆能源用于太阳系探索的航天器——“木星冰月亮轨道器”（JIMO）。为支持JIMO和2003年制定的“普罗米修斯”计划的其它行动，NR和DOE的核能办公室还将复审NR以外的DOE实验室的能力和设施。

美国着手FALCON计划第二阶段工作 据美国《每日航宇》2004年9月17日报道，美国防高级研究计划局（DARPA）已经为“力量运用与美国本土发射”（FALCON，又称“猎鹰”）计划选定洛-马公司、空间应用技术公司等4个合同商，进行小型运载火箭（SLV）的初始设计，从而使该计划进入为期10个月的第二阶段工作。SLV要求能够反应快速地将450多公斤的有效载荷送入低地球轨道。在第二阶段，各合同商进行SLV初始设计，完善其设计方案。与此同时，空间应用技术公司还要进行发射演示验证。

俄罗斯成功发射“联盟-2”大型运载火箭 2004年11月8日，俄罗斯从普列谢茨克航天中心，成功地试射了新一代“联盟-2”火箭，该型火箭较其前身提高了700公斤的有效载荷运载能力，能将11吨重的有效载荷送入近地轨道；若在火箭的第三级装配新型发动机，其运载能力将再能增加500公斤。该型火箭还装备了全新的先进数字控制系统。

俄罗斯将扩建普列谢茨克航天发射场 据俄罗斯媒体2004年11月称，俄罗斯联邦航天局表示，要把普列谢茨克建成一个设备完善的发射场。目前，普列谢茨克航天发射场只能发射轻型的“轰鸣”号运载火箭和“联盟”等中型运载火箭，还不具备发射重型运载火箭的设施和能力。俄罗斯计划扩建普列谢茨克发射场，2005年底具备发射“安加拉”重型运载火箭的能力。俄罗斯正在研制的“安加拉”重型运载火箭能将26吨重的有效载荷发射到低地球轨道，或将4.5吨重的有效载荷发送到地球静止轨道。

俄罗斯将与哈萨克斯坦联合建立新的空间中心 据俄新闻通讯社 2004 年 8 月 2 日报道，俄罗斯和哈萨克斯坦准备在哈萨克斯坦的拜特瑞克（Baiterek）地区共同建立一个新的空间中心。这项工作将于 2005 年开工，建设费用预计将超过 2.2 亿美元。该中心将满足俄罗斯的各种需求，能发射重型、中型或轻型火箭。目前，俄罗斯长期租用的位于哈萨克斯坦南部的拜克努尔发射场，尚未拥有如此用途广泛的发射台。

印度开始研制新的地球同步卫星运载火箭 GSLV-MK-III 据印度空间研究组织（ISRO）2004 年 6 月透露，ISRO 正在研制地球同步卫星运载火箭的升级版 GSLV-MK-III，预计在 2007 年研制成功。届时，该火箭将成为印度成本效益最高、最可靠的运载火箭，它具备把 4 吨重的卫星送入地球同步转移轨道 (GTO) 的能力。

印度计划研制可重复使用运载火箭技术演示验证机 据印度《喀拉拉邦连接》网站 2004 年 11 月 1 日报道，印度空间研究组织 (ISRO) 准备研制一个可重复使用运载火箭技术演示验证机，以此迈向运载火箭可重复使用、减少卫星发射成本的轨道。印度计划首先进行可重复使用运载火箭演示验证机的多种超音速试验，试验至少需要 3 年才能完成。

欧洲拨款制造“阿里安”火箭 据法新社 2004 年 2 月 5 日报道，欧洲航天局理事会已同意拨款 9.6 亿欧元（12 亿美元），开发和制造“阿里安”运载火箭。这项经费将用于在 2005~2009 年之间制造 30 枚“阿里安 5”火箭和多次“阿里安 5ECA”火箭的校准飞行。为了响应欧洲航天局的要求，7 月 2 日，欧洲航空航天防务公司（EADS）和意大利的芬梅卡尼卡公司计划组建一个联合企业建造“阿里安 5”型火箭的后续型号。

欧洲“织女星”火箭研制计划获得重要进展 2004 年 5 月底，欧洲航天局的小型运载火箭“织女星”计划取得了一项重要技术突破，新的火箭发动机在 2004 年底生产出来。据悉，乌克兰南方国家设计局和南方机械制造联合企业将为“织女星”火箭提供液体燃料发动机，“织女星”火箭将于 2005 年首飞，预计 2007 年能够投入使用。

“织女星”火箭由四个推进级组成，包括三个固体推进级和一个可重新点火的液体推进级，该型火箭能将 1.5 吨的有效载荷送入 700 公里的极地轨道，或将 1.2 吨的有效载荷送入距地高为 1200 公里的太阳同步轨道。作为重型“阿里安-5”运载火箭的补充，“织女星”计划是欧洲航天局一个重要的火箭研制项目，由欧洲阿丽亚娜空间公司和意大利 ELV 公司联合开发，意大利、法国、西班牙、比利时、荷兰、瑞士及瑞典等国参加了这个项目。

欧洲“凤凰”号可重复使用航天运载器试验样机首飞成功 2004 年 5 月 8 日，欧洲“凤凰”号可重复使用航天运载器试验样机成功进行了首飞试验。试验中，重型直升机将“凤凰”号运载至距地面 2400 米的高空后放飞，“凤凰”号在空中飞行 90 秒后，在 GPS 卫星导航系统引导下，顺利地降落在试验场跑道上。“凤凰”号长约 6 米，翼展 3.9 米，重 1.2 吨，是未来实用型可重复使用航天运载器设计大小的六分之一。欧洲航天局预计欧洲实用型可重复使用航天运载器将于 2015~2020 年间诞生。

空间探测 2004 年，美国和欧洲都公布了新的空间探测计划，美国的“勇气”号与“机遇”号火星探测器相继登陆火星，与欧洲“火星快车”一道向人类展示了火星的秘密，欧洲 SMART-1 卫星顺利进入环月球轨道，“卡西尼”号土星探测器也成功实现对土星的接近，欧空局还发射了追逐彗星的“罗塞塔”探测器。

美国出台“空间探索新计划” 2004 年 1 月 14 日，美国总统布什在美国国家航空航天局（NASA）总部发表了关于美国“空间探索新计划”的演讲。布什在总结空间探索给人类带来巨大利益的同时，指出“美国在近四分之一个世纪中没有开发出一种推动载人空间探索的新型飞行器”。布什总统着重宣布了三个目标：（1）在 2010 年前完成国际空间站（ISS）的组装任务，实现对 15 个合作伙伴国的承诺。（2）在 2008 年以前开发和研制一种新型航天器——“载人探测飞行器”（CEV, Crew Exploration Vehicle），最晚在 2014 年实施第一次载人飞行任务。（3）最早在 2015 年、最晚不超过 2020 年重返月球，并建立人类在月球上的长期存在，进而实现更具挑战性的太空探索任务。布什总统还宣布成立一个完成“空间探索新计划”实施方案的委员会，并任命原空军部长皮特.奥尔德里奇（Pete Aldridge）为该委员会主席。最后，布什总统为实施“空间探索新计划”最初 5 年的经费作了安排，并在 2005 年预算报告中详细叙述了最近 5 年经费的确切来源。6 月 24 日，NASA 局长肖恩.奥基夫宣布，该局进行组织机构转型，旨在精简机构，更好地执行“空间探索新计划”。这次机构转型，从根本上将 NASA 的战略事业单位重组为 4 个任务处，并重组了总部的支援职能，明确了组织作用与责任。此次调整于 2004 年 8 月 1 日正式生效。

美国“勇气”、“机遇”号火星探测器成功登陆火

星　2004 年 1 月，美国“勇气”、“机遇”号火星探测器相继成功登陆火星，并在火星的不同半球上发现曾有液态水及支持生命存在的证据。美国“勇气”号主要用来对火星水形成的原因进行研究，以期证明科学家关于火星上有水以及生命的设想；而“机遇”号着陆后将对火星矿物质进行勘察，以期证实火星形成早期曾存在高温热水的设想。4 月 8 日，在“勇气”号和“机遇”号出色地完成了 90 天的主要任务后，NASA 批准将“勇气”号和“机遇”号的探测使命延长 5 个月到 9 月 13 日，这两个火星探测器继续对火星进行了探测。

据美国火星探测计划项目负责人 2004 年 1 月底称，美国已制定出 21 世纪头十年详细的火星探测计划。今后每隔 26 个月，美国将发射一个火星探测器。其中 2005 年将发射一个名叫“火星侦察者”的轨道探测器，它能够拍摄到火星上相当于一个足球大小物体的图像。

美国“卡西尼”号探测器进入土星轨道　“卡西尼”号土星探测器自 1997 年 10 月发射以来，历经 7 年 35 亿公里航程，于 2004 年 7 月 1 日进入土星轨道，成为人类首个绕土星运行的人造卫星，开始为期 4 年的人类有史以来对土星及其 31 颗已知卫星最详尽的探测。进入土星轨道的当日，“卡西尼”号探测器就陆续传回第一批土星光环的清晰照片。据美国科学家分析，土星光环外侧成分主要由冰构成，而研究土星、土星环和土星卫星将是“卡西尼”号今后 4 年的主要任务；“卡西尼”上搭载的“惠更斯”号探测器还将于 2005 年 1 月 14 日进入土星最大卫星“土卫六”的大气层，在“土卫六”上着陆后对它进行短暂的访问和探测。使用核燃料的“卡西尼”号土星探测器是上世纪 80 年代由美国家航空航天局（NASA）和欧空局（ESA）共同执行的一项价值 33 亿美元的合作计划。来自 17 个国家的 260 名科学家参与了这个土星探测计划。该探测器重超过 6 吨，载有 12 台科学仪器，它是历来发射升空的最大的行星际探测器。

美国发射“信使”号水星探测器　2004 年 8 月 3 日，美国“信使”号水星探测器在佛罗里达州卡纳维拉尔角的肯尼迪航天中心发射升空。“信使”号探测器将考察水星的表面状况、空间环境、地质化学构造等，将于 2009 年 7 月开始对水星进行为期一年的轨道研究，2011 年 3 月进入绕水星轨道，整个探测计划耗资 4.26 亿美元。美国家航空航天局指出，了解水星对理解类地行星及其演化十分重要，科学家还希望“信使”号的科学研究能够帮助解答水星上的地质演变和内核结构等问题。

美、日等国组建国际登月联盟　2004 年 11 月底，由美国、日本等 16 国共同参加的未来月球计划会议在印度结束，会议决定组建国际登月联盟，将在 2024 年建成月球人类生活和科研永久基地。在 2010 年，送机器人上月球，所有合作国家的机器人先组成一个机器人月球村，在月球上试验新的技术，为人类的长驻做好准备。月球还可以成为这些国家向火星和宇宙进发的跳板。

欧洲提出“极光”火星探测计划　据新科学家网站 2004 年 2 月 6 日报道，2004 年 2 月 3 日，欧洲航天局（ESA）正式宣布了先载人登月、再载人飞火星的“极光”（Aurora）火星探测计划。该计划与美国“空间探索新计划”类似，但更为详尽。按照“极光”计划，欧洲将在 2011 年发射一个火星探测器，采撷半公斤的火星岩石回地球进行分析；在 2020 年到 2025 年实现载人登月；在 2030 年到 2035 年间发射载人火星探测器，实现欧洲航天员登上这颗红色星球的梦想，寻找生命的迹象。

欧洲“火星快车”轨道器取得显著成绩　2004 年 1 月，欧空局“火星快车”轨道器进入环火星飞行轨道，首次直接在火星表面发现火星南极可能存在冰冻水，还确认在火星大气中有甲烷和氨气，为火星可能存在生命提供了新的证据。但截止 10 月，“火星快车”探测器仍然无法启用它那伸展开来之后长达 40 米的天线，欧空局专家将在 2005 年初确定最终是否启用它。

欧洲 SMART-1 卫星成功进入环月球轨道　2004 年 11 月，欧洲发射的 SMART-1 卫星顺利进入了环月球轨道。该卫星依靠太阳能离子发动机发射的充电粒子流获得速度，在飞行过程中，成功实现了空间激光通信联络，表明欧航局为其装备的太阳能离子发动机获得了初步成功。

欧洲发射“罗塞塔”彗星探测器　2004 年 3 月 2 日，欧洲航天局的“罗塞塔”彗星探测器从法属圭亚那库鲁航天中心发射升空。按计划，“罗塞塔”将在 2014 年 1 月到达一颗名为 Churyumov-Gelasimenko 彗星周围几公里处，该探测器将围绕彗星运转，同年 10 月向彗星发射登陆器，此后，“罗塞塔”将与该彗星共同度过 17 个月，期间双方将不断向太阳靠近，直至彗星到达距离太阳最近轨道点。如果顺利，“罗塞塔”将成为人类首个近距离绕彗星运行、并释放彗星登陆器的探测器。“罗塞塔”探测器重约 3 吨，耗资 10 亿美元，搭载了 10 个科学探测仪器，这些仪器将分析彗星的物理和化学构成及其电磁和引力等特性。天文学家认为，对彗星进行研究将有助于人类揭开太阳系形成之谜。

（陈有荣　肖建军）

核　武　器

综述　未来战争将是核威慑下的信息化战争，核武器仍然是最为重要的战略武器。有核国家在核战略方面酝酿着新的调整，积极探索新的核武器技术，尤其是美俄在核武器技术上和质量上展开了新的竞赛。同时印、巴两国继续加速发展各自的核武器，受到世界各国的关注。

美国的核武器　据《原子能科学家公报》报道，截至2004年底，美国战略核力量的情况如下表：

类型	武器名称	发射架/SSBN数量	弹头数×当量（千吨）	现役/储备弹头数目
陆基洲际弹道导弹				
LGM-30G	“民兵”Ⅲ			
	MK-12	150	1W62×170	150
	MK-12	50	3W62×170（MIRV）	150/15
	MK-12A	300	2-3W78×335（MIRV）	750/30
LGM-118A	“和平卫士”/MX	10	10W87×310（MIRV）	100
小计		510		1150/45
潜射弹道导弹				
UGM-96A	“三叉戟”Ⅰ（C4）	Feb-48	6W76×100（MIRV）	288
UGM-133A	“三叉戟”Ⅱ（D4）	288/12	6W76×100（MIRV）	
	MK-4		6W76×100（MIRV）	1344/150
	MK-5		6W88×455（MIRV）	384/20
小计		336/14		2016/170
轰炸机				
B-52	“同温层堡垒”	94/56	ALCM/W80-1×5-150	450/25
			ACM/W80-1×5-150	400/20
B-2	“幽灵”	21/16	B61-7，-11，B83-1炸弹	200/55
小计		115/72		1050/100
总计				4216/315

美国拟削减现存的核弹头　2004年6月1日，能源部的国家核安全管理局局长林顿F·布鲁克斯向国会提交了一份经能源部和国防部批准的秘密报告，该报告详述地阐述了美国未来削减核弹头的计划。他说将把目前的库存核弹头削减“几乎一半”。

据自然资源保护委员会估计，将有6种型号、4300多个核弹头和核炸弹处于退役和拆卸的状态，未来将保留7种型号、将近6000个核弹头。

美国正在对这些核弹头和核炸弹进行更新改造，包括更换“民兵”Ⅲ导弹W62核弹头的氚容器，并延长这种核弹头的服役期限，但最终将用W78核弹头替换；改进“三叉戟”Ⅰ潜地导弹W76核弹头的解保、点火、引信，使它能在近地面爆炸，具有打击加固深地下目标的能力，并换装新的氚容器和中子发生器；改进民兵Ⅲ导弹W78核弹头的气体（氚）传输系统；换装巡航导弹的W80核弹头的氚容器，并延长这种核

处于退役和拆卸的核弹头及核炸弹

弹头型号	数量
W62（"民兵"Ⅲ导弹的弹头）	730
W78（"民兵"Ⅲ导弹的弹头）	425
W76（"三叉戟"Ⅰ导弹的弹头）	1350
W80-1（先进巡航导弹/空射巡航导弹的弹头）	1000
W84（陆射巡航导弹的弹头）	380
B61-3核炸弹	200
B61-4核炸弹	210
B61-10核炸弹	30
总计	4325

未来保留的核弹头和核炸弹

型号	数量
W8（民兵Ⅲ导弹的弹头）	400
W87（民兵Ⅲ导弹的弹头）	545
W6（三叉戟Ⅰ/II导弹的弹头）	1840
W88（三叉戟II导弹的弹头）	400
W80-1（先进巡航导弹/空射巡航导弹的弹头）	825
W80-0（潜射巡航导弹的弹头）	265
B61-3 核炸弹	200
B61-4 核炸弹	200
B61-7核炸弹	430
B61-10核炸弹	30
B61-11核炸弹	210
总计	5945

弹头的服役期限；更新MX导弹W87核弹头的次级系统和安装新型氚容器；从2004年开始批量生产"三叉戟"Ⅱ潜地导弹W88核弹头的钚芯（即核弹头的初级系统）；对1997年开始装备的B61-11型钻地核炸弹的结构作进一步改进，增加安全加固的元件并改进次级系统，以提高它的钻地能力和确保按设计要求在地下爆炸。这种改进型钻地核炸弹从2004财年开始批量生产。改进B61-3型、B61-4型和B61-10型核炸弹的尾翼角度，以提高它们的安全型和作战使用效能。更新B61-7/11型核炸弹的次级系统，并对B61-11型核炸弹的结构进行修改，提高其钻地期间的生存能力。

美国实施洲际弹道导弹的升级与退役计划 升级"民兵"Ⅲ导弹，确保其可靠地服役到2020年。美国国防部2004年3月26日报道，美战略司令部司令詹姆士·艾里斯表示，美军将对"民兵"Ⅲ陆基洲际弹道导弹进行全面升级，以确保其可以可靠地服役至2020年。升级主要是针对该型导弹的制导系统、推进系统、控制台以及为导弹提供空气冷却和相关动力的环境控制系统。美军将为该项升级投资70亿美元，升级计划将一直持续到2011年。"民兵"Ⅲ于1970年部署，可携带3枚核弹头，但根据1992年美俄签署的《削减战略武器条约》，目前该导弹只携带一个核弹头。目前美国拥有500枚该型导弹，主要部署在蒙大拿、北达科他和怀俄明3个州的发射井中。在"和平卫士"导弹退役后，该导弹将成为美国唯一一种陆基洲际弹道导弹。另据美国空军官员指出，美国国防部正在考虑2020年"民兵"Ⅲ导弹退役后，美军使用何种导弹系统替代"民兵"Ⅲ导弹的问题，可能将由国防部、空军、和军工企业共同发展新型导弹系统。

继续实施"和平卫士"导弹退役计划并考虑换装常规弹头。美国在全面升级"民兵"Ⅲ导弹的同时，继续根据美国2002年公布的《核态势审议》报告和美俄2002年《莫斯科条约》，退役其携带另一种核弹头的陆基洲际弹道导弹——"和平卫士"。"和平卫士"导弹1986年开始部署，总共部署了50枚，每枚导弹可携带10个弹头。美国退役500个核弹头，仍然保留6000多个弹头，并不会对美国的战略威慑力量造成影响。美空军表示退役后的50枚"和平卫士"导弹都将被换装上常规弹头，以对付未来遇到的新威胁，为决策层打击敌对力量提供另一种可选方案。美国五角大楼对此项改装非常重视，希望它能在打击敌方深埋地下的加固目标和破坏敌方电子设备等方面发挥作用。

升级"三叉戟"II潜射弹道导弹。2004年12月，美海军战略系统计划（SSP）处与英国BAE系统公司签署了一份价值6200万美元的合同，由BAE公司为"三叉戟"I型（C4）和"三叉戟"II型（D5）导弹提供系统集成支持以完成接口控制项目和专用技术调查，包括以下内容：（1）修改和更新系统测试步骤和计划，在潜艇大修、改装期间参与战略武器系统测试；（2）通过文件、图纸和技术手册进行配置管理与控制；（3）提供后勤、工程和材料控制支持；（4）为确保遵守《战略武器削减条约》（START）中对美海军的规定，提供规划和监督支持；（5）为战略武器系统提供维护支持数据系统安装和保障，包括材料。该合同将于2005年9月履行完毕。目前美海军的潜射弹道导弹主要有96枚"三叉戟"Ⅰ型导弹和288枚"三叉戟"II导弹。

美国继续推进低当量核武器、增强型钻地核武器研究 2004年10月，美国会参众两院通过了总额为

3880亿美元的2005财政年度国防开支法案的最后文本。其中包括：为增强型核钻地弹（RNEP）的持续研究拨款2760万美元；为"先进概念倡议"（ACI）研究拨款900万美元，该倡议包括探索低当量核武器研究；把核试验准备周期缩短到18个月拨款3000万美元。2004财年给这三个项目的拨款分别是：750万美元，600万美元，和2500万美元。

根据美国政府的增强型核钻地弹研究计划，2005财年将完成该项目的可行性研究阶段和设计确定费用研究阶段的56%，完成所提出的设计子系统和全系统试验。美国国家核安全局局长表示，发展坚实型核钻地弹仅仅是在现有B-61和B-83两种系统的基础上进行研究，这两种系统是在20世纪70年代和80年代通过系列试验并经过了充分验证，目前没有必要为发展坚实型核钻地弹恢复核试验。如果坚实型核钻地弹从目前的研究阶段过渡到发展阶段，尚需要国会投票通过。美国目前做核试验的准备工作，主要是为了应对一旦需要做核试验的情况。他还表示，目前美国尚没有低当量核武器构想的正式规划或计划，但国家核武器研究所的科学家可能在思考低当量核武器的构想，政府也有可能在任何时间提出开展低当量核武器的基础研究工作。能源部目前正在进行和审议中的四项核武器研究工作包括：①目前正在进行的坚实型核钻地弹（新的或改进）的高当量武器方案；②国家安全局和空军刚刚开始研究的改进型巡航导弹核武器，以提高其安全性、可靠性和控制能力；③空军请求国家安全局研究使用核武器来摧毁储存中的化学和生物战剂；④正在洛斯·阿拉莫斯国家研究所执行的一项倡议，探讨使用寿命更长的且不需要核试验的弹头来取代现有的一些弹头。这四个方案的后两项有可能导致在某一天开展低当量核武器的研制工作。

尽管从短期看美国发展低当量核武器、增强型钻地核武器，还会遇到诸如国会的反对等障碍，但从中长期看美国发展这两种新型核武器是无法阻挡的。这其中最值得关注的问题有两个：一是为了验证新发展出来的低当量核武器的性能，美国是否会以某种形式恢复核试验；二是美国将采取何种方式来设计增强型钻地核武器。此前美国曾经对旧有的B61核航弹实施改造而成的一种新型钻地核航弹B61-11进行了测试，但该弹只能钻入地下3~6米，无法满足美国打击敌人深埋地下的加固高价值目标的要求。

美国再次进行次临界核试验 美国ABC新闻在线2004年5月25日报道，美国在内华达试验场地下290米深的平洞实验室中进行了名为"阿尔曼多"的第21次次临界核试验，这也是布什2001年就任总统以来进行的第8次地下次临界核试验。能源部（DOE）在一项声明中称，"次临界试验得到的重要科学数据和技术信息，有助于维护核武库的安全和可靠性。"

美国为核试验场恢复试验作准备 美国最新的联邦预算拨款中增加了用于改进内华达核试验场的经费，如果需要的话，将在18个月内做好恢复试验的准备。内华达核试验场目前正在为可能恢复的核弹试验制订新的计划，很可能重新投入使用。作为能源部"核武器库存管理计划"的一部分，美国正在为桑迪亚国家实验室设置价值3790万美元的通信设施，使其发展成为拥有新型分布式信息系统的实验室，以便更好地在各实验室间高速传递信息，特别是传递核武器研究信息，远距离有效地使用高性能计算机平台，有助于提高工作效率，培养出顶尖科学家。美国加利福尼亚州的劳伦斯·利弗莫尔国家实验室计划在2005年夏天进行老化核武器爆炸的三维模拟。这项模拟将由BlueGene/L超级计算机完成，该计算机于2004年4月份开始完全运行。该计算机最高运算速度为每秒360万亿次，模拟将花费2~4个月时间。这项模拟对于确定老龄核导弹是否能够正确运行十分重要。

俄罗斯的核武器 据《原子能科学家公报》报道，截至2004年底，俄罗斯战略核力量的情况如下表（见下页）：

俄罗斯总统普京曾多次强调俄罗斯的核大国地位，并表示俄今后将进一步加强战略核力量。2004年12月，俄罗斯国防部长伊万诺夫称，俄罗斯有足够的洲际弹道导弹与美国保持均衡，但这种均衡不是冷战时期的均衡，而是国家安全需要的均衡。俄罗斯会在核武器技术上，而不是核武库的数量上，紧跟美国发展步伐。他还说：从长远角度看，不仅要与美国保持核均衡，还要与其它有核国家保持核均衡。

俄罗斯通过"安全-2004"和"灾难-2004"演习，展示核大国军事实力 2004年2月10日，俄罗斯开始了22年来最大规模的"安全—2004"核战略演习。俄罗斯武装力量最高统帅普京亲自督导演习，国防部长谢尔盖·伊万诺夫任总指挥，负责演习的总体协调，武装力量总参谋长克瓦什宁大将负责直接指挥工作。俄军6大军区、3大军种（陆、海、空军）、3大兵种（空降兵、航天兵和战略火箭兵）都参加了演习。其中包括：近40%的陆军兵力（现有的8个合成集团军中的3个：第2、第20、第22集团军），75%的空降兵（总共4个空降师中的3个师：第76、第98和第106空降师），超过50%的远程航空兵，以及所有的军事运

类型	武器名称	发射架/SSBN数量	弹头数×当量（千吨）	现役/储备弹头数目
陆基洲际弹道导弹				
SS-18	“撒旦”	100	10×550/750（MIRV）	1000
SS-19	“短剑”	134	6×550/750（MIRV）	780
SS-24M1	“手术刀”	15	10×550（MIRV）	150
SS-25	“白杨”	300	1×550	300
SS27	“白杨”－M	40	1×550	40
小计		585		2270
潜射弹道导弹				
SS-N-18 M1	“海鳐鱼”	96	3×200（MIRV）	288
SS-N-20	“小艇”（轻舟）	96	4×100（MIRV）	384
小计		196		672
轰炸机				
Tu-95 MS6	“熊式”H6	32	6枚AS-15A ALCMs或炸弹	192
Tu-95 MS16	“熊式”H6	32	16枚AS-15A ALCMs或炸弹	512
Tu-160	“海盗旗”	14	12枚AS-15B ALCMs或AS-16 SRAM或炸弹	168
小计		78		872
总计		855		~3814

输航空兵和约 80%的战略导弹兵（总共 3 个导弹集团军中的 2 个：第 27 和第 31 导弹集团军）。此外参加演习的还有：一个驻莫斯科的反导师、中央核测验地区、数个核武器库、普列谢茨克和拜克努尔航天发射场，以及俄联邦安全局的边境部队和内务部部队。西方认为“安全-2004”战略演习向人们展示了普京政府振兴俄罗斯的决心和能力，以及俄罗斯在必要的情况下使用核武器的决心、意志和能力；全面检验了俄罗斯军队核常部队联合作战的能力、“三位一体”核打击能力和常规部队的机动投送能力。但是演习在一定程度上也反映出俄罗斯核武器旧装备多，新装备少的现状，尤其是潜射弹道导弹发射三次全部失败，说明俄罗斯目前装备年久失修问题严重。

2004 年 8 月 3 日，俄罗斯开始在摩尔曼斯克州的奥列涅斯克市郊区的军用靶场举行特种战术演习“灾难-2004”核武器保护演习。来自俄罗斯国防部第 12 总局、莫斯科军区、列宁格勒军区、北方军区、空军和防空军集团军的约 700 名专家参加了演习。俄紧急状态部、内务部、联邦原子能源局和地方政府机构约 300 名代表也参加了演习。演习由俄联邦国防部第 12 总局局长伊格尔·瓦雷金上将指挥。演习后，俄国防部长伊万诺夫强调，俄罗斯知道自己在保护核武器和消除核武器事故方面的责任，国防部使用了最现代化的设备保护核武器和运输核武器。不论是在苏联时期，还是俄罗斯时期，都没有发生过恐怖分子试图获取核武器的事故，俄罗斯对这一问题一直给予极大关注。

俄罗斯以先进的洲际弹道导弹突防技术应对美国即将启用的弹道导弹防御系统　2004 年 8 月 9 日，俄罗斯外交部声明，“美国导弹防御系统逐渐形成一定的战斗力，且不遗余力地与其它国家合作建立导弹防御系统，威胁到俄罗斯的国家安全”，莫斯科保留自己在必要时采取应对措施的权力。俄总统普京曾宣布：在不久的将来，俄战略火箭部队将装备最新的武器系统，这种武器能够打击洲际纵深的目标，具有高超声速和高精确度，能够在高度和航向上进行深远机动。

美联社 2004 年 2 月 19 日报道，俄罗斯武装力量第一副总参谋长尤里·巴卢耶夫斯基上将表示，俄罗斯成功试验了带核弹头的高超声速飞行器，飞行速度超过了音速的 5 倍，能够改变飞行高度和飞行方向，具备极强的机动性，可躲避敌方导弹防御系统的拦截。俄罗斯新型高超音速导弹不仅能沿弹道轨迹以高超音速飞行，还可在大气层内飞行，并改变飞行轨迹。这种导弹能够穿透任何反导防御系统，包括现有的导弹防御系统和未来 20~30 年里投入使用的导弹防御系统。

俄罗斯频繁进行弹道导弹试验，加速发展新型弹道导弹　俄罗斯为保持核武器的有效性和先进性，

2004 年进行了 14 次弹道导弹试验（其中包括 3 次短程、可携带核弹头的 SS-21“火力点”导弹发射），尤其是完成了新型弹道导弹“白杨”-M 的全部试射任务。

“白杨”-M 型战略弹道导弹是俄罗斯开发的最新型陆基洲际弹道导弹，具有速度快、命中率高、不受电磁波的干扰等性能，射程超过 1 万公里。俄罗斯分别于 1998 年、1999 年和 2000 年将 3 个“白杨”-M 导弹团部署到战略导弹部队参加战备值勤，2004 年 12 月底，俄罗斯第 4 个“白杨”-M 战略导弹团开始担负战斗值班任务。每个团配备有 6 枚到 10 枚“白杨”-M 导弹，10 套井式发射系统。俄罗斯将其视为未来核力量的中枢，相当于美国研制的“民兵”III 导弹。到 2030 年所有重型导弹退役时，“白杨”-M 导弹将承担起所有核威慑的重任。

2004 年试射的是“白杨”-M 机动型洲际弹道导弹，不仅可以从井下发射，同时也可以从移动发射装置上进行发射。试验的主要目的是确定导弹机组和系统的工作能力，评估导弹的战术技术性能和飞行技术性能，检验采用的新设计结构的效果。试验与测试结果表明，机动型“白杨”-M 与前一代“白杨”导弹相比，它能以较高的概率穿透任何可以想象的和不可想象的反导防御系统。之所以能够取得这样的成就是因为其有针对性地提高了对付技术侦察手段的机动性和隐蔽性，并为提高导弹的安全性采取了补充措施。此外，俄罗斯总统普京 2004 年 11 月 17 日表示，俄罗斯不单在进行研究，而且成功试验了新的核导弹系统，这种系统将可以在未来几年内使用。西方推测，俄罗斯正在开发新一代重型核导弹，可以携带多达 10 个核弹头。

俄罗斯加速发展潜射弹道导弹并加紧核潜艇建设

2004 年 9 月 24 日，俄罗斯成功试射了为下一代核潜艇研制的新型“布拉瓦”（也译为“圆锤”）洲际弹道导弹。“布拉瓦”是固体燃料洲际弹道导弹，可以携带数枚核弹头，射程超过 8000 公里。俄罗斯计划 2005 年进行一系列“布拉瓦”海基弹道导弹的飞行试验，计划 2006 年列装。“布拉瓦”洲际弹道导弹将装备“北风之神”级战略核潜艇。1 艘“北风之神”级战略核潜艇装备 12 枚“布拉瓦”海基弹道导弹，以及鱼雷和防空武器。“北风之神”级战略导弹核潜艇中的第一艘在 8 年前开始建造，计划 2005 年列装，第二艘于 2004 年 3 月动工，近期还将开始建造第三艘。“北风之神”级战略核潜艇将替代“台风”级和“德尔塔”级核潜艇。

俄罗斯进行一系列测试性非核爆炸和次临界试验

俄罗斯原子能部称，为确保俄罗斯核武器可靠性和安全性，2004 年在中央测试场进行了一系列非核实验性爆炸，“操作检查和实验室测试确认了俄罗斯核武库的可靠性和安全性”。2004 年，俄罗斯还进行了一系列次临界试验，检验核弹头的完整性。俄罗斯专家称俄罗斯每年都要进行类似的试验，但没有透露所进行试验的时间和次数。

英国的核武器　据《原子能科学家公报》报道，截至 2004 年底，英国战略核力量的情况如下表：

类　型	部署数量	射　程（公里）	弹头数×当量（千吨）	弹头数目
潜射弹道导弹				
“三叉戟”Ⅱ(D-5)	64	>7400	（1～3）×100（MIRV）	200

英国秘密扩建自己的核武器生产基地，并就合作开发新一代微型、廉价的核武器与美国进行了多次谈判。

据英国《星期日苏格兰报》2004 年 5 月 23 日报道，英国国防部的部长级官员和有关方面的主管已经会同美国有关方面就合作开发新一代微型、廉价核武器一事，进行了长时间谈判，并取得了重大进展。

同时，英国政府集中了数十名物理学家，在伦敦以西伯克郡的奥尔德玛斯顿村英国原子武器研究基地进行了相关研究。英国政府还投资 20 多亿英镑对该研究基地进行了改造扩建。将在该基地安装“俄里翁”激光器，用来模拟核武器爆炸的物理过程及爆炸效应，这对开发新一代核武器至关重要。用该基地一位发言人的话说，“很快，基地就将拥有设计、生产‘微型核武器’或巡航导弹核弹头的能力了”。

法国的核武器　据《原子能科学家公报》报道，截至 2004 年底，法国战略核力量的情况发下表：

类　型	部署数量	射程（公里）	弹头数×当量（千吨）	弹头数目
潜射弹道导弹				
M4A/B	16	6000	6×150（TN70/71）	96
M45	32	6000	6×100（TN75）（MIRV）	192
战斗机				
“幻影2000N”/ASMP	45	2750	1×300（TN81）	50
舰载机				
“超军旗”/ASMP	24	650	1×300（TN81）	10
总　计				348

法国继续更新其海基战略核力量，并加紧核爆炸模拟技术的研究。据法国《解放报》2004 年初透露，

法国已经制定出核武器运用的新原则，增加了可用核武器打击的“无赖”国家的数量。这意味着法国40年来的核战略将发生根本性的变化，法国核力量从完全的防御性将变成具有一定的进攻性。

法国国防部2004年11月26日宣布，法国“凯旋”级弹道导弹核潜艇“警戒”号已经正式加入海军服役，以替代2005年退役的“不屈”级。该艇是“凯旋”级弹道导弹核潜艇的第3艘，“凯旋”级弹道导弹核潜艇装备16枚M45潜射弹道导弹，从2010年开始将逐步替换为M51导弹。根据计划“凯旋”级的第4艘“可怖”号将于2010年完工。

法国计划在2010年用射程9000公里的、6个子弹头、每个子弹头核战斗部当量为10万吨级的M-51型核导弹接替射程6000公里的M-45型核导弹。与现役M-45潜射弹道导弹相比，M-51制导精度和有效载荷性能都有明显的提高。M-51潜射弹道导弹将首先装备2008年开始服役的新型“凯旋”级弹道导弹核潜艇，之后替换其它4艘同级核潜艇上的M-45弹道导弹。

据法新社2004年12月23日报道，法国国防部长说，法国防务采办局（DGA）已经授予欧洲航空防务及航天公司（EADS）一份价值30亿欧元（40.2亿美元）的订单，采购M51型潜射弹道导弹，用以取代法国4艘核动力潜艇上的M45导弹。根据计划，法国海军将从2010年起开始装备M51潜艇弹道导弹，首先装备“可怖”号核潜艇，之后替换其他4艘同级核潜艇上的M45弹道导弹，并从2015年开始为M51装备新型核弹头。M51导弹是法国新一代导弹，3级固体发动机，有6个多导式分弹头，每个子弹头当量为10万吨，导弹长13米，弹径2.35米，发射重量约50吨，射程超过9000公里。

同时法国还在继续其在核模拟技术方面的研究工作。目前正在加紧建设由240束激光组成的兆焦激光装置（MJL），目的是在实验室内模拟核武器爆炸的物理过程及爆炸效应，对现有核武器进行改进或研制新型核武器。2004年两个关键仪器之一的图像感应加速器已经制造完成，另一个兆焦激光设备即将交付制造。

印度的核武器 印度正根据其制定的战略核力量发展计划，加快构建其陆基核导弹为主，轰炸机和核潜艇为辅的“三位一体”战略核力量。

陆基核导弹。美国NTI网站2004年7月1日报道，印度军队正在加快组建一支装备核弹道导弹的部队，包括两个导弹团，分别装备“烈火”1型和“烈火”2型导弹。

与此同时印度还在继续研制和测试“普里特维”（Prithvi，大地）系列近程弹道导弹和“烈火”（Agni）系列中程弹道导弹。这些导弹都可以携带常规弹头或核弹头。

法新社2004年1月23日报道，印度在一个移动发射台试射了“普里特维”短程弹道导弹。该导弹射程在150~300公里之间，能携带常规弹头以及核弹头。该导弹是根据印度军方弹道导弹研制计划设计的5种类型的导弹之一。2004年3月19日印度又试射了一枚“普里特维”弹道导弹。

法新社2004年7月4日报道，印度在东海岸试射了一枚“烈火”1（短程弹道导弹。导弹是从奥里萨邦东部的维勒岛的一个移动发射架上发射的。印度总理说：“它标志着印度在要求高技术的国防能力方面朝着自主性方向又迈进了一步。”该型导弹使用固体燃料，可在移动发射平台上发射，射程为700公里，可携带核弹头。

法国《航宇防务》2004年8月30日报道，印度29日在其东部成功试射了“烈火”2弹道导弹。这是该导弹自1999年和2001年后的第三次成功试射。该导弹，可携带核弹头，射程2000公里。

海基核导弹。印度正在大力发展本国的海基弹道导弹能力：研制、租用能发射核导弹的潜艇，研制可装备在核潜艇上的可携导弹。

2004年6月23日，印度海军公布“核军事学说”，称海军将是印度最有效的核打击力量。目前印度正通过“先进技术舰船”（ATV）计划研制可发射能携带核弹头导弹的核潜艇。该计划是以俄罗斯“北德文斯克”级855型核动力攻击潜艇为蓝本。该艇将装备导弹垂直发射装置，携带“萨加里卡”（Sagarika）潜射导弹或“丹努什”（Dhanush）导弹。另外，2004年1月巴基斯坦和阿拉伯媒体报道，称印度和以色列计划联合制造可携带核武器的战略核潜艇。

国际文传电讯社2004年12月报道，印度海军将租用俄罗斯一艘名为“环斑海豹”“阿库拉”级核潜艇，租期为10年。该潜艇具有发射可携带核弹头的导弹的能力。目前该艇正在俄罗斯阿穆尔造船厂制造中，预计2007年出厂。

在研制、租用导弹核潜艇的同时，印度还积极研制用于该潜艇的可携带核弹头的导弹。美国全球安全网2004年10月27日报道，印度26日在奥里萨邦的昌提普尔试验场成功测试了“大地”（又称为“丹努什”，Dhanush）弹道导弹的海军型号。该导弹是从一水下平台发射的，这是该导弹首次从用来模拟水下发射的专用容箱中发射。目前“大地”弹道导弹已生产了2种型号：SS-150与SS-250。

路透社11月7日报道，印度7日在其东部海岸奥里萨邦的孟加拉湾的海军舰艇上试射了一枚“丹努什”短程导弹，在拥有海上核威慑能力上迈出了虽小但是重要的一步。

空基核武器。根据印度空军新的发展规划，要建成一支要具有空基核打击能力、战略预警能力、空中加油能力和强大反导能力的“战略空军”。

2004年12月俄罗斯国防部长谢尔盖·伊万诺夫透露，俄罗斯已与印度商定，以相互可接受的方式向印方提供图-22中程轰炸机。据俄罗斯军事新闻网报道，俄罗斯将向印度提供至少两架图-22M3远程轰炸机。

除此之外印度目前正在改进和采购“美洲虎”、“苏-30”等飞机以作为其空基核武器的运载平台。

巴基斯坦的核武器 巴基斯坦正按照其制定的最低核威慑战略发展自己的核力量。

据法新社2004年2月22日报道，21日巴基斯坦总统穆色拉夫表示，巴不会在发展核武器计划方面，“退缩”，将根据其最低核威慑需求来发展自己的核能力，并同时宣布，巴军队将装备可携带核弹头的“哈塔夫”3（Hatf-Ⅲ）型短程导弹，增强核威慑能力。目前巴军队还装备了“沙欣”（Shaheen）和“高里”（Ghauri）中程导弹。

据NTI网站2004年3月12日报道，巴基斯坦批准了该国的核武器政策草案。根据该草案，核武器将作为巴基斯坦国防系统的一个关键成分，但草案要求将核武库保持在所需的最小规模。

2004年巴基斯坦进行了多次“哈塔夫”地地导弹系列试射。

“哈塔夫”3是固体燃料短程地地弹道导弹，可携带包括核弹头在内的各种弹头，射程为290公里。“哈塔夫”4射程为800公里。“哈塔夫”5射程为1500公里。“沙欣”2是地地弹道导弹，射程为2500公里，能够打击印度全境的目标，可携带各类弹头。

（郝一芳）

核、生、化装备

综述 2004年反核生化恐怖装备成为了核生化防御装备的一个新生长点。

当今世界，由于冷战的结束，也由于一系列国际军控条约的签署和生效，传统的正面作战使用核生化武器的可能性大大降低。2001年美国纽约“9.11”及炭疽事件后，恐怖主义活动甚嚣尘上，其手段多种多样，使用核化生手段进行恐怖袭击的威胁严重存在。在这种情况下，国际社会尤其是西方国家正在采取种种措施积极制止和预防核生化恐怖主义事件的发生。

国际社会防范核化生恐怖袭击的重点主要在两个方面：紧紧堵住源头和及时消除后果。所谓堵住源头就是严格防止大规模杀伤性武器技术和原料的扩散，使恐怖主义分子无从获得进行核生化恐怖袭击的资源。另一方面核生化恐怖袭击并不仅限于用各种手段施放毒剂，袭击有毒化学品生产和储存设施及运输工具，造成工业有毒有害化学品的释放，也是恐怖主义分子可能采用的恐怖袭击手段。此类设施的严格保安也是堵住化学恐怖袭击源头的重要措施。堵住源头也包括对计划中的化学恐怖袭击实施预先打击。所谓消除后果是对已发生的核生化恐怖袭击事件所采取的发现、确定、防护、救护、洗消和治疗等措施。这需要人员、装备、训练和相关知识。西方许多国家已完善了这方面的资源储备。研究和发展核生化反恐防御装备就是其中的重要措施之一。

虽然目前西方核生化防御装备已有很成熟的市场，一些装备可以直接用于或经过修改后用于核化生反恐防御之需，但核生化反恐防御毕竟不同于核生化作战防御，反恐装备一般与作战装备有不同的战术技术要求，需要有自己的装备体系。为此，许多国家投入了大量研发和采购资金，大大刺激了国际核生化防御装备市场的发展。国际核生化防御装备市场近几年发展最快的就是核生化反恐防御装备，如核监测方面的低辐射探测技术、核放射恐怖监测仪；生化侦检方面的生化侦检一体化，高灵敏度广谱探测技术；防护方面的一次性逃生包、核生化阻隔间；洗消方面的敏感仪器洗消技术、绿色泡沫洗消技术等。许多可兼用于或专用于核生化反恐的防御装备占有了极好市场份额。

化学武器 **全球化学武器销毁超过 1 万吨** 截至 2004 年底全球在禁止化学武器组织监督下销毁的化学武器已超过 1 万吨，约占各缔约国已宣布化学武器总量 7 万余吨的 14.3%。然而根据《禁止化学武器公约》要求，截至 2004 年 4 月 29 日（《禁止化学武器公约》生效后第 7 年）化学武器销毁量应占宣布总量的 45%。化学武器销毁进度滞后的主要原因是，化学武器宣布拥有量最大的缔约国俄罗斯由于资金缺乏等原因迟迟未能建成计划中的化学武器销毁设施，目前销毁量大大低于要求进度，且已向禁止化学武器组织申请全面延长化学武器销毁期限。禁止化学武器组织呼吁国际社会加大对俄罗斯化学武器销毁援助的力度。

美国资助阿尔巴尼亚销毁化学武器 美国国会参议院外交关系委员会 2004 年 10 月 21 日宣布，美国决定资助阿尔巴尼亚销毁其宣布拥有的 16 吨化学武器，销毁活动将于 2005 年开始。美阿销毁化学武器协议标志着美国的防扩散重点项目——“减少威胁合作计划”第一次扩展到了前苏联以外的国家。布什政府 10 月上旬批准拨款 2 千万美元资助销毁阿尔巴尼亚的化学武器。美国防扩散非政府组织“核威胁倡议”首席执行官说，这件事情表明美国将尽全力在全球范围防止大规模杀伤性武器的扩散，要用种种方式尽量使大规模杀伤性武器和材料不致落到危险分子手中。

日本拟在中国吉林敦化建造遗弃化学武器销毁设施 日本政府 2004 年 4 月 14 日召开“遗弃化学武器对策联络调整会”，商讨如何处理旧日军遗弃在中国的化学武器。会议确定年内在中国吉林省敦化县哈尔巴岭建造一个处理日军二战结束时遗弃的大量化学武器的设施。这一设施分挖掘和销毁两个部分，计划分别在 2006 年度末和 2007 年度末完工。由于日本还需要一些时间与中国就空气排放标准和建设许可手续等进行交涉，建造这一设施的开工时间目前还没有最后确定。据日方推测，中国全境共有日军遗弃的化学武器约 70 万件，其中 90%以上埋在哈尔巴岭。

利比亚开始销毁其化学武器 利比亚 2004 年 1 月 6 日递交《禁止化学武器公约》批约文书，2 月 5 日《禁止化学武器公约》正式对其生效。3 月 5 日利比亚向禁止化学武器组织递交其初始宣布。利比亚宣布拥有约 23 吨芥子气，成为第 6 个宣布拥有化学武器的缔约国。此外，利比亚还宣布拥有 1 个已停产的化学武器生产设施，2 个化学武器储存设施。利比亚的化学武器全部为散装芥子气，没有已装填好的化学弹药。按照公约规定，利比亚应在 2007 年 4 月 29 日前完成销毁。利比亚于 2 月 27 日开始销毁其第三类化学武器（未装填的化学弹药），并于 3 月 5 日结束。共销毁了第三类化学武器 3362 枚（未装填 881 型航弹 2921 枚，882 型航弹 441 枚）。整个销毁活动是在禁止化学武器组织视察小组监督下进行的。利比亚宣布的化学武器生产设施是距利比亚首都的黎波里西南约 120 公里的拉布塔制药厂。利比亚有意将该设施转用于生产抗艾滋病、疟疾和肺结核的廉价药品。禁止化学武器组织已经批准了利比亚的转用申请。

化学侦检与报警器材 **美军研发联合军种轻型核生化侦察系统** 联合军种轻型核生化侦察系统（JSLNBCRS）是一种用于探测和报告战场上核生化（NBC）危险的机动系统，由装有手持和车载探测和识别装备的车辆构成。JSLNBCRS 用于探测、取样和识别已知毒剂、生物战剂和有毒工业物质。其通信装置将按照 NBC 警报和报告系统的程序把 NBC 沾染预测和警报提供给战场指挥人员。该系统能利用标准化北约危险标记物标记沾染区域。局部气象和导航信息由车上气象和全球定位系统提供。计划有两种底盘车辆：高机动多功能轮式车（HMMWV）和轻型装甲车（LAV）。JSLNBCRS 装有新型传感器和信息通信系统，用于远距离探测核生化袭击。JSLNBCRS 将部署在前方作战区域，并综合纳入 NBC 侦察、监视、监控和鉴定计划。它也将部署在后方区域，来监控主要供给路线、后勤基地、机场、港口和重要指挥控制中心的 NBC 危险情况。JSLNBCRS 是核生化防护计划下“哨兵计划”的组成部分，计划分两个阶段进行生产。第一阶段有 6 个系统，在第二阶段 8 个系统投入生产之前，这 6 个系统将接受首批产品测试。全部 14 个 JSLNCBRS 系统将于 2005 财年支持多军种作战测试和评估。

美国开发出新的空气传感器技术 据《国外化学战科技动态》2004 年 2 月号报道，美国洛斯·阿拉莫斯国家实验室和美国环境保护署（EPA）开发出一种称作“空气分光光度聚集技术”（ASPECT）的红外空气传感器技术，以帮助紧急救援人员检测和定位危险的有毒化学品。该项目得到了美国国土安全部的支持。ASPECT 系统有两个传感器，安放在紧急救援人员操纵的小型飞机上。一个传感器是傅立叶变换红外光谱仪，用以检测和定位化学气体。它可以穿透烟雾和尘埃，准确地测定气团的位置和浓度；另一个传感器是一个高解析度的红外线性扫描仪，它可以记录下云团的景象和信息。将这两个仪器中得到的信息、影像与全球定位系统的信息相结合，紧急救援人员就可以绘出地表和化学云团的精确地图。ASPECT 可以显示出主要的云团及其方位，在几分钟之内即可绘出图像。随后，灾害现场的气体云团图可以通过传真、计算机或其它方式传送到地面应急指挥部中的决策人员。该系统覆盖区域大，减少了应急反应时所需设备的数量。

英军升级“狐”式核生化侦察车 英国陆军2004年下半年从德国莱因金属地面系统公司（RLS）收回了第一台升级后的“狐”式核生化侦察车。2003年英国国防后勤局（DLO）与RLS公司签订2300百万美元的合同升级其“狐”式核生化侦察车。升级工程在生产“狐”式车的德国卡塞尔的RLS公司进行。英国原来的“狐”式核生化侦察车与德国自己及出口到其他国家的车型基本相同，只是增加了英国自己的通信设备、1挺7.62毫米机关枪和烟幕榴弹发射器。英国的“狐”式核生化侦察车曾在海湾战争中部署。英国这次的升级包括扩大侦检能力，安装最新气象探测器，改进计算机软硬件，添加自救绞盘等。改进后的英国“狐”式核生化侦察车寿命将延长10年。改进后的“狐”式侦察车在测试中显示出了良好的战术技术性能。此外，“狐”式侦察车训练模拟器也同步改进。英国目前拥有11台“狐”式核生化侦察车，装备于英军联合核生化团。

荷兰购买 Chempro 100 侦毒器 2004年7月芬兰环境技术公司与荷兰国防部签订协定，于2004~2005年间向荷兰军队出售350台Chempro 100手持式自动毒剂侦检报警系统和18台训练模拟系统。Chempro 100是经美、欧多国评估、测试后，环境技术公司于2003年7月推出的手持式检测鉴定系统。该系统尺寸小、便于单手操作，但功能强大，用于检测毒剂，有毒工业化合物，有毒工业材料等有毒有害物质。Chempro 100采用开放回路离子迁移谱技术进行连续测量，不需要任何消耗品或干燥剂。它采用一种改进型的离子迁移舱，从而改进了实时检测的选择性和敏感性。它既可作为一台手持移动式检测仪对染毒地域进行检查，又可作为一台固定设备通过数据接口传输监测地域的相关数据。Chempro 100是全自动化的，当探测到有毒有害物质时,可通过声音和液晶显示屏发出报警，指明有毒物质的种类和浓度值。报警音量可调整；记录数据可存储或传输；数据库可升级以探测新的毒剂。

核监测器材

美国生产 RADSMARTTM 光谱仪 据《简氏核生化防御 2003-2004》报道，美国SAIC公司生产的RADSMARTTM光谱仪是一种核物质鉴别系统，它结构紧凑，结实耐用，重量轻。其设计是为方便用于多种场合，包括紧急救援、环境监测、规章检查和三废评估。该光谱仪收集指定地点的γ辐射种类和辐射级，然后显示、分析、储存并打印。它可连续监测并将结果显示于屏幕上，还能发出声音警报。该光谱仪的控制键集中设计在手柄上，因此可单手操作。其高分辨液晶显示器可显示图谱、条状图表或字母数字信息。它有剂量率调节、报警阈值和低电量报警。与电脑的连接是通过无线红外窗或RS-232串口。该光谱仪有3种工作状态：探测状态：显示瞬时记数和剂量率两个条状图，同时显示数字数据；图谱状态：显示日期、时间、温度、积分时间、平均剂量率、平均记数率和低阈值信息。分析状态：鉴别同位素，并显示储存在数据文件内的结果。

美国生产 HRM 手持式辐射监测仪 据《简氏核生化防御 2003-2004》报道，美国探测技术工程公司生产的HRM手持式辐射监测仪体积小、自带电池，对γ辐射和热中子辐射灵敏度高，用于监测和发现核物质。它采用微光电倍增管和固体闪烁检测器，配以高压氦-3正比记数器。该监测仪是应美国政府要求为应对恐怖分子使用放射性物质而研制的。HRM大小类似于手电筒，可握在手中或用配备尼龙套别在腰带上使用。当探测到大大高于自然本底的γ辐射或中子辐射时，该监测仪能发出声音或振动警报，并在单位数发光二极管上显示。操作者很容易不露声色地迅速发现辐射源。HRM结实耐用，易于操作，是辐射呼机®和辐射呼机®-S的高端仪器。

英国推出 TRaME 战术辐射检测装置 据《简氏核生化防御 2003-2004》报道，TRaME战术辐射检测装置是一种全套式辐射探测装置，全部功能包括核辐射监测、探测和记录，还能够评估辐射环境对当前任务的风险。它可向部队发出辐射危险警报，能侦察确定辐射范围和强度，能分析确定辐射源。全套TRaME包括：用于发现和报警辐射危险，并启动下一级功能件——辐射表面检测器的SOR/T型辐射探测器(RDM)；比RDM灵敏度高，功能多，测量范围广，除了用于表面检测外，实际还可直接用于核辐射探测、区域核辐射侦察等，接上配备的探头，可测表面和人体核沾染，包括贫化铀的SVG2型辐射表面检测器(RSM)；主要用于鉴别放射性同位素的GR-135型辐射识别装置（RIE）；用于下载和储存RDM记录的数据以便分和留作长久照射记录的XOM/T型RDM读数控制器（RDMR）。该设备与笔记本电脑连用。为配合美英联军攻打伊拉克的行动，英国国防部以约8百万英镑采购了TRaME，提前2年半装备部队。

爱沙尼亚自主研发核监测装备 据《简氏核生化

防御 2003-2004》报道，爱沙尼亚自主研发的核监测装备有 PAKRI-M 和 PAKRI 辐射探测器、Radon-1M 和 Radon 辐射探测器，Signal 辐射指示器。

PAKRI-M 是一种小型便携式 β/γ 辐射探测装置，包括电子装置、辐射探头和携带包。β/γ 辐射级显示在液晶屏上，同时有声响报警。探头呈薄饼状，能探测 β 辐射的方向特征，并能显示方向。有正常和精确两种探测模式，前者用于快速测量，后者用于低辐射测量。PAKRI 除了电子装置和辐射探头外，还配备有延长杆，用于控制探测距离。

Radon 辐射探测器是固定式装置，其显示器固定在墙上，也可以用专用支架安装在运送辐射危险物品或通过高辐射危险区域的车辆内。当探测到核辐射时装置前面板的信号灯会闪亮并发出音响警报,辐射级的高低由信号灯颜色和音响频率显示。Radon-1M 是用电池的便携式探测器。

Signal 辐射探测器是固定式装置，可探测 β/γ 辐射。它由探头、电子装置和 6 米连线组成。探头可移动或固定使用。探测显示是电子装置前面板，辐射级高低由音响频率和信号灯颜色显示。

化学防护器材　**美军正在研究在军服中加入防生化功能的纳米感应器**　据 2004 年第 8 届化生防护国际研讨会报道，美军正在研究在普通军服中加入纳米感应器，使其具有防生化功能。军装中的纳米感应器可以感应空气中生化指标的变化，当有害气体或物质指标突然升高时，军装会立即将头盔和其他通气部分的透气口关闭，并释放生化武器的解毒剂，起到预防效果。据称，纳米军装有望在 2007 年装备美军。

反恐个人防护装备成为研制热点　为了应对核生化恐怖威胁，许多专门的核生化防护装备应运而生。美国 sigmon　核生化逃生包配备轻便、完备的全套防护工具，为士兵及平民应对恐怖袭击、保护生命安全提供了有力的保障。

英国一次性 Tyvek 儿童防护服和动力呼吸防护系统很小，便于收藏，同时在紧急情况下能迅速穿戴。这种轻型防护服是儿童理想的防护服装，穿上仍能自由活动。该套装包括一件防护服、一个动力呼吸头罩、一对手套和一双短靴。有 2 种头罩可供选择：可选用动力呼吸头罩，能防护数小时；也可选用逃生头罩，它配有持续过滤 1 小时的内置过滤器。婴儿摇篮防护装置可使孩子通过（成人）手套口得到照料。

美国 DTAPS™ 一次性防毒服成本低廉、使用范围有限，但能提供最高级别的皮肤防护和呼吸道防护。为军事、紧急救援人员设计，可防御毒剂、生物战剂以及两用工业化学物质。系列防护服可分别提供 A、B、C1、C2 级防护。

德国 Potomac 应急逃生面具是专为应对生化恐怖袭击而设计，能防御炭疽、氰化物、沙林和天花。它重量很轻，压缩密封在一个金属箔包内，一只手就可携带。其硅胶面罩可为面部提供完好的密封。两个大型过滤器能适应大量气流，适应在紧急逃亡时用力猛、压力大的情形。精确的单向呼气阀门使呼气十分轻松。为提供最优防护，它配有军用双向活性炭过滤器。该面具可在 6 秒内戴好。

美英采用核生化集体防护再生式过滤新技术　核生化集体防护可再生式过滤（REGEN）新技术是用一对过滤器轮流过滤和清洗，即当一个过滤器在对进人空气进行过滤时，另一个则在用高温高压排除其内的污染物。REGEN 系统运行成本低，但造价高，耗电量大，结构材料必须能抗内部高温高压。REGEN 系统主要有 3 个优点，一是沸点宽，过滤范围广，不受蒸气影响；二是过滤床没有限定的寿命期，无须频繁的更换；三是在舰艇上使用时可安装在密封舱之外，既降低舱内污染风险，又节省舱内空间。目前已投入市场的此类装备有英国多米尼克汉特公司研制的模块式核生化防护系统。该系统的模块可根据需要调整大小，小到用于装甲作战车辆，大到用于舰船、建筑物和掩蔽部。英国已用该装置配备于两种正在研发阶段的作战车辆："太阳神"装甲战车和"特洛伊"装甲作战工程车。美军士兵与生化司令部已对该系统做过评价试验并在研制自己的同类型装备。

洗消器材　**美国大力研发和评估敏感部件洗消技术**　据美国《国土防御与安全》2004（8）期等报道，为了对小型敏感仪器如计算机、夜视仪、无线电台以及飞机座舱内部等进行洗消，美国国防部目前正大力进行论证评价，寻找新的技术。美国国防部采取两种方法：一是对现有商业技术进行广泛评价，从中筛选可行技术；二是致力研发新的技术。美国国防部在寻找敏感仪器或装备洗消技术工程中重点论证评价的几项技术包括紫外线杀毒技术、冲洗污染物的溶剂技术、高温高压气流技术、绿色洗消系统、活性皮肤洗消液、泡沫洗消技术、酶法洗消剂、用于生物战剂消毒医院消毒技术等，其中，Steris 公司的蒸气过氧化氢技术、Genecor 国际公司的神经性毒剂酶法洗消剂、加拿大的活性皮肤洗消液、Clena Earth 技术公司的紫外光消毒技术装备、桑迪亚国家实验室的 DF-200 系统等都在研发和筛选之列，并已显示出很好的应用前景。

美国装备加拿大活性皮肤洗消液　美国食品与药

物管理局（FDA）2003 年批准了加拿大活性皮肤洗消液（RSDL）。FDA 官员称，该洗消液的有效性和安全性已经得到证实，没有发现明显的毒副作用和刺激反应。紧急救援人员在 2004 年装备 RSDL，而军方则可能要到 2005 年才能装备，因为军方还要对配方的活性组分之一的肟进行临床测试。RSDL 可以用来洗消目前已知的各种毒剂，适用于皮肤消毒，还可用于眼睛消毒。用于皮肤消毒时，其残余物也是无毒的，因此可安全地暂留在皮肤上等待清洗干净。RSDL 用于单兵武器的洗消不会损害机械系统，也不会伤害光学器材。RSDL 目前已被澳大利亚、加拿大、爱尔兰、荷兰等国和禁止化学武器组织所接受。五角大楼的官员称，该产品的性能优于美军目前装备的标准 M-291 型皮肤消毒包，因为它不仅可以除去毒剂，而且能够迅速中和毒剂。该产品将取代 M-291 皮肤消毒包。

印度完成核生化洗消系统的研制 据《国外化学战科技动态》2004 年第 6 期报道，印度的瓜利奥尔和艾哈迈德纳加尔实验室研制出了一种核生化洗消系统。该系统包括一套单兵洗消包、一套便携式洗消装置、一种洗消溶液和一套移动式洗消装置。单兵洗消包采用物理吸附的方式洗消毒剂，由 3 个部分组成：PDK-Ⅰ、PDK-Ⅱ和人员辐射消除袋。便携洗消装置用于向污染区域、建筑、车辆和船只等喷洒洗消溶剂，采用不锈钢材质，可通过液压泵或车辆压缩机给容器加压，同时还配备一个带有一个洗刷器、一个刷子、一个刮板和一个可调节喷嘴的矛状器具。这种洗消装置还可以喷洒混合液体或悬浮液体。DS-2 洗消剂是一种超级强碱，有很强的腐蚀性，用于对小型和中型武器装备外部洗消，其使用方式为喷洒或涂抹。移动洗消系统设计用于地表、车辆、人员和装具的洗消，配备在 TATRA 越野车上。移动洗消系统的子系统包括：预洗消系统、化学洗消系统和后洗消系统。该洗消系统已投产并装备部队。

发烟器材 **中国台湾研发“烟幕作业电子参谋”软件** 台军正在研发“烟幕作业电子参谋”软件，其中的精髓是“烟幕扩散模式”。烟幕应用于战场上，大致可分为瞬间扩散及连续扩散两种。“烟幕扩散模式”将上述两种烟幕扩散方式及影响发烟效果的温度梯度、风向、风速等大气参数和烟雾油种类纳入，发烟时不必进行天气作业分析，只要输入最新气候条件即可，加上新式涡轮发烟机强大和快速的发烟能量，将大幅缩短反应时间。另外，“烟幕作业电子参谋”软件还可结合全球定位系统，缩短发烟反应时间。每辆发烟车只要加装一台有相关软件的笔记本型电脑，就可随时更新资料并进行独立作业。随着台湾陆军机械化程度的提高，其烟幕伪装装备已初步形成体系，除了炮弹、航弹、手榴弹外，还有 M3A3 型发烟器、M76 型红外发烟弹。其中 M3A3 发烟器为美制脉动式喷气式发烟器，是化学兵专业分队的主要装备，可装配在越野车及舰船上。1 辆车一次装填的发烟剂可形成 40~50 米宽、400~600 米长的烟幕带，持续时间为 20 多分钟，可连续装填。

（张　南）

指挥控制通信计算机和情报系统

综述 2004 年各国指挥、控制、通信、计算机和情报（C⁴I）系统的发展主要受到三个方面影响：一是各国军队主要作战概念和思维方式发生转变；二是通信与计算机新技术的发展促进了信息网络覆盖能力的提升；三是武器装备的信息化使信息更直接地形成作战能力。2004 年，世界各国 C^4I 系统建设呈现出如下特点：在继续加强海、陆、空、天一体化建设的同时，力求把网络通信系统装备到旅、营、连、单兵乃至武器平台，真正做到战场的“无缝”链接；提高实时情报共享能力、战场感知能力和“网络中心战”能力成为各国 C^4I 建设的重要目标；数据链作为 C^4I 系统构建过程中的关键环节继续向高速率、大容量、一体化、网络化方向发展，使数据互通能力有了很大提高；积极开发战术指挥系统、战场管理系统以及运动中的战场指挥系统，以实现对信息化武器平台实时有效的指挥和控制；加强无线网络的建设；信息安全和保密的需求日益增加；在努力建设军事信息基础设施的同时，一定范围内使用民用基础设施来弥补军事基础设施建设的不足，满足战场需要；战场上的共同利益要求参战盟军之间可以随时进行各种信息交换，因此在盟军之间通信设备的互联互通成为 2004 年各国发展 C^4I 系统的又一特征。

美国加紧推行转型通信 据英国《简氏国际防务评论》2004 年 3 月 1 日报道，美空军空间与导弹系统中心分别与波音综合防御系统公司和洛克希德–马丁/诺斯罗普·格鲁曼公司所领导的团队签订了一项为期 27 个月、价值 4.72 亿美元的合同。该合同要求降低转型军事通信卫星通信空间部分的风险并明确系统定义。美空军将在 2006 年从中挑选一种方案来建造转型通信卫星，第一颗转型通信卫星预计于 2011 年发射升空。

美陆军提高小型战术作战中心效能 据英国《简氏国际防务评论》2004 年 3 月 1 日报道，由雷声公司向美国陆军提供作为新一代战术作战中心的可重新配置的指挥与控制平台，大量使用 RGB 频谱公司的超视距多输入、多窗口显示处理机来集成通信、传感器和武器控制。可空中部署、可重新配置的指挥与控制平台将用于早期进入部队，以便改进从营级到师级的态势感知与战场协调。每个中心必须执行以前每个营需要四到六辆车来完成的相同的指挥与控制功能。超视距处理机接收来自视频及计算机输送的输入，从而允许访问包括部队跟踪数据库、情报与分析报告、地图及高级野战炮兵战术数据系统在内的信源。处理机接收来自各个战场侦察传感器的数字卫星下行链路，包括新闻广播、实时视频与图像传输。

美军购买商用视频压缩和自动目标识别软件 据英国《简氏国际防务评论》2004 年 4 月 1 日报道，美国特种作战司令部与 Treppid 技术公司签订了一项五年期的达 3000 万美元的合同，后者将提供商用现货视频压缩和自动目标识别软件。这些软件的潜在应用包括使用卫星电台传送视频，而所占用的带宽与目前静止图像或音频所要求的带宽一样。

美国防部设立联合无人机办公室 据美国《防务新闻》2004 年 6 月 7 日报道，五角大楼一名高级官员称，美国防部将设立联合无人机办公室，该办公室将与国土安全部共同协调处理无人机训练及采购等一系列事宜。联合无人机办公室的主要职责是收集有关军用无人机的经验，并实现资源共享。

目前国防部的无人机发挥着监视、侦察及一定的战斗作用。针对每一架无人机开发了训练课程、后勤支持和复杂作战概念。各军种将独立开发并采购无人机，用于高级指挥战略侦察以及战术监视。通过对无人机的性能分析得出结论，无人机可以胜任监视、监控和通信任务，并可以检测生物、化学和核武器。

美陆军斥巨资解决战场识别技术 据美国《防务新闻》2004 年 6 月 7 日报道，美陆军迫切需要作战识别技术以解决友军误伤事件的发生，这已成为当前关注的焦点。陆军的一支特种部队正致力于研究陆军目前和将来部队在性能方面存在的差距。

在伊拉克使用数字地图的 21 世纪部队旅和旅以下（FBCB2）战斗指挥系统蓝军跟踪系统帮助美军追踪其他友军车辆。但 FBCB2 系统尚不能完成战斗识别中的一个关键任务，即指出是否立即击毙对方。现有一种利用毫米波雷达传输 ID 信号的系统最适合用在作战车辆上。但每部系统耗资 1.5 万美元，还不包括 1.5 万美元的安装费用。如果把这种技术装备到整个陆军的所有车辆将耗资近 70 亿美元。此外，比较便宜的技术包括一个雷达接线，该设备使空中平台具有跟踪地面部队的能力。美陆军目前正在研究一种附加设备，可用于单信道地面与无线电系统（SINCGARS），新的 SINCGARS 将可以对战场上的其他 SINCGARS 电台进行定位，从而使士兵可以区分敌我。战术雷达通常安装在地面车辆上。美陆军还开发了一套手持式指挥官数字助理系统，该系统捆绑在 21 世纪部队旅和旅以下战斗指挥系统网中，可为士兵提供战场上友军所在位置的图像。士兵可用该系统传送即时信息，查看地面和其他作战部队的同步动态图。美陆军在年末向驻伊美军发送 600 套系统。

美空军 F-16 战斗机安装 Link-16 数据链 据英国《简氏防务周刊》2004 年 6 月 2 日报道，美空军于 6 月底开始对 F-16 多功能战斗机安装 Link-16 战术数据链，此外还使用了 3 月份已通过作战测试的新的连接软件 M3.3A+。这使 F-16 飞行员和指挥与控制飞机以及联合作战中心之间的连接达到前所未有的水平。

美国防部高级计划研究局推出世界上第一个量子加密技术网络 据美国《联邦计算机周刊》2004 年 6 月 4 日报道，作为美国防部高级计划研究局“量子网络计划”的一部分，BBN 技术公司与哈佛大学和波士顿大学的研究人员合作，已建成 6 个节点、可连续运行的量子加密技术网络。该网络实现了 BBN 技术公司和哈佛大学之间密钥的安全交换。虽然目前该网络只包括 6 个服务器节点，却完整地模拟了互联网标准的服务器端和客户端结构。

量子加密技术是通过利用寻找在用户间传送的光量子的突然改变来保证通信安全的一项技术，任何窃听者的截取行为都可能打乱这些光量子的状态，并且发出警告。量子加密技术有可能使通信变得绝对安全。

美军着眼数据共享建设全球信息栅格 据美国《防务新闻》2004 年 6 月 14 日报道，美国防部官员称，美军计划建设一个可以连接所有美军及装备的网络，即全球信息栅格（GIG）。GIG 是一个保密的全球范围的网络，网上的大量信息可以由任何人在任何时间任何地点加以利用。GIG 将支持作战及部队日常事务的转型，并将改变五角大楼以往购买信息技术的方式，他们想使用已确立的、经验证的、一体化的体系结构，并强调整体性能而非计算机平台。

五角大楼向国会申请 280 亿美元的 2005 年 GIG 预算，这一数字较 2004 年高出 4.76 亿美元。GIG 项目包括：（1）通信卫星转型，转型通信卫星将依靠激光通信来增加数据传输所需的带宽。（2）联合战术无线电（JTRS）系统，该系统将提供可编程电台业务以替代相互不匹配的不同的硬件系统。（3）网络中心企业服务，该服务将制定一系列标准，包括访问、收集、处理、存储以及部门间的信息分发。

GIG 可以使系统更易于进行数据交换。2003 年秋天，美陆、海、空三军将各自的系统进行组网，并建立数据分发与接收及数据保护的通用标准。空军组网后称作“指挥与控制星座网”，海军称作“部队网”，陆军称作“陆战网”。

美国高级计划研究局提出下一代通信项目新机制

据美国《联邦计算机周刊》2004 年 6 月 14 日报道，美国国防高级计划研究局发布了一份关于下一代通信项目新要求的解释文件。国防高级计划研究局将为下一代通信项目开发的新技术提供一种机制。这种机制使无线通信系统能够动态地临时访问空闲的无线电频率资源，而不会与现有系统和用户发生冲突。这项技术的关键是开发一个通信协议的整体框架和核心部分，既可军用，又可商用。

美陆军与海军陆战队将合并蓝军识别系统　据英国《简氏防务周刊》2004 年 7 月 7 日报道，美国陆军和海军陆战队制定了一项将两军种的蓝军跟踪系统合并的计划，并在接下来的两年内用新系统对其部队进行跟踪，同时尽快将 20 余套原系统转换成新系统并运用于美国及其盟军。

根据 2004 年 6 月制定的一份协议，美陆军开始为旅和旅以下部队的指挥官或车辆开发该系统。同时，海军陆战队也为营或营以上的指挥官以及指挥所开发该系统。美国海军和空军最终也将使用该系统。合并后的系统将于 2007 年 3 月投入使用。

美国防部高级研究计划局开发新通信网络原型

据美国《联邦计算机周刊》2004 年 8 月 16 日报道，目前美国军队的通信网络已在超负荷运转，获取及时、可靠、高速的信息是目前通信链路中最薄弱的环节之一，而按时按需进行数据存取对于取得现代战争胜利至关重要。为改变这种状况，美国国防高级研究计划局（DARPA）启动了“光学和射频综合链路试验”（ORCLE）计划。

光学和射频综合链路试验计划是将空间光学和射频通信系统综合为一个单一网络化系统的样机系统，旨在将激光通信的速度与射频通信的可靠性结合起来，支持军事指挥官的信息共享需求，并为军队提供小型、耐用、宽频带的移动通信服务。它将激光通信系统的高速率数据传输性能、射频通信系统的高可靠性能和网络的智能管理有效性综合起来，即使在一些链路受到天气影响或物理损坏的情况下，也能确保网络化通信系统的高效与可靠性。

洛克希德-马丁公司是光学和射频综合链路试验综合计划的总承包商，研究小组成员还包括 ITT 公司、L3 通信系统公司、BAE 系统公司、美国 AOA 公司、苍鹰系统公司、EMS 技术公司、代顿宇航公司和罗克韦尔系统公司。洛克希德-马丁公司收到的关于该计划的第一阶段的研究资金为 1554 万美元。

美军 JTRS 系统与英军“弓箭手”系统将实现互通

据美国《联邦计算机周刊》2004 年 9 月报道，美国防部 JTRS 联合项目办公室授予 ITT 工业公司宇航/通信子公司 730 万美元的合同，研制并交付 13 种能安装到美军 JTRS 系统上的“弓箭手”波形模式。一旦 JTRS 技术实验室证实该波形能满足软件通信体系结构的要求，它将成为第一个添加到 JTRS 波形库中的非美国的军用波形。采用这种可提供通信功能的新型通用波形，美英部队就能进行通信和数据共享。在 2004 年夏天进行的“弓箭手”系统与 JTRS 系统的演示试验中，ITT 公司的工程人员用这两种不同的系统进行了话音和数据通信，达到了 JTRS 通信项目概念的要求。下一阶段将进行网络功能试验，如路由选择、信号提示等。

美国战略司令部研发任务计划与执行系统　据英国《简氏防务周刊》2004 年 9 月报道，洛克希德-马丁公司得到了一个为期十年的合同，为美国战略司令部研发一个任务计划与执行系统的体系结构。系统将支持全球打击、导弹防御、情报战以及核威慑力量。对于每一个新出现的威胁，该系统都能提供一套不同的行动方案，方案包括估算胜算把握、潜在的附带损伤、所需资源和情报来源，以及时间范围等内容。

美陆军在师级单位试验新型信息网络　据英国《简氏防务新闻》2004 年 9 月报道，自 4 月起，美陆军第 3 机步师不但成为陆军模块化旅概念的试验台，还转型为一支高度网络化的数字化部队，其主要特点是该师具有初步联合网络传输能力，装备了蓝军跟踪、后勤保障、情报等系统。

联合网络传输能力取得的成果使下至营级的部队可以接入陆军 IP 路由网、国防红色交换网、保密视讯会议和 IP 电话能力。迄今为止，联合网络传输能力像大多数部署部队的设备一样，主要还是依赖商业卫星。联合网络运输能力为陆军提供了战术级作战人员信息网的初期版本，该网被看作是未来战斗系统的主干。

美陆军通信电子司令部研发 JTRS 系统集群 5 据英国《简氏国际防务评论》2004 年 9 月报道，美国陆军通信电子司令部日前与通用动力决策系统公司签订了一项价值 2.95 亿美元的合同，负责 JTRS 系统（联合战术无线电系统）集群 5 的系统研制和演示。美国陆军战术级作战人员信息网统领集群 5 项目，将提供 3 种应用形式（手持式、背负式和车载式）的小型软件定义无线电台。

这份合同涉及多达 14 种应用或格式因素，每个由信用卡大小的高级无线电内核驱动。这些应用将包括嵌入装置，如自动传感器和士兵系统。计划在未来十年间对这些电台进行一系列螺旋式改进。所有 JTRS 设备都可在空中互操作。

驻伊美陆军使用头盔显示器 据英国《简氏防务周刊》2004 年 9 月 8 日报道，美国陆军正在使用头盔显示器技术为正在伊拉克作战的第一支斯特赖克旅战斗队提供态势感知。这项被称作“诺迈德”的头盔显示器技术向在开舱行驶的车长显示 21 世纪部队旅和旅以下战斗指挥系统屏幕信息。

安装头盔显示器就是要加强态势感知。这样，就不必只呆在车里看计算机屏幕，可以站在舱口一边看着屏幕，一边审视四周。2003 年 12 月完成了 100 套设备的制造。它是美军方，至少是地面部队所拥有的最大的头盔显示器。

美空军研究“内部”网络袭击监测技术 据美国《防务新闻》2004 年 9 月 13 日报道，美国空军研究实验室信息局与 Telcordia 技术公司签订了 120 万美元的合同，研究提高计算机安全和信息保障技术。这项为期 18 个月的合同旨在“减少使用高维度搜索和建模的内部人员的威胁”，由五角大楼国防高级研究项目局提供资金。这项技术旨在于发现恶意用户活动，将着重监测“内部人员”的袭击。

美国防后勤局将更换新管理软件 据美国《防务新闻》2004 年 9 月 13 日报道，国防后勤局斥资 74.1 亿美元的新管理软件系统将在两年内逐步淘汰在该局服役已达 40 年的计算机系统。国防后勤局用最新的美国 SAP 公司的商业软件替代老的软件。

新系统可以使国防后勤局立刻更新其库存列表，而旧的软件系统往往需要耗费一到两天。该软件要求达到一定的数据完整性水平以确保国防后勤局的记录更为精确。此外，国防后勤局还与美国防部其他机构合作，以使计算机系统能够互操作。

美陆军改进数字化部队指挥所 据英国《简氏国际防务评论》2004 年 10 月报道，诺思罗普·格鲁曼公司将为美国陆军研发指挥所平台，合同总价值为 4 亿美元。指挥所平台计划通过先进的软硬件提供一个公共指挥中心，改进以往通过各种战斗指挥系统对数字化部队的控制。指挥所平台也允许士兵和军官在梯队间机动，而不再仅限于指挥所行动。

美陆军研制士兵天线 据英国《简氏防务周刊》2004 年 10 月报道，美国陆军通信电子研究开发和工程中心的空地通信委员会发布了研制三种天线的需求。其中包括外形适宜嵌入“未来部队勇士”、可支持 JTRS 频段的佩戴式天线；具有增强型射频性能和安装配件、覆盖 JTRS 群集 1 宽带网络波形频段的低矮阵列；保护低矮天线不受小型武器射击的弹道残骸损害的低损耗天线屏蔽器。2005 年 10 月将要完成 4~6 个背心式天线样品，并使其能支持 2006 年 1 月的“未来部队勇士”早期用户评估。2006 年 6 月还要完成相应数量的头盔式天线。

雷声公司将开发未来战斗系统车辆传感器 据英国《简氏防务周刊》2004 年 10 月报道，雷声公司作为美国陆军未来战斗系统项目的地面传感器集成商，获得 6 个子系统中的 5 个系统的开发和演示合同，价值 3.08 亿美元。第 6 个系统随后将进行开发和演示，包括远程化学探测系统和小型无人地面车辆任务有效载荷模块上的传感器。雷声公司网络中心系统部负责战斗识别、多功能射频和中程光电/红外部件的研制工作。

美陆军开发 JTRS 袖珍电台 据美国《防务新闻》2004 年 10 月 4 日报道，已经为班、排长配备了接入战场网络的无线手提电脑的美国陆军，正在增加一种高科技电台与之配套使用。 陆军士兵计划参谋长称，陆军正在开发的“微光”袖珍型电台是更先进的 JTRS 系统群集 5 手持嵌入式电台的过渡产品。陆军的目标是在 2005 年年底前实现 5 千余部电台投入使用。雷声公司研发的这种电台将成为下一版无线指挥官数字助理系统的一部分，它可使徒步士兵发送实时信息、察看地面及其他部队活动图并能逐步与军事行动同步。“微光”电台可直接影响覆盖范围，尤其在地形复杂的区域。

美空军研发多形计算代理体系结构 据美国《防务新闻》2004 年 10 月 4 日报道，美国空军研究实验室和洛克希德-马丁公司签订了一份价值 660 万美元的合同，研究多形计算代理体系结构这一新一代计算硬件和软件，它将使认知信息处理算法和系统产生巨大变革。国防高级研究计划局为支持其认知信息处理体系结构项目，投资了这一为期两年的合同。最初的研究将确定多形计算代理体系结构对于无人机航线规划、传感器控制、空中连续任务分派以及敌人意图诱导等的影响。

美国下一代通信基础设施投入使用 据英国《简氏防务周刊》2004 年 10 月 6 日报道，美国国防部下一代通信基础设施的地面部分已开始运行，它能以空前的速度在全球范围内安全地传输信息。国防部计划建立 92 个站点，其中前 6 个站点已于 2004 年 9 月 30 日投入使用，这些站点是在国防部全球信息栅格带宽扩展计划下建立的。美国国防部官员说，形成初始作战能力的这 6 个站点，使用最先进的光纤连接和光学转换机，能允许战区部队、情报分析人员和处在前线或美国本土的支援小分队之间及时共享大流量的话音、数据和视频信息，从而对国防部的军事作战产生直接影响。据国防信息系统局称，全部 92 个站点有望于 2005 年 9 月在美国大陆、欧洲和太平洋战区等区域内完成联机。

美海军研发移动用户目标系统 据英国《简氏国际防务评论》2004 年 11 月报道，美国海军选定由洛克希德-马丁空间系统公司领导的小组来生产移动用户目标系统，它将取代目前使用的特高频后续窄带（达到 64 千比特/秒）战术卫星通信系统。

搭载在洛-马公司 A2100 运载舱的第一个航空器预计 2010 年发射。与地球同步的移动用户目标系统卫星将根据现有的特高频后续系统（UFO）网络，增强网络的可用性，并为移动的作战人员提供实时话音、数据和视频。

俄罗斯在北部海疆建设电子侦察系统 据俄罗斯《独立报》2004 年 7 月 23 日报道，7 月在阿尔汉格尔斯克召开的俄罗斯海军高层领导夏季会议上，讨论了加强俄罗斯北部海疆防御，防止外国间谍潜艇向俄罗斯经济区和海洋军事区渗透的问题。俄罗斯国防部长谢尔盖·伊万诺夫称，俄正建设综合情报系统，以监视在俄北部海洋的水面舰艇和潜艇。这一系统将由“军事系统和经济系统”两部分组成。该系统的作用是在已经获得的最新数据系统基础上，积极保护俄罗斯北方的国家经济利益。俄海军司令库罗耶多夫元帅称，最新电子侦察系统可保障俄罗斯海疆的安全。过几年之后，这一向俄罗斯军事领导人和国家领导人传送战役情报的系统将覆盖整个俄罗斯。目前该系统已经覆盖了俄罗斯北部海域。

韩军国防信息网将引入 IPv6 新一代因特网地址体系 据韩国《双龙通信电子公司》网站 2004 年 9 月 23 日报道，自 2003 年开始，美、英、德、法等西方先进国家相继提出引入 IPv6 新一代因特网地址体系改造其国防信息网的计划。韩国防部为了建立全方位军事信息系统，计划在 2004 年底前就以 IPv6 替代现用 IPv4 因特网地址体系问题制定出《信息战略计划》，并从 2005 年开始，将目前整个国防网使用的 IPv4 因特网地址体系升级为 IPv6 新一代因特网地址体系。韩国防部此举的主要目的是，利用其优越的安全性能和近似无限的 IP 地址，建立能够覆盖每个士兵乃至每个作战装备的全方位军事信息系统。

印度即将建设网络中心战基础设施 据美国《防务新闻》2004 年 6 月 21 日报道，为了获得战场上的信息优势，印度实施了一项为期 25 年投资数十亿美元的计划，建设网络中心战基础设施。

印度军方将用 5~7 年的时间完成其网络中心战 25% 的基础设施建设。此外还将购买更精确的武器，用来支持从平台中心战向网络中心战的转变。新网络将情报收集者、决策者和战场指挥官连为一体，从而确保士兵和装备的最佳部署。这就要求战略和战术网络实现无缝隙整合。以移动通信和卫星系统为着眼点的工作将在 2005 年初开始，该系统使监视、指挥与控制以及卫星通信实现一体化。印度计划最终为陆军建造一颗人造卫星，同时，网络中心战将使用现有的 Cartosat 军用卫星。另外还将建起一个新的战术数据网和一个反技术系统，从而使网络得到安全保障，同时使敌方的指挥与控制系统及武器系统陷入瘫痪。

印度必须依靠外国的技术来建设和保护自己的网络中心战基础设施。印度陆军打算仿照美国陆军的做法，使用传感器、信息处理和精确武器技术，但不会直接获取美国的帮助。印度陆军还与国家国防研究和发展组织商讨有关使用毫微技术建设各种传感器向各级指挥官发送大量监视数据的问题。

以色列推出全双工个人网络电台 据美国《国际防务日报》2004 年 4 月 9 日报道，以色列塔迪兰通信公司展出了其最新适用于低级别单位士兵使用的全双工个人网络电台。

PNR-500 电台的全双工性能去掉了一些烦琐的无线电通信协议。采用公认的自同步技术，不需要中央主电台，且将通信弱点降到最小。加上一些特别附件，该电台可与战术电台和其他 PNR-500 连通，除了提供小队内电台会议能力外还可以提供网间通信。PNR-500 电台在 400~450MHz 的频率范围内有 15 条预置信道。该电台重 13 盎司，有一块可充电锂电池，一般可使用 12 个小时。通信范围大约为 800 米，适合城市地区军事作战行动、近战任务以及小分队射击和机动作战。PNR-500 电台还具有适用于隐蔽作战的耳语功能。它同时也可作为标准半双工战术电台通信使用。

以色列推出新型“先锋”无人机数据链 据英国《简氏国际防务评论》2004 年 9 月报道，以色列塔迪兰光谱链路公司签署一项合同，将推出 Ku 波段数据链来升级“先锋”无人机。新的链路可在诸如城市战这样的应用中进行远距离保密操作。这种数据链基于软件定义无线电技术，能够处理大量波形和频率。

中国台湾向美国购买预警雷达系统 据英国《简氏防务周刊》2004 年 4 月 7 日报道，美国国防部于 2004 年 3 月 31 日正式向美国国会通报其欲向台湾出售两套特高频远距离预警雷达系统的计划。该预警雷达价值 18 亿美元，能够探测弹道导弹、巡航导弹和带喷气发动机的空中目标。台湾预计先购买一套雷达系统，安装在北部新竹县娄山基地，估计耗资 8.3 亿美元。如果预算允许，还计划购买第二套雷达系统。

英国“弓箭手”战术通信系统投入使用 据英国《简氏防务周刊》2004 年 4 月 7 日报道，英军的“弓箭手”战场战术通信系统开始服役。“弓箭手”系统经过此前 9 个月的培训和装备改装后配备给英国第 12 机械旅皇家盎格鲁团第一营。第 12 旅将进行为期 15 个月的进一步培训，包括检验该装备作战行动的战备状态。

“弓箭手”系统包括个人电台、高性能数据电台以及抗震加固型膝上电脑，能传送文本和电子邮件。“弓箭手”服役的时间比 2001 年签订的合同所规定的服役时间提前了 9 个月。该设备是最初合同规定的系统的升级版本，包括对战斗管理系统和集成程序的改进。

英皇家海军核潜艇增加卫星通信设备 据英国《简氏国际防务评论》2004 年 9 月报道，英国皇家海军剩余 8 艘还将继续服役的快速级、特拉法尔加级核潜艇，装备临时卫星数据交换系统直至海军极高频/超高频卫星通信终端计划最终完成。增强型核潜艇信息交换系统将成为目前使用的特高频卫星通信设施的补充。第一个核潜艇信息交换系统的安装和试验将于 2005 年年初完成。系统安装利用了现有的天线杆，舰上安装可在 20 个工作日内完成，这样就不会对核潜艇的航行时间有任何影响。

皇家海军的未来大容量卫星通信能力将在海军极高频/超高频卫星通信终端和高级极高频计划的帮助下得以实现。极高频/超高频卫星通信终端计划将为英国潜艇提供稳定、高数据率的卫星通信能力。

英军研制生产“猎鹰”战术编队级保密通信系统

据英国《简氏国际防务评论》2004 年 10 月报道，英国国防部于 2004 年 10 月研发并生产总造价大约为 1.6 亿英镑（2.85 亿美元）的第一批 “猎鹰”战术编队级保密通信系统。

可供三军使用的“猎鹰”系统将取代绝大部分陈旧的、人力密集的“松鸡”系统（“松鸡”系统的小部分由“弓箭手”战术通信系统取代），并将能够在战区与编队通信系统计划内与其他数字系统（例如“鸬鹚”）实现互操作。

加拿大出资使用美国高级极高频卫星系统 据美国《国防信息中心》2004 年 3 月 3 日报道，加拿大与美国国防部签订一项协议，在 2009 年后的 12 年中使用高级极高频卫星系统。加拿大将在这个项目上投资 4.18 亿美元，其中包括从目前开始到高级极高频卫星系统投入使用之间的这段时间里在地面系统上投入的大量费用。这一举措表明加拿大正在与美国军方加强合作和提高协同工作能力。因经济原因，加拿大无法购买自己的通信卫星，目前靠固定线路、无线电和商业卫星服务进行通信。

澳大利亚将研发防空指挥与控制系统 据英国《简氏防务周刊》2004 年 3 月 4 日报道，澳大利亚国防部长罗伯特·黑尔透露，澳大利亚政府已与波音公司澳大利亚有限集团签订了一项为期 5 年、价值 8830 万美元的合同，生产新型维吉莱尔防空指挥与控制系统。波音公司还签订了一项价值 830 万美元的保障合同。

维吉莱尔系统将整合来自各个渠道的信息，以生成一个覆盖澳大利亚上空及周边空中的综合图像。这能够提高未来可能出现的对澳大利亚领空入侵的反应能力，不仅包括飞机还包括所有探测到的导弹。

该系统将由威廉斯敦和廷德尔的皇家澳大利亚空军基地的作战中心控制。系统将利用由 JINDALEE 作战雷达网和新的 WEDGETAIL 机载预警与控制飞机采集的信息。第一个系统定于 2007 年年中在皇家澳大利亚空军进入作战状态。

北约各国将组建盟军计算机网络化部队 据美国《防务新闻》2004 年 6 月 7 日报道，北约于 2004 年夏末为美国及欧洲的军工企业举办为期一天的会议，意在明确各盟国目前的需求情况，从而为日后盟军组成计算机网络化部队做准备。

2004 年 9 月 16 日在柏林举办的国防工业日旨在提升北约的网络赋能概念。并且，北约将与欧洲企业合作，从而使他们明确了解北约的需求。为了提高 26 个盟国之间的作战能力，特别是缩小美国与其他成员国之间的技术差距，网络赋能也就成了近两年来工作的重中之重。此外，北约将着重研究能够加强情报、监视与侦察以及指挥与控制能力的技术。

（曹剑　赵静　陈聪颖）

电子战装备

综述　近年来随着军队信息化建设广泛开展，各国国防建设都围绕军队信息化建设、提高信息作战能力展开，把信息作战作为未来作战的核心能力加以发展。作为信息战重要内容之一的电子战在 2004 年的发展非常活跃。新概念武器研制步伐加快，注重将电子战与其他信息系统综合集成，提高系统的兼容性；加强电子战演练，提高电子信息系统的协同作战能力。加强电子进攻力量，提高平台自卫干扰能力依然是电子战装备发展的重要内容,小型便携式、分布式电子战装备受重视。航天信息对抗领域继续受到关注，无人机在电子战领域的使用越来越广泛，电子战在反恐作战中的运用越来越普遍。

2004 年美军制定电子战发展计划时更加重视进攻力量的完善和现有电子战系统的协同使用。在电子战发展计划中，重点发展压制敌防空系统的下一代电子干扰飞机。2004 年年美空军颁布的《空间对抗作战条令》将电子战作为夺取空间优势的重要作战手段。此外，美军在海外军事基地缩减及调整过程中，努力确保电子战/信息作战资源和信息基础设施功能的正常运行。

英、德、法、俄等国把主要精力放在电子战新装备的开发和主战平台电子战装备的研制上，电子战无人机、新概念武器的研究取得较大发展。我国周边国家和地区继续重视提高侦察预警能力，不断完善电子战进攻手段。中国台军加强与美国等合作，提高侦察监视和情报收集能力，电子战硬杀伤能力也有所加强。印度近年来重视发展电子战力量，陆军电子战计划全面展开，并与以色列合作开发机载电子战装备，发展空中侦察预警力量。韩国 22 个 C^4I 及电子战项目正在加紧开发，2005 年计划的项目中，电子战装备开发经费提高到 43 亿美元。新加坡也成立了“电子战系统中心”，加强电子战技术的研究，提高雷达和电子战技术水平。马来西亚从南非定购了机载电子战装备。

2004 年电子战装备技术的发展集中表现在：1、航天电子战装备继续成为电子战装备发展的重要领域。近年来中小国家发展重点是航天侦察力量，美、俄等军事强国则在发展航天侦察的同时，重视开发对卫星的干扰、控制与摧毁能力。此外，还有很多国家和地区在秘密发展卫星干扰系统。2、电子战在反恐作战中的应用越来越广泛。近年来恐怖活动日益猖獗刺激了电子战在这个领域的应用。受恐怖活动影响较大的美国、中东、东南亚等地电子战在民用的发展更快。美国正在进行将军用定向红外干扰系统改造应用于商用飞机的工作；以色列已经研制出民航飞机用干扰装置。3、加强电子战装备的协调管理，提高电子战协同作战能力。美国近年来在开发分布式电子战系统的同时，开始规划未来电子战系统的协调管理，提高协同作战能力。空军甚至期待通过与计算机网络战的协同，更加迅速有效地破坏敌防空系统。4、定向能武器研究取得新发展。美、以合作研制的战术高能激光器（THEL）2004 年 8 月 24 日成功进行了对迫击炮弹的射击试验。美国海军积极推进定向能武器的发展，海军发展的武器包括电磁轨道炮、激光武器、大功率微波武器。俄、英等国的定向能研究也取得新进展。5、无人机在电子战中运用的领域越来越广泛。美国、英国、法国、德国、以色列等国家一直重视这一领域的开发，并取得重要进展。无人机已广泛应用于情报侦察、作战效果评估等领域，无人机的应用范围正进一步扩展，近年来正在开发无人机执行电子攻击任务。此外，反辐射无人机的应用也越来越广泛，装备反辐射无人机的国家和地区越来越多，亚洲的印度、韩国等国家购买了以色列研制的反辐射无人机。6、主战平台自卫电子战装备依然是电子战发展的重点。在 2004 年电子战发展项目中，主战平台（主要是飞机和舰船）自卫电子战依然占了较大比重，尤其是飞机红外自卫电子战装备一直是各国发展的重点。

地面电子战装备　电子战在反恐作战中的应用越来越广泛　据《国际电子战》2004 年 8 月报道，随着恐怖活动越来越猖獗，电子战在反恐作战中的应用越来越广泛。电子战在反恐作战中，由于使用环境、工作频率不同，除了一些传统的电子战装备可发挥作用外，还需要有针对性地开发新的电子战装备。电子战的应用主要包括 3 个方面：（1）无线电信号侦察，掌握恐怖分子的行踪：利用先进的信号侦察装备对无线电通信进行截获、分析、识别，可以掌握恐怖分子的行踪；（2）干扰恐怖分子的炸弹遥控信号：爆炸装置通常通过射频装置遥控引爆，通过对遥控信号接收装置实施干扰，可影响炸弹的引爆。（3）民航自卫：恐怖活动对民航的安全构成越来越大威胁。在过去 30 年间大概有 29 架商用飞机，被便携式地对空红外导弹击落。尤其是 2002 年 11 月以色列客机在肯尼亚蒙巴萨机场遭到两枚 SA-7 便携式地空导弹的袭击，更加引起了各国对民航安全的重视，西方一些国家计划在商用飞机上安装红外对抗设备，包括曳光弹、导弹告警器和定向红外干扰机。

美军研制新型情报分发系统　据《电子对抗》2004 年第 6 期等期刊报道，美联合部队司令部正在进行名为“盟军间多传感器空对地联合情报、监视和侦察互操作协同系统”的先期概念技术演示，该系统将使美军作战人员能够实时地接收情报、监视及侦察的信息，从而满足军事行动的需求。

传统的情报处理方式是将情报、监视及侦察信息传输给分析部门进行处理后再反馈给作战人员，“互操作协同系统”将采用“处理前分发”（PBP）方式，即所有授权的单位与分析部门同时获得信息。“互操作协同系统”将利用软件通过网络进行信息的分发，所占用的带宽很小，能够适用于任何网络。因此，即使是处于偏远地区的联军部队都可以获取到有关的情报。“互操作协同系统”在 2004 年 8 月举行的“量子跃迁”演习中进行首次演示，内容为演示“网络中心战”环境下对如 E-8C 平台获取的信息进行分发的能力。除用于美军外，“互操作协同系统”未来还将用于英国、法国、德国、加拿大、挪威、意大利、荷兰、西班牙以及北约。

印度陆军开始实施“萨姆尤科塔”（Samyukta）电子战计划　据美国《防务新闻》2004 年 1 月 23 日报道，1 月 19 日，印度陆军参谋长正式接受了“萨姆尤科塔”电子战计划的第一块电子模板，至此，印度陆军的“萨姆尤科塔”最新综合电子战技术终于完成移交，印度陆军开始正式实施这一计划。

“萨姆尤科塔”技术由印度国防研究与发展局（DRDO）负责开发，硬件设备由印度国家电子有限公司生产，所使用的电子干扰器使用频率在 1.5 兆赫~500 兆赫之间，涵盖了从高频到中频之间的所有敌方电子频率使用范围。此外，该计划中使用的重要设施“拉简德拉”相控阵雷达，将由印度巴拉特电子有限公司生产。“萨姆尤科塔”技术的有效使用寿命将持续到 2020 年。印度陆军官员称，首批 26 辆电子战车辆目前已交付印度陆军并投入正式使用，这些电子战车辆装备有印度自行研制的综合监视系统。

印度与以色列联合开发电子战系统　据美国《防务新闻》2004 年 4 月 6 日报道，印度国家研究与发展局（DRDO）与以色列埃尔比特系统公司首次联合进行风险研究计划，为印度“敏捷”（Tejas）轻型作战飞机（LCA）开发新一代电子战系统。印度科学家称，“敏捷”战斗机上的“风暴”电子战系统性能很差，需要更换。印度器械研究与发展公司（IRDE）将根据电子战计划的联合投资协议进行现代化红外系统的开发，以色列埃尔比特公司将进行传感器系统的开发。光电/红外传感器系统将使“敏捷”战斗机的目标截获能力和态势感知能力有较大的提高。

英国陆军将研制“占卜者”电子战系统　《雷达与电子战》2004 年第 2 期报道，英国国防部投资 2 亿多美元，责成洛克希德-马丁英国公司为陆军研制新一代电子战系统—“占卜者”（SOOTHSAYER）。“占卜者”包括一体化的电子支援设备（ESM）和电子干扰设备（ECM）。系统将实时截获和监视敌方多种通信或信号，包括雷达等多种辐射源，向指挥员提供更宽频谱的、更为可靠的情报数据，同时以很高的精度提供目标的位置信息，这是先前类似系统所做不到的。这种车载机动式系统便于前线部队快速部署，迅速投入作战。系统还将进一步改进，使之与机载系统联网，以增强网络作战能力。

“占卜者”系统是一种集有源干扰和无源干扰能力于一身的电子战系统。其无源干扰单元比现有系统频率覆盖范围更宽，有源干扰单元将同时具有通信和雷达干扰能力。系统研制的下一个目标是能够装载到机载平台，特别是无人机载平台上。

英国部队装备“鹦嘴鱼”便携式电子战设备　据英国《简氏防务周刊》2004 年 2 月 26 日报道，英国福尔肯（Falcon）公司向英国陆军和皇家海军已经交付了“鹦嘴鱼”便携式电子战系统。“鹦嘴鱼”是新一代轻型电子战设备，用于截获敌方通信和准确地定位敌方位置。最初的一批“鹦嘴鱼”系统在 2003 年初就部署在中东地区。“鹦嘴鱼”集成商用硬件和软件形成一个紧凑的系统，可用于车载电子战系统不能使用的地方。系统的主要构成包括处理器、一个膝上型计算机、桅杆以及天线。桅杆是由轻型灵活的记忆性材料制造，能够迅速卷起，利于携带，替代了传统的金属杆。目前已有12套“鹦嘴鱼”系统部署在英国陆军14个信号团与皇家海军编队。

舰载电子战装备 **美海军定向能武器取得新进展** 据《现代舰船》2004年12月报道，美国海军在电磁轨道炮、激光器和高功率微波器件研究方面又取得新进展。美国水面战中心已开始研制1/8尺寸电磁轨道炮演示验证模型，预计在2005年完成研制工作，并进行炮弹发射演示，有可能在3~4年后研制1个1/2尺寸演示验证模型，在10年后开始生产全尺寸样机。由于电磁炮弹靠电磁力发射，不需要爆炸材料，从而消除了生产、运输、处理和存储炸药的需要。此外，超远的射程、极短的飞行时间和高杀伤性能，都可能极大地提升美海军未来远程作战的攻击力。

美国海军还将投资建造100千瓦级激光武器，可用于DD (X) 和CVN 21新一代航母防御反舰导弹，目前已研制出25千瓦激光器，并在2005年继续进行使用激光摧毁来袭巡航反舰导弹的试验工作。海军还在关注着称为主动拒止武器的大功率微波武器的试验情况，评估这种武器是否可以保护舰船和海岸目标。

美海军将研制新型多功能舰载电子战系统 英国《简氏国际防务评论》2004年6月报道，美海军研究局(ONR) 计划从2004年9月起的5年内签订多份总价值约2亿美元的合同，对新型舰载多功能电子战支援系统的技术发展及系统发展与演示验证提供支持。该系统采用多功能天线，将装备在DD (X) 驱逐舰和CVN 21航母等未来水面舰艇上。多功能电子战支援系统所提供的能力将包括高截获概率、精确测向和高增益/高灵敏工作特性。系统将具有被动探测、到达角探测、武器寻的器末段的目标导引，以及敌方、中立方和已方辐射源分类识别等功能。系统所具备的高灵敏度将能够提供更详细的战场态势，从而支持更广范围的作战，并为作战人员提供更充裕的决策时间。

通用动力公司为美海军改进水面电子战系统 《航天电子对抗》2004年第3期报道，美国通用动力公司2004年2月17日宣布，美海军授予美国通用动力公司的子公司——通用动力先进信息系统公司一份价值为650万美元的改装水面电子战系统合同，为美海军作战舰艇上的舰载AN/SLQ-32电子战系统进行改进升级。AN/SLQ-32电子战系统自80年代以来，已经成为美海军最主要的电子战和反舰导弹防御系统。

改进项目的第一次升级是改进数据处理技术，更好地关联和显示从天线截获到的信号。第二次升级将增加由海军研究实验室开发的用于小型舰艇的电子支援能力，以及特殊信号探测、处理能力，网络中心战能力和为改善操作员的态势感知增加自动显示。第二次升级工作计划在2005年10月完成。

印度海军计划升级电子战系统 据《现代舰船》2004年3月报道，印度海军将拨款5亿美元更换16艘水面舰艇上的俄制电子战系统。印度已初步考虑从以色列引进一批新的电子战系统，在2~3年内加装到战舰上进行测试。印度国防研究与发展局正计划与国外合作开发电子情报系统，以逐步替代现有的电子支援系统。

英国海军舰艇装备新型舰载诱饵弹 据《现代舰船》2004年5月报道，海军装备的新型诱饵弹由1台火箭发动机、降落伞系统和先进电子干扰有效载荷组成。其中电子干扰有效载荷集成在1个长1米、直径125毫米的管中，能够产生大功率的干扰信号，探测和诱使来袭自导导弹飞离目标。当舰载电子支援侦察装置确定来袭导弹后，系统就会自动选择适当的发射筒进行发射，自动设置降落伞打开时间，将诱饵弹部署到离舰艇500米左右最佳位置。

法国新型情报侦察船下水 据《兵器知识》2004年7月报道，法国新型情报搜集船在荷兰皇家奈斯腾·桑德公司的德泽尔船厂下水。该船长100米，能搭乘108人（包括30名船员），三级海况下巡航速度16节，六级海况下能达到10节。船上将搭载MINREM联合部队电子情报 (ELINT) 系统，主要用于信号拦截、监听和测向，以及搜集雷达辐射信号。船体移交后将驶往法国港口由泰利斯公司进行情报侦察设备安装，整船将在2005年4月交付，取代“布干维尔”号情报船。法国希望它一年里至少能工作350天。

西班牙向德国海军交付首套舰载电子防御系统 据西班牙Indra公司2004年10月22日报道，它近日向德国海军交付了首套舰载电子防御系统，并为此在马德里举办交付仪式，出席人员包括德国驻西班牙大使和两国政要。根据Indra公司与德国海军在2003年7月签订的合同，该公司要为德国海军研制5套电子防御系统，交付时间为2004年10月至2007年3月，交付的首套系统，将装备在德国海军K-130轻护舰上。

Indra公司为德国护卫舰开发的这套系统是根据该公司为西班牙海军F-100护卫舰研制的电子防御系统改装而来，它的主要作战使命就是为舰艇平台提供自防御能力。该电子防御系统的运行过程分为二步，首先由被动分系统探测威胁目标信号并进行识别；然后启动主动分系统通过干扰或欺骗的手段来进行对抗。

机载电子战装备　**美空军致力于重建电子战能力**　据美国《航空航天技术周刊》2004 年 9 月 13 日报道，美军在重构空中电子进攻力量计划中，已初步规划出下一代机载电子攻击系统的构成。美国空军未来的电子战进攻能力将由专用电子干扰飞机、定向能武器和其他硬杀伤武器实现，主要包括：EC-130 电子战飞机、B-52J 电子干扰飞机、携带高能微波辐射弹头的微型空射诱饵 (MALD) 和联合空对地防区外导弹 (JASSM) 及巡航导弹、携带专用电子干扰装置或定向能武器的“联合无人战斗空中系统” (JUCAS) 等。空军的第一个行动就是重新研究电子战技术，考虑如何将其应用到电子战核心系统中，使系统能够适应现代战场的需要。为 B-52 轰炸机安装电子干扰吊舱是美空军重建独立的电子战能力而采取的第二个行动。

为了在对敌攻击时减少附带毁伤和意外人员伤亡，空军领导层也提倡增加非杀伤性手段，如定向能武器和电磁脉冲武器等，摧毁战场上敌方的重要电子装置。通过这些武器可以弥补美空军两方面的不足：一是空中作战管理能力，包括机载电子攻击管理能力的不足；另一个是对瞬时目标和移动目标定位能力的不足。

美空军制定定向能武器发展路线图　2004 年初，美国防部下令为定向能武器及其在未来网络中心战中的应用制定发展路线图，主要研究如何将定向能武器应用于网络中心战、战略威慑、应急作战和本土防御行动中。该计划还将包括技术演示和基本作战理论的研究。为此，美空军组建了特别工作组，计划于 2005 年年初提交一份定向能武器发展路线图。特别工作组由内华达州内里斯空军基地空中作战中心司令牵头，成员分别来自空军研究实验室、航空司令部以及空军采办与试验机构。工作组已召开了首次工作会议，并对定向能技术、目前存在的缺陷、定向能武器项目以及其他军种相关项目进行了研讨。目前，工作组正在着手了解定向能技术、定向能技术的效能以及空军使用定向能技术的方式。即将提交的路线图将以空军渴望得到的定向能武器能力为重点，具体阐述实现这些能力的计划与措施，它不仅是定向能武器发展的计划路线图，而且也是一份能力发展路线图。内容将包括定向能武器作战运用构想、预定达成的目标、定向能武器能力及其相关解决方案。工作实施有可能延伸到 2020~2025 年。

美国导弹载定向能武器研制取得新进展　据《国际电子战》2004 年第 8 期报道，美国将在 2~4 年内部署一种一次性使用的、空中发射的高功率微波武器，这种武器能够对诸如计算机这样的电子设备造成巨大破坏。美军研制设备首先考虑的是体积的大小，需要满足“联合空对地防区外导弹” (Jassm) 的需求，如海军的“战斧”导弹和空军的“常规空投巡航导弹”。微型空射诱饵 (MALD) 是美军计划装载定向能武器的另一重要平台。到 2010 年联合无人战斗空中系统进行外场试验时，高功率微波武器的体积将减小到可装备在微型空射诱饵上，能够使联合无人战斗空中系统携带大量微型空射诱饵在战场上空盘旋，当敌方机动导弹系统的电子设备开启并准备发射导弹时，便对其实施攻击。

美空军计划在 2011 年 B-52J 干扰型飞机上使用微型空射诱饵，从防区外攻击预警雷达。在没有“联合无人战斗空中系统”支持或目标对隐身飞机构成太大威胁时，就用巡航导弹进行攻击。B-52 飞机也可携带常规空投巡航导弹和联合空对地防区外导弹。

美空军继续改进 AGM-88 反辐射导弹　据《国际防务周刊》2004 年 10 月 29 日报道，美空军将评估雷声公司的新型 AGM-88“哈姆”高速反辐射导弹 (HARM)。雷声公司已经研究出改进型“哈姆”导弹 (HDAM)。目前，美空军和雷声公司正在把 HDAM 导弹装备在 F-16 多用途战斗机上，为试验做准备。HDAM 导弹包括装有 GPS 导航系统的光纤陀螺惯性测量装置，以及相关升级软件。HDAM 导弹还能用于其它武器平台，作为一种远程的、超音速攻击武器。HARM 导弹可以从诸如 F-16 和美国海军的 F/A-18 等飞机上发射，以摧毁敌人雷达防空系统。此外，美国海军将给现役的“哈姆”导弹安装新型发动机，提高导弹的射程和速度。美国的 ATK 公司也正在为“哈姆”导弹研制多模式导引头，反辐射导弹的型号定为 AGM-88E。

日本重视发展机载电子战装备　据《国际电子战》2004 年第 11 期报道，近年来日本积极发展专用电子战飞机，提高远距离电子侦察、干扰能力，提高平台自卫干扰能力。

日本航空自卫队向美国订购的 4 架 E-767 空中预警与控制飞机已开始交货服役，该机装备的 AN/AYR-1 电子战支援系统具有很强的电子情报侦察能力。日本还向法国订购了 ASTAC 型电子情报吊舱。用于加强 RF-4EJ 战术侦察机的电子情报能力，使其电子侦察扩展到毫米波波段。此外，日防卫厅正式提出增购 2 架 EP-3C 电子情报飞机和 1 架 UP-3D 电子战飞机的要求，还可能求购 EA-6B 专用电子战飞机，该机不仅具有强大的电子干扰能力，而且可挂载和发射反辐射导弹。日本在发展专用电子战飞机的同时，继续发展先进一体化电子战系统，进一步加强作战平台的自卫电子战能力。近几年来，日军一方面继续为其作战平台购买新型的电子战系统，一方面积极发展自己的电子战新技术，研制先进一体化电子战系统。航空自卫队已向美国洛拉尔电子系统公司订购了新型 AN/ALQ-131 电子侦察接收机/处理器。日本三菱公司正在为的新型战斗机 F-2 (FS-X) 研制一体化电子战系统，据称这种系统与美国最新隐身战斗机 F-22 的电子战系统相似，在设计阶段就将威胁告警、有源和无源干扰各分系统与机上的其他电子系统融为一体，同时开发研究，这种充分一体化的电子战系统将会大大提高反应速度和作战能力。

巴西部署反辐射导弹 据《现代兵器》2004 年 11 月报道，巴西空军已经把其多年研究的成果——反辐射导弹部署在巴西航空公司生产的 A-1A (AMX) 攻击机上，有望 2005 年正式服役。名为 MAR-1 的新反辐射导弹是由巴西导弹研究中心和巴西空军技术发展中心共同研制的。巴西空军已成功对导弹进行了几次机载实验发射，为训练飞行员，空军将操作软件安装在 A-1 飞机上模仿 MAR-1 导弹的性能，供操作员训练。MAR-1 导弹无论从外观还是功能上都酷似 AGM-88 “哈姆”反辐射导弹。

瑞典爱立信公司为“鹰狮”开发新型电子战设备 据《航空航天周刊》2004 年 10 月 18 日报道，瑞典爱立信公司正在为 JAS 39“鹰狮”战斗机设计一种新型电子战设备，基础设备的飞行试验已经开始。除了开发被称为“多功能综合防护系统”（MIDIS）的电子战系统外，爱立信公司还致力于提高“鹰狮”雷达系统的性能。多功能综合防护系统通过提供自卫干扰、雷达告警接收机及电子情报和通信能力，进一步提高飞机的自卫电子战能力。

航天电子战装备 **美空军部署首套卫星通信干扰系统武器** 据美国《电子防御杂志》2004 年 12 月报道，美空军部署首套反卫星通信系统武器，这种新武器已装备空军航天司令部第 76 空间控制中队。通信干扰系统通过发射无线电干扰信号，干扰敌方的卫星通信。这种地基系统能够使敌方在利用空间链路实施指挥控制、攻击及空间防御的关键时刻暂时失能。另外两套系统正在制造中，预计 2005 年交付。

美海军研制 GPS 干扰机定位设备 据《现代兵器》2004 年第 11 期等报道，美军十分重视 GPS 系统的抗干扰问题，于 1997 年就启动了 GPS 干扰机定位设备的研制工作，该项目称为“GPS 干扰机定位”(LOCOGPSI)。到 2003 年，GPS 干扰机定位系统共进行了 3 次飞行测试，并完成了对小功率 GPS 干扰机的探测和定位。该项目由海军空间和海战系统中心负责实施，硬件由圣地亚哥的 Falon 公司生产。按照设计，GPS 干扰机定位系统将安装在投放箔条的 ALE-47 吊舱中，可自主工作，基本上不需要操作员的干预。根据作战任务要求，美军正在考虑将该系统安装到无人机上，因为无人机非常小，不易被击落，接近目标更容易，可以独立工作，从而提高定位精度。

美空军采购 GPS 抗干扰接收机 据《雷达情报信息》2004 年第 4 期报道，美空军已与雷声公司签订合同，采购 982 个数字式抗干扰接收机 (DAR) 作为 C-130 飞机或其他的特种任务飞机的导航部件。数字式军用 GPS 抗干扰接收机原本是为 F-35 等高性能战机开发的，每个数字抗干扰接收机系统将包括一个 24 信道可选的抗电子诱骗模块 (SAASM) 接收机、数字抗干扰电子设备以及天线。数字式抗干扰接收机系统全面兼容目前的 GPS 电子设备。与传统的 GPS 接收机和抗干扰电子设备相比，通过提升战机抗干扰 GPS 传感器的通用核心技术，可节约生产和全寿命周期成本。

日本计划再发射两颗侦察卫星 据美联社 2004 年 8 月 25 日报道，日本政府有关部门 8 月 25 日下午在首相官邸举行的会议上确定，拟于 2005 年和 2006 年再发射两颗侦察卫星。这两颗侦察卫星中，第一颗是光学侦察卫星，能够对地面物体进行拍摄，形成高清晰度图像；第二颗是雷达侦察卫星，能够对地形数据进行分析。日本政府为 2005 年度卫星相关经费拨款 699 亿日元 (合 6.35 亿美元)。日本于 2003 年 3 月已发射两颗侦察卫星，原计划于同年 11 月再发射两颗，后因 H-2A 火箭出现故障而受挫。日本计划共发射 8 颗侦察卫星入轨，构建完整的情报收集系统。

中国台军针对“北斗”卫星研发干扰系统 据《国际电子战》2004 年 1 月报道，中国大陆自行研制、发射的代号为“北斗”的区域性卫星导航定位系统，除商业用途外，也用在部队指挥与精确制导上。“北斗”卫星不受欧美先进国家控制。若两岸开战，欧美可关闭自己的 GPS 系统中被解放军使用的卫星频道，大陆仍可使用自己的北斗卫星定位系统，进行精确攻击导引、战场指挥等。

台军一位将领表示，“北斗”卫星的位置、频段、频率等技术参数都是公开信息，未来要干扰这类卫星频段，“理论来说并不困难”。他还表示，台陆军电子战排已可针对太空特定卫星进行干扰。台军规划筹建的“反制卫星侦测、通信及干扰 GPS 定位导引武器系统”计划，将发展全频段的干扰能力。

中国台湾加强对大陆的航天监视　据《兵器知识》2004 年 2 月报道，台湾的卫星发展计划开始于 90 年代初。1991 年，台湾当局批准实施了一项为期 15 年、耗资 136 亿新台币（约 5.13 亿美元）的空间计划。该计划宣称，其目标是要建立台湾的空间科学技术能力，并通过研究开发 3 颗低轨道科学卫星来验证这种能力。目前台湾尽管还不具备发射卫星的能力，但已能制造卫星，并和外方已进行多次合作以发射其制造的卫星。其标志性成果，一是台湾与新加坡合资的“中新 1 号”卫星，另一个是“中华卫星”系列卫星，即“中华卫星 1 号”和“中华卫星 2 号”。此外，还有在研的“中华 3 号”卫星。

到 2010 年台湾当局将积累并具有一定的空间科学技术的试验经验和进一步发展卫星的实力，但就部署和使用电子情报信号侦察卫星而言，尚不具备能力。这主是因为拥有电子侦察卫星的国家或地区一般都要求具备发射卫星升空的手段，目前台湾当局缺乏运载火箭技术。但值得注意的是，在进入战争状态时，台湾当局有可能得到并利用由美国或其他国家和组织提供的卫星侦察电子情报信息。

（全寿文）

后勤装备

综述　进入 21 世纪，以美国为首的发达国家军队积极推进军事变革，加速军队转型，建设适应新形势下新的任务需求的新型军队。在这一过程中，传统后勤保障理论、体制、方式也都在发生着深刻的演变。如美军对后勤保障方式的改革，包括由按申请保障转变为按需要保障、由被动供应保障转变为主动配送保障、由逐级前送保障转变为立体直达保障和由军队自我保障转变为社会化保障等四个方面的内容。德军在近年实施的军事改革中，一方面探索打破军种限制，重组新的作战力量和后勤保障力量；一方面组建与陆军、海军、空军和中央卫勤并列的第五大军事指挥机关“武装力量基础部”，统管德军的通用后勤保障任务，加强了三军联勤的力度。北约和欧盟中的一些小成员国如丹麦等，正在纷纷摒弃以往以抗击外来侵略为主的国防战略，而转变为随同所属的军事、政治组织更多地执行国际军事干预，其后勤保障重点也改为以保障远洋军事行动为中心任务。与此相适应，近年来外军重视后勤装备与作战装备的协调发展，后勤装备的发展呈现出信息化、通用化、模块化、多功能化的发展趋势。

2004 年，外军后勤科技装备的发展主要有以下几个特点：一是加大信息化后勤装备的研发力度。2004 年，美国防部出台强制使用射频识别技术政策，大力推广射频识别技术的应用。美军依托先进的信息技术和良好的网络环境，2004 年又开发和建成了港务长指挥控制中心系统、可靠性与可维修性信息系统、全球作战保障系统等多个后勤指挥管理自动化系统，大大提高了后勤综合保障效能。美、德等国采用复杂的传感器系统、全球定位系统、高性能计算机，开发出无人驾驶自动车辆。二是强调后勤装备的机动性。高技术战争呈现出高速度、全纵深、全方位、全时空的特点，这就要求后勤保障必须适应这种特点，后勤装备必须具有高度的机动性，易于驾驶，适应性强，可以车载、船载或机载，才能有效地满足作战的需要。俄、德等国装备的救护车、医疗车实现了战场救护的高度机动。美、英、意等国军队装备了全地形车，美、英等国大力研制和装备高速双体船，其速度可达 40 节以上。三是强调后勤装备的模块化。美军开发的新型模块化供餐设备操作简便，与以前同类装备相比安装的整个过程从 500 个工时缩短至不到 75 个工时。法军拟研制的“可长期部署的医疗平台”采用模块化设计，2 个手术室和 7 张重症护理病床可以增加内、外科医疗模块，最多达 8 个的模块装在 20 英尺标准集装箱内，安置在直升机库中，并直接与医院连通，手术、复苏、放射、化验等各种模块可根据需要混合组配，大大提高了其适应能力。德军装备的“杜罗 3”新型轮式装甲医疗车底盘上能安装各种特定任务模块，这些模块还能从车上拆卸后独立使用，简化了后勤支援。四是强调后勤装备的防护性。现代战争突发性强、破坏性大、战损率高，外军在研制新装备和改进现有装备时，越来越重视提高其防护能力，不断提高其战场“再生率”。美军加紧改装和生产装甲型“悍马”车，改造内容包括采用90公斤的钢板车门、用多层粘合的防弹玻璃取代拉合式塑料车窗。丹麦公司研制出防爆防弹复合材料方舱，法陆军新式轻型防弹运输车、俄军新型装甲救护车、德军“杜罗3”新型轮式医疗车和“野狗2”全防护车也都实现了装甲防护。

（何在涛）

军需装备 2004年，外军积极利用新技术、新材料开发军需装备，重点是士兵系统中的被装分系统、各种防护服和野战食品炊具等的研发，不断提高被装的综合防护性能，努力实现野战食品的热食化和集约化以及野战炊具的模块化。

美陆军开发出新式像素迷彩作战服 据日本《战斗》2004年第9期报道，美陆军开发出采用全新像素迷彩图案的新型作战服。新型作战服主要由贝蕾帽、夹克、裤子、T恤和靴子五部分组成。黑色贝蕾帽和棕色靴子是专为新型作战服配套设计的。T恤采用透气性材料制成。新型作战服最大的特点是提高了作战服的通用性。之前，美陆军作战服的迷彩图案，包括丛林地区作战用的绿色系列、城市作战用的灰色系列以及沙漠地区作战用的棕色系列，都是根据不同的作战环境而分别设计的。新作战服巧妙地综合了上述3种迷彩颜色，采用3种颜色的最大公约数，以求最大限度地适应不同作战地区的环境，从而统一整个陆军的作战服。此外，新作战服还在现役陆军作战服的基础上进行了诸多人性化改进，包括为了方便士兵取放物品而改变口袋位置和倾斜角度，为防止肘部和膝盖磨损而缝制插护板的口袋，为方便穿脱而尽量采用尼龙扣开合等。新作战服预计2005年正式投入生产，同年4月开始配发给海外部队，整个陆军将在2007年12月底之前全部配备完毕。

美军研制新型防护作战服 据美国《勇士》2004年5~6月号报道，美陆军纳蒂克士兵中心特种部队特殊项目组为美特种作战部队研制出新型防护作战服（PCU），用来取代现役的轻型作战服（LEP）。新型防护作战服共15件套，7层，灰色，适穿范围为零下50℃~零上45℃，穿着者可根据不同作战任务增减。新型防护作战服的主要优点集中表现在抗菌纤维、弹力外罩以及整体设计，包括特殊接缝、配套设计和织物的特殊处理。研究人员发现保持服装保暖性的关键是控制湿气。新型防护作战服利用POLARTEC织物的毛细作用将湿气从皮肤吸出，最外层服装的纤维用硅树脂包裹，既可防风、防水又具有良好的排汗功能。新型防护作战服现已在美国阿拉斯加州由陆军斯瑞克旅、陆军特种作战部队、海军“海豹”特种作战部队进行试穿和野外评估，预计2006年正式装备特种作战部队，届时还将为适应特定作战任务而再次改进。

美军研制出新型作战服内衣 据国际互联网2004年2月17日报道，美国Insport体育服装公司使用Nextec公司生产的一种特殊处理过的织物为美“海豹”特种部队生产了8600套新型作战服内衣。该内衣采用的防水织物可阻止浸湿，防风保暖效果好，是目前世界上“保温/重量比”最高的织物，而且还具备透气、耐洗涤、速干、柔软和富有垂感等性能。据“海豹”队员反映，新型内衣穿着冬暖夏凉，就像穿上贴身“空调”一样。此外，该织物中还置入了具有很强杀菌、消炎效果的纯银纤维，使内衣具有免洗性，队员在恶劣的环境中可以连续一个多月不用换洗内衣。在设计中，Insport公司还十分重视内衣穿着的舒适性。为了防止“海豹”队员因活动剧烈使内衣腰带勒进皮肤，导致发炎，公司专门使用了一种拉绒弹性腰带，既柔软又有弹性。作战服内衣的上衣设计得比一般内衣要长，目的是防止队员爬行时上衣从短裤或裤子中滑脱，影响动作效果。

美军开发新型“降温战靴” 据美国“底特律新闻网”2004年3月7日报道，美国防部高级研究计划局正与美国AVA核心技术有限公司联合研制一种“降温战靴”，以提高美军士兵训练质量并使他们在诸如伊拉克、阿富汗等炎热战场上拥有更持久的连续作战能力。这种降温战靴利用美国斯坦福大学开发的“快速热交换技术”，通过人体脚掌达到迅速散热的效果。在此之前，AVA核心技术公司成功研制出可使人体在短时间内迅速降温的“核心控制系统”，该系统的工作原理是：使用者将手伸进去，握住并扳动金属板，将真空装置启动，冰冷的金属板使手掌上的血管迅速变冷，而真空压力则可以增加流向手掌的血液，冷却的血液循环回体内并使全身的血液降温。采用该系统降温不会使人感到寒冷，而且可减少体能流失。该系统能在10分钟内将人体的体温从40℃降到正常值，而自然冷却则至少需要30分钟。美国防部正着手将核心控制系统应用到未来士兵的战靴上，研制出方便实用的“降温战靴”，帮助士兵在激烈的作战中“从里到外保持冷静”。

美军改进MRE口粮餐谱 据美国《勇士》2004年3~4月号报道，应士兵不同口味的需求，美陆军纳蒂克士兵中心推出了2004年MRE口粮的新餐谱。主菜有阿卡迪亚香肠米饭和烤肉酱汁蔬菜，配菜有墨西哥空心粉和奶酪，另外还有小甜饼、胡萝卜饼和肉桂色糖果，其中本年新增的阿卡迪亚香肠米饭是最受欢迎的品种。为了满足少数民族和素食者的要求，2004 年 MRE 口粮餐谱 24 个主菜中 4 个是素食主菜。此外，主菜还反映了一些意大利、墨西哥和亚洲口味的要求。喜欢吃甜食的士兵还将很快吃到两类新饼干，一类是香草夹心饼干，另一类是薄荷巧克力、花生酱和 M&M 型酥糖以及夹有红杏仁、南瓜籽的蛋糕。

美军开发模块化供餐设备 据美国防部网站 2004 年 8 月 6 日报道，最近纳蒂克士兵中心与一家民营公司一起开发出一种新型模块化供餐设备。以前，在安装海军舰队供餐设备时，船员们必须在甲板边将设备进行分解，然后再把它们一块一块地通过一个 76.2 厘米的舱门送到船上的厨房重新组装，这需要 500 多个工时才能完成，而且组装后还经常不好用。新设备安装时只需将各模块从舱门送到厨房，然后将其像拼装玩具一样装起来就可顺利进行操作，整个过程只需不到 75 个工时。美军已在两艘“洛杉矶”级潜艇上对新型模块化供餐设备进行了组装试验。

美陆军研制可自行发电的新型野战厨房 据美陆军士兵系统中心网站 2004 年 1 月报道，美国斯特灵技术公司获得 73 万美元的联邦研究补助，为美陆军研制具有高效发电系统的新型野战厨房。这种新型厨房的最大特点是能在加热炊事和清洁用水的同时进行发电，从而极大地改进野战部队的就餐条件。该厨房将使用一台标准军用燃烧炉驱动斯特灵公司设计的 1 千瓦发电机发电，其原理是利用燃烧炉加热密闭的汽缸系统，驱使活塞来回运动进行发电。新型野战厨房将使用更加高效的燃料并将减少噪音和热损耗，采用密闭系统设计，使用简便，无需维护，可靠性高，即使用棒球棍击打，设备仍能正常运转。

俄军装备“巴尔米查”单兵作战装具 据俄罗斯《军事技术与合作》2004 年第 3 期报道，俄军研制的“巴尔米查”单兵作战装具开始装备部队，主要供陆军、空降兵及特种部队在丛林、沙漠和北极地区使用。该单兵装具是“巴尔米查”士兵系统的组成部分，包括防弹背心、防弹头盔、冬服、睡袋以及净水器、夜间照明装置、取暖器和伪装用品等。防弹背心可防 AK-74 自动步枪从 10 米距离射出的子弹，防弹头盔可防 ПМ 57-Н181С 手枪从 5 米距离射出的子弹，新型冬服可保证士兵在寒冷季节御寒，配备有聚乙烯毯、头罩和充气垫的睡袋可使士兵在-20℃的条件下休息 4 小时。俄军 2004 年共拨款 5000 万卢布用于完善“巴尔米查”士兵系统，其中包括研制单兵通信、侦察、导航、生存保障及大规模杀伤性武器防护等器材。

英军推出最新版 24 小时日份口粮包 据《外军军需信息》2004 年第 5 期报道，英军国防给养组研究人员应士兵的要求，对旧版口粮包进行了改进，推出了最新版的 24 小时日份口粮包。新口粮包更换了内容物及餐谱，改变了口味，受到士兵的广泛好评。每份口粮包能为单兵提供一天的口粮，包括早餐、快餐、正餐以及饮料和甜食。新口粮包共有 7 个餐谱，包括少数民族餐谱和素食餐谱。食物种类有鸡肉、甜玉米汤、肉馅饼、糖果、麦片、黑饼干、软干酪、水果布丁、奶油冻、辣椒酱、听装金枪鱼等，正餐采用蒸煮袋包装。一个口粮包可提供 3900~4200 大卡的热量，高于北约规定的 3200 大卡。口粮包的包装符合野战要求，容易开启，制备简单，仅重 1.8 公斤，货架期为 3 年，结实耐用，能经受极地气候的考验。

英军装备新式 10 人份组合套餐 据《外军军需信息》2004 年第 4 期报道，英国国防给养部作战口粮项目组为驻海湾英军装备了新式 10 人份组合套餐，以取代老式的 10 人份餐包。目前，新式套餐被认为是北约最好的口粮之一。该套餐箱内的大多数食品为马口铁罐头，主要成分包括牛肉酱、炖牛肉、火腿酱和白汁沙司鸡 4 种基本蛋白质食品以及各种调味品和草药。每个套餐箱可为 10 人提供一日三餐的口粮，总热量为 4500 大卡。套餐箱采用了最新的食品包装技术，结实耐用，实用性强，符合战场储存和运输要求。该口粮的制备需要厨师，但操作非常简单。新式套餐箱预计年生产量为 4 万个。

（米　洋）

卫生装备 2004 年外军卫生装备的发展主要有以下几个特点：一是积极研发新的第三级医疗保障平台，二是大力发展防护性强、机动性高的野战医疗后送装备，三是不断更新集体和单兵防护装备，四是重视战伤急救装备的发展。

美军开发出伤情检测服 据《卫生装备动态》2004 年第 10 期报道，美海军研究人员开发了一种能快速检测伤情的新型内衣——“伤情检测服”。在该服装材料中编织有光纤网络和导电聚合网络，并配有监视士兵身体状况的微型监测系统。此种伤情检测服外表类似于普通内衣，其肚脐位置安装有辨音器，腰部有无线电收发芯片，士兵负伤后，伤处的内衣光纤和导电纤维立即被切断，显示出受伤部位，此时辨音器会迅速分析相关的声音信号，判断是何种伤情，几秒钟后病情报告便会传到救护中心的指挥控制系统，救护人员马上向“内衣”发出询问信号，内衣利用光纤网络测量流出血液的光谱，检测血中含氧量，诊断心脏部位或动脉是否出血，从而为救护人员直接进行有针对性的抢救赢得宝贵时间。目前，美国对此种伤情检测服的战场试验已经完成，已装备驻伊拉克海军陆战队和陆军特种部队。

美军研制新型联合防护面具 据《卫生装备动态》2004 年第 14 期报道，美国 Avon 橡皮与塑料有限责任公司研究小组目前正在研究一种名为 XM50/ XM51 的新型联合防护面具，现已进入系统设计与演示阶段。该面具是美军地面联勤部队使用的新一代化生防护面具，将替代美陆军和海军陆战队现有的 M40/ M42 系列防毒面具以及空、海军现有的 MCU-2/P 防毒面具。该面具可有效防护已知的各种化学和生物战剂以及被用于军事目的的有毒工业原料和化学制品。新型联合防护面具的创新性主要包括新型滤毒罐、先进的目镜材料、新型混合面罩材料和超低维护需求设计。滤毒罐能与面部紧密贴合，不仅提高了武器与系统的兼容性以及士兵的视野，还能显著降低呼吸阻力，从而降低士兵的生理负担。新型联合防护面具还采用了先进的活动式单目镜设计，折叠后可存放在小型携行具内，具有防弹功能。新型联合防护面具的面罩采用以独特方式混合而成的聚合物混合材料，能为整个面部提供更加有效的生化战剂防护，佩戴舒适。联合防护面具研究小组计划 2005 财年第 2 季度末完成产品的设计与演示，2006 财年初步装备部队，此后的 10 年内，美军将陆续装备 200~300 万套此种面具。

美军研制出采用气肋技术的未来医疗帐篷系统 据美国《勇士》2004 年 1~2 月号报道，美陆军士兵系统中心织物构造小组研制出采用气肋技术的未来医疗帐篷系统。它利用过道把一系列人员帐篷和标准集装箱连接在一起，提供约 2974 平方米的救治面积，使多达 140 名医护人员在长达 3 天的清洁、可控环境下对 236 名伤员提供治疗。未来医疗帐篷系统的每个模块长 9.75 米，有 4 根气肋，帐篷布料轻质耐用。搭建时，士兵只需操作这个独立模块即可。在帐篷搭起后，使用桩钉将帐篷固定。帐篷展开时，使用商用空气压缩机向气肋充气，当充满气体并达到 1915 帕（40 磅/平方英尺）的压力后自动关闭。该系统需要一个发电机提供电源。该帐篷重 544 公斤，帐篷气肋采用编织的高强度聚酯材料，成本低，并提高了耐用性，可连续使用数月不会漏气。新医疗帐篷系统的突出优点在于可减少后勤支援、帐篷搭建和拆卸迅速，从而可使部队迅速开展医疗救护，稳定伤员病情。

德军装备“杜罗 3”新型轮式装甲医疗车 据《卫生装备动态》2004 年第 7 期报道，德军最近装备了“杜罗 3”新型轮式装甲医疗车，该车采用 6×6 高机动多用途轮式装甲车改装，外形尺寸为长 6.50 米、宽 2.46 米、高 2.83 米，整车重 12.5 吨，车内可用空间 15 米^3，最高时速 100 公里，可用 C-130、C-160、A400M 飞机运输。车内装备担架、真空固定垫、骨折固定座椅、移动式吸引器等。该车的特点一是防护性较好。能达到 STANAG45692 级和 DINEN1522FB7 级，能装备防地雷系统。二是模块化。底盘上能安装各种特定任务模块。这些模块还能从车上拆卸后独立使用，简化了后勤支援。此外，该车还有两套独立的核生化防护系统，一套在驾驶室，另一套安装在多功能模块上。

英军装备新型综合生物战剂侦检系统 据《卫生装备动态》2004 年第 6 期报道，英军从 2003 年 12 月开始装备英国 Insys 公司研制开发的新型综合生物战剂侦检系统，以取代 1998 年研制的原型生物战剂侦检系统。与原型生物战剂侦检系统相比，新型综合生物战剂侦检系统在技术上做了较大改进，更符合人机工效学原理且提高了自动化程度。该系统装载于一个具有超压集防功能的国际标准化集装箱内，装备有生物战剂采样系统、侦检系统、核生化战剂过滤与环境调节装备、气象装备、全球定位系统。综合生物战剂侦检系统由英国政府提供的“利兰”4 吨 4×4 卡车运载，1 套系统通常由 4 人操作，工作人员在此种具有核生化战剂防护能力的集装箱内可连续工作 72 小时。集装箱顶部还装备有一台可进行 24 小时监视的监测装置，能侦检所有已知的经空气传播的细菌、病毒和有毒战剂。综合生物战剂侦检系统的生物战剂侦检系统、全球定位系统和气象传感器均通过人工智能计算机界面进行自动控制。集装箱除能用卡车运输外，还能用 C-130 运输机、CH-47 直升机和 C-17 运输机运载，其中 C-17 运输机一次就可以运载整套系统。

法海军提出“可长期部署的医疗平台”的新概念 据《军事后勤科技情报》2004 年第 12 期报道，法海军为解决野战医院和医院船在实施第三级医疗保障方面的问题，提出了“可长期部署的医疗平台”的新概念。法海军为此耗资 6.28 亿欧元订购了 2 艘 21300 吨级兵力投送与指挥舰，即“密史脱拉风”号和“雷鸣”号，计划 2005 年和 2006 年陆续投入现役。“密史脱拉风”号卫勤设施的面积达 900 米^2，分布在 4 个甲板上，拥有 8 张抗休克病床（其中 1 张接收沾染伤员）、7 张复苏病床（其中 3 张接收烧伤伤员）、2 张隔离病床和 12 张住院病床（还可增补 48 张多用途病床）。它在承担第三级医疗保障方面的创新之处在于：一是伤员的搬运和流转。伤员可通过直升机、两栖船只或地面救护车（船靠岸时）上船或下船。飞行甲板处靠近洗消区和伤员升降梯的一块伤员分类场地预置有卫生器材。舰上所有进出口都进行了优化设计，以减少对担架员的需要量。所有甲板都有伤员升降梯，升降梯内可容纳1辆伤员搬运车及1名护送员。伤员都可用标准化的复苏搬运车送至医院，且只需一人即可完成。二是适应性。2个手术室和7张重症护理病床可以增加内、外科医疗模块。这些模块（最多达8个）装在20英尺标准集装箱内，安置在直升机库中，并直接与医院连通。各种模块（手术、复苏、放射、化验）可根据需要混合组配。48张多用途病床设计成能满足伤病员的各种需要（特殊护理、吸氧、呼叫等），医院停止运作期间可供部队住宿。三是维护。医院和舰艇医务室同时存在。当医院停止运作时，其所在区域可以隔开，这样便于维护。移动式放射设备便于卸船维护或更换故障设备。四是消毒和医疗废弃物管理。内、外科医疗环境中的消毒和医疗废弃物管理执行最新的标准，并配备有适应海上环境的最新装备。五是远程医疗。远程医疗室安排在2个手术室与放射室之间，可与第四级医疗保障部门进行医疗数据交换。外科医生在进行非其自身专业领域的外科（神经外科或其他特殊外科）手术时，可通过安装在无影灯上的摄像头直接获得远程医疗帮助。

（刘国祥）

油料装备　2004年，外军继续研制、装备和试验各种油料运输、加注、储存和检测设备，注重提高野战油料补给装备的便携性、机动性和战场适应能力。

美军进行新型前线航油加注系统空投试验　据《油料科技情报》2004年第23期报道，日前，美军利用C-130运输机成功地进行了新型前线航油加注系统的空投试验。新型前线航油加注系统由加油泵、发动机、过滤分离器、加油枪等组成，总重约390公斤，主要用于为前线作战飞机进行油料保障。此次空投试验完全模拟了战时使用环境，整个空投系统由加油装置和5个1893升的软体空投油囊组成。5个软体油囊内总共装有8175升水（模拟罐装JP-8航油），按“上二下三”的布局分2层捆绑在空投货台上。加油装置则分两部分装在两个较大的木箱内，分别捆绑在货台的两端，以使整个货台保持平衡。试验证明，这种新系统完全能够满足空投的要求。此次空投试验是新型前线航油加注系统性能试验中的一项，美军还将通过直升机空运、汽车运输等一系列试验验证其战场使用性能。待通过各种试验验证后，这种新型前线航油加注系统将装备部队，逐步替代美军目前使用的前线加油系统。

美军研制出多种便携式油料检测设备　据《航油通讯》2004年第18期报道，为了配合可移动实验室，美军研制出多种便携式油料检测设备，以便战时为部队提供简便、快速的油品检测服务。一是油品取样和计量箱。油品取样和计量箱是地面燃料检测箱的主要组成部分，可由单兵携带，由温度、API比重、取样、计量等检验装置和多种元件组成。该油品取样和计量箱可完成以下实验：密度、比重或原油的API比重实验，手动取石油或石油产品试样实验，计量石油或石油产品的方法实验，用水银温度计测量静态温度实验。二是喷气燃料污染物检测箱。它由单兵携带，由温度、API比重、游离水含量、喷气燃料颗粒污染物检测装置和多种元件组成，可完成以下实验：密度、比重或原油的API比重实验；喷气燃料的颗粒污染物检测；喷气燃料中的游离水检测；喷气燃料过滤膜颜色比率实验。三是地面燃料检测箱。它通常装备在储油量大，供给、加注任务重的保障部队，主要用于战时地面装备用油的质量检测，主要功能包括油料的闪点、馏程、API比重、温度的检测。检测箱需要115伏、60赫兹的电源，其体积为91.5厘米×53.5厘米×63.5厘米，重89公斤，需4人携行，所有部件、补给品、战场维修工具都装在里面。

美向英军提供首批新型油罐车　据《军交运输科技信息》2004年第5期报道，美国奥什科什卡车公司根据2003年初从英军获得的轮式油罐车生产合同，在不到一年的时间里制造了首批3辆车。新型轮式油罐车由美制牵引车与法制拖车组成，其中牵引车是以美海军陆战队“中型战术车辆替换”项目研制的车辆底盘为基础改进的。为满足英军的需求，牵引车缩短了底盘，采用了新的全封闭扩展式驾驶室，并配备了空调系统。牵引车的标准配置包括TAK-4独立悬挂系统、中央轮胎充放气系统、助力转向和驾驶控制系统，动力装置为符合欧Ⅲ标准的柴油机和阿里森公司的全自动传动系统。这3辆车目前已运往英国，计划于2005年2月开始服役。

白俄罗斯展示军用无码头岸滩加油设备　据《油料科技情报》2004年第9期报道，在2004年北京国际军事后勤装备展上，白俄罗斯代表团展出了БЗКРП-150型无码头岸滩加油设备。该套设备可在环境温度为-40℃~45℃的气候条件下使用，用于在无固定加油设施的未构筑岸滩区域从固定油库或野战油库给未靠岸的系泊舰船补给油料和对油船进行装卸。该套设备为承插式结构，主要组成部分包括带垫圈和闸阀的浮沉接头、钢管、连接软管和控制台等。其中，在岸滩区域一侧可由3条直径为150毫米的输油钢管同时连接到浮沉接头上以输送同种或多种油品；而在舰船一侧，可通过3条直径为150毫米、长度为50米的软管将浮沉接头与系泊舰船相连，用于加注和排放油料及其他非侵蚀性液体。该套设备的技术性能比较先进，其输送能力可达600米³/小时，岸船之间的距离可达1000米，整套设备可与ПМТП-150、ПМТБ-200或ПМТП-100型管线相连配套使用。

（刘国祥）

野营装备 2004年，外军积极采用高新技术，大力发展小型化、轻型化野营装备，进一步提高野营装备的方便性、实用性和防护性。

美陆军研制出太阳能帐篷样品 据美Solarbuzz网站2004年6月16日报道，美国爱荷华薄膜技术有限公司采用集成太阳能技术，在帐篷织物上直接集成了该公司的“动力膜”太阳能电池软板，为美陆军制造了3顶太阳能帐篷样品。美陆军之所以选用“动力膜”太阳能技术，是因其与帐篷织物集成后非常轻薄、耐用、便于运输。采用这种技术的野战帐篷将有助于实现陆军减少对燃油发电机的依赖的目标，缩小后勤“摊子”。3顶集成太阳能的陆军帐篷样品分别是扇形顶篷、弹性顶篷式帐篷和遮阳篷。扇形顶篷用于覆盖在现有帐篷外面；弹性顶篷式帐篷是对标准陆军帐篷的改进；遮阳篷采用网眼织物，既可覆盖在现有帐篷上，也可独立使用。这3顶帐篷的电源输出约为200~1000瓦，产生的电能储存在蓄电池内，可用于照明、通风、无线通信、GPS系统、充电式卫星电话和笔记本电脑的电源。该太阳能帐篷可满足美陆军对用于武器和通信系统的反应迅速、可供偏远地区使用的轻型电源的需求，减小对噪音发电机、散装燃料和额外电池的需求量。

美陆军将装备新型生化防护方舱 据美国《国防》2004年10月号报道，美陆军目前正在接收一批新型自供动力生化防护方舱，从此无需再依赖“悍马”车提供动力。该方舱由美国工程支援系统公司制造，可用作医疗急救站、野战指挥所和紧急设施，具有自主供电、环境控制和免洗消的特点。该公司称美陆军在伊拉克战争中已广泛使用了类似的方舱。相比于老式方舱，新型方舱的改进之处包括：去除了动力系统中的液压元件，降低了噪声级，增加了用于放置医疗或其它支援设备的空间，采用数字控制而非模拟控制，可用其它车辆或武器平台进行运输。

美军士兵将装备新型便携式净水器 据美国《空军时报》2004年1月12日报道，美国Camelbak公司研发的新型便携式净水器改变了原有便携式净水系统通过手压泵产生压力的净水方法，使用者用嘴吸水所形成的压力就可使水通过净水器。管状净水器安装在水囊里，长约15厘米，与水囊的吸水管相连，未净化的水会顺着使用者的吸力通过净水器并得以净化。管状净水器的外层是一个碳过滤器，可过滤沉积物、金属元素和异味；内层是几个带有极微小孔洞的空心针状陶瓷管，能去除细菌、农药和杀虫剂等物质。使用者还可再利用碘片、叶绿三酸片杀死水生病毒。测试表明该净水器最多可完成300升水的净化。

美军采用新型手持照明设备 据美国《陆军》2004年6月号报道，美国“塘鹅”设备公司新近研制出Sabrelight手电筒。该手电筒采用特殊的发光二极管灯泡技术和该公司自行设计的制退装置，使其具有非比寻常的照明距离和亮度，能够穿透云雾、烟雾，在黑暗中效能堪比激光光束。制退装置将发光二极管灯泡悬置在反光镜上方，灯泡向反光镜发光，再由反光镜照射出去，这就使手电发出的光束集中并且清晰，没有普通手电筒的照明盲点。手电筒重约0.45公斤，配有结实的皮带夹和绳索，可在152米深的水中使用。3节C级电池可提供6小时的电量，发光二极管灯泡在35流明时的照明寿命为10000小时。该设备的一个重要缺陷就是需要顺时针旋转手电筒头部才能连通电池，迫使使用者必须双手操作，因为在战斗条件下，一只手离开武器拧亮光源的做法有可能是致命的。该设备现已投入美空军、海军和海军陆战队维护部队中使用。

驻伊日军使用新型反渗透净水设备 据《军事后勤科技情报》2004年5月21日报道，为保障日军在伊拉克的军事行动，驻伊日军使用了近年研制的新型反渗透净水设备。该设备被日军列为海外维和行动和国内抢险救灾活动的常备装备，由反渗透井水车、2个软体储水池、抽水泵、配水泵、重压和高压输水管等组成，可净化江河、湖泊等自然水和被生化战剂沾染的污染水，3人操作每分钟可生产360升饮用水。该装备可用C-130H运输机或CH-47J运输直升机空运。

丹麦公司研制出防爆防弹复合材料方舱 据《方舱与地面技术》2004年9月号报道，丹麦COMPOSHELD公司采用其自行研制的防弹防爆复合材料，制造出具有完善的防护性能和更高灵活性、能在任何地区和气候条件下使用的20英尺标准方舱，可用作侦察方舱、指挥所方舱、战术作战中心方舱、医疗方舱和弹药储运方舱等。该公司采用的防爆防弹方式有两种，一种是在方舱外安装可卸去的防爆防弹复合材料模块，另一种是在方舱内壁永久性安装防爆防弹复合材料。丹麦陆军选择了方舱内壁永久性安装防爆防弹复合材料的形式。该方舱箱体空重 2500 公斤，防爆防弹方舱材料重 5000 公斤，负载能力 4500~8500 公斤，能够达到 2+的防护等级。

（孙燕侠）

地面运输装备 2004 年，外军积极发展地面运输车辆，其主要特点包括：一是开发无人驾驶车辆；二是加大多用途全地形车的采购数量；三是高度重视汽车的装甲防护性能；四是继续对现有车辆进行现代化改进。

美军加紧改装和生产装甲型“悍马”车 据美国《士兵》2004 年 5 月号报道，美国通用公司与奥加拉-赫斯和埃森哈德公司正在加紧改造和生产“悍马”车，以满足伊拉克和阿富汗境内美军对装甲升级型“悍马”车的需求。据美陆军官员称，将安排 2004 财年 5.5 亿美元和 2005 财年 1.5 亿美元的额外预算专门用于生产数百辆装甲型“悍马”车。通用公司加紧生产“悍马”车，2 月份的日产量从 25 辆提高到 30 辆。新车出厂后，一部分车被送至奥加拉-赫斯和埃森哈德公司进行装甲改造，称为 M-1114 型“悍马”车。2004 年春季，奥加拉-赫斯公司“悍马”车的改造速度从每月 80 辆提高到 220 辆。每辆 M-1114 型“悍马”车价格约为 15 万美元，重量比标准“悍马”车增加约 900 公斤，防护级别提高了很多。“悍马”车的改造内容包括：采用 90 公斤的钢板车门，而标准型“悍马”车车门重约为 5~30 磅；车身底板加装了 59 公斤的装甲板；用多层粘合的防弹玻璃取代拉合式塑料车窗。加装的钢板和防弹玻璃能更好的防御火箭推进榴弹、小型武器、榴散弹、爆炸装置和地雷的伤害。

据美国《国防》2004 年 7 月号报道，美陆军正在考虑为“悍马”车装备新型柴油发动机，以延长“悍马”车的寿命。

美军特种部队大量装备“运动员”全地形车 据《军交运输科技信息》2004 年第 7 期报道，美国国防部特种作战司令部与“北极星”工业公司签订了 700 辆“运动员”军用全地形车的生产与交付合同，供驻伊拉克和阿富汗的美军使用。“运动员”全地形车采用的是制式“运动员”全地形车的底盘和发动机，驱动型式为 6×6，能适应全球较复杂的地形。与以前的制式全地形车相比，新型“运动员”全地形车安装的红外车灯提高了夜视能力，漏气保护轮胎、强化钢架和增强型悬挂装置可提供更好的支撑、防护和穿越崎岖地形的能力，前后金属行李架的承载能力为以前制式全地形车的两倍，前后绞盘牵引能力均为 1135 公斤，燃油容量有所增加。

美国研制自主型无人驾驶车辆 据英国《防务系统日报》2004 年 2 月 12 日报道，美国奥什科什汽车公司和俄亥俄州立大学已联合研制了一种自我导航车辆。这辆名为 Terramax 的完全自主型车辆将于 3 月在没有驾驶员或遥控装置的情况下穿越洛杉矶和拉斯维加斯之间 402 公里崎岖的沙漠路程。Terramax 采用了复杂的传感器系统、全球定位系统、高性能计算机和有线驾驶技术，其平台是奥什科什公司为海军陆战队设计的用于克服越野地形的中型战术车辆换代车，驱动形式 6×6，采用易于克服摇动、斜坡、地洞和裂缝的独立悬挂装置。控制车辆行驶和自我导航的 6 台高性能计算机采用奥什科什公司和俄亥俄州立大学开发的用于地图和路径规划、驾驶、障碍探测和规避、传感器数据输入与解释以及诊断的专用软件。包括雷达、激光测距仪、声纳和数字摄像机的传感器系统将提供 Terramax“看”和规避障碍所需的数据。

俄军将装备嘎斯-2975“虎”式多用途汽车 据俄罗斯《军事技术与合作》2004 年第 17~18 期报道，俄国防部在进行汽车试验后决定从俄高尔基汽车厂订购嘎斯-2975″虎″式多用途汽车。高尔基汽车厂将投资 250 多万美元制造嘎斯-2975“虎”式汽车，将来还计划出口，目前已有黎巴嫩、土耳其、印度、阿联酋和利比亚等国对该车感兴趣。该型车是全驱动多用途汽车，可在各种气候条件下使用。高尔基汽车厂一年可生产 1000 辆该型车，专家估计其价格在 6.5 万美元左右。该车安装有美国康明斯 B-180 涡轮增压发动机，有机械传动箱，还可安装俄罗斯及其它国家生产的更大功率发动机，独立的悬挂扭杆、强大功率的发动机可保证汽车在公路和无路的情况下达到每小时 140 公里的高速，其载重能力为 1.5 吨。

德军研制无人驾驶车辆 据《兵器快报》2004 年第 9 期报道，德国 EADS 公司下属的道尼尔公司正在为德国国防部研制一种能够自主越野行驶的无人驾驶车辆，该车将具有独立识别和规避障碍或危险区的能力。目前，道尼尔公司正在以可空运的“鼬鼠”侦察车为平台研制 Primus 无人驾驶车辆，自主行驶时该车的越野时速为 30 公里，公路时速为 50 公里。为确保车载计算机实时生成障碍地图，计算出到达目标的最佳路线并指引车辆到达目的地，道尼尔公司研制了可用于扫描车辆前方地形的 3D 激光扫描仪。与无人机类似，无人驾驶车辆可以部署在有人车辆无法到达或比较危险的地方，在未来自主车辆将用作运输工具，将士兵从驾驶任务中解放出来。

德国国防部大量采购装甲越野运输车 据《军交运输信息》2004 年第 1 期报道，德国国防部 2003 年 12 月 12 日决定从克劳斯·玛菲-威格曼公司采购“芒戈”（Mungo）特种车辆（ESK），计划首批采购 388 辆人员和货物运输车。“芒戈”是一种可在全球任何地方部署的装甲越野运输车，能用 CH-53 直升机空运，可装载 10 名全副武装的士兵，载重 2 吨。“芒戈”的装甲可抵御反步兵地雷和 7.62 毫米子弹，升级后还可抵御 7.62 毫米穿甲弹。首台“芒戈”运输车于 2004 年交付，而德军对“芒戈”的需求量超过 900 辆，其中 40%以上是多用途型。

德国即将生产“野狗 2”全防护车 据《兵器快报》2004 年第 17 期报道，克劳斯·玛菲-威格曼公司即将为德国陆军生产“野狗 2”全防护车。德国陆军首批订购 52 辆，预计 2004 年 12 月首车完成，最后一辆将于 2005 年中期交付。如果资金允许，德陆军希望订购 800 辆该型车。“野狗 2”安装有最新设计的全封闭乘员舱，车长和驾驶员在前面，后部有六个座椅，紧挨着车长和驾驶员的三个座椅朝后，其余三个座椅朝前，乘员通过两侧的两个门出入，车辆在斜坡上时有专用装置辅助开关门。防弹/防崩溅玻璃窗为乘员提供良好的前方和侧面视野，后视摄像机有利于驾驶员在城市环境下驾驶车辆。座椅采用增强型设计，一个专用脚凳避免了脚直接与地板接触，提高了车辆辗过地雷时的生存能力。该车在地板下装备有新型综合装甲防护系统，可以很好地预防人员杀伤地雷和反坦克地雷，同时保持较高有效载荷。动力舱前置，载货舱在后。车辆的基本装甲组件可抵御炮弹碎片和手持式穿甲武器攻击。与“野狗 1”相比，“野狗 2”降低了红外信号特征。动力传动装置采用功率为 160 千瓦的梅塞德斯-奔驰柴油机，配有手动超越装置的自动变速器，手动装置在低速行驶或精确操作的情况下使用，如在崎岖地形行驶或上下飞机等。C-130 运输机能够同时运送 2 辆基型“野狗 2”，C-160 运输机能够运送 1 辆（取决于车辆型号和载员情况）。“野狗 2”配有助力转向、停车加热器、防抱死系统、漏气保护轮胎、中央充放气系统、三防系统和空调系统，具有较大的载荷和内部空间，能执行多种任务，可作为轻型侦察车、运输车、指挥控制车、武器运载车、货车、救护车、轻型防空车和前线观察车等。

德国改进“狐”式装甲人员运输车 据英国《简氏防务周刊》2004 年 1 月报道，德国联邦国防技术与采购局和莱茵金属陆地系统公司签订一项价值 5670 万美元的合同，为德国陆军升级 123 辆“狐”式 6×6 装甲人员运输车。计划升级的人员运输车将采用新型底盘，并安装加强轴、新型刹车片及新型悬挂系统，并增加了防护系统和制冷系统。由于侧门加装了防护装甲，门的打开和关闭变得困难，所以在车的侧门上将安装电动液压系统。与原车相比，这些车辆有效载荷和装载容积会进一步增大。

英国海军陆战队开始装备“海盗”全地形车 据英国《防务系统日报》2004 年 4 月 15 日报道，英国海军陆战队已开始接收“海盗”全地形车。该车由阿尔维斯·赫格隆公司生产，英海军共订购了 108 辆。在安曼和挪威进行的试验表明，“海盗”全地形车可以在-46℃~46℃的温度下，在雪地、冰上和沙漠中使用，只需对乘员进行稍许调整即可用于两栖作业。英海军陆战队装备的“海盗”全地形车包括人员输送车、指挥车和抢修车 3 种车型，每辆重约 10.5 吨，以涡轮增压柴油机为动力，时速可达 80 公里。该车为铰接式车辆，由前后两辆车组成，人员输送车可搭载 12 名士兵（前车 4 名，后车为全副武装的 8 名士兵）。

澳大利亚陆军将装备“丛林之王”步兵机动车 据《兵器快报》2004 年第 17 期报道，目前澳大利亚陆军已把从 ADI 公司接收的首批 18 辆“丛林之王”4×4 步兵机动车送至联合兵种训练中心的摩托化作战空军中队（MCW），为训练摩托化步兵部队做准备。培训将针对“丛林之王”所有 6 种车型（部队输送车、指挥车、直射武器输送车、迫击炮输送车、攻击先遣车和救护车）进行驾驶、乘员级维护、抢修、操作人员课程和监督人员课程等各方面的训练。此前，ADI 公司和防务科学与技术组织已历时 5 个月、利用 3 辆预生产型“丛林之王”进行了生产可靠性接收试验，其中包括在各种地形条件下累计行驶 11 万公里，检测全部生产指标诸如可靠性、行驶里程、发动机和传动装置等关键部件的平均故障间隔时间等。随后，防务科学与技术组织卸去车辆装甲，检查各种系统的故障与定量损耗比，以确保符合陆军可靠性接收标准。接收程序的最后一步是 2004 年 8 月进行的首车试验。在此次试验中，“丛林之王”将抵御轻武器、炮弹破片和地雷的攻击，以证实其弹道防护能力。“丛林之王”将于 2004 年晚些时候进入大批量生产阶段，299 辆车的生产计划将以月产 10 辆车的速度于 2007 年完成。2005 年 5 月，首批交付的车辆将装备澳陆军第 7 旅，以替代在 20 世纪 90 年代中期作为过渡步兵机动车服役澳陆军的 110 系列 4×4 与 6×6 非装甲“陆虎”车。四分之一的“丛林之王”步兵机动车将装备澳空军的机场防御快速反应部队。

（蔡香敏）

后勤指挥管理自动化系统　2004年美军后勤指挥管理自动化系统的发展主要表现为以下几个方面：一是出台射频识别政策，并大力推广射频识别技术，如美国防部两个大型配送中心仓库已在今年开始使用该技术，其他军队供应单位也将于2005年1月1日后陆续开始使用该技术，2007年整个国防部供应链将全面使用射频识别技术；二是进一步整合和改进后勤系统，提高指挥效率，如国防部开发出新的后勤体系结构，陆军斥资整合其运输信息系统计划，美海军研发港务长指挥控制中心系统；三是继续开发和改进各种后勤信息系统并配发部队使用，如美陆军对其标准陆军弹药系统进行改进，配发野战环境下使用的财务管理系统；四是部分后勤系统管理实施外包计划，如国防后勤局将后勤信息系统的基础设施外包给供应商管理。

美国防部出台射频识别政策　据美国《联邦计算机周刊》网站2004年10月24日报道， 2004年10月下旬，美国防部颁布强制使用射频识别技术政策，并规定将在未来一年内扩大该技术的使用。目前正在开发与EPC兼容的4种被动式射频标签，分别为物品上使用的、物品包装上使用的、箱子或运输单元上使用的、单元装载或托盘上用的。前两种已完成产品测试，后两种的开发工作已经完成，目前也正在进行产品测试。射频识别政策要求2005年1月开始使用后三种标签。射频识别硬件、软件和服务能使军队极大改进对物资和车辆的跟踪，如今，射频技术已使“正好及时”的后勤保障成为可能，该技术将电子标签贴于集装箱上，并通过使用一种手持阅读器或自动扫描系统来进行辨读。集装箱可在运输过程中的多个点被扫描，所获取的数据将传输到一个在线数据库中，世界各地的后勤专家们可通过该数据库追踪其所订购的补给品的状况和进度，从而实现“全资产可见”。新政策要求供应商必须在2005年1月将被动式射频标签放置到每一单独的部件、货箱或包装好的货盘上，2006年1月国防部所有物品的供应商和接收仓库都必须能与射频识别技术兼容，2007年整个供应链都将采用射频识别技术。

美军全面推广应用射频识别技术　据美国《联邦计算机周刊》网站2004年9月28日报道，美军正在全面推广射频识别技术在整个军队供应链中的应用。国防部官员设想使用射频识别技术来获取战场上部队使用的零部件的耐用性，即不仅能够使用射频识别系统来管理供应链，而且还可以利用其来收集在持续作战行动中零部件磨损的信息，如通过追踪在伊拉克战场行动中寿命很短的装甲“悍马”车轮胎的磨损情况，可帮助军队更好地管理轮胎的补给，而这些微调信息的收集也是军队的一个长期目标。为了防止假冒伪劣，食品与药物管理局官员在2月份号召药物制造商在散装的药品包装上使用射频识别标签，这些药品每包通常装有500~1000片，如今这些官员认为标签还可以对药品供应链进行更多的保障，如单个的病人“使用包装单位”，即在甚至是很小的一剂药品上贴上射频识别标签来对这些“使用包装单位”情况进行追踪。另外，航空工业的官员还期望使用射频识别技术来追踪商用和军用飞机的零部件情况。

美国防部开发新的后勤信息系统　据美国《联邦计算机周刊》网站2004年4月5日报道，美国防部正在开发新的后勤信息系统。国防部认为，军队需要确定一个后勤信息系统和统一计算机草案，以解决去年进攻伊拉克期间后勤人员为部队供应衣物、弹药、水、食品和零部件时所面临的许多问题。在中东的后勤人员们无法得到足够的带宽来购买在线物资，而快速机动的部队也由于离开了订购地点而经常无法收到他们所订购的货物。为解决这些问题，美陆军在2003年秋天从后勤经费中斥资1.65亿美元购买了商用卫星通信，使2004年春天和夏天进入伊拉克的部队能迅速订购和接收到补给品。结果之一是产生了陆军新的战斗勤务保障卫星通信系统。该系统可为后勤人员提供带宽并简化订货和发货程序，每套售价5万美元，置于两个盒子之中，可在15~30分钟内组合完毕，由一台坚固耐用的笔记本电脑和一片被称为“极小孔径卫星终端”的卫星碟组成。目前，国防部长办公厅正在开发一个可将现有系统连成一体的新的后勤信息系统，让各军种和国防后勤局管理后勤行动的实施，并通过使用“企业一体化数据环境”来将他们连成一体，为军队用户提供一个公共接口来在军种间了解和交换后勤信息。国防后勤局将公布一个新的后勤企业信息系统，该项目的一部分内容是把3000多个计算机补给系统连为一体，到时管理人员能很容易订购所需物资，部队也能快速接收。作为国防部整个后勤信息系统的组成部分，企业一体化数据环境将于6月份完成，这将对部队官员和国防后勤局管理后勤系统的实施提供极大帮助。

美陆军整合运输信息系统　据美国《联邦计算机周刊》网站2004年6月30日报道，美陆军已在6月29日与计算机科学公司签订了一份价值1.46亿美元的合同，授权计算机科学公司将追踪货物和车辆的陆军运输信息系统计划的陆军自动化飞行载重计划、战区行动运输信息系统、战区协调员自动化指挥与控制信息系统以及运输协调员自动化运输信息系统 II 等 4 个系统整合成 1 个军种范围内的网络。计算机科学公司和它的工业小组将开发出另外 3 个版本的运输协调员自动化运输信息系统 II，当开发成功和完全装备部队时，该系统将把其他 3 个系统的功能整合为一体。

美海军研发港务长指挥控制中心系统 据《海军后勤科技信息》2004 年第 5 期报道，美海军计划在原港口控制中心系统的基础上研发港务长指挥控制中心系统。该系统由 2 个移动站（2 辆带有 C^4I 系统的"悍马"车）和 1 个基地站组成，是一个可快速部署或预置的具有可提供舰船跟踪、货物可视性和港口/岸滩指挥控制能力的系统，可为陆军、海军、空军、海岸警卫队、地方企业和东道国及其它各类船只提供 24 小时不间断、近实时的舰船跟踪、货物可视性和通信能力，并确保那些不具备 C^4ISR 信息收集、分析和反馈能力的小型陆军船只具备重要作战意识、势态感知、常规作战图像数据和威胁分析数据的收集和处理能力，可为陆军提供在港口被破坏情况下完成战区内部运输、持续支援、回撤及救生等来自海岸的后勤作战能力，并可进行港口和货物输转设备的协调，允许作战区域内的海运船只为舰船提供收集和发送气象分析和深海测量数据能力，建立船只运输和港口计划、安全港口计划、岸滩航线、泊位和危险物资/弹药泊位和锚泊。该系统采用商用和政府提供的设备，整套系统将具有与现有 C^4ISR 体系结构相适应的无缝隙一体化能力。该系统将利用模块化的军用和现有商用 C^4ISR 设备，并且与联合技术体系机构完全一致。该系统的信息管理由中心向联合特遣部队指挥官、联合海岸后勤指挥官、陆军、海军、空军、海岸警卫队、海军陆战队、商用和东道国船只以及其他国防部装备在作战区域内提供 C^4ISR 支援能力，能向所有在运和战区内的所有船只提供指挥控制，并向所有船只收集和前送气象和海洋测量数据。

美空军开发新的后勤信息系统 据美国《联邦计算机周刊》网站 2004 年 10 月 20 日报道，美空军与诺斯罗普·格鲁曼公司签署了一份价值 4980 万美元的合同，开发空军的"可靠性与可维修性信息系统"和"全球作战保障系统"。可靠性与可维修性信息系统主要用来处理空军非保密的武器系统维修信息。全球作战保障系统将使用户共享该军种的补给、维修和运输机构的信息。诺斯罗普·格鲁曼公司将提供一个效费比高且综合的解决方案，完成一个无缝隙的、一体化的框架集成。3 年期合同要求该公司提供应用程序的开发，配置管理、数据库管理、硬件运行、技术支持和系统测试服务。空军官员同时希望能在不增加信息技术费用的情况下在全球作战保障系统上共享指挥、控制、情报、侦察与预警数据，并同时增加飞行员数据的获取和决策制定。

美空军拟将战术信息融入空军全球作战保障系统 据美国《联邦计算机周刊》网站 2004 年 1 月 9 日报道，空军官员计划把指挥、控制、情报、侦察与预警系统同空军的全球作战保障系统进行集成，同时希望空军的指挥控制系统能同全球作战保障系统共享体系结构和基础设施。空军已把战略数据融入全球作战保障系统，目前希望把战术数据融入进去。虽然空军 C2 系统的开发以及同全球作战保障系统的集成将花费上十亿美元，但其必须如此，以加强美军的信息优势和网络中心战目标。该项目将使用以网络为基础的商业硬件和软件，生成快速、安全的计算和网络环境。空军在 2003 年 8 月成立了"空军 IT 物品采办委员会"，已经制定出完备的台式计算机和便携式计算机的通用一体化采购策略，迄今已节约了 400 万美元，目前其 C2 硬件和软件的采办遵循的就是该策略。空军在 2003 年 11 月 11 日提交的一份备忘录中指出，在过去 18 个月中，全球作战保障系统所做的工作包括建立了一个有关共享应用软件、数据和密钥企业服务的通用框架；开发出了网络门户网站；建成了企业级数据存储设施。

美陆军对其标准陆军弹药系统进行改进 据美国网络杂志《企业》2004 年第 1 期报道，美陆军对其标准陆军弹药系统的 L6F-05-00 版软件升级包作了改进，将 Oracle 服务器软件从 Oracle 8i 升级到 Oracle 9i，从而使标准陆军弹药系统能不断地从 Oracle 供货商接受软件补丁，以解决系统软件存在的安全问题。改进后的 L6F-05-00 版软件升级包 2004 年 2 月 25 日批准发行，3 月初开始向用户配发。L6F-05-00 版软件升级包在以前只能用于集装箱本身管理的基础上新增了集装箱装载、接收和装运管理等功能，从而使所有弹药补给机构的业务处理更加清晰。自动识别技术/射频识别技术与改进后的标准陆军弹药系统相联后极大提高了物资的可视性，比原来的手工作业更加准确、及时。目前，美陆军已完成 8 处弹药库安装射频识别技术的选址调查，其他地方的选址调查工作也正在进行。与此同时，更高版本的软件升级包正在开发之中。L6F-06-00 版软件升级包已完成系统测试，将于 2004 年 5 月 28 日开始发放。正在进行测试的 L6F-07-00 版软件升级包，将包括与处理申请的"陆军电子产品支持系统"接口，可对弹药补给站、物资管理中心的标准陆军弹药系统以及全球弹药报告系统的数据交换格式进行标准化。此外，美陆军目前还在对 L6F-08-00 版软件升级包的新增功能（如标准陆军信息系统与标准陆军弹药系统间的连接、处理标准陆军管理信息系统传输到标准陆军弹药系统的电子表格等）进行需求分析。

美国防部整合改进财务与合同管理系统　据美国《联邦计算机周刊》2004 年 4 月 5 日报道，美国防财会局 4 月初与万古集团（Aeon Group）签署了一份价值 1500 万美元的合同，授权该公司改进该局的一体化财务与合同管理系统，即将合同管理勤务机械化系统转换成一个数据库管理系统。合同管理勤务机械化系统是 20 世纪 60 年代开发的一个自动化财务与合同管理系统，并自那以后不断进行加强以维持规章兼容。该系统共有来自国防财会局、国防合同管理局和其他国防部门的 8600 多个终端用户，用以执行国防部 80%的合同费用支付。整合工作有望在 2005 年 9 月完成。

美开通国防流动资本基金综合网站　据《外军后勤信息》2004 年第 3 期报道，美国新的国防流动资本基金信息中心最近作为该基金以及相关的财务管理信息的一站式资源在全球网上首次露面。建立国防流动资本基金信息中心的目的是帮助国防部教育其管理人员，使他们懂得在其日常业务中采用和借鉴企业界的做法有哪些好处和灵活性。最重要的是，这个网站提供有关流动资本基金的综合性权威信息。国防流动资本基金是为美国防部内部各项保障勤务提供经费的源头，其服务对象超过 20 万文职和军职人员，用于购买商品和服务的资金多达 75 亿多美元。鉴于国防流动资本基金占了 25%的国防直接拨款，让联邦人员拥有必要的工具来领会其复杂的金融结构十分重要。国防流动资本基金信息中心解释基金的运营、定额的制度、全费用的可视性、以活动为依据的成套计算、现金管理、绩效衡量以及其他关键性的业务理念。国防流动资本基金力求帮助国防部在提高灵活性和加强控制的同时以尽可能低的费用做好完成任务的准备。该新网站提供了进入国防流动资本基金各业务领域的入口，该入口为一个单独进入点可进入 5 项重要的流动资本基金（即陆军的、海军的、空军的、国防部的和国防供销总社的）以及它们的相关业务领域。同每一业务有关的活动以及仓库、修船厂和补给中心的财务清单也可以进入。

美陆军建立军用现成民品管理的“返回物资审核”数据库　据美国《陆军后勤工作者》2004 年 1~2 月号报道，为了便于军用现成民品的管理，对其实施全寿命保障，陆军建立了“返回物资审核”数据库。利用“返回物资审核”数据库可对“欧洲国防信息系统网”所用的现成民品从战场到合同商的维修和返回进行管理。储存在“返回物资审核”数据库中的信息与“陆军标准补给系统”中的信息类似，均包括部件编号、现库存量、预计出库量、维修和采购价格等。利用“返回物资审核”数据库还能跟踪和记录设备从维修到返回的周转时间、故障原因、故障位置、性能变化动向等。当设备发生故障后，可送到最近的前方补给站换新，损坏的设备随后被送到地区维修和补给设施。库存管理人员此时会自动得到需要进行“返回物资审核”的电子邮件通知，并能从相应的原设备厂商获得“返回物资审核”编号和进行回复。地区维修和补给设施将损坏设备直接运送给制造商，经制造商修理或更换后再运回地区维修和补给设施进行库存。这种快捷的处理过程增加了操作可行性，并使备件存货的成本降到最低。“返回物资审核”数据库网站已进行加密，有防火墙保护，同时还具有一些后勤支持服务功能。例如，物资统计可反映物资的现存量以及应修理和采购量；动向分析可向系统工程人员提交故障设备数据，以便查明故障发生的原因和位置；需求确定可精确地确定需购物资的型号和数量；经费预测可通过该数据库产生的数据确定未来的陆军作战与维持费以及根据设备实际故障的历史数据进行维修经费的预测；配置管理可确保产品主任能及时获得现已投入使用的设备的变化情况，有助于进行系统升级；用户服务可将维修中的设备状况信息通过电话或电子邮件随时告知用户。美军认为，尽管“返回物资审核”数据库网站尚在建设之中，但它已经能够提供精确的资产可视性，并能减少从合同商到战场的周转时间。通过预测未来趋势，后勤人员能够增加或减少特殊物资的储存量，并能确保物资按时正确投放。建立“返回物资审核”数据库网站的目的是增强用户服务、减少繁琐的手续、提供设备的全寿命周期保障。该数据库网站是一个非常有用的管理工具，有助于完成与欧洲国防信息系统网有关的现成民品的寿命周期维持工作。在开发该数据库网站前，用户不得不为获得“返回物资审核”编号而跟几个不同的原设备厂商联系，而现在只需一个联系点就够了。

美国防后勤局将实施后勤信息系统基础设施外包　据美国《联邦计算机周刊》网站 2004 年 8 月 16 日报道，为了提高效率、节约费用、减少信息技术库存和安全的易损性，美国防后勤局将签署一份上百万美元的外包合同，由承包商集中管理该局的信息技术基础设施。国防后勤局希望把该局独立的全球性办公系统结构简化成一个综合性的体系，用网络中心把美国本土、欧洲和太平洋地区的办事机构连为一体，由承包商对该局运行的2600多台计算机服务器进行管理，并希望承包商能安装新的硬件和使用新的商业软件。通过对投标进行评估，国防后勤局已得出结论，需要对当前的服务器和数据库作业进行整合并实施外包，从目前的多分布式数据中心方法过渡到使用一种地理分散式数据中心方法的局域企业数据中心。根据计划，2005年2月将完成4个国防后勤局驻地的初始网络体系建设，2006年8月将完成整个国防后勤局网络的全面运行。

（黄学爵）

其他军事技术问题

美军在费卢杰巷战中运用的六大技术简介 《解放军报》2004年12月1日王本亮报道，为避免城市巷战所造成的高伤亡率，美军多年来一直极力避免城区作战。2004年10月美军敢于在费卢杰以身试险，得益于其近年来开发研究并运用到此战中的多项巷战技术，主要有以下六项：

探测敌狙击手技术 城市巷战中，在不同方向、不同高度建筑物中隐蔽的大量敌方狙击手，常常让进攻的军队付出很大伤亡。只有准确、及时、快速的发现并消灭狙击手，才能保障进攻一方的行动安全。目前美国已开发出主要采用声测、红外和激光等原理探测敌狙击手的技术。

敌狙击手声测定位仪通过接收并测量膛口激波和弹丸飞行产生的冲击波来确定狙击手的位置，通常有固定设置型、车载型和单兵佩挂型。固定设置型的敌狙击手声测定位仪采用传声器通过电缆或射频链路与指挥节点相连。该系统可探测概率为90%。车载型敌狙击手声测定位仪是由声敏传感器和遥控武器站组合而成。美军又将其安装到已装备了遥控武器系统的“斯瑞克”轻型装甲车上。当伊反美武装的狙击手打完枪，还没有来得及转移时，就被狙击手声测定位仪发现。此外，美军还研制了“安全”、“哨兵”等利用声波探测定位技术的单兵反狙击手探测定位仪，它们体积小，重量轻，携带方便。

红外狙击手探测定位仪是通过探测枪口闪光和跟踪飞行的弹丸，来确定敌方狙击手的位置。美国研制的“蝰蛇”定向式红外单兵交战和反击系统由红外摄像机、计算机、步枪上安装的惯性传感器及显示器组成。红外摄像机采用CCD探测器阵列，探测枪口射击闪光，产生的视频信号送至数字信号处理机，推算出狙击手的位置。美军狙击手在发现目标后1~10秒即可反击。该探测定位仪在武器射程2~3倍的距离上探测概率达100%，能提供狙击手藏身精确位置信息。

激光狙击手探测定位仪是利用敌狙击步枪上的光学瞄准镜易反射光线的原理探测定位敌方狙击手的。该探测定位仪由红外半导体激光照明器、护眼激光测距仪、摄像机和带有姿态判断的全球定位系统组成。工作时，首先用激光器扫描敌情复杂的方向，当激光器的光束照射到敌狙击手步枪瞄准镜时，由于它反射激光的能力比周围背景的反射能力强，会产生较强的反射光，被摄像机接收下来，将其位置叠加在场景的电视画面上，从而在狙击手射击前即可发现其位置。

隔墙探人技术 针对反美武装分子隐藏在建筑物内、可有效防止远距离探测狙击手的现状，美国及时开发出利用静电场、超低频电磁能、雷达生命特征信号监测、超宽带雷达原理的隔墙探测技术。

利用静电场技术实现隔墙探人的“探人器”，是利用人体能产生静电场以及两个极性相反的静电场之间存在着吸引力的原理进行工作。“探人器”自身仅重0.45公斤，用9伏电池供电，可使用3~4天，能探测到120~140米距离内的位于墙壁后的人员。使用时，操作手用“探人器”对四周进行扫描。当前方有人时，“探人器”的静电场与人体静电场产生引力，将“探人器”天线拉向人所在的方向，使“探人器”对向人，识别出与人匹配的静电场。

利用超低频电磁能技术实现隔墙探人的手持式“生命卫士”，是通过探测人跳动的心脏产生的超低频电磁能，可以透过金属、墙壁、沙地、深水确定人的准确位置。试验表明，“生命卫士”能区分人和灵长类动物所产生的低频信号。最新的3型“生命卫士”，能在无混杂信号的环境中探测到500米距离处的人。这类装置是被动式工作，不会被对方发现，且不会被任何已知的系统所干扰。

利用雷达生命特征信号监测技术实现隔墙探人的

“手电筒”雷达，因状似手电筒而得名，能探测到位于墙壁、房门、树丛后的人员，甚至可以遥测人的心跳和呼吸速率。

利用超宽频带透墙监视雷达技术实现隔墙探人的“士兵视力”雷达，重约4.54公斤，作用距离为10米。工作时，依靠硅-锗专用集成电路构成的时间芯片发射和接收脉冲。经处理器分析后，将墙壁另一侧隐藏的敌方战斗人员，显示在显示器上。它不仅可以穿透几种不同性质的墙壁，还可以在任何恶劣的作战环境下使用。

微型无人机侦察技术　利用微型无人侦察技术制成的微型无人机尺寸小，可随身携带，需要时用手抛或弹簧发射升空，通过激光器能观察到城市街区能见度较低的目标。目前应用于伊拉克战场上的有两种。第一种是“龙眼”无人机（技术性能详见本栏目的专门条目）。第二种是“微星”无人机，尺寸15厘米，全载重量85克，使用锂电池，续航时间20分钟。可对周围5公里地区进行侦察。这些形如儿童玩具的无人机，可以携带昼用照相机、红外照相机或微光照相机。

夜视技术　美军以往传统的一些夜视器材容易给士兵带来视觉和体力上的疲劳。此次费卢杰巷战中，美军为一线部队配备了一批新式器材。一是HNV-3D型全息夜视眼镜，能向佩带者显示水平方向40^0、垂直方向30°的夜间图像和宽120^0、高20^{0}的透视图象。二是AN/PVS-14型单筒夜视镜。该镜采用“顶点”（薄膜）管技术，分辨率为1.3圈/弧度，重0.4公斤。既可带到头上用单眼观察，也可手持观察或安装到步枪上。夜晚可发现100米远的人员，可看到500米的伊军车辆，月夜下可看到300米远的人员。三是AN/PVS-17式夜视镜。该夜视镜可安装在M4A1卡宾枪上，也可安装在M4A1的特种作战改进型（SOPMOD）上，可在20米深处的水下执行观察任务。由于该瞄准具采用了门控电源，故可以供射手在黄昏或是黎明时使用。

装甲防护技术　由于装甲与坦克车辆在狭小的街区作战、易遭受来自各方向的打击。针对坦克尾部装甲较前部与两侧装甲薄的问题，为防袭击，美军在坦克尾部加装了用螺栓固定的新型装甲，以抵御反美武装火箭弹的攻击。实践证明，突入城区进行巷战的坦克生存率大大提高。为了保证M1A1坦克车长开舱指挥和机枪手以准确的火力消灭敌人，美军一次购买了900套透明的装甲机枪防弹护盾系统，安装在坦克、“悍马”车、“斯瑞克”轻型装甲车顶部机枪的位置。

远程遥控机器人技术　美军利用远程遥控机器人技术研制的武器主要有：（1）机器人战车。它共有6个车轮，车身长2.75米，宽1.5米。它具有三种基本工作模式：自我管理运行、遥控操作和由士兵驾驶操作。可根据战场的不同环境，选择不同工作模式。机器人战车还可以实时传送视频、音频信号，使用传感器捕捉战场上的各种信息数据，完成各种复杂战场环境的侦察任务，还可用来战场警戒、运送弹药等。（2）机器人侦察兵。这些“侦察兵”是由躲藏在安全地带的士兵，使用无线电遥控器操纵遥控而完成任务的。它装备有遥控红外和日光摄像机，并具有良好的机动性，可以爬楼梯，即使被撞翻在地，也能够自动翻转过来，灵活地越过或绕过障碍物。当接近爆炸装置、地雷和建筑物内敌人隐藏处时，它可以隐蔽在一边，将摄像机对准目标，将相关的战场信息传递给操纵员，操纵员通过头盔显示器接受信息。这些机器人的出现和参战，减少了美军遭袭的概率。

驻伊美军装备的M8装甲火炮系统简介
美国《陆军新闻》2004年3月报道，美国陆军训练与条令司令部2004年初批准将4辆M8装甲火炮系统装备第82空降师，意味着第82空降师将拥有一种可以空投的重火力武器。

M8装甲火炮系统是美国联合防务公司1983年开始研制的一种轻型重火力武器系统。它貌似坦克，却又不是坦克，车身长5.3米，宽2.6米，高2.4米，共有乘员3人。小巧的车型使它可以用C-130“大力神”运输机实施低速空投，每架C-130可以空投一辆M8。目前它是美国陆军唯一可空降的装甲车辆。如果用C-141、C-17和C-5运输机空运，可以分别运载2辆、3辆和5辆M8。

M8的武器系统装备有1门105毫米的M35坦克炮，每分钟可以发射12发炮弹，此外M8还装备有一挺7.62毫米口径的机枪和一挺5.58毫米口径的高射机枪，足以对付一般的地面目标。M8自重约20吨，不到普通坦克重量的一半。它的最大时速为70公里，此外车上还装备有一套自我诊断系统，可以帮助驾驶员及时发现和排除故障。

美海军陆战队配备的“龙眼”无人机简介　《中国国防报》2004年5月25日报道，从2004年5月开始，在4年时间内，美海军陆战队的每一个作战连队都可配备“龙眼”无人机。“龙眼”无人机可对敌军进行探测和识别，实时掌握战场信息，同时也可避免派人员深入敌控制区域侦察的危险。“龙眼”(Dragoneye)无人机为“小型远程侦察系统”。每套“龙眼”系统包括3架无人机和1个地面控制站。其无人机翼展约 1.1 米，重 2.3 公斤，其飞行高度在 91~152 米之间，速度约 56 公里/小时，执行任务的时间为 30~60 分钟。它通过手持发射，可以重复使用。由两名士兵发射后，无人机按照事先编好的 GPS 路径飞行。一旦进入目标区域，“龙眼”就会使用自身携带的传感器搜集信息并将图片传回到地面控制站。行军时，两名美海军陆战队士兵组成一个小组就能够用背包携带无人机和重 4.5 公斤的地面控制站及备用电池。“龙眼”无人机可以被应用在城市作战环境中，通过巡逻提供额外的安全保障，也可以在执行掩护任务时为士兵指引行动路径。一套“龙眼”无人机系统的价值 12.5 万美元，一架“龙眼”无人机近 4 万美元。

几种城市作战新型武器简介 《现代军事》2004 年 10 月号邹辉对几种用于城市作战的新型武器作了如下介绍：

穿墙利器 城市战中，为了打开建筑物墙壁、使躲在其中的武装人员失去掩护，一些国家的公司正在研制能在墙上打开一个洞的武器系统，如瑞士 RUAG 公司的“模块式爆破钻透弹”。所谓“模块式”意味着可以作为标准件，用于 AT4、“铁拳”、PRG 等火箭发射器；也意味着有穿透后爆炸和穿透中爆炸等不同的爆炸模式，可以在穿透墙壁的一刹那爆炸，以产生一个供人穿行的洞。这种钻透弹在穿透 22 厘米振捣双钢筋混凝土或 l20 厘米沙袋之后仍能保持完整，因此不会在射手一侧爆炸、不会产生二次效应。RUAG 还着手研制温压炸药，以大幅度提高穿透效能。以色列拉法尔武器公司最近研制出一种“肩射破墙远距弹药”(简称“穿墙弹”)。该武器采用“爆炸成形环状弹丸”战斗部技术和戴维斯发射原理，可击穿多达 3 层厚的砖墙，产生 1 个像人一样大小的洞。“穿墙弹”可在封闭空间内发射，既可以放在三脚架上遥控发射，也可以由士兵肩扛发射，是专为城区作战设计的单兵突击武器。“穿墙弹”为一次性使用系统，全重 9 公斤，携行状态长 l 米，发射状态长 1.2 米，可由 1 人携带。战斗部重 2.5 公斤，采用钝感炸药和压电触发机械引信，最大直径为 174 毫米，有效作战距离为 l5~50 米，发射征候和附带毁伤小。

各种枪械 为适应城市作战的需要，军用步枪有向紧凑型或无托式转化的趋势。几种著名的军用步枪包括：法国的 MAS 自助步枪、英国的 SA80 班用轻机枪、施泰尔公司的陆军通用步枪。XM-29 理想单兵作战武器是用来取代 M-16 和 M-4 卡宾枪的，可发射 5.56 毫米子弹及 20 毫米高爆弹。HK 公司的 XM 8 轻型突击步枪由 G36 改进而成，重量轻 (2.7 公斤)、功能集成，武器模块化、通用性强，可降低未来士兵的作战负荷、提高其机动作战能力，预计在 2004 年进行实战试验。有些国家对模块武器系统感兴趣，FN 赫斯特尔公司研制的 F2000 突击步枪，就配备了电子火控系统、昼/夜视镜、40 毫米和 20 毫米榴弹发射器、霰弹枪和非致命性武器等各种模块。

专用步枪也面向城市战进行改进。在城市战中，狙击手需要有快速反应，射击多个目标，因此，需要半自动狙击步枪。为此，美军把骑士武器公司的 7.62 毫米 SR-25 改进成 MK11 半自动狙击步枪。大口径武器射程更远，但需要 2 人小组配合使用，如 12.7 毫米巴雷特 82A1M，以及南非 20 毫米 MTW20 反器材步枪。精确国际公司等生产的 0.338Lapua Magnum 中口径狙击步枪，既有传统狙击步枪的精度，也有大口径武器的射程。英国、加拿大都有这种口径的武器。城市战中最合适的手持兵器当属霰弹枪。这种枪威力大但不会穿透墙壁，便于在狭窄空间里近距离使用，而且可以发射催泪弹、橡皮子弹、反车辆弹药等。传统的泵动枪机式武器有南非尼奥斯蒂德霰弹枪、美国莫斯伯格 M-590 无托霰弹枪，美军还在贝内利 M4 的基础上推出半自动的 M-1014，它的弹匣容量大、枪托可折叠，可能成为今后的一种发展趋势。

非致命武器 非致命武器是城市作战常规杀伤性武器的重要补充。制造非致命动能弹的材料除了橡皮和塑料，还有泡沫橡胶、纺织品、木材等。烟雾弹、辣椒水、催泪弹、活性化学 (CS) 气体都是防暴利器，但化学弹易受风的影响、浓度较难掌控，常常伤及无辜，2002 年莫斯科人质事件就是一例。

震晕器、“蜘蛛丝”和高功率微波武器是近期研究的重点。美国研制的“泰瑟”(TASER) 手枪可以发射带电飞镖将人电倒。德国尼科烟火技术公司生产了利用声音和闪光使目标人群暂时失去知觉的“震晕弹”。人造“蜘蛛丝”具有强度大、弹性好、柔软、质轻等优点，抛射出后可以“网住”目标，美军拟将其作为设障武器。驻伊美军在 M-2“布雷德利”战车上至少部署了 2 套 AN/VLQ-7“刺线”激光武器系统。该系统除了可以利用高能激光攻击敌方军用光学设备外，还能发射紫外激光照射人眼，使人暂时失明。雷声公司正在研制用电磁波束阻止人群进入设限区域的“车载主动拒止系统” (VMADS)。它装载在高机动多用途军车上，发射频率 95 吉赫的毫米波，人受到照射后会皮肤发热、疼痛难忍，而脱离光束照射后，疼痛感即告消失。

驻伊美军 2004 年还配备了声学非致命武器。远程

声学装置 (LRAD) 实质上就是一个功率强大的扩音器，能发出让人无法忍受的刺耳声音，从而有效地驱散人群。非致命武器还包括能够使人痛苦的高能声束；能从几百米外发射、用脉冲能震晕目标的射弹；以及一种使建筑物内的抵抗者震晕几分钟，让部队有时间占领现场的弹药。

自杀袭击者可能藏身车内，因此需要一种可以使汽车发动机失能的武器。利用高功率微波可以扰乱汽车电子系统的功能，瑞典试验了一种频率 1~2 吉赫、重复频率 200 赫兹的微波发射装置，工作 10 秒就足以使汽车发动机停止工作。有人提议用无人机携带并释放催泪弹、非致命化学剂、辣椒水或染色弹，以便安全部队更好地控制骚乱。美国陆军未来战斗系统还将为旅级作战部队配备 14 公斤便携式无人驾驶车辆，用以来发射非致命武器。

美军在研“灵巧子弹”简介 《军事文摘》2004 年第 7 期曾宏报道，美国空军正在研制的“灵巧子弹”，将使狙击手在几千米外就能击中目标，而且百发百中。这个超级杀手的问世，将使传统的作战方法和手段面临极大的挑战。

这种由枪管发射的子弹是通过以下两种装置控制其发射的：一是压电陶瓷制动器。这种装置结构十分简单，弹头通过球窝连结与弹体相接，并且由一圈压电陶瓷棒来固定。在施加电压时，由于压电效应子弹一侧的某个压电陶瓷棒变长，同时另一侧相对应的压电陶瓷棒变短，这样就可使弹头产生飞行偏角，从而控制弹头的飞行方向。二是制导装置。具体设想是用一束激光给目标“着色”，并给每个弹头的石英窗下安置一个自动寻找激光信号并控制子弹的传感器，以引导子弹沿激光束飞行而精确中的。目前，已经生产出像芯片一样大小、并可经受住发射压力的传感器，这给为小型枪械制造“灵巧子弹”提供了潜在空间。

由于“灵巧子弹”加装了这两个装置，从而赋予轻型枪械崭新的特性。其一，命中精度高。“灵巧子弹”通过传感器捕捉激光束并驱动压电陶瓷制动器，使子弹沿着光束飞行，因此，只要将枪械的激光瞄准器发出的激光束指向目标就可以弹不虚发，一举中的。其二，有效射程远。压电陶瓷制动器可使弹头产生不小于 0.1°的偏角，而在超音速的情况下，这个角度足以使弹头产生巨大的上升高度，因而可有效克服重力和风偏的影响，使“灵巧子弹”的有效射程达到 2 千米开外。其三，生存能力强。一方面，远射距可以使射手在敌方步兵火力乃至坦克火炮的射程之外实施射击，可在敌毫无察觉的情况下杀伤敌人。另一方面，“灵巧子弹”的飞行速度数倍于音速，从发射到命中目标时间极短，未待敌人做出有效反应，射手已从容地完成射击任务。其四，作战用途广。由于“灵巧子弹”的可控性，它不但可以用来射杀敌方的警戒人员、战场指挥员、狙击手及其他武器装备操作人员，也可用来击毁敌坦克观察孔、夜视器材、雷达天线、炮瞄装置以及其它的特种装置。同时，这种武器毫厘不差的命中精度也将使其在解救人质的行动和特种作战中大显身手。

美陆军“未来勇士”作战服中的纳米技术简介 《现代军事》2004 年 6 月号徐珏报道，计划于 2015 年完成的“未来勇士”作战服在概念上与步兵现在穿着的作战服迥然不同。它将使士兵的负荷降低一半甚至更多，但防护能力和战斗力更强。未来作战服的研制涉及多项纳米技术：

坚固柔韧的纳米“锁子甲”。“未来勇士”作战服用纳米材料织成分子链“锁子甲”，它用在膝盖和手肘这些活动部位时，既能起到很好的防护作用又可以保证技术动作的灵活性。

研制人员模仿蛛丝的吸能和承力特性，来重建蛛丝的不寻常结构——一种柔软的弹性区和坚硬的结晶相互交替的聚合体，目前已研制出一系列合成聚合体片断，用来研究聚合体的化学结构变化对物理性能的影响。研究人员还在探索一种被称为“树脂纺织”的纺织工艺，用正在研制的聚合体纺织出耐用的纤维。他们还研究了自然界中一些天然的“盾牌”，如昆虫的外骨骼和乌龟的外壳，来研制合成的身体装甲；以及研制超轻型纳米防护网、可自行组装的微小构架以及光成型纳米材料，寻找可提供弹道防护的技术途径。

纳米“肌肉”和“外骨骼”。纳米“肌肉”——一种用纳米纤维构成的极像人体肌肉的织物，能对外界的电子刺激做出收缩或松弛的反应。用这种纳米“肌肉”制成的作战服，能通过感受人体肌肉的活动，“猜测”士兵想要移动肢体的意向，随之协助士兵活动，给士兵增加额外的力量。同时，研制人员正设法用纳米“肌肉”加载器使原本柔软的布料变得坚硬，像石膏或夹板一样固定受伤部位 (如断腿)。作战服还可以通过纳米和钢材制成的“外骨骼”来增强力量。“外骨骼”是一种附加在士兵手、腿关节上的自动机械平台，士兵携带的重型武器可以承重在这种外骨骼平台上，使士兵不会感到太累，也不会影响行动的灵活度。在纳米“肌肉”和“外骨骼”的共同作用下，单兵的战斗力至少可以提升 15%~20%。研制人员正在研制通过人的意识控制纳米“肌肉”和“外骨骼”做出各种动作。这种力量增强系统通过连接的发动机及活塞，甚至可以使士兵只身抬起一辆汽车；或跃上高楼；或从低空飞行的飞机一跃而下，落地的冲击力将由外骨骼吸收和释放，而士兵不会受伤。

自主反应的纳米微孔。现役的士兵防护服虽然能起到防护的作用，但人员的视野、活动、听力、行走和舒适性都大受影响。正在研制的“未来勇士”作战服既能探测出空中的有害物质，又能对士兵自动地起到防护作用。它除了以先进的传感器来探测生化剂，还通过一种有防护功能的纤维和纺织布料来防护细菌污染和化学战，如神经毒气和毒素。为此研究人员正设法在作战服上创造出有自主反应能力的纳米微孔，这些微孔在探测到生化战剂后会自动关闭，而不需要着装的士兵做什么事情。这样，士兵就可以集中精力来完成其他任务，不必担心遭受生化战剂的攻击，同时也可以减轻士兵携带装备的重量。

复合式纳米布料。这种用于士兵军服和装备的纳米防水布料，可为在雨中进行作战、训练的士兵提供一种轻便、防水且透气的作战服。

制造防水纳米布料，可以在蒸汽阶段通过热纤维化学气相沉积处理法，在布料表面涂上一层特氟纶(Teflon)纳米层；也可以通过在溶液里浸泡的方法，在不防水的凯夫拉防弹材料表面涂上防水层。这种处理方法还可以在纳米珠的表面涂上特定的抗菌剂以增加杀菌能力、阻止伤口感染和驱散异味。

变色龙式的伪装性能。美国陆军还正在为“未来勇士”研究一种变色龙式的伪装能力。这种伪装概念的物理基础是：电荷会引起纳米材料颜色的改变。具体的办法是：在士兵作战服的织物里植入一种微小的纳米粒子，它们能感知周围环境的颜色，并相应地改变自身的颜色。这样就可以使作战服像变色龙一样变色，让士兵能更好地融入周围环境，成为“隐身”士兵。比如利用一种双色珠，珠的一面为黑色、一面为白色。当对双色珠施加电荷时，珠表面的颜色之一(黑色或者白色)全部向外翻，显示出单一的黑色或者白色。据称在试验中，如果士兵靠在白色大理石墙上，防护服就会变成白色；同样一套作战服，如果士兵躺在黑色柏油路上，又会变成黑色。这种纺织物的颜色可以随单兵所处的环境而变化，使其具有伪装和防侦察能力。作战服还可预设几种伪装图案备用。这样，士兵就不必为不同地形而携带不同的伪装服了。

几种新概念单兵装具简介 《解放军报》2004年6月9日顾怡撰文介绍了几种新概念单兵装具。

轻便实用的“液体装甲”。美国一陆军实验室正在运用先进技术研制一种单兵新概念装具——“凯夫拉”(Kevlar)背心式单兵“液体装甲”。这种新概念防弹衣不仅重量轻、质地柔软，而且能使士兵运动得更灵活、更快捷。该材料的关键成分是一种剪切增稠液体(STF)，这种液体能承受的温度范围很广，它和坚硬的微粒结合后，能形成一种性能不同寻常的新材料。当制作成“液体装甲”时，“凯夫拉”背心的每一层都用STF浸透。在“凯夫拉”织物吸附了STF的同时，便具有了更好的防弹性能。用STF浸泡后的“凯夫拉”织物，可以像其他任何一种织物一样被浸湿和缝制。这种“液体装甲”将会被率先用在防弹背心保护不到的地方，在保护士兵的同时，还可以保持士兵运动的灵活性。

战斗力倍增器“抗疲劳眼镜”。新近配发给驻伊美军的新装备“抗疲劳眼镜”，会在士兵疲劳时及时发出警告，以确保士兵能够有足够的精力和体力去作战。据使用新型眼镜的美军士兵介绍，这种眼镜的原理是在一副特制的眼镜框上装上光纤，光纤放出的白色强光与日出时的晨曦一样，令士兵提神而又不影响视觉。士兵们戴上它，无论是长时间驾驶“悍马”，还是连续几天完成搜索任务，都可以减轻疲劳感，避免了打瞌睡和走神。据称，这种眼镜在科索沃战争期间已投入使用，当时美军飞行员驾驶轰炸机从基地飞往战区，戴着它全程36个小时都可保持高度清醒状态。这次配发给驻伊美军的眼镜是最新改进型。

“角斗士”战术无人车。美国海军陆战队正在加紧研制一种名为“角斗士”的战术无人车。“角斗士”高1.2米，重约800公斤，车上配有多种武器装备，主要有日/夜摄像机和生化武器探测系统，另有7.62毫米口径的中型机枪、9毫米口径的“乌兹”冲锋枪以及“狙击手发现/还击系统”。在城市巷战中，它既可执行多种任务，又可以充当士兵的“保镖”，在战场上替代陆战队员冲锋陷阵。其实，“角斗士”是能够遥控的多面手机器人，它可以在复杂天气与地形下，执行侦察、反狙击手和直接射击等任务。战斗时，“角斗士”可以冲在最前面，为后续部队扫清前进中的障碍。

新型防护垫肩。战场上，伤亡人数的急剧增加是令美军头疼的一大难题。为此，美军新近研制出一种新型防护装具：防护垫肩。据称，美陆军已购买了6000套。其中大约2000套正由美国海军陆战队使用，新型垫肩可减少伤亡，并且佩戴方便，在快速行军中不会成为负担。

几种先进战斗识别系统简介 《现代军事》2004年9月号李琨对此作了如下介绍：

借助卫星通信链路的"蓝军跟踪系统"。它是美军"21世纪旅及旅以下作战指挥系统"的子系统，采用商用卫星通信链路发送车等作战平台的位置和身份信息，以减少来自友军的误伤，是一种通过增强战场态势感知能力来提高战斗识别能力的目标识别系统。在伊拉克战争中，美军首次在2000多台车辆和约200架飞机上装备了"蓝军跟踪"装置，传递和显示每个用户的位置信息；英军也安装了75套设备，以免遭美军的误伤。"蓝军跟踪系统"利用L波段超视距卫星中继站建立跟踪网络，通过双向信息传递来实现对用户位置的跟踪，从而降低错误识别目标的概率。到2003年9月，美国陆军已将"蓝军跟踪-机载设备"装到250多个直升机载平台上，包括在阿富汗、伊拉克、科索沃及美国本土服役的UH-60、AH-64 A/D、CH-47、OH-58和A2C2S等直升机。这样，美国陆军的地面部队就可以通过卫星中继通信对这些直升机的位置进行近实时的跟踪。2008年以前，美陆军将再装备近4万套这种系统。伊战之后，美军还迅速启动了"蓝军联合态势感知"先期概念技术演示项目。

能穿透烟雾的毫米波目标识别系统。为防止烟尘、沙暴、雨雾等形成的复杂战场环境，造成陆战场误伤，伊战之后，北约在法国"战场敌我识别系统"(BIFF)和美国"战场战斗识别系统"(BCIS)的基础上，研制出毫米波战场目标识别系统(BTID)。该系统工作在毫米波频段(即Ka波段，33~40吉赫)，采用"询问-应答"的协同工作方式，主要装备陆战场的坦克、装甲车等车辆。预计系统单价约23700美元，车载应答机约5000~6000美元。

新型BTID系统与原先的BCIS、BIFF系统相比，性能更好、更灵活，而且更便宜。它采用了新的波形(包括信息结构、加密方式和跳频方式)和新的防欺骗技术，在最恶劣的作战条件下可靠性也可以达到98%；系统减少了对全球定位系统的依赖性，即使后者受到干扰也能正常工作；系统的作用距离超过10公里。此外，BTID系统采用开放性体系结构，可以与载车的数据总线连接，系统产生的识别数据可以显示在载车的显示屏上。英国的BTID系统将于2007年以后服役，装备到"挑战者Ⅱ"坦克和"武士"步兵战车上。

安装在平台上的协同目标识别系统。美国海军陆战队从2000年开始研制一种与北约标准兼容、装备战车和飞机的战场目标识别系统——"安装式协同目标识别系统"(MCTIS)。2003年7月，美国防部批准其作为北约BTID系统的兼容系统；随后又被授权用于美海军陆战队地面战车。MCTIS的工作在毫米波频段，(频率大于40吉赫)，采用北约STANAG 4579标准。MCTIS是一种轻型系统，有两种配置：一种是包括应答机、发射机、处理器和通信天线组件的组合式封装结构，主要配备坦克、轻型装甲车等地面武器平台；另一种是仅有应答机组件的结构，主要配备卡车、"悍马"等车辆。该系统将毫米波技术与移动计算机相结合，可向指挥员提供通用战场态势图，使其提高战场感知能力，这对于战斗识别是必不可少的。该系统采用"询问/应答"的协同工作模式。系统在锁定某一目标后发送一束电磁脉冲，如果该目标是协同目标，则回送友方响应信号。系统的识别概率为99%，识别距离为5公里，应答时间小于1秒。MCTIS的价格约为2.5万美元(组合式配置)和1.5万美元(仅应答机配置)。海军陆战队于2004~2005年投入410万美元开发战斗识别系统，计划在2010年具备初始作战能力。

加密良好的"继承者"敌我识别系统。伊拉克战争使北约各国认识到，现役的敌我识别系统必须实现通用性和标准化，具备模式4加密能力和模式5升级能力才能防止误伤，因此加速了新型敌我识别系统的研发进程。2003年底，"继承者"敌我识别系统(SIFF)计划正式获准实施，拨款5亿英镑，在2010年前完成英军飞机、舰艇和地面系统的改造。"继承者"系统安装在武器平台上，对潜在的目标发出询问并进行通信联系，友方平台的应答机能够正确应答。系统的核心是应答机内的加密计算机，询问和应答的双方有相同的密码，而且密钥会变换，因此几乎不存在被敌方窃取的可能。

用于单兵识别的"士兵综合多功能激光系统"。伊拉克战争后，美军将"徒步士兵战斗识别系统"(DSIDS)提上议事日程。该系统包括装配在步枪上的红外激光询问器、用于侦测的激光探测器以及发送应答信号的小型射频收发机。士兵发现目标后，用激光询问器发出激光；如果对方是配有同一系统的友军，就会回送一个射频信号，告知"不要开火"；否则发现目标的士兵可以开火。此外，该系统还与中央指控中心链接，战场指挥官可以借助该系统了解战场态势、监督敌我识别系统的运行情况。这套系统在很多方面类似于复合集成激光交战系统的激光瞄准技术，只是用于战场敌我识别。目前，北约已将"士兵综合多功能激光系统"作为解决单兵误伤的方法，进行盟军内部互操作技术标准化协议的开发工作。

支持协同作战的盟军战斗识别系统。为了在盟军之间建立统一的毫米波战场战斗识别系统，满足未来多国部队联合作战的需要，美军联合部队司令部于

2001 年开始启动为期 5 年的“盟军战斗识别”（CCID）系统先期技术演示计划。该计划覆盖的范围较广，除包括北约毫米波战场目标识别系统（BTID）外，还包括采用激光技术的徒步士兵识别系统、基于无线电的战斗识别系统（RBCID）以及城市作战环境中的敌我识别系统等。美军的所有战斗识别系统必须与美国主要盟国的战车敌我识别系统兼容，并能够协同作战，至少要做到软件通用、硬件共享。美军拟通过先期技术演示，评估直升机所需要的空对地识别功能。

反直升机地雷简介 《中国国防报》2004 年 6 月 22 日张国力报道，美国的 AHM 反直升机地雷由传感器与战斗部、指挥与控制系统两大部分组成。地雷高 380 毫米，直径 180 毫米，重 10 公斤。主要结构包括特殊的探测器、微处理器、雷壳、雷体和引信等。它操作简单，运输方便，具备全天候作战能力。作战时，根据需要在易遭直升机攻击的方向上设置地雷。AHM 的指挥与控制系统可通过声传感器和信号处理机探寻直升机螺旋桨旋转发出的独特声响，并具有区分直升机类型和国别的功能，其可靠性可达 90%。只要声波探测器感受到直升机的声音，数据处理系统就开始用三角测量法确定目标坐标。当目标接近到一定地界时，地雷就会根据传感器的信号指导升空，并借助红外自动导引头确定目标；当敌方直升机进入距地雷 100 米左右的范围时，地雷由微机控制雷体战斗部起爆，发射子弹药攻击敌机。而当己方直升机通过时，它还可以通过预编程序，关闭雷场，让已方直升机顺利通过，防止造成误伤。这种地雷可用人工、火箭炮、陆军战术导弹或“火山”布雷系统布设。

其他国家研制的反直升机地雷，比较有名的是俄罗斯“节奏”-20 反直升机地雷。其攻击力要强过美国的 AHM。“节奏”-20 重 12 公斤。它可以根据音响判明直升机种类。当目标距其 2 公里时，反直升机地雷开始识别目标；当目标进入 200 米范围时，地雷开始发射，飞上天空，将目标击毁。该雷可以布设在机场跑道附近，打击直升机以及其他飞行速度较慢的固定翼飞机。

反直升机地雷也可以用钢丝吊挂在降落伞下，在空中飘浮，可以设置在飞机可能通过的航线上，形成空中雷区。一旦目标进入雷区，该雷可以借助助推火箭和控制装置对其实施有效攻击。还有一种智能雷，可以用飞机在空中投射。空投后，在助推火箭和电动推进器的推动下，依靠音响和光电传感器，可以在半径 500~1000 米范围内快速自动寻找目标。一旦找到目标，其控制系统便点燃连接雷体的小火箭，使其准确地冲向目标。

用反直升机地雷打武装直升机非常合算，因为一颗地雷的造价不到一架武装直升机的 10 万分之一，同时它既不需要人监控，避免了伏击人员受到武装直升机打击，又可以大面积布设，迅速形成对敌武装直升机的封锁区。

几种专打武器装备发动机的弹药简介

《中国国防报》2004 年 6 月 22 日刘颖杰报道，发动机是高技术兵器的“心脏”。“机心”不跳了，武器装备也就丧失了作战能力。文章介绍了一些专门瞄准武器装备发动机进行攻击的弹药。

让飞机“发烧”的恰负弹 这种弹药爆炸后，飞机发动机吸入它的碎片，发动机的涡轮叶片就要遭殃。这是恰负弹的一种破坏方式。它的另一招是让飞机“发烧”，即让引火剂粒子进入飞机燃烧室，造成剧烈燃烧，使燃烧室产生高温而失去正常的热效应。

让直升机“哮喘”的塑球弹 塑球弹是采用重量极轻的聚苯乙烯颗粒作为填料装入弹体或布撒器内，用发射器发射至空中。当直升机发动机叶片大量吸入这种塑料球后，会像患上哮喘般振荡不已。这时，直升机唯有迫降以保安全，否则就可能坠毁。

让坦克“衰竭”的爆燃弹 乙炔弹是爆燃弹的典型代表。它的弹体一部分装水，一部分装碳化钙。当它碰触到坦克爆炸后，水与碳化钙迅速作用产生大量乙炔，与空气混合形成爆炸物。爆炸物被坦克发动机吸入气缸，会在高温高压下形成大规模爆燃或爆轰，让坦克机心“衰竭”而失去功能。

让车辆“窒息”的阻燃弹 常用的阻燃弹在弹体内装有某种窒息性气体或能在空气中迅速膨胀成泡沫的化学物质，发动机如果吸入就会立即停止工作。较新型的阻燃弹能将空气中的氧气消耗殆尽，使进入发动机的空气缺氧而无法点火。现在，阻燃弹已经成为遏制敌方集群装甲车辆的有效手段之一。

几种新概念装甲简介 《军事文摘》2004 年第 2 期刘君、于雷报道，面对现代杆式动能弹和各种新式串联战斗部的威胁，各国纷纷研制新概念装甲，主要有以下几种：

陶瓷装甲 在弹丸威力相同的情况下，采用装甲陶瓷制造的复合装甲不但比钢装甲轻，而且质量有效系数明显高于钢材料。也就是说，利用陶瓷材料的密度效应、吸能效应、磨损效应等特性可明显提高坦克装甲车辆的防护能力。由于陶瓷复合装甲有粉碎或至少折断硬而脆的穿甲弹弹芯的能力，这样可使破碎弹芯的穿透力减小，同时利用装甲陶瓷中的锥形坑吸收弹头的动能，将残余的弹芯动能扩散到较大面积的韧性背板（即车辆自身的钢装甲）上，使其能容易地吸收此动能。氧化铝陶瓷复合装甲除了能防穿甲弹外，还能用于对付破甲弹。由于口径较小的成型装药战斗部的侵彻力比较大，所以抗破甲弹的装甲陶瓷层一般都比防穿甲弹的厚。陶瓷复合装甲抗破甲弹的破坏机理与抗穿甲弹的不同，它是在成型装药的射流侵彻过程中浸蚀其射流，使其弹坑变窄。

“一体式”装甲 也称为“一体式”爆炸反应复合装甲。它以全新的设计理念设计，把坦克的装甲设计成内层装甲和外层装甲，两层装甲之间留出足够的空间，以便安装爆炸反应夹层装甲。这种结构中的夹层装甲不会被小口径炮弹、炮弹破片和其它一些方法所引爆，并能减小其飞行背板和爆炸气浪给坦克带来的危险（爆炸气浪会向外排泄）。此外，这种布置还便于爆炸反应装甲采用较为敏感的炸药，使得不仅成型装药射流能引爆之，而且长杆穿甲弹芯也能引爆之。为了能有效地对付长杆穿甲弹芯，这种与主装甲综合成一体的爆炸反应夹层的装甲板要有一定的厚度，以便能产生足够的横向冲力，把穿甲弹芯撞偏或撞断。同时，为了减小爆炸反应夹层装甲的背板被炸飞时对主装甲板造成的损伤，可以把夹层装甲的面板和背板做成非对称板，使面板较厚，背板较薄。这样有助于避免各种小型威胁引爆夹层中的装药。经过优化设计，这种“一体式”爆炸反应复合装甲将使未来坦克既能有效地对付高速动能穿甲弹芯，又能有效地对付成型装药破甲弹，甚至串列成型装药破甲弹。

“能主动规避弹丸”的灵敏装甲 灵敏装甲与传统的被动式装甲的本质区别在于，它在受到弹药威胁时，通过传感器—控制器—微型动力装置的共同协作，能主动改变弹丸或射流的动量方向，使其本身免遭破坏。如果灵敏装甲由于弹丸撞击而出现局部崩落或裂纹，还可通过反馈系统进行修复。在弹药威胁解除之后，灵敏装甲系统将自行恢复到完好状态。灵敏装甲是以特定角度连接在坦克上，其连接部位是用电流变流体所制成的活动关节，该活动关节构成反馈控制电路的一部分。当传感器测定出来袭弹丸与灵敏装甲间的相对角度时，有关信息便迅速传递给控制器，控制器立即给电流变流体施加一个电压，变流体在电压作用下，其粘度发生一定变化，使得活动关节旋转，弹甲之间的相对角度发生变化，导致弹丸偏转。使用电流变流体的灵敏装甲，甚至可用来对付灵巧弹药（这种弹药可在接近目标时改变着角）。因为弹丸着速一般为1000~2000米/秒，而装甲材料内的弹性波传播速度却高达13000米/秒，因此，使用快速响应传感器和灵敏微型动力装置，将有足够的时间对侵彻弹丸的威胁做出灵活响应。

全方位防御的“电子装甲” 当诸如RPG-7反坦克榴弹弹药命中装甲车时，其“聚能装药”弹头以大约1600公里/小时的速度向目标喷射出液态铜流，使装甲车和坦克无法抵御。为了应对这种威胁，英国专家为装甲车研制了一种“电子装甲”。这种“电子装甲”可在装甲车保持原有重量和大小的情况下抵御火箭推进式榴弹或其它聚能装药武器的攻击。新型电子装甲由电量很大的电容制成。电容与坦克表面的两层金属蒙皮连接。外层蒙皮接地，而绝缘的内层蒙皮带电。该电子装甲由坦克自身电源供电。当坦克乘员认为可能受到攻击时，就会接通内层蒙皮电源。当弹头喷射液体铜流时，铜流就会穿透外层蒙皮和内层蒙皮的绝缘体，于是电路接通并形成数千安培的电流，从而将大部分液体铜蒸发掉。而没有蒸发的液体铜已无法对车体外壳造成损坏。

能撕破美国战区导弹防御（TMD）网的俄军“蜘蛛”B导弹简介 《中国国防报》2004年9月28日田龙生报道，“蜘蛛”B是俄罗斯新研制的一种地对地战术导弹。它能突破包括“爱国者”在内的任何现有导弹防御系统。

“蜘蛛”B抓住美国TMD防御网难以对付多弹头的“软肋”，使用集束式导弹来实施突破。集束式导弹内携带装有若干个子弹头的母舱，打击目标时，母舱裂开，各子弹头沿着大致相同的弹道攻击同一个目标，让对方防不胜防。“蜘蛛”B的集束式导弹内装54枚小炸弹。它配有多种常规战斗部，可选用集束子母弹、钻地弹、杀伤弹、燃料空气弹和电磁脉冲弹等多个弹种。“蜘蛛”B主要用于打击包括导弹阵地、地下掩体、雷达站、机场和指挥所等重要目标。它突破TMD网有快速突然的特点。“蜘蛛”B导弹是在“蜘蛛”B导弹发射车上发射的，选择发射点的机动性很强。“蜘蛛”B导弹弹长7.3米，弹体直径920毫米，弹头重量约500公斤，使用维护成本较低的9M714固体燃料。轮式导弹发射车长11.76米，宽3.13米，高3米，重29.1吨，陆上速度65公里/小时，涉水速度10公里/小时，作战半径700公里，驱动形式8×8。车上可装载两枚导弹，每枚导弹的发射重量为3.8吨。导弹采用一台高能固体推进剂火箭发动机。“蜘蛛”B发射准备时间4分钟，两枚导弹发射间隔时间仅为1分钟。导弹末段速度仍大于1.8公里/秒。这种超乎寻常的高速度使得导弹不易被敌方发现，极大地增加了攻击突然性，也提高了“蜘蛛”B的战场生存力。

“蜘蛛”B导弹攻击速度快，射程远，最远可达520公里，命中精度在30米以内。它突袭的飞行时间不过3分钟左右，这使TMD系统预警时间十分短暂。再者，“蜘蛛”B导弹具有较小的雷达反射截面，还装有战术诱饵，可接连给对方探测预警防御系统制造障碍，使其发现不了，拦截不成。它采用主动雷达末制导，配备智能化的区域相关与图像匹配系统，即使是在不良天气和烟幕等恶劣战场环境下也可正常工作。末段制导的优点是能将导弹引导到目标，实现“每发必中”。这就是说，“蜘蛛”B对TMD系统具有全天候的威胁。

中国台湾军队预警机装备简介 中国台湾《尖端科技》杂志2004年11月号载文指出，台湾1995年11月从美采购的4架E-2T预警机，与美国海军的E-2CⅡ型预警机同级，机上的AN/APS-145型雷达可侦测到480公里外的战机与258公里外的巡航导弹，并可同时追踪多达2000个目标。此外，机上配备的AN/ALR-73被动侦测系统，可自740公里外搜集敌方的空中、海面、地面电磁信号参数及位置，等于是为空军额外增添了4架准电子侦察机。

E-2T的性能诸元如下：全长17.6米、翼展24.56米、最大起飞总重24710公斤、最大空速626公里/时、最大巡航速率602公里/时、一般巡航速率602公里/时、最大留空时间6小时54分（最大燃油量）、最大航程2854公里、实用升限11280米。

由于E-2T只具备空对地数据资料链而缺乏空对空的数据资料链，所以E-2T所侦获的空情，只能先下传至地面战管中心，再由战管中心指挥空中战机执行拦截任务，或是由机内空管人员以语音指挥在空战机行动，且还常受到地面无线电波干扰。

台湾空军从美国订购、预定于2005年第一季度交机的第二批E-2C空中预警管制机，与美商诺思罗普-格鲁曼公司所提出的E-2C鹰眼2000升级改良计划同型。

鹰眼2000仍沿用现有APS-145雷达，但增大其发射功率，使侦测距离较E-2CⅡ型增加了40%；机内大脑则换装雷神公司的940型中央电脑，该型电脑体积变小、重量减轻，但资料处理能力却较原有L-304电脑提高了15倍。特别是鹰眼2000还具备了部分协同作战能力，可整合、协调、分享全舰队内各单位不同感测器的资讯，提高整体战力。而未来美军终极版的E-2C“先进鹰眼”计划，除以相列雷达取代现有AN/APS-145雷达外，甚至还可配合CEC，终端导控由水面舰艇所发射的“标准”、SM-2舰对空导弹与改良型“海麻雀”防空导弹。

鹰眼2000另外还换装了新式具有21英寸屏幕的ACIS显示控制台和可超地平线进行数据、语音通信的卫星通讯设备，并以先进的8叶弯刀型螺旋桨取代原先传统4叶螺旋桨，可提高飞机的飞行速度、巡航高度与燃油运用效率。鹰眼2000保留了Linkl6等资料链传输能力，虽不具CEC功能，但可即时将最新空情以数据资料链传输给在空战机（以F-16为主，IDF经国号战机与幻影2000战机为辅），并导引其前往作战。

待未来6架预警机全数服役后，平时可以空中监侦辅助陆基战管系统，弥补低空监侦间隙，强化空中监侦预警能力，同时执行电子侦搜、支援防灾（难）。导航协助、通信中继、战术战法验测及演训等任务。战时，E-2T预警机可在指定空域，加强对敌空中监控与担任战术管制任务，万一通联系统或雷达站台遭受毁损、干扰，E-2T预警机可立即作为其备份支援系统，以利作战部队敌情掌握及遂行在空任务机作战管制。

目前，对E-2T威胁最大的，当属弹道/巡航导弹、Kh-31A空对舰超音速反舰导弹或自制反辐射导弹以及苏-27/30等新一代远程战机。其中前者是以攻击机场为主，目的是让E-2T无法升空运作。

美军以科技储备保持技术优势的重要措施 《中国国防报》2004年11月8日王磊报道，为保证军事科学技术始终处于领先地位，美国将科学技术储备作为工业动员储备的一项重要内容。其储备方式主要有以下几种：

保持国防领域的基础研究。美国国防部认为，保持雄厚的技术基础是未来军事装备各种发明方案和解决方法的来源。这些军事装备可使美国保持可靠的威慑力量并减少可能的技术风险，保持开发新产品的能力和适应未来迅速变化的挑战。美军基础研究的目标是在具有军事潜力的科学或工程领域开发出新智能技术，同时利用这一研究来培养国防科技领域的研究生、科学家和工程师，为美军取得长久的技术优势奠定牢固的基础。

制定优先发展的国防科技计划。1994年，美国国防部公布的新《国防科学技术战略》，明确“五大军事能力需求”，即：实时和准确了解敌情；迅速把兵力投送到世界任何出事地点；以低强度的行动制止事态发展并以最小伤亡达到预期军事目的；控制和利用外层空间；应付大规模杀伤武器以及弹道导弹、巡航导弹对美国本土和驻海外部队的威胁。根据上述需求确定了包括 19 个技术领域在内的国防科学技术计划。这 19 个技术领域是：航空航天推进与电源；航空与航天飞行器；作战空间环境；生物医学；化学和生物防御；被服、纺织品和食品；指挥控制与通信；计算机软件；常规武器；电子技术；电子战与定向能武器；环境质量与土木工程；人机接口；人力、人员与培训；材料、工艺与结构；探测器；水中舰艇与地面车辆；建模科学技术；建模与仿真。美国把技术领域视为新时期重点储备的技术领域，力图以此确保对潜在敌对国的技术优势。

大力发展军民两用技术。美国鼓励国防工业向生产民品转移投资，扩大亦军亦民生产体制的范围，建立战时迅速动员的物质基础；支持军民通用技术的发展，扩大军品与民品的通用化、标准化程度，促进军工技术与经济效益相结合；加强国防部和工业界的联手合作，先后成立负责“关键技术”、组织批量生产高技术武器装备的机构。美国国防部认为，通过发展两用技术，既满足了国防领域需求，又促进国民经济发展。随着技术水平的提高，将使国防科学技术的相当部分寓于民用技术之中，实现在更高层次上的技术储备。

推行“样机研制加有限生产”策略。这是新时期美国国防部储备成熟技术的又一种方式。加强样机研制可以保持美国重大武器系统的技术优势；有限生产可以使国防生产商在和平时期就熟悉新武器系统的生产过程，以便在紧急需要时能顺利地转入批量生产，达到动态性地不断地储备新的成熟技术的目的。

由于美国军队直属的科研机构不过是国家整体科研体系中的一个组成部分，解决军队科研力量不足的主要途径是建立大量的军外科研机构，包括政府部门直属的科研机构、高等院校和军工企业。为此，美国国防部与近 2000 所高等院校订立了军事科研合同，让它们承担了美军 60%的基础研究项目和部分应用技术开发项目。同时，美国有 1000 多家企业从事武器系统的研制、试验和生产等活动。军方主要通过签订合同等市场行为来规范和指导军火的生产和管理。厂商除承担军方委托的研究任务外，还根据竞争需要自行选择课题进行独立的开发和研究。

以色列振兴国防科技工业的发展策略

《外国军事学术》2004 年第 9 期田成、宿东风报道，1967 年第三次中东战争以前，以色列武器装备主要从法国进口，本国的军工企业主要承担武器的维修和保养。此后，法国对以色列实行武器禁运，促使以色列走上独立自主发展本国国防工业的道路。20 世纪 80 年代以后，以色列国防科技工业发展速度惊人，逐步建立起比较完整的国防科技工业体系。其生产能力的 70%~80%用以满足本国军队需求，并逐步走上以出口武器为主的发展道路。现在以色列的国防科技工业已经具有相当强大的国际竞争优势。据瑞典斯德哥尔摩和平研究所向联合国提交的 2002 年国际军火销售报告，面积只有 1.49 万平方公里 (实际控制面积 2.8 万平方公里)、人口仅有 600 余万的以色列排名第五，而且以色列成为世界上第一个开始实战部署战区导弹防御 (TMD) 系统的国家。国防科技工业有以下 3 个特点：一是门类齐全的国防产业结构。如今全国从事武器装备研制和生产的公司（厂家）多达 250 多家。这些军工企业涵盖了从军工科研到几乎所有武器装备和军品的生产领域。二是分工明确的国防科研体系。以色列的国防科技工业由政府和军方共同管理。国防部与总参谋部按照分工统一管理三军常规武器的科研与采购，即国防部负责武器装备的科研、生产、采购、出口和基础设施建设；国防军负责提出武器装备需求。三是层次清晰的国防工业基础。以国防工业基础由从事纯国防需求及其他与国防需求有关的四个工业组织集团组成，这四个集团包括 20 个武器生产商及主要子系统和关键零备件生产商。以色列国防科技工业之所以能迅速崛起并具有名列世界前茅的雄厚实力，是因为采取了一系列有效的发展策略。

加强与发达国家的合作。20 世纪 90 年代以来，面对被以色列视为敌对国家的伊朗、叙利亚等国迅速增长的的军事实力，以色列开始重新审定国家防务战略，决定增拨军费 (每年 100 多亿美元)，在充分挖掘本国军工企业潜力的同时，加强与美英等国军工企业的合作，共同研制最先进的武器装备。在与外国武器装备研制公司合作的过程中，美国、西欧军事援助以及无偿技术转让的“准北约成员国”待遇为以色列国防科技工业提供了坚实的技术基础和良好的融资环境，使以色列武器装备的现代化水平大大提高。至 2003 年 6 月已有 70 多家以色列高技术公司在美国上市，其资本的市场总值超过 220 亿美元。由于以色列国防工业同美国及西欧有着千丝万缕的联系，在市场开拓方面处于有利位置，并为其更多地参与国际竞争提供了坚实的基础。

扩大武器装备的出口。以色列自产的作战飞机、导弹、坦克和大炮均已接近或达到世界先进水平，军用航空电子设备、预警机、无人驾驶机在世界航空武器装备市场上独领风骚。近年来，以色列每年军工产值都在 20 亿~30 亿美元，在世界军贸市场上获利年均达 10 亿美元左右。另外，利用武器出口打开孤立的外交局面是以色列外交的一大特色。1962 年印度军队在中印边境的军事冒险遭到失败，印度尼赫鲁政府向以色列求购武器。以色列以两国建交为条件，印以之间的“地下通道”从此打开。1965 年新加坡独立后，以色列通过向其出口武器装备等军事合作而使两国建立外交关系。

加快私有化的进程。以色列政府控制着 80%的国防工业，但以政府认为军品公司中加入政府的成分，势必机构臃肿且缺乏动力，而不能像非国有军品公司一样具有快速、灵活的能力和创新精神。因此以政府计划把所有的国防工业逐步变成私有企业，计划分两步进行：第一步使国防部的军工企业转变为政府军工企业；第二步把政府军工企业转变为私有企业。以色列军事工业通过合并与兼并，发展私有军品公司，已获得显著成效。比如埃尔比特系统公司和 EO-OP 光电公司于 2000 年 7 月 5 日合并组成一个独立的公司。EO-OP 光电公司作为埃尔比特系统公司的一个子公司进行经营，其所有业务都在埃尔比特系统公司的新机构内运营。由于两家公司都各有几十年的专业经验，合并实现了两个领先军品公司的优势互补，提高了公司在世界军品市场的竞争地位。

充分发挥以色列对国外犹太人口的凝聚力以及军人从事军工企业的特有优势。以色列国防科技工业的发展也得益于自己独特的优势，如以色列是唯一一个本民族的国外人口比国内人口多的国家，国外源源不断的资金捐助多次帮以色列国防科技工业渡过难关；以色列军工企业的经营者通常是国防军的退伍军人，他们曾是武器装备的使用者，深知战场上武器装备的需求，这就使得其国防科技工业的发展更具有针对性。

（任　平）

（本栏目责任编辑　王汉杰）

军事建设

建军计划与措施

中国建军计划与措施 2004年，中国人民解放军按照建设信息化军队、打赢信息化战争的目标，深化改革，锐意创新，加强质量建设，积极推进以信息化为核心的中国特色军事变革。

创新军队政治工作 2004年，全军把思想政治建设摆在首位，创新政治工作的内容、方法、手段和机制，充分发挥政治工作的服务保证作用和作战功能。一是重视战时政治工作的研究演练。一年来，全军在全面贯彻《政治工作条例》的同时，广泛开展中国特色军事变革主题教育，深入进行战时政治工作的研究演练，加强各军兵种和执行特殊任务部队的政治工作，强化军队职能教育，培育部队的战斗精神和优良作风。二是坚持依靠法规制度推动政治工作创新发展。7月，经中央军委批准，总政治部、军委纪委印发《违反现役军官职务任免纪律的处理规定》，对违反军官职务任免原则、标准、条件、程序等行为，制定了具体的处理规定，加大了纪律监督的力度，为严肃查处违犯军官职务任免纪律的行为提供了法规依据。12月，中央军委下发《中央军委关于加强军队党组织能力建设的意见》，提出了加强军队党组织建设的指导思想、主要任务和基本内容，明确了各级加强能力建设的思路和对策，对部队普遍关注的问题提出了解决办法。三是重视思想文化建设。2月，总政治部下发《关于深入开展保持共产党员先进性教育活动的意见》。在党员队伍中深入开展保持共产党员先进性教育活动。近两年，总政治部、总后勤部还相继联合印发《中国人民解放军文化装备管理暂行规定》和《军队基层文化建设暂行规定》。2004年，全军继续坚持基层文化器材列入标准经费供应，实行列装管理。5月，召开全军文艺创作座谈会，制定全军文艺创作五年规划。各部队开展丰富多彩的军营文化活动，促进了部队全面建设和战斗力的提高。

优化体制编制 2004年，全军继续裁减员额，同时，着重优化结构、理顺关系、提高质量。一是改善官兵编配比例。通过精简，部分干部岗位改由士官担任或实行聘用制等，减少干部数量，使全军官兵的编配比例得到优化。二是完善领导指挥体制。重点精简军以上机关和直属单位，减少指挥层次，健全作战指挥体系，强化指挥功能；调整机关职能，撤并部门，机关机构和人员均减少15%左右。三是优化军兵种结构。特别是优化部队内部编成和军兵种规模结构，提高各军兵种高新技术部队的比例。精简陆军，减少装备技术落后的一般部队，加强海军、空军和第二炮兵建设。海军扩大近海防御作战空间和防御纵深，加强、完善海战场建设，增强在近海遂行海上战役的综合作战能力和核反击能力；空军适应信息化空中作战要求，逐步实现由国土防空型向攻防兼备型转变；第二炮兵通过加强导弹武器的改进和研发，提高导弹武器和指挥、通信、侦察等配套装备的信息化水平，初步形成核常兼备、射程衔接、威力和效能明显增强的武器装备体系。四是深化联勤保障体制改革。精简后勤机构和人员，将军兵种领导管理的后方医院、疗养院和通用物资仓库划归联勤系统统一整编，逐步实现三军一体化的联勤保障体制，提高综合保障效益。五是调整院校体制编制。健全军地并举培养军事人才的体制和制度，按照规模化、集约化办学的要求，优化院校体系结构，精简部分军地通用或同类数量偏多的院校。

加强联合训练 2004年1月，总参谋部部署全军新年度军事训练工作，要求全军按照一体化联合作战需要，积极推进全军联合训练的普遍开展，建立和依托战区军事训练协作区，开展诸军兵种联合作战实兵演练。一是深化联合战役训练。全军以作战任务为牵引，突出针对性训练、联合作战训练和高级领率机关训练，探索联合战役的作战指导、作战指挥和训练方法，提高了各级指挥员组织指挥联合作战的能力。二是开展联合战术训练。为适应战术层次联合作战的需要，全军通过区域协作的形式，使驻地相邻的诸军兵种部队打破军种界线，加强联系与合作，开展联合战术训练。三是改进联合训练手段。经过多年的发展，基地化训练、模拟化训练、网络化训练取得明显进展。全军各种类型师、旅、团级作战部队的合同战术训练初步实现基地化，初步建成各军兵种战役、战术指挥训练模拟系统和“全军院校作战（联合）实验室训练模拟系统”，建成各军区、军兵种和各级指挥院校局域网互联互通的军事训练网络系统。四是培养联合作战指挥人才。院校加强联合作战教育，初级指挥院校进行联合作战基础知识教学，中级指挥院校进行各军种战役、军种合同作战教学，高级指挥院校进行战略研究和联合战役教学。部队通过开展岗位练兵和区域协作训练，采取集训、相互观摩、学术研讨和联合演习等方式，进行军兵种知识和联合作战知识学习，促进联合作战指挥人才的成长。

落实人才强军计划　2004 年，根据中央军委实施军队人才战略工程的规划，全军进一步致力于建立“五支队伍”：一支懂得信息化战争指挥和信息化军队建设的指挥军官队伍，一支善于对军队建设和作战问题出谋划策的参谋队伍，一支能够组织谋划武器装备创新发展和关键技术攻关的科学家队伍，一支精通高新武器装备性能的技术专家队伍，一支能够熟练掌握手中武器装备的士官队伍。为实现上述目标，一是继续发挥院校培养人才的主渠道作用。4 月，总部决定，将院校过去的教学计划改为人才培养方案，创新人才培养总体设计；坚持育人为本，整体优化人才培养过程；统筹设计理论教学、实践锻炼、养成教育、环境熏陶等各个方面，科学安排理论与实践、教学与科研等各个环节；努力实现人才培养由教学层面向教育层面的提升，体现全方位设计、综合性育人、个性化教育等现代教育理念。二是调整研究生教育的重心。5 月，中央军委批转总参谋部《关于积极适应中国特色军事变革需要，深化军队研究生教育改革的意见》。《意见》明确提出要调整军队研究生教育发展战略的重心，实现由培养学术型人才为主向培养应用型人才为主转变，由注重授权学科数量规模的增长向注重提高研究生教育质量效益转变，由相对封闭单一的培养模式向开放多元的培养模式转变。要拓展人才类型，逐步形成学术型、应用型、复合型多种人才并举，以应用型、复合型人才为主的新格局。三是加强军内外、国内外的交流。目前，已有 90 余所普通高等学校承担为军队培养干部的任务，军地通用人才主要依靠普通高等学校培养的目标正在逐步实现。同时，全军在军事院校开办中青年干部培训班、大军区职和军职领导干部高科技知识培训班、军兵种知识交叉培训班等班次，并选送数百名军队干部入中央和省级党校学习。此外，还有计划地组织作战部队师旅主官出国考察，增加军事指挥军官出国留学数量。四是加强专业技术人才队伍建设。6 月，中央军委下发《关于加强军队专业技术人才队伍建设的意见》，提出：突出人才培养，全面提高以科学家和技术专家为重点的人才队伍整体素质；拓宽引才渠道，充分吸纳和利用社会人才与智力资源；建立、健全和完善专业技术岗位动态管理机制、统一有序的人才调控和进出灵活的人才流动机制、训用一致的继续教育机制、科学合理的人才评价机制、符合专业技术人才特点的激励机制。

加快武器装备现代化　2004 年，全军武器装备建设进一步注重顶层设计，坚持走以信息化为主导、机械化信息化复合发展的道路，努力建设规模适度、结构合理、精干高效、整体优化的现代化武器装备体系。一是优先发展高新技术武器装备。加大科研攻关力度，增强自主创新能力。研发新型信息化作战平台和精确制导弹药，研制新型电子对抗装备，着力增强精确打击能力和信息作战能力。二是加快改造老旧装备。一批老旧装备正在逐步退出现役。有选择、有重点、有步骤地改造部分现役主战装备，通过“嵌入”先进技术，研制新型弹药，整合指挥控制系统，恢复或提高了现役武器装备的战术技术性能。三是不断提高装备综合保障水平。8 月，四总部联合发布《全军通用装备成建制成系统形成作战能力和保障能力建设纲要》。全军装备工作适应主战装备发展，重点加快培养新装备的使用、维修和管理人员，使部队装备的综合保障水平有了新的提高。四是加强装备管理。2 月，中央军委批转了总装备部《关于加强今后一个时期部队装备管理的意见》，明确要求全军：加强武器装备的经常性管理，全面深化、推广装备管理责任制；突出装备保障指挥和装备保障力量建设，不断提高装备保障指挥能力；抓好装备调整补充，改革装备技术保障模式；深化装备经费规范化管理和改革，加大财务监督力度；健全装备管理法规体系。同时，全军严格执行《装备采购条例》，一大批装备通过招标竞标方式实施采购，减少了装备购置费，提高了装备采购效益。

深化后勤改革　人民解放军继续推进后勤改革的深化、拓展、配套，努力提高快速、高效的综合保障能力。一是推进三军一体化保障进程。从 2004 年 7 月 1 日开始，在济南战区进行大联勤改革试点。实行联勤机关三军一体。将军区（战区）联勤部作为战区三军部队联勤工作的领导机关，联勤部机关的军兵种干部比例由原来的12%增至45%。实行保障力量三军一体。将战区内军兵种领导管理的后方仓库、医院、疗养院和物资、工程等后勤保障机构，全部划归联勤系统，进行统一整合、统一建设、统管共用。实行保障内容三军一体。战区内三军部队的后勤保障，不再划分通用保障和专用保障，统一由联勤系统组织实施。实行保障渠道三军一体。二是开展后勤装备科研。近两年来，共完成92项新型后勤装备的试验定型，后勤装备体制项目定型率达到93%，基本形成专业门类齐全的新一代后勤装备体系，部分装备达到国际先进水平。在4月举办的第四届北京国际军事后勤装备技术展览会上，26个国家和地区340多个厂商参加展览，16个国家军事后勤代表团应邀出席展览活动，并参加国际军事后勤装备技术发展战略研讨。三是深化医疗保障制度和社会化保障改革。5月，全军在先期试点和扩大试点的基础上，全面推行以分类保障、合理医疗、统定管理、持卡就医为主要内容的医疗保障制度改革。建立了军人免费医疗、随军家属优惠医疗、军队职工保险医疗相结合的新型医疗保障制度，提高了医疗服务质量和保障水平。同时，全面推行住房分配货币化、供应市场化、管理社会化，加大住房补贴兑现力度，提高军人购房能力。

加强法制建设 人民解放军贯彻依法治军、从严治军方针，加强军事法制建设，提高正规化水平，增强部队战斗力。一是加强依法管理领导干部特别是高中级干部的力度。2月，中央军委发布《关于加强军队高中级干部教育管理的若干规定》，明确了加强军队高中级干部教育管理的主要工作，对教育管理各责任主体的职责作出了区分和规范，建立了个人学习检查考核、专项教育、诫勉谈话、思想政治素质考查、重要工作履职报告、述职述廉等六项新的制度，为加强军队高中级干部教育管理工作提供了重要的法规依据。12月，总政治部、总后勤部联合发布《军队领导干部经济责任审计规定》，对被审计领导干部在经济决策、经济管理、财经法规执行、事业成效以及廉洁自律等方面履行的主要经济职责进行了细化，进一步规范了军队领导干部经济责任审计工作。二是注重把治军的优良传统和中国特色军事变革的要求用法规的形式确定下来，规范军队建设的各个方面。2004年，先后发布了《中国人民解放军合成军队战斗装备保障条令》、《军人抚恤优待条例》、《国防专利条例》、《军队国有资产管理规定》、《军队医疗机构医德医风建设规定》等法规和规章，并重新修订发布了《中国人民解放军档案条例》、《中国人民解放军环境保护条例》等军事法规。三是深入开展法制教育和条令条例学习。全军举办不同层次的条令集训，引导官兵依法履行职责。4月，全军进行了《预防犯罪工作条例》集训，总政治部领导要求进一步提高各级党委机关和领导干部依法开展工作的能力，把全军预防犯罪活动提高到新水平。

加强后备力量建设 人民解放军在加强现役部队建设的同时，根据新军事变革的发展趋势，大力加强国防后备力量建设。一是推进预备役部队的调整改革。4月，国务院、中央军委发布《关于进一步加强预备役部队建设的意见》。《意见》明确了预备役部队建设的指导思想和基本原则，要求积极稳妥地推进预备役部队的调整改革，努力建设一支规模适度、结构合理、构成科学、可靠管用的预备役部队。二是调整民兵组织布局。4月，全国民兵组织建设座谈会召开，强调着眼军事需求调整民兵组织布局。会议纠正了过于减少民兵中步兵分队数量的倾向，纠正了编组预备役部队分队的企业事业单位不再建立民兵组织的倾向；要求各地一定要严格执行有关规定，按照总部规定搞好基干民兵组织布局的论证、规划和调整工作，切实与军事需求相适应，与民兵担负的任务相匹配。三是加强民兵思想政治建设。5月，为完善民兵工作制度，加强民兵的思想政治建设，保证民兵依法履行职能，保证民兵战斗力的提高和各项任务的完成，总政治部颁发《民兵誓词》和《民兵宣誓实施办法》。9月8~10日，全国民兵军事训练会议召开，研究提出了当前和今后一个时期民兵军事训练改革的基本思路。

资料来源：

《解放军报》2004年1~12月。

（方 宁）

美国建军计划与措施 2004年，美军除继续在伊拉克进行清剿反美武装的战斗外，全面总结近年所进行的两场战争的经验教训，完善其军事战略，强化本土安全防护，继续实施并扩大全球兵力部署的调整，推出“联合作战概念”，充实作战理论，深化军队结构调整，开始部署导弹防御系统并研发和改进各种武器装备。

确立“保护、预防、战胜”的军事战略 2004年5月13日，美参联会公布了《国家军事战略》报告，明确了反恐战争时期的美国国家军事战略，主要强调了以下几点：（1）在威胁的判断上，对全球安全环境的判断更趋严峻，强调所谓军事大国的“传统性挑战”仍是其第一位的威胁。（2）明确了美国反恐时期的军事战略为“保护、预防、战胜”，即“保护美国、预防冲突与意外攻击及战胜敌人”，这既是美国军事战略的目标，也是美军的三大使命。（3）在战备指标上，准备打两场大规模战争，认为即使遂行有限数量的较小规模应急行动时，武装部队也必须保持在两场几乎同时进行的大规模冲突中迅速击败敌人的能力。（4）把以能力为基础的建军模式明确为“1-4-2-1”型。报告提出，美军要保护美国本土①，在海外四个地区（欧洲、东北亚、东亚沿海区和中东/西南亚④）威慑敌对行动，在同时发生的两场战争中迅速击败敌人②，并至少在其中一场中取得决定性胜利①。所谓“1-4-2-1”型，就是指按以上指标来确定部队的结构与规模。（5）进一步明确了美军建设发展的未来方向：一是要高度合成；二是要具备远征作战和持续作战能力；三是实现网络化；四是能够在全球快速、分散、同步地实施联合作战；五是能够灵活应对各种作战环境；六是拥有决策优势；七是具备决定性的攻击能力。

军费再创新高，加强国土防护 2004 财年美国防费总额为 4013 亿美元，比 2003 财年增加了 191 亿美元。这是美国历史上财年国防费首次超过 4000 亿美元，为美军转型提供了充足的资源保障。

美国防部 2004 年出台了《美国国土防御与民事支援战略》，明确了国土防御的指导方针；9 月 20 日，“首都地区联合部队司令部”在华盛顿麦克奈尔堡陆军基地成立，隶属于北方司令部，负责指挥首都地区美军的联合反恐作战；10 月 1 日，海上部队保护司令部在诺福克海军基地成立，负责保护海外部署的美军舰船、飞机和基地的安全；美陆军国民警卫队计划建立快速反应民事支援营，分别部署于全国 10 个地区；美陆军考虑建立一支有 6200 人的快速部署部队，协助民事部门的反恐行动；美国防部 2004 年 6 月确定由空军国民警卫队负责美领空警戒任务，并为担任值班任务的场站配齐了作战飞机和人员。

调整全球兵力部署 2004 年 8 月 16 日，美国总统布什宣布了全球军事部署调整的总体计划，这标志着酝酿已久的美国军事部署调整开始进入实质阶段。

基本设想：一是削减西欧驻军，优化部队结构，兵力部署向东欧扩展。（1）压缩部队规模。从 2006 年开始，陆续撤出驻德国的第 1 装甲师和第 1 机步师，总数近 3 万人。此外，还将全部撤出驻冰岛的 1800 名美军。（2）优化部队结构。主要以 1~2 个装备“斯特赖克”轻型战车、机动能力更强的轻型旅替换目前的重型师。（3）部署向东欧扩展。美将关闭和重组驻欧美军基地。在德国除保留拉姆施泰因空军基地外，其余军事设施将关闭。合并英国的两个空军基地，将从西欧削减下来的部分部队转移至东南欧和外高加索地区，在罗马尼亚、保加利亚和波兰寻求建立新的“前沿作战基地”。

二是重组驻西太平洋地区美军，形成日本和关岛两大中心，兵力部署逐步南移。（1）削减驻韩美军，其余驻韩美军全线南撤。根据 7 月美韩达成的协议，将分三个阶段进行调整。第一阶段：2005 年 12 月底前，将现有 3.7 万名驻韩美军裁减 1.25 万名，其中第 2 步兵师的 3600 人已于 8 月调入伊拉克，完成任务后即直接返回本土。第二阶段：2008 年前将美韩联合司令部、第 2 步兵师后撤至汉江以南。第三阶段：2011 年前，把 34 个驻韩美军基地和设施归还韩国。为提高驻韩美军作战能力，美计划在未来 3 年投资 110 亿美元增加部署新型武器。（2）强化驻日美军指挥与控制能力，准备组建东北亚指挥中心。将第 13 航空队和第 5 航空队合并，并在日本横田成立指挥整个西太平洋地区空军的中枢司令部，建议日本航空自卫队总司令部也迁往横田。将驻日美海军厚木基地迁至岩国基地。将驻日美军司令部和美陆军第 1 军司令部迁到日本座间，并成立东北亚美军指挥中心，统一指挥驻日、韩美军，同时撤消驻韩美军司令部、联合国军司令部和第 8 集团军司令部。（3）加强驻关岛兵力，构建地区海空兵力投送中心。目前，美在关岛已部署 64 枚空射巡航导弹、3 艘“洛杉矶”级核动力攻击潜艇、6 架 B-52 型战略轰炸机，兵力达 3600 人。美军还计划增加部署 2 艘核动力攻击潜艇、1 个战斗机联队及空中加油机、无人机和 B-2 轰炸机等武器装备。美海军还计划投资 4000 万美元用于扩建关岛海军基地，使其能容纳航母驻泊。

美军部署调整突显了三个特点：一是在保持核心基地集中部署的基础上，加强分散部署；二是在控制欧亚大陆边缘的同时，加强对欧亚大陆“心脏”的渗透；三是缩减长期驻扎部队的规模，增加轮换部署、临时部署部队，加强部队进出的灵活性。

作战理论在继承中寻求创新 2004 年美军作战理论的发展走继承与创新相结合的道路，呈现出一些新的面貌。一是确立“概念驱动”发展模式，加强联合作战理论的开发。2003 年 11 月到 2004 年 9 月，美军相继发布了《联合作战概念》、《联合作战行动概念》、《联合职能概念》和《联合赋能概念》。这些概念不仅阐述了美军未来作战的可能方式，而且昭示了美军未来理论开发的新模式，即“概念驱动”方式。二是确立“网络中心战”思想，加强联合作战的一体化。2004 年 1 月，美国防部发布了《网络中心战：创造决定性作战优势》和《网络中心战实施纲要》，开始以建设“网络中心战”能力为中心，统揽军事转型的整体框架。这表明美军开始正式把“网络中心战”思想作为推进军事转型的战略途径，建设未来联合作战能力的理论指导。美联合部队司令部于 2004 年 1 月 21 日提交的《联合转型路线图》，对于全球信息栅格有了更明确的要求，以逐步落实“网络中心战”思想。美军指出，决策优势和信息优势的基础是全球信息栅格。《联合转型路线图》提出将通过下列“全球信息栅格计划”提高决策优势：扩大全球信息栅格的带宽；构建转型性通信卫星；实施远距离传输计划；研制联合战术无线电系统；采用第 6 版网际协议；实行横向融合倡议；开发全球信息栅格企业级服务；实施国防部网络中心数据战略；加强互通性；实施信息作战；实行信息保证等。如果计划执行顺利，2005 年全球信息栅格将具备初步作战能力。三是“空间优势”倍受重视。2004 年 8 月 2 日，美空军颁布了 AFDD2-2.1《太空对抗作战》条令。该条令专门就太空对抗作战问题提出指导性理论。它着眼于美军当前和未来将面临的太空对抗作战任务，在总结以往太空作战相关实践经验的基础上，对太空对抗作战的形式及相关概念、太空对抗作战的实施、指挥与控制、以及计划等问题进行了明确的阐述。

开始部署导弹防御系统　2002 年底，布什宣布美国将在 2004 年底前部署 10 枚陆基中段拦截导弹，到 2005 年增加至 20 枚，使导弹防御系统初具实战能力。2004 年基本上按照这一计划进行，但略有延迟。一是加紧在本土部署陆基中段拦截导弹。截止 11 月，在阿拉斯加州的格里利堡已部署 6 枚陆基中段拦截导弹，并计划年底前在加尼福利亚范登堡空军基地部署 2 枚。到 2004 年底美国将部署 8 枚陆基拦截导弹，比原计划少了 2 枚。二是进行了两年来的第一次导弹拦截试验。12 月 15 日进行的导弹拦截试验以失败告终。至此，美共进行了 9 次导弹拦截试验，4 次失败。其中布什政府进行了 6 次，2 次失败。三是筹划在本土以外部署导弹拦截系统。在欧洲地区，美准备未来五年内部署至少 10 枚反导拦截弹。美正与一些欧洲国家秘密谈判，在其境内部署反导系统。5 月，布莱尔已原则同意在英国部署导弹。波兰、波罗的海三国也愿意部署美国反导导弹，英国、丹麦、挪威已原则同意改进境内的预警雷达系统。在中亚和高加索地区，美国以乌兹别克斯坦境内基地为起点，力争在格鲁吉亚、阿塞拜疆等国建军事基地，部署战机，装配激光拦截武器。在亚太地区，美国把日本、韩国作为反导试验场，开始部署“标准”海基反导系统。9 月，“宙斯盾”战舰已在日本海巡逻，监视弹道导弹发射情况，侦察所有弹道导弹发射装置部署情况。到 2006 年春，将完成 15 艘“宙斯盾”驱逐舰、3 艘“提康德罗加”级导弹巡洋舰的部署计划。

积极研发和改进武器装备　美陆军继续改进“阿帕奇”攻击直升机和 M1A1 坦克的电子战设备，提高其精确打击能力；调整 220 亿美元用于发展“未来作战系统”，已计划把“陆地勇士——初始能力”作战系统改进为较高一级的“陆地勇士——斯特赖克协同作战”系统。该系统将能够直接同陆军“21 世纪旅及旅以下部队指挥”（FBCB2）系统和“陆军战术系统”实现互操作，可大大提高单兵和部队的杀伤力、指挥与控制能力和生存能力。

美海军继续淘汰落伍的“斯普鲁恩斯”级驱逐舰，同时加大了“阿利·伯克”级新型驱逐舰的采购力度，并对“俄亥俄”级弹道导弹潜艇和“宙斯盾”导弹驱逐舰进行了升级改装；加紧研发 DD-X 驱逐舰、“标准-6”型防空导弹等武器；开始装备最新“战术战斧”巡航导弹和“弗吉尼亚”级核动力攻击潜艇。

美空军为 B-2 轰炸机加装最新型的炸弹挂架，使其可挂载“联合直接攻击炸药”；对 B-1、B-52 轰炸机的电子设备进行升级，以提高电子战能力；开始装备 F/A-22 型飞机，继续进行 F-35“联合攻击战斗机”的研发工作，正式启动“未来远程打击系统”的研发工作；美空军调整 210 亿美元升级“全球鹰”和“捕食者”无人侦察机性能；发射了 3 颗全球导航卫星，使整个系统在轨工作卫星达到 30 颗。

开发和完善“全球信息栅格”　2004 年，美军投入 1.339 亿美元开发“全球联合指挥与控制系统”，投入 1.26 亿美元开发“可部署联合指挥与控制系统”；美陆军投入 2.77 亿美元开发计算机应急反应、计算机网络攻击、信息作战战场支援等系统；美空军投入 7.6 亿美元开发新型全球定位系统（IIF 和 III 型）、联合战术无线电系统、激光通信终端、16 号数据链等系统；美海军也投入了大量经费开发网络中心战系统。美国防部希望在 2005 年进行约 50 项“横向融合”网络中心战开发项目。

高度重视无人系统　在 2005 财年 4220 亿美元的国防预算中，有近 20 亿美元用于发展无人系统。2004 年 3 月 27 日，美航天局研制的 X-43A 无人机试飞成功，在 3 万米高空以每小时近 8000 公里的速度创造了飞机时速的世界新纪录。这种无人机长约 3.5 米，飞行速度大约相当于音速的 7 倍，大大超过现今世界上的任何飞机，研制此种飞机耗资 2.5 亿美元。另外，美军方与密苏里-罗拉大学正在联合研制一种会“扇翅膀”的新型无人机，其体积比老鹰稍大，翼展 3 米左右，巡航高度在 3~4 万米之间。

资料来源：

①美 2004 财年《国防报告》；

②美国防部、参联会、各军种部相关网站。

（李水生）

国防动员新趋势　《解放军报》2004 年 1 月 14 日赵学东报道，美国作为世界超级大国，历来非常重视动员准备。在信息化战争即将到来的今天，其国防动员也在积极顺应时代发展的新要求，不断进行着新的调整。

动员准备前置化　为了有效地缩短战争动员的过程，迅速实现动员潜力的平战转换，美国针对不同动员活动的不同内容，制定了《国家紧急动员计划》等 20 余类，近 40 种，这些计划明确了政府各部门在武装力量动员、装备物资动员、民防动员、经济动员等领域中应该承担的动员职责，以便在短时间内迅速顺利地实施动员。美国拥有庞大的工业生产基地，平时注重加强武器装备的生产和战略物资储备，其本土总部一级的储存额可供战争初期 3~6 个月的需要。海外战区为 2~3 个月。按照布什的备战要求，联邦政府的战备储油还将向 7 亿桶储量迈进。这些石油储备连同美国民间机构的石油储备量，足以支撑全美国使用 150 天。美国在人力资源使用中强调实行“总体力量政策”，突出预备役部队在战争中的作用。美国后备役部队可以为陆军提供一半的作战力量和 2/3 的支援部队，空军国民警卫队的后备队是世界上占第五位的空军部队，海军陆战队的后备役部队占海军总兵力的 1/4。

动员体制社会化　美国在国会立法的基础上，建立了以总统为决策核心，以政府部门为执行主体的国防动员体制，动员职责和职能直接分配给各个部门。国会中许多专设委员会都承担某些动员职责，如参议院预算、拨款和财政委员会保障动员所需的财力。联邦政府各部门和政府大多数直属局委几乎都承担某种动员职能，此外，国家安全委员会还设有“紧急准备和动员计划政策协调委员会”，就国家动员政策的制定和国家紧急动员计划的执行和动员过程中出现的问题协调各部之间的行动。军队中也有不少的动员机构。到目前为止，美国国会、政府和军队参与动员工作的主要部门多达 80 多个，其中国会占 1/3，军政系统占 2/3。这反映了国防动员日益社会化，成为社会各部门共同参与的一项全局性工作。拓展动员的领域，积极实施政治、外交、媒体等各个领域的综合性动员，已经成为近几场局部战争中美国巩固扩大国防统一战线，争取国内外的同情和支援，为赢得战争胜利创造有利条件的战略抉择。另外，美国重视新闻媒体在国内外社会环境的影响，将媒体动员列入战争动员的行列，其目的在于谋求政治上的优势，积极为战争制胜营造有利的舆论氛围。

动员内容信息化　在近期几场战争中，美军把信息动员作为动员的重要方面。伊拉克战争前夕，为了把更多的信息人才吸纳到部队中来，在赌城拉斯维加斯举行了由 5000 多名电脑专业人员参加的“电脑黑客”大会，这也是近年来美国组织的规模最大的一次信息人才招募大会。并在伊拉克编织了一张由 50 多颗侦察通信卫星及各型飞机、战车上的信息设备一起组成的信息大网，为美军的作战行动提供了全面的信息保障。

动员方式多样化　随着新军事变革的发展，战争形态的演变，传统的成建制动员和单兵动员方式已难以满足现代高技术战争的需要。从上个世纪 90 年代开始，美国着手于探索系统性、整体性的一体化多军种力量的联合动员。伊拉克战争中，美英联军吸收借鉴以往局部战争的经验教训，以新的联合作战思想为指导，动员了所有军种的精锐力量遂行陆、海、空、天、电一体化的联合作战。同时，这次战争中，美国还实施了缺什么补什么，缺多少补多少，何时缺何时补的“精确动员”。

（耿文正）

俄罗斯建军方针与措施　普京 2004 年 3 月再次就任俄联邦总统以来，在军事建设上采取了比较务实的态度。在武装力量的发展战略上，坚持均衡、适度和内涵式发展方针，着力提高质量指标。为武装力量 2006 年进入正常发展打下组织基础。对武装力量进行了深刻的改革。主要建军方针与措施：

合理确定军队规模　在军队的规模上，俄修正了前些年提出的将武装力量减为 85 万人左右的过激决定，强调武装力量规模适当，既与国家经济能力相适应，又能胜任保障国家军事安全的任务。修正后的武装力量的编制员额有 110 万左右。由于铁道兵和特种建设部队 2004 年重新纳入武装力量即国防部所属军队编成，武装力量的军人员额又增加至 120.7 万人，另有文职人员约 87 万人。但武装力量各军兵种的裁减计划不变，裁减总数约 9 万人。其中，中高层指挥机构裁减幅度最大，达 10%。

改革指挥体制，强化政治家治军　2004 年俄军事改革力度最大的是军队领导指挥体制，其实质是确立文官即政治家治军的思想，明确国防部和总参谋部的地位和作用，突出国防部及国防部长的地位，弱化总参谋部的权力和作用，使其真正成为国防部的下属机关之一。2004 年 5 月，俄总统普京在国情咨文中明确提出了文官治军的思想，即政治家领导国防部，通过军事专家即职业军人来管理军队，军人领导总参谋部，根据政治家的指示来指挥军队，以此确立政治家在军队中的绝对权威。2004 年新颁布的《国防法》和《国防部条例》都规定了国防部长对武装力量的领导权和指挥权，即以法律形式固化了政治家治军。两个法律法规文件均不再专门提及总参谋部。这些规定实际上弱化了总参谋部的地位和作用，使之真正成为国防部下属的主管作战指挥的中央军事指挥机关之一。对于总参谋部的职能调整，俄国防部长伊万诺夫指出，总参谋部应集中精力使军队做好战斗行动准备，制定好军队使用计划，以及在战时对军队实施作战指挥。这次改革将对俄武装力量的建设和发展产生深远影响。

调整领导机关设置 精简调整机关并理顺其关系，是 2004 年俄军队领导体制改革重要内容之一。主要包括国防部内部的调整和在国家总体机构改革背景下整个国防与国家安全领导机构的调整。国防部内部的调整，主要是将总参谋部所属的一些与作战指挥无关或关系不大的机关从总参谋部分离出来，划归国防部直接领导，或并入其他机关。同时，某些在前期改革中临时挂靠在某军种的机关，在这次调整中也划归国防部。

调整精简后，国防部编制人数由 11000 人减至 10350 人，中央机关的人数降至国防部系统总编制的 0.5%，国防部副部长由 9 人减为 4 人，仅保留 2 名第一副部长和 2 名副部长。

国防部改革是国家行政改革的重要组成部分。在国家机构改革中，联邦军事技术合作总局、联邦国防订货总局、联邦技术与出口检查总局、联邦特种建设署共 4 个军工领域的联邦权力机关归并到国防部。这些机关并入国防部后，作为“联邦执行权力机关”的职能未变，但其活动接受国防部的协调和监督。其工作条例、行政拨款、部门设置和编制人数等事项的草案仍由其领导人负责制定，但要由国防部长提交俄总统或政府批准。联邦铁道兵总局划归武装力量后勤。此外，俄联邦原子能署在国防工业问题上，也划归国防部领导。

在改革国防部的同时，俄对拥有军队或担负国防及国家安全任务的其他强力部门也进行了大力度的归并整合。强力部门先由 2003 年以前的 11 个合并为 8 个，2004 年又从 8 个减少到 6 个。各强力部门内部也进行了相应调整精简。联邦安全总局所属边防军的后勤机关被撤销，安全部门及所属部队的后勤保障，全部纳入各强力部门统一的后勤保障体系。

完善部队编制结构 在武装力量体制编制上，陆军根据现实条件和任务需要目前实行集团军—师制和军—旅制混合的体制编制。完善战斗编成主要有两个方面，一是实行灵活的模块化编组，重、中、轻部（分）队混编，使之能遂行多种任务，并可根据任务需要在战前迅速进行重组；二是使战术兵团的类型更加多样化，如在前些年组建空降强击旅、特种作战旅的基础上，2004 年又开始组建特种维和旅和山地步兵旅。营级作战分队主要是具备更强的独立作战能力和火力打击能力，成为一个“多功能战斗系统”。

其他军兵种的编制，主要是根据其大量裁减情况及作战需要，压缩和优化其编成，减少建制环节，保留骨干力量。海军准备取消区舰队建制（里海独立区舰队除外）。各军兵种减下来的武器装备或封存，或销毁，裁减的部队驻地改为武器装备储存基地。空军的防空部队和太空兵的导弹太空防御部队实行行政建制和作战编成相分离的原则，在行政上，有关部队仍归本军种或兵种领导；在作战上，则组成空天一体的防御体系，由在空军原莫斯科空防军区基础上组建的特种司令部统一指挥。这样，就可以消除莫斯科地区防空和防天之间的缝隙。空军驻各军区的前线航空兵部队，在作战上由军区统一指挥，以利于空地联合作战。陆军的航空兵（直升机）部队在行政上划归空军，以利于平时的管理和建设，以及战时的统一调度。

改善武器装备 在装备建设上，根据国家目前的经济能力，俄主张继续贯彻多研制、少生产的方针，在 21 世纪头 10 年内，主要是改造和修缮现有武器装备，少量装备一些过渡性武器装备，如仍以苏-27 和米格-29/31 系列飞机为平台，需经过彻底改造的战斗机、T-90 坦克等。在国家经济完全恢复之后，再大规模换装最新式武器装备。俄陆军分阶段装备新式坦克、“伊斯坎德尔-M”战役战术导弹和其他高精度武器，以及自动化指挥系统，侦察、导航和电子战系统，武器制导和识别系统等。空军前线航空兵主要是分批装备经过彻底改装的苏-27CM 战斗机和机载武器系统，远程航空兵主要是改造现有战略轰炸机，装备 X-55 改进型高精度常规巡航导弹。海军“先小后大”的发展方针不变，在发展新型战略导弹潜艇和常规潜艇的同时，按小型护卫舰和导弹艇、多用途护卫舰、多用途驱逐舰和通用舰的顺序发展水面舰艇。待将来条件具备时，建造新型的航空母舰。战略核力量的装备建设，以发展进攻性武器为主，一是加紧研制新型战略导弹核潜艇及其武器系统，二是以白杨-M 井基和机动导弹逐步替换旧的导弹系统。

完善兵役制度 兵役制度改革方面，继第 76 空降师实现合同制后，驻扎在车臣境内的俄陆军第 42 摩托化步兵师 2004 年底也完成向合同兵役制的转变。根据计划，主要由义务兵组成的边防军部队将转隶给国防部。俄计划，2004~2007 年，将有 80 个兵团的部队转为合同制，其中国防部系统 72 个，边防军 3 个，内卫军 5 个。目前，武装力量的合同制军人占军人总数的 55%。至 2008 年，这一比例将上升至 70%。

与合同兵役制相配套，俄提出 2008 年后武装力量义务兵的服役期限将缩减至 1 年。此外，俄还颁布了《选择性民役法》。根据该法，因宗教信仰及其他原因而不宜在军队中服役的适龄青年，可选择在地方机关和其他部门服民役以代替服兵役，另外一些人则可以合法地免除兵役义务或者缓服兵役。新的《兵役法》修正案规定，只有在校中学生可以缓服兵役。在校大学生、知名文艺工作者以及父母退休、子女尚小、子女或妻子有残疾而享受缓服兵役待遇的人员，今后都必须按时服兵役。

资料来源：

①俄《军事思想》2004 年；

②俄《俄罗斯军事评论》2004 年；

③俄《红星报》、《独立军事评论报》、国防部网站，2004 年。

（来　斌）

日本自卫队防务计划 2004 年度日本自卫队防务计划的基本指针是：在新的安全环境下，立足于防务基础日趋充实的现状，面向未来，发展防卫力量；提高防卫力量的质量。2004 年的发展重点有：(1) 推进弹道导弹防御的各项相关政策；(2) 充实和加强对付游击队、特种部队、可疑船只、核生化武器、电脑攻击等新型威胁和多种事态的能力；(3) 根据“联合运用研讨”成果报告，推进各项必要的措施，争取在 2005 年度向新的联合运用体制顺利转变；(4) 为营造稳定的安全环境，除参加联合国维和行动外，积极推进多国间的联合训练、安全对话和防卫交流；(5) 根据军事科学技术的发展动向，重点推进先进技术的研究和开发；(6) 充实和加强情报机能；(7) 进一步加强人事教育和训练措施；(8) 继续改善美军基地周边环境，确保驻日美军所需经费。

加快构建弹道导弹防御系统 日本自卫队 2004 年重点推进建设弹道导弹防御系统各项相关措施的落实，通过新建改进型“宙斯盾”导弹驱逐舰、改进“爱国者”防空导弹发射系统、利用“巴其”防空指挥自动化系统等现有装备，构建日本的导弹防御系统 (BMD)。

发展弹道导弹防御系统 2004 年日本计划建立的反导系统包括“爱国者”陆基低层导弹拦截系统和“宙斯盾”舰载海基高层导弹拦截系统。自卫队专门列出 1341 亿日元的预算，重点进行“宙斯盾”导弹驱逐舰的改造和采购“标准-3”型拦截导弹，升级“爱国者”导弹发射系统及采购“爱国者-3”型拦截导弹，以及为航空自卫队的“巴其”系统增加相应的反导功能。

继续进行日美联合弹道导弹防御技术研究 2004 年日本斥资 82 亿日元，用于推进 1999 年开始的日美联合导弹防御技术研究。联合研究的重点是未来海基高层导弹拦截系统，日本主要承担保护拦截导弹弹头部分红外探测器的头锥体、识别跟踪目标的红外探测器等 4 个部件的研究。

着手弹道导弹防御系统相关体制建设 防卫厅在推进弹道导弹防御系统建设的过程中，还着手加强相应的体制建设，在防卫局防卫政策课中新设弹道导弹防卫室（暂称），负责就弹道导弹防御政策上的有关问题采取适当的措施。

提高应付多种事态的力度 2004 年日本强化自卫队对付“多种事态”的态势。包括防止及应付大规模杀伤性武器扩散、恐怖袭击、游击队、特种部队、不明国籍船只的入侵及各种灾害等事态。

对付游击队和特种部队的攻击 2004 年日本专门划出 280 亿日元的预算，用来提高对付游击队和特种部队的攻击能力。具体措施有：增强海岸部队的移动监视雷达，实施海岸监视训练以及离岛部队对突发事件的处理训练等；完善各种车辆、直升机、无线电器材和先期反应部队专用的情报搜集、传递器材等；加强对游击队、特种部队的早期搜索能力；配备单兵使用的夜视器材（约 3700 个），加强夜间搜索能力；加强对重要设施的防护；实施对发动攻击的游击队、特种部队的捕获和截击的相关训练，向各部队普及赴美进行巷战训练的成果；完善城市型训练设施、室内战斗用器材和步兵部队战斗射击训练模拟装备等各种训练设施；为加强与警察部门的合作，与担负治安出动任务的警察进行联合训练。

对付可疑船只 2004 年日本进一步加大了应付可疑船只事态的力度。具体措施有：(1) 加强飞机的情报传输能力，包括配备 P-3C 巡逻机用卫星通信装置

（该装置配备后使 P-3C 巡逻机能对日本周边海域拍摄的图像进行实时传输）和 SH-60J 直升机用图像传送装置；维持飞机经常性的警戒监视态势，以期早期发现可疑船只并进行分析、处理。(2) 提高小型舰船的攻击能力，包括为“密集阵近防武器系统”添加对水面目标射击的功能；加强飞机自身的防御能力，包括配备 P-3C 巡逻机、SH-60J/K 直升机用的机身防御装置和 SH-60J/K 驾驶舱的防弹板，提升迫使可疑船只停船的相应能力。(3) 维持和加强特别警备队的应急态势，包括完善相应的装备等，加强临检人员的能力，包括对各部队进行临检要领的训练、指导和讲解，以提高迫使可疑船只停船后的处置能力。(4) 加强与海上保安厅的合作，与海上保安厅进行联合训练。以上措施所需经费预算为 100 亿日元。

对付核生化武器的攻击　2004 年日本继续重视提高对付核生化武器攻击所必需的能力，提出预算 72 亿日元，用于采购相应装备、设施及进行相应训练。特别是在对付生物武器方面，根据防卫厅“应付生物武器的基本意见”，采取的措施是：配备生物侦察车（暂称）、生物剂警报器（暂称），研究生物剂检测与鉴定技术和采购化学剂监视装置（实验用器材），用于检测与鉴定；配备化学防护车、单兵用防护装备（约 10200 套）和部队用防护装置等，提高防护能力；更新疫苗；在诊断与治疗方面，向美陆军派遣卫生联络官，提高预防能力；完善除染车、除染设备等，提高除染能力；派人前往国外进行相关训练，加强人才培养与储备。

对付各种灾害　2004 年日本列出 788 亿日元的预算，用于对付其他方面的灾害，充实应付各种灾害的能力。配备直升机图像传送装置和野外无线电器材等，加强情报搜集与传输能力；配备救援直升机并加强对救护系统维护，提高营救与救护能力；配备运输直升机，加强对人员与物资的运输能力；配备净水装置和野外炊具，完善生活援助与清除污染的能力；配备防化车、除染车，充实应付特殊灾害的能力；加强机动医疗机能、配备地志、实施有关灾害应付的训练，提高机动抢险救灾的能力。

加紧构建联合运用态势　根据防卫厅 2002 年 12 月提出的“联合运用研讨”成果报告，为 2005 年度自卫队的基本运用方式向联合运用顺利转变，日本 2004 年提出 32 亿日元的预算，加紧综合、有计划地推进各项必要的措施。

进行向联合运用态势转变的研讨　为了充实和加强有关联合运用的调查研究体制，增加联合参谋学校的研究员；进行联合无线电器材的研究；为验证向联合运用态势的转变进行指挥所演习；举行有关适应新的联合运用态势的防卫、警备计划的集体研讨和对部队的讲解宣传；完善联合运用分析程序。并举行提高联合运用实践能力的联合演习和训练等。

加强教育、训练和演习　2004 年日本自卫队适应新形势下自卫队任务多样化、国际化及装备高技术化的变化特点，注重加强人才教育，提高自卫队员心理素质，改善生活、工作环境，保持部队严明的纪律和高昂的士气，加强部队训练和各类演习，以确保高素质的人才和能够迅速、合理地应付多种事态的精锐部队。

陆上自卫队　2004 年陆上自卫队拟进行陆上自卫队演习、北方机动特别演习，"霍克"防空导弹部队年度射击训练，岸舰导弹年度射击训练，赴美射击训练（中部军区基干部队的坦克、反坦克直升机、反坦克导弹、多管火箭炮等部队），赴美实兵训练，中型、重型火炮远距离射击训练（除北部军区外的 6 个炮兵营），火箭炮年度射击训练等。

海上自卫队　2004 年海上自卫队计划实施海上自卫队演习（兵棋），自卫舰队综合训练（实兵），赴美训练，在中、南美洲方向进行远洋航行实习训练，在东亚方向进行干部候补生外海航行实习训练（5 艘驱护舰），护卫队群训练和 P-3C 反潜巡逻机群训练等，另外，参加西太平洋扫雷训练和西太平洋潜艇救援训练。

航空自卫队　2004 年航空自卫队计划实施航空自卫队综合演习，空中加油训练（4 架 F-15 战斗机），“爱国者”防空导弹部队年度射击训练（12 个高炮队、6 个指挥所运用队、2 套射击器材、1 个基地防空射击队），海外航运训练（U-4 多用途运输机 1 架），参加美国空军“对抗雷”演习（F-15 战斗机、E-767 侦察机、C-130H 运输机共 10 架、6 套便携式“萨姆”防空导弹训练用器材）。

调整体制编制　2004 年日本自卫队顺应装备的快速更新及现代化发展的要求，继续进行必要的体制编制调整，确保人员落实。

防卫厅　为推进弹道导弹防御系统的体制建设，在防卫局防卫政策科新编弹道导弹防卫室（暂称）；为加强紧急事态应付体制，在运用局运用计划科新编紧急事态应付计划室。

陆上自卫队　陆上自卫队继续向新体制过渡，改编第 8 师（司令部：北熊本），由 9600 人缩编至 8800 人，建立防卫、警备体制，提高机动能力，加强火力。采购轻型装甲机动车、轻型反坦克导弹、近程防空导弹，坦克营由3个连扩编为4个连，加强坦克战能力。集中加强预备役步兵团的力量，为第24步兵团（惠比野）充实应急预备役1300人，改善师的补给体制，改编第8后勤支援团。顺应现代战争的发展趋势，为强化迅速、准确地搜集和处理庞杂的情报机能，发展西部军区的情报处理体制，新编驻健军、编制约30人的西部军区情报处理队（暂称）；为加强负责保护岛屿众多的防卫警戒地区的西部军区的情报搜集机能，建立远程通信情报搜集体制，新编驻健军、编制约70人的西部军区通信情报队（暂称）；为加强防护电脑战对陆上自卫队各类系统的攻击的机能，建立能够统一分析、应付、定位电脑攻击的体制，新编驻市谷、编制约60人的系统防护队（暂称）。

海上自卫队　为发展海上自卫队在吴、江田地区的医疗卫生体制，撤销江田医院，新建吴医院（暂称）；为发展搭载于“大隅”级运输舰上的6艘气垫艇（LCAC），在第1运输队（驻地：吴）之下新编气垫艇队。

航空自卫队　航空自卫队新编约80人的小牧管制队（暂称），负责军民两用的名古屋机场迁移（2005年2月）后的机场管制业务；新设航空支援集团副司令。

加速武器装备现代化建设　2004年日本自卫队遵照合理、高效、精干的指导方针，为切实加强部队的防空能力、周边海域防护能力、确保海上交通安全能力、抗登陆与反空降能力及抗击各种形式攻击的能力，计划斥资7937亿日元，进行必要的装备更新与现代化建设。

陆上自卫队　陆上自卫队为有效遂行反游击队、特种部队入侵和核生化攻击，以及抢险救灾等任务。2004年计划采购3254支89式步枪、252挺5.56毫米“米尼米”型机枪、141挺12.7毫米重机枪、19部87式反坦克导弹发射装置、26门L-16式81毫米迫击炮、6门RT型120毫米迫击炮、9辆99式155毫米自行榴弹炮、3套多管火箭炮、17辆90式坦克、1辆89式装甲战斗车、183辆轻型装甲机动车、20辆96式轮式装甲车、1辆87式侦察警戒车、1辆87式炮侧弹药车、1辆99式弹药供应车、1辆90式坦克回收车、1辆91式坦克桥、19辆78式雪地车、2辆防化车、72支狙击步枪等甲类装备；2架AH-64D型攻击直升机、2架OH-1型观察直升机、1架UH-60JA型多用途直升机、4架UH-1J型多用途直升机、1架CH-47JA型运输直升机、1架LR-2型联络侦察机，共11架飞机；8套93式近程防空导弹、32套91式便携式防空导弹、1套96式多用途导弹系统、240套01式轻型反坦克导弹和03式中程防空导弹0.25个群以上。此外，还将投入772亿日元用于采购车辆、通信器材、设施器材等乙类装备。

海上自卫队　2004年海上自卫队计划建造13500吨级直升机导弹驱逐舰、2900吨级潜艇、570吨级扫雷艇、980吨级多用途支援舰、260和50吨级拖曳船、12吨级交通船各1艘，共计7艘，18272吨。另外，在2艘“村雨”级驱逐舰上换装短程SAM系统。计划采购9架SH-60K型反潜直升机、1架新型扫雷/运输直升机，共计10架。另外，改进1架EP-3型电子战数据搜集机，将1架P-3C型机改装成影像情报搜集机。

航空自卫队　航空自卫队为适应航空军事技术进步和空中威胁形态的变化，确保防空能力。

2004年计划采购5架F-2战斗支援机、1架CH-47J型运输直升机、1架波音767型空中加油/运输机、1架U-125A型搜救机、3架UH-60J救护直升机、11架T-7型初级教练机，共计22架。另外，对4架F-15歼击机进行现代化改装，改进1架E-2C型预警机，在2架C-130型运输机上安装防护装置。另外，计划采购总额122亿日元的“爱国者”防空导弹消耗用弹，采购8辆轻型装甲机动车和12亿日元的炸弹用精确制导装置。

加速发展军事科技　2004年日本自卫队根据军事科学技术的发展动向，注重联合运用和防卫力量的信息化、网络化等现实需求，推进先进技术的研究和开发。2004年计划用于武器装备等研发的经费为1821亿日元，比上一年度提高341亿日元，增幅达23%。

积极实施研究开发　开发P-3C型固定翼反潜巡逻机、C-1型运输机的后续机型；开发无人机研究系统；开发下一代机载电波侦测装置；开发防空作战指挥控制系统；开发中程多用途导弹；研究综合无线电设备；研究生物剂检测与鉴定技术。

日美共同研究弹道导弹防御技术　对日本防空系统现状进行综合调研，继续推进日美联合进行的未来海基高层弹道导弹防御系统的研究。

强化技术研究开发体制　改组技术研究本部，新设技术开发官（暂称），统一负责先进技术的开发管理。

加强情报、信息安全体制　日本自卫队2004年计划重点加强情报机能，充实和加强情报本部等的情报搜集、分析体制及情报安全体制，进一步充实各种情报搜集器材和装置。

强化情报搜集、分析体制　完善情报本部开展空间情报业务的能力；为提高卫星图像的解析技术，在情报本部影像/地理部内新设负责研究的部门；增强情报本部的人力（紧急/动态部、影像/地理部、电波部等）；充实情报搜集器材和装置。

建立高水平信息通信网络 2004年日本更加注重自卫队的信息化建设，计划投资1555亿日元，大力推进防卫信息通信技术和基础设施建设，加强信息通信机能，确保信息安全，进一步完善联通整个防卫厅和自卫队的高水平网络环境等。包括：(1) 建设高水平的网络环境，进一步推进防卫信息通信网络系统的建设（着手构建内部封闭系统等），加强计算机通用操作系统的建设。(2) 加强信息通信机能，充实中央指挥系统，发展师一级的指挥和通信系统等，为海上作战部队配备指挥控制支援系统器材，实现自动警戒管制系统（"巴其"系统）的空中警戒管制机能的现代化（完善自动警戒管制系统）。(3) 确保信息安全，完善陆上自卫队计算机防护系统，新编陆上自卫队系统防护队（暂称），增强中央指挥所管理运营室系统安全组的人力，为中央指挥系统配备系统监视分析装置，研究对付电脑攻击的办法。(4) 加强适应信息通信发展教育。

强化信息安全体制 充实海上自卫队和航空自卫队的情报安全队的人力。

营造稳定的国际安全环境 日本自卫队2004年将继续通过安全对话和军事交流，保持以往与有关国家之间建立的信任关系，进一步扩大双边交流。此外，为确保亚太地区的和平与稳定，进一步获得国际社会的信任，主动提供军队之间和多国之间交流的场所，面向国际社会，积极参加包括联合国在内的国际机构等举行的各种国际会议，并积极推进国际和平合作业务等。

推进安全对话和军事交流 在政策交流方面，与有关国家进行军事首脑级别的协商和意见交换；进行参联会等各自卫队防卫事务级协商和意见交换；日美共同举办亚太各国参谋总长会议。在部队交流方面，参加西太平洋潜艇救援训练，扫雷训练。在多边对话方面，举办亚太地区防务负责人论坛及其分会，举办亚太各国安全保障研讨会。

对军控与裁军领域的合作 参加联合国裁军会议；参加《禁止、限制使用特定常规武器条约》、《禁止人员杀伤地雷条约》，（"渥太华条约"）的相关会议。

积极推进国际和平合作业务 实施关于国际和平合作业务等的教育训练；向联合国东帝汶援助团派遣部队等。

资料来源：

①日本《朝云》报2003年9月4日；
②日本《防卫白皮书》2004年度。

（刘世刚）

韩国建军计划与措施 由于现代战争样式与作战环境的变化，战斗力构成由兵力密集型向信息集约型转变，加之2004年驻韩美军调整计划步入实施，韩国防部认为必须加快推进以实现"国防自主化"为目标的国防体制与军队结构改革，为早日将韩军建成一支能够适应未来战争需要的信息化军队创造条件。

加大"自主国防"建设力度 提出并实施"合作型自主国防推进计划" 为实现韩国国家安全战略、保障朝鲜半岛的"和平与繁荣"，并针对驻韩美军裁减及未来安全环境的变化，韩国防部首次提出了建立"合作型自主国防"的设想，并制定具体的推进计划。该计划由发展面向未来的韩美军事同盟、尽快提升韩军的战争遏制能力、军队结构调整及国防改革等部分构成，2004年11月经韩国总统卢武铉批准后颁布实施。主要内容是：一，通过驻韩美军重新部署，向韩军移交十大军事任务及驻韩美军裁减等措施，推进驻韩美军调整计划，扩大韩军的作用。二，通过提高与未来战争样式相适应的监视侦察、实时指挥控制、通信保障及目标打击能力，构筑侦察、决策、打击一体化系统，尽快提高韩军的战争遏制能力。三，对各部队的旧式落后装备进行性能改造或升级换代，加强武器装备的研发和国防工业基础建设。四，推动军队结构和国防改革，建立与完善国防部文职人员管理体制，改善采购制度，从2005年起设立国防采购厅。

制定中长期军工研发计划 为实现国防自主化总目标，韩国防部2004年6月颁发了《国防项目研究开发计划》，计划经过15年的自行研究与开发在2020年前建成尖端武器系统，以彻底改变在该领域严重依赖驻韩美军的现状。韩军将在2010年前研究开发国防所需核心技术，初步完成尖端武器系统的建设；2020年前具备独立开发"尖端、精密、高速"的下一代高科技武器系统的能力。同时，计划通过开发271项核心技术，以确保韩军全面具备监视侦察、指挥控制、信息电子战、精确打击能力。目前该领域95%的技术依赖于驻韩美军。

改善战斗力结构 以士兵为主要对象实施裁军 为优化军队结构，韩国国防部宣布将目前69.1万人的军队员额削减至65万余人。在2008年前以士兵为主裁减军队员额4万人。2004年韩军已对600多个单位进行整编，并以陆军为主裁减了9000余人。2005年计划再裁减5000余人，2008年前完成全部裁军任务。其主要原因是，韩国防部认为，韩军的官兵比例与其他国家相比偏低，若要使军队结构向技术密集型转变，需扩大干部数量，建立以军官与技术骨干为中心的新型军队。因此决定用副士官代替操作高科技装备的士兵和常备师的士兵分队长，截至 2007 年将增加 2 万多名副士官，年均增加 5000 余名。据此推算，在 4 万名裁军计划完成的 2008 年，韩军实际减少士兵人数达 6 万余人，副士官以上干部和士兵的比例将从目前的 22:78 变为 28:72。

推进各军兵种的均衡协调发展 由于武器体系划时代性的发展，未来战争中陆海空军的战场空间相互重叠，传统上相对独立的各军兵种作战领域间的界限渐趋模糊，合同作战由此成为决定战争胜负的重要因素之一。鉴此，韩军决定：一是推进各军兵种功能的均衡与协调发展，以便在未来战争中统一运筹各种战力，使其发挥最佳功效。二是通过部队结构改革对现行的多层次、分阶段的指挥体制进行简化，以确保部队作战时的快速反应能力，并在局部挑衅与纷争中能够迅速采取有效的应变措施。三是通过信息化与科学化改造，将过去 50 年间形成的以数量为主的军队转化成以质量为主的技术集约型军队。

实施战力增强计划 为早日建成“自卫型防御力量”，韩军提出了战力增强计划，其主要内容：一是确保足以有效应对来自朝鲜现实威胁的军事力量，通过提高监视、情报搜集与精确打击能力，化解朝军数量上的优势，特别是要提高韩军针对大规模杀伤性武器等非对称战力的应对能力。二是为应对未来不特定的安全威胁，确保抵御敌国入侵所需最低水准的“防卫充分性战力”，要对战斗力结构进行改善，使之成为能够适应未来战争需要的信息化与科学化军队。三是加强研究开发和军工产业基础，最大限度地减少各种武器体系对国外进口的依赖，将国内自主开发项目置于首位，积极推进进口零件的国产化和出口创汇。为实现上述计划，韩军的战力增强重点如下：

1、建立 C^4I 和电子战力量，确保对朝鲜半岛全境进行监视和情报搜集的能力。为此，拟推进侦察卫星、无人侦察机、指挥所自动化系统、战术 C^4I 系统等项目的研究与开发。

2、将机动与打击战力由数量型转为质量型。为提高机动性强的攻势作战遂行能力和战略目标打击能力，将重点确保大口径多联装火箭炮、K1A1 坦克、K-9 自行火炮等武器的配备。

3、海上战力建设方面，为保护海上航道和扩大海洋控制能力，将韩国型驱逐舰、大型运输舰、214 级潜艇等武器装备作为重点项目研发。

4、空中与防空战力建设方面，为维持防御圈内的制空权并确保对战略目标进行精确打击、远距离早期预警和战略监视能力，拟促进 F-15K 战机的引进项目，推进空中早期预警控制系统和短程对空制导武器等项目。

推进军队的信息化建设 *确立国防信息化建设目标与步骤* 韩军认为，随着信息技术的发展，战争遂行方式由火力、机动为中心演变为以情报与知识为中心，战争空间由陆海空发展为包括宇宙和网络空间在内的五维空间。因此，亟需建立以网络为依托的协调统一的情报体系，将韩军建成一支“以情报、知识为中心的信息化军队”。为以情报通信为基础构筑战场管理情报系统与资源管理情报系统兼容并包的国防情报体系，韩国确定了国防信息化建设 “两步走”方针：第一步是在 2005 年前建成基础与核心情报体系；第二步是 2010 年前建成功能齐全、统一完整的情报体系。

实施国防情报体系建设计划 1、战场管理情报系统建设。(1)C^4I综合系统。该系统以指挥自动化系统为主，由军事情报、作战计划与实施、战术资料分配系统组成，其目的是使战场透明化以利于迅速决策。按计划，C^4I 综合系统与国家战争管理系统、联合司 C^4I 系统、各军战术 C^4I 系统互连，并通过战时或平时统一的终端实施指挥控制，形成系统完整的智能化情报体系。（2）地面战术 C^4I 系统。初拟 2006 年前建成，主要用于军级以下战术单位战斗遂行程序的自动化，构筑先于敌方发现、决策并实施先行打击的体制。（3）海军战术 C^4I 系统。以韩国海军战术数据系统（KNTDS）与海军作战司令部指挥所自动化系统为基础对所有战场资源进行整合，准确迅速提供师级战术单位作战所需情报，并实现情报共享。（4）空军战术 C^4I 系统。主要是将目前正在推进的军事情报系统（提供目标情报、电子情报、气象情报）与以空军中央防空控制所为主的作战运营控制系统合并为以空军作战司令部为核心的作战情报管理系统。

2、资源管理情报系统建设。（1）预算管理系统。最先建成的是经常运营费预算编制与管理子系统，投资费用子系统建于 2003 年，国防财政情报分系统建于 2004 年。（2）弹药与物资情报系统。已建成并正在运营之中，国际运输业务于 2003 年建成，装备情报系统和运输情报系统拟于 2007 年前进行开发。（3）数据共享系统。2003 年底已将国防事务自动化系统改造为网页浏览方式，并拟通过建立统一的系统在全军实施电子政务，以最大限度地实现情报数据的共享。

3、情报通信基础系统建设。（1）情报通信网。拟通过与国家高速通信网互连实现增速与扩容，对战略战术通信网的性能进行改良，实现计算机系统的智能化、机动化、多功能化，使各单位的微机室形成统一的国防情报管理所。（2）信息防护系统。为保护国家信息基础不受计算机攻击，通过预先采取防范措施加强易受攻击的薄弱环节，继续研制国防密码装备，在相互联系的分系统间建立多层信息防护网。

建立实战型教育训练支援体制　1、网络教育与培训。教育与训练部门计划建立不受时空限制的教育体制，利用尖端信息技术实施可持续的院校教育与部队训练，2010 年前在部队实现院校课程的远程教育。

2、作战训练场。在 2004 年业已建成适应未来战场环境、具有实战效果的营级训练场的基础上，计划改进陆军科学化训练场，使之成为开发并验证新的战术战法、集各种战场功能于一体、可体验综合性战斗训练效果的计算机网络综合教育训练场。

3、模拟作战系统。拟通过建立适合韩军实情、含不同技能与目标的演习模型完成韩国型演习系统的建设，并将其发展成为可与战场管理情报系统等互连与兼容的新型演习系统，以便对作战模拟和指挥决策提供支援，从而达到提高作战遂行能力的目的。

进一步增大军费投入　韩国 2004 年度的国防预算为 18 兆 9412 亿韩元，是近年来增幅最大的一次。与 2003 年相比增加了 8.1%，其中，战力投资预算为 6 兆 3000 亿韩元；日常运营费用预算为 12 兆 6412 亿韩元；在日常运营预算中，劳务预算为 7 兆 9881 亿韩元；项目费用预算为 4 兆 6531 亿韩元。其投资重点如下：

日常运营费投资重点　重点是提高官兵士气、改善官兵福利和服役条件。改善官兵住宿条件；将士兵津贴提高 47%；增加士兵的医疗补助；增设转业支援费；增加国防信息化建设费用；满足训练费用；确保教育费用；增加环保费用。

战力投资重点　1、原计划项目。（1）C^4I 和电子战战力项目：战术通信系统、多频道 VHF 设备、无人侦察机等 25 个项目。（2）机动和打击战力项目：K1A1 型坦克、K-9 型 155 毫米自行火炮、大口径多联装火箭炮、陆军第 11 机步师的改编、韩国产地雷投放器等 16 个项目。（3）海上和登陆战力项目：4000 吨级驱逐舰（KDX-II）、7000 吨级驱逐舰（KDX-III）、大型运输舰、1800 吨级潜艇、第二代海上预警机等 23 个项目。（4）空中和防空战力项目："F-15K" 战斗机和 "KF-16" 战斗机的追加生产、"T-50" 教练机的批量生产、基础训练机、近距离防空制导武器、30 毫米自行防空火炮等 18 个项目。（5）支援战力项目：编制装备补充、装备维护、战斗备用弹药、防卫费分摊金等 76 个项目。（6）研究开发项目：中程地对空制导武器、军用卫星通信、多用途直升机、新一代坦克等核心武器系统开发及尖端技术和零部件开发等项目。

2、2004 年度新增加项目。（1）为改善韩国军队比较薄弱的监视和情报战力，将新增早期预警指挥机和卫星等项目的投资。（2）为实现落后装备的更新换代，将新增新一代驱逐舰、指挥用直升机和昼夜观测装备等 3 个项目的投资。（3）为优化性能，将在延长 F-5E/F 战斗机服役期限等 2 个项目上进行投资。（4）第 3 机甲旅的改编。将俄罗斯向韩国提供的坦克、装甲车等配备到第 3 机甲旅。（5）新增地面战术 C^4I 系统和美军事基地迁移等 3 个项目的投资。

资料来源：

①韩国《国民参与型政府的国防政策》2003 年 6 月；
②韩国《国防日报》2004 年；
③韩国联合新闻社报道 2004 年。

（柴训天）

越南建军计划与措施　2004 年是越南实施第十个五年（2001~2005 年）建军计划的第四年。为实现建立一支"革命化、正规化、精锐化和逐步现代化"军队的目标，越南在调整和完善军队体制编制的同时，还采取了以下措施：

确定海军和特工部队建设重点　2004 年 8 月，越海军司令杜春公指出，越南与周边国家在岛屿、海域主权及边界问题上的争端十分复杂，许多岛屿、海域尚未得到明确划分，这是导致本地区不稳定甚至引发海上武装冲突的潜在因素。因此，越南必须加快建立一支正规化和逐步现代化海军的步伐。今后，越海军建设有四大重点：一是解决组织编制不合理的问题。要加强研究并完善长远发展战略，逐步调整组织编制，重点发展水面舰艇部队、导弹部队、岸炮部队、潜艇部队和海军航空兵部队，使兵种更加齐全。二是更新武器装备，提高装备技术水平。越海军今后将投入巨资购买新型武器装备，特别是要采购航速快、防空自卫能力强、火力猛的新一代舰艇，现阶段要优先发展导弹、巡逻和猎潜舰艇。三是提高战备水平，随时有效地应对海上及海岛不测事件。越海军将加强水雷战部队、海军陆战队、驻海岛部队及机动作战部队的建设，进一步提高海军机动作战能力和支援岛屿作战能力；继续完善海洋战场建设，制定完备的远海岛屿支援作战方案，并在远海岛屿构筑连环阵地工事体系，确保驻岛部队能够独立作战；加强对假想敌海上作战的战术战法研究，继续改革军事训练和教育工作，不断提高协同组织指挥和作战能力；把演练与日常海上巡逻、侦察活动结合起来，坚持以预防为主的方针，迅速有效地处理与其他国家在海上及海岛发生的突发事件，尽量缩小事件的影响。四是加强党的领导，提高干部的素质，建立技术过硬的士官队伍。总之，越海军要充分挖掘潜力，准确把握有利时机，抓紧时间加强建设。

12 月 19 日，越军特工部队司令部召开会议，指出：2004 年，越特工部队全面加强建设，不断提高战斗力，战备制度得到严格落实，武器装备及技术保障有力；积极开展军事训练，特别是夜间、野外及实战科目训练取得了良好的效果，整个兵种的作战能力明显提高。同时，会议确定了 2005 年特工部队建设的六大重点：继续全面加强部队建设；提高党组织的战斗力；结合作战地形和战斗实际展开训练，要求达到精湛娴熟的程度；主动当好国防部的军事参谋；增强后勤及技术保障能力；严格执行军队的规章制度。

改善武器装备 2004 年，越军继续通过外购、改造和自制等方式改善武器装备。一是采购武器装备。越防空-空军从俄罗斯购买了防空导弹系统，数架苏-22、苏-27、苏-30 型战斗机和 2 架米-17 多用途中型直升机；从捷克购买了 10 架 L-39C 喷气教练机/轻型攻击机；从韩国和波兰进口了部分 KT-1、T-50 型教练机。越陆军从印度采购了一些火炮和通信装备。越海军从法国购买了雷达设备，从印度采购了数艘巡逻艇。二是对现有武器装备进行改造。越防空-空军在俄罗斯和印度军事专家指导下，对部分苏-27、米格-21 型战斗机进行了技术改造，以延长其使用寿命，提高作战效能。越海军也对数艘驱逐舰、护卫舰和鱼雷艇进行了升级改造。三是自制装备。年内，越海军自造了 2 艘武装渔船和 1 艘巡逻艇，并装备部队使用。

加强基础设施和通信网络建设 2004 年，越陆军重点加强了边境巡逻道路、防御工事、军事通信基础设施建设；越海军先后在其侵占的南沙岛礁修建了一些军事和生活设施；越防空-空军投资 1500 亿越盾，对昆仑岛机场进行了升级改造，总面积增至 9270 平方米；对岘港机场进行了扩建；从 9 月开始兴建广平省洞海机场，预计 2006 年底竣工并投入使用。同时，越军积极参与国家电信网络基础设施建设和新技术开发，以满足军队建设和国防安全需要。一是全力打造高效和快捷的光缆通信网络。目前，越军的传输网已延伸至全国 45 个省、市，网络覆盖率达 70%，还将铺设另外 5 个省的两条传输线路。二是积极修建卫星通信地面站，建立国际传输网络，今后还要实现与国际海底光缆连接。三是大力发展移动通信网，并与地方移动通信网联网，扩大覆盖区。

为部分高级军官晋衔和升职 2004 年 12 月 21 日，越共中央军委、国防部在首都河内为 45 名高级军官晋升军衔：4 人由中将晋升为上将，10 人由少将晋升为中将，海军 2 人由准督都（少将）晋升为副都督（中将）；31 人由大校晋升为少将，同时，越国防部长范文茶宣布了 19 名高级军官的任职命令。值得提出的是，陆军第 1 军军长潘奎早少将担任海军副司令，这种跨军种高层指挥官的调动在越海军尚属首次，旨在提高陆、海军之间的协同指挥和作战能力。

加快国防经济区建设步伐 越国防部副部长阮文莹中将在《全民国防》杂志上发表题为《加快国防经济区建设，巩固边境国防安全》的文章中指出，近 3 年来，越军第 15、16 兵团加紧在越南西原地区进行国防经济区建设，建立了后方基地和后勤基地，国防安全得到了加强。今后，越军将在陆地边界沿线战略要地新建 16 个国防经济区。为此，阮文莹特别强调了两点：第一，战略要地的国防经济区建设是一项具有战略意义的重要任务。战略要地是敌对势力和反动派利用民族、宗教问题实施“和平演变”、暴乱颠覆，破坏越南革命的重点地区，对维护国家主权和安全极为重要。今后，越军要努力成为处理边境战略要地国防安全、经济社会问题的骨干力量。要提高警惕，随时准备粉碎敌人的战略图谋。第二，战略要地的国防经济区建设是一个长期、复杂的过程，军内外要同心协力，共同承担。建设国防经济区是为了地方经济社会的发展和国防安全的巩固。因此，国防经济区建设要与地方密切配合，争取地方帮助与支持；要搞好法制建设，处理好经济社会发展与国防安全的关系。

积极开展对外军事交流与合作 一是频派军队要员出访。2004 年，越国防部、总参谋部和海军共派出 9 个代表团出访 14 个国家。3 月 6~9 日，越国防部副部长兼总参谋长冯光清上将率高级军事代表团访问韩国。3 月中旬，冯光清先后访问老挝和印度，越承诺继续帮助老军培训军事人员；印军为越海军培训官兵，越军则为印军进行丛林作战训练。3 月 11~18 日，越国防部副部长阮辉效率国防部代表团访问利比亚、伊朗和埃及。3 月 26~30 日，越国防部长范文茶大将率高级军事代表团访问澳大利亚，这是自越战结束以来越国防部长首次访澳，双方就加强军事合作、建立全面战略关系和其他共同关心的问题进行了磋商，决定加强在打击国际恐怖主义方面的合作，定期进行反恐官员和情报人员的交流。3月30日至4月4日，范文茶率越国防部高级代表团访问文莱和新加坡，5月25~28日，越海军司令杜春公副督都（中将）率代表团访问泰国。10月中、下旬，范文茶出访芬兰、意大利和德国，与德国签署了两国军队培训合作协议。12月6日，冯光清访问柬埔寨。二是积极邀请外军要员访越。年内，越军共邀请8个外军代表团访越。2月4~6日，印尼三军总司令苏塔尔托上将率领高级军事代表团访问越南。2月8~11日，美军太平洋总部司令法戈上将访问越南，与越政府副总理阮晋勇、国防部长范文茶、总参谋长冯光清等军政要员就加强两国在反恐等领域的军事合作进行了磋商。另外老挝、英国、法国等军队要员年内也相继访问了越南。三是邀请外国军舰访越。越军全年共邀请3个国家的5艘军舰访越。5月27日，英国海军1艘军舰访问越南胡志明市西贡港。7月28至8月2日，美海军第7舰队“威尔伯”号导弹驱逐舰访问越南岘港，这是越战结束以来美海军第二次派舰访越，标志着越美军事关系进入了新的发展阶段。11月6~9日，印度海军东部舰队司令率领由“基尔希”号轻型护卫舰、“兰维杰”号导弹驱逐舰、“苏坎亚”近海巡逻舰组成的编队访问越南胡志明市西贡港，越国防部副部长兼总参谋长冯光清接见了印舰队司令。四是积极参加地区安全会议。11月5日，越国防部副部长潘中坚中将率领越军代表团出席了在北京举行的东盟地区论坛安全政策会议。在会上，越军代表团指出，和平、合作与发展是各国的迫切要求，也是世界的主流。恐怖活动是各国关注的问题，打击恐怖活动必须坚持尊重所有国家独立、主权和领土完整的原则，必须依据联合国宪章、国际法和各国实际情况进行。越军主张发展同东盟地区论坛成员国军队间的合作关系。

探讨未来战争的战略进攻　越国防学院副院长阮玉清少将在《全民国防》2004年第2期发表“关于未来战争的战略进攻”的专题文章，指出：在未来战争中，越南将面对更加强大的经济和军事对手，敌人将使用高技术武器，与现代电子战和海、陆、空高机动性作战相结合。其战略作战样式、战役战法及战术都将发生重大变化，如：敌人将最大限度地采用空中打击，陆地、海上进攻与空降相结合，并与特种兵抢点进攻相结合，直接攻入越南的首脑机关和政治、经济、军事中心。为战胜敌人的侵略战争，阮玉清着重强调了以下几点：（一）越南必须建设强大的全民国防，以国家的综合实力进行全面的、全民的人民战争，并以人民武装力量作为骨干。在战术上，以防御战和防守战为主，延缓入侵者的进攻速度，将为越军主力部队实施具有决定性意义的反攻、进攻创造有利时机和条件。（二）未来战争由于受国际、地区战略背景和历史条件的影响，战争持续时间一般较短。越军可抓住时机发动战略进攻，歼灭刚刚停止进攻或临时防御的敌军。为发动战略进攻，越南必须选择重点战场、主要目标和地区，集中力量、领导与指挥，并为战略进攻做好后勤、技术保障。（三）战略进攻通常由战略机动兵团充当骨干，并与地方防御区武装力量和其他力量相结合，同时要将政治斗争与外交斗争结合起来，以歼灭临时防御的敌军主要力量，占领战略要地和目标，挫败敌人的侵略或迫使他们不得不寻求有利于越南的政治解决办法。（四）战略进攻可能以各种战斗、战役、战略战役来实施，也有可能根据统一的构想和计划同时进行或相互衔接。在高技术条件下，组织大型战役必须具备最有利的条件和时机。（五）要根据敌人的具体情况和己方的能力来采取相应的作战样式、战役战法和战术，但也要继承和发扬过去战略进攻的经验，创造有利于己方获胜的时机，才能发动战略进攻。总之，要用军事、政治和外交斗争的综合实力挫败敌人的入侵，夺取战争的决定性胜利。

此外，越国防部副部长阮辉效中将12月9日在公布《21世纪初越南国防》白皮书的记者招待会上称，近几年来，越南已进行较大规模的裁军，军队数量与战争时期相比已减少三分之二。目前，越正在集中力量建设正规化、精锐化、逐步现代化的军队。为达到自卫的目的，越必须保持必要的、充足的军队数量和武器装备，但军费占国民生产总值比例不会高于区域内各国，也不会超过越南国民生产总值的2.5%。

资料来源：

越南《人民军队报》、《全民国防》等2004年。

（钟学良）

泰国建军计划与措施

重新修订国防战略　2004年东南亚地区面临的种族宗教冲突、跨国犯罪、分离主义和恐怖主义等威胁与日俱增。“新普罗运动”等穆斯林分离主义势力在泰国南部地区的恐怖活动日趋猖獗，对泰国国家安全的影响和冲击愈发严重。鉴此，泰国国防部于2004年6月重新修订了国防战略，正式提出当前威胁国家安全的主要因素已由原来的“共产主义威胁”转变为“种族、宗教极端主义的威胁”，并明确今后泰军的首要任务由应付较大规模战争转变为维护国内安全稳定和开展反恐斗争。泰国空军同年出台的《2004~2013 年空军十年发展远景规划》亦强调从原来投入较多兵力应付较大规模战争，转变为投入小部分兵力应付突发性小规模冲突，同时积极参与国家建设，帮助解决社会问题和维护国内稳定。

制订未来十年武器装备采购计划 2004 年，泰国军队拟定了未来十年（2004~2013 年）武器装备采购计划。每年用于武器装备采购的预算由 20 亿泰铢增加到 50 亿泰铢（1 美元约合 40 泰铢）。陆军确定的采购和升级项目主要包括：新型坦克、多管火箭炮发射系统、自行 155 毫米/52 口径火炮、轮式装甲战车和装甲运兵车，以及新型短距离防空系统和多用途直升机。海军计划采购潜艇、护卫舰、新一代近岸巡逻艇、新型反舰导弹、舰载防空系统以及陆基海上雷达系统，还急需更换或升级 S-70B“海鹰”直升机、AV-8“斗牛士”垂直起降机和海上巡逻飞机。空军计划更新或升级作战飞机、中型运输机、空空导弹、雷达系统、空中预警和控制平台及电子情报和信号情报平台。

重视军官队伍的建设 泰国武装部队所有选任的军官必须经过军事院校培训，具有大专以上文化程度。每一个军官的提升，必须进行岗前培训，基本形成了非训不提、训后必用的良性循环，使军官队伍知识化、专业化和正规化程度较高。泰国现有基础教育、特别教育和高等教育三个层次的军事院校。（一）负责实施基础教育的院校有预备军官学校和三军尉官学校。预备军官学校的学员都是通过考核选拔出来的中学生、士官和士兵，在校学习 2 年，完成初级军事理论和技术课程后，再选拔到三军尉官学校学习。尉官学校学制为 5 年，学员毕业后，可获得一级尉官的军衔，并授予科学学士学位。（二）负责实施特别教育的院校是各军兵种技术院校，讲授专业性较强的军事技术，学员主要为少校以下的在职军官。（三）负责实施高等教育的院校是国防学院和各军种的参谋学院，学员是在职校官，主要学习高等军事学和参谋学。泰国军队的中、高级指挥员都必须在完成高等教育的课程后，才具备任职资格。泰国军事院校教学方式以室内教学为主，部分院校安排短期野外实习和国外考察，每年培训学员 3.5 万人。此外，泰国军队每年还派出 300 名军官和士兵赴美接受各级指挥业务和各种专业技术教育培训。根据与澳大利亚和欧洲、亚洲有关国家的双边军事合作计划，泰国军队每年派出约 100 多人到上述有关国家学习作战和专业技术。

与外军举行联合军事演习 泰国军队十分重视与外军举行联合军事演习，以提高自身的技术和战术水平，现已与美国、澳大利亚、新西兰及东盟其他国家建立了每年或两年定期举行双边或多边联合军事演习的制度。泰国是美国的非北约盟友之一，双边或多边联合军事演习较为频繁。著名的“金色眼镜蛇”联合军事演习在泰美两国的基础上吸纳了新加坡、菲律宾、蒙古三国参加，演习科目涉及反恐、维和、缉毒和人道主义救援等，成为美国在东南亚地区规模最大的多边演习。通过演习，泰国军队不仅学习了美国先进的军事理论和军事技术，而且提高了自身的专业筹划和协同作战能力。

（孟　丽）

菲律宾建军计划与措施

更新武器装备 2004 年，菲律宾武装部队将获得数架高技术喷气式战斗机、50 架可以进行夜间飞行的武装直升机和数艘海军舰艇，其中一部分由捐赠国如美国援助，另一部分由菲军方出资 10 亿多比索（约合 1800 万美元）采购。同时，还将获得 40 架“休伊”攻击直升机，其中 10 架由美国提供，另外 30 架根据菲军队现代化计划采购。此外，菲律宾海军将获得至少 3 艘舰艇，其中包括 1 艘美国研制的快速攻击舰和 2 艘韩国生产的巡逻舰。

开展廉洁建军活动 菲律宾武装部队内部腐败之风盛行，成为困扰政府的难题之一。2004 年 10 月 25 日，菲律宾总统阿罗约宣布，将在军队内部撒开一张巨大的“廉洁之网”，彻底清除腐败分子。为此，菲律宾政府任命了一名独立的内务官员，对军队内部的收入和经费进行调查，并亲自深入士兵中间倾听他们的心声；将把军事采购系统的所有 119 个委员会整合为一个机构，而且还将邀请一些监督机构监督菲律宾军事采购事宜，以实现在军费开支等一系列问题上保持透明度，杜绝腐败现象的滋生。阿罗约总统加快军队改革步伐，其意在实现民选政府对军队的真正领导。

频繁与美军举行联合军事演习 菲律宾军队建设目标之一是在美国的训练下，打造一支具有快速部署能力的打击力量，可遂行反恐作战和联合国维和行动。为此，菲律宾军队积极开展与美军的联合军事演习。2004 年，规模较大的双边联合军事演习主要有：2 月 23 日至 3 月 7 日，菲律宾军队和美国海军陆战队在菲律宾举行代号为“肩并肩 2004”联合军事演习，共有 2652 名美国军人和 2278 名菲律宾军人及 46 架飞机参演，演习规模为近年所罕见。演习设想菲律宾反政府武装发动恐怖攻击，菲美军队联手击退武装分子，旨在提高两国军队应急协同作战能力。7 月 27 日至 8 月 2 日，菲律宾与美国海军在菲北部苏比克港举行代号为“2004 海上作战准备合作与训练演习”，以提高双方的海上协同作战能力。参演兵力包括2500名海军官兵（美国1400人、菲律宾1100人）和10艘舰船（菲律宾和美国各5艘）。8月30日至9月30日，菲律宾和美国军事人员以及缉毒人员100余人在菲北部本格特省和南部达沃市举行代号为“贝克活塞04-2”的联合缉毒训练演习。通过一系列演习，菲美两国进一步密切了双方军事合作关系。在今后6个月内，美国向菲律宾提供的30架直升机及零部件将运抵菲律宾。美国将在今后6年内向菲律宾提供40亿比索（约合7143万美元）的援助，用于国防改革。据菲律宾外交部公布的报告称，2004年菲律宾从美国得到了916.8万美元的军事援助，是亚洲各国中获得美国军事援助最多的国家。

（孟　丽）

新加坡建军计划与措施　**加速陆军转型**　新加坡陆军总长郭木财少将指出，“陆军需要打造全谱优势，并要加强军事设施的适应能力，以此来对付全球恐怖主义、维和行动、低强度冲突等新的威胁，因此，必须通过先进技术和新的作战观念加速陆军转型，将其打造成一把能够胜任未来作战任务的‘尖刀’”。鉴于全球恐怖主义活动日益猖獗，执行反恐任务成为陆军的工作重点，这意味着将加强对军事设施的防护，在边境检查站和关键的军事设施附近部署军队。为提高反恐作战能力，特别是对付化学、生物、放射和爆炸威胁的能力，新加坡不断强化对反恐特种部队的训练。2004年月11月15~20日，新加坡武装部队防化学、生物、放射与爆炸物大队与澳大利亚国防军事反应团在新加坡首次举行了代号为“黑色兰花”的双边防化生放爆演习，旨在检验新澳两国军队筹划各种恐怖行动预案的能力。

自行建造新型护卫舰　2004年7月3日，新加坡首艘自建的“刚毅”号隐形护卫舰正式下水。这标志着新加坡海军从早期导弹炮艇为主，发展到自行建造先进的隐形护卫舰，成为新加坡海军发展的又一新的里程碑。该型护卫舰属“威武”级，是法国“拉法耶”级隐形护卫舰的一种派生型，但吨位略小。在雷达、声呐、红外线和电磁等方面具有低信号特征，隐形性能方面优于“拉法耶”级。它可以准确地分辨出前来的船只是敌还是友，大大提高了护卫舰受到攻击时的反应能力；它可以在海上逗留长达20天，是海军导弹炮艇的3倍；它能够装载直升机，执行海、空和反潜作战任务。这种新型护卫舰是新加坡最大的水面舰艇。它使新加坡海军开始拥有远洋作战能力。新加坡设计和建造的6艘“威武”级护卫舰将于2009年前全部服役，用以替换1972年服役的德造“海狼”级导弹艇。

提高空军作战能力　新加坡空军在制定发展计划时一个重要原则是，通过采购高技术装备以保持技术优势和强大的空中力量。为此，新加坡加入了美国领导的F-35联合战斗机计划，并决定采购24架下一代多用途作战飞机，以便在2007~2008年间取代过时的A-4“天鹰”攻击机。这项采购计划是新加坡迄今为止在防空领域最大的一笔投资，候选机型将在美F-15T战斗机、法国“阵风”战斗机以及欧洲“台风”战斗机这三种中选出一种。一些分析家预测，到2015年，新加坡空军序列中将包括下一代多用途战斗机，它们主要用于夺取制空权和空中优势、实施空袭和精确打击、压制敌防空以及拦截敌机；F-35联合攻击机，用于夺取空中优势、实施空中打击和执行多种任务；F-16战斗机，用于执行多种任务、近距离空中支援、压制敌防空和实施空中攻击。

资料来源：

新加坡《联合早报》2004年。

（孟　丽）

马来西亚建军计划与措施　**建立首个潜艇基地**　马来西亚海军将于2007年建成首个潜艇基地，总耗资2.1亿美元。该基地位于沙巴州哥打基纳巴鲁市以北25公里处的塞邦亚湾，将部署8000名军事和技术人员。该基地现已完成了第一阶段工程，第二阶段技术方面工作正在展开。马来西亚向法国订购的2艘“鲉鱼”级攻击潜艇（分别于2007年和2008年编入现役）和1艘“阿戈斯塔”70型常规潜艇将部署在该基地。为学习潜艇操作技术和维护经验，马来西亚海军2003年派出180名人员赴法国接受培训，其中114人将成为未来潜艇乘员。塞邦亚湾潜艇基地的建立，主要用于监视南海、沙巴州一带海域的舰艇活动，维护马来西亚的海洋权益，有效地应付地区和局部冲突，同时也将大大提高马来西亚海军的作战能力。

强化空中作战力量　为保持东南亚空中强国的地位和应对高科技战争的挑战，马来西亚空军不断强化其空中作战能力。（一）强化空中进攻能力。马来西亚斥资9亿美元向俄罗斯订购了18架苏-30MK多功能战斗机，其中12架将于2006年交付，其余6架拟于2007年交付。该型多功能战斗机既可实施空对空作战，又可对海、地攻击，支援陆军与海军作战，对于马来西亚空军现有的“大黄蜂”F/A-18C/D战斗机来说是一个强有力的补充。（二）强化空中侦察监视能力。马来西亚空军认为，夺取制信息权，优先发现对手是打赢未来空战的关键，因此，必须把空中与海上侦察监视放在首要位置。为加强空中侦察预警能力，空军计划斥资 11 亿美元购买至少 4 架空中预警机，构成国家空中侦察监视系统的中坚，可能在“鹰眼”E-2C、“百眼巨人”2000、EMB145 等早期预警机中作出选择。为加强海上巡逻侦察能力，马来西亚空军拟购进新一代海上巡逻机，可能从 CN-295、CN-235、ATR42、P-3C 等巡逻机中选择。（三）强化空中实战能力。马来西亚不断加强与美国、印度、欧盟及澳大利亚等国的联合演习，以演代训，进一步提高其空军作战能力。2004 年 9 月下旬，马来西亚空军与美国海军第 14 航母舰载机联队下辖的第 113 空中预警机中队在关丹基地进行了空中战斗机对抗演习。检验和提高了马来西亚空军的技战术水平。

制订国防工业研究发展计划 为加快军队现代化建设，马来西亚国防部采取多种措施，以促进国防工业发展，尽快完成国防企业向本土化的转型，从而实现在国防领域自力更生的目标。按照“八五”防务计划（2001~2005 年）的部署，马来西亚国防科学技术研究中心制订了国防工业研究发展计划，主要内容为：（一）技术应用（短期计划）。由国防科学技术研究中心和军方研究人员联合实施，其目的是为武装部队在装备应用中所遇到的一些技术问题提供援助。（二）技术推广（中期计划）。由国防科学技术中心和军方、地方研究人员共同实施，其主要目的是运用当今先进的工业技术，将国防工业生产推向商业化，以适应武装部队的需求，推进军地研究合作和一体化。（三）技术发展（长期计划）。由国防科学技术研究中心和军队、地方研究人员共同实施，其目的是满足武装部队在装备更新、军事技术和理论上的需要。该计划着眼于发展尖端科技，以大幅提高马来西亚武装部队的作战能力。由于在这一领域的专家人员有限，马来西亚国防部决定通过邀请外国专家参与。据悉，马来西亚国防工业研究发展不断推出新成果。在 2004 年 4 月举行的第 9 届亚洲防务展上，由马来西亚自行研制的 4 种地面军事用途车（防御者 130 战术指挥车、轻型救援服务车、士兵运输车和防御者 6 轮驱动多用途车）闪亮登场，引起了参观者的兴趣和购买欲。

资料来源：

①《马来西亚信使报》2004 年；

②泰国《亚洲军事评论》2004 年。

（孟 丽）

印度尼西亚建军计划与措施

订购先进武器装备 为提高武器装备的现代化水平，2004 年，印尼海军订购了 6 艘新战舰和 27 架新飞机，包括 2 艘荷兰制造的“西格马”级轻型护卫舰以及 4 艘韩国制造的船坞型平台舰艇，11 架波兰制造的“空中卡车”小型运输机、11 架俄罗斯制造的米-2 型直升机和 5 架 TB-10 型教练机。此外还打算购买 2 艘韩国潜艇；空军拟斥资 3.08 亿美元购买 2 架苏-30MK 型多功能战斗机和 6 架苏-27SK 型歼击机，以编成一个拥有 12 架战斗机的空军中队。

制订 2004~2005 年海军建设方针 2004~2005 年，印尼海军的总体建设将侧重于三个方面：一是进一步提高部队的作战能力和机动性，二是全面加强官兵的专业化建设，三是提高官兵及其家属的福利待遇。为此，印尼海军多次举行双边或多边联合军事演习，加大对官兵的教育和培训力度，修建了大批宿舍和福利设施。同时，印尼海军加强了针对马六甲海峡及与邻国接壤的边界岛屿的巡逻与管控。2004 年 7 月 20 日，印尼与马来西亚、新加坡签署了马六甲海峡巡逻合作协议。三国将派出 17 艘军舰（印尼 7 艘、马来西亚和新加坡各 5 艘）全年全天候在马六甲海峡巡逻，以遏制海盗和其他犯罪活动。不过三国海军各自巡逻本国海域，不可进入邻国水域，他们还将设立一个 24 小时通讯系统，以加强联系和交换情报。

成立海军战术训练中心 2004 年 12 月 17 日，印尼海军战术训练中心在泗水正式成立，而印尼海军从德国新购置的快速反应战术模拟训练系统（ASST）亦于当日起正式投入使用，主要用于印尼海军系统的战术模拟演练。该系统录有完整的世界地图，可以逼真地模拟出一场海战所可能遭遇到的一切情况，比如水面战舰、潜艇、飞机、武器系统、探测系统、雷达、舰只的设备情况，甚至包括天气和海洋情况。整套系统包括 1 间主控制室（主机房）、10 间作为演练场所的“战舰”房（演练室），1 间用于全程回顾及讲评得失的演示厅（配备有大型观看屏幕、主讲台和先进通讯设备），以及 1 部用于演习的后备服务器。在作战演习的实施过程中，10 间演练室将分别作为独立的“战舰”执行任务，每艘“战舰”均“装备”有独立的武器攻击系统，由 5 名人员掌控“该舰”的导航、攻击、雷达、通讯和其他舰载设备。演习中，10 艘军舰可作为同一方的编队执行各项任务，亦可作为对立的双方进行平台作战。主控室将依次使参加演习的各“舰只”遭遇到各种可能发生的情况，包括自然、敌军攻击等情况。与此同时，演示厅中可以看到演习的同步进行情况，并可随时向主控室提出新的即时要求。海军战术训练中心的成立以及快速反应战术模拟训练系统的应用，有效地解决了印尼海军目前面临的因资金不足而无法经常性组织多艘舰只出海进行实兵演习以获取海上实战经验的困难；同时，其采用的先进电脑控制系统亦确保了高层对每次模拟演习各项数据的详尽掌握，对于印尼海军的现代化和专业化建设具有重要的意义。

资料来源：

①印尼《武装部队报》2004 年；

②印尼海军官方网站 2004 年；

③中国《现代舰船》2004 年。

（孟　丽）

印度建军计划与措施　2004 年，印度继续贯彻“质量建军”方针，全面推进军队现代化进程，主要做法是：

陆军颁发新的作战条令　2004 年 10 月底，印度陆军在新德里召开年度司令官会议，研究并正式确立了印度陆军在新时期的作战原则。会后，印国防部将其作为作战条令颁发，其主要内容包括：（1）确立“先发制人”的作战思想。印陆军新的作战原则将主要着眼未来低强度作战、快速反应、精确打击甚至可能爆发的核战争，以“先发制人”为指导思想，对敌实施先发制人打击，这种打击应是“有限”和“有效”的，从而确保核武器在各种情况下均不会投入使用，避免引发核战争；同时又是迅速的，实施作战行动后不能给国际社会任何干预的机会。（2）实行三军联合作战。新作战条令提出，印陆军作战指导思想应尽快从以往奉行的“大规模缓慢集结”向“联合作战集群”方向转变，突出诸军兵种的联合与协同作战能力。为此，印陆军将在削减数量、提高质量的基础上，放弃以往“一线”和“二线”作战部队的划分，组建 8 支包括陆、海、空三军部队在内的可遂行快速反应和部署的一体化的“联合作战集群”，取代现在以陆军为主的打击部队。新作战条令还要求，印陆军与海、空军在两栖登陆作战和空降作战等建立更为密切的联系，三军早日实现在情报、训练、通信和后勤保障领域的协同。（3）强调摧毁而非占领敌领土。未来的战争将是短暂而剧烈的，需要“打击、扰乱和压制敌人的所有可用资源，实现无缝运用”。因此，印陆军在未来战争中的作战原则核心应注重摧毁而非占领敌领土。“联合作战集群”在坦克部队、炮兵部队、导弹部队和空军海军的协同支援下，可直接在敌境内对敌进行有限但致命的打击。（4）重视核威慑的作用。印度核政策的核心是保持最低限度的核威慑和不首先使用原则，陆军参谋长维吉强调，印度发展核武器是用于反击和迎合基本安全局势的需要。

新战争条令吸收了陆军近期提出的“冷启动”作战理论等最新成果。印军认识到，2002 年上半年印在印巴边境进行的大规模兵力调动有可能造成战争失控，甚至引发核危机。因此，今后印度在出现战争危机时，在动武的规模和手段上都要求可以有效控制。“冷启动”是指军队像计算机冷启动一样，在短时间内，迅速完成部队的动员、集结和部署，并对敌发动先发制人的打击，整个过程中的任何环节都可有效控制。这一战略抛弃了传统的在敌对国边境地区大量陈兵的做法，提出利用核威慑来遏制对手在边境发动大规模军事行动，提出调整和控制战争进程，使其向有利于己方向发展。

海军提出新的作战理论　2004 年，印海军出台了新的作战理论，其主要内容包括：（一）提出将战场推向敌方海岸的进攻性作战思想。海军的作战任务不应局限于“控制海上交通线和进行海战”，而应延伸为控制敌方沿海地区。（二）强调海军必须直接服务于国家经济建设。海军建设不仅要着眼于保卫海岸线、岛屿和专属经济区，还要保卫国家的贸易交通线，为国民经济增长营造有利的环境。（三）突出海军成为国家外交武器的作用。海军除作战、治安和救灾三项职能外，还应成为国家推行对外政策的强有力工具，既要成为联结友谊的桥梁，还要最终拥有潜射核武器，成为三位一体核威慑力量中最可靠的支柱。

继续加强核建设　（一）强调核威慑政策。2004 年 1 月，印度政府再次重申，印度核力量仅用于国家自卫，以确保印度本国安全。印度坚持“保持最低限度核威慑手段”和“不首先使用核武器及不对无核国家使用核武器”两大原则，反对核战争以及任何形式的核威胁。印度将恪守关于全球核裁军的原则立场，推动全球核裁军和消除所有大规模杀伤性武器。印度总理曼莫汉·辛格强调“印度实施核战略有助于消除地区的潜在危险”。（二）加强核力量建设。为了构建“三位一体”的核打击体系，印军继续加强核力量建设。新政府上台后在颁布的《最低共同纲领》中明确规定，印度将致力于建立一支可靠的核打击力量，并保持可靠的最低核威慑。为此，印计划在未来 15 年内斥资 200 亿美元发展核力量建设，其中 150 亿美元用于研发核武器和核运载工具，50 亿美元用于建立和完善核武器指挥与控制系统，未来 30 年内建立起拥有 350~400 枚核弹头的核武库。根据印度修订的核安全条约，印度还计划组建一支约 1 万人的核生化特种部队，隶属于印度内政部指挥，主要负责有效应对核生化武器的打击任务。（三）发展核运载工具。年内，印军共试射了1枚“烈火-1”型、1枚“烈火-2”型、4枚“大地-3（丹努什）”海军型地地导弹和4枚“布拉莫斯”超音速巡航导弹，重新启动代号为“先进技术舰船”的核潜艇制造计划，并计划从俄罗斯购买2~3艘“阿库拉”级攻击型核潜艇，与以色列联合制造可携带核武器的战略核潜艇。印度还从乌兹别克斯坦引进了4架“伊尔-78”型空中加油机，计划从法国购买126架“幻影-2000V”型战斗机，从卡塔尔购买12架“幻影-2000V”型多用途战机，进一步加强战略核力量。

全面提高武器装备水平 印度政府2004~2005年度国防预算总额达7700亿卢比（折合167.3亿美元），较上年度6530亿卢比（折合141.19亿美元）增幅17.91%。其中，陆军占59%（737.8亿卢比）、空军占25%（1925亿卢比），海军占16%（1232亿卢比）。所增军费主要用于提高部队武器装备现代化水平。其中，陆军从俄罗斯接收了最后一批56辆成品T-90S型坦克，以许可证方式组装剩余的124辆T-90S坦克；引进了俄制远程“龙卷风”多管火箭系统，并拟购买俄制“格拉德”、“斯莫奇”多管火箭系统。从美国接收了首批2套AN/TPQ-37型“寻火者”火炮定位雷达，其余10套将于2006年9月全部到货。印自行研制生产的5辆“阿琼”式主战坦克、26套“萨姆尤克塔”电子战综合系统、“拉克什亚”和“尼尚特”无人机正陆续装备部队。海军“塔巴尔”号导弹护卫舰、“萨特普拉”护卫舰、国产“马加尔”级护卫舰和“T-48”特快攻击艇相继编入服役。对“维拉特”号航空母舰进行了改造，安装了2套“巴拉克”防空系统；同俄罗斯正式签署了购买“戈尔什科夫海军上将”号航空母舰和16架米格-29K型舰载机的协议，同俄合作研制的“布拉莫斯”反舰巡航导弹进行了试射；向法国购买了6艘“鲉鱼”级柴油潜艇。空军对现有的125架米格-21、40架米格-27战机和120架“美洲虎”超音速攻击机进行了升级改造，开始自行组装“苏-30MKI”战机；同以色列签署了引进3部“费尔康”空中预警系统的协议，计划在5年内建造3架小型机载预警与控制系统飞机；与俄罗斯共同研制“R-172”超远程空对空导弹，并将在苏-35型战斗机上装备该导弹。

广泛开展军事交流与合作 2004年，印度继续推行“全方位”军事外交政策，对外军事交流与合作持续发展。印俄之间，通过印国防秘书、国家安全顾问访俄和俄总统普京访印，使两国战略伙伴关系进一步得到发展。印俄间的军事合作方式从过去单纯的买卖关系向技术转让、租借、联合研制等多样化转变，合作内容从单纯的武器装备领域向太空技术领域发展。印美之间，两国继续保持高层接触，除继续签定武器协议、举行联合军事演习外，全面讨论了两国防务关系。印日之间，两国通过军方高层互访、联合举行军事演习等措施，积极加强军事交流与合作。印度空军参谋长、印东部舰队司令和日本防务次官先后进行了互访，双方举行了第一轮副部长级防务政策对话。印与东盟国家之间，印国防部长、印空军参谋长等访问了新加坡、缅甸等国，同东盟国家在防务安全、情报交流、军售、反恐等问题上达成了多项协议。印与周边的尼泊尔、不丹、孟加拉等邻国在反恐、边界控制等方面的合作也取得较大进展。

（刘温国）

土耳其建军计划与措施

增强空军实力 在战斗机引进方面，2004年6月，土耳其国防部选定英国BAE系统公司为土耳其空军的F-16战斗机提供综合电子战保护系统，该合同总价值约1亿美元。2005年1月，美国政府通过了一项升级218架土耳其F-16战斗机的对外销售项目，其总价值达39亿美元。在预警机引进方面，2004年10月，波音公司宣布，该公司和土耳其目前已成功完成了对土耳其首架“和平鹰”空中预警与控制飞机的初步设计评审。土耳其已与波音公司签订了价值超过10亿美元的购买4架737 AEW&C飞机的合同，这四架飞机中的第一架在波音工厂改装，另外三架将在土耳其航宇工业公司的工厂改装。四架飞机中的前两架计划在2007年交付，另两架预计在2008年交付。在无人机引进方面，2004年10月，美国通用原子公司将满足土耳其对10架无人机和设备的需求。土耳其飞机工业公司求购3套总价值约1亿美元的无人机系统，其中海军无人机系统由两架无人机组成，而空军和陆军无人机系统各包含4架无人机。2005年1月，以色列国防部代表团访问土耳其就以土两国在安全领域的合作进行了协商，以色列提出为土耳其改装48架F-4型“鬼怪”式战斗机、近300辆“巴顿”M48型坦克。而土方也希望购买以色列的“哈比”式无人机，此次军火交易总额达15亿美元。

加强海军建设 2004年6月，土耳其官方宣布，土将在本土建造12艘小型护卫舰，该型护卫舰长约90米，最大航速为27节，配备舰员为80人，装备作战指控系统、声呐和高级电子系统，计划成本约为10亿到20亿美元之间。建造第一艘舰约需7年时间，而另外11艘则需7年半到12年的时间。11月，土国防采办部门与国内厂家签订一份价值9750万美元的合同，将对 8 艘美制“佩里”级护卫舰进行改造。第 1 艘护卫舰的改造将于 2007 年 5 月完成。2005 年 1 月，土耳其决定为海军选择 10 架 ATR72-ASW 反潜战飞机执行海上巡逻和反潜监视任务。该机是一种极具竞争力的中程反潜机，能在各种条件下执行海上巡逻任务。

引进先进武器装备 2004 年 7 月，土耳其与德国签订了一项关于在土耳其生产“非洲狐”装甲侦察车的备忘录。9 月，土耳其国防电子公司与土耳其国防工业署签署了价值 5.76 亿美元的合同，该公司将在 7 年内为土耳其军方设计直升机并生产电子战设备。10 月，美国防安全合作局通报国会，美国可能向土耳其出售 225 枚 AIM-9X“响尾蛇”导弹、5 枚 AIM-9X 惰性训练弹、20 枚 AIM-9X 空中拦截训练弹及其配套设备，整个合同价值 9600 万美元。其中合同中的 AIM-9X“响尾蛇”导弹系统将配装在现代化的 F-16 战斗机上，该导弹可以提高土耳其空军区域作战的空对空拦截能力。2005 年 2 月，以国防部代表团访问土耳其，双方就两国在防务领域的合作进行了讨论，以色列将对土军现役的数百辆老式坦克和大约 150 架战斗机进行全面的现代化改造。

（王　晗）

伊朗建军计划与措施 **举行军事演习** 2004 年 9 月，10 万伊朗精锐部队在两伊边境地区举行了大规模的军事演习，伊朗军队假想在境内宽阔地带与某超级大国发生武装冲突，伊军奋起抵御敌军入侵。演习动用了战斗机和武装直升机，还发射了导弹。本次演习的原因：一是伊朗现在面临的战略局势相当严峻，东有驻阿富汗美军，西有驻伊拉克美军，伊朗已经处于美军的左右夹击之中；二是美国总统布什将伊朗划入“邪恶轴心国”的做法没有任何变化；三是自 1988 年两伊战争结束以来，伊朗每年都要举行大规模的军事演习，以提高部队的战斗力，检验自产的坦克和导弹的性能。12 月，伊朗举行了代号为“神圣追随者”的大规模军事演习。参加此次陆空联合演习的部队共有 10 个师、7 个旅，共 20 多万人，演习区域为伊朗西部和南部 5 省，活动面积达 10 万平方公里。演习假想美军从伊拉克和海上两个方向侵入伊朗境内，伊朗军队迅速集结并奋起反击，有效阻止了敌方推进。伊朗军队在演习中动用了轰炸机、运输机以及先进的通信、电子设备等，导弹部队还进行了实弹射击。

研制新式武器 2004 年 10 月，伊朗国防工业组织展示了伊朗研制的新型“KH-2002”式 5.56 毫米无托突击步枪。该型步枪是一种低后坐力、高精度的轻型武器，有效射程为 450 米，最大射程 2500 米，射速为 800~850 发/分。该型步枪的特点是可以左右手射击。有单发、自动射击、3 发点射和保险 4 个选择位置。

2005 年 2 月，伊朗一条鱼雷生产线正式投入生产，这条生产线制造的鱼雷能够装配在直升机、舰艇和潜艇上，特点是能够用于浅水作战，速度奇快且可躲过雷达探测，相对其强大的攻击能力来说成本比较低廉。该生产线投入生产，标志着伊朗海洋整体防御能力明显加强。

加强与俄印军事合作 在与俄罗斯的合作方面，根据俄媒体 2004 年 2 月的报道，伊朗希望为其陆军购买大批现代化的俄制 T-80 主战坦克，如果俄伊军购活动顺利实施，伊朗购买的坦克数量将达到 200 辆以上。2005 年 1 月，伊朗与俄罗斯签署了一项价值 1.32 亿美元的通信卫星发射合同。根据该合同，俄罗斯阿维亚出口公司将为伊朗制造一颗名为“佐赫雷”的卫星，该卫星将在轨道上进行为期一年的试运行，计划服役时间 15 年。卫星发射后，将使伊朗广播、电视信号和通讯网络的覆盖率、偏远地区的通信状况得到较大改善，还可以增加一些私人卫星服务项目。

在与印度的合作方面，2004 年 5 月，伊朗高层防务代表团访问印度，对两国 2003 年 1 月在德黑兰签署的防务合作协定的实施进行了广泛讨论。伊朗驻印度大使馆表示，伊朗将在部队训练以及飞机、战舰、潜艇等武器的引进和升级上寻求印度帮助。

部署导弹防御系统 为维护国家安全，对付外来威胁，伊朗将发展导弹力量作为战略重点，继续奉行威慑性的国防政策。2004 年 6 月，伊朗国防部宣布，伊朗已研制出本国历史上首枚反舰导弹，这一名为“科萨尔”的反舰导弹属于防御性巡航导弹，由伊朗航空工业集团研制。该导弹是针对波斯湾和阿曼海的地理特点而设计的，因其导航模式不同，所以分为图像导航和雷达导航两种型号。此外，伊朗还在制造本国第一枚可以避开电子仪器探测的隐形导弹。8 月 11 日，伊朗成功试射了一枚射程达 1300 公里的“流星 3”改进型中程常规导弹。10 月 5 日，伊朗宣布已拥有射程达 2000 公里的导弹，而且能够制造出射程更远的导弹。10 月 20 日，伊国防部长又宣布伊朗试射了一枚命中率更高的新型“流星-3”型中程弹道导弹。

资料来源：

英国《简氏防务周刊》2004 年。

（王　晗）

以色列建军计划与措施 **调整兵力部署** 2004 年，以色列国防军正在进行修改作战条令的工作，已着手对地面部队的体制编制进行大刀阔斧的改革，这项改革将从基层部队一直延伸到各地区司令部。目前以色列国防军有3个地区司令部：北方司令部、中央司令部和南方司令部，3个司令部负责防范来自各个邻国的攻击。随着近年来传统威胁的消失，中央司令部目前的工作就是处理西岸地区的低强度冲突，南方司令部也只需在加沙地带进行战斗，北方司令部则主要在以色列与黎巴嫩的边界与驻扎在黎巴嫩南部的伊斯兰真主党游击队进行战斗。以色列空军则几乎仅用于对付远方的威胁，这些威胁主要来自伊朗。以军总参谋长指出，东线的威胁消除后可由1个司令部负责加沙和西岸地区的防务，要建立一个战略司令部，从而更好地协调计划陆海空军的作战行动。此外，根据总参谋长的5年工作计划，陆军司令部建议改造装甲部队，缩小地面部队规模，装备新型“梅卡瓦”MK4型主战坦克。“梅卡瓦”MK4型坦克的大威力、高精度和通信能力使陆军可以组建更小规模的部队，从而取代传统的装甲排装备的3~4辆主战坦克。陆军司令部还建议将国防军所有的师转变为以任务牵引的师，这些师都与某个特定的地区联系起来，进行有针对性训练，实现这个过程需要将目前的旅转变为以色列国防军的基本作战单位。

增强海军实力　2004年11月，以色列在法国国际海军装备展览会上推出了其研制的“保卫者”型高速远程遥控快艇。该艇全长9米，由一台柴油发动机和喷射推进器提供动力，装备的主要武器为一挺安装在艇首的7.62毫米口径的“台风”型远程遥控机枪。该快艇主要用于保护沿海地区、石油钻井平台和其他一些重要设施，能够连续24小时执行海上巡逻警戒任务，而且在必要的时候还可以直接消灭任何被侦测到的可疑目标。11月11日，以色列海军建造的第一艘“超级德沃拉”Mk3型巡逻拦截快艇正式服役。这种新一代海军巡逻艇是目前世界上最先进的，其具备的能力包括以接近50节的高速拦截海上目标，在深水区和浅水区保持高度机动性，可经受住恶劣天气的考验，能携带先进的精确武器系统和全天候的传感器，配备先进的手动操作与人机操作台等。

研制先进武器装备　2004年3月，以色列飞机工业公司研制的巨型侦察飞艇试验成功，飞艇的设计和运营费约1亿美元，每艘飞艇的生产成本约2000~3000万美元，以方希望借此取代价格昂贵的间谍卫星，执行对周边阿拉伯国家的侦察、预警和通讯任务。6月，以飞机工业公司的“鸟眼”500型微型无人机系统在荷兰成功进行了演示验证，该型无人机可持续飞行1小时以上，可为执法、侦察和监视工作实时提供昼夜图像数据。7月，以色列拉法尔武器发展局成功研制出新型远距肩射破墙弹药，该弹药为一次性使用系统，系统全重9公斤，可由一人携带。该弹药武器可击穿三层厚的砖墙，并可在封闭空间内发射，是专为城区作战设计的单兵突击武器。9月，以色列军事工业公司为以国防军研制出新型非致命主战坦克弹药，该弹药适于从105毫米和120毫米口径坦克炮发射使用，并且仅在距离坦克炮约5米的范围内发出非致命玻璃纤维碎片，可对潜在的敌人产生具有威慑性的声响效应。

发展导弹防御系统　2004年6月，以色列军事工业公司宣布研制出“黛利拉”空射巡航导弹的陆基型，其射程可覆盖以色列所有邻国的首都。以军事工业公司称，该导弹射程为250公里，是一种先进的亚音速远程待机打击导弹，能够对高速移动目标、固定目标和可重新部署目标实施搜索、接近并精确打击，只要在该导弹上安装光电探测器和数据链就能作为无人侦察机使用。7月，以色列和美国在加利福尼亚州成功进行了“箭”式反导系统实弹拦截实验。这是“箭”式反导系统首次进行实弹实验，“箭”式反导系统成功地拦截了一枚在太平洋上空飞行的“飞毛腿”导弹。12月，以色列空军在北部港市海法周围部署了美制“爱国者”防空系统，以加强对该地区的警戒，防止来自黎巴嫩南部真主党的飞机和无人机的渗透。

深化与美国的军事合作　以色列与美国进行的军事合作：一是互购军火。在美对以军售方面，美国向以色列出售了价值约3.2亿美元的5000枚智能炸弹和103辆“澳洲野狗”型装甲车，合同价值为9900万美元。在以对美军售方面，2004年1月，以色列埃尔比特系统公司与美国签订合同，将在以色列为美国生产20座“悍马”SAG型防护炮塔。7月，埃尔比特系统公司与美国国土安全部签署了一项价值约1000万美元的合同，将向美提供“赫尔墨斯450”型无人驾驶飞机系统，12月，以色列从美国防部获得了一项价值1亿美元的合同，将为美海军陆战队920辆中型车辆提供先进的装甲防护套件。二是联合研制开发武器。12月，以色列飞机工业公司与美国航空技术集团签署协议，将联合研制和制造“标枪”型高级喷气式教练机，该型飞机是在民用双座喷气飞机基础上发展起来的，以色列准备用其替代目前在空军服役的“教师”CM-170型和“空中之鹰”A-4型教练机。

加强与印度的合作　2004年1月，印度国防部官员表示，印度将与以色列签署协议，联合生产以色列飞机工业公司生产的“搜索者II”和“苍鹭”式无人驾驶飞机。以色列还与印度签订了价值2.3亿美元的无人驾驶飞机采购合同，以将向印交付约 50 架“苍鹭”无人机及相关设备。印度已在今年初同以色列签订了一项价值 5800 万美元的合同，采购以色列研制的巴拉克舰载防空导弹。12 月，以、印两国第三次联合工作组会议在以色列特拉维夫举行，印度方面表示可能采购以色列飞机工业公司研制生产的激光制导反坦克导弹，还希望采购价值约 2.66 亿美元的 90 套以色列“便携式轻型激光仪”。以色列军事工业公司获得了价值 1.3 亿美元的合同，将为印度建造 4 个化工厂：推进剂工厂、模块装药系统工厂、弹筒工厂和硝酸工厂。该公司还与印度签订了两个合同，一是和印度联合生产 T-90 主战坦克的 125 毫米弹药，该合同价值 1000 万美元；二是为印度改进 214 毫米“皮纳卡”多管火箭炮发射系统，该合同价值约 5000 万美元。

保持对外军售力度 以色列国防部 2004 年 7 月称，目前以色列武器装备的生产量约占世界总量的十分之一到十二分之一，其中 80%销往国外。以色列已成为仅次于美国、欧盟、俄罗斯、日本的武器出口大国。出口的武器装备包括无人侦察机、反坦克导弹、夜视装备、雷达、直升机和坦克等，2004 年以色列对外军售项目主要包括：2004 年 9 月俄罗斯已经在境内部署了由以色列生产的“航空星”无人机；6 月，以色列和法国达成协议，以色列飞机公司将向法国转让军用无人机制造技术，该合同价值达 2 亿美元；以色列雷达电子工业公司年初与葡萄牙空军签署了总价值 500 万美元的合同，将为葡萄牙空军 F-16 战机中期升级提供 FACE 设备；11 月，波兰陆军正式接收了首批以色列研制的“长钉-LR”型远程反坦克导弹系统，其中包括 2 架导弹发射器、20 枚导弹、1 架室内模拟器和 2 架室外便携式模拟器；11 月和罗马尼亚国防部签了 4300 万美元的合同，将向罗马尼亚提供 8 架“伊尔-99”型初级教练机。另外，和格鲁吉亚、韩国等国家分别签署了轻武器、航空等方面的协作合同。

资料来源：

①以色列《国土报》2004 年；

②英国《简氏防务周刊》2004 年。

（王　晗）

哈萨克斯坦建军计划与措施

加快军队改革步伐 2004 年，哈萨克斯坦继续加大军事改革力度，加速军队职业化进程，根据客观现实要求，重新审视了国家安全保障观念及为达到这一目的所应采取的形式、方法和手段，建立能正确应对新威胁和挑战的军事指挥体制。目前哈军使用的武器和军事装备绝大部分是苏制或俄制，哈已经购买了较多的俄制直升机、汽车装备、现代化雷达设备。根据俄哈总统达成的军事技术合作原则协议，哈将以俄军内部价格采购现代化的俄制航空、装甲坦克等先进设备及零配件。哈军十分重视军队作战训练，同时结合国际恐怖主义活动更猖獗、更有侵略性的特点，根据地区局势，组织和进行反恐训练。特别是利用曾经是原苏军高山步兵部队培训基地的优势，借鉴其先进经验，并结合现代战争的要求，分析阿富汗和其他地区战事特点，完善训练计划和内容，培训高素质、高战斗力的高山步兵特种部队。

加强海军建设 哈萨克斯坦一直希望建设一支装备精良、实力强大的海军力量。哈国防部长称，其他里海沿岸国家都拥有实力较强的海军舰队，哈海军的建设相对落后。哈正在里海建立自己的海军力量。目前哈海军力量已具雏形，现正完善管理系统，海军的指挥权将纳入地区军事指挥体系，同里海沿岸地区的军事防卫系统合并在一起。在建立哈海军的同时，哈方在里海地区的立场不会改变，即里海是“和平、友谊和睦邻合作的海洋”，哈海军将同所有里海沿岸国家的海军进行合作，以确保该地区的共同安全。俄罗斯已表示愿同哈萨克斯坦合作，在建设海军基础设施、培训海军军事人员以及保障船只航行安全等方面向哈提供帮助。

积极进行军事演习 2004 年 4 月 7 日，哈萨克斯坦参加了独联体国家防空联合军事演习，本次演习旨在检验独联体国家空中值勤力量的调配和管理，以及在出现紧急情况时统一使用独联体联合空中力量的能力。8 月，哈萨克斯坦与英国联合举行了代号“草原之鹰-2004”的军事演习，本次军事演习是根据哈英两国军事合作计划举行的，演习具有反恐性质。哈方空军机动部队及苏-27 歼击机、米-8 直升机和安-12 军用飞机等参演，美国、俄罗斯、印度、土耳其和韩国的驻哈武官作为观察员出席军事演习。9 月，哈萨克斯坦防空部队在位于哈中部地区的萨雷沙甘训练场举行了军事演习，演习的主题是“合理调动与运用防空力量保障哈军事安全”。演习的内容是防空部队的实战演练，其中包括对空中和地面的敌人进行导弹袭击。

制定反恐法律 2004 年 9 月，哈萨克斯坦总统在议会会议上表示，由于哈境内的恐怖主义和宗教极端主义组织活动日益猖獗，这些组织对国家和民族安全构成了越来越大的威胁，哈立法机关应制定一部有关打击恐怖主义和宗教极端主义的法律。反恐怖法一旦制定并实施，哈将建立起国家反恐体系并进一步明确公民和法人在反恐方面的基本责任和义务。2005 年 2 月，哈萨克斯坦议会通过了一项有关反极端主义活动的法案，该法案明确了“极端主义活动”的概念，并将极端主义分为“政治极端主义”、“民族极端主义”和“宗教极端主义”三种类型。根据这项法案，哈萨克斯坦不仅可以对本国的极端主义组织进行认定，还可以将在哈国领土上从事极端主义活动的外国和跨国组织定性。反极端主义活动法案进一步明确了哈萨克斯坦国家和政府各有关部门在打击极端主义活动中的职责范围，为哈萨克斯坦打击极端主义活动提供了有力的法律依据，奠定了重要的法律基础。

加强与外国的军事合作 （一）同美国。2004 年 2 月，哈美两国签署了为期 5 年的合作协议，美国为哈萨克斯坦提供休伊直升机、“大力神”运输机等。按照该计划，美国还将为哈萨克斯坦军队提供其他武器装备，并帮助其进行反恐培训。2004 年 2 月，美又向哈萨克斯坦边境部队赠送了将近 800 部通话设备，助其加强对边境的控制。（二）同俄罗斯。2004 年 9 月，哈萨克斯坦与俄罗斯签署了总价值达 4000 万美元的军购合同，俄罗斯将向哈萨克斯坦出售 20 架米-17 军用运输直升机。该军用运输直升机的市场价格是 500 万美元，但俄方以每架 200 万美元的价格向哈方出售，预订交付期为两年，其中 4 架直升机将于年末交付。

发展航空事业 为促进宇航事业的发展，哈萨克斯坦政府决定成立国家宇航局。哈总理艾哈迈托夫称，哈政府在国家宇航事业发展规划中详细制定了未来 3 年在物资、技术、人才和组织机构等方面促进宇航业发展的规划，2005~2007 年国家宇航事业发展规划将耗资约 3.47 亿美元，主要用于研制和发射一颗通讯卫星、建设火箭发射综合体和卫星监控中心等，实现这一规划将使哈萨克斯坦跨入拥有本国卫星和宇航事业国家的行列。哈国家宇航局成立的目的，在于整合国内现有的从事宇航事业的机构。

资料来源：

英国《简氏防务周刊》2004 年。

（王　晗）

英国建军计划与措施 2003 年 12 月，英国国防部发表题为《乱世求安》的国防白皮书，阐述英国的全球战略重点以及当前和今后所面临的威胁，并对英军未来参与作战的规模和应具备的能力进行政策性界定。其核心思想包括：第一，为了应对国际恐怖主义和各种威胁，英国需要调整军队结构，并继续推动军队的现代化建设；第二，英军必须具备同时在三场中、小规模的行动中长期投入作战的能力。并在中等规模的欧洲联合作战行动中发挥领导作用所需的各类作战能力；第三，英国作为美国盟员，要随时介入复杂的大规模作战行动，英军为此需要着重发展那些可以使其最大程度地对行动的实施和结果施加影响的能力；第四，在今后的作战行动中，英军所面临的空中威胁和来自敌对潜艇的潜在威胁都将大为降低；第五，北爱尔兰安全局势的好转使英军得以进一步缩减在该地常驻部队的规模。基于以上认识，英国计划对军队进行自冷战结束以来规模最大的一次军事调整。2004 年 7 月，财政大臣布朗表示，英国政府计划到 2008 年为止，每年增加 37 亿英镑的预算以提高英国海、陆、空三军的作战能力，同时增加国家安全的财政支出。同月，国防部颁发新版国防白皮书——《乱世求安之未来能力》，为英军规划了现代化的军队结构，提出全面军事调整的具体方案。主要内容包括：

调整部队编制 此次编制调整的主要目的是压缩规模、突出重点、提高海、陆、空三军在未来作战中的快速部署及灵活反应能力。根据调整计划，英国现役军人和文职人员总数将在今后 3 年内减少约 2 万人。预计到 2008 年 4 月，皇家海军人员将由 3.75 万人减至 3.6 万人；陆军人员将为 10.2 万人；皇家空军人员将由 4.85 万人减至 4.1 万人；文职人员将减少 1 万人以上；国防部担任行政职务的军人及文职人员总共将减少 1.5 万人以上。

到 2007 年，英国皇家海军将有 12 艘作战舰艇退出现役，其中，3 艘驱逐舰和 3 艘护卫舰的退役期限为 2006 年 3 月。

截至 2007 年 3 月，英国陆军将裁减 4 个步兵营、7 个“挑战者 2”主战坦克中队和 6 个 AS90 炮兵连。改编后的英国陆军将主要包括 2 个重型装甲旅、3 个机械化旅、1 个轻型攻击旅以及空中攻击和皇家海军陆战队突击旅。

同时，英国皇家空军将收缩地面防空力量，解散 4 个“轻剑”战斗机中队，今后“轻剑”将用于装备陆军。此外，鉴于单机和武器性能的提高使英军对高速喷气式飞机的需求降低，皇家空军的 1 个“旋风”F3 战斗轰炸机中队也在裁减之列，全部“美洲虎”战斗机部队的撤销日期将提前至 2007 年，而皇家空军科尔特夏尔基地将于 2006 年 12 月以前关闭。

整合军事装备 英军将进一步削减海、陆、空三军陈旧而低效的武器系统，计划到 2007~2008 财政年度总共从中节省 28 亿英镑，并将这笔资金重新投入国防建设，用于发展“前线”能力。

皇家海军今后将致力于提供多用途远征力量，更加注重增强随时随地从海上向陆地投送力量和支援地面部队的能力。部队的结构将体现降低的常规海上威胁，并将建立在航母和两栖特混部队的基础之上。近期将采取的具体措施包括：为现有的 4 艘航母装备升级后的“海鹞”GR9 战斗机；启用 2 艘新式的大型航母，并为其装备最新型的“联合攻击战斗机”；启用 2 艘新式突击登陆舰，“海神之子”号和“堡垒”号；组建一支由 25 艘驱逐舰和护卫舰组成的舰队，以 8 艘新式的 45 型驱逐舰作为其核心力量；保留核动力攻击潜艇这支重要力量，并通过启用配备最新一代“战斧”式巡航导弹的“机敏”级潜艇，使其得到进一步提升；用 16 架“猎迷”MR2 或 12 架 MRA4 海上侦察机执行海上监视任务。

自 1998 年以来，英军通过升级“旋风”GR4 战斗轰炸机、发展“海鹞”GR9 战斗机部队、装备“风暴影子”、“硫黄石”和“小牛”精确制导炸弹以及为“旋风”F3 战斗机配备高级中程空对空导弹和高级短程空对空导弹等措施，使空中能力大为提高。近期英军计划发展“守望者”无人驾驶空中飞行器监视和侦察计划，于 2004 年秋季装备“阿帕奇”攻击直升机，并于 2005 年装备新式的“轻标枪”反坦克制导导弹。今后十年，英军将采取一系列措施，使武器、网络和飞机能力继续大幅提高：第一，在同时具备空中攻击和防空能力的“台风”战斗机和“联合攻击战斗机”基础上建立未来的空中战斗力量；第二，仍将 C-130 运输机群作为空运能力的基石，在 2011 年以后启用 A400M 运输机，并购买 5 架 C-17 运输机；第三，在今后十年内斥资 30 亿英镑发展直升机。

发展“网络赋能能力”　英军结构调整的方向是使军队向基于效果的战争转型，而发展“网络赋能能力”是这一转型的核心。

“网络赋能能力”的实质是通过集成传感器、决策者和武器平台，科学地采集、处理和传输那些具有重要价值的信息，实现更有效的信息共享，从而达到决定性的、快速而精确的作战效果。为此，英军计划在今后 5 年内大力投入发展“天网 5”、“鸬鹚”、“猎鹰”和“弓箭手”等先进通信系统。除此之外，国防部也在大力投入发展机载远程雷达、“守望者”无人驾驶机以及“预言者”电子战系统等。这些装备将构成“网络赋能能力”的基础，进一步推动英军的现代化进程。

（张　奕）

法国建军计划与措施

加大军费投入　2004 年是法国《2003~2008 年军事规划法案》实施的第二年。根据该法案的规定，法国 2004 年国防预算比 2003 年增长 4.0%，达到 324 亿欧元。149 亿欧元用于武器装备的研制、生产和采购。其余用于支付工资和各项社会开支，以及维持军队正常运转的各项开支。其中，用于支付工资和维持军队正常运转的预算比 2003 年增长 0.46%。这是法国在完成军队职业化改革后，为巩固改革成果做出的重要努力，也是使法军有能力顺利完成各项任务的保证。149 亿欧元的武器装备研发研制、生产和采购费用比 2003 年增长 9.2%。其中，针对长期存在的武器装备可使用率低的问题，法军将大量经费投入到武器装备的维修保养中。陆军获得 4.7 亿欧元的拨款，比 2003 年增长 13%，而海军（不包括核潜艇）为 7.5 亿欧元，比上一年增长 19%。而在核威慑能力建设方面，法军降低了在这一领域投入的增长速度，总额为 3.1 亿欧元，比 2003 年只有 5%的增长，而 2004 年增长了 11.7%。法国在太空、通信和情报领域的投入是欧洲国家中最多的国家，在这些领域的拨款为 4.02 亿欧元。

推进各项军事改革措施　2004 年，法国为提高军队的作战能力实施了三项改革措施，第一是明确责任，详尽划分各个部门的职权；第二是优化资源，对军队的人员和资金进行更合理的分配和更得力的控制；第三是下放权力，明确应由国防部直接且唯一领导的项目，将其他项目交由地方管理。

围绕这三项目标，法国防部重新划分了国防和军队建设的 7 个领域，明确了相关的领导机关，它们是：防务政策所处的环境和前景，部队准备，部队使用，中央行政支持，武器装备研发项目的准备与发展，国家同军队的关系及地方对军队的支持，分别由国防部、三军参谋部、总装备部等机关单独或联合负责，由三军参谋部进行协调。三军参谋长的作用得到了加强。同时，国防部在 2004 年还进行了在各军种内部实施全面预算的试验，即国防部将资金交给各军种，与军种明确在一定时间范围内所达到的目标，中间不再进行干预。

法军还进行了多项军队管理模式方面的改革，其中包括：面对诸军种联合作战的要求，法军已进行了作战条件下航空装备支援一体化改革，这项措施将法空军装备的可使用率提高了 10%。同时法军舰队联合支援系统也取得了成功。法军在 2004 年对这两项改革措施进行了深入和推广；法军还将高科技信息技术手段引入档案管理和人力资源管理，将 16 个档案局缩减为 3 个；在装备项目管理上，法军加强了三军参谋长的作用，使装备研发更好地满足部队的作战需要，强化总装备部的技术能力，调整与工业界的关系。另外，法军进一步强化了军队的作战职能，将大量勤务保障工作交由地方管理：法军的总务部门已移交地方，成为了一个公共机构，负责法军各类生活物资的采购，此举使法军的物资库存减少了60%。同时，法军还将直升机飞行员的初级培训，营房管理，非作战车辆管理，长距离空中运输和海外战场的后勤保障等交由地方企业管理。法军的这几项改革措施旨在节约资金，充分利用地方公司专业化程度高的优势，更好地保证军队核心任务的完成。

发展先进武器装备 2004 年，法国启动了一批先进武器装备发展项目，其中包括：2 个地空国防研究项目，总耗资达到了 4 亿 3 千 5 百万欧元（合 5 亿 2 千万美元）；以及第 2 个无人驾驶飞机研制计划；与欧洲航空防务航天公司签署一份价值约 40 亿美元的合同，致力于研发和装备 M51 新型核导弹，以取代法军现有的 M45 型导弹。法军在 2004 年还有一些先进武器装备研制成功，其中包括：法国生产的第一架 NH90 直升机成功地进行了首次试飞；法国“西北风”号两栖攻击舰试航成功。此外，由法国、比利时和西班牙合作的军事侦察卫星“太阳神”2A 被“阿丽亚娜”-5 型运载火箭成功送入轨道，这枚侦察卫星可以提高法国军方在全球范围内进行监视的能力。同时另外 4 颗小型卫星也被送入轨道。

（原 颖）

捷克结束义务兵役制 《光明日报》2005 年 1 月 6 日刘文才报道，2005 年 1 月 1 日起，捷克军队开始实行职业化，与此同时，执行了 136 年的义务兵役制宣告结束。

1999 年捷克加入北约后，取消义务兵役制的呼声日渐高涨。2003 年 5 月 15 日，国防部正式向政府提交动议，于 2004 年底前取消义务兵役制。当年 11 月 12 日，政府批准如期结束义务兵役制。2004 年 6 月，政府通过取消义务兵役制的《防务法》草案，并获议会众、参两院批准。捷克军队义务兵役制宣告正式结束。

军队转型为职业化军队最显著的变化是部队明显“瘦身”。1993 年捷克建国时，人口 1 千万，有部队 10 万余人。预计军队改革后，捷军将由 2.6 万职业兵和 0.9 万文职人员组成。防务预算也由 1993 年占国内生产总值的 2.6%，下降至 2005 年占国内生产总值的 1.8%。部队精简主要体现在坦克兵等重装备部队缩编、驻防地减少和军区指挥部减少。

（袁右军）

澳大利亚建军计划与措施 2004 年 2 月，澳大利亚国防部发表了《2004~2014 年国防能力计划》。这一计划将指导今后 10 年澳大利亚重大装备采购项目的实施，总预算额超过了 270 亿美元。这些项目将大大提高澳大利亚国防军保卫本土和远距离投送兵力的能力。

陆军方面 澳大利亚陆军耗资 4.1 亿美元从美采购 59 辆 M1A1 型主战坦克。这些坦克均为二手坦克，将由美国通用动力地面系统公司对其进行翻新、升级和改造，预计到 2007 年这些坦克将投入现役，以取代“豹”1A3 型坦克。为了提高第 1 装甲旅的机械化作战能力，澳陆军计划把现有的 350 辆 M-113A1 型装甲输送车升级到 A3 和 A4 的水平。美国得克萨斯防务公司负责将这些装甲输送车拆卸并重新组装，以保证至少能服役到 2015 年。第一批改装的 16 辆装甲输送车将于 2006 年服役。另外，澳陆军还计划在 2007~2013 年更新轻、中和重型车辆，购买 40 架 NH-90 型直升机以更换 S-70 型黑鹰直升机。首批 12 架 NH-90 型直升机将于 2007 年交付，届时原驻扎在汤斯维尔的第 5 航空团的 1 个黑鹰直升机中队将转移至悉尼西部，直接支援陆军战术攻击群以应对恐怖袭击。

海军方面 澳大利亚海军谋求通过未来 10 年内的关键性舰艇的采购来实现全面的变革。以 2 艘中型直升机登陆舰来替换“新港”级两栖支援舰和重型运输舰“托卜鲁克”号的计划，将大幅提高澳大利亚海军的两栖作战能力。澳海军正在评估伊萨-阿玛里斯公司提供的设计方案，决议将于 2005 年下半年做出，届时将由澳大利亚国内造船厂负责制造。依据设计要求，每艘中型直升机登陆舰的最大排水量为 25000~27000 吨，总长度为 215~230 米。据悉，这种登陆舰将是亚太地区最大和两栖作战能力最强的舰只。每艘舰上包括一条全贯通的飞行甲板、可同时起降 6 架中型直升机（NH-90 型）、至少可以容纳 12 架直升机的机库以及额外携载 4 艘中型登陆艇。根据陆军的需求，海军要求每艘舰的标准人员搭载量为 900~1000 人，另外还可搭载其他维修、保障人员以及登陆艇部件。第 1 艘中型直升机登陆舰预计 2010 年底交付使用，第 2 艘则要等到 2015 年。该项目预计拨款 20~27 亿美元。同时，澳海军也在寻求更新其两栖攻击舰，以满足海上运输要求。预计到 2016 年左右可更换两栖攻击舰。该项目的拨款为 2~2.7 亿美元。为了提高舰队的防空能力，澳海军将耗资 60~81 亿美元采购 3 艘防空驱逐舰，预计将于 2013~2015 年交付使用。该舰排水量为 7000~8000 吨，被赋予局部和区域防空任务，为战斗机、侦察机提供对地和对空火力支援。澳海军将采用美国“宙斯盾”系统作为这些驱逐舰的战斗数据控制系统，它将被用来控制短程改进型"海麻雀"导弹和远程"标准"SM-2 导弹的发射。

空军方面　在"天空-6000"项目中，澳大利亚空军计划从美国订购 80~100 架 F-35 联合攻击战斗机，以取代 F-111 和 F/A-18 战斗机。预计至少要等到 2015~2016 年澳大利亚才能接收第一批 F-35 联合攻击战斗机，购买费用为 155~210 亿美元。在"天空-7000"项目的第一阶段，澳大利亚空军拟斥资 10~14 亿美元采购无人机，以执行近海及陆地的侦察和巡逻任务，预计将于 2009~2011 年服役；第二阶段，将耗资 48~61 亿美元购买新型海上巡逻机以替换 AP-3C 型"猎户座"飞机，预计 2013~2015 年装备部队。在"天空-8000"的第一阶段，澳大利亚空军将对 12 架 C-130H"大力神"中程运输机进行更新，使其至少服役到 2020 年，它们将和早期服役的 12 架 C-130J-30S 型飞机一起承担空中运载任务；第二阶段，将于 2010~2012 年购买一种新型战场运输机，所需的性能指标还没有具体确定，但要求该机型能够执行各种类型的空中运载任务，能够从简易跑道进行升降。空中客车公司的 A-400M 被认为是最有竞争力的一种机型。此外，澳大利亚空军还与欧洲宇航防务和空间公司签订了购买 5 架 A330-200 多用途运输机的订货合同。这批飞机将于 2007 年服役，取代老旧的波音 707 加油机。

资料来源：

①泰国《亚洲军事评论》2004 年第 4 期；

②中国《国际展望》2005 年第 2 期。

（孟　丽）

军队体制编制

美军体制编制　2003 年底，美军各军种发表了新修订的《转型路线图》，提出了各自的转型计划。2004 年各军种在落实这些计划的同时，也提出了有关体制编制的新构想。

陆军　*精简指挥层次*　美陆军拟改革现有的旅、师、军和集团军四级指挥链，设立新的指挥层次："行动单位"，简称 UA，大致相当于现在的旅，但是它有更多的支援编制，因此可以不依赖于师进行部署；"使用单位 X"，简称 UEX，只是一个司令部参谋机构，带有作战支援编制，比如基地警卫、联络军官和网络支持；"使用单位 Y"，简称 UEY，为地区性战区级别的支援司令部。美军可能成立大约 5 个"使用单位 Y"，其中 3 个对应美国目前在中东、亚洲以及欧洲/中东的主要作战司令部。"使用单位 X"将设 18~21 个，并将分为现役和预备役，与现在的师一样，它们没有区域之分。一个"使用单位 X"的常设人员约为 960 人，其中包括一个警卫连、网络支持连和两个战术指挥所以及司令部参谋机构。一个 UEY 的常设人员约为 1110 人。

组建模式化部队　美陆军将把师直属炮兵、情报、保养和通信等战斗支援部队编入作战旅，每个师的作战旅由 3 个增至 4 个，再加上 5 个"斯特赖克"旅、2 个空降旅和 1 个装甲骑兵团，2007 年美陆军作战旅将达到 48 个。第 3 机步师 2004 年 5 月已改编成美军的第一支"模块化"作战部队，由原来的 3 个战斗旅组合为 4 个"战斗行动单位"。2007 年前其他 9 个师"模块化"改编日程已经制定出来，其中第 101 空中突击师和第 10 山地师从 2004 年开始重组；第 4 机步师从 2005 年开始改编；第 1 骑兵师、第 25 轻步师以及第 82 空降师将在 2006 年开始改编；第 2 步兵师、第 1 机步师和第 1 装甲师将在 2007 年进行"模块化"改编。国民警卫队也将把它的旅战斗队改编为更强大的"行动单位"，明年将有 3 个旅开始改编。另外 6 个国民警卫队旅将在 2006~2010 财年内，每年改编 1 个。

美陆军的这次改编是 50 年来变化最大的一次改革，它可能使陆军有更多的部队用于全球反恐战争，同时使每支部队的轮换时间缩短到 6 或 9 个月。

计划部署作战与补给船队　陆军计划在 2010 年前部署 3 个海运船队，每个船队都装载着一支旅级规模的战斗部队以及可较长时间维持这支部队的补给。与现有的地面预置力量相比，这 3 个陆军地区船队（ARF）将为全球危机和紧急事件反应提供更大的灵活性。这 3 个地区船队将于 2008 年左右服役。每个船队包括 5 艘船，分别装载一支旅级规模的部队，包括 1 个装甲营、1 个机械化步兵营及相应的支援部队；支援部队包括特种部队、专业部队、生活物资、弹药等。第一个地区船队的基地在太平洋的关岛和塞班岛地区，装载部队的滚装船和弹药船已经部署到位；第二个将

部署在印度洋的迪戈加西亚附近。

空军 提出新作战概念，确定6类“转型”能力 为把空军转型为一种基于能力的部队，空军已经制订了六项新的作战概念：全球机动、全球反应、全球打击、本土安全、核反应、以及空间与指挥、控制、通信、计算机、情报、监视与侦察（C4ISR）。《空军2003年修订版转型路线图》提出了16种“转型”能力，分为6类，即信息优势、空中和空间优势、精确打击、全球攻击、全球快速机动性和灵活的战斗支援。提出“未来总体部队”构想。2004年12月1日，美空军透露其“未来总体部队”概念以及实施这些概念的6个试验方案。

“未来总体部队”概念是空军转型计划的重要方面，将有助于空军在未来最大限度地增强作战能力，并使空军不同人员的作战经验保持平衡，从而保证空军部队无论是远征作战还是本土作战，都能够将空军现役部队、预备役部队和空军国民警卫队紧紧联系在一起。它强调“后方即时支援”能力，使空军人员无论在全球任何地方都能够运用新技术执行作战任务，减少偶然的机动行动，并增强预备役部队的能力。

空军将通过6项试验方案实施这一概念：（1）使空军国民警卫队和现役部队在F/A-22的研制和装备部队过程中密切合作，这也将是预备役部队首次参与主要武器系统的研制。参加试验的部队包括弗吉尼亚国民警卫队第192战斗机中队和兰利空军基地的第1战斗机中队。（2）现役担任值班任务的空军人员将与空军国民警卫队人员驻扎在一起，使现役空军人员能够从国民警卫队队员身上学习更多的经验。（3）第419战斗机中队的预备役人员将与担负作战值班任务的第388战斗机中队联合执行全谱作战任务。（4）驻德克萨斯州和亚利桑那州的空军国民警卫队将执行“捕食者”作战任务，在更远距离上具备“后方即时支援”能力。（5）空军预备役人员将与陆军预备役人员合作，通过纽约西部的最新分布式地面站处理情报信息。（6）空军预备役人员将参与在内利斯空军基地的空军作战中心的所有任务。其中预备役部队执行的首次任务将是“捕食者”无人机任务。

国家安全太空学院成立 2004年10月18日，空军航天司令部在施里弗空军基地成立了国家安全太空学院（NSSI）。它是帮助培养新一代太空专家的太空训练和教育组织，每年将招收2500名学员，约60%来自空军，其他学员来自美国家航空航天局（NASA）、国家侦察局及其他政府和军事部门。

海军 继续组建远征打击部队 美海军根据海军转型路线图计划，目前正在将现有海上作战兵力改编为可灵活组合的4种远征打击部队，包括14支航母打击大队、12支远征打击大队、9支导弹防御水面作战大队和4支巡航导弹潜艇打击大队。

成立舰队反潜战司令部 2004年4月8日，美海军舰队反潜战（ASW）司令部在舰队反潜战训练中心正式成立。新的司令部将由138名军人、文职人员和合同人员组成，除了圣迭戈司令部之外，舰队反潜战司令部还将在弗吉尼亚州诺福克和日本横须贺设立分部。该司令部的使命包括：集成先进的反潜作战网络、建立反潜作战条令、探索作战概念、负责反潜战训练并辅助海军首脑制定反潜战策略，向整个海军提供标准的反潜战训练，评估舰队的反潜战能力和战备情况，并将最先进的技术融入反潜战中。

此外，美战略司令部新建了计算机网络作战联合特遣部队，这支神秘的部队由150余名成员组成，均从计算机科学家和网络分析专家中精选，其主要任务是从事计算机网络的防御与进攻作战。2004年美军已批准了4个战区司令部建立常设联合部队司令部的地址，并将于2005年底在所有战区司令部建立具有实战能力的常设联合部队司令部。为进一步整合情报系统，11月，布什签署法令，批准成立了国家情报局。

（李水生）

编有一支抓问题的部队 《中国国防报》2004年1月13日王霄报道，美国陆军士兵系统中心所属“作战部队互动大队”是一支以深入部队“抓问题”为工作任务的特别部队（英文缩写OFIG）。该部队编有2名专职顾问、3名工程心理学家、6名装备专家、1名演示协调官、1名行政助理和1名大队指挥官。

前往实地收集士兵意见是该大队的首要工作。最初，该部队每年访问4个单位。随着美军任务增多，此项任务已增至每年10次，其中包括海军、陆战队和空军的单位各1次。美军部队完成训练或海外任务后两周之内，该大队就会召集部分士兵填写调查问卷，询问他们对士兵系统中心研发的装备有何意见。根据调查，该大队可帮助有关部门买到或改进一些当前部队最需要的装备。该大队一般不坐等意见反馈。每次海外任务只要使用新装备，他们都会派出一个工作组随部队实地搜集意见。此举有效地保证了新装备的及时到位。

善于把问题直观地演示出来，使领导人知晓其要害，是该大队工作的关键之一。在美国国会2004年举行的一次演示会上，他们的演示令人信服地为军方争取到一项“士兵改进计划”。整个计划可以节约3~10

年时间和大量经费。

（耿文正）

俄罗斯军队体制编制 俄军 2004 的体制编制建设，主要围绕继续裁减员额、改革领导指挥体制、优化部队编成、添置新武器装备、进一步整合军事院校等问题展开。此外，俄军一些专家学者对武装力量在过渡时期的组织编制结构，提出了自己的观点。这些观点对俄军的编制调整，具有重要的指导意义。

继续裁减武装力量员额 2004 年底，俄武装力量军人人数为 120.7 万。超出 100~110 万的实际需求，因此，要裁减。具体为：国防部机关编制人数由 11000 人减至 10350 人，空军 3.6 万人，陆军 2 万人，海军 1.6 万人，战略火箭兵 3000 人，太空兵 1000 人，空降兵和铁道兵各 2000 人，后勤部队 6000 人，建筑部队 9000 人。此外，派驻联邦权力机关的军官也将裁减 5000 人。此次裁减幅度最大的是中高层指挥机构，主要是军种总司令部独立兵种司令部，达 10%。军事院校裁减教学人员 8000 人。

改革与调整领导指挥体制 俄普京总统借 2004 年 3 月国家行政改革之机，对军队领导指挥体制进行了重大改革，其主旨是强化文官即政治家治军，主要措施是加强国防部和文职国防部长的地位与权力。2004 年颁布的新《国防法》和《国防部条例》确立了政治家在军队中的绝对权威。新的《国防法》规定，“总统通过国防部对武装力量实施指挥”。两个法律法规文件均弱化了总参谋部的地位和作用，使之真正成为国防部下属的主管作战指挥的中央军事指挥机关之一。这次改革将对俄武装力量的建设和发展产生深远影响。

精简调整机关 在国家行政改革中，有 4 个国防和军工领域的联邦权力机关归并到国防部：联邦军事技术合作总局、联邦国防订货总局、联邦技术与出口检查总局、联邦特种建设署。联邦铁道兵总局也划归武装力量后勤。此外，联邦原子能署在国防工业问题上，也划归国防部领导。随着国防部和总参谋部职能的明确，俄国防部内部的机关调整主要有：原隶属于陆军总司令部的武装力量战斗训练总局划归国防部直接领导；原隶属于总参谋部的军事合作总局、国防部核技术管理局、国防部外事局、军事科学局等，划归国防部直接领导，防务与兵役安全局并入武装力量战斗训练总局，调整后的总参谋部只剩下作战总局、组织动员总局和情报总局。

改革中，俄国防部副部长由 9 人减为 4 人。新的副部长职位仅保留 2 名第一副部长和 2 名副部长。

普京就任总统后，先后两次对拥有军队或担负国防及国家安全任务的强力部门进行归并整合。强力部门由 8 个归并整合为 6 个。各强力部门内部也进行了相应调整精简。联邦安全总局所属边防军的后勤机关被撤销，安全部门及所属部队的后勤保障，全部纳入各强力部门统一的后勤保障体系。

完善部队和院校编制结构 在武装力量体制编制上，陆军现仍实行集团军—师制和军—旅制混合的体制编制。旅、团以下环节的战斗编成，要求具有更为灵活的编组，更强的独立作战能力和火力突击能力，战术兵团的类型多样化。根据原陆军总司令卡尔米利采夫提出的“重、中、轻相结合”的思想，俄军于 2004 年建立了新编制试验部队，并计划于 2005 年组建特种维和旅和山地步兵旅。在指挥体制建设上，精简和优化指挥机关的结构、编成和员额，改造现有的和建立新的、首先是高度机动的、装备现代通信和自动化器材、生存和抗干扰能力强的移动指挥所。

其他军兵种的编制，主要是根据人员裁减情况压缩和优化其编成。其中，海军取消了区舰队建制（里海独立区舰队除外），北方舰队 2 艘 941 型“台风”级战略核潜艇，北方舰队和太平洋舰队所有 667БД（DⅢ）战略核潜艇全部退出现役。空军远程航空兵 2 个图—22M3（“逆火”）中型轰炸机团将退出现役，编入预备役；前线航空兵撤销 9 个团和 1 个侦察机大队，直升机部队撤销 1 个米—8 直升机团和 1 个米—24 直升机团，一所高等飞行员学校撤销 2 个训练团。此外，空军莫斯科特区还要与太空兵共同组建空天一体的防御体系。战略火箭兵撤销 1 个导弹集团军军部及其所属的 1 个导弹师，至 2008 年，战略火箭兵将减至 10 个师；空降兵第 98 空降师将缩编为空降旅。

军事院校的调整，主要在总结前期改革经验教训的基础上，进一步裁减院校数量，主要是陆军的院校和各军事学院、军事大学的分校，逐步取消分校建制，优化院校结构。同时，恢复军事大学和大部分军事专科学院的原有名称，即重新定名为“军事学院”和“高等军事学校”。

小批量更新武器装备 2004 年俄军陆续得到一些新式武器装备。陆军开始装备 T-90 坦克和“伊斯坎德尔-M”陆军战役战术导弹系统。海军第四代第一艘“拉达”级常规潜艇“圣彼得堡”号下水，计划于 2005 年正式列编；战略火箭兵又装备 4 枚“白杨-M”战略导弹，使该型导弹的总数达到 40 枚，计划到 2010 年前至少部署 100 枚，并在必要时将部分该型导弹由单弹头改装为分导式 3 弹头。

俄 2004 年底提出的军费预算草案，2005 年装备建设部分的预算投入超过 1869 亿卢布（约 64 亿美元）。其中，628 亿（33.6%）用于新式武器装备的科研和试验设计；1123 亿（60.1%）用于购买新的和经改装的武器装备；118 亿（6.3%）用于武器装备的修理；154 亿用于完成跨军种任务（侦察活动、电子战装备、医疗和后勤装备、测绘保障、核安全、电子产品等）。利用这笔资金，2005 年将订购：4 枚战略导弹、5 枚运载火箭、9 套航天器；2 套“伊斯坎德尔-M”陆军战役战术导弹发射装置、17 辆 T-90 坦克、92 辆 БТР-80 装甲人员输送车（3 个营基数）；2 艘新战舰（“守护”号和“灵敏”号小型护卫舰）；1 架新的和 1 架经过修理的图—160 战略轰炸机、7 架经改装的苏—27CM 多用途歼击机以及与之配套的高精度空对地导弹。

资料来源：

①俄《军事思想》2004 年；

②俄《军事评论》2004 年；

③俄《军队文集》2004 年；

④俄《红星报》2004 年。

（来　斌）

日本自卫队体制编制　2004 年，日本自卫队根据国家安全战略和军队建设的需要，按照年度业务计划的要求，对部队现行体制编制有计划地进行改编、增编和撤编。具体情况如下：

调整编制及其员额　2004 年度末，自卫队编制员额共计为 262184 人（与上一年度相比减少 524 人）。其中，陆上自卫队与上一年度相比减少 757 人，为 166832 人（常备军人 157828 人；快速反应预备役军人 9004 人）；海上自卫队比上一年度增加 3 人，为 45842 人；航空自卫队比上一年度增加 75 人，为 47361 人；参谋长联席会议比上一年度增加 155 人，为 2149 人。

文职人员共计 23709（与上一年度相比，减少 183 人）。其中，陆上自卫队 8941 人（减少 90 人）；海上自卫队 3566 人（减少 35 人）；航空自卫队 3731 人（减少 40 人）；参谋长联席会议 469 人（增加 9 人）；防卫厅内局及各机关等 7002 人（减少 90 人）。

陆上自卫队实有人员 145906 人，满员率为 91.29%，与 2003 年度相比增加 1.78%；海上自卫队实有人员 43694 人，满员率为 95.32%，与 2003 年度相同；航空自卫队实有人员 44939 人，满员率为 95.03%，与 2003 年度相同。

预备役人员与 2003 年度相同，共计 47900 人。

新设联合参谋本部　防卫厅确定从 2005 年度开始新设联合参谋本部（暂称），以便向新的联合运用体制过渡。与此同时，撤编参谋长联席会议和参谋长联席会议事务局。联合参谋本部的最高指挥官为联合参谋总长（暂称），其助手为联合参谋副总长，编制员额 520 人。联合参谋本部直接受防卫厅长官指挥，下设首席法务官、报道官、首席后勤补给官和总务部、运用部、防卫计划部、指挥通信系统部 4 个部，4 个部共下设 8 个课。原联合参谋学校归属联合参谋部。今后，联合参谋总长在自卫队的运用方面代表各自卫队统一辅佐防卫厅长官，防卫厅长官通过联合参谋总长指挥自卫队。

新设联合情报部　2005 年度，参谋长联席会议下属的情报本部将改为防卫厅长官直属机关，同时新设联合情报部。迄今，自卫队中央“情报本部”设于参谋长联席会议下，其主要情报业务是向参谋长联席会议主席提供“防卫出动”时的必要情报，同时通过整个自卫队收集、分析所需的国际军事形势等战略情报，以资防卫厅进行政策判断。为了加强其战略情报支援机能，对防卫厅各机关全面提供情报支援，将其升格为防卫厅长官直属机关。另外，为了对部队有效地实施情报支援，新设联合情报部（暂称）。联合情报部将对陆海空各自卫队参谋部的情报机能实施一元化管理，在运用情报方面，对联合参谋本部进行支援。

防卫厅调整内部机构　2004 年 4 月 1 日，防卫厅根据中央省厅等改革基本法对内部部局和防卫设施厅下属的课进行削减，撤编长官官房政策评价课，新设政策评价监查课，撤编防卫设施厅建设部通信课，新设通信官。调整后，长官官房由 6 课制改 5 课制，即由秘书课、文书课、宣传课、政策评价监查课和情报通信课组成。防卫设施厅建设部由 5 课制改为 4 课制，即由建设规划课、建筑课、土木课和设备课组成。

防卫厅技术研究本部新设综合先进技术开发官　2004 年 3 月 20 日，日本内阁会议决定，防卫厅技术研究本部新设综合先进技术开发官。其下设三个开发室、一个总务室和 2 名主任研究官，第 1 室主要负责模拟器材和传感器材的研究开发，第 2 室主要负责通信器材和军需品的研究开发，第 3 室主要负责情报处理器材和军需品的研究开发。编制员额为 21 人。另外，为了有效地开展导弹试验发射场的联络调整业务，撤编新岛试验场，在负责导弹研究开发业务的第 3 研究所下新编新岛分所。调整后，技术研究本部下属的试验场由过去的 5 个减至 4 个，即札幌、下北、土浦和岐阜试验场。

陆上自卫队参谋部内部改编　2004 年 3 月 23 日，陆上自卫队参谋部对其防卫部和教育训练部下属的课进行了编制调整。撤编防卫部下属的研究课，新编情报通信·研究课。该课由总务班、研究班、情报通信室编成。新编目的在于实现对情报系统的一元化管理以及能够有效地进行各装备品间的情报系统化业务研究。情报通信·研究课的业务范围包括研究课的过去所有业务、运用课的部分业务和无线电波使用计划的制定等，同时也负责陆上自卫队的情报系统的建设和管理。撤编教育训练部的教育课和训练课，新编教育训练计划课和教育训练课，教育训练计划课由规划班、制度班、器材演习场班编成。教育训练课由总务班、教育班、训练演练班编成。

陆上自卫队第5步兵师改编为“沿岸部署旅” 陆上自卫队于2004年3月29日将北部军区第5步兵师改编为“沿岸部署旅”，其编制员额由7200人减至4100人（其中快速反应预备役军官约600人），满员率由过去的76%提高到97%，部队的快速反应能力将得到大幅度提高。旅下设3个摩步团，装备120毫米迫击炮等新型装备；反坦克队改编为反登陆艇反坦克连，装备96式多用途导弹系统；坦克队装备90式坦克；工兵连装备92式雷区处理车。改编后，各部队的部署如下：旅部及直属队、第4摩步团驻带广；第6摩步团驻美幌；第27摩步团驻钏路；第5侦察队驻别海；第5坦克队驻鹿追。其中，第4摩托化步兵团的80%人员为快速反应预备役军官。

陆上自卫队第10步兵师改编为“战略机动师” 陆上自卫队于2004年3月29日将中部军区第10步兵师改编为“战略机动师”，编制员额由7000人增至8700人（其中包括快速反应预备役军官1300人），并装备轻型装甲机动车和高性能机动车辆，以提高部队的战略机动能力。改编过程中，对部队体制编制进行了适当调整，即在丰川驻地新编以快速反应预备役军人为主的第49摩步团，其编制员额为1100人（其中快速反应预备役军官800人）；撤编第10反坦克队；在各摩步团新编反坦克连，并由原来的6个连增至7个连；在守山驻地新编第10化学防护队（60人）；在第10导弹队配备近程地对空导弹。改编后，摩托化步兵团由3个增加到4个。与此同时，强化了炮兵、坦克部队。坦克营编制由3个连增加到4个。在装备方面，配备轻型装甲车、高性能机动车辆等，提高部队的机动作战能力；装备多用途直升机，提高部队应对“多种事态”的能力。后勤支援团由500人增加到约1000人。将武器队分别编入第1维修营和第2维修营，以增强维修营的能力。

陆上自卫队改编第1空降旅 陆上自卫队于2004年3月29日对第1空降旅进行了改编。将现行的步兵群改编为3个步兵营（约400人）。旅本部的通信排升格为连。工兵部队由队改编为连，由原编制的50人增加至90人。在装备方面，增加高机动车辆，以提高机动能力。此次改编的目的在于提高部队运用的通融性和空中机动作战能力。

陆上自卫队新编“特种作战群” 2004年3月29日陆上自卫队在习志野驻地新编“特种作战群”。“特种作战群”相当于美国的反恐特种部队和英国的特别行动队（SAS），其主要任务是对付游击队和特种部队，编制员额为300人。日本防卫厅人士称，组建“特种作战群”的目的是，当东京和福冈等大城市及地方城市遭到外国特种部队或武装间谍突然袭击时，该部队能迅速作出反应。另外，在巷战等战斗中如何保护重要设施以及围剿潜入建筑物内的敌人等也将是该部队今后的主要任务之一。

陆上自卫队将改编第2特混旅 日本安全保障会议和内阁会议作出决定，陆上自卫队将投资6亿日元对第2特混旅进行改编，新编1个步兵团、1个侦察队、1个工兵队和1个飞行队。编制员额由2000人增至3000人，所辖部队分别部署于四国地区的4个县。整个改编将于2005年度完成。

陆上自卫队新编北部军区教育团 2004年3月29日陆上自卫队在东千岁驻地率先成立了北部军区教育团。与此同时，撤编第3教育团和第1陆军士官教育队。该团的教育主要对象是士官和新入伍战士，是陆上自卫队5个军区中唯一的士官和新兵的专门教育部队。该团由团本部和5个教育连组成，编制员额200人，团长为陆军少校军衔。

海上自卫队调整部分部队编制 2004年2月16日，“相岛”号中型扫雷艇服役，编入扫雷队群第1扫雷队，母港为吴港。该艇为“菅岛”型第8号艇，艇上装备了最新的情报处理装置、水雷探测器、水雷处理工具，提高了扫雷能力。调整后，第1扫雷队由“相岛”号、“长岛”号和“出岛”号3艘扫雷艇组成。

2月26日，“神岛”号扫雷艇改为扫雷管制艇，由第45扫雷队转入第101扫雷队，母港为吴港。

3月24日，扫雷队群撤编第3扫雷队，其所属扫雷艇“菅岛”号、“能登岛”号、“角岛”号编入横须贺地方队第41扫雷队。第41扫雷队所属的“由利岛”号、“佐久岛”号分别编入第46扫雷队（隶属冲绳基地队）、第45扫雷队（隶属函馆基地队）。另外，由于驱逐舰“卷波”号服役和驱逐舰“山雾”号变更为练习舰，第2护卫队由“泽雾”号、“夕立”号和

"卷波"号3艘多用途驱逐舰编成，第6护卫队由"雾雨"号和"有明"号2艘多用途驱逐舰编成。

3月3日，"黑潮"号潜艇（2750吨）服役，编入第1潜艇队群第5潜艇队，由"黑潮"号、"春潮"号、"夏潮"号3艘潜艇编成。

3月8日，练习舰"青云"号退出现役，"山雾"号驱逐舰改为练习舰，编入练习舰队第1练习队，母港为吴港。

3月24日，"海鹰"号、"白鹰"号导弹快艇服役，分别编入吴地方队吴警备队第2导弹艇队和佐世保地方队佐世保警备队第3导弹艇队。

3月15日，"摩周"号补给舰（13500吨）服役，编为护卫舰队直属舰，母港为舞鹤港。

3月16日，"周防"号、"天草"号多用途支援舰服役，分别编入横须贺地方队和佐世保地方队。

航空自卫队航空支援集团司令部新编运用课 航空自卫队航空支援集团司令部防卫部于2004年4月1日撤编飞行运用课和航空管制课，新编第1运用课和第2运用课。

航空自卫队收编临时教育飞行队 航空教育集团第4航空团第21飞行队于2004年3月29日将用于飞行教育的T-2超音速高级教练机更换为F-2支援战斗机，与此同时，将F-2支援战斗机临时教育飞行队收编。

航空自卫队参谋部新设人事计划调整官 航空自卫队参谋部于2004年4月1日新设人事教育部人事计划课人事计划调整官。

航空自卫队新编补给本部情报处理部 航空自卫队于2004年3月29日撤编补给本部资料部，新编补给本部情报处理部。

防卫厅确定部队体制编制调整计划 2004年8月31日日本防卫厅公布了《2005年度业务计划基本方针》。根据该方针，防卫厅对部队编制进行了调整。

防卫厅及三自卫队参谋部：在防卫厅内部部局、参谋长联席会议、陆海空三自卫队参谋部增设报道官；对防卫厅内部部局、陆海空三自卫队参谋部的情报公开·个人情报保护室进行改编；随着自卫队"联合参谋本部"的建立，对陆海空三自卫队参谋部进行改编；在防卫厅内部部局新编国民保护·灾害对策室。

陆上自卫队：为了应对新的威胁和多种事态，对第6师、第3师进行现代化改编，提高其应急作战能力。撤编第2特混旅，在善通寺驻地新编具有现代化应急水平的第14旅。在编制员额方面，第6师由7500人减至6400人，第3师由9400人减至6400人，第14旅编制员额为2800人（比第2特混旅增加800人）。第6师、第3师主要是保持和提高重火力作战能力（反坦克、炮兵、坦克等各种火力），并向由常备军人组成的部队方向进行改编，提高部队的应急作战能力。步枪排分队实行8人编制化，并新编狙击班。提高交战能力，并引进轻型装甲机动车，提高机动作战能力。在后勤补给维修体制方面，新编第14后勤支援队。由于第6师的改编，将对军区直属的骨干部队和以预备役军人为主体的出动维修部队实施一元化管理。另外，为了对常备军人和预备役军人实施连贯的教育训练，在仙台驻地新编东北部军区特混旅，编制员额为1700人。

海上自卫队：在航空补给处下增设维修资料管理课。

航空自卫队：对警戒航空队进行改编。

资料来源：

①日本《朝云》2004年1~12月；

②日本《防卫日报》2004年1~12月；

③日本《海自新闻》2004年1~12月。

（张洲军）

日本预备役部队主要特点 《中国国防报》2004年11月22日高崇权、张天南报道，日本受特殊的政治国情影响，其预备役力量建设有以下特点。

整体规模较小。战后日本预备役制度建立于1954年。到2000年6月，日本陆军预备役编制员额为4.6万人，海军编制1100人，空军编制800人，共计4.79万人。其实力仅为现役实力的1/6。

兵员自愿应征。在军队服役1年以上并退出现役的军人，在自愿的基础上应募。负责招募工作的机关是军队派驻各地的地方联络部（相当于兵役局）。志愿加入预备役的退役军人可向就业所在地的地方联络部申请，也可以在退役前预先填写志愿书交所在部队，由所在部队负责将志愿书转交地方联络部。预备役的任用期为3年。服役期满后可根据本人意愿继续延长1个任期。法律规定，对服役期满后要求退出预备役的军人，任何人不得阻止。但在国家发布防卫征召令期间，对服役期满后不愿再留任的预备役军人，可强制其延长任期1年。

地方代管联络。预备役的日常管理工作由地方联络部负责。没有设地方联络部的地区，由军区指定当地驻军基地业务队或其他部队机关代管。日本法律规定，预备役人员在变更住所或长期外出时，要及时向地方联络部报告；预备役人员要让家属、同居者或房屋管理人了解本人的去向，并在家属或同居者中，指定一个招集联络人，并在地方联络部备案以便联络；预备役人员死亡或去向不明时，招集联络人有责任向地方联络部报告。

互助制度健全。1988 年由日本队友会发起建立的一种预备役人员相互帮助的制度，目的是通过多种渠道解决预备役人员的生活困难，增强预备役的凝聚力。互助制度不同于保险制度，它是预备役人员互相帮助的一种形式。自愿加入互助的预备役人员缴纳一定数额的人会费后，在遇到生老病死等情况时，将得到一定数量的补助。病故可获 100 万日元，训练中亡故可获 500 万日元的补助。

福利补助偏低。日本预备役人员每月发 4000 日元补贴；训练期间每人每天发训练补助 5600 日元，还不到民间企业日工资的 1/2。预备役补贴由地方联络部支付，训练补助由施训部队支付。参加训练的旅费给予报销，并免费提供食宿、被服。训练招集或防卫征召期间受伤或患病者享受公费医疗；因公务受伤患病者，在训练结束后享受公费医疗到治愈为止；因私受伤患病者，享受公费医疗 1 年（从伤病之日起计算）。

近年来，日本军方正采取措施，对预备役制度进行改革：扩大预备役规模和来源，吸引女退役军人参加预备役；成立陆军应急预备役部队，使预备役在战时不仅承担后勤补给任务，而且能够承担第一线战斗任务；提高预备役待遇，增加训练补助，把日训练补助提高到企业平均日工资的水平。

（袁右军）

韩国军队体制编制 2004 年，韩国为积极适应二十一世纪安保环境变化，建设一支具有未来尖端科学技术的军事力量，构筑自主防卫力量，继续通过改善军队构造、整顿部队来提高战力运营的效率。年内，韩军适度裁减了部队员额，并对包括国防部在内的机关体制编制进行调整。

国防部新设国防集资厅 国防部从 2005 年起设立国防集资厅（暂称），进一步落实对筹措资金业务的责任制、专业性、透明性和一贯性。为提供顺利推进合作型自主国防事业所必需的国防费用，韩国国防部计划与相关部门进行合作，到 2008 年为止阶段性增加国防费用，争取筹集到国民生产总值（GDP）3.2%的资金。

推进国防部文职化改革 韩新任国防部长尹光雄提出以促进国防部文职化作为韩国防改革的中心措施。韩国防部决定大幅启用文职人员担任国防部要职，将目前 50%~60%的国防部文职人员比率继续分阶段提高。为进一步推进韩国防部文职化改革，韩国防部本部 11 月已制定出非职业军人管理强化方案草案，草案内容包括：国防部本部不属于军队，是根据政府组织法组建的政府职能部门，因此应由非职业军人来管理。国防部本部局长级职位将在 2~3 年实现由非职业军人担任，大校级为 3 年、中校少校级为 4~5 年，计划在 5 年内实现完全转变。在这一过程中，国防部将控制国防部本部现役军人比例，局长级军人占 25%，中校少校级军人占 25%~30%。

调整军事保护区域 针对目前作战环境的变化，韩国防部对境内军事保护区域进行相应调整，对 460 个军事保护区采取解除和放宽措施，并新设立 36 个军事保护区。其中汉城、汶山、涟川、抱川等地对作战没有直接影响的 142 个区域解除军事保护区设置；金浦、坡州、铁原等地对于阵地观测没有影响的 166 个区域由原来的与军队进行协商改为委托地方行政机关负责；杨州、涟川、昌原等地 130 个区域的建筑高度限制有所放宽，可新建高度为 5.5~45 米高的建筑；出于作战考虑，对江华、东豆川、华川等地 50 个区域进行相应调整，有些由控制改为有所限制，有些由有所限制改为控制，有些由委托管理改为有所限制；另外，将汉城、抱川、杨平、浦项等地的 8 个区域新设立为军事保护区。

裁军 9000 人 2004 年韩国国防部从总数达 69 万的军队中，秘密裁减了 9000 人（主要是陆军），计划 2005 年继续裁减 5000 多人，并且正在研究到 2008 年裁减 4 万人以上的方案，旨在通过裁军优化军队结构。解散装备陈旧的部队、合并和撤销部分机构、裁减行政人员等。

增强后方乡土师和预备役部队的装备 驻韩美军计划在 2005 年底前削减 12500 名，为填补驻韩美军削减后留下的战斗力空白，韩计划增强后方及预备役部队的战斗力。首先，韩将着手增强乡土师机动打击队的机动能力和反应能力，向其装备 KM900 型履带式装甲车，同时，为提高预备役部队的实战能力，将为其配备 72 万挺 M16 型卡宾冲锋枪，改善预备役军人的训练方法，开发“国防动员情报体系”。

调整国家危机体制 根据“国家危机管理基本指针”，韩国政府拟于 2005 年 1 月 1 日开始将所有危机情况划分为“关心–注意–警戒–严重”四个阶段进行对应，各阶段的警报颜色依次为“青–黄–橙–红”。目前，韩国政府已根据假想的 32 种可能出现的危机情况制定了相应的应对措施，可根据警报的阶段判断危机的严重程度。此外，国家网络安全中心也将网络安全领域的危机管理标准调整为上述内容。

陆军设立情报通信科　为使情报化基础系统与应用系统有机结合，通过开发武器系统使战斗力最大化，韩陆军将通信兵科和电子计算机兵科合并为情报通信兵科。由此，陆军通信学校、各级通信部队及通信、电子计算机的官兵名称均统一改称情报通信。此次兵科合并将切实促进教义、武器系统、机构编成、教育训练、人力管理等情报通信兵科的综合发展计划，加快尖端情报通信系统的发展。

陆军师级部队设立直属航空队　韩陆军决定改组陆军航空作战司令部的部队结构，加强陆军步兵师的编制。根据这一政策，韩陆军于 2004 年 12 月 1 日在一线部队重新设立了航空队，归陆军师直接管辖，每个陆军师将配备两架 500MD 型直升机。随着航空队的正式启动，韩陆军的地面战斗力以及指挥官的机动作战能力将大幅度提升。师级部队直属航空队将由 20 余名官兵组成，分为本部、飞行组和维修组，任务是向所属部队提供各类航空支援，在发生各类灾害时，进行紧急救助、后送等民事支援活动，保卫国民的生命财产安全。师级部队重新设立直属航空队之后，航空作战司令部下属的各类直升机编制部队将进行重新调整。

为 17 名将官晋升　2004 年，韩国防部晋升了 17 名将官。少将晋升为中将的共 5 名，包括：国防部国际合作官金泰荣被任命为首防司令官，陆军大学校长白君基被任命为特战司令官，郑东汉被任命为陆军本部情报作战部长，赵在土被任命为陆军本部军需部长，梁元模被任命为国防部军需企划官。准将晋升为少将的共 12 名：其中陆军准将林致圭等 9 人在晋升为少将的同时被任命为师长，朴信等 3 人晋升为少将的同时被任命为专门职务。同时，国防部还晋升了其他 4 名军官，分别是：金宽镇，由双龙部队长晋升为联合参谋作战本部部长；朴腾椿，由第 9 军师长晋升为国防情报本部部长；李商泰，由首防司令官晋升为教育司令官；朴钟月，由第 3 集团军司令部参谋长晋升为第 3 士官学校校长。

（李　锐）

其他国家军队体制编制　印度反恐部队简介

《解放军报》2004 年 9 月 29 日管严、唐明超、杨佐国报道，印度政府在借鉴美国清剿“基地”组织经验的基础上，在陆军步兵营中组建起小而精、机动性强、杀伤力大的反恐小分队，以进一步加强反击越境恐怖活动力度。目前印度反恐部队总兵力已达 13000 多人，并显现出如下特点：

分工合作，灵活机动。印度反恐部队没有设立统一的指挥司令部，而是分别由所在部队的最高指挥官负责指挥。其反恐部队主要有：“红色魔鬼”—陆军伞兵突击队，由来自印各步兵团的志愿者组成。这是印度组建的第一支反恐部队。经多次扩编后，该突击队现由 4 个营组成，总兵力 3000 多人，归陆军参谋长指挥。因其头戴红色贝雷帽，帽徽中央比普通伞兵部队多了一把象征快速突击的锋利匕首，而素有“红色魔鬼”之称；“黑猫”—国家安全卫队，总部设在新德里中央政府办公区内，由特别行动大队和特别突击大队组成，兵力 7500 人，由总理亲自指挥。因其身着黑色制服，头戴黑色贝雷帽，素有“黑猫”之称，“鲤鱼”—海军突击队，由驻孟买西海司、可城南海司和维扎加巴旦东海司的 3 个大队组成，总兵力 2000 人，归海军参谋长指挥，因其具备两栖作战能力，代号为“鲤鱼”；“鹰”—印度空军突击队，编号为 62 空军突击队，其主要任务是保护重要设施和参加反恐军事行动。平时负责空军重要设施的安全，如边境地区的雷达和机场等；特别边境部队特别小分队，现有 6 个连队，700 多人，归特别边境部队总监指挥。此外，印度政府还决定投资 300 亿卢比（合 650 万美元），计划 2007 年前在陆军驻守克什米尔地区部队中组建若干由 30 名官兵组成的排级反恐小分队，使其具备在复杂情况下独立判断敌情、随时做出快速反应的能力。

印度的这几支反恐部队虽然在指挥上没有统一的系统，平时担负的任务也不尽相同，但反恐大目标是一致的，也十分讲求协同作战。

千挑百选，严格训练。印度反恐部队选拔与训练十分严格。其方法是逐渐淘汰制。申请者必须通过初试、复试后才能参加进一步的严格而艰苦的训练。训练一项考核一项，不合格者即遭淘汰。一般情况下，仅有 30%~50% 的申请者能通过初试。阶段训练一般为 90 天。复试合格者才能加入反恐部队，并接受 2 年左右的特别训练，其内容包括体能、技能、战术等课目。体能训练内容包括 8 公里越野、负重 65 公斤 30 公里以上的战斗强行军和夜间负重 60 公斤野外拉练、武装泅渡、200 米沼泽地冲刺等。技能训练包括在丛林和高原等各种地形和气候条件下跳伞、使用各种轻武器射击、徒手格斗、清除爆炸物、潜水、使用各种特殊武器和通信联系设备、自救和野外生存技能、学习数种方言和外国语等。战术训练主要包括实施游击战、徒手侦察与破坏以及反恐怖、反劫持行动等。真正合格的反恐队员还得日复一日、年复一年地接受各种训练和逼真的演习。

近年来，为了学习美、英和以色列等国的反恐经验和作战技能，印度政府将部分反恐部队人员送到美国、英国和以色列等国与其反恐人员一起进行训练。训练课目有反恐作战、人质营救、军政要人保护等。

装备精良，万国荟萃。反恐部队的武器装备有国产的，也有进口的，大都是世界上最先进的特种武器。武器装备大致分为五类：一是突击性武器。包括多种型号的冲锋枪、突击步枪、狙击步枪、轻机枪、反坦克武器、迫击炮、震聋炸弹、光炸弹、催泪弹和手榴弹等。二是自卫性武器。包括多种自动手枪、无声手枪、匕首及海军突击队专用的水下射击手枪等。三是运输工具。包括运输机、轻型直升机以及海军突击队专用的两栖作战坦克登陆舰、“蛙人”运送艇以及橡皮艇等。四是特种器材。如特种炸药、特制云梯、定向杀伤地雷、震晕弹、闪光弹、在机舱内对付恐怖分子的低能子弹、红外线瞄准仪、水下呼吸器、手提式声纳、生物传感器、防弹衣以及伞兵突击队专用的高跳低开高精度可控降落伞等。五是侦察通信器材。如夜视观察器材、特种窃听装备、特殊通信设备以及海军突击队专用的水下特殊器材。

（耿文正）

以色列预备役部队特点　《中国国防报》2004 年 12 月 6 日张天南、高景权报道，以色列立足“国小人少”的实际国情，在建设一支精干常备军的同时，着重建设了一支训练有素的预备役部队。

全民皆兵原则　以色列平时只保持精干的常备军，正规部队仅 17 万人，而预备役部队则多达 43 万人，是正规部队的 2.53 倍。

着眼战时编组　以色列预备役部队主要有两种形式：一是战斗部队编制内担负预备役任务的常备单位。该部队战时一般均开赴前线与现役部队共同作战。二是根据地区形势、任务特点组建的地方预备役部队。该部队主要由年龄较大的预备役人员组成，担负所在地区的防卫，也担任二线支援任务。预备役部队平时保持一定数量的现役军官和军士作为骨干，战时以此为基础，迅速动员、扩充。

服役期限较长　以色列预备役军人分为预备役军官和预备役士兵（含军士）两部分。每部分又分一、二等。一等预备役在退出现役 6 个月后开始，男子到 39 岁，女子至 34 岁。二等预备役从 39 岁至 55 岁。1990 年，以色列又降低了预备役人员服役年龄上限，作战部队预备役人员至 45 岁，非作战单位至 51 岁。战时一等预备役和二等预备役分别在 1 天和 3 天内动员完毕。

重视模拟训练　以军在全国设有装甲兵、步兵、伞兵、炮兵等 4 处训练中心，供预备役部队人员参加训练。训练中心以近似实战的模拟训练为主。作战部队预备役人员的军事技术训练由军（兵）种司令部负责，地方预备役部队的军事训练由各军区负责。预备役战斗人员每年训练 6 天，预备役军官和军士在此基础上每年还需在军校集训 1 周；地方预备役人员每年进行 3 天的单兵和射击训练；但军官和军士还需增加 1 周；技术性较强的军（兵）种预备役人员，训练时间还适当增加。

装备统一管理　以色列预备役部队武器装备基本为西方制式，使用北约标准弹药。武器装备的保障渠道有两种形式：战斗预备役部队武器装备来源由各军（兵）种按计划保障。地方预备役部队则由军区计划保障。预备役战斗部队的武器装备部分封存在师、旅部，部分发至营、连，地方预备役部队的武器全部封存在师、旅部。

（袁右军）

军事训练

美国军队军事训练　**陆军训练**　**综述**　2004 年，美陆军从应对未来战争出发，紧紧围绕当前部队转型和反恐战争等任务进行了严格的训练，主要特点如下：

执行美国防部训练转型实施计划　美国防部于 2003 年 6 月颁布了国防部训练转型实施计划，提出要对联合军事专业教育的方式进行改革，明确训练转型的基础是培育和运用“联合知识发展和传授”、“国家联合训练”、“联合评估和推动”三种能力，训练转型的目标是提高多军种联合作战能力、促进部队转型。提高国家联合训练能力是训练转型的中心，主要通过各军种作战训练设施联网、实兵训练和计算机模拟训练相结合等方法加强多军种联合训练。到 2004 年 10 月，已有 18 个训练设施联网。2005 年将共有 32 个训练设施联网。这样可进行陆海空多军种协同演习。

加强转型训练，促进部队转型 2004 年，美陆军加紧转型进程并于 2 月出台了改组方案。第 3 机械化步兵师师部转型为战术运用司令部、3 个机动旅转型为 3 个旅行动队、并新建 1 个旅行动队。从而，该师成为美陆军第一个典型的模块化部队。转型后，第 2 旅行动队、第 1 旅行动队和第 4 旅行动队相继到加利福尼亚州欧文堡全国训练中心轮训。随之，美陆军对通信兵部队也实施转型并作相应的机构调整，每个旅行动队组建 1 个由 60~70 人组成的通信连。通信兵通过各种训练，能掌握和处理各种通信技术，担当起管理数据网络、组织和协调通信程序等任务。

注重反恐训练，适应反恐战争需要 2004 年，全球各地不断发生各类恐怖活动。为此，美陆军把在全球范围内遂行反恐战争作为主要任务之一。美陆军继续对参加"持久自由"和"伊拉克自由"反恐作战行动的前线部队进行训练。不论在"金色眼镜蛇"、"山樱"等系列演习中还是在作战训练中心进行的部队轮训中，纳入和突出反恐训练内容，进行反恐战术和技能训练，以加强与日本、菲律宾和印度等盟国的反恐合作，提高联合打击恐怖主义武装的能力。

改革军士教育体制、推广远程教育 美陆军于 2004 夏开始对军士教育体制进行改革，对军士的教育、训练和晋升作重大调整。一是对教育和训练进行界定。二是把以往的"选拔-学习-晋升"模式改为"学习-选拔-晋升"模式。三是把最近几次战争中吸取的经验教训编入军士课程尤其是以领导技能为重点的军士课程。美陆军继续实施陆军网上大学和远程教育计划、采取为业余上大学的现役军人支付全部学习费用等措施提高官兵素质、促进军人留队。美陆军网上大学于 2001 年 1 月开办以来，学员人数不断增加。至 2004 年 6 月，已有 4.6 万余人签约入学，成为美国第二个最大的网上大学。

陆军执行国防部训练转型计划 据美《陆军时报》2004 年 1 月 12 日和美《陆军》杂志 2004 年 10 月刊反映，美陆军执行国防部训练转型实施计划。美国联合部队司令部于 2004 年 1 月在美国西部加利福尼亚州和内华达州举行了大型多军种联合演习，以提高军队联合训练能力。该演习在实兵、虚拟和模拟环境下围绕近距离空中支援任务展开。参加这次演习的训练设施和基地包括陆军在加利福尼亚州欧文堡的全国训练中心、陆战队在加利福尼亚州 29 棵棕榈树的空地作战中心以及空军在内华达州的内利斯空军基地。演习后的数据和分析立即反馈给各军种和联合部队司令部。

为提高模块化部队的战备水平，美陆军部队司令部计划改进联合战备训练中心，并将最佳利用实兵、虚拟和模拟等各种训练手段。

第 3 机械化步兵师 3 旅参加轮训 据美《陆军时报》2004 年 1 月 19 日和 3 月 29 日报道，第 3 机械化步兵师 3 旅于 2004 年 1 月下旬离开伊拉克回国后到加利福尼亚州欧文堡全国训练中心轮训。

第 3 机械化步兵师 3 旅约 4000 人，在该训练中心为期 1 个月的轮训中，与使用北朝鲜军队战术的假设敌部队对阵演练。这是该师提高 3 旅战备状态，随时准备出兵伊拉克以外任何热点地区计划的一部分。演习时，假设敌部队部分士兵扮演普通民众以提高 3 旅官兵遂行战争外行动的能力。第 3 机械化步兵师 3 旅结束轮训后，驻佐治亚州斯图尔特堡的第 3 机械化步兵师第 2 旅行动队和第 1 旅行动队也相继到该中心轮训 1 个月。

为北约部队提供优良训练设施中心 据美《陆军》杂志 2004 年 10 月刊报道，第 7 集团军训练司令部在格拉芬沃尔-霍恩费尔斯的远征训练中心是多军种联合训练和多国联合训练中心，其优良的设施对北约司令部和地面部队转型发挥了极为重要的作用。该训练中心位于欧洲心脏地区，无论在训练能力、装备现代化、模拟和联网方面都优于北约其他训练设施。该中心可与北约其他训练设施联网，在北约司令部和地面部队转型过程中，为训练北约战役级司令部和北约快速反应部队提供了世界级模拟训练设施。该中心先进的部队对抗、实弹训练和城市训练场还将帮助训练要轮换到伊拉克和阿富汗的北约部队。

陆军指挥与参谋学院兴建训练中心 据美《陆军时报》2004 年 6 月 7 日反映，美陆军指挥与参谋学院将于 2004 年 7 月 1 日开工兴建刘易斯和克拉克训练中心。该中心将取代现有的贝尔大楼，建造经费约 1.15 亿美元、现代化教学设备和信息技术系统购置经费约 3300 万美元，配备 96 个教室。该中心呈 Y 状，与附近的艾森豪威尔大楼和联合兵种研究图书馆浑然一体。刘易斯和克拉克中心定于 2007 年初投入使用。届时，作为军官中级教育的指挥和参谋军官课程招收的学员人数将从现在的 1150 人增加到 1800 人。

陆军别动队学校严格施训 据美《陆军时报》2004 年 4 月 12 日报道，美陆军别动队学校现只招收步兵和其他战斗兵种的人员。今后，该校每年将招收战斗支援和战斗勤务支援人员，美陆军领导人希望他们具有勇士精神，能像勇士那样战斗。

美陆军别动队学校为期 61 天的课程是美陆军训

练难度最大的课程之一，选送到该校学习的学员只有57%能够毕业，其他学员因未能达标而被淘汰。

美陆军别动队学校学习分为3个阶段。第1阶段在佐治亚州本宁堡施训，主要评估和发展学员的军事技能、体能和智能，提高学员完成任务所需的自信心。学员首先要通过体能测试并达到以下标准：2分钟完成49次俯卧撑、59次仰卧起坐、40分钟完成5英里长跑。体能测试还包括引体向上和负重行军16英里。学员还必须通过江河作战生存测试，其中包括携带M16步枪和装备武装泅渡15米。此外，学员接受巡逻、爆破、侦察、地面导航以及班战斗行动训练。第2阶段在佐治亚州达洛尼加的阿巴拉契亚山脉进行山地持久作战训练。学员必须学会在崎岖不平的地形、恶劣气候、心理压力极大的情况下保持高昂的斗志。训练课目包括爬山、爬绳、渡河、袭击通信设施、伏击车辆。第3阶段在佛罗里达州埃格林空军基地附近的沼泽地和丛林地施训。在该阶段，学员继续发展其军事技能和远程巡逻能力。训练科目包括驾驶舟艇、跨越江河。学员轮流担任小分队领导人，与训练有素、装备精良的假设敌部队作战，提高其独立作战和协同作战能力。最后，学员参加为期10天的演习以评估其在一系列袭击和伏击行动中应用战术和技术的能力。

陆军对步兵训练进行改革 据美《陆军时报》2004年9月6日报道，截止2004年8月25日，美陆军在阿富汗和伊拉克部署了15万以上的步兵，还有成千上万名步兵部署在菲律宾、也门、吉布提等国。因此美陆军要求每一个士兵必须提高战斗技能。

2004年8月初，美陆军增加了步兵奖金以吸引更多的士兵进入步兵军事专业。增加奖金是美陆军增加3万人以满足2007年前至少增加10个旅行动队转型计划所采取的财政措施之一。增加的3万人大部分是步兵。为适应2005财年步兵新兵训练任务约增加40%这一新情况，驻佐治亚州本宁堡的美陆军步兵中心与学校将对作战基础训练进行改革以确保新兵能接受更好的步兵战斗技能训练。

陆军步兵中心与学校调整军士课程学时 据美《陆军时报》2004年1月26日反映，美陆军步兵中心与学校将增加军士基础课程学时、压缩军士高级课程学时。由于参加军士高级课程培训的军士从486人急增到836人，驻佐治亚州本宁堡的美陆军步兵中心与学校从2004年3月底开始把该课程的教学时间从10周压缩到5周，教官突出教学重点，讲授与战斗有关的最重要的课程。尽管参加该校军士基础课程培训的学员比原定的792人增加了361人，但因有足够的教室和宿舍，所以参加该课程培训的军士不受影响。根据从伊拉克战争中吸取的经验教训，步兵部队希望其下级军士早日学到更多的领导技能，尤其能在参加军士高级课程培训前就已知道如何当好排长。从2006财年初开始，军士基础课程学时将从7周增加到9周，而军士高级课程学时仍将先压缩到5周，尔后改为7周。

第1装甲训练旅对海空军转岗人员培训 据美《陆军时报》2004年9月13日反映，驻肯塔基州诺克斯堡负责新兵训练的第1装甲训练旅现担负了一项训练海、空军转岗人员的任务。该旅一直负有基础战斗训练任务，其新兵训练现增加了勇士转岗课程。该课程于2004年9月3日开课，学制4周，对自愿转岗到陆军的海、空军人员进行培训。美海、空军现正在大量精简人员，只有美陆军将在今后2年内增加3万人。到2006财年末，陆军总人数将达到51万。美陆军计划在2005年招募3,500名海、空军人员。而海军打算在今后7年内裁减6万人。勇士转岗课程的目标是根据受训者原有的技能，重点培训地面战斗技能。新兵连约由150~200人组成。参加勇士转岗课程的学员必须完成的课目有：三项体能测试（俯卧撑、仰卧起坐、2英里跑）、M16A2步枪考核、刺刀和角力棒、白刃战、手榴弹投掷、防毒面具使用、行军、战术和野外训练演习。受训者必须显示其有较强的团队合作精神和能力。

陆军为军士开设战斗领导人课程 据美《陆军时报》2004年10月18日反映，美陆军计划在佐治亚州本宁堡的步兵中心与学校开设战斗领导人课程，以便向战斗支援和战斗勤务支援操练军士讲授基本战斗技能。美陆军计划每年培训400名战斗支援和战斗勤务支援操练军士，由参加过阿富汗战争和伊拉克战争的人员担任教官。为了确保新兵能到伊拉克和阿富汗更好地完成任务，美陆军计划，战斗支援和战斗勤务支援新兵基础训练增加战斗技能课程。伊拉克战争证明，仅掌握本军事专业技能是远远不够的，也需要懂得如何战斗。为此，需要大量能讲授战斗技能的战斗支援和战斗勤务支援操练军士。于是，开设了战斗领导人课程。

美陆军打算2005年举办10期战斗领导人课程训练班，2006年举办11期，每期2周，培训44名学员。学员编入1个排4个班，排长和班长由学员轮流担任。学员先学习武器基本技能和单兵技能，尔后学习战术环境下的徒步作战和乘车作战，最后参加实兵演习。战斗领导人课程开办费约190万美元。

陆军改革军士教育体制 据美《陆军时报》2004年5月31日报道，美陆军于2004年夏开始对军士教育体制进行改革，对军士的教育、训练和晋升作重大调整。主要改革措施：一是对教育和训练进行界定。新的军士教育体制将划定两者的界限：训练旨在提高军士执行任务所需的军事专业技能；教育则是使军士掌握晋升领导岗位所需的领导技能。二是把以往的“选拔-学习-晋升”模式改为“学习-选拔-晋升”模式，废除原来规定的只有选拔军士才能到军校学习的政策。而新体制规定，军士必须在选拔前接受培训。三是把最近几次战争中吸取的经验教训编入军士课程尤其是以领导技能为重点的军士课程。

军士教育体制改革将分两个阶段进行。第一阶段为短期改革，把从伊拉克战争、阿富汗战争和其他战争中吸取的经验教训编入军士基础课程和军士高级课程。在远期改革阶段，高级训练官员将对现行的军士初级课程、军士基础课程、军士高级课程和军士长课程进行分析并制定相应的措施。

陆军增加远程教育经费 据美《陆军时报》2004年5月31日报道，8年前，美陆军采用了远程教育，其目标是把陆军1700门教育和训练课程中的525门改用远程教育。迄今，远程教育计划已得到1.8亿美元的拨款。2004年，美陆军远程教育专项经费为4,000万美元。美陆军计划，到2011年，用于远程教育的经费将达到3.32亿美元。这清楚地表明，美陆军领导人已认识到，远程教育与军校住校教学相比，是一种有效的省时省钱的教学途径。美陆军训练与条令司令部军士长安东尼·威廉认为，美陆军正在对军士教育体制进行改革，远程教育无疑会对此起到关键性的作用。美陆军训练与条令司令部打算建设274个数字化教学设施。

美陆军远程教育通过光盘、录像带、广播、可视电话、交互式光盘只读存储器、聊天室等手段让士兵在世界各地接受各兵种学校教室里教授的各种课程。由于每个数字化教学设施建点比较合理，所以美陆军现役部队、国民警卫队和后备队士兵都驻在远程教育设施50英里的范围内。近三年来，作战参谋军士课程已在采用远程教育方面取得了成功，共有3,100名军士通过远程教育参加该课程培训，其中包括驻科索沃、波斯尼亚、韩国和德国的几百名军士。实施远程教育后，学员无需到学校住校学习，每年节省290万美元的旅差费和住校学习经费。

陆军网上大学学员逾4.6万 据美《陆军时报》2004年6月14日报道，美陆军网上大学于2001年1月开办，截止2004年6月，已有4.6万余人签约入学，成为美国第二个最大的网上大学，仅次于菲尼克斯大学。美陆军网上大学从最初的肯塔基州坎贝尔堡、佐治亚州本宁堡和德克萨斯州胡德堡3个教学中心发展到现在的16个教学中心，其中包括设在韩国和德国的几个教学中心。陆军网上大学学员可在29所联网院校的146门课程中挑选其选修课程。入学后，学员可在世界任何地区上网学习取得学位。

美陆军网上大学是美陆军第一个免费网上大学教育计划，学员不仅学费全免，而且可免费获得手提式电脑和书本，只要他们在两年内完成规定的学分。

陆军网上大学获得成功的关键是学员签约入学后，就可进入虚拟院校，获得学习指南和技术支持，得到网上咨询人员和导师的帮助和指导，还可参加辅导课。当学员学习跟不上时，陆军网上大学规划人员会打电话或发电子邮件向他提供支援或咨询。

美陆军原计划，到2005财年，陆军网上大学将有8万人签约入学。现因战争原因可能达不到这一目标。

（洪锦珠）

海军和海军陆战队训练 2004年，美国海军和海军陆战队为全面验证自2003年12月1日开始实施的“舰队反应计划”、“舰队战备训练计划”（FRTP）及其“6+2”兵力使用模式，继续采取措施，加快部队训练转型建设，进一步提高美军全球应急部署与作战能力。

验证新的兵力使用模式，构建多边安全体制 美国海军在致力于发展“21世纪海上力量”战略构想的指导下，频繁举行各类演训活动，其目的是使数量更多的舰艇保持良好的训练与戒备状态，并采用更加灵活机动的部署模式执行海外部署，以弥补海外军事基地减少和驻外兵力裁减所造成的力量短缺。2004年以来，美盟演习规模已基本恢复至伊拉克战争前的水平，部分演习明显扩大。6~8月，美海军出动7个航母打击大队计40余艘舰艇，在全球5个战区举行了“夏日脉动2004”的大规模系列海上军事演习，该演习是1991年海湾战争后美海军最大规模的一次海上兵力调动。此次演习旨在展示、测试和训练美海军同时大规模部署部队的能力，谋求具备30天内部署6艘航母、90天内部署8艘航母的能力。“夏日脉动2004”演习由美海军航母打击大队分别在各战区举行的演习组成，演习使美海军兵力熟悉了战区环境，提高了战术和技术水平及应急出动能力。此外，美海军在西太平洋地区（截止到10月底）举行和参加各类训练演习62次，其中，美军单独举行 23 次，美盟 39 次，演习的多边化特征愈见明显，体现了美军通过强化联合演习在亚太地区构建多边安全体制的思想。

建立新型的海军教育和训练体系　根据“舰队反应概念”发展的需求，美海军发展了新的海军教育与训练体系，其基础是组建多个训练中心，每个训练中心负责一项特定功能或职业的教育与训练工作，以提高舰队的教育与训练效果。美海军从 2004 年 3 月开始新组建了 5 个训练中心：即加利福尼亚圣迭戈信息技术中心、加利福尼亚怀尼米港海军修建营与设施工程中心、佛罗里达帕纳马城爆炸物处理与潜水中心、加利福尼亚圣迭戈水面作战中心和康涅狄格格罗顿潜艇训练中心。同时，为响应美海军作战部长倡导的训练改革目标，10 月 31 日，美海军还在大湖海军站成立了海军勤务训练司令部，专门负责海军的训练与教育工作。

加强部队的反恐安全防护作战能力　2004 年，美海军十分注重进行部队的安全防护训练。1 月 15 日在诺福克基地成立海上部队防护司令部，并于 10 月 1 日正式运作。该司令部下辖机动安全部队、海岸作战部队、爆炸物处理部队和机动远征深潜与救援部队，其任务是监督海军海外远征部队的管理和训练，以保护舰船、飞机和基地免受恐怖袭击。5 月 28 日，中太平洋水上训练大队在夏威夷福特岛举行了以停泊珍珠港舰船遭受夜间恐怖攻击为背景的部队防护反恐演习；演习分三个阶段，第一阶段主要是基础水边防御，包括对舰船和潜艇的分散和集合控制；第二阶段教授泊港舰船如何防卫游泳者、小艇、自杀性爆炸和汽车爆炸的威胁；第三阶段训练舰船和潜艇在没有任何帮助下，凭借经验和训练自行处理危急情况。6 月 1 日，美海军在诺福克基地成立反恐和海军安全部队中心。6 月 7 日，美海军中太平洋海上训练大队在夏威夷成立反恐/部队防护训练中心，旨在增强美海军和海岸警卫队舰艇自卫训练效果和态势感知能力。训练内容包括轻武器射击、武装守卫、舰上安全行动武器使用、船上搜查与抓捕、部队防护基础训练、非致命武器使用、蛙人袭击评估和高速目标拦截。

增强反潜作战能力　为检验潜艇部队执行“舰队反应计划”的战备要求，2 月 6 日，美海军在华盛顿州班戈和佐治亚州金斯湾各新建 1 个海军潜艇支援中心，在弗吉尼亚州诺福克和康涅狄格州格罗顿将原潜艇中队支援小队各改建 1 个海军潜艇支援中心。海军潜艇支援中心将专门负责潜艇部队的作战支持、物资、法律、管理、医疗和工程等各种支援，确保驻地潜艇部队集中精力进行作战训练。4 月 8 日，美海军在加利福尼亚州圣迭戈舰队反潜战训练中心新建海军舰队反潜战司令部。该司令部隶属美海军舰队部队司令部，编有 138 名军职人员、文职人员和厂家代表，包括驻诺福克分遣队 40 人和驻日本横须贺分遣队 4 人。其职责包括：整合先进的反潜作战网络、建立反潜作战条令、探索作战概念、负责反潜战训练并协助海军制定反潜战策略。

继续推动“部队网络化”　美海军于 2004 年 2 月底在东西海岸港内的航母攻击群之间（“杜鲁门”号航母位于美国东海岸，“斯坦尼斯”号航母和“卡尔·文森”号航母位于西海岸。）完成了数据传输，进行了实时作战仿真训练演习。通过陆上网、卫星及舰载 16 号数据链，在陆上模拟器和港口内舰艇上的操作员（有些相距几千英里）共享和处理了通用作战图中的合成态势。这种仿真模拟降低了训练费用，提高了训练功效。此外，为实现“部队网络化”发展目标，年内美海军部队继续在舰艇和岸上机构安装“21 世纪信息技术”（IT-21）信息网络系统和“海军暨陆战队内部网”（NMCI）。截至 11 月 24 日，海军和陆战队及海军部机关已有 305332 个网台并入“海军暨陆战队内部网”。海军部拟投资 88 亿美元建筑该网，最终目标是吸收驻扎在美本土、夏威夷、阿拉斯加、波多黎各和关塔那摩的 36 万个海军和陆战队用户。

资料来源：

美国《海军时报》2004 年 1~12 月。

（徐　敏）

空军训练　2004 年美国空军参加联合训练演习和独立举行训练演习共有 100 余次，其中大规模联合训练演习就有 40 余次。2003 年受“持久自由行动”和“伊拉克自由行动”影响，美空军演习演练有所缩减，2004 年训练演习规模恢复到正常水平，有的演习规模还有所扩大，其主要情况和特点如下：

突出联合空中作战训练和演习　*参演的国家增多*　在“协作对抗雷 2004”演习中，美国、日本、印度、新加坡、英国、德国、马来西亚、澳大利亚、加拿大、蒙古、斯里兰卡和孟加拉 12 国派员参加了演习，其中蒙古首次派兵参演，印度也首次派“美洲虎”战机和伊尔-78 空中加油机参演，德国也首次派出 300 名人员和 15 架“狂风”战斗机参演，使参演人员前后达到 3100 多人，参演飞机达到 100 多架，演习兵力比 2003 年增加 1400 多人，演习时间增加 15 天，是历年来该型演习规模最大的一次。

加强了军兵种联合作战训练和演习　在西太平洋

地区的“联合海空04”演习中，美海军“斯坦尼斯”号和“小鹰”号航母打击大队，与太平洋美国空军部队及美海军陆战队进行了联合海空训练演习，目的是为了提高彼此间一体化协同作战水平。美国和韩国联合举行的“阿尔索伊/鹞鹰”演习和美国空军“红旗”演习均是多军种联合演练，以检验美军一体化联合作战能力。

加强了综合性作战训练和演习　美国空军于2004年2月28日至3月27日和8月14~28日在内华达州内利斯空军基地举行两次“红旗04”多国空战演习，演练了机载预警、地面控制拦截、防御性防空、空中拦截和部队保护、空中警戒和攻击、目标识别与跟踪、侦察和战斗协调等综合性科目，美国空军、海军和陆战队参加，丹麦、荷兰、新加坡、西班牙、英国、德国、新加坡、以色列等均派员参加了演习，演习旨在训练空军远征联队与盟国部队在极具挑战性的威胁环境下协同作战能力。

注重举行美军未来联合作战新概念检验性演练　3月美国空军与海军陆战队在弗吉尼亚州举行“联合城市勇士04”演习，旨在研究和试验联合城市作战概念，提高部队在复杂城市环境下的作战能力和效率。7月底，由美国空军在马里兰州波托马克的博杰中心联合主持的“联合交战04”演习，美国空军9大司令部、美陆、海军等各军种、美联合部总部和美政府机构均派员参演，旨在探讨美军2015年前的联合作战观念。

加强空中对抗训练和演习　2004年美国空军非常重视举行空中对抗演练，其中较大规模的训练和演习就有14次。包括：美国空军两次“蓝棋”演习，驻韩美国空军和驻日美国海军进行的“霍兰德里”年度空战演习，美国空军与日本航空自卫队举行的两次“对抗北”和一次模拟敌型机空战战术训练，美、加、英等国空军举行的两次“红旗04”多国空战演习，美与澳等国的“对抗雷”多国综合空战演习，美和新加坡两次“突击兵弹弓04”联合空战演习，美、泰、新“对抗虎”空战演习，美、德、法、新、荷、挪、英、加“枫树旗37”多国联合空战演习和美国与美洲国家举行的“硝石”空战演习等。这些训练和演习突出如下特点：

突出了与多边国空中战斗训练和演习　年内，美国空军先后与新加坡空军、泰国空军、印度空军、日本空军，以及智利、阿根廷和巴西等国空军进行了战斗机对抗性训练和演习。如，2004年1月19日至2月13日、6月1~4日，美国和新加坡空军在新加坡巴耶黎巴基地举行两次代号为“突击兵弹弓04”的联合空战演习，旨在加强两国空军的联合空战能力。美印军于2月16~27日在印瓜廖尔空军基地举行了代号为“对抗印度”的联合空战演习，是美印首次举行的双边异型机空战训练演习。主要进行了超视距导弹攻击、远程目标锁定、无线电干扰、空中格斗等复杂科目操练。美国和日本还多次举行空中对抗训练和演习，为使演习具有逼真性，美日参演部队分为红蓝两方，一方扮演保卫领空角色，另一方则主要进行突防攻击，并模仿敌方机型和空战战术训练进行对抗训练。这些训练演习实战性和对抗性强，旨在全面检验和加强美国空军以及各参演国空军部队的空战技能。

注重举行军兵种异型机空中战斗训练和演习　4月初至中旬，驻韩群山空军基地的美国空军第80战斗机中队与驻日岩国海军陆战队航空站的美海军陆战队第225攻击机中队，在韩国群山举行了为期12天的“霍兰德里”年度空战演习，参演飞机包括美国空军的F-16C战斗机和陆战队的F-18D战斗机，作战双方演练了战斗机动、空战机动和空战战术等课目，F-16C战斗机和F-18D战斗机进行了一对一、二对一、二对二和四对四空战对抗训练。

多次举行远程奔袭训练和演习　*多次赴战区进行奔袭训练和演习*　美国空军远程轰炸机以远征部队的形式派遣到关岛安德森空军基地，进行定期轮换驻训，、多次进行远程奔袭训练和演习。其中，B-52型轰炸机6架（2月份）进驻关岛基地后，进行了高强度的训练，包括熟悉环境飞行、远程飞行训练、空中加油和实弹投掷等训练内容，并多次以关岛为起降基地赴泰国、韩国和冲绳以东海域进行远程奔袭作战训练和演习。5月，派出B-52轰炸机首次赴泰国参加“金色眼镜蛇2004”演习，重点演练远程奔袭和精确轰炸等科目。8月底，派出B-52赴韩国参加“乙支焦点透镜2004”演习并进行了模拟轰炸等科目的演练。同时，8月份美空军B-52型轰炸机连续6次由关岛基地出动，赴冲绳以东靶场进行训飞活动，每次出动1批2架，每次活动时间大约3~4小时。12月中旬，美驻关岛安德森空军基地B-52轰炸机出动4批7架次赴韩国进行了高空突防和高空轰炸训练。训练中演练了F-15战斗机对轰炸机的护航，F-16战斗机对轰炸机的拦截，轰炸机使用联合直接攻击弹药打击目标等,具有明显的实战背景。

进行“全球力量展示”活动　美空军B-2隐身轰炸机于2月和7月先后两次出动4批7架进驻关岛基地进行“全球力量展示”活动，比去年同期出动飞机数量有所增加（去年同期为2批4架）。每次活动，B-2

轰炸机从怀特曼空军基地起飞，均沿太平洋北航线经阿拉斯加、日本列岛以东、硫黄岛，降落关岛安德森空军基地，停留2~3小时，在不关闭发动机的情况下进行地面加油和初步检修，并交换机组乘员，之后再起飞沿原航线返回怀特曼基地，往返历时约44个小时。其中7月在一周内派出3批5架B-2轰炸机进行展示性训练，其出动规模和航程是近年来少见。其目的以显示美国空军"全球抵达、全球打击"战略：检验B-2轰炸机在未来紧急情况下支援西太平洋地区远程奔袭作战能力。

注重空中机动训练　注重本军种空中机动训练和演习　2004年美国空军仅在2月、4月、7月间就连续举行了7次"鹰旗04"系列联合机动训练和演习，这一系列演习由美国空军参谋长发起，由空中机动司令部具体实施，主要以支援远征作战部队为背景，通过演习和训练运用关键技能组织部队、开辟和建立简易基地使其具备初始作战能力，同时检验"模块部队"作战概念和结构，加强职能整合，评估各部队模块人员及装备的作战能力。

加强了与盟国联合机动支援训练和演习　4月19日，美国空军第143空运联队，第146空运联队、第314空运联队和第403联队等派出了C-130 J型飞机参加了美英意澳等国空军部队在英国皇家空军莱纳姆基地以竞赛形式举行的代号为"联合力量"的联合空运演习，并进行了低空导航、精确空投和定点着陆等科目的演练。9月4~16日，美国空军同时与德国、比利时、捷克、丹麦、法国、荷兰、英国、意大利、匈牙利、挪威、波兰、葡萄牙、罗马尼亚、土耳其和希腊共16个北约成员国空军部队，在土耳其中部科尼亚省举行一次代号为"北约空中聚会"的大规模空中机动演习，共有100多架战机和1500名军事人员参演，演习检验了美国空军与参演国空军的协同空中机动作战能力。

注重网络战训练　进行网络防护演习　美军2004年加强网络战能力建设，包括加强网络战部队统一指挥、控制与协调，出台2020年前网络战未来建设规划等，并重点进行了网络防护演练，仅大的演习就有4次，包括：美国空军于3月13~26日在得克萨斯州拉克兰空军基地举行了代号为"黑色展示"的大规模网络防护演习，空军参谋部下属9人，司令部和空军国民警卫队约450名专业人员参演，旨在提高空军人员对真正的网络攻击进行识别和反应的能力，检验和加强美国空军针对系列网络攻击手段进行计算机网络防护的能力。这是美国防部至今为止举行的最大规模的网络防护演习。驻欧美国空军司令部于8月至11月在英国拉肯希思皇家空军基地进行"智能终端"实验，实验涉及约200个计算机用户，旨在加强网络防护技术和软件的检验及推广。美国空军通信局于12月在斯科特空军基地进行了模拟黑客攻击训练演习，通信局的技术人员充当了黑客，来自网络战安全中心和网络控制中心的通信保障人员作为防御者。美国空军同时在7月19日至8月5日举行的"联合远征部队试验04"演习中进行了有关网络战防护技术和工具的使用演练。

重视进行态势感知信息传递训练和演习　2004年，美军进行有无人机参加信息传递测试以及与作战飞机合练有7次。如美空军7月中旬在爱德华兹空军基地进行了无人机与F-15E战机协同作战演练，F-15E通过"开放型控制平台"实时接收无人机传输的任务指挥信息，演练其共同执行作战任务能力。6月在北卡罗莱纳州的切里山甲海航站举行的代号为"前视"无人机间协同作战演习，验证了"捕食者"、"影子"、"扫描鹰"三种异型无人机相互发送、接收数据的能力，明确无人机协同作战的程序和和技术关联项目等。12月美空军与海军陆战队在路易斯安那州新奥尔良附近联合举行的在"延伸意识"演习中，"捕食者"无人机和"扫描鹰"无人机联合检测了在城市环境中对敌方目标位置进行定位并支援地面部队的作战能力。

（董长军　张玉海）

军事演习　**综述**　2004年美军大规模的、有较大影响的联合军事演习以亚太地区居多，归纳它们的主要特点有三：一.演习频繁，规模空前　美军在亚太地区演习的场次极为频繁，基本上每个月都会有多次演习，而且在第二季度最为集中。例如2~3月份，美日、美韩、美菲联合演习接二连三，而6~8月份更是集中了"卡拉特"系列、"夏日脉动2004"、"北方边缘2004"、"对抗北04-2"、"环太平洋2004"、"合作对抗雷"和"乙支焦点透镜一04"等众多联合军演，令人眼花缭乱，目不暇接。而且绝大多数演习的规模与参演兵力军种都大于从前。"夏日脉动2004"是美国有史以来规模最大的一次军事演习和航母舰队的集结行动；"环太平洋2004"联合军演是迄今为止规模最大的美与盟国海军的年度演习；"北方边缘2004"演习是阿拉斯加司令部历史上组织的最大型军事演习，囊括了五大军种，有近万名官兵参演；"对抗印度04"则是印度空军有史以来最大规模的联合空战演习。此外，美与亚洲盟国的年度例行联合军演，如美菲"肩并肩2004"联合军演、美日"对抗北04-

2”等演习也都超过了历年的规模与人数。二.针对实战需要，侧重提高联军作战能力　美军联合演习分两种类型：一是训练型，即通过常规训练提高部队实战能力；二是威慑型，即通过大型军事演习，对敌方实施心理压力。今年美军在亚太地区举行的联合演习几乎涵盖各种作战训练科目，有防空、空中突击、反潜、海上攻防、两栖战、反特种作战、战术训练、非战斗人员撤运、紧急增援、远程力量投送、海上运输、人道主义援助等。这些演习多由美军主导，多国参演，目的是提高联军联合作战能力。“卡拉特”旨在强化美与东南亚盟国海上联合作战以及协调指挥能力；“北方边缘 2004”旨在训练美军北部空中作战能力；“对抗北 04-2”联合军演旨在提高美日空军共同作战能力；“环太平洋 2004”旨在以东亚局势为背景，开展对潜艇战等的战斗训练；“合作对抗雷”旨在通过演练提高机组人员的空战技术水平及美国与盟国空军的协同作战能力；“联合空-海 04”演习以海空协同作战训练为主。而影响最大的“夏日脉动 2004”，则侧重检验美海军 21 世纪海上力量战略作战概念，提高美海军大规模快速部署能力。三.显示战略重心转移，瞄准潜在对手　2004 年美军在亚太地区举行的较大规模的演习多达 22 次，其中在西太平洋地区就有 19 次，特别是集中于中国近海的第一岛链一带。美日参加的在日本附近的演习有 7 次，美印、美与东南亚国家的联合演习达到 4 次，美韩也进行了多次演习，多数针对朝鲜或台海地区。而美日、美韩之间的双边演习也正在朝着美日韩联合演习的方向调整。这些演习不仅规模大，参演兵力军种多，演练种类科目多，明显反映出美国全球战略重点调整的走向和重新部署后冷战时期的全球军事态势，表明美军已将军事战略重心向亚太地区，特别是西太平洋地区加速转移；美军在亚太地区保持军事存在的方式正在由“前沿存在”转向“灵活进入”，而这一系列演习正是这种调整的具体体现。美国认为，与亚太地区盟国举行经常性的联合军事演习，有助于在亚太地区构建新的安全体系。

（杨雪梅）

“山樱 45”模拟军事演习　2004 年 2 月 21 日至 3 月 1 日，驻日美军和日本自卫队在东京练马区朝霞基地的大型计算机上，约 1400 多名美军和 2500 多名日军，分五个阶段进行了以朝鲜为假想敌的联合计算机模拟军事演习。第一阶段假设日美情报部门发现朝鲜军队调动频繁，情况异常。第二阶段，美国决定将驻夏威夷军队派往日本，增强美国驻日本的军事力量。第三阶段，日美方面获得有关朝鲜在进行导弹发射准备、特殊部队以日本海沿岸的核电站等重要设施为攻击目标以及正规军准备发动进攻等情报。第四阶段，朝鲜对日发动进攻，日美两国军队根据安全保障条约，对朝鲜进行联合反击。最后阶段，日美联军将武器弹药等给养处于弱势的入侵之敌分割成几个区，分别予以歼灭。

“钢铁军队战备训练和评估”军事演习　2004 年 2 月末至 3 月 5 日，驻扎在朝韩边界的美军第二步兵师 6000 人，进行了“钢铁军队战备训练和评估”的年度军事演习。

北约“危机处理 2004”军事演习　3 月 4~11 日，以美国为首的北约“危机处理 2004”军事演习在匈牙利举行。演习旨在改善北约国家在处理危机方面的合作与机制。此次演习中模拟了一次需要北约干预的全球性危机及北约各个军事组织和部门之间的合作及决策机制。参加演习的成员来自匈牙利国防部、外交部、内务部、经济部、信息部、环境保护和卫生部，还有北约现有的成员国外的罗马尼亚、保加利亚、拉脱维亚、立陶宛、爱沙尼亚、斯洛文尼亚和斯洛伐克等 7 个北约新成员国的代表。

美国与阿尔巴尼亚联合军事演习　2004 年 3 月 8~12 日，美军第二远征打击大队在阿尔巴尼亚海岸举行了美阿联合军事演习。这是美军第一支来到地中海的远征打击大队。训练内容包括海陆两栖作战、在空军直升机支持下作战的此次演习，旨在训练美国陆海军远征打击大队与阿尔巴尼亚海军的联合作战能力，考验了部队在不同环境下的实战应变能力。参加此次演习的有 6300 多名海军与海军陆战队员，还有美第二远征打击大队中的“黄蜂”号两栖攻击舰和第二十二海军陆战队远征部队。

“自由旗帜 2004”军事演习　3 月 8 日至 3 月底，美国海军陆战队在汉城以南 50 公里进行了“自由旗帜 04”军事演习。

美菲“平衡活塞”联合军事演习　2004 年 3 月 16~26 日，美国陆军与菲律宾陆军在马尼拉的菲陆军司令部举行的“平衡活塞”联合军事演习，旨在提高双方在救援行动、紧急服务等活动中的协同作战能力。美军救援和服务人员与菲方军事人员交流了有关救援和紧急服务活动的经验和技术。双方讨论的项目包括国外援助行动、人道主义救援行动、紧急服务、常规作战的救援活动以及非战斗性转移行动的支援行动等。

美韩“阿尔索伊/鹞鹰 2004”演习　（详见“韩军事演习栏”）

美空军“黑色恶魔”网络防御演习　2004 年 3 月

12~26 日，美空军举行了“黑色恶魔”计算机网络防御演习。美网络作战安全中心和网络控制中心的大约 200 名人员、空军信息战中心大约 450 名人员，还有空军情报局、空军通信局、9 个空军司令部人员和空军国民警卫队的人员都参加了这次演习。这是国防部范围内规模最大的一次演习。演习控制中心在第 23 信息联队。小组成员进行中央指挥控制、评估、收集的数据分配、监督敌对部队进攻等活动。演习设置了各种不同的战术科目，包括：试验防御网络攻击作战、侦察、服务拒止、网络防御工具弱点、内部威胁、恶意逻辑攻击和防火墙损坏等。旨在验证并增强美空军网络遭到大范围攻击时的防御能力，模拟真实网络遭受攻击的情景，从而提高参演人员对真实攻击进行分辨和反应的能力。

4 月 22~26 日，在美国西点军校内也举行了同性质的“网络防卫演习”。

“金色眼镜蛇 2004”联合军事演习 5 月 13~28 日，美国、泰国、菲律宾、蒙古和新加坡 5 国、两万多名军人在泰国东北部举行了“金色眼镜蛇 2004”联合军事演习。“金色眼镜蛇 2004”联合军事演习是目前东南亚地区规模最大的年度军事演习。这次演习与以往演习不同的是其训练科目主要突出了反恐和建立快速反应的维和部队；重点训练了如何协同作战，以完成维和、人道主义救援等任务。“9·11”事件后，美国在全球展开了反恐斗争，为了打击东南亚日益猖狂的恐怖主义活动，美国不断加强与东南亚国家合作。另外，美国在构筑反恐联盟的同时，借反恐大背景密切与东南亚各国的军事关系，谋求强化在东南亚的军事存在。“金色眼镜蛇”最初是美泰例行性演习，但为加强与东南亚国家的军事关系，美国不断吸收新的国家参加，如菲律宾与新加坡等。

“托尔高 2004”联合军事演习 （详见“俄军事演习栏”）

美新联合演习 2004 年 6 月 1~12 日，美国、新加坡在新加坡水域及南中国海开始举行为期 11 天的联合海军演习。此次联合演习着重于海战，特别是防空、反潜、潜水作业、搜救打捞、医护及后勤支援等。这是自 1995 年以来新美两国举行的第 10 次“海上战备合作与训练计划”联合演习。共有来自新加坡武装部队、美国海军及美国海岸警卫队的 1500 名军事人员、12 艘舰艇、1 艘潜水艇及一些战斗机参加演习。

“卡拉特”海上联合军事演习 2004 年 5 月 31 日至 8 月 5 日，美军分别与新加坡、文莱、泰国、马来西亚、菲律宾五个东南亚国家举行“卡拉特”系列军事演习。演习共五个阶段，分别与新加坡、文莱、泰国、马来西亚、菲律宾联合举行。大约 1400 名美军参加了此次演习。主要科目包括海上舰艇驾驶演练、海上机动与通讯能力训练、命令与控制能力演练、空中作战能力演示、潜水与救援、登陆抢摊作战以及反恐等。

美“北方边缘 2004”联合军事演习 6 月 7~16 日，美国在阿拉斯加举行了“北方边缘 2004”的大规模年度多兵种联合演习。耗资达 1 千万美元的此次演习由美军阿拉斯加司令部组织实施，美空军、海军、陆军、陆战队、海岸警卫队约 9000 人、160 多架飞机，20 艘舰艇，美海军“斯坦尼斯”号航母，还有美海军陆战队第一空中联队大约 600 名作战人员，美空军、海军、陆军的各种战斗机，攻击机和直升机都参加了这次演习。此次训练北部空中作战能力参演的部队分别来自美军驻日本、爱达荷州、加州、夏威夷和其他地区的部队。演习的目的在于演练联合作战程序，提高作战技巧，改善指挥控制关系，提高各军种在大规模联合作战中遂行各种任务及相互协同作战和快速反应能力。演习科目包括紧密空中支援、空中战斗巡逻、空中指挥与控制、空中加油、医疗撤运；海上作战、港口防护；部队保护、飞机与人员战术救援 (TRAP)、信息战等。

“波罗的海行动 2004”军事演习 6 月 7~16 日，美国、加拿大、丹麦、爱沙尼亚、法国、德国、拉托维亚、立陶宛、荷兰、挪威、波兰、俄罗斯和瑞典等 13 个国家的 5000 名海上作战人员、700 多名步兵、38 艘舰船、潜艇、登陆艇和巡逻船以及美海军“圣贾辛托”号导弹巡洋舰和“奥斯卡-奥斯汀”号导弹驱逐舰进行了第 32 次“波罗的海行动 2004”年度海军演习。此次演习中，海上、空中和陆上部队就水面作战、空防射击、海上补给、水下作战、雷达跟踪、水雷对抗作战、海上封锁行动等科目进行了演练。这些演习计划按照事先的安排，从机动演练到射击演练再到海上搜索封锁演练，每一阶段都有各自不同的特点和要求。

“联合特遣部队 04-2”演习 2004 年 6 月 12~21 日，美国、英国、法国、意大利、丹麦、秘鲁、荷兰、加拿大、德国、挪威等盟国的联合部队在汉普顿大道及美国东部海岸一带地区举行了模拟实战的大规模演习，参演兵力达到 3 万人。此次旨在加强美英等盟国部队之间的多国协同作战能力，并为美海军“约翰-肯尼迪”号航母打击大队开始部署进行演练，是由美军联合部队司令部支持主办的。演习计划是为了执行美国防部联合国家训练能力 (JNTC) 作战优先任务，并保证在 2004 年 10 月形成初步作战能力。联合国家训练能力是将作战部队置于一种实战的模拟环境进行作战演练，演习使用人为模拟措施和计算机模拟作战模式，将实战部队与现存的作战和战略演习融为一体。

美“前瞻”军事演习 2004 年 6 月 12~21 日，美军举行了由联合作战试验台系统计划办公室领导的、旨在试验“影子”、“捕食者”和“扫描鹰”三种无人机协同工作能力的“前瞻”演习。“影子”、“捕食者”和“扫描鹰”这三种无人机分别由美陆军、海军和空军使用。此次演习试验首次证实，这些无人机能相互配合共同工作，从而可能改变未来作战环境、有助于减少作战人员伤亡。

美洲 11 国“尤尼塔斯 2004”联合军事演习 2004 年 6 月 24 日至 7 月 24 日，来自美洲 11 个国家的 1.35 万名海军官兵在秘鲁海域和丛林地区举行了为期一个月的大规模水陆第 45 次美洲“尤尼塔斯”联合军事演习。秘鲁海军司令卡洛斯·图比诺中将为演习总指挥，旨在增进友谊，加强军队的维和与人道救援能力；是美洲国家在拉美和加勒比地区举行的规模最大的水陆军事演习。在这次演习中，美国派出了“里根”号核动力航空母舰搭载 5000 名海军陆战队员参加演习，参演国派出了导弹巡洋舰、驱逐舰、护卫舰、潜艇等 44 艘战舰以及 38 架飞机。演习分两个阶段：第一阶段，美国、秘鲁、阿根廷、玻利维亚、哥伦比亚、智利、厄瓜多尔、墨西哥、巴拉圭、多米尼加共和国和乌拉圭 11 国的官兵在安孔海军基地进行友谊战术表演和交流，共同制定和研讨演习战略战术；第二阶段从 7 月 10 日开始至 24 日结束，参演官兵在秘鲁北部海域和中部亚马孙丛林地区进行联合实战演练，包括抢滩登陆、快艇攻击、多国伞兵空降、电子战、拦截贩毒船只、沼泽区航行、布置陷阱、自救生存等。

北约“雄鹰 04”联合军事演习 7 月 11~16 日，北约在摩洛哥南部海域和附近的国际海域举行多国部队联合军事演习。这次“雄鹰 04”的大规模军事演习由北约委托美国第六舰队司令指挥。美国、法国、德国、意大利、荷兰、葡萄牙、西班牙、土耳其、英国和摩洛哥派出 2 万名士兵，以及 20 艘军舰、多艘潜艇和多支战斗机群、后勤支援机群参加。此次演习的目的是为了提高这些国家的部队在未来联合军事行动中的合作意识、快速反应和协同作战能力。

“地中海鲨鱼/高贵鹰 04”军事演习 2004 年 7 月 11~16 日，美英法德等 10 个国家在摩洛哥海滨地区举行了摩洛哥主办的多国联合海上演习，以显示联合多国部队的作战能力以及参演海上、空中、水下和水面部队的快速反应能力。演习中，除摩洛哥和美国外，其他参演国家还包括法国、德国、意大利、荷兰、葡萄牙、西班牙、土耳其和英国，希腊军事官员观摩了演习。美国参与此次演习的目的是提升在 10 个盟国之间的协同作战能力，并通过综合海上和空中作战行动，加强未来各国的军事合作能力。参加演习的大约有 2 万名作战人员、超过 20 艘舰船和潜艇以及各式战机。美海军派遣 8 艘水面舰艇和 2 架 P-3C“猎户”海上巡逻机。驻欧美空军派遣 7 架加油机为演习提供空中加油。

“合作对抗雷-04”联合军事演习 （详见“日本军事演习栏”）

美保“堡垒 2004”联合军事演习 7 月 19 日至 8 月中旬，美国和保加利亚在保加利亚东部的诺沃塞洛地区举行了以检验小规模部队在实战情况下的伪装能力和战术水平的“堡垒 2004”联合军事演习。这次演习是由美国驻欧陆军司令部和保加利亚国防部及总参谋部联合指挥的，是近年来双方联合举行的规模最大的一次军事演习，参加演习的美军共 900 人，保加利亚 150 人。

“巴拿马极限 2004”海上军事演习 2004 年 8 月 14~21 日，美国、阿根廷、智利、哥伦比亚、多米尼加、洪都拉斯、巴拿马和秘鲁等七个国家，在加勒比海域、连接两大洋的战略要冲——巴拿马运河地区进行了为期一周的海陆空军事演习。此次演习由巴拿马国家安全委员会总协调，美国海军的南方司令部负责总指挥。这次联合演习的目的，一是保证巴拿马运河的畅通和安全，二是加强该地区各国在巴拿马运河受到突然威胁时的协调应对能力，尤其是在巴拿马运河受到威胁的情况下的紧急协同能力。

“红旗 04-3”实战演习 8 月 16~27 日，美国空军在内华达州的内利斯空军基地举行了“红旗 04-3”实战演习。演习由内利斯空军基地的第 414 作战训练中队操作，有来自 8 个国家、100 多架飞机、大约 2500 多人参加。6 架来自比利时、丹麦、荷兰、挪威的 M3 升级型 F-16 样机参加了演习。

“乙支焦点透镜 2004”联合军事演习 （详见“韩军事演习栏”）

美空军“红旗”综合空战训练演习 2004 年 10 月 19~31 日，美空军在位于内华达州的内利斯空军基地举行“红旗”综合空战训练演习。美驻德国拉姆施泰因第 32 空中作战大队 (AOG) 派 90 多名空军人员返回美本土参加此次年度训练演习。美空军国民警卫队驻纽约州锡拉丘兹的第 152 空中作战大队派出约 100

名空军人员参加这次演习，目的是演练如何夺取作战中的空中优势。演习对现役、后备役部队和盟国空军进行实战条件下的空战训练，以提高空勤人员的一流技战水平和生存能力，演习科目包括空战、紧密空中支援、空中侦察、对地攻击与轰炸、电子干扰、搜索救援、夜战、超低空作战、空投、空中加油等。

"红旗 05-1"多国空战训练演习 2004 年 10 月 9 日至 11 月 6 日，美空、陆、海军和陆战队，英国、澳大利亚、加拿大、新加坡和以色列的空军部队以及数百架飞机参加了"红旗 05-1"多国空战训练演习。美空军空中作战司令部主持，"红旗 05-1"演习是一次大规模的综合性空战演习，其目的是在实战和模拟环境中为美军及盟军提供综合科目训练，提高空勤人员的技战术水平和生存能力。演习科目包括空中打击、电子战、战术空运、战机护航、机载预警与控制、空中加油、压制敌防空系统、进攻/防御性空战、模拟防空作战、以及作战效果评估等。

美海空军"复仇女神 05"联合军事演习 2004 年 11 月 22~23 日，美国海军和空军在夏威夷岛西部美国海军太平洋导弹靶场举行了为期两天的对舰艇等移动目标实施高精度打击的联合演习试验。"复仇女神 05"演习中，B-52 型轰炸机、F/A-18 型战机以及远距雷达监视飞机在内的大量武器平台与系统进行了协同作战。

（孙小叶）

美海军"多帆"演习 2004 年 1 月 28 日至 2 月 5 日，美海军在冲绳海区举行了代号为"多帆"的作战戒备演习，旨在检验和提高多艘舰船实施一体化协同作战的能力。演练科目主要是鱼雷发射、舰炮射击、防空、反潜、水面火力支援、搜救和海上补给等。其主要特点是：

第 15 驱逐舰中队舰船为主，潜艇首次参演 此次参与演习的美海军兵力由来自横须贺、佐世保、关岛、厚木、嘉手纳 5 个基地的舰机及军事海运司令部 1 艘油船组成。其中第 15 驱逐舰中队的 5 艘水面作战舰船成为此次演习的主力。此外，驻关岛第 15 潜艇中队首次派出核潜艇"科珀斯·克里斯蒂城"号参演。

海上演练科目广泛，重点突出 此次演习重点对鱼雷发射、防空等科目进行演练。期间，导弹巡洋舰"文森斯"号进行了 MK-46 型反潜鱼雷发射活动。第 51 轻型直升机反潜中队第 6 分遣队负责查找演习鱼雷落点，而后负责搜索和救援的潜水员乘充气艇找回鱼雷，整个过程分工明确、组织严密。在防空演练中，导弹巡洋舰"文森斯"号利用 MK-45 舰炮及近防武器系统对空中靶标进行模拟反导防御，并进行了导弹攻击演练。

注重加强对舰船适航性和战备效能评估 此次"多帆"演习是美海军西太平洋海上训练大队年内举行的舰船适应性训练评估的一部分，旨在对舰船及船员的适应性训练进行指导与评估。

美菲"肩并肩 04" 联合军事演习 2004 年 2 月 23 日至 3 月 7 日，美菲两国军队在菲律宾吕宋岛、巴坦岛和巴拉望岛等地举行了代号为"肩并肩 04"的联合军事演习。演习旨在增强菲美两军安全戒备与反恐合作，主要目的是提高菲、美两国军队应对共同威胁的协同作战能力，包括毒品走私以及恐怖主义活动等。演习参演总兵力为 4930 人，包括美军 2652 人，菲军 2278 人。演习主要科目有特种作战、情报侦察、反恐、空中作战、心理战训练、医疗撤运、人道主义救援及夜间飞行训练等。演习特点是：

演习筹备充分 为确保顺利举行演习，菲美双方进行了长时间、周密的筹备。从 2003 年 7 月至 2004 年 2 月，菲美多次召开演习协调会。此外，美军还派出了"联合军事顾问团"、"演习筹划及协调先遣团"赴菲勘测演习场地，抵巴拉望进行了民事、医疗、工程演练科目的场址选定工作，美海军陆战队代表对马格赛堡、等营区进行勘测和评估。

演习规模大、针对性强 美军共 2652 人参演，较 2003 年增加了 1400 余人，参演飞机多达 46 架。"肩并肩"演习的传统区域为菲律宾中部的吕宋岛和南部的巴西兰岛和棉兰老岛，此次演习首次扩展到靠近南沙群岛的巴拉望岛以及位于巴士海峡的巴坦岛。值得注意的是，演习想定巴拉望岛马兰帕亚地区爆发一场罕见的疟疾，在当局全力控制疫情之际，受国际恐怖组织指使的菲反政府武装企图强占该地区海上石油钻井平台，并准备将这一平台作为发动恐怖攻击的立足点。为此，美菲联合特遣部队对菲反政府武装分子发起突然袭击。菲美军队在巴拉望岛举行了参谋演练、人道主义和民事救援演训。

进一步加强军事合作 此次演习分为指挥所演习、交叉训练和实兵演练，指挥所演习检验了美菲双方联合计划和协同作战能力，进行了联合空军部队、联合海军部队、联合陆战队、联合登陆部队交叉训练和野战演习等，注重两军联合协同训练与经验交流，以及美军对菲军的反恐作战行动指导和评估。

"环太平洋 2004"联合演习 美盟"环太 04"联合演习于 6 月 29 日至 7 月 27 日，美国、澳大利亚、英国、日本、韩国、加拿大、秘鲁和智利 8 个国家在夏威夷群岛海域举行。主要演练科目有：战术训练、两栖攻击、反潜作战、空中与海上机动、非战斗人员撤运及人道主义援助等。这次演习的主要特点：

演习规模扩大　演习参演人员 18000 人，比上次增加 7000 人；飞机约 100 架，较上次增加 74 架；参演舰船 40 余艘，较上次多 4 艘；美国还出动一个航母编队参加了演习，规模较大。此外，厄瓜多尔、马来西亚、墨西哥、菲律宾、俄罗斯、新加坡和泰国等 7 国派出了观察员进行观摩。

突出反潜演练　（1）此次演习共有 20 多架 P-3C 型反潜巡逻机参演，其中日本 8 架、其他国家 10 架、美国数架，反潜巡逻机的数量明显多于以前参演规模，大大增强了此次演习的反潜力度。（2）此次演习美国海军出动了“斯坦尼斯”号核动力航母编队和 7 艘核动力潜艇，日本海上自卫队派 4 艘驱逐舰和 1 艘潜艇以及其他国家舰艇共 40 余艘参与了反潜演练。此次不但重视深海反潜，而且加强了对 300 米深的浅海反潜作战演练。

提高联合作战能力　演习期间，美盟之间进行了密切的合作，互相交流，大大的提高了联合作战能力。另外，“环太·04”演习设有“联合空战中心”，中心设在位于夏威夷珍珠港某隐蔽处的军用帐篷内，列编 150 余人。“联合空战中心”通过“联合企业地区信息交换系统”及其附设的“战区战斗管理核心系统”，每 4 天制定与发布 1 次“空中任务指令”和“空中控制指令”，以确保分别来自 7 个参演国的 100 余架飞机的协调与风险管理。

“夏日脉动 04”海上军事演习　2004 年 6 月份以来，美海军多个航母打击大队相继在全球展开代号为“夏日脉动 04”的大规模系列海上军事演习。此次演习旨在展示、测试和演练美海军同时大规模部署部队的能力，谋求具备 30 天内部署 6 艘航母、90 天内部署 8 艘航母的能力。“夏日脉动 04”演习由美海军航母打击大队分别在各战区举行的演习组成，参演航母包括“肯尼迪”号、“企业”号、“斯坦尼斯”号、“里根”号及“小鹰”号等。各战区主要演习情况有：

南方总部的东太平洋两栖演习情况。2004 年 6 月 24 日至 7 月中下旬，美与阿根廷、玻利维亚、智利、多米尼加共和国、厄瓜多尔、巴拉圭、秘鲁及乌拉圭等拉丁美洲盟国在秘鲁格劳海和亚马逊河丛林地区举行东太平洋地区规模最大的两栖演习。演习旨在促进相互协调、友谊、信任和理解，加强两栖作战技术和丛林作战、维和及人道主义行动，演习重点是面对国际恐怖分子和毒品走私等威胁时多国作出反应，演习内容还包括维和及人道主义援助。参演总兵力 15000 人，其中，美海军 5000 人，参演舰船包括里根号航母打击大队及两栖登陆舰托尔图加号。

另外，“夏日脉动 04”海上军事演习还包括：北方总部“联合特遣部队 04-2”演习，中央总部“地中海鲨鱼/庄严之鹰 04”演习（详见孙小叶军事演习栏）

（徐　敏）

俄罗斯军队训练　陆军训练　俄武装力量 2004 年的训练情况继续好转，战斗训练强度进一步提高。其中，首长参谋部演习的次数较去年增加 3%，团以下规模的战术演习增加 8%。训练演习主要围绕核威慑、战略机动、反恐和防空四个主题进行。总的训练重点是战略核打击和战略机动作战。战略核力量的训练，强调陆海空三位一体战略核力量的综合运用。常规力量的训练，俄西部和西北战略方向的训练重点是联合防空，包括对北约空军前沿基地实施空中打击的积极防御行动；西南战略方向是反恐作战；远东战略方向是机动作战，主要是从西部和其他战略方向向远东战区的远距离空中机动；驻远东的部队与机动力量联合实施作战行动。海军训练实现了海上训练的重大突破，全年共组织了 50 次海上训练活动，举行了一系列海上大型演习。战略导弹核潜艇部队共实施了 10 次弹道导弹发射。

演习次数多，规模大，联合性强　俄军 2004 年训练的最大特点是战略和战役级演习多，规模大，联合性强。主要有：“安全-2004”首长参谋部战略演习、“机动-2004”诸军兵种战略演习、独联体集体安全组织成员国“边界-2004”联军演习及其联合防空体系首长参谋部大型操练、俄各强力部门“事故-2004”核安全联合演习、空降兵和空军联合战役演习、空军和列宁格勒军区陆军防空兵联合防空演习等。各军区和陆、空军集团军也按计划举行了例行的首长参谋部演习或具有演习性质的首长参谋部操练。其中，规模最大的是“安全-2004”首长参谋部带实兵战略演习和“机动-2004”诸军兵种战略演习。

另外，2004 年俄军还与北约国家、“上海合作组织”成员国举行了联合演习，主要有：俄黑海舰队“莫斯科”号导弹巡洋舰与意大利海军在伊奥尼亚海举行的联合演习；“野猪”号核潜艇与法国海军在北大西洋举行的演习；北方舰队的“北莫尔斯克”号和“列夫琴科”号大型反潜舰与美国海军举行的“北方之鹰-2004”演习；俄与北约国家在美国科罗拉多州国家一体化联合训练中心举行的战区反导弹演习；俄与北约在俄加里宁格勒举行的反恐救援联合军事演习；俄与“上海合作组织”成员国举行的联合反恐演习等。

部队的训练强调针对性　俄北高加索军区主管战斗训练的副司令叶戈罗夫少将认为，陆军兵团和部队目前的训练，应将很大一部分精力放在武装冲突和对付恐怖主义的训练方面，其大部分任务要在特殊条件下完成。同时，根据俄地缘政治情况，各军区的部队训练要突出自己的重点，即考虑各战略方向的特点和部队的具体任务。例如，驻扎于西南战略方向的部队和分队必须要进行实施山地、沙漠地形和城市（居民点）战斗行动的训练，而西部战略方向的部队，要演练在中等起伏并带有大量的江河障碍和居民地的地形实施战斗行动。

训练体制酝酿重大改革　随着合同兵役制度的普遍实行，俄军的训练体制面临着根本改革。叶戈罗夫少将对此提出以下观点。一是训练中心的任职前培训需要完善。合同兵的来源有两种人：未服过役的和服过役的。对服过役的人员来说，其按合同服役的岗位有可能与原来的专业不对口。因此，这部分人仍需要在训练中心按未来的编制职务接受再培训。经考试合格后，再补入战斗分队。对考试不及格者，可再给予一次补考机会。补考仍不合格，应终止其合同。军人的首次服役合同，应由当事人与所在部队的指挥员签订，合同期限应不少于5年。

二是作战部队的训练计划体制需要修改。目前合成部队的战斗计划是根据1995年版战斗训练大纲制定的，义务兵役制和混合兵役制分队用的是5月制大纲，而合同兵役制分队将采用10月制大纲。按10月制大纲制定训练计划能够将班合练改为1个半月，而排、连和营则相应改为2.5、3.5和2个月。分队合练时间的增加可为采用新的更有效的训练样式和方法，根据所担负的具体任务进行训练，进而大幅度提高部队的战备水平创造条件。大量的战斗训练任务可在以营为单位的野外驻训中完成，并将其作为分队系统训练（班、排、连、营的合练）的完成阶段。

三是单兵训练与分队训练的关系要重新确定。首先要解决的是培养什么人的问题，是培养专业面很窄的、精于有限任务的职业人员，还是培养素质全面、能在各种复杂条件下完成各种临时任务的专业人员。合同制部队应选择的显然是后者。这就涉及到单兵训练和分队训练的时间分配问题。现在的常备部队将大量的训练时间用在单兵射击训练上（占训练时间的96%）。这种做法造成了教导分队与战斗分队的训练大纲的重复。同时，合成训练中心只培训班长、战斗车辆的瞄准手和驾驶员，这给战斗分队组织训练过程造成了一定困难。此外，射击合练的课目只占战术训练课目的4%，这是远远不够的。为保持和提高单兵的个人训练水平，单兵训练是必要的，但转入合同制的部队应将训练的主要注意力放在学习掌握分队的所有武器上，将主要精力由单兵训练转到集体训练上。

四是合同制军人的训练时间要得到充分保证。要提高战斗训练的强度。为此，要让合同制军人不再担负生产经营或建筑施工任务，集中精力搞训练。这些任务应交给兵团和部队编成内的保障和服务分队去完成，并扩大文职人员编制。

五是战斗训练的物质技术保障要进一步完善。过去由于缺乏资金，部队的靶场和其他训练物质技术基地设施远未处于理想状态。此外，这些设施主要用于军人的单兵训练，因此需要根据各军兵种的特点进行彻底改造。要结合部队的具体任务进行专业训练中心建设，并优先建设新的训练物质技术基地。专业训练设施要建在有该战区特点的地形上，而其养护人员应由合同制军人和文职专业人员担任，以确保训练设施的高效率。今后，还要采用先进的训练技术，使用计算机、激光射击模拟器和其他先进训练器材。此外，还要下大力开发供分队使用“便携式物质基地”。这套训练器材对完善单兵训练具有重要作用，应将其配发到连。

资料来源：

① 俄《军事思想》2004年；

②《俄罗斯军事评论》2004年；

③ 俄《红星报》、《独立军事评论报》2004年。

（来　斌）

海军训练　**综述**　2004年，随着俄罗斯国内经济形势不断好转以及高层领导对海军发展的特别关注，俄海军训练经费得到落实。因此，海军在按照既定发展规划稳步推进建设的同时，明显加大了各大舰队的实战演习训练力度，通过演训，全面提升部队战备水平，增强应对现代战争的能力。训练的主要特点是：

频繁试射洲际弹道导弹，强化海基战略核威慑能力　2004年，俄全军共进行15次洲际弹道导弹发射，其中海基弹道导弹发射10次，占了总数的66%。2月，北方舰队积极参与“安全-2004”全军规模战略核演习，集中检验了俄“三位一体”战略核力量中海基核力量的战备水平，北方舰队进行了弹道导弹发射与拦截、海上封锁、空降突击等科目的演练。从3月到9月，北方舰队发射了2枚RSM-54洲际弹道导弹，特别是9月8日进行了2次导弹发射，导弹各带了3个弹头，所有6个弹头全部命中堪察加半岛靶标。9月

23 日，俄海军“德米特里·顿斯科伊”号核潜艇在白海成功试射了 1 枚“布拉瓦（圆锤）”新型固体燃料洲际弹道导弹。11 月 2 日，太平洋舰队 1 艘核潜艇从鄂霍次克海水下试射 1 枚洲际弹道导弹，弹头准确击中俄北部新地岛上的预定目标。

增加远洋演训活动，提高远洋作战能力 2004 年，俄海军继续贯彻“海军加强在世界各大洋存在”的战略指导思想，明显加大了海军舰艇编队的远洋集训和战备执勤力度。年内，俄海军舰艇通过外访、远洋集训等方式共进行了约 50 次远航训练活动，先后派舰艇对英、法、意、韩、日等 17 个国家 27 个港口进行了访问。继 2003 年太平洋舰队远航印度洋之后，2004 年，俄海军欧洲方向的三大舰队：北方舰队、波罗的海舰队和黑海舰队，均先后派出作战舰艇编队远赴大西洋海域和地中海海域活动，并积极与北约国家海军举行联合海上军演。俄海军旨在通过一系列的远洋战备训练和与外军联合演习活动，向世界展示俄海军的作战实力，实际检验和提高俄海军的远洋作战能力。

注重演训质量，提高综合作战能力 2004 年，俄海军各舰队演训规模和强度与往年相比明显增大，针对性和实战性强的基础科目成为演练重点，以此提高俄海军部队在各种复杂条件下的综合实战能力，特别是水面、水下和空中立体协同作战能力。年内，俄海军潜艇部队和航空兵部队参训频率较往年相比也更为活跃。2 月，北方舰队出动包括航母、核潜艇在内的 16 艘主力舰艇及战机共约 5000 余官兵参加了俄军“安全–2004”大规模战略核演习。4 月，太平洋舰队出动大型水面战舰和常规潜艇等 22 艘、飞机 4 架在海参崴近海和日本海北部海域举行了大规模春季考核性演习。6 月，太平洋舰队第 55 陆战师和各型战舰和潜艇 30 余艘、飞机 6 架参加了俄军“机动–2004”战略战役反恐演习，对兵力调动、登陆作战、反潜及实弹射击等科目进行了集中演练。年内，波罗的海舰队的 2 艘潜艇和 70 余艘水面舰船均出海进行了战备训练，共完成了 150 余次导弹、鱼雷和火炮射击，150 余次深水轰炸和水雷对抗演练，舰艇总航行数超过 1000 余个航行日，几乎是 2003 训练年度的 2 倍多，平均每艘舰艇在海上训练超过 10 个昼夜。基础科目设置全、实战性强、兵力出动多是俄海军全年演训的显著特点，质量较往年有明显提升。

突出反恐作战演练，提升应急作战能力 针对俄境内愈演愈烈的非传统安全威胁，俄海军 2004 年在各类演训活动中持续强化反恐作战科目的演练。年内，俄海军舰队除积极参与全军以反恐为主要内容的“机动–2004”大规模军事演习外，各舰队继续加强反恐科目演练。其中，太平洋舰队共参加以恐怖袭击为背景的大规模演习 2 次，举行以反恐科目为主的演练 10 次。北方舰队陆战旅队员与太平洋舰队第 55 陆战师混编，在舰艇和空防兵火力支援下，乘大型登陆舰实施登陆突击演练，探索在复杂环境下执行反恐任务的作战样式，提高反恐作战能力。北方舰队、波罗的海舰队和黑海舰队舰船年内还与北约国家多次举行联合海上反恐演习。

资料来源：

①俄罗斯《红星报》2004 年 1~12 月；

②俄罗斯《海军文集》2004 年 1~12 期。

北方舰队举行首长–司令部演习 2004 年 6 日，北方舰队举行首长–司令部演习，演习由北方舰队代理司令西蒙年科海军中将指挥，参演的水面舰艇、潜艇、飞机和直升机部队出海进行了战斗训练，完成了导弹、火炮和鱼雷射击任务。在海上训练阶段，参演兵力有 12 艘水面舰艇、潜艇、12 艘保障船只，歼击航空兵、反潜航空兵和导弹航空兵飞机、直升机以及岸上部队。在该阶段演训还采取了反潜训练竞赛措施，约有 5000 名舰队官兵参加。其中，水面舰艇战役分舰队搜索打击舰艇群出海进行了搜索和攻击假想敌潜艇科目演练。科拉多兵种分舰队水面舰艇和潜艇出海进行锚地集结和年度任务考核，期间完成了 30 余次导弹、火炮和鱼雷射击。演习旨在检验和提高北方舰队的战备水平。

北方舰队举行远洋集训 2004 年 9 月 22 日至 10 月 22 日，俄海军北方舰队航母作战编队赴大西洋进行了为期 1 个多月的远洋战备训练活动。此次远洋演训由北方舰队司令米哈伊尔·阿布拉莫夫海军中将亲自指挥。该编队由 1 艘航母、2 艘导弹巡洋舰、2 艘大型反潜舰、1 艘导弹驱逐舰、数艘核潜艇以及 2 艘救援船、1 艘大型油船组成。此次战备集训中舰艇编队主要演练了防空、反潜、保证航渡安全、海上加油、编队海上共同机动、锚训和战斗巡航等科目；舰载战斗轰炸机则进行了多次各种复杂气象条件下的战斗起飞和降落、海上攻击、空中加油等战斗科目考核，完全达到实战的要求。同时，海上辅助舰只演练了在各种复杂气象条件下进行航母保障、反潜协同的演习科目。

这次远航及训练是俄海军近 8 年来最大规模的一次远洋战斗训练。表明俄海军以航母为作战主力的远洋攻击能力仍保持着很高的战斗水平，证明了俄海军航母群已经成军，而且显示出强大的海上战斗力。

俄美海军举行“北方之鹰–2004”反恐演习 2004 年 9 月 28 日至 10 月 5 日，美国和俄罗斯海军舰艇在北海举行了代号为“北方之鹰-2004”的双边联合反恐演习，这是美国海军首次与俄北方舰队举行联合演习。参加演习的美方兵力为“休城”号导弹巡洋舰和2架SH-60B海鹰直升机；俄方参演兵力为“列夫琴科海军上将”号、“北莫尔斯克”号大型反潜舰以及2架卡-27直升机，俄方指挥官为北方舰队大西洋战役分舰队参谋长谢尔盖·阿瓦恰涅茨海军少将。在为期一周的演习中，俄美两国海军舰艇演练了联合海上机动、战损控制、后勤支持、导航、通信联络、搜救落海水兵、海上拦截、通过狭窄海峡等13项训练科目。北方舰队参演舰艇编队这次远航航程5000海里左右，演练是在复杂气象条件下完成的。此次演习的主要目的是协调双方海军的海上安全协作能力。

太平洋舰队访韩并举行联合搜救演习 2004年2月3日，俄太平洋舰队由导弹巡洋舰“瓦良格”号、大型反潜舰“特里布茨海军上将”号、小型反潜舰“朝鲜人”号组成的舰艇编队赴韩国访问。访问期间，于2月15日与韩国海军舰艇在韩国西海域举行了海上搜救联合演习。演习旨在提高两国海军在发生海上事故时的共同应对能力。演习科目包括通信交换演练，战术机动演练，遇难信号收听、转发演练，遇难船舶搜索，人员求助演练，灭火及遇难船舶拖引演练等。

9月24~27日，韩国海军派舰对俄太平洋舰队海参崴基地进行了为期3天的访问，期间，双方进行了联合救援演练。

太平洋舰队举行春季考核 2004年4月24~27日，太平洋舰队在海参崴近海、日本海北部海域举行了大规模春季考核性演习。演习由舰队司令费奥德罗夫海军上将指挥。演习目的是检验冬训成果，提高部队综合作战能力。主要演习科目有舰艇航渡、直升机着舰、导弹发射、舰炮射击、舰机反潜、编队对抗等。参演兵力包括导弹巡洋舰、导弹驱逐舰各类舰艇船20余艘，舰队空防兵伊尔-38型飞机3架、米-8直升机1架也参加了演习。

近年来，太平洋舰队春季考核性演习海区多设置在海参崴近海，此次春季考核演习海区设置较往年有所扩大，包括了海参崴近海、日本海北部的广大海域。演习规模大于往年，几乎出动了所有大型作战舰只，兵力活动次数较2003年春季考核性演习增加了30%，且在演习最后阶段进行了编队对抗科目的操演，20余艘作战舰艇全部参加，并进行了实弹射击。

太平洋舰队与日海军举行联合演习 2004年8月25日，俄海军太平洋舰队舰艇编队驶离海参崴前往日本进行非正式访问，期间双方举行了联合搜救演练活动。太平洋舰队访日编队由“无畏”级导弹驱逐舰“沙波什尼科夫”号、大型登陆舰“БД-11”号和“毒蜘蛛”级导弹艇“P-29”号组成，由滨海区舰队司令阿夫拉缅科海军少将担任编队指挥，31日编队驶抵日本海上自卫队在广岛的吴港海军基地。访问期间，于9月4日，太平洋舰队访日舰艇编队与日本海上自卫队舰机在东中国海和日本海域举行了联合海上搜救演习，期间日方出动了1艘直升机驱逐舰、1艘驱逐舰、1艘扫雷舰、1架侦察机和数架直升机。主要演练内容为搜索救援在公海遇难的船只。

太平洋舰队举行综合战术考核 2004年10月11日，俄太平洋舰队在海参崴近海阿斯科尔德岛东南海域举行了综合战术考核，考核内容为舰机联合反潜演练，演习主要任务是发现和消灭假想敌潜艇。参演兵力包括导弹驱逐舰“沙波什尼科夫元帅”号、“潘捷列耶夫海军上将”号、“维诺格拉多夫海军上将”号，“基洛”级常规潜艇1艘，猎潜舰2艘，护卫艇4艘以及救援拖船、勤杂船、鱼雷打捞船等，伊尔-38型反潜机1架，其中导弹驱逐舰“沙波什尼科夫元帅”号担任演习指挥舰。主要科目有通信调试、舰艇航渡及舰机联合反潜等。

波罗的海舰队舰艇编队赴地中海执行战斗勤务 2004年8月6日，波罗的海舰队舰艇编队从波罗的斯克港出发远赴地中海开始执行为期2个月的战斗勤务。这是最近8年来波罗的海舰队战斗舰艇编队首次在远离驻地海域和大洋海域进行战斗训练，其中包括参与北约国家的演习活动。该战斗舰艇编队由舰队副司令瓦西里·阿巴诺维奇海军中将率领，编队由导弹护卫舰“不惧”号、大型登陆舰“加里宁格勒”号和油船“列娜”号组成。另外，还有独立近卫旅的一个海军陆战连50余人和7辆装甲车。

此次远航，总航程达8000余海里，访问了法国、葡萄牙、西班牙三国海军港口，有7000余外国客人登舰参观。期间，还与西班牙海军舰艇举行了联合军事演习。

波罗的海舰队举行陆战演练 2004年11月，波罗的海舰队举行了有关组织海军陆战营登舰和运送内容的演练。演练期间，共有25艘舰船演练了在克服水雷危险、对抗敌潜艇兵力、组织火力支援登陆行动时各水面舰艇编队间的协同行动，舰队空军和防空军分队演练了从空中掩护水面舰艇科目，岸上部队在赫灭列夫训练场进行了“分队防护”科目演练。

黑海舰队进行春季集训 2004年3月22日至4月初，俄黑海舰队在黑海东部及中部海域举行了大规模春季集训活动，舰队司令弗拉基米尔·马索林海军上将亲自指挥，海军总司令库罗耶多夫海军大将率部亲临现场检查观摩。参加集训的兵力包括舰艇部队、航空兵部队、舰队陆战队和岸防部队等。参训舰艇共20余艘和10艘保障船只；参训飞机包括舰队独立航空兵强击机大队的4架苏-24、3架别-12、3架安-26，3架卡-27直升机。演训期间共完成了包括导弹射击、海上扫雷、防空、鱼雷攻击、海上搜潜、反潜导弹射击、登陆与抗登陆、空降作战等共100个战斗科目。

黑海舰队参加六方联合演习 根据黑海海军合作组织成员国（格鲁吉亚、俄罗斯、乌克兰、保加利亚、罗马尼亚和土耳其）六方初步磋商的结果，2004年8月中旬，六国海军舰艇分别在格鲁吉亚的波蒂海域和保加利亚的瓦纳海域举行代号为“布莱克西法勒-2004”的国际联合军事演习。参演舰艇有登陆舰、导弹艇等6艘（六国各出1艘）以及海军航空兵飞机等，其中俄方参演兵力有大型登陆舰“库尼科夫”号和A-26飞机，乌克兰海军为中型登陆舰“基罗瓦格勒”号。演习主要内容为反恐，期间进行了舰艇海上联合机动、联合指挥、侦察搜索、拦截和检查可疑船只等科目。

黑海舰队舰艇编队远航地中海 2004年9月1~30日，俄黑海舰队导弹巡洋舰“莫斯科”号（担任旗舰）、导弹护卫舰“机灵”号和“求知”号、大型登陆舰“阿佐夫”号、大型油船“伊万·布勃诺夫”号和救援拖船CB-36号6艘舰艇组成的舰艇编队，在舰队司令马索林海军中将率领下，远航地中海30天，航程达3500余海里，先后访问了土耳其、希腊和意大利三个国家的6个港口，期间与意大利海军举行了海上联合军事演习。

黑海舰队参加北约“积极行动”海上反恐演习 俄海军黑海舰队导弹护卫舰“求知”号和“机灵”号于2004年10月4日晨起航，前往地中海参加北约国家代号为“积极行动”的联合海上反恐军事演习。参加此次演习的有美国、意大利、希腊、德国、西班牙和土耳其等国海军舰艇，演习由北约南欧海上力量司令意大利海军中将费尔吉南多·桑佛利切任总指挥。在此次演习期间，俄海军黑海舰队参加的两艘军舰主要担负在地中海东部靠近希腊领海水域的巡逻、检查任务。这是俄海军第一次与北约国家海军在地中海进行这种合作，这次行动的主要任务是在公海水域拦截、检查和扣押涉嫌贩运违禁物资的船只，防止大规模杀伤性武器和导弹技术扩散。

里海区舰队举行首长-司令部演习 俄海军里海区舰队于2004年8月23日开始举行大规模首长-司令部演习，俄海军总司令库罗耶多夫海军元帅亲临现场观摩。演习分两个阶段进行，第一阶段是演习指挥部进行图上指挥演练；第二阶段（24日）为舰艇编队进行战备训练和射击演练，区舰队所有一线舰艇都参与了实弹射击训练和其他战术科目，2003年新服役的区舰队旗舰鞑靼斯坦号导弹护卫舰首次参演并扮演关键角色。苏联解体后，在经过10多年的停滞后，里海区舰队根据普京总统的命令曾于2002年举行过类似规模的首长-司令部演习，当时除区舰队部队外，部署在里海地区的俄罗斯国防部、边防局、紧急情况部、铁道兵、联邦安全局、内务部的部队及民事部门都参加了演习，共演练了20多个科目，约70艘舰艇、航空兵飞机、民用船只及10500名军人参加。演习前，俄海军总司令库罗耶多夫海军元帅表示，此次演习与2002年演习类似，是里海地区所有军事部队的大规模全面演习，主要原因是地区军事威胁性质发生变化，根据总统命令，里海地区所有军事部队的任务进行了重新调整，以地区反恐为主要任务，此次演习是2年前军事任务调整工作的延续，主要目的是提高俄罗斯南部地区的战备能力，特别是里海区舰队的技术准备和人员培训。

（姜桂颖）

军事演习

综述 2004年，随着波罗的海三国加入北约和格鲁吉亚局势突变，俄罗斯的战略空间被大大压缩，其周边安全环境空前严峻。与此同时，车臣恐怖分子也乘机捣乱，先后制造了莫斯科地铁爆炸案、纳兹兰恐怖袭击、别斯兰人质危机等重大恐怖事件。在这种内忧外患并存，并不断加剧的情况下，为表明维护国家主权的决心，显示自身的军事力量，俄军加大了演习训练的力度，其军事演习之频繁程度和动用的兵力规模之大均为多年来所少见。2004年，俄军首长司令部演习比上一年增加了3%，战术演习次数同比增加了8%。此外，俄军还与美、法、意大利等国军队举行了联合军事演习。这些情况都表明，作为世界主要军事强国，俄军的战备水平和作战实力在遭受苏联解体以来的一系列困境和挫折之后正在逐渐恢复。

资料来源：

①俄罗斯《红星报》2004年1~12月；

②俄罗斯《独立军事评论》2004年1~12月。

“安全-2004”战略演习 中国“国际在线”网站2004年2月19日报道，2004年2月10~18日，俄军举行了“安全—2004”战略演习。这次演习是1982年以来俄（苏）军举行的规模最大的核条件下的演习。其主要特点为：演习地域广，横跨欧亚大陆，涉及了俄军 7 个军区中的 4 个军区；参演部队多，有陆海空三军以及战略火箭兵、太空兵和空降兵 3 个独立兵种的部队参演；演习科目，有陆上机动、空中拦截、海上封锁、空降突击、太空作战等；参演兵器先进，目前俄所拥有的各种先进武器装备几乎全部亮相，包括多架图-160 型战略轰炸机和“库兹涅兹夫”号航空母舰；领导层次高，普京总统亲自审定演习计划，并于 2 月 17 日观看战略核潜艇发射潜射导弹的实况。演习过程中，俄战略核力量分别从水下、陆上和空中发射了战略导弹。虽然在这次演习中俄军发射两枚导弹都未成功，但通过演习，提高了类似核条件下的战略训练水平。

“托尔高-2004”俄美首长司令部联合演习 俄罗斯《新闻时报》2004 年 5 月 17 日报道，2004 年 5 月 16 日，俄军与美军相关人员在莫斯科诸军种合成学院展开代号为“托尔高-2004”的首长司令部联合军事演习。5 月 17 日开始的演习在电脑和地图上进行。俄方指挥官是院长波波夫上将，美方负责人是美驻南欧作战部队指挥官卡米亚。这次演习是按俄 2003 年底出台的对外军事合作计划进行的。美方参与演习的有美驻南欧部队快速空降分队和第 7 军。此次演习的内容非常明确，新成立的俄美联合参谋部详细制定出行动计划，由俄美两个旅的官兵根据计划，实施保护执行联合国维和任务的另一盟国的部队演习任务。演习于 5 月 22 日结束。

“机动-2004”演习 新华社 2004 年 6 月 25 日报道，2004 年 6 月 21~25 日，俄军在其远东地区举行了代号为“机动-2004”的演习。这次演习是在 2005 年俄罗斯将推行的新军事理论的指导下进行的，俄军方领导人强调演习的目的并不针对任何一个国家，只是想展示一下俄军的实力。此次演习是俄军第一次开始研究并实际检验战略机动性以及战区之间的部队调动问题，即从俄的欧洲地区向具有战略意义的远东地区调动部队，检验来自欧洲地区的俄军增援兵力是否能够同俄罗斯远东地区驻军有效地组织防御作战，并保证远东地区交通运输线的畅通，以及测试俄军的机动能力、远程投送能力以及各军兵种之间的配合协调能力。演习主要演练了远距离空降作战能力。演习的详细地点，其中一个实弹演习场距离中国边境城市东宁不远，另一个在中国边境城镇春化附近。

演习共分三个阶段进行。第一阶段从 6 月 9~18 日，大约 800 名军人和 100 辆装甲车，由 47 架军用飞机和两架民用运输机从俄欧洲地区空运到俄中边境。这些部队包括俄罗斯北方舰队所属的海军陆战队以及部署在俄罗斯欧洲地区的空降兵和摩托化步兵部队。第二阶段从 6 月 21~25 日，来自欧洲地区的部队会同远东驻军，在靠近俄中边界的两个地点进行大规模实弹射击演习。在太平洋舰队和远东地区空军部队配合下，俄军空降兵在假想敌的后方实行空降作战。海军陆战队和步兵以及空降兵模拟了抢滩登陆作战。第三阶段从 6 月 26~30 日，俄军总参谋长克瓦什宁和国防部长伊万诺夫亲自指挥和观摩了这次演习。

“事故-2004”演习 新华社 2004 年 8 月 3 日报道，2004 年 8 月 3~6 日，俄罗斯在俄西北部科拉半岛举行了以保护核武器免遭恐怖分子袭击为主要内容、代号为“事故-2004”的军事演习，并首次邀请北约 18 个成员国的 50 名观察员观摩了这次演习。这次演习由全权负责俄罗斯核弹安全的俄国防部第 12 总局拟定。演习想定国际恐怖分子袭击一列运载有核弹的汽车车队，而车队的首长及警卫人员对袭击的时间、地点、恐怖分子团体的人数及其所配备的武器装备概不知情。遭遇袭击后，载有核弹的汽车迅速靠拢，并处于火力的严密保护之下。数分钟后，援兵赶到，将恐怖分子包围并一举歼灭。据俄媒体援引俄军方消息称，参加这次演习的有 2000 多名官兵和大约 500 辆装甲战车及直升机。他们分别来自俄军莫斯科和列宁格勒军区、北方舰队航空兵、空军和防空部队以及俄紧急情况部。演习部队先后进行了在公路和铁路运输核武器过程中应对恐怖袭击、消除核事故的演习。这是俄方首次在俄罗斯-北约理事会框架内举行的演习。

俄国防部长伊万诺夫表示，“事故-2004”演习旨在解除西方专家对俄罗斯核设施和核武器控制能力的怀疑，通过上述演习使俄罗斯专家能够学习到北约国家在消除核武库事故危害方面的经验。

“边界-2004”演习 中新网报道，2004 年 8 月，独联体集体安全条约组织成员国武装力量在哈萨克斯坦和吉尔吉斯斯坦领土上举行了“边界-2004”联合反恐演习。来自俄罗斯、哈萨克斯坦、吉尔吉斯斯坦和塔吉克斯坦的约 2000 名军人，25 架飞机和直升机、陆军部队、特种部队、吉尔吉斯紧急情况部机动救援分队参加。集体快速反应部队主要演练活动在吉尔吉斯城市巴雷克奇进行，独联体集体安全条约组织成员国国防部长、军事专家观摩了此次演习。

这次联合演习的主要阶段，在吉尔吉斯伊斯克库利斯克州巴雷克奇居民点附近的埃德尔维斯演习场内举行，从 8 月 3 日开始，到 8 月 6 日结束。共有近千名军人、40 多件各种武器装备、30 多架飞机和直升机参加，演习过程中计划演练新的导弹和炸弹攻击实施方法，实施战术空降兵敌后机降。在实弹演练科目中，苏-24前线轰炸机在近地轨道上俄罗斯军用卫星导引下轰炸假想敌目标。演习设想是，苏-24前线轰炸机在对一些目标进行空中打击时，目标坐标指示数据由轨道上的军事卫星传递。

俄意海军联合军事演习　中新网2004年9月13日报道，俄罗斯黑海舰队作战舰艇编队于9月11日抵达意大利港口，并于9月13~16日在爱琴海海域与意大利海军开始举行联合军事演习。据报道，俄海军这支作战舰艇编队由“莫斯科”号导弹巡洋舰、“勇士”号和“求知”号护卫舰、“阿佐夫”号大型登陆舰、“伊万·布布诺夫”号大型海上扫雷舰和“SB-36”号救援牵引船组成，总指挥为俄罗斯黑海舰队司令弗拉季米尔·玛索林海军上将。

俄法海军联合军事演习　俄罗斯《红星报》2004年9月15日报道，俄罗斯与法国海军于9月中旬在大西洋东北部海域举行了联合军事演习。俄罗斯北方舰队作战舰艇战术编队参加此次演习，该编队由“恰巴年科海军上将”号大型反潜舰和“野猪”号核潜艇组成。与此同时，法国海军也派出了“埃缅罗特”号核潜艇和“图尔维尔”号驱逐舰参加此次演习。演习持续了一周时间，共分五阶段举行。为了到达演习地点与位于冰岛以南100海里的法国军舰汇合，由俄罗斯北方舰队水面舰艇部队司令亚历山大·利杰科夫率领的战舰编队远程航行2300海里。

（刘少文）

日本自卫队训练　陆上自卫队训练　综述

2004年，处于军队建设转型时期的日本陆上自卫队在继续压缩部队编制提高作战部队满员率的同时，努力强化部队的各种训练，朝着实现“多功能、灵活、有效”的新的建军目标努力。一年来，陆上自卫队根据自身所担负的任务和日本国土防御的基本特点，在实施以抗登陆、反空降、快速机动为主的常规训练的同时，继续突出以应对孤岛和反恐怖、反游击、反武装特工等非正规作战训练，同时增加了支援伊拉克重建等海外派遣参与多国维和的训练内容。其主要特点：

*继续强化部队的抗登陆、反空降和快速机动训练。*为了进一步落实“水际歼敌”的战略指导方针，陆上自卫队根据日本四面环海、海岸线长的地理特点，按照沿岸部署师、旅和战略机动师、旅的部队配置和任务分工继续进行“水际歼敌”和内陆向沿岸地区或指定区域快速机动、空降与反空降的演练。训练内容主要包括地面机动、空中机动、山地机动、雪地机动和陆海空三位一体的立体机动等，全年各兵种组织的各种机动训练共计达90余次。按照年度训练计划安排，上半年主要是连排及营团一级规模的训练，下半年进行了陆海空一体的远程机动演习和在美国的岸对舰导弹攻击训练。其中，1~3月仍然是以各军区飞行队及空降旅的编队飞行、空中机动和空中侦察等为主要内容的训练，排、连、营一级的野营拉练和战术机动训练亦在此期间进行。2004年度岸舰导弹部队赴美训练经过在国内的充分准备，于11月中旬至12月下旬在美国加利福尼亚州穆古角美海军导弹中心进行，参训部队为6个岸舰导弹团。以陆上自卫队为主海空自卫队协同的大规模北方机动特别演习于5月31日至7月9日在日本东北地区至北海道途中及北海道矢臼别演习场举行。实施了陆海空三位一体机动训练。

*重视孤岛保卫战训练，提高部队应对西南地区“有事”时的快反能力。*2004年陆上自卫队更加重视孤岛保卫战的训练，并将其作为全年训练工作的重点。继2002年3月在西部军区组建了专门针对孤岛作战的“紧急事态快速反应部队”——西部军区直属步兵团后，2004年3月又在习志野驻地新编“特种作战群”。它相当于美国的反恐特种部队和英国的特别行动队，其主要任务是对付游击队和特种部队。随着特种部队的新编和孤岛防御任务的扩大，2004年陆上自卫队围绕保卫孤岛作战的训练明显增多，专项任务训练达20余次。这些训练除更多地集中在西部军区直属步兵团和第1空降旅等部队外，也扩大到了第4、第8师。训练内容主要包括孤岛野外生存训练、空中快速机动训练、直升机机降训练、海上游泳和潜水训练、橡皮艇航渡训练、峡谷索道训练和岛屿争夺战训练等。11月15~19日，西部军区第8步兵师第12步兵团在雾岛演习场实施了代号为“孤岛部署行动”的孤岛保卫战训练。训练科目有恢复孤岛治安、岛民避难支援和阻敌登岛、敌登岛后的阵地战等。

继续重视非正规作战，增加针对恐怖活动等训练。“2004年度自卫队业务计划基本方针”继续把加强部队反恐怖活动等非正规作战作为年度业务工作的重点，指出，“恐怖活动、游击部队和特种部队的入侵以及可疑船和核生化武器是威胁日本安全的不稳定因素。”因此，2004年度，日本自卫队用于反恐方面的经费为260.4亿日元，比上年增长35%。从全年的训练情况看，各部队组织的空降反游击战、山地反游击战、城市巷战和雪地反游击战等各种反恐怖活动训练达80余次，与2003年相比又有所增加。训练形式仍然采取单军、兵种的训练与多军种及军、警、海保厅的联合训练相结合的形式进行。从训练内容上看，不仅有沿岸

警戒监视、重要设施保护、居民撤离、对入侵的游击部队和特工部队的搜索、捉拿和击破等，而且还根据支援伊拉克重建等海外派遣任务的需要，增加了执行海外派遣任务时的反恐应急训练。2004 年 9 月 9 日，日本防卫厅和警察厅制定了针对游击队等的武装行动时的《共同应对指导方针》。其目的在于加强陆上自卫队各步兵师和地方都道府县警察部门的合作，提高各部门在应对现场紧急情况时的协作能力。为此，2004 年以步兵师和当地县警本部联合组织实施的反恐训练比较频繁，年内近 30 次，训练以指挥所训练演习为主，也有实兵训练演习。另外，为了向美军学习反恐作战的技战术水平，2004 年陆上自卫队继续派部队赴美国进行反恐怖巷战实兵训练。

*继续与美军实施联合训练，提高两军的协同作战能力。*日美联合训练演习是《日美防卫合作指导方针》所规定的一项重要内容。2004 年日本陆上自卫队与美陆军实施的较大规模的联合训练、演习共计 5 次。其中，日美陆军联合方面军级指挥所演习 2 次；日美陆军联合实兵训练 1 次；陆上自卫队与美陆军、海军陆战队的联合雪地实兵训练 2 次。日美方面军级联合指挥所演习分别于 1、7 月在日本本土和美国夏威夷举行；日美陆军联合实兵训练于 11 月在日本东北部地区的岩手山演习场和岩手山驻地进行，后期演练纳入 2004 年度日美三军联合实兵演习一同进行，体现了该训练逐步向日美三军一体化方向发展；联合雪地实兵训练均于 2 月进行，日美两军通过实兵合练和技战术交流，提高战时实施联合雪地作战的协调能力和综合作战能力；联合指挥所演习主要演练日美陆军在实施联合作战时的指挥军官和指挥参谋的部队指挥和运用能力。

*利用美军的先进训练设施，实施海外派遣训练。*2004 年陆上自卫队继续派遣“霍克”防空导弹部队、岸舰导弹部队、坦克部队和反坦克部队前往美国军事训练基地施训。“霍克”防空导弹部队和岸舰导弹部队的训练继续分别在美国新墨西哥州麦克格雷高尔射击场和美国加利福尼亚州穆古角美海军导弹中心进行。其中，“霍克”防空导弹部队的参训规模为 17 个中队，岸舰导弹部队的参训规模为 6 个岸舰导弹团，比上年减少了 1 个教导队。坦克部队和反坦克部队等的训练在美国华盛顿州亚基马演习场进行，由中部军区组织实施，参训人员 280 名，比上年减少 40 人。年内，陆上自卫队第三次派步兵部队前往美国反恐训练基地进行巷战训练，并将训练场移至关岛的安德森训练场。通过上述训练，不仅解决了部队在国内训练场无法进行的演练科目，而且提高了部队的技战术水平，特别是向美军学到了特种作战的战法。

资料来源：

①日本《朝云》2004 年 1~12 月；

②日本《防卫日报》2004 年 1~12 月；

③日本《海自新闻》2004 年 1~12 月。

步兵赴关岛实施反恐巷战训练　2004 年 9 月 28 日至 10 月 25 日，陆上自卫队派步兵部队前往美国关岛的安德森训练场实施步兵部队反恐怖巷战实兵训练。第 3 步兵师师长椋木功中将任训练总指挥官，以第 37 步兵团的 1 个连为骨干共计 125 人参加。携带主要武器有：89 式 5.56 毫米步枪、5.56 毫米微型机枪、84 毫米无后坐力炮、各种卡车、高性能机动车。陆上自卫队赴美实施反恐巷战实兵训练始于 2002 年，本次为第 3 次，过去是在美国夏威夷的演习训练场进行，在关岛实施训练尚属首次。美陆军派部队协助训练。训练以应付恐怖行动以及多种事态为目的，利用美军的反恐作战训练评价系统，实兵演练巷战过程中的一系列作战行动，以提高部队有关巷战方面的战术、战斗能力。

实施孤岛保卫战训练　2004 年 9 月 20~21 日，西部军区第 8 步兵师在日出生台、十文字两演习场实施了以保卫日本西南方向孤岛为科目的孤岛保卫战训练。参训人员 170 人，车辆 169 辆。训练设想敌游击队对日本的孤岛进行偷袭，陆上自卫队反偷袭部队迅速占领孤岛，在确保岛民安全和港湾设施等不遭到破坏的情况下进行一系列的保卫战演练。

实施反登陆艇训练　2004 年 9 月 22 日，东北部军区第 6 步兵师在鹿儿岛实施了反登陆艇远程导弹射击训练，参训主力部队为第 6 步兵师反坦克部队。训练以距岸 4000 多米在海上移动的登陆艇为目标，发射导弹对其攻击并命中。训练中，快速反应预备役部队首次参加并发射导弹。

赴美实施岸舰导弹发射训练　2004 年 12 月下旬，陆上自卫队第 6 岸舰导弹团在美国加利福尼亚州穆古角美海军导弹中心进行为期 9 天的岸舰导弹实弹发射训练。其下属的 4 个连运用现装备的 88 式 SSM-1 岸舰导弹对海上目标进行了实弹发射并命中目标。训练科目：战斗准备、对舰战斗、对舰实弹发射。

实施海外派遣应急训练　2004 年 1 月 25 日，日防卫厅以预定在伊拉克南部萨马沃进行伊拉克重建支援的陆上自卫队遭到炮击造成人员伤亡为想定，展开了紧急应对训练。400 多人参加了本次训练。内容包括通信联络指挥和装备、人员的调动等。这是防卫厅内局与陆上自卫队等首次进行的伊拉克派遣应急训练。

联合雪地实兵训练 2004 年 2 月 16~28 日，日本陆上自卫队和美陆军在日本陆上自卫队泷川驻地、泷川演习场、真驹内驻地和北海道大演习场实施联合雪地实兵训练。日本陆上自卫队北部军区第 11 步兵师师长竹田治朗中将和驻日美陆军司令埃尔伯特·N·帕金斯少将分别担任训练指挥官。参训部队有：日方陆上自卫队北部军区第 11 步兵师第 10 步兵团，600 人，主要装备有步枪、机枪、无后座力炮、反坦克武器、迫击炮等；美方第 29 轻型步兵师第 3 旅第 1 步兵团第 115 步兵营，400 人，主要装备有步枪、机枪、反坦克武器、迫击炮等。日美陆军在各自的指挥系统下实兵演练了日美实施雪地联合作战时的相互合作要领。训练内容：日美陆军混合编队、通信联络、使用 GPS 确认坐标、在敌人干扰下的部队会合、雪地快速机动、按各自指挥系统对敌警戒部队实施攻击以及决战时的秘密情报交换等。

赴美射击训练 日陆上自卫队于 2004 年 9 月 13~21 日在美国华盛顿州亚基马演习场实施 2004 年度赴美实弹射击训练。此次训练由中部军区组织实施，中部军区司令渡边元旦中将任训练总指挥官。参训人员约 280 名，装备有 79 式反坦克反登陆艇导弹装置 4 套、90 式坦克 4 辆、AH-1S 反坦克直升机 4 架、MLRS 多管火箭发射装置 3 座。训练科目包括反坦克导弹部队、坦克部队、反坦克直升机部队、多管火箭发射部队、多用途导弹部队的战斗射击及联合射击等。目的在于通过在美国演习场实施的实弹射击训练和联合射击训练将陆上自卫队现有武器等性能发挥到最大限度，并将其有组织地加以联合运用，以维持和提高部队的射击训练水平。

实施反恐训练 陆上自卫队东北部军区第 6 步兵师第 6 炮兵团于 3 月 17 日实施了武装间谍应对训练。训练以落实反恐怖对策为主，也包括向伊拉克派遣等海外人道复兴支援活动。训练以与少量间谍或特殊部队的近距离战斗为想定，约 80 名队员使用装备了自动步枪和重机关枪的装甲车进行了实战演练。训练中携带步枪的队员 4 人 1 组边警戒边前进，内容包括对建筑物进行搜索、将手持机关枪和手榴弹的间谍抓获、对开枪射击的间谍进行反击、用担架抢救负伤人员等。

实施坦克作战指挥所训练 2004 年 4 月 20 日、21 日，陆上自卫队北部军区第 7 坦克师在北海道东千岁驻地内的北方指挥所训练支援中心举行由第 73 坦克团等坦克部队参加的大规模坦克作战训练。训练以坦克部队对抗的形式进行。参训部队将各自的行动输入计算机内，以从战场上驱逐对方坦克为目的进行了完全对抗式演练。

导弹部队赴美射击训练 2004 年度岸舰导弹部队赴美训练于 9 月中旬至 10 月下旬在美国加利福尼亚州穆古角美海军导弹中心进行，第 1 至第 6 岸舰导弹团参加训练。2004 年度“霍克”防空导弹部队赴美训练于 8 月下旬至 11 月上旬在美国新墨西哥州麦克格雷高尔射击场进行。各导弹群和导弹教导队共 17 个中队参加，与 2003 年参训规模相同。

第 1 高炮旅赴美射击训练 第 1 高炮旅 2004 年度赴美导弹实弹射击训练于 10 月 2 日至 11 月 3 日在美国新墨西哥州麦克格雷高尔射击场进行。该旅下属的第 1、第 4 导弹群参加了导弹实弹射击，并实弹发射了“霍克”防空导弹。具体施训情况：10 月 2~16 日第 1 导弹群所属第 302、第 304 导弹连进行了实射；10 月 17 日至 11 月 3 日第 4 导弹群所属第 317、第 318 导弹连进行了实射。

联合实施反游击、反特种部队训练 2004 年 12 月 15 日、16 日，陆海空三自卫队在航空自卫队西部航空警戒管制团春日基地实施了联合反游击队、反特种部队训练。陆海空三自卫队共计 59 个单位 137 人参加了训练。训练科目：近接战斗的基本样式、极近距离射击、立体图识别、使用 IT 技术的指挥所活动等。首次向与自卫队装备有关的日本各大公司负责人展示了以应对游击队、特种部队为目的的基地警备训练，以使其了解自卫队的作战需求，建立更为牢固的作战体制。航空自卫队航空总队司令田母神中将视察了训练。

军警联合反恐训练 2004 年 12 月 2 日，陆上自卫队第 1 步兵师与警视厅、神奈川县警在神奈川县警察本部实施了“治安出动”联合图上训练。训练设想持有强大杀伤力武器的武装集团侵入神奈川县和东京都内，在仅靠警力不能维持治安的情况下日本首相向自卫队下达治安出动令，军警联合实施反恐训练。参训单位：第 1 步兵师 20 人；警视厅 15 人；神奈川县警 20 人。目的在于演练军警在联合实施治安出动时任务分工和合作要领。

（张洲军）

海上自卫队训练 **综述** 2004 年，日本海上自卫队积极参与国际事务，大力发展武器装备建设，军事实力及实战经验均有了显著提高。年内，日海军共举行各类演习训练活动 30 余次，共有驱逐舰、扫雷舰、潜艇、敷设舰等各型舰艇 100 余艘次参加演练。主要的演练活动包括 2004 年度远洋航海训练、日美及多国间联合扫雷训练、第 3 次西太平洋潜艇救难训练、潜艇及敷设舰等赴美训练、“环太平洋 2004”及日美三军年度联合演习等，演练主要以具有一定想定背景的应用性演练为主并继续重视基础科目的演练，科目包括防空、反潜、扫布雷、通信、救难演练等。特点主要有：

区域性联合演练增多　年内，在日本海军参加或举行的各类演习中，区域性多国或多边联合演习数目有所增加。特别是“第二次西太平洋扫布雷训练”、“第三次西太平洋潜艇救难训练”、“环太平洋演习2004”等大型演习均以西太平洋区域为重点，参演国亦均为西太平洋沿岸国家，增加了各国间军事合作和了解。

演习训练针对性强　随着当前国际局势的发展，朝鲜半岛局势、朝鲜核危机和可疑船，以及台湾海峡局势已成为亚太地区乃至影响国际形势的热点问题，为此日本海军在年内举行了多项富有针对性的演习训练活动。其中针对朝鲜核问题，首次由日本在亚洲举行了“多国海上拦截训练”、针对日本周边有事在日本周边海空域举行了日美三军实兵联合演习，为顺利完成向伊拉克派兵任务，担负赴伊部队海上运输任务的舰艇实施了反恐怖袭击和应急训练等。

在日本西南岛链一线频繁实施日美联合演练　2004年，日、美海军频繁在西南岛链一线海域实施联合演练，以提高两国海军在该海域实施联合作战的能力。其中，日美两国海军先后4次在冲绳周边及九州西部海域实施海上联合演习。日海军先后派出导弹驱逐舰、多用途驱逐舰和护卫舰等多艘战舰及数架P-3C型机参演，主要演练科目包括反潜及通信等。

积极参加多边联合演练　2004年，日本海上自卫队继续积极参加多边联合演练，共派舰艇参加了4次多边联合演练。4月21日至5月7日，日海军扫雷母舰“浦贺”、扫雷舰“八丈”、扫雷艇“宇久岛”赴新加坡周边海域参加了由新加坡海军和印度尼西亚海军共同主办的第2次西太平洋扫雷训练；5月3~13日，潜艇救难母舰“千代田”、潜艇“幸潮”参加了韩国海军在济州岛东部海域主办的第3次西太平洋潜艇救难训练；6月29日至7月27日，4艘驱逐舰“稻妻”、“朝风”、“榛名”、“雨雾”、潜艇“鸣潮”及8架P-3C型反潜机赴美参加了美、澳、韩、加、英等8国海军在夏威夷附近海域举行的“环太平洋2004”海上联合演习；10月27日，日海军与美、法和澳大利亚在日相模湾海域举行了联合海上拦截演习，演练拦截运送大规模杀伤性武器船只等科目。

继续派舰赴印度洋部署　依据《反恐特别措施法》，年内日海军共派遣6批11艘次舰艇赴印度洋对美英等国实施反恐支援，其中包括“妙高”号、“金刚”号、“雾岛”号、“鸟海”号4艘次“宙斯盾”驱逐舰。10月下旬，日政府修改《反恐特别措施法》的基本计划，追加可为外国舰载直升机加油及提供饮用水等项目；11月5日，补给舰“浜名”号首次向巴基斯坦驱逐舰补给了80吨饮用水；至此，日舰艇编队已为美、英等11个国家的军舰共计实施430余次约37万5千升的燃油补给等。

资料来源：

①日本《世界舰船》2003年12月至2005年2月；

②日本《海自新闻》2004年1~12月；

③日本《朝云》2004年1~12月。

日美海军联合扫雷特别训练　2月15~27日，日本海上自卫队与美海军在周防滩举行了“布雷-爆炸物处理·04”联合扫雷特别训练。这是前沿部署的美水雷对抗部队与日本海上自卫队举行的常规作战演习。指挥官是日海上自卫队扫雷大队司令森田良行与美海军第11扫雷大队司令托卡里克；参训的日方兵力包括海上自卫队16艘舰艇（2艘扫雷母舰、1艘扫雷舰、13艘扫雷艇）和14架飞机（10架P-3C、4架MH-53E）；美海军参演兵力包括美海军第11水雷对抗分队以及第5爆炸物处理流动小队第51分遣队，下辖水雷对抗舰“卫兵”号和“爱国者”号、1架P-3C型机以及10名水下处理人员。主要训练内容是利用训练水雷进行扫雷训练和潜水训练。

布设水雷由扫雷母舰和P-3C巡逻机实施；水雷监视与排除由MH-53H扫雷直升机和水下处理队员实施。

举行年度例行远洋航海训练　日本海上自卫队于2004年2月25日至3月29日进行年度远洋航海训练。此次训练将由第8护卫队司令幸一郎担任指挥官，出动舰艇有“朝雾”、“有明”、“旗风”号导弹驱逐舰，派遣人员包括第37期约90名一般干部毕业生在内，共约650名。其目的是使初级干部自卫官切实掌握必要的实际知识及技能；并通过对外国军事设施、战争遗址的见习，培养干部自卫官必要的素质；增进与被访问国家的友好关系。具体计划是：2月25日驶离江田内港，3月2~5日访问菲律宾的马尼拉港；3月11~15日访问泰国的梭桃邑海军基地；3月25~27日返抵日本胜连港；3月29日返抵吴海军基地。

另外，自3月20日至4月19日，日本海上自卫队实施了2004年度近海航海（一般课程）训练。训练目的是让海上自卫队初级干部在进行远洋练习航海训练前，通过进行舰上训练操作，学习并掌握基础技能，深入认识和了解海上自卫队现状，培养和提高初级干部的素养。训练指挥官是海上自卫队练习舰队司令东乡行纪。参训舰艇是“鹿岛”号训练舰、“滨雾”号和“海雾”号驱逐舰，参训人员共720人，包括170名第54期普通干部候补生课程毕业生（包括10名女生）。此次训练具体行程如下：3月20日，由江田岛出发；3月 2~24日停靠大阪；3月25日停靠鸟羽；3月29~31日停靠函馆、室兰；3月31日至4月3日停靠大凑；4月5~11日停靠横须贺；4月19日返抵东京港晴海码头。

3月20日至4月28日，日海军由驱逐舰“夕云”、“山雪”组成的舰艇编队载约50名飞行专业毕业学员进行了远洋航海训练。编队3月20日从日本江田内出发，先后对美国关岛、印度尼西亚泗水等进行了访问并与访问国海军进行了联合训练。

4月20日至9月17日，日海上自卫队2004年度远洋航海编队开始进行第48次远洋航海训练，总航程5万余公里。出访国家有阿根廷、巴西、哥伦比亚、墨西哥、巴拿马、特立尼达与多巴哥共和国、美国、乌拉圭东岸共和国等，访问港口共12个。该编队由驱逐舰“滨雾”号、“海雾”号和训练舰“鹿岛”号组成，共载有当年军校毕业学员170余人。在海上活动期间，分别与美国、特立尼达和多巴哥、乌拉圭及墨西哥海军举行了海上演练活动，其中：5月7~15日，与美国海军导弹巡洋舰“伊利湖”号、油船“佩科斯”号和“沃尔特·迪尔”号在夏威夷珍珠港举行海上补给、战术运动等科目的演练；6月14日，与特立尼达和多巴哥海军8号、9号、10号导弹巡洋舰和C-26型飞机、NHSL型机在特立尼达和多巴哥周边海域举行演练活动，演练科目包括战术运动、水上目标搜索和情报交换等；6月30日，与乌拉圭海军导弹护卫舰“蒙得维的亚”号在乌拉圭东部海域举行战术运动、抵近运动等科目的演练活动；8月20日，与墨西哥海军护卫舰“尼古拉斯·布拉沃”号在曼萨尼约海域举行战术运动、抵近运动等科目的演练活动；9月3~5日，与美海军导弹驱逐舰“查菲”号在瓦胡岛以西海域举行通信演练。9月17日返回东京晴海港。

美日联合基地警备训练 日本海上自卫队与美海军于2004年2月3~5日在横须贺的美海军基地及日本海军基地及港口举行联合基地警备训练。日方参训的有横须贺地方队所属各部队，美海军参加部队为横须贺基地宪兵队，人员共740人。训练内容有日美海军联合处理基地内发生的突发事件及不法行为、情报交换、高速艇海上联合训练等，日海上保安厅的1艘巡逻艇也参加海上项目的训练。

赴美训练 日本海上自卫队于2004年5月14日至8月19日，在夏威夷及其周边海域和美国本土及其周边海域举行2004年度赴美训练。其目的是在美国海军的协助下，实施设施利用训练及海上训练，以提高战术技能。派遣部队包括驱逐舰、潜艇部队及航空兵部队。其中导弹驱逐舰部队由第4护卫队群司令佐佐木孝宣担任指挥官，人员约900名，出动驱逐舰有“电”号、“朝风”号、“榛名”号和“天雾”号；航空部队：由第5航空队司令中村忍担任指挥官，出动P-3C型巡逻机8架，人员约180名；潜艇部队由“鸣潮”号潜艇艇长小川胜志担任指挥官，出动潜艇为“鸣潮”号，人员约80名。驱逐舰部队、航空部队、潜艇部队分别进行了从日本到美国有关港口的航行。主要训练项目为海上训练、陆上设施利用训练、制导武器评价设施等的利用训练、远距离航行训练等。

首次主办“多国海上拦截训练” 2004年10月25~27日，日本海上自卫队主导了有多国参加的海上拦截训练。这是日本海军首次主导旨在防止大规模杀伤性武器扩散的多国联合训练，也是海上拦截训练首次在亚洲地区举行。共有日本、美国、澳大利亚和法国派舰艇参加演习，参训舰艇共9艘、飞机6架。此外，英国、俄罗斯、加拿大、德国等15个国家派观察员观摩了训练。训练进程及主要科目是：25日在日海上自卫队横须贺基地召开事前协商会议；26日在相模湾举行实兵海上拦截演习。演习想定是海上发现可疑货船并对其进行追击、登船检查、没收货物等；27日，日、美、澳、法四国海军在横须贺外海继续举行海上演习。内容包括：一是发现不明船，日方发布海上警备行动令，四国舰艇联合进行追击；二是想定朝鲜半岛等“有事”，各国联合采取对应措施。

派舰参加反恐应急训练 2004年1月28~29日，为准备出兵伊拉克，日海上自卫队两栖登陆舰“国东”号参加了日陆军在宫城县石巷港及近海举行的反恐及应急训练。根据日本2003年8月1日正式生效的“伊拉克人道复兴支援特别措施法”，日本防卫厅于2003年12月9日正式下达了组建“伊拉克派遣部队”的命令。为使日军顺利出兵伊拉克，日陆上自卫队在赴伊前组织三军联合训练。训练内容有反恐怖袭击、紧急运送物资、飞机离着舰、登陆艇快速登陆等。

日美海军联合医疗救助训练 2004年4月21日，日海军横须贺地方队约60人与驻日美海军横须贺医院约80人在驻日美军横须贺基地进行了日美联合医疗救助训练。训练内容有日美医疗部队相互提供医疗设备、出现大批伤员时的医疗救助等。这是日美海军第8次实施此训练。

举行佐世保地方队展示训练　2004年7月31日至8月1日，日海军佐世保地方队在鹿儿岛湾进行了为期两天的“展示训练”。佐世保地方队每隔两年进行一次展示训练，目的是向民众展示其先进的装备和训练成果，此次为第19次。参加今年展示的有佐世保地方队所属舰只和联合舰队驻佐世保基地舰艇共19艘、飞机8架，人员约1900人。展示训练分三个区进行，分别是北部地区（博多、门司、下关）、中部地区（长崎、佐世保）和南部地区（鹿儿岛），科目有舰艇编队航行、飞机编队飞行、直升机离着舰、潜艇水上航行、导弹艇高速航行、水上靶标射击等。

举行年度司令部演习　2004年9月27日至10月1日，日海上自卫队参谋部、自卫舰队、各地方队总监部、补给本部等共400人在海军干部学校进行了2004年度司令部演习。演习目的是提高日本海军各级司令部在海上防卫作战中的指挥协调能力，科目为各级指挥员形势判断及部队运用。演习由海军参谋长古庄幸一指挥。演习区域包括北部的博多、门司、下关地区、中部的长崎、佐世保地区和南部的鹿儿岛地区，科目有舰艇编队航行、水上靶标射击等。

参加三军防灾训练　2004年9月1日，日三军自卫队在“防灾日”进行了实兵综合防灾训练。参加人数约1270人，车244辆、舰艇3艘、飞机38架，科目有联合巡逻侦察、联合伤员救助及运输等。此次训练的特点一是首次想定东海发生大地震，三自卫队联合进行救助活动；二是首次对三军联合运用体制进行了检验。日军计划从2005年起实行三军联合运用体制。此次训练由参联会组织实施，训练中陆、海、空飞机搜集到的情报全部集中传送到训练指挥所进行综合分析利用，实现了情报共享。

举行年度驱逐舰集合训练　日本海上自卫队于2004年4月14~21日在海上自卫队吴海军基地实施年度驱逐舰集合训练。共有约20艘舰艇及3400名人员参加此次训练。训练期间召开会议、举行体育竞赛、公开参观等。本次训练是日本海上自卫队实施的第16次、在吴基地实施的第7次该项目训练。

举行单舰综合性训练　日本海上自卫队“白濑”号破冰舰于2004年9月1日至10月4日在日本各港口实施2004年度综合训练。主要演练项目包括：各种部署训练、飞机舰上起降训练；第46次南极考察人员舰上训练。另据互联网日本“共同社”3月10日报道，根据《反恐对策特别措施法》，被派往阿拉伯海域执行任务的日本海上自卫队护卫舰“妙高”号3月9日举行了反恐演练。“妙高”号宙斯盾护卫舰排水量7250吨，有乘员250名，舰长村田隆齐，演练是在停泊港外进行的。演练科目为假想有飞机要对舰船进行恐怖袭击。在位于舰首的战斗指挥所（CIC）的雷达屏幕中突然出现不明飞机，在警告无效后CIC下达了“准备射击”的命令。

（姜　薇、刘莹洁）

航空自卫队训练　**综述**　2004年日本航空自卫队根据本土防空、洋上作战和海外派遣等作战任务的需要，按照年度训练计划要求严格施训。其训练形式多种多样，即有单一部队的训练也有综合训练、协同训练和联合训练等。另外，还有战术技术比赛、紧急起飞训练和赴美训练。飞行部队的训练以战术科目为主，同时兼有实战应用科目训练；防空导弹部队训练主要以在空训练机和执行日常防空作战任务机为目标，操练导弹发射程序等；雷达警戒部队的训练主要以警戒监视训练和截击导航训练为主，并进行了必要的战术战法的研究与演习。纵观2004年航空自卫队的整个训练情况，主要有以下几个特点：一、强化基础性训练。年初，航空自卫队各部队的基础训练全面展开，主要是以队为单位的单兵训练和小规模的合练。训练内容包括飞行部队的基础知识学习、单兵飞行、（异机种）空中格斗、战术技术竞赛，防空导弹部队的导弹拆卸、组装、保养以及模拟对空射击，等等。2004年3月9日，航空教育集团第4航空团第21飞行队将用于飞行教育的T-2超音速高级教练机更换为F-2支援战斗机，F-2支援战斗机是在F-16战斗机的基础上改装而成，是目前世界上最先进的战斗机种之一。因此，航空自卫队十分重视该机种的训练，对参训人员要求十分严格。2004年各飞行部队克服了航空油料不足等困难，继续保持了F-15等战斗机飞行员年飞行时间为150小时的飞行训练。二、重视空中加油训练，提高部队远程作战能力。为进一步落实由“本土防空”、“近海防空”向“远洋防空”过渡的战略指导方针，以及为KC-767空中加油运输机将于2008年实战部署做准备，2004年，航空自卫队十分重视F-15战斗机部队的空中加油训练，全年训练4次。由于航空自卫队目前尚未装备空中加油机，其训练主要是与美空军的KC-135空中加油机部队联合训练，7月航空自卫队派遣6架F-15战斗机参加由美空军主持的“对抗雷”多国联合演习。参演的6架F-15战斗机在由日本飞往阿拉斯加途中约5400公里的行程中，在太平洋上空接受了美空军KC-135空中加油机为其加油。这样训练的重要性：一是消除参训人员对第一次进行远程训练的担忧和心里不安，增强其自信心；二是检验F-15战斗机的空中加油装置和提高飞行部队的空中加油技能；三是通过此种训练提高部队今后执行远程作战的能力。三、重视本土防空训练，首次派基地防空队赴美施训。本土及基地防空训练是航空自卫队训练工作的一项重要内容，2004年航空自卫队实施的各种防空导弹射击训练达50余次。基地防空队的日常训练主要是以模拟对空射击科目为主，其近程地对空导弹的射击训练主要是在北海道静内对空射击场进行，20毫米防空机关炮的射击训练主要是在青森县六之所对空射击场进行。为解决日本国内没有防空导弹的实弹射击场问题，2004年航空自卫队继续派"爱国者"防空导弹部队的6个防空导弹群，前往美国新墨西哥州麦克格雷高尔射击场进行实弹射击训练。与此同时，首次派9个基地防空队和防空导弹教导队前往美国新墨西哥州白沙导弹靶场实施便携式防空导弹实弹射击训练。四、继续与美空军联合施训，提高一体化作战能力。根据日美《防卫合作指导方针》和《日美联合作战训练计划》，2004年航空自卫队与美空军继续按照部队所担负的任务和配备的不同机种进行各种训练，其中较大规模的训练演习近10次，异型机对抗训练50余次。其中，有日美空军"对抗北"联合演习，主要演练日美空军飞行部队联合作战的协同要领，提高协同作战能力。"对抗雷"演习，主要演练科目为联合防空作战、基地防空、战术运输等。日美空军联合指挥所演习被纳入2004年度日美三军联合指挥所演习一并进行，主要演练自动化指挥控制、机降、反潜、空运、航空侦察、对地（海）攻击等，体现了军种联合指挥所演习逐步纳入三军一体化演练的特点。日美空军联合救难训练主要演练日美双方海上联合搜索与救援的能力。小规模的日常训练，即日美空军异型机对抗演练每周举行一次。通过上述各种演练，不仅能提高日美空军联合作战能力，而且航空自卫队作战飞行人员可以向美军学到实战经验。五、实施海外运输支援训练，提高部队参与国际事务能力。2004年航空自卫队在国内实施的执行海外派遣任务训练达30余次，飞往国外训练20余次。参训部队既有执行任务部队也有预备队。训练科目有：英语训练、当事国情况熟悉训练、飞行线路熟悉训练和物品装卸训练等。为确保任务的顺利完成和应对可能出现的威胁，执行任务部队还进行了在受到武力攻击情况下，对便携式对空导弹发射情况的识别和飞机回避导弹的机体运动，以及能够迅速恢复战斗力的机体维修等各种训练。3月3日，航空自卫队C-130运输机首次前往伊拉克执行伊拉克重建支援任务之后，围绕此方面的训练在有关部队中全面展开。通过上述训练，部队不仅提高了参与国际事务的能力，而且也为未来实施远程机动作战奠定了良好的训练基地。

资料来源：

①日本《朝云》2004年1~12月；

②日本《翼》2004年1~12月；

③日本《航空情报》2004年1~12期。

实施日美空军联合防空战斗训练　2004年2月3日、4日，日美空军在三泽东方空域联合实施了日美防空战斗训练。日方参训部队为北部航空方面队司令部第2、3战斗航空团、北部航空警戒管制团、第3防空导弹群、警戒航空队；美方参训部队为第35战斗机联队。训练以千岁基地、三泽基地、襟裳分基地为根据地，以三泽东方空域（预备空域：秋田西方空域）为训练空域。参训兵力有：航空自卫队F-15战斗机12架、F-4EJ战斗机6架、F-2支援战斗机8架、防空导弹部队FU型飞机2架、E-767预警指挥机1架，美空军F-16战斗机4架。

日美空军联合救难训练　2004年2月17~19日，日美空军联合实施了救难训练。训练使用那霸基地和美军嘉手纳基地，在浮岛训练场及其周边海空域进行了搜索救助及应急处理等训练。日美双方各有8名人员模拟遇难者，航空自卫队出动了航空救难团的U-125A救难搜索机1架、V-107救难直升机1架、UH-60J救难直升机2架，美空军出动了第5航空队第18联队第33救援中队的HH-60G型飞机2架。日美联合救难训练始于1989年，本次是第21次。

实施海外派遣队运输物资训练　2004年2月24日，航空支援集团第1航空运输队的1架C-130H运输机自小牧航空基地出发，前往东帝汶实施运输任务。在此为陆上自卫队第4次东帝汶派遣工兵队运输施工器材及生活物资的过程进行了有关执行海外派遣任务方面的训练。4月12日，航空自卫队25名接替伊拉克重建支援派遣部队的人员乘坐1架C-130运输机从小牧基地出发，赴科威特萨莱姆基地。截止4月8日，以萨莱姆基地为据点从事伊拉克重建支援活动的航空自卫队派遣运输航空队共执行运输任务19次，训练飞行17次。

实施空中联合加油训练　2004年5月10~21日，航空自卫队第7战斗航空团等单位在航空自卫队百里基地、百里东方空域以及小松海面上空实施了由美空军空中加油机支援的空中加油训练，该训练旨在为2008年日本航空自卫队实战装备空中加油机做准备。

训练内容主要是研究接受加油的 F-15 战斗机的操作要领。训练科目包括：1、美国空军教官讲授空中加油知识；2、4 架 F-15 战斗机演练飞行中接受美空军空中加油机加油的要领；3、警戒管制部队演练 F-15 战斗机空中加油相关的管制要领。此次训练是继 2003 年之后的第 2 次。

日美空军联合搜救训练　2004 年 6 月 7~11 日，日美空军在那霸基地、美军嘉手纳基地、冲绳本岛东部的浮原岛训练场及其附近海域进行了代号为"天使北"联合救难训练。日方由那霸救难队队长国武义胜任训练指挥官，参训人员来自全国 10 个救难部队，共 120 人，兵力为 1 架 U-125A 救难搜索机、2 架 UH — 60J 救难直升机以及 1 架 V — 107A 救难直升机。美方由驻嘉手纳基地的第 18 联队第 31 救难中队队长和第 33 救难中队队长任指挥官，参训部队是来自第 31、第 33 救难中队、第 961 机载空中控制中队、第 35 战斗机联队和第 14 战斗机中队，共计 80 余人，兵力包括 1 架 HH — 60G 救难直升机、1 架 E-3 预警指挥机以及 4 架 F-16C 战斗机。日美联合搜救训练始于 1979 年，本次为 22 次。

防空导弹部队赴美实施射击训练　航空自卫队于 2004 年 8 月 16 日在美国新墨西哥州白沙尊译靶场和麦克格雷高尔射击场进行了训练。航空总队司令官小田邦博空军少将担任训练指挥官。参训部队包括 6 个防空导弹群、9 个基地防空队和防空导弹教导队。使用的训练器材为"爱国者"防空导弹发射装置一套，便携式防空导弹发射装置一套。训练内容包括导弹实弹射击等相关的一系列活动，目的是检验部队的战斗能力，提高遂行任务能力。基地防空部队从 1986 年开始在国内实施年度导弹射击训练，赴美训练尚属首次。"爱国者"防空导弹部队赴美训练为第 15 次。

开始用 F-2 支援战斗机训练　西部航空方面队第 8 战斗航空团第 6 飞行队从 2004 年 8 月 3 日开始更换机种，即由 F-1 战斗机更换为 F-2 支援战斗机。这是航空自卫队继三泽基地的第 3 战斗航空团、松岛基地的第 4 战斗航空团之后的第 3 次为第 8 战斗航空团更换机种。随着机种的更换，第 8 战斗航空团的 F-2 支援战斗机训练全面展开。按照计划，第 6 飞行队的 20 架 F-1 型机将于 2005 年度末依次更新为 F-2 型机。

实施海外航行训练　2004 年 5 月 25~27 日，航空自卫队特别航空运输队实施了国外航行训练。训练目的是确认美国、加拿大方向的航行路线、航空交通管制情况、停机方法等内容。训练由 1 架 B-747 政府专用机执行，航空支援集团、特别航空运输队共计 31 人参加了训练。

（张洲军、郭庆保）

军事演习　陆上自卫队"北方机动特别演习"

陆上自卫队"北方机动特别演习"于 2004 年 5 月 31 日至 7 月 9 日在日本东北地区至北海道途中及北海道矢臼别演习场举行。东北部军区司令奥村快也中将担任演习指挥官。参演部队：陆上自卫队东北部军区第 6 师（驻神町）等，人员约 3000 名，车 950 辆，坦克 15 辆，火炮 20 门。演习除自卫队车辆实施长距离机动训练外，还动用了铁路、海上自卫队运输舰、民用渡船、陆上自卫队飞机、航空自卫队运输机、民航飞机，从日本东北部向北海道矢臼别演习场进行陆海空三位一体机动演练。另外，还实施了远程射击训练和师规模演习。演习分三个阶段进行：5 月 31 日至 6 月 11 日为第一阶段，参演部队由东北部军区辖区向北海道实施远距离机动训练。在此阶段的后期，陆上自卫队在海上自卫队登陆艇的配合下在北海道滨大树演习场实施了登陆演习。6 月 12 日至 7 月 3 日为第二阶段，在北海道矢臼别演习场等实施步兵团以下规模的训练和师级规模的综合演习。6 月 23 日至 7 月 9 日为第三阶段，参演部队远距离机动返回驻地。演练科目有：陆海空三自卫队联合远程快速机动，登陆作战，海上机动时的舰队攻击、舰队防空、海上作战运输，空中机动时的空地作战、空中作战运输，远程射击训练，电子战等。本演习为第 22 次。

陆上自卫队"富士综合火力演习"　"富士综合火力演习"于 2004 年 8 月 28 日在静冈县御殿场市东富士演习场举行。参演部队：富士教导旅、第 1 直升机旅、第 1 空降旅等，共计约 2000 人，出动坦克、装甲车等约 60 辆，各种火炮约 70 门，飞机 20 架，其他车辆 180 辆。航空自卫队第 3 战斗航空团派 F-4EJ 战斗机对演习进行支援。演习分两个阶段进行。第一阶段为抗登陆作战，参演部队以航空自卫队战斗机对地攻击为先导，集中远、中、近的炮兵、导弹火力进行登陆阻击。第二阶段为从防御作战转向进攻作战阶段的诸兵种联合作战，从对敌进攻防御作战开始，逐步过渡到反攻作战。具体演练科目：坦克、火炮、攻击直升机的实弹射击，射击后的阵地转移，部队侦察，对敌炮击和防御反攻作战，机降作战等。

海上自卫队指挥所演习　日本海上自卫队于 2004 年 9 月 27 日至 10 月 1 日在海军干部学校（东京目黑区）举行 2004 年度海上自卫队指挥所演习。海上自卫队参谋长古庄幸一上将担任演习指挥官。演习使用海上图演装置，演练从日本周边海域形势危急阶段开始的保卫日本所实施的海上各种作战等。参演部队：海上自卫队参谋部、自卫舰队司令部、护卫舰队司令部、航空集团等司令部。人员约 400 名。演练的科目为上级指挥官的形势判断及部队运用等。

航空自卫队航空总队综合演习　日本航空自卫队航空总队于 2004 年 10 月 12~16 日以航空总队司令部（驻府中）为中心举行 2004 年度航空自卫队航空总队综合演习（指挥所演习）。航空自卫队航空总队司令田母神俊雄中将担任演习指挥官。参演部队：航空总队司令部、航空支援集团、航空教育集团、航空开发试验集团、补给本部等，参演人员 2600 人。演练了从武力攻击预测到武力攻击等一系列的指挥所活动。该演习始于 1962 年，此次演习为第 22 次。

日美陆军联合方面军级指挥所演习　日美陆军联合方面军级指挥所演习于 2004 年 1 月 21 日至 2 月 1 日在日本朝霞驻地举行。日本陆上自卫队东部军区司令菅博敏中将和美陆军第 1 军军长艾德华·索里亚诺少将分别担任演习指挥官。参演部队有：日方陆上自卫队东部军区等陆军部队、海上自卫队、航空自卫队、参谋长联席会议，约 2500 人；美方驻日美陆军司令部、陆军第 1 军（驻华盛顿州）、第 9 战区陆军战区司令部等，共计约 1400 人。目的在于演练日美实施联合作战时的各自的指挥参谋活动。本演习为第 45 次。

日美陆军联合方面军级指挥所于 2004 年 7 月 13~21 日在美国夏威夷州希卡姆空军基地举行了第 46 次演习。

日美陆军联合实兵演习　日美陆军联合实兵演习于 2004 年 11 月 2~13 日在岩手山演习场及岩手驻地举行）。陆上自卫队东北部军区第 9 步兵师师长广濑诚少将和驻日美陆军司令埃尔伯特·N·帕金斯少将分别担任演习指挥官。参演兵力：日方第 9 步兵师第 39 步兵团约 400 人，美方以 36 步兵师为核心约 300 人。使用装备有轻武器、火炮、坦克、直升机等。演习分职能训练和综合训练，职能训练主要演练了对游击队的扫荡和生化武器对抗，综合训练演练了攻击、夺取目标、构筑阵地、应对反袭击等一系列科目。目的在于演练日美双方按照各自的指挥系统实施联合作战时的相互合作要领。

日美海军联合指挥所演习　2004 年 3 月 15~25 日，日美海军联合指挥所演习在美国罗得岛州新港美海军大学举行。日本海上自卫队参谋部防卫部长仓本宪一少将和驻日美海军司令罗伯特·C·查普林少将分别担任演习指挥官。参演部队有：日方海上自卫队参谋部、自卫舰队、陆上自卫队参谋部、航空自卫队参谋部、航空自卫队航空支援集团、运用局训练课等，共计 25 人；美方驻日美海军、第 7 舰队、美海军大学等，共计 40 人。演习目的在于利用美国海军大学的图演装置演练日美海军为了保卫日本联合进行海上各种作战时的应对能力和指挥参谋活动。本演习为第 16 次。

日美海军联合反潜特别训练　日美海军联合反潜特别训练于 2004 年 10 月 29 日至 11 月 8 日在日本冲绳周边海域举行。日本海上自卫队潜艇舰队司令田村力中将担任日方参训部队指挥官，美海军第 7 潜艇中队司令迪布·戈布少将担任美方参训部队指挥官。日本海上自卫队 2 艘潜艇，美海军 1 艘巡洋舰、2 艘驱逐舰、3 艘潜艇、若干架飞机参加训练。演练科目主要为反潜战。日美海军联合反潜特别训练始于 1957 年，本次训练为第 107 次。

日美海军联合扫雷特别训练　日美海军联合扫雷特别训练于 2004 年 7 月 17~29 日在日本青森陆奥湾举行。日本海上自卫队扫雷队群司令森田良行少将和美海军第 72 任务部队指挥官凯内斯·W·道伊奇准将分别任训练指挥官。参训兵力：日本海上自卫队 2 艘扫雷母舰、1 艘扫雷舰、20 艘扫雷艇、12 架 P-3C 反潜巡逻机、4 架 MH-53E 扫雷直升机；美海军 1 架 P-3C 反潜巡逻机、9 名水雷员。演练科目：布设水雷、水雷监视、排出水雷、潜水训练。本次训练为第 74 次。

海上自卫队与美海军航母编队联合演习　海上自卫队与美海军航母编队于 2004 年 8 月 19~26 日在日本冲绳周边至九州西方海域举行联合演习。演习分四次进行，日方参演部队指挥官分别为第 4 航空群司令仲井隆夫海军少将、第 26 护卫队司令内田熏一海军上校、第 63 护卫队司令田中常夫海军上校、第 5 航空群司令高桥和男海军少将。参演兵力有驱逐舰“妙高”号、“泽雾”号、“大淀”号及 3 架 P-3C 反潜巡逻机等。美方参演部队指挥官为第 7 航母大队司令帕特利克 M·沃尔修海军少将。参演兵力有“斯坦尼斯”号航母等 5 艘舰艇。本次演习是为了配合美航空母舰部队在日本周边行动而举行的，演练科目为通信训练等。

日美空军“对抗北”联合演习　日美空军于 2004 年 6 月 6~18 日在日本航空自卫队那霸基地、滨松基地、美军嘉手纳基地及冲绳周边空域举行“对抗北”联合演习。日本航空自卫队西南航空混成团防卫部长阿部英彦上校和美空军第 5 航空队第 605 航空作战队司令罗伯特·D·哈北大校分别担任演习指挥官。参训部队：日方航空自卫队西南航空混成团司令部、第 7 战斗航空团、西南警戒航空团警戒航空队，F-15 战斗机

6 架、F-4EJ 战斗机 10 架、E-767 预警指挥机 1 架；美方第 5 航空队司令部、第 35 战斗机联队、第 18 联队第 961 空中航空管制飞行队、第 909 空中加油飞行队，F-16 战斗机 16 架、F-15 战斗机 10 架、E-3B 预警指挥机 1 架、KC-135 空中加油机 2 架。演练科目：防空战斗训练、战斗机战斗训练等。目的在于提高日美双方的技、战术水平及日美联合作战的能力。

航空自卫队参加“对抗雷”演习 “对抗雷”多国联合演习于 2004 年 7 月 15~30 日在美国阿拉斯加州艾尔森空军基地及埃尔门多夫空军基地及其周边举行。航空自卫队派 6 架 F-15 战斗机、1 架 E-767 预警指挥机（AWACS）、约 200 人参加。演习科目：日美联合防空作战、基地防空、战术运输等。此次演习是在电子战环境下进行的作战演练，由于受日本电波法的限制，航空自卫队在国内无法进行训练的科目在阿拉斯加的广阔空域和地域得以实施。日本航空自卫队 F-15 战斗机从日本飞往阿拉斯加约 5400 公里的行程中，在太平洋上空接受了美空军 KC-135 空中加油机为其加油。

日美三军联合指挥所演习 日美三军联合指挥所演习于 2004 年 2 月 16~26 日在日军市谷驻地、驻日美军横田基地举行。日自卫队参谋长联席会议主席和驻日美军司令分别担任演习指挥官。参演部队：日方包括陆海空各自卫队共计约 1000 人，美方驻日美军司令部、驻日陆海空军及第 7 舰队司令部、驻日美海军陆战队等，共计约 1300 人。目的在于通过演练日美两军联合保卫日本时的应对作战行动以及发生周边事态时日军的应对作战行动和有关日美合作的指挥参谋活动，维持和提高日美三军联合运用能力。本演习为第 14 次。

日美三军联合实兵演习 日美三军联合实兵演习于 2004 年 11 月 10~19 日在以日本海、九州西方、西南诸岛周边、九州东方、濑户内海西部、四国南方及纪伊半岛南方为主的日本周边海域以及日美军设施和岩手山演习场、那霸基地等举行。自卫队参谋长联席会议主席先崎拓上将及驻日美军司令瓦斯持中将分别担任演习指挥官。日美两军共计约 15700 人，34 艘舰艇，260 架飞机参加。演习目的在于通过对日美联合保卫日本及发生周边事态时，日本三军之间及日美军之间按协同作战要领进行实兵演练，以维持和提高日美联合作战运用能力。

演习内容主要包括：1、应付武力攻击事态的训练：陆上作战在岩手山演习场举行，海上作战在日本周边海空域举行，空中作战在日本周边空域、基地等举行，日美都派出了有关部队参加。为机动展开作战进行的运输训练在九州周边海空域和那霸基地、高游原分驻地举行，参加部队为日本陆海空三自卫队。2、应付周边事态的训练：后方地域搜索救援活动在日本海西部海空域、米子驻地、美保基地、岩国基地举行，参加部队为日本陆海空三自卫队；在外国的日本人输送是在筑城基地、目达原驻地等举行，参加部队为日本陆海空三自卫队；船舶检查活动在日本周边海域举行，参加部队为日本海上自卫队。3、应对武力攻击、可疑舰船活动、游击活动等非法行动的训练在日本周边海空域、基地等举行，参加部队为日陆海空三自卫队。本演习为第 8 次。

海上自卫队参加第二次西太平洋扫雷演习 海上自卫队派遣部队参加了于 2004 年 4 月 21 日至 5 月 7 日由新加坡、印度尼西亚共同主办的“第 2 次西太平洋扫雷演习”。演习中的海上训练在新加坡周边海域（包括一部分印度尼西亚领海）举行，陆上训练及演习相关活动在新加坡章宜海军基地等处举行。训练内容：扫雷训练、潜水训练、医疗研讨、友好活动等。海上自卫队派出扫雷供应舰“浦和”号、扫雷舰“八丈”号、扫雷艇“宇久岛”号，共计约 230 人参加。日方参演指挥官为第 51 扫雷队司令高森一德上校。另外，澳大利亚、印度、印度尼西亚、马来西亚、韩国、新加坡和泰国也派舰艇参加。文莱、加拿大、智利、中国、法国、新西兰、菲律宾、俄罗斯、美国派军事观察员进行了观摩。

第三次西太平洋联合潜艇救难演习 2004 年 5 月 3~13 日由韩国主持，美国、日本、澳大利亚和新加坡参加的第三次西太平洋联合潜艇救难演习在韩国济州岛周边海域举行。演习代号为“抵达太平洋 2004”。参演 5 国派出潜艇、潜艇救难舰等各型舰艇共 8 艘参加。中国、英国、法国、加拿大、智利、印度、泰国、印度尼西亚等 8 国应邀派军事观察员观摩了演习。日本海上自卫队第 2 潜艇队群司令新田宽昭担任日方参演部队指挥官，参训人员 220 人。演习主要使用深潜救助艇从遇难潜艇中救助舰载人员，目的在于提高潜艇救援能力和增强各国海军之间的相互信任。

日俄联合搜救演习 日俄海军联合搜索救难演习于 2004 年 9 月 4 日在日本长崎县附近的对马海峡东北海域举行。日本海上自卫队护卫舰队第 2 护卫队群司令柴田雅玉担任参演部队指挥官。参演部队：海上自卫队护卫舰队第 2 护卫队群“鞍马”号驱逐舰、“夕立”号多用途驱逐舰和第 101 扫雷队的扫雷管制艇“神岛”号以及第 1 航空群所属 P-3C 反潜巡逻机 1 架；

俄海军“沙波什尼科夫元帅”号反潜驱逐舰、“BDK11”登陆舰、“R29”导弹巡逻艇。本演习为日俄联合搜救演习的第6次。

参加多国联合禁运大规模杀伤性武器演习 为防止从空中运送大规模杀伤性武器，2004年2月19日，美英等11个国家在意大利特拉帕尼空军基地和地中海上空联合举行了代号为“空中阻止”的禁运大规模杀伤性武器演习，日本航空自卫队参谋部运用课派遣1名观察员参加了演习。演习想定运送大规模杀伤性武器的飞机从本国的上空经过，为对其进行检查要求其降落，目的是防止大规模杀伤性武器的扩散。演习中，意大利空军的F-16战斗机和美海军的P-3C反潜巡逻机进行了实际飞行。

资料来源：

①日本《朝云》2004年1~12月；

②日本《防卫日报》2004年1~12月；

③日本《海自新闻》2004年1~12月。

（张洲军）

韩国军队军事训练 2004年是韩国实施《2001~2005年度国防中期计划》的第4年。韩新任国防部长官尹光雄要求韩军通过教育训练加强部队战时能力，完善反恐应对态势。为此，韩军年内明显加强了各军种训练和与美国等国的联合演练，陆、海、空军分别举行了针对性演练，着力提高了战斗准备态势和防护能力。主要情况如下：

陆军训练 **联合化生放训练** 2004年12月14日，韩陆军第60师化学营在汉城地铁站实施民政军联合反毒气恐怖训练。通过此次训练，确认在发生化生放等恐怖活动时部队与当地有关机关间的有机支援协调体系。

反走私偷渡训练 为防止恐怖分子通过釜山港进行偷渡、走私活动，确立完善的作战警戒态势，韩陆军53师与釜山海关于2004年12月15日上午缔结了防范偷渡、走私的备忘录。备忘录内容包括：在接收到海上犯罪、渗透等有关情报时，能够对海岸、海上搜捕进行支援；在敌方进行海上渗透、偷渡、走私、恐怖活动的情况下，针对对方单位的支援请求，能够立刻出动监视船，同时派遣反恐部队、污染事故处理班、紧急救助班等应急部队。为此，双方每天至少通联一次确认通信畅通。

民政军警联合反恐训练 韩国陆军特战司特种任务营10月13日下午在汉城江南区三星洞亚欧峰会大厦实施了针对发生在多用途建筑内的恐怖袭击事件的民、政、军、警联合反恐演习，韩国总理李海瓒、汉城市长李明博等全国民防卫有关官员参观了本次演习。本次演习旨在提高人们对恐怖主义的警惕意识，建立有效的多用途建筑反恐机制。演习设想5名恐怖分子进入亚欧峰会大厦6层，绑架6名平民作为人质，与恐怖分子谈判决裂后，特殊任务营人员通过6层的窗户进入建筑内部，制服恐怖分子，安全救出人质。

渡河训练 为确保作战地域有事时的渡河作战支援能力，陆军“进军”工兵部队于2004年11月8日实施了高强度的渡河训练。作为“护国训练”的一部分，此次训练重点旨在提高迅速渡河作战支援能力、培养架设运用浮桥能力及渡河作战中协同作战能力。

地空协同训练 2004年2月23日前后，韩陆军决战部队进行了5夜6天的大规模地空协同演练，旨在培养在邻近航空部队的支援下，部队的协同作战能力。

预备役训练 2004年3月2日，韩预备役训练以各部队为单位开始实施，参训人员364万人，其中参加动员训练57万人，参加乡土防卫基本训练人员92万人。训练以提高实战能力的实兵训练为主，并首次投入使用野外生存装备。

海军训练 **陆海空联合反渗透训练** 为粉碎敌人在无月光薄弱期进行海岸渗透，韩海军陆战队第1师于2004年11月16日在庆尚北道浦项海岸一带组织实施陆海空联合反渗透训练。训练假想敌工作船在朔月利用夜间进行渗透，部队利用雷达和红外监视装备捕捉到敌工作船海上渗透征候，下达加强海上监视命令并立即出动初期对应班，在占领封锁线拦截进入内陆的敌人后，将有关情况通报陆海空军和海警请求支援。敌渗透组试图从工作船上游泳渗透至海岸，在陆军直升机、自行火炮、迫击炮的照明支援下，利用攻击直升机和地面武器进行对海射击。在消灭从工作船上渗透的敌人后，在空军照明机的支援下，海军猎潜舰和快艇对逃跑的工作船进行追击将之全歼。

反局部挑衅联合训练 为了熟悉应对敌人渗透和局部挑衅时的作战遂行程序以及培养韩国型登陆突击装甲车（KAAV）的操纵能力，从2004年11月8日开始，韩国海军陆战队“青龙”部队下属的3165部队在金浦、江华一带举行了为期3周的实战综合训练。参演部队大量使用了韩国型登陆突击装甲车等装备，重点演练了陆上机动训练、海上操纵训练以及配属武器射击训练等。24日，参演部队还重点利用韩国型登陆突击装甲车进行了登陆突击战术机动训练。训练培养了克服作战地区内的藻类、滩涂等天然障碍物的能力，提高了海上牵引和救助能力。

反渗透射击训练 韩陆军第50师所属“花郎”部队于2004年23~25日在浦项市松罗面华津海岸训练场实施海上实战模拟联合射击训练，以粉碎敌人的海上渗透。训练假想海军通报在远海发现敌渗透征候，部队在预想敌人登陆地点等建立海岸线防御阵地。在敌利用气垫船快速渗透时，实施坦克机动，并动用防空炮、迫击炮、机关枪等各种武器在初期将敌歼灭。其中，坦克营昼夜不断向海岸进行战术机动，准确击中前方海上1200米处的假想敌气垫船目标。战术移动指挥所将雷达站传来的情报进行综合处理，尽早发现敌海上渗透，在开战初期充分运用综合火力将敌尽早歼灭。

巡航训练 韩海军军官学校巡航训练舰队在经过96天的远航之后，于2004年1月16日结束航行回到韩国镇海港。该舰队由“杨万春”号驱逐舰、“元山”号扫雷舰和“大青”号军需支援舰组成，2003年10月13日在镇海港启航，航行训练期间途经中国、菲律宾、澳大利亚、新西兰等13个国家，航程达3万多公里。本次巡航训练是韩海军军官学校自第9期学员1954年首次实施该训练以来的50周年纪念。到目前为止，韩海军共119艘舰艇和6500名学员接受了训练，访问国家次数达325次，航程达122.4万公里，相当于绕地球30圈。

空军训练 **飞机消防救助训练** 2004年11月8日上午， 韩国空军第11战斗飞行团与美国空军第7航空队下辖的607支援大队联合举行了首次韩美联合飞机消防救助演习。本次演习由韩国空军作战司令部组织实施，美韩共出动40余名消防人员与10台车辆参加。演习目的在于加强美韩消防救助部队间联系、检验有事时联合作战能力，培养遂行任务能力。

空投训练 2004年2月11日，韩国空军第5战术运输飞行团与美军在釜山市江西区明礼里一带实施了韩美联合空投训练。

军事演习 **“护国2004”演习** 2004年11月3~9日，韩陆海空三军在西部前沿地域和海、空域组织实施了“护国2004”联合军事演习。该演习是韩国年例性大型演习，由韩参联会主持，陆海空三军本部组织实施，重在检验韩军独立遂行防御作战的能力。演习以对韩朝发动战争为背景，设想朝陆海空三军出动大批兵力进犯韩国，韩进行保卫祖国的反击作战。演习科目主要包括：部队机动与展开、渡河作战、特种部队投送、军需补给等。韩海军在本次演习实施中未发生一起安全事故，完成了作战计划的实战适应演习、新武器系统试验应用、海上指挥系统检测等预定目标。

“阿尔索伊/鸥鹰2004”演习 3月22~28日，韩美两国军队在韩国及其周边海域联合举行了代号为“阿尔索伊/鸥鹰2004”的计算机模拟指挥所带野外实兵演习，这是2002年韩美两军将“阿尔索伊”和“鸥鹰”两个战区级演习合并以来的第3次同类演习。演习由美韩两军参谋长联席会议共同协调，美太平洋总部主持，美韩联合部队司令部具体组织实施，旨在检验美韩“5027朝鲜半岛防御作战计划”和危机行动标准作业程序的可行性，评估美韩联合部队司令部对来自韩国境外美军增援部队的接收、集结、前送与合成能力，提高美韩军队对突发事件的快速反应能力、联合反渗透作战能力和指挥与控制能力。演习主要科目有：海上作战、空中作战、两栖作战、非战斗人员撤运和后方地域反渗透作战等。

“乙支/焦点透镜2004”军事演习 韩美联合“乙支/焦点透镜2004”演习于8月23日开始实施，演习将持续到9月3日。演习由美太总部督导，韩美联合司令部在韩国全境主持举行，共有12000余名美军参加，其中6000名来自美军的海外驻军，另外6000名为驻韩美军，韩军大部参演。演习旨在检验韩美朝鲜半岛作战计划，提高韩美联合作战遂行能力。演习科目主要包括：海上作战、空中作战、两栖作战、计算机模拟、韩美部队间作战协同、程序、计划和系统协调运作等。该演习被看做是朝鲜半岛战争的预演。演习于23日由韩政府率先开始实施，这部分为旨在防备国家紧急态势的“乙支”演习，重点实施国家核心基础设施保护，完善各种设施的反恐态势，完善国家危机管理体制，训练以图上演练为主。

联合海上救助演习 为提高海上救助能力，维持韩美间海上救助作战态势，韩美海军于2004年10月16~29日实施联合海上救助演习。韩海军负责潜艇救助和沉船打捞任务的3500吨级“光阳”舰、美海军3000吨级“卫兵”号打捞船参加此次演习。演习主要实施将触礁的船只救至安全水域训练、打捞沉船、探测水中物体等。该演习自1964年12月开始实施以来，每年实施2~4次。

韩美联合直升机起降演习 2004年2月10日，韩美联合在韩国南海实施了直升机舰上起降演练，这是韩海军首次同美海军战斗补给舰联合实施的此类演练，旨在提高联合航空作战能力。

韩俄、韩法海军联合演习 在加强与美军间军事合作的同时，韩军还注重和其他国家进行军事交流与合作。2004年2月10日，俄罗斯海军舰艇编队访问韩国。期间，韩俄两国海军舰艇在西海举行了联合演习；3 月 7 日，法国海军编队访问韩国。期间，韩法两国海军在西海进行了联合演习。

资料来源：

①韩国国防部网站，广播电台 2004 年 1~12 月；

②韩国《国防日报》2004 年 1~12 月；

③韩国《东亚日报》2004 年 1-12 月。

（李　锐）

越南军队军事训练　2004 年，越军积极开展军事训练，着重提高部队战术、技术水平和实战能力，以适应未来战争的需要。

军事训练方针和要求　2004 年 1 月上旬，越军总参谋部军训局向全军各大单位下达了本年度军事训练大纲，强调 2004 年军事训练仍然要贯彻“基本、切实、牢固”的方针，坚持训练与实战相结合的指导思想。要求：军事训练必须适应作战任务、作战对象、防区地形特点、组织编制和武器装备的需要，并符合越南的传统战法；要组织官兵学习军事技术、条令条例，开展攻防战术、协同作战和体能训练，尤其要注重按照“以少胜多、以弱胜强、以劣势装备打赢优势装备”的传统打法进行训练，多组织实弹射击和实兵演练；重点搞好营以下单位和个人的基本训练和综合演习，着重提高实战能力，特别是要增强反暴乱、反颠覆、反“和平演变”、反侵略、反恐怖的能力。

陆军训练　2004 年，越陆军按计划分两个阶段组织军事训练活动。第一阶段以单兵技能和分队技战术训练为主，强化官兵对现役武器的操控和对基础战术理论的运用能力。在训练中，越军强调必须从实战出发，按照高技术条件下战争的要求，重点进行实战应用科目训练，特别是要加强野外、夜间、伪装等战术技术训练，进一步提高部队的快速机动和连续作战能力。第二阶段以综合性演习为主，检验训练效果，强化实战能力。越陆军全年共举行数十次规模较大的实战演习，主要包括区域防御作战演习、边境保卫作战演习、山岳丛林作战演习、反恐作战演习，重点演练了战备等级转换、战术攻防、防空作战、紧急疏散、野战行军、实弹射击等科目。

海军训练　2004 年，越海军在强化日常战备和基础科目训练的同时，还加强了实战应用科目训练，着重提高海上作战能力和支援岛礁作战能力。各作战舰艇部队重点进行海上作战和支援岛礁作战训练，各沿海区部队则结合防区任务展开攻防战术、海上搜救和打击海上犯罪等训练。在训练中，越海军特别重视进行实弹射击。各部队组织的实弹射击训练占各类训练总量的 35%以上，尤其是各舰艇部队和陆战队明显加强了导弹、鱼雷、火炮等实弹射击训练。同时，越海军多次举行演习，主要科目有：舰船集结、雷达跟踪、导弹和鱼雷协同攻击、登陆与抗登陆作战、岛屿防御作战、拦截海上目标、快速反击、打击空中目标等。

防空-空军训练　2004 年，越防空-空军在注重吸取阿富汗和伊拉克战争经验教训的基础上，有针对性地开展军事训练。其中，航空兵部队组织实施的军事训练主要有五个特点：一是注重基础技术科目训练。据统计，各航空兵部队全年组织的各种飞行目标识别、空中拦截等基础科目训练，在各类训练中约占 80%。二是强化海上科目训练。各航空兵部队频繁组织苏-22、苏-27、米格-21 型机进行海上科目训练，其出动量占总出动量的 60%，重点进行海上目标拦截、对岛（舰）攻击、海上长途奔袭等高难度实战性科目训练。三是重视针对北部边境地区的训飞。驻北部地区的航空兵部队明显增加了针对北部边境地区的空域飞行和拦截飞行训练，这两类训练占其各类训练总量的 65%。四是加强多机种合练。全年多次组织苏-22、苏-27、米格-21、安-26 型机进行合练，主要科目有编队紧急出击、目标搜索、远距离攻防、攻击海上目标、截击中低空目标、轰炸地面目标、反潜等，着重提高诸机种协同作战能力。五是注重实弹打靶训练。9~10 月，越防空-空军先后 5 次组织各型战机在禁山、茹春、梅道空地靶场和占岛、富贵岛海上靶场进行较大规模实弹打靶演练，使用了大量空地、空舰、空空导弹和火箭弹、航空炸弹等武器，着重提高联合对地面和海上目标的突击能力。防空兵部队主要进行了防空警戒，指挥通信，指令传递，战备等级转进，捕捉、跟踪和打击空中目标，电子干扰与抗干扰等科目训练，着重增强防空作战能力。

诸军种联合演习　与往年相比，2004 年越军举行的诸军种联合演习明显减少。据外电报道，越军全年仅举行了 4 次较大规模的诸军种联合演习。其中，陆军与防空-空军举行联合演习 1 次。海军与防空-空军举行联合演习 2 次，一次是联合搜救演习，另一次是协同作战演习。陆军与海军、防空-空军举行联合演习 1 次，主要演练了诸军种联合平息国内大规模暴乱和抗击外部强敌入侵的预案，着重提高快速反应能力和协同作战能力。

重视提高训练质量　2004 年，越军采取一系列措施，提高军事训练质量。一是充分做好训前准备。越军各部队根据总参下发的训练大纲，制定训练计划和方案，开展训前动员教育，举办各类干部集训班，做好训前物资保障。二是坚持干部下部队指导训练制度。越军要求部队主管、参谋、助理员每天都要轮流到所属部队训练场指导训练，特别是团、营级干部要保证每天至少有4个小时的时间在训练场与部队一起训练。每天训练结束后，干部要及时将当天训练情况向上级做出书面报告。三是积极开展训练竞赛活动，举行军事会操和技术比武。四是加强对军事训练的检查。各部队军事训练正式展开后，越军总参军训局、海军司令部、防空-空军司令部，以及陆军各军区、各野战军，频繁派遣检查组赴团、营和连级单位检查军事训练情况，重点查找训练中存在的问题和不足，并提出改进措施。五是对军事训练进行考核。在每个阶段训练结束前，都要派检查组对训练情况进行考核验收。任何一个科目不合格都要重新训练，直至考核达标为止。12月上旬，越军总参对全军各单位军事训练情况进行了考核验收，其结果是：各单位圆满完成了军事训练任务，达到了训练要求，特别是有80%的单位达到了优良。通过军事训练，部队的综合素质和战备能力有较大提高。

资料来源：

越南《人民军队报》、《全民国防》2004年。

（钟学良）

泰国军队训练 **陆军伞降联队训练** 泰国陆军伞降联队通过跳伞来锻炼军人的胆识，加强其自信心，每年参加跳伞训练的军人约3800名。跳伞课程的头十天是紧张艰苦的陆上训练，号称“陆上训练七步曲”，即（一）准备：体能和精神上的准备。（二）装伞：检查、调整和正确戴上降落伞。（三）机上程序：从登机至在机舱内等候跳伞的规定程序。（四）离机：学习按秩序跳离飞机，以便有足够的空间张开降落伞。（五）风降：观察风势控制降落伞，为着陆做准备。（六）着陆：学习如何安全降落着地。（七）收伞：收拾降落伞，集合归队。学员在这些科目的测验必须及格，才能进行实际的跳伞训练。伞兵必须完成5次跳伞（白天3次和夜晚2次），其他军种学员则跳3次（白天2次和夜晚1次）。训练内容主要是确保学员熟悉各阶段的规定程序、各种突发情况的应变方法、各项安全措施。在基本训练科目里，学员实际跳伞的高度极限是300米。考试合格后可获得“跳伞翅膀”胸章。获得该荣誉的士兵，每年都得练习跳伞。长时间没有跳伞的现役士兵，也要参加3天的复习科目训练。

海军学院训练 泰国海军学院是培养海军各类初级军官的学校。学员从士兵和高中毕业生中招收，入学前先经过2年的预备军官学校学习，然后才能成为正式学员。学制为5年，每年约有10%的学员被淘汰。学院在教学中不仅重视对学员进行海军军官素质和必备知识的培养和教育，而且十分重视学员实际能力的训练，除保证每天2个课时的操作训练外，每年还要组织学员进行2次海上实习。第1次为中航训练，时间30天，航行区域为泰国海域，使学员了解熟悉本国领海及港口。第2次为年终远航训练，时间50天，航行水域以外海为主，通常到菲律宾、马来西亚、印度尼西亚、孟加拉国、巴基斯坦等国海域和港口，最远到加拿大和澳大利亚。此外，学院还将行为举止、学习态度也列为重点考试项目，全部考试合格者才能获学士学位，授少尉军衔，分配到部队任职。这所学院的毕业生，成为泰国海军军官的主要来源。

空军飞行学校训练 泰国空军飞行学校是空军培养飞行员的学校。该学校设有歼击机、强击机和运输机3个机种，同驻一个机场，不同进度的学员穿插训练，每半年毕业一批学员。学校注意采取各种方法提高训练效果，学员的日飞行强度均在3小时以上，训战结合，战术技术训练与带实战背景的演习相结合，以提高学员飞行作战能力。此外，该学校还十分重视教官队伍的建设。教官队伍由经过严格挑选的优秀人才组成。飞行教官和专业技术教官都必须具有大学本科文化程度，至少能熟练掌握一门外语。其中，20%的教官曾在国外深造，不少已获得博士学位。

（孟　丽）

新加坡军事训练学院强化训练 为适应武装部队教育训练发展的需要，完成陆军、海军和空军军官的综合训练任务，培养一支现代化、高素质的军队，新加坡政府于最近正式成立了新加坡武装部队军事训练学院。学院下设1所初级院校、3所中级军种院校和1所高级院校。

分层次训练 新加坡武装部队军事训练学院培训体制健全，注重三军合训，对军官的教育和训练主要在三个级别的学校——军官见习学校、武装部队高级学校和指挥参谋学院进行。军官见习学校主要任务是把从地方上挑选出来的青年男女训练成部队中的军官。学校课程包括三军通用课程、军种课程和专业课程。三军通用课程是为全体学员提供的共同训练课程，培养联盟意识并传授领导技巧。在进入军种课程时，学员在各自所属的陆海空学员队学习相关的军种知识和技巧。进入专业课程后，海军军事学校学员和步兵学员继续在军官见习学校训练，空军学员和陆军支援部队的学员则到各自的专门学校受训。武装部队高级学校的任务是培养中级指挥员和参谋。指挥参谋学院的任务是培养高级军官。

逐级进行选拔 军事训练学院实行严格淘汰制度，学员素质普遍较高。军方在每年2万名左右应征入伍的青年学生中，通过考察他们的学历、专业文凭和军事考核成绩，选拔1500名左右的士兵成为初级军官，之后再从中选拔出500名左右的学员到武装部队军事训练学院接受中级培训，最后再从这批人中选出30名佼佼者进行高级培训，成为军队的高级军官。

重视教官队伍建设 军事训练学院十分重视教官队伍的建设，拥有一支高素质的教官队伍。学院共有300多名教官，其中有70%的教官在外国著名军事院校学习过。为了保证教学质量，学院还有计划、有重点地聘请南洋理工大学和国立大学等多所地方知名大学的教授到学院任教，重点讲授国际政治和国防发展战略等课程。

拥有现代化教学设施 军事训练学院的教学设施齐全、功能完善。学院图书馆是新加坡重要的军事与策略研究图书馆。所藏图书音像资料涉及军事科学、军事历史和地理政治等各个方面。电脑化记录和广域自动图书馆服务体系使图书借阅显得方便快捷。学院配有4个计算机援助指导室，每个可容纳40名学生，可供教学与考试用。学院还拥有建立在异步传输模式框架上的校园网络设施，可以支持设在办公室、教室、礼堂和受训者住所的1700台电脑。通过利用这些基础设施，学院的训练效率得以大幅度提高。新加坡军事院校不进行学历教育。学院的学历教育采取与地方和国外大学合作的办法解决。因此，武装部队军事训练学院与新加坡国立大学、澳大利亚国防大学、西澳大利亚大学合作，采取课程认定和学分累计的办法，授予合格者学士或硕士学位。

资料来源：

新加坡《海峡时报》2004年。

（孟　丽）

印度军队军事训练

空军训练 2004年，印度空军在保持平时训练水平的同时，突出反恐作战演练，加大重点部队的训练强度，改进米格机型飞行员培训体制，通过各种贴近实战的演习演练，不断提高部队的作战能力。

突出反恐作战的研究和演练 近年来，印度多次发生重大恐怖袭击事件，对国家安全和社会稳定构成了严重威胁。2004年，印空军积极采取措施，加强了反恐作战的力度。

（一）*确定以精确打击作为反恐作战的主要手段*。通过对阿富汗战争的研究，印空军积极探讨了空军在反恐作战中的地位和作用，并根据印度空军目前的装备水平和作战能力，借鉴美军空中军事打击行动的经验，将空中精确打击确定为反恐作战的主要手段。目前，印空军装备的苏-30、“幻影-2000”、米格-27、米格-29和“美洲虎”等战机均可挂载激光和电视制导炸弹，具备空中精确打击的能力。

（二）*确定克什米尔地区为反恐作战的重点*。印军将打击克什米尔地区的武装分子作为反恐的重点，印空军则充分发挥空中力量的优势，积极配合反恐作战，多次派出“幻影-2000”战斗机、米-17武装直升机等，对武装分子实施空中精确打击。

（三）*提高戒备等级，确保领空安全*。为了应对可能发生的劫机和空中入侵等威胁，印空军提高了战备等级，加强防空警戒和边境侦察，有关飞行部队值班飞机保持5分钟地面待命状态，雷达部队延长开机值班时间。加强了对超出固定雷达站监控范围地区的监控。同时，制定了国土防空应急措施，确定了处理空中突发事件的程序，如发现劫机及空中自杀性攻击事件，或任何飞机不按预定航线飞行并有敌对企图，战斗机将立即升空拦截，必要时予以击落。

加大重点部队和新装部队的建设和训练力度 “幻影-2000”、苏-30等先进作战飞机是印空军未来作战的拳头力量，其训练水平反映了印空军的未来整体作战水平。而空中加油机使印空军的力量倍增，对增强其整体作战能力具有重要意义。因此，印空军特别注重这些重点部队和新装部队的建设和训练。

（一）*加强“幻影-2000”、苏-30型机部队建设和训练*。主要做法：一是进一步扩充部队规模和实力。印空军已分别与法国和卡塔尔签署协议，从两国各购买10架“幻影-2000”型战斗机，拟在瓜廖尔空军基地组建代号为“狼群”的第9中队。首架生产型苏-30MKI已在印度斯坦航空有限公司组装完毕下线。此外，11月17日，印空军副参谋长在班加罗尔表示，将向全球各公司公开招标，购买125架战斗机，以填补米格-21退役后到轻型战斗机服役前期间的空缺。二是频繁参加演习演练。为检验和提高部队实战能力，印空军频繁派“幻影-2000”和苏-30型机参加各种演习演练活动。年内，两种先进战机多次参加了“对抗印度-04”、“金鹰2004”、“空中压制”、“空中力量-2004”等大规模陆军联合或与外国空军的联合演习。三是注重提高远程作战能力。年内，印空军多次进行“幻影-2000”和苏-30型机的空中加油演练，在各次大规模演习中都有空中加油的课目。

（二）*加紧进行空中加油训练，提高远程作战能*

力。印度空军去年从乌兹别克斯坦购买了4架伊尔-78加油机后，加紧与苏-30、“幻影-2000”等战机进行加油训练。除了加强日常训练，还赴海外参加国际联合演习。2004年6月21日，印空军派出1架伊尔-78空中加油机和6架“美洲虎”战斗轰炸机赴美国阿拉斯加参加“协作对抗雷-2004”演习。这是印空军飞行员第一次在国际空域执行空中加油任务。在2万公里的往返航程中，伊尔-78加油机为6架“美洲虎”战机共进行了30多次空中加油。最多一次加油达3.8吨，而空中加油作业时间不到8分钟。表明印空军的空中加油技术已达到很高水平。9月份，印空军派出一架伊尔-78空中加油机和4架“幻影-2000”战机赴南非参加了联合空军演习。这些演练大大提高了加油机飞行员的操作经验和技能。

加强实战演习，提高应急作战能力　（一）频繁举行较大规模的演习，通过训练提高部队战斗力。2004年，印空军共举行或参加各类较大规模演习15次，其主要特点：一是注重电子战演练。电子战成为多年来印空军演习的一项主要课目。在全年的15次演习中，设有电子战课目的有10次，内容包括无线电通信对抗、有效运用电子干扰物投放系统等。二是加强远程作战能力演练。印空军多次派遣米格-27、苏-30、“美洲虎”、“幻影-2000”等主力战机参加演习，通过远程奔袭作战及转场作战演练，提升部队远程作战与快速机动能力。三是积极开展与外军的联合演习。年内，印空军与美国、新加坡、南非等国共举行4次联合演习。其中，2月16~27日，与美国空军举行的“对抗印度-2004”演习是两国空军第一次，也是印与外国举行的最大规模联合空战演习；10月11~27日，与新加坡空军举行了代号为“空中压制”的首次攻防联合演习。

（二）调整兵力部署，做好东部地区对华作战准备。2004年，印空军继续在东部地区调整兵力部署，完善对华应急作战预案。主要措施有：一是完善防空兵力部署。根据对华作战预案，战时印空军将调动东空司和西空司的米格-21战机执行防空、护航及对地攻击等任务；调派西空司的导弹部队赴巴格道格拉、卡西扬和西里古里等地执行防空任务；在巴格道格拉和贾尔派古里分别部署一支防空炮兵部队担负低空防空任务。二是调整进攻作战兵力部署。除利用东空司现有的米格-27战斗轰炸机进行反击作战外，印空军战时还将视情在普尼亚、查布亚和帕那加尔等基地部署苏-30战机，以图对华实施纵深打击。三是增加应急空运兵力。印东空司第20联队将第142安全救生支援分队的“印度豹”和“猎豹”通用直升机列为应急空运力量。战时，两型机将担负紧急空运任务。

改进米格机型训练体制　印度空军米格机型飞行员的中级和高级培训通常在印度南部地区的登迪加尔空军学院进行。那里全年天气情况良好，非常适合飞行训练。学员从空军学院毕业后，即被分到战斗机训练联队进行改装飞行训练，然后分配到各飞行部队进行训练。

作战飞行训练课程分为两个学期。第一学期32周，前两周学习飞行员飞行日记和标准机场作业程序，淘汰率为5%。然后进行模拟机训练，增加对米格飞机的飞行体验。初级飞行阶段为30周，包括30个飞行训练架次和48个空中格斗架次。在前9次米格-21U双座机训练中，学员主要练习低速操纵。单飞训练内容则包括起落航线训练、特技训练、疏散队形飞行、中空战术飞行、2机和4机编队、低空战术编队飞行以及仪表飞行等。

第二学期学时半年，主要进行高级飞行训练。包括对地攻击、空中格斗训练、高级空战和实弹投射等。其中在米格-21U教练机上飞行28架次，在米格-21FL教练机上完成70架次。第二学期结束后，飞行学员在教练机和战斗机上的总飞行架次分别达到58和118架次，飞行时间约105~110小时。这时飞行员即可担负昼间作战值班任务，根据飞行员能力的不同，被分配到米格-21、米格-23、米格-27和“美洲虎”战斗机中队担负作战任务。

招募女战斗机飞行员　印度空军于1994年12月招收首位女飞行员，10年来共招收了100余名运输机和直升机女飞行员。她们以卓越的表现，赢得了印空军上下的高度赞扬和尊敬。鉴于女飞行员的优异表现，印空军正计划招募战斗机女飞行员。招募女飞行员的条件比较严格，招募对象要求年龄为19~23岁的未婚女性，且文化、身体素质、心理反应能力等全面合格才能入选。女飞行员的培训程序与男飞行员相同，一般要经过初级航校培训，空军学院培训，运输机和直升机改装飞行训练，部队实习等四个阶段。女飞行员从开始学习飞行到能够独立担负飞行任务需要3年以上时间。在此期间，她们要克服生理和心理方面的各种严峻挑战，付出比男飞行员更多的辛勤和汗水才能成为一名合格的飞行员。在初级航校培训和空军学院培训中，她们要系统学习航空理论，飞机构造、飞行原理、空气动力学、航空发动机构造、导航理论等多种基础与理论知识，还要驾驶HPT-32轻型活塞式初级教练机及HJT“克兰”和“伊斯卡拉”喷气式中级教练机进行训练。顺利过关后，女飞行员进行安-32 和 HS-748 运输机的改装训练。此后，女飞行员到部队实习，进行跟机训练。

资料来源：

《印度先驱报》等 2004 年。

（管元琦）

军事演习 2004 年，印军共举行各类军事演习近百次，其主要特点是：（一）突出以巴为主要作战对象。尽管印巴局势有所缓和，但印军仍不断举行以巴基斯坦为作战对象的军事演习。演习中，印军着眼于未来对巴作战的需要，有意识地加强了高技术条件下的演练，重点演练高空精确打击、陆空协同和紧急起降等科目，不断总结和完善对巴作战预案，检验印巴边境地区印军的整体作战能力。（二）注重发挥空军的作用。印军在全年所有的演习中均贯穿“空地、空海一体”联合作战思想，充分发挥空军在诸军（兵）种联合作战中的主体地位。（三）重视提高联合作战能力。印军为提高陆、海、空三军的协同作战能力，明显加强了陆空联合演习、海空联合演习及三军联合演习，演练科目有攻击对抗、侦察预警、通讯保障和后勤补给等。（四）注重新式武器的运用。印军将近年来引进、研制的高技术武器投入演习，在模拟战场环境中检验其各项作战性能。（五）注重提高部队反恐作战能力。印军将反恐作为 2004 年军事演练的重点内容，在各种演习训练中明显加大反恐、反生化武器和搜索救援等科目演练。（六）注重与外军的联合演习。年内，印军本着汲取外军经验，促进军事交流的目的，先后与美国、法国、新加坡、泰国、孟加拉等国举行了联合军事演习，演习次数较往年明显增多。通过联合演习，印军不仅促进了与外军的交流，同时也向周边国家展示了军事实力。主要演习情况如下：

“对抗印度-2004”空中演习 2 月 9 日至 3 月 4 日，印度和美国空军在印度瓜廖尔地区联合举行了代号为“对抗印度-2004”的大规模空中对抗演习。演习旨在检验印美军队联合处置地区危机的协同作战能力，演习由印度空军司令部和美国太平洋空军司令部共同策划，印度空军参谋长克里希纳斯瓦米上将担任演习总指挥，印度空军司令部和中部空军司令部具体组织实施。印空军参演飞机包括苏-30MKI、“幻影-2000”、米格-29、米格-27、米格-23、米格-21BIS 和“美洲虎”等战斗机，以及伊尔-76 型运输机和空中加油机等。美军参演飞机包括 F-15C 型战斗机、C-5 型军用运输机和 KC-10 型空中加油机。主要演练科目包括空中侦察、远程奔袭、近距离空中支援、空中对抗与格斗、对地攻击（轰炸）、空中运输和空中加油等。

印美联合反恐军事演习 3 月 27 至 4 月 17 日，印美两国陆军部队在印度韦兰特反叛乱丛林作战学校联合举行代号为“战争研究 04-1”的低强度反恐联合军事演习。演习共分两个阶段，其中 3 月 27~31 日为演习第一阶段，参演部队主要进行了射击、长途越野等一系列适应性训练；3 月 31 至 4 月 17 日为第二阶段，双方重点演练了联合搜索与救援、丛林反叛乱作战、非常规作战和野外通信等科目。演习旨在提高印美两国陆军部队执行丛林反恐作战的战术运用和指挥协调能力。

“交叉射击-04”演习 3 月 27 日至 4 月 17 日，印空军在印巴边境地区举行代号为“交叉射击-04”的演习，训练科目主要包括空中攻击、远程打击和精确轰炸等，演习旨在强化飞行中队间协同作战能力，提高作战中队战术水平及转场作战机动性能力。

“空中打击-Ⅱ”陆空联合演习 2004 年 5 月 7~14 日，印军举行代号为“空中打击-Ⅱ”的陆空联合演习。此次演习旨在检验和完善未来对华作战预案，提高印军的对华防御作战能力。

演习由印东部军区策划，设想 2010 年中印爆发边境武装冲突，印军边境设置的第一道防线被中方突破后，二线预备队迅速组织第二道防线迟滞中方进攻，印空军亦出动战斗机实施近距离空中支援，并对中方浅近纵深目标实施空中打击，瓦解攻势，最终取得“胜利”。

印美海军联合演习 10 月 1~9 日，印美海军在印度南部阿拉伯海域举行了代号为“马拉巴尔-04”联合海上演习。美海军参演实力包括 1 艘导弹巡洋舰、1 艘导弹护卫舰、1 艘核动力攻击潜艇及 1 架 P-3C 海上侦察机；印海军参演实力包括 1 艘 209 级常规潜艇、1 艘德里级驱逐舰、1 艘布拉马普特拉级反潜护卫舰及多架飞机，演习以海上联合打击恐怖活动为主线，主要进行了反潜作战、远海补给、跨舰板登陆、舰队空防、海面火力发射和海上封锁等科目的演练。演习进一步推动了印美两国在反恐方面的军事合作。

海空联合演习 2004 年 12 月 15~22 日，印度海、空军在印度西海岸波班达尔海域举行了代号为“暴风骤雨”的海空联合演习。此次演习由印海军西海司组织实施，旨在检验印军快速反应和抗敌入侵能力。演习设想敌军在印度西海岸波尔邦达尔海岸线从水下、海上和空中同时对印领海和领空发起立体攻击，印海军在空军战斗轰炸机支援配合下，立即对敌实施海空联合反击作战，最终驱逐入侵之敌。演习着重演练了海上压制与反压制、海上布雷与扫雷、渗透与反渗透、反潜作战、导弹攻击与拦截、电子侦察与搜索、光学跟踪等科目。

（刘温国）

军 事 后 勤

美国军队后勤 **综述** 2004 年，美军为适应新军事变革和反恐战争的需要，采取了多种措施加快后勤现代化进程。

进一步调整后勤体制编制。美军为压缩和精简后勤摊子、理顺保障关系和提高后勤保障效益，对庞大的后勤系统进行了大幅度的精简与调整。为适应陆军转型，2004 年对后勤体制编制进行了进一步的调整，组建了几个新机构并调整了部分旧机构的职能。在前两年组建新机构的基础上，从 2004 年，军事交通管理司令部又改称为“军事地面部署与配送司令部”。

对后勤制度和管理流程进行改进。2004 年，美军通过简化规划、计划、预算和执行过程、扩大实施单一储备基金的范围、以及实施速率管理等一系列改革了的制度、改进了的业务工序，以及各种增能硬件的开发和采购，使后勤减少了耗费，提高了效率，并为美军作战人员提供了一个更加全面和灵活的战场后勤运行系统，改善了对作战人员的保障。

加快后勤信息化建设。信息是提高后勤指挥效能和保障能力的关键因素。美军把后勤系统信息化作为构建 21 世纪军队后勤的重要目标。美国国防部十分重视发展电子信息系统，大力推进后勤现代化 10 年计划，实行管理竞争性招标，提高全球作战保障系统的安全性。

提高官兵、文职人员及其家属的待遇。2004 年美军提高各种人员的待遇。①制定计划和成立机构来保障陆军人员的福利。②为美军士兵配备了更好的口粮、更现代化的服装、经过改进的野战装具，提高陆军人员生活质量。③增加参与反恐战争军人及其家属的津贴和抚恤金的数额。

增加新的战略运输能力。战略投送能力是美军实现其军事战略所需的最基本、最关键、最重要的条件之一。为此，美军 21 世纪后勤发展的重要内容之一就是继续提高战略海、空运能力。美陆军 2010 年前将部署 3 支海运船队，每个船队都装载着一支旅级规模的战斗部队以及可较长时间维持这支部队的补给品。

研制新型后勤装备。2004 年，美军又陆续研制出一批先进的后勤装备物资，有的已经投入使用。如生物探测器，综合病毒探测系统等新型探测装置，新型运输系统“人员运输车”、收缩式软着陆系统、新型军用护目系统、“陆路运输管理系统”、新款迷彩服等新装备。这些新装备和新技术的应用，大大提高了美军后勤保障的效益和效率。

资料来源：

①美《陆军后勤》2004 年 3~10 期；

②美《国防运输杂志》2004 年 2 月号。

陆军后勤 **2004 财年预算** 据美国《陆军后勤》杂志 2003 年 5~6 月号报道，2004 财年陆军预算 939.03 亿美元，比 2003 财年增加约 30 亿美元，即 3.3%。2004 财年的预算用于打赢反恐战争，保持战备，改善陆军人员的待遇，及继续进行陆军的转型。计划用于军事人员的费用为 373.89 亿美元。活动维持费为 311.28 亿美元，它将满足基地作业保障所需资金的 69%和维持、恢复及现代化所需资金的 84%。研究、开发及试验和评估所申请的资金为 91.23 亿美元。用于采购的经费为 107.55 亿美元，比 2003 财年减少了 14%。导弹采购费 14.59 亿美元将用来购买 108 枚 PAC-3 型“爱国者”防空导弹，786 个多管发射火箭系统，76 枚反坦克导弹和 901 枚“标枪”型反坦克导弹。弹药采购经费为 13.10 亿美元。飞机采购经费为 21.28 亿美元（比 2003 财年减少了 5%），包括用于购买 10 架 UH-60“黑鹰”直升机的经费。购买武器及履带式战车的经费为 16.41 亿美元，其中大部分将用于购买 301 辆“打击者”型车辆。其他方面的采购经费也计划减少 26%，为 42.17 亿美元，其中包括购买 1160 辆中型战术车辆系列中的卡车的费用。

在陆军预算的其他主要项目中，有 17.72 亿美元用于军事建筑，14.02 亿美元用于家庭住房，3.96 亿美元用于环境恢复，16.5 亿美元用于化学武器的销毁。

联合弹药局取代作战保障局 据美国《陆军后勤》杂志 2004 年 5~6 月号报道，陆军器材部在 2004 年 1 月组建了一个新的下级司令部——陆军联合弹药局，以取代陆军作战保障局。联合弹药局有两项主要任务。一是作为国防部的下属野战机构执行陆军的任务，是国防部对常规弹药的唯一管理者。联合弹药局将和弹药工程执行办公室密切合作，将在所有领域协调各种计划和行动，确保以及时、高效的方式满足部队的各种需求。二是联合弹药局通过其所属的陆军野战保障局，将成为向世界任何地区投送后勤力量的平台。陆军野战保障局维持储存在世界各地陆基的和预置船上的预置储备，它作为陆军后勤“面向战场”的部门，给已部署的战斗部队和保障场所提供直接保障。联合弹药局局长麦克马纳斯将军认为，联合弹药局将和弹药工程执行办公室及其他企业部门的合作伙伴一起，集中开展以下四个方面的工作：负责战略报告；对弹药进行集中管理；规划工业基础的未来；确保“弹药企业”的兴旺发展。联合弹药局的总部设在伊利诺斯州罗克艾兰兵工厂，工作人员遍布世界各地，包括约220名军职人员、5100名文职雇员和8200名承包商人，它还对预计的12亿美元的年度预算进行管理。

军事交通管理司令部更名　据美国《国防运输杂志》2004年2月号报道，从2004年起，美陆军军事交通管理司令部改称为“军事地面部署与配送司令部”。此次军事交通管理司令部名称的变更，紧跟在美军运输司令部被指定为国防部的联合配送进程管理者之后。地面部署与配送司令部被认为是美军运输司令部所设想的一个新的、改进型的联合配送系统的一个关键增能器。

建立流动零部件医院　据美国《士兵》杂志报道，坦克——自动车辆与军备局的工程师们正致力于建立流动零部件医院，它使士兵无论部署在什么地方都能迅速制造出替换零部件，使受损的坦克和自动车辆能迅速更换。流动零部件医院可与卫星、各种计算机网络、网基技术设备以及移动电话相联系。随着这项计划的发展，流动零部件医院将会放置于集装箱中，以便于快速运输。

支持未来联合作战的采办程序　据美国《每日防务》2003年12月8日报道，为支持国防部制定的未来“联合作战构想”，美军各军种采办部门已经做好了充分准备。“联合作战构想”概述了未来15~20年美军与盟军的联合作战，它把战略规划与各种能力联系起来，指导联合需求的满足和联合作战功能的生成。根据“联合作战构想”的要求，转型之后的美军部队对敌人应该有“全谱”优势。此外，还要与其他机构及多国伙伴在战略、战役和战术层次上进行联合，因此各种能力的生成至关重要，而从装备物资的采办上支持这种联合是必须的。国防部新颁发的5000系列采购文件和以能力为基础的“未来作战系统”文件，都是基于未来“联合作战构想”而制定的，而采办文件所确定的各军种采办程序，首先关注的是满足联合作战条件下联合能力的集成。国防部负责采办管理的国防采办委员会在审查各军种的采办申请时，首先确认该采办项目是否支持联合作战。不论申请武器装备采办的是哪个军种，采办委员会都将其看做是国防部的采办业务，是一种满足联合作战能力的申请。

公布弹药管理新方法　据《外军后勤信息》2004年第1期报道，美国防部发布了一项弹药行动计划，用于改善常规弹药的寿命周期管理。目的是在把爆炸物对军人的安全性提高到最大程度，并改善国防部环境管理的同时，确保军队拥有维持部队战备所需的弹药。新综合计划是由国防环境安全理事会特许成立的弹药使用与环境执行指导委员会制定的，该委员会将弹药的寿命周期划分为五个阶段：筹措与生产，包括与弹药有关的研究和开发；储备管理，包括包装、储存、运输、监督和维修；使用，包括训练、实验和军事行动中弹药的使用，以及训练和试验场地的管理；废弃，包括剩余、过时和失效弹药的处置，资源的回收和再利用，以及废弃弹药的处理与销毁；反应（或称反应行动），即留在靶场不再用的弹药清理和处理。该计划提出了29项指标，并把实现这些指标的责任和任务分配给了国防部各有关机构。从2002~2008财年实现全部指标的费用大约为2.07亿美元。

制定福利计划目标　据美国《陆军》杂志报道，美陆军卫生部为陆军制定了福利计划目标，主要包括：(1) 使医疗风险的评估和军人及可部署的文职人员的状况报告实现标准化和自动化。(2)改进三级医疗的索赔和补偿方法以吸引和保留医疗提供者。(3)使所有地理分散部队和偏远地区的现役军人及家属都能享受到三级医疗体制中的偏远地区基本级医疗。(4)为军人和文职人员实施一项预防伤害计划。(5)建立电子健康档案，这是一种以网络为基础的健康信息和管理工具。(6)为现役军人提供按摩疗法服务，作为三级医疗的一项内容。(7)把三级医疗中的基本医疗覆盖扩展到美国本土以外一切有资格享受此待遇的退休人员。(8)确保病人对陆军牙科设施的医疗质量、服务及候诊时间均感满意。(9)保证65%以上现役军人的牙齿健康达到一级标准。(10)用计算机存储和处理病人的一般病历和牙科病历。(11)为三级医疗基本级和附加级病人提供“基本医疗管理者的姓名”。

批准实施新卫材供应计划　据《外军后勤信息》2004 年第 1 期报道，美国防部已批准为所有军种建立单一的“国防卫材供应标准保障计划”供应系统。目的是提高卫材供应保障的快速反应能力。办法是执行业务进程的创新措施，以增进卫材供应的有效性和减少费用。在实施阶段，要增强装备和技术管理及库房清点能力，使各军种使用统一的系统满足各自的卫材需要，将协助国防部同供应商签订更好的合同，让他们在价格上打折扣。其能力包括：由电子商务、网络技术和手持无线装置支持的全面库存管理；医疗设备和技术管理；设施管理。美军把国防卫材供应标准保障系统配发给陆军设施的工作于 2003 年 1 月开始，对海军和空军的配发已先期进行。

批准 23 项后勤业务改革　据《外军后勤信息》2004 年第 1 期报道，在向陆军业务创新委员会递交的改革建议中，陆军部长已批准将其中的 23 项在全球范围内实施。主要内容包括：用现役部队的拨款补偿预备役部队经费，以支付在现役岗位上支援装备采购和后勤职能的预备役人员的开支；分析陆军能否实行和如何实行住房私有化；在陆军部总部建立单一的网站，以协调、处理和追踪工作人员的活动；建立资源管理在线系统，用于满足一级司令部和军事设施级的资源管理需求；启用陆军承包商报告系统，用于获得承包商工作年度的信息，以及确定被保障的机构，使承包商资源具有可见性。国防部业务创新委员会自 2001 年 6 月成立以来已批准将 48 项创新举措付诸实施。此次批准的 23 项举措每年可节省 2~4 亿美元。

同海军建立装备维修合作关系　据美国媒体 2004 年 6 月 12 日报道，美海军水下作战中心恺波特分部与陆军通信电子司令部后勤战备中心的第 21 远程维修部队，已就远程维修的研发、试验测试、评估、工程和技术等业务建立了合作关系，这将促进这两个机构的合作，从而能够为战场指挥官提供高度可靠且先进的作战装备。美海军水下作战中心恺波特分部研发的 AN/PSM-99 远程辅助技术保障系统 2.0 版本最近通过了批准和认证，将在包括潜艇在内的所有海军舰艇上推广应用。美陆军第 21 远程维修部队的使命将为战场保障或作战人员提供远程交互能力，以保证他们在协同环境下能够随时与后方保护区内的相关专业领域的专家直接交流。第 21 远程维修部队已被用来为在伊拉克的艾布拉姆斯 M1A2 坦克提供远程诊断。美陆军已为在伊拉克的斯特瑞克战斗旅配属了远程维修部队，该部队目前正与陆军的坦克与装甲车司令部建立联系。该合作关系将促进部队作战与保障能力的发展，包括建立并维持联系以支持远程维修技术的研发，及协调海军水下作战中心凯波特分部与陆军第 21 远程维修部队的研发工作，共享信息，为实现远程维修概念提供必要的技术保障及保障工具。

计划部署 3 支陆军地区作战及补给船队　据国际互联网 2004 年 7 月 13 日报道，美陆军 2010 年前将部署 3 支海运船队，每个船队都装载着一支旅级规模的战斗部队以及可较长时间维持这支部队的补给品。这 3 支陆军地区船队将于 2008 年左右服役。每支船队包括 5 艘船，1 艘大型中速滚装船将装载一支旅级规模的部队，包括 1 个装甲营、1 个机械化步兵营及相应的保障部队。第二艘将装载其他的保障部队，包括特种部队。特种部队的任务是打开港口和机场，用其配备的装备将抵达的部队联系起来，使他们做好上前线的准备。第三艘将是一艘浅吃水滚装船，该船装载专业部队，使部队能够执行人道主义救援和减灾行动。第四条船将装载生活物资，可供两个半师 30 天所需。第五艘船装载弹药。

第一支陆军地区船队的基地在太平洋的关岛和塞班岛地区，这支船队已经部分部署，装载部队的 LMSR 船和弹药船已经部署到位。第二支陆军地区船队将部署在印度洋的迪戈加西亚岛附近，第三支船队的驻扎点可能会选在地中海地区。克里斯藤森将军称，这 3 支船队还将具备在海上修理装备的能力。

陆军研发多种新型后勤装备物资　美军陆续研制多种后勤装备和物资，主要有：

⑴新型护目系统　据《外军后勤信息》2004 年第 1 期报道，美军士兵很快将配发一种新的护目系统，新的护目系统增强了视力保护，其所需可互换镜片的数量是现用护目系统的一半，并有可装上处方镜片的镜架，卡在防护眼罩之内，扩大了外部保护。新系统预计从 2005 年开始配发部队。

⑵新迷彩服　据《外军后勤信息》2004 年第 4 期报道，2004 年 6 月 14 日，美国陆军在五角大楼推出了最新设计的迷彩作战服，以统一替换陆军当前的两款迷彩服。这是美国陆军自 1981 年以来首次大规模更换迷彩服。从 2005 年 10 月起，陆军新兵将全部穿着新款迷彩服；从 2007 年 12 月起，陆军全军都将换上新迷彩服。美陆军现有两款迷彩服，一款是棕褐色的，一款是绿棕黑三色的森林迷彩服。新款迷彩上衣和裤子的主色调是浅绿色、棕褐色和灰色，便于士兵在城市、沙漠和森林环境中得到掩护。

⑶新型“人员运输车”　据美国《陆军后勤》2003 年 3~4 月号报道，被称为“人员运输车”的新运

输系统由牵引车和80座位厢式拖车组成，有空调和供暖设备，并具备几种不同的安全性能。这种远非豪华车的厢车是实施基本战斗训练和驻地部队训练的必需品。三辆这样的新式厢车能运送一个整连。2003年，本宁堡接收4辆新厢车，西尔堡和莱昂纳德伍德堡则各接收3辆。2004财年计划再生产10辆。该车的生产厂家是俄州可伦布市的生命线掩蔽所系统公司。在乔治亚州本宁堡、密苏里州莱昂纳德伍德堡、俄克拉荷马州西尔堡的基本战斗训练中，80座位的厢车将用于运送士兵。

(4)新运输管理系统　据美国《陆军后勤》2003年5~6月号报道，军事地面部署与配送司令部已与阿塞图尔公司签订了一项6700万美元的合同，用于研制“陆路运输管理系统”。依据这份为期9年的合同，阿塞图尔公司的莱曼物理实验室将开发一个综合系统，该系统通过运用商业上现成的产品来解决国内和国际配送运输问题，使军事地面部署与配送司令部能够实施一流的供应链业务实践。“陆路运输管理系统”的最初目标是替代军事地面部署与配送司令部的“全球货运管理和集成订票系统”。军事地面部署与配送司令部的最终目标是为用户提供一个配送计划与全球实施的系统。

(5)“首次打击口粮”　据美国《陆军后勤》2003年9~10月号报道，马萨诸塞州纳蒂克陆军士兵系统中心正在开发一种单包的、不需要餐具的高能量口粮，以代替目前士兵携带的3色即食份餐。这种被称为“首次打击口粮”的食品打算供前方部署部队在战斗的最初72小时内食用。每一份“首次打击口粮”能提供2300卡的热量，体积和重量几乎只有即食份餐的一半。因此，在陆军向目标部队转型的过程中，这种口粮符合陆军关于变得更轻、更精干、更有机动性的目标。“首次打击口粮”的样品包括两份耐储存的袋装三明治（正准备增加第三份）、两种口味的美味食物棒、两份高能量和适量葡萄糖饮料粉、奶酪棒、饼干或面包、奶酪涂料、两块牛肉干、一包水果干、一种特制苹果酱、一个拉链袋子和一个杂品包。据透露，“首次打击口粮”计划在2007年供应部队。

（闫晓萍）

海军后勤　**综述**　2004年，美海军为实现后勤转型，在2035年前将采用高新技术改革海军传统后勤保障方式，具体做法是：

采用新技术改革海军传统后勤保障方式。　1、海上后勤保障。在未来的十几年中，海上后勤保障将采用新技术，着力解决以下三个问题：一是研发新的信息技术和包装技术，以提高物资的处理和运输速度。二是采用新技术，提高垂直发射系统的导弹补给速度和数量。三是设计下一代单项干货补给舰。2.“由海向陆”机动作战后勤保障。①依靠信息技术，加强后勤指挥、控制与通信建设。②建立海基保障平台。“由海向陆”机动作战的主要内容是：不首先建立岸滩后勤保障基地，而是在距离岸滩25~50英里的海域发起攻击，夺取内陆50~100英里以内的首批目标。作战中，战斗支援和战斗勤务支援均由海上舰船完成。因此，设计建造具有预置舰、海基支援舰或两栖舰等多种功能的新型支援舰要比兴建浮动式近海保障基地更能满足海上作战的需要。3.越岸后勤保障。越岸后勤保障是美国海军及海军陆战队在两栖登陆作战中由海向岸及由海向战场进行后勤物资转送、分发的一种后勤行动。越岸后勤的实施地点最好距离海岸1~3英里。为克服天气和海况给越岸后勤行动带来的不利影响，未来海军将研发稳定性能极高的水上吊载技术、模块式浮桥技术、在卸载区抑制海浪的海上障碍技术，快速兴建码头技术，用以保证海上物资的平稳卸载和吊运。

采用新技术提高装备系统的战备水平。　装备的战备水平在很大程度上取决于维护保养。目前，美国海军在这方面的人员与资金投入十分庞大，约有47%的海军现役部队（17.3万人）和24%的海军陆战队(3.76万人）从事此项任务。每年花费在飞机和舰船上的维修费用高达150亿美元。因此，采用高新技术，减少装备维护费用，从而最终压缩后勤规模，一直是海军着力要解决的一大难题，也是未来加强后勤建设的一项重要内容。

1、装备采办系统化。现代的装备采办以电脑取代了纸上设计。所有采办信息都储存在武器系统综合数据库中。利用武器系统综合数据库，可完成后勤与训练支援计划的设计与制定。设计之前，武器系统的任务执行及其支援过程均可以模拟方式进行，以测定其可靠性与可维护性。初步设计方案可直接在电脑辅助设计数据库中进行虚拟现实模拟，以检验其部件的可维护性和战损弱点。通过设计数据库，后勤工程师可提前发现设计上的后勤问题，并将问题反馈给设计工程师进行修正。

2、配置管理全程化。武器系统综合数据库的最大优点是，能对武器系统的配置实现全程管理。只有掌握武器系统的全面配置，才能为装备维修打牢基础。因此，武器系统综合数据库是实现对武器系统实行配置管理的前提和基本保证。

3、故障排查与维修数字化。美国海军已实现技术资料的数字化。目前，数字化技术资料的主要制作方法是扫描纸上的技术文档，存储介质主要是光盘。数字化资料的优点是，不仅便于携带，比传统文档资料占用空间小，而且便于内容的及时更新和查阅。未来，美国海军将采用高新技术，将全部技术资料都制作成人机互动式的电子技术手册。使其提供的信息与指导更加逼真、形象、直观，便于技术人员迅速查找所需信息和武器系统的故障排查和维修。与使用图纸手册的传统维修方法相比，这种新的方法排查故障速度快、错误率低、所需零件少，能够更迅速地完成维修任务。

4、设备性能监控自动化。美国海军在设备维护方面的另一努力方向是对设备性能实施监控，它是由设备内嵌传感器完成的，传感器可自动监控设备运行过程中的关键参数，如温度、气压、振动、应力与磨损程度变化等情况。一旦发生故障，则可迅速组织故障排查和抢修。设备性能监控有助于避免不必要的维修，不仅节约资源，而且还可减少由于维修而造成的设备损坏。

5、备件供应及时化。美国海军将加大武器系统备件供应中的科技含量，采用信息技术，着力提升武器系统备件的供应水平。随着数字化信息在全球范围内的及时交流，美国海军所有舰船、舰队、岸上基地、供货商、乃至盟国部队均可共享有关备件供应的所有信息，以调配使用各地的现有物资，根据每艘舰船、每台车辆以及每台设备的具体需要，达到资源的最优配置与利用。

海军陆战队实施后勤改革 据中国《外军后勤信息》2004 年第 2 期报道，近年来，为适应未来作战后勤保障要求，加速建立反应迅速、适应性强、精干高效的后勤保障部队，美海军陆战队按照国防部制订的整体转型计划，积极实施本系统的后勤改革，并采取了一系列相应措施：

缩短用户等待时间，提高后勤保障的快速反应能力。海军陆战队实行用确切时间交付取代当前的按优先顺序交付，以提高后勤保障反应能力。实行按确切时间交付，保证物资装备按所需日期交付给作战部队，准确率应达 95%以上。为实现这一目标，陆战队简化了程序，将优先顺序划分为“加急”（96 小时全球送达）、“优先”（7 天）和“常规”（30 天）三个标准，计划到 2006 年使平均用户等待时间从 2001 年的 17 天缩短为 5 天。

优化对作战部队的保障。为了优化对作战部队的保障，陆战队将采取以下措施：一是组建和完善海军陆战队器材司令部，继续强化由一个单位全面负责装备全寿命周期管理，增强对作战部队的保障能力；二是在《海军陆战队后勤战役计划》的基础上制定《海军陆战队器材司令部战略运作计划》，确立海军陆战队今后 2~5 年内改进装备全寿命周期管理的各项目标；三是简化程序，改进对作战部队的后勤保障；四是将海军陆战队器材司令部计划管理与武器系统管理两个职能单位合二为一，提高装备的整体战备水平；五是制定《承包商后勤保障手册》，规范承包商保障；六是制定装备平均无故障的有效战备指标。

全面落实国防部全资产可视性要求。美海军陆战队将继续利用运输司令部的全球运输网，实现运输过程中的资产可视性。自动识别技术是实现全资产可视性和在运可视性的必要条件，因此特拨专款予以重点发展。2004 财年，美海军陆战队将其全资产可视性在 2001 财年 90%的基础上提高到 100%。

全力满足作战部队对战略资产的需求。为了满足作战部队对战略资产的需求，美海军陆战队将采取这样的措施：一是将佛罗里达州布朗特岛建成海上预置船的永久性维修基地；二是改善基础设施；三是加强西太平洋地区的战略空运力量，解决该地区海军陆战队对战略空运需求长期得不到满足的问题；四是争取东道国的支援，弥补本国空运力量的不足。

在满足作战部队要求的前提下减少后勤开支。美海军陆战队为了在满足作战需求的前提下减少后勤开支并使其装备现代化，采取了这样的措施：一是成立装备全寿命周期管理综合产品小组，对现行装备全寿命周期管理工作进行考察与评估；二是确定装备全寿命周期管理办法，并获取使装备全寿命周期管理计算机化所需的准确数据；三是装备全寿命周期管理办法一旦确定，即推行减少后勤开支的具体步骤。

后勤保障向“海上基地”转型工作启动 “海上基地”，概念是美海军战略设想《从海上到前沿》确认的海军作战理念。它不是一艘船或一个平台，而是一组舰船和各类船只把各种能力组合在一个海区内，构成的合成集群。美海军设想它由（未来）海上预置力量、战斗后勤部队、海军舰队辅助部队舰船、两栖特混部队和航母战斗群组成。美海军认为，任何“超视距”攻击和以战役级海军机动为核心的海上作战，都必须依赖可靠的海基后勤，而“海上基地”是解决海基后勤保障问题的关键。为了推动后勤保障向这一目标发展，美海军加快了海上后勤转型步伐。2004 年 10 月 1 日，美海军供应系统司令部在诺福克正式组建了海军作战后勤支援中心，负责海军全球作战的后勤支援，撤编了海军运输支援中心、海军弹药后勤中心和海军石油办公室。

定制新的干货/弹药船 美国《海上力量》杂志2004年3月报道，“海军海上系统司令部”已与“国家钢铁与造船公司”签订了5.78亿美元的合同，建造第4和第5艘“路易斯与克拉克”级干货/弹药船(T—AKE)。计划2007年以前交付使用，首制船预计在2005年交付给海军军事海运司令部。

这种新的689英尺长的后勤舰船将取代目前正在服役的弹药船和作战补给船。能够运输7000公吨的干货（包括弹药、食品、维修零件和其他补给品）和23500桶船用柴油，以分发给海上的海军部队。它们是海军在20年中定购的第一批补给辅助船。

（张　冬）

俄罗斯军队后勤 **综述** 2004年，俄军后勤系统为适应军事改革的需要，在体制编制调整、联勤保障和发展规划等方面出台了一系列新举措，取得了阶段性成果。

调整总部后勤体制 2004年，俄罗斯总统普京对国防部和总参谋部，以及武装力量后勤部、武装力量装备部进行了大幅度结构改革，其中涉及到后勤方面的有:(1)调整后的国防部,副部长由原来的9个缩减到4个，装备部部长和后勤部部长继续兼任国防部副部长。原来分管财务和基建营房的两名国防部副部长,改称为国防部财经勤务主任和基建营房勤务主任,不再设分管这两项工作的国防部副部长。财经勤务主任管辖财务总局和军事预算总局，基建营房主任领导建筑总局和营房管理总局。(2)一些原由联邦政府掌握的职能机关,如联邦铁道兵总局、联邦特种建设总局等,调整为由国防部领导。(3)武装力量后勤部（即总后勤部）新编制中增加了铁道兵总局，管辖铁道兵部队。目前，武装力量后勤部下设的主要机关为总给养部、总被装部、总汽车道路部、总火箭燃料与油料部、总军交部、总军事卫生部、铁道兵总局等。

制定后勤发展规划 在俄罗斯国防部颁布的《俄联邦武装力量发展的紧迫任务》文件中，俄军提出了未来25年后勤发展的具体规划。（1）实现后勤和技术保障一体化。俄将国防部和内卫部、边防总局、铁道兵总局、安全总局等强力部门所属部队实现后勤和技术保障一体化，确定为21世纪前25年国防建设的最重要工作。一体化保障体制，即强力机关的跨部门（联合）后勤和技术保障体制，就是按区域原则，将一定区域内的仓储、交通、卫生、修理力量和基础设施加以整合，由统一机关进行指挥，对区域内的国防部各军兵种部队、其他强力部门部队，以及通过该区域的所有部队，实行联勤保障。到2006年俄各强力部门所属部队将完全转入一体化保障体制。

在技术保障方面，俄国防部系统正在为实现这种一体化体制进行准备，逐步加大武器装备集中采购力度，武器装备总采购单位已由57个裁减到2004年的20个。为了进一步加强武器装备集中统购，俄军确定将来每个军种和兵种只保留一个采购机构。强力部门将制定统一的技术保障规范，统一筹划强力部门武器装备和其他物资器材的采购、供应、使用和修理，统一组织实施平时、危机局势下和战时强力部门的技术保障。要求到2005年年底前，在保证降低消耗、提高效率的前提下，实现强力部门武器装备和其他技术器材的大修按区域原则组织实施，并重新建立强力部门武器装备和技术器材储备的梯次配置体系。

在后勤保障方面，俄军按照既定规划加速推进一体化联勤保障建设进程，制定统一的后勤发展战略、物资器材供应政策、后勤法规制度、保障力量使用原则。

（2）提高后勤装备现代化水平。在俄军现役装备（包括后勤装备）中，现代化装备所占比例仅为20%~30%，而美国等西方发达国家军队为70%以上。针对此种情况，俄军颁布了新的军事技术政策，划定了一个为期10~25年的武器装备发展时间段。在这段时间内，一方面通过技术改造，确保武器装备现有现代化水平不下降。另一方面，通过充分发挥俄军高科技潜力，加大技术储备的开发力度，研制并列装信息化武器装备。

加强战略投送力量建设 俄军的战略空运主要由军事运输航空兵负责，目前装备有远程、中程、近程各种大型运输机共计1500余架，运输直升机4600多架。俄罗斯空军总司令米哈伊洛夫指出，战略机动能力主要靠战略投送能力作保证，未来战争对快速高效投送能力的要求越来越高，因此俄军将大力提高战略投送能力，加强军事运输航空兵部队训练和装备建设，不断提高战略机动能力。近年内，俄军在军事运输航空兵装备建设方面将要采取的措施主要有以下几点。(1)列(改)装新型战略运输机。准备以更先进的图—330、安—70和伊尔—106运输机，代替现役安—12、安—22、伊尔—76和安—124飞机；装备伊尔-76MΦ大型运输机，以提高战略投送能力。（2）建立完善的战略运输机保障系统。俄军在巩固现有战略运输能力的同时，积极建立和完善高效的飞机技术维修和保障系统；建立合理的零部件、发动机和燃料储备；完善

地面和空中指挥系统；完善机场设施、设备，按战区方向和地域特征设置与建设机场，并且在各个战区建设 3~4 个基地化机场，完善机场配套设施。（3）改进空运配套装备。为了快速高效地运送弹药、军用物资和武器装备，近年来俄军为各种军用运输机配备了先进的机载装卸设备，以及各种型号的航空集装箱、托盘。所配备的机载空投设备，可以在距地面十几米的超低空安全地空投大型装备和物资，其伞降平台、喷射式伞降系统、同步空投综合体和伞投箱等，可超低空伞降作战人员。

资料来源：

①俄《军队文集》2004 年第 4~10 期；

②俄《独立军事评论》周报 2004 年；

③俄《红星报》2004 年 1~12 月。

增加 2005 年国防预算　据新华社 2004 年 12 月 8 日报道，俄罗斯国家杜马 2004 年 11 月 8 日正式通过 2005 年联邦政府财政预算，其中国防预算总额为 5310 亿卢布（约合 180 亿美元），比 2004 年增加了 27.6%。俄国防预算近年来一直保持持续增长的势头，2003 年约为 110 亿美元，2004 年为 137 亿美元。从军费支出结构上看，2005 年俄军将主要经费投向各种硬件设施建设，尤其是具有战略意义的武器装备的发展与更新换代上。据俄国防部长伊万诺夫透露，2005 年的军费中将有 45 亿美元用于军备采购，23 亿美元用于军事技术研究和发展。

调整战术后勤体制编制　据俄新社 2004 年 4 月报道，俄罗斯国防部长伊万诺夫在一次高级军官会议上指出，随着军事改革特别是战略和战役环节改革的结束，今后将着力加强战术环节的改革，按照新的战斗序列重新编制师、旅、团、营及其后勤，尤其要加强后勤的机动力量和通信与指挥力量。俄军准备对从军区、集团军到师、团、营的运输、卫生和修理部（分）队的现有“松散”结构重新进行调整，其中首先要改组战术层次后勤部（分）队的体制结构，将组建类似于美军师级部队前方保障营和主保障营的多功能保障实体。俄军现在的摩步师一般辖有 3 个摩步团、1 个坦克团、1 个炮团等。保障类机构分为四大块：后勤、修理、营房和财务，这四类机构为平行关系，互不隶属，由分别的主管人员负责。师后勤机关编设后勤副师长兼师后勤部部长 1 名，编有军官 9 人，其他为文职人员。师后勤直属分队包括：1 个独立物资保障营（490 人，运力 2200 吨）、1 个独立卫生营（160 人）和 1 个卫生检疫所（9 人）。共计 659 人。师装备保障机关编设装备副师长兼师装备部部长 1 名、3 个勤务部门，共编有军官 5 人。俄军师一级一般不设营房勤务部门，只有 2 名文职人员，由其与师所在驻区的营房部门共同管理师机关及各团营房设施。

扩大文职后勤人员任职范围　据俄罗斯《红星报》报 2004 年 7 月 17 日报道，截至 2004 年，俄军有 80 万文职人员，其中大部分从事后勤保障类活动。根据 2004 年 1 月 28 日俄罗斯总统普京颁布的命令，军队后勤部门将大量使用地方文职人员，并将文职人员担任的军队专业岗位扩大到 178 个，主要包括餐饮、财务会计、电子计算、教员等军地通用专业。但与军队作战、训练、军事行动等有关职务，不能用文职人员。

筹建远程电视医疗系统　据俄罗斯《军事医学杂志》2004 年第 4 期报道，俄军卫勤系统在信息化建设领域推出重大举措，开始筹建远程电视医疗系统。目前，俄军偏远驻军的医疗卫生状况令人堪忧，每年全军有几百名士兵因无法得到及时、准确的救治而使伤病情恶化甚至死去。俄军卫生部门决定筹建俄军的远程电视医疗系统。

所谓远程电视医疗救护系统，就是指运用电视、计算机和互联网等现代通讯技术，进行远距离的医疗咨询、救治和医疗信息交流。其关键是开发远程医疗系统软件和相应信息技术，合理设置医疗咨询站，筹建一流的医疗专家库及医疗信息库。目前，俄三军部队已经配备了先进的计算机和较先进的通讯系统，有大量信息技术方面的专家，他们有能力使总部、军区（舰队）医疗中心专家的诊断和咨询意见，尽量快速传输到需要这种信息的远距离伤病员那里。

俄军卫生部提出了下一步完善远程电视医疗系统的八条基本举措。一是重新制定符合现代要求的卫勤保障基本原则，使医疗服务的范围、质量、操作规程实现标准化。二是对边远地区医疗系统的医务人员进行相应技术培训；三是确保通讯渠道进行医疗信息的储存、搜索和交换；四是保证医疗设备与资料传输系统实现顺利联通；五是建立医疗信息防护体系；六是制定统一的医疗信息存储、传输和可视化格式；七是对该系统的建立从经费上提供充分保障；八是在筹建主要用于平时的远程电视医疗系统时，要考虑到它的战时运用问题。

实行新的住房保障制度　据俄罗斯《军队文集》杂志 2004 年第 8 期报道，俄军即将实行新住房保障制度。目前，俄军没有住房的军人达 13.6 万人，需要改善住房条件的军人家庭有 16.4 万个。俄军为解决军人住房采取两种办法：一是现役军人住公寓房。根据俄联邦《军人地位法》的规定，现役军人主要住营区公寓房。军人及其家属在到达新服役地点后的 3 个月内，必须按标准向其提供住房；如需向地方租房，房租由军队支付。军人住公房的一切费用只交 50%。无固定住房、需改善住房条件、加入建房合作社或自己建房的军人，可得到国防部的无偿援助：服役 10~25 年的可得到建房费的 75%，25 年以上的可得到 100%。二是退役军人由国家保障住房。为了使退役军人尽快得到私有住房，俄军实行“国家购房证计划”。按照该计划，国家向退役军人发放国家购房证，凭此证可得到一笔由国家提供的无偿住房补助金。补助金标准为：规定的住房面积×每平方米住房面积的市场价格×0.8。持证人找到适合购买的房子后，同售房单位签订合同。将合同及有关文件交银行后，由银行与地方行政当局进行各种业务交涉并拨出购房款，一切手续完备，新房即归个人所有。

在市场经济条件下，现行的军人住房保障制度失去了激励军人服役的作用，已成为军人退役的主要因素之一。为此，俄联邦政府批准实行抵押积累这一新的军人住房保障制度。新制度从 2005 年 1 月 1 日起实行。

军人住房保障抵押积累制度的实质，是改变军人住房的实物保障形式，转而实行货币化保障。实行抵押积累制度后，在军人个人账户中积累的资金可保证购买到归个人所有的住房。军人服役 10~20 年后因各种正当原因退役时，可得到积累的资金。此外，军人可以得到一笔补助金，新制度实行后开始积累这笔补助金，直到服役满 20 年。在整个服役期间，预算资金都存入军人的个人账户。实行抵押积累制度 3 年后，军人有权得到抵押贷款加上已积累的资金购买住房。这以后，抵押贷款由国家偿还。

建立军人住房保障抵押积累制度的要点是：每年向军人个人账户划拨国家资金；通过每年将预算拨款记入军人记名账户的办法积累货币资金；每年记入个人账户的货币资金数额根据物价上涨指数确定；实行新制度 3 年后，军人可以根据个人愿望使用记名储蓄账户中的资金以及抵押贷款购买归个人所有的住房；买房后，资金的积累过程仍继续，以使军人今后能不断改善住房条件。

抵押积累制度可使军人做出在服役期间是进行积累储蓄还是用抵押贷款买房的选择。积累储蓄是必须的，而抵押贷款是自愿的。抵押的最大好处是军人可以在任何时候购买归个人所有的住房，而不必等到服役期满，并可以根据个人愿望和能力选择居住地和购房面积。此外，抵押还可以消除所积累资金在整个服役期间贬值的风险。利用抵押不仅可以保值，而且可以防止积累的增长低于房价的增长。

（王凤才）

日本自卫队后勤　综述　2004 年，日本自卫队后勤工作重点放在完成对美国的反恐作战进行后勤支援、对伊拉克重建的后勤支援以及抗震救灾等任务上。在对美国的反恐作战进行后勤支援方面，日本继续派遣海上自卫队在印度洋和阿拉伯海域对实施反恐作战的各国舰船进行以油料补给为主的后勤支援。在支援伊拉克重建方面，日本自卫队派遣了包括陆海空三自卫队在内的以后勤为主的部队，其中陆上自卫队的派遣达到 500 多人，是有史以来最大规模的海外派遣。日本自卫队在新泻县中越市地区的抗震救灾活动中，在长达两个多月的救灾期间，共计派遣陆海空自卫队部队 12 万余人次，同时出动了大批飞机和车辆。日本自卫队利用上述活动加强了对部队生活和训练的后勤保障，并有计划地对后勤部队的快速反应能力、海外投送能力、后勤组织指挥能力等进行实际演练。

2004 年度防卫费　据日本 2003 年度《自卫队装备年鉴》报道，日本 2004 年度防卫预算额为 48764 亿日元，占日本国内生产总值的 0.974%，占政府年度财政支出的 5.9%，比上年减少 1.0%。2004 年度日本防卫费分配情况如下：陆上自卫队为 18163.98 亿日元，约占防卫费总额的 37%；海上自卫队为 11058.05 亿日元，约占防卫费总额的 22.68%；航空自卫队为 11119.78 亿日元，约占防卫费总额的 22.81%；三自卫队合计为 40341.81 亿日元，约占防卫费总额的 82.73%。其他各单位的预算合计 8421.43 亿日元，约占防卫费总额的 17.27%。日本的防卫费按用途通常区分为两大项，即人事与给养费和物件费，2004 年度的防卫预算额中，人事与给养费为 21654 亿日元，占防卫费总额的 44.4%；物件费为 27110 亿日元，约占防卫费总额的 55%。

防卫厅为反恐行动增加经费　据日本《朝云》周报 2004 年 5 月 13 日报道，由于根据《反恐对策特别措施法》制定的基本计划有所变更，由自卫队实施的反恐特别行动时间延长半年。4 月 27 日，日本防卫厅决定从防卫预算的预备费中为时间延长的反恐特别行动拨付所需经费 51 亿日元。此笔经费为 5 月 2 日至 11 月 1 日所需经费，包括海上自卫队 1 艘补给舰、2 艘护卫舰在内的活动经费约 49 亿日元（内含无偿提供给美军等其他国家军队的舰船用油料费约 11 亿日元）和 1 架航空自卫队 C-1 飞机开展运输活动所需的经费约 1 亿日元。

调整军人津贴制度　据日本《朝云》周报 2004 年 3 月 25 日报道，2004 年，日本防卫厅对军人的部分津贴进行了调整。一是为船舶检查等津贴增加了“危险追加”。其具体规定是：海上自卫队的特别警备队员在实施内部检查中当从事的作业特别危险时，作为“危险追加”在原来的 7700 日元的基础上再增加 50%。二是扩大夜间特殊业务津贴的发放范围。其具体规定是：在新编的陆上自卫队系统防护队从事系统防护所需的监视业务、在情报本部的内阁卫星信息中心联络室从事与该中心的联络协调业务的人员，每深夜执勤一次发给 1100 日元。三是延长小笠原津贴的使用期限。其具体规定是：将在小笠原诸岛（父岛、硫磺岛、南鸟岛）所在官署执勤发给的小笠原津贴的使用期限（截至 2004 年 3 月 31 日）延长 5 年。

改善部队工作环境和生活设施　据日本《朝云》周报 2004 年 3 月 25 日报道，2004 年，日本防卫厅改善自卫队工作环境和生活设施的经费共计 839 亿日元，主要用于维修工厂、警卫所等工作环境设施与公务员宿舍及体育馆等生活设施。其具体项目和经费是：

1.工作环境改善费 295 亿日元，比上年减少 11.1%。包括维修工厂 44 个，警卫所 14 个，消防所 11 个。

2.官兵宿舍等的建设费 119 亿日元，比上年减少 0.2%。包括宿舍 10 处，食堂 7 处，浴场 5 处，锅炉房 12 处。

3.体育馆等 90 亿日元，比上年增加 6.2%。包括体育馆 2 座、游泳池 1 座、福利中心 2 座。

4. 公务员宿舍 3335 亿日元，比上年减少 2.3%。共计安排 716 户。

5.营舍改善费安排 577 亿日元，比上年减少 5.2%。主要项目包括：（1）生活勤务环境改善措施。包括增加官兵宿舍用品和供餐用具的维修等；（2）减轻杂务措施。包括将餐具清洗等作业承包给地方公司；（3）舰艇福利用品的备品维修，将上甲板的除锈和涂漆作业承包给地方公司。

向伊拉克派遣以后勤为主的自卫队部队　据日本 2003 年 12 月 15 日《队友》报道，日本内阁根据《伊拉克重建支援特别措施法》，通过了向伊拉克派遣自卫队部队的基本计划。计划规定，为伊拉克派遣自卫队部队的任务是包括人道复兴支援活动和安全确保支援活动。派遣的部队有：（1）陆上自卫队派遣人员在 600 人以内，车辆 200 辆以内，在伊拉克东南部实施医疗、供水、学校等公共设施的复旧和维修等。为保障部队安全，派遣部队携带以下装备：110 毫米单兵便携式反坦克弹、84 毫米无后座力炮、轻型装甲机动车、96 式轮式装甲车。（2）航空自卫队派出 C-130 运输机 8 架，在科威特和伊拉克国内实施与人道复兴有关的物资等运输。（3）海上自卫队派遣运输舰和护卫舰各 2 艘，在包括波斯湾在内的印度洋上实施陆上自卫队部队的运输和补给。日本自卫队部队的派遣时间是一年，即 2003 年 12 月 15 日至 2004 年 12 月 14 日，必要时延长。安全确保支援活动的内容是提供联军活动所需的医疗、运输、保管、通信、建设、修理、整备、补给、消毒等支援。

后勤部队参加灾害救援活动　据日本《朝云》周报 2004 年 10 月 28 日报道，10 月 23 日，在日本新泻县中越市发生了 6.8 级地震，日本自卫队后勤部队积极参与了抗震救灾活动。地震造成 27 人死亡，约 1300 人负伤，约有 3500 户居民的房屋损坏。地震发生后，日本防卫厅立即成立了灾害对策室，同时将陆海空部队、飞机等紧急派往灾区，对受灾人员进行救助和直升机后送，同时搜索失踪者和向灾民供水。由于地震，灾区约有 10 万余人被安置到公共设施避难。防卫厅从 10 月 26 日开始，在新泻体育场展开了来自陆上自卫队 3 个军区的 191 辆炊事车，平均每天可向灾民供应 19 万餐份的饮食供应。此外救灾部队还向受灾地域运去了大量的野战帐篷和野外沐浴设施，每天接待约 7100 人沐浴。10 月 20 号，20 号台风于日本高知县登陆，横扫九州地区，造成严重灾害。为支援灾区抗灾，日本陆海空三自卫队向香川、兵库、京都等受灾严重地区紧急派遣了约 3390 人、车辆约 730 辆、船艇 60 艘、水上拖车 130 辆、飞机 4 架。救灾部队在 6 个府县开展了救灾活动。截止 12 月 21 日，救灾行动结束，救灾部队约出动 12.77 万人次，车辆约 4.68 万台次，飞机约 1790 架次。救灾部队共计供应饮食 115.6 万餐份，供水 1030 吨，沐浴支援 16.7 万人次，架设帐篷 1200 顶，清理坍塌房屋 40 栋。

陆上自卫队向伊拉克派遣重建支援队　据日本《军事研究》杂志 2004 年第 5 期报道，根据《伊拉克重建支援特别措施法》，日本陆上自卫队向伊拉克派遣了一支 550 人的部队（定期轮换），称作伊拉克重建支援队。其任务是在伊拉克东南部实施医疗、供水、学校等公共设施的复旧和维修等。

伊拉克重建支援队分 5 波次进驻伊拉克，从 2004 年 1 月 16 日到 3 月 21 日，除人员外，运往伊拉克的后勤物资包括重建支援用的器材、用于保障安全的武器弹药、被装和给养及宿营装备等，共计 6500 个品种，64 万件，总重 8155 吨。用于装运上述物资的 22

英尺集装箱（长 6.1 米）共计 1100 个。车辆约 200 余台。

支援伊拉克重建部队的后勤保障 据日本《军事研究》杂志 2004 年第 5 期报道，日本自卫队重建支援队进驻伊拉克后，对其后勤保障进行了周密的安排。（1）宿营。支援队对宿营地的要求是，外侧要确保有一定的强度，同时其内侧又必须便于作业和居住。最终确定的方案是，在宿营地外周挖掘两道壕沟，并沿壕沟构筑两道高 2 米的土墙，形成外栅和内栅。此外还敷设了铁丝网和安装了监视装置。宿营地入口处设置了多重障碍物及询问所。净水作业在内侧区域实施，净化过的水注入位于内栅和外栅之间的水罐车中。另外还开设了可供数十台车辆停放的来客停车场。2004 年 2 月下旬，300 米见方的临时宿营地建成，但后续工程一直持续不断。最终建成了 20 间高密度预置房屋用于办公，用于居住的帐篷还安装了空调。一座可供 4 年派遣使用的据点终于建成。（2）供水。给水队的净水装置的过滤器和水泵搭载于 73 式大型卡车上。该装置具有每小时把 3.5 吨河水净化为净水的能力。用于储水的 5 吨软体水罐带去了 2 个。为了适应当地盐分浓度极高的条件，对水罐进行了若干改进。（3）沐浴。补给队装备有一座 2 型野外入浴装置——搭载于拖车上的锅炉、水泵组装于平台上的大型浴槽。该装置 45 分钟即可把水烧热，一次可供 30 人入浴。（4）饮食。给养能够在以科威特为中心的现地采购到。但是，为吃到日本餐，免洗米、挂面、豆酱、酱油等食品材料和嗜好品等则全部从日本带去。移动式野外炊具 1 型，45 分钟即可同时烹调好 200 人份的主食和副食。（5）油料。主要从科威特采购。（6）被装。在被服保障方面，除防尘护目镜外，由于当地气温最高可达摄氏 50 度，因而临时采购了防暑用的裤子、袜子、手套、长筒靴、填装有制冷材料的冷却背心等。（7）卫生救护和应激反应对策。支援队卫生队的构成十分特殊。全队 43 人中，军医多达 10 人。除产科外，其他各科几乎占全。即使是实施现地医疗指导，这种每 4 个人就有 1 名军医的医疗队也是没有先例的。宿营地的诊疗所使用了医疗方舱。最重要的野外手术系统由手术车、手术准备车、灭菌车、卫生补给车等一组 4 台车辆组成，此外还配有 2 台发电机、一台给水拖车及冷暖房等。另外还配有野战救护车。在派遣人员及其留守家属的应激反应对策方面，日本自卫队向全体派遣人员配发了翻译成日文的加拿大维和部队的应激反应对策手册。

海上自卫队实施海上油料补给支援 据日本《朝云》周报 2004 年 10 月 14 日报道，“9·11”事件发生后，日本于当年 11 月 1 日制定《反恐对策特别措施法》。根据该法律，迄今日本海上自卫队累计派遣护卫舰和补给舰共 30 艘前往印度洋和阿拉伯海域，对进行反恐作战的英、美等国军队的舰船实施海上油料补给。此外，日本航空自卫队的运输机部队也承担了驻日美军基地间的空运支援任务。

根据反恐特别措施法，日本海上自卫队对美军反恐作战的支援活动开始于 2001 年 11 月 9 日，迄今为止已经派遣了 14 次。首次派遣的是 2 艘护卫舰和 1 艘补给舰，从 2002 年 11 月第 8 次开始，其中一艘护卫舰改由“宙斯盾”级担任，以加强对海上油料补给活动的警戒态势。

日本补给舰海上油料补给的对象是在阿拉伯海周边海域执行封锁任务以防塔利班残余分子和其他恐怖组织脱逃的各国舰船。开始时仅为英、美舰船，目前增加到 11 个国家的舰船，有法国、加拿大、意大利、新西兰、巴基斯坦、西班牙、希腊、德国、澳大利亚等国。

此外，根据反恐特别措施法，日本航空自卫队还对美军实施了空运支援。迄止 2004 年 10 月 7 日，在日本国内实施的空运共计 236 次，在国外实施的空运共计 15 次。在国内主要使用了 C-130H 与 C-1 运输机。

航空自卫队进行空中加油训练 据日本《朝云》周报 2004 年 5 月 13 日报道，日本航空自卫队 5 月 11~21 日，在茨城县的百里基地和百里东方空域、石川县的小松冲空域，在美军的支援下进行了由 F—15 战斗机等进行的空中加油训练。此次空中加油训练是继去年 4 月份后的第 2 次。训练第一天，日本第 7 航空团和第 6 航空团的 10 架 F—15 战斗机参加了训练。在高度约 8000 米的高空，4 机编队的 F—15 战斗机以时速约 500 公里速度与美军的 KC—135 同步飞行并接受加油。训练中，航空自卫队的一架早期预警管制机在周边空域实施监视，同时演练了空中加油的管制要领。此次训练约进行了 40 次，其中有一半由美军教官与日本飞行员同机进行指导。

（王通信）

韩国军队后勤 **综述** 2004 年，韩国在综合国力快速增长的前提下，制订了面向 21 世纪的国防发展目标，即不断加大国防投入，加快军事改革的步伐，后勤也开始进行全方位改革，以建设 21 世纪需要的后勤系统。

制定后勤发展规划。韩军认为，21 世纪的军队结构是以尖端武器为主的技术密集型结构。其后勤保障环境要求实现后勤保障系统的单一化、综合化、机动化、自动化和信息化，后勤应以最少的费用建设和维持一支以符合实际需要为目标的军事力量，并具备及时、迅速、灵活的特点，能够适时、适地提供战时所需装备、物资和后方勤务保障。在中长期后勤发展规划中，韩军将重点确定为后勤管理改革，以确立适合未来战争样式的后勤保障体制等。为确保上述目标的实现，韩军在整个后勤领域中选定了包括科学确定需求、建立各种武器系统的后勤管理体制、通过提高后勤保障速度，节省费用和人力及加强近距离保障能力等31个课题，并分别制定出相关政策。

加强后勤统管力度。为实现军队后勤保障的高效率与实效性，韩国军队对国防部、合同参谋本部及陆、海、空军本部等职能部门进行了机构改革和职能调整。一是加强了国防部的军政职能，将国防部的防卫产业室与合同参谋本部的试验评估机构合并，成立了获得室，一改过去三军各自为政的局面，实行三军部队联勤保障。改革后，除海、空军专用装备、物资的保障自行负责外，三军通用装备和物资的采购、供应以及通用勤务的保障统由陆军负责。二是将国防部有关军需物资筹措、产品质量检测的直属部队与担负相关职能的后勤机关合并。三是建立直属国防部的国军运输司令部。负责统一管理三军运输资产，履行公路、铁路、海上、空中等联合运输职能。战时，国军运输司令部将接管全国运输力量，实施统一计划、调度和指挥，以支援韩美联合作战和三军合成作战。四是在韩国首都新建的国防部直接管理的首都医院，是担负陆、海、空军医院后送任务的军队总医院。

推进后勤信息化建设。为迎接信息化时代的到来，韩军制订了“信息化军队2010计划”，把实现军队信息化列为未来国防政策的核心内容。韩军计划：一是建立“综合后勤系统”，使陆、海、空三军在通用物资方面能相互进行综合性后勤保障；二是在全军建立采用尖端的信息通信技术的“后勤保障系统”；三是建立国防后勤资源的“综合管理系统”，以同时提高战时保障效率和经济效益。

为了建立国防后勤保障系统，韩军采取以下措施进行开发。一是根据后勤业务的多样化及职能的独立性，分别开发伙食、油料、维持物资、弹药、装备、维修、医疗物资、运输、设施等9种职能的后勤信息系统。二是为了在各军种、各部队实现上述9个职能的后勤信息系统标准化，分别开发出后勤指挥信息系统、后勤保障信息系统和物资运营信息系统等3个不同层次与类型的后勤信息系统。三是国防部将上述9种职能的后勤信息系统划分为目录管理、需求标准管理、计划区与预算管理等13个具体业务职能部门，并在全军范围内实行标准化。

改革后勤采办制度。韩国军队为提高国防建设的透明度、公正性和高效性，对各种相关制度进行了果断改革。一是整顿职能过度分散的采购与研发机构，成立了职能高度统一的采购室，实现了对防卫力量改善业务的统一综合管理。二是将武器系统和非武器系统的采购业务合并，建立统一的责任制管理体制，加强采购部门的分析与评价职能，在主要项目的决策过程中引入费用分析和审查评价制度。

改革军需筹措制度。为提高军需筹措工作，韩军废除了军工企业登记制度和企业情况调查制度，将军供物资安全的检测企业和检测品目由1235个减少到361个，使更多的企业可在自由竞争的原则下参与军用物资的生产。

调整后勤官兵知识结构。为不断更新和完善后勤军官的知识结构，韩军注重依据国际战略形势、国家安全战略、军事战略、军事技术、军队后勤建设重点、未来后勤保障样式的变化，适时调整后勤军官教育培训的内容，特别是突出与未来战争密切相关的内容，使后勤军官具备较高的后勤保障理论水平以及谋划部队联合后勤保障的能力。与此同时，韩军还通过增加出国留学的后勤军官数量，加大依托国内地方高等院校培养后勤军官的委托教育力度，利用电视、网络等信息资源开展网络化教育，完善函授教育和继续教育制度等措施，不断提高后勤军官素质。

大幅提高士兵死亡抚恤金 韩国防部日前对“军人薪金条例”进行了修改。韩军官兵的抚恤金将大幅提高。

新的薪金条例规定，韩国士兵阵亡，其家属将得到战死赔偿金、海外勤务津贴及功勋奖励费等3.4亿韩元（1美元约合1190韩元）的补助，是原来的36倍(原来为89万韩元)。韩国防部另外还规定，官兵在海外战死时，其家属不分军衔和等级一次性获得战死补偿金1.7亿韩元，另加本人勤务津贴（工资的36倍)。驻外勤务津贴中，士兵为5200万韩元，士官及军官更多。这样算来，一名韩国士兵若在伊拉克死亡，其家属将一次性得到2.2亿韩元的补助。除此之外，政府还每月向死者家属支付64万韩元的抚恤金，如果把各种补助加起来，一名海外遇难的士兵的家属将得到共约3.4亿韩元的死亡补助，相当于此前一个大将级的将领死亡所得到的补助。

增加国防预算 据中国《外国军事学术》杂志2004年第8期及综合媒体消息报道，2005年度韩国国防预算总额为21.47万亿韩元（约合185亿美元），比2004年度增加13.4%。将占到韩国国内生产总值的2.9%。在2004财年，韩国的军费开支为约合18.9万亿韩元（约合157亿美元），约占国内总产值的2.8%。

韩国防部官员称，韩国这次大幅增加军费预算的原因是为了建设“自主国防”，弥补因裁减驻韩美军产生的朝鲜半岛安全空白。韩国国防部表示，2005年度预算将加强装备采购，建立反导弹防御体系和机载侦察系统，在确保收集情报的军用卫星通讯设备和导弹防御能力的同时，还将首次引进新一代SAM-X防空导弹。在179亿美元的预算中，战斗力提升费用和日常开支费用分别达到60.6亿美元和117亿美元，比2004年分别增加了16.0%和12.1%。预算中也包括了改善士兵福利待遇和加强训练场地建设的费用。

空军计划采购运输机及空中加油机 据英国《简氏防务周刊》2003年10月22日报道，在未来几年中，韩国计划选购新型运输机，而洛克希德-马丁公司的C-130J是最强有力的候选机型，计划采购20架。韩国空军现在服役的12架C-130H运输机是1987年开始交付使用的。

赴伊部队每人月津贴160万韩元 据韩国《朝鲜日报》2004年1月报道，韩国国防部1月29日表示，如果国会下月通过政府的派兵动议案，韩国将立刻编制派兵部队，在进行5~7周的教育和训练之后，于3月底派遣先头部队，并在4月底派遣主力部队赴伊拉克。

据报道，这支被命名为宰桐部队的赴伊部队，将包括已被派到伊拉克的徐熙、济马部队在内，共达3700人，在师团司令部之下有直属部队、工兵部队（徐熙）、医疗部队（济马）和民事部队。韩国国防部表示，派兵部队的装备预计在3月初装船，包括0.4吨新型防弹吉普车和沙漠战斗服等583种军备。韩国军方计划，向每位士兵支付每月160万韩元（约合人民币10622元）的海外派兵津贴，

（张　冬）

越南军队后勤 2004年，越南根据新的五年建军计划（2001~2005年），继续致力于建设一支“革命化、正规化、精锐化和逐步现代化的军队”。其在后勤建设上也采取了一系列的改革措施。

调整后勤体制编制 越军的后勤工作由国防部下属的后勤总局统管，该局辖司令部、后勤局、运输局、生产局等职能部门，下属有较大的保障实体。为了“做好战备，保卫国家领土，完成新时期各项保障工作”，越军决定对现有后勤体制编制进行适当改革，加强后勤保障力量建设，建立更加稳固的保障体系。越军决定在现有组织体系基础上，重新整顿和部署后勤力量，调整战略、战役和战术三级后勤比例，并使军队后勤体制与国家后方组织体制相适应，完善省、县、乡三级的后方组织管理体制。

建设国防经济区 越南政府坚持国防与经济紧密结合的方针，强调巩固国防和发展经济是越南的两大战略任务，在优先发展经济建设的同时，逐步加大对国防建设的投资比重。为此，越南国防部号召全军积极参加劳动生产和经济建设，在各个战略区参与发展经济。国防部成立了国防经济局，组建了3个建设兵团，各军区相继改（组）建了经济师。除首都军区外，其他军区至少建立了一个国防经济区，军队帮助地方政府发展经济，参加抢险救灾和消饥减贫活动。目前，越军共计建立了12个国防经济区。

外购后勤装备 越军现在的武器装备基本上是外制品，本国仅能生产少量步兵轻武器及零配件。现役装备大都是20世纪50年代产品，70~80年代的武器占极少数，大多数落后装备由于缺乏维修，加之零配件匮乏，都已经封存、报废和退役。鉴于科索沃战争的经验教训和越军本身暴露出来的问题，20世纪90年代以后，越南开始加大军费投入（近年来的军费大体维持在10亿美元左右，90年代初为4亿美元），开始从俄罗斯、乌克兰等国进口一些先进的战斗机、雷达，以及用于战略和战役级运输、补给的保障装备。

提高官兵生活质量 在坚持“过紧日子”的前提下，逐步使全军官兵生活水平上一个新的台阶，是新时期越军后勤发展规划的一个主要内容。越国防部将进一步改进各军种的军服质量；加强部队营房系统建设，改善部队用水、用电状况；逐步加强医疗设备建设，提高医疗保障水平，并尽快将步兵的日饮食热量标准提高到3200千卡。

（张　冬）

印度军队后勤 **综述** 近年来，为顺应世界新军事变革，印军不断调整体制编制，更新武器装备，军事实力和作战能力大幅提高。与此同时，为建立与作战系统相适应的保障系统，印度在联勤和后勤装备方面也采取了一些改革措施。

加大军费投入 印度自独立以来一直追求“称霸南亚，控制印度洋，争当世界政治、经济和军事大国”的国家战略目标，同时还将建设一支强大的军队作为实现其大国目标的重要支撑，提出“装备精良、训练

有素”的质量建军要求。在国家战略目标的指导下，印度不断加大军事投人，近年来军费开支占国民生产总值的比重基本上都高于 3%。据统计，1995~2000 年，印度的军费开支连续 5 年以平均 21.7%的速度剧增，增长幅度在世界各国中名列前茅，增长的经费主要是用于研发和购置新型武器装备。2000~2001 财年，印度的国防开支增加了 28.2%，达到了 5858.7 亿卢比(约合 139.4 亿美元)，这笔开支主要用来更换现有的老式武器系统和建立一支可靠的核威慑力量。2004~2005 财年，印度国防开支升至 7700 亿卢比。

大力发展后勤装备　印度的国防科技水平比较落后，武器装备严重依赖进口，后勤装备也不例外。近十年来，印军在大量引进西方和俄罗斯武器装备的同时，注重自行研制和生产，逐步实现自给自足。并通过对现有装备进行技术改造，延长其使用寿命，不断提升后勤装备的现代化水平。

目前，印度陆海空三军的后勤装备都有了较大改善。空军为了达到“一次空运行动能将 4 个步兵旅投送到 1000 公里范围内的出事地点”的要求，通过列装国产“道尼尔”轻型运输机和直升机，采购俄制安—32、安-124 和伊尔-76 等大中型运输机，建立了一支较为强大的空中运输力量。印空军各种直升机均装有先进的电子观察、导航、驾驶和通信联络装置，大大加强了对高原、沙漠地区作战部队的后勤补给能力。陆军通过外购和仿制，使后勤装备逐步向机械化、装甲化方向发展。同时通过对现役车辆的动力装置和传动系统进行技术改造，提高装备的机动能力。印度海军对舰船进行了不同程度的现代化改造，从 20 世纪 80 年代起，印度海军从西方发达国家进口航母等大型舰船 40 多艘，为了保障水面大型舰船的远洋活动，又装备了一批后勤补给船，其中有油料补给船、运输船、医院船、鱼雷回收船、拖船和多功能支援船等。

优化军工企业管理体制　目前，印度军事工业以国有企业为主体，它们承担了印度国产武器装备的主要研制任务，是推动印度国防工业进步的骨干力量。其中，9 家大型国有军工企业承担了约一半的军品生产任务，主要制造航空航天设备、电子设备和舰艇，39 个兵工厂重点生产军用车辆、火炮、轻武器和弹药，50 家科研机构负责新型武器装备的研制与开发。私营军工企业仅承担本国军品生产任务的 6%~7%。近几年来，根据国际形势的变化，同时也为了给“军事工业独立自主”计划的实施积极创造条件，印度政府一方面改变了军工企业一切由政府补贴的做法，鼓励军工企业自主经营，提高经济效益；另一方面印度政府还鼓励私营企业参与军工生产，允许私营企业在公平基础上同国有军工企业竞争军品合同。为了不断推进国家垄断的军事工业的民营化进程，负责协调国防与民营企业关系的印度工业协会组建了 6 个专门工作组，帮助民营企业由仅仅提供国防补给品逐渐转变为从事军事装备的设计、开发和生产。此外，国防部最近又向民营企业开放了有关两用技术、生物技术和软件工程的国防研究与发展局的 8 个实验室。这一系列的举措大大提高了印度军工生产的经济效益，加快了其国防装备国产化的进程。

空军引入空中加油机　印度空军 2004 年 3 月 3 日开始接收首批 6 架“伊尔-78”中型空中加油机。印度成为世界上第六个具有空中加油能力的国家。

“伊尔-78”中型空中加油机可以携带 36 吨航空燃料，航程为 3000 公里。目前，印度空军正在采购的“苏-30MK1”战斗机本身已经装有中型空中加油的接头，因此可以直接接受“伊尔-78”的空中加油。而以前采购的“幻影 2000”和“美洲虎”战斗机也将进行升级，使其能同“伊尔-78”空中加油机系统相兼容。首架“伊尔-78”加油机已抵达印度的亚格拉空军基地，第 2 架加油机将于 4 月抵达印度，其余 4 架拟于年底之前交付。

(张　冬)

其他国家军队后勤

澳大利亚军队后勤　**新研制两种单兵装备**　据中国《后勤科技装备》杂志 2004 年第 3 期报道，澳大利亚国防部近日开始研制可以提高未来士兵安全与作战能力的装备。

第一种是微小型单兵电源系统，为战场上使用的作战系统供电，如夜视镜、移动电脑、通信设备和热成像武器瞄准具。新型电源系统可提供 3 天的电源，且只需几分钟就可重新充电完毕，重量不超过 1 公斤。重量轻、电量足意味着士兵的部署时间可以更长，作战效能可以提高。

第二种是研制小型头戴式传感器，为一个声学威胁定位系统，可侦测到狙击手、迫击炮和火炮的射击，让士兵可以对这些威胁作出反应。未来的头盔传感器还将能提供对大型武器射击、车辆和飞机的侦测能力。这些研究成果将主要用于增强士兵的作战能力，此外也具有民用和出口的潜力。

英国军队后勤　**防务预算严重超支**　据英国《卫报》2004 年 2 月 11 日报道，2003 年英国国防预算经费超支 30 亿英镑，这使英国国防预算受到一次沉重的打击。 国家审计局报告的国防预算超支和四项防务计划有关，这些计划的进度十分缓慢而且可能使整个国防采购计划陷入混乱。它们是：

一是欧洲战斗机，现在被称为“台风”战斗机。去年增加的费用估计超过了 10 亿英镑。这种在冷战期间开始设计的，欧洲各国合作研制的空中优势战斗机，原本计划花去英国纳税人 170 亿英镑之后在 1998 年升空，但是现在估计它的研制费用已经将近 200 亿英镑，升空时间也要推迟到 2008 年左右。国防部不可能全部买下原先已签订购买合同的 232 架“台风”战斗机。

二是三艘可以用于收集情报和特种部队行动的“机敏”级核动力攻击潜艇。原先估算费用为 27 亿英镑，去年超支了 10 亿英镑，而且服役日期也推后了 3 年多。

三是 18 架“猎迷”海上巡逻和攻击机。费用已经从 30 亿英镑增加到 34 亿英镑。服役期已经推后了 5 年。

四是布里姆斯顿反坦克系统。原本在三年前它就应该取代皇家空军有争议的集束炸弹了。这种武器预期花费为 10 亿英镑，现在超支了 1 亿英镑。

这四份由英国航空航天公司承接的合同，在英国国防预算超支总额的 31 亿英镑中占了 27 亿。

公布 2004 财年国防预算　据《中国国防报》2004 年 1 月 13 日报道，英国国防部公布最新国防开支计划，2004~2005 财政年度国防预算为 359.47 亿英镑（约 503 亿美元），比 2003~2004 年增长了 18%，主要用于武器装备购买和研发、军队训练和人员培养。这几项的费用为 313.27 亿英镑（约 438 亿美元）。为了适应军队转型的需要，英国新一年的国防预算将重点保障购买和研发新型武器装备。

法国军队后勤　综述　近年来，为顺应世界新军事变革的潮流，打造一支“海、陆、空三军联合的现代化军队”，法国防部不断改革部队体制编制，研发信息化武器装备，提高联合作战能力。在后勤方面，主要采取了以下改革举措。

规划后勤发展思路。法国政府于 2003 年制定了《2003~2008 年军事规划》。其中，明确了未来几年内军队后勤发展的基本思路：一是加速后勤信息化建设。以信息技术提升后勤装备现代化水平，优先研制和采购先进保障装备，全面提高后勤信息化建设水平。根据《2003~2008 年军事规划》，法国将总共拨款 880 亿欧元为军队购置先进的作战和后勤装备。二是进一步拓宽联勤范围。法军目前没有全军后勤统管机构，后勤工作实行统管与分管相结合的体制，即全军的油料勤务、卫生勤务和战略运输由国防部通过三军参谋部实施集中统一领导，其他后勤工作则由各军种自行负责。从法军总部后勤的现行体制可以看出，法军实行的是总部联勤机构负责制的联勤模式，即在三军参谋部设立独立于三军之外的联勤机构：三军油料总局、三军卫生总局和陆海空运输处，分别统一领导三军的油料勤务、卫生勤务和战略运输。《2003~2008 年军事规划》要求进一步拓宽法军联勤范围，加大三军联勤保障力度，计划将通用物资和通用勤务都逐步过渡到联勤范围，并坚持现有的联勤机构负责制模式。

改革后勤体制。法国武装力量由陆、海、空三军和宪兵部队组成。经过近年的军事改革，尤其是职业化改造和部队结构的调整，法军现役部队只保留 45 万人，其中文职近 10 万，而军官和士兵的专业化程度得到极大提高。2008 年前，法军将进一步优化指挥管理系统，将中央指挥系统划分为作战指挥系统和行政管理系统，由总参谋长统一行使作战指挥权，以加强诸军兵种协同作战能力；在借鉴美军联合作战和联合保障经验的基础上，将重点强化远距离投送能力、参加诸军种或多国部队联合作战和联合保障的能力；撤销军、师两级编制，加强横向联系，成立作战司令部和后勤司令部两大指挥机构，并准备于 2005 年全面完成模块化部队建设。

增加采购预算。近年来，由于法国经济遇到困难，国家财政赤字不断增大。2004 年，法国的财政赤字占整个国民生产总值的 3.6%，将超过欧盟规定的最高值 3%。尽管如此，但为加速军队现代化进程，法政府同意增加武器装备的采购费用，支持《2003~2008 年军事规划》的实施，加强军队的军事改革。2004 年法国防务费用总额为 234 亿欧元，比 2003 年增加了 4.3%，其中 149 亿欧元用于武器装备采购，比 2003 年的 136 亿欧元增加了 9.6%。

改善补偿金和津贴系统　据美国《外国军事评论》2004 年 3 月号报道，法国防部要改善补偿金和津贴系统。增加补偿金的方法是：

1、提高军人地位和兵役制所限制的固定补偿金：在省内服役的军人基础工资从 19%提高到 23%，在巴黎服役的军人工资从 28%提高到 35%。全体军人的现有补偿金因军人的级别、子女数量和服役地点的不同而不同。单身士兵每月 118 欧元，有 3 个孩子的中校每月 769 欧元。该补偿金计划再分别增加 24~150 欧元；

2、从 2003 年 1 月 1 日开始，野战条件下昼夜补偿金提高 10%，2005 年开始提高 20%。同时拉平单身和已婚军人的补偿金。因此，到 2005 年每天补偿金为

10~12 欧元。

3、因为受到限制不能在海军基地注册时，给予昼夜补偿金（基础工资的 7%），2002 年 1 月 1 日开始实施。2004 年补偿 11.3%，2005 年 20%；

4、提高 24~48 小时战备执勤补偿金，2003 年从 1.83 欧元提高到 2.5 欧元，而到 2005 年每天提高到 5 欧元。

提高业务等级的奖励办法：

1、军官业务等级津贴从 26%提高到 28%；

2、扩大军事统计专业的军官名单，2003 年实施等级津贴的军官有 390 名；

3、2003 年军官的高等教育专业津贴从基础工资的 13%提高到 14%，2005 年提高到 16%；

4、中校军衔实行军龄第 4 档，结果 2003 年有 120 名军官提高了一级工资；

5、2003 年士官高等专业教育津贴从基础工资的 10%提高到 11%，2005 年提高到 12%；

6、扩大军事统计专业的士官名单，获得业务等级津贴的士官达 1200 人；

7、青年士官获得津贴的时间，从士官干部学校毕业后 3 年缩短到 2 年；

8、负责飞行安全和飞行器保养的士官津贴从 12.5%提高到 17%；

9、在复杂条件下飞行器保养津贴提高 50%；

10、提高军队油库勤务兵的工资等级；

11、列兵获得第 4 级工资的服役时间，从 15 年减到 11 年。

鼓励专业人员服兵役的奖励办法与地方（民营和私营部门）比较：

1、军医中等专业教育年固定津贴与国家民营部门的津贴相等，从 2003 年开始，津贴为 430 欧元，2005 年增加到 500 欧元；

2、油料勤务军人的中等专业教育津贴，按照国家民营和私营部门奖励办法执行（每月 100 欧元）；

3、油料勤务军官每月获得高危装置安全责任津贴按照国营和私营部门津贴执行（每月 150 欧元）；

4、装备管理总局军官工程师津贴比民营和私营部门的津贴提高慢些。从 2003 年开始提高 7.5%，2005 年提高 15%。

根据新补偿金和津贴，单身士兵的货币给养补助每年增加 750 欧元，有 3 个子女的军官增加 2500 欧元。

德国军队后勤 综述 2004 年，德国防部公布了到 2010 年实现的“以质代量”的军事变革新思路。其主要内容，一是压缩三军规模。将陆、海、空三军部队从 28.5 万人缩减为 25 万人，文职人员从 9 万人裁减至 7.5 万人。二是撤销 20%的军事基地。三是重组三军部队结构。德军计划打破陆、海、空三个军种的界限，组建三支新型部队。第一支为“快速反应部队”，由 3.5 万人组成，将在陆、海、空、天和信息空间执行联合军事行动。第二支为“稳定部队”，由 7 万人组成，将采用多种手段遂行中低强度军事行动。第三支称为“保障部队”，将由 14.5 万名军人和文职人员组成，主要负责医疗救护、后勤保障和联邦国防军在国内的日常执勤。

德国防部认为，打破军种界限，组建联合部队，是根据世界军事变革走势和未来作战部队编成趋于一体化的要求而制定的。在一体化联合部队建设过程中，德军后勤将面临诸多困难。比如，三支不同职能的部队需要不同的保障，而在同一支部队中，不仅需要通用物资保障，而且需要空中或海上专用物资保障，保障种类多，数量大，差别大，后勤系统需要进行“革命性的转型”。

2005 年国防预算 据网站报道，2004 年 11 月 24 日，德国联邦议院通过了国防部财政预算，2005 财年德国的国防预算总计 239 亿欧元。从预算开支的结构上看，德军维持性开支占总国防预算的较大比例，为 73.1%，其中最大的单项支出是人事费，总计约 120 亿欧元。国防资产开支总计 61 亿欧元，占总预算的 25.7%，其中比例最大的是武器装备采购费用，达到 42 亿欧元。

（张 冬）

军 事 法 制

中国军事法制 颁布施行《中国人民解放军合成军队战斗装备保障条令》 《解放军报》2004 年 7

月 25 日报道，中央军委主席江泽民签署命令，颁布施行《中国人民解放军合成军队战斗装备保障条令》。

该《条令》是我军第一部以适应未来信息化条件下合成作战、全面规范合成军队战斗装备保障行动的军事法规，是《战役装备保障纲要》的配套法规，是我军新一代作战条令体系和装备法规体系的重要组成部分，是合成军队师、旅、团组织实施战斗装备保障和训练的基本依据。

《条令》共设 8 章 212 条，全面明确了合成军队战斗装备保障的地位作用、主要任务、指导思想和基本原则，规范了战斗装备保障组织指挥的基本程序、方法和要求，确定了合成军队战斗装备保障力量的编成和部署形式，确立了各种不同战斗样式下组织实施装备保障的基本方法。既规范了合成军队师的装备保障，又规范了合成军队旅和团的装备保障；既规范了对步兵、装甲兵等主要战斗兵种的装备保障，又规范了对电子对抗兵、工程兵等其他兵种的装备保障；既规范了战斗装备保障的共性问题，又规范了不同条件下装备保障的个性问题。对合成军队进攻、防御和特殊条件下不同战斗样式的装备保障和部队在行军、输送、宿营、变更部署与换班等不同情况下的装备保障都作了明确规范。对装备指挥机构的指挥行动、装备保障部（分）队的保障行动等也作了具体规范。内容涉及战斗装备保障的各个方面、各个层次和各个环节，具有很强的指导性和可操作性。

《条令》指出，合成军队战斗装备保障是合成军队战斗的重要组成部分，对于保持和提高合成军队的战斗能力，保障战斗胜利具有重要作用。合成军队战斗装备保障必须以毛泽东军事思想、邓小平新时期军队建设思想、江泽民国防和军队建设思想为指导，贯彻军事战略方针，继承和发扬我军装备保障的优良传统，着眼信息化条件下局部战争的战斗装备保障特点，服从和服务于战斗需要，紧紧围绕战斗决心，统一组织装备保障力量，灵活运用各种保障方式和方法，充分发挥主动性和创造性，全面而有重点地为合成军队战斗行动提供及时、可靠的装备保障。

颁布《中国人民解放军装备科研条例》 《解放军报》2004 年 3 月 27 日报道，中央军委主席江泽民日前签署命令，颁布实施《中国人民解放军装备科研条例》。

《中国人民解放军装备科研条例》（以下简称《条例》）是我军装备管理体制调整后，中央军委制定和颁布的规范我军装备管理工作的又一部基本法规。《条例》从我军装备管理体制和装备科研管理的实际情况出发，按照社会主义市场经济的特点和规律，以加快装备现代化发展为宗旨，以提高部队战斗力为标准，以质量和效益为重点，对装备科研各个阶段的工作内容、程序、方法和要求做了明确规范，为建立协调有序的装备科研管理体制和运行机制奠定了基础。

《条例》共 11 章 82 条，涵盖了我军装备科研工作的各个方面和主要环节，重点规范了装备研制、试验、定型，以及军内科研、技术革新、对外技术合作、科研经费管理等装备科研活动中的原则性问题。《条例》强化了体系建设和系统配套的思想，确保新型武器装备交付部队后，全面形成作战能力和配套保障能力，增强体系作战效能；贯彻了建立完善适应社会主义市场经济特点的“四个机制”要求，把竞争、评价、监督、激励融入科研活动，明确了装备研制实行合同制，通过招标或竞争性谈判等方式择优选定装备承研单位，建立了装备科研重要节点评价和过程监督措施，激励调动承研单位适应需求自主创新发展的积极性，体现了新时期我军装备科研管理工作的新特点和新要求。

《条例》的颁布实施，为我军新时期装备科研工作提供了依法办事、科学管理的依据，符合装备建设集中统一领导和全系统、全寿命管理的要求，有利于实现装备体系结构优化、资源合理配置，保证装备科研工作持续、高效、健康发展，将对我军装备现代化建设产生重要作用和深远影响。

颁发《中国人民解放军通用装备保障规定》 《解放军报》2004 年 6 月 13 日报道，总参谋部、总后勤部、总装备部日前联合签署命令，《通用装备保障规定》颁发全军施行。

《规定》是我军武器装备管理体制调整改革后，颁发的第一部全面规范通用装备保障工作的军事规章，是组织实施通用装备保障工作的基本依据。《规定》的颁发施行，标志着我军通用装备保障工作进一步走上了法制化建设轨道。

《规定》共 12 章 80 条，对通用装备保障工作的地位作用、指导思想、基本原则、主要任务、基本内容、基本程序和基本要求做出了明确的规范，涵盖了我军通用装备从接收入库、储存保管、调拨供应到部队使用直至退役、报废全过程中的技术保障活动。

《规定》明确了通用装备调拨供应、技术管理、器材管理、专业训练、科学研究与改革、经费管理等方面的内容、方法、程序、标准和要求。规范了各级通用装备保障部门的职责分工、装备保障秩序；完善了通用装备保障工作运行机制和集中统一领导。《规定》贯穿作战需求牵引装备保障的思想，强调平战结合，军民结合，依靠科技进步，提高野战、机动、综合通用装备保障能力；强调整体筹划、系统配套、综合保障，突出装备保障体系建设，确保现有装备特别是新装备成建制成系统形成作战能力和保障能力；强调实行科学管理，注重改革创新，走投入较少效益较高的通用装备保障建设路子等，体现了新时期我军通用装备保障建设的新特点和新要求。

《规定》的颁布实施，为我军新时期通用装备保障工作提供了依法办事、科学管理的依据，有利于加速推进我军通用装备保障现代化建设，推进部队现有装备特别是新装备成建制成系统形成作战能力和保障能力；有利于适应社会主义市场经济体制，建立健全通用装备保障工作竞争机制、评价机制、监督机制和激励机制，提高通用装备保障工作的军事经济效益；有利于加强通用装备保障工作的集中统一领导，建立整体协调、办事高效、运转顺畅、行为规范的通用装备保障工作运行机制，保证通用装备保障工作持续、高效、健康发展。

颁布实施《全军通用装备成建制成系统形成作战能力和保障能力建设纲要》　《解放军报》2004 年 8 月 24 日报道，《全军通用装备成建制成系统形成作战能力和保障能力建设纲要》日前由总参谋部、总政治部、总后勤部、总装备部联合签发，在全军实施。这将使我军通用装备成建制成系统形成作战能力和保障能力建设走上制度化、规范化轨道。

《纲要》明确指出，通用装备作战能力和保障能力建设，是中央军委着眼中国特色军事变革和军事斗争准备做出的战略决策，是部队装备工作的中心任务。装备作战能力和保障能力是部队战斗力的重要组成部分。装备作战能力，是指装备所具备的完好的战术技术性能和遂行作战任务的能力，是部队战斗力的重要物质技术基础。装备保障能力，是指为保持与恢复装备作战能力所具备的技术保障、供应保障和调配保障能力。

《纲要》以江泽民国防和军队建设思想为指导，以新时期军事战略方针为统揽，以军事斗争准备为龙头，以打赢信息化条件下的局部战争为目的，遵循装备作战能力和保障能力形成、巩固、提高的内在规律，积极引入“竞争、评价、监督、激励”机制，全面规范了通用装备成建制成系统形成作战能力和保障能力建设的内容、标准、评估及工作指导、组织领导方法，是我军制定颁发的第一部关于部队通用装备成建制成系统形成作战能力和保障能力建设的规范性文件。

《纲要》共设 6 章 32 条。从组织领导、装备状况、人员素质、技术保障、装备管理、战备工作等 6 个方面，规定了部队通用装备成建制成系统形成作战能力和保障能力的建设标准，规范了有关建设实施中的职责分工和具体要求，以及综合评估的方式、方法、要求和奖惩办法。

颁发《中国人民解放军防空兵战术演习教令》　《解放军报》2004 年 7 月 17 日报道，《中国人民解放军防空兵战术演习教令》（以下简称《演习教令》）日前由总参谋部批准颁发全军施行。《演习教令》的颁布，标志着我军防空兵战术演习步入了科学化、法制化的轨道，对规范和促进防空兵训练具有重要意义。

《演习教令》以新时期军事战略方针为指导，根据信息化条件下反空袭作战的新特点和新要求，针对防空兵部队战术演习保障复杂、需要跨军种协调等突出特点，充分吸收借鉴我军作战条令、军事训练条例和军事训练与考核大纲等法规的主要精神，系统总结了多年来防空兵战术演习的经验，运用先进评估系统对演习全过程进行量化评估，具有适用性、科学性、准确性和规范性。

《演习教令》共 9 章 87 条，另有 2 个附录，涵盖了各类型部队和各层次演习，既适用于高炮部、分队，又适用于地空导弹部、分队；既适用于实兵实弹演习，又适用于不带分队的首长机关演习。《演习教令》加大了空地对抗和信息化含量，首次增加了空地实兵对抗、首长机关网上演习等内容，要求把使用侦察监视、精确打击、信息战等高技术手段所构成的战场环境作为演习的必须条件，把与“新知识、新技能、新装备、新战法”相关的训练内容注入演习的各个层次和各个环节；拓展了首长机关演习的内容，把指挥员、机关人员按特定形式编组进行指挥所演练，促使首长机关训练由平时体制向战时体制转变；改进了部队演习的实施方式，把部分实兵演习规定为年度必须完成的训练任务，把组织指挥、部队机动、参加联合作战等作为演习的重点内容；规范了实兵演习成绩评定标准，把防空兵部队整体作战能力的各种要素，作为检验部队实兵演习的尺度，规定把“侦察预警、指挥协同、战术机动、火力抗击、整体防护、综合保障”等能力作为成绩评定的基本量化单元，使演习成绩评定标准更加完整和科学。

颁发《中国人民解放军陆军师旅团核化生整体防护能力评估规定》　《解放军报》2004 年 7 月 16 日报道，《中国人民解放军陆军师旅团核化生整体防护能力评估规定》日前由总参谋部批准颁发全军施行。

《评估规定》的颁发，使我军核化生防护建设在科学化和法制化的道路上又迈出了重要一步，对健全核化生防护训练机制、规范和促进陆军核化生防护建设具有重要意义。

《评估规定》以中央军委领导关于军事训练和核化生防护建设的一系列重要论述为指导，适应推进中国特色军事变革的新要求、适应我国核化生安全环境特别是军事斗争准备的新形势、适应我军防护建设的新变化，吸收借鉴我军战斗条令、军事训练条例以及军事训练等级评定规定等一系列规章的主要精神，系统总结十多年来的评估实践经验，运用现代管理理论对评估要素进行分析论证，体现了科学性、实用性的原则。具有很强的操作性。

《评估规定》共5章26条，重新构建了整体防护能力评估的项目、内容，将整体防护能力区分为防护组织、防护训练和防化装备等3个要素9项内容；调整了整体防护能力的等级划分，把整体防护能力等级区分为合格与不合格；明确了整体防护能力评估的实施程序，规定评估工作必须按照下达任务、实施考评、等级审批的程序进行；规范了整体防护能力评估的组织方法，使评估工作既可以结合年终军事训练考核进行，也可以与部队训练阶段考核同步进行，相关内容也可以融入部队训练等级评定、战备检查和装备保障检查等工作。便于评估工作的落实。

颁发《中国人民解放军院校教学工作条例》 《解放军报》2004年4月9日报道，经中央军委批准，总参谋部、总政治部、总后勤部、总装备部日前联合颁发《中国人民解放军院校教学工作条例》。这一《条例》的颁发和施行，标志着我军院校教学进一步纳人法制化、正规化轨道。

《条例》以“三个代表”重要思想为指导，适应推进中国特色军事变革的新形势，适应军队院校推进现代化教学、培养新型高素质军事人才的需要，科学地总结了近年来全军院校教学的成功经验，吸收了国家高等教育的最新成果，具有三个方面的鲜明特点：一是体现了先进的教育理念。坚持把素质教育和创新教育思想贯彻始终，使《条例》具有较强的先进性和前瞻性，更加适应院校教学工作的长远发展。二是强化了教学质量意识。《条例》以规范院校教学工作、提高教学质量和效益为目标，专门设了“质量管理”一章。对影响教学质量的各个方面进行了规范，明确了“院校军政主官是教学质量第一责任人”。三是坚持了协调统一的原则。正确处理了本《条例》与其他相关军事教育法规的关系。做到了协调一致、相互补充和完善配套。

《条例》共8章51条，对院校教学工作职责、基本制度、计划与实施、质量管理等主要方面和院校教学各个领域、各个环节的工作做出了全面、具体、明确的规范。考虑到教学工作是一项综合性工作，《条例》还对与教学直接相关的管理、保障、建设也作了相关的规定。为调动院校教育工作者投身军校教育的积极性，《条例》明确规定：对获得国家和军队级教学成果奖的个人，可以参照国家和军队有关科学技术奖的办法给予奖励，并作为评定专业技术职务的重要依据。

颁发《中国人民解放军档案条例》 《解放军报》2004年12月30日报道，中央军委主席江泽民日前签署命令，颁发新修订的《中国人民解放军档案条例》。中央军委曾于1986年颁发了《中国人民解放军档案工作条例》。为适应军队信息化建设需要，进一步推进我军档案事业的发展，新《条例》对原《条例》进行了修订和完善。这是新时期我军档案工作的一部基本法规。

新《条例》以“三个代表”重要思想、江泽民国防和军队建设思想为指导。着眼建设信息化军队的要求，充分体现了新时期军队档案工作的特点和规律，进一步明确了各级组织领导和管理档案工作的职责，规范了军队档案工作的基本内容和程序。

新《条例》共分8章43条，涵盖了我军档案工作和建设的主要方面，规范了职责、收集与管理、服务与利用、建设与保障、战时档案工作、奖励与处分等内容。新《条例》规定，军队档案是指军队单位、人员在各项工作中直接形成的对军队具有保存价值的文字、图表、声像等各种形式的历史记录。军队档案分为文书档案、科技档案和专门档案。全军所有单位和人员都有保护军队档案的义务和依法利用军队档案的权利。军队档案工作是军队建设的重要组成部分，是维护军队历史真实面貌、提供信息服务的重要事业。军队档案工作的基本任务是贯彻执行国家和军队档案工作方针、政策和法律、法规；收集管理档案，维护档案的完整与安全；组织实施档案信息化建设开发和利用档案信息资源，为国防和军队现代化建设、军事斗争准备服务。军队档案工作坚持统一领导、分级分专业负责，科学管理、确保安全，资源共享、便于利用的原则。

新《条例》还规范了档案收集管理的基本程序和要求，突出了服务利用在档案工作中的地位，明确了开放、公布和利用档案的具体规定，并对档案事业的建设与保障，特别是档案信息化建设和人才队伍建设提出了新的要求。

军事法官和军事检察官首次实行等级制度　《解放军报》2004年9月24日报道，最高人民法院、最高人民检察院日前分别与解放军总政治部联合发出通知，颁发《军事法院评定法官等级实施办法》和《军事检察院评定检察官等级实施办法》，规定从2004年1月1日起，军事法院法官和军事检察院检察官实行等级制度。

通知指出，军事法院法官和军事检察院检察官实行等级制度，是国家对法官、检察官职业身份、资格和专业水平的确认，是贯彻落实依法治国方略和依法治军方针的重大举措，对推动军事法院法官和军事检察院检察官队伍法制化、规范化、制度化建设具有重要作用。

根据《中华人民共和国法官法》、《中华人民共和国检察官法》和《中华人民共和国法官等级暂行规定》、《中华人民共和国检察官等级暂行规定》，两个实施办法将军事法官和军事检察官等级确定为三等十一级，对军事法院、检察院评定法官和检察官等级的范围、条件及组织实施作了明确规定。军事法官和军事检察官根据所任职务、任职资格、任职时间、工作年限、业务水平、德才表现和工作实绩，可以分别评定为五级至一级法官、检察官，四级至一级高级法官、高级检察官，二级至一级大法官、大检察官。

通知要求军队各级政治机关和军事法院、军事检察院要严格执行规定，精心组织实施，确保等级评定工作顺利进行。

批转总装《加强部队装备管理的意见》　《解放军报》2004年3月3日报道，近日，中央军委批转了总装备部《关于加强今后一个时期部队装备管理的意见》(以下简称《意见》)，要求全军部队认真学习江泽民国防和军队建设思想，把武器装备管理工作摆到重要位置，进一步加强组织和领导，统筹谋划，改革创新，与时俱进，不断开创部队武器装备管理新局面。

《意见》以“三个代表”重要思想为指导，以军事斗争准备为龙头，坚持战斗力标准，按照打牢基础、整体推进、全面提高的思路，重点从部队装备管理的指导思想、基本目标、主要任务等方面，对全军部队今后一个时期、特别是“十五”后两年武器装备管理工作提出了明确要求。要加强武器装备的经常性管理，建立正规的装备管理秩序，全面深化、推广装备管理责任制；要突出装备保障指挥和装备保障力量建设，不断提高装备保障指挥能力；要抓好装备调整补充，加强装备机关、装备保障部(分)队训练和装备保障综合演练，改革装备技术保障模式，进一步提高野战保障能力和高新技术保障能力；要深化装备经费规范化管理和改革，加大财务检查监督力度；要系统筹划装备人才队伍建设，积极探索装备人才培训新机制，努力创造装备人才建设新环境；要加强装备机关建设，健全装备管理法规体系，坚持依法管装，初步建立以部队装备“三化”管理检查考评办法为标准的检查考评机制；要加强装备管理理论研究，建立具有我军特色的武器装备管理理论体系。

《意见》要求，各级要提高认识，加强领导，把部队装备管理作为军事斗争准备的重要工作常抓常议；要落实责任，狠抓经常，把深化装备管理责任制作为加强部队装备管理的重要内容抓紧抓实；要统筹规划，突出重点，做到武器装备管理任务具体、方法规范、措施落实；要更新观念，改革创新，进一步在创新武器装备管理理论、手段和机制上见成效；要加强监督，跟踪问效，及时解决部队装备管理重点难点问题，向管理要质量、要效益、要战斗力。

颁布《中国人民解放军环境保护条例》　《解放军报》2004年9月17日报道，中央军委主席江泽民近日签署命令，颁布重新修订的《中国人民解放军环境保护条例》。

中央军委于1990年颁布施行了《中国人民解放军环境保护条例》。重新修订的《中国人民解放军环境保护条例》，根据国家对环境保护工作的新要求，坚持科学发展观的基本精神和原则，着眼于提高军队环境保护工作的质量和管理水平，把适应国家经济社会和环境保护事业发展形势及军队现代化建设的需要作为出发点和落脚点，使环境保护工作与部队全面建设融为一体。这一条例的重新修订颁布，标志着军队环境保护工作的法制化和规范化建设将迈上一个新台阶，对依法保护和改善军队管理、使用区域的生态环境、生活环境等具有重要的作用。

重新修订的《中国人民解放军环境保护条例》共8章44条，包括总则、职责、保护与改善环境、治理环境污染、管理与监督、教育与科研、奖励与处分等。条例中明确了环境保护工作在军队建设中的地位，明确了环境保护工作与军队其他工作的关系，明确了军队所有单位和人员都有在符合规定标准的环境中工作和生活的权利、对环境质量知情的权利以及获得环境损害补偿的权利，体现了环境保护人人有责和以人为本的理念。

重新修订的条例对军队环境保护的基本任务进行

了扩充和发展。增加了“保护与改善环境”一章，对保护和改善环境的基本要求、自然资源保护、防治污染、国家环境保护重点区域的环境保护、军事设施环境保护和改善，以及军事活动、军事装备和高危险性物品污染防治等作出了规定。同时，将军队环境保护的范围修改为“保护和改善军队管理和使用区域的生活环境、生态环境”，以促进部队在训练、演习和遂行其他任务时加强对其使用的非军队管辖区域的环境污染防治和生态保护。

重新修订的《中国人民解放军环境保护条例》自颁布之日起施行，原条例同时废止。

《条例》全文如下：

第一章　总　则

第一条、为了规范军队环境保护工作，保护和改善军队管理和使用区域的生活环境、生态环境，保障人体健康；根据《中华人民共和国环境保护法和其他环境保护法律的有关规定，制定本条例。

第二条、本条例是军队环境保护工作的基本依据，适用于军队所有单位和人员。

第三条　军队环境保护工作是国家环境保护事业的组成部分，应当贯彻执行国家环境保护的方针、政策、法律、法规，接受国家环境保护主管部门的指导和监督。

第四条　军队环境保护的基本任务是合理利用自然资源，保护生态环境，防治环境污染，改善环境质量，保障人体健康。

第五条　军队环境保护工作应当遵循预防为主、治管并重、全员参与的原则，与部队全面建设相协调、与国家环境保护目标相一致，实现环境效益与军事效益相统一。

军队环境保护工作应当纳入军队建设与发展计划。

第六条　军队所有单位和人员都有保护和改善环境的义务，都有在符合规定标准的环境中工作和生活的权利、对环境质量知情的权利以及获得环境损害补偿的权利，并有权对污染和破坏环境的行为进行监督、检举和控告。

第七条　军队各级首长和机关应当加强对环境保护工作的组织领导，建立并落实环境保护目标管理责任制，教育督促机关部门、所属单位依法保护其管理和使用区域的环境。

第二章　职　责

第八条　全军环保绿化委员会在中央军委领导下，统一规划、指导和协调全军环境保护工作，履行下列职责：

(一) 组织审查全军环境保护工作中长期计划，审定全军环境保护工作年度计划，指导全军开展环境保护工作；

(二) 总结全军环境保护工作，推广环境保护工作经验，表彰先进。

(三) 协调解决军队环境保护工作中的重大问题，监督有关机关和部门履行环境保护工作职责；

(四) 中央军委赋予的其他职责。

团级以上单位环保绿化委员会在同级党委的领导和上级环保绿化委员会的指导下，组织领导本单位的环境保护工作，参照前款规定履行相应的职责。

第九条　总后勤部基建营房部是全军环保绿化工作的业务主管部门，也是全军环保绿化委员会的办事机构，负责全军环保绿化委员会办公室的工作，在环境保护工作方面，履行下列职责：

(一) 拟制全军环境保护工作中长期计划和年度计划，并监督执行；

(二) 组织实施对全军环境保护工作的执法监督与管理；

(三) 归口管理全军环境污染防治工程建设和生态恢复工作；

(四) 组织指导全军环境保护的宣传教育和业务培训工作；

(五) 组织指导全军环境保护科学技术研究、技术服务、技术交流与合作；

(六) 负责全军环境保护信息系统和环境监督监测网络的建设与管理；

(七) 组织指导全军环境影响评价工作，审批重大工程建设项目环境影响评价文件；

(八) 组织或者参与军队重大环境污染事故的调查处理工作；

(九) 协同有关部门组织协调军队参加国家和地方重大环境污染事故应急工作；

(十) 协调与国家环境保护主管部门的有关业务工作；

(十一) 上级赋予的其他职责。

团级以上单位后勤 (联勤) 机关基建营房部门是本单位环保绿化工作的业务主管部门，也是本单位环保绿化委员会的办事机构，负责本单位环保绿化委员会办公室的工作，在环境保护工作方面，参照前款规定履行相应的职责。

第十条 军队环境监督监测机构在本级环境保护业务主管部门的领导和上级环境监督监测机构的指导下，履行下列职责：

(一) 依法监督检查本单位、本系统和指定区域内军队单位的环境污染防治和生态恢复工作；

(二) 监测和评价本单位、本系统和指定的其他军队单位管理和使用区域的环境质量、环境污染源和生态环境状况；

(三) 对本单位、本系统和指定区域内军队单位的环境污染防治和生态恢复项目，进行技术审查和技术指导；

(四) 对本单位、本系统和指定区域内军队单位的有关工程建设项目执行环境保护制度情况实施执法监督，参加工程建设项目有关污染防治设施的竣工验收；

(五) 组织开展环境保护科学技术研究；

(六) 收集、整理环境保护信息，按照规定向有关部门报告；

(七) 参与环境影响评价文件的评审，监督有关环境保护措施的落实；

(八) 按照有关规定参与国家或者地方环境监测网络的有关工作；

(九) 上级赋予的其他职责。

第十一条 各级司令、政治、后勤 (联勤)、装备机关的有关部门，应当在本级环保绿化委员会办公室指导下，按照职能分工，履行有关环境保护的职责，制定并落实本部门、本系统保护环境、防治污染的具体办法，做好其主管业务中的环境保护工作。

第三章 保护与改善环境

第十二条 各单位对其管理和使用区域的环境质量负责，必须根据国家和军队有关环境保护的要求，确定本单位环境保护的目标和任务，采取措施保护环境，改善环境质量。

第十三条 各单位对其管理和使用区域内的自然生态、珍稀濒危野生动植物、水源涵养地、自然遗迹、人文遗迹、古树名木，必须加以保护，严禁破坏。

第十四条 各单位应当加强对其管理和使用区域内的江、河、湖、海等水域环境的保护。向水域排放、倾倒废弃物，进行沿岸或者水上设施建设，必须依照法律的规定，防止对水域环境的污染损害。

第十五条 各单位应当合理利用其管理和使用区域内的土地。防止土壤污染、土地沙化、贫瘠化，植被破坏以及其他生态失调现象的发生和发展。

开发利用军队管理和使用区域内的水系、森林、矿藏、草原等自然资源，必须依照法律的规定，采取保护生态环境的措施。

第十六条 各单位不得在省级以上人民政府规定的风景名胜区、水源保护区、自然保护区和其他需要特别保护的区域内，建设对环境有污染和破坏的设施，或者组织实施对生态环境有损害的军事训练、装备试验等活动。因战备需要必须在上述区域内建设或者进行有关活动的，应当由省级以上人民政府同意，报军区级以上单位批准。

第十七条 制定营区建设规划应当确定保护和改善营区环境的目标和任务，营区建设应当结合当地自然环境的特点，保护植被、水域和自然景观。已建成营区应当加强环境综合整治，开展植树造林、栽花种草，加强生态建设，不断改善营区及其周边的生态环境质量。

第十八条 军用机场、港口、训练场、试验场、基地、阵地、仓库等设施的建设应当符合国家和军队有关环境保护的要求；使用中应当采取必要的污染防治措施；报废后应当对环境进行整治，尽量恢复自然生态。

第十九条 军队人员工作和生活的场所，必须按照有关法规和标准的规定进行设计和建造，完善必要的防治防护措施，保证人员身体健康。

第二十条 各级机关和部队组织实施军事训练、演习、装备试验等活动，必须采取措施，防止或者减轻对环境的污染和破坏，回避珍稀濒危野生动植物；对损坏的自然生态环境，应当进行恢复和治理。

第二十一条 研制、采购装备，必须确保装备的污染防治指标符合环境保护的要求。试验、使用和销毁装备，应当采取措施，消除或者减轻对环境的污染和危害。

第二十二条 生产、存储、试验、使用、运输、销毁有毒化学物品、有毒有害生物制品和含有放射性物质的物品，必须按照国家和军队的有关规定，严格管理，防止对环境的污染和破坏。

第二十三条 新建、改建、扩建和技术更新改造的工程建设项目，应当贯彻执行国家和军队关于工程建设项目环境保护的有关规定，其防治污染的设施，应当纳入工程建设计划，与主体工程同时设计、同时施工、同时投入使用。

第四章 治理环境污染

第二十四条 各单位应当合理利用资源，能源，按照规定淘汰污染严重的设备和技术，防止或者减少军事设施、装备、军事活动等产生的废气、废水、固体废物、粉尘、放射性物质、噪声、振动、电磁波辐射以及光、热和生物等对环境的污染和损害。,

第二十五条 产生环境污染的单位应尽量利用和依托社会相关设施，采用减污效果好、废弃物综合利用率高、管理方便的处理技术和工艺，治理污染。

第二十六条　排放污染物超过规定标准的单位，应当制定治理计划。采取有效措施进行治理。对环境造成严重污染的，其所在的军级以上单位环境保护业务主管部门应当做出责令其限期治理的决定；被限期治理的单位，必须按时完成治理任务。

第二十七条　排放污染物的单位应当按照规定申报登记；具体办法由总后勤部制定。

第二十八条　防治污染的设施应当列入军队房地产或者其他固定资产，加强管理，落实运转经费，保证正常运行，不得擅自拆除或者闲置；确需拆除或者闲置的，必须经军级以上单位环境保护业务主管部门批准。

禁止将产生严重污染的设施、设备或者物质，转移给没有污染防治能力的单位、个人管理或者使用。

第二十九条　总部、军兵种、军区应当建立环境污染事故应急处置机制，加强环境污染事故应急救援力量建设，制定环境污染事故应急处置预案，并适时组织演练。

发生环境污染事故的单位，必须立即采取措施，消除或者减轻危害，同时向上一级单位环境保护业务主管部门和有关部门报告。可能污染危害其他单位和驻地居民的，应当及时通报相关单位和当地人民政府。

第五章　管理与监督

第三十条　军队环境保护的环境质量标准、污染物排放标准、环境基础标准和方法标准，按照国家和地方有关规定执行。国家和地方标准中未作规定的项目，由总后勤部制定相应标准。

第三十一条　军队环境保护实行环境影响评价制度。

编制军事、后勤和装备建设与发展规划，应当对规划事项可能造成的环境影响做出分析、预测和评估，提出预防或者减轻不良环境影响的对策和措施。

组织军事演习、装备试验、装备采购、报废装备处理和工程建设应当按照规定进行环境影响评价。

第三十二条　团级以上单位环境保护业务主管部门应当按照有关规定，对所属单位执行有关环境保护法规、环境保护与建设和环境污染防治的情况依法进行监督、检查。被检查单位必须如实反映情况，落实检查单位提出的有关要求。

第三十三条　军队环境监督监测机构应当按照国家和军队的有关规定，对本单位、本系统和指定区域内军队单位的环境质量和污染防治情况实施监测评价，并作出监测评价报告；各单位应当接受环境监督监测机构的监督监测，并根据环境监督监测机构提出的有关建议，采取相应的整改措施。

第三十四条　各级环保绿化委员会应当定期向同级党委和上一级环保绿化委员会报告环境保护工作情况。各环境环保绿化委员会办公室，应当定期向官兵通报环境保护工作情况和环境质量状况，并接受官兵的监督。

第三十五条　省军区、军分区环保绿化委员会办公室，应当与本地区人民政府环境保护主管部门建立环境保护协调机制，协调处理本地区军队单位与地方人民政府环境保护主管部门之间的有关事宜；经协调难以解决的，报全军环保绿化委员会办公室由国家环境保护主管部门处理或者裁决。

第三十六条　对外租赁房地产、设施、设备的单位，应当在租赁合同中明确承租单位保护环境和防治污染的责任，并实施监督。

开展对外服务单位的环境保护工作还应当依法接受国家和地方环境保护主管部门的监督管理。

第六章　教育与科研

第三十七条　各单位应当将环境保护教育纳入经常性管理教育的基本内容，利用多种形式和手段，普及环境保护科学知识，进行环境保护法制教育，增强全体官兵的环境意识和法制观念，提高保护环境的自觉性。

第三十八条　军队报刊、网络等传播媒体应当加强环境保护宣传，适时发布环境保护信息，发挥舆论的监督和引导作用。

军队院校应当将环境保护教育列入教学大纲。

第三十九条　军队环境保护管理人员和技术人员，应当经过院校教育或者在职专业培训，具备相应专业知识。

军级以上单位应当通过多种途径，组织环境保护管理人员和技术人员的业务培训，提高环境保护管理人员和技术人员的理论水平和业务素质。

第四十条　军区级以上单位的环保绿化委员会办公室应当组织指导有关科研、设计、教学和环境监测等单位的科研力量，跟踪军内外环境科技发展动态，开展环境保护科学技术研究，推广环境保护科学技术研究成果，促进环境科学技术协作与交流，提高军队环境保护科学技术水平。

军区级以上单位的相关科研主管部门，应当将环境保护科学技术研究纳入工作规划。

第七章　奖励与处分

第四十一条　对在军队环境保护工作中做出突出

成绩的单位和个人，依照《中国人民解放军纪律条令》的有关规定，给予奖励。

第四十二条　违反本条例，具有下列情形之一的，依照《中国人民解放军纪律条令》的有关规定，对负有直接责任的主管人员和其他直接责任人员，给予处分；造成损害的，依法承担赔偿责任；构成犯罪的，依法追究刑事责任；对单位给予通报批评，责令限期改正：

（一）玩忽职守，导致发生环境污染事故或者造成自然生态、重要自然资源、自然遗迹和人文遗迹等严重破坏的；

（二）将产生严重污染的设施、设备或者物质转移给没有污染防治能力的单位、个人管理或者使用的；

（三）擅自拆除或者闲置污染防治设施，造成环境严重污染的；

（四）拒不完成环境污染限期治理任务的；

（五）拒绝接受环境监督监测或者在监督监测中玩忽职守、弄虚作假、徇私舞弊，造成严重后果的；

（六）未按照规定进行环境影响评价的；

（七）其他违反本条例，造成环境污染或者损害的。

第八章　附　则

第四十三条　中国人民武装警察部队的环境保护工作，参照本条例执行。

第四十四条　本条例自发布之日起施行。1990 年 7 月 10 日中央军委发布的《中国人民解放军环境保护条例》即行废止。

施行《现役士官探亲休假规定》　《解放军报》2004 年 10 月 9 日报道，经中央军委批准，总参谋长梁光烈签署命令，从 2005 年 1 月 1 日起施行《中国人民解放军现役士官探亲休假规定》。

《规定》共 20 条，主要规范了士官探亲休假实行计划管理的原则、批准的权限，各级司令机关对士官探亲休假计划的制定、落实和办理相关工作的职责，以及士官享受假期的标准等方面内容，从制度上保证了士官的权益，体现了中央军委对广大士官的关心与厚爱。

《规定》明确士官享受假期的种类为两项，即探亲假（探望父母和配偶）和休假。其中，休假只限高级士官享受。士官探亲休假的基本假期，按照服役年限和婚姻状态确定：未婚士官，一级的任期内享受两次探望父母假，每次假期 20 天；二级以上的每年享受一次探望父母假，假期 30 天；五级士官每年休假 20 天，六级士官每年休假 30 天；已婚士官，与配偶不在一地生活的，每年享受一次探望配偶假，假期 40 天；与父母不在一地生活的，每两年享受一次探望父母假，假期 20 天。士官探亲假的时间不含路途往返时间，异地休假时间含路途往返时间。士官探亲休假假期不含国家法定节日的放假时间。

《规定》强调，除国家发布动员令以及执行作战、抢险救灾、等级战备等任务外，一般不得召回正在探亲休假的士官；对工作需要被召回、剩余假期在 7 天以上的士官，应在当年安排补假。

据总参有关部门介绍，《规定》与现行的士官探亲休假政策相比，有三个变化：一是将现行的已婚士官探望父母假由每 4 年一次调整为每 2 年一次；二是考虑到艰苦地区、特殊岗位的士官探亲休假的不同情况，相应增加了 10 天、20 天、30 天的假期；三是取消了补偿性奖励性假期。现行的政策规定，士官当年未探亲或其配偶未来队的，翌年增加探亲假 15~20 天，这与制定探亲休假的目的和严格依法办事的要求不相符，因而取消了这一规定。同时明确，士官不得随意请事假，因特殊事由需要请假的，其请假的时间应在当年假期中扣除；当年已无假期的，在翌年假期中扣除。此外，还明确规定除本《规定》法定的假期外，不得另外规定其他各类探亲休假的假期，从制度上杜绝了各种随意性，以保证部队依法、正规办事。

本《规定》适用于中国人民武装警察部队现役士官的探亲休假。

下发《关于做好预备役军官登记工作的通知》　《解放军报》2004 年 11 月 1 日报道，中共中央组织部、公安部、财政部、人事部、总参谋部、总政治部日前联合下发了《关于做好预备役军官登记工作的通知》，对预备役军官登记中的组织领导、关系接转、储备重点、经费保障、工作纪律等方面作出了明确规定。

《通知》规定，军队转业干部到地方办理报到手续前，计划分配方式安置的到接收单位所在地、自主择业方式安置的到户籍所在地的县（市、区）人民武装部，持行政关系介绍信和评定授予预备役军官军衔报告表进行预备役登记；省军区系统在转业干部报到期间，要采取多种形式，集中办理转业干部转服军官预备役登记手续。对未办理登记手续的，当地人事、公安部门在接洽行政关系、办理落户手续时予以督促。

《通知》指出，编入预备役部队和预编到现役部队未进行登记的预备役军官，任职前必须到工作所在地的县（市、区）人民武装部办理服军官预备役登记手续。预备役军官跨县（市、区）以上地区流动，凡由组织、人事部门办理工作调动或档案转移手续的，应督促其同时办理预备役军官关系转移手续；凡由公安部门办理户口迁移手续的，要督促其同时办理预备役关系转移手续。

《通知》要求，预备役军官登记储备工作，要突出未来军事斗争中急需的专业技术人才、近三年退出现役的转业干部和城市预备役军官三个重点。要建立健全预备役军官动员征召机制，检验和促进预备役军官登记工作。对拒绝或者逃避登记的，视情节轻重给予相应的行政处罚。在预备役军官登记工作中因玩忽职守造成严重失误的，对直接责任人员和有关领导给予行政处分。地方各级党委、政府和部队领导机关对预备役军官登记工作要加强组织领导，精心组织实施，相互密切协作，切实把预备役军官登记工作做细做实，不断提高新形势下的国防动员能力。

下发《关于进一步加强预备役部队建设的意见》

《解放军报》2004 年 4 月 8 日报道，中共中央国务院、中央军委近日下发《关于进一步加强预备役部队建设的意见》。《意见》强调，各级党委、政府和军事机关要从贯彻“三个代表”重要思想的政治高度，从维护国家长治久安的战略高度，从推进中国特色军事变革的全局高度，充分认识新形势下加强预备役部队建设的重要性，进一步加强预备役部队建设。

《意见》共分 6 个部分：一、充分认识新形势下加强预备役部队建设的重要性和紧迫性；二、预备役部队建设的指导思想和基本原则；三、积极稳妥地推进预备役部队调整改革；四、大力加强预备役部队质量建设；五、积极组织预备役部队在全面建设小康社会的伟大事业中建功立业；六、切实加强对预备役部队建设的组织领导。

《意见》指出，世界各主要国家都把压缩现役部队规模，加强预备役部队建设作为推进军事变革的战略选择。依靠人民建设军队、建设国防是我们的优良传统。无论是平时还是战时，预备役部队都是保卫祖国、建设祖国的一支重要力量。没有强大的预备役部队，就没有强大的人民军队，就没有强大的国防。我军预备役部队组建 20 年来，各项工作和建设取得了显著成绩，为保卫国家安全、维护社会稳定、促进经济发展做出了重要贡献。

《意见》指出，十六大提出了全面建设小康社会的奋斗目标，对国防和军队建设作出了新的战略部署，提出了更高的标准和要求。只有在更高的层次和起点上谋划和推进预备役部队建设，才能肩负起党和人民赋予的神圣使命，才能更好地为全面建设小康社会提供坚强有力的安全保障。

《意见》强调，预备役部队建设必须以“三个代表”重要思想为指导，认真贯彻毛泽东军事思想、邓小平新时期军队建设思想、江泽民国防和军队建设思想，以新时期军事战略方针为统揽，坚持与现役部队建设相结合，着眼建设信息化军队、打赢信息化战争的需要，积极适应社会主义市场经济的发展，解放思想，实事求是，与时俱进，全面加强质量建设，大力提高快速动员和遂行作战任务的能力，努力建设一支规模适度、结构合理、编成科学、可靠管用的预备役部队，为推进中国特色军事变革、维护国家安全统一和全面建设小康社会做出贡献。

《意见》指出，要积极稳妥地推进预备役部队调整改革，进一步优化编成结构，完善体制编制，充实骨干力量，理顺工作关系，落实各项保障，促进部队全面建设。加强预备役部队建设，关键是提高质量和效能。要按照政治合格、组织坚强、训练有素、作风优良、装备良好、动员快速的要求，突出工作重点，把握关键环节，加大工作力度，推进全面建设。

《意见》强调，积极投身全面建设小康社会的伟大事业是预备役部队义不容辞的责任，也是和平时期锻炼部队、提高战斗力的有效途径。预备役部队参加全面建设小康社会实践要纳入当地经济社会发展的总体规划，要把发展当地生产力与提高部队战斗力有机结合起来，努力实现预备役部队建设军事效益、经济效益和社会效益并举。预备役部队建设涉及面广，政策性强，是一项复杂的系统工程。加强预备役部队建设，责任在领导，关键在落实。各级党委、政府和军事机关要把加强预备役部队建设作为一项长期的战略任务，摆在重要位置，加强组织领导，狠抓工作落实，确保各项任务的圆满完成。

印发《违犯现役军官职务任免纪律的处理规定》

《解放军报》2004 年 7 月 20 日报道，经中央军委批准，总政治部、军委纪委近日印发了《违犯现役军官职务任免纪律的处理规定》。全文如下：

第一条　为了加强对现役军官（以下简称军官）选拔任用工作的监督，严肃军官职务任免纪律，根据《中国共产党纪律处分条例》、《中国人民解放军现役军官职务任免条例》和有关政策规定，制定本规定。

第二条　本规定所称违犯军官职务任免纪律，是指违反《中国人民解放军现役军官职务任免条例》规定的原则、标准条件、程序任免军官职务及不执行组织任免决定的行为。

第三条　违犯军官职务任免纪律的，应当给予批评教育；有下列行为之一的，给予党纪处分：

(一) 不严格执行编制，违反军委、总部的有关政策规定，超配、高配军官的，对主要责任者，给予警告或者严重警告处分；情节严重的，给予撤销党内职务处分；

(二) 以少数人研究代替党委会议讨论决定，或者党委常委成员到会不到三分之二以上，讨论决定军官职务任免的，对主要责任者，给予警告或者严重警告处分；情节严重的，给予撤销党内职务处分；

(三) 未得到党委常委应到会成员半数以上同意，决定军官职务任免的，对主要责任者，给予警告或者严重警告处分；情节严重的，给予撤销党内职务处分；

(四) 违反规定的程序，临时动议决定军官职务任免的，对主要责任者，给予警告或者严重警告处分；情节严重的，给予撤销党内职务处分；

(五) 个人决定军官职务任免或者擅自改变党委会议集体作出的军官职务任免决定的，给予严重警告或者撤销党内职务处分；情节严重的，给予留党察看处分；

(六) 未按照规定的标准、条件晋升军官职务，造成不良影响的，对主要责任者，给予警告或者严重警告处分；情节严重的，给予撤销党内职务或留党察看处分；

(七) 单位或者部门不执行上级派进、调出军官决定的，对主要责任者，给予警告或者严重警告处分；情节严重的，给予撤销党内职务或者留党察看处分；

(八) 在军官职务任免工作中，收受或者索取贿赂，或者以封官许愿等方式收受他人财物的，依照《中国共产党纪律处分条例》第八十五条的规定，给予党纪处分；

(九) 采取行贿手段谋取职务、职级待遇的，依照《中国共产党纪律处分条例》第九十条的规定，给予党纪处分；

(十) 泄露军官职务任免酝酿、讨论情况，或者泄露军官考核情况造成不良影响的，给予警告或者严重警告处分；造成严重后果的，给予撤销党内职务或者留党察看处分；

(十一) 插手干预亲友和身边工作人员的职务调整、晋升，造成不良影响的，给予警告或者严重警告处分；情节严重的，给予撤销党内职务处分；

(十二) 在军官职务任免工作中，营私舞弊或者打击报复的，给予严重警告或者撤销党内职务处分；情节严重的，给予留党察看或开除党籍处分；

(十三) 参与军官考核的人员弄虚作假或者隐瞒、歪曲事实的，给予严重警告或者撤销党内职务处分；造成选人用人严重失误的，给予留党察看或者开除党籍处分；

(十四) 故意向考核人员提供虚假情况的，给予严重警告或者撤销党内职务处分；造成恶劣影响或者严重后果的，给予留党察看或者开除党籍处分；

(十五) 采取伪造、更改档案材料等不正当手段，为本人或者他人谋取职务晋升或者职级待遇的，给予严重警告或者撤销党内职务处分；情节严重的，给予留党察看或者开除党籍处分；

(十六) 将不符合条件的士兵或者地方大学生选取为军官、文职干部，或者违反规定将地方人员特招为军官、文职干部的，对主要责任者，给予警告或者严重警告处分；情节严重的，给予撤销党内职务或者留党察看处分；

(十七) 在军官职务任免工作中发生失察失误，造成恶劣影响或者严重后果的，对主要责任者，给予警告、严重警告或者撤销党内职务处分；

(十八) 其他违犯军官职务任免纪律的，视其性质、情节和后果，对主要责任者，给予相应的处分。

第四条　违犯军官职务任免纪律，有下列情形之一的，应当作出组织处理：

(一) 干部部门工作人员违犯军官职务任免纪律，受到处分或者不适宜继续在干部部门工作的，调离工作岗位；

(二) 本单位、本部门军官选拔任用工作中不正之风严重、群众反映强烈，或者直属单位发生重大用人失察失误的，对单位主要负责人和部门主要领导予以免职或者调整工作岗位。

第五条　违犯军官职务任免纪律应当受到处分，但能够主动承认并纠正错误的，可以从轻或者减轻处理。

第六条　违犯军官职务任免纪律作出的任免决定一律无效，由上级党委，政治机关或者本级党委按照规定予以纠正。

第七条　违犯军官职务任免纪律应当同时给予军纪处分的，依照《中国人民解放军纪律条令》的规定给予处分；构成犯罪的，依法追究刑事责任。

第八条　对非专业技术文职干部职务任免工作中违反《中国人民解放军现役军官职务任免条例》、《中国人民解放军文职干部条例》有关规定的行为，按照本规定处理。

第九条　对中国人民武装警察部队现役警官职务任免工作中违反《中国人民解放军现役军官职务任免条例》有关规定的行为，按照本规定处理。

第十条　本规定自发布之日起施行。

颁布施行《中国人民解放军预防犯罪工作条例》　《解放军报》2004 年 2 月 22 日报道，中央军委主席江泽民日前签署命令，颁布施行《中国人民解放军预防犯罪工作条例》。以条例的形式规范军队预防犯罪工作，这在我军历史上是第一次。

该《条例》共 6 章 55 条，全面系统地规范了预防犯罪工作的指导思想、方针原则、地位作用、任务目标、组织体系、各级职责、制度措施等。《条例》以“三个代表”重要思想和江泽民国防和军队建设思想为指导，适应中国特色军事变革的要求，充分吸纳部队预防犯罪工作的新鲜经验和创新成果，与国家和军队的有关法律、法规相衔接。《条例》的颁布施行，将使我军预防犯罪工作步入法制化轨道。

《条例》明确了“实行预防为主、综合治理的方针，遵循统一领导、各负其责，教育为本、教管并举，依靠群众、坚持经常的原则”，强调要紧紧围绕打得赢、不变质两个历史性课题，通过思想教育、管理控制、政治审查、技术预防等方法和措施，抑制和消除诱发犯罪的因素，防止犯罪行为的发生，为推进中国特色军事变革创造安全稳定的环境。

《条例》贯彻依法治军、从严治军的方针，进一步明确了政治纪律和有关规定，强调严格教育、严格管理、严格执纪；从建立健全预防犯罪工作责任制入手，明确规定了党委、机关、军政主官、副职领导和党支部及其他人员在预防犯罪工作方面应负的责任，提出了责权分明、赏罚严明的要求。

《条例》规定，总政治部指导和协调全军预防犯罪工作。武警部队的预防犯罪工作参照本条例执行。该《条例》自发布之日起施行。1997 年 3 月经中央军委批准，总参谋部、总政治部、总后勤部发布的《军队基层预防犯罪工作暂行规定》即行废止。

颁发《军队党组织发展党员工作规定》　《解放军报》2004 年 2 月 27 日报道，经中央军委批准，总政治部日前修订颁发了《军队党组织发展党员工作规定》，要求各级党组织认真贯彻执行。

这是自 1991 年制订《军队党组织发展党员工作暂行规定》以来的第二次修订。1999 年第一次修订的《暂行规定》，对于适应部队兵役制度改革，提高党员队伍质量，促进军队基层党组织建设发挥了积极的作用。重新修订颁发《规定》，是深入贯彻落实“三个代表”重要思想和党的十六大精神，保持党的先进性和纯洁性的一个重大举措，是适应新形势新任务的需要，充分发挥党员在全面建设小康社会和推进中国特色军事变革中先锋模范作用的必然要求。是巩固和扩大军队党的组织基础，增强基层党组织创造力、凝聚力、战斗力的重要保证。

这次修订的《规定》，以“三个代表”重要思想为指导，以党章和党中央、中央军委关于发展党员工作的指示精神为依据，总结和吸收了近年来部队发展党员工作的新经验，在保持原《暂行规定》基本结构的基础上，对发展党员工作的指导思想、基本任务和发展党员的具体标准、比例等，作了调整、充实和完善。

《规定》确立了“三个代表”重要思想在发展党员工作中的指导地位，强调发展党员工作必须以马克思列宁主义、毛泽东思想、邓小平理论和“三个代表”重要思想为指导，贯彻从严治党方针，着眼保持党的先进性，吸收具有共产主义觉悟的先进分子入党，始终保持一支以干部和士官为主体、素质较高、相对稳定的党员队伍。

《规定》进一步明确了发展党员的先进性标准，强调发展党员“必须注重综合素质，体现先进性的要求”，并对发展对象提出政治信念坚定、军事素质优良、思想道德纯洁、作风纪律严明、骨干作用明显等五个方面的具体标准。

《规定》着眼于进一步调动义务兵入党的积极性和提高士官党员的发展质量，对从义务兵和士官中发展党员的比例分别作了调整，并对入党积极分子的确定和培养考察，发展对象的确定、审查和培训，预备党员的接收和审批，预备党员的教育管理和转正等作了进一步的规范，使其更具针对性和操作性。

《规定》还完善了责任追究制度，明确对违反本规定吸收党员，或者对发展党员工作指导造成严重失误的党组织负责人应当进行批评教育，并视情依据《中国共产党纪律处分条例》和军队贯彻执行《中国共产党纪律处分条例》的有关规定，给予相应的党纪处分。对弄虚作假、不按规定程序和要求接收的党员，一律不予承认。

新《规定》自印发之日起在全军和武警部队执行。

下发《关于在全军团以上领导干部中大力弘扬艰苦奋斗精神的意见》　《解放军报》2004 年 5 月 31 日报道，总政治部日前下发《关于在全军团以上领导干部中大力弘扬艰苦奋斗精神的意见》，要求各级党委和政治机关充分认识新形势下弘扬艰苦奋斗精神的重大意义，把弘扬艰苦奋斗精神作为深入学习贯彻“三个代表”重要思想的实际举措，摆到思想政治建设的重要位置，作为一项长期任务和永恒课题，持之以恒、坚持不懈地抓下去，努力使团以上领导干部艰苦奋斗意识明显增强，精神境界明显提高，不良倾向明显纠正，作风形象明显转变。

《意见》指出，当前，全军正在深入学习贯彻“三个代表”重要思想，广泛开展“学习实践‘三个代表’重要思想，积极投身中国特色军事变革”和保持共产党员先进性教育活动。前不久，军委制定下发了《关于加强军队高中级干部教育管理的若干规定》为促进学习教育和《规定》更好的落实，要在全军团以上领导干部中大力弘扬艰苦奋斗精神，进一步加强领导干部队伍思想作风建设。

《意见》要求，要充分认识新形势下大力弘扬艰苦奋斗精神的重要性紧迫性。艰苦奋斗是我党我军的优良传统和政治本色，是推进事业发展的强大精神力量。在新的历史时期，江主席始终把艰苦奋斗作为关系党的生死存亡和事业兴衰成败的重大政治问题，大力倡导弘扬艰苦奋斗精神，强调各级领导尤其是高级干部要发挥模范带头作用。当前，我军所处的环境和担负的任务发生了深刻变化，使我军面临更加严峻的挑战和考验，更加需要树立长期艰苦奋斗的思想，强化艰苦奋斗的精神支柱。

《意见》指出，要把弘扬艰苦奋斗精神作为思想政治建设的重要内容突出出来。弘扬艰苦奋斗精神，是我军思想政治建设的一项重要任务，必须贯穿于思想政治建设的方方面面，结合各项政治工作任务一道去抓。

《意见》强调，要把弘扬艰苦奋斗精神贯穿到兴起学习贯彻“三个代表”重要思想新高潮中去。围绕坚定理想信念这个根本，深入学习“三个代表”重要思想，深刻理解、全面掌握其科学体系和精神实质，把对“三个代表”重要思想的政治信仰，转化为正确的人生追求、价值取向和行为准则，打牢艰苦奋斗的思想理论根基。党委中心组学习、领导干部的理论轮训都要注重联系思想和工作实际，解决这方面的问题。自觉做到：在复杂斗争面前不动摇，始终坚定对党的领导和社会主义的信念；在利益诱惑面前不动心，始终保持共产党人的崇高追求；在腐朽思想文化侵蚀面前不丧志，始终保持健康向上的生活情趣；在各种困难和艰险面前不退缩，始终保持昂扬奋进的精神状态。

《意见》要求，要把弘扬艰苦奋斗精神贯穿到各项教育活动中去。“学习实践‘三个代表’重要思想，积极投身中国特色军事变革”教育活动和保持共产党员先进性教育，是弘扬艰苦奋斗精神的有效载体。各级指导和开展教育活动，要突出领导干部艰苦奋斗的内容。开展四个教育，要加大艰苦奋斗教育的分量，组织领导干部深入学习党的三代领导核心关于艰苦奋斗的重要论述，围绕江主席提出的“参加革命是为什么，现在当干部应该做什么，将来身后应该留点什么”，进行“为谁当官、怎样用权”的讨论，深刻剖析少数高中级干部犯错误、栽跟头的教训，划清是非界限，矫正行为偏差，筑牢思想防线。

《意见》指出，要把弘扬艰苦奋斗精神贯穿到落实领导干部教育管理的各项法规制度中去。贯彻从严治党、从严治军方针，把学法规、知法规、用法规作为弘扬艰苦奋斗精神的重要途径，不断强化法规意识，增强遵纪守法的自觉性。要认真贯彻中央颁发的《党内监督条例》、《纪律处分条例》和军委下发的《关于加强军队高中级干部教育管理的若干规定》，严格落实领导干部廉洁自律的各项制度规定。党组织生活要把弘扬艰苦奋斗精神作为重要课题，结合落实党小组会、党委民主生活会、向全委会报告工作、领导干部述职述廉等制度，进行对照检查，严肃认真地开展批评与自我批评，促使领导干部自觉保持和发扬艰苦奋斗精神。

《意见》要求，要紧密联系思想作风实际，切实解决存在的突出问题。弘扬艰苦奋斗精神具有很强的实践性，必须把解决问题、见诸行动作为基本着眼点。各级要着力解决群众反映强烈、损害领导干部形象、影响部队凝聚力战斗力的突出问题，务求取得实效。各单位要认真分析领导干部思想作风状况，找准存在的主要问题，采取有力措施一个一个地加以解决。对一个时期存在的倾向性问题，可采取集中教育整顿、开展专项治理等方法，使不良风气得到纠正和遏制。同时，要针对存在的问题和薄弱环节，及时完善有关制度规定。

《意见》强调指出，要坚持正确导向，努力营造弘扬艰苦奋斗精神的浓厚氛围。高级干部和各级主官要做好表率。发扬艰苦奋斗的优良传统，高级干部和各级主官既要高度负责认真抓，又要身体力行带头做，努力成为艰苦奋斗的模范实践者。坚持严于律己，要求下面做到的自己首先做到，真正给部属做出好样子。发扬理论联系实际的学风。坚持知行统一、表里如一，力戒言行不一、说一套做一套的不良作风。

下发《关于在全军部队深入开展学习成才活动的意见》 《解放军报》2004 年 8 月 6 日报道，为进一步贯彻落实军委江主席关于“努力学习，艰苦奋斗，做无愧于新时代的高素质青年军人”的重要题词精神，总政治部日前下发《关于在全军部队深入开展学习成才活动的意见》。

《意见》指出，1999年，总政治部确定在全军和武警部队青年官兵中广泛开展学习成才活动。5年来，全军部队坚持用江主席题词精神统一思想，紧紧围绕部队现代化建设这个中心，动员广大官兵积极开展学习成才活动，催生出一大批军队现代化建设人才，为部队建设注入了新的活力。为推动军队人才战略工程的落实，充分调动全军部队的学习积极性，全面提高官兵素质，总政治部决定，进一步动员和组织全军官兵深入开展学习成才活动，并设立专门奖项，从2005年起，每年在“八一”建军节前后，表彰奖励一批全军学习成才先进个人和全军人才培养先进单位，大力营造学习型军营、做知识型军人的浓厚氛围，为实现我军现代化跨越式发展提供人才和智力支持。

《意见》要求，深入开展学习成才活动要以邓小平理论和“三个代表”重要思想为指导，认真学习贯彻江泽民人才建设战略思想。着眼建设信息化军队、打赢信息化战争的目标，按照军委《实施军队人才战略工程规划》的要求，紧贴军事斗争准备和部队建设实际，组织和引导官兵学政治、学军事、学文化、学科技，努力提高思想政治素质、军事专业素质、科学文化素质、身体心理素质和创新能力，培养造就适应时代要求的高素质新型军人。

《意见》强调，深入开展学习成才活动，要紧紧围绕和服务于推进中国特色军事变革的伟大实践，组织和引导官兵把本职岗位作为学习成才的基本平台，坚持把活动的着眼点放在促进人人成才上。要把学习成才活动纳入部队实施人才战略工程总体规划，贯穿于教育、训练、战备、执勤、科研等各项任务之中，不断拓宽活动领域，丰富活动内容，创新活动载体，健全活动机制，保证活动健康发展，促进部队人才队伍整体水平的提高。

《意见》要求，各级党委和政治机关要加强对学习成才活动的组织领导，建立和完善激励机制，注重发挥精神褒奖和物质利益的双重激励作用，营造学习受益、成才光荣的良好环境。要统筹各种教育资源，加大人才培养投入，为开展学习成才活动提供充分的物质保障。要实行分类指导，积极探索适合不同类型单位、不同类型官兵特点的具体办法，使学习成才活动更加贴近实际，突出重点，体现特色。要加大典型的培养和宣传力度，充分发挥典型的示范引导作用，努力创造人才辈出的生动局面。

颁发《军人体能标准》 《解放军报》2004年6月9日报道，《中国人民解放军军人体能标准》日前由总参谋部颁发并在全军试行。

我军曾在1989年和1994年制定和颁发了《军人体育锻炼标准》，对提高广大官兵身体素质发挥了积极作用。随着我军科技练兵向更深层次的拓展，特别是在积极推进中国特色军事变革的新形势下。广大官兵的体能训练亟须一部新的能够适应时代发展需要的法规。在新一代《军事训练与考核大纲》颁发后，我军有关职能部门和有关专家就开始筹划和编制具有时代特征的《中国人民解放军军人体能标准》。在总结我军近年体能训练的先进成果和借鉴军外国外体能训练先进经验的基础上，依据新的训练大纲并结合国家体育锻炼标准，制定出了新的《军人体能标准》。

《军人体能标准》是我军官兵体能训练的基本法规，由机关标准、部队标准和院校标准三部分构成，适用于全军和武警部队60周岁以下、生理和心理健康的现役人员。针对军以上机关工作对体能的特殊需求，以及首长机关军事体能训练场地、时间有限等实际情况，机关标准科学地设置了必训和选训课目，重点突出了基础体能训练的比重。部队标准主要汇集了各军兵种《大纲》体能标准，共分陆军部队、海军部队、空军部队、二炮部队、预备役部队、武警部队六部分。院校标准由学员和其他人员两部分组成。

新颁发的《军人体能标准》与《军事训练与考核大纲》精神一致。体现了科学求实和练为战的思想。按照紧密结合作战任务、适当兼顾不同对象的原则，该标准既在编写原则和体系结构上保持了与新一代训练大纲的一致，又在内容上着眼实际进行创新。内容设置全面，涵盖全军所有军人，在全面汇集各军兵种《大纲》体能训练标准的基础上，增补了未纳入大纲体系的军以上机关、军事院校和非作战部队各类人员的体能标准。结构体系合理，便于操作使用。该标准在体系构建上，尽量将工作性质相同的单位和人员进行合并，减少不必要的类别划分，避免了标准交叉重叠，便于受训者查找使用。《军人体能标准》还对体能训练的组织领导、训练时间、奖惩机制、经费保障等作了明确和适度的规范，保证了训练管理有法可依、有章可循，有利于训练落实。

印发《军队基层文化建设暂行规定》 《解放军报》2004年6月19日报道，总政治部、总后勤部日前联合印发了《军队基层文化建设暂行规定》。这是我军全面加强基层文化建设的第一部法规性文件，也是落实全军基层文化建设会议精神、建设具有我军特色先进文化的有力举措。这一《规定》的颁布和实施，标志着我军基层文化建设走上了依法办事、规范发展的轨道。

《规定》指出，基层文化建设是军队基层建设的重要方面，是军队思想政治建设的重要组成部分和军队社会主义精神文明建设的重要内容，也是培养有理想、有道德、有文化、有纪律革命军人，巩固和提高部队战斗力的重要途径。基层文化建设要以邓小平理论和“三个代表”重要思想为指导，紧紧围绕打得赢、不变质两个历史性课题，以培养“四有”革命军人为根本目的，做到场地器材配套、文体活动经常、骨干队伍健全、管理规范有序、服务保障到位，使基层文化建设与官兵不断增长的精神文化需求相适应，与加强部队思想政治建设和基层全面建设的要求相适应，与实现我军现代化跨越式发展相适应，与社会主义精神文明建设和社会文化事业的发展相适应，更好地为加强军队的革命化现代化正规化建设服务。

《规定》着眼新时期我军基层文化建设中的新情况、新特点和新要求，覆盖基层文化建设的各个层面，规范了基层文化建设运行中的各项内容，包括各级职责、文化设施、文化活动、队伍建设、经费管理、奖励与处分等，具有很强的指导性和可操作性，是我军基层文化建设的基本依据。

《规定》附有《旅团文化活动中心设施器材建设标准》和《连队俱乐部设施器材建设标准》，具体规定了文化活动场所名称、配备器材项目种类数量、功能用途。《规定》同时强调，场所建筑面积标准参照军委有关规定执行。各部队可根据本部队实际情况，自行添置器材项目的种类和数量，有条件的还可建能链接全军宣传文化信息网的局域网络系统。

军队医疗保障制度改革方案颁发实施 《解放军报》2004 年 3 月 20 日报道，经江泽民主席批准，中央军委日前颁发了《军队医疗保障制度改革方案》，决定从 2004 年 5 月起在全军正式施行。

《军队医疗保障制度改革方案》是针对军队现行医疗保障制度存在的矛盾和问题，在先行试点和扩大试点的基础上，广泛征求各大单位和广大官兵的意见建议，参照国家有关规定，结合军队实际制定的。该《方案》共 4 个部分 30 条，全面系统地阐述了军队医疗保障制度改革的任务、原则、主要内容、配套措施、组织实施办法等。

《方案》明确了这次医疗保障制度改革的对象是全军所有单位和人员。其主要任务是改进军人免费医疗制度，改革随军家属包干医疗和军队职工公费医疗制度，建立起军人免费医疗、随军家属优惠医疗、军队职工保险医疗相结合的新型医疗保障制度。

《方案》规定，这次改革包括实行分类保障、实行合理医疗、建立统定结合的费用管理制度、实行持卡就医等主要内容。根据《方案》规定，将提高医疗经费供应标准，重点提高离休人员、边远艰苦地区官兵以及特勤人员的经费标准；按照优于社会基本医疗保险的原则，全军统一确定合理医疗范围；实行医疗经费标准供应与统筹管理；军队人员持电子医疗卡就医，医疗卡先用于身份验证、费用记账、转诊介绍，逐步扩大到用于病历、记载和建立军人健康电子档案。《方案》及配套文件还特别规定，对距离军队医疗机构较远、就医不便的边远艰苦地区基层单位和边防哨所的军人及其享受优惠医疗的随军家属实行医疗社会化保障。并专门设立了经费补助标准。

按照《方案》规定，军队各类人员基本医疗经费标准平均增幅 30%以上。离休干部标准从改革试点前的每年 1000 元增加到 3500 元（包括大病统筹的 1000 元），并扩大了医疗待遇实报实销的范围。为了解决在医院外发生的大病医疗消耗问题，减轻部队和患者的负担，建立了军人和优惠医疗家属大病统筹补助标准，对癌症、肾移植术后用药等 12 种消耗较大的病种，实行大病医疗统筹。对常见病或多发病中对人体健康危害较大、经治疗效果肯定且治疗技术比较成熟、经费消耗较高的诊疗项目，给予补助。

《方案》还规定，设立 1955 年前后复员女同志和已故离休干部配偶经费标准，建立远离军队医疗机构人员的医疗经费标准，提高军兵种部队特殊岗位人员补助标准，按人员设立了防疫经费标准等。

下发《军人残疾等级评定标准（试行）》 《解放军报》2004 年 11 月 12 日报道，我国开始启用新的军人残疾级别标准。日前，民政部、劳动和社会保障部、卫生部、总后勤部联合下发了《军人残疾等级评定标准（试行）》。

我国现行军人残疾级别标准依照民政部 1989 年颁发的《革命伤残军人评定伤残等级的条件》，为“四等六级”，残情条目 85 条。这一标准设立时间较早，主要以丧失劳动能力及影响生活能力的程度来评定伤残等级，而且级别设置过粗，残情描述过于简单。在今年 10 月 1 日正式实施的新修订的《军人抚恤优待条例》中，采取了目前国内通行的做法，将现役军人因战、因公（含职业病）致残等级评定标准由重至轻分为 1~10 级。

这次民政部等 4 部门联合下发的《军人残疾等级评定标准（试行）》，通过对残疾军人医疗期满后的器官缺损、功能障碍、心理障碍和对医疗护理依赖的程度进行综合考虑来评定残疾等级；增加了包括医疗依赖、护理依赖、智力减退等23个分级的《功能分级判定依据及基准》，以进行残情描述；将因战、因公、因病残疾评定标准合而为一，解决了现行标准致残程度一样，而评定的等级不一致的问题；残情条目达到477条，内容极为丰富，设置更加细致；将精神病残情列入了病残条目，为解决精神病人长期滞留部队的难题创造了条件。

新下发的标准规定，医疗期满系指经过“系统治疗”，即住院治疗，或每月2次（含）以上到医院进行门诊治疗并坚持服药一个疗程（精神病人一般为3个月）以上，以及恶性肿瘤在门诊进行放射或化学治疗；航空病、减压病、放射性疾病、火箭推进剂中毒、尘肺等特殊行业现役军人易患的职业病，引起器官损伤、功能障碍、心理障碍及对医疗护理依赖的，依据本标准相关残情进行等级评定。

总后有关部门就此专门下发通知，要求全军各级卫生部门和医疗机构认真学习、宣传、贯彻《军人抚恤优待条例》和《军人残疾等级评定标准（试行）》，做好部队官兵的残疾评定工作，确保政策得到落实。新《标准》的下发对维护军人合法权益，激励军人保卫祖国、建设祖国的献身精神，加强国防和军队建设、推动军队卫生法制建设，具有重要的意义。

下发《优抚对象及其子女教育优待暂行办法》 《解放军报》2004年11月5日报道，民政部、教育部和解放军总政治部最近联合下发了《优抚对象及其子女教育优待暂行办法》，要求各地认真实行。

三部门的《办法》涉及的优待对象包括：退役士兵、残疾军人、烈士子女、因公牺牲军人子女、一级至四级残疾军人子女、现役军人子女。《办法》规定：

一、退役士兵报考普通高等学校，在同等条件下，优先录取；自谋职业的城镇退役士兵、在服役期间荣立三等功的退役士兵，可在其统考成绩总分的基础上增加10分投档；服役期间荣立二等功（含）以上或被大军区以上单位授予荣誉称号的，可在其统考成绩总分的基础上增加20分投档。自谋职业的城镇退役士兵报考成人高等学校可增加10分投档，服役期间荣立三等功（含）以上的退役士兵可在考试成绩基础上增加20分投档。退役士兵报考研究生的，在同等条件下可优先予以复试或录取。

二、烈士子女入学入托的，在同等条件下优先接收；烈士子女在公办学校学习期间免交学费、杂费，对其中寄宿学生酌情给予生活补助。报考普通高中、中等职业学校时降20分录取。报考普通或成人高等学校的，由省级招生委员会决定，可在高等学校调档分数线下适当降低分数要求投档，降分幅度不得超过20分。

三、残疾军人、因公牺牲军人子女、一级至四级残疾军人子女报考普通高中、中等职业学校的，招生时降10分录取。报考高等学校的，在同等条件下优先录取。残疾军人在校学习期间免交学杂费。

四、驻边疆国境的县（市）、沙漠区、国家确定的边远地区中的三类地区和军队确定的特、一、二类岛屿部队现役军人子女，在报考普通高中、中等职业学校招生时降20分录取，并不得收取街、自治区、直辖市规定收费标准以外的其他任何费用。报考高等学校的，在同等条件下优先录取。

五、现役军人子女入公办中小学校和幼儿园、托儿所，在同等条件下优先接收；报考普通高等学校，在同等条件下优先录取。

六、凡是国家实施“西部开发助学工程”地区的优抚对象及其子女，在符合资助标准的前提下优先享受“西部开发助学工程”的相关政策。

七、各类优抚对象在同等条件下优先享受国家设立的各类奖学金、学校自行设立的奖学金以及社会各界出资设立的奖学金，优先享受国家提供的各项助学贷款，优先享受学校提供的困难补助和社会捐助，同时学校应优先为他们提供勤工助学岗位。

贯彻执行《关于扶持城镇退役士兵自谋职业优惠政策的意见》 《解放军报》2004年2月20日报道，国务院办公厅近日发出通知，转发民政部等九部门《关于扶持城镇退役士兵自谋职业优惠政策的意见》，要求全国各地和各有关部门认真贯彻执行。

民政部等九部门《关于扶持城镇退役士兵自谋职业优惠政策的意见》，从享受优惠政策的资格、就业服务和社会保障、成人教育和普通高等教育、个体经营、税收、贷款、户籍等七个方面作出了具体规定。

《意见》明确提出，符合城镇安置条件，并与安置地民政部门签订《退役士兵自谋职业协议书》，领取民政部统一制定的《城镇退役士兵自谋职业证》的士官和义务兵可以享受自谋职业优惠政策；各类就业培训和职业教育等机构，要根据劳动力市场变化和产业结构调整需要，为自谋职业的城镇退役士兵提供就业培训；各类人才交流服务机构和公共职业介绍机构，要积极为自谋职业的城镇退役士兵提供职业介绍和指导服务；用人单位在面向社会招聘员工时，同等条件下要优先录用自谋职业的城镇退役士兵；自谋职业城镇退役士兵从事个体经营的，可免征部分登记、管理等费用和税收；为安置自谋职业的城镇退役士兵而新办的服务性企业，可免除部分税收；自谋职业的城镇退役士兵从事个体经营或创办经济实体资金不足时，符合贷款条件的，可优先获得商业银行的信贷支持。

《意见》还对自谋职业城镇退役士兵的户籍管理和参加成人教育、普通高等教育的优惠政策作出规定。依据《意见》规定，符合有关条件的城镇退役士兵可在县以下城镇落户。其家属和子女如果是农村户口的，允许办理“农转非”手续并随其落户。城镇退役士兵报考成人高等学校或普通高等学校，均可享受加分的优惠。

颁发《军队国有资产管理规定》　《解放军报》2004 年 6 月 24 日报道，《军队国有资产管理规定》日前由总参谋部、总政治部、总后勤部、总装备部联合颁发，在全军施行。这对于促进军队国有资产管理制度化、规范化，保证资产合理配置、安全完整和有效使用具有重要意义。

新出台的《军队国有资产管理规定》，认真研究新形势下军队建设和国有资产管理的特点与规律，总结近几年军队国有资产管理的实践经验，明确了军队国有资产管理职责。

《规定》明确指出，凡属于国家所有，由军队依法占有、使用、管理的货币资金、武器装备、房地产、设施设备、物资器材、科研成果和其他财产及权利，无论是机关、部队和事业单位占有、使用、管理的行政事业性资产，还是军队企业和实行企业化管理的事业单位占有、使用、管理的经营性资产都在军队国有资产管理的范围之内。

《规定》强调，军队国有资产管理，是军队通过对国有资产进行产权界定、产权纠纷调处、产权登记、资产评估、资产流失查处、资产清查登记、清产核资和实物资产计价统计与核算，对国有资产的占有、使用、收益和处置等行为进行规范和监督的活动。总后勤部主管全军国有资产管理工作，各级后勤 (联勤) 机关主管本级国有资产管理工作。

《规定》要求各级要加强对军队国有资产管理工作的领导，支持国有资产主管部门和人员依法履行职责。纪检和审计部门要对国有资产占有、使用、管理的单位、人员及工作情况实施监察和审计监督，确保军队国有资产安全、完整和有效使用。

颁发《军队资金集中支付改革实施方案》　《解放军报》2004 年 10 月 11 日报道，经中央军委批准，中央军委办公厅日前向全军批转了总后勤部制定的《军队资金集中支付改革实施方案》。该《方案》将于 2005 年 1 月 1 日起在全军施行。这是军委在后勤改革方面作出的又一项重要决策，对落实军队财务集中统管、加强资金支付管理、提高经费使用效益和财务保障能力具有重要意义。

《方案》以中央军委关于新时期军队建设方针为依据，适应社会主义市场经济发展和军事斗争准备需要，改进和完善军队资金支付制度，通过建立以财务单一账户体系为基础，以集中支付为主要形式的资金结算保障模式，进一步收拢银行账户。集中存储资金，集中办理资金的支付、收缴和核算。实现资金的集约化管理。

《方案》对财务单一账户体系的设置与管理、资金支付方式与程序、资金支付手段和资金收缴方式等作出了具体规定。这项改革推行后，将大大提高资金支付管理的科学性和有效性，使经费支出管理监督更透明、更规范、更有力。

《方案》强调，军队资金集中支付，不改变现行财务体制，不改变经费所有权和使用权，严格按照预算供应保障资金，减少资金拨付环节，实现便捷支付，提高保障效能，更好地为军事斗争准备和部队建设服务。

颁布实施《军队领导干部经济责任审计规定》　《解放军报》2004 年 11 月 25 日报道，经中央军委批准，总参谋部、总政治部、总后勤部、总装备部近日联合发布命令，颁布《军队领导干部经济责任审计规定》，决定从 2005 年 1 月 1 日开始实施。今后，军队团级以上单位和机关部门负有经济责任的领导干部，都要按规定接受审计。

《规定》依据《中国人民解放军审计条例》和《中国人民解放军现役军官职务任免条例》制定，是我军新时期加强高中级领导干部管理的一部重要审计法规。

《规定》指出，为了规范和加强对军队领导干部经济责任的审计监督，正确评价领导干部的经济责任，提高军事经济管理水平，促进廉政建设，军队团级以上单位和机关部门负有经济责任的领导干部，在任现职两年以上或即将离任、干部考核需要审计、经济方面有反映的情况下，都应当按照规定接受审计；编设审计部门的单位要成立领导干部经济责任审计工作领导小组，负责指导、协调、检查本单位的领导干部经济责任审计工作；审计内容包括领导干部在本单位、本部门的年度预算及其执行情况和决算、财务收支、会计核算和资金管理、工程建设、房地产开发、对外有偿服务、物资和装备及器材采购、资产管理、家底经费管理、债权债务和经济遗留问题的处理情况等，对领导干部涉及其他单位、部门的，可以进行延伸审计。此外，在审计权限划分上也作了具体规定。

《规定》要求，对被审计的领导干部在经济活动中履行职责的情况。审计部门应当在审计后实事求是地作出评价，评价范围包括经济决策、经济管理、财经法规执行、事业成效及廉洁自律等方面，并且区分其负有的直接责任和领导责任；审计评价结果应当作为考核、使用领导干部的重要内容和依据。

《规定》的出台，标志着我军领导干部经济责任审计工作进入了一个新的阶段，对于加强和完善审计监督制度，依法监督领导干部经济权力，提高军事经济管理水平，促进党风廉政建设具有十分重要的意义。

颁布《军队领导干部经济责任审计评价标准》 《解放军报》2004年12月31日报道，总政治部、总后勤部近日联合发出通知，颁布《军队领导干部经济责任审计评价标准》，要求从2005年1月1日起执行。

《标准》依据中央军委批准、四总部联合发布的《军队领导干部经济责任审计规定》和有关法规制定，是进一步规范军队领导干部经济责任审计工作，正确评价被审计领导干部经济责任的重要法规依据。

《标准》根据领导干部履行经济职责的性质，对被审计领导干部在经济决策、经济管理、财经法规执行、事业成效以及廉洁自律等方面履行的主要经济职责进行了细化；根据近年来领导干部经济责任审计工作中发现的主要问题，把改变经费用途、超计划进行工程建设、造成经济损失、无正当理由超支等违规违纪问题，作为审计评价的主要指标。同时，依据国家和军队有关法规，结合不同类型、不同级别的领导干部履行经济职责差异较大的实际，采用绝对数和相对数两个量化指标，按照被审计领导干部负有的直接责任和领导责任分别进行量化，使审计评价更为科学、规范、合理。

《标准》的颁布实施，对强化领导干部经济责任审计监督，规范领导干部经济责任审计评价内容，实事求是、客观公正地评价被审计领导干部的经济责任具有十分重要的意义。

颁发《军职以上干部住房建设管理意见》 《解放军报》2004年2月20日报道，经中央军委批准，全军住房制度领导小组《关于贯彻军队大军区职干部住房制度改革暂行办法，加强军职以上干部住房建设管理的意见》，日前由中央军委办公厅转发全军执行。

贯彻落实军职以上干部房改的有关规定，加强住房建设管理，是进一步深化军队住房改革。建立具有我军特色住房保障新制度的重要组成部分。《意见》对军职以上干部住房建设，从控制建房规模、用地、面积标准到装修都作了明确规定。《意见》要求，军职以上干部住房尽量由大军区级单位统一规划设计，统一组织实施；建设计划主要安排现住房不符合出售条件的离退休干部和接近最高服役年龄的在职干部；军职干部住房建筑层数不得低于4层，大军区职干部住房不得建成平房、独门独院或独立小楼，建筑容积率不得低于0.5；新建军职以上干部住房的户型面积以干部相应职级的购房补贴面积标准为限额，不得以任何理由突破。个人要求提高装修标准、增加设备配备的，增加的经费全部由个人负担。

《意见》强调，军职以上干部购买住房后。要及时腾退原租住的公寓住房，不得两次和两处以上购房占房。军职干部购房补贴政策明确前，可按房改成本价售给个人，购房补贴政策出台后，个人愿意按经济适用房价格购买的。可重新计算房价，享受住房补贴。《意见》要求军级以上单位党委、领导，要高度重视军职以上干部建房管理，要坚持艰苦奋斗、勤俭建军的方针，严格把握政策。各级主管部门要加强指导，认真细致地做好工作。各级领导干部特别是军职以上干部，要讲政治，顾大局，以身作则，以实际行动支持军队房改。

下发《关于推进军队人员住房供应社会化有关问题的通知》 《解放军报》2004年1月17日报道，国家发展和改革委员会、财政部、建设部、国土资源部、中国人民银行和总后勤部日前联合下发《关于推进军队人员住房供应社会化有关问题的通知》，出台军队人员从地方购买经济适用住房的政策举措，加快了实现军队住房保障货币化、商品化、社会化的步伐。

《通知》指出，军队人员购买住房逐步走向社会，是推进军队后勤保障社会化的重要组成部分，有利于减轻军队建房、管房负担，有利于改善军队人员住房条件。各地人民政府要把军队人员购买住房纳入当地经济适用住房建设和开发计划，积极创造条件为军队人员购房排忧解难。

《通知》确定了军队人员购买住房的途径和原则。凡是符合军队和当地政府规定条件的，可以购买地方政府开发建设的经济适用住房，也可以购买配偶单位已经分配并合法租住的公有住房或其他具有经济适用住房性质的住房。购房按照“政府部门主导，军队单位协调，开发企业建设，个人自愿购买”的原则实施。《通知》对军队人员购房过程中的组织协调和房源落实等问题作了明确规定。为军队人员提供的住房，应尽可能在已建或规划建设的经济适用住房小区中安排，要尽量相对集中和便于军队人员工作生活。城市驻军较多，申请购房人员相对集中，且相应区域内确无经济适用房供应的，地方政府应结合实际情况制定具体解决办法，可安排由部队统一建设或委托开发商代理建设经济适用住房小区，定向出售给军队人员；政府对中低收入家庭购买普通商品住房减免有关税费，应给予符合军队与当地政府规定条件的中低收入的军队人员家庭同等待遇。

《通知》强调，军队单位利用自用土地在售房区内组织建设经济适用住房，应执行军队和当地政府建设经济适用住房有关规定，并享受地方政府优惠政策和军队后勤保障社会化配套项目减免有关费用政策，其销售对象应严格界定符合条件的军队人员，销售价格不得超过当地经济适用住房价格。

颁布《军队公勤人员聘用管理规定》　《解放军报》2004 年 4 月 8 日报道，经中央军委批准，总参谋部、总政治部、总后勤部和总装备部日前联合颁布《军队公勤人员聘用管理规定》。今后，军级以上单位的机关和非作战部队中由士官和义务兵承担的炊事、驾驶等部分公勤岗位，将逐步聘用地方人员。

记者从日前召开的全军公勤人员聘用管理工作会议上了解到，《军队公勤人员聘用管理规定》是在分析研究我军实际情况的基础上，依据国家《劳动法》及相关配套法规制定的。该《规定》的颁布实施，对于优化我军体制编制和组织结构，提高部队战斗力，加速建设新型的现代化军队，具有十分重要的意义。《规定》共 5 个部分 32 条，全面系统地阐述了军队非现役公勤人员的招聘、待遇、管理等问题。

《规定》明确了非现役公勤人员的使用范围和管理职责分工。军级以上单位的机关和非作战部队可以按照规定的编制员额招聘使用非现役公勤人员。全军非现役公勤人员由总后勤部归口统管，各级后勤（联勤）机关分级管理，具体业务由各级人事劳动管理部门负责承担。

《规定》规范了非现役公勤人员的招聘方式、条件、程序以及劳动合同期限。用人单位聘用的非现役公勤人员必须具有与工作岗位相适应的知识和能力，从事技术岗位工作的，必须持有国家规定的相应证书，并具有一定的实际工作经验。聘用非现役公勤人员，应当按照公开、平等、竞争、择优的原则面向社会招聘；同等条件下，也可从已经解除劳动关系的原军队职工和退出现役的原公勤人员中招聘。

《规定》明确了非现役公勤人员的工资福利待遇。要求用人单位支付非现役公勤人员的工资不得低于当地人民政府规定的最低工资标准。聘用人员必须参加养老、失业、工伤等社会保险，在依法终止或解除聘用关系后统一纳入社会再就业体系。

公布《中国人民解放军实施<中华人民共和国药品管理法>办法》　《解放军报》2004 年 12 月 16 日报道，中华人民共和国国务院总理温家宝、中华人民共和国中央军事委员会主席江泽民日前签署第 425 号令，公布《中国人民解放军实施<中华人民共和国药品管理法>办法》。

《办法》共 38 条，明确规定军队药品监督管理工作由总后勤部卫生部负责，国务院药品监督管理部门依照本办法的规定履行监督管理职能。各总部、军兵种、军区后勤（联勤）机关卫生部门分别负责本系统、本单位的药品监督管理工作。

《办法》规定，总后勤部卫生部、军区联勤部的药品检验机构，承担军队依法实施药品审批和药品质量监督检查所需的药品检验工作。军队药品供应保障机构按照规定的保障范围，负责军队医疗机构所需药品的供应保障，未经批准，不得向地方药品经营企业和医疗机构供应药品。地方医疗机构未经批准使用军队特需药品或者军队医疗机构制剂的，未经批准向军队医疗机构提供本医疗机构配制的制剂的，依照药品管理法相关规定给予处罚。

武警部队的药品监督管理工作参照本办法执行。

《办法》自 2005 年 1 月 1 日起施行。

转发总后《关于做好部队农副业生产工作的意见》　《解放军报》2004 年 6 月 17 日报道，经中央军委批准，中央军委办公厅近日转发总后勤部《关于做好新形势下部队农副业生产工作的意见》，要求全军部队积极适应新时期军队建设需要和国家农业发展要求，保持部队农副业生产稳定发展，更好地为补助官兵生活、提高部队战斗力服务。

《意见》指出，搞好部队农副业生产，既是补助官兵生活、培养部队作风的有效措施，也是支持国家经济建设、保证粮食安全的实际行动，特别是对增强边远艰苦地区部队生存与保障能力具有重要作用。要把农副业生产作为加强部队全面建设的一项长期任务来抓。部队农副业生产工作要以“三个代表”重要思想为指导，树立科学发展观，继承发扬南泥湾精神，坚持生产为部队生活服务的正确方向，坚持因地制宜、规模适度、科学通用、完善配套的建设原则，坚持依靠科技、规范管理、减少用兵、提高效益的发展路子。

旅团以下部队主要搞好以蔬菜种植、畜禽养殖为主的生产和加工，巩固“菜篮子”工程建设成果，部队官兵吃上“放心菜”、“放心肉”。农副业基地主要搞好以粮食、副食品为主的农副业生产，管住用好土地资源，为部队生活供应提供补助。

《意见》强调，军队农副业生产土地是军队拥有使用权的国有土地，要依据国家、军队有关政策法规，严格规范土地使用管理，严格落实耕地保护制度，充分发挥资源效益。要按照有利于战备训练、有利于生产发展、有利于补助供应的要求，优化生产组织方式，减少生产用兵，提高生产能力。要坚持把科技兴农作为农副业生产新的增长点，积极引进优良品种，推广先进适用技术，努力提高生产的科技含量和质量效益。要认真贯彻《军队农副业生产管理规定》，确保农副业生产规范有序运行。

（晓　军）

美国军事法制　美军随军牧师制度简介　《现代军事》2004 年 4 月号牛彬、谷丹报道，在美军部队中有一支身着军装却不参加战斗的特殊队伍——随军牧师。由于美军官兵 95% 以上都信仰宗教，早在 1775 年美国陆军成立之时，美军的随军牧师制度就相伴而生。目前美军共有随军牧师 3100 人，平均每 700 名官兵就有 1 名随军牧师，其中还包括一定数量的女牧师。

美国国防部设有武装力量牧师委员会，其主任为少将军衔。在陆海空三军都设有牧师部长，也是少将军衔。其中，陆军设有陆军牧师部，集团军、军牧师处，师牧师科，现有牧师 1400 人。海军设有牧师部(又称宗教事务部)，舰队、陆战队牧师处，分舰队牧师科，大型舰只、中队牧师；现有牧师 830 人。空军设有空军牧师部，战区、航空兵牧师处，基地、联队牧师，现有牧师 810 人。

美军随军牧师作为正式在编军官，其地位受到法律保护，在军中授予军衔、穿军装、佩戴牧师标志，除不直接指挥部队参加战斗外，其他待遇与同级军官完全相同。随军牧师与其他美军军官的不同之处在于随军牧师不能携带武器，不直接参加战斗和指挥部队，这符合《日内瓦公约》有关条款的规定。每一位随军牧师都有一个助理，通常由士兵担任，可携带枪支，主要任务是在战场上保护手无寸铁的牧师。

美军非常重视对随军牧师的遴选和培养。美国防部规定：凡民间牧师应募入伍前必须具有经军方认可的神学学位，或在民间传教 2~4 年的经历；还必须得到所属宗教团体的同意；除了熟谙宗教事务外，还要具有广泛的现代科学文化知识。因此，随军牧师的综合素质往往比较高，不少人精通文学、艺术、历史、哲学、心理学等学科，大多拥有博士或硕士学位。

美国防部设有牧师中心和牧师学校，随军牧师入伍后必须先到这些机构花 3 个月时间学习随军牧师基本课程，以了解军队情况、熟悉部队的日常生活，并接受“军事合格技术”训练；然后被授予中尉军衔，分配到部队提供宗教服务。军队宗教服务课程主要有主持军队葬礼的基本程序、做军人家庭的思想工作、主持宗教教育、在战场提供宗教服务等。地方神职人员要想完全转变为随军牧师，还要学习领导艺术、军队通联、军队法律、军用文书写作和美军史，接受有关军人技能和心理信心训练。

随军牧师以神职人员的身份出现于官兵之中，具有一定的亲和力和感召力，往往会成为沟通官兵关系的桥梁和纽带。随军牧师的主要任务就是向指挥官提供关于宗教、士气、道德和生活质量等方面的咨询，因此也成为各级指挥官了解官兵思想的得力顾问。

随军牧师不仅要组织官兵做礼拜，而且还负责主持婚礼、葬礼、洗礼等仪式。他们经常深入营房驻地和训练场等基层部队，利用传经布道和士兵交谈等机会，掌握其思想动态，化解官兵矛盾。此外，慰问伤员，调解士兵家属矛盾，对士兵的不满情绪进行劝导；协助处理吸毒、酗酒、性丑闻等违纪问题及各种纠纷。由于随军牧师成为基层士兵可以信赖、依靠的人，因此能够了解到许多指挥官了解不到的问题。战争期间，随军牧师利用战斗间隙做礼拜、祷告或发慰问品，宣传“美国的行动符合上帝的意志，必然会受到上帝保佑”等思想。并宣称参战官兵死后能升天堂，激励士兵勇敢作战。

随着美国军事存在的全球扩张，随军牧师还必须向世界各地执行任务的美军官兵介绍该地区的宗教和文化背景，如介绍一些国家的教堂等宗教场所几乎都是“禁区”，如果误炸这些宗教场所的话，后果将非常严重。这已经成为在外执行任务的美军指挥官制定行动计划时必须考虑的一个重要因素。

除特殊情况外，随军牧师一般不得做宗教以外的工作；即使因紧急需要而担任俗职，也不得从事与他们身份不相称的职业。如：不能在军人商店、体育、娱乐场所任职，不能担任福利、人事、勤务等工作和出公差，也不能充任军事法庭审讯顾问、辩护律师、法律军官或法庭成员等。

由于美国的宗教派别众多，美军牧师也来自美国的不同宗教团体，主要有五大宗教：天主教、新教、犹太教、伊斯兰教和东正教，其中以新教居多。由于美军一些战争行动的非正义性，致使军人价值观和宗教价值观发生冲突，随军牧师无法解决官兵的诸多思想问题。此外，美军随军牧师本身也存在问题，如一些牧师涉嫌性丑闻和毒品事件等，造成了很坏的影响。

美军刑事诉讼　《解放军报》2004 年 12 月 12 日田友方、吴新元报道，美军实行不同于平民的军事司法制度，其刑事诉讼可分为五个主要阶段。

对军人犯罪展开调查，是美军刑事诉讼的发端。根据罪行的严重程度及性质不同，案件调查权由不同的部门和人员行使：对于吸食毒品以及盗窃等罪行较重的普通犯罪，由军队专门设立的刑事调查机构调查；对于罪行较轻的普通犯罪和大多数纯军事犯罪，分别由治安警察和宪兵进行调查；对于罪行轻微的犯罪，军人疑犯的指挥官可自行调查，也可将案件调查权授予其他军官行使。

美军刑事诉讼的第二阶段，是指挥官对调查终结的案件酌情处理。根据案件具体情况的不同。指挥官可有四种处理方式：一是撤销案件。该方式主要适用于以下情形：经查明，被告确属无辜的；有罪证据不具有可采性的；指挥官有其他理由认为案件不应起诉的。二是采取行政措施。如指挥官认为采取行政措施对于犯罪军人可取得最佳矫正效果，他有权决定不将案件作刑事案件处理，而采取训诫、被迫退役等行政措施处置。三是非司法处罚。对于罪行轻微的犯罪，被告的指挥官有权即时实施非司法处罚。四是提交军事法庭审判。如指挥官认为罪行较为严重，他有权确定指控的罪名，并向军事法庭提起刑事诉讼。

军事法庭对指挥官提交的案件进行审判，是美军刑事诉讼的第三阶段。军事法庭作为第一审军事审判组织，分为初级、特别和高级三种：初级军事法庭由一名军官担任主持人，负责审理罪行较轻的士兵犯罪案件；特别军事法庭负责审理军官犯罪案件以及罪行较重的士兵犯罪案件。高级军事法庭属最高级一审军事审判组织，审理最为严重的军事犯罪案件。

对军事法庭判决的复核，是美军刑事诉讼的第四阶段。这种复核按以下步骤进行：军事法庭的判决作出后，该判决自动进入由军事法庭召集当局（美军军事法庭是由不同级别的军事指挥官临时召集，该军事指挥官称军事法庭召集当局）主持的复核，召集当局可减轻处罚或以新的处罚替代，但不得加重对被告的处罚。

对于经复核的判决，被告有权向武装力量上诉法院乃至最高法院上诉，这是美军刑事诉讼的最后阶段。武装力量上诉法院由总统任命的五名平民法官组成，仅就有关法律问题的上诉作出裁决。对于该上诉法院的裁决，被告和政府均可请求最高法院以调案复核令状的形式调案复核。

（魏守正）

俄罗斯军事法制　**通过《俄联邦保障化学和生物安全国家政策纲要》**　该纲要 2004 年 4 月 3 日由俄总统签署公布。俄《俄罗斯报》2004 年 4 月 7 日刊登全文。该纲要共 6 章 21 条。

第 1 章，总则。其中第 1 条指出，该纲要规定了保障俄个人、社会和国家生化安全的目标、基本原则、重点方向、国家援助任务和措施，以及政策实施的机制和阶段。第 3 条规定，保障生化安全是巩固俄联邦安全的最重要方向之一。

第 2 章，决定保障生化安全国家政策的主要因素。其中第 5 条指出，对居民、生产和社会设施及环境系统的不良生化影响正在不断加大，在潜在危险生化设施出现紧急状态的危险（包括恐怖活动引起的危险）在增加，它们对俄联邦居民人身安全、国家安全和社会经济发展构成了越来越大的威胁。

第 3 章，保障生化安全国家政策的目标、基本原则和重点方向。其中第 7 条指出，该政策的目标是将生化威胁降至最低程度。基本原则是重点保障俄领土上人身安全，遵守俄罗斯法律和俄罗斯通过的相关国际条约义务，遵守各项卫生规定和安全标准，重点保障极其重要生化设施的安全，将个人、社会和国家利益和相互责任合理结合起来，使保障生化安全的任务符合国家的需要和经济实力，使俄居民可以获得保障生化安全的信息。第 9 条规定，该国家政策的重点方向是完善相关国家管理措施和法律制度，加强工业政策，加强基础和应用科技，预防紧急状态和消除紧急状态后果，反恐，培训人才。

第 4 章，保障生化安全国家政策的主要任务。该章对国家政策各重点方向进行了详细规定。

第 5 章，保障生化安全的主要国家援助措施。其中第 17 条规定，这些措施包括：确定相关国家管理机关，制定和保障实施相关计划，确定相关预算，将国家管理和市场机制合理结合起来，完善相关法律，保障国家、投资者和危险设施所有者财产利益，完善保险体系，完善国家卫生监督系统。

第 6 章，主要机制和实施阶段。2003~2004 年为第一阶段，在这一阶段制定本纲要的实施措施计划，成立俄联邦生化安全委员会，确定各级负责政策实施的国家权力执行机关，建立生化防护设施，制定和批准统一的生化危险标准，对危险设施进行登记和评估，在此基础上制定俄联邦危险生化设施名单，建立销毁化学武器监督系统，对拥有危险设施企业的活动实施许可证制度，组织相关人员培训。第二阶段，2005~2007年，完善相关法律，区分各相关部门的责任，建立预防生化威胁自动化系统，建立保障生化安全预算外国家基金系统。第三阶段，2008~2010年，制定和实施各类工业活动生化安全技术标准，制定和采取措施，将构成系统性威胁的设施从人口密集地区搬出或清除。第四阶段，2010年之后，完成实施各项措施。

批准《根据合同服兵役的外国公民在俄罗斯临时停留期限规定》　该规定是俄国防部长2004年4月2日第101号命令的附录。俄《俄罗斯报》2004年4月28日刊登该规定全文。该规定称，临时停留期限由办理服兵役手续需要的时间决定，但自提出服兵役申请之日起，不得超过90日。

批准《俄联邦反恐委员会组成人员规定》　该规定是俄政府2004年7月23日第375号政府令的附录。俄《俄罗斯报》2004年7月29日刊登该规定全文。俄联邦反恐委员会的组成人员包括：总理（委员会主席）、联邦安全局长（委员会副主席）、内务部长（委员会副主席）、紧急状态部长、卫生和社会发展部长、外交部长、信息技术和通讯部长、文化和大众传媒部长、国防部长、教育和科学部长、自然资源部长、工业和能源部长、交通部长、财政部长、经济发展和贸易部长、司法部长、对外侦察局长、毒品监督署长、联邦警卫局长、总统专门规划总局长、总参谋长、联邦安全局二局副局长（委员会秘书）。

颁布《组织公民防御紧急状态和恐怖活动程序》　该程序是俄政府2004年10月14日第1327号命令。俄《俄罗斯报》2004年10月21日刊登该程序全文。该程序对如何组织俄公民应对紧急状态，维护社会秩序，即时向公民通报紧急状态和恐怖事件作出了规定。该程序共2条。第1条，指示俄罗斯紧急状态部和内务部、协同各相关部门利用现代化的传媒技术手段，确保向俄罗斯公民通报紧急状态和恐怖事件，并确定上述传媒手段的分布程序和信息发布程序；第2条，指示相关组织在居民点设置或向居民点提供现代化的传媒技术手段。

批准《俄联邦政府军事工业委员会章程》　该章程是俄政府2004年12月3日第733号政府令的附录。俄《俄罗斯报》2004年12月10日刊登该章程全文。该章程共12条。第1条规定，军事工业委员会是协调各联邦权力执行机关在实施军事技术政策，供应国防和国家安全产品，发展国防工业综合体等方面工作的机构。第3条规定，国防工业委员会的主要任务是协调在实施军事技术政策，发展国防工业综合体，在国防工业综合体内部建立一体化组织，有效利用国防、国家安全和护法工作联邦预算等方面的工作；协调各联邦权力执行机关在制定和实施武器和国防工业综合体发展计划、保障国防和国家安全计划、经济动员计划、俄罗斯与外国军事技术合作计划、国防采购计划等方面的工作；解决在研制、生产、供应、修理、销毁武器，利用本国和外国先进科技成果生产武器，进口和出口军品和军民两用产品等方面的综合性问题，以及解决国际化学和生物武器条约规定的俄罗斯应承担义务方面的综合性问题。第5条规定，军事工业委员会有权听取各联邦权力执行机关代表的相关汇报，按照一定程序向各联邦权力机关索取相关材料，按照一定程序吸收各联邦权力执行机关代表、科学和社会组织代表、国防工业组织领导人和专家参加委员会的工作；有权建立负责具体工作方向的工作小组。第6条规定，军事工业委员会主席由政府总理担任。第7条规定，委员会会议按照委员会主席批准的计划进行，每季度至少举行一次会议；委员会议事程序由委员会主席决定。第8条规定，委员会半数以上成员出席会议，会议有效；委员会决议以公开投票方式通过，出席会议的半数以上成员投赞成票，决议通过。

（窦晓兵）

俄罗斯国防军事立法概况　《解放军报》2004年1月28日和2月1日陈耿报道，俄罗斯联邦宣布独立及组织武装力量后，十分重视国防军事立法工作，先后制定并颁布了上千部法律、法规和规章。这些法律、法规和规章有的是对原有立法的认可继承，有的是在原有立法基础上进行完善后重新予以颁布，还有的是根据实际需要新颁布的法律法规。目前，俄罗斯联邦的国防军事立法，就其内容而言大体上可分为以下八个方面：

国防与军事战略法　这是俄罗斯联邦最基本也是最具全局指导性的国防军事活动的法律依据。其法律渊源，首先是《俄罗斯联邦宪法》中的国防军事法律条款，宪法规定了俄联邦保障国家安全职责，国防军事事务领导与管理的联邦职责以及俄联邦总统的国防军事权力与职责；在法律法规方面，主要有《安全法》、《俄罗斯联邦国防法》、《俄罗斯联邦军事学说》、《战时状态法》、《紧急状态法》等。

俄罗斯联邦1992年、1996年重新颁布的《国防法》

规定了俄联邦的国防原则和组织，俄联邦国家权力机关国防方面的权力，俄联邦主体国家权力机关、团体及其主管人员国防方面的职能，俄联邦公民在国防方面的权利和义务，触犯俄联邦国防法律所承担的责任以及涉及国防的其他准则。

军事学说是必须贯彻执行的军事建设指导方针和基本原则，与《安全法》共同调整国防领域和军队内部基本军事社会关系。军事学说包括军事政治原则、军事战略原则和军事经济原则三部分。军事政治原则部分，规定了军事政治形势的分析原则，军事安全面临的主要威胁，军事安全的保障措施，国家军事体制及其领导等；军事战略原则部分，规定了战争和武装冲突的性质，俄罗斯联邦武装力量和其他部队的使用原则等；军事经济原则部分，规定了军事安全的军事经济保障、国际军事（军事政治）与军事技术合作等。

俄罗斯联邦把战时状态和紧急状态作了区分。《紧急状态法》主要规定了紧急状态的含义和目的，实行紧急状态的情形与程序，在紧急状态条件下采取的措施和临时限制，保障紧急状态制度的人力和物力，对紧急状态地区的特别治理，紧急状态条件下公民权利的保障和公民、主管领导人的责任等。《战时状态法》则对战时状态的含义、法律基础、实行理由，战时状态制度及其保障，战时状态期间国家权力机关在保障战时状态制度方面的权力及其职能特点，战时状态期间公民和组织的法律地位，战时状态的解除等作出了具体规定。

兵役和动员法　兵役和动员法是国家重要的国防军事法律制度。俄罗斯自1992年以来颁布了数十项兵役和动员方面的法律法规，主要有《俄罗斯联邦兵役义务与兵役法》、《俄罗斯联邦动员准备与动员法》等。其中，1993年2月首颁、1998年重颁的《俄罗斯联邦兵役义务与兵役法》规定了俄联邦公民的兵役义务及其履行兵役义务的权利、义务和责任，国家权力和管理机关、地方行政机关和负责人在履行兵役义务方面的职责；兵役登记、公民的役前义务训练和自愿训练、征集公民入伍、公民按合同入伍、服兵役、退出现役，以及预备役等。根据这一法律，俄罗斯联邦兵役制度主要是以义务兵役制与合同兵役制结合，同时，辅以预备兵役制和选择性兵役制等。1997年1月国家杜马通过《俄罗斯联邦动员准备与动员法》主要制定了动员准备和动员的基本原则与内容、法律依据；总统、国家权力机关、联邦主体执行机关和地方自治机关在动员准备与动员范围内的权力和职责；组织机构和公民在动员准备与动员范围内的义务；动员准备与动员的组织原则；动员征集公民服役；动员时期和战时预备役公民的缓征。

国防军事机构法　俄罗斯重视国防军事机构职责和活动的合法性问题，颁布了相应的国防军事机构法。主要有《俄罗斯联邦武装力量法》、《俄罗斯联邦武装力量军区条例》、《俄罗斯联邦安全会议条例》、《俄罗斯联邦民防部队条例》、《俄罗斯联邦内务部内卫军法》、《俄罗斯联邦武装力量、其他部队、军事单位和机关中的联邦安全局(处)(部队安全机关）条例》等。

军事教育与训练法　俄罗斯的军事教育与训练法律体系比较完备，不仅颁布了军事教育与训练体制、宏观管理等方面的法律法规，而且颁布了军事教育与训练机构的工作条例与标准。主要有《俄罗斯联邦武装力量教育工作机关条例》、《俄罗斯联邦武装力量高等军事院校条例》、《俄罗斯联邦预备役公民军事集训条例》等。

行政及安全管理法　这方面的法律法规主要有《俄罗斯联邦武装力量内务条例》、《俄罗斯联邦武装力量纪律条例》、《俄罗斯联邦武装力量卫戍勤务条例》、《俄罗斯联邦武装力量队列条例》、《武器法》等。

社会保障和奖励法　为了稳定军心，俄罗斯颁布了百余个旨在提高军人地位与待遇的法律法规。主要有《俄罗斯联邦军人地位法》、《俄罗斯联邦武装力量住房保障程序细则》、《俄罗斯联邦军人、应召人员参加军事集训的公民、内务机关人员及联邦税警机关工作人员强制性人寿与健康保险法》、《老战士法》、《荣誉称号条例》、《国家奖励条例》、《俄罗斯军人荣誉日（胜利日）法》等。其中1998年重新颁布的《俄罗斯联邦军人地位法》对军人地位的法律基础，军人、退出现役公民及其家庭成员的权利与自由等问题作出比较详尽的规定，成为军人社会保障的龙头法。

国防经济与对外军事合作法　这方面的法律法规主要有《俄罗斯联邦国防订货法》、《俄罗斯联邦国防工业军转民法》、《俄罗斯联邦对外军事技术合作法》、《军事贸易条例》、《在俄罗斯联邦进出口应接受监督并按许可证实施的军用产品输入输出许可证授予程序》等。

军事刑事法　1997年1月1日起实施的《俄罗斯联邦刑法典》第十一编为军职罪，共有22条，规定了军职罪的概念以及不执行命令、对抗首长或强迫首长违反军事职责、彼此无隶属关系的军人违反相互关系条令规则、侮辱军人、擅离部队或服役地点、或以其他方式逃避履行军事职责、违反战斗值勤规则、违反边防勤务规则、违反警卫勤务条令规则、违反维护社会秩序和保障公共安全的勤务规则、放弃正在沉没的军舰、故意毁灭或损坏军用物资、过失毁灭或损坏军用物资、遗失军用物资等21种罪名及其处罚。第十二编为破坏人类和平和安全的犯罪，规定了策划、准备、发动或进行侵略战争，公开号召发动侵略战争，生产或扩散大规模杀伤性武器。使用战争中禁止使用的手段和方法，种族灭绝，生态灭绝，雇佣军队，袭击受国家保护的人员或机构等8种罪名及其处罚。

（魏守正）

其他国家军事法制 **韩国军事司法制度概况** 《解放军报》2004年7月25日赵淑燕、田静报道，1987年颁布的《大韩民国军事法院法》，以法典的形式规定了韩国军事司法组织体制、军事审判管辖及诉讼程序制度。

军事法院的组织体制　韩国的军事法院是宪法规定的特别法院，包括高等军事法院和普通军事法院，其终审法院仍为韩国最高法院。普通军事法院是韩国军事法院中的基层法院，设在国防部本部、国防部直辖部队及各军本部和有将官编制的隶属部队中，受理现役军人除由高等军事法院管辖外的第一审案件。高等军事法院是韩国军事法院中的二审法院，设在国防部本部及各军本部。主要受理对普通军事法院裁判不服提起的上诉案件或不由普通军事法院管辖的第一审案件。

韩国军事法院审理案件的审判组织，分为独任庭和合议庭两种形式。独任庭由独任军推事（即军法官）主持。独任庭只在高等军事法院内设置。合议庭因军事法院的级别不同其组成人员也有所区别。普通军事法院的合议庭由1名军推事和2名或4名审判官组成；高等军事法院的合议庭由3名军推事和2名审判官组成，由军推事担任主审。审判官由各部门的军事行政长官从所属的将、校级军职人员中指定。

军事审判管辖制度　韩国军事法院一般只负责审理军队内部发生的刑事案件。刑事管辖制度包括属人管辖和属事管辖两种。

属人管辖，是指对有特定军事身份的人的犯罪享有审判权。包括：现役军人触犯军事刑法的犯罪；军队看守所的战俘实施的犯罪；被军事法院判处刑罚，并正在军中监禁场所服刑的罪犯实施的犯罪。

除属人管辖外，军事法院还负责管辖在戒严紧急等状态中依据戒严法行使审判权的案件和严重违反军事机密保护法的犯罪案件。这两种案件属于特定事由的犯罪，且犯罪主体是非军职人员，因此称为属事管辖。

军事诉讼程序制度　韩国军事诉讼程序制度主要包括侦查、提起公诉、公判、救济等制度。

韩国军事刑事案件的侦查权以及侦查终结的决定权只赋予军事检察官，没有军事检察官的许可，任何部门不能展开侦查或停止侦查。在侦查过程中，可以采取的侦查措施主要有拘押、紧急拘押、逮捕、讯问证人等。韩国的军事检察机关附属于军事法院，在各级军事法院内按其级别设立相应的检察机关，其管辖权依照军事法院的管辖而定。军事检察官采取任命制，编制在所隶属的军事法院，由军事检察部的检察书记和司法警察等人员协助其工作。

提起公诉只能由军事检察部来行使。起诉以起诉书的形式向有管辖权的军事法院提起。起诉书载明的事项主要有：被告的姓名及其他足以辨别被告身份的事项、罪名、公诉的事实和适用的法条等内容。

案件提起公诉后，即进入公判阶段，其程序分为公判准备、公判和裁决。公判准备包括送达起诉书副本、告知辩护人委托权、指定公判日期等。公判采用控辩双方对抗的方式进行，控辩双方都有权请求调查证据，被告人享有沉默权，证据调查完毕后，由军事检察官就事实及法律问题陈述意见，之后由辩护人辩护，再由被告人最后陈述。裁判是指法庭根据事实和法律对被告人作出有罪或无罪的判决。

韩国军事诉讼程序包括上诉审程序和特别诉讼程序。上诉审程序：韩国军事法院实行三审终审制，即不服普通军事法院一审判决或裁定的，可以向高等军事法院提起上诉，对高等军事法院的二审判决或裁定不服的，由最高法院作出终审的判决。特别诉讼程序：主要是指再审和非常上告。再审，是对宣告有罪的生效判决，为了被告人的利益，针对认定事实不当予以补救的特别程序。再审后，不得宣判重于原判决的刑罚。非常上告，是在判决确定后，以该判决违反法令为由而采取的补救措施。非常上告的请求权人是韩国检察总长，管辖法院是韩国最高法院。对违反法令的原判决，可以作出撤销或部分撤销的判决。

另外，在韩国，在战时及发生事变的非常状态时，除宣告死刑的案件外，其他案件一律适用一审终审的原则。

法国军事审判制度 《解放军报》2004年4月11日常璇、田静报道，法国的军事审判区分为战时和平时，以国家普通法律为基础，以修改后的《军事审判法典》为重要依据。

军事审判组织体系　法国实行两审终审，国家最高审判机关（最高法院）对军事审判享有终审权，军事司法权统一于国家司法权。

和平时期军人犯罪案件由普通法院审理。法国废除常设军事法庭后，所有军事性质的犯罪和军人所犯普通法律上的重罪与轻罪，均由普通法院审理。法国的普通刑事审判体系主要由最高法院、上诉法院、重罪法庭、轻罪法庭和违警罪法庭组成，但并不是所有普通法院对军事犯罪案件和军人犯罪案件都有管辖权，只有司法部长和国防部长共同指定并以司法公报的形式予以公布的法院才有权审理军事犯罪案件和军人犯罪案件。其中，轻罪由上诉法院辖区内某一轻罪法庭受理，该法庭由 3 名平民法官组成；重罪由上诉法院辖区内某一重罪法庭受理，该法庭由 7 名法官组成，这类法庭不带陪审团。

战争时期，法国设立战时军事法庭，它由高等军事法庭和国土三军法庭组成。前者设在巴黎，负责审理战时高级军官（包括将级以上军官以及军队总监察部成员）的犯罪案件；后者负责审理战时其他军人犯罪案件。二者的法庭组成相同，均由 1 名庭长、1 名助理法官（2 人均为平民法官）和 3 名军法官组成。法庭受理案件后，依据犯罪性质的轻重程度组成不同类型（轻罪或重罪）的法庭进行审理。

管辖制度　和平时期，轻罪法庭或无陪审团之重罪法庭管辖的军事犯罪案件有：一、军人，包括职业军人、以合同聘雇的军人或者按照《国民兵役法典》规定的条件完成服役的人员的犯罪案件；二、其他人员；主要包括虽与军队没有法定或聘雇关系，却乐意接受兵役检查并服兵役者、阅兵组组员、战俘等人员的军事犯罪案件；三是宪兵人员的军事犯罪案件。

战争时期，军事法庭不仅对军人和准军事人员实施的军事性质的犯罪以及对他们实施的普通法律上的犯罪有管辖权，而且对平民实施的危害国家基本利益的犯罪有管辖权。

军事犯罪与刑罚制度　法国的军事犯罪与刑罚制度没有严格的平时与战时之分，主要包括军事犯罪种类、刑罚和刑罚执行制度。

军事犯罪的种类主要有：不服役及逃亡罪；不服从指挥、殴打及侮辱长官、侮辱军队及军旗罪；滥用职权罪；侵占及挪用军用品罪；损毁军用器材罪；违反命令罪；故意反叛罪；不出席或者拒绝出席军事法庭罪；投降罪；通敌、间谍、为敌工作罪；冒穿军服、冒戴证章及勋章罪；煽动他人违反军纪和违背义务罪等。

法国于 1981 年废除了死刑。现行军事刑罚的种类有：剥夺自由刑，包括终身拘押和有期徒刑；剥夺财产刑，包括财产充公和罚金；剥夺资格刑，包括摘除军阶、撤职、开除军籍等。

法国军事刑罚执行的特点是刑罚严厉而执行较为宽松，目的在于保证军事利益和提高军事效率。在和平时期，军事刑罚的执行适用普通刑罚制度，但在战争时期则创设了普通法律上没有的执行延期制度。在战时，作出起诉命令的军事权力机关在通知国防部长后，在判决确定之日起的 3 个月内有权延缓所有已定案之判决，在获得延缓执行后，如犯人未遭到监禁判决或更重的刑事起诉（5 年以上有期徒刑），则判决视为无效。

军事刑事诉讼程序　和平时期普通法院审理军事刑事案件主要适用普通刑事诉讼法。与普通刑事诉讼的不同之处主要有：一是共和国检察官在对军事犯罪进行任何追诉行为之前，应当请求国防部长或经其授权由军事当局提出意见。二是共和国检察官、预审法官和司法警察需要到军事区域查证犯罪、搜寻犯罪嫌疑人、提取与犯罪有关的物品、证据时，应当事先向有关军事当局提出书面申请，经允许后方可进入军事区域；军事当局应当向调查人员提供与犯罪有关的一切情况，调查人员应当严格保守军事秘密，而军事代表人员也应当严格保守案件调查的秘密。三是军事当局的上一级首长应当满足司法警察的要求，当司法警察履行侦查、逮捕或者其他委托事宜时，应当为其提供方便。

战争时期，军事法庭审理军事犯罪案件主要适用军事审判法典的规定。与普通刑事诉讼不同的主要有：一是诉讼中设有一定的专门机关。首先，由政府特派员履行共和国检察官职责，政府特派员从派驻国防部的司法官中选任，在司法部长的领导下行使检察官职责。其次。侦查主体及其权力范围相对普通法律更加广泛，赋予三军宪兵官和军事当局以独立的侦查权。再次，军事法庭中法官的来源有两个途径：平民法官由地方司法部门临时派遣，军事法官则从因战受伤或者编制属于战斗团体的军人中选任。二是针对战时军事审判特点作了操作性更强、更严格的规定，如军事法庭可以禁止部分或全部有关案件的辩论；为保持法庭秩序，禁止参加法庭审理的人员携带武器等。三是上诉程序相对普通刑事诉讼更为简化，且无论重罪、轻罪或违警罪，一律只能直接向最高法院上诉。

加拿大首席军事法官制度简介　《解放军报》2004 年 9 月 26 日田友方、吴新元报道，加拿大军队于 1997 年设立首席军事法官办公室，它是管理军事法官及配置军事审判资源的具有独立编制的专门机构，其经费从政府预算中单独支出。该办公室主要由首席军事法官、军事法官、军事法庭行政长官、军事法庭行政次官、军职及文职法庭书记员组成。

首席军事法官由总督会同枢密院从军事法官中选任，全面负责办公室工作，可指派军事法官主持临时召集设立的军事法庭以及履行其他军事司法职务，可独立调配与使用技术、财力及人力资源，并可获得军事行政当局的支援。

军事法官是首席军事法官办公室的主要成员，其任务是根据首席军事法官的指派，在军事法庭中担任审判法官，具体负责军事犯罪案件的审理与裁判工作。此外，军事法官还承担其他的诉讼任务，如对被告人的审前羁押进行复核等。军事法官实行职务任期制，每届任期4年，由总督会同枢密院从军官中选任，该军官必须是在省律师协会至少有10年执业资历的大律师或律师，军事法官可以连选连任。20世纪90年代以来，为适应司法独立的要求，加拿大政府采取了两项措施以保证军事法官独立行使军事审判权。一是加拿大最高法院以判例的形式，确立了“军事法官独立于军事指挥序列”的原则。二是1998年修订的《加拿大国防法》为军事法官的职务保障提供了法律保障。《加拿大国防法》规定，军事法官在任期内，除非本人要求辞职，或者总督会同枢密院根据专门调查委员会作出的免职建议而免除其职务外。不得被免职或革职。

军事法庭行政长官在首席军事法官的全面监督下开展工作，负责首席军事法官办公室的行政事务工作，具体履行各类军事法庭的召集权，在召集高级军事法庭和军纪法庭时，还有权任命法庭组成人员，并且在开庭前负责向需要出庭作证的证人送达传票。军事法庭行政次官由行政长官任命，并根据行政长官的授权协助其工作。

法庭书记员主要从事与军事法庭庭审活动有关的行政工作，并制作军事法庭的庭审记录。法庭书记员必须具有不偏不倚的职业素质，保持缄默的职业习惯，擅长速记的职业技能。

首席军事法官办公室的工作范围不限于国内，该办公室还设有电子网络法庭，其审判权可延伸至加拿大驻扎在海外的各个部队。

（魏守正）

其他军事建设问题

发达国家军队信息化建设的主要原则 在信息时代进行军队信息化建设、不同于在工业时代进行军队机械化建设，因此，要更新观念，大胆创新，采用适于建设信息化军队的新思路、新原则。美国等西方发达国家经过多年推行新军事变革的实践摸索出了一整套军队信息化建设应遵循的原则。

“顶层设计”原则 新军事变革的实质是信息化，是把工业时代的机械化军队建成信息时代的信息化军队。建设信息化军队需要半个多世纪的时间。很多发达国家军事领导人认为，对于这项军事工程，需要搞滚动发展的构想式顶层设计。因为进行军队信息化建设是一项需要长期摸索、不断实验、逐步完善才能完成的开创性事业，需要持续不断地进行理论创新、技术创新和制度创新。

进行构想式顶层设计，最大特点是虚实结合：虚的内容是其远期部分，主要是指对未来军事发展趋势、军队和战争形态发展变化的描述，以及提出的新概念、新理论和新观点，这些有很强的预测性、模糊性和不确定性，有些不实不准；实的方面是中近期部分，其内容明确，主要包括要求贯彻的建军和作战原则，以及计划开发的军事技术和信息化武器装备等。

美军制订了虚实结合的构想式顶层设计，用以指导军事变革和军队信息化建设，并每隔几年修订一次，不断将其推向未来，直至建成信息化军队。美军发表的构想式顶层设计文件主要有两类：一类是国防部、参联会制定的文件，如《2020年联合构想》、《美国防部转型计划指南》和《军事转型战略途径》）等；另一类是各军种部颁发的相关文件，如陆军部的《21世纪部队》、《2010年陆军构想》、《2003~2007财年陆军转型路线图》，海军部的《2010年海军构想：前沿……由海向陆》、《2003~2007财年海军转型路线图》，空军部的《全球到达，全球力量》、《2020年空军构想：全球警戒、全球到达和全球力量》、《美国空军2003~2007财年转型路线图》。

“信息主导”原则 20世纪末，美国陆军参谋长沙利文上将指出，必须改变工业时代围绕“火力和机动力”筹划军队建设的旧观念，确立“以信息为基础”建设军队的新思想，着眼点放在最大限度地加强“信息能力”的基点上。其要旨有四：一是在思想观念上，充分认识信息的重要性，确立“信息化”在军队建设中的中心地位，把军队建设的着眼点放在“看得见”、“传得快”、“打得到”、“打得准”上，把军事体系建设放在第一位。二是在作战思想上，确信信息是制胜的关键，是胜利之本，具有“制信息权”的一方能实时地获取、传输和利用信息，使战场上的兵力兵器很快地转化为实际战斗力；而失去“制信息权”的一方，由于信息流被切断，成了“瞎子”、“聋子”和“瘫子”，其兵力兵器将无法转化为实际战斗力。因此，必须把争夺“制信息权”纳入军事斗争领域。三是在军事组织体制建设上，以“有利于信息快速流动和利用”为指针，改革领导指挥体系和部队编制，减少指挥层次，压缩部队编成，使各军兵种混编，建立适于打信息战和信息化战争的兵力结构。四是在军事训练上，突出“信息战”演练，开设信息战和信息技术课程，培养更多的信息战人才和深谙计算机系统与网络技术的专业军官。

“系统集成”原则　“系统集成”概念，是美参联会前副主席欧文斯于 1997 年提出的。“系统集成”是把很多系统集合成一个大系统，要求用大系统的观点来筹划军队建设的方方面面，来提升军队的信息化程度和一体化水平。这主要体现在四个方面：第一，在“作战力量”建设上，强调同时加强作战空间预警、C^4I 和精确使用作战手段三个作战职能领域，并使之网络化、一体化，能实时传输信息。有了先进的作战空间预警系统，才能清楚地了解敌我双方战斗与非战斗系统的部署与运动情况，交战地域的天候、地形和电磁特征，以及后勤物资的流动情况；C^4I 系统的主要功能是，将预警系统采集的数据转化为可使用的战场信息，了解与控制作战空间内影响作战进程的各项要素，实时定下决心，分配任务与目标；精确使用作战手段包括大量使用精确制导武器，以及采用精确运用作战力量的作战样式。第二，在战场准备上，要求建设数字化战场。这种战场将以计算机信息处理技术为基础，通过无线电台、光纤通信、卫星通信等手段，将覆盖整个作战空间的通信系统、指挥系统、协调系统、情报系统、计算机工作站、各级数据库和各个用户终端联为一体，以极大地提高军队的整体作战能力。第三，在部队建设上，要求建设数字化部队。这种部队是用数字化技术联网，武器装备通用化，指挥，控制，通信与情报一体化，作战系统网络化，各作战单元高度协调，整体作战能力极强的部队。美军目前已拥有 1 个数字化师，计划到 2010 年使其陆军部队全部实现数字化。此外，英、法、德等国也在积极建设数字化部队。第四，在装备建设上，积极推行“横向技术一体化”。它要求改变以前只从纵向上研制一代比一代更先进的武器的做法，利用现有的民用和军用技术，用共同的软件、标准和规程，从横向上对现有武器系统进行现代化改装或改进，使其具备通用性、联动性，加速从传感器到射手之间、各武器系统之间、各作战单元之间的信息流动，大幅度地提高所有武器装备和作战系统的整体效能。

“虚拟实践”原则　以前，世界各国进行军队建设普遍采用“经验归纳”原则，即总结平时军队建设的实践经验和历次战争的经验教训，得出规律性的东西，上升为理论，用以指导尔后的军队建设。由于“虚拟现实”技术的发展，西方发达国家提出，今后在军队信息化建设中除遵循“经验归纳”原则外，还将根据“未来打仗”的需要，采用“虚拟实践”原则。“虚拟实践”原则要求，运用虚拟现实技术手段，创造一种模拟未来战争的“人工合成环境”，如未来战场、未来训练场等，让军人在这种虚拟环境中进行“预实践”。通过这种“预实践”的实验、检验、论证，得出有关数据和结论，用以指导发展未来作战理论、制定作战预案、设计武器装备，进而确定军队指挥体制与部队编制，规划武器装备的发展，改进院校教育和部队训练。“虚拟实践”与“经验归纳”原则在指导军队建设的着眼点上有根本区别，前者的着眼点是向未来看，后者的着眼点是向过去看，因此，依据“虚拟实践”原则建设的军队更适应未来战争的需要。为了用“虚拟实践”原则加强军队建设，特别是加强军队信息化建设，美、英、德、日等国建立了许多“战斗实验室”、“作战模拟试验室”或“作战仿真试验中心”，以便在其创造的虚拟环境中，利用虚拟现实系统，经济有效地进行军事训练、作战模拟和信息化武器系统的开发。作战实验室是检验和完善新作战理论和新技术装备的重要场所，在作战实验室内进行的“虚拟实践”，再加上带实兵的演习，是使新作战理论和新技术装备迅速形成战斗力的桥梁。

“远近结合”原则　其实质是既考虑近忧又不忘远虑。这一原则是美国防部在 2001 年的“四年防务审查”报告中提出来的。该报告列出了三个方案，即“着眼近期需求”案、“着眼远期威胁”案和“远近兼顾”案。前两个方案都有失偏颇，前者过于保守；后者过于激进。美军决定采取的最佳方案是“远近兼顾”

案。它强调两个兼顾，即军队常规建设和信息化建设兼顾，打赢近期战争和对付远期威胁兼顾。在第一个兼顾中，既要搞好部队的常规训练、管理和武器采办，保持部队的作战能力和战备水平，又要积极推进军事变革和军队信息化建设，大胆地进行各种探索与实验。在第二个兼顾中，要制定近期和远期军事发展规划，并对这些规划定期进行审查修订，让其滚动发展，使军队建设和军事革命都有明确的方向。为此，美国不仅制定了中近期军事发展计划，还推出了远期军事发展规划；俄军制定了《2001~2010年国家发展武器装备与特种技术纲要》和旨在建立"天军"的《2001~2010年国家航天计划》；日本内阁通过了为期15~20年的《新防卫计划大纲》；印度国防部推出了《国防系统10年自立计划》、《国防建设10年规划》和《1995~2015年国防建设计划》。这些国防与军队长远发展规划有三个共同特点：其一是时间跨度长，一般都在10年以上，甚至20~30年；其二是"滚动制定"，每隔几年就制定一次，把规划不断推向未来；其三是全军建设规划与军种建设规划相衔接。

"推拉并用"原则 "推拉并用"原则是指利用推动和拉动两种力量促进军队信息化建设。军队信息化建设的动力主要有两个：一个是军事理论特别是作战理论这一在前面的拉动力量；另一个是军事高技术特别是信息技术的发展这一在后面的推动力量。这两者的合力可使军队信息化建设沿着正确的轨道迅速向前发展。美军信息化建设之所以进展快、效果好，就是充分利用了这两股力量。美国防部2004财年《国防报告》指出，要促进新军事变革的深入发展和军队信息化建设的顺利进行，必须抓好两个环节。一个是大力发展高新技术特别是信息技术，另一个是积极创新军事理论。自90年代中期以来，各国便进入了一个军事理论创新期；各种具有信息时代特征的军事思想、概念、观点、理论层出不穷，如"国家安全泛化"论、"信息威慑"、和"非对称战争"等新国家安全理论，以及"网络中心战"、"计算机空间战"、"导航战"、"信息心理战"等信息化作战理论。

要使信息化作战理论真正成为军队信息化建设的牵动力量，使"打什么仗，发展什么武器"落到实处，必须建立相应的体制机制。目前，发达国家军队都建立了由装备采办部门和作战指挥部门共同组成的联合委员会，就装备发展政策和重大采办项目进行集体讨论，联合决策。体现作战理论的军事需求主要由作战指挥部门提出，军事需求转化为装备计划项目则主要由装备采办部门负责。例如，美国就建立了比较完善的作战理论牵引装备采办机制。美国防部的采办决策机构主要有三个，即国防采办委员会、联合需求监督委员会和国防规划与资源委员会。在这些委员会中都有作战指挥部门的负责人参加，如参联会副主席任国防采办委员会副主任，参联会主席既任联合需求监督委员会主任，又是国防规划与资源委员会的重要成员。最近，美国防部制定的装备采办需求生成机制是：联合需求监督委员会制定作战需求规范，各军种根据需求规范向联合需求监督委员会一位把关的"守门员"（通常是联合参谋部的一位将军）提交拟研制武器装备的新能力概念提案；提案被"守门员"审查通过后，送交一个联合参谋小组作进一步审核；该小组在听取军种陈述意见的基础上，区分需求优先度，向联合需求监督委员会提出建议；联合需求监督委员会把最后做出的决定，通过各联合参谋小组送交各军种执行；各军种把作战需求渗透于武器装备研制的各个阶段，直至把新武器系统连同各种试验数据以及使用、操作、维护保养手册和说明书交给部队。

高新技术特别是信息技术的发展，是推动军队信息化建设的推进器。为了增加军队信息化建设的后劲，各国军队都制定了军事技术发展规划。例如，美国防部近年来颁发的"国防科技战略"及与之相配套的"基础研究计划"、"国防技术领域计划"和"联合作战科学技术计划"。这些计划阐明了国防科技发展的指导思想和目标，确定了国防科研的重点项目和主要投资领域，推动了军事高技术特别是信息技术的发展。

（王保存）

东盟各国军队建设特点和发展趋势 进入21世纪以来特别是"9·11"事件后，东南亚地区安全形势十分严峻，传统安全威胁尚未消除，非传统安全威胁又日益突出，恐怖主义、跨国犯罪、毒品走私、海盗等成为新的危险。在这种日益复杂的安全环境下，为维护国内稳定和地区安全，保护自身战略利益，东盟各国采取了种种措施，加快国防和军队现代化建设。

大力发展武器装备 加强装备建设一直是东盟国家军队现代化建设的重要举措。进入21世纪特别是"9·11"事件之后，随着防卫战略的需要和地区经济复苏，东盟各国掀起了新一轮军备采办的热潮。目前东盟每年军费开支增长保持在10%~15%，其中很大一部分用于装备采购。菲律宾重新启动了因受金融危机影响而一度中止的军队15年现代化计划，将国防预算提高至680亿比索，其中的100亿比索用于改进军事装备。制定了"武器采购3年计划"，拟耗资36亿美元购买先进战机和舰船。马来西亚拟定了20年海军防卫计划，准备斥资30亿美元购买新式武器装备。泰国2003年将国防开支中采购军火和信息装备的预算增加了30%，约240亿泰铢。

东南亚大多数国家濒临海洋或属岛国，近年来将应付海上冲突作为其军事战略的重点，因此东盟军备建设侧重于优先发展海、空军力量，增强海上防御和作战能力。印尼空军自2003年从俄罗斯购买2架苏-30、2架苏-27和2架米-35直升机后，2004年表示将再采购8架苏式飞机，以组成一支苏式战斗机飞行中队。印尼海军2004年初宣布将从荷兰定购两艘“西格玛”级轻型护卫舰。还打算以对换贸易的形式从韩国购买两艘潜艇。马来西亚2002年向法国购买了两艘“鲉鱼”潜艇和一艘“阿古斯塔”级训练潜艇，2003年又斥资9亿美元向俄罗斯订购了18架苏-30MKM多功能战斗机，今后还打算购买至少4架空中预警机。马来西亚从英国购买的6架“超级山猫”作战直升机2004年已全部交付，这些直升机将具备发射“海鸥”反舰导弹的能力。向意大利订购的11架A109轻型侦察机计划于2005年装备陆军航空兵。新加坡海军从法国购买的6艘“拉斐特”级隐形护卫舰中的两艘已经开始建造，其中第一艘“可畏”号已基本建成，将于2005年5月抵达新加坡。此外，新加坡从瑞典购买的4艘潜艇已经全部装备海军，组成第171潜艇中队。新加坡空军已决定采购24架下一代多用途作战飞机，以便在2006~2007年取代A-4“天鹰”战斗机。菲律宾为强化空中防卫能力，2004年耗资1800万美元向新加坡和美国订购了30架翻新后的直升机，还从泰国接收了4架OV-10“野马”轻型攻击机。菲律宾海军今年也从美国购买了一艘“龙卷风”级攻击快艇。泰国皇家海军打算从英国采购两艘护卫舰，为海军院校学员建造一艘多功能训练舰，并对“差克立·纳吕贝特”航母上的AV-8“斗牛士”垂直起降飞机进行维修。越南继向俄罗斯购买12架苏-30K型战机及“针式”导弹生产线之后，2003年向俄订购了可装备2个营的S-300防空导弹系统并达成了引进“闪电”导弹艇生产技术的协议。缅甸斥资1.3亿美元向俄订购的10架米格-29战斗机已于2003年3月装备部队。

在从国外采购先进武器装备的同时，东盟各国十分注重加强自身的国防工业能力，开始自行研发和生产武器装备。新加坡在武器研发方面走在东盟国家前列。近年来，先后自行研制生产出“忍耐”级登陆舰、Bionix装甲车、SAR-21步枪等先进装备。2004年，新加坡还研制出“斗牛士”反装甲武器系统并开始研制120毫米滑膛“超高速先进迫击炮系统”。此外，新加坡还与美国签署了合作意向书，正式成为F-35联合攻击战斗机研制计划的防务合作伙伴。新加坡是第一个参与该计划的亚洲国家。越南在有计划、有选择的从国外引进部分急需武器装备的同时，尽可能减少对国外武器装备的依赖，走“自力更生”之路。2003年，越南自行制造了2艘武装渔船并成功研制出双座螺旋桨小型飞机，用于救灾、监查近海海情等。

调整体制编制，优化部队结构　为适应新军事变革的需要，东盟各国军队纷纷调整体制编制，组建新型部队，加强海空军力量，不仅使部队结构得到优化，同时提高了作战效率。印尼大幅增加了海军和海军陆战队的人数。早在2000年，印尼海军就提出今后五年要扩编34%，从5.2万人增加到7万人。海军陆战队则扩编77%，从1.3万人增加到2.3万人。为此，2003年和2004年印尼分别组建了海军陆战队第7、8、9陆战步兵营，并计划将其编为海军陆战队第3陆战旅。在此基础上，印尼海军将组建第2陆战大队。还将增设一些海上司令部并修建新的海军基地。

泰国则对武装力量进行了精简。泰国陆军在1992年至1996年第一阶段裁减15%（9.3万人）的基础上，1997年至2006年第二阶段将再裁减2万人。届时陆军的1个特战指挥部、1个特战师和24个步兵营将被撤销，21个步兵营简编，仅保留70%的编制。海军也将裁减士官和常备军员额，并停止招收和聘请文职人员。空军在2007年以前编制员额由现在的5.4万人减至4.3万人，并根据防御重点和担负任务的不同，将部分飞行大队缩编为飞行中队。在减少部队冗员的同时，泰军重视提高部队快速反应能力。计划未来10年将现有步兵师分别整编为符合国际标准的装甲步兵师和轻步兵师。

新加坡重点发展新型部队。新国防部高级官员2004年8月18日宣布，新加坡军方正在组建一个合成步兵营，作为首支试验型高科技战斗部队。这支部队以新加坡步兵团第3营为基础组建，主要任务是检验城市作战条件下的新武器和新战术，以更加有效地应对恐怖主义等新型威胁。

马来西亚组建了自己的“海岸警卫队”——“马来西亚海上执法局”，从而将海军从海上执法任务中解脱出来，使其能更专注于核心任务——作战。此外，为适应未来联合作战的需要，马来西亚武装部队还准备建立一个常设联合司令部。

加强部队信息化建设　为跟上世界军事变革发展的步伐，东盟各国纷纷采取措施，加大部队信息化建设的力度。一些经济实力较强的国家，如新加坡、马来西亚在部队网络化、信息化建设方面已取得一些成果。新加坡为进一步深化军事改革，提高军队在高科技条件下的战斗力，武装部队和国防科技局耗资约200万新元（约合112万美元）设立了军事实验中心，并于2003年11月5日正式启用。该实验中心分为“指挥、控制、通信、情报和计算机实验室”、“未来指挥中心实验室”和“战斗实验室”。军官、士兵和科研人员可以在实验室中借助计算机模拟各种情况，获得必要的作战经验。新加坡军方计划设立“武器实验室”等更多新实验室，加速运用高科技来提高新加坡武装部队的防卫能力，促进新加坡部队向第三代部队的转型。

马来西亚海军现已拥有一个较大规模的内部网络，包括海军所有司令部及主要单位在内的667个工作站。该网络被命名为“马来西亚皇家海军网”，包括C^3I指挥通信系统、海军后勤自动化系统、水文学和海洋学信息系统、自动化信息交换系统等6个主要系统以及财务、管理等多个子系统，主要用于海军日常事务管理和命令下达等。

泰军总司令部于1992年12月29日成立信息技术厅，负责全军信息技术、计算机技术以及C^3I系统的开发。经过十多年的发展，泰军信息化建设已初具规模，具备了一定的信息化作战能力。根据泰军总司令部2001年9月制定的2001~2010年泰军信息技术发展规划，在2010年前，泰国三军将分别建设成电子陆军、数字海军和数字空军。泰国政府已批准从2005~2013件投入2000亿泰铢（约合48亿美元）用于提高军队的信息技术水平，并将每年用于武器装备研发、更新的经费由170亿泰铢增至240亿泰铢（约合5.71亿美元）。

强化军事训练与演习 东南亚各国为提高作战和训练能力，纷纷强化部队军事训练，还频频与区内外国家举行军事演习、军事交流、军事论坛等活动。

近年来，东南亚国家之间、区域国家与区外国家之间的联合军事演习，呈现数量多、规模大、科目多的特点。尤其是美国以帮助反恐为名加强了与该地区国家的军事合作，促进了美军在东南亚的军事存在。据不完全统计，2001~2003年，东南亚国家每年举行的各类双边联合军事演习已逾20次，同美国举行各种联合军事演习则高达30次之多。2004年2月23日至3月7日，菲律宾和美国举行了“肩并肩2004”联合军事演习，旨在增强菲律宾的反恐和自卫能力，同时提高美菲两国的协同作战能力。5月，美国又与泰国、新加坡、菲律宾和蒙古举行了“金色眼镜蛇2004”联合军事演习。“金色眼镜蛇”本是美国和泰国举行的双边联合军事演习，2001年新加坡正式加入后成为一个多边演习，此次演习又吸收蒙古和菲律宾加入，使演习的多边性更加突出。6月到7月，美国先后和新加坡、文莱、泰国、马来西亚和菲律宾举行了“海上合作戒备与训练”演习，即“卡拉特”演习。此次美“卡拉特”特遣大队是十年来规模最大的一次。美海军还首次派出两艘“阿莱·伯克”级导弹驱逐舰参加演习。演习的目的是增强上述各国与美国海军在作战计划制定、指挥与控制、战术、后勤支援和海上法律方面的互通性。东南亚国家通过上述一系列军事演习，既提高了本国军队的战斗力，又增强了维护该地区军事安全的能力，同时一定程度上加深了对美国的依赖性。

注重军事人才培养 在推进军队现代化建设的进程中，东盟各国非常重视人力资源建设，大力培养高素质的军事人才。为适应未来战争对高素质人才的需要，马来西亚皇家海军引导海军向“学习型”机构转变，并提出了“人力资源战略计划”，其核心思想是培养基于知识的人才，实现海军战斗力的最优化，以达成海军的战略目标，并满足个人的需求。

为造就高素质人才，实现人与武器装备的最佳结合，印尼已开始着手对军事院校进行调整合并，增设新专业，补充新内容，不断更新和补充军官的知识结构，使其具备较高的国防政策、军事战略和作战理论水平以及指挥高技术战争的能力。同时，印尼国防军还经常选派人员到国外的军事院校学习深造，有效借鉴外军的军事思想和管理经验，用外军之长补自己之短。

积极参与维和行动 东盟各国一直对参与联合国维和行动持积极态度，并将其作为国防政策和军队建设的一个重要方面。如印尼将参与地区或国际维和行动作为武装部队的主要任务之一，马来西亚专门制定了参与维和行动的原则，泰国则将支持维和行动确立为其国防政策的一个目标。近年来，东盟各国已向东帝汶、克罗地亚、埃塞俄比亚、塞拉利昂等地派出了多名维和人员和军事观察员。特别是东帝汶独立后，联合国以澳大利亚和东盟国家为主组成了一支维和部队，在维护东帝汶局势稳定方面发挥了重要作用。为加强对维和人员的培训，马来西亚武装部队从2003年开始建设维和训练中心。该中心拟耗资684.2万美元，建成后将能同时对200名人员进行训练。尽管东盟各国均积极参与维和行动，但各国在维和原则上有所不同。印尼、马来西亚等国坚持维和行动必须得到联合国明确授权，但泰国和菲律宾是美国的盟国，因此在伊拉克战争后，虽然没有得到联合国授权，仍然派出人员参与了美国领导的伊拉克重建和维和行动。

（刘　琳）

（本栏责任编辑　孟昭印）

国际条约

中国与欧盟发表的防扩散和军控联合声明　中国与欧盟领导人2004年12月8日在海牙举行第七次会晤，并发表了中国—欧盟关于防扩散和军备控制问题的联合声明。声明全文如下：

一、正如联合国安理会第1540号决议所强调，大规模杀伤性武器及其运载工具的扩散对国际和平与安全构成严重威胁。因此，中华人民共和国和欧洲联盟欢迎安理会2004年4月28日一致通过的上述决议。

二、大规模杀伤性武器及其运载工具、相关材料和技术扩散到恐怖分子和其他非国家行为者手中的可能性是现实存在的，这为扩散威胁增添了新的因素，也使得为此开展协调和更有针对性的行动与合作更为紧迫。

三、防扩散的根本目的在于维护国际和地区的和平、安全与稳定，这符合中国、欧盟乃至全人类的共同利益。因此，应努力在国际法框架内，通过政治、外交手段和国际合作解决扩散问题。

四、中国和欧盟一致认为，防止核、化学、生物武器扩散不得妨碍和平利用材料、设备和技术的国际合作。与此同时，不得以和平利用为掩护从事扩散活动。

五、欧盟欢迎中国2003年12月发表的《中国的防扩散政策和措施》白皮书。中国欢迎欧盟2003年12月通过的《应对大规模杀伤性武器扩散战略》。中国和欧盟在上述两份文件中宣示了许多相同立场。并决心在战略伙伴关系框架内共同努力，通过促进所有防扩散和军控条约等国际文书的普遍参与和遵守，支持国际核查机构（国际原子能机构、禁止化学武器组织）的作用及其履行职责的能力，并根据《联合国宪章》增强联合国安理会在此领域的作用和责任，来加强国际防扩散体系。

六、中国和欧盟严重关切大规模杀伤性武器相关材料、设备和技术的非法贸易问题。国际社会必须团结一致，努力加强在此领域的合作。为此，争取尽可能多的国家主动和积极的参与和合作十分必要。我们必须加强在解决大规模杀伤性武器及其运载工具、相关材料、设备、技术非法贩运方面的努力，打击所有非法采购网络。

七、中国和欧盟均强调区域努力对落实应对大规模杀伤性武器扩散战略的重要性，认为在此方面东盟地区论坛是磋商地区、政治和安全问题的重要场合之一。中国和欧盟将探讨在东盟地区论坛框架内，就防扩散问题发起共同倡议的可能性。

八、必须作出积极、主动的努力，加强对常规武器的出口控制。地雷等特定常规武器的军控机制应得到加强。应进一步努力防止小武器和轻武器非法贸易以及可能损害区域和平与稳定的武器流动。欢迎尚未批准第五号议定书——《战争遗留爆炸物议定书》的《特定常规武器公约》缔约国尽早批准该议定书，以期其尽快生效。

九、中国和欧盟作为国际安全领域的重要力量，对维护国际和地区和平、安全与稳定负有重要责任，将继续为推动国际防扩散发挥积极作用。中欧加强合作将有利于多边防扩散进程，也有利于进一步扩展和深化中欧全面战略伙伴关系。

十、基于上述共同关切和目标，中国和欧盟将共同及分别采取以下具体措施，以实现我们的共同目标：

（一）双方相互确认对方为裁军和防扩散领域的重要战略伙伴。中国和欧盟将为此深化合作，并推动在重要国际会议和其他场合开展密切的不同层次的政策对话。

（二）中国和欧盟重申致力于国际条约机制，将推动裁军、防扩散领域有关条约、公约和准则的普遍参与、生效、实施和加强，如《不扩散核武器条约》、《禁止生物武器公约》、《禁止化学武器公约》、《全面禁止核试验条约》、《特定常规武器公约》、国际原子能机构全面保障监督协定及其附加议定书。中国和欧盟强调普遍参与《防止弹道导弹扩散海牙行为准则》和《渥太华禁雷公约》的重要性。

（三）双方强调决心支持执行上述条约和协定的国

际核查和履约机制和机构。中国和欧盟将共同努力，确保裁军和防扩散条约义务得到严格履行。中国和欧盟支持进一步采取有效措施，加强和改进上述机制和机构的职能。

(四) 中国和欧盟重申支持联合国在防扩散领域发挥重要作用，将共同积极努力，确保联合国安理会第1540号决议得到全面落实。

(五) 中欧双方赞赏彼此为推动政治解决伊朗核问题所作努力。中国和欧盟欢迎法、德、英三国在高级代表的支持下，与伊朗就伊暂停铀浓缩和后处理活动达成的协议。中欧双方希望欧盟与伊朗为就长期安排达成均可接受的协定而开展的谈判能取得进展，协定内容应包括伊朗核计划完全用于和平目的的客观保证，以及伊朗核问题应在国际原子能机构框架内尽早得到解决。中国赞赏欧盟成员国通过外交谈判，鼓励利比亚放弃大规模杀伤性武器计划。欧盟赞赏并支持中国为推动和平解决朝鲜半岛核问题发挥的积极和建设性作用。双方重申支持朝鲜半岛无核化。

(六) 中国和欧盟认识到与合作伙伴开展政治合作对打击大规模杀伤性武器扩散的作用，愿将防扩散政策融入与其他国家的广泛关系之中。

(七) 中国和欧盟认识到加强对大规模杀伤性武器相关材料和技术的出口管制、并为此加强国际合作的重要性，双方同意采取有效措施，完善各自的出口控制机制和执法。欧盟欢迎中国加强防扩散出口控制法制建设的努力和进展，欢迎中国加入“核供应国集团”，以及在与“导弹及其技术控制制度”、“澳大利亚集团”、“瓦森纳安排”等多边出口控制机制发展关系方面所作努力。

(八) 中国和欧盟认识到通过缔结条约实现军控和裁军的重要性，将共同努力，确保日内瓦裁军谈判会议尽快达成工作计划。

(九) 中国和欧盟认识到有必要举行定期和专门的磋商，并确定在附件所列领域优先开展合作。必要时，可在中国与欧盟三驾马车工作组或其他指定渠道的磋商中对这些领域进行调整。

十一、本声明于二OO四年十二月八日在海牙签署。

中华人民共和国代表	欧洲联盟代表
（李肇星）	(贝尔纳德·博特)
外交部长	欧盟外长理事会主席
	(哈维尔·索拉纳)
	欧盟理事会秘书长兼
	欧盟共同外交与安全
	政策高级代表

附件：优先合作的领域

根据联合声明第十条第（九）段，双方确定以下优先合作领域：

加强联合国的作用

在联合国和其他多边框架内就加强联合国、特别是安理会在防扩散领域的重要作用进行磋商和协调。中国和欧盟将共同积极努力，确保联合国安理会第1540号决议的有效落实。

核不扩散

就有关加强国际核不扩散机制的倡议进行磋商与协调。

推动国际原子能机构全面保障监督协定及其附加议定书的普遍参与。

《全面禁止核试验条约》早日生效。

推动裁军谈判会议早日启动“禁止生产核武器用裂变材料条约”谈判。

就加强核及放射性材料的实物保护进行合作，包括在《核材料实物保护公约》框架内开展合作。

生物和化学武器

通过积极参与《禁止生物武器公约》的工作计划、就加强《公约》交流看法并开展合作，推动实现《公约》的普遍参与和有效性。

在与《禁止生物武器公约》相关的生物安全、传染病疫情监测等领域开展信息交流、知识共享和合作。

推动实现《禁止化学武器公约》的普遍参与，并通过合作加强国家履约。

出口控制及其他防扩散措施

在双边基础上和防扩散机制（如“核供应国集团”）内，就大规模杀伤性武器相关材料、设备和技术的出口控制进行经验、信息交流及合作。

就与武器或大规模杀伤性武器相关材料、设备和技术的出口控制有关的具体问题进行合作，防止其落入恐怖分子之手，或对国际和地区的和平与安全产生不利影响。

就强化执法、海关和边境控制能力开展合作，包括信息共享、经验交流及人员培训等，以防止大规模杀伤性武器及其运载工具的扩散。在此方面的第一个具体步骤是，在中欧领导人峰会后，双方将很快在中国举行中欧出口控制研讨会。

欧盟支持中国加入“导弹及其技术控制制度”，支持中国与“澳大利亚集团”和“瓦森纳安排”深入对话，认为这有利于国际防扩散事业。

常规武器

就执行联合国常规武器登记册并扩大其参加范围问题交换看法。

就处理地雷的人道主义影响问题的现有和未来机制交换看法。

就实施联合国打击轻小武器非法贸易行动纲领交换看法。

推动《特定常规武器公约》第五号议定书——《战争遗留爆炸物议定书》早日生效，并实现其普遍性。

中越北部湾划界协定 2004 年 6 月 25 日，中国全国人大常委会会议批准了《中国和越南关于两国在北部湾领海、专属经济区和大陆架的划界协定》(简称《中越北部湾划界协定》)。协定除序言和约尾外共有 11 条，主要内容如下：

第一条确认了双方划分北部湾的法律根据，并明确了本协定的划界范围；

第二条至第五条确定了以二十一个界点划定两国在北部湾的领海、专属经济区和大陆架的分界线；

第六条和第九条重申了双方有关海洋法的立法；

第七条规定了双方合作开发跨界的单一地质构造的石油、天然气或者其他矿藏的原则；

第八条规定了双方对北部湾生物资源的养护、管理和利用等事项的合作原则；

第十条规定了双方解决争议的程序；

第十一条规定了本协定的生效程序。

受国务院委托，中国外交部副部长王毅就提请审议批准《中越北部湾划界协定》，向全国人大常委会会议作了详细说明。据王毅介绍，北部湾是中越两国陆地和中国海南岛所环绕的一个半封闭海湾，面积约 12.8 万多平方公里，是中越两国的传统渔场，历史上从未划分界限。1974 年，中越两国开始就北部湾划界举行谈判，1999 年两国签署陆地边界条约后，这项谈判进程加快。2000 年 11 月和 12 月，中国政府边界谈判代表团与越南政府边界谈判代表团就缔结《中越北部湾划界协定》先后在河内与北京举行两轮谈判，并就《中越北部湾划界协定》的全部条款达成一致。2000 年 12 月 25 日，中国外长唐家璇与越南外长阮怡年分别代表本国在北京正式签署了《中越北部湾划界协定》。

王毅表示，国务院经审核后认为，签订《中国和越南关于两国在北部湾领海、专属经济区和大陆架的划界协定》，有利于中越两国边界的稳定和北部湾地区的长治久安，有利于进一步推动中越两国关系的健康发展，有利于增进中国与周边国家的相互信任，符合中国的根本利益。

中国与尼泊尔签署的联合打击跨境犯罪活动的协议 5 月 23 日至 25 日，中国和尼泊尔在尼泊尔首都加德满都举行了第二次边境管理会谈。25 日，双方签署了一项联合打击跨境犯罪活动的协议，主要内容如下：

在边境管理方面强化两国中央和地方级的合作机制；交换有关跨境犯罪分子活动的情报；采取有效措施打击边境地区的各种违法犯罪活动等。

中国代表团团长、公安部边防管理局副局长张崇德说，会谈取得的成果对于两国边境地区的长期稳定与发展具有十分重要的意义。尼政府官员说，尼泊尔政府重申恪守一个中国政策，决不允许任何人利用尼泊尔领土从事反华活动。

中国和阿拉伯国家联盟发表的联合公报 2004 年 1 月 30 日，中国和阿拉伯国家联盟发表了联合公报，主要内容如下：

2004 年 1 月 30 日，中华人民共和国主席胡锦涛阁下访问了阿拉伯国家联盟秘书处，会见了阿拉伯国家联盟秘书长阿姆鲁·穆萨先生和阿拉伯国家联盟成员国代表。

胡锦涛主席在会见中就发展中国与阿拉伯国家的新型伙伴关系提出四项原则：(一) 以相互尊重为基础，增进政治关系；(二) 以共同发展为目标，密切经贸往来；(三) 以相互借鉴为内容，扩大文化交流；(四) 以维护世界和平、促进共同发展为宗旨.加强在国际事务中的合作。秘书长表达了阿方对此的欢迎和赞赏。

中华人民共和国外交部长李肇星先生与阿拉伯国家联盟秘书长阿姆鲁·穆萨先生在诚挚友好的气氛中就中阿关系及共同关心的国际和地区问题深入交换了意见。

双方回顾了半个世纪以来中阿关系的发展历程，对中阿合作取得的丰硕成果表示满意。

双方认为，中阿友好合作基础牢固，潜力巨大，前景广阔，加强在各领域的合作符合双方的共同愿望和长远利益。

双方强调，中阿同属发展中国家，在维护世界和平与安全、促进共同发展的事业中发挥着重要作用。

双方确信，中阿在国际事务中保持和加强密切的磋商与协调，有助于建立公正、合理的国际政治、经济新秩序。

中国赞赏阿拉伯国家坚持一个中国原则。

阿拉伯国家赞赏中国一贯支持阿拉伯人民正义事业和合法权益的立场。

为进一步发展中阿在各领域的友好合作关系。双方商定，即日成立“中国—阿拉伯国家合作论坛”。双方同意，尽快召开“中国—阿拉伯国家合作论坛”首届部长级会议。

中华人民共和国与俄罗斯联邦联合声明

应中华人民共和国主席胡锦涛邀请，俄罗斯联邦总统普京 2004 年 10 月 14 日至 16 日对中华人民共和国进行了国事访问。10 月 14 日，两国元首在北京发表联合声明，主要内容摘要如下：

一

中俄关系经过十多年的发展，已达到前所未有的高水平。2001 年 7 月 16 日签署的《中俄睦邻友好合作条约》是两国关系发展进程中的重要里程碑，是指导中俄关系发展的纲领性文件。双方将恪守条约确定的原则和精神，继续采取必要措施，全面贯彻落实条约和双方达成的所有合作协议，不断以新的内容充实中俄战略协作伙伴关系。

双方强调，加强政治互信，深化经济合作，扩大人文合作与社会交往，密切在国际事务中的协调与配合，是中俄战略协作伙伴关系的重要内容。

双方批准了《<中华人民共和国和俄罗斯联邦睦邻友好合作条约>实施纲要 (2005 年至 2008 年)》，认为该纲要对未来几年两国落实上述条约，深化和扩大各领域合作，推动中俄战略协作伙伴关系不断向前发展具有重要的现实意义。

双方就确定 2006 年为中国的“俄罗斯年”和 2007 年为俄罗斯的“中国年”达成共识。

双方重申，将继续在涉及对方国家统一、主权和领土完整的重大问题上相互给予支持。俄方重申，将一如既往地坚持 2001 年 7 月 16 日签署的《中俄睦邻友好合作条约》和以往所有双边政治文件中有关台湾和西藏问题的原则立场，即承认世界上只有一个中国，中华人民共和国政府是代表全中国的唯一合法政府，台湾是中国不可分割的一部分。俄方反对任何形式的“台湾独立”，不接受“两个中国、一中一台”，反对台湾加入联合国及其它只能由主权国家参加的国际组织，不向台湾出售武器。俄方承认西藏是中国不可分割的一部分。中方支持俄方为维护国家统一、打击车臣恐怖势力和分裂势力所作的一切努力。

双方指出，两国元首、议长、总理互访及总理定期会晤机制框架内各分委会会议已构成两国合作的基本框架。这有利于双方及时就重大双边和国际问题协调立场，紧密配合，应对时代挑战。双方愿继续努力，完善和发展所有合作机制，确保两国在政治、经济、科技、人文和国际等领域的合作不断发展。双方认为，两国尽快启动高级别安全磋商机制具有重要意义。

双方指出，两国就中俄边境两块未协商一致地段的边界线走向问题达成协议，是政治双赢的均衡合理的方案。此次签署的中俄国界东段补充协定和此前签署的两个国界协定，标志着长达 4300 多公里的中俄边界线走向已经全部确定。这一结果值得珍惜和充分肯定。中俄边界问题的解决，是两国人民世代友好、睦邻合作的可靠保障，是对亚太地区及世界的安全与稳定作出的重要贡献，为世界各国解决边界争端树立了成功的典范。两国国界协定及其它与边界有关的协定对双方在边境地区环境保护、合理利用自然资源、航运、经济合作、保障边境地区安全与稳定等具体领域采取共同行动创造了新的条件，这将丰富中俄战略协作伙伴关系的内容。双方的经验表明，和平对话、公正公平、平等协商、互谅互让、利益均衡是解决诸如边界问题这样复杂而敏感问题的正确和有效的途径。

二

双方认真回顾了联合国在解决重大国际和地区问题方面所具备的能力和优势，主张应坚持多边主义，尊重、发挥和加强联合国及其安理会的作用，认为联合国在维护世界和平与稳定、有效应对当代挑战和威胁、促进建立公正合理的世界秩序、保障各国平等发展等方面的主导作用不可替代。双方强调，《联合国宪章》规定的宗旨和原则仍然是处理国际事务必须遵循的基本准则。

双方认为，迫切需要在联合国主持下调解国际争端，在公认的国际法原则基础上化解危机。采取任何强制行动均须由联合国安理会批准，并在其监督下执行。

双方承认，为加强应对威胁和挑战的能力，增强代表性，提高工作效率，有必要对安理会进行适当的改革。

双方表示，愿同各国一道，为建立一个和平、发展、和谐的世界，实现公正合理的国际政治经济新秩序而不懈努力。

三

双方讨论了打击国际恐怖主义的现状和前景，认为恐怖主义、分裂主义和极端主义是对主权国家安全、世界和平与稳定的严重威胁，表示将继续在双边和多边合作基础上，在有关地区性组织和国际机构框架内全面开展合作。双方认为，国际社会必须团结一致，坚决和毫不妥协地打击一切形式的恐怖主义。

双方主张，应以联合国为平台加强全球反恐合作，制定一整套应对恐怖主义的战略。双方强调，只有在联合国主导下，以国际法为基础，按照联合国安理会决议，并与安理会反恐委员会这一主要协调中心紧密合作，才能全面实现上述目标。双方将推动上海合作组织与安理会反恐委员会继续就反恐问题开展建设性的合作。

双方认为，反恐不应采取“双重标准”。消灭国际恐怖主义需要世界各国通力合作。恐怖事件制造者、其直接或间接庇护者和赞助者都不能逃脱罪责。双方指出，贫穷、落后、社会不公、极端主义思潮、冲突和战争等等，都是恐怖主义产生的温床。

双方重申，车臣和“东突”恐怖分裂势力是国际恐怖主义的组成部分，他们应成为国际反恐斗争共同打击的对象。双方将在双边和多边框架内采取有针对性的、必要的和实际的步骤。中国理解并坚定支持俄罗斯为恢复车臣共和国的宪法秩序、打击恐怖主义采取的一切步骤。俄罗斯坚定支持中国为打击“东突”恐怖分裂势力、消除恐怖危害而采取的一切措施。

四

中俄战略协作伙伴关系，中俄在联合国、上海合作组织和其它国际组织中的相互协作，为维护世界和平与安全作出了巨大贡献。在上海合作组织这一具有代表性的区域性国际组织的活动中，始终贯穿着建立公正合理、平等互利、相互尊重的世界的思想。

双方认为，上海合作组织的宗旨和原则顺应时代发展的潮流，符合本地区的实际情况。该组织的活动有利于巩固地区安全与稳定，促进这一地区国家的共同发展。推动上海合作组织的发展是中俄外交政策的优先方向。双方将其视为在欧亚大陆特别是中亚地区确立和平、安全、合作的重要手段和未来建立以国际法为基础的多极世界格局的基本因素之一。

五

双方重申，将继续共同努力，防止任何类型的外空武器化，呼吁各国支持中俄两国关于谈判缔结相关国际法律文书的倡议。

双方强调，大规模杀伤性武器及其运载工具和相关材料的扩散对国际和平与安全构成严重威胁。双方认为，应继续协调行动应对这一威胁。为此，双方欢迎联合国安理会通过第 1540 号决议。认为决议对防止大规模杀伤性武器及其运载工具和相关材料的扩散具有重要意义。双方赞成严格执行决议，进一步加强联合国在防扩散领域的作用。

双方重视大力强化国际核不扩散机制，指出 1968 年 7 月 1 日签署的《不扩散核武器条约》是这一机制的主要支柱，是维护国际和平与安全的重要因素。双方认为，顺利召开 2005 年《不扩散核武器条约》审议大会非常重要。考虑到 1996 年 9 月 24 日签署的《全面禁止核试验条约》对核裁军和加强核不扩散机制的重要性，双方主张该条约应早日生效。双方特别重视协调国际努力，以消除核恐怖主义的危险。双方认为，必须特别注意核实物保护和制止核原料的非法转移。双方将采取措施，发展在多边核出口控制机制框架内的协作。

建立无核区是保障亚洲和全世界稳定的措施之一。双方全力支持建立无核区，尤其支持在中亚建立无核区。

六

双方主张朝鲜半岛无核化。认为必须通过对话尽快和平解决朝鲜半岛核问题，六方会谈是实现该目标的有效机制。双方积极评价 2004 年 6 月举行的第三轮六方会谈取得的成果。

双方重申，将继续致力于六方会谈，努力寻求与会各方都能接受的解决办法。双方强调，最终目的是确保朝鲜半岛的无核地位，维护半岛和本地区持久和平、稳定与安全，促进共同发展。

双方对伊拉克暴力事件不断升级表示担忧，强调应通过伊拉克内部对话，重点就未来国家重建的主要问题达成全国性的共识，尽快稳定局势。双方主张，认真执行联合国安理会第 1546 号决议，特别是决议中规定的政治进程时间表。认为这有助于建立一个新型、民主的伊拉克。双方强调指出，举行伊拉克问题国际会议将为伊拉克重建增添新的活力。双方认为，为维护整个国际社会的利益，必须共同努力将伊拉克战争给国际关系带来的损害降至最低水平。

双方主张，在联合国安理会有关决议的基础上，持久、公正和全面解决阿以冲突。双方指出，由四方机制制定的“路线图”计划仍是实现以色列和巴勒斯坦两个国家共存，使他们共同维护和平与安全的最佳方案。

双方主张，阿富汗应建成一个没有恐怖主义、没有毒品、与邻国及整个国际社会和睦相处的民主、繁荣的主权国家。首要任务是保障本地区的可靠安全，并在联合国主持下国际社会给予阿富汗重建广泛支持。这项工作应按照联合国安理会决议并始终在联合国安理会的监督下进行。双方将继续努力应对阿富汗毒品扩散的威胁，包括参与在该国周边建立外围反毒安全带等国际行动。

双方对印度和巴基斯坦开展全面对话表示欢迎，

认为，印巴以和平方式解决彼此分歧，加强信任措施，扩大经贸联系，开辟新的交通路线，发展体育、文化和其他方面的合作，有助于两国各方面关系的发展，符合两国的利益，也有利于南亚地区的和平与安全。

七

双方表示将加强对话，协调行动，维护亚太地区的和平、稳定和繁荣，愿与其他国家和地区论坛开展密切的双边和多边协作。

双方将致力于促进亚太地区形成完整的安全合作体系，所有参加国享有平等权利。这符合维护全球稳定的要求。双方强调，上海合作组织关于逐步在亚太地区建立多方参与的伙伴关系网络的倡议具有现实意义。双方愿共同采取积极措施落实该倡议。

双方认为，东盟地区论坛是当前亚太地区最主要的官方多边安全对话合作渠道。十多年来，该论坛对促进各方相互了解、增进互信、推动地区安全对话与合作发挥了重要作用。双方愿继续加强协调与合作，为东盟地区论坛的发展和地区安全与稳定作出贡献。

中方重申，支持俄罗斯参与本地区的多边对话与合作。理解并支持俄罗斯积极开展与亚欧会议、亚洲合作对话、“10+3”、中日韩合作等区域对话，以及同上述合作机制建立联系的愿望。

中德联合声明 *应德意志联邦共和国总理格哈特·施罗德的邀请，中华人民共和国国务院总理温家宝于2004年5月2日至5日对德国进行正式访问。5月3日，两国总理在柏林举行会谈后发表联合声明，摘要如下：*

会谈表明，中华人民共和国和德意志联邦共和国之间有着十分良好的关系。两国对重大国际政治问题的看法存在着广泛的一致。双方同意在中国与欧盟全面战略伙伴关系框架内建立具有全球责任的伙伴关系。双方将努力继续深化合作，加强多边主义，密切协调，致力于建立一个相互合作的世界秩序。双方对会谈和访问表示十分满意。

一、在稳固的基础上继续加深双边关系

德国政府承诺坚持明确的一个中国的政策，支持中国和平统一。德国政府反对“台湾独立”，并反对旨在加剧台湾海峡紧张局势的任何举动。

进一步发展在法治国家与人权领域的伙伴对话。中华人民共和国和德意志联邦共和国均强调双边法治国家与人权对话对两国关系的重要意义。今年5月将在北京举行第五届法治国家研讨会和在柏林举行人权对话，这一对话的继续是两国以伙伴和坦率方式讨论不同看法的良好基础。

双方一致认为，应遵守和促进《联合国宪章》和《世界人权宣言》所确定的目标和原则。德国欢迎《中华人民共和国宪法》载入人权条款，德国政府注意到中方积极准备批准《公民权利与政治权利公约》，并支持欧盟与中方就此开展合作。

二、在全球问题上共同承担责任和密切协商

双方就当前国际问题交换意见并取得广泛共识。双方商定，将不断扩大两国政府间就全球问题进行的对话。

德国对中国为解决朝鲜半岛核问题所作出的努力表示赞赏，欢迎中国在促进开放的和合作的亚洲区域合作方面（亚太经合组织，东盟与中日韩领导人会议，上海合作组织）发挥的积极作用。中国强调德国在欧盟内及在建立中国与欧盟战略伙伴关系中起着特殊的作用。双方愿在亚欧会议和东盟地区论坛框架内加强亚欧对话。

加强在联合国框架内的合作。中德两国强调，在预防和应对全球及地区挑战、危机和冲突方面，联合国作为最重要的多边机制具有核心作用。中德两国确信，只有在有效的多边主义的基础上，才能确保安全与和平。为此，双方主张加强联合国的作用，并保证支持联合国进行改革，支持联合国秘书长设立的改革问题高级别名人小组的工作。双方愿就此加强合作。双方认为，安理会有必要进行改革，包括均衡地扩大其成员。中国欢迎德国在联合国内发挥更大的作用。

双方强调国际维和行动具有重要意义，并商定将进一步确定双方在维和方面的合作领域。根据2004年3月31日至4月1日在柏林召开的阿富汗问题国际会议，双方拟在帮助阿富汗建立警察机构方面加强合作。

反对国际恐怖主义领域的合作。反对恐怖主义的斗争是当今国际社会面临的最大挑战之一。中国和德国谴责任何形式的恐怖主义。两国要求国际社会进一步改善并加强在反恐方面的合作。联合国在此方面应发挥核心作用。

中德两国一致认为，恐怖主义的根源具有多样性和复杂性，需要全面治理才能有效遏制。特别是需要创造更好的经济、社会和文化发展条件，以消除滋生恐怖主义的温床。中国和德国将切实保证，两国采取的反恐措施符合国际法，包括国际人权领域的所有义务。

裁军、军备控制与大规模杀伤性武器不扩散。中国和德国强调在裁军、军备控制与不扩散领域加强国际合作的必要性。德国欢迎中国政府采取的不扩散政策措施。德国支持中国在时机成熟时尽快加入导弹及其技术控制制度。此外，德国还主张中国尽快签署关于防止弹道导弹扩散的海牙行为准则。

中法联合声明 2004年1月26日至29日，应法兰西共和国总统希拉克的邀请，中华人民共和国主席胡锦涛对法国进行了国事访问。1月27日，中国国家主席胡锦涛和法国总统希拉克在法国首都巴黎签署了中法联合声明，摘要如下：

深化中法全面战略伙伴关系，建立更加安全、更加尊重多样性和更加团结的世界。

中法伙伴关系已臻成熟，并成为两个更广范围伙伴关系——中欧关系和亚欧对话的重要内容。中欧关系的发展已成为国际舞台的积极因素，而亚欧对话是围绕亚欧会议进行的。

面对新世纪国际形势深刻和复杂的变化，中法两国同意，在继续贯彻1997年联合声明的基础上，巩固、发展、充实中法全面战略伙伴关系。双方在下列重点领域达成一致意见：

一、共同致力于加强多边体系，维护集体安全

中法两国作为联合国安理会常任理事国，对维护国际和平与安全，以及在寻求应对威胁的有效办法方面，负有特殊责任。因此，两国认为深化双方在重大国际问题上的合作，有助于建立一个更加安全和稳定的国际环境。

中法两国重申主张多边主义，认为它是应对全球和地区性威胁和挑战，有效预防和解决危机的合适途径。

中法两国重申必须尊重《联合国宪章》的宗旨和原则。两国承诺在联合国安理会和大会内相互协作，以促进这些原则进一步得到尊重。

两国支持联合国改革，以维护其权威，加强其作用。两国赞同对安理会进行必要和合理的改革，使安理会更适应世界的发展，加强其有效应对当前国际和平与安全面临的各种威胁和挑战的能力。

中法两国强调应加强联合国在可持续发展领域的工作。为此，双方应就包括国际治理有关领域在内的联合国改革问题进行深入研究。

积极参与维和行动，维护世界和平。中法两国希望为解决冲突、和平处理危机做出自己的贡献。为此，两国同意在部署和管理维和行动方面交流经验。两国拟在联合国维和行动中开展更加密切的合作。

努力推动军控和防止扩散。中法两国重申遵守并加强军控和防扩散国际文书的重要性，坚决反对大规模杀伤性武器及其运载工具的扩散。为此，两国同意，在双方战略对话框架下成立军控和防扩散工作小组，加强在军控、防扩散和敏感物项出口控制方面的合作与交流。中法两国重视严格遵守《不扩散核武器条约》，并重申该条约的重要性，决心为促进《全面禁止核试验条约》的生效而努力。中法两国还重申必须严格遵守《禁止化学武器公约》和《禁止生物武器公约》。中法两国原则赞成召开联合国安理会防扩散问题领导人会议。法国欢迎中国就敏感物项出口控制制定了国家性法规，支持中国尽早加入《导弹及其技术控制制度》和适时加入其它多边出口控制机制。中法两国重申防止外空军备竞赛的重要性。

反对一切形式的恐怖主义。中法两国谴责一切形式的恐怖主义。两国呼吁国际社会加强合作、协调行动，并首先在联合国和安理会的领导与协调下，坚持《联合国宪章》和国际法准则，共同应对恐怖主义对国际安全的威胁。两国承诺在共同打击一切形式的恐怖主义行为的斗争中加强司法、金融、警务和国内安全方面的合作。两国一致认为恐怖主义涉及方方面面，应采取综合措施，标本兼治。

中法战略对话为讨论以上各个问题提供了良好的协调机制。两国同意深化战略对话，研究采取共同行动。

二、促进全球问题的解决

加强在促进人权和法制建设领域的合作。中法两国强调，促进和保护人权应遵守联合国宪章的宗旨和原则以及人权的普遍性，认为各国有义务在考虑到本国特殊性的前提下，促进和保护一切人权和基本自由。双方认为尊重人权是国家和谐发展的必要条件之一，并确认联合国《经济、社会及文化权利国际公约》和《公民权利和政治权利国际公约》及其他有关国际公约的重要性。中方为尽快批准《公民权利和政治权利国际公约》成立了工作小组。双方强调中欧人权对话的重要性，并希望加强此对话。

法国政府确认坚持一个中国的一贯立场。法国政府反对包括“公投”在内的旨在改变现状、加剧台海紧张局势和导致“台湾独立”的任何单方面举动。法国政府认为应以建设性对话作为台海两岸关系的基础，和平解决台湾问题，以保证该地区的稳定、繁荣。

三、深化作为中欧关系重要内容的中法双边关系

中法两国认为，自1997年以来，双方高层政治对话富有成果，各层次对话与磋商更加密切，合作领

域进一步拓宽。两国决心从战略高度和长远利益出发发展中法关系，继续保持高层互访势头。同时，进一步强化战略磋商机制。加强两国外交部各级别和部门的对话与磋商。

今天，中法全面战略伙伴关系是中欧关系的重要内容，中欧关系的发展业已成为国际舞台上的积极因素。中法两国将致力于强化各领域的中欧关系。

中华人民共和国政府和吉尔吉斯共和国政府联合公报 应吉尔吉斯共和国总理尼·塔纳耶夫的邀请，中华人民共和国国务院总理温家宝2004年9月21日至22日对吉尔吉斯共和国进行了正式访问。两国领导人就中吉关系以及共同关心的地区和国际问题深入坦诚交换意见，达成广泛共识。22日，双方发表了联合公报，主要内容如下：

双方高度评价中吉关系的发展成果，重申发展中吉长期稳定的睦邻友好合作关系符合两国人民的根本利益。双方认为，2002年6月24日签署的《中华人民共和国和吉尔吉斯共和国睦邻友好合作条约》是两国关系史上的里程碑。

双方指出，签署《中华人民共和国政府和吉尔吉斯共和国政府关于中吉国界线的勘界议定书》及其所附《中华人民共和国和吉尔吉斯共和国国界地图》标志着两国国界线在实地得以勘定，两国历史遗留下来的边界问题获得彻底解决，具有重大意义。双方将严格遵守两国已经或即将签署的有关边界事务的协定，积极致力于将两国边界建设成永久和平、世代友好的纽带和桥梁。

吉方重申，世界上只有一个中国，中华人民共和国政府是代表全中国的唯一合法政府，台湾是中国领土不可分割的一部分。吉方反对任何制造“两个中国”或“一中一台”的企图，反对“台湾独立”，反对台湾加入任何只有主权国家才能参加的国际和地区组织。重申不同台湾建立任何形式的官方关系和进行官方往来。中方对此表示赞赏。

中华人民共和国重申支持吉尔吉斯共和国为维护国家独立和主权、发展民族经济、实施社会经济改革所作的努力。

双方表示，相互尊重对方选择的发展道路，不允许在本国领土上成立危害另一方主权、安全和领土完整的组织。

双方指出，恐怖主义、分裂主义、极端主义仍是本地区安全与稳定的主要威胁。双方将根据《打击恐怖主义、分裂主义和极端主义上海公约》和《中华人民共和国和吉尔吉斯共和国关于打击恐怖主义、分裂主义、极端主义的合作协定》的规定，加强两国有关部门的协调与合作，并在上海合作组织框架内继续采取有力措施，共同打击包括“东突”势力在内的恐怖主义、分裂主义和极端主义，维护两国及本地区的和平与安宁。双方认为，打击“东突”恐怖势力是国际反恐斗争的重要组成部分。

双方愿意在联合国等国际组织框架内就双方共同关心的问题加强磋商与合作。双方主张以《联合国宪章》及公认的国际法准则为基础建立和平稳定、公正合理的国际政治经济新秩序，和平解决国际争端，发挥联合国在维护世界和平与安全方面的主导作用，促进实现发展模式多样化。

双方认为，上海合作组织的宗旨和原则符合当今世界发展的需要，其活动有利于维护地区安全，促进成员国共同发展。

双方愿与上海合作组织其他成员国继续深化睦邻友好伙伴关系，共同推动该组织发展及各领域务实合作，包括加强打击恐怖主义、分裂主义、极端主义、非法贩运麻醉品和精神药物、非法移民及其他跨国犯罪活动，拓展和深化在经济和人文领域的合作，推动上海合作组织与其他国际组织和国家建立联系、开展合作，提升该组织在本地区及国际事务中的地位和影响。

中华人民共和国和乌兹别克斯坦共和国联合声明 2004年6月14日至16日，应乌兹别克斯坦共和国总统伊·阿·卡里莫夫的邀请，中华人民共和国主席胡锦涛对乌兹别克斯坦共和国进行了国事访问。6月15日，两国元首在塔什干签署联合声明，摘要如下：

中华人民共和国和乌兹别克斯坦共和国（以下简称“双方”）高度评价两国在政治、经济、文化、教育、科技各领域合作中取得的成绩，对中乌两国和两国人民不断加深的友好关系与相互理解表示满意，愿继续全力巩固两国关系，不断充实新的内容。落实两国业已达成的各项协议。

双方重申愿继续保持两国高层和各级别的定期政治对话与磋商，及时就双边关系和重大的国际问题交换意见。

双方将继续坚定支持对方为维护国家主权、独立和领土完整所作的努力。这是双边关系重要的组成部分。

双方不参加任何有损于对方主权、安全和领土完整的联盟或集团，不采取任何此类行动，包括不同第三国缔结此类条约。双方不允许第三国利用本国领土损害另一方的国家主权、安全和领土完整。

双方不允许在本国领土上成立和存在旨在损害另一方主权、安全和领土完整的组织和团体。

乌方重申，中华人民共和国政府是代表全中国的唯一合法政府，台湾是中国领土不可分割的一部分，乌政府不与台湾建立任何形式的官方关系。乌兹别克斯坦政府反对制造“两个中国”或“一中一台”的企图，反对“台湾独立”。

中方对乌兹别克斯坦为加强中亚地区安全、稳定与合作的努力表示赞赏。

双方指出，恐怖主义、分裂主义、极端主义仍是本地区安全与稳定的主要威胁。双方将根据《打击恐怖主义、分裂主义、极端主义上海公约》和《中华人民共和国和乌兹别克斯坦共和国关于打击恐怖主义、分裂主义、极端主义的合作协定》的规定，加强两国有关部门的协调与合作，并在上海合作组织框架内继续采取有力措施，共同打击包括“东突”恐怖势力在内的一切形式的恐怖主义，以维护两国及本地区的和平与安宁。双方认为，打击“东突”恐怖势力是国际反恐斗争的重要组成部分。

双方指出，有必要更积极地采取协调一致步骤，不断打击对地区安全与稳定造成现实威胁的各种形式的宗教极端主义。

双方强调，中亚的稳定和安全与阿富汗局势密切相关。双方呼吁国际社会积极落实东京和柏林会议确定的为阿富汗战后重建提供国际援助计划中的项目，以尽快重建一个主权独立的阿富汗，使其免受恐怖主义、毒品之害及外来干涉。

双方表示愿为实现上述目标进行协作。

双方指出，两国在国际和地区事务中的利益具有广泛的一致性，表示愿继续磋商并与其他有关国家在国际事务中进行协作，为在本地区和全世界建立牢固的和平与稳定作出不懈努力。

双方认为，上海合作组织的宗旨和原则符合当今现实和发展趋势，它的活动有利于巩固地区安全和稳定。

双方相信，上海合作组织塔什干峰会将成为该组织发展道路上重要的里程碑，将为在该组织框架内开展更积极的务实合作创造条件。

双方愿与上海合作组织其他成员国共同采取有效措施，落实该组织框架内协作的主要方面，包括加强对恐怖主义、分裂主义、极端主义、非法贩运麻醉品和精神药物、非法移民及其他跨国犯罪活动的打击力度，拓展和深化各方在经济和人文领域的合作，促进上海合作组织与其他国际组织和国家积极发展联系，提升该组织在维护本地区及全世界和平和发展中的作用。

中国政府和科威特政府联合新闻公报

2004 年 7 月 7 日，中华人民共和国政府和科威特国政府发表联合新闻公报，部分内容如下：

双方强调反对一切形式的恐怖主义，反对将恐怖主义与特定的国家、民族和宗教挂钩。双方认为恐怖主义是国际社会正在努力解决的一个国际问题，同意加强反恐合作。

两国回顾了伊拉克形势的发展。中方谴责伊拉克前政权杀害科威特战俘的行径，理解和支持科威特在战俘、赔偿等伊拉克占领科威特遗留问题上的正当要求。双方对向伊拉克移交主权、伊拉克新临时政府的产生表示欢迎。两国希望为伊拉克在未来实现建设和发展而共同努力。两国对安理会一致通过有关伊拉克问题的第 1546 号决议表示欢迎，认为该决议是重要而关键的一步，既反映出国际社会希望恢复伊拉克的安全与稳定，也有利于实现伊拉克人民关于权力交接、建设自由和统一国家、过上有尊严生活的愿望。两国强调必须加强联合国在伊拉克过渡时期内的重要作用，使伊拉克人民得以恢复其国家主权和行使各项权利。两国谴责伊拉克境内针对平民、国际组织和在伊外交使团的恐怖活动。

关于中东形势，双方对以巴和谈长期停滞、中东和平“路线图”计划得不到切实执行表示担忧；一致认为，中东问题应在联合国有关决议、“土地换和平”原则和阿拉伯和平倡议基础上通过政治谈判加以解决，巴勒斯坦人民包括建国权在内的合法民族权益应得到维护；呼吁有关各方重回谈判解决分歧的轨道。

双方呼吁国际社会加大促和力度，主张联合国在中东问题上发挥重要作用。科方赞赏中国政府为解决阿以争端任命中东问题特使，支持中国为此而做出的努力。

科方重申，将坚定奉行一个中国政策，反对任何制造“两个中国”或“一中一台”的图谋，支持中国一切旨在维护其国家主权和领土完整的努力。

两国强调国际社会必须加强合作，以实现朝鲜半岛的和平、安全与稳定。科方赞赏和支持中国在六方会谈框架内为和平解决朝鲜半岛核问题所做出的努力。

中菲联合新闻公报　应中华人民共和国主席胡锦涛的邀请，菲律宾共和国总统格洛丽亚·马卡帕加尔·阿罗约于 2004 年 9 月 1 日至 3 日对中国进行了国事访问。9 月 3 日，中国政府与菲律宾政府在北京发表联合新闻公报，摘要如下：

两国领导人在坦诚友好的气氛中就双边关系及共同关心的国际和地区问题交换了意见。双方对中菲关系取得的积极进展和各领域合作的不断扩大和深化表示满意。双方重申将继续促进两国关系全面发展，一致同意在两国政府 2000 年签署的关于 21 世纪双边合作框架《联合声明》有关原则的指导下，进一步推动中菲关系健康稳定地向前发展。

双方一致认为扩大中菲军事和安全领域的交流与合作对增进两国政治互信具有重要意义，同意探讨建立中菲国防部门防务安全磋商机制。双方同意积极落实两国在司法协助、打击贩毒等跨国犯罪领域的合作协议。

菲方重申坚持一个中国政策，表示理解中国政府为维护国家统一所做的努力。

双方重申将继续致力于维护南海地区的和平与稳定。在尚未全面并最终解决南海地区的领土和海洋权益争端前，双方将继续探讨共同开发等合作。双方同意根据包括 1982 年《联合国海洋法公约》在内的公认的国际法准则，推动和平解决有关争议。双方一致认为尽快积极落实中国与东盟于 2002 年签署的《南海各方行为宣言》有助于将南海变为合作之海。

双方一致认为维护本地区的和平与稳定至关重要。菲方赞赏中方为实现朝鲜半岛无核化所做的积极努力。

中国和亚美尼亚发表的联合声明 2004 年 9 月 27 日，中国和亚美尼亚两国元首发表了《中华人民共和国和亚美尼亚共和国联合声明》，声明部分内容如下：

声明说，应中华人民共和国主席胡锦涛的邀请，亚美尼亚共和国总统罗伯特·科恰良 9 月 26 日至 30 日对中华人民共和国进行了国事访问。两国元首就进一步发展双边关系和共同关心的国际及地区问题深入交换意见，达成广泛共识。

声明说，亚方重申，中华人民共和国政府是代表全中国的唯一合法政府，台湾是中国领土不可分割的一部分。亚方确认不同台湾建立任何形式的官方关系和进行任何具有官方性质的往来，反对制造“两个中国”或“一中一台”的企图，反对任何形式的“台湾独立”。中方对此表示赞赏。

声明说，中方支持通过和平方式解决纳卡问题，支持国际社会为此付出的努力，希望纳卡问题在公认的国际法准则基础上尽快得到公正合理的解决。

声明说，双方认为，当前国际形势继续发生深刻而复杂的变化。和平与发展仍是当今时代的主题，也是世界各国人民的共同愿望。国际社会应加强磋商，维护世界的多样性，促进世界不同文明和不同发展模式相互交流和借鉴。双方强调，联合国在维护世界和平与安全方面具有不可替代的作用，《联合国宪章》的宗旨与原则仍然是处理国际事务应遵循的基本准则。双方积极评价两国在联合国等国际和地区组织中的协调、合作与相互支持，愿在重大国际问题上继续保持沟通、加强合作，维护发展中国家的共同利益。

中国和斯里兰卡两国外长发表的联合新闻公报 应中华人民共和国外交部长李肇星的邀请，斯里兰卡民主社会主义共和国外交部长拉克什曼·卡迪尔加马尔于 2004 年 12 月 27 日至 29 日正式访华。12 月 29 日，两国外长发表了联合新闻公报，部分内容如下：

公报说，在会见和会谈中，双方重点就双边关系和共同关心的国际和地区问题交换了意见。

公报说，双方同意，扩大两国在国际和地区事务中的协调与配合，并表达了维护南亚和平与稳定，谋求合作与繁荣的共同立场。

公报说，斯方重申，世界上只有一个中国，中华人民共和国政府是代表全中国的唯一合法政府，台湾是中国领土不可分割的一部分。斯里兰卡坚定执行一个中国政策，反对任何形式的“台独”，支持中国政府为捍卫国家主权与领土完整所做的一切努力，支持中国为反对“台独”势力分裂国家所采取的立法措施，希望中国早日实现国家统一。

公报说，中方重申，将继续支持斯里兰卡为维护国家主权、民族团结和领土完整、发展国家经济所做的努力。

公报说，双方重申，反对恐怖主义、分裂主义和极端主义这三股邪恶势力。

中罗关于建立全面友好合作伙伴关系的联合声明 中国国家主席胡锦涛和罗马尼亚总统伊利埃斯库 2004 年 6 月 13 日在布加勒斯特签署了《中华人民共和国和罗马尼亚关于建立全面友好合作伙伴关系的联合声明》。部分内容如下：

中方高度评价罗马尼亚在经济和社会发展中取得的成就，对罗马尼亚融入欧洲一体化进程的努力表示理解和支持，赞赏罗马尼亚在维护地区及世界和平与稳定方面发挥的积极作用。

罗方赞赏中国在实行改革开放以来各领域取得的成就，强调中国经济的平稳、协调、快速发展对全球经济具有积极影响，并高度评价中国为促进亚洲及世界的和平与发展所做的重要贡献。

罗方重申将继续坚持一个中国的立场，承认世界上只有一个中国，中华人民共和国政府是代表全中国的惟一合法政府，台湾是中国领土不可分割的一部分。罗方不同台湾建立任何形式的官方关系和进行任何具有官方性质的往来，不支持台湾加入只有主权国家才能加入的国际组织，反对“台湾独立”。

双方重申，恪守《联合国宪章》的宗旨和原则以及公认的国际法准则，双方认为，联合国是由主权国家组成的世界上最具广泛代表性、权威性的政府间国际组织，在维护国际和平与安全、妥善有效地应对全球和地区威胁方面负有核心责任。鉴此，应加强联合国安理会的作用和权威，提高联合国妥善应对当代世界问题的能力。双方决心加强其在联合国范围内的合作，及时就共同感兴趣的问题，加强沟通与磋商。

双方认为，恐怖主义是当今世界和平与发展的严重威胁。双方一致谴责和反对任何形式的恐怖主义，主张各国应履行根据国际法承担的义务，加强国际合作，坚决打击和制止恐怖主义活动。双方愿就打击恐怖主义、有组织犯罪、非法移民、非法贩卖毒品和武器加强磋商与合作。

中国和越南政府联合公报 2004 年 10 月 8 日，中国和越南两国政府发表联合公报，摘要如下：

应越南社会主义共和国政府总理潘文凯的邀请，中华人民共和国国务院总理温家宝于 2004 年 10 月 6 日至 7 日对越南进行了正式访问。访问期间，温家宝总理和潘文凯总理举行了会谈，并会见了越南共产党中央委员会总书记农德孟、国家主席陈德良和国会主席阮文安。两国领导人在诚挚、友好和务实的气氛中就加强双边关系及共同关心的国际和地区问题深入交换了意见，达成广泛共识。访问取得了圆满成功。

双方高兴地看到，在两国领导人确定的“长期稳定、面向未来、睦邻友好、全面合作”16 字方针指引下，中越关系正在迅速、全面和深入发展。两国领导人往来频繁，双方政治互信增强，经贸合作成果显著，边界领土等历史遗留问题的解决取得积极进展，其他领域的交流与合作日益扩大，在国际和地区事务中相互支持，协调配合。

双方认为，中越两国在许多重大问题上具有共同的战略利益。在国际形势深刻演变的背景下，保持双边关系始终稳定、健康和顺利发展，符合两国和两国人民的根本利益，同时也有利于地区和世界的和平与发展。两国政府决心从全局和战略高度出发，继续秉承 16 字方针，弘扬传统友谊，拓展互利合作，及时妥善处理敏感问题，把中越关系不断推向新的更高水平。

双方一致同意，继续保持高层接触，加强两国各部门、地方和群众团体的友好往来和交流，认真落实双方外交、国防、公安等部门签署的合作文件，切实增进相互理解和信任；深化全面合作，鼓励和支持双方在经贸、科技、教育、文化等领域开展务实合作，努力寻求和扩大共同利益；加强双方治党治国和社会主义理论与实践的经验交流。深入开展“中越青年友好会见”活动和促进两国青年一代的交往，加强中越友好的宣传教育。

双方一致认为，2004 年 8 月两国边界谈判政府代表团团长举行特别会晤，就具体落实两国领导人重要共识达成一致并签署会谈纪要，有利于进一步增进双方互信，切实预防和及时妥善处理边界领土发生问题。双方同意采取有效措施，尽快将纪要内容落到实处。

双方同意进一步加快中越陆地边界勘界立碑进程，指导双方有关部门和地方加倍努力，增进互信，真诚合作，力争如期完成勘界立碑工作，早日把陆地边界建成中越两国之间和平、友好与合作的边界。在勘界立碑期间，双方将切实维护边界现状，并严格按照 1991 年《中华人民共和国政府和越南社会主义共和国政府关于处理两国边境事务的临时协定》管理边界。

双方对北部湾划界协定和渔业合作协定于 2004 年 6 月 30 日同时生效予以高度评价，认为这是中越关系中的一件大事，有利于北部湾地区的长治久安，对中越关系长期稳定发展具有重要意义。双方对两个协定生效后的实施情况感到满意，并强调将继续密切配合，严格落实两协定的规定，同时本着互谅互让的精神，不采取过激和武力行动，共同维护北部湾的和平与稳定，致力于长远合作，造福两国人民。

双方同意严格遵循两国高层共识和中国与东盟各成员国签署的《南海各方行为宣言》(DOC) 的宗旨和原则，切实保持克制，双方均不采取任何使争端复杂化或扩大化的单方面行动，不诉诸武力或以武力相威胁。包括不对渔船采取武力行动，以实际行动维护南海局势的稳定。

双方强调，继续维持海上问题谈判机制并增加谈判次数，坚持通过和平谈判，寻求双方均能接受的基本和长久的解决办法。在问题解决前，本着先易后难的精神，继续加强共同关心的低敏感领域的合作，逐步探讨在双方商定的其他领域扩大合作。

越南政府重申坚定奉行一个中国政策，支持中国统一大业，坚决反对任何形式的 “台独”分裂活动。越南同台湾只进行非官方经贸往来，绝不同台湾发展官方关系。

双方同意继续加强在联合国、东盟、东盟地区论坛、亚太经合组织、亚欧会议、大湄公河次区域开发等多边领域的合作与配合，继续致力于建立公正合理的国际政治和经济新秩序，为维护地区和世界和平、稳定与发展作出贡献。

上海合作组织成员国元首塔什干宣言

2004 年 6 月 17 日，上海合作组织（以下简称“本组织”或“组织”）成员国哈萨克斯坦共和国、中华人民共和国、吉尔吉斯共和国、俄罗斯联邦、塔吉克斯坦共和国和乌兹别克斯坦共和国在塔什干举行成员国元首理事会会议，并签署《上海合作组织成员国元首塔什干宣言》。宣言全文如下：

一

六国元首强调，本组织成立以来取得的成就和国际形势的变化表明，组织的建立和发展顺应了时代潮流，符合六国人民的长远和根本利益，组织确立的各项原则是正确的。

六国元首指出，2003 年 5 月莫斯科峰会提出的本组织机制建设任务业已顺利完成，并积极评价外交部长理事会和国家协调员理事会所做的工作。

六国元首对本组织常设机构——设在北京的秘书处和设在塔什干的地区反恐怖机构（以下简称“反恐怖机构”）执行委员会的按时启动表示满意，指出中方和乌方做了大量工作，为上述机构全面运作创造了必要条件。

2003 年 10 月，反恐怖机构的领导机构——理事会开始工作。反恐怖机构制定了具体工作计划，通过了一系列必需的法律文件，为有效行使职能创造了必要条件。反恐怖机构的职责是使本组织框架内落实《打击恐怖主义、分裂主义和极端主义上海公约》的相互协作更加系统，更具针对性。

六国元首指出，保障本组织财务机制顺畅运作对高质高效地解决组织面临的各项任务具有重要意义。

政府首脑（总理）理事会 2003 年 9 月在北京批准的《上海合作组织成员国多边经贸合作纲要》对巩固本组织和发展组织的经济合作具有原则性意义。该文件不仅包括六国就 2020 年前开展务实合作的方向、目的和任务达成的共识，而且指出了实施途径和方式。

外交部长理事会积极开展工作。《上海合作组织成员国外交部协作议定书》对六国就重大国际问题协调立场将发挥重要作用。

六国元首支持乌兹别克斯坦共和国关于定期举行组织成员国安全会议秘书会议的倡议，以便加强成员国相关机构在应对新威胁和新挑战方面的合作。

六国元首强调，在新的条件下，国家协调员理事会应依托本组织秘书处，集中精力确保组织的协调运作，并为本组织的进一步发展制定构想。

本组织在初创阶段，就已本着开放原则，作为受尊敬的平等参与者融入国际社会。本组织将继续遵循这一方针。在塔什干批准的《上海合作组织观察员条例》是本组织与其他国际组织和国家——无论其地理位置如何建立和扩大联系的新的重要步骤。本组织将继续制定文件，规范《上海合作组织宪章》规定的本组织开展国际合作的其他形式。

二

随着本组织机制化建设阶段的结束，本组织进入了成员国在组织框架内开展全面合作的阶段。六国元首支持有条不紊、持续不断地推进《上海合作组织宪章》确定的各项工作。为此开展的相互协作，既要有长远目标，也要有近期的优先方向。相互协作的目标是要在尊重各国特点和主权的基础上，确定六国的共同利益。

在塔什干签署的《上海合作组织成员国关于合作打击非法贩运麻醉药品、精神药物及其前体的协议》对于在本组织框架内开展应对跨国威胁和挑战的多边合作具有重大意义。六国元首认为，安全会议秘书会议机制应关注该协定的执行情况，同时还可以开展工作，制定一个在本组织框架内相互协作以应对新威胁和新挑战的综合纲领性文件。这些新威胁和新挑战包括非法贩运武器弹药、爆炸物、有毒有害及放射性物质和雇佣军等。

中亚地区及周边国家经济的持续发展，满足其人民生活的迫切需要，是该地区及周边国家稳定和安全的重要保证。

为此，六国元首认为，有必要在 2004 年秋比什凯克政府首脑（总理）例会前商定落实多边经贸合作纲要的措施计划，全面启动已成立的四个专家组的工作。重要的是确定采取系统的步骤，以促进采用经贸合作的现代形式，增加成员国间的贸易额，协调法律法规，逐步为商品、资本、服务和技术的自由流通创造良好条件。

除已实施和计划实施的促进本组织框架内一体化进程的措施外，六国元首认为现在应着手建立本组织发展基金和实业家委员会，并责成本组织秘书处尽快就实施上述项目准备相关文件。

六国元首总体上积极评价莫斯科峰会以来各领域合作取得的进展，强调必须确保对外经贸、交通、国防、文化、紧急救灾部门以及本组织成员国其他部门间的合作目标明确和富有成效。为提高各部门领导人会议机制的工作效率，应尽快制定和通过合作的法律文件，同时及时执行已达成的协议。

应当将环境保护及合理、有效利用水资源问题提上本组织框架内的合作议程。相关部门和科研机构可在今年内开始共同制定本组织在该领域的工作战略。

三

六国元首确信，作为建立在平等伙伴、相互尊重、互信和开放原则基础上的非集团组织，本组织的不断发展和壮大符合国际发展的主流，有助于拓宽国际对话的空间。

本组织愿积极和建设性地参与建立旨在团结广泛的国际力量，以应对全球和地区范围内的新威胁和新挑战的新的安全架构。为此，本组织将与其他国家和国际组织，首先是与联合国进行协作，为本组织所在地区乃至世界的安全和稳定做出贡献。

六国元首对恐怖主义和极端主义的新一轮猖獗活动表示极大关切。世界不同的国家和地区正在成为恐怖分子的目标。恐怖主义在灵活地适应形势：使用了现代技术装备，伺机利用各种未解决的冲突达到自己的目的。

应建立以联合国为核心，依托地区、次地区和国家机构的全球体系，来应对恐怖主义这一全球威胁。在这方面，重要的不仅是对恐怖分子的活动予以适当回击，而且要致力于预防工作。

本组织成员国将加强安全合作，更有效地打击恐怖主义、分裂主义、极端主义，维护成员国的共同利益。六国元首认为，有必要举行成员国执法安全部门联合反恐演习，以提高打击这些威胁的协作能力。

六国元首认为，面对国际恐怖主义、地区冲突与危机等复杂挑战，能够并且应该在多边主义、各国相互协作、遵循国际法准则的基础上予以应对。只有这样才能在全球化条件下保障世界安全和稳定。本组织愿在自己的行动中坚决奉行这些原则，并准备以此为基础积极与所有国家和多边组织进行积极合作。

本组织十分关注重建和平、统一和繁荣、与邻国和世界其他国家和睦相处的阿富汗，欢迎在阿富汗组建具有广泛代表性的政府。

本组织成员国承认联合国在实施对阿富汗国际计划方面的中心协调作用，努力促进打击恐怖主义、极端主义和毒品交易的国际合作，以在阿富汗建立安全、和平、安宁，为阿富汗和平重建创造必要的条件。

四

六国元首指出，亚太地区所有区域机制的建设性合作有利于本地区的和平、稳定和共同繁荣，符合亚太地区各国的共同愿望。

六国元首倡议，亚太地区的国际组织和论坛，通过相互签署协议，包括在对等原则基础上相互给予观察员地位，逐步建立起多边组织的伙伴网络。

六国元首认为，实施这一倡议，有助于亚太地区形成以《联合国宪章》和国际法为基础、兼顾所有参与方利益的安全和合作体系。

哈萨克斯坦共和国总统　努尔苏丹·纳扎尔巴耶夫
中华人民共和国主席　胡锦涛
吉尔吉斯共和国总统　阿斯卡尔·阿卡耶夫
俄罗斯联邦总统　弗拉基米尔·普京
塔吉克斯坦共和国总统　埃莫马利·拉赫莫诺夫
乌兹别克斯坦共和国总统伊斯兰·卡里莫夫
二OO四年六月十七日于塔什干

（吴　玉）

联合国安理会发表的谴责针对中国工人的恐怖袭击事件的声明　2004年6月10日，联合国安理会发表声明，谴责针对中国工人的恐怖袭击事件，主要内容如下：

声明强烈谴责在阿富汗发生的针对中国援建工人的恐怖袭击事件。

声明说，安理会成员对中国政府和人民表示深切同情，并向遇难者家属表示哀悼。安理会成员要求所有国家积极合作并将肇事者绳之以法。

中国常驻联合国代表王光亚当天对记者说，在他向安理会成员通报袭击事件时，所有安理会成员均对该事件进行了谴责。他表示，中国不会因恐怖袭击事件改变反恐政策，不会向任何恐怖活动屈服，并将继续积极参加在阿富汗的援建工程。

（石　慧）

朝鲜和韩国发表的关于恢复军事会谈等问题的联合声明　2004年2月6日，朝鲜和韩国发表了关于恢复军事会谈等问题联合声明，主要内容如下：

声明表示，双方的将领将尽快举行军事会谈，以缓和朝鲜半岛的紧张局势，以及防止双方在有争议的黄海水域发生海上冲突。

声明还表示，朝鲜半岛南北双方将共同合作，以确保旨在解决朝核问题的第二轮六方会谈能够取得成果。

印度和新加坡就加强两国的防务关系发表的联合声明　2004年7月10日，印度和新加坡就加强两国的防务关系发表了联合声明，主要内容如下：

联合声明表示，双方同意进一步加强两国间的防务关系，并将防务关系的发展看作是两国政治关系以及经济合作的自然延伸。

联合声明说，加强两国的防务关系是维护地区和平与稳定的一个因素。双方积极探讨了两国在加强军事演习、训练、专家和高层官员互访以及防务技术研发等方面合作的潜在可能。

联合声明说，两国领导人在会谈时表示，应进一步加强有效国际合作来打击恐怖主义。印方还对新加坡在扩大印度与东盟国家的关系方面发挥的积极作用表示赞赏。

印度和巴基斯坦政府关于降低核风险的联合声明 2004年6月19日至20日，印度和巴基斯坦外交官员就核信任安全措施问题在新德里进行了为期两天的专家级会谈，这也是印巴两国1998年相继公开进行核试验以来首次就核武器安全问题举行谈判。会谈结束时，发表一项关于降低核风险的联合声明，主要内容如下：

联合声明称，印巴已同意在两国外交秘书间开通一条热线电话，以消除双方误解，降低核风险。双方还同意继续保留并进一步提升两国军方间业已存在的热线，并决定就未来试射导弹事先通知对方，继续努力达成一项有关技术性协议。

联合声明称，印巴双方重申除非今后发生特殊事件威胁到国家最高利益，否则未来双方都将会停止核试验。

联合声明指出，两国都意识到有必要进一步营造一个有利于两国关系和平与安全的稳定环境，并将继续就安全和不扩散等问题进行双边磋商。

声明还呼吁所有核国家之间就共同关心的有关问题举行例行工作会谈。

印巴发表的通过对话解决两国关系的声明 2004年9月8日，印度与巴基斯坦发表了通过对话解决两国关系的联合声明，主要内容如下：

联合声明强调，两国将继续通过对话解决包括克什米尔在内的所有影响两国关系的问题。同时，两国还就13个共同关心的问题达成了协议。

联合声明说，为继续推动全面对话进程，两国还决定就包括在常规及核武器方面建立互信措施举行专家级谈判。双方表示，愿意继续通过“严肃和持久的”对话找到最终解决克什米尔等问题的“令两国都满意的”办法。

联合声明重申了两国将信守联合国宪章以及切实履行两国间签订的《西姆拉协议》的决心。

联合声明称，两国高层将继续加强接触，目前已经确定的高层会谈或会见包括：印度总理辛格将于9月下旬与巴基斯坦总统穆沙拉夫在出席联合国大会期间会面；两国外交秘书将于12月就包括建立互信措施在内的涉及和平与安全等方面的问题举行会谈；两国总理将于2005年1月在达卡举行的南亚区域合作联盟会议期间会面等。

据报道，根据联合声明，双方达成协议的具体内容还包括：讨论并起草两国在进行核试爆时提前通知对方的协议；举行开通印度拉贾斯坦邦与巴基斯坦信德省之间铁路线的会谈；在2004年10月举行印巴边防部队会谈；两国继续就军队在锡亚琴冰川脱离接触举行会谈；两国海岸警卫队于2004年11月举行会谈并讨论签署谅解备忘录；双方就开通印控克什米尔首府斯利那加和巴控克什米尔首府穆扎法拉巴德之间的公共汽车线路举行会谈。此外，两国还同意在共同打击毒品走私、促进双边贸易、放宽签证限制以及共同开发能源等方面加强合作。

科威特和伊拉克发表的联合声明 2004年8月2日，科威特和伊拉克发表了联合声明，主要内容如下：

声明说，两国将翻过过去的一页，建立一种睦邻友好、相互尊重主权、严格执行联合国各项决议和符合国际法准则的建设性合作关系。

声明重申，双方共同谴责伊拉克前政权对科威特国家和人民犯下的罪行，谴责伊拉克前政权杀害科威特和其他国家战俘、掠夺科国家财产，强调必须要将所有战争罪犯送交法庭进行公正审判。

声明表示，将在科威特被俘和失踪人员问题上继续合作。

声明说，科威特支持伊拉克新政府，支持它在确立国内安全与稳定、打击恐怖活动、推动伊拉克政治进程方面所付出的努力。双方将携手努力加强本地区的安全与稳定。一道推动两国关系的发展，共同造福于两国人民。

声明强调，联合国应在伊拉克重建进程中起主导作用。

声明说，双方一致同意全面恢复两国外交关系，并组成以两国国家和政府领导人为首的最高混合委员会，每年轮流主持召开会议，共商两国经贸合作发展问题。

声明强调，坚持阿拉伯世界的共同利益，根据联合国决议和国际法准则，支持解放被占领的阿拉伯领土，支持建立一个独立的巴勒斯坦国，支持在本地区确保安全与稳定。

俄罗斯和阿塞拜疆发表的莫斯科宣言 2004年2月6日，俄罗斯总统普京和阿塞拜疆总统阿利耶夫在莫斯科举行会谈后签署了莫斯科宣言。主要内容如下：

宣言强调，两国将发展战略伙伴关系，加强在反恐、经贸和科技等领域的合作。

宣言说，为应对全球新的挑战和威胁，俄阿两国将提高双边和多边合作水平，采取措施制止各种旨在破坏两国主权、独立和领土完整的活动。俄阿将加强符合两国安全利益、但不针对第三国的军事和军事技术合作，采取切实措施扩大经贸和科技合作。双方重申将在石油和天然气领域建立长期双边合作关系。

吉尔吉斯斯坦和捷克发表的深化在安全领域合作的联合声明 2004年9月10日，吉尔吉斯斯坦和捷克发表了深化在安全领域合作的联合声明，主要内容如下：

联合声明说，两国将深化在安全防御领域，特别是在打击国际恐怖主义、军火和毒品走私等方面的合作。

联合声明还说，两国将在互利基础上发展和扩大双边经贸合作，巩固与发展双方在教育、科学和文化领域的联系。声明表示，两国将进一步加强双边关系的法律基础，为此，双方计划在近期签署关于相互鼓励和保护投资的协定。

普京与施罗德就俄德联合反恐发表的联合声明 2004年9月9日，俄罗斯总统普京与德国总理施罗德就两国联合反恐发表了联合声明，该声明的内容摘要如下：

在美国遭受恐怖主义袭击36个月和马德里发生恐怖事件6个月之后，国际恐怖主义的罪恶矛头又指向了俄罗斯。

在别斯兰发生骇人听闻的针对无辜儿童的恐怖主义事件，国际恐怖主义对全人类的威胁达到了登峰造极的程度。我们一致认为，必须要共同打击世界各地的恐怖主义。

今天我们悼念两国和全世界因恐怖主义而丧生的死难者，分担他们家人的痛苦。我们对因恐怖活动而遭受痛苦的所有人表示同情，我们有义务竭尽全力地保护人民免遭恐怖主义灾难，人民应当是安全的、自由的和受保护的。维护人的所有权利和基本自由，坚持法律至上的原则也是绝对重要的。

恐怖主义是对世界和平与安全的威胁，危害着民主、自由、公开性和宽容。如今国际恐怖主义、大规模杀伤性武器扩散、地区冲突和有组织犯罪是对两国安全的最危险挑战。俄罗斯与德国将按照联合国宪章和安理会第1373号决议（2001年）规定的义务，竭尽全力地与各种形式的恐怖主义作斗争。双方强调联合国在整个反恐斗争中的协调作用和中心地位，并再次声明，在采用反恐措施的同时，要遵守有关人权和难民权的国际法准则以及国际人道主义准则。

俄罗斯和德国谴责各种恐怖活动和方式，无论其有何理由。双方将加强合作，以便更有效地对付全球恐怖主义问题及其起因。两国积极参与国际反恐联盟，因为恐怖主义在威胁世界各国，国际恐怖主义活动威胁着整个国际社会。

我们将继续巩固反恐合作，应做到：

——在联合国、八国集团、俄罗斯—北约理事会、欧安组织和欧盟范围内联合反恐；

——坚决切断恐怖分子的经济来源，落实金融行动工作组的建议；

——继续加强合作，防止恐怖活动，尽早发现恐怖分子，对其进行调查和起诉；

——两国协调行动，防止恐怖分子获得和研制核武器、化学武器、放射性武器和生物武器、运载工具以及相关材料、设备和技术；

——积极交流有关恐怖威胁的情报，交换对这种威胁的评价分析结果；

——保障国际运输安全和有效控制边境；

——在打击网络恐怖主义上进行合作，防止那些威胁社会安全的人非法使用电子通信手段和网络空间；

——密切合作，以便有更多的机会防止恐怖活动和消除其后果，包括防范针对两国驻外机构的恐怖活动；

——采取措施，防止招募恐怖分子，特别是招募敢死队；

——共同支持那些请求联合国给予反恐援助的第三国。

责成俄德安全问题高级工作组提交完成上述任务的工作计划。

日本和欧盟关于防止大规模杀伤性武器非法交易以及促进裁军的联合声明 2004年6月22日，日本和欧盟首脑会议就防止大规模杀伤性武器非法交易以及促进裁军（包括核武器）问题举行了会谈。会谈后双方发表了联合声明，主要内容如下：

联合声明指出，大规模杀伤性武器的扩散及扩散形式严重威胁了和平及国际社会的稳定。特别是大规模杀伤性武器扩散的可能性使恐怖分子威胁的程度进一步加大。

联合声明说，日欧签署了一份有九项内容的区域合作计划，包括确保严格依照有关条约开展工作以及促进在裁军和防扩散方面同其他国家对话。

联合声明说，最重要的工作是为尽早执行《全面禁止核试验条约》而努力，同时共同合作加强出口控制。

科特迪瓦和塞拉利昂发表的加强在安全领域合作的公报 2004年10月3日，科特迪瓦和塞拉利昂发表了加强在安全领域合作的公报，主要内容如下：

公报表示，两国决心加强在安全领域的合作，共同打击跨国犯罪行为并阻止轻武器在西非地区扩散。

公报说，塞拉利昂总统卡巴与科特迪瓦总统巴博就双边关系、地区和非洲形势等问题举行了会谈，并就塞拉利昂解除前交战人员武装的经验交换了意见。双方商定，两国将在打击重大跨国犯罪和阻止轻武器扩散方面加强合作并协调行动。

公报说，两国总统认为，尽管科民族和解进展缓慢，但是实施阿克拉协议的进程仍在继续。为此，卡巴呼吁科各方根据安理会最近发表的声明继续执行阿克拉协议，推进民族和解进程。

西美签订的共同打击跨国犯罪和国际恐怖主义的司法与引渡条约 2004年12月17日，西班牙与美国签署了两国共同打击跨国犯罪和国际恐怖主义司法与引渡条约，主要内容如下：

条约规定，西班牙与美国将在鉴定银行信息、建立联合调查组、使用快速联系手段、互相提供便利和保护资料秘密等方面进行合作。

联合国安理会通过的强化对塔利班和“基地”组织制裁措施的第1526号决议 2004年1月30日，联合国安理会通过第1526号决议，主要内容如下：

联合国安理会决议决定，进一步强化对阿富汗塔利班和“基地”组织的制裁措施，并要求那些尚未提交执行制裁情况报告的成员国在3月31日前补交报告。

决议要求所有成员国毫不拖延地冻结塔利班、“基地”组织及与他们有关的个人和实体的资产；防止为这些组织和个人融资；阻止与这些组织有关个人入境或过境；禁止为这些组织和个人提供武器弹药及与军事活动有关的援助和培训。

决议要求联合国秘书长安南任命一个任期18个月的监测小组，定期向安理会制裁塔利班和“基地”组织委员会提交新决议落实情况的报告。

安理会本月主席、智利常驻联合国代表穆尼奥斯在决议通过后对新闻界表示，新决议堵住了现有制裁措施留下的漏洞，将促使各国注意慈善和其他资金流通渠道，并向各国发出了必须执行安理会决议的强烈信号。联合国安理会1999年10月通过第1267号决议，决定对涉嫌制造美国驻肯尼亚和坦桑尼亚使馆爆炸事件的“基地”组织和为其提供庇护的阿富汗塔利班政权实施制裁。制裁措施包括武器禁运、冻结资产和旅行禁令等。“9·11”事件后，安理会再次通过决议，强化了这些制裁措施。但是，近来出现许多国家忽视提交执行制裁情况报告的现象。据安理会制裁塔利班和“基地”组织委员会2004年1月上旬公布的报告，在联合国的191个成员中，至今只有93个国家按时提交了报告。

联合国安理会通过的向海地派多国部队的第1529号决议 联合国安理会2004年2月29日举行紧急公开会议，一致通过了第1529号决议，授权在发生动乱的海地立即部署一支由美国领导的临时多国部队，帮助恢复海地首都太子港及其他地区的和平与稳定。1529号决议的主要内容如下：

决议指出，日益恶化的海地局势对国际和平与安全以及加勒比地区的稳定构成了威胁。安理会决心支持通过和平和符合宪法的途径解决海地政治危机。

决议呼吁联合国成员国支持目前正在海地进行的权力交接进程，促使海地危机得到和平解决。

根据规定，临时多国部队的任期将不超过3个月。除维持和平外，多国部队的主要任务还包括为人道救援工作提供便利，帮助海地警察提高其维护公共安全、法律秩序和人权的能力，以及为联合国和美洲国家组织等国际组织在海地开展工作创造条件。决议授权临时多国部队为履行其使命采取一切必要的措施，并要求海地冲突各方停止各种暴力活动。

决议规定，联合国将在临时部队任期结束后在海地部署一支维和部队，为海地政治进程及其和平与稳定提供持续的支持。

决议要求联合国秘书长安南在决议通过后的30天内，就这支维和部队的规模、构成和使命提出建议。

联合国安理会关于防止大规模杀伤性武器扩散的决议 联合国安理会2004年4月28日通过了关于防止大规模杀伤性武器扩散的决议，主要内容如下：

决议要求各国立即采取行动防止大规模杀伤性武器落入恐怖分子手中或流入地下军火市场。

决议要求所有成员国进行立法，防止个人和非政府机构制造、获取、拥有、开发、运输、转让和使用核、生物、化学等大规模杀伤性武器，并对违法者进行惩处。

决议要求安理会设立一个专门委员会，负责监督各国执行决议的情况。凡是未能及时执行决议的国家都将被点名批评。

联合国安理会关于海地问题的第 1542 号决议 联合国安理会 2004 年 4 月 30 日通过了关于海地问题的第 1542 号决议，主要内容如下：

决议说，根据安南秘书长的建议，成立一支 8000 多人的联合国海地稳定特派团，在多国部队 2004 年 6 月撤离海地后协助稳定该国的局势。

决议说，海地的政治、社会和经济稳定仍面临诸多挑战，海地局势将继续对该国所在地区的和平与安全构成威胁。为此，安理会决定组建联合国稳定特派团，在目前驻扎在该国的多国部队 6 月 1 日开始撤离后，接管维护当地和平的任务。

决议规定，特派团将由 6700 名军事人员、1622 名民事警察和适当数量的文职人员组成，任期初步定为 6 个月。主要使命是保护海地的重要城镇和道路、解除各派别的武装及防止当地武装派别从事暴力活动，以便为海地的政治进程提供安全的环境。特派团还将在保护人权、防治艾滋病、司法建设等方面向海地提供帮助。

决议规定，多国部队自 6 月 1 日起在一个月的时间内完成移交工作，避免出现安全真空。决议还要求安南任命一位海地问题特别代表，负责协调联合国各机构在海地的工作，并担任特派团的领导。

决议还敦促联合国成员国、联合国各机构及其他国际组织继续为海地长期的社会和经济发展，尤其是在实现稳定和脱贫方面提供帮助。

据报道，2004 年 2 月，海地局势急剧恶化，反对派武装攻占了全国大部分地区。当时的总统阿里斯蒂德被迫辞职流亡国外。安理会 2 月底通过决议，批准在海地部署多国部队以稳定当地局势。决议还提出在多国部队任期结束后在海地部署联合国部队，并要求安南就此提出具体建议。

联合国安理会关于联军临时管理当局向伊拉克临时政府移交主权的决议 经过多次磋商和修改，联合国安理会于 2004 年 6 月 8 日通过了关于联军临时管理当局向伊拉克临时政府移交主权的第 1546 号决议。这个决议为 6 月 30 日的伊拉克主权顺利移交创造了必要条件，也标志着伊拉克战后重建的政治进程进入了一个新的阶段。第 1546 号决议的主要内容如下：

决议认可了 6 月 1 日成立的伊拉克临时政府，在 6 月 30 日前承担统治伊拉克的全部责任和权利，重申伊拉克人民有权决定自己的政治前途，并对其财政资源和自然资源行使充分权力和控制。

决议还认可了伊拉克政治过渡的时间表，即 6 月 30 日成立临时政府，召开全国会议，最迟在 2005 年 1 月 31 日前举行过渡时期国民议会的直接民主选举，成立过渡政府，草拟永久宪法，在 2005 年 12 月 31 日前按照宪法选举政府。

决议规定，联合国秘书长特别代表和联伊援助团在协助召开全国会议、选举程序和促进起草宪法方面发挥主导作用，并在伊建立公务员制度、协助重建、保护人权等方面提供咨询和帮助。

决议指出，多国部队是应伊临时政府的请求留驻伊拉克的，规定其任务是协助维持伊拉克的安全与稳定，包括防止和威慑恐怖主义。伊临时政府与多国部队之间应建立安全伙伴关系，并确保两者之间的协调。决议通过 12 个月后，或应伊政府的请求，安理会将审查多国部队的任务，并在政治进程完成后结束多国部队的任务。

在决议通过后，中国常驻联合国代表王光亚大使向记者发表了谈话。他说，今天安理会通过了一个对伊拉克非常重要的决议，中国政府决定支持这一决议。它包含了几个非常重要的信息：一是决议严正宣布，从 6 月 30 日起，外国对伊拉克的占领将结束。二是强调要尊重伊拉克的独立、主权和领土完整，伊拉克人民将恢复对伊全部主权，包括自然资源主权的行使。三是为伊拉克确定了政治进程，伊拉克经过选举将成为一个完全民主的新兴国家。四是规范了伊拉克政府与多国部队的关系，突出了安全方面的安排，在涉及伊重大安全问题上，伊政府有重要发言权。五是宣布在伊拉克的过渡时期，联合国将发挥重要作用。王光亚还说，这样一个决议对伊拉克人民和国际社会都非常重要。我们希望决议的通过能帮助伊拉克人民尽快实现和平与稳定；希望能帮助伊拉克人民真正实现“伊人治伊”；希望能帮助伊拉克实现民族和解，实现经济重建；希望能帮助伊拉克重新回到国际社会，改善与邻国的关系。

紧急特别联大会议通过的要求以色列停止非法隔离墙建设的决议 2004 年 7 月 20 日，紧急特别联大会议通过了要求以色列立即停止非法隔离墙建设的决议，主要内容如下：

决议要求以色列政府遵守国际法院关于以色列在约旦河西岸建立隔离墙的意见，立即停止非法的隔离墙建设。

决议也要求各会员国根据国际法院的意见，不承认因在巴勒斯坦被占领土建立隔离墙而形成的非法局面。不支持维持这样的局面。

决议还呼吁以色列政府和巴勒斯坦权力机构立即履行中东和平“路线图”中所规定的义务，在2005年建立起两个和平相处而并存的独立国家。

在紧急特别联大会议上，各国代表就以色列非法建造隔离墙问题进行了激烈的辩论。许多国家代表都发言，谴责以色列的非法行动。联大要求以色列立即停止非法隔离墙建设的决议，反映了各会员国对国际法院意见的支持。

联合国安理会通过的关于达尔富尔问题的第1556号决议 2004年7月30日，联合国安理会通过了关于达尔富尔问题的第1556号决议，主要内容如下：

决议要求苏丹政府履行承诺，解除该国西部达尔富尔地区阿拉伯民兵的武装。

据报道，由于决议案仍包括威胁对苏丹政府采取强制性措施的内容，中国投了弃权票。

联合国安理会通过的要求外国军队撤出黎巴嫩的决议 2004年9月2日，联合国安理会不顾黎巴嫩和叙利亚的强烈反对，以9票赞成、6票弃权的表决结果勉强通过了美国等国9月1日提出的决议案。决议的主要内容如下：

决议呼吁尊重黎巴嫩的主权和政治独立，并要求包括叙利亚部队在内的所有外国军队从黎巴嫩撤出。

决议重申应完全尊重黎巴嫩的主权、领土完整、统一和政治独立；支持黎巴嫩根据不受外来干预和影响制定的宪法，自由、公正地举行总统选举。决议还呼吁解散黎巴嫩境内的所有民兵组织；要求联合国秘书长安南在决议通过后的30天内，就决议的执行情况提交报告。根据决议，安理会将为促进决议的落实，考虑采取进一步的措施。

据报道，在决议案表决之前，安理会就进行了长时间的闭门磋商。最后，这项决议案得到了法国、英国和德国的联署。中国、俄罗斯、巴西、巴基斯坦、菲律宾和阿尔及利亚在表决中弃权。

中国常驻联合国代表王光亚在表决后发言指出，在国际关系中尊重各国主权、独立和领土完整，不干涉他国内政，是中国外交政策的核心主张之一，也是《联合国宪章》的基本原则之一。基于这一原则，中国始终坚决支持尊重和维护黎巴嫩主权、独立和领土完整。他说，美法决议案涉及黎巴嫩总统选举等问题。中方认为，这些问题属于黎巴嫩内政，应由黎巴嫩人民自主决定。中方注意到黎巴嫩常驻联合国代表日前致函安理会主席和联合国秘书长，明确表示反对安理会讨论上述问题。中方尊重黎巴嫩政府的意愿，希望安理会各成员也尊重黎巴嫩的意愿。从这一立场出发，中方对草案投了弃权票。

俄罗斯、巴西等投弃权票的国家代表在发言中对中方的立场表示赞同，认为叙黎关系及黎巴嫩总统选举等美法决议案提及的问题并不对国际和平与安全构成威胁，纯属黎内政。决议案违背了《联合国宪章》的不干涉各成员国内政的原则。

外交人士指出，美、法等国匆忙要求安理会通过上述决议案的目的是为了影响3日黎巴嫩议会就该国宪法修改草案的表决结果。如该草案获得通过，黎总统拉胡德的任期将再延长3年，到2007年11月23日。就此，美国政府指责叙利亚向黎巴嫩施压，操纵黎当局修改宪法，延长拉胡德的总统任期。但在安理会表决前，黎巴嫩与会代表穆罕默德·伊萨发言表示，叙利亚军队是应黎巴嫩的合法要求部署在黎境内的，其目的是维护黎的安全和稳定。只要以色列仍占领着黎巴嫩的领土，叙利亚军队就将继续留驻黎巴嫩。

联合国安理会通过的关于苏丹的第1564号决议 2004年9月18日，联合国安理会以11票赞成、4票弃权的表决结果通过了美国起草的关于苏丹达尔富尔问题的第1564号决议，主要内容如下：

决议指责苏丹政府未能全面履行安理会7月30日通过的第1556号决议以及此前它与联合国秘书长安南就解决达尔富尔问题达成的协议。决议要求苏丹政府查明所有应对该地区大规模侵犯人权和违反国际人道主义法事件负责的人员，并将其绳之以法。

决议要求苏丹政府和非洲联盟就扩大其驻达尔富尔观察员部队的规模和使命全面合作，并避免在达尔富尔上空进行军事飞行。决议吁请安南尽快成立一个委员会，就达尔富尔发生的违反国际人道主义法和人权法的事件展开调查，并确定该地区是否发生过种族灭绝行为。决议规定，如果苏丹政府未能全面落实第1556号和1564号决议，安理会应考虑根据《联合国宪章》的有关规定，对苏丹石油工业、苏丹政府或其成员采取行动。

决议要求苏丹政府“采取措施”改善达尔富尔地区的安全局势，并就此与非洲联盟进行全面合作，否则安理会将考虑对苏丹石油工业、苏丹政府或其成员采取制裁行动。

据报道，中国、俄罗斯、巴基斯坦和阿尔及利亚在表决中弃权。中国常驻联合国代表王光亚18日在安理会就苏丹达尔富尔问题表决后发言指出，过去数月，达尔富尔局势逐步改善，形势正在朝好的方向发展。苏丹政府显示了解决问题的诚意，为此采取了许多措施。这是不容否认的客观事实。中方认为，在此情况下，并考虑到达尔富尔问题的复杂性，安理会和国际社会努力的重点应放在鼓励苏丹政府继续合作，而不是相反；应当放在全力支持非盟的调解，而不是增添困难；应当放在推动苏丹政府和反政府武装早日达成政治解决的协议，而不是发出错误的信号，导致谈判更加困难；应当放在加大对达尔富尔的人道援助，而不是人为地造成救援大门被关闭。王光亚说，基于上述理由，中方对决议草案是有严重保留的，担心它无助于推动问题的解决。鉴于当前核心工作是支持非盟扩大驻达尔富尔观察员部队，这既是非盟和安南的愿望，也是各方的广泛共识。王光亚表示，中方注意到提案国反复说明有关威胁制裁的措施不存在自动实施的可能性。他同时强调，中方反对制裁的立场没有任何变化。中方一向认为，制裁无助于解决复杂问题，甚至会使问题更加复杂化。

苏丹对决议感到失望，认为决议对苏丹是不公平和不公正的，并对决议中所列举的措施是否有助于解决达尔富尔问题提出疑问。苏丹外交部次长穆特拉夫18日说，苏丹政府和人民对新决议感到失望。他说，安理会决议本应向达尔富尔危机有关各方发出正确的引导信息，但该决议却一味指责苏丹政府，对危机中的其他各方毫不理会。这说明安理会没有正确解读达尔富尔局势。苏丹目前所需要的是对其继续落实“达尔富尔行动计划”的支持，而不是威胁实施制裁。苏丹驻美国大使馆18日发表声明说：“尽管安理会的决议对苏丹是不公平和不公正的，但苏丹还是将遵守这项决议。”声明认为，安理会是在美国的压力下草率通过这一决议的。声明还对决议中所列举的措施是否有助于解决达尔富尔问题提出疑问。声明说，决议同联合国秘书长安南和联合国苏丹问题特使普龙克有关达尔富尔局势的报告相抵触。安南和普龙克都没有指责苏丹政府未能执行安理会7月30日通过的第1556号决议。苏丹人道主义事务国务部长优素福18日在喀土穆警告说：“对苏丹实施经济制裁，实际上意味着谴责整个社会，意味着这将要让整个社会走向完全毁灭。”他认为，“如果对苏丹实施经济制裁，只会导致苏丹人民受惩罚，而这不应该是联合国安理会的本意”。

联合国安理会关于反恐问题的决议　2004年10月8日联合国安理会通过了由中、美、法、英、俄五个常任理事国和德国、西班牙、罗马尼亚共同提出的关于加强国际合作打击恐怖主义的第1566号决议，主要内容如下：

决议要求各国对所有参与和支持恐怖活动以及向恐怖分子提供资金和庇护的个人或组织，采取起诉、引渡、武器禁运和冻结资产等措施。

决议谴责一切形式的恐怖主义，呼吁各国全面合作，特别是与深受恐怖主义所害的国家加强合作。决议决定成立一个下属于安理会的打击恐怖主义工作组，负责研究打击恐怖主义方面的切实措施，并向安理会提出建议。安理会还发表声明，对近日发生的西奈半岛塔巴爆炸事件、巴基斯坦木尔坦爆炸事件以及伊拉克武装分子杀害英国人质事件等予以谴责。

决议呼吁各国在反恐方面加强合作，并要求安理会成立工作小组，制定切实可行的措施，加强对恐怖分子和组织的制裁。

决议强调所有形式的恐怖主义都是国际和平与安全的最严重威胁。决议呼吁各国与安理会反恐委员会及其他有关反恐机构充分合作，并加入有关国际公约。决议要求安理会反恐委员会制定切实可行的措施，帮助和监督各国执行安理会有关反恐决议。

决议还决定成立一个工作组，对恐怖分子和组织进行制裁，并将他们绳之以法。

据报道，决议部分满足了俄罗斯加强反恐措施的要求，但没有应俄罗斯的要求拟订一份全球恐怖组织黑名单。目前安理会对国际恐怖组织实施制裁的下属机构是“制裁基地组织和塔利班委员会”，它仅仅把与“基地”组织和塔利班有关联的团体和个人列入制裁黑名单。俄罗斯驻联合国代表安德列·杰尼索夫此前希望安理会能列出一个更为广泛的全球恐怖组织黑名单，实施更严厉的制裁。

安理会各成员国对决议案中关于恐怖主义的定义，争论得最为激烈。决议对恐怖主义定义的措辞被反复修改。决议最后的措辞是，恐怖主义适用于蓄意袭击平民的犯罪行为。联合国多年来一直试图对“恐怖主义”做出精确定义，但苦于各成员国始终无法达成一致。有分析人士指出，问题在于，被某国认为是恐怖分子的人在某些时候可能被另一国认定为“自由战士”。这也是安理会多年来没能把除基地组织和塔利班之外的全球恐怖组织列入制裁名单的部分原因。此外，各国还经常在是否引渡恐怖嫌犯的问题上产生分歧。

中国常驻联合国副代表张义山大使在决议草案通过后发言。他指出，恐怖主义是人类公敌。一切形式的恐怖主义，不论发生在何时、何地，以何种动机，都应坚决打击。国际反恐斗争应坚持《联合国宪章》的宗旨和原则，以及基本的国际法准则，坚持标本兼治，避免搞双重标准。这是中国政府一贯、明确的立场。张义山说，近来，世界各地发生了一系列恐怖袭击事件，这是恐怖主义对国际社会的公然挑衅，同时也再次说明反恐是一场长期和艰巨的斗争。国际社会有必要就反恐斗争发出强有力的政治信号，并根据形势变化改进反恐措施。中国是刚刚通过的第1566号决议的共同提案国。中国感谢俄罗斯发挥的带头作用，感谢所有其他国家做出的积极努力。该决议是国际社会对恐怖主义挑衅做出的强有力的一致的回答。

联合国安理会特别会议对苏丹问题的决议 2004年10月19日，联合国安理会在内罗毕召开的苏丹问题特别会议上，一致通过了对苏丹的决议，主要内容如下：

决议敦促苏丹各方尽早签署最终和平协议。

决议呼吁国际社会对苏丹提供必要支持。

联大通过的关于“防止外层空间军备竞赛”的决议 2004年12月3日，联大表决通过了“防止外层空间军备竞赛”的决议，主要内容如下：

决议确认全人类在和平利用外层空间方面具有共同利益，重申防止外空军备竞赛的重要性和紧迫性。

决议呼吁所有国家，特别是拥有强大空间能力的国家为和平利用外空和防止外空军备竞赛做出积极贡献。

决议重申，日内瓦裁军谈判会议在谈判防止外空军备竞赛多边协定方面的首要作用，并请裁军谈判会议于2005年尽早设立外空问题特设委员会。

据报道，共有178个国家投票支持这一决议，只有美国等4个国家投了弃权票，没有国家投反对票。多年来，联大连续通过上述决议，充分反映了国际社会反对外层空间军备竞赛的共同意愿。我国是该决议的共同提案之一，并一直与俄罗斯等国家一道，致力于推动裁军谈判会议谈判防止外空军备竞赛的国际法律文件。

朝核问题第二轮北京六方会谈主席声明 2004年2月28日，朝核问题第二轮北京六方会谈发表的主席声明全文如下：

第二轮六方会谈主席声明

2004年2月28日

一、2004年2月25日至28日，中华人民共和国、朝鲜民主主义人民共和国、日本国、大韩民国、俄罗斯联邦、美利坚合众国在北京举行了第二轮六方会谈。

二、各方代表团团长分别为：中国外交部副部长王毅、朝鲜外务省副相金桂冠、日本外务省亚洲大洋洲局局长薮中三十二、韩国外交通商部长官助理李秀赫、俄罗斯外交部副部长洛修科夫、美国国务院助理国务卿凯利。

三、各方一致认为，第二轮六方会谈启动了实质问题的讨论，这是有益和积极的，各方态度是认真的。通过会谈，各方增进了对彼此立场的了解，同时也存在分歧。

四、各方表示将致力于朝鲜半岛无核化，并愿本着相互尊重、平等协商的精神，通过对话和平解决核问题，维护朝鲜半岛和本地区的和平与稳定。

五、各方表示愿和平共存，并同意采取协调一致的步骤解决核问题及其他关切。

六、各方一致同意继续会谈进程，原则同意于2004年6月底之前在北京举行第三轮会谈。各方同意成立工作组，为会谈做准备。工作组的职能将通过外交渠道商定。

七、朝鲜、日本、韩国、俄罗斯和美国代表团一致对中国为成功举办两轮六方会谈所作努力表示感谢。

朝核问题第三轮北京六方会谈主席声明 2004年6月26日，第三轮朝核问题北京六方会谈发表了《第三轮六方会谈主席声明》，全文如下：

第三轮六方会谈主席声明

2004年6月26日

一、2004年6月23日至26日，中华人民共和国、朝鲜民主主义人民共和国、日本国、大韩民国、俄罗斯联邦、美利坚合众国在北京举行了第三轮六方会谈。

二、各方代表团团长分别为：中国外交部副部长王毅、朝鲜外务省副相金桂冠、日本外务省亚洲大洋洲局局长薮中三十二大使、韩国外交通商部长官助理李秀赫大使、俄罗斯外交部特使阿列克谢耶夫大使、美国国务院助理国务卿凯利。

三、为准备第三轮六方会谈，各方工作组于5月12日至15日和6月21日至22日在北京举行了两次会议。各方在全会上通过了工作组概念文件。

四、在第三轮会谈中，各方进行了建设性和务实的实质性讨论。基于第二轮六方会谈主席声明中表达的共识，各方重申致力于实现朝鲜半岛无核化的共同目标，并强调有必要尽早采取实现该目标的第一阶段措施。

五、各方强调，以循序渐进的方式，按照口头对口头、行动对行动的原则，寻求核问题的和平解决。

六、在第三轮会谈中，各方围绕和平解决核问题，分别提出了方案、建议和设想。各方对这些方案、建议和设想的提出表示欢迎，并注意到其中有一些共同点，这将为以后的工作奠定有益的基础。同时，各方间仍存在分歧。各方认为，有必要通过进一步的深入讨论，来扩大共识，缩小分歧。

七、各方原则同意于 2004 年 9 月底在北京举行第四轮六方会谈，具体时间将根据工作组会议的进展，通过外交渠道商定。各方授权工作组尽早开会，具体确定以无核化为目标的第一阶段措施的范围、期限、核查以及对应措施，并以适当的方式，向第四轮六方会谈提出建议。

八、朝鲜、日本、韩国、俄罗斯和美国代表团对中方为第三轮六方会谈的成功所作的努力表示赞赏。

第三轮六方会谈通过的工作组概念文件 2004 年 6 月 26 日结束的朝鲜半岛核问题第三轮六方会谈各方通过了一份关于六方会谈工作组的概念文件，确定了工作组的职责和任务、运作方式、人员构成以及工作语言等具体内容。主要内容如下：

各方在概念文件中一致同意，工作组的职责和任务是在六方会谈全体会议指导下，根据全会要求开展工作。在工作和技术层面就迄今会谈所涉及的具体问题进行深入讨论，为全会做准备，并向全会报告。

概念文件指出，启动工作组工作的依据是 26 日发表的第二轮六方会谈主席声明所载的有关共识。概念文件还确定了工作组的四项讨论原则，即相互尊重、平等协商；根据协调一致步骤的方式讨论有关问题；工作组向全会报告的内容采取协商一致原则；工作组讨论产生的建议提交全会讨论决定。

工作组的运作方式主要包括：工作组会议在全会休会期间视需要举行，也可与全会同时举行；工作组会议召集人原则上由上一轮全会主席国担任；工作组会议地点原则上为召集人所在国。如任何一方提出易地举行，应由六方协商；工作组会议可采取公开或非公开、正式或非正式等灵活的形式；在每轮会谈的第一次全会上，工作组召集人向全会报告工作组的工作情况。与全会同时召开的工作组会议情况，应及时报告全会。

根据文件，目前只设立一个工作组，今后可视情附设专家组或增设工作组。工作组的级别、人数和人员构成均由各方自定。

文件还规定，各方语言均为工作语言。工作组举行会议时，各方自带翻译，主办国提供设备。工作组在起草有关文件时使用英语。

国际原子能机构理事会有关伊朗核问题的决议 国际原子能机构理事会 2004 年 3 月 8 日至 13 日召开闭门会议，讨论伊朗核问题。13 日会议通过了有关伊朗核问题的决议，主要内容如下：

决议对伊朗在去年 10 月向国际原子能机构提交的核文件中没有全面公开其核计划表示“严重关切”。

决议对伊朗在加强与国际原子能机构合作方面所作的努力表示欢迎，但同时对伊朗在 2003 年 10 月向国际原子能机构提交的核文件中没有全面公开其核计划表示“严重关切”。

据报道，国际原子能机构理事会会议在审议伊朗核问题并准备就此通过一项由美德法英联合提交的决议草案时陷入僵局。美国希望决议严厉谴责伊朗向国际原子能机构隐瞒其核计划，而不结盟国家则主张淡化对伊朗的批评。经过磋商与相互妥协，各方最终对决议文本达成一致。维也纳的外交人士认为，当天通过的决议虽然在批评伊朗的措辞上有所降调，但对于伊朗来说仍是一个相当强硬的警告。伊朗驻国际原子能机构代表侯塞尼 13 日称该决议是一个“严重的倒退”，但他同时表示，伊朗将继续与国际原子能机构合作。

国际原子能机构第 48 届大会通过的加强核安全等问题的决议 2004 年 9 月 24 日，国际原子能机构第 48 届大会通过了有关加强核安全、改进核保障监督系统等一系列重要决议。相关人士普遍认为，这些文件的出台，有利于维护世界和地区的和平与稳定，符合国际社会的共同利益，将对《不扩散核武器条约》的切实履行产生重大影响。这些决议的主要内容如下：

“加强核安全、辐射安全、运输安全和废物管理国际合作措施”决议。高度评价了国际原子能机构为协助成员国建立和加强控制放射源的监管计划所做的努力，并要求各成员国加强对核材料的进出口控制。

“防止核恐怖主义措施”决议。呼吁各成员国继续提供政治、财政和技术上的支持，以改进核保安和防止核及放射性恐怖主义。

“加强核保障监督系统有效性”决议。强调防止核扩散，以避免核材料用于非法的核活动。

“在中东实施国际原子能机构保障”的决议。呼吁中东地区所有国家采取旨在建立中东无核区的措施，包括建立信任措施和核查措施。这一决议的草案是由埃及提交大会的。

国际原子能机构理事会会议通过的德法英三国提交的有关伊朗核问题的决议 2004 年 6 月 18 日，国际原子能机构理事会会议通过了德法英三国提交的有关伊朗核问题的决议。主要内容如下：

决议认为伊朗的核活动中有些问题仍亟待解释，伊朗应进一步与国际原子能机构配合，积极提供情况，以使核查尽早完成。决议说，伊朗在配合国际原子能机构进行核查方面做出了努力，例如，核查人员现在可以进入伊朗所有地点实施核查，伊朗也履行了《不扩散核武器条约》附加议定书规定的一些义务。但在其他一些问题上，伊朗没有"全面、及时和主动"与国际原子能机构合作，后者对此表示"遗憾"。

决议敦促伊朗"采取一切必要的步骤"，协助国际原子能机构解决所有与伊朗核计划有关的剩余问题，包括澄清在伊朗核设施中发现的高浓缩铀痕迹和第二代浓缩铀离心机的问题，以使国际原子能机构能够尽快结束核查工作。决议还呼吁伊朗重新考虑一家铀转化厂试投产和建设一座重水研究反应堆的计划。

这份决议没有为伊朗彻底公开核活动设定期限，也没有提及使用所谓"触发机制"对伊朗实施制裁。所谓"触发机制"，指一旦发现伊朗再次违反《不扩散核武器条约》，立即将伊朗核问题提交联合国安理会审议，由后者考虑是否对伊朗实施制裁。

国际原子能机构理事会会议是对德法英三国提案进行了数天磋商后通过这项决议的。伊朗对德法英三国没有按照它们的承诺在此次会议上结束对伊朗核计划的核查感到失望，并对三国在决议草案中以严厉措词指责伊朗表示强烈不满。伊朗总统哈塔米表示，如果伊朗在核问题上的积极合作态度得不到国际原子能机构的承认，伊朗将可能恢复浓缩铀活动。在一些成员国的建议下，德法英三国对草案的措词作了一定修改，但仍然保留了指责的内容。理事会成员国17日就该草案达成一致。

出席此次会议的伊朗代表团团长、伊朗最高国家安全委员会外交政策委员会秘书侯赛因·穆萨维安在该决议通过前对新闻界说，尽管这项决议的内容比最初的文本积极一些，但伊朗并不满意，因为伊朗与国际原子能机构进行了全面合作。伊朗依然认为，该机构应该在本次会议上结束对伊朗核问题的核查。

国际原子能机构理事会从14日开始在维也纳举行为期一周的会议，审议核不扩散和国际核合作等议题。

《渥太华禁雷公约》第一次审议大会发表的《2004年内罗毕宣言》 2004年11月28日至12月3日，《渥太华禁雷公约》第一次审议大会在内罗毕举行。会议发表了《2004年内罗毕宣言》，主要内容如下：

宣言呼吁国际社会共同努力，致力于解决地雷造成的各种问题。

宣言称，会议认为，尽管过去的5年中，各国在解决地雷问题方面取得不小的成就，但地雷每年仍杀死或致残成千上万的无辜平民，严重阻碍着人类新千年目标的实现。因此，世界各国应做出更大的努力，加快销毁储存地雷的步伐，并保证在2009年底前清除现有全部雷区。

宣言称，与会代表呼吁各国加强对地雷受害者的帮助，使他们进一步融入当地社会。会议还敦促各缔约国履行公约的各项承诺，最终实现地球上无杀伤人员地雷的目标。

《渥太华禁雷公约》是1997年9月17日在挪威奥斯陆举行的国际地雷大会通过的。全称是《关于禁止使用、储存、生产和转让杀伤人员地雷及销毁此种武器的公约》。同年12月3日，121个国家的代表在加拿大的渥太华签署了这一公约，因此该公约又称《渥太华禁雷公约》。

公约在得到45个国家批准后于1999年3月1日正式生效。目前，已有143个国家签署了该公约，126个国家批准了该公约。

《渥太华禁雷公约》的宗旨是立即、全面禁止杀伤人员地雷。公约规定，缔约国在任何情况下都不得使用、发展、生产、获取、保留或转让杀伤人员地雷，唯一例外是各国可为排雷培训目的，保留或转让少量杀伤人员地雷；现存的所有杀伤人员地雷将在公约生效后的四年内予以销毁，现有雷区在10年内清扫干净；各缔约国应将本国执行公约的措施、库存和境内布雷的详细情况及销毁计划等向联合国秘书长提交年度报告；如缔约国之间就履约问题产生疑问，可提出澄清要求，甚至可要求赴该国进行"实情调查"。

《渥太华禁雷公约》第一次审议大会闭幕前，中国观察员代表团团长、外交部军控司司长刘结一在大会上发表讲话，阐述了中国关于禁雷问题的立场。

刘结一说，保护弱者、维护尊严、关爱生命始终是人类社会的追求。从《利伯尔法典》到《圣彼得堡宣言》，从"日内瓦四公约"到《特定常规武器公约》，都留下了人道主义的烙印，折射出人类的进步。七年前诞生的《渥太华禁雷公约》，是国际社会为解决许多国家面临的杀伤人员地雷问题所做的又一重要努力，开启了国际人道主义法发展史册中新的一页。《公约》生效五年来，在缔约国、有关国际组织以及非政府组织共同努力下，在解决杀伤人员地雷引发的人道主义关切方面取得了很大进展。此次大会通过了"实现一个没有地雷世界"的宣言，制定了未来五年的行动纲领。我们对此深表钦佩。

刘结一说，“以人为本”的思想深深根植于中国历史和文化之中。中国政府秉承“权为民所用、情为民所系、利为民所谋”的执政理念，高度重视人道主义问题。中国充分理解并一贯支持国际社会为解决地雷造成的人道主义问题所做努力。中国虽未加入《渥太华禁雷公约》，但认同公约的宗旨和目标，并通过各种切实、可行的途径，不遗余力地解决地雷造成的人道主义问题。从实际效果看，我们的努力与《公约》所倡导的精神完全是一致的。

首先，中国加入了《特定常规武器公约》经修订的《地雷议定书》，忠实履行议定书赋予的各项义务，在生产、使用等环节上采取了极为克制和审慎的态度，有效地防止了境内地雷伤人事件的发生。

其次，中国奉行独立自主的和平外交政策，主张树立以互信、互利、平等、协作为核心的新安全观，坚持与邻为善、以邻为伴的方针，这是中国履行在地雷方面承担的国际义务和帮助别国解决雷患问题的基础。

第三，自1996年宣布暂停出口不符合经修订的《地雷议定书》规定的杀伤人员地雷以来，中国一直恪守承诺。事实上，近年来中方已基本停止了各类杀伤人员地雷的出口。

第四，上世纪九十年代，中方在边境地区进行了两次大规模扫雷行动，基本消除了境内雷患，保障了当地人民正常的生产、生活秩序。最近，为确保边界地区的勘界立碑工作顺利进行，中国军方又开展了新一轮扫雷行动。

第五，中国积极致力于国际扫雷事业。从1998年至今，中国政府通过捐款、援助扫雷装备、举办扫雷技术培训项目等方式，积极投身于近10个亚、非国家扫除雷患的工作。

刘结一说，中国加强了与联合国机构的合作，积极参与“地雷行动支助小组”活动以及联合国地雷政策的审议工作，为国际扫雷行动建言献策。

刘结一说，今年，中方与“国际禁雷运动”澳大利亚分会在中国昆明成功合作举办了“人道主义扫雷技术与合作国际研讨会”，促进了雷患国和主要捐助国间的交流与合作。目前，中方已启动新一轮国际扫雷援助计划，并正与有关意向国进行密切沟通。

刘结一说，和平与发展是当今时代的主题。中国希望国际社会尽早消除杀伤人员地雷对平民造成的伤害，实现维护“人的安全”这一人道主义目标。在这一点上，我们与《渥太华禁雷公约》各缔约国志同道合。也正因此，中方一直与《公约》进程保持接触，与缔约国进行了良好的交流与合作。我们正在积极研究自愿性提交公约第七条国家报告。中方愿与公约缔约国进一步加强沟通，寻找合适的合作方式，为彻底解决杀伤人员地雷造成的人道主义问题做出贡献。

八国集团发表的关于中东地区民主改革声明 2004年6月9日，八国集团发表了关于中东地区民主改革的声明，声明的题目是“同泛中东和北非地区为了进步与共同前途的伙伴关系”。声明全文如下：

一、我们八国集团领导人注意到，泛中东和北非国家的和平、政治经济、社会发展、繁荣与稳定，是我们和整个国际社会都十分关注的一大挑战。因此我们宣布，我们支持该地区开展民主、社会和经济改革。

二、泛中东和北非地区的人民具有在政府、贸易、科学、艺术等方面取得成就的丰厚传统与文化。他们为人类文明做出了许多意义深远的贡献。

我们欢迎该地区领导人前不久关于改革之必要性的讲话，尤其是最近在阿拉伯国家联盟突尼斯首脑会议上发表的声明，在那份声明中，阿拉伯国家领导人表达了“牢牢奠定民主基础”的决心。我们也欢迎企业和民间社团代表（包括亚历山大和死海、萨那和阿喀巴的代表）的改革宣言。

作为世界上主要工业化民主国家的领导人，我们认识到自己有支持自由和改革的特殊责任，我们将继续为这项伟大的工作而努力。

三、因此，我们今天决定同泛中东和北非地区的政府和人民为了进步和共同前途而建立伙伴关系。这一伙伴关系将基于同该地区各国政府以及企业和民间社团代表们的真诚合作，目的是努力增强所有国家的自由、民主和繁荣。

四、我们提议的这一伙伴关系所包含的价值观念是普遍适用的。人类尊严、自由、民主、法治、经济机会和社会公正是全世界人民都向往的，并体现在相关的国际文件中，比如《世界人权宣言》。

五、在贯彻执行这一伙伴关系的过程中，我们遵循以下原则：

1、国际社会必须更加坚定不移地致力于泛中东和北非地区的和平与稳定。

2、解决旷日持久且往往充满辛酸的争端、尤其是以巴冲突，是该地区不断进步的一个重要组成部分。

3、与此同时，地区冲突决不能成为改革的障碍。事实上，改革也许会大大促进解决这些冲突。

4、在伊拉克恢复和平与稳定对于几千万伊拉克人安居乐业和维护该地区的安全至关重要。

5、成功的改革有赖于该地区各国，变化不应也不能从外部施加。

6、每个国家都是独一无二的，它们的差异性应当得到尊重。我们与该地区的交往必须考虑到当地国情，并以当地的所有制为基础。各国将就变革步伐与范围做出自己的结论。但是，特殊性虽然重要，却决不能利用它来阻止改革。

7、在支持改革时，我们将把该地区的政府、商界领导人和民间社团当作共同努力的正式伙伴。

8、支持该地区为了全体公民而进行改革是一项长远任务，它需要八国集团和该地区付出一代人的不懈努力。

六、我们支持该地区改革将与支持按照联合国第242号和第338号决议公正、全面和永久性解决阿拉伯国家与以色列的冲突齐头并进。我们完全赞同四个大国在2004年5月4日发表的声明，并跟四个大国一样“展望两个国家（以色列和与之毗邻的一个能够独立生存、民主和拥有独立主权的巴勒斯坦）在和平与安全中共存”。

我们支持关于巴勒斯坦改革的国际工作组和特设联络委员会的工作，并敦促其他国家考虑在可能的情况下协助它们的工作。我们欢迎成立世界银行信托基金，并敦促捐赠者为这一重要行动捐款。我们跟四个大国一道呼吁“双方采取措施，履行联合国安理会第1515号决议及四个大国以前的声明提出的路线图给它们规定的责任，并兑现它们在阿喀巴和沙姆沙伊赫的红海首脑会议上做出的承诺”。

我们重申，公正、全面和永久性地解决阿拉伯国家与以色列的冲突（包括叙利亚和黎巴嫩问题）必须遵守联合国安理会的有关决议，包括第425号决议，这项决议“呼吁不折不扣地尊重黎巴嫩在其国际公认疆界内的领土完整、主权和政治独立”。

七、我们团结一心地支持伊拉克人民和拥有全部主权的伊拉克过渡政府设法重建国家。伊拉克需要国际社会强有力的支持，以便发挥潜力成为一个自由、民主和繁荣的国家，保持国内安宁，并同邻国及全世界保持和平。

我们欢迎联合国安理会一致通过了关于伊拉克的第1546号决议，同其他国家一道支持联合国在伊拉克主权交接后如果条件许可的话继续并扩大参与伊拉克事务。我们承诺支持和帮助筹备在2005年1月31日之前举行临时国民大会的全国选举。

我们都希望看到驻伊拉克多国部队按照联合国安理会第1546号决议成功地完成使命，帮助恢复和保持安全（包括保护联合国设施和人员），并支持人道主义和重建工作。我们都表示支持并敦促其他国家支持振兴伊拉克经济，着重于过渡政府列出的重点项目。

我们欢迎前不久的国际重建基金多哈捐赠者会议取得成功，并将在今年晚些时候在东京举行下一次会议之前商讨我们每个国家能为伊拉克重建做些什么贡献。

要使伊拉克人民有机会建设一个自由和繁荣的国家，就必须减免他们的债务。减免债务应当与国际货币基金组织的援助计划相结合，要考虑到国际货币基金组织最近的分析报告，确保可持续性。我们将在巴黎俱乐部之内并同巴黎俱乐部以外的债权国相互合作，在2004年实现这一目标。

为了帮助重新建立伊拉克与世界的联系，在伊拉克人民（个人、学校和城市）结束几十年的独裁统治和穷困生活、致力于国家的政治、社会和经济重生之际，我们将设法同他们直接接触。

第五届亚欧首脑会议主席声明 2004年10月9日，在河内举行的第五届亚欧首脑会议通过《第五届亚欧首脑会议主席声明》（以下简称《主席声明》），主要内容如下：

《主席声明》指出，亚欧领导人认为，应当在相互理解、平等互利的基础上加强对话与合作，通过多边手段和集体行动解决面临的全球性挑战。他们重申坚定支持有效的多边主义和建立以联合国为核心的公正、公平、以法制为基础的国际秩序。

《主席声明》谴责最近一系列恐怖袭击事件，强调打击恐怖主义需要采取综合手段，通过集体努力加强国际合作，并发挥联合国的领导作用。同时，必须遵循《联合国宪章》和国际法基本准则，特别是不干涉别国内政、尊重各国主权和领土完整、尊重人权和法治的原则。

《主席声明》说，亚欧领导人同意亚欧会议保持开放、循序渐进和非正式的进程，重申各国领导人在最高级别上充分参与的重要性，重申需要均衡地推动3大支柱领域的合作，加强政治对话，促进经济合作和推动其他领域的合作。

南亚和东南亚七国领导人会议通过的《峰会宣言》 2004年7月31日，泰国、孟加拉国、不丹、印度、缅甸、尼泊尔六国总理和斯里兰卡总统在曼谷举行的峰会，通过了《峰会宣言》，主要内容如下：

《峰会宣言》表示，7国同意将合作扩展到文化、教育、公共卫生、保护生物多样性、乡村发展、中小企业、建筑和环保等多个领域，并将原来所属的七国经济合作组织改名为“孟加拉湾多层次经济技术合作机制”。

《峰会宣言》还表示，与会领导人意识到国际恐怖主义和跨国犯罪对本地区社会经济发展造成的严重威胁，各国愿意加强信息交流、人员培训打击恐怖主义和跨国界犯罪。

泰国总理他信在会后的新闻发布会上说，虽然这次会议没有通过任何实质性决议，但这是该组织成立以来7国领导人首次聚会，可见各国政府对相关问题的重视程度。据报道，孟加拉国、印度、斯里兰卡、缅甸和泰国于1997年签订协议成立了5国经济合作组织，旨在促进南亚和东南亚之间的经贸合作。不丹和尼泊尔于2004年2月加入该组织，使之成为7国经济合作组织。2004年2月，该组织在泰国举行的部长级会议通过了自由贸易框架协定，决定在2017年前实现7国之间贸易自由化。该组织目前有约13亿人口，年国内生产总值近8000亿美元。

伊拉克周边国家的外长会议宣言　2004年2月14日至15日，沙特阿拉伯、约旦、叙利亚、土耳其、伊朗、科威特、埃及、巴林、伊拉克等9国的外长或外交大臣，以及联合国秘书长的特使卜拉希米在科威特举行了第五次伊拉克周边国家外长会议。会议闭幕时发表了关于伊拉克问题的宣言，主要内容如下：

宣言强调，必须保持伊拉克的独立和领土完整，尊重伊拉克主权，绝不干涉其内部事务，伊拉克人民有权决定自己未来的政治命运。宣言呼吁其他有关各方遵守这一原则。

宣言强调加强联合国在伊拉克过渡时期的主导作用，高度评价联合国秘书长安南向伊拉克派出评估小组，并希望能产生积极影响。宣言要求尽快恢复联合国机构在伊境内的活动。

宣言要求外国占领军尽快撤出伊拉克，尽快进行权力移交，并筹备举行伊拉克大选。宣言希望在伊拉克成立一个有着广泛群众基础、代表伊拉克各阶层利益、与周边国家和平共处、遵守国际法准则的新政府。

宣言强调，要继续发挥伊拉克周边国家在帮助伊拉克实现安全稳定方面积极有效的作用。宣言谴责以无辜平民和伊拉克境内的国际人道主义机构以及驻伊使团等为目标的恐怖袭击和爆炸行为，强调必须根除给伊拉克和周边国家带来威胁的一切恐怖根源。

海湾合作委员会内政部长会议宣言　2004年10月9日至10日，海湾合作委员会（海合会）第23届内政部长会议在科威特举行。10日，会议发表了关于坚决反对和打击恐怖主义的宣言，主要内容如下：

宣言说，与会的各成员国内政大臣（部长）表示，海合会国家坚决反对和打击各种恐怖主义，支持本地区各国和国际社会为打击和防范恐怖主义行为而付出的一切努力。

宣言强调，恐怖主义行为违背和违反伊斯兰教义，与海合会国家社会格格不人。

宣言说，会议决定加强海合会成员间在安全、边防和海防方面的协调与合作，共同打击毒品走私、洗钱、偷渡等跨国犯罪行为，同时加强安全情报部门的交流与合作和对有组织犯罪及高科技手段犯罪的研究。宣言说，与会者回顾了目前仍动荡不安的伊拉克局势，强调海合会国家支持维护伊拉克的稳定、独立和领土完整。

宣言说，会议对以色列军队滥杀巴勒斯坦无辜百姓表示极大不安，呼吁国际社会对此进行紧急干预。

北约4月2日发表的反恐声明　北约东扩后26个新老成员国首次外长非正式会于2004年4月2日发表了一份反恐声明。主要内容如下：

声明谴责各种形式的恐怖主义。

声明说，北约反对一切形式的恐怖主义，不管其动机和方式如何。跨大西洋的北约盟国要动员一切手段，包括政治的、外交的、经济的和军事的手段打击恐怖主义。与此同时，所有的反恐行动均必须要有法律依据，符合联合国宪章的规定和其他有关国际准则。声明提出了一系列反恐措施供6月份北约伊斯坦布尔首脑会议最后拍板。这些措施包括：提高对成员国寻求北约反恐援助的反应能力；对成员国主办的重大活动，如在葡萄牙举行的欧洲足球锦标赛和在希腊雅典举行的奥运会的安全工作提供支持；防止和制止恐怖分子利用民用航空器进行恐怖袭击等。

声明还提出要与联合国、欧盟、俄罗斯以及地中海地区北约对话国加强反恐合作。

北约帮助伊拉克政府训练安全部队的声明　北约领导人2004年6月28日在土耳其伊斯坦布尔举行的峰会发表声明，正式同意向伊拉克临时政府安全部队提供训练。声明主要内容如下：

声明称：“我们今天已经同意帮助伊拉克政府训练安全部队。”

声明要求北约官员“尽快”与伊拉克当局讨论训练计划细节。

声明称，北约还将尽快考虑其他增强伊拉克安全现状的提议。

据悉，北约即将部署在伊拉克的安全训练指导员的数量以及这项训练任务开始的时间仍是个未知数。但此举将首次让北约在伊拉克有了军事存在。北约内部在该问题上的主要分歧在于是在北约的旗帜下，为伊拉克境内训练伊拉克官员，还是限制在伊拉克之外提供训练。法国认为，这种训练应该是盟友，而不是北约整体的任务，因而不能在“北约的旗帜下”为伊拉克提供训练。美国则要求北约发挥更加积极的作用，他们说北约的作用应该是全面，包括训练伊拉克陆军、警察、边防部队以及国防部队。

北约峰会发表的伊斯坦布尔宣言 2004年6月28日至29日，北约第17次峰会在土耳其伊斯坦布尔举行。出席会议的26个成员国首脑于28日发表了伊斯坦布尔宣言，主要内容如下：

宣言重申，北约将加强集体防御和共同应对21世纪所面临的安全挑战。

宣言说，集体防御仍是北约的核心目的，但是北约所面临的威胁发生了根本的改变，同过去相比，现在北约所面临的威胁可能来自更广大、更遥远的地区，如恐怖主义和大规模杀伤性武器。考虑到这一点，“我们承诺仍将积极应对我们所面对的危险，无论威胁来自何方”。

宣言强调北约成员之间团结一致的重要性，并表示北约将扩大在阿富汗的作用，以确保北约成功地完成在阿富汗的使命。

宣言说，北约将继续加强同欧盟和其他欧洲国家以及俄罗斯、乌克兰和地中海国家、大中东地区国家的安全合作。

宣言还说，为了适应新形势的变化，北约正在进行军事领域的改革，北约快速反应部队以及防生化和核武器军队的建设正在进行中。

北约峰会发表的最后声明 北约第17次首脑会议2004年6月28日至29日在土耳其伊斯坦布尔举行。这次峰会于6月29日发表了最后声明，主要内容如下：

最后声明说，会议期间，北约26个成员国与20个对话国的政府首脑、外长、国防部长和代表举行了一系列双边和多边会谈，讨论了伊拉克、阿富汗、反恐及提高北约整体防务能力等问题。会议为此发表了一系列声明、公报和宣言。

最后声明说，北约将全力支持伊拉克实现主权独立、统一和领土完整，决定帮助伊拉克临时政府培训安全部队。

最后声明说，扩大北约在阿富汗的维和行动，确保定于2004年9月举行的阿富汗大选顺利进行。

最后声明说，进一步加强与中东地区和地中海国家的安全合作，提高北约与这些国家的相互信任和合作水平。

最后声明说，会议重申要加强集体防御和共同应对21世纪所面临的安全挑战，强调北约当前的主要任务之一是通过加强与伙伴国家的合作，严厉打击国际恐怖主义。

伊斯兰会议组织特别会议关于巴勒斯坦和伊拉克问题的两项宣言 2004年4月22日，在吉隆坡举行的伊斯兰会议组织特别会议通过了关于巴勒斯坦和伊拉克问题的两项宣言，主要内容如下：

关于巴勒斯坦问题的宣言强烈谴责以色列单边行动计划，呼吁联合国安理会帮助伊拉克人民恢复主权和完全独立。宣言说，以色列单边行动计划违反了联合国有关决议，违背了曾获得各方同意的中东和平“路线图”计划。美国支持以色列单边行动计划是与中东和平进程背道而驰的行为。宣言说，会议决定由伊斯兰会议组织派遣一个代表团同中东问题有关四方——美国、俄罗斯、欧盟和联合国讨论巴勒斯坦问题。

关于伊拉克问题的宣言对伊拉克日益恶化的局势表示严重关注，呼吁联合国通过新决议帮助伊拉克人民恢复主权和完全独立。宣言表示欢迎美国如期把伊拉克主权移交给伊拉克人民，并要求有关各方尊重伊拉克的主权、独立和领土完整。宣言强烈谴责对伊拉克平民和宗教圣地的袭击，同时也谴责对酒店、外交人员及其住处发动的暴力行动。

拉美和加勒比—欧盟首脑会议通过的《瓜达拉哈拉宣言》 在墨西哥第二大城市瓜达拉哈拉召开的第三届拉美和加勒比—欧盟首脑会议，于2004年5月28日通过了《瓜达拉哈拉宣言》，主要内容如下：

宣言强调，要推进多边主义，加强联合国的作用，促进社会融合，加倍努力推动经济可持续发展，与贫困、饥饿和排斥做斗争。

宣言说，欧盟将继续履行其在蒙特雷联合国发展筹资会议上做出的承诺，帮助拉美国家消除贫困，同时将以《千年宣言》和《千年发展目标》为指导，为拉美提供“可衡量”的发展援助。

宣言表示，拉欧双方在美国虐待伊拉克战俘事件上看法一致，双方“强烈谴责任何形式的虐待、刑罚和其他以残酷、非人道手段对待人的行为，包括对待战俘的行为，不管这些行为在什么地方发生”。声明对最近发生在伊拉克监狱里的虐待俘虏事件表示震惊，认为“这些事件违反了包括《日内瓦公约》在内的国际法”。

据报道，与会的58个国家中有57国在宣言上签了字。古巴代表因宣言没有包括谴责美国政府强化对古巴经济封锁政策的内容，拒绝在宣言上签字。出席会议的古巴外长佩雷斯·罗克认为，欧盟应对阻挠谴责美国负责。分析人士认为，本次会议表明，拉美加勒比地区与欧盟之间的“战略伙伴关系”得到了进一步加强。

伊斯兰会议组织成员国议会联盟发表的“贝鲁特宣言”　2004年10月7日至8日，伊斯兰会议组织成员国议会联盟执行委员会第11次会议在贝鲁特举行。科威特、摩洛哥、伊朗、阿尔及利亚、土耳其、黎巴嫩、塞内加尔、几内亚的代表以及伊斯兰会议组织成员国议会联盟主席纳比·贝里和秘书长易卜拉欣·奥夫出席了这次会议。会议结束时发表了“贝鲁特宣言”，主要内容如下：

宣言强烈要求以色列从所有被占领的阿拉伯领土上撤军。

宣言谴责以色列占领军对巴勒斯坦人民的野蛮镇压，并强调巴勒斯坦人民拥有回归权、自决权和建立独立巴勒斯坦国的权利。

宣言说，与会者对伊拉克的动乱局势深表不安。他们认为，伊拉克目前的局面应由外国占领军负责，强调应维护伊拉克的领土完整、国家统一，尊重伊拉克的主权和独立，并充分发挥联合国在伊拉克问题上的作用。

宣言说，会议反对将苏丹达尔富尔问题国际化的企图，要求给予苏丹政府更多的时间，以使其在没有外来干预的情况下实现该地区的安全和稳定。

宣言强调，应使中东地区成为没有核武器、没有大规模杀伤武器的地区，并认为以色列阻碍了这一目标的实现。

宣言说，会议谴责包括国家恐怖主义在内的形形色色的恐怖活动，拒绝在反恐问题上采取双重标准，并且反对将恐怖主义同某一宗教或某一文化联系在一起。与会代表呼吁推动不同文明之间的对话，改善伊斯兰国家的经济，通过建立联合项目、共同市场及自由贸易区等使伊斯兰国家的经济尽快融入世界经济。

宣言说，会议还就建立一个执行伊斯兰会议组织成员国议会联盟决议的机制达成一致。

非洲大湖地区国家发表的《达累斯萨拉姆宣言》　2004年11月20日，非洲大湖地区11个国家的10位总统和1位外长在坦桑尼亚首都达累斯萨拉姆签署了《达累斯萨拉姆宣言》，同时将这一宣言递交联合国秘书长安南，作为他们谋求地区和平决心的保证。

《达累斯萨拉姆宣言》的核心内容是，促进非洲大湖地区的和平与安全。非洲大湖地区11个国家共同把本地区转变成一个享有持久和平和安全的地区，转变成一个政治和社会稳定的地区，转变成一个11国共享发展的经济体。

据报道，首届非洲大湖地区国家首脑会议组建了一个部长级委员会，负责在本届和下届首脑会议期间实施《达累斯萨拉姆宣言》的具体条款。东道主坦桑尼亚总统本杰明·姆卡帕表示，《达累斯萨拉姆宣言》的签署具有积极的历史意义。它向世界表明，非洲大湖地区不是也不能再被视为“一个不爱好和平的地区”。姆卡帕还说：“签署和平宣言使各国领导人成为各自国家以及整个地区值得尊敬的长者，但是将宣言付诸实施仍将挑战他们的信誉。”

伊拉克问题国际会议发表的公报　2004年11月23日，包括联合国秘书长安南和美国国务卿鲍威尔等在内的20多个国家及组织的代表参加的伊拉克问题国际会议，发表了关于伊拉克重建和政治进程等问题的公报，主要内容如下：

公报说，有关各方认为在伊拉克问题上必须强调伊拉克主权、政治独立、领土完整和国家统一；伊拉克人有权通过民主方式决定自己的未来，全权管理自己的自然和经济资源。公报说，如果条件允许，应该根据2004年6月9日通过的联合国第1546号决议，让联合国在伊拉克的政治进程中发挥主导作用。

公报呼吁伊拉克各派应该以对话的方式实现和解，临时政府应该保证所有派别都能参与伊拉克的政治进程。与会代表在声明中谴责所有形式的暴力行动，要求有关各方最大限度地保持克制，共同抵制犯罪行为，呼吁有关各方采取必要行动，实现伊拉克稳定。伊拉克周边国家也表示将加强控制伊拉克边境地区的安全以帮助伊拉克创造一个安全与稳定的发展环境。

公报在美国领导的多国部队撤军问题上，没有确定最后的期限，只称目前多国部队的存在对稳定伊拉克局势非常重要。

（继　先）

（本栏责任编辑　丁　平）

2004年世界军事大事记

2004 年 世 界 军 事 大 事 记

1 月

1月1日

△日本首相小泉再次参拜靖国神社，这是他自2001年就任首相以来的第4次参拜。中国外交部副部长王毅奉命紧急召见日本驻华使馆临时代办原田亲仁，就日本首相小泉参拜靖国神社提出严正交涉。

△巴印两国交换了各自的核设施名单；中断两年之久的印巴空中通航正式恢复。

△独联体集体安全条约组织联合参谋部在莫斯科开始运作。

△1架美军直升机出现机械故障，在伊拉克北部迫降，造成一些士兵受伤。

1月2日

△据报道，美国鹰派人物向美国总统布什递交了一份声明，要求布什政府采取措施，实现叙利亚和伊朗的政权更替，对朝鲜进行军事封锁，制定针对朝鲜的打击计划。

△以色列军队撤离了约旦河西岸巴勒斯坦城市杰宁，结束了对该市长达5个月的严密封锁。

△驻伊拉克美军多次遭袭击，造成4人死亡，6人受伤，1架直升机被击落。

△一伙武装分子袭击了印控克什米尔查谟地区一个火车站。

△总部设在纽约的保护记者委员会称，2003年全球共有36名记者因工作的缘故被枪杀，与2002年19人相比有较大增长，主要原因是伊拉克战争造成了13名记者被打死。

1月3日

△美军一车队向1辆伊拉克平民车开枪扫射，造成4名伊拉克平民死亡。

△驻伊美军称，自布什2003年5月1日宣布伊主要战事结束以来，共有217名美军士兵在袭击事件中死亡。

△美国“勇气”号火星探测器（2003年6月10日发射）于太平洋时间3日20时35分（北京时间4日12时35分）左右，在火星表面成功着陆，并于20时52分向地球发回第一个信息。

△哥伦比亚主要反政府武装“哥伦比亚革命武装力量”（FARC）高级领导人帕尔梅拉·皮内达在厄瓜多尔被捕。

1月4日

△据报道，俄罗斯空军总司令米哈伊洛夫上将近日表示，2004年俄罗斯空军、陆军航空兵将装备米-28型和卡-52型武装直升机。

△一群不明身份的武装分子袭击了泰国南部一处军营，打死4名士兵，并烧毁18所学校。

△菲律宾南部城镇帕朗发生一起爆炸事件，造成10人丧生，40人受伤。

1月4日至6日

△南亚区域合作联盟在伊斯兰堡举行第十二届首脑会议。会议期间各国领导人签署了加强反恐合作等方面的文件。

1月5日

△据报道，美国中央情报局撰写的《2020年国际局势分析报告》称：“到2020年，为增强防卫力量，日本有可能修改宪法，拥有核武器。”

△据美联社报道，美国海军舰只、数千名美军士兵和平民将在3月31日前撤离位于波多黎各东部的罗斯福路海军基地，结束美军占领的历史。

△印度和巴基斯坦总理举行非正式会晤，双方一致同意就两国和平和双边关系举行全面对话。（详见《军事要事》栏有关条目）

△叙利亚总统巴沙尔表示，叙利亚有权借助生化武器保卫国家安全，拒绝美英要求其放弃大规模杀伤性武器的要求。

△位于比利时首都布鲁塞尔的欧洲议会发生1起邮件炸弹爆炸事件，所幸没有造成人员伤亡。

1月6日

△日本自民党公布了该党《2004年活动方针》。方

针称，力争在2005年11月前通过新宪法草案，并对自卫队《防卫计划大纲》进行重大调整。

△朝鲜宣布，已决定停止研制核武器。

△以色列运输部发言人说，以最近研制出一种安装在公共汽车上的爆炸物监测装置，可以发现并阻止极端分子上车制造自杀式爆炸。

△美英两国向叙利亚发出警告称，即便以色列拥有核武器，叙利亚也必须放弃大规模杀伤性武器，否则将面临政治上的孤立。

△日本政府透露，将大幅度修改《防卫计划大纲》，把自卫队防卫重点从防止外国侵略调整到防止弹道导弹袭击和恐怖活动等威胁。

△阿富汗南部重镇坎大哈市发生连环大爆炸，造成至少17人死亡，70人受伤。

△据报道，五角大楼委托私人公司向格鲁吉亚派遣了一支由前美军将校军官组成的军事顾问团，帮助该国整顿军队。

△保加利亚国防部长尼·斯维纳罗夫说，有17名保加利亚士兵递交了拒绝前往伊拉克的报告。此前，2003年12月27日曾有30名军人拒绝赴伊拉克服役。

△利比亚批准《全面禁止核试验条约》。（详见《军事要事》栏有关条目）

1月6日至10日

△美国非官方代表团访问朝鲜。参观了宁边核设施，并同朝鲜有关部门就朝核等问题交换了意见。

1月7日

△驻伊拉克美军称，巴格达西部的一个美军后勤基地遭到迫击炮袭击，35名士兵受伤，后有1人不治身亡。自美英联军去年3月发动伊拉克战争以来，已经有332名美军士兵在伊拉克遇袭身亡。

△英国伦敦出版发行的阿拉伯文《中东报》报道，美国国防部长拉姆斯菲尔德正在考虑向中东地区，如索马里和黎巴嫩南部地区派出特种部队，以抓捕恐怖分子。

△英国防部称，英军在伊拉克战争中死亡55人。

△印度首次展示了第1辆由印度组装的T-90坦克。在未来几年内印度将组装186辆T-90坦克。

△1艘俄海军柴油动力退役潜艇在被拖往拆船厂途中，在俄远东乌利湾海域沉没，所幸艇上没有任何人员。

△海地爆发大规模示威游行。示威者与警方发生冲突，致使2人死亡，30人受伤。

1月8日

△ 1架美军“黑鹰”直升机在伊拉克境内坠毁，导致机上9名人员全部丧生。据目击者称，这架飞机是在被地面火箭击中尾部后坠落的。

△据报道，为了挽留美军士兵继续留在伊拉克服役，美军将向那些因“服从大局需要而延长服役时间”的美陆军官兵提供最多一万美元的补偿金。

△据报道，新加坡海军第一艘具有隐性功能的护卫舰威武号服现役。

△据报道，以色列已成功地改造了美国提供的巡航导弹，这种导弹可以携带潜射核弹头。由此，以色列已成为中东地区唯一一个能够从陆地、水下和空中对敌国发动核打击的国家。

1月9日

△美联社报道，已有494名美军在伊拉克丧生。在1991年的海湾战争中，美军死亡的人数是315名。

△伊拉克北部城镇巴古拜的1座什叶派清真寺遭炸弹袭击，至少造成6人死亡，37人受伤。

△据报道，新加坡国防部长日前呼吁，提升多国反海盗的措施。

△日本防卫厅长官石破茂发布命令，要求待命的日本陆上自卫队先遣队30人前往伊拉克。

1月9日至10日

△中越第十轮政府级边界谈判在越南首都河内举行。

1月10日

△为期一天的首届东盟与中日韩（10+3）打击跨国犯罪部长级会议在曼谷举行。会议期间，中国与东盟签署《中华人民共和国政府和东南亚国家联盟成员国政府非传统安全领域合作谅解备忘录》。

△朝鲜外务省发言人说，朝向访问宁边核设施的美国非官方代表团展示了其“核遏制力”。

△1批美国军事专家抵达毛里塔尼亚，他们将为毛里塔尼亚军队提供反恐培训。

△数百名伊拉克人在阿马拉的英军基地外举行抗议活动。英军及伊拉克警察与示威群众发生冲突，英军开枪打死5名伊拉克人，打伤10多人。

△驻阿富汗美军1名士兵因车祸死亡，使阿富汗战争以来驻阿美军死亡总数达到100人，其中因遭袭击而死亡的30人，其他原因死亡的70人。

△菲律宾军方宣布，菲反政府武装新人民军与政府军接连发生激战，战斗中有8人被打死。

1月11日

△据报道，2004年是美国发展军用飞机项目的关键年，美国防部将对F-35、F/A-22和另外几种重要的军用飞机“进行关键评审”。

△阿富汗国防部发言人说，约有3000名新组建的阿富汗国民军士兵因军饷低、训练苦等原因而开小差。阿富汗国民军现有官兵1万人。

△为弥补伊拉克战争暴露出来的漏洞，美军将研制新型空中作战管理系统。

△一伙持枪匪徒在巴西与玻利维亚边界附近城市科伦巴的一个小机场抢走3架单引擎飞机，并开枪打死1人。

1月12日

△中美签署“中国国家原子能机构和美国能源部关于在和平利用核能、核不扩散和反恐领域合作的意向性声明”。

△朝鲜外务省发言人表示，如果美国承诺对朝鲜核冻结给予补偿以作为一揽子解决的第一阶段措施，朝鲜将有意冻结石墨反应堆的核活动。

△塔利班武装分子袭击阿富汗南部一处军队驻地，造成5名士兵死亡。

1月12日至13日

△中国和印度边界问题特别代表在北京举行第二次会晤。

1月13日

△美国太平洋空军司令贝格特说，美国防部正考虑将远程战略轰炸机长期部署在关岛，这样一旦朝鲜半岛或台海两岸发生战事，关岛将成为关键的军事基地。

△美军1架“阿帕奇”武装直升机在巴格达西部坠毁。

△印度成功试射1枚“天空”地对空导弹。

△澳大利亚国防部长希尔说，澳正在与美国商讨购买能够在太空拦截来袭导弹的防御系统。澳已于2003年12月4日宣布应美国邀请加入美国导弹防御计划。

1月13日至17日

△中国2艘民间保钓船到钓鱼岛考察。考察人员在距钓鱼岛约3海里的地方，将象征中国主权的20块石碑投放在钓鱼岛海域。

1月14日

△全面禁止核试验条约组织筹备委员会在维也纳宣布，利比亚已于6日正式批准了《全面禁止核试验条约》，成为第109个批准该条约的国家。

△美国总统布什宣布美国的太空计划，核心内容是20年内在月球上建立永久性的基地，30年内人类登陆火星。

△美国防部宣布，自去年3月伊拉克战争开始以来，已有496名美军士兵在伊拉克身亡，其中21名是自杀身亡。

△捷克政府决定派遣150名官兵参加在阿富汗的维和行动。

△伊拉克巴古拜镇的警察局发生汽车自杀性爆炸事件，2人死亡，29人受伤。

△以色列和加沙地带的边境地区发生自杀性爆炸，至少4人在爆炸中死亡，10人受伤。

△英国《卫报》报道，美国正在向西非的撒哈拉沙漠派遣部队，开辟所谓的反恐战争新战线。

△据报道，美国《国防新闻》杂志近日公布，2002年以色列的军火销售至少达37亿美元，仅次于美国和俄罗斯，位居世界第三。

1月14日至15日

△美国参谋长联席会议主席迈尔斯空军上将一行对中国进行正式友好访问。

1月15日

△设在北京的上海合作组织秘书处和设在乌兹别克斯坦首都塔什干的上海合作组织地区反恐机构执委会开始运转。上海合作组织六国外长举行了上海合作组织外长非例行会议并出席了秘书处成立仪式。

△巴基斯坦和印度之间中断两年之久的铁路交通联络正式恢复。

△尼泊尔皇家军队发言人说，最近4个多月以来，政府军在搜剿反政府武装方面取得了很大战果，打死1400多名反政府武装。

△以色列军队全面封锁加沙地带，作为对14日自杀式爆炸袭击事件的报复。

△沙特政府发现了一些恐怖主义组织的军事训练营地。

△阿富汗政府军和驻阿国际安全部队联手在首都喀布尔开展武器回收工作。

△俄军击毙车臣非法武装头目阿卡耶夫等6人。(详见《军事要事》栏有关条目)

1月16日

△美军发表天基雷达系统（SBR）需求建议书。该建议书称，美空军计划在2012年发射其首批天基雷达系统，SBR系统将在2020年前形成作战能力。

△据报道，美将拨款1200万美元在南加利福尼亚州大学建立一个反恐研究中心。

△美军透露，美国和澳大利亚的军方官员已经开始就在澳大利亚领土建立一个联合训练中心问题举行初步会谈。

△刚果（金）伊图里省府布尼亚镇发生部族屠杀事件，100多人被杀害。

1月17日

△“机遇”号火星车准确地对准着陆区域，准备登陆火星。“机遇”号是美国于2003年7月7日发射的，预定美国东部时间1月25日零时5分（北京时间25日下午1时5分）在火星“梅里迪亚尼平原”着陆，寻找火星上是否存在水的线索。

△韩美就驻韩美军重新部署达成协议。协议规定，驻扎在汉城龙山的美军基地（包括韩美联合司令部及联合军司令部）将在2007年全部南迁到汉江以南韩国中部地区的乌山、平泽一带。搬迁费用（30亿至50亿美元）全部由韩国负担。

△驻伊拉克美军装甲车遭到炸弹袭击，3名美军士兵死亡，2名受伤。这起袭击事件使美军在伊拉克的死亡人数上升到500人，其中346人在战斗和袭击中死亡，154人在各种事故中丧生。

△以色列取消了对加沙地带的封锁。

1月18日

△北约秘书长夏侯雅伯呼吁北约各成员国向阿富汗派遣更多的军队。目前由北约领导的驻阿富汗国际安全部队总人数约为5500人。

△据报道，印度内阁已经批准向俄罗斯购买“戈尔什科夫元帅”号航空母舰，价格将超过10亿美元。

△驻伊拉克美军占领当局总部遭遇自杀性汽车炸弹袭击，造成25人死亡，131人受伤。

△驻阿美军飞机在阿富汗南部乌鲁兹甘省一个村庄投下的炸弹，造成11名无辜村民死亡。

1月19日

△数以万计的什叶派穆斯林在伊拉克首都巴格达举行示威游行，要求直接选举新政府。

△联合国秘书长安南在纽约联合国总部与伊拉克临时管理委员会（临管会）和美英联军临时管理当局的代表就联合国在伊重建中的作用举行会谈。

△德国宣布，德将从3月起帮助伊拉克培训警察。

△美英首批核查专家秘密抵达利比亚，销毁利比亚大规模杀伤性武器的进程开始。

1月19日至21日

△俄罗斯国防部长伊万诺夫访问印度。

1月20日

△据报道，近日发表的阿富汗政府工作报告承诺，阿在追捕和围剿4个由中国政府正式公布为东突恐怖组织的行动中与中方密切合作。

△国际原子能机构的专家抵达利比亚，他们将同英美两国的专家一道进行核查并解除利比亚的大规模杀伤性武器的工作。

1月21日

△据报道：美军1架B-1B轰炸机在加州成功的发射了1枚洛克希德·马丁公司制造的“联合空对地防区外导弹”（JASSM）。这是这种导弹首次从B-1B平台发射；美国陆军最近开发成功一种名为“宙斯”的激光扫雷系统；美加紧研究打击“坚固地下深埋目标”、“时间敏感目标”的能力。

△据报道，以色列第五代空空导弹“怪蛇-5”已完成了研制工作。将在2005年至2007年开始服役。

△据报道，最近几个星期泰国南部接连发生了好几起致命的炸弹爆炸袭击事件。这些袭击事件是土匪、犯罪团伙和试图在泰国南部穆斯林聚居区建立“独立家园”的极端分子所为。

△据报道，以色列军方称，黎巴嫩真主党游击队发动的1次火箭袭击造成1名以军士兵丧生。真主党游击队称，袭击发生时以军已经越境进入黎巴嫩。

1月22日

△据报道，美国空军太空司令部正致力于建立太空“快速攻击识别、探测和报告系统”。

△西班牙驻伊拉克国民警卫队司令佩雷斯·加西亚遭武装分子枪击，头部受重伤。

△黎巴嫩真主党与以色列在德国达成交换战俘协议。

1月23日

△缅甸政府发表声明说，缅甸政府已同缅最大的反政府武装组织克伦民族联盟就实现停火问题达成了谅解。

△迪尔费尔接替戴维·凯，担任美国负责搜寻伊拉克大规模杀伤性武器的首席武器检查官。

△联合国安全评估小组抵达伊拉克首都巴格达。这是自2003年10月以来联合国国际职员首次重返巴格达。

△美国五角大楼宣布，美国总统布什计划向国会提交总额为4017亿美元的2005年度国防部军费预算，比2004财政年度的军费预算增加7%。

△1架美军OH-58侦察直升机在伊拉克北部城市盖亚拉附近坠毁，机上2名美军飞行员丧生。至此，在伊拉克战争中已经有507名美军死亡。

△以色列媒体称，未来几周里以色列将使用一种装备有阻止自杀爆炸者登车的“反侵略”公交车。

△印度军方从移动发射台试射了1枚“大地”系列的中程导弹。这种导弹是专为战时快速反应而设计的。

△巴基斯坦总统穆沙拉夫承认，巴基斯坦科学家似乎曾向国外出售过核秘密，但巴基斯坦政府没有介入其中。

△据报道，目前在车臣境内有约80个非法武装团伙，有约1500名非法武装人员在活动。

△据报道，由于苏丹持续内战，使滞留在乍得边境地区的苏丹难民总人数增加到了近11万人。

1月24日

△伊拉克“逊尼派三角区”发生6起袭击美军和当地平民事件，共造成6名美军士兵和4名伊拉克人死亡，另有70多人受伤。在伊拉克死亡的美军达到513人。

△据报道，近日因核泄密事件正接受调查的部分巴基斯坦科学家和政府官员首次承认泄露了制造原子弹的关键技术。

1月25日

△“机遇”号火星车于北京时间25日13时05分在火星的“梅里迪亚尼平原”成功着陆。4个小时后，开始向地面传送黑白和彩色照片。

1月26日

△中国正式提出加入核供应国集团。

1月27日

△中国和法国发表关于军控和反恐等问题的联合声明。（详见《国际条约》栏有关条目）

△欧盟委员会主席普罗迪在接受记者采访时表示，他原则上支持取消欧盟对华军售禁令。

△白宫发言人麦克莱伦说，利比亚已经拆除了其核武器项目的重要部件，核武器和弹道导弹生产设施将空运美国，开始销毁化学武器。

△在阿富汗喀布尔南部郊区发生1起针对国际安全部队的自杀式炸弹袭击事件，造成1名加拿大籍的维和人员死亡、3人受伤，9名阿富汗平民受伤。

1月28日

△美国国务院发言人鲍彻表示，美国不同意法国总统希拉克关于欧盟解除对华武器禁运的呼吁。

△据报道，五角大楼正在制定一项“春季行动计划”，拟于今春几个月中在阿富汗发起攻势，进一步打击塔利班武装分子和“基地”组织成员。

△美国陆军总参谋长斯库梅克说，美国陆军正在紧急扩充3万名士兵，以弥补阿富汗和伊拉克战争造成的兵力不足。

△喀布尔发生针对国际安全部队的2起自杀式袭击事件，造成英国士兵1人死亡，5名外国人受伤。

△五角大楼计划在阿富汗发动“春季攻势”，以阻止塔利班和“基地”组织利用春暖之际对美军和国际安全部队发动进攻。

△以色列军队入侵加沙南部地区，打死8名巴勒斯坦人，打伤7人。

△刚果（金）东方省发生部族大屠杀。（详见《军事要事》栏有关条目）

△尼日利亚宣布，朝鲜已同意与尼日利亚分享导弹技术。

1月29日

△赖斯在接受哥伦比亚广播公司采访时说，伊拉克战争前获得的情报与后来发现的有出入。这是美国官方首次承认情报有失误。

△韩朝签订《南北通行协议书》。

△日本政府决定，将全面重新评价现行宇宙开发利用政策，考虑早日启动目前处于冻结状态的载人航天飞行计划。

△据报道，伊朗已开始生产将在本国海岸及军舰上部署的名为“霹雳”的新式导弹。

△据报道，部分美国政府高级官员怀疑伊拉克前总统萨达姆的追随者已渗入联军在巴格达的总部，并且向游击战士通风报信。

△驻伊美军司令桑切斯表示，拉登的“基地”组织正在试图渗入伊拉克。

△耶路撒冷市中心1辆公共汽车发生爆炸，导致至少10人死亡，45人受伤。

△以色列释放401名巴勒斯坦战俘。

△黎巴嫩真主党与以色列在德国交换战俘。

△印军对穆斯林武装分子位于印控克什米尔地区的1个据点发动袭击，击毙10名穆斯林武装分子。

△俄罗斯成功发射“进步M1-11”货运飞船，为国际空间站送食品、水、燃料、宇航员的邮件以及试验设备等。31日与国际空间站成功对接。

△索马里冲突各方签署和平协议。（详见《军事要事》栏有关条目）

1月29日至30日

△北约新秘书长夏侯雅伯访美，呼吁修复美国与欧洲盟友的关系。

1月30日

△中国和阿拉伯国家联盟发表关于维护世界和平等问题的联合公报。（详见《国际条约》栏有关条目）

△荷兰内阁决定支持取消欧盟对中国的军售禁令。

△朝鲜《劳动新闻》发表评论，重申核问题必须以同时行动原则为基础的一揽子方案来解决。

△联合国安理会通过第1526号决议，决定进一步强化对阿富汗塔利班和“基地”组织的制裁措施。（详见《国际条约》栏有关条目）

△据报道，朝鲜和尼日利亚将签署转让导弹技术的

协议。

△美国政府官员说，布什总统新的财政预算计划中要求增加拨款2.74亿美元，用于应对恐怖分子的生物武器袭击。

△据报道，美国陆军参谋长称，美军将在伊拉克境内驻扎至2006年。

△据报道，德国军队将取消陆、海、空三军建制，创建一支新型结构的军队。

△以色列军队约20辆武装车辆侵入约旦河西岸城市伯利恒。

△阿富汗1个武器库发生爆炸，7名美军士兵死亡，3人受伤，1人失踪。

△据报道，印度已挑选出第一批12名海军航空兵飞行员，准备在俄罗斯接受驾驶舰载机的飞行训练。

1月31日

△据报道，印度空军已经着手建立航天指挥部。

△伊拉克中部城市摩苏尔的1个警察局前面发生汽车炸弹爆炸事件，造成至少9人死亡，45人受伤。

△美国宇航局的"机遇"号火星车驶下着陆舱，踏上火星表面，开始为期3个月的火星探测之旅。

△尼日利亚总统奥巴桑乔和喀麦隆总统比亚在日内瓦就解决两国边界争端举行了近3个小时的会谈后表示，希望通过磋商解决边界争端，恢复两国关系正常化。

1月31日至2月3日

△澳大利亚高级代表团访问平壤，就朝核问题同朝鲜高级官员举行了会晤。

2　月

2月1日

△35名齐齐哈尔侵华日军遗弃化学毒剂受害者决定对日本政府提起民间诉讼，要求日本政府正视历史责任，向中国受害者谢罪和赔偿。

△据报道，美国总统布什日前任命了由9人组成的"美国太空探索政策实施委员会"，其任务是，就布什提出的太空蓝图涉及的问题"提出建议"。

△驻伊拉克拜拉德市附近的一个美军基地遭火箭袭击，造成1名美军士兵死亡，12名美军士兵受伤。至此，伊拉克战争以来，已经有524名美军在伊拉克丧生。

△在伊拉克北部库尔德党的2个办公室发生自杀性爆炸袭击，造成101人死亡，133人受伤。

△伊拉克南部沙漠地区1个军火库在遭到一伙人"抢劫"时发生爆炸，造成大约20名伊拉克人死亡。

△据报道，目前共有9000多名美军在阿富汗开展捉拿拉登行动。驻阿美军已有107人丧生，其中多数死于各类突发事故。

△大约20辆以色列坦克和军车入侵约旦河西岸巴勒斯坦城市杰里科，目的是逮捕当地巴勒斯坦武装人员。

△数万名海地民众在首都太子港举行示威游行，要求总统阿里斯蒂德辞职。近来，海地不断发生示威游行和冲突，已有50人在冲突中丧生。

2月2日

△美国副国务卿阿米蒂奇在记者招待会上说："在美日安全条约中，日本施政下的领域一旦受到攻击，那将被视为对美国的攻击。"

△据报道，美军可能撤消包括韩国境内的联合国指挥部、驻韩美军司令部、韩美联合司令部及美国陆军第八集团军，日本境内的驻日美军司令部也将消失，但是美国将会设立由1名中将指挥的作战部队新总部。

△禁止化学武器组织宣布，利比亚加入《禁止化学武器公约》将于5日生效，禁止化学武器组织专家组将于5日开始检查利比亚实施公约的情况。

△格鲁吉亚政府决定向伊拉克增派部队，新增派的217名士兵将于9日从首都第比利斯启程。

△以色列军队入侵约旦河西岸城市伯利恒。

△联合国有关解除阿富汗非法武装的计划开始执行。

2月3日

△据报道，日本政府将向国会提出针对发生战争和恐怖事件的7项法案（"有事7法制"）。

△驻阿富汗美军联合司令部在喀布尔成立，负责协调阿境内所有美军的行动，以加大对恐怖主义的打击力度。

△印度和尼泊尔决定成立一个边境地区协调委员会，进一步加强安全措施,打击恐怖主义和跨国界犯罪行动。

△澳大利亚外交部长唐纳说，印度尼西亚和澳大利亚在雅加达成立了一个反恐中心，以不断提高反恐技术水平，共同对付跨国犯罪。

2月3日至6日

△韩国和朝鲜在汉城举行第13次部长级会谈。

2月4日

△巴基斯坦核弹之父卡迪尔·汗发表电视讲话，表示核泄密活动确实存在，他本人对此负全部责任，并就此向全体巴人民道歉，请求人民原谅。（详见《军事要事》栏有关条目）

△亚太地区反恐会议在印度尼西亚巴厘岛举行。会议决定在雅加达设立亚洲国家反恐中心。

△据报道，美国国防部目前正在计划实施一项美全球军事指挥系统的大调整，其中包括加强太平洋总部的指挥功能，解散驻韩美军司令部、联合国军司令部以及韩美联合司令部等。

2月5日

△日本外务省发言人在记者招待会上声称："一旦尖阁列岛（即中国钓鱼岛）受到攻击，美国将根据日美安全保障条约采取防卫行动。"

△巴基斯坦内阁决定，建议总统穆沙拉夫宽恕已承认泄露核秘密的巴"核弹之父"卡迪尔·汗。随后，穆沙拉夫宣布宽恕卡迪尔·汗。

△俄罗斯战略导弹部队新闻处官员说，俄战略导弹部队开始销毁退役的SS-24型洲际弹道导弹。

△据报道，以军将装备"云雀"小型无人机。

△海地反对派"戈纳伊夫抵抗阵线"袭击并控制了戈纳伊夫城。袭击事件造成7人死亡，200多人受伤。(详见《军事要事》栏有关条目)

△乌干达反政府武装袭击乌北部地区的一个难民营，杀死54名平民和2名士兵。

2月5日至7日

△在泰国南部发生多起针对政府公务员和军警的暴力事件，造成3名军警死亡。1月份以来泰国南部3个府约有10名军警、3名和尚和2名伊斯兰学生在不断发生的暴力袭击事件中遇难。

2月6日

△美国总统布什宣布成立一个由9人组成的两党联合独立调查委员会，对伊战前有关伊拉克大规模杀伤性武器的情报失误问题进行调查。

△朝鲜和韩国发表关于恢复军事会谈等问题的联合声明。（详见《国际条约》栏有关条目）

△俄罗斯总统普京和阿塞拜疆总统阿利耶夫在莫斯科签署《莫斯科宣言》，强调两国加强在反恐等领域的合作。（详见《国际条约》栏有关条目）

△莫斯科市中心地铁站发生爆炸事件，造成约50人死亡，130多人受伤。

△尼泊尔政府军在尼中部地区进行的一次围剿行动中打死了至少20名反政府武装人员。

△北约成员国国防部长在慕尼黑举行非正式会议，讨论北约扩大在阿富汗和伊拉克的作用以及欧盟从北约接管巴尔干维和等问题。

△北约秘书长夏侯雅伯表示，鉴于阿富汗目前局势动荡，北约应加强其在那里的军事力量。

△禁止化学武器组织专家组开始对利比亚的化学武器进行核查。

△阿尔及利亚5名警察遭炸弹袭击身亡。据阿官方统计，20世纪90年代初以来，在阿尔及利亚至少已有10万人在恐怖暴力活动中丧生。

2月7日

△阿富汗地方军事派别在东北部地区发生激战，造成至少20人死亡，40人受伤。

△以色列1架武装直升机向正在加沙城中行驶的1辆汽车发射导弹，造成1人死亡，10人受伤。

2月8日

△据报道，"基地"组织1998年曾暗中从乌克兰购入了一批"战术核武器"，这种核武器现在依然完好地存放在一个安全地点。

△日本派往伊拉克的首批陆上自卫队进驻伊拉克，这是日本第二次世界大战结束后首次将自卫队派至海外战争地区。日本政府计划派遣总共1000名自卫队员在伊拉克"执行人道主义任务"。

△1名美军士兵在巴格达以南被地雷炸死。伊拉克战争以来，美军在伊拉克的死亡人数已达到530人。美国总统布什2003年5月宣布在伊主要战事结束以来，已有254名美军士兵在伊拉克遇袭身亡。

△有报道说，以色列至少拥有200枚核弹头。

2月9日

△美国总统布什提出了一份旨在促进"大中东"地区民主改革的方案（亦称"大中东计划"），准备仿照前苏联和东欧剧变的模式，在中东和东南亚的伊斯兰国家掀起一场新的政治风暴。

△驻阿富汗国际稳定部队指挥官格里梅罗特上将（德国人）将指挥权移交给加拿大人里克·希利尔。

△据报道，韩国政府近日宣布，到2011年将斥资17.1亿美元购买4架机载预警与控制系统飞机，以提高空军对整个朝鲜半岛的空中监视能力。

△海地反政府武装的叛乱活动扩大到11个城市，对海地总统阿里斯蒂德的执政造成了严峻的挑战。在警方与反对者的冲突中，至少有40人死亡。

2月10日

△外交部发言人说，中国绝不接受日方任何企图在钓鱼岛问题上利用第三国向中方施压的言论和行动。

△正在哈萨克斯坦访问的俄罗斯安全会议秘书鲁沙伊洛说，俄哈两国安全部门签署了2004年联合行动计划，以加强在反恐领域的合作。

△朝鲜外务省发言人称，朝鲜并未从巴基斯坦获得过制造核武器的技术，并指责美国传播谣言。此前有报

道称，巴基斯坦的“核弹之父”卡迪尔·汗通过“黑市”向伊朗、利比亚和朝鲜提供了核技术。

△伊拉克首都巴格达以南一警察局外发生汽车炸弹爆炸，造成至少40人死，150人受伤。

△据报道，近日美军抓获了“基地”组织的两名密使，获得一份描述“基地”组织“在伊战略要点”的所谓“革命书”。

△据报道，印度和不丹政府准备对不丹境内的反印非法武装实施第二轮打击。第一轮打击是2003年12月15日至2004年1月27日实施的。

△印度成功试射了1枚“特里苏尔”地对空导弹。

2月10日至26日

△俄军举行大规模核战演习。（详见《军事要事》栏有关条目）

2月11日

△美国国务卿鲍威尔在众议院国际关系委员会举行的听证会上说，美国没有看到台湾举行“公投”的必要性，美对台湾“公投”的任何一个议题都不支持。

△布什政府的一位官员表示，布什政府估计朝鲜至少已经生产出了1颗原子弹，并且还有能力生产更多。

△据报道，俄罗斯海军“彼得大帝”号巨型导弹巡洋舰不久前在巴伦支海完成了试航，马上就要编入北方舰队。

△以色列军队入侵加沙地带与当地武装人员交火，造成至少13名巴勒斯坦人死亡，50多人受伤。

△巴勒斯坦伊斯兰抵抗运动（哈马斯）呼吁巴勒斯坦人发动大规模自杀式袭击，以报复以色列军队打死至少13名巴勒斯坦人的行动。

△英国《简氏防务周刊》报道，印度2004至2005财政年度的防务预算为6600亿卢比（约合146亿美元），这笔预算将确保印度有资金购买军事装备。

2月12日

△中国裁军大使胡小笛在2004年裁军谈判会议第一期会议上发言指出，中国一贯坚决反对大规模杀伤性武器的扩散，并将继续为国际防扩散做出自己的贡献。

△美国防部宣布，朝鲜已同意恢复遣送朝鲜战争中阵亡美军士兵的遗骸。这是5年多来朝鲜首次同意采取此类行动。

△韩国政府向朝鲜方面正式建议，韩朝举行将军级会谈，讨论两国间的军事问题。

△韩国国防部长曹永吉宣布，韩国政府决定向伊拉克派遣的3000多名官兵将于4月底开赴伊拉克。

△美军中央司令部司令阿比扎伊德在一个伊拉克保安部队总部遭到袭击，但未受伤。

△美军在伊拉克首都巴格达西部遭路边炸弹袭击，造成2名美军死亡，1人受伤。自美军发动伊拉克战争以来，美军战斗减员已经达374人，加上非战斗减员美军已有534人丧生。

△西方外交官透露，国际原子能机构的武器核查人员近日在伊朗发现新的离心机设计图纸，而此前伊朗方面并没有将其公开。

△美国副国防部长道格拉斯·费特称，美可能在澳大利亚建立军火储存设施和联合军事训练设施。

△刚果（布）武装分子在伊图里地区杀死1名联合国军事观察员，在布尼亚以北25公里的卡多多城附近袭击了1个联合国的车队。

△联合国前南问题国际刑事法庭正式开始审理对南联盟前总统米洛舍维奇的指控。这是国际法庭首次对一个前国家元首进行审判。

2月13日

△印度联合新闻社报道，印度国防部长费尔南德斯称，中国并不是印度的“头号敌人”，印中两国所有有争议的问题都将通过双边协商的方式来解决。

△韩国国会通过《查清日帝强征真相法》，以便调查日本在对朝鲜半岛实行殖民统治时期强征劳工等问题。

△据报道，俄罗斯空军无线电技术部队司令什拉姆琴科中将近日透露：2003年，俄空军雷达部队在俄边境共发现约1000架外国战斗机和侦察机，对俄侦察8万多次。

△卡塔尔警方称，俄罗斯车臣反政府武装首领之一、车臣“前代总统”扬达尔比耶夫在多哈发生的汽车爆炸事件中被炸死。

△1名美军士兵在阿富汗加兹尼附近触雷身亡，另有9人受伤。

△意大利国防部长安东尼奥·马蒂诺说，意大利将向阿富汗增派100至400名军人，目前，意大利在阿富汗有驻军1000多人。

△法国总统府宣布，法国决定建造第二艘航空母舰（常规动力）。

△据报道，美国防部高级官员说，美国计划长期或无限期地拘禁目前关押在古巴关塔那摩美国海军基地的大部分囚犯。目前共关押约650名“基地”组织和塔利班嫌疑分子，他们分别来自42个国家。

△联合国常驻科特迪瓦、利比里亚和塞拉里昂的指挥官们决定加强军事协调，以避免10年来影响该地区稳定的武器和人员越境。

2月13日至14日

△韩国和美国军方在汉城举行“未来韩美同盟政策构想”第七次会议，主要讨论驻汉城市内龙山基地的美军搬迁等问题。

2月14日

△据报道，俄印两国共同研制的性能超过美国“战斧”的、被称为“布拉莫斯”的3倍音速新型巡航导弹，已于1月开始生产，第一批将装备印海军。

△伊拉克武装分子袭击中部城市费卢杰警察局和附近的政府大楼，有至少21人在袭击中死亡（包括袭击者4人），33人受伤。袭击者控制警察局后释放了关押在那里的约100名被拘押者。

△英国《独立报》报道，前不久5名美军用枪逼迫1名19岁的伊拉克平民跳进底格里斯河导致其溺水身亡。

△ 阿富汗政府官员宣布，自联合国有关解除阿富汗军阀队伍武装的计划开始执行（2月2日）以来，已有约1500名非法武装人员缴械。

△据报道，欧盟自主开发的“伽里略”全球卫星定位系统（GPS）令华盛顿政府深感不安，称其对美国安全构成潜在的严重威胁，进而可能影响美欧之间的关系。

2月14日至15日

△菲律宾新人民军在菲南部袭击政府军警部队，造成双方7人死亡。（详见《军事要事》栏有关条目）

△第五次伊拉克周边国家外长会议在科威特举行。会议宣言呼吁加强联合国在伊拉克过渡时期的主导作用，强调必须保持伊拉克的独立和领土完整，尊重伊拉克主权。（详见《军事条约》栏有关条目）

2月15日至16日

△尼泊尔政府军与反政府武装在尼西部的加利果德地区发生激烈战斗。（详见《军事要事》栏有关条目）

2月16日

△外交部副部长张业遂与美国负责军控与国际安全事务的副国务卿博尔顿举行第三轮中美副外长级战略安全、多边军控和防扩散磋商。

△应中国国防部邀请，56个国家的100多位驻华武官、副武官偕夫人组成武官团，对中国人民解放军驻香港部队进行了参观访问。

△菲律宾一支警察部队在北部的马斯巴特省米拉格罗斯镇遭反政府武装新人民军伏击，造成9名警察死亡，3名受伤，新人民军1人被打死。（详见《军事要事》栏有关条目）

△西班牙各大城市近20万人举行规模盛大的游行示威，抗议美英联军继续占领伊拉克，要求占领军立即从伊拉克撤军，并把主权归还给伊拉克人民。

2月16日至27日

△美印联合举行代号为“对抗印度-04”的空战演习。

2月17日

△日本的不明身份者从距位于东京市区的防卫厅总部约500米处的瑞光寺向防卫厅方向发射了两枚土制火箭弹，但没有造成人员伤亡。

△尼泊尔军方官员证实，尼泊尔政府军与反政府武装近日在尼西部地区发生激战，至少有35名反政府武装被打死，政府军1名中尉阵亡、3名士兵受伤。

△驻巴格达以南的一波兰部队基地遭到汽车炸弹袭击，至少造成11名伊拉克平民死亡，58名联军士兵和44名伊拉克平民受伤。

2月18日

△格鲁吉亚阿扎尔共和国实施紧急状态和宵禁，格阿关系趋于紧张。（详见《军事要事》栏有关条目）

△普京总统发表讲话强调俄罗斯的核大国地位。他同时表示，俄今后将进一步加强战略核力量并有可能部署导弹防御体系。

△西班牙恐怖组织“埃塔”宣布在加泰罗尼亚自治区范围内实现停火。西班牙政府表示，放下武器是“埃塔”的唯一出路，政府不会与它讨价还价。

2月19日

△印度国防部长费尔南德斯表示，印度和中国的战略以及国家发展重点互不冲突，双方都相信印中关系的未来前景非常有希望。

△海地反政府武装19日成立“政府”，宣布建立“主权国家”，同时任命了反政府武装的一名领导人为“国家总统”。

△美国五角大楼宣布，美国将向海地派遣1个由3至4人组成的军事小组，以评估美国驻海地首都太子港的使馆是否安全。

△一个美军车队在位于巴格达以西80公里处的公路上遭到炸弹袭击，2名美军士兵死亡。自伊拉克战争以来，已有至少541名美军在伊拉克丧生，其中有378人是被伊拉克反美武装力量打死的。

△拉美社报道，自美军2001年10月占领阿富汗以来，阿抵抗力量不断发动武装袭击，共有110名美军在袭击中丧生。

2月19日至3月3日

△北约在巴尔干半岛以西、意大利西西里岛以东的伊奥尼亚海域举行北约1949年成立以来最大规模的反潜战演习，演习代号为“角鲨-04”。

2月20日

△印度和巴基斯坦军队指挥官在克什米尔实际控制线附近举行会谈。这是3年来双方举行的首次此类会谈。

2月21日

△国际红十字会代表在伊拉克见到了被美军监禁的伊前总统萨达姆。但是，根据与美军达成的协议，红十字会拒绝透露萨达姆被关押的具体地点。

△据拉美社报道，在华盛顿公布的一份报告称，作为美国侵略伊拉克的后果，已有1.5万名伊拉克人死亡，其中4000人是平民。

△据报道，为进一步加强航天战力建设，美空军近期在科罗拉多州的施里弗空军基地组建了“第26航天人侵者中队”。

△乌干达“圣灵抵抗军”袭击乌北部小镇利拉的一座难民营，造成192人丧生，数十人受伤。（详见《军事要事》栏有关条目）

2月21日至3月1日

△美日在东京练马区朝霞基地的大型计算机上举行代名为“山樱-45”的模拟军事演习。

2月22日

△耶路撒冷1辆公共汽车在市中心发生爆炸，至少造成7人死亡，60多人受伤。

△1架运送美国建筑公司工人的直升机在阿富汗南部时区遭到地面轻武器的袭击后坠毁，造成1人死亡，多人受伤。

△哥伦比亚陆军司令部宣布，在哥伦比亚政府军最近与游击队和准军事集团发生的激烈战斗中，造成48人死亡，其中10人是政府军士兵。

△海地反政府武装占领海地第二大城市海地角。

2月23日

△美国白宫发言人麦克莱伦宣布，美向海地派遣了50名海军陆战队士兵以保护美驻海地使馆的安全。

△菲律宾军队和美军开始举行为期2周的联合军事演习，代号为“肩并肩2004”。

△韩国政府准备派往伊拉克的“和平重建师”在京畿道成立。该部队由3000多名官兵组成，将于4月底开赴伊拉克北部的基尔库克地区。

△由日本爱知县律师和来自全国各地的市民组成的原告团向名古屋地方法院提起诉讼，指控政府向伊拉克派兵，称这一行为违反日本宪法并要求停止派兵行动。

2月24日

△巴基斯坦军方发表声明说，巴安全部队在靠近阿富汗的巴部落地区展开军事行动，搜捕外国恐怖分子。这是巴军过去两年来在部落地区进行的第三次大规模行动。

2月24日至28日

△美国海军第七舰队“蓝岭”号指挥舰第四次访问中国。

2月25日

△美国一位官员说，5个北约国家将于7月在阿拉斯加与印度、日本这两个非北约国家举行首次联合空战演习。

△美国国防部长拉姆斯菲尔德表示，美军考虑在乌兹别克斯坦建立多个远征基地。

△驻伊拉克美军1架OH-58“基奥瓦”观测直升机在伊西部城市哈迪塞附近坠毁，两名机组成员死亡。

2月25日至28日

△朝核问题六方会谈在北京举行。（详见《军事要事》栏有关条目）

2月26日

△总部设在荷兰海牙的禁止化学武器组织宣布，利比亚将从27日开始销毁其3300多枚用于承载化学武器的未填充炸弹。

2月27日

△美国国防部官员透露，美国正在考虑向海地派遣3艘军舰和2000名海军陆战队员。

△联合国安理会通过向科特迪瓦部署6000名联合国维和士兵的决议。

△巴基斯坦陆军第116旅驻地和三军情报局驻地办公室连遭“基地”嫌犯5枚火箭弹的袭击。

2月27日至28日

△非洲国家和政府的领导人在利比亚海滨城市锡尔特召开了非盟特别首脑会议，讨论非洲的共同防务与安全等问题。

2月27日至3月2日

△委内瑞拉首都加拉斯连续发生反对派组织的游行，并与警察和军队发生严重冲突，造成10人死亡，1000多人受伤。（详见《军事要事》栏有关条目）

2月28日

△ 1支联军巡逻队在巴格达西北部搜寻炸弹时遭到伊拉克武装人员袭击，1名联军士兵被打死。自以美国为首的联军2003年3月发动伊拉克战争以来，已经有434名联军军人在伊拉克遇袭身亡，其中378人是美军士兵。

△委内瑞拉数千名反对派的示威者企图到达正在举行15国集团第12次首脑会议的会场时，与守卫在那里的军警发生冲突，造成2人死亡和16人受伤。

△一伙不明身份的武装分子在印控克什米尔地区向1辆军车投掷手榴弹，爆炸至少造成11人受伤。

2月29日

△联合国安理会一致通过了第1529号决议，授权在海地立即部署一支由美国领导的临时多国部队，帮助恢复海地首都太子港及其他地区的和平与稳定。（详见《国际条约》栏有关条目）第一批不到100人的美军小分队到达海地。此前，加拿大已有30名士兵抵达海地。30日，法国首批维和部队40至50人也抵达海地。此后，多国部队陆续到达。

△印度将成立8个特种作战营。

△据报道，布什政府放弃了前总统克林顿关于全面禁止陆上地雷的政策，将允许使用“智能”地雷。

△迫于国内外的压力，海地总统阿里斯蒂德辞职，前往国外。海地最高法院院长博尼费斯·亚历山大称自己已开始行使国家元首职权。

3 月

3月1日

△日本共同社报道，美国似将美陆军第1军司令部迁至日本神奈川县的美军军营。第1军目前驻扎在美国西海岸华盛顿州，其主要任务是应对亚洲太平洋地区的突发事件和纷争。

△刚刚辞职的海地前总统阿里斯蒂德出人意料地宣称，他并非自愿辞职，而是被美军绑架，在美军强迫下开始流亡生活的。美国国会的两名议员证实了阿里斯蒂德的说法。对此，美国高官严词否认，称“阿里斯蒂德完全自愿”。

△日本防卫厅决定，在2006年建立1支直辖于防卫厅长官的专门承担国际贡献、反恐、导弹防御任务的部队。人数初步定为5000人。

△据报道，俄罗斯2003年共出口价值55.68亿美元的武器和军事部件，超出预定目标26%。

3月2日

△伊拉克什叶派穆斯林圣城卡尔巴拉和巴格达什叶派穆斯林居住区发生一系列连环爆炸，共造成271人丧生，600多人受伤。（详见《军事要事》栏有关条目）

△巴基斯坦俾路支省首府奎达市发生针对什叶派穆斯林的恐怖袭击事件，导致至少41人死亡，150人受伤。

△据报道，“基地”组织可能在非洲建立新的避难所，因此美国正寻求向非洲有关国家派驻军队。

△美国正在考虑一项计划，在欧洲和亚洲的机场部署美国的安全特工，改进对飞往美国旅客的检查。

3月2日至3日

△尼泊尔政府军与反政府武装在尼中部地区发生激战，至少有21名政府军士兵阵亡，另有几人失踪。

3月3日

△斯里兰卡猛虎解放组织发生内讧。该组织高级指挥官卡鲁纳上校宣布脱离该组织，并率约6000名成员出走。（详见《军事要事》栏有关条目）

3月3日至4日

△印度与美国在新德里举行印美联合技术小组会议，双方就防务研究与发展（包括导弹防御项目）方面的信息交换制订出了一个框架。从而为双方在敏感的防务技术方面的合作铺平道路。

3月4日

△菲律宾近百名游击队员袭击民达那峨岛的一座采矿小镇的陆军营地，发生激烈交火。

3月5日

△海地成立由7人组成的“名人委员会”，海地警方开始在美军帮助下解除反政府组织武装。

△法国外长德维尔潘发表声明称，法国已经向海地派出800多人的军事力量，并愿意积极参与海地恢复秩序和人道援助行动。

3月6日

△布什表示，仍将按原计划于6月30日完成伊拉克权利移交。布什还声称，2005年1月31日举行过渡议会的选举；2005年晚些时候，由议会起草一份伊拉克新宪法；2006年底进行议会选举，成立伊拉克政府。

△以色列和加沙地带之间的埃雷兹检查站附近发生爆炸，造成4名巴勒斯坦人死亡，11人受伤。

3月7日

△据报道，印度和俄罗斯在研制超音速巡航导弹“布拉莫斯”之后，将达成一项合作研制超视距空对空导弹的协议。

△以色列军队突袭两个加沙难民营，导致14名巴勒斯坦人死亡，70多人受伤。

△海地前总统阿里斯蒂德的支持者在首都太子港向庆祝阿里斯蒂德下台的人群开枪，造成至少6人死亡。

3月8日

△美国太平洋空军司令部公布的调查结果称，从2001年至2003年，该司令部辖区共有92名女兵被106名士兵强奸，其中8个女兵被轮奸。

△伊拉克临时管理委员会25名成员或他们的代表在首都巴格达的会议中心签署了萨达姆政权被推翻后的第一部伊拉克临时宪法文本。

△车臣非法的马斯哈多夫政权时期的“国防部长”哈姆比耶夫向车臣共和国安全局投降。

3月8日至12日

△俄罗斯和北约首次举行非战略反导演习，目的是检验北约和俄罗斯军队协作调解危机的能力。

3月9日

△津巴布韦政府官员表示，截获1架在美国注册的客机、抓获机上64名贩卖军火的嫌犯并扣押了机上装载的军事设备。

△驻伊拉克美军在巴格达以东遭炸弹袭击，1名美军士兵被炸死，另1名士兵被炸伤。自美国总统布什2003年5月1日宣布在伊拉克的主要战事结束以来，已有256名美军士兵在伊拉克丧生。

△日本首相小泉纯一郎称，参拜靖国神社“是一种极为自然的情感表现”。

△日本内阁通过“有事法制”相关七项法案。

△印度自行建造的第一艘航空母舰将于2011年加入印度海军服役，届时印度海军将拥有2艘航空母舰。

△巴基斯坦试射可以携带核弹头的新型“沙欣-2”远程导弹。

△菲律宾军警人员在菲北部三描礼士省与反政府武装新人民军发生冲突，造成9人死亡，其中包括1名政府军，另有2名警察受伤。

△越南广治省1枚越战时期遗留下来的集束炸弹突然爆炸，1名16岁少年被当场炸死，其14岁的同伴也身受重伤。

3月9日至10日

△乍得政府军在北部提贝斯提地区与一批恐怖分子发生交火，政府军打死43名恐怖分子，俘虏5名，并缴获一批武器弹药。政府军方面在交战中有3人阵亡、18人受伤。

3月9日至11日

△中美海上军事安全磋商机制海空军事安全工作小组第四次会议在上海举行。

3月10日

△2架以色列战机先后侵入黎巴嫩南部和北部上空进行侦察活动，黎真主党武装向来犯的以色列战机发射炮弹进行阻击。

△伊朗国防部长阿里·沙姆汗尼首次公开承认，伊朗的军工企业曾经生产过低等级的离心分离机。

△利比亚在维也纳签署了《不扩散核武器条约》附加议定书，允许国际原子能机构的核查人员突击性检查其所有核设施。

3月11日

△西班牙首都马德里多个火车站发生一连串爆炸，共造成191人死亡，至少1800人受伤。（详见《军事要事》栏有关条目）

△朝鲜人民军海军司令部发言人表示，韩国向黄海东部接近朝鲜领海的海域派遣舰艇等武装力量是对朝鲜的挑衅行为，朝鲜对此予以谴责。

△2名驻伊美军士兵遭炸弹袭击死亡。自美国总统布什去年5月1日宣布伊拉克主要战事结束以来，已经有267名美军士兵在伊拉克遇袭身亡。

3月12日

△韩国国会弹劾总统卢武铉，韩国国防部向全军发布“紧急戒严令”。

△驻海地美军在执行巡逻任务时开枪打死了2名海地人，此举进一步引发了海地民众对美国驻军的不满。

3月12日至16日

△由法国海军“拉图什特威尔”号反潜驱逐舰和“比罗司令”号轻型护卫舰组成的舰艇编队访问青岛港，并于16日与中国海军举行首次海上联合演习。（详见《军事要事》栏有关条目）

3月13日

△2名中国打井工人在苏丹西部达尔富尔地区遭当地反政府武装人员绑架。

△美军在阿富汗东部和南部发动旨在彻底剿灭“基地”组织和塔利班残余势力的代号为“山地风暴”的新攻势。

△塔利班武装分子用火箭和重型机枪袭击了1个靠近阿富汗和巴基斯坦边境的政府办公室。

△国防原子能机构通过有关伊朗核问题的决议。（详见《国际条约》栏有关条目）

△巴基斯坦总统穆沙拉夫提出了巴基斯坦和印度共同裁军的新建议，并承诺巴基斯坦要把军队裁到“只足够应对当前威胁的最低水平”。

3月13日至14日

△驻伊美军在巴格达先后遭到两起炸弹袭击，4名士兵死亡，1人受伤。

3月14日

△大约600名在伊拉克阵亡美军的家属和正在伊拉克服役的美军的亲人在美国多佛空军基地前举行了大规模的反战示威游行，抗议布什政府让美军不断送命，可却不允许美国民众和媒体知情的做法。

△美国纽约市举行了自“9·11”事件以来规模最大的一次反恐演习。

△以色列西部最大港口阿什杜德遭到连环爆炸袭击，造成至少9人死亡、20人受伤。

△俄罗斯准备制造最新型的“苏-34”强击机。

△印度空军举行名为“空中力量-2004”的年度军事演习。

3月15日

△西班牙当选首相萨帕特罗说，西班牙将在2004年7月1日之前把派往伊拉克的1300名官兵全部撤回。

△据报道，欧盟、法国和日本最近分别与联合国开发计划署签订议定书，它们将出资帮助科特迪瓦实施解除交战人员武装的计划。

△据报道，欧洲航空防务与航天公司和以色列拉斐尔公司正在联合开发一种防御直升机遭受便携式导弹攻击的新系统。

3月16日

△中国赴利比里亚维和工程兵大队70名先遣队员，从沈阳桃仙国际机场乘专机飞赴利比里亚执行维和任务。根据联合国的要求，中国政府决定向利比里亚派遣一支550人组成的维和部队。

△巴基斯坦700名士兵搜捕“基地”成员时遭到400至500名武装分子的顽强抵抗，造成14名巴准军事部队士兵死亡，18人失踪，武装分子24人被打死。

△以色列直升机在加沙向1辆汽车和1栋建筑物先后实施了导弹袭击，至少有5人被炸死，4人受伤。

3月17日

△欧盟理事会秘书长兼欧盟共同外交与安全政策高级代表索拉纳说：“解除对华军售禁令对中方、欧方和地区稳定都有益处。”

△伊拉克首都巴格达市中心一酒店遭汽车炸弹袭击，造成27人死亡、41人受伤。

△不明身份的武装分子炮击伊拉克境内两个美军基地，造成2名士兵死亡、10人受伤。自布什2003年5月1日宣布主要战事结束以来，已有275名美军在伊拉克遇袭身亡。

△以色列向位于加沙的一处巴勒斯坦难民营发动了两次导弹袭击，6人被炸死。

△海地临时政府宣誓成立。

3月17日至18日

△伊拉克发生多起袭击事件，造成驻伊拉克的外国人和伊拉克当地人共34人死亡，60多人受伤。

3月17日至20日

△在科索沃阿族极端分子的策划下，当地的阿族和塞族居民发生大规模流血冲突，造成31人死亡，850多人受伤。阿族极端分子还焚烧了30座塞族教堂以及420栋塞族民宅，致使4000名塞族居民被迫逃离家园。

3月18日

△美国一些和平组织估计，伊拉克战争造成大约9000名伊拉克平民死亡。据美国国防部统计，到2004年3月18日有568名美军士兵和2名平民雇员在伊拉克丧生。

△波兰总统克瓦希涅夫斯基表示，波兰在伊拉克萨达姆政权是否拥有大规模杀伤性武器方面受到了误导，波兰正在考虑将军队提前数月从伊拉克撤回。

△1辆汽车在伊拉克南部巴士拉一家旅馆外爆炸，造成至少5人死亡。

△美军在阿富汗中部与伊斯兰武装分子发生枪战，2名美军士兵被打死，另有2名士兵受伤。

△美国众议院一致通过将“基地”组织首领本·拉登的悬赏金额提高到5000万美元的议案。

△两名美国传教士在乌干达西北部一所学校被身份不明的武装人员打死。

3月19日

△格鲁吉亚阿扎尔共和国取消紧急状态和宵禁，格阿关系得以缓解。（详见《军事要事》栏有关条目）

△纪念伊拉克战争一周年，上万名伊拉克什叶派和逊尼派穆斯林一同走上巴格达街头游行示威，抗议美国及其盟军对伊拉克的占领，呼吁伊拉克各派保持团结。

△印度与英国正式签署了关于印向英国宇航公司购买66架“鹰-115Y”式高级教练机的谅解备忘录，总金额高达7.95亿英镑（约合16.3亿美元）。

△印度试射了1枚射程可达200公里的地对地“大地”导弹。

3月20日

△3月13日在苏丹被绑架的1名中国工人已经安然脱险回到驻地。中国驻苏丹大使馆正继续努力营救另1名被绑架的中国工人。

△据报道，美英在伊拉克战争中付出了巨大的代价。2003年5月1日主要战事结束以来，美军至少有10架飞机被击落，420多人死亡，其中270多人遇袭丧生。英国、意大利各有19人丧生。西班牙、波兰、丹麦、保加利亚等国军队也分别有多人死亡。伊战也给美国带来沉重的经济负担。包括军事部署在内，美军在伊战中共花费450亿美元。驻伊美军每周开支高达10亿美元。

△美军1个位于费卢杰的前线作战基地遭到了火箭助推榴弹的袭击，造成2名美军死亡，7人受伤。自从伊拉克战争打响以来，美军共有395名士兵在伊拉克阵亡。

△美军空袭阿富汗乌鲁兹甘省中部地区，造成至少6名阿富汗平民死亡，7人受伤。

△美国空军发射第50颗全球定位系统（GPS）卫星。

△英国已经研发出1套信息科技系统，并将其装设在位于伦敦北部诺斯伍德的1个欧盟“常设联合总部”。法国、德国、意大利与希腊亦将跟进设置类似的“作战总部”。

△印控克什米尔地区发生一起爆炸事件，造成3名印度士兵死亡、40人受伤。

△1辆平民乘坐的汽车在巴基斯坦西北部靠近阿富汗边界的南瓦济里斯坦地区遭到1枚火箭弹袭击，造成13人死亡，7人受伤。

3月20日至21日

△尼泊尔政府军在尼西部米亚格迪地区同反政府武装发生激烈战斗，打死至少500名反政府武装人员，打伤200多人。这是尼反政府武装近年来遭受伤亡最严重的一次。政府军方面有18人在战斗中丧生。

3月21日

△据报道，“基地”组织声称已经在中亚的黑市上购到了现成的核武器。

△尼泊尔反政府武装袭击梅格毫里机场，彻底炸毁了机场的控制塔台。

△以色列军队入侵加沙地带南部地区，打死6名巴勒斯坦人，打伤10人。

△据报道，日本已经向伊拉克派出了1000多名自卫队官兵。

3月22日

△哈马斯精神领袖亚辛在以军的“定点清除”中遭暗杀。

△黎真主党向驻扎在黎以边界的以色列军队发射火箭弹；以炮击黎边境地区。

△刚果（金）原子能总委员会官员证实，3月初在首都金沙萨查获一批走私的核材料。

3月22日至24日

△俄罗斯和塔吉克斯坦军队在塔境内举行首长司令部联合反恐演习。

3月22日至26日

△澳大利亚在全国举行有史以来规模最大的反恐演习，代号为“水星04”。

3月22日至28日

△美韩在韩国举行代号为“秃鹫”的联合军事演习。

3月23日

△尼泊尔首都加德满都市发生炸弹爆炸事件。

3月24日

△冯锦华、张立昆等7名中国民间保钓人士登上钓鱼岛。

△俄罗斯国防部长伊万诺夫宣布，俄罗斯将建立国家空天防御系统。

△联合国第60届人权会议通过决议，强烈谴责以色列暗杀巴勒斯坦伊斯兰抵抗运动（哈马斯）精神领袖亚辛。

△美国常驻联合国代表团向联合国安理会提交了一项决议草案，要求联合国所有成员国采取措施，阻止大规模杀伤性武器落入恐怖分子及军火贩子手中。

△据报道，伊拉克战争以来至少已有24名美国士兵在伊拉克和科威特自杀。

3月25日

△日本新泻地方法院审判长片野悟宣布，判处日本政府和有关企业向12名中国劳工每人赔偿800万日元的损失。这是日本法院首次明确认定日本政府在绑架中国劳工做苦役方面负有责任。

△俄罗斯国防部长再次向北约发出警告：如北约继续东扩并对俄持不友好的态度，那么他可能会下令扩大俄罗斯的核武库。

△驻伊美军称，3名美军遭袭击死亡。伊拉克战争以来，美军共有590名士兵死亡，其中400人死于战斗，美军目前每天遭袭击的次数是22次。

△韩国为改变目前以军队数量为主的结构，决定到2008年为止分阶段裁减4万陆军兵力。

△印度试射了1枚“特里舒尔”短程地对空导弹。

△加拿大对丹麦宣布1个名为汉斯的北极岛屿归其所有并派人到岛上活动表示强烈不满，认为这是对加拿大主权的侵犯。

3月25日至27日

△美军的一个高级军官代表团访问印控克什米尔地区，这是美军高级代表团自印度独立以来首度正式访问该地区，标志着美印军事交往更进一步。

3月26日

△美国国防部国防科学委员会公布了一份名为《将来的战略攻击力》的报告，把所谓“无赖国家”和恐怖组织的攻击作为“迫在眉睫的威胁”，建议美国政府使用小型核武器，对其领导人进行有效的核打击。

△驻伊美军部队在费卢杰同反美武装分子发生战斗。美军在战斗中打死伊拉克平民10人（包括1名伊拉克记者），打伤20余人。

△美海军陆战队和联合部队司令部举行代号为“联合城市勇士-2004”的战争博弈演习。

△印度成功试射了1枚“特里苏尔”短程地对空导

弹。

3月27日

△泰国南部发生摩托车炸弹爆炸事件，有7名马来西亚游客受伤。

3月28日

△刚果（金）在黎明前发生武装政变，中午政府部队控制了局势，“化解了政变企图”。

△伊朗宣布，已重启提取浓缩铀活动。

△塔利班发言人宣布，该组织武装人员向阿富汗中部乌鲁兹甘省的一个政府军据点发起猛烈攻击，至少打死11名政府军士兵。2004年初以来，阿富汗国内接连不断的暴力冲突，已造成200多人死亡。

△哥伦比亚反政府武装与政府军在热带丛林地区发生激战。（详见《军事要事》栏有关条目）

3月28日至4月17日

△100名美军与120多名印军，在印度东北部的亚热带丛林中进行代号为“战争预演”的联合演习，“共同切磋”丛林战和反恐作战战术。

3月28日至29日

△乌兹别克斯坦发生一系列爆炸和袭击事件，至少造成19人死亡，26人受伤。

3月29日

△罗马尼亚、保加利亚、斯洛伐克、斯洛文尼亚、立陶宛、拉脱维亚、爱沙尼亚7国在美国财政部大厅举行加入北约仪式。（详见《军事要事》栏有关条目）

△北约派比利时空军的4架F-16战机前往立陶宛夏乌利亚伊附近的空军基地，开始执行北约保卫爱沙尼亚、拉脱维亚和立陶宛3个波罗的海国家领空的巡逻任务。

3月29日至30日

△第16届阿拉伯国家联盟（阿盟）首脑会议在突尼斯举行。会议重点讨论了阿以冲突、伊拉克局势等问题。

3月30日

△据报道，美陆军正式组建了一支名为“中段防御旅”的导弹防御部队，并将部署于北美防空司令部的所在地夏延山。

3月31日

△美军士兵在伊拉克中部的安巴尔省执行任务时遭到路边炸弹袭击，造成5名士兵死亡。

4　月

4月1日

△中国台湾成立“新的导弹司令部”。

4月2日

△美宣布，从9月30日起除加拿大和墨西哥外，所有外国游客在进入美国时都必须留指纹和拍照片。

△国际刑警组织宣布，该组织已经发出“红色通告”，在全球范围内通缉6名制造西班牙马德里“3·11”列车爆炸案的嫌疑人。

△北约26个新老成员国外长非正式会议发表反恐声明。（详见《国际条约》栏有关条目）

4月3日

△ 俄罗斯车臣共和国政府发言人说，车臣非法武装在过去24小时内对俄军接连发动袭击，造成至少13名俄军士兵死亡、16人受伤。

△伊拉克北部城镇巴克拜的一座清真寺外发生爆炸，造成5人死亡，超过30人受伤。

4月4日

△驻伊联军在伊拉克的萨德尔等多个城市与什叶派穆斯林发生冲突，造成伊民众20人死亡150人受伤，美军8人死亡、40余人受伤，西班牙军队4人死亡、9人受伤。

△尼泊尔反政府游击队武装袭击9辆悬挂印度车牌的车辆，3名印度人在袭击中受伤。

4月5日

△联合国驻科特迪瓦维和部队正式成立。

△驻伊拉克美军宣布，美军在伊拉克死亡总数达到613人。

△美军包围费卢杰，并发起代号为“勇敢决心”的攻势行动。

4月6日

△俄罗斯联邦印古什共和国总统穆拉特·贾济科夫遭到自杀式袭击受轻伤。

△驻伊拉克美军在拉马迪与反美武装激烈交火。战斗中12名美国海军陆战队员死亡，20名受伤。

4月6日至15日

△印度和法国海军在印西部果阿邦附近水域举行两国间最大规模的联合军事演习，代号为“瓦鲁纳-2004”。

4月7日

△日本福冈地方法院判决小泉纯一郎首相2001年8月13日参拜靖国神社是违反日本宪法的行为。判后，小泉声称他还将继续参拜靖国神社。

△位于伊拉克南部萨玛沃的日本自卫队营地首次遭到袭击。

△独联体举行联合防空演习，主要目的是演练在遭

遇突然空袭和发生恐怖分子劫机事件时的应对措施。

4月8日

△俄内政部的1架武装直升机在南高加索的赤塔地区坠毁，造成1人死亡，10人受伤。

△印度东部的加尔克汉德邦巴利比地区发生反政府游击队袭击警察事件，26名警察被反政府军引爆的地雷炸死。

4月9日

△俄罗斯科学家宣布，计划于2009年把人类送上火星。如果能够实现，这将比美国的将人送上火星的目标提前10年以上。

△印度总理瓦杰帕伊说，美国曾经在印度1998年进行核弹试验前主动表示愿意向印度提供核弹，目的是劝说印度不要进行此项试验。

△斯里兰卡反政府武装泰米尔伊拉姆猛虎解放组织内部两大派别发生武装冲突。

△2名美军士兵和7名承包商在伊拉克失踪。

△据报道，自本月初开始的伊拉克流血冲突已经造成至少400多名伊拉克人和40多名联军士兵死亡，800多人受伤。

△驻伊美军又有6人丧生，伊拉克战争至今的阵亡美军人数增至449人。

4月10日

△一个伊拉克武装组织称，扣押了日本、保加利亚、以色列、美国、西班牙和韩国的30名人质。

4月11日

△7名中国人在伊拉克被不明武装分子劫持。12日人质安全获释。

△美军2架直升机在伊拉克坠毁。

4月12日

△据报道，一周来美军在费卢杰与反美武装之间的冲突已造成600多名伊拉克人死亡，1250人受伤。

△美国中央司令部司令阿比扎伊德说，他已向美国国防部和参谋长联席会议要求增加相当于两个机动战斗旅的兵力（1万人），以对付伊拉克抵抗武装。

△马来西亚举办的东南亚地区最大的国际武器和军事装备展览会开幕。

4月13日

△大约5000名驻伊拉克联军包围了位于伊拉克中南部的城市纳杰夫。

△1架美军阿帕奇武装直升机在伊拉克巴格达以西城市费卢杰附近坠毁。

△驻伊联军发言人说，共有12个国家的约40人被伊拉克武装人员扣为人质。

△据报道，韩国海军将从2007年开始装备13000吨级的轻型航空母舰。

4月14日

△日本政府决定，将在本年内开始建设中国吉林省敦化县哈尔巴岭废弃弹的处理设施。

△据报道，美国国防部计划在10年内投入约2000亿美元，构建美军网络化的联合作战系统。

4月15日

△美国副国务卿理查德·阿米蒂奇说，在征得人质所属国政府的同意后，美国将准备用武力营救在伊拉克被扣押的外国人质。自8日开始迄今，共有来自10多个国家的约40名外国人被伊拉克武装人员扣为人质。

△伊拉克武装分子杀害1名意大利人质。

△一伙武装分子在阿富汗南部地区伏击了扎布尔省一警察局长的车队，车上9人全部丧生。

△科特迪瓦政府与反对派代表举行和谈。（详见《军事要事》栏有关条目）

4月16日

△中国外交部发言人孔泉表示，越南开通赴南沙群岛旅游线路的做法侵犯了中国的领土主权。

△美国越南战争时期的国防部长麦克纳马拉批评美国总统布什在伊拉克单方面使用武力是个错误。

4月16日至17日

△驻伊美军与费卢杰反美武装代表进行了2天的谈判。负责调停工作的中间人称，谈判中断的原因是美军在谈判中处处设障，局势不断恶化。

4月17日

△据报道，研究显示在未来10年世界将会发射113颗新的军用卫星。届时，美国在西方军用卫星所占份额将由90%下降到大约33%。

△共有11名驻伊拉克美军士兵死于各种袭击事件，其中仅在靠近叙利亚边境的一次战斗中就有5名士兵丧生。至此，共有687名美军在伊拉克死亡，其中503阵亡。2004年4月1日以来已有103名美军士兵遇袭身亡，是美军在伊拉克伤亡最惨重的时期。

△巴勒斯坦伊斯兰抵抗运动（哈马斯）加沙地带领导人兰提西在以色列的“定点清除”行动中遇害。

△巴勒斯坦加沙地带与以色列交接处的埃雷兹检查站发生自杀式爆炸袭击事件，以军4人受伤。

△联合国驻科索沃特派团中的约旦警察和美国警察发生枪战，致使3名约旦警察和1名美国警察丧生，7名警察受伤。

4月18日

△我国在西昌卫星发射中心用“长征二号丙”运载

火箭，成功地将“试验卫星一号”和搭载的“纳星一号”科学实验小卫星送入太空，这标志着我国小卫星研制技术取得了重要突破。

4月18日至20日

△印度与英国海军在印度东南部城市金奈附近海域举行了为期3天的海军联合军事演习。

4月19日

△美国五角大楼公布，自伊拉克战争爆发以来，美军在伊死亡人数已达706人，其中568人是在布什去年5月1日宣布伊主要战事结束后死亡的。

4月20日

△俄罗斯战略导弹部队从俄北部的普列谢茨克航天发射场试射1枚机动式洲际弹道导弹。

△美国总统布什任命美国常驻联合国代表约翰·内格罗蓬特为美国首位派驻战后伊拉克的大使。

4月21日

△在经历了近两天时间的飞行后，北京时间4月21日下午13时1分，搭载着3名宇航员的俄罗斯飞船与国际空间站实现成功对接。

△伊拉克第二大城市巴士拉的三个警察局及郊外的一所警察学校连续遭到5次爆炸袭击，当地官员说，这些连环爆炸目前已经造成至少69人死亡，230多人受伤。

△美军同伊拉克武装人员在费卢杰市重新爆发激烈战斗。

4月22日

△由日本84名超党派国会议员组成的“参拜靖国神社国会议员之会”参拜了靖国神社。

△伊斯兰会议组织特别会议发表关于巴勒斯坦和伊拉克问题的两项宣言。（详见《国际条约》栏有关条目）

4月23日

△日本右翼团体“日本皇民党”1辆大型宣传车冲撞中国驻大阪总领事馆大门并起火，造成大门及馆舍建筑受损。

4月24日

△伊拉克发生多起暴力事件，共造成至少32人死亡，约60人受伤。其中，巴格达以北美军基地遭到反美武装火箭弹袭击，有5名美军士兵死亡，6人受伤。伊拉克战争以来已经有510多名美军在伊遇袭身亡。

4月25日

△印度尼西亚马鲁古岛安汶市的穆斯林和基督教徒发生严重冲突，造成36人死亡，150多人受伤。

4月26日

△2004北京国际军事后勤装备展览会开幕，来自25个国家的170多个厂家以及国内140多个厂家的展品参加了展示。

△据报道，俄罗斯萨拉托夫飞机制造厂与美国海军航空系统司令部将联合发射一种名叫“EKIP”的独特新型航空器。

△据报道，日前美国一批军事专家提出，“考虑到中国大陆不断增长的对台湾的空中优势，美国有必要尽快在关岛或冲绳部署F/A-22战机，以压制中国的苏-27和苏-30战机”。

△约旦国家电视台报道，1名犯罪嫌疑人供认说，他受“基地”组织三号人物扎卡维之命，计划对约旦首都安曼的美国大使馆等目标发动“化学炸弹”袭击。专家认为，如果这一阴谋得逞，可能将造成8万人死亡。

4月26日至5月9日

△18个国家的20艘军舰和1600名军人，在新加坡和印度尼西亚附近海域举行西太平洋地区大型海军军事演习。这次海军演习的主办国是新加坡和印尼，中国、美国、法国、俄罗斯、日本、澳大利亚、马来西亚等16国参加了演习。（详见《军事要事》栏有关条目）

4月27日

△驻伊拉克美军在巴格达东郊萨德尔城遭到袭击，1名士兵中弹身亡。使4月份在伊遇袭身亡的美军士兵人数达到115人，与美军2003年春天在伊主要战事期间阵亡的人数相当。

△据报道，美国将于2006年用新型联合指挥控制（JC2）系统取代全球指挥控制系统（GCCS）。

△苏丹与乍得军队在两国边境地带发生武装冲突。

4月28日

△美联社等媒体将美军虐待阿布格莱布监狱伊拉克俘虏的照片暴光，国际社会对虐俘事件表示震惊和严厉谴责。（详见《军事要事》栏有关条目）8月，美国防部独立调查委员公布虐俘调查报告。报告指出，该监狱的美军士兵应该为虐俘事件负主要责任，同时五角大楼的高级将领也负有不可推卸的责任。

△美国《华盛顿邮报》报道说，美国政府正在起草朝鲜核能力最新评估报告，这个报告将把朝鲜拥有原子弹的数量从原来的“可能有2枚”提高到“至少有8枚”。

△联合国安理会通过决议，要求各国立即采取行动防止大规模杀伤性武器落入恐怖分子手中或流入地下军火市场。（详见《国际条约》栏有关条目）

△不明身份的武装分子向泰国南部三个府的多处军、警据点发动袭击，有129名暴徒和4名警察在冲突

中丧生。这是泰国南部穆斯林地区发生的有史以来最严重暴力冲突。

△据报道，上星期美国成功实验了太空激光炮系统。据称，美国有能力在2010年在太空部署带有激光炮的飞行武器。

△4架以色列战机再次侵犯了黎巴嫩领空。

4月29日

△美国国务院确定增补10个组织为被禁恐怖主义组织。东突厥斯坦伊斯兰运动（又名东突厥斯坦伊斯兰党）名列其中。

△驻伊拉克美军与由美军控制的伊拉克新军队就伊军接管费卢杰的控制权达成初步协议。据费卢杰医院统计，美军在费卢杰与伊抵抗武装的冲突造成600多名伊拉克人死亡，1000多人受伤。

△驻伊拉克美军因遭袭击死10人。至此，美军4月以来死126人，伊战以来死736人。

4月30日

△据报道，美军已开始悄悄撤离板门店。韩国军方高级官员日前透露，在板门店共同警备区内，由美、韩两国军人组成的联合警卫大队原本拥有600人的兵力，其中包括美军179名。在2004年10月底以前，除留下不足30名指挥官和参谋人员协助韩国军队外，其余美军将陆续撤走。

△美国海军陆战队开始撤离伊拉克费卢杰，接管费卢杰安全任务的伊拉克“费卢杰保护军”已经开始进驻。

△美联社披露了4月伊美双方在冲突中的死亡统计数据，至少有1361名伊拉克人遇难，是阵亡美军人数(136人）的10倍。另据报道，美联社报道上述数字后，4月30日又有3名美军遇袭丧生，4月份的死亡人数达到139人。

△据报道，2003年5月1日美国总统布什宣布伊拉克主要战事结束以来，已有至少427名美军在伊拉克遇袭身亡。

△英国《每日镜报》披露驻伊拉克英军虐待伊拉克战俘事件。国际社会对此表示震惊和严厉谴责。

△联合国安理会通过第1542号决议，决定根据安南秘书长的建议，成立一支8000多人的联合国海地稳定特派团，在多国部队2004年6月撤离海地后协助稳定该国的局势。（详见《国际条约》栏有关条目）

4月30日至5月5日

△经中央人民政府批准，由8艘舰艇、2架舰载机组成的中国海军舰艇编队，于训练途中停靠香港昂船洲军港，向香港同胞展示人民海军现代化建设的雄姿和风采。

5　月

5月1日

△美国中央司令部司令阿比扎德预测，伊拉克动荡的局势将会继续下去。

△11名美军遇袭丧生，使得美军4月份以来死亡人数达到了151人，伊拉克战争以来死亡人数达到753人。

5月2日

△俄罗斯联邦车臣共和国政府官员说，在过去24小时内，共有17名俄联邦和车臣地方军警人员在与非法武装交火时阵亡，多人受伤。非法武装方面有7人毙命。

△阿富汗国防部透露，美军指挥官已经与阿富汗官员达成一致，决定建立一支新的民兵部队，用于镇压阿富汗东部和南部的极端分子叛乱。

△2名巴勒斯坦武装人员在加沙地带一个犹太定居点入口处袭击一辆以色列人乘坐的汽车，打死4名儿童和他们的母亲，袭击者随后被击毙。

△以色列空军出动武装直升机，轰炸巴勒斯坦伊斯兰抵抗运动（哈马斯）的广播电台。

5月2日至4日

△尼日利亚发生大规模部族冲突，造成至少630人死亡。（详见《军事要事》有关条目）

5月3日

△中国和德国发表关于反恐和军备控制等问题的联合声明。（详见《国际条约》栏有关条目）

△巴基斯坦西南部瓜达尔港附近发生汽车爆炸，3名中国工人死亡，另有9人受伤。

△阿尔及利亚媒体报道，阿恐怖分子活动近来趋于猖獗，上周末又杀害了至少7名平民。自20世纪90年代以来，阿尔及利亚极端分子频繁袭击军队、警察、政府部门和平民。至少有10万人在这些恐怖暴力活动中丧生。

5月4日

△韩国《朝鲜日报》引述韩国情报官员的话说，朝鲜正在建造两个中程导弹基地。这种导弹的射程可达4000公里，能够直击美国的太平洋领土关岛与夏威夷，更可攻击驻日韩的美军。

△据报道，俄联邦军队和车臣军警人员近日在车臣东部山区摧毁了非法武装的一个重要基地。

△以色列军队4日凌晨在加沙地带南部一巴勒斯坦

难民营与巴武装人员发生冲突，打死2名巴勒斯坦人，打伤23人。

△驻伊拉克美军4名士兵死于车祸。自伊拉克战争爆发以来，已有至少759名美军在伊丧生。

△据报道，1名美国将军承认，从2002年以来，阿富汗和伊拉克的战俘受虐待致死的已达25人。

5月5日

△美国总统布什接受阿拉伯语电视台采访时强烈谴责美国士兵虐待伊拉克战俘的暴行，但他始终没有说出"对不起"这句话。阿拉伯世界认为，布什的这种间接道歉毫无诚意。

△英国首相布莱尔派往伊拉克的私人人权特使安·克卢伊达称，驻伊美军2003年底曾逮捕1名伊拉克70多岁的老年妇女，在监狱中，美国士兵给她套上马具，骑到她的背上，要求她像驴一样在地面上爬行。

△美国总统布什要求国会为伊拉克与阿富汗的军事行动追加250亿美元的费用。

△据报道，在向伊拉克派遣550名自卫队官兵之后，日本政府正考虑向阿富汗派遣大约100人地面部队，执行医疗救助等任务。

△印尼国民军司令部发布新闻公报称，政府军2003年5月开始对亚齐省分离主义组织"自由亚齐运动"实施军事打击以来，已经歼灭至少1963名叛乱分子。

△尼日利亚中部发生部族冲突，到6日至少造成630人死亡。

5月6日

△美国总统布什首次就驻伊拉克美军虐待囚犯的丑闻公开道歉。

△格鲁吉亚阿扎尔自治共和国领导人阿巴希泽辞职，并乘飞机离开阿扎尔前往俄罗斯首都莫斯科。阿巴希泽辞职标志着阿扎尔危机得以和平解决。

△乌克兰扎波罗热州的一座军火库发生火灾，随后引发剧烈爆炸，军火库3公里范围内的建筑全部被毁，死5人、伤4人。

△两家阿拉伯文网站公布"拉登的讲话录音"，号召杀死驻伊拉克的美军和联合国机构的高官。

5月7日

△巴基斯坦南部港口城市卡拉奇的一座什叶派清真寺发生剧烈爆炸，造成至少15人死亡，125人受伤。

5月8日

△俄罗斯国防部代部长伊万诺夫在庆祝卫国战争胜利59周年音乐会上指出，在当前世界存在不稳定因素、战争及武装冲突的形势下，俄罗斯必须保持应有的防御能力。

△伊拉克南部城市巴士拉发生武装冲突，什叶派宗教领袖萨德尔的支持者们控制了数条街道。

5月9日

△俄罗斯车臣共和国首府格罗兹尼的狄纳莫体育馆发生炸弹爆炸事件，造成8人死亡，100多人受伤。车臣共和国总统艾哈迈德·卡德罗夫和俄军高加索联合集群司令巴拉罗夫在爆炸中死亡，俄罗斯驻车臣联合部队司令瓦列里·巴拉诺夫受了伤。

△索马里首都摩加迪沙发生武装冲突，数百人伤亡。

5月10日

△美国太平洋总部司令法戈上将透露，美军制定了名为《地区海上安全计划》的反恐新计划。根据该计划，美军将在大西洋、太平洋广大洋面"监控和搜捕恐怖船只"。

△伊拉克什叶派穆斯林反美派别领导人萨德尔的一名高级助手说，萨德尔已下令其民兵组织在伊拉克全境展开抵抗美国军队的斗争。

△驻伊拉克美军战机轰炸了伊什叶派穆斯林反美派别领导人萨德尔位于巴格达的办公楼。

△苏丹南部反政府武装苏丹人民解放军宣布，在近日同政府军的战斗中，共有204名平民丧生。

5月11日

△洪都拉斯总统里卡多·马杜罗宣布，洪都拉斯驻伊拉克369名官兵中的第一批撤离人员已经抵达科威特。

△1辆以军装甲车在一定居点附近遭到1枚巨型炸弹袭击，至少有6名以色列士兵死亡。以军随即采取了一系列打击巴勒斯坦的军事行动，造成大量平民伤亡。

△新加坡武装部队司令库尔克少将说，新加坡的军队将在印度举行军事演习和训练。

5月12日

△美国主导的联军临时管理当局向伊临时政府外交部移交外交权力，这标志着联军临时当局在朝着6月30日之前向伊方移交全部政权方向迈进了一步。

△朝核问题六方会谈工作组举行第一次会议。

5月13日

△印尼政府决定，将于5月18日取消在亚齐省长达一年的军事戒严状态，但继续保持在那里的驻军，以维护亚齐的稳定与安全。

△以色列空军两次空袭加沙地带南部，造成7名巴勒斯坦人死亡。

△委内瑞拉国防部长加西亚·卡内罗将军宣布，他已要求美国于5月30日前全部撤离设在委内瑞拉4座

军事基地的美军办事处，并将其迁回加拉加斯市内的美国大使馆。

5月13日至27日

△泰国、美国、新加坡、蒙古和菲律宾5国的2万多名军人在泰国举行2004年“金色眼镜蛇”联合军事演习。中国、日本、法国、澳大利亚、印度等10个国家作为观察员参加了此次演习。

5月14日

△以色列1辆军车当日在加沙南部发生爆炸，1名以色列士兵丧生，3名受伤。本周已经有11名以色列士兵在“拉法赫”和加沙城被打死。

△据报道，以色列军方已获得授权，将进入加沙南部，摧毁拉法数百座巴勒斯坦人的住所。

5月15日

△“白杨”导弹总设计师所罗莫诺夫说，井式和机动式发射的“白杨-M”型洲际弹道导弹2015年后将成为俄战略导弹部队的主要装备。

△伊拉克临管会主席萨利姆遭袭击身亡。（详见《军事要事》栏有关条目）

△美军车队在阿富汗南部赫尔曼德省遭伏击。1名美军士兵丧生，2人受伤。

△伊拉克北部城市摩苏尔一个新兵招募中心遭到炮袭，4名伊拉克人死亡，17人受伤。

5月16日

△乍得首都恩贾梅纳的1个军营中的士兵发动兵变，但很快被平息。

△美国国务卿鲍威尔表示，美国中央情报局称伊拉克拥有“机动生物武器试验室”的说法是错误的。

△据报道，印度轻型战斗机首架原型机近日试飞时，在11000米高度时的速度达到了1.4马赫，巡航速度为每小时950公里，这是该机的第73次试飞。

△据报道，五角大楼计划在2020年之前将其所有战争及情报收集网合并成一套大型系统，并将其命名为“全球信息网”（GIG），实现网络之间的无缝安全连接。

5月17日

△在过去一周的以巴冲突中，以军共有13名士兵在加沙地带丧生，巴勒斯坦方面也有数十人死亡，其中大多是平民。

△俄驻车臣内卫部队和车臣警察遭到非法武装分子伏击，11人死亡。

△尼日利亚东部贝努埃州的两个小镇遭到一伙武装歹徒的袭击，约有50人被杀害。

△据报道，“多传感器指挥和控制飞机”将取代E-2“鹰眼”、E-3“望楼”及E-8“联合星”于2012年升空。“多传感器指挥和控制飞机”的研制费用达100亿美元。

△据外电报道，美国陆军正在开发名为OICW的新一代单兵轻型武器。

△据报道，美国航天事务高级官员近日称，为进一步加强反恐及军事作战能力，美军正加快军事卫星的开发和部署。

5月17日至22日

△俄罗斯和美国在莫斯科举行小规模军事演习，目的是提高两国军队的协作能力。

5月18日

△以色列国防军在武装直升机的掩护下入侵位于加沙地带南部的拉法难民营。打死19名巴勒斯坦人，另有42人受伤。

5月19日

△据报道，日前，美国、德国、西班牙、澳大利亚、英国、以色列、法国和东道国希腊等8国在雅典举行了为期3天的“奥林匹克防卫者2号”反恐演习。

△印度尼西亚政府决定，从19日零点起把在西部亚齐省实行了一年的军事紧急状态降级为民事紧急状态，但继续保持在那里的驻军，以维护亚齐的稳定与安全。（详见《军事要事》栏有关条目）

△美军1架武装直升机在伊拉克西部向正在参加一个婚宴的人群开火，40多人不幸丧生，其中包括15名儿童和10名妇女。

△以色列军队在加沙地带拉法难民营向示威的巴勒斯坦人开枪射击，造成至少15人死亡，60多人受伤，死伤者中许多是妇女和儿童。安理会通过一项决议案，谴责以色列军队在加沙地带拆毁巴勒斯坦人房屋的行动。

△印度海军的第二艘“什瓦利克”级隐身护卫舰已经在印度马扎冈船坞有限公司建造完毕，计划6月4日下水。2004年4月18日“什瓦利克”级隐身护卫舰首舰下水。

5月20日

△驻伊拉克美军部队和伊拉克警方突袭了伊拉克临管会成员沙拉比领导的伊拉克国民大会总部。

△驻伊拉克美军发言人说，在过去24小时内共有2名美军士兵在伊拉克遇袭身亡，4名受伤。伊拉克战争以来，已经有至少791名美军士兵在伊境内丧生，其中576人是遇袭身亡。

△据报道，以军从18日开始的在加沙地区进行的大规模军事行动，已造成41名巴勒斯坦人死亡。

△哥伦比亚第二大城市麦德林发生2起炸弹爆炸事

件，造成4人死亡，18人受伤，

5月21日

△美国国务院称，全球还有5个国家“没有同美国完全合作进行反恐”。这5个国家是古巴、伊朗、利比亚、朝鲜和叙利亚。

△最后一批西班牙驻伊拉克部队撤离伊拉克。

△荷兰政府已决定增派6架“阿帕奇”直升机和100名士兵赴伊拉克。

△据报道，自2003年3月伊拉克战争爆发以来，已有近30名记者在伊拉克工作期间死亡。

△联合国安理会一致通过第1545号决议，决定在布隆迪部署一支维和部队以帮助恢复该地区的和平。

△孟加拉国发生一起炸弹爆炸事件，造成4人死亡，约100人受伤。受伤者中包括刚上任不久的英国驻孟加拉国高级专员安瓦尔·乔杜里。

5月22日

△据报道，印度空军近日开始接收首批6架“伊尔-78”中型空中加油机，印度由此成为世界上第六个具有空中加油能力的国家。

△据报道，印度近日对自行研制的“阿斯特拉”空空导弹进行了第二次试验。

5月22日至23日

△驻伊联军与伊拉克反美民兵“迈赫迪军”在库法的一处清真寺附近展开激战，共造成32人死亡，55人受伤。

5月23日

△据报道，俄罗斯国内的政治精英们似乎有意出售千岛群岛以“获取和平”。俄罗斯国家杜马国际关系委员会主席罗卡兹因预计这些岛屿价值2.5万亿美元。

△印度1辆军车在印控克什米尔地区触雷，造成28名士兵死亡，7名受伤。

△苏丹一村庄遭武装分子袭击，造成56人死亡。

5月23日至25日

△中国和尼泊尔在尼首都加德满都举行第二次边境管理会谈。双方签署了一项协议，决定扩大和加强两国在边境管理方面的合作。

5月24日

△齐齐哈尔再次发生二战时期日军遗留芥子气泄露伤人事件。

△日本福冈高级法院针对张宝恒等15名中国劳工及家属诉日本国与三井矿业公司损害赔偿案做出了二审判决，法院虽然认定日本政府和三井矿业公司当年对劳工们的所做所为属非法行为，但是仍以诉讼时效已过为由驳回劳工们的上诉请求。

△以军从加沙地带的拉法难民营全部撤离，结束了18日开始的“彩虹行动”。此次行动造成大量巴勒斯坦房屋被毁，至少42人死亡。

△布什向联合国安理会提交美英关于伊拉克问题的决议草案。

△据报道，为适应美军部队不断扩充的机动作战需求，美空军成立了一个“战略空运控制中心”。

△美国空军正在发展一种重量为13608千克（30000磅）的“巨型钻地炸弹”（MOP）。

△日本海岸警卫队的巡逻艇向1艘在日本专属经济区水域捕鱼的韩国渔船发射了约20枚催泪弹，造成该渔船上的1名船员受伤。

△伊拉克首都巴格达市中心的驻伊联军总部大院一入口处发生爆炸，造成4人死亡2人受伤，死者中有2名英国人。

△哥伦比亚西北部安迪奥基亚省阿帕尔塔多市发生一起强烈炸弹爆炸事件，造成5人死亡，90余人受伤。

5月25日

△一支美军车队在巴格达以南遭到汽车炸弹袭击，1名士兵死亡，3名受伤。伊拉克战争以来已有至少792名美军士兵在伊境内死亡，其中577人是遇袭身亡。

5月25日至26日

△美军在伊境内打死近70名支持什叶派穆斯林反美派别领导人萨德尔的武装人员。美军与萨德尔武装持续6周的冲突已造成数百名伊拉克人死亡、上千人受伤。

5月26日

△据报道，伊拉克人说美军除了虐待囚犯，还有一个更普遍的恶行：突袭搜查民宅时偷窃金钱和其他财物。

△朝韩将军级军事会谈在朝鲜金刚山地区举行。这是朝韩自2000年9月在韩国济州岛举行国防部长会谈后，时隔3年零8个月举行的首次将军级会谈。

△美军在阿富汗发动的一次空袭中，至少炸死28名塔利班武装人员。

5月27日

△“基地”组织在沙特阿拉伯的“最高头目”发表声明说，该组织成员将在沙特境内开展城市游击战，以颠覆允许美国大批驻军的沙特王室。

△美国和俄罗斯签署了一项从全世界核反应堆中收回核燃料的合作协议，以防止这些材料落入恐怖分子手中。

△驻伊拉克美军有3人在执行任务时死亡。美军在伊拉克战争中阵亡总数达到584人。

△英国防大臣胡恩宣布，英国将向伊拉克增派370名士兵。

5月28日

△核供应国集团（NSG）同意接纳中国为核供应国集团成员。

△安理会通过第1540号决议，要求各国制定并有效执行法律，禁止非国家行为者，特别是恐怖分子制造、获取、拥有、开发、运输、转让和使用核、生物、化学等大规模杀伤性武器及其运载工具。

△拉美和加勒比—欧盟首脑会议发表关于美军虐待伊拉克战俘等问题的《瓜达拉哈拉宣言》。（详见《国际条约》栏有关条目）

△马达加斯加数百名预备役军人封锁了议会大厦，将大厦中的议员们劫为人质，要求他们开会讨论向这些预备役军人支付一笔酬金的问题。

△第一批共95名联合国维和人员撤离东帝汶。

5月29日

△与"基地"组织有关联的武装分子在沙特东部城市胡拜尔连续发动袭击事件，并扣押了大约50名人质。在袭击与劫持人质过程中共有22人丧生，25人受伤。

△4名美军士兵在阿富汗西南部执行任务时被打死。美军在阿富汗的死亡人数上升至90人，其中56人死于袭击事件。

△巴基斯坦成功试射1枚可携带"所有类型的核弹头"的"高里-5"型弹道导弹，射程1500公里。

5月30日

△有4名驻伊拉克美军士兵遇袭死亡。自伊战以来，已有800多名美军士兵在伊死亡。

△伊朗国防部宣布，伊朗已经研制出本国历史上首枚反舰导弹。

5月31日

△卡拉奇的一座什叶派清真寺遭到自杀式炸弹袭击，造成20人死亡，50人受伤。

6　月

6月1日

△伊拉克临时管理委员会（简称临管会）解散。

△伊拉克新的临时过渡政府正式成立。

6月1日至3日

△印度与美国在新德里举行"防务战略对话"。

6月2日

△中国台湾当局决定，用6108亿新台币采购美国武器装备。（详见《军事要事》栏有关条目）

△据报道，美国已同意向印度出售P-3C"猎户座"反潜巡逻机。

△刚果（金）东部重镇布卡武发生武装冲突。

6月3日

△乌干达反政府武装"圣灵抵抗军"在乌北部一处专门安置流离失所人员的营地残酷杀害了35名无辜平民。

6月4日

△据报道，朝韩海军两度在黄海有争议海域发生交火事件。

△俄罗斯总统普京与访俄的塔吉克斯坦总统拉赫莫诺夫达成协议，塔同意俄在其境内无限期设立军事基地。

△俄罗斯萨马拉市发生一起人为爆炸事件，共造成9人丧生，37人受伤。

△尼日利亚南部产油区的部族武装与政府军发生冲突，造成30人死亡。

6月4日至5日

△驻伊美军在巴格达市中心2次遭到炸弹袭击，造成6名士兵死亡，7人受伤。伊拉克战争以来美军死亡人数已达812人，其中阵亡602人。

△联合国人权高级专员办公室发表了一份"伊拉克人权状况报告"，以无数铁的事实证实了美英联军在伊拉克犯下的严重侵犯人权的罪行。

6月5日

△美国国防部宣布，将在7、8月间举行在全球部署7个航母的演习，演习代号为"夏季脉动-04"。（详见《军事要事》栏有关条目）

△苏丹第一副总统塔哈与反政府武装苏丹人民解放运动领导人加朗签署《苏丹和平内罗毕宣言》，宣布苏丹和谈的最后阶段正式开始。（详见《军事要事》栏有关条目）

△苏丹反政府武装人员在该国达尔富尔地区绑架了16名在当地从事联合国救援工作的人员，6日释放。

6月6日

△美国通知韩国，决定到2005年底削减驻韩美军12500人。

△在法国西部沿海小城阿罗芒什举行第二次世界大战著名战役诺曼底登陆60周年庆祝仪式。来自16个国家的国家元首、政府首脑以及数十个国家的几千名来宾参加。

△以色列内阁通过了沙龙总理提出的修改后的单边行动计划。

6月7日

△中国和美国在华盛顿举行了第四次反恐磋商，就国际和地区反恐合作等问题广泛交换了看法。

△联合国驻刚果（金）维和部队的南非官兵突然遭到伏击，造成2死9伤。

6月7日至19日

△美日两国空军在冲绳岛加手纳空军基地举行代号为“对抗北方”的联合演习。

6月8日

△经过多次磋商和修改，安理会一致通过了关于联军临时管理当局向伊拉克临时政府移交主权的第1546号决议。（详见《国际条约》栏有关条目）

△英国政府发表声明，承认在伊拉克战争前低估了萨达姆政权被推翻后这个国家可能出现的混乱局势。

△3名斯洛伐克士兵、2名波兰士兵和1名拉脱维亚士兵在伊拉克执行任务时被炸身亡。

6月8日至10日

△八国集团首脑会议在美国佐治亚州小城萨凡纳举行。会议讨论了包括防扩散、反恐、中东、伊拉克重建、非洲安全在内的重大国际问题。6月9日，发表了关于中东地区民主改革的声明。（详见《国际条约》栏有关条目）

6月9日

△中国援建阿富汗的一个建筑工地遭到一伙恐怖分子的袭击，造成11名中国工人死亡，4人受伤。（详见《军事要事》栏有关条目）

△据报道，中日双方商定6月16日开始对最近在黑龙江省齐齐哈尔市昂昂溪区发现的侵华日军遗弃化学武器实施挖掘回收作业。

△据报道，美国参议院最近通过了可以准许现役将领访台的议案；美国防部长办公室的亚太事务主管约翰·艾少将将于7月访问台湾。美国这些举动，突破了“现役将领不得访台”的禁令。

△新加坡国防部透露，新将增派1架加油机支持在伊拉克的美英联军部队。

△法国和英国决定，开展多层面军事合作，其中包括共同建造3艘航空母舰。

△英国、法国和德国向国际原子能机构递交了一份决议，严厉批评伊朗没有就其核活动做出全面报告。

△德国西部城市科隆发生一起炸弹爆炸事件，造成17人受伤。

6月9日至30日

△俄罗斯在中俄边境地区举行代号为“机动-2004”的大规模军事演习。（详见《军事要事》栏有关条目）

6月10日

△联合国发表谴责袭击中国工人事件的声明。（详见《国际条约》栏有关条目）

△据美联社报道，1名自称是萨达姆律师的约旦人拉什达恩说，他认为萨达姆曾遭到拷打。

△美国“人权观察”组织公布的一份人权报告，指责布什政府违犯日内瓦公约，放任驻伊美军的虐俘行为。

△美联社报道，美国陆军近日做出决定：从2004年夏季开始，销毁约1269吨的VX致命神经毒剂。

△不明武装分子在巴基斯坦卡拉奇袭击了当地军队最高总指挥阿赫桑·哈亚特中将的车队，造成4人死亡10人受伤，哈亚特幸免。

△土耳其巴特曼省的库尔德武装在一座政府大楼前击毙了两名警卫人员。据当地媒体称，土耳其的库尔德人曾于上周宣布结束自1999年以来的单边停火协议。

△印度军方成功试射1枚国产“纳格”反坦克导弹，这是首次在车载平台上对该型导弹进行试验。

6月10日至12日

△朝韩将军级会谈首次事务代表接触在朝鲜开城举行。

6月11日

△据报道，韩国计划在8月底前向伊拉克派遣3600名士兵。

△刚果（金）发生一起未遂军事政变。

6月14日

△为避免武装冲突，韩国和朝鲜舰艇在朝鲜半岛西部海区成功进行了无线电通讯。这是1953年朝鲜战争结束以来韩朝舰艇首次实现直接通讯。

△伊拉克首都巴格达市中心发生一起自杀式汽车炸弹爆炸，造成至少13人死亡（包括5名外国人），约50人受伤。

6月14日至15日

△玻利维亚西部拉巴斯省阿约阿约市发生骚乱，市长本哈明·阿尔塔米拉诺因被控腐败在15日被示威群众活活烧死。

6月15日

△中国和乌兹别克斯坦发表关于反恐和加强地区安全等问题的联合公报。（详见《国际条约》栏有关条目）

△泰国军方透露，泰国驻伊拉克的451名医疗和工程人员将在9月20日之前返回泰国。

△马达加斯加前预备役军人在首都塔那那利佛举行游行示威时同治安军警发生冲突，造成28人受伤。

6月16日

△据报道，汤加已决定向伊拉克派兵44人。

△俄罗斯太平洋边防局新闻处宣布，俄罗斯与韩国边防部队开始在日本海海域举行联合反恐演习。

△哥伦比亚反政府武装袭击一个种植园，打死34名农民。

6月16日至17日

△来自亚洲和太平洋地区15个国家的特种部队和反恐机构官员在澳大利亚举行会议，商讨反恐斗争问题。

6月16日至20日

△英国海军“埃克塞特”号导弹驱逐舰和“灰色漂泊者”号补给舰组成的舰艇编队对青岛进行友好访问。20日和中国海军北海舰队舰只进行了海上联合搜救演习。(详见《军事要事》栏有关条目)

6月17日

△上海合作组织峰会在乌兹别克斯坦首都塔什干举行，会议发表了关于反恐和国防合作等问题的宣言。(详见《国际条约》栏有关条目)

△设在乌兹别克斯坦首都塔什干的上海合作组织地区反恐机构正式启动。

△塞尔维亚和黑山排雷中心主任米哈伊洛维奇宣布，自17日开始排除中国驻前南联盟大使馆废墟内尚未爆炸的导弹。

△约30名日本专家开始对齐齐哈尔市的日本遗留化学武器进行回收作业，预计10天完成。

△联合国安理会通过决议，表示愿意在苏丹政府和反政府武装达成全面和平协议后，部署一支联合国维和部队，监督双方执行协议。

△伊拉克首都巴格达市内的一个伊拉克新兵招募中心门前发生一起汽车炸弹爆炸事件，造成35人死亡，119人受伤。

△联合国秘书长安南要求联合国安理会不要给予参加联合国维和行动的美国维和人员不受国际刑事法庭起诉的豁免权。

6月18日

△据报道，美空军将B-1B和B-2A轰炸机的改进型列为2015年服役的“过渡性打击系统”的首选方案。

△“基地”组织称，已将其在沙特扣押的1名美国人质“斩首”。

△60名塔利班武装分子袭击了扎布尔省一个城镇的政府办公室。

△国际原子能机构理事会通过了德法英三国提交的有关伊朗核问题的决议。

△也门政府军与反政府武装在也门北部发生激烈武装冲突，至9月上旬，政府军基本平息武装反叛。(详见《军事要事》栏有关条目)

6月19日

△上千台北民众走上街头游行示威，呼吁当局认真聆听人民的呼声，冻结“军购特别预算案”。

△伊朗最高国家安全委员会秘书哈桑·鲁哈尼表示，伊朗将重新考虑自己对国际社会做出的停止浓缩铀提炼活动的承诺。

△菲律宾新人民军袭击菲南部阿古桑省巴尤甘镇警察局，造成双方4人死亡，2人受伤。(详见《军事要事》栏有关条目)

△尼泊尔武警部队1辆巡逻警车和1辆公共汽车在尼西部地区遭到反政府武装袭击，至少14名武警和4名平民丧生，27人受伤。

△印度和巴基斯坦发表关于降低核风险的联合声明。(详见《国际条约》栏有关条目)

△驻伊拉克美军与伊武装人员在巴格达以北地区爆发激战，10名伊拉克人死亡，12人受伤。

△美军1架飞机向伊拉克费卢杰城的逊尼派贫民区发射了2枚导弹，造成至少20人死亡。

6月19日至20日

△印度和巴基斯坦专家级代表就核信任和安全措施问题举行为期2天的谈判。

6月20日

△中央军委在北京中南海隆重举行晋升上将军衔警衔仪式。

△自伊拉克战争爆发以来，已有59名英军士兵在伊拉克丧生。

6月20日至28日

△联合国安理会代表团访问塞拉利昂、利比里亚、科特迪瓦和几内亚比绍4国。这次访问的目的是，评估这4个西非国家的形势与和平和解进程，协调联合国维和行动策略。

6月21日

△伊朗电视台报道，伊朗海军扣留了3艘进入伊朗水域的英国海军“战舰”。

△4名驻伊拉克美军士兵在拉马迪被杀。

△俄罗斯印古什共和国的非法武装分子袭击纳兹兰市等地的9处重要目标。造成97人死亡，120多人受伤。6月22日，俄军警击退武装分子进攻，至23日俄军警歼灭约20名非法武装分子。

△孟加拉国反对党孟加拉国人民联盟在该国东北部地区举行集会时遭到炸弹袭击，造成1人死亡，60多人受伤。

6月22日

△据报道，韩国人质金善日遭斩首。金善日是17日在伊拉克境内被伊武装分子绑架的。此前，已有2名美国人（约翰逊、尼克·伯格）在伊拉克遭"斩首"。

△印度总统阿卜杜尔·卡拉姆收到了一个含有1只手枪和1颗子弹的邮寄包裹。

△据报道，沙特警方日前捣毁了"基地"组织设在沙特的新闻情报中心。

△日本和欧盟发表关于军控问题的联合声明。（详见《国际条约》栏有关条目）

6月22日至25日

△俄罗斯和北约部队在加里宁格勒州举行代号为"加里宁格勒-2004"的联合反恐演习。

6月23日

△由于和者寥寥，美国常驻联合国副代表坎宁安宣布，美国决定撤回其提出的要求延长美国维和人员豁免权的修正案。

6月23日至26日

△朝核问题六方会谈第三轮会谈在北京举行。（详见《军事要事》栏有关条目）

6月24日

△伊拉克反美武装在逊尼派聚集区制造了一连串针对警察和政府机关的爆炸袭击事件，共造成至少89人死亡（其中美军3人），318人受伤。

△美军一架"眼镜蛇"武装直升机在费卢杰附近被地面火力击落。

△土耳其首都和最大城市伊斯坦布尔发生2起爆炸事件，造成4人死亡，17人受伤。

△也门内政部发表公告称，近日政府安全部队同反美武装人员发生激战。

6月24日至7月24日

△美洲国家在秘鲁海域和丛林地区进行联合演习。来自11个国家的1.35万名海军官兵参演。

6月25日

△中国人大批准了《中国和越南关于两国在北部湾领海、专属经济区和大陆架的划界协定》，此前，越南国会于6月15日批准。该协定将于6月30日生效。

△2名驻阿富汗美军在阿富汗东部发生的一次袭击中丧生，另有1名受伤。

△为阻碍大选，塔利班武装在查布尔省劫持并杀害了16名正准备前去进行选民登记的阿富汗平民。2004年以来已有500多名阿富汗人在暴力事件中身亡。

△美国陆军正式任命陆军训练和教育司令部副司令安东尼·琼斯中将主持调查伊拉克阿布格莱布监狱发生的美军虐俘事件。

△美军空袭伊拉克城市费卢杰西南一处目标，炸死了20多人。

6月26日

△上海港在外高桥一期码头举行了全国首次海、陆、空联合保安演习。

△欧美首脑会议在爱尔兰的德罗莫兰卡斯城举行。在这次首脑会议上，欧美领导人着重讨论了包括伊拉克问题、中东问题、反恐问题等在内一些重大国际问题。

△巴格达南部约100公里的什叶派城市希拉发生汽车炸弹爆炸，至少有40人死亡，22人受伤。

△以色列军队在约旦河西岸纳布卢斯的搜捕行动中，打死了6名巴勒斯坦武装人员。

6月27日

△据报道：俄罗斯驻印度大使卡达京日前在新德里表示，俄罗斯和印度正考虑邀请中国参与制造第5代高性能、多用途战斗机。

△西班牙驻伊拉克的最后一批军人共140人乘专机返回西班牙。至此，西班牙驻伊拉克的1300名官兵全部回国。

△据报道，伊拉克境内一武装组织绑架了1名美国海军陆战队员。2004年4月以来已经有40多名外国人在伊境内遭绑架，其中2名美国人、1名韩国人被"斩首"。

△以色列军队在西岸城市纳布卢斯打死7名巴勒斯坦人。

△加沙南部犹太人定居点检查站发生爆炸事件，造成6至10名以色列士兵受伤。

△泰国南部那拉提瓦府的一座军营发生炸弹爆炸，1名军人死亡，6人受伤。

△巴基斯坦巴俾路支省警察与武装分子交火，导致5人死亡、4人受伤。

6月27日至28日

△印巴外交秘书级会谈在新德里举行。

6月28日

△当地时间上午10时26分，驻伊联军当局在巴格达举行的仪式上正式向伊拉克临时政府移交了权力。

△北约发表为伊拉克培训安全部队的声明。（详见《国际条约》栏有关条目）

△北约峰会发表《伊斯坦布尔》宣言。（详见《国际条约》栏有关条目）

△澳大利亚1架军用运输机在伊拉克遭到袭击，造成1名美国承包商死亡。这是自伊拉克战争打响以来，澳大利亚飞机首次在伊拉克遭袭。

△以色列南部城市斯代罗特遭到2枚火箭袭击，造成2人死亡，9人受伤。

△土耳其安全部队与反政府的库尔德工人党武装在东部地区发生冲突，造成3名士兵死亡。

△据报道，“基地”组织已经成立了专门的侦察小队，这些人经常在沙特的各个机场出现，收集外国乘客的信息。

6月28日至29日

△北约峰会在土耳其伊斯坦布尔市举行。会议同意训练伊拉克临时政府安全部队。

6月29日

△日本经济产业大臣中川昭一说，日本政府已经决定于7月上旬派出海洋调查船只前往东海海域的“日中中间线”日方一侧开展海底资源的调查工作。而日方所说的“日中中间线”日本一侧，实际上是中国的专属经济区。6月30日，中国外交部发言人说，中国对于日本政府决定近期在东海中日争议海域单方面进行海底资源调查表示严重关切，并向日方提出严正交涉。

△印尼海军官员透露，马来西亚、印度尼西亚和新加坡三国达成一致，将在马六甲海峡进行联合巡逻，以打击海盗和防范恐怖袭击。

△韩国国防部宣布，美军将在韩国举行为期数个月的隐形战机演习。最多达24架美国空军F-117A“夜鹰”隐形攻击机本周将飞抵韩国参加演习。

△伊拉克过渡政府正式发布逮捕令，宣布逮捕伊拉克前总统萨达姆和包括前副总理阿齐兹在内的11名萨达姆政权高级官员。

△1架联合国直升机在塞拉利昂境内坠毁，包括维和部队人员和联合国雇员在内的24名乘客和机组人员全部遇难。

6月30日

△伊拉克前总统萨达姆及其手下11名高官在严密保安的巴格达“绿色区域”中，被美军“从法律上移交”给了伊临时政府。随之，萨达姆等人的身份从“战俘”变成了“犯罪嫌疑人”，对萨的审判工作初步展开。

△伊拉克反美武装向巴格达国际机场边的一个美军基地发射了至少10枚迫击炮弹，造成11名美军士兵受伤。

△阿富汗东部城市贾拉拉巴德的一个商业区安全检查站附近发生2起爆炸事件，造成27人受伤。

7月

7月1日

△根据中共中央军委决定，济南军区启动大联勤改革试点。

△美国国防部发言人宣布，鉴于美国维和人员享有的国际刑事豁免权已经失效，美国决定从非洲和欧洲撤离部分联合国维和人员。

△美国乔治·凯西将军正式接替驻伊联军最高指挥官桑切斯中将。

△塞尔维亚和黑山国防部长达维尼奇宣布，中国驻前南联盟大使馆废墟中1枚尚未爆炸的导弹已被挖出。

△伊拉克前总统萨达姆首次被审讯。

△阿拉伯联合酋长国和伊朗两国外交部分别宣布释放对方被扣押的渔船。至此，两国最近围绕岛屿争端而引发的互扣对方渔船事件宣告结束。

7月2日

△日本首相小泉再次声称，每年都要去参拜靖国神社。

△第11届东盟地区论坛外长会议在雅加达举行。会议通过了打击国际恐怖主义和防扩散等方面的文件。

△据报道，印尼、新加坡和马来西亚已经要求印度协助维护马六甲海峡的安全，而印度外长辛哈6月30日已表示印度同意向这条世界上最繁忙的航道之一提供安全援助。

△印度东部比哈尔邦发生激烈的种姓冲突，造成至少10人死亡、2人受伤。

△尼泊尔博克拉市市长遭反政府武装刺杀身亡。

7月3日

△美国防部导弹防御局和陆基中层防御计划主承包商波音公司在美国阿拉斯加州中部的格里利堡举行美军首个导弹防御系统的设施落成典礼。该系统由美军北方司令部直接指挥。（详见《军事要事》栏有关条目）

△据报道，从6月18日也门极端分子的支持者与政府军在也门北部发生激烈冲突，到7月2日止，已造成118人丧生，141人受伤。政府军逮捕了185名极端武装人员。

△印控克什米尔首府斯利那加发生一起地雷爆炸事件，造成1人死亡，22人重伤。

△印控克什米尔地区发生一起手榴弹袭击军车事件，造成23人受伤。2004年头5个月，印控克什米尔地区的武装冲突比上年同期下降了12%，但手榴弹袭击事件却上升了80%，武装分子共制造了131次手榴弹袭击事件，而上年同期为73次。

7月4日

△即将取代在“9·11”恐怖袭击中倒塌的双子塔楼的自由塔奠基仪式在纽约世贸中心遗址举行。

△印度军方成功试射了1枚由印度自行开发的、可携带核弹头的“烈火-1”型地对地短程弹道导弹。

△印控克什米尔地区又有11人在暴力事件中丧生，从而使过去3天内死于暴力事件的人数上升至46人。

△哥伦比亚陆军宣布，最近两年半共没收非法武装团体和犯罪分子至少1.5万件武器、138吨爆炸物和近200万发子弹。

7月5日

△亚洲开发银行发表声明，宣布设立“地区贸易和金融安全合作基金”，帮助该组织的发展中成员打击包括洗黑钱和资助恐怖组织在内的非法活动。

△伊拉克临时政府总理阿拉维说，鉴于伊国内各种族和宗教派别的敏感性，伊拉克不需要邻国派兵。

△荷兰议会决定，向阿富汗增派120名至150名军人，帮助在那里的国际安全援助部队进行维和行动。

△反政府武装在尼泊尔中部袭击了1辆警车，造成至少12名警察和1名平民丧生。

△前南斯拉夫联盟总统米洛舍维奇在海牙前南问题国际刑事法庭上首次正式为自己辩护。

△哥伦比亚军方宣布，政府军上周在南部丛林地带展开的清剿行动中，摧毁了最大的反政府游击队“哥伦比亚革命武装力量”一座大型秘密营地。

△非洲联盟和平与安全理事会宣布，非盟将向苏丹西部的达尔富尔地区派遣300名士兵，以保护那里的非盟军事观察员。

7月6日

△中华人民共和国中央军委副主席郭伯雄和俄罗斯国防部长伊万诺夫在莫斯科签署了关于中俄两国进行联合军事演习的备忘录。这意味着，中俄两国军队将举行历史上首次双边的联合军事演习。

△日本防卫厅长官石破茂向内阁会议提交了2004年版《防卫白皮书》并得到批准。

△据报道，“阿布·哈夫斯·马斯里旅”发表声明说，该组织要在也门开辟“第三战场”。据认为，该组织是“基地”组织在也门的一个分支。

△苏丹官员称，苏丹西部达尔富尔地区的阿拉伯人和非洲人发生冲突，本周已经有70多人死亡，上万人被迫逃离家园。

7月6日至9日

△由马来西亚海军“英德拉·萨克蒂”号多用途支援舰和“杰巴特”号护卫舰组成的舰艇编队访问上海。7月9日中马海军舰艇进行了舰艇编队运动和通信联络等活动。

7月6日至10日

△马来西亚海军和陆军空降兵在马沿海地区举行为期5天的反恐联合军事演习。

7月7日

△中国和科威特发表关于反恐和巴以冲突等问题的联合公报。（详见《国际条约》栏有关条目）

△日本政府开始在东海中日双方有争议的海域进行海底资源调查。中国外交部副部长王毅紧急召见日本驻华大使阿南惟茂，就此事向日方提出严正交涉。

△据半岛电视台报道，一个自称“伊拉克伊斯兰军—哈立德·瓦西德军团”的武装组织绑架了1名叫哈菲德·阿默的菲律宾人，在菲律宾7月19日全部撤出51名驻伊菲军后，人质于20日获释。

△斯里兰卡首都科伦坡发生一起自杀式炸弹袭击事件，造成5人丧生，13人受伤。（详见《军事要事》栏有关条目）

7月8日

△澳、美签署共同开发和试验导弹防御系统的谅解备忘录。

△据报道，印度2004至2005年度国防预算增加至7700亿卢比（1美元约合44卢比），同比增长23%。

△伊拉克武装人员向驻有美军的大楼发射了38枚迫击炮弹，至少有5名美军士兵和2名伊拉克警卫丧生。

△美联社援引美国官员的话报道说，伊拉克的反美武装人数不是早先估计的5000人，而是多达2万人。

7月9日

△日本广岛高等法院就西松建设二战期间强虏劳工案做出二审判决，驳回一审广岛地方法院判处原告方败诉的判决，改判原告方胜诉，并勒令被告方西松建设向原告邵义诚等5人每人支付550万日元的赔偿金。

△据俄罗斯塔斯社报道，将有总计为26万的俄罗斯人因为在第二次世界大战中被纳粹德国强迫作劳工而获得德国大约30亿美元的赔偿。

△美国参议院情报委员会公布了有关伊拉克情报错误的报告。

△国际原子能机构总干事巴拉迪说，全球各地有20多家公司非法向一些国家出售敏感核技术。

△中国公安部和巴基斯坦内政部之间将设立热线电话，分享双方打击恐怖分子的情报。

△联合国安理会决定，北约派驻波黑的维和部队的驻留时间延长半年，至2004年底。

7月10日

△印度和新加坡发表联合声明，双方同意进一步加强两国间的防务关系。（详见《国际条约》栏有关条

目）

△印控克什米尔地区一公共汽车站发生一起手榴弹袭击事件，造成至少20人受伤。

△芬兰维和部队在距科索沃首府普里什蒂纳以东30公里的利普连附近遭到不明身份者袭击，4名士兵受伤。

7月11日

△以色列特拉维夫市的一个公共汽车站发生爆炸，造成1人死亡，20人受伤。

△阿富汗西部边境省份赫拉特首府发生一起炸弹袭击事件，造成至少5人死亡，36人受伤。

7月11日至16日

△韩国和朝鲜的数百名离散家属在朝鲜风景名胜区金刚山会面。这是双方第十次离散家属会面活动。

7月12日

△美国国防部进行了一次危机假想模拟演习。演习的代号为“龙啸”，地点在美国国防大学。

△欧盟正式宣布成立军备局，其主要任务是增强欧盟危机处理能力和整体防务能力。

△由以色列飞机制造公司和以色列军事工业公司联合研制的用于民用客机的“飞行卫士反导弹系统”试验成功。

△俄罗斯车臣共和国内务部特种警察在沙利区与非法武装分子发生激战，24名武装分子被击毙，18名特警丧生。

7月13日

△俄罗斯车臣共和国代总统阿布拉莫夫的车队发生爆炸，1人被炸死，3人受伤。阿布拉莫夫本人安然无恙。

△约30名车臣总统安全局人员在车臣境内遭非法武装分子伏击，6名安全局人员阵亡，12人被俘。

△澳大利亚宣布，澳大利亚派驻伊拉克的现役军人总人数将达到880人。

△美军驻阿富汗最高指挥官戴维·巴诺中将接受美联社采访时指出，数千名驻阿美军正在开展“闪电决心”军事行动，以防止武装分子破坏阿富汗首次总统选举。

△在斯里兰卡首都科伦坡，1名女性引爆了身上的炸弹，炸死了4名警察。警方怀疑她使用的是胸罩炸弹。如是，这是第一次使用胸罩炸弹。

7月14日

△美国政府正在与波兰和捷克谈判，欲在中欧地区建立美国本土之外的最大导弹防御基地。

△据报道，美国认为朝鲜在地下隐藏了核武器及核武设施，因此美国正研究发展新的潜地导弹，以“吓阻朝鲜的核武威胁”。

△英国议会公布有关伊拉克武器情报问题的调查报告。报告说，伊战前，英国政府和情报机构在处理有关伊拉克大规模杀伤性武器情报的过程中存在“严重缺陷”。

△伊拉克巴格达市中心的“绿区”发生汽车炸弹爆炸事件，10人被炸死，40人受伤。

△伊拉克摩苏尔省省长乌萨马·卡希姆拉遇袭身亡。

△据报道，为应对恐怖分子利用肩扛式导弹对民航机发动恐怖袭击，美国政府正加紧研发民航机的反导系统。

△一个联合国车队在向加沙地带一被围困两周的城镇运送救援物资的路上，遭到以色列军队的枪击。

△土耳其安全部队与库尔德工人党武装在土东部穆什省的一个村庄发生交火，安全部队打死4名库尔德工人党武装人员。

△马来西亚和泰国发表联合声明，决定加强两国边境安全合作，确保边境地区的和平与稳定。

△据报道，刚果（金）东北部伊土里地区的两个武装派别围绕当地一个金矿的控制权，从上星期开始又爆发流血冲突，目前已造成40多人死亡。

7月15日

△俄罗斯航天部队司令表示，俄卫星部队进入复兴时代，俄将不再计划继续削减目前服役卫星的规模。

△位于伊拉克首都巴格达西北的哈迪塞城警察局附近发生一起汽车爆炸事件，造成10人死亡，27人受伤。

7月16日

△据报道，美国军队现正在改装一种常规导弹系统，使之具备攻击深埋地下目标的能力。

△据报道，美军正酝酿对B-52轰炸机进行改装，使之成为美军服役武器中最先进的武器平台。

△印尼军方宣布，13个月来，在围剿“自由亚齐运动”的行动中，已有大约5000名反政府武装人员被击毙、被捕或投降。

7月17日

△据报道，2004年1月以来，泰国南部地区不断发生恐怖暴力事件，已造成300多人死亡。这一地区的332名武装暴乱分子向军方投降。

△巴格达南部的伊国民卫队驻地外发生一起汽车炸弹爆炸事件，造成2人死亡，25人受伤。

7月18日

△巴勒斯坦的一些武装分子袭击巴政府办公楼，以抗议巴勒斯坦民族权力机构主席阿拉法特任命堂弟穆萨·阿拉法特担任巴安全机构负责人。

△布隆迪政府与反政府武装举行和平谈判。（详见《军事要事》栏有关条目）

7月19日

△据报道，美国正在研制一种称为“太空箭”(或“神箭”）的反导武器。它们可以用极高的速度穿透任何障碍，将目标彻底摧毁。

△在加沙城南部的拉法地区，法塔赫下属的“阿克萨烈士旅”与刚刚被任命的巴安全部队总司令穆萨·阿拉法特的部下发生交火，造成18人受伤。

△菲律宾驻伊拉克人道主义救援队人员（51人）全部撤离伊拉克。

△巴格达警察中心附近发生汽车爆炸，至少造成9人死亡，60人受伤。

△印控克什米尔地区又发生一起武装分子向集会人群投掷手榴弹的爆炸事件，至少造成3人死亡，20多人受伤。

7月19日至8月6日

△来自澳大利亚、美国、法国、泰国和新加坡的100架战机和1500名空军人员在澳举行代号为“颠簸飞船”的空战演习。

7月20日

△联合国大会以压倒多数通过一项决议，要求以色列执行国际法庭的决定，拆除隔离墙。（详见《国际条约》栏有关条目）

△马六甲海峡沿岸的印尼、马来西亚和新加坡3国开始实施海上联合巡逻。（详见《军事要事》栏有关条目）

△伊拉克南部城市巴士拉市市长哈兹姆·艾纳奇遭不明身份武装分子枪杀身亡。

△以色列直升机向加沙地带沙地难民营中巴人民抵抗委员会主席的住所发射了2枚导弹，造成5人受伤。

△据报道，几个月来至少100多名“基地”分子被巴安全部队击毙，巴方也有大约50名军人阵亡。

△在沙特阿拉伯首都利雅得，保安部队与被通缉武装分子发生枪战，多人被捕。

△美国海军“小鹰号”航母上的1架直升机在飞越日本第二大城市横滨市区时，误投下1个装有200发子弹的机枪弹匣，所幸没有造成人员和财产损失。

7月20日至21日

△中美第五次军控、裁军与防扩散研讨会在北京举行。

7月21日

△美军第1步兵师的1名士兵在伊拉克首都巴格达遭袭击丧生。伊战以来，共有900名美军丧生。

△印度外长辛格和巴基斯坦外长卡苏里举行会谈，讨论了克什米尔等问题，双方决定9月上旬在新德里举行正式会谈。

7月21日至25日

△美军太平洋总部司令法戈海军上将一行访华。

7月21日至27日

△美国和拉美16国军事人员在萨尔瓦多首都圣萨尔瓦多举行代号为“特别部队-2004”的反恐演习。

7月22日

△美国“9·11”独立调查委员会正式公布最终调查报告。

△美军在阿拉斯加州的格里利堡部署了第一枚陆基拦截导弹，标志着美国开始部署国家导弹防御系统。

△2名美军士兵在伊拉克城市萨马拉遭路边炸弹袭击身亡。伊拉克战争爆发以来，共有665名美军士兵在军事行动中死亡。

△1艘突然出现的独桅帆船撞上美国“肯尼迪”号航母右舷之后沉没。8月27日，“肯尼迪”号舰长被解职。

△以军向加沙地带发射1枚导弹，“定点清除”了巴勒斯坦伊斯兰圣战组织（杰哈德）的1名军事派别领导人哈齐姆·阿希姆。

7月22日至31日

△上海合作组织首届防务安全研讨班在北京举行。

7月23日

△在吉林省敦化市发生日军遗弃的化学武器伤害2名男孩儿的事件。

△中国台湾当局公布“国防报告书”。

△1名埃及外交官在伊拉克遭到绑架，27日获释。这是2004年4月伊拉克发生“人质风潮”以来遭到绑架的第一位驻伊外交官。

△据报道，法国2008年将部署首批能发射核导弹的“阵风”战斗机。

△据报道，印度空军计划购买20架奥古斯塔·维斯特兰公司生产的EH-101直升机。

7月24日

△胡锦涛在中共中央政治局第十五次集体学习会上强调，促进国防建设和经济建设协调发展。

△巴基斯坦卡拉奇发生一起炸弹爆炸事件，造成1人死亡，8人受伤。近5年来，卡拉奇发生的各种袭击事件已使4000人死亡。

7月25日

△据报道，伊拉克战争以来驻伊美军已有907人死亡（其中战斗死亡人数为673人），约6000人受伤。

7月26日

△以色列特种部队入侵位于约旦河西岸的巴勒斯坦自治城市图尔凯勒姆，打死6名“阿克萨烈士旅”成员，多名巴勒斯坦人受伤。

△武装分子用手榴弹袭击了印控克什米尔地区一家医院，造成1人死亡，30人受伤。

7月26日至27日

△中印两国特别代表在新德里举行第三轮边界问题会谈。

7月26日至8月15日

△美、菲海军在菲律宾马尼拉海区举行“2004海上作战准备合作与训练演习”。

7月27日

△泰国开始从伊拉克分批撤军。这次撤军需要82天，预计9月底结束。

△据报道，近日俄罗斯战略火箭军在中部地区成功机动发射1枚“多弹头太空战略反导导弹”。

△伊拉克巴古拜市警察局门前发生汽车炸弹爆炸事件，造成50多人死亡，40人受伤。

△伊拉克武装分子与驻伊联军和伊安全部队在南部地区舒瓦里亚展开激战，导致7名伊安全部队士兵死亡，35名武装分子死亡，40人被捕。

7月28日

△伊拉克中部城市巴古拜市中心一警察局门前发生一起严重的自杀式汽车炸弹爆炸事件，造成68人死亡，70多人受伤。

△阿富汗南部一处设在清真寺里的选民登记站发生爆炸，造成6人死亡，2人受重伤。

△俄联邦军队在车臣首府格罗兹尼以东5公里的阿尔贡市进行的特别行动中打死6名非法武装分子。

7月29日

△据报道，新加坡正式加入美国领导的F-35“联合攻击战斗机”（JSF）计划，成为亚洲参与世界最先进战斗机开发的第一个国家。

△格鲁吉亚与南奥塞梯自治州的武装人员发生激烈交火事件，8人受伤。

△美国总统布什签署总统令，正式取消对伊拉克实施了14年之久的制裁。

△以色列在美国成功试射“箭-2”反导导弹。

△美军同伊拉克武装人员在费卢杰发生激战，至少有13名伊拉克人被打死，10多人受伤。

△驻伊拉克的波兰部队在伊中南部城市希拉附近公路上巡逻时遭袭击，波兰士兵1名死亡，6人受伤。

△以色列武装直升机向加沙南部发射2枚火箭弹，造成2人丧生。

△土耳其与伊朗就地区安全等问题达成了广泛共识。双方还商讨了对两国边境地区库尔德工人党武装分子的清剿问题。

△比利时军方宣布，政府已经决定立即向阿富汗增派一支150人的伞兵特遣队，从而使该国在阿富汗国际安全援助部队的人数达到620人。

△尼加拉瓜武装部队总司令部宣布，尼加拉瓜军队在马那瓜市郊的一个军用靶场销毁了333枚“萨姆-7”型地对空导弹。

7月29日夜至30日晨

△格鲁吉亚与南奥塞梯发生交火事件，造成南奥塞梯2名平民受伤。经俄罗斯斡旋双方于8月15日签署停火议定书，但30日夜再次发生武装冲突。

7月30日

△国家主席胡锦涛应约与美国总统布什通电话。胡锦涛重申了反对美国售台先进武器的立场。

△联合国安理会通过第1556号决议，要求苏丹政府履行承诺，解除该国西部达尔富尔地区阿拉伯民兵的武装。（详见《国际条约》栏有关条目）

△北约决定将向伊拉克派遣执行培训任务的代表团。

△据报道，塔吉克斯坦将在2006年前逐步从俄罗斯军队手中接管塔与阿富汗交界地区的边防事务。

△俄罗斯警察在俄达吉斯坦共和国基兹利亚尔市与武装分子交火，两名警察中弹身亡。

△美国和以色列驻乌兹别克斯坦首都塔什干大使馆外发生自杀性爆炸事件，造成2人死亡、9人受伤。

△坦桑尼亚代理外长阿卜杜勒卡德尔·谢里夫在坦桑销毁最后一批地雷后发表声明说，坦桑提前9个月成为“无地雷国家”。

7月31日

△中央军委副主席、国务委员兼国防部长曹刚川说，如果“台独”分裂势力一意孤行，中国人民解放军有决心、有能力，坚决粉碎任何“台独”分裂图谋。

△格鲁吉亚与南奥塞梯发生交火。格方2名警察负轻伤，南奥塞梯方面6名警察被打死。

△南亚和东南亚七国领导人会议通过了关于反恐等问题的《峰会宣言》。（详见《国际条约》栏有关条目）

△巴基斯坦首都伊斯兰堡一家由中国人经营的俱乐部发生爆炸，造成6人受伤，其中包括2名中国人。

△据报道，为彻底强化自卫队海外派遣体制，日本防卫厅准备在2006年设立“国际任务机动部队”。

△伊朗外交部长哈拉齐称，伊朗已经恢复组装可用

于制造浓缩铀的离心分离机，但仍将遵循 2003 年达成的中止生产浓缩铀的协议。

7 月 31 日至 8 月 1 日

△美军在伊拉克费卢杰和伊武装人员发生交火，造成至少 8 名伊拉克人死亡，36 人受伤。

8 月

8 月 1 日

△为庆祝中国人民解放军建军 77 周年，驻香港部队举行盛大的阅兵式。

△据报道，美国政府近日宣布，反对在禁止核武器条约中增加“核查”成员国是否切实履行承诺的条款。

△伊拉克巴格达和摩苏尔等地先后有 5 座基督教堂遭袭击，造成至少 20 人死亡，近百人受伤。

8 月 2 日

△据报道，印度国防参谋部成立了一个由 1 名将军牵头的专门委员会，负责进行导弹防御技术和装备方面的研发和采购事务。

△驻韩美军第 2 师所属第 2 旅的 3600 名官兵在韩国东豆川美军基地举行调往伊拉克的出发仪式。该部任务完成后将不再返回韩国。

△伊拉克和科威特发表打击恐怖活动和全面恢复外交关系的联合声明。（详见《国际条约》栏有关条目）

△驻伊拉克美军数千人在伊军的支援下，在伊叙边境地区进行代号为“幻影后卫”的大规模扫荡行动。

△在美军直升机的支援下，阿富汗军队在边境地区同塔利班武装激战，40 至 50 名武装分子被击毙。

△据报道，印尼政府军近日与“自由亚齐运动”武装发生一系列战斗，12 名武装分子和 1 名政府军士兵在战斗中丧生。

8 月 2 日至 6 日

△独联体集体安全条约组织举行代号为“边界-2004”的联合反恐演习。

8 月 3 日

△格鲁吉亚总统萨卡什维利宣布，他已下令击沉所有破坏格领水完整的船只。4 日，俄罗斯外交部发表声明称，格鲁吉亚不要对俄采取敌对行动。

△来自北约 17 个国家的 49 名军事专家参观了位于俄罗斯科拉半岛奥列涅戈尔斯克的一个核武库。

△据报道，朝鲜正在装配使美国本土受到威胁的 2 种新型导弹发射系统。

△1 名伊拉克警官说，伊拉克什叶派反美武装领导人萨德尔领导的“迈赫迪军”绑架了 18 名伊拉克警官，希望以此交换被捕的武装分子。

△据报道，以色列政府已经批准在约旦河西岸新建 600 所住宅。

△哥伦比亚 1 辆警察巡逻车在西南部山区遭到游击队袭击，造成 9 人死亡。

△据报道，巴西的阿里·佛朗哥监狱发生暴动，8 名囚犯被杀死，2 名狱警被扣为人质。

8 月 4 日

△2 名极端武装分子对印控克什米尔拉杰巴戈地区的一个印度中央后备警察部队的兵营发动袭击，打死 7 人、打伤 9 人，1 名武装分子在交火中死亡。

△尼泊尔首批 200 名女军人在首都加德满都正式服役，从而告别了尼女性不入伍的历史。

△非洲联盟发言人称，非盟向苏丹达尔富尔地区派遣的士兵人数将从原来的 300 人增加到 2000 人。

8 月 5 日

△美国总统布什签署总额为 4175 亿美元的 2005 财政年度美国国防预算法案。

△据报道，美国与加拿大签署了防空预警系统扩展协议。根据该协议，加拿大将对美国的国家导弹防御系统提供支持。

△1 架美军直升机在伊拉克中部城市纳杰夫附近被击落，机上 2 人受伤。

△驻韩美军第 2 师所属第 2 旅的 3600 多名兵力，开始分批前往伊拉克，计划下周全部抵伊。

△伊拉克什叶派反美武装领导人萨德尔的“迈赫迪军”在纳杰夫与美军和伊拉克安全部队发生激战，造成 20 名伊拉克人和 1 名美军死亡。自伊拉克战争爆发至 2003 年 7 月 30 日，共有 909 名美军在伊拉克境内死亡。

△也门军队在西北部地区同一支反政府武装进行激烈战斗，34 名政府军士兵和 18 名反政府武装分子在交火中丧生。

8 月 5 日至 6 日

△驻伊拉克美、英、意军和伊安全部队在费卢杰、纳杰夫、摩苏尔、迈萨拉、纳西里耶、巴士拉、萨德尔等地与反美武装发生萨达姆政权被推翻后最严重冲突。反美武装和平民死伤惨重，仅在纳杰夫一地美军就打死大约 300 名武装人员。

8 月 6 日

△美国总统布什致函美国国会，说白宫已批准向中国出口几项可以军用或民用的敏感产品。

△中国和巴基斯坦军队在中巴边境地区举行首次联合反恐演习。（详见《军事要事》栏有关条目）

△美国与丹麦和丹麦所属的格陵兰签署一项协议，

决定更新美国驻格陵兰军事基地的雷达。

△俄国防部长谢·伊万诺夫表示，2004年底，俄在吉尔吉斯斯坦坎特空军基地的驻军人数将扩大一倍达到700人，战机总数将增加到20架。

8月7日

△ 国际原子能机构宣布，该机构核查人员对伊拉克的图韦塔核设施仓库进行了核查。这是该机构在伊拉克战争之后首次恢复对伊核查。

△哥伦比亚政府军同反政府游击队在哥西南部和东北部发生激烈冲突，双方共有12人死亡，17人受伤。

8月8日

△朝鲜祖国和平统一委员会发言人说，“美国与韩国军方正在制定并逐步完善旨在入侵朝鲜的5027-04作战计划”。

△伊拉克武装分子发表声明说，他们已经将1名伊朗驻伊拉克的高级外交官“捕为人质”。这是在伊拉克境内遭绑架的第二个外交官。

△巴基斯坦卡拉奇市一家宾馆遭炸弹袭击，造成7人死亡、50人受伤。

8月9日

△2艘日本海上自卫队驱逐舰和1艘补给舰驶向印度洋，替换在该水域支援追捕本·拉登的多国部队的日本战舰。

△巴基斯坦和印度在边境口岸瓦迦交换了包括3名战俘在内的6名囚犯。

△驻伊拉克美军高级官员透露，8月5日至8日在纳杰夫的战斗中，反美武装死360人；美军死4人，伤19人；伊拉克国民卫队死4人，伤12人。

△驻伊拉克美军称，美军在伊拉克的死亡人数已达到927人。

△欧洲军团接管了驻阿富汗国际安全援助部队的指挥权。

△英军方发言人说，英军士兵在伊拉克南部的巴士拉遭武装分子袭击，1名英军阵亡，5名受伤，在伊拉克阵亡的英军达到62人。

8月9日至15日

△包括美国在内的8个美洲国家举行名为“巴拿马-2004”的反恐演习。

8月10日

△二战时被侵华日军强掳到日本的一批中国劳工向日本宫崎地方法院提出诉讼，要求日本政府和三菱材料公司给予总额约1.84亿日元的赔偿。

△俄罗斯联邦原子能局局长鲁缅采夫透露，2004年初以来，俄在新地岛进行了一系列亚临界核试验。

△利比亚和德国就利政府向1986年柏林迪斯科舞厅爆炸案德国死伤者支付赔偿金一事达成协议。利发表声明，就当年美国在爆炸案后对利发动空袭向美方提出索赔。

8月11日

△驻伊美军对伊拉克南部城市库特城内的什叶派反美武装目标进行了猛烈轰炸，造成56人死亡，110多人受伤。

△1架美军直升机在伊拉克首都巴格达以西坠毁，造成2名美军死亡，3名受伤。

△以色列坦克和武装直升机袭击加沙南部一座巴难民营，打伤15名巴勒斯坦人。

△耶路撒冷北部的一个以军哨卡遭到2次汽车炸弹袭击。造成6名以色列人受伤，2名巴勒斯坦人死亡，9人受伤。

△伊朗试射了1枚改进型的“流星-3”中程弹道导弹。

8月11日至12日

△格鲁吉亚和南奥塞梯在南奥塞梯地区发生武装冲突，造成格鲁吉亚2名士兵死亡、3人重伤，南奥塞梯人35人受伤。

8月11日至15日

△由泰国海军学院参谋长敦荣萨·弘查隆少将率领的泰国皇家海军“达信”号、“赛布里”号护卫舰访问上海。

8月12日

△美国国务卿鲍威尔称，关押在古巴关塔那摩海军基地的中国籍囚犯将很快获释，但他们将不会被遣返回中国。17日中国外交部发言人表示，美方不要向“东突”恐怖势力发出错误信号。

△伊拉克卫生部透露，在过去24小时，伊拉克境内发生的各种暴力冲突造成165人死亡，近600人受伤。

△伊临时政府与激进的什叶派穆斯林领袖萨德尔就停火问题开始谈判。

△1架美军直升机在阿富汗霍斯特省坠毁，1名美军丧生14人受伤。据报道，2004年已有24名驻阿美军士兵在执行任务时丧生。

△伊拉克巴士拉发生的爆炸事件，1名驻伊英军丧生。这是伊拉克战争以来在伊丧生的第64名英国军人。

△马尔代夫首都马累发生游行示威，游行者与警方发生冲突，并引发骚乱。马尔代夫政府宣布实施紧急状态。10月10日马尔代夫政府宣布取消在首都马累等地区实施的紧急状态。

8月13日

△驻伊美军和伊拉克国民卫队及警察部队在纳杰夫进行的战斗已历时9天。据报道，打死360名伊拉克人，逮捕1200多人。

△1架美军直升机在日本南部一所大学校园内坠毁并起火。事发后，附近居民立即集会要求把当地美军基地迁走。

△菲律宾巴西兰岛地方法院判处反政府武装阿布沙耶夫组织的17名成员死刑。

△布隆迪境内一刚果难民营遭到不明武装分子的袭击，造成160人死亡，100多人受伤。

8月14日

△持续3天的伊拉克临时政府与萨德尔的停火谈判破裂。

△阿富汗西部省份的武装派别为争夺一处空军基地发生交火，造成至少21人受伤。

8月15日

△日本政府3名内阁成员和58名议员参拜靖国神社。对此，中国外交部发言人表示，中国对日本少数政要参拜靖国神社的举动深表遗憾。

△1名美军在巴格达北部被1枚简易炸弹炸死。伊拉克战争以来已有931名美军在伊拉克丧生。

△驻伊美军重新包围了纳杰夫，准备再次对据守在城内的萨德尔“迈赫迪军”发动进攻。

△据报道，印度独立日（15日）期间，发生4起严重爆炸事件，造成至少44人死亡，57人受伤。

△格鲁吉亚与南奥塞梯再次爆发激烈战斗，17人被打死、30人受伤。

8月15日至18日

△伊拉克召开千人国民政治会议，会议确定了由81人组成临时国民议会。

8月16日

△美国总统布什称，美国计划在未来10年内将驻欧洲和亚洲的军队削减6万至7万人，以适应21世纪战争需要。（详见《军事要事》栏有关条目）

△伊拉克国民议会通过了一项通过与萨德尔谈判和平解决纳杰夫问题的文件。

8月17日

△伊拉克千人国民政治会议代表团到纳杰夫地区调停美军与萨德尔军事组织之间的冲突，无功而返。

△驻伊美军与伊拉克什叶派领导人萨德尔军事组织之间爆发激烈战斗。

△以色列住房和建设部称，计划在约旦河西岸犹太人定居点扩建1000套住房。

8月18日

△一支由110人组成的巴基斯坦维和部队抵达科特迪瓦。联合国驻科维和部队人员已达5988人。

△伊拉克国防部长哈兹姆·沙阿兰勒令据守在什叶派圣城纳杰夫的武装人员在数小时之内投降。

△尼泊尔反政府武装开始封锁首都加德满都，25日解除封锁。

8月18日至28日

△哈萨克斯坦与英国在哈东南部联合举行代号为“草原之鹰-2004”的军事演习。

8月19日

△格鲁吉亚政府军攻占了南奥塞梯首府茨瓦利欣附近的几处制高点，此后，格政府宣布为避免爆发全面战争，格军撤出这些高地，当地局势逐步趋于缓和。

△据报道，俄罗斯将部署先进的S-400防空导弹，保卫莫斯科和俄罗斯中部领空。

△在数十辆坦克和布雷德利战车的掩护下，驻伊美军攻占了伊拉克首都巴格达附近的萨德尔城。该城是伊拉克反美武装领袖萨德尔的一个主要据点。

△1枚迫击炮弹击中了美国驻伊拉克使馆的大楼，造成2名美国人受伤。

8月20日

△中国赴刚果（金）第三批维和部队100名官兵乘坐专机离开北京，替换执行维和任务期满的第二批中国维和部队。

△伊拉克什叶派反美派别领导人萨德尔将据守的伊玛目阿里清真寺的钥匙交给伊什叶派最高宗教领袖西斯塔尼的办公室。从8月5日开始的纳杰夫危机趋向缓和。

△据报道，在美英联军临时管理当局负责管理的伊拉克发展基金中，至少有88亿美元“神秘失踪”。

8月20日至29日

△澳大利亚和菲律宾在菲西部海域举行一年一度的联合海军演习。

8月21日

△据报道，泰国将于下周从伊拉克撤出全部“维和部队”。泰一支由20人组成的部队已于8月初回国。目前仍然留在伊拉克的泰军人还有420人。

△据报道，驻阿富汗美军士兵向一辆没有在检查站前停下的敞篷小货车疯狂扫射，导致车内一家6人中的5人死亡。

△泰国南部连续发生3起炸弹爆炸事件，造成14人受伤。2004年以来，泰国南部的那拉提瓦、北大年和也拉府暴力袭击事件几乎每天发生，已造成350多人丧

生。

8月22日

△据报道，“基地”组织正在南美洲征召恐怖分子。

△美军出动AC-130重型攻击机向据守在纳杰夫的萨德尔反美武装阵地发动了新一轮袭击。

8月23日

△朝鲜外务省发言人表示，由于美国总统布什诋毁朝鲜领导人，朝鲜“不能再参加六方会谈”。

8月23日至9月3日

△韩国和美国军队在韩国举行“乙支焦点透镜”演习。

8月24日

△从莫斯科多莫杰多沃机场起飞的1架图-134和1架图-154客机几乎同时坠毁在图拉州和罗斯托夫州，造成89人丧生。2起坠机事件系车臣恐怖分子所为。

△俄罗斯北高加索地区反恐行动指挥部发言人沙巴尔金少将说，俄军警近3天来在车臣格罗兹尼地区消灭62名非法武装分子。

△以色列国家安全总局称，自2000年9月巴以冲突爆发以来，以色列在冲突中死亡人数已超过1000人，巴勒斯坦方面共有2124人死亡。

8月24日至25日

△非洲大湖区的乌干达、卢旺达和刚果（金）3国外交（国防）部长在坎帕拉举行会议。会议决定立即收缴本地区的反政府武装和个人的武器，以消除这3个国家的冲突。

8月24日至30日

△菲政府与新人民军的政治组织全国民主阵线在挪威奥斯陆举行新一轮和谈。

8月26日

△日本东京都教育委员会决定，在东京都白鸥中学使用由日本右翼团体“新历史教科书编撰会”编写的历史教科书。27日，中国外交部发言人对此表示强烈不满和愤慨。

△中国裁军大使胡小笛在日内瓦举行的2004年裁军谈判会议上重申，防止外空武器化和外空军备竞赛。

△伊拉克什叶派精神领袖西斯塔尼抵达圣城纳杰夫，与什叶派反美武装领导人萨德尔谈判，萨接受西斯塔尼提出的和平协议。

△伊拉克什叶派穆斯林库法清真寺发生爆炸，造成74人死亡，376人受伤。

△北约军事培训团负责人卡雷尔·希尔德林克少将在巴格达举行的新闻发布会上说，来自北约12个成员国的57名军官已开始帮助伊拉克训练安全部队。

△泰国开始从伊拉克撤军，29日撤完。

8月27日

△伊拉克什叶派反美武装领导人萨德尔下令他的武装人员放下武器，撤离纳杰夫和临近城市库法。

8月29日

△印度试射具有核打击能力的“烈火-2”导弹。

△阿富汗塔利班在喀布尔市制造了一起汽车爆炸事件，造成15人死亡,20人受伤。2003年12月以来,已有将近1000人死于塔利班袭击。

8月30日

△中国台湾当局出台“中共军力报告书”。

8月31日

△俄罗斯总统普京、德国总理施罗德和法国总统希拉克在俄罗斯索契会晤，讨论伊拉克、阿富汗和中东地区的局势等问题。

△莫斯科发生恐怖爆炸事件，造成10人死亡，51人受伤。

△以色列南部城市比尔谢巴发生两起公共汽车爆炸事件，造成15人死亡，近100人受伤。

△据报道，12名在伊拉克遭绑架的尼泊尔工人被杀害。他们是在8月20日被伊拉克武装分子绑架的。

△印度和巴基斯坦交换了55名囚犯，这是双方自2003年改善关系以来为增进互信采取的一项具体措施。

△危地马拉西南部发生一起警民流血冲突，至少造成3名警察和3名农民丧生、30人受伤。

9月

9月1日

△20多名非法武装人员将俄罗斯北奥塞梯别斯兰市一所中学的1200多人扣为人质。3日下午，俄罗斯特种部队采取解救人质行动，4日中午解救行动结束。在这次人质事件中，共有334人死亡，700多人受伤。

9月2日

△位于广东汕尾的我军两栖作战训练基地首次对外军开放。（详见《军事要事》栏有关条目）

△韩国政府承认，4年多前韩国科学家曾在核能试验中分离出少量浓缩铀。

△日本首相小泉乘坐海上保安厅的巡视船“视察北方领土”。

△联合国安理会通过要求外国军队撤出黎巴嫩的决议。（详见《国际条约》栏有关条目）

△据报道，一个伊拉克武装组织杀害了3名土耳其

人质。2004年以来，已有25名人质在伊拉克被杀害。

△在俄罗斯车臣境内的一条公路旁发生一起爆炸事件，造成10人死亡，33人受伤。

9月3日

△中国和菲律宾发表关于加强军事领域的交流与合作和维护地区稳定的联合公报。（详见《国际条约》栏有关条目）

9月4日

△印度外交秘书希亚姆·萨兰和巴基斯坦外交秘书里亚兹·霍哈尔，在新德里就克什米尔和反恐等问题举行谈判。

△伊拉克基尔库克市一所警察学院遭汽车炸弹袭击，造成17人死亡，约40人受伤。

△美国《华盛顿邮报》报道，在8月份，驻伊拉克美军大约有1100名士兵受伤，成为伊拉克战争以来受伤人数最多的一个月；共有66名美军士兵死亡，是5月份以来的最高单月死亡人数，但远远低于4月份创下的美军单月死亡135人的记录。自从伊拉克战争以来，共有979名美军在伊拉克死亡，大约7000人受伤。

9月4日至16日

△北约16个成员国的空军在土耳其举行代号为“北约空会”的空战演习。

9月6日

△据报道，美国海军将从10月份开始在日本海执行导弹防御系统的预警任务。届时，将有18艘军舰在日本海巡逻。

△据报道，参与研发美国国家导弹防御系统的官员与科学家认为，导弹防御计划可能促使美国必须在伊拉克、阿富汗以及里海地区设立永久军事基地。

△驻伊美军车队在伊拉克费卢杰北部地区遭到伏击。据目击者称，至少有6名美军士兵死亡，8人受伤。

△据报道，2004年4月以来，有100多名外国人在伊拉克遭到绑架，除部分人质被杀害外，大部分已获释，另有少数人质至今下落不明。

9月7日

△美军与萨德尔的伊武装人员在巴格达萨德尔城内的贫民窟激战，美军4人死亡、多人受伤，伊拉克40人丧生、200人受伤。

△越南中部的平定省发生两起越战遗留炸弹爆炸事件，炸死6人，重伤5人。

9月8日

△俄罗斯武装力量总参谋长巴卢耶夫斯基表示，俄准备对全球任何地区的恐怖分子基地进行先发制人的打击。

△俄罗斯海军北方舰队“叶卡捷琳堡”号战略核潜艇从巴伦支海水下成功试射1枚洲际导弹。

△驻伊拉克美军的一车队遭路边炸弹袭击，造成1名美军死亡。伊拉克战争以来美军在伊死亡总数达到1000人。

△印度与巴基斯坦发表的联合声明强调，两国将继续通过对话解决包括克什米尔在内的所有影响两国关系的问题。（详见《国际条约》栏有关条目）

9月9日

△中国自行研制的“长征”四号乙运载火箭在太原卫星发射中心顺利升空，将2颗“实践”六号空间环境探测卫星同时送入预定轨道。

△中日双方有关人员在黑龙江省宁安市轧钢厂，正式开始对侵华日军遗弃化学武器进行挖掘回收作业。这次作业将持续20多天。

△澳大利亚驻印尼使馆门前发生汽车爆炸，造成11人死亡，186人受伤。

△俄罗斯和德国发表关于联合反恐问题的联合声明。（详见《国际条约》栏有关条目）

△美国和俄罗斯从乌兹别克斯坦境内秘密运11公斤武器级浓缩铀到俄罗斯。

△驻伊美军首次进入伊拉克抵抗中心城镇萨迈拉。

△美国的蒙大拿、爱达荷、华盛顿和犹他等州的州长均收到一封“燃烧邮件”，所幸没有人员受伤。

9月10日

△吉尔吉斯斯坦和捷克发表深化安全合作等问题的联合声明。（详见《国际条约》栏有关条目）

△土耳其外长居尔表示，土愿在未来6个月内承担波罗的海国家领空的巡逻任务。波罗的海3国于3月29日加入北约后，其领空由北约的战机巡逻。

△海湾合作委员会内政部长会议发表关于反恐、伊拉克和巴以冲突等问题的宣言。（详见《国际条约》栏有关条目）

△据报道，哥斯达黎加宪法法庭日前命令政府撤销对美国侵略伊拉克的支持。

9月11日

△纽约各界民众以各种方式纪念“9·11”事件三周年。

9月11日晚至13日

△阿富汗赫拉特省发生反政府示威和骚乱，造成数十人伤亡，驻当地联合国机构被毁。

9月12日

△俄国防部长伊万诺夫表示，俄罗斯将独立做出有关对境外恐怖活动基地实施预防性打击的决定。

△伊拉克各地爆发激烈武装冲突，共有110名多伊拉克人被打死，200多人受伤。

9月13日

△哈尔滨航空工业（集团）有限公司在侵华日军731部队遗址区域挖出不明液体，经哈尔滨市环境监测中心站检测，不明液体有一定毒性。

9月14日

△一小撮"东突"分子纠合在美国国会大厦里，宣布成立所谓"东突流亡政府"。美国允许"东突"势力在华盛顿成立"流亡政府"，再一次显示美国在反恐上的双重标准。

△伊拉克首都巴格达一所警察局附近发生自杀性汽车爆炸，造成47人死亡，114人受伤。

9月15日

△安南在接受英国广播公司的采访时指出，美国领导发动的伊拉克战争并没有得到联合国的授权，是不合法的。

△阿富汗首都喀布尔一法院以非法拘禁和刑讯逼供罪判处乔纳森·伊德玛等3名美国人8至10年有期徒刑。伊德玛等人于2004年7月因涉嫌打着反恐的招牌，在喀布尔市内私设监狱，非法关押和拷打阿富汗人而被阿富汗当局逮捕。

△美国知名智囊团"科学与国际安全研究所"公布7张据称是伊朗某军事设施的卫星图片。该组织怀疑德黑兰政府在照片上的设施中进行非法核武开发项目。

9月16日

△北爱尔兰各主要政治派别重启新一轮和谈。（详见《军事要事》栏有关条目）

9月16日至17日

△美军在费卢杰发动代号为"精确打击"的军事行动，打击"基地"组织三号人物扎卡维领导的武装分子。

9月16日至18日

△北爱尔兰冲突各方举行为期3天的封闭式谈判。

9月17日

△委内瑞拉全国武装部队一支巡逻队在委内瑞拉与哥伦比亚边境地区遭不明身份的非法武装组织人员的伏击，造成6名军人和1名委内瑞拉石油公司的工程师死亡，两人受伤。

9月18日

△据报道，内蒙古自治区阿尔山市近年来先后发现300余枚侵华日军遗留炮弹。

△联合国安理会通过第1564号决议，要求苏丹政府采取措施改善达尔富尔地区的安全状况。（详见《国际条约》栏有关条目）

△国际原子能机构理事会在维也纳通过决议，要求伊朗中止一切与制造核武器有关的核活动。

△欧盟与美国在荷兰海牙就反恐问题举行部长级会议，双方同意加强高层磋商机制和反恐信息交流。

9月19日

△中共十六届四中全会同意江泽民同志辞去中共中央军事委员会主席职务，决定胡锦涛任主席，并充实中共中央军事委员会组成人员。（详见《军事要事》栏有关条目）

9月20日

△中央军委召开扩大会议，江泽民、胡锦涛出席会议并发表重要讲话。

△澳大利亚总理在电台发表讲话时表示，澳大利亚计划组建数支由警察组建的飞行纵队，对邻近国家可能发生的恐怖袭击事件采取"先发制人"的打击。

△美国总统布什签署命令，解除对利比亚的全部经济制裁。命令从2004年9月21日起生效。

9月20日至22日

△《禁止化学武器公约》第二届亚洲地区国家履约机构会议在北京召开。来自32个国家的约130名代表出席会议。

9月20日至10月1日

△罗马尼亚和英国空军首次在罗东部地区举行联合军事演习。

9月21日

△叙利亚军队开始从黎巴嫩首都贝鲁特周围地区向东部的黎叙边境撤离。9月23日驻黎叙军完成重新部署。（详见《军事要事》栏有关条目）

△据报道，美国将向以色列出售5000枚智能炸弹。一位不愿透露姓名的以色列高级安全官员称，这些炸弹可以帮助以色列对付伊朗或叙利亚。

9月22日

△中国常驻联合国代表王光亚大使在纽约联合国总部向联合国秘书长交存了中国加入《联合国人员和有关人员安全公约》的加入书。

△中国和吉尔吉斯斯坦发表关于边界和反恐等问题的联合公报。（详见《国际条约》栏有关条目）

△美国1架"黑鹰"直升机在伊拉克南部地区坠毁，3名机组人员受伤。

△美军飞机和坦克对伊拉克首都巴格达萨德尔区的伊拉克反美武装发起进攻，打死10人，打伤92人。

△耶路撒冷北部的一个公共汽车站发生自杀式爆炸，造成至少1人死亡，15人受伤。

9月23日

△上海合作组织成员国政府首脑理事会发表联合公报指出，该组织秘书处和地区反恐怖机构分别在北京和塔什干全面启动。

9月24日

△为表彰和肯定中国赴利比里亚民事警察大队在维和行动中的贡献，联合国驻利比里亚特派团授予全体25名中国维和警察联合国和平勋章。

△国际原子能机构通过加强核安全等问题的决议。（详见《国际条约》栏有关条目）

△保加利亚、阿尔巴尼亚、马其顿三国的国防部长和总参谋长在索非亚会晤，并签署一项三边军事合作协定。

△德国联邦议院通过了旨在防止恐怖分子袭击的空中安全法案。

9月25日

△来自16个国家的60余名军队领导人、军事观察员和驻华武官观摩了我军举行的代号为“铁拳-2004”的军事演习。这次演习是我军举行的迄今规模最大的对外展示军事演习。（详见《军事要事》栏有关条目）

△塔利班武装分子对阿军3处安全哨卡发动袭击，9名阿富汗士兵在袭击中身亡。

△中央军委在北京八一大楼隆重举行晋升上将军衔仪式。这次晋升上将军衔的高级军官是：中央军委委员、海军司令员张定发，中央军委委员、第二炮兵司令员靖志远。

△塔利班武装分子在阿富汗南部发动袭击，打死了9名阿富汗士兵。

9月26日

△以色列司法部公布了单边行动计划执行草案，其中包括有关定居者获得补偿金的规定等150多项条款。

△美军对位于巴格达东部的什叶派贫民区萨德尔城发动袭击，导致至少2人死亡，46人受伤。

△据报道，哥伦比亚军政府军最近两天在哥伦比亚中部和东部地区进行的军事行动中共击毙13名准军事组织成员，抓获51人，39人投降。

9月27日

△中国第20颗返回式科学与技术试验卫星在酒泉卫星发射中心发射升空。

△驻伊拉克美军巡逻队在巴格达北部遭袭击，2名士兵死亡、2人受伤。美军在伊拉克伤亡人数超过1040。

△据报道，1名在伊拉克被绑架的埃及人质获释。2004年以来已有来自20多个国家的约140名公民在伊拉克遭绑架，其中至少有26人已经证实被绑架者杀害。

△据报道，6名阿尔及利亚民兵遭恐怖分子袭击身亡。

9月28日

△据报道，9月7日在伊拉克被绑架的2名意大利女人质获释。

△驻伊拉克英军车队在巴士拉城附近遭到伏击，2人死亡。伊拉克战争以来，已有67名英军人员在伊拉克丧生。

△4颗炸弹同时在土耳其4个城市发生连环爆炸，造成1人受伤。袭击目标是英国汇丰银行在土耳其的分支，以及土耳其—美国协会。

9月28日至10月4日

△美国和俄罗斯海军在北海举行代号为“北方鹰”的联合军事演习。这是美军与俄北方舰队首次举行联合演习。

9月29日

△以色列军队入侵巴勒斯坦加沙地带，发动了一场巴以之间4年来最血醒的冲突。这次军事行动的代号为“赎罪日”。

△京都劳工诉讼案二审结审，6位中国原告（二战劳工）与日本冶金工业株式会社达成部分和解。由日本冶金工业公司向原告方支付总计2100万日元（约合155万元人民币）的赔偿金。

△据报道，以色列国防部长莫法兹日前称，以色列将考虑采取“一切措施”，阻止伊朗拥有核武器。伊朗官员称，为了击退以色列或者美国发动的军事攻击，伊朗将采用“不对称作战”原则。

△在阿北部城市昆都士的国际安全援助部队德军营地遭到火箭弹袭击，4名士兵受伤。

9月30日

△第十六届中美经济联委会在华盛顿举行会议并发表联合声明。声明表示，双方将继续在全球层面上展开反恐怖融资和反洗钱方面的合作。

△伊拉克首都巴格达发生多起自杀性汽车炸弹袭击事件，至少45人死亡，200多人受伤，其中包括4名美国士兵。

△以色列军队入侵加沙地区杰巴利亚难民营，与巴勒斯坦武装人员发生激战，造成28名巴勒斯坦人死亡，131人受伤，创下了30个月来巴勒斯坦人单日死亡人数新记录，以军5人在冲突中死亡。

△德国联邦议院批准将德国驻阿富汗维和部队的任期再延长1年。

△欧盟25国司法和内政部长与美国司法部长在荷

兰海牙举行会谈，同意进一步加强反恐和司法合作。

10　月

10月1日

△新修订的中国《军人抚恤优待条例》正式实施。

△驻伊拉克美军“秋季攻势”开始。

△韩国驻伊拉克部队正式开始在伊东北部执行军事任务。

△北约向阿富汗增派2000多名军人，以确保即将举行的阿富汗总统选举安全顺利进行。

△俄罗斯所有机场进一步严格对乘客登机前的安全检查。

△巴基斯坦东部靠近印控克什米尔的城市锡亚尔科特的一座什叶派清真寺发生爆炸，造成31人死亡50人受伤。

△据报道，巴基斯坦安全部队在近期发动的军事行动中已经击毙了约100名“基地”组织分子。

△以色列战机“定点清除”2名巴勒斯坦武装人员。

10月2日

△巴勒斯坦内阁发表声明说，由于以色列在加沙地带采取大规模军事行动，巴勒斯坦内阁决定巴勒斯坦自治领土进入“紧急状态”。

△驻伊拉克美军官员称，在过去两天，美军和伊拉克部队对反美武装控制的萨迈拉发起的攻击行动中，共打死125名反美武装人员，俘获88人。

△海地警察与前总统支持者在首都太子港发生流血冲突，造成14人死亡。

10月2日至3日

△印度东北部发生8起以爆炸和枪击为主要手段的恐怖骚乱事件（那加兰邦3起、阿萨姆邦5起），造成81人死亡，211人受伤。

10月3日

△以色列军队9月29日开始“赎罪日”军事行动以来，造成60余名巴勒斯坦人死亡、200多人受伤，以军2人死亡、8人受伤。

△正进行“秋季攻势”的美军取得萨迈拉城的控制权。

△西班牙和法国警方采取联合行动，逮捕了21名“埃塔”组织成员。

△巴基斯坦的18名记者进入印控克什米尔地区访问，成为1947年印度和巴基斯坦分治以来首批进入印控克什米尔地区采访的巴基斯坦记者。

△黎巴嫩两个主要的穆斯林什叶派政党“阿迈勒”运动和真主党的支持者在黎南部发生冲突，造成5人受伤。

△科特迪瓦和塞拉利昂发表关于安全合作等问题的公报。（详见《国际条约》栏有关条目）

10月4日

△联合国安理会就要求以色列从加沙撤军问题进行了讨论。

△日本首相小泉纯一郎的智囊机构“安全保障与防卫力量恳谈会”向小泉递交了一份报告，敦促日本政府调整目前以“专守防卫”为主要目标的日本安全保障战略。

△据报道，驻伊拉克的波兰军队已有13人丧生。

△据报道，2004年以来有来自20多个国家的约140名外国人在伊拉克遭绑架，其中有近30人被杀害。

△哥伦比亚军方发表公报说，政府军已于近日在哥南部开始实施“爱国者计划”第二阶段行动，继续清剿国内最大的反政府游击队组织“哥伦比亚革命武装力量”。“爱国者计划”是哥政府2004年初制定的，第一阶段行动于9月初结束。在第一阶段中，政府军共击毙游击队组织167人，逮捕123人，遣散38人。

△据报道，1名英国恐怖组织嫌疑人日前在受审时承认，他曾试图制造“脏弹”，并计划对英国发动恐怖袭击。

10月5日

△联合国安理会再次举行会议，讨论因以色列军队近来在加沙地带采取军事行动引发的新一轮中东冲突。

△一名以色列军官称，以军以“涉嫌参与恐怖活动”为由，逮捕了13名联合国雇员。

△阿富汗1辆警车在阿南部触雷，车上7名警察被炸身亡。

△据报道，全球难民人数从2001年1月的2180万人降到2004年初的1710万人。

△联合国驻科索沃国际法庭开始审判前阿尔巴尼亚族非法武装“科索沃解放军”的5名成员。

10月5日至8日

△国际刑警组织在墨西哥海滨城市坎昆举行第73届国际刑警组织大会，讨论打击跨国犯罪和恐怖活动等问题。

10月6日

△伊拉克武器核查小组组长、美国首席武器检查官迪尔费尔向国会递交了一份核查报告。（详见《军事要事》栏有关条目）

△联合国驻加沙办事机构公布的报告显示，自从9月28日以军在加沙展开“赎罪日”军事行动以来，共

有82名巴勒斯坦人被打死。2004年平均每月有大约45名巴勒斯坦人丧生。加沙地带巴勒斯坦人的贫困人数所占比例已经上升到了72%。

△几内亚（比绍）部分军人发生哗变，经过谈判，7日事态平息，哗变军人返回军营。（详见《军事要事》栏有关条目）

△刚果（金）东部边境地区发生针对联合国特派团的冲突，一些联合国人员在冲突中受伤。

△驻海地联合国维和部队和海地临时政府军警与海地前总统阿里斯蒂德的支持者在太子港发生武装冲突，19人在冲突中丧生。

△国际刑警组织官员索尔·埃尔南德斯说，目前还没有确凿证据证明中美洲存在“基地”组织恐怖分子。此前，美国情报部门曾表示，“恐怖分子正逐步渗入中美洲，试图以中美洲作为袭击美国的新基地”。

10月7日

△巴基斯坦中部城市木尔坦发生两起炸弹爆炸事件，导致36人死亡100余人受伤。

△伊斯兰会议组织成员国议会联盟发表关于反恐、巴以冲突和伊拉克等问题的宣言。（详见《国际条约》栏有关条目）

△伊拉克什叶派穆斯林反美派别领导人萨德尔的1名高级助手什迈塞姆宣布，萨德尔领导的武装人员将有条件同意解除武装，以此作为争取和平的努力之一。

△埃及西奈半岛东南部城市塔巴及其附近的两处旅游景点发生三起爆炸事件，造成35人死亡，160多人受伤，死伤者多为正在那里度假的以色列人。

△委内瑞拉国防委员会官员宣布，针对与哥伦比亚交界地区不断发生暴力事件，委将增加委哥边界地区的军事存在。

△据尼日利亚政府公布，2001年以来，在该国中部高原州不断发生的部落冲突中，已造成5.3万人死亡，约20万人流离失所。

△哥伦比亚右翼准军事组织“哥伦比亚联合自卫军”表示，将在2004年底前遣散约3000名成员，以显示与政府进行和谈的诚意。

△国际刑警组织指出，“基地”组织有可能从巴西、阿根廷和巴拉圭三国交界地区生产的盗版产品的交易中得到资金。

10月8日

△中国和越南发表关于边界和地区和平等问题的联合公报。（详见《国际条约》栏有关条目）

△据报道，美国国防部最近已通知台湾，美国同意出售高速反辐射导弹（HARM）。

△联合国安理会一致通过由中、美、法、英、俄5个常任理事国和德国、西班牙、罗马尼亚共同提出的关于反恐问题的决议。（详见《国际条约》栏有关条目）

△印度尼西亚驻法国大使馆外发生炸弹爆炸事件，使10人受伤，其中4人为使馆工作人员。

△北约组织批准向伊拉克派遣300名教官帮助训练伊拉克部队的计划。

△以军在加沙地区又打死3名巴勒斯坦人。以军展开代号为“赎罪日”的大规模军事行动以来，已造成88名巴勒斯坦人死亡。

10月9日

△第五届亚欧首脑会发表关于反恐和不干涉别国内政等问题的主席声明。（详见《国际条约》栏有关条目）

△阿富汗举行总统直接选举，卡尔扎伊当选总统，久经战乱的阿富汗迎来重建新的开端。（详见《军事要事》栏有关条目）

△印度分离主义组织“博多民族民主阵线”宣布单方面停火半年。

△印控克什米尔地区发生一起自杀式汽车爆炸事件，造成4名印度军人和1名平民死亡，25人受伤。

△在巴格达的萨德尔武装分子同伊拉克临时政府和美军达成协议，他们将从10月11日开始解除武装。

10月10日至14日

△澳大利亚海军舰队（由“安扎克”号导弹护卫舰和“海鹰”舰组成）访问青岛。14日，与中国海军在青岛附近海域举行了联合海上搜救演习。（详见《军事要事》栏有关条目）

10月11日

△以色列军用飞机12次入侵黎巴嫩领空。联合国驻黎代表发表声明，对以军用飞机频繁侵犯黎领空深表担忧。

10月11日至12日

△欧盟在卢森堡举行外长会议。会议讨论了前南国际法庭、非洲大湖地区局势、解除对利比亚的武器禁运等问题。会议决定解除欧盟对利比亚长达18年的武器禁运。

10月12日

△3名美军士兵在路边炸弹袭击中身亡。美国国防部统计，已有1072名美军在伊拉克死亡。

△泰国南部发生多起暴力袭击事件，造成2人死亡，7人受伤。2004以来，泰国南部暴力事件不断，已造成300多人死亡。

△巴基斯坦成功试射了1枚“哈特夫-5”型（又称

“高里”）中程弹道导弹。

10月13日

△驻伊拉克美军发生18名预备役士兵拒绝执行危险任务的事件。

10月14日

△中国和俄罗斯发表关于两国边界、打击恐怖主义、防止外空武器化等问题的联合声明。（详见《国际条约》栏有关条目）

△中俄外长签署《中俄国界东段的补充协定》，标志着中俄4300公里边界问题彻底解决。

△搭载2名俄罗斯宇航员和美国华裔宇航员焦立中的“联盟TMA-5”载人飞船在哈萨克斯坦的拜科努尔发射场成功发射。

△据报道，自从美英联军推翻萨达姆政权以来，已经有超过150名外国人在伊拉克被绑架，其中30人遇害，遇害大多数人都是为美军工作或与美军有关系的人。

△以色列总理沙龙决定，以军从位于加沙地带北部的杰巴利耶难民营撤出，但持续了两周的“赎罪日”军事行动将继续进行。

△尼泊尔反政府武装宣布，该组织将在10月20日到28日的印度教达萨因节期间暂停“一切武装行动”。

10月14日至23日

△美军收缴萨德尔城居民和支持萨德尔的什叶派民兵的武器。每件武器支付50到1000美元不等的费用。共收缴了超过1.8万件武器和其他装备，为此支付了大约500万美元。

10月15日

△以军撤离加沙北部，为期17天的“赎罪日”军事行动宣告结束。以军以制止巴武装人员用卡桑火箭发动袭击为由，于9月29日在加沙北部发起“赎罪日”行动以来，共造成110多名巴勒斯坦人死亡，其中将近一半是平民。

10月15日至16日

△斋月的前两天驻伊拉克美军共有6名士兵在不同事件中死亡，另有4名士兵受伤。

10月16日

△阿富汗南部发生炸弹袭击，造成2名美军士兵丧生，3名美军士兵受伤。

△墨西哥北部工业城市蒙特雷市发生地铁爆炸事件，造成14人受伤。

10月17日

△中国维和主力部队95人抵达海地太子港，加上9月18日先遣队的30人，共有125人。这是中国第一支赴国外执行维和任务的防暴队伍。中国已向联合国6个维和任务区（东帝汶、波黑、利比里亚、阿富汗、科索沃和海地）派遣了维和警察297人次。

△据报道，英国首相布莱尔已经和美国总统布什达成秘密协议，准许美国反导拦截系统在英国部署。

△伊拉克反美武装“统一和圣战组织”表示效忠“基地”组织，并称两个组织已经就战略联合问题达成一致，以“共同御敌”。

△肯尼亚首都内罗毕的威尔逊机场发生爆炸，2人受伤。

10月18日

△法国警方宣布，他们在西班牙分裂组织“埃塔”位于法国西南部巴斯克地区的武器藏匿地点缴获了大批军火。

△尼泊尔政府宣布，接受反政府武装提出的在印度教达萨因节期间停火的建议，并表示政府方面在停火期间不会主动发动军事攻击。

10月19日

△伊拉克官员称，武装分子在巴格达北部对伊国民卫队总部发动迫击炮袭击，造成100多名伊拉克人伤亡。

△联合国安理会特别会议通过了关于苏丹问题的决议。（详见《国际条约》栏有关条目）

△海地官员说，美国已取消对海地实施13年的武器禁运。

10月20日

△驻阿富汗美军1架直升机在阿富汗西部坠毁，造成1死2伤；两辆美军军车在阿东南部遭到炸弹袭击，3名美军和1名当地翻译受伤。

10月21日

△据韩国联合通讯社报道，韩国民主劳动党国会议员赵承洙在记者招待会上说，“韩国原子能研究所在上个世纪80年代中期，曾用从美国进口的贫铀，在没有向国际原子能组织申报的情况下，5年间每年开发了数百公斤用于制造贫铀弹弹头的金属铀”。

△据报道，印度已经与俄罗斯达成协议，租借俄制“阿库拉-2”级（971型）攻击核潜艇，租期为10年。

10月22日

△中国外交部长李肇星在哈萨克斯坦阿拉木图举行的“亚信”外长会议上呼吁，亚洲各国树立新的安全观，共同打击恐怖主义。

△据报道，美国政府重新评估了伊拉克的反美武装，总人数在8000到12000人之间。

△联合国驻海地特别代表巴尔德斯说，联合国近期

将向海地增派维和部队。到11月底，联合国在海地执行维和任务的军队将达6200人。

10月23日

△美国海军首艘最新型攻击核潜艇“弗吉尼亚”号服役。

△一支驻伊拉克美军巡逻队在巴格达街头巡逻时遭路边炸弹袭击，6名美军士兵受伤。

△巴西成功发射1枚科学探测火箭。这是巴西2003年8月发生运载火箭爆炸事故后首次发射火箭。

10月23日至24日

△土耳其东北部和东南部地区发生了爆炸事件，造成2名土耳其士兵死亡、10人受伤，输油管道遭毁坏。

△英国《商业周刊》报道，美官员表示，如果中方将“伽利略计划”的卫星用于军事目的，美方会将其击落。对此，中国外交部发言人批驳说，中欧“伽利略计划”合作完全是民用导航计划和民用导航产业的合作。有关计划将可能被用于军事目的的假设，是非常可笑的。

10月24日

△据报道，美国中央情报局在过去的6个月中已经将10多名囚犯从伊拉克境内转移到了外国。一些专家指出，这种行为违背了国际法。

△美军和伊拉克国民卫队士兵开始在萨德尔城展开联合军事行动，搜查10月14日至23日期间未按协议如期上缴的武器。

△在巴格达东北部巴古拜以南地区发现了49具伊拉克新兵的尸体。“基地”组织头目扎卡维领导的激进组织宣称对49名伊拉克新兵被杀害事件负责。

△1名美国国务院职员在巴格达机场附近遭迫击炮弹袭击身亡，他是伊拉克战争以来首位在伊被害的美国外交官员。

△伊拉克武装分子绑架了1名7岁的黎巴嫩男孩。至此，已有超过150名外国人在伊拉克遭绑架。

△一群武装分子在阿尔及利亚莫迪亚省开枪打死16人。

△按照渥太华公约的要求，哥伦比亚政府销毁了8200多枚地雷。

10月24日夜至25日晨

△以色列军队大规模入侵加沙地区，造成14名巴勒斯坦人丧生，30多人受伤。据报道，此前有3名以色列士兵被打死。

10月25日

△中日在北京举行东海问题磋商。

△泰国南部那拉提瓦府爆发一场由示威演变成的骚乱。在骚乱中，6人被打死，10多人受伤，1300多人被捕。

△印度和缅甸签署“非常规安全事务合作谅解备忘录”。

10月26日

△韩美正式签署有关驻韩美军龙山基地迁移的《基本协议书》、《履行协议书》以及《联合土地管理计划修改案》等三个协定。

△日本、美国、法国和澳大利亚在日本相模湾海域举行联合海上演习，演练拦截运送大规模杀伤性武器的船只。

△苏丹全国议会同意非盟向苏丹西部达尔富尔地区增派观察员和部队，以监督冲突各方执行停火协议。

△秘鲁外长向媒体表示，准备把秘鲁与智利的海疆划分问题提交国际法庭解决。（详见《军事要事》栏有关条目）

10月27日

△十届全国人大常委会第十二次会议通过了中国与塔吉克斯坦关于打击恐怖主义、分裂主义和极端主义的合作协定。从2003年4月起，全国人大常委会已经先后批准了中国与吉尔吉斯斯坦、哈萨克斯坦、乌兹别克斯坦三国签署的关于打击“三股势力”的合作协定。

△上海市举行首次反恐怖综合演练。

△印度和孟加拉国两国边界哨兵因居民过境问题发生交火，但没有造成人员伤亡。

△印度成功试射了1枚国产“大地-3”型短程战术导弹。

△据报道，在北约驻波黑维和部队于2004年12月2日撤出波黑和欧盟维和部队进驻波黑后，美国将继续在波黑保留一定数量的军人。

10月28日

△中国与泰国举行中泰第三次防务安全磋商。

△据英国医学杂志《柳叶刀》报道，自2003年3月伊拉克战争以来，已有约10万名伊拉克人非正常死亡。

△3名参与阿富汗总统选举组织工作的联合国外籍人员，在喀布尔被一伙不明身份的武装分子绑架。

10月29日

△“基地”组织领导人本·拉登在半岛电视台发表录像讲话，威胁将对美国发动新的袭击。

△美国空军太空司令部称，美国空军的称为“反通信系统”的新型太空武器系统已交付使用。

△据报道，利比里亚已有9万多名前战斗人员解除武装，解除前战斗人员武装的工作将于10月31日正式

结束。

10月30日

△驻伊拉克美军发表新闻公报说，美军在伊拉克中部的安巴尔省执行任务时遭到袭击，8人死亡、9人受伤。自伊战爆发以来，已有858名美军士兵在伊拉克遇袭身亡，另有200多名士兵死于非战斗性事故。

10月31日

△由美国主导管辖半个多世纪的朝鲜半岛南北军事分界线板门店南方一侧共同警备区的警备任务，由韩国军方接管。

11月

11月1日

△ 据报道，韩国海军多艘战舰向朝鲜舰艇开炮。

△以色列特拉维夫发生自杀式袭击事件，造成3名以色列人死亡、32人受伤。

△印度海上警备队和日本海上保安厅在印度孟买海域附近举行“防范海盗及海上恐怖活动”联合演习。

11月2日

△据报道，已有150多名外国公民在伊拉克遭绑架，其中至少33人被杀害。

△安理会发表主席声明，敦促几内亚（比绍）各派别停止武装冲突。

11月3日

△印度成功试射了1枚“布拉莫斯”超音速巡航导弹。

△利比里亚政府军和反对派武装举行解除反对派武装进程结束仪式。（详见《军事要事》栏有关条目）

11月3日至7日

△国际原子能机构核查组对韩国进行第三次核核查。前两次核查是2004年8月和9月进行的。

11月4日

△3名驻伊美军遭袭击死亡，伊战以来美军死亡人数升至1122人。

△3名英军遭袭击死亡，在伊拉克死亡的英军人员增至73人。

11月4日至6日

△首届东盟地区论坛安全政策会议在北京召开。（详见《军事要事》栏有关条目）

11月5日

△美军在伊拉克费卢杰城外集结重兵，对费卢杰的总攻可能即将打响。

△联合国秘书长安南致信美、英、伊三国领导人说，对费卢杰动武可能会进一步丧失民心，从而影响2005年1月大选的公信度。

11月5日至6日

△德、法、英3个欧盟大国代表在巴黎同伊朗代表举行了第三轮专家级会谈，就伊核问题达成一项“初步协议”。前两轮会谈是10月21日和27日在维也纳举行的。

11月6日

△ “中国资源二号”03星从太原卫星发射中心升空。

△美伊军队在费卢杰外围加紧军事部署。

△伊拉克萨迈拉市发生4起汽车炸弹爆炸事件，造成37人死亡，62人受伤。

△科特迪瓦政府军轰炸在科执行维和任务的一支法国部队，造成法军9人死亡，23人受伤。7日，法国国防部发表声明说，法国驻科特迪瓦部队已击毁或破坏科政府军2架战斗机、5架武装直升机和1架运输直升机，科空军力量已遭到毁灭性打击。

11月7日

△印度试射1枚“德哈努什”舰对舰导弹。此种导弹可携带核弹头。

11月8日

△凌晨，10000多名美军和2000多名伊拉克临时政府部队开始攻打伊拉克重镇费卢杰，行动代号为“幻影愤怒”。

△美国一位联邦法官判决说，布什总统在“9·11”事件后授权国防部在关塔那摩美国海军基地成立的特别军事法庭不合法。

△越南国防部清除炸弹和地雷中心的官员称，1枚重达5.5吨的美制炸弹被引爆。自1975年越战结束以来，被遗留爆炸物炸死的人超过3.8万，大约10万人受伤。

11月9日

△伊拉克反美武装人员袭击了伊拉克东部巴古拜城附近的3个警察局，造成45人死亡。

△伊朗国防部长阿里·沙姆哈尼中将对记者说，伊朗可以生产大量“流星-3”中程弹道导弹。

△苏丹政府与反政府武装的代表签署了一项和平协议，结束双方持续已久的敌对状态。（详见《军事要事》栏目有关条目）

11月10日

△驻伊拉克美军宣布，在攻打费卢杰的战斗中已有11名美军士兵和两名伊军士兵死亡。伊拉克战争以来，已有1142名美军士兵在伊拉克死亡，其中880人死于各

种战斗和袭击。

△据美联社报道，伊拉克战争以来，美军死亡人数已达到1145人（比美国国防部公布的人数多3人）。联军死亡人数是：英国74人死亡；波兰13人；西班牙11人；乌克兰9人；保加利亚7人；斯洛伐克3人；爱沙尼亚、泰国和荷兰各2人；丹麦、萨尔瓦多、匈牙利和拉脱维亚各1人。

11月10日至13日

△挪威和平特使索尔海姆访问斯里兰卡，为结束斯内战进行新一轮和平斡旋。

11月11日

△巴勒斯坦民族权力机构主席阿拉法特去世，以美国为首的有关方面加快推进重启巴以和谈步伐，巴以和平进程面临新的机遇。（详见《军事要事》栏有关条目）

△据报道，驻伊拉克美军和伊临时政府部队攻打费卢杰以来，已有大约600多名反美武装人员被打死。五角大楼称，共有18名美军官兵死亡，69人受伤。伊拉克新军5人死亡，34人受伤。驻伊美军平均每天都有大约100名伤员被空运到设在德国的美军医院治疗，比以往高出了一倍以上。

11月12日

△科特迪瓦阿比让国际机场在关闭5天之后重新开放，科持续多日的反法示威和骚乱基本停息。

△俄罗斯国防部长伊万诺夫宣布，俄国防部所属空降兵和海军陆战队将在年底前从车臣撤军1000人。目前，俄国防部在车臣驻扎有1万名特种部队和1.5万摩托化步兵，俄内务部在车臣的驻军为2.8万人。

11月13日

△伊拉克临时政府宣布，重新夺回费卢杰控制权的大规模军事行动已经结束。美伊军队共打死了1000多名武装人员，俘获了约200人。

△驻伊拉克美军称，在费卢杰南部地区遭到了来自叙利亚、车臣等地的外国武装人员的殊死抵抗，在战斗中击毙了约100名敌人。

△据报道，美军枪杀1名受伤的伊拉克战俘。这名战俘“看起来没有武器,也不构成任何威胁”。

△包括“基地”组织3号人物扎卡维的组织在内的10余个反美武装组织发表联合声明宣布，它们要把费卢杰的反美战斗延伸到伊拉克的各个角落。

△泰国南部穆斯林聚居地区发生3起炸弹爆炸事件，造成16人受伤。2004年以来，在泰南分离主义分子的叛乱活动中，已有540多人丧生。

11月14日

△据报道，美国科学家目前正在研制一种速度快得令人难以相信的新型超音速巡航导弹。这种新型导弹一旦研制成功，能够在两个小时之内击中地球上的任何目标。

△美军官员称，已攻占了费卢杰全城，攻打费卢杰的全部军事行动结束。

△美军方称，在费卢杰军事行动中，已有31名美军士兵和6名伊拉克士兵被打死。

△伊朗最高国家安全委员会秘书哈桑·鲁哈尼宣布，伊朗同意中止几乎全部与铀浓缩有关的活动。

11月15日

△驻伊美军向费卢杰又发起新一轮进攻。

△驻伊拉克美军宣布，在费卢杰进行的军事行动中，美军共有38人死亡、275人受伤，反美武装有1200多人被击毙。

△韩国国防部宣布，为“构筑自主国防”，韩国今后将每年大幅度增加国防开支，年均增幅将达到11%。

△联合国安理会一致通过决议，决定对战乱中的科特迪瓦实行武器禁运。

11月16日

△驻伊美军宣布，美军已经完全占领并控制了费卢杰。自11月8日发起“幻影愤怒”行动后，反美武装1000多人被打死、1000多人被抓获；美军38人死亡、320人受伤；伊拉克政府军6人死亡、28人受伤。

△美军方称，美军和伊拉克政府军对伊北部重镇摩苏尔展开夺回该城市控制权的军事行动。

△美国防部称，美军在11月份已有至少91人死亡。美军在伊拉克战争中的死亡人数已达1210人。

△美国国家航空航天局在加利福尼亚州附近的太平洋海域上空对其研制的无人驾驶X-43A极速飞机进行最后一次试飞，此次飞行速度创纪录地超过每小时7000英里（约11265公里），大约是音速的10倍。

11月17日

△印度军队开始削减驻克什米尔的武装力量，预计有4万印军将撤出克什米尔，其中首批2000人已开始后撤。

△印度总理辛格在记者招待会上说，印度不会接受巴方10月25日提出的重划或细分边界的提议。

△尼泊尔政府军与反政府武装在班凯县发生激战。反政府武装上百人被打死，政府军8人被打死、10多人受伤、21人失踪。1996年以来，在尼泊尔反政府武装同政府军发生的武装冲突中，已有1万多人死亡。

△伊拉克工业城市拜伊吉发生一起汽车炸弹爆炸事件，造成10名伊拉克人死亡，20人受伤。

11月18日

△以色列军队在加沙南部与埃及接壤地带打死3名埃及士兵。埃及外长盖特发表声明，对以提出“强烈抗议和谴责”。

△美方称，在美伊军队进攻费卢杰的战斗中，已有51名美军士兵和8名伊拉克士兵丧生，425名美军和43名伊拉克士兵在战斗中受伤，大约有1200名武装分子被击毙，1025人被擒获。

11月19日

△据报道，美、伊军队在伊拉克费卢杰战事结束后，有约1200名美军、1600名伊拉克士兵对摩苏尔进行扫荡。

△联合国安理会召开的苏丹问题特别会议，一致通过了有关苏丹的决议，敦促苏丹各方尽早签署最终和平协议，并呼吁国际社会对苏丹提供必要支持。

△苏丹政府与南部反政府武装苏丹人民解放运动签署初步协议，双方承诺在2004年底前结束内战。

11月19日至20日

△由联合国和非洲联盟共同举办的首届非洲大湖地区和平与发展首脑会议在坦桑尼亚首都达累斯萨拉姆举行。

11月20日

△驻伊拉克美军称，美军一支巡逻队在巴格达遭到反美武装伏击，造成1名美军死亡、9名受伤。

△据美联社报道，伊拉克战争开始以来，至少有1221名美军士兵在伊拉克战争中死亡。其中946名士兵是被伊拉克方面打死的。

△驻伊美军在伊中部地区向1辆民用客车开枪扫射，打死7名平民。

△非洲大湖地区国家发表促进本地区安全的宣言。(详见《国际条约》栏有关条目)

11月20日至21日

△尼泊尔政府军与反政府武装在尼西部地区发生激烈交火。据军方官员说，冲突至少造成16名反政府武装人员死亡，10名政府军士兵丧生。

11月21日

△据报道，自2004年1月以来，泰国南部那拉提瓦、北大年和也拉3个府持续发生暴力事件，已造成593人死亡。

△据美联社报道，在派兵前往伊拉克作战的各国中，美军死亡人数（1221人）居首位。其他国家的死亡人数是：英国73名；意大利19名；波兰13名；西班牙11名；乌克兰9名；保加利亚7名；斯洛伐克3名；爱沙尼亚、泰国和荷兰各2名；丹麦、匈牙利和拉脱维亚各1名。

△据报道，美国将用5年时间在欧洲至少部署10枚反导弹导弹。

11月22日

△伊拉克周边国家外长会议在埃及红海旅游胜地沙姆沙伊赫举行。会议主要讨论伊拉克周边国家帮助伊拉克尽快恢复国内安全与稳定问题。

△斯里兰卡东部泰米尔伊拉姆猛虎解放组织（猛虎组织）控制区发生地雷爆炸事件，造成至少10人死亡，12人受伤。

△美国国防部宣布，在伊拉克受伤的3名美军不治身亡，美军11月份在伊拉克的死亡人数已达到101人，仅次于4月份全月135人死亡的纪录。美军在费卢杰战斗中死亡的人数至少已经达到54人。伊拉克战争以来，驻伊美军的死亡人数已达1220人。

△欧盟国防部长会议决定，2007年前组建13个快速反应战斗小分队。（详见《军事要事》栏有关条目）

11月22日至24日

△美军在太平洋地区举行打击多个水面移动目标的军事演习。

11月23日

△伊拉克问题国际会议发表关于伊拉克重建等问题的公报。（详见《国际条约》栏有关条目）

△继进攻费卢杰和摩苏尔之后，驻伊美军、英军和伊拉克武装部队在巴格达以南发动了代号为“普利茅斯罗克行动”的第三次大规模军事行动。

△据报道，美国已经原则同意许可日本公司生产美国研制的PAC-3型“爱国者”导弹，用于日本的导弹防御系统。

11月24日

△美国国务院的1名官员在伊拉克首都巴格达绿区内的伊政府大楼附近被枪杀。

11月25日

△埃塞俄比亚总理梅莱斯表示，埃政府原则上接受埃厄边界委员会在2002年做出的两国边界划分的仲裁。

△哥伦比亚右翼准军事组织“哥伦比亚联合自卫军”的452名成员在西北部安蒂奥基亚省图尔沃市郊区向政府代表缴械投诚。

11月26日

△美军进入伊拉克费卢杰一住宅时遭到反美武装的伏击，造成美军2人死亡、3人受伤，美军在还击中打死了3人。

△伊拉克国务部长达乌德称，美伊联军已在费卢杰打死2000多人，1600多人被捕。

△印度成功试射1枚地对空导弹。

△印控克什米尔地区发生一起爆炸袭击事件，造成4人受伤。袭击者是一条身上绑着炸药的狗。据报道，自从1989年印控克什米尔出现武装袭击活动以来，已有大约4.5万人在各种暴力冲突中丧生。

11月28日

△据报道，美军中央司令部司令阿比·扎耶德日前在接受媒体采访时警告伊朗不要无视美国的军事力量。

△大约1万名印度尼西亚人在首都雅加达举行示威，抗议美军对伊拉克城市费卢杰发动的进攻。

11月28日至12月3日

△《渥太华禁雷公约》第一次审议大会在内罗毕举行。来自世界143个国家的上千名代表出席了会议。

11月29日

△国际原子能机构决定，不将伊朗核问题提交联合国安理会讨论，伊朗核危机暂趋缓和。（详见《军事要事》栏有关条目）

△我全军士兵开始换发新式服装，我军被装装备水平又有新的提高。

△伊拉克拉马迪市内一所警察局遭自杀式汽车炸弹袭击。爆炸造成12人死亡，10人受伤。

△美国防部宣布，2名美军士兵在巴格达发生的爆炸事件中死亡。伊拉克战争以来，美军在伊拉克的死亡人数达到了1251人。

11月30日

△美军车队在伊北部拜伊吉镇附近遭汽车炸弹袭击，造成7名伊拉克平民死亡，包括2名美军士兵在内的20人受伤。

△美联社报道，11月份美军在伊拉克的死亡人数达到135人。伊拉克战争以来，美军在伊拉克的死亡人数为1255人。

△印度成功试射了1枚地对空导弹。

12　月

12月1日

△我军更换军车号牌。新军车号牌外观醒目，且采用了多项高技术手段。

△美国国防部官员透露，在2005年1月份伊拉克举行全国大选前，五角大楼将临时性向当地增派1.2万名官兵，从而将驻伊美军总兵力提高到15万左右。

△驻伊美军对巴格达南部“死亡三角”地区进行的为期9天的军事行动（“普利茅斯罗克行动”）结束。美军在行动中共逮捕200余名武装人员，并重新获得对这一地区的控制权。

△美国军方透露，在费卢杰战役中，美军阵亡人数为71人。

△据报道，印度前不久公布了新的战争条令。（详见《军事要事》栏有关条目）

△索马里过渡政府总理阿里·穆罕默德·格迪任命了内阁中的27名部长，为这个饱经战乱的国家结束13年的无政府状态迈出了重要一步。

12月2日

△欧盟与北约在萨拉热窝举行波黑维和任务交接仪式，这标志着欧盟驻波黑多国稳定部队正式取代了北约驻波黑多国稳定部队在波黑的军事使命。（详见《军事要事》栏有关条目）

△古巴宣布将举行一次大规模的防务演习，以防备美国的攻击。

△索马里中部地区发生大规模武装冲突。（详见《军事要事》栏有关条目）

12月3日

△联大通过了“防止外层空间军备竞赛”的决议。（详见《军事要事》栏有关条目）

△《渥太华禁雷公约》第一次审议大会发表《2004年内罗毕宣言》。（详见《国际条约》栏有关条目）

△俄罗斯空军总司令米哈伊洛夫说，俄罗斯军队将使用一切手段消灭恐怖分子。俄可以对俄境外的恐怖分子基地和训练营地进行先发制人的打击。

△二战时曾被强迫作为日军“从军慰安妇”的韩国老人李容玉（75岁）和菲律宾老人比阿特丽斯·图亚松（74岁）在日本众议院议员会馆与日本官房长官细田博之见面，她们要求日本政府做出正式道歉与赔偿。

△西班牙马德里市的5个加油站同时发生爆炸，但没有造成人员伤亡。“埃塔”宣布对爆炸事件负责。

12月4日

△据报道，俄罗斯已与印度商定，俄向印方提供图-22中程轰炸机。

△伊拉克首都巴格达“绿区”附近的一所警察局遭汽车炸弹袭击，至少造成6名警察死亡，35人受伤。

12月5日

△俄罗斯国防部官员说，俄美签署的《削减进攻性战略武器条约》（第一阶段削减进攻性战略武器条约）生效10年来，两国共销毁约1000个核弹头运载工具。

△伊拉克发生多起暴力袭击事件，共有21名伊拉克人和美军在袭击中死亡。

△联合国维和部队在刚果（金）东北部伊土里地区采取军事行动，攻占了当地武装集团刚果人民武装力量

的营地。

12月6日

△据美联社统计，自从伊战爆发以来，至少 1276 名美军士兵死亡。

△美国驻沙特阿拉伯海滨城市吉达的领事馆遭到不明身份武装分子的袭击。

△西班牙北部、中部和南部的 7 个城市各发生一起炸弹爆炸事件，造成 2 人受轻伤。据报道，自 1968 年以来，“埃塔”在各类袭击事件中造成近 850 人死亡。

△格鲁吉亚阿布哈兹自治共和国首府苏呼米发生了 4 起爆炸，所幸无人员伤亡。

12月7日

△美国国防部宣布，由于发动费卢杰战役，驻伊美军 11 月份共有 136 人死亡，成为伊拉克战争以来美军死亡人数最多的月份。目前，美军在伊死亡人数达 1274 人，受伤 9765 人。

△据报道，今年头 9 个月多米尼加共和国有 1118 人死于暴力事件。

12月8日

△中国与欧盟领导人在海牙举行第七次会晤，会晤后发表了中国-欧盟关于防扩散和军备控制问题的联合声明。（详见《国际条约》栏有关条目）

△欧亚反洗钱与反恐融资小组第一次全体会议在俄罗斯首都莫斯科举行。

△巴基斯坦成功试射 1 枚可携带核弹头的“哈特夫-4”型（又称“沙欣-1”型）中程地对地弹道导弹。

△据报道，到 2010 年澳大利亚空军总兵力将达到 1.5 万人。（详见《军事要事》栏有关条目）

12月8日至9日

△印度反政府武装那加兰民族社会主义委员会的两个敌对派别在印度东北部的曼尼普尔激烈交战，造成至少 10 人死亡和数人受伤。在过去的 5 年中，这两个敌对派别为争夺地盘进行的战斗中，至少有 200 人丧生。

12月9日

△据美国国会和军事专家估计，由于伊拉克局势日益恶化，以及军队要求更新武器装备的呼吁，美国在伊拉克和阿富汗的军事行动的费用很可能超过预计，达到 750 亿到 1000 亿美元。

△俄罗斯联邦边防局代表和塔吉克斯坦边防委员会代表在塔首都杜尚别签署了关于俄边防军向塔边防军移交 881 公里长的塔与阿富汗边界防务的证书。

△据报道，日前进行的美国可携带激光武器的波音-747 飞机飞行试验失败。

12月10日

△日本内阁通过新的“防卫大纲”和《中期防卫力量整备计划》。（详见《军事要事》栏有关条目）

△俄罗斯战略导弹部队司令索洛夫佐夫表示，俄战略导弹部队开始装备机动式“白杨-M”型导弹。

△俄罗斯国防部长谢尔盖·伊万诺夫说，俄军将于 2005 年初组建一支拥有 2000 多人的完全自成一体的维和部队。

△巴基斯坦俾路支省首府奎达市发生一起爆炸事件，造成 10 人死亡，21 人受伤。

△哥伦比亚右翼反叛组织哥伦比亚联合自卫力量的领导人曼库佐率领 1000 多人向政府交出武器。

12月11日

△朝鲜发表声明，谴责日本当局阻挠朝鲜代表团赴日参加被强征朝鲜受害者的悼念活动，并要求日本送还受害者遗骨。

△美国军方称，美军已经在阿富汗开始新一轮的冬季攻势，追捕塔利班和“基地”组织成员。

△斯里兰卡首都科伦坡举行的印度电影明星音乐会遭手榴弹袭击，造成 2 人死亡，15 人受伤。

12月12日

△2 名巴勒斯坦武装人员引爆了以军检查站附近一条地道内的炸药，随后潜入检查站，与以军士兵发生激烈交火，4 名以军士兵死亡，8 人受伤。1 名巴武装人员被打死，另 1 人逃脱。

△菲律宾南部南哥打巴托省一公共市场发生爆炸，造成 10 人死亡，50 多人受伤。

12月13日

△据报道，中国和俄罗斯将于 2005 年举行首次联合军事演习。双方一致认为，这次军事演习是两国两军关系中的一件大事，演习的意义和影响将是重大而深远的。

△伊拉克巴格达的“绿区”一主要入口的检查站遭到自杀式汽车炸弹袭击，造成 13 人死亡，15 人受伤。

△阿尔巴尼亚和黑山协作破获了一起地对空导弹走私案，逮捕了 4 名罪犯。

△柬埔寨首都金边闹市区发生一起手榴弹爆炸事件，导致 4 人受伤。

△格鲁吉亚国防部宣布，美国将拨款 6500 万美元，在一年半的时间内对格鲁吉亚 2000 多名军人进行培训，同时为格鲁吉亚军队修建基础设施。

12月13日至19日

△古巴举行代号为“堡垒-2004”的大规模军事演习。演习目的是，检验数万名古巴革命武装力量和预备役士兵是否有能力对付并击退美国可能发动的军事入

侵。

12月15日

△美国在太平洋中部海域进行了近两年以来的第一次导弹防御系统全程飞行试验，但拦截导弹因发生了熄火故障而未能发射升空，试验失败。

△伊拉克中南部什叶派穆斯林圣城卡尔巴拉发生一起威力巨大的炸弹袭击事件，造成7人死亡、32人受伤，伤者中包括什叶派宗教领袖西斯塔尼的高级助手谢赫·卡尔巴赖。

△驻伊拉克波军的1架直升飞机失事，造成3人死亡，4人受伤。从2003年9月3日波兰正式参加伊拉克的防务以来，已经有20名波兰人在伊拉克死亡，其中15人是军人。

△巴基斯坦和印度就建立核互信措施在巴首都伊斯兰堡举行会谈。

12月16日

△巴勒斯坦武装人员向加沙的犹太人定居点发射迫击炮弹，造成11名以军士兵受伤。此前，巴武装人员还袭击了加沙南部拉法难民营的一个以军检查站，炸死5名以军士兵，6名士兵受伤。

△斯里兰卡和印度海军在斯首都科伦坡附近海域举行了两国历史上首次联合海军演习。

12月17日

△日本和美国签署导弹防御双边合作协议。

△西班牙和美国签署两国共同打击跨国犯罪和国际恐怖主义的司法与引渡条约。（详见《国际条约》栏有关条目）

△以军在加沙南部汗尤尼斯难民营展开名为“橙色镣铐”的军事行动，造成5名巴勒斯坦人丧生，多人受伤。

△俄罗斯原子能署署长鲁缅采夫说，除了伊朗布什尔核电站第一台机组建设之外，俄可能将参与伊朗更多的核电机组建设。

△阿富汗喀布尔市郊一所监狱发生暴动。11名在押的“基地”组织成员杀死看守，抢夺武器，与狱警展开枪战，造成7人死亡。

△3名西方人在伊拉克北部城市摩苏尔遭到袭击身亡。摩苏尔近来逐渐演变成反美武装与美军和伊政府军对峙的热点地区，不断发生绑架和暗杀事件。自11月10日以来，已有约160人在那里遇袭身亡。

△科特迪瓦反政府武装同意在一个月内解除武装。

△非法占领海地前总统阿里斯蒂德一处旧居的50名前军队官兵已“和平友好”地撤离，他们与联合国维和部队的对峙得到和平解决。

12月18日

△黎巴嫩军方发表公报宣布，叙利亚驻黎巴嫩部队再次进行重新部署。（详见《军事要事》栏有关条目）

△1枚欧洲“阿丽亚娜-5”型火箭携带7颗卫星，从法属圭亚那的库鲁航天发射中心顺利升空。本次发射最引人瞩目的是将法国“太阳神-2A”军事侦察卫星送入了太空。

12月19日

△中法两国测控网成功携手，对法国一颗试验卫星进行了联合测控。

△1辆满载炸药的汽车在伊拉克卡尔巴拉市中心一个公共汽车站的站口被引爆，造成13人死亡，30余人受伤。约1个半小时后，在纳杰夫市中心一处繁华的广场发生了另外一起汽车炸弹爆炸事件，造成62人死亡，130人受伤。

△一伙武装分子驾车袭击了阿富汗南部地区一个军事检查站，造成6人死亡，4人受伤。

△哥伦比亚警方宣布，在北部加勒比海滨城市卡塔赫纳发现了一批炸药等爆炸器材，挫败了一起暗杀哥伦比亚总统乌里韦的图谋。

12月20日

△美国政府消息人士透露，日美政府将首次把中国军事动向列入其最高层战略对话的主要议题。

△据报道，美国国防部已完成了摧毁伊朗核武计划的模拟战争演习，演习的目的是确定这一计划的可行性。

12月21日

△印度成功试射了1枚“布拉莫斯”巡航导弹。这次是印度首次从陆地发射架发射“布拉莫斯”导弹来打击陆地目标。

△伊拉克北部城市摩苏尔的一个美军基地遭到火箭弹袭击，造成美军和伊军26人死亡（其中美军19人），60多人受伤。自伊拉克战争爆发以来，美军在伊的死亡人数已超过1300人。自从美国领导的联军帮助建立伊拉克安全部队以来，已有1000名伊拉克警察在与武装分子的冲突中死亡。

△联合国安理会通过第1579号决议，决定延长对利比里亚实施的武器禁运和经济制裁，以进一步巩固该国的和平进程。

△据意大利《新闻报》报道，4年前发生的俄罗斯“库尔斯克”号核潜艇沉没事故，其原因并非如俄官方所言是潜艇携带的一枚非核弹发生爆炸，而是被美国潜艇击沉。

12月22日

△以色列《国土报》报道，美国要求以色列扣留已出售给中国的“哈比”无人机。以方表示，无人机是中国的财产，按规定，以色列没有理由不将无人机还给中国。

△俄罗斯战略导弹部队成功试射1枚RS-20B型洲际弹道导弹。

12月23日

△中蒙双方草签《中华人民共和国政府和蒙古国政府关于中蒙边界第二次联合检查的议定书》和《中华人民共和国和蒙古国边界地图》等文件，并签署了界标登记表、中蒙边界第二次联合检查成果汇编。

△驻伊拉克美军在费卢杰与伊拉克武装人员展开惨烈的激战，3名美国海军陆战队队员身亡。

△1辆公共汽车在洪都拉斯的查梅莱孔市行驶时遭不明身份的枪手袭击，造成23人死亡。

12月24日

△中国首批赴利比里亚维和部队的286名官兵轮换回国。

△据日本媒体披露，为了因应台海危机，美国国防部已经在太平洋战区成立一支紧急应变部队。

△据报道，俄罗斯近日在哈萨克斯坦境内的试验场成功试射了1枚经过改进的反弹道导弹。俄军启动了对A-135反导系统全面升级改造工作。

△伊拉克巴格达西部曼苏尔区发生爆炸，造成9人死亡20人受伤。

△据报道，尼泊尔政府军与反政府武装在近3个月的暴力冲突中已造成约450人死亡。

△俄军成功试射了1枚机动型“白杨-M”洲际弹道导弹。

△俄罗斯航天兵用“飓风-3”轻型运载火箭从普列谢茨克发射场成功向太空发送2颗卫星。

△马其顿特种警察部队在泰托沃市与来自塞尔维亚和黑山的阿族非法武装组织发生交火，双方互有伤亡。

12月25日

△中国十届人大第十三次会议审议反分裂国家法草案。常委会组成人员建议草案经本次全国人大常委会会议审议后，提请全国人民代表大会审议。

12月26日

△俄罗斯自拜科努尔发射场成功发射1枚“质子-K”运载火箭，向太空送去了3颗“格洛纳斯”全球定位系统卫星。

12月27日

△国务院新闻办公室发表《2004年中国的国防》白皮书。（详见《军事要事》栏有关条目）

△伊拉克伊斯兰革命最高委员会领导人哈基姆在巴格达的办公室遭到自杀式汽车炸弹袭击，造成15人死亡，60余人受伤。

12月28日

△俄罗斯太空署称，将不再免费运送美国宇航员进入国际空间站。

△驻伊拉克美军称，为维护伊大选前首都的治安形势，确保2005年1月大选期间的安全，驻伊美军总人数已经从原来的13．8万人增至15万人。

△一伙武装分子在印度东北部偏远地区袭击了印度安全部队，造成15人死亡。印警方怀疑是印度分离主义分子所为。

△沙特安全部队在首都利雅得市中心与恐怖分子交火，击毙击伤恐怖分子各1名。

12月30日

△据美联社报道，到目前为止，美军在伊拉克受伤人数超过了1万人。在2004年最后4个月中，美军在伊拉克的死亡人数达到了至少348人，为伊拉克战争开始以来的最高值；美军和联军遭袭次数上升，今年9月份大约1400次，10月份1600次，11月份1950次（2003年9月份为649次，10月份896次，11月份864次）。

△俄罗斯公布2005年军事预算清单，总额达68亿美元，比2004年增加27.6%。

△俄罗斯国防部长伊万诺夫重申，对境外恐怖分子实施预防性打击的重要性，同时强调要对实施预防性打击的相关计划严格保密。

12月31日

△据报道，美国国防部参照冷战期间美苏建立热线机制的做法，向中国方面提出设立“军事热线”的要求。

（新　柯）

（本栏责任编辑　丁　平）

专题综述

世界新军事变革问题研究综述 **世界新军事变革的动因** 一种观点认为，新军事变革是人类社会由工业时代向信息时代转变的必然产物。其历史动因主要表现为4个方面：一是技术进步的强劲推动；二是战略需求的内在驱动；三是理论创新的有力牵引；四是战争实践的直接催生。

第二种观点认为，新军事变革的动因表现在以下方面：①新的时代对军事领域提出新要求。一是国际安全形势总体趋向缓和，但局部战争和武装冲突的危险更加突出。二是经济全球化对国家安全产生深刻影响。三是战争与非战争军事行动紧密配合。②世界战略格局演变的直接推动。冷战结束，世界战略格局向多极化方向发展，各国尤其是美、俄等大国从各自的战略目标、国家利益和安全需要出发，纷纷将军事革命纳入其面向21世纪的远期国防发展战略，由此推动了世界新军事变革的发展。③现代科技革命提供了条件。以微电子和电子计算机为标志的现代科学技术革命，引起了现代社会生产和生活各个领域的深刻变革。世界新军事变革是人们根据敌我对抗在新的社会历史条件下发展的需要，谋划利用新的技术条件以获取新军事能力的结果。

第三种观点认为，新军事变革的发生发展各自有其3个内因和3个外因。3个内因：一是人类文明由工业社会向信息社会的转型；二是高技术特别是信息技术的飞速发展；三是各国安全战略的内在要求。3个外因：一是长期相对和平稳定的国际环境；二是高技术局部战争的推动作用；三是美军率先推行信息化军事变革的“示范效应”。

第四种观点认为，资本主义经济的发展是新军事变革的根本动因。就美国而言，用军事霸权支撑货币霸权是其进行新军事变革的根本动力。历史经验表明，没有经济利益冲突所导致的战争动机，就不会产生进行新军事变革的强大动力。领导世界新军事变革的深层原因存在于世界资本主义经济发展的内部。今天世界最大的资本主义经济体美国，已经出现了连续20年的贸易逆差，从传统的资本主义生产过剩型经济，转变成不折不扣的“生产不足”型经济。英国与西班牙的贸易逆差也已经连续出现了20多年。法国、意大利与日本虽然还能保持贸易顺差，但呈现逐步缩小趋势。当代资本主义经济从总体上看，已经从传统的“生产过剩”型经济，转向“生产不足”型经济，这表明一个资本主义发展的新阶段——虚拟资本主义阶段正在到来。其标志，主要体现在其经济体系发生了一系列新的、实质的变化：美欧经济体系分裂；跨国并购与跨国公司的发展形成前所未有的浪潮；发达国家的制造业向发展中国家大规模转移；生产虚拟产品成为资本主义经济活动的主体，等等。帝国主义国家独占世界剩余产品的前提是拥有货币霸权。由于进入虚拟经济生存状态的资本主义国家，如果没有能力用经济增长和投资回报率等经济因素吸引国际资本流向本国，就可能通过战争手段来改变世界各主要资本市场的安全环境，打出一个在世界哪儿放钱都不安全，只能把钱借给这些国家的国际安全环境，从而引出了军事霸权对争夺货币霸权的作用。这也是美国为什么要率先进行新军事变革的深层原因。

世界新军事变革的现状 一种观点认为，以信息化为本质与核心的世界新军事变革，已经历了约30年从量变到部分质变的演进过程。目前，约有40个国家开展了这一变革。伊拉克战争表明，这场变革进入了一个新的阶段，正在发展成为一场涉及全球、涉及所有军事领域的深刻革命，最终将实现由工业时代军事向信息军事的全面转变。美国是这场军事变革的领头羊，俄、英、法、德、日等国紧随其后，印度、巴西等第三世界军事大国也跃跃欲试。

另一种观点认为，世界新军事变革从20世纪90年代初正式启动至今虽然只有10多年时间，但已得到长足发展。不过，从世界范围看，发展是不平衡的。这种不平衡首先表现在军事形态的各构成要素不是齐头并进地发生跨时代变革。而是有快有慢。总的看来，军事技术和武器装备的革命性变化最快。各国军队都在积极采用民用信息技术和大力开发军用信息技术。军事理论的创新与发展次之。军事理论革命已有很大进展，但信息时代的军事理论体系框架的建立仍需时日。军事人员的培养再次之，一些国家开始探索培养信息时代新型军事人才的途径，但军事人才生成机制的根本性改革尚未启动。军事组织体制革命的进展最为滞后，体制编制的跨时代变革尚未全面展开，机械化军队的体制编制基本没有触动，但也产生了一些变革设想，组建了试验部队。

新军事变革发展不平衡还表现为各国军队信息化建设的进度有很大不同。可分为 4 个类型：①“全面领先”型，只有美国一家。美国启动新军事变革和军队信息化建设最早，投入最大，进展最快。美国在世界上率先建立了比较完备的全球性战略、战役和战术级军事信息系统；初步构建了信息化军队建设和信息化作战的理论体系框架，建成了以信息化作战牵动武器装备信息化建设的体制机制；正在进行第二次训练革命，使军事人才的信息素养和实施信息化作战的能力有很大提高；但美军的体制编制变革相当滞后。②“跟进建设”型，主要有英、法、德、日等发达国家。这些国家的陆、海、空军的单件武器装备已基本实现信息化，其信息化武器装备已占装备总量的 1/2 以上，但尚未建成完备的各级军事信息系统，特别是大部分战略级侦察预警系统仍是空白。③“自主发展”型，只有俄罗斯一家。俄军非常重视新军事变革、信息战的理论研究，出台了一系列军事信息系统建设的专项纲要。尽管俄军目前武器装备的信息化程度以及各级军事信息系统的完备程度和技术性能仍比美军低一个档次，但由于其起点较高、实力雄厚，因而其发展潜力十分巨大。④“发展滞后”型，它们都是发展中国家。其大部分或绝大部分武器装备仍是机械化、半机械化装备的基本状况仍未改变，综合性军事信息系统建设刚刚起步，离一体化联合作战的要求还相距甚远。

世界新军事变革的主要举措　一种观点认为，美、俄等军事强国在新军事变革中主要有以下做法：①强化忧患意识，增强推进军事变革的紧迫感。冷战后，美国连续打赢了 4 场局部战争，但仍不断挑战自我，否定自我，改变自我，瞄准对手，加强战备的针对性，加快军事转型的步伐。面对美国咄咄逼人的军事变革势头，世界其他主要军事大国也普遍增强了新军事变革的紧迫感，纷纷加大军事投入特别是对信息化建设的投入，奋起直追。②率先更新思维观念。彻底抛弃机械化战争观念和战略思维，树立信息化战争观念和战略思维，绝非易事。为此，外军一是加强培训和教育；二是为各级军官尤其是高级军官提供各种参与新军事变革的讨论、辩论和思考的机会；三是通过跨国别、跨军种、跨兵种的交流学习，提高其联合与联军作战意识。③注重搞好顶层设计。一是根据国家战略和军事战略方针，制定明确的变革指导思想；二是充分论证，超前设计；三是分工明确，领导有力。④紧紧抓住信息化建设这个核心。一是借用民间和企业的力量推进军队信息化建设；二是实施标准化战略；三是成立统一领导和管理军队信息化建设的权威机构；四是武器装备走改造与研发结合的道路，特别注重以网络技术整合传统平台。⑤高度重视军事理论的先导作用。军事理论特别是联合作战理论，对促进世界各国的军事变革发挥了巨大的先导作用。为创新理论，一是创造宽松的理论研究环境，鼓励创新思维；二是用虚拟现实技术等先进技术手段对新理论进行评估、检验与完善。⑥从根本上改革工业时代的组织结构和体制编制。一是首先改革领率机关；二是注重改革军事指挥体制；三是积极更新作战部队的编成体制；四是更新后勤保障体制。⑦大胆使用勇于并善于创新的军事人才。美军的新军事变革能走在前列，很大程度上是因为有一大批勇于承担风险，具有高度创新精神的领导人和智囊群发挥了作用。⑧多方营造良好的变革氛围。一是将推进新军事变革作为国家行为；二是军事改革必须与社会改革保持同步，既不可超前，也不能过分滞后；三是强调风险意识，确保战斗力在一定时期不致大幅下降。

第二种观点认为，军事强国推行新军事变革有以下主要举措：①着眼引导军队改革与发展，超前创新军事理论。一是运用先进手段，广泛采用模拟仿真、数字模型等手段，把定量分析与定性分析有机结合起来，增强理论研究的科学性与可行性；二是借鉴先进经验，结合本国国情军情，进行改革、升华和汲取；三是注重实践检验。②着眼提高综合作战效能，大力研发以信息技术为核心的高新武器装备。包括加紧研发新一代信息化作战平台，重点发展精确武器，致力开发新概念武器。③着眼实现人与武器的最佳结合，调整改革军队体制编制。一是大幅裁减军队员额，压缩基本作战编成；二是突出重点力量建设，提高部队高技术含量；三是优化编组结构，着手组建一体化部队。④着眼构建高效的指挥控制体系，重视发展先进的指挥自动化手段。一是加强指挥手段建设；二是合理调整指挥体制；三是灵活运用指挥方法。⑤着眼应对未来面临的各种威胁，全面调整军事战略。世界主要国家积极主动调整国家安全和军事战略，注重突出军事战略的主动性，力量运用的灵活性，战争目的的有限性。

世界新军事变革的发展趋势 一种观点认为，新军事变革正呈现出以下4个趋势：①军事变革已经成为超越军事领域的国家行为。在和平与发展为主题的时代，国家在国际社会的地位和作用依然靠实力作支撑，军事力量在综合国力中的地位不降反升，新军事变革往往由国家主导。美国追求全球霸权和绝对优势，但其综合国力远未达到“单极”要求。按购买力评价标准计算，日、德、法、英接近或超过美国的一半，俄、中则接近或超过美国的1/3；在科技和经济领域，日本与美国相当；而在资源领域，俄、中甚至超过美国。美国占有全面和绝对优势的只有军事领域，其实力与排名其后的6个大国之和相当。军事力量不仅是美国横行天下的最大筹码，而且是其控制世界资源和资本流向的主要手段。世界各国要想保持尊严和独立，就不能不把新军事变革纳入国家改革发展的大局，举全国之力，求得国防与经济的同步发展。②作战思想和理论的创新在军事变革中居于先导、核心地位。新军事变革的突出特征和本质要求就是首先把未来打什么仗搞清楚，把打胜仗作为新军事变革的出发点和归宿。作战思想的高远必然导致新军事变革视界的宽广、行动的自觉。③实现作战要素的一体化成为强力牵引军队转型的主要目标。新军事变革发展到今天，目标越来越清晰，就是要把工业时代的机械化军队改造成为信息时代的信息化军队。简单地说，信息化就是一体化，就是用电子计算机、网络和数据链，把所有现代化作战平台、作战单元联接起来，使之成为一个无缝的、便于信息无阻碍高速流动的整体。不过，事物发展的另一面也不能轻视，就是小能搏大，少能破多，精兵制胜。对于弱国、穷国、落后国来说，一体化并不意味着全军同步迈入信息化。④科学技术群的综合集成发展进一步增大了战争形态和作战方式演变的不确定性。纳米技术和各种新概念技术的迅猛发展为战争和军事变革展示了前所未有的前景。人们很难想象战争向无人化、隐形化、微观化、非致命化的变化及其影响。然而，正是这种不确定性意味着尾随追赶的风险与跨越发展的机遇并存。

第二种观点认为，在信息化战争推动下，世界军事变革正处在加速发展阶段，有以下3个发展趋势：①武器装备的信息化程度和作战效能将进一步提升。主要表现为：军事信息系统的一体化程度将快速提高；军事信息系统与精确火力打击系统的结合将更加紧密；武器装备体系结构将不断优化。②军事理论创新将取得全面突破。一是将围绕战争形态的变化创新战争与作战理论，当前已提出了“第六代非接触战争理论”、“第四代战争理论”、“非传统战争理论”、“网络中心战理论”等新的作战理论；二是工业时代的基于火力的旧联合作战理论，将让位于信息时代基于信息的新联合作战理论；三是将围绕军队信息化建设创新军队建设理论，一些国家军队已提出不少军队信息化建设理论或原则，如“信息主导”、“系统集成”、“多能军队”、“一体化军队”、“合理够用”等等。③军队组织体制改革将取得突破性进展。一是陆、海、空三军结构可能发生重大变化。各军种之间的界限将趋于模糊，德国已考虑取消陆、海、空三军建制，创建由“作战部队”、“稳定部队”和“后援部队”组成的新型军队结构。美国也有人提出建立“传感军”、“指挥控制军”、“火力打击军”和“作战保障军”的构想。二是新的军兵种部队将陆续出现。有些国家已经或准备组建航天部队、网络战部队等新型部队。日本正抓紧组建网络攻防信息战部队。三是军队的编制层次将大大减少。具备很强的机动性、灵活性的小型部队将是未来部队编制发展的必然趋势，传统陆军的军、师、旅、团的编制将有重大改变。

第三种观点从军事认识变革的角度认为，世界新军事变革的实质主要不是军事领域中物质利用方式或能量释放方式的变革，而主要是军事领域信息获取、处理、传递、使用方式的变革，是一场军事认知的变革。知彼知己知天知地，说到底就是知信息。因而这场军事变革有4大发展趋势：一是信息化装备将成为军队作战能力的关键因素。信息化武器装备的显著特征是知得更多、更快和知得更精，进而打得更准。二是非接触、非线性作战将成为重要作战方式。之所以能够实施远程攻击和全纵深打击，不仅是由于飞机的马力大且可以空中加油，也不仅是由于火箭的燃料高级、推动力大，关键是由于远程指挥系统的建立，可以对远方战场做到遥知和遥控。三是体系对抗将成为战场对抗的基本形态。信息化体系是依靠计算机网络和通信网络连接在一起的，实现了信息的无缝连接，也就是己方的共知和同时知，并对敌方形成先知和反知。四是太空将成为国际军事竞争新的战略制高点。制天权的一个重要功能，就是要争夺信息的战略制高点，争夺制信息权和信息优势，以便居高临下地知、无障碍地知、全球性地知。

新军事变革对战争的影响 第一种观点认为，与以往的战争相比，新军事变革条件下的信息化战争有以下变化：①战争的目的将由消灭敌人转向控制敌人。信息化战争越来越趋向于通过破坏敌人的体系和影响敌人的心理来制约其行动、降低其效能，而不再绝对追求大规模消灭敌人力量。②夺取决策优势的关键是精确决策。在信息化战争中，战争决策已经超越了机械化战争“概略决策”的范围，进入到“精确决策”的新阶段。精确决策包含精确分析、精确筹划、精确指导。③战争中道义主动权的争夺将十分激烈和复杂。一是战争正义性标准呈现多元化；二是寻求支持的对象极为广泛；三是斗争手段和方法更加丰富；四是战争的内在性质和外在展示出现背离。④打赢以弱抗强的信息化战争，必须实行“战略制衡”。即在与强敌的非均衡对抗中，不绝对追求大规模摧毁敌力量体系，夺取战场全面优势，而是着眼战略上的胜利和主动，运用有限但有效的力量，给敌造成有限但致命的损伤，迫使敌放弃敌对企图，求得战略上的相对平衡。

第二种观点认为，新军事变革已经和可能产生以下3点重要影响：①新军事变革与战争的互动性明显增强。如果说，海湾战争拉开了美国军事变革的帷幕，那么，经过10多年的变革努力，将变革成果付诸于战争实践检验，已成为迫切需要。从另一方面看，以信息技术为核心的新军事变革，增强了战争的可控性，降低了战争的风险和门槛，拉近了军事变革与战争的距离。从这个意义上说，伊拉克战争是新军事变革的试验场，信息化武器、信息化作战平台、数字化部队纷纷在战争中登场亮相，战争的胜利明显得益于军事变革成果，同时也将大大刺激美军新一轮军事变革。今后这类“实验型”战争将更多地出现。军事变革将通过“实验型”战争而提速。这种互动性将大大增加其他国家加快进行军事变革的紧迫感。②新军事变革对战略规划的依赖性将更加突出。军事变革如同自然科学的发展一样，往往是从局部到整体、子系统到全系统的发展过程。新军事变革开始于军事技术的局部领域和子系统，经过10多年的发展，正在超过各个局部层面，进入全局整体推进阶段，军事变革的宏观性、整体性、前瞻性空前增强，对战略规划的需求越来越迫切。③新军事变革的软件要素将日益重要。新军事变革的硬件部分，主要是指信息化武器平台、信息化感知系统和指挥控制系统，它们好比人的拳头、感官和神经。其软件部分主要是指支撑硬件运行的软件程序、信息化作战理念、体制编制、人才等。当前新军事变革的突出问题是，硬件部分有了长足的进步，而软件系统的滞后使相当一部分技术的潜力和功能得不到释放，一方面是作战理论创新不足，一方面是新的作战理念因为软件开发落后而无法模拟实验。

第三种观点认为，新军事变革作为虚拟资本主义时代的产物，给战争带来以下影响：①战争目的的变化。在虚拟资本主义时代，随着世界资本主义国家利益争夺的焦点从实物经济利益转向虚拟经济利益，战争的目的也从为了调节实物产品流向转到了为了调节国际资本的流向，或者说从争夺实物产品的霸权转向争夺货币霸权。②战争对象的变化。以往世界战争的历史，军事打击的对象都是自己的直接利益敌人，因此战争都是发生在有直接利益冲突的国家与国家之间。如果需要用战争手段来调节国际资本流向，就只能打击那些与利益竞争对手国家在国土或经济安全方面有密切联系的国家，以此来改变利益竞争对手国家资本市场的安全状况，达到把停留在这些国家资本市场内的国际资本驱赶到本国的目的。③战争方式的变化。战争中的欺骗从战争时机的欺骗转向战争目的的欺骗。处在实物资本主义时代的帝国主义战争，发动战争的目的一般都很清楚，即使开始不清楚，战争爆发后不久也很快就能清楚。例如，第二次世界大战中，德国在向苏联发动突然袭击后不久，一支大军直逼莫斯科，目的是要摧毁苏联的政权；另一支大军则奔向巴库，去夺取那里的石油，因为德国极度缺乏能源和矿产资源。而在虚拟资本主义时代，由于出现了新的战争欺骗性，使人们更难明了发动战争者的动机。从战争时机欺骗到战争目的欺骗，使战争爆发的突然性减小了。发动战争的国家为了提高欺骗的效果，往往会在战争爆发前很长时间先做大量舆论准备，公开宣称要教训某个或某几个国家，然后是堂而皇之地调兵遣将。④战争规模的变化。处在物质产品生产阶段的帝国主义战争，在规模上是趋于扩大的。虚拟资本主义时代的战争，由于需要进行军事打击的对象主要不是实力相当的大国，而是与敌对利益国家安全形势相关度高的小国或弱国，是实力不对等的战争，因此战争便趋于小型化。此外，国际资本出于经济、安全和投机等原因随时都可能出现大规模流动。这也要求用以支撑货币霸权的军事力量必须具有快速反应和多点式行动的能力，促使军队编制、作战方式和武器系统朝小型化和能够快速反应方向发展。

新军事变革对作战样式的影响　新军事变革催生出新的防空作战模式——电子防空。信息化条件下，世界各国军队纷纷调整防空作战的思路，摒弃单纯依靠“火力+机动”的传统防空模式。这一背景下，电子防空应运而生。电子防空的基本特征是进攻性、区域性、联合性。实施电子防空作战，必须建立三位一体的电子防空体系，该体系至少应包括3个方面：前伸电子打击、区域电子防空、要点电子防护。防空作战发展将呈现以下基本趋势：随着空袭信息化程度的日益提高，必须通过电子防空与火力防空的综合集成，实现防空作战整体效能新的跃升，这将成为防空作战发展的基本趋势。首先，电子防空对火力防空效能具有直接的“倍增”作用。在空袭兵器实施“非接触打击”过程中，火力防空常常陷入“看不见、瞄不准、够不着”的被动境地。电子防空则可以通过无源侦察、远距离干扰压制空袭方预警探测系统、破坏其导航定位等途径，剥夺空袭方的“非接触”能力，解决火力防空的难题。其次，电子防空有效弥补了火力防空的局限与不足。应该指出，火力防空仍将是未来防空作战的重要支柱，但随着信息化空袭兵器多种能力的提高，火力防空在作用距离、分层拦截、连续作战方面都存在着一定的局限与不足。电子防空以其全时空作战能力、迅捷的反应速度以及较强的灵活性与可控性，具备拓展侦察距离、全程运用、反复使用的全时空对抗条件，从而在功能互补方面，与火力防空构成了完整的联合防空体系。

新军事变革条件下的导弹战正打造新的作战样式。首先，导弹战突破了以往战场上的时空禁区，把战场推向全时空和超立体化，从而催生了“非线式”作战的崭新样式。其次，“非接触作战”定格在现代战场，也有赖于导弹战的出现。导弹使远战的距离从现有火炮的射程延伸到对方防区外甚至更远。“非接触作战”作为常规导弹的伴生物，随着常规导弹的发展而发展，同时又反过来促进常规导弹的更新换代，两者相互作用，不断把“非接触作战”推上更高的境界。第三，导弹战使战场上“非对称作战”的倾向更加严重。自从常规导弹大量运用于战场，作战中的“不对称”倾向更加严重了。第四，导弹战从某种意义上说也是“精确战”。打“精确战”需要精确制导武器，而目前世界上已经装备和正在研制的200多种精确制导武器，有190多种是常规导弹。不言而喻，正是常规导弹推出了“精确战”这种作战样式。随着导弹战样式的变化，将产生新的力量结构。一是常规导弹兵的地位大幅提升。21世纪初，发达国家的各军种常规导弹兵的实力迅速增长，并逐步上升到主战兵种的地位。装甲兵、航空兵以及水面舰艇和潜艇部队，今后将更多地承担起常规导弹的运载和发射使命。二是“航天兵”将加速发展。常规导弹兵是信息化兵种，与“航天兵”相生相伴。“航天兵”建设的近期目标自然主要是为常规导弹战提供指挥、控制和信息支持保障，而其中远期的发展则很可能是形成“航天兵”自身的天空、天地、天海攻击作战的能力。三是军队编制结构面临重组，特别是要削减传统型部队，增大常规导弹部队以及航天部队、电子战和特种作战部队等技术密集型军兵种的比例。

中国特色军事变革的意义和基本特征 实行军事变革是推动中国军事发展的时代要求。当代中国实行军事变革，是迎接世界新军事变革挑战、打赢未来信息化战争的必然选择；是适应国家发展战略、实现中华民族伟大复兴的重要保证；是缩小军事形态的时代差、实现国防与军队现代化的迫切需要。当代中国军事变革的基本特征：一是具有马克思主义军事理论指导的先进性；二是具有从中国实际出发的自主性；三是具有完成机械化与信息化双重历史任务的跨越性；四是具有保持稳定与积极创新的统一性。

中国特色军事变革的宏观思路 一种观点认为，当代中国军事变革应有以下宏观思路：①创新军事理论，指导军事变革。要立足中国军队的信息化建设和军事斗争准备的实践创新理论；借鉴外军的信息化作战和信息化建设经验创新理论；充分利用现代科技手段，在虚拟实践环境中创新理论。②发展信息化武器装备，打牢信息化建设的基础。要积极改造，提升现有武器装备的效能；要突出重点，精心打造克敌制胜的“杀手锏”；要综合协调，增强武器装备发展的“向心力”。③优化结构，积极推进军队体制编制调整改革。在调整作战力量结构上求深化；在改进指挥体系上求突破；在转变职能上也要求突破。④大力培养高素质人才，构建新型军事人才群体。要建立人才群体的目标任务体系，完善人才群体的教育体系，改进人才群体的培养机制。

另一种观点认为，推进中国特色军事变革，应强调以下几个方面：①打赢信息化战争，是积极推进中国特色军事变革的基本目标。信息化战争是人类社会形态发展到信息时代的必然产物，中国特色军事变革必须适应战争形态发展的这一客观要求。为此，要把新世纪新阶段军事斗争准备的基点“聚焦”到打赢信息化战争上来。②建设信息化军队，是积极推进中国特色军事变革的主要任务。要着眼军队人员的知识化特征，加快高素质知识型军事人才的培养；着眼武器装备的智能化特征，加快信息化武器装备的体系建设；着眼作战编成的合成一体化特征，加快力量结构合成一体化的发展步伐；着眼指挥体系的扁平网络化特征，加快指挥自动化系统的建设进程。③谋求跨越式发展，是积极推进中国特色军事变革的现实途径。要把机械化与信息化双重任务有机结合起来，走复合式发展之路；把学习借鉴与自主创新有机结合起来，走借鉴创新之路；把重点突破与整体推进有机结合起来，走以点带面之路。④坚持中国特色，是积极推进中国特色军事变革的根本要求。要坚持以"三个代表"重要思想为指导；坚持党对军队绝对领导的原则；坚持"三步走"战略构想的发展步骤；坚持与国家经济建设的协调发展。

还有一种观点认为，中国特色军事变革，应有以下基本内涵：①以军事战略方针为牵引，确立中国特色军事变革的基本目标。世界军事发展史表明，军事变革往往首先表现为军事战略的调整。随着新军事变革的深入发展，必须适时调整军事战略，在此基础上，确立信息化军事转型和转变目标。②紧紧把握信息化军队建设的规律和特点，着力消除中国人民解放军与信息化军队的主要差距，确定中国特色军事变革的基本任务。中国特色的军事变革，不仅要加强信息化发展，而且要进行机械化补课。为完成这一"双重历史任务"，必须以信息化建设为主导，必须坚持复合型跨越式发展，必须重点发展"杀手锏"武器装备。③坚持军队建设的综合性改革，突出并深化体制编制的调整，确认中国特色军事变革的正确途径。综合性改革集中反映信息化军队建设的本质要求，必须注重搞好综合集成；综合性改革的突破口可有多种选择，但中国人民解放军必须突出深化体制编制的调整改革；综合性改革需要实施正确的宏观指导，必须正确认识和处理改革中的重大关系。④继承和发扬军队优良传统，大力加强军队革命化正规化建设，确实提供中国特色军事变革的根本保证。在信息化建设的同时加强革命化正规化建设，必须始终坚持党对军队的绝对领导，必须突出部队战斗精神的培养，必须坚持依法从严治军，必须重视信息化技术体制和标准的统一规范。

中国特色军事变革与综合集成　综合集成在中国特色军事变革中具有突出重要的地位。①综合集成是中国特色军事变革的重要途径。一是综合集成反映了中国特色军事变革的本质和核心。中国特色军事变革的本质和核心是实现国防和军队建设的信息化。从发达国家军队向信息化转型的基本做法看，就是通过系统集成，对作战要素进行系统整合，实现作战力量的一体化运用和作战效能的跃升。这种思路和方法也代表了中国特色军事变革的发展方向和本质要求。二是综合集成把握了中国特色军事变革的特点和要求。它适应了中国人民解放军建设"投入较少、效益较高"的要求，符合中国国防需求的实际。三是综合集成提供了中国特色军事变革的动力和保证。它有助于解决现有管理体制中存在的结构交叉重复、条块分割、自成体系等问题，有助于贯彻寓军于民的方针，进一步高效率地把各方面的战略资源凝聚到中国特色军事变革的目标和重点上。②全面加强国防和军队建设的综合集成。一是综合集成国家战略资源，有效提升国家战略能力；二是综合集成武器装备、体制编制、军事理论，整体推进军队建设转型；三是综合集成作战编成，建立并完善一体化军事力量；四是综合集成武器装备，不断提高武器装备的体系对抗能力。③走有中国特色的综合集成道路。一是在综合集成与军队建设历史经验的融合中求深化，把综合集成的科学方法和大力协同、集中统一领导等优良传统有机结合起来。二是在综合集成与推进中国特色军事变革方针策略的结合中求发展，以综合集成加强"不对称"发展，以综合集成促进机械化、信息化复合发展，以综合集成推动"跨越式"发展。

中国特色军事变革必须协调好与军事斗争准备的关系　做好军事斗争准备和推进中国特色军事变革，二者是联系的、互动的和一体的。要以变革的精神做好军事斗争准备，在军事斗争准备中探索军事变革的"中国特色"，以科学指导使二者协调发展。

①注意近期安全需求与长期安全需求的统一。军事斗争准备与军事变革的关系，从哲学层面上理解，实质上是现实需要与长远发展的关系问题；从国家安全战略上审视，则是近期安全需求与长期安全需求的关系问题。这一辩证关系，表现为军事斗争准备与军事变革的辩证统一，主要体现在3个方面：一是做好军事斗争准备是推进军事变革的基础和保证。二是军事变革规定了军事斗争准备的方向，赋予了军事斗争准备新的手段和方法。三是军事斗争准备为军事变革提供了检验的实践和空间。

②以变革的精神做好军事斗争准备。就是要进一步解放思想，让思维率先沐浴信息时代的"春风"，以超前的眼光审视未来战争，以系统思想思考未来作战，树立起信息化战争的胜负观、时空观、谋略观、耗损观等；不断学习信息知识，不断强化信息意识，不断提高信息能力；切实把信息力作为战斗力构成的主导要素，在提高信息战能力上下功夫、求突破；切实从胜利之师的自我欣赏和自我陶醉中走出来，直面信息化战争的考验；切实坚持与时俱进，站在时代发展前沿审视部队战备、训练、管理、基层建设等各项工作；大兴创新之风，着力建设学习型军营，以新思路、新

办法解决前进中遇到的新情况、新问题、新矛盾，抓好军事斗争实质性准备的落实。

③在军事斗争准备中探索变革的特色。中国的军事变革，不能只产生出一个作战模式；中国的军事力量，不能只学会打一种样式的战争，只适应于在一种环境中生存，必须具备多能化、一体化的整体作战能力。在军事斗争准备中探索变革的特色，必须把长远的变革目标与当前的军事斗争准备任务紧密结合起来，细化需求，细化目标，保证变革部署既超前设计，又稳步推进；做到试验一点，成熟一点，改造一点，实现滚动式发展。不断将变革的“活力因子”融入到战争准备之中，使变革的思想成为开展军事斗争准备工作的精神动力，使变革的举措成为推动军事斗争准备落实的有效手段，使变革的成果成为提高军事斗争准备质量的新的增长点。

（万　丁）

联合国维和行动综述　**联合国 2004 年维和行动概况**　2004 年，联合国维和行动对缓解局部地区紧张局势，减少派驻国各派力量的对峙,促进和平协议的签定与执行等方面发挥出十分积极的作用，并呈现出明显的特点：

*联合国维和行动在维护国际和平与安全方面发挥的作用进一步增强。*2004 年联合国所进行的维和行动是自 20 世纪 90 年代以来开展维和行动最多的一年，并已成为二战后为遏止地区武装冲突实行维和行动的又一次高潮。截止 12 月 31 日，联合国仍在进行的维和行动共达 16 起，按地区分布分别为非洲 7 起，美洲 1 起，亚洲 2 起，欧洲 3 起，中东 3 起。参加维和行动的军事人员和民事警察也达到 65031 人，是近 10 年来人数最多的一年。目前，联合国维和行动总数累积已达到 59 起。共有 103 个国家根据联合国维和行动任务派出军事人员或民事警察。

*联合国维和行动面临的危险也在增大。*2004 年维和行动中发生多起冲突地区不同派别武力袭击维和人员情况，使维和行动的危险性急剧增大。2 月份，联合国驻刚果（金）维和部队接连遭到不明身份武装分子的袭击，造成联合国驻刚果（金）维和部队官兵 16 人死亡。由于袭击事件就发生在中国维和部队驻地附近，4 月 26 日，中国维和二级医院不得不针对可能发生的武力袭击，组织进行首次维和医院防御演练。5 月 23 日，在阿富汗喀布尔附近执行任务的国际维和部队一辆巡逻车被 3 枚火箭弹击中，有 3 名士兵受伤，其中 1 人伤势严重。6 月 6 日下午，联合国驻刚果（金）的南非维和部队的一支车队沿着戈马的一条公路行进，突然遭到不明武装组织的伏击，维和官兵 2 人死亡 9 人负伤。11 月 6 日，非洲科特迪瓦反政府军突然轰炸了科中部的一处法军维和部队营地，造成 9 名法军士兵死亡，38 人受伤。11 月 19 日，海地非法武装分子借群众游行之际，向联合国维和人员（包括中国防暴部队）疯狂开枪扫射。在阿富汗进行的维和行动中，维和部队多次在喀布尔通往贾拉拉巴德的公路上遭到塔利班武装袭击，已有大约 82 名国际维和部队士兵在执行任务时丧生。2004 年，在维和行动中牺牲的人员总数明显增加，已达到 1941 人。

*地区性组织开始在维和行动中扮演重要角色。*多年来，维和行动一直是由联合国专门负责组织与实施。自“9·11”恐怖袭击事件后，美国以反恐为名开展了对阿富汗塔利班恐怖组织的围剿行动，并于 2002 年发起由北约国家为主组成维和部队进驻阿富汗开展的维和行动。虽然这一行动后来得到联合国安理会的认可与授权，但毕竟是以北约这样的地区性军事组织为主体进行的，是地区性组织替代联合国对某一国家实行的维和行动。参加人员 95%来自北约国家。到 2004 年该部队已扩大到 1.2 万人。这是北约第一次在欧洲和北美之外的地区执行任务，不仅标志着北约已抛开了传统的防御战略，积极主动地应对潜在威胁，也预示着联合国维和行动有可能进一步走向个性化与多样化。

*中国参加联合国维和行动的力度加大。*中国自从 1990 年第一次派出联合国维和行动军事观察员后，已累计派出 3362 名军事人员参加了 13 项联合国维和行动，其中包括 785 名军事观察员，800 名工程人员到柬埔寨，1116 人分别组成的运输、工程及医疗单位到利比里亚，7 名参谋军官参加联合国维和行动总部工作。在安理会 5 个常任理事国中，中国派出的维和人员最多。2004 年共有 845 名中国军人正在 8 个维和任务区工作。中国还派出警察人员参加维和行动。2000 年 1 月以来，已派出 404 名警察到包括东帝汶等 6 个联合国维和任务区工作。在过去的 14 年中，中国已有 6 人在维和行动中献出了生命，12 人负伤。2001 年 1 月，中国决定指定成建制非作战部队加入联合国第一级维和待命安排机制。12 月，中国正式成立国防部维和事务办公室，统一协调和管理中国军队参与联合国维和行动的工作。

*联合国维和费用捉襟见肘，入不敷出。*由于经济因素的影响，联合国的维和行动基本上是一种“富国出钱、穷国出人”的模式。截至 2004 年 4 月，参与联合国维和行动人数最多的 10 个国家依次为：巴基斯坦 7680 人，孟加拉国 6362 人，尼日利亚 3398 人，印度

2930人，加纳2790人，尼泊尔2290人，乌拉圭1833人，肯尼亚1826人，埃塞俄比亚1822人，约旦1804人。相反，一些西方国家常以多交维和经费自居，参与维和行动的人数均未超过600人。随着国际局势的变化，近年来这些国家出于政治原因，经常拒交或者滞交其所承担的维和费用，致使联合国维和行动中出现了一笔越积越大的“三角债”，已拖欠71个参与维和行动的成员国多达4.39亿美元的酬金。严重影响了联合国的维和行动与形象。其中，被拖欠酬金最多的国家全是发展中国家，排在前5位的依次为巴基斯坦（5320万美元）、孟加拉国（4780万美元）、印度（3230万美元）、约旦（2920万美元）、尼日利亚（2830万美元）。对此，一些国家已提出如果联合国不能迅速偿付维和酬金将“不再提供维和部队”。

联合国2004年进行的主要维和行动　2004年，联合国开始和继续进行的维和行动如下（截止2004年12月31日）：

联合国中东停战监督组织（UNTSO）。起止时间：1948年5月至今。主要任务：协助联合国调解员和停战委员会监督巴勒斯坦遵守停战情况。执行联合国安理会所交付的各项任务。任务地区：中东。维和规模：军事观察员165人，国际支助人员96人，地区支助人员121人。军事人员提供国：22个。伤亡情况：共牺牲人员40人。财政情况：2004年7月1日至2005年6月31日批准经费2769万美元。

联合国驻印度和巴基斯坦军事观察组（UNMOGIP）。起止时间：1949年1月至今。主要任务：派出观察员，监督克什米尔停火协议执行情况。任务规模：军事观察员44人，国际支助人员23人，地区支助人员45人；军事人员派出国：9个。伤亡情况：共有9人牺牲。财政情况：2004年7月1日至2005年6月31日批准特别财政拨款725万美元。

联合国驻塞浦路斯维持和平部队（UNFICYP）。起止时间：1964年3月至今。主要任务：使塞浦路斯重新恢复国内稳定，制止武装冲突的继续蔓延，防止希族塞人与土族塞人之间战斗再度发生，并协助维持和恢复法律与秩序。任务地区：塞浦路斯。维和规模：维和部队916人，维和民警43人，国际支助人员44人，地区支助人员109人。军事人员派出国：14个。伤亡情况：共有173人牺牲。财政情况：2004年7月1日至2005年6月30日财政预算拨款5199万美元。

联合国叙利亚戈兰高地脱离接触观察员部队（UNDOF）。起止时间：1974年5月开始至今。主要任务：调停叙利亚与以色列在叙利亚戈兰高地发生的领土之争，维持以色列与叙利亚之间的停火，监督以色列部队同叙利亚部队脱离接触，并对隔离区和限制区进行监督。任务区域：叙利亚戈兰高地。维和规模：维和部队1023人，军事观察员80人，国际支助人员35人，地区支助人员108人。军事人员派出国：6个。伤亡情况：40人牺牲。财政情况：2004年7月1日至2005年6月30日批准预算为430.3万美元。

联合国驻黎巴嫩国际观察团（UNFIL）。起止时间：1978年3月开始至今。主要任务：平息以色列与黎巴嫩冲突，督促以色列从黎巴嫩撤军。具体为监督与证实以色列部队确已从黎巴嫩南部撤离；恢复地区的和平与安全；协助黎巴嫩政府确实恢复对该地区的有效统治。任务地区：南黎巴嫩。维和规模：维和部队1994人，军事观察员50人，国际支助人员107人，地区支助人员297人。军事人员派出国：7个。伤亡情况：牺牲250人。财政情况：批准预算2004年7月1日至2005年6月30日计970.8万美元。

联合国西撒哈拉全民投票特派团（MINURSO）。起止时间：1991年4月开始至今。主要任务：监督停火；核查西撒哈拉领土内摩洛哥部队的裁减情况等。任务地区:西撒哈拉。维和规模：维和部队27人,军事观察员204人,民事警察6人；另有国际支助人员125人,地区支助人员11人。军事人员派出国：27个。民事警察派出国：2个。伤亡情况：牺牲10人。财政情况：批准预算2004年7月1日至2005年6月30日计4404万美元.

联合国格鲁吉亚观察团（UNOMIG）。起止时间：1993年8月开始至今。主要任务：监测与核查当事各方执行1994年5月14日在莫斯科签署的《停火和部队隔离协定》情况；观察独立国家联合体（独联体）维持和平部队对该《协定》的落实情况，以及各方在安全区内军事部署与动向。任务地区：格鲁吉亚。维和规模：军事观察员122人，维和民警11人，国际支助人员99人，地区支助人员180人。军事人员派出国：5个。伤亡情况：7人牺牲。财政情况：批准经费自2004年7月1日至2005年6月30日计335.9万美元。

联合国科索沃特派团（UNMIK）。起止时间：1999年6月开始至今。主要任务：负责使科索沃非军事化，维持法律和秩序，并赋予科索沃特派团行使管理和行政的权力，包括司法和重建领土，为选举以及最终在南斯拉夫联盟共和国内实现自治作好准备。维和规模:军事人员37人；民事警察4519人；国际支助人员1178人；地区支助人员3397人。伤亡情况：牺牲14人（截止2003年底）。

联合国塞拉利昂特派团（UNAMSIL）。起止时间：1999年10月至今。主要任务：制止塞拉利昂内乱，恢复社会秩序，协助政府与当事各方执行洛美和平协定的各项规定，监督各方解除战斗员武装以及帮助改组该国的安全部队。任务地区：塞拉利昂。维和规模：截止2004年底共有维和人员4934人，其中维和部队3958人，军事观察员134人，民事警察75人，国际支助人员252人，地区支助人员515人。军事人员派出国：32个。民事警察派出国：21个。伤亡情况；牺牲159人。财政情况：批准预算自2004年7月1日至2005年6月30日计3.0187亿美元。

联合国刚果民主共和国特派团（MONUC）。起止时间1999年11月开始。主要任务：制止各派武装集团与民兵组织间的武装冲突，并使介人冲突的卢旺达、乌干达、津巴布韦等国与刚果各派脱离接触，落实停火协定和按议定进程达成政治解决，监督外国军队从刚果（金）撤离并对国内武装组织实行解除武装和使之人员重返社会。任务地区：刚果民主共和国及附属地区。维和规模：维和部队13206人，军事观察员569人，民事警察175人。另有国际支助人员735人，地区支助人员1140人。军事人员派出国：47个。民事警察派出国：19个。伤亡情况：牺牲45人。财政情况：批准预算自2004年7月1日至2005年6月30日计7.461亿美元。

联合国埃塞俄比亚/厄立特里亚特派团（UNMEE）。起止时间：2000年7月开始至今。主要任务：监测停止敌对行动；协助双方遵守商定的安全承诺等。任务地区：埃塞俄比亚和厄立特里亚，并在埃塞俄比亚的阿斯马拉和厄立特里亚的阿地斯亚贝巴建立办事处。维和规模：维和部队3147人，军事观察员217人，国际支助人员214人，地区支助人员254人。军事人员派出国：41个。伤亡情况：牺牲8名军事人员。财政情况：批准预算自2004年7月1日至2005年6月30日计2.1603亿美元。

联合国驻东帝汶特派团（UNMISET）。起止时间：自2002年5月开始至今。主要任务：协助东帝汶恢复国内秩序，解决由是否独立或并入印度尼西亚而引发的国内暴乱。任务地区：东帝汶。维和规模：维和部队429人，军事观察员43人，民事警察147人。另有国际支助人员270人，地区支助人员542人。军事人员派出国：16个。民事警察派出国：23个。伤亡情况：共有14人死亡。财政情况：自2004年7月1日至2005年6月30日批准经费8515万美元。

联合国利比里亚特派团（UNMIL）。起止时间：2003年9月开始至今。主要任务：支持停火协议的执行与和平进程，支持与援助西非观察组落实科托努和平协定，特别是使利比里亚国内各方遵守和公正地实施《全面和平协定》等。任务地区：利比里亚。维和规模：维和部队14472人，军事观察员205人，民事警察1098人。另有国际支助人员489人,地区支助人员651人。军事人员派出国：47个。民事警察提供国：36个。伤亡情况：牺牲30人。财政情况：2004年7月1日至2005年6月30日批准经费计8.6482亿美元。

联合国科特迪瓦特派团（UNOCI）。起止时间：2004年4月开始至今。主要任务：维持科特迪瓦国内秩序，协调各派遵守共同签订的和平协定，保持形势稳定，敦促协议条款的履行。维和规模：维和部队5843人，军事观察员166人，民事警察215人。另有国际支助人员259人，地区文职人员155人。军事人员派出国：40个。民事警察派出国：12个。伤亡情况：2名军人牺牲。财政情况：批准经费自2004年7月1日至2005年6月30日计3.7848亿美元。

联合国海地特派团（MINUSTAH）。起止时间：2004年6月1日至2005年6月1日。主要任务：控制与稳定海地局势，隔离武装交火派别，恢复和平秩序并为联合国人员提供安全保证。任务地区：海地。维和规模：维和部队5994人，民事警察1398人。另有国际支助人员316人，地区支助人员800人。军事人员派出国：19个。民事警察派出国：34个。财政情况：批准经费自2004年7月1日至2005年6月30日计3.7905亿美元。

联合国布隆迪特派团（ONUB）。起止时间：2004年6月至2005年6月1日。主要任务：支持布隆迪重建和平的努力，促进局势稳定，协助落实阿鲁沙和平协定的顺利实施。任务地区：布隆迪。维和规模：维和部队5188人，军事观察员190人，民事警察83人。另有国际支助人员306人,地区支助人员217人。

国际恐怖主义与反恐怖行动问题综述 恐怖主义是指为达成一定政治目标，有组织有目的地采取各种非常规的暴力行动，以造成公共设施和人员重大破坏和死亡，在公众中产生心理恐怖效应的系统理念与行动的总和。2004年，是国际恐怖主义袭击与世界各国反恐行动均有明显发展的一年。

国际恐怖主义活动的主要特点 虽然在“9·11”事件后国际反恐斗争一度取得了较大成果，但由于美国发动对伊拉克的战争并对其实行军事占领，进一步激起了阿拉伯和穆斯林世界对美国的仇恨，导致国际恐怖势力再度反弹。2004年，世界发生的“重大”恐怖袭击数量为650起，与2003年的175起相比增加了2.7倍左右。

*冲突不断的中东和克什米尔地区恐怖袭击的频度和烈度进一步增高。*2004年，中东仍是世界上冲突最激烈的地区。从年初开始，巴勒斯坦各激进组织和武装派别共进行了约120起自杀性爆炸袭击。其中大部分是巴勒斯坦伊斯兰抵抗运动（哈马斯）所为。为此，以色列3月22日以恐怖手段刺杀哈马斯创始人、精神领袖亚辛，4月17日再次出动飞机将哈马斯继任者兰提西炸死。同时，伊拉克境内接二连三地发生针对西方国家人员及国际组织的爆炸事件，造成重大人员伤亡。甚至负责伊拉克重建事务的联合国高级官员也被炸身亡。为尽快从伊拉克战场脱身，美英向伊拉克新政府进行权力移交，但却未能改变恐怖袭击延绵不绝的态势。聚集在这里的恐怖分子把袭击目标锁定为本国的亲美人士、美英及其盟国人员以及国际组织人员。几乎每天都有袭击事件或劫持杀害人质的事件发生。驻扎在伊拉克的美国军人成为恐怖袭击下的惊弓之鸟，到8月份，曾在伊拉克战争中以死亡138人的最低伤亡率夺占伊全境的美军被零星袭击造成死亡的人数已超过了1500人。由于历史与民族矛盾长期得不到解决，在印控克什米尔地区的恐怖袭击也有增无减，全年数量近300起。

*一向被认为是文明程度与经济最为发达的欧洲地区恐怖袭击加剧。*3月11日，西班牙首都马德里3个火车站在交通高峰时段同时发生巨大爆炸，其中有两枚炸弹在到达市中心阿托查火车站的列车上爆炸，同时，另一条线路上的两个车站也发生爆炸，造成200多人死亡，1500多人受伤。加上当日其他地区发生的爆炸累计竟达11次之多，且政府事先没有接到任何袭击警告。这是欧洲首次遭到的严重恐怖袭击事件，也是西班牙巴斯克分离主义组织“埃塔”实施的一次破坏性最大的袭击，不仅使以往相对平静的欧洲再次陷入恐怖的漩涡之中，而且使“3·11”成为继“9·11”之后再次深深嵌入人们记忆中的另一恐怖数字。

*中亚地区恐怖主义势力渐成气候。*冷战之后，随着旧有约束机制的打破，特别是美国及北约军队的进入，使中亚地区成为国际联合反恐军事行动的重要前线和支援走廊。但这未能阻止这一地区成为恐怖势力藏匿和活动的主要地区。一些带有极端宗教情绪的非法组织利用中亚地区复杂的民族宗教问题相互勾结，形成国际恐怖网络，要求在中亚地区建立极端宗教国家。与“基地”组织联系密切的“乌兹别克斯坦运动”的大批恐怖分子曾多次从阿富汗侵入吉尔吉斯斯坦、塔吉克斯坦和乌兹别克斯坦3国交界地区，企图占领费尔干纳谷地，建立非法政权。3月底，国际恐怖组织在中亚地区制造了系列爆炸事件，造成50多人死亡。这是对欧洲“3·11”恐怖事件的遥相呼应，也是继“9·11”事件后国际恐怖活动反弹的重要组成部分。在部分中亚国家聚集的“东土耳其斯坦”势力加强地下秘密联络，力图策划分裂和制造恐怖活动，已对中国和整个地区的和平与稳定构成一定威胁。

恐怖分子的核心“基地”组织进一步扩散，使用的手段也越来越凶残。“基地”组织在阿富汗战争中遭到重创后，采取化整为零方式向世界其他地区转移，加强了与各地恐怖势力的联系。2004年发生的大量恐怖袭击事件中，包括中亚、中东、东南亚甚至俄罗斯的别斯兰人质案等都或多或少带有“基地”分子活动的色彩。这些地区恐怖组织既与国际恐怖集团有密切联系，又能自我隐蔽、自我支持、自我发展，并诱发出国际恐怖组织“基地化”的趋势。“基地”组织正将恐怖活动的特色带到世界各地，其最明显的表现是从直接暗杀政治对手和国家领导人及不同层次掌握权力的领头人物转向社会中的弱势群体。8月下旬以来，俄罗斯边疆接连发生两架飞机坠毁、地铁站口自杀性爆炸、车臣地雷爆炸事件，使大量平民成为无辜的恐怖袭击的牺牲品。8月，俄罗斯北奥塞梯别斯兰中学发生恐怖袭击事件，车臣分子将数百名学生劫持做为人质，造成400多人死亡，近千人受伤。

恐怖袭击已使社会和经济变得越来越脆弱。“9·11”事件后，世界各国普遍加强了对重要军政设施和首脑人物的安全保卫工作，恐怖分子已将主要袭击对象转向一些大型购物商场、娱乐场所、主题公园、火车站和体育场馆。这些地方由于毫无防备，使恐怖袭击极易成功。一旦发生爆炸，不仅大量人员避之不及，而且利于恐怖分子逃逍和嫁祸于人。3月发生在西班牙马德里的爆炸案显示出恐怖组织已周密地进行过“进攻策略权衡”。社会和经济生活在这种袭击面前表现出的脆弱性已更加明显。一方面，经济与社会活动的不可缺少性决定了人们难以对恐怖袭击进行防护；另一方面，即使对成千上万个公共地点提供充分保护具有可行性，经济上的代价也会对赢利或税收带来重大影响。而且即使耗费巨资进行防护，也因不了解恐怖分子发动袭击的目的、时机和方式而难以确保成功。恐怖分子掌握的“袭击主动权”，使人们对其防范与打击都存在极大困难。

国际反恐怖行动的发展　恐怖袭击的增多，使反恐已成为联结世界各国一致行动的纽带。2004年，国际社会对恐怖主义的打击力度进一步加大。

国际联合反恐机制趋向健全。为保证国际联合反恐行动更加深入有效，联合国已将国际反恐纳入由其主导的大国合作和多边体系工作框架之内，积极通过反恐决议，召开反恐会议，建立反恐公约，设立专门机构和协调机制，并坚持在反恐活动中开展重要的人道主义救援活动。3月26日，联合国安理会通过1535号决议，决定大幅度调整反恐委员会，并增设由反恐专家和联合国秘书人员组成的理事会，确保反恐委员会决定落实。在联合国推动下，地区性反恐活动也在不断深化。2月4日，由印度尼西亚和澳大利亚联合主办的亚太区域反对恐怖主义部长级会议在印尼巴厘岛开幕。4月中旬，英国首相布莱尔和美国总统布什共同表示，希望联合国发挥更大作用，并尽快通过新的决议，组建多国反恐维稳部队，推动伊拉克权力移交和政治地位问题的解决。4月18日，由各主权国家代表参加的各国议会联盟第110届大会在墨西哥首都召开，中心议题是在反对恐怖主义和维护世界和平与安全方面发挥作用。

国际联合反恐战略的主动性明显增强。为了更有效地遏止与打击恐怖主义活动，国际社会开始由被动应付转向积极预防与主动遏制。5月底，美英抛出决议草案，并吸纳法、中、德、俄和其他国家的修改意见，促成联合国第1546号决议通过，标志着美国所提出的“先发制人”反恐战略得到承认。为有效遏止恐怖主义势力的扩散，世界主要国家加强了反恐合作，除美国外，俄罗斯、以色列及北约国家也开始赞同对恐怖主义势力采取先发制人的战略。俄罗斯还实际采取了一系列加强反恐的措施，特别是在8月别斯兰事件后，俄罗斯安全会议已着手修订国家安全构想，制定消除恐怖主义威胁的安全措施。

反恐措施更加周密。国际社会在经济上，开始注意对反恐能力相对较弱的发展中国家和不发达国家进行援助，提高其反恐理念与教育水平。在法律上，加快反恐法律体系建设，对有关反恐立法、执法以及具体的引渡法律、司法程序等环节作出探讨与修改，并充分发挥国际刑警组织作用，以公开和秘密渠道对反恐行动提供强有力的物质支持。在金融方面，展开大规模的反洗钱行动，要求各国切断任何恐怖组织和个人的一切资金来源。在军事上，许多国家共同举行反恐演习，或在军事演习中贯穿反恐内容。2月，欧洲多国在雅典举行了联合反恐演习，重点演练在奥运会上进行反恐应急行动。印法、中英、中法等海军也联合举行了针对反恐行动的海上联合军事演习。

反恐手段更加科学。美国政府在通过的2004至2005财年预算中，计划将70亿美元用于建设针对恐怖袭击的高科技防御设施。美国能源部也计划以2320万美元研究如何监测恐怖组织的核武器生产。一些国家已把化学、生物、纳米和信息技术等都划入到反恐安全战略之中，并提出建立完全联网的国家/国际监测系统，以对空中的病原载体、危险化学物和其他公共危害物进行不间断的监测。美国劳伦斯·利弗·莫尔国家实验室研制的用以监测空中生物袭击的系统已作为一条安全防线在30个点位进行部署。生物检测技术也获得迅速发展，可以将个人的指纹、脸型、虹膜结构甚至气味储存在护照上的一个芯片里，帮助警方迅速甄别嫌疑人的身份。

国际舆论对反恐怖行动的不同看法 随着恐怖主义的持续猖獗和国际反恐行动的深入开展，国际上对反恐行动的认识也在升华，但理论上仍有不同看法。主要是：

经济与宗教是不是恐怖主义产生的主要根源。近年来，有人将恐怖主义产生的原因归结为世界经济发展的不平衡、某些地区与族群的长期贫困以及某些宗教教义中对报复与杀戮的推崇。但反恐实践越来越使人认识到产生恐怖主义的原因是多方面的，贫困落后、民族仇恨及不平等都是恐怖主义滋生的温床，特别是国际社会中存在的政治和经济上的不公正是产生恐怖主义的重要根源。如在中东地区，美国偏袒以色列，是中东地区及穆斯林世界恐怖主义漫延的主要诱因；美国入侵和占领伊拉克则是国际恐怖活动再次抬头的导火索。单纯的经济与宗教并不能产生恐怖主义。只要仍然存在强权政治和不公平待遇，国际恐怖主义就不可能被根除。

依靠军事手段能否取得反恐胜利。“9·11”以后，军事成为打击恐怖主义的主要手段。然而，近几年恐怖主义反而更为猖獗。特别是遭到恐怖主义严重袭击的美国，对恐怖主义采取“追杀”策略，主要倚重强大的军事优势对恐怖主义组织和所在国家进行围剿。然而其强硬的反恐政策并未给美国民众带来安全。军事手段究竟能否彻底铲除恐怖主义，已越来越多地受到质疑。国际舆论越来越多地认为，军事手段是与恐怖主义作斗争的重要方式，但不能仅仅依靠军事手段，应注重从政治、经济、外交等各个方面入手，化解民族、种族、宗教仇恨与矛盾，创造和平的发展环境。

联合国在反恐行动中的作用。联合国本应在反恐行动中扮演越来越重要的角色。然而，由于联合国缺乏应有的实际力量，对反恐行动往往只能作道义上的谴责和机制方面的引导。因而已有人对联合国能否在反恐行动中发挥领导作用提出质疑，认为反恐不同于维和，其主要区别在于前者以军事打击为主，后者以争取和平为主；前者以先发制人为主，后者以后发制人为主；前者强调联合围剿，后者强调联合拯救。因而，反恐行动在使用武力上比维和行动所受限制要小得多，几乎可以无所不用其极。而维和行动在军事力量和手段的实际使用上所受限制要大得多，通常军事力量主要用于威慑和阻隔，在军事装备上也是以轻武器为主。另外，由于恐怖主义往往相当于低强度的局部战争，更多地需要军事大国或受害国统一指挥与行动。但更多的意见认为，恐怖主义是国际上的共性灾难，需要联合国发挥其正确的引导、凝聚、指引、协调及筹划作用。联合国不但不能削弱作用，反而应发挥主导作用。

反恐行动是否仍要遵守国际法。美国以自身受到恐怖主义危害和对方藏有大规模杀伤性武器为由，在发起伊拉克战争时没有联合国授权，公然违反了国际法。对此，大多数国家越来越明确地提出，反恐要在国际法和国际关系准则指导下进行，决不能超越国家主体漠视甚至侵犯他国主权。反对一国对他国、强国对弱国的“国家恐怖、集体恐怖”行径。要杜绝先入为主、主观臆断地将某种文明或宗教设为假想敌。在反恐行动中不能搞双重标准，或以反恐之名收一己之利，偏离反恐轨道或背离反恐初衷。

（吴　鹏）

军 控 与 裁 军

2004 年国际军备控制与裁军形势综述

2004 年，国际军备控制与裁军进程受到国际安全形势演变的深刻影响。和以往相比，本年度进程更突出冷战结束以来大国关系调整的痕迹。大国出于各自安全利益考虑，明显地把国际军备控制当成明示战略意图的方式，从而为大国的国际合作提供了一个平台；防扩散是大国操控的国际军备控制与裁军进程的主题。

国际组织仍是推动国际军备控制与裁军进程的重要机构　过去一年，国际组织继续为推进国际军备控制与裁军进程做出了不懈的努力，达成一些共识，但在各领域中并没有取得突破性进展。

日内瓦裁军谈判会议。2004 年 9 月 7 日，裁谈会向联合国第 59 届会议提交 2004 年年度报告及相关文件和记录。本年度会议分别于 1 月 19 日至 3 月 26 日、5 月 10 日至 6 月 25 日、7 月 26 日至 9 月 8 日举行。大会举行 28 次正式和 12 次非正式全体会议，各成员国和应邀非成员国参加了审议各项问题的讨论。在停止核军备竞赛和核裁军、防止核战争、防止外空军备竞赛、保证对无核武器国家不使用或不威胁使用核武器的安全保证、新型大规模杀伤性武器、综合裁军、军备透明度等方面，各代表团重申和进一步阐述了各自的立场。本年度裁谈会一个突出特点是加强了非政府组织对军控工作的参与。2 月 12 日，第 946 次全体会议就加强民间社会和非政府组织对裁军大会工作的参与通过了有关决定。

联合国。联合国有关机构在过去一年中围绕着军备控制与裁军和防扩散等领域内的问题召开了一系列审议会议。安理会 2004 年 4 月 28 日通过的第 1540 号决议是一项重要的防扩散文件。它重申“核武器、化学武器和生物武器及其运载工具的扩散对国际和平与安全构成威胁……所有国家急需采取更多的有效措施，防止核、生、化学武器及其运载工具的扩散……应对恐怖行为对国际和平与安全造成的威胁，决心今后促进在不扩散领域对全球威胁做出有效应对。”决议是有关方相互妥协的结果，确定了“非国家行为者”的基本概念和防止向“非国家行为者”扩散的必要性，但在拦截问题上，各方没有达成共识。

国际原子能机构。国际原子能机构围绕着朝鲜半岛、伊朗、利比亚等核问题做出了一系列努力：

韩国核问题。8 月底，国际原子能机构核查组对韩国核活动进行第一次核查，并带走韩国科学家提取的 0.1 克浓缩铀。9 月初，韩国科技部承认，2000 年初，韩国原子能研究所科学家在进行核电燃料国产化试验时，提出 0.2 克浓缩铀。韩国科技部后又宣布，韩国科学家在 1982 年 4~5 月间成功提取钚。为此，国际原子能机构在 9 月 13~16 日举行的理事会上讨论韩国核问题。总干事巴拉迪 13 日表示，这是“令人严重关切的事件”。11 月 26 日，国际原子能机构理事会结束对韩国核问题的审议并发表主席声明，决定不将韩国核问题提交联合国安理会讨论。主席结论说，韩国未按照其与该机构达成的保障监督协定所规定义务及时向该机构做出申报，属于“严重关切的事项”。同时，韩国所涉及核材料数量不大，没有迹象表明未申报的核实验仍在继续。国际原子能机构理事会欢迎韩国采取的纠正行动并与国际原子能机构积极合作，履行保障监督协定和附加议定书。至此，韩国核问题暂告一段落。

伊朗核问题。11月14日，伊朗向国际原子能机构提交暂停铀浓缩活动的书面声明，伊朗基本满足欧盟的愿望，向国际原子能机构书面承诺将停止几乎全部与铀浓缩有关并引起争议的核活动。为等待伊朗与代表欧盟的法英德3国就伊朗核问题达成协议，国际原子能机构推迟公布有关伊朗核问题的核查报告。伊朗与法英德3国谈判代表先是在巴黎举行的会谈中达成一项临时协议。此后，伊朗提出修改后的协议文本，但欧盟3国认为这一文本是不能接受的。双方从13日开始在德黑兰就一些具体问题继续进行磋商。伊朗是在国际原子能机构总干事巴拉迪提交报告的最后时刻做出暂停铀浓缩活动决定的。国际原子能机构理事会9月18日通过决议，要求伊朗在理事会11月25日举行下一次会议之前暂停铀浓缩活动。

大国互动增加，美国不再是主导一切的力量，地区大国走上防止地区扩散前台，防扩散成为大国展示其战略意图的平台　朝鲜半岛核问题继续成为有关方面合作和斗争的焦点地区，六方会谈进程仍受到不信任等问题的困扰。1月初，由美国国务院、核实验室、议员和大学教授组成的5人非官方代表团参观朝鲜后指出：朝鲜确实有核武器生产能力，但有没有核武器和储存多少钚仍不清楚；朝鲜否认其拥有浓缩铀的计划。6月23~26日,中国、朝鲜、日本、韩国、俄罗斯、美国在北京举行第三轮“六方会谈”。美国提出“转向性”提案，即给朝鲜3个月冻结期，并在此期限内采取相应措施，包括由韩、中、日、俄每月向朝鲜提供重油；提供暂时的安全保障；协商解除对朝鲜的经济制裁。会谈结束后，朝鲜拒绝接受美国的方案，指责美国提出“3个月准备期是不科学和不现实的”，且美国不参加第一阶段的补偿能源行动，其“相应措施”只能是空头支票。而美国强调，美国不会对朝鲜进行补偿，不接受“部分解决问题的方案”。随后，布什在竞选中攻击朝鲜最高领导人，美韩军队进行大规模军事演习，参众两院先后通过《朝鲜人权法案》，大大激怒朝鲜。按第三次会谈的约定，9月底将举行第四次“六方会谈”，但并未如期进行。

欧盟在伊朗核问题上发挥作用。2003年12月，欧盟国家制订了《应对大规模杀伤性武器的战略》。该战略使防扩散成为其重要的对外政策之一。伊朗核问题得以缓解则表明，欧盟防扩散战略已产生重大影响力。2004年11月8日，伊朗和欧盟3国（英、法、德）间达成初步意向，伊朗将为避免联合国安理会可能的制裁而暂时全面放弃有争议的核计划。在此协议下，伊朗将冻结全部核燃料浓缩和回收活动，并在今后与欧盟在经济、技术和安全方面达成一揽子协议，最终放弃潜在的核武器研制活动。4国代表团同意把该协议递交各国领导人审议，从而避免把该问题提交联合国安理会。

防扩散仍是年度国际军备控制进程的主题，西方发达国家正着力于建立新的防扩散机制　谈判解决扩散问题受到重视，利比亚核问题取得突破性进展。2003年12月19日，利比亚政府宣布放弃发展大规模杀伤性武器的计划，并承诺销毁所有射程在300千米以上、有效载荷在500千克以上的弹道导弹。随后利比亚外交部正式发布公告称，利比亚无条件接受国际社会的核查。这是利比亚政府与美英两国政府进行了长达9个月之久秘密谈判后取得的成果，国际社会给予肯定。利比亚发展大规模杀伤性武器的计划由来已久。在核武器方面，早在利比亚宣布放弃计划前，国际原子能机构已发现利比亚有核武器发展计划。有迹象表明，利比亚曾试图邀请一些中东、东欧国家的核武器专家，组成发展核武器计划特别小组。截至2003年12月，利比亚已离制造核武器的能力相差不远了。在秘密谈判期间，利比亚还向美英两国武器专家展示芥子气、神经毒气和用来填充芥子气的炸弹，并展示用于制造芥子气的神经毒气前体。利比亚承认曾与有关国家合作发展“增程”“飞毛腿”导弹。

“防扩散安全倡议”中的大国正走向实际合作，拦截演习频繁，寻求法理依据的努力在继续。2004年，“防扩散安全倡议”的有关国家举行一系列海上拦截训练。其中包括：1月由法国领导的地中海拦截演习；2月由意大利领导的空中拦截演习；3月由西班牙和德国领导的海关拦截演习；4月由意大利领导的地中海联合拦截演习；4月底波兰牵头的地面拦截演习。2月和5月，美国分别与利比里亚、巴拿马签订船只登临协定，允许对那些被怀疑非法运送大规模杀伤性武器、部件或原料、挂该两国国旗的所有商船进行登临检查。美国还向世界10个最大船旗登记国中的其他国家提出了签订类似协定的要求。在美国推动下，联合国安理会4月28日通过第1540号决议。最后决议删除美国提出的决议草案中有关“防扩散安全倡议”的措辞，美国代表在决议通过后的解释性发言中又把“防扩散安全倡议”视作执行决议的措施。6月9日，8国峰会通过《防扩散行动计划》，重申对“防扩散安全倡议”及其拦截原则声明的承诺与支持。美与其盟国还推动国际海事组织修改《制止危及海上航行安全非法行为公约》中有碍拦截活动的条款。

为谋求新的国际防扩散机制做出努力。2月11日，布什总统在美国防大学讲话时指出，现行国际社会打击扩散的努力既不广泛，也没有效。因此，要采取更严厉的措施，防止国家获得设备和技术进行铀的浓缩以及从有关燃料中提取钚。12日，国际原子能机构总干事巴拉迪在回应布什总统的讲话时指出：《不扩散核武器条约》“必须加以修改以适应21世纪的现实”。为此，各国改进核材料的出口控制，应建立以条约为基础的出口控制体制，并把向其他国家进行扩散的行为定为犯罪；联合国所有成员国签署国际原子能机构的保障监督附加议定书，任何国家不得退出《不扩散核武器条约》，并把铀浓缩和后处理活动置于多国控制之下；重新开始《禁止裂变材料条约》的谈判。5个核大国应当制订全面核裁军的“明确线路图”。

巡航导弹和无人机正成为国际社会防扩散的新领域。年初，美国总审计局发表报告称巡航导弹和无人机技术的扩散将直接威胁到国家的安全。报告称，目前至少有70个国家拥有可以携带常规弹头的反舰巡航导弹，至少有32个国家正在发展250种不同类型的无人机。巡航导弹和无人机可作为精确打击兵器，造价便宜且可携带生化武器。

主要核国家的核裁军与核现代化同步进行，核门槛国家的核能力活动频繁 美国。美国认为，核武器将继续在“国家安全政策中发挥独特、不可或缺的重要作用。”到春季，美国核武器库有7000多枚现役弹头，其中有5886枚战略核弹头和1120枚非战略核弹头，另有3000枚后备弹头。下一步，其500枚“民兵”Ⅲ导弹的精确性和稳定性还将得以提高。2020年之后，研制新型洲际弹道导弹取代“民兵”Ⅲ导弹。美国现役核动力潜艇15艘，装备360枚潜射导弹，约有2740枚核弹头。海军核动力弹道导弹潜艇的现代化始终在进行着。现役的战略轰炸机为两种：B-2B和B-52H，上述轰炸机均可执行战略和战术武器的发射，都在进行现代化改装。美国的第一个导弹拦截系统已正式启用。该系统的核心是所谓“陆基中程防卫系统”，在位于阿拉斯加的格里利堡军事基地。加利福尼亚州的范登堡基地是美国第二个部署拦截导弹的军事基地。总部设在夏威夷的太平洋司令部将保护美国的岛屿，并负责所有“宙斯盾”海上防卫系统。5艘装备“宙斯盾”的战舰将在朝鲜附近水域构成导弹防御系统的海上防线。

俄罗斯。根据新军事学说，核力量不但是俄国家战略力量的重要组成部分，而且维持大致与美国相当的现代化战略核力量也是其大国地位的象征。2月，俄完成洲际弹道导弹试射。11月17日，在俄罗斯武装力量领导人高层会议上，普京做出非常明显的暗示：在俄军的改革进程中，俄罗斯政府及军队并没有放弃苏联作为超级大国时所仗以扬威世界的“新核武器”。目前，俄罗斯武器库约有7800枚可实战的核弹头，包括4400枚战略弹头。战术核武器约3400件，与前一年没多少变化。

其他核国家。法国。海军目前保留4艘弹道导弹战略核潜艇，每艘装载有M-4潜射弹道导弹和M-45潜射弹道导弹。海军计划再造两艘“凯旋”级潜艇，2008年装备部队。尽管最后一批核弹已退役，“幻影2000N”和以航母为起飞平台的“超级军旗”战斗（轰炸）机可用于投送近程ASMP核导弹，该型导弹预计于2007年开始服役。

英国。拥有180枚可用核弹头，均装备在“三叉戟”潜艇上。另有15枚弃用的弹头在贮存中。英国已销毁其所有机载核武器，仅保留海基威慑力量。英国核力量是4艘新式“前卫”级弹道导弹战略核潜艇，每艇装备16枚美国提供的“三叉戟Ⅱ”D-5导弹和48枚核弹头。英国还在与美国联合研制潜射弹道导弹。

核武关切国家的核活动。印度。印度前陆军总参谋长孙达吉将军说，印度至少需要20件2万吨级核武器，才能对一个小国构成可靠威慑；需要50件这样的核武器，以便对大国构成可靠威慑。印度媒体估计，印度大约有25~65枚库存核弹头。目前广泛引用的阿尔布莱特报告称，截至1999年底，印度共生产240~395千克武器级钚，假定每个核弹头需要4.5千克钚，足以制造45~95个核弹头。

巴基斯坦。巴拥有的核武器数量在24枚至48枚之间，并具备足以再造30~52枚核武器的裂变材料。巴基斯坦很可能利用F-16飞机投送核武器。情报部门分析，巴基斯坦极大地依赖于其弹道式核导弹，以对抗印度的常规优势。

日本。日本现在仍将主要依靠美国的核保护伞。但从长远来看，随着它在亚洲的军事和安全方面的作用逐渐加强，有可能在未来对核政策做出调整。

以色列。一直被认为是事实上的核国家。分析人员认为，以色列已经拥有100~200件核武器。国际原子能机构总干事巴拉迪7月6日访问以色列后表示，希望以色列支持《不扩散核武器条约》，并能够签署一项附加议定书，公开所有可能的核输出信息，放弃模糊的核政策。但巴拉迪指出：核威慑和核武器已深植以色列人心中，核立场不太可能改变。

中国仍是推进国际军备控制与裁军进程的动力之一 中国在维护国际军控、裁军与防扩散条约体系，充分发挥联合国的作用和影响，进行多边合作等领域继续做出自己的贡献。

申请加入《导弹技术控制制度》。2月，中国与《导弹技术控制制度》成员国在巴黎举行首轮对话。6月，双方在北京举行第二轮对话，重点就进一步发展中国与《导弹技术控制制度》成员国的关系、防扩散出口控制国际合作和出口控制执法等问题深入交换了意见。

加入《核供应国集团》。5月27日,在瑞典哥德堡召开的《核供应国集团》全会决定，接纳中国、立陶宛、爱沙尼亚和马耳他为新成员。这表明国际社会对中国在国际防扩散领域作用的重视，也是对中国近年来在防扩散方面所作努力的肯定。

在韩国核问题上的立场。中方认为，保持朝鲜半岛无核化对维护该地区的安全与稳定是十分重要的。每个《不扩散核武器条约》缔约国都应严格履行条约义务，共同为维护国际防扩散机制，切实防止核武器扩散做出贡献。

在伊朗核问题上的立场。中国认为，欧盟3国与伊之间达成的协议及理事会以协商一致方式通过的决议，为实现伊朗核问题的和平解决奠定了良好的基础。中国愿与各方一道，为实现上述目标发挥建设性作用。

在朝鲜半岛核问题上的立场。中国希望有关各方继续按照已经确定的半岛无核化目标和达成的共识，进一步显示灵活和诚意。为此，中国呼吁有关各方避免任何可能干扰这一努力的言行。中方将继续本着客观、公正的立场，积极推进这一进程。

在防扩散问题上的立场。中国作为《不扩散核武器条约》缔约国和机构成员国，支持国际社会防止核武器扩散的努力，严格履行自己所承担的国际义务。中国广泛参与了多边防扩散机制，并不断加强和完善本国法律法规。中国正式参加《核供应国集团》，正不断加强同一些多国防扩散机制的磋商与交流。中国一贯主张，任何国家不应假借和平利用核能名义从事核扩散活动。同时，在确保实现防扩散目标的前提下，应切实保障各国特别是发展中国家和平利用核能的正当权利。

中欧发表《关于防扩散和军备控制问题的联合声明》。2004年12月8日，中国欧盟发表联合声明，指出防扩散的根本目的在于维护国际和地区的和平、安全与稳定，这符合中国、欧盟乃至全人类的共同利益。因此，应努力在国际法框架内，通过政治、外交手段和国际合作解决扩散问题。中欧一致认为，防止核、化学、生物武器扩散不得妨碍和平利用材料、设备和技术的国际合作。

（滕建群）

中外军事交往

2004年中外军事交往综述 2004年是中国军事外交活跃、扎实、富有成效的一年，呈现出高层交往活跃频繁、务实合作不断深化、多边活动积极有效等显著特点，有不少工作具有开创性：第一次与俄罗斯商签了在传统安全领域举行联合军事演习的备忘录，第一次倡导并举办了东盟地区论坛安全政策会议，第一次邀请外军领导人和观察员观摩了中国人民解放军加强机械化步兵师一级大规模军事演习，第一次分别与英、法、澳等西方国家举行了海上联合搜救演习等。一年来，中国军队共进行重要交往项目168项，专业技术交流项目112项，务实性军事合作和多边活动项目近30项。

高层交往活跃频繁。中国军队着眼增进与有关国家的政治、军事互信，营造和平稳定的国际环境，抓住关键，突出首要，夯实基础，积极稳妥地加强与发展同世界各国的军事关系。

与大国的军事关系有新的发展。在对美关系方面，着眼维护中美战略稳定，积极稳妥地发展与美国的军事关系，加强了中美两军间的高层互访、战略磋商和安全对话。总参谋长梁光烈上将成功访问了美国，先后接待了美国参联会主席迈尔斯、美国防部副部长费斯、太平洋总部司令法戈访华，进一步推动了中美两国、两军的关系。在对俄关系方面，继续拓展双边军事交流与合作。中央军委副主席郭伯雄上将成功访问俄罗斯，与俄方签署了关于中俄两国举行联合军事演习的备忘录，接待了俄罗斯国防部长伊万诺夫两次访华，增强了互信，深化了合作。中欧军事交往取得了新的进展。中央军委副主席、国务委员兼国防部长曹刚川上将成功访问了法国及瑞士、比利时；总参谋长梁光烈上将等高级军队领导人也先后访问了英国、法国、德国等主要欧盟国家，接待了英国国防大臣、挪威国防大臣以及德国、意大利等国高级军事代表团访华，中欧军事关系进入新的发展阶段。

与周边国家军事关系不断深化。中国军队本着“与邻为善，以邻为伴”的方针，着眼营造睦邻友好的周边安全环境，同周边国家军队建立和保持了良好的关系。国防部长曹刚川上将对巴基斯坦、印度、泰国进行了正式访问，中国人民解放军四总部有关领导也对朝鲜、越南、泰国、缅甸、老挝等国进行了访问，接待了泰国国防部长、哈萨克斯坦国防部长，以及朝鲜、缅甸、尼泊尔等国高级军事代表团访华，推动了中国与周边国家军事关系的新发展。

与发展中国家的军事关系得到加强。加强同发展中国家的团结和合作，是中国外交的基本立足点，也是中国军事外交工作的重点。中央军委副主席郭伯雄上将、曹刚川上将、徐才厚上将，总参谋长梁光烈上将以及中国人民解放军四总部其他领导同志率高级军事代表团先后访问了埃及、南非、巴西、墨西哥、古巴、坦桑尼亚、赞比亚等国，使中国与发展中国家的军事关系得到进一步巩固和发展。这些高层互访，丰富了中国军事外交的内涵，推动了中国对外军事关系的深入发展。

服务中国特色军事变革成效显著。中国人民解放军坚持走出去，请进来，以开阔的视野和国际思维，从世界军事发展的大环境中学习借鉴，努力推进中国特色军事变革。按照实施军队人才战略工程规划要求，2004 年中国军队先后安排 4 批近 100 名师旅主官，分 4 个方向到 8 个国家考察访问。同时，安排国防大学战略班、院校长班等 6 个班次 350 余人，西安和南京政治学院、空军指挥学院 200 名高级班军政学员，先后对美国、日本、韩国、土耳其、英国、法国、澳大利亚等 10 多个国家进行参观考察，拓展了出访人员的战略思维和国际眼光。此外，中国军队积极推动与有关国家军队在军事理论和军事教育领域的交流合作，向俄、德、英、法等 25 个国家派出了数百名军事留学生，拓展了中国人民解放军新型军事人才的培养途径。同时，邀请美国、俄罗斯、德国、法国等外军专家学者来华讲学交流，与美国、俄罗斯、英国等 14 国 28 所院校和科研单位建立了交流合作关系，促进了各自国家军队的军事理论研究和院校建设。

务实合作不断深化。中国军队努力践行“互信、互利、平等、协作”的新安全观，展示出和平、发展、合作的良好形象。为深化中俄两军关系，先后多次与俄就在传统安全领域举行联合军事演习进行了磋商，取得了积极进展。为进一步增强军事互信，先后与美、俄、德、英、法等 13 个国家开展了 19 次战略磋商和安全对话，与加拿大正式确立了战略磋商机制。分别与英、法、澳举行了海上联合搜救演习，与巴基斯坦举行了高海拔地区联合反恐演习，与印度举行了联合登山训练，积极推动与越南在北部湾进行海上联合巡逻。为积极推动安全领域的合作，与中亚和东盟各国举办建立信任措施会晤，推动了中国与上海合作组织成员国和东盟地区各国军事关系的新发展。

多边活动积极有效。善用多边舞台，促进双边关系发展，是 2004 年中国军事外交工作的鲜明特色之一。中国积极倡议并主办了东盟地区论坛首次安全政策会议，充分体现了参与地区安全对话与合作的积极态度，填补了该论坛在高层国防官员安全政策对话领域的空白，标志着中国与东盟国家在防务安全领域内的合作进入新阶段。成功举办了首届上海合作组织成员国防务安全研讨班，深化了与上海合作组织成员国的交流与合作。组织驻华武官团赴香港进行参观考察，宣传了“一国两制”的基本政策和香港特别行政区建设取得的成就。邀请 4 个国家的军事观察员和 2004 年国际问题研讨班学员观摩了南海舰队在汕尾举行的两栖作战实兵实弹演习。特别是 2004 年 9 月，邀请周边 16 个国家的军队领导人和军事观察员及其驻华武官 60 余人，观摩了“铁拳-2004”涉外演习。这是新中国成立以来中国军队邀请国家最多、外军观察员层次最高、对外展示规模最大的演习活动,受到各国军队领导人和军事观察员的高度评价，也引起国际社会和中外媒体的广泛关注。

发表《2004 年中国的国防》白皮书。2004 年 12 月 27 日，中国发表了《2004 年中国的国防》白皮书，这是中国第四次公开发表国防白皮书。新国防白皮书全面介绍了近两年来中国的国防政策、国防和军队建设的整体情况，充分体现了新一代中共中央领导集体对世界局势的基本判断和治军方略，具有结构布局新、信息容量大、联系现实紧等鲜明特点。白皮书首次提出了中国的安全关切，对于宣传中国防御性国防政策，增加互信、释疑解惑，不断促进中国与世界各国的安全对话与合作，树立中国国防和军队现代化建设不断

6、11飞行中队当飞行员。1973年，在澳大利亚空军飞行学院学习教练课程，之后，在亚罗士打飞行训练学院担任飞行教练。1981年，被任命为拉布安空军基地司令和攻击机中队司令。从1983年开始，先后担任马来西亚国防大学副院长、新型战斗机计划委员会主席、空军后勤部部长、空军司令部训练与作战防御部参谋长。曾在美国空军学院和澳大利亚指挥与参谋学院进修。1997年为印度国防学院攻读国防研究专业的硕士研究生。2003年3月，担任马来西亚空军副司令。2004年4月任现职。

（孟　丽）

土耳其陆军司令部司令雅萨尔·布约卡尼特上将　1940年出生于土耳其伊斯坦布尔，1961年毕业于土耳其军事学院并被任命为陆军军官。1963年至2003年，历任排长和连长，军事学院学员，第6步兵师作战参谋，高等军事学院教官，驻比利时蒙斯的北约欧洲盟军司令部负责情报的副参谋长，总参谋部人事处处长，库勒利军事学校校长，总统警卫团团长，第2装甲旅旅长（海湾战争期间，任驻意大利那不勒斯的北约南欧盟军司令部负责情报的副参谋长），总参谋部主任，军事学院院长，第7军军长，总参谋部计划与作战部部长，土耳其副总参谋长。2003年至2004年，任第1集团军司令。2004年8月任现职。

以色列海军司令戴维·本·巴沙少将　1950年出生于以色列。1970年参加以色列海军，1971年至1973年任海军舰艇部门长，1973年至1975年在以色列海军教导基地和美国海军陆战队指挥与参谋学院学习高级指挥课程之后任导弹舰艇航海官兼通信官。1975年至1976年任"巴特扬号"军舰舰长，1976年至1978年任"萨尔2号"导弹舰舰长，1978年至1979年任以色列国防部海军人力资源部高级海军军官处处长，1979年至1980年任"萨尔4号"导弹舰舰长，1980年任海军军官课程班班主任，1981年任海军军官学校副校长，1982年任海军"德沃罗特"突击队司令，1985年任海军军官学校校长，1988年任海军人力资源部副部长，1991年任海军导弹舰艇部队司令，1993年任海军人力资源部部长，1999年任海上部队司令部司令，2002年后历任海军参谋长、副司令。2004年9月任现职。

以色列空军司令埃利耶泽·施克迪空军少将　1957年出生。1975年参加以色列国防军并进入飞行学院学习，1977年毕业后成为战斗机飞行员、教练飞行员。1986年，任"空中之鹰"中队副中队长。1987年，参与组建以色列空军第一个F-16D战斗机中队并任副中队长。1989年任哈泽里姆飞行学院飞行队队长。1991年，负责组建F-16D战斗机中队并任中队长。1993年任空军作战部作战处处长。1994年任空军作战部部长。1998年任空军某基地司令。2000年任国防部空军局局长。2002年2月任空军参谋长。2004年4月任现职。

印度陆军参谋长约金德·J·辛格上将　1945年9月17日出生于巴哈瓦尔布尔（今属巴基斯坦）的军人世家。毕业于印度国防学院（初级），1964年8月被任命为少尉军官。1987年至1990年，任印度驻阿尔及利亚大使馆武官（第1任）。此后曾任印度第5马拉塔轻步兵团团长和山地旅旅长。1996年任第9步兵师师长，1998年任陆军总部军事作战部部长，2001年1月任第1军军长，2002年12月任陆军训练司令部司令，2004年2月任西部军区司令。2005年1月31日任现职。

印度空军参谋长沙辛德拉·帕尔·特雅吉上将　1945年3月14日出生于英多尔。1963年12月参加印度空军。早年先后在印度空军第23飞行中队和第27飞行中队服役，参加过1965年战争和1971年战争。曾任空军第14飞行中队中队长，空军战术、作战发展与训练局教官，第33飞行联队联队长，驻沙特阿拉伯大使馆国防武官，空军总部负责防空的作战处长、负责情报的助理参谋长、负责作战的助理参谋长，中央空军司令部参谋长、司令，西南空军司令部司令，西部空军司令部司令。2004年12月31日任现职。

印度海军参谋长阿伦·普拉卡什海军上将　1966年毕业于印度国防学院并被任命为海军军官。1968年，在接受飞行训练后成为印度海军航空母舰舰载机飞行员。曾任导弹艇艇长、训练护卫舰舰长、护卫舰舰长、航空母舰舰长，舰载飞行中队中队长，海军航空站司令。1995年至2003年10月，历任印度海军东部舰队司令，海军人事部部长，安达曼与尼科巴司令部总司令，西部海军司令部总司令。2003年10月至2004年7月，任印度海军第一副参谋长。2004年7月任现职。

（肖石忠）

印度尼西亚武装力量统帅苏西洛·班邦·尤多约诺　1949年9月9日生于印尼东爪哇巴芝丹的一个穷苦穆斯林家庭。1973年从印尼军事学院毕业。20世纪80年代和90年代，在美国堪萨斯州莱文沃思堡指挥参谋学院和欧洲一些军事学院接受了数次军事培训，同时获得美国韦伯斯特大学工商管理硕士学位。1995年，率印尼军队参加波黑维和行动。1999年10

月，出任印尼矿业和能源部长。2000 年 8 月出任印尼政治、社会和安全事务统筹部长。2001 年 6 月，因拒绝执行总统瓦希德在雅加达等地实行紧急状态的指示而被免职。同年 7 月，在梅加瓦蒂上台组阁时，苏西洛作为无党派人士和专家进入内阁，出任政治、社会和安全事务统筹部长。因与梅加瓦蒂产生分歧，于 2004 年 3 月 11 日宣布从内阁辞职，并以民主党候选人的身份竞选总统。在 9 月 20 日当选为印尼 1945 年独立以来第 6 任总统。

（孟　丽）

越南海军司令阮文宪中将　曾任越南海军 3 区参谋长，1999 年任海军 4 区司令，2000 年 2 月升任海军副司令兼参谋长，2005 年 1 月 1 日升任海军司令。阮文宪主张越南建设强大的海军。他在越南《全民国防》2004 年第 7 期发表题为《建设强大的海军，保卫祖国海岛》的专题文章，强调：在巩固国防、维护领海主权的斗争中，海军承担着重任，处于极为重要的地位。因此，越南必须建设强大的海军。

（钟学良）

加拿大国防参谋长里克·J·希利尔上将　出生于加拿大的纽芬兰，1975 年毕业于纽芬兰纪念大学并获得学士学位，在接受装甲兵军官基础训练之后被任命为加拿大第 8 轻骑兵团少尉军官。曾任加拿大陆军坦克中队中队长、陆军总部参谋、皇家骑兵团团长、第一副国防参谋长的执行助理、波黑和平协议执行部队作战官等职。1996 年至 1998 年，任加拿大多国旅旅长。1998 年 7 月任驻得克萨斯州胡德堡的美国第 3 军副军长助理。1999 年 7 月任美国第 3 军（加拿大方面的）副军长。2000 年 9 月任北约波黑稳定部队下属的西南多国师师长。2001 年 9 月任加拿大陆军副参谋长。2003 年 5 月任陆军参谋长，此期间兼任北约阿富汗国际安全援助部队司令。2005 年 2 月任现职。

加拿大陆军参谋长马克·卡伦中将　1954 年 6 月 1 日出生于加拿大蒙特利尔。1971 年毕业于渥太华大学并获得政治学学士学位，参加加拿大武装部队。1982 年 8 月任加拿大皇家第 22 步兵团 3 营连长，1985 年 6 月任国防部某项目管理办公室参谋，1988 年至 1990 年任皇家第 22 步兵团 3 营营长，1990 年 7 月任陆军司令部作战处处长，1994 年 7 月至 1998 年 11 月，先后任国防部部队条令部部长和陆军需求部部长。1998 年 11 月至 1999 年 6 月，任欧洲安全与合作组织驻前南斯拉夫地区的科索沃调查团参谋长。2000 年 7 月任驻魁北克地区的陆军部队司令。2003 年 5 月任陆军副参谋长（在此任内，2003 年 11 月至 2004 年 10 月代理加拿大陆军参谋长）。2005 年 2 月任现职。

加拿大海军参谋长 M·布鲁斯·麦克莱恩海军中将　出生于加拿大新斯科舍省。1970 年参加加拿大武装部队。1972 年毕业于达尔豪斯大学并获得理学学士学位，后获得安大略大学工商管理硕士学位。1972 年至 1986 年，先后在加拿大海军、澳大利亚皇家海军和澳大利亚皇家海军潜艇部队服役。1982 年，任加拿大海军"奥坎纳根号"潜艇艇长。此后赴驻悉尼的澳大利亚潜艇中队任职，负责潜艇海上训练。1986 年至 2002 年 8 月，历任加拿大国防军总部海军部队发展处处长，"普罗维德号"补给舰舰长，太平洋海军部队司令部参谋长，国防军总部总体海军发展处处长、国际安全政策处处长，大西洋海军部队司令部司令，驻北约组织军事委员会的加拿大军事代表。2004 年 8 月任现职。

（肖石忠）

其 他 信 息

中国 17 位高级军官警官先后晋升上将军衔警衔　2004 年 6 月 20 日，中央军委在北京中南海隆重举行晋升上将军衔警衔仪式。中央军委主席江泽民向晋升上将军衔警衔的同志颁发命令状，中央军委副主席胡锦涛宣读了同年 6 月 11 日中央军委主席江泽民签署的晋升上将军官军衔的命令和 6 月 14 日国务院总理温家宝、中央军委主席江泽民签署的晋升上将警官警衔的命令。中央军委副主席郭伯雄主持晋升上将军衔警衔仪式，中央军委副主席曹刚川出席。这次晋升上将军衔警衔的 15 位高级军官警官是：副总参谋长葛振峰、张黎，总参警卫局局长兼中央警卫团团长由喜贵，总后勤部政治委员张文台，海军政治委员胡彦林，军事科学院院长郑申侠，国防大学政治委员赵可铭，北京军区司令员朱启，兰州军区司令员李乾元，济南军区政治委员刘冬冬，南京军区政治委员雷鸣球，广州军区司令员刘镇武、政治委员杨德清，武警部队司令员吴双战、政治委员隋明太。出席晋衔仪式的还有中央军委委员徐才厚、梁光烈、廖锡龙、李继耐以及四总部、全军各大单位、武警部队和军委办公厅的领导等。

2004 年 9 月 25 日，中央军委在北京八一大楼隆重举行晋升上将军衔仪式。中央军委主席胡锦涛向晋升上将军衔的同志颁布命令状。中央军委副主席郭伯雄宣读了同年 9 月 20 日由中央军委主席胡锦涛签署的晋升上将军衔的命令。中央军委副主席曹刚川主持晋升上将军衔仪式。中央军委副主席徐才厚出席。这次晋升上将军衔的高级军官是：中央军委委员、海军司令员张定发，中央军委委员、第二炮兵司令员靖志远。出席晋衔仪式的还有中央军委委员梁光烈、李继耐、廖锡龙、陈炳德、乔清晨以及四总部、驻京各大单位和军委办公厅的领导等。

（石　慧）

中国颁布《民兵誓词》、《民兵宣誓实施办法》　2004 年 5 月下旬，总政治部主任徐才厚签发命令，颁布施行《民兵誓词》和《民兵宣誓实施办法》。

民兵宣誓，是民兵对自身肩负各项使命的承诺和保证。新颁布的《民兵誓词》，以邓小平理论和“三个代表”重要思想为指导，以中共中央、国务院、中央军委关于民兵工作的方针原则为依据，适应发展社会主义市场经济和做好军事斗争准备的要求，在继承民兵政治工作优良传统基础上，吸收改革开放以来的成功经验，体现中国民兵的性质、任务和特点，具有较强的时代特色。修订颁布《民兵誓词》，对于完善民兵工作制度，进一步加强民兵思想政治建设，保证党对民兵的绝对领导，保证民兵依法履行职能，保证民兵战斗力的提高和各项任务的完成，具有重要意义。

组织民兵宣誓不仅在民兵入队时进行，而且在执行重大任务前也可用宣誓的形式教育民兵、激励民兵，因此将原《民兵入队誓词》改为《民兵誓词》。

《民兵宣誓实施办法》对民兵宣誓基本程序和要求作了相应规定，并要求在组织宣誓时奏唱《中国民兵之歌》。

《民兵宣誓实施办法》（含《民兵誓词》）全文如下：

一、民兵宣誓，是民兵对自己肩负神圣职责和光荣使命的承诺和保证。公民参加民兵组织，应当进行宣誓。

民兵誓词：我是中国民兵，我宣誓：服从中国共产党领导，积极参加国家建设，忠实履行国防义务，遵纪守法，服从命令，忠于职守，努力学习，刻苦训练，随时响应国家号令，参军参战，支援前线，英勇顽强，不怕牺牲，坚决完成任务，永不背叛祖国。

二、民兵宣誓基本程序：①宣誓大会开始。②奏唱军歌。③主持人讲话。简要说明宣誓的意义，讲解誓词的基本精神。④宣读誓词。宣誓人立正，右手握拳上举，由预先指定的一名宣誓人在队前逐句领读誓词，其他人高声复诵。⑤宣誓人代表讲话。⑥领导讲话。⑦奏唱《中国民兵之歌》。⑧宣誓大会结束。

三、民兵宣誓基本要求：①民兵宣誓，在民兵组织整顿中或执行重大任务前进行。②民兵宣誓，以民兵连（营）为单位，由民兵连（营）长和指导员（教导员）组织实施。③民兵宣誓前，应进行民兵性质、任务、职能等教育。④宣誓必须庄重严肃，着装整齐。宣誓地点可选择在具有教育意义的场所。⑤宣誓结束后，宣誓人要在宣誓名册上签名。

中俄边界线走向已全部确定　2004 年 10 月 14 日，中国国家主席胡锦涛和俄罗斯总统普京在北京举行正式会谈后共同对中外记者发表讲话，宣布中俄双方 10 月 14 日签署中俄国界东段补充协定，标志着经过双方四十多年不懈努力，中俄边界线走向已经全部确定。

双方表示，中俄边界线走向全部确定后，两国间 4300 多千米的共同边界从此将成为两国人民和平、友好、合作、发展的纽带。这将为中俄战略协作伙伴关系长期、健康、稳定发展创造更加良好的条件。中俄人民将永远是好邻居、好朋友、好伙伴。

中国首次向国外派遣成建制维和警察部队　2004 年 10 月 17 日，中国 95 名维和警察防暴队员乘坐联合国专机从北京机场出发，奔赴海地任务区。这是中国首支赴国外执行维和任务的防暴队伍。9 月 18 日，先遣队 30 人已经先期抵达海地任务区。

公安部新闻发言人说，派遣成建制维和警察防暴队参与联合国维和行动，掀开了中国参与联合国维和行动的新篇章。截至目前，中国已向东帝汶、波黑、利比里亚、阿富汗、科索沃和海地 6 个联合国维和任务区派遣了维和警察 297 人次，目前仍有 92 名中国维和警察在其中 5 个任务区执行任务。

联合国授予中国赴利比里亚维和官兵和平荣誉勋章　2004 年 9 月 14 日，在利比里亚第三大城市绥德鲁的中国工兵营区，中国 6 个维和官兵方队在绿茵场上整齐屹立，接受联合国授予的和平荣誉勋章。

联合国秘书长副特别代表、驻利比里亚任务特派团（简称联利团）副主席索伦·萨雷达里安，联合国驻利比里亚维和部队副司令乔·奥瓦尼比少将，中国驻利比里亚大使林松添和驻地大吉达省省长、绥德鲁市市长亲临授勋仪式。萨雷达里安在授勋讲话中，高度赞扬中国近年积极参加联合国维和行动，对中国维和部队为利比里亚和平所做的突出贡献给予了充分肯定。正在对中国赴利比里亚维和部队进行慰问的国防部慰问团，也参加了授勋仪式。

中国赴利维和部队由沈阳军区组建的工兵连、南京军区组建的医疗队和总后勤部组建的运输连组成，是中国参加联合国维和行动派遣人员最多、行动规模最大的一次。2003 年 12 月 10 日，中国维和部队开始向利比里亚部署。在利比里亚维和行动中，中国维和部队已修复破损道路 660 千米；架设重型钢桥 3 座、木质桥 18 座，修建直升机场 3 个，共出动运输车辆 5130 台次，行车 86900 千米，运送人员 65580 人次，物资 12000 余吨，为维和部队官兵和当地民众 2000 多人提供了医疗服务。中国维和部队先进的武器装备、精湛的专业技术、优良的纪律作风和辉煌的工作业绩，受到了利比里亚政府、民众和联利团及外国友邻部队的广泛赞誉，展示了中国军队文明之师、威武之师、和平之师的良好形象。

日本派专家来华处理侵华日军遗弃化学武器 2004 年 5 月 23 日，中国黑龙江省齐齐哈尔市昂昂溪区头站村村民董立彦在自家院内挖地基时，挖出了数十枚内有液体的炮弹。有关部门接到报警后，立即赶到头站村，对现场进行紧急处理。经鉴定，这些炮弹是侵华日军遗留下来的，其中大部分是毒气弹。中国外交部得到报告后，立即向日方提出交涉。经双方磋商，日本政府决定派遣约 30 名化武专家，6 月 16 日抵达齐齐哈尔后，即开始对化武进行持续 10 天的挖掘回收作业。日本调查团由 28 人组成，包括外务省官员和日方专家等。日本政府以处理遗弃化学武器担当室室长高松明为团长。

6 月 17 日上午 10 时许，中国军方和日方专家到达现场，确认挖出来的 52 枚炮弹是日军的遗留武器，并将这 52 枚炮弹封存，随后运到齐齐哈尔日本遗留化武托管库。据介绍，头站村当年是侵华日军的兵营，这些炮弹是日军逃离时掩埋的。截至 6 月 18 日下午，头站村化学武器挖掘回收作业现场已发现 3 种型号 500 余枚化学毒气弹。据在作业现场工作的中方协助团官员沈阳军区马印德介绍，这 3 种化学毒气弹以糜烂性的为主，分别为 75、90、105 型，日方专家在挖掘过程中已承认是侵华日军遗弃的化学武器。

据当地百姓反映，日军遗留化学武器给他们的生活带来极大危害。村民管这些毒液叫“坏水”。几十年来，该村发现的炮弹不计其数。30 岁以上的村民几乎都有发现或看到过炮弹的经历，许多人还学会了鉴别毒炮弹和普通炮弹的简易方法。

（任　文）

2004 年主要国家的国防开支 新华社 2004 年 12 月 19 日李宣良报道，2004 年是世界主要国家国防开支增长较快的一年。2004 年美国国防开支在冷战后首次超过 4000 亿美元，占全球军费总量的近一半；俄罗斯 2004 年国防开支比 2003 年增加 19%，2005 年的国防预算将在此基础上再增加 27.6%；印度 2004 年军费开支为 156 亿美元，比上一年度实际增长 14%；日本计划在今后 5 年内将防卫开支增加到 2400 亿美元。国防投入的普遍加大，反映出各主要国家越来越重视军事力量的建设。

美国会通过 2005 财年国防开支法案 2004 年 10 月 9 日，美国国会参众两院以压倒多数通过了总额为 4220 亿美元的 2005 财政年度国防开支法案的最后文本，这一数额比 2004 财政年度增加了 207 亿美元。这项法案把军人薪饷普遍提高了 3.5%，同时大幅增加武器购买与军事技术研发费，还专门拨款 100 亿美元开发导弹防御系统。法案还在国防开支总额之外，为伊拉克战争额外拨款 250 亿美元。

美国出现三次学用《孙子兵法》热 《解放军报》2004 年 12 月 14 日黄正生报道，美国对孙子兵法的研究晚于英、日等国，但后来居上。他们不断将孙子的思想创造性地运用于理论创新和军事斗争实践，先后三次掀起研究热潮，并取得了一系列成果。

第一次热潮源于美国军政各界运用《孙子兵法》对越战失败原因进行分析，主要集中在战略决策层，使其在战略决策层面获益颇丰。“孙子的核战略”的提出，即为其硕果之一。

第二次热潮源于美国陆军 1982 年版《作战纲要》的制定，主要集中在作战理论研究界，用于作战指导效果明显。据美军高级将领说，其“空地一体战”理论所依据的就是孙子的“奇正之变”和“避实击虚”。1988 年，美国海军陆战队重新编写陆战队作战手册时，要求以《孙子兵法》提出的快速机动为作战指导，把《孙子兵法》纳入到陆战队的谋划韬略之中。海湾战争使美国的第二次孙子研究热潮达到顶点。美国防部报告《海湾战争》一书毫不隐讳地写道：“多国联盟成功地实践了孙子所说的‘上兵伐谋’的战略思想。”

第三次热潮源于“9·11”事件，研究的重点转向了信息战领域，并渐显出对孙子谋略驾轻就熟的实战运用能力。美国防大学信息工程学院院长柯基斯少将曾说：“美国的信息战理论，其基础观点就来自中国的《孙子兵法》。”同时，美军在对孙子谋略的实战运用上也显得相当熟练了。如伊战之中的“震慑战”夺气攻心，并极尽心战欺骗之能事，瓦解动摇敌军。此外，作战中联军不以攻城掠地、消灭敌有生力量为目的，而是快速直取首都，也体现了孙子“军有所不击，城有所不攻，地有所不争”的思想。

太空侦察已成为美国获取情报的重要手段　美国《洛杉矶时报》报道，美国国家侦察局准备花250亿美元，在未来20年内打造有史以来规模最大的、名为“未来图像基建”间谍卫星网，以便利用性能更强大的雷达和望远镜系统，能够在任何气候条件下，拍摄到世界上任何地区军事设施的高清晰度照片。除了运用空中侦察外，太空电子侦察已成为美国获取情报的一大手段。美国的间谍卫星已经在太空晃悠了40多年，把地球的每一个角落都仔细勘测了无数遍，拍下了数不清的高分辨率照片。但美国仍不满足，继续加强间谍卫星网构筑。美国军事专家说，这个用最先进科技武装起来的卫星网部署完成后，美国在太空将拥有世界第一大间谍卫星阵容，可随时在世界各地侦察军事动态。这种新式侦察卫星将处于比目前的卫星更高的位置，这使得该卫星可以在单位时间单位地点内拍摄的图像数是目前的8倍至10倍。

美国的军事优势可能降低使用大规模杀伤性武器的门槛　新加坡《海峡时报》2004年8月2日发表防务和战略问题专家的文章说，面对美国无与伦比的常规军事力量，其潜在对手也许会被迫“使用”而不是“放弃”大规模杀伤性武器。一旦某个国家拥有了哪怕是很少量的核武器或者大规模杀伤性武器，对美国来说，对其发动消灭其杀伤力的先发制人的打击都是极为困难和危险的。因为这个国家完全可以声东击西，在其军事基地部署掩人耳目的东西，而将其大规模杀伤性武器隐藏在秘密地点，以准备发动报复性或者先发制人的打击。

“军事变革”无疑使美国军队变得更加强大，美国可以战胜任何对手。但是在当今世界，单凭“军事变革”无法消除目前存在的危险，也不足以应对新出现的安全威胁。而且，这种优势很可能会降低使用大规模杀伤性武器的门槛。首先，在常规军事力量方面，军事强国和弱国之间的分歧日益严重。正如几年前一位印度将军所说，1991年海湾战争的教训就是：“如果没有核武器，千万不要和美国打。”在弱国看来，强国仍在继续投资以将其战略核力量保持在一个较高的水平上，与此同时，也在加强它们的“军事变革”力量。在此背景之下，让弱国远离化学和生物武器或者中程核力量缺乏一个令人信服的理由。其次，既可民用又可军用的先进武器和技术较先前更容易进入市场。比如，用于制造大规模杀伤性武器的大多数材料和装备都有合法的医用、农业和工业目的。巡航导弹和弹道导弹就是利用了民用航空和空间技术。鉴于美国的军事霸权地位，竞争对手通过获得这些武器来均衡它们所认为的地区不平衡是不可避免的。

伊拉克战争中的“斩首行动”失误甚多　美国《纽约时报》2004年6月13日发表文章披露，美英发动的伊拉克战争初期，美军曾在伊拉克境内实施空袭，打击萨达姆政权高官。但多次空袭无功而返。美国政府官员透露，美军在伊战初期失败的空袭大约有50次，其中只有少量对外公布。美军的失误超乎人们想像。

美军从2003年3月19日开始，在伊拉克境内开展了为其一个月的所谓“斩首行动”。运用了精确制导武器，“定点清除”至少13名伊拉克高官。“人权观察”组织研究了美军4次失败的空袭后，于2003年12月出台报告指出，美军清除伊高官的军事活动“造成数十名平民伤亡”。报告说：“如果（美国政府）采取更多的预防措施，（这些伤亡）完全可以避免”。美国官员说，大量空袭失败使人对美军获取的情报产生置疑，甚至有人怀疑部分情报是伊拉克人设下的圈套。回首伊战，有些失败的空袭正是美军情报机构对伊拉克和萨达姆错误判断的危险信号。“确定他们的所在地，就像在凭空猜测。”一位美军高级军官说。

伊拉克萨达姆政权与“9·11”无关　美国“9·11”独立调查委员会2004年6月16日公布调查报告，证明伊拉克萨达姆政权与“9·11”无关。布什政府为了给发动伊拉克战争找理由，一直指责萨达姆本人与本·拉登有着“长期而不可告人的联系”。就在“9·11”最新调查报告公布前两天，美国副总统切尼还再次“信誓旦旦”地强调，萨达姆与“基地”组织有着长期的合作关系。然而，“9·11”独立调查委员会对此所做的结论令布什政府跌破了眼镜。这一结论表明，“基地”恐怖组织头目本·拉登曾主动要求与伊拉克前萨达姆政权合作袭击美国，但遭到后者的断然拒绝。“9·11”调查委员会的报告说，1994年，本·拉登曾与一名伊拉克高级情报官员会面，请求巴格达为其设立的恐怖训练营地提供场地，同时在采购武器方面给予支持，但伊拉克从未回应本·拉登的上述要求。本·拉登回到阿富汗后，也曾多次与萨达姆政府接头，但双方的合作并没有什么“实质性的进展”。据此，“9·11”独立调查委员会断定，“没有确凿的证据”表明萨达姆与拉登之间有关系。伊拉克战争爆发前布什政府一再声称“基地”组织与萨达姆政权有染，并以此作为发动战争的关键理由之一。现在看来，这个理由是根本站不住脚的。

联合国秘书长指责美国发动伊拉克战争违法 联合国秘书长安南2004年9月15日接受英国广播公司采访时非常坦率地说，美国领导的多国部队入侵伊拉克的军事行动是违法的。他质疑美国发动对伊拉克战争的法律根据，并说，伊拉克战争违反了联合国宪章。安南指出，对伊拉克采取军事行动的决定本来应该由联合国安全理事会作出，而不是由任一个联合国会员国就可以单方面决定的。未来如果有类似行动，都必须经过联合国同意，并且还要获得更广泛的国际支持。安南认为，国际社会已经从伊拉克战争中得到沉痛教训。

美中情局特工著书抨击伊拉克战争 《纽约时报》2004年6月23日报道说，美国中央情报局一名官员著书指出，伊拉克战争和阿富汗战争是“两次失利的半场战争”。这本名为《帝国式傲慢》的书共309页，作者是中情局一名现役特工，1996年至1999年曾领导特别小组搜捕“基地”组织领导人本·拉登。作者说，对伊拉克的战争和占领是“贪婪、有预谋的，对敌人没有构成迫在眉睫的威胁”，这可能激起伊拉克民众的反美情绪，而这“正是本·拉登最希望看到的”。书中写到：“如果官方说法属实，‘9·11’事件后，美国抓获了3000名‘基地’组织成员，这对其领导层是致命打击。但同时，我们打了两次失利的半场战争，致使伊拉克和阿富汗的反美情绪沸腾发展，成为‘基地’和类似组织扩张的沃土。”作者还说：“他迫切感觉到‘基地’组织会再次对美国本土发动袭击，而且将比‘9·11’袭击破坏更大，可能使用大规模杀伤性武器。”该书出版前受到中情局审查，以确保没有泄漏机密。作者出于安全考虑隐去了姓名。

（清　风）

2004年驻伊拉克多国部队兵力部署概况

根据2003年10月安理会通过的第1511号决议，联合国授权组成一支由美国领导的驻伊多国部队。据统计，这支多国部队由30多个国家组成，除美英外，出兵千人以上的国家有荷兰、波兰、乌克兰、西班牙和意大利。至2004年上半年，主要兵力部署情况如下：

美国：13万人，控制伊拉克中部和北部，司令部设在巴格达。

英国：9900多人，控制伊拉克南部地区，司令部设在巴士拉。

意大利：2900多人，总部设在纳西里耶。

波兰：2350人，控制伊中南部，指挥一个9200人的多国部队师，其总部设在希拉城。

乌克兰：1660人，在波兰的指挥下，负责与伊朗交界处的治安工作。

西班牙（已于2004年7月撤回国内）：1300人，集中在巴士拉以南的什叶派地区。

荷兰：1100人，部署在伊南部。

澳大利亚：伊战爆发时曾派遣2000多人，目前只有850人左右，驻扎在巴格达机场附近。

罗马尼亚：800人，驻扎在纳西里耶，帮助训练伊拉克警察。

匈牙利：在伊拉克驻有一个由300名军人组成的武装运输营。

韩国：近700人，主要是建设、医疗部队。2月，韩国会通过向伊派兵议案，决定向伊派遣一支3600人的部队，4月底开赴伊拉克。

保加利亚：500人，驻扎在伊南部卡尔巴拉市，受波兰指挥。

泰国：470多人，主要是工程和医疗人员，驻扎在伊南部城市卡尔巴拉。

丹麦：420人，驻扎在巴士拉北部，受英军指挥。

葡萄牙：130名宪兵，驻扎在巴士拉，受英军指挥。意大利驻伊宪兵部队总部遭袭后，被调往纳西里耶，由意宪兵部队指挥。

蒙古：173名士兵，被编入波兰领导的多国部队。

此外，来自拉美的洪都拉斯（370人）、萨尔瓦多（360人）、多米尼加（300人）等国部队组成一个旅，驻扎在纳杰夫市，受西班牙军官指挥。向伊派兵的还有新加坡（192人）、格鲁吉亚（190人）、挪威（179人）、阿塞拜疆（150人）、立陶宛（100人）、斯洛伐克（82人）、新西兰（61人）、爱沙尼亚（50人）、马其顿（30人）。

截至2005年3月，已有14个国家从伊拉克撤军或宣布近几个月内从伊拉克撤军。据统计，2005年3月有关各国在伊拉克驻军总数为18万多人。其中，美国15.3万人；英国1.24万人；韩国3600人；意大利3169人；波兰1700人；乌克兰1600人；格鲁吉亚898人；罗马尼亚730人；日本750人；丹麦496人；保加利亚450人；蒙古180人；新加坡180人；阿塞拜疆151人；斐济150人；拉脱维亚122人；捷克110人；立陶宛120人；斯洛伐克105人；阿尔巴尼亚71人；爱沙尼亚55人；亚美尼亚46人；马其顿33人；哈萨克斯坦29人；挪威10人。

（任 文）

俄美争夺印度军火市场 《中国国防报》2004年12月7日发表叶晏的文章说，12月5日晚，俄罗斯总统普京结束了对印度为期3天的正式访问，又与印度签署了近20亿美元的军火合同。其中包括俄罗斯最新一代的雅克-130战斗教练机、“通古斯卡”弹炮合一防空系统和“龙卷风”火箭炮等。俄罗斯国防部长伊万诺夫还表示，年底前俄罗斯将向印度空军交付10架苏-30MKI战机。根据俄印此前签署的合同，印度从2004年底开始获得许可证，生产140架苏-30MKI战机。俄方希望能在印度军火市场继续占据主导地位。而美国国防部长拉姆斯菲尔德则随后赶来，同样希望能从印度拿到大笔军火订单。据统计，2003年，印度从俄罗斯进口的武器占俄武器出口总量的39%，年武器交易额为10亿美元左右。俄希望今后几年内这一规模能保持下去。印度把目光瞄准了俄罗斯战略性的尖端武器。印度国防部一名官员表示，印俄关系进一步发展的重要途径就是双方联合研发、设计和生产武器，印度不能在未来30年还是俄制武器的进口国。因此，这种转变将成为两国军事合作的新趋势。

据美国媒体披露，美国希望印度能在世界安全框架内发挥更大的作用。美国将会把更多的目光投向印度，积极发展双边战略关系，军事合作将是重中之重。五角大楼将向印度推销大量武器装备，其中包括“爱国者”反导防御系统、C-130增程中型军事运输机、P-3C“猎户星座”海上反潜巡逻机、F-16战机、“佩里”级护卫舰、“海鹰”直升机、生化防护设备等。

俄罗斯对印度积极采购美国武器装备的行为极其不满。俄方人士在莫斯科表示：“印美之间的友好关系可能会终结印度大量采购俄罗斯军事技术的做法。”俄方同时表示，如果印度采购“爱国者”导弹，将不会得到俄罗斯供应的平台支持。

俄美10年销毁约千个核弹头运载工具

新华社莫斯科2004年12月5日电，俄罗斯国防部官员5日说，俄美签署的《削减进攻性战略武器条约》（第一阶段削减进攻性战略武器条约）生效10年来，两国共销毁约1000个核弹头运载工具。据俄塔斯社报道，这位官员说，在不损害俄国家安全利益的前提下，俄方将核武器运载工具减少到了1100个，核弹头减少到了5500枚。他还说，10年来，俄美两国对双方研制新一代进攻性战略武器的企业和销毁退出战斗执勤武器的企业相互进行了核查。两国还相互核查了在进行战斗执勤的战略核设施。

第一阶段削减进攻战略武器条约由原苏联和美国于1991年7月签署，1994年12月5日正式生效。条约有效期15年。根据这项条约，每一方拥有的核弹头运载工具不超过1600个，所拥有的核弹头不超过6000枚。1993年1月俄美签署《第二阶段削减战略武器条约》，但该条约由于美国国会一直不予批准最后不了了之。2002年5月，俄罗斯总统普京和美国总统布什签署新的削减进攻性战略武器条约，规定在2002年至2012年的10年间将双方核弹头数量削减三分之二，裁减到各方保留1700枚至2200枚的水平上。

日本首相的军事智囊团 据日本媒体报道，小泉首相的军事智囊团正式名称是“安全保障与防卫力量恳谈会”，2004年4月刚刚建立，其职责是为日本政府制定国家安全保障和防卫政策提供决策性意见。小泉在军事领域所做出的许多决策都源于该智囊团之手。这个智囊团有10名成员，包括日本大型企业老总、前内阁官房副长官、自卫队参谋长联席会议主席以及一些大学的教授。其他的成员还有自卫队的前高级官员和作战指挥官，他们从事军事领域的研究。据日本媒体介绍，智囊团实际是小泉首相的“私人军事顾问”，不占政府编制，不领官方薪水，也不介入小泉的决策，只是帮小泉在某些军事决策领域“提提意见”。这个智囊团相当低调，自成立以来，除了在“应该亮相的场合”亮相外，其他时候一概不知道他们的所作所为。

尽管日本政府一再强调智囊团的作用只是“提提意见”，但其对小泉的军事决策以及日本未来军事发展的影响非同小可。智囊团可以超越日本政策决定的过程中的两个阶段，对小泉本人直接产生“影响”。因此，外界认为，这个背景和组成成员相当复杂的智囊团所起的作用实际上超过了政府机构。军事智囊团成立时间不长，却接连抛出了许多军事政策趋势研究方面的重磅成果。

世界地雷知多少 2004年12月，世界“无地雷峰会”在内罗毕举行，会议通过了《2005-2009年内罗毕行动计划》以及《2004年内罗毕宣言》，呼吁国际社会共同努力，致力于解决地雷造成的各种问题。

地雷被许多国家列为常规防御武器的首选，其杀伤力不言而喻。今天，在地球村的许多角落，仍有战争与武装冲突遗留下来的无数个地雷，这些看不见的地雷无疑就是一个又一个不敢跨越的“雷池”。据有关资料显示，目前世界上仍有 50 多个国家生产各种地雷，且种类繁多，仅杀伤人员的地雷就达 300 多种，年产量 1000 万枚。全球有 68 个国家埋有近 1 亿枚地雷及其他爆炸物，每年约有 2.6 万人触雷而伤亡。非洲堪称世界最大的“雷池”。据统计，安哥拉埋设的地雷总数比全国人口的总和还多。目前，地雷已被列为“和平时期最致命的杀手”和“地雷毒瘤”。然而，无数地雷依旧像春天播撒种子一样，源源不断地“种”在美丽的土壤里。全世界年均新埋地雷竟高达 200 万至 500 万枚。一枚地雷生产成本只有几美元，布埋一枚地雷最快只需 30 秒钟。但是，探测和排除一枚地雷却要付出十倍甚至数百倍的费用。如今，地雷不仅威胁着人们的安全，更是成为不少国家战后重建和经济发展的障碍。“禁雷”已成为当务之急。

战争综合症摧残老兵　阿根廷《号角报》2004 年 8 月 11 日发表文章说，由于海湾战争综合症和越南战争综合症的存在，老兵们一直在为使政府关注他们的战后艰难处境而斗争着。战争的受害者并不仅仅是伤者和死者。随着时间的推移，不幸仍在延续，幸存者要忍受心理和生理上的折磨。历史上各种战争综合症先后出现：一战时叫“战争神经机能症”，二战时有“战斗疲劳症”。在“越南综合症”后，陆续又有“海湾综合症”和“巴尔干综合症”。伊拉克战争中，战争综合症又有了新的版本。《新英格兰医学研究杂志》刊登报告指出，从伊拉克返回的美国军人中，每 5 人就有 1 人出现越战综合症的症状，还有许多人并未察觉或不愿治疗。

海湾战争综合症是指参加过海湾战争的老兵们所患的一系列无法解释原因的病的泛称。病的症状和种类有许多，包括疲劳、肌肉酸痛、认知能力差、皮疹、癌症、呼吸和神经系统疾病、不孕、大脑损伤、记忆力衰退等。在战争期间大规模使用贫铀弹被认为是致病的主要原因。据美国劳动卫生和环境研究所称，至少有 12%的老兵正在接受不同形式的赔偿。在 1999 年北约对科索沃的军事干涉行动中向该地区派兵的欧洲各国政府不承认“巴尔干综合症”的存在。但是，在发生了多起老兵非正常患病和死亡事件后，他们开始认真看待这个问题。在北约对前南斯拉夫地区的军事行动中，美国空军发射了大约 3 万枚贫铀弹，10 吨以上的残余物质使在巴尔干执行任务的士兵中出现了与“海湾综合症”类似的病症。尽管对于各种各样的战争综合症没有专门的治疗方法，但是美国研究人员正在开发一种“引导—认知”疗法，以帮助患者消除一些最为突出的症状。现在，美国退伍军人事务部已经开始为相关研究拨款，预计很快就会初见成效。

（张家丽）

西报载文谈如何区分新老恐怖主义　西班牙《先锋报》2004 年 12 月 27 日登载伦敦经济学院教授安东尼·吉登斯的文章指出，目前关于恐怖主义及其对公民自由的影响的讨论，缺乏对新老恐怖主义威胁的正确区分。吉登斯认为，老式恐怖主义在很大程度上同民族主义斗争和没有国家的民族联系在一起。例如，这种冲突同北爱尔兰、巴斯克、魁北克或克什米尔问题联系在一起。它是一种有着具体目标并局限在地区范围内的恐怖活动，一般呈现出较低水平的暴力形式。这种恐怖主义在发展到内战程度时，才会趋向于暴力升级，如巴勒斯坦—以色列冲突和斯里兰卡冲突。

新式恐怖主义则是全球化时代的直接产物。新式恐怖主义熟悉新的技术手段并且利用它们来达到自己的目的。“基地”组织及其活动就是新式恐怖主义的一个典范。它们受政府控制的程度非常低，拥有灵活且畅通无阻的网络，分布全世界的各个支部为了一个共同使命而团结在一起。它们使用最新技术来传递信息，协调行动。新式恐怖组织的目标不局限于本地区，它们的目标是不受限制的。正如本·拉登所说的那样，“基地”的目标实际上是地缘政治的。本·拉登想将基督教—犹太教联盟从阿拉伯地区驱逐出去，最终目的是重新建立一个从巴基斯坦到北非和西班牙南部的哈里发国家。

有 4 个因素可以将新老恐怖主义区分开来。第一个因素是目标。新式恐怖主义与老式恐怖主义相比，野心更大，也更分散，其后果是：谈判往往行不通，更不用说达成协议了。第二个因素是新式恐怖主义能远距离有效地组织起来，可随时协调恐怖行动。第三个因素是新式恐怖主义的残酷无情。只要条件许可，它可以屠杀数以千计的人，甚至更多。第四个因素是武器的种类。互联网的使用意味着不管什么人，只要拥有必要的经验、知识和资源，就能够制造、买到和使用高威力武器。

当代伊斯兰极端思想鼻祖库特布　墨西哥《七日》周刊 2004 年 9 月 7 日载文介绍说，赛义德·库特布是当代伊斯兰极端思想的鼻祖，了解他是了解本·拉登与其他极端分子的一个途径。

库特布（1906~1966）被认为是伊斯兰教复兴运动之父，是本·拉登领导的全球极端派的主要思想奠基人。他的思想对伊斯兰世界的影响，历史上只有很少几个人物能与之相比。

思想家库特布为反对埃及君主制付出的代价是穷困潦倒，最后被纳赛尔处死。纳赛尔在1952年发动政变，建立了民族主义独裁政权。纳赛尔政权首先打击的是曾经支持过它的盟友，将这些人关进监狱。库特布同他们一起被捕入狱。纳赛尔政权的迫害使库特布的思想立场变得更加激进，信念变得更加坚定。他后来创立的思潮是20世纪中最有争议的一种思潮。库特布要求穆斯林放弃消极思想，用所谓“行动计划”武装自己；他为圣战和圣战者辩护；主张用古兰经的法律条规来严格管理社会；他将防卫的态度引申为进攻的行动。他用伊斯兰革命的思想将伊拉克与伊朗、阿富汗与印度尼西亚、巴基斯坦与巴勒斯坦的居民区，以及学校、农村和各种运动团结在一起。特别是他主张复兴伊斯兰教以取代当时的腐败政府。这使得社会不满情绪演变为一些激进运动并在20世纪60和70年代得到发展，而库特布则成为它们的思想家。

穆斯林兄弟会、塔利班和“基地”组织以及许多其他激进组织实际上是库特布思想的产物。

墨报称原教旨主义成为21世纪标志　墨西哥《改革报》2004年9月23日刊载洛伦索·梅耶尔文章认为，上个世纪的前50年，两次世界大战是国际政治的标志，之后冷战成为标志。本世纪初，由原教旨主义引发的暴力则成为标志。一方是现在控制着美国政治的基督教新保守主义者的民族主义，他们是基督教新教原教旨主义的合法继承者。另一方是伊斯兰极端分子，他们已经对美国宣战，他们指控美国想摧毁伊斯兰教的基本教义，以便在中东和伊斯兰世界建立世俗政权，建立附属于或至少亲近美国和以色列的政权。

原教旨主义是指美国新教内部在19世纪末和20世纪初出现的主张维护传统的保守派别。它们反对对《圣经》作出最新的释义，主张保留原有的、符合原意的释义。20世纪后50年伊斯兰教中也出现类似的派别。这个教派主张忠实地阐述“圣书”，以此作为对现代化和变革的反应；主张宗教领袖拥有政治领导权，反对世俗政权的合法地位。这种回归基本教义的努力同对西方殖民主义和霸权的仇恨结合在一起，同对西方化的阿拉伯领导人领导的世俗消费社会的反对情绪结合在一起——这就是埃及前总统萨达特1981年被刺杀的原因，也是阿尔及利亚宗教团体开展残酷的反政府斗争的原因。

布什总统及其亲信是美国原教旨主义的化身。作为他们的对立面，本·拉登和“基地”组织的头目是伊斯兰原教旨主义的化身。他们的动力是阿拉伯和伊斯兰世界长期积累的对信仰基督教的西方的仇恨。其结果就是双方之间公开的战争，这是一场不考虑国界的战争，是一场把恐怖主义和反恐怖主义作为主要手段的战争，是一场不管你是否愿意都必须要参加、作出选择并且受到影响的战争。21世纪国际政治体制是按照这个鼓点的节奏在运转的。

作为斗争方式，激进派曾经首选游击战，但是现在它已经被恐怖主义取代，因为它需要的人少，而获得的成果更多。如在巴以冲突中，在伊斯兰激进分子和基督教超级大国美国的冲突中，在车臣叛乱分子和俄罗斯的冲突中，恐怖主义被少数派当做战争的一个手段。作为回应的是国家反恐怖主义，它的一个不可回避的因素也是恐怖。这两种特别残忍的斗争方式是首选的战争方式。

（乐凯华）

（本栏责任编辑：方　宁）

近10年世界部分国家国民生产总值、

国名	数据统计	1994	1995	1996	1997
美国	国民生产总值	67369	72460	76000	81000
	国防费	2787.3	2778.34	2658.23	2763.24
	军费所占比例	4.3%	3.8%	3.5%	3.4%
俄罗斯	国民生产总值	11200	11100	11000	11100
	国防费	1069.271	820	695.37	640
	军费所占比例	9.6%	7.4%	6.5%	5.8%
日本	国民生产总值	45920	47000	46000	42000
	国防费	446	502.19	436.26	408.91
	军费所占比例	1.0%	1.0%	1.0%	1.0%
英国	国民生产总值	10233	11040	12000	13000
	国防费	338.61	334.06	327.64	357.36
	军费所占比例	3.4%	3.1%	3.0%	2.8%
法国	国民生产总值	13293	15380	15000	14000
	国防费	427.24	477.68	462.17	415.23
	军费所占比例	3.3%	3.1%	3.1%	3.0%
德国	国民生产总值	18349	19080	22000	21000
	国防费	348.48	411.57	384.32	332.17
	军费所占比例	2.0%	1.9%	1.7%	1.7%
印度	国民生产总值	2702	3300	3710	3850
	国防费	73.21	99.92	101.58	128.05
	军费所占比例	2.8%	2.9%	2.8%	3.0%
韩国	国民生产总值	3796	4220	4730	4430
	国防费	113.53	141.79	151.68	153.34
	军费所占比例	3.6%	3.4%	3.3%	3.5%
越南	国民生产总值	191	213	236	243
	国防费	8.37	9.1	9.3	10.04
	军费所占比例	5.7%	4.3%	4.0%	4.0%
澳大利亚	国民生产总值	4157	3470	3920	3920
	国防费	72.75	83.99	83.94	83.94
	军费所占比例	2.3%	2.4%	2.2%	2.2%

国防费及其所占比例 （单位：亿美元）

1998	1999	2000	2001	2002	2003
85000 2658.90 3.2%	92000 2921.47 3.2%	99000 2946.95 3.0%	102000 3223.65 3.2%	104000 3296.16 3.2%	109000 4049.00 3.7%
11100 539.12 5.2%	11100 568 5.1%	12000 588.1 4.9%	15220 636.84 4.3%	10069 480.4 4.8%	13100 652.00 5.0%
38000 369.90 1.0%	43000 403.83 0.9%	47000 458.44 1.0%	41000 395.13 1.0%	40000 370.70 1.0%	43400 428.00 1.0%
13000 366.13 2.8%	14000 363.60 2.6%	14000 338.94 2.4%	14000 347.14 2.5%	16000 352.49 2.2%	18000 428.00 2.4%
14000 398.07 2.8%	14000 378.10 2.7%	13000 302.92 2.2%	13000 329.09 2.6%	16000 380.05 2.4%	17500 457.00 2.6%
21000 323.87 1.5%	19000 311.82 1.6%	18000 282.29 1.6%	18000 269.02 1.5%	22000 314.65 1.4%	24100 351.00 1.4%
4690 137.80 3.0%	4400 138.95 3.2%	4710 144.72 3.1%	4900 141.67 2.9%	5050 130.73 2.6%	5925 155.00 2.6%
4260 129.40 3.1%	4070 120.98 3.0%	4570 124.96 2.7%	4220 111.65 2.7%	4760 126.15 2.7%	6050 146.00 2.4%
270 9.07 3.4%	300 8.9 3.0%	310 9.31 3.0%	330 23.51 7.2%	340 22.86 6.7%	390 32.00 8.2%
3900 73.84 1.9%	3990 77.75 1.9%	3800 69.52 1.8%	3580 67.52 1.9%	4010 75.49 1.9%	5090 117.00 2.3%

（该表数据主要引自历年英国伦敦国际战略研究所《军事力量对比》，仅供参考）

近10年世界部分国家

国名	数据统计	1994	1995	1996	1997
美国	陆军	52.49	49.5	49.5	48.28
	海军	44.18	42.67	42.67	40.47
	陆战队	17.19	17.39	17.39	17.30
	空军	40.87	38.82	38.82	38.26
	军队总数	154.73	148.38	148.38	144.31
	海空军等所占比例	66.08%	66.64%	66.64%	66.54%
俄罗斯	陆军	67	46	46	42
	海军	20	19	19	22
	空军	33	32	32	30
	战略火箭军	10	10	10	40
	军队总数	152*	127*	127*	124*
	海空军等所占比例	41.45%	48.03%	48.03%	50%
日本	陆军	15.12	14.8	15.2515	15.2371
	海军	4.37	4.3	4.4135	4.3668
	空军	4.46	4.45	4.5883	4.5336
	军队总数	23.95	23.55	24.2693*	24.2709*
	海空军等所占比例	36.87%	37.15%	37.09%	36.67%
英国	陆军	11.6	11.6	11.3	11.22
	海军	5.05	5.05	4.8	4.49
	空军	7.04	7.04	6.5	5.67
	军队总数	23.69	23.69	22.6	21.38
	海空军等所占比例	51.03%	51.03%	50%	47.52%
法国	陆军	24.14	24.14	23.66	21.99
	海军	6.42	6.42	6.33	6.33
	空军	8.92	8.92	8.86	8.34
	军队总数	40.09*	39.38	38.85	38.04*
	海空军等所占比例	37.51%	38.95%	39.10%	38.56%

军队员额主要统计（单位：万人）

1998	1999	2000	2001	2002	2003
47.94	48	47.17	48.55	48.5	50.2
38.06	37.23	37.07	38.54	40	37.675
17.13	17.22	16.98	17.34	17.4	17.535
37.03	36.59	35.36	36.97	36.76	37.95
140.16	139.04	136.58	141.4	142.7	143.36
65.8%	65.48%	65.46%	65.67%	65.98%	64.98%
42	34.8	34.8	32.1	32.1	36
18	17.15	17.15	17.14	15.5	15.5
21	18.46	18.46	18.46	18.46	18.46
17	10	10	14.9	14.9	14.9
115.9*	100.41*	100.41*	98.81	96	121.27
48.32%	45.4%	45.4%	51.12%	50.9%	40.29%
15.1836	15.1836	14.5928	14.82	14.82	14.82
4.3842	4.5816	4.3838	4.44	4.44	4.44
4.5606	4.7268	4.5223	4.56	4.56	4.56
24.264*	24.264*	23.6368*	23.99*	23.99*	23.99
36.86%	37.42%	37.68%	37.52%	37.52%	37.52%
11.39	11.35	11.395	11.48	11.667	11.676
4.45	4.377	4.37	4.235	4.237	4.063
5.254	5.52	5.473	5.33	5.362	4.85
21.094	21.24	21.245	21.045	21.26	20.763
46%	46.56%	46.36%	45.45%	45.15%	42.93%
20.32	17.83	16.93	13.7	13.7	13.7
6.33	6.26	4.949	4.56	4.25	4.425
7.81	7.642	6.05	6.4	6.4	6.4
34.46	31.732	27.929	26.04	25.9	25.99
41.03%	43.81%	39.38%	42.09%	41.12%	41.65%

续 表

国名	人数统计	1994	1995	1996	1997
德国	陆军	23.4	25.28	25.28	23.99
	海军	2.85	2.85	2.85	2.85
	空军	7.53	7.71	7.71	7.71
	军队总数	33.78	35.84	35.84	35.84
	海空军所占比例	30.77%	29.46%	29.46%	29.46%
印度	陆军	98	98	98	98
	海军	5.5	5.5	5.5	5.5
	空军	11	11	11	11
	军队总数	114.5	114.5	114.5	114.5
	海空军所占比例	13.04%	14.41%	14.41%	14.41%
韩国	陆军	52	52	56	56
	海军	6	6	6.6	6.6
	空军	5.3	5.3	6.4	6.4
	军队总数	63.3	63.3	69	69
	海空军所占比例	17.85%	17.85%	18.84%	18.84%
越南	陆军	50	50	50	42
	海军	4.2	4.2	4.2	4.2
	空军(含防空军)	3	3	3	3
	军队总数	57.2	57.2	57.2	49.2
	海空军所占比例	12.59%	12.59%	12.59%	14.63%
澳大利亚	陆军	2.37	6.2	2.6	2.54
	海军	1.5	1.47	1.47	1.43
	空军	1.7425	1.71	1.71	1.77
	军队总数	5.6125	5.78	5.78	5.74
	海空军所占比例	57.75%	55.02%	57.02%	55.75%

* 该数字含未计算在各军种人数中的总部机关等人数

1998	1999	2000	2001	2002	2003
23.06	22.83	22.11	20.32	19.135	19.135
2.67	2.81	2.66	2.55	2.565	2.565
7.62	7.64	7.33	6.73	6.75	6.75
33.35	33.28	32.1	29.6	28.45	28.45
30.85%	31.4%	31.12%	31.35%	32.74%	32.74%
98	98	110	110	110	110
5.5	5.3	5.3	5.3	5.5	5.5
11	14	11	14.5	17	17
117.5	117.3	126.3	129.8	132.5	132.5
16.60%	16.45%	12.91%	15.25%	16.98%	16.98%
56	56	56	56	56	56
6	6	6	6.3	6.3	6.3
5.2	5.2	6.3	6.3	6.3	6.47
67.2	67.2	68.3	68.6	68.6	68.77
16.7%	16.7%	18%	18.37%	18.37%	18.57%
41.2	41.2	41.2	41.2	41.2	41.2
4.2	4.2	4.2	4.2	4.2	4.2
3	3	3	3	3	3
48.4	48.4	48.4	48.4	48.4	48.4
1.88%	14.88%	14.88%	14.88%	14.88%	14.88%
2.54	2.52	2.415	2.515	2.66	2.53
1.43	1.42	1.25	1.257	1.285	1.285
1.77	1.58	1.395	1.32	1.42	1.365
5.74	5.52	5.06	5.092	5.365	5.18
55.75%	54.35%	52.27%	50.61%	50.42%	51.16%

（该表数据主要引自历年英国伦敦国际战略研究所《军事力量对比》，仅供参考） （史君健）

近年世界部分国家军队

国　名	总兵力	士兵人数	士 兵 占 全军比例	士官人数	士 官 占 全军比例	兵 士 占 全军比例
美　国	143.36	123.1005*				85.87%
俄罗斯	121.27	24	19.79%	36	29.69%	49.48%
日　本	23.99	5.3	22.50%	14.4	61.13%	83.64%
英　国	20.691	12.664	61.21%	4.713	22.78%	83.98%
法　国	35.5226	11.6972	32.93%	20.0516	56.45%	89.38%
德　国	28.5225	12.7717	44.78%	11.9691	41.96%	86.74%
印　度	126.5	119.9545*				94.83%
韩　国	68.77	61.73*				89.76%

1. 美国军队有关数据统计引自 2004 年美国国防部网站。
2. 其他国家数据统计分别引自 2002~2004 年有关各国国防部门、军事网站和国家财政预算公布的数据。
3. 俄罗斯军队人数还包括铁道兵和特种建设部队的人数。

* 该士兵人数含士官人数。

成份及有关数据统计 (单位:万人)

将军人数（含准将）	将军占全军比例	校官人数	尉官人数（含准尉）	校尉官总数	校尉官占全军比例	军官占全军比例	官兵比例
0.0865	0.06%	8.2416	11.9314	20.173	14.07%	14.13%	1：6.08
0.12	0.10%			56	46.18%	46.28%	1：1.07
0.03	0.13%	1.336	2.85	4.186	17.77%	17.89%	1：4.67
0.05	0.24%	1.537	1.727	3.264	15.77%	16.01%	1：5.24
0.0377	0.11%	1.4718	2.2643	3.7361	10.52%	10.62%	1：8.41
0.0199	0.07%	1.3853	2.3765	3.7618	13.19%	13.26%	1：6.54
0.1451	0.11%	3.103	3.2974	6.4004	5.06%	5.17%	1：18.33
0.04	0.06%	2	5	7	10.18%	10.24%	1：8.77

（延　伟）